中國大百科全書

鄧小平

中国大百科全书

（第三版）

天文学

中国大百科全书出版社

图书在版编目 (CIP) 数据

中国大百科全书 ：第三版. 天文学 / 中国大百科全书（第三版）总编辑委员会著. -- 北京 ：中国大百科全书出版社，2023.12

ISBN 978-7-5202-1478-0

Ⅰ. ①中… Ⅱ. ①中… Ⅲ. ①百科全书—中国—现代 ②天文学—百科全书 Ⅳ. ①Z227 ②P1-61

中国国家版本馆 CIP 数据核字（2023）第 241641 号

中国大百科全书

（第三版）

天 文 学

中国大百科全书出版社出版发行

（北京阜成门北大街 17 号　　邮编：100037）

http://www.ecph.com.cn

北京雅昌艺术印刷有限公司印制

2023 年 12 月第 1 版　2023 年 12 月第 1 次印刷

开本：889 × 1194　1/16　印张：52.75　插页：6　字数：2461 千字

ISBN 978-7-5202-1478-0　　**定价：780.00 元**

中国大百科全书（第三版）
总编辑委员会

中国大百科全书（第三版）
天文学编辑委员会

名誉主编 王绶琯 陆 埮

执行主编 崔向群 赵 刚

委 员（按姓氏笔画顺序）

马宇蒨 石云里 朱永田 李向东 李宗伟 吴雪峰 邹振隆
沈志强 陈雪飞 苟利军 林元章 季江徽 金文敬 周济林
赵君亮 黄乘利 崔辰州 韩占文

分支学科编写组

天文学史

主 编 石云里

副主编 李宗伟

天体测量学、天文地球动力学、时间

主 编 金文敬

副主编 黄乘利

工作组 朱 紫 漆贯荣

天体力学

主 编 周济林

副主编 周礼勇

天体物理学

主 编 李向东

副主编 李宗伟

射电天文学

主　编　沈志强

空间天文学

主　编　马宇蒨
副主编　吴雪峰
工作组　李　晔

天文仪器

主　编　崔向群
副主编　朱永田

太阳

主　编　林元章

太阳系

主　编　季江徽

恒星

主　编　韩占文
副主编　李宗伟　陈雪飞

银河系

主　编　赵　刚

星系

主　编　赵君亮
副主编　邵正义

宇宙学

主　编　苟利军
副主编　邹振隆

天文信息学

主　编　崔辰州
工作组　李珊珊　何勃亮　樊东卫

学术秘书　刘黎明

前　言

党的十八大以来，以习近平同志为核心的党中央高度重视文化建设，把坚定文化自信，推动社会主义文化繁荣兴盛，建设社会主义文化强国，提到前所未有的战略高度。《中国大百科全书》第三版作为新时代中国一项重大文化工程，编纂出版适逢其时。习近平总书记对《中国大百科全书》第三版编纂出版工作高度重视，作出重要指示，寄予殷切期望，勉励学术界、出版界将《中国大百科全书》第三版打造成一个有中国特色、有国际影响力的权威知识宝库。

国运兴则文化兴。《中国大百科全书》的编纂出版，与时代发展、科技进步、文化繁荣密不可分，体现了中华文明与时俱进的创新精神。1978 年，中央决定编纂出版《中国大百科全书》，并为此项工作的开展，专门成立了中国大百科全书总编辑委员会和中国大百科全书出版社。《中国大百科全书》第一版按学科或知识门类分卷编纂，总计 74 卷，选收条目 7.8 万个，共 1.3 亿字，1993 年出齐。《中国大百科全书》第一版是中国第一部大型现代综合性百科全书。它的出版结束了中国没有百科全书的历史，被誉为“中华文化的丰碑”。

1996 年，《中国大百科全书》第二版开始编纂，总计 32 卷，选收条目 6 万个，共 6000 万字，2009 年出版。《中国大百科全书》第二版在第一版的基础上，充分反映了中国改革开放后各方面取得的巨大变化和最新成果，在体例上按条目标题的汉语拼音字母顺序统一编排，使读者更加便于寻检查阅。

2014 年，顺应互联网技术新变革、出版融合发展新趋势，《中国大百科全书》第三版正式启动编纂工作，同步编纂出版网络版、纸质版，并适时推出外文条目。《中国大百科全书》第三版，以马克思列宁主义、毛泽东思想、邓小平理论、“三个代表”重要思想、科学发展观、习近平新时代中国特色社会主义思想为指导，认真贯彻落实习近平总书记重要指示精神，以社会主义核心价值观为引领，坚持守正创新、实事求是、开放包容，汇聚科技界、社科界等各方面专家，系统总结国际国内各领域科学文化最新成果，力求构建有中国特色、有世界影响力的权威知识宝库。在《中国大百科全书》第三版总编委会主任委员陈奎元同志和总编委会的组织协调下，近 3 万名专家、学者和研究人员精心编制、倾力奉献，于 2021 年 7 月完成首批条目编纂出版并公开发布，实现纸网同步。网络版最终上线条目将达到 50 万条，纸质版、外文条目依托网络版陆续出版，并不断创新传播方式，改善读者体验，更好满足读者高品质、多方面、个性化的知识需求。

《中国大百科全书》第三版纸质版以科学知识体系分类为基础，其条目从网络版专业版块条目中精选，按学科分卷的形式编纂加工，分批出版。每卷按各学科的体系、层次设计框架，以条目的形式编写。所收条目力求详尽地叙述和介绍各学科的专业基本知识，适合于高中以上文化程度的广大读者使用。每个学科卷前设置概观性文章，介绍该学科的历史，描述现在的发展状况，展望该学科的发展前景。同时配以适当的图片和地图，以期达到图文并茂的效果。

在党中央的关怀下，《中国大百科全书》第三版的编纂工作得到国家各有关部门、科研机构、学术团体、大专院校等单位的大力支持，全国各学科、各领域、各部门专家、学者积极参与，凝聚了各方面的智慧与心血，在此谨致以诚挚的感谢，并衷心希望广大读者对书中疏漏之处给予批评指正。

《中国大百科全书》编辑部

凡　例

一、编　　排

1. 全书按学科（知识门类）分类分卷出版。一个学科（知识门类）辑成一卷或数卷，或几个学科合为一卷。

2. 条目是全书的主体，一般由条目标题、释文和相应的插图、表格、扩展阅读等组成。

3. 条目按条目标题的汉语拼音字母顺序并辅以汉字笔画、起笔笔形顺序排列。第一字同音时按声调顺序排列；同音同调时按汉字笔画由少到多的顺序排列；笔画数相同时按起笔笔形横（一）、竖（丨）、撇（丿）、点（丶）、折（包括乛、㇆、乚、く等）的顺序排列。第一字相同时，按第二字排列，余类推。条目标题中夹有外文字母或阿拉伯数字的，依次排在相应的汉字条目标题之后。以拉丁字母、希腊字母和阿拉伯数字开头的条目标题，依次排在全部汉字条目标题之后。

4. 各学科（知识门类）卷在条目分类目录之前，都有一篇介绍本学科（知识门类）内容的概观性文章。

5. 各学科（知识门类）卷均列有本学科全部条目的分类目录，以便读者了解本学科的全貌。分类目录还反映出条目的层次关系，例如：

天体物理学……………………………………451
　理论天体物理学…………………………259
　　恒星大气理论…………………………163

6. 学科（知识门类）与学科（知识门类）之间相互交叉的知识主题在有关学科卷中均设有条目，例如“引力波”在《天文学》卷和《物理学》卷均设有条目，但释文内容分别按各该学科的要求有所侧重。

二、条目标题

7. 条目标题一般为词或词组，例如“日食”“天体力学”“新真空太阳望远镜”。

8. 同一概念具有不同名称时，根据检索需求，分别设条，例如“大天区面积多目标光纤光谱天文望远镜”与“郭守敬望远镜”。

9. 条目标题一般由汉语标题和与汉语标题相对应的外文两部分组成，例如：

天体力学 celestial mechanics

10. 条目标题有两个以上对应外文的，中间用分号（;）隔开。

11. 条目标题外文主要为英文，例如“天体测量学 astrometry”，少数为法文、德文、西班牙文、意大利文等，或与其相应的拉丁字母转写。

12. 无通用译名纯属中国内容的条目标题，不附条目标题外文。

三、释　　文

13. 释文力求使用规范化的现代汉语。条目释文开始一般不重复条目标题。

14. 释文一般依次由定义和定性叙述、词源、简史、基本内容、研究状况、插图、表格和扩展阅读等构成，视条目的性质和知识内容的实际状况有所增减或调整。

15. 条目释文较长时，设置层次标题，并用不同的字体和排式表示不同的层次标题。

16. 一个条目的内容涉及其他条目并需由其他条目的释文补充的，采用“参见”的方式。所参见的条目标题在释文中用楷体字排印，例如“在空间天文中广泛使用的运载工具有高空科学气球、探空火箭、天文卫星、航天飞机、宇宙飞船和空间站等”；所参见的条目标题未在释文中出现的，另用括号加“见”字标出，例如“中国有全世界最早、最系统的太阳黑子目视记录（见中国黑子目视记录）”。

17. 释文中的外国人名，在姓的前面加上外文名字的缩写，即名字的第一个字母，例如 N.哥白尼，E.P.哈勃。

四、插　　图

18. 条目释文中配有必要的随文插图，包括照片、星空摄影、数据处理图、线条图等。

19. 插图附图题、图注等说明文字。条目只配一幅图且图题与条目标题一致时，不附图题。

20. 全书收录了美国国家航空航天局（NASA）照片 130 余幅，特此声明。

五、扩展阅读

21. 附设纸网关联方式，读者使用媒体终端扫描二维码或登录网址，可以扩展查阅网络版的内容。

六、大事年表

22. 条目正文后附有学科大事年表。表中内容设为“参见”的，以楷体字表示。

七、索　　引

23. 各学科（知识门类）卷均附有条目标题汉字笔画索引、条目标题外文索引和内容索引。

八、其　　他

24. 全书所用汉字，除必须用繁体字和异体字的以外，以国务院 2013 年 6 月公布的《通用规范汉字表》为准。

25. 全书所用科学技术名词以各学科有关部门审定的为准，未经审定和尚未统一的，从习惯。

26. 全书所用数字，执行国家标准 GB/T 15835—2011《出版物上数字用法》。

27. 全书所用地名，除历史地名外，一般以中国地名委员会审定的为准（含中国地名、外国地名）。历史地名后一般括注今地名。

28. 天文学卷独有的中国星名表、最亮星表和简明中西对照星图，以附录的形式放在大事年表之后、索引之前。

目　录

天文学

王绶琯　李向东

研究宇宙的物质、时空与能量的科学。天文学重点研究宇宙内所有天体和散布在其中的一切物质的组成、分布、运动、结构和演化。翻开人类文明史的第一页，天文学就占有显著的地位。巴比伦的泥碑、埃及的金字塔、中国的甲骨文等都是历史的见证。几千年来，在人类社会文明的进程中，天文学的研究范畴和天文学的概念都有很大的发展。本条不准备、也不可能概括天文学悠久的历史和丰富的内容（这是天文学所有条目的任务），而只是对它的特征、现状和趋向做一个概括性的描述。

研究对象和方法

天文学是一门既古老又充满活力的学科。它的主要研究对象是辽阔空间中的天体。几千年来，人们通过接收天体发出的辐射发现它们的存在，测量它们的位置，研究它们的结构，探索它们运动和演化的规律，逐步扩展到对广阔宇宙空间中物质世界的认识。

作为一颗行星，地球本身也是一个天体。但从学科的分野来说，“天”和“地”是相对独立的。地面上实验室里所采用的科学实验方法很多不能搬到天文学领域。从这个意义上来说，天文学的实验方法是一种“被动”的方法。即是说，在绝大部分情形下，只能靠观测（“观察”和“测量”）自然界业已发生的现象来收集感性认识的素材，而不能像其他许多学科那样“主动”地设计自己的实验。因此，观测是天文学实验方法的基本特点，不断地创造和改进观测方法与手段就成为天文学家的一个致力不懈的课题。一方面，宇宙中的天体何止“恒河沙数”，只是愈远的天体愈显暗弱。因此，观测设备的性能愈益提高，观测暗弱目标的能力就愈益增强，观测视野就愈益深入到前所未能企及的领域，同时也就愈益扩展到遥远的空间深处。另一方面，浩瀚的宇宙空间时时刻刻都在上演着地面上很难进行或重复进行的各种天体物理实验，它们在规模、内容和条件上是地面实验无法比拟的，使得天文工作者的被动观测得以长期地进行。

天文学和其他学科一样，在其发展中并不是孤立地前进，而是随时都同许多邻近学科互相借鉴、互相渗透的。它从应用光学、电子学以及各种工程技术中汲取养料、创造独特的观测手段，而天文观测手段的每一次发展又会促进应用科学的进步。天文学借助数学来分析天文观测结果和进行理论演算；

反过来，由于天文学上的应用而发展起来的数学方法又丰富了数学的内容。物理学各个分支以及力学、化学等学科的研究成果是天文工作的理论基础，而天文学的各种发现以及天体的理论研究又为物理学和其他有关学科开辟研究前沿。天文学与其他学科之间的交叉融合还催生了新的学科分支，如天体生物学等。

天文学的发展对于人类的自然观产生重大的影响。N.哥白尼的日心学说将自然科学从神学中解放出来。I.康德和 P.-S.拉普拉斯关于太阳系起源的星云学说在 18 世纪形而上学的自然观上打开了第一个缺口。对太阳系外行星和地外生命的探索与研究有助于理解生命的起源和演化，树立人类命运共同体的意识。因此，天文学的成就是自然科学和人类文明的重要组成部分。

天文学研究中的一个重大课题是各类天体的起源和演化。在所观测到的天体中，百万年的年龄算是很年轻的。太阳的年龄约为 46 亿年，是一个中年的恒星。但人类的文明史不过几千年，而天文学家毕其一生也不过百岁，因此所能研究的天文现象在天体的演化史中只相当于一刹那的过程。从“一刹那”的观测来探究极长时间的演变，这是天文学研究的又一个特点。

天文学家虽然无法进行长达百万甚至亿年的观测，但可观测到海量的天体。一个天体的物理特征除了反映它的基本结构与成分以外，还反映它所处的演化阶段。此外，天体的信息主要是通过辐射（比如光）传给观测者的。由于光速有限，遥远天体发出的光在旅途中要经历漫长的时间。例如，对于离观测者 1 亿光年的天体，它的光要花一亿年才能到达观测者的身边，而观测者看到的则是它 1 亿年前的形象。这样所观测到的许多不同距离的天体展示的是时间上各不相同的“样本”。特别是对于河外星系，代表的是从百万年直到上百亿年前的各种“样本”，包含着上百亿年的演化线索。因此，通过统计分类和理论探讨就可建立起天体演化的模型。

由此可见，天文学在极其“短暂”的千百年时间里，以基本上“被动”的观测方法，面向广阔无边的宇宙空间，探索各类天体在漫长时间历程中的存在和演变。它不断借鉴同代科学技术的精华，充实自己的实验手段和理论知识，同时也不断地以自己的成就推动相关科学与技术的发展。正是这样，天文学循着观测—理论—观测的发展途径，把人的视野逐步拓展到宇宙新的深处。

视野中的天体世界

现在环顾一下人类所认识的天体世界。

太阳和太阳系　太阳是太阳系的中心天体，占有太阳系总质量的 99.86%。太阳系的其他成员包括行星及其卫星、矮行星、小行星、彗星、流星体和尘埃、气体等行星际物质。

地球是已知的唯一一个有生物存在和繁衍的太阳系行星。但作为行星，地球只是太阳系的一个普通成员。它的平均半径约 6371 千米，与太阳相距约 1.5 亿千米，每年绕太阳公转一周。它的物理结构和化学组成虽然有自己的特点，但相比于其他行星并不特殊。包括地球在内，太阳系有八颗行星，从离太阳最近的算起，依次为**水星**、**金星**、**地球**、**火星**、**木星**、**土星**、**天王星**、**海王星**（根据国际天文学联合会 2006 年的决议，冥王星被降级为**矮行星**）。它们都沿着同一方向自西向东绕着太阳转动，轨道都是近圆的，大致在同一平面上。**冥王星**属于太阳系外围的**柯伊伯带天体**，轨道半长轴约 59 亿千米，但太阳系的疆界可能还要遥远得多。

除了水星和金星，太阳系的行星周围都有**卫星**。截至 2022 年，已知的卫星大约有 210 颗。地球有一个卫星——**月球**，直径约 3480 千米，在太阳系里算是一个大型卫星。

小行星是太阳系里较小的天体，截至 2022 年已知的小行星有 110 多万颗，它们大部分分布在火星和木星的轨道之间的主带中。主带小行星运动受到木星的强烈影响，表现出复杂的共振特性。根据国际天文学联合会 2006 年的决议，原本属于小行星的少数几个天体被重新归类为矮行星，其中就包括位于小行星主带区域的**谷神星**，它的平均半径大约 476 千米。

彗星也是太阳系中质量较小的天体。绝大多数彗星沿着偏心率很大的椭圆轨道绕日运行。它靠近太阳时显得十分明亮，而且拖着一条扫帚形的尾巴。

流星体是行星际空间中运动的彗星或小行星的固体碎片，大小从 0.03 毫米到 1 米不等。流星体或比它们稍大的小行星进入地球大气层时，由于速度很高，同地球大气的分子碰撞而发热、发光，形成明亮的光迹划过长空，称为**流星**。绝大部分流星体在进入地球大气后化为气体，一些相对比较大的流星体或小行星在大气中没有耗尽，落到地面上便是陨石。

太阳是地球上光和热的最主要源泉。从天文学的观点来看，它还作为离地球最近的一颗恒星而占有特殊的地位。它在各类恒星中光度不算高也不算低，体积不算大也不算小。它的质量约为 1.989×10^{30} 千克，半径约为 6.963×10^{5} 千米。太阳的中心处在很高的压力下，温度约达 1.6×10^{7}K。那里的高温高压条件导致热核聚变反应发生，每秒辐射的能量达到 3.83×10^{26} 焦耳。在太阳核心区产生的能量需要辗转经历几十到上百万年才能传到太阳表面，然后辐射到周围的空间中去。太阳大约由 71%的氢、27%的氦和 2%的其他元素组成，表面温度约 6000K。太阳周围包裹着太阳大气，从内到外分别是**光球层**、**色球层**、过渡区和**日冕**，日冕含有温度高达 100 万～200 万度的等离子体。太阳外层大气以及太阳磁场延伸到极其广阔的太阳系空间。太阳通过太阳风不断向外流失物质，是行星际物质的重要来源。

日面上经常出现以黑子和磁场为标志的太阳活动，它是宇宙电动力学现象的一个重要表现。这种活动趋于剧烈时便发生耀斑爆发事件，表现为多波段辐射强度的突增和粒子加速与抛射。这是天文中极为重要、极其复杂的能量聚集、存储、引发和释放过程的一个特写，尽管在恒星世界中这还属于一种较小规模的活动。

当代的天体物理学已经能够较清楚地描绘出太阳（以及绝大部分恒星）的起源和演化的历程。大约在46亿年前，太阳的前身——银河系里的一团气体尘埃云由于引力收缩聚集成为发光的“星前”天体，进而形成了太阳系的雏形。星前天体在继续收缩中核心部分愈来愈热，当温度升至700万度时便产生热核聚变反应，也就是由四个氢原子核聚变为一个氦原子核的“氢燃烧”过程。氢燃烧释放巨大的能量，由此产生的辐射压力和气体压力一起抵挡住太阳进一步的引力收缩，这时太阳便进入了较为稳定的平衡状态，即主序星。

太阳核心区所含有的氢估计足够燃烧100亿年。太阳现在正处在中年。到了氢燃烧末期，太阳的核心部分主要是聚变的产物——氦，外壳部分则仍以氢为主。由氦构成的核由于受引力作用，愈缩愈密，氢包壳则在继续燃烧中膨胀，太阳于是变成表面温度较低而体积很大的红巨星（见赫罗图）。红巨星的氦核继续收缩，直到中心温度达到1亿度时开始“氦燃烧”，也就是氦聚变成碳的过程。到了氦燃烧末期，由碳构成的核不断收缩，而其外壳很快膨胀成为与核脱离的行星状星云，而碳核在太阳初始质量的条件下不足以产生“燃烧”，就继续收缩，直到形成密度非常高的白矮星。

恒星世界 银河系中估计有1000亿颗以上的恒星，主要分布在尺度约10万光年的空间范围里。恒星的化学组成大同小异（虽然这个小异绝不是无关紧要的），质量的差别也不是很大：恒星最小的质量大约为太阳的百分之几，最大的大约是太阳的200倍。不同质量的恒星在各个演化阶段中呈现不同的颜色和光度。不同恒星的光度相差很大，如超巨星光度可达太阳的几百万倍，而白矮星的光度则可以低到太阳的千分之一到万分之一。恒星的大小悬殊。尽管处在氢燃烧阶段的各类恒星半径相差几十倍，但在演化的某些阶段上则不然，如包壳膨胀时形成的超巨星半径可达太阳的几百到几千倍，而演化末期产物之一中子星，其内部密度可达水的百万亿倍，直径只有太阳的几万分之一。

许多恒星的光度发生引人注目的变化，其光变可以是周期性的、半规则的和无规则的。对周期性变星，光变周期从1小时到上千天不等。另有一些恒星的光度变化是突发性的，其中变化最剧烈的是新星和超新星。新星由吸积白矮星表面的失控热核反应引起，光度可突增几万至几百万倍；产生核坍缩超新星的原因是恒星处在演化过程的某个转折点上，内部严重失去平衡，导致星体剧烈爆炸，把星体大质量都抛射出去，这时的光度变化可达千万倍至上亿倍。

尽管恒星的性质千差万别，但它们的演化几乎都可用热核聚变为主的理论来解释。事实上，对于一颗孤立的恒星，只要确定它的初始质量和化学组成，就可推断出这颗恒星从诞生到死亡每一个阶段的物理特性。上面所说的形形色色的恒星，都可认为是具有某个初始质量的恒星演化到某一特定阶段的表现。恒星结构和演化理论的建立，是20世纪天文学的一个重大成就。尽管这个理论并非无懈可击，但它为理解恒星的基本性质奠定了坚实的基础。而由此引申出来的一些结果，如化学元素的起源学说，以及包括黑洞在内的超密态天体的预测等，除了具有天文学上的意义外，对现代物理学的影响也是深远的（见恒星的形成和演化）。

恒星在空间中常常不是孤栖独处的。估计银河系中由两颗星组成的双星可能占全部恒星的一半。还有三五颗星聚在一起的，组成聚星。也有几十、几百乃至几百万个聚在一起的，形成星团。所有恒星都沉浸在星际物质的海洋中。星际介质包括星际气体和尘埃，平均密度约为每立方厘米一个原子。星际物质高度密集的地方形成星云。星云是构成恒星的原料，而恒星向空间抛射的物质也成为星云的一部分原料。

银河系与河外星系　夏夜仰望天空，可以看到横贯天空的银河。从望远镜里看去，银河实际上是由千千万万颗恒星组成的。这个庞大的恒星集团称为银河系。在银河系里，大部分恒星集中在一个盘状的空间范围内。肉眼看到的银河正是这个“盘状银河系”的一部分投影。银河系里除了恒星，还有各种类型的星云、星际气体与尘埃以及磁场。

银河系的盘状部分称为银盘，直径约 10 万光年，中心厚约 1 万光年。除了银盘，还有一部分恒星稀疏地分布在一个更大的、球对称的空间范围内，形成所谓的银晕。银河系中心（见银心）在人马座方向，那里有一个质量约为 400 万倍太阳质量的黑洞。整个银盘在绕银河系中心转动着，离中心的距离不同，转动速度也不同。太阳带着太阳系的其他天体，以大约每秒 250 千米的速度绕银河系中心转动，转一周约需 2 亿年。银盘的转动方式表明银河系的绝大部分质量来自暗物质。

银河系以外还有许许多多同银河系规模相当的庞大天体系统，它们曾被形象地称为宇宙岛，一般称为河外星系，简称星系。

星系也聚成大大小小的集团，有双重星系、多重星系、星系群、星系团。大的星系团可含有上千个星系，尺度达千万光年。在可观测宇宙中星系的数目估计在 1000 亿以上，截至 2022 年，其中离地球最远的天体的红移超过 11。

星系按形态可以分为椭圆星系、旋涡星系和不规则星系等类型。它们的形成与演化历程尚无定论。20 世纪 60 年代以来，许多正在经历着高能过程的河外天体陆续进入天文学研究的前沿，包括类星体、射电星系、赛弗特星系、蝎虎座 BL 型天体等，统称为活动星系核。对它们的研究涉及宇宙中规模巨大的能量产生、释放和转移的过程，以及星系与超大质量黑洞共同演化的历史。

河外星系的观测将天文学研究的范围扩展到以百亿光年为尺度的广阔空间，这为研究大尺度空间中的物理状态提供了实测的基础，成为宇宙学（研究大尺度空间中的空、时性质和物质运动规律的科学）的一个重要支柱。星系退行的哈勃-勒梅特定律表明宇宙在不断膨胀，对宇宙微波背景辐射的精细观测把宇宙学的研究推进到新的前沿；对星系团内星系运动的测量和**引力透镜**现象的观测发现维持动力学平衡的引力大部分源于团内的暗物质，而且质量远远超过了“可见物质”；对高红移Ⅰa型超新星的观测发现宇宙处于加速膨胀状态，宇宙能量组分中大约70%来自未知的**暗能量**。暗物质和暗能量的本质是当前天文学和物理学研究面临的两大挑战。

人类宇宙观的多次飞跃

古代的天文学家测量太阳、月亮、行星、恒星在天空的位置，研究它们的位置随着时间变化的规律，从而为农、牧业生产的需要确立方位、时间、节气和历法。就是说，是他们最初创建了**天体测量学**，认识到天体运行的规律性，把它应用到时间服务和历书编算（也就是所谓的“授时”和“编历”）上。千百年来，天体测量学通过授时和编历为生产服务，而生产力的发展又不断地促进了天体测量学的发展。

早在16世纪以前，中国的天象观测已达到非常精确的程度。中国古代天文学家如**落下闳**、**张衡**、祖冲之、**一行**、**郭守敬**等，设计制造出精巧的观测仪器，通过观测恒星来定岁时，不断改进历法。在西方，古代天文学家倾注很大精力研究行星在星空背景中的运动。他们年复一年、精益求精地测量行星的位置和分析行星运动的规律，最终导致了中世纪哥白尼日心学说的创立，实现了人类认识宇宙的重大飞跃。日心学说的发展到17世纪达到了高峰。I.**牛顿**把力学概念应用于行星运动的研究，发现和验证了**万有引力定律**和力学定律，并创立了天文学的一个新的分支——**天体力学**。天体力学的诞生让天文学从单纯描述天体的几何关系进入研究天体之间相互作用的阶段。就是说，从单纯研究天体运动的状况到深入研究造成这些运动的原因。特别应该指出的是，牛顿奠定力学规律的最精确的“实验”是从观测太阳和行星的运动开始的。这是历史上最初把宇宙空间作为实验场所的一次重要尝试。

这一段历史记载了当时的天文学家以极大的耐心和细心（事实上，用了一两千年的时间）不断地积累资料，从而在一定程度上弥补了天文学只能“被动”实验的缺陷。而他们在当时的条件下以行星的运动作为研究目标，收到了很大的效果。

在牛顿以后的200多年中，天体力学的发展给应用数学以有力的推动。从微积分到现在的数学物理方法，它们已成为现代科学中必不可少的工具。

天体之间的引力作用虽然解释了许多天文现象（如地球运动、潮汐现象、太阳系天体乃至星团、星系动力学现象），却不足以阐明天体的本质。19世纪中叶以来，物理学的重大发展把天文学推进到一个新的阶段。以测定天体亮度和分析天体光谱为起点的天体物理学成为天文学的一个新的生长点。

19 世纪末到 20 世纪初，量子力学、相对论、原子核物理学和高能物理学的创立给了天文学以新的理论工具研究天体的化学组成、物理性质、运动状态和演化规律，帮助人类对天体的认识深入问题的本质。**天体物理学**带来的第一个成就是天文学家从此可以根据已知的物理规律阐述天体的演化。

天体物理学的诞生标志着现代天文学的起点，天文观测也在这时进入一个新的阶段。回顾历史，17 世纪以前，天文工作者在漫长的年代里只是靠肉眼来观测天象，能看到的星星不过五六千颗。17 世纪初，**伽利略**发明**天文望远镜**，大大开阔了人类的视野。随着光学技术的发展，望远镜的口径越来越大，20 世纪以来光学望远镜的口径从米级扩大到十米级，人类的视野逐步从恒星和星云扩大到银河系和银河系以外的空间。更加重要的是，20 世纪 60 年代以来，**射电天文学**和**空间天文学**迅速发展，天文观测不但具有空前的探测能力和精度，而且观测的范围扩展到了整个电磁波段：除可见光以外，天体的射电、红外、紫外、X 射线、γ 射线的辐射也都能接收到。与此同时，中微子和宇宙线的探测也提供了天体许多极为重要的信息。21 世纪初，引力波探测打开了一扇新的观测窗口，天文学正式迈入了多信使观测的时代。

随着观测手段的进步，天体物理学进入空前活跃的阶段。从太阳光谱中发现了化学元素氦，对星云谱线的分析提供了原子禁线理论的线索，对太阳和恒星内部结构的研究建立了热核聚变的理论，从恒星演化的理论引申出元素合成的理论，这些成就奠定了天体物理学发展的基础。20 世纪中叶以来，天文学上接连发现的新现象给物理学科包括天体物理学和其他物理学科分支以一连串的冲击。如红外源、分子源、天体微波激射源的发现对恒星形成的研究提供了重要的线索；**脉冲星**、X 射线源（见 **X 射线天文学**）、γ 射线源（见 **γ 射线天文学**）的发现推动了恒星晚期演化和致密星物态的研究；**星际分子**的发现引起了生物学界和化学界的关注；大规模星系巡天提供了研究星系宇宙学所需的海量观测数据，结合大规模数值模拟，人们可以精确刻画星系大尺度结构的增长历史；通过综合宇宙微波背景辐射、**红移畸变**、引力透镜等宇宙学探针，对宇宙的膨胀历史和结构演化速率的测量精度优于百分之十；直接探测到双黑洞和双中子星并合的引力波信号以及对星系 M87（室女座 A 星系）与银河系中心超大质量黑洞的直接成像再一次验证了广义相对论；发现的系外行星数目呈爆炸性增长，特别是发现了潜在的类地行星以及确定气态巨行星大气层的特征，有力推动了行星科学的发展；时域天文学快速发展，超新星、γ 射线暴、快速射电暴、新星、千新星、恒星耀发、潮汐瓦解事件等暂现源或爆发源的数量和种类不断增加，极大地丰富了人们对于宇宙天体活动性的认识。与此同时，深空探测方兴未艾，宇宙飞船远访行星，以及在月球、火星、金星上的着陆考察，太阳系的构成和演化的研究展现出崭新的局面。

这一切表明人类的宇宙观将迎来新的、巨大的飞跃。把宇宙空间作为科学实验场所给人们更深的印象和更大的信心。这个宇宙实验室有地面实验室难以模拟的物理条件，如星际空间中每立方厘米不到 1 个原子的高度真空、中子星内部每立方厘米包含着 10 亿吨物质的高密度、脉冲星表面强达 1 万亿高斯的磁场、恒星内部和恒星爆发时产生的超过 100 亿度的高温、γ 射线暴和星系核抛射物质所具有的、接近光速的极高速度等。宇宙空间中诸如此类的表演，绝不仅是物理学、力学、化学乃至生物实验室的简单补充。事实上，在这里交织着宏观世界和微观世界研究的前沿，可能正酝酿着人类认识自然的一次新的突破。地面和空间多波段、多信使观测手段的发展给予天文学、物理学以及其他学科的冲击，将反过来促进天文观测技术的迅速发展，从而导致更多的新发现。在这样的背景下，当前的天文学研究集中在宇宙的构成与起源、宇宙中的基本物理规律、第一代恒星和星系的形成、宜居行星探测等重大课题，成为富有生命力的多学科交叉点。

2021 年底，口径 6.5 米的*詹姆斯·韦布空间望远镜*发射升空，标志着空间天文观测技术趋于成熟。随着电子计算机、光学技术、自动化技术的迅速发展，地面口径 30 米级的光学红外望远镜和 1 平方千米接收面积的射电望远镜阵正在建设之中，其检测暗弱信息和分辨微小细节的能力将达到空前的程度。天体演化学、宇宙学、行星科学以及天体物理学其他分支学科的发展将会继续加速，而一些重要的物理学领域，如高能物理学、原子核物理学、广义相对论、等离子体物理学等可能在天文研究中找到新的、重要的突破口。

不难看出，今天人类虽然对天文现象的认识远远超过 300 年前，但当前天文学的发展却同那时的跃进颇有相似之处。当时天文观测手段的巨大变革——用光学望远镜代替肉眼，发现了一系列当时未知的天文现象；今天的进步——利用地面和空间的望远镜将天文学的视野扩展到全波段和多信使（见*多波段天文观测*和*多信使天文学*），又一次带来以往难以预计的重大发现。当时，天体力学的诞生使天文学从单纯描述天体的几何现象进入研究天体之间的相互作用；而今天，天体物理学的发展则使天文学从单纯研究天体的机械运动进入探索它们的本质和演化规律。

这些发展也给古老的天体测量学和天体力学带来新的推动力。人造天体的发射和应用、行星系统、星团、星系等复杂系统中天体的动力学演化给天体力学带来了新的使命，促进了它在理论上和计算技术上的发展。在天体测量方面，由于射电天文、空间技术和激光技术的应用，通过对一些位置已知天体的观测，已能辨别出地面上小到几厘米的变化，从而开创了天文学、地球物理学和大地测量学的交叉点——天文地球动力学，高精度天体测量也对建立天文参考架和开展天体物理研究起到关键性支撑作用。

天文学的学科分支

在天文学的悠久历史中，随着研究方法的发展，先后创立了天体测量学、天体力学和天体物理学。它们基本上是按研究方法分类的学科。当然，这里所说的方法包括理论和实验两方面的内容。随着天文学的发展，国际上把天体测量学、天体力学以及与其相关的**地球自转**、**时间**、太阳系天体历表、天文常数与规范等研究统一归类为**基本天文学**。**天文地球动力学**是基本天文学与空间大地测量学交叉发展出来的分支学科，以地球为主要研究对象，研究的内容、方法和技术手段都在基本天文学的范畴内。

到20世纪30年代为止，所有的天文观测都是用光学手段进行的。但在此后的一二十年间，射电天文和空间天文的手段相继出现，对天体开展了除可见光之外的射电和红外、紫外、X射线和γ射线的观测。射电天文学和空间天文学遂成为按观测手段分类的重要学科。与此同时，以中微子和宇宙线为主要研究对象的粒子天体物理学也逐步走向成熟。进入21世纪，人类第一次直接探测到来自宇宙深处的引力波辐射，由此诞生了引力波天文学。

这里按研究方法和观测手段所做的分类，并没有穷尽“类”的完整性。如从研究方法来说，也可把宇宙化学这些学科列为天文学的学科分支，不过它们还不具备像天体物理学、射电天文学和空间天文学三门学科那样的成熟程度和历史地位。同样，从观测手段的分类来说，人们往往不把**光学天文学**看作一个专门的学科分支，这是因为光学天文方法的成熟程度和历史地位如此突出，以致在传统概念中天文学本身基本上就是“光学天文学”，通常只是把光学天文实测手段，即天文仪器（指光学天文仪器）单独列为一个学科分支，而不包括用光学方法观测的天文对象和研究结果。另外，射电天文学和空间天文学，由于现阶段观测手段已日臻完善，而每一次的革新都会带来天文学上的新发现、新课题，因此观测手段和研究结果紧密相连，交错发展，使这两门学科还保持着自己的特殊性，成为独立的分支。

按照传统的观念，学科分支应当是根据研究对象来区分的。天文学研究的对象，按空间尺度的层次，可分为行星系统（包括太阳系）、太阳、恒星、银河系、星系和物理宇宙（姑且这样说，借以表示现代宇宙学所研究的对象，并与哲学意义上的宇宙相区别）。这里把太阳作为一个特殊的恒星，把银河系作为一个特殊的星系，以突出它们的地位。当然，这些不同的天文学层次之间的界线是分明的，但对它们所用的研究方法和观测手段则是大同小异的（宇宙探测器软着陆之类的方法除外）。因此，对天文学来说，按研究对象的学科分类，辅以研究方法和观测手段的分类，尚不失为一种可行的办法。当代天文学各分支的框架见图，三角形框架的三条边代表普遍采用的三种不同的学科分类：按研究对象分类、按“观测工具”分类、按“理性工具”分类。两类“工具”在天文研究中相互结合（图中为虚线连接）。此外，图中也给实用天文学设立了位置，它的每一项内容均可视为天文学中某一分支与一项实用研究的交叉。

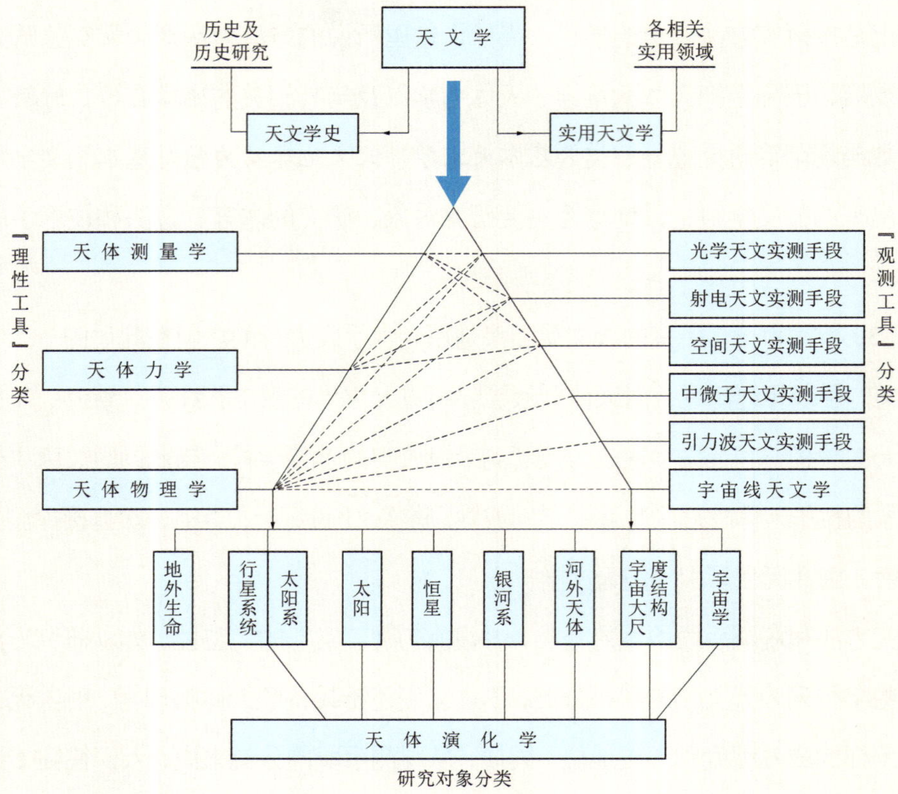

学科分类框架图

天文学方法论

天文学方法论是人们认识自然和理解自然的方法的理论，主要研究天文学基本性质及其发展规律。天文学学科分类框架图轮廓性地展示了20世纪和21世纪之交天文研究的概貌。天文学研究得力于“观测工具”和“理性工具”的发展。而这两类工具的发展，又分别借助同时代的技术进步和同时代的基础科学，体现为与天文学交叉并应用于天文研究的技术，以及与天文学交叉并应用于天文研究的基础科学。框架结构反映了天文学的发展规律，而学科的进展则反映在分支所设的条目及其内容的改变上。

远古文明时期，天文研究的对象仅仅限于几个太阳系天体以及作为“天空背景”的几千个恒星，观测工具主要是人的眼睛，而理论工具则仅是萌芽时期的天体测量学。这三个方面一开始就各就各位，并随着时代的发展不断充实、发展、变化，记载着天文学走过的古代科学漫长的旅程，直到17世纪前夕。天文学的发展中17世纪是划时代的。牛顿运动定律和万有引力定律的发现，宣告了现代科学的诞生。而天文学研究，从此越过了几千年来单纯追求太阳系天体运行的“唯象解释”，进入借助力学规律对包括太阳系天体在内的一切天体机械运动的“本质探明”。17世纪的另一个突破性事件发生在1609年，当时伽利略首次以手制望远镜观测天文目标，使得天文视野突破了肉眼聚光能力的局限，开始伸展向更加幽微因而也更深、更广的宇宙空间。这次突破赋予了上述框架上的“光学天文实测手段”以新的意义：开始了世世求大、求精而且永不停息的各类天文望远镜的研制。

这两次大突破启动了现代天文学凭借“观测工具”和“理性工具”发展的“两条腿走路”，开始以更快的节奏深入天文世界各个层次的不同领域，展开了各类科学目标的探索。这一进程历时400年，上述学科分类框架图也随之逐步扩展成了今日的组成。

作为一门自然科学的天文学 自然科学旨在认识自然，以发现和研究自然现象，探索和解读自然规律为目的。它的成果可应用于技术科学和技术的发展。天文学作为一门自然科学，同样也具有这样的基本性质。

认识自然按深度可分为三个层次。第一是认识自然事物的表象；第二是认识自然事物表象的经验规律；第三是认识自然事物存在与发展的本质。对此，现代天文学发展的“第谷-开普勒-牛顿三部曲”可视为典型。历史上，太阳系天体运行的研究历时2000年到了第谷，第一层次的认识达到了相当高的精度；而开普勒定律所体现的第二层次上的认识，到现在仍堪称登峰造极。这两个层次的认识虽然跨越了历史的认知，但它还只能是“知其然而不知其所以然”，基本上是对一事一物（即对于描述太阳系天体运行）有效。只有到了牛顿时代，才把研究从物体之间相对运动的表象深入这种运动的物理本质。牛顿这时的工作起了双重作用：首先是牛顿把太阳系天体运动看成大自然在太空中演示的力学实验，并使之成为建立力学理论的依据（力学是物理学中最先被开拓的分支），他所发现的万有引力定律和力学规律，适用范围遍及自然界万事万物的力学关系。在这个过程中，牛顿把所建立的力学理论应用于解释太阳系的天体运动，使这个解释达到了“知其所以然”，也就是达到了第三层次的认识。这种三个层次的认识达成了现代意义上的科学认识。

为了强调这一性质，以“第谷-开普勒-牛顿三部曲”为典型，采取如下表述：

第谷型研究（第一层次）：实测发现——获取基本信息。

开普勒型研究（第二层次）：信息发掘——创造经验模型（描述表象）。

牛顿型研究（第三层次）：理论解释——创造理论模型（描述本质）。

这里借用大师的名字表明各个层次的分量，用“模型”的创建来代表对科学信息的梳理和解释。模型体现为理论构思与实测数据的拟合。但理论构思允许选择，而实测数据则受到技术方法的制约，具有不确定性。因此，一个科学模型实质的确立是在具体条件下理论和实测的一种“最佳拟合”。拟合是用数学语言来表述的，因而能够做出推论以扩大认识，做出预测以接受验证。推论和预测，使科学认识在“理论模型”的层次上接受新的挑战。由于科技进步不断牵动理论能力和实测条件的提高，所以任何时候所建立的模型都会不断地面临着新理论的挑战和实测的检验。历史表明，在科学发展中，不管什么样的挑战都能激励科学的奋进，而且每次“强挑战”的突破都会显著提高理论模型的权威性，还可能预示着科学的革命性进展。天体力学建立之后遇到的一次“强挑战”是1846年海王星的搜索，这次“强挑战”的突破，显示出牛顿力学体系的“威力”。另一次是1882年水星近日点进动超差值的确定，这是一次“不能解决的强挑战”，现在知道，它预兆着引力理论的大变革。

天文学“模型”的几个先验条件 建构天文学“模型”普遍认同的几条先验原则如下所述，但不涉及哲学讨论。

①认定宇宙间物质及所遵循的规律的统一性。这种统一性决定了可把发生在“天”上和发生在“地”上的自然现象视为一个整体互相印证；决定了可用自然科学规律来解释极其遥远的天文现象；决定了可用所掌握的天文知识来探索物理学和其他自然科学的基本规律。

任何原则都要接受实测的考验。但当实测与已有的认识矛盾时，首先要检查、修正或改建“模型”，应把矛盾视为促使科学进步的挑战，统一性原则不要轻易放弃。

②认定地球、太阳系、银河系在宇宙中不具有特殊的优越地位。这是“地心论”被抛弃后形成的观念，可将它推论到任何天区，即宇宙中的一切事物都不占有特殊的地位。这种观念符合宇宙学原理。进一步还可认为任何一类天文现象，不论在宇宙间什么场合，只要环境条件相似，演化时期相近，都会遵循相似的产生和发展途径。人们可通过这种信念大规模测量和比较各类天体（恒星、星系）不同时期的样本，验证长以百万年乃至百亿年计的演化历程。数十年来探索“地外文明”之举，同样也是基于这种“信念”。

③认定宇宙间物质的存在、组合和演变的无限性。这种认定的内涵是，任何时候在已被认识的天文现象之外，仍存在着需要人们去发现或深入了解的现象和规律（至少在可预见到的将来是如此）。这决定了天文观测手段的发展已成为天文学进步的原始推动，它往往超前于学科的发展。

条目分类目录

说　明

1. 本目录供分类检查条目之用。

2. 目录中凡加〔××××〕的名称，仅为分类集合的提示词，并非条目名称。例如:〔天文学家〕〔中国古星图〕。

〔天文观测仪器与方法〕

恒星

A

“阿波罗”计划　Apollo Project　美国国家航空航天局（NASA）在20世纪60～70年代执行的最庞大的月球探测计划。在“阿波罗”计划之前，美国已开始发射不载人的“徘徊者”“月球轨道环行器”和“月球勘测者”等月球探测器系列。“阿波罗”飞船的任务包括为载人登月飞行做准备和实现载人登月飞行。原计划发射19次，后来减为17次。这项计划已于1972年年底结束。“阿波罗”飞船由指挥舱、仪器舱和登月舱组成。“阿波罗”计划经过3个模型（“阿波罗”1～3号）、3艘不载人座舱（“阿波罗”4～6号）试验后，“阿波罗”7～10号各载3名宇航员在地球轨道上做飞行测试或绕月飞行。其中，“阿波罗”7号在地球轨道上进行载人飞行试验；“阿波罗”8号接近月球表面约100千米鸟瞰月面；“阿波罗”9号在地球轨道上试验登月舱；“阿波罗”10号进行环月飞行和登月模拟试验，把登月舱下降到距月球表面15千米以内做模拟着陆。1969年7月20日“阿波罗”11号登月舱第一次实现了人类登上月球的创举（图1）。从“阿波罗”11号到“阿波罗”17号共载人登月飞行7次，6次成功，各送2名宇航员登上月球。“阿波罗”13号飞向月球途中出现故障，被迫取消登月。“阿波罗”飞船的各次登月飞行，除宇航员进行观测、照相、采样等例行活动外，“阿波罗”11号宇航员在月面安装了月震仪、激光测距反射器、太阳风收集器、宇宙线探测器等实验仪器（图2）。“阿波罗”12、14、15、16、17号各搬去更复杂的月球表面实验组件，包括月震仪、磁强计、太阳风能谱仪、离子探测器等。“阿波罗”14号登月舱携带了特别的运输双轮车。“阿波罗”15号带去一辆重209千克的月行车，行驶三次，共计行程约26千米，并从飞船服务舱发射一颗子卫星——“月球子卫星”1号。“阿波罗”16号在月球轨道上发射了子卫星——“月球子卫星”2号。

“阿波罗”11～17号登月飞行的实验课题和仪器

实验项目或仪器	11号	12号	13号	14号	15号	16号	17号
月球地质研究	○	○	在飞向月球的途中，因发生故障被迫取消登月	○	○	○	○
激光测距反射器	○			○	○	○	
宇宙射线探测器	○					○	
月球近距离立体照相	○	○					
轻便磁强器				○		○	
月球横向重力							○
月壤力学				○	○	○	○
远紫外分光照相机						○	
表面的电特性							○
太阳风成分	○	○		○			
月球表面实验或装置：							
被动月震学实验	○	○		○	○	○	
主动月震学实验				○		○	
月球三轴磁强计		○			○	○	
太阳风的中能粒子		○			○		
离子探测器		○		○	○		
月球热通量					○	○	○
冷阴极电离真空规		○		○	○		
月球喷出物和陨石							○
月震图							○
月球大气成分							○
月面重力计							○
带电粒子——月球环境				○			
γ射线频谱仪					○	○	
X射线望远镜					○	○	
α粒子能谱仪					○	○	
无线电短波转发器				○	○	○	○
质谱仪					○	○	
远紫外频谱仪							○
双静态雷达				○	○		
红外扫描辐射计							○
流星体窗				○	○		
紫外摄像——地球和月球					○	○	
从月球轨道看对日照					○		
总体γ射线频谱测定法					○	○	○
子卫星：							
无线电短波转发器					○	○	
磁强计					○	○	

注：○为有此项实验课题或仪器。

图1　“阿波罗”11号的美国宇航员之一奥尔德林登上月球

图2　在月球上进行科学实验

“阿波罗”17号在月球上钻了三口2.5～3.0米深的井，放置仪器。表中列出“阿波罗”登月飞行的实验课题和仪器。“阿波罗”月球探测获得大量有意义的新资料，详细揭示了月球表面结构特性、月面物质的化学成分、光学和热力学物理特性，并探测了月球重力、磁场和月震等。（苏万振）

阿尔文，H.　Hannes Alfvén（1908-05-30～1995-04-02）瑞典物理学家。生于诺尔雪平，卒于于什霍尔姆。1934年获乌普萨拉大学博士学位并在此任教，1937年任诺贝尔物理研究所研究员，1940年起任瑞典皇家理工学院教授，1967年起兼任美国加利福尼亚大学教授。他是瑞典科学院和瑞典工程科学院院士，英国皇家学会外籍会员，美国艺术与科学学院外籍荣誉院士，苏联科学院外籍院士，电气与电子工程师协会（IEEE）终身会员，欧洲科学院院士，印度国家科学院院士。1967年获英国皇家天文学会金质奖章，1970年获诺贝尔物理学奖，1971年获美国富兰克林研究院富兰克林奖章和苏联科学院罗蒙诺索夫奖章。

开拓了磁场中导电气体的磁流体动力学的研究领域。他首先意识到等离子体是宇宙中比固态、液态或气态更为普遍的物质状态。1942年他在太阳黑子的理论研究中发现，处在磁场中的导电流体，在一定条件下可以使磁力线像振动的弦那样运动，出现一种磁流体波。这种波后来被称为阿尔文波。但当时无人理会他的这个发现，因为按照传统的电磁理论，在导电介质中是不可能存在电磁波的。直到1949年，阿尔文波才首先在液态金属中被观察到，1959年又在等离子体中得到证实，终于受到应有的重视。这一发现在等离子体物理、天体物理、受控热核反应以及超声速飞行、空间飞行中都有重要应用。他还提出过处理带电粒子在磁场中运动的“导向中心”近似法，此方法可较简捷地求得带电粒子在磁场中的运动规律。由于他在磁流体动力学和等离子体物理学方面的贡献，获得1970年诺贝尔物理学奖。

从1943年起，阿尔文系统地发表了关于太阳系的天体演化方面的论文，对于宇宙磁场的起源、太阳系的质量分布与结构、地球与月球系统的起源与演化、彗星的性质与起源、小行星带的演化等方面，也都有贡献。他提出宇宙是由等量的物质和反物质构成的，提出了与大爆炸起源说不同的宇宙早期演化学说。（戴念祖　撰　石云里　修订）

阿尔文学说　Alfvén's theory　强调电磁作用的一种太阳系起源学说。1942年以来，瑞典学者H.阿尔文发表了一系列有关太阳系起源的论文。1976年，他把主要的研究成果总结在与G.O.S.阿亨尼斯合著的《太阳系的演化》一书中。阿尔文认为，太阳系内的天体都是由一个高度电离的气体云形成的。太阳一形成就有很强的磁场，其周围的高温电离气体云（离太阳0.1光年处）因冷却而还原成中性态，并因太阳的吸引而下落。当下落的动能超过电离能时，由于碰撞而再度电离，并在离太阳一定距离处停止下落。根据各元素的电离电势，阿尔文预测在离太阳不同距离处先后形成大小不等四个物质云。太阳系中的行星、卫星都分别由这四个云中的物质凝聚而成。阿尔文认为，规则卫星的形成过程同行星的相似，即在行星的周围也形成几个云，最后凝聚成规则卫星。

阿尔文于1942年最先提出磁耦合机制并用来解释太阳系角动量特殊分布问题。他还预测行星自转周期存在等周律。1969年又提出了一个“喷流”的新概念。所谓喷流，是指一群运动轨道几乎相同的天体。他指出：来到中心天体周围的等离子体总是先凝聚成尘粒或星子，然后形成喷流，而喷流能俘获与它相遇的所有固体微粒和星子，在喷流中集聚成较大的天体，直至最后形成绕中心体转动的天体（行星、卫星、彗星）而离开喷流为止。阿尔文在小行星中找到了三个喷流。随后，其他科学家又发现了更多的喷流。（张明昌）

阿根廷射电天文研究所　Argentine Institute of Radio Astronomy; IAR　阿根廷下属的射电天文台。原名国家射电天文研究所（INRA）。位于阿根廷布宜诺斯艾利斯省佩雷拉·伊拉奥拉公园，由阿根廷国家科学技术研究委员会（CONICET）、布宜诺斯艾利斯省科学研究委员会（CIC）、拉普拉塔大学、布宜诺斯艾利斯大学四家机构于1962年协商创建。隶属阿根廷国家科学技术研究委员会和布宜诺斯艾利斯省科学研究委员会。其成立目标是：①在射电天文学领域进行科学研究。②向其他对射电天文学研究感兴趣的机构提供帮助和建议。③合作发展射电天文学教学。④协助研究人员和技术人员在其特定领域的培训。⑤通过适当的手段和程序传播有关其具体领域的信息。⑥与国内外或国际类似机构保持科学关系。

阿根廷射电天文研究所30米双口径射电望远镜

研究所建有30米双口径射电望远镜。其第一个天线于1963年建造，1965年首次探测到21厘米中性氢发射线。第二个天线于1977年启动，旨在研究中性氢频率下的无线电连续性和极化。经过多次更新维护，这两个天线都可用于探索其他科学目标，例如中子星和脉冲星的定时，将有助于探测和研究引力波。（李宗伟　刘黎明）

阿利斯塔克　Aristarchus of Samos　古希腊天文学家。生于爱琴海上的萨摩斯岛，约活跃于前310～前230年。提出太阳在宇宙中心，与恒星一样都静止不动，地球则与诸行星一样沿圆形轨道绕太阳运动，同时绕轴自转。恩格斯曾称他为“古代的哥白尼”。现存的著作有《论日月的大小和距离》。其中他估测月亮上弦、下弦时日地连线与月地连线之间的角距离为87°，由此推算出月地距离和日地距离之比、月亮直径和太阳直径之比均为1∶18～1∶20。结果虽不精确，但因原理简明，使这种方法应用了1000多年。估算月食时月球视直径和地影直径成1∶2关系，由此推出太阳直径和地球直径地比例为19∶3～43∶6。这个方法后为依巴谷所采用。（陈美东　石云里）

阿姆巴楚米扬，V.A.　Viktor Amazaspovich Ambartsumian（1908-09-18～1996-08-12）苏联天文学家。生于格鲁吉亚第比利斯，卒于亚美尼亚埃里温。1928年毕业于列

宁格勒国立大学，1934年任该校教授，建立天体物理学系，担任首任系主任，1939～1941年担任该校天文台台长。1940年加入苏联共产党，苏德战争爆发后担任该校副校长。1946～1988年任比尤拉坎天体物理台台长。1943年当选亚美尼亚科学院院士和副院长，1947～1993年连续当选该院院长。1939年当选苏联科学院通讯院士，1953年当选该院院士。1940年和1968年先后获亚美尼亚和格鲁吉亚荣誉科学家称号，1945年、1958年、1974年、1978年四次获得列宁勋章，1946和1950年两次获得苏联国家勋章，1953年获苏联劳动红旗勋章，1960年获苏联劳动英雄勋章，1968年和1978年两次获得苏联社会主义劳动英雄称号，1969年获保加利亚共和国西里尔－美托迪乌斯勋章，1983年获苏联十月革命勋章，1994年荣获亚美尼亚国家英雄称号，1995年获俄罗斯联邦国家奖。1947年当选美国天文学会荣誉会员，1953年当选英国皇家天文学会外籍会员。1958年当选法国科学院通讯院士，1978年当选该院外籍院士。1958年当选美国艺术与科学院外籍荣誉院士，1959年当选美国国家科学院外籍荣誉院士以及加拿大皇家天文学会荣誉会员，1969年当选英国皇家学会外籍会员。1961～1964年任国际天文学联合会主席。1968～1972年任国际科学联合会理事会主席。

对恒星起源理论颇有研究，尤其强调灾变、爆发活动在**恒星的形成和演化**中以及在星系的演化中的作用。1947年提出**星协**概念。20世纪50年代转向星系核和**宇宙学**的研究，提出超密态假说，用以说明天体和宇宙的起源，认为天体的演化是沿着从密到稀的方向进行的。1955年提出天鹅座A不是两个相碰的星系，而是一个正在爆炸（分裂）的星系。他从事多重星系的研究，认为多重星系的主要倾向是分裂，而不是碰撞。随后，爆发星系（如M82）的陆续发现，证实了他的看法。1946年提出星系分类法。他还曾经论证**沃尔夫－拉叶星**应观测到氦的吸收禁线，后来为观测所证实；估算**银河系**的年龄为10^{10}年，也得到了普遍公认。在恒星天文学、**星系动力学**、河外天文学和宇宙演化学等领域，均有精深的研究，并有强烈的哲学倾向。著有《恒星演化与天体物理学》（1947）、《学术著作集》（2卷，1960）和《河外星系研究》（1968）等。 （陈美东　石云里）

阿帕奇天文台 Apache Point Observatory; APO　美国天文研究机构。1985年建立，位于美国新墨西哥州拉斯克鲁塞斯，海拔约2800米。隶属美国天体物理研究会（ARC），由新墨西哥州州立大学负责日常的运行。主要设备包括一架3.5米通用望远镜（ARC3.5）、一架2.5米斯隆数字巡天（SDSS）望远镜、一架1米望远镜（ARCSAT），以及一架0.5米ARC小口径望远镜（ARCSAT）。①3.5米望远镜是一架R-C望远镜，1985年开始建造，1994年全面运行。主要用于**行星**、**恒星**、**星云**和其他天体的形成与演化研究，2005年开始参与阿帕奇天文台月球激光测距工作（APOLLO）的月球测距计划，其测距精度可达毫米级。可进行远程控制，可以快速更换终端设备，采用超轻设计方案，具有独特的天空监测能力。②2.5米斯隆数字巡天望远镜是一架R-C望远镜，2000年开始运行，装有**斯隆测光系统**，其视野可达3°。③1米望远镜也是一架R-C望远镜，1994年建成，供新墨西哥州州立大学使用。这架1米望远镜同样具备远程控制功能，可以在新墨西哥州州立大学的校园里完成观测。④0.5米望远镜是一架**反射望远镜**，建于1991年，1998年从原位置迁出，作为斯隆数字巡天项目的一部分使用至2005年，之后用于一些小型研究

阿帕奇天文台内的0.5米望远镜（左）和2.5米斯隆数字巡天望远镜（右）

目标。APO所在台址大气的视宁度非常好，是天文观测的好地方。

（李宗伟　刘黎明）

阿切特里天体物理观测台 Arcetri Observatory　意大利的一家天文机构。建于1869年，1872年建成（见图）。拥有当时意大利最大的**折射望远镜**，位于意大利佛罗伦萨近郊城镇阿切特里的山上，邻近意大利天文学家**伽利略**晚年居住的焦耶洛别墅。1925年，仿美国威尔逊山天文台建成25米高**太阳塔**，该太阳塔运行至1972年，其间共拍摄一万两千多幅太阳图像。2002年起隶属意大利国家天体物理研究所（INAF）。天文台展馆收藏并展出各种不再使用的天文仪器，同时还有各类历史档案资料和古籍，其中最知名的是1632年出版的伽利略的《**关于托勒密和哥白尼两大世界体系的对话**》，其扉页签名很可能是来自伽利略本人。

天文台落成典礼（1872年10月27日）

该天文台除进行理论与观测天文学研究以外，还以设计开发天文仪器闻名。曾深度参与6.5米口径多镜面望远镜、8.4米口径大双筒望远镜、3.5米口径伽利略国家望远镜、8.2米口径甚大望远镜（VLT）的自适应次镜、1.5米口径戈尔内格拉特红外线望远镜（TIRGO）等大型天文望远镜的研制工作。 （李宗伟　刘黎明）

阿耶波多（第一） Āryabhata I（476～550）印度古代笈多王朝的天文学家和数学家。生于古苏姆布尔华氏城（今印度比哈尔邦的巴特那城）附近。他于499年所著的历数书《阿耶波提亚》，是印度天文学的第一次系统化。全书分四部分，由118行诗组成。第一部分介绍用音节表示数字的特殊方法；第二部分讨论数学问题，其中包括正弦函数和圆周率（等于3.1416）；第三部分讲**历法**，同他以前的《苏利亚历数书》基本上一样；第四部分论天球和地球，还提到**日食**，并提出用地球绕轴自转来解释天球的周日运动。阿耶波多的著作于8世纪末以《阿耶波多历数书》的名称译成阿拉伯文，后经**比鲁尼**注释。

10世纪中叶，还有一位印度天文学家阿耶波多，他著有《阿耶历数书》。一般西方著作把5世纪的阿耶波多称为阿耶波多（第一），把后者称为阿耶波多（第二）。

（陈美东）

阿耶波多观测科学研究所 Aryabhatta Research Institute of Observational Sciences; ARIES　印度一家专门研究天文学、**太阳物理学**、**天体物理学**和大气科学的研究所。成立于1954年，主要观测站位于印度北阿坎德邦库曼大区奈尼塔尔县附近海拔2540米的山上（Manora Peak），原名北方邦国家天文台，2004年成为印度科技部下属的自治研究机构，同年为纪念印度古代天文学家**阿耶波多（第一）**而更为现名，

阿耶波多观测科学研究所远景图

其缩写 ARIES 即白羊座。主要研究领域包括太阳物理、行星、恒星、银河系、星团、脉动变星、邻近星系、类星体的光度研究以及超新星和高能γ射线爆发等瞬态事件。主要观测装置有：3.6 米和 1.3 米的德瓦斯塔尔光学望远镜、1.04 米 Sampurnanand 望远镜（ST）、15 厘米太阳望远镜、50 厘米贝克-努恩-施密特望远镜（BNST），以及 2022 年建成的 4 米国际液体望远镜（ILMT）。

（李宗伟　刘黎明）

矮椭圆星系　dwarf elliptical galaxy　物理尺度小、内禀光度低的椭圆星系（E）。通常以绝对星等MB = −18 为界划分 E 和 dE。dE 主要分布在星系团和星系群中。面亮度较低，且通常具有较低的中心聚度，Sersic 指数$n < 4$，也有更低的金属丰度。在整体上符合椭圆星系的基本面、金属丰度与光度相关性等标度关系。

矮椭球星系（dSph）是更暗弱、更小的星系。暗至−2.5 等，小到几十秒差距。面亮度可低至$\langle\mu\rangle_e$～30.5 星等/平方角秒。由于结构上的对称性，以及缺少气体、年轻星族等特征，在大的分类上可归于椭圆星系。由于暗弱和面亮度极低，仅在本星系群和近邻星系团中被发现，而本星系群中大多数星系都是矮椭球星系。

运动学的观测证据表明，dE 和 dSph 的质光比可以高达几百倍的太阳质光比，说明这些矮星系同样有暗物质（子）晕主导，而且其弥散速度还受到了团环境或其寄宿的暗物质（主）晕的影响。

不同于（巨）椭圆星系的并合形成过程，矮椭圆星系，尤其是矮椭球星系，更倾向于由团环境中的形态转换过程形成。星系团的潮汐剥离、团星系的相互干扰，以及星系在团高温气体中运动所受到的冲压剥离过程，都会导致旋涡星系、椭圆星系或不规则星系转变成矮椭圆（球）星系。

（邵正义）

矮新星　dwarf nova　新星中一类爆发规模较小、频次较高的爆发变星。矮新星在许多方面同新星和再发新星类似。矮新星准周期地爆发，光度陡然增亮，又慢慢变暗。不过光度变幅较小，一般不超过 6 个星等。爆发平均周期较短，10～200 天。有两类矮新星：①双子座 U 型星或天鹅座 SS 型星，已发现 250 个以上。②鹿豹座 Z 型星，已发现 30 个以上，它们的变幅比双子座 U 型星小，平均 2～3 个星等，周期更短（10～20 天）。统计研究表明，矮新星的平均变幅$\Delta m_{\rm V}$和平均爆发周期P之间存在如下关系：$\Delta m_{\rm V} = 0.4 + 1.85\lg P$（$P$以天计）。这一关系也适合于再发新星，历史上曾用它预报了北冕座 T 星的再发。许多矮新星也是双星，是由一颗黄矮星或红矮星和一颗白矮星或蓝亚矮星组成的密近双星系统，轨道周期约几小时。冷星充满临界等位面，通过内拉格朗日点将物质抛向热矮星，形成吸积盘和热斑。对双子座 U 的观测表明，爆发时随着亮度的增加，由食引起的变光深度越来越浅，食的开始时间越来越早，持续时间越来越长。光度极小时（正常阶段），矮新星光谱是连续谱加上强而宽的 H、He 和 CaⅡ的发射带，并有氢的连续发射。光度极大时，强发射带消失，基本上是早型（B、A 型）的纯连续谱，色温度比光度极小时明显增高。根据综合光谱和光度资料，可以认为矮新星爆发的主要原因是冷星的变热，而冷星体积的变大和热星吸积盘的变亮则是次要原因。这同新星的爆发是由于壳层抛射，因而有效光球面积增大致使光度突增是不一样的。至于冷星表面温度突然增高，很可能是因为它的物质抛射率突然增加，外层大气很快脱离冷星而露出了温度较高的内层所造成的。有人认为矮新星是大熊座 W 型密近双星演化的产物，但对此争议很大。特短周期矮新星的引力波问题是一个较新的研究课题。

（杭恒荣）

矮星　dwarf　恒星光谱分类中光度级为 V 的星，即等同于主序星。光谱型为 O、B、A 的矮星称为蓝矮星（如织女一、天狼），光谱型为 F、G 的矮星称为黄矮星（如太阳），光谱型为 K 及更晚的矮星称为红矮星（如南门二乙星）。但白矮星、亚矮星、“黑矮星”则另有所指，并非矮星。物质处在简并态的一类弱光度恒星“简并矮星”也不属矮星之列。“黑矮星”则是理论上估计存在的天体，指质量大致为一个太阳质量或更小的恒星最终演化而成的天体，它处于冷简并态，不再发出辐射能；也有专指质量不够大（小于约 0.08 太阳质量）、已没有核反应能源的星体。

（沈良照）

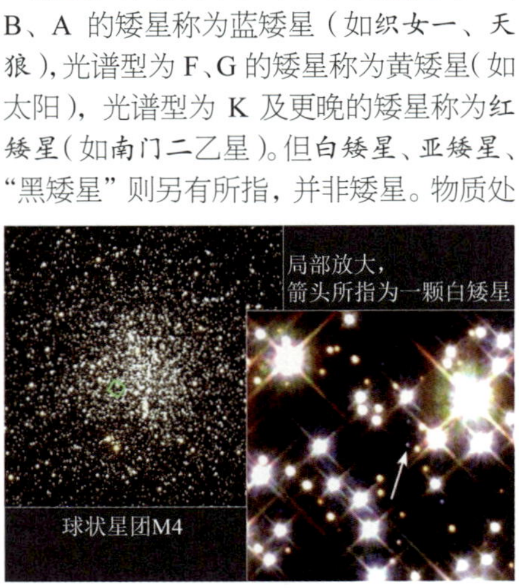

M4 中的矮星

矮星系射电辐射　radio emission from dwarf galaxy　矮星系在射电波段发出的辐射。矮星系的质量和光度都比正常星系小 1～2 个数量级，很多矮星系的光学图像和光谱都很弱，不容易被光学望远镜探测到，因此观测矮星系的射电辐射是研究该类星系的一种重要的手段。很多光学面亮度极小的矮星系是通过射电观测发现的。矮星系的射电辐射主要由连续谱辐射和谱线辐射构成。

在厘米波段的射电连续谱辐射有热辐射和非热辐射两种成分。这两种成分可以从它们的能谱分布的谱指数区分。热辐射的能谱斜率几乎是平坦的（$f_\nu \propto \nu^{-0.1}$），而非热辐射的能谱较陡，谱指数α（$f_\nu \propto \nu^{\alpha}$）是−1.1～−0.4，因而频率越低，射电连续谱辐射的非热成分比例越大。银河系内射电源的热辐射和非热辐射区域一般都能在空间上区分开，但在河外星系中，受限于空间分辨率，这两种辐射成分会同时进入射电望远镜的波束里，因此观测到的射电辐射往往含有热与非热的两种成分。在此情况下，可以通过与 Hα 的流量相比较来估算其中热辐射的比例。

矮星系的种类有很多，有的矮星系（主要是光学颜色偏蓝的）有恒星形成，其热辐射主要是由大质量恒星周围的电离氢区和超新星遗迹里的自由电子产生的。这些辐射的强度与莱曼电离光子的总数成正比，因此与大质量恒星的总数成正比，可以用其辐射强度来推算恒星形成率。因为产生非热辐射的相对论性电子主要是由超新星爆炸后在其遗迹中加速而来的，这类星系的非热辐射也与恒星形成率正相关。观测发现大部分星系里的射电连续谱辐射和红外辐射流量以及 CO 分子谱线流量都有很好的正相关关系，该关系对大部分矮星系也适用，只有部分有活动星系核的矮星系不符合该规律。

有一种特殊类型的矮星系的恒星形成率比正常星系高一个量级，其性质类似星暴星系。

大量的矮星系基本没有恒星形成活动，其分子气体和尘埃含量都很少，它们的射电辐射以非热成分为主，主要是相对论性电子在磁场中运动而产生的同步辐射。这些相对论性电子是由活动星系核（AGN）或γ射线暴等高能源产生的，观测这类星系的连续谱辐射可以揭示宇宙线和磁场的特性。同步辐射是偏振的，通过射电偏振观测可以推测出磁场的方向。

矮星系的谱线辐射主要是中性氢原子的21厘米发射线和各种分子转动能级跃迁而发射的谱线，另外还有电离气体（主要是氢离子和碳离子等）产生的射电复合线。这些辐射可以揭示各类气体的物理特性。矮星系质量小，引力势阱小，超新星等反馈作用产生的星风容易逃逸出星系，因此不容易保留大量气体。很多矮星系金属丰度低，尘埃含量相对少，不能很好地遮挡紫外线，分子容易被分解，因此矮星系的分子谱线辐射一般较弱，较难探测到。这类星系中大部分的气体是以原子态的形式存在。这些原子气体主要是通过中性氢的21厘米发射线来探测。一些特殊的矮星系里中性氢气体的质量甚至比其恒星总质量还大，星系里的重子物质主要是以中性氢的形式存在。这类星系可能是由于其气体柱密度太低，恒星形成效率低下而导致的。通过观测中性氢的21厘米谱线可以研究星系的气体含量，恒星形成以及重子物质与暗物质的分布等物理性质。

矮星系的总体探测数据较少，还有很多未解之谜。例如在银河系周边观测到的矮星系的数目远远低于宇宙学数值模拟预言的数目。一个可能的原因是由于很多矮星系的表面亮度低，不能被光学巡天探测到。因此新一代射电望远镜的一个重要科学目标就是发现更多光学望远镜无法发现或者难以确认的极低表面亮度矮星系，甚至发现缺少足够恒星的光学暗的矮星系，得到其中性氢的含量。观测到这些矮星系将有力地限制星系形成和演化模型、宇宙电离模型和暗物质的性质。另外，对红移大于0.5的矮星系，其原子和分子谱线都很弱，难以观测到；而类星体的强辐射场可以激发附近的矮星系产生射电复合线，这些谱线可以成为探测较高红移矮星系的一种手段。

有一类矮星系有大量的气体但金属丰度极低，这些特性类似于宇宙早期还没有大量恒星形成的原始星系，观测这类星系有助于理解高红移星系演化早期阶段的细致过程。

此外，在暗物质高度主导的矮星系如椭球状矮星系中，通过射电辐射寻找暗物质的观测证据也是近年来的一个热点。暗物质粒子湮灭会产生相对论粒子，这些粒子在磁场中运动产生的同步辐射有可能被射电望远镜观测到。由于椭球状矮星系里基本没有星际介质和恒星形成活动，暗物质粒子湮灭产生的射电辐射不会与星系里的热辐射和非热辐射相混淆，通过高分辨率的干涉阵观测这类星系有可能找到暗物质粒子湮灭的痕迹。这类观测主要在厘米波段开展，这主要是因为该波段的天空背景数据较完善，可以有效扣除背景辐射，更有希望找到暗物质粒子湮灭所产生的微弱辐射。

（朱　明）

矮行星　dwarf planet　围绕太阳运转，自身引力足以克服其刚体力而使天体呈圆球状，但不能清除其轨道附近其他物体的天体。2006年8月，在捷克首都布拉格举行的

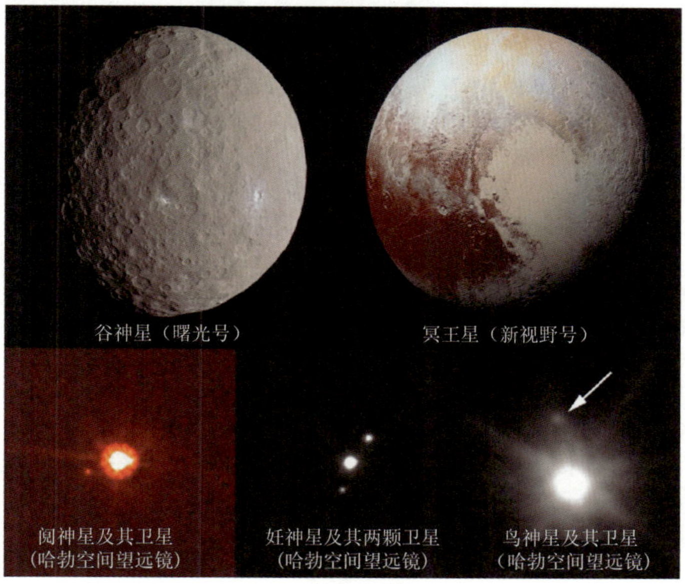

五颗矮行星图像

第26届国际天文学联合会（IAU）上为矮行星做了定义。该名词由天文学家A.斯特恩于1991年在一篇论文中所提出。截至2023年，IAU所认定的矮行星有5颗，分别为冥王星、谷神星（Ceres）、阋神星（Eris）、妊神星（Haumea）和鸟神星（Makemake），预计未来将会有更多的海王星外天体被归类为矮行星。这些矮行星的基本参数如下：

冥王星　小行星编号为134340，位于柯伊伯带的矮行星，平均直径2377千米，已发现冥王星有5颗自然卫星，其中最大的为冥卫一卡戎（Charon），与冥王星呈潮汐锁定状态。卡戎直径达1212千米，相对于主星冥王星的体积比要比太阳系其他矮行星和大行星都更大，其他四颗卫星的直径则小得多，直径为卡戎的几十分之一。

谷神星　小行星编号为1，平均直径945千米，位于火星和木星间的小行星主带，是主带中直径最大的小天体，质量占主带所有小天体总质量的三分之一，是距离太阳最近的矮行星，也是首颗被人类探测器探测的矮行星（2015年曙光号），尚未发现谷神星存在自然卫星。

阋神星　小行星编号为136199，平均直径约为2326千米，与冥王星差不多，根据轨道分类属于海王星外的离散盘天体（轨道偏心率达0.436，黄道倾角达44°）。阋神星存在一颗名为迪丝诺美亚（Dysnomia）的自然卫星，根据卫星轨道计算结果表明阋神星比冥王星质量大约27%，这表明阋神星是截至2023年所发现的质量最大的矮行星。

妊神星　小行星编号为136108，位于柯伊伯带，其自转周期较小，为3.915小时，是一颗具有延长型形状的天体，最佳拟合得出的三轴直径为2100千米×1680千米×1074千米。妊神星具有两颗自然卫星：妊卫一和妊卫二，它们被认为是形成于妊神星冰幔上高速撞击溅出的撞击碎片。

鸟神星　小行星编号为136472，位于柯伊伯带，平均直径约为1430千米，已发现其存在一颗编号为S/2015（136472）1，直径175千米的自然卫星。

（胡寿村）

矮造父变星　dwarf cepheid　光度变化在0.003至0.9视星等，光变周期为数小时的变星。盾牌座δ型变星、船帆座AI星都曾归于矮造父变星。见盾牌座δ型变星、船帆座AI型变星。

艾国祥　Ai Guoxiang（1938–02–17～　）中国天体物理学家。生于湖南益阳。1963年毕业于北京大学地球物理系天体物理专业，同年到北京天文台（今国家天文台）工作。历任副研究员、研究员、博士生导师，首席科学家，1998年起任北京天文台台长。2001年6月至2007年7月任国家天文台第一任台长。

1993年当选为中国科学院院士，曾任

中国科学院第十一届数理学部主任和第四届学部执行主席团成员。1994～2000 年任国际天文学联合会第 10 委员会副主席、主席。2002 年当选为第三世界科学院院士。曾任中国科学技术协会常委，2011 年担任中国科学技术协会荣誉委员。中美和中日太阳物理合作中方首席科学家。国家重点基础研究发展计划（973 计划）第三届、第四届、第五届专家顾问组成员（2004～2014）。

他建立的怀柔站被誉为“世界最重要的太阳物理天文台之一”。发明并主持研制**太阳磁场望远镜**，获 1987 年中国科学院科技进步一等奖和 1988 年国家科技进步一等奖；主持**太阳磁场**与速度场研究，获 1994 年中国科学院自然科学一等奖；发明两维同时光谱仪，将太阳磁场测量方法连续推进了三代；主持研制了太阳多通道望远镜，获 1995 年中国科学院科技进步一等奖。1996 年获国家科技进步二等奖和何梁何利基金科学及技术进步奖。

20 世纪 90 年代后，主要从事航天高科技研究。曾任 863 航天领域专家委员会委员和顾问（2006 年 10 月至 2016 年 6 月），国家中长期科技发展规划（2006～2020）战略领域航空航天组副组长，中国科学院空间科技战略组组长、探月总体部总指挥，中国人民解放军总装备部科学技术委员会兼职委员。主持 1 米空间太阳望远镜研发和第四代光学遥感卫星研发。2003 年发明并主持中国区域导航定位系统（CAPS）和导航通信融合的创新研发和产业化，担任中国科学院二代导航专项总体部高级顾问，中国第二代卫星导航系统国家天文台总体部首席科学家兼常务副总指挥。

中国天文学和空间科技领域的国家战略性科学家。国际编号 39860 小行星被命名为“艾国祥星”。（张巧玲）

艾里斑　Airy disk　在夫琅禾费衍射实验中，圆孔衍射的中心主极大亮斑。夫琅禾费圆孔衍射的光强分布首先由英国天文学家 G.B.艾里推导而出，约 83.8%的光能量集中在中央亮斑，其余 15.2%的光能量分布在各级明环上。艾里斑大小反映了衍射光强的弥散程度，艾里斑的半角宽度由第一暗环的衍射方向角给出，第一暗环的衍射方向角（θ）与波长（λ）及小孔的直径（d）满足关系：$\sin\theta \approx 1.22\lambda/d$，对于远场衍射，有$\sin\theta \approx \theta$，故$\theta \approx 1.22\lambda/d$。根据英国物理学家瑞利判据，当一个圆斑像的中心刚好落在另一圆斑像的第一暗纹上时，被认为刚刚能被分辨，即最小分辨角对应于艾里斑的角直径，因此用艾里斑直径衡量成像光学系统像面分辨率的极限，若系统焦距为f，光瞳直径为d，艾里斑半径为$r = 1.22\lambda f/d$。（白　华）

爱丁堡皇家天文台　Royal Observatory, Edinburgh; ROE　位于英国苏格兰爱丁堡布莱克福德山的一所天文机构。源自 17 世纪初在爱丁堡卡尔顿山建造的天文台，1896 年迁至现址。早期隶属英国科技设施

爱丁堡皇家天文台综合大楼

委员会（STFC），1994 年成为粒子物理和天文学研究委员会（PPARC）的一部分。曾在**英澳天文台**建有联合王国施密特望远镜（UKST），1973 年开始观测，1988 年移交给英澳天文台并共同运营至 2010 年；1973 年至 1979 年，在夏威夷的莫纳凯亚建造 3.8 米的英国红外望远镜（UKIRT）；1987 年，同样建在莫纳凯亚的口径 15 米的毫米和亚毫米波望远镜——詹姆斯·克莱克·麦克斯韦望远镜（JCMT）投入使用，并与荷兰、加拿大共同运营至 2014 年。自 1998 年起，其研究工作被并入新成立的英国天文技术中心（UK ATC），但爱丁堡皇家天文台这一名称成为英国天文技术中心、爱丁堡大学物理与天文学院的天文研究所，以及爱丁堡皇家天文台游客中心的统称。（李宗伟　刘黎明）

爱丁顿，A.S.　Arthur Stanley Eddington（1882-12-28～1944-11-22）英国天文学家、物理学家、数学家。生于韦斯特摩兰德郡肯德尔，卒于剑桥。1898～1902 年在曼彻斯特欧文学院学习物理学，获科学学士学位。随后进入剑桥大学三一学院，于 1905 年获硕士学位。1906～1913 年在格林尼治皇家天文台任职，1913～1944 年任剑桥大学天文学教授，1914 年起任剑桥大学天文台台长。曾任英国皇家天文学会会长（1921～1923）、物理学会会长（1930）、数学协会会长（1932），并于 1938～1944 年任国际天文学联合会主席。1907 年获剑桥大学史密斯奖，1924 年获太平洋天文学会布鲁斯奖章和美国国家科学院德雷珀奖章，1926 年当选荷兰皇家艺术与科学院外籍院士，1928 年获法国天文学会詹森奖章和皇家学会皇家奖章，1930 年获得骑士封号，1938 年获功绩勋位。

研究领域广泛，在相对论、**宇宙学**、**恒星内部结构理论**和恒星动力学等领域都做出了创造性的贡献。他早期的工作（1906～1914）主要是研究恒星的运动和分布，证实了二星流的存在。1913～1915 年，研究恒星系统的动力学问题，为**星系动力学**的理论研究打下了基础。1918～1919 年他摈弃**双星**假说，用脉动假说来解释**造父变星**的亮度变化和视向速度变化。1919 年他带领一个观测队到西非的普林西比岛观测日全食，第一次证实 **A.爱因斯坦**广义相对论所预言的光线引力弯曲现象。

爱丁顿是英国最早研究广义相对论的科学家，他所写的《相对论的数学理论》（1923）被爱因斯坦誉为这个领域内最好的作品之一。1916～1926 年，爱丁顿在恒星内部结构的研究方面取得重大成果。他首次提出，在恒星内部能量由里向外转移的方式主要不是对流而是辐射，并用辐射平衡取代了对流平衡。他于 1924 年从理论上确立了恒星的**质光关系**，同年提出**白矮星**是一类低光度、高密度的星体的理论预言，后被证实。他在**恒星大气**、线吸收、**星际介质**的物理性质和化学成分等方面，也做过一些重要的研究工作。（陈美东　撰　石云里　修订）

爱丁顿极限光度　Eddington limit luminosity　球对称吸积气体能发出的最高辐射光度，大小取决于吸积天体的质量和气体的化学组成。气体在吸积的过程中温度升高，产生辐射。光子与吸积气体中的自由电子通过汤姆孙散射产生辐射压力，并通过电子与离子之间的库仑耦合作用在离子上，因此气体会受到一个向外的净辐射压力。当气体受到的辐射压力与引力相平衡时，稳定的吸积过程无法继续进行。这时对应的辐射光度称为爱丁顿极限光度，相应的吸积率称为爱丁顿吸积率。对于盘吸积，辐射场不是球对称的，辐射更容易从垂直于**吸积盘**面的方向发射出来，而吸积是沿着盘面进行的，所以吸积盘能够发出的最高辐射光度可以远高于爱丁顿极限。（袁　峰）

爱因斯坦，A. Albert Einstein（1879-03-14～1955-04-18） 美籍犹太裔物理学家。划时代的大科学家，现代物理学的开创者和奠基人。他的工作对天文学和天体物理学有巨大的影响。生于德国乌尔姆镇，卒于美国普林斯顿。在瑞士度过青年时代。1900年毕业于苏黎世工业大学。毕业后即失业。经过两年的努力，才在伯尔尼的专利局找到固定工作。他早期的一系列有历史意义的贡献都是在这里完成的。1909年他开始在大学任教，1914年被邀请回到德国，任威廉皇家物理研究所所长兼柏林大学教授。1933年希特勒上台，爱因斯坦是科学界首要的迫害对象，又坚决捍卫民主，被迫移居美国的普林斯顿。1940年入美国籍。

19世纪末叶是物理学的变革时期，新的实验结果冲击着伽利略、I.牛顿以来所建立的经典物理学体系。以H.A.洛伦兹等为代表的老一代理论物理学家力图在原有的理论框架内解决旧理论同新事实之间的矛盾。爱因斯坦则从实验事实出发重新考查了物理学的最基本的概念，抛弃了一些熟知的、但并不正确的观念，在理论上做出根本性的突破。他的一些主要成就都大大地推动了天文学的发展。

爱因斯坦的一项开创性贡献是发展了量子论。量子论是M.普朗克于1900年为解决黑体辐射谱而提出的一个假说。他认为物体发出辐射时所放出的能量不是连续的，而是量子化的。然而，大多数人，包括普朗克本人在内，都不敢把能量不连续概念再向前推进一步，甚至一再企图把这一概念纳入经典物理学体系。爱因斯坦的态度则截然不同，他预感到量子论带来的，不是小的修正，而是整个物理学的根本变革。他把量子论推向前进，利用量子概念分析辐射的传播和吸收，提出光量子概念，完满地解释了经典物理学无法解释的光电效应的经验规律，从而动摇了光的波动论的正统地位。光量子概念的提出在人类认识自然界的历史上第一次揭示了光同时具有波动性和粒子性（今通称二象性），它直接为德布罗意的物质波理论的建立，以及随后的量子力学的建立开辟了道路。这项工作使他获得1921年的诺贝尔物理学奖。爱因斯坦于1906年又把量子论扩展到物体内部的振动上去，成功地说明了低温时固体的比热同温度变化的关系。1916年他继续发展量子论，从玻尔的量子跃迁概念导出黑体辐射谱。在这项研究中他把统计物理概念和量子论结合起来，提出自发射及受激发射等概念。从量子论的基础直到受激发射概念，对天体物理学，特别是理论天体物理学都有很大的影响。理论天体物理学的第一个成熟的方面——恒星大气理论，就是在量子理论和辐射理论的基础上建立起来的。

作为爱因斯坦终生事业的标志是他的相对论。他在1905年发表的题为《论动体的电动力学》的论文中，完整地提出了狭义相对论。他根据惯性参考系的相对性和光速的不变性这两个具有普遍意义的概括，改造了经典物理学中的时间、空间及运动等基本概念，否定了绝对静止空间的存在，否定了同时概念的绝对性。在这一体系中，运动的尺要缩短，运动的钟要变慢。狭义相对论最出色的成果之一是揭示了能量与质量之间的联系，著名的关系式 $E = mc^2$ 成为打开核能源理论的金钥匙。核能的发现，使长期存在的恒星能源的疑难最终获得了满意的解决。20世纪末、21世纪初的几十年来发现越来越多的高能天体物理现象，狭义相对论已成为解释这种现象的一种最基本的理论工具。

狭义相对论确立之后，爱因斯坦开始致力引力理论的研究。他也像在建立狭义相对论的工作一样，抓住一个众所周知的基本事实，即惯性质量同引力质量之比是一个与物性无关的普遍常数。根据这一点，他提出等效原理。经过多年的努力，终于在1915年建立了本质上与牛顿引力理论完全不同的引力理论——广义相对论。广义相对论从一开始就与天文现象有密切的关系。广义相对论的一系列关键性的检验，都是在宇宙“实验室”中完成的。根据广义相对论，爱因斯坦推算出水星近日点的（反常）进动，解决了一个天文学上多年不解之谜（见水星近日点进动问题）。同时，他推断光线在引力场中要弯曲。这一预言于1919年由A.S.爱丁顿等通过日食的观测而得到证实。这个结果发表之时，全世界为之轰动，其情景之热烈，在科学史上实属空前。1916年，他预言引力波的存在。在62年后的1978年，测定了射电脉冲星双星 PSR1913＋16 的周期变化，许多人认为它完全符合引力波阻尼理论所做的预言，对广义相对论可能是又一个有力的证明。在强引力场情况下，广义相对论有许多独特的结论。例如奥本海默根据广义相对论预言，恒星在核能用尽之后，如果质量足够大，就不可避免地会演变成黑洞。1967年发现脉冲星并证实为中子星后，人们认识到天空中的确存在着强场天体。天鹅座X-1被认为可能就是一个黑洞。上述这一切构成相对论天体物理学的基本内容，它是天体物理学中最活跃的分支之一。

最能代表爱因斯坦对天文学有重大影响的莫过于他的宇宙学理论了。爱因斯坦在确立了广义相对论之后，紧接着就转向了对宇宙的考察。1917年，爱因斯坦发表他的第一篇宇宙学论文《根据广义相对论对宇宙学所作的考察》。像他多次以一篇论文开创一个领域一样，这篇论文宣告了相对论宇宙学的诞生。虽然时间已经过去一百多年了，但是，这篇论文所引进的许多观念至今仍富有生命力。在探索宇宙学中，爱因斯坦首先指出无限宇宙与牛顿理论二者之间存在着难以克服的内在矛盾。在原则上，根据牛顿力学不能建立无限宇宙这一物理体系的动力学。从牛顿理论和无限宇宙这两点出发，根本得不到一个自洽的宇宙模型。因此，必然是：或者修改牛顿理论，或者修改无限空间观念，或者对二者都加以修改。爱因斯坦放弃了传统的宇宙空间三维欧几里得几何的无限性。他根据广义相对论建立了静态有限无边的自洽的动力学宇宙模型。在这个模型中，宇宙就其空间广延来说是一个闭合的连续区。这个连续区的体积是有限的，但它是一个弯曲的封闭体，因而是没有边界的。

爱因斯坦在宇宙学的研究中引进用动力学建立宇宙模型的方法，引进了宇宙学原理、弯曲空间等新概念。而且他主张，宇宙的体积是无限的或有限的这个问题，只有依靠科学而不是依靠信仰才能解决。这种崇尚科学的态度，继承了由N.哥白尼等开创的科学探索精神。他曾说：“科学研究能破除迷信，因为它鼓励人们根据因果关系来思考和观察事物。”他的宇宙学研究，体现了这种反对迷信的精神。因此，无论是同意或反对他的宇宙观念的人，都不能不承认，爱因斯坦在宇宙学中也写下了十分光辉的一页。

（张家铝）

爱因斯坦探针 Einstein Probe; EP 中国科学院空间科学战略性先导专项（二期）立项的空间科学任务。简称EP卫星。爱因斯坦探针是一颗面向时域天文学和高能天体物理的天文探测卫星（见图）。其主要目的是，通过对软X射线天空开展快速时域巡天监测，发现和探索宇宙中的

爱因斯坦探针概念图（中国科学院上海微小卫星创新研究院提供）

高能暂现和爆发天体，监测天体的 X 射线光变；并在 X 射线波段开展快速、深度的后随观测以证认暂现源的本质，研究其物理过程。卫星的科学载荷包括由 12 个相同模块组成的宽视场 X 射线望远镜（WXT）和由两个单元组成的后随 X 射线望远镜（FXT）。WXT 具有 3600 平方度的无渐晕视场，探测能段为 0.5～4keV。WXT 采用了创新的龙虾眼微孔光学技术（见**龙虾眼光学系统**），实现 X 射线大视场聚焦成像，从而提高了全天监测的探测灵敏度和空间分辨率。WXT 首次将 CMOS 探测器应用于空间 X 射线天文探测。与在轨设备相比，EP 有能力探测更为暗弱或遥远的 X 射线暂现和爆发天体。FXT 采用常规的沃尔特 I 型**掠射 X 射线望远镜**和 PN-CCD 焦面探测器。EP 卫星具有星上大规模数据处理能力和快速机动能力，能实时识别暂现源，自动触发 FXT 进行快速后随 X 射线观测。同时，卫星将警报信息通过北斗系统和法国 VHF（30～100MHz 频段无线电）网络快速下传至地面科学中心和任务中心，以及时发布暂现源警报，引导其他天文设备开展多波段后随观测。卫星还具有观测指令快速上行能力，可以开展机遇目标快速跟踪观测。

爱因斯坦探针任务的核心科学目标是：在以往时域监测几乎空白的软 X 射线波段，系统性发现和探索宇宙中的高能暂现源、监测天体的活动性；发现和探索各个尺度上的沉寂**黑洞**，测绘宇宙黑洞的分布，研究其起源、演化及附近的极端物理过程；探寻**引力波**源的电磁波对应体。其科学目标涉及黑洞、**中子星**、**白矮星**、**超新星**、宇宙早期 **γ 射线暴**、恒星活动、引力波源电磁对应体等天体和现象，涉及广泛的**天体物理学**分支。

卫星采用低倾角的近地圆轨道，轨道周期 97 分钟。观测模式包括巡天监测、自主后随观测、机会源观测。巡天监测每天可以覆盖几次整个夜天区，监测天区每半年可以覆盖整个全天。EP 任务概念于 2012 年底提出，项目于 2017 年底正式立项。卫星已于 2024 年 1 月 9 日发射，设计寿命为 5 年。

爱因斯坦探针是中国科学院主导、欧洲空间局（ESA，作为机遇任务）、德国**马克斯·普朗克地外物理研究所**（MPE）和法国航天局（CNES）参与的国际合作卫星项目；ESA 和 MPE 主要参与 FXT 望远镜的研发，ESA 还提供卫星数传地面站服务，CNES 提供 VHF 网络通信服务。

（袁为民）

爱因斯坦跃迁概率系数 Einstein transition probability coefficient 描述原子在不同能级间跃迁的概率。原子在低能级 i 与高能级 j 的跃迁有三种情形：①自发发射概率系数 A_{ji}。原子在单位时间内从 j 能级跃迁到 i 能级，同时在 $d\omega$ 立体角内发射一个光子的概率为 $A_{ji}d\omega/4\pi$。②受激发射概率系数 B_{ji}。原子在辐射场 I_ν 作用下，单位时间内从 j 能级跃迁到 i 能级，同时在 $d\omega$ 立体角内发射一个光子的概率为 $B_{ji}I_\nu d\omega/4\pi$。③受激吸收概率系数 B_{ij}。原子在辐射场 I_ν 作用下，单位时间内从 i 能级跃迁到 j 能级，同时在 $d\omega$ 立体角内吸收一个光子的概率为 $B_{ij}I_\nu d\omega/4\pi$。三个系数之间有如下的关系：

$$g_i B_{ij} = g_j B_{ji}$$

$$A_{ji} = \frac{2h\nu^3}{c^2} B_{ji}$$

式中 g_i 和 g_j 分别为 i 和 j 能级的简并度；h 为普朗克常数；c 为光速；ν 为光子频率。

（丁明德）

安达卢西亚天体物理研究所 The Institute of Astrophysics of Andalusia; IAA-CSIC 由西班牙政府科学研究高级委员会（CSIC）资助的研究所。成立于 1975 年，位于西班牙安达卢西亚自治区格拉纳达省。负责运营两大天文台：①西班牙内华达山脉天文台（OSN），拥有两架 0.90 米

西班牙内华达山脉天文台

和 1.50 米口径的望远镜，以及一架 60 厘米的**红外望远镜**和一架 35 厘米的望远镜。②卡拉尔阿尔托天文台，与马克斯·普朗克研究所联合运营，拥有三架 1.23 米、2.2 米和 3.5 米口径的望远镜，此外马德里天文台的一架 1.5 米望远镜也安放在此处。主要从事**天体物理学**领域的研究以及地面望远镜和空间任务的仪器开发。研究方向涵盖**太阳系**、恒星形成、恒星结构和演化、星系形成和演化以及**宇宙学**。

该天文台主导建设了全球 γ 暴与瞬变源观测系统（BOOTES），1998 年建成第一个台站，2012 年与中国科学院**云南天文台**合作建成 BOOTES-4 台站，2023 年建成第 7 个台站，成为第一个在各大洲都有台站的**程控自主天文台**。

（李宗伟　刘黎明）

暗能量 dark energy 一种致使宇宙加速膨胀的能量成分。20 世纪 90 年代，人们发现了宇宙的加速膨胀效应，暗能量因此被提出来解释该现象。观测上，**超新星**的红移数据、**宇宙年龄**的限制、大尺度结构数据、**宇宙微波背景辐射**数据和萨克斯·瓦福效应（ISW）都强烈地支持暗能量的存在。为了解释观测数据，暗能量被认为是具有负压强的、均匀的、在**宇宙学**尺度上不结团的能量成分。精确的宇宙学观测数据支持一个具有平坦几何的均匀各向同性的可观测宇宙，而暗能量占据了约 70%的临界能量密度。人们并不知道暗能量是什么，理论上的候选者有**宇宙学常数**、动力学暗能量（精质场、幽灵场、精灵场）等，同时**修改的引力理论**也是重要的候选者。暗能量的性质决定了宇宙未来的命运。

暗能量的观测证据　1998 年由美国 **S.波尔马特**、**B.P.施密特**和 **A.G.里斯**领导的两个独立的超新星研究小组几乎同时发现，宇宙深处的超新星比一个通常的以物质为主的宇宙所给出的要暗。这个观测证据表明，宇宙正在加速膨胀。另外，宇宙的年龄必须大于最久远的恒星，这也要求暗能量的存在。利用大尺度结构数据分析重子声波振荡的“标准尺”，同样证实了宇宙的加速膨胀。宇宙微波背景辐射数据和萨克斯·瓦福效应（ISW）现象也是暗能量存在的有力证据。由于现在的宇宙学观测数据已经非常精确，暗能量的存在已经被广泛接受。

宇宙学常数　宇宙学常数是最简单的暗能量模型，它具有负的压强和等于−1 的物态方程，它的能量密度因此不随时空演化，始终是一个常数。宇宙学常数暗能量能够跟现在的观测数据吻合得很好，但是它面临着一系列问题：宇宙学常数问题，即为什么宇宙学观测数据要求的宇宙学常数远远小于量子场论的预言值；巧合性问题，即为什么暗能量的能量密度与**暗物质**在今天具有同样的数量级。

动力学暗能量　动力学暗能量的能量和压强都是随着时间的推移而演化的，最常见的动力学暗能量模型是标量场暗能量模型。首先是精质场暗能量，其动能项具有正则动能项的形式，其物态方程介于−1

到+1；其次是幽灵场暗能量，其动能项是正则动能项的相反数，因此具有小于−1的物态方程；精灵场暗能量是物态方程能够越过−1的暗能量模型，在精灵暗能量框架下，宇宙将有可能是循环的，即膨胀—收缩—再膨胀—再收缩……循环往复。

修改的引力理论　解释宇宙的加速膨胀效应的另一种思路是要求广义相对论在宇宙学尺度上被修改，许多修改引力模型，例如f(R)引力、f(T)引力、霍恩德斯基理论（Horndeski's Theory）、质量引力理论（Massive Gravity Theory）都能给出宇宙加速膨胀的结论。修改的引力理论和动力学暗能量模型在背景层面是不可区分的，但是它们所预言的扰动演化具有不同的性质，因此有可能借助大尺度结构形成来区分它们。

暗能量已经主导了宇宙的演化，它的具体性质将会决定宇宙的命运。宇宙在未来是继续加速膨胀，还是会减速膨胀，或者收缩，这完全取决于暗能量的物态方程的性质。为了理解暗能量的本质，并探知**宇宙的未来**，现在已经有越来越多非常精确的天文观测项目正在如火如荼地开展，最终将有可能揭开暗能量的神秘面纱。

（赵公博）

暗条　filament　**日珥**在太阳表面上的投影。因为日珥的亮度比日面的亮度小得多（相差约两个数量级），所以日珥在日面上的投影是暗黑的。在**太阳单色像**上，暗条好像是一条条蜿蜒曲折的长蛇（见图）。有些暗条是极性相反的局部磁场的分界线。因此，这些暗条的曲折迂回的程度，在一定意义上反映出局部磁场结构的复杂程度。暗条的产生、发展和消失有一定的规律。一般说来，暗条出现在黑子区域，逐渐向日面高纬度区移动，长度不断增加，并由于太阳的**较差自转**而变形，在最后阶段靠近赤道的一端首先消失。暗条往往持续几天，甚至几个星期都处于宁静状态。但有时会在短短几分钟内突然活跃起来，运动速度急剧增加，形状快速改变。一段时间以后，暗条又恢复宁静状态。

另一个现象是暗条突然消失，本来长期存在的暗条一下子就无影无踪。实际上，这并不是组成暗条的物质消失了，而是由于暗条从宁静状态突然变成活动状态，它在视线方向上的速度急剧增加或减少，这时多普勒效应引起波长变化，超过了单色观测仪器的出射狭缝（或单色滤光器的透过波带）的范围，于是太阳单色像上的暗条就突然看不见了。

（叶式辉）

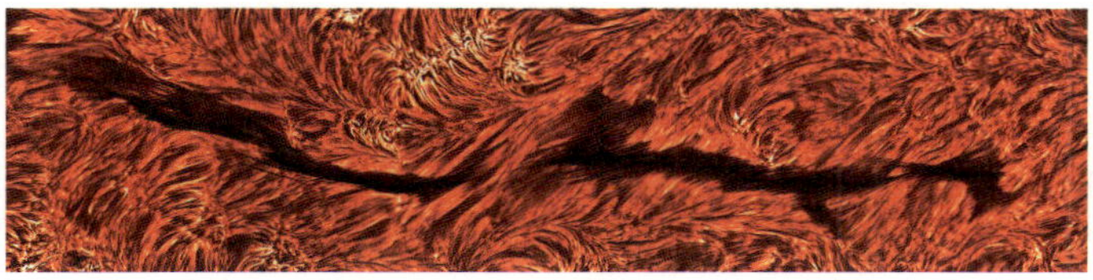

荷兰开放式望远镜（DOT）拍摄的暗条照片

暗物质　dark matter　只能通过引力效应推断其存在，但由于没有电磁辐射而不能直接观测到的物质形态。宇宙中这种暗物质的质量远超过恒星和星系等可见物质的质量，因而对星系形成乃至宇宙演化等问题有着重大影响。了解暗物质的数量和本性是当代**天体物理学**、**宇宙学**和粒子物理学面临的最迫切的问题之一。

简史　1933年，**F.兹威基**在研究**星系团**时发现，根据成员星系的光度测量和质光比估计的光度质量远小于根据速度弥散和位力定理估计的动力学质量。这两种估计之间相差多达一两个数量级，这意味着星系团中存在大量不发光但有引力作用的暗物质，历史上称为失踪（或短缺）质量（missing mass）问题。曾有人认为，导致这种不符的原因可能是星系团尚未演化到稳定状态，用位力定理估计的质量过高。但20世纪70年代以来，大量观测事实表明这一现象在星系、星系群层次，甚至比星系团更大的尺度上也普遍存在。

数量和分布　用**射电望远镜**观测到的HI（中性氢）21厘米谱线数据表明，许多**旋涡星系**的旋转曲线在发光区外一直保持平坦状，而不是如**开普勒定律**预言的那样随半径的平方根成反比地下降，这意味着这些星系存在一个密度与半径的平方成反比，质量超过可见物质区10倍左右的**暗物质晕**（暗晕）。**银河系**是一个旋涡星系，尽管因人们所处的位置难以测量远处的旋转曲线，但由银河系周围伴星系M31的运动，可估计银河系的总质量超过太阳的1万亿倍，其中90%以上是暗的。

质量M与光度L之比，即质光比M/L常用来描述一个天体中暗物质的比例。以太阳的质光比作为单位，典型的旋涡星系质光比为10。某些**椭圆星系**、星系群和星系团有很强的**X射线辐射**，假设辐射X射线热气体的压强与系统的引力势达到流体静平衡，那么由X射线观测数据获得的热气体的温度和密度分布可估计系统的质量分布及其总质量。20世纪80年代初，用此法测定出室女团中心星系M87的暗晕质量为太阳的30万亿倍，比**恒星质量**的贡献至少高出一个量级。随后，X射线观测被用于许多椭圆星系、星系群和星系团的研究中，结果表明椭圆星系典型的质光比约为70，某些矮椭球星系可达100，而星系群和星系团的平均质光比约为150。比星系团更大的尺度上，**星系分布**和本动速度场的统计分析提示质光比约为400。如果这些结果反映了场星系的普遍特性，则利用其光度函数可估计星系（包括与其相关的暗物质）对宇宙物质密度参数的贡献。

星系团中存在暗物质的另一个有力证据来自**引力透镜**效应的研究。星系团的引力会使来自背景星系的光线发生偏折，通过研究由此产生的像畸变可求得星系团的密度分布及其质量。这种方法的优点是无须对星系团的物质成分和动力学状态做出假定。下图显示了**哈勃空间望远镜**对星系团A2218所做的深度曝光，背景星系的像经引力作用变成了一段段清晰可见的光弧。计算表明，产生这些光弧需要在星系团中心250**千秒差距**范围内至少有百万亿倍太阳质量的物质，这与X射线和光学观测给出的结果基本相同。根据微波背景辐射探测卫星WMAP观测一年的数据综合分析，暗物质对**宇宙密度参数**的贡献约为23%。

哈勃空间望远镜对星系团A2218的深度曝光，显示背景星系的像经引力作用变成一段段清晰可见的光弧

本性　暗物质研究中最重要的是它们究竟是什么的问题。现不能排除它们一部分也许是由质子、中子等重子组成的普通物质，但仅由于辐射太弱而尚未被观测到，如木星类行星、由于质量小于核燃烧临界值（约8%太阳质量）的**褐矮星**、**中子星**和**黑洞**等恒星遗迹，或者分子氢云等。有些来自引力透镜效应的证据表明，银河系中的确存在这类称为大质量致密晕天体（MACHO）的暗物质。但**大爆炸核合成**对重子丰度的严格约束，使得大部分暗物质不可能以重子形式存在。根据大爆炸理论，当**宇宙年龄**约3分钟时，由原初质子和中子合成质量比22%～25%的氦，以及痕量的氘、氦-3和锂-7。这些原初轻元素的丰度只依赖于重子密度Ω_B。其中氘丰度对重子密度最敏感。由**类星体**光谱中星际氢云吸收线的测量可知氘丰度D/H为2×10^{-5}～2×10^{-4}，对应于$\Omega_B h^2=0.005$～0.024。这也同氦和锂的观测一致。若无量纲哈勃常数h为0.5～0.8，则Ω_B为0.008～

0.096。Ω_B明显小于 0.23 是存在非重子暗物质的有力证据。在已发现的基本粒子中，中微子是只参与弱相互作用和引力相互作用的轻子，它们在宇宙中的数密度几乎与微波背景光子相仿，约为重子的 10 亿倍。假如非重子暗物质完全由中微子组成，宇宙学约束将要求三种中微子的质量和约为 40 电子伏。虽然有证据显示中微子具有非零的静质量，但要在实验上精确测定非常困难。最新数据给出的上限为：电子中微子小于 2 电子伏，μ 中微子小于 170 千电子伏，τ 中微子小于 18 兆电子伏。而振荡实验表明三种中微子的质量差小于 1 电子伏。这就意味着它们的质量和不应超过 8 电子伏。即中微子最多只占非重子暗物质的 20%。星系分布大尺度结构的研究对中微子的质量给出了更严格的限制：它们对宇宙密度的贡献同恒星相仿，即中微子密度$\Omega_\nu \approx 0.3\%$。因为中微子从早期宇宙脱耦时速度接近光速，故称为热暗物质（HDM）。其他的非重子暗物质可能是某些物理学新理论预言而尚未发现的弱作用重粒子（WIMPs），如中性伴随子和轴子等，它们从早期宇宙脱耦时速度小于光速，故称为冷暗物质（CDM）。假如快速运动的 HDM 粒子处于统治地位，它们将趋向于把早期宇宙中小尺度的密度不均匀性抹平，重子物质在其中先形成大尺度的薄饼状物体，然后由引力不稳定性碎裂成星系。反之，如果 CDM 粒子占优势，则重子物质在其中先形成小尺度团块，然后逐步凝聚成星系。前者通常称为“从大到小”模型，后者称为“从小到大”模型。两种粒子各占一定比例时称为混合暗物质（MDM）模型。观测倾向于 CDM 占优，但两者的确切比例尚待未来的天文观测特别是物理实验决定。（邹振隆　撰　赵君亮　修订）

暗物质粒子探测卫星　Dark Matter Particle Explorer; DAMPE　一个中型的空间高能宇宙射线和 γ 射线探测器。命名悟空号探测卫星，英文缩写 DAMPE。DAMPE 探测器总质量 1.4 吨，功耗约 600 瓦。该卫星于 2015 年 12 月 17 日发射，运行在 500 千米高度的太阳同步轨道上。DAMPE 卫星是中国的首颗**天文卫星**，被命名为悟空号。它由中国科学院战略先导专项-空间科学专项支持，由中国科学院**紫金山天文台**领衔设计并联合中国科学技术大学、中国科学院高能物理研究所、中国科学院近代物理研究所、中国科学院国家空间科学中心、瑞士日内瓦大学、意大利佩鲁贾大学等完成了探测器研制。

探测器由塑料闪烁体、硅径迹探测器、BGO 量能器、中子探测器四部分组成（见图）。塑料闪烁体主要进行入射粒子的电荷测量，并作为 γ 射线的反符合探测器；硅径迹探测器进行入射带电粒子的径迹测量，其中的 3 层钨板还负责将入射的高能光子转换为电子对；BGO 量能器进行入射粒子的能量测量，并区分电磁粒子（比如电子）和强子（比如质子）；中子探测器可进一步区分高能的电磁粒子和强子。

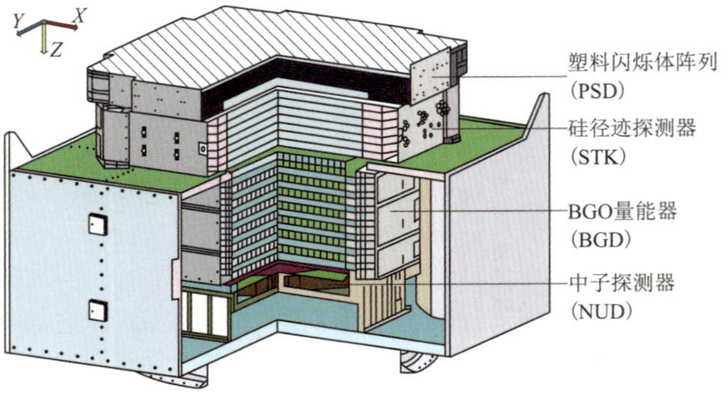

悟空号暗物质粒子探测卫星结构图

截至 2021 年，DAMPE 发布了三批观测成果。分别为：①精确测量从 25GeV～4.6TeV 能段正负电子宇宙射线能谱，首次直接测量到了能谱在 1TeV 处的拐折。②精确测量 40GeV～100TeV 能段质子宇宙射线能谱，以高置信度发现质子能谱在约 14TeV 处的变软结构。③精确测量 70GeV～80TeV 能段氦核宇宙射线能谱，以高置信度发现氦核能谱在约 34TeV 处的变软结构。

（范一中　袁　强）

暗物质晕　dark matter halo　由暗物质成团形成的，包围星系并延伸到星系可见部分之外的结构。暗物质晕（以下简称暗晕）由**暗物质**构成，并不可见，其存在和质量由受其引力作用影响的恒星或者气体的运动状态，或者由**引力透镜**效应等得知。

暗晕的形成和结构　在标准冷暗物质宇宙模型中，宇宙的原初扰动在引力的作用下通过无耗散的过程不断增长，最终形成位力化的暗物质晕结构。暗晕的结构成长，以及暗晕的内部结构可以通过 N 体数值模拟的方法进行研究。

暗晕丰度　W.H.普雷斯和 P.谢克特通过假设高斯的密度场并对其在不同尺度进行平滑，得到引力束缚的物体的丰度（PS 理论，即普雷斯-谢克特质量函数）。这个简单的计算和 N 体数值模拟得到的结果相一致。K.希斯等人用椭球坍缩模型代替了 PS 理论中的球坍缩模型，给出对数值模拟更好的拟合。A.詹金斯等人用一系列 N 体数值模拟建立暗晕的质量函数（质量范围为四个量级），并且给出了对数值模拟结果的拟合公式。这个拟合公式被证明能够对质量大于 10^{10} 太阳质量的暗晕丰度给出很好的描述。

暗晕的集聚　暗晕的并合历史能够以 N 体数值模拟足够多的输出为基础得到。图中给出了暗晕并合树结构的示意。水平直线代表暗晕演化历史上不同的时刻，对应 N 体数值模拟中的输出时刻或者对并合树结构进行的蒙特卡洛方法实现时的不同时刻。圆圈的大小代表了暗晕质量大小。暗晕通过相互的并合过程增长，或者通过吸积数值模拟质量精度以下的物体增长（如图中 t_3 和 t_4 之间所描述的暗晕增长过程）。在某一给定的输出时刻，暗晕的认证可以通过不同的算法实现，如友友法（FOF），或者另一些寻找本地密度超出的方法。并合树结构也能够运用蒙特卡洛方法得到，利用扩展的 PS 理论的预言描述前身暗晕质量的分布。

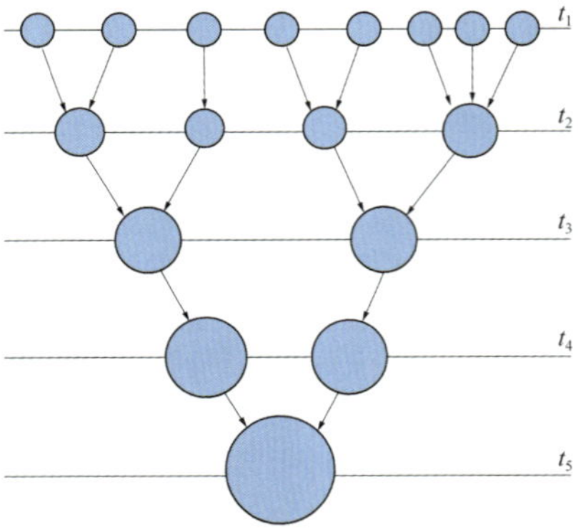

暗物质晕并合树结构的示意图

暗晕密度轮廓　暗晕的结构和密度轮廓自 20 世纪末以来被广泛研究，其中的一半研究是基于数值模拟。人们可以在一个标准的 N 体模拟的体积里研究较大质量的暗晕，或者利用能提供更高精度的可调方案和再模拟来追踪选定的暗晕。J.F.纳瓦罗、C.S.弗伦克和 S.D.M.怀特（NFW）发现暗晕的密度轮廓遵循普适的形式：

$$\rho(r)=\frac{\rho_0}{(r/r_s)(1+r/r_s)^2}$$

式中r_s为特征半径。在暗晕内部，密度轮廓的斜率为−1，而在暗晕外部，斜率为−3。

暗晕子结构　直到 20 世纪 90 年代，宇宙学 N 体数值模拟给出的结果都表明暗晕是平滑无结构的。随后，在更高精度的数值模拟中，每个暗晕典型的能够包含多

于 10^6 个粒子，证明了这个所谓过并合的问题只是数值效应。一旦暗晕进入另一个更大质量暗晕的位力半径内，它就成为大暗晕中的卫星暗晕或子暗晕。现在的数值模拟已经可以追踪每个子暗晕的形成和演化历史。

在更大的暗晕中运转时，子暗晕外部较弥散的部分由于潮汐力作用以及与其他子结构的相互作用被剥离掉，因此质量减小。一个典型暗晕中只有约10%的总质量位于其中的子暗晕中。与它掉进更大的暗晕之前的本来质量相比，子暗晕的质量有相当大的减小。子暗晕的环绕速度也受潮汐作用的影响，但是没有其质量的改变大。子暗晕的中心核部分则由于密度很高而能够存留下来。　（王　岚）

暗星云　dark nebula　银河系中不发光的弥漫物质所形成的云雾状天体。又称暗云。如果气体尘埃星云附近没有恒星，则星云将是暗的，即为暗星云。简称暗云。他们的形状和大小是多种多样的。小的只有太阳质量的百分之几到千分之几，是出现在一些亮星云背景上的球状体；大的有几十到几百个太阳的质量，有的甚至更大。它们内部的物质密度也相差悬殊。F.W.赫歇尔（见赫歇尔家族）及其儿子于 1784 年首次注意到明亮的银河中有一些黑斑和暗条。后来的照相研究表明，这种现象是由于一些位于恒星前面的不发光的弥漫物质造成的。这种暗区在银河系中很多，最明显的是天鹅座的暗区，银河被分割成为向南延伸的两个分支。有些暗星云和亮星云在一起，如位于猎户 ζ 南面的有名的马头星云（图 1），它是一个很大的暗星云的一

图 1　马头星云

部分，“马头”四周的光芒是从亮星云发出的。蛇夫座 S 状暗星云和烟斗星云（图 2）也是不透明的暗星云。但在云层较薄时，仍可看到一些光度被大大减弱了的恒星，所以在这个天区所看到的星体，就比没有暗星云的天区稀疏得多。

在不少亮弥漫星云背景上发现了一些圆形的暗斑。这些暗斑是物质密度较高的天

图 2　烟斗星云

体，它们是很小的暗星云，由于呈球形，称为球状体。1947 年荷兰天文学家 B.J.博克最先讨论了这些“小暗星云”。它在太阳系外大约 1600 光年范围内发现了 200 个左右这样的暗天体，最好的样本在金牛座和蛇夫座。这样的暗天体在光学上显得极厚，消光能力可达 30 星等。这些小暗星云标志着新生恒星的诞生地。后来天文学界接受了这些天体代表恒星演化过程中一个特殊阶段的观点。球状体的直径小于 1 秒差距（1 秒差距等于 3.2616 光年），质量估计为 10^{-1}～$10^2 M_\odot$。许多球状体的中央包含红外源，很可能是正在收缩并将形成恒星的天体。

暗星云本身不发光，利用光学方法进行研究就受到很大限制。射电天文方法为暗星云的研究提供了有力的工具，这主要是由于暗星云有各种射电辐射。尤其是它们发射的中性氢 21 厘米谱线，使人们能够更深入地研究大量处于低温状态的暗星云的大小、结构和组成，从而为研究银河系结构和运动提供重要的资料。紫外线和 X 射线由于不能穿入，暗星云中央得不到加热，典型暗星云中的温度很低，为 5～10K。此外，暗星云所在天区发现许多有机分子，因此有些暗星云又称分子云。通过毫米波观测，发现在一氧化碳暗星云中存在一些温度较高（15～50K）的“热点”，这些热点还有较强的红外辐射。通过红外观测还发现一些包围在暗星云中的能量集中在 2～20 微米波段的红外源，其中一些较亮的红外源还和暗星云中的微波源有关。观测还发现，一些年轻的天体如赫比格发射星（年龄 10^5～10^6 年）、赫比格－阿罗天体等直接与暗星云有密切的关系。这些暗星云的直径约为 10 秒差距，平均原子数密度约为每立方厘米 5×10^3 个，平均温度约为 10K。演化过程中由于某种辐射（如毫米波）损失使内能减少，导致内压力小于本身重力而发生坍缩。坍缩过程中某些团块在重力作用下形成一系列密集点，这些可能就是形成恒星或星群的原始胚胎。根据恒星诞生率和银河系中暗星云的总质量对比来看，只有很少一部分物质（1‰～1%）形成恒星。　（李宗伟）

暗星云射电辐射　dark nebula radio emission　银河系中不发光的弥漫物质所形成的云雾状天体在射电波段的电磁辐射。暗星云（暗云）是密度相对较高的冷分子云团。暗是指其光学波段缺乏辐射。暗云所包含的尘埃完全遮挡其中心区域后面的星光，并使其边缘的星光红化。暗云的确认归功于 20 世纪初由 E.E.巴纳德开拓的宽视场成像技术。巴纳德在 1919 年归纳的暗云列表截至 2023 年依然是星际介质和恒星形成领域的基础数据。射电天文学的发展为揭示暗云中气体成分提供了必要的手段。通过对比尘埃、一氧化碳和中性氢含量，2003 年，李菂和 P.F.戈德史密斯得出暗云中原子氢含量占总质子数的比例小于 1%，确认了暗云已经基本完成了其分子氢的形成过程。除分子氢和一氧化碳外，暗云中还包含其他多种分子，如 OH，NH_3，CS，N_2H^+，H_2O 等。这些分子的谱线辐射覆盖了从分米到亚毫米的射电波段。普遍认为冷暗分子云是恒星，特别是小质量恒星形成的初始阶段。例如巴纳德认证的第 68 个暗云被确认为具有重力与压力平衡的密度结构［邦诺尔－埃伯特（Bonnor-Ebert）密度轮廓］。其进一步辐射能量损失很可能触发引力坍缩、形成新的原恒星。认证暗星云的方法在近年来被系统应用到红外波段，发现了大量所谓的“红外暗云”（IRDC）。部分红外暗云孕育了大质量原恒星，成为研究热点。　（李　菂）

奥本海默极限　oppenheimer limit　稳定中子星的质量上限。1936 年，J.R.奥本海默等首先讨论了由简并中子态物质构成的致密星体，即中子星的平衡和稳定性。这种星体的性质，主要由自引力和简并中子压力二者之间的平衡决定。利用广义相对论的无转动球对称星体结构方程，并用理想费米气体方程作为中子物质的物态方程，奥本海默等证明，存在一个临界质量 $M_c \approx 0.75$ 太阳质量。当星体的质量小于 M_c 时，存在稳定的平衡解；反之，没有稳定的平衡解。中子星的质量上限 M_c 就是奥本海默极限。如果采用更接近实际的中子物态方程，奥本海默极限的数值将不同于原来的数值。由于有关密度大于 10^{15} 克/厘米^3 时的物态方程还不确定，中子星的质量上限也不确定，一般可取为 $2M_\odot$。

一颗热核能源耗尽的星体，如果残留质量大于奥本海默极限，不可能成为稳定的中子星。它的一种可能归宿是经过无限坍缩形成黑洞，另一种归宿是形成介于中子星与黑洞之间的其他类型的致密星。　（张家铝）

奥伯斯佯谬 Olbers' paradox 德国天文学家W.奥伯斯1826年指出，静止、均匀、无限的宇宙模型会导致一个重大矛盾，即无论从哪一个方向观看天空，视线都会碰到一个星星，导致整个天空像太阳一样亮，而实际夜空却是黑的。即使天体之间存在吸收可见光的介质，光仍会在其他波段辐射出来，这个矛盾依然存在。这个理论和观测之间的矛盾被称作奥伯斯佯谬。历史上对这个佯谬的解决方案包括天体非均匀分布、天体寿命有限、天体演化效应，以及假设引力常数随距离的增加而减小到零。在现代宇宙学框架下，宇宙年龄有限并且宇宙在不断膨胀，奥伯斯佯谬不复存在，得到了自然而合理的解释。奥伯斯佯谬是从观测和理论相联系的角度考虑宇宙大尺度性质时提出的，标志着科学的宇宙学的萌芽。（李启斌）

奥尔洛夫，A.Ya. Aleksandr Yakovlevich Orlov（1880-04-06～1954-01-28） 苏联天文学家。生于斯摩棱斯克，卒于基辅。1902年毕业于圣彼得堡大学，此后先后在巴黎索邦大学、瑞典伦德大学和格廷根大学学习。1905～1913年先后在塔尔图天文台（爱沙尼亚）和普尔科夫天文台（圣彼得堡）工作，其间于1911年访问美国叶凯士天文台，开展彗尾研究。1913～1934年担任敖德萨天文台（乌克兰）台长和敖德萨大学教授，创立波尔塔瓦重力天文台，并于1926～1934年和1938～1951年担任台长，1927年当选苏联科学院通讯院士，1939年当选乌克兰科学院院士。1934～1938年在莫斯科斯滕伯格国立天文与测地研究所学习，1939～1941年担任喀尔巴阡天文台（乌克兰）台长，1941年被派往俄罗斯远东，组织由他建议成立的布拉戈维什肯斯克纬度观测站。1944年创立乌克兰科学院主天文台（又称格罗西沃天文台），并于1944～1948年和1950～1951年两度担任其台长。

奥尔洛夫早期的工作以观测和研究地倾斜和地壳潮汐形变为主，同时涉足日食、彗星、大地测量和天体力学等领域，颇有所得。如1919年提出彗星彗头形态分类法。20世纪30年代以后，专门从事纬度变化和极移的研究工作。发现北极以每年0″004的速度沿西69°子午线运动。他提出的用单台站纬度观测资料计算地极坐标的方法，有很广泛的实用价值。他的主要著作已编成《A.Ya.奥尔洛夫选集》，共3卷。（陈美东 石云里）

奥尔特，J.H. Jan Hendrik Oort（1900-04-28～1992-11-05） 荷兰天文学家。生于荷兰弗拉内克，卒于荷兰莱顿。在高中时开始对科学和天文学感兴趣，1917年进入格罗宁根大学学习物理学和天文学，1921年毕业后留校任助教。1922年前往美国，进入耶鲁大学读研究生，并在该校天文台担任研究助理。1924年回到荷兰，在莱顿大学担任研究助理。1926年从格罗宁根大学获得博士学位。1934年担任莱顿天文台台长助理，1935年成为莱顿大学杰出教授，1945～1970年担任莱顿天文台台长。1958～1961年任国际天文学联合会主席。

1927年，奥尔特用观测资料证实银河系自转的假说，并推导出由恒星的自行和视向速度来确定银河系自转的公式，称为奥尔特公式，其中的两个常数后来被称作奥尔特常数。通过计算他提出太阳到银河系中心的距离为30 000光年，并且银河系不同部分的自转并非均一，而是一种“较差自转”——离中心越近自转速度越快，反之越慢。1932年，他推测宇宙中存在一种神秘的不可见物质，占宇宙总质量的84.5%，这种物质将星系连接起来，形成星系串。1938年，奥尔特根据恒星的空间分布，定出银心方向和反银心方向各有一个恒星密集区域，由此认为银河系具有旋涡结构，太阳位于两个旋臂之间。1942年，他证认出蟹状星云是中国宋代记录到的1054年超新星爆发所形成的。1944年，荷兰的H.C.范德胡斯特在奥尔特的鼓励下，从理论上预言银河系中存在星际氢原子，可能观测到它的21厘米谱线，1951年获得观测的证实。此后，奥尔特领导的莱顿天文台，发展了中性氢21厘米谱线观测技术，大力开展银河系结构的研究。1954年，描绘出银河系外部区域的旋涡结构；1957年，提出银河系的恒星可细分为五个星族；1958年与澳大利亚的射电天文小组合作，绘成银河系中性氢分布图。他还在1950年提出彗星起源新理论，认为太阳系外围有一个原云，彗星即起源于这个云。晚年致力于银河系和近邻星系的星系核活动的研究。（陈美东 撰 石云里 修订）

奥尔特云 Oort cloud 1950年，荷兰天文学家J.H.奥尔特根据长周期彗星的轨道特征，认为在离太阳2000～200 000个天文单位（AU）处有一个笼罩太阳系的球状包层，其中分布以千亿计的小天体，那里是长周期彗星和哈雷族彗星的诞生地。奥尔特云分为两个区域：一个圆盘状的内奥尔特云（2000～20 000AU）和一个球状的外奥尔特云（20 000～200 000AU），这两个区域都在日球层之外的星际空间中（见图）。

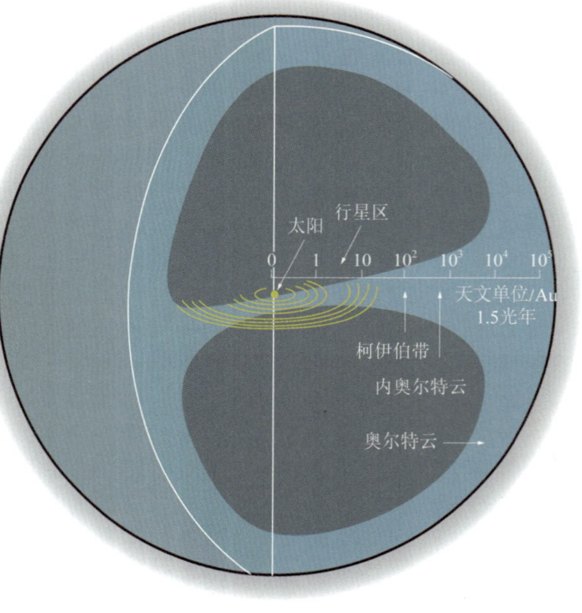

奥尔特云示意图

天文学家推测，组成奥尔特云的物质是在离太阳更近的地方形成的，在太阳系早期演化过程中，由于巨大行星的引力作用，这些物质散布到遥远的太空中。

奥尔特云中的绝大多数天体都是由冰组成的，如水、甲烷、乙烷、一氧化碳和氰化氢。（史建春 李竞）

澳大利亚国立射电天文台 Australia Telescope National Facility; ATNF 由澳大利

亚国家科学局（CSIRO）的空间和天文学业务部门运营和管理的**射电望远镜**设施。总部位于澳大利亚悉尼，是澳大利亚最大的单一天文学机构，负责澳大利亚 90%的**射电天文学**研究。它被用于研究范围广泛的学科——从**星系**、磁场和**黑洞**的演化到利用**脉冲星**、快速旋转的**中子星**寻找**引力波**。由四台射电望远镜组成：①位于西澳大利亚的默奇森射电天文台（MRO）的澳大利亚平方千米阵列探路者（ASKAP）射电望远镜（图 1）。②位于帕克斯射电天文台的 64 米帕克斯射电望远镜（图 2）。③位于纳拉布里附近的一组直径 22 米口径的澳大利亚望远镜紧凑阵列。④位于库纳巴拉布兰附近直径 22 米的莫普拉射电望远镜。

图 1　澳大利亚平方千米阵列探路者（ASKAP）射电望远镜

图 2　澳大利亚帕克斯射电望远镜

这些望远镜可以一起使用或者与澳大利亚和国际上的其他射电望远镜结合使用，形成长基线阵列，用于**甚长基线干涉测量**。每年有来自 20 多个国家的大约 400 名天文学家申请观测。

（李宗伟　刘黎明）

B

巴德，W. Walter Baade（1893-03-24～1960-06-25） 德国天文学家。生于德国威斯特伐利亚州施勒廷豪森，卒于德国格丁根。先后在明斯特大学和格丁根大学学习

数学、物理学和天文学，1919年获格丁根大学博士学位，1919～1931年在汉堡大学天文台工作。1931年赴美国，先后在威尔逊山天文台和帕洛马山天文台工作。1959年回国，任格丁根大学教授。1953年当选荷兰皇家艺术与科学院外籍院士，1954年获英国皇家天文学会金质奖章，1955年获太平洋天文学会布鲁斯奖章，1958年获美国天文学会罗素讲席。

1934年，巴德与F.兹威基等确认光变规模远超过新星的恒星爆发，遂命名为超新星。1944年，巴德绘成M31（即仙女星系）、M32和NGC205这3个星系的核心部分亮星的赫罗图，发现它和这些星系外区部分亮星的赫罗图不同。由此，他重新提出星族的概念。1948年帕洛马山天文台5米望远镜建成后，巴德用它进一步研究仙女星系，探测到300多颗造父变星。巴德发现，造父变星既有属于星族Ⅰ的，也有属于星族Ⅱ的，二者有不同的周光关系。这种关系可用来测定银河系内球状星团的距离。巴德于1952年制订新的周光关系，重新测定了河外星系的距离。1953年，巴德与R.闵可夫斯基对天鹅座A等射电源进行了光学证认，从而发现了射电星系。此外，还发现了离太阳最远的小行星之一希达尔戈（1924～1925）和离太阳最近的小行星之一伊卡鲁斯（1949）。

（陈美东 撰 石云里 修订）

巴德窗 Baade's window 可以观测到银河系核球恒星的、视尺度最大的小块天区。银河系核球方向集聚大量气体尘埃，星际消光十分严重（最大可达25星等），对该天区方向的光学观测极为不利。不过，银河系星际尘埃的空间分布呈高度不均性，在靠近银心方向的某些小天区范围内，消光影响会比其他方向小很多，其中以银道坐标$(l,b)=(1°,-3.9°)$方向的小块天区尤甚，对近银心方向的光学观测，并进而探究银心的结构和位置十分有利，称为巴德窗，以纪念20世纪40年代首启对该观测窗口之研究的德国天文学家W.巴德。巴德窗位于人马座内，其轮廓并不规则，视尺度约为1°，相当于月球视直径的2倍左右，中心位于球状星团NGC6522方向。实际上核球方向类似的"窗口"共有6个，通过这些窗口可以观测到核球恒星，而巴德窗是其中视尺度最大的一个。 （赵君亮）

巴黎天文台 Paris Observatory; Observatoire de Paris 法国的国立天文台。最初由法国国王路易十四批准建立，1667年在位于巴黎市中心塞纳河左岸皇家修道院附近城镇开始建造（见图），巴黎子午线穿过其中心，1671年完工，首任台长是法国天文学家G.D.卡西尼。巴黎天文台是法国最重要的天文台，在法国各地都建有分布，主要下属天文台是默东天文台以及南赛射电天文观测站。现科研人员主要在默东天文台园区内从事研究工作。

巴黎天文台旧址

G.D.卡西尼（见卡西尼家族）曾在这里发现了土星的四个卫星（土卫八、土卫五、土卫四、土卫三）、卡西尼环缝、木星的较差自转、大红斑，解释了黄道光的成因。1679年，巴黎天文台出版了世界上第一部天文年历，利用木星卫星的掩食帮助船舶测定经度。1863年，巴黎天文台出版了第一份现代意义上的气象图。1913年9月，巴黎天文台用埃菲尔铁塔做天线，接收美国海军天文台发出的无线电信号，精确测定了两地的经度差。1912～1988年存在的国际时间局总部也设在巴黎天文台。

（李宗伟 刘黎明）

巴里什，B.C. Barry Clark Barish（1936-01-27～ ） 美国实验物理学家。生于美国内布拉斯加州奥马哈。1957年本科毕业于加

州大学伯克利分校物理学专业，1962年从该校获得博士学位。1963年进入加州理工学院担任研究员，1966年担任助理教授，1969年担任副教授，1972年晋升教授，1991年担任林德物理学教授，2005年成为林德荣休教授。

主要研究领域是实验粒子物理。1971年，他和同事在费米实验室利用高能中微子碰撞开展对核子夸克亚结构的研究，成为有关弱中性流的开创性实验，对A.萨拉姆、S.L.格拉肖和S.温伯格建立弱电统一理论起到了重要作用。1984年前后，他提出利用地下装置检测磁单极子的实验构想，最终在意大利大萨索山的山洞里建成了单极子-天体物理与宇宙射线天文台（MACRO），从1989年开始投入使用，在中微子振荡现象的发现中做出了重要贡献。

1994年，巴里什成为激光干涉引力波天文台（LIGO）项目主任，组织实施了基础设施建设（1994～1998），初级干涉仪的安装和交付（1999～2002）以及最初的几轮引力波搜寻（2002～2005）。1997年，在他的提议和领导下，项目被分割成两个部分：第一部分是位于加州理工学院、麻省理工学院、汉福德和利文斯顿的LIGO实验室，负责LIGO的运行及其增强版的研发；第二部分是LIGO科学合作，负责组织协调LIGO的科学技术研究和数据分析，并将研究队伍拓展到世界范围。2004年，巴里什又为增强版LIGO争取到国家科学基金的资助。经过两次升级后，LIGO在2015年9月14日探测到第一个引力波信号。经过研究，发现这是两个约为30倍太阳质量的黑洞在合并过程中产生的。这是人类首次直接观测到引力波的实际存在，也是首次观测到双黑洞合并的现象。2016年2月11日，巴里什在欧洲核子中心向科学界公布了这一发现。2017年，他"因对LIGO探测器及引力波探测的决定性贡献"而与R.韦斯及K.S.索恩共同获得诺贝尔物理学奖。

巴里什是美国艺术与科学院、美国国家科学院院士，美国国家科学基金会理事会理事，还是美国物理学会和美国科学促进会会员。先后获得美国物理教师协会克洛普斯特格奖（2002）、美国原子能委员会费米奖（2016）、美国国家科学院德雷珀奖章（2017）以及欧洲物理学会科科尼奖

(2017)，并同R.韦斯及K.S.索恩共同获得西班牙阿斯图里亚斯亲王奖和中国的复旦－中植科学奖。（石云里）

巴纳德星 Barnard's star 1916年美国天文学家E.E.巴纳德在蛇夫座发现一颗每年自行10.31″的恒星，星号为BD＋4°3561。它是已知的自行最大的恒星。用三角视差法测出它距离地球5.9光年，是除太阳和南门二丙星（即半人马座比邻星）外离地球最近的恒星。它的切向速度为90千米/秒，视向速度为−108千米/秒，空间速度为140千米/秒。光电目视星等V为9.54，色指数B-V为1.74，U-B为1.29，MK光谱分类为M5V，是一颗红矮星。它同地球的距离正在缩短，估计到11 800年时，将缩短到3.75光年，到那时将增亮为8.5等。1963年美国天文学家P.范德坎普发现巴纳德星的运动有周期性的摄动（见摄动理论）。这种摄动只能是由看不见的伴星引起的。根据摄动的幅度和巴纳德星的质量，可以估算它的伴星的质量和轨道周期。分析认为巴纳德星有甲、乙两个伴星：甲星的轨道周期为11.7年，相对于巴纳德星的轨道半长轴约2.7天文单位（AU），质量约为木星的0.8倍；乙星的相应数据分别为20年，3.8AU和约0.4倍。如果这些数据是正确的，则这将是利用照相天体测量方法找到的第一个包含有类行星伴星的系统。但也有人认为上述观测分析的结果并不可靠。高能天文台2号卫星已测得此星的X射线。（万 籁）

巴塔尼 al-Battānī（约858～929） 阿拉伯天文学家和数学家。生于美索不达米亚西北的哈兰城（今属土耳其）附近，卒于伊拉克萨迈拉附近。他一生的大部分时间是

在幼发拉底河左岸的拉卡城度过。他大约从877年起从事天文观测，直到918年。通过对仪器和观测方法的改进，改进了回归年长度，定值为365日5时46分24秒，误差仅有2分22秒；测量了黄赤交角，定值为23°35′41″，误差6″；他使用的岁差约为每66年5个月差1°，或每年差54.5″，比依巴谷和托勒密使用的约每100年差1°更精确；他证实了太阳远地点的移动，确定移动速度与岁差值相等。他还按照托勒密《天文学大成》和《立成表》的传统编制了《萨比天文表》，但在精度上超越了托勒密的两部著作。此书在阿拉伯世界享有盛誉，12～13世纪先后被翻译成拉丁文、希伯来文和西班牙文，对中世纪和文艺复兴时期的欧洲天文学产生了重大影响。巴塔尼还创造过新型的浑仪。在数学上，他可能独立于印度数学家引进了正弦函数，发现了正割和余割之间的反比关系，完善了正切和余切函数的引进，推出了一些重要的边角关系式，发现球面三角余弦定律，并运用代数方法处理三角学问题。（陈美东 石云里）

白矮星 white dwarf 中等质量恒星的终点星。银河系中到处都能见到。这类星表面温度高、体积小、密度大，内部已停止核反应，仅靠残留的热发光。因个小且发白光而得名。估计占恒星总数的10%（约100亿颗）。光度非常低，只有最靠近地球的才能被探测到。白矮星提供给了地面实验室不能达到的物理条件。影响白矮星的物理过程已研究成熟，它们的演化可作为冷却过程处理，耗尽内部的热能需很长的时间（100亿年）。白矮星已成为除传统恒星外许多研究领域的重要工具：由确定太阳周围恒星的年龄到疏散星团的纪年和球状星团距离的确定，它们是暗晕的恒星成分和Ⅰa型超新星的前身星等。

发现 白矮星首次在天文学里出现是1834年，那时F.W.贝塞尔正在对天空中最亮的恒星——天狼星的自行进行仔细研究（图1）。这颗星除了绕银河系中心缓慢运动外，还有一个微小的周期性扰动。这表明它属于一个双星系统，伴星的质量与太阳相似。这样质量的恒星在这个距离上应该是看得见的，但却没有看到。这颗星被定名为天狼星B，30年后被A.克拉克发现。它的光度比天狼星弱，是天狼星的万分之一，表面温度似乎就应该很低。1920年W.S.亚当斯拍摄了它的光谱，发现它很白（表明温度在8000K以上），但决定恒星光度的因素不仅是温度，还有尺度，最可能的解释就是它的半径极小，跟地球差不多。因此，它的密度非常高，比太阳密度大百万倍。白矮星巨大的自引力的支撑来源于电子简并压（粒子的量子力学行为，电子的量子统计结果）。电子是费米子遵从泡利不相容原理。对于自由电子，它们的量子力学态参数受不确定度关系的限制。这两个原理认为：即使在温度绝对零度自由电子气体也会有压力，这个压力称为电子简并压。电子气体在绝对零度时没有热运动，但有上述量子力学效应引起的运动。特别是在高密度相邻两个电子之间间隔Δx非常小的情况下，这两个电子的动量p至少有差值$h/\Delta x$，否则会违反泡利不相容原理（这里忽略了由电子反平行的量子力学自旋态引起的因子）。假如Δx很小，相应地Δp_x必然很大。因此，压缩到高密度的电子气体，一般互相间有很高的随机速度$v = p/m_e$。这个随机运动速度能够引起比热压力高得多的简并压力。这就是白矮星支撑它本身巨大自引力的电子简并压。

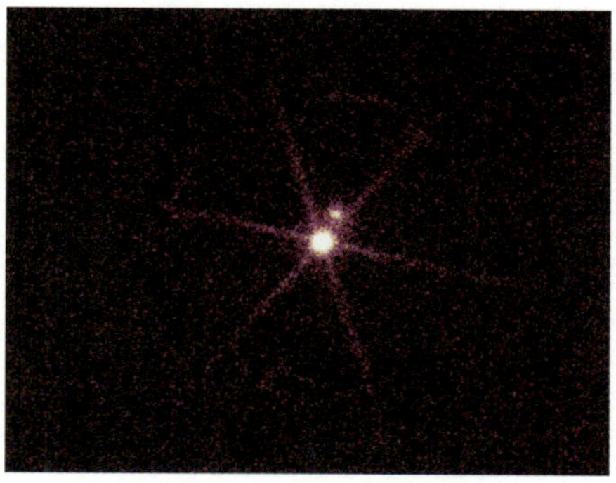

图1 天狼星和其伴星——最早发现的白矮星（右上角小亮点）

半径和质量的关系 白矮星的质量越大（直到$1.4M_\odot$的上限），半径就越小。因为引力有利于简并物质的收缩和压紧。白矮星内原子结构被破坏，电子脱离原子核的束缚，自由地在“简并海”中运动。白矮星的物理结构主要决定于“电子海”的情况，而热结构则决定于原子核的运动。由于简并电子是热的优良导体，整个白矮星内部就像一块炽热的金属。新形成的白矮星内部温度达到10^9K，老的白矮星则降到几百万K。虽然温度如此之高，热能仍远小于电子的静质量能量。这表明温度对保持白矮星平衡的作用是微不足道的。尽管白矮星的温度比太阳还高，但仍可正确地把它作为绝对零度来处理。白矮星的内部是由一个厚度为几千米的薄层来保护的，这个薄层很不透明，是由高度绝缘的温度低于10^5K的非简并物质组成，图2是星系NGC2440中发现的一个新的白矮星的茧。这个温度虽比太阳表面高10多倍，由于发射面积很小，总光度也就很低。白矮星因此就成了很难在远距离上探测到的暗弱天体。白矮星已经耗尽了它所有的核燃料，但它之所以会发光，是因为它有非零的内部

图2 NGC2440一个新的白矮星的茧

温度。它是恒星激烈燃烧后的遗迹，类似于正在冷却的余烬。当它们发射并最终到黑矮星时，光辐射是非常微弱的。白矮星损失它的能量会继而变冷，最后与周围冰冷的宇宙达到真正的热力学平衡。这个过程中离子间的电力最后将超过离子的热运动。这些离子最后形成一个晶格，这时的白矮星是固化的白矮星。电子可通过这些晶体，呈简并性地飞快运动。由此，一个固化了的白矮星在许多方面类似于地球上的金属。以白矮星为终结的恒星能静静地“安息”在宇宙之中。

光谱分类　白矮星的绝对目视星等在8～16等，有效温度大都介于5500～40 000K，大多数呈白色，少数呈黄色甚至红色。全世界合作对2000多颗白矮星进行了光谱观测和证认，并编成星表。在恒星光谱分类中用谱型前加字母D表示，并细分为许多次型，如：DA为仅有氢的巴耳末线，无中性氦和金属线；DB为有中性氦线，无氢线和金属线；DC为连续谱，谱线的深度小于5%；DO为电离氦线强，氢和中性氦线亦存在；DZ为仅有金属线，无氢线和氦线存在；DQ为存在碳线；P为具有可测偏振的磁白矮星。

性质和演化　白矮星的磁场高达10^5～10^7高斯，有3%的白矮星磁场强度高达10^9高斯。白矮星可用经典分光方法直接观测它的表面和恒星大气，从而给出可靠的有效温度、表面重力和元素丰度，并推算出质量、半径和年龄等基本参数，由此可理解白矮星的性质和演化。太阳周围最老的白矮星是银盘上最老的天体，由此可知银盘上恒星的形成和开始。哈勃空间望远镜（HST）对球状星团M4进行了观测，发现75颗白矮星，推断M4中有40 000颗白矮星。1999年10月28日钱德拉X射线天文台对天狼星拍摄了照片，在X射线波段天狼星B亮、天狼星A暗。天狼星B表面温度为25 000K，半径为地球半径的90%，表面重力是地球表面的400 000倍。白矮星同新星和矮新星有密切关系：许多新星和矮新星是双星，其中一个子星就是白矮星。这些新星和矮新星有一分钟到数十分钟的光度变化和X射线辐射，可能同白矮星子星的脉动（见脉动白矮星）和物质吸积有关。白矮星是Ⅰa型超新星的前身星。白矮星具有很强的表面引力，很早就观测到了谱线的引力红移，为验证广义相对论提供了实测数据。（李宗伟）

白道　Moon's path　月球绕地球公转的轨道在天球上的投影。白道是天球上的一个大圆，与黄道相交于两点。月球在白道上从黄道以南运动到黄道以北的那个交点称为升交点，与此相对的另一交点称为降交点。白道和黄道的交角在4°57′～5°19′变化，平均值约为5°9′，变化周期约为173天。由于太阳对月球的引力，两个交点的连线（即交点线）沿着黄道与月球运行相反的方向向西移动，结果使月球绕行一周后并不返回原来的位置。交点线西移的现象称为交点退行。交点线每年移动19°21′，约18.6年完成一周，这就引起月球的赤纬变化。当升交点与春分点（见分至点）重合时，黄道位于白道与赤道之间，白道与赤道的交角为黄赤交角与黄白交角之和；当降交点与春分点重合时，白道位于赤道与黄道之间，白道与赤道的交角为黄赤交角与黄白交角之差。（谭德同）

白光耀斑　white-light flare　一种罕见和剧烈的太阳活动现象。太阳耀斑一般通过白光是看不到的，只能通过氢谱线Hα或电离钙的H和K谱线才能观测到。然而有少数较大的耀斑，在其闪相阶段的某一时段中在可见光的很大波段范围内可观测到存在很强的连续辐射。这时就可用白光望远镜看到或拍摄到这些耀斑，就是白光耀斑。从1859年英国天文学家R.C.卡林顿首次发现白光耀斑以来，只看到过百余次事例。

白光耀斑通常发生在太阳黑子面积较大和结构复杂的活动区中，白光辐射的起始时间几乎都在耀斑闪相期中，于Hα增亮不久出现，极大过后迅速消失，一般仅持续几分钟，不超过10分钟。发亮点通常有两三块，大多处在较大的Hα亮区中，与Hα耀斑核对应。白光发亮的面积量级为10^{17}平方厘米，不超过10^{18}平方厘米，只占它们所处的Hα亮块中的10%～15%。白光亮块倾向于出现在黑子半影区，靠近本影边界，那里的磁场梯度较大。大多数白光耀斑伴随着X射线爆发、射电微波爆发、Ⅱ型和Ⅳ型射电爆发，以及产生地球物理效应的高能质子发射。白光辐射的光度变化曲线在时间上与硬X射线辐射的变化大致相符，与射电微波爆发也符合得较好，明显表示这些辐射起源于同一批非热电子的作用。白光耀斑的观测还发现，白光亮块消失之后，有时在Hα亮块的边缘会出现白光增亮，并以大约40千米每秒的速度运动，这种现象称为白光耀斑波。它与Hα单色光中看到的莫尔顿波不是一回事，因为速度相差很远。白光耀斑波的起源和本质尚未弄清。

白光耀斑连续辐射的主要特征是：在可见光区的辐射增强若以相应波长的光球背景辐射为单位几乎不随波长变化，以及波长小于4000埃波段的突然增强（可达到背景的二三倍）和较弱的帕邢连续辐射增强。白光耀斑的Hα谱线宽度可达二三十埃。白光耀斑在波长小于4000埃区的连续辐射增强称为白光耀斑的蓝光现象，是白光耀斑理论必须解释的难点之一。一些学者认为白光耀斑可以分为两大类，它们的光谱特征有明显不同。Ⅰ类白光耀斑连续辐极大与硬X射线和微波辐射极大对应得很好，光谱中存在很强的巴耳末跳跃，巴耳末谱线很强和很宽；Ⅱ类白光耀斑则相反，它们不存在连续辐射极大与硬X射线和微波辐射极大之间的对应关系，没有或只有很弱的巴耳末跳跃，巴耳末谱线较弱也较窄。这些差别表明，两类白光耀斑可能有着不同的起源和物理机制。大多数白光耀斑属于Ⅰ类，只有少数属于Ⅱ类。

关于白光耀斑的起源，长期存在争议。对于它们连续辐射的发射层高度和辐射机制，以及能量传输过程均有不同看法。多数人认为连续辐射层主要在光球，少数人认为在色球，也有人认为辐射部分来自光球和部分来自色球。一般的看法是，与普通耀斑类似，白光耀斑的原始能量来自日冕中磁重联区加速的高能粒子流。这些粒子流向下轰击下层大气，并与热传导一起加热色球顶部附近的大气，形成色球凝聚区，其温度超过其下方的大气温度，从而产生向下方大气的返回加热，导致色球下层甚至光球受到激发，产生白光耀斑。具体事例的计算表明，这种返回加热可以达到光球低层，而源于日冕中磁重联区加速的高能粒子流由于能量消耗，是无法达到这个深度的。上述返回加热机制可以解释Ⅰ类白光耀斑，其中色球温度有明显增高，光球温度增加较少。但Ⅱ类白光耀斑中主要是光球温度增加明显，色球温度增加不明显，需要寻找另外的理论解释。

白光耀斑具有比一般耀斑更高的发射功率（峰值功率可达10^{28}尔格/秒），大多数具有很强的地球物理效应。同时，由于涉及连续辐射，激发的大气深度比一般耀斑更深。它们的物理过程也比一般耀斑更复杂，属于太阳耀斑中最剧烈的一类，因此相关研究具有重要的理论意义，受到许多太阳研究者的重视。（林元章）

斑点干涉术　speckle interferometry　法国天文学家A.拉贝里于1970年提出的一种高分辨率成像方法。在此之前，人们已经认识到，当望远镜口径显著大于视宁度参数（大气相干直径）时，天文目标的长曝光像几乎失去了所有高频信息，短曝光像也因为波前畸变而破碎变形。拉贝里认为，只要曝光时间短于大气相干时间，就可从天文图像中获取高频信息。满足上述短曝光条件的图像称为斑点图（speckle image）。天文图像的高频缺失和变形源于湍流大气造成的图像相位的随机变化，斑点干涉术放弃图像相位，仅统计图像的功率谱。这种方法可以获取离散点源目标（如**双星**或三星）包含于功率谱或自相关中的高频信息，如双星的强度比和角距离，突破了大气视宁度对天文图像分辨率的限制。在数字成像器件尚未广泛应用于天文观测时，斑点图是由胶片拍摄的。为获得斑点图的平均功率谱，拉贝里设计了如图 1 所示的光学傅里叶变换装置，拉动记录了系列斑点图的胶片，在焦面上进行多次曝光即可获得天文图像的平均功率谱。

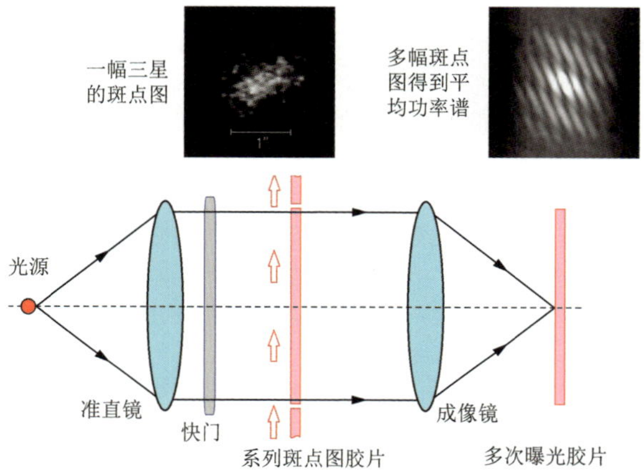

图 1　云南天文台早期使用的复制拉贝里装置的斑点干涉装置

经典斑点干涉术的主要缺点是丢失了图像的相位信息。1977 年，德国天文学家 G.P.魏格尔特对斑点干涉术进行了重要的改进。该方法对斑点图的平均重谱（bispectrum）进行统计，称为斑点掩模法（speckle masking）。重谱是三阶矩，保留了图像的相位信息，通过在重谱上由低频至高频的递推即可获得图像的完整相位。斑点掩模法是一种成熟的高分辨率成像方法，在现代太阳高分辨率观测中获得了广泛的应用。中国 1 米**新真空太阳望远镜**（NVST）可以在不使用**自适应光学**的情况下，仅靠斑点掩模法实现逼近衍射极限的高分辨率成像（图 2）。美国 1.6 米古迪太阳望远镜（GST）

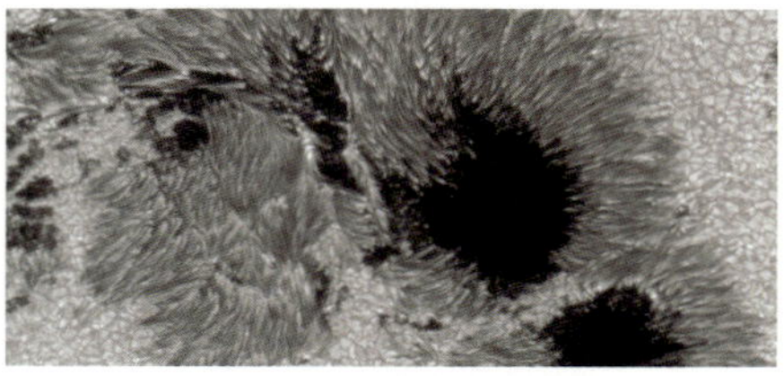

图 2　NVST 使用斑点成像技术拍摄的太阳黑子高分辨率图像（光球，705.8 纳米）

则使用斑点掩模法作为其自适应光学系统的后处理算法。　（刘　忠）

半导体探测器　semi-conductor detector　一种基于硅、锗等半导体材料制成的**辐射探测器**。半导体探测器是通过半导体材料制成的辐射探测器。当高能光子或带电粒子射入半导体材料后，会使得电子进入半导体材料的导带，使得禁带中形成了空穴，从而产生了电子－空穴对。这种电子－空穴对的数量与入射光子或粒子的能量成正相关。如果向半导体施加电场，让电子和空穴分别向正负电极聚集产生电脉冲信号，由此反推电子－空穴对的数量和产生速率，进而就能还原出入射辐射的能量与强度了。

半导体材料的能带隙通常在 1 到数个电子伏的量级，这个数字相较 keV 级或更高的高能光子或带电粒子能量来说是很小的，因此 X 射线或者高能带电粒子入射会产生大量的电子－空穴对，统计误差较小，可以相当精确地解析出入射光子或粒子的能量，所以半导体探测器常用于高能谱分辨率的分光观测。

根据材料性质的差异，不同的观测波段会选择不同的材料。一般来说，硅片更适于检测 **X 射线辐射**或测量带电粒子径迹；原子序数较大的锗更容易与能量更高的 γ 光子发生相互作用，更适宜用作 γ 光子分光研究。高纯度锗（Ge）探测器用于 γ 射线仪器，这些仪器不需要很好的空间分辨率，而需要在几十 keV 到几十 MeV 的宽能量范围内实现高分辨率的光谱能力，如国际 γ 射线天体物理实验室（INTEGRAL）的星载光谱仪是基于高纯锗。

基于碲化镉（CdTe）和碲化镉锌[Cd(Zn)Te]的探测器因禁带宽度比 Si、Ge 的要大，因此热激发引起的噪声要比 Si 和 Ge 的要小，可以在室温下也有良好的能量分辨，已成为室温 X 射线和 γ 射线探测器的最佳发展方向。碲锌镉（CZT）探测器由于 Cd 和 Te 的原子序数较高，所以对 X 射线和 γ 射线探测效率很高，且比**闪烁体探测器**有更好的能量分辨率。像素型的 CZT 探测器能在 10～600keV 的大能量范围内实现良好的空间分辨率和能量分辨率，且无须低温冷却。INTEGRAL 搭载的 IBIS 成像仪使用面积为 2600 厘米^{2}的碲化镉探测器。**格雷尔斯雨燕天文台**（SWIFT）搭载的突发警报望远镜（BAT）使用探测面积为 5240 厘米^{2}的 CZT 探测器。

硅微条探测器是指在 PN 结硅片型半导体探测器外侧敷盖多个金属微条以确定粒子位置的粒子探测器。与钨箔等配合将高能 γ 射线经过钨箔转换成正负电子对，由硅微条测出出射的电子对的径迹实现高能 γ 射线的探测，或者采用多层的硅微条，测量经过康普顿散射的高能 γ 光子，实现高能 γ 光子的能量测量。它主要针对高能 γ 射线探测，高能 γ 射线流量低，需要大面积探测器，硅微条容易通过多片键合形成大面积径迹探测。它的位置分辨率是各种探测器中最高的，具有很高的能量分辨率、宽线性范围、快速响应时间，同时体积可以做得很小。缺点是对辐射损伤比较灵敏，如果受到强辐射会影响性能。γ 射线轻型探测器（AGILE）的 γ 射线成像探测器（GRID）用于 30MeV～50GeV 能量范围内的观测，**费米 γ 射线空间望远镜**的大天区望远镜（LAT）能量范围 20MeV～300GeV，都是硅微条探测器阵列设计。

半导体探测器（尤其是锗探测器）往往需要低温环境才能正常工作，因此占据的体积更大，于**空间天文学**应用而言成本也更高。　（张　博　李正伟　蒙克来）

半规则变星　semi-regular variable star　光变曲线外形和光变周期均呈现很大的不规则性，平均亮度恒定或有长周期变化的一类**脉动变星**。半规则变星分为红半规则变星、黄半规则变星和**金牛座 RV 型变星**三个次型（见表）。半规则变星的周期从几十天至若干年。总光变幅可达 3～4 星等，通常多为 1～2 星等。半规则变星是晚型的**巨星**或**超巨星**，光谱型从 F 型到 S 型均有。金

一些半规则变星资料

类型	星名	光变周期/天	平均变幅/星等	光谱
金牛座 RV 型变星	麒麟座 U	92	1.4	F8e Ⅰ～K0 Ⅰ
	武仙座 AC	75.5	1.1	F4p Ⅰ～Rp
黄半规则变星	大熊座 SV	76	1.3	G1 Ⅰ～K3P Ⅰ
	御夫座 AG	97	1.6	G0e Ⅰ～K0ep
红半规则变星	猎户座 BQ	129	1.4	M5eⅢ
	飞马座 TT	158	1.9	M6e

牛座 RV 型变星、黄半规则变星和红半规则变星三者的光谱型依次更晚（见**恒星光谱**），平均光度也依次减弱。光谱型随光度变化而变化：在亮度极小时刻，有的出现氧化钛吸收带；在增亮阶段出现氢或硅发射线。金牛座 RV 型变星属星族Ⅱ，分布在**银心**和**银晕**中，在**球状星团**中也有一些。黄半规则变星和红半规则变星主要属星族Ⅰ，是**银河系旋臂**上的成员。在**赫罗图**上，半规则变星分布在巨星分支附近。金牛座 RV 型变星紧靠星族Ⅱ造父变星（**室女座 W 型变星**）的右上方，绝对星等在−5～−7 等。红半规则变星在金牛座 RV 型变星的右下方，绝对星等在−2～−5 等。

（李　竞）

半人马群小行星的运动　motion of centaur　轨道半长轴和近日距都在木星轨道（5.2AU）和**海王星**轨道（30.1AU）之间，且不被任何行星捕获并发生 1∶1 平运动共振的外太阳系小天体的运动。由于受到大行星的摄动影响，半人马群小行星的轨道是不稳定的和短寿命的，其典型的动力学寿命为 10^6～10^8 年，大约有 2/3 的半人马群小行星最终会逃离太阳系，另外 1/3 会变为**木星族彗星**。动力学计算表明，大多数半人马群小行星起源于**柯伊伯带**，它们可能是柯伊伯带小天体到短周期彗星的一个过渡。半人马群天体、柯伊伯带小天体以及其他一些穿越大行星轨道的外太阳系小天体将“小行星”和“彗星”之间的界限变得模糊起来。有些富含挥发性物质的小行星在很靠近太阳时就变成了彗星，而有些彗星在远离太阳时因表面气体挥发减弱就又变成了小行星。截至 2017 年 8 月 1 日，已发现的半人马群小行星有 715 颗。

（马月华　史建春）

半相接双星　semi-detached binary　两颗星相互接触可交换部分质量、能量及角动量的密近双星。见**密近双星**。

半影行波　running penumbral wave　**太阳黑子**半影的振荡现象。用氢谱线 Hα 偏离线心的单色光观测太阳**色球**层时，有时会看到一种振动现象。表现为黑子半影上空的色球层中出现亮带和暗带相间的条纹（带宽 2000～5000 千米），从黑子本影与半影交界处向**光球**区移动。这种亮暗交替是由从黑子中部向外沿水平传播的波的垂向振动产生多普勒位移的周期性变化引起的。这种波的周期为 3.5～5 分钟，垂向振动速度约为每秒几千米，沿水平方向传播的相速度为 10～20 千米/秒，与半影光球中的阿尔文波速度相当，但远小于色球中的阿尔文波速度。因此有学者认为这些波可能是在光球中沿水平方向传播的行波在色球中的效应。关于半影行波的性质并未完全弄清，也无法肯定半影行波是否与黑子本影闪耀有关。

（林元章）

棒旋星系　barred spiral galaxy　一种有棒状结构贯穿星系核的**旋涡星系**。棒旋星系的特征是中心区棒状结构明显，旋臂从棒的两端伸出，其起端通常与棒体成 90°。棒的颜色往往比旋臂红，棒对总光度的贡献最高可达 1/3，棒的长轴和短轴之比最高可达 5∶1。在哈勃星系分类系统中，棒旋星系以符号 SB 表示，以别于正常旋涡星系（S）。在全部盘星系中，棒旋星系所占比例可超过一半，而实际上这一占比可能更高，因为有棒、无棒的划分并非是截然分明的，大部分星系表现为有某种棒结构特征，而分类为棒旋星系的只是其中比较极端的一部分。此外，棒状特征的小比例尺像会看不出棒结构，特别是那些侧向系统，从而使对星系形态的认定发生误判。但从物理性质上看，棒旋星系无论在质量、光度、光谱上，还是在成员天体的**星族**类型、气体和尘埃的分布、**星系盘**和**星系晕**的结构以及空间分布特征等方面，都与正常的旋涡星系相类似。

棒旋星系（NGC1300）

棒旋星系在运动学方面的主要特征是：①核心常为一个大质量的快速旋转体，运动状态和空间结构较为复杂。②棒状结构内部和附近的气体、恒星都有非圆周运动。③星系盘在星系的外部似乎居主要地位，占星系质量的很大一部分，其转动特性可能表现为**较差自转**。

有证据表明，棒可以形成从旋臂向星系中心输送气体的通道，从而触发星系核区的恒星形成以及中央**活动星系核**的活动性。此外，棒也可能同旋臂的起源和维持有关。一般认为，棒是旋涡星系演化过程中的一个暂现或者重复出现的阶段，随着棒的演化和衰减，棒旋星系可以转化为正常的旋涡星系。但许多基本问题，如棒状结构是怎样形成和演化的，棒内恒星和气体的动力学状况的细节，它在星系演化过程中究竟起什么作用等，仍有待解决。

（邹振隆　撰　沈世银　修订）

薄靶模型　thin target model　针对耀斑硬 X 射线和 γ 射线的产生机制而提出的一种辐射模型。这个模型假设硬 X 射线和 γ 射线产生区的背景等离子体密度比较低，从而导致产生辐射的高能粒子能损时标比相关高能粒子流量的变化时标要长。这时产生辐射的高能粒子的能谱分布和注入辐射区的高能粒子分布相同，有关观测可以直接用来研究粒子加速过程。通常认为产生于**日冕**的硬 X 射线和 γ 射线主要通过薄靶模型产生。

（刘四明）

暴胀宇宙　inflationary universe　大爆炸后 10^{-36}～10^{-32} 秒宇宙加速膨胀的过程。在 20 世纪 70 年代，基于核合成的热大爆炸宇宙学得到了长足的发展。该学说不仅成功解释了宇宙中的轻元素丰度，而且为人们勾勒了大约 138 亿年的完整的宇宙演化历史。然而这个理论却面临着一系列无法自圆其说的问题，包括**视界疑难**、平直性疑难、磁单极子疑难等。例如，通过**宇宙学**观测在约 300 亿光年的尺度上没有发现空间弯曲的迹象，这意味着宇宙在大爆炸创生那一刻的空间应该是极度平直的，而这一初始条件在大爆炸模型中无法被理解。因此，在 20 世纪 70 年代末一个基于热大爆炸模型的拓展学说应运而生，即暴胀宇宙。

暴胀刻画了宇宙在极早期的一段空间呈加速膨胀的过程。该时期大约发生在大爆炸初始奇点之后 10^{-36} 秒，通常持续到 10^{-32} 秒就结束了。然而这么短时间内，宇宙的单位空间尺度可以被放大约 10^{80} 倍。暴胀之后的宇宙变得非常空且温度几乎为绝对零度，需要通过重加热过程将温度提升到极高，并与今天被观测到的热膨胀历史平稳衔接。通过这个过程，即便宇宙在创生伊始不是那么平坦，暴胀也会拉直这些不平坦的区域从而在宇宙学观测中显现不出来。此外粒子物理中的对称性破缺过程会导致宇宙在极早期产生拓扑缺陷，例如磁单极子，但从星系到宇宙尺度的各种实验都未能发现这些拓扑缺陷，这令人们感到十分费解。暴胀则可以通过在短时间内将宇宙尺度极速放大的方式，稀释这些拓扑缺陷。因此，暴胀学说的确合理解释了一系列大爆炸模型中的理论疑难。

尽管驱动暴胀过程的物理学机制尚未被发现，但根据其基本绘景所做出的多项理论预言已经被天文和宇宙学观测所验证。人们通常引入一个叫作暴胀子的标量场来进行唯象研究。基于该标量场所发展出来的宇宙学扰动理论可以统一解释宇宙大尺度结构形成和微波背景辐射各向异性的物理起源。暴胀场在它的量子关联尺度——哈勃视界以内会产生量子涨落，而这些量子涨落的物理波长在暴胀期间会因宇宙尺度的放大而被迅速红移到哈勃视界之外，从而退相干成了经典的物质密度扰动。这些原初的物质密度扰动在随后漫长的宇宙演化中逐渐形成被观测到的大尺度结构。它也会在大爆炸 38 万年后最早的氢原子形成时被解耦的宇宙光子所记录，并在**宇宙微波背景辐射**中造成微小的各向异性。

1980 年美国的 A.古斯基于相变理论提出了暴胀概念，并明确给出了磁单极子疑难和平直性疑难的物理解释。早期的暴胀模型普遍存在一个理论困难，即它的退出机制不够高效以至于无法启动后续的热膨胀过程。1982 年，A.林德以及 A.阿尔布雷彻和 P.斯泰恩哈特分别独立提出新的暴胀模型。新模型中，暴胀场从假真空态衰变的机制不再是量子隧穿，而是沿着平坦的势能缓慢滚动到真真空态。一旦势能变得陡峭，暴胀就会结束。

作为一个有效理论，暴胀学说也存在理论疑难。①暴胀的触发仍需要初始条件的微调。②暴胀要求势能足够平坦从而质量远小于当时的哈勃参数，因此理论上并不自然。③暴胀尽管解释了大爆炸学说的部分疑难，但初始奇点问题并未得到解决。这些疑难促成人们开始了超出暴胀学说的理论研究。（蔡一夫）

爆发变星 eruptive variable star 因星体本身的爆发亮度突然激烈增强的**变星**。星体在爆发之前是处于相对稳定或缓慢变化状态的。虽然一部分爆发变星有人称为灾变变星，其实，这种激烈变化对星体本身来说并不一定是“灾难性”的，有时只不过是处在由渐变到激变的转折阶段而已。

狭义的爆发变星通常包括**新星**、**再发新星**、**矮新星**、**类新星**，有人称这几种变星为**激变变星**（CV）。①新星爆发非常猛烈，亮度会激增 9 星等以上，1975 年天鹅座新星 V1500（V1500 Cyg）的光变幅竟超过 19 星等。新星爆发时亮度增加非常快，通常以日计，但减光过程却慢得多，要以月计或年计。一般新星在其历史中只能被观测到一次爆发。②观测到一次以上爆发的新星通常称为再发新星，其爆发规模比新星小，光变幅也比新星小，而且两次爆发的时间间隔越短，光变幅就越小。③矮新星是一种爆发规模更小、爆发次数更为频繁的变星（有的隔几十天就爆发一次），其中包括双子座 U 型变星和鹿豹座 Z 型变星。④类新星的分光特征和光度变化类似于前三类，光变不规则，变幅为 3 星等左右。有些类新星可能是爆发后的老新星。

爆发变星在宁静期的亮度有复杂的变化，变幅有的达几个星等。有一部分星有周期性光变——食相和时间尺度为分级或秒级的闪变。它们宁静期的分光特征大多是蓝连续谱上叠加着发射线，通常有氢线、氦线、钙线等。已能在很宽的波段（从射电到 X 射线）上对爆发变星进行观测。例如 1975 年从麒麟座新星（V616 Mon）和矮新星**天鹅座** SS、双子座 U 等观测到 X 射线；从新星巨蛇座 FH、海豚座 HR、天鹅座 V1500 等观测到射电辐射。

20 世纪 50 年代发现 1934 年武仙座新星有食相，又发现再发新星北冕座 T、矮新星天鹅座 SS、类新星宝瓶座 AE 的规则性视向速度发生变化，由此证明它们是**双星**。到 20 世纪 70 年代为止，已发现 30 个左右这样的爆发变星。较流行的观点是用**密近双星**的原理来解释爆发变星的现象，认为两子星间的**质量交流**是复杂的光度变化、光谱变化的起因。但是这种理论还存在很多的矛盾和困难。有评论说，即使是最成功的理论，也不能粗略地模拟新星的光变曲线的外形，更不能用统一的模型去解释它们之间的差别。双星模型和非双星模型之争已持续多年。

爆发变星除了上述四种以外，还有**超新星**和**耀星**。①爆发规模超过新星的叫超新星。它爆发时亮度增强 17 星等以上（即光强增加千万倍至上亿倍），以后慢慢地下降。最著名的超新星是中国历史上记录的宋朝至和元年（1054）的超新星。②耀星（其中的一大类也叫鲸鱼座 UV 型变星）的亮度在几十秒或几十分钟内突然上升，亮度下降则稍慢一些，变幅从 1 星等到 10 星等。耀星大部分时间处于宁静期，是光谱为 K 型或 M 型的**矮星**。也有人把耀星及有关天体（如**金牛座 T 型变星**、**赫比格–阿罗天体**等）称为星云变星，因为它们常与星云成协。

广义的爆发变星还可以包括任何非几何原因的光度突然增强的变星，例如某些金牛座 T 型变星，某些**共生星**等。（李　峰）

爆发日珥 eruptive prominences 激烈活动的**日珥**。爆发日珥分为同耀斑（见**太阳耀斑**）有关的和同耀斑无关的两类。同耀斑有关的一类又分为突然消失型和质量抛射型。质量抛射型爆发日珥是从耀斑中抛射出来的高速等离子体云，这种激烈的抛射现象常伴随有爆震波，因此也同耀斑的射电Ⅱ型爆发和Ⅳ型爆发（见**太阳射电爆发**）有关。突然消失型爆发日珥又称暗条突逝。在太阳 Hα 单色像中，宁静暗条常沿着磁场中性线排列。当它们受到耀斑波（即**莫尔顿波**）等的扰动时，几分钟内就突然消失，然后经过半小时至几小时逐渐恢复原状。理论上的解释是：宁静日珥位于磁力线弧顶部的凹陷处，受到扰动后磁力线变直，凹陷处磁力线上升，于是日珥物质便被弹射出去，形成爆发日珥；这时由于多普勒效应引起**谱线位移**，超出了单色滤光器的透过频带，在 Hα 线心便看不到日珥在日面的投影——暗条，这就是暗条突逝的原因。同耀斑无关的爆发日珥通常是在无黑子的冷活动区中，宁静日珥受上浮磁流的扰动而被抛出，遂形成爆发日珥。（宋慕陶）

北斗 Big Dipper 大熊座中排列成斗形的 7 颗亮星。这 7 颗星是大熊座 α、β、γ、δ、ε、ζ 和 η。中国名称分别称**天枢**（北斗一）、天璇（北斗二）、天玑（北斗三）、天权（北斗四）、玉衡（北斗五）、开阳（北斗六）和摇光（北斗七）。前 4 颗星，即天枢、天璇、天玑和天权组成斗形，故名斗魁，或称魁星，又名璇玑。后 3 颗星，即玉衡、开阳、摇光组成斗柄（即斗杓）或称玉衡。除天权是三等星以外，其余 6 颗星都是二等星。北斗七星离北天极不远，它们常被用来作为指示方向和认识北天其他星座的标志。天枢和天璇两星相距约 5°。如果把连接这两颗星的线段沿天璇至天枢方向延长约 5 倍，可找到一颗视亮度与它们不相上下的恒星，那就是小熊座 α 星，即**北极星**。所以天枢和天璇又称指极星。由于恒星**自行**的缘故，北斗七星的形状随时间发生缓慢的变化（见图）。北斗二

爆发变星的一些参数

爆发变星	光学波段爆发变幅/星等	再发时间	一次爆发总能量/尔格	一次抛射质量/太阳质量
新星	约大于 9	—	10^{45}～10^{48}	10^{-5}～10^{-3}
再发新星	7～9	数年至数十年	10^{43}～10^{45}	约 10^{-6}
矮新星	2～6	10～200 天	10^{56}～10^{58}	约 10^{-8} 或更小
类新星	变幅为 3 星等左右的不规则变光			

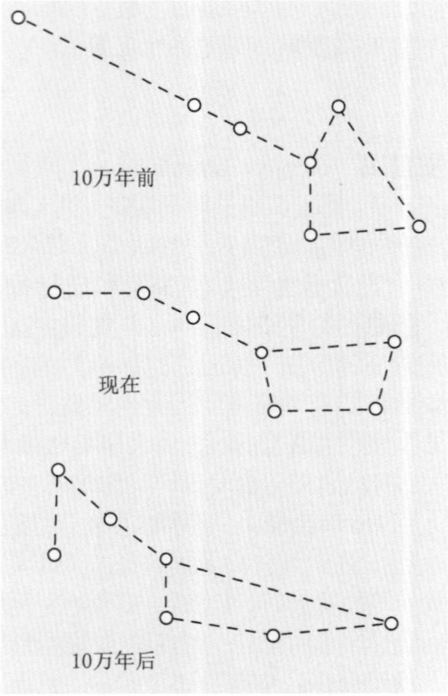

北斗七星由于自行引起的形状变化

至北斗六都是早A型主序星。北斗一是**光谱分类**为K0Ⅲ的**红巨星**。北斗七为B3V。此外，北斗一又是轨道周期约为44年、偏心率约0.4的**目视双星**；北斗五是已知最亮的**A型特殊星**，亮度、光谱和磁场强度都有周期性变化。北斗六是著名的目视双星（见**开阳和辅**），两子星相距约14.42角秒。两星的亮度分别为2.27等和3.95等，它们又各是**分光双星**，所以北斗六实际包含4颗星。离北斗六 12′处有一个四等星（大熊80，中国古名称为辅）。北斗七星离地球远近不等，在60～200光年。北斗七星天区有M51、M97、M101、M106和M108梅西耶天体。（李宗伟）

北斗卫星导航系统 BeiDou Navigation Satellite System; BDS 是由中国自主研制、组建、独立运行并与世界上其他主要卫星导航系统兼容的一个卫星导航系统，简称北斗系统，英文缩写为BDS。北斗系统建设目标是：建成独立自主、开放兼容、技术先进、稳定可靠的覆盖全球的北斗卫星导航系统，促进卫星导航产业链形成，形成完善的国家卫星导航应用产业支撑、推广和保障体系，推动卫星导航在国民经济社会各行业的广泛应用。北斗卫星导航系统的建设与发展，遵循以下建设原则。

①开放性。北斗卫星导航系统的建设、发展和应用将对全世界开放，为全球用户提供高质量的免费服务，积极与世界各国开展广泛而深入的交流与合作，促进各卫星导航系统间的兼容与互操作，推动卫星导航技术与产业的发展。

②自主性。中国将自主建设和运行北斗卫星导航系统，北斗卫星导航系统可独立为全球用户提供服务。

③兼容性。在全球卫星导航系统国际委员会（ICG）和国际电联（ITU）的框架下，使北斗卫星导航系统与世界各卫星导航系统实现兼容与互操作，使所有用户都能享受到卫星导航发展的成果。

④渐进性。中国将积极稳妥地推进北斗卫星导航系统的建设与发展，不断完善服务质量，并实现各阶段的无缝衔接。

北斗系统建设根据中国经济和技术的发展情况，分为“三步走”。

第一步，建立北斗卫星导航试验系统。

北斗卫星导航试验系统的建设起步于20世纪90年代。2000年建成了第一代卫星导航系统，是一个典型的卫星无线电测定系统，即RDSS。空间段由两颗地球静止卫星组成。地面中心通过两颗卫星完成对用户的距离测量，结合所在区域的数字地形图（即已知高程），完成用户定位。通过用户的定位申请，不但完成用户定位，而且同时完成了位置报告。

第二步，建立区域性的北斗卫星导航系统。

区域性北斗导航系统旨在建立能向全球扩展的区域卫星导航系统，为中国及周边地区、海域实现连续三维定位测速能力、高精度授时能力和部分地区的用户位置报告及双向短电文通信能力。2004年中国启动北斗卫星导航系统的建设。2012年底北斗卫星导航系统提供区域性试运行服务，北斗区域卫星导航系统星座部分由5颗地球同步轨道（GEO）卫星、5颗倾斜同步轨道（IGSO）卫星和4颗中圆轨道（MEO）卫星组成。14颗卫星均提供无线电导航业务（RNSS），GEO卫星还提供无线电测定业务（RDSS）。2012年12月27日，北斗系统空间信号接口控制文件正式版1.0正式公布，北斗导航业务正式对亚太地区提供无源定位、导航和授时服务。2014年11月23日，国际海事组织海上安全委员会审议通过了对北斗卫星导航系统认可的航行安全通函，这标志着北斗卫星导航系统正式成为全球无线电导航系统的组成部分，取得面向海事应用的国际合法地位。中国的卫星导航系统已获得国际海事组织的认可。

第三步，建立全球卫星导航系统。

北斗三号标称空间星座由3颗地球静止轨道（GEO）卫星、3颗IGSO卫星和24颗MEO卫星组成，并视情部署在轨备份卫星。GEO卫星轨道高度35 786千米，分别定点于东经80°、110.5°和140°；IGSO卫星轨道高度35 786千米，轨道倾角55°；MEO卫星轨道高度21 528千米，轨道倾角55°。

北斗导航系统于2017年7月开启全球组网。2020年6月23日，中国在西昌卫星发射中心用长征三号乙运载火箭，成功发射北斗系统第五十五颗导航卫星，暨北斗三号最后一颗全球组网卫星，至此北斗三号全球卫星导航系统星座部署比原计划提前半年全面完成。

北斗卫星导航系统由空间段、地面段和用户段三部分组成，可在全球范围内全天候、全天时为各类用户提供高精度、高可靠定位、导航、授时服务，并具短报文通信能力。北斗卫星全球覆盖星座相对于北斗卫星区域覆盖星座的主要差别是，它不仅能够提供全球性、全天时和全天候的高精度导航定位服务，而且将实现卫星自主导航。导航卫星的自主导航，是实现导航电文在轨自主更新的有效途径，是通过星间双向测距、数据交换和星载数据处理器的滤波处理，不断修正地面监控系统注入给卫星的长期预报星历与星钟参数，自主生成发送给用户的导航电文和维持星座的基本结构，以此满足用户高精度导航定位应用需求。北斗导航系统地面控制部分由地面运控系统和测控系统共同组成。地面运控系统由主控站、监测站、时间同步/注入站组成，完成导航业务运行与控制管理；测控系统由测控站和测控中心等组成，完成卫星星座的工程测控管理。用户部分主要包括服务于陆、海、空、航天等不同用户的各种性能用户机，主要任务是接收卫星发射的导航信号，实现用户导航定位、测速、定时及信息交换。

用户终端部分是指各类北斗用户终端以及与其他卫星导航系统兼容的终端，以满足不同领域和行业的应用需求。GPS系统建设时间早，用户数量庞大，经过长时间大量用户的应用磨合，系统较为完善成熟；中国的北斗卫星导航系统建设起步较晚，系统的完善和应用的开发需要大量的用户参与。截至2020年，已有完全自主知识产权的核心芯片问世。符合市场需求的各类终端，完整的产品线和良好的产业链已初步形成。

北斗卫星导航系统致力向全球用户提供高质量的定位、导航和授时服务，包括开放服务和授权服务两种方式。北斗系统具备导航定位和通信数传两大功能，提供七种服务。具体包括：面向全球范围，提供定位导航授时（RNSS）、全球短报文通信（GSMC）和国际搜救（SAR）三种服务；在中国及周边地区，提供星基增强（SBAS）、地基增强（GAS）、精密单点定位（PPP）和区域短报文通信（RSMC）四种服务。

卫星导航系统是重要的空间信息基础设施。2000 年，中国首先建成北斗导航试验系统，成为继美、俄之后的世界上第三个拥有自主卫星导航系统的国家。截至 2020 年，该系统已成功应用于测绘、电信、水利、渔业、交通运输、森林防火、减灾救灾和公共安全等诸多领域，产生显著的经济效益和社会效益。

随着北斗系统建设的发展，其将在个人位置服务、气象应用、道路交管、海运水运、航空、应急救援等越来越多的领域得到广泛应用。（胡小工　宋叶志）

北极星　Polaris　距北天极最近的亮星。现阶段的北极星即**中国星名**勾陈一或北辰，西方星名小熊座 α。北极星距离地球 431 光年，**自行**为每年 0.046″。距极点不足 1°（1992 年，坐标为 $\alpha=02^h23^m3^s$，$\delta=89°14'$）。因此，对于地球上的观测者来说，它好像不参与周日运动，总是位于北天极处，因而被称为北极星。正是这个特点使它成为全天重要的恒星之一。

北极星是由三颗星组成的三合星。主星 A 为离地球最近的**造父变星**，光电目视星等 V 的变幅为 0.09 个星等（+1.95～+2.04），周期为 3.97 日，是**恒星光谱**分类为 F8Ib 的黄超巨星。主星 A 又是轨道周期约 30 年的单谱分光双星。伴星 B 目视星等+8.6，距离主星 18″。

由于**岁差**，天极以约 26 000 年的周期围绕黄极运动。在这期间，一些离北天极较近的亮星顺次被授以北极星的称号。公元前 2750 年前后，天龙座 α（中名**右枢**）曾是北极星。小熊座 α 成为北极星只是近 1000 年来的事。1000 年时，它距北天极达 6°。1940 年以来，小熊座 α 距北天极已不足 1°，而且正以每年约 15″的速度向北天极靠拢。在 2100 年前后，二者的角距离将缩到最小，只有 28′左右。此后，小熊座 α 将逐渐远离北天极。4000 年时，仙王座 γ 将成为北极星，7000 年、10 000 年、14 000 年时的北极星将依次为仙王座 α（中名天钩五）、天鹅座 α（中名**天津四**）、天琴座 α（中名**织女一**）。（李宗伟）

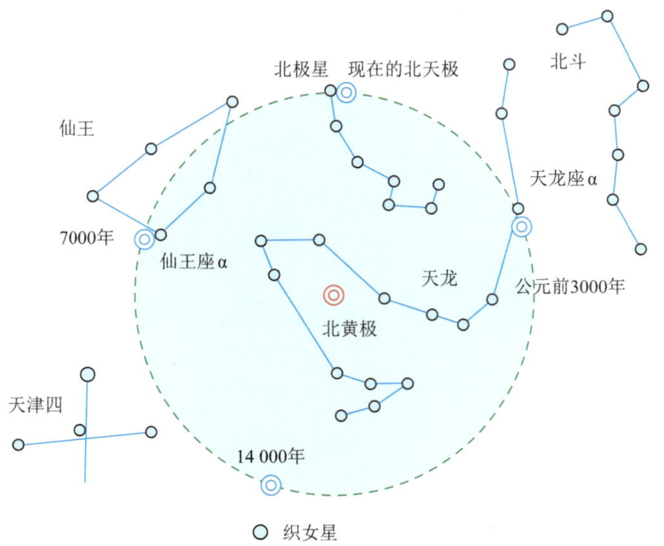

26 000 年内天球北极在恒星间的移动

北京古观象台　Beijing Ancient Observatory　中国古代天文观测台。坐落在今北京东城区建国门立体交叉桥的西南角。原名观象台或瞻象台。20 世纪 30 年代，中国建立现代天文台后，人们即逐渐称此台为古观象台。

从《明实录》等有明确纪年可考的记载来看，现存古观象台建于明朝正统（1436～1449）年间；但台址和仪器涉及金、元两代司天机构的兴废历史。南宋建炎元年（1127），金兵攻陷汴京（开封），将北宋天文仪器迁运至金的都城——中都。元灭金，中都受到破坏，在中都的东北郊新建大都。元世祖至元十六年（1279）春，选择大都城内东南角建造太史院和司天台，地点就在现存的北京古观象台附近。设计者是元代天文学家**郭守敬**等，参与铸造仪器的还有尼泊尔著名匠师阿尼哥。元亡之后，天文仪器都被运往新都南京，金台和元台荒废。明永乐四年（1406），明成祖朱棣决定迁都北京，但天文仪器仍留南京。钦天监人员只能在北京城东南城墙上仅凭肉眼观候**天象**。正统二年（1437），钦天监派人去南京，用木料仿制宋代浑仪和元代**简仪**等，运回北京校验后浇铸成铜仪。正统七年（1442）修钦天监、观星台并安装仪器；正统十一年（1446）造晷影堂。从此，北京古观象台和台下西侧有了以紫微殿为主的建筑群，大体上具备今天所看到的规模和布局。嘉靖（1522～1566）年间，曾对观象台进行过一次大修。明代在观象台上陈设的天文仪器有**浑仪**和**浑象**、简仪。陈设在台下的天文仪器有**圭表**和**漏壶**。

清康熙八年至十二年（1669～1673），采用欧洲天文学度量制和仪器结构，比利时耶稣会士南怀仁督造了 6 件大型铜仪：天体仪、赤道经纬仪、黄道经纬仪、地平经仪、象限仪（地平纬仪）、纪限仪（距度仪），并安装在观象台上，台上明制仪器则移往台下。康熙五十四年（1715），台上又安装了一件大型仪器——地平经纬仪。因仪器增加，场地不足，就在紧靠台东侧的城墙顶上，将观象台拓宽约 5 米。

乾隆九年（1744），开始设计和制造玑衡抚辰仪，工期长达 10 年，制成后也安装在观象台上。它实际上是用西法改进的一种浑仪。这是清代在观象台上安装的第八件仪器，也是最后一件大型铜仪。

1900 年，八国联军入侵北京，古观象台上下的天文仪器被德、法侵略军洗劫一空。清钦天监为了应付观测任务，临时赶制两小件仪器应用，即折半天体仪（球径比清初天体仪减小一半）和小地平经纬仪。法国人把地平经纬仪、黄道经纬仪、赤道经纬仪、象限仪、简仪等搬入法国驻华使馆，后于 1902 年归还。德国人将劫走的天体仪、地平经仪、纪限仪、玑衡抚辰仪、浑仪等运往柏林。第一次世界大战后，根据和约规定，这些仪器于 1921 年运回北京。1931 年，古观象台下陈列的浑仪、简仪、圭表、漏壶（两个）、小地平经纬仪、折半天体仪等七件迁往南京，现陈列于**紫金山天文台**和南京博物院。北京古观象台留有陈设在台上的 8 件清制天文仪器。从明正统初年起，到 1929 年止，北京古观象台连续从事观测近 500 年，在世界上现存的古观象台中，保持着连续观测最久的历史记录。北京古观象台也以建筑（包括台体和附属建筑群）完整和仪器配套齐全，在国际上久负盛名。清代制造的 8 件铜仪除了造型、花饰、工艺等方面具有中国的传统特色外，在刻度、游表、结构等方面，还反映了西欧文艺复兴时代以后大型天文仪器的进展和成就，成为东西方文化交流的历史见证。北京古观象台已改建为北京古代天文仪器陈列馆，属于**北京天文馆**。（陈美东）

北京隆福寺藻井天文图　Astronomic Map in Beijing Longfu Temple Caisson　位于北京隆福寺正觉殿藻井顶部的一幅星象抄本。1977 年夏发现，成于明景泰四年（1453）。天文图用传统盖天画法画在藻井天花板上。板为正八角形，每边长 75.5 厘米。全板长宽均为 182 厘米，厚 4 厘米。板上裱糊一层粗布底衬，表面涂深蓝色油漆。星象和有关连线以及宫次、文学等用沥粉贴金。图中以半径不等的几个同心圆分别显示内、中、外规和重规，还有连接内外规和二十八宿距星的 28 条赤经线，但未标出黄道。最外轮廓线的半径为 87 厘米，画面稍有残缺，现存星数为 1420 颗，属于

《步天歌》系统。经综合分析：天文图所据母本是一份更为古老的星图，当不晚于唐代。图中分野以秦分（古雍州）为京兆；在现存古星图中，直书秦分野为京兆的，尚属初见。隆福寺天文图作为一幅古老的星象抄本，十分珍贵，现藏北京古代建筑博物馆。（伊世同）

北京时间　Chinese standard time; Beijing standard time　中华人民共和国采用国际时区东八时区的区时作为标准时间。见地方时。

北京天文馆　Beijing Planetarium　中国国家级自然科学类专题科学博物馆。主要通过人造星空模拟表演，举办天文知识展览，编辑出版和发行天文科普书刊，组织进行大众天文观测等形式向公众宣传普及天文学知识。北京天文馆坐落于北京市西城区西直门外大街138号，占地面积20 000平方米，建筑面积26 000平方米，于1957年正式对外开放，是中国第一座大型天文馆，也是当时亚洲大陆第一座大型天文馆。六十多年来，北京天文馆以其独特的演示手段，吸引了一代又一代的观众。现为国家AAAA级旅游景区。

北京天文馆包含A、B两馆，共4个科普剧场。A馆天象厅是中国大陆地区最大的地平式天象厅，内部设备处于世界先进水平。其中，蔡司九型光学天象仪和世界上分辨率最高的全天域数字投影系统，不仅能为场内400名观众逼真还原地球上肉眼可见的9000余颗恒星，还能实现虚拟天象演示、三维宇宙空间模拟、数字节目播放等多项功能。

B馆于2004年底正式建成开放，内有球幕立体宇宙剧场、4D剧场、3D剧场3个科普剧场，以及天文展厅、太阳观测台、大众天文台、天文教室等各类科普教育设施。其中，半径为18米的球幕立体宇宙剧场拥有标准半球全天域银幕，能同时为200名观众呈现出气势恢宏的立体天幕效果。

4D剧场和3D剧场分别拥有200席和116席座位，两个剧场均采用最先进的播放设备和特效设备。4D剧场不仅能够呈现栩栩如生的立体影像，还能根据科普节目情节发展产生喷水、喷风、拍腿等多种特效，为观众带来身临其境的奇妙科普体验。3D剧场拥有宽12米、高9米的金属银幕，配以90°偏振立体眼镜，以逼真绚丽的立体效果为观众们呈现科普知识，真正做到了寓教于乐。

除播放科普节目外，北京天文馆举办的各项展览、天文科普讲座、天文夏（冬）令营等各项活动同样引人入胜，“天文馆之夜”“天文馆里过大年”等活动早已成为备受公众瞩目的品牌活动。北京天文馆集展示与教学于一体，通过举办天文知识展览，组织中学生天文奥赛，编辑出版和发行天文科普书刊《天文爱好者》，组织公众观测等众多科普活动，不失时机地向公众宣传普及天文知识。

2007年，国际小行星中心发布公告通知国际社会，第59000号小行星被永久命名为“北馆星”，即北京天文馆星。这是对北京天文馆成长足迹的肯定，也将鼓舞天文馆日益完善发展。

享誉中外的北京古观象台是明清两代皇家天文台，隶属于北京天文馆。北京古观象台是国家重点文物保护单位，台顶展出的八件古天文仪器是国家一级文物，堪称中国天文国宝，每年吸引着世界各地的游客络绎不绝地前来参观。（李　鉴）

北落师门　Fomalbaut　南天区的南鱼座中拥有两个星周尘埃盘和一颗系外行星候选体的复杂三星系统。在标准历元J2000赤道坐标系中，北落师门A的赤经$22^h57^m39.05^s$，赤纬$-29°37'20.05''$；北落师门B的赤经$22^h56^m24.05^s$，赤纬$-31°33'56.04''$；北落师门C的赤经$22^h48^m04.47^s$，赤纬$-24°22'07.5''$。

北落师门A是1000多年前就在中国和阿拉伯古籍中记载过的星宿。视星等1.16，为A3型的年轻主序星（4.4亿年），距离太阳系25光年（7.7秒差距），周围有一个延展到158天文单位（AU）的椭圆环状尘埃盘分布在恒星赤道平面上。自1943年，它一直是MK光谱分类系统的标准星。2008年11月，P.卡拉斯等人在哈勃空间望远镜的可见光数据中首次通过直接图像证认的方式，在靠近外部尘埃环内侧，距北落师门A星177AU的位置上，发现了一颗质量上限为3倍木星质量的系外行星候选体。因尘埃覆盖，多年的后续观测确认该候选体不是一个完整的行星而是因引力束缚形成的松散的岩屑堆。

北落师门B原名南鱼座TW，是一颗具有高自行，视星等6.48，K4型且与主星A同龄的年轻主序耀星，其光变周期10.3天。自1997年，被证认为与北落师门A形成物理双星，与主星A距离0.91光年（0.28秒差距）。

北落师门C原名LP 876-10，是一颗具有高自行，视星等12.62，M4型主序红矮星，也是唯一一颗位于宝瓶座的成员星。虽然在天空中它与子星A相距5.7°，但是在2013年10月，E.E.玛玛雅克等人证实了它与子星A和B共同构成一个三星系统。同年12月，G.M.肯尼迪等人通过赫歇尔空间望远镜的红外观测在子星C周围发现一个冷尘埃盘。

因新的观测证据，古老的北落师门星宿，作为极其罕见的拥有两个尘埃盘的多星系统的典型代表，重新引起了天文学家的广泛关注。（戴智斌）

北冕座R型变星　R Coronae Borealis variable　亮度有时突然减弱1～9星等的不规则变星。北冕座R型变星的典型星是北冕座R，已确定的和可能的对象约40颗。它们的

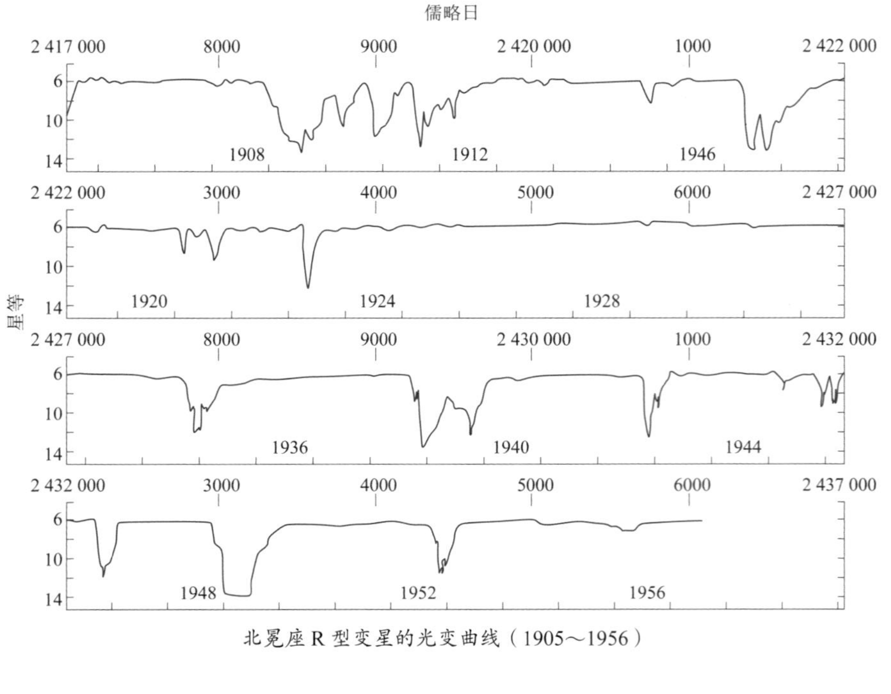

北冕座R型变星的光变曲线（1905～1956）

光变持续时间由几十天到几百天不等，上升缓慢而且间有不规则的或锯齿波式的起伏。两次减光的间隔有的很短，有的则长达十年以上。在这期间还存在为期数十天、变幅 0.5 星等左右的半规则光变。一般认为变光是由恒星自身抛出的含碳特多的气壳冷凝成烟尘使透明度急剧下降造成的。后来观测到它们有很大的红外色余，更支持了这种看法。因此有人认为，过去因为变光急剧而把它们归属于**爆发变星**是不恰当的。但也有人认为，如果这种变星是由于爆发性地喷射物质造成挡光而变暗，则仍可归入爆发变星，不过它们与急剧变亮的爆发变星是很不相同的。

北冕座 R 型变星大多数的光谱型为 F～K 和 R，但也有少量的是 O 型或 B 型（见**恒星光谱**）；极大亮度时的绝对星等还很难确定，但似乎是−4～−5 等的**巨星**或**超巨星**；空间分布属星族Ⅰ；正常时期的光谱为具有 H、K、D 及氦 3889 等发射线的宽发射线光谱；没有巴耳末发射线和 CH 的吸收带或发射带，得知其大气中明显缺氢；变暗时也出现各种轻金属和氰化合物的发射线，说明其大气中含有丰富的碳、氦和轻金属。（蔡贤德）

贝琳 Bei Lin（1429～1482） 中国明代天文学家。字宗器，号竹溪拙叟。金陵（今南京市）人。据清代路鸿休《帝里明代人文略》生于明宣德四年（1429），据 2015 年从贝氏墓发掘出的墓志铭卒于明成化十八壬寅（1482）。少时学举业有成，为了脱离戎籍发奋学习天文**历法**，入钦天监为天文生，达到目的。正统（1436～1449）、景泰（1450～1457）年间服务于军队，因占候有功得授钦天监漏刻博士。天顺初年因**天象**示警得到明英宗召见，不久升任五官灵台郎。成化六年（1470）任钦天监监副，两年后改南京钦天监监副。成化六年至十三年整理《回回历法》一书印行，使该书得以流传，清朝收入四库全书时改名《七政推步》。《回回历法》共七卷，是中国现存第一部系统介绍回回历法（伊斯兰历法）和阿拉伯天文学的著作。据贝琳说，这部书是洪武十八年（1385）从国外传入，由历官元统"译为汉算"。但《四库全书总目提要》则认为是《明史·历志》中所说的回回历，元代传入中国，洪武十五年由翰林李翀、吴伯宗和回回大师马沙亦黑等人翻译。但该书的内容在现存阿拉伯天文表中找不到任何对底本，近来的研究表明应该是元朝回回司天台编定的天文表。另著有《台历》和《百中经》等著作。（刘金沂　石云里）

贝塞尔，F.W. Friedrich Wilhelm Bessel（1784-07-22～1846-03-17） 德国天文学家和数学家。生于明登，卒于柯尼斯堡。他 15 岁时进入一家进出口公司当学徒，在学习航海术的同时，学习天文、数学知识。他在天文学方面显示出了才能。1806 年成为天文学家施罗特尔的助手。1810 年，奉普鲁士国王之命，在柯尼斯堡组建天文台，并被任命为台长，直到逝世。

在天文上有较多贡献。在天体测量方面，他重新订正 J.**布拉得雷的星表**，加上**岁差**和**章动**及光行差的改正，并把位置归算到 1760 年的春分点。经过修订的星表于 1818 年发表，其中还列有他求得的较精确的**岁差常数**、**章动常数**和**光行差常数**等数值。在此期间，他编出一份相当精确的**大气折射**表，建立了计算大气折射的对数公式，在 19 世纪得到广泛应用。在 1821～1833 年测定了赤纬−15°～+45°的亮于 9 等的恒星 75 000 多颗的位置。这项工作以后由他的助手和继承人 F.W.A.阿格兰德尔加以补充，成为《波恩巡天星表》。贝塞尔 1837 年测量天鹅座 61 的**视差**，1838 年底得数 0.31″。这是世界最早的**恒星视差**测定之一。1844 年，他根据**天狼**和**南河三**自行的波浪式起伏，预言它们都有暗伴星存在，后来分别在 1862 年和 1896 年为观测所证实。他提出贝塞尔岁首和贝塞尔假年的概念，建立了恒星的贝塞尔岁首平位置和任意时刻的视位置之间的变换关系式（见**贝塞尔日数**）。他还创立观测恒星过**卯酉圈**（见**天球坐标系**）定纬度的方法；导出修正**子午环**安装误差的贝塞尔公式；导出用于天文计算的内插法贝塞尔公式，式中的系数被称为贝塞尔系数。他在**日食**理论方面，引进贝塞尔要素等基本量；在彗星理论方面，提出彗尾动力学理论；在**地球形状理论**方面，提出贝塞尔地球椭球体；在数学研究方面，提出贝塞尔函数。（陈美东　撰　石云里　修订）

贝塞尔日数 Besselian day number 从贝塞尔年首（也即**光行差**改正后的平太阳赤经等于 280°的时刻）恒星的平位置（α_0,δ_0）变换到恒星视位置（α,δ）时所用到的一组参数。若将恒星的赤经和赤纬年**自行**分别记为和，则所采用的变换公式为：

$$\alpha(\tau)=\alpha_0+\tau\mu_\alpha+A(\tau)a+B\tau b+C\tau c+D\tau d+E\tau$$

$$\delta(\tau)=\delta_0+\tau\mu\delta+A\tau a'+B\tau b'+C\tau c'+D\tau d'$$

式中τ为由贝塞尔年首起算的时间（以回归年为单位）；a、b、c、d、a'、b'、c'、d'为与恒星平位置有关的常数；A、B、C、D、E为贝塞尔日数，它们同恒星位置无关，只随τ变化。含A、E的项对应于岁差和黄经章动效应，含B的项对应于倾角章动效应，含C、D的项对应于光行差效应。（刘宝琳　傅燕宁）

贝特，H.A. Hans Albrecht Bethe（1906-07-02～2005-03-06） 美籍德裔物理学家。生于德国斯特拉斯堡（今属法国），卒于美国纽约州伊萨卡。1924 年进入法兰克福大学学习化学，1926 年转入慕尼黑大学在 A.J.W.索末菲指导下学习物理学，1928 年获博士学位。1930～1933 年在慕尼黑大学和蒂宾根大学任教。在这段时间内，他曾赴英国随 E.卢瑟福及赴意大利随 E.费米进行研究工作。1933 年离开德国去英国曼彻斯特大学和布里斯托尔大学，1935 年赴美国康奈尔大学任教。1941 年入美国籍。在第二次世界大战期间，贝特曾对雷达的发展做出贡献。他还任曼哈顿计划的美国洛斯阿拉莫斯国家实验室理论物理部主任，负责设计原子弹。1954 年贝特当选为美国物理学会会长，1957 年成为英国皇家学会外籍会员和美国国家科学院院士。1961 年被授予费米奖。

他的博士论文是电子衍射理论，至今仍有重大价值。1929 年研究晶体中能级的劈裂，指出晶体中的对称电场对其能级的影响。1936～1937 年，贝特及其两个合作者澄清了当时的核力理论、核结构理论及核反应理论。1938 年贝特推测**太阳能源**可能来自它的内部氢核聚变成氦核的热核反应，但直接反应是不可能的，他提出了"碳循环"的解释，即一个碳-12 相继与三个氢核（质子）反应，形成氮-15，再通过与第四个氢核聚变释放出一个氦核（α 粒子）和最初的碳-12 而释放出能量。主要由于这一贡献使他获得了 1967 年诺贝尔物理学奖。贝特 1947 年最早用重正化理论计算了兰姆位移，准确地解释了这个一度使人困

惑的实验。他和 E.E.萨耳彼特提出了著名的贝特–萨耳彼特方程，在轻核理论、介子理论和合金的有序–无序态理论等方面也有贡献。

1970 年贝特回到天体物理问题的研究，他和一些合作者计算了**中子星**内部的物质分布。1978 年研究了巨星**引力坍缩**所引起的超新星爆炸。（戴念祖　石云里）

钡星和CH星　Barium star and CH star　**碳星**的一种特殊类型，具有强烈的钡元素吸收线或 CH 吸收线，以及富含慢中子俘获过程（s 过程）元素。钡星为星族 I 恒星，处于**红巨星**阶段，大多数处于**双星**系统中，其伴星为**白矮星**。CH 星与钡星类似，富含碳元素和慢中子俘获过程元素，但光谱中铁元素吸收线较弱或缺乏。CH 星具有较大的运动速度，主要分布在**银晕**中，为贫金属星族 II 恒星，是钡星的贫金属类型。

钡星的重要特征之一就是富含慢中子俘获过程元素。慢中子俘获核合成的必要条件之一是存在一个合适数密度的中子源。对于小质量恒星，红巨星阶段不能提供足够的温度和中子源，慢中子俘获过程元素主要产生于热脉冲渐进巨星支阶段，$^{13}C(\alpha,n)^{16}C$ 反应是主要的中子来源，足够数密度的 ^{13}C 原子是慢中子俘获过程开动的关键。在这一阶段，少量的壳层氢通过对流输运到恒星内部区域，并扩散至氦燃烧层高温区附近发生碳氮循环反应。由于仅有少量氢进入这一高温区，氢原子数密度太低，碳氮反应并不能完全进行到底形成 ^{14}N，而是形成一个富含中间产物 ^{13}C 的区域。当这一区域温度足够高时，$^{13}C(\alpha,n)^{16}C$ 反应开动并释放中子。此时所释放出的中子数密度可达 10^7/厘米^3。这些释放出的中子被该区域内铁元素所捕获，由此开启慢中子核合成过程。钡即是这一慢中子俘获过程合成的主要元素之一。随后，这些新生成的慢中子俘获过程元素通过对流搬运到恒星表面。钡星处于红巨星阶段，自身难以合成慢中子俘获过程元素，并且也难以形成富碳表面。这些元素主要通过双星洛希瓣物质转移从处于渐进巨星支阶段伴星获取。由于钡星为红巨星与白矮星组成的双星系统，可以推断这一物质交流过程应该发生在更早期，即一颗主序阶段的恒星与渐进巨星支的伴星发生物质转移，富含碳和慢中子俘获过程元素的物质由渐进巨星支恒星转移到**主序星**表面。在随后的演化中，主序星演化为红巨星，渐进巨星支恒星演化为白矮星，构成钡星双星系统。（张先飞）

本初子午线　prime meridian　通过英国伦敦格林尼治皇家天文台原址的那条经线。又称首子午线、零子午线、0°经线。19 世纪，在航海事业蓬勃发展的推动下，许多国家相继建立天文台，进行专门的天文观测来测定时间。它们直接得到的都是**地方时**。为了协调时间的计量和确定地理经度，1884 年在华盛顿举行的国际子午线会议决定，采用英国伦敦**格林尼治皇家天文台**（旧址）埃里中星仪所在的子午线作为时间和经度计量的标准参考子午线，称为本初子午线（如图）。从本初子午线开始，分别向东和向西计量地理经度，从 0° 到 180°。

从天文台发射的激光，标志着最初的本初子午线

1957 年后，格林尼治天文台迁移台址，国际上改用由若干天文测时结果长期稳定性较好的天文台组成的平均天文台作为参考。由这些天文台原来的经度采用值，利用天文测时资料反求各自的经度原点，再对这些经度原点进行统一处理，最后求得平均天文台经度原点。1968 年国际上以国际习用原点作为地极原点，并把通过国际习用原点和平均天文台经度原点的子午线称为本初子午线。（漆贯荣）

本地臂　local arm　距离太阳最近的旋臂（见**银河系旋臂**），又称猎户臂（Orion Arm）。这条旋臂处于**英仙臂**和人马臂之间，人类所在的**太阳系**位于本地臂的内侧。猎户座的一些亮星和**星云**，以及一些特殊结构都位于这条旋臂上，例如**参宿四**、**参宿七**，猎户腰带上的猎户 ζ、猎户 ε 和猎户 δ，**猎户星云**，以及本地泡（太阳系所处的**星际介质**密度很低的一个形状不规则的空洞，其跨越的范围至少有 300 光年）。本地臂曾被认为是银河系旋臂的一个次级结构，而中国科学家徐烨的研究表明：本地臂比原先认为的要长得多，并且除主结构外，还存在一条连接到人马臂的次级结构，因此它很可能也是一条**银河系**的主旋臂。（沈俊太　徐　烨）

本星系群　local group of galaxy; LG　银河系与其附近几十个质量不等、形状各异的星系构成一个尺度相对较小的不规则星系团。本星系群中质量最大的两个主要成员是**银河系**与**仙女星系**（M31），彼此相距约 740 千秒差距。其他成员星系或可分为两类：①上述两个巨星系的伴星系，如**麦哲伦云**之于银河系和三角星系（M33）之于仙女星系。②呈离散分布的十来个独处的星系，它们的银心距最远可达 1.5 兆秒差距。本星系群的边界并不十分清晰，不过可以用明确参与**宇宙膨胀**的那些星系来予以界定，而实际上本星系群可定义为与哈勃流相脱离的一个自束缚星系群体，当然其中应有银河系。

1936 年 E.P.哈勃首先在《星云世界》一书中把银河系及其邻近的大麦哲伦云、小麦哲伦云、仙女星系、M32、NGC205、M33、NGC6822 和 IC1613 共 8 个星系合称为本星系群。到 1997 年为止，已发现（包括待证实）的本星系群成员达 35 个。按哈勃形态分类，银河系、仙女星系（M31）和三角星系（M33）为**旋涡星系**，M32 为**椭圆星系**，其余成员为**矮椭圆星系**、矮椭球星系或**不规则星系**，以及少数**透镜状星系**。截至 2023 年，已发现的本星系群成员共有 74 个，它们到银河系或仙女星系的距离不超过 1.5 兆秒差距。

本星系群是典型的疏散星系群，主要有以银河系和仙女星系为中心的两个次群结构。大小麦哲伦云是双重星系，它们与银河系构成三重星系，而银河系次群还包括御夫星系、人马星系、小熊星系、天龙星系、玉夫星系、六分仪星系、船底星系、天炉星系、狮子 I 星系、狮子 II 星系等近距星系。仙女星系次群包括仙女三重星系、仙女矮星系、三角星系、NGC205、仙后双矮星系、NGC147 和 NGC185，以及后期发现的矮星系仙女 I、仙女 III、仙女 V、仙女 VI 等，并进一步与透镜状星系马菲 I、IC10 等构成星系链。可见本星系群结构颇为复杂，这也正是**星系团**，特别是不规则星系团的结构特征。

本星系群的 V 波段总光度为 $4.2\times10^{12}L_{\odot}$，总质量的合理估值可取为 $(1.7\sim2.1)\times10^{12}M_{\odot}$，而质光比为太阳的 44 倍。这意味着本星系群中**暗物质**的质量比可见物质多一个量级。本星系群的成员距离太阳较近，能被分解为恒星，易于进行细致研究，常被用于造父变星周光关系、**超新星**极大光度与下降速率关系、**球状星团**光度函数等河外距离测量方法的定标，对于测定**哈勃常数**等重要的宇宙学参量以及研究星系的形成和演化起着不可替代的

本星系群成员表

名称	别名	分类	赤经（α）	赤纬（δ）	绝对星等（M_V）	距离（kpc）
仙女星系	M31	Sb Ⅰ-Ⅱ	$00^h42^z\ 44^2.2$	+41°16′09″	−21.2	760
银河系	Galaxy	S（B）bc Ⅰ-Ⅱ	17 45 39.9	−29 00 28	−20.9	8
三角星系	M33	Sc Ⅱ-Ⅲ	01 33 50.9	+30 29 37	−18.9	795
大麦哲伦云	LMC	Ir Ⅲ-Ⅳ	05 19 36	−69 27 06	−18.5	50
小麦哲伦云	SMC	Ir Ⅳ/Ⅳ-Ⅴ	00 52 36	−72 48 00	−17.1	59
M32	NGC-221	E2	00 42 41.9	+40 51 55	−16.5	760
NGC-205		Sph	00 40 22.5	+41 41 11	−16.4	760
IC-10		Ir Ⅳ：	00 20 24	+59 17 30	−16.3	660
NGC-6822		Ir Ⅳ-Ⅴ	19 44 56.0	−14 48 06	−16.0	500
NGC-185		Sph	00 38 58.0	+48 20 18	−15.6	660
IC-1613		Ir Ⅴ	01 04 47.3	+02 08 14	−15.3	725
NGC-147		Sph	00 33 11.6	+48 30 28	−15.1	660
WLM	DDO-221	Ir Ⅳ-Ⅴ	00 01 57.8	−15 27 51	−14.4	925
人马星系		dSph（t）	18 55 04.3	−30 28 42	−13.8	24
天炉星系		dSph	02 39 53.1	−34 30 16	−13.1	138
飞马星系	DDO-216	Ir Ⅴ	23 28 34	+14 44 48	−12.3	760
狮子Ⅰ		dSph	10 08 26.7	+12 18 29	−11.9	250
仙女Ⅰ		dSph	00 45 43	+38 00 24	−11.8	810
仙女Ⅱ		dSph	01 16 27	+33 25 42	−11.8	700
狮子 A	DDO-69	Ir Ⅴ	09 59 23.0	+30 44 44	−11.5	690
宝瓶星系*	DDO-210	Ir Ⅴ	20 46 53	−12 50 58	−11.3	1025
人马 DIG*		Ir Ⅴ	19 29 58.9	−17 40 41	−10.7	1300：
飞马Ⅱ	仙女Ⅵ	dSph	23 51 39.0	+24 35 42	−10.6	830
南鱼星系	LGS-3	dIr/dSph	01 03 56.5	+21 53 41	−10.4	810
仙女Ⅴ		dSph	01 10 17.1	+47 37 41	−10.2	810
仙女Ⅲ		dSph	00 35 17	+36 30 30	−10.2	760
狮子Ⅱ	DDO-93	dSph	11 13 27.4	+22 09 40	−10.1	210
凤凰星系		dIr/dSph	01 51 03.3	−44 27 11	−9.8	395
玉夫星系		dSph	01 00 04.3	−33 42 51	−9.8	87
仙后星系	仙女Ⅶ	dSph	23 26 31	+50 41 31	−9.5	690
杜鹃星系		dSph	22 41 48.9	−64 25 21	−9.6	870
六分仪星系		dSph	10 13 02.9	−01 36 52	−9.5	86
船底星系		dSph	06 41 36.7	−50 57 58	−9.4	100
天龙星系	DDO-208	dSph	17 20 18.6	+57 55 06	−8.6	79
小熊星系	DDO-199	dSph	15 08 49.2	+67 06 38	−8.5	63

注：*表示待证实的本星系群成员；：表示不太确切。

作用。　（邹振隆　撰　赵君亮　修订）

比利时皇家天文台 Royal Observatory of Belgium　位于比利时布鲁塞尔市的一座天文台。1823年，比利时科学家L.A.J.奎特莱提议在布鲁塞尔新建一座天文台；当时统治比利时的荷兰联合王国国王威廉一世于1826年批准该项提议，天文台建在布鲁塞尔地区的圣若斯-滕-诺德，奎特莱担任首任台长；1890年，天文台搬迁至布鲁塞尔南郊的于克勒地区。

主要研究领域包括参考系和地球动力学、天体测量学和天体动力学、天体物理学、太阳物理学。

天文台建有多种口径的望远镜以及其他仪器如天体照相仪、地震探测仪等。20世纪上半叶，设有

比利时皇家天文台远景

100厘米口径蔡司反射镜，是当时世界上最大的望远镜之一。1981年成为全球**太阳黑子**资料中心。截至2016年，发现**小行星**13颗。　（李宗伟　刘黎明）

比邻星　Proxima Centauri　**南门二**即半人马座α（三合星系统）中的第三颗星，即南门二丙星或半人马座α星C。比邻星比三合星系统中的另外两颗星（半人马座α星A和半人马座α星B）的半径小，温度低。在标准历元J2000赤道坐标系中，比邻星赤经是$14^{h}29^{m}42.948\,53^{s}$，赤纬是$-62°40'46.1631''$，只有在北纬27°以南才能看到。

1915年，苏格兰天文学家R.英尼斯发现了这个小质量**红矮星**，光谱型为M6，它是宇宙中距离太阳最近的一颗恒星，仅有4.25光年，故被称为“比邻星”。它的视星等是11.05等，是当时发现的最暗的恒星。全波段光度只有太阳的0.17%，超过85%的辐射都位于红外波段，需要使用大于8厘米口径的望远镜才能看到它。比邻星距离地球非常近，可以测得其角直径是太阳的1/7。比邻星的质量只有太阳质量的1/8，密度是太阳的40倍。比邻星是一颗全对流恒星，具有很强的磁场，耀斑爆发频繁，有些耀斑爆发的光度可超过比邻星本身的光度，温度可达到2.7×10^{7}K，足够产生**X射线辐射**。比邻星总的**星风**损失率很小，不到太阳的20%，然而单位表面积的星风损失率却是太阳单位表面积星风损失率的8倍。比邻星相对低的能量产生率使其理论主序寿命长达4万亿年，相当于**宇宙年龄**的300倍。

2016年，**欧洲南方天文台**宣布发现了**系外行星**比邻星b，质量至少为地球质量的1.3倍，距离比邻星只有0.05天文单位，轨道周期为11.2天。该行星的表面处于液态水存在的稳定温度范围内，因此它位于比邻星的宜居带内。然而，考虑到比邻星是一个红矮星**耀星**，因此，对于比邻星b是否可维持生命系统还有很多争议。　（朱俐颖）

比鲁尼　al-Bīrūnī（973-09-04～1048-12-13?）　伊斯兰学者。波斯血统。全名阿布·阿莱汗·穆罕默德·伊本·艾哈迈德·比鲁尼。又译阿尔比鲁尼。生于中亚花剌子模的基发（今乌兹别克斯坦境内），卒于阿富汗甘孜那。曾长期旅居印度，去世时间一说为1048年12月13日，一说在1050年以后。他对于哲学、历史和自然科学的许多方面都有贡献，而以数学和天文学的成就最大。主要著作有：①《古代诸国年代学》，叙述各民族的**历法**、纪元和节日制度。②《马苏蒂天文典》，天文学百科全书，内容包括球

面三角、球面天文、计时学和数理地理学。③《星占学基础》。④《印度》。比鲁尼在沟通印度文化和阿拉伯文化方面起过重要作用，曾把印度学者伐罗诃密希罗的两卷天文学著作译成阿拉伯文，又把阿拉伯的科学知识介绍到印度。比鲁尼对亚里士多德的物理学和哲学理论提出许多批评性意见。他曾利用月全食测量两地的经度差，还发明从山顶观察地平圈的大小和山的高度的关系来确定地球半径的新方法。　（陈美东　撰　石云里　修订）

毕星团　Hyades　著名的**疏散星团**之一。全称毕宿星团。位于金牛座。它的几颗亮星构成二十八宿中的毕宿，因此称为毕星团。但是毕星团天区中最亮的**毕宿五**并不是星团的成员。

毕星团距离太阳约45秒差距（146光年），其角直径约6°，线直径约4.5秒差距，是离地球最近的成员星较多的疏散星团，有300多个成员星，总质量约400个太阳质量。毕星团还是一个移动星团，它的成员星**自行**的汇聚点为赤经93°、赤纬+12°，大致在**参宿四**以东5°左右。现在它正以约40千米/秒的速度离地球而去。毕星团中，光谱型最早的恒星为A型星，所有早于A型的恒星已离开主序，此外，还有四颗光谱型为K的红团簇巨星。毕星团的年龄比**昴星团**大得多，估计为8亿年。

毕星团是除大熊星团以外距离太阳最近的一个疏散星团，它的星数较多而密集，其成员星的自行观测精度也最高。因此，精确测定毕星团的距离在星团**视差**工作中占有特别重要的地位。通过对毕星团及其成员距离的测定，可以得到**银河系**内遥远天体距离的定标零点，而星团内**造父变星**光度值的测定，又提供了对河外天体的距离进行定标的零点。毕星团的距离实际上已成为宇宙距离尺度校准的一个基本出发点。　（陈　力）

银河中的毕星团（图中最亮为毕宿五）

毕宿五　Aldebaran　全天第十四亮星，视星等为0.87v（v表示**变星**），绝对星等$M_V=-0.63$。它有近10种名称，主要**星表**编号为Hip21421、HR1457、HD29139和FK5168。西方星名金牛座α（α Tau）。毕宿五位于星座金牛头部眼睛的位置，俗称金牛眼。古代阿拉伯称为“追随者”，它随着**昴星团**升起，总是跟随着昴星团。距离太阳为65.1光年。光谱型为K5Ⅲ，是晚型巨星，呈橘红色，**有效温度**为3800K。冬夜亮星中最红、最早出现在东方地平的恒星。毕宿五因位于月球**白道**附近，常有被月球掩盖的掩星现象，称为月掩毕宿五。毕

毕宿五

宿五已燃烧完内部的氢，并将氦合成为碳，已离开主星序，膨胀到半径为50个太阳半径。它是慢的不规则脉动变星，星等变化仅有0.2。它有一颗红矮伴星（光谱型为M2Ⅴ），质量为0.15太阳质量，轨道半径607AU。1997年发现它有一颗巨行星伴星，距离为1.65**天文单位**，周期为654天，质量约11木星质量。　（李宗伟）

闭合幅度关系　amplitude closure relationship　**射电干涉仪**观测中的一个幅度组合参数。闭合幅度需要四个台站的数据。编号为1、2、3、4四个测台站，令四条基线的真实的可见度幅度为$|V_{12}|$、$|V_{13}|$、$|V_{24}|$和$|V_{34}|$，相关处理机输出的四条基线得到的信号幅度分别为$|r_{12}|$、$|r_{13}|$、$|r_{24}|$和$|r_{34}|$，观测到的基线的信号幅度是台站增益的幅度与可见度幅度相乘的结果。闭合幅度定义为：

$$\frac{|r_{12}||r_{34}|}{|r_{13}||r_{24}|}=\frac{|V_{12}||V_{34}|}{|V_{13}||V_{24}|}$$

显然，闭合幅度与各个台站的增益的幅度误差无关，四个台站存在二个独立的闭合幅度关系。对N个没有冗余基线的干涉阵，独立的闭合幅度数为$N(N-3)/2$。　（蒋栋荣）

闭合相位关系　phase closure relationship　**射电干涉仪**观测中的一个相位组合参数。射电干涉仪中一对天线（m,n）的相关处理

机的输出信号可以表示为：

$$r_{mn} = G_{mn}V_{mn} = g_m g_n^* V_{mn}$$

式中g_m和g_n分别为两个天线的复增益，*代表共轭；V_{mn}为可见度函数。相关器输出信号的基线相位等于观测目标的可见度相位加上两个天线复增益的相位差。令编号为1,2,3三个观测台站，构成三条基线，三条基线的观测目标的真实可见度相位分别为ϕ_{12}、ϕ_{23}和ϕ_{31}，干涉仪观测得到的三条基线的相位为ψ_{12}、ψ_{23}和ψ_{31}。闭合相位的定义为：

$$\phi_{cl} = \psi_{12} + \psi_{23} + \psi_{31}$$

对这三条基线，闭合相位ϕ_{cl}为：

$$\psi_{12} + \psi_{23} + \psi_{31} = \phi_{12} + \phi_{23} + \phi_{31}$$

即闭合相位含有成图所需的可见度相位，而不受台站复增益相位的影响。闭合关系成立的基本要求是，在任何瞬间可以用台站的复增益相位代表从源到观测台站的信号路径中相位的影响。这样在观测的源上大气的影响必须是常数，即源的角宽度应该不大于大气的等晕斑的大小。对有N个天线组成的没有冗余基线的干涉阵，独立的闭合相位方程数为$(N-1)(N-2)/2$。

（蒋栋荣）

编码孔径 coded aperture 一种高能光子成像技术，多用于光子能量在10keV以上的硬X射线到数百keV以下的软γ射线能段的成像。编码孔径成像的核心是编码掩模（coded mask），由对特定波段高能光子透明和不透明的两类掩模元（mask element）组成。这些掩模元按照预先设计好的方式交错排列。当入射高能光子穿过掩模后，可以在接收端探测器上产生与编码掩模形状相同的投影，但投影的具体位置会随着光子入射方向的变化而发生相应的位移。用数学语言描述是，接收端影像是天体的高能辐射形态与掩模孔径图样的卷积。这样通过投影的位置和强度，就可以相应还原出源的位置和各部分的辐射强度。但编码孔径技术只能给出辐射的空间分布，不能区分单个光子的来源，同时因为适用于能量较高的光子的掩模自重过大，因此能量高于数百keV的γ射线空间探测一般不选择编码孔径的方式。

合适的编码掩模设计要保证来自天空中每一方向的入射光子都可以在接收端投影出独一无二的像，这样才能保证还原出影像的唯一性。一般来说，掩模元的设计要尽量保证其自相关函数接近δ函数，以抑制旁瓣。常用的掩模图样设计包括早期的随机型，还有近年较为流行的均匀冗余阵（uniformly redundant arrays）等。单个掩模元形状有矩形、六边形等不同形式，材

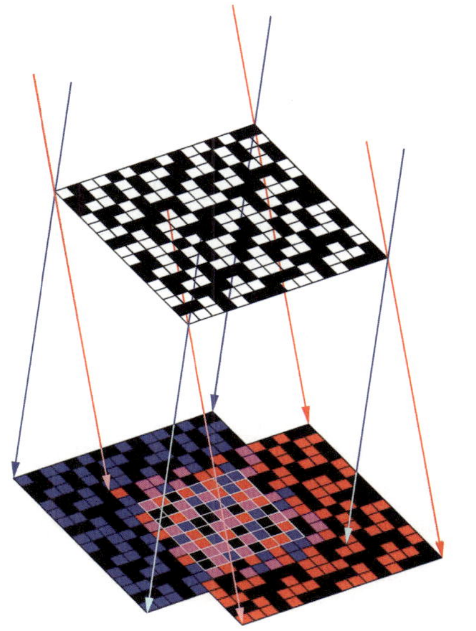

图中黑白相间方格代表编码掩模，红、蓝色分别表示两个方向的入射光子及其对应投影

编码孔径成像技术示意图

料一般采用对高能光子吸收线较好的钨合金。格雷尔斯雨燕天文台、国际γ射线天体物理实验室（INTEGRAL）、中法两国合作的空间变源监视器（SVOM）卫星等高能天文卫星均使用了编码孔径成像技术作为其高能观测仪器。

（张　博）

变换理论 theory of transformation 研究天体运动方程的一种处理方法。在天体力学中，经常需要将变量进行变换，从而改变天体运动方程的形式以便于研究。根据不同的问题，需要研究采用什么样的变换，这就形成了天体力学中的变换理论。它包括两方面的内容。

正则变换　分析力学中的哈密顿方程又称正则方程，它具有对称性等一些优点，是解决力学问题的一种常用的方程形式。如果变量变换后新方程仍保持正则形式，这种变换称为正则变换。若在变换中不显含时间，这样的正则变换称为保守正则变换；若保守正则变换使哈密顿函数不变，则此保守正则变换称为完全正则变换。1916年，E.H.von蔡佩尔用正则变换寻找循环坐标的方法处理天体力学中的具体问题，这种方法称为蔡佩尔方法。1959年，D.布劳威尔用蔡佩尔方法处理人造天体的运动问题，称为布劳威尔－蔡佩尔方法。这种方法采用的正则变换是由隐函数定义的，要经过复杂的计算才能给出新旧变量的显函数关系。堀源一郎把李级数的概念和结果应用到正则变换，通常称为堀源－李变换。堀源一郎还把这种理论从正则系统推广到非正则系统，并应用到受摄开普勒运动和非线性振动问题上。H.舍夫勒把正则变换的概念推广到不同维数空间之间的变换，并给出了进行这种变换的一些条件。

正规化变换　消除质点组运动方程中碰撞奇点的变换称为正规化变换。它通常包含自变量变换和坐标变换两部分。正规化变换消除运动方程的奇点后，使新的坐标成为新的自变量的解析函数，这样就便于从理论上进行讨论，并有可能给出运动方程解的具体表达方式。三体问题中著名的松德曼级数就是在对二体碰撞奇点进行正规化变换以后得到的。对于一些可积的问题，正规化变换往往指出了积分的途径。在平面圆型限制性三体问题中，蒂勒变换可以用来积分双不动中心问题。用数值方法积分包含碰撞奇点的运动方程时，离碰撞奇点越近，方程右端函数的变化就越快。在这种情况下，积分步长必须急剧减小，这样既耗费计算时间，又不能保证精度。正规化变换以后可大大提高计算效率和计算精度。

平面二体问题中最著名的正规化变换是列维－齐维塔变换。变换后的运动方程在能量常数小于零时是简谐振动方程。将列维－齐维塔变换直接推广，用于空间二体问题，便形成KS变换。在空间二体问题中，还有莫泽变换。这是用球极平面射影及其正则扩充，把$2n$维相空间变换成$n+1$维空间的单位球面及其切空间。当$n=3$时，可以把具有负能量的开普勒轨道变换成球面上的测地线，把碰撞奇点变换成球面上的一个极点，经过这个极点的大圆对应于碰撞轨道。

将以上这些正规化变换用到多体问题中都能使一个二体碰撞奇点正规化，因而这些变换称为局部正规化变换。局部正规化已能解决许多实际工作的数值积分问题和部分理论课题。使所有的二体碰撞奇点同时进行正规化的变换称为全局正规化变换，这比局部正规化要困难得多。研究平面圆型限制性三体问题的全局正规化的历史最长，结果也比较完善。一般采用以两个大质量质点连线中点为原点的旋转坐标系。将旧坐标z和新坐标w都作为复变量，它们之间的关系用保角映射$z=f(w)$表示。自变量t变换成s的关系是$\mathrm{d}t/\mathrm{d}s=|\mathrm{d}z/\mathrm{d}w|^2$。这些变换中最著名的是蒂勒变换$z=(\cos w)/2$。蒂勒变换曾被用来对平面圆型限制性三体问题的周期轨道进行了大量的数值积分工作。另外，还有$z=(w^n+w^{-n})/4$的变换。当$n=1$时，为伯克霍夫变换；而$n=2$时，则为勒梅特变换。所有这些变换都同时使两个碰撞奇点正规化，剩下唯一的碰撞奇点是z平面上的无穷远点。

（孙义燧　黄天衣）

变星　variable star　物理性质随时间变化的恒星。凡通过探测器（人眼、望远镜和辐射接收器）能够检测到亮度有变化的星，无论变化是物理原因（如爆发、脉动）、几何原因（如交食、屏遮），还是二者兼有（如交食加上两星间的质量交流），都称为变星。历史上将光学波段亮度随时间有变化的恒星称为变星。20 世纪 70 年代以来，把在光学波段物理条件有变化或光学波段以外电磁辐射有变化的恒星，也叫作变星。前者如光谱变星、磁变星，后者如红外变星、X 射线新星等。

发现史和变星表　中国殷墟出土的商代甲骨卜辞“新大星并火”和“有毁新星”，若解释为新星现象，则爆发变星的记录可追溯到公元前 14 世纪。否则，《汉书》所载元光元年（前 134）六月“客星见于房”，就是关于变星的最早历史文献（图 1）。《宋史》所载 1006 年 4 月 3 日出现的超新星变光始末的描述，是世界公认的第一个变星记录。20 世纪 70 年代还陆续证认出作为爆发后遗迹的射电源、X 射线源和光学对应体。1596 年，D.法布里修斯发现第一个长周期变星鲸鱼座 o（蒭藁增二）。1786 年，E.皮戈特编制了第一个变星表，其中载有 4 颗新星和 8 颗变星。1840～1844 年，F.W.A.阿格兰德尔建立了变星亮度变化的 0.1 星等等级制，编成变星总数为 44 颗的星表。20 世纪初，德国天文学会承担了《变星文献汇编》的编辑任务，在 1918～1922 年出版了三卷。美国哈佛大学天文台在 R.普拉格主持下，于 1926 年出版了变星表，到 1933 年修订了三版，所载变星总数为 5826 颗。第二次世界大战后，国际天文学联合会委托苏联科学院天文委员会（今俄罗斯科学院天文研究所）编制《变星总表》（ОКПЗ）。从 1948 年起每隔 10 年再版一次，到 1976 年出版的第三版第三补编，共载有变星 25 920 颗。1982 年为止发现和命名银河系内 28 435 颗变星和变光体。第四版一开始仅分成三册，在 1985～1987 年出版，包含 28 435 颗恒星；后来又印制第四版的第四册，内容是参考表；第五册于 1995 年 1 月问世，列出了 35 个河外星系中 10 979 颗确认和可疑的变星。之后第五版则采用网络版本，由俄罗斯科学院天文研究所于 2017 年发布并更新。

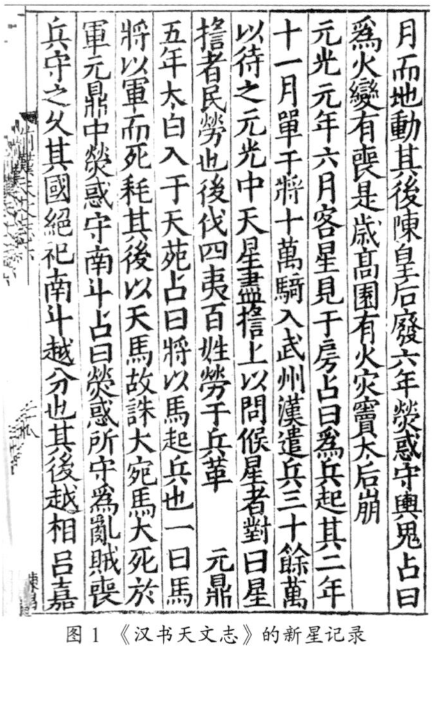
月而地動其後陳皇后廢六年熒惑守輿鬼占曰
爲火變有喪是歲高園有火災竇太后崩
元光元年六月客星見于房占曰爲兵起其二年
十一月單于將十萬騎入武州漢遣兵三十餘萬
以待之元光中天星盡搖上以問候星者對曰星
搖者民勞也後伐四夷百姓勞于兵革　元鼎
五年太白入于天苑占曰將以馬起兵也一曰馬
將以軍而死耗其後以天馬故誅大宛馬大死於
軍元鼎中熒惑守南斗占曰熒惑所守爲亂賊喪
兵守之久其國絕祀南斗越分也其後越相呂嘉

图 1　《汉书天文志》的新星记录

变星命名　1844 年德国天文学家 F.W.A.阿格兰德尔创变星命名法。每一星座内的变星，按发现的时间顺序，用拉丁字母 R、S、T、U、V、W、X、Y 和 Z 记名。如牧夫座内发现的第二个变星，定名为牧夫座 S，北冕座第三变星北冕座 T，天鹅座第七变星天鹅座 X。随着新发现的变星数目不断增长，单字母法已不敷应用。哈特威于 1881 年将单字母扩充为双字母。按 RR、RS、…、RZ，SS、…、SZ，TT、…、ZZ，仅 9 个字母循环，后又扩展到所有字母 AA、…、AZ，BB、…、QZ（但不用字母 J）命名一个星座内第 10 号到第 334 号变星。如天琴座 RR，天箭座 WZ，飞马座 AG。当变星数超过 334 个时，则用拉丁字母 V 加上阿拉伯数字表示。如天蝎座 V861，人马座 V4021。近年来，《变星总表》编委会就是按照这种国际通用的命名法为新变星定名的。

变星分类　1881 年，E.C.皮克林把变星分为新星、长周期变星、造父变星、不规则变星和食变星 5 类。在已发现的几万颗变星中，做过光谱观测的仅占 1/4 左右。一百多年来，变星的分类法随着对它认识的不断深化而逐渐改变。根据光变的原因是内在的或外在的可分为内因变星和外因变星。内因变星的光变是光度的真实变化，光谱和半径也变化，又称物理变星。外因变星光度、光谱和半径不变，它们是双星，又称几何变星或光学变星。据 2015 年变星总表第五版数据，变星总数约 52 011 颗。把除食变星外的变星重新划分为脉动变星、旋转变星、爆发变星、爆发或灾变变星 4 个大类。在大类以下又按照光变形态和物理原因，细分为若干次型：①脉动变星（周期、多周期、准周期或无周期）。主要有经典造父变星、室女座 W 型星、天琴座 RR 型星、盾牌座 δ 型星（又称矮造父）、仙王座 β 型星、凤凰座 SX 型变星、鲸鱼座 ZZ 型变星、金牛座 RV 型星、半规则星、蒭藁变星（鲸鱼 o）。最后两类有时称长周期变星。②旋转变星（周期或准周期）。主要有猎犬座 α2 型变星、椭球变星、天龙座 BY 型变星、猎犬座 RS 双星等。③爆发变星。主要有金牛座 T 型星和御父座 RW 型星、猎户座 FU 型星、仙后座 γ 型变星、鲸鱼座 UV 型星、北冕座 R 型变星。④爆发或灾变变星。主要有新星、超新星、类新星变星、再发新星、矮新星或双子座 U 变星等。

变星的脉动理论　1879 年，A.里特研究均匀气体球的径向脉动，得到变星脉动周期和星的平均密度的关系。A.S.爱丁顿提出变星脉动理论，指出恒星外层氢的临界电离区和中心的产能区是两个可能的脉动激发源。1953 年，S.A.日瓦金指出恒星内部的氦的二次临界电离区是脉动的主要激发源。20 世纪 50 年代后期，电子计算机广泛应用于变星非绝热脉动的理论计算。线性非绝热脉动理论的计算，基本上证实了日瓦金的结论，并解释了赫罗图上脉动不稳定区蓝端边界位置，以及脉动变星的光变曲线同视向速度曲线的相移关系。1962 年，R.F.克里斯蒂提出了变星的非线性脉动理论，他第一次从理论上推得可与观测相比较的光变（和视向速度）曲线的形状和变幅。对处于赫罗图上脉动不稳定区红端的变星，即不规则变星、半规则变星和长周期变星，它们的外层对流区已延伸到相当程度，必须考虑对流的作用。除去径向脉动模式外，还存在一类更广泛的非径向脉动模式。对于非常简单的恒星模型，非径向脉动的本征振动可很清楚地分成三组分立的群：①p 模式，即压力模式或声模式，特点是压力为主要的恢复力。②g 模式，或称重力模式，特点是恢复力主要为重力。③f 模式，即基模式或开尔芬模式，特点是径向位移分量在恒星内部没有结点（除中心外）。非径向脉动要比纯径向脉动复杂得多，如今对复杂的恒星结构，已不可能简单地将非径向脉动模式分类。大犬座 β 型变星、矮新星和白矮星的快速光变是研究非径向脉动的最可能的对象。

变星研究和恒星演化　因物理变星的演变时间尺度大大短于正常恒星在主星序留驻的时间，所以物理变星的研究有助于阐明恒星从量变到质变的演化环节。食变星为研究恒星结构提供了质量、大小和光度等基本参量。观测发现越来越多的食变星不仅是几何变星，也是物理变星，它们是研究恒星演化的重要对象。现代恒星演化理论能够定量地说明主序星和主星序阶段之后的红巨星的形成及赫罗图上造父变星区的一些现象。至于早期或晚期的恒星演化过程，由于物理条件复杂，了解还极不完全。但某些变星，如主星序前的金牛

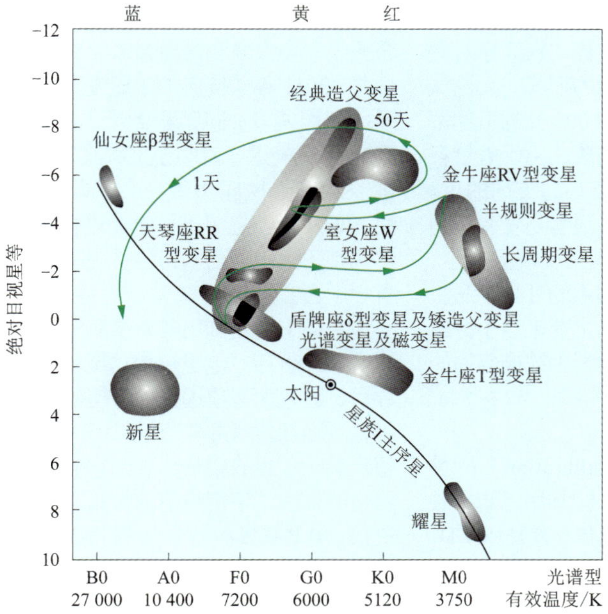

图 2 各类变星在赫罗图上的位置

座 T 型变星、主星序上或主星序附近的脉动变星、主星序后的北冕座 R 型变星，却能为这些演化阶段提供重要的信息。各类变星在赫罗图上的位置见图 2。变星种类繁多，从**超巨星**到**红矮星**都有；在**星族**特性上，变星分属于中介星族Ⅰ、旋臂星族、盘星族、中介星族Ⅱ以及晕星族五种不同空间结构的次系。所以，变星是研究**银河系结构**和银河系动力学的重要线索。此外，造父变星的**周光关系**、新星的极大亮度平均值效应也为量度星系距离提供了标准。

（李宗伟 熊大闰）

标准薄盘 standard thin disk 冷吸积盘的一种存在方式。根据吸积率（见**吸积**）的大小，冷吸积盘分为标准薄盘和超爱丁顿吸积盘两种。这两种**吸积盘**对应的吸积率分别小于、大于爱丁顿吸积率。超爱丁顿吸积盘也称为细盘。标准薄盘是最早被研究的吸积盘模型，20 世纪 70 年代建立了**黑洞吸积**的标准薄盘模型。标准薄盘中吸积盘是几何薄的，即吸积盘的厚度远小于半径。气体在不同半径处都近似做开普勒运动，朝黑洞下落的径向运动速度则远小于开普勒速度。标准薄盘中气体的密度相对较大，因此气体发出的辐射在逃逸出吸积盘之前会与气体进行充分的相互作用，出射谱是**黑体辐射**谱，总的辐射谱则是不同半径处发出的、具有不同温度的黑体谱的叠加。**超大质量黑洞**的标准薄盘辐射功率的峰值处于光学、紫外波段。标准薄盘的辐射效率较高，具体数值仅仅取决于黑洞自旋，与吸积率无关，典型值是 10%，最高可超过 40%。宇宙中明亮的**活动星系核**的吸积都是属于标准薄盘模式。

一般认为，与太阳的结构类似，吸积盘表面也存在一个冕区。冕区气体的密度要比盘中低几个量级，但温度要比吸积盘内的气体温度高几个量级。冕区气体的加热机制可能是磁重联，或者是阿尔文波。对明亮的活动星系核，标准薄盘的温度太低，无法解释观测到的高能辐射（如 **X 射线辐射**）。因此，吸积盘冕的存在常被用来解释这些活动星系核高能辐射的起源。

（袁 峰）

标准时 standard time 把地球按地理经度分为 24 个时区，每一个时区包含地理经度 15°。每一时区都按它的中央子午线来计量时间，即采用它的中央子午线的地方平时，叫作标准时。见**地方时**。

标准太阳模型 standard solar model 在一些假定下建立方程组，并在一定边界条件下求解得到的太阳构造模型。为了从理论上推测**太阳大气**层以下的太阳内部（又称太阳本体）构造模型，通常假定：①太阳处在球对称的稳定状态，其物理参数仅随日心距离变化。②太阳的能源为核反应。③太阳内部的自转和磁场效应可以忽略。在上述假定下，可以建立确定太阳内部在日心距为r处的温度T、压力P、密度ρ，以及半径为r的球体质量M_r和光度L_r的微分方程组，其中包括质量平衡方程、压力平衡方程、能量平衡方程和能量转移方程。同时，根据气体特性建立确定压力P、平均分子量μ、产能率ε、吸收系数κ随ρ、T和化学成分变化的一套关系式。有了这两套方程组和关系式之后，所需的边界条件应是在太阳中心处（$r=0$），$M_r=L_r=0$，在太阳表面处（$r=R$），$M_r=M$和$L_r=L$。其中，还必须确定太阳的原始化学组成，即氢、氦和其他元素的质量百分比x、y和z。对R、M和L已能够精确测定，而x、y和z可由太阳光谱推测，但存在可调范围，可用满足上述边界条件进行调节。最后还必须认定太阳的年龄，才能计算演化到这个年龄的太阳构造模型。一般认为**陨石**是太阳和**太阳系**形成时产生的，因而是太阳系中古老的天体之一。测定陨石，特别是球粒状陨石中的同位素（如 ^{87}Rb，其半衰期为 8×10^{10} 年）含量，可知这些天体的年龄约为 4.6×10^{9} 年，因而也认为是太阳的年龄。对于在上述基本假定下建立的两套方程组，应用上述边界条件并认定太阳的原始化学组成和年龄后，求解方程组可得到标准太阳模型。由于不同研究者采用的某些参数和处理方法有所不同，得到的结果为大同小异。因此标准太阳模型是指一类模型，不要误解为是一个模型。随着太阳观测技术的提高，某些参数或处理方法的改进，不断有新的标准太阳模型面世。换句话说，标准太阳模型是有时效性的。

图中为 J.N.巴卡尔和 R.K.乌尔里奇于 1988 年发表的标准太阳模型，他们采用的太阳原始化学组成为$x=0.71$，$y=0.27$，$z=0.02$。

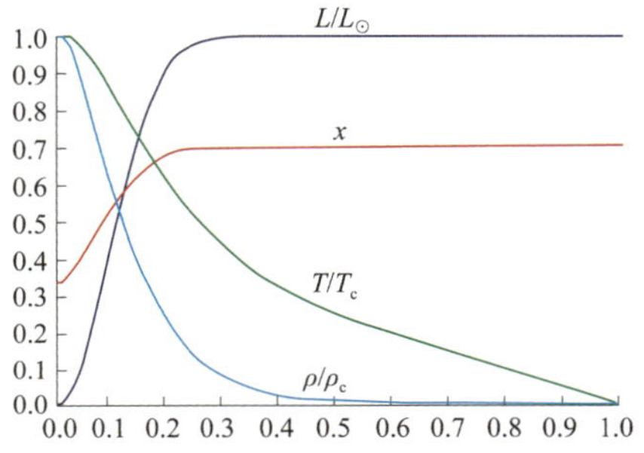

T、ρ和L分别为日心距r处的温度、密度和半径为r的球体光度，T_c和ρ_c为日心温度和密度，$L_{\odot}$为太阳的光度，x为氢含量所占百分比

巴卡尔和乌尔里奇的太阳模型

由图可见，现阶段的太阳构造有如下特点：①它有一个高温、高密度和高光度（高产能率）的内核，在$r=0.256$，即大约 1/4 半径的球体内，其质量占太阳总质量的一半，光度已达到太阳总光度的 99%。②太阳燃料氢的丰度在日核区明显下降，在日心附近，x减少了一半。

（林元章）

表面层非多普勒声雷达 surface layer non-doppler acoustic radar; SNODAR 一种用于天文学方面的台址测量设备。可以测量大气边界层的高度、强度和变化。在天文台址测量领域，大气边界层有时也被称为大气表面层，影响**天文视宁度**的大气湍流主要产生于这一层。在大气边界层之上，大气湍流一般较小，可以获得较好的光学视宁度。

SNODAR 最初是由澳大利亚科学家专门为南极高原的光学和红外台址测量而设计和制作的，其原理类似于水下声呐。SNODAR 安装于地面，垂直向空中发射比较强的声波脉冲信号，并接收大气反射回来的声波脉冲信号。这种反射回来的信号可以反映由于大气的温度梯度和风剪切等造成的大气密度不均匀性，从而可以探测到大气的边界层高度。

SNODAR 的声波工作频率在 4～15 千赫，探测高度从 5 米到 200 米，垂直分辨率好于 1 米。它通常适用于大气边界层比较低的台址，2009 年在南极高原冰穹 A 的昆仑站无人值守成功运行，测量获得的大气边界层厚度的中值为 13.9 米。

（商朝晖）

并合吸积模型 merger and accretion model 一种早期的**银河系形成**模型。它认为**银河系**是由许多质量约为 1 亿个太阳质量的气体团块先独立演化成小的恒星系统，然后这些小的恒星系统再相互碰撞、并合形成的。该模型又被称为 SZ（Searle-Zinn）模型，由美国天文学家 L.西尔勒 1977 年和 R.金恩 1978 年在解释**球状星团**的金属丰度弥散和**银晕**的形成时提出。

该模型假设，原始银晕中包含了一些比星系小，但和球状星团相当（约 1 亿个太阳质量）的气体团块。最初，这些气体团块各自独立演化形成一些小的恒星系统。每个气体团块可以在气体耗尽之前形成几百个**星团**。在这些星团形成的过程中，每个团块内部发生了不同的金属丰度增丰模式：如果恒星形成是一个连续的过程，金属丰度增丰事件是单个超新星爆发；如果恒星形成是一个发生在球状星团内部的非连续过程，金属丰度增丰事件则是星团内大质量恒星演化导致的超新星爆发。根据当时人们对超新星爆炸导致的混合效应的研究结果，西尔勒假设：①每个团块内部的气体完全混合，不同团块之间没有混合。②不同团块内气体耗尽前，金属丰度增丰事件发生的次数服从泊松分布。③每发生一次金属丰度增丰事件会形成一个球状星团，这可以保证每个团块内部经历了有限的金属丰度增丰次数。不同团块内增丰次数的不同也导致了不同团块最后的金属丰度存在比较大的差异。这些小的恒星系统相互碰撞、并合，在一种缓慢的坍缩过程中最终形成银河系。

SZ 模型很好地解释了球状星团的金属丰度差异，但很难解释**银盘**的形成。另外，观测也发现，银盘和**银河系核球**内不断有新的恒星形成。因此，认为银河系只是简单地形成于已有恒星系统的并合显然是错误的。伴随**宇宙学**的发展，最初这种极端简化的并合模型最终被发展为基于**暗物质晕**的等级式星系并合模型。在该模型中，暗物质晕通过等级成团形成，星系的形成也是等级式的，即小星系先形成，小星系之间通过并合、**吸积**形成大星系。像银河系这样大质量**棒旋星系**的形成，必然经历了若干次星系并合过程。银河系对周围气体的吸积导致了银盘的形成。无论气体从何处来，温度低于 10 000 开的气体都会在银河系的引力势中内落，由于能量耗散，最后会形成一个由离心力支撑的盘。随着气体在盘上聚集，盘很容易发生引力不稳定而形成恒星。现代天文观测显示，矮星系的并合吸积在银河系的外晕中占主导地位，银河系的恒星晕主要来自小的恒星系统在被银河系吸积过程中被撕碎后的残骸。

（陈雪飞）

波长定标 wavelength calibration 一种天文光谱数据处理方法，即利用已知波长的一系列谱线来标定**电荷耦合器件**（CCD）色散方向上不同位置处所对应的波长。波长定标是光学与近红外光谱处理过程中的一个重要步骤。光在经过光学仪器色散之后，会在 CCD 上形成光谱，CCD 色散方向上的不同位置对应不同的波长。此种位置–波长的对应并不是恒定的，也不是线性的，每次观测仪器的设置参数和观测条件的变化都可能引起位置–波长对应关系的变化。因此在每次天文观测之前（或之后）都会拍摄已知成分的定标灯（如铁氩灯）的谱用来做波长定标。这些已知成分的定标灯所产生的谱线波长及强度是可以精确计算的，而且这些谱线可以足够密集地覆盖目标波长范围。因此在证认出所拍摄的定标灯产生的光谱谱线之后，便可以拟合出比较精确的 CCD 色散方向上的位置–波长关系，即标定出 CCD 色散方向上不同位置处所对应的波长。

（郑　征）

波尔马特，S. Saul Perlmutter（1959-09-22～ ） 美国天体物理学家。生于美国伊利诺伊州厄巴纳。1981 年以优异成绩本科毕业于哈佛大学物理学专业，1986 年获得加利福尼亚大学伯克利分校物理学博士学位。之后进入该校劳伦斯伯克利国家实验室工作，2004 年晋升教授。2002 年获美国能源局劳伦斯奖，2003 年获加利福尼亚科学家年度奖，2005 年获富兰克林研究院和费城市议会联合颁发的科特奖，2006 年获中国香港邵氏基金会邵逸夫天文学奖，同年获意大利国立灵采科学院菲尔特利内利奖，2007 年获美国耶鲁大学和**国际天文学联合会**格鲁伯奖，2011 年获瑞典伯尔尼爱因斯坦学会爱因斯坦奖章，同年获诺贝尔物理学奖，2014 年获美国成就学会金牌奖，2015 年获俄罗斯基础物理奖基金会基础物理突破奖。2003 年当选美国科学促进会会员。波尔马特还是美国艺术与科学院院士、美国哲学学会会士。

主要工作是利用**超新星**测定**宇宙膨胀**速度。1988 年，他主持启动超新星宇宙学项目，通过大型望远镜搜寻超新星。1998 年，项目组发现早期宇宙中爆发的 Ⅰa 型超新星比预想的要暗，表明它们的距离比预想的更远，宇宙当前的膨胀速度比过去更快。B.P.**施密特**等主持的高红移超新星搜索队也同时得到了同样的结论。2011 年，波尔马特与施密特、A.G.**里斯**因“透过观测遥远超新星发现宇宙加速膨胀”获得诺贝尔物理学奖。

（石云里）

波兰科学院哥白尼天文中心 Nicolaus Copernicus Astronomical Center of the Polish Academy of Sciences; NCAC 波兰科学院下属的一家天文研究机构。位于波兰华沙。20 世纪 50 年代初，当时波兰科学院（PAS）决定组建一家天文中心，供全国各地的天文学家使用。1956 年 10 月 16 日，波兰科学院正式将新研究所命名为“波兰科学院天文研究所”，并计划于哥白尼诞辰 500 周年的 1973 年投入运行，之后由于种种原因，天文台建设进入停滞状态。1973 年，美国提供资金援助后，天文台开始建设。1976 年，天文台改为现名。1978 年，天文台正式建成，并在哥白尼的故乡托伦设分所。

主要研究方向包括恒星天体物理学、**双星**、星际介质、致密天体和**中子星**、**黑洞**、**吸积盘**、活动星系结构和演化、**宇宙学**、**系外行星**等。主导搜寻系外行星（SOLARIS）计划，参与了许多重大的国际观测项目，如通过探测切伦科夫辐射观测超高能光子（H.E.S.S.，CTA）、红外域卫星观测（Herschel）、南非大望远镜（SALT）、γ 射线卫星观测（Fermi）、引力波探测

天文中心总部外景

（LIGO-VIRGO）等。波兰第一颗**天文卫星**BRITE的地面控制中心也位于哥白尼天文中心。

（李宗伟　刘黎明）

波像差　wavefront aberration　用波面误差描述**像差**的一种方法。一束光在介质中传播，在某一时刻，光束中所有光线的端点所形成的面称为波面，波面上各点的位相相同。由一个物点发出的光，以该物点为中心，向四面八方传播，是同心光束。在各向同性的介质中，其波面为以物点为球心的球面。如果光学系统是理想的，光束通过光学系统后，其波面仍是球面，球心为理想像点。由于光学系统有缺陷，经系统后的实际波面不再是球面。此实际波面与球面之间的光程差（几何长度与介质折射率的乘积），称为波像差，用W表示，以波长为单位。与之比较的球面称为参考球面。选择的参考球面不同，波像差的大小也会不同。常用波像差的均方根值和峰谷值表示波像差的大小。

波像差的计算很麻烦，一般只能用光线追迹的方法近似地计算。即计算通过入射光瞳的许多光线从物点到像点的光程以及主光线的光程，每根光线的光程与主光线光程之差即波像差。或由光线追迹求出与出射光线束正交的曲面即波面，它与比较球面之差乘以折射率就是波像差。波像差是常用的评定光学系统成像质量的方法之一。

根据哈密顿理论推导出波像差与几何像差的关系为：

$$\begin{cases}\delta g' = -\dfrac{R}{n}\dfrac{\partial w}{\partial y}\\[2ex]\delta G' = -\dfrac{R}{n}\dfrac{\partial w}{\partial z}\end{cases}$$

式中$\delta g'$和$\delta G'$为几何像差在子午方向和弧矢方向的分量；R为参考球面的曲率半径；n为介质的折射率。

由坐标为(y,z)的物点发出的光线与入瞳交点的坐标为(m,M)，y和m在子午面内，z和M在弧矢面内。波像差W是(y,z)和(m,M)的函数，$W(m,M,y,z)$。对于旋转对称的光学系统，绕光轴旋转时，像差不变。这时虽然坐标y,z,m,M变了，但y^2+z^2、m^2+M^2和$ym+zM$不变。又由于是旋转对称的，可以只考虑物点在 y 轴上的情况。于是有$W(m,M,y)=W(m^2+M^2,ym,y^2)$，展开成幂级数，有：

$$\begin{aligned}&W(m^2+M^2,ym,y^2)\\&\quad=a_1(m^2+M^2)+a_2ym+a_3y^2\\&\qquad+b_1(m^2+M^2)^2+b_2ym(m^2+M^2)\\&\qquad+b_3y^2m^2+b_4y^2(m^2+M^2)\\&\qquad+b_5my^3+b_6y^4+\cdots\text{高次方项}\end{aligned}$$

取参考球面与波面在顶点重合，这样m和M等于零时，W亦等于零。即与m和M无关的项都应为零。于是：

$$\begin{aligned}&W(m^2+M^2,ym,y^2)\\&\quad=a_1(m^2+M^2)+a_2ym\\&\qquad+b_1(m^2+M^2)^2+b_2ym(m^2+M^2)\\&\qquad+b_3y^2m^2+b_4y^2(m^2+M^2)\\&\qquad+b_5my^3+\cdots\text{高次方项}\end{aligned}$$

将上式对m、M求偏导数，略去一次方项，整理后得：

$$\begin{cases}\delta g'=\dfrac{\partial w}{\partial m}=B_1m(m^2+M^2)\\\qquad+B_2y(3m^2+M^2)\\\qquad+(B_3+B_4)y^2m+B_5y^3+\cdots\\\delta g'=\dfrac{\partial w}{\partial M}=B_1M(m^2+M^2)\\\qquad+2B_2ymM+B_4y^2M+\cdots\end{cases}$$

式中三次方项的部分称为三级像差，更高的为五级像差、七级像差等。系数B_1～B_5与系统的结构参数和物距有关。由上式很容易得到常用的三级像差公式：

$$\begin{cases}2N_p\delta g'=-\dfrac{m(m^2+M^2)}{f'^2}S_1\\\qquad-\dfrac{3m^2+M^2}{f'w_1S_{\text{II}}}-mw_1^2\big(3S_{\text{III}}\\\qquad+N_1^2S_{\text{IV}}\big)-w_1^3f'S_V\\2N_p\delta G'=-\dfrac{M(m^2+M^2)}{f'^2}S_1\\\qquad-\dfrac{2mM}{f'w_1S_{\text{II}}}-Mw_1^2\big(S_{\text{III}}\\\qquad+N_1^2S_{\text{IV}}\big)\end{cases}$$

式中f为系统焦距；w_1为视场角。

（王亚男）

伯比奇，G.　Geoffrey Burbidge（1925–09–24～2010–01–26）　英国物理学家和天文学家。生于英国牛津郡奇平诺顿，卒于美国加利福尼亚州圣地亚哥。1946 年本科毕业于布里斯托大学物理学专业，1947 年进入伦敦大学学院深造，1951 年获得博士学位。先后在英国的伦敦大学天文台、剑桥大学卡文迪什实验室，美国的哈佛大学、加利福尼亚大学以及威尔逊山天文台和帕洛马山天文台从事研究工作。皇家学会会员，1974～2004 年任《天文与天体物理述评》主编，1978～1984 年任美国基特峰国立天文台台长。1959 年同其妻子 **M.伯比奇**获美国天文学会华纳奖，1988 年当选美国物理学会会员，1999 年获太平洋天文学会布鲁斯奖章，2005 年同 M.伯比奇获英国皇家天文学会金质奖章，2007 年获美国国家科学院科学回顾奖。

他主要研究活动星系和**类星体**。20 世纪 50 年代同 M.伯比奇、W.A.福勒、**F.霍伊尔**等人研究恒星内部的元素合成过程，共同提出以他们四人姓氏命名的 B^2FH 理论（见**元素合成理论**）。此后，研究确定星系质量的动力学方法，并用同步辐射理论最先估算了**射电星系**的巨大能量。60 年代，他最先探讨类星体同星系核活动的关系，对类星体谱线红移的性质也做了大量研究工作。他和妻子 M.伯比奇合著的《类星体》（1967）一书是这方面的第一部专著。

（陈美东　撰　石云里　修订）

伯比奇，M.　Margaret Burbidge（1919–08–12～2020–04–05）　美籍英裔天文学家。生于英国曼彻斯特郡达文波特，卒于美国加利福尼亚州洛杉矶。1939 年本科毕业于伦敦大学学院，1943 年获该校博士学位。第二次世界大战期间担任伦敦大学天文台看守人，战后在伦敦大学讲授天文学。1951 年受聘于美国芝加哥大学**叶凯士天文台**，1953 年与丈夫 **G.伯比奇**回到英国剑桥大学从事恒星元素合成过程的研究。1955 年随 G.伯比奇回到美国，在加州理工大学工作。1962 年进入加州大学圣地亚哥分校工作。1972～1973 年任**格林尼治皇家天文台**台长，为英国第一位女天文台台长。1976～1978 年任美国天文学会主席。1977 年加入美国籍。1979～1988 年担任加州大学圣地亚哥分校天体物理与空间科学中心首任主任，1982～1983 年担任美国科学促进会主席。1959 年同 G.伯比奇获美国天文学会华纳天文学奖，1964 年当选英国皇家学会会员，1969 年当选美国艺术与科学院院士，1977 年获美国国家射电天文台詹思吉讲席，1978 年当选美国国家科学院院士，1982 年获太平洋天文学会布鲁斯奖章，1983 年获美国国家科学奖章，1984 年获美国天文学会罗素讲席，1987 年获法国尼斯发展协会奖章，1988 年获世界文化理事会

爱因斯坦科学奖，2003 年入选加利福尼亚妇女博物馆名人堂，2020 年当选美国天文学会会士。

她主要从事天体的光谱研究。20 世纪 50 年代同 G.伯比奇、W.A.福勒、F.**霍伊尔**等人研究恒星内部元素合成过程，共同提出以他们四人姓氏命名的 B^2FH 理论（见**元素合成理论**），M.伯比奇为该文第一作者。此后，研究确定星系质量的动力学方法，并开始致力**赛弗特星系**及其他活动星系的研究。60 年代她最先进行关于**类星体**与星系核活动关系的研究，最先发现类星体的吸收线，指出吸收线红移可能与发射线红移不同，并对**射电星系**及其他**特殊星系**进行了研究。她和丈夫 G.伯比奇合著的《类星体》（1967）是这方面的第一部专著。

（陈美东　石云里）

博克，B.J.　Bart Jan Bok（1906-04-28～1983-08-05）美籍荷兰裔天文学家。生于荷兰霍恩，卒于美国亚利桑那州图森。1924～1927 年在荷兰莱顿大学学习。1929 年去美国，在哈佛大学及其天文台工作，1947 年任教授。1957 年去澳大利亚，任斯特罗姆洛山天文台台长和澳大利亚国立大学教授。1966 年回美国，任亚利桑那大学教授并领导**斯图尔德天文台**。美国国家科学院院士。1970～1974 年任**国际天文学联合会**副主席，1972～1974 年任美国天文学会主席，1968 年当选美国国家科学院院士。1977 年获太平洋天文学会布里斯奖章，1982 年获美国天文学会罗素讲席，1982 年获太平洋天文学会克朗普克-罗伯特奖。

着重研究**银河系结构**、**星系动力学**和**星际介质**，对**星团**稳定性也有深入研究。1937 年，他改进了卡普坦提出的恒星空间分布的数值方法，世称卡普坦-博克数值方法。他与夫人 P.F.博克于 1947 年发现小球状体，认为它们是正处在引力收缩阶段的**原恒星**。1941 年，他与夫人合著高级科普作品《银河》，后又屡次改版，被视为兼有重要学术价值的传世之作。

（陈美东　石云里）

不规则变星　irregular variable star　亮度变化不规则、周期性极不明显的**变星**。按苏联出版的《变星总表》第三版的变星分类，不规则变星专指光变不规则的**脉动变星**。不规则变星光变曲线的周期性不十分明显，但仍可检视出有几百天到一千天以上的不规则周期。过去划分的不规则变星中有些大概是其他类型的变星，不过研究得不充分而已。不规则变星中有从早型（A、F）到晚型（K、M）的**巨星**和**超巨星**（例如，仙王座 BO 是热超巨星、天鹅座 CO 是**红巨星**）。不过大多数是 M 型和 N 型，其特征是有较强的氧化钛（TiO）吸收带，在亮度极大时刻前后或增光阶段，常出现 H 或 Si 发射线。光谱型为 N 型和 R 型的不规则光变**碳星**，具有盘星族的空间分布特征，没有向**银心**集聚的趋势，看来是星族 Ⅰ 的成员。光谱型为 M 型的不规则变星多沿旋臂分布，是**银河系**中光度最大的天体之一。根据晚型不规则变星从星周包层中溢出物质的观测资料，许多人认为它们是**行星状星云**的前身。

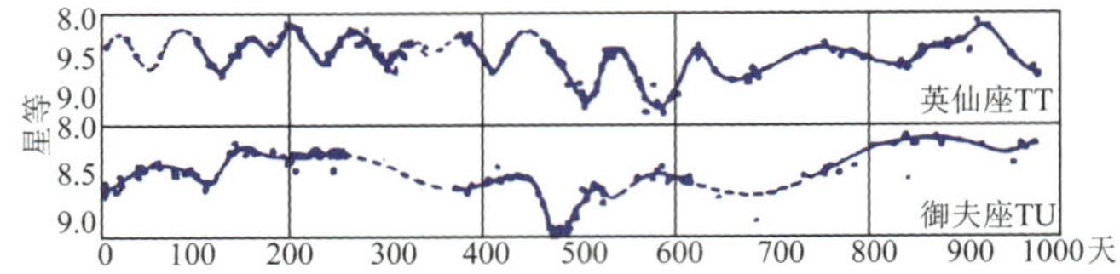

不规则变星英仙座 TT 星（上）和御夫座 TU 星（下）的光变曲线

（李　竞）

不规则星系　irregular galaxy　既没有明显的核、旋臂和盘，也没有椭圆形对称结构的星系。哈勃分类系统中用字母 Irr 表示，又可细分为 Irr Ⅰ 型和 Irr Ⅱ 型两类。Irr Ⅰ 型是典型的不规则星系，除具有上述的一般特征外，有的还有隐约可见、不甚规则的棒状结构。它们是一些质量和尺度不如**旋涡星系**和**椭圆星系**的矮星系，质量为 1 亿～10 亿倍太阳质量，少数可达 100 亿倍太阳质量；体积小，长径的尺度为 2～9 千秒差距。不规则星系的主要成分包括年轻的星族 Ⅰ 天体及电离氢区、气体和尘埃等，这一点与 Sc 型旋涡星系相类似。在此类星系中，凡结构上易于分解为**星团**、电离氢区等特征者常记为 Irr^+，反之则记为 Irr^-。Irr Ⅰ 型不规则星系气体含量高，意味着它们自形成以来尚未充分演化。这类不规则星系有一个次型，因其多种性质与**麦哲伦云**类似，故又称为麦哲伦型不规则星系，记为 Im。

不规则星系（NGC4449）

难以归为 Irr Ⅰ 型的其他不规则星系称为 Irr Ⅱ 型，它们具有无定形的外貌，分辨不出恒星和星团等组成成分，而且往往有明显的尘埃带。有的 Irr Ⅱ 不规则星系可能是和周围其他星系存在引力相互作用，是正处于并合过程中的系统。

（邹振隆　撰　沈世银　修订）

不透明度　opacity　表征物质对辐射的吸收能力强弱的一种量度。某种物质不透明度高，就是指该物质对辐射的吸收能力强，通常也就是说这种物质对辐射是不透明的。为了定量地描述物质的不透明度，习惯上采用的是吸收系数，一般还采用对频率作某种加权平均所得到的平均吸收系数（见**辐射转移理论**）作为不透明度的量度。物质的不透明度可以由多种吸收过程引起，在不同物理条件下起主要作用的过程是不同的。在恒星内部，温度可高达百万度甚至千万度，原子大部分已高度电离，自由电子也比较丰富，那里的不透明度主要由金属离子的 K 层、L 层、M 层等内层电子的光致电离和自由-自由跃迁以及自由电子的散射来确定。在恒星大气中，对于不同波段的辐射，例如射电、红外、可见光、X 射线和 γ 射线等波段，不透明度应由对应波段所特有的吸收机制来确定，在不同波段、不同层次上不透明度的变化很大。

（蒋窈窕）

不相接双星　detached binary; detached system　两颗星不相接触但系统中的恒星风、潮汐变形和热效应也会影响其演化的密近双星。见**密近双星**。

布拉得雷，J.　James Bradley（1693-03～1762-07-13）英国天文学家。生于英格兰格洛斯特郡的舍伯恩，卒于格洛斯特郡的查尔福德。1711 年在牛津大学波里奥学院求学，1717 年获硕士学位。1718 年被选为英国皇家学会会员。1721 年任牛津大学天文学教授。1742 年 2 月继 E.**哈雷**任格林尼治天文台第

三任台长。

布拉得雷 1725 年研究地球绕太阳运行时恒星的视差位移，发现天龙座 ρ（天厨四）在天球上的移动与视差位移不相符合，而是朝向黄道上在太阳西面 90°的那个方向。1728 年布拉得雷得出结论，他认为这是星光速度与地球轨道速度合成的结果，并名之为**光行差**。1729 年，他在致哈雷的长信中向皇家学会报告了他的这一发现。1727 年，他发现恒星的赤纬除了光行差效应之外，还有一种微小的变化。1732 年他提出，这是由于月球对地球赤道隆起部分的吸引而使地球自转轴产生摆动引起的。为了证实这个假说，他进行了长期的观测。1747 年布拉得雷公布了他对 1727～1747 年就若干恒星所做的观测资料的综合分析，包括光行差、**岁差**和地球自转轴的周期摆动效应。他把这种效应名之为**章动**。英国皇家学会为了他的这一贡献授予他柯普莱奖章。1750～1762 年，他测量了 6 万多颗恒星的位置，达到很高的精度。其**星表**先后于 1798 年和 1805 年分两卷出版。（陈美东　撰　石云里　修订）

布朗，E.W.　Ernest William Brown（1866-11-29～1938-07-22）　美国数学家和天文学家。生于英国约克郡赫尔城，卒于美国康涅狄格州纽黑文。1887 年在英国剑桥大学

毕业，1891 年和 1897 年先后获该校硕士、博士学位。1891 年去美国费城附近的哈弗福德学院任教，1893 年任该学院教授。1907 年任耶鲁大学数学教授，1914 年为美国国家科学院院士，1928～1931 年任美国天文学会主席。1888 年，在剑桥大学 **G.H.达尔文**教授的指导下，开始研究 G.W.希尔提出的**月球运动理论**。1896 年发表《月理初编》，综述前人所提出的各种月球运动理论。以后，他在希尔理论的基础上做了深入探讨，发表了五篇《月球运动理论》；1919 年又发表《月球运动表》，简化了计算月球位置的步骤。从 1923 年开始，全世界的**天文年历**都采用布朗的月球运动表计算月球的位置。后来，随着计算技术的发展，发现他的月球运动表不够精确，从 1960 年开始，改为按照布朗的理论直接计算月球的位置。（陈美东）

布鲁诺，G.　Giordano Bruno（1548～1600-02-17）　意大利哲学家、**宇宙学**理论家和诗人。他为宣传哥白尼日心地动说而被宗教裁判所烧死。布鲁诺生于意大利那不勒

斯附近的诺拉镇，卒于罗马。17 岁时在那不勒斯的圣多米尼克·玛齐奥莱修道院加入多明我修会。当时，**N.哥白尼**的《**天体运行论**》已传入意大利，他读后立刻表示拥护。1576 年，布鲁诺由于为异端辩护和读禁书而面临被指控的危险，不得不离开修道院，流亡西欧，曾在许多著名的大学任教。1592 年，布鲁诺被骗回威尼斯，不久即遭逮捕，押送到罗马宗教裁判所。布鲁诺被囚禁八年，始终坚持自己的学说，终被宗教裁判所判为“异端”，烧死在鲜花广场。后人为纪念这位坚强不屈的学者于 1889 年在鲜花广场上建立布鲁诺铜像。

1584 年，布鲁诺在伦敦出版《论无限、宇宙和世界》一书，捍卫哥白尼的理论，并阐明宇宙无限的思想。他在书中问道：“假如世界是有限的，外面什么也没有，那么我要问：世界在哪里？宇宙在哪里？”他指出：“宇宙是无限大的，其中的各个世界是无数的。”他还指出恒星并不是镶嵌在天球内壳，而是有近有远地分布在无限宇宙之中。他说：“恒星，并不是嵌在天穹上的金灯，而是跟太阳一样大、一样亮的太阳！”“恒星都是其他的太阳，都带有它们自己的行星。”他认为，其他的世界的“本性与地球的并无不同”，而与地球一样“含有动物和居民”。他驳斥了反对**地球自转**的观点，认为地球表面的一切都随地球一起转动，因此不会因为地球自转出现什么异常变动。这些思想又被他披上了泛神论的外衣，大自然被他看成是万物之神。这个观点系统地贯穿在《论原因、本原和太一》一书中。他还写了《挪亚方舟》等尖锐、辛辣的抨击教会和《圣经》的作品。（郑文光　石云里）

《步天歌》　*Bu Tiange*　用诗歌形式介绍全天星官的一部天文学著作。又称《丹元子步天歌》。共一卷，始见于北宋的书籍目录。它的作者，一般认为是唐代的王希明，丹元子是他的号。郑樵在《通志·天文略》中曾提出，《步天歌》是隋代隐者丹元子所作，王希明不过是根据《汉书·天文志》《晋书·天文志》为《步天歌》作注的人。但这个说法后人大都不赞成。郑樵自己在《通志·艺文略》中也记作：“《丹元子步天歌》一卷，唐王希明撰。”《步天歌》首创把整个天空分成**三垣二十八宿**，共三十一个天区，每区包含多少不等的星官和星数。这种分区法和唐初**李淳风**所撰的《晋书·天文志》《隋书·天文志》等的分法完全不同，而和宋代以后的天文书则大体相同。这也是《步天歌》非隋代作品的一个明证。《步天歌》歌词为七言，有韵。它介绍各个星官的名称、星数和位置。有时还记有标志甘氏星官或巫咸星官的颜色（甘氏是黑色，巫咸为黄色）。《步天歌》歌词简洁通俗，条理清楚，古人称誉为“句中有图，言下见象”。人们读着它，就像是漫步在点点繁星之间一样。它对人们辨认和记忆星官很有帮助，是中国古代学习天文学的必读书。（薄树人）

C

曹士蒍 Cao Shiwei 中国唐代中期的历法家。生卒年不详。曾任大中大夫职位，活动于唐德宗建中（780～783）年间。曹士蒍创造《符天历》。这个历法以显庆五年（660）雨水为历元，不用**上元积年**；以万分为**日法**，它的回归年长度为$365\frac{2448}{10\,000}$日。当时上元积年计算繁复，分数运算也很麻烦，曹士蒍完成了这两项改革。他的历法在民间受到欢迎，一直流传到南宋时代。但因这些改革违反了官行历法的传统，所以他的历法受到攻击，被贬称为“小历”。《符天历》曾传入日本，得到行用。

（陈久金）

测地岁差 geodetic precession 因为太阳质量部分造成的长期进动。太阳的质量和自转角动量都会造成附近的时空弯曲，从而使得绕太阳公转的地球的自转轴指向绕黄极也产生一个额外的进动，即**相对论岁差**。因为太阳质量部分造成的长期进动称为测地岁差。在**国际天文学联合会**（IAU）岁差章动模型中只考虑黄经项，而没有**黄赤交角**项。测地岁差约每世纪 1.92 角秒，在 IAU 岁差章动模型中已考虑了。

（黄乘利）

测地章动 geodetic nutation 因为太阳质量部分造成的短周期进动。太阳的质量和自转角动量都会造成附近的时空弯曲，从而使得绕太阳公转的地球的自转轴指向绕黄极也产生一个额外的进动，即相对论章动。因为太阳质量部分造成的短周期进动称为测地章动。IAU 岁差章动模型中只考虑黄经项，而没有黄赤交角项。测地章动主要是振幅为 0.132 毫角秒的周年项，已在 IAU 岁差章动模型中考虑了。

（黄乘利）

测地 VLBI geodetic very long baseline interferometry; geodetic VLBI 以测量观测站坐标和**地球定向参数**等为目的的**甚长基线干涉测量**（VLBI）。适用于测地 VLBI 观测的设备称为“测地 VLBI 系统”。又称大地测量 VLBI。自 20 世纪 60 年代后期甚长基线干涉测量（VLBI）技术诞生到 21 世纪初，全球的测地 VLBI 台站大多数为综合性用途，具有实施天体物理、天体测量和大地测量等各种课题的 VLBI 观测能力，有的还具有实施深空探测器 VLBI 跟踪测量的能力。以往也建设有少数专用的测地 VLBI 测站，但是它们的观测模式和设备配置还是基于原来的设计思想，即 S/X 双频观测、最高数据速率一般不超过 0.5 吉比特每秒（Gbps）等。虽然原来的测地 VLBI 取得了举世瞩目的成果，但是很难再进一步提高测量精度。

随着科学技术的发展和地球科学研究的需要，人们对于测地 VLBI 提出了更高的要求，原来的 VLBI 测地设备和工作模式已经不能满足新发展的需要。因此，2006 年，“国际天体测量/大地测量 VLBI 服务”（International VLBI Service for astrometry and geodesy; IVS）提出了建设新一代专用测地 VLBI 系统的建议，称为“VLBI2010 系统”，后来改称为“VLBI 全球观测系统”（VLBI Global Observing System; VGOS）。VGOS 测量精度比较现有的测地 VLBI 系统要提高 5～10 倍，它的主要科学目标为：

①在全球尺度上，24 小时观测的测站坐标测量精度为 1 毫米。

②测站坐标和地球定向参数不间断地连续测量。

③观测后 24 小时内即可获得初步的大地测量结果。

VGOS 系统的主要技术要求为：

①采用可以快速转动、高刚性形变小、口径 12 米级的抛物面天线，方位速度不低于 12°/秒，每 24 小时可观测 2000 多次（1 次观测得到 1 个时延观测值）。

②接收频率 2～14GHz 连续带宽（覆盖 S、C、X 及 Ku 4 个频段），每频段 1.0GHz 带宽。

③每频段双极化观测，每频道、每极化的数据速率为 2～4Gbps，每测站总的数据记录速率 16～32Gbps。

④数据远程传输速率不小于 8Gbps。

全球众多单位正在建设 VGOS 站，预计将建设 30 个以上的 VGOS 站，测站分布在全球各大洲，欧洲、亚洲、美洲、大洋洲及非洲等。截至 2022 年末，全球已建成近 20 个 VGOS 站（包括中国的 3 个），进行测站超宽带信号联调与试观测，部分测站已参加 IVS 任务观测；在建与计划建设的 VGOS 站还有 10 余个。计划经过若干年的试观测过渡，VGOS 将最终取代原来 S/X 模式的测地 VLBI 系统，测地 VLBI 的测量精度将跃上一个新台阶。

（钱志瀚）

测光定标 photometric calibration 将观测图像中天体的亮度标定为标准测光系统中的星等。观测者能够从图像中直接测量天体的仪器星等$m = -2.5\ln(f)$，其中f为天体的流量强度（比如 CCD 图像中的电子计数）。仪器星等与观测者使用的观测设备、目标天体的大气质量、当时的天气状况以及天体流量统计的方法等相关。因此，需要借助于已知星等的标准星改正这些因素的影响，从而估计待测天体的星等。最简单的方式是在观测目标天体前后观测与该天体大气质量较接近的标准星。测量标准星的仪器星等和已知的定标星等之间的差别，分别通过曝光时间和大气质量的修正，就可以将这个星等差应用于待测天体的仪器星等，从而完成定标过程。一般采用较大的孔径来统计标准星的流量以减弱大气视宁度的影响。这个定标方式需要假设观测标准星和目标天体时大气条件基本一致。对于大气条件不稳定的情况，这种定标方式无法获得高精度定标。

为了满足大面积的图像巡天和高精度的测光要求，需要更高质量和有效的定标算法。通常采取的方式是在测光夜观测标准星和部分巡天区域。测光夜具有稳定的大气条件，利用标准星的观测可以获得准确的**大气消光**改正。对同一标准星在不同大气质量下进行观测，然后测量标准星的仪器星等和定标星等之差随大气质量的变化，通过线性拟合计算仪器零点和大气消光系数。用公式表示则为：

$$m - m_0 = kX + c$$

式中m_0为定标星等；k为对应单色波段的大气消光系数；X为大气质量；c为仪器零点。在观测标准星的间隙，短曝光观测巡天天区。基于标准星获得的大气消光系数和仪器零点，可以准确计算该短曝光天区所观测的亮天体星等。将这些亮天体作为二级标准星对正常巡天观测对应的天区进行定标。对于那些没有测光夜观测的天区，可以利用图像间重叠观测区域的天体进行交叉传递，从而完成整个巡天观测的测光定标过程。

（邹 虎）

测光红移 photometric redshift 利用多波段测光数据，拟合星系的能谱特征（比如莱曼断裂、巴耳末断裂等）所估计的星系红移。这一方法在 20 世纪 60 年代就已提出，但在 70～80 年代，随着光谱测量的发展，光谱红移由于其精度较高在当时更被重视，而通过测光资料估计星系红移的方法并未得到广泛应用。

90 年代末，随着大型望远镜的不断投入使用，通过各种大规模巡天项目获得了从紫外到红外的海量观测数据，而要想获得如此大量星系的光谱红移需要耗费的观测时间之多远远超出了一般望远镜的观测能力。另外，多波段测光获得测光红移的技术，由于其可利用现有测光数据快速估算出大量星系的红移，而开始引起重视并得到广泛应用，与之相关的星系模板库和星系能谱分布的拟合软件也不断被开发出来。国际上使用较多的公开的拟合软件包括 Hyperz、EAZY、Cigale 等。除了传统的使用多波段测光数据与已知星族合成模板在一定红移范围内进行比对，以寻求最佳红移值这一基本方法外，还开发了贝叶斯方法、神经网络算法等来寻求测光红移最优解。

多波段宽带或者中等带宽测光所组成的星系光谱能量分布，相当于星系的低分辨率光谱，它对星系的单一谱线特征的响应不能像光谱一样敏感，因此这一技术依赖于许多假设来估计星系的红移。尽管这一技术的不断发展使得测光红移的精度取得明显的提高，但受限于观测数据的特征，其精度还是要比光谱红移约低一个量级。不过，对于大样本统计研究而言，测光红移还是能给出比较可靠的星系相关统计性质。（陈　竹）

测光仪器　photometric instrument　对天体和任何物体的电磁辐射强度进行测量的仪器。它们必须包括聚集天体辐射的装置——望远镜、限定观测波段的滤光片或其他频谱限定装置和辐射检测器件。在此主要介绍天体的可见、红外和紫外波段光度测量仪器和方法。一般把辐射波段限于短于 30 微米至 10 纳米的波长范围。本文主要讲利用这些装置进行天体光度测量的相关问题。

在辐射检测器方面，除特殊的短时标测量外，均采用阵列器件。即红外阵列器件（也常称红外 CCD，其中 InGaAs 测到 1.8 微米；InSb、PbSe 等测量 3～5 微米；HgCdTe 和测辐射热计测量 7～30 微米；沉淀硅也可以工作于 12～30 微米）、可见光 CCD 及紫外光 CCD 器件。它们的优点是光量子效率高，线性好，可以同时观测一定视场内的全部天体，体积小，重量轻，而且可以多次重复使用。不过需要工作于低温状态，所以加上制冷装置，也就具有一定的限制。通常将这些器件安置在望远镜的焦面上来接收望远镜视场指向的天区的所有天体的辐射。在 CCD 前面还要添加各种标准滤光片（如 UBVRIJKMN、ugriz、uvbyHb 等）或分光器件，以期获得可以互相比较的测光系统中的辐射强度或分光强度。CCD 或阵列器件将天空中对应天区各个像元落在感光表面上的光子转变成电信号并存储起来。曝光结束后被读到计算机内形成数字化图像。所有这些工作均依赖于计算机和计算机软件。简单的与常规的 CCD 测光系统可以使用已经编制好的商业软件或各个著名天文台的免费软件，如 MaxIm DL、STARLINK、MIDAS、DAOPHOT、SExtractor、Aperture Photometry Tool 等。但是许多时候常常需要针对特定的系统和特定的工作而编制采集、发送、传输和图像处理软件。

这些软件的工作步骤和功能必然包括建立和扣除基底，测定和扣除暗发射，剔除宇宙线击中像元，建立和利用平场图像以消除检测器各个像元之间的灵敏度差异（包括望远镜和波段限定系统在像面产生的不均匀性），利用坐标标准星标定各个像元的精确坐标，进行大气消光改正和利用标准星进行测光系统归一等图像资料可以利用前的一切准备工作。然后利用孔径测光或点扩展函数拟合对点源给出仪器星等，对面源给出一定角分辨元范围内的等强度分布图。

正式测光可以分为最简单的较差测光，较复杂的相对测光和最为严格的绝对测光。较差测光主要针对变光天体进行。在观测前就必须针对研究对象（通常叫作变星），选定视场内的两个亮度和颜色尽可能与被研究对象接近，而且位置也尽可能接近的非变光天体点源，作为比较星和校验星。校验星的作用是检查比较星是否存在光变。在确定比较星没有光变后，只要求出变星与比较星的星等差即可。这种测量的精度主要决定于变星和比较星的信号的信噪比。地面观测不太暗弱的天体，噪声主要是信号本身的随机起伏噪声，而对于较暗弱的天体或有月光及地面光污染的环境，天空背景起伏噪声就非常严重。其他的噪声还有仪器噪声。仪器噪声包括暗发射和读出噪声。在制冷条件下仪器噪声基本可以忽略。相对测光涉及整个视场内全部天体的按视场内一定标准光度星作为比较星的星等测定。对于一般的巡天工作，最后按坐标和颜色列表给出它们的星等。而绝对测光，就必须严格进行系统归化。系统归化必须严格选取观测天气和天区，利用足够多的一级测光标准星观测尽可能多的次数，以期同时求取准确的系统归化系数和大气消光系数。

天体的光度测量十分重要，利用星等可以倒推回一定波段的辐射强度，而不同波段的天体辐射强度的积分就是天体的光度。从而可以反推天体的种类和辐射机制。从视星等和绝对星等，可以求得天体的距离，继而可观测宇宙的大小。通过质光关系而求得质量。利用不同颜色星等之间的差值求得的色指数可以制作赫罗图，也可以确定天体的温度、金属丰度和星族属性。对于各类变星，精确的较差测光给出光变曲线，有利于判断它们的种类、光变时标和光变机制。对于双星可以求得恒星的半径和质量。而研究星震可以探测恒星内部，也是搜寻太阳系外行星的重要方法之一。总之天体的光度测量是人们了解天体和宇宙最主要手段之一。（蒋世仰）

测试质量　test mass　在空间引力波探测实验中，作为一种检验粒子，在时空中做测地运动，以便通过测量检验粒子的运动轨迹来刻画检验粒子在运动过程中感受的时空曲率。测试质量可当作为时空曲率及其变化的传感器。空间引力波探测干涉仪利用激光作为传播媒介，在两个测试质量之间来回传播，当引力波经过由三星编队组成的空间引力波探测干涉仪时，引起三星编队附近时空曲率变化，改变激光在测试质量之间传播的时间。利用激光干涉仪测量由传播时间变化引起的相位变化来刻画引力波的大小和性质。同时，测试质量可作为无拖曳航天器系统的惯性参考。测试质量在航天器内做近似自由落体运动（测地运动），当航天器受到外界非保守力扰动后，航天器与测试质量间将产生相对运动。此相对运动通过电容传感读出后反馈给航天器上的微推进器，推动航天器跟随测试质量运动，始终保持测试质量在电极笼平衡位置附近。由此，航天器可近似看作跟随着测试质量做自由落体运动，外界扰动力被微推进器的推力补偿，这也是所谓“无拖曳航天”命名的来源。

激光干涉太空引力波天线探路者（LISA 探路者）的测试质量由金铂合金制作而成，为正方形结构。其中金所占质量比约为 73%，铂所占质量比约 27%。边长约 46 毫米，质量约 2 千克。测试质量的材料选取主要考虑两个因素：密度和残余磁矩和磁化系数。密度越大，单位体积质量越大，当测试质量所受扰动力相等的情况下，产生的扰动加速度就越小。金铂合金残留磁矩和磁化系数要小，以至于在外界电场和磁场扰动作用下，产生的扰动力最小。测试质量的主要挑战是加工，要

达到 $3\times10^{-15}ms^{-2}/\sqrt{Hz}$的残余加速度要求，测试质量的表面平整度需达到微米量级，各个面的垂直度偏差需小于一个微弧度量级。（吴岳良）

差分像视宁度监测仪 differential image motion monitor; DIMM 一种大气光学湍流监测设备。在湍流大气中传播的光波的波前相位起伏引起波前到达角起伏，即产生了星像的抖动和弥散，通常由大气视宁度ε_0度量。大气湍流越厉害，ε_0越大，视宁度越差。国内外天文台站上最普遍应用的大气光学湍流测量仪器是差分图像运动监测仪 DIMM，通过统计单个星象经瞳孔平面上两个小孔径所成像的相对运动，利用其和大气湍流的关系实时测量ε_0。DIMM 采用差分方式消除了外界因素的影响，能够可靠地测量ε_0，是重要的天文台址大气光学湍流监测设备。该仪器于 1990 年由欧洲南方天文台的 M.萨拉恩发明。（袁祥岩）

差分 VLBI 天体测量技术 differential VLBI astrometry technique 利用条纹相位的差分方法来测量小角距的两颗致密射电源相对位置的技术。该技术可以消除或极大减小大气和观测设备的误差，从而将测量精度提高到亚毫角秒、微角秒量级。甚长基线干涉测量（VLBI）各测站采用独立本振技术，测站之间的距离通常达到数千千米。由于两测站各自频率标准的不稳定、大气状态与传输路径的不同，相时延观测值的整周模糊度难以确定。虽然在同样信噪比情况下，相时延的测量精度比群时延高 1～2 个数量级，但是通常的 VLBI 天体测量/大地测量仍只能使用群时延观测值来进行参数解算。

天文学研究中有一类课题需要精确测量小角距两目标的相对位置，自 20 世纪 70 年代开始发展了差分 VLBI 天体测量技术，设法利用小角距两目标的"无模糊度"的条纹相位观测值的差值来解算它们的相对位置。通常要求它们的角距在 5°以内，进行以数分钟为周期的交替观测。如果一对射电源落在了测站天线的同一波束内时，则就可以进行同波束观测。由于两个目标之间的角距很小，并且是准同时观测或同时观测，所以大气传输误差和观测设备（主要是频率标准）误差对于两颗射电源的相位观测值的影响几乎相同，使用差分方法就可以把这些误差的影响消除或大大减小；同时，相位观测值之差的整周数模糊度也可以确定，从而就可以利用无模糊度的相位观测值之差，来测定两颗射电源的相对位置。

20 世纪 70 年代末期成功进行了相时延天体测量观测，其中著名的为对于射电源 3C345 和 NRAO512 的观测，它们之间角距约为 0.5°。当经过相关处理获得了两颗射电源交替观测的相位观测值后，先用相位连接法将各颗射电源的相位观测值无模糊度地连接起来，然后再计算每次交替观测时刻两射电源相位观测的差值，最后用最小二乘法解算得到两颗射电源的赤经和赤纬的差值，测量精度达到万分之几角秒，比使用群时延观测值的天体测量精度有很大提高。但是该方法有一定局限性，它所观测的一对射电源的每颗源都必须足够强，以保证在交替观测的数分钟时间段都要能够获得干涉条纹（见射电干涉仪）。

在 20 世纪 80 年代，又进一步发展了相位参考成图方法来实现对于弱源的成图和测定弱源与邻近强源的相对位置。具体的实施方法为：首先对目标源（弱）和邻近的参考源（强）进行交替观测，然后将参考源相位观测值进行内插，用来标校目标源的相位观测值，以消除或大大减小目标源相位观测值中的大气和观测设备相位误差的影响，最后用经过标校后的目标源相位观测值进行成图，得到目标源与参考源的相对位置。该方法的优点是不限于数分钟积分要检测到干涉条纹的要求，所以可以用该方法来实现弱源的成图和测定它相对于邻近强源的精确位置。

相位参考成图法已经成为弱源成图和测定其精确位置的基本方法，测量精度已经达到了 10 微角秒甚至更高。使用该方法可以精确测量银河系及邻近本星系射电源的位置、自行及距离，甚至可以检测河外致密射电源的自行，在某些天文学重大课题（如银河系动力学和宇宙尺度测定等）研究中发挥了重要作用。（钱志瀚）

长春人造卫星观测站 Changchun Observatory 中国科学院下属的天文研究机构，位于吉林省长春市净月潭森林公园西山。长春人造卫星观测站始建于 1957 年 10 月，1974 年迁至长春市净月潭森林公园西山。2001 年 4 月，更名为中国科学院国家天文台长春人造卫星观测站。截至 2023 年，有长春净月观测基地（吉林省长春市）和吉林空间目标观测基地（吉林省吉林市）两大天文观测研究基地，以及阿根廷圣胡安大学天文台人造卫星激光测距仪（SLR）观测站（阿根廷）、抚远基准站（黑龙江省抚远市）、阿鲁科尔沁基准站（内蒙古阿鲁科尔沁旗）和长岭基准站（吉林省长岭县）多个野外台站。主要从事卫星动力学和天文地球动力学、天文仪器研发、天体物理研究、空间目标精密探测预警、空间目标光度与光谱观测研究、空间目标精密定轨及应用等研究工作，卫星激光测距技术处于国内领先地位。拥有 1.2 米大视场空间碎片光电望远镜系统、60 厘米卫星激光测距仪、迷你光电阵系统、大视场望远镜阵列、40 厘米精密光电望远镜系统、阵列结构型宽视场光电探测系统、同时性三通道测光光度计、多台测地型 GNSS 接收机、高精度原子钟（氢钟、铯钟、铷钟等时间频率基准）、多台 3.7 米转发式测定轨系统、13 米 VLBI 观测系统、1 米星地激光通信系统、连续相对重力仪和高精度气象仪等科研仪器设备。卫星激光测距系统在国际 40 余个卫星激光测距站中，观测数量和质量稳居全球前三名。长春人造卫星观测站自 2004 年招收培养研究生，是天文学（一级学科）博士、硕士学位授予点，学科方向涵盖空间目标探测定轨及应用研究、卫星激光测距技术与应用研究、月球与固体行星动力学、天文仪器与方法、活动星系核、γ 射线暴等。（刘承志　韩兴伟）

长期共振 secular resonance 发生在两个围绕共同主天体运动的天体（如行星）的慢变量（近点经度进动，升交点经度进动）之间的共振。当两个天体之间的近点经度或升交点经度的进动频率相当，则可能发生共振。由于其共振周期比直接反映轨道运动的快变量导致的平运动轨道共振周期长得多，所以称为长期共振。长期共振最著名的例子是主带小行星受太阳系几个大行星之间长期摄动下发生的共振，共振的位置与轨道半长径有关。在主带小行星范围内的几处（2.5、3.3 天文单位附近），主要受到木星、土星的近日点进动频率（标记为υ_5、υ_6）和土星的升交点进动频率（标记为υ_{16}）的通约而发生共振，从而会发生长期共振。共振导致小行星轨道偏心率或轨道倾角受到激发，使得小行星轨道可以穿越火星等行星轨道而容易被散射或被太阳、行星俘获，形成小行星分布上的空隙。（周济林）

长期摄动 secular perturbation 摄动量中没有周期性起伏而只是随时间单调增减的成分。长期摄动是对天体运动大尺度的简略描述，可以用来概略地说明过去和未来的天体的运动。特别是轨道半长径和偏心率的长期摄动，直接反映出天体运动的稳定性。

早在两个世纪以前，P.-S.拉普拉斯、J.-L.拉格朗日和 S.-D.泊松等人就研究过太阳系内诸行星的轨道，特别是地球的轨道，有没有长期摄动这个问题。19世纪末法国天体力学家F.F.蒂斯朗第一次在一阶和二阶范围内证明：太阳系行星的半长轴无长期摄动。这就是关于太阳系稳定性问题的著名的泊松定理。**地球大气**对人造地球卫星运动的阻尼作用，使卫星轨道半长径及偏心率单调减小，便是长期摄动的例子，这种摄动直接决定卫星的寿命。在大气的影响下，卫星远地点的高度逐渐降低，椭圆轨道收缩成圆轨道；然后，卫星继续下降，落入稠密的大气层而陨毁。（童 傅）

长周期变星 long period variable star 光变幅为5～8星等，周期为几百天至一千天以上的晚型脉动变星。长周期变星可根据变幅大小、周期长短、空间分布和光谱特征分为长周期变星和刍藁增二型变星两类。前者变幅不超过2.5星等；后者变幅大于2.5星等，多为**红巨星**或红超巨星。天文学界一般把长周期变星理解为刍藁增二型变星。刍藁增二型变星的变幅大多大于5星等，因而易于发现。一个星座中首先被观察到的变星往往就是刍藁增二型变星。典型代表是刍藁增二（鲸鱼座o），其目视波段极大亮度和极小亮度之差可达2000倍左右。它的光变现象发现于1596年。除**超新星**和**新星**外，它是最早得到确认的变星。

一些刍藁增二型变星的资料

星名	平均周期（天）	目视星等变幅	光谱
狮子座R	312.57	5.1	M7e～M9e
巨蟹座R	362.06	5.6	M6e～M8e
长蛇座R	386.2	6.0	M6e～M9e
天鹰座R	300.3	6.3	M5e～M8e
小狮座R	372.34	6.9	M7e～M8e
天鹅座R	426.32	7.7	S4e～S7e
鲸鱼座o	331.62	8.1	M5e～M9e
天鹅座χ	406.95	10.9	S7e～S9e

光变特征 刍藁增二型变星光变周期80～1000天，目视星等变幅2.5～10星等，甚至更大。在光变过程中，周期和变幅均有不规则变化，偏离平均值达15%。它们同**造父变星**、**天琴座RR型变星**和**仙王座β型变星**等**脉动变星**相似，也有双重周期性和双重极大值的情况。它们的光变曲线的形状有三种：第一种增光陡，减光缓，极大时刻短，极小时刻宽；第二种上升阶段和下降阶段基本上对称；第三种增光阶段有驼峰、暂留或双极大值。第一种多为周期较短者，第二种周期较长。一般周期越长，光变幅越大。目视星等变幅很大，这主要是因为光谱能量分布随温度发生的变化对可见光区影响很大。热星等变幅只有1～3星等。

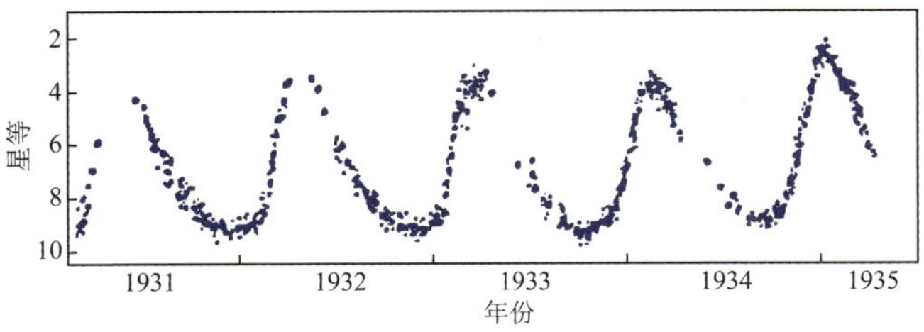

刍藁增二（鲸鱼座o）星的光变曲线

光谱特征 刍藁增二型变星的连续光谱受分子吸收谱带的影响，偏离黑体的能量分布。除氢发射线外，在极大亮度时刻附近，有电离硅、电离铁和电离钙的谱线，这是它们与光度不变的正常红巨星的主要区别之一。刍藁增二型变星和正常的红巨星都是冷星，能量主要分布在近红外区。长周期变星有大量金属吸收线和分子吸收带，在这方面它们与正常红巨星的情况一样。红外观测和射电观测表明，长周期变星外部似乎有**星周物质**；它们是这些恒星向外膨胀的大气的延伸部分。（李 竞）

常进 Chang Jin（1966-07～ ） 中国空间天文学家。生于江苏泰兴。1992年毕业于中国科学技术大学并获得硕士学位，2006年7月获博士学位。曾任紫金山天文台研究员、台长、国家天文台副台长（兼）、中国科学院暗物质与空间天文重点实验室主任、中国科学技术大学天文与空间科学学院院长。2019年当选为中国科学院院士。2020年起任中国科学院国家天文台台长。2023年起任中国科学院副院长。中国共产党第二十届中央委员会候补委员。

长期从事空间γ射线、高能带电粒子尤其是电子的探测技术方法及科学实验研究，是中国空间天文学领域的主要学术带头人之一。发展了一种高能宇宙线电子探测的新技术方法，并成功应用于美国南极长周期气球探测高新薄离子量能器实验（ATIC），相关研究成果曾入选美国、欧洲物理学年度重要进展。基于该技术方法，常进提出并作为首席科学家领导实施了“悟空”号**暗物质粒子探测卫星**（中国科学院战略性先导科技专项——空间科学专项的首发星）项目。

“悟空”号于2015年12月成功发射，实现了中国**天文卫星**零的突破，一些关键技术指标世界领先，在电子宇宙线与质子宇宙线的能谱测量方面取得了突破性进展。常进还率领团队积极服务于国家重大战略需求，先后为神舟二号、**嫦娥一号**、**嫦娥二号**等成功研制了γ射线谱仪，先后荣获2004年国家科技进步二等奖（第4完成人）、2012年国家自然科学二等奖（独立完成人）、2012年国家科技进步特等奖（第40完成人）、2017年全国创新争先奖、2018年何梁何利科学与技术进步奖（天文学奖）、2018年中国天文学会张钰哲奖、2018年中国科学院杰出科技成就奖、2018年中国科学十大进展、2019年（首届）中国空间科学学会科技奖。（常 进）

嫦娥二号 Chang'e 2; CE-2 中国探月计划中的第二颗绕月人造卫星，是中国探月工程二期的技术先导星。2010年10月1日，嫦娥二号探月卫星搭载长征三号丙运载火箭在西昌卫星发射中心成功发射。10月9日，准确进入高度为100千米、飞行周期为118分钟的环月圆极轨道，有效载荷开机运行在轨测试。10月27日，成功获取了月球虹湾高分辨率图像数据（见图），标志着嫦娥二号任务取得圆满成功。嫦娥二号在4月1日圆满完成预期科学工程目标和科学目标后，利用剩余燃料开展了三次拓展试验任务：①在15千米轨道对虹湾区域进一步成像，在100千米轨道对月球南北极补充成像。②飞往日地拉格朗日L2点，探测空间环境。③对4179号小**行星**图塔蒂斯进行飞越探测。完成三次拓展任务后，嫦娥二号永久地飞向了深空。

作为中国探月工程二期的技术先导星，嫦娥二号在**嫦娥一号**备份星基础上进行了技术改进，它的主要任务是为下一代着陆探测器寻找合适的着陆点。其上搭载的CCD照相机的分辨率更高，获得更清晰、更详细的月球表面影像数据和月球极区表面数据，为**嫦娥三号**月球探测卫星实现月球软着陆进行部分关键技术试验，并对嫦娥三号月球探

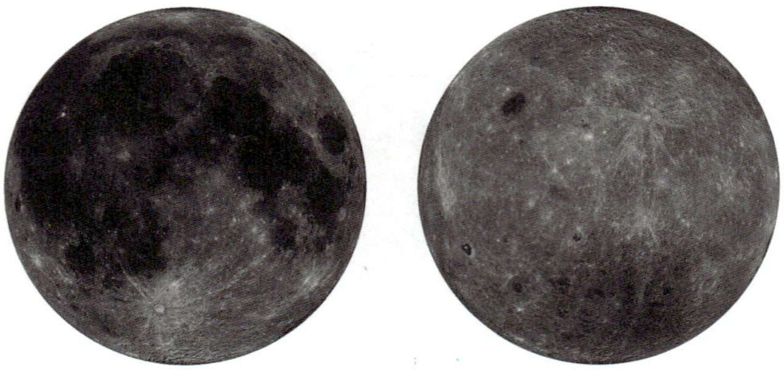

嫦娥二号拍摄的月球影像

测卫星着陆区进行高精度成像。利用嫦娥二号卫星探测数据制作了分辨率为7米、100%覆盖月球表面的全月球影像图，这是国际上首次获得的7米分辨率全月球影像图，是中国探月工程取得的又一项重大成果。

2012年12月13日，嫦娥二号在距地球约700万千米远的深空，精确实现了与4179号小行星图塔蒂斯的近距离飞越探测，成为人类历史上首次近距离造访该小行星的探测器，获得了高分辨率的光学图像。中国科学家利用嫦娥二号的探测数据并结合地基雷达资料，建立了合理的动力学模型，研究了表面的各种地质特征，给出了延长型接触双小行星形状形成的一种新解释。

嫦娥二号以其完美的表现出色完成了各项既定任务和小行星拓展任务，被誉为小行星探测的先行者。　（蒋　云）

嫦娥三号　Chang'e 3; CE-3　中国探月工程二期发射的首次软着陆的月球探测器。2013年12月2日，嫦娥三号探测器搭载长征三号乙运载火箭在西昌卫星发射中心发射。12月6日，嫦娥三号实施近月制动，顺利进入距月面平均高度约100千米的环月轨道。12月14日，嫦娥三号成功着陆在月球表面的虹湾以东的区域，标志着中国成为世界上第三个地外天体成功软着陆的国家。12月15日，玉兔号巡视器（或称月球车）与着陆器分离，在月面留下了清晰的足迹（见图）。2016年7月，设计寿命只有三个月的玉兔号月球车超期服役，最终“光荣退休”。截至2016年12月14日，嫦娥三号着陆器已

嫦娥三号着陆器上相机拍摄的“玉兔”号月球车

在月面顺利工作三周年，创造了人类探测器月面工作时间的最长纪录。

嫦娥三号探测器携玉兔号月球车首次实现了月球软着陆和月面巡视勘察，开展了“测月、巡天、观地”科学探测，开展了月表形貌与地质构造调查等科学探测，取得了丰硕的科研成果，其中包括完成了首幅月球地质剖面图，完成了首次天体普查，首次证明了月球没有水，首次获得了地球等离子体层图像。基于嫦娥三号探测器的探测数据，揭示了月表的真实太空风化与月球近红外热特征，揭示了月球演化规律。

嫦娥三号任务是中国探月工程“绕、落、回”三步走中的第二步，也是具有承前启后作用的关键一步。嫦娥三号创造了中国航天的历史，成功实现了中国人的落月梦想。　（蒋　云）

嫦娥四号　Chang'e 4; CE-4　人类第一个着陆月球背面的探测器。2018年12月8日，嫦娥四号探测器由长征三号乙运载火箭在西昌卫星发射中心成功发射。12月12日完成近月制动，被月球捕获；2019年1月3日在月球背面南极–艾特肯（SPA）盆地内的冯卡门撞击坑成功着陆（图1）；2019年1月11日，与玉兔二号完成两器互拍（图2）。截至2022年1月3日，嫦娥四号着陆三周年，累计获得探测数据3780GB。着陆器和玉兔二号月球车整体工况良好，载荷工作正常，将持续开展科学探测。

图2　运行中的玉兔二号

嫦娥四号是嫦娥三号的备份星，是嫦娥五号的先遣任务。嫦娥四号成功着陆，得益于鹊桥中继卫星的成功入轨，实现月球背面与地面控制中心之间的中继通信。利用嫦娥四号探测数据，开展了月球背面巡视区形貌和矿物组分研究，月球背面巡视区月表浅层结构研究，月面中子及辐射剂量、中性原子研究以及月基低频射电天文观测与研究。

嫦娥四号是中国嫦娥工程“绕、落、回”三步走战略中关键的第二步，是世界

图1　嫦娥四号着陆区

上首个在月球背面实现软着陆的探测器，撰写了中国航天的新篇章。尤其是在完成落月计划之后，借助鹊桥中继星牵线搭桥，月球背面和地面控制中心实现了稳定通信，得以顺利开展各项探测工作，为后续的嫦娥五号奠定了坚实的基础。

（蒋　云）

嫦娥五号　Chang'e 5; CE-5　中国首个实施无人月面采样返回的月球探测器根据中国探月工程“绕”“落”“回”三步走的战略，嫦娥五号承担着终极任务——采样返回。由于涉及技术难度极高，嫦娥五号的发射计划曾经历过多次延期。2020年11月24日，在中国文昌航天发射场，长征五号遥五运载火箭成功发射探月工程嫦娥五号探测器（图1），顺利在月球正面风暴洋北部的吕姆克山一带通过钻取和铲取两种方式采集到了重1731克的月球样品，于12月17日凌晨降落在内蒙古四子王旗（图2）。作为中国首次月球采样返回任务，嫦娥五号是人类继1976年苏联“月球（Luna）24号”最后一次月球采样任务44年之后再次返回月球样品，也是人类首次在月表最年轻火山岩区进行采样。

中国国家航天局探月与航天工程中心受国家航天局委托，实施月球样品的具体管理工作。2021年7月12日，嫦娥五号任务第一批月球科研样品正式发放，国内13家科研机构共获得约17 476.4毫克样品。中国科学家通过研究首批发放的月球样品，取得了如下科研成果：①利用超高空间分辨铀-铅（U-Pb）定年技术，对嫦娥五号月球样品玄武岩岩屑中50余颗富铀矿物（斜锆石、钙钛锆石、静海石）进行分析，确定玄武岩形成年龄为20.30 ± 0.04亿年，证实月球最年轻玄武岩年龄为20亿年。即月球直到20亿年前仍存在岩浆活动，比以往月球样品限定的岩浆活动延长了约8亿年。②利用精确年代学数据，为月球的撞击坑统计定年曲线提供了关键锚点，大幅提高内太阳系星体表面的撞击坑统计定年精度。③利用纳米离子探针分析技术，研究并计算了嫦娥五号玄武岩中的水含量和氢同位素组成，获得月幔的水含量仅为1～5微克/克，表明月幔非常之“干”。④揭示了嫦娥五号岩浆源区没有克里普组分加入。⑤发现了一种相对少见的高钛**月海**玄武岩。这些研究成果提供了截至2022年月球上确定的最年轻的玄武岩的证据，改变了人类对月球的热历史和岩浆历史的认识，对认识**月球起源**和演化具有极其重要的意义。后续科学研究正在进行之中。

嫦娥五号探测任务创造了五项中国首次，首次地外天体的采样与封装，首次地外天体上的点火起飞、精准入轨，首次月球轨道无人交会对接和样品转移，首次携带月球样品以近第二宇宙速度再入返回，首次建立中国月球样品的存储、分析和研究系统。嫦娥五号采样返回任务的成功实施，实现了“绕、落、回”三步走规划完美收官，为中国探月工程三期画上了圆满的句号。它是中国航天事业发展中里程碑式的新跨越，标志着中国具备了地月往返能力，为中国未来月球与行星探测奠定了坚实基础。

（蒋　云）

图1　着陆月面的嫦娥五号

图2　降落在内蒙古四子王旗的嫦娥五号返回器

嫦娥一号　Chang'e 1; CE-1　中国自主研制的第一颗绕月人造卫星。中国自主研制的第一个月球探测卫星——嫦娥一号于2007年10月24日在西昌卫星发射中心由长征三号甲运载火箭发射升空，11月7日正式进入工作轨道，11月20日开始向地球传回探测数据，11月26日中国国家航天局正式公布嫦娥一号卫星传回的第一幅月面图像（见图）。2009年3月1日，嫦娥一号在地面控制下成功撞向月球，为中国的首次绕月探测任务画上了圆满句号。

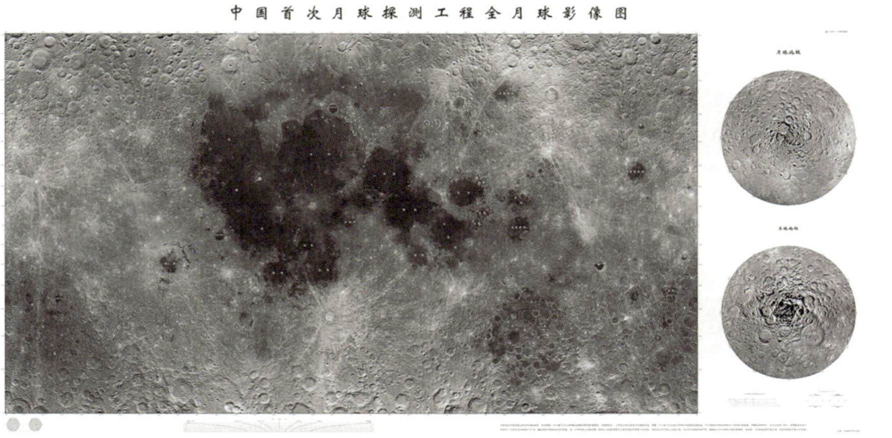

嫦娥一号传回的首张月球图像

嫦娥一号运行在距月球表面200千米的圆形极轨道上执行科学探测任务，负责搜集月球表面的各类信息，例如多波段照片、X射线谱和地形等。经过为期一年零四个月的在轨运行，嫦娥一号卫星搭载的八台有效载荷获得了约1.37TB的原始数据，获得了包括中国首次月球探测工程全月球影像图在内的一系列科学成果，圆满实现了预期的科学目标。通过嫦娥一号返回的探测数据，编制完成了中国首张月球地质图和构造纲要图，首次获得了四个频率月球正午和子夜的全月球微波图像，建立了中国首个高阶高精度月球重力场模型，制作了包括元素及其氧化物、矿物以及岩石类型的月表物质成分系列图件。

中国首次月球探测工程的成功，是继人造地球卫星、载人航天飞行之后中国航天事业发展的又一座里程碑式的成就。嫦娥一号是中国探月工程的先遣队，它的成功实现了中华民族的千年奔月梦想，开启了中国人走向深空探索宇宙奥秘的时代。

（蒋　云）

场曲　field curvature　物平面经过光学系统后形成的像面为曲面的一种像差。见**像差**。

超大质量黑洞 supermassive black hole 处于星系中心,质量达太阳100万至10亿倍的黑洞。天文学家在20世纪60年代发现，某些星系核的体积比太阳系大不了多少，但却比整个星系还要亮。这些称为类星体的天体是最明亮的一类活动星系核。理论探讨表明，如此大的能量输出只能来自气体被一个超大质量黑洞吸积时的引力势能，或是从黑洞的自转能中抽取。由此启发天文学家猜想，许多星系核心都应当拥有超大质量黑洞。30年后，这一猜想获得了强有力的证据。银河系中心（Sgr A*）附近恒星的运动学观测表明，在距该中心1000倍史瓦西半径（相当于太阳系尺度）以内就隐藏着一个约400万倍太阳质量的黑洞。用甚长基线干涉阵（VLBA）对星系NGC4258核心水脉泽（微波激射）的位置和三维速度极精确的测量，提供了存在质量约为太阳4000万倍的超大质量黑洞的证据。另一个活动星系NGC1068的水脉泽观测量,提示其中心也有约为太阳质量1500万倍的超大质量黑洞。哈勃空间望远镜的观测证实，几十个近距星系的核心都隐藏着超大质量黑洞，其中最大的黑洞质量可以超过太阳的10亿倍。

超大质量黑洞的吸积盘理论已成为解释各种活动星系核观测现象的标准模型。超大质量黑洞不仅吸积物质，而且也以比原恒星盘物质抛射过程大得多的规模，从其附近抛射出近光速的强大喷流。这种高度相对论性的物质据认为会产生能量极高的光子，其频率比可见光要高1000亿倍。星系并合是常见的现象，所以星系核中的大质量黑洞很可能也会并合。这种灾变事件会产生强大的引力波，能在非常远的距离（红移至少高达20）被探测到。这种引力辐射可在实际并合之前一年就被探知，从而能够精确预报最后事件，使用对整个电磁波谱敏感的各种望远镜可以观测它们。观测这种并合将在强引力场情况下对广义相对论提供独一无二的检验（见黑洞、活动星系核）。（顾敏峰）

超高速星 hypervelocity star 运动速度显著超出银河系中正常恒星应有的运动速度的一类恒星。它们的速度比银河系的逃逸速度还要大，可以完全逃出银河系引力势场的束缚。比如，银河系中普通恒星的典型运动速度是100～200千米/秒，而超高速星的速度则在1000千米/秒的量级。超高速星可以由以下几种方式产生：①运动至银心超大质量黑洞附近的双星系统被黑洞的潮汐力瓦解，其中一个恒星失去能量被俘获到更靠近黑洞的轨道上，另一个恒星则获得能量被加速到很高的速度，弹射到银晕中，成为超高速星，它们将来会逃离出银河系。②若银心存在超大质量双黑洞，运动至银心的恒星也可以与双黑洞发生三体相互作用，获得很高的能量，从而被双黑洞高速弹射出去成为超高速星。③运动至银心的恒星通过与银心大质量黑洞附近的恒星级质量黑洞的动力学相互作用获得能量，以很高的速度被弹射至银晕中，成为超高速星。④在双星系统中，一个恒星因其伴星发生超新星爆炸导致的弹射和轨道能释放，也有较小的概率获得很大的速度，从而逃逸至银晕中成为超高速星。

第一个超高速星HVS-1（SDSS J090744.99＋024506.8）于2005年被W.R.布朗等人发现，它的视向速度约为−840千米/秒，距银心约76千秒差距。截至2018年，在银晕中一共发现了40多颗超高速星。它们大都是B型星，向远离银心的方向运动，最近的距离银心约19千秒差距，最远的高达120千秒差距。另外，通过Gaia与大天区面积多目标光纤光谱天文望远镜（LAMOST）等光谱数据结合，截至2021年，人们又发现了超过200个超高速星候选体。尽管天文学家倾向于认为观测到的大多数超高速星是由双星系统在银心超大质量黑洞附近的潮汐瓦解而产生的，但超高速星的起源及其应用还有待进一步的研究。（陆由俊）

超级自适应光学 extreme adaptive optics 为高对比度成像天文观测而发展的一种自适应光学技术。主要用于地基望远镜上，通过直接成像手段探测太阳系外行星并研究行星的特性。超级自适应光学的概念于2003年被提出，在已经成熟的通用自适应光学系统的研制基础上，天文学家希望针对特定的高对比度成像科学目标，研究性能更好的专用自适应光学系统，其中重要的应用之一是直接成像探测太阳系外行星。在地基望远镜上直接成像观测太阳系外行星面临的最大挑战是恒星光经大气湍流产生的散斑噪声淹没了来自其周围行星的光信号，传统的低阶自适应光学虽然能够校正部分大气湍流像差，但大量散斑噪声仍残留在主星衍射艾里斑周围的视宁圆面内（Seeing disk），而超级自适应光学凭借在10角秒×10角秒小视场内更高性能的校正，能够进一步抑制上述散斑噪声。以斯特列尔比（Strehl Ratio; SR，定义为有像差衍射图样中心强度与无像差图样中心强度的比值）评价，经传统低阶自适应光学校正后的点扩展函数（PSF）在近红外波段的SR通常不超过0.7，而超级自适应光学视场中心PSF在近红外波段的SR需要超过0.9。在此基础上超级自适应光学系统可以后续搭配星冕仪等高对比度成像仪器，提供10^{-8}～10^{-6}的成像对比度，实现对年轻热木星的成像探测。

如图给出了超级自适应光学的原理示意图，与传统低阶自适应光学相比，超级自适应光学的特殊之处在于：①采用拥有密集校正单元的高速可变形镜以保证小视场内$SR>0.9$的极限校正性能，②需要尽可能校正系统静态像差，包括成像光路和波前检测光路之间的非共光路静态像差，以及可变形镜自身面形和其他光学元件贡献的共光路静态像差，③成像光路末端可以放置星冕仪等高对比度成像仪器，提供额外的成像对比度增益。

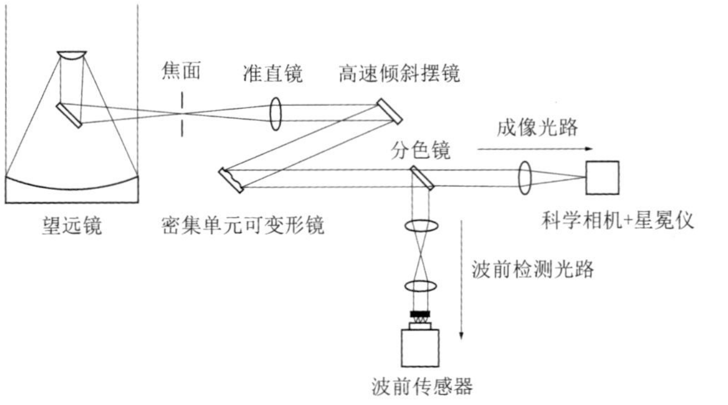

超级自适应光学系统原理示意图

超级自适应光学的校正性能可以通过残余误差估算。校正总残余误差σ_{total}^2决定了校正后PSF的斯特列尔比：

$$SR=\exp(-\sigma_{total}^2) \tag{1}$$

σ_{total}^2主要包括可变形镜的孔径匹配误差σ_f^2、开环校正的时变误差σ_t^2、波前传感器的测量误差σ_m^2和系统静态像差的残差σ_s^2，以及与视场有关的其他误差项。用多项式表示为：

$$\sigma_{total}^2=\sigma_f^2+\sigma_t^2+\sigma_m^2+\sigma_s^2+\cdots \tag{2}$$

对自适应光学系统性能影响最大的是可变形镜的孔径匹配误差σ_f^2，可以用如下公式估计：

$$\sigma_f^2=a_F(d/r_0)^{5/3} \tag{3}$$

式中a_F为匹配误差系数，通常取为0.28～0.34；d为每个校正单元采样望远镜子孔径的直径；r_0为观测波段对应的大气相干长度。传统低阶自适应光学的校正单元数量不足以充分采样望远镜孔径，即$d > r_0$，导致极限校正性能$SR < 0.7$，因此超级自适应光学需要采用更密集的校正单元，使得$d < r_0/2$，抑制孔径匹配误差，从而使极限校正性能$SR > 0.9$。国际上 8 米级望远镜上正式装备或正在研制的超级自适应光学系统，均采用了促动器超过千单元的可变形镜作为校正器件，而上一代通用自适应光学基本采用不超过200单元的可变形镜，例如双子座望远镜早期的自适应光学系统 ALTAIR（ALTtitude conjugate Adaptive optics for the InfraRed）采用的可变形镜仅有 177 个促动器。表中给出了超级自适应光学系统 GPI 和 SPHERE 在近红外 J、H、K 波段的极限校正性能，并与 ALTAIR 系统的性能对比，说明超级自适应光学的性能优势。

超级自适应光学与传统低阶自适应光学性能对比（视宁度 FWHM = 0.8 角秒）

设备名称	GPI@Gemini	SPHERE@VLT	ALTAIR@Gemini
校正单元排列	44 × 44	41 × 41	15 × 15
子孔径直径/厘米	19	20	54
孔径匹配误差/厘米	74	81	157
极限校正性能@J/H/K 波段（SR）	0.87/0.92/0.95	0.84/0.91/0.94	0.42/0.60/0.73

截至 2017 年 11 月，在 8 米级望远镜上正式投入科学观测的超级自适应光学系统分别是双子南座望远镜的 GPI（Gemini Planet Imager）和甚大望远镜（VLT）UT3 望远镜的 SPHERE（Spectro-Polarimetric High-Contrast Exoplanet Research），这两套装置均在2014 年实现首光观测，截至2020 年实测成像对比度为 10^{-6}，主要用于在红外波段探测和研究主星周围的年轻巨行星以及**星盘**。昴星团望远镜上也正在研制超级自适应光学系统 SCExAO 并与 PIAA 星冕仪对接，优化设计在主星近角距离处实现高对比度成像。上述系统代表了超级自适应光学研究的最前沿水平，但也面临仪器研制成本高，技术复杂，大口径望远镜观测时间不充裕等不利因素。

基于 2～4 米级中等口径望远镜研制超级自适应光学是一种新的方案，采用数百校正单元的可变形镜并匹配 2～4 米的望远镜口径，子孔径的采样密度将超过现有基于 8 米级望远镜的超级自适应光学系统，并且有望将校正波段向波长更短的 Ic（786.5 纳米）、Z（900 纳米）和 Y（1020 纳米）波段扩展，这些波段更适合观测表面温度较低、形成更久的“冷”行星，整套仪器的尺寸、研制难度和成本也会相应地降低。如果基于中国云南丽江 2.4 **米望远镜**，设计一套 468 单元（22 × 22 排列）的超级自适应光学系统，可以估算出该套系统在中等视宁度条件下（FWHM = 0.8 角秒），Ic、Z、Y 波段的极限校正性能SR值分别为 0.86、0.89 和 0.91，满足超级自适应光学的性能要求。（张　熙）

超巨星　supergiant　绝对目视星等亮于 −2 等，在**赫罗图**上位于最上方，在恒星光谱的 MK 二元分类（见**恒星光谱**）中用罗马数字 I 表示，是光度最强的恒星。肉眼所见的最亮的蓝（热）超巨星是**参宿七**和**天津四**；最亮的红（冷）超巨星是**参宿四**和**心宿二**。超巨星的质量一般是 5～300 太阳质量。由于光谱型相同的恒星其表面温度也相同，因而单位表面积的辐射能率也必相同。超巨星的光度很大，说明其表面积显然比光谱型相同的非超巨星大。例如**食双星**仙王座 VV 中的红超巨星，其半径大约为太阳半径的 1600 倍，目视波段的光度为太阳的 3000 多倍，而蓝超巨星天鹅座 α（绝对星等$M_V = -8.4$）的可见光波段的光度为太阳的 85 000 倍左右。已测到一些蓝超巨星、黄超巨星和红超巨星的射电辐射，这对于研究其大气结构和活动、**星周物质**、**星风**和质量损失等问题十分重要。高能天文台 2 号卫星已测得猎户座 ε、κ 等星的 X 射线，这和它们的星冕、星风等有关。超巨星明显地集中在**银道面**和旋臂附近。它们的动力学特性与**银河系**中的气体物质相似。60%的超巨星属于 O、B **星协**或**星团**。超巨星的年龄和演化问题是十分重要的研究课题，争论较多。（黄永伟）

超米粒组织　supergranulation　太阳表面尺度比**米粒组织**更大的网络状速度场。1956 年 A.B.哈特用光谱方法研究**太阳自转**时，发现在太阳**光球**中似乎存在一种尺度和时标都比米粒组织更大的对流速度场。1962 年 R.B.莱顿采用光谱线蓝翼和红翼单色像相减法获得的照片中，证实了这种更大尺度的对流速度场的存在，并称之为超米粒组织。在这种照片中，除了日面中的小部分区域外，整个日面呈现为许多成对的小单元。每个单元的暗区总是靠近日面边缘，而亮区总是靠近日面中心。离日面中心愈远，单元中亮暗区的反差愈大。这些现象清楚表明整个太阳表面存在许多主要沿日面水平流动的超米粒元胞，其尺度为 20 000～54 000 千米，平均约 32 000 千米（约 40″）。由超米粒中心向外边界的水平流动速度为 0.3～0.5 千米/秒，超米粒中心处向上的速度小于 0.02 千米/秒，元胞边界处向下的速度约为 0.1 千米/秒。不过并非整个元胞边界存在向下的流动，而是集中在一些离散的点上，特别是几个元胞的交界处。由于超米粒中心与边界之间的亮度反差小于 1%，因此很难从光度变化上显示超米粒图像。

超米粒组织与光球网络磁场以及单色光像显示的色球网络结构之间有相当好的对应。**色球针状体**也是从超米粒边界向上延伸。光球网络磁场大致沿超米粒边界延伸成链状，强度在 2×10^{-3}～2×10^{-2} 特，磁场最强处往往与超米粒边界处向下流动的点对应。而超米粒中部往往只有一些零星的小磁场（网络内磁场），其强度只有 5×10^{-4}～25×10^{-4} 特。超米粒边界处的网络磁场很可能是超米粒中的水平流动把磁力线扫荡到边界的结果。用电离钙（Ca Ⅱ）的 K 线（3934 埃）拍摄的色球单色像显示清晰的网络状结构，称为**色球网络**，它们与超米粒边界也大致对应。色球网络中的最亮点往往对应于超米粒边界上那些向下流动的孤立点，也就是网络磁场最强的地方。图中所示为超米粒结构示意。

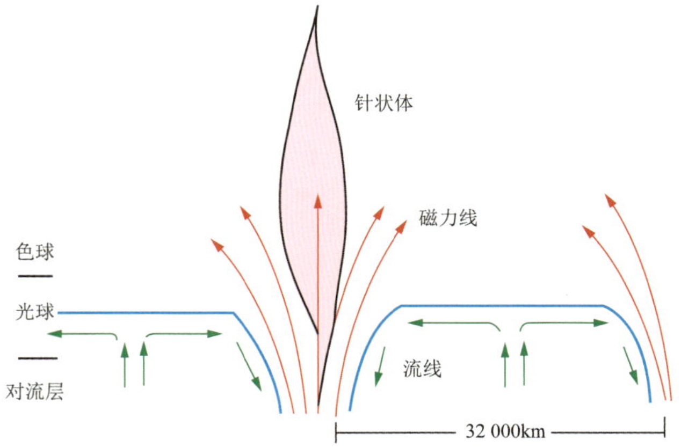

超米粒结构示意图

超米粒的寿命超过 24 小时，难以精确测量。T.L.杜瓦尔测得的结果为 42 ± 5 小时，然而与超米粒关系密切的光球网络磁场结构的寿命则短得多，由连续三天 Ca Ⅱ 单色像观测推测只有 20 小时。而从北极地区白夜期间连续 62 小时的 Hα 单色像观测可推测色球网络寿命约为 25 小时。这些差别是由太阳高层大气的磁场约束比下层松懈造成的。

一般认为与米粒组织相似，超米粒相当于 He Ⅱ 的电离和复合驱动的对流。从光球直至深度约为 30 000 千米的区域（与超米粒尺度相当），He Ⅱ 的电离度变化最大，因而形成对流驱动力。（林元章）

超软 X 射线源 supersoft X-ray source 主要辐射能量范围在 1keV 以下、有效温度 15～80K、光度达 10^{29}～10^{32} 焦/秒的 X 射线源。首先由爱因斯坦卫星在银河系和大、小麦哲伦云中发现。估计在类似银河系的盘星系中超软 X 射线源的数目约为 10^3。超软 X 射线源是包含吸积白矮星的双星系统，辐射能源是在快速吸积（吸积率超过 10^{-7} 太阳质量/年）的大质量白矮星表面稳定的氢原子核的热核聚变反应。此外，在新星爆发后也会发生稳定的热核燃烧。超软 X 射线源中的白矮星可能会由于质量持续增加达到钱德拉塞卡极限质量而产生 Ⅰa 型超新星。（李向东）

超新星 supernova 演化到终期时产生灾变性爆发的恒星，也是爆发规模最大的爆发变星。超新星爆发时光度为接近 10^{10} 太阳光度（相当于整个星系的光度），释放能量可达 10^{46} 焦，光变幅超过 17 星等，即增亮千万倍至上亿倍。这是恒星世界中已知的最激烈的爆发现象之一（图 1）。它抛射的质量范围为 1～10 太阳质量，抛射物质的速度为几千千米/秒至几万千米/秒；爆发时典型的动能为 10^{44} 焦。爆发结果或是将恒星物质完全抛散，成为超新星遗迹；或是抛射掉大部分质量，核心遗留下的物质坍缩为中子星或黑洞。超新星爆发后形成强的射电源、X 射线源和宇宙线源。超新星爆发标示了一颗恒星的壮烈“死亡”，但也触发了新一代的恒星诞生。超新星处于许多不同天文学研究分支的交会处。超新星爆发瞬间及爆发后所观测到的现象中，涉及各种物理机制，如中微子和引力波发射、燃烧传播及爆炸核合成、放射性衰变及激波同星周物质的作用等；而爆发的遗迹（如中子星或黑洞、膨胀气体云）起到加热星际介质的作用。超新星在产生宇宙中的重元素方面扮演着重要角色。宇宙大爆炸只产生了氢、氦以及少量的锂。红巨星阶段的核聚变产生了各种中等质量元素（重于碳但轻于铁）。而重于铁的元素几乎都是在超新星爆发时合成的，它们以很高的速度被抛向星际空间。此外，超新星还是星系化学演化的主要“代言人”。早期星系演化中超新星起了重要的反馈作用。星系物质丢失以及恒星形成可能与超新星密切相关。由于超新星非常亮，它可被用来确定距离。将距离同超新星母星系的膨胀速度结合起来就可确定哈勃常数以及宇宙的年龄。Ⅰa 型超新星已被证明是强有力的距离指示器。最初是通过标准烛光的假定，后来是利用光变曲线形状等参数来标定峰值光度。作为室女团以外最好的距离指示器，其校准后的峰值光度弥散仅为 8%，并且能延伸到 5×10^8 秒差距的遥远距离处。Ⅰa 超新星的哈勃图（星等–红移关系）已成为研究宇宙膨胀历史最强有力的工具（见哈勃定律）。高红移 Ⅰa 型超新星的光变曲线还可用于检验宇宙膨胀理论。理论预计，由宇宙膨胀而引起的时间膨胀效应将会表现在高红移超新星光变曲线上。某些 Ⅱ 型超新星也可用于确定距离。Ⅱ-P 型超新星在平台阶段抛射物的膨胀速度与它们的热光度存在相关，这也用来进行距离测定。经相关改正后，原来 Ⅱ-P 型超新星 V 波段的接近 1 星等的弥散可降到约 0.3 星等的水平，这提供了另一种独立于 SN Ⅰa 的测定距离的手段。

图 1 超新星 NGC4526 SN1994D

历史 中国悠久的历史中存有丰富的天象记录。宋元时期官方设置的天文机构为司天监，明清时期改称钦天监，负责观测并记录包括彗星、流星雨等天象。其中有一类天体称作“客星”，意思是该位置上原来没有可见的星，后来突然出现一颗，故称为客星。《宋会要》中就有一颗“客星”的记载：“至和元年（1054）五月晨出东方，守天关，昼见如太白，芒角四出，色赤白，凡二十三日。”《续资治通鉴长编》中亦载：“至和元年五月己丑客星出天关之东南可数寸，岁余消没。”意思是说在金牛座的区域有一客星突然出现，白天都能见到如金星那样的光芒。世界上现代天体物理教科书都将 1054 年超新星与中国联系在一起。2000 多年以来银河系有 7 颗历史超新星（见表）。唯有中国对所有这 7 颗历史超新星都有详细的记录，它已成为世界的宝贵财富。

银河系中 7 颗有历史记载的超新星

超新星名	所在星座	超新星遗迹
AD185	半人马座	RCW86
AD393	天蝎座	CTB37
AD1006	豺狼座	PKS1459-41
AD1054	金牛座	Crab Nebula
AD1181	仙后座	3C58
AD1572	仙后座	Tycom
AD1604	蛇父座	Kepler

巡天成就和命名 1934 年 F.兹威基和 W.巴德分析了近距星系的观测资料，发现 M31（1885A）、NGC5253（1895B）、NGC2535（1901A）、NGC4321（1901B 和 1914A）等 13 个星系中有星体爆发，亮度比正常的新星现象大几千倍，遂定名为超新星。超新星是罕见的天象。历史文献表明，银河系中最近期的一个超新星是出现于 1604 年的开普勒星。1936～1941 年美国帕洛马山天文台用 45/65 厘米施密特望远镜系统地巡视星系选区，发现了 19 个河外星系超新星，积累了较完整的光度变化和光谱特征的实测资料。从 1958 年起，又开始用当时世界最大的 120/180 厘米施密特望远镜搜寻超新星。银河系中的 7 颗历史记载超新星这项长期研究项目一直进行到 1975 年底为止。1961 年成立了“超新星服务”国际巡天组织，先后参加的有美、匈、意、瑞士、苏联等国的 14 个天文台。1885～1988 年底共发现河外星系超新星 661 颗。随着发现超新星数目的剧增，国际天文学联合会有一个统一的规定，用发现时的年份随后用大写英文字母表明发现的顺序，若多于 26 颗则用小写双英文字母，如 SN2003aa，它表示 2003 年发现的第 27 颗超新星；第 27、28、…、52 颗则用 aa、ab、…、az 表示，余类推。如 SN2003lp 则是 2003 年发现的第 328 颗。20 世纪 80～90 年代世界范围组织了各种大规模的巡天，中国北京天文台（今中国科学院国家天文台总部）于 1996 年参加了超新星自动巡天。到 2006 年底全世界已发现 4013 颗光学超新星和 20 多颗 X 射线超新星，其中高红移超新星几百颗。1998 年天

体物理学家利用高红移超新星的研究提出现在宇宙在加速膨胀，原因是宇宙中存在**暗能量**。

类型和特征　20世纪70年代，通过光谱研究，认为将超新星分成Ⅰ型和Ⅱ型两类较为适当。Ⅰ型超新星光变曲线的特点是亮度陡增和初降较陡，随后缓慢地减光，平均每年下降6星等；平均绝对星等*M*可达−19.5等。Ⅱ型超新星有类似Ⅰ型的增光，达到极大亮度之后约50天，光变曲线上出现驼峰，随后再继续减光。Ⅰ型超新星的光谱中没有宇宙中最丰富的氢的谱线，而Ⅱ型则主要是氢的谱线。后来发现Ⅰ型超新星又可细分，其中一部分光谱以电离硅的615.0纳米的吸收线为主要特征，这类被称为Ⅰa型超新星；而对于没有这一条硅吸收线特征而有氦线特征的则称为Ⅰb型超新星（图2）；没有氦谱线特征的

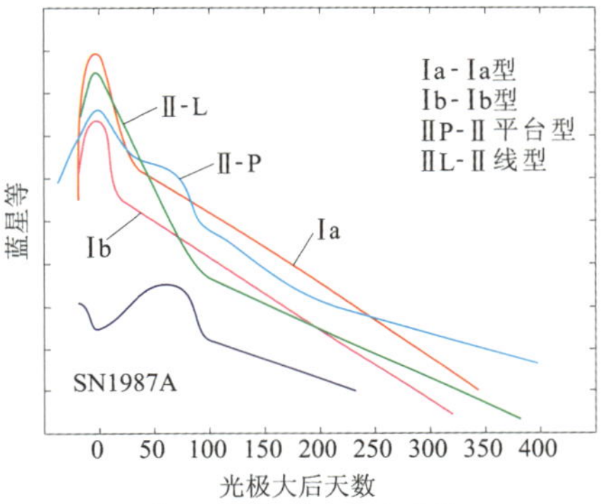

图2　超新星的光变曲线

则称为Ⅰc型超新星。Ⅰa型超新星爆发的总能量为1×10^{44}～2×10^{44}焦，而Ⅱ型则在4×10^{44}～10×10^{44}焦，主要是以中微子的形式释放。1604年以来，由于银河系内没有记录过超新星爆发，1987年在离地球最近的星系大麦哲伦云中出现的超新星SN1987A，便成为用现代天文仪器研究超新星的极好机会（图3）。日本神冈和美国

图3　超新星SN1987A爆发照片

的IBM以及其他国家的中微子探测器当时都记录下中微子爆，共得到27个中微子记录。这是首次记录来自太阳以外的中微子，开创了中微子记录的观测历史，验证了超新星爆发的理论。由于高能辐射与爆炸抛射出来的**恒星大气**相互作用，使得超新星也可能有X射线等辐射，如SN1987A在爆炸后100多天才被高能天文卫星探测到它辐射的X射线。而光学波段的突然增亮，首先是由膨胀大气引起的，后来则由镍-56等同位素的衰变提供能量，使得光度下降较为缓慢。超新星爆发的高速抛射物与周围介质相互作用形成的激波引发出电磁辐射，而对星周尘埃的加热则可产生红外辐射。但这些只有周围有稠密**星际介质**的Ⅱ型或Ⅰb、Ⅰc型超新星才能观测到（图4）。

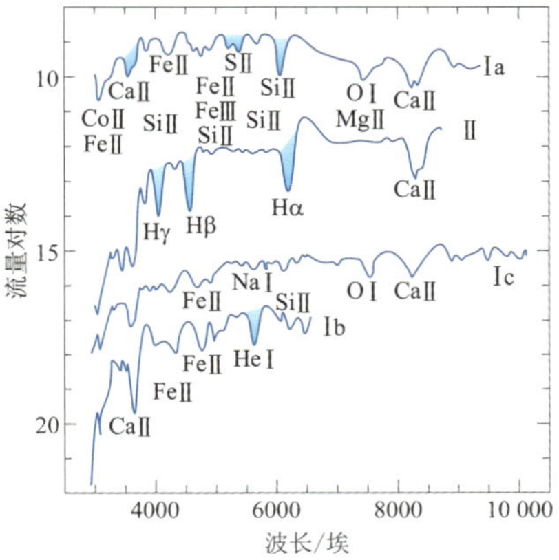

图4　超新星的光谱

超新星爆发机制　在不到1秒钟时间内释放出10^{44}～10^{46}焦的能量（相当于90个太阳在其一生所释放能量之总和）的天体，这就需探讨它的前身星是什么及产生如此巨大能量的机制是什么的问题。

首先讨论Ⅰa型超新星。它的光谱中缺少氢线，而且根据统计它在不同类型的星系中都有可能出现。据此天文学家提出了Ⅰa型超新星是**密近双星**演化到晚期的终极结果的想法。设想有一密近双星系统，其两个成员星的质量均小于8太阳质量，其中质量大的一个演化得较快，其核心燃烧完氢后接着燃烧氦，变成中心为碳和氧的**白矮星**。这时初始质量较小的那颗成员星的物质就被它**吸积**。假如物质转移速度小于$10^{-8}M_{\odot}$/年时，在白矮星周围形成氢壳，当达到核融合点火的温度时，其表面就产生核聚合点火爆发，这就是**新星爆发**现象，规模比超新星要小得多。当转移速率在10^{-8}～$10^{-6}M_{\odot}$/年时，表面同样会产生核合成形成氦，氦形成碳，逐步使碳核心质量增加，直到**钱德拉塞卡极限**的$1.4M_{\odot}$，中心密度可达到3×10^{9}克/厘米^3，而且中心达到碳点火的温度。碳被点燃，并且合成过程从中心往外迅速传播，在一秒钟之内传到白矮星的最外层。爆炸将产生10^{46}焦的能量，可将这颗白矮星完全炸碎。白矮星中的氢已经燃烧殆尽，所以它的光谱中没有氢线，变成一颗老年的恒星，因此会出现在不同的星系中。Ⅱ型超新星则不同，它的光谱中以氢线为主，而且大多出现在**旋涡星系**的旋臂上。一个被广泛接受的Ⅱ型超新星爆炸的模型是：一颗大质量恒星（质量$>10M_{\odot}$），在它最初的3000万年甚至更短的时间内，其核心首先是氢合成为氦，然后氦变为碳和氧，碳变为氖和镁，氧和镁变为硅和硫，直到最终硅和硫合成为铁族元素。上述每种合成过程都释放出大量的能量，维持着恒星的生命，而且其核心变得愈来愈密，温度则愈来愈高，以致能够抵抗恒星引力的收缩。但到了核心变为铁芯后，由于铁族元素的核束缚能最小，合成反而要吸收能量。引力收缩就开始，中心的温度和密度继续增大，到10^{10}K和10^{10}克/厘米^{3}时，电子就被压到原子核内而形成富含中子的同位素，而高能辐射又将原子核撕成α粒子。这两个过程都要吸收能量，使得**引力坍缩**变得更快。当中心密度超过2.7×10^{14}克/厘米^{3}时，坍缩不再继续，产生反弹而引发超新星爆发。它将外层核合成的剩余物，包括最外层的氢向外抛射，而留下一个铁核核心，也就是中子星。所以，它的光谱中有强的氢线。同时因为大质量恒星是和恒星形成区相关的，所以它们往往出现在旋涡星系的旋臂上。至于Ⅰb型和Ⅰc型超新星，认为它们也是一种称为“**沃尔夫-拉叶星**”（W-R星）的大质量恒星演化到晚期的结果。由于W-R星有大规模的恒星风，质量流失很大，因此表层已失去了氢甚至氦，所以其光谱中没有氢线（或甚至于氦线）。

（李宗伟）

超新星遗迹　supernova remnant　超新星爆炸后在宇宙空间遗留的残骸。超新星的爆炸一般认为主要有两种起源机制。第一种是大质量（8倍太阳质量以上）的恒星演化终结时发生的核坍缩爆炸，Ⅱ型和Ⅰb、Ⅰc型超新星都属此类；第二种是**双星**系统中**白矮星**通过**吸积**或并合，质量达到或接近钱德拉塞卡极限1.44太阳质量时发生的热核爆炸，这是Ⅰa型超新星的情形。超新星爆炸，不仅把在恒星演化过程中在恒星内部合成的依原子序数直到铁的各种元素抛向星际空间，而且在爆炸过程中还合成比铁更重的元素，也散播到星际空间。这些抛射出来的物质携带了典型值为10^{44}焦左右的动能，震激、扫集、压缩、加热星际介质，并与星际介质结合成向外膨胀的气态弥漫**星云**，称为超新星遗迹。核坍缩超新星爆炸发生时，核心一部分物质向内坍缩形成**中子星**或**黑洞**等致密天体，也称为超新星的星体遗迹（stellar remnant）。一部分呈现为**脉冲星**的快速旋转的磁化的中子星，通过脉冲星风把相对论性

粒子（正负电子对）连带着磁场注到脉冲星的周围，形成的弥漫星云称为*脉冲星风星云*，这也是超新星遗迹的一种组成部分。

超新星遗迹在整体上作为辐射展源，只有在*银河系*及少量近邻星系中能够分辨。已探知的遗迹中，银河系内的有300个左右，大小麦哲伦云内有80个左右，M33中有50余个。银河系中已知最年轻的遗迹是G1.9+0.3，年龄只有百年上下。*蟹状星云*是1054年在金牛座爆发的超新星的遗迹。

超新星的弥漫遗迹（diffuse remnant）在形态上一般可分为四个类型。第一类是壳层型遗迹，在射电、X射线等波段呈泡状，边缘具壳层结构，壳层以内主要分布着高温、稀薄的气体，壳层上除了一部分超新星爆炸的抛射物之外，是由爆震波(或称冲击波）震激、扫集起来的星际介质。遗迹壳层的射电辐射是由超新星遗迹激波加速的相对论性电子发出的同步加速辐射；其*X射线辐射*含有或可能含有由加速到更高能量的电子发出的同步加速辐射，而更多见的是由被激波震激、加热的温度在10^6～10^8度量级的高温气体发出的*热辐射*，其中以金属元素的线发射为主；部分此类遗迹也探测到了γ射线辐射，或者是由激波加速的相对论性电子发出的逆康普顿散射，或者是由加速的相对论性质子打击毗邻稠密气体生成的π^0介子随即衰变发出的；遗迹的可见光辐射通常来自被震激的爆炸抛射物、稠密介质或云块等的线发射，以及无碰撞激波后气体粒子的电荷交换和碰撞激发；红外辐射一般来自尘埃颗粒、离子发射线、分子发射带或发射线的发射，乃至电子的同步加速辐射。此类遗迹代表性天体有*仙后座*A（Cas A）、天鹅座环（Cygnus Loop）等。第二类是蟹状星云型或称实心型遗迹，实质就是脉冲星风星云。脉冲星将自转能中的一部分转化为脉冲星风，风中的相对论性带电粒子因受周围气体的阻挡，形成一道终止激波，终止激波震激了脉冲星风并将粒子加速到极高的能量，高能粒子通过同步加速辐射及逆康普顿散射产生全波段的*非热辐射*。这类遗迹以蟹状星云为代表。第三类是混合型遗迹，即前两类形态的混合，它们既有外围的壳层，又有中心的脉冲星风星云。代表性天体有G11.2－0.2等。第四类是热混合型或称形态混杂性遗迹，射电波段在遗迹边缘呈现壳层结构，中心区域发出热X射线辐射。这类遗迹总体上较为年老，已知有一半左右与稠密分子云相互作用。此类遗迹代表性天体有3C391、W28等。

超新星遗迹是恒星（特别是对大质量恒星）晚期演化的结局在星际空间留下的烙印，是恒星的物质、能量反馈到星际空间，影响和调制星际介质的主要途径，是调控星系化学演化的重要角色，也是星系内大尺度湍动的重要策源地。此外，一般认为超新星遗迹也是银河系内能量在10^{15}eV以下的*宇宙线*粒子的主要加速器。

（陈　阳）

超新星遗迹的演化　evolution of supernova remnant　*超新星遗迹*的结构、形态和辐射随时间的变化过程。在超新星遗迹的演化中，壳层型遗迹和*脉冲星风星云*有各自的演化历程。壳层型遗迹的演化一般可分为四个阶段。第一阶段是抛射物主导相，亦称自由膨胀相（典型时标为几百年）。*超新星*爆炸物质在抛射到外部空间的早期阶段，只受到少量星周或星际介质的阻挡，同时*宇宙线*的逃逸带走些微能量，遗迹大致匀速膨胀，而有轻微减速。扫集的星周或星际介质因被强烈压缩，开始形成前向激波，即爆震波；同时，抛射物质中前端部分也因受阻被压缩，反向激波形成并向后侧传播。当扫集的星际介质的质量与超新星抛射物的质量相当的时候，遗迹的演化进入第二个阶段，即绝热相（典型时标为2万、3万年）。这时大部分的爆炸动能转移到爆震波震激过的气体中，遗迹内气体温度在10^6到10^8K量级，辐射率低，能量损失得非常缓慢。苏联天体物理学家*I.S.什克洛夫斯基*于1962年指出，绝热相的超新星遗迹的气体运动可以用苏联力学家、数学家L.I.谢多夫得到的强劲点爆炸的自相似解来描述，所以这一阶段亦称谢多夫相。在密度ρ随与爆炸点距离r的分布为$\rho \propto r^{-s}$的气体中，遗迹的半径随时间t的演化关系为$\propto t^{2/(5-s)}$。举例而言，在均匀介质中，演化关系为$\propto t^{2/5}$，在自由星风$s=2$中，则为$t^{2/3}$。便于观测的超新星遗迹大多处于这一阶段。当爆震波的激波后气体温度降到5×10^5～6×10^5K时，遗迹演化进入第三阶段，即辐射相。这时碳、氮、氧等元素的离子开始获得束缚电子，它们受激发后辐射强烈，气体的冷却率剧增，边缘气体冷却、凝缩成薄而冷的壳层，在内部的温度仍较高的气体的压力驱动下继续膨胀，所以这一阶段亦称压力驱动雪耙相或简称雪耙相。在均匀介质中遗迹的膨胀律大致为$\propto t^{0.3}$。理论分析表明，只在极少数情况下，遗迹后续还可能转入动量守恒雪耙相，这时内部气体因辐射也已冷却下来，遗迹壳层凭借惯性继续膨胀，半径的演化律为$\propto t^{1/4}$。一般地，在压力驱动雪耙相的尾声（典型时标为百万年量级），遗迹演化进入第四个阶段，即消失相，爆震波的速度下降到与外围气体的声速或湍动速度相近而融入星际介质。上述演化次序是遗迹在简单介质环境中的理想化模型，而在分布复杂多变的介质中演化会有变异。例如，如果周边介质分布非各向同性，则同一个遗迹在不同部位可能同时处于不同的演化阶段；如果遗迹在介质空腔中处于抛射物主导相时就撞击腔壁上稠密云，可能略过绝热相而迅速进入压力驱动辐射相。

脉冲星风星云的演化次序大体如下：①在脉冲星减速时标τ以内（$t<\tau$），受到终止激波震激的超高压的脉冲星风等离子体，在抛射物的核区内迅速向外扩张形成小泡，表面激波依$\propto t^{6/5}$超声速加速膨胀。②泡面受到从遗迹壳层传回的反向激波碰撞（发生的典型时标为几千年），在数千年内经历若干次压缩、反弹的轮回震荡，乃至压破。③脉冲星风星云在处于谢多夫相的遗迹内部高温气体中亚声速膨胀。若$t<\tau$，演化律为$\propto t^{11/15}$；若$t>\tau$，则按$\propto t^{0.3}$强烈减速。④由于脉冲星在超新星爆炸时获得“踢出”速度（典型值为500千米/秒），脉冲星穿出原先的风泡，生成新的、较小的星风云，新旧星风云各自主要呈现在X射线和射电波段。⑤随着遗迹内部气体的冷却，脉冲星的穿行成为超声速运动，星风云外表出现弓激波，呈彗星样的拖尾状，不再膨胀。⑥脉冲星逃逸出遗迹壳层（发生的典型时标为数万年），穿行于星际介质中，通常具有高超声速。星风云受限于星际弓激波，呈彗星拖尾状。⑦最后阶段，脉冲星运行到低密度区域，不再具有超声速，能量输出变得微弱，裹在一个静态或缓慢膨胀的、为星际介质热压力束缚的相对论性气体腔中。

（陈　阳）

超新星1987A　supernova 1987A　1987年2月24日在*银河系*的卫星系——大麦哲仑星云中记录到的一颗爆发剧烈的*超新星*。该超新星由智利拉斯康帕纳斯天文台的I.舍尔顿和O.杜阿尔德首先发现，是1987年发现的第一颗超新星，因此被命名为SN1987A。超新星1987A也是人类自1604年来发现的距离地球最近（约168 000光年）和最亮的恒星爆发，极大时的视星等为3等，肉眼可见几个月。由于爆发的距离非常近，超新星1987A为天文学家深入研究大质量恒星核心坍缩爆发物理、爆发后多波段的能量产生和演化以及超新星爆发后的尘埃形成等重要问题提供了理想的研究对象。与其他Ⅱ型超新星一样，超新星 1987A 光谱中也有明显的氢吸收特征；但其光变曲线很特殊，具较低的光度和很宽的峰，这与其不同寻常的前身星性质密切相关。

前身星　超新星 1987A 爆发后不久，通过对比爆发前的历史图像其前身星即被证认为 Sanduleak-69°202 星。该星是一颗质量为太阳约 20 倍，半径为太阳约 40 倍的蓝色超巨星，光谱和光度型为 B3 Ⅰ。这一证认工作改变了之前认为核坍缩超新星爆发只出现在红超巨星中的理论观点，修改了大质量恒星的演化模型。尽管这样，之后 30 年的观测研究表明，相对于常见的红超巨星超新星爆发，蓝超巨星超新星爆发仍很稀少。相对于核坍缩超新星样本而言，类 SN1987A 爆发的比例为 1%～3%。超新星 1987A 最显著的特征是其在爆发的几个月后呈现出了三个亮环结构。这是由超新星爆炸抛射物与前身星在红超巨星及蓝超巨星阶段演化丢掉的三环结构的星周物质相互作用而形成的。这一特殊形态的星云物质大概形成于超新星爆发的 2 万年前，三维的流体动力学模拟表明此结构很可能是由两个大质量恒星的并合导致的物质抛射形成的。

中微子　在超新星 1987A 的可见光到达地球的 2～3 小时前，地球上的三个中微子天文台探测到了明显高于背景的一股中微子爆发。在短短 10 余秒的时间内，日本神冈Ⅱ号探测器探测到了 12 个中微子事件，美国的欧文－密歇根－布鲁克海文侦测器（IMB）探测到 8 个中微子，而苏联的巴克桑中微子天文台（BNO）则探测到 5 个中微子。这是历史上首次直接探测到由超新星爆发产生的中微子，标志着中微子天文学的开端，对于验证超新星爆发理论模型以及爆发后的能量分布有重要意义。核坍缩超新星中微子的探测研究是当前高能粒子物理研究的重要方向。中国江门中微子实验项目一个主要的研究课题就是探测和研究超新星中微子。

中心致密天体　大质量恒星向核心坍缩爆发后通常会在中心形成一颗致密的中子星，但在超新星 1987A 的遗迹中心并没有找到理论预测存在的中子星。关于超新星 1987A 中子星“失踪”有几种可能性，如尘埃的遮蔽、吸积形成夸克星，吸积坍缩形成黑洞，从而导致不能被观察到。但另一方面，中心致密天体本身可能并没有预期的那样亮。例如，仙后座 A（Cas A）超新星遗迹的观测研究表明其中心致密天体的 X 射线光度仅为太阳的几倍，而且没有射电辐射。因此，超新星 1987A 中心存在脉冲星的可能性仍然不能被排除，未来需要用更高空间分辨率设备进行进一步限制。

（王晓锋）

超星系团　super cluster　若干星系团松散束缚在一起构成的更高一级的天体系统。又称二级星系团。而星系团集聚成超星系团的现象称为星系的超级成团或二级成团（superclustering or second-order clustering）。不同超星系团在天球上的投影位置（即视位置）可能彼此重叠，只有通过红移巡天测定每个星系团的距离之后才能鉴别它们的成员。已经证认的超星系团数目在 10 个以上。如双鱼－英仙超团、长蛇－半人马超团、沙普利超团等。超星系团的质量可高达太阳的一亿亿倍（10^{15}～$10^{17}M_\odot$）。通常在一个超星系团内只含有 2～15 个富星系团。拥有几十个成员星系团的超星系团为数甚少。超星系团往往具有扁长的外形，长径范围为 60～100 兆秒差距，长短径之比平均约为 4∶1。这种扁形结构可能提示超星系团有自转。超星系团内的成员星系团的速度弥散度为 1000～3000 千米/秒，但各成员星系团之间的引力相互作用要比星系团内各成员星系之间的引力作用弱得多，因而超星系团可能是不稳定的系统，其尺度还在随宇宙的膨胀而增大。超星系团的存在，表明宇宙空间的物质分布至少在 100 兆秒差距的尺度上是不均匀的。较大的超星系团没有向中心集中的趋势或轴对称性，是形成星系大尺度结构分布图上围绕着空洞的纤维结构的一部分。

包括本星系群、室女星系团以及约 50 个较小的群和团构成一个更为庞大的天体系统，这就是本超星系团。本超星系团的长径为 30～75 兆秒差距，呈扁平状，其中亮于 13.5 等的明亮星系集中在天球上的一个大圆附近，这个大圆称为超星系赤道，其几何极的银道坐标为 $l^{\mathrm{II}} = 47.4°$，$b^{\mathrm{II}} = +6.3°$。本超星系团的中心位于室女星系团附近的方向（$l^{\mathrm{II}} = 283°$，$b^{\mathrm{II}} = +75°$），它可能一面自转，一面缓慢膨胀，银河系绕其中心的公转周期约为 1000 亿年。

超星系团的存在已是不争的事实。有人甚至认为超星系团可以构成三级星系团甚至更高级的星系集团。而 2014 年定义的拉尼亚凯亚超星系团包含本超星系团。

（赵君亮）

潮汐　tide　海平面在日月引力和地球自转的共同作用下发生的涨落。潮汐发生的原因是海水受到引潮力的作用而流动。当一个大质量天体（例如月球）的引力作用于一个延展天体（例如地球）时，位于地球表面或内部的单位质量质点和位于中心的质点所受到的引力是不同的。这两个力的向量差就是质点受到的引潮力（见图）。在惯性系内观察时，这是地球质点实际受到的力。

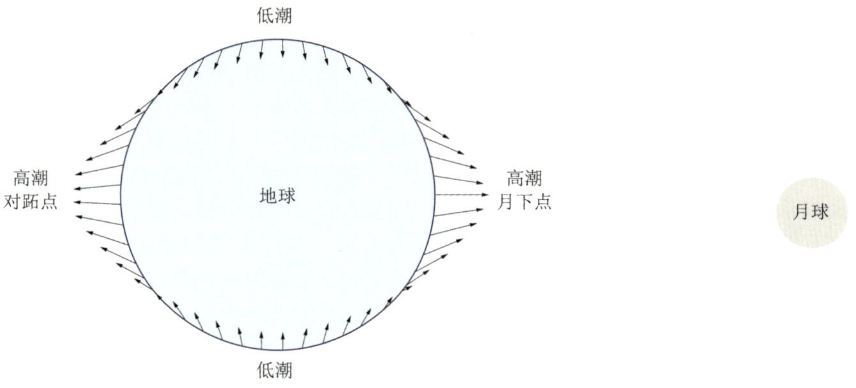

月球引潮力示意图

潮汐力使海平面升高形成洋潮。如图所示，洋潮有两个凸起（高潮）一个在面向月球的月下点，另一个位于相反一面的对跖点。在经度相差 90°的地方还有两个低潮。随着地球的自转，同一地方一昼夜出现两次高潮和两次低潮（半日潮）。由于月球的公转与地球的自转同方向，高潮出现的间隔大约是 12 小时 25 分钟，25 分钟是因月球公转而拉长的时间。太阳对地球也有潮汐效应，但它的引潮力只有月球的 46%。日月的交互作用造成朔日和望日的大潮，以及上弦和下弦的小潮。对于高精度测量，还需要考虑金星和木星引潮力的影响。

如果地球表面全部为海洋覆盖，大潮的高度在理论上大约为 93 厘米，并且会十分准时；然而洋潮受到诸如海水摩擦洋底，洋流惯性，大洋盆地靠近陆地时变浅，以及海水在不同大洋盆地之间的流动等许多因素的影响，以致地球上大多数地方的潮汐时刻和高度要靠观测获得，难以由理论确定。

潮汐力不仅造成海潮，也作用于大气和固体地壳造成大气潮和固体潮。大气潮的影响在地面和低空为天气变化所压制，显得微不足道，但在80～120千米的高空则占据支配地位。固体潮的影响更加不可忽视。固体潮引起的地壳形变会使测站的坐标发生变化，是精密测量必须要考虑的。固体潮隆起受到其他天体引力产生的扭矩，其方向与地球自转相反，使地球自转变慢，角动量和动能减少。地球损失的角动量传给月球，形成耦合，使月球轨道升高，公转速度变慢。激光测距得到地月距离以38毫米/年的速率变大；**原子钟**也测出地球日长以15微秒/年的速率变长。为了使**世界时**（UTC）的日与**原子时**同步，设置了闰秒以调节UTC时间。

潮汐现象不仅发生在地球上，也发生在其他行星、**矮行星**和卫星上。例如月球表面也经历周期27天、幅度约10厘米的潮汐。月球潮汐有两个分量：一个是因同步自转而固定的地球潮，另一个是变化的太阳潮。由此产生的应力累积是月震发生的原因。潮汐还发生在星系规模，星系里的恒星、**星团**、**星云**等都会受到星系潮汐的影响。通过计算机模拟研究，有学者认为**太阳系**里高达90%的长周期彗星是受到**银河系**潮汐影响（以及其他一些随机性因素）而减小了近日距从而由**奥尔特云**内迁移到内太阳系的。（李广宇）

潮汐瓦解事件 tidal disruption event; TDE 星系中心**超大质量黑洞**将恒星潮汐瓦解的现象。星系中心普遍存在超大质量黑洞，当一颗恒星偶然运动到**黑洞**附近，距离黑洞小于潮汐半径的时候，就会被潮汐瓦解，部分物质被黑洞**吸积**，产生明亮的电磁闪耀，辐射峰值在软X射线到紫外，持续时标几个月到几年，这种现象被称为潮汐瓦解事件或黑洞潮汐撕裂恒星事件（TDE）。对于单个星系而言，平均几万年才发生一次TDE，属于极端罕见的暂现源。虽然20世纪70年代TDE就被理论预言，90年代从X射线存档数据库零星发现，但直到21世纪10年代以来的十多年，由于光学大视场巡天的推动（如PanSTARRS、PTF、ASASSN等），TDE发现数目开始稳步增长，迅速成为河外暂现源的重要目标。尤其是自2018年开展的兹威基暂现源巡天（ZTF），大大推进了TDE的发现速度，使每年发现的TDE数目超过10个，从而开始步入批量发现和统计研究阶段。此外，义罗西塔X射线望远镜（eROSITA）也开启了X射线批量发现TDE的阶段。遗憾的是，截至2023年，所有的TDE全部由国外设备发现，这与中国现役的时域巡天规模都偏小，缺乏世界一流水平的设备直接相关。

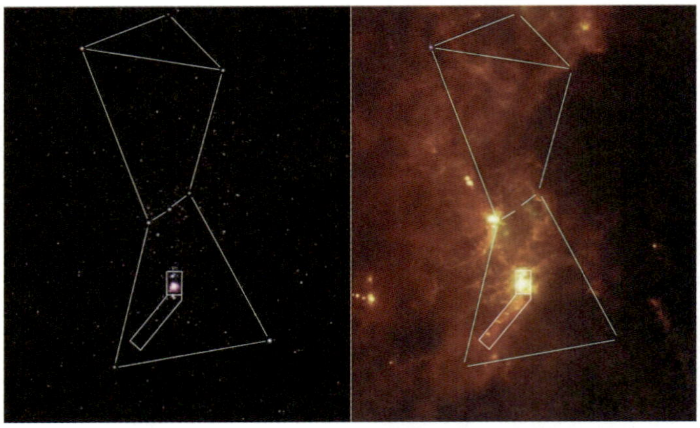
猎户座天区可见光（左）和红外（右）影像，后者揭示出了大量借助前者并不可见的尘埃结构

TDE因其重要的科学价值而引起了广泛兴趣。首先，它是普通星系中黑洞存在的探针，为测量黑洞的质量、自旋等提供了独一无二的方法，甚至包括沉寂的双黑洞系统。另外，TDE在短时标内再现了黑洞从沉寂到活跃再到沉寂的完整生命周期，潜在地提供了解决**活动星系核**（AGN）领域疑难问题的绝佳机会，如**吸积盘**的形成、**喷流**的产生等。不仅如此，TDE还为研究宁静黑洞周围的星际介质环境提供了途径，从而为理解AGN触发机制等提供线索。在**多信使天文学**时代，TDE还被认为是高能中微子的重要起源之一。

截至2023年，尽管TDE的研究进展很快，但人类对它的物理细节依然缺乏深入理解，甚至观测与理论预期严重不一致，如光学辐射的起源、后**星暴星系**的严重倾向性、光学和X射线TDE的关系、区别TDE与其他暂现吸积事件的决定性观测特征等。这些问题的解决很大程度上依赖更强的观测限制，一方面需基于更大、更完备的样本，另一方面应力图尽早发现并且开展及时的多波段（甚至多信使）后随观测。（蒋　凝）

尘埃红外辐射 infrared radiation of interstellar dust 星际介质在红外波段的辐射性质和起源。尘埃红外辐射是**星际介质红外辐射**的重要组成部分。星际尘埃的主要成分是硅酸盐，也含有石墨、有机物等其他固态成分，尺度通常在0.1微米以下，最细小的颗粒只有10纳米左右甚至更小。尘埃的红外辐射形式以**热辐射**为主，特征温度在20K左右，这一成分贡献了星云红外辐射中连续谱的主体部分。加热尘埃颗粒的热源往往是邻近的恒星星光，如激发**猎户星云**中的尘埃发出红外辐射的一般认为就是位于星云之内的**猎户四边形**星组（见图）；有时尘埃也可能被超新星激波或**活动星系核**加热，在这种情况下，尘埃辐射的特征温度要高于星光加热的结果，尤其是活动星系核加热，其对应的尘埃特征温度可达数百乃至1000K。

尘埃被星光加热后发出的红外辐射谱其实并不是简单的黑体谱，星际介质中各种复杂的辐射转移过程也会让辐射谱的整体形态相对理想黑体表现出不同程度的偏离。此外，尘埃红外谱中还存在大量的特征发射带或吸收带，如3.28微米、3.4微米、6.2微米、7.7微米、8.6微米以及11.3微米等波长处的发射结构，一般可以归因于多环芳香烃分子受星光激发后发生的振动能级跃迁，而不到10微米处的发射或吸收结构一般认为源于硅酸盐粒子。

尘埃的红外辐射可以帮助研究者探知在可见光下不透明的星云内部结构，从而更好地了解恒星的演化过程和生命周期。（张　博）

陈彪 Chen Biao（1923-11-23～？）中国天体物理学家。祖籍福建福州，生于北京。1993年11月10日，在从中国科学院南京土壤研究所前往南京大学天文系参加首届天体物理力学讨论会的途中失踪。

1941年考入国立西南联合大学土木工程系，次年转入重庆大学电机系，但因病休学。1943年考入金陵大学物理学，1946年毕业，先后在台湾大学与南京金陵女子大学任教，1947年到中央研究院天文研究所任职，1949年到中国科学院紫金山天文台工作，1980年任研究员。又曾任中国科学院云南天文台台长（1982～1986）、名誉台长（1986）。1980年当选为中国科学院学部委员（院士）。

早期在天体辐射和物质的相互作用、致密物质、天体物理中的流体力学、宇宙学和哲学方面的探索研究中取得成果。1953年后，逐步转入太阳物理观测仪器的设计制作，于1958年主持研制成中国第一台太阳光谱仪，同时在太阳观测站的大气环境、太阳活动周期、太阳对流层结构、耀斑引发过程等探索方面，取得多项重要成果。数十年来在组织推进中国太阳物理观测研究，筹划其布局和发展，负责组织协调多次太阳活动周期的全国观测活动等方面，做了大量成效显著的工作。

1984年起任世界科学联合会日地委员会太阳物理专业代表。曾任国际天文刊物《太阳物理》编委（1985～1988）。

（陈美东　石云里）

陈建生　Chen Jiansheng（1938-07-08～　）中国天体物理学家。生于福建福州。1963年毕业于北京大学地球物理系天体物理专业，同年到中国科学院北京天文台工作，

先后担任北京天文台研究实习员，助理研究员、副研究员、研究员和博士生导师。1991年当选中国科学院学部委员（院士），历任数理学部常委、副主任。2000年6月至2011年9月担任北京大学天文学系创系系主任、教授、博士生导师，北京天体物理中心主任，中国科学院天文专家委员会主任。曾任国际天文学联合会第9和第28委员会组委。2004～2010年担任有“东方诺贝尔奖”之誉的邵逸夫国际天文奖评审委员会委员、主席。

20世纪70年代，陈建生对流行40年之久的食变星光度变化曲线科帕尔迭代法收敛性进行研究，首次指出该迭代法何时收敛及在什么情况下收敛的结果不是正确解，发展了用优选法替代科帕尔迭代求解食变双星的轨道参数。20世纪80年代以来陈建生开展类星体吸收线及类星体巡天研究。通过分析类星体吸收线证明了高红移星系的存在，并通过对元素丰度的测定和比较得出星系化学组成在百亿年内的演化。首次得到类星体吸收线光谱中莱曼α与莱曼γ的强相关，莱曼α与莱曼β强相关的最好结果，从而确证了高红移宇宙空间原始氢云的存在。筹建类星体巡天实验室，在中国率先开展类星体物端棱镜巡天，发现上千个类星体候选者。首次实现了在施密特望远镜上用CCD进行多天体同时快速测光的方法，发现一批激变双星系统。在宇宙微波背景辐射发现后敏锐地预测到天文研究战略方向的大调整，提出中国天文应开展大样本、大视场、大尺度天文研究，并改造国内现有中小望远镜，领导实施“北京–亚利桑那–台湾–康尼狄克（BATC）大视场多色巡天”计划，开展从太阳系到银河系、河外星系的天文前沿研究，取得重要成果。提出在中国空间站上建造国际领先大视场光学巡天望远镜，进行最大视场多色深度巡天，开展宇宙学研究。担任中国空间站空间望远镜科学委员会主任。

1998年获得中国科学院自然科学与科技进步奖一等奖。2000年获何梁何利基金科学与技术进步奖。

（张巧玲）

陈遵妫　Chen Zungui（1901-09-16～1991-02-02）　中国天文学家。字志元。生于福建福州，卒于北京。1921年以优异成绩考入日本东京高等师范学校数学系。1926年

毕业回国，受中央观象台台长高鲁聘请，任中央观象台技术员，参与编历工作。同时，还先后担任国立北京女子高等师范学校、国立北京师范大学数学系、保定河北省立农学院教授。1928～1949年任国立中央研究院天文研究所专任研究员，其间于1946～1948年任天文研究所代理所长。他先后担任中国天文学会总秘书长、理事长，国立编译馆天文学名词委员会、中国天文学会变星观测委员会、中国日食观测委员会委员，《宇宙》杂志总编辑等职务，是当时中国仅有的几位国际天文学联合会（IAU）会员之一。

中华人民共和国成立后，任中国科学院紫金山天文台研究员兼上海徐家汇观象台负责人。1955年受中国科学院竺可桢、吴有训两位副院长邀请，到北京负责筹建北京天文馆，并长期担任馆长职务；同时，接管北京古观象台作为北京天文馆的组成部分，加以修缮，于1956年重新开放。

陈遵妫在中国天文界工作整整65个春秋，为创建中国现代天文事业做出了卓越的贡献。曾先后参加创建南京紫金山天文台和昆明凤凰山天文台（今中国科学院云南天文台），并参与开创期的现代天文观测活动。全力推动中国独立编算《天文年历》。主持创建了富有中国特色的北京天文馆，开展了大量的科普、教育和研究工作，对中国天文事业的发展起了积极的推动作用。

（朱　进）

晨昏蒙影　twilight　日出前和日没后的一段时间内天空呈现出微弱的光亮，这种现象和这段时间都叫作“晨昏蒙影”。又称暮曙光。这种现象是由大气散射引起的，与季节、当地经纬度和海拔高度以及气象条件有关。日出前曙光初露的时刻称为晨光始；日没后暮色消失的时刻称为昏影终。

晨昏蒙影分为三种：①太阳中心在地平下6°时称为民用晨光始或民用昏影终，从民用晨光始到日出或从日没到民用昏影终的一段时间称为民用晨昏蒙影，这时天空明亮，可以进行户外作业。②太阳中心在地平下12°时称航海晨光始或航海昏影终，从航海晨光始到民用晨光始或从民用昏影终到航海昏影终的一段时间称为航海晨昏蒙影，此时周围景色模糊，星象陆续消失或陆续出现。③太阳中心在地平下18°时称为天文晨光始或天文昏影终，这时天空背景上开始显示或不再显示日光影响，即将呈现白天或黑夜的景象。按照这样的定义，可以计算三种晨光始和昏影终的时刻，它们分别刊载在天文年历和航海天文年历上。在高纬度地方，每年有一段时期整夜出现晨昏蒙影现象，称为“白夜”。纬度越高，白夜持续的时间越长。

（李能耀）

程控望远镜　robotic telescope　在现场没有人为干涉的情况下，能够自动适应各种环境变化，并完成各种远程观测任务的望远镜。观测者通过网络将观测计划发送到望远镜，或者直接发送观测指令到望远镜。望远镜依靠自身的程序控制可以执行各种观测请求，完成观测任务，归档观测数据。程控望远镜是由一系列子系统相互协作构成的复杂系统，以计算机及智能控制为核心，集成了传统的望远镜硬件和观测软件系统、远程控制、传感器网络、数据自动处理、智能作业调度和消息传递等多种先进技术。程控望远镜案例有匈牙利自动望远镜（HAT）、“全球γ暴与瞬变源观测系统”（BOOTES）、恒星振荡观测网络（SONG）、福克斯望远镜（FT）等。

（李长华）

程控自主天文台　robotic autonomous observatory; RAO　能够执行各种远程观测，并且在执行观测的过程中自主适应各种环境变化的望远镜系统。程控自主天文台是由一系列的子系统相互协作构成的复杂系统，以计算机为核心，包括望远镜本身、圆顶、终端仪器和辅助设备（气象站、不间断电源等）等子系统，在运行的过程中能根据观测目标和天气情况自主安排观测目标实施观测，获取观测数据。位于西班牙拉帕尔

马天文台的卡尔斯伯格子午环于1984年由哥本哈根大学和西班牙圣费尔南多皇家海军学院天文台等共同努力下实现自动化，被认为是最早实现自动化的天文台。早期的程控自主天文台主要用来实现在晴夜中对一系列事先定义好的目标进行测光观测，其中具有代表性的是自动光电测光望远镜（APTs）。第一套完全应用于教育目的的程控望远镜是在1993年上线运行的英国布拉德福特程控望远镜，该望远镜截至2023年仍在正常运行。具有代表性的全自动化运行的2米级望远镜是坐落在西班牙拉帕尔马天文台的利物浦望远镜（LT），该望远镜由英国利物浦的约翰莫尔斯大学（LJM）负责运行，在21世纪初实现无人值守的全自动化观测，能根据天气变化开关天窗，能根据观测条件的变化选择合适的观测目标，并能及时响应γ暴等机会源进行观测。中国第一台专业程控自主天文台是由中国科学院云南天文台与西班牙安达卢西亚天体物理研究所合作建设的全球γ暴与瞬变源观测系统四号站（BOOTES-4）望远镜，该望远镜是BOOTES望远镜网中的四号站，于2012年在中国科学院云南天文台丽江天文观测站建成并投入运行。随着计算机技术和网络技术的不断发展，程控自主天文台网络也在不断发展，并且在逐步向程控智能天文台的方向发展。

（王传军）

程茂兰 Cheng Maolan（1905-09-18～1978-12-31） 中国天文学家。生于河北博野，卒于北京。1925年毕业于北京北安河留法预备班，赴法勤工俭学，1932年获法国雷蒙大学学士学位，1934年获里昂大学硕士学位，1939年获法国国家博士学位。先后在法国巴黎天体物理研究所、里昂天文台、上普罗旺斯天文台从事恒星光谱的研究。1945年任研究员，1949年成为法国国立研究中心的一级研究员。

研究领域主要集中在恒星分光研究、共生星的光谱研究和恒星的近红外光谱和帕邢跃变。1936年他用大陵五型食双星的分光光度测量结果，否定了当时流行的光速与波长有关的理论。1937～1939年研究发射线星，尤其是爆发变星（包括新星、再发新星和共生星）；通过证认不同物理条件下所产生的发射线（许多是禁线），揭示天体上的物理状况和变化过程。他还用同样方法研究地球大气发光（极光、夜天光）现象，以确定地球大气的一些物理状况。1945年，他对气体星云光谱的研究，以及1946～1957年对共生星光谱的研究，也都取得了重要成果。

1956年获得法国教育部骑士勋章。1957年绕道瑞士回国，1958年2月被任命为北京天文台筹备处主任，后改任北京天文台台长，主持天文台的筹建工作，他是第一个将近代国际天文选址概念和方法引进中国的天文学家，他引进国际天文台选址概念和技术，亲自安排和指导了北京天文台光学观测基地的堪选和兴隆观测站的建设，促成了2.16米光学望远镜的研制工作。曾当选为中国天文学会第二、三届理事会副理事长。十分注重人才培养，除积极向南京大学天文系争取研究生外，又支持北京师范大学设立天文系，同时寻求在北京大学地球物理系设立天体物理专业；还设法在北京天文台筹备处以中国科学技术大学的名义开办天体物理培训班。

（石云里）

赤道式装置 equatorial mounting 安装天文望远镜镜筒的一类机械装置。它有两根互相垂直的轴——赤纬轴和赤经轴（极轴），镜筒与赤纬轴相连，并可绕赤纬轴转动。望远镜赤经轴平行于地球自转轴，观测时它以周日运动方向和速度绕赤经轴匀速转动，从而抵消地球自转的影响，使它所对准的天体保持在视场当中，这样，就可以进行长时间的观测和照相。转动赤经轴和赤纬轴可以对准不同的天区进行观测。同时在跟踪观测过程中微量调节赤经轴的转速和微量转动赤纬轴可以校正跟踪误差。赤道式装置的优点是只需要赤经轴匀速转动就可以消除地球自转控制简单，在跟踪过程中镜筒与天球保持静止，与镜筒固联的焦点（如主焦点、卡塞格林焦点、牛顿焦点等）没有像场旋转，同时在观测条件最好的天顶附近没有观测盲区。赤道式装置的主要缺点是受力的条件较差，尺寸较大，不宜口径太大的望远镜。现代赤道式装置一般备有电子自动驱动系统，可以恒动、微动、慢动、快动等，以便能迅速地将望远镜对准要观测的天体。赤道式装置有许多不同类型，主要有：

①德国式。赤经轴是一个悬臂梁，赤纬轴位于赤经轴的前端，赤纬轴的一端安装镜筒，另一端安装平衡重用于平衡镜筒的重力。这种装置常用于安装镜筒较长的折射望远镜和口径较小的反射望远镜。

②英国式。赤经轴两端分别安装在两个支撑上，赤纬轴在赤经轴中间，镜筒和平衡锤位于赤经轴的两侧。由于赤经轴两端支撑，有较好的抗弯强度，可以安装口径较大的望远镜。缺点是在极点区域有赤经轴前端支撑遮挡，有一定的盲区，不适合地理纬度高的台址，常用于较低的地理纬度的台址。

③轭式。赤经轴两端分别安装在两个支撑上，赤经轴的中部是一个矩形框架，赤纬轴在赤经轴中间，镜筒安装在赤经轴中间的矩形框架中，镜筒轴线与赤经轴相交。其优点是两轴在负荷下的变形不影响指向精度，镜筒轴

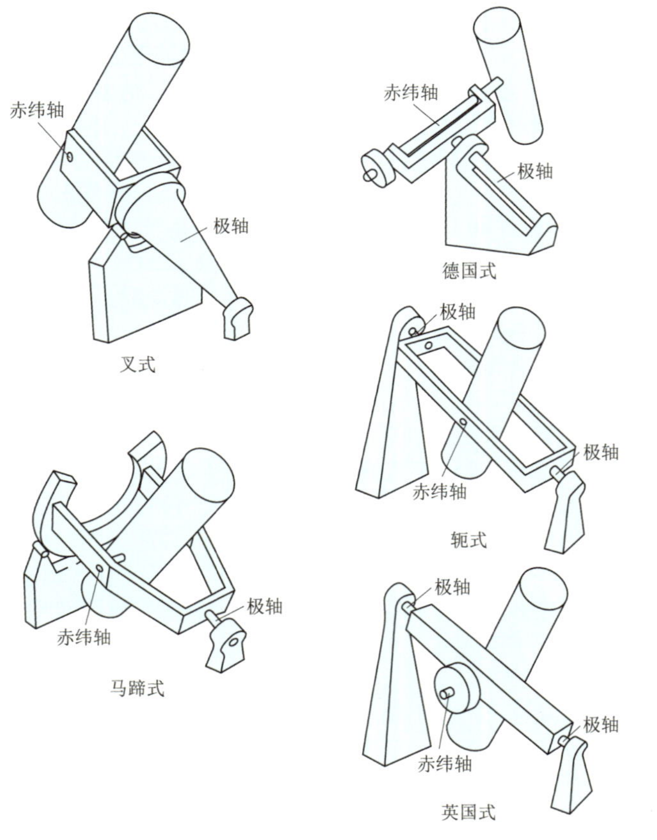

赤道式装置的五种类型

线与赤经轴相交，不需要平衡重平衡镜筒。可以安装口径较大的望远镜。缺点是极点区域被前端支撑遮挡，不能观测天极附近的区域。

④马蹄式。用一个大的马蹄支撑赤经轴的前端，镜筒可以转动通过马蹄中间的U型槽。这种装置的优点是没有极点盲区，望远镜力学性能较好，常用于大型望远镜。缺点是结构沉重，马蹄回转半径大。

⑤叉式。赤经轴的前端是一个叉臂，赤纬轴安装在叉臂上，镜筒与赤纬轴相连，可以在叉臂中转动。优点是没有极点盲区，由于是悬臂梁结构，力学性能较差。不适合安装长镜筒。常用于镜筒短的望远镜和赤纬变化小的**太阳望远镜**。

（胡宁生　李国平）

赤道坐标系　equatorial coordinate system　一种天球坐标系。见**天球坐标系**。

冲浪　surge　太阳活动区内**光球**物质的一种抛射现象，可与耀斑或小亮点共生。又称日浪。在日面边缘，冲浪常常是从一个小而明亮的小丘顶部以钉子形向外急速增长。冲浪爆炸区线度从几百千米到5000千米。抛射物质的总质量为10^{14}～10^{15}克。冲浪底部几乎完全位于**黑子本影和半影**内，或者在半影的外边界。内部磁场强度为$0 \sim 15 \times 10^{-3}$特。高分辨率观测资料表明，冲浪是由一簇非常精细（小于1″）的“纤维”组成，其中每根纤维都与胡须（或亮点）发亮互相联系着。在冲浪开始时，它们同时发亮。纤维间相距约几角秒。冲浪实质上是太阳活动区强磁场范围内高密度的等离子体抛射现象，在10～20分钟可达到100～200千米每秒的极大速度。抛射最大高度为1万～2万千米。大冲浪的前峰抛射大致经历三个阶段：开始以1.2千米/秒^{2}的加速度上升至极大速度；然后减速，其减速度大于重力加速度；当达到最大高度后，就以小于重力的加速度沿着同一轨道返回太阳表面。冲浪的初始加速，多数人认为是一团非磁导电流体在有梯度的外磁场的磁压力的作用下，在磁力线间被挤向梯度减小的方向，即类似于夹在两个手指中的一粒“瓜籽”被挤出去一样，称为“瓜籽效应”。冲浪有很强的重复出现趋势。在物质沿着上升轨道下落之后，一般又会触发新的冲浪。但它们的极大速度和最大高度一次比一次小。理论计算表明，冲浪在活动区上空的**日冕**中是严格遵循**无电流场**磁力线轨迹的。这说明冲浪运动几乎完全受活动区强磁场的支配和控制。

日面边缘的冲浪

（曹天君）

《崇祯历书》　*Chongzhen Calendar*　中国明代崇祯（1628～1644）年间为改革**历法**而编纂的一部丛书。它从多方面引进了欧洲的古典天文学知识。崇祯二年（1629）九月专门成立历局，开始编撰。主持历局工作的是**徐光启**。徐光启在崇祯六年（1633）去世后，由李天经接替主持。参加工作并负责欧洲天文学知识翻译编纂的有耶稣会士汤若望（日耳曼人）、罗雅谷（葡萄牙人），在他们之前有邓玉函（瑞士人）、龙华民（意大利人）等参加过短期工作。历局还有一批中国学者参与工作。编成的书稿先后分五次誊抄进呈给皇帝，到崇祯七年（1634）十一月最后一次进呈时，共计呈交书稿46种，137卷（包括**星图**一折和恒星屏障一架）。历局不断对这些书稿进行编辑整理，陆续以《崇祯历书》为总书名进行刻印。刻印版中还收录了由历局完成，但在五次进呈书目以外的几种著作，最终成书24种，79卷；另加《治历缘起》1种（附《学历小辨》1卷），为历局改历中的全部奏疏，分12册装订。

除《治历缘起》外，刻印的《崇祯历书》主体部分（见表）被划分为“法原部”（基础天文学知识、相关几何与三角学知识、日月五星运动的数学分析及其几何模型）、“法数部”（以“法原部”理论为基础编成的天文表和数学用表）、“法算部”（相关的数学计算方法）和“法器部”（天文仪器）。由于主编徐光启强调把历法计算建立在了解基本的数学知识和天文现象原理的基础上，因此，作为理论部分的“法原部”所占的篇幅很大，共计有40卷。《崇祯历书》采用**第谷**创立的宇宙体系和行星运动几何模型方法，其优点是引入了清晰的地球概念和地理经纬度概念，以及球面天文学、**视差**、**大气折射**等重要天文概念和有关的改正计算方法。它还采用了一些西方通行的度量单位：一周天分为360°，一昼夜分为96刻24小时，度、时以下采用60进位制等。书中还介绍了**托勒密**等西方古代天文学家的工作，也介绍了N.**哥白尼**、**伽利略**、J.**开普勒**等人的若干天文新成果。

《崇祯历书》主体部分篇目

分部	法原部	法数部	法算部	法器部
细目	《历引》1卷	《割圆八线表》1卷	《筹算》1卷	《比例规解》1卷
	《测天约说》2卷	《正球升度表》1卷		《浑天仪说》5卷
	《测量全义》10卷	《黄赤道距度表》1卷		
	《大测》2卷	《日躔表》2卷		
	《日躔历指》1卷	《恒星经纬图说》1卷		
	《恒星历指》3卷	《恒星经纬表》2卷		
	《月离历指》4卷	《恒星出没表》1卷		
	《交食历指》7卷附《古今交食考》1卷	《月离表》4卷		
		《交食表》9卷		
	《五纬历指》9卷	《五纬表》10卷		

明末腐败动乱，《崇祯历书》编成后并未正式交付钦天监用于历书编算和天象预报。入清后，汤若望将《崇祯历书》删改为103卷，连同所编的新历本一起进呈清政府，得到颁行。新历定名为《时宪历》［后因避清高宗弘历（乾隆帝）讳，改称《时宪书》］。删改的《崇祯历书》改称为《西洋新法历书》。经过杨光先“历狱”之后，又改名《新法历书》。《崇祯历书》和《西洋新法历书》曾多次挖版和重印，加上汤若望的删改，因此现存印本版次较乱，编排和卷数不一。收入《四库全书》的100卷本《新法历书》，因避乾隆讳改称《新法算书》。

（石云里）

《畴人传》　*Chouren Zhuan*　一部评述中国历代天算家学术活动的传记集。清阮元撰，46卷。始作于清乾隆六十年（1795），完成于嘉庆四年（1799）。阮元的学生李锐、周治平参加了撰写工作，其中尤以李锐着力最多，并经钱大昕等协助订正。

“畴人”一词有几种解释。通常依据《史

记集解》对《历书》“畴人”的注释“家业世世相传为畴……各从其父学”的说法，认为中国古代天文学家和数学家多是师承家学，所以称为畴人。《畴人传》收有自上古至嘉庆四年的天文、**历法**、算学家316人（包括外国41人），叙述他们的事业和贡献。内容涉及历代天文历法推算资料、论天学说、仪器制度以及算学等许多方面；星占之学则未予采收。所叙事迹、论说及著作，均摘编自有关典籍的原文。除人物姓名、籍贯、生卒年月、曾任主要官职外，其他政治与文化成就都略而不载。有些传后附有编者对传主的简要评论。

道光二十年（1840），罗士琳撰《畴人传续编》6卷，收至道光初年。光绪十二年（1886），诸可宝又撰《畴人传三编》7卷，收至光绪初年。光绪二十四年，黄钟骏父子更撰《畴人传四编》12卷。《四编》收录标准放宽了，其中包括一些主要的占星家和其他学者。以上三部续书仿原书体裁，共收600多人。（陈美东）

初始质量函数 initial mass function; IMF 同时诞生的一批恒星中恒星数目随其初始质量的分布函数，即不同质量的恒星数目占总数的比例函数。因为恒星的主要特征是由其初始质量决定的（金属丰度是恒星的第二重要参量），给定一个**星族**的初始质量函数，结合单颗恒星的演化轨迹，就可以描述该星族的光谱能量分布的演化。换句话说，初始质量函数是描述恒星形成和星族演化的重要概念之一。

关于初始质量函数的测定，一般是通过对太阳邻域恒星进行绝对星等计数，根据恒星的**质光关系**将绝对星等转化为恒星的初始质量，再加上一些对恒星形成历史的假设和近似，得到恒星初始质量函数。最早的初始质量函数是由美国天文学家E.E.萨尔皮特于1955年引入的，他发现初始质量函数可以近似地写成幂指数形式。后续P.克鲁帕等人1993年的研究证实并拓展了该研究结果，认为分段的初始质量函数更加合理，幂指数在低质量段要比高质量段的小。

但是，恒星计数方法只能得到太阳邻域恒星的初始质量函数，对于河外星系的初始质量函数的测定，只能通过理论模型来推导。另外，关于初始质量函数是否随时间和局域环境的不同而变化这个问题，尽管已有的研究一般都采用太阳邻域的结果且假设其不随时间变化，仍有很多的研究工作认为，在宇宙早期的局域环境更有利于大质量恒星的形成，从而大质量星的数目比例更高。（常瑞香）

蒭藁变星 Mira variables 具有典型的周期性热脉动、良好的**周光关系**和巨大的星风物质损失等特性的一类**变星**。与蒭藁增二类似，又称蒭藁增二型变星。鲸鱼座的蒭藁增二是第一颗被发现的蒭藁变星。它的英文名为Mira，意思是“奇异之星”。蒭藁增二是**双星**系统，主星蒭藁增二A是颗M7I型**红巨星**，半径为太阳的550倍，密度仅为太阳的0.000 000 2倍，表面温度1900～2500K。蒭藁增二A本身是一颗振动的变星，视星等变化于2～10等，变光周期332天。不过其光变幅和变光周期也有微小的变化。可能是除了大陵五之外，第一颗被发现的非超新星变星。而除了怪异的船底座η之外，蒭藁增二是天空中最明亮的周期变星，但在周期内部分时间会成为肉眼看不见的10等星。伴星蒭藁增二B是**白矮星**，视星等9.5等。蒭藁增二的距离并不是很精确的，在**依巴谷天体测量卫星**探测之前被认为是约220光年，之后的资料认为是417光年，但是误差可能高达14%。

将类似于蒭藁增二的变星称之为蒭藁变星。自1596年第一颗蒭藁变星（鲸鱼座的蒭藁增二）被发现，已发现的蒭藁变星有6000多颗。它们是中、小质量恒星演化到渐近巨星分支晚期形成的，位于渐近巨星分支向**行星状星云**过渡的特殊阶段。高的光度、大的光变振幅和与众不同的特点使得蒭藁变星比其他类型变星更易被观测到。在1928年，苏联天文学家B.P.格拉西莫维奇第一次给出了蒭藁变星的周期－光度关系。基于大麦哲伦星云中11颗蒭藁变星的观测，I.S.盖斯和T.L.埃文斯在1981年给出了较为精确的周期－光度关系。在2008年，P.A.怀特洛克等人分别给出了富氧和富碳蒭藁变星满足的周期－光度关系（见图）。

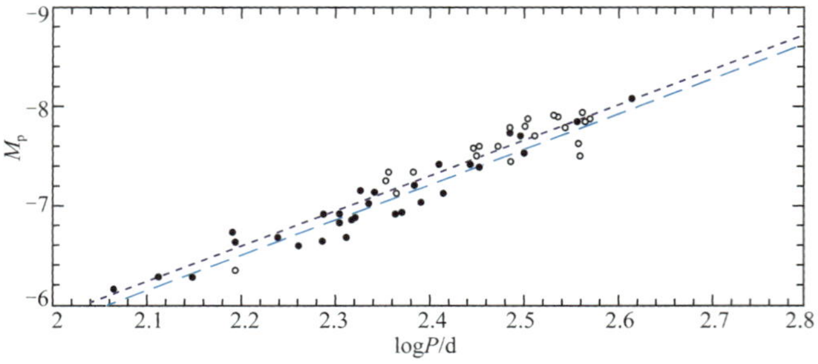

Mp表示光度，P表示周期；实圈和空圈分别代表富氧和富碳蒭藁变星；虚线和点线分别代表富氧和富碳蒭藁变星的周期－光度关系

大麦哲伦云中蒭藁变星的周期－光度关系

由于蒭藁变星的**有效温度**低于3100K，物质损失率约为$10^{-6}M_{\odot}$/年，星风物质损失对蒭藁变星的演化有着显著的影响。巨大的星风使蒭藁变星损失大量的外壳物质，蒭藁变星的质量、光度、热脉动的次数等演化特征都将受到影响，而恒星的内部结构和核合成也将有所改变。同时，蒭藁变星通过星风损失使得星际介质中重元素增丰，从而也会影响到整个**星系的化学演化**。另外，浓厚的星风也使得蒭藁变星成为星际尘埃制造者。

（吕国梁 朱春花）

船底座η星云 Eta Carinae Nebula 一个包围在船底座η星（见**海山二**）（**银河系**内最大和最亮的恒星之一）周围的巨大亮星云。《星云星团新总表》中的编号是NGC3372。标准历元J2000的坐标是赤经$10^h44^m19.0^s$，赤纬$-59°53'21''$。又称卡利纳星云，也称为钥匙孔星云、船底座大星云、η卡利那星云、NGC3372。船底座η星云是南半球能观测到的最大最亮的星云（见图），位于银河系人

欧洲南方天文台拍摄的船底座η星云

马－船底臂中，距离地球约为2.3千秒差距。船底座η星云是银河系中最大的大质量恒星形成区之一，总质量超过2.5×10^4太阳质量。1751～1752年法国天文学家N.L.de拉卡伊在非洲好望角发现了这个星云。在20世纪90年代，船底座η星云被认为是一个演化过的HⅡ区，其中的恒星形成过程已经停止，因为之前的远红外和分子观测巡天没有在星云中发现亮源，而且，这一区域中也没有观测到亮的脉泽源。然而，这一观点在后来发生了巨大改变，主要是因为空间覆盖更大和精度更高的红外和射电波段的观测数据。船底座η星云已经被认为是非常活跃的恒星形成区，恒星形成主要处在星云的边缘。在船底座η星云的中心是著名的锁眼星云。星云中还发现了多个**疏散星团**，包括特朗普勒14（Trumpler 14）、特朗普勒16（Trumpler 16）和科林德228（Collinder 228）。在这些疏散星团中发现了大量的O型星，其中一部分是银河系中质量最大、最亮的恒星，包

括著名的船底座η(海山二)和HD93129A。这些大质量恒星通过紫外辐射和星风两种方式，对周围的恒星形成区产生反馈作用。而这些反馈作用不仅会触发新一代恒星的形成，同时还会蒸发气体和尘埃，从而阻止进一步的恒星的形成以及对气体和尘埃的吸积。因此，船底座η星云迅速成为研究大质量恒星的形成过程以及大质量恒星对周围环境影响的理想实验室。（姜登凯）

船帆座超新星遗迹　Vela supernova remnant　一颗质量大于8个太阳的前身超新星爆发，向外抛射大量物质，急速膨胀形成的激波和星际介质互相作用，形成的丝状气体云和气壳结构。位于南天船帆座(见图)。船帆座超新星遗迹的激波仍以大约1200千米/秒的速度向外扩散。该遗迹的年龄在11 000～12 300年；它的中心距离太阳系大约250秒差距(约815光年)，角直径为8°，物理尺度为250秒差距。船帆座超新星遗迹和船帆座脉冲星是1968年悉尼大学的天文学家首先发现的。

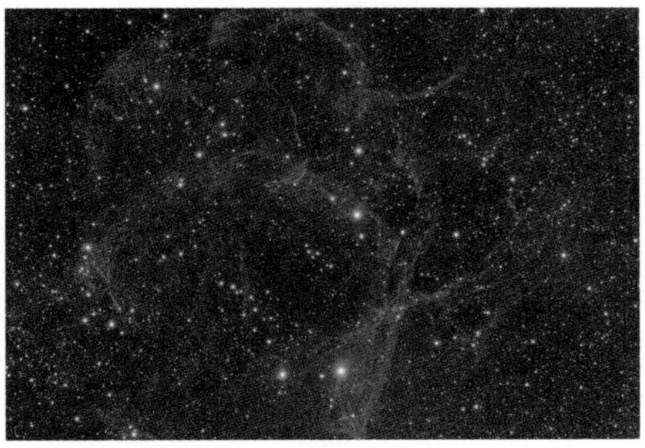

欧洲南方天文台拍摄的船帆座超新星遗迹

船帆超新星遗迹相对地球较近，因此天文学家对它做了大量细致的研究。铅笔星云(NGC2736)是船帆座星云的一部分。船尾座超新星遗迹在二维投影图上与船帆座超新星遗迹重叠，尽管它离太阳系的距离比船帆座超新星遗迹远6倍之多。同时，船帆座超新星遗迹是银河系内仅有的两颗在紫外波段被深入研究过的遗迹(另一个是天鹅圈)。（单素素　田文武）

船帆座AI型变星　AI Velorum type variable star　光谱型为A～F型、在赫罗图上位于造父变星不稳定带内的超短周期脉动变星。船帆座AI型变星光变曲线形状与天琴座RR型变星相似，存在拍频周期(见图)。光变时色指数和光谱型均有变化，在双色图上构成一条封闭曲线。典型星为船帆座AI，光变幅大于0.3星等，周期大致短于0.3天，过去认为绝对目视星等约+4等，大大暗于造父变星和天琴座RR型变星，故又称矮造父变星。有人认为从恒星演化的角度看，它们正处于白矮星前阶段；在经过红巨星阶段时，曾经损失大量物质，因此质量很小，可能与盾牌座δ型变星一起，构成一个连续过渡的星群。但另有人指出这两种类型变星的质量大约都在2太阳质量，区别仅在于脉动模式不同。（蒋世仰）

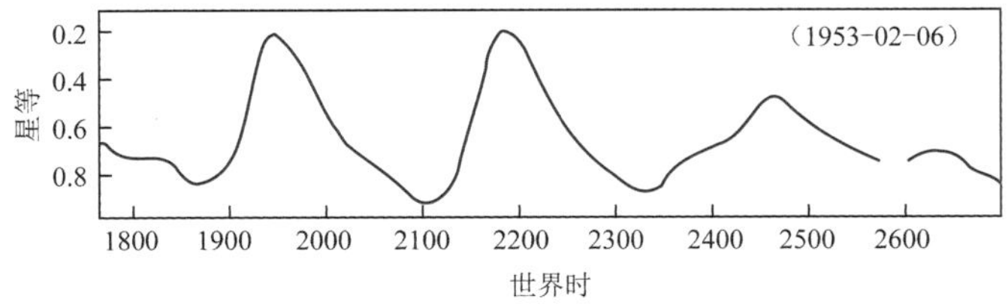

船帆座AI型变星的光变曲线图

春分点　Vernal equinox　太阳从南向北运行时在黄赤道上的交点。见分至点。

磁变星　magnetic variable　磁场有变化的磁星，一般指磁场很强(可达3特)且有变化的恒星。1946年美国威尔逊山天文台的天文学家发现了第一颗磁变星，即室女座78。此后共发现100多颗磁变星。磁变星大多为A型特殊星，某些金属元素的吸收线特别强。有时还根据这类星的最强金属线命名为锰星、锶星等。它们所含的稀土族元素或更重的化学元素要比一般恒星多。光度和光谱有周期性或完全不规则的变化。这同磁场的周期性变化或非周期性变化有关。例如猎犬座α^2(中名常陈一)的磁场周期性地从-0.1420特变到$+0.1620$特，光度和光谱都有相应的周期性变化。又例如，鹿豹座53的磁场在7.8天的周期内从-0.4000特变到$+0.4000$特，光度和光谱也有变化。磁变星的自转要比正常A型星慢。磁变星不仅包括A型特殊星，还包括天琴座RR、飞马座AG等其他类型的星。老人星也是一颗磁变星。关于仙王座VV的磁场问题还有争议。一般认为，磁星的磁场本身是稳定的，但磁轴和自转轴的方向不一致，所以就观测者看来，磁场就会有周期性的变化。（蔡贤德）

磁层亚暴　magnetospheric substorm　发生在地球夜半球太空区域的巨大能量瞬间释放现象。简称亚暴。是地球磁层扰动的一种表现。这个概念是1968年提出的。这种扰动在其发展过程中会随时间、空间而发生一系列变化，尤其是在极区的反应最为激烈。磁层亚暴的典型物理过程，首先是从行星际磁场方向反转开始的。观测表明，不少亚暴发生在行星际磁场方向由北向南反转以后。由于向南的行星际磁场和地磁场相互耦合，引起磁力线的重联，从而使磁尾中磁场强度增加，积累起大量的磁能；接着，由于磁力线重联，磁流体发电机作用加强，横越磁尾的电场和电流也增强。在将近一小时内，磁尾的等离子体便开始向地球方向运动。这时，“极光卵”赤道的侧边缘处极光突然增亮，并开始向极区移动，这就开始出现极光亚暴。与此同时，整个磁尾的等离子体片的厚度开始变薄。伴随亚暴发生的另一个过程是等离子体由磁尾向捕获区注入，这种注入是外辐射带电子的主要来源之一，也是极光带电波吸收增强的基本原因。当磁尾中的磁能积蓄到一定程度后，磁尾的磁力线由于某种不稳定性，便会发生重联，形成X型中性线。中性线以外的等离子体以300千米/秒的速度向外运动。毫无疑问，在出现亚暴过程中，粒子的加速过程仍然是一个本质的问题。观测的结果仍很不一致，还不可能对亚暴的物理机制做出明确的说明。从物理学上做出的可能判断是，当磁尾等离子体向着地球方向运动时，为保持粒子磁矩守恒或纵向不变量守恒，电子回旋加速机制和费米加速机制均可能起重要作用，而在亚暴开始时刻，横越磁尾的横向电场加速也是极为重要的。关于磁层亚暴的机制，看法并不完全一致。有人认为行星际磁场由北转向南是亚暴发生的原因。但是也有人不同意这种观点，认为这种方向的改变只能控制亚暴出现的强度和纬度，对亚暴的触发和能量的释放不会有明显的影响。这些问题的解决有待于建立亚暴事件全过程的正确时间序列，以及对亚暴的形态建立一个正确的物理图像。磁层亚暴对人类的活动有很大影响。它可以影响高纬度地区的通信，可以在长距离电缆和跨海洋的电缆中诱发感应电流，也可引起同步卫星发生强烈真空放电和高压电弧(有时甚至会导致一颗卫星的完全损坏)，因而对磁层亚暴的研究有重要的实际意义。（张和祺）

磁场非势性　nonpotentiality of magnetic field　磁场偏离势场的程度。理论分析与观测均表明，太阳活动区的活跃程度与该活动区磁场的非势性程度密切相关。一般认为太阳耀斑的能量来源于活动区磁场中可供释放的自由能。亦即耀斑区的总磁能E与势场能量E_0之差$\Delta E = E - E_0$，而：

$$E = \frac{1}{8\pi}\int \boldsymbol{B}^2\,\mathrm{d}V$$

$$E_0 = \frac{1}{8\pi}\int \boldsymbol{B}_{\mathrm{p}}^2\,\mathrm{d}V$$

式中$\boldsymbol{B}$为耀斑区磁场；$\boldsymbol{B}_p$为与耀斑区光球面上纵向磁场分布对应的势场，积分体积为整个耀斑区。由此可见，耀斑区磁场$\boldsymbol{B}$对势场$\boldsymbol{B}_p$的偏离越大，E与E_0的区别ΔE也越大，意味着将有更多可供释放的自由能贮备，发生耀斑的概率也就越大。一般而言，活动区磁场的非势性越强，耀斑出现也越频繁。

导致活动区磁场存在非势性的因素包括：①光球下面和光球中流体的各种运动（特别是扭绞和剪切运动）带动磁力线足根运动，使磁场位形偏离势场。②光球下面新磁流升浮，使附近的原有磁场受到干扰，即使原有磁场为势场，受到新浮现磁流的扰动，也会形成非势场。③新浮现的磁流本身就是非势的，这是光球下面流体运动和湍动造成的结果。上述三种情况都有一些观测实例，以及理论数值模拟的证实。

活动区磁场非势性的观测表现为活动区磁图有明显的扭绞形态（旋涡状结构）和剪切形态（横向磁场与纵向磁场中性线近于平行）。因此，活动区磁场非势性的表示包括广泛采用的扭绞和剪切，以及磁螺度和电流螺度等。（林元章）

磁镜和逃逸锥 magnetic mirror and loss cone 磁镜是一种中间弱、两端强的特殊的磁场位形。位于磁镜磁场中部的粒子穿过磁镜逃逸时，其投射角的临界值称为逃逸锥。在等离子体的单粒子轨道理论中，处在随时空缓慢变化的磁场中运动的粒子，相应于某种磁场结构和粒子的某些周期运动，存在着一些在上述周期运动中变化缓慢的物理量，它们在一定的近似下可以视为常量，称为寝渐不变量，或绝热不变量。例如，带电粒子沿磁力线做回旋运动时（准周期运动），具有磁矩$\mu = iS = \frac{W_\perp}{B}$，式中$i$和$S$分别为带电粒子回旋运动的电流和面积，$B$为磁场的磁感应强度，$W_\perp$为粒子动能在垂直于磁场方向的分量。可以证明，只要磁场在一个回旋周期（拉莫尔周期）和回旋半径（拉莫尔半径）内为缓变，则磁矩为寝渐不变量。若粒子在两端较强、中部较弱的磁场中（见图，称为磁瓶），当它由中部的磁场区向一端强磁场区运动时，由于B增大，$\mu = \frac{W_\perp}{B}$为常数表明$W_\perp$将增大，而$W_\perp = \frac{1}{2}mv_\perp^2$，意味着垂直于磁场方向的速度将增大。但粒子动能$W = W_\perp + W_\parallel$是一定的，所以$W_\perp$增大意味着平行于磁场方向的动能$W_\parallel$减小。粒子继续向强磁场区运动，$W_\perp$继续增大，$W_\parallel$继续减小。达到某点时，出现$W = W_\perp$，$W_\parallel = 0$，即粒子的纵向速度为零，表明粒子将被反射，因此两端的强磁场区也称为磁镜，粒子由弱磁场区向强磁场区运动时的反射现象也称为磁镜效应。

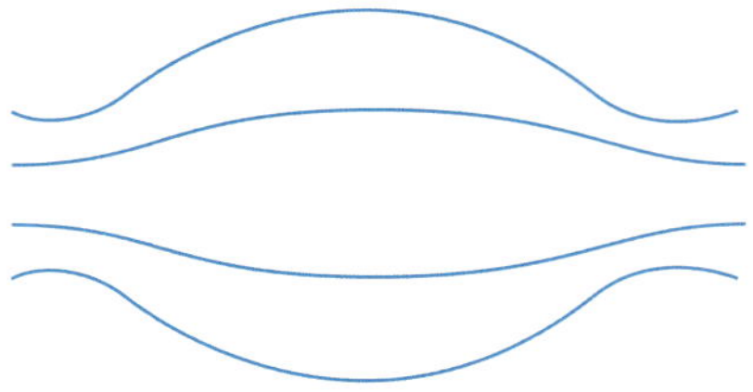

磁瓶结构示意图

实际上也并不是所有粒子都被磁瓶中的强场区反射，总有一部分粒子将穿越磁镜而逃逸掉。若开始时粒子位于磁瓶中部的极小磁场$B = B_0$处，它的速度与磁场B的交角为θ_0。当粒子向强场端运动时，$v_\perp$增大，由$v_\perp = v\sin\theta$表明θ增大，粒子到达磁场极大点$B = B_M$时的$\theta = \theta_M$必定大于θ_0。由$\mu = \frac{mv_\perp^2}{2B} = \frac{mv^2\sin^2\theta}{2B}$为常数，得$\frac{\sin^2\theta_0}{B_0} = \frac{\sin^2\theta_M}{B_M}$。当$\theta_M = \frac{\pi}{2}$时$v_\perp = 0$，粒子被反射，此时有$\sin^2\theta_0 = \frac{B_0}{B_M}$，$\theta_0 = \sin^{-1}\left(\frac{B_0}{B_M}\right)^{\frac{1}{2}} = \theta_c$称为临界角。凡在磁场中部（磁场极小处）时速度$v$与磁场$B$的交角（称投射角）$\theta_0 < \theta_c$的粒子不会被反射，而是穿过磁镜逃逸掉。只有投射角$\theta_0 > \theta_c$的粒子才会被限制在磁瓶中来回反射。因此，以$\theta_c$为半顶角的锥体也称为逃逸锥或损失锥。凡是速度$v$的方向落在锥体内的带电粒子均将逃逸而损失掉。由上可见，带电粒子能否被捕获在磁瓶中与粒子动能无关，只与投射角有关。磁瓶的极大磁场与极小磁场之比$\frac{B_M}{B_0}$称为磁镜比，磁镜比愈大，临界角愈小，损失粒子愈少，可捕捉的粒子愈多。

地球磁场实际上就是一种磁瓶，地磁的两极区是磁镜，可以捕捉大量来自太阳的投射角$\theta_0 > \theta_c$的带电粒子。它们将沿地磁场的磁力线做回旋运动，并在南北地磁之间来回反射，结果在地球纬度±40°范围内和高度为600～60 000千米，形成两个带电粒子密集区，称为辐射带。辐射带因带电粒子在磁场中做回旋运动会产生回旋辐射而得名。（林元章）

磁陀星 magnetar 宇宙中具有最强磁场的强引力场极端天体。中子星的一种。磁陀星和脉冲星同属中子星。通常的脉冲星由中子星的自转或者吸积提供能量，而磁陀星是通过其超强磁场（高达10^{10}～10^{11}特，作为比较，地球表面的地磁场强度在赤道附近0.3×10^{-4}～0.4×10^{-4}特，在两极附近0.6×10^{-4}～0.7×10^{-4}特）的衰减来提供高能电磁辐射所需的能量。人类在银河系内发现脉冲星2000多颗，但磁陀星数量较少，只发现了几十颗。磁陀星是宇宙中具有最强磁场的强引力场极端天体，为理解强引力场中磁场的行为提供了一个极佳的平台。它们对于理解年轻中子星的形成和强磁场的产生，探索中子星内部结构和物态方程，理解中子星在X射线和γ射线波段的高能辐射机制，认识强磁场情形下的相对论性磁重联过程具有重要的物理意义。对快速自转的前身星的数值模拟显示，坍缩并不总是形成黑洞，有可能形成快速自转的磁陀星。这种磁陀星有可能是γ射线暴的中心引擎，因此磁陀星对于研究γ射线暴中心引擎以及γ射线暴和超新星的联系等方面也具有一定参考价值。

磁陀星的辐射以X射线及γ射线为主。已知的磁陀星在观测上表现为两类，即软γ射线重复暴（SGRs）及反常X射线脉冲星（AXPs）。软γ射线重复暴起初是作为高能暂现源被发现的。人们开始以为它们是γ射线暴的一个子类。后续的天文观测发现这类天体的一些独特的观测特征：①爆发的可重复性和不定期性。②其能谱比普通的γ射线暴能谱更软，但比普通中子星的X射线能谱更硬。这促使人们认识到它们其实是构成一类独立于γ射线暴的天体。这类天体除了持续X射线辐射外（光度约为10^{28}～10^{29}焦/秒），还呈现出爆发行为。磁陀星典型的爆发持续时间大约0.1秒，峰值光度小于10^{34}焦/秒。此外人们还观测到来自磁陀星的巨耀发（giant flare），其峰值光度在10^{37}～10^{39}焦/秒。反常X射线脉冲星和正常X射线脉冲星相比，有许多独特的特征：如X射线能谱较软，光度低而稳定（10^{28}～10^{29}焦/秒），自转周期范围比较窄（6～12秒），探测不到光学或者射电对应体。软γ射线重复暴和反常X射线脉冲星在观测上有很多共同点，比如宁静态时SGRs有类似的能谱、光度、自转周期和自转周期变化率等。人们还发现在AXPs中类似SGRs的爆发现象。人们普遍相信这两类天体是由相同的物理机制所引发的。

1992年，R.邓肯及C.汤普森首次提出了磁陀星的理论模型。该模型认为当一颗大质量恒星经过超新星爆发后，它会坍缩为一颗中子星。中子星在刚刚形成的时候非常炽热，其内部的中子像开水一样翻滚、搅拌，将热量释放出去，这一过程就是“对流”。除了对流外，初生的中子星还需要拥有高自转速度，才能演化成磁陀星。如果初生中子星的旋转速度在200转/秒以上，则在高速旋转和对流的共同作用之下，一个非常复杂的被称为“发电机”的过程，会在 10 秒钟的时间内将中子星的整体磁场建立起来。之后，当中子星冷却一些，“发电机”随之失效后，这最初 10 秒钟形成的磁场会存留下来。在理想状态下，新诞生的中子星在“发电机”的作用下产生磁场的磁感应强度可以高达 10^{11} 特，这些极强磁场的中子星便被称为“磁陀星”。但是，另一种中子星——脉冲星的磁感应强度仅仅是这一数值的千分之一。科学家认为，这可能是因为脉冲星最初形成时旋转速度不够快，所以“发电机”没有被启动。磁陀星形成后，在其早期演化过程中，磁能远大于自转能，磁场通过非线性的双极扩散和霍耳级联衰减，磁能被持续耗散，并因此产生 X 射线辐射。

磁陀星的爆发往往是在沉寂很久之后，突然又活跃起来。磁陀星的能量储存和释放是磁陀星研究难点。关于磁能储存在中子星的位置有两种观点：一种认为能量储存在中子星壳层内，另一种认为磁能储存在磁层内。观测发现磁陀星巨耀发的上升时标很短（约为毫秒量级）。该时标和磁层内的动力学时标相当，但远小于壳层内的动力学时标（约为秒量级），这说明磁层储能模型更合理一些。在准稳态演化后，磁层能量如何突然快速释放是需要解决的问题。中国研究人员类比太阳**日冕物质抛射**模型，利用扭曲磁层模型解释了磁陀星从准稳态演化至能量快速释放的爆发态的态转变过程。（余 聪）

磁尾 magnetotail; magnetospheric tail 由于**太阳风**的作用，背着太阳一面的**地磁场**伸展到非常遥远的地方，形成一个磁尾，其边界近似圆柱形。磁尾的半径为 22 个地球半径。对其长度尚无一致的看法，有些探测资料认为，磁尾延伸到几百个地球半径。磁尾中的等离子体密度十分稀薄，每立方厘米不到 0.1 个离子。磁尾由一束逆向平行的磁力线组成，中间由一个磁强近似为零的中性片（即电流片）分开。中性片两侧约 10 个地球半径的范围内，充满着密度较大的等离子体。这个区域称为等离子体片，其等效温度约为 10^7K。等离子体的状态在这里变化较大，这与太阳风的性质有密切关系。太阳风输送到**地球磁层**的能量主要储存在这里，**磁层亚暴**就是能量释放转移的一种形式。等离子体片向地球一端一直伸展到极光带，极光就是其中的电子在地球极盖区沉降而形成的。（张和祺）

磁转动不稳定性 magnetorotational instability 由电离气体构成的**吸积盘**中存在的一种流体不稳定性。该不稳定性被认为是吸积盘中气体转移角动量的主要机制。1959 年由苏联科学家 E.P.维里柯夫发现，1960 年被印裔美国天文学家 **S.钱德拉塞卡**推广。1991 年开始，两位美国天体物理学家 S.A.巴尔布斯和 J.F.霍利对磁转动不稳定性运用解析以及数值模拟方法进行了详细的研究，证明该不稳定性是吸积盘中气体角动量转移的机制。磁转动不稳定性的存在需要两个前提条件，一是气体盘是较差转动的，即转动角速度随着半径的减小而增加，二是要求盘中存在弱磁场。由于开普勒盘就是较差转动的，而磁场在宇宙中几乎无处不在，因此这两个条件很容易满足。运用数值模拟方法，巴尔布斯和霍利进一步证明，磁转动不稳定性的非线性发展会在吸积盘中形成磁流体动力学湍流，并放大原先的弱磁场。放大的磁场以及湍流分别对应着麦克斯韦应力以及雷诺应力。这两个应力，尤其是麦克斯韦应力，能够有效地将吸积盘中气体的角动量从小半径处转移到大半径处。巴尔布斯和霍利两人由于在研究磁转动不稳定性方面的杰出贡献，被授予了 2013 年的邵逸夫天文学奖。（袁 峰）

崔向群 Cui Xiangqun（1951-12～ ） 中国天文学家。籍贯山东博兴，生于重庆万州。毕业于南京理工大学，获中国科学院紫金山天文台博士学位。中国科学院南京天文光学技术研究所研究员。2009 年当选为中国科学院院士，2010 年当选为第三世界科学院院士。曾任中国天文学会理事长，中国科学院数理学部常委、副主任，国际天文学联合会（IAU）光学红外分会、天文仪器与技术委员会组委，第十二届全国人大代表、第十三届全国政协委员。

1985～1986 年在英国卓瑞尔河岸天文台参加射电望远镜升级工作，1986～1994 年在欧洲南方天文台（ESO）参加甚大望远镜（VLT）项目，为其 8.2 米主镜（主动变形镜）做出重要贡献。1994～2009 年负责研制成功中国具有创新的、多项国际前沿新技术的、世界最大的大视场望远镜——**大天区面积多目标光纤光谱天文望远镜**（LAMOST），通过它已获得多项重大的天文成果。2005 年领导研制成镜面曲面形状不断变化的 1 米主动光学实验望远镜，在 LAMOST 上实现薄变形镜和拼接镜面相结合的新型**主动光学**，并在一架望远镜上同时采用两块大拼接镜面，将主动光学发展到新前沿，使中国具有 30 米级**极大望远镜**的研制能力。提出预应力环抛批量磨制极大望远镜离轴非球面子镜新方法，首先在中国实现主动压力抛光盘磨制快焦比大口径非球面镜面技术。是南极冰穹 A 天文观测发起人、中国 12 米望远镜提出人之一。领导了中国 30 米极大望远镜及其关键技术预研究。

曾获两项国家科技进步奖二等奖和两项江苏省科技进步奖一等奖（均排名 1）。一项中国科学院杰出科技成就奖、一项江苏省科学技术奖一等奖和一项二等奖（均排名 2）、何梁何利科技进步奖，获国家杰出专业技术人才等称号。第 511238 号**小行星**被命名为崔向群星。（林 素）

D

达尔文，G.H. George Howard Darwin（1845-07-09～1912-12-07）英国天文学家、数学家。生物学家C.R.达尔文的次子。生于肯特郡，卒于剑桥。就学于剑桥大学三一学院。1879年当选为英国皇家学会会员。1883年受聘为剑桥大学天文学和经验哲学教授，终身保留此职。1899年当选为英国皇家天文学会会长。

达尔文对限制性三体问题的周期轨道，对一团黏滞流体达到平衡时的形状等许多数学性很强的问题做过深入探讨。他最主要的贡献是研究潮汐和潮汐摩擦对天体演化的影响。他最先全面分析了由于陆障和洋底摩擦的影响而导致潮汐的各种不规则性，进而提出：潮汐摩擦使地球自转变慢，从而角动量不断减小；又因为地月系统角动量守恒，所以月球的角动量必然不断增大，也就是使月球逐渐远离地球。他由此认为，地球自转过去比现在快得多，月球离地球也近得多。而最初，月球就是由于太阳潮的共振作用，从急速自转的地球分裂出去的，地球也因此而丧失了一小部分角动量。这还可以解释月球的密度比地球小，以及地球上大陆的不连续性。除了地月系统外，他还将这种研究推广到双星系统、行星系统和其他卫星系统。达尔文的著作有《潮汐和太阳系中的同种现象》和五卷本《科学论文集》。

（卞毓麟）

达尔文体 figure of Darwin 天体力学中，均匀流体球自转时的一种平衡形状。1901年，G.H.达尔文提出一种与庞加莱体的梨状略有不同的平衡形状，近小头处更细一些，称为达尔文体。

根据这种平衡形状，达尔文提出了地月系统演化的一种假说。他认为，地球和月球原来是一个流体团，由于自转成为梨状的平衡形状，后在外力作用下，较细区域越变越细，最后使小头分裂出去，成为月球。在潮汐摩擦作用下，地球自转速率逐渐减小，而角动量也随之减小。根据地月系统角动量守恒规律，月球同地球的距离就逐渐增大，相应地公转角动量也增大。由于这种平衡形状的稳定性问题尚未解决，这还只是一种假说。

（易照华）

大爆炸核合成 big-bang nucleosynthesis 大爆炸后宇宙膨胀温度降到约10亿度时由质子和中子经聚合反应生成氘、氦、锂等轻元素核的过程。20世纪40年代末，俄裔美籍物理学家G.伽莫夫根据弗里德曼宇宙模型和当时已知的原子核物理学知识，提出早期宇宙曾有一个致密而炽热的时期。在温度高于10^{10}K以前，一切原子核都不能存在，宇宙就像一盆由大量光子、中微子、正负电子和少量质子、中子组成的热汤。温度降到10^{9}K之后，才由质子和中子经一系列核反应，如：

$$p + n \longleftrightarrow {}^{2}D + \gamma$$
$$^{2}D + {}^{2}D \longleftrightarrow {}^{3}He + n$$
$$^{2}D + {}^{3}He \longleftrightarrow {}^{3}He + p$$

合成氘、氚、氦等轻元素核。因为质量数为5的核极不稳定，核合成链在^{4}He合成后基本中断。最主要产物是^{4}He、^{2}D、^{3}He的粒子数比^{4}He少约4个量级。^{4}He积累较多以后才会合成质量数更大的核。由于质量数为8的核也极不稳定，实际上只产生了少量的^{7}Li，其粒子数比^{4}He少约9个量级。随着宇宙膨胀，物质温度、密度不断降低，核合成条件无法满足，故早期核合成遂告中止。碳、硅、氧等更重的元素将在恒星内部的条件下才能合成。

由于^{4}He核由两个质子和两个中子组成，故其丰度可由核合成发生前中子和质子的比例确定。伽莫夫最初估计出该比例为1∶7，从而推断原初核合成产生的氦丰度：

$$Y_4 = 2n_n/(n_p + n_n) = 0.25$$

中子与质子数的冻结比敏感地依赖于有中微子参与的弱相互作用停止时宇宙的温度。这个时刻与宇宙膨胀的速率有关。膨胀速率又取决于宇宙的总能量密度，从而与中微子的代数N_ν有关。若$N_\nu = 3$，算出中子与质子数的冻结比为1∶7。如果N_ν大于3，中子与质子数的冻结比将大于1∶7，合成的氦丰度将更大。反之，若N_ν小于3，则合成的氦丰度将更小。

星系形成后，由于在恒星内部演化过程中也会合成氦，因此将原初氦丰度与今天观测值相比时如何扣除恒星演化过程的影响仍是一个困难问题。恒星演化过程中会合成碳、氮、氧等重元素（天文学上称为“金属”），有理由预期，金属丰度低的星系受恒星演化过程的影响小，其氦丰度应该更接近原初值。一批低金属丰度星系的观测表明，其金属丰度和氦丰度之间的确存在统计上的相关：金属丰度越低者氦丰度也越小。由此外推得到的原初氦丰度在0.22～0.25，与$N_\nu = 3$的理论估计值相容。更细致的分析表明，中微子最可能只有三代，有四代的可能性不排除，出现五代是不可能的。

值得注意的是，在20世纪70年代中期，物理学家已经知道自然界存在三种中微子，但是否存在更多种类中微子的问题无论在理论上或实验上都没有解决。10年之后即1985年，电弱作用的规范粒子Z^0衰变实验定出N_ν小于5，这对原初核合成理论的可靠性无疑是极大的支持。1990年，更准确的物理实验得出$N_\nu = 2.98 \pm 0.02$，从而提供了自然界只有三代中微子的直接证据。这是在粒子物理学和宇宙学的交叉学科，即粒子宇宙学发展道路上一座里程碑。

（邹振隆）

大爆炸宇宙学 big-bang cosmology 现代宇宙学中最有影响的一种学说。与其他宇宙模型相比，它能说明较多的观测事实。它的主要观点是认为我们的宇宙曾有一段从热到冷的演化史。在这个时期里，宇宙体系并不是静止的，而是在不断地膨胀，使物质密度从密到稀地演化。这一从热到冷、从密到稀的过程如同一次规模巨大的爆炸。

根据大爆炸宇宙学的观点，大爆炸的整个过程是：在宇宙的早期，温度极高，在100亿度以上。物质密度也相当大，整个宇宙体系达到平衡。宇宙间只有中子、质子、电子、光子和中微子等一些基本粒子形态的物质。但是因为整个体系在不断膨胀，所以温度很快下降。当温度降到10亿度左右时，中子开始失去自由存在的条件，它要么发生衰变，要么与质子结合成重氢、氦等元素；化学元素就是从这一时期开始形成的。温度进一步下降到100万度后，早期形成化学元素的过程结束（见元素合成理论）。宇宙间的物质主要是质子、电子、光子和一些比较轻的原子核。当温度降到几千度时，辐射减退，宇宙间主要是气态物质，气体逐渐凝聚成气云，再进一步形成各种各样的恒星体系，成为今天看到的宇宙。

大爆炸模型能统一地说明以下几个观测事实：①大爆炸理论主张所有恒星都是在温度下降后产生的，因而任何天体的年龄都应比自温度下降至今天的这一段时间短，即应小于200亿年。各种天体年龄的测量证明了这一点。②观测到河外天体有系统性的谱线红移，而且红移与距离大体成正比。如果用多普勒效应来解释，那么红移就是**宇宙膨胀**的反映。③在各种不同天体上，氦的丰度相当大，而且大都是30%。用恒星核反应机制不足以说明为什么有如此多的氦。而根据大爆炸理论，早期温度很高，产生氦的效率也很高，则可以说明这一事实。④根据宇宙膨胀速度以及氦的丰度等，可以具体计算宇宙每一历史时期的温度。大爆炸理论的创始人之一伽莫夫曾预言，今天的宇宙已经很冷，只有绝对温度几度。1965年，果然在微波波段上探测到具有**热辐射谱**的**宇宙微波背景辐射**，温度约为3k。这一结果无论在定性上或者定量上都同大爆炸理论的预言相符。但是，在星系的起源和各向同性分布等方面，大爆炸宇宙学还存在一些未解决的困难问题。 （方励之）

大地水准面 geoid 一个假想的、与静止海水面相重合的重力等位面，以及这个面向大陆底部的延伸面。静止的海洋面向整个地球大陆内部延伸形成的封闭曲面。静止的海洋面与一个重力位水准面重合，否则，海水在重力作用下必然会流动。然而，海洋面不可能处于完全静止状态，通常用无潮汐平均海水面来近似代替，如此定义的大地水准面是与平均海水面最接近的重力位水准面（见图）。

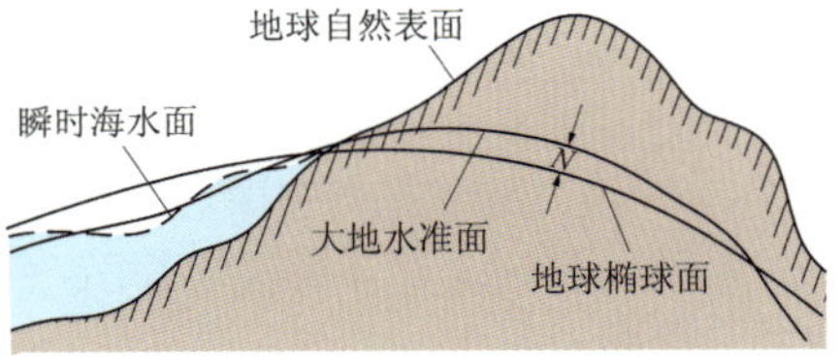

大地水准面示意图

大地水准面将大地高划分为正高和大地水准面高两部分，是高程测量中正高的起算面。大地水准面形状并不规则，与地球系统的物质分布和变化密切相关，是地球物理学、地球动力学、地质学和海洋学等相关学科的基础地学信息。确定高精度高分辨率大地水准面模型是大地测量学的一项长期科学任务，对测绘科学、海洋学、地震学、地球物理学等相关地球科学领域具有重要作用。 （罗志才）

大红斑 Great Red Spot 位于木星赤道以南约23°处的一个大气特征的名称。见**木星**。

大角 Arcturus 全天第四亮星，北半天球第一明星，目视星等为−0.05v（v代表变星），最亮的**红巨星**。**星表编号**：Hip69673，HD124897。又称牧夫座α（α Boo）。大角到太阳的距离36.7光年，表面温度$T_c = 4290K$，直径是太阳的24.5倍。角直径为0.0201角秒，是照相和用光电方法测视向速度的标准星。英国剑桥大学天文台1968年出版了波长360～882.5纳米的《大角星分光光度测量图册》。由分析得知，它的大气中碳同位素含量比值 $^{12}C/^{13}C$ 约为6，比**太阳系**相应值89小很多，这反映了它的化学演化的特殊性。此外，据1979年发表的研究结果得知，太阳、大角和**球状星团** M13中某一红巨星之间的金属丰度对比约为40∶10∶1，因此可根据**元素的丰度**把大角星归为中介星族Ⅱ恒星。不仅由光谱观测了解到大角在向外抛失物质，而且用1.5米**太阳塔**作光导摄像管**天体分光光度测量**，发现质量损失率变化很大。通过人造卫星和火箭的红外线检测，已在大角光谱的紫外线区、可见光区、红外线区发现了发射线。美国用2.7米望远镜在1978年几个月间测得大角He Ⅰ 10830线由天鹅座P型轮廓逐渐变成吸收线，后来完全消失，然后又成发射线。这表明大角色球温度达15 000～20 000K，色球活动比太阳强得多，说明大角也是某一种**光谱变星**。大角星的质量（以太阳质量为单位）仍未定准，现有各种数值：0.1～0.6；0.7～1.7；0.61±0.32；0.6～1.3等。 （沈良照）

大陵五型食双星 Algol-type eclipsing binary 食外变化较小的一类**食双星**。大陵五型食双星是两颗子星相当接近的**双星系统**，两颗星在轨道上互相环绕一周的时间都不长，通常在几天之内。

大陵五型食双星的原型是在1669年被意大利天文学家G.蒙坦雷发现的大陵五（英仙座β星），1782年J.古德利克阐明了大陵五的变光机制。

已知的大陵五型食双星有数千颗，在2003年版的**变星**总目录（gcvs）中已经列出了3554颗，占总数的9%，而一些有趣的大陵五型变星可以在变星列表中查到。 （李宗伟 沈良照）

大气窗口 atmospheric window 天体辐射中能穿透大气的一些波段。由于**地球大气**中的各种粒子对辐射的吸收和反射，只有某些波段范围内的天体辐射才能到达地面。大气窗口按波段范围分为光学窗口、红外窗口和射电窗口（见图）。

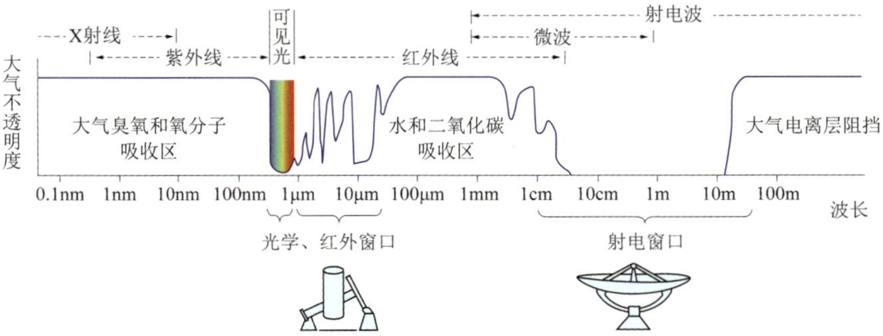

电磁波谱和大气窗口

①光学窗口。可见光波长3000～7000埃。波长短于3000埃的天体紫外辐射，在地面几乎观测不到，因为2000～3000埃的紫外辐射被大气中的臭氧层吸收，只能穿透到约50千米高度处；1000～2000埃的远紫外辐射被氧分子吸收，只能到达约100千米的高度；而大气中的氧原子、氧分子、氮原子、氮分子则吸收了波长短于1000埃的辐射。3000～7000埃的可见光辐射受到的选择性吸收很小，主要因大气散射而减弱。

②红外窗口。水汽分子是红外辐射的主要吸收体。较强的水汽吸收带位于0.71～0.735μ（微米）、0.81～0.84μ、0.89～0.99μ、1.07～1.20μ、1.3～1.5μ、1.7～2.0μ、2.4～3.3μ、4.8～8.0μ。在13.5～17μ处出现二氧化碳的吸收带。这些吸收带间的空隙形成一些红外窗口。其中最宽的红外窗口在8～13μ处（9.5μ附近有臭氧的吸收带）。17～22μ是半透明窗口。22μ以后直到1毫米波长处，由于水汽的严重吸收，对一般地面的观测者来说完全不透明。但在海拔较高、空气干燥的地方，24.5～42μ的辐射透过率可达30%～60%。在海拔3.5千米高度处，能观测到330～380μ、420～490μ、580～670μ（透过率约30%）的辐射，也能观测到670～780μ（约70%）和800～910μ（约85%）的辐射。

③射电窗口。从波长大于1厘米开始，射电辐射可以以很高的透射率到达地面，形成一个较宽的射电窗口。这个窗口的上界变化于15～200米，视电离层的密度、观测点的地理位置和**太阳活动**的情况而定（见**大气射电窗口**）。更长波的射电辐射会被电离层反射而无法到达地面。

（黄佑然 刘学富 撰 黄永锋 修订）

大气的红外吸收和散射 atmospheric transmission of infrared radiation 来自天体的红外辐射在地球大气层中传输时，大气中分子、悬浮颗粒对辐射的吸收和散射，会使地面接收到的红外辐射能衰减，从而导致红外消光。

红外大气吸收 天体红外辐射的能量被大气分子吸收后，分子从低能级跃迁到高能级，其中分子振动能级的跃迁会吸收红外波长的辐射，部分分子的转动能级跃迁会吸收远红外波长辐射，从而使地面接收到的光谱出现吸收线。每条谱线有一定宽度，有的谱线连成一片，形成吸收带（图1）。

地球大气的主要成分是氧气（O_2）和氮气（N_2），它们是对称分子，振动时不吸收15微米以下的红外线。大气中对红外线吸收强烈的分子有水（H_2O）、二氧化碳（CO_2）、臭氧（O_3）、一氧化碳（CO）、甲烷（CH_4）、一氧化二氮（N_2O）等。而对红外吸收最强的是H_2O和CO_2，它们的纯转动吸收带和转动－振动吸收带主宰红外和亚毫米波段。几种分子的吸收带和吸收率见表1、图2。

表1 几种大气中对红外线吸收强烈的分子

分子	吸收带
H_2O	存在偶极矩，从波长大于25微米后有强大的纯旋转谱，一直延伸到1毫米波长，使得远红外辐射被强烈吸收；另外有强吸收带2.7、6.3微米；不太强的吸收带0.54、0.72、0.81、0.85、0.94、1.1、1.38、1.87、3.2微米
CO_2	在4.3、14.7微米有强吸收带，不太强的吸收带0.78～1.24、1.4、1.6、2.0、2.7、4.8、5.2、9.4、10.4微米，在更长的波长处没有旋转能级跃迁
O_3	在9.6微米有强吸收带，不太强吸收带2.7、3.28、3.57、4.75、5.75、9.1、14微米
N_2O	在4.5、7.8微米有强吸收带
CH_4	在3.2、7.6微米有强吸收带
CO	在4.8微米有强吸收带

表2 约翰逊－格拉斯JHKLMNQ红外测光系统

	J	H	K	L	M	N	Q
中心波长/微米	1.25	1.65	2.20	3.40	5.00	10.20	21.00
带宽/微米	0.30	0.35	0.40	0.55	0.30	5.00	8.00

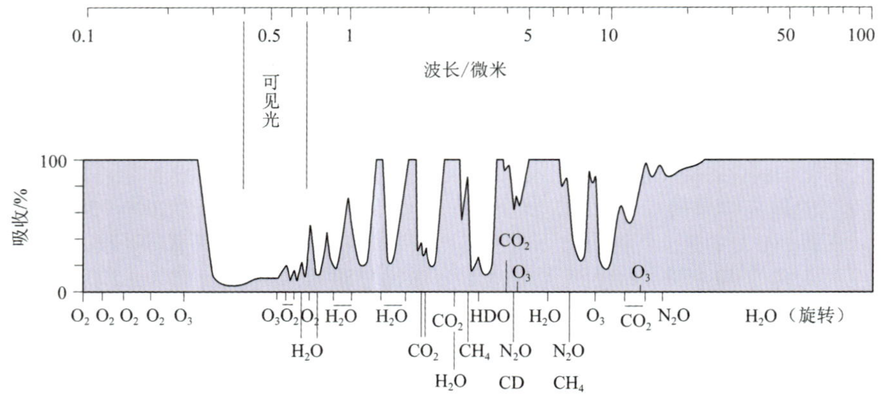

图1 1～100微米的大气吸收

吸收带之间的空隙在近、中红外形成一些清晰度较好的可观测窗口，这些窗口在天文学中为约翰逊－格拉斯JHKLMNQ红外测光系统（表2）。

25微米以上的远红外辐射，除了34、350微米波段有部分窗口外，地面大气层对这部分红外辐射是完全不透明的，但是气体分子含量会随地点、海拔高度而变。H_2O集中在4千米以下的大气层，海平面上含量约3%，10千米以上基本不用考虑H_2O吸收。CO_2约占大气体积的0.033%，在大气层50千米内基本均匀分布。6千米以上时，H_2O含量很低，CO_2吸收作用显著。10千米以上则主要是CO_2吸收。O_3主要集中在23千米的高度上，浓度约为0.001%。低空辐射或地面辐射基本不考虑其吸收。当升到28千米以上时，地球大气对红外就几乎是透明的了（图3）。所以红外观测往往选择高海拔站点，而要在大部分红外区域进行观测，必须把望远镜搭载在探空气球、飞机、火箭、卫星上，在高层大气或宇宙空间进行观测。

红外大气散射 空气中的分子、气溶胶等悬浮颗粒会造成红外辐射在大气中的散射。大气中的空气分子呈垂直分布，高度越高密度越小。而大气悬浮颗粒分布则

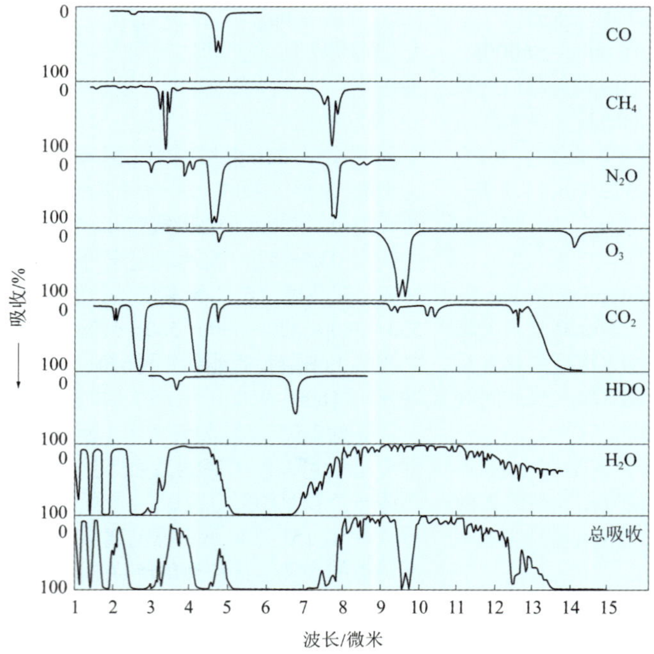

图2 不同大气分子对红外辐射的吸收率

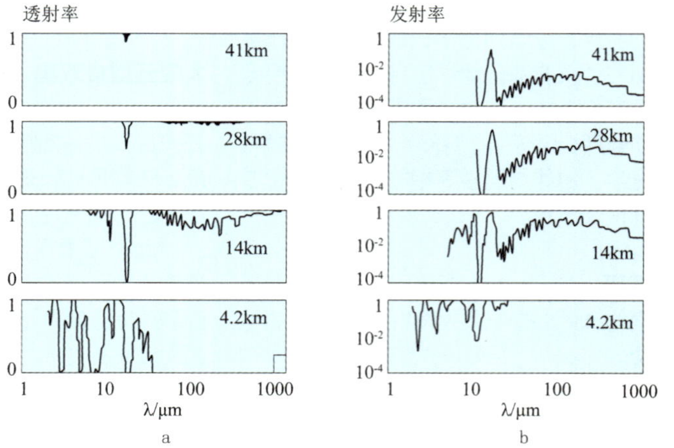

图3 红外波段在地球上不同高度的透射率（a）和发射率（b）

受天气、地形、火山活动、人类活动等多种因素影响。明亮天体如太阳、月亮造成的散射在白天使天空呈现蓝色，在夜晚掩盖天体微弱的红外信号，从而影响可见光和红外波段的地面天文观测。

大气对红外辐射的散射分为两种，当波长 λ 大于散射颗粒尺度α时，为瑞利散射。如空气分子对红外辐射的散射，即为与$1/\lambda^4$成比例的瑞利散射。对碳氢化合物、硅酸盐尘埃颗粒等悬浮颗粒，波长λ小于颗粒尺度α，则遵从米氏散射规律。通常对于水珠或尘埃颗粒这类电解质球体，散射强度随$1/\lambda$变化。两种散射效应都会随着红外波长增加而减小。

（蒙克来）

大气和电离层的电波传播效应 atmospheric and ionospheric radio wave propagation effect 大气和电离层对电磁波传播的影响。这里的大气是指地球大气圈下部的中性部分，又称为中性大气；电离层是指地球大气圈距离地球表面 60 千米左右以上的处于部分电离的部分。大气和电离层的电波传播效应是指从地面到电离层顶部的地球大气中的中性大气和电离层作为连续的媒质，对通过其中的电磁波的吸收、折射、反射、散射、法拉第旋转（Faraday Rotation，指线极化电磁波在磁化等离子体如电离层中沿磁场方向传播时，极化面以前进方向为轴不断旋转）等传输作用，以及伴随这些气体媒质的时间、空间均匀或不均匀变化，这些作用带来的电磁波幅度、相位、极化特性的变化。位于地球大气底部的对流层是地球中性大气的主要部分，对电磁波主要产生吸收、折射、反射和不均匀分布带来的散射效应。中性大气中的干大气部分的效应比较稳定、约占大气影响的 90%，而余下的大气中湿的成分带来的影响变化较频繁、显著。

经过近百年的观测，人类已经基本掌握了大气和电离层的电波传播机理和效应，这些效应中的电磁波传播时间延迟、频率的多普勒变化、幅度的衰减、极化的旋转，以及它们对电磁波频率的依存特性，尽管借助不同频率的同步射电天文观测可以一定程度消除电磁波信号中的电波传播效应，电离层修正对射电观测尤其是射电干涉仪的观测仍是一个难题；可以使用这些影响效应，反演提取大气中的雨、风、云和电子密度分布，对天气和空间天气变化进行模制、监测、预报预警。也有研究者在使用大气和电离层的电波传播效应探索研究对火山爆发和地震的预警。

（平劲松）

大气色散 atmospheric dispersion 地球大气对天体不同波长辐射折射率不同所造成的色散效应。地球大气层像一个倒置的大三棱镜，对天体不同波长的辐射折射率不同，形成色散效应。当大气天文视宁度良好时，用大望远镜可以观察到星像由于色散而形成一条竖直的小光谱，其紫端靠近天顶。谱带的长度随天体天顶距的增加而增大，即天体越低，色散效应越大。当天体天顶距为 60 度时，谱带的红紫二端天顶距相差约 3 角秒。

大气色散是许多天文实测工作中应予注意的问题。例如，在天体测量精确的定位工作中，必须考虑大气色散对不同光谱型恒星之间相对位置的影响。在从事天体的光电测光时，大气色散会使恒星谱的紫和红端部分偏离光阑中心，因而产生测光误差。在恒星的照相测光中，大气色散会降低所观测星像的分辨率，采用短焦相机会减小其影响。用有缝恒星摄谱仪拍摄恒星光谱时，如果狭缝小于大气色散后的星像，会使恒星光谱能量分布失真。大气色散的影响可以通过光学补偿法进行校正，例如，在天文望远镜光路中附加一块胶合的透棱镜，使它的色散作用和大气色散效应互相抵消。

（刘学富）

大气色散改正器 atmospheric dispersion compensator 对大气色散进行补偿的改正器。见像场改正器。

大气射电窗口 atmospheric radio window 地面可以接收到射电波段电磁波的频率范围。来自宇宙的电磁波，大部分被地球大气吸收或反射，只有可见光波段、红外波段（少部分）和射电波段（大部分）可以穿过地球大气层，这好像在地面上开了若干窗口，通过这些窗口可以接收那些电磁波。地球大气射电窗口的频率范围约为 10MHz（波长 30 米）至 1000GHz（1.0THz，波长 0.3 毫米）。上述大气射电窗口的频率只能说是一个大致范围，低频截止主要是电离层的影响，不同地理纬度、白天与黑夜以及太阳活动水平不同，电离层状态也有所不同的，低频截止频率也会有所变化；关于高频截止，主要是中性大气、特别是大气水汽的影响，所以在不同海拔地区，由于大气水汽含量不同，高频截止值也是不同的，上述 0.3 毫米高频截止值是指整个地球来说的，地球上除少数海拔 4～5 千米以上地区外，均不能进行 0.3 毫米射电观测，所以一般取该值作为地球大气射电窗口的高频截止值。

地球大气层按电离性质可以分为中性层（非电离层）和电离层。中性层为地面至 60～80 千米高度，大气的分子均为中性状态，所以称为中性层。中性层可以分为对流层、平流层和中间层。对流层距离地面的平均高度约为 12 千米，极地要低一些，赤道要高一些，80%的地球大气质量在对流层，人们感受到的各种大气现象，如：晴、雨、风、雪等，主要发生在对流层，它对于人类生活的影响最大。对流层顶部至约 50 千米为平流层。平流层内大气多作水平运动，臭氧层位于平流层内。平流层顶至 60～80 千米区域为中间层。电离层的高度为 60～1000 千米，在太阳紫外线和宇宙射线的作用，大气中的各种分子被部分或全部电离，因此称为电离层。电离层按垂直分布，又可分为 D、E 和 F 层。D 层是最低层，位于 60～90 千米区域，与中性大气中间层有一部分重叠，D 层仅在白天出现，晚上基本消失。E 层位于 90～140 千米区域。E 层以上统称为 F 层，它是电离层最主要的区域。F 层又可分为 F1 和 F2，F1 层的范围为离地面 140～200 千米，F1 层顶面以上为 F2 层，主要范围 200～400 千米，在高度约 300 千米处，它的电子密度是电离层中最高的，所以 F2 层对于无线电通信和射电天文观测的影响最大。

中性大气对于射电波吸收作用最大的是水分子和氧分子。在电磁场的作用下，当电磁波的频率与分子转动能级跃迁频率一致时，分子吸收电磁波能量，其转动能级由低向高跃迁，形成共振吸收，这种吸收作用与电磁波频率的平方成正比；也就是说，频率越高，吸收作用越大，即射电波的衰减越大，当射电波衰减到不能为地面射电望远镜接收到时，该频率的射电波就被截止了。图 1 显示的为在海拔 2400 米的某地，测量当大气可降水量（PWV）分别在 1 毫米与 4 毫米时的射电频率（1～1000GHz）的透射率。从图 1 可以看到，同样的大气可降水量，对于低频影响小，

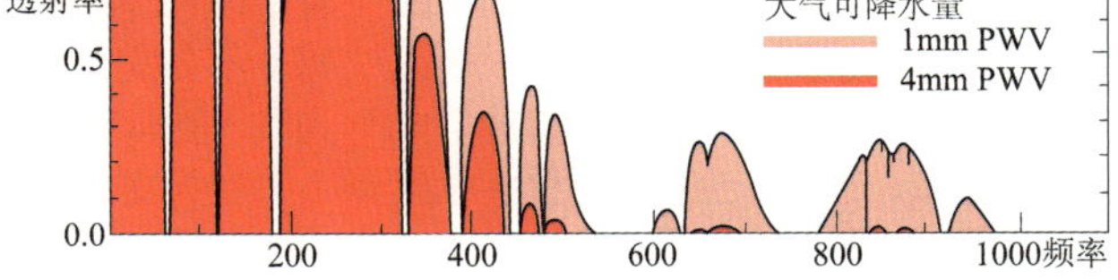

图 1 天顶大气透射率与大气可降水量（PWV）关系图

而对于高频影响大；同时也可以看到，大气可降水量越小，对于射电波的衰减就越小。大气可降水量随地面海拔升高而降低。图 2 显示了大气水汽含量随海拔升高而降低的情况。从图 2 可以看到，海拔 4000 米

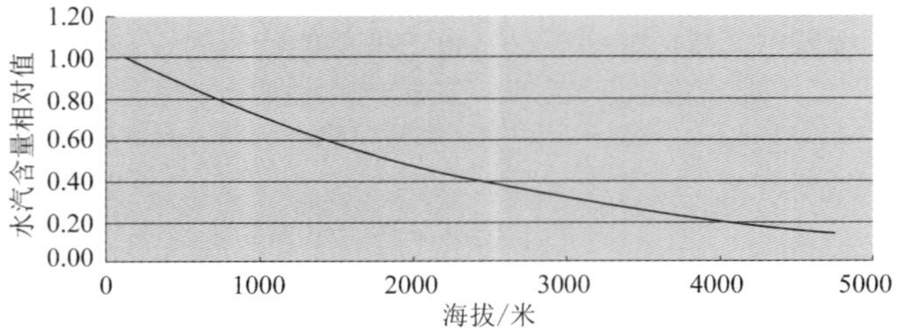

图 2 大气水汽随海拔升高变化图

处的大气水汽含量比较海平面处，要降低约 80%；在海拔 5000 米处，约降低 90%。百米以下的低海拔地区的大气可降水量通常在 10 毫米以上，所以只能进行低于 100GHz（波长 3 毫米）波段的观测。要进行 100GHz 及更高频段的观测，需要在数千米的高海拔地区，国际上多国合建的阿塔卡马大型毫米［亚毫米］波阵（ALMA）就是坐落在南美智利北部的海拔 5000 多米的查南托高原上。在那里，全年 50%的时间里大气可降水量不高于 1.1 毫米；25% 的时间里大气可降水量不高于 0.6 毫米，截至 2022 年，ALMA 的最高观测频率为 0.95THz（波长 0.32 毫米），它计划扩展至 1.25 THz 与 1.55THz；中国及美国与澳大利亚分别在南极冰盖最高处冰穹 A 与山脊 A，建设 THz 观测设备，那里海拔 4000 米以上，温度极低，一年里大部分时间的大气水汽含量为 0.2 毫米甚至更低，所以是进行 THz 观测的理想站址。

地球大气对于射电波低频端的截止，主要是电离层对于射电波的反射效应。电离层是由自由电子、正离子、负离子、分子及原子等组成，是部分电离的等离子体介质。当宇宙射电波的频率等于或低于等离子体频率时，它就不能穿过电离层，而被电离层反射回太空。地球电离层的等离子体频率一般为 10MHz，这就是射电波低频端截止频率。等离子体频率与其电子密度成正比，由于太阳紫外辐射在不同时间是有变化的，所以等离子体的电子密度和频率也随着变化，等离子体频率的变化范围一般为 5～15MHz。所以说射电波低频的截止频率为 10MHz 左右。

综上所述可知，在大气射电窗口范围内，对于射电波也不是全透明的，只能说是部分透明，它会被大气吸收而造成射电波信号的衰减；还会产生噪声而使接收射电波时信噪比下降。高频段射电波除了主要受到地球大气对流层的水分子和氧分子的吸收而衰减外，对流层内的液态水，如：雨、雾、云及雪等，也是造成射电波衰减重要原因；还有，水分子和氧分子有许多强吸收线，它们会对相应频率的射电波产生严重的吸收作用，射电天文观测一般要避开这些吸收线。电离层对于射电波的影响与其频率的平方成反比，所以高频段射电波受电离层的影响相对小一些，而低频段射电波主要是电离层的影响，受中性大气的影响较小。电离层会使射电波产生折射、吸收、色散及时间延迟等。射电波传播经过大气电离层的时间延迟与射电波的平方成反比，也就是说，频率越低则时延就越大。例如，当射电波频率为 100MHz 时，它经过电离层时就会产生微秒量级的时间延迟（相当于数百米光程差），这对于射电干涉测量是很不利的。地球大气电离层的产生和变化主要是受太阳紫外辐射的影响，所以电离层电子密度白天高而晚上低，所以射电天文观测一般适宜于在夜间进行；另外，太阳活动，如黑子、耀斑及太阳风等，都会对地球电离层产生重大影响，所以射电天文观测要注意太阳活动的影响。（钱志瀚）

大气相干特性 atmospheric coherence characteristics 描述大气光学湍流性质的参数。主要有大气相干长度和大气相干时间。其中大气相干长度（Fried 参量r_0）是描述大气光学湍流空间尺度的特征参量，表示光波的大气扰动导致像质退化的程度。在可见光波段，优良台址的大气相干长度r_0通常是 10 厘米左右。对于一定的观测波长，大气相干长度值越短，视宁度越差，表征大气湍流活动越强，导致望远镜的光学成像质量也越差。大气相干时间τ_0是描述湍流扰动特性的另一个重要参数，它反映了湍动大气在时间尺度上的变化。根据湍流冻结假设理论，光波波前在湍流大气的传输中，会在一个极短的时间（一般是毫秒级）内波前的畸变是基本保持不变的，而这个短时的时标就是所定义的大气相干时间τ_0。在τ_0时间内，大气湍流是由风速作用而被“冻结”着平移的，湍流特性是一致的，光波的波形将也不会发生畸变。大气相干时间在可见光波段的典型值是 5 毫秒左右。

在天文观测中，大气相干长度r_0已经成为衡量可见光波段和红外波段天文台址的一个常用指标。大气相干时间τ_0则决定了自适应光学系统设计的响应参数，即自适应光学系统的波前传感器探测频率和改正镜的响应频率必须大于$1/\tau_0$，才能对大气光学湍流造成的扰动进行实时改正。r_0、τ_0、湍流等晕角θ_0、湍流内尺度l_0与外尺度L_0均与大气折射率结构常数$C_n^2(\mathrm{h})$轮廓密切相关，它们全面揭示了大气光学湍流的多尺度非线性系统特性。（刘 煜）

大气消光 atmospheric extinction 天体辐射穿越地球大气时，受到地球大气的吸收、散射和折射而造成的辐射强度减弱和颜色变化。地球大气中各种分子、原子和尘埃颗粒等吸收天体辐射能转变为其他波长或形式的能量；并将来自某方向的辐射折射及散射到其他方向，从而减弱了观测到的天体辐射强度。

天体辐射受到地球大气的吸收，散射和折射而造成的辐射强度减弱和颜色变化的大气消光效应与大气的成分、密度以及大气的厚度有关。例如，天体的天顶距愈大，即地平高度越低时，大气消光效应就愈严重。对同一颗星，在地平附近时，比它在天顶时大约暗 3 个星等。大气消光效应与天体辐射的波长有关，由于空气分子散射量反比于辐射波长的 4 次方；尘埃、水滴等的散射量大致与波长的 1.3 次方成反比，所以地球大气对蓝、白星的消光比对红星的消光作用更大。

在地面，对天体进行光度测量时要做大气消光改正。按照消光理论，可以推出，用星等表示的消光公式为：$m(z)=m_0+kF(z)$。式中$m(z)$为天体在天顶距z方向测得的大气内星等；m_0为天体的大气外星等；k为对应一定波长的消光因子；$F(z)$为天顶距等于z方向的大气光学厚度与天顶方向的大气光学厚度之比，称为大气质量。当$z<75°$时，大气层可以近似看作平行平面层，大气质量可近似计算为$F(z)\approx \sec z$，天顶距再大时，必须考虑大气层弯曲和大气折射的影响。消光因子k是波长的函数，决定于大气中的物理条件，所以它因时因地而异。为了对天体的地面光度测量的结果做大气消光改正，必须观测同一天体在不同天顶距时的大气内星等，根据消光公式，求出消光因子k与天体的大气外星等。如果选择标准星与待测星在同样天顶距时进行较差测量，所得结果可以不必做消光改正。当然，空间望远镜的观测不受大气消光的影响。（刘学富）

大气折射 atmospheric refraction 原本直线前进的光或其他电磁波在穿越大气层时，因空气密度随着高度变化而产生偏折

的现象。人们从长期的观测实践和理论的研究中知道：天体发射出的电磁波（从可见光到无线电波段等）穿过地表附近的大气层到达观测设备时，会遭受到一系列的影响。包括：

①天体方向改变。地球大气层的密度一般上稀下密（大气反常时也会出现上密下稀的情形），相应地其折射率也逐渐变大，来自天体的电磁波会逐渐弯曲，最终使得天体的视天顶距小于其真天顶距，这一现象又称蒙气差。

②色散效应。因为大气折射率与电磁波的频率有关，不同波段的电磁波折射率不一样，波长越短，折射率越大，因此不同光谱型的恒星有不同的大气折射;此外，一颗点状的、辐射出多种颜色的恒星在经过大气层后会在天顶方向形成上红下蓝的短线。这一效应使星像发散成一个光带。

③光行时延长。由于在大气中的光速比真空中的光速慢，在地面进行任何测距或测距离差的观测中，如卫星激光测距、雷达测距、甚长基线干涉测量等技术，在大气层中，电磁波经过传播路径所花的时间会比在真空中花的时间有所延长。电磁波穿过的大气层路径越长或密度越大，光行时间延长也越大。

上述①、②的影响限制了传统的光学天体测量仪器观测精度的提高。③的影响也曾给20世纪60年代以来出现的天体测量新技术，如甚长基线干涉测量、全球定位系统、人造卫星激光测距带来一定的困难。后来发展了“双频观测”类的技术，如甚长基线干涉测量联合X波段和S波段的观测，全球定位系统发射两种相干频率等，用数据处理消除了电离层的主要部分影响，取得了高精度的结果。

古希腊天文学家波西东尼乌斯早在公元前2世纪前后，就发现了大气折射现象。他通过对恒星位置的反复观测发现大气折射，并用光学折射原理阐述了这一现象。在中国，晋代的姜岌是最先提到大气折射的学者。16世纪，丹麦著名的天体测量学家第谷测定了大气折射值。著名的天文学家如I.牛顿、P.-S.拉普拉斯等人都对大气折射有所研究。1870年俄罗斯科学院普尔科沃天文台根据H.吉尔当的理论编制了一份大气折射表，至今仍被广泛应用。

假定地球大气层由无穷多个与地球同心的等密度球层组成，各球层的密度随着高度而变化。对此变化规律做各种不同的假设，最后均可导出如下形式的大气折射ρ的计算公式：

$$\rho = A\tan z + B\tan^3 z\cdots$$

式中z为观测天顶距。系数A、B与测站的大气温度和压强等物理参数有关。为便于实用，很多天文学家编制了大气折射表，根据观测的天顶距和观测时记录的气温和气压可以从表中查出大气折射值。当温度为0°C、压力为101千帕时大气折射ρ_0为：

$$\rho_0 = 60.29''\tan z - 0.0669''\tan^3 z$$

当z不大于700时，上述ρ的计算公式可以给出符合实际的结果，并且各种理论的结果也相当一致。当z大于700以后，不同公式的分歧迅速增大。同时还发现水平方向的旁折射（由相同天顶距处的不同方位的大气密度不一样引起的），这会给测量天体天文方位角带来误差。可见实际的大气结构比理想同心球大气结构复杂得多，除了随机性的起伏外（引起偶然误差），还存在局部或区域性的变化（引起系统误差）。20世纪90年代，将高精度的现代化子午环的观测结果和依巴谷星表比较，发现半球天体测量的极限精度为0.04″。另一面已知窄视场CCD天体测量，视差的测定精度可达到1角分或更小。前者受到大气折射的全部，包括反常折射、湍流等的影响，后者只是和大气折射较差项有关。因此对于大气折射的影响，在低精度的天体测量要求时，可采用传统的做法：由大气折射表查出大气折射值给予改正。在高精度的天体测量要求时，即使是分散在天球上的一系列天体位置，为了尽可能消除大气折射的影响，只要有可能，应当以空间天体测量星表（如盖亚星表，2020年12月3日发布EDR3数据）为参考，用窄天体测量（相对测量）方法进行这项工作。 （李东明）

大气折射与电波传播延迟 atmospheric refraction and radio wave propagation delay 地球大气是空间分布不均匀、且存在时变特性的非色散介质，电磁波可以透过大气传播。电波通过空气的传播过程中，空气的中性成分在传输路径上的密度沿路径发生变化，不同的密度对应折射本领不同，使得电波传播速度低于真空中传播速度、且传播方向发生偏折。电波在空气中传播的折射效应满足几何光学传播的斯涅耳（Snell）折射定律。对于空间变化的大气介质，无限分层的相邻两层大气的密度界面两边的折射率n分别为n_1和n_2，入射角和折射角分别为j和θ，则折射定律为：$n_1\sin j = n_2\sin\theta$。对于来自天外射向地面或地面射向天空的电波，大气的折射率随高度连续变化，可以使用简化的、精度足够高的同心球层薄片描述电波的连续折射，每个大气片层折射率为常数，光在各界面发生折射，在层内减速，则可得出在这种球面分层大气中的射线轨迹近似方程：$n\cos\theta =$常数。通过光线追踪的方法，可以获得全部增加的路径长度，即大气中的电波传播延迟，包括折射曲线全程相对于最终入射直线之间的路径增量和沿着路径的速度差异两部分延迟效应。

大气折射延迟可以区分为相对干大气延迟和湿大气延迟两个主要成分。对于湿度很大的地区，后者可以达到整个延迟的10%。通常在中纬度海平面上空，来自天顶方向的电波在标准大气中的折射延迟比真空中的距离增加2.3～2.5米；不同天顶距方向的延迟与天顶角正割三角函数（正弦函数倒数）成近似正比例关系；而来自地平方向的电波传播延迟，由于路径上的温度变化弱于标准大气，湿度变化大于标准大气，有时还出现有逆温或湿度随高度迅速递减的场合，会导致电波的传播距离可以大大增加，大到130米甚至更大。

大气折射延迟对空间大地测量、雷达定位、多普勒测速、卫星通信、导航都有影响，在实际应用中都需要测量或通过模型分析、改正。其中最精确使用的方式是借助导航卫星地面定位观测和测点精密记录大气温度、湿度、气压时，可以测量和模型分析得到精密的大气折射改正值。可以借助这种折射效应，通过GNSS卫星与低轨道卫星链路上电波的大气折射探测地球大气特性，特别地在行星探测器与地面台站之间传输电波时，行星大气对电波也会发生折射效应，可以借助对这种折射效应的测量逆推反演行星大气的密度、气压、温度剖面特性。 （平劲松）

大犬座β型变星 β Canis Major variable star; β CMa star 仙王座β型变星的别名。见仙王座β型变星。

大天区面积多目标光纤光谱天文望远镜 The Large Sky Area Multi-Object Fiber Spectroscopic Telescope; LAMOST 中国独创的大视场兼备大口径光谱巡天望远镜，是国家“九五”重大基础科学设施，安装运行在中国科学院国家天文台兴隆观测基地冠名郭守敬望远镜。

概述 LAMOST项目瞄准天文和天体物理学中诸多前沿问题，在国际上首先开拓了同时观测数千个天体光谱的超大规模光谱巡天。以新颖的构思、巧妙的设计实现了光学望远镜大口径兼备大视场的突破，开创了中国高水平大型天文光学精密装置研制的先河。LAMOST是世界上独一无二的新型望远镜，是口径最大的大视场望远镜，也是截至2023年获取光谱最多的望远镜，被誉为“光谱航母”，是超大规模光谱巡天科学和技术的先锋。

在光学波段，有缝光谱信息量最大，可用于精确研究天体的化学成分和物理状态。20 世纪 80 年代末，中国天文学家**王绶琯**发现成像巡天已记录数十亿个天文目标，但仅对约十万分之一进行了有缝光谱的记录，光谱巡天是天文观测的“瓶颈”。王绶琯认为可是中国天文学的突破口，他提出超大规模光谱巡天的思想，即每次观测获得数千上万天体的光谱。

实现大规模光谱巡天的望远镜必须同时具备大视场和大口径，需要既能看得“远”又能看得“广”的望远镜对宇宙进行“人口普查”。但由于材料和制作工艺的限制，“看得远”与“看得广”长期以来一直是国际天文界的难题。20 世纪 90 年代初，王绶琯与**苏定强**“乒乓球双打”，提出了横卧于子午面的**中星仪**式的布局，苏定强创造性地应用**主动光学**技术提出了常规光学方法不能实现的、镜面曲面形状连续变化的“活的”反射施密特光学系统，实现了 LAMOST 大口径兼备大视场光学系统。LAMOST 的光学系统被誉称为“王–苏主动反射施密特光学系统”。

与 LAMOST 几乎同时提出的国际上的光谱巡天计划只有数百根光纤，即**英澳天文台**的 2dF 计划（通光口径是 3.9 米，视场直径 2 度，光纤数 400 根），和美国斯隆巡天计划 SDSS（通光口径是 2.5 米，视场直径 3 度，光纤数 640 根）。LAMOST 的平均通光口径 4.3 米，视场直径 5 度，光纤数 4000 根，与 2dF 和 SDSS 具有相同的光学系统成像质量。LAMOST 的成功运行将国际上光纤光谱的获取量提高了一个数量级。

构成与创新　法国马赛天文台天文光学专家 G.R.勒梅特在致 LAMOST 落成典礼的贺信上提到：“对光学天文来说，最不寻常的是建造 LAMOST 这样的大口径望远镜没有从任何典型的小望远镜那里获益，因为这种类型的望远镜不存在”，并将 LAMOST 的照片作为他的著作《天文光学和弹性理论》的封面。

LAMOST 由光学系统、主动光学和镜面支撑系统、机架和跟踪系统、**望远镜控制系统**、焦面仪器、**圆顶**、观测控制和数据处理、输入**星表**和巡天战略等 8 个子系统组成。

LAMOST 的主动非球面改正镜 MA 是 5.72 米×4.40 米，由 24 块对角线长 1.1 米、厚度为 25 毫米的六角形非球面子镜（曲面形状由平面实时变形成非球面的“活的”非球面）拼接而成。球面主镜 MB 是 6.67 米×6.05 米，由 37 块对角线长 1.1 米、厚度为 75 毫米的六角形球面子镜拼接而成。LAMOST 的球面主镜、焦面和改正镜沿南到北分别固定在基墩上，没有常规望远镜镜筒整体指向和跟踪运动，观测时改正镜 MA 和焦面做指向和精确的天体跟踪运动。主光轴在子午面内与地平面倾斜 25°，可观测赤纬−10°到+90°的天区（图 1）。

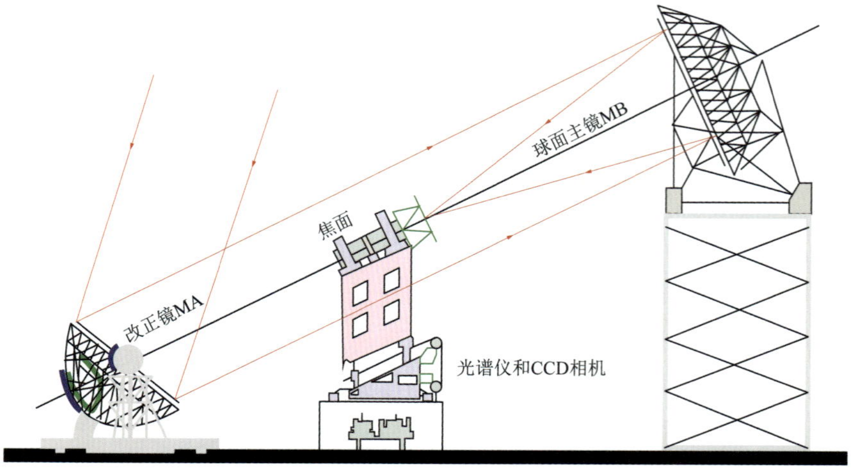

图 1　LAMOST 结构图

观测天体时，天体的光经 MA 反射到 MB，再经 MB 反射后成像在焦面上，利用主动光学技术，根据天体光不同的入射角实时加力变形 MA 镜面产生一系列连续的非球面曲面校正 MB 的球差。随观测天区变化的等效圆通光口径是 3.6～4.9 米，在 5°视场的焦面上有自动定位的 4000 根光纤，将天体的光分别传输到 16 台光谱仪的狭缝，通过光谱仪分光后由 CCD 照相机记录下多至 4000 个天体的光谱。

LAMOST 光学系统具有很多特点：①光轴固定，MA 镜法线跟踪天体，没有盲区，镜面重力变化小。②光学参考点在系统内，便于光学波前实时监测。③有世界上最大的望远镜的焦面，可以容纳最多的光纤。④镜面初始形状为平面和球面，造价低。⑤MA 非球面镜面形状是由主动光学产生，不是磨制决定的。⑥全反射光学系统，波段不受限制。⑦主光线与焦面垂直，便于多目标光纤观测。

LAMOST 在国际上独创了一块镜面上同时有薄变形镜面和拼接镜面的主动光学技术，以及在一个光学系统中用两块拼接镜面的技术，使新概念的 LAMOST 大视场兼备大口径望远镜方案得以实现（图 2）。LAMOST 不仅使中国掌握了主动光学技术，还为自主建造 10 米大型和 30 米极**大型光学红外望远镜**创造了条件，将主动光学技术推进到新的国际前沿。

LAMOST 发明了分区并行可控双回转臂光纤定位方法（Zoned Parallel Controllable Dual Rotating Arm Fiber Positioning），

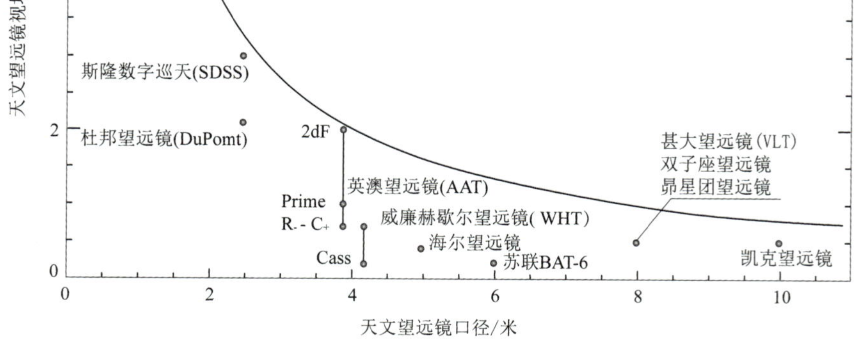

图 2　世界知名天文光学望远镜视场与口径 Etendu 曲线

与国际上已有的光纤定位方法比较，具有定位快、精度高、光纤位置可实时微调、运行成本低的优点。大焦面上的 4000 个光纤定位器可同时观测多至 4000 个天体的光谱，使 LAMOST 的光谱获取率世界领先。LAMOST 独创的光纤定位方法，已被国际上数个大规模光谱巡天项目（DESI、PFS、SDSS-V）所仿效。

LAMOST 配备的 16 台光谱仪是世界上最大的光谱仪集群。每台光谱仪具备两种观测模式，低分辨率模式：工作波段为 370～900 纳米，光谱分辨率为 1000～2000；中分辨率模式：波长覆盖分别为 495～535 纳米和 630～680 纳米，光谱分辨率 7500。

LAMOST 是集光学、精密机械、电子、自动控制和海量数据处理于一体的现代技术集成系统，主要包括：61 块 1 米级六角形光学镜面，2000 多个测量与控制光学镜面的纳米级精度的传感器和促动器，近 1 万只控制电机，4000 根光纤（总长 130 千米）及光纤定位系统，16 台**多目标光纤光谱仪**，32 台科学级 CCD 相机，251 台控制计算机和 80 余万行软件代码。LAMOST 在视场、口径、光纤数（或焦面面积）三项最重要的光谱巡天指标上均占据国际领先地位。

主动光学先驱、**欧洲南方天文台**天文光学专家 R.N.威尔逊说：“我对 LAMOST 有非常高的评价。LAMOST 不仅是唯一能使施密特望远镜的口径增大的途径，而且是主动光学的最先进和雄心勃勃的应用。LAMOST 的成功对未来望远镜的研制是非常重要的。……LAMOST 的成功，不但是中国科技的胜利，也将是整个国际天文界的胜利。”

作为中国天文界的第一个国家重大科学工程项目，LAMOST 于 1997 年 4 月由国家批准立项，2001 年 8 月项目开工建设，2008 年 8 月完成全部建设任务，2008 年 10 月 16 日在中国科学院国家天文台兴隆观测基地举行落成典礼，2009 年 6 月 LAMOST 项目顺利通过国家验收（图 3）。在“国家验收意见”中指出：“LAMOST 工程以其创新的概念、设计、技术和工艺，开创了中国高水平大型天文光学精密装置研制的先河。……成为中国光学天文望远镜研制的又一个里程碑。”“通过 LAMOST 的建设，……为中国研制更大口径、更高水平的天文望远镜奠定了坚实基础。同时，LAMOST 的建成表明中国已具备了用拼接镜面方式自主研制更大口径光学望远镜的能力，并为中国今后主导或参与极大口径光学望远镜的国际合作奠定了坚实的技术基础。”

图 3　LAMOST 俯瞰图

LAMOST 的成功引起了国际天文界对超大规模光谱巡天的高度重视，激发多架口径 4～12 米的光谱巡天望远镜纷纷开始或计划开展一次观测数千上万个天体光谱的大规模光谱巡天。

大规模光谱巡天的开拓　美国加州理工学院天文学家 R.斯蒂尔在 LAMOST 落成典礼上的致辞说道：“我们需要光谱信息才能深入研究天体。现在中国天文界在大视场光谱巡天方面占据了强有力的位置，足以让国际天文同行羡慕中国可以充分利用这些新的巡天观测结果。”

LAMOST 在国际上率先开展千万量级的大规模光谱巡天，是世界最大规模的光谱巡天平台，数据处理达到国际先进水平。受台址条件的限制，LAMOST 主要研究**银河系**的结构和演化、恒星物理和特殊天体的搜寻。

LAMOST 于 2011 年 10 月启动先导巡天，2012 年 9 月起开始正式巡天。到 2023 年 6 月，LAMOST 共观测了 8666 个天区（图 4）。已发布的 DR10 数据集中光谱总数达到 2229 万条，远超过世界上其他巡天项目发布的光谱数总和。此外还包括一个约 961 万组的**恒星光谱**参数星表，部分恒星首次增加了碳、镁、钙等 12 种化学元素的金属丰度参数，这是截至 2023 年全世界最大的恒星参数星表。

自巡天以来，截至 2023 年 5 月，天文学家利用 LAMOST 数据已发表科研成果 1300 余篇，引用 15 000 余次。根据科学引文数据库（Web of Science）平台的统计，2017～2023 年，在全球 10 架口径 6 米以上的中大型地面光学望远镜中 LAMOST

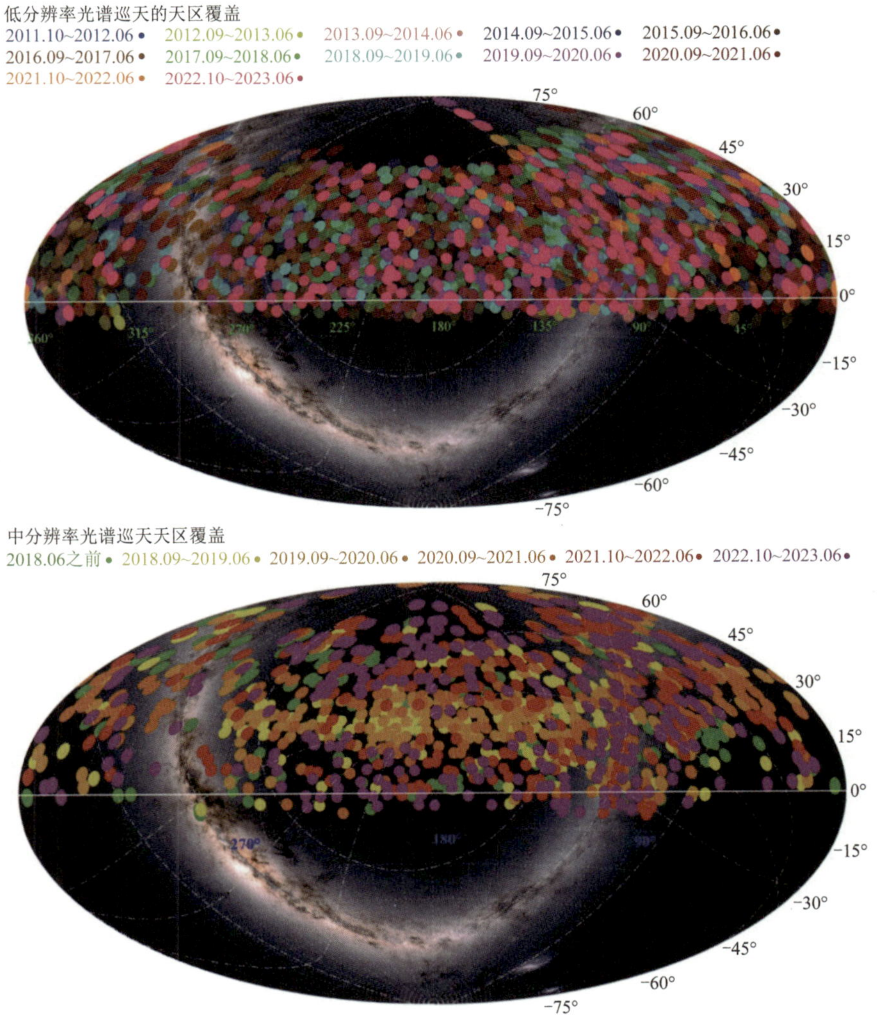

图 4　LAMOST 天体光谱巡天天区覆盖图（2011 年 10 月至 2023 年 6 月）

的科学产出排名第三（图 5），外国天文学家利用 LAMOST 数据发表科研成果约占 40%，充分体现了 LAMOST 数据的科学能力和国际影响力。

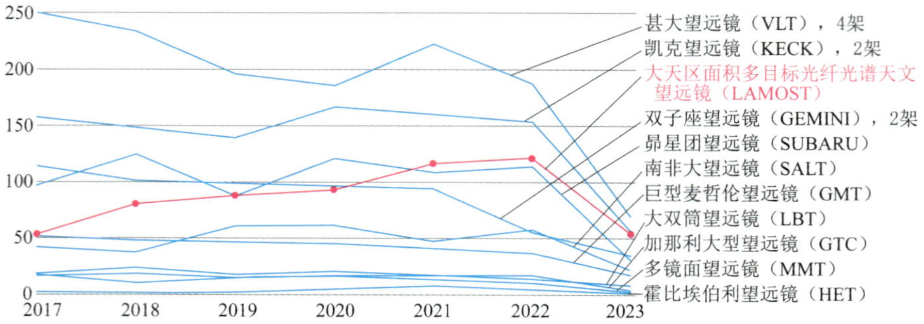

图 5　2017～2023 年 LAMOST 与全球 10 架口径 6 米以上望远镜科学产出对比

天文学家利用 LAMOST 数据在**银河系结构**与演化、恒星物理研究、特殊天体搜寻等前沿领域取得了一系列有影响力的研究成果。一批高显示度的成果引起了广泛关注。

银河系结构与演化　利用LAMOST数据大样本优势给银河系“重新画像”：①**银盘**半径大小两次被刷新，从增大 25%，到增大到一倍，使天文学家重新审视星系形成及宇宙演化的一般规律。②改写银河系晕的结构特征，确立内扁外圆的新结构，推翻了前人关于恒星晕是一个轴比不变的扁球体的猜测，对于理解银河系恒星晕的形成历史和演化提出了新的挑战。③发现银河系并合形成的新证据：在运动学空间发现 7 个源自银河系并合过程的新星流，占国际同类发现总数的一半；在化学空间发现了 33 颗丰度不同于普通恒星的“低 α 丰度恒星”，是国际同类发现总数的两倍。④利用 LAMOST 数据对太阳附近的**暗物质**密度进行了重新估算。这对寻找暗物质粒子、理解暗物质在银河系中分布具有重要意义。⑤利用 LAMOST 数据计算出截至 2023 年最为精确的银河系旋转曲线并构建了银河系的质量模型，估算出银河系的质量和太阳邻域暗物质密度。⑥首次在银河系中发现低镁的快中子俘获过程元素超丰恒星，开创了用化学 DNA 识别银河系中的“星系际移民”的新纪元。⑦在银河系晕中发现 40 余组子结构，首次得到了银河系晕中大样本子结构的六维参数信息，精确地展现出银河系现在的结构以及其过去的**吸积**历史。⑧首次精确地描绘了银河系外晕中人马座星流的三位空间轨道分布。⑨首次认识到场星双星已不是原生状态，而在诞生之初就发生变化。⑩构建了近 14 万颗**红团簇星**的精确距离、质量、年龄和三位速度信息。基于该数据获得了**银盘翘曲**和银盘速度场的相关证据。⑪揭示了反银心子结构不是被银河系吸积的矮星系的遗迹，而是银河系外盘的一部分，终结了天文界关于反银心子结构起源的纷争。⑫获得截至 2023 年最为精确的**银河系年龄**图，按照时间序列清晰还原了银河系幼年和青少年时期的成长故事，改写了人们对银河系早期形成历史的认知。⑬在金属含量最低的**球状星团**遗迹中证认了一颗恒星，金属丰度约为太阳的 1/2500，挑战了传统认知中球状星团的金属丰度下限。⑭发现第一代超大质量恒星化学遗迹等。

恒星物理研究　在恒星物理方面，亮点成果如雨后春笋不断涌现：①精确估算了上百万颗恒星的年龄，使具有精确年龄的恒星样本增加了 1000 倍。为**银河系演化**研究提供了基础数据。②测量近 6000 颗**类太阳恒星**的磁活动指数，发现太阳具有与超级耀斑恒星相当的磁活动水平，证实太阳有爆发超级耀斑的可能。③首次测量了近 700 颗**系外行星**的轨道偏心率和倾角。发现约八成的行星轨道都如同**太阳系**的近圆形轨道。表明太阳系在宇宙中并不是一个特例而是具有一定代表性的。在某种程度上增强了人类寻找另一个地球和地外生命的信心。④发现了一类新的太阳系外行星族群——热海星，它们与热木星有相似的特征，为揭开热木星和其他短周期行星起源提供了关键的线索和新的研究方向。⑤验证了只有 30%的类太阳恒星周围存在“超级地球”，太阳系不存在“超级地球”属于正常现象。⑥构建了世界上最大的早型星星表和第一个最大的 A 型星星表，并测算 4 万余颗早型星的恒星参数。⑦发现了 3000 余颗光谱双星，有些可能是 Ⅰa 型超新星的前身星，可被作为宇宙的“标准烛光”。⑧首次揭示了**初始质量函数**会随着恒星金属丰度和恒星形成时间发生变化。颠覆对初始质量函数普适性的认知，对恒星形成理论提出了前所未有的挑战。⑨发现了 40 颗具有异常特性的**红巨星**。⑩发现天文测距最好的标准烛光等。

特殊天体搜寻　在LAMOST光谱中“星海拾珍”，搜寻奇异天体：①发现了万余颗金属含量低于太阳百分之一乃至万分之一的贫金属星，构建了世界上最大的、适合现有大望远镜跟踪观测的宇宙化石样本。同时，发现了一批极其稀有的、锂元素丰度超过正常值上百倍的小质量贫金属星，对其结构和演化提供全新的理论研究视角。②发现了 5 颗**超高速星**，截至 2023 年，世界上已证认的超高速星仅有 20 余颗。为深入研究高速星提供了重要的样本。③**白矮星**是绝大多数恒星最终演化的产物，发现了大量不同种类的白矮星，LAMOST 被誉为“白矮星猎手”。④采用视向速度检测的方法批量搜寻宁静态的**黑洞**，在 LAMOST 数据中发现了一颗恒星级黑洞，打破了依赖 X 射线搜寻致密天体的观测限制。开创了搜寻恒星级黑洞的新方法；利用上述方法发现了一颗宁静态的**中子星**，它与一颗**红矮星**组成了旋转的双星系统；以色列天文学家也发现了一个包含宁静态中子星的双星系统；中国天文学家发现一个为 1.1～1.3 个太阳质量的中子星和晚 A 型恒星组成的双星系统，还发现了一个质量极低的白矮星前身星与大质量白矮星组成的双星系统。⑤发现 44 颗富锂**巨星**候选体，构建了国际上一致性最好、数据量最大的高分辨率富锂巨星样本。⑥发现 16 032 颗 OB 星，是世界上最大的、准确度最高的 OB 星表，该星表已被作为基础数据用于研究银河系外盘年轻恒星的运动。⑦发现 6 颗 Oe 星，为世界上仅发现的 13 颗 Oe 星样本扩充了 50%的成员。⑧星震学与光谱学相结合，证实富锂巨星的真身主要是红团簇星，而并非传统上所认为的红巨星，挑战了锂增丰理论。⑨一次性发现 591 颗高速星，将国际上高速星的总数翻倍。⑩新发现 135 颗 O 型星，使总样本的数量增加了 1/5。⑪发现了一颗罕见的、正处于演化过程阶段的**激变变星**，伴星是正在膨胀的恒星氦核等。

捕获来自遥远宇宙的信息　①近邻主星系样本是 21 世纪开始的大规模星系光谱巡天中的经典之作。由于光纤碰撞效应，该样本在小尺度上具有较高的不完备性。LAMOST 将这些遗漏的星系作为补充星系样本进行观测，新增证认了近万个密近星系对。这些密近星系对为研究星系的并合过程具有重要的科学价值。②证认 56 175 颗**类星体**，最远的类星体红移是 4.8。其中，31 866 个是 LAMOST 独立发现的，24 127 个是 LAMOST 首次发现。LAMOST 类星体巡天成为截至 2023 年世界上发现类星体数目第二的巡天项目，仅次于美国斯隆数字巡天（SDSS），已超过澳大利亚两度视场巡天（2dF），为研究类星体光谱变化、发现特殊类星体等研究工作提供了丰富的光谱数据。③分析了43 000个星系，成功测量了这些星系的平均年龄和金属丰度，首次发布了LAMOST星系的**星族**基本参数星表，为更加深入地理解星系的形成与演化历史提供了重要的数据支撑。④发现了1547个致密星系，其中1417个为最新发现，包括大量绿豌豆星系、蓝莓星系及紫葡萄星系等。这是一次性新发现致密星系数量最多的研究工作。这些星系个头小，亮度暗，观测非常受限。在这之前，最大的具有光谱信息的致密星系样本仅有约800个成员。该数据集为了解早期宇宙星系的形成与演化提供了新的视角。⑤建立了最大的**致密星系群**样本。致密星系群是星系演化过程中所处的一种特殊而短暂的状态。完备的样本对理解星系的成长具有十分重要的意义。⑥首次获取了9万颗星系内部区域的恒星运动数据，将助力天文学家更加深入地理解星系的形成及星系中的暗物质成分等。

未来展望 国际天文界包括美国、德国等国著名天文机构在内的194所国内外科研院所和大学利用LAMOST数据开展研究工作。随着发布数据的增加，更多高显示度的研究成果将会陆续出现。

LAMOST实现了立项时“在现有台址建造换取科学和技术成就提前十年”的策略。LAMOST助力中国天文在银河系结构与演化、恒星物理等研究领域走向国际前沿。在银河系大规模光谱巡天方面，LAMOST首次实现了天区覆盖、巡天体积、采样密度及统计完备性等方面的重大突破，填补了中国大型天文基础数据的空白，为开展银河系特别是银盘的系统研究提供了极好的、具有传承价值的样本。LAMOST的建成和运行有力地推动了中国近场宇宙学的发展，培养了一批掌握世界最新数字巡天观测技术的优秀青年人才，并为发展中国新一代天文光学红外观测设施积累了宝贵的技术力量、人才队伍和运行管理经验。（赵永恒 崔向群）

大行星运动理论 theory of the motion of major planet 研究**太阳系**中大行星的轨道及其稳定性的理论。人们自古就注意到了金星、木星、水星、火星、土星五大行星在天上的运动。古巴比伦人已经相当准确地知道行星的公转周期，并把观测到的运动用经验公式表示出来。中国也很早就测定了行星的公转周期和会合周期，在马王堆出土的帛书中就有这方面的记载。稍后，希腊人用几何方法来解释行星的运动，2世纪时出现的托勒密的**地心体系**就是这些学说的代表。这个体系在欧洲天文学中统治了14个世纪之久，直到N.**哥白尼**的**日心体系**出现后，才把被颠倒了的太阳和地球的位置重新颠倒过来。不过，哥白尼也还未能摆脱圆周运动的旧观念。17世纪初期，J.**开普勒**系统地分析了**第谷**的观测结果，发现行星绕太阳运行的轨道不是圆，而是椭圆，并归纳出著名的行星运动三大定律（见**开普勒定律**）。他相当准确地揭示了行星运动的规律。根据这些定律已能解释当时所知的行星运动现象，并把推算行星位置的精度提高到1′～2′。但是，开普勒定律毕竟只是对行星运动现象的概括描述，还不能对这种现象做出动力学的解释。开普勒本人也发现，他的理论并不能圆满地解释木星和土星的运动。

1687年，I.**牛顿**发现了著名的**万有引力定律**，为行星运动现象做出动力学的解释。按照牛顿的理论，行星若只受太阳引力的作用，则它的运动就遵循开普勒定律，只是开普勒第三定律还应做微小的修正。实际上，行星不仅受到太阳引力的作用，而且还受到其他行星引力的影响，所以行星的运动情况相当复杂。直到今天，人们还不能得到行星运动方程的严格解。在18～19世纪，由于航海定位等实用需要，一些国家先后出版天文航海历书，加上分析方法的发展，建立行星运动方程近似解的分析理论就成为当时**天体力学**的一个主要课题。很多杰出的数学家都在这方面进行研究，并取得了很大的成就。在太阳系中，太阳质量比行星大千倍以上，因而太阳对行星的引力远比行星相互间的引力大。在求行星运动方程的近似解时，通常可从**二体问题**出发，研究真实轨道运动对椭圆运动的偏离，求出摄动的分析表达式。这样，不但便于计算行星在较长时间内的具体位置，也可以了解行星轨道运动的一些性质。

研究行星的轨道运动，还可以反过来探求影响其运动的物理机制。在这方面有两个著名的事例。其一是**海王星**的发现。自从1781年F.W.赫歇尔在系统的巡天观测中发现**天王星**以来，人们察觉到在这颗新行星的运动中有一些无法解释的不规则性。半个世纪以后，J.C.**亚当斯**和U.-J.-J.**勒威耶**各自分析了天王星的运动，断定有一颗未知的行星在影响它的轨道，并且以惊人的精度指出新行星在天空中的位置。1846年，终于在他们指出的位置发现了海王星。其二是**水星近日点进动问题**。勒威耶发现水星近日点每世纪有38″的反常进动，不能用万有引力定律解释。稍后S.**纽康**更精确地测定这个差值为43″。这就引起人们的种种猜测，有人认为万有引力定律中的平方反比规律有问题，有人则认为这种现象是由一颗未知的水内行星的摄动引起的，但所有这些猜测都未能成立。直到20世纪初，A.**爱因斯坦**发表广义相对论，才解开了这个疑团。

行星运动理论是编制行星历表的基础。J.-L.拉格朗日确立了研究行星运动的方法。他把行星的真实轨道看作一系列不断变动的椭圆，并推导出椭圆轨道根数随时间变化的微分方程组，可以用逐次近似法将这个方程组进行积分而得到轨道根数的分析表达式。在这些表达式中，含有和时间t成正比的项，称为长期项或**长期摄动**。长期项反映出轨道根数的变化趋势。其中，半长径a和偏心率e的长期摄动，在研究太阳系稳定性方面占重要地位。表达式中其他各项都是t的周期函数。它们又可分为短周期项和长周期项。如果两行星的平均角速度n和n的比值很接近简单分数，就会出现周期很长且系数特大的长周期摄动。在木星和土星的相互摄动中就出现这种情况，它们的平均角速度比值接近5∶2，因而产生显著的长周期摄动，对木星为1196″，对土星达到2908″，周期约为890年。

计算行星位置更方便的方法是直接研究行星坐标的摄动。在这类方法中，最有名的是P.-S.**拉普拉斯**和S.纽康的方法。19世纪纽康建立的内行星运动理论，兼有轨道根数摄动和球坐标摄动法的特点，把轨道根数表示为时间的多项式，求出相应的椭圆坐标后，再加上黄经、黄纬和向径的周期摄动。直到现在，各国**天文年历**仍然根据纽康理论编算内行星的历表。用汉森方法研究大行星运动也很有效。这种方法假定行星在密切平面上做椭圆运动，计算其平近点角、向径和轨道平面的摄动。G.W.希尔用汉森方法建立了木星和土星的运动理论。

大型计算机的出现，使数值方法得到广泛的应用。1951年W.J.埃克特等对五颗外行星的运动方程同时进行数值积分，计算了它们在1653～2060年的日心坐标，这套历表为各国天文年历所采用。其后又陆续出现了多种更为精密的数值历表，供行星际探测使用。G.M.克莱门斯最早利用电子计算机研究行星普遍摄动来建立火星理论。他根据经典的汉森方法，利用电子计算机演算，考虑到二阶和部分三阶摄动，精度达到0.02″～0.03″，已能符合现代观测的要求。以后，考虑电子计算机的特点，在方法上又有新的发展。例如，用迭代法代替经典的、按摄动天体质量展开的方法，可使逐次近似过程最大程度自动化，并达到较高的精度。

随着空间技术的发展和雷达、激光测距在行星定位上的应用，为研究行星运动积累了大量丰富精确的观测资料，同时也向理论工作提出了更高的要求。特别是新的**天文常数系统**的采用和行星质量系统的重新测定，使更新现有的行星运动理论和行星历表成为当务之急。在这方面已有不少成就，其中包括用轨道根数摄动法建立的文字理论和用穆森坐标摄动法建立的半分析理论等。（冼鼎璋）

大型光学红外望远镜 large optical/infrared telescope　口径8～10米的光学红外望远镜。1948年美国在位于加州的**美国帕洛马山天文台**建成口径5米（主镜直径5.08米）的海尔望远镜。海尔望远镜是纪念美国天文学家G.E.海尔的。至1975年俄罗斯（苏联）在位于北高加索地区的**俄罗斯科学院特殊天体物理台**（SAO）建成6米（主镜直径6.05米）望远镜（BTA），之前的25年里，海尔望远镜一直是世界上最大的望远镜。俄罗斯6米望远镜开拓了大型望远镜采用结构对称的地平式机架的先河，但由于重达42吨的6米主镜边缘的缺陷，实际使用口径没有达到预期。5米海尔望远镜和俄罗斯6米望远镜均为望远镜建造史上的里程碑。

天文观测追求更高的集光能力和更精细的分辨能力，就需要口径更大的望远镜。俄罗斯6米望远镜遇到的问题使望远镜专家们清楚地认识到，要建造更大的望远镜需要创新概念的望远镜，要发展新技术以克服很重的大口径镜面和机械结构的重力变形和热变形，以保持高精度的镜面形状和位置。得益于20世纪60～70年代计算机技术的迅速发展，大于5米口径的大型望远镜可以采用结构对称紧凑的地平式机架跟踪天体，可以用有限元方法优化得到刚度好、重量轻的**望远镜机械结构**，更主要的是成功发展了计算机控制光学系统和镜面形状的**主动光学**技术的发展，使得望远镜的口径增大成为可能。

从20世纪90年代初至2009年的近20年间，全世界已陆续有14架口径8～10米的望远镜投入观测，包括：美国的2架10米口径的凯克望远镜，安装在夏威夷，分别于1993年和1996年建成[first light（初光）]；**欧洲南方天文台**（ESO）的4架8.2米甚大望远镜（VLT），安装在智利，于1998年至2001年陆续建成（初光）；美、英、加等七国联合建造的2架8.2米双子座望远镜（GEMINI），分别安装在夏威夷和智利，于1999年和2001年建成（初光）；日本建造的1架8.3米昴星团望远镜（Subaru），1999年建成（初光）；美国9.2米的霍比埃伯利望远镜（HET），建造在新墨西哥州，于1997年建成（初光）；南非等六国联合建造的坐落在南非的9.2米非洲南部大望远镜（SALT），于2005年建成（初光）；美、德、意联合建造的2架8.4米大双筒望远镜（LBT），安装在美国亚利桑那州，分别于2005年和2007年建成（初光）；西班牙建造的10米加那利望远镜（GTC），安装在西班牙加那利群岛，于2009年建成（初光）。

14架8～10米望远镜中，2架10米凯克望远镜都可以单独观测，也可以形成一架80米基线的一维长基线光干涉望远镜，在红外波段开展高分辨观测；VLT的4架8.2米望远镜的单架望远镜可以单独观测，也可以组成一个4架8.2米望远镜和4架1.8米望远镜的两维干涉阵在红外波段实现200米基线的高分辨观测；LBT的2架8.4米望远镜安装在同一个望远镜的地平式跟踪机架上，可以能量叠加等效11.8米口径的望远镜，或在红外波段相干实现22.8米基线高分辨率观测。

这些8～10米望远镜发展的新技术使望远镜大大降低了造价；使得望远镜口径增大成为可能；使望远镜本身的成像质量提高一个数量级；使望远镜在红外波段实际达到衍射极限，分辨率大大提高至少10倍。这些新技术包括拼接镜面主动光学技术、超薄镜面主动光学技术、**自适应光学**技术、光干涉技术、光学红外CCD探测器、镜坯的轻量化、快焦比大镜面磨制和检测技术、望远镜结构优化设计、大惯量低速高精度跟踪技术、五自由度运动的副镜主动准直机构、**圆顶**视宁度和镜面视宁度的改善。

这批8～10米望远镜装备了一大批仪器，包括成像和光谱仪器。有很多是多目标光谱仪，或成像和光谱两用的仪器。这些仪器包括不同分辨率和不同波段，覆盖0.3～27微米波段。这些望远镜的第2代仪器也开始研制。现有的8～10米大望远镜大部分在正常运行，用这些望远镜得到了很多天文上的新发现，揭示了一些前所未知的宇宙秘密，使人类对宇宙的认识进入到一个崭新的阶段。预计未来这些望远镜都将进一步完善和改进，使其达到更高的水平，以适用更高的科学目标的要求。（崔向群）

大熊湖太阳天文台 Big Bear Solar Observatory　美国一家进行太阳观测与研究的天文台。见**美国海尔天文台**。

大熊座W型食双星 W UMa eclipsing binary　食外显著变光，主极小食甚比次极小食甚稍暗的**食双星**。以大熊座W为原型的一类食双星在宇宙中非常普遍，数量能占到所有恒星数量的1%，该类食双星的两颗子星非常靠近，甚至两颗星表面已经互相接触到。因为外面数层的气体是共有的，因此被称为共包层联星。经由两颗星相连之处，双方的质量和热可以相互流通，会使两颗星的温度一致。

大熊座W型食双星一开始分成两个次分类：A型和W型。A型的两颗星都比太阳热，光谱属于A或F型，周期在0.4至0.8天。W型的是温度较低，光谱为G或K型恒星，周期较短只有0.22～0.4天。大熊座W型星表面温度的差别通常都少于数百K。1978年，表面温度差异较大的新类型：B型被区分出来。2004年，H型（高质量比系统）被发现。H型的质量比大于$q=0.72$[q=（伴星质量）/（主星质量）]并且有特别大的角动量。

大熊座W型食双星的光度曲线和其他类型的食双星不同：①两颗星实质的接触在一起，因而经常性的食。②一颗星受到另一颗星重力的扭曲。因为两颗星的光度几乎相等，因此食亮度的极小值也几乎是一样的。（沈良照）

带形射电望远镜 tiltable plate radio telescope　主反射面呈带形的**射电望远镜**的统称。最普通的是主反射面是抛物柱面的带形射电望远镜（图1）。它的主反射面是

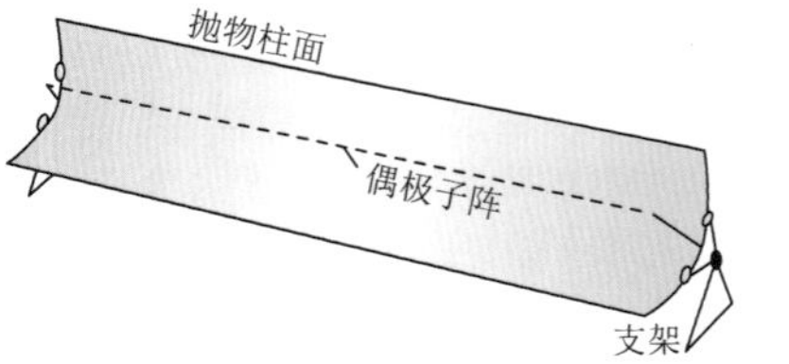

图1　抛物柱面带形射电望远镜

抛物柱面，馈源是平行于柱面的偶极子阵，仰角可控。有的带形射电望远镜是固定式，可以是单天线带形射电望远镜或多天线系统的带形射电望远镜阵。

中国天籁项目中的抛物柱面带形射电望远镜（图2），其口径40米×15米，抛物

图2　中国天籁项目抛物柱面带形射电望远镜（陈学雷摄）

柱面天线的焦点上放置 96 个双极化馈源阵，柱面轴在南北方向，天线面由金属丝网组成，工作频率为低频。（郑兴武）

戴维斯，R. Raymond Davis（1914-10-14～2006-05-31） 美国物理学家和天文学家。生于美国华盛顿特区，卒于美国纽约州布卢波因特。1938 年本科毕业于马里兰大学化学专业，1942 年获耶鲁大学化学博士学位。1948 年任职于布鲁克海文国家实验室化学部，1964 年被授予高级化学家称号。1985 年任宾夕法尼亚大学物理与天文学系教授。

20 世纪 60 年代，戴维斯把一个装有 615 吨液态四氯乙烯罐放置在一个金矿的矿井中。罐中共有大约 2×10^{30} 个氯原子。他算出每个月应有大约 20 个中微子与氯核发生反应，应有 20 个氩原子产生。戴维斯改进了提取及计数这些氩原子的方法。他向四氯乙烯液体中通氦气，以使氩原子附在氦气上。实验数据的收集工作一直持续到 1994 年，总共提取了约 2000 个氩原子。这个数字比预期的小。根据实验中所采用的控制方法，戴维斯证明没有氩原子离开氯罐。这就说明要么是人们还未正确认识太阳上的反应过程，要么是有一些中微子在路上遗失。戴维斯的发现及他对仪器的改进为**中微子天文学**奠定了基础。由于对天体物理特别是在宇宙中微子探测方面做出了开创性贡献，戴维斯获 2002 年诺贝尔物理学奖和美国国家科学奖。

（郭奕玲 撰 石云里 修订）

戴文赛 Dai Wensai（1911-12-19～1979-04-30） 中国天文学家，中国现代**天体物理学**、天文哲学和现代天文教育的开创者、奠基人之一。生于福建龙溪（今漳州），卒于江苏南京。1933 年毕业于福建协和大学数理系，先后执教于协和大学、岭南大学和燕京大学。1937 年考取中英庚款留学生，赴英国剑桥大学学习天体物理，师从 **A.S.爱丁顿**。1940 年以《特殊恒星光谱的分光光度研究》论文获博士学位，1941 年回国，历任中央研究院天文研究所研究员、燕京大学数学系教授。中华人民共和国成立后，先后任北京大学教授，南京大学教授、天文系主任，国家科委天文学科组副组长，中国天文学会第一、二、三届理事会副理事长。1978 年 12 月加入中国共产党。

毕生致力科学研究、天文教学和科普工作，为中国的天文事业做出了重要贡献。他在恒星和星系方面发表过多篇论文，受到国际同行的高度评价，著有《恒星天文学》（1965）、《天体的演化》（1977）。晚年对**太阳系**起源问题做了较全面、系统的研究，提出了一种新星云说，总结在《太阳系演化学》（1979）一书里。1978 年他的太阳系演化学说获全国科学大会奖。在哲学方面也有很高的造诣。20 世纪 60 年代初提出"宇观"的新概念，以及"吸引与排斥是天体演化的基本矛盾"等观念，发表多篇自然哲学论文，极大丰富了天文学的哲学内涵。在多年的教育工作中，他主持和编写了一系列教材，《天文学教程》（1961）、《天体物理学方法》（1962）、《英汉天文学词汇》（1974）等，指导青年教师的教学和科学研究工作，为培养中国天文人才做出了卓越贡献。他还十分重视科学普及工作，撰写了大量科普文章，经常指导**天文爱好者**的活动。

1994 年，为纪念戴文赛，国际小行星命名委员会将国际编号 3405 号小行星命名为"戴文赛星"。（姜 冰）

丹戎，A.-L. André-Louis Danjon（1890-04-06～1967-04-21） 法国天文学家。生于法国卡昂，卒于法国巴黎。先后担任过斯特拉斯堡大学天文台台长（1930）、该校天文学教授（1931）、巴黎天文台台长和天体物理研究所所长（1945）、巴黎大学天文学教授（1946）等职务。曾两度担任法国天文学会主席，并主持过气象学会、计时学会等工作。1955～1958 年任国际天文学联合会主席。他早年从事大行星及其卫星、彗星等的观测和研究，在日月食、**月掩星**以及恒星测光等方面都发表过研究成果。20 世纪 50 年代初，他创制了超人差棱镜等高仪，在 1957～1958 年国际地球物理年期间，这种仪器为世界各地天文台站广泛使用，截至 21 世纪仍是精度较高的**天体测量仪器**。（陈美东）

单一星族 single stellar population 同一团气体云在同一时间坍缩形成的恒星集合。单一星族的恒星具有相同的年龄和化学组成。一般情况下，恒星都不会孤立形成，而是在**星团**中同时形成成百上千颗恒星。因为恒星不可能在完全相同的某一时刻突然形成，同一团气体云的化学组成也并非完全均匀，所以单一星族实际上是一个理想星族。天文学上所说的单一星族通常是指恒星的年龄和金属丰度都分布在一个十分狭窄的范围内，其中年龄的分布范围与星团内气体消耗的时间相当，约为几千万年。金属丰度的分布范围没有定论，因为单一星族的金属丰度弥散比测量误差还小。

天文学家通常通过星团的**赫罗图**来检验星团中的恒星是否是单一星族。单一星族在赫罗图上有非常明显的特征（见图）：一条十分狭窄的主序带，唯一的主序转折区，狭窄的**亚巨星**分支和**红巨星**分支，并且这些结构都可以被一条给定年龄和金属丰度的等年龄线完美穿过。通过这种方法，天文学家发现，绝大多数**疏散星团**都是单一星族的。**球状星团**也曾被认为是单一星族的标准范例，但在**哈勃空间望远镜**工作后，人们在很多球状星团中均发现了多个星族。

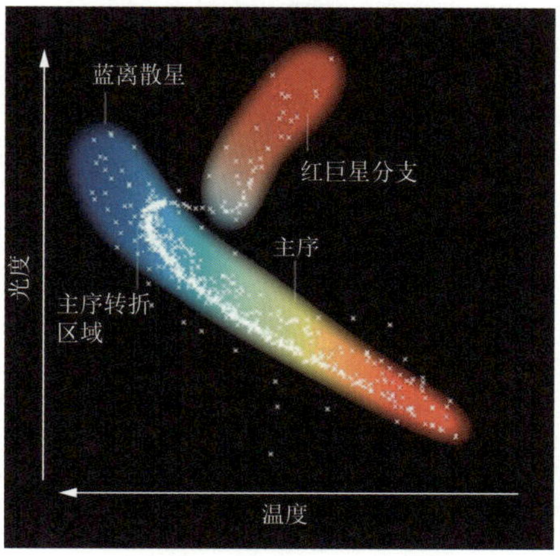

疏散星团 NGC188 的赫罗图

单一星族是现代天文学中一个非常有用的概念。研究单一星族的性质，如颜色、光度和光谱等，对研究星系中的星族非常重要，因为从理论上，可以通过多个单一星族的不同组合来重现星系复杂的恒星成分和演化历史。

图中从左到右，温度下降，颜色由蓝变红；从上到下，光度下降。主序转折点上方离散的点是该星团中的**蓝离散星**；连接主序转折区域和红巨星分支的是一个非常狭窄的亚巨星分支。NGC188 是天文学上的单一星族。（陈雪飞）

德西特，W.　Willem de Sitter（1872-05-06～1934-11-20）　荷兰数学家和天文学家。生于斯内克，卒于莱顿。就读于荷兰格罗宁根大学数学专业，其间成为格罗宁根天文学实验室的实验助理。1897年获得学士学位后受英国天文学家D.吉尔之邀到好望角天文台工作，开展对木星卫星的光学研究，以此作为博士论文方向。两年后回到格罗宁根天文学实验室担任助理，1901年获得天文学博士学位，导师是J.C.卡普坦。1908年任莱顿大学天文学教授，1912年当选荷兰皇家艺术与科学院院士，1919年任莱顿大学天文台台长。1925～1928年任国际天文学联合会主席。1929年荣获美国国家科学院詹姆斯·克莱格·沃森奖章，1931年荣获太平洋天文学会布鲁斯奖和英国皇家天文学会金质奖章，1934年荣获法国天文学会朱尔·让森奖。

除了对木星卫星的光学研究，德西特还利用木星4个大卫星的交食数据来确定它们的轨道参数和质量，于1929年出版《关于木卫的新数学理论》一书，对木卫动力学理论做了总结性阐述。在对木卫交食时间的研究中，他意识到相关数据会受到地球自转速度的影响，说明存在一种变化的潮汐摩擦力，能够对地球和月亮的运动产生影响。他在天体力学方面的另一项工作是对纽康提出的基本天文学常数进行改进。德西特还进行过不同银纬的恒星光度测量，确认银道带和银极区的恒星颜色系统差。

德西特是最早将爱因斯坦相对论同天文学结合起来的研究者之一。1911年，他讨论了狭义相对论原理与引力天文学的关系。1913年，他通过双星观测证明了光速不受光源速度的影响，从而结束了围绕这一问题的长期争议。1916～1917年，他就广义相对论的天文学结果发表了系列论文，在假定宇宙的空间不随时间变化、宇宙的物质平均密度趋近于零的条件下，求解爱因斯坦引力场方程，得到德西特静态时空度规，预言了宇宙的膨胀。1932年，爱因斯坦和德斯特联名发表文章，针对膨胀宇宙给出了爱因斯坦引力场方程的解，建立了爱因斯坦-德西特宇宙模型，提出宇宙中可能存在大量因不发光而未能被观测到的物质，预言了“暗物质”的存在。

（石云里）

登封观星台　Dengfeng Star Observatory　中国古代天文观测台。坐落在河南省登封市告成镇北，东经113°08′30.6″±31.5″，北纬34°24′16.9″±1.3″。中国历代许多天文学家曾到这里进行过天文观测。《周礼·地官·司徒》载：“以土圭之法，测土深，正日景（古“影”字，下同），以求地中……日至之景，尺有五寸，谓之地中。”东汉郑玄在注释中引用郑众的话说：“土圭之长，尺有五寸。以夏至之日，立八尺之表，其景适与土圭等，谓之地中。今颍川阳城地为然。”今观星台南20米处，尚保存有唐开元十一年（723）由天文官南宫说刻立的纪念石表1座，表南面刻“周公测景台”5字。表高196.5厘米，约为唐小尺8尺，表下石座上面北沿距表36.6～37厘米，切近唐小尺1.5尺，故知此表在规制上与《周礼》所载土圭测景说相近（图1）。

图1　河南登封周公测景台遗址高表

现存观星台创建于元朝初年，距今约700年。它不仅是中国现存最早的天文台建筑，也是世界上重要的天文古迹之一。观星台系砖石混合建筑结构，由盘旋踏道环绕的台体和自台北壁凹槽内向北平铺的石圭两个部分组成。台体呈方形覆斗状，四壁用水磨砖砌成。台高9.46米，连台顶小室统高12.62米。顶边各长8米多，基边各长16米多，台四壁明显向中心内倾，其收分比例表现出中国早期建筑的特征。台顶小室是明嘉靖七年（1528）修葺时所建。台下北壁设有对称的两个踏道口，人们可以由此登临台顶。踏道以石条筑成，在环形踏道及台顶边沿筑有1.05米高的阶栏与女儿墙，皆以砖砌壁，以石封顶。为了导泄台顶和踏道上的雨水，在踏道四隅各设水道一孔，水道出水口雕作石龙头状。台的北壁正中，有一个直通上下的凹槽，其东、西两壁有收分，南壁上下垂直，距石圭南端36厘米。

石圭用来度量日影长短，所以又称“量天尺”。它的表面用36方青石板接连平铺而成，下部为砖砌基座。石圭长31.196米，宽0.53米，南端高0.56米，北端高0.62米。石圭居子午方向。圭面刻有双股水槽。水槽南端有注水池，呈方形；北端有泄水池，呈长条形，泄水池东、西两头凿有泄水孔。池、槽底面，南高北低，注水后可自灌全槽，不用时水可排出。泄水池下部，有受水石座一方，为东西向长方形，其上亦刻有水槽一周。

中国天文学家郭守敬在元初对古代的圭表进行了改革，新创比传统“八尺之表”高出5倍的高表。它的结构和测影的方法、原理在《元史·天文志》中有较详细的记述。当时建筑在元大都的高表据记载为铜制，圭为石制。表高50尺，宽2尺4寸，厚1尺2寸，植于石圭南端的石座中，入地及座中14尺，石圭以上表身高36尺，表上端铸二龙，龙身半附表侧，半身凌空擎起一根6尺长、3寸粗的“横梁”。自梁心至表上端为4尺，自石圭上面至梁心40尺。石圭长度为128尺，宽4尺5寸，厚1尺4寸，座高2尺6寸。圭面中心和两旁均刻有尺度，用以测量影长。为了克服表高影虚的缺陷，测影时，石圭上还加置一个根据针孔成像原理制成的景符，用以接受日像和梁影。景符下为方框，一端设有可旋机轴，轴上嵌入一个宽2寸、长4寸、中穿孔窍的铜叶，其势南低北高，依太阳高下调整角度。正午时，太阳光穿过景符北侧上的小孔，在圭面上形成一米粒大小的太阳倒像。南北移动景符，寻找从表端横梁投下的梁影。这条经过景符小孔形成的梁影清晰实在、细若发丝。当梁影平分日像时，即可度量得相当准确的日影长度。

登封观星台的直壁和石圭正是郭守敬所创高表制度的仅有的实物例证。所不同的是，观星台是以砖砌凹槽直壁代替了铜表。经过实地勘测，直壁高度和石圭长度等结构与《元史》所载多相符合。石圭以上至直壁上沿高36尺，从表槽上沿再向上4尺，即为置横梁处，恰在小室窗口下沿，很适合人们在台顶操作。由此至圭面的垂直距离为40尺。

除了测量日影的功能之外，当年的观星台上可能还有观测星象等设施。元初进行“四海测验”时，在此地观测北极星的记录已载入《元史·天文志》中：“河南府阳城，北极出地三十四度太弱。”（“太弱”为古代一度的8/12）又据明万历十年（1582）孙承基撰《重修元圣周公祠记》碑载:“砖崇台以观星。台上故有滴漏壶,滴下注水,流以尺天。”由此可知观星台当是一座具有测影、观星和计时等多种功能的天文台。

图 2 登封观星台外景

中华人民共和国成立以后,对观星台台体和有关文物进行了加固维修。1961年,国务院公布登封观星台为全国重点文物保护单位(图 2)。(陈美东)

等级式结构形成 hierarchical structure formation 在标准宇宙学模型下,小质量结构(暗物质晕)首先形成,而后逐级并合形成越来越大结构的过程。亦称“由下而上”的结构形成。结构形成由原初的密度扰动开始,在引力作用下逐渐增长。在给定区域内,当密度扰动增长到一定大小,该系统会在自引力作用下开始坍缩。根据球坍缩模型,当该区域按线性理论演化的密度$\delta(x,t)=\frac{\rho}{\bar{\rho}}-1$超出坍缩的临界密度$\delta_c$(数值约为 1.69)时,该区域坍缩成质量为$M$的暗物质晕(简称暗晕)。式中$\rho$为该区域物质密度;$\bar{\rho}$为背景宇宙的平均物质密度。$M$为该区域中的物质总质量。在线性理论适用的范围,密度扰动$\delta(x,t)$随时间的变化正比于增长因子$D(t)$,在初始共动半径为r(质量$M=\frac{4\pi}{3}\bar{\rho}r^3$)的众多不同区域,其密度扰动方差$\sigma^2(r,t)$正比于$D^2(t)$。当$\sigma$增长到$\delta_c$量级时,质量为$M$的暗晕会大量形成。如果物质功率谱是幂律谱的形式,即$P(k)\equiv V_u<|\delta_k|^2>\propto k^n$[$\delta_k$是密度扰动$\delta(x,t)$的空间傅里叶变换,$V_u$是对应的体积],则有:

$$\sigma^2(r,t)=\left[\frac{r}{r^*(t)}\right]^{-(n+3)}=\left[\frac{M}{M^*(t)}\right]^{-(n+3)/3}$$

式中$r^*(t)\propto[D(t)]^{2/(n+3)}$为特征尺度;$M^*(t)\propto[D(t)]^{6/(n+3)}$为特征质量。当$n>-3$时$M^*(t)$随时间$t$增长,即小质量系统首先形成,这些小质量的暗晕继而通过吸积和并合进一步生成越来越大的暗晕。在冷暗物质宇宙模型中$n>-3$,并合树结构由这种“自下而上”的方式形成(见图)。相反的,在热暗物质宇宙学模型中$n<-3$,大尺度结构先形成,小的结构则由大的结构碎裂而成,即结构“自上而下”形成。通过莱曼 α 丛等观测,目前已经排除了热暗物质宇宙学模型。

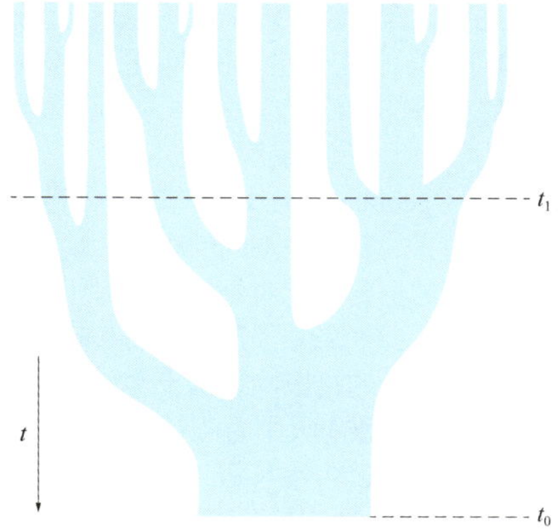

并合树示意图

作为结构的示踪体,星系的形成也遵循“自下而上”的等级形成模式。星系的并合在近邻宇宙随处可见,其并合率随红移增加而变高。银河系也是等级结构形成中的一环,银河系周围的矮星系正在逐步靠近,人马座矮星系正在经历与银河系的并合。在遥远的未来,仙女星系(M31)将与银河系并合形成一个大的椭圆星系,本星系团将进一步与室女星系团并合,并最终并入拉尼亚凯亚超星系团。(郭 琦)

等离子体天体物理学 plasma astrophysics 应用等离子体物理学的基本理论和实验结果来研究天体等离子体的各种物理过程的学科。包括理论探讨和天文实测对理论的检验两个方面。

宇宙物质绝大部分处于等离子态。如地球的电离层和地球磁层、行星际空间的太阳风、太阳及太阳大气、某些磁变星、星际介质以及星系际物质等。天体等离子体远非处于热动平衡状态。宇宙间存在各种不稳定过程(如太阳耀斑和各种类型的太阳射电爆发,即使太阳在“宁静”期间,也存在巨大的不稳定性),因而在等离子体中不断地激起各种波动,形成复杂的湍动状态。行星际空间的太阳风在地球附近形成的地球弓激波、磁层亚暴等,都说明天体等离子体往往处于湍动状态。又如超新星、类星体、星系核、星系核风以及脉冲星周围的等离子体,也都同热动平衡的状态相差很远。

等离子体天体物理学着重研究天体等离子体中的各种物理过程。天体等离子体中两体碰撞不是粒子间相互作用的主要形式,更重要的是带电粒子(电子和离子)间的集体相互作用,它能激发各种振荡和波动。各种形式的等离子体波可看作准粒子,称为等离子体激元。由于各种不稳定性的存在,等离子体处于湍动状态。湍动状态下,等离子体中各种形式的波动之间,往往发生强烈的非线性相互作用,并引起能量在频谱中的再分布。这种作用通常叫作波-波作用。此外,波和带电粒子之间可产生更有效的相互作用使粒子加速,导致辐射谱的特征发生改变。这种作用通常叫作波-粒子作用。现代等离子体天体物理学正是要探索和研究在各种可能的天体物理条件下这些相互作用的物理规律。

天体等离子体经常处于很复杂的物理状态。这表现为:①通常存在不均匀结构。②电导率远小于按经典的两体碰撞理论所计算的值,致使磁流体力学中的“磁冻结”失效。③由于不稳定性而导致等离子体出现剧烈活动,并伴随湍流。大量实验证明:等离子体中的不稳定性是很容易产生的,等离子体状态对热动平衡有微小的、有时甚至是可能被忽略的偏离,也会导致天体等离子体向湍动状态转化。产生不稳定性所需要的对热动平衡偏离的最小值,称为不稳定性阈值。对诸如星际物质、太阳风、日冕、类星体外部区域和脉冲星辐射区域的研究表明,在这些天体上都可能达到不稳定性阈值,并形成等离子体湍动状态。处于湍动状态的天体等离子体必然会改变对天体物理观测所做的传统解释,如湍流将导致天体等离子体出现谱线增宽、改变天体等离子体的电离度,以及加热等离子体;湍动状态的等离子体又可将其湍动能转化为电磁辐射能等。(尹其丰 赵凯华)

等值宽度 equivalent width 一种定量刻画谱线特征强度或者谱线流量的参数。在谱线图中以等值宽度为边、从零值延伸到连续谱(强度归一化)的矩形,与谱线同连续谱围成的面积相等(见图),该面积表征特定波长位置附近吸收的光子数。

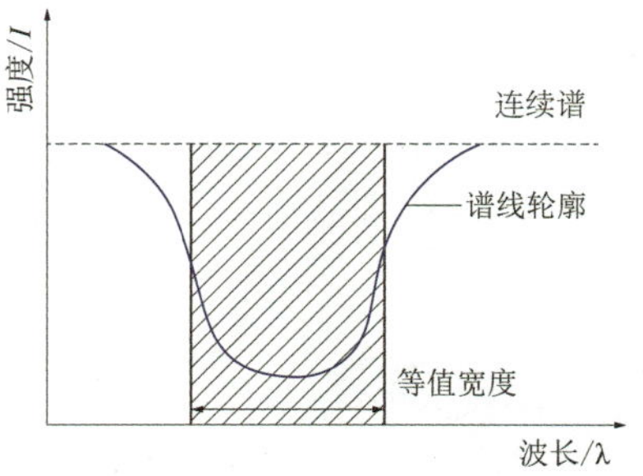

等值宽度定义

谱线的等值宽度直接与发生能级跃迁的原子数相关,不受光谱线位置、形状特征、分辨率、多普勒展宽等因素的影响,可用于定量比较谱线强度,是研究恒星化学丰度、星系中恒星形成率等的重要参数。(胡中文)

低面亮度星系 low surface brightness galaxy; LSBG 中心面亮度非常低以至难于从天空背景上检测出来的一类星系。这类星系数量很多，包含了可见宇宙中相当大部分的质量，可能是尚未充分演化的系统。低面亮度星系的中央区与矮星系相似，质量包含在一个大的中性氢盘中，可在射电波段观测到，也可能表现为高红移类星体光谱中的阻尼莱曼 α 系统。低面亮度星系的一个典型例子是梅林 1（见图），距离银河系约 10 亿光年。截至 2015 年，是已知

低面亮度星系梅林 1

最大的螺旋星系，直径约 65 万光年，是银河系的 3 倍多，总质量超过太阳的 2 万亿倍，但富气盘非常暗弱。于 1986 年才由英国天文学家 D.F.梅林在经特殊处理的照相底片上发现。（赵君亮）

的里雅斯特天文台 Astronomical Observatory of Trieste 位于意大利北部的里雅斯特市的一个天文研究中心。源于 1753 年奥地利在的里雅斯特建立的航海学校，当时为培训船长而开设天文学课程。1851 年学校设立了第一个天文台，1866 年学校正式设立天文研究所，1898 年天文台成为独立机构并搬至靠近圣维托和圣朱斯托山的城堡里（见图）。1919 年的里雅斯特被划归意大利，1999 年，天文台成为意大利国家天体物理研究所（INAF）的一个研究所。主要

的里雅斯特天文台城堡

研究河外天文学和宇宙学、恒星物理学、星际介质和星系、太阳和太阳系物理学、高能天体物理学等，在天文信息学和空间天文学方面也有所发展。与欧洲南方天文台（ESO）展开多项合作，积极参与各类天文装置如甚大望远镜（VLT）、大双筒望远镜（LBT）、普朗克卫星、欧洲极大望远镜（E-ELT）等的建设。（李宗伟 刘黎明）

地磁场 geomagnetic field 从地心至地球磁层边界的空间范围内的磁场。地磁场是地磁学的主要研究对象。人类对于地磁场存在的认识，来源于天然磁石和磁针的指极性。磁针的指极性是由于地球的北磁极（磁性为 S 极）吸引着磁针的 N 极，地球的南磁极（磁性为 N 极）吸引着磁针的 S 极。这个解释最初是英国 W.吉伯于 1600 年提出的。吉伯制作了一个大的球形磁石，在它的表面附近放置一些小磁棒，他发现这些磁棒的取向就像地球表面的磁针一样。由此，他认为地球是一个巨大的磁石，并以此来解释地磁场的存在。实际上，地球并不是一块大磁石。但吉伯的推断所表明的地磁场来源于地球本体的假定却是正确的，这已于 1839 年被德国数学家 C.F.高斯首次用球谐函数分析所证实。

性质 地磁场是一个矢量场。描述空间某一点地磁场的强度和方向，需要 3 个独立的地磁要素。例如，在球坐标系下通常用地磁场总强度 F、磁偏角 D 和磁倾角 I 来表示地磁场。因指南针、磁罗盘是测定磁偏角最简单的装置，所以磁偏角的发现和测定也最早。特别是由于航海的需要，早期海上磁偏角的测定更为系统。1702 年英国 E.哈雷发表了第一幅大西洋磁偏角等值线图，1768 年 J.C.维尔克又绘制了世界磁倾角等值线图。但直到 1832 年高斯提出地磁场强度的测量方法后，才开始有完备的地磁场测定。

近地空间的地磁场，像一个均匀磁化球体或磁棒的磁场（见图），其强度在地面两极附近还不到 10^{-4} 特，所以地磁场是非常弱的磁场。地磁场强度的单位过去通常采用伽马，即 10^{-5} 高斯。1960 年决定采用特［斯拉］作为国际磁感应强度单位，1 高斯 = 10^{-4} 特，1 伽马 = 10^{-9} 特 = 1 纳特。地磁场虽然很弱，但却延伸到很大的空间。它犹如一个幔帐，保护着地球上的生物，使之免受宇宙辐射的侵害。地磁场是地球环境的主要因素之一。

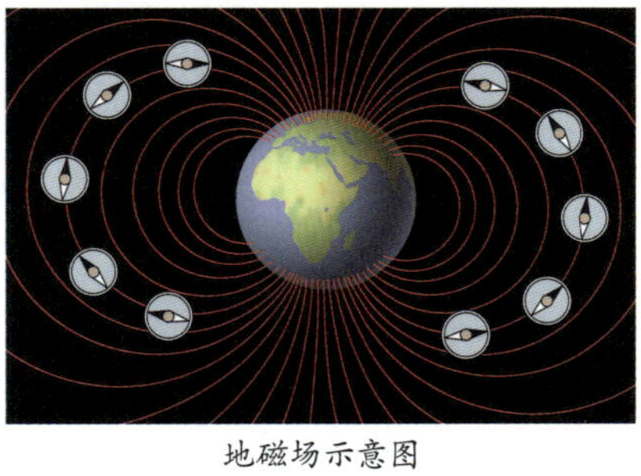

地磁场示意图

地磁场包括基本磁场和变化磁场两部分，它们在成因上完全不同。地球基本磁场是地磁场的主要部分，起源于地球内部，并且变化非常缓慢。这种缓慢的地磁场变化称为地磁场长期变化。地球变化磁场是地磁场的各种短期变化，主要起源于地球外部，并且很微弱。

地球基本磁场 可分为偶极子磁场、非偶极子磁场和地磁异常几个组成部分。偶极子磁场是地磁场的基本成分，约占地磁场 90%，产生于地球液态外核内的电磁流体力学过程，即自激发电机效应。非偶极子磁场主要分布在亚洲东部、非洲西部、南大西洋和南印度洋等几个辽阔的地域，平均强度约占地磁场 10%，场源在地球内部何处还有争议。地磁异常又分为区域异常和局部异常，系由地壳内具有磁性的岩层和矿体等所形成。

地球变化磁场 可分为平静变化和干扰变化两大类型。平静变化包括以一个太阳日为周期的太阳静日变化（Sq）和以一个太阴日为周期的太阴日变化（L），变化幅度分别为 10～10^2 纳特和 1～3 纳特。场源是分布在电离层中的永久性的电流体系。干扰变化包括磁暴（D_{st}）、地磁亚暴、太阳扰日变化（S_D）和地磁脉动等。场源是太阳粒子辐射同地磁场相互作用在磁层和电离层中产生的各种短暂的电流体系。磁暴是全球同时发生的强烈磁扰，持续时间为 1～3 天，幅度可达 10^2 纳特。地磁亚暴主要是极光区的磁扰，具有不同类型，其中主要类型是地磁湾扰，持续时间为 1～3 小时，幅度为 10^2～10^3 纳特。太阳扰日变化具有周期性，周期也是一个太阳日，幅度为 10～10^2 纳特，不过它也主要是极光区的磁扰。地磁脉动是各种短周期的地磁变化，周期从几秒到十几分，幅度从 1 纳特到大于 10^2 纳特，而在极光区幅度最大。

除外源场外，变化磁场还有内源场。这是由外源场在地球内部感应出来的电流所产生的。将高斯球谐函数分析用于变化磁场，可将这种内、外场区分开。据此研究地球的电导率的分布，已成为地磁学的一个重要领域，称为地球电磁感应场。20 世纪初 S.查普曼根据地磁静日变化和磁暴的内、外场的关系，得出深度为 250～800 千米和 400～1000 千米的上地幔电导率分别为 3.6×10^{-13} 和 4.4×10^{-12}S/m。

因为地球变化磁场既与磁层、电离层的电磁过程相联系，又与地壳、上地幔的电性结构有关，所以在空间物理学和固体地球物理学研究中都具有重要意义。

现代地磁场观测资料的积累还不足

400 年，但通过测定岩石的磁性以及古瓷器、古砖瓦、古炉灶等古物的磁性，可以研究古地磁场的方向、强度和磁极位置，从而可以了解地磁场在地质时期的演化史。含有磁性矿物的岩石在其冷却或沉积过程中，经过焙烧的各种含有磁性的古物在其冷却时，因受到当时、当地的地磁场磁化作用而获得剩余磁性。这种剩余磁性的强度和方向同当时、当地的地磁场的强度和方向有关，这就是研究古地磁场及其演化历史的基础。古地磁场的研究和应用已发展成为地磁学的一个重要分支，称为古地磁学。

地磁场起源　地球物理学的基本问题之一。自 1600 年英国的 W.吉伯提出“地球是一个巨大的磁石”开始，有关地磁场起源的推测已有 400 多年的历史，但仍未获得圆满解决。

地磁场的主要部分犹如一个近似沿自转轴方向均匀磁化的球体的磁场。因此“永久磁石说”就成为地磁场成因最早和最自然的猜测。当地球物理学家提出地核可能是由铁、镍等强磁性物质组成的时候，这种猜测似乎得到了支持。然而地球内部的温度远超过铁的居里点，所以这个假说不能成立。有人曾企图借助于带电地球的旋转、回转磁效应、温差电流以及感应电流等物理效应来解释地磁场，但其量值都远远不够大。例如根据回转磁效应，地球由于自转获得的磁化强度约为 10^{-7} 安/米，比与地磁场相当的均匀磁化球体的磁化强度 72 安/米约小 9 个数量级。鉴于从已有的物理规律找不到答案，有人开始探索新的规律。1947 年英国物理学家 P.M.S.布莱克特发现，当时测定的太阳、室女星座 78 号星和地球 3 个天体的磁矩M和角动量P满足关系：

$$M = \beta\frac{\sqrt{G}}{2c}P$$

式中G为引力常数；c为光速；β为比例常数，约为 0.25。布莱克特把这个关系设想为物理学的一个新定律，作为地磁场起源的解释，称为“巨大转体说”。由于有三个天体的支持，这个假说曾一度引起广泛的关注。为证实这一结果，布莱克特专门设计了一种测弱磁场的高灵敏度仪器，但实验结果是否定的，所以布莱克特本人声明放弃他的假说。

与上述各种推测同时出现的是“自激发电机说”。1919 年 J.拉莫尔首先提出了旋转的导电流体维持自激发电机的可能性，这是关于地磁场起源的自激发电机说的最早概念。而较为系统的论述，则是 20 世纪 40 年代末和 50 年代初由 W.M.埃尔萨塞、E.N.帕克和 E.C.布拉德等人完成的，称为埃尔萨塞–帕克模型和布拉德过程。随着大型计算机的应用，使更复杂的磁流体动力学的计算成为现实。60 年代后期发现，布拉德过程是不稳定的。这使得曾被认为极有希望的“自激发电机说”陷入了危机。直到 1970 年，F.E.M.利利修正了布拉德过程的运动模式，才使得稳定的“自激发电机说”再度有了可能。60 年代古地磁学的数据肯定了地磁场在漫长的地质时期经历了多次倒转的事实，地磁场极性的正向与反向的历史并没有显示出哪种极性更具有特殊性。这是除“自激发电机说”以外，其他关于地磁成因的假说所难以解释的。地球具有磁场在天体中并不特殊，**太阳系**八大行星中至少有木星、水星具有与地球磁场相类似的内源磁场。太阳和许多恒星也具有磁场。60～70 年代，帕克的研究说明，地磁场起源的模式可能对其他天体也适用。据此认为，自激发电机说是解释地磁成因的最有希望的理论。地磁极性倒转和地磁场起源问题仍在探索。（祁贵仲）

地方时　local time　以观测者的子午线为基准的时间。恒星时、真太阳时和平太阳时，都以天球上某些真实的或假想的参考点的时角来计量，它们与观测者的子午线有关。地球上位于不同经度的观测者，在同一瞬间测得的同一参考点的时角是不同的。因此，每个观测者都有自己的与他人不同的时间，称为地方时。它是观测者所在的子午线的时间。

标准时　在同一瞬间，位于不同经度的观测者测得的地方时是不同的。全球需要一个统一的计时系统。19 世纪 70 年代，加拿大铁路工程师 S.弗莱明建议，全球按统一标准划分时区，实行分区计时。1884 年这一建议在华盛顿国际子午线会议上被采纳，全球按地理经度划分时区，并将这种按统一时区系统计量的时间称为标准时，又称区时。

世界时区的划分以**本初子午线**为基准，从西经 7.5°到东经 7.5°（经度间隔为 15°）为零时区。从零时区的边界分别向东和向西，每隔经度 15°划一个时区，东、西各划出 12 个时区。东 12 时区和西 12 时区相重合，全球共划分成 24 个时区。各时区都以其中央经线的地方平太阳时为本时区的标准时。相邻两时区的标准时相差 1 小时。原则上时区的界线按照地理经度线划分，但在具体实施中为方便使用，往往根据各国的政区界线或自然界线来确定。全世界多数国家都采用以时区为单位的标准时，并与**格林尼治平时**保持相差整小时数。

格林尼治时间　在格林尼治子午线上测得的地方平太阳时，即零时区的标准时。**国际天文学联合会**于 1928 年决定，将由格林尼治平子夜起算的平太阳时称为**世界时**，这就是通常所说的格林尼治时间。

北京时间　中国幅员辽阔，从西到东横跨东五区、东六区、东七区、东八区和东九区五个时区。它们曾被称为昆仑时区、新藏时区、陇蜀时区、中原时区和长白时区。中华人民共和国成立后，采用首都北京所在的东八时区的标准时作为全国统一的标准时间，称为**北京时间**。它是东经 120°经线的地方平太阳时。北京时间比格林尼治时间早 8 小时，即：

北京时间 = 格林尼治时间（世界时）+ 8 小时

夏令时　在夏季将时钟拨快一小时的时间。在第一次世界大战期间，有些国家为了节约能源，用法律规定将其疆域内的标准时间在夏季提前 1 小时，到了冬季又恢复到原来的标准时间。这种在夏季提前的时间称为**夏令时**，又称法定时。这种时制一直被某些国家沿用至今。（漆贯荣）

地平式装置　azimuth mounting　安装**天文望远镜**镜筒的一种机械装置。它有两根互相垂直的轴——方位轴（垂直轴）和高度轴（水平轴）。方位轴指向天顶（天底）。方位轴的前端是一个叉臂，高度轴安装在叉臂上，镜筒与高度轴相连，可以在叉臂中间绕高度轴转动（可以看作将赤经轴竖起来的叉式装置）。除地球两极外，在跟踪作周日运动的天体时，方位轴和高度轴必须同时变速转动（在地球两极，地平式装置和**赤道式装置**合而为一，观测时只需要方位轴以周日运动方向和速度匀速转动，即可抵消**地球自转**的影响）。这种装置的优点是机械结构对于地球重力是对称的。镜筒重力直接通过高度轴沿叉臂传递到方位轴再传递到地基上。整个望远镜轴系受力为恒定力，不因为望远镜指向的改变而变化，这为设计和制造带来很大方便，大大减小了望远镜的尺寸和重量，降低了制造成本。特别有利于解决大型望远镜的基架变形问题。口径特别大的**反射望远镜**宜采用这种装置。同时内史密斯焦点处没有重力变化，适合安装大型观测终端设备。其缺点是：①跟踪过程中两根轴的转动是非匀速的，跟踪控制复杂。②如果被跟踪天体的最高点靠近天顶，那么，当天体通过最高点附近时，方位角将在极短的时间内有很大的变化；若天体的最高点趋近天顶，那么方位轴的转速将趋近无穷大。这是无法实现的。因此在天顶附近存在一个不能跟踪的盲区，盲区的大小视望远镜所能跟踪的最高速度而定，一般小于 2°。③在跟踪过程中，视场围绕望远镜光轴转动，而且速度不均匀。在长时间曝光过程中，必须增加像场消旋器，消除像场旋转，实现全视场内星像位置不绕视场中心转动。20 世纪 50 年代，**射电望远镜**开始采用地平式装置。大型光学望远镜第一次使用地平式装置是苏联 6 米光学望远镜。随着科学技术的发展，特别是测角技术、计算机技术和自动控制技术的发展，已很好地解决了跟踪复杂的问题。世界上研制的大型望远镜基本上都采用地平式装置。（潘君骅　李国平）

地平坐标系　horizontal coordinate system　一种最直观的天球坐标系，和人们日常的天文观测关系最为密切。见**天球坐标系**。

地球　Earth　**太阳系**八个行星之一，按离太阳由近及远的次序为第三颗。是人类所在的行星。它有一个天然卫星——月球，二者组成一个天体系统——地月系统。地球大约有 46 亿年的历史。不管是地球的整体，还是它的大气、海洋、地壳或内部，从形成以来就始终处于不断变化和运动之中。在一系列的演化阶段，它保持着一种动力学平衡状态。

自转和公转　1543 年，N.哥白尼在《**天体运行论**》一书中首先完整地提出了地球自转和公转的概念。此后，大量的观测和实验都证明了地球自西向东自转，同时围绕太阳公转。1851 年，法国物理学家 J.B.L.傅科在巴黎成功地进行了一次著名的实验（傅科摆试验），证明地球的自转。地球自转周期约为 23 时 56 分 4 秒平太阳时（1 恒星日）。地球公转的轨道是椭圆的，公转轨道的长半径为 149 597 870 千米（**1 天文单位**），轨道偏心率为 0.0167，公转周期为 1 恒星年（365.25 个**平太阳日**），公转平均速度为每秒 29.79 千米，黄道与赤道交角（**黄赤交角**）为 23°27′。地球自转和公转运动的结合产生了地球上的昼夜交替、四季变化和五带（热带、南北温带和南北寒带）的区分。地球自转的速度是不均匀的，有长期变化、季节性变化和不规则变化。同时，由于日、月、行星的引力作用以及大气、海洋和地球内部物质的各种作用，使地球自转轴在空间和地球本体内的方向都产生变化，即**岁差**和**章动**、**极移**和黄赤交角变化（见**地球自转**）。

形状和大小　希腊哲人亚里士多德（前 384～前 322）根据**月食**时月球上地影是一个圆，首次科学地论证地球应是圆球形状。另一位希腊地理学家埃拉托色尼（约前 276～约前 194）成功地用三角测量法测定了阿斯旺和亚历山大城之间的子午线长度。中国唐代**南宫说**于 724 年在今河南省选定同一条子午线上的 13 个地点进行大地测量，经天文学家**一行**归算，求出子午线 1°的长度。现在，根据大地测量、重力测量、地球动力测量和空间测量的综合研究，在**国际天文学联合会**公布的**天文常数系统**中，地球赤道半径为 6378 千米，扁率为 1/298。地球不是正球体而是三轴椭球体，赤道半径比极半径约长 21 千米（图 1）。地球内部物质分布的不均匀性，致使地球表面形状也不均匀。地球质量（包括大气圈等）为 5.976×10^{24} 千克，地球体积为 1.083×10^{21} 立方米，平均密度为 5.52 克/厘米³。地球尺度及其他参量见表 1。

图 1　阿波罗 17 号在宇宙空间拍摄的地球照片

表 1　地球尺度和其他参量

赤道半径（米）	$6.378\ 139 \times 10^{6}$
极半径（米）	$6.356\ 755 \times 10^{6}$
体积（米³）	1.083×10^{21}
扁率	$3.352\ 82 \times 10^{-3}$
总面积（米²）	5.100×10^{14}
陆地面积	1.48×10^{14}
海洋面积	3.62×10^{14}
平均密度（克/厘米³）	5.52
质量（千克）	5.976×10^{24}
大气质量	5.1×10^{18}
海洋质量	1.4×10^{21}
地壳质量	2.6×10^{22}
地幔质量	4.0×10^{24}
外核质量	1.85×10^{24}
内核质量	9.7×10^{22}
转动惯量（千克·米²）	
绕 c 轴	8.0378×10^{37}
绕 a 轴	8.0115×10^{37}
自转角速度（弧度/秒）	$7.292\ 115 \times 10^{-5}$
赤道重力加速度（米/秒²）	9.780 318
极重力加速度（米/秒²）	9.832 177
转动惯量系数	0.330 76

海陆分布与演变　地球表面的形态是复杂的，有绵亘的高山、广袤的海盆以及各种尺度的构造。大陆上的最高处是珠穆朗玛峰，海拔达 8848.86 米，最低点为死海，湖面比海平面低 430.5 米；海底最深处马里亚纳海沟，深度达到 11 034 米。地球的总表面积为 5.100×10^{8} 平方千米，其中大陆面积约为 1.48×10^{8} 平方千米，约占地表总面积的 29%。地球是太阳系中唯一在表面和深部存在液态水的星体。海洋面积约为 3.62×10^{8} 平方千米，约占 71%。海面之下，大陆有一个陡峭的边缘。以平均海平面为标准，地球表面上的高度统计有两组数值分布最为广泛：一组在海拔 0～1000 米，占地球总面积的 21%以上；另一组则在海平面以下 4000～5000 米，占 22%以上。在地球表面，水的总量约为 1.4×10^{9} 立方千米，其中淡水为 3.5×10^{7} 立方千米，只占总水量的 2.5%。

洋底岩石年龄小于 2 亿年，比陆地年轻得多，陆地上到处可以找到沉积岩，说明在地质时期这些地方可能是海洋。1912 年 A.L.魏格纳提出大陆漂移说，认为海洋和大陆的相对位置在地质时期是变化的。20 世纪 60 年代初 H.H.赫斯和 R.S.迪茨提出海底扩张说，认为全球洋盆演化是洋底扩张的结果。此后板块构造说进一步解释了地球的运动。板块分裂造成大洋的形成，整个洋底在 2 亿年左右更新一次；板块挤压运动形成巨大的山系，如阿尔卑斯山、喜马拉雅山等。

结构和组成　地球是有生命的行星，它由不同物质和不同物质状态组成的圈层构成，即由固体地球、表面水圈、大气圈和生物圈所组成。随着科学的发展，它们分别成为固体地球物理学、地质学、海洋科学、大气科学和生物学主要研究的对象。

地球内部结构　根据地震波速度观测的结果，发现地球内部存在全球范围的速度间断面（如莫霍界面、古登堡界面和莱曼界面等）。这些间断面将地球分成不同的圈层。20 世纪 80 年代，地震层析成像的研究发现**地球内部结构**有很大的横向非均匀性，但总体上是径向分层的。主要分为地壳、地幔和地核三个圈层（图 2）。

①地壳。固体地球的最上层部分，其底部界面是莫霍面。大陆地壳和海洋地壳有明显的不同，而不同地区的大陆地壳厚度相差也很大，从 20 多千米到 70 多千米；海洋地壳仅几千米。地壳还可进一步分成不同的层，横向变化也很大。

②地幔。地壳下由莫霍面到古登堡面之间的部分。地幔可以进一步分为许多层。已确定的全球性间断面有 410 千米间断

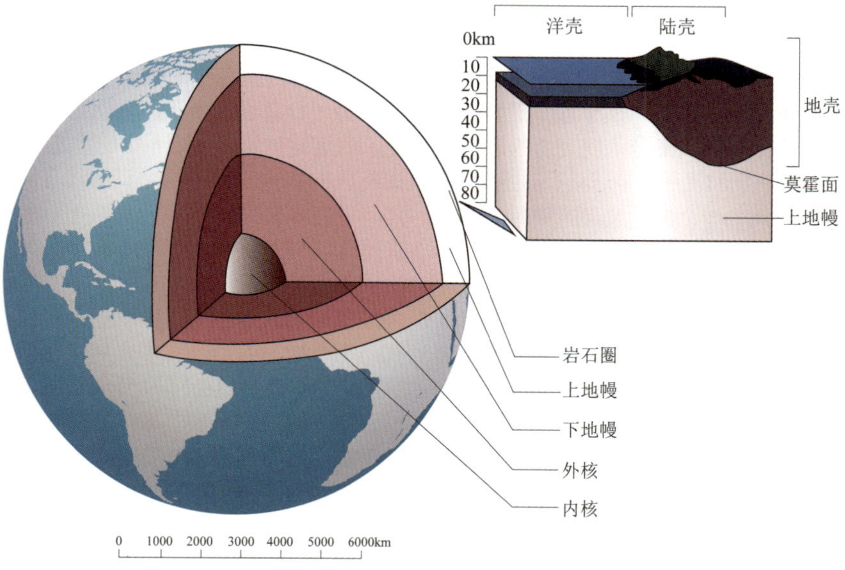

图 2　地球内部圈层结构

面，是由橄榄石到 β 尖晶石的相变形成；660 千米间断面，是由尖晶石到钙钛矿和镁方铁矿相变形成，660 千米间断面是上、下地幔的分界面。

③地核。地心到古登堡界面之间的部分，又可分为外核和内核两部分，它们之间的分界面为莱曼界面，深度在 5149.5 千米。地核主要由铁、镍及少量的硅、硫组成。外核为液态，内核为固态。

地球内部物质组成　地震波的速度和物质密度分布提供了研究地球内部物质组成的约束条件。地核有约 90%是由铁镍合金组成，但还含有 10%～20%的较轻物质，可能是硫或氧（也有人认为地核含有 21%的硅，11%的硫，7%的氧）。上地幔的主要矿物是橄榄石、辉石和石榴子石。在 410 千米的深处，橄榄石相变为尖晶石的结构，而辉石则相变为石榴子石。在 520 千米的深度，β 尖晶石变为 γ 尖晶石，辉石分解为尖晶石和超石英。在 660 千米深度下，这些矿物都分解为钙钛矿和氧化物结构。在下地幔，矿物组成没有明显的变化，但在地幔最下的 200 千米中，物质密度有显著增加。这个区域是否有铁元素的富集还是一个有争议的问题。地壳中的岩石矿物是由地幔物质分异而成的。

地球总体成分　可通过两种途径求得。其一根据地球各圈层的密度、质量分配以及对地幔成分和地核成分的基本假设进行近似的估算。另一种是基于地球起源学说以及对陨石比较研究的结果，选择特定类型陨石的成分作为建立地球总体模型的基础。由于大气、海洋只占地球总质量的 0.03%，地壳只占不到总质量的 1%，所以地球的总体成分基本上决定于地幔和地核。1982 年 R.G.梅森假设地核的铁镍合金具有球粒陨石金属相的平均铁、镍成分，地核金属相占地球总质量的 27.10%；据球粒陨石金属相中还含有一定成分的陨硫铁，计算出地核中含 FeS 总量为地球总质量的 5.3%。而地幔加地壳的成分与球粒陨石硅酸盐相的平均化学含量相同（硅酸盐加少量的磷酸盐和氧化物），其质量为地球总质量的 67.60%。梅森据此计算得到地球成分（表 2）。

表 2 中地球总体平均化学成分的数据尽管不够精确，但是已说明了一些重要的问题。地球质量的 90%由 Fe、O、Si 和 Mg 四种元素组成。含量超过 1%的其他元素为 Ni、Ca、Al 和 S。另外 7 种元素 Na、K、Cr、Co、P、Mn 和 Ti 的含量介于 0.1%～1%。由此可知地球物质组成的某些特点。

表 2　地球的主要元素成分（%）

元素	金属相（M）	硫化物相（T）	硅酸盐相（S）	合计
铁（Fe）	24.58	3.37	6.68	34.63
镍（Ni）	2.39			2.39
钴（Co）	0.13			0.13
硫（S）		1.93		1.93
氧（O）			29.53	29.53
硅（Si）			15.20	15.20
镁（Mg）			12.70	12.70
钙（Ca）			1.13	1.13
铝（Al）			1.09	1.09
钠（Na）			0.57	0.57
铬（Cr）			0.26	0.26
锰（Mn）			0.22	0.22
磷（P）			0.10	0.10
钾（K）			0.07	0.07
钛（Ti）			0.05	0.05
合计	27.10	5.30	67.60	100.00

首先，由于元素与氧的不同亲和力（根据氧化物的生成自由能），MgO、SiO_2、Al_2O_3、Na_2O 和 CaO 先于 FeO 而形成，在氧不足的条件下，绝大部分的铁和镍将呈金属状态存在。各种氧化物将结合成为硅酸盐，例如 MgO 和 SiO_2 结合成 $MgSiO_3$（辉石），或者形成 Mg_2SiO_4（橄榄石）。当达到一定的重力平衡状态，绝大部分致密物质向地心集中，并发生分层作用，形成致密的金属核和密度较小的硅酸盐地幔。丰度低的元素受到各种地球化学作用制约而在地球各圈层之间进行分配，如铂、金等倾向于同金属铁结合集中到地核，亲氧元素铀等则同较轻的硅酸盐组合而集中在地球上部。其次，可以合理地设想，地球曾经被加热达到全部或部分熔融的状态，低熔点的挥发性组分（H_2O、CO_2、N_2、Ar 等）逸出，形成大气圈。地幔中富含 SiO_2、Al_2O_3、Na_2O 和 K_2O 的易熔和较轻的物质上升到表层如地壳。因此，早期的地球分离为地核、地幔、地壳、海洋和大气等层圈构造。已有的证据表明，约在 40 亿年以前，地球就已经接近于现在的层状结构状况。

水圈　地球表层水体的总称。地表的自由水有 97.3%形成海洋，另有 2.1%以冰的状态固结在两极。其余部分则以河流、湖泊及地下水的形式存在。大量液态水的存在是地球的一大特点。海水平均含溶解的盐类约占海水总质量的 0.35%，主要为氯化钠，具弱碱性。雨水及河水中的溶解物不多，大部分为碳酸氢钙（$CaHCO_3$），而略呈酸性。雨水可由工业废气中获得二氧化硫（SO_2），成为酸雨。河水每年平均可由其流域中每平方千米带走 100 吨的物质，其中约 20%在溶液中。水圈与地壳的上部有较大程度的重叠。地下水可以环流到地壳内数千米的深度，受热并与岩石发生反应再回到地面。陆地上火山活动地区常有热泉及其他地热现象。在洋脊也有相似的热水活动，在喷出含有金属硫化物的黑烟囱处，温度可达 300℃，且有生物群生存在这种环境中。

大气圈　地球外部的气体包裹层。它与水圈相互作用。太阳的热能使海水蒸发，凝结成云，形成降水。陆地上的降水，形成径流，由地面或地下返回海洋。由地面至约 15 千米高度的大气层为对流层，其上至 50 千米高度的大气层为平流层。由平流层顶面向上至 80～85 千米为中间层。更向上到 500 千米左右高度为热层。500 千米高度以上为外逸层。

大气圈的温度随高度而变化，对流层内温度随高度而降低。向上在 20～50 千米温度又有所增高。在中间层内温度又随高度的增加而降低，最低可达 100℃。在热层内温度又随高度的增加而增加。外逸层是等温的。

大气圈主要成分为氮、氧、氩、二氧化碳、水蒸气等。底部 100 千米范围内成分稳定。大气密度在地面大约为 1.2 千克/米^3，在 100 千米高度降为 10^{-6} 千克/米^3。在距地表 10～50 千米间为臭氧层，此层中臭氧虽属次要成分，但可以吸收来自太阳的大部分紫外线辐射。

根据大气电离特性，大气圈可分成中性层、电离层和磁层。地表至 60 千米左右为中性层，由中性气体组成，一般情况下带电离子少。在大气圈中 60～500 千米（或 1000 千米）高度范围内为电离层。其中由于电离作用而使部分原子和分子带电，形成离子与自由电子共存的状态。电离层的电子浓度大致由平流层开始，到中间层随着高度的增加而增大，在热层达到最大值，再向外即与外逸层重叠。电离层之外为磁层，即地球磁场影响的最外部分，离地面高度 1000 千米至数千千米。磁层中离子化最完全，致使形成等离子体，并受地球磁场的影响。在 3000 千米及 1500 千米高度上被**地磁场**捕获的带电粒子具有特高的强度，形成范艾伦辐射带（即**地球辐射带**），它连同磁层的其他特点是人造卫星用于太空探测以来的新发现。

生物圈　地球上有生命存在的特殊圈层。它包括大气圈的下部，岩石圈的上部和整个水圈。生物圈的成分、结构、动力学和空间分布的最重要特征是由活的有机体的活动决定的。这里有大量液态水，有来自太阳的充足的能量，有介于物质的液态、固态、气态之间的界面。在这里，生物之间、生物与环境之间相互作用，进行着物质、能量和信息交换，地球物质进行着生物地球化学循环，从而形成生物圈物质运动的不断发展过程。

地球重力场　地球重力作用的空间。作用在地球表面上的重力是地球质量产生的引力和地球自转产生的惯性离心力共同作用的结果。离心力对重力的影响随纬度的不同而呈有规则的变化，在赤道上最强。同时，由于地球不同部位的密度分布不均，也会引起重力的变化和异常。因此，重力异常可以提供地球不同部分密度变化的信息。

地球磁场和磁层　地球具有磁性，它周围的磁场犹如一个位于地心的磁棒（磁偶极子）所产生的磁场。这个从地心至磁层边界的空间范围内的磁场称为地磁场。地磁场是非常弱的磁场，其强度在地面两极附近最强，还不到 10^{-4} 特；赤道附近最弱。通常将地磁场看成是一偶极磁场，连接南北两极的轴线称为磁轴，磁轴与地轴的交角大约 11°。磁轴与地面的交点称为地磁极，磁极的位置具有长期变化，根据全球地磁场参考模型 IGRF-13，2020 年北磁极坐标在北纬 86.494°、东经 162.876°附近，南磁极坐标在南纬 64.081°、东经 135.866°。

实际上地磁场的形态是很复杂的，它有显著的时间变化。变化可以分为长期的和短期的。地磁场长期变化来源于地球内部的物质运动；短期变化来源于电离层的**潮汐**运动和**太阳活动**的变化。电离层中的电流体系可引起地磁场的日变化，极区高层大气受带电粒子的冲击而产生极光和磁暴。太阳和地球中间有称为**太阳风**的等离子体。地球磁场在向太阳的一面受太阳风的作用而压缩，在背太阳的一面则被拉伸，从而使地球磁场在地球周围被局限在一个狭长的称为磁层的区域内。由此可见，磁层是在地球周围被太阳风包围，并受地磁场控制的区域。磁层的外边界则称为磁层顶边界层（见**地球磁层**）。磁场的强度和方向不仅因地而异，也因时间不同而有变化。在地质历史时期磁极曾多次倒转。地磁场主要起源于地球内部，来自空间的成分不足总量的 1%。地球磁场的起源和它在地史期间的变化，与地核的结构和物质的相对运动所产生的电流有关。

地球磁场的存在使地球免受太阳风的直接影响，磁层的存在对大气的成分和地面气候起重大的作用，并因此而影响到地球上生命的发展。

地球内部温度和能源　地面从太阳接收的辐射能量每年约有 10^{25} 焦，但绝大部分又向空间辐射回去，只有极小一部分影响地下很浅的地方。浅层的地下温度梯度约为深度每增加 30 米，温度升高 1℃，但各地的差别很大。由温度梯度和岩石的热导率可以计算热流。由地面流出的总热量为 4.20×10^{13} 瓦。

地球内部的一部分能源来自岩石所含的铀、钍、钾等元素的放射性同位素。估计地球现在由长寿命的放射性元素所释放的热量约为 3.14×10^{13} 瓦，少于地面热流的损失。放射性生热少于地球的热损失可能有使地球逐渐变冷的趋势。

另一种能源是地球形成时的引力势能。假定地球是由太阳系中的弥漫物质积聚而成的，这部分能量估计有 2.5×10^{32} 焦，但在积聚过程中有一大部分能量消失在地球以外的空间，有约 1×10^{32} 焦的一小部分能量，由于地球的绝热压缩而积蓄为地球物质的弹性能。假设地球形成时最初是相当均匀的，以后才演变成为现在的层状结构，这样就会释放出一部分引力势能，估计约为 2×10^{30} 焦，这将导致地球的加温。地球是越转越慢的，地球自形成以来，旋转能的消失估计大约有 1.5×10^{31} 焦，还有火山喷发和地震释放的能量，但其数量级都要小得多。

地面附近的温度梯度不能外推到几十千米深度以下。地球内部自有热源，所以地下越深则越热。地下深处的传热机制是极其复杂的。在岩石层，传热的主要机制是热传导；而在地幔及外核，主要的传热机制是热对流，当然，这其中还包含其他的传热机制。根据其他地球物理现象的考虑，地球内部某些特定深度的温度是可以估计的：在 100 千米的深度，温度接近该处岩石的熔点，为 1100～1200℃；在 410 千米和 660 千米的深度，岩石发生相变，温度各约在 1400℃和 1700℃；在核幔边界，温度在铁的熔点之上，但在地幔物质的熔点之下，约为 3400℃；在外核与内核边界，温度约为 4600℃，地球中心的温度约为 4800℃。

有了这些特定深度的温度估计，就可以根据主要的传热机制推论球对称地球模型下的温度分布。地球内部温度的分布对研究地球的演化和运动是极其重要的，是迫切需要解决的问题。

地球年龄　根据用多种同位素年代学方法测定陨石、月球和地球古老岩石的结果发现，太阳系各天体形成的年龄比较接近，形成先后的时间间隔约为 1 亿年，因此各种宇宙年代学测定的天体物质的年龄结果可以互相对比，并提高其可靠性。测得太阳系元素的合成年龄为 62 亿～77 亿年，太阳星云凝聚成各行星，包括地球的年龄为 45.4 亿～46 亿年。应用同位素地球化学测年方法还给出了地球演化历史中各地质时期的精确的时间坐标。

地球上生命起源和发展　地球是太阳系中唯一存在生命和人类活动的行星。地球上原始生物蓝藻、绿藻遗迹在年龄为 35亿年的岩石中即有所发现。虽然地球上生命起源的问题并没有解决，但是大概可以追溯到 40 亿年前。地球早期的大气成分主要由水、二氧化碳、一氧化碳和氮气，以及由火山喷发出其他气体组成，在此情况下，生命必须由无氧的环境中开始，而氧进入大气则被认为是由于生物活动的结果。最初，氧在大气中的含量只能徐缓地增加，估计在距今 20 亿年时含量约为现在的 1%。当大气中的氧增加到能够出现具有保护性臭氧层以后，生物才能在比较浅的水中生活。具有光合作用的生物的繁殖，又促进可以呼吸氧的动物的发展。多细胞生物的最初痕迹见于年龄约为 10 亿年的岩石中。在距今约 7 亿年时，复杂的动物，如水母、蠕虫以及原始的介壳类动物已经出现。到距今约 5.7 亿年，即前寒武纪和寒武纪之交，具有硬壳的动物大量出现，而使大量化石得以在岩石中保存。在此时期，海洋生物有突然的发展。鱼类出现在奥陶纪；志留纪晚期，陆地上已有植被覆盖。石炭纪海中出现两栖类。爬虫类和最初的哺乳类出现在三叠纪，但到新生代开始哺乳类才大量繁殖和扩散。生物的发展虽然表现有平稳的演化进程，但化石的记录也显示了在整个显生宙时期有周期性的大量植物和动物种属大致在同一时期消失的现象。这种灾变的原因久经探讨，有些学者认为可能是由于陨石或*小行星*的撞击引起的。但是，也有学者指出并不是所有的生物都在同一时期受到影响。这个问题尚待进一步的研究。

空间探测地球　1947 年一个小型 V-2 火箭在 160 千米的高空取得第一幅自空间俯视地球的照片，成为*地球空间探测*的开端。1957 年人造地球卫星上天后，从空间观测地球逐步成为地球科学的常规手段。地球约从 46 亿年前诞生以来，气候和环境一直在持续地变化，太阳演变、火山活动、地壳运动、天体陨击、大气和海洋形成和变化、生命出现等致使地球成为一个活跃的和动态的行星，空间探测有助于认识、了解和预测地球演化的走向和前景。

（藏绍先　李　竞　赵仓山）

地球参考架　terrestrial reference frame; TRF　由相应地球参考系下一系列位置和速度精确确定的、固连于地球的物理点所构成的物理参考架。地球参考架通过其原点、尺度和定向及其随时间演变的实现，完成*地球参考系*（TRS）的物理实现。通过一定的数据处理方法，地球参考架采用一组有关的模型和常数求得参考点的坐标值和速度场，来建立和维持所定义的地球参考系。在这一系列物理点的坐标及其随时间演变中，隐含定义了一个地球参考系所必需的原点、尺度、定向及其随时间的演变。

一个地球参考系包括：一组模型和常数，一套理论和数据处理方法，一个地球参考架。建立地球参考架的目的是提供使地球参考系具体化的方法。参考系是总体概念，参考架是其具体实现的形式。有了地球参考架才能真正从实践上将地球上任意点的位置及其变化给以定量描述。

（黄乘利）

地球参考系　terrestrial reference system; TRS　为了描述和研究地球上的各种运动学和动力学现象，以及地球在空间的定向运行（日长变化和*岁差*、*章动*）和地面上点位的相对运动，将地球作为一个整体考虑，所建立的固连于地球的参考系。理想的地球参考系是一个与地球接近且随之一起旋转的空间三轴直角坐标系。在牛顿框架下，物理空间被视为一个三维欧几里得仿射空间，因此该坐标系也对应于欧几里得仿射框架（O,E）。其中，O是空间内的一点，称之为原点，E为矢量空间的基，规定E为右手正交系。参考系的定向采用与基矢量共线的三个单位向量表示，单位向量长度则表示参考系的尺度（Scale）λ，有$\lambda = ||\vec{E}_i||_i$（$i = 1,2,3$）。

由于地球是一个复杂的形变体，在惯性空间中存在平移、旋转和形变。建立地球参考系的目的之一是分离和研究地球的整体运动和局部运动。理想的地球参考系应满足：相对于它，地球本体不存在整体平移和旋转，只存在局部形变且对地球整体来说形变最小；相对于*惯性参考系*，它只包含地球的整体运动（即自转和公转）。通常来讲，地球参考系是从理论上定义其原点、尺度和定向及其随时间演变的一系列协议、算法和常数。

由于物理地球的复杂性及不同的发展应用需求，地球参考系有不同的具体表述。见*协议地球参考系*、*地心地球参考系*、*地球中间参考系*及*国际地球参考系*等。

（黄乘利）

地球磁层　earth magnetosphere　位于地球空间最外层的由稀薄等离子体构成的太空区域。*太阳风*经过行星附近时，把行星磁场屏蔽在外并把地球磁场包围起来，形成一个很长的、形如彗星般的腔体，称作地球空间。地球空间的最外层中等离子体的动力学特征由磁场控制，故称为磁层（见图）。地球空间之外正对着太阳风方向有一个驻激波，称为舷激波；舷激波下游被压缩和加热的太阳风区域称磁鞘。

磁层是地球的保护层，由于磁层存在，*宇宙线*和各种高能粒子才不直接达到地面。磁层是太阳风和近地空间的过渡区。太阳风向磁层输运的能量，经过在磁层内的转换和传输，并通过与电离层、

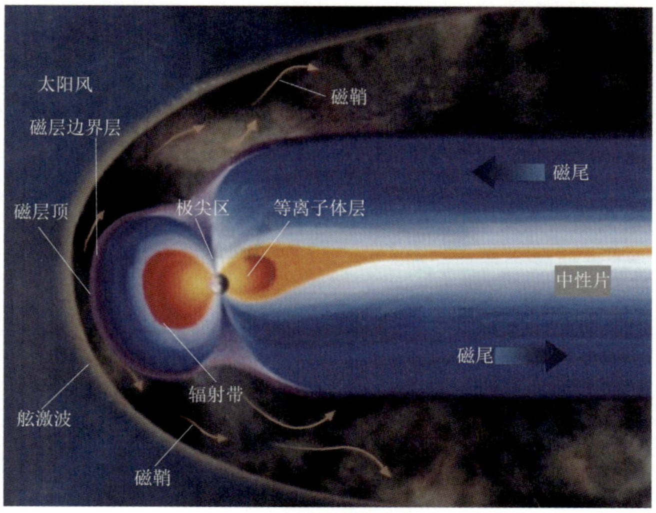

磁层的基本结构

热层的耦合，影响近地环境。磁层结构复杂多样，几乎每一个区域又都处于非平衡态，因此磁层内存在非常丰富和活跃的等离子体不稳定性、波动、湍流、粒子加速和辐射现象。由于磁层和太阳风之间以及磁层内各区域之间都存在小尺度的交界面，这就使得太阳风－磁层－电离层能量耦合过程具有高度的非线性，经常表现出突发性的特征，产生如磁暴、*磁层亚暴*、高能粒子暴等爆发现象。这些现象在其他行星和天体上都可能出现。地球磁层为人类研究宇宙等离子体提供了一个天然实验室。同步高度和高纬磁层是多种卫星的活动区域。高能电子暴、磁暴和磁层亚暴时航天器经常出现故障，甚至被完全损坏。对磁层剧烈扰动的监测、研究和预报，是各国空间天气战略计划的一项重要内容。

地球磁层于 1959 年被确认存在。向阳面磁层顶的外形像一个略微压扁的半球；在日地联线方向上它离地心的平均距离为 11 个R_E（地球半径），太阳风动力压强增强时可减小到地球同步高度（地心距 $6.6R_E$）以下；在背阳面磁层可伸延到数百至上千个R_E之外。由于等离子体的起源、特征和磁场位型不同，地球磁层可划分为以下几个区域：

等离子体层　等离子体层是指在中、低纬处于磁层底部并与电离层相连接的区域，是内磁层的一个重要区域。等离子体层最先是通过哨声观测发现的，其中等离子体温度低（*电子温度*为 10^3～10^4K）、数密度高（每立方米 10^9～10^{10}），并随同地球共转。离子成分主要是 H^+，约占 90%；其次为 He^+（约占 10%）和 O^+（约占 1%）。等离子体层有一个陡峭的外边界，称为等离子体层顶，形状大体上与当地磁力线吻合，其地心距离为 5～$6R_E$。等离子体层中的带电粒子起源于电离层，它可视为电离层的延伸，两者之间没有明显的边界。紧靠等离子体层顶内侧，可观测到频率为数百赫兹的低频电磁波，称为等离子体层嘶声。

地球辐射带与环电流区　*地球辐射带*是高能带电粒子的捕获区；环电流区是由能量为 10～10^2 千电子伏的强能离子和电子在赤道面附近漂移而形成的。两者的主要高度范围均与等离子体层重叠，属于内磁层，其中*地磁场*接近偶极子磁场。辐射带高能质子主要分布在距离地心 2.5 个 R_E 附近，最大通量可达到 10^9/（米²·秒），称为内辐射带；辐射带高能电子主要分布在 3～$7R_E$处，最大通量为 10^{11}/（米²·秒），称为外辐射带。环电流强能离子主要成分为 H^+、He^+和 O^+，强磁暴主相期间 O^+可成为环电流的主要离子。环电流离子和电子在地磁场作用下分别向西和向东绕地球做曲率漂移和梯度漂移，形成西向电流环，它所产生的磁场与地球赤道面附近的地磁场水平分量方向相反。环电流增强是形成磁暴的原因。环电流强能离子一部分来自*磁尾*，一部分来自电离层。磁暴是磁层最强烈的扰动过程和最严重的空间灾害天气。环电流离子的起源和加速过程是磁暴研究的主要问题。

磁尾　地球磁层向背阳方向延伸的部分称为地磁尾。磁尾外形像一个圆柱，半径约为 20～$25R_E$。磁尾中心区域等离子体数密度较高的区域称为磁尾等离子体片，在磁静时其赤道两侧的半厚度约为 $4R_E$，靠近地球一端的内边界距地心约 $10R_E$。磁扰时半厚度可减小到 $1R_E$以下，内边界可侵入同步高度以内。等离子体片中心流有很强的跨越磁尾的电流，电流区很薄，磁场极弱，称中性片。等离子体片两侧到磁尾外边界之间，称为尾瓣，其中等离子体密度稀，温度低。磁场是“开放”的，强度大，一侧伸往极区磁层（极盖区），尾向通向太阳风。尾瓣和等离子体片之间的交界区叫等离子体片边界层。磁尾磁场被拉向磁尾，呈尾状，另一端连接高纬电离层。

磁尾等离子体片是磁层等离子体的一个主要聚集区，等离子体数密度为每立方米 10^5～10^6。电子能量约 1 千电子伏，离子平均能量为 5 千电子伏。主要离子成分为氢离子（H^+）。磁扰日时氧离子（O^+）可占很大的比例。等离子体片又是磁层能量储区和不稳定的扰动区，是很多磁层扰动的发源地。太阳风和磁层相互作用时将很大一部分能量输入磁尾，进入等离子体片中，并驱动等离子体向地球方向运动。行星际扰动期间，太阳风输入磁层的能量增多，磁尾电场增强，等离子体片变薄，内边界侵入到夜面同步高度。当储存在等离子体片内的能量达到临界数值时，突然向极区电离层和内磁层释放，形成极光，加热电离层，并使同步高度附近的电子与离子受到加速，这就是磁层亚暴。磁层亚暴发生时，中磁尾（离地心 20～$40R_E$）等离子体片发生磁重联，形成向磁尾方向运动的等离子体团和向地球方向流动的高速流。中、远磁尾都可观测到来自地球电离层的氧离子。磁层亚暴是地球空间最主要的能量释放过程。亚暴全球过程和触发机制是磁层亚暴研究中的主要前沿课题。

磁层顶和磁层顶边界层　磁层与磁鞘之间的边界称磁层顶。它是一个电流片，在向阳面厚度为 400～1000 千米，两侧磁场和等离子体特性发生跃变。磁层顶磁层一侧有一个磁鞘和磁层等离子体相混合的过渡区，在中低纬该过渡区称为低纬边界层，在夜面高纬区称为等离子体幔；等离子体幔和低纬边界层的磁场会聚到极区，形成磁力线呈漏斗状的区域，称极尖区。极尖区是磁层的“窗口”，磁鞘中的带电粒子可直接通过极尖区进入磁层。

磁层顶和磁层顶边界层是太阳风－磁层直接作用的区域。磁重联是太阳风向磁层输入能量的主要途径。当*行星际磁场*有南向分量时，磁重联发生在向阳面磁层顶；当行星际磁场有北向分量时，磁重联发生在极尖区尾侧高纬磁层边界区。太阳风－磁层黏性作用是太阳风向磁层输入能量的另一种方式，它是由磁层顶不稳定性导致的反常输运引起的。磁层顶磁重联以及磁层顶不稳定性和反常输运是磁层物理研究的重要前沿问题。（濮祖荫）

地球大气　atmosphere of the Earth　地球引力作用下大量气体聚集在地球周围所形成的包层。大气随着地球运动；日、月的引力也对它起着*潮汐*作用。大气层对地面的物理状况和生态环境有决定性的影响。地球大气的质量约为 5.3×10^{21} 克，约占地球总质量的百万分之一。大气密度随高度的增加而按指数函数下降，大气总质量的 90%集中在离地表 15 千米高度以内，99.9% 在 50 千米高度以内。在 2000 千米高度以上，大气极其稀薄，逐渐向行星际空间过渡，而无明显的上界。

分层　地球大气的密度、温度、压力、化学组成等都随高度变化。可以按照大气的温度分布、组成状况、电离程度这些不同参数，对地球大气进行分层。

按大气温度随高度的分布可以分为：

①对流层。靠地表的底层大气，对流运动显著。其厚度因纬度、季节以及其他条件而异，在赤道区 16～18 千米，中纬度区 10～12 千米，两极区 7～8 千米。一般来说，夏季厚而冬季薄。对流层与地表联系最密切，受地表状况影响最大，大气中的水汽大部集中于此层，形成云和降水等现象。对流层的上部称为“对流层顶”，厚几百米到 1～2 千米。对流层的温度几乎随高度直线下降，到对流层顶时约为−50℃。

②平流层（又称同温层）。由对流层顶到离地表 50 千米高度的一层，大气主要是平流运动。层内温度随高度增加而略微上升，到约 50 千米高度处，达到极大值（−10～+20℃）。

③中间层（又称散逸层）。高度在离地表 50～85 千米的一层，温度随高度增加而下降，到离地表高度 85 千米的中间层顶，温度接近最小值，约为−80℃。

④热层。中间层以上的一层，温度随高度增加而上升，在离地表 500 千米处，即热层顶，达到 1100℃左右。这一层的温度因为大气大量吸收*太阳紫外辐射*而升高。热层顶以上为外大气层。这里的大气已极稀薄，密度在每立方厘米 10^7 个原子以下（而海平面处为每立方厘米 10^{19} 个）。

按大气的组成状况可以分为两层：离地表约 100 千米以下是均质层（大气由各种气体混合组成，平均分子量为常数）；以上是非均质层。在均质层中离地表 10～50 千米处，太阳紫外辐射的光化作用产生臭氧，形成臭氧层，这一层的高度大抵与上述平流层相当。在离地表 20～30 千米处，臭氧浓度最大，不过这部分大气中的臭氧含量仍然不到这一层大气的十万分之一，各种气体依然视为均匀混合的。臭氧层吸收掉危害生命的太阳紫外辐射，使之不能到达地表。

按大气的电离程度可以分为两层：从地表到离地表 80 千米这一层，大气中的分子和原子都处于中性状态，称为中性层。离地表 80～1000 千米这一层，大气中的原子在*太阳辐射*（主要是紫外辐射）作用下电离，成为大量正离子和电子，构成电离层。其中电子密度极大处为 D、E、F_1、F_2 四层（见图）。这四层的高度分别在 80～

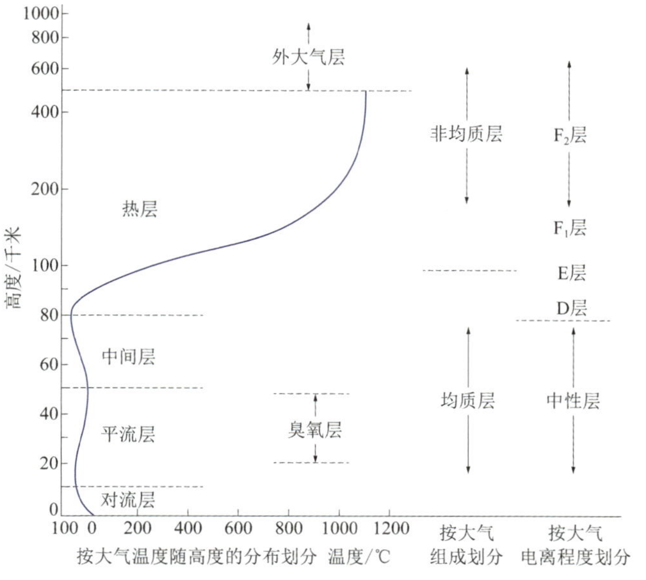

地球大气层

100千米、100～120千米、150～250千米和250～500千米处，而且这四层的高度和电离情况都随一天中的不同时刻、一年中的不同季节和**太阳活动**程度而发生变化。许多有趣的天文现象，如极光、流星等都发生在电离层中。电离层还能反射无线电短波，从而使地面上可以实现短波无线电通信。

近地表大气的化学组成　干洁空气的成分及其体积百分比见下表。

干洁空气的成分及其体积百分比

成分	体积百分比
氮（N_2）	78.08
氧（O_2）	20.95
氩（Ar）	0.934
二氧化碳（CO_2）	0.033
氪（Kr）	0.000 11
氖（Ne）	0.0018
氦（He）	0.000 52
甲烷（CH_4）	0.000 15
氢、一氧化碳、氙、臭氧、氡等（H_2、CO、Xe、O_3、Rn）	<0.0001

上表所列并未考虑水汽在内。实际上地球大气含有一定比例的水汽。而且水汽是大气中最不稳定的组成部分。在夏季湿热处，水汽在大气中的含量可以达到4%；而在冬季干寒处，它的含量可下降到0.01%。除水汽外，离地表3000米内还有尘埃、花粉、火山灰及流星尘等微粒。

起源　地球的大气的演化已经历了三代：原始大气、还原大气和氧化大气（现代大气）。

地球形成初期的原始大气已不存在，它已全部或大部散逸到空间。后来，由于放射性元素的衰变和所谓“引力致热”，地球处于一种熔化阶段，从而加速了气体从地球内部逸出的过程。地球的引力使这些逸出的大气渐渐积蓄在地球的周围。这种第二代地球大气缺少氧，主要由二氧化碳、一氧化碳、甲烷和氨组成，称为还原大气。主要是绿色植物的光合作用，其次是来自太阳的辐射使水分解为游离氧，从而使还原大气变为以氮和氧为主的氧化大气。有的科学家通过分析赤铁矿中的沉积物，推断出氧存在的时间在25亿年以上。从那时起，大气中便含有丰富的游离氧了。　（杨本有　施广成）

地球定向参数　earth orientation parameter; EOP　用于描述**地球自转**非均匀性的参数。含极坐标（x,y）、**世界时**（UT1）和天极偏移（dX,dY）。地球定向参数可形象地理解为地球相对于深空背景的姿态参数，用于地固参考架与**天球参考架**之间的转换。严格意义上，此转换包括两部分：一为IAU岁差和章动模型预测值，二为对预测值的实测修正，即EOP。

地球自转的非均匀性表现为瞬时自转轴相对于固体地球的变化和自转速率或自转周期的变化。地球系统（含固体地球、海洋和大气）中的任何物质迁移与角动量交换，均会造成固体地球自转的变化。绝大多数此类变化都是可以忽略不计的，但如洋流、大气环流、**潮汐**等大质量运动则可造成能够辨别的地球自转变化，在精确的天文观测、深空目标跟踪和人造卫星轨道测定中引入误差。

极坐标（x,y）用于描述地球瞬时自转轴相对于地球本体的运动。地球瞬时自转轴相对于固体地球不是固定的，而是有缓慢变化。**国际地球参考架**中的极坐标原点位于**国际地球自转和参考系服务**（IERS）参考极，为在固体地球表面上协议标定的一点，x轴指向IERS参考子午线，y轴指向西经90°。某时刻地球瞬时自转轴与地球表面的交点（瞬时自转极）在此坐标系中的坐标，即为极坐标，用以标志**极移**。

世界时（UT1）用于描述地球相对于深空背景的自转周期，并非均匀恒定。国际通用做法为，引入**协调世界时**（UTC），以国际单位制（SI）秒为单位，与**国际原子时**之间存在闰秒（leap second），在时刻上保持与UT1相差0.9秒之内。将UT1的不均匀表示为UT1与UTC之差（即DUT1）。

天极偏移（dX,dY）用于描述地球瞬时自转极相对于协议天极方向的变化，也可表示为黄经章动和交角章动两个分量的改正值。协议天极方向由IAU岁差和章动模型给出。

地球定向参数表现为随时间做不规则变化，必须通过天文观测获得。因而在高精度的实时应用中只能使用实际测量值的预测值。IERS给出的极坐标表列值需要进行周日和半周日海潮项修正，以及进行相对于空间周期短于2天的受迫项修正。

（李金岭）

地球辐射带　radiation belt of the Earth　**地球磁层**中高能带电粒子长时间被**地磁场**捕获的区域。又称范艾伦辐射带。带电粒子在地球高空磁场中绕磁场旋转和沿磁力线运动的同时，在南、北较高纬度处被反射回到赤道区。距离地面200千米（极区）至1000千米（赤道）以上，带电粒子不受大气层散射；4万多千米以下地磁场随**太阳风**变化起伏较小。因此高能带电粒子一旦进入或在此区域内产生，便能长期被“捕获”在这里，形成带电粒子辐射带（见图）。其形状由地磁场磁力线决定。

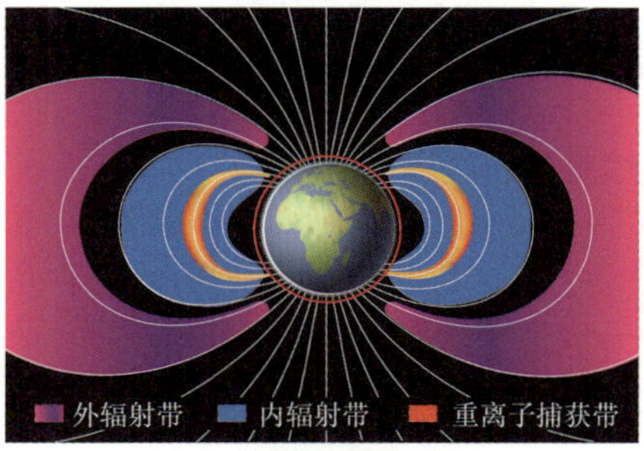

地球辐射带示意图

地球辐射带是1958年美国J.A.范艾伦博士根据“探险者”1号卫星的观测结果发现的。地球辐射带的主要成分为1～100兆电子伏的质子和100千电子伏至20兆电子伏的电子，此外还有少量的重离子。高能质子主要分布在离地心1.1～3.3个地球半径的空间范围内，中心位置距离地心约为2个地球半径，称为内辐射带，其中多数质子能量大于10兆电子伏，最大通量可达到10^9/（$米^2·秒$）。内辐射带高能质子和电子起源于**宇宙线**反照中子的衰变。宇宙线撞击大气层发生核反应时，产生中子向上运动。这些中子是不稳定的，在大约1000秒的时间内，迅速衰变为质子和电子。这些带电粒子进入或产生在低高度辐射带区，成为内辐射带捕获粒子。内辐射带比较稳定，但其结构和辐射强度随太阳 11 年活动周期而变化，在磁暴期间有时也会发生改变。能量大于 10 兆电子伏的高能电子主要分布在地心赤道距离 3～7 个地球半径的范围内，称为外辐射带；其中心位于地心赤道距离 4 个地球半径处，该处能量高于 1 兆电子伏的电子通量最高，可达到 10^{11}/（米^2·秒）。外辐射带电子可以沿磁力线深入数百千米高度的极盖区。外辐射带的电子和离子主要起源于磁暴和**磁层亚暴**对电子的增能和注入。当**行星际磁场**具有南向分量时太阳风粒子能够进入外磁层；高纬电离层带电粒子不断沿磁力线运动到**磁尾**。磁暴和磁层亚暴期间磁层电场将这些粒子中的一部分加速到很高的能量，并注入内磁层，成为外辐射带捕获粒子。波-粒子作用也可导致辐射带粒子增能。外辐射带结构和辐射强度随磁层活动而不断改变。20 世纪 90 年代发现，在**太阳耀斑**和磁暴发生后，在内外辐射带之间可出现"第二质子带"和能量高达几兆电子伏至 100 兆电子伏的相对论性电子带。此外在内辐射带还有一个由重核离子（主要是氧，也含少数氮、氦和极少数碳）构成的重离子捕获带。这些重离子每个原子核的能量低于 50 兆电子伏，来源于星际"反常宇宙线"。

高能粒子在地磁场中运动会产生电流，进而影响地磁场；它们和等离子体波交换能量，引起波的放大或衰减。特别是高能粒子同航天器作用会产生电离、原子位移、化学反应、核反应和韧致辐射，损坏航天器上的太阳电池、集成电路和传感器，并对航天员造成辐射损伤。因此研制卫星时必须考虑其器壁的辐射加固。高能粒子（尤其是重离子）通过二进制触发器时很容易使电路翻转，导致逻辑系统紊乱，这是引起卫星故障的又一重要原因。南大西洋地磁异常区地磁场较弱，内辐射带的高度可低达 250 千米。卫星和**空间站**在通过南大西洋地磁异常区时经常发生事故。磁暴期间同步高度附近辐射带高能电子通量突增，可引起卫星内部深层充电，导致卫星失效，造成重大损失，成为空间活动的严重威胁。

国际上使用的几个地球辐射带模型都是按 20 世纪 60～70 年代早期的观测资料建立的平均的定常态模型。根据卫星数据对它们进行修正，在实验和理论研究的基础上建立动态模型，这是地球辐射带研究中的重要课题。（濮祖荫）

地球附近空间环境　space environment near the earth　地球系浸泡在太阳光辐射和粒子辐射（**太阳风**）之中，因此地球附近空间环境的主要特征在很大程度上是由太阳光辐射和粒子辐射的能谱确定的。太阳稳定的光辐射和粒子辐射决定了地球附近空间环境的定常状态，而**太阳活动**引起的光辐射和粒子辐射增强就构成了对地球附近空间环境定常状态的骚扰，产生各种地球物理效应。太阳光辐射和粒子辐射造成的地球附近空间环境的主要特征包括地磁的彗形结构、形成辐射带和电离层，以及低层大气的分层结构。

地磁层　地球具有极区强度约为 0.6×10^{-4} 特的偶极子磁场，与磁铁棒的磁场相似。然而在太阳风的冲击下，它就变成彗状结构，称为**地球磁层**。图 1 为包含日心和地磁轴的磁子午面（又称日下点子午面）上的磁层结构。太阳风与磁层的交

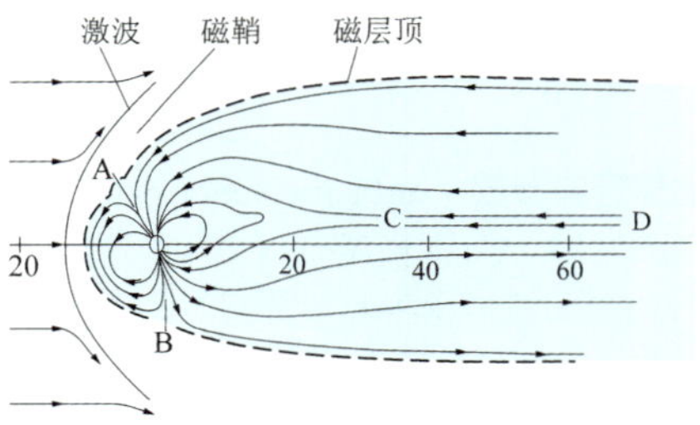

图 1　地球磁层结构

界面称为磁层顶，它的形状由太阳风压力与**地磁场**的磁压力平衡方程确定，即：

$$2mNV^2=\frac{B^2}{8\pi}$$

式中m为质子质量；V和N为太阳风速度和粒子数密度；B为磁感应强度。向阳侧的磁层顶近于圆形，称为磁头，背阳侧为长圆柱形，称为**磁尾**。磁尾中央为磁力线方向相反的薄夹层，称为中性片，是容易发生磁重联的不稳定区。

地球轨道附近的太阳风为超声速粒子流（速度约为 10 马赫），受到磁层的阻挡，必然会在磁头部分形成弓形激波阵面。它的厚度远小于太阳粒子的平均自由程（约 10^8 千米），故属于无碰撞激波，其中无粒子-粒子相互作用，亦即无黏滞引起的焦尔耗散，只有波-粒和波-波相互作用，可以产生粒子加速和发射电磁波。太阳风经激波阵面后，由有序运动变成无规则运动的等离子体湍流区，称为磁鞘（层），这里的粒子密度和粒子温度均增大。磁头与磁尾交界处称磁尖，粒子可以由这里直达极区电离层。

辐射带　1958 年美国约翰斯·霍普金斯大学的 J.A.范艾伦等人分析研究了人造卫星探测数据后发现，地磁场捕获的太阳粒子大多集中在地球周围的两个环形地带里，分别称为内辐射带和外辐射带（图 2）。内辐射带在赤道面上的高度范

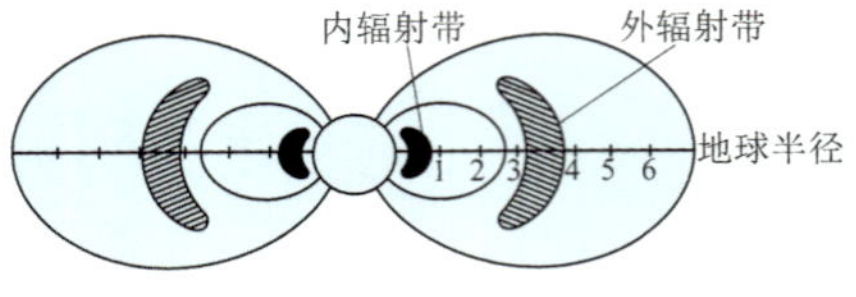

图 2　地球辐射带示意

围大约为 600～10 000 千米，纬度范围为 ±40°，其中心位置随粒子能量大小而异，高能粒子的高度较低，低能粒子的高度较高。内辐射带粒子的主要成分为质子和电子，其他成分很少。内辐射带受太阳活动影响较小，即使在地磁扰动时，其强度和中心高度也变化不明显。外辐射带的空间范围延伸很广，在赤道面上的高度范围为 10 000～60 000 千米，中心位置为 20 000～25 000 千米，纬度范围可达 ±70°。外辐射带的主要成分为电子。外辐射带受太阳活动影响很大，当地磁场受到扰动时，外辐射带强度和位置均有很大变化。

带电粒子在地磁场中沿磁力线作回旋运动，并在地球两极的强磁场区反射。但当入射粒子速度与磁力线交角小于逃逸临界角θ_c时（见**磁镜和逃逸锥**），粒子将逃逸。带电粒子的回旋运动会产生回旋辐射，辐射带即因此得名。同时，由于磁力线弯曲和磁场强度随高度减小，将导致电子和质子分别沿相反方向漂移（图 3），从而产生与赤道平行的环形电

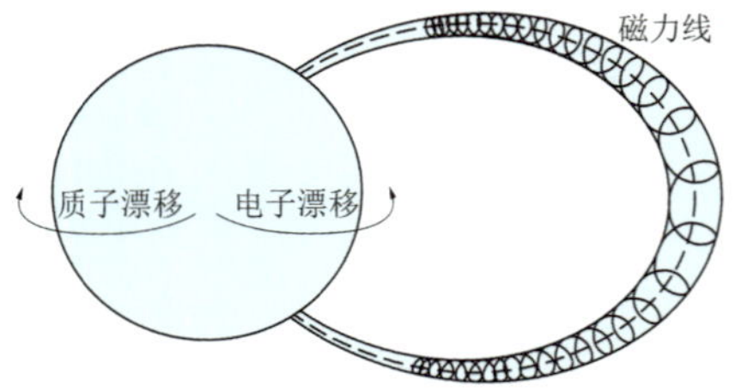

图 3　辐射带的带电粒子在地磁场中的运动

流。这个电流感应的磁场也是地磁场中的扰动分量。由于辐射带中粒子密度和能量很大，对航天器和航天员是一种威胁。因此，长寿命的绕地卫星都在辐射带下面飞行（通常低于 800 千米），以免受到损害。

电离层　太阳光辐射对**地球辐射带**和磁层以上的空间结构基本上不起作用，但对地球电离层及其以下的大气发生重要作用。地球电离层下面的中性大气主要吸收太阳光辐射中波长为 7000 埃至 1 毫米的近红外光，吸收源为 H_2O、CO_2、O_2、NO 和 CH 等分子，以及波长为 1200～

3000 埃的紫外光，吸收源为 O_3、O_2、O、H_2O 等。地球大气对可见光和射电波段基本透明，在红外也有一些透过窗口。然而太阳光中 1～1200 埃的 X 射线和远紫外波段则由电离层严重吸收，也可以说电离层就是由这些短波辐射产生的。电离层可分为 D、E 和 F 三个层次，其大致情况如下表所示。表中所述仅为大致情况。实际上不同地点上空的电离层状态（如高度范围和电子密度 N_e 等）因太阳照射条件不同而变化，亦即随纬度、季节和时辰而不同。地球大气在几个不同高度处形成电离极大区是由三个条件确定的：①太阳光辐射能谱分布。②地球大气中各种原子和分子密度随高度的变化。③这些原子和分子的电离态分布。

地球弓形激波 earth bow shock 太阳风与地磁场相遇，在地球周围形成的激波。

它的子午方向截面的结构大致如图。

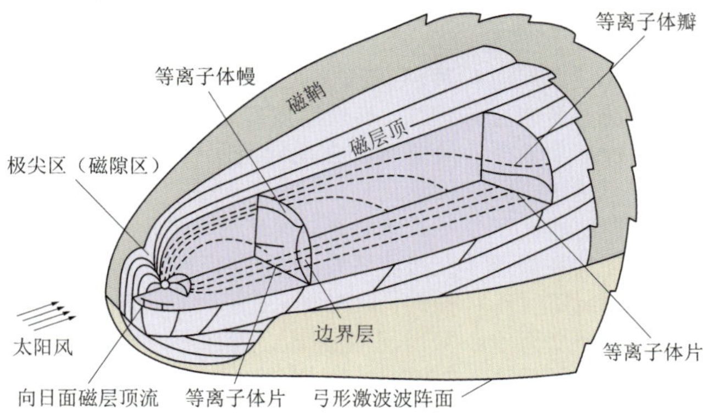

太阳风作用下形成的地球弓形激波

球的空间探测，得到难以由地面观测获得的很多重要资料。根据探测对象与科学目标的不同，地球空间探测卫星大致包含四个系列：行星际监测站、轨道地球物理台、簇群空间探测器和范艾伦探测器。

行星际监测站 为了给阿波罗载人太空飞行提供安全保障，美国国家航空航天局（NASA）发射了一系列的空间卫星用以监测研究行星际与地月空

电离层概况

名称	高度（千米）	N_e（厘米$^{-3}$）	N（厘米$^{-3}$）	吸收波长（埃）	吸收源	其他
D	70～90	10^2～10^4	5×10^{14}	1～10，Lyα（1216）	O_2，NO，H	夜间消失
E	100～120	10^4～2×10^5	1.8×10^{12}	＜140，800～1027	O_2，NO，O	一般夜间消失，有时出现
F_1	160～200	3×10^5	5×10^{10}	140～800	N_2，O	夜间合并为 F 层，高度约 300 千米
F_2	250～450	2×10^6	3×10^8	140～800	N_2，O	夜间合并为 F 层，高度约 300 千米

通常用于无线电通信的短波（频率 5～20 兆赫，或波长 15～60 米）主要是由 F 层反射的。当发射电波的角频率 ω 等于 F 层等离子体频率 ω_p 时，折射率 $n=0$，电波信号将不再反射，于是信号不能返回地面，通信无效。这一上限频率称为 F 层的临界频率，可证明它与 $N_e^{1/2}$ 成正比，可见 N_e 愈大，可供利用的通信临界频率愈大，更有利于通信。

低层大气 电离层以下为中性大气。自地面至 12 千米高度范围，其温度随高度逐渐减小，形成对流层，是风、雨、云和雪等现象发生的区域。12～50 千米为平流层，顾名思义其温度随高度变化很小，因此也称为同温层。臭氧（O_3）则分布在 10～50 千米（最大浓度在 20～25 千米），也称臭氧层。50～80 千米为中层，其温度又随高度减小。中层以上的区域，温度随高度增大，称为热层。

整个日地空间的物理过程十分复杂，它的研究涉及太阳物理、空间物理、大气物理，以及等离子体物理、电波传播、大气光学和光化学等多种学科。传统上太阳物理研究范围只达到内冕和中冕（日心距 2.3 太阳半径以内）。大气物理和气象学则研究对流层，或者涉及平流层。而其余的广大空间通常属于空间物理的研究范围。这个区域的物质不多，但现象复杂，而且难以探测，许多过程尚不清楚。 （林元章）

与通常的流体激波波阵面不同，在它的上游有由波阵面内发出的高能粒子、电磁波、阿尔文波等向上游传播。这是由无碰撞等离子体激波波阵面内的等离子体湍动中的波-粒子相互作用和波-波相互作用产生的（见等离子体天体物理学）。在地球磁尾内靠近中性线附近，经常产生不稳定的磁合并，引起磁层亚暴。这种情况同磁合并引起耀斑爆发相似。由于太阳风的结构不稳定，弓形激波的结构也不断地变化。波阵面的顶点、方向以及它与地心的距离都随着太阳风的强弱、太阳风磁场的走向而不同。波阵面顶点与地心的距离大约在 14 个地球半径，但若有异常的低马赫数的太阳风，则可延伸到 30 个地球半径。弓形激波波阵面的厚度主要决定于上游磁场走向与波阵面法向的夹角。若夹角大于 50°，波阵面不厚；而当夹角小于 50°，波阵面厚度就可以伸展到 1 个地球半径。波阵面内部，在绝大多数情况下，属于热等离子体和高马赫数的湍动波阵面。弓形激波波阵面的运动主要与太阳风中切向间断面的到来有密切关系（见日地间激波和磁流间断）。

（陈 彪）

地球空间探测 space exploration of the Earth 对地球高层大气和外层空间所进行的探测。为了更好地了解作为天体的地球，近半个世纪以来，多国发射了多个系列的科学卫星，从不同高度轨道上进行地

间环境，包括磁场环境、太阳风、等离子体和宇宙射线，由 10 颗“探险者”卫星，即“探险者”18、21、28、33、34、35、41、43、47 和 50 号组成。这些卫星大部分运行在倾角不同的大椭圆地球轨道上，远地点达 10 万～20 万千米。其中探险者 33 号原计划发射到月球轨道，但结果进入高度特别大的地球轨道。探险者 35 号则进入了月球轨道，成为月球轨道上的行星际监测站，获得了太阳风与月球互相作用的资料。行星际监测站系列卫星持续监测了一个完整的太阳活动周，为研究地球磁层、行星际磁场、太阳风特性以及它们的变化，提供了大量重要的观测资料。

轨道地球物理台 美国于 1964～1969 年发射了六颗名为轨道地球物理台（OGO）的系列地球空间探测卫星，它们的科学测量内容包括太阳和银河系的宇宙线、宇宙线中的不同粒子成分、γ 射线能谱、行星际等离子体、辐射带粒子、地球磁层和行星际磁场、高层大气成分、射电天体、Lα 线在地冕中的散射、地面反照率、地球附近的行星际尘埃密度等。每一颗卫星都携带了 20～25 种科学仪器，其中 OGO1、OGO3 和 OGO5 运行在赤道轨道上，而 OGO2、OGO4 和 OGO6 运行在近极轨。它们的近地点高度都为三四百千米，但远地点高度最大接近 15 万千米。OGO 系列最初采用自旋稳定系统，自转轴对向地面，后来发展到由水平扫描器、太阳敏感器、气体喷

嘴系统和电驱动飞轮组合成的三轴稳定姿态控制系统。

簇群空间探测器　簇群空间探测器是由欧洲空间局（ESA）发射的四颗卫星组成的星座，围绕地球编队飞行，用于考察近地空间的小尺度变化以及太阳活动同地球磁场的相互作用，从而认识**地磁场**的立体结构。第一代簇群探测器于 1996 年 6 月 4 日发射，但因火箭原因导致发射失败。第二代簇群探测器保留了原先功能，于 2000 年夏季分两批搭乘俄罗斯的联盟运载火箭升空，截至 2023 年仍在持续运行。簇群的工作轨道是近地点高度不到 2 万千米、远地点高度约 12 万千米的大椭圆极轨道，在地球磁层内外穿行多卫星星座的设计可以让它们同时探测地球磁场的不同区域。在超过 20 年的工作时间里，簇群空间探测器对磁重联事件的发生点进行了第一次实地观测，还确认了地磁场对太阳风的屏蔽作用，揭示了磁层中**磁尾**部分的波动现象，说明了地磁场赤道部分常见的杂乱等离子体波动源于质子，考察了极光的发生机制，发现了湍流让太阳风具备了高于预期的温度，记录下了太阳风轰击地磁场时后者发出的波动。这些结果能帮助我们更好地了解了地球身处的太空环境，以及太阳和地球的相互关系。

范艾伦探测器　范艾伦辐射带是地球附近空间中包围着地球的高能粒子辐射带，分为内外两个辐射带，其中的粒子多数起源于太阳风，被地磁约束在地球附近，赤道附近粒子密度最高。美国于 2012 年 8 月 30 日同时发射了两颗范艾伦探测卫星，沿着几乎相同的倾角、大偏心率轨道运行于范艾伦带的不同区域。因燃料耗尽，两颗卫星分别于 2019 年 7 月和 10 月结束了工作。作为第一对在**地球辐射带**中长期工作的卫星，范艾伦探测器系统研究了地球周边的高能粒子环境，发现了辐射带内外区电子能量的差异，确定了导致辐射带中电子加速和损失的等离子体波动，多次记录下了冲向地球的高能粒子事件，还测定了地球周边等离子层的变化周期——27 天（与太阳自转周期相同）。范艾伦探测器还发现，当太阳活动强烈的时候，辐射带中还会临时出现有别于内外区的第三区，这个发现大大加深了人们对空间天气的了解。

（李　竞　胡寿村）

地球空间运动　motion of the Earth in space　地球在空间中的真实运动。主要表现于其自转和绕太阳公转的轨道运动，粗略地说，这两种运动是较平稳的；但实际上，由于外界的（太阳、月球和行星的引力作用）和地球自身的（大气、海洋和内部物质的各种运动作用和物质分布不均匀效应）**地球自转**发生复杂变化，主要表现在三个方面：自转角速度或日长的变化；自转轴在空间的进动，导致**岁差**和**章动**；自转轴在地球本体内的变动，即**极移**。地球公转轨道也有变化。此外，地球还有随同太阳在星际空间和在**银河系**内的空间运动。

地球自转角速度与“日长”变化　从北极往下看，地球绕自转轴以逆时针方向自转，自转角速度越大，每天的时间——“日长”就越短，现在平均角速度为每秒 7.292×10^{-5} 弧度，日长为 23 小时 56 分 4 秒（**原子钟**）。20 世纪初以来，天文观测确认地球自转不均匀，虽然变化的相对量很小，但长期累积效应是显著的，现代科学技术需要地球自转变化的精确数据。地球自转角速度有三种类型的变化：①长期减慢，“日长”每百年变长 1～2 毫秒，2000 年来累积慢了 2 个多小时。从古珊瑚化石生长线研究得出，3.7 亿年以前，每年约 400 天，主要原因是潮汐摩擦作用。地球自转减慢意味着地球自转角动量减少，这部分角动量转移为月球绕地球转动的轨道角动量，导致月球远离地球，逆推回过去，则月球离地球要近得多。②周期性变化，有季节性的周期变化，春天慢秋天快，还有半年周期的变化，振幅为 20～25 毫秒，主要是由风的季节性变化引起的。还有 1 个月和半个月的周期变化，变幅约 1 毫秒，主要由月球的引潮作用所致。③地球自转还存在着时快时慢的不规则变化，即几十年或更长时间内有约每年相对变化不到 $\pm5\times10^{-10}$，几到十年期间有约每年相对变化不到 $\pm8\times10^{-9}$，几星期到几个月期间有约每年相对变化不到 $\pm5\times10^{-8}$。

地球自转轴进动和摆动　地球自转轴的空间指向有长周期变化和短周期变化。①长周期变化表现为自转轴绕黄道面的垂直轴旋转——称为进动，周期约 26 000 年。地球进动时，赤道面与黄道面的倾角（**黄赤交角**）基本不变（现在为 23.44°），但赤道面与黄道面的交线在黄道面上转动，致使春分点每年西移约 50″，称为岁差，后果是北天极在天球上的指向沿一个小圆绕黄极转动，每 26 000 年转一周。②短周期变化表现为自转轴对黄道倾角的小摆动——称为章动，包括振幅和周期不等的很多项，主要章动项的振幅为 9.211°，周期 18.6 年。这两种变化的复杂叠加，使得黄赤交角在过去 15 000 万年从约 22°变化到 24.5°，主周期约 41 000 年。

极移　地球的瞬时自转轴在地球本体内的运动表现为极移。1765 年，L.欧拉从理论预言，如果没有外力作用，刚体地球的自转轴在本体内绕形状轴自由摆动。直到 1888 年才从纬度变化的观测中证实存在极移，地极在地表的位置变化范围仅约 20 米。1891 年，S.C.**钱德勒**指出，极移包括两个主要周期成分：周期约 14 个月、幅度约 0.06″～0.25″的非刚体地球自由摆动（又称钱德勒摆动）；周年的受迫摆动，幅度约 0.09″。此外，还有月球和太阳引力所致的幅度 0.02″周日受迫摆动以及长期极移。

地球公转轨道的变化　地球绕太阳公转椭圆轨道也有变化，但近几百万年到几亿年是相当稳定的，影响地球气候变化的主要是轨道偏心率（目前为 0.0167）变化，过去 1 亿年的变化范围为 0.0669～0.0001。过去的 1500 万年，偏心率变化的重要周期有 40.5 万年、12.4 万年和 9.5 万年。

地球在星际空间的运动　1783 年，德国天文学家 F.W.赫歇尔发现太阳和**太阳系**在星际空间朝向武仙座方向运动，称为太阳本动。现已测定，太阳相对邻近恒星的运动速度为每秒 19.7 千米。朝向天球上武仙座内的一点称为向点，在天球上与之相对的一点则称为背点。

地球在银河系内的运动　1927 年，荷兰天文学家 J.H.**奥尔特**确认并证实了银河系的自转运动。按奥尔特方法，求出太阳和太阳系所在的天区，银河系的自转线速度约为每秒 220 千米，自转周期为 2.4 亿年（可谓之“银河年”）。

（李　竞　胡寿村）

地球内部结构　Earth's interior　地球是一个非均质体，内部具有分层结构，各层物质的成分、密度、温度各不相同。在天文学中，研究地球内部结构对于了解地球的运动、起源和演化，探讨其他行星的结构，解决行星以至整个**太阳系起源和演化**问题，都具有十分重要的意义。

关于地球内部的知识，主要来自对地震波的研究。地震波在地球内部传播时，分为纵波和横波。地震波的传播速度与地球内部物质的密度和性质密切相关。在不同性质和状态的介质中，地震波传播速度有显著变化。依据地球内部不同部分的地震波传播速度的资料，可以分析地球内部的结构。地球内部存在两个主要的间断面：第一个间断面位于地表下平均 30 多千米处，称莫霍洛维奇间断面（简称莫霍面或 M 界面）；第二个间断面位于地表下约 2900 千米处，称谷登堡-维舍特间断面。这两个间断面把地球内部分成三个主要的同心层：地壳、地幔和地核（图 1）。莫霍面以上是地壳，莫霍面和谷登堡–维舍特间断面之间是地幔，从谷登堡–维舍特间断面到地心是地核。

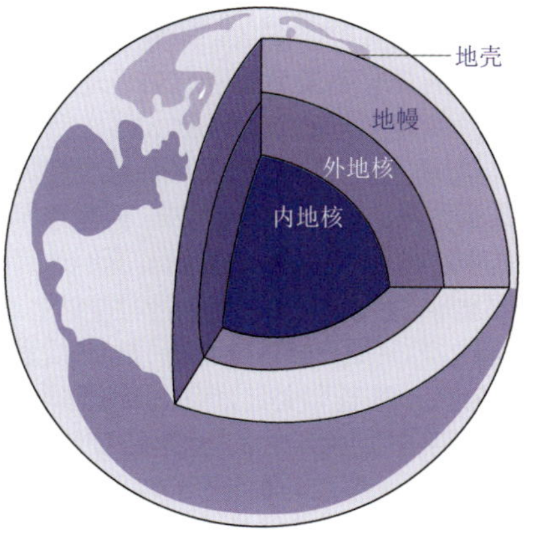

图 1　地球内部结构示意图

澳大利亚的布伦根据地震资料于 1967 年提出了地球内部结构的 A 模型，1970 年又提出了 HB_2 模型。这些模型对地球的分层结构做了更仔细的研究，广泛使用的是 A 模型。

地球内部分层（根据布伦的 A 模型）

层次			厚度/千米
地壳（A）			0～33
（莫霍洛维奇间断面）			
地幔	上地幔	（B）	33～410
		（C）	410～1000
	下地幔	（D）	1000～2900
（谷登堡–维舍特间断面）			
地核	外地核	（E）	2900～4980
	过渡层	（F）	4980～5120
	内地核	（G）	5120～6370

地壳又称 A 层，它的厚度是不均匀的，大陆地壳平均厚度 30 千米以上（中国青藏高原的地壳厚度可达 65 千米以上），而海洋地壳仅 5～8 千米。密度为地球平均密度的 1/2。大陆地壳上层的成分约在花岗闪长岩和闪长岩之间，下层岩石可能是麻粒岩和闪岩。海洋地壳是橄榄岩。地壳岩石的年龄绝大多数小于 20 多亿年。这意味着现在地球壳层的岩石不是地球的原始壳层，是以后由地球内部的物质通过火山活动与造山运动而形成的。

地幔的物质密度由近地壳处的 3.3 克/厘米^3 增至近地核处的 5.6 克/厘米^3，地震波传播的速度也随之增大（图 2）。地幔分为三层。从莫霍面到地表下 410 千米深处，称为 B 层，地震波波速几乎随深度直线增大。往下到 1000 千米深处是一个过渡带，称为 C 层，地震波波速不均匀地增大，说

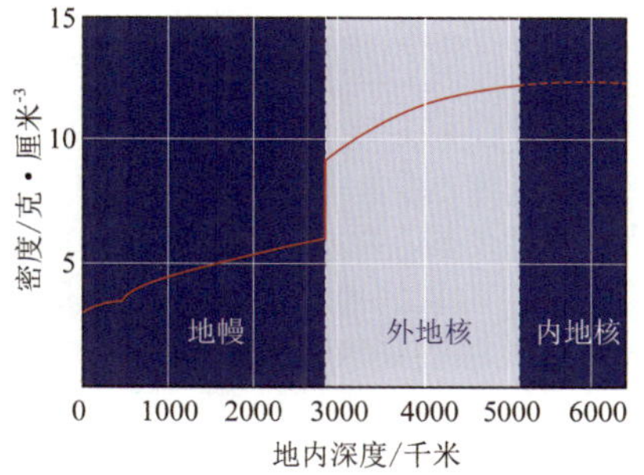

图 2　地内物质密度

明内部物质分布不均匀。B、C 两层称为上地幔。再往下到 2900 千米处称为 D 层，即下地幔，波速增大较均匀，而且没有发生过地震。地幔物质的主要成分可能是同橄榄岩相似的超基性岩。

地核也分为三层。E 层是外地核，可能是液体，地震波横波在这里消失。F 层是外地核和内地核之间的过渡层。G 层是内地核，可能是固体的，这里又出现地震波横波。地核虽只占地球体积的 16.2%，但由于它的密度相当高（地核中心物质密度达到 13 克/厘米^3，压力可能超过 370 万大气压），根据有些学者计算，它的质量超过地球总质量的 31%。地核主要由铁和镍等金属物质构成。

地球内部的温度随深度而上升。根据地震波传播情况得知：地幔是固体状态的，100 千米深处的温度已达 1300℃，300 千米深处的温度是 2000℃。据最近估计，地核边缘的温度约 4000℃，地心的温度为 5500～6000℃。由于地球表层是热的不良导体，来自太阳的巨大热量只有极少一部分能穿透到地下极浅处。因此，地球内部的热能可能主要来源于地球本身，即产生于天然放射性元素的衰变。

地球的重力加速度也随深度而变化。在地球内部，**地球自转**引起的惯性离心力随深度的增加而减少，这样，地球内部的重力可以简单地看成是地球的引力。一般认为，从地表到地下 2900 千米深处，重力大致随深度而增加，在 2900 千米处重力加速度达到最高值，约 10^{-3} 米/秒^2。从地表下 2900 千米到地心，重力急剧减小，到地心为 0。

（施广成　杨本有）

地球时　terrestrial time; TT　地心坐标系的一种**坐标时**。可用作天体视地心历表的时间自变量。它与**地心坐标时**（TCG）只相差常数速率。此速率估计为 $U_g/c^2 \approx 0.679 \times 10^{-9}$，式中 U_g 为**大地水准面**上总引力势；c 为光速。TT 通过下列线性变换与 TCG 相联系：

$$TCG - TT = 6.969\ 290\ 134^{S} 10^{-10} (JD - 244\ 314\ 4.5) \times 864\ 00$$

JD 为观测历元的 TCG 儒略日数。TT 的起点为 1977.0 TAI 0^h，单位为秒，并与**历书时**（ET）连续，即 $(ET-TT)_{1977.0} = 0$。它的精确实现为：

$$TT(TAI) = TAI + 32.184^S$$

常数 32.184^S 代表在 1977.0 TAI 0^h，ET 和国际原子时（TAI）之间相互偏离的最佳估计。就是说，在 1977 年 1 月 1.0 日 TAI 0^h，TT 精确为 1977 年 1 月 1.000 372 5 日。

由于 TAI 是以量子力学为基础，由**原子钟**导出的统计学时间尺度，而 TT 是以引力定律为基础，理论上均匀的动力学时间尺度，理论上它们可能不完全等价，TT 与 TAI 的上述关系不是严格严密的。

TT 曾被称为地球力学时（TDT）。

（漆贯荣）

地球形状理论　theory of the figure of the earth　描述地球或其他类地行星在平衡态时的外表和内部的重力和形状的理论，在物理大地测量、地球物理与动力学、**地球自转**、**地球潮汐**等领域应用广泛。自转天体在流体静平衡态时，其内部的等重力位面、等压强面与等密度面三者一致。

法国科学家 A.-C.克莱罗于 1743 年率先发表了克莱罗方程，为地球平衡形状理论奠定了基础。自转地球内部及外表面各个等重力位（自引力位加离心力位）面是旋转椭球面（图 1），其面上任意一点

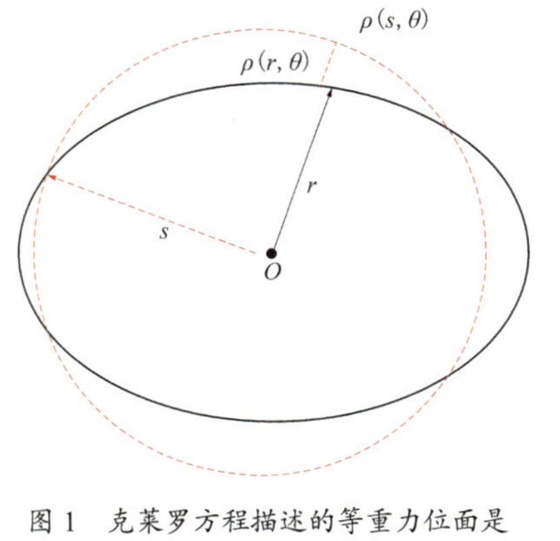

图 1　克莱罗方程描述的等重力位面是旋转椭球面示意图

(r,θ,ϕ) 的地心距离 r 可以表示为：

$$r(s,\theta,\phi) = s[1 + f_2(s)P_2(\cos\theta)]$$

式中 s 为与该等重力位面所包含体积相等的等效球半径；θ 和 ϕ 分别为余纬和经度；P_2 为二阶勒让德（Legendre）函数。$f_2(s)$ 即该等重力位面的扁率，它是 s 的函数，也与自转加速度有关，它由积分形式的克莱罗方程确定。为了使克莱罗方程形式简单直观，经两次微分后变成了二阶微分方程。

克莱罗方程是在扁率一阶近似下的结果。英国天文学家 G.H.达尔文于 1899 年给

出了其二阶修正，并于1924年由荷兰天文学家W.德西特改为标准形式，即达尔文－德西特方程。形式相当于：

$$r(s,\theta,\phi)=s(1+f_2P_2+f_4P_4)$$

比利时天文学家C.丹尼斯在20世纪80～90年代对克莱罗方程进行了如下形式的三阶修正，并提出利用迭代法求解方程以方便数值运算：

$$r(s,\theta,\phi)=s(1+f_2P_2+f_4P_4+f_6P_6)$$

以上各平衡形状理论都仅考虑旋转对称和南北对称的近似情况。

1932年，瑞士数学物理学家R.-L.瓦弗尔从曲面几何出发将平衡曲面的几何学与物理学清楚地分开——平衡形状的物理量完全可以由几何分层现象确定，从另一角度推导出克莱罗方程及达尔文－德西特方程。

苏联大地测量和地球物理学家M.S.莫洛坚斯基自1945年开始的先驱性工作指出只用地表的观测值就可以确定地球的物理表面及外部重力场。该理论成为20世纪后半期物理大地测量的主导思想，并使得现代大地测量学越来越少关注平衡形状。而现代大地测量学与地球物理学的关系越来越密切，使得大地测量学必须考虑地表之下的问题。

21世纪初，中国科学院上海天文台黄乘利和刘宇等人将传统的只适用于旋转对称和南北对称近似情形的地球内部平衡形状与结构理论发展为普适无对称假设的、完整三阶扁率近似表示的广义理论（图2）：

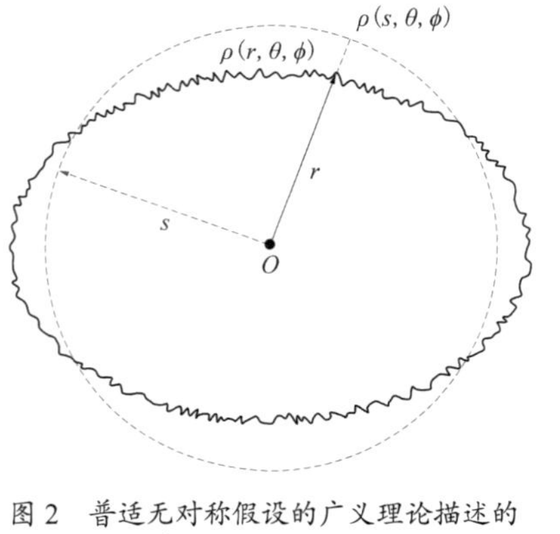

图2 普适无对称假设的广义理论描述的等重力位面示意图

$$r(s,\theta,\phi)=s\left[1+\sum_{n=1}^{3}\sum_{m=-n}^{n}H_n^m(s)Y_n^m(\theta,\phi)\right]$$

式中Y_n^m为面球谐函数；H_n^m为待求的各阶次球谐系数。该广义理论被应用于地球全球动力学扁率的研究，很好解释了传统理论计算所得值与观测值相差近1.1%这一困惑半世纪的问题。（张 冕）

地球引力势 earth gravitational potential 地球引力场的势函数。又称地球引力位。其梯度为地球引力的标量函数，即$\vec{F}=\text{grad}V$，式中$\vec{F}$为地球引力；V为地球引力势。其物理意义为质点在某一位置时对无穷远处引力位能的负值。在地球引力场中，单位质量在任一位置的地球引力势可由质点从无穷远处运动到该位置时引力所做的功计算得到；如果已知地球的形状和体密度，则理论上某点的地球引力势也可由公式$V=G\iiint\frac{\delta}{r}\text{d}\tau$计算，式中$G$为万有引力常数；$\delta$为地球的体密度；$\tau$为地球占据的空间区域；$\text{d}\tau$为体元；$r$为体元至该点的距离。地球引力势具有可加性和连续性，且是一个在无穷远处的正则函数。（罗志才）

地球中间参考系 terrestrial intermediate reference system; TIRS 用天球中间极（CIP）及其对应的中间赤道和地球中间零点（TIO）定义的地心参考系。它与国际地球参考系（ITRS）的联系由极移和地球中间零点的定位角确定。它通过绕天球中间极CIP的转动角度即地球自转角（ERA）与天球中间参考系（CIRS）相联系。天球中间极是这两个中间参考系TIRS和CIRS共同的Z轴。因地球中间参考系的首字母缩写词与国际地球参考系ITRS接近，建议使用全名。（黄乘利）

地球中间零点 terrestrial intermediate origin; TIO 地球中间参考系的经度零点，在国际天文学联合会2006年的B2决议（IAU 2006 Resolution B2）中正式采用此名称。相当于在国际地球参考系ITRS中的无旋转原点，此前在国际天文学联合会2000年的B1.8决议（IAU 2000 Resolution B1.8）中被称为地球历书零点（TEO）。在TIO的具体实现时，要求TIO在1900～2100年期间与ITRF的零子午线的偏离保持在0.1毫角秒内。（黄乘利）

地球重力场 gravity field of the earth; earth gravity field 地球重力作用的空间场。它表征地球内部、表面或外部各点所受地球重力作用空间的物理属性。它是反映地球的物质分布与运动的基本物理场，是地球物理学中研究地球内部物理状态及动力学机制的重要约束，也是研究地球内部密度分布与结构的重要手段，同时决定着大地水准面的起伏和变化。地球重力场不仅存在着空间变化，而且存在着时间变化。从空间观测，地球重力场是地球系统质量分布的结果，质量在地球系统内的传输和变化将在地球重力场的变化中反映出来。重力场的时变包括长期变化、季节性变化、不规则变化和其他多尺度的变化。确定精细结构的地球重力场及其随时间变化，不仅是人类认识地球的基础，而且也是人类解决面临的资源、环境、灾害等紧迫问题的重要数据基础。它是高精度全球地球参考框架的建立、卫星精密定轨、地下矿产资源勘探等不可或缺的基础。

地球内部或地表的任何质量改变均可引起重力场的变化。地幔对流、核幔边界起伏等引起地球内部物质的运动，而地球表面如同地球内部一样进行着一系列的变化，板块运动、冰后期反弹等现象所引起的质量重新分布的一些长期变化，大部分质量的非长期变化存在于地球表面的薄层里，包括大气、海洋、地下水、冰雪等的运动和地震活动，以及大型的人造水利工程，无疑都会引起地球表面质量的重新分布。大量的地球物理过程造成质量的传输因而引起地球重力场在不同尺度上随时间的变化。

重力测量是利用传感器感知重力的大小、重力的梯度或重力的变化。按测量方式来分可以分为相对重力测量和绝对重力测量。绝对重力测量是使用可倒摆重力仪或自由落体重力仪等仪器直接测量空间一点的重力值，它与长度和时间的定义标准直接相关；相对重力测量是通过使用摆重力仪或弹簧重力仪，通过力的平衡来测量两点间的重力差。按测量实施的区域来分，重力测量可以分为陆地重力测量、海洋重力测量、航空重力测量和卫星重力测量等。长期以来地球形状及其外部重力场的确定都基于其表面（陆地和海洋）的重力观测值。传统的地面重力测量技术，由于其耗时多、劳动强度大，并有许多难以到达的地区，致使重力测量的地面覆盖率和分辨率受到极大的限制。而卫星重力探测技术则为解决全球高覆盖率和高分辨率重力测量开辟了新的有效途径。卫星重力探测技术主要有：地面跟踪观测卫星轨道摄动、卫星测高、卫星跟踪卫星和卫星重力梯度测量。卫星测高数据可以直接用于研究海洋大地水准面的形状，同时还可以依据大地水准面高和重力异常之间的关系反演海洋区域的重力异常，其精度取决于海洋测高数据本身的精度。对于卫星重力梯度测量技术，主要对卫星重力梯度边值问题进行研究。

地球各层次的物质分布与重力场模型不同阶次的系数有很好的对应关系：长波对应于地核与下地幔，中波对应于地幔，短波对应于地壳。大地测量要求分辨率为10千米的厘米精度的大地水准面，以将GPS测得的大地高转换为正常高；为研究地幔的运动和变化，需要尽量精确的中、长波重力场模型，要求中波重力场至少具有厘米精度；卫星轨道的精确计算和预报也需要高精度的中、长波重力场资料；海洋科学需要中尺度的厘米精度的大地水准面，作为卫星测高数据计算海面地形的基准面，进而确定海洋的洋流、涡旋，分析和预报厄尔尼诺－南方涛动（ENSO）现象等，重力场模型已成为卫星测高数据确定高精度海面地形的瓶颈口。地球重力场的空间变化与物质密度的空间变化有紧密的联系，由此发展的重力探矿方法是矿产资源普查的重要手段；地球重力场随时间的变化反映了地球物质的时变情况，而地球物质运动变化造成的能量积累是诱发地震的重要原因，地震预报要求高精度的中长波重力场的时变信息，因此地球重力场的时变监测与分析已经成为地震监测和预报的重要手段。

一系列新的空间探测技术对于获取地球重力场的信息和研究地球重力场的时变性产生了积极的影响。*人造卫星激光测距*（SLR）可以测定小尺度的地球重力场的时变，卫星跟踪卫星技术（SST）和卫星重力梯度测量技术（SGG）等空间重力测量手段为进一步精确测定地球重力场及其时变性提供了可能。SST技术测定重力异常的精度可达到10^{-5}米/秒^{2}级，SGG技术可达到$1 \sim 5 \times 10^{-5}$米/秒^2。值得提出的三个用来探测地球重力场的大型观测计划已开创了全球重力研究的新时代，可以为我们提供高精度和均一化的全球数据。他们分别是：德国的地球科学研究与应用小卫星计划（CHAMP），欧洲空间局的重力场和静态海洋环流实验卫星计划（GOCE），美国和德国联合的重力场探测与气象实验卫星（GRACE）卫星计划。所有的这些卫星观测计划不仅对时变重力场的研究，而且对于静态重力场的测定精度提高都有重要意义。该三项重力卫星计划的资料已经提供了前所未有的地球重力场信息。

美国国家航空航天局已制定了今后的重力卫星发展规划，在5～25年将研制出三种不同原理的卫星，即GRACE星座方式、激光干涉测距方式和量子重力梯度方式，还着手计划将GRACE模式的重力卫星发往火星，以便测定其重力场、大地水准面等火星物理形状的时空变化。（黄 珹）

地球重力场的卫星测量 satellite measurement for earth gravity field 采用卫星技术测定地球重力场的一种观测手段。*地球重力场*是地球的一个基本物理场，重力场及其变化反映了地球表层及内部的物质密度分布和运动状态，同时决定着*大地水准面*的起伏和变化。因此，地球重力场受到地球科学、天文学和地球物理学等相关学科的重视。获取地球重力场的重要途径就是进行重力测量。由于地面、海洋及航空重力测量受自然条件等限制，难以覆盖全球。20世纪60年代始，发展了用人造地球卫星来采集地球重力场信息。最初主要是根据人造卫星的轨道变化来确定地球重力场的低阶项系数，后来随着空间技术的发展，特别是*卫星测高*数据的加入，海洋区域重力场的测定精度有了很大的提高。静态地球重力场模型构建主要是综合地面重力观测资料、卫星测高资料和卫星跟踪资料。对于测定地球重力场时变量，一直都是难点，直到20世纪80年代中期才发展了用*人造卫星激光测距*技术测定地球重力场低阶系数的时变量。

利用重力测量卫星（简称重力卫星）直接测量重力场是21世纪初实施的新空间对地观测技术。2000年7月15日德国发射的高－低、卫－卫跟踪技术重力卫星CHAMP，迈出了重力卫星测量重要的一步，随后美国和德国合作的低－低、卫－卫跟踪技术重力卫星GRACE也于2002年3月18日顺利发射升空，使得卫星跟踪卫星技术应用于地球重力场研究得以全面展开。2009年欧洲空间局发射载有高精度重力梯度仪的重力卫星GOCE，充分地展现重力梯度测量技术的功能及优越性。三颗不同观测技术的重力卫星不仅提供了高精度高分辨率的静态地球重力场模型，而且还提供了重要的重力场时变量，为人类认知自然提供了重要的地球物理信息。随着下一代卫星重力计划的实施，获取的丰富地球重力场信息对地球科学研究将产生深远的影响。（周旭华）

地球自转 rotation of the earth; earth rotation 地球绕其自转轴的旋转运动和自转极（地极）相对于地球本体的运动（*极移*）与相对于惯性空间的运动（*岁差*、*章动*）等。由于日、月和行星的引力作用，以及固体地球与大气、海洋、冰雪和地核等圈层间的复杂相互作用，地球自转运动不是恒定不变的。地球自转变化包括地球自转速率变化、地极相对于*国际地球参考架*（地球本体）的运动——极移以及地极相对于*国际天球参考架*（惯性空间）的运动——岁差和章动。其中，地球自转速率存在长期减慢、十年波动、年际、季节性和亚季节性以及周日和半日等多种时间尺度的变化。

①长期减慢。利用古代关于日月食、*月掩星*、天体会合等*天象*的观测记载，可以计算地球自转速率的长期变化，地球自转的长期减慢使得日长在一个世纪内大约增加1.8毫秒。潮汐摩擦是引起长期变慢的主要原因，它使地球的自转角动量逐渐减少，并且使月球远离地球。通过对古珊瑚化石生长线（化石表壁上的环脊）的研究，可以分析地质时期的地球自转状况。例如，地质学家发现在泥盆纪中期，即37 000万年以前，一天仅有22小时左右，这与天文推算的地球自转长期减慢速率相一致。

②十年波动。地球自转速率在几十年时间尺度上的准周期波动现象，导致日长发生1～2毫秒量级的变化。大气和海洋对十年波动贡献较小，大约只有14%。地球内部的核幔耦合是引起十年波动的主要因素，人们提出的物理机制有黏滞耦合、电磁耦合、形状耦合和热耦合等。因为地球外核的黏滞性很低，所以，由此计算得到的黏滞力矩不足以引起十年尺度波动。核幔电磁耦合力矩的估算结果表明，地磁偶极矩的变化率与日长十年波动存在时滞相关，电磁耦合力矩的量级能够和日长十年波动所需要的力矩相符。随着地震和重力观测技术的进展，核幔边界形状耦合成为激发地球自转十年尺度波动的又一个可能机制。地球核幔之间的耦合力矩到底是何种性质，仍有待深入研究。

③年际变化。地球自转速率年际变化的时间尺度是2～7年，它引起的日长变化幅度可达0.5毫秒。地球自转年际变化与地球上最显著的气候系统——厄尔尼诺－南方涛动密切联系在一起。厄尔尼诺事件突出反映热带大气和海洋的相互作用过程，它的基本特征是赤道东太平洋地区的海水表面温度出现异常上升。热带大气的南方涛动反映太平洋上大尺度范围里气压的一种长期不规则变化，厄尔尼诺事件常伴随于南方涛动过程中。由于整个地球系统的角动量守恒，与厄尔尼诺－南方涛动事件相关联的大气和海洋角动量变化，必然导致固体地球角动量的变化，从而影响地球自转。所以，日长年际变化也包含了厄尔尼诺事件的信号，例如，从日长年际变化中已检测到1982～1983年和1997～1998年强厄尔尼诺事件，以及2015～2016年厄尔尼诺事件等。

④季节性变化和亚季节性变化。季节性变化中，除春天变慢和秋天变快的周年变化外，还有半年周期的变化，相应的日长周年和半年变化幅度0.3～0.4毫秒。影响季节性变化因素，除了日、月的潮汐作用之外，还包括纬向风、大气压、海洋和陆地水储量变化等。从地面至100帕高度的纬向风变化已基本能解释观测到的日长变化，其余部分源于大气压、海洋和陆地水储量变化的贡献。亚季节性变化的幅度在0.3毫秒左右，它包括3个月以下的短周期分量，其中讨论最多的是40～50天准

周期振荡。类似于季节性变化，日长亚季节性变化的贡献主要来自大气和海洋。

⑤周日和半日变化。虽然周日和半日变化在理论上早有预言，但由于观测技术的局限，周日和半日地球自转变化一直未能得到实测结果验证。随着现代空间观测技术的发展，20 世纪 90 年代，人们从高精度的地球自转变化测量中检测到幅度约 0.03 毫秒的周日和半日变化。将观测与海潮模型比较后发现，二者的振幅和相位符合得均较好。海洋潮汐洋流是地球自转周日和半日变化的主要影响因素，它激发了 90%左右的日长变化。

将地球自转作为一个基础课题进行系统研究，已有两百年的历史。地球的地壳、地幔、地核、大气和海洋等多方面的力和形变的摄动使自转比理想化的刚体地球运动要复杂得多。自 20 世纪 70 年代以来，现代空间测地技术如甚长基线干涉测量（VLBI）、全球导航卫星系统（GNSS）、人造卫星激光测距（SLR）、月球激光测距（LLR）和星基多普勒轨道确定和无线电定位组合系统（DORIS）等正以日益增高、前所未有的精度测量到地球自转变化的精细结构，并推动人们探索其不同时间尺度上变化的物理原因。除了天文学家外，地球物理、大地测量、地震、地质、气象、海洋和古生物等学科的学者，都对地球自转问题产生浓厚的兴趣。地球自转研究的深入，必将促进天文、地理、生物等不同学科间的交叉、渗透和发展。（周永宏）

地球自转角　earth rotation angle; ERA　沿天球中间极（CIP）对应的中间赤道逆向计量，地球中间零点（TIO）与天球中间零点（CIO）的夹角。地球自转角相当于此前的恒星角。ERA 被表示为世界时UT1的线性函数：

$$\begin{aligned}\mathrm{ERA(UT1)} = 2\pi\,[&0.779\,057\,273\,264\,0\\ &+1.002\,737\,811\,911\,354\,48\\ &\times(\mathrm{JD_{UT1}}-245\,154\,5.0)]\end{aligned}$$

其时间变化率即为地球自转角速率（$\mathrm{JD_{UT1}}$为儒略日对应世界时）。

采用 ERA 及其上述线性表达式，可以有效规避此前采用恒星角及其对应的格林尼治恒星时（GMST）计算诸参数时对地球的岁差-章动模型的依赖。采用 ERA 后，即使岁差-章动模型有所改进，ERA 的表达式在微角秒的精度上仍不用修改。（黄乘利）

地外文明　extraterrestrial civilization　地球以外的天体上可能存在的智慧生物及其文明。根据确信生命的起源和演化是宇宙中的一个普遍规律的理念，一些天文学家认为生命的出现和存在、生物的栖息和繁衍也都是普遍规律。只要具备适合的条件和环境就会有生命诞生，只要有可以能存活生物的天体，就可能出现智慧生物和文明社会。从 20 世纪下半叶起，陆续实施了一些地外文明的探索，如 60 年代的“奥兹马”计划、70 年代的“独眼神”计划、80 年代的搜寻地外文明（SETI）计划、90 年代的微波观测计划、兆通道外星测定计划（META 计划）和搜寻来自邻近发达地外智慧种族射电发射计划（Serendip 计划），采用的方法主要是用射电望远镜指向特选的恒星，搜索它们的行星上的智慧社会发射的呼唤。截至 2023 年，尚未获得任何非自然信息。

与此同时，20 世纪 60 年代以来，人类先后发射多艘飞船，考察火星、木星和土星的卫星（尤其是登陆有浓厚大气的土卫六）、小行星和彗星，发现多种有机物，甚至在火星陨石中发现酷似细菌化石的米拉体，结果表明它们虽然有生命可能存在的条件，但没有生命的可靠证据。21 世纪近 20 年来，已探测到 5000 多颗环绕其他恒星的行星，其中有的在满足生命存在必需条件的“宜居带”中，可能从它们的光谱（尤其是红外和射电谱）观测得到有关存在生命条件的线索。近半个世纪以来，已发现多种星际有机分子，在实验室进行生成前生命的复杂有机物实验研究和理论研究，天体生物学方兴未艾，前景广阔。（李宗伟　王　素）

地心地球参考系　geocentric terrestrial reference system; GTRS　以广义相对论为理论框架的与地球一起转动的地心时空参考系。地心地球参考系与地心天球参考系（GCRS）的联系为包括地球定向参数（EOP）在内的空间转动。它代替了以前定义的习用地球参考系（CTRS）。根据 IERS Conventions（2010），GTRS 的原点定义在整个地球系统的质量中心，包括了海洋和大气部分；GTRS 的时间系统是地心坐标时（TCG），即要求 GTRS 的尺度与此一致；相对于地球表面的水平方向，GTRS 的定向随时间的变化满足无整体旋转（NNR）条件。（黄乘利）

地心体系　geocentric system　认为地球静止地居于宇宙中心，太阳、月球、行星和恒星都绕地球转动的学说。又称“地球中心说”“地心说”或“地静说”。这一学说最初为欧多克斯和亚里士多德等所倡导。后来，古希腊学者阿波隆尼提出本轮均轮偏心模型。约在 140 年，亚历山大城的天文学家托勒密在《天文学大成》中总结并发展了前人的学说，建立了宇宙地心体系。这一体系的要点是：①地球位于宇宙中心静止不动。②每个行星都在一个称为“本轮”的小圆形轨道上匀速转动，本轮中心在称为“均轮”的大圆轨道上绕地球匀速转动，但地球不是在均轮圆心，而是同圆心有一段距离。他用这两种运动的复合来解释行星视运动中的“顺行”“逆行”“合”“留”等现象。③水星和金星的本轮中心位于地球与太阳的连线上，本轮中心在均轮上一年转一周；火星、木星、土星到它们各自的本轮中心的直线总是与地球-太阳连线平行，这三颗行星每年绕其本轮中心转一周。④恒星都位于被称为“恒星天”的固体壳层上。日、月、行星除上述运动外，还与“恒星天”一起，每天绕地球转一周，于是各种天体每天都要东升西落一次（见图）。

托勒密适当地选择了各个均轮与本轮的半径的比率、行星在本轮和均轮上的运动速度以及本轮平面与均轮平面的交角，

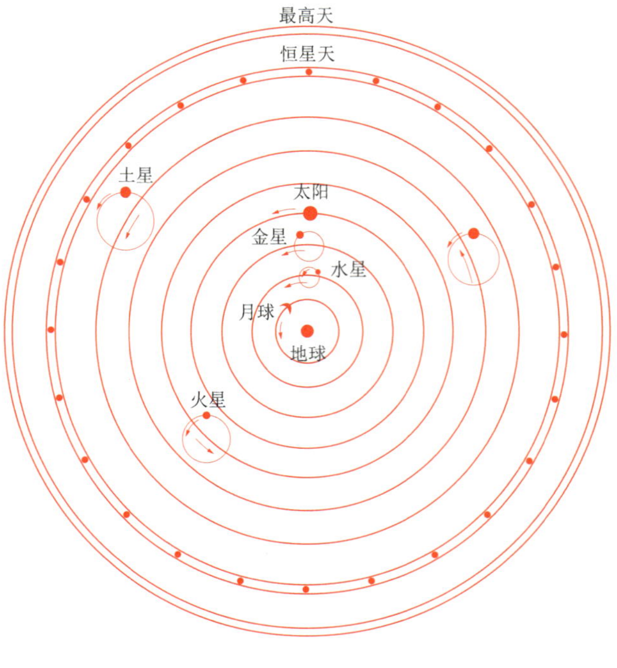

托勒密地心体系简图

使得按照这一体系推算的行星位置与观测相合。在当时观测精度不高的情况下，地心体系大致能解释行星的视运动，并据此编出了行星的星历表。可是，随着观测精度的提高，按照这一体系推算出的行星位置与观测的偏差越来越大。他的后继者不得不进行修补，在本轮上再添加小本轮，以求与观测结果相合；尽管如此，还是经不起实践检验，因为这一体系没有反映行星运动的本质。在欧洲，教会利用托勒密的地心体系作为上帝创造世界的理论支柱，在教会的严密统治下，人们在1000多年中未能挣脱地心体系的桎梏。16世纪中叶，N.哥白尼提出了日心体系，并为后来越来越多的观测事实所证实，地心体系才逐渐被摒弃。（胡中为　胡寿村）

地心天球参考系 geocentric celestial reference system; GCRS　由国际天文学联合会（IAU）定义的广义相对论框架下使度规满足谐和规范条件的一种适用于地球及其邻近区域的局域时空参考系。它的建立借助了质心天球参考系（BCRS），因此其对整个时空流形的假设与条件和BCRS一致，即假设太阳系以外不存在物质，同时也利用了弱场和低速条件，具有一阶后牛顿精度。

GCRS的坐标空间（见时空参考系）原点为地球质心，坐标架相对于BCRS空间坐标架在运动学意义下无旋转，确切地说就是地心处的两个坐标架指向保持一致。如果用小写希腊字母和拉丁字母分别表示取值于指标集合{0,1,2,3}和{1,2,3}中的指标，记GCRS中时空点的坐标为$X^{\alpha}=(cT,X^{a})$，其中$T=TCG$为地心坐标时，并采用爱因斯坦求和约定，则谐和规范条件可以写作：

$$G^{\beta\gamma}\Gamma^{\alpha}_{\beta\gamma}=0$$

式中$G^{\beta\gamma}(X^{\alpha})$为逆变形式的度规张量；$\Gamma^{\alpha}_{\beta\gamma}$为度规$G^{\beta\gamma}$的克里斯多夫符号：

$$\Gamma^{\alpha}_{\beta\gamma}=\frac{1}{2}G^{\alpha\rho}\left(\frac{\partial G_{\beta\rho}}{\partial X^{\gamma}}+\frac{\partial G_{\rho\gamma}}{\partial X^{\beta}}-\frac{\partial G_{\beta\gamma}}{\partial X^{\rho}}\right)$$

选用满足该条件的时空坐标系，可以在一阶后牛顿精度下将时空度规用度规标量势$W(X^{\alpha})$和矢量势$W^{a}(X^{\alpha})$形式地表达为：

$$G_{00}=-1+\frac{2}{C^2}W-\frac{2}{C^4}W^2$$

$$G_{0a}=-\frac{4}{C^3}W^{a}$$

$$G_{ab}=\delta_{ab}\left(1+\frac{2}{C^2}W\right)$$

式中δ_{ab}为克罗内克符号。度规势所满足的方程可以写作：

$$\square W=-4\pi G\Sigma$$

$$\Delta W^{a}=-4\pi G\Sigma^{a}$$

式中G为万有引力常数；$\Sigma(X^{\alpha})$和$\Sigma^{2}(X^{\alpha})$分别为质量和质量流密度；Δ和$\square$分别表示拉普拉斯和达朗贝尔算子：

$$\Delta=\frac{\partial^2}{\partial X^{1^2}}+\frac{\partial^2}{\partial X^{2^2}}+\frac{\partial^2}{\partial X^{3^2}}$$

$$\square=-\frac{\partial^2}{c^2\,\partial T^2}+\Delta$$

度规势形式上可以写作地球产生的势（自势，用下标E表示）和其他因素产生的势（外势，用下标ext表示）之和：

$$W(X^{\mu})=W_{E}(X^{\mu})+W_{\text{ext}}(X^{\mu})$$
$$W^{a}(X^{\mu})=W^{a}_{E}(X^{\mu})+W^{a}_{\text{ext}}(X^{\mu})$$

其中地球的自势在1阶后牛顿近似下的表达为：

$$W_{E}(X^{\mu})=G\iiint\limits_{E}\frac{\Sigma(cT,X'^{a})}{|X^{a}-X'^{a}|}\mathrm{d}^3X'^{a}+\frac{1}{2c^2}G\frac{\partial^2}{\partial T^2}\iiint\limits_{E}\Sigma(cT,X'^{a})|X^{a}-X'^{a}|\mathrm{d}^3X'^{a}$$

$$W^{a}_{E}(X^{\mu})=G\iiint\limits_{E}\frac{\Sigma(cT,X'^{a})}{|X^{a}-X'^{a}|}\mathrm{d}^3X'^{a}$$

上两式中的积分区域均为地球所占据的坐标空间区域。

外势可以进一步分解为潮汐势和惯性势：

$$W_{\text{ext}}(X^{\mu})=W_{\text{tidal}}(X^{\mu})+W_{\text{iner}}(X^{\mu})$$
$$W^{a}_{\text{ext}}(X^{\mu})=W^{a}_{\text{tidal}}(X^{\mu})+W^{a}_{\text{iner}}(X^{\mu})$$

外势中的潮汐势来自地球以外的太阳系天体，它影响地球的自转和形变，以及地球邻近的人造卫星运动和光传播，广义相对论所满足的强等效原理使得潮汐势中不含的一次项。外势中的惯性标量势源自地心的加速运动或即地心世界线对测地线的偏离，惯性矢量势则源自GCRS的空间坐标架具有动力学意义上的旋转运动，这种运动由测地、伦塞－西凌和托马斯三种进动成分构成，但由于后两种进动所产生的惯性力在一阶后牛顿精度下可以忽略，因此在IAU的定义中只提及了测地进动。

国际天文学联合会第24届大会（2000）决议B1.3在给出质心和地心天球参考系定义的同时，还给出了由质心天球参考系到地心天球参考系的坐标变换公式。（傅燕宁）

地心运动 geocenter motion　固体地球形状中心（CF）相对于地球质心（CM）的运动。包含固体地球、海洋和大气的整个地球系统的质量中心，称为地球质心。由一组相当数量的全球分布的位于地壳上的观测站建立的参考框架的原点称为观测网中心（CN），它近似等于固体地球的形状中心。国际地球参考架（ITRF）的原点与CF二者相差不超过1毫米，因此可把CN近似看成CF。

若不考虑外力作用，包含固体地球、海洋和大气的整个地球是一个封闭的系统，其质量中心的运动是惯性的，不会因为该系统内部的质量迁移而受到影响。因此，由动量守恒定律可知，地球系统中的质量迁移，如海平面变化、冰川消融和大气环流等，会引起固体地球质心（CE）相对于地球质心（CM）运动。由于固体地球是一个弹性体，其负载的变化会产生形变，即CF有相对于CE的运动，其量级甚小，仅为CE相对于CM运动的2%，尚难监测。因此，通常将CF相对于CM的运动称为地心运动。

固体地球表面流体物质的质量迁移是引起地心运动的主因，包括周期性和长期性的质量迁移，分别造成地心的周期性（季节周期性和非季节周期性）与长期性运动。这些运动的地球物理因素如下表所示。

地心运动的研究与监测对高精度参考框架的构建及其大地测量和地球物理学应用具有重要的意义。

地球各物质质量迁移周期及引起地心运动的量级

地球物理机制	特性	量级
固体潮、海潮和极潮	周日和半日周期	振幅约为2毫米
质量负载的季节性变化（非潮汐、非长期）	年和半年周期	年振幅2～4毫米半年振幅1毫米
冰期后地壳回弹、冰雪融化、海平面的变化等	长周期或长期	<0.5毫米/年

地心运动的监测方法受轨道力学约束，人造地球卫星围绕着地球质心CM在轨运行，而地面卫星测站网则位于固体地球表面，因而通过卫星观测数据（如SLR、DORIS和GPS数据）即可得出CM相对于CF的运动。另外，由于质量负载变化会使地表产生形变，通过固体地球表面大地测站监测到的地表形变也可导出地心运动。地心运动监测的方法主要有以下四种：网移动法、运动学法、动力学法和一阶形变法，前三种方法为直接法，一阶形变法为反演方法。在这四种基本方法的基础上，还有联合法。

地心运动的研究与监测已取得了大量成果并被广泛应用于地球物理环境，如陆地水储量变化、冰川均衡调整、海平面变化等的研究中。（黄　珹）

地心坐标时　geocentric coordinate time; TCG　以国际单位制秒为基础的**地心天球参考系**（GCRS）的**坐标时**。地心坐标时通过一个约定的线性变换与地球时（TT）相联系（见**地球时**）。（漆贯荣）

第谷　Tycho Brahe（1546-12-14～1601-10-24）　丹麦天文学家。生于丹麦克努兹斯图普（今属瑞典）的一个贵族家庭，卒于捷克布拉格附近的贝纳特基。自幼喜欢观察星辰。

1559年进哥本哈根大学学习法律。他经历了1560年8月21日的**日食**，发现根据最新观测所做的预报居然存在一天的误差，意识到更精密的观测数据是提高天文预报水平的关键。1562年入莱比锡大学。1563年8月他作了第一个天文记录——木星合土星。1565年以后先后到欧洲许多地方游学。1572年11月11日他发现在仙后座里出现了一颗**新星**。经过长期观测，他认为这是一颗十分遥远的星（现已测知是**银河系**的一颗**超新星**）。1576年在丹麦王腓特烈二世的资助下，他先后在汶岛上建立两所宏大的天文台，他称之为天文堡和星堡。在那里他坚持了20多年的天文观测。1597年离开汶岛。1599年到布拉格，任鲁道夫二世的御前天文学家。第二年，他邀请**J.开普勒**来当助手。在他生命最后的日子里，他将自己生平积累的观测资料赠送给开普勒。

在汶岛建立天文台时，第谷设计和监制了方位仪、**六分仪**、三角仪、象限仪、纪限仪、赤道浑仪、大浑仪等大型、精密的天文仪器。**赤道式装置**在欧洲的流行是与他的工作分不开的。通过系统的天文观测，第谷积累了大量数据，在数量、系统性和精度方面均远远超过了前代。1582年，他提出一种介乎于**托勒密的地心体系**和哥白尼的**日心体系**之间的宇宙体系，认为地球在宇宙中心，静止不动，行星绕太阳运转，而太阳则率领诸行星绕地球运行。这个体系在欧洲未得到广泛采用，但在明末**徐光启**组织编纂的《**崇祯历书**》中得到采纳，在清朝变成了官方天文学系统。1595～1599年，他发现月球运动中的二均差和周年差。他所编制的一份相当精密的**星表**（原收入777颗星，后又补充223颗未经最后核对的星）于1602年问世。第谷还研究过**大气折射**，重新测定**岁差常数**，得数为每年51″，还发现**黄赤交角**的变化。

第谷的主要著作包括《新编天文学初阶》（1588）、《新天文现象第二卷》（1602/03）、《新天文学仪器》等。（陈美东　石云里）

第谷星表　Tycho catalog　基于原始的欧洲空间局（ESA）**依巴谷**卫星观测得到的数据绘制而成的**星表**。但由于采用了更高级的处理技术，使得记录数更大，精度更高。见**天体测量星表**。

第一代星系　first galaxy　宇宙中第一批出现的星系。**暗物质晕**内的恒星形成情况依赖于其质量或者说位力温度。在宇宙早期，金属元素尚未普遍存在，氢分子和氢原子是关键的冷却物质。当暗物质晕的位力温度小于约1000～2000K时，晕内的气体无法冷却，不能形成恒星。当暗物质晕的维里温度增长到1000～2000K时，气体可以通过氢分子的能级跃迁来冷却，形成第一代恒星。之后，晕内的气体被恒星的辐射和**超新星**爆发的激波重新加热并逃逸出暗物质晕，后续的恒星形成因缺乏气体而无法持续，一般不把这样的系统称为星系。当暗物质晕的位力温度增长到10^4K以上时，气体通过氢原子的能级跃迁来冷却，此时暗物质晕的引力势阱足够强，可以束缚住加热之后的气体，晕内可以持续形成恒星，这是第一代星系。在第一代星系内，先形成的恒星会产生金属作为后续恒星形成的冷却物质。因此，第一代星系内并非只有星族Ⅲ恒星，反而往往以星族Ⅱ恒星为主。在宇宙演化历史上，第一代恒星的出现意味着**宇宙黑暗期**的终结和**再电离时期**的开始，而第一代星系的出现则大大加速了再电离过程。（岳　斌）

点扩展函数　point spread function; PFS　用于描述点光源对光学系统的响应，是成像系统在空间域的函数表达。在数学上，点光源可用δ函数表示，像的光强分布称为脉冲响应，即点扩展函数也就是光学系统的脉冲响应函数。对于衍射受限系统，点扩展函数为光瞳孔径函数的夫琅禾费衍射图样。点扩展函数是成像光学系统的分辨率评价的判据之一，两个点源经过同一光学系统，在像面上的强度分布是相应两点扩展函数的叠加。当两点源距离小于点扩展函数的半宽度即点扩展函数第一暗环的半径时，两点源在像平面上不能分辨。

实际物体可看作由无数点源组成，所发出光经非相干成像系统后，像的光强为物体真实光强与光学系统点扩展函数的卷积，因此在成像图像处理和天文学中，常需要获取光学系统的点扩展函数，通过反卷积恢复原始图像。点扩展函数在空域表征光学系统的特性，点扩展函数的傅里叶变换就是光学系统的传递函数（见**光学传递函数**）。（白　华）

碘盒定标　iodine cell calibration　将一个含有碘蒸气的吸收盒插入望远镜和光谱仪之间的光路中，令望远镜收集的天体光通过碘盒进入光谱仪，利用碘蒸气中碘元素精确吸收谱线确定天体光谱波长的定标方法。采用碘盒定标的优点是：碘的吸收比较强，对于1/100大气压的碘蒸气，碘盒的光程只需要几个厘米，结构简单、使用方便；波长覆盖范围500～630纳米，并拥有足够多的特征谱线可以用来进行定标；碘本身安全、化学稳定，只具有轻微的腐蚀性。这种方法的缺点是：碘的吸收线对天体光谱有一定的污染；碘盒对于经由望远镜搜集到的天体光有较大的衰减；碘的吸收谱宽度有限，不能覆盖整个可见光范围。

碘盒定标主要用于高分辨光谱仪，特别是在有关太阳系外行星探测的视向速度测量中发挥了重要作用，包括发现具有多个行星的太阳系外行星系统，密度与地球类似的太阳系外行星等。通过光谱发射线也可以实现天文光谱定标，特别是采用同步定标技术后能将天体光谱与定标光谱分离，从而避免了光谱污染。此类定标源包括钍氩灯等元素灯和性能更为优越但同时也更为昂贵的天文**激光频率梳**。（肖　东）

电荷耦合器件　charge-coupled device; CCD　**天文望远镜**主流的图像传感器。20世纪70年代开始发展起来具有存储和转移电荷的功能，广泛应用于图像传感的半导体器件。

简史　1969年，美国贝尔实验室的W.博伊尔和G.E.史密斯发明了CCD。当时贝尔实验室为了利用二极管阵列开发图像电话，正在进行独立二极管存储电荷的研究。博伊尔与史密斯二人在探讨以半导体实现类似磁泡存储器功能的可能性时，萌生了CCD的概念。他们于1970年发表最早公布CCD发明的论文，并提出CCD可用于线阵和面阵图像探测。在美国国家航空航天局（NASA）空间探测项目的推动下，CCD作为图像传感器得以迅速发展到实用阶段。由于在可见光和近红外波段的灵敏度是电视摄像管的5倍、感光胶片的100倍，且具有良好的线性响应，CCD在20世纪70年代中期便被天文观测热捧，迅速取代了感光胶片，成为天文观测的主流图像传感器，为图像探测技术带来了革命性的进步。因 CCD 的发明，博伊尔与史密斯两人获 2009 年诺贝尔物理学奖。

原理 CCD 由半导体基板及规律排布其上的多组栅极组成，基板及各组栅极之间相互电绝缘。以三相 CCD 为例，CCD 像元加载的钟频电压（习惯上称为垂直钟频）有 3 个，同相栅极上加载同一钟频电压，每相栅极可根据读出端口数量再分组，每组栅极内部之间是电导通的，3 个不同相也不同组的栅极构成一个 CCD 像元。在 CCD 开始曝光积分时，通过在各相栅极上加载不同的电压，在每个像元下的基板内电场耦合形成一个势阱，在整个基板内形成一个个排列整齐的相互隔绝的电势阱，半导体吸收光子电离出载流子对后，由于电场的存在，一对电性相反的两个载流子不是复合而是向各自相反的方向运动，其中一种载流子电荷被势阱收集。通过在栅极上加不同的钟频电压，可使势阱在基板内定向移动。因此在完成曝光后，可以通过设计好的钟频驱动，将势阱内的电荷包依次转移至读出寄存器再由读出寄存器在水平钟频电压驱动下依次转移读出，从而完成将整幅图像由光信号转换为模拟电流信号读出的过程。电流信号再经过放大和模数转换，实现图像的获取、存储、传输、处理和复现。

特点 CCD 作为图像传感器，其显著特点是：①体积小重量轻。②功耗小，工作电压低，抗冲击与震动，性能稳定，寿命长。③灵敏度高，噪声低，动态范围大。④像元集成度高，尺寸精确。

参数 CCD 主要性能参数有：

量子效率。即平均一个光子入射 CCD 后被探测的概率，随入射光波长变化，是反映 CCD 光谱响应的重要指标。通常通过选用不同的表面镀膜可以优化 CCD 在某一波段的量子效率，如红敏或蓝敏膜系可显著提高 CCD 在红端或紫端的光谱响应，用于真空紫外和极紫外波段的 CCD 则不使用表面增透镀膜，而是对 CCD 表面进行特殊工艺处理。CCD 使用半导体硅为底板材料，而硅的禁带宽度决定了其对光子的响应截止波长为 1.1 微米，光子在硅中的吸收长度在接近截止波长时会变得很长，因此普通 CCD 在 900 纳米波长以上量子效率就变得很差。为了提高 CCD 红端的光谱响应，有 CCD 厂家研制了使用高纯度硅生产的深耗尽和全耗尽 CCD，其耗尽层厚度可由普通 CCD 的约 20 微米，增厚到 300 微米以上，从而提高红端量子效率（截至 2022 年，1 微米波长处量子效率最高纪录是提至 60%）。

暗电流。指在积分和读出期间进入像元电荷包内的 CCD 半导体基板内部热激励产生的载流子电荷以及表面漏电流等。对于科学级 CCD，暗电流的主体是电荷的热发射，通常随温度的降低而降低。为了降低暗流噪声影响，天文观测，尤其是夜间观测的 CCD 相机通常都需将 CCD 制冷到−120℃～−80℃的低温工作，以期到达 1el/hour 或者更好的暗电流水平。

读出噪声。指由 CCD 产生的叠加到图像信号中的噪声基底（主要由 CCD 片上电路和控制器电路产生）。科学级 CCD 芯片本身的最低读出噪声通常可控制到几个电子的水平，有报道的最低达到亚电子水平。有一类特殊的 CCD，EMCCD（electron-multiplying CCD），即电子增强 CCD，是为了降低读出噪声对图像信噪比的影响而研发的。它与普通的科学级 CCD 的主要区别在于读出寄存器后又增加了一串“增益寄存器”。这些寄存器的栅极驱动钟频电压更高（40～60V），从而在转移过程中栅极间产生更大的压差以增加电子在移动中产生“撞击离子化”效应的概率。此效应一旦发生，便产生了新的电子，即所谓电子增强。虽然平均到每次转移发生的增强倍率非常小，一般不会超过 1.01～1.015 倍，但是当如此过程重复相当多次，如经过几千个增益寄存器的转移，信号就会实现可达数千倍的放大，由此可忽略读出噪声对信噪比的影响。但由于电子的增强过程会带来另一类的信号噪声，从而造成图像噪声增大，因此 EMCCD 通常只用于弱光探测。在天文观测 AO 技术中通常使用 EMCCD 作为波前探测器。

转移效率。像元电荷包完成一次像元转移（即移动一个像元位置）其电荷被成功转移的数量百分比。对于科学级 CCD，转移效率通常要求在 99.997%以上。

电荷满阱容量。像元势阱的电荷容量。通常指保持线性响应的最大电荷数量。

发展现状 由于生产工艺的限制，截至 2022 年，最大规模的单片 CCD 的像元规格为 10k × 10k。因此为了实现更大规模的 CCD 阵列，进入 90 年代后，CCD 厂家研发出了可供拼接的 CCD。拼接 CCD 的阵列规模以大约每 2.5 年翻一倍的速度增长。最大的 CCD 阵列是美国在研的大型综合巡天望远镜（LSST）相机，其 CCD 阵列由 189 片 4k × 4k 像元的 CCD 拼接而成，像元数量超过 30 亿像元。

CCD 作为天文观测性能最优良的图像传感器件，虽然开始受到新兴的科学级 CMOS 图像传感器的挑战，但仍然在可拼接性、增益、暗流的均匀性和稳定性等方面保持着明显的优势。 （宋 谦）

电离层骚扰 ionospheric disturbance 在太阳活动短波辐射增强产生的地球物理效应。太阳活动的电磁辐射增强主要发生在电磁波谱的两端，即短波辐射（X 射线和紫外光）和射电波段。射电波段能量很小，即使增强几个量级，除了能对雷达产生干扰外，并无其他地球物理效应。太阳活动在可见光和红外波段的增强不大，而且地球大气对它们基本上透明，因此也无明显的效应。只有短波辐射增强可以产生显著的地球物理效应。

在太阳活动短波辐射增强产生的地球物理效应中，最重要的就是太阳 X 射线辐射增强引起地球电离层突然骚扰（SID）。正常的电离层 D 层主要由 Ly（1216 埃）辐射和波长 1～10 埃的软 X 射线产生。1956～1957 年美国海军实验室（NRL）进行的几次火箭探空实验结果表明，太阳耀斑期间波长在 100～1000 埃的辐射并无太大变化，因此电离层 E 层和 F 层的变化不明显。然而耀斑在 1～10 埃的软 X 光辐射增强立即导致 D 层电离度急剧增大和高度降低，从而在日照半球对电波传播产生各种效应。这些效应从耀斑发生后 5～10 分钟开始，通常可持续几分钟至几小时。

短波信号衰退 凡是依靠 E 层和 F 层反射的通信波段（波长 10～50 米的短波和 200～300 米的中波），当其通过向阳半球的 D 层时，由于 D 层电子密度 N_e 增大，将引起电子与中性粒子的剧烈碰撞，导致电波能量耗散（吸收）增大，造成通信信号衰减，甚至中断，其持续时间一般从几分钟至几十分钟。对于电波反射点正好在日下点附近的那些通信，影响特别严重。例如，1989 年 3 月和 1991 年 3 月日面上均出现过很大的黑子群，它们产生的几次大耀斑均造成多次通信中断。这种效应是 1930 年首先由 H.莫格尔发现，并于 1935 年由 J.H.戴林格证实的，因此也称为莫格尔-戴林格效应。

宇宙噪声突然吸收 通常情况下宇宙射电噪声可以穿过电离层到达地面。然而当耀斑引起的 D 层 N_e 增大后，因吸收增大而使到达地面的信号减弱，对于固定强度的宇宙射电波，可由接收到的信号强弱推测吸收大小和 D 层 N_e 的变化。

突然相位异常 对于依靠 D 层反射的长波通信，通常接收到的是天波和地波的干涉信号。当 D 层 N_e 突然增大时，天波反射点高度下降，使信号相位变异。利用这一效应还可测量天波反射点高度的变化。

突然场强异常 当接收远方电台的信号时，由于 D 层 N_e 增大，反射点降低，不仅造成天波和地波干涉信号相位变化，同时也使合成波的振幅变化，从而强度改变，即突然场强异常。因此，突然相位异常与突然场强异常总是同时发生。

突然天电增强　电离层 D 层可以反射其下方大气中雷电产生的甚低频波段（10～50 千赫）的电波（天电）。当 D 层的N_e突然增大时，天电进入 D 层的深度变浅，吸收减少，使接收到的天电信号突然增强。专门监测这个波的信号可以觉察太阳耀斑 X 射线辐射增强，因此这种接收机可以作为耀斑指示器。实测表明，频率在 27 千赫附近的接收机对这种效应最灵敏。

太阳耀斑产生的紫外和远紫外辐射增强不大，但仍可使 E 层和 F 层的N_e略有增大，从而产生以下两种可观测效应。

地磁图中的太阳耀斑效应　E 层底部的电离度增大后，电导率增大，造成大气电流增加。它所感应的磁场使地磁记录中的水平分量出现小的钩状起伏，因而也称为磁钩或钩扰。

F2 层临界频率漂移　太阳耀斑产生的紫外辐射增强也使 F2 层的N_e略为增大。在电离层垂向探测中可以发现能够从 F2 层反射的频率上限（临界频率）突然增大。与此同时，在通信方面可以发现能够接收到的由 F2 层发射的最大频率向高频漂移。

除了太阳耀斑外，大的黑子群、谱斑、日冕凝块等也表现出显著的 X 射线和紫外辐射增强。因此，当整体太阳活动水平较高时，这些现象的积累效应也会明显改变电离层的状态，对无线电通信产生更长期的影响。（林元章）

电离层折射与电波传播延迟　ionospheric refraction and radio wave propagation delay 海拔高度 60 千米左右以上的地球大气圈，是由自由电子、正离子、负离子、分子和原子组成的处于部分电离或完全电离的部分。电波穿过电离层的传播过程中，在传播路径上等离子体不同的密度的折射和色散本领不同，折射使得电波传播偏离行进方向，色散效应导致电磁波传播的相速度高于真空中传播速度、群速度低于真空中传播速度，引起传播的延迟效应。电离层对电波的折射指数（1−等离子体圆频率平方/电磁波圆频率平方）主要取决于路径上电子密度的分布和电波频率，折射率（非零折射指数的平方根）与电子密度成正比、与电波频率平方成反比，电子密度愈大或电波频率愈低，折射指数愈小。对于频率高于等离子体频率的电磁波，电离层的折射指数小于 1，电波在电离层中受到斯涅耳（Snell）折射镜像偏折。在垂直投射的情况下，折射指数等于零时，电波不能传播，产生“反射”。在一定值的电子密度情况下，使折射指数为零的频率称为电波的临界频率，通常忽略地磁场的影响，把这一频率当作地球电离层中电子的等离子体频率。为此，借助电波折射和色散探测电离层的主要研究对象是电离层中的电子密度随高度的分布。

电离层折射对空间大地测量、雷达定位、多普勒测速、卫星通信、导航都有影响，在实际应用中借助双频点同步测量或通过电离层模型进行分析、改正。其中最精确使用的方式是双频点或多频点的同步测量。在模型方面，数十年来同时服务于国际无线电科学联盟机构和空间研究委员会机构的国际电离层工作组，构建了国际参考电离层模型，为各类电波用户提供了改正电离层折射的支撑；自 1994 年以来，国际卫星导航服务组织借助全球卫星导航系统的蓬勃发展，把电离层近似为 F2 层高度附近的薄或厚的壳层，使用总电子含量（1 平方米为底，从地面指向天顶穿过整个大气层的圆柱中的自由电子含量）来等效整个电离层厚度对应的电子含量积分面密度，借助导航卫星地面定位观测并针对地空测量服务建立和完善了两维总电子含量全球时变分布模型，用于改正地面和空间对地遥感观测的电离层折射延迟效应。

借助这种折射效应，通过全球卫星导航系统的高轨道卫星与低轨道卫星链路上双频电波的电离层折射可以探测地球电离层特性。特别地，在行星探测器与地面台站之间传输电波时，行星电离层对电波也会发生折射效应，可以借助对这种折射效应的测量逆推反演行星电离层的电子密度剖面特性。（平劲松）

电离氢区和中性氢区　HⅡ and HⅠ regions　以氢（电离氢和中性氢原子）为主要成分的星际气体云。若星云附近有早型的炽热恒星，则中性氢会被恒星的紫外辐射电离，形成电离氢区。中性氢原子从最低能态变为电离状态须经波长短于 912 埃的紫外线照射。因此，电离氢区附近的恒星必须是能发出大量紫外辐射的 O 型或 B 型星。这些星的表面温度高达几万度，被称为激发星。电离氢区的温度也可以达到 10^4K。此外，当星际云之间的密度非常低时，中性氢原子在宇宙线的作用下也会电离。电子和质子一旦分开就不容易再复合，从而也会形成电离氢区。

在距激发星 10～100 秒差距（视星云中氢原子的密度而定）以外，使氢电离的高能光子会迅速减少，电离氢区就过渡到中性氢区。事实上，大部分气体云都处于中性氢状态，中性氢区的温度一般在 100K 以下。观测表明，银河系旋臂的中性氢原子数密度为 1～10 个/厘米^3，旋臂之间约为 0.1 个/厘米^3。估计中性氢的质量占银河系总质量的 1.4%～7%。由电离氢区过渡到中性氢区，氢的电离度下降得很快，过渡区的厚度取决于星云气体的密度，而同激发星的性质和电离氢区的半径无关。至于电离氢区的大小则取决于激发星的温度和星云气体的密度。

观测中性氢区和观测电离氢区所用的方法不同。对中性氢区，还只能用射电方法观测氢原子发出的中性氢 21 厘米谱线，而对电离氢区，除观测射电辐射外，还可以用光学手段观测其各种发射线和禁线。

电离氢区和中性氢区基本物理参数

名称	猎户云（HⅡ区）	黑尔斯云（HⅠ区）
中性氢数密度（/厘米^3）		40～125
电子数密度（/厘米^3）	10^4	≈0.3
半径（厘米）	5×10^{18}	10^{19}
磁场强度（特）		$\leqslant10^{-9}$
湍动速度（厘米/秒）	4×10^6	10^4～10^6
温度（K）	10^4	4.5～100
尘埃的数密度和大小（/厘米^3），（厘米）	10^{-9}，3×10^{-5}	10^{-10}，3×10^{-5}

两个典型的 HⅡ区和 HⅠ区的各种基本物理参数见表。（冯克嘉）

电离区红外辐射　infrared radiation of HⅡ region　恒星周围的电离区在红外波段的辐射性质和起源。电离区是恒星发出的紫外星光导致周边星际介质中的氢元素发生电离的区域。除了氢元素，这样的区域还含有氦以及其他重元素，并散布着成分以硅酸盐为主的固态尘埃粒子。电离区的红外辐射起源纷杂多样，其中的连续谱背景通常来自吸收紫外星光后被加热的尘埃发出的热辐射，其上还叠加着由有机多环芳香烃贡献的诸多发射带，还有由位于电离区前方的低温硅酸盐颗粒和冰态物质贡献的吸收带。

除此之外，电离区中电子与氢离子再次结合的复合过程也会激发出氢元素的一系列红外特征复合线，各条谱线的相对强度取决于复合的路径，它们会受到氢原子密度以及尘埃等因素的影响。同时，电离区中其他元素的离子在发生碰撞时，也会发生精细结构能级跃迁，这样的过程可以发出大量频率恰好落在红外（尤其是远红外）波段的精细结构线。这些谱线都可能出现在尘埃发出的热辐射连续谱背景之上。这些谱线的形态和流量都可以帮助研究者了解区域内的化学组分以及温度、辐射场分布、粒子密度等物理条件，从而勾勒出电离区的面貌。（张 博）

电离室 ionization chamber 测量电磁辐射、粒子流强度或带电粒子能量的设备。它由室壁导电的充气容器和中心电极组成。荷电粒子或电磁辐射进入电离室后，便在气体中引起电离现象。在外壳和中心电极之间加有适当的电压，用来收集所产生的离子或电子。这个电压不能太高，以免电场或碰撞电离等引起电荷倍增。电离室输出电流与所充气体的压力、化学成分，电离室的容积以及入射线的能量等有关。尽管电离过程十分复杂，但产生一对电荷载流子所需的平均能量是一定的，与电离粒子的类型和能量无关，即与探测器的工作条件无关。电离室的响应波段取决于窗口材料和填充的工作气体。通常使用两种类型的电离室。第一种电离室直接测量电荷载流子。如果辐射强度很低，电离室输出电流也很小，就难以测准，所以这种连续输出的电离室常常用在高辐射强度区域，例如，用于对太阳 X 射线和紫外线的测量。这种电离室结构简单可靠，早期用在火箭上来测量太阳氢 Lα 谱线辐射。以后的太阳辐射监测卫星（SOLRAD）系列也采用电离室，配备适当量程的静电计放大器，监测太阳 X 射线和紫外线。1967 年，J.H.卡弗等人用电离室测量太阳 1580～1640 埃和 1430～1470 埃的紫外辐射，计算出太阳亮温度的极小值，与照相等方法得到的结果相近，而探测器的定标比较简单、直接。第二种电离室是 H.V.内尔提出的积分型电离室。它用在“探险者”6 号、“先驱者”5 号和轨道地球物理台（OGO）卫星上。（刘敦暐）

电子温度 electron temperature 恒星大气中，气体的电子温度或电子运动温度。在假定恒星大气处于热动平衡的条件下，电子的速度分布符合麦克斯韦速度分布律：

$$\frac{dn_e}{n_e}=4\pi\left(\frac{m_e}{2\pi kT_e}\right)^{3/2}\exp\left[-\frac{m_e v^2}{2kT_e}\right]v^2\,dv$$

式中n_e为电子数密度；m_e为电子质量；k为玻尔兹曼常数；v为电子速度。这就是说，具有一定速度的相对电子数取决于T_e所制约的上述分布律，T_e就称为气体的电子温度或电子运动温度。电子动能的平均值与T_e的关系为：

$$\overline{\frac{1}{2}m_e v^2}=\frac{3}{2}kT_e$$

若电子的平均动能由观测得出，则利用这一关系式可求出电子温度。此关系式在非热动平衡的大气（如日冕、星际气体）中也可应用。在热动平衡态下，只有一个温度；而在非热动平衡态下，描述辐射场的辐射温度T_R和描述电子无规运动的电子温度T_e以及描述离子（或原子）无规运动的离子温度T_i等均有不同的数值。

根据谱线轮廓的宽度或粒子密度的分布求出太阳色球底层的电子温度大约只有 5000K，而在日冕中电子温度则可高达 10^6K。（章振大）

定日镜 heliostat 将太阳或其他天体的光线反射到固定方向的光学装置，又称定星镜。作用与定天镜类似，但采用一块平面镜置于赤道式装置中，可作赤纬方向的移动。当镜面以周日运动的速度作跟踪运动时，太阳光或星光被反射到极轴方向，然后直接或经辅助平面镜反射入固定的望远镜。与定天镜相比，它的主要优点是不用导轨，结构简单紧凑。光线入射角在跟踪过程中变化很小，一天以内仪器偏振近于常数，有利于太阳表面磁场横向分量的测量。主要缺点是反射天区（即视场）以周日速度旋转，观测有视面天体时，需补偿这种视场旋转。此外，由于冬季太阳光入射角较大，因此对镜面精度的要求比定天镜更高。美国基特峰天文台的太阳塔，采用的口径二米的定日镜是世界上最大的。它还用于观测恒星和行星的光谱。（李 挺）

定天镜 coelostat 将太阳光反射到恒定方向的光学装置。由两块平面镜组成。第一平面镜，又称定天镜，置于没有赤纬轴的赤道式基架中（见图），镜面与指向天北（南）极的仪器轴重合。观测时，由电机驱动，镜面以 48 小时一转的均匀速度与太阳视运动同方向转动，便可将太阳光反射到某一固定方向，由第二平面镜截获，再将光线反射到水平（或垂直向下）的方向，然后进入水平式（或塔式）太阳望远镜中。第二平面镜通常采用地平式装置，分别绕两根互相垂直的轴作

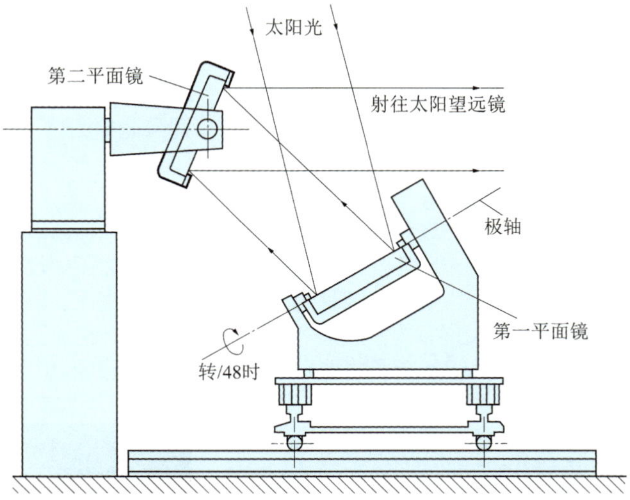

水平式定天镜结构示意图

微调转动，以改正跟踪过程中太阳像的偏离。为了适应太阳赤纬的周年变化，避免在一天中出现定天镜上太阳光入射角过大（一般不超过 45°），以及出现第二平面镜装置挡住射向定天镜的光的情况，定天镜和第二平面镜之间应当能做相对运动。水平式太阳望远镜是利用南北和东西方向的轨道来实现在水平面内的相对运动的。而在许多太阳塔中，为了减小塔顶面积，定天镜要能在沿极轴方向倾斜的南北向导轨上，或在圆弧形轨道上运动，第二平面镜则做升降运动。当定天镜装置应用于日全食观测时，可以不用第二平面镜，只用第一平面镜反射到某特定的水平方向，其方位角根据当时的太阳赤纬和当地地理纬度确定。定天镜的优点是结构简单、稳定，尤其是相对于固定在地面上的太阳望远镜来说，反射的天区并不转动，这对大型太阳光谱仪的应用十分有利。20 世纪 60 年代以前的太阳塔绝大多数采用定天镜。定天镜的缺点是在一天的跟踪过程中，太阳光的入射角和反射角不断变化，反射光的偏振状态也不断变化，而且变化规律不是简单的函数，在测量太阳磁场的横向分量时，引入难以补偿的仪器偏振。此外，结构分散，不能安置在真空系统中，

也就不能避免自身产生的热空气湍流对成像的不良影响。（李　挺）

冬至点　winter solstice　黄道上与二分点相距 90°且位于赤道以南的二至点。是太阳通过秋分点到达最南的那一点，与夏至点相对。见**分至点**。

斗建　Dou Jian　以北斗星的星柄指向确定四季和十二月。即《史记·历书》集解所说的“随斗杓所指建十二月”。公元前 4000～前 1000 年，北斗七星比现在更接近北天极，处于恒显圈内，每天晚上都可见到。在中国古代，发现不同季节的黄昏时，北斗斗柄的指向是不同的。因此，把斗柄的指向作为定季节的标准。《鹖冠子》说：“斗柄东指，天下皆春；斗柄南指，天下皆夏；斗柄西指，天下皆秋；斗柄北指，天下皆冬。”说的就是当时不同季节里黄昏时看到的北斗柄指向。春秋战国时期，天文学有了进一步的发展，为使斗柄指示的方向与月份更密切配合，人们将地面分成十二个方位，分别以十二地支表示：正北为子，东北为丑、寅，正东为卯等。夏正十一月黄昏时斗柄指北方子，十二月、正月指东北方丑、寅，二月指东方卯……十月指西北方亥，下一个十一月又回到北方子。这就是古代天文**历法**中经常提到的“十一月建子、十二月建丑、正月建寅”等十二月建。（陈美东）

对产生探测器　pair production detector　一种借助高能光子转化为正负电子对的过程实现高能光子探测的装置。入射光子只要能量足够高，在射入由原子序数较大的材料（如金属钨）构成的转换层后，即有较大概率转化为一对正负电子。如果通过量能器来吸收电子对，并测量电子对相应的能量，就可以根据质能转换原理来还原入射光子的能量。

在实际使用中，对产生探测器经常由多层光子－电子对转换层和电子对示踪层（如火花室或硅片之类的**半导体探测器**）交叠构成（见图），后者用于记录电子对产生后在探测器中的运动轨迹，从而反推入射光子的方向，定位精度最高可达角分级。测量电子能量的量能器一般采用**闪烁体探测器**，这里是利用其荧光强度与入射粒子能量正相关的特性。为了屏蔽带电**宇宙线**粒子在转换层中激起的电子，对产生探测器还要配合用于筛除带电粒子事件的反符合屏蔽系统使用。

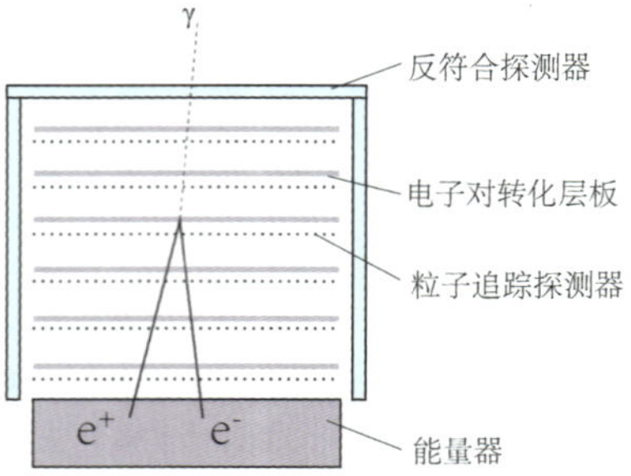

多层对产生探测器基本结构

由于单个电子的静止能量约为 0.511MeV，能量过低的入射光子无法激起电子对转换材料的反应，实际的对产生探测器，如**康普顿γ射线天文台**的高能γ射线实验望远镜（EGRET），还有**费米γ射线空间望远镜**的大面积望远镜（LAT），都只能探测数十 MeV 以上的光子。（张　博）

对日照　counterglow; counter-twilight　夜空中与太阳相反方向处的一个弥漫椭圆形暗弱的亮区。只有在无月晴夜和无光污染的地方才能见到，其长轴角大小为 30～40 个月球直径，短轴长为 20～25 个月球直径（见图）。形成的原因很可能是**行星际尘埃**后向散射造成的，而且据认为日地拉格朗日 L2 点附近聚集的行星际尘埃粒子密度较高。（李　竞　胡寿村）

甚大望远镜（VLT）拍摄到的对日照现象
（从顶部斜向下的一个带状区域）

敦煌星图　Star Map from Dunhuang　在敦煌经卷中发现的一幅古星图。它是全世界现存古星图中星数较多而又较为古老的一幅。绘制年代约在唐中宗李显时期，705～710 年。图上用圆圈、黑点和圆圈涂黄三种方式绘出 1350 多颗星。图的画法是：从 12 月开始，按照每月太阳位置沿黄、赤道带分 12 段，把紫微垣以南诸星用类似墨卡托圆筒投影的方法画出，然后再把紫微垣画在以北极为中心的圆形平面投影上。从每月星图下面的说明文字看，太阳的每月位置还是沿用了《礼记·月令》的说法，并非绘图时所实测。此图现存英国伦敦博物馆（见图）。（席泽宗）

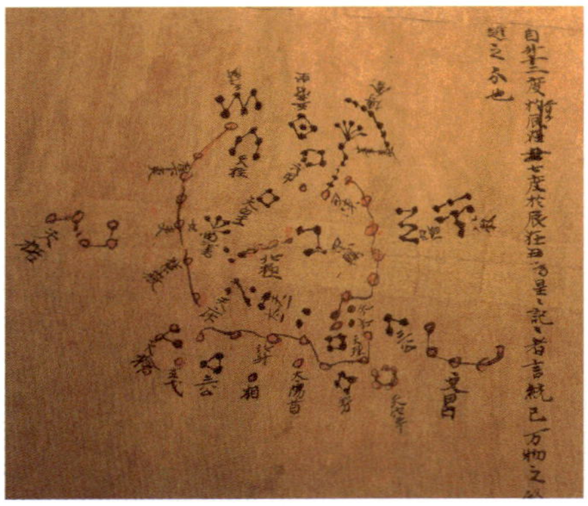
2004 年 5 月 4 日，英国伦敦大英图书馆展出的敦煌星图

盾牌－半人马臂　Scutum-Centaurus arm　**银河系**的主旋臂之一，包括靠近**银核**的盾牌－南十字臂和较远的半人马臂。盾牌臂位于人马臂和矩尺臂之间，是除矩尺臂之外距离银河系中心最近的主旋臂。2015 年，中国天文学家孙燕等在外臂之外发现了一段新的分子气体旋臂，他们认为这条新旋臂可能是盾牌－半人马臂的延伸。盾牌臂和**英仙臂**被认为分别与银河系棒的两端相连，其中盾牌臂和棒的连接处有着剧烈的恒星形成。2006 年，一个拥有 14 颗**红超巨星**，被称为 RSGC1 的巨大**星团**在此处被发现。2007 年又在距离 RSGC1 只有几百光年处发现包含 26 颗红超巨星和约有 50 000 颗新生恒星的巨大星团 RSGC2。（沈俊太　徐　烨）

盾牌座δ型变星　delta Scuti variable star　光谱型为 A～F 型，在**赫罗图**上位于**造父变星**不稳定带内的超短周期、小变幅的**脉动变星**。盾牌座δ型变星光变曲线形状变化很大，同**船帆座 AI 型变星**相近，但变幅小于 0.3 星等（见图）。典型星为盾牌座δ。

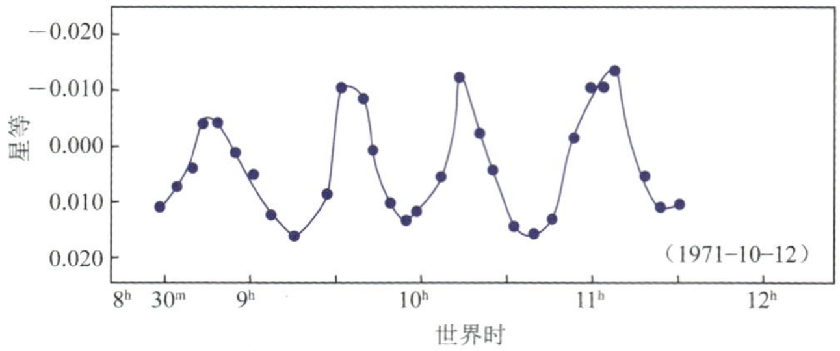

盾牌座δ型变星 HD23643 的光变曲线图

最初，人们把一切周期短于 0.21 天的 A、F 型脉动变星都称作盾牌座δ型变星（又称矮造父变星），后来只把光变幅小于 0.3 星等的短周期脉动变星称作盾牌座δ型变星。这种星不仅存在于银河星场中，还出

现在疏散星团中，被认为是质量 1.5～2.5 太阳质量的主序星或刚过主星序的恒星，属于星族 I，绝对目视星等约+2 等。1970 年埃根指出，变幅小于和大于 0.3 星等的两群星均有年轻和年老的盘星族的成员，怀疑这种按光变幅分群的做法的合理性。有人根据实际测得的表面重力和周期间的关系，认为它们都是质量约为 2 太阳质量的主序星后的氢壳层燃烧星，唯一差别可能只是脉动的模式不同。 （蒋世仰）

多波段天文观测 multiwavelength astronomical observation 在两个或两个以上的天文学电磁波段（射电、红外、光学、紫外、X 射线、γ 射线等）对同一天体或同一天文事件所做的综合或对比观测研究。20 世纪中叶，归功于射电望远镜的发明以及火箭、高空气球和卫星等突破了地球大气对天体红外、紫外和高能辐射的遮蔽，多波段天文观测得以诞生起步，现已发展成为天文学的主流技术手段之一。

多波段协同观测 多波段天文观测通常需要数个天文台址的不同天文仪器的协同工作，以及地面望远镜与天文卫星的协同工作。多波段协同观测可以不用考虑不同波段设备之间观测的同时性，也可以针对性地采用同步观测以及快速后随观测的形式。

以“大天文台起源深度巡天”（GOODS）项目为例，为研究早期宇宙中的星系形成与演化，项目针对以哈勃深场和钱德拉南天深场为中心的两块小天区，分别采用哈勃空间望远镜和地面的甚大望远镜等在光学和近红外波段、采用斯皮策空间望远镜在红外波段开展深度巡天观测，并与钱德拉 X 射线天文台和 XMM-牛顿望远镜的已有 X 射线数据相结合，后期又有工作于远红外和亚毫米波的赫歇尔空间天文台加入。

时域天文学提出了多波段同步观测和快速后随观测的需求。可以通过事先的时间申请与协调，使用地面或空间不同波段的设备对同一天体开展一段时间的同步时变监测；根据所研究现象的时标，同步性要求可短至毫秒、秒级，也可长至小时或数天。还可以将不同波段的大视场设备设计为观测视场能长时间指向并覆盖同一天区，同步监测整块天区的天体时变。

在多波段快速后随观测中，一旦暂现源或突发天文现象在监测专用波段被发现，经星地链路、互联网等手段接收到警报信息的其他波段天文设备快速对其指向并观测；警报信息发布可以是准实时的，后随观测常被设计为自动触发的。γ 射线暴起源于宇宙学距离的突破性发现，就来自光学波段快速后随观测的余辉精确定位和宿主星系证认（从而可测量红移）。

多波段证认与交叉相关 在特定电磁波段观测到的、特别是通过巡天批量发现的新源，常需要用其他波段的观测信息或对应候选天体来证认源的具体身份或类型。用于证认的波段往往具有更成熟的观测技术，从而能获得更丰富深入的观测信息和更好的定位精度，例如：针对待证认源在原波段的定位误差范围，采用光学波段对所对应天区内的全部候选天体开展光谱观测，再综合多波段数据来分析排查物理上的对应关系。

随着一批大规模巡天项目的展开，各个波段都在积累海量的巡天数据，已难以对新源一一开展证认观测，而对已有的多波段观测数据库通过位置匹配等进行交叉相关也逐渐成为重要的证认及多波段研究的方法。

多波段天文卫星 在单颗卫星上同时安装不同波段的探测器是实现多波段天文观测的重要途径。太阳观测卫星在这方面相对领先，常在光学、紫外、高能等各波段同时开展太阳物理学的观测研究。印度的天文号卫星（Astrosat）是典型的多波段天文卫星，设计工作在可见光、近紫外、远紫外、软 X 射线和硬 X 射线波段，还计划与地面的射电和红外望远镜协同。而 γ 射线暴卫星格雷尔斯雨燕天文台在硬 X 射线波段发现 γ 射线暴后，自动将星上的软 X 射线望远镜和紫外/光学望远镜指向目标，开展多波段同步监测。此外如 XMM-牛顿望远镜，载有与 X 射线主望远镜相同指向的紫外/光学望远镜。哈勃空间望远镜一般视为一颗光学天文卫星，但它也覆盖到近红外和近紫外波段。

从多波段到多信使 电磁辐射之外，天体也能通过引力波、中微子、宇宙线等形式向外传播物理信息，随着引力波、中微子等探测能力的突破，多波段天文观测正自然向多信使天文观测扩展，如发现了引力波源（GW 170817）的首例电磁对应体（γ 射线暴 GRB 170817A），并通过多波段观测证认为双中子星并合事件。

（邓劲松）

多波束馈源阵列 multi-beam feed array; MFA 在反射面天线焦平面布置馈源阵列，每个馈源对不同方向入射的电磁波独立进行接收的技术。在反射面焦平面（经过焦点与光轴垂直的平面）上放置多个馈源，每个馈源配置独立的接收机，每个馈源通过反射面在不同的方向上形成远场波束。各个馈源同时工作时可对各个波束所对应的天区进行同时观测，从而扩大望远镜观测的瞬时视场，提高反射面天线的使用效率。如澳大利亚帕克斯射电望远镜 L 波段 13 波束，英国卓瑞尔河岸天文台洛弗尔望远镜（Lovell Telescope）的 L 波段 4 波束，德国埃菲尔斯伯格射电望远镜（Effelsberg）的 L 波段 7 波束，美国阿雷西博射电望远镜的 L 波段 7 波束；中国 500 米口径球面射电望远镜（FAST）的 L 波段 19 波束，紫金山天文台 13.7 米望远镜的毫米波 9 波束超导接收机等。

除了以扩大视场为目的馈源阵列以外，MFA 还包括为谱线观测做基线校准的双馈源系统，及甚长基线干涉仪（VLBI）观测中用来做相位参考的双波束系统等。

MFA 阵列一般不能实现视场内天区的瞬时连续覆盖，需要用多次观测来填补各个馈源观测天区的空隙。由于偏焦导致的散焦效应（见焦平面阵列），馈源的接收效率随偏焦距离加大而降低。因此对于一个特定的天线，MFA 阵列的馈源数目也有一定限制。在地平式安装的天线上，多波束馈源阵列一般需要通过自身旋转来抵消跟踪天体过程中相对于观测天区的像场旋转。

MFA 技术在低频波段比较成熟，由于有限波束数目及不能形成连续天空覆盖，可能逐渐会被更灵活的相位阵馈源技术所取代（见相位阵馈源）。在高频波段，MFA 技术仍将继续发挥作用。 （金乘进）

多重宇宙 multiverse 认为除了人类的宇宙之外，还存在着其他的、不同的宇宙的一种理论假说。由于宇宙年龄、光速和宇宙膨胀速度都有限，可观测宇宙的尺度是有限的。科学家确信，可观测宇宙之外仍然存在宇宙空间。与可观测宇宙临近的宇宙空间，其物理性质应该和人类的可观测宇宙类似。然而，距离可观测宇宙非常遥远的宇宙空间，其物理性质则有可能与人类的可观测宇宙截然不同。这是因为，假如人类可观测宇宙中的真空是不唯一的，那么非常遥远的宇宙空间，可能会处于不同的真空状态。不同的真空会导致不同的粒子质量，不同的相互作用强度，甚至不同的粒子种类。这样遥远的、具有不同物理定律的区域，就可以说是多重宇宙的一种体现。弦理论预言存在巨大数量的亚稳态真空，这些真空状态可能会因为永恒暴胀而得以真实存在。弦理论相关的多重宇宙也为暗能量问题提供了一个人择原理解释。

量子力学为多重宇宙提供了另一种可能。尽管量子力学的理论框架已经被广泛接受，但量子力学目前仍存在多种可能的解释。其中一种“多世界”解释认为，每一次测量行为，都使世界“分裂”成彼此不相干的分支。这样，在同一空间中，也可能并行存在多个量子世界。量子力学层面上的多宇宙，为量子计算的高度并行性提供了一个最直观的解释（尽管多数量子力学的解释都可以解释量子计算）。

也有一些学者对世界和存在具有更激进的理解，认为每一个自洽的数学结构都会在不同的“宇宙”中得到物理实现，所以所有的数学结构，构成了最广泛意义上的多重宇宙。

由于人类暂没有办法直接观测多重宇宙中的其他宇宙，所以，多重宇宙是一个物理概念还是只是一种哲学，还存在争论。

（王　一）

多方球 polytrope　以多方物态方程为基础而建立的星体模型。恒星可认为是由其内部物质在压力与自引力达到平衡时所构成的体系。因此，恒星内部结构依赖于物质的物态方程。在许多情况下，物态方程具有形式：$P = K\rho^{\gamma}$，称为多方物态方程。式中P和ρ分别为物质的压力和密度；K为常数；γ为多方指数，或写成$\gamma = 1 + \frac{1}{n}$，n为多方指标。多方指标为n的多方球的基本方程是：

几种多方球

类型	γ	n	备注
绝热气体	$\frac{\text{定压比热}}{\text{定容比热}}$	$\frac{1}{\gamma - 1}$	对流区
等温气体	1	∞	
非相对论性简并气体	5/3	3/2	中心密度较低的白矮星
相对论性简并气体	4/3	3	中心密度较高的白矮星
纯辐射场	4/3	3	

$$\frac{1}{\xi^2}\frac{\mathrm{d}}{\mathrm{d}\xi}\left(\xi^2\frac{\mathrm{d}\theta}{\mathrm{d}\xi}\right) = -\theta^n$$

式中$\theta = (\rho/\rho_c)^{\frac{1}{n}}$；$\xi = A\gamma$；$\rho_c$为中心密度；$A = \left\{\frac{(n+1)K}{4\pi G}\rho_c^{\frac{1}{n}-1}\right\}^{1/2}$；$G$为引力常数。此方程称为莱恩－埃姆登方程，已有详细的数值解。

（彭秋和）

多孔径闪耀传感器 multi-aperture scintillation sensor; MASS　一种大气光学湍流廓线测量仪器。在湍流大气中传播的光波波前相对振幅的对数起伏引起波前闪耀，产生了星像忽明忽暗的亮度变化，即能量波动。多孔径闪耀传感器利用同心圆环分割望远镜瞳孔区域，统计不同区域的星光能量波动，利用其和湍流的关系测量自由大气光学湍流廓线。MASS 对低层大气光学湍流不敏感，通常提供较粗分辨率的 6 层自由大气光学湍流廓线，可以测量自由大气层视宁度、大气等晕角和大气时间常数等。MASS 已经广泛配置在国际上主要天文台址，比如托洛洛山美洲天文台（CTIO）、莫纳克亚天文台、帕瑞纳天文台等。

（袁祥岩）

多目标光纤光谱仪 multi-object fiber spectrograph　可同时观测视场内多个天体目标的一种宽视场光谱仪。通常情况以下两种技术路线都可以同时获取宽视场范围内的大量光谱，一种是多缝光谱仪和狭缝模版，另一种是多光纤光谱仪和光纤定位系统。采用多缝光谱仪，观测前须根据设定的观测天区内的目标位置坐标预先制作好一系列狭缝模版，模版上的狭缝与观测源一一对应。随着光纤在天文上应用技术的成熟，尤其是大规模光谱巡天计划的实施，多光纤系统取代了多缝模版，多目标光纤光谱仪应运而生。通过多根光纤传输星光，将光纤束一端对准视场内需要研究的天体（见**光纤定位技术**），另一端“一字”排列到光谱仪的入射狭缝上，相当于“赝”狭缝。光纤芯径尺寸相当于狭缝宽度，一般由台址大气视宁度决定。多目标光纤光谱仪设计时两个重要指标即光纤数和光谱分辨率，设计准则如下：

光纤在接收器上的象高：

$$h' = \frac{\phi D F_2}{\xi} \tag{1}$$

式中ϕ为光纤角直径；D为望远镜口径；F_2为照相机焦比；ξ为光纤焦比蜕化。

在狭缝高度方向，有公式：

$$S = N\left(\frac{\phi D F_2}{\xi} + d\right) \tag{2}$$

式中N为每台光谱仪光纤数；d为相邻两行光谱的间隙，尽可能降低相邻光谱之间的“串扰”，通常d值至少是探测器 CCD 三个像素；S为接收器尺寸。

从上面的公式可见：每台光谱仪最多能携带的光纤数量（也就是同时观测的天体目标光谱数量）主要由光纤芯径ϕ或者大气视宁度、望远镜口径D、照相机焦比F_2和接收器尺寸S确定。

多目标光纤光谱仪光谱分辨率主要由下式给定：

$$R \times \phi = 2\xi \tan\theta_b \times \frac{d_1}{D} \tag{3}$$

式中$R = \lambda/\delta\lambda$为光谱分辨率；$\phi$为光纤芯径；$d_1$为准直光束口径；$D$为望远镜通光口径；$\theta_b$为光栅闪耀角；$\xi = F_1/F$为光纤焦比蜕化；$F_1$为光纤出射端焦比；$F$为光纤入射端焦比。公式（3）中只有两个变量$\theta_b$和$d_1$。

现代大视场光谱巡天望远镜需同时观测成百上千甚至上万个天体目标，其光谱仪必定是由多台多目标光纤光谱仪组成的集群。中国**大天区面积多目标光纤光谱天文望远镜**（LAMOST）的焦面仪器由 16 台多目标光纤光谱仪组成，每台光谱仪安装 250 根光纤，可同时获取 4000 颗天体目标的中/低分辨率光谱。光谱仪方案在国际上率先采用先进的**体位相全息光栅**（VPHG）作为**色散元件**，具有更高的光效率。光学方案为双通道大视场施密特系统，准直光束口径 200 毫米，每台光谱仪分红、蓝区两个通道，分别配置 4k × 4k 的科学级 CCD 芯片，同时覆盖 370～900 纳米光谱范围，光谱分辨率为 1000～10 000。

（朱永田）

多频综合成图 multi-frequency synthesis　用在相对较宽的频率范围内测量的可见度数据对连续谱源进行成图。又称宽频综合成图。UV 坐标是以波长为单位计算的，多频综合成图的优点是可以用增加观测频率的范围来增加 UV 覆盖的范围，改善图像的置信度。问题是由于源的谱变化在综合成图中会产生人造的假的特点。假定一个最简单的线性谱变化的模型：

$$\begin{aligned}I(\nu) &= I(\nu_0) + \frac{\partial I}{\partial \nu}(\nu - \nu_0)\\ &= I(\nu_0) + \nu_0\frac{\partial I}{\partial \nu}\frac{(\nu - \nu_0)}{\nu}\\ &= I(\nu_0) + \alpha_E I(\nu_0)\frac{(\nu - \nu_0)}{\nu}\end{aligned}$$

式中α_E为等效谱指数。定义$B_0(l,m)$代表一个没有谱变化的点源的响应（波束），$B_1(l,m)$为一个随频率$(\nu - \nu_0)/\nu_0$变化的点源（非物理的）的响应，有人把它称为**脏波束**。脏图为：

$$\begin{aligned}I_D(l,m) &= I(l,m)\cdot B_0(l,m)\\ &\quad + \alpha_E I(l,m)\cdot B_1(l,m)\end{aligned}$$

这表明多频综合数据的脏图中包括了发射的正常响应和谱响应二个分量，谱响应可以认为是一个人造的特点。合适地选择为所有数据（加权）的平均，使$B_1(0,0) = 0$。当观测的频率范围约为 30%（观测频率带宽/观测频率）时，一阶谱响应典型约为 1%，二阶谱响应约为 0.05%。对高动态范围成图，发展了“双重反卷积”及其变型的多频综合成图方法减小谱响应对图像的影响。

（蒋栋荣）

多普勒致宽 Doppler broadening 由原子或原子集团运动的多普勒效应引起的谱线致宽。1842年奥地利物理学家C.A.多普勒发现，波源和观测者的相对运动会使观测到的波的频率发生变化，这种现象称为多普勒效应。发射（或吸收）光的原子具有不规则的热运动，其中某些原子向着观测者运动，而另一些原子背离观测者运动，速度大小也各不同。在这种情况下，原子发射（或吸收）的频率有些紫移，有些红移，移动量也各不相同。总的效果是使原子发射（或吸收）的谱线致宽。在视线方向速度为v的原子辐射频率的变化$\Delta\nu$称为多普勒位移，$\frac{\Delta\nu}{\nu_0}=\frac{\Delta\lambda}{\lambda_0}=\frac{v}{c}$，式中$\nu_0$、$\lambda_0$为谱线中心频率和波长；$c$为光速；$\Delta\nu$和$\Delta\lambda$为以频率和波长标度表示的多普勒位移。在热动平衡状态下辐射原子的速度分布服从麦克斯韦分布，而辐射按频率的分布由下式确定：

$$I(\nu)\,\mathrm{d}\nu \propto \exp\left[-\left(\frac{\nu-\nu_0}{\Delta\nu_\mathrm{D}}\right)^2\right]\cdot\frac{\mathrm{d}(\Delta\nu)}{\Delta\nu_\mathrm{D}}$$

式中$\Delta\nu_\mathrm{D}=\frac{\nu}{c}\zeta_\mathrm{D}$为多普勒宽度，$\zeta_\mathrm{D}$为原子热运动的最概然速度。$\zeta_\mathrm{D}^2=\frac{2RT}{\mu}$式中$\mu$为原子质量；$R$为气体常数；$T$为绝对温度。在这种情况下，由多普勒致宽可以推算出发光物质的温度。通常，在谱线的中心部分主要由多普勒效应致宽，在线翼部分主要由阻尼效应致宽（见碰撞阻尼、辐射阻尼）。由恒星大气湍动引起的谱线致宽也属多普勒致宽（见湍动致宽）。但在这种情况下，由多普勒致宽也可以推算发光物质的温度。 （李宗伟）

多色测光 multi-color photometry 为研究天体的物理特性，在几个不同波带内分别测量天体的辐射流的一种测光方法。与天体分光光度测量相比，它所测量的波带较宽，接收的光能较多，从而能观测到更暗的天体。用照相和光电法都可进行多色测光。适当选择辐射探测器和滤光片，可以组成具有不同平均波长λ_0和波带半宽$\Delta\lambda$的多色测光系统。已有几十种多色测光系统，它们的λ_0和$\Delta\lambda$都是根据研究目的和对象从天体物理学研究的角度来设计的。例如，选择巴耳末跳变附近的波带，研究星际消光规律；对早型星选用宽带（$\Delta\lambda>300$埃）测光。宽带多色测光获取的能量较多，但较难从测量结果中提取物理信息，可用来研究恒星连续光谱能量分布的大致情况，最著名的有 *UBV* 测光系统。窄带（$\Delta\lambda<90$埃）多色测光得到的信息较多，能测量比较邻近的两光谱区（由$\Delta\lambda$限制）的强度比，常用于测量吸收线（如氢线）。因透射带窄，大气消光和星际红化对天体的光谱型依赖较弱，易改正。中带（90埃$<\Delta\lambda<300$埃）多色测光介于上述两种系统之间。观测上常按照恒星光谱分类的判据选取同时有中带和窄带的测光系统。通过多色测光能得到恒星的色指数、色温度，甚至可求得绝对星等（见星等）和有效温度、恒星大气中金属元素含量和恒星表面重力加速度等等，还能为恒星光谱分类和星际消光研究提供重要资料。

（黄佑然　宣焕灿　撰　黄永锋　修订）

多体问题 many-body problem 天体力学和一般力学的基本问题之一。又称N体问题，N表示任意正整数。多体问题研究N个质点相互之间在万有引力作用下的运动规律，对其中每个质点的质量和初始位置、初始速度都不加任何限制。I.牛顿早就提出了这个问题。作为研究天体系统的运动的一种力学模型，N个质点就代表N个天体，每个质点所受到的作用力就是它们之间的万有引力。因此，这也是一种特殊的质点系统动力学，并已成为一般力学（理论力学）的专门分支。对于一些特殊形状的天体，不能作为质点看待时，则须另行研究。300年来，大量的研究成果使多体问题成为天体力学中各个分支的共同基础，同时多体问题又有自己独立的研究课题。主要研究课题可分为两类：一类是特殊的多体问题，另一类是共同性问题。

二体问题　是最简单的多体问题（$N=2$），在牛顿时代就已基本解决。它的运动方程已解出，两个天体的轨道或一个天体相对于另一天体的轨道都是圆锥曲线（圆、椭圆、抛物线或双曲线）。只要知道两个天体在初始时刻的坐标和速度分量，就可以计算出它们在任何时刻的位置和速度。

三体问题　是多体问题中最著名的特殊问题（$N=3$）。经过很多数学家、力学家和天文学家们的艰苦努力，虽然在这方面取得了很多成果，但问题仍未解决，因而它成为天体力学中有名的难题。其中主要困难是运动方程解不出来。为了应用于具体天体的运动，除了继续研究一般解外，还需要研究一些特殊的三体问题。例如针对太阳系内的小天体，提出了限制性三体问题。把其中小天体的质量当作无限小，即它对另外两个天体的引力可以忽略，这种简化的三体问题虽然也未完全解决，但得到的特解和运动区域（见平面圆型限制性三体问题）是很有用的，并已推广到一般的三体问题。另外，用定性方法可以严格证明，在一定条件下，三体问题的解可以用时间的幂级数来表示。三体问题的研究已渗透到天体力学各个分支。

N体问题　N大于3时，通常就称为N体问题，它是多体问题中的共同性课题。现在主要用数值方法和定性方法进行研究。由于电子计算机的迅速发展，对于N为几百的N体问题（运动方程为$6N$阶），可用数值方法算出它们在相当长时期内的运动情况。例如外行星的坐标已推算出400年的结果；一些聚星和星协成员的轨道，则已计算出上百万年的结果。值得指出的是，星协计算结果与传统观念不符，如猎户座O星协的成员不是在不断散开，而是在百万年内忽聚忽散地振动。另外，用数值方法结合分析方法计算了太阳系的内行星的轨道变化，同观测结果比较，可用来研究引力理论。

20世纪以来有不少数学家用定性方法研究N体问题，取得很多重要成果。例如美国数学家A.温特纳研究了N体问题的特解，证明在一定条件下，N个质点可以组成某种确定的形状（如直线或多面体等），它在运动中只有旋转和伸缩，形状永远不变。这种类型的特解取名为中心构形，实际上是三体问题中拉格朗日特解的推广。而且N个质点在同一直线上相对平衡的特解数目为$\frac{1}{2}N!$个，这与三体问题的结果一致。另外，还有不少人把三体问题的其他结果，如碰撞问题、正规化、俘获理论等问题推广到N体问题，也得到了类似的结论。

（孙义燧　易照华）

多天线射电干涉仪 multi-element radio interferometer 由多面天线组成的一种射电望远镜。双天线射电干涉仪只能适用于角径小的孤立射电源和角径稍大的辐射源的定位及估计角径方面的工作。在对太阳这样的面源的观测上，普遍使用多面天线组成的干涉仪。同相馈电的多天线射电干涉仪，又称栅式干涉仪。多面天线等间隔地排在一条直线上，若相邻天线的间距为S，天线数目为N，则干涉瓣的主瓣半宽$\delta\theta\approx\lambda/NS$，$\delta\theta$只取决于基线的“总长度”$NS$，而干涉瓣之间的角距$\Delta\theta\approx\lambda/S$，只取决于相邻两天线的间距$S$，与天线的多少无关，也与基线的总长度无关。在总长度不变的情况下，天线面数增加一倍（即N增一倍），干涉瓣之间的角距也将增加一倍。只要适当选择N和S，就可以得到所需要的分辨率，而在观测特定的孤立射电源（如太阳）时，又可以使干涉瓣之间的角距大于源的角径而不发生混淆。

（吴鑫基　乔国俊）

多信使天文学 multi-messenger astronomy 天体物理学中，观测天文学的分支领域，通过同时观测来自天体的多种渠道的信息来研究天体或天体过程的物理性质。天文学中的信息渠道（即信使）包括电磁辐射、中微子、宇宙线和引力波。它们产生于不同的天体物理过程，因此多信使天文学观测可以得到对天体全方位的认识。宇宙中产生的比较显著的多信使信号源往往与天体的剧烈爆发或致密星双星有关。

多信使天文学的研究起源于20世纪40年代在太阳耀斑中观测到宇宙线。第一个里程碑是1987年在大麦哲伦云中的超新星1987A中观测到中微子。2017年8月，在河外星系NGC4993中多波段观测到一对双中子星并合产生的γ射线爆发及其余晖和探测到并合产生的引力波，是多信使天文学研究的一项重大成果。 （王晓峰）

E

俄罗斯科学院空间研究所　Space Research Institute of the Russian Academy of Sciences; SRI RAS　俄罗斯科学院下属的一家研究机构。总部位于莫斯科，1962 年成立，原名苏联科学院空间研究所，1992 年改为现名。俄罗斯科学院空间研究所开展科学研究、科学教育、科学技术和专家活动，开展空间主题的实验发展，积极传播空间科学知识。其主要职能是制订和实施俄罗斯科学院和国家空间活动公司通过的空间项目科学仪器综合体的研究计划、开发和测试。

在天体物理学、行星科学、太阳物理学、日地关系、宇宙等离子体和地球物理学领域进行科学研究，并与俄罗斯科学院和联邦航天局合作开发和测试空间技术。

空间研究所主要任务和实验设施有：

与德国合作的一个天体物理空间天文台“光谱－伦琴－伽马”（Spektr-RG; SRG），位于太阳－地球系统的拉格朗日点 L2，距离地球 150 万千米，研究**黑洞**、宇宙的大尺度结构和银河系 X 射线源。2022 年，德国宣布退出该项计划。

俄罗斯科学院空间研究所办公大楼

与欧空局合作研究火星的跟踪气体轨道器 TGO，是火星生命探测计划 2016 的一部分，2016 年发射升空。

2001 年绕火星运行的奥德赛探测器上的中子探测仪器；火星快车（ESA）火星遥感任务上的仪器套装；国际空间站（俄罗斯段）BTN 中子实验 1 个；月球勘测轨道器（NASA）上的月球探测中子探测器（LEND）仪器；好奇号火星探测器（NASA 火星科学实验室项目）上的中子动态反照率（DAN）仪器；**欧洲南方天文台**（ESA）国际 γ 射线天体物理实验室（INTEGRAL）的 X 射线和 γ 射线轨道天文台等都由空间研究所负责。

土耳其科技研究理事会（TUBITAK）国家天文台口径 1.5 米俄罗斯－土耳其 RTT150 望远镜也是由空间研究所提供。

（李宗伟　刘黎明）

俄罗斯科学院普尔科沃天文台　Pulkovo Observatory of the Russian Academy of Science　俄罗斯科学院下属的一座天文台。简称普尔科沃天文台。位于俄罗斯圣彼得堡以南约 19 千米，海拔 75 米，1833 年动工，1839 年建成并正式投入使用，是俄国的第一座天文台。俄国天文学家 F.G.W.斯特鲁维（见**斯特鲁维家族**）领导了该天文台的筹建工作，并担任首任台长。早期的主要观测设备是一台从德国购置的 38 厘米口径的**折射望远镜**，其与哈佛大学天文台同型号望远镜是当时世界上口径最大的折射望远镜。

普尔科沃天文台俯瞰图

普尔科沃天文台早期主要从事恒星位置的测量、天文常数的测定，以及**双星**的观测工作，并为俄罗斯的大地测量及航海工作服务。1885 年，建成当时世界上口径最大的 76 厘米折射望远镜，其主镜是由著名望远镜制造商人 A.克拉克磨制的。1894 年，该天文台开始进行天体摄影的工作，1920 年开始通过无线电发布精确的报时服务。在大地测量方面，穿越普尔科沃天文台主楼中央的子午线在过去所有俄国出版的地图上都是起点。由于该天文台地理纬度偏北，无法观测靠南的恒星，因此在今乌克兰境内设立了两个观测站，分别位于克里米亚半岛的西美斯以及尼古拉耶夫。

第二次世界大战期间，天文台遭到战火破坏，建筑物被摧毁，一些重要的设备、图书资料等被转移到圣彼得堡，1946 年在原址废墟上得到重建，1954 年 5 月完工并正式启用。与此同时，天文台规模得到大大拓宽，还成立了射电天文、仪器制造等一些新的部门。原有的仪器设备得以修复，又在此基础上安装了 65 厘米口径折射望远镜、干涉仪、太阳望远镜、日冕仪、射电望远镜等新的设备。1945 年西美斯观测站并入苏联科学院的西美斯天体物理台，现归属乌克兰。为纪念普尔科沃天文台，第 762 号小行星被命名为“普尔科沃”。

（李宗伟　刘黎明）

俄罗斯科学院日地物理研究所　Institute of Solar and Terrestial Physics of Siberian Branch of Russian Academy of Sciences; ISTP SB RAS　位于俄罗斯伊尔库茨克的一家研究机构。1960 年成立，其前身是 1886

俄罗斯科学院日地物理研究所办公大楼

年成立的西伯利亚最古老的地磁观测站。隶属俄罗斯科学院西伯利亚分院。是国际太阳物理、日地空间物理观测和研究中心。日地物理所在高纬度地区空间天气的研究与中国科学院国家空间科学中心在中低纬度空间天气的研究有很强的互补性。2001 年，在时任所长日列布佐夫的推动下，双方共同建立了中俄空间天气联合研究中心。2016 年，积极加入中国科学院主导的国际空间天气子午圈计划。　（李宗伟　刘黎明）

俄罗斯科学院特殊天体物理台　Special Astrophysical Observatory; SAO　俄罗斯最大的天文台。建于 1966 年，位于俄罗斯杰连秋史亚卡，高加索地区，隶属于俄罗斯科学院。天文台拥有 RATAN-600 射

BTA-6 望远镜远眺图

电望远镜，直径 576 米，重 650 吨，1974 年建成，主要用来监视**太阳活动**。另有 BTA-6 反射望远镜，1975 年开始观测，主镜直径 6 米，但由于镜面问题一直没有获得很好的观测成果。在凯克望远镜建成前（1993），BTA-6 一直保持世界最大望远镜纪录。此外，在 BTA 现场运行两台较小的望远镜，口径分别为 1 米、0.6 米。这两台仪器都用于支持 BTA-6 项目以及独立观测运行。

（李宗伟　刘黎明）

俄罗斯科学院天文研究所 Institute of Astronomy of the Russian Academy of Sciences 俄罗斯科学院下属的研究机构。位于俄罗斯莫斯科，1936 年 12 月 20 日苏联科学院 A.Ye.费尔斯曼等提请苏联科学院主席团组建该研究机构，1990 年前名为苏联科学院天文委员会。2008 年后更名为俄罗斯科学院天文研究所。

俄罗斯科学院天文研究所外景

天文委员会最初的任务是协调地面光学和天文学领域的所有研究活动。随后承担了提供天文学照片和光探测设备，组织筹备国内外科学博览会等任务。该机构兼具学术委员会和研究机构两种职能。20 世纪 60 年代中期，该机构建立并加入了人造地球卫星观测的国际组织体系。1975 年统计，参与了欧亚大陆、非洲和南美洲设立的 28 个天文学专业观测站的筹建工作。

主要研究方向是变星研究、人造卫星观测研究、地球大气层研究、太阳活动研究、月球物理、日地物理研究、恒星演化、双星系统演变、恒星光谱、不同时空范围恒星形成规律、行星系统与恒星动力学等。

（李宗伟　刘黎明）

二十四节气 twenty-four solar terms 十二个中气和十二个节气的总称。可能起源于战国时期，是中国古代的独特创造。它告诉人们太阳移到黄道上二十四个具有时节意义的位置与日期，几千年来对中国农牧业发展起了重要作用。在《淮南子·天文训》（前 140 年左右）中，有完整的二十四节气记载，其名称和顺序都同现今通行的基本一致。

节气、中气、平气、定气 节气的安排决定于太阳。西周和春秋时期以圭表测日影的方法定出冬至和夏至的时日。后来，将一回归年（见年）的长度等分成 24 份，从冬至开始，等间隔地依次相间安排各个节气和中气。这种方法叫平气。按照平气办法，每月有一个节气，一个中气。如立春为正月节气，雨水为正月中气；惊蛰为二月节气，春分为二月中气等。

北齐（550～577）张子信发现太阳视运动不均匀现象。隋仁寿四年（604），刘焯在他的《皇极历》中根据这种不均匀现象对二十四节气提出改革，将周天等分成 24 份，太阳移行到每一个分点时就是某一节气的时刻。这样安排的节气间隔是不均匀的，此法称为定气。定气主要在历法计算中使用。在日用历谱上一直使用平气，直到清代才开始使用定气。

二十四节气表 二十四节气的名称、节气在现行公历里的大体日期和当时太阳黄经度数（指定气）如表。

二十四节气反映了太阳的周年视运动，所以节气在现行公历中的日期基本固定，上半年在 6 日、21 日，下半年在 8 日、23 日，前后不差一两天。

影响和应用 二十四节气起源于黄河流域，几千年来成了中国各地农事活动的主要依据，在农业生产中起一定的作用。为了便于记忆，人们编出了二十四节气歌诀：春雨惊春清谷天，夏满芒夏暑相连，秋处露秋寒霜降，冬雪雪冬小大寒。随着中国历法的外传，二十四节气流传到世界许多地方。

（刘金沂）

二十四节气表

春季	节气名	立春（正月节）	雨水（正月中）	惊蛰（二月节）	春分（二月中）	清明（三月节）	谷雨（三月中）
	节气日期	2 月 4 日或 5 日	2 月 19 日或 20 日	3 月 5 日或 6 日	3 月 20 日或 21 日	4 月 4 日或 5 日	4 月 20 日或 21 日
	太阳到达黄经	315°	330°	345°	0°	15°	30°
夏季	节气名	立夏（四月节）	小满（四月中）	芒种（五月节）	夏至（五月中）	小暑（六月节）	大暑（六月中）
	节气日期	5 月 5 日或 6 日	5 月 21 日或 22 日	6 月 5 日或 6 日	6 月 21 日或 22 日	7 月 7 日或 8 日	7 月 23 日或 24 日
	太阳到达黄经	45°	60°	75°	90°	105°	120°
秋季	节气名	立秋（七月节）	处暑（七月中）	白露（八月节）	秋分（八月中）	寒露（九月节）	霜降（九月中）
	节气日期	8 月 7 日或 8 日	8 月 23 日或 24 日	9 月 7 日或 8 日	9 月 23 日或 24 日	10 月 8 日或 9 日	10 月 23 日或 24 日
	太阳到达黄经	135°	150°	165°	180°	195°	210°
冬季	节气名	立冬（十月节）	小雪（十月中）	大雪（十一月节）	冬至（十一月中）	小寒（十二月节）	大寒（十二月中）
	节气日期	11 月 7 日或 8 日	11 月 22 日或 23 日	12 月 7 日或 8 日	12 月 21 日或 22 日	1 月 5 日或 6 日	1 月 20 日或 21 日
	太阳到达黄经	225°	240°	255°	270°	285°	300°

二体问题 two-body problem 研究两个质点按牛顿万有引力定律相互吸引时的运动规律。二体问题是最简单的也是唯一能彻底求解的一种多体问题。在大多数的实际问题中，都以二体问题作为天体真实运动的第一近似。因此，二体问题在天体力学中有其特殊地位。

I.牛顿在《自然哲学的数学原理》一书中就证明，从二体问题可严格地导出开普勒定律。在万有引力的作用下，两个天体中的任何一个将沿圆锥曲线绕质心运动。它在轨道平面中的轨迹表达式为：

$$r=\frac{a(1-e^2)}{1+e\cos f}$$

式中a、e分别为轨道半长径和偏心率，它们决定轨道的大小和形状；极角f称为真近点角，它从近点起算。根据运动能量的不同，轨道又可分为椭圆、抛物线和双曲线三类。对于椭圆轨道，$e<1$ 和$a>0$。当$e=0$时，它代表正圆，这时天体将作等速圆周运动。对于抛物线轨道，$e=1$ 和$\frac{1}{a}=0$，这时天体的速度可表示为：

$$v=\sqrt{\frac{2G(M+m)}{r}}$$

式中G为万有引力常数；M和m为两个天体的质量。由于沿抛物线轨道运动的天体一去不返，故称此速度为逃逸速度。对于双曲线轨道，$e>1$ 和$a<0$。二体问题的解可由六个轨道根数来决定，轨道半长径a和偏心率e就是其中的两个。此外，还有轨道升交点经度Ω和轨道面倾角I，它们决定轨道平面在空间的方向。近点纬度角ω是决定轨道在轨道平面取向的要素，最后一个要素是天体过近点的时刻τ。要确定天体在轨道上的位置，必须建立真近点角f与时间的关系，但是除了抛物线轨道外，很难直接表示这种关系。为此，引进了辅助角——偏近点角作为中介变量。偏近点角与时间的关系

可以通过**开普勒方程**来表示。实际上偏近点角就是用以消去椭圆或双曲线运动中奇点的正规化变量。在经典的天体力学中，常用不同的轨道根数系统来分别描述椭圆、抛物线和双曲线三种不同的轨道。但是对于彗星和行星际飞行器而言，它们的轨道变化于双曲线、抛物线与椭圆之间，采用经典的轨道根数就不太方便。S.赫里克等提出的通用轨道根数，能同时适用于这三类运动。二体问题的轨道根数可由天体在任一时刻的位置和速度来确定。假设天体在某一时刻的向径为r，与向径垂直的速度为v，当$v < \sqrt{\frac{G(M+m)}{r}}$时，则天体将沿着以此点为远点的椭圆运动；当$v = \sqrt{\frac{G(M+m)}{r}}$时，则天体将沿着以$r$为半径的正圆运动；当$\sqrt{\frac{G(M+m)}{r}} < v < \sqrt{\frac{2G(M+m)}{r}}$时，则天体将沿着以此点为近点的椭圆运动；一旦速度$v$等于或大于该点的逃逸速度$\sqrt{\frac{2G(M+m)}{r}}$时，则天体将沿着抛物线或双曲线远离而去，永不返回。这些关系对于研究宇宙飞船和人造卫星的发射条件是很重要的。

天体力学中还出现了广义的二体问题。其中有的讨论天体之间的引力遵循广义相对论或其他引力理论时的运动情况，有的讨论两个天体或者其中之一是椭球体时的运动情况，有的则讨论当引力常数或天体质量随时间变化时的情况。对这些问题的讨论，有助于对太阳系天体和人造天体轨道的测定，也有助于对天体自转、**岁差**和**章动**及星系演化的研究。 （倪彩霞　童　傅）

F

发射星云 emission nebula 受附近高温恒星的紫外辐射激发而发光的亮星云，其光谱中包含发射线。是**气体星云**的一种。又称弥漫发射星云。发射星云形状大都很不规则，而且往往没有明晰的边界，如北美洲星云（见图），所以又称弥漫发射星云。在这些星云中间通常都有一个或一团光谱型早于B1的高温恒星。这些热星的丰富的紫外辐射使星云内的气体激发，从而产生光致电离而形成星云的发射光谱，所以称为发射星云。英国天文学家**W.哈根斯**在19世纪60年代最先开始研究发射星云的光谱。他指出这类星云是由炽热的气体组成的，他们的光能量主要集中在一些发射线中。在这些发射线中，有一些是氢和氦的复合线，如红区的Hα、蓝区的Hβ和Hγ，以及常在某些高激发云中出现的一次电离氦线λ4686等；另外一些很强的发射线是某些元素离子的禁线，如二次电离氧的绿线λ4959、λ5007，一次电离氮的红线λ6548、λ6583，以及一次电离氧的紫外双线λ3726、λ3729等，都是在发射星云光谱中经常出现的。在发射星云的光谱中，也有一个由原子发射和尘埃反射形成的很弱的连续光谱。

在发射星云中除大量炽热气体外，也包含少量尘埃物质。星云中的物质密度，从**暗星云**中的每立方厘米十几个原子到较亮星云中的几百个、上万个原子。他们的**电子温度**一般在1万度左右。银河系中的发射星云大都分布在**银道面**附近和旋臂上，和

一个典型发射星云——北美洲星云

一些年轻恒星群（如O星协）的分布一致。所以在发射星云和激发星之间，除能量供需关系外还存在着演化上的关系。随着射电天文观测的进展，发现很多亮星云位于一个更大的暗星云之中，如人马座大星云就包含有礁湖星云（M8）、**鹰状星云**（M16）、ω星云（M17）和三叶星云（M20）。它们很可能就是恒星诞生的地方。（郝象樑）

法布里－珀罗干涉仪 Fabry-Pérot interferometer 一种由两块平行的玻璃板组成的、光谱分辨率极高的多光束干涉仪。干涉仪中两块玻璃板的间隔长度是可调的，从而能够控制不同波长的色光的透射率。当两块玻璃板间用固定长度的空心间隔物来间隔固定时，它也被称作法布里－珀罗标准具或简称为标准具。由法国物理学家C.法布里和A.珀罗于1897年发明，其结构如下图所示。P_1和P_2是两块具有很小楔角的平板玻璃，相对两面互相平行，并涂有高反射率涂层，两板间用殷钢环隔离并固定。这种间距固定不变的干涉仪常称作法布里－珀罗干涉仪。入射光在相对两面上反复反射和折射后产生多束相干反射光和透射光，透射光束在透镜的焦面上叠加，形成圆环状等倾干涉条纹。当入射光的频率满足其共振条件时，其透射频谱会出现很高的峰值，对应着很高的透射率。

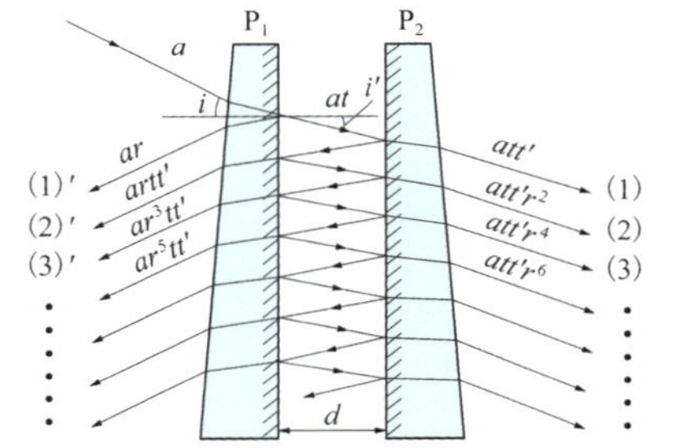

法布里－珀罗干涉原理

法布里－珀罗干涉仪在通信、激光和光谱学等领域应用广泛，主要用于精确测量和控制光的频率和波长。在天文学中，法布里－珀罗干涉仪可以用作高精度窄带滤光镜，获取所观测星体的精细原子发光谱线。提高了引力波探测器的灵敏度。（方 成）

反常X射线脉冲星 anomalous X-ray pulsar 一类特殊的X射线源。见**磁陀星**。

反射施密特望远镜 reflecting Schmidt telescope 用反射镜做改正板的施密特望远镜。是施密特望远镜的一种形式（见**施密特望远镜**）。传统施密特望远镜的改正板是用透射材料做成的。由于制造大块优质透射光学玻璃的困难，施密特望远镜的口径不能做得很大。使用反射施密特望远镜可解决这个问题。

在反射施密特望远镜中，改正板必须相对于光轴倾斜放置以避免挡光。入射光线经改正板反射到球面镜。入射光瞳是改正板在光轴方向的投影。假设改正板与子午面垂直，法线在子午面内，与光轴成一角度，为满足入射光瞳口径的要求，在子午方向需要把改正板的尺寸加大。施密特望远镜的主要**像差**是场曲。焦面近似为曲率半径约等于焦距的球面。反射施密特望远镜的焦面仍然近似为曲率半径约等于焦距的球面，焦面的光轴在子午面内，但与光学系统的光轴成一很小的角度。改正板倾斜越大，焦面的倾斜也越大。反射施密特望远镜没有色差，视场中心的像质非常好，随着视场的增大，像质略微下降。像质也随着改正板倾角的增大而变坏。反射施密特望远镜的另一优点是没有波段限制。

研制大口径的反射施密特望远镜是非常困难的，但是中国创新的**大天区面积多目标光纤光谱天文望远镜**（LAMOST）获得成功，是世界上独一无二的反射施密特望远镜，也是世界上口径最大的施密特望远镜。（王亚男）

反射望远镜 reflecting telescope 物镜采用反射曲面的光学望远镜。

简史 反射望远镜的发展历史和世界上著名的反射望远镜：

早期反射望远镜 早期的反射望远镜都采用金属反射镜。I.**牛顿**在1668年设计制造的第一架可用的反射望远镜（图1），

图1 牛顿望远镜（复制品）

采用凹球面青铜反射物镜，口径33毫米，焦比$f/5$，利用一个45°倾斜的平面镜将焦面折到镜筒侧面的目镜处。**牛顿望远镜**虽然有球差，但却消除了困扰折射望远镜很久的色差的问题。

得益于非球面加工技术的进步，W.F.赫歇尔（见**赫歇尔家族**）于1789年完成的口径1.2米，焦距12米的反射望远镜，成为

当时世界上口径最大的天文望远镜（图2）。再后来W.帕森斯改进了金属镜制造工艺，于1845年建造了1.8米口径的反射望远镜，达到了早期反射望远镜的顶峰。

图2　赫歇尔望远镜

传统反射望远镜　镀膜技术的发明和玻璃材料的使用在反射望远镜的发展中起了至关重要的作用。1856年发明了在玻璃上镀银的技术，金属镀膜大大提高镜面反射率，即使氧化后再重新镀膜也很容易。相对于青铜镜，玻璃材料抛光性能好，容易获得优质光学表面，另外还有重量轻、价格低、加工性能好、热膨胀小等优点，因此口径可以做得更大。1877年1.2米的玻璃镜面望远镜在法国制造成功。此后反射望远镜逐渐代替折射望远镜成为大口径望远镜发展的主流。这个时期被应用在反射望远镜中的相关技术还有照相术、赤道式机架、反射镜的浮动支撑、静压轴承、蜗轮蜗杆和齿轮传动、赛勒里尔桁架等。在19世纪末和20世纪初，几架重要的反射望远镜相继建成，通常称这时期的望远镜为传统望远镜。1918年加拿大**自治领天体物理台**建成1.83米反射望远镜。同年，G.E.海尔建成了当时最大最好的2.54米的反射望远镜（胡克望远镜），安装在美国威尔逊山天文台。这台望远镜采用了轭式赤道式的支撑系统，1929年E.P.**哈勃**用这架望远镜发现了河外星系谱线红移大致同距离成正比的**哈勃定律**。1948年，美国建成了5.08米的海尔望远镜（图3），整个望远镜的重量是482吨，采用马蹄赤道式支撑结构，这架望远镜成为传统反射光学望远镜的一个里程碑。至此传统望远镜的建造技术已经非常成熟。20世纪50年代至60年代，世界上一批2～4米传统望远镜建成投入使用，1969年，苏联建造的口径为6米的望远镜（BTA6，位于现**俄罗斯科学院特殊天体物理台**）是传统望远镜中口径最大的一台，但在首创自动跟踪的地平式机架这一点上突破了传统设计。因主镜质量问题，6米望远镜直到1976年才正常投入使用。中国在70～80年代先后建成的1.56米天体测量望远镜和2.16米光学望远镜也属于传统望远镜。

图3　海尔望远镜

现代反射望远镜　20世纪70年代后与望远镜相关的技术有了极大的发展，包括新型**镜面材料**、薄镜面和蜂窝镜面结构、非球面加工和检验技术、计算机控制和数据处理技术、CCD数字照相机、光纤光学、精密测量技术、**主动光学**和**自适应光学**等等，于是“新技术望远镜”的时代开始了。望远镜新技术反映在**地平式装置**、镜面主动支撑、强主焦比、短镜筒、**圆顶**温度控制、优良台址等多个方面，但一般以是否采用主动光学技术作为区别于传统望远镜的分水岭。1989年建成的**欧洲南方天文台**（ESO）3.6米新技术望远镜是第一架应用了上述技术的望远镜，紧接着**阿帕奇天文台**（APO）3.5米望远镜（1991）、WIYN天文台3.5米望远镜（1994）等一批中等口径的现代技术望远镜相继完成。在此基础上，世界各建成了一批8～10米级的大口径天文光学望远镜，主要有10米凯克望远镜（1992，1998）、8米双子座（Gemini）北半球和南半球望远镜（1998，2002）、8.2米昴星团望远镜（1999）、4×8.2米欧洲南方天文台甚大望远镜（VLT，1999）、2×8.4米亚利桑那大学大双筒望远镜（LBT，2005）、南非9.5米南非大望远镜（2005）、西班牙10.4米加那利大型望远镜（2007）、中国**大天区面积多目标光纤光谱天文望远镜**（LAMOST，2008）等。此外，反射望远镜也逐步应用到空间探测，最典型而成功的例子是1990年4月发射的口径2.4米的**哈勃空间望远镜**。由于空间望远镜处于地球大气层外，没有大气扰动和吸收的影响，可以观测得更远、更清楚。

优缺点　相对于折射望远镜，反射望远镜的主要优点有：①反射镜不引入色差。②镀膜后的反射镜的反射波段宽，普通反射铝膜对可见光、紫外光、红外光和远红外光都有较好的反射率。适于在较宽的波段范围研究天体的光谱和光度。③反射镜仅使用镜子的表面，只要求反射面光洁度高、无缺陷，对材料内部的均匀性和缺陷等要求不高。④反射镜可以在镜子的侧面和背面支撑，有利于减小或控制镜面重力和温度变化引起的变形，而透镜一般只能在其边缘支撑。⑤因为没有色差，反射望远镜主镜的焦比可以较小，使反射望远镜的镜筒相对较短。⑥拼镜面主动光学只适用于反射镜，而对透镜几乎是不可能的。⑦反射望远镜的主镜口径可以做得很大，单块的主镜口径可以做到8米多，通过拼接可以做得更大。世界最大折射望远镜的口径是1.02米（**叶凯士天文台**），最大的折反望远镜的口径是1.34米（卡尔·史瓦西天文台），而比它们更大的望远镜都是反射望远镜。截至2022年，已建成的最大的单镜面反射望远镜口径为8.4米（欧洲南方天文台的甚大望远镜），最大的拼接镜面反射望远镜口径为10.4米（美国**凯克天文台**），正在建设的欧洲极大望远镜（EELT）的拼接主镜口径可达39.3米。

反射望远镜的主要缺点有：①视场一般比较小。反射镜面数要受到互相挡光和安排上的限制，不可能太多，常用的卡塞格林系统只有两面，主焦点或牛顿系统则只有一面，从而使校正单色像差难度较大。采用偏轴系统虽然可以在一定程度上解决镜面间的挡光问题，但由于偏轴系统像差校大且不对称，加工和准直也比较困难，镜面面数同样很受限制，所以反射望远镜更适合于需要大口径小视场的天文观测。如果要扩大视场，常需要加入像场改正镜。②反射系统的中心遮拦除了降低系统通过率外，也会降低衍射像斑中心环的能量集中度。③反射镜镀的金属反射膜会被氧化，使镜面反射率降低，需要定期更新镀膜。

分类　单反射镜系统　只包含1块凹曲面反射镜的反射望远镜，主要有主焦点系统和牛顿焦点系统，相应的焦点称为主焦点和牛顿焦点。只具有主焦点或牛顿焦点的望远镜可以称为**主焦点望远镜**和牛顿望远镜。

双反射镜系统　包含两个曲面反射镜的反射望远镜，主要有格雷果里系统、经典卡塞格林系统、R-C系统、**折轴系统**、**内史密斯系统**等，其相应的焦点称为格雷果里焦点、卡塞格林焦点等。如望远镜仅采用上述系统之一，则称为**格雷果里望远镜**、**卡塞格林望远镜**等。

包含3个曲面反射镜或以上的反射望远镜　①例如保罗-贝克（Paul-Baker）系统、威斯特罗德（Willstrop）系统和大型综合巡天望远镜（LSST）所使用的系统，这类系统都包含3个带有光焦度的曲面反射镜，其主镜和付镜将入射光束压缩，最后由第3镜成像，适当选择3个曲面的面形，可以使系统同时消掉球差、彗差和像散。

这种系统能在较大视场内获得到良好的像质，例如 LSST 全视场就可达到 3.5°，这在大口径望远镜里算是很大的视场了，但这类系统的中心遮拦较大，用于大视场时，为了减小焦面和探测器对光束的遮拦，系统的焦比不宜太大。

②苏俞周（SYZ）中继镜系统，20 世纪 60 年代中期苏定强在设计中国 2.16 米望远镜光学系统时提出，欧洲极大望远镜（E-ELT）和计划中的中国 12 米望远镜（图 4）都采取了这种设计。

图 4　中国 12 米望远镜模拟图

偏轴偏心反射望远镜　这种望远镜的优点是通过倾斜或偏置系统中曲面镜来消除或部分消除镜面之间或镜面与焦面装置之间的相互遮拦，缺点是像差校正比正轴系统要更困难，加工检测和准直也比正轴系统困难许多。下面列出几个主要的偏轴偏心反射望远镜例子。

①偏轴主焦点系统。赫歇尔制作的望远镜可以看作最早的偏轴望远镜，这种设计利用主镜面的倾斜将主焦点成在镜筒外，省去了牛顿望远镜的 45°平面反射镜，因而也没有中心遮拦，系统透过率可提高近一倍。

②偏心格雷果里系统。常常用于太阳望远镜，其偏轴的主要目的是将主焦点置于望远镜入射和出射光束之外，以降低主焦点热光阑产生的热湍流对成像的影响。2021 年建成的井上建太阳望远镜（DIKST 原名 ATST）就是一个主镜口径 4 米偏心 4 米的偏心格雷果里系统，而且其折轴焦点也是一个偏轴系统。中国在建的用于太阳磁场精确测量的中红外观测系统（AIMS）的望远镜也采用了偏心格雷格里系统和偏轴折轴系统。

③偏轴施密特望远镜。中国的 LAMOST 是一个偏轴施密特望远镜，它是由偏轴拼接反射施密特改正板 MA（大小为 5.72 米 × 4.40 米）和正轴拼接球面主镜 MB（大小为 6.67 米 × 6.05 米）组成，视场可达 5°，是截至 2023 年世界上已建成并正在使用的通光量（单位：米^2 度^2）最大的反射望远镜。

展望　在陆续完成各项现代大望远镜后，天文界开始酝酿下一代更大口径的望远镜，这些望远镜都是耗资巨大的超级工程，需要广泛的国际合作，经过十几年的探索研究。这些庞大的工程已经陆续开始进入施工建设阶段。主要望远镜有 4 米太阳望远镜（DKIST）、8.4 米的大型综合巡天望远镜（LSST）、22 米巨型麦哲伦望远镜（GMT）、30 米望远镜（TMT）、39 米欧洲极大望远镜（EELT）和中国的 12 米望远镜。空间方面有 2021 年发射升空的 6.5 米詹姆斯·韦布空间望远镜（JWST）。

（梁　明）

反射星云　reflection nebula　反射附近亮星的光而发亮的亮星云，光谱中包含恒星的吸收线。反射星云是银河星云中亮星云的一种，大都具有很不规则的形状（见星云）。1912 年美国洛韦尔天文台的 V.M.斯里弗发现位于昴星团周围的星云具有吸收光谱的特征，即许多吸收谱线重叠于一个连续光谱之上。对这些光谱的进一步研究，发现它们同那些位于星云内并照亮星云的恒星的光谱很相似。后来在其他一些星云的光谱中也发现有类似现象。了解到这种星云是因为散射和反射附近恒星的光而发亮的，所以称为反射星云。一个星云究竟是发射星云、反射星云还是暗星云，这同他本身的物质性质关系不大，而同它在银河系中的位置和照明星的温度直接有关。观测事实说明，这三种星云的物质组成没有明显的不同。有些星云（如北美洲星云 NGC7000）同时具有发射星云的明线光谱和反射星云的吸收光谱，成为混合型星云。反射星云的平均密度约为 6×10^{-23} 克/厘米^3，它们的平均银纬约为 9°，离银道面比发射星云略远。反射星云的照明星的光谱型通常晚于 B2 型。著名的反射星云有昴星团星云（NGC1432）、仙王座鸢尾花星云（NGC7023）（见图）和茧状星云（IC5146）等。

仙王座鸢尾花星云

（郝象樑）

反照率　albedo　行星物理学中用来表示天体反射本领的物理量，包括平面反照率、几何反照率、邦德反照率等多种。其中最有价值的是邦德反照率（亦即球面反照率）。以美国天文学家 G.P.邦德的姓氏命名。它的定义是天体表面全部被照明的部分向各个方向散射的电磁辐射功率φ与入射到该天体表面的电磁辐射功率φ_0之比：

$$A(\text{邦德反照率}) = \varphi/\varphi_0$$

它表示的是被天体表面反射到空间中的太阳能的份额。显然，暗黑物体比白色物体反照率低。一个反照率为 1 的物体可将入射到它表面的全部光反射出去，这个物体是纯白的；反之，反照率为零的物体则是纯黑的。由此可见，行星和卫星的反照率定量地表明覆盖在它们表面上物质的特性。太阳系八大行星的邦德反照率见表。

八大行星邦德反照率

行星	水星	金星	地球	火星	木星	土星	天王星	海王星
邦德反照率	0.088	0.76	0.306	0.25	0.503	0.342	0.300	0.290

（陈道汉　胡寿村）

范玛宁星　Van Maanen’s Star　距离太阳 14.07 光年，天球坐标（J2000.0 历元）为赤经 $00^h49^m09.9^s$，赤纬 +05°23′19.0″，目视星等为 12.37 的一颗白矮星。星表编号为 GI35、HIP3829、G1-27、G70-16、LHS7、LTT10292、LFT76、WD0046 + 051、Wolf28 以及 W5。范玛宁星是位于双鱼座的一颗白矮星。1917 年，荷兰天文学家 A.范玛宁在搜寻大自行恒星时发现了一颗自行为 3 角秒/年，光谱型为 F0（见恒星光谱）的恒星。1920 年，范玛宁利用威尔逊山天文台的 1.52 米望远镜测定了这颗恒星的视差（见恒星视差）为 0.246 角秒，从而得到其绝对星等为 14.8，这表明该恒星的光度远低于通常所知的 F 型恒星。1923 年，另一位荷兰天文学家 W.鲁伊登确认这是一颗白矮星，并将它命名为“范玛宁星”。这是少数几个以发现者的名字来命名的恒星之一。

范玛宁星是继波江座 40B 和天狼 B 之后发现的第三颗白矮星，而且是第一颗不是在双星或多星系统中发现的白矮星。在太阳周围 5 秒差距（约 16.3 光年）范围内共发现了 4 颗白矮星，距离太阳由近到远分别是天狼 B（8.58 光年）、南河三 B（11.40 光年）、范玛宁星和 LP145-141（15.06 光年）。

范玛宁星的有效温度为 6220K，质量

为 0.68 太阳质量，半径仅为太阳半径的 0.011 倍。范玛宁星的光谱型为 DZ8.1，表明其光谱中存在金属线。由于白矮星表面重力很强，重力沉淀效应会使得重元素富集到白矮星内部，在白矮星表面形成纯氢或纯氦的壳层，光谱特征表现为只有氢线（DA 型）或只有氦线（DB、DO 型）。范玛宁星的表面存在重元素的事实，表明它的大气可能正在受到来自其周围的岩石成分的行星碎片的污染。 （苏 杰）

梵蒂冈天文台 Vatican Observatory 罗马教廷设立的一个机构，用于天文研究和公众宣传，以促进对宇宙的科学理解。总部位于罗马城外甘道夫城堡（Castel Gandolfo）的教皇夏季住所。是世界上最古老的活动天文台之一，其历史可以追溯到 1582 年的公历改革。与美国亚利桑那大学合作，在美国亚利桑那州东南部共同运营口径 1.8 米的梵蒂冈先进技术望远镜（VATT）。该天文

梵蒂冈天文台 1.8 米望远镜

台支持科学家进行各项天文研究并通过梵蒂冈天文台基金会开展天文学教育以及天文科普活动。 （李宗伟 刘黎明）

方成 Fang Cheng（1938-08-10～ ） 中国天体物理学家。籍贯江苏江阴，生于云南昆明。1959 年毕业于南京大学数学天文系，1986 年任教授兼博士生导师。1980～

1982 年在法国**巴黎天文台**做访问学者。1995 年当选为中国科学院院士，2005 年当选为发展中国家科学院院士。先后任南京大学天文系主任（1993～1997）、南京大学校友总会会长（1997～2002）、**中国天文学会**理事长（1998～2002）、**国际天文学联合会**副主席（2003～2009）、天文与天体物理期刊（ChJAA，英文）主编（2001～2008）、江苏省科协副主席（2002～2009）等职。

20 世纪 80 年代初，他主持研制成中国第一座塔式太阳望远镜（简称**太阳塔**），并开辟了中国 CCD 二维光谱研究的新领域。他带领团队使用太阳塔获得了许多高质量的太阳耀斑、黑子、日珥等的二维光谱资料。他系统掌握和运用**非局部热动平衡**理论，建立了一系列太阳活动体的半经验模型，与合作者提出了由光谱诊断耀斑非热高能粒子的新方法，首次提出用**色球**压缩区解释第Ⅰ类**白光耀斑**和用**太阳大气**低层磁重联解释第Ⅱ类白光耀斑和“埃勒曼（Ellerman）炸弹”等的新机制。在**云南天文台**抚仙湖太阳观测基地，他主持建成了光学近红外太阳爆发探测望远镜（ONSET）。太阳塔获 1985 年首届国家科技进步二等奖。

曾获 1995 年国家教委科技进步一等奖、1997 年国家自然科学三等奖等。1998 年被评为全国教育系统劳动模范，被授予全国模范教师称号。2004 年，获何梁何利科学与技术进步奖，2008 年获法国巴黎天文台授予的荣誉博士学位。2010 年，**紫金山天文台**于 2007 年 12 月 14 日发现的编号为 185538 号小行星被国际天文学联合会小行星命名委员会命名为“方成星”。 （宣焕灿）

非径向脉动 nonradial oscillation 叠加在恒星平衡结构之上的一种由压力与浮力作为回复力共同策动下产生脉动波，且其传播方向与半径方向存在夹角的脉动现象。恒星内部存在气体压力与自身引力，二者的平衡使得恒星处于稳态结构。当出现某种扰动时，这种平衡被打破，于是在压力与浮力的共同作用下产生脉动波。当脉动波只沿恒星的半径方向传播时，这种脉动被称为径向脉动，这时恒星的表面周期性地膨胀和收缩。当脉动波的传播方向与半径方向存在夹角时，通常将其称为非径向脉动，这时恒星的表面有的部分在向外运动，而有的部分则在向内运动。

恒星的脉动通常情况下是一种驻波，因而其振幅在恒星内部的分布必须满足驻波条件。这就使得脉动的本征频率是由一组离散的数值构成的，并且可以用一组整数(n, l, m)来对其特征进行描述，其中n代表振幅在沿半径方向的节点数；振幅在垂直于半径方向由球谐函数描述，其中球谐度l代表球面上节线的总数，方位角指数m代表沿经度圈的节线数，其取值范围从l到l共 $2l+1$ 个值。径向脉动是球谐度$l=0$时的一种特殊情况。在没有自转和磁场等情况下，相同n和l但不同m的 $2l+1$ 个脉动波的频率完全相同，被称为m数简并现象。当存在自转时，不同m值的脉动波的传播方向各不相同，有的与自转同方向，也有的与自转反方向，因而对于静止观察者来说将具有不同的脉动频率，被称为自转分裂现象。

根据回复力的不同，恒星内部存在两类不同的非径向脉动，即主要由压力策动的 p 模式脉动和主要由浮力策动的 g 模式脉动。p 模式脉动的性质类似于声波，其本征频率随径向节点数 n 的增加而升高；g 模式脉动的性质类似于重力内波，其本征频率随径向节点数 n 的增加而降低。当径向节点数 n 足够大时，相邻 p 模式脉动表现出等频率间隔的渐近行为，而相邻 g 模式脉动则表现出等周期间隔的渐近行为。在某些恒星（例如**红巨星**）内部，特定频率范围内的脉动波在恒星内核中表现为 g 模式脉动，而在恒星外包层中则表现为 p 模式脉动，这种特殊模式的脉动又被称为混合模脉动。 （李 焱）

非局部热动平衡 non-local thermodynamic equilibrium 较大偏离热动平衡状态的**恒星大气**物理状态。恒星大气明显地偏离热动平衡状态。各类恒星大气偏离热动平衡的程度各不相同。对偏离热动平衡不大的恒星大气，可以引入**局部热动平衡**假设来近似地表述它的热状态。但在许多情况下，如太阳色球、日冕、有延伸大气的恒星、行星状星云、星云、星际物质等的物理状态，偏离热动平衡较大，甚至局部热动平衡假设也不能适用。这种物理状态称为非局部热动平衡（NLTE）状态。

在非局部热动平衡状态下，原子的激发、电离、辐射和物质的相互作用等，都不能简单地用一个局部温度来表述。如果所研究的天体是稳定的，表述它的物理量应不随时间变化或只随时间做缓慢的变化。这种情况下，可以运用稳定性条件，处于各种状态（不同电离级或激发态）的原子数目应不随时间变化，据此建立起原子的统计平衡（即粗糙平衡）方程，也称能级平衡方程。它表示在单位时间内到达某一能级的原子总数与离开这一能级的原子总数相等。由于原子的统计平衡又和辐射场密切相关，所以在处理非局部热动平衡问题时，必须把辐射转移方程（见**辐射转移理论**）和原子的统计平衡方程组联立起来求解。 （汪珍如）

非连续孔径射电望远镜 non-continuous aperture radio telescope; unfilled aperture radio telescope 以干涉技术为基础的各种组合天线系统。通常由多个天线组成。这种望远镜的分辨率由天线范围（设想的孔

径）的外尺寸决定，而总的天线增益或灵敏度，则取决于全部天线单元面积的总和。主要代表是以干涉技术为基础的各种组合天线系统，如**双天线射电干涉仪**、**多天线射电干涉仪**、**复合射电干涉仪**、**十字天线**、**甚长基线干涉仪**、**综合孔径射电望远镜**、**甚大阵射电望远镜**。

望远镜能分辨天体的最小角距$\delta\theta$，称为望远镜的分辨角，分辨角的倒数称为分辨率。根据光学原理，$\delta\theta \approx \lambda/D$，$\lambda$为波长，$D$为望远镜的孔径。分辨角$\delta\theta$越小，分辨率越高。由于射电波段的波长比光学波段的要大一万倍乃至一亿倍，所以要使单天线射电望远镜能达到光学望远镜的分辨率，是无法实现的。**射电望远镜**也不能像光学望远镜那样获得天体精细结构的照片。这一致命的缺点促使非连续孔径射电望远镜的发展。

最简单的**射电干涉仪**由两台相隔一定距离的天线构成。干涉仪的分辨率取决于两天线之间的距离，而“接收面积”则取决于天线的大小。二者可以根据观测需要独立选取。由于两天线的间距可以比天线口径大很多倍，其分辨率远比单天线射电望远镜高。一般说来，只有把射电天体的位置测准到几角秒，才能够较好地在光学照片上认出它所对应的天体，从而深入了解它的性质。射电干涉仪的发展可以达到这个要求，使测量射电天体位置的精度稳步提高。一般的射电干涉仪只能获得一维的高分辨率，随后发展起来的多天线射电干涉仪和复合射电干涉仪中有些品种（十字干涉仪）可以获得二维高分辨率。

20世纪50年代到60年代前期，在英国剑桥，利用多具射电干涉仪构成了“综合孔径”系统，并且用这种系统首次有效地描绘了天体的精细射电图像。接着，荷兰、美国、澳大利亚等国也相继发展了这种设备。到70年代后期，工作在短厘米波段的综合孔径系统所取得的天体射电图像细节精度已达2″，可与地面上的光学望远镜拍摄的照片媲美。

为了使射电天文观测在分辨率和成像能力两个方面赶上和超过光学望远镜，英国剑桥大学M.赖尔发明“综合孔径射电望远镜”，利用许多具射电干涉仪构成了“综合孔径”系统，不仅可以获得二维的高分辨率，而且可以描绘出天体的精细射电图，像光学望远镜那样的天体的照片。赖尔为此荣获1974年诺贝尔物理学奖。

射电干涉仪的应用还导致了60年代末甚长基线干涉仪的发明。这种干涉仪的两面射电望远镜之间距离长达几千千米，乃至上万千米。用它测量射电天体的位置，已能达到千分之几角秒的精度。其分辨率已经大大超过光学望远镜。

（吴鑫基　乔国俊）

非球面板改正器　aspherical plate corrector　由一片或几片分离的非球面板组成的改正器。见**像场改正器**。

非热辐射　nonthermal radiation　辐射源中质点远离热动平衡分布时发出的辐射。天文观测发现的许多新型天体，如类星体、中子星、星际分子射电源、X射线源、γ射线源等，它们的辐射谱形、偏振状态、光变特性等与热辐射有明显区别，因此非热辐射机制的研究日益受到重视。如类星体和**射电星系**能发射有偏振特性的幂律型射电谱，普遍认为是由远离热动平衡分布的相对论性电子（速度接近光速的高能电子）在外磁场中的同步加速辐射所造成的。强的分子射电谱线，一般认为是来自**天体微波激射源**放大作用。实现这种辐射机制的条件是“粒子数反转”，要求分子的能级分布远离平衡分布，即处于高能级上的分子数多于低能级上的分子数。对于太阳的Ⅱ型及Ⅲ型射电爆发（见**太阳射电辐射**），可用相对论性电子在等离子体中穿行时的切伦科夫辐射说明。由这一效应产生的等离子体波，将会部分转化为射电辐射。至于相对论性电子的逆康普顿散射，则是产生γ射线的辐射机制。天体物理中最重要的非热辐射包括同步加速辐射、轫致辐射、逆康普顿散射、曲率辐射、切伦科夫辐射等。

（李宗伟）

菲涅耳环板　Fresnel zone plate　空间天文研究中采用的一种成像系统。又称菲涅耳-索雷特环板。它是由数目很多的同心圆环构成的环阑，入射光由同心环阑的衍射而会聚。它的各环的半径都必须符合一定条件，如第n个环的半径为rn，入射光的波长为λ，焦距为f，则：

$$r_m^2 = n\lambda f + \frac{1}{4}n^2\lambda^2$$

环板的尺寸结构随入射光的波长而变动。对于500埃的辐射和50厘米的焦距而言，环的宽度小到只有2微米。此外要采用径向支杆支撑各环，以便使环的透光部分不受遮挡。早期的环板是以电子光学成像原理为基础的。但是，对于较大的环板来说，可利用的视场太小。因此需要利用全息摄影技术，并使用两个相干光的球面波波前干涉时产生的环样。采用这种方法，环样的尺寸是任意的，圆度精度很高，各边界部分十分清晰，而所用的仪器设备却十分简单。1972年，德国蒂宾根大学的G.克雷默尔等人在火箭上应用环板成像技术研究日冕，所用的环板直径为1.2毫米，焦距48.8毫米，工作波长为16.4埃，得到分辨率为20″的太阳像。利用得到的资料绘制的日冕活动区的等温、等辐射曲线，与天空实验室用X射线望远镜观测的结果一致。

（刘敦暲）

费米γ射线空间望远镜　Fermi γ-ray Space Telescope; FGST　为了纪念伟大的高能物理学家恩里科·费米而命名的可探测范围在8keV～300GeV的地球低轨道**γ射线天文学太空望远镜**。原名γ射线大面积空间望远镜。费米γ射线空间望远镜（见图）

费米γ射线空间望远镜艺术图

于2008年6月11日发射升空，主要由两项仪器组成：大面积望远镜（LAT）和γ射线暴监视系统（GBM）。

LAT是一个电子对转化探测器，主要是用来探测能量范围在20MeV～300GeV的高能γ射线，其高宽比为0.4，视野范围是全天的20%，每三小时就能对全天扫描一次。LAT主要由四部分组成：径迹探测器、量能器、反符合探测器和数据获取系统。径迹探测器和量能器都分别由排列成4×4阵列的16个模块组成。径迹探测器的每个模块有18个两层单面硅条探测器的硅条平面。前16个平面附有钨板，用来把入射的高能γ射线转换为正负电子对。每个硅条平面记录带电粒子的通过，从而测量粒子产生的轨迹，以此来推算γ光子的入射方向。量能器的总纵向深度为8.6辐射长度，主要用来确定电磁粒子簇射的能量沉积，并形成簇射过程的图像，从而重建入射的γ光子的能量。每个量能器模块有96个碘化铯晶体管，每个尺寸是

2.7cm × 2.0cm × 32.6cm，各晶体管之间光学隔离，并在水平方向上分为 8 层，每层 12 条。反符合探测器用于扣除本底信号（主要是宇宙线粒子），由 89 个塑料闪烁体构成，顶面侧面分别排列 25 片和 64 片。数据获取系统用于收集其他子系统的探测数据，实现多级事件的触发，对事件进行星上处理，提供科学分析平台来迅速搜寻暂现源。

GBM 能够监测不被地球遮挡的整个空间范围，它由 12 个碘化钠（NaI）晶体和 2 个锗酸铋（BGO）晶体阵列组成，主要用来探测能量范围在 8keV～40MeV 的中能段的 γ 射线辐射。其中碘化钠探头用于观测低能光谱，探头以不同的轴向固定在卫星上，可以通过不同探头之间计数比率的差异大致判断 γ 射线的方向。碘化钠晶体盘的直径为 12.7 厘米，厚度为 1.27 厘米，它们被包装在一个密封的不透光铝壳中，铝壳带有一个 0.6 厘米厚的玻璃窗，其直径也为 12.7 厘米。入射窗为 0.2 毫米厚的铍板，用于低能响应的。由于力学原因，0.7 毫米厚的硅胶层被放置在晶体前面，这也是低能阈值为 8keV 的原因。锗酸铋探测器的能量范围是 200keV～40MeV，在低能端与碘化钠探测器重叠，在高能端与 LAT 重叠，因此可以提供交叉校准，它们被安装在航天器两侧，这样地平线上的任何爆发都至少能被其中一个探测到。锗酸铋晶体的直径和长度都为 12.7 厘米，晶体的两个圆形玻璃侧窗被抛光用以提高镜面的品质，圆柱表面被粗糙化以保证产生的光子能够进行漫反射。晶体被包装在碳纤维增强的塑料外壳中，由于钛的热膨胀系数接近锗酸铋，塑料外壳的两侧由钛环固定，同时，碳纤维复合材料提供光学密闭，保证了锗酸铋单元的力学稳定。作为 γ 射线空间望远镜，费米 γ 射线空间望远镜并不仅仅在 γ 射线领域发挥着作用，通过该望远镜，天文学家能探索黑洞是如何产生速度如此惊人的喷流物质，物理学家能借助高能粒子来探索亚原子粒子，宇宙学家能够获得关于宇宙诞生和早期演化的信息。

费米 γ 射线空间望远镜的主要科学目标是：①研究活动星系核、脉冲星和超新星遗迹中的**粒子加速机制**。②探测宇宙中的不明来源的 γ 射线。③确定 γ 射线暴和暂现源的高能行为。④探测**暗物质**和早期宇宙。⑤研究太初微型黑洞的蒸发来探究 γ 射线暴是否与霍金辐射存在一定关系。

截至 2023 年，费米 γ 射线空间望远镜的观测数据产生了很多重大的科学成果：①观测到了新型脉冲星。②首次证实了超新星遗迹是宇宙粒子的加速器。③首次证实 γ 射线背景辐射不是来源于活动星系核。④观测银河系中心延伸至数万光年的 γ 射线和 X 射线泡（也被称作费米泡，见**银河系 γ 射线背景**）。⑤探测到太阳耀发的极高能粒子。⑥探测到 GeV 量级，最高能的 γ 射线暴 GRB130427A。⑦首次探测到**引力波**的电磁对应体（GRB170817A），证实了 γ 暴的物理起源。

（王翔煜　张　钊　阎振宇　张彬彬）

分层数据格式　hierarchical data format; HDF　一种用于存储和组织大容量科学数据的文件格式。分层数据格式（HDF）最初由美国国家超级计算应用中心（NCSA）开发，由非营利组织 HDF 小组负责开发和维护，以满足不同领域科学研究的需求。HDF 旨在满足科学数据存储的诸多需求，包括支持科学领域常用的数据和元数据、高效存储和访问大型数据集、平台独立、良好的可扩展性以兼容其他标准数据格式和未来新增的功能。HDF 历经多年的发展，到 2020 年主流的应用为 HDF5 版本，其上一版本 HDF4 因存在较多历史应用仍被 HDF 小组支持和维护。

HDF4 支持包括多维数组、光栅图像和表格等不同的数据模型，对每种数据模型定义了特定的聚合数据类型，并提供了读写和组织数据及元数据的应用程序开发接口（API）。HDF 开发人员和用户可以根据需要添加新的数据模型。但 HDF4 格式有很多缺陷，例如它缺乏明确的对象模型，这使得持续的支持和改进非常困难；对不同的数据接口类型（图像、表格、数组）的支持导致其 API 非常复杂；对元数据的支持取决于使用哪个数据接口类型。此外，HDF4 使用 32 位有符号整数进行寻址，导致其文件尺寸上限只有 2 吉字节，这已远不能适应现代科学应用的需求。

HDF5 格式旨在改进 HDF4 的这些缺陷，并适应现代系统和应用程序的需求。HDF5 简化了文件结构，仅包含群组（group）和数据集（dataset）两种基本数据对象。群组和数据集都支持元数据。元数据以用户定义的命名属性附加到群组和数据集上来实现存储。这些特性使 HDF5 实际上成为了一种层次化的文件系统类数据格式，从而可以通过使用类似可移植操作系统接口（POSIX）的语法（/path/to/resource）来访问 HDF5 文件中的资源。此外，HDF5 还支持使用数据集、组群和属性来构建表示图像和表格的存储 API。除了文件格式的这些改进，HDF5 还改进了其类型系统，增加了表示数据集区域选择的数据空间对象，并将其主要 API 修改为面向对象模式。

HDF 获得了许多商业和非商业软件平台的支持，包括 Java、MATLAB、Scilab、Octave、Mathematica、IDL、Python、R 和 Julia 等，同时 HDF 的发布版也包含了程序库、Java 接口和基于 Java 的 HDF 浏览器（HDFView）等资源以帮助用户使用 HDF 数据。

（许允飞）

分光双星　spectroscopic binary star　从子星视向速度的变化而判知的**双星**。两个子星谱线都已测得的叫双谱分光双星（又称双线分光双星），只测到一子星谱线的叫单谱分光双星（又名单线分光双星）。前者一般可用简写符号 SB2 表示，后者可用 SB1 表示。以轨道位相为横坐标，视向速度为纵坐标画出的曲线称为视向速度曲线。求解视向速度曲线可得分光双星的轨道要素 P（周期）、e（偏心率）、T（过近星点时刻）、ω（由升交点起算的近星点经度）、K_1（子星 1 的视向速度半变幅）、K_2（子星 2 的视向速度半变幅）、v_0（公共质心的视向速度）、$M_1\sin^3 i$和$M_2\sin^3 i$（M_1和M_2为子星 1 与 2 的质量，i为轨道倾角）、$a_1\sin i$和$a_2\sin i$（a_1为子星 1 绕公共质心轨道半长轴真长度，a_2为子星 2 的相应量），这是 SB2 的情况。如是 SB1，可得轨道要素P、e、T、ω、K_1、v_0，质量函数$f(M_1,M_2)$就是$\frac{M_2^3\sin^3 i}{(M_1+M_2)^2}$和$a_1\sin i$，其中下标 1 表示测得谱线子星，下标 2 表示未测谱线子星。SB2 的轨道要素同用别的方法（如**食双星**测光解、目视或干涉双星轨道解、偏振法等）所得之值结合，可以得到两子星各自的质量值，这是求**恒星质量**的最可靠和最基本方法之一。SB2 轨道要素和食双星测光解结合还可求出两子星的真半径。分光双星的上列轨道要素总起来称为分光轨道解，简称分光解。

随着研究的进展，原来的 SB1 可能变为 SB2，例如大陵五、天箭座 U 等。

已发现的分光双星数约有 5000，1978 年出版的《分光双星轨道要素》第七表列有 978 个分光双星的资料。分光双星的轨道周期有短到 82 分钟的（天箭座 WZ），有长到约 88 年的（蛇夫座 70）。

在望远镜中，一般还不能直接分辨分光双星的两颗子星（成为**目视双星**）。采用干涉测量法和掩星观测等方法，才能分辨出愈来愈多的分光双星的子星。

一般把分光双星都看作为**密近双星**。有的密近双星中包含 **X 射线脉冲星**，双星轨道运动多普勒效应使脉冲频率有规律地渐增渐减，分析这种 X 射线数据可以仿照分光双星得出相应于 SB1 的 X 射线波段分光解，例如，半人马座 X-3 在尚缺光学观测资料的情况下，只有 X 射线资料已得出的分光解，由质量函数就可判知在 X 射线波段未测到的子星质量下限为 15.6 太阳质量。包含射电脉冲星的密近双星 PSR1913 + 16 的情况也很类似，由射电脉冲频率的变化可以分析出相应于 SB1 的射电波段分光解。因此从某种意义上来说，可以把该双星看作射电波段的分光双星。

分光双星，特别是双谱分光双星，对于推求恒星质量、半径等基本参量极为重要。单谱分光双星也能对有关恒星的基本参量提供约束条件。分光双星中所包含的恒星种类繁多，涉及的物理、演化等问题甚为广泛。还有大量的分光双星尚待发现，采用**物端棱镜**一类的新技术从事探测，效率较高。已发现的分光双星中还有很大数量尚未求出可靠的分光解。可见光和照相波段以外的分光双星，例如由射电谱线位移、X 射线谱线位移、大气外紫外谱线位移等反映轨道运动的分光双星基本还是有待探索的新领域。虽然已在大麦哲伦云中发现了双谱分光双星，而河外分光双星的发现和研究还处在初始阶段。（沈良照）

分光双星示例

星名	轨道周期	特点及其他
五车二	104.023 天	一对黄巨星；强 X 发射谱线；星冕
角宿一	4.0145 天	包含仙王座 β 型脉动变星；近星点运动
大陵五	2.8678 天	SB2；食双星；射电爆发；X 射线
HR2422	14.396 天	已知质量最大双星
天鹅座 SS	0.276 24 天	最亮的矮新星；已测得 X 射线
天蝎座 X-1	0.787 天	特强 X 射线星（某波段视流量比太阳强）
天鹅座 X-1	5.60 天	一子星为蓝超巨星；另一子星可能是黑洞
仙女座 λ	20.5212 天	已测得射电；变星；活动色球层；星冕
HR2727	46.3 天	SB2；包含 Ap 型磁变星
BD + 66°1066	0.06 天	行星状星云 NGC6543 的中心星
蝎虎座 AR	1.983 天	猎犬座 RS 型；非热射电；X 射线；已测得射电食

分光仪器 spectrograph 工作于望远镜的焦点，将**天文望远镜**收集到的来自天体辐射的复色光分解为由各种波长单色光组成的光谱，是实测天体物理中最重要的科学终端仪器。又称光谱仪器。光谱分析是研究天体最重要的方法，天文望远镜的相当大的一部分观测时间用来获得天体的光谱数据。分光仪器一般由三部分组成：准直系统、分光（色散）系统和成像系统。此外，天文光谱仪还需要光谱定标、狭缝监视与导星，以及**像切分器**等辅助系统。准直系统的主要功能是将望远镜的汇聚光转换为平行光后入射到色散系统（或干涉系统）。准直系统的焦比同望远镜的焦比相等，使得望远镜采集到的天体的光能量全部被光谱仪所接收，这是天文光谱仪设计应遵循的基本准则——焦比匹配原则。色散系统是光谱仪的核心部分，影响着整台仪器性能的优劣，其主要功能是将天体辐射的复色光分解为按波长排列的单色光沿着不同方向出射。作为天文光谱仪色散元件主要有三棱镜和衍射光栅两类，相应的分光仪也分别称棱镜分光仪和光栅分光仪。衍射光栅分为工作于低级次（$m = 1\sim3$）的普通光栅和工作于高级次（$m = 30\sim400$）的阶梯光栅。阶梯光栅光谱仪的色散系统用阶梯光栅做主色散元件，同时还要用一横向色散元件进行级次分离，光谱呈二维分布。成像系统的功能是用探测器将光谱记录下来，由大视场照相机和 CCD 探测器组成。表征分光仪器的重要指标（参数）有：

①光谱范围。一次观测可同时记录下谱线的最大波长范围$\lambda\lambda$与光谱分辨率、成像光学系统的焦比，以及探测器靶面尺寸有关。

②光谱纯度。能分辨的两条谱线的最小波长差$\delta\lambda$，也可表征光谱仪的光谱分辩能力。

③光谱分辨率。波长与光谱纯度之比$R = \frac{\lambda}{\delta\lambda}$。天文光谱仪通常分为高、中、低分辨率光谱仪，但并没有严格的界定，主要与科学目标有关。一般来讲，$R > 30\,000$以上称之为高分辨率谱仪。

衍射光栅光谱仪的分辨率：

$$R = \frac{\lambda}{\delta\lambda} = \frac{d_1}{D} \cdot \frac{m\lambda}{\phi\sigma\cos\beta}$$

式中d_1为准直光束口径；D为望远镜通光口径；ϕ为狭缝在天空中的角宽度（受台址和观测环境视宁度限制）；σ为光栅常数（刻线密度n的倒数）；m为光谱级次；β为光栅的衍射角。提高光谱仪分辨率的主要途径有狭缝宽度变窄但增加了狭缝上的光损失；或选刻线更密的光栅；或增大准直光束；或使用闪耀角更大的阶梯光栅，同时也就加大了级次m。

④贯穿本领。光谱分辨率和狭缝宽度之积：

$$R \times \phi = 2\tan\theta_b \cdot \frac{d_1}{D}$$

式中θ_b为衍射光栅的闪耀角，通常用$R\phi$值来评价分光仪器的综合性能指标。此式表明：光谱仪的体量与望远镜的口径成线性关系，大口径望远镜的光谱仪需要大面积的衍射光栅或大闪耀角的阶梯光栅或二者并用。

⑤光效率。通常指仪器本身光学透过率，包含仪器所有光学元件的反射/透射效率、光栅的衍射效率，狭缝损失和探测器的量子效率不计在内。狭缝宽度与台址和观测环境视宁度有关，有时也会通过狭缝的变化来改变分辨率，属于影响光效率的外在因素。（朱永田）

分野 dividing line; interfluve 天上星空区域与地上的国、州互相对应。中国春秋时期（前 8～5 世纪）**占星术**盛行，占星家们创“上天变异，州国受殃”的说法，以天空中出现的星象变化来占卜各个地方人世间的吉、凶、祸、福。为此目的，将地上的州、国与星空的区域互相匹配对应，称为分野。《周礼》中所记“保章氏”：“以星土辨九州之地，所封封域皆有分星，以观妖祥”，就是按照分野来预卜各地吉凶。天区有十二次和二十八宿（见**三垣二十八宿**）等不同的划分法，所以分野也有不同的对应方式。除此以外，州、国又因时代不同而有变化，所以不同时代的分野也不尽相同。（王健民）

分至点 equinoxes and solstices 二分点和二至点的合称，包括春分点、夏至点、秋分点和冬至点。黄道和赤道在天球上相距 180°的两个交点，称为二分点。太阳沿黄道从天赤道以南向北通过天赤道的那一点，称为**春分点**（♈）；与春分点相对的另一点，称为**秋分点**（♎）。黄道上与二分点相距 90°的两点，称为二至点。位于赤道以北的那一点，称为**夏至点**（♋）；与夏至点相对的另一点称为**冬至点**（♑）。二分点和二至点通常又合称为分至点。从北黄极向黄道看去，按逆时针方向依次为春分点、夏至点、秋分点和冬至点。太阳在每年的春分（3 月 21 日左右）、夏至（6 月 22 日左右）、秋分（9 月 23 日左右）、冬至（12 月 22 日左右）依次通过天球上的♈、♋、♎、♑

四点。在天球上通过天极和二分点的大圆称为二分圈，通过天极和二至点的大圆称为二至圈。（赵君亮）

分子谱线辐射 molecular line radiation 研究宇宙中分子谱线辐射的学科。在银河系和其他星系已测到许多星际分子，了解这些分子的形成和破坏的原因，形成了分子天体物理学。分子谱线辐射是分子天体物理的核心部分。星际分子以两种方式显示其重要性：分子发出的辐射能探索弥漫气体的所在，推断其物理性质并估计星系中恒星形成的趋势；将发射区发出辐射的能量消散并使该区变冷，这种冷却是恒星形成初始阶段气体云引力坍缩的主要过程。分子天体物理的最终目的是确定分子云的寿命和起源；同时将分子云与天文现象，如恒星的形成、年轻恒星和生命起源等联系起来。它应用物理学及化学的理论、方法和技术，通过星际分子的发射或吸收谱线所提供的信息来研究各类天体的形态、结构、物理状态、化学性质，研究恒星和星际物质的相互作用及天体的形成和演化规律。宇宙中广泛存在分子，它们分布在许多天文环境中：星际物质、星周外流、吸积盘和彗星及高红移星系。分子谱线测量可研究地球上难以达到的低密度和低温环境的分子；星际介质中更容易发现“非地球”的分子种类。截至2002年，星际间的气体尘埃云中已探测到的星际分子（包括分子离子和基，但不包括同位素分子）高达128种，几千条谱线。一些相当复杂的有机分子，如羟基已醛CH_2OHCHO（第一个星际糖）和己二醇$HOCH_2CH_2OH$（星际防冻剂）等也在星际云中被探测到。

简史　虽然各种重元素原子核是在恒星内部核聚变过程中形成的，但在恒星内部温度和压力的条件下，原子却不能结合成分子。所以星际全部种类繁多的分子都是在气体尘埃云中通过化学反应生成的。这些星际化学反应的复杂程度可从已证认的某些分子的复杂结构中看到，其中之一被称为甘氨酸（NH_2CH_2COOH），它是构成地球生物体的主要基元氨基酸的一种。星际空间发现的许多分子是由碳、氧和氮以及氢构成的。1937年第一次证认的星际分子是CH（次甲基），CN（氰基）是1941年证认的。1950年G.H.赫比格由CN从谱线的强度比得2.3K激发温度，是暗示宇宙微波背景辐射存在的第一个证据。1963年后射电发现一批分子OH、NH_3、H_2O、H_2CO；1970年CO的发现导致突破性发展，即很快建立起星际介质的一个主要的和新的成分，而这正是恒星形成的成分。此后发现和证认100多种星际分子，显示出悬殊的各种天文条件，广泛分布于各类天文环境。太空中的有机分子种类极多，结构复杂，如有一个巨分子云复合体（人马座B2）所含乙醇数量很多。星际云也含有简单分子，如氧（O_2）、氮（N_2）、二氧化碳（CO_2）和氢分子（H_2）等。星际化学过程的关键是星际云含有大量石墨颗粒形态的碳。根据星际云对更遥远恒星的可见光的吸收方式，那里存在长度约0.1微米的细长颗粒，主要成分是碳，但也有水冰和硅酸盐。碳是恒星内部核合成的通常的产物之一。大多数复杂分子都在非常稠密的星云中找到，确知那里有足够多乌黑的尘埃起着屏蔽作用，使分子免受邻近年轻恒星强紫外辐射的照射而分解。这些云就是新的年轻恒星及其伴生行星形成的地方。星际化学不仅涉及分子和尘埃的相互作用，而且还涉及与恒星的相互作用。分子云坍缩和碎裂成恒星的过程中，释放引力能转变为热，使云中分子加快运动，产生反抗进一步坍缩的压力。要进一步坍缩只有热转变成电磁辐射才有可能，这可由分子来完成。当一颗年轻恒星形成时，发出大量紫外辐射，云中的碳尘埃吸收紫外辐射，然后以红外辐射出去，此处碳尘埃起着重要作用。1990年以后，在星际云中又发现了环形复杂分子$C_{12}H_{10}$，它的12个碳原子联合成一个环，10个氢原子围绕在外。

宇宙探针　分子成为诊断它们所在天体的物理条件的探针。用它测量温度、密度、速度、磁场以及质量、化学组成甚至示踪演化状态。分子谱线的长处是原子谱线不可替代的。例如利用一氧化碳分子在100微米至1毫米波段的转动跃迁谱线可诊断中等密度$n(H_2)$为10^4～10^6/厘米^3、温度在100～1000K范围天体的参数，用来确定银河系和河外星系中物质的分布；有极的重陀螺分子H_2O、HCN、HC_3N对于密度较高的星云核和吸积盘是很好的探针；OH、H_2O和SiO的脉泽发射谱线可作为分子云中更加致密区域的理想探针。分子的观测使人们对星际物质全貌的认识发生了很大变化，现已证实银河系的星际物质约一半的质量以分子的形式存在。分子常常控制着天体的温度和电离结构，影响着天体的演化。渐近巨星支（AGB）存在由分子和尘埃组成的星周包层，它是丰富的分子源，对其分子的研究可提供有关恒星如何以致密的分子云形成，又如何死亡以及送回星际物质的大部分知识。用分子观测和研究的天体遍及宇宙：①太阳系。太阳（黑子）、行星（大气）、小行星、彗星、卫星和行星际物质。②银河系。银心、旋臂结构、星际物质、星云（HⅡ区，GMC，暗星云）、恒星形成区（恒星吸积盘、原恒星、HH天体、天体脉泽、外向流、激波）、主序前星、晚型星的星周包层、AGB星、行星状星云、新星、超新星遗迹。③河外星系。星系际空间物质、原星系、星暴星系、并合星系、活动星系核（AGN）和类星体、超脉泽、超大黑洞。④宇宙微波背景辐射。

分子云　随着毫米波、亚毫米波技术的发展，分子谱线的观测成为可能，大大改观了对星际介质、银河系（乃至星系）结构以及恒星形成和演化的理解。人们已认识到星际物质中的气体物质的大部分质量是以分子云形式存在的。氢分子是宇宙中最丰富的分子。银河系星际物质的总质量约$5\times10^9M_\odot$，其中尘埃质量占1%，气体质量占99%，而在这99%的星际气体中97%又是中性的，电离成分仅占3%。银河系中质量达$10^6M_\odot$星云复合体中发现了H_2。H_2的产生在尘埃颗粒上，尘埃颗粒表面的作用是把H转换成H_2的催化剂。星际尘埃每10^{12}个H_2中有1个尘埃颗粒。尘埃颗粒的大小分布模型为$f(a)=a^{-3.5}$，a为半径，它的尺度在5×10^{-8}～6×10^{-6}厘米。尘埃颗粒主要由碳和硅化合物组成。

在天体物理中分布最广、最丰富和最重要的是H_2。除H_2外丰度最高的是CO。CO相对H_2的丰度只有10^{-5}～10^{-4}量级。因此所谓分子云的气体密度、柱密度都是指氢的密度$n(H_2)$和柱密度$N(H_2)$。分子云的所有宏观特性几乎都是以分子氢的特性为表征的。由于大多数的分子云中，分子氢不容易被直接观测，因此主要是通过对CO分子的观测来了解分子云的物理状态、分子云的分布和分子云的运动等特性。由于CO是靠与H_2碰撞来激发的，因此CO便成为研究H_2的重要手段。随着亚毫米波和红外谱线技术的发展，为用更多的分子谱线来示踪分子云中的各种相差悬殊的物理参数成为可能。

物理过程　与原子相比，分子有更复杂的结构，这涉及原子核和电子的位置和动量，但所有粒子都被限制在分子的直径a内，因此每个粒子将拥有由于不确定度关系$\Delta p\Delta q\geqslant h$得到的平均动量$h/a$。动能将具有典型的间隔为$\Delta E$约1电子伏，相当于$10^4$K。在分子的薛定谔方程中，描述核的动能部分与电子相比可以忽略。分子量子力学中核和电子运动的分离称为玻恩–奥本海默近似，所以分子的跃迁可根据不同的能量分成三种：①电子跃迁。典型的能量值为几个电子伏，对应于可见和紫外波段的谱线。②振动跃迁。由核与它们的平衡位置的相对位置的振动所引起，典型的能量值为 0.1～0.01 电子伏，对应于红外波段谱线。③转动跃迁。由核的转动引起，典型的能量值约为 10^{-3} 电子伏，对应于厘米和毫米波段的谱线。一般分子谱线起源于两个不同态之间的跃迁，每个态由电子的、振动的和转动的量子数描述。双原子分子是最小的分子，最简单近似下双原子的振动可看作简谐振动，其能量$E_{\upsilon} = h\nu(\upsilon + 1/2)$，式中$\nu$为频率；$\upsilon$为振动量子数，取零或整数。分子的转动可看作刚性转子，E_{r}是一组离散值。$E_{\mathrm{r}} = B_{\mathrm{r}}J(J+1)$，式中$B_{\mathrm{r}}$与惯性矩$I$有关，即$B_{\mathrm{r}} = h^2/(8\pi^2 I)$，$J$为转动量子数，取零或整数，可取能级为$0$，$2B_{\mathrm{r}}$，$6B_{\mathrm{r}}$，$12B_{\mathrm{r}}$等。双原子分子可简单地近似表示为电子能、振动能和转动能之和：

$$E(n,\upsilon,J) = E_{\mathrm{e}}(n) + E_{\mathrm{v}}(\upsilon) + E_{\mathrm{r}}(J)$$

式中E_{e}为电子的能量；E_{v}和E_{r}分别为分子的振动能和转动能。如果仅限制在射电范围，只会涉及转动态之间、有时在不同的振动态之间（如 SiO 或 HC_3N 在振动激发态的转动跃迁）的跃迁。这个限制使得分子能级的描述变得简单。

分子物理过程此处专指分子与周围环境的相互作用，主要过程是：①电磁辐射的吸收和发射。②与快速粒子（**宇宙线**）以及气体中的原子和分子的碰撞。③黏着到尘埃表面和去吸附作用。

谱线分析　由射电或红外得到的谱线资料有谱线强度、**谱线轮廓**以及观测到的线心频率相对谱线静止频率的偏移。如何由这些资料推求出分子云或拱星分子包层的运动温度、气体（主要是 H_2）密度、柱密度、分子的相对丰度，以及分析它的运动和正在进行的物理过程，这首先必须了解在什么样的过程中决定的所得到的观测量。这就涉及分子云或分子包层的谱线**辐射转移理论**，也是分子谱线形成的理论及其微观过程和物理机制。在具体的天体物理环境下，各种谱线轮廓形成的最直接反映是谱线辐射区的物理结构、速度场和谱线光学厚度等。从分子云的物质分布看，有均匀结构和不均匀结构（如团块、纤维状物质和空洞等）之分。从速度场性质看，又有热速度场和非热速度场（如系统运动和湍动运动）之分。谱线形成的进一步研究还涉及分子云和拱星分子包层的动力学状态。它已发展为成熟的分子谱线辐射转移理论。

天体脉泽　许多天文分子和一大批天体中观测到了产生这类谱线的射电源，称为**天体微波激射源**或天体脉泽源。探测到脉泽发射的分子有 H_2O（水）、SiO（氧化硅）、CH_3OH（甲醇）、NH_3（氨）、CH（次甲基）、HCN（氰化氢）和 H_2CO（甲醛）等。一些同位素分子的脉泽也被观测到，如 ^{29}SiO、^{30}SiO 和 $H^{13}CN$ 等。脉泽发射所涉及的波长范围从大约 1 毫米到 30 厘米。探测到脉泽辐射的天体有彗星、分子云、恒星形成区、主序后星、超新星遗迹以及红移 Z 高达 0.265 的河外星系。无论是分子脉泽还是原子脉泽，其辐射的基本原理是一样的。“脉泽”作为一种极端的非平衡现象，提供了研究一些特殊的天文环境，特别是小尺度环境的物理和动力学研究的最好工具。随着**甚长基线干涉测量**（VLBI）技术的进步，将大大推动脉泽观测和理论研究的发展。

由于天体脉泽和通常在分子云或分子包层中观测到的热谱线的辐射机制完全不同，因此脉泽的许多基本物理特性与热谱线相比也表现出很大的差异。随着 VLBI 综合孔径和高分辨率的频谱观测的开展，绘制出了越来越多的高空间分辨率的脉泽源射电图以及具有细节结构的脉泽频谱图样。这些资料为研究脉泽源的空间分布、位形、视尺度以及运动学提供了有力手段。天体脉泽的物理特征主要有：①大多具有成团或成块特性，称为脉泽源斑。单个源斑的最小尺度只有一个天文单位，或者说 10^{-4}～1 角秒的角直径。而与晚型星成协的 SiO 脉泽源斑则更小，只有 0.1～0.6 天文单位。②频谱的形态多样。从最简单的只包含一个特征的谱到可包含几百个谱特征的非常复杂的谱。每个谱特征的线宽很窄，为 0.1～3 千米/秒。脉泽特征的速度宽度与整个脉泽发射速度之比为 1/5～1/50。当存在高速外向流时，此比值很小。③脉泽源斑的角直径虽小，但辐射的**亮温度**T_{B}却很高。对于银河系脉泽，该值在 10^9～10^{15}K。④许多天体脉泽具有偏振。如来自恒星形成区的 OH 脉泽辐射的偏振度可高达 100%。⑤几乎所有的脉泽源都具有程度不同的时变。最短的脉泽时变周期为几天，最长的是几年。有的脉泽还具有突然爆发的现象，如 W51MAIN 中的 H_2O 脉泽。

导致脉泽能级布居反转的机构称为抽运机构。三能级模型就是一个最简单的抽运机构。实际上一个脉泽抽运循环的建立，总是要涉及大量能级的跃迁过程。既要考虑脉泽的激发机制（泵源），也要有使脉泽下能级迅速弛豫的机制（如辐射衰变、碰撞衰变等）。另外，考虑到脉泽辐射的转移效应，脉泽源区还必须有足够的速度相干性，这样才能保持脉泽放大所要求的增益，从而得到可观测的脉泽效应。使一个脉泽能够运转的基本条件是：①涉及脉泽跃迁的能级粒子数反转。②存在一个与脉泽气体处于非热平衡下的热源（同时也要考虑一个冷源）。③有足够高的脉泽分子丰度。④沿脉泽柱有足够的速度相干性（或者相干柱密度）。⑤合适的气体密度，使其既可提供碰撞激发的效应，又不致造成布居的热化。

分子天体物理和恒星形成密切相关，发展虽然很快，但有一些基本问题尚需解决，如分子云如何形成的，分子云的物理和化学结构如何，分子云中的分子氢到底含量多大，在星系演化中分子云如何起作用等。从观测观点看来，恒星形成的观测困难在于尘埃遮挡了恒星形成区，使光学望远镜难以看到它们。大质量恒星形成的观测更困难，因为大质量恒星形成区更少，平均来说它们更遥远。新的观测表明，与小质量恒星形成区相比，大质量恒星被更多的尘埃所遮挡。红外、亚毫米波、毫米波辐射可贯穿遮掩的尘埃，而且形成恒星、盘和行星的气体和尘埃的辐射主要也在红外和更长波段。未来发展的一些设备将会在这些波段使灵敏度和空间分辨率获得实质性提高。（李宗伟）

分子外向流　high velocity molecular outflow　原恒星喷流驱动的向外高速运动的分子气体流。

发现与意义　不同于久经天文学家搜索的恒星形成中的**引力坍缩**特征，高速分子外向流是意外发现的。1976 年 J.关和 N.斯科维尔用**美国国立射电天文台**（NRAO）的 11 米天线在猎户座 KL 星云中测到一氧化碳（CO）的$J = 1 - 0$转动谱线，底宽达到 140 千米/秒，比谱线全半宽大 15 倍左右。红、蓝翼宽分别为 30 千米/秒，其**天线温度**为 1～5K，而天线温度峰值是 80K。能量高达 4×10^{40} 焦。当时解释为是可能的爆发事件导致的膨胀壳层。随之而进行的一系列后续研究，包括用各种单天线和干涉仪如美国毫米波联合阵列（CARMA）、次毫米波阵列望远镜（SMA）和阿塔卡马大型毫米［亚毫米］波阵（ALMA）等的观测，均得出其为双极高速分子外向流，证认出的驱动源不一。对于这个外回流，由 ALMA 和**斯皮策空间望远镜**资料得出是激波在该区域中的气体核或尘埃块中激发的高速气体共同构成的双极多叶外向流。在各类恒星形成区域，双极外向流普遍存在。1980 年 R.L.斯内尔等在 L1551 中发现壮观的双极分子外向流。J.巴利和 C.拉达的**巡天**发现在红外源中线宽在 30 千米/秒以上很普遍。到了 1985 年，拉达所评述的分子外向流已经达到 67 个。10 年以后，增加一倍多。2003 年有 397 外向流编入星表。分子外向流在恒星形成过程中，已公认是必经阶段。

高速分子外向流是20世纪星际分子发现之后的重要的发现之一。它揭示了恒星形成的一个新阶段，即主序前的质量流失阶段。同时由于流失的质量与星体热光度相关，表明能量来自吸积。这是恒星经引力坍缩形成的间接依据。在大质量恒星形成模式的争论中，分子外向流是恒星经吸积–盘–外流形成模型的重要依据之一。在恒星形成过程中分子外向流是最易于探测的早期活动。

证认　高速外向流的证认首先要排除其他超声速运动。这包括恒星形成中气体的下落，星体周围气体的旋转以及湍动。并且需要排除振动。所以单点观测不能确定谱线的高速翼是否源于年轻星体的质量喷发。需要做扫描成图观测，确认谱线红、蓝翼来自同一个成分。有的源中心处（峰值温度处）有光滑的高速线翼，但在源的边上恰在线翼处呈现出小成分，这就不是高速气体，而是与研究对象无物理联系的附加成分。其分布往往超过目标源的边界。这种情况用速度–位置图可予排除。另外，对于大质量恒星的形成，计算表明，在星体达到$8M_\odot$后，各向同性辐射压可以阻止物质下落。为解决这一问题，有两种模型。一种是改进了的吸积–盘–外流模型，辐射压通过旋转轴两级释放，盘得以继续吸积。另一种是大质量星是由中小质量星体的碰撞并合形成的。后者也有双极外向流，可通过分析双翼是否来自同一速度成分于以鉴别。但这种外向流很少。

参量　外向流的物理参量包括外流质量、动量、能量及驱动力，动力学时标及机械光度。用辐射传能理论计算得出。最好要有一条光薄谱线来计算柱密度。由于高速线翼比主成分弱很多，往往近似为是光薄的，用于计算。外流在形态上还有准直性，一般将外流区域等效为以其最大尺度为长轴的椭圆。再将该椭圆的长短轴之比定义为准直因子。这和外流投影效应有关，但主要还是由星源的质量，演化阶段及星周环境确定。

成协物　外向流还有成协物，包括HH天体、H_2喷流、原子星风、水脉泽和Ⅰ型甲醇脉泽。这些成协物都示踪年轻星质量流失，其中有的成协物的发现远远早于分子外向流。发现于20世纪40年代的HH天体是光学斑，曾被认为是半星半云的原恒星冷凝体、反射星云等。有高速自行，无射电辐射。在分子外向流中这些成协物出现在线翼内，表明它们是星体质量抛射的产物，表征年轻星体质量流失。外向流的成协现象还有吸积流。因为分辨率和所用探针的问题，单天线测到的外流中，成协率不高。

驱动　外流物质不是直接从中心星–盘系统抛射出来的。计算表明，星体的辐射压也不可能驱动外流，但外向流的驱动力和星体热光度的相关性表明外向流仍是星源驱动的。有两种可能，即星风和喷流。氢原子高速外流和电离喷流均已在外流区域测到。驱动星风和喷流有两种可能，即磁流体盘风和x-盘风。这两个模型的磁场位形和物质抛射点都不相同，还在验证之中。

（吴月芳）

分子云　molecular cloud　星际介质中有利于原子结合为分子的低温致密区。分子云主要由氢分子（H_2）组成，密度约300～2000个/米³，也有质量约占1%的宇宙尘混合物。气体的温度在10～20K。氢分子通常不在射电和红外波段辐射。分子云是在20世纪70年代进行的CO（一氧化碳）射电巡天中发现的。CO分子的数量仅为氢分子的万分之一。但由于CO分子的结构使其在1.3毫米和2.6毫米波长有很强的转动跃迁谱线，仍然是描绘和研究分子云的主要工具。除氢分子和一氧化碳分子外，分子云中还含有各种其他分子。如最大的分子云——位于银心的人马B2，其中探测到的分子达80种以上。

在一个分子云中可找到几个密度约每立方厘米10万氢分子，质量100～1000倍太阳质量的致密核。这些致密核含红外源、电离氢区和脉泽源，表明这些区域是大质量恒星形成的场所。也有一些较小的分子云含500倍太阳质量的分子氢，有小质量恒星正在形成。它们相对比较孤立，如金牛–御夫座恒星形成区。

质量范围在50万～1000万倍太阳质量，直径约100光年的分子云称为巨分子云（GMC），主要分布于银道面上。温度较高者位于旋臂中大质量恒星诞生处。较小较冷者几乎随机分布于银盘上。估计银河系中约有5000个GMC，虽然体积只占1%，总质量却达太阳质量的20亿倍，几乎占银河系气体成分的50%，对于银河系结构与演化理论有重要意义。

（邹振隆）

夫琅禾费线　Fraunhofer line　太阳光谱中的暗线。太阳光谱在0.2～10.0微米波段为连续发射谱，但其中叠加2万多条吸收线，称为夫琅禾费线。在2935埃到13 495埃范围内共有26 000多条，它们是各种元素的原子吸收或散射引起的。吸收线含有太阳大气（主要是光球）的温度、密度、压力、化学成分、磁场、速度场等信息。吸收线都是原子在吸收光球辐射后由低能态i向高能态j跃迁产生的。谱线频率为：

$$\nu_{ij}=\frac{E_j-E_i}{h}$$

式中E_j和E_i分别为高、低能态的激发电势；h为普朗克常数。原子向上跃迁后，立即回落，并释放出能量。再发射的机制有两种，即真吸收和散射。真吸收意味着原子在吸收光子后，按普朗克函数再发射。吸收的辐射属于一定频率，而再发射则包括广阔的波段，因此原频率的辐射减弱了。至于散射，虽然频率基本不变，但辐射从一个方向分散到四面八方，因此原方向的辐射减弱了。在这两种情况下都形成吸收线。

谱线本应是无限窄的，但某些物理因素会使它们具有一定的宽度和轮廓。常见的致宽机制为自然阻尼（能态不是无限窄，而是有一定宽度）、碰撞阻尼（碰撞使原子在能态上停留的时间缩短）、多普勒效应（微观运动引起）、湍流（宏观运动引起谱线位移）和电场对能态的作用。各种致宽机制给出不同的谱线轮廓。

在光球模型、辐射的再发射机制和谱线致宽机制都已知的情况下，可计算出理论的谱线轮廓。反过来，利用观测到的谱线轮廓，可以推导光球模型或有关谱线的某些数据。实际上，现有的关于光球的知识很大一部分是从吸收线的研究得到的。

（叶式煇）

弗拉马里翁，N.-C.　Nicolas-Camille Flammarion（1842-02-26～1925-06-03）　法国天文学家和科普作家。生于上马恩的蒙蒂尼·勒·鲁瓦，卒于巴黎附近的瑞维西

镇。1856年迁居巴黎，当雕塑工学徒，夜晚进免费学校学习数学和图画，自修英文。1858年考进巴黎天文台当实习员。三年后通过国家考试，得文理两科学士学位。1862～1876年任职经度局。1876～1882年任巴黎天文台研究人员。1862年他的《可居世界的众多》一书出版，从此名声日增。自1866年开始，在巴黎作天文学讲演，座无虚席。其后，法国乃至欧洲各大城市都争相聘请他去讲演。1880年《大众天文学》出版。这是他最成功的作品，直到他逝世那一年共再

版 20 多次，已译成中、英、德、西、意、俄十几种文字。法国科学院为之颁奖。

研究工作主要是在**双星**和**聚星**、恒星的颜色和运动、火星和月球的地形等方面。1878 年出版了一份双星表、火星图和**月面图**。1882 年，他在巴黎附近的瑞维西镇建立一座私人天文台，在此工作 40 多年。发表观测和研究报告 100 多篇。1882 年创办《天文学》杂志。1887 年组织法国天文学会，任第一任会长。1891 年开始出版《弗拉马里翁年鉴》，一直出版到 1964 年。

（陈美东）

俘获理论 theory of capture **天体力学定性理论**的著名问题之一。主要是针对**三体问题**研究三体密近交汇时引起运动形态发生巨变（但不产生碰撞）的情况。设P_0、P_1和P_2为三个质点，其中P_0的质量最大。在初始时刻t_0，P_2相对P_0的瞬时轨道为双曲线。若在P_1的引力摄动下，自某一时刻$T(>t_0)$之后，P_2相对P_0的瞬时轨道变为椭圆，而P_1相对P_0的瞬时轨道类型不变，则称P_2被P_0俘获；如果P_1相对P_0的瞬时轨道由椭圆变为双曲线，则称P_1和P_2之间产生交换。根据能量守恒定律，P_1和P_2的瞬时轨道都由双曲线变为椭圆，或者都由椭圆变为双曲线是不可能的。因此，俘获和交换问题从定性理论看来是同一问题的两个方面。

俘获问题最初是在研究彗星的运动时提出来的。有不少人认为，彗星来自太阳系以外，是因为受到大行星的摄动才被太阳俘获成为**周期彗星**的。彗星质量非常小，故可借助**限制性三体问题**模型来研究。在 19 世纪末就已得到一些能够产生俘获的条件。20 世纪 60 年代以来，提出了发射人造天体到月球或大行星附近，并要求被俘获成为它们的卫星的问题。研究结果表明，单纯靠天体的引力摄动通常是不可能实现的，还必须加上火箭的辅助推力才行。特别的，理论证明了飞往月球的火箭单靠月球的引力很难成为月球的卫星。

一般三体问题的俘获理论是希利米在 20 世纪 50 年代初期开始建立的。他从概率上肯定了俘获的可能性。以后又有其他人研究了俘获的具体条件，但这种俘获的可能性是很小的。虽然俘获理论原本是为苏联天文学家 O.Yu.**施密特**的太阳系起源学说服务的（见**俘获说**），但这种理论在**天体力学**中也占有重要地位。实际上，希利米还把该理论推广应用到**多体问题**。星际航行要求人造天体在月球或大行星周围运转一段时间，因而也开展了暂时性俘获和暂时性交换问题的研究工作。

（易照华）

俘获说 capture hypothesis 太阳系起源学说的一种。这种学说认为构成行星和卫星的物质是太阳形成后从太阳邻近区域或从银河系空间俘获来的。1944 年，苏联天文学家 O.Yu.**施密特**提出了“陨星说”。他认为，几十亿年前，太阳在绕银河系转动时，进入一个直径为 10 光年、与太阳相对速度为 5 千米/秒的星际云。太阳在云中运行了 60 万年，俘获了约为太阳质量 3%的**星际介质**。这些物质慢慢形成一个扁平的、由尘粒组成的星云盘，行星和卫星就是在这个盘内形成的。由于原来云内的固体微粒的轨道是各种各样的，彼此碰撞使轨道要素“平均化”，因而所形成的行星轨道就有共面性、同向性、近圆性等特点。他还认为卫星的形成是行星形成的附带结果，而所有行星都是“冷起源”的。还有一些人提出了其他类型的俘获说，如爱尔兰的埃奇沃思、英国的 B.W.彭德雷和 I.P.威廉斯以及印度的 V.米特拉等，他们虽然都主张太阳从恒星际空间俘获物质，但他们描述的图像和处理方法彼此间却有相当大的差别。提出俘获说的目的之一是说明太阳系角动量分布异常的问题，但计算表明，这种俘获的概率极其微小。同时，这类学说也无法解释太阳系的**拉普拉斯不变平面**与**银道面**的交角会大到近 62°的问题。

（张明昌）

辐射探测器 radiation detector 将辐射能转换为可测信号的器件。探测器的基本原理是：辐射和探测介质中的粒子相互作用，将能量全部或部分传给介质中的粒子，在一定的外界条件下，引起宏观可测的反应。对于光学波段，辐射可以看作光子束，光子的能量传给介质中的电子，产生所谓光子事件，从而辐射能转变为热能（如热电偶）、电能（如光电流和光电压）、化学能（如感光乳胶中银颗粒的生成），或者另一种波长的辐射（如荧光效应）。根据这些效应，可设计出各种不同的辐射探测器，以测量天体的辐射能量。辐射探测器的主要性能指标包括：

①探测量子效率。指光子和探测器在初始的作用过程中，产生的有效光子事件数和入射总光子数之比。它描述探测器接收和记录信息的能力。入射光子有可能穿透介质跑掉或被介质反射掉。有时介质要吸收几个光子才引起一次光子事件，有时产生的光子事件未被检测到，所以一般探测器的量子效率小于 1。

②响应度。又称灵敏度，指探测器输出信号强度和入射辐射功率之比。辐射功率增加时，输出信号如果也成正比地增加，这样的探测器称为线性的，否则称为非线性的。探测器的量子效率和响应度都应该尽量保持稳定，不随时间漂移，否则在数据处理中需要进行相应修正。

③分光响应。又称分光灵敏度，指单色辐射作用时探测器的灵敏度。它表征探测器对不同波长辐射的响应特性。分光响应随波长变化的探测器，称为选择性探测器，反之称为非选择性的。以探测器最敏感波长处的响应为单位的分光响应，称为相对分光响应。

④探测率。等于探测器能探测的最小辐射功率的倒数。任何探测器都有噪声起伏，比噪声起伏平均值更小的信号实际上检测不出来。产生如噪声起伏那样大的信号所需的辐射功率，就是探测器能探测的最小辐射功率，称为噪声等效功率。有时也用探测率来描述探测器的灵敏度。

⑤空间分辨率。一些面阵型辐射探测器是对辐射到达的位置敏感的，如**电荷耦合器件**（CCD）等就是以像素为单位接收辐射。每个探测器单元的尺度大小，决定了探测器的空间分辨率，也在一定程度上决定了所记录图像的分辨率。

⑥时间分辨率。当投射到光电探测器上的辐射从零突然增加到某一显著强度时，探测器记录下来的该辐射信号的增长时标。探测器的时间分辨率限制了观测天体信号快速变化的能力。对于面阵型多像素探测器，读出图像所需要的时间通常是限制时间分辨率的更重要因素。

⑦功率消耗。对于空间天文观测而言，

不同波段使用的典型辐射探测器

辐射	波长（或粒子能量）	探测器举例
无线电波	千米～毫米	偶极子天线（或波导）配合接收机
红外线	1 毫米～7000 埃	红外 CCD、红外底片、硫化铅光电导探测器、锗辐射计
可见光	7000 埃～4000 埃	人眼、CCD、光电倍增管、照相乳胶、像增强器、光电二极管阵
紫外线	4000 埃～100 埃	CCD、光电倍增管、紫外乳胶
X 射线	10^2～5×10^5 电子伏	CCD、光电倍增管、核乳胶、正比计数器、微通道板
γ 射线	5×10^5～10^9 电子伏	闪烁计数器、火花室、切连科夫计数器
高能粒子	$>10^9$ 电子伏	电离室、火花室、切连科夫计数器

光电探测器所需要的电源功率也是必须考虑的一个重要因素。通常电荷耦合器件具有较小的功率消耗。

天文探测器要求具有宽敏感波段、高量子效率、高探测率、高空间分辨率和快速响应度。人眼是最早的天文探测器。19世纪照相术发明后，照相底片一直是天文学研究的重要工具。20世纪中叶起，天文观测中开始广泛采用光电探测器，现今已有适用于探测从红外线到 γ 射线的各种光电器件。特别是，电荷耦合器件的广泛应用，给天文观测带来了极大的方便。核物理研究中常用的各种高能探测器也相继被应用于天文观测。在不同波段使用的典型辐射探测器如表。

（黄佑然　黄永锋）

辐射主导期　radiation dominated era　从宇宙创生之后不久到**宇宙年龄**约为 70 000 年（对应的**宇宙学红移**大约为 3400，宇宙温度约为 8700K）的一段时期。在此时期内，宇宙的主导成分为相对论性物质，主要是光子和中微子，它们贡献了宇宙总能量的主要部分，而且决定了宇宙的演化动力学。

普遍认为宇宙创生以后并没有直接进入辐射主导期，在此之前宇宙还经历过一段主要由真空能主导的时期，比如暴胀（inflation）。在辐射主导期结束后，宇宙进入**物质主导期**。

辐射主导期内，宇宙经历了一系列重要的事件，主要包括**重子产生**、电弱对称性破缺、QCD 相变、**中微子脱耦**、正负电子湮灭、原初核合成等。通过求解弗里德曼方程，辐射主导期内宇宙的标度因子随时间的变化关系为$a \propto t^{\frac{1}{2}}$同时由于辐射具有压强并对引力产生抵消作用，在辐射主导期宇宙的结构形成被压制。　（李明哲）

辐射转移理论　theory of radiative transfer　对以电磁辐射形式进行能量转移的物理现象也就是辐射转移的理论研究。辐射是天体上能量传输的一种基本方式。辐射转移理论研究辐射转移规律，探讨辐射通过既有吸收又有发射的介质时的变化情况。它涉及辐射场的物理状态以及辐射和物质的相互作用等。辐射转移理论的最主要内容是建立辐射转移方程，并在一定的条件下求解该方程。

辐射场的几个基本物理量　①辐射强度I_ν。设在Δt时间内，在沿 L 方向的立体角元$\Delta\omega$内，通过P点处的法线方向 n 的面元$\Delta\sigma$，频率在ν到$\nu+\Delta\nu$的辐射能为ΔE_ν，则辐射强度定义为：

$$I_\nu = \lim_{\Delta\sigma,\Delta t,\Delta\omega,\Delta\nu\to 0}\frac{\Delta E_\nu}{\Delta\sigma\cos\theta\,\Delta t\Delta\omega\Delta\nu} = \frac{\mathrm{d}E_\nu}{\mathrm{d}\sigma\cos\theta\,\mathrm{d}t\,\mathrm{d}\omega\,\mathrm{d}\nu}$$

式中θ为 n 与 L 的夹角。辐射强度是位置的函数，并依赖于方向 L、时间t和频率ν，即辐射强度表征在单位时间、单位立体角、单位频率范围内通过同辐射方向垂直的单位面积的辐射能。总辐射强度为：

$$I = \int_0^\infty I_\nu\,\mathrm{d}\nu$$

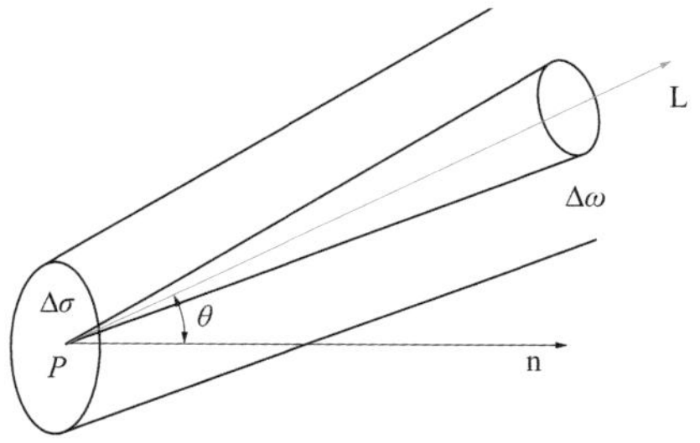

图 1　解释辐射强度示意图

②辐射流πF_ν。指单位时间内通过单位面积，在单位频率间隔内向外（$0 \leqslant \theta < \frac{\pi}{2}$）的辐射能与向内（$\frac{\pi}{2} < \theta < \pi$）的辐射能之差，可表示为：

$$\pi F_\nu = \int_{4\pi} I_\nu \cos\theta\,\mathrm{d}\omega$$

πF_ν的大小通常与面元在空间的位置和方向都有关系。总辐射流为：

$$\pi F = \int_0^\infty \pi F_\nu\,\mathrm{d}\nu$$

③平均辐射强度J_ν。辐射场内任一点辐射强度对方向的平均值为：

$$J_\nu = \frac{1}{4\pi}\int_{4\pi} I_\nu(\theta)\,\mathrm{d}\omega$$

总的平均辐射强度为：

$$J = \int_0^\infty J_\nu\,\mathrm{d}\nu$$

④辐射密度u_ν。指单位体积内所包含的单位频率间隔的辐射能：

$$u_\nu = \frac{1}{c}\int_{4\pi} I_\nu\,\mathrm{d}\omega$$

总的辐射密度是单位体积包含的总辐射能：

$$u = \int_0^\infty u_\nu\,\mathrm{d}\nu$$

⑤辐射压力P'_ν。指辐射场施加于单位面积的压力。单色辐射压力可表示为：

$$P'_\nu = \frac{1}{c}\int_{4\pi} I_\nu \cos^2\theta\,\mathrm{d}\omega$$

总的辐射压力为：

$$P' = \int_0^\infty P'_\nu\,\mathrm{d}\nu$$

辐射和物质相互作用的物理量　辐射和物质之间的相互作用形式包括发射和吸收。

单位质量的物质在单位时间、单位频率间隔、单位立体角内发射的能量称为发射系数，用j_ν表示。辐射通过单位质量的物质后辐射强度的相对减弱定义为吸收系数（或称单位质量的吸收系数），用χ_ν表示。当强度为I_ν的光束垂直投射于无限薄的吸收层$\mathrm{d}s$上时，辐射强度的变化为：

$$\mathrm{d}I_\nu = -I_\nu\chi_\nu\rho\,\mathrm{d}s$$

式中ρ为吸收层内的物质密度。强度为$I_\nu^{(0)}$的光束通过厚度为s的吸收层后，其辐射强度I_ν变为：

$$I_\nu = I_\nu^{(0)}\exp\left(-\int_0^s \chi_\nu\,\rho\,\mathrm{d}s\right)$$

指数$\tau_\nu = \int_0^s \chi_\nu\,\rho\,\mathrm{d}s$称为吸收层的光学厚度或光学深度。

发射系数和吸收系数之比称为源函数S_ν，可表示为：

$$S_\nu = \frac{j_\nu}{\chi_\nu}$$

辐射转移方程　当辐射通过一个既能发射又能吸收光子的介质时，辐射强度所遵循的微分方程称为辐射转移方程。它的一般形式为：

$$\frac{\mathrm{d}I_\nu}{\mathrm{d}s} = -I_\nu\chi_\nu\rho + j_\nu\rho$$

式中$\mathrm{d}s$为沿辐射方向的距离微分。

在研究正常**恒星大气**时，由于大气厚度远小于恒星半径，可以忽略大气层的曲率，把大气当作平面平行层处理。平面平行层的转移方程可写为：

$$\cos\theta\frac{\mathrm{d}I_\nu(\theta,h)}{\mathrm{d}h} = I_\nu(\theta,h)\chi_\nu\rho - j_\nu\rho$$

式中h为竖直方向几何深度。或写成：

$$\cos\theta\frac{\mathrm{d}I_\nu(\theta,\tau_\nu)}{\mathrm{d}\tau_\nu} = I_\nu(\theta,\tau_\nu) - S_\nu$$

式中$\mathrm{d}\tau_\nu = j_\nu\rho\,\mathrm{d}h$。对于散射的情况来说，$S_\nu = J_\nu$；对于真吸收的情况来说，在**局部热动平衡**假设下，$S_\nu = B_\nu$，B_ν为普朗克函数。

上述辐射转移方程的解为：

$$I'_\nu(\psi,\tau_\nu) = \int_0^{\tau_\nu} S_\nu\,e^{-(\tau_\nu-t_\nu)\sec\psi}\sec\psi\,\mathrm{d}t_\nu$$

$$\left(0 \leqslant \psi < \frac{\pi}{2}\right)$$

后者是描写向内辐射的，这里$\phi = \pi - \theta$。在真吸收情况下，如局部热动平衡成立，则在上述两式中令$S_\nu = B_\nu$。这时，对于恒星表面应有：

$$I_\nu(\theta,0) = \int_0^\infty B_\nu\,e^{-t_\nu\sec\theta}\sec\theta\,\mathrm{d}t_\nu$$

这表示恒星表面向外的辐射是整个大气层的发射和吸收累加的结果。

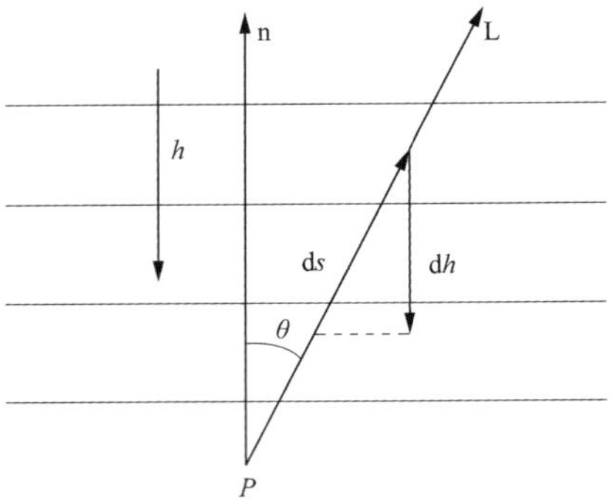

图 2 平面平行层大气

灰色大气的辐射平衡理论 为了求解辐射转移方程，必须知道源函数或温度随深度的分布规律。早期，由于缺乏有关吸收系数的知识，引入了吸收系数与频率无关的假设。这就是灰色大气模型，是实际恒星大气的近似描述。灰色大气的辐射平衡条件为：

$$\int_0^{\infty} J_\nu \, \mathrm{d}\nu = \int_0^{\infty} B_\nu \, \mathrm{d}\nu$$

由此得到的温度分布为：

$$T^4 = \frac{T_e^4}{2}\left(1+\frac{3}{2}\tau\right)$$

式中$T_e = \left(\frac{\pi}{\sigma}F\right)^{1/4}$为有效温度。在辐射平衡条件下，总辐射流与深度无关，等于它的表面值。把温度随深度分布的规律代入转移方程的解中，就得到有意义的辐射强度的解。对于恒星表面，研究辐射强度随θ的分布规律，可得到恒星（或太阳）圆面的临边昏暗规律。研究辐射强度随频率ν的分布规律，可得到恒星连续光谱能量随频率的分布。太阳圆面临边昏暗的实测结果与理论计算基本相符。但在连续光谱能量分布方面，理论和观测之间存在着一系列差异，特别是理论无法解释观测到的连续光谱能量分布的跳变现象。根据灰色大气模型计算得到的一些结果，特别是温度分布规律仍被运用于一些研究中。

非灰色大气的辐射平衡理论 恒星大气的吸收系数是与频率有关的。对不同的光谱型恒星来说，吸收系数与频率的关系也是不同的。在不同光谱型恒星里吸收系数和频率的关系已经基本确定。研究非灰色大气的方法通常是用逐次近似法。把灰色大气的温度分布作为第一近似，灰色大气的光学厚度是由平均吸收系数确定的。常用的平均吸收系数有：

①罗斯兰德平均吸收系数$\overline{\chi}_R$：

$$\frac{1}{\overline{\chi}_R} = \frac{\int_0^{\infty} \frac{1}{\chi_\nu}\frac{\mathrm{d}B_\nu}{\mathrm{d}T}\mathrm{d}\nu}{\frac{\mathrm{d}}{\mathrm{d}T}\int_0^{\infty} B_\nu \, \mathrm{d}\nu}$$

②钱德拉塞卡平均吸收系数$\overline{\chi}_C$：

$$\overline{\chi}_C = \frac{\int_0^{\infty} \chi_\nu F_\nu \, \mathrm{d}\nu}{F}$$

③普朗克平均吸收系数$\overline{\chi}_P$：

$$\overline{\chi}_P = \frac{\int_0^{\infty} \chi_\nu B_\nu \, \mathrm{d}\nu}{\int_0^{\infty} B_\nu \, \mathrm{d}\nu}$$

式中B_ν为普朗克函数。由平均吸收系数所确定的灰色大气称为等价的灰色大气。鉴于等价灰色大气的近似性，由第一近似所得到的辐射流πF通常是不会与深度无关的，也就是或多或少地偏离辐射平衡。因此，必须用更高次的近似。逐次近似的一般准则是：求出新的温度分布，使得在所有深度上辐射流都等于σT_{eff}^4。对于各种主要光谱型恒星，考虑其主要吸收源，可求出恒星连续光谱能量分布的理论曲线。

（汪珍如）

辐射阻尼 radiation damping 因辐射引起一个发射体系的运动的衰减，是谱线致宽的主要原因之一。经典电动力学理论把发射（或吸收）光的原子当作谐振子，辐射是由激发谐振子的振动产生的。由于辐射，谐振子受到阻尼力的作用，结果辐射出的电磁波的振幅不断衰减，这样就会得到具有一定宽度的谱线。角频率为ω_0的谐振子的能量消耗规律为$E(t) = E_0 \mathrm{e}^{-\gamma t}$，式中$t$为时间；$E_0$为初始能量；$\gamma = \frac{2e^2\omega_0^2}{3m_e c^2}$为阻尼常数，e、$m_e$、$c$分别为电子电荷、电子质量和光速。辐射强度$I(\omega)$与角频率的关系为：

$$I(\omega) = \frac{I(\omega_0)\left(\frac{\gamma}{2}\right)^2}{(\omega-\omega_0)^2 + \left(\frac{\gamma}{2}\right)^2}$$

因为在角频率间隔$\omega - \omega_0 = \frac{\gamma}{2}$处$I(\omega)$减小到一半，所以$\frac{\gamma}{2}$称为谱线的半宽，$\gamma$称为全半宽。以波长标度表示的谱线全半宽$\gamma = 1.17 \times 10^{-4}$埃，是一个和波长无关的常数。这个宽度又称为谱线的自然宽度。由经典辐射阻尼理论得到的吸收系数，按频率的分布形式与上式类似。近代量子力学理论认为，谱线是由原子分立能级间的跃迁引起的。原子在各能级上只能停留一有限的时间Δt。根据不确定关系$\Delta E \approx \frac{h}{2\pi\Delta t}$，原子能级不应是无限窄的，而应有一定的宽度。这就使得两个能级的跃迁不可能是单一频率的辐射，而存在一定的频率间隔。因此，由原子能级跃迁所形成的谱线便有一定宽度和形状。量子力学理论得出的谱线形状与经典电动力学理论得出的相同。不过，阻尼常数$\gamma = \gamma_i + \gamma_k$，$\gamma_i = \frac{1}{\tau_i}$，$\gamma_k = \frac{1}{\tau_k}$。$\tau_i$和$\tau_k$分别为初态和末态的平均寿命。$\gamma_i$或$\gamma_k$决定于跃迁概率，它等于单位时间内原子离开该能级的所有可能跃迁总概率。

（李宗伟）

福布希下降 Forbush decrease; FD 银河宇宙线强度受太阳活动影响的一种突发性的短期调制现象。又称宇宙线暴。1938年，美国物理学家S.E.福布希利用电离室首先发现这一现象，因而得名。其特点是：强度下降快，恢复慢，持续期从几小时到几天以上，大FD幅度可达背景强度的百分之十几。在第二十太阳活动周（1964～1975）期间所进行的空间观测表明，FD是由耀斑和冕洞中的高速流在行星际空间所造成的强磁场区引起的，与行星际激波关系密切。1963年，美国天文学家E.帕克提出行星际激波引起FD的概念。地球上观测到的FD的主要特点：①大FD常在大耀斑后24～60小时发生，全球可见，幅度随纬度减小而减小。②各向异性明显。③下降期能谱的形式为$I \propto E^{-\gamma}$，其中γ为0.2～0.8，E为能量。恢复期强度I随时间t的变化可用$I = I_0 e^{-t/t_0}$描述。④下降幅度随耀斑日面位置的分布有明显的东、西不对称性，这多半是行星际激波的东、西不对称磁场结构所造成的。⑤存在有统计意义的暴前上升现象，这就有可能为研究行星际激波和磁暴预报提供信息。此外，在FD过程中常观测到短暂的小的上升和阶梯形下降，这都与磁暴主相环电流引起的粒子刚度下降和激波结构有关。FD前后伴有广泛日地物理现象发生，如耀斑、冕洞、Ⅳ型太阳射电爆发、磁暴、电离层通信干扰、强能暴粒子事件（ESP）以及可能的天气现象出现等。因此，它是人们研究太阳活动、行星际磁场的结构、电离层电讯条件变化等的有力手段之一。

（魏奉思）

负氢离子吸收 negative hydrogen ion absorption 恒星大气中负氢离子对辐射的连续吸收。负氢离子是由一个中性氢原子H和一个电子所组成的松弛体系，以符号H^-表示。负氢离子产生的原因是：中性氢原子的核外围只有一个电子，这个电子不能完全屏蔽氢原子的电场，任何一个自由电子距离氢原子足够近的时候，就有可能落入核电荷的引力场，因而它有可能与氢原子结合成为氢离子。此时，这个电子的轨道可能是封闭的，即处于束缚；也可能是非封闭的，即处于自由态。如同氦离子HeⅡ是类氢离子一样，负氢离子H^-是类氦离子。恒星大气中负氢离子的数密度在局部热动平衡状态下由萨哈公式确定，在非局部热动平衡状态下则由具有偏离系数的萨哈公式求得。负氢离子吸收在光谱型晚于 A0 型的恒星中起重要作用，而且光谱型越晚，负氢离子吸收所起的作用越大。太阳是一颗 G2V 型恒星，因而负氢离子吸收起着主要作用。负氢离子吸收系数是由它的束缚－自由跃迁和自由－自由跃迁所确定的吸收系数相加而得。负氢离子基态的束缚能是 0.75 电子伏，对应于这一能量的辐射波长是16 450 埃，这就是负氢离子束缚－自由跃迁所产生的连续吸收带的起始波长。负氢离子束缚－自由跃迁的吸收系数从 16 450 埃起，随着波长的减小而逐渐增大，到8500 埃附近达到极大，然后向短波方向再逐渐减小。负氢离子的自由－自由跃迁的吸收系数随波长的增长而单调上升。在可见光区和紫外区，负氢离子的束缚－自由吸收大于自由－自由吸收。自由－自由吸收是造成恒星大气在几微米到几百微米波长范围内连续**不透明度**的主要原因。（王振一）

复合时期 recombination **大爆炸宇宙学**中电子与质子第一次结合形成电中性氢原子的时期。在宇宙大爆炸发生之后，宇宙曾经处于由夸克、电子、光子等基本粒子所组成的致密高温的等离子体态。在这之后，随着**宇宙膨胀**，温度也逐渐冷却下来，大约在大爆炸后 10^{-6} 秒时期，夸克逐渐组织成为质子。由于光子与自由电子之间存在汤姆孙散射，光子的平均自由程非常短，此时仍然充斥着等离子体的宇宙空间对于光子来说是不透明的。随着宇宙进一步膨胀并冷却，在大爆炸发生约 38 万年后，电子终于被质子捕获，二者形成电中性的氢原子。这一物理过程的发生十分高效，使得在复合时期结束时宇宙中的大多数质子和电子都结合形成了稳定的中性氢原子。从此，光子的平均自由程几乎趋于无穷，可以在宇宙中自由穿梭。在这一刻之后，宇宙开始变得透明。这一事件被称为光子退耦，这一刻的宇宙温度约为3000 开，而相应的宇宙红移约为 1100。退耦的光子成为观察到的**宇宙微波背景辐射**，由于宇宙的红移效应导致了宇宙温度约为 2.726 开。（蔡一夫）

傅里叶变换分光仪 Fourier transform spectrometer 通过测量由入射光产生的干涉图，然后经过傅里叶变换从而得到入射光光谱的分光测量仪器。以扫描迈克耳孙干涉仪为例，在原理图中，干涉仪臂上的可调平面镜M_2可沿光轴方向做扫描运动，$\frac{x}{2}$为M_2的位移值。这时，探测器接收到的是一种调制信号$F(x)$，它同入射光的光谱强度分布$B(\sigma)$之间的关系是：

$$F(x)=\frac{1}{2}F(0)+\frac{1}{2}\int_0^{\infty}B(\sigma)\cos(2\pi x)\,\mathrm{d}\sigma$$

式中σ为波数，等于波长λ的倒数；$F(0)$为M_1和M_2之间光程差等于零时的出射光强度。$[2F(x)-F(0)]$称为干涉图，等于$\int_0^{\infty}B(\sigma)\cos(2\pi\sigma x)\,\mathrm{d}\sigma$。这在数学上称为$B(\sigma)$的傅里叶变换，这种分光仪名称就是由此而来的。

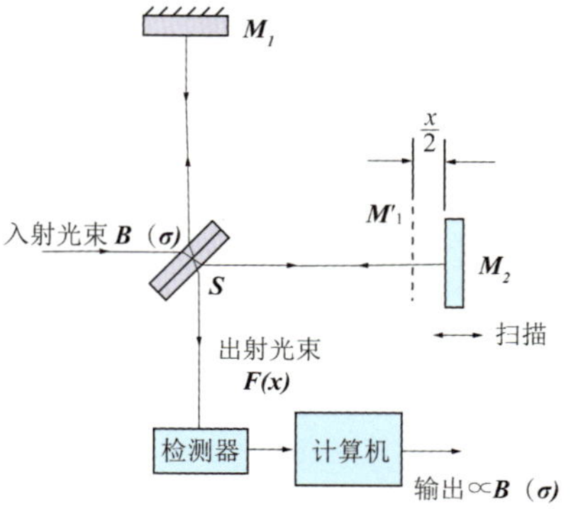

傅里叶变换分光仪原理图

A.A.迈克耳孙早在19 世纪末就提出这种分光仪的工作原理，但直到 20 世纪 60 年代，随着计算机技术的发展，能够快速地进行傅里叶变换数学运算以后，傅里叶分光仪才得以实现。在测量过程中，探测器在平面镜M_2的有限个扫描位置上取样，测得的信号输给电子计算机，并依次存储。M_2完成一个扫描周期的运动后，计算机对干涉图$[2F(x)-F(0)]$进行傅里叶逆变换运算，输出信号便正比于光谱的强度分布$B(\sigma)$。

傅里叶分光仪在红外波段观测中得到广泛应用。在天文学中，对大行星的红外观测获得了许多重要的成果。与采用红外检测器沿波长扫描的色散（棱镜、光栅）分光仪相比，信噪比可以提高$(N/8)^{1/2}$倍。此处N是傅里叶变换分光仪同时测量的光谱单元数。例如，在某些应用中，N可高达10^6，测量精度和灵敏度可以提高350 倍。与色散型分光仪相比，傅里叶分光仪还有其他优点：能以相当大的口径接收入射光，不像狭缝那样严重限制视场，因而聚光能力得到很大提高。此外，它的分辨本领和测量精度较高，尺寸小，重量轻，结构紧凑，可以直接装在望远镜上。

傅里叶变换分光仪也可以用于可见光谱区，测量太阳光谱的**谱线轮廓**。应用于可见光波段时，作为一种精度极高的光学仪器，需要采用多种措施保证平面镜M_2在长扫描距离（1～2 米）内运动的平稳性，以及取样间距的高精度（零几纳米），并需配备大容量、高速度电子计算机，才能完成傅里叶变换的数学运算。（李挺 肖东）

覆盖区 footprint 用于展示望远镜观测区域或一个天文数据集所覆盖的天球区域。覆盖区可以直观地展示天文数据在天球上的分布情况，了解哪些天区在该数据集中，还有哪些天区需要纳入未来的观测计划。如图所示是**大天区面积多目标光纤光谱天文望远镜**（LAMOST）一期巡天结束后第五次数据释放的覆盖区。

已有多个天文数据中心实现了自己的覆盖区服务系统，如法国**斯特拉斯堡天文数据中心**、美国虚拟天文台、哈勃遗珍档案、钱德拉数据集等。这些覆盖区服务通常都提供了检索功能，以获取覆盖了指定区域的数据集的相关信息、在线绘制覆盖区图像等。

这些数据中心使用的技术略有不同。流行的技术有基于多级等面积同纬度划分（HEALPix）的 HEALPix 多层覆盖图

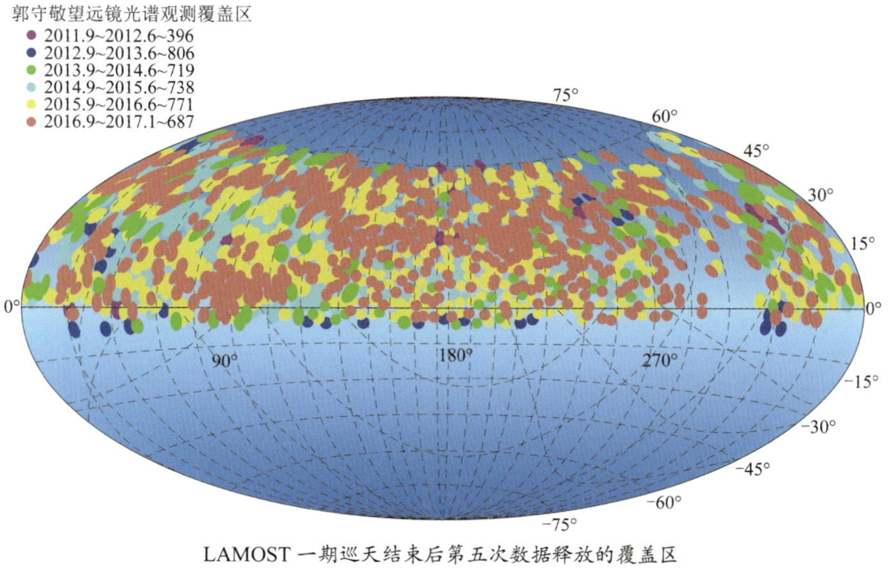

LAMOST 一期巡天结束后第五次数据释放的覆盖区

（MOC）系统，典型代表如法国斯特拉斯堡天文数据中心。该方案已经成为**国际虚拟天文台联盟**的标准之一。美国虚拟台则基于分层三角网格（HTM）的球面几何函数库（Spherical Library）实现了其在线覆盖区服务。

（樊东卫）

G

盖天说 theory of canopy-heaven 中国古代的一种宇宙学说。据《晋书·天文志》记载："其言天似盖笠，地法覆槃，天地各中高外下。北极之下为天地之中，其地最高，而滂沲四，三光隐映，以为昼夜。天中高于外衡冬至日之所在六万里。北极下地高于外衡下地亦六万里，外衡高于北极下地二万里。天地隆高相从，日去地恒八万里。"按照这个宇宙图式，天是一个穹形，地也是一个穹形，就如同心球穹，两个穹形的间距是八万里。北极是"盖笠"状的天穹的中央，日月星辰绕之旋转不息。盖天说认为，日月星辰的出没，并非真的出没，而只是离远了就看不见，离得近了，就看见它们照耀。据东汉学者王充解释："今试使一人把大炬火，夜行于平地，去人十里，火光灭矣；非灭也，远使然耳。今，日西转不复见，是火灭之类也。"

盖天说宇宙结构理论力图说明太阳运行的轨道，持此论者设计了一个七衡六间图，图中有七个同心圆。每年冬至，太阳沿最外一个圆，即"外衡"运行，因此太阳出于东南没于西南，日中时地平高度最低；每年夏至，太阳沿最内一圆，即"内衡"运行，因此太阳出于东北没于西北，日中时地平高度最高；春、秋分时太阳沿当中一个圆，即"中衡"运行，因此太阳出于正东没于正西，日中时地平高度适中。各个不同节令太阳都沿不同的"衡"运动。这个七衡六间图是力图定量地表述盖天说的宇宙体系，载于汉赵爽注《**周髀算经**》。因此，盖天说亦称周髀说。又《晋书·天文志》亦载有："周髀家云：'天员(圆)如张盖，地方如棋局。'"这与《周髀算经》里所载的盖天说不同，实际上是较古的天圆地方说。中国科学史家钱宝琮等认为，这是第一次盖天说，而《周髀算经》所载的，则是第二次盖天说。南北朝时祖暅著《天文录》说："盖天之说，又有三体：一云天如车盖，游乎八极之中；一云天形如笠，中央高而四边下；一云天如欹车盖，南高北下。"

由此可见，盖天说宇宙结构理论也有不同的学派，可能是不同时代里向不同方向的发展。大体上可以说，盖天说形成于周初，而到了《周髀算经》的写作年代，即公元前1世纪，已经形成一个完整的、定量化的体系。它反映了人们认识宇宙结构的一个阶段，在描述天体的视运动方面也有一定的历史意义。

（郑文光）

盖兹，A. Andrea Ghez（1965-06-16～ ）美国天体物理学家。2020年诺贝尔物理学奖获得者。生于美国纽约。小时候随全家搬到芝加哥，就读于芝加哥大学实验学校。受"**阿波罗**"**计划**启发，曾立志成为第一位女宇航员，母亲为她购买了一架**天文望远镜**以示鼓励。她在大学阶段先学习数学，后转读物理学，1987年从美国麻省理工学院毕业获物理学学士学位，1992年从美国加州理工学院毕业获博士学位。1992年任美国亚利桑那大学哈勃博士后研究员；1994年任美国加州大学洛杉矶分校物理学与天文学助理教授，1997年晋升副教授，2000年晋升教授，2009年获聘劳伦·莱西特曼和亚瑟·列文讲席教授，2012年获聘该校杰出教授，2014年担任星系中心轨道行动创始主任。先后荣获美国天文学会安妮·坎农天文学奖（1994）、美国弗吉尼亚大学帕卡德奖学金（1996）、美国天文学会牛顿·莱西·皮尔斯天文学奖（1998）、美国物理学会玛丽亚·格佩特-梅耶奖（1999）、赛克勒奖（2004）、金盾学院学术卓越奖（2004）、马克·阿伦森纪念讲座（2007）、麦克阿瑟奖学金（2008）、克拉福德奖（2012）。2020年，因发现银河系中心高质量致密天体与**R.根策尔**、**R.彭罗斯**一起荣获诺贝尔物理学奖，成为第四位获得诺贝尔奖的女性科学家。

盖兹主攻的领域是凭借**凯克天文台**两架大口径光学望远镜上的**自适应光学系统**，利用其高空间分辨率成像技术，在红外波段对银河系中心的恒星生成区域和超大黑洞**人马座A***开展观测研究，在2003年完成对其附近恒星S2轨道运动特征进行观测和分析，推得该超大黑洞具有4.1±0.6百万个太阳质量，证实和改进了此前根策尔团队的观测结果。2012年，她的团队还发现了另一颗围绕该黑洞运转的恒星S102。

盖兹于2004年当选美国国家科学院院士，2012年当选美国哲学协会会士，2019年当选美国物理学会会士。

（石云里）

干涉滤光器 interference filter 由前置干涉滤光片和若干个串接法布里-珀罗标准具(见**法布里-珀罗干涉仪**)组成的窄带滤光器。每个标准具由两块膜层相对的平面平行玻璃板组成。光线入射后在两个膜层之间反射，透射光线间产生光程差，从而发生干涉。玻璃板密封在加压气室中，改变气压便可改变透射带的波长。为实现有意义的干涉，玻璃板和膜层的平面度，间隔的量值和平行度都必须达到$\lambda/100$以上的精度。如果适当选择标准具间隔，便可构成透射带比**双折射滤光器**更窄的滤光器。例如，一种干涉滤光器在5000埃处，其透射带半宽仅0.03埃。干涉滤光器的优点是材料不受天然条件的限制，透射带窄而且可调，透射率高，结构也比较紧凑。许多**太阳望远镜**采用混合滤光器，它的最后一级采用双折射单元，以保证成像的高质量和稳定性，其余各级都用干涉滤光器，以获得较高的透射率。干涉滤光器和混合滤光器已应用于太阳光球、色球和太阳磁场的观测。

（李挺 方成）

干涉条纹 fringe 类似光学迈克耳孙干涉仪得到的明暗相间的光带。见**射电干涉仪**。

干支 celestial stem and terrestrial branch 以六十为周期的序数，用以纪日、纪年等。

六十干支表（六十甲子表）

0 甲子	10 甲戌	20 甲申	30 甲午	40 甲辰	50 甲寅
1 乙丑	11 乙亥	21 乙酉	31 乙未	41 乙巳	51 乙卯
2 丙寅	12 丙子	22 丙戌	32 丙申	42 丙午	52 丙辰
3 丁卯	13 丁丑	23 丁亥	33 丁酉	43 丁未	53 丁巳
4 戊辰	14 戊寅	24 戊子	34 戊戌	44 戊申	54 戊午
5 己巳	15 己卯	25 己丑	35 己亥	45 己酉	55 己未
6 庚午	16 庚辰	26 庚寅	36 庚子	46 庚戌	56 庚申
7 辛未	17 辛巳	27 辛卯	37 辛丑	47 辛亥	57 辛酉
8 壬申	18 壬午	28 壬辰	38 壬寅	48 壬子	58 壬戌
9 癸酉	19 癸未	29 癸巳	39 癸卯	49 癸丑	59 癸亥

注：各干支前的阿拉伯数字是该干支名在六十干支周中的序号。在古代历法计算中通常以甲子为序号0。若甲子序号为n，则表中其他干支的序号相应地也须加上n。

它以十天干的甲、乙、丙、丁、戊、己、庚、辛、壬、癸和十二地支的子、丑、寅、卯、辰、巳、午、未、申、酉、戌、亥顺序相配组成。从甲子、乙丑……直至癸亥（见表）。干支在中国历法史上占有重要地位。早在殷商时代就使用六十干支纪日。一日一个干支名号，日复一日，循环使用，从不间断。中国的历史虽然很长，只要顺着干支往上推，历史日期就清清楚楚。这是中国古代创用干支纪日法的功绩。在古代**历法**中也使用干支法，只要求出气、朔的干支，其余就一目了然。干支法不但用于纪日，还用于纪年（见**岁星纪年**）。古人也用十二地支纪时、纪月。地支纪时就是将一日均分为12个时段，分别以十二地支表示，子时为现在的23点至1点，丑时为1点至3点等，以此类推，称为十二时辰。地支纪月就是把冬至所在的月称为子月，下一个月称为丑月等。（陈美东）

高动态范围成像 mapping with high dynamic range 提高射电图像的动态范围的成图技术。见**综合孔径成像**。

高分辨率阶梯光栅光谱仪 high resolution echelle grating spectrograph 用**阶梯光栅**做主**色散元件**的一种天文光谱仪。高分辨率阶梯光栅光谱仪的构造与其他天文光谱仪一样，也由三部分组成，即准直系统、色散系统和成像系统。但色散系统不同，用阶梯光栅做主色散元件，其决定光谱仪的光谱分辨率，可同时获得多个高级次宽波段高效率的高色散光谱，许多级次重叠在一起，须辅以横向色散元件将重叠的光谱级次分开，光谱呈二维分布。

G.R.哈里森于1949年研制出一种新的**衍射光栅**，并对这种光栅的刻划技术做了开拓性的工作。阶梯光栅实质上是一种“粗”光栅，刻线密度约每毫米几十条线对，但具有较大的闪耀角，典型的是63°26′和76°，可用于高的干涉级次，通常10～100级，因此可以获得极高光谱分辨率。由于阶梯光栅工作在高级次，许多级次重叠在一起，须辅以横向色散元件把重叠的级次分开，作为横向色散元件有棱镜、光栅可供选择，必要时也可以棱镜和光栅联用。棱镜作横向色散时级次间分离与波长成反比，而光栅作为横向色散时级次间分离与波长的平方成正比，因此棱镜较光栅的级次分离较均匀，所以中小望远镜的高分辨阶梯光栅光谱仪多采用三棱镜作横向色散元件。大口径望远镜高分辨阶梯光栅光谱仪的准直口径比较大，棱镜的透射材料不易获得，选光栅作为横向色散元件较常见。对于光谱分辨率约10^5的天文光谱仪，阶梯光栅是理想的色散元件。特别是它集宽波段、高色散、高分辨率等特点于一身而引起天文学家极大的兴趣，随着刻划技术的发展，高质量的阶梯光栅复制成功，20世纪60年代阶梯光栅在天文上就得到了应用，进入80年代，世界上许多大中型望远镜都配备了阶梯光栅光谱仪，中国的2.16米光学望远镜也在折轴焦点配置了阶梯光栅光谱仪。216折轴分光仪是中国**2.16米光学望远镜**的主要附属仪器之一，工作在望远镜的折轴焦点，焦比$F/45$。

该仪器由南京天文仪器研制中心和北京天文台（今**国家天文台**）于1995年研制成功，当时是亚洲第一台大型天文光谱仪，其指标达到国际同类仪器的先进水平。于1998年获中国科学院科技进步奖二等奖，1999年获国家科技进步奖三等奖。

该仪器是中国首次研制的利用阶梯光栅大闪耀角、高级次、高色散和高效率的大型天文光谱仪。工作的波段范围是330～1100纳米，光谱分辨率（R）30 000～50 000。在狭缝后放置分色滤光片，将整个波段分成蓝区（330～580纳米）、红区（560～1100纳米），分别采用两块刻线不同的阶梯光栅，闪耀角63°26′，可实现一次观测覆盖全段光谱。该仪器投入观测以来取得了丰硕的成果，并于2008年发现了质量为2.7个木星质量的系外行星，这是中国天文学家发现的第一颗系外行星。

2011年，中国科学院**南京天文光学技术研究所**和中国科学院国家天文台又为2.16米光学望远镜研制成功了新的高分辨率光纤光谱仪（HRS）。该仪器采用深阶梯光栅（闪耀角76°，R4），光谱分辨率（R）32 000～115 000，波长覆盖范围370～920纳米，星光由光纤从望远镜卡焦传输到折轴光谱房内。该仪器在中国率先采用柔性像面补偿、光纤扰模等光学新技术，使用碘吸收盒作为波长定标源，天体的视向速度实测精度优于6米/秒。主要用于恒星视向速度测量和高分辨率、高信噪比的**恒星磁场**和元素丰度的测量，作为中、日、韩太阳系外行星联测网主干设备，已发现3颗系外行星：HD14067b、HD47366b和HD47366c。其中，HD47366b和HD47366c两颗行星的公转轨道方向相反，在**巨星**周围极为罕见。（朱永田）

高光度蓝变星 luminous blue variable 大质量（初始质量通常大于25个太阳质量）恒星演化到中晚期的阶段，有着极高的亮度（10^5～10^7太阳光度），不规则的光变。位于**赫罗图**的左上角顶部。属于高光度星。天文学上又称亮蓝变星。最初只有剑鱼座S（S Dor）型变星，因此初期也叫剑鱼座S型变星，后来又发现哈勃-桑德奇变星等亮蓝变星。

在亮蓝变星演化阶段，恒星通常会有间歇性的质量损失暴，此时恒星的光学波段会变亮1～2星等，光谱型从O/B型超巨星转变为A/F型超巨星。传统的大质量恒星演化模型通常认为该类恒星是大质量恒星的氦主序星，即**沃尔夫-拉叶星**的前身星。但有观测证据表明亮蓝变星可以爆炸为Ⅱ型超新星。发现和证认更多亮蓝变星对于理解大质量恒星的质量损失暴及其演化模型至关重要。

早在19世纪30年代，天文学家们就注意到**海山二**（船底座η变星）突然变亮。在变亮期间，亮度与**超新星**相似，但与超新星不同的是，它幸存了下来，周围充满了其抛射的物质。进入20世纪以来，海山二又一次变亮，但是仅仅只是小振幅的变化。另一颗星天津增九（天鹅座P，P Cyg）显示了与海山二相似的经历，在17世纪天津增九显示了一个超过3个星等的变化，然后相对稳定直到现在。20世纪70年代，天文学家开始动用各种手段来研究大质量恒星，开始认识到海山二、天津增九，以及大麦哲伦云中的剑鱼座S、M31和M33中的哈勃-桑德奇变星有着相似之处。在1984年，P.孔蒂使用“亮蓝变星”这个词去描述那群具有不规则光变的大质量恒星。到21世纪初，在本星系团中一共有51颗被认证为是亮蓝变星，另外有15个候选体。2019年云南大学西南天文研究所刘晓为研究团队利用国家重大基础设施**大天区面积多目标光纤光谱天文望远镜**（LAMOST）、中国科学院国家天文台2.16**米光学望远镜**、中国科学院云南天文台2.4**米望远镜**观测的数据以及历史存档数据联合证认了一颗位于**仙女星系**（M31）外围的亮蓝变星——LAMOST J0037+4016（见图）。图a为赫歇尔空间天文台SPIRE 250微米远红外图，图中蓝色圈表示M31中已知亮蓝变星位置，白色框为LAMOST J0037+4016所处位置（视场中心）；图b为**星系演化探测器**（Galex）近紫外（NUV）波段放大图像；图c为深空叠加（DSS）光学三色合成放大彩图；图d为赫歇尔空间天文台SPIRE 250微米远红外放大图；图e为21厘米波段射电放大图，放大图对应的视场大小与图a中白色框相同。这也是截至2019年发现距M31中心最远的一颗。

亮蓝变星是演化到中晚期的大质量恒星中单独的一类，它们的光度是太阳光度

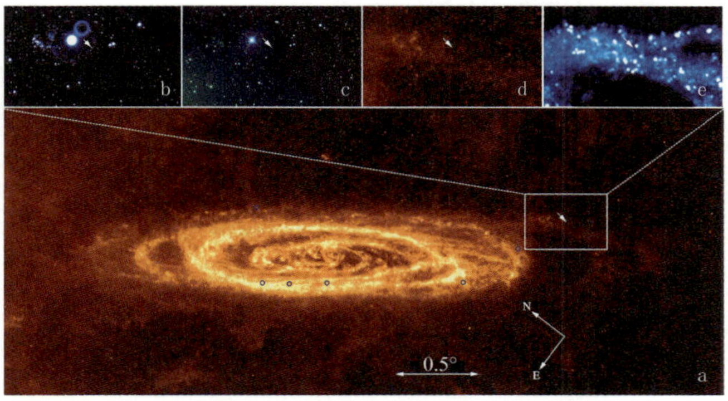

不同波段图片下的 LAMOST J0037＋4016

的 40 万倍以上。它们是一些正在从高温端向低温端（或者相反）演化的大质量恒星。亮蓝变星的初始质量基本在 40 倍太阳质量以上，大于超新星 1987A 的初始质量。

亮蓝变星最显著的特征是不规则的光变，其光变起源一直在研究中。亮蓝变星的光变有三类：①“爆发”阶段，它们变化 3 个视星等以上，持续数十年，释放的能量与超新星相似。②“光变”阶段，视星等增加 1～2 等，持续一年到十年的时间，总光度保持不变。③“微变化”阶段，振幅为 0.1 个视星等左右，周期在星期到月之间。亮蓝变星在其一生中要在视亮度极大和视亮度极小之间经历很多次的转化，统计工作显示出亮蓝变星的变化时标（在最大和最小之间的活动时间）大部分在 20～50 年，而不活动的时间与变化时标的量级相同。亮蓝变星在其大部分时间内是处在弱活动或是极小状态，长时间活动的状态非常少。大多数的亮蓝变星在大部分时间内都表现出低振幅的变化（小于 0.5 星等），或者接近最小状态。

亮蓝变星的光谱中有氢、氦和铁等金属元素的发射线存在。在观测分辨率足够高的情况下能够看到天津增九轮廓。他们的光谱是变化的，在安静（最小）时期显示类似于热的超巨星的氢和氦发射线，有效温度在 12 000K 以上；在视亮度最大时期温度下降到 8000K，与冷的 A 或 F 型的超巨星的光谱相似，但是其巴耳末线系基本表现为天津增九轮廓。亮蓝变星的巴耳末连续谱存在有超量发射的行为。

亮蓝变星的典型物质损失率在每年 10^{-5}～10^{-4} 太阳质量，这比同光度范围内的超巨星的物质损失率更高；他们的星风的速度在 100～400 千米/秒，这比通常的 OB 星的星风速度低 2～3 倍。

（郭建恒）

高红移超新星巡天 high-z supernova search 为追踪宇宙膨胀历史而进行的高红移Ⅰa 超新星搜寻研究。自 1930 年代 H.P.罗伯逊及 A.G.沃克对于均匀各向同性的宇宙建立度规以来，追踪宇宙膨胀历史、测定宇宙整体几何形状就成为天文学上的一个基本问题。解决这一问题常用两种方法：研究光度距离与红移的关系（通过标准烛光实现）；测量标准尺的角大小随红移的变化。源于接近太阳质量 1.4 倍的白矮星热核爆炸的Ⅰa 型超新星，因具有高光度且比较均匀的性质而受到极大关注。它作为单个星体爆发不会受到星系那样大的演化效应污染。

1988 年，丹麦的一个研究组历时两年发现了第一颗红移为 0.3 的Ⅰa 超新星——SN 1988U。到 20 世纪 90 年代，美国两个独立的研究团组开始系统地开展高红移超新星的搜寻。一个是“超新星宇宙学项目”（SCP），于 1989 年启动，其负责人是劳伦斯伯克利实验室的 S.波尔马特；另一个是与之相竞争的“高红移超新星巡天组”（HZSST），位于澳大利亚斯特罗姆山天文台及塞丁泉天文台，组织者为 B.P.施密特，在 1995 年发现了他们的第一颗高红移超新星。这两个组用了类似的巡天技术，他们都使用了位于智利的美洲天文台 4 米口径的布兰柯望远镜（Blanco Telescope）进行超新星巡天，该望远镜配有 30′×30′视场的大透光率的 CCD 照相机（BTC），10 分钟的曝光可产生一幅包含 5000 个星系的图像。将得到的图像与上一次（一般是 20 天拍一次）拍得的同一天区的图像严格对齐并相减，绝大多数的星系像将会消失，在剔除小行星、活动星系核、类星体、宇宙线，及其他的背景源后，如果还出现显著偏零的情况，就初步得到超新星的候选体。随后用世界上最好的地面望远镜凯克望远镜及哈勃空间望远镜（HST）对最后确认的候选体进行光谱证认工作。在确信其是Ⅰa 超新星后，一系列的测光工作在遍布全世界的 2 米到 4 米的望远镜展开。两个研究组早期共发表了近 60 颗高红移Ⅰa 超新星的数据。对这些测光数据的分析奠定了早期超新星宇宙学研究的基础，并首次得出宇宙加速膨胀的惊人结论（图 1）。

作为上述两项目的延续，“超新星遗产巡天”项目（SNLS）和“超新星追踪宇宙膨胀和状态方程”项目（Essence）分别利用夏威夷的 3.6 米望远镜和位于智利泛美天文台的 4 米望远镜进一步开展了高红移的超新星巡天。他们先后在 2006 年和 2007 年发表了第一批共约 130 颗红移在 0.3 和 1.0 之间的Ⅰa 超新星光变曲线。A.G.里斯等人利用哈勃空间望远镜（HST）开展了更高红移的超新星巡天，发现并得到了若干红移大于 1.2 的Ⅰa 超新星光变曲线。此外，斯隆数字巡天项目（SDSS）也于近年

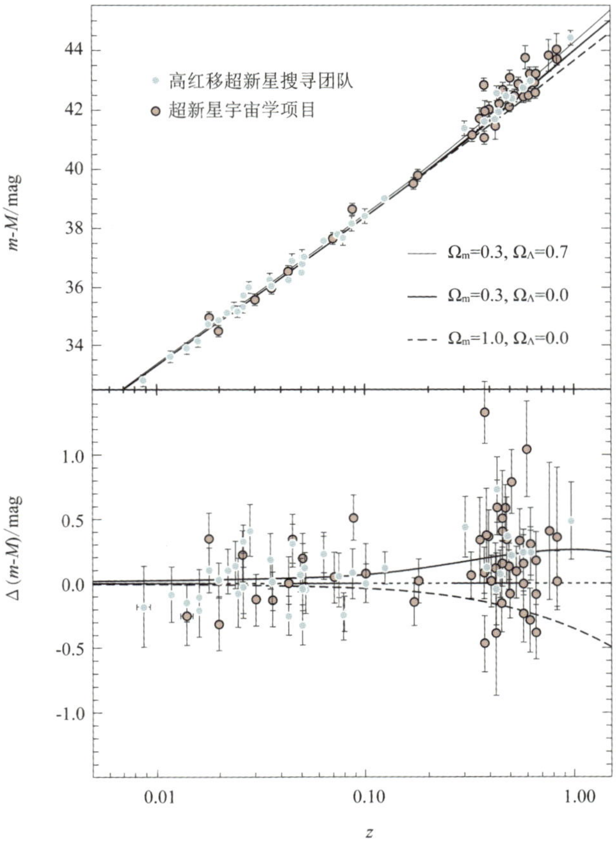

图中重叠了三个不同物质密度及宇宙学常数的宇宙模型，拟合最好的是 $\Omega_m=0.3$，$\Omega_\Lambda=0.0$的模型；下幅显示了与最佳拟合模型的残差

图 1　超新星宇宙学组（SCP）以及高红移Ⅰa 超新星搜寻组（HZSST）于 1998 年发表的超新星哈勃图

加入了超新星巡天行列，他们发现并得到了上百颗红移在0.1～0.5的中等红移的超新星光变曲线。这些巡天观测极大地丰富了Ⅰa超新星在中红移以及较高红移处的数据采样，这些高红移超新星巡天的样本数据显著提高了利用Ⅰa型超新星测定**宇宙学参数**（如确定暗能量性质的宇宙状态参数）的精度（图2、图3）。

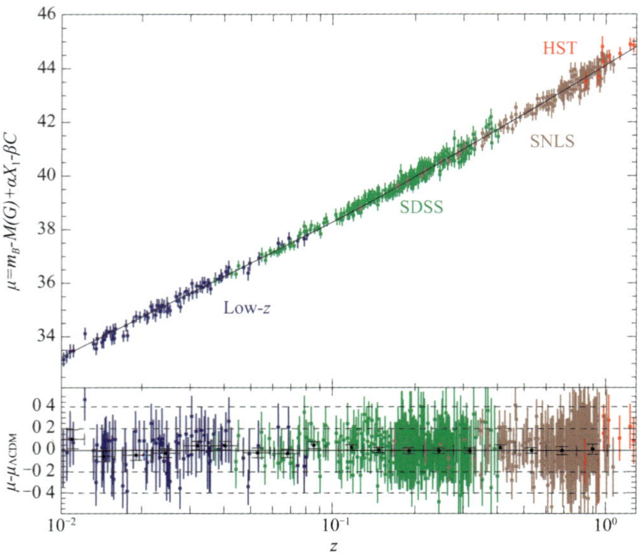

图中实线代表最佳拟合模型$\Omega_m=0.27$，$\Omega_\Lambda=0.73$
（哈勃常数$H_0=70$千米·秒$^{-1}$·兆秒差距$^{-1}$）

图2　低红移、SDSS、SNLS以及HST发现的高红移Ⅰa超新星的联合哈勃图

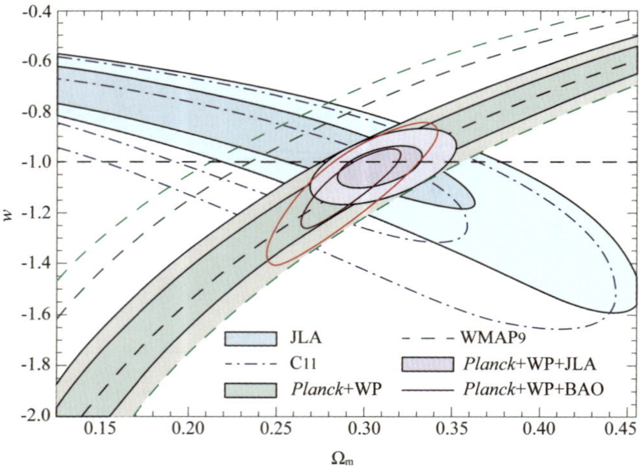

蓝色误差图代表SNLS和SDSS的超新星数据；绿色误差图代表普朗克的限制（"Planck + WP"）；虚线代表旧的结果；可以看出Planck + SNe（灰色）要比Planck + BAO（黑红线）的限制好很多

图3　SDSS + SNLS的联合高红移超新星样本JLA对暗能量状态参数w的限制

高红移超新星巡天早期两个项目的主要负责人——美国科学家S.波尔马特、拥有美国和澳大利亚双重国籍的科学家B.P.施密特以及美国科学家A.G.里斯因为通过观测遥远的超新星表明宇宙在加速膨胀，从而揭示了暗能量的存在，获得2011年度的诺贝尔物理学奖。（王晓锋）

高红移星系　high-redshift galaxy　泛指红移值相对较高的河外星系。高红移星系的划分判据往往因研究方向而异，实际上天文学对于红移多少以上的星系算是高红移星系并没有严格的界定。例如，对于研究本地星系的而言，红移1左右的星系已经算是高红移星系了，而对于研究红移7～8，甚至更高红移的星系而言，红移1左右的星系只能归于中等红移星系之列。在给定的宇宙模型中，星系的红移z越大，距离就越远，而光的传播速度有限，所观测到的红移越大的星系，也即是宇宙越早期的星系。因此，若将高红移星系理解为宇宙早期星系，那么鉴于红移大小与**宇宙年龄**并非线性相关，从宇宙的年龄来看，红移1左右星系所表征的宇宙年龄只有宇宙现有年龄的一半不到，在这个意义上，红移1左右的星系亦可看作高红移星系。

由于望远镜的观测灵敏度有限，望远镜接收到的星系辐射的强度与星系到望远镜的距离平方成反比，因此越是遥远的星系观测起来也就越困难。同等距离的两个星系，本身越亮的星系越容易被观测到，因而最先能够观测到的最高红移的星系往往是一些内禀光度极高的类星体。帕洛马山天文台5米望远镜运行十多年后，至20世纪60年代发现的星系最大红移只有0.46（3C295）。不到一年，最大红移的记录就被类星体3C147（红移$z=0.55$）打破。以后30年中，除1997年**哈勃空间望远镜**（HST）发现红移等于4.92的**引力透镜**星系之外，最大红移的记录一直被类星体保有。

在1982年9月发现红移3.78的PKS2000-330以前，最大红移的类星体都是用射电方法选出的，以后则交替为无缝光谱和**多色测光**等方法包揽。无缝光谱巡天借助红移到可见光区的莱曼α等发射线挑出类星体，但受**施密特望远镜**极限星等的限制，能测到高红移的天体不可能太多。多色测光法的基础是：恒星在多维颜色空间密集地处于非常狭窄的区域，而高红移类星体则稀疏地落在一个星等之外。多色法由于可通过配备CCD探测器的大口径望远镜推进到更暗的星等，已成为发现高红移类星体的主要方法。利用这一方法，于1987年1月首次发现红移大于4的类星体Q0046-293，并囊括了至1998年7月底发现的红移大于4的60多个类星体中的60%。对X射线点源进行光学证认是发现类星体的另一有效途径。不过由于仪器灵敏度的限制，除少数例外，X射线选类星体的红移一般都不太高。斯隆数字巡天（SDSS）项目显示了多色法寻找高红移类星体的巨大威力，同时拍摄640个目标的光纤光谱，所发现的类星体已达1万以上，超过了之前30多年全世界发现的总数，囊括了红移6以上的前8名，最高为6.42。预计该项巡天计划完成时，可发现10万个类星体，其中红移大于4者估计约有1000个。2011年欧洲宇航局的科学家们宣称用甚大阵望远镜（VLT）发现了最大红移的类星体，其红移为7.1，相应的宇宙年龄还不到7700万年。

由于正常星系是非点状的展源，发射线又很弱甚至根本没有，同类星体相比，发现高红移星系要困难得多。对于正在形成大量恒星的**星暴星系**，其新生的大质量高温恒星会激发很强的莱曼α发射线，因此也可用多色成像方法在高红移类星体周围去寻找这种莱曼α发射体（LAE）。一个包括日本和美国天文学家的合作组在口径8米的昴星团望远镜主焦照相机上装了一个中心波长800纳米的窄带滤光片NB816，用来观测红移5.74的宽吸收线类星体SDSS J1044-0125周围一个满月大小的天区。2002年2月一次长达10小时的观测发现了一个仅存在NB816像的星系，经昴星团望远镜的后随观测证实，这是一个红移5.69的遥远星系，被命名为LAE J1044-0130，其光谱中最亮的莱曼α发射线被红移到了NB816能透过的区域。用类似方法发现的LAE还有红移高达5.74的SSA22-HCM1，以及第一个红移大于6的星系HCM6A（$z=6.56$）。但由于尘埃消光严重，大大减少了发现LAE

的概率。幸运的是尘埃也可变害为利，被它吸收的恒星紫外光并未真正失踪，还会在峰值 100 微米的远红外波段再辐射出来。高红移星系一般恒星形成活动剧烈，其丰富的尘埃将把这种远红外辐射红移到亚毫米波段。配有亚毫米波通用热阵（SCUBA）的麦克斯韦望远镜（JCMT）就是用这一方法将 5 个z值在 0.9 和 3.8 之间的高红移星系捕获。

来寻找高红移产星星系的方法还有 20 世纪 90 年代提出的莱曼断裂法（Lyman-break），主要利用产星星系在紫外波段的莱曼系限的断裂特征来选源。该方法最早用来选择红移 3 左右的星系，因为在这一红移处，莱曼断裂的特征正好红移到光学波段，随着望远镜观测能力的提升，可以使用更长波段（如红外或者亚毫米波段）的观测数据来筛选更高红移的星系。

已观测到的高红移星系，大部分为某一类明亮的特殊天体样本，这对于研究星系形成与演化所需的高红移星系的统计样本还远远不够。哈勃空间望远镜（HST）观测的哈勃深场（UDF）虽然只覆盖了天空中很小一块区域，但由于前所未有的探测深度，使得可以观测到遥远的高红移暗弱星系。其后继空间望远镜 LSST 将以比 HST 更大的观测视场、更高的分辨率和成像质量，有望提供来自宇宙更早期高红移星系的统计样本，这将对星系形成与演化的研究带来很大的突破。

（邹振隆　撰　陈　竹　修订）

高空科学气球　scientific balloon　在平流层飞行的无动力浮空器，是数十年来逐步发展起来的进行高空科学观测或实验的一种运载工具。高空科学气球通常利用氦气或氢气，将数百千克至数吨科学仪器提升至 30～50 千米高度进行科学工作。对于天文观测而言，高空科学气球使得人类首次可以尽可能摆脱大气层的干扰，进行以往地面观测无法实施的项目。

高空科学气球的飞行高度一般位于平流层，它的飞行高度虽然不如卫星，但却比飞机高得多，一般可达 40～50 千米。由于高空气球造价低廉、组织飞行方便、试验周期短，因此越来越受到科学工作者的青睐，并被广泛应用于高能天体物理、宇宙线、红外天文、大气物理、大气化学、地面遥感、高空物理、生理、微重力实验等方面的研究，同时也大量应用于外层空间宇宙设备的预研和试飞以及军事方面等。

1912 年，奥地利物理学家 V.F.**赫斯**乘坐氦气球升空进行实验，用气球将**电离室**送到距离地面 5000 多米的高空，证明了宇宙射线的存在。可以说这是人类第一次进行的空间天文观测试验。1936 年赫斯由于发现宇宙射线获得了诺贝尔物理学奖。

现代高空科学气球通常包括气球本体、回收装置、能源及通信系统、科学仪器等四个部分。气球本体通常由高性能聚乙烯薄膜构成，能够在高空低温低压环境下维持气球形状稳定，同时自身重量应尽可能轻，提高科学气球的载荷能力；常见的科学气球体积在高空可膨胀到几万至几十万立方米（图 1）。回收装置包括缆绳切

完全充气时，这些气球有 150 米宽，大约为一个足球场大小，能够达到 40 千米高度

图 1　高空科学气球上升至上层大气时的状态

割器和降落伞，可根据地面无线电指令切断科学仪器与气球本体的连接，并利用降落伞完成科学仪器的安全回收。能源及通信系统主要包括太阳能帆板、GNSS 定位系统、热控及无线电通信系统：现代科学气球通常可以在高空连续工作数十至一百天，太阳能帆板可以为气球提供稳定的能源供应；GNSS 系统可以随时记录气球的位置，便于规划科学观测和仪器回收；热控系统可以维持科学仪器处于较好的工作环境，不受外部低温影响；无线电通信系统可以实现地面对气球的操控，并完成科学观测数据的下传。

在 20 世纪 60～80 年代的航天技术和**空间天文学**发展时期，高空科学气球是一种重要的空间探测工具。相比于早期的**探空火箭**，高空气球在飞行时间、工作稳定性、搭载仪器重量等指标上具有明显的优势，在 X 射线天文观测、γ 射线天文观测和红外天文观测等不适宜地面观测的领域取得了多个开创性的成果。

中国的空间天文也是依靠高空科学气球起步的，在 20 世纪 80～90 年代，由中国科学院高能物理研究所、大气物理研究所和有关单位共同建设的高空科学气球系统实现了 150 多枚科学气球的释放，进行了空间天文、宇宙线和高能天体物理、空间物理、大气物理等数十个观测项目，取得了一批重要观测成果。

随着**天文卫星**技术的成熟，空间天文观测逐渐向人造天文卫星平台转移。但高空科学气球依然凭借成本低廉、研制生成周期短等特点，在空间天文观测项目，特别是使用新技术、新方法的空间天文仪器技术验证和低成本空间天文观测项目中起到重要作用，美国国家航空航天局（NASA）和日本宇宙航空研究开发机构（JAXA）在 21 世纪后依然持续进行高空科学气球项目，每年的气球发射项目数量在 5～10 次。

随着航天技术的进步和人类对**太阳系**其他行星探测的深入，科学气球系统作为一种廉价高效的探测工具，国内外多家宇航机

图 2　概念性的火星气球任务

构已经开始研究如何在其他行星探测计划中使用科学气球系统搭载科研仪器（图 2）。

（胡一鸣　张　哲　张　岩　陈灯意）

高鲁　Gao Lu（1877-05-16～1947-06-26）　中国天文学家，中国现代天文学的开创人和领导人。字曙青，号叔钦。生于福建长乐（今福州长乐区），卒于福建福州。

在福建马江船政学堂毕业后，1905 年受清政府选派赴比利时布鲁塞尔大学留学，获工科博士学位，学位论文是关于飞机机翼的力学计算问题。酷爱天文学，留学期间潜心研习。1909 年孙中山在法国巴黎组织同盟会，高鲁积极追随，参与机要。1911 年回国，任南京临时政府秘书兼内务部疆理司司长。

1912 年任北洋政府教育部中央观象台台长。由此着手开创中国的现代天文事业，兼及现代气象事业。革新历书编制，竭力推广阳历，创办学术与普及刊物《气象月刊》（后改名《观象丛报》，为《中国天文学会会报》前身）。按照现代科学机构模式，在中央观象台设立天文、气象、历数、地磁等科，并网罗专业人才。参加东京东亚气象台台长联席会议、巴黎国际统一时辰会议，促进国际交流。筹划建立大天文台，并赴北京西山考察选址，但未得政府支持。1922 年发起创立**中国天文学**

会，任首任会长，且一生中多次担任会长。1924年负责收回日占青岛观象台。1924年与蒋丙然、竺可桢等发起创立中国气象学会，担任多届名誉会长。任中央观象台台长时期，曾出任教育部留欧学生监督。

1927年任南京国民政府教育行政委员会（曾改为大学院）秘书，兼观象台筹备委员会天文组组长，正式提出筹建紫金山观象台的规划。1928年中央研究院天文研究所成立，高鲁任所长，同时还担任江苏省政府委员。为**紫金山天文台**的选址进行实地勘察，排除清凉山、北极阁等选址意见，坚持将台址确定在紫金山上，并着手设计工作。1929～1931年出任中国驻法公使，临行前举荐**余青松**接任所长。驻法期间发明天璇式中文打字机，在巴拿马国际博览会获奖。归国后为余青松领导建成紫金山天文台提供协助。1934年发起成立中国日食观测委员会，延请蔡元培担任会长，亲任秘书长、编纂组主任。

1941年赴兰州观测日全食。1942年赴福州任闽浙监察使。1944年被免去闽浙监察使职务，回任监察委员，兼军委会军风纪第一巡查团委员。

著有《图解天文学》《日晷通论》《中央观象台之过去与未来》《星象统笺》等书。所著《相对论原理》两卷（1922年出版）对相对论在中国的传播有一定的贡献。著有科普与学术文章百余篇，并最早将天象仪概念引入中国。

高鲁为人正直，为官清廉，逝后获国民政府颁令褒扬，赞其刚介廉清。后世为纪念高鲁，将国际编号为79419的**小行星**命名为“高鲁星”。（张　旸）

高能天体物理学 high-energy astrophysics 研究发生在宇宙天体上的高能现象和高能过程的学科。是**天体物理学**的一个分支。20世纪60年代人造地球卫星被送上太空以后，对宇宙天体的辐射过程的研究从可见光、射电扩展到X射线、γ射线等高能电磁辐射波段。在高能辐射波段，电磁辐射的波长短到接近或小于一个原子的大小，此时的辐射可像粒子一样深入到物质深层而不再具有光波的反射、折射等波动特性，从而又被称为高能光子。公式$E = h\nu = hc/\lambda$描述了这种电磁辐射的波粒二象性，适用于整个电磁波谱上光子的能量E、波长λ和频率ν之间的关系。如一个波长为4000埃的蓝光光子的能量为3.1电子伏；一个波长为1埃的X射线光子的能量则为12.4千电子伏；而一个波长小于原子核大小（十万分之一埃）的高能γ射线光子，能量可高于1.24吉电子伏。这里所说的“高能”，首先是指单个光子的能量高，其次是指辐射的总能量比一般恒星、星系的辐射要大得多，如**活动星系核**、**宇宙γ射线暴**等。

研究内容　高能天体物理学研究发生在天体上的这些高能光子的产生机理、辐射特征和物理规律。此外，由于这种辐射与其起源处的**宇宙线**高能带电粒子存在着密切关联，能够到达地球的宇宙线粒子的能量高，其能谱从10千兆电子伏开始直跨10个数量级，因此也把对高能宇宙线粒子的产生和加速机制的研究纳入高能天体物理学的研究范围。

与高能天体物理的观测基础相对应的天文学分支又称高能天文学。由于高能辐射的粒子特性，通常必须采用核探测器进行观测；由于地球大气的屏障作用，高能天文观测只能在40千米以上的高空气球、火箭和人造地球卫星上进行（图1）。1962年，美国的150空蜂火箭箭载探测器首次发现了一个光学亮度很弱而X射线通量很强的天体，名叫天蝎座X-1。这一发现说明，宇宙空间中存在着一类以高能电磁辐射为主的天体或天体现象，而且辐射的总能量之大是太阳一类的恒星或普通星系所无法相比的。天蝎座X-1的发现标志着高能天文学的诞生、全波天文观测时代的开始。在以后的40年中，100余颗高能天文卫星被送上太空，已观测到能量从1千电子伏直至1000千兆电子伏以上天体的高能γ光子辐射，发现了上万个宇宙X射线源、数百个宇宙γ射线源（包括**X射线脉冲星**、**类星体**等一大批高能天体）、**宇宙γ射线暴**、**X射线暴**、双星致密星和黑洞的**X射线辐射**等一系列高能辐射现象，带给人们一个全新的宇观世界，高能天文观测本身及其所带动的高能天体物理研究获得了前所未有的迅速发展。

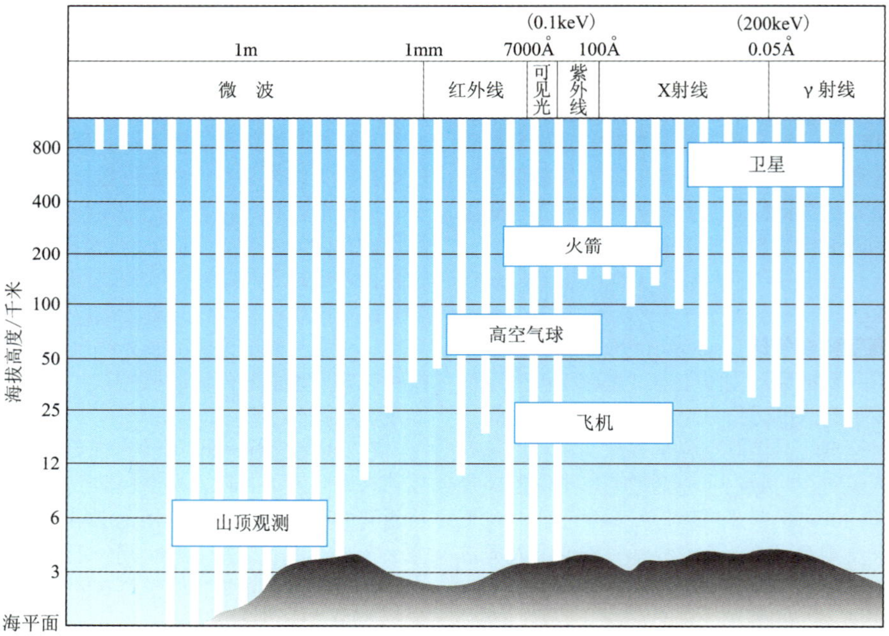

图1　各类电磁辐射可达到的距海平面的高度

高能光子产生的基本过程　主要分为下述几类：

①高温等离子体热运动产生的**热辐射**过程。辐射光子的能量可用$E = h\nu = kT$描述，T为等离子体的温度。在光学厚的情况下表现为**黑体辐射**，产生千电子伏的低能X射线需要有T接近10^7K的足够的高温；光学薄的高温等离子体会产生热韧致辐射，温度可更高一些，100千电子伏的X射线要求温度10^9K，已是极限。

②高能电子与物质或场的相互作用产生X射线、γ射线。具有幂律能谱接近$E^{-\alpha}$（α为一常数）、能量为γm_0c^2的相对论电子（m_0为电子的静止质量，γ为洛伦兹因子，c为光速），产生的光子能谱也是幂律谱。主要过程有3种：高能电子在穿过物质时因库仑场作用减速而产生非热韧致辐射，辐射的能量与高能电子的动能有相同的数量级；高能电子在磁场中加速产生同步辐射，辐射有很强的方向性，光子的能量正比于$B\gamma^2$（B为磁感应强度），天体环境中磁场强度的跨度很大，因而产生的光子可从射电一直到高能γ波段；高能电子与微波背景、星光等低能光子的逆康普顿散射，一次散射就可使低能光子的能量提高γ^2倍。用产生1兆电子伏的γ光子为例，这3种过程分别需要的电子能量为：韧致辐射γ为2；与2.7K微波背景辐射光子的逆

康普顿散射γ为 3.3×10^4；同步辐射γ为 1.4×10^7（假设B为 1 高斯）。

③高能质子与物质或场的相互作用产生高能 γ 射线。高能粒子与原子核的核反应过程，可使原子核散裂，或激发而后退激，或生成放射性同位素后再衰变，是核 γ 射线的主要来源。足够高能的质子与质子或 α 粒子碰撞，最终会产生 π^0，一个 π^0 会衰变成两个 68 兆电子伏的高能 γ 光子；如果反物质在宇宙中有分布，高能质子与反质子相遇会把其湮没产生高能 γ 光子。

④正负电子对的单光子、双光子或三光子湮没，或束缚态湮没，会产生 511 千电子伏 γ 谱线或连续谱。由于正负电子对往往产生于高能光子和物质的相互作用过程，在物质致密区会因此而产生光子和正负电子的电磁级联过程，从而产生能量较低的非热 X 射线。

观测研究　观测和研究表明，银河系中最强的 X 射线辐射来自包含有一颗致密星和一颗光学**主序星**的**密近双星**系统。其中的致密星体积很小，可以是质量为太阳质量的三分之一的**中子星**，或大于三倍太阳质量的黑洞，其强大的引力吸引着光学主星的表面物质和周围气体，形成一个**吸积盘**。吸积盘物质被黏滞加热至高温等离子体态，在致密星附近产生和发射 X 射线（图 2），所以双星 X 射线源大多是热辐射天体，光度量级为 10^{30} 焦/秒。而且，由于光学主星的轨道运动，视向的 X 射线辐射会有轨道周期的掩食效应。另一类 X 射线强源发生在磁中子星上，具有强磁场的中子星可以是密近双星中的致密星，如武仙座 X-1；也可以是**超新星遗迹**中的射电脉冲星，如蟹状星云脉冲星。辐射来自极冠处高能电子在强磁场中的同步辐射，视向强度受到中子星的自转周期的调制，这类天体也被称作 X 射线脉冲星或 **γ 射线脉冲星**。蟹状星云脉冲星的 33 毫秒周期性脉冲辐射一直延续到 10 吉电子伏以上，证明这颗中子星极冠处的磁场强度达到了 10^8 特。

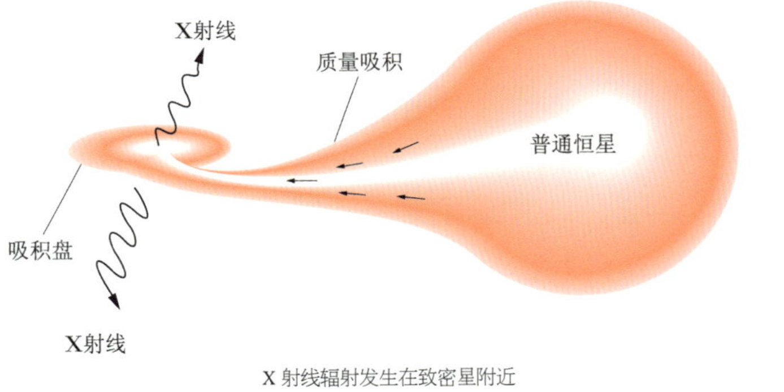

图 2　密近双星吸积过程示意图

类星体和活动星系核是银河系外星系尺度上的强 X 射线发射体，光度范围为 10^{36}～10^{40} 焦/秒。如果用巨型黑洞的**吸积**模型解释类星体和活动星系核的强大的能量释放现象，由于有较强的穿透率，X 射线的发射即可反映其核心深处的作用规律，接近 10 千电子伏的 X 射线发射区已在吸积流进入黑洞视界前的最后稳定区。

宇宙 γ 射线暴是具有吸引力的一类高能辐射现象，它们的短时标、随机出现的辐射特征很难判定其距离。1997 年以来，观测到 40 多例 γ 射线暴宿主星系的红移，从而可断定在地球附近观测到的持续时间较长的一类宇宙 γ 射线暴，起源于银河系外的遥远星系内恒星尺度的爆发，对因此而无法解释的巨大能量的释放可用带喷注的火球模型解释。

宇宙中高于 100 兆电子伏的高能 γ 射线辐射被认为与早期宇宙演化以及极高能宇宙线（E接近 10^{21} 电子伏）的传播行为有密切联系。宇宙线与星际氢分子云的相互作用能够解释银河系盘面上很强的弥漫 γ 射线辐射。逆康普顿散射在许多天体条件下是解释高能 γ 射线产生的重要机制之一。

能够到达地球附近的宇宙线称为初级宇宙线。宇宙线核子在其产生及传播过程中，不断受到各种磁场，包括星系际和星际磁场的偏转与加速作用，初级宇宙线失去了原来的方向，只有在 10^{18} 电子伏以上的极高能区才有可能保留下原始的信息。“费米加速机制”和银河系的漏箱模型成为共识：宇宙线核子起源于恒星演化晚期的超新星爆发；能量低于 10^{15} 电子伏的初级宇宙线以质子成分为主，主要来自银河系内；能量高于 10^{15} 电子伏的质子会从银河系中“漏”出，初级宇宙线中重核的比例增加；高于 10^{18} 电子伏的极高能宇宙线应该起源于银河系外，能谱在 10^{21} 电子伏以上应该有截断。

发展方向　高能天体物理和粒子物理、宇宙学有着十分密切的联系，它从研究微观粒子的物理规律出发，研究发生在浩瀚宇宙中的宏观尺度上的种种物理现象，是联系微观世界和宇观世界的最好接合部。21 世纪初，高能天体物理研究的重点是：极端条件下的物理、恒星黑洞天体的证认、宇宙 γ 射线暴、极高能宇宙线的起源、高能 γ 射线源、高能中微子源、**暗物质**和**暗能量**等。（马宇蒨）

高能宇宙辐射探测设施　High Energy Cosmic-Radiation Detection Facility; HERD

计划 2027 年前后安装在中国空间站上的空间天文和粒子天体物理实验装置，预计连续运行十年以上。HERD 是由中国提出并领导的，意大利、瑞士、西班牙等国家实质性参加的重大国际合作项目。HERD 采用三维位置分辨、五面灵敏的创新设计，核心科学能力将长时间保持大幅度国际领先，将成为中国空间站标志性的旗舰级重大科学实验和具有重大影响的大型国际合作项目。

HERD 主要科学目标包括：①宇宙线电子能谱精细测量及高灵敏度暗物质信号搜寻。利用更宽能区和最高灵敏度的各向异性测量能力对其他空间实验发现的高能电子谱异常等的各种非暗物质起源假说做出检验，高精度搜寻暗物质湮灭等机制产生的高能电子和 γ 射线信号，约束各种暗物质理论模型。保证中国占领空间暗物质搜寻的制高点，为解决天文和物理的最重大疑难之一暗物质问题做出关键贡献。②宇宙线起源和宇宙线物理。直接精确测量高达“膝区”的宇宙线成分，探究宇宙线起源的世纪之谜，联合深海和地面的多信使观测，可望在宇宙线物理上取得革命性的突破。③高灵敏度的高能 γ 射线全天巡天和监视。牵引国际高能天体物理界的重要科学发现，搜寻并证认引力波暴、高能中微子等多信使天文信号的 γ 射线对应天体，理解宇宙极端条件物理，并且寻找超轻粒子振荡效应、洛伦兹对称性破缺效应等新物理信号。HERD 还将通过多颗**脉冲星**同时观测探索脉冲星导航的新体制。

HERD 核心探测器是由 7500 块立方晶体组成的三维成像量能器（见图），其有效接收度和有效能区比以往同类项目高一个数量级以上。光纤径迹仪、塑闪探测器和硅电荷探测器依次包围量能器五面，实现 γ 光子的径迹测量、识别和带电粒子的

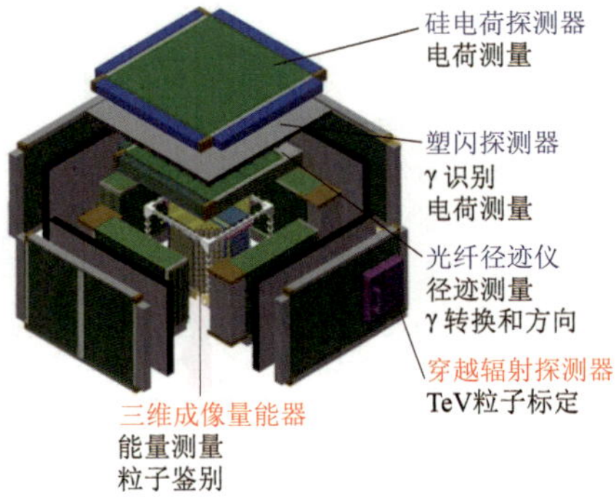

HERD 核心探测器

HERD 主要性能参数

性能	HERD
主要特点	三维五面灵敏
电子/光子探测能区	10GeV～100TeV（电子） 0.5GeV～100TeV（光子）
宇宙线原子核能区	30GeV～3PeV
光子角分辨	0.1deg.@10GeV
电荷分辨	0.1～0.3c.u
能量分辨（电子）	1%@200GeV
能量分辨（质子）	20%@100GeV～PeV
电子/质子鉴别能力	～10^{-6}
几何因子（电子）	> $3m^2sr$@200GeV
几何因子（质子）	> $2m^2sr$@100TeV

电荷测量。HERD 配备穿越辐射探测器，用于高能宇宙线绝对能量标定。具体性能如表所示。（董永伟）

高斯，C.F.　Carl Friedrich Gauss（1777-04-30～1855-02-23）　德国数学家、天文学家和物理学家。生于不伦瑞克，卒于格廷根。1795 年入格廷根大学，1799 年在赫尔姆施泰特大学获博士学位。1807 年被聘为格廷根大学数学、天文学教授和新建的天文台台长，执教到逝世。涉足天文学始于小行星的研究。1801 年，他创立通过三次观测确定小行星轨道的计算方法。他使用这个方法定出了 G.皮亚齐于同年 1 月 1 日发现的第一颗小行星谷神星的轨道，使这颗一度失踪的小行星很快又被找到。1802 年 H.W.M.奥伯斯发现第二颗小行星智神星，高斯将计算方法做了改进，很快算出它的轨道。此后，几乎都用这个方法推算小行星轨道。他的方法发表于 1809 年。1808 年，他创立太阳等高法求钟面时与视正午的改正数，用太阳近子午线高度求纬度的方法，还创立同时测定钟差和纬度的多星等高法。1818 年，他建立了高斯形式的任意常数变易法和长期差理论，用以计算行星轨道要素的长期变化。J.C.亚当斯用这个方法计算出狮子座流星群升交点的长期变化；希尔用这个方法计算出水星、金星的长期摄动。

在天文学方面的其他贡献还有：在星历表计算中，他引进一组辅助量，使求日心赤道直角坐标计算大大简化。这些辅助量称为高斯常数。在天体力学中，万有引力常数G，有时写为$G = K^2$，K也称为高斯常数。在引力理论中他引进了“引力势”的概念。1812 年导出“均质物体势”的高斯定理。在光学方面，他改进了克尔纳目镜，在焦平面上备有照明标尺，称为高斯目镜。高斯发明的求最或然值的最小二乘法，对天文学和其他许多需要处理观测数据的学科有重要的意义。高斯在球面三角学和内插法计算方面也有贡献。球面三角中有以他的名字命名的高斯方程组。球面三角公式经过高斯、欧拉和拉格朗日等人的整理，才成为现在的形式。高斯内插公式在天文计算中得到广泛的应用。另外，他在大地测量学、地球形状理论和地磁学方面也有重要的贡献。（石云里）

高速云　high velocity cloud　速度超出银河系较差旋转模型值的中性氢云。实际工作中将速度大于等于 90 千米/秒的中性氢云定义为高速云。高速云在 1963 年被首次探测到。其是银晕气体中温度最低、密度最高的成分，在全天都有分布。它们可能是从卫星星系剥离出的气体，或者是被吸积的星系际物质（IGM），也可能是银盘反馈的热气体冷却后的产物。云的尺度有多种，大的有 1000 平方度，小的小至观测设备的极限分辨率。用高分辨率设备观测时可以看出，面积大的云是由许多小云所组成。使用不同的氢原子巡天数据已经产出多个高速云表，1991 年，使用分辨率为 35 角分的巡天数据给出了全天 561 个高速云的表，2012 年，使用分辨率为 4 角分的巡天数据，给出了 7520 平方度天区内 692 个高速云的表。按照云的空间和速度分布，可以将一组云归结为一个复合体。南半球最显著的高速云复合体是导臂（LA）和麦哲伦流（MS），它们分别处在大小麦哲伦云的前导和后随位置。一般认为它们是大小麦哲伦云在2亿年前与银河系相遇时被剥离出的气体。在北半球，天区面积最大的复合体是 C。直径小于 2 度的高速云称为致密高速云，小于 20 角分的称为超致密高速云。

高速云的典型线宽为 20～30 千米/秒，对应的速度弥散和温度分别为 8.5～13 千米/秒和 9000K。许多高速云的速度轮廓包含窄的成分，其温度低于 500K。柱密度峰值的典型值约为 10^{19} 厘米$^{-3}$，空间分辨率较高时少数云的柱密度峰值可达 10^{20} 厘米$^{-3}$ 以上。柱密度高于 7×10^{17} 厘米$^{-3}$ 的云覆盖整个天空面积的 37%。通常使用高速云在光学波段对背景恒星的一次电离钙的 H 和 K 线以及一次电离钠的双重线的吸收来确定高速云的距离。大多数高速云复合体的距离为 2～15kpc，离开银道面的距离约小于 10 千秒差距。复合体 LA 和 MS 是例外，它们与大小麦哲伦云靠近的那部分的距离约为 55kpc，而 MS 的顶端的距离可达 100～150kpc。除 LA 和 MS 外，其他复合体的大小为几个 pc 到 15pc，原子氢的质量为 10^5～$5 \times 10^6 M_{\odot}$。LA、MS 和麦哲伦桥（Magellanic bridge）的总质量为 $3 \times 10^8 M_{\odot}$，其他所有高速云的总质量为 $7.4 \times 10^7 M_{\odot}$。高速云的体密度为 0.05～0.15 厘米$^{-3}$。虽然在复合体 M 和 C 中探测到尘埃存在的迹象，但仍缺乏高速云存在尘埃的确切观测证据。金属丰度测量主要集中于复合体 C、LA 和 MS，测量结果表明这三个复合体的金属丰度均是太阳金属丰度值的 10%～30%。在为数不多的几个视线方向探测到高速云中的分子气体，例如：在复合体 LA 和 MS 中探测到氢分子，在麦哲伦桥中探测氢分子和一氧化碳分子。（王红池）

高温耀斑区　high-temperature flare region　位于日冕中触发太阳耀斑发生的源区，对应于发射耀斑高能粒子的耀斑高温区。无论从释放能量的大小或是从触发耀斑事件的起始位置看，耀斑的主体应当是高温耀斑区，而光学耀斑不过是较低能的次级现象。也就是说一般认为导致耀斑发生的等离子体不稳定性的触发应发生在高温耀斑区附近，然后由触发区产生的粒子流和热传导一起向下层传播，在低层大气激发产生光学耀斑。高温耀斑主体位于日冕中，有些延伸到色球-日冕过渡区。其电子温度 $T_e \approx 10^7$～10^9K，电子密度$n_e \approx 10^{10}$/厘米^3，是耀斑高能粒子发射源区。

高温耀斑区的研究主要依靠与高能粒子发射有关的 X 射线和射电波段的观测，以及空间粒子直接探测。X 射线和空间粒子探测技术从 20 世纪 60 年代以后才开始发展，后逐渐成熟。高温耀斑区的电磁辐射集中于 X 射线波段，同时导致触发耀斑发生的磁重联加速的非热电子除了通过轫致辐射机制产生 X 射线爆发外，也通过回旋同步辐射产生射电微波爆发和各种类型的射电米波爆发。因此，也可以把耀斑的 X 射线辐射、射电微波、米波发射以及导致产生这些辐射的耀斑粒子发射归入高温耀斑区及其相关的高能现象，以区别于光学耀斑的低能现象。（林元章）

哥白尼，N. Nicolaus Copernicus（1473–02–19～1543–05–24） 波兰天文学家，日心说的创立者，近代天文学的奠基人。生于波兰维斯瓦河畔的托伦城，卒于东普鲁士的弗劳恩贝格。18岁时进克拉科夫大学，受到数学教授A.布鲁楚斯基的影响，开始系统收集天文学和数学方面的著作，显示出对天文学研究的极大兴趣。

1497～1500年，他在博洛尼亚大学读书，除教会法规外，还同时研究多种学科，尤其是数学和天文学，成为天文学教授D.诺瓦拉的学生和助手。1497年3月9日，他在博洛尼亚完成了他遗留下的第一个天文观测记录——月球遮掩金牛座α（**毕宿五**）的时刻。1500年，他在罗马休假期间继续自己的天文学工作，对当年11月5～6日深夜的**月食**进行了观测。

1501年秋天，哥白尼转到帕多瓦大学学习。1503年，在费拉拉大学获得教会法博士学位。同年，哥白尼从意大利回到波兰，在已任大主教的舅父那里当助手兼私人医生。1512年舅父去世后，他定居弗龙堡，在弗龙堡教堂做僧正，后来又长年承担教区的财政和行政管理工作。1520年后，他开始推动货币改革，于1526年完成了一篇关于货币质量的文章，指出了劣币驱逐良币的现象。不过，所有这些都没有影响他研究天文学的主要志向。

1514年，哥白尼买下了弗龙堡大教堂城墙上的一座角楼，并选择顶上一层有门通向城上的平台作为天文台。这地方后来被称为“哥白尼塔”，自17世纪以来作为天文学的圣地被保存下来。哥白尼记录在案的天文观测有60多个，其中半数都是在弗龙堡完成的。

哥白尼的主要贡献是创立了科学的日心地动说，写出“自然科学的独立宣言”《**天体运行论**》。

当时的欧洲正处在中世纪的末期。亚里士多德–托勒密的地球中心说早已被基督教会改造成为基督教义的支柱。然而，托勒密天文学体系中有两点令中世纪以来的众多天文学家感到不满。首先，月亮的均轮中心在一个以地球为中心的小轮上运动，虽然提高了上下弦前后月亮位置的计算精度，但却使月–地距离出现一半的变化。其次，行星运动模型中，本轮的中心是相对于均轮中心以外的一点作匀速圆周运动，违背了自毕达哥拉斯以来古希腊天文学家普遍接受的一条“天文学公理”：天体运动必须是匀速圆周运动或者匀速圆周运动的组合。

据哥白尼追忆，他很早就注意到天文学家们在天体运动推算中存在的混乱，认识到托勒密行星运动模型“既不够绝对，也不足以使心灵感到愉悦”。因此他对哲学家们感到不满，因为他们没能揭示“那位最好和最系统的工匠为我们所创造的世界机器的确定的运动模型”。他了解到古希腊人**阿利斯塔克**等曾有过地球绕太阳转动的学说，于是开始思考：在假定地球具有某些运动的前提下，是否可以对天体运行提出更加可靠的解释；“是否可以找到一种更加合理的轮圈排列方式，既可以从中推出每一种可见的不均匀性，而其中的一切又都均匀地运动，就像完美运动的规则所要求的那样”。

哥白尼发现，在托勒密体系中，每个行星都有三种共同的周期运动，即一日一周、一年一周和相当于**岁差**的周期运动；如果把这三种运动都归到被托勒密视为静止不动的地球上，就可消除其体系里不必要的复杂性。因此，他建立起一个新的宇宙体系，其中太阳居于宇宙的中心静止不动，地球一方面同其他行星一起绕太阳转动，另一方面则与其周围的元素（即空气等）每日围绕地轴自转一周（解释了为什么地球表面物体的运动不会因为**地球自转**而出现混乱），而恒星则在离太阳很远的一个天球面上静止不动（揭示了恒星为什么不会因为地球的公转而显示出“周年视差”）。哥白尼也找到了一种更好的轮圈排列方案，有效解决了行星运动模型的“不和谐”问题。他指出，由于这个新模型与观测数据完全吻合，以往哲学家否认地球运动的全部论据“在这里第一次彻底土崩瓦解”。

1514年，哥白尼把自己的新理论写成一本既无标题、又无署名的小册子在朋友圈中散发。几十年后，**第谷**才给它加上了一个标题：《尼古拉·哥白尼关于他自己建立的天体运动假说的短论》（简称《短论》）。书中的理论仍然属于定性描述，因此哥白尼接下来又用了20多年时间来对它进行定量化处理。

1539年，德国威登堡大学年轻的天文学教授赖迪库斯慕名来到弗龙堡向哥白尼学习，于两年后写出了《一位年青数学家向最富名望的约翰·硕纳先生提交的关于博学的绅士、著名的数学家、瓦米亚的教士、尊敬的托伦人哥白尼博士所写的关于天体运转的著作的初述》（简称《初述》，书名中的硕纳是纽伦堡的数学家和出版商），于1540年公开出版。经过赖迪库斯的鼓动和《初述》的公开介绍，哥白尼终于下定了出版的决心。为了保险起见，他以一篇给教皇保罗三世献词作为全书的序言，希望在这位比较开明的教皇的庇护下，这部著作能够顺利问世。

此时哥白尼已重病在身，赖迪库斯刚好得到莱比锡大学提供的教授职位，必须马上赴任，新书的排印督导工作辗转落到了路德派教士奥塞安德尔身上。这位教士为使这本书能安全发行，假造了一篇无署名的前言，说书中的理论不一定代表行星在空间的真正运动，不过是为编算**星表**、预推行星的位置而想出来的一种人为的假设。这篇前言完全违背了哥白尼的意愿，但大大消解了该书在宗教上的敏感性。1542年秋，哥白尼因中风陷入半身不遂的状况，到1543年初已临近死亡。延至5月24日，当一本印好的《天体运行论》送到他的病榻的时候，已是他弥留的时刻。

《天体运行论》不仅推翻了长期统治西方科学和思想界的地心说，同时也打破了作为“地心说”基础的亚里士多德宇宙物理学，为近代天文学和物理学的革命打开了缺口。

（石云里）

哥本哈根大学天文台 Copenhagen University Observatory 哥本哈根大学下属的天文研究机构。位于丹麦首都哥本哈根市。1642年，为了纪念第谷对天文学的贡献，哥本哈根大学启用圆塔天文台，由于城市灯光污染以及交通振动引起的观测误差，圆塔于1861年停止天文观测。

1861年，天文台迁至奥斯特沃尔德，装备有280毫米**折射望远镜**，焦距4.9米。1895年，更换为360毫米折射望远镜。20世纪50年代，奥斯特沃尔德天文台被位于霍尔布克镇附近的布罗费尔德天文台所取代，配备了一个非常精密的子午仪和一台**施密特望远镜**，望远镜配有照相底片。

奥斯特沃尔德天文台及第谷雕塑

（李宗伟　刘黎明）

哥本哈根问题 problem of Copenhagen 研究有关限制性三体问题周期解的一系列课题。H.庞加莱建立的**周期解理论**，对解决小行星的运动理论中的困难问题起了很大作用，引起人们的重视。哥本哈根大学天文台的 B.G.D.**斯特龙根**和他的同事对**平面圆型限制性三体问题**做了大量的工作，将在五个平动点和两个有限质量体P_1、P_2等七个点附近可能出现的周期解加以分类，并研究了顺行和逆行的周期轨道以及渐近轨道等。以他们的工作为基础，在 1936 年哥本哈根大学天文台召开的一次国际会议上，提出了一项研究**限制性三体问题**周期解的计划。所研究的题目是假定两个有限质量体的质量相等，彼此互绕做圆周运动，第三体质量为无限小，与两个有限质量体在同一个平面上运动，要求找出三类周期解：①围绕两个有限质量体之一的周期轨道。②同时围绕两个有限质量体的周期轨道。③围绕拉格朗日平动点的周期轨道和渐近轨道。包括这些轨道演化的有关研究课题，统称为哥本哈根问题。

（赵德滋）

格雷尔斯雨燕天文台 Neil Gehrels Swift Observatory 美国国家航空航天局（NASA）2004 年发射的专门用于观测γ射线暴的多波段**天文卫星**。全称γ射线暴（简称γ暴）快速反应探测器。简称 Swift 卫星。Swift 卫星由美国、英国和意大利共同研制开发，共配备有三个探测器：爆发警示望远镜（BAT），X 射线望远镜（XRT）以及紫外/光学望远镜（UVOT）。三个探测器共覆盖了对γ射线、X 射线、紫外以及可见光波段等多个波段的探测。

格雷尔斯雨燕天文台照片

Swift 卫星的基本工作模式如下：γ暴一旦发生，会首先触发 BAT 探测器，由 BAT 记录γ暴的γ射线辐射性质。BAT 会在 20 秒内向地面提供误差范围在 3 个角分的空间位置信息。随后 XRT 与 UVOT 会在 90 秒左右自动指向由 BAT 提供的位置范围，迅速搜寻和观测γ暴 X 射线、紫外以及光学波段余辉信号，并由 XRT 向地面提供更为精准的γ暴空间位置（误差范围为 1～5 角秒），以保证地面望远镜及时开展对γ暴多波段余辉的观测。

Swift 卫星每年可以探测到 100 个左右的γ暴，除提供准确空间位置信息外，Swift 卫星还记录了每个γ暴的多波段光变曲线，γ射线与 X 射线光谱，甚至为部分γ暴提供红移信息。Swift 卫星的全部观测数据实时公开。

探测器　爆发警示望远镜（BAT）　一个具有高灵敏度大视场的γ/硬 X 射线探测器，可以提供γ暴的触发以及 4 角分以内的定位信息。BAT 采用**编码孔径**成像技术，视场可以达到 1.4 个立体角。在使用编码成像时，可探测能量范围为 15～150keV。BAT 在通常状态下处于**巡天模式**，以 5 分钟为时间间隔记录硬 X 射线的光子数。当有疑似γ暴触发时 BAT 转入γ暴模式，记录逐个光子信息，并同时记录下暴前一段时间的数据。同时利用 figure-of-merit（FOM）算法估计触发的真实性以判断是否需要调动 XRT 以及 UVOT 来观测。

X 射线望远镜（XRT）　聚焦式望远镜，它具有 110 平方厘米的有效面积，23.6 × 23.6 角分的视场，18 角秒的分辨率，可探测能量范围是 0.2～10keV，探测灵敏度极限可以达到2×10^{-21}～9×10^{-17}焦/(厘米^2·秒)。对于普通γ暴，XRT 最早可以从暴后 20～70 秒开始对 X 射线余辉进行观测，观测 10 秒内即可实现对γ暴的精确定位（误差 5 角秒以内），可持续观测至数天甚至数周。XRT 拥有两种数据模式，图像模式和光子计数模式。前者可以在 XRT 转向过程中开始记录，但只能记录每个像素点接收的总能量，只能对亮源进行定位，不能分辨光谱。后者需要在 XRT 指向确定后开始工作，但具有更高灵敏度，且可以分辨光谱等信息。通过两种模式等自动切换，XRT 可以实现对γ暴早期余辉的快速和深度探测。

紫外/光学望远镜（UVOT）　衍射极限为 30 厘米的 RC 反射式望远镜，17 分钟曝光下可以达到 22.3 等的探测灵敏度。γ暴触发 BAT 后 90 秒，UVOT 便指向γ暴位置开始观测，记录下γ暴早期紫外/光学余辉数据的同时，立即将初始图像信息下传，以便地面望远镜的进一步跟踪观测。由于地面无法开展紫外的观测，因此 UVOT 在紫外波段对γ暴（以及**超新星**等其他源）的观测十分珍贵和重要。不仅如此，对于红移在 1.3～5 的γ暴，UVOT 还可以提供该γ暴的**测光红移**信息。

科学目标及成果　Swift 卫星的主要科学目标是对γ暴性质进行详细的研究：比如确定γ暴的起源，确定γ暴自身如何演化并如何与周围介质相互作用，以及如何利用γ暴研究宇宙早期的性质等。Swift 卫星的副科学目标还包括：首次硬 X 射线的巡天观测，对**活动星系核**、软γ射线重复源以及超新星的多波段观测，以及对重要突发性暂现源的快速响应观测，等等。

Swift 卫星的主要科学发现包括：①探测到有光谱认证的最遥远天体（GRB 090423，红移为 8.3）。②利用γ暴测量红移大于 5 的恒星形成区域的金属风度。③通过对短γ暴的准确定位认证了短γ暴的宿主星系，支持短γ暴起源于双中子星的并合。④探测到一类从前未知的不与超新星成协的长软γ暴。⑤ XRT 在γ暴 X 射线余辉中发现 X 射线耀发以及较慢的衰减平台，由此揭示γ暴中心引擎活动时间可以达到分钟甚至小时的量级。⑥ UVOT 独一无二地探测到了不同类型的超新星的紫外光变曲线。⑦ XRT 探测到一例超新星爆发时由激波突破造成的 X 射线闪。⑧ BAT 进行了目前为止最深的硬 X 射线巡天，发现了大于 400 个活动星系核以及 2 型**赛弗特星系**等。

（高　鹤）

格雷果里望远镜 Gregorian telescope 由两块反射镜组成的一种**反射望远镜**。又称格雷果里系统。两块反射镜都是凹面镜，其中大的称为主镜，小的称为副镜（见图）。

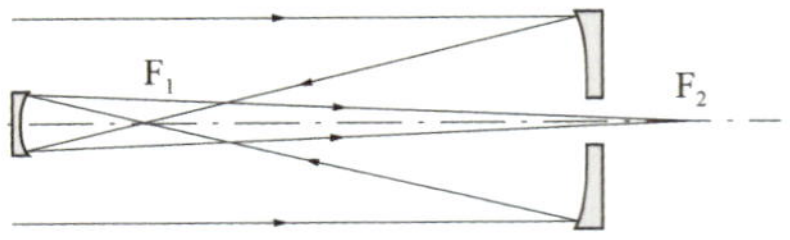

格雷果里望远镜示意图

1663 年为 J.格雷果里所发明，一般在主镜中央开孔，焦点在主镜外面，但焦点也可以在主镜与副镜之间。格雷果里望远镜中，副镜不仅将像 F_1 移至 F_2，而且将它放大。格雷果里望远镜成的是正像。

格雷果里望远镜可以有种种不同的形式，光学性能也随之不同。主要的形式有：①经典的格雷果里望远镜。主镜的面形是旋转抛物面，副镜的面形是旋转椭球面，只要副镜的一个焦点与主镜的焦点重叠，根据圆锥曲线的性质，经过副镜反射后，光线将完全无球差地会聚到副镜的另一个焦点，但这种望远镜有彗差，w是焦面上像点离开视场中心的距离，在该处彗差的最大值$l = 3w/16F^2$，F是系统的焦比，l和w可以是角度也可以是长度但单位要相同，这个彗差公式与主焦点系统、**卡塞格林望远镜**（系统）相同，但由于副镜已将焦比放大，实际的彗差值往往比主焦点系统小很多。②也可以要求格雷果里望远镜（系统）对所有平行于光轴的光满足等光程（消球差）和正弦条件（见 **R-C 望远镜**），当主副镜的焦比都不太强时，此条件常近似地取为消去三级球差和三级彗差，镜面形状取为旋转圆锥曲面。对格雷果里望远镜也可做更多类似卡塞格林望远镜（系统）的讨论。

格雷果里望远镜与卡塞格林望远镜的比较：格雷果里望远镜主、副镜之间的距离更大，镜筒更长；主、副镜形成的场曲是相加的，不能抵消，焦面更弯。其他光学性能两者差不多，因此，反射望远镜较少采用这种光学系统。但格雷果里望远镜（系统）也有重要优点，它的副镜是凹面镜，其加工检测比同样口径卡塞格林望远镜的副镜要容易，特别是当口径较大时。**太阳望远镜**常采用这种系统，在它的主镜焦点处安置光阑，使要研究的太阳局部区域的光通过，而其他部分的光反射到镜筒外面或被吸收，可大量减少太阳辐射热对成像质量的影响。再如地面层自适应光学（GLAO），变形镜希望能与100～200米的高空共轭，口径10～20米的格雷果里望远镜中主镜成的副镜像大致就在这个区域，它可同时作为**自适应光学**的变形镜。

（苏定强）

格林尼治皇家天文台 Royal Greenwich Observatory; RGO 英国历史最悠久的国家天文台。1675年由英王查理二世下令并拨款修建，英国天文学家J.弗拉姆斯蒂德建立，位于英国伦敦东南泰晤士河南岸的格林尼治皇家花园。

格林尼治皇家天文台外景

建台的初衷在于解决海上测定经度的问题。建台后主要业务在于时间工作、恒星方位、航海天文、天文历书等方面。1767年，该台开始出版以格林尼治时间为准的《航海天文年历》。1884年在美国华盛顿召开的国际经度会议上，决定以经过格林尼治的经线为本初子午线，并以格林尼治为"世界时区"的起点，据以校准时间。由于城市灯光污染，1948年，天文台搬迁至苏塞克斯郡的赫斯特蒙索，1957年完成搬迁，原天文台旧址称为老皇家天文台。1967年在赫斯特蒙索安装2.54米艾萨克·牛顿望远镜，1979年又转移至西班牙**拉帕尔马天文台**。1990年，天文台再次搬迁至剑桥，1998年，天文台正式关闭，原有研究转移至**爱丁堡皇家天文台**，位于格林尼治的老皇家天文台则成为英国国家航海博物馆下属的格林尼治皇家天文台，陈列17世纪和18世纪时该台用过的各种天文观测仪器设备、天象图、航海图等。在子午馆内，有一条镶嵌在大理石中间的铜线，即著名的划分地球经度的本初子午线，1999年12月16日升级改用不锈钢，并在天文台射出一束激光标志本初子午线。

（李宗伟　刘黎明）

格林尼治平时 Greenwich mean time 格林尼治（旧译格林威治）所在地的标准时间，也是表示**地球自转**速率的一种形式。以地球自转为基础的时间计量系统。又称世界时、格林尼治时间。见**地方时**。

根策尔，R. Reinhard Genzel（1952–03–24～）德国**天体物理学**家。2020年诺贝尔物理学奖获得者。生于德国黑森州巴特洪堡镇。父亲是一位固体物理学教授。在父亲影响和指导下，根策尔从小立志从事物理学工作。1973年获德国学术奖学金资助，在德国佛莱堡大学和波恩大学学习物理学。

1975年从波恩大学物理与天文学系获得文凭，随后到**马克斯·普朗克射电天文研究所**做研究生，完成了关于星际激微波（merses）的博士论文，1978年从波恩大学获得物理与天文学博士学位。之后在美国**哈佛–史密松天体物理中心**从事博士后研究。1980～1982年在美国加州大学伯克利分校的米勒基础科学研究所任米勒奖学金研究员，1981年受聘为该校物理系副教授以及空间科学实验室天文学副研究员，1985年晋升教授。1986年回德国，开始担任位于巴伐利亚州加兴市的**马克斯·普朗克地外物理研究所**所长，1988年开始担任慕尼黑大学荣誉教授，1999～2016年兼任加州大学伯克利分校物理系教授。

先后荣获德国马克斯·普朗克学会奥托·哈恩奖章（1980）、美国国家科学基金会总统青年研究者奖（1984）、美国天文学会牛顿·莱西·皮尔斯天文学奖（1986）、德国科学基金会莱布尼茨奖（1990）、美国得克萨斯大学德沃库勒尔奖章（2000）、法国天文学会朱尔斯·让森奖（2000）、德国物理学会实验物理施特恩·格拉赫奖章（2003）、巴尔赞红外天文学奖（2003）、瑞士阿尔伯特·爱因斯坦奖章（2007）、邵逸夫奖（2008）、"伽利略2000"奖（2009）、卡尔·史瓦西奖章（2011）、瑞典皇家科学院克拉福德奖（2012）、欧洲天文学会第谷·布拉赫奖（2012）、以色列理工学院哈维奖（2014）、英国皇家天文学学会赫歇尔奖章（2014）。2020年，因对银河系中心的超大质量致密天体的发现，同**A.盖兹**、**R.彭罗斯**共同获得诺贝尔物理学奖。

根策尔从事红外和亚毫米波天文学研究，并将之用于银河系中心区域恒星运动的探测，对星系的形成与演化也有深入研究。1974年，B.巴利克和R.布朗在位于银河系中心方向的射电源人马座A中发现了一个明亮而致密的组分，R.布朗后来将它命名为**人马座A***。同一时期，美国**C.H.汤斯**也在带领团队对人马座A的电离氢区（HⅡ区）进行红外波段的观测，根策尔从1980年开始参与这项工作。1994年，根策尔、D.霍伦巴赫和C.H.汤斯联名发表"我们星系的核"一文，根据在远红外和亚毫米波段对人马座A*周围氖气涡旋速度的观测指出，人马座A*的中心存在一个致密天体，其质量相当于300万个太阳，是银河系中心存在大质量黑洞的证据。

从1992年开始，根策尔带领自己的团队，借助**欧洲南方天文台**（ESO）的新技术望远镜（NTT），利用近**红外干涉仪**对人马座A*周围28颗恒星的运动进行持续观测，从该区域恒星运动的动力学特征出发，为这个疑似黑洞积累了更多证据。2002年，他们发现恒星S2在一个围绕人马座A*的开普勒椭圆型轨道上运动，其周期为15.2年，中心的疑似黑洞具有3.7 ± 1.5百万个太阳的质量。此后，他们又借助该台的甚大望远镜（VLT），通过这些恒星观测对疑似超大黑洞的位置和质量进行更加精密的测量，到2008年测得该疑似超大黑洞具有4.31 ± 0.38百万个太阳质量。2018年，天文学家借助欧洲南方天文台的甚大望远镜近红外干涉仪（GRAVITY）观测到人马座A*附近**吸积盘**的红外辐射耀斑，与根据黑洞理论所做出的预言精密相符，为银河系中心超大黑洞的存在提供了确定性证据。

根策尔还是美国和德国天文和物理学

会会员、美国物理学会会员（1985）、美国国家科学院外籍院士（2000）、法国科学院外籍院士（1998）、利奥波第那科学院院士（2002）、欧洲科学院院士（2002）、巴伐利亚科学院资深院士（2003）、西班牙皇家科学院外籍院士（2011）、英国皇家学会外籍会士（2012）。 （石云里）

公历 Gregorian calendar 全世界通用的历法。又称格列高利历，简称格列历。公历是一种阳历，由罗马教皇格列高利（又译格雷果里）十三世对原来的儒略历进行修订后于1582年颁行的。由于儒略历的年长度是365.25日，同回归年平均长度365.2422日相差0.0078日，从实施儒略历到16世纪后期，累差已约10天。为消除这个差数，格列高利十三世把儒略历1582年10月4日（星期四）的下一天定为格列历10月15日（星期五），中间消去10天，这样使春分日恢复到3月21日。同时还修改了儒略历置闰的法则，公元年数被4除尽的仍为闰年，但对世纪年（1600，1700，……），只有能被400除尽的才为闰年。这样在400年中只有97个闰年，比儒略历减少3个，即历年的平均长度为365.2425日，与回归年长度365.2422日更为接近。

公历先在天主教国家使用，后推行到新教国家，20世纪初全世界普遍使用。中国于辛亥革命后的1912年开始采用公历，但用中华民国纪年。1949年中华人民共和国成立后，采用公历纪年。 （李能耀）

拱极星 circumpolar star 相对观察者而言，永远不会落到地平线以下的恒星。因地球自转的原因，恒星看起来都在围绕天极旋转，离天极越远，其周日运动的圆圈越大。多数恒星的圆轨迹会有部分落入地平线以下。拱极星则不会落到地平线以下。

一颗恒星是否是拱极星取决于观察者所在的地理纬度。对于在地理纬度为θ处的观察者而言，如果一颗赤纬为δ的恒星满足$\theta+\delta<+90°$（北半球）或者$\theta+\delta<-90°$（南半球），这颗恒星就是一颗拱极星。对于北半球的观察者而言，如果恒星与北极星之间的视线夹角小于当地的地理纬度，这颗恒星就是拱极星。所有的拱极星都落在一个以天极为中心的圆圈之内。类似的，对于在某一地理纬度处的观察者而言，有些恒星也不会升到地平线以上，这样的恒星满足$\delta-\theta<-90°$（北半球）或者$\delta-\theta>+90°$（南半球）。例如在中国华北地区，就看不见南天极附近的南十字座，而在南美洲的巴塔哥尼亚也看不见华北地区常见的北斗七星。

如果一个观察者从地球北极沿某一条经线走到地球南极，其能观测到的拱极星数量随纬度不同而发生变化。在地球北极点时，全天可见的所有恒星都不会落到地平线以下，即所有可见恒星均为拱极星。随着观察者南行，拱极星的数量会逐渐减少，即包含拱极星的圆圈在缩小。当观察者来到赤道时，这个圆圈已经缩小到地平线上的一个点（南、北天极），实际上此时已经没有拱极星了。随着观察者继续南行，南天极的拱极星圈逐渐变大，即南天拱极星数量逐渐增多。当观察者来到地球南极点时，又是全天可见恒星均为拱极星。

习惯上一般将天极附近的星座称为拱极星座，如北天极附近的大熊座、小熊座、仙王座、仙后座等，南天极附近的南极座、天燕座等。北天极附近的拱极星座，对中国华北地区的观察者而言，全年可见。 （孟祥存）

拱状暗条系统 arch filament system; AFS 太阳大气中磁流管升浮的观测证据。用氢谱线观测太阳时，有时会看到新生的双极黑子群的双极之间由暗黑的拱形暗条联结，并随黑子群的发展而逐渐扩大。太阳黑子的本质是太阳表面局部强磁场区，因此黑子和黑子群的演化实际上就是太阳局部区磁场的演化过程。光球下面磁流管中的压强应满足：

$$P_e-P_i=\frac{B^2}{2\mu_0} \quad (1)$$

式中P_e和P_i为磁流管外和管内的流体压强，B为磁流管内磁场的磁感应强度，μ_0为真空磁导率。物态方程为：

$$P=\frac{k}{\mu m_H}\rho T \quad (2)$$

式中P、ρ、T分别为压强、密度和温度，μ为平均原子量，m_H为氢原子质量，k为玻尔兹曼常数，把（1）式两端乘以重力加速度g，并利用（2）式，可得：

$$(P_e-P_i)g=\frac{kT}{\mu m_H}\left(\frac{B^2}{2\mu_0}\right) \quad (3)$$

（3）式就是单位体积的磁流管浮力。当磁场强度达到一定数值时，浮力足以使磁流管升浮到太阳表面，成为太阳黑子。磁流管与光球相交的两个足根分别对应于黑子群中的前导和后随部分，它们具有相反的极性，构成了双极黑子群。从观测上比较容易察觉出磁流管升浮出太阳表面形成黑子的过程。最明显的证据就是新生的双极活动区中，当用Hα单色光观测时，经常可以看到连接前导和后随黑子的拱状暗条系统。它们实际上就是贯穿黑子前导和后随部分的磁流管在色球层中的形态。随着黑子群的发展和壮大，拱状暗条系统也不断扩大和变化，直到在Hα单色光（只能观测色球层）中消失。 （林元章）

共生星 symbiotic star 在光谱中既出现冷星低温吸收线又出现热天体高温发射线的恒星。共生星的存在表明同一个天体上同时存在可见光波段温度低于4000K左右的物质和温度高于20 000K的物质。1941年美国天文学家P.W.梅里尔首先把这种光谱性质很不相同但又互为依存的星取名为共生星。

共生星的光变具有准周期的类新星爆发特征，并有小振幅的快速非周期光变。1969年苏联天文学家A.A.博亚尔丘克提出共生星的三个判据：①晚型星光谱的吸收线（如TiO带、CaⅠ、CaⅡ等）。②HeⅢ、OⅢ或更高电离电势原子的发射线（发射线的宽度不超过100千米/秒）。③亮度的变化在几周内达到三个星等。已发现的共生星约有50颗，研究最早的和典型星是仙女座Z，共生星有时又称作仙女座Z型星。有一颗共生星特具魅力，即宝瓶座R，它有一条长约1500天文单位、以2000千米/秒的速率从中央恒星向外运动的狭窄喷流。共生星的光度与光谱变化有一定的相关性：往往当光度增强时，晚型吸收谱和高激发发射线减弱或消失，B型气壳谱增强；当光度变弱时，晚型吸收谱和高激发发射线又重新出现或加强。共生星的空间分布与行星状星云相似，集中在银道面附近，属年龄较老的盘星族。

共生星中既有很多变星，也有一些再发新星。它是单星还是双星一直有争论。单星说认为共生星是小而热的蓝星，周围有一个变化的星周壳层。双星说认为共生星是由一颗晚型冷星和一颗低光度的热星组成，它们有一个共同的气体包层；假定冷星是正常巨星，则热星在赫罗图上位于主星序的下方，与行星状星云的中心星、某些新星的热子星位置相近。用X射线、紫外、可见光、红外到射电波段对共生星进行了大量观测，积累了许多资料。共生星最可能的解释是，这样的“恒星”是密近双星系统（甚至可能是半接双星），其中冷子星的物质下落到白矮星（也可能是中子星或主序星）伴侣上形成一个热斑。热斑的辐射使下落的气体电离，从而辐射出热气体特有的发射线光谱。 （李宗伟）

古在机制 Kozai mechanism 一个小天体受到系统中行星的引力摄动而导致其轨道的近心点幅角在某固定值附近作周期性摆动的一种效应。又称里多夫－古在机制。日本天文学家古在由秀在1962年分析**小行星**轨道时描述了该效应，因而广为人知。实际上，苏联科学家M.里多夫在1961年研究卫星运动时也曾经注意到这一现象，因而该现象也称为里多夫–古在机制。

在限制性三体模型中，倘若第三体的轨道半长径远小于第二体的半长径（如低轨的人造地球卫星受到月球的引力摄动的情形），对第三体的运动进行平均化之后，该系统具有一个积分不变量：$(1-e^2)^{1/2}\cos(i)$，其中e和i分别是第三体的轨道偏心率和轨道倾角。该不变量意味着第三体的轨道倾角和偏心率相互耦合，轨道倾角变大时轨道偏心率变小，反之偏心率增加时轨道倾角则降低。在第三体半长径远小于第二体半长径时，古在机制仅在轨道倾角大于约39°时才会发生，但随着两个半长径之比增加，发生古在机制所需的最低轨道倾角也减小。

古在机制在卫星、柯伊柏带天体、**系外行星**系统和多星系统等领域是一种非常重要的动力学机制。通过古在机制，一些天体的轨道倾角和轨道偏心率得以激发。对冥王星而言，古在机制使得冥王星的近日点幅角在90°附近摆动，因而其近日点总是在离黄道面最远处，避免了冥王星与海王星的近距离交会。（周礼勇）

谷神星 Ceres 距离太阳最近的一颗**矮行星**，也是**海王星**轨道以内唯一的矮行星。又名穀神星。其最早由意大利天文学家G.皮亚齐于1801年1月1日所发现，西名“Ceres”是罗马神话里主管农业和丰收的女神。

谷神星的质量占主带小行星总质量的三分之一，约为月球的1/78，平均直径约为945千米，不足月球直径的1/3。谷神星的自引力使得其形状能够因流体静力学平衡而呈近似的球形。谷神星最初被归类为小行星，但2006年**国际天文学联合会**上已将其归类为矮行星。美国曙光号小行星探测器于2015年3月进入了谷神星环绕轨道对其首次开展了近距离探测。

公转轨道和自转 谷神星绕太阳公转椭圆轨道的半长径——即谷神星–太阳平均距离为2.7675天文单位，轨道偏心率为0.0758，相对黄道的轨道倾角为10.59°。谷神星的公转周期为4.6年，与地球的会合周期为1.278年，平均轨道速度为17.9千米/秒。谷神星的自转周期为9.074小时，赤道表面自转线速度为92.61米/秒。赤道面相对于公转轨道面的倾角为4°。

表面特性 谷神星的表面温度在110～155K，在可见光波段的几何**反照率**约为0.09，从地球上观测的视星等为6.64～9.34，是火星和木星轨道之间小行星主带中最亮的太阳系小天体，但仍然难以用肉眼直接看见。2015年，曙光号探测器获得的高精度照片显示谷神星表面有大量陨击坑（图1），不过直径较大的陨击

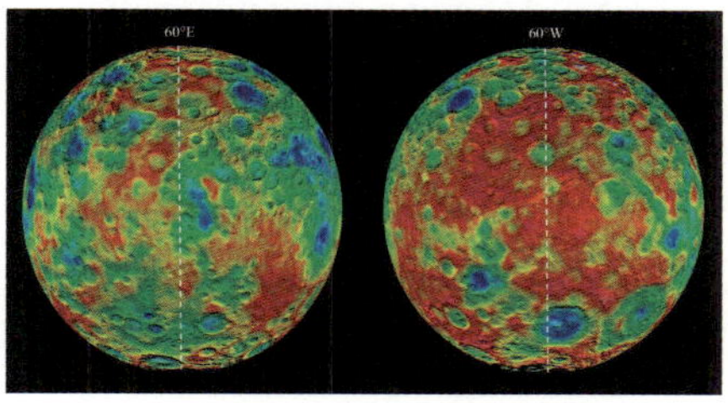

图1 曙光号拍摄谷神星表面地形图

坑数目则比预期的要少，这可能是被历史上的地质活动掩盖掉了。而大量陨击坑存在中央坑和中央峰，前者被认为与冰火山过程有关。此外，有些陨击坑内存在明显高反射率的亮斑，其中最明显的一处位于直径80千米的欧卡托（Occator）陨击坑中间（图2）。近红外波段的观测表明这些

图2 曙光号拍摄到的谷神星欧卡托陨击坑内的亮斑（左）及其坑内的断裂结构（右）

亮斑与碳酸钠有关，因此推测该地貌结构可能与最近的地质活动相关。2017年2月，曙光号在谷神星北半球命名为厄谬泰特（Ernutet）的陨击坑内部及周围探测到了有机成分。谷神星表面的含碳量异常丰富，在近表层的质量丰度达20%，是碳质球粒**陨石**的5倍以上。

内部结构 **哈勃空间望远镜**推测其具有岩石组成的内核与细尘埃组成的外层，且外表层之下可能含有水冰。2014年，赫歇尔空间天文台望远镜获得的远红外光谱数据表明谷神星表面多处有水蒸气排出来，并且经凯克望远镜证实其中有两处源在近红外波段的反照率较低。有多种机制来解释该现象的成因，比如表层的水冰当直接暴露在**太阳辐射**下时的升华，放射性内部热源导致的冰火山爆发，以及谷神星内部的地质活动等。曙光号获得探测数据表明谷神星具有部分分异的内部结构，平均密度为2.16克/厘米³，约为地球密度的2/5。谷神星的内部结构仍不确定，其中一种三层模型假说认为最外层为冰、盐和水合矿物（如碳酸盐和黏土矿物）组成的混合物，密度为1.25克/厘米³，中间为饱和盐水层，而最内层为被含冰地幔包裹的岩石核心。相比于地球上占比0.1%的水，谷神星内部40%～50%的体积占比都是水。

（胡寿村）

固定球面射电望远镜 fixed spherical radio telescope 主反射面为固定球面的**射电望远镜**。由于射电辐射是一种低能电磁辐射，为了提高观测空间分辨率和灵敏度，射电望远镜的天线一般都做得很大，对于可驱动射电望远镜它重量小到几百吨大至几千吨（见**可跟踪抛物面射电望远镜**）。这样重的大天线极易受到重力、风、热等因素的影响而变形，致使天线的观测有效面积降低。研究表明，单个可驱动天线的最大口径可以做到100米左右。为了增加天线的口径，天文学家和工程技术人员想到了固定天线，它类似一口大锅支在山坳之中，基本上解决了重力和风对天线的影响，口径可以做得很大。最典型的例子是**美国阿雷西博天文台**，口径为305米的固定球反射面天线，和中国贵州的**500米口径球面射电望远镜**（FAST）。

由于球面是一个没有确定主轴的反射镜面，即球面对任意方向投射到它上面的光束（如图中A和B光束）都有相同的物理性质。固定球面天线总是对向天顶，移动在天线上方的馈源，不同方向来的光束经球面反射后总可以汇聚到馈源。图中A是从天顶方向来的一束平行电磁辐射，由于球差，经球面反射面反射以后，离轴很近的光束将聚焦到近轴焦点O'，而离轴越远的光线，它的焦点离近轴焦点也越远，最后离轴最远的光束，它的焦点离近轴焦点最远，它们聚焦在一条长为l的线馈源上。

最早期的固定球面天线用的确实是一种带槽的线状波导，设想它是一条照明器，线馈源在固定球面天线的照明区域，它的直径D_a为有效照明口径。它一端固定在近轴焦点上，绕着球面曲率中心转动而使固定球面天线被照明的部分对向观测天体。研究表明，这种线馈源对照明区域中心部分照明不足，这样的天线有很高的旁瓣（见**射电波束**），另外它很长，欧姆损耗很大，带宽也很窄。为了克服这些缺点，阿雷西博天文台固定球面天线用两个反射面组成的馈源系统，它与固定球反射面组成一个格雷果里式天线，其中这个馈源系统的重量约为900吨。

中国在贵州建造了口径为500米的固定主动球面射电望远镜，截至2023年9月，它是世界上收集面积最大的射电望远镜，约为7万平方米，中国的天文学

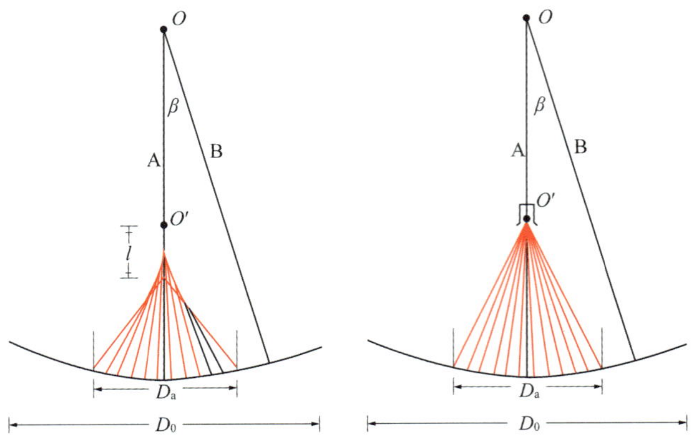

左：A 光束来自天顶方向的天体，B 光束来自天顶距为 β 的天体的光束，D_0 是固定球面天线的口径，O 是它的曲率中心，O'是近轴焦点。平行于轴 A 且孔径为 D_a 的光束汇聚在长度为 l 的线馈源上，其中 D_a 是有效照明口径

右：在观测时，照明区域变成一个旋转抛物面，焦点有一个喇叭，收集照明区域反射的辐射

固定球面天线射线的几何描述（左）以及固定式拼接主动球反射面（右）

家借鉴光学望远镜薄镜面主动光学的思想，在美国阿雷西博固定式球反射面的基础上，提出固定式拼接主动球反射面，并用钢索把馈源舱吊在高空，接收主动球反射面收集起来天体的射电辐射，这是世界上所有射电望远镜都不曾使用过的柔索直接牵拉移动馈源舱的方式。

贵州FAST射电望远镜口径为500米，球面曲率半径为300米，馈源离球面的距离约为136.8米，有效照明口径是300米。整个球面由4450块大小为8～15米三角或不规则四边形铝合金板组成。当照明区域对向天空时，由计算机控制，这个区域瞬间从球面变成旋转抛物面，最大可观测的天顶角为26.44°。在望远镜的四周，有6座高度不等（从112.5米至173.5米）的铁塔。用直径约为5厘米的6根钢索把重约30吨的馈源舱吊在高空，馈源舱中喇叭定位精度好于10毫米，姿态角调整好于0.5°，指向精度8″。工作频率70MHz～3.0GHz。

（郑兴武）

《关于托勒密和哥白尼两大世界体系的对话》 *Dialogue Concerning the Two Chief World Systems-Ptolemaic and Copernican*; *Dialogo sopra i due massimi sistemi del mondo, tolemaico e copernicano*　17世纪意大利科学家伽利略的重要著作。简称《两大世界体系的对话》《两大世界体系》《对话》。

1632年3月在佛罗伦萨出版。1635年译成英文、法文和拉丁文，1661年出版加注释英译本。1953年，加利福尼亚大学伯克利分校出版社还出版了S.德雷克的英译本。1974年上海人民出版社出版了由周煦良翻译的中译本。书中总结了他的一系列科学发现，为哥白尼学说提供许多新的论据；批判了亚里士多德-托勒密（一译托勒玫）的地心体系，打击了教会的思想统治。因此，伽利略在1633年2月被迫抱病去罗马受审。同年这部书被罗马教廷宣布为禁书。全书由四天的对话组成。参加对话的共三人：伽利略的化身、他的朋友和一个亚里士多德观点的支持者。在第一天的对话中，伽利略利用1572年和1604年的超新星以及太阳黑子的产生和消失等现象，批判“天地不变”和“天地之间有根本区别”的经院哲学观点。第二天他用力学研究领域的新成果（惯性定律、自由落体定律、力的合成定律、单摆、相对性原理等）论证地球的自转。第三天分析行星的运动，论证太阳是宇宙的中心（当时认为太阳系就是宇宙）。不过，伽利略仍认为行星轨道是圆形，而没有接受J.开普勒提出的关于行星沿椭圆轨道运行的定律。第四天讨论潮汐问题。除最后一天外，其余三天中伽利略的主要论点都为后来科学发展所证明。

（邓伟志）

观测控制系统 observation control system; OCS　使用天文望远镜进行观测的软件控制系统的核心，协调望远镜等各子系统完成天文学家的观测任务。随着计算机技术和网络技术的快速发展，天文望远镜的整体控制思想有了较大的改变，从传统的电控逐渐发展到分布式望远镜信息系统，模块化设计以及分布调用与集成的概念变成共识，观测控制系统、望远镜控制系统（TCS）、焦面设备控制系统（ICS）、数据处理系统（DHS）等已经成为望远镜系统设计时需要通盘考虑的基本要素。

观测控制系统的内涵随着天文望远镜技术的发展而不断发展变化。一般认为，观测控制系统的核心是在望远镜控制系统基础上，通过数据融合与实时数据处理分析方法，集成所有可用的观测设备，进行作业调度与协同观测，选择最优观测目标，实现自主或自动观测，提高观测数据的获取效率与质量。观测控制系统研究的重点在于如何实现数据的融合进而完成观测调度决策；望远镜控制系统的核心任务是底层的望远镜控制，观测控制系统与望远镜控制系统之间通过接口进行调用。良好的观测控制系统要能够支持事件响应，即对观测期间突然发生的天文事件实时响应，并以最优调度方式，实现对原定观测计划的优化执行。

各国天文学家都非常重视在新建望远镜中装配完善的观测控制系统，以提高望远镜的利用率和科学产出。阿塔卡马大型毫米［亚毫米］波阵（ALMA）控制系统（ACS）是天文界观测控制系统的经典代表，后续很多望远镜观测控制系统的研究，都参考了ACS的基本概念和框架。

（王　锋　邓　辉）

惯性参考系 inertial reference system　牛顿第一定律在其中成立的参考系。天体测量学建立基本参考系时的理想参考系，物理定律在其中具有最简单的形式。牛顿第一定律可表述为：没有物理力作用时，物体保持静止或做匀速直线运动。这里强调的力是“物理力”而不是虚拟的“惯性力”。在非惯性系里，尽管没有物理力的作用，惯性力也会使物体偏离静止或匀速直线的运动状态。

在牛顿力学的理论体系里，只有在惯性参考系中，牛顿运动三个定律才成立。在非惯性系里，牛顿定律需要加以修正，所以在惯性系中的力学定律形式最为简单。天体测量的基本参考系自然要选择惯性参考系。假定太阳系是孤立的天体系统，那么，以太阳系的质心为原点，坐标轴相对太阳系外遥远天体的直角坐标系是牛顿意义下的惯性系。

狭义相对论的惯性系和牛顿力学的惯性系有下列相同点：牛顿第一定律成立。力学定律具有最简单的形式，而且对所有的惯性系都相同。惯性系的四维时空平直而不弯曲。

狭义相对论的惯性系和牛顿力学的惯性系有下列不同点：真空中的光速在前者系统中为常数，与光源和惯性系的选择无关，而在后者系统中，其数值与惯性系的选择有关。在前者的各个惯性系之间，空间和时间的变换是洛伦兹变换，显示了时间和空间的相对性，而后者则是伽利略变换。牛顿力学的惯性系中没有惯性力，可以说其中没有惯性力的参考系是惯性系，但牛顿惯性系中可以有作为物理力的引力。狭义相对论的惯性系中没有惯性力，也没有引力，可以说其中没有引力和惯性力的参考系是惯性系。

广义相对论建立在等效原理之上，物体存在的四维时空是弯曲的，引力和惯性力可以并只能在局域相互抵消，所以只有局域而没有全局的惯性系。想象一个在引力场中无动力而仅受引力作用的航天器，航天员携带标准钟记录时间，三个不受力矩作用的陀螺的指向构成空间坐标轴，这就实现了一个局域惯性系。严格地说，局域惯性系的范围是数学无穷小，实际适用的范围要看引力梯度的大小和精度要求。

时空的弯曲使得不存在全局的，即大范围的惯性系，也就是无论在地球附近还是整个太阳系都无法建立整体的惯性系。这就颠覆了经典天体测量学采用惯性系为参考系的观念。国际天文学联合会（IAU）定义的**地心天球参考系**（GCRS）和太阳系**质心天球参考系**（BCRS）都不是严格的惯性参考系。以 GCRS 为例，它有下面几点不符合广义相对论对惯性系的概念：地球附近有地球的引力，月球和太阳等天体的潮汐引力，时空不平直。地球的大小、形状和自引力不能忽略，地球的质心并不严格地在引力场中自由下落。GCRS 的坐标轴指向遥远的河外天体，与表示局域惯性系的陀螺指向之间有**测地岁差**的转动，导致在GCRS中有微小的科里奥利惯性力。GCRS 和 BCRS 只能称为准惯性系。

国际天球参考系（ICRS）是**天体测量星表**的基本参考系。就空间位置而言，它实际上是球面上的二维空间坐标系。如果将太阳系看成是孤立的系统，距离太阳系天体很远处的时空是平直的。ICRS 的原点是太阳系天体系统的 1 阶后牛顿近似的质心，在当前的观测精度下 ICRS 可以看成是惯性系。（黄天衣）

光斑 facula 太阳**光球**中比周围背景明亮的区域。光斑通常出现在**太阳黑子**附近，呈云彩状斑块。它们在日面中部区域很难看到。但在日面边缘附近，它们与周围宁静光球背景的亮度反差增大，变得明显。光斑一般比附近的黑子早出现，寿命也比这些黑子长得多。光斑上空的**色球**中也存在比周围宁静色球背景明亮的发射区，称为**谱斑**，它们是光斑在色球层的延伸。在低分辨率的观测中光斑呈片状，高分辨率的观测中可看到它们实际上是由大量亮元组成的。单个亮元的直径小于 1″，并且位于米粒之间的暗径中。每个亮元对应于一个与太阳表面大致垂直的磁流管，亮元即磁流管的顶端。在活动区附近亮元非常密集，形成了光斑亮区。在同一几何高度处，光斑磁流管内的温度实际上比周围光斑温度低。但由于辐射从横向进入光斑磁流管，在磁流管壁上形成很薄的热墙。当光斑在日面中心附近时，对地球上的观测者而言，热墙的投影面积太小，光斑难以看见。而当光斑在日面边缘附近时，观测到的热墙面积增大，光斑就显得比周围光球明亮。（林元章）

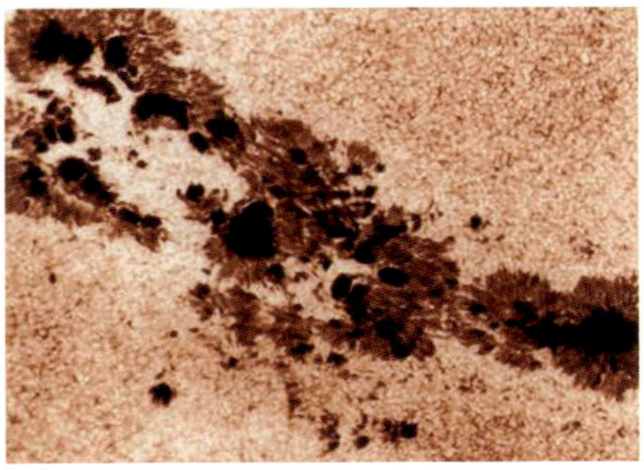
日面边缘的光斑和黑子

光电倍增管 photomultiplier tube 依据光电子发射、电子电场加速、多级次极电子倍增发射的原理制成的高度灵敏的光子探测器件。光电倍增管通常在真空壳体内安装一系列特殊电极，光子首先穿过透明窗打在光阴极上，产生初级电子发射。初级电子被强电场（或在磁场控制下）加速，轰击第一次极。这些加速后的高能电子能使次极释放更多的电子，它们再被电场加速后轰击第二次极。这样，一般经十次以上倍增，光电子放大倍数可达到 10^8～10^{10}，它们最终到达高电势的阳极，形成放大了的光电流，输出电流和入射光子数成正比（见图）。单次光子的整个作用过程时间约10^{-8}秒。还有一种设计是利用弯曲铅玻璃管自身内部的二次电子发射构成小巧的倍增管。光电倍增管在全暗条件下，加工作电压后也会输出微弱电流，称为暗流，它主要来源于各阴极自身的热电子发射。由于入射光子需要在光阴极上产生初级电子发射，所以根据光电效应原理，入射光子的能量必须高于某一阈值，称为红限，其数值同光阴极的材料有关。由于红限的存在，光电倍增管在长波端只能应用到近红外波段，不能适用于亚毫米和射电等波段。具体应用中光电倍增管有两个不足需要注意：①灵敏度会因强光照射或因照射时间过长而降低，停止照射后又可部分地恢复，这种现象称为“疲乏”。②光阴极表面各点灵敏度可能不均匀。

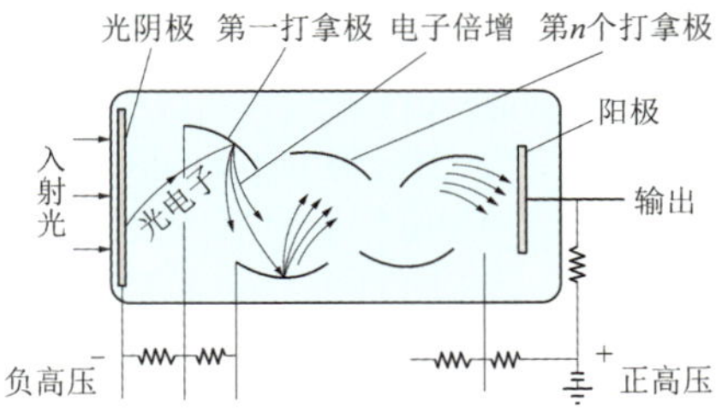

光电倍增管原理图

由于光电倍增管增益高和响应时间短，且它的输出电流和入射光子数在较大动态范围内成正比，所以它被广泛使用在**天体光度测量**和**天体分光光度测量**中。其优点是：测量精度高，可以测量比较暗弱的天体，还可以测量天体光度的快速变化。天文测光中，应用较多的是锑铯光阴极的倍增管，其极大量子效率在 4200 埃附近，为 20%左右。还有一种双碱光阴极的光电倍增管，它在信噪比方面具有优势，暗流很低。为了观测近红外区，常用多碱光阴极和砷化镓阴极的光电倍增管，后者量子效率最大可达 50%。

普通光电倍增管只能作为单像素探测器使用，即通道数为 1。现在已研制成多阳极光电倍增管，它相当于许多很细的倍增管组成的矩阵。由于通道数受阳极末端细金属丝的限制，通常只做到上百个通道。

（黄佑然　撰　黄永锋　修订）

光电等高仪 photoelectric astrolabe 用光电方法自动记录恒星经过 60° 等高圈的时刻，从而归算出经度（**世界时**）和纬度的一种新型仪器。它与棱镜等高仪的主要区别是用光电自动记录代替目视观测，在光学、机械结构上也有所不同。光电等高仪的焦平面上有一个玻璃记录栅，它上面有相互交替的透明线条和镀银线条。当星像经过这些线条时，照射到**光电倍增管**上的光强便不断变化。将光电信号放大并做适当处理后，可以用计时仪记下星像经过各线条边缘（记录线）的时刻，同时自动算出直接星像和水银星像重合，即恒星过等高圈的时刻。焦平面上有十对记录线，图 1 所示为其中的一对 Ⅰ 和 Ⅱ。直接星像 A 经过 Ⅰ 和 Ⅱ 的记录时刻为t_1和t_2，水银像 B 经过 Ⅱ 和 Ⅰ 的记录时刻为t_3和t_4。恒星过等高圈时刻 T可用下式表示：

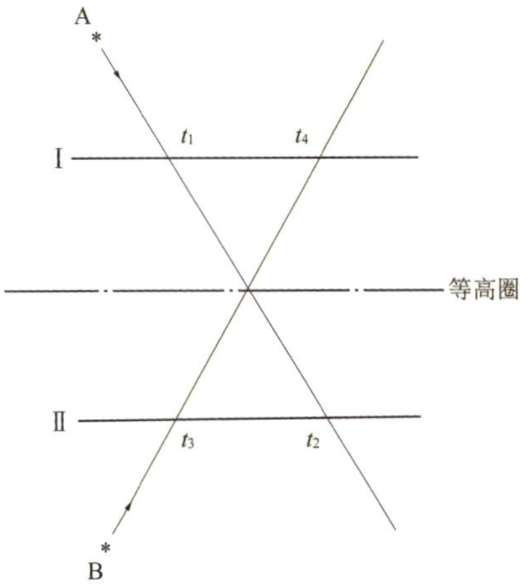

图 1　光电等高仪记录原理

$$T=\frac{1}{4}(t_1+t_2+t_3+t_4)$$

中国于 1972 年研制成 Ⅰ 型光电等高

仪，并投入常规观测。1974年又研制成Ⅱ型光电等高仪（图2）。Ⅱ型仪器采用R-C**望远镜**，其口径为20厘米，等值焦距2.4

图2 上海天文台的中国制造Ⅱ型光电等高仪

米。仪器的测角基准不再是传统的60°等边棱镜，而是由两块镀有铝膜的熔石英组成的角镜。左边的角镜反射水银面星像，右边的角镜反射直接星像。Ⅱ型光电等高仪也是首次采用真空室的**天体测量仪器**。镜筒在真空室内的主要优点是：①可以自动消除**大气折射**和由于**大气色散**引起的天顶距测量中的光谱型差（光线入射窗需水平放置）。②消除了由于仪器内部气温不均匀而引起的反常折射。仪器的方位轴能够在电动机驱动下自动跟踪恒星的水平运动，使星光能沿垂直的狭缝进入记录栅，这样可以减少进入记录栅的**夜天光**。仪器装在观测室里，观测者在它的楼下通过潜望式寻星镜找星，这样可以避免人和电器热源影响星光和仪器。Ⅱ型光电等高仪可观测到7等星，单星观测的天顶距均方误差约为±0.13角秒，观测天顶距的稳定性也较高。

1984年日本水泽国际纬度天文台在分析了全球五十多台测纬仪器的上一年观测结果后，在测纬精度上，中国的三台光电等高仪分别位居第一名、第二名和第四名。（胡宁生）

光电光度计 photoelectric photometer 用**光电倍增管**作**辐射探测器**测量天体辐射流的仪器。它的用途是确定天体的视星等和**色指数**。如图所示光电头中，光阑转盘位于望远镜焦点处，被测天体光线通过按需要选择的光阑孔和**滤光片**，并通过场镜，照射在光电倍增管的光阴极上，再由前置放大器将光电流放大，经屏蔽电缆输往记录装置。为配合**多色测光**，需要有若干块颜色不同的滤光片，以供调换。为防止**地磁场**和外界电场干扰，光电倍增管用接地的铁磁材料壳体屏蔽，并装在隔热室中。室内可加入制冷材料，如干冰、液氮、液氦，或用半导体制冷器进行降温，并保持温度恒定，以减小光电倍增管的暗流，并使测光系统性能稳定。输出信号一般用直流放大器或积分

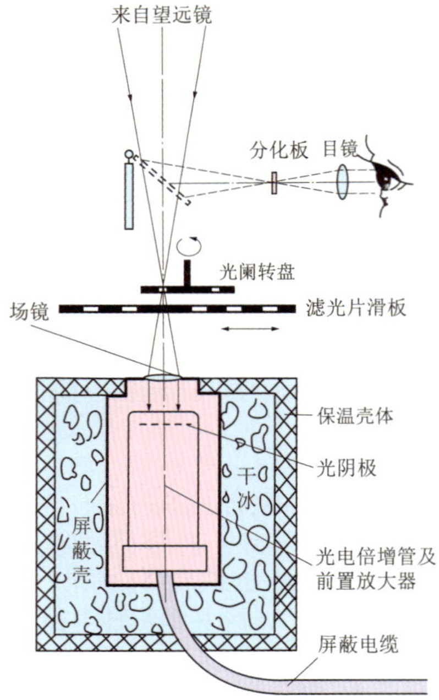

光电光度计结构示意图

电路测量，或用光子计数电路直接记录入射光子数。采用数字化输出，有利于计算机处理和提高暗弱信号测量的信噪比。为消除大气变化影响和提高效率，可采用多通道光电光度计，同时测量夜天背景（见**夜天光**）和几个天体，或同时测量几种颜色。20世纪60年代**脉冲星**的发现，引起了人们注意，对于这种光度快速变化天体，专门设计了快速多通道光电光度计，可以分辨毫秒级的光变细节。由于CCD的读出速度有限，所以这种高速光电光度计仍然是唯一的选择。（蒋世仰）

光年 light year; ly 量度天体距离的单位。光年是天文学中常用的距离单位。1光年等于光在真空中一年所走过的距离。真空中光速为299 792 458千米/秒，1光年约等于94 605亿千米，或63 240天文单位，或0.307秒差距。以光年作单位通常用来度量宇宙中较大的距离尺度，并可表示光跨越该距离所需的时间。离太阳最近的恒星——半人马座**比邻星**到太阳的距离为4.22光年。**银河系**的**银盘**直径约为10万光年。大麦哲伦云到太阳的距离约为16万光年。人类观测到的宇宙深度现已达到约140亿光年。（陈 力）

光谱变星 spectrum variable 在可见光波段的光度变化不大但谱线强度有明显的周期性变化的恒星。许多**A型特殊星**（AP）和金属线星（Am）都是光谱变星。最早发现的光谱变星是猎犬座α^2星，因此，光谱变星又称为猎犬座α^2型变星。它们的光谱中有异常强的金属线和稀土族元素谱线，谱线强度随着光度的变化而变化，光变周期范围1～25天，变幅通常不超过0.1星等（如猎犬座α^2的光电目视星等最亮时为2.85，最暗时为2.92）。另有周期更短（0.5～2小时）和变幅更小的二级变化叠加在主周期上。此外，光度与光谱也存在长期性的缓慢变化。这些光度和颜色方面的较小变化看来同磁场强度有关。观测表明，它们具有数量级达0.1～1特的强表面磁场，磁场强度的变化周期往往与光度变化的周期相同而位相相反。跟同一谱型的正常星相比，它们的自转速度较低。一般采用斜转子模型、磁振子模型或双星模型来解释光谱变星的各种现象。B型星中也存在光谱变星，氦星HD125823即是一例。应该指出，各类变星普遍存在光谱变化。而光度变化微小，光谱变化明显的也不限于上述的恒星，如英仙座S3是B型谱线轮廓变星，武仙座l和o型星蝎虎座10也都是光度变化微小或难以测出而谱线轮廓有周期变化的恒星，又如**大角**也是光谱变星，等等。（高为是）

光谱分类 spectral classification 通过研究光谱能量分布按照天体的不同性质进行分类的过程。天体光谱是天体发出的电磁辐射通过**天文望远镜**接收并经过光谱仪分光后呈现的不同波长（频率）的能量分布。天体的物质组成、发光原理和运动学等特性的不同会在其光谱上有所体现。随着光谱的数字化、计算机的广泛使用，世界上广泛采用计算机软件对光谱进行分类。使用最广泛的分类方法主要有模板匹配法、光谱映射法、线指数法和机器学习方法等。

模板匹配法 通过对类型未知的光谱和一组已知类型的光谱模板进行匹配，把此类型未知的光谱分类为最接近的模板的类型。在进行匹配时，可采用相关系数或者欧式距离等作为相似性度量的依据。使用的模板可以来自理论光谱，也可以来自实测光谱。模板匹配法的优势是通过模板来反映不同类型的差异，可以应对特征比较复杂的情况。在匹配时，可以在模板上卷积观测仪器轮廓以减少仪器导致的光谱与模板的差异，提高准确率。

光谱映射法 指通过一定映射关系，把光谱映射到特定空间的方法。一般情况下，此特定空间具有类型与坐标的对应关系。常用的方法如主成分分析（PCA）等，通过PCA对样本进行分解，利用前几个主成分系数能够近似重构光谱的特点，把光谱映射到低维空间进行分类。构建合理的映射函数是光谱降维再分类的

重点。

线指数法　通过对光谱流量进行统计，根据统计值进行分类的方法。其中常用的统计特征包括**等值宽度**（EW）、半高全宽（FWHM）等。Lick 指数、s-index 等也经常作为分类的依据。根据不同需求，可以设计有针对性的指数来帮助光谱分类。比如为了 M 类型恒星分类，设计了 η 指数等。线指数的测量精度会受到光谱分辨率和信噪比的影响，从而影响分类准确率。

机器学习方法　让计算机通过训练学习光谱样本中的模式，从而得到分类的规律并建立模型，包括有监督学习和无监督学习方式。无监督学习是通过未知分类标签的光谱样本自身特征进行聚类，根据样本之间的某种相似性将样本划分为不同类别，常用方法有 k 均值、自组织映射等。有监督学习是通过用给定分类标签的光谱样本训练分类器，建立映射关系。常用算法有 k 近邻、神经网络、支持向量机、决策树等。随着深度学习的发展，深度神经网络也被应用于光谱分类，如一维卷积神经网络（CNN）等。

（宋轶晗　陶一寒）

光谱巡天　spectroscopic survey　采用光谱观测技术对大量天体进行普查的观测工作。天文学是一门观测的科学，发展大型的**天文望远镜**是天文学发展的必由之路，也成为学科发展的重要战略组成部分。巡天观测是对天体进行普查，通常是使用大视场望远镜对天空进行覆盖式观测，这对于天文学研究来说是基础性的工作。根据终端仪器的区别，巡天观测分为多色成像巡天和光谱巡天。

多色成像是在望远镜的焦面上放置**滤光片**和探测器进行观测，可同时获得多个天体的位置和不同波段上的亮度信息。而光谱观测则是在望远镜焦面上放置光谱仪，以获得天体的光谱信息。

利用天体的光谱，不但能够确定天体的化学组成，而且可以确定天体的温度、压力、密度、磁场和运动速度等物理条件。由于拍摄天体的光谱需要分光观测，因此，比成像观测需要更大的望远镜和更长的曝光时间。常规的光学望远镜一次只能对一个目标进行光谱观测，基本上很难做到大规模巡天。在大视场望远镜上使用**物端棱镜**的观测方法，可以进行大规模的巡天，但存在光谱分辨率太低和天光背景难以扣除等问题。而采用焦面上打孔的方法，一次能观测几个到几十个目标的光谱，其观测效率跟成像观测还是无法相比。因此，只有到了 20 世纪 80 年代以后在观测技术上出现了多光纤光谱观测方式，才有了大规模光谱巡天的可能性。而大口径大视场望远镜和大规模光纤的应用成为光谱巡天发展方向。

在 21 世纪，天文学进入“多波段、大样本、高信息量”时代，大规模的光谱巡天成为天文观测的突破口，其目的是获取数以十万、百万甚至千万计天体的光谱，可以提供成像巡天所不能提供的更加丰富的天体信息。

进入 21 世纪的 20 年来国际上开展了一系列的大规模天体光谱巡天项目，如下所述：

①2dF。**英澳天文台**的 2dF 项目是使用在澳大利亚的英澳天文台的 3.9 米英澳望远镜，视场为 2 度，400 根光纤。于 1997 年开始试观测，2002 年完成观测任务，共获得了 22 万条星系的光谱和 2.3 万条**类星体**的光谱。

②6dF。使用在澳大利亚的英澳天文台的 1.2 米联合王国施密特望远镜，视场为 6 度，150 根光纤。在 2001～2006 年完成了 12 万个星系的光谱观测。

③SDSS。使用美国**阿帕奇天文台**（APO）的口径为 2.5 米的光学望远镜。它所配备的仪器一是用于成像巡天的大型拼接 CCD 相机，观测时可以同时得到 5 个波段上的天空图像，另外是两台光纤光谱仪，可以同时测量 640 个天体的光谱。该项目于 1999 年开始试观测，之后开展了多期的巡天观测：SDSS-Ⅰ（2000～2005）、SDSS-Ⅱ（2005～2008）、SDSS-Ⅲ（2008～2014）和 SDSS-Ⅳ（2014～2020）。

④RAVE。使用英澳天文台的 1.2 米联合王国施密特望远镜，视场为 6 度，150 根光纤。RAVE 在 2003～2005 年进行试观测，之后进行正式的南天恒星光谱巡天。在 2013 年发布了 57 万颗恒星的窄波段光谱。

⑤LAMOST。**大天区面积多目标光纤光谱天文望远镜**（LAMOST）是中国自主研制的新型大视场兼大口径光学天文望远镜，有效通光口径可达 4.9 米，视场为 5 度，4000 根光纤。LAMOST 在国际上首先开拓了同时观测几千个天体光谱的大规模光谱巡天的新思路，以新颖的构思、巧妙的设计实现了光学望远镜大口径兼备大视场的突破，开创了中国高水平大型天文光学精密装置研制的先河，LAMOST 是具有中国自主知识产权、国际上口径最大的大视场望远镜。

LAMOST 于 2011 年 10 月启动先导巡天，2012 年 9 月开始正式的光谱巡天。到 2020 年 6 月，LAMOST 共获得天体光谱 1714 万条，其中高质量光谱（信噪比大于 10）1320 万条，恒星参数 776 万。LAMOST 使得光谱巡天进入了千万量级的时代，并在**银河系结构**和化学动力学性质及其演化、发现证认稀有天体等研究领域取得了一系列重要成果。

（赵永恒）

光球　photosphere　**太阳大气**的最低层。用肉眼看到的明亮太阳圆盘，实际上是一个非常薄的发光球层，厚度不过 500 千米左右，是太阳光球层的简称。光球下面由于密度较大，来自太阳深层的辐射光子与太阳物质频繁相互作用（原子吸收光子后再发射出不同的光子），故对辐射来说物质是极不透明的。与此相反，在光球上方，由于密度稀薄，辐射光子与太阳大气原子几乎不再发生作用，对辐射来说物质是透明的。光球就是太阳物质由对辐射完全不透明向完全透明过渡的过渡层，即光球下方的辐射被完全吸收，上方的辐射则畅通无阻向外传播。因此在地面接收到的**太阳辐射**几乎全部是由这个过渡层，也就是光球发射出来的。研究表明，对于可见光波段的太阳辐射，这个过渡层的厚度只有 100～200 千米，它对应于地面观测者的张角只有几分之一角秒。肉眼看到的太阳边缘显得非常锐利，就是由于太阳可见光辐射的有效发射层非常薄的缘故。对于包括紫外直到红外的太阳主要辐射波段，有效发射层的厚度也只有 500～600 千米，这就是光球的总厚度。光球上方的高层太阳大气（**色球**和**日冕**）的辐射功率与光球相比是微不足道的，但它们的微弱辐射却包含着太阳高层大气的重要信息。这样在没有特别指明的场合，提到太阳辐射、太阳光谱和太阳表面，通常都指太阳的光球辐射、光球光谱和光球表面。一些太阳参数，如太阳半径和太阳表面重力加速度，也是以光球表面来定义的。采用未加**滤光片**的太阳照相仪拍摄的白光太阳照片就是光球的形象（见图），其中可看到**太阳黑子**和**光斑**，以及**临边昏暗**现象。

太阳动力学天文台（SDO）拍摄的白光太阳照片

（林元章）

光纤定位技术　optical fiber positioning technology　光谱巡天观测中的一项关键技术。光谱巡天天文望远镜工作时，首先通过光学成像系统将观测区域内的天体成像于望远镜的焦面，而在焦面上分布有许多光纤，光纤定位技术则是控制这些光纤精确对准每个天体所成的像，从而将其光线传输给光谱仪进行分析。

最初的光纤定位系统采用打孔板定位技术，这是一种非自动系统。每次观测前，首先将目标天体成像位置通过打孔的方式记录在视场模板上，然后经人工方式在板后将光纤插入小孔，最后将模板放置于望远镜焦面处。20 世纪 80 年代，英澳天文台已使用打孔板方式进行小规模观测，之后 2000 年开始的美国斯隆数字巡天（SDSS）大规模采用打孔板，每块模板可插 640 根光纤。打孔板方式每次观测都需要重新更换模板，操作非常复杂，运行成本很高。

20 世纪 90 年代开始，以英澳天文台为主，发展了磁性扣式光纤定位技术。在望远镜焦面处放置一块钢制光纤板，每根光纤端部安装一个磁性扣，通过磁力将光纤固定于光纤板上。1997 年开始的澳大利亚英澳天文台 2 度视场星系红移巡天（Two-degree-Field Galaxy Redshift Survey; 2dF 或 2dFGRS）使用该技术，其上共安装有 400 根光纤。重新定位时，使用机械手一一移动磁性扣的位置，可实现自动化控制，运行成本低，但光纤是一个个移动，总定位时间长、效率低。进入 21 世纪，澳大利亚天文学家又提出“针鼹鼠”（ECHIDNA）和“星虫”（Starbugs）两种新的光纤定位方法。

中国的光纤定位技术研究可追溯到 20 世纪 80 年代初期。1983 年，在王绶琯的鼓励下，北京天文台王顺德开始了利用光纤将天体的光引入光谱仪的研究，1986 年他研制成功了一个创新的单天体光纤耦合系统。1991 年王顺德又为中国 2.16 米光学望远镜的卡塞格林焦点研制成功了 20 个天体的光纤定位系统，使用闪视比较仪确定光纤位置，并采用磁性扣进行固定，该工作曾通过中国科学院鉴定，评价很高，不过这只是一个探索性的试验系统，有些地方尚需改进。随后，中国大天区面积多目标光纤光谱天文望远镜（LAMOST）项目提出一次同时观测 4000 个天体的光谱，实现大规模光谱巡天。LAMOST 的创新设计突破了大视场望远镜兼备大口径的瓶颈，且具有世界上最大的焦面，提供了数千根甚至更多光纤的定位条件。尽管打孔板和磁性扣光纤定位技术也可应用，但会因光纤数量大带来运行效率低和成本高的问题，LAMOST 需要新的光纤定位技术。1994 年 LAMOST 方案讨论会上，由中国科学技术大学（USTC）的邢晓正提出在焦面上分 4000 个小区的分区并行可控式光纤定位技术方案，后经 LAMOST 项目组和中国科学技术大学光纤定位团队在 LAMOST 上不断完善并研制成功。如图所示，LAMOST 焦面直径 1.75 米，在焦面上以 25.6 毫米等距离排列 4000 个光纤定位单元，每个单元通过双回转方式驱动一根光纤在直径 33 毫米的范围内运行。由于 4000 个定位单元并行工作，只需数分钟时间就能实现重新定位，大大缩短了定位时间。通过摄像测量光纤位置，可以调整光纤坐标，实现闭环控制，大大提高了定位精度。

LAMOST 光纤定位焦面

分区并行可控式双回转光纤定位技术，具有全自动、定位快、精度高、光纤数量多、无盲区、运行成本低等优点，相对打孔板和磁性扣技术，具有明显优势，但它需要一套复杂且高度集成的精密机械系统，对机械、电路、控制、测量等方面都提出了更高的要求，对天文仪器学家来说是一项更大的挑战。随着科学技术的进步与发展，分区并行可控式双回转光纤定位技术也日趋成熟，现在光纤间隔已可做到 10.5 毫米甚至更小，像 LAMOST 这样的焦面上可装 24 000 根光纤甚至更多，已被越来越多的光谱巡天项目采用，例如日本昴星团望远镜主焦光谱仪（PFS）、美国梅奥尔望远镜暗能量光谱仪（Dark Energy Spectroscopic Instrument; DESI）和美国斯隆数字巡天第五阶段（SDSS-Ⅴ）等。因此，该技术也逐步成为光纤定位的主流技术。

（褚家如）

光线偏折　deflection of light　在引力场作用下光行进的方向发生偏转的现象。A.爱因斯坦根据广义相对论预言，当星光刚好掠过太阳表面时，会发生 1.75″的偏折，这使得当太阳挡在远方恒星与观察者之间时，远方恒星位置会相对其平时位置有一个微小移动。如图所示，蓝线表示星光的轨迹，红线指向观察者看上去星光射来的方向。

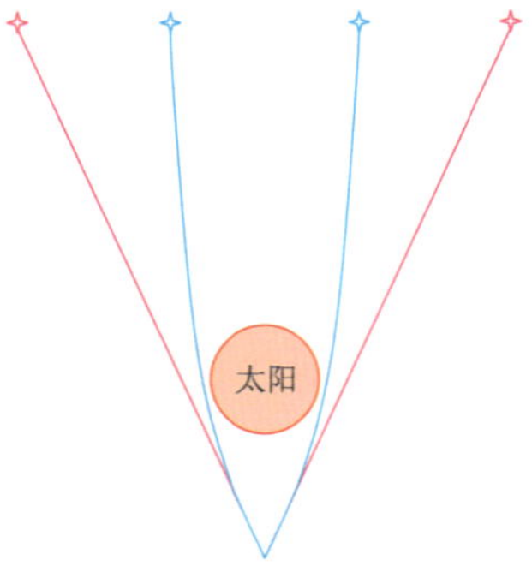

太阳引力场作用下星光偏转示意图

1919 年 5 月 29 日日全食期间，英国剑桥大学天文台台长 A.S.爱丁顿和英国格林尼治皇家天文台台长 F.W.戴森领导的两个小组分别在几内亚湾的普林西比岛和巴西的索布拉尔对日全食时太阳背后星空做了观测，随后宣布观测结果与广义相对论所预言的光线偏折一致，使得光线偏折成为广义相对论中第一个被观测证实的预言。然而，如果在分析观测数据时考虑到昼夜温差的影响，以当时的观测精度并不能算是真正证实了广义相对论的预言。光线偏折作为广义相对论的推论后来已为精密的天文观测所证实。

如果发光天体与地球之间存在强大的引力源，光线偏折效应很大，甚至还可能产生该发光天体的像，这时看到的不再是一个天体而是两个（或更多个）相似的天体，这种现象称为引力透镜现象。引力透镜现象也已在天文观测中被看到。

（黄超光）

光行差　aberration　由于观测者运动引起的天体观测方向的偏差。在同一时间同一地点，一个处于运动状态的观测者与一个静止的观测者观察同一个天体发来的光线时，两个人得到的观测方向之差就是光行差。产生光行差的物理原因是光速和观测者运动速度的矢量合成，犹如人在垂直降落的雨中行走，感到不是垂直下落的雨点，而是迎面而来的。人走得越快，雨滴下落方向斜得越厉害，这就是人行走的速度和雨滴下落速度合成引起的效应。光行差现象是英国天文学家 J.布拉得雷在 1725～1728 年发现的。

如图所示，天体 S 发出光子到达观测者 O，若观测者静止，则光子到达观测者时的方向为 SO（与光子速度c方向一致），而观测者感知到天体的方向则是光子速度的反方向，即 OS；若观测者在 O 点以速度v_0向右运动，在跟随观测者运动的坐标系中，光子除了速度c以外，还有一个坐标速度$-v_0$（与v_0大小相同，方向相反）。按照速度合成原理，在该运动坐标系里面，光子的视运动方向是c和$-v_0$的合成，即OP方向，相应地，观测者感知的天体方向就变成 OS′。OS 和 OS′之间的夹角θ称为光行差位移，即由于观测者的运动引起光线方向的变化，从这个角度来看，“aberration”更准确的中文意思应该是“观行差”。

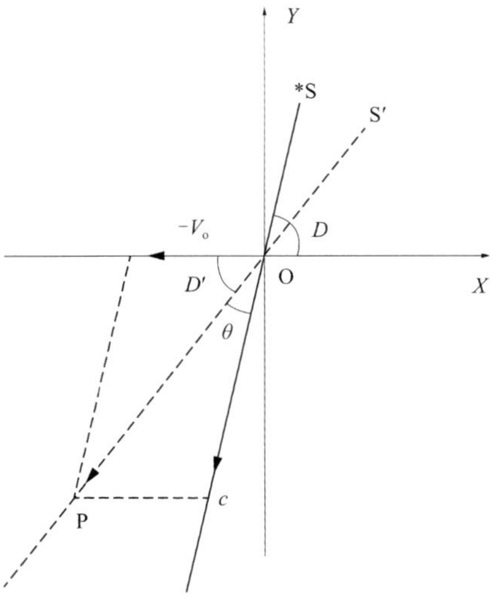

光行差示意图

需要指出的是，按照狭义相对论光速不变的约束（速度的大小不变，但速度的方向会发生变化），在计算光行差改正时，要将光速和观测者运动速度反方向（$-v_0$）进行合成，此时需要采用洛伦兹变换。相对论认为，在真空中光子相对于任何观测者的速度都是不变的常数c，光源和观测者的运动都不能改变光速。在相对论理论框架下，光行差现象被解释如下：如图所示，建立一个二维静止坐标系$\sum$，其X轴沿v_0方向，Y轴垂直于X。再建立另一坐标系$\sum'$，其坐标轴和$\sum$的平行，但存在运动速度v_0。

在$\sum$的观测者看来，恒星光线的速度分量为：

$$W_x = c\cos D$$
$$W_y = c\sin D$$

根据光速不变原理，在$\sum'$中的观测者看来，恒星光线的运动速度分量为：

$$W_x' = c\cos D'$$
$$W_y' = c\sin D'$$

式中D，D'分别为天体的光子到达方向和观测方向与观测者运动速度方向间的角距，称为向点距。光行差引起的方向偏转对称于向点，偏转量是向点距的函数。

令：

$$\beta = v/c$$

运动速度的存在引起$\sum$和$\sum'$之间坐标的距离尺度和时间尺度均发生变化。由洛伦兹变换，则有：

$$\sin\theta = \beta\sin D - \left(\frac{\beta}{2}\right)^2 \sin 2D$$

此处光行差位移量$\theta = D - D'$。对地球绕太阳公转运动的情况，若将速度v分解为垂直于径向的圆周运动速度v_1和垂直于轨道长轴方向的线性速度v_2，则有：

$$v_1 = na(1-e^2)^{-1/2}$$

$$v_2 = nae(1-e^2)^{-1/2} = ev_1$$

相应的光行差分别为：

$$k = \frac{v_1}{c} = \frac{1}{c}na(1-e^2)^{-1/2} = 20.495\ 52''$$

$$k_e = ek = \frac{ev_1}{c} = 0.342''$$

其中$e = 0.0167$是地球平均轨道的偏心率。通常将k称为周年光行差常数，将ek称为周年光行差的E项。前者是周年的圆周运动，又称为圆光行差。后者是一种缓慢的变化，与地球轨道的近日点方向的进动有关。由于这种进动很缓慢，从前在计算光行差影响时，都把它作为长期光行差处理而不作考虑。随着观测技术精度的提高，光行差E项的变化也不能忽略，所以从1984年起，计算中也加进这一项。在使用有关的历史资料时，须要注意到这种变化。进入21世纪后，计算机能力有了显著提高，进行光行差改正时，一般是根据地球轨道历表，计算观测瞬间地球绕太阳系质心的运动速度，然后直接进行光行差改正，不再区分圆光行差和光行差E项。

光行差有两个特点。其一，光行差是瞬时量，即天体发出的光子到达观测者那一瞬间起作用，光行差跟天体本身是否运动完全无关，也跟光子到达观测者时刻天体在什么位置无关。值得指出的是，光行差跟“光行时”的概念完全不相关，后者是天体发出的光子到达观测者所需的时间，是累积量（见**光行时改正**）。其二，光行差跟坐标系选择相关。因为速度是一个相对量，不存在绝对速度。只有先选定一个参考坐标系后，之后才能谈某一个天体或者观测者相对于坐标系原点的速度。天体测量的目的是获得天体在不同时刻的位置，在此基础上去研究天体的运动规律。在进行天体测量资料的归算处理时，首先要选取合适的时空坐标系，然后将不同观测者在不同时刻观测数据统一归算到这个时空坐标系下，在此基础上利用天体力学模型和算法就可以解算出天体的运动规律。

以几个具体事例说明如何修正光行差。①在地面用经纬仪测量炮弹的方向。因为这种情况下都是选择发射场为原点的大地坐标系来分析炮弹的运行规律，如果经纬仪是固定安放在发射场附近的水泥基墩上，其相对于大地坐标系静止，因此无须考虑任何光行差改正；如果经纬仪放在一辆高速行进的汽车上观测炮弹方向，因为经纬仪随汽车相对于坐标系原点存在运动速度，则需要考虑该速度引起的光行差改正。②在地面用经纬仪观测人造卫星的方向。利用不同台站的经纬仪测定人造卫星在不同时刻的方向，就可以解算人造卫星轨道参数。因为人造卫星的轨道是以地球质心为焦点的椭圆，所以通常选择原点在地心的坐标系（见**地心天球参考系**）作为归算人造卫星位置时的参考坐标系。由于地球自转，不同地面台站相对于地心天球坐标系的运动速度不同，同一个台站在不同时刻相对于地心天球坐标系的运动速度也不同，因此分析处理不同台站在不同时刻观测的卫星方向时，需要考虑上述运动速度引起的光行差改正（这里不考虑周日视差、大气折射和引力偏折等其他系统差）。这样就可以得到相对于地心静止的虚拟观测者看到的卫星方向。因为地心和地面台站一起绕太阳公转，所以这里并不需要考虑地心绕太阳公转速度引起的周年光行差改正。③在地面利用经纬仪测量大行星的方向。因为大行星绕太阳公转，所以坐标系选择以太阳系质心为原点的质心天球坐标系，归算观测资料时，需要考虑不同台站在不同时刻相对于太阳系质心的瞬时速度（周日运动速度与周年运动速度的矢量合成）引起的光行差改正。④更进一步，利用长时间资料研究银河系内天体绕银心的运动规律时，需要加上不同时刻观测者相对于银心的瞬时运动速度产生的光行差改正。（唐正宏）

光行差常数 aberration constant 地球绕太阳公转运动中圆周运动速度部分引起的光行差改正值。又称圆光行差。光行差常数曾经是天文常数之一。由于地球绕太阳公转的椭圆轨道偏心率很小（$e = 0.0167$），在计算机出现之前，天文计算的精度要求不高，为了计算简便，将公转运动分为圆周运动和直线运动，其中以$a(1-e^2)^{-0.5}$为半径的圆周运动的切向速度值v为常数，其对应的光行差数值就是光行差常数$k = v/c$（见**光行差**）。以1976常数系统为例，此值在标准历元J2000年的值为20.495 52″。周年光行差常数可通过天文观测来确定，主要方法有：①最早的方法是在至少一年的时间里，观测选定的恒星赤道坐标，研究其变化，可求得光行差常数或其改正量。但由于季节性影响大，因而精度不高。②测站长期的纬度观测系统，一般用连锁法处理，削减季节性影响。从连锁法的闭合差中可求得光行差常数的改正量。但纬度观测中的周日项误差还会带来较大影响。③位于高纬地区的台站可利用一年以上对拱极区的系列照相观测，分析恒星极距变化。从而得到光行差常数或其改正量。④先测定恒星的视向速度和确定地球的平均轨道速度，再利用光速值求出光行差常数。进入20世纪90年代后，计算机能力有了显著提高，在计算周年光行差改正时，一般是根据地球轨道历表，计算观测瞬间地球绕太阳系质心的运动速度，然后直接进行光行差改正。所以IAU2009天文常数系统中已不再将光行差常数列入其中。

（唐正宏）

光行时改正 light time correction　对天体进行轨道计算时，对天体发出的信号从发出到抵达观测者所需的时间进行的改正。在观测一个运动的天体时，观测者得到的天体位置实际上是天体发出的光子到达观测台站瞬间t时刻的位置，此时天体已经离开其发出光子时的位置。以人造卫星观测为例，在观测时刻t测到的卫星方向$P(t)$实际上是$t-\mathrm{d}t$时刻卫星所在方向，$\mathrm{d}t$为光从卫星到观测台站所需的时间，即光行时。在利用观测数据计算卫星轨道时，首先会根据卫星的初轨，计算出光行时的初值$\mathrm{d}t_0$；利用观测数据可计算出卫星新的轨道参数；之后根据新的轨道参数可以重新计算各台站的光行时$\mathrm{d}t_0'$，然后再次计算卫星的参数，之后计算光行时$\mathrm{d}t_0''$。一般经过2～3次迭代后，就可以得到准确的$\mathrm{d}t$和卫星轨道参数。

（唐正宏）

光学传递函数 optical transfer function; OTF　以空间频率为变量，表征成像过程中调制度和横向相移的相对变化的函数。光学成像系统可看作物面到像面的信息传递系统，像的质量取决于光学系统的传递特性。在频域中，可将物面信息分解成各种空间频率分量，这些空间频率分量在光学系统的传递过程中发生丢失、衰减、相位移动等变化，描述系统的这种空间频率传递特性称为光学传递函数。光学传递函数定量反映了光学系统的孔径、工作波长以及像差所引起的综合效果，表征光学系统对物体或图像中不同频率的信息成分的传递特征，即对空间频谱的滤波变换，可用于光学系统成像质量的定量评价。光学传递函数是空间频率(u,v)的复函数，表示为：

$$H(u,v)=|H(u,v)|\exp[i\phi(u,v)]$$

式中u,v为像面的空间频率；$H(u,v)$为光学传递函数，其模值$|H(u,v)|$称为对比传递函数或调制传递函数（MTF），其幅角$\phi(u,v)$称为相位传递函数（phase transfer function; PTF）。MTF和PTF分别表示空间频率为(u,v)的分量通过光学系统后的强度降低度和横向位移量。在衍射受限系统中，传递函数是光瞳函数的自相关函数。传递函数的傅里叶逆变换为点扩展函数。

（白　华）

光学空间天文学 optical space astronomy　在地球大气的高层、外层或行星际空间（包括月球）放置望远镜等仪器设备进行光学波段的天文观测研究。这里的光学波段通常指0.3～1微米的波长范围，是由地球大气的透明窗口和常用焦面探测器（特别是CCD）的响应窗口所共同规定的。空间光学天文可以追溯到20世纪中叶美国天文学家L.斯皮策等人提出的将天文望远镜发射到太空的建议，从斯皮策的建议中最终诞生了哈勃空间望远镜。空间光学天文利用了望远镜摆脱地球大气后在成像清晰度、探测深度、观测时长等多方面的优势，虽然具体实施要稍晚于高能、紫外、红外等波段的空间天文观测，也已取得大量让世人瞩目的重要科学成就，特别是几个大中型项目，如哈勃空间望远镜、开普勒空间望远镜、盖亚天文卫星（见Gaia）等。

优势和劣势　在空间开展光学天文观测，最大的优势是能摆脱地球大气的干扰和其他地面干扰（如光污染和空气污染），从而大幅提高探测灵敏度，看到更暗弱的天体和更深远的宇宙。虽说光学波段是大气的透明窗口，但大气仍是地面天文观测的重要背景及噪声源。众所周知，地面在昼间是无法开展光学天文观测的；而夜间观测的灵敏度则依赖于月光的强弱，夜天光发射也限制着天文暗源的探测以及光谱测量。

光学空间天文可以实现接近望远镜衍射极限水平的高成像分辨率，而地面大中型望远镜则受困于中低层大气的对流湍动。优秀天文台址的大气视宁度（长时间曝光下大气湍动对应的点源像斑大小）在0.4～1角秒，仅相当于约20厘米口径望远镜的光学波段衍射极限。地面8～10米级口径的大型光学望远镜，若不配以复杂的、观测局限性大的自适应光学技术，其实际成像分辨率要远低于2米级口径的哈勃空间望远镜。

对大气湍动的规避也大幅降低了高精度测光特别是时变测量的难度，这一点为开普勒空间望远镜所充分体现，它成数量级地提高了搜寻系外行星的凌星法效率。此外，空间光学天文还可以实现超越昼夜限制的天体长时间连续监测，如选择太阳同步轨道或绕日地第二拉格朗日点的轨道来观测深空天体，或选择绕日地第一拉格朗日点的轨道监测太阳活动等。

相比于地面观测，光学空间天文成本高昂，望远镜尺寸受到成本和发射能力的巨大限制。为获得超出火箭载荷舱尺寸的大口径，近期看可采用类似詹姆斯·韦布空间望远镜的自展开式拼合镜面，远期看或需借助机器人在轨组装技术。空间光学天文还要考虑复杂的空间环境效应，如热环境频繁显著变化导致的焦距改变、像质劣化、观测指向不稳等，又如材料放气引发的污染问题，再有，空间高能带电粒子的长期辐照会损伤焦面探测器（特别是CCD）材料、造成探测性能的持续劣化。空间光学望远镜的运行寿命一般较短，缺乏可维修性和焦面终端升级能力（哈勃空间望远镜曾是唯一的例外），科学数据传输能力也受到限制。

光学天文卫星　主要从事光学波段天文观测、远行在地球大气外层的人造卫星或行星际空间的航天器。后者依据其轨道严格而言不能称之为卫星，但约定俗成一般仍将其归入该总称。有些其他方面的天文卫星也配备有光学天文载荷以开展辅助性观测，如从事γ射线暴探测的中法天文小卫星空间变源监视器（SVOM），它们并不在光学天文卫星之列。

未来展望　光学空间天文会继续发挥因摆脱地球大气所获得在成像质量、观测的稳定性和自由度等方面的优势，开展诸如宇宙学大规模巡天（如弱引力透镜现象）、系外行星的星冕仪直接观测等科学任务。空间光学望远镜为获得超出火箭载荷舱尺寸的大口径，可采用类似詹姆斯·韦布空间望远镜的自展开式拼接镜面，远期看或需借助机器人在轨组装技术。此外，也有望通过编队飞行，在空间实现超高成像分辨率的光干涉测量和使用外遮星器的超高对比度星冕仪。

（邓劲松）

光学天文卫星 optical astronomical satellite　以光学望远镜为主要载荷的天文卫星。主要从事光学波段天文观测、远行在地球大气外层的人造卫星或行星际空间的航天器。后者依据其轨道严格而言不能称之为卫星，但约定俗成一般仍将其归入该总称。有些其他方面的天文卫星也配备有光学天文载荷以开展辅助性观测，如从事γ射线暴探测的中法天文小卫星空间变源监视器（SVOM），它们并不在光学天文卫星之列。截至2023年，已在轨运行的主要光学天文卫星有依巴谷天体测量卫星、哈勃空间望远镜、科罗系外行星探测器、开普勒空间望远镜、盖亚天文卫星、凌星系

重要天文卫星特性表

名称	国家/机构	运行时间	轨道	特点
依巴谷天体测量卫星	欧洲空间局（ESA）	1989/08～1993/03	地球同步转移轨道	第一颗天体测量卫星
哈勃空间望远镜	美国国家航空航天局（NASA）&欧洲空间局（ESA）	1990/04～	低倾角近地轨道	大口径通用型
科罗系外行星探测器	法国国家空间中心（CNES）/欧洲空间局（ESA）	2006/12～2012/11	近地极轨	恒星星震观测及凌星法搜寻系外行星
开普勒空间望远镜	美国国家航空航天局（NASA）	2009/03～2018/10	尾随地球的日心轨道	凌星法搜寻系外行星
盖亚天文卫星	欧洲空间局（ESA）	2013/12～	日地第二拉格朗日点	高精度天体测量
凌星系外行星巡天	美国国家航空航天局（NASA）	2018/04～	高地球轨道	凌星法全天区搜寻系外行星
系外行星特性探测卫星	欧洲空间局（ESA）	2019/12～	太阳同步轨道	系外行星高精度凌星观测

外行星巡天卫星、系外行星特性探测卫星等。其各项特性见表。 （邓劲松）

光学天文选址仪器 optical instruments for site testing 用于天文选址的光学仪器。由于地球大气扰动和人类生活环境的影响，地面上不同地方的天文观测条件大不相同。为了充分发挥大口径和极大口径望远镜的集光能力和分辨能力，提高科学产出，就要寻找优秀的天文址点，这就驱动了选址技术的发展。光学天文选址是在各观测波段中需求最强、寻址最难的，相关技术是国际天文界发展的重要领域之一，其理论研究和实测技术在20世纪末21世纪初的近二三十年中得到快速发展。选址技术能够测量天文台址的评价参数，包括大气视宁度、光学湍流廓线、等晕角、天光背景、水汽含量、云量、可测光夜、风速及地震等。其中大气光学湍流的测量主要基于光波的波前相位起伏或波前相对振幅的对数起伏的测量，典型的选址仪器包括用于视宁度测量的差分图像运动监测仪，用于湍流廓线测量的微温传感器、*多孔径闪耀传感器*，单星/双星闪耀仪、月亮闪耀仪，声波探测雷达等。其他评价参数的测量仪器包括红外辐射计、天光背景监测仪、云量相机、全天相机和用于温湿度及风速等测量的自动气象站等。 （袁祥岩）

光学天文学 optical astronomy 在光学波段对天体的位置、运动和物理特性进行观测的一门学科。光学波段对于人眼的视觉是指4000～7000埃，对于地面望远镜是指3500～10 000埃。从学科分类角度，它与X射线天文学、γ射线天文学、红外天文学、射电天文学并列，将这些观测波段加在一起被称为全波段天文学。

肉眼光学天文学 由于农耕的需要，天文学是人类最早发展的自然学科。古代天文学最关心的是*历法*和节气，首要任务是测量一个回归年的长度，也就是测量太阳绕地球一周的时间。测定回归年长度的方法有两种：一是利用*圭表*，立竿观影，日影最长到下一次日影最长就是一年；二是观测太阳在天空中的视运动轨迹——黄道，太阳在黄道上运行一周，就是一年。准确测定太阳在黄道上运行的轨迹并不是一件容易的事情，因为无法直接观测。必须测定和正午相对的子夜的星空，刚好是半年后太阳的位置。古人已发现，太阳在黄道上运行一周，并不回到同一个位置，从而发现了*岁差*。

古人大多把月球绕地球一周定为一个月，因此，确定农历节气就变得十分重要。为了定出*二十四节气*，需要准确绘出太阳一年中在天球上的运行路线，测出了黄道和黄道十二宫。

*日食*和*月食*也是古代天文学非常关注的现象，尤其是日食。这就需要准确测定太阳在黄道上的运行时刻，同时测定月球在*白道*上的运行时刻，当太阳和月球同时运行到黄道和白道的交点时，便发生日食或月食。中国在公元前两千多年就有了日食的记载，甲骨文中也有大量的日食记录。详细的日食记录可以用来研究*地球自转*的不均匀性。到后来，已经可以对日食做出预报。

绘制*星图*和记录*天象*，是古代天文学的重要成就。古希腊天文学家*依巴谷*于公元前134年便绘出了含有850颗恒星的位置和亮度的*星表*，将恒星的亮度分为6个等级，将全天最亮的20颗星定为一等星，一等星和六等星的亮度相差100倍。依巴谷的星等分类一直延续至今。14世纪之前绘制的星图之中，只有中国的星图保存了下来，最著名的是敦煌星图和苏州石刻天文图。

肉眼光学天文学的最杰出大师是丹麦天文学家*第谷*，他一生孜孜不倦地用肉眼观测天象。当时，N.*哥白尼*的日心说已经在欧洲流传，但第谷并不认可——因为他没有发现*视差*现象，并因此断定不可能是地球围绕太阳转。他认真地记录了所有五大行星的运行路线，最后得出结论：所有的行星都围绕太阳转，太阳再围绕地球转。第谷对行星观测的数据全部交给了他的助手J.*开普勒*，开普勒用这些数据得出了行星绕太阳运动的规律——开普勒三大定律。三大定律不仅确立了*日心体系*，而且直接促成了*万有引力定律*的诞生。

经典光学天文学 1609年，意大利天文学家*伽利略*制成了人类的第一架望远镜。据说，他是从荷兰眼镜商人那里得到的启发，将凸透镜片和凹透镜片重叠在一起，会有放大作用。伽利略用望远镜立即观测到了许多惊人的天象，月球上的环形山、木星周围的卫星、太阳黑子。这使得伽利略开始关注于天文学的观测和研究。当时，虽然哥白尼的学说已经流传，但并没有被多数天文学家认可。伽利略根据自己的观测，写成《*关于托勒密和哥白尼两大世界体系的对话*》力挺哥白尼学说。

伽利略制造的望远镜不断得到改进，而这些改进主要由开普勒完成，故被称为*开普勒望远镜*。开普勒望远镜已具备了现代的*折射望远镜*的全部性能。折射望远镜的缺点是口径难以做大，镜筒本身也越拉越长。1897年，美国芝加哥大学*叶凯士天文台*制造了一架1.02米折射望远镜。此后，再也没有人去尝试更大的口径。

创新望远镜的人竟是物理学家I.*牛顿*。1672年，牛顿制成了世界上第一架*反射望远镜*。反射望远镜的成功极大地促进了光学天文学的发展。在之后的几百年间许多天文学家都在那里孜孜不倦地制造各种各样的望远镜，口径越做越大，获得的各种天文观测资料也越来越多。其中最突出的是英国的天文学家赫歇尔父子（见*赫歇尔家族*）。F.W.赫歇尔一生中研制了数以百计的望远镜，最大的一架口径1.22米，镜筒长12.2米。

这一时段的光学天文学有许多成就，这些成就使人类逐步认识了地球周围的宇宙世界。首先是对太阳系，由于有了望远镜，天文学家将五大行星扩展为九大行星，对太阳系的整体结构有了更加完整的认识。在认识过程中，一方面是观测能力的提高，另一方面是有关天体运动的理论也日臻完善。和天体运动有关的重要概念，如视差、光行差、自行等都已出现。

走出太阳系，便进入了恒星世界。首先是计数天上的恒星。最早系统地计数恒星的是 F.W.赫歇尔，他用自制的望远镜计数了数以万计的恒星。为了确认恒星的视差，他发现了大量的**双星**，绘制了包括 2500 个星云和星团的图表。根据他自己所计数的恒星，绘制了第一张银河系的结构图。赫歇尔的工作由他的妹妹和他的儿子继续。赫歇尔家族取得了光学天文学划时代的成就。

计数恒星的工作一直延续下去。那时，天文学家们只知道有银河系。他们尽量把望远镜做大，去寻找更多的恒星。除了恒星以外，还有大量的双星、星团和星云。由于不知道存在着银河系之外的天体，他们把所有的星云和河外星系都看作银河系内的天体，根据这些天体的分布绘制出的银河系的整体结构图自然是不完整的。

在这段漫长的历史之中，有许多杰出的天文学家，把一生所有的时间用在了恒星的计数上，日复一日，年复一年。正是由于这些无私奉献的天文学家，为人类积累了宇宙中各种天体的详尽记录。这之中，有两个故事，主角是中国科学家。

第一个故事是旅法天文学家**程茂兰**先生。程茂兰 1925 年赴法勤工俭学，获得博士学位。当时，量子力学的创始人之一 L.V.德布罗意认为，光速与波长有关，并且用星光做了实验。程茂兰先生毫不犹豫地发声：德布罗意的实验错了，没有这种效应。他用大陵五型食变双星的分光观测对自己的观点予以证实。这件事在巴黎学术界引起了不小的轰动。后来，法国天文学界破格提升程茂兰为普罗旺斯天文台的副台长。

第二个故事是有关**蟹状星云**的。在赫歇尔之后将近一百年，又出现了一位杰出的业余天文学家罗斯伯爵。W.帕森斯罗斯伯爵在 1842 年开始建造一架望远镜，直到 1845 年，这架 1.8 米口径，纯金属反射镜做主镜的望远镜才落成，它是当时世界上最大的望远镜。三年后，罗斯用它观测一个星云，并画出了星云的手绘图。最初，他觉得星云像一个菠萝，后来，越看越像一只螃蟹，于是给星云起名为“蟹状星云”。我们的故事要追溯到 1054 年，当时在金牛座发生了一次**超新星**爆发，中国古代天文学家记录了这次罕见的事件，并做了详细描述。由于在天关星旁，在中国的记载中，它被称为“天关客星”。

将天关客星介绍到西方的是一位法国人，清道光二十五年（1845），他把《文献通考》一书中关于各种奇星（包括新星、彗星等）的记载翻译成法文，天关客星才为欧洲人所知。后来证实，这是人类第一次确切观测到恒星的演化过程。

近代光学天文学 近代光学天文学从什么时间开始，以什么样的标准来判断，没有统一的认识。进入 20 世纪，用各类光学望远镜从事天文观测变得十分活跃，累积了大量的观测数据。这时，一些天文学家开始察觉到一个问题：人类的宇宙，是不是仅仅局限在银河系之内呢?

第一个提出“天外有天”的是 **I.康德**。早在 18 世纪中叶，天文学家们就开始猜测，天空中的银河和满天的恒星其实是一个巨大的系统，康德认为，在这个系统之外，那些被认为是“星云”的天体，可能是与我们的银河系一样的天体系统，他称这些系统为“宇宙岛”。

随着望远镜水平的提高，天文学家还发现，宇宙岛本身有着很大的差别，并非是同一类天体。其中的一类被称为“旋涡星云”，引起了巨大的争议。1920 年 4 月 26 日，在美国科学院举行了 **H.沙普利**和美国天文学家 H.D.柯蒂斯的辩论会。沙普利认为，这些旋涡星云根本不是由经典的恒星构成的，通过对一些星云的自转速率测定，可以得到它们与地球的距离。证明它们都是银河系内的天体。柯蒂斯则认为，这些都是和银河一样的，宇宙中的“岛屿”。

决定性的工作是由 **E.P.哈勃**完成的。他利用威尔逊山天文台的 2.5 米望远镜，拍摄了一个“旋涡星云”的照片，辨认出“星云”的外部区域有许多**造父变星**，根据造父变星的**周光关系**，定出他们的距离超过 90 万光年，而当时认为银河系的直径只有 10 万光年。

1929 年，哈勃又通过**哈勃定律**，把天文学家的视野推到了银河系之外。可以认为，近代光学天文学始于这一年。

近代光学天文学的巨大进展，主要表现为：

①光学望远镜技术的提高。1948 年美国建成的帕洛马山天文台 5.08 米反射望远镜，很长一段时间内，是世界上最先进的望远镜。直到 1975 年，当时的苏联制造了口径 6 米的反射望远镜。单镜面反光镜的制造，随着口径的增加，对镜坯的要求越来越高。天文学开始尝试新的技术，用小镜面去拼接成大的口径。最成功的例子是美国的两架 10 米口径望远镜（凯克Ⅰ和凯克Ⅱ），它是由 36 块 1.8 米的镜子组成，分别建成于 1993 年和 1996 年。中国天文学家**苏定强**等人自行设计的**大天区面积多目标光纤光谱天文望远镜**（LAMOST）也是由多镜面组成的，中星仪式反射望远镜。

拼接望远镜的成功依赖于望远镜技术的另一项突破：**主动光学**和**自适应光学**。来自天体的光束，经过望远镜成像，其像质会受大气湍流和镜面形变的影响，结果使像质变坏。镜面的形变来自温度的变化和重力弯沉，这类变化的时间尺度长，通过改正主镜镜面的形状去矫正。而来自大气湍流的影响，时标很短，对它的矫正更为精细。两者合起来，称为主动/自适应光学。主动/自适应光学技术正处在快速发展之中，可使 4 微米波段上的望远镜的实际分辨率本领达到衍射极限，对于一架 10 米级的大型望远镜，在目视波段的分辨本领达到 0.01 角秒。

②望远镜的终端接收系统。由胶片照相机，改成 CCD 成像系统，极大地提高了成像效率和灵敏度。同时改进的，还有光纤技术，改进后的光纤损光率极低。多通道的光纤配以大面积的 CCD 相机，是大型光学望远镜的终端项配。

③天文数据。以往获取天文数据，都是依赖于多拍照片，然后将观测数据编成各种星表，近代，由于观测技术的提高，天文学家获得的天文数据达到海量，加以高效计算机的应用，为各类科学研究提供了丰富的资源。

21 世纪展望 进入 21 世纪，天文学成了最热门的自然学科之一，光学天文学在新世纪也是前景无限。

①光学望远镜不再受口径限制。传统认为，由于地球大气的影响，在地面上造 10 米级以上的光学望远镜是没有意义的。这种观念已经突破，计划中的超 10 米望远镜已有数台，最大的是 30 米。光干涉望远镜技术已日趋成熟，可将多架望远镜并合在一起。光学望远镜的有效口径可以达到百米以上。

②建成大型的太空望远镜。截至 2023 年，只有**哈勃空间望远镜**和**詹姆斯·韦布空间望远镜**，由于地面光学望远镜水平不断提高，天文学家造太空望远镜的兴趣似乎有降低。但是，随着航天成本的降低，肯定会提出新的计划。下一步应该为月球望远镜，中国已经在月球上放了小型的望远镜，建造一架大型的月球光学望远镜，应该是在计划之中的。

③穷尽宇宙中所有的天体。宇宙中的天体有两类，一类是可计数的天体，一类是不可计数的天体。对于可计数的天体，

天文学家只数了九牛一毛。相信在新世纪内，银河系内除去背向银心的天体，宇宙中绝大部分星系都会记录下来。

④和外星人的沟通。这是地球人的宏伟目标。2018年天文学家发现了一颗奇怪的小行星奥陌陌（Oumuamua），其轨道像是天外来客。但是否属实还需进一步研究。

（何香涛）

光学望远镜干涉阵 telescope array for optical interferometry 由彼此分离的两个或多个光学望远镜组成的阵列。通过干涉测量技术将它们合成起来，对天文目标进行高角分辨率测量或高分辨率成像。该技术的优点是合成望远镜的等效直径相当于望远镜阵中最长的间距。

天文干涉测量技术是光学望远镜干涉阵的基础。天文干涉测量技术可以追溯到19世纪的法国，1868年法国物理学家A.H.L.斐索就预言了光干涉测量能够用于测量天体目标的角直径或者间距。1921年，美国科学家A.A.迈克耳孙和美国天文学家F.G.皮斯将20英尺的干涉臂安装在威尔逊山上100英寸的望远镜上，测量了恒星参宿四的直径。干涉测量技术测量的是干涉条纹的可见度，为了获得干涉条纹，到达合束器的两束波前必须平行且光程差小于相干长度。由于机械稳定性和大气扰动的影响，此后的几十年里，干涉测量技术在光学领域处于休眠状态。

直到20世纪50年代，英国天文学家R.H.布朗和澳大利亚天体物理学家R.Q.特维斯发展了强度干涉测量技术，与此同时，激光发明者美国物理学家C.H.汤斯博士发展了外差干涉仪，但它们的应用都受到了带宽（灵敏度）的限制。

20世纪70年代中期，随着高灵敏度的探测器、精密激光测量系统、大气扰动理论模型的建立与实测等技术和理论研究方面的进展，困扰光干涉发展的技术难题得以解决，同时借鉴在射电波段首先发展起来的合成孔径望远镜技术和闭合相位技术，光干涉技术获得了新生。

光学望远镜干涉阵是一种大型的复杂的干涉仪，由许多主动子系统和被动子系统组成，在设计和施工中涉及许多工程挑战，包括物理稳定性、大气视宁度、光程长度相等、光束合成、条纹跟踪、动态控制和色散/衍射因素，但并不限于这些。随着1974年在红外波段、1975年在红外波段分别采用分离的望远镜实现干涉测量，一大批地基长基线望远镜干涉阵相继诞生，不仅如此，光干涉始终不断进行技术更新、增加新的功能单元，以获取更多的科学应用。

以马克Ⅲ（Mark Ⅲ）、悉尼大学恒星干涉仪（SUSI）等为代表的第一代光学望远镜阵，多是双口径、单基线的。SUSI具有当时世界上最长640米的基线，它的观测成果提升了人们对单星、双星、变星以及发射线星等恒星天体物理学的理解。马克Ⅲ干涉阵的目的之一就是测量天空中大角间距恒星间精确的相对位置，帕洛马实验干涉仪（PTI）和海军原型天文干涉仪（NPOI）都是基于马克Ⅲ发展起来的。NPOI长期致力于大角度天体测量，像马克Ⅲ一样，NPOI使用真空延迟线用于光程的补偿，并且对定天镜的位置进行监测，使得大角度天体测量的精度好于毫角秒。PTI则用于小角度天体测量。它是第一个具有"双星"结构的干涉阵，验证了小角度天体测量和相位参考技术，这些技术在凯克干涉仪（Keck Interferometer）以及美国航空航天局的其他干涉阵得到了应用。剑桥光学合成孔径望远镜（Cambridge Optical Aperture Synthesis Telescope; COAST）是第一个利用闭合相位技术实现光学合成孔径成像的干涉阵，其百米长的基线使得分辨率达到了1毫角秒。红外光学望远镜阵（IOTA）是第一个采用光纤光束合成器以及集成光学光束合成器获得干涉条纹的干涉阵。

以甚大望远镜干涉仪（VLTI）、凯克干涉仪、高角分辨率天文中心（CHARA）为代表的第二代光学望远镜阵，基于第一代光学望远镜阵的经验和技术，采用了更大口径、更长基线以及自适应光学技术，能够采集更多的光，能够观测更深远的、更微弱的目标，使得人类能够第一次研究银河系外的光源，凯克干涉仪、甚大望远镜干涉仪、大双筒望远镜干涉仪（LBTI）均发展消零干涉技术进行系外行星探测。夏威夷纳米弧度天文光学阵（OHANA）是发展的下一代长基线恒星光干涉阵。这项工程计划将位于莫纳克亚天文台的六个口径大于3米的望远镜用单模光纤连接，实现大的近红外干涉，望远镜间800米的最大距离使得在J波段的角分辨率好于0.25毫秒。马格达莱纳里奇天文台干涉仪（MROI）计划包括10个1.4米口径的活动望远镜，基线从8米到400米，将用于年轻的恒星、恒星天体物理学以及最近和最亮的100个活动星系核的成像。

光学望远镜干涉阵已成为探索宇宙多尺度精细结构的有力工具。即便世界上最大的望远镜，其口径也太小，基于干涉测量技术的光学望远镜阵干涉阵拥有更大口径，能走得更远。

（吴 桢）

光学耀斑 optical flare 用可见光（通常用氢谱线Hα单色光）观测到的太阳耀斑，对应于色球层中的耀斑低温区。大量观测倾向于表明，太阳耀斑的电磁辐射能量和粒子动能是分别由太阳大气中两个不同区域发射的。光学波段的电磁辐射基本上是在色球层中的低温耀斑区，也称为光学耀斑区，电子温度$T_e \approx 10^4$K，电子密度$n_e \approx 3\times10^{13}$/厘米^3。高能粒子发射主要来自处于色球－日冕过渡区至日冕中的高温耀斑区，其$T_e \approx 10^7$～10^9K，$n_e \approx 10^{10}$/厘米^3。高温耀斑区与低温耀斑区之间不存在截然的分界，它们的高度随不同耀斑也会有所不同。从太阳边缘耀斑的观测可知，从色球底起算光学耀斑区的高度可达15 000千米，而高温耀斑区有时也可贯穿到色球底层。无论从释放能量的大小或是从触发耀斑事件的起始位置来看，耀斑的主体应当是高温耀斑区，而光学耀斑不过是较低能量的次级现象。一般认为导致耀斑发生的等离子体不稳定性的触发应发生在高温耀斑区附近，然后由触发区产生的粒子流和热传导一起向下传播，在低层大气激发产生光学耀斑。

光学耀斑的研究主要借助Hα单色光观测和光谱观测。光学耀斑的研究历史较长，得到的资料也较多，在了解耀斑事件全过程中是不可缺少的重要方面。用Hα单色光监视太阳色球层时，有时会在活动区附近的谱斑中看到局部小区域的谱斑突然增亮。增亮区由原有的谱斑亮度在几分钟内（10^2秒量级）迅速增亮几倍甚至几十倍。然后在几十分钟至2小时内（10^3秒量级）缓慢恢复至原有的谱斑亮度。一个活动区发生耀斑时往往有几个亮块，一般亮度增大时亮块面积也在增大，但各亮块到达极大的时间不太一致，耀斑光度迅速增大期称为闪相，而耀斑面积迅速增大期称为爆发相。每个耀斑都有闪相，但不一定有爆发相。

（林元章）

光学与近红外太阳爆发探测望远镜 optical and near-infrared solar eruption tracer; ONSET 观测太阳耀斑和日冕物质抛射等太阳爆发现象的一架太阳专用望远镜。由南京大学和南京天文光学技术研究所研制，并和云南天文台合作，于2011年安装于云南省澄江市抚仙湖太阳观测站内（见图）。该望远镜采用4个镜筒的结构，有效口径分别为275毫米（1083.0纳米观测，配备带宽0.05纳米、可调±0.4纳米双折射滤光器）、275毫米（Hα656.3纳米观测，配备带宽0.025纳米、可调±0.25纳米双折射滤光器）、200毫米（两个白光波段，配备 360.0 纳米和 425.0 纳米、带宽为 1.5 纳米的两块干涉滤光片）和 140 毫米（光电导行），其中前 3 个为真空镜筒，显著减

抚仙湖畔 ONSET

少了仪器的散射光，并分别配备了 3 个高质量 CCD 探测器，用于准同时地获取中性氦 1083.0 纳米、中性氢 Hα 和两个白光波段的全日面或足够大视场（10 角分）的太阳局部像。采用由 6 瓣组成的开花式圆顶，有效减少了圆顶环境对成像质量的影响。望远镜观测的局部像空间分辨率优于 1 角秒，时间分辨率高至 10 秒，其成像质量是世界上同类望远镜最好的，开创了中国近红外波段的太阳成像观测，总体性能国际先进，其中部分主要特性（如能获得国际上独一无二的太阳 360.0 纳米单色像、准同时获得 4 个波段的太阳像、高分辨率的太阳局部像可完整地覆盖整个太阳活动区等）为国际领先。2014 年度被评为全国十大天文进展中五项科学技术类进展之一，2015 年获教育部高等学校自然科学奖一等奖。

（方 成）

光学综合孔径成像 optical aperture synthesis imaging 用多口径（≥3）的望远镜形成多基线同时干涉成像，从获得的干涉条纹图像中获取足够多的条纹信息，进而重构出天体的图像。用多个（≥3）望远镜按照预定的空间位置排列（例如三角形、Y 形等），采用望远镜两两光束干涉，形成多基线干涉。在无基线冗余的条件下，基线数与望远镜数的关系为：

$$N_{基线}=\frac{N_{望远镜}\left(N_{望远镜}-1\right)}{2}$$

同一时刻可以得到$N_{基线}$组干涉条纹。通过合理的基线配置以及一定的时间域和空间域的积累（旋转入瞳面、地球自转、长时间跟踪目标等），能够采集到丰富的干涉条纹图像，从中提取包括条纹率、条纹可见度和条纹相位的信息。

综合孔径望远镜阵列有两种基本形式，即菲索（Fizeau）型和迈克耳孙（Michelson）型。通常这两种不同形式的综合孔径望远镜阵区分如下。

①菲索型光学综合孔径（图 1）。是指

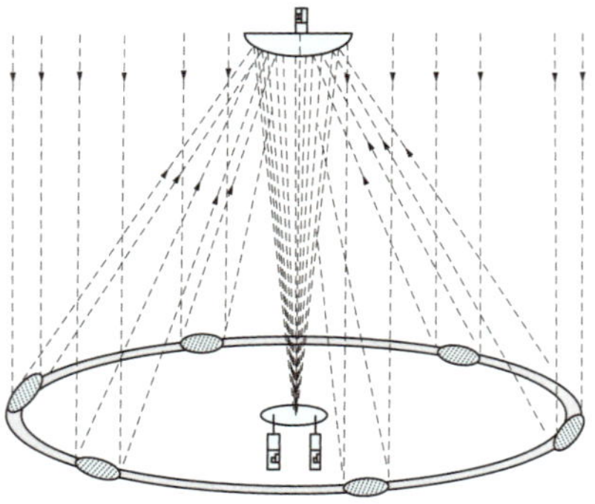

图 1 菲索型光学综合孔径

将若干个镜面排布在一个大的曲面上，如同一个虚拟的主镜，这些子镜面将来自目标的光束反射到共同的副镜面上，最后在共同的焦面上成像，望远镜既是集光器又是相关器。由于菲索干涉仪的子镜共面，所以不存在由于跟踪目标运动而产生的子孔镜间的外部几何光程差，但面临着各子镜必须做共面控制的关键技术问题。

②迈克耳孙型光学综合孔径（图 2）。由若干望远镜按照一定空间排布组成。各望远镜充当集光器将光线引入内部光路，为了跟踪和补偿由于地球自转和大

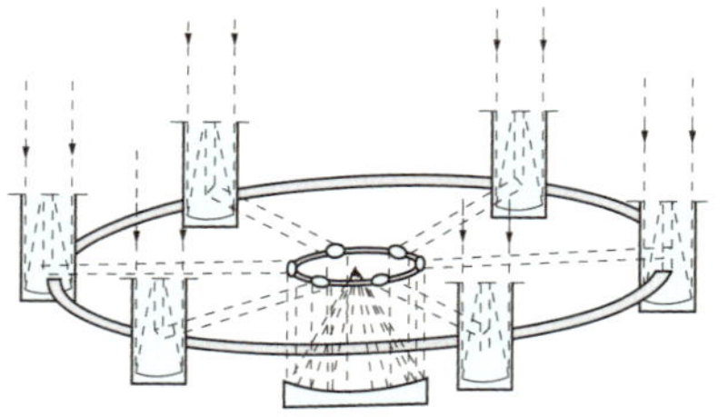

图 2 迈克耳孙型光学综合孔径

气扰动造成的光程差，每个望远镜光路中引进光学延迟线。最后所有光束经分光镜实现双路叠加，或经光束合成器实现多光路叠加，在探测器上形成干涉条纹图像。

最后还要通过计算机软件采用复杂的图像重构技术，把光学综合孔径观测获得的大量条文信息复原，重构出最接近真实天体的图像。

（王正明）

光钟 optical clock 以原子或离子在光波波段的跃迁频率为标准的*原子钟*。又称光学频率原子钟。光学频率（10^{14}～10^{15} 赫）比微波频率（10^{10} 赫）高出 4～5 个量级，大幅提高了鉴频谱线的 Q 值，进而提高原子钟的频率稳定度性能，频率不确定度也可以优于微波原子钟 100～1000 倍。

光钟和微波原子钟一样，同样有原子系统、振荡器、伺服控制系统和计数器等部分组成。原子系统由不受相互碰撞及外界环境干扰的原子、离子或分子体系组成（如图）。光频标主要有两类原子系统：一是光晶格囚禁冷却的原子团；二是离子阱囚禁冷却的单离子（见*离子钟*）。对于中性原子光钟，主要采用碱土金属的原子。与离子钟相比，参与跃迁的原子数目较多（10^4 个），原子鉴频谱线信噪比高，并且可以减轻量子投射噪声的影响，因而可以获得更好的频率稳定度。首先利用多级激光冷却方法获得微开尔文量级的冷原子团，接着打开晶格激光，把冷原子装载在光晶格中，由于格点间距只相当于俘获光的半波长，原子运动只局限在半波长的范围，满足兰姆–狄克（Lamb-Dicke）条件，可以消除一级多谱勒频移。调节晶格激光的波长，可以使得上下跃迁能级的光频移相互抵消。原子的钟跃迁能级为严格禁阻跃迁线，其理论线宽通常为兆赫量级。原子跃迁概率采用共振荧光法实现检测，获得鉴频谱线。

振荡器为超窄线宽激光源，线宽通常为兆赫量级。以具有超高 Q 值 10^5 的*法布里–珀罗干涉仪*为参考，通过射频调制（PDH）方法降低激光器的相位噪声。法布里–珀罗干涉仪由具有超低膨胀系数的材料制成，热膨胀系数为（0 ± 30）$\times10^{-9}$/°C，并且在 5～35°C中有一个膨胀系数为“0”的温度点。腔镜采用同样的材料，并且镀有 99.99%以上的高反射膜，通过光胶合技术粘在腔体上。法布里–珀罗干涉仪放置在超高真空腔室中，并进行温度控制和振动隔离。PDH 方法是将激光进行射频电光相位调制，利用法布里–珀罗干涉仪的共振特性和光外差光谱检测技术获得鉴频谱线，通过反馈系统伺服控制激光器的频率，从而实现压窄激光线宽。PDH 稳频系统的主要噪声有激光功率噪声、剩余幅度调制噪声、伺服系统噪声和干涉仪的振动噪声、热噪声，可以通过抑制上述噪声进一步压窄激光线宽。

飞秒光梳是飞秒脉冲激光光学频率梳的简称，是一种激光脉冲间隔在飞秒（10^{-15} 秒）级别的脉冲光。它在时域上表现为一系列时间宽度在飞秒量级的超短脉冲；在频域上表现为一系列等频率间隔、位置固定、且具有极宽光谱范围的单色谱线，这种光谱的形状就像一把“梳状尺”，因此被称为飞秒光梳。飞秒光梳实现了其频率覆盖范围内的所有波长直接锁定和溯

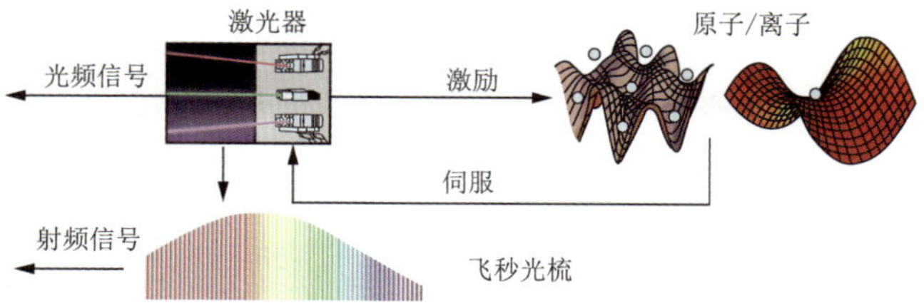

光钟系统

源至微波频率的基准，建立起了光波频率和微波频率的直接联系。飞秒光梳梳齿的频率$f = f_{ceo} + mf_{rep}$，f_{ceo}为载波包络相移频率，来源于载波和脉冲包络产生的相位延迟，在频域上表现为所有梳齿都沿着频率轴移动相同的偏移频率，所以也称偏移频率和零频率，f_{rep}为飞秒光梳的重复频率，指频域上每个梳齿的间隔，m为梳齿的序号。f_{rep}和f_{ceo}为射频信号，当m已知后，就建立了光学频率和微波频率的直接联系。于是，锁定在原子跃迁频率上的激光通过飞秒光梳直接溯源至当前的“秒”定义频率。并且，利用飞秒光梳可以把超稳激光频率转换至微波波段，获得超低相位噪声的微波信号。

光钟的元素有锶（Sr）、镱（Yb）、汞（Hg）等，秒级频率稳定度达到10^{-16}量级、频率不确定度达到10^{-18}量级。光钟的短期频率稳定度主要受限于超窄线宽激光器的频率稳定度；频率不确定度主要受**黑体辐射频移**、二级塞曼频移和冷原子碰撞频移的影响，精确测量上述频移项可以进一步提高频率不确定度的性能。（张首刚）

广角天体测量 wide-angle astrometry 用**天体测量仪器**，如**子午环**、**等高仪**、**依巴谷天体测量卫星**等对天体位置作绝对测定的方法。又称半球或全球测量方法。天体测量包括天体位置的角度测量、角度测量的误差研究、角度随时间或观测者空间位置不同的变化（即**自行**、切向速度和**视差**）和从这些测量值推导天体物理量。仪器几乎可以同时测定分离角度很大（甚至在不同天区）的天体的精确位置，也称为绝对测定。大气的湍流严重影响了广角天体测量的精度。这种方法已在光学和射电波段使用。

广角天体测量法采用的经典仪器有子午环、等高仪、光电中星仪等，测定精度约0.1角秒量级。空间天体测量仪器有依巴谷和Gaia卫星。以子午环为例描述此方法：子午环的望远镜安放在固定的东西轴上，所以望远镜只能沿本地**子午圈**运动。子午圈是通过天极和天顶的一个大圆，垂直于地平。子午环作两个独立的观测：天体过子午圈的时刻和过子午圈的天顶距（由东西轴上的刻度盘读出）。天顶方向由水银盘给出，仪器方位的稳定性由南北方位标决定。通过观测，可以得到天体的赤经和赤纬，由此方法也可得到基本星表FK5。这类仪器大部分已不使用，但是在采用漂移扫描技术后，有些子午环仍然在发挥作用，如**美国海军天文台**旗杆镇站8英寸全自动子午环（FASTT）、法国波尔多子午环对太阳系天王星、海王星、冥王星及木星至海王星的亮卫星、小行星，以及其他感兴趣的天体（如晕白矮星候选者、褐矮星等）进行观测。进行广角测量的仪器有VLBI、光干涉，如美国海军天文台观测115颗亮星的精度已达到大约8角分，长期的观测可达到几个角分。空间天体测量仪器有依巴谷卫星、Gaia（全天的全球天体测量仪器）。依巴谷卫星携带一架全反射的**施密特望远镜**，其中光束联合器由两块稳定保持29°夹角、近于平面的非球面镜构成，此镜把角距约为58°的两个天区送入同一视场。由于卫星的自转，视场中的星像通过主光栅的情况与星像通过子午环的光栅相似，所以称为全球法或绝对测定法。

广角观测所编制的全天星表定义一个参考架，如1988年国际天文学联合会采用的FK5、1998年采用的ICRF1和2010年采用的ICRF2、ICRS光学波段实现的依巴谷星表和预计2024年发表的Gaia星表，它们在天文、空间研究、大地测量等领域中有广泛使用。虽然窄角观测比广角观测更精确，但是只能得到在小视场中相对的位置和运动，例如光学参考架的加密、自行和**三角视差的测定**、**双星**的观测等。但随着观测能力的提高，观测的**极限星等**接近24星等，因此参考源选择为河外星系时，则窄角观测法也能测定天体的绝对位置和自行。这两种观测方法的研究的范围也已经从早期监测地球自转和大陆漂移、太阳系天体（行星、自然和人造卫星、空间导航、小行星）的运动和天体位置的预测（历表），扩展到银河系的运动学和动力学的研究、相对论验证等，例如**星团**和伴星系的运动、**暗物质**的分布等。

（金文敬）

广延空气簇射 extensive air shower 能量很高的初级宇宙线进入地球大气后，同空气中的原子核连续发生强作用和电磁作用，产生大量次级粒子的现象。能量高于10^{14}电子伏的初级宇宙线可产生数万到上亿个粒子（绝大部分是电子和光子），它们分布在数百米距离内，几乎同时到达地面。这种大范围的空气簇射现象叫作广延空气簇射。粗略地说，落到地面上的空气簇射粒子总数，正比于初级宇宙线的能量。利用空气簇射现象，可以在地面上探测能量极高的初级宇宙线。能量愈高，宇宙线粒子流强愈弱。每平方米面积上，平均一个月才射入一个能量高于10^{16}电子伏的初级宇宙线粒子。但是，利用散布在大范围内的多个探测器组成的阵列来记录空气簇射粒子，可以把观测超高能初级宇宙线粒子的有效面积扩大到一平方千米左右。有关极高能量初级宇宙线的知识（能谱、方向等），就是研究广延空气簇射得到的。对于能量高于10^{11}电子伏的宇宙γ射线，可以在地面观测其空气簇射所产生的切伦科夫辐射。2008年，在阿根廷建成的皮埃尔·俄歇（Pierre Auger）宇宙线观测站，在3000平方千米范围内布有1600个探测器的阵列，目的就是详细研究最高能量宇宙线的成分、起源和能谱。截至2012年，大气簇射荧光探测器望远镜阵列TA，南极深海的冰立方中微子探测器，还有法国海边水下的中微子望远镜，都加入了俄歇观测站联合观测的行列。中国的宇宙线观测站有西藏羊八井宇宙线观测站和2018年6月在四川稻城建设的高海拔宇宙线观测站（LHAASO）。（李惕碚）

圭表 gnomon with shadow template 中国最古老、最简单的一种天文仪器。创制年代已不可考，至迟从西汉开始已经成为官方天文台上的标准仪器。它包括两个组成部分：一为直立在平地上的标竿或石柱，汉以后改用铜制，叫作表；一为正南北方向平放的尺，叫作圭。《周礼·大司徒》等篇所称“土圭”，即度圭（量度用圭）之意，是用玉或石制成的。汉以后改用石或铜制。圭和表互相垂直，组成圭表。根据正午时度量表影的长度可以推定**二十四节气**，从表影长短的周期性变化可以确定一回归年（见**年**）的日数。表影在正北的瞬间就是当地真太阳时（见**日**）的正午，可用以校正**漏壶**。从《周礼·考工记》可知，战国以前人们已懂得使用铅垂线来校正表的垂直，用水平面来校正圭的水平。

秦以前的表的高度，文献中没有明文记载。汉代以后一致称古代表高8尺。西汉《淮南子·天文训》提出10尺的表，以符合十进制的要求。但后世大都仍用8尺高表。只有南北朝梁大同十年（544）太史令虞邝曾用过 9 尺高表测影，这是少见的例外。元代**郭守敬**把表高增加到 36 尺，又在表顶上加一根架空的横梁，从梁心到圭面共 40 尺，这样来提高测影精度；又创制景符，以解决表高影淡的缺点，并可以测出日面中心的影长（见**登封观星台**）。明代**邢云路**曾在万历（1573～1620）年间制 60 尺高表，是中国历史上最高的表。

汉代记载，太初四年（前 101）造的铜表高 8 尺，长 1 丈 3 尺，后者实指的是圭长。后世的圭长大抵差不多。郭守敬增加表高时才把圭长也相应地增加到 128 尺。这条长圭被称为量天尺。明代又恢复 8 尺高表和 1 丈多的长圭。清钦天监在明制表的顶上加了一截，使表高达到 10 尺。这时，表影在冬季会落到圭外。为此，清人在圭的另一端立了一个高 3 尺 5 寸的“小表”，相当于圭的延伸，叫立圭，使表影落在立圭上。量度这段影的高度可以推算得到 10 尺表的表影长度（图 1）。

除了天文台上使用的大型圭表，汉代还出现过小型可折叠圭表，截至 2023 年，有两件出土实物为证。一是 1965 年江苏仪征石牌村东汉 1 号墓（属东汉中期以后）出土的铜制可折叠圭表（图 2），二是

图 1　圭表（1439 年造，现陈列于紫金山天文台）

图 2　江苏仪征东汉墓出土便携式圭表

1978 年安徽阜阳西汉第二代汝阴侯夏侯灶（卒于前 146 年）墓出土的木质髹漆圭表（图 3），二者的折叠起来的长度都是

图 3　安徽阜阳西汉夏侯灶墓出土便携式圭表复制品

34.5 厘米，合汉制 1.5 尺，与《周礼·考工记》所记长为 1 尺 5 寸的便携式土圭长度和用途相符。（石云里）

轨道改进　improvement of orbit　一种精密测定天体轨道的方法。这种方法以天体的某一初始轨道出发，借助大量观测资料，逐次改进**轨道根数**，最后求出天体的精密轨道。与初轨计算相比，定轨的弧段较长，计算时需要考虑摄动。

概述　英国科学家 **I.牛顿**在他的图解法**轨道计算**中注意到逐次改进轨道的问题。德国科学家 C.F.**高斯**在轨道计算中使用了“两个日心向径变分法”，来改进轨道计算的精度。现代的轨道改进常用微分改进法，其基本思想是 P.哈泽在 1896 年首先提出的，后经美国天文学家 A.O.勒施奈改进，当时他们采用的是直角坐标改进法。1937 年，美国天文学家 W.J.埃克特和荷兰数学家 L.E.J.布劳威尔开始使用轨道参数改进法，为现代的轨道改进方法奠定了基础。

早期，主要是对太阳系中的自然天体进行轨道改进，改进弧段一般较短，摄动也较小，加上当时的计算条件较差，因此，在轨道改进中没有充分考虑摄动，也不进行多次迭代（见**摄动理论**）。1951 年，埃克特等人在计算五颗外行星直角坐标时，首先成功地运用电子计算机进行轨道改进。电子计算机的使用，为进行精密的摄动计算和严格的迭代，提供了现实可能，从而为轨道改进开辟了广阔的前景。

人造天体的发射向轨道改进提出了更高的要求，不仅需要处理诸如测距、测速等新型的观测资料，而且由于人造天体的运动快、摄动大，还提出了高精度实时测轨的要求。

原理　设天体的轨道参数用α_j（$j=1,2,\cdots,6$）表示，观测资料用F_i（$i=1,2,\cdots,N$）表示，其中F_i是t、α_j和其他几何物理参数（如，测站坐标，大气对流层系数、电离层折射系数、地球引力场模式参数等）ε_k的函数，即：

$$F_i = F_i(t,\alpha_j,\varepsilon_k)$$

一般说来，F_i的计算值$F_i^{(c)}$与观测值$F_i^{(o)}$不相等，这不仅是因为观测有误差，而且还因为α_j和ε_k有误差。由一阶泰勒展开式可得：

$$F_i^{(o)} - F_i^{(c)} = \sum_{j=1}^{6}\frac{\partial F_i}{\partial \alpha_j}\Delta\alpha_j + \sum_k \frac{\partial F_i}{\partial \varepsilon_k}\Delta\varepsilon_k (i=1,2,\cdots,N)$$

不过，轨道改进中通常只解算$\Delta\alpha_j$，利用这些条件方程，用最小二乘法就可求得轨道参数的改正值$\Delta\alpha_j$，再用$\alpha_j+\Delta\alpha_j$作为初始轨道参数进行迭代，就可求出愈益精确的轨道参数，并可计算出改进参数的误差估计。这就是轨道改进的基本原理。

要说明的是：

①在轨道改进中，偏导数$\frac{\partial F_i}{\partial \alpha_j}$一般可用两种方法求得：其一是用差商代替偏导数，这样的轨道改进，称为差分改进法，其二是在**二体问题**求偏导数（不考虑摄动）。

②F_i不一定是直接观测量，可以是它们的组合或投影。

③α_j也不一定是 6 个轨道根数，它可以是某一历元天体的坐标和速度，也可以是轨道根数的各种组合，例如，为了克服$e=0$，$i=0$的困难而引进的无奇点根数。

④对于近地人造卫星，为了克服大气模型的误差，经常在轨道改进中引进附加参数$\frac{\mathrm{d}n}{\mathrm{d}t}$（平运动变率），这样轨道根数就是 7 个数。

由于没有考虑ε_k的误差，轨道改进的精度是有限制的，如果希望得到高精度的轨道，需要同时解算$\Delta\varepsilon_k$，这时，未知数很多，需要研究方程的解法，还需注意系数矩阵是否满秩。（吴连大）

轨道根数　orbital element　二体运动中的积分常数。椭圆和双曲线运动中有 6 个常数，分别为轨道半长径a、轨道偏心率e、轨道倾角i、升交点经度Ω、近点角距ω、平近点角M（或者用真近点角f和偏近点角E中的一个代替）。轨道倾角的范围为 0°～180°，定义 0°～90°的轨道为顺行，90°～180°的为逆行。这 6 个轨道根数中，i和Ω决定轨道平面在空间的取向，a和e决定轨道形状，ω决定轨道定向，M决定某一特定时刻天体在轨道上的位置。6 个根数中，仅M是含时间的。抛物线运动$e=1$，故只有 5 个轨道根数。双曲线运动由

于二体能量为正，通常定义轨道半长径 $a<0$。 （周济林）

轨道共振 orbital resonance 天体运动中出现的各种共振现象的泛称。原是指两天体之间的轨道-轨道共振，即两个天体各自以平太阳速度n_1和n_2绕同一中心天体运行，满足条件$n_1/n_2=p/q$（p、q为正整数），即构成两个运行轨道之间的p/q轨道共振。平太阳速度又被称为平运动，故而轨道共振又被称为平运动共振，表现为两天体在轨道上的位相差$l=pl_2-ql_1$（l是平近点角）在平衡位置附近摆动。该现象在太阳系中普遍存在，如火星与木星之间的主带小行星与木星之间的2∶1、3∶2、3∶1……5∶2共振，特洛伊小行星群与木星之间的1∶1共振，土卫六与土卫七之间的4∶3共振等。

随着对共振现象研究的不断深入，共振类型的划分也越来越细。就共振问题涉及的天体，有上述两天体之间的二体共振；有三天体（如木星的伽利略卫星Ⅰ、Ⅱ、Ⅲ）之间的多体共振；有一个天体的公转与自转之间的自旋-轨道共振。特别地，木星的伽利略卫星木卫Ⅰ、木卫Ⅱ、木卫Ⅲ周期之间存在1∶2∶4的关系，称为拉普拉斯共振。三颗卫星通过该共振相互传递轨道能量和角动量，使得在木卫Ⅰ上存在强烈潮汐耗散作用的情形下仍能长期维持它们的轨道。就共振变量而言，只有一对共振参数的称为单重共振（如二体共振中，一对共振参数就是天体的轨道周期或平运动速度和相应的位相差）；有两对以上共振参数的称为多重共振。除轨道共振外，还有两个天体各自升交点经度或近星点经度变化之间的共振，分别称为交点共振和近点共振。这类发生在慢变量之间的共振，其共振周期比上述直接反映轨道运动的快变量导致的轨道共振周期长得多，称为长期共振。

共振现象不仅普遍存在于太阳系中的自然天体之间，非太阳系的行星系统中也有轨道共振现象的存在。人造地球卫星的运动中同样有明显的共振，如地球同步卫星的轨道运动与随着地球转动的非球形引力势中田谐项（$C_{2,2}$、$S_{2,2}$等）之间的1∶1共振，卫星的两个慢变量近地点幅角ω和升交点赤经Ω变化的长期共振（临界倾角现象）等。

轨道共振或长期共振，从现象上看是运动天体的某种固有运动“频率”与摄动天体的某种干扰“频率”之间的通约而引起的一种共振效应，但它又与通常力学中的机械共振现象不同。这种共振效应导致共振参数中的角动量的变幅有一定程度的增大，而角变量（两天体之间的一种位相差）的变化却受到一定程度的限制。相应的力学机制可用简化后的理想共振来表述。

仅考虑与共振主项对应的动力系统的哈密顿函数如下：

$$H(x,y)=B(y)+2A(y)\sin^2 x$$

式中x、y各为共振角变量（如两个共振天体的一种位相差）和相应的角动量，$A(y)>0$，$A(y)/B(y)=O(\varepsilon)$；ε为摄动小参数；$x'=0$（此处′代表对时间的导数）对应共振态（即$n_1/n_2=p/q$）。这一哈密顿系统对应的运动就像是一种单摆运动，在共振条件下，角变量x只能在平衡位置附近摆动，其变化受到一定限制。尽管是简化系统，但它清晰地反映了天体之间轨道共振的基本特征。该特征体现出天体运动的一些特殊现象。如土卫七与土卫六的合只能发生在远星点；太阳系主带小行星中出现的柯克伍德空隙与某些通约带（如3∶2和4∶3处）的小行星聚集；在3∶1轨道共振与近点共振的共同作用下，主带小行星可演化成近地小行星；地球静止卫星（GEO）在赤道上空平衡位置附近的摆动现象等。但这一共振机制在太阳系动力演化中所起的作用，就一个完整力学模型而言，还未得到圆满解决，仍是天体力学与动力天文中的一个重要研究课题——共振理论。 （易照华）

轨道计算 orbit determination 一种粗略测定天体轨道的方法。在轨道计算中，不对天体轨道做任何初值估计，而从若干观测资料出发，根据几何与力学条件，定出天体的粗略轨道，以便及时跟踪天体，或作为轨道改进的初值。经典的轨道计算方法利用若干对天体的光学测向资料，定出太阳系内自然天体的初始轨道。仅用光学测向资料来定出6个轨道根数，则至少必须要有3次观测，因为每次观测只能得到天体位置的两个分量。

轨道计算是从研究彗星的运动开始的。天文学家第谷首先试图计算彗星轨道，但未获成功。困难在于只能测到彗星方向，而不知道它与地球的距离。在I.牛顿以前，天体运动的研究基本上是几何描述性的，缺乏力学规律的指引。因而，不能根据测向资料求得天体的空间位置。牛顿运动定律和万有引力定律发现后，开普勒定律有了力学解释，天体运动有了严格的数学表达式，才能利用少数几次时间相隔不长的测向资料来定出天体轨道。第一个正式的轨道计算方法是牛顿的图解法。E.哈雷用这个方法分析了1337～1698年出现的24颗彗星轨道，发现出现于1531年、1607年和1682年的3颗大彗星具有十分相似的轨道，由此推断这是同一颗，即有名的哈雷彗星。

拉普拉斯方法：P.-S.拉普拉斯于1780年发表第一个完整的轨道计算的分析方法。方法不限制观测的次数，首先根据几次观测，用数值微分法定出某一时刻天体在天球上的视位置及其一阶，二阶变率，再由此严格而又简单地求出天体此刻的空间坐标和速度，进而求得轨道的6个要素。从分析观点看，这是个好方法。但轨道计算是一个实际问题，要考虑结果的精确和计算的方便。拉普拉斯方法对观测资料精度要求高，计算繁复，实际中很少使用。

高斯方法：与拉普拉斯法不同，它是根据观测资料设法得出天体在两个不同时刻的空间位置，再由此求得轨道的6个要素。关键是如何根据3次测向资料来定出天体空间位置。天体在过太阳的平面上运动，一旦确定了该平面的取向，那么根据测向资料，除个别特殊情况外，就能得出天体空间位置。而决定轨道平面取向正确与否的条件是相应该平面得出的空间位置必须满足运动的力学规律。

1801年1月1日，意大利天文学家G.皮亚齐发现了第一号小行星——谷神星。不久，C.F.高斯采用逐次近似法，算出了它的椭圆轨道。他的方法发表于1809年。高斯从理论和实际上解决了轨道计算问题。以后虽有人提出一些新方法，但其基本原理仍没有变。

人造卫星轨道计算计算小行星轨道的经典方法，原则上都能用于人造卫星的轨道计算。考虑到人造卫星的运动特点，或对经典方法有所改进，或提出新的方法。例如，近地卫星一天绕地飞行十多圈，容易从观测定准它的运行周期，也就知道了它的轨道半长径。相应就有了已知半长径的轨道计算法。人造卫星离地近，视差现象明显，利用两站或多站的同步观测，容易求得卫星地心距，可以简化经典计算方法。此外，针对人造卫星受摄动影响大的情况，有计及摄动的轨道计算方法。

应用高速电子计算机，可以进行大量复杂的运算。为得到目标的高精轨道，更多的是综合对目标的光学、激光测距、多普勒测速等多种类型的大量观测资料，作轨道改进。现代技术已能使入轨后的卫星轨道同预定轨道相差不大，预定轨道就能作为初始轨道使用。 （王昌彬）

轨道稳定性　orbital stability　用以描述常微分方程组的相轨道随系统初始状态变化时的稳定性质。又称庞加莱稳定性。轨道稳定性与描述系统演化状态随其初始状态变化时所常用的李雅普诺夫稳定性类似，两者的不同之处如图所示。该图

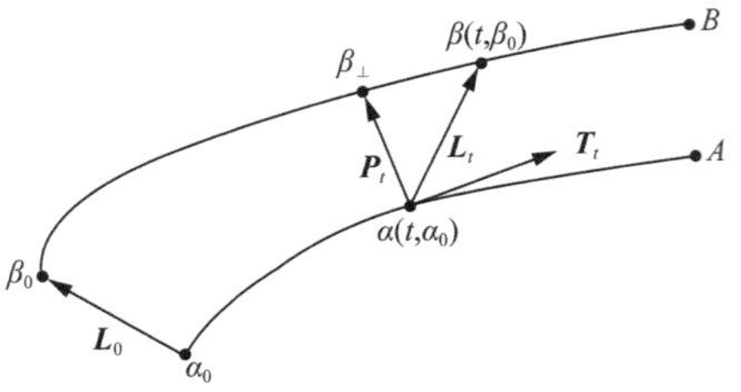

二维一阶常微分方程组两条轨道

显示了一个二维一阶常微分方程组的一条轨道$A=\{\alpha(t,\alpha_0):t>0\}$及其邻近轨道$B=\{\beta(t,\beta_0):t>0\}$。其中$\boldsymbol{T}_t$是轨道$A$在$\alpha(t,\alpha_0)$处的切向量，$\boldsymbol{L}_t$是由$\alpha(t,\alpha_0)$到$\beta(t,\beta_0)$的向量，$\beta_\perp\in B$且由$\alpha(t,\alpha_0)$到$\beta_\perp$的向量$\boldsymbol{P}_t$垂直于$\boldsymbol{T}_t$。李雅普诺夫稳定性由$\boldsymbol{L}_t$的演化情况定义，即轨道$\boldsymbol{A}$称为李雅普诺夫稳定的，如果对任意给定的$\varepsilon>0$都存在$\delta>0$，使得只要$|\boldsymbol{L}_0|<\delta$就有$|\boldsymbol{L}_t|<\varepsilon$。而轨道稳定性则由$\boldsymbol{P}_t$的变化情况定义，即：轨道$\boldsymbol{A}$称为轨道稳定的，如果对任意的$\varepsilon>0$都存在$\delta>0$，使得只要$|\boldsymbol{L}_0|<\delta$就有$|\boldsymbol{P}_t|<\varepsilon$。（傅燕宁）

轨旋共振　spin-orbit resonance　当一个天体的自转角速度（频率）与其公转角速度（频率）之比等于简单整数比（通约关系）时的状态。又称自转–轨道共振。最常见的轨旋共振的例子是卫星在潮汐耗散作用下，自转逐渐减慢，公转轨道半长径逐渐增加，而最后陷入自转周期等于公转周期的“同步自转”状态。例如月球当前就处于同步自转状态，其自转周期与公转周期之比为1∶1，因而月球总是以同一面朝向地球。对于**冥王星**及其卫星冥卫一（Charon），两者都已进入同步自转状态，所以二者总是以相同的一面朝向对方。

一个非旋转对称的卫星来自行星的引力在卫星上产生力矩，因而其自转运动将受到行星引力的影响。该行星引力产生的力矩大小与卫星自身的不对称程度有关，当卫星绕行星的轨道是圆轨道时，描述卫星自转的运动方程只有一个平衡位置，即同步自转状态。该力矩还和卫星与行星之间的距离有关，所以，当卫星绕行星的轨道是椭圆时，描述自转的运动方程就可能出现多个平衡解，它们的具体情形由轨道偏心率决定。仅考虑偏心率的一阶近似时，3∶2共振是作用较强的一种轨旋共振情形。太阳系内，水星当前就处于该共振状态：水星公转与自转周期分别为58.65、87.97恒星日，两者之比为2∶3，该共振是水星具有较大偏心率（0.206）的原因。

一般而言，不规则卫星受轨旋共振影响较大，土卫七（Hyperion）就是这样一个不规则卫星。在轨旋共振影响之下，土卫七的自转处于混沌状态——其自转速度和自转轴指向随时间近似随机变化。太阳系外行星系统中，一些行星处于非常靠近中央恒星的轨道，推测它们大多也处于轨旋共振状态。（周礼勇）

鬼星团　Praesepe　因其位置在二十八宿中的鬼宿而得名，是鬼宿星团的简称。又称蜂巢星团。中国古代称为积尸气。梅西耶编号为M44。是**疏散星团**之一。

鬼星团（M 44）

鬼星团与**毕星团**类似，也是一个移动星团，汇聚点在赤经95°，赤纬+4°，正远离地球而去，其速度的大小和方向都同毕星团的差不多。鬼星团的年龄与毕星团也相近，约为7亿年。它的大小不到10秒差距，成员星1000多个，总质量是太阳质量的500～600倍。鬼星团到太阳的距离约187秒差距（609光年），比毕星团远得多，因此它的成员星也比较暗，最亮的星为6等星。（陈　力）

郭守敬　Guo Shoujing（1231～1316）　中国元代天文学家、数学家、水利专家和仪器制造家。字若思。顺德邢台（今属河北）人。郭守敬幼承祖父郭荣家学，攻研天文、算学、水利之学。后随忽必烈的谋臣刘秉忠读书，结识**王恂**。郭守敬32岁由刘秉忠的同学张文谦推荐而出仕元廷。他多次参加整治华北水利工程，参与修复西夏（今宁夏银川一带）水利工程，颇有贡献。至元十三年（1276）元世祖忽必烈攻下南宋首都临安，在统一前夕，命令制定新**历法**，由张文谦等主持成立新的治历机构太史局。太史局由王恂负责，郭守敬辅助。在学术上则王恂主推算，郭守敬主制仪象和观测。至元十五年太史局改称太史院，王恂任太史令，郭守敬为同知太史院事，建立天文台。当时，有许衡、杨恭懿等来参与共事。经过4年努力，终于在至元十七年编出新历，经忽必烈定名为《授时历》。

《授时历》是中国古代一部很精良的历法。王恂、郭守敬等人曾研究分析汉代以来的40多家历法，吸取各历之长，力主制历应“明历之理”（王恂）和“历之本在于测验，而测验之器莫先仪表”（郭守敬），采取理论与实践相结合的科学态度，取得许多重要成就。

①创制多种天文仪器。郭守敬为修历而设计和监制的新仪器有**简仪**、高表、候极仪、浑天象、玲珑仪、**仰仪**、立运仪、证理仪、景符、窥几、日月食仪以及星晷定时仪共12种（史书记载称13种，有的研究者认为还有一种为赤道式**日晷**）。另外，他还制作了适合携带的仪器4种：正方案、丸表、悬正仪和座正仪。这些仪器中最重要的是简仪和高表（见**登封观星台**）。

②进行大规模的天体测量。除了对日、月、五星的运动进行系统、详细的测量之外，郭守敬主持27个地方的日影测量、北极出地高度和二分二至日昼夜时刻的测定。除一些重要城市外，还特别规定从北纬15°的南海起，每隔10°设点，到65°地方为止。除个别有疑问的地点外，北极出地高度的平均误差只有0.35°。另外，对全天业已命名计数和尚未命名的恒星也做了一次比较全面的位置测定。

③推算精确的回归年长度。在大都（今北京），通过三年半约200次的晷影测量，郭守敬定出至元十四年到十七年（1277～1280）十分精确的冬至时刻。他又结合历史上的可靠资料加以归算，得出一回归年的长度为365.2425日。这个值同现今世界上通用的公历值一样。

④废除沿用已久的**上元积年**、**日法**。中国古历，自西汉刘歆作三统历以来，绝大多数历法利用上元积年和日法进行计算。唐、宋时，**曹士蒍**等试作改变。《授时历》则完全废除了上元积年，采用至元十七年（1280）的冬至时刻作为计算的出发点，以至元十八年为“元”，即开始之年。所用的数据，个位数以下一律以10 000为分母，即用十进位的小数制，取消日法的

分数表达方式。

⑤发展宋、元时代的数学方法。王恂和郭守敬创立招差术，用3次差内插法计算日、月、五星的运动和位置。在黄赤道差和黄赤道内外度等的计算中，又创用弧矢割圆术，即近似球面三角学的方法。

《授时历》完成后，王恂与郭守敬着手整理观测资料，编制各种数据用表。至元十八年（1281），王恂去世，郭守敬继任太史令，并主持这项工作。他所编述的天文历法著作，有《推步》7卷、《立成》2卷、《历议拟稿》3卷、《转神选择》2卷、《上中下三历注式》12卷、《时候笺注》2卷、《修改源流》《仪象法式》2卷、《二至晷景考》20卷、《五星细行考》50卷、《古今交食考》《新测二十八宿杂座诸星入宿去极》《新测无名诸星》和《月离考》。现存《元史》和《高丽史》中的《授时历经》，大抵即为上述的《推步》。

晚年，郭守敬致力于河工水利，兼任都水监。至元二十八至三十年（1291～1293），他提出并完成了自大都到通州的运河，即通惠河工程。他巧妙地汇集、导引从昌平白浮村到西山一线的泉水溪流，解决了水源问题，又设置坝闸，令漕船顺利地自通州拾级而上，直抵积水潭。至元三十一年，郭守敬升任昭文馆大学士兼知太史院事。此后，他在天文仪器，特别是在计时仪器的制造方面，又连创佳绩，制成大明殿灯漏、柜香漏、屏风香漏、行漏等。

（陈美东）

郭守敬望远镜 The Large Sky Area Multi-Object Fiber Spectroscopic Telescope 位于中国科学院国家天文台兴隆观测站内大视场巡天望远镜的冠名。见**大天区面积多目标光纤光谱天文望远镜**。

国际地球参考架 international terrestrial reference frame; ITRF 国际上约定并通用的**地球参考架**，是**国际地球参考系**（ITRS）的物理实现，具体是由分布在地球表面上一组参考点（大体上为空间大地测量站及其标记）的瞬时坐标和速度组成。国际地球参考架（ITRF）提供了估计这些参考点瞬时位置的高精度模型，它是IERS **规范**提供的协议改正量（关于固体潮、极潮等）和“标准位置”的总和。参考点的“标准位置”用分段线性函数来表示，线性部分考虑了板块运动、后冰期回弹等效应，而分段表示则考虑诸如地震移位等造成的不连续性。ITRF的初始定向是国际时间局（BIH）**地球参考系**在历元1984.0的方向。

国际地球参考架，由**国际地球自转和参考系服务**（IERS）通过全球分布的地面观测台站，采用多种空间大地测量技术内综合中心提供的各技术观测台站的**坐标时间序列**累积、综合而得到的，包括**人造卫星激光测距**（SLR）、**甚长基线干涉测量**（VLBI）、**全球导航卫星系统**（GNSS）、法国的星载多普勒接收机测速和无线电测距的集成系统（DORIS）等。是国际上应用最广泛、精度最高、最稳定的全球性地球参考架。随着技术进步、观测资料积累、测站数量增加，ITRF也在不断地更新，至2023年已发布14个序列，最新版本是2022年4月发布的ITRF2020。

（黄乘利）

国际地球参考系 international terrestrial reference system; ITRS 一个共同约定的**地心地球参考系**。国际地球参考系在具体实现上要求其指向与以往的地球参考系保持连续或一致，即相对于地球表面没有残余的整体旋转，并且地心定义为包括海洋和大气在内的整个地球的质量中心（IUGG决议2，1991）。为了和以前的地球参考系（TRS）保持连续，它最初的定向靠近历元1900.0平赤道和格林尼治子午圈。它是表示地球上位置时推荐使用的参考系。

根据**国际地球自转和参考系服务**2010年协议［IERS Conventions（2010）］，国际地球参考系ITRS的定义为：原点是地心，即整个地球（包含海洋和大气）的质量中心；长度单位是米（SI），尺度与地心局部框架的**地心坐标时**（TCG）时间系统保持一致，符合国际大地测量学协会（IAG）和国际测地与地球物理联合会（IUGG）的1991年决议，由相应的相对论模型得到；定向初始值采用国际时间局（BIH）给出的1984.0的方向；定向随时间的演变采用相对于整个地球的水平板块运动无整体旋转（NNR）条件。

（黄乘利）

国际地球自转和参考系服务 International Earth Rotation and Reference System Service; IERS **国际天文学联合会**（IAU）第19（地球自转）专业委员会（2015年第29届IAU组织机构改组为A2专业委员会）下一个全球性的地球自转和参考系服务机构。IERS的历史可追溯至20世纪初。1910年长距离无线电时间信号的交换表示，这些信号相差1～2秒，至1912年10月在**巴黎天文台**召开国际无线电报时间会议，成立了国际时间委员会和执委会，即国际时间局（BIH），设立在巴黎天文台。由于第一次世界大战，一直没有被批准，直至1919年国际天文学联合会（IAU）成立，国际时间委员会（IAU第31专业委员会）和国际时间局才进入其中。BIH工作分为三个阶段：①1920～1929年。初期BIH的时间服务工作主要是技术方面的，如接收机和时号发射机的研制和改进，以及摆钟的研究。当时BIH只用巴黎天文台的观测给出半确定的**世界时**，出版时间公报，刊载BIH和几个国际台站发播的时号改正值，此工作至1966年。②1929～1967年。1929年开始在BIH时间公报中刊载用6个天文台的天文观测给出的确定时，至1963年已用37个天文台的观测。为了消除各天文台观测中的系统差，引入了平均天文台的概念，1931～1966年BIH按固定格式出版时间公报。③1967～1987年BIH成为全球地球自转的服务机构。初期BIH的确定时为UT0，没有加入**极移**改正。自1939年起BIH采用了国际纬度服务（ILS）提供的极坐标，给出了UT1。根据1955年第9届IAU大会决议ILS建立了极移的快速服务（SIR），并在1965年进入BIH。1967年国际天文学联合会IAU和国际测地和地球物理联合会（IUGG）批准BIH出版每月通报和年报代替时间公报，5天的极坐标精度为0.015″，UT1精度为0.0012s。1972年是BIH使用经典技术的峰年，共有80个台站参加。为了满足空间探测的需要，在与美国喷气推进实验室的合作下，从1970年起出版仅延迟几天的每周快速服务。

为了系统地研究地极运动，1895年第11届国际测地协会（IAG）大会决定成立国际纬度服务（ILS），由在北纬39°8′圈的7个台站组成，中央局设在波茨坦，并于1899年正式运行，通过纬度变化研究极运动。1919年国际科学委员会ICSU成立，IAU和IAG是其成员，并成立“纬度变化”专业委员会。1922年第一次IAU和IUGG大会，ILS中央局设在日本水泽国际纬度站。20世纪50年代已同时用时间和纬度观测研究地球自转，而且ILS在1955年建立了SIR，因此1960年IUGG第12届大会和1961年IAU第11届大会决议，将ILS改组为国际极移服务（IPMS），1962年3月在日本水泽国际纬度站正式成立。IPMS中不仅有ILS的台站，而且有许多具有时间和纬度观测的仪器的台站加入，最多有26个国家，75架仪器参加。1962～1978年出版年报，1962～1987年每月出版月报。1967年第13次IAU大会时第19专业委员会的名称从“纬度变化”改为“地球自转”，同时与第14届IUGG大会一起决定采用由5个ILS的平均纬度定义了国际协议原点（CIO）。此时IPMS和BIH采用几乎相同的资料,计算地极坐标,直至1987年。

随着20世纪70年代末比经典技术精度高两个量级的空间测地技术(SLR、LLR、VLBI)的发展,观测结果逐步为BIH和IPMS使用,如1973年BIH采用跟踪TRANSIT卫星的极坐标。1978年IAU No.82"时间和地球自转"讨论会后,由IAU第19和31组成立了测定地球自转工作组,1978年10月在美国俄亥俄州哥伦布市第一次会议上提出MERIT(Monitor Earth-Rotation and Intercompare the Techniques of observation and analysis)项目,并在1979年17届IAU和IUGG大会提出,约有90个机构和天文台采用6种观测技术参加此项目。1980年IAU No.56专题讨论会"地球动力学的参考坐标系"上又成立了IAU/IUGG联合工作组COTES(Conventional Terrestrial Reference System)。经过1980年8～10月的MERIT短期联测和1983年9月～1984年10月的主联测后,在1986年第3次工作组会议上提出建立一个新IERS机构的建议。1985年第19届IAU大会上19和31委员会联合讨论会建立IERS临时理事会,MERIT/COTES计划也从1984年继续直至1988年1月1日新组织成立,并取代了国际时间局(BIH)和国际极移服务(IPMS)。

1987年IAU和IUGG建立了国际地球自转服务(IERS)取代了国际时间局(BIH)和国际极移服务(IPMS),并于1988年1月1日开始运行,中央局仍在BIH所在处的巴黎天文台。2001年IERS具有新的结构,中央局由法国巴黎天文台移至德国制图和大地测量研究所。2003年重新命名为国际地球自转和参考系服务,英文缩写仍为IERS。它是天文和地球物理数据分析服务联合会的成员。IERS的主要目的是为天文、测地和地球物理研究单位提供服务和资料,包括:①国际天球参考系及其实现——**国际天球参考架**。②国际地球参考系及其实现——**国际地球参考架**。③地球定向参数,以研究地球指向的变化和ICRF和ITRF之间的变换,包含极运动、世界时、**岁差**和**章动**。④地球物理资料,用它解释在ICRF、ITRF或地球定向参数和模型中的时间和空间的变化。⑤规范、常数和模型。位于**美国海军天文台**的IERS分局负责快速服务和地球定向参数的预测,以及基于实时地球自转速率给出时间尺度。

IERS从成立以来结构不断完善,如1990年和1994年分别成立全球定位系统(GPS)和**星基多普勒轨道确定和无线电定位组合系统**(DORIS)协调中心,以及1998年建立全球地球物理流(GGF)的协调中心。现在的机构由8个部门组成,包括理事会、分析协调者、中央局、产品中心、国际地球参考系联合中心、工作组、技术中心和研究中心,其中研究中心还未建立。8个部门的职能如下。

①理事会。每个技术中心推荐两人,每个产品中心推荐1人,中央局代表,分析协调者,IAU、IAG/IUGG和IAG中全球测地观测系统各1人,总共有19人组成,从中推选主席1人。理事会负责IERS的活动和组织的变动。

②分析协调者。负责IRES参考架和其他产品的长期和内部协调,保证技术中心产品完整的结合,使IRES产品成为唯一的,并在中央局存档。

③中央局。为理事会决策的执行者,负责日常的事务,如与其他组织联系,发布各种文件;也是通讯中心,定期散发新闻通讯、年报、技术简要报告等。

④产品中心。其下面有6个中心,即地球定向中心、快速服务和预测中心、协议中心、国际天球参考系中心、国际地球参考系中心和全球地球物理流中心。在全球地球物理流中心下又设海洋、水文、大气和联合专局。各中心负责其产品,如ICRF、ITRF,每月地球定向资料,每日快速服务的实时定向资料和预测,为时间发播给出天文和民用时之差、闰秒的宣告,全球地球物理流,如质量和角动量的分布、周年报告和技术说明和长期地球定向信息。

⑤国际地球参考系综合中心。负责综合技术中心和其他处得到的个别ITRF,并提供综合的ITRF至ITRS产品中心。现在由3个单位参与,即德国测地研究所、法国地理所和美国喷气推进实验室。

⑥工作组。为了研究由理事会组织的特别的课题,现有5个工作组,即台站本地测量和并置、观测量的综合、ICRF的实现、SINEX格式和台站坐标时间序列格式,每个工作组组长应每年在IERS年报中汇报工作组活动的情况。

⑦技术中心。包括各种技术服务,如体现全球导航、激光测距、甚长其线干涉、星载多普勒测轨和无线电定位技术的IGS、ILRS、IVS、IDS。每种观测技术中心独立展开和组织活动,并按规定格式向IERS提供地球定向参数和参考架的信息。

⑧研究中心。由理事会组织和设立,负责对特别课题进行研究。

IERS属于IAU第A2专业委员会(地转自转),每3年向该委员会汇报工作。

(金文敬)

国际度量衡局 International Bureau of Weights and Measures; Bureau International des Poids et Mesures; BIPM 国际计量大会(CGPM)下设的国际计量委员会(CIPM)的执行机构,办公地点设在法国巴黎。它的主要任务是保证世界范围内计量标准的统一。国际度量衡局具体负责:建立主要计量单位的基准;保存国际计量标准原器;组织国家基准与国际基准的比对,以及其他相关的协调工作。它从1988年起取代国际时间局(BIH),负责**国际原子时**和**协调世界时**的计算、实现和保持等工作。

世界时不是由某一个单一的国际机构对时间频率工作承担完全责任,许多国际科学组织联合为此做出努力。国际计量大会于1956年设立秒定义咨询委员会(CCDS),1997年更名为时间频率咨询委员会(CCTF),负责就国际原子时、协调世界时的组建和改善问题向BIPM提供咨询意见。国际电信联盟(ITU)下设的无线电通信部负责制定无线电时频信号发播规则。

(漆贯荣)

国际天球参考架 international celestial reference frame; ICRF **国际天文学联合会**(IAU)采用的天球参考系统标准。国际天球参考架(ICRF)是通过一套**河外射电源**的位置来实现的,它基于运动学的概念。它的原点是太阳系的质心,轴的指向在太空中是固定的。国际天球参考架是**国际天球参考系**(ICRS)的物理实现,它包含一组用甚长基线干涉观测获得的河外射电源的位置。由于河外射电源非常遥远,自行可以忽略,由它们组成的参考架在运动学无整体旋转。最新的一个版本ICRF2中,用295颗射电源的高精度位置来定义参考系的坐标轴指向。

天文观测数据都是在国际天球参考系ICRS中描述的,ICRS的坐标原点在太阳系质心,坐标轴的指向由一组精确观测的河外射电源的坐标实现,称为国际天球参考架(ICRF)。第一个ICRF射电源表ICRF1共包含608颗河外射电源,其中212颗源位置和结构稳定,被选为定义源。ICRF1中射电源的位置精度大约为0.25毫角秒,而坐标轴的稳定性大约为20微角秒。截至2021年的国际天球参考架是ICRF2,总共包含3414颗射电源,其中295颗为定义源。与ICRF1相比,ICRF2射电源的位置精度大约为40微角秒,坐标轴稳定性大约为10微角秒,而且源的分布比ICRF1更加均匀,见图。需要说明的是,ICRF1和ICRF2所实现的参考系是相同的,即为ICRS。

由于河外射电源在光学波段非常暗弱

（18～20等），对于光学观测非常不方便，所以IAU2000决议B1.2推荐使用**依巴谷星表**作为ICRS在光学波段的主要实现，并命名为依巴谷天球参考架（HCRF）。依巴谷星表包含覆盖全天的117 955颗恒星，比之前任何光学**天体测量星表**都精确，且没有明显的星等差和区域差。由于依巴谷观测的恒星的**极限星等**大约为12等，不包含ICRF中的源，因此HCRF和ICRF的连接只能通过间接方法进行，例如对**射电星**的光学观测，地球自转参数的间接方法等。通过对所有方法得到的结果进行综合，最终得到HCRF和ICRS指向的偏差和相对旋转的不确定性大约为0.6毫角秒和0.25毫角秒/年。

由于极限星等的限制，依巴谷星表观测的恒星数依然比较少，通常使用第谷星表（Tycho-2）作为更实用的光学参考架的扩充。第谷星表结合了**依巴谷天体测量卫星**的巡天和144个地面望远镜观测的星表，包含了2 539 913颗恒星，获取自行的历元跨度大约一个世纪，精度为1～3毫角秒/年。极限星等更暗的现代天体测量星表有光学波段的UCAC星表、PPMX星表、PPMXL星表、XPM星表等；近红外波段的2MASS星表射电波段的NVSS和FIRST星表，以及具有射电和光学辐射的类星体星表LQRF和LQAC。太阳系大行星和月历表可以作为ICRS的动力学实现，例如美国喷气推进实验室（JPL）的DE405/406和最新的DE421历表，或者法国天体力学和历表计算所（IMCCE）的INPOP10a数值历表。这些历表包含了太阳系大行星和月球在ICRS中的位置和速度，为太阳系中的天体运动提供参考系。

（朱　紫）

国际天球参考系　international celestial reference system; ICRS　以相对论时空参考系理论为基础，假设宇宙不存在整体旋转，由此可建立一种理想的运动学的**天球参考系**。1990年以后，随着**甚长基线干涉测量**（VLBI）技术的成熟，通过观测大量遥远的**河外射电源**，发现IAU1976岁差系统存在约−3.0毫角秒/年的系统差，从而使得基本天球参考系FK5系统存在明显的非惯性旋转。1991年国际天文学联合会（IAU）大会有关天球参考系的决议中建议，天球参考系的坐标轴指向应由遥远的河外射电源来定义，并取代基本参考系FK5。而新的框架与FK5框架的区别之一在于，参考架不再由银河系近距恒星来实现，取而代之采用一组遥远的河外射电源，同时要求射电源应足够的遥远，使其自身的运动和结构变化而带来的观测位置改变应小于数个微角秒，从而可以用来定义一种准惯性的纯运动学参考架。IAU为此专门设立了一个工作组来完成相应的射电源星表——**国际天球参考架**（ICRF）。为便于各研究领域有一个统一的天球参考系，IAU第23届大会正式提出国际天球参考系的概念，并制定了专门的决议，该决议指出，自1998年1月1日起，天球参考系采用由**国际地球自转和参考系服务**（IERS）所定义的ICRS，由IAU参考系工作组所建立的ICRF为基本参考架，依巴谷星表为ICRF在光学波段的实现，IERS负责ICRF的维持。ICRS是一太阳系质心坐标系，其坐标轴固定指向河外源。考虑到与动力学参考系和FK5的衔接，定义ICRS的零点在J2000.0历元与FK5系统重合。

在IAU第24届大会决议中引入了两种“空固”天球参考系，分别为**质心天球参考系**BCRS和**地心天球参考系**GCRS。这时ICRS可以理解为坐标系的原点分别对应相应两个参考系的原点。

随着第二颗空间天体测量卫星的成功发射及其空间光学微角秒精度水平观测的实现，ICRS参考系可能面临一些实际问题需要解决。由于Gaia参考系的实现从原理上可以不依赖任何一种先验的参考架，并且不直接与地球参考架发生任何联系，同时数十万颗河外源包括了更多、更为遥远的源为建立这个框架提供选择，从而可能使得Gaia参考架具备更优越的惯性特性。IAU相关的参考系工作组正在考虑未来ICRF的优化（如ICRF3）以及ICRF与Gaia参考架的关系等问题。

（朱　紫）

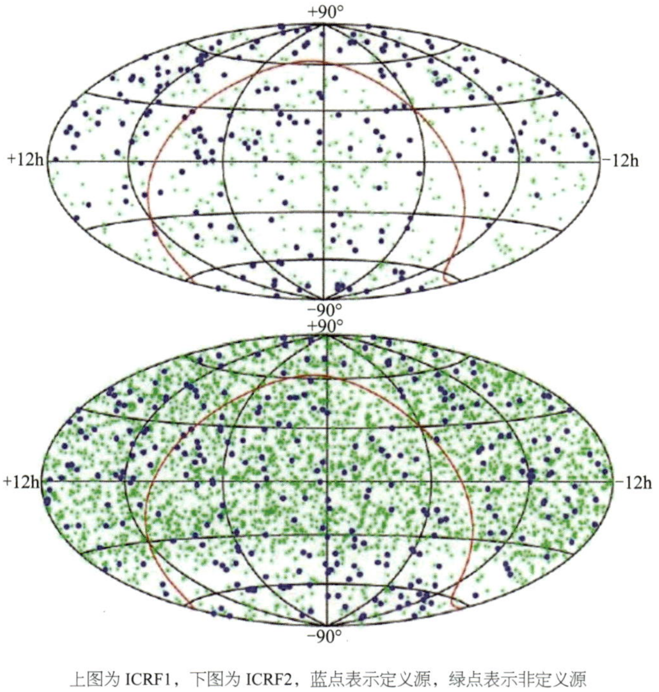

上图为ICRF1，下图为ICRF2，蓝点表示定义源，绿点表示非定义源

国际天球参考架河外射电源分布

国际天文学联合会　International Astronomical Union; IAU　世界各国天文学术团体联合组成的非政府性学术组织。成立于1919年，它致力于通过国际合作促进和保障世界范围内天文学的科学研究、交流、教育、发展等所有方面。

其科学主体架构为“学部—委员会—工作小组”，IAU个人会员分布其中，他们来自世界各地，是职业天文学家，拥有博士及以上头衔，活跃在天文学专业研究、教育及其他相关领域。此外，IAU也有青年会员（获博士学位五年之内，处于科研事业起步阶段）。截至2020年9月，IAU会员共有13 321名，其中个人和青年会员有10 883名，这些会员在IAU数据库中被标记为“活跃”，表明他们拥有有效的电子邮箱，能够投票并与IAU各项活动保持联系，参加至少一个学部。IAU成员遍布107个国家，其中82个国家是成员国。此外，IAU还与世界各地的很多科学组织开展合作。

其长期政策由IAU大会确定、执行委员会执行，日常业务由IAU官员负责。IAU的事务协调中心是国际天文学联合会秘书处，挂靠在法国巴黎天体物理研究所。IAU下属9个科学学部，学部下设涵盖天文学所有领域的共35个专门委员会和53个工作组，负责IAU各项科学和教育活动的组织实施。

其主要活动是组织科学会议。IAU每年主办9个IAU国际学术研讨会。《IAU学术研讨会论文集系列》是IAU出版物的旗舰。IAU大会每三年举行一次，包括6个IAU学术研讨会、15个专题研讨会，以及一些各学部、委员会、工作小组和办公室单独组织的业务和科学会议。专题研讨会的论文集发表在《专题天文学丛书》。各学部和各委员会的三年期工作报告发表在《国际天文学联合会会报——A 系列》，IAU 大会上的业务会议报告发表在《国际天文学联合会会报——B 系列》。2012 年中国天文学会在北京成功举办了第 28 届国际天文学联合会大会（见**中国天文学会**）。

其他职责有：定义基本天文和物理常数；明确天文术语；关于未来国际大型观测设施建设可能性的非正式讨论。另外，IAU 是国际公认的权威机构，负责对天体及其表面特征进行命名。

IAU 还致力在公众间推动天文学研究、教育和宣传活动。2009 年举办的联合国教科文组织国际天文年活动覆盖了来自 148 个国家的 8 亿多人，使 IAU 公众天文工作达到高潮。2011 年，IAU 与南非国家研究基金会共同设立天文学促进发展办公室（OAD），旨在通过天文学促进人们的发展能力建设。2012 年，IAU 与**日本国立天文台**联合设立天文科普办公室（简称 OAO），旨在提供获取天文信息和交流机会的途径，让公众参与天文学。2015 年，IAU 与挪威科学和文学院联合设立了青年天文学家办公室（OYA），共同运行 IAU 为年轻天文学家设立的国际学校项目。2018 年，IAU 与德国**马克斯·普朗克天文研究所**共同设立天文教育办公室（简称 OAE），支持世界范围内从事天文教育的职业天文学家。此外，IAU 还组织开展了诸多与国际空间研究委员会和联合国教科文组织相关的联合教育活动。

（赵　刚　张　琪）

国际虚拟天文台联盟　International Virtual Observatory Alliance; IVOA　由国际上各个**虚拟天文台**项目组成的国际虚拟天文台联盟。1999 年，美国国家科学院召集全国优秀的天文学家完成了一本名为“新千年的天文学和天体物理学”的科学发展规划，在这个十年发展规划中他们把建立国家虚拟天文台作为最优先推荐的中小型发展项目。此后，世界各国的天文学家迅速响应，纷纷提出了各自的虚拟天文台计划，在全球掀起了一场虚拟天文台浪潮。为了将各个国家或组织在虚拟天文台方面的努力联合在一起，2002 年 6 月在德国召开了一个名为“走向国际虚拟天文台”的国际会议，会上成立了国际虚拟天文台联盟。

国际虚拟天文台联盟致力于为实现数据的互操作制订有关的标准和规范，使数据产品生成、管理和使用的各个环节都在标准的框架下进行。

截至 2021 年 5 月 28 日，IVOA 已经包括了 22 个成员项目，分别来自中国、阿根廷、爱美尼亚、英国、澳大利亚、巴西、加拿大、智利、欧洲空间局、欧盟、德国、匈牙利、日本、法国、俄罗斯、南非、西班牙、意大利、乌克兰、美国、印度、荷兰。

IVOA 成员 Logo 组图

IVOA 的核心工作是为全球的天文界制定互操作标准并推动这些标准的实施。为了实现分布式异构数据集和服务的互操作，IVOA 已经制定了数十项相关的标准和规范。IVOA 每年组织两次互操作研讨会，通常在 5 月和 10 月。这些研讨会为 IVOA 的各个工作组、兴趣组以及相关人员提供了面对面讨论和交流的机会，有效地推动了标准的制定实施和各种问题的快速解决。

（崔辰州）

国际原子时　international atomic time; IAT　不同的地方原子时之间存在着差异。全世界大约有 100 台**原子钟**通过各种方法互相进行对比，再由国际时间局进行数据处理，求出全世界统一的**原子时**，称为国际原子时。1971 年 10 月第 14 届国际计量大会批准由国际时间局（现归属国际计量局）根据国际单位制的秒定义来运行国际原子时（IAT），并于 1972 年 1 月 1 日起在全世界推行。

（漆贯荣）

国家授时中心　National Time Service Center; CAS　中国科学院下属研究机构。前身是创建于 1966 年的西北授时台，后改称西北天文台、陕西天文台，2001 年经中央机构编制委员会批准正式更名为中国科学院国家授时中心，是中国唯一、专门、全面从事时间频率科学研究的科研机构。

承担着国家标准时间（北京时间）的产生、保持和授时发播任务，建设和运行着中国最早的国家重大科技基础设施“长短波授时系统”，承担了“十三五”国家重大科技基础设施“高精度地基授时系统”的研制建设任务，在国家时间频率体系建设中发挥了骨干引领作用；同时，基于精密时间频率测量技术开展卫星导航领域的研究工作，建成了国内唯一的天地一体卫星导航授时试验平台，在中国卫星导航系统建设和发展中发挥了重要支撑作用。总部位于陕西省西安市临潼区，经过五十多年发展，逐渐形成临潼本部、蒲城授时部、西安试验场和洛南试验场、商丘低频时码台、骊山天文站构成的“三部三站”的园区分布格局，以及正在建设的西安科学园园区和新疆库尔勒、甘肃敦煌、西藏那曲、广东封开授时台站。拥有“时间频率基准”和“精密导航定位与定时技术”两个中国科学院重点实验室，现有天体测量与天体力学博士后流动站，天体测量与天体力学、测试计量技术及仪器、通信与信息系统博士、硕士培养点，精密测量物理、电子与通信工程硕士学位授权学科点，并出版《时间频率学报》和《时间频率公报》。

（窦　忠）

国家天文科学数据中心　National Astronomical Data Center　以中国科学院**国家天文台**为首的中国天文界面向天文学的科学研究、普及教育以及相关学科和社会的需求提供的天文科学数据服务基础设施。又称中国天文数据中心。国家天文科学数据中心成立于 2019 年 6 月，是首批 20 个国家科学数据中心之一，为基础支撑与条件保障类国家科技创新基地。国家天文科学数据中心前身是中国天文数据中心，以中国科学院国家天文台为依托单位，是一个以国家天文台为总中心，由布局在天文台站、科研院校等共建单位和科研设施的分布式分中心组成的逻辑上统一物理上分布的国家科技资源共享服务平台。

国家天文科学数据中心负责汇交管理、整编、集成天文学科领域的科学数据和期刊论文关联数据，制定相关标准规范，建设天文数据资源体系，优化完善天文数据开放共享服务平台，提供多元数据服务，建立数据挖掘分析与学科应用平台，促进天文学科领域科学数据的深度应用，开展科学传播和国际合作交流。

国家天文科学数据中心积极推进天文

领域科技资源向国家平台汇聚与整合，建立并持续优化完善以观测波段为主线，以装置和计划、子学科、数据产生方式、生产年代、用户对象为副线的多维度天文科学数据资源体系。

国家天文科学数据中心坚持以“开放为常态、不开放为例外”的原则向用户提供服务。中心面向天文学家、相关领域科研人员以及公众等不同用户，根据用户群体的不同需求，提供多层面的服务，并为重点用户提供定制化服务。中心的服务模式包括在线、离线、混合模式等类型。中心不但提供数据检索下载等传统的数据服务模式，更提供适应数据密集型科学研究时代需求的云服务在线科研模式。（崔辰州）

国家天文台 National Astronomical Observatories of the Chinese Academy of Sciences 中国科学院下属天文研究机构。前身是1958年2月成立的北京天文台，2001年4月由中国科学院天文领域原四台三站一中心撤并整合组建，包括总部和云南天文台、南京天文光学技术研究所、新疆天文台和长春人造卫星观测站等4个直属单位，总部设在北京。国家天文台总部主要从事天文学前沿研究、天文技术与方法创新及应用、重大观测装置建造与运行、国家月球与深空探测科学应用和国家空间碎片监测与应用，建有光学天文、太阳活动、空间天文与技术、计算天体物理、月球与深空探测和FAST等6个中国科学院重点实验室，并与20余所大学、科研机构或高新技术企业建立战略合作关系；在河北兴隆，北京密云、怀柔，天津武清，西藏阿里、羊八井，内蒙古明安图、贵州大窝凼等地建有观测台站；负责运行和维护国家重大科技基础设施——大天区面积多目标光纤光谱天文望远镜（LAMOST）、500米口径球面射电望远镜（FAST），拥有射电日像仪、天籁阵列、21CMA阵列、2.16米光学望远镜、50米射电望远镜等一批天文观测设备，在探月工程、载人航天、北斗卫星导航系统等国家科技重大专项中承担了重要任务，并出版有国际核心英文学术期刊*Research in Astronomy and Astrophysics*（RAA）和现代科普刊物《中国国家天文》。

（赵 刚 黄京一）

H

哈勃，E.P. Edwin Powell Hubble（1889-11-20～1953-09-28） 美国天文学家，星系天文学的奠基人，观测宇宙学的开创者之一。生于密苏里州马什菲尔德，卒于加利福尼亚州圣马里诺。1910年，毕业于芝加哥大学天文系，后赴英改学法律。1913年返美，在肯塔基州从事法律事务。1914年重返天文界，1917年获博士学位。从1919年起，在威尔逊山天文台工作30多年，直到去世。1924年获美国科学促进会克利夫兰奖，1938年获太平洋天文学会布鲁斯奖章，1939年获富兰克林研究院富兰克林奖章，1940年获英国皇家天文学会金质奖章，1946年因对弹道学的突出贡献获美国政府的荣誉勋章。

1914年，哈勃在叶凯士天文台开始研究星云的本质，提出有一些星云是银河系内的气团。他发现亮银河星云的视直径同使星云发光的恒星亮度有关。并推测另一些星云，特别是具有旋涡结构的，可能是更遥远的天体系统。1919年他用当时世界上最大的1.5米和2.5米反射望远镜照相观测旋涡星云。1924年发现仙女座大星云的造父变星，根据周光关系，推算出它在银河系之外，是和银河系一样的恒星系统。当1924年底他在美国天文学会上宣布这一发现时，与会的天文学家都意识到，多年来关于旋涡星云是近距天体还是银河系之外的宇宙岛的争论就此结束，从而揭开了探索大宇宙的新的一页。

20世纪初，V.M.斯里弗对旋涡星云光谱做过多年研究，发现谱线红移现象。哈勃在此基础上，并根据自己测定的距离资料，于1929年指出星系的距离越远，红移越大。若假设红移是星系视向运动的多普勒效应，则红移-距离关系表明，越远的星系退行的速度越大，从而意味着那部分宇宙在膨胀。后来把红移-距离之间的线性关系称为哈勃定律。

此外，哈勃在1925年提出了河外星系的形态分类法，被称为哈勃分类法。此法将星系分旋涡、棒旋、椭圆和不规则四大类，一直沿用至今。1928年，哈勃还提出蟹状星云是中国古代记录的1054年超新星爆发遗迹的观点。

哈勃于1936年出版的《星云世界》和1937年发表的《用观测手段探索宇宙学问题》两部书都是现代天文学名著。

（陈美东 撰 石云里 修订）

哈勃常数 Hubble constant 河外星系退行速度同距离的比值，它是一个和位置无关的常数，通常用H_0表示，单位是千米/（秒·百万秒差距）。在相对论宇宙学中，宇宙膨胀的速率可用宇宙尺度因子$R(t)$对宇宙时t的求导$\dot{R}(t)$除以$R(t)$来表示；称$H=\dot{R}(t)/R(t)$为哈勃参量，一般是时间的函数。当前宇宙的哈勃参量记为H_0称为哈勃常数。

1929年，E.P.哈勃首先发现河外星系的视向速度与距离成比例（即距离越大视向速度也越大），并给出速度-距离比，符号为K，比值为500。哈勃测定H_0时，应用了造父变星和星系中的最亮星来标定距离。1952年W.巴德指出，仙女星系中造父变星的星等零点应变动1.5等，由此哈勃常数应修订为$H_0=260$。1958年A.R.桑德奇指出：哈勃所说的最亮星实际上位于电离氢区，因此要再加上1.8等的星等改正，从而将哈勃常数降低为$H_0=75$。1974～1976年，桑德奇和瑞士天文学家G.A.塔曼又用七种距离指标的方法重新修订哈勃常数，得到$H_0=55$，只及哈勃当年测定值的1/10。这就是说，按哈勃定律推算星系的距离，用H的新修订值所得结果比哈勃当年所得的结果增大10倍。2018年根据2010年普朗克卫星观测数据得H_0的测量值接近67.66，单位是千米/（秒·百万秒差距）。

（潘宁堡）

哈勃定律 Hubble's law 遥远河外星系的视向速度v与距离r成正比的关系，1929年由美国天文学家E.P.哈勃发现，后称哈勃定律。它的形式是：$v=H_0r$。哈勃定律中的比例系数H_0称为哈勃常数，代表宇宙当前的膨胀速率。2018年公布的普朗克卫星于2010年观测结果报告H_0～67千米/（秒·兆秒差距）。

1912年，美国天文学家V.M.斯里弗首次测得仙女星系光谱线相对于实验室波长的移动，用多普勒效应获得其视向速度。一年后这类旋涡星云（后来确认为旋涡星系）的视向速度数据增加到十几个，成为当时研究太阳运动的依据。在扣除了太阳运动之后，发现剩余速度很大，并且主要是正的，这代表星系的普遍退行。1929年，哈勃根据24个已知距离和视向速度的星系，确立了退行速度与距离间的线性关系。这意味着宇宙不是静态的，而更像1922年A.弗里德曼和1927年G.勒梅特分别提出的模型那样是演化的。1930年，A.S.爱丁顿把这一现象解释为非静态宇宙的膨胀效应，并得到以后越来越多天文观测的证实。于是，哈勃定律就成了宇宙膨胀论第一个也是最坚实的观测基础。

（邹振隆）

哈勃空间望远镜 Hubble space telescope; HST 美国航空航天局的大型天文台计划旗下的第1架空间望远镜，以美国著名天文学家、河外天文学和观测宇宙学先驱、宇宙膨胀的证实者E.P.哈勃命名。哈勃空间望远镜（图1）于1990年4月24日由发现号航天飞机带入太空，次日进入高度约560千米、倾角28.5°的轨道，同年5月20日拍下第一张科学影像。望远镜在历经5次航天飞机维修任务后仍在工作，预计工作至2030～2040年，该项目也成为成功的空间天文学项目之一。因为太空环境规避了大气湍动和地面光污染的影像，哈勃空间望远镜的性能几乎达到了光学极限，由此为天文观测的各个领域都带来了革命性的变化。

图1 哈勃空间望远镜接收最后一次维修期间的照片

哈勃空间望远镜的主光路采用卡塞格林式设计，主反射镜口径为2.4米，配备有口径0.3米的副镜。由于避开了地球大气的湍流干扰，哈勃望远镜的分辨率达到了0.05角秒；同时太空环境也避免了大气吸收效应，所以哈勃可以全面覆盖波长115～2500纳米的紫外、红外和可见光波段。

哈勃空间望远镜是第一架接受航天飞机在轨维修的空间望远镜。入轨以来，哈勃一共接受了5次航天飞机维修任务，它们分别安排在1993年12月、1997年2月、1999年12月、2000年2月和2009年5月。其中第一次维修任务的主要目标是安装空间望远镜轴向替换光学改正系统（COSTAR），以补偿望远镜主镜磨制误差导致的**像差**，从而改善成像质量，提升科学观测的精度（图 2）；同时此次任务期间，宇航员还将原本的宽视场和行星照相机更换为紫外探测性能大大提升的宽视场和行星照相机 2 号，并安装、替换了其他星载组件。哈勃望远镜的后续维修任务则安装了更先进的观测设备，更新了陀螺仪、电池组和太阳能电池板等失灵或老化的关键部件，从而拓展了哈勃的性能，同时也大大延长了这架望远镜的使用寿命。接受 5 次维修后的哈勃空间望远镜拥有 6 台天文观测仪器，包括作为天文观测主力的宽视场照相机 3 号（WFC3）、用于紫外分光观测的宇宙起源光谱仪（COS）、用于高灵敏度大视场成像的先进巡天照相机（ACS）、用于光谱观测的空间望远镜成像分光仪（STIS）、用于红外观测的近红外照相机和多目标分光仪（NICMOS），还有用于导星观测的**精密导星传感器**（FGS）。

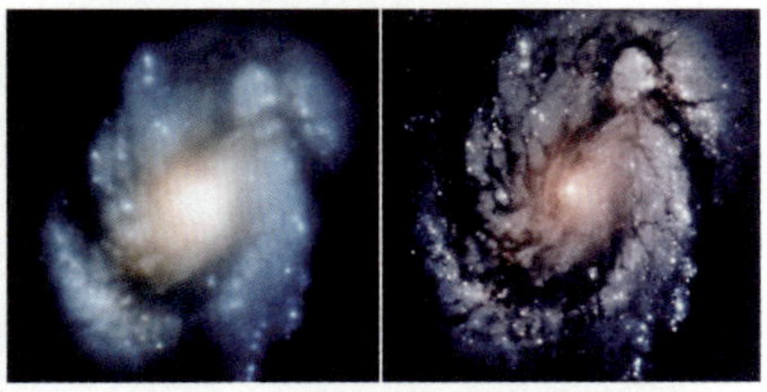

图 2　哈勃空间望远镜第一次维修前（左）后（右）的成像质量对比，观测对象均为旋涡星系 M100

在超过 30 年的运行期内，哈勃空间望远镜通过对一系列标准烛光天体的观测，更好地测量了**哈勃常数**，从而将宇宙的年龄确定为 138 亿年左右，还协助研究者确认了让宇宙膨胀加速的**暗能量**的存在。哈勃对**高红移星系**的观测还揭示了宇宙早期星系的面目，为星系演化理论带来了重要线索。哈勃空间望远镜拍摄的恒星形成区和**原恒星**/年轻恒星的高分辨率图像揭示了恒星和行星演化过程的关键阶段。此外，哈勃对**太阳系**天体的观测还揭示了行星天气的变化，以及部分小天体表面的构造。

（张　博）

哈勃图　Hubble diagram　用天体的退行速度（或红移）和距离（或视星等，或距离模数）作为坐标轴画出的图。它是**宇宙学**家最常用的关系图，可以比较直观地展示宇宙的膨胀历史。

创建　1929 年，E.P.**哈勃**测量了一批河外星系的距离后发现星系的视向退行速度（或谱线红移）与其距离之间大致成正比关系（现称为**哈勃定律**），从而得出了**宇宙膨胀**的结论。而哈勃当年的结果就是用星系的距离与退行速度的关系图（见图）表示的，这种图现在被称为哈勃图。退行速度v是通过红移z换算而来的，即：

$$1 + z = \sqrt{\frac{1 + v/c}{1 - v/c}}$$

因此哈勃图中也经常采用直接观测量红移z作为横坐标。此外，由于距离不是一个直接观测量，所以在实际操作中视星等m或距离模数μ等物理量通常被用作距离的替换量作为哈勃图的纵坐标。距离

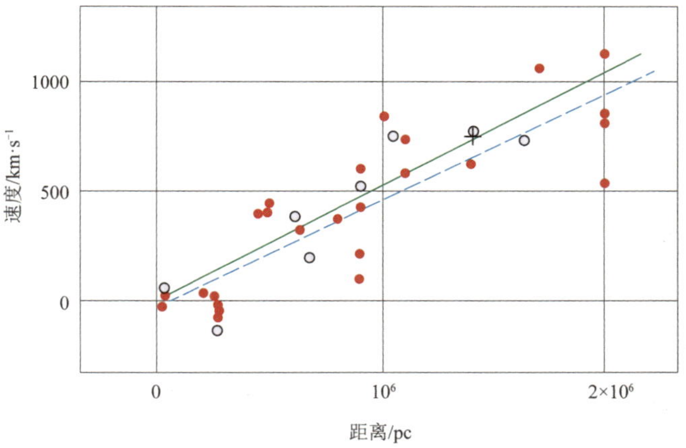

哈勃观测的河外星系距离与退行速度的关系图

模数μ的定义为视星等m与绝对星等M之差，即$\mu = m - M$。哈勃当时所观测到的天体的红移在 0.003 以下，而现代的观测结果已经将哈勃图扩展到了红移更大的范围。

应用　在低红移区宇宙的局域几何很接近欧氏几何，因此整体曲率的影响可以忽略。近邻宇宙的膨胀几乎是线性的（即哈勃定律），$cz = H_0 d$，式中c是光在真空中的速度，z是通过光谱观测得到的天体红移，d是天体的真实距离，H_0现称为**哈勃常数**。在近邻宇宙$v \ll c$，因此$z \approx v/c$，从而得出$v = H_0 d$。因此，哈勃图在低红移区的斜率可以用来确定宇宙当前的膨胀率，也就是哈勃常数H_0。

在高红移的遥远宇宙中，由于宇宙学距离是依赖宇宙学模型及其中的**宇宙学参数**（包括空间曲率），宇宙的膨胀在哈勃图上表现出非线性的行为，因此哈勃图在高红移区的形状可以用于确定宇宙的整体空间曲率以及其他宇宙学参数。在以距离–红移为坐标的哈勃图中，每个红移处距离对红移的一阶导数正比于在该红移处哈勃参量的倒数，可以表征该红移处宇宙膨胀的速度；而每个红移处距离对红移的二阶导数和哈勃参量可以组合出一个量代表宇宙膨胀的加速度，其大于零代表在该红移处宇宙加速膨胀，小于零则代表该红移处宇宙减速膨胀。根据现有观测数据的哈勃图，宇宙学家们发现当前宇宙不仅是膨胀的而且是加速膨胀的，并且宇宙在红移z为 0.8 左右由早期的减速膨胀过渡到晚期的加速膨胀。

（陈　云）

哈佛–史密松天体物理中心　Harvard-Smithsonian Center for Astrophysics; CfA　美国天文研究机构。总部位于美国马萨诸塞州的坎布里奇，1973 年 7 月 1 日由哈佛大学天文台和史密松天体物理台联合组成。哈佛大学天文台建立于 1839 年，是哈佛大学艺术和科学学院下属的研究机构，并为哈佛大学天文系的教学活动提供设备和其他方面的支持。史密松天体物理台建立于 1890 年，是史密松研究所的一个机构。1955 年，史密松天体物理台将总部迁往坎布里奇，开始了与哈佛大学天文台长期的合作关系。截至 2022 年共有研究人员 850 多人。

哈佛–史密松天体物理中心在马萨诸塞州还有三处办公地点，并在亚利桑那州的霍普金斯山建有弗雷德·劳伦斯·惠普

哈佛–史密松天体物理中心总部

尔天文台（FLWO），1979 年建成 6.5 米口径的多镜面望远镜（MMT）、超高能辐射成像望远镜阵列系统（VERITAS）等设备；在夏威夷莫纳克亚参与建设了亚毫米波阵列；在智利的**拉斯坎帕纳斯天文台**参与建设了麦哲伦望远镜，在南极洲参与建设了南极望远镜。哈佛–史密松天体物理中心参与的空间望远镜项目有**钱德拉 X 射线天文台**（CXO）、日出卫星（Solar-B）、**太阳和太阳风层探测器**（SOHO）、**斯皮策空间望远镜**（SST）、爱因斯坦卫星等。

哈佛–史密松天体物理中心多年来获得众多观测成果，包括发现太阳的**冕洞**；在天鹅座中证认了第一个**黑洞**候选天体；1976 年火箭实验证实了爱因斯坦广义相对论预言的**引力红移**；1980 年发现了木星的 X 射线辐射；1981 年在**猎户星云**中发现了水分

子的脉泽辐射；1995年发现了**超大质量黑洞**存在的证据；1996年，惠普尔天文台发现了一类新的活动星系；安装在SOHO卫星上的仪器拍摄了首张太阳外层大气的照片，探测到了快、慢两种太阳风；1997年首次从观测上确认了黑洞周围的事件视界。（李宗伟　刘黎明）

哈根斯，W.　William Huggins（1824-02-07～1910-05-12）　英国天文学家。生于伦敦，卒于伦敦。年轻时曾在名师指导下自修天文学，后获剑桥大学和牛津大学博士学位。1842～1854年从事商业。1854年迁到伦敦附近的塔尔斯山，1856年在那里建造了私人天文台，并工作了一生。1865年当选英国皇家学会会员，1876～1878年任英国皇家天文学会会长。1900～1905年任英国皇家学会会长。

1859年，他在20厘米**折射望远镜**上装置了分光仪，观测**恒星光谱**。1863年，他和W.A.米勒一起指出：亮星具有和太阳相同的化学组成，它们的光线来自下层炽热物质，穿过高层具有吸收能力的大气层而向外辐射。1864年用分光仪观测**发射星云**，揭示了它们的气体本原，并发现**行星状星云**的两条绿色谱线。1866年5月18日，哈根斯首次用分光仪观测1866年北冕座**新星**，发现吸收光谱上有明亮的氢发射线，指出发射线是来自温度高于恒星表面温度的气体壳。他观测了1866年、1867年、1868年的三颗彗星的光谱，发现彗星光谱中有碳氢化合物的谱带，并证实彗星不只反射太阳光而且本身也发光。1868年他首先利用多普勒效应，根据恒星的**谱线位移**测定**天狼**的视向速度。1876年，他还首先在天体照片观测中使用干性照相乳胶。（陈美东　撰　石云里　修订）

哈雷，E.　Edmond Halley（1656-11-08～1742-01-14）　英国天文学家、数学家和地球物理学家。生于伦敦附近的哈格斯顿一个富商家庭，卒于格林尼治。1673年进牛津大学女王学院学习，1678年当选皇家学会会员，1686年任学会秘书，1703年任牛津大学教授，1720年任格林尼治天文台台长。

自幼表现出对数学的兴趣，上中学时开始爱上天文学，上大学时利用自己的24英尺望远镜进行观测，1675年写信给皇家天文学家J.弗拉姆斯蒂德，指出当时出版的天文表中的一些错误。在弗拉姆斯蒂德帮助下，于1675年发表了一篇关于行星近日点和轨道偏心率测量的论文。受弗拉姆斯蒂德北天球恒星表测编计划的启发，提出应该对南天球开展类似工作，得到国王查理二世的支持。1676年，辍学前往南大西洋的圣赫勒拿岛，在那里建立了南半球的第一个天文台，用一架大型望远镜**六分仪**开展南天恒星和**星团**的观测，还观测了一次水星**凌日**，意识到这种现象（最理想的是金星凌日）可用于太阳视差测量。1678年5月回到英格兰，12月经国王查理二世特许，获得牛津大学硕士学位。1679年出版《南天星表》，包含341颗南天恒星的黄道坐标和**星图**。

1681年，哈雷已经了解到G.D.卡西尼关于彗星是轨道天体的理论。1682年9月，对后来以他名字命名的那颗彗星进行了系列观测。他开始关注引力问题，于1684年8月前往剑桥与I.牛顿讨论开普勒行星运动定律的证明，发现牛顿已经解决了这个问题，促使他重新写出证明过程，并资助他出版《自然哲学的数学原理》。

哈雷编纂了大量彗星的观测记录，并且是第一个全力以赴地从事**彗星轨道计算**的人。1705年发表《彗星天文学论说》一书，阐述了1337～1698年观测到的24颗彗星的轨道。他发现1531年、1607年和1682年出现的3颗大彗星具有十分相似的轨道。由此，首先利用**万有引力定律**推断这是同一彗星，每隔75～76年回归一次，并且预言这颗彗星将于1758年底或1759年初再度回归。这颗彗星果然如期而至。后来称它为**哈雷彗星**。1717年，哈雷还发现了**天狼**、**南河三**和**大角**三颗星的**自行**，打破了恒星静止不动的传统观念。

哈雷还对月亮进行了大量观测，于1695年预言月球的平均运动存在长期加速现象，后此说得到证实。

在数学方面，哈雷对高等几何、对数计算和三角函数有精深的研究，1690～1693年提出了级数展开的独特方法。

在地球物理学方面，哈雷于1668年首先发现信风，系统研究主要风系与主要海流的关系；1687年创制蒸发器，并用于测量地中海海水的蒸发量，成为现代水文学奠基人之一；1688年绘制成北纬30°到南纬30°信风和季风分布图；1692年采用磁角线（即哈雷线）作为海上确定经度的方法；1701年制成大西洋和太平洋地磁图。他还曾研究地球引力场，证实赤道附近地心引力小于高纬度地区。（石云里）

哈雷彗星　Halley's comet　一个回归周期约为76个地球年的短周期亮彗星。是第一个被认为具有周期性的彗星。1705年，英国天文学家E.**哈雷**分析了1531年、1607年和1682年出现的大彗星的轨道，判断三者为同一彗星的再现，并预期将于1758～1759年再次回归。后来此彗星果然如期而至，后人遂称之为哈雷彗星。哈雷彗星的回归周期约为76个地球年。

中国古代最早的哈雷彗星记录为公元前613年（春秋鲁文公十四年）。之后，中国天文学家从公元前240～公元1910年连续29次观测到哈雷彗星回归，均有实时实录。最近的一次回归是1986年（见图），下一次将是2061年。哈雷彗星的轨道为一偏心率为0.967的椭圆；近日距0.59**天文单位**，位于水星和金星轨道之间；远日距35.08天文单位，在**海王星**轨道以外。哈雷彗星最亮时，亮度达1星等；彗尾最长时，视角超过140°，横跨大半个夜空。

1986年3月8日拍摄的哈雷彗星

哈雷彗星是第一个被航天器详细探测的彗星，1986年回归期间共有5个行星际飞行器实现了空间探测，其中欧洲空间局的“乔托”探测器，近距离取得彗核大小（马铃薯状，长径15千米，短径8千米）、地貌、**反照率**（0.04）、自转（周期2.2地球日）、结构（碎石堆）、质量（2.2×10^{14}千克）、密度（0.6克/厘米^3）、组成（80%为水，10%～17%是一氧化碳，3%～4%是二氧化碳，还有碳氢化合物、尘埃颗粒等）、活动（气体喷流和尘埃喷流）等数据和信息。（李　竞　史建春）

海德堡天文台　Heidelberg Observatory　德国的一家天文台。全名海德堡-王座山

海德堡天文台园区

州立天文台。成立于1774年，最初位于德国曼海姆市，因观测条件恶化，于1898年搬至德国海德堡王座山。2005年，该天文台与德国理论天体物理研究所和天文计算研究所合并，组成德国海德堡大学的天文中心，从此不再由德国联邦政府管理。主要研究领域是**星云**和**小行星**搜寻。1906年，该天文台发现第一颗特洛伊型小行星阿基里斯。（李宗伟　刘黎明）

海尔，G.E.　George Ellery Hale（1868-06-29～1938-02-21）美国天文学家。生于芝加哥，卒于帕萨迪纳。1890年毕业于麻省理工学院。1892年任芝加哥大学天体物理学副教授，开始组建**叶凯士天文台**，1895年任台长。1904年筹建威尔逊山太阳观象台（即后来的威尔逊山天文台），并任首任台长，直到

1923年因病退休（任名誉台长）。1895年创办《天体物理学杂志》。1899年当选为新成立的美国天文学与天体物理学会（1914年易名为美国天文学会）副会长。1916年任美国国家研究委员会主席，1932年任国际科学联合委员会主席。

1889年，海尔提出了太阳单色光照相仪原理。1892年成功地拍摄了**太阳单色像**，第一次在非**日食**时看到**日珥**，发现太阳上明亮的钙云，他称之为**谱斑**。1906年拍摄了第一张黑子光谱片，证实黑子温度低于其他区域；1908年设计和主持建造的18米**太阳塔**竣工，发现黑子磁场；1912年建成45米太阳塔，研究太阳普遍磁场；1913～1919年他发现了**黑子群**磁场极性逆转的22年周期，并建立**太阳黑子**磁性分类法。1923年建立海尔太阳实验室，第二年制成太阳单色光观测镜。

1897年，海尔在叶凯士天文台建成40英寸（1米）**折射望远镜**，截至2022年4月，世界上尚未建造更大的折射望远镜。1908年主持建成口径60英寸（1.5米）的**反射望远镜**，安装于威尔逊山；1918年又主持建成口径100英寸（2.5米）的巨型反射望远镜，为星系和**宇宙学**研究做出重要贡献。当洛杉矶的灯光影响威尔逊山天文台时，他决定另建帕洛马山天文台，装置一架口径200英寸（5米）的巨型反射望远镜。这架望远镜从1928年开始筹建，1948年正式投入使用，后命名为“海尔望远镜”。1969年12月，威尔逊山天文台和帕洛马山天文台重新命名，合称为**美国海尔天文台**。（陈美东）

海尔极性定律　Hale's law of polarity　**太阳黑子**磁场极性分布随活动周变化的规律。典型的双集群黑子磁场的极性分布随**太阳活动**周的变化遵从海尔极性定律。即在同一太阳活动周中北半球双极**黑子群**的前导黑子与南半球的后随黑子为同种极性；北半球的后随黑子与南半球的前导黑子为另一同种极性。但在下一活动周中，北半球和南半球双极群中黑子磁场极性顺序发生变换（见图）。因此太阳黑子的活动周期按磁场变化规律来看，应是22年，称为太阳磁性周期。（林元章）

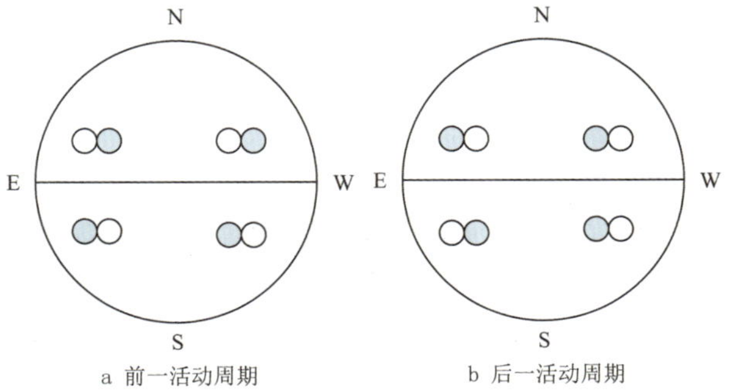

双极黑子群极性转换的海尔定律

海山二　Eta Carinae　质量非常高的**高光度蓝变星**。星表编号：HR4210，HD93308。西方星名船底座η（Eta Carinae，ηCar）。海山二距地球约7500光年，赤纬约−60°，在北纬30°以北（如中国华北地区）常年不可见。

早在19世纪，天文学家就已经注意到海山二极不稳定，1837年12月16日，J.赫歇尔发现海山二的亮度超过了**参宿七**（Rigel），这一发现标志着持续近20年的“大喷发”的开始。直到1856年，海山二的亮度降低到肉眼不可见，原因是喷发抛射物的遮挡。在大喷发期间，海山二曾一度成为全天第二亮的星，并损失了超过20太阳质量的物质，形成了现在著名的侏儒星云。

尽管海山二的亮度一直存在变化，但直到1996年，海山二才被证认为一个**双星**系统，精确测定的轨道周期为5.54年，轨道椭率为0.9，轨道倾角的最佳拟合在130°～145°。但是对轨道参数的研究还不能精确地给出双星系统两子星的质量。海山二主星性质类似一颗高光度蓝变星，其质量很可能在100～120$M_\odot$。次星是一颗大质量的热星，是一颗年轻的O型星，其质量在30～60$M_\odot$。从双星诞生到现在，主星经历了剧烈的星风物质损失过程，估计其刚形成时的质量超过150$M_\odot$。在大喷发时期，主星每年损失大约1$M_\odot$的物质，主星的物质损失率约为大喷发时期的千分之一。次星也在经历快速的星风物质损失，两颗子星的星风碰撞会形成漂亮的阿基米德螺旋结构。尽管不能直接测量两颗子星的自转，但有迹象表明，两颗子星都存在快速自转。

海山二将来可能直接坍缩成**黑洞**，或者作为极亮超新星或不稳定性**超新星**，或Ⅰb、Ⅰc型超新星而爆炸，其最终演化结局依赖于其金属丰度、初始质量和将来的物质损失率，但爆炸时不大可能伴随指向地球的γ射线暴。海山二将来爆发时影响地球生物的可能性很小，但有可能影响外太空的飞行器。（孟祥存）

海王星　Neptune　太阳系八行星之一。19世纪40年代，英国天文学家**J.C.亚当斯**和法国天文学家**U.-J.-J.勒威耶**根据观测到**天王星**的轨道数据各自独立计算了一颗未知行星的**轨道根数**，德国天文学家J.G.伽勒根据勒威耶预期的方位于1846年9月23日观测发现了该行星。欧洲天文界按以古代神话人物命名行星的传统称为Neptune，意为“海王之神”，中国天文学家取其译名为海王星。至此，太阳系的领域从跨度40个**天文单位**扩大到60个天文单位。海王星亮度7.8～8.0视星等（见**星等**），只有借助小型望远镜才能得见。

公转和自转　海王星与太阳之间平均距离约为30天文单位（AU）。海王星的轨道偏心率*e*小于0.01。与太阳距离的变化幅度是：近日距29.81AU，远日距30.33AU。公转轨道和黄道的夹角1.77°，比天王星的（0.77°）略大些。平均轨道速度5.48千米/秒，比天王星的（6.83千米/秒）慢些。绕日公转周期164.79个地球年。从1846年发现之日算起，已满1个海王星年。自转一周16小时6分钟36秒，比天王星的（17小时14分钟）略快些，但比木星和土星的自转速率慢。海王星赤道和公转轨道的倾角29.56°，比土星的（26.73°）略大些，这也使地球上的观测者能够以较大的视角交替地看到南北两极，但轮回时间要长达82个地球年。

理化状况　海王星赤道半径24 764千米，约为地球的3.9倍。椭率0.017，比外形明显扁椭的木星和土星的（0.062和0.098）小，是4个类木行星中最近似球形的行星（图1）。质量约为地球的17倍。

图1　蓝色的海王星

体积约为地球的40倍。平均密度1.64克/厘米^3，比天王星的（1.27克/厘米^3）大，赤道半径（地球的3.9倍）虽然比天王星的（地球的4.0倍）略小些，但质量（地球的17.1倍）却大于天王星（地球的14.5倍）。在4个类木行星中，海王星的大小排第四，而质量排第三。由于其较大的质量，海王星被认为是形成**柯伊伯带天体**空间分布的最重要摄动天体。海王星的赤道表面重力加速度11.00米/秒^{2}比天王星的（8.69米/秒^2）大些。赤道逃逸速度23.5千米/秒，也比天王星的（21.3千米/秒）略大。大气的主要成分是氢，其次是氦，还有少量的甲烷。海王星的邦德**反照率**0.29，几何反照率0.49，比天王星的（0.57）略小。大气上层接收的太阳热量为地球的0.11%，气温是零下210～220℃。据推测，内部结构也和天王星类似，大气之下有三层，最上是分子氢层，其下是冰层，内核则是岩态核心。除了自转轴的指向，海王星和天王星的其他天文特征、物理性质和化学组成都很相似，是太阳系内的孪生行星。

海王星环　1984年7月的一次海王星掩星的地基光学望远镜的观测资料显示，海王星有环系的迹象。1989年11月，"旅行者"2号行星际探测器与海王星会合时，证实其确实存在。至此，太阳系的4个类木行星都确有固态颗粒组成的环系。海王星已探测到共有5条环带，从里向外是伽勒环、勒威耶环、拉塞尔环、阿拉戈环和亚当斯环。最内环距行星中心1.68个行星半径，最外环距2.53个行星半径。最外侧的亚当斯环很暗淡，并且断裂形成5个弧段，其成因未知。

海王星卫星　截至2023年已发现卫星14个。1846年在发现海王星之后几周，英国天文学家W.拉塞尔搜索到海卫一（Triton）。百年之后，**G.P.柯伊伯**于1949年发现海卫二（Nereid）。又过了40年，"旅行者"2号在拍摄海王星附近图像时搜索到海卫三至海卫八（Naiad、Thalassa、Despina、Galatea、Larissa和Proteus）。随着一小批口径8～10米的巨型光学–近红外望远镜的建成，沉寂10多年后又确认出三个前所不知的海卫，它们都极为暗弱，亮度为24～25视星等；最后在2004年又报道了**哈勃空间望远镜**观测到的5颗不规则卫星。海卫一直径2700千米，小于月球（3480千米），但大于**矮行星**冥王星（2300千米），为一个大型卫星（图2）。它沿圆轨

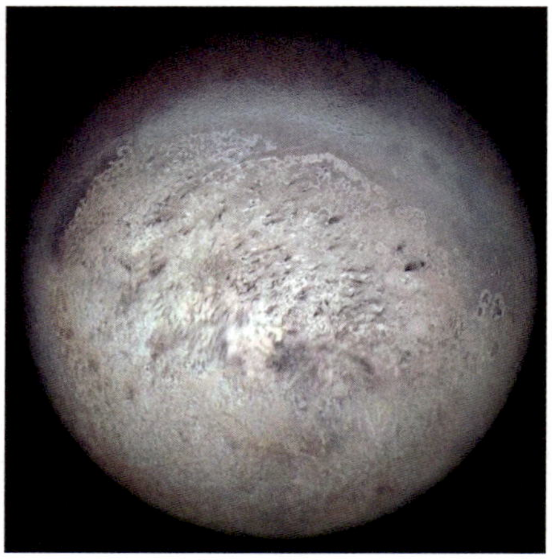

图2　海卫一

道绕海王星运转，但运行姿态特殊，绕海王星运行的轨道与海王星公转轨道的夹角为156.8°，以逆向即顺时针方向绕行。并由于海王星的赤道面与公转轨道面的倾角较大（29.56°），致使海卫一地面纬度+56°～–56°区间的日下点（即位于连接天顶处的太阳和海卫一中心的连线的海卫一表面上的一点）纬度产生巨大而复杂的周期变化，形成太阳系天体中最强烈的季节效应。此外，海卫一也具有和月球、**伽利略卫星**、**冥王星**等类似的同步轨道，即永远以同一半球朝向海王星。根据海卫一的轨道特征，推测它很可能是被海王星俘获的一个柯伊伯带天体。海卫二直径340千米，是一个中型卫星，其余的卫星都是直径小于200千米和只有几十千米的小天体。

空间探测　"旅行者"2号行星际探测器于1986年探测天王星之后，在1989年飞临海王星。首次取得海王星、环系和海卫的近景图像。测量海王星的大气组成、温度和气压，发现巨大气旋"大暗斑"。测定磁轴倾角、磁场强度和磁层特征，证实环系存在。检测到六个新卫星，观测到海卫一的火山现象，确认海卫一是地球和木卫一之外第三个有火山活动的太阳系天体，还修订了有关行星质量、自转周期等的基本参数。（李　竞）

海王星–特洛伊群小行星　Neptune Trojan　类似于**木星–特洛伊群小行星**的一类分别分布在日–海王星L4和L5三角平动点附近的太阳系小行星。2001年，第一颗海王星–特洛伊群小行星2001 QR322发现于L4点附近，截至2020年9月，共发现28颗，其中24颗位于L4点而只有4颗位于L5点（从动力学稳定性上来看L4和L5点附近是差不多的，但从地球上看，L5视线方向附近刚好接近**银心**方向，受尘埃云影响较大，因此观测到的L5特洛伊群小行星数目较少）。2015年，国际天文学联合会（IAU）为海王星–特洛伊群小行星采纳了一套新的命名规范，即用希腊神话中纯女性的亚马逊部族的人物名称为其命名，并且对位于L4和L5的特洛伊群小行星不做区分统一命名。

从观测到的样本来看，高倾角与低倾角的海王星–特洛伊群小行星数目之比大约为4∶1。假设**反照率**为0.05，可估计40千米以上直径的海王星–特洛伊群小行星数目是同样直径范围内木星–特洛伊群小行星数目的5～20倍。由于海王星–特洛伊群小行星较暗，已有的光谱观测技术还无法开展有效观测。

海王星–特洛伊群小行星的形成机制需要解释为何其中高倾角的天体占比较高，基于此可以排除原位形成或经碰撞形成海王星–特洛伊群小行星的理论，而更倾向于认为其形成与海王星迁移有关。一种理论认为其形成机制应该类似于基于**尼斯模型**所解释的木星–特洛伊群小行星的形成理论。（胡寿村）

海王星卫星　satellite of Neptune　海王星的卫星。截至2023年，海王星有14颗卫星。见**海王星**。

韩公廉　Han Gonglian　中国宋代的天文仪器制造家。生卒年不详。生活于11世纪。曾在苏颂领导下设计制造**水运仪象台**和假天仪。见**苏颂**。

韩国天文与空间科学研究所　Korea Astronomy and Space Science Institute　韩国国家天文研究机构。成立于1974年，总部位于大田，初始命名为韩国国家天文台。1978年建立小白山光学天文台（SOAO），开创了韩国现代天文学的历史；1985年，在大田建立大德（Taeduk）射电天文台，将天文观

测的波长范围扩大到了射电波段；1986年，改组为空间科学和天文学研究所（ISSA）；1991年，又更名为韩国天文台（KAO）；1994年，博鳌光学天文台正式开始观测；1995年，太阳耀斑望远镜（SOFT）安装在博鳌；1997年，韩国第一个装载在韩国探空火箭Ⅱ（KSR-Ⅱ）上用于空间观测的X射线探测器发射升空；2003年，韩国第一架太空望远镜——远紫外成像光谱仪（FIMS）发射升空。2005年正式改为现名。

韩国天文与空间科学研究所总部

进入21世纪后，积极参与国际天文项目，与中国、美国、日本等建立科研合作。如加入了巨型麦哲伦望远镜（GMT）项目、共建东亚天文台、参与阿塔卡马大型毫米［亚毫米］波阵（ALMA）、加入东亚VLBI网络（EAVN）等天文学合作项目。

（李宗伟 刘黎明）

韩占文 Han Zhanwen（1965-10～ ）中国天文学家。生于河北省保定市。1984年毕业于河北大学物理系，1987在中国科学院**云南天文台**获硕士学位，1995年在英国剑桥大学获博士学位，1998年在中国科学技术大学博士后出站。曾任中国科学院云南天文台台长、中国科学院《天体结构与演化重点实验室》主任、国际天文学联合会（IAU）财务委员会主席。

主要从事恒星结构和演化研究。发展了**双星星族合成**，并应用于特殊恒星大样本观测结果的理论解释；建立了**热亚矮星**、钡星、双白矮星等特殊恒星的形成模型，阐述了**双星**在特殊恒星形成研究中的重要地位；将双星星族合成用于星系研究，发现双星演化形成的热亚矮星等天体对年老**星族**的短波光谱有重要贡献，解释了早型星系的紫外超。

曾获何梁何利基金科学与技术进步奖（天文学奖）、国家自然科学奖二等奖等。现为国家基金委创新群体项目“恒星物理”首席科学家、国际天文学联合会（IAU）恒星演化委员会组委、*Astronomy and Astrophysics* 副编辑。

（陈雪飞）

航天飞机 space shuttle 一种载人往返于近地轨道和地面间的有人驾驶、可重复使用的运载工具。它既能像运载火箭那样垂直起飞，又能像飞机那样在返回大气层后在机场着陆。航天飞机为人类自由进出太空提供了很好的工具，是航天史上的一个重要里程碑。航天飞机与**宇宙飞船**本质上最大的区别是返回方式的不同。航天飞机采用升力式再入大气层，宇宙飞船则采用弹道式或弹道-升力混合式再入大气层。

航天飞机的优点是可以重复使用、载人或载物比较多。除了在天地间运载人员和货物外，还能够在太空进行科学实验和空间研究工作，携带天文观测仪器就成为一个绕地球运行的天文观测台。航天飞机还可以把人造卫星从地面带到太空中去释放，甚至可以把欧洲空间局研制的空间实验室装进舱内，进行各项科研工作。航天飞机先后在太空中释放了50多颗卫星，装载两座**空间站**运送到太空轨道，发射了3个宇宙探测器。

1989年，亚特兰蒂斯号航天飞机先后将麦哲伦号金星探测器和“伽利略”号木星探测器分别送入太空。麦哲伦号探测器使用合成孔径雷达获取了100米分辨率的金星地图，大大丰富了人们对金星地理的认识。“伽利略”号木星探测器使用金星引力加速抵达木星，它获取了大量木星的珍贵信息，如木星表面云层的清晰照片，确认木卫一频繁的火山活动、确认木卫二欧罗巴存在稀薄的大气层同时冰层下存在液态的海洋、确认木卫三存在自身维系的磁场等，并测量了木星磁场的结构和特征。

1990年，发现号航天飞机（见图）先后将**哈勃空间望远镜**和尤利西斯号太阳探测器分别送入太空。哈勃空间望远镜是以美国天文学家E.P.**哈勃**为名，位于地球的大气层之上的光学望远镜，其主要任务是了解**太阳系**、**银河系**和其他星系的演变过程，解开宇宙起源之谜。尤利西斯号太阳极轨探测器由发现号送入太空后，通过木星引力变轨进入太阳极地轨道进行观测，加深对**太阳风**、太阳极区以及**行星际磁场**等方面的了解。尤利西斯号探测器是人类首次从三维立体角度对太阳的南北极进行探测的探测器。

美国发现号航天飞机

（胡一鸣 张哲 张岩 陈灯意）

毫米波和亚毫米波天文学 millimeter-wave and submillimeter-wave astronomy **射电天文学**中使用毫米波段（波长1～10毫米）和亚毫米波段（波长为0.35～1毫米）进行天文观测研究的一个分支。在毫米波和亚毫米波段，天体的连续辐射主要来自尘埃，而谱线辐射则主要来自大量分子谱线和碳、氧和氮等几个重要的原子谱线。该波段因此成为观测宇宙中冷暗的**分子云**和被尘埃遮蔽的遥远星系等的理想波段，通常需要高精度的抛物面天线和高灵敏度的探测器，并在大气衰减和水汽吸收都非常小的高海拔台址进行观测。

1967年**星际分子**的发现开辟了毫米波与亚毫米波天文学的新领域。1979年末由于超导隧道结（SIS）混频器的发明，T.菲利普斯和他的团队首次研制了适合天文观测的SIS外差式接收机，SIS混频器在120GHz～1THz广泛使用。当时这个团队的目标是建立一个观测星际分子云115GHz（2.6mm）的CO 1-0跃迁的灵敏接收机。射电窗口首先在较长波段被打开，此后随着技术的发展，打开微波波段，直至毫米和亚毫米波段。2009年，菲利普斯相关论文中的表列出1973～1983年用锑化铟（InSb）接收器首次探测到的谱线与样品（表1）。这6条谱线，除了CO 2-1线，波长1.3毫米，其他都是亚毫米波谱线。

射电技术和各种分子的形成理论的发展带动了发现星际分子的浪潮，从而推动了毫米波和亚毫米波天文学的长足进展。1937～1970年总共7种不同的分子和分子离子（CH, CN, CH^+, OH, NH_3, H_2CO 和 H_2O）在星际介质中被证认。1970～1980年有46种分子和分子离子被探测到，1980～1990年有36种，1990～2000年有28种，2000～2010年约35种被探测到。

表 1 1973～1983 年用锑化铟（InSb）接收器首次探测到的谱线

样品	跃迁	频率/GHz	文献
CO	2-1	230	Phillips et al.（1973）
	3-2	345	Phillips et al.（1977）
	4-3	460	Phillips et al.（1980b）
C Ⅰ	1-0	492	Phillips et al.（1980a）
NH_3	1-0	572	Keene et al.（1983）
HCl	1-0	626	Blake et al.（1985）

表 2 国际上研究毫米波和亚毫米波天文学主要仪器

缩写	全称	中文名	备注
ALMA	Atacama Large Millimeter Array	阿塔卡马大型毫米［亚毫米］波阵	
APEX	Atacama Pathfinder Experiment	阿塔卡马探路者实验望远镜	12 米
ASTE	Atacama Submillimeter Telescope	阿塔卡马亚毫米波望远镜	10 米
AST/RO	Antarctic Submillimeter Telescope and Remote Observatory at South Pole	南极亚毫米波望远镜和远程天文台	
CSO	Caltech Submillimeter Observatory	加州理工学院亚毫米波天文台	10.4 米
FYST/CCAT-p	Fred Young Submillimeter Telescope	弗雷德·杨亚毫米波望远镜	6 米
GBT	Green Bank Telescope	格林班克射电望远镜	100 米
GLT	Greenland Telescope 12m	格陵兰望远镜	12 米
HSO	Herschel Space Observatory	赫歇尔空间天文台	
IRAM 30m	Institut de Radioastronomie Millimetrique，30m telescope	毫米波射电天文所毫米波望远镜	30 米（法国）
JCMT	James Clerk Maxwell Telescope 15m	麦克斯韦望远镜	15 米
KAO	Kuiper Airborne Observatory	柯伊伯机载天文台	
KOSMA	Koelner Observatory fuer Submillimeter Astronomy 3m telescope	科隆亚毫米波天文台	3 米（已移址西藏羊八井，更名 CCOSMA，尚未常规运行）
LMT	Large Millimeter Telescope	大型毫米波望远镜	50 米（墨西哥）
NANTEN2	submillimeter telescope 4m，Atacama desert，Chile	南天亚毫米波望远镜	4 米
NRAO 12m		美国国家射电天文台毫米波望远镜	12 米
PMO 13.7m		紫金山天文台 13.7 米毫米波望远镜	
SMA	Submillimeter Array	亚毫米波射电望远镜阵	
SMT 10m	Submillimeter Telescope 10m at Arizona Radio Observatory	亚毫米波望远镜	10 米
SWAS	Submillimeter Wave Astronomy Satellite	亚毫米波天文卫星	
天马 65 米		上海 65 米天马射电望远镜	65 米（在厘米波段已取得许多成果，其面板精度可工作到毫米波段）

截至 2022 年 4 月，国际上研究毫米波和亚毫米波天文学使用（个别还在建造中）的主要仪器设备见表 2 所示。

（曾 琴）

毫秒脉冲星 millisecond pulsar 一般指自转周期短于 30 毫秒，表面磁场强度低于 10^6 特的射电脉冲星。自转周期（P）和周期变率（$\dot{P}$）是转动供能*脉冲星*的两个特征量。人们往往以自转周期为横坐标、周期变率为纵坐标作图（俗称P-$\dot{P}$图）来研究脉冲星的分布和演化。在P-$\dot{P}$图上，大多数脉冲星分布在周期几秒、周期变率 10^{-15} 附近，这些脉冲星称为正常脉冲星。但是，相当一部分脉冲星却集中分布在周期几毫秒、周期变率 10^{-20}附近，这些脉冲星称为毫秒脉冲星。

与正常脉冲星相比，毫秒脉冲星的自转演化行为要稳定得多。因此，毫秒脉冲星被看作宇宙中“精确的时钟”。在纳赫兹*引力波*探测、脉冲星时间标准和导航等方面，毫秒脉冲星扮演了重要角色（见*脉冲星时*）。

（徐仁新）

合成孔径雷达干涉测量 synthetic aperture radar interferometry; InSAR 利用合成孔径雷达对同一地区两次或多次成像时所记录的回波振幅和相位信息获取高精度、高空间分辨率地表高程及其变化信息的一门技术。InSAR 技术的出现得益于合成孔径雷达（SAR）概念的提出。1951 年，C.A.威利首次发现多普勒频移现象能够逻辑合成一个更大的雷达孔径，极大改善了真实孔径雷达的分辨率。翌年，第一个实用的 SAR 系统研制成功。SAR 不受天气影响、空间分辨率高以及能够侧视成像的优势引人瞩目。早期 SAR 主要用于地形测绘、军事侦察等。20 世纪 60 年代末，美国国家航空航天局（NASA）首次用 InSAR 技术于火星和月球表面观测。2000 年，NASA 和美国国家影像与测绘局联合进行*航天飞机雷达地形测绘任务*（SRTM），InSAR 技术首次实现真正意义的全球地形测绘。与此同时，星载 SAR 的发展也极为迅速，1991 年欧洲空间局发射第一颗地球资源卫星 ERS-1，它和之后的姊妹星 ERS-2 获取了大量 InSAR 数据并取得了令人瞩目的应用成果。这带来了 InSAR 的全球研究高潮。

随后，日本的 JERS-1、加拿大的 RADARSAT-1、德国的 TerraSAR-X 和 TanDEM-X、欧洲的 Sentinel 系列等 SAR 卫星相继发射，标志着 SAR 已逐步向多波段、多极化、多模式、多星系统的方向发展。多个充分考虑 InSAR 应用的星座正在计划和实施，如意大利的 Cosmo-SkyMed 星座、NASA 的 NISAR 以及加拿大的 RADARSAT 星座等。

中国自 20 世纪 70 年代末研制出 SAR 以来，有多颗用于 InSAR 的卫星成功发射，具有代表性的为 2016 年 8 月 10 日发射的高分三号卫星，这是中国首颗分辨率达到 1 米空间分辨率的 C 频段多极化 SAR 卫星。

InSAR 通过两副天线同时或一副天线两次近平行的观测，获取地面同一地区包含回波振幅和相位信息的复数图像对，由目标与两天线位置之间的相位差形成干涉条纹图。由于充分利用了相位信息，InSAR 高程和形变监测的精度分别高达米级和毫米级。理论上，根据传感器轨道参数、雷达波长、波束方向以及成像几何，可以精确测量出每一点的三维位置和变化信息。但实际处理过程相当复杂，一般包括 SAR 信号预处理、图像配准、干涉图生成、平地效应去除、相位解缠（相位模糊度解算）、大气噪声去除、基线估计、地理编码，获取数字高程模型（DEM）或雷达视线向变化信息等过程。通常，InSAR 受时间失相干、空间失相干、多普勒质心失相干、体散射失相干、热噪声、大气效应以及数据处理误差等影响，一般可采用模型或滤波方法加以削弱和消除。

差分干涉测量（DInSAR）利用同一地区两景或两景以上 SAR 影像，结合外部 DEM 或 InSAR 技术自身获取的地形信息，最终得到地表变化信息。

对于形变监测，除了常规的 DInSAR 技术，还有一些高级的时序 InSAR 方法，如永久散射体干涉测量（PSInSAR）、相干目标干涉测量（CTInSAR）、临时相干点干涉测量（TCPInSAR）、小基线集（SBAS）、多时相 InSAR 技术和多尺度 InSAR 时间序列分析技术等。其中，PSInSAR 与 SBAS 应用最为广泛。

此外，SAR 干涉技术与极化技术的结合形成了 InSAR 研究的另一个分支——极化合成孔径雷达干涉测量（PolInSAR），该技术主要用于提取与散射机理相关的物理参数。

InSAR 数据处理的工具和软件较多，早期的经典开源软件有荷兰代尔夫特理工大学的 Doris 和美国喷气推进实验室（JPL）的 ROI_PAC，使用较为广泛的开源软件有 JPL 和斯坦福大学共同开发的 ISCE、欧空局的 SNAP 和 GNU 的 GMTSAR 等，商用软件中瑞士的 GAMMA 和 ENVI SARscape 较具代表性。

InSAR 在地形测量、地球动力学、冰川、海洋测绘、土地利用与分类等领域应用极其广泛，在金星、月球等深空探测领域应用前景广阔。（陈艳玲）

何承天 He Chengtian（370～447） 中国东晋和刘宋朝天文学家。东海郯（今山东郯城县）人。生于东晋海西公太和五年，卒于宋文帝元嘉二十四年。他博学多才，曾在南北朝时的宋朝任著作佐郎和太子率更令等官职。他继承了舅父徐广四十余年对日月五星的观测记录和研究资料，又继续观测研究了 40 余年。宋元嘉二十年（443）创《元嘉历》。此历于元嘉二十二年颁行，行用到梁亡（510）。当时的**历法**采用平朔来排历谱，因此，**日食**常发生在晦日或初二。何承天提出应该不用平朔而用定朔（见**朔望**）排历谱，使日月食必定发生在朔望。这种方法受到墨守成规者的反对。古代历法都使用**上元积年**，计算烦琐，何承天创近距取元，在推算五星时各设不同的历元，简化了计算。他发明调日法，依据下面的不等式：

$$\frac{a}{b} > \frac{an+cm}{bn+dm} > \frac{c}{d}$$

式中a、b、c、d、m、n均为正整数。例如，何承天为求与观测密近的朔望月（见**月**）数据，选取 26/49 为其日以下余数部分的强近似值，取 9/17 为弱近似值。他认为取 $n=15, m=1$，则$\frac{26\times15+9\times1}{49\times15+17\times1}=\frac{399}{752}$为最符合他的观测结果，即《元嘉历》的朔望月长度为日。调日法为后世广泛采用。（陈久金）

河鼓二 Altair 全天第十二亮星，视星等为 0.76v（v 代表**变星**），绝对星等−2.24。又称牛郎星或牵牛星。**星表**编号为 Hip 97649、HR7557、HD187642。西方星名即天鹰座 α（α Aql）。河鼓二是天鹰座的主星，与**织女一**（即天琴座 α）和**天津四**（天鹅座 α）构成“夏季大三角”。距地球 16.8 光年。赤道直径是太阳的 2.03 倍，极地直径是太阳的 1.68 倍，表面温度$T_c=7550$K，发出黄白色的光芒，质量为太阳的 1.7 倍，光度是太阳的 10.7 倍。全波辐射光度为 10.5 倍太阳光度。牛郎星、织女星的美丽神话盛传中国民间。天鹰座的 α 和 β、γ 星形成一副担子，传称是牛郎担着他们的儿女。牛郎星是*UBV*光电测光标准星之一，但按 MK 光谱分类，不同文献分别列为 A7Ⅳ～A7Ⅴ。牛郎星在急速自转，赤道区的速度为 210 千米/秒，旋转力令星球赤道地带凸出，使星球的形状变成椭圆形，星球赤道位置的直径比南极或北极位置的直径长 14%，这是科学家第一次观测这种形状的星球。据 2005 年发表的资料，河鼓二是**矮造父变星**，轨道周期的初步值约 12.5 年，偏心率约 0.39，轨道倾角约 85°，伴星的质量约为 0.05 太阳质量。（李宗伟）

河外巨型天体微波激射源 megamaser 河外星系中形成的光度更高的天体脉泽辐射现象。因为它们典型的光度在 10^2～10^4 倍太阳光度，且通常超过**银河系**内脉泽光度 6 个量级，因而这些脉泽又被称为河外超脉泽。

研究河外超脉泽可以帮助人类测量河外星系的距离、理解活动星系结构、计算星系中央大质量**黑洞**的质量以及测定**宇宙学常数**等。截至 2022 年 4 月，已经在河外星系中观测到水、羟基、甲醛、甲醇等四种分子的超脉泽辐射。第一个河外超脉泽是荷兰天文学家 W.博安等人在**星暴星系** Arp220 中发现的 OH 脉泽，其光度为 380 倍太阳光度，比银河系的最强的 OH 脉泽 W3(OH)强了 100 万倍。已经在 100 多个星系中探测到河外 OH 超脉泽，这些星系通常具有极亮的红外辐射，因而 OH 超脉泽被认为与星系核区星暴活动相联系。河外星系中第一个 H_2O 超脉泽是 P.M.多斯桑托斯等人在 NGC4945 星系探测到的，已经在约 160 个星系中探测到水超脉泽现象。有一类水超脉泽源的脉泽发射包含了三组不同视向速度的成分，**甚长基线干涉测量**（VLBI）高空间分辨率观测发现这些脉泽斑位于星系的内部核区，三组脉泽斑的空间位置分布和运动可以很好地用围绕核中心旋转的侧向**吸积盘**来拟合。这类脉泽斑位于盘上，称为盘脉泽。其中最为有名的盘脉泽是在 NGC4258 中发现的（如图），VLBI 观测发现该星系红、蓝移的水超脉泽发射来自一个尺度非常小并具有开普勒性质的转动盘，还导出其中心天体质量高达 3600 万倍太阳质量，这是**活动星系核**

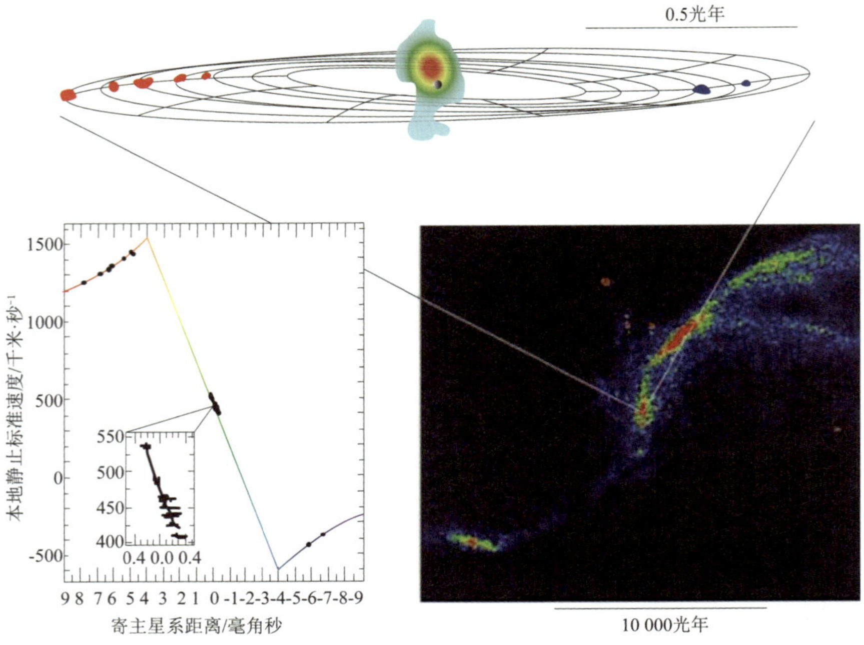

NGC4258 水超脉泽空间分布

（AGN）中央存在黑洞的另一个有力的证据。此外，这类盘脉泽又可用于精确测定其所在寄主星系的几何距离，国际超脉泽宇宙学项目（MCP）项目就是通过 VLBI 观测测定活动星系核（AGN）吸积盘水超脉泽距离，最终精确测定**哈勃常数**H_0。

理论上甲醇脉泽应该在河外星系中广泛存在，但直到最近才在 5 个河外星系中探测到了甲醇脉泽，其中仅在 Maffei2 和 Arp220 两个星系探测到甲醇超脉泽辐射，它们可能与星系的星暴过程引起的激波环境或星系尺度的外流激波环境相关联。

（陈　曦）

河外弥散 X 射线辐射　extragalactic diffuse X-ray emission　起源于**银河系**之外，且遍布全天的 X 射线背景辐射。河外 X 射线弥散辐射分布稳定且流量稳定，涵盖从 0.1keV 到 1MeV（已属于 γ 射线范畴）的宽能段，峰值光子能量在 40keV 左右，对应温度约合 4.6 亿 K。由于难以完全屏蔽带电粒子事件对 X 射线观测的干扰，河外 X 射线弥散辐射的绝对流量较难测量，最佳估计流量约为每平方厘米每立体角每 keV 能量间隔 10 个光子，并随能量而变化，总的积分能量密度大致相当于**宇宙微波背景辐射**的十分之一。因此，河外 X 射线弥散辐射在宇宙辐射场中扮演了不可或缺的角色。

弥散辐射成分最初由 1962 年搭乘 **R. 贾科尼的探空火箭**升空的第一架 X 射线天文探测器发现。随后高能天文台 1 号（HEAO-1）更加可信地证实了河外 X 射线弥散辐射的存在；爱因斯坦天文台（高能天文台 2 号）则通过成像手段证实，只要观测仪器的分辨率足够高，至少相当一部分的 X 射线弥散背景都可以被解析为彼此叠加的 X 射线点源，且点源很可能以**活动星系核**为主。更晚些的**伦琴 X 射线天文台**（ROSAT）和**钱德拉 X 射线天文台**，以更高的角分辨率解析出了更大比例的 X 射线弥散辐射。其中后者确定出，大约 3/4 的河外 X 射线弥散辐射是由全天均匀分布点源贡献的，其中又以高红移宇宙中的活动星系为主，这里还有相当一部分的 X 射线星系尚未找到光学对应体。

但研究同时也表明，河外 X 射线弥散辐射的能谱特征与近域宇宙中的活动星系核差异明显。这里的原因一方面可能是早期宇宙中活动星系核的行为与当前不尽相同，或者说人们对活动星系核族群的认知尚不全面。如近年来光学和 X 射线观测一道证实了一类被中心特大质量**黑洞**周边的气体尘埃云遮挡、具有强康普顿吸收特性的低光度活动星系核的存在，它们的 **X 射线辐射谱**形态与河外 X 射线弥散背景更加接近；而因为其光度较低的缘故，它们的数量原先被大大低估。或者高红移活动星系核的辐射在传播过程中可能受到的高温**星系际介质**的影响也会让改变能谱的形态，最终塑造了河外弥散辐射的面貌。

（张　博）

河外弥散 γ 射线背景　extragalactic diffuse γ-ray background; EGRB　起源于**银河系**之外，且遍布全天的 γ 射线背景辐射。是在 γ 射线天图中，扣除点源和银河系 γ 射线弥漫背景之后，余下的部分。自 1972 年轨道太阳天文台 3 号（OSO-3）卫星首次探测到它以来，人们对其组成和产生机制进行了深入研究。其能量涵盖 100MeV～1TeV 的宽能段，基本上呈现幂律分布，且流量稳定。在大尺度结构上近乎全天均匀。自 2008 年**费米 γ 射线空间望远镜**开始运行，费米 LAT 探测器极大地提高了人们对河外弥漫 γ 射线背景的认识（见图）。费米 LAT 于 2012 年首次测量了河外弥漫背景各向异性的角功率谱。在 $l = 155 \sim 504$ 的多极区间内具有泊松型角功率谱，并且与部分星系**星表**、大尺度结构等在位置上相吻合。

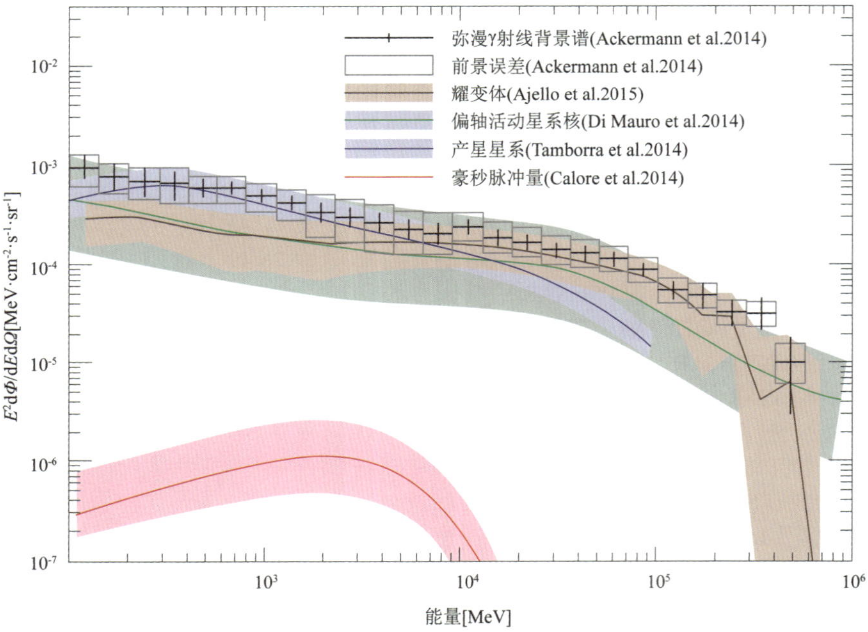

实线表示理论预言的耀变体（橙色）、偏轴的活动星系核（绿色）、产星星系（蓝色）和毫秒脉冲星（红色）对河外 γ 射线背景的贡献；色带表示不确定性

费米 LAT 探测器测量到的河外 γ 射线背景（黑点）的能谱

一般认为，河外 γ 射线背景主要来自银河系外无法分辨的天体的贡献，其物理起源则一直存在争议。天文学家一般认为河外弥漫 γ 射线背景中存在大量未分辨的耀变体、偏轴的**活动星系核**、产星星系、**毫秒脉冲星**等。同时，**星系团**高能辐射、γ 射线暴、Ⅰa 型超新星、宇宙大尺度结构中存在物质与反物质湮灭过程、宇宙原初**黑洞**湮灭等可能也存在着一定的贡献。理论上还能够计算各种现象对河外 γ 射线背景的贡献，但截至 2023 年，各个成分的比例还没有非常确定。（李　晔）

河外射电源　extragalactic radio source　存在**活动星系核**射电辐射的河外星系和**类星体**。在 20 世纪 70 年代，低分辨率的射电干涉测量根据观测到的射电形态，采用简单的结构分类方法将河外射电源分类为**河外致密射电源**和有延展结构的河外射电展源。随着射电干涉测量的灵敏度和角分辨率的提高及成图技术的发展，产生了更多的分类方法。由于对活动星系核现象认识的提高，主流的一种模型称为统一模型，观测到的河外射电源的射电结构和性质依赖于**射电喷流**的视角以及尘埃环的相对位置。（蒋栋荣）

河外致密射电源　compact extragalactic radio source　来自**银河系**外的尚未被分辨的射电辐射点源。在低分辨率射电观测中常常是未分辨的点源，它们的射电频谱通常是平谱（射电流量随频率有较小的变化），它们的位置与宿主星系的核重叠。在高角分辨率观测中，大多数河外致密射电源在小尺度上存在核和单边的**喷流**结构及若干陡谱的分量，它们的射电流量是由平谱的核占主导地位，因此有人把它们分类为核主导的射电源。这类源中存在着较大的射电光变。在很多源中观测到一些分量的横向**视超光速**运动，它们的射电辐射通常是由相对论性喷流的射束效应增强的，即喷流的视角接近观测者的视线，视超光速运动也可以用喷流的射束效应进行解释。术语河外致密射电源通常指的是这类源。

另外还存在着二类河外致密射电源，一类是致密陡谱射电源，它们的线大小通常小于 15 千秒差距（kpc），其射电辐射是陡谱的，不是由核主导的。可以检测到明亮的喷流，但大多数是单边的，有些源中也检测到视超光速运动。另一类是致密对称源，线大小通常小于 1 千秒差距，射电辐射由二个流量差不多大小的射电发射区主导，在高频**甚长基线干涉测量**（VLBI）观测中有时可以检测到中央核的辐射，它们可能是较年轻的射电源。（蒋栋荣）

荷兰射电天文研究所　Netherlands Insititute for Radio Astronomy; ASTRON　荷兰的一家射电天文研究机构。隶属荷兰研究理事会。1949 年 4 月 23 日，其前身荷兰射电天文学基金会（SRZM）成立。1956 年建成当时世界最大的 25 米口径温格鲁射电望远镜。其拥有的最重要的射电望远镜有 2 台。①韦斯特博克综合孔径射电望远镜（WSRT，见图），拥有 14 面 25 米口径

升级后的 WSRT 望远镜

天线，1966 年开始兴建，1970 年建成，阵列基线 2.7 千米，观测频段 106MHz，1980 年，加入欧洲 VLBI 网络。②低频阵列（LOFAR），位于荷兰北部，其核心区拥有 38 个观测单元，并在欧洲其他地区建有 14 个观测单元，2006 年开始兴建，2010 年建成，阵列口径超 1000 千米，总收光面积约 1 平方千米，观测频段 30～1.3MHz，是世界上最大的低频射电望远镜。该研究所曾长期作为平方千米阵射电望远镜（SKA）的总部，两部望远镜都是 SKA 的先导设施。（李宗伟　刘黎明）

核天体物理　nuclear astrophysics　研究宏观世界的天体物理与研究微观世界的核物理相结合形成的交叉学科。该学科应用核物理的知识和规律阐释恒星中核过程产生的能量及其对恒星结构和演化的影响，宇宙中各种化学元素的合成，**白矮星**、**中子星**、**脉冲星**和**黑洞**的形成，**宇宙线**的起源及其与星际气体的相互作用，**星系的化学演化**以及中微子天文和 γ 射线天文。在特定意义上，主要目标在于研究宇宙中各种化学元素及其同位素合成的过程、时标、物理环境、天体场所和丰度分布。

核过程不仅是恒星抗衡其自引力收缩的主要能源，亦是宇宙中除氢以外所有核素赖以合成的唯一机制，在原始大爆炸之后几秒至恒星寿命终结之前的宇宙和天体演化进程中起极为重要的作用。宇宙中的核过程主要包括大爆炸后最初几分钟原初核合成阶段和恒星演化过程中发生的热核反应，高能宇宙线与星际气体发生的散裂反应和核衰变。恒星中的热核反应是从氢聚变开始的，而恒星的演化则与其中氢、氦、碳等各种轻元素的热核反应逐级发展的过程紧密联系在一起。恒星演化的进程和归宿基本上取决于恒星的初始质量。粗略地说，初始质量 $M < 0.08$ 太阳质量的孤立恒星，引力收缩不能使其达到氢聚变的点火温度，不发生氢燃烧而直接走向死亡。$0.08M_{\odot} < M < 8M_{\odot}$ 的小质量孤立恒星在经历某个轻元素燃烧阶段后，因剩下的核心区质量不足以通过引力收缩使下一级聚变反应点火，随着核燃烧的结束而走向死亡，形成各类白矮星。$8M_{\odot} < M < 100M_{\odot}$ 的大质量孤立恒星，在完整地经历氢、氦、碳、氖、氧和硅各平稳核燃烧阶段后，呈现由内至外依次为铁核心区及未燃尽的硅、镁、氖、氧、碳、氦和氢的分层结构。由于原子核的比结合能曲线在 ^{56}Fe 处达到极大值，铁以上核聚变反应变为吸热反应，因此硅燃烧阶段结束后形成的铁核心区不能再依靠聚变反应释放能量来阻止引力收缩，最终导致**超新星爆发**。爆发时的冲击波将大量外层物质抛向星际空间，占初始质量一小部分的残体最终形成中子星或黑洞。

恒星平稳演化阶段发生在相对低温、低密度物理环境中，热核反应率极低，核燃烧基本上沿 β 稳定线渐进地发展。对于 $8M_{\odot} < M < 100M_{\odot}$ 的孤立恒星，该阶段的核燃烧进程是：

①通过 pp 反应链、碳氮氧（CNO）循环和 NeNa-MgAl 循环进行氢燃烧。这些过程的净结果都是 $4p \longrightarrow {}^4He + 2e^+ + 2\nu_e$ 并释放能量。pp 反应链从两质子非束缚体系的 β^+ 衰变过程 $^1H(p,e^+\nu_e)\,2H$ 开始，继而发生 $^2H(p,\gamma)\,^3He(^3He,2p)\,4He$、$^3He(\alpha,\gamma)\,^7Be$ 等反应。CNO 循环如图所示。

②氦燃烧和中子慢速俘获（s）过程。氦燃烧从 $3\alpha \rightleftharpoons {}^{12}C^* \longrightarrow {}^{12}C + \gamma$ 反应开始，接下去的其他重要反应是 $^{12}C(\alpha,\gamma)^{16}O$、$^{13}C(\alpha,n)^{16}O$、$^{16}O(\alpha,\gamma)^{20}Ne$、$^{22}Ne(\alpha,n)^{25}Mg$ 等。s 过程发生在恒星平稳演化阶段晚期的氦壳燃烧过程中，以 $^{13}C(\alpha,n)^{16}O$ 和 $^{22}Ne(\alpha,n)^{25}Mg$ 反应为中子源，沿 β 稳定线附近发展，产生 Fe 以上的稳定核。

③碳、氖、氧的燃烧。主要反应分别为 $^{12}C(^{12}C,\alpha)^{20}Ne$、$^{12}C(^{12}C,p)^{23}Na$、$^{20}Ne(\gamma,\alpha)^{16}O$、

$^{20}Ne(\alpha,\gamma)^{24}Mg(\alpha,\gamma)^{28}Si$、$^{16}O(^{16}O,\alpha)^{28}Si$、$^{16}O(^{16}O,p)^{31}P$、$^{16}O(^{16}O,n)^{31}S$ 等。

④硅燃烧。质子、中子和 α 粒子在 Si、Mg 等核上的俘获和光致分裂过程使反应流不断向上发展，在 Fe 附近形成化学平衡的丰度分布。

原始大爆炸，*新星*、超新星爆发和超大质量恒星坍缩形成的高温高密度环境中，天体物理相关的能区升至库仑势垒量级，热核反应截面相应增大，导致质子、中子和 α 粒子与大量短寿命放射性核反应的速率接近或超过放射性核 β 衰变的速率，热核反应流可扩展到远离 β 稳定线直至质子和中子滴线的广大核区。这种爆发性事件中，核燃烧的时标缩短为秒至小时的量级。原初核合成阶段的爆发性热核反应从 $^1H(n,\gamma)^2H$

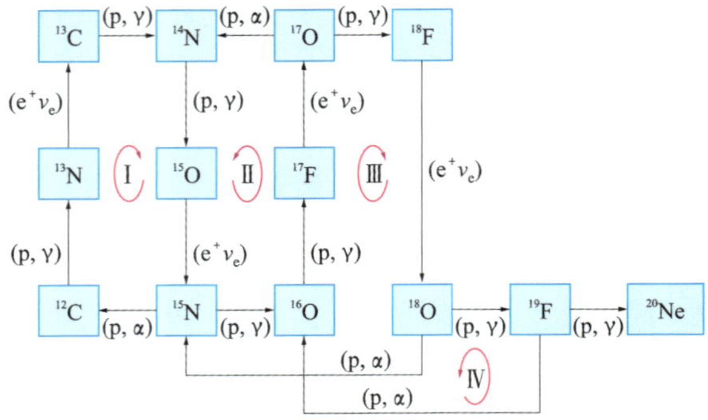

CNO 循环示意图

开始，相继产生 ^2H、^3H、^3He、^4He 和少量的 ^7Li。由于反应扩展到放射性核区，以 $^4He(t,\gamma)^7Li(n,\gamma)^8Li(\alpha,n)^{11}B(n,\gamma)^{12}B(e^-,\nu_e)^{12}C(n,\gamma)^{13}C$ 等包含放射性核的反应链为桥梁，可能跨越 $A=8$ 处没有稳定核的间隙，产生微量 $A\geqslant 9$ 的一系列轻核。恒星爆发性核燃烧的主要过程是：①高温氢燃烧。包括高温 pp 反应链、高温 CNO、NeNa-MgAl 循环和接下去的质子快速辐射俘获 rp 及 αp 过程。温度高于 1×10^9K 的环境中，通过 rp 及 αp 过程接连的（p,γ）、（α,p）反应和 β^+衰变，反应流可达到 A 约为 100 的丰质子核区，产生 β 稳定线丰质子一侧的稳定核和较轻的 p 过程核。②高温氦、碳、氖、氧和硅的燃烧。③从 $^9Be(\alpha,n)^{12}C$ 开始，继以一系列(α,n)、(p,n)、(n,γ)反应的 α 过程和中子快速辐射俘获（r）过程以及 β^-衰变，产生 $A\geqslant 60$ 的丰中子稳定核。④p 过程。在温度 2×10^9～3×10^9K 环境中，通过预先存在的 s 过程或 r 过程核上的（γ,n）、（γ,p）、（γ,α）等光致分裂反应和与之一起发生的 rp、αp 过程和 β^+衰变产生某些 A 为 60～200 的低丰度丰质子稳定核，即 p 过程核。

为了阐明宇宙中元素和同位素的丰度分布，一方面要研究天体物理模型，了解天体核过程发生的物理环境（温度、密度和化学组成），另一方面要研究原子核的质量或结合能、热核反应截面、结构和衰变特性。由于天体演化和元素合成涉及 β 稳定线及其两侧的数千种核素，而天体物理感兴趣的能区远低于传统核物理实验的能区，反应截面甚小，加之物理环境导致某些原子核低激发态的热布居和核过程与原子或等离子体过程的交融，使核物理实验和理论面临严峻的挑战。　（白希祥）

赫比格－阿罗天体　Herbig-Haro object　一种形状为半星半云的，并拥有独特发射光谱的特殊天体。简称 HH 天体。赫比格－阿罗天体被认为是处于恒星演化早期阶段的极年轻的天体，有人认为是一种正在形成恒星的*原恒星*。这类特殊天体是 G.H. 赫比格（于 1948 年）和 G.阿罗（于 1950 年）首先发现的，因而以他们的名字命名。HH 天体都分布于低银纬区域的弥漫星云内，伴随有大量的*金牛座 T 型变星*。HH 天体的外形比较特殊，大多数呈现为结构单一的半星半云状。但有一些 HH 天体，在高分辨率的底片上往往出现多个分立的亮凝聚云核，并和周围的*暗星云*成协，组成一个较大的复合体。它们的形态和亮度都随时间而变化，特别是在那些有分立结构的 HH 天体中，光变十分复杂，有的亮核长时间不变，但有的却在几年时间内亮度不是明显地增强，就是逐渐地减弱。至今还没有观测到一颗和 HH 天体有明确联系的恒星。第 2 号赫比格－阿罗天体的照片见图，分别用 36 寸望远镜摄

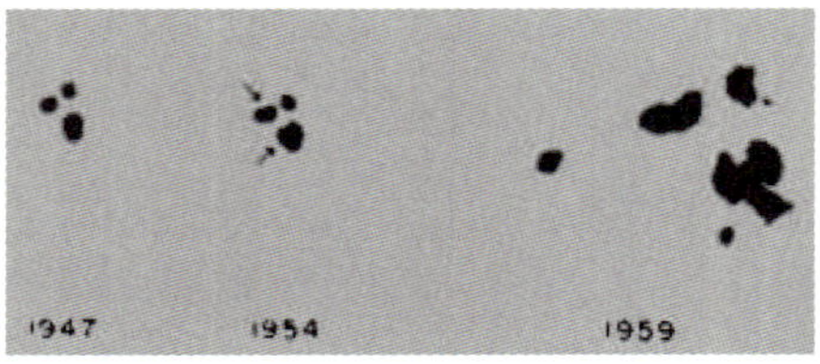

第 2 号赫比格－阿罗天体

于 1947 年、1954 年和用 120 寸望远镜摄于 1959 年。箭头所指处的亮度有增强。这一现象可能和恒星形成的早期阶段有联系。

从恒星演化角度来看，一般都认为 H-H 天体处于*恒星的形成和演化*的早期阶段，它们的年龄为 10^5～10^6 年。一般看法是，恒星在主星序（见*赫罗图*）前的演化序列是从 HH 天体开始，过渡到金牛座 T 型变星，最后才到达主星序的。　（孙益礼）

赫茨普龙，E.　Ejnar Hertzsprung（1873-10-08～1967-10-21）　丹麦天文学家。生于腓特烈堡，卒于罗斯基勒。化学工程师出身，爱好天文学，曾任职于德国的格丁根大学和波茨坦天体物理台。1919 年任荷兰莱顿天文台副台长，1935 年任台长，1945 年回丹麦。1929 年荣获英国皇家天文学会金质奖章，1937 年荣获太平洋天文学会布鲁斯奖章。

在 1905 年的论文中提出恒星有巨星序和矮星序之分。在该文和 1907 年的论文中，他注意到恒星的颜色和光度（绝对星等）之间的统计关系。1910 年，H.N.*罗素*也独立地发现了这一关系，赫茨普龙的论述才受到广泛的注意。为此，恒星的颜色－星等（光谱－光度）图被称为赫茨普龙－罗素图，简称*赫罗图*。

1911 年，赫茨普龙注意到北极星亮度的微小变化，并证明它为*造父变星*。1913 年，他根据 H.S.勒维特于 1912 年发现的造父变星光变周期和亮度之间的关系，利用几颗银河造父变星的绝对星等，定出造父变星的*周光关系*。他根据小麦哲伦云中的造父变星的光变周期和视星等之间的周光关系求得这个*星云*的距离。由此得到一个有力的手段来推求任何含有造父变星的天体系统的距离。1922 年，他还发现赫罗图上方黄巨星和 A 型主序星之间有一明显的空区（后被称为赫茨普龙空区），并正确地推测这是恒星迅速演化阶段越过的区域。　（陈美东　撰　石云里　修订）

赫尔斯，R.A.　Russell Alan Hulse（1950-11-28～　）　美国射电天文学家。生于美国纽约。1970 年本科毕业于库珀联合大学，1974 年在康奈尔大学设在波多黎各的阿雷西博天文台工作，1975 年获马萨诸塞大学物理学博士学位。1975～1977 年任职于美国国家射电天文台。1978 年任职普林斯顿大学，1984 年在该校等离子体物理研究室研究。2004 年加入德州大学达拉斯分校，组建该校科

学与工程教育中心。2003年当选美国科学促进会会员。

赫尔斯研究受控热核聚变中的等离子体。他和他的导师J.H.泰勒于1974年起用**美国阿雷西博天文台**的300米**射电望远镜**前后发现了40个新型**脉冲星**,其中之一是PSR1913＋16。接着，他们发现该脉冲星是一**双星**系统。在泰勒指导下，1978年赫尔斯证实，该脉冲星系统的公转周期变快，其实测变率与广义相对论的理论计算预言值相符在约千分之五以内。这也是广义相对论所得到的最可靠的实验验证。由于发现了新型脉冲星,并由此拓展引力研究的新可能性，赫尔斯和泰勒获1993年诺贝尔物理学奖。

（郭奕玲　石云里）

赫尔辛基大学天文台　Helsinki University Observatory　芬兰赫尔辛基大学下属的天文台。芬兰首都赫尔辛基,始建于1834年,1890年又建成独立的**圆顶**,装备0.33米双折射望远镜。由于天文台位于市中心，20世纪中叶停止观测，20世纪70年代在赫尔辛基附近的小镇基尔科努米建成0.6米

赫尔辛基大学天文台大楼

口径望远镜。2010年，赫尔辛基大学天文系并入物理系，天文学研究人员也前往昆普拉校区。原天文台大楼在2012年翻修后对公众开放。

（李宗伟　刘黎明）

赫罗图　Hertzsprung-Russell diagram　由E.**赫茨普龙**和H.N.**罗素**创制的、用恒星的表面温度(或光谱型或颜色)和光度(或绝对星等)作为坐标轴画出的图。又称赫兹普龙-罗素图。赫罗图代表天文学和**天体物理学**中对观测的最大综合。它是天体物理学家最有用的关系图和非常有价值的判断恒星的工具。一颗恒星在赫罗图中的位置决定于它的质量和年龄，赫罗图以绝妙的方式找到了恒星演化的规律，既提供了对恒星演化理论一个最严格的检验，又提供了研究**银河系**整体历史的一个最有力的工具。赫罗图的原始形式是绝对仿视星等与光谱型的关系曲线,现在更常用的是它的变体，用一个连续的坐标代替不连续的光谱型。观测上，最有用的形式是颜色－星等（CM)图，它是一个颜色与星等的关系曲线。

创建　赫茨普龙在1905年和1907年的论文中指出，一般蓝星是亮的，而红星却有亮、暗两种。他把亮星称为**巨星**，把暗星称为**矮星**。1911年他测定了几个银河**星团**（如**昴星团**、**毕星团**）中的恒星的光度和颜色，并将这二者作为纵坐标和横坐标。结果表明，这些星点大都落在一条连续带上，其余的星（巨星）则形成小群。罗素研究了恒星的光度和光谱，画出一系列表明恒星光度和光谱型之间的关系图，于1914年在《自然》上发表（图1）。

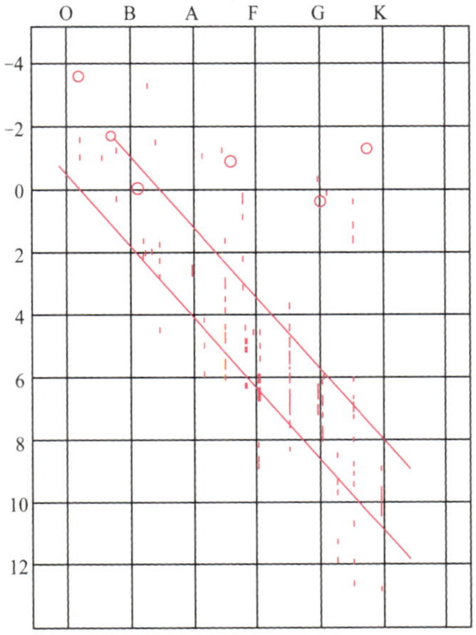

图1　罗素绘制的绝对星等－光谱型图

经过对比，发现颜色等价于光谱型或表面温度。他们两人的图所表示的是同一回事。因此,后来将这类光度－表面温度(光谱型或颜色)图称为赫茨普龙－罗素图，简称赫罗图。赫罗图的根本特征是建立了恒星的颜色与亮度的关系。图中亮度由下向上（图1的y轴)量度，温度在左右方向(图1的x轴)量度，并规定较冷的星偏向右方。这样选择温度量度方向与光谱型O、B、A、F、G、K、M分类序列对应。赫罗图右下角的恒星是暗弱的红色冷星，左上角的恒星是明亮的蓝白色热星（温度高于25 000K)。大多数恒星落在左上角到右下角的带内，该带称主序，它为氢核释放能量的一切恒星。宽波段UBV测光系统测定暗星的颜色，比用光谱方法对应像太阳那样通过将中心区的氢核合成容易，所以后来逐渐用**色指数**代替光谱型作为赫罗图的横坐标。色指数可转换成表面温度。观测得到的视星等，经过距离改正后成为绝对星等(见**星等**)，可再转换为光度。有了星的表面温度和光度，理论工作者便可计算恒星的内部结构，也就是建立所谓恒星模型。随着时间的推移，恒星的内部结构逐渐演变，并在它的光度和表面温度（简称温度）上表现出来，这样恒星在赫罗图上的位置便沿一定路径移动，描出“演化程”。因此，赫罗图不仅能给各类型恒星以特定的位置，而且能显示出它们各自的演化程，成为研究恒星必不可少的重要手段之一。

星团和场星的赫罗图　赫罗图中的恒星不是平均分布,而是形成一定的序列的。因为光度和表面温度之间存在着内在的关系：如果压力、**不透明度**和产能率只是温度、密度和化学成分的函数，则恒星的结构由它的质量和化学成分决定；如果化学成分给定，则每一**恒星质量**便对应着一定的光度和温度值。因而只要在某一质量范围内存在光度和温度的关系，赫罗图上就会出现相应的序列。同样质量范围内的恒星，在赫罗图上出现在不同的序列，必然是由化学成分不同引起的；而化学成分的不同可以是原始化学成分的不同，也可以是恒星处在不同的演化阶段。因此，赫罗图中的一些序列，可用来研究**恒星的形成和演化**。图2是太阳附近6700颗恒星的

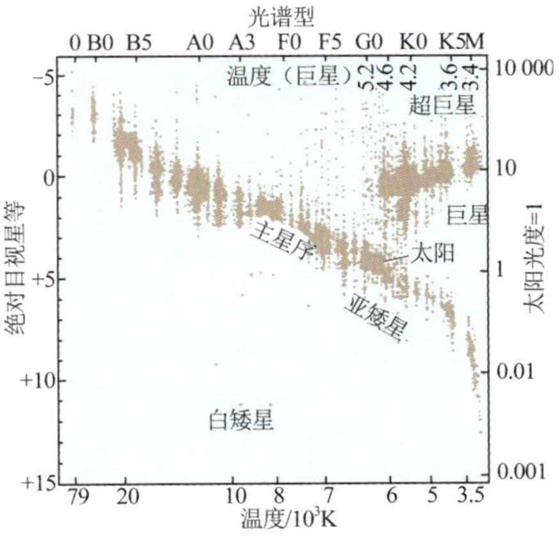

图2　亮于8.5照相视星等的6700颗恒星的赫罗图

赫罗图。图中有两个密集序列，一个从左上向右下，称为主星序，又称矮星序；另一个是相当密集的一群星，接近右上角，差不多呈水平走向，称为巨星序。此外，还有不少星分散在图的上部，称为超巨星序。主星序下面是亚矮星序。图的底部有一特殊分支，称为白矮星序。巨星序和矮星序并不相接,中间留有相当明显的空隙，称为赫氏空区，只有为数很少的恒星落在空区以内。赫罗图中的图形受到不少测量误差的影响。恒星的质量差别不大，大多数恒星的质量在太阳质量0.1～10倍范围。恒星化学成分的差别也不大，按质量计大致氢占71%,氦占27%,其他重元素占2%。所以，取决于质量和化学成分的恒星结构在赫罗图中呈现出明显的规律性。恒星密集

的区域代表它们演化缓慢的阶段，主星序是演化最慢的阶段，大致占恒星寿命的90%。为了免受恒星化学成分不同和年龄不同这两个因素的影响，可举星团的赫罗图来说明。图3是昴星团的赫罗图。这个

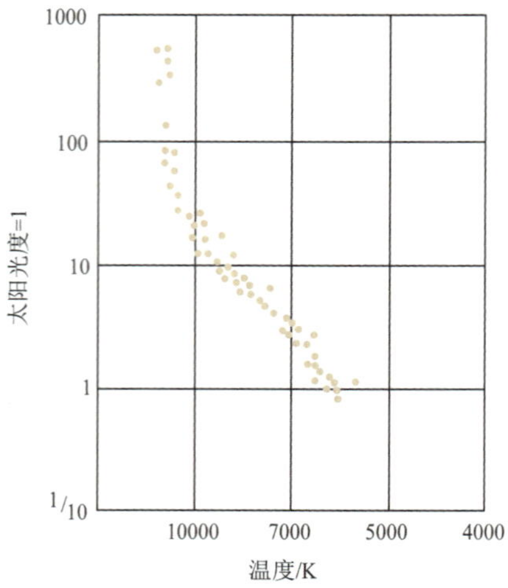

图3 昴星团的赫罗图

星团内形成的恒星，可认为它们的化学成分和年龄是相同的。再者，一般星团各成员星离地球的距离基本相同，这样观测到的成员星的视星等差值也就是它们绝对星等的差值，不受距离误差的影响。星团距离的不确定性导致绝对星等的零点不确定，只能使整个图上下移动，而不会影响昴星团的赫罗图中星点的相对位置。图3中的星点代表昴星团的主星序，其中没有**红巨星**，表示昴星团年龄还轻，成员星还没有演化到脱离主星序的阶段。

把质量不同但年龄相同的许多恒星画在赫罗图上，图的形状便与年龄有关。这一点在**球状星团**的赫罗图上表现得很明显，因为一个球状星团中的全部恒星确实是在一个巨大气体云坍缩时一起形成的。主序左上端的最亮恒星最先消耗完燃料，因为它们每秒钟需要很多能量以求避免最终的**引力坍缩**，所以它们最先离开主序朝红巨星支移动。用同一星团在不同年龄画赫罗图，则随着星团年龄增大，主序将从上往下缩短，这些赫罗图的主序从右下角向上仅仅延伸一段后即折向右边。折向点的准确位置取决于星团的年龄，由此定出的年龄是银河系最年老恒星的最可靠的年龄测定之一。赫罗图也能用来测定星团的距离，因为恒星在主序上的位置和它们的绝对星等有关，星团离地球越远，它的恒星发来的光显得越弱，它的主序就越是靠近赫罗图的下部。利用这一点，天文学家得以找出恒星视星等的校准值，使之正好与标准主序相符，并从这个校准值导出星团的距离。

不同化学成分的星团在赫罗图上的分布　图4画出银河星团M67的成员星同两个球状星团M3和M92的成员星在赫罗图上的位置，以便进行比较。它们都是年老的星团，但M67属于星族Ⅰ，M3和M92属于星族Ⅱ。星族Ⅰ的星含重元素较多，占总质量的2%～3%，而星族Ⅱ的星所含的重元素的含量仅占0.1%～0.2%，或更少。图中左下方的黑粗斜线代表主星序，3个星团巨星支都从主星序相同的部位脱离，

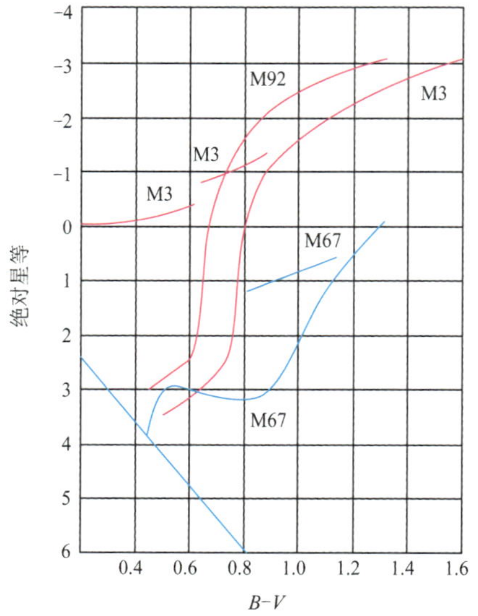

图4 银河星团M67同球状星团M3和M92在赫罗图中的比较

表明它们的年龄相近（为4×10^9～6×10^9年）。M3有明显的水平支，这是球状星团的一般特征。赫罗图可获得大量信息。除了上述的两个星序外，各种类型的**变星**也有特定区域。此外，还可利用星团在赫罗图上的“转向点”来估计星团的年龄和距离。不同质量的星族Ⅰ和星族Ⅱ的星，在赫罗图上都有它们特定的演化程序。

（李宗伟）

赫斯，V.F.　Victor Franz Hess（1883-06-24～1964-12-17）奥地利实验物理学家。生于奥地利斯泰尔马克地区佩格附近的瓦德斯泰因城堡，卒于美国纽约。1901～

1905年就读于格拉茨大学，1906年获博士学位。1910～1920年赫斯在维也纳科学院镭学研究所当S.迈尔的助手。1919年任格拉茨大学物理教授，其间曾于1921年前往美国，在美国镭企业和美国矿业局工作两年，研究镭的医学应用。1931年任因斯布鲁克大学教授，任影像诊断研究所主任。1933年当选奥地利科学院院士。1938年移居美国，1944年入美国籍。1938～1956年任福特海姆大学教授。

赫斯的主要科学贡献是发现了宇宙射线。早在1911年，他在高山上和升空气球中研究大气导电性，发现大气导电性随高度增加而迅速增大。长期实验证实了人们的猜想：一种来自地球外的，渗透力极强的辐射弥漫了大气。美国物理学家R.A.密立根在1925年证实了这一发现，并将之命名为“宇宙射线”。对这种辐射的进一步探索，促使C.D.安德森发现了正电子，为现代物理学研究开辟了新领域。为此，他和安德森同获1936年诺贝尔物理学奖。

（郭奕玲　撰　石云里　修订）

赫歇尔家族　Herschel family　英国天文学家家庭。包括F.W.赫歇尔、他妹妹C.L.赫歇尔和他儿子J.F.赫歇尔。

F.W.赫歇尔（Frederick William Herschel，原名Friedrich Wilhelm，1738-11-15～1822-08-25）　生于德国汉诺威，卒于英国斯劳。早年为音乐师，1757年移居英格兰。他以

业余时间钻研天文学，1773年开始磨制望远镜。1779年用自制的望远镜进行巡天观测。1781年3月，在观测中偶然发现**天王星**，并证明是一颗新的行星。1787年和1789年又先后发现天王星和**土星**各有两颗卫星。英国皇家学会为此授予他柯普莱奖章，并选他为会员。1782年，英王乔治三世聘他为宫廷天文学家。同年他从巴斯迁居达奇特，并完全致力于天文学的研究。1786年定居于斯劳。1787年制成一架焦距6米的**反射望远镜**。1789年又制成一架焦距12米、口径122厘米的大型反射望远镜（一生制作望远镜达数百架之多）。1820年成为英国皇家天文学会第一任会长。主要贡献有：①双星研究。1782年他编成第一个**双星和聚星表**，其中有他发现的双星227对。1785年又刊布了第二个表，记录双星434对，其中有新发现的284对。1802～1804年，发现大多数双星中都有一星绕另一星的轨道运动。由此说明**万有引力定律**同样适用于远离**太阳系**的恒星系统。1821年，他又发表了第三个包括145对新双星的表。②太阳空间运动的发现。1783年分析了30

颗恒星的自行，认为太阳有向武仙座方向的空间运动。其后又对27颗恒星的自行进行分析，得到太阳运动的方向指向武仙座λ附近的结论。③星团、星云研究。1786年、1789年和1802年3次出版星云和星团表，记录了2500个星云和星团。他的大望远镜将过去被视为无星的许多星云分解成一群恒星，但1790年他指出，有些星云是不可分解的，如弥漫星云和他称之为“行星状”的星云。1811年，他根据对星云形态的研究，提出从弥漫物质到凝成恒星的一系列过渡形式。他的这种分类和演化序列虽然有错误，但引起了重视恒星起源问题的研究。④银河系结构的研究。1785年，他用统计恒星数目的方法，证实银河系为扁平状圆盘的假说。他企图测量银河系的大小，但没有成功。虽然他曾错误地认为银河系的深度是“不可测量的”，但他创立了恒星天文学的研究方法。

C.L.赫歇尔（Caroline Lucretia Herschel，1750-03-16～1848-01-09） F.W.赫歇尔的妹妹。生于汉诺威，卒于汉诺威。1772年F.W.赫歇尔接她到英国。先以音乐为职业，

后尽心竭力地协助哥哥进行天文学研究，承担了观测资料的记录和归算任务，几十年如一日地利用每一个可观测的晴夜。她还独自进行观测，一生发现14个星云、星团，1786～1797年发现8颗彗星。1798年在英国皇家学会发表了她对《弗拉姆斯蒂德星表》所做的索引、校订和补充（561颗星）。1822年F.W.赫歇尔死后，她回到汉诺威，继续整理她哥哥的观测资料。1828年编成F.W.赫歇尔发现的2500个星团、星云表，获得英国皇家天文学会的金质奖章，1846年又获得普鲁士国王的科学金质奖章。

J.F.赫歇尔（John Frederick William Herschel，1792-03-07～1871-05-11） F.W.赫歇尔的儿子。生于斯劳，卒于科林伍德。1813年毕业于剑桥大学圣约翰学院，1816年获该校硕士学位。先从事数学研究，1816年始继父业从事天文学研究。1820年受他父亲的委托，参与创建英国皇家天文学会工作，先后3次任会长（1827～1829，1839～1841，1847～1849）。1830年任英国皇家学会会长。1845年任英国科学促进会主席。1821～1823年重新核对他父亲发现的双星，在观测中又发现双星3347对。1825～

1833年，在重新查核了他父亲发现的所有星云和星团的过程中，新发现星云和星团525个，于1833年刊布。1834～1838年在南非好望角，以3架6米焦距的望远镜进行南天观测，共记录了68 948个天体，包括恒星、星云、星团、双星，特别详细地描绘了猎户星云、大小麦哲伦云、哈雷彗星、土卫系统以及船底座η的爆发。1836年，测量了191颗恒星的相对亮度。1847年刊布南天观测结果，因此获得英国皇家学会的柯普莱奖章。1849年综合当时天文学发展的最新成就，写成《天文学纲要》一书，被译成多种文字出版。1859年由李善兰和伟烈亚力合译成中文，书名为《谈天》。1851年以后，J.F.赫歇尔已疾病缠身，但仍坚持著述。

（陈美东）

褐矮星 brown dwarf 由星际气体云的引力坍缩而形成，但没有足够质量在其核心部位引发氢聚变为氦的恒星。又称未成功的恒星。仅当恒星质量小于太阳质量的8%才有可能（氢燃烧的临界质量约为84木星质量）形成褐矮星。通过引力能转变为热，这样的恒星能微弱地发光1亿年左右。褐矮星继续发射红光和红外光是早期氘核和锂合成时剩余的热。褐矮星的温度范围是700～2300K。全部褐矮星都随时间推移而冷却，质量大的比质量小的冷却得慢。1995年11月30日《自然》公布发现褐矮星GL229B，为双星，光谱型为MⅣ，位于天兔座，距地球19光年。褐矮星的发现是20世纪末恒星天体物理学的重大进展之一，因为它是恒星和行星间隙之间的桥梁，为恒星和行星的形成和演化的研究注入崭新的观点，恒星和褐矮星似乎以同样方式形成。

观测和研究褐矮星的突出成就是：①1995年用凯克望远镜观测到围绕近太阳恒星的褐矮星，星名为褐矮星G122B，位于天箭座，主星和伴星的相隔距离相当于太阳和天王星的距离，质量为55～$78M_J$。②哈勃空间望远镜已完成了对位于英仙座的星团IC348进行的亮度和温度红外观测。因为星团年轻，褐矮星比较亮，所以共测出了30颗褐矮星，观测中最艰难的一步是从背景星中摘出褐矮星。③钱德拉X射线天文台捕捉到褐矮星的耀斑，尺寸相当于太阳的小耀斑，这意味着极小质量的恒星会发生爆发且存在磁场。④在昴星团中推算了褐矮星温度为2300K。因为昴星团年轻，仅有1亿年，所以是发现褐矮星最好的场所，已发现4颗。⑤2014年4月25日，发现了已知最冷的褐矮星WISE 0855-0714。它离我们有7.2光年（距太阳最近的第七系统），温度在−48～−13℃。

对褐矮星现已进行了光谱分类并编制了褐矮星星表。褐矮星分为两类：L型（分为L0至L8），温度为1500～2100K，光谱线为氢化物；T型，温度800～1000K，光谱是甲烷和水的吸收线。褐矮星星表中列出了近百颗星的坐标、光谱型、Hα线的等值宽度等参数。

（李宗伟）

黑洞 black hole 广义相对论所预言的一种特殊天体。它的基本特征是具有一个封闭的视界。视界是黑洞的边界。根据经典黑洞理论，外来的物质和辐射可以进入视界以内，而视界内的任何物质都不能跑到外面。

早在1795年，P.-S.拉普拉斯曾根据I.牛顿的引力理论预言存在一种类似于黑洞的天体。他的计算结果是，一个直径比太阳大250倍而密度与地球相当的恒星，其引力场足以捕获它所发出的所有光线而成为暗天体。1939年，J.R.奥本海默和H.施耐德根据广义相对论证明，一个质量足够大的无压的尘埃球体，在自引力作用下，将能坍缩到它的引力半径的范围以内。引力半径$r_g = 2GM/c^2$，式中G为万有引力常数；c为光速；M为球体的总质量。当物质球坍缩到半径为r_g，这个球体所发射的光线或其他任何粒子，都不能逃到r_g球以外，这就形成黑洞。对晚期致密恒星的研究证明，存在一临界质量M_c。当星体质量$M > M_c$，在引力坍缩后，它不可能有任何稳定的平衡态，而只能形成黑洞。现在广泛使用的“黑洞”（black hole）一词是美国天体物理学家J.A.惠勒于1968年提出的。

在形成黑洞以前的恒星物质可以有各种不同的属性。但是，一旦形成稳定的黑洞以后，几乎所有属性都不再能被观测到。根据黑洞无毛定理（no-hair theorem），只要用三个参数就可以完全表征黑洞的性质。这三个参数是：质量M、角动量J和电荷Q。当$J = Q = 0$时，是球对称的史瓦西黑洞；当$Q = 0$时，是轴对称的克尔黑洞；当$M \neq 0$，$J \neq 0$，$Q \neq 0$时，称为克尔-纽曼（Kerr-Newman）黑洞。黑洞的一个重要物理参量是它的视界的面积A，其值为（在$c = G = 1$单位系）：

$$A = 8\pi \left[M^2 + M(M^2 - a^2 - Q^2)^{1/2} - Q^2/2\right]$$

式中$a = J/M$。1971年，S.W.霍金证明了黑洞面积A的基本性质是，在黑洞的演化过程（例如，通过与物质相互作用，或黑洞之间的相互作用）中，它的面积总不减少。这称为面积不减定理。它是物质只能进入黑洞而不能跑出黑洞这一特性的定量表述。面积不减定理，类似于热力学中的孤立系熵不减原理。因此，1973年J.贝肯斯坦在此基础上提出黑洞具有熵S_H，正比于黑洞的面积。在这个基础上建立了黑洞热力学。黑洞热力学的一个结论是，黑洞具有一定的温度，其值与黑洞的质量成反比。1974年，霍金证明，如果考虑到黑洞周围空间中的量子涨落，则黑洞的确具有与它的温度相对应的**热辐射**。计及量子效应后，黑洞不再是完全“黑”的了，它也会发射，甚至出现剧烈的爆发。

黑洞按其质量大小可分为恒星级黑洞和星系级黑洞（也称为**超大质量黑洞**）。前者的质量在几倍到几十倍太阳质量之间，后者的质量超过百万倍太阳质量。恒星级黑洞是大质量恒星在生命终结时，经历爆发、内陷和坍缩后留下的，它是恒星晚期演化的一种归宿。而星系级黑洞则存在于很多星系的核心中，包括**银河系**。微型黑洞是一种原初黑洞，可能形成于宇宙早期。寻找黑洞，是**相对论天体物理学**的重要课题。完全孤立的黑洞难于观测，因为它们不发射光或任何形式的辐射，只能根据它与其周边物质相互作用时产生的各种效应来预测其存在。最初着重于在**X射线双星**中搜寻和证认黑洞。第一个被证认为是黑洞的天体是天鹅座X-1。天鹅座X-1是**密近双星**中的一个星体。它所发射的X射线没有规则的脉冲结构，但却具有极短时标的脉动涨落，脉动时标达几毫秒范围。这种亮度极快的随机振荡与灼热气体从**吸积盘**进入黑洞时的辐射特征相符。而且，它的质量大约为15倍太阳质量，超过了**中子星**的临界质量，因此它必定是个黑洞。截至21世纪20年代，在银河系中已发现20多个**黑洞X射线双星**。另外，观测表明在大型星系的核心通常存在超大质量黑洞。例如，在银河系的核心有质量为4×10^6太阳质量的超大质量黑洞，在**椭圆星系**M87的核心有质量为6.5×10^9太阳质量的大型黑洞。2019年，通过使用视界望远镜，科学家们成功拍摄了5350万光年外的M87星系中心超大质量黑洞阴影的照片（见图）。此外，当一颗恒星或一个气体云足够靠近星系中心超大质量黑洞时，会被黑洞的潮汐力所瓦解并**吸积**，这一现象被称为**潮汐瓦解事件**。探测这一暂现的吸积所产生的辐射成为探测星系中心宁静超大质量黑洞的有效手段。

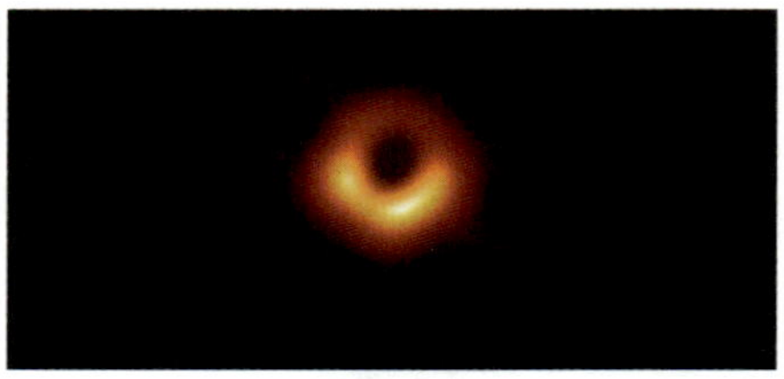

黑洞照片

理论上可能存在质量介于恒星级黑洞和星系级黑洞之间的中等质量质量黑洞。但还缺乏直接的观测证据。另外，根据**大爆炸宇宙**，在宇宙早期可能形成一些微型黑洞，一个质量为10^{15}克的黑洞，其空间尺度只有10^{-13}厘米左右（相当于原子核的大小）。小黑洞的温度很高，有很强的发射。有一种模型认为，高能天体物理研究所发现的一些高能爆发过程，也许就是由这些小黑洞的发射及其最终的爆发引起的。

（张家铝　撰　李向东　修订）

黑洞X射线双星　black hole X-ray binary　吸积天体是恒星级黑洞的**X射线双星**。在**银河系**和近邻星系中已观测到大约20个黑洞X射线双星和大约40个候选体，其中天鹅座X-1是第一个发现的黑洞X射线双星。理论估计在银河系中有10^8～10^9个黑洞X射线双星。确定X射线源是黑洞的主要手段是利用动力学方法测量它的质量，如果超过**中子星**的质量上限（约3倍太阳质量），则排除中子星可能性，确认为黑洞。已测量的银河系中黑洞的质量为5～15倍太阳质量。通过拟合X射线连续谱和铁的K发射线轮廓可以测量黑洞的自旋。

除几个高质量X射线双星外，大部分黑洞X射线双星是低质量X射线双星，它们都是X暂现源，绝大部分时间处于宁静态，偶尔发生X射线爆发。爆发时光度上升至10^{29}～10^{32}焦/秒，光学光度也随之上升100～10 000倍，然后一般以几个月的时变衰减至宁静态，爆发间隔可以长达几十年。在爆发态的X射线谱偏软，辐射温度约为1千电子伏。部分中子星低质量X射线双星也有类似爆发现象，它们统称为软X射线暂现源或X射线新星。

（李向东）

黑体辐射　black-body radiation　温度一定的黑体以电磁波的形式向外界发射能量。一个物体若能一点也不反射地全部吸收任何频率的辐射，则它被称为黑体（或绝对黑体）。黑体是一个理想模型，但它可通过带小孔的空腔（图1）近似模拟。

单位时间里从物体的单位面积发射的频率为υ的单位频率范围内的辐射能量$e(\upsilon,T)$称该物体的单色发射本领（或辐射能谱）。实验测定的不同温度黑体的发射本领$e_0(\upsilon,T)$如图2所示。

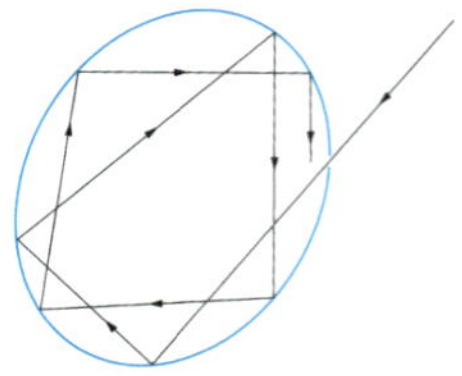

图1　绝对黑体示意图

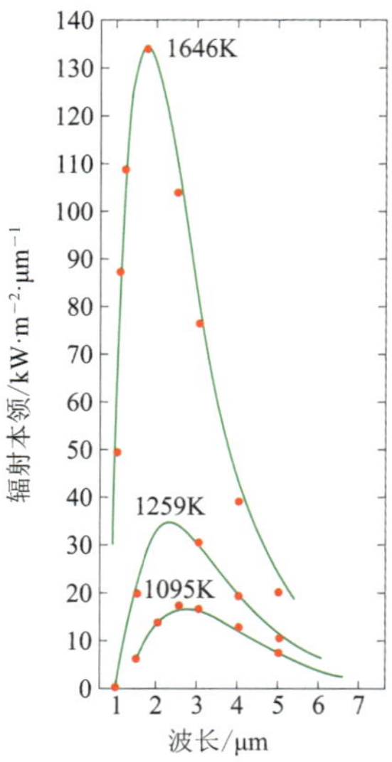

图2　不同温度时黑体辐射的实验曲线

在试图应用从经典的能均分定理和玻尔兹曼分布律出发得到的瑞利-金斯公式和维恩公式解释普朗克的实验曲线结果失败后，M.普朗克提出一个全新的见解，使他的理论曲线与实验曲线吻合（图3）。

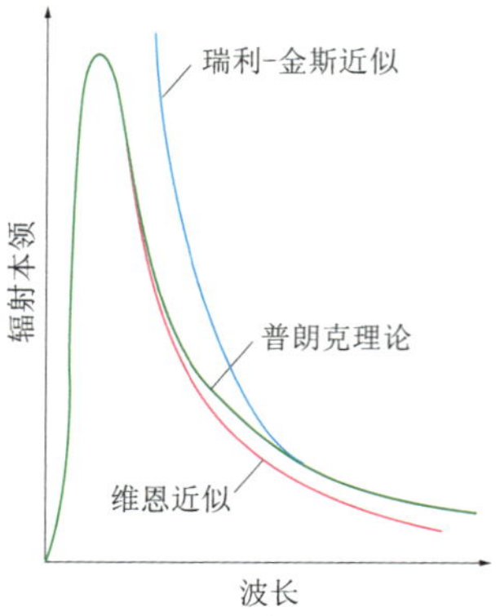

图3　黑体辐射的普朗克理论曲线与瑞利-金斯近似和维恩近似的比较

普朗克认为可把空腔壁看作一群频率不同的、能量为ε的谐振子集合，它们一方面辐射出各种频率的电磁波，另一方面也吸收来自腔内的电磁辐射。当单位时间里辐射的能量等于吸收的能量时达到热平衡，腔内建立稳恒的电磁场。若用$\rho(\upsilon,T)$表示平衡辐射场的能量密度，它与$e_0(\upsilon,T)$之间存在简单的关系：

$$e_0(\upsilon,T)=c\rho(\upsilon,T)/4$$

式中c为真空中的光速。为了导出与实验一致的平衡辐射场的能量密度公式，普朗克还对谐振子可处的能量状态提出了与经典理论截然不同的能量子假设：①谐振子只能处于一系列不连续的（量子化的）能量状态，它们等于最小能量ε_0的整数倍：

$$\varepsilon_n=n\varepsilon_0 \qquad n=0,1,2,\cdots$$

对于频率为υ的谐振子来说，这个被普朗克称作能量子的最小能量为$\varepsilon_0=h\upsilon=\hbar\omega$和$\hbar=h/2\pi$。$h$是普朗克常数。②谐振子只当从一个量子化的能量状态跳到（或跃迁到）另一个量子化的能量状态时，它才发射或吸收能量，后者只能是能量子ε_0的整数倍。能量子假设在解释黑体辐射实验时获得了巨大的成功，从而揭开了20世纪量子力学发展的序幕。（仲　佰）

黑子本影和半影 umbra and penumbra of the sunspot 太阳黑子的组成部分。发展完全的黑子中的暗核部分称为本影，围绕着本影的较亮的边框称为半影。本影的半径约为半影的2/5。本影和半影的亮度（总辐射强度）分别约为光球的1/4和3/4，温度则分别在4200K和5680K左右，前者比光球低1000多度，因此显得比光球暗些。

本影有很强的磁场，强度为0.1～0.4特，这同黑子大小有关，面积越大，磁场越强。磁场的方向大致是径向的。由于磁压是总压强（磁压与气压之和）的重要部分，在本影里气体就比附近光球里的气体稀薄和透明，因此在观测太阳边缘的黑子时，人们可以看到黑子的较深层。本影有精细结构，如本影点、本影闪耀等，这说明本影中的物质分布是不均匀的。

有些黑子在分裂之前出现跨越本影的亮桥。本影的结构由于亮桥的存在而变得复杂。亮桥的形态、大小和亮度有很大不同。亮桥由亮节组成，从本影的一边延伸到另一边，并占了本影面积相当大的部分。有些亮桥具有细流的形状，宽度约1″，寿命从几小时到几天。有些亮桥与光球一样亮，有些则不太亮，只有经过长时间曝光才能拍摄下来。亮桥在黑子演变的最后阶段起着重要的作用，它的出现可能就是黑子接近分裂或最后瓦解的标志。

在发生质子耀斑的复杂黑子群里，经常在被半影包围的本影里，出现极性相反的区域，这就是所谓δ结构，它对于研究黑子同耀斑的关系是很重要的。

半影是本影和光球间的过渡区，由许多较亮（但亮度比光球低）的径向纤维组成，它们的宽度约300千米，寿命约1小时。结构复杂的黑子的半影有的呈旋涡结构。半影可能是由于本影磁场向周围光球渗透引起的，这种渗透首先使米粒组织间的物质变暗，并且因黑子沿径向向外的细亮纤维的作用而使米粒移位。半影的磁场强度从内边界（本影-半影边界）向外边界（半影-光球边界）迅速地下降。例如，在离黑子中心0.4黑子半径处的磁场强度约为中心的85%，而在0.8黑子半径处，则只有44%。黑子越规则，半影纤维越是沿径向从本影向光球延伸。但甚至在规则的黑子中，纤维也常常是脉络分明地连接起来。纤维的曲率与它们附近的磁场位形有关。在多数半影里还有不同形状的亮客体，其亮度有时超过附近光球。（章振大）

黑子的日面分布 heliographic distribution of sunspot 太阳黑子在日面上的分布规律。表现为东西分布的不对称性和纬度分布的不均匀性。

东西分布不对称性　黑子在日面东半边和西半边的分布是不一样的。1907年，英国天文学家E.W.蒙德首先发现这一现象，其表现如下：任何时候看到的日面东半边黑子比西半边的多；在东边形成的黑子比西边的多，而且从日面东边缘转出来的黑子比在西边缘消失的多。这种不对称性可能是由于太阳自转引起的，即东半边的黑子因太阳自转愈来愈看得清楚，所以东半边的黑子比西半边的容易发现；其次是由于黑子轴和太阳半径可能有一个向西的倾角，一个黑子在东半边能看到，在西半边就不一定能看到；再次就是黑子群本身的不对称性，“前导黑子”通常比“后随黑子”更密集，而且容易看见。

虽然每天的黑子面积与黑子数之间没有明显的对应关系，但是一年的黑子面积的平均值A和年平均黑子相对数R的对应关系为$A=16.7R$。因此，黑子群的面积分布具有东西不对称性。

1972年，R.巴奇根据统计资料指出，按照不同发展阶段分类（即按苏黎世分类法分类）的黑子群也有东西不对称性，即A、B、C、E、F和G型的黑子群的数目，在西边比东边多，而D、H和J型则相反。

纬度分布　1858年R.C.卡林顿对太阳黑子的观测资料进行统计，发现黑子的平均日面纬度分布随黑子周期位相有规律性的变化。1894年F.W.G.斯玻勒对大量的黑子观测资料做了统计，进一步证实黑子在日面纬度上的分布有如下规律：几乎所有的黑子都分布在日面纬度±45°的范围内，不过在赤道两旁±8°的范围内则很少出现；绝大多数黑子都出现在赤道两旁且平行于赤道的幅宽为15°～20°的区域。在每个黑子周期开始时，黑子一般都出现在纬度±30°附近；在黑子周期中黑子数极大的年份，黑子则出现在纬度约±15°处；而在黑子周期结束时，在赤道附近的黑子又都消失；在前一个周期的黑子尚未完全消失时，后一个周期的黑子便又开始在纬度±30°附近出现。因此，黑子在日面纬度的分布规律常称为斯玻勒定律。

以黑子群的平均日面纬度为纵坐标，以时间（年份）为横坐标，绘出的黑子群在日面纬度上的分布图，形状像一群蝴蝶，故又称蝴蝶图。从蝴蝶图可看出，太阳黑子活动有一个平均约11年的周期变化规律。另外还可看出，在日面南半边和北半边出现的黑子群数目并不相同，南半边往往比北半边多。

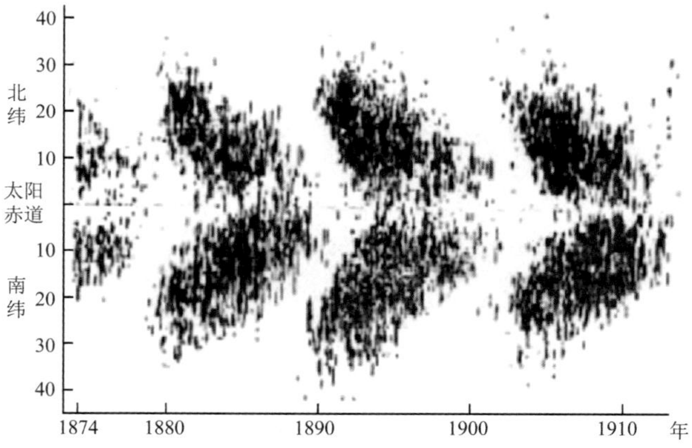

黑子群在日面上的分布图（蝴蝶图）

1973年M.科佩基对格林尼治皇家天文台1874～1953年的太阳黑子照相资料进行了统计，绘成图表，发现平均面积大于500（以可见太阳半球面积的百万分之一为单位）的大黑子群日面纬度分布也呈现为蝴蝶图。（赵爱娣）

黑子群 sunspot group 太阳黑子大多成群出现。每个黑子群由几个到几十个黑子组成，最多可达一百多个。黑子群一般有两个主要黑子。按太阳自转方向，在黑子群西部的黑子称为前导黑子，而在东部的黑子称为后随黑子。前导黑子大都出现较早，消失较迟，面积较大，同太阳赤道的距离较小。黑子群按它的磁场极性分单极群、双极群和复杂极性群，其中以双极群为常见。双极群中前导黑子的极性一般与后随黑子相反。同一太阳活动周中，北半球的前导黑子极性几乎相同，并与南半球的前导黑子的极性相反。在先后的两个太阳活动周中，前周黑子群的前导黑子和后随黑子的极性分布与后周的又完全相反。黑子群中异极性黑子的连线称为磁轴，在大多数情况下，磁轴对太阳赤道的倾角小于30°。

黑子群很少显著偏离上述一般情况，但一旦发生，太阳活动就会激烈起来。因此可以从中寻求**太阳活动预报**的有效判据。黑子群出现之前，在**光球**上往往先见**光斑**；在**色球**上往往先见**谱斑**发展或增亮；谱斑区先出现局部磁场；用高分辨率望远镜观测，往往先见到一些**微黑子**。另外，**暗条**（**日珥**）、**日冕凝聚区**、耀斑以及一系列太阳活动现象大都发生在黑子群上空。所以，黑子群是太阳活动中的重要组成部分，是太阳活动的基本迹象。

对黑子群分类，现用的有三种黑子型分类法：苏黎世黑子分类法；麦金托什黑子分类法，又称修订的黑子分类法；磁分类法。

苏黎世黑子分类法　是瑞士苏黎世天文台M.瓦尔德迈尔在1938年提出的。他按黑子群发展过程将其分为九个类型，用大写拉丁字母表示：

A——无半影的黑子或单极小黑子群。

B——无半影的双极黑子群。

C——类似B的双极群，但其中有一个主要黑子有半影。

D——双极群，两个主要黑子都有半影，其中有一个黑子是简单结构。东西方向延伸小于10°。

E——大的双极群，结构复杂，两个主要黑子都有半影，且其间有些小黑子。东西方向延伸不小于10°。

F——很大的双极群或很复杂的黑子群。东西方向延伸不小于15°。

G——大的双极群，只有几个较大的黑子，而没有小黑子，东西延伸不小于10°。

H——有半影的单极黑子或黑子群，有时也具有复杂结构，直径大于2.5°。

J——有半影的单极黑子或黑子群，直径小于2.5°。

麦金托什黑子分类法　是美国P.S.麦金托什提出的。美国《太阳地球物理资料》月刊20世纪70年代以后关于黑子群的记载一直采用这种分类法。它用并列三个字母分别表示黑子群三种特征：第一个大写字母表示黑子群的类型，采用苏黎世黑子分类法的分类，但做了一些修改，把原先的九类改分为七类，即A、B、C、D、E、F、H。第二个大写字母表示黑子群内最大黑子的半影情况，分为六类，即X、R、S、A、H、K。第三个字母表示黑子群紧密度或相对的黑子分布，分为四类，即X、O、I、C。

磁分类法　现在普遍使用的**美国海尔天文台**的分类法，是G.E.**海尔**等人于1919年根据几千个黑子群每个测点的极性测量提出的。这种分类法把黑子群分为α（单极）、β（双极）、γ（复杂极性）三类，或用字母A、B、R表示。再按黑子极性是对应于本太阳活动周所在半球的前导黑子还是对应于后随黑子，用字母p、f表示，或用字母P、F表示。

AP或αp——单极群，极性为本活动周所在半球的前导黑子的极性。

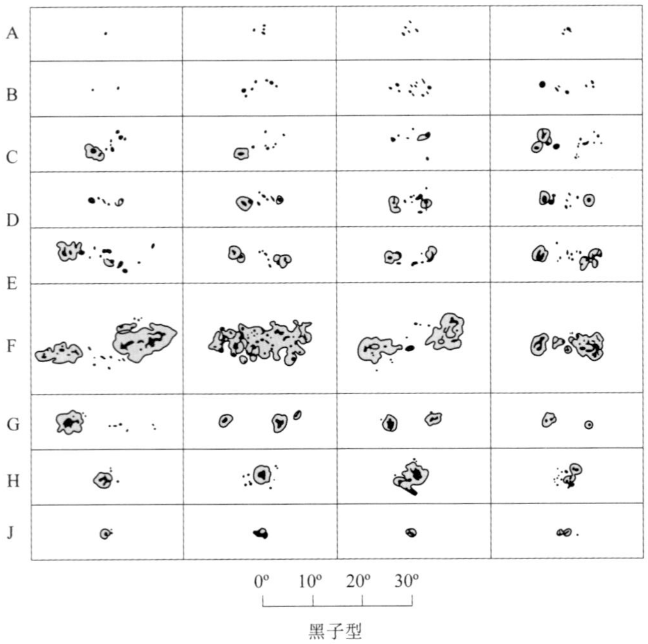

黑子群发展过程的九个类型

AF或αf——单极群，极性为本活动周所在半球的后随黑子的极性。

BP或βp——双极群，前导黑子的极性占优势。

B或β——双极群，前导和后随黑子的极性几乎相等。

BF或βf——双极群，后随黑子的极性占优势。

BR或βγ——具有一般B型特征的双极群，但其中有一个或几个小黑子极性颠倒。

R或γ——极性混杂的复杂群。

D或δ——在同一半影内有彼此相距2°以内的异极性的黑子群。此型是在20世纪60年代初提出的。（邹仪新）

黑子相对数　sunspot relative number　衡量日面上黑子多寡的指数。1848年瑞士苏黎世天文台的R.沃尔夫首先提出用黑子相对数来表示日面可见半球黑子的多寡，因而又称为沃尔夫黑子数或沃尔夫数。其定义为：

$$R = K(10g + f)$$

式中g和f分别为当天观测到的日面上出现的**黑子群**和黑子数目；K为换算因子，规定苏黎世天文台的$K = 1$，其他天文台的K值由其观测结果与同一天苏黎世天文台的K值比对来确定，它随天文台的观测望远镜（口径和焦距）、观测方法（如目视或照相）、观测地点的天气条件（透明度和视宁度），以及观测者的情况（技术、经验和稳定度等）而不同。对于固定的仪器和成熟的观测者，K应接近于常数。黑子群和黑子增多时，日面上其他各种活动现象，如**光斑**、**谱斑**、**日珥**、**暗条**，甚至耀斑和**日冕物质抛射**等发生的概率也会增大，因此黑子相对数可以代表**太阳活动**的总体水平。

经过搜集和整理，基本上不间断的每天黑子相对数记录已可前推到1818年，而黑子相对数的月平均值可前推到1749年，年平均值可前推到1610年。早期的黑子相对数可参阅M.瓦尔德迈尔编著的《1610～1960年的太阳黑子活动》（*The Sunspot Activity in the Year 1610—1960*）。后来由国际天文学联合会（IAU）委托苏黎世天文台汇总许多天文台的观测结果定期发表在《太阳活动季刊》上。中国各天文台观测的黑子相对数早先发表在北京天文台编辑出版的期刊《太阳地球物理资料》中，后来在中国科学院出版的《中国日地物理资料》（CSGD）上。（林元章）

恒星　star　由自身引力维持，靠内部的核聚变而发光的炽热等离子体组成的球状或类球状天体。太阳就是一颗典型的恒星，离地球最近。其次是半人马座**比邻星**，它与地球的距离为4.22光年。**银河系**拥有几千亿颗恒星，但在晴朗无月的夜晚，在远离城市的地球表面用肉眼大约可以看到3000多颗恒星。借助于望远镜，可看到几十万乃至几百万颗以上的恒星。恒星并非不动，因为离地球实在太远，不借助特殊工具和特殊方法，很难发现它们在天球上的位置变化，因此古代人把它们称为恒星。

基本物理参量　描述恒星物理特性的

基本参量有距离、亮度（视星等）、光度（绝对星等）、质量、直径、温度、压力和磁场等。测定恒星距离最基本的方法是三角视差法，先测得地球轨道半长径在恒星处的张角（周年视差），再经过简单的运算，即可求出恒星的距离（见三角视差的测定）。这是测定距离最直接的方法。但对大多数恒星说来，这个张角太小，无法测准。所以测定恒星距离常使用一些间接的方法，如分光视差法、星团视差法、统计视差法以及由造父变星的周光关系确定视差等。这些间接的方法都是以三角视差法为基础的。

星等 恒星的亮度常用星等来表示。恒星越亮，星等数值越小。地球上测出的星等称视星等；归算到离地球10秒差距处的星等称绝对星等。使用对不同波段敏感的检测组件所测得的同一恒星的星等，一般是不相等的。最通用的星等系统之一是U（紫外）、B（蓝）、V（黄）三色系统。B和V分别接近照相星等和目视星等，两者之差就是常用的色指数。太阳的$V = -26.74$，绝对目视星等$M_v = +4.83$，色指数$B - V = 0.63$，$U - B = 0.12$。由色指数可确定色温度。恒星表面的温度一般用有效温度来表示，他等于有相同直径、相同总辐射的绝对黑体的温度。

恒星光谱 有关恒星的知识主要来自能揭示其物质成分、表面温度和运动状态的光谱研究。恒星的光谱能量分布与有效温度有关，由此可定出O、B、A、F、G、K、M等光谱型（也可称为温度型）。温度相同的恒星，体积越大，总辐射流量（即光度）越大，绝对星等越小。恒星的光度级可分为Ⅰ、Ⅱ、Ⅲ、Ⅳ、Ⅴ、Ⅵ、Ⅶ，依次称为超巨星、亮巨星、巨星、亚巨星、主序星（或矮星）、亚矮星、白矮星。太阳的光谱型为G2Ⅴ，颜色偏黄，有效温度约5770K。A0Ⅴ型星的色指数平均为零，温度约 10 000K。恒星大气的有效温度由早O型的几万度到晚M型的几千度，差别很大。见恒星光谱。

直径 恒星的真直径可根据恒星的视直径（角直径）和距离计算出来。常用的干涉仪或月掩星方法可测出小到 0.001″的恒星的角直径，更小的恒星不容易测准，加上测量距离的误差，所以恒星的真直径可靠的不多。根据食双星兼分光双星的轨道资料，也可得出某些恒星直径。有些恒星也可根据绝对星等和有效温度来推算其真直径。用各种方法求出的不同恒星的直径，有的小到几千米，有的大到10^9千米以上。见恒星直径。

质量 多数恒星存在于双星系统中。天文学家根据某些特殊的双星系统能测出恒星的质量。经过多年的观测，又确定了质光关系。一般恒星质量能根据质光关系进行估算。总的说来，各种不同类型恒星模型代表的质量，与能够通过现实恒星精确测量的对应质量是符合的，这可确信建立的模型的正确性。已测出的恒星质量大多介于太阳质量的百分之几到120倍之间，但大多数恒星的质量在0.1～10个太阳质量之间。恒星的密度可根据直径和质量求出，密度的量级介于10^{-9}克/厘米^3（红超巨星）到10^{13}～10^{16}克/厘米^3（中子星）之间。

压力 恒星表面的大气压和电子压可通过光谱分析来确定。中性元素与电离元素谱线的强度比，不仅同温度和元素的丰度有关，也同电子压力密切相关。电子压与气体压之间存在着固定的关系，二者都取决于恒星表面的重力加速度，因而同恒星的光度也有密切的关系。见恒星大气理论。

磁场 根据恒星光谱中谱线的塞曼分裂（见塞曼效应）或一定波段内连续谱的圆偏振情况，可测定恒星的磁场。太阳表面的普遍磁场很弱，仅1×10^{-4}～2×10^{-4}特，有些恒星的磁场则很强，达数特（斯拉）。白矮星和中子星具有更强的磁场。见恒星磁场。

化学组成 与在地面实验室进行光谱分析一样，对恒星的光谱也可进行分析，借以确定恒星大气中形成各种谱线的元素的含量。多年来的实测结果表明，正常恒星大气的化学组成与太阳大气差不多。按质量计算，氢最多，氦次之，其余按含量依次大致是氧、碳、氮、氖、硅、镁、铁、硫等。但也有一部分恒星大气的化学组成与太阳大气不同，如沃尔夫-拉叶星，就有含碳丰富和含氮丰富之分（即有碳序和氮序之分）。金属线星和A型特殊星中，若干金属元素和超铀元素的谱线显得特别强。理论分析表明，演化过程中恒星内部的化学组成会随着热核反应过程的改变而逐渐改变，重元素的含量会越来越多。见恒星化学组成。

物理特性的变化 观测发现，有些恒星的光度、光谱和磁场等物理特性都随时间发生周期的、半规则的或无规则的变化。这种恒星称为变星。变星分为两大类：一类是由于几个天体间的几何位置发生变化而造成的几何变星；另一类是由于恒星自身内部的物理过程而造成的物理变星。随着观测技术的发展和观测波段的扩大，还发现了射电波段有变化的射电变星和X射线辐射流量变化的X射线变星等。

几何变星 最为熟悉的是两个恒星互相绕转，因而发生变光现象的食变星（即食双星）。它们分为大陵五型、天琴座β（渐台二）型和大熊座W型三种。几何变星中还包括椭球变星（因自身为椭球形，亮度的变化是由于自转时观测者所见发光面积的变化而造成的）。

物理变星 按变光的物理机制，主要分为脉动变星和爆发变星两类。

脉动变星 变光原因是恒星在经过漫长的主星序阶段以后（见赫罗图），自身的大气层发生周期性的或非周期性的膨胀和收缩，引起光度的脉动性变化。理论计算表明，脉动周期与恒星密度的平方根成反比，因此那些重复周期为几百乃至几千天的晚型不规则变星、半规则变星和长周期变星都是体积巨大而密度很小的晚型巨星或超巨星。周期在1～50天的经典造父变星和周期在0.05～1.5天的天琴座RR型变星（又称星团变星）是两种最重要的脉动变星。观测表明，造父变星的绝对星等随周期增长而变小（这是与密度和周期的关系相适应的），因而可通过精确测定它们的变光周期来推求它们自身以及它们所在的恒星集团的距离，所以造父变星又有宇宙中的“灯塔”或“量天尺”之称。天琴座RR型变星也有量天尺的作用。

还有一些周期短于0.3天的脉动变星（包括盾牌座δ型变星、船帆座AI型变星和仙王座β型变星等），它们的大气分成若干层，各层都以不同的周期和形式进行脉动，因而其光度变化规律是几种周期变化的叠合，光变曲线的形状变化很大，光变同视向速度曲线的关系也有差异。盾牌座δ型变星和船帆座AI型变星可能是质量较小、密度较大的恒星，仙王座β型变星属于高温巨星或亚巨星一类。

爆发变星 按爆发规模可分为超新星、新星、矮新星、类新星和耀星等几类。超新星的亮度会在很短期间内增大数亿倍，然后在数月到一两年内变得非常暗弱。这是恒星演化到晚期的现象。超新星的外部壳层形成一个逐渐扩大而稀薄的星云（超新星遗迹）；内部则因极度压缩而形成密度非常大的中子星。最著名的银河超新星是1054年在金牛座发现的“天关客星”。可在该处看到著名的蟹状星云，其中心有一颗周期约33毫秒的脉冲星。

新星在可见光波段的光度在几天内会突然增强大约9个星等或更多，然后在若干年内逐渐恢复原状。1975年8月在天鹅座发现的新星是已知的光变幅度最大的一颗。光谱观测表明，新星的气壳以500～2000千米/秒的速度向外膨胀。一般认为，新星爆发只是壳层的爆发，质量损失仅占总质量的1‰左右，因此不足以使恒星发生质变。有些爆发变星会再次作相当规模的爆发，称为**再发新星**。

矮新星和类新星变星的光度变化情况与新星类似，但变幅仅为2～6星等，发亮周期也短得多，大多是双星中的子星之一。因而有人认为，这一类变星的爆发是由双星中某种物质的**吸积**过程引起的。

耀星是一些光度在数秒到数分钟间突然增亮而又很快回复原状的一些很不规则的快变星。它们被认为是一些低温的主序前星。

结构和演化　根据实际观测和光谱分析，恒星大气的基本结构可分为**日冕**、**色球层**，再向内为**光球层**。光球大气吸收更内层高温气体的连续辐射而形成吸收线。历史上曾把高层光球大气称作反变层，而把发射连续谱的高温层称作光球。光球这一层相当厚，其中各个分层均有发射和吸收。光球与反变层不能截然分开。太阳型恒星的光球内，有一个平均约1/10半径或更厚的对流层。在上主星序恒星和下主星序恒星的内部，对流层的位置很不相同。能量传输在光球层内以辐射为主，在对流层内则以对流为主。

对于光球和对流层，常利用根据实测的物理特性和化学组成建立模型进行研究。可从流体静力学平衡和热力学平衡的基本假设出发，建立起若干关系式，用以求解星体不同区域的压力、温度、密度、**不透明度**、产能率和化学组成等。恒星的中心温度可高达数百万度乃至数亿度，在那里进行着不同的产能反应。一般认为恒星是由星云凝缩而成，主星序以前的恒星因温度不够高，不能发生热核反应，只能靠引力收缩来产能。进入主星序之后，中心温度高达700万度以上，开始发生氢聚变成氦的热核反应。这个过程很长，是恒星生命中最长的阶段。氢燃烧完毕后，恒星内部收缩，外部膨胀，演变成表面温度低而体积庞大的**红巨星**。那些内部温度上升到近亿度的恒星，开始发生其他核反应。这些演化过程中恒星的温度和光度按一定规律变化，从而在赫罗图上形成一定的径迹。最后，一部分恒星发生超新星爆炸，气壳飞走，核心压缩成中子星一类的致密星而趋于“死亡”。见**恒星的形成和演化**。

（李宗伟）

恒星磁场　stellar magnetic field　恒星本身和附近空间内存在的磁场。1946年美国人H.W.巴布科克用大望远镜折轴摄谱仪测出，室女座78星的磁场强度约为0.15特。这是除太阳外第一次测得的恒星的磁场。后来又发现了100多颗磁场强度高达几千乃至几万高斯的恒星（太阳表面磁场的普遍强度仅1×10^{-4}～2×10^{-4}特，而地球磁场更弱，约为0.5×10^{-4}特）。所有恒星按理均应存在磁场，但大多数恒星视亮度太暗，表面场强又太小，很难精确测定。把具有强磁场的恒星称作磁星，并将磁场有变化的称作**磁变星**。磁星几乎都是磁变星，且绝大多数是**A型特殊星**（即Ap型星），不仅磁场常有变化，光谱、视向速度和光度也都有相应的变化。另外，磁星的化学成分也具有某些与一般恒星不同的特征。为了解释这一系列性质已提出几种磁星模型。比较成熟的斜转子模型认为，磁星的磁场本身是稳定的，但它的磁轴与自转轴的方向不一致，而且表面化学元素的分布也不均匀，因而磁场和光谱就都有周期性的变化。至于强磁场的来源，一般认为是在恒星形成过程中**星际介质**中的磁场被冻结并保留了下来。对于冻结在等离子体中的磁场，磁场强度与物质密度的2/3次方成正比。**白矮星**的密度很大（10^5～10^7克/厘米^3），它的表面磁场高达10～10^4特。这时不仅其谱线会因**塞曼效应**而分裂成左旋与右旋两种圆偏振子线，甚至连续光谱也会被分解出左旋与右旋两种圆偏振成分，因而可用来测定磁场的强度。**中子星**的密度比白矮星高得多，磁场也应该强得多（约达10^8特），20世纪70年代测得武仙座X-1的硬X射线谱线是走向验证这一理论的重要一步。普通恒星的绝大部分物质都处于高温等离子体状态，它们的物态、运动、结构和演化均与磁场有密切关系。在一般恒星（如太阳）内部，估计磁场高达10～10^3特，强磁场的存在会使恒星产生各种**非热辐射**，甚至是爆发性的辐射（如宇宙X射线爆发、宇宙γ射线爆发等）。强磁场还会产生不可忽视的磁压力。因此，磁场对恒星的辐射、内部结构及其形成和演化都有巨大影响。

（李宗伟）

恒星大气　stellar atmosphere　能被直接观测到的**恒星表面层**。按物理性质的不同，恒星大气可以分成若干层次。

恒星大气层次　光球　大气底层密度最大的部分。它的厚度同星球半径相比一般是很小的（如太阳半径为69.6万千米，它的**光球**仅厚几百千米），但恒星的全部光学辐射几乎都是从此发出的。通常观测到的恒星吸收谱（连续谱加吸收线），基本上就是光球光谱，而恒星的亮度也基本上决定于光球的亮度。人们见到的太阳圆面，就是光球。过去认为，光球是产生连续谱的区域，而吸收线则是由光球之外的所谓反变层对光球辐射进行选择吸收所形成的。这种把产生连续谱和产生吸收线的区域截然分开的看法，很快就被放弃了。实际情况是，光球的各个部分都产生连续谱，但其温度较低的外层却同时对内层的辐射产生吸收作用，从而形成了吸收线。产生不同化学元素的吸收线的大气深度是不同的，因此，产生吸收线的层在光球中并无确切的边界。人们虽然不能像看太阳那样直接看到其他恒星的光球圆面，但根据恒星吸收谱的形态可以断定，光球是每个恒星的大气中必然存在的层次。

色球　光球的外面是**色球**。太阳的色球可在**日食**时或在某些单色光中进行观测，它的厚度约2000千米，基本透明，对光球辐射的吸收很弱（只有最强的一些吸收线的线心部分可能是在色球中产生的）。太阳色球发出的可见光很少，它主要发出一些发射线。其他恒星的色球，一般无法单独观测到，因为人们观测到的恒星辐射是整个大气的混合辐射，其中占压倒优势的光球辐射往往掩盖了其他部分的辐射。只有在晚型星光谱中，电离钙的H和K吸收线中有时出现发射成分，可以比较肯定地认为它们来自这些恒星的色球。不过，人们还是发现了几个很特别的恒星，从而获得较详细地研究晚型**超巨星**色球的可能性：这就是由一个晚型超巨星和一个半径小得多的早型星组成的**食双星**系统，其中最著名的有御夫座ζ、天鹅座31、天鹅座32和仙王座VV等星。在这些食双星中，早型子星半径一般只有晚型超巨星半径的百分之几。早型子星在被食之前和被食之后，将两次从晚型超巨星大气后面经过，这时观测者看到的早型子星的光，将依次通过晚型超巨星色球不同高度的各层，而受到色球物质的吸收。对不同高度的色球层所产生的吸收线进行研究，就能获得有关晚型超巨星色球物质的物理状态的信息。对元素的高次电离发射线和HeI10830埃线等现象的研究，确认存在色球的恒星在**赫罗图**上分布甚广。其中有的如**大角**、**五车二**等还是活动色球星，它们的色球活动比太阳强得多。已单个建立理论色球模型的恒星也正在日益增多。

星冕　观测太阳时，在色球之外还能看到**日冕**。日冕延伸范围可达数百万千米甚至更远，但在光学辐射中的作用却很小。一般情况下，日冕完全淹没在光球辐射之中，只有在日全食时或通过特殊的**日冕仪**才能观测到它。其他恒星的星冕，主要根据紫外线和X射线的观测研究来确定。高能天文台2号卫星已测到100个以上恒星的X射线，通过分析认为主要来自它们的星冕。这些恒星在赫罗图上分布甚广，除

M型巨星，G、K、M型超巨星外，还有其他类型恒星（包括**白矮星**），典型的例子有五车二、参宿二等。

恒星包层　典型的恒星光谱是带有吸收线的连续谱。具有这种光谱的恒星大气，其厚度比星体半径小得多。但有少数恒星的大气厚度与星体半径差不多或甚至更大。这种大气称为恒星包层或延伸大气。延伸大气的光谱中除吸收线外，往往还有发射线，这是大气较外层的稀薄气体发出的。如果发射很强，发射线甚至可能把吸收线淹没。沿观测者视线方向直接投影到星面上的那一部分大气很像一个吸收管，当延伸大气中的物质足够多时，吸收管中的物质能在恒星光谱中造成附加的吸收线，这些吸收线的激发度低于大气内层吸收线的激发度。一些早型星如O、B型发射星（见**恒星光谱**、**沃尔夫-拉叶星**），以及其他一些恒星，都有这种延伸大气。

化学成分　通过恒星光谱中谱线的研究，可以测定恒星大气的化学成分。研究得最多的是太阳及其附近的星。结果表明，星族Ⅰ恒星大气中**元素的丰度**与太阳的基本相同，这称为正常丰度，其数值列于表中（按几个元素族列出，并取氢的值为100）。

正常丰度的数值

元素	按原子数	按质量
氢	100	100
氦	8.5	34
碳、氮、氧、氖	0.116	1.75
金属等	0.014	0.50

上表说明，氢占绝对优势，而金属含量甚微。**亚矮星**、高速星以及**球状星团**等星族Ⅱ成员，其金属含量更低，大约比正常丰度还要小两个数量级。不同星族之间化学成分的差异，对于研究恒星的演化具有十分重要的意义。（黄　磷）

恒星大气理论　theory of stellar atmosphere　主要通过对**恒星光谱**的解释来研究**恒星大气**的结构、物理过程和化学组成的理论，是**天体物理学**的重要组成部分。恒星上能被直接观测到的表面层称为恒星大气。太阳是一颗典型的恒星，而且是距离地球最近的、可对其表面不同区域的光谱进行详细观测和分析的唯一恒星。因此常以**太阳大气**的研究作为恒星大气研究的基础。对于非常遥远的恒星，没有空间分辨率，观测到的只是来自半球的积分辐射。包括太阳在内的正常恒星其辐射功率基本上集中在可见光和近红外波段。光谱的主要特征是在连续光谱的背景上叠置许多吸收谱线。对连续谱和吸收谱线的观测与理论分析可获得关于恒星大气的知识，不过各有不同的分析方法和适用范围。

连续光谱研究　太阳和恒星的连续光谱是在它们的低层大气——**光球**产生的。为了从观测到的太阳连续谱中获得光球的知识，必须先从理论上建立太阳连续谱辐射强度随波长的变化关系（又称为连续能谱分布），以及从日面中心至日面边缘的光谱变化与光球中各种物理参数随深度变化的关系。光球中能量是以辐射的方式传输的。辐射在从内部向外部传输过程中不断与光球物质相互作用，也就是经历了不断地吸收与再发射，直至由光球表面向外辐射。研究这种物质对辐射的吸收和再发射过程，就可建立上述关系，为此通常假定：

①太阳和恒星大气是球对称的，大气中各种物理参数仅为深度的函数。同时，它们的辐射是稳定的，不随时间变化。

②太阳和恒星的光球层处于**局部热动平衡**状态。所谓局部热动平衡就是假设光球内任一小体元中局部满足热动平衡状态，也即小体元中粒子的速度分布、原子的能级分布和光子的能量分布分别由麦克斯韦分布、萨哈方程和玻尔兹曼方程以及普朗克函数确定。小体元中温度是唯一的，但温度是空间位置的函数，在球对称假定下仅是深度的函数。

在上述假定下可推导出太阳和恒星大气中辐射场经历吸收与发射后辐射强度变化所遵循的方程式，通常称为辐射转移方程，其形式为：

$$\cos\theta\frac{\mathrm{d}I_\lambda(\tau_\lambda,\theta)}{\mathrm{d}\tau_\lambda}=I_\lambda(\tau_\lambda,\theta)-S_\lambda$$

式中θ为辐射方向对恒星径向的偏离角；τ_λ为波长λ处的光学厚度，其微分定义为$\mathrm{d}\tau_\lambda=-\kappa_\lambda\rho\,\mathrm{d}r$，其中$\rho$为大气密度，$\mathrm{d}r$为径向的路程微分，$\kappa_\lambda$为波长$\lambda$处单位质量大气的吸收系数。$I_\lambda(\tau_\lambda,\theta)$就是在波长为$\lambda$、光学厚度为$\tau_\lambda$和对径向偏离角为$\theta$的方向上的辐射强度。而$S_\lambda=j_\lambda/\kappa_\lambda$称为源函数，其中$j_\lambda$和$\kappa_\lambda$分别为单位质量大气的发射系数和吸收系数，可见源函数就是物质发射与吸收的比值。吸收系数κ_λ依赖恒星大气的吸收机制，而源函数S_λ既与大气的吸收机制有关也与大气的发射机制有关，因此它们都包含着恒星大气结构和物理过程的信息。

恒星大气的发射机制主要包括原子从高能级向低能级的跃迁（束缚-束缚跃迁）、原子的复合（自由-束缚跃迁）、电离原子的自由-自由跃迁等。恒星大气的吸收可分为真吸收和散射两种形式。真吸收是指原子吸收光子后将其转化为内能或动能，不再沿逆过程发射光子，如光致电离导致原子的束缚-自由跃迁和电离原子的自由-自由跃迁。散射则只涉及光子方向的变化或波长的微小变化。光子波长不变而只改变光子方向的散射称为相干散射，如原子从某方向吸收一个光子跃迁到高能级，而后重新跃迁至原先的低能级，并向其他方向发射同一波长的光子。电子对光子的汤姆孙散射，也是相干散射。涉及光子波长变化的散射，则称为非相干散射。如原子的能级有很大的展宽，那么发射光子的波长与吸收光子相比可能有所改变。但两种散射都将导致在入射方向上和一定波长处的辐射减弱，因此表现为吸收。

求解辐射转移方程，可得到从太阳或恒星表面向外的辐射强度表示式：$I_\lambda(\theta)=\int_0^\infty S_\lambda e^{-\tau_\lambda\sec\theta}\mathrm{d}\tau_\lambda\sec\theta$。因此，只有知道源函数$S_\lambda$的具体形式和某些假定之后，才能具体计算出太阳和恒星表面的辐射强度$I_\lambda(\theta)$。实际上太阳表面任一点与日轮中心点在太阳球心的张角就是θ。因此对某一确定的波长λ，$I_\lambda(\theta)$表示在此波长处太阳表面辐射强度从日轮中心向日轮边缘的变化。实测结果和理论计算均表明，在可见光和近红外波段，$I_\lambda(\theta)$从日轮中心($\theta=0$)向日轮边缘($\theta=90°$)过渡时，$I_\lambda(\theta)$逐渐变小。在日轮中心附近减小不太明显，但到日轮边缘附近$I_\lambda(\theta)$迅速下降。故在可见光和近红外波段拍摄的太阳照片上可看到太阳边缘明显变暗，这一现象称为太阳的**临边昏暗**。理论分析表明，日轮中心附近的辐射主要来自光球低层，那里温度较高，辐射较强，显得较亮；而日轮边缘附近的辐射来自光球上层，该处温度较低，辐射较弱，显得较暗。因此太阳临边昏暗现象是光球温度随高度下降的直接反映。另一方面，对于日轮上任一固定测点（θ确定），$I_\lambda(\theta)$表示该处辐射强度随波长的变化，就是连续光谱的能量分布。而对于遥远的不可分辨的恒星来说，观测到的是辐射$I_\lambda(\theta)$在整个半球表面的积分，相当于辐射流。因此，通过实测得到的太阳表面的连续能谱分布及其临边昏暗规律，与通过某些假定和源函数S_λ的具体分布后求解辐射转移方程得到的理论$I_\lambda(\theta)$值进行比较，可探求太阳大气中各种物理参数如温度、压力、密度和电离度等随深度的变化，亦即建立太阳或恒星的大气模型。

吸收谱线研究　正常恒星的连续光谱上叠加了许多暗黑的谱线，称为吸收线。吸收线中的辐射强度并非为零，但比附近连续光谱的辐射弱，在分光图像中显得暗黑。不同吸收线有不同的强度和宽度。吸收线的中心波长对应相应原子和离子的能级跃迁。恒星光谱中存在离散的吸收谱线的事实表明，恒星大气除了能对辐射产生连续吸收以外，还存在与束缚态能级跃迁相对应的在特定波长处的选择吸收。虽然吸收线所涉及的辐射能量在恒星大气的能量平衡中作用不大，然而吸收线往往可提供更为详尽的恒星大气的物理状态和化学成分的信息。吸收线中辐射强度随波长的变化（称为**谱线轮廓**）和整条谱线的总强度（称为**谱线等值宽度**）是重要的观测数据。研究太阳和恒星光谱中吸收线的轮廓与等值宽度，可推测吸收线形成区中温度、密度、压力、物质运动速度甚至磁场分布等物理量的分布。与对连续谱的研究相比，对谱线的研究在观测上和理论上遇到的困难更多。观测方面必须得到具有足够高色散和分辨率的光谱资料，因此对观测设备有较高的要求；而在理论上，为了准确地解释观测到的谱线轮廓，在多数场合必须考虑太阳或恒星大气中的不均匀性和动力学特性，有时还需要处理**非局部热动平衡**态问题。

吸收谱线的研究可分为谱线轮廓和生长曲线两种。在谱线轮廓方面，主要是建立适用于谱线范围内的辐射转移方程。为此除了考虑连续吸收系数外，还需要考虑对应谱线的选择吸收系数，并确定谱线特有的源函数。确定选择吸收系数时，必须讨论复杂的谱线加宽机制问题。源函数的确定则涉及局部热动平衡假设或非局部热动平衡态的求解。然后，求解谱线的辐射转移方程，得到理论的吸收谱线轮廓，再与实际观测到的该恒星谱线轮廓相比较，获取关于恒星大气结构和物理过程的知识。

从理论上推导出表征吸收线总强度的谱线等值宽度与产生该谱线的低能级原子数目的关系，称为理论生长曲线。另一方面，利用观测到的多重谱线得到一系列观测谱线等值宽度数据，构成观测生长曲线。把观测生长曲线与理论生长曲线进行比较，就可推测出恒星大气的化学组成、原子的**激发温度**、热运动速度、湍流速度和阻尼常数等。生长曲线方法的优点就是无须利用高色散的光谱观测资料，这一点尤其适用于暗弱恒星光谱的分析。

少数恒星光谱中除了吸收线外，还存在发射谱线，有些恒星甚至以发射线为其主要的光谱特征。发射线一般是由离星体较远处的稀薄气体，即星周气体产生的，而星周气体往往是由星体抛射出去的。发射谱线的强度和轮廓与星周气体的大小、形状、密度和运动方式等密切相关。因此对恒星发射线的观测和研究可获得关于星周气体结构与物理过程的信息。恒星发射线的研究也是恒星大气理论研究中的一个重要课题，其研究方法与吸收谱线的研究有些类似。（林元章）

恒星的空间运动 space motion of star 恒星在太空中相对于太阳的运动。恒星并非恒定不动，只是距离太远，位置变化很慢，短期内难于察觉。古代人以为恒星固定不动，因此把它们称为“恒”星。1718 年，**E.哈雷**把他测定的大角星和天狼星的位置同**托勒密**的观测结果进行对比，发现它们的位置经过 1500 年有了明显的位移，从而确定恒星在运动。

恒星空间运动的方向是多种多样的，为了研究方便，常把恒星的空间速度v分为互相垂直的两个分量——切向速度v_τ和视向速度v_r，它们都以千米/秒为单位。如果恒星在离开太阳，v_r取正值；如果恒星在接近太阳，v_r取负值。空间速度、切向速度和视向速度在数值上的关系为：$v^2 = v_\tau^2 + v_r^2$。太阳附近恒星的空间运动速度约为 50 千米/秒。实际上，太阳也在空间运动着。太阳对邻近恒星的空间运动速度约为 19.7 千米/秒，运动方向指向武仙座中的一点——向点（apex，银经$l = 56°$，银纬$b = 23°$）。恒星运动速度减去太阳运动速度后的速度差，称作恒星的本动速度。

恒星的自行和切向速度　单位时间内恒星在天球切面上走过的距离对观测者所张的角度称**自行**，单位是角秒/年。自行由扣除**岁差**和**章动**后的赤经年变（赤经自行）和赤纬年变（赤纬自行）组成。恒星的自行最大者为蛇夫座的**巴纳德星**，自行达 10.31 角秒/年。如果已知恒星的距离，就可由自行求得恒星垂直于视线方向的线速度——恒星的切向速度。恒星的自行虽然容易求得，但距离却很难测定，因此恒星的切向速度很难求准，只有近距恒星的数据比较准确。

恒星的视向速度　恒星在单位时间内沿视线方向移动的距离称视向速度，单位是千米/秒。可由恒星光谱线的多普勒位移来确定，谱线向红端移动（即红移）时为正，这时恒星远离我们而去。实测的数值必须改正**地球自转**和公转的影响，归算成相对于太阳中心的数值。恒星的视向速度大多介于±20 千米/秒之间。晚型星的视向速度一般大于早型星，**矮星**的大于**巨星**的，光谱中有发射线的大于同光谱型无发射线的。速度超出±100 千米/秒范围的恒星称高速星，已测得视向速度最大的恒星是 CD-292277（543 千米/秒）和武仙座 VX 星（−405 千米/秒）。测量视向速度往往采用结构复杂和价格昂贵的大望远镜折轴摄谱仪或**物端棱镜**，进展很慢。但由于这种测量与恒星的距离没有直接关系，因而通常比切向速度精确。（李宗伟）

恒星的形成和演化 formation and evolution of star 研究恒星在何处及如何形成的理论，以及研究恒星形成后其结构和化学组成如何随时间变化以及在赫罗图上的演化程，找出不同类型恒星之间存在的演化序列，描绘恒星从形成到死亡的全过程。

恒星的形成　形成恒星的星云　一般认为，**恒星**是由低密度的**星际介质**凝缩而成的。1955 年，苏联天文学家 **V.A.阿姆巴楚米扬**提出相反的看法，认为恒星是由高密度的星前物质形成的，但他没有说明形成的过程，大多数天文学家不接受这种看法。

银河系星际物质的密度为 10^{-24}～10^{-23} 克/厘米^3 量级。其化学成分还不能完全确定，一般认为和年轻恒星的成分相同，即氢、氦和其他元素的质量组成的比例约为 0.71∶0.27∶0.02，其他元素按所占比例依次为：氧、碳、氮、氖、硅、镁、铁、硫、氩、铝、钙、钠等。星际物质往往凝聚成团块，称作**星云**。星云可分为两类：第一类，氢已完全电离，它的温度在 10^4K 左右，称作电离氢云；另一类，氢并未电离，温度在 100K 以下，称作中性氢云。温度低有利于凝聚，所以凝聚成恒星的星云都是中性氢云。在这类星云中，尘埃所占比重约小于 2%。星云质量可从几十个太阳质量到一万多个$M_\odot$，密度比星际物质约高一个量级。

分析表明，若星云的温度在 100K 左右，密度为 10^{-23}～10^{-22} 克/厘米^3，即 10～10^2 个氢原子/厘米^3，星云的质量至少需要达到 10^3～$10^4M_\odot$的量级才能收缩。由观测得知，**恒星质量**大多在 0.1～$10M_\odot$范围，平均密度大多在 10^{-13}～10 克/厘米^{3}范围，如太阳的平均密度为 1.41 克/厘米^3。所以星云形成恒星，除了凝聚之外，还要经历一个碎裂的过程。各种学说都企图论证这个过程，但还没有一致的看法。不过，从观测得知，存在着质量在 0.5～$10^4M_\odot$、密度在 10^{-23}～10^{-10}克/厘米^3 的各种星云，这些星云有不同程度的凝聚现象。因此可以假定，恒星形成的时候，大自然中原存在着质量为 0.5～$20M_\odot$的球状星云，这种星云具有一般中性氢云的温度 10～100K，并且有足够高的密度（如不小于 10^{-19}克/厘米^3）使星云收缩成为恒星。

星云的快收缩过程　从星云凝聚为恒星，半径缩小到约百万分之一，平均密度增加 10^{16} 倍以上，这是一个快收缩过程，属于动态问题。关于快收缩问题的研究成果不多，分歧较大。一般认为，在收缩过程中，由热运动形成的向外压力远远抵不住向内引力，物质急速内聚，中心密度增高更快。起初星云密度稀薄，物质是透明的，收缩所产生的热量无阻挡地向外散逸。当中心密度达到 10^{-13} 克/厘米^3 时，中心部分逐渐变得不透明，热量就不易外逸，致使温度增加。当中心部分温度达到 2000K 时，氢分子开始成为原子，吸收大量热量，使压力骤降，抵不住引力，因而中心崩陷为体积更小、密度更大的内核。外围形成一股强大的**星风**，速度达几百千米/秒。对大质量恒星来说，辐射压的向外作用力或许更为重要。这种作用力不仅足以阻止星云外围物质进一步落向中心，而且还会把它们驱散。散逸可能是不对称、不均匀的，因而来自中心的辐射就能穿过那些较稀薄的裂缝而形成一些亮条，这就是**赫比格-阿罗天体**即 HH 天体的情况。全部的**星周物质**在 10^4～10^5 年内逐渐消失，恒星才渐渐露出面目，而为人们所见。其亮度自然是逐渐上升的。有人认为，这可能就是**猎户座 FU 型变星**的情况，这一类型的恒星会在数百天内逐渐变亮，亮度增加 100 倍以上。

星云的慢收缩过程——原恒星阶段 星云快收缩过程的终了，就是慢收缩过程的开始。在慢收缩过程中，星云内每小块物质所受到的向内的引力几乎和向外的压力相等，形成所谓准流体平衡状态。收缩增加内部热量，其中部分热量辐射到星云外部；部分热量使内部，尤其是中心部分的温度上升。等到中心温度升到 700 万度以上，氢聚变为氦的热核反应所产生的热量足以和向外辐射的热量相当时，星云便不再收缩，达到流体平衡状态，成为一颗正常的恒星，叫**主序星**。处于从星云过渡到主序星前慢收缩阶段的天体叫**原恒星**。**金牛座 T 型变星**、H-H 发射线星可能正是处在这个阶段。

对原恒星的演化研究较多，结果也较明确，而且易于用天文观测来验证。观测恒星可以测到它的亮度和颜色。如知道距离，还可以求得它的光度，经过转换，从颜色也可求得恒星的表面温度。根据这些资料可以确定恒星在赫罗图的位置。

图 1 表示赫罗图上星族 I 原恒星演化到主序星的演化程。图中纵坐标为恒星光度 L 的对数，以太阳光度为单位；横坐标为恒星表面温度 T_e 的对数；斜虚线为等半径线，以太阳半径为单位。曲线 $C_1C_2C_3$ 代表不同质量主序星所在的位置，称作主星序。$A_1B_1C_1$、$A_2B_2C_2$ 和 $A_3B_3C_3$ 分别代表质

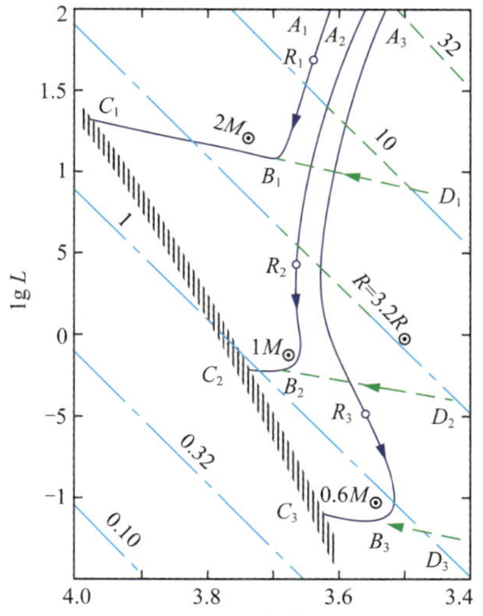

图 1 星族 I 原恒星收缩演化过程

量为 $2M_\odot$、$1M_\odot$ 和 $0.6M_\odot$ 的原恒星顺着箭头向主星序演变的途径，称作演化程。各演化程上的 R_1、R_2 和 R_3 点表示原恒星内部结构开始变迁的位置。在 A_1R_1、A_2R_2 和 A_3R_3 演化程上，整个原恒星内部的物质处于对流状态；到达 R_1、R_2 和 R_3 点后，原恒星中心部分的物质开始出现辐射平衡状态。到转弯处 B_1、B_2 和 B_3，仅中心部分那一半的质量处于辐射平衡状态。

20 世纪 60 年代前，人们认为原恒星阶段处于辐射平衡，据此算得恒星的演化程大致由图 1 中的 $D_1B_1C_1$、$D_2B_2C_2$ 和 $D_3B_3C_3$ 来代表。日本天文学家林忠四郎在研究**红巨星**模型的启发下，通过理论分析得出，原恒星的准平衡态在赫罗图上只能存在于一定范围内。这个范围取决于原恒星的质量，即对于质量为 $2M_\odot$、$1M_\odot$ 和 $0.6M_\odot$ 的原恒星，准平衡态模型只能分别在 A_1B_1、A_2B_2 和 A_3B_3 的左方。这个理论为较多人所接受，并且把 $A_1B_1C_1$、$A_2B_2C_2$ 和 $A_3B_3C_3$ 等曲线称为林忠四郎演化程。

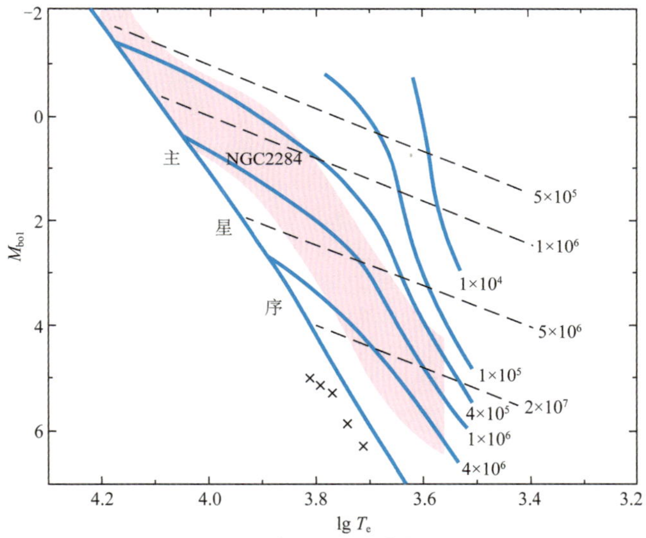

图 2 主星序的恒星的等年龄轨迹

年轻星团的赫罗图可以用来检验原恒星演化过程的理论。**星团**中的许多恒星起源于同一个巨大星云，大致在同一时期形成，具有相近的年龄。图 2 中，画有林忠四郎演化程的等年龄线（实线）和全辐射演化程的等年龄线（虚线），M_{bol} 为恒星的绝对热星等，X 号为星团个别星的位置。把观测到的年轻星团 NGC2264 的星画在图上（粉色区域），可以清楚地看到星团 NGC2264 的年龄很符合林忠四郎演化程的理论，即星团的年龄是 4×10^5～4×10^6 年。图 2 还说明不同质量的原恒星到达主星序的快慢。质量大的原恒星，光度大，演化快，到达主星序的时间较短；质量小的原恒星，光度小，演化慢，到达主星序需要较长的时间。因此，这年轻星团上段的星已到达主星序，而下段的星还未到达，尚位于主星序的上方。另外两个年轻星团 NGC6530 和猎户座星团的赫罗图也出现相同的情形。

图 2 中，NGC2264 星团有几颗星落在主星序的下方，按上面的理论是无法解释的。有的天文学家认为这几颗星实际上要亮得多，只是有厚的气体和尘埃层才使它们变暗。后来，用不受尘埃影响的氢吸收线轮廓来确定光度，果然亮得多，这就符合上述假说。

此外，**恒星大气**中锂的含量的观测结果也有利于原恒星全对流的理论。从光谱观测得到的金牛座 T 型星大气中锂相对于金属丰度的比值约为**太阳大气**中的 100 倍，与地球和**陨石**上的比值相当。这是因为金牛座 T 型星处在全对流阶段，中心温度低于 10^6K，还不足以引起锂和质子的核反应。而在太阳内部，它的对流层下部温度高达 3×10^6K，足以发生上述核反应而使锂的丰度下降。

恒星的演化 恒星演化的一般理论图 3 是不同质量恒星在赫罗图上的演化过程，L 为恒星光度（以太阳光度 $L_\odot$ 为单位）。图中不同质量恒星的演化程是根据**恒星内部结构理论**推算出来的。这项理论主要是以流体静力平衡和热核反应供给能量为基

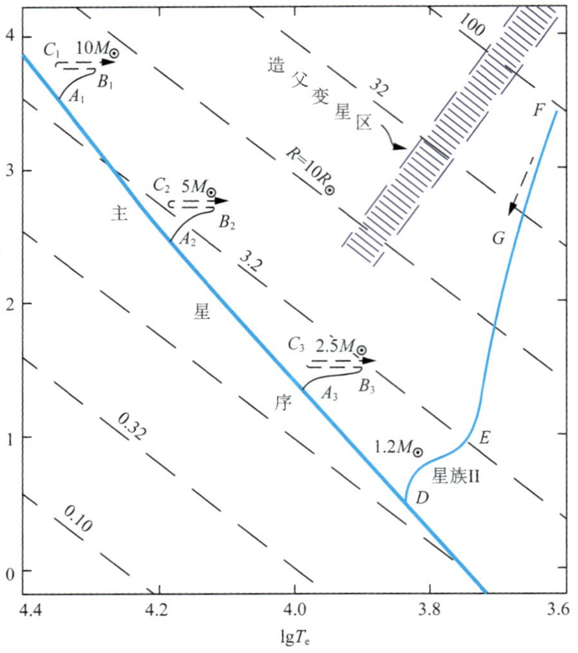

图3 不同质量恒星在赫罗图上的演化过程

础的。在流体静力平衡的条件下，一般恒星的中心温度和恒星质量成正比。如太阳的中心温度为1500万度左右，在这样的高温下，能产生热核反应，保证能量来源。**A.爱因斯坦**在20世纪初提出质量和能量之间的关系，直到30年代末，**H.A.贝特**和C.F.von **魏茨泽克**才根据核反应的实验数据和热核反应的机理，提出氢聚变为氦的碳氮循环的热核反应来说明恒星的巨大能量来源。40年代**M.史瓦西**首先把碳氮循环应用到太阳内部结构的计算中，获得太阳内部温度、密度和压力的分布以及氢、氦成分并得出太阳的年龄，从此开始进行主星序上不同质量恒星的结构和演化的计算工作（按现有理论，太阳应以质子-质子反应为主）。

恒星停留在主星序阶段的时间是可以计算的。关于恒星内部结构的理论指出，在恒星中心部分氢聚变为氦的过程中，当氦的质量约占恒星总质量的12%时，恒星的结构就发生明显变化，开始离开主星序，如图3所示。另一方面，主星序上的恒星存在一项**质光关系**，即它的光度和质量的3.5次方成正比。因此，大质量恒星的氢的消耗快得多。在很短的时期内，中心部分氦的质量就达到恒星总质量的12%，因而停留在主星序的时间比小质量星远为短促。所以高光度、大质量的O、B型星（见**恒星光谱**）停留在主星序上只有几百万年、几千万年，而低光度、小质量的M、K型星停留在主星序上可以达几千亿年、几万亿年之久。太阳应停留在主星序阶段约100亿年，到目前已停留了50亿年左右。

在赫罗图上恒星脱离主星序向右演化，因质量不同而经历不同的演化程。图3中除标出光度和温度外，还有等半径线即虚斜线，一颗星在这图上自左向右演化，表示它的表面温度在降低，半径在增大。从图3可知，2.5、5.0和10$M_\odot$的恒星的演化程，除了光度不同外，基本上是类似的。上述恒星中心的温度都在2000万度以上，适宜进行碳氮循环的氢聚变为氦的热核反应。这项反应的速率和温度18次方（T^{18}）成正比，产能高，因而温度梯度大，使中心部分形成对流核心，将物质搅混。由于热核反应，对流核心的氢含量逐渐减少，对流核外的氢含量保持不变。这种不均匀性的发展，促使恒星的结构逐渐发生变化，恒星的光度和半径逐渐增加，如图3中A_1B_1、A_2B_2和A_3B_3所表现的那样。

恒星中心对流核的氢含量消耗到只有1%～2%时，由于热核反应的能量供应不足，恒星整体就开始收缩，如图3中B_1C_1、B_2C_2和B_3C_3所示。收缩使温度增高，终于使紧贴对流核心外面的薄层开始氢聚变为氦的热核反应，供给能量。这时外层温度增高，使星体膨胀起来，表现于图3中为自C_1、C_2和C_3向右演化。质量大于10$M_\odot$的恒星向右演化的过程中，中心温度超过1亿摄氏度，可以引起三个氦核聚变成碳核的热核反应。质量小于10$M_\odot$的恒星要演变到红巨星顶端、光度最大、中心温度达1亿摄氏度时，才能发生这种反应。

质量小于1.5$M_\odot$的恒星在赫罗图上的演化程表现出截然不同的情形，如图3中$DEFG$所描绘的那样。这是一个质量为1.2$M_\odot$星族Ⅱ的恒星演化程。质量小的恒星，中心温度低，密度大，电子成为简并态，足以抵御外部压力，因而中心部分的收缩不像大质量恒星那样厉害。再者，由于中心温度只有1000多万摄氏度，在氢聚变成氦的热核反应中，质子-质子反应取代碳氮循环，成为恒星能量的主要来源。质子-质子反应和温度的较低次方（$T^{3.5}$）成正比，所形成的温度梯度较低，不足以产生对流核心。此外，小质量恒星的另一特征是：表面温度低，邻近表面区的**不透明度**大，温度梯度增大，使对流层厚度往往超过半径的一半。对流层传热快，使恒星光度逐渐增大。这一系列内部结构的变化，表现在恒星的光度和表面温度上，如图3中DEF所示。演化到达红巨星支的顶点F时，中心温度高过1亿摄氏度，三个氦核聚变为碳核的热核反应成为可能，氦突然燃烧，发生“氦闪耀”现象。此时，产生大量热量，温度更加升高，终于使中心部分的电子简并态回到非简并态，然后内部膨胀、吸热，产生“热逃逸”现象，光度骤减，使星点在赫罗图上很快从F向G下落，而中心氦核球开始稳定地燃烧。

在赫罗图上大质量恒星向右演变到红巨星之后的演化，和小质量恒星自F点下落到G后的演化的问题，20世纪60年代以来应用大型电子计算机进行研究，并得到一些很有意义的结果。大体说来，质量大的恒星，像5$M_\odot$、7$M_\odot$和9$M_\odot$恒星的演化程是从右方（即红巨星）向左移，在离主星序不同距离处，又沿不同演化程回到右方，这样可以来回几次，但并不重复上次的演化程。它们来回移动时跨过赫罗图上主星序和红巨星支之间的一条不稳定区狭带，如图3所示。这条狭带就是**造父变星**的区域。有意义的是在计算恒星演化中，恒星进入这区域就表现出脉动不稳定性。这样就把恒星内部结构的变化同恒星表面的脉动不稳定性密切联系起来。至于小质量的恒星，像星族Ⅱ的1.2$M_\odot$恒星的演化程，从G点下方向左行动，在到达主星序前，又折回向右，绕行一个很扁的水平圈。这水平圈的轨迹对应于由星族Ⅱ恒星所组成的**球状星团**赫罗图中有特征性的水平支。水平支上的不稳定区域是**天琴座RR型变星**的位置，它的宽度$\Delta\lg T_e$约为0.06。细致的计算表明，不稳定区域蓝边的位置是和恒星的氢氦含量密切相关的，所以把水平支上最蓝变星的性质和不同氢氦含量的理论蓝边做比较，就可以估计出恒星大气中的氦含量。在好几个球状星团中，变星的光变周期P（单位“天”）的对数$\lg P$为-0.60～-0.55，它们的蓝边温度T_e的对数约为3.87，由此导出的氦丰度为25%左右。这项从星族Ⅱ恒星演化理论所得的值同从变星的脉动理论、电离氢区的观测以及**大爆炸宇宙学**方法所得的值（22%～24%）基本上一致。

星团赫罗图和星场赫罗图同演化理论的比较 同一个星团内的恒星离地球的距

离可以认为都是相同的，因此它们的亮度差等于它们本身的光度差。此外，还可以认为同一个星团内的恒星差不多都是同时期形成的。小质量的恒星收缩时间长，到达主星序的时间迟；到达后，停留的时间长。所以年轻星团的星，亮星已演化到主星序上，而暗星还未到达主星序，落在主星序的上方，NGC2264 即其一例。年老的星团，恰恰相反，暗星还停留在主星序上，而主星序上段已找不到亮星，即使找到，也是已弯向右方成为脱离主星序的星了。星团年龄愈老，弯向右方愈甚，刚刚弯离主星序那点的星的光度愈暗。把各种不同年龄星团的未偏离主星序的一段连接成一个完整主星序，其中最年轻的星团 NGC2362 在顶端，最年老的星团 M67 在最下段（图 4）。图中M_V是绝对目视星等，太阳的值是+4.83；B-V是**色指数**；中空线条是星族Ⅱ球状星团的**巨星**支；H + P 是**毕星团和鬼星团**。有了这幅完整的主星序赫罗图作为标准，只要把任何依据新观测到的星团资料编成的赫罗图同它做比较，确定哪点弯离主星序，就可以定出它的年龄和恒星的本身光度。图 4 右面所标的年龄是相应光度的恒星停留在主星序上的时间，例如绝对星等为−4 等的星为 6.5×10^6 年，绝对星等为+4 等的星为 6.7×10^9 年，这二者也就分别是英仙座 $h+\chi$ 星团和 M67 星团的年龄，因为它们分别在绝对星等−4 和+4 处弯向右方。根据恒星本身的光度和视亮度就可以定出这个星团的距离。由此定出的距离误差不大，这是测定星团距离的重要方法之一。

对于场星，即非星团星，用上述的恒星演化学说来说明观测到的现象也很成功。以照相星等亮于 8.5 星等的 6700 颗恒星的赫罗图（见**赫罗图**图 2）为例，此图虽然受到选择作用的影响，有利于光度大的星，但在图上主要的特征（如主星序和红巨星支）还能清楚地显示出来。在图上绝大部分的星都落在主星序上，表示恒星在这阶段演变最慢。恒星脱离主星序后很快演变为红巨星，因而出现了主星序与红巨星支之间的赫氏空区。

恒星演化的末态 恒星演化到后期，星体结构愈来愈复杂，变化愈来愈剧烈。随着内部温度的升高，氦、碳、氧等核子先后参与热核反应，这些核子的热核反应属于强作用，不像氢聚变为氦（属于弱作用）那样缓慢进行，而是十分剧烈。这时，平衡态理论不再适用。在恒星演化的不同时期，演变的快慢是非常悬殊的。计算刚刚离开主星序两个相继星型的时间间隔，可以取近亿年，而在红巨星顶端F处，必须取时间间隔为 2 秒来进行计算。恒星的末态，即它们的归宿应该是在赫罗图上主星序的左面。从主星序极右方红巨星或红**超巨星**演变到它们的末态，一般要抛失质量，甚至要像**新星**、**超新星**那样大爆发，然后才演变为**行星状星云**的中心星、**白矮星**或**中子星**。由于星型结构复杂，所取参量和处理方法不同，这类动态的演变过程还缺乏统一的推算结果。对于恒星末态，并不是仔细地一步一步地从演化的过程来寻求，而是从高密物质的平衡态来探讨，即假定恒星内部各种核能已经完全耗尽，正在慢慢冷却，然后根据这种情况计算流体平衡条件下的物质分布情况。理论分析表明，在恒星演化末期将出现三类天体：白矮星、中子星和**黑洞**，具体是哪一类，则视质量而定。质量界限的具体值因所用的物态方程不同而异。

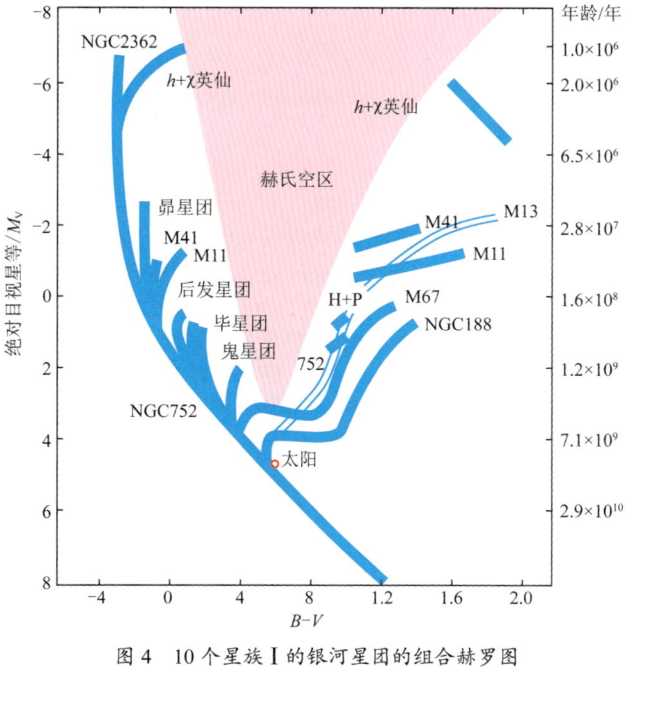

图 4　10 个星族Ⅰ的银河星团的组合赫罗图

白矮星 恒星在核能耗尽后，如它的质量小于 $1.44M_{\odot}$ 就将成为白矮星。没有核能后，它靠引力收缩供能。等收缩到原来半径的几十分之一到百分之一时，中心密度已经很高，电子形成简并态。当电子气体的压力足以抵住引力收缩时，便达到新的平衡。这时恒星不再收缩，只靠它的剩余热量发光，这种星称为白矮星。随着它的余热逐渐消失，表面温度逐渐降低，慢慢成为**红矮星**、黑矮星，就无法观测到了。已观测到并确认为白矮星的恒星只有千余颗。它们的光度很小，不容易观测到，估计它们的数目应相当多，约占恒星总数十分之一。

中子星 恒星在核能耗尽之后，如果它的质量在 $1.44\sim2M_{\odot}$，就会成为中子星。按照平衡态的理论，在形成中子星前，恒星内部是由简并态电子气体和铁核构成的。铁核是经过轻核逐级聚变形成的。随着引力收缩，压力和密度增加，电子的费米能量愈来愈大，终于打进铁核，在其中组成更多中子。等到电子的费米能量超过 25 兆电子伏时，中子就脱离重核的束缚而放射出来，积累成为简并态中子气体。当密度接近核子密度 4×10^{14} 克/厘米^{3}时，几乎绝大部分是中子，电子和质子仅占总数的百分之一、二。这时简并态中子气体的运动顶住引力的压缩，使恒星不再收缩，就成为稳定态的中子星。

不少天文学家认为中子星的形成是超新星爆发的后果，外部的物质爆炸出去，形成星云状物质，内部坍缩，形成中子星。模拟超新星爆发的理论计算，虽然得到一些结果，认为可以形成中子星，但也有一些结果表明，爆炸力量过于巨大，会使整个星体崩溃，不留内部残骸。这类计算，不确定的因数较多，尚没有肯定的看法。重要的是在 1967 年终于发现了中子星，到 2010 年已发现了 2000 颗以上。

黑洞 恒星在核能耗尽后，如质量超过 $2M_{\odot}$，则平衡态不再存在，星体将无限制地收缩。虽然还没有密度大于 10^{15} 克/厘米^3 的物质的实验数据，无法推测星体的具体结构，但根据理论可以推断，星体的半径将愈来愈小，密度将愈来愈大，终于达到临界点，这时它的引力之大足以使一切粒子，包括光子，都不能外逸，因而称为“黑洞”。质量为 $2M_{\odot}$的恒星，如形成黑洞，其半径不超过 5.2 千米。也有人提出质量介于 $2\sim3.2M_{\odot}$间的恒星有可能成为反常中子星或层子星等。

质量抛失在恒星演化中的作用 恒星抛失质量在演化中起着不可忽视的作用。除了新星、超新星的大量抛失质量外，实际上，恒星在不同程度上也不断在抛失质量。不过，一般而论，恒星在主星序阶段抛失的质量是微不足道的，对演化没有多大影响。但在红巨星阶段，它体积庞大，表面引力较小，对流大气中又有上升的气流，质量易于抛失。从观测获知存在不少质量

小于 $1M_{\odot}$的白矮星，就可以证明这点。因为质量小于 $1M_{\odot}$的恒星要经历红巨星阶段而后演化成白矮星,所需时间要比银河系的年龄(约 2×10^{10} 年)还长。这些白矮星可能是从质量较大的恒星演变成的，也就是说它们原来质量大，因而演化也快，经过质量抛失，最终形成白矮星。

在双星中，质量抛失对恒星演化所起的作用较为明显。天狼、南河三和波江座 o^2 都是双星系统,它们都含有一颗白矮星。经长期研究表明，前两个双星中，光度亮的主星的质量比伴星（白矮星）大，且为主序星。因为俘获另一颗恒星的可能性微不足道，所以双星系统中的两颗星应当是同时形成的。质量大的那颗子星，应该演化快，但实际情况恰相反。可能的解释是伴星原来质量大，演化快，随后抛失了质量逐步演变成为白矮星。

密近双星的两颗星靠得近，它们的相互作用,更会大大影响两星的演化过程。计算表明，质量较大的星若是中心部分氢已枯竭，膨胀成红巨星，其质量会流向质量较小的恒星,演化成质量小于 $0.5M_{\odot}$的白矮星。自 1954 年发现武仙座 DQ 新星是双星后，接连发现了好些新星都是双星。假定双星中一个子星是白矮星，它的表面温度高,会吸积伴星流入的氢气，到达一定程度时,就有可能发生热核反应,产生足够的能量,产生爆发而抛掉所吸积的外层物质。然后，又重新吸积伴星的气体，经过同样的过程再次爆发。这是再发新星能够反复爆发的原因，例如蛇夫座 RS 新星在 1898 年、1933 年和 1958 年三度爆发，北冕座 T 在 1866 年和 1946 年两度爆发。

结束语　现代天体物理学最大的成就之一就是基本上说明了恒星演化和元素演化两个重要问题。这两个问题关系十分密切。元素的核综合演化是在恒星内部完成的，可以说是恒星演化的动力。恒星的能源供应以引力收缩和热核反应两种方式交替进行。核能的供应是主要的，占 90%以上。引力收缩主要是使恒星中心温度增高，随着温度的逐步升高，较重核子发生热核反应，逐级聚变形成更重的核子。恒星演化晚期，中心温度达 10^9K 时，带走绝大部分能量的是中微子而不是光子,中微子在超新星爆发中起的作用尤其重要（见中微子天文学）。所以宏观的恒星演化过程和微观的原子核反应息息相关的,也可以说微观的核子反应过程控制着宏观的恒星演化过程。

现代恒星演化学说的成就是巨大的,但由于问题复杂、资料不够完备以及理论过于简单化，还有很多不足之处。对于星云物质的化学成分、尘埃和气体的比例以及尘埃的吸收等数据，了解得不够清楚，甚至缺乏数据。不论星云、原恒星和恒星，它们都有不同的磁场和自转运动，一般说来，磁场和自转都起着抵制收缩的作用。它们和引力效应比较起来,固然处于次要地位，但是却不能忽略不计。值得一提的是近年物理学界提出的太阳的中微子问题。太阳中心部分质子－质子反应所发射的中微子，其观测值低于理论预期值近一个量级，对此还没有令人满意的解释。

（龚树模）

恒星光干涉测量技术　stellar interferometry　把天文望远镜与光干涉技术相结合，以测定恒星角直径、双星角距和恒星的角位置等。在地面大气的影响下，大口径光学望远镜无法获得它应有的极限分辨能力。如果在大望远镜主镜前加上一个开有单个小圆孔的遮罩，圆孔直径小于等于大气湍流宁静单元尺度，在像面上可以获得单个小孔径的衍射极限像（如图 1 左列所示）；如果在主镜前的遮罩上开两个圆孔，像面上呈现的是单孔径的衍射极限像上叠加了一组由双孔径形成的干涉条纹（如图 1 右列所示）。根据光干涉原理，可以得到像面上一个点P（为方便起见，用一维方式表达）的光强度为：

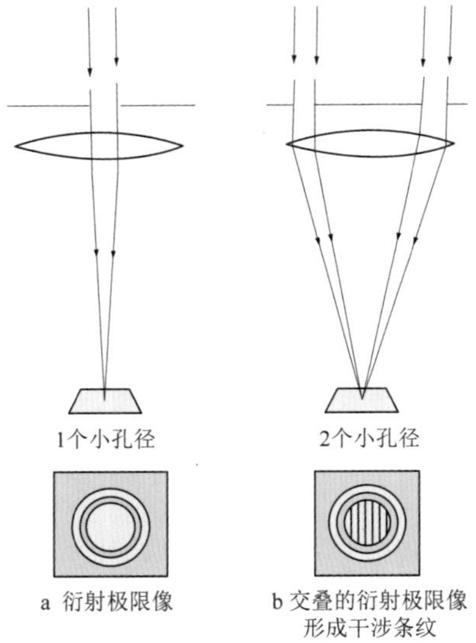

图 1　恒星光干涉测量技术原理

$$I(P)=1+\frac{2J_1(\omega)}{\omega}\cos 2\pi d$$

式中$J_1(\omega)$为一阶第一类贝塞尔函数；$\omega=\pi B\theta$；d为 2 个孔径到达像面上P点的距离之差（以光波长为单位）；B为以光波长为单位的两孔径的间距；θ为光源角直径，如果光源为点源，$\theta=0$。

由公式看出，2 个孔径形成的干涉条纹的条纹幅度为$\gamma=2J_1(\omega)/\omega$。当$\omega\to0$，$\gamma$出现极大值。随着$\omega$增大，条纹幅度下降，当$\omega=1.22\pi$时，条纹幅度降为零，像面上条纹消失。从这里可以看出，当光源为非点源，而$B\ll1.22/\theta$时，像面上条纹清晰可见；因此当两个小孔径之间的距离（B，称为基线）很短时，面光源不可分辨，相当于一个电源；当B逐渐增大，条纹可见度下降，当$B=1.22/\theta$，条纹完全消失。由此就可以得到$\theta=1.22/B$。这就是恒星光干涉仪的分辨率。

早期，在美国 2.5 米望远镜上，用 2 个反射镜作为星光接收器，2.5 米望远镜作为光束合成器，实现了 10 米基线的干涉测量，角分辨率达到 0.020″。

通常用恒星光干涉仪来测量恒星的角直径和双星角距，测量的具体过程是，对同一天体以不同长度的基线做一系列观测，得到一列条纹可见度值，用$\gamma=2J_1(\omega)/\omega$函数对这列可见度值进行拟合，最后计算出$\theta$值。

现代的恒星光干涉仪都是以独立望远镜代替早期的安置在大望远镜镜架上的小孔径。基线最长的为澳大利亚的悉尼大学恒星光干涉仪（SUSI），基线长度可变（10～640 米）。

现代恒星光干涉测量基本上是采用如图 2 所示的迈克耳孙恒星干涉仪，星光由两个反射镜接收后，分别经过用于改变光程差的由若干个反射镜组成的光程差补偿器（延迟线），最后两束光在光束合成器相结合，再由合成器之后的高速CCD或者雪崩二极管探测干涉条纹，记录条纹可见度。测量恒星角直径或双星角距，通常用分光镜加滤光器，大大减小星光的带宽。这不仅为了可以用不同的波段观测不同光谱型的天体，而且由于带宽很窄，可以大大增加相干长度，放松对光程差补偿的要求。

恒星光干涉测量用于恒星角位置的测定，在原理上不同于测量恒星角直径。由图 2 可知，被测源发出的光波的同一波前不能同时到达干涉仪的两架独立望远镜，由此引起的从恒星到达两架独立望远镜的光程差为d，它等于基线矢量$\boldsymbol{B}$在星光方向矢量$\boldsymbol{S}$上的投影，即$d=\boldsymbol{S}\cdot\boldsymbol{B}$。恒星角位置的测定就是要精确测定图 2 中的$\theta$角。为此，必须精确测定$d$。所以，恒星光干涉仪必须获得条纹可见度极大的白光干涉条纹，通过移动干涉仪两臂的光学延迟线对d进行补偿，使星光的同一波前同时到达光束合成器。干涉仪配备的监测设备一方面监测并记录条纹可见度的变化，同时要精密监测光学延迟线的位移量。随着地球自转，θ角

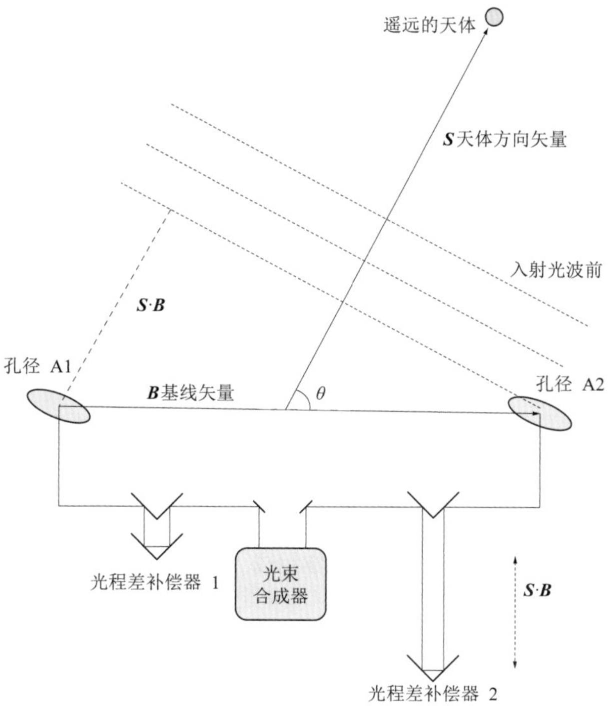

图 2 现代迈克耳孙恒星干涉仪

也在不断变化。观测过程中光学延迟线必须非常精准地随之而变。（王正明）

恒星光谱 stellar spectrum 恒星辐射分光后的光谱。光谱的形态决定于恒星的物理性质、化学成分和运动状态。光谱中包含着丰富的关于恒星各种特性的信息。

研究途径 关于恒星本质的知识，几乎都是从光谱研究中得到的。从观测角度来看，主要有 3 种途径：①证认谱线和确定元素的丰度。②测量多普勒效应引起的谱线位移和变宽，由此来研究天体的运动状态和谱线生成区。③测量恒星光谱中能量随波长的变化，包括连续谱能量分布、谱线轮廓和等值宽度等。这些特性同恒星大气中的温度、压力、运动、电磁过程以及辐射转移过程有关，是恒星大气理论的主要观测依据。

研究成果 有如下几方面：

谱线证认 一般可根据基尔霍夫定律（分光学的基本定律）将恒星光谱同实验室光谱直接比较后确定产生谱线的化学成分。在恒星光谱中已证认出元素周期表中 90%左右的天然元素。

元素丰度 即元素的相对含量，是在证认的基础上根据谱线相对强度或轮廓推算出来的。结果表明，绝大多数恒星的元素丰度基本相同：氢最丰富，按质量计约占 71%；氦次之，约占 27%；其余元素约合占 2%。这称为正常丰度。有少数恒星的元素丰度与正常丰度不同，这与恒星的星族和年龄有关。

视向速度 恒星的许多知识是从视向速度在光谱上产生的多普勒效应的研究中得到的。如密近双星的两子星不能从照片上加以区分，但它们的轨道运动引起谱线位置的周期性摆动，这提供了测定恒星质量的重要方法。视向速度的测量对认识脉动变星的本质起决定性的作用，证明这类星的光变是由于星体的脉动而不是由于掩食引起的。多普勒效应的另一重要表现是对谱线轮廓的影响。恒星快速自转且自转轴同视线相交成颇大角度时，谱线会变宽、变浅，由此发现许多早型星（特别是 Be 星）有快速自转现象。许多不稳定星的物质抛射和气体包层的运动，也在谱线轮廓中显示出来。沃尔夫－拉叶星、气壳星、天鹅座 P 型星、新星和类新星等，都具有这类光谱特征。从谱线轮廓形状和宽度的测量得知，新星爆发时物质抛射的速度达到数千千米/秒。

磁星 恒星若具有足够强的磁场时，谱线将分裂为两条或更多条支线，它们具有不同的偏振特性，称为塞曼效应。通过这种效应发现了 100 多颗恒星的磁场，强度的数量级为 10^{-1} 特，个别的达特数量级。这些星称为磁星，它们大部分是 A 型特殊星。

星际物质 恒星发来的光通过漫长距离的星际空间，所以恒星光谱中还包含有星际气体和尘粒的信息。许多亮星的高色散光谱中，发现有星际介质中的中性钠、钾、铁、钙和电离钛、电离钙以及其他分子的谱线。许多星际谱线是多重的，说明星光经过了好几个具有不同速度的气体云。星际尘粒对星光的影响主要是散射，这种效应对蓝光较强，对红光较弱，因而较远的星显得较红，称为星际红化。通过对红化的测量，可估计尘粒的直径。将红化效应同恒星光谱型进行对比，可粗略地估计恒星的距离。

恒星光谱分类 大多数恒星光谱连续谱上有吸收线，少数恒星兼有发射线，或只有发射线。恒星连续谱的能量分布、谱线的数目和强度以及特征谱线所属的化学元素，均有极大的差异。恒星的光谱就是根据这些差异来分类的。研究恒星大气的物理特性得知，绝大多数恒星光谱的差异主要不是由化学成分的不同形成的，而是在不同温度和压力下由恒星大气物质的激发和电离状态的变化形成的。建立一个光谱分类系统，通常包括 3 个步骤：①选择判据，即用来区分不同光谱所依据的光谱特征，如谱线的相对强度。②按照这些判据将足够多的光谱排队，获得标准光谱型序列。③利用恒星的物理特征为光谱型定标，即建立光谱型和物理参量（如温度、光度等）之间的对应关系。因此，光谱分类又可定义为通过恒星光谱特征的比较，对恒星物理特性进行直接估计。常用的分类系统如下：

哈佛系统 美国哈佛大学天文台于 19 世纪末提出的。这个系统的判据是光谱中的某些特征谱线和谱带，以及这些谱线和谱带的相对强度，同时也考虑连续谱的能量分布。本系统的光谱型用拉丁字母表示，组成如下的序列：

O—B—A—F—G—K—M（G 处分出 rR—rN，K 处分出 rS）

图 1 恒星光谱序列

各型之间是逐渐过渡的，每型又分为十个次型，用阿拉伯数字表示：O0,…,O9; B0,…,B9;…这一序列由左到右，对应于温度的下降。最热的 O 型星温度约 40 000K，最冷的 M 型星约 3000K。序列右端的 S、R 和 N 等分支则可能反映化学组成的差别。由于历史的原因，常把 O、B、A 型称作早型，K、M 型称作晚型，F、G 型称作中型。各型星的颜色和在普通蓝紫波段的主要光谱特征如下。

O 型：蓝白色。紫外连续谱强。有电离氦、中性氦和氢线；二次电离碳、氮、氧线较弱。如猎户座 ι（中名伐三）。

B 型：蓝白色。氢线强，中性氦线明显，无电离氦线，但有电离碳、氮、氧和二次电离硅线。如大熊座 η（中名摇光或破军）。

A 型：白色。氢线极强，氦线消失，出现电离镁和电离钙线。如天琴座 α（中名织女一）。

F 型：黄白色。氢线强，但比 A 型弱。电离钙线大大增强变宽，出现许多金属线。如仙后座 β（中名王良一）。

G 型：黄色。氢线变弱，金属线增强，电离钙线很强很宽。如太阳、天龙座 β（中名天棓三）。

K 型：橙色。氢线弱，金属线比 G 型中强得多。如金牛座 α（中名毕宿五）。

M 型：红色。氧化钛分子带最突出，

金属线仍强，氢线很弱。如猎户座α（中名参宿四）。

R和N型：橙到红色。光谱同K和M型相似，但增加了很强的碳和氰的分子带。后来把它们合称为碳星，记为C。如双鱼座19号星。

S型：红色。光谱同M型相似，但增加了强的氧化锆分子带，常有氢发射线。如双子座R。

哈佛大学天文台于1918～1924年发表的《亨利·德雷伯星表》（HD星表）载有20余万颗星的光谱型，其中99%的星属于B～M型，O、R、N、S型很少。还有少数光谱不能归入上述序列，分别记为：P行星状星云，W沃尔夫-拉叶星。新星光谱曾记为Q，但现在已不使用。到20世纪70年代初，全世界按哈佛系统作过分类的恒星总数达90万左右，大部分是按物端棱镜光谱进行分类的。哈佛系统是以温度为主要参量的一元分类。其他物理因素引起的光谱特殊性，一般用附加的“P”来表示。一些具体的光谱特殊性的常用符号为：e有发射线，n谱线很模糊，s谱线很锐，c谱线特别窄而深，k有明显的星际钙线。恒星主要类型的光谱照片见图2。

威尔逊山系统　20世纪20年代美国威尔逊山天文台根据有缝摄谱仪拍的光谱建立的以温度和光度（或绝对星等）为参量的二元分类系统。按光度分类的物理依据是压力效应，因为物质的电离状态除决定于温度外，还与压力有关。光度高的巨星大气中气体压力较低，物质的电离比在温度相同的光度低的矮星大气中容易，因而会在光谱中表现出来。在这一系统中，光度判据选用一些对光度敏感的谱线对的相对强度。绝对星等的光度级用小写拉丁字母表示：c表示超巨星，g表示巨星，d表示矮星，加在哈佛系统的光谱型符号之前。例如太阳的光谱型为dG2。光度级的这种表示法多见于早期文献，现已很少采用。

摩根-基南系统（MK系统）　二元分类系统　美国天文学家W.W.摩根和P.C.基南等人于20世纪40年代提出并经多次改进的二元分类系统。所依据的物理参量也是温度和光度。温度型沿用哈佛系统符号。光度级比威尔逊山系统精确，共分七级，用罗马数字表示：Ⅰ超巨星，Ⅱ亮巨星，Ⅲ正常巨星，Ⅳ亚巨星，Ⅴ主序星（矮星），Ⅵ亚矮星，Ⅶ白矮星。如能进一步细分，则在罗马数字后面附加小写拉丁字母来区别，如Ⅰa最亮的超巨星，Ⅰab亮超巨星，Ⅰb亮度较低的超巨星。MK系统中太阳的光谱型是G2V。到70年代初，已按MK系统分类的星仅2万余颗，这主要由于拍摄有缝光谱很费时间。从1967年开始，美国天文学家利用物端棱镜对HD星表中全部恒星按MK系统进行分类。这一工作完成后，按二元分类的星数达到20余万颗。

关于第三元的问题　MK系统中化学组成接近太阳的恒星的分类达到了最高精度。这些星通常称为“正常星”。分类中发现有些星具有各种特殊性，必须用化学组成异常来解释。为了在光谱分类中表示这种差异，需要引入第三个参量。如在星族Ⅰ的G和K型巨星中，金属含量比星族Ⅱ的星要高。这种差异的较好判据是氰分子的吸收强度，因而用附加符号GN和一个由3（表示CN带比正常星强得多）到−3（表示CN带弱到几乎不可见）的数字表示。如果CN强度与正常星一样，则省去这种符号。如天龙座ε星的光谱记为G7ⅢbcN-1，这表示CN带比正常星稍弱。这种以光谱型（指温度型）、光度级和化学元素丰度为参量的“三元分类”，从20世纪60年代开始研究，至今还没有形成完整的系统。

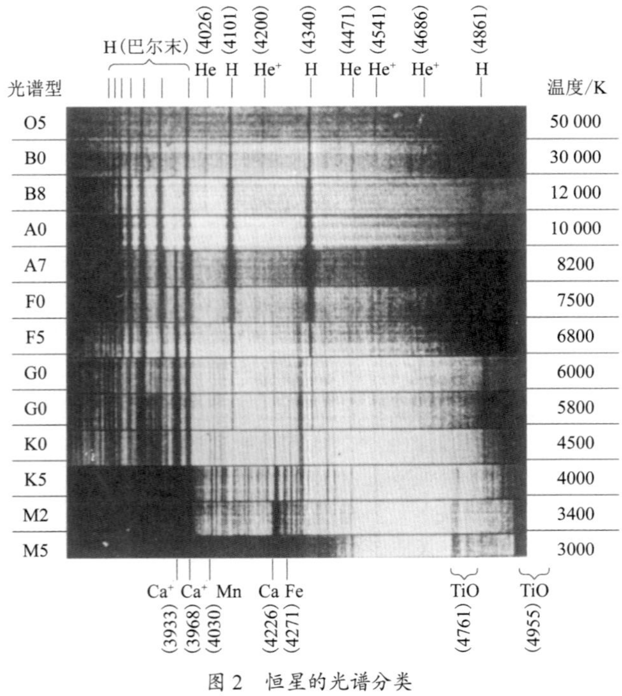

图2　恒星的光谱分类

其他　由于氢和其他原子的连续吸收，恒星连续辐射能量随波长的分布曲线的形状与黑体辐射仍有明显的差别。氢是最丰富的元素，对于具备有利氢原子吸收条件的恒星，氢原子的束缚-自由跃迁产生的连续吸收对连续辐射的能量分布起重要作用。在巴耳末系（364.6纳米）处辐射能量向短波方向突然下降，这种现象称为巴耳末跳跃。巴耳末跳跃的幅度与光谱型有关，可用作光谱分类的一个判据。另外，恒星的某些色指数与有效温度或光谱型有关，可用简便的多色测光法测出恒星的色指数，从而确定恒星的光谱型。　（李宗伟）

恒星化学组成　stellar chemical abundance　由恒星光谱测出的组成恒星的化学成分。恒星化学元素的含量常以丰度表示，指在同一体积内某种元素的原子数目与氢原子数目之比，因此是一种相对含量。

研究历史　J.von夫琅禾费将棱镜后接一架望远镜观测太阳，发现太阳的光谱中有数百条暗线，又发现恒星的光谱和太阳的光谱相似。后来物理学家G.R.基尔霍夫的研究表明，每种化学元素都产生它特有的谱线，可根据谱线的特征证认出它是哪种化学元素所产生的。由恒星的光谱可测出组成恒星的化学成分。第二次世界大战后，H.C.尤里对20世纪90年代以来科学家们积累的关于地球、陨石、太阳、恒星、星云等各种宇宙体的元素和同位素分布的资料，进行了统计分析，并于1951年第一次发表了元素在宇宙间的分布数据；1956年对其进一步修订后，做出了一张元素在宇宙间的分布曲线图。它是以宇宙间元素的同位素的相对含量为纵坐标，以核的质量数为横坐标画出来的。概括地说，氢最多，氦次之，再次为碳、氮、氧，并且随相对原子质量的增加而迅速减少，但到了铁时有一个突然增多，而比铁更重的元素则又是逐渐减少。

研究方法　如地面实验室进行光谱分析一样，对恒星的光谱也可进行分析，借以确定恒星大气中形成各种谱线的元素的含量。到20世纪末，精确测量各种恒星的可见表面层的化学元素已形成相当精练的天体物理方法。按质量计算，氢最多，其余按含量依次大致是氦、氧、碳、氮、氖、硅、镁、铁、硫等。但也有一部分恒星大气的化学组成与太阳大气不同，如沃尔夫-拉叶星，就有含碳丰富和含氮丰富之分（即有碳序和氮序之分）。金属线星和A型特殊星中，若干金属元素和超铀元素的谱线显得特别强。这能否归结为某些元素含量较多，还需深入研究。

恒星的化学丰度是指其元素数密度的相对值，通常取氢的丰度值为10^{12}，而其他元素的丰度值按这一比例确定。实际使用中，一般采用对数值表示。定量确定恒星化学丰度的基本要求：准确的恒星温度，可靠的谱线强度测量，正确的谱线证认，足够精确的振子强度。天文学上习惯把氢和氦以外的元素统称为重元素。1998年，中国天文学家对太阳和各种不同光谱型恒星大气中镁元素丰度偏离局部热动平衡效应进行了系统的定量分析。

恒星的化学丰度是将恒星演化、星系演化和宇宙学连接在一起的纽带。大爆炸宇宙产生了最丰富的元素H（^{1}H）、He（^{4}He）以及少量的^{2}H、^{3}He和^{7}Li，所有其他化学元素形成于恒星演化的各个阶段，少数化学元素是宇宙线使重核裂变而成的。化学元素相对丰度是时间和空间的函数。恒星的初始化学元素丰度是形成恒星的气体和尘埃的星际云的元素丰度，它是恒星在星系中诞生地和恒星形成时星系的年龄和状态的函数。

研究进展　恒星的化学丰度十分复杂，可用观测到的恒星的化学丰度追踪星系的演化。星系化学演化的不同阶段可按下列方式检验：确定不同化学元素丰度作为时间的函数，从星系的诞生开始直到现在，然后将这些观测数据同各种理论模型的预言相比较。虽然不能直接测定几百亿年前早期星系的化学元素丰度，但却能通过分析具有不同年龄的恒星大气化学成分而了解星系的化学演化。如果这些恒星还没有演化到巨星分支，它们的表面化学成分就应当同形成气体的化学成分相同，从而就可能由此而探索星系的化学演化。通常选用能够反映星际气体由恒星代的演化而逐渐丰富的平均金属丰度作为表示年龄的参数。大望远镜、高分辨率光谱仪和高量子效率探测器的使用，提高了在给定光谱分辨率、信噪比以及曝光时间情况下天体距离的可观测性。这些新的技术对于暗天体的观测显得尤为重要，观测仪器能够获得12等甚至13等的中等分辨率（$\Delta\lambda/\lambda$约为25 000）光谱。对于高分辨率光谱，可利用谱线轮廓和等值宽度（“消失”在谱线中的能量）进行分析计算。利用恒星大气中辐射转移方程构造理论大气模型并由其拟合观测数据。这样构造的大气模型依赖许多原子常数和一些大气参数。一般恒星大气模型不能直接确定，必须通过这些大气参数和具有不同电离度、不同激发态及不同跃迁概率的元素谱线之间的复杂关系而联系在一起。大气模型的主要特征参数是有效温度、表面重力、化学元素的相对丰度。原则上利用这些参数就可用表征恒星的大气模型进行计算并与观测数据相比较，以自洽的方法确定化学元素丰度。但由于用于天体物理的流体动力学不尽如人意，必须再引进一个称为微观湍流速度的物理量。事实上恒星大气模型还进一步依赖某些假设。通常假设大气化学成分是均匀的，物理性质只依赖于大气深度，同时也假设局部热动平衡（LTE）条件成立。

（李宗伟）

恒星内部结构理论　theory of stellar interior structure　研究恒星内部各种结构与状态的学科，理论天体物理学的一个分支。它的主要内容是：①研究恒星内部的物态，如温度、密度和压力等由中心至表面的分布情况。②探讨恒星内部输送能量以及维持温度梯度的物理机制。③确定能源和维持恒星不断辐射的不可逆过程。④推测恒星内部的化学成分和元素分布情况。⑤根据获得的知识，研究恒星的演化和元素的合成。

恒星是相当稳定的炽热气体球结构，处于流体静力学平衡状态，寿命在几百万年到上百亿年之间。研究恒星内部结构要求解质量、动量和能量守恒的三个联立微分方程和一个产能的微分方程。一般取向径为自变量，压力、质量、光度为因变量。在恒星内部，能量的传输主要是由辐射或对流两种机制来完成的。当辐射温度梯度超过绝热温度梯度时，解能量传输问题采用对流传能的微分方程；情况相反时，则采用辐射传能的微分方程。此外，还用物态方程联系压力、温度和密度。由热核反应确定的产能率也同温度、密度和化学成分有关。由各元素的吸收系数合成的不透明度出现在辐射转移微分方程中，控制传能的快慢。不透明度是温度、密度和化学成分的函数。建立恒星内部结构模型，需采用数字积分方法。通常先假定恒星质量和化学组成为已知量。数字积分可分为核心积分和包层积分两部分。核心积分从恒星中心开始，向外积分到某一点；包层积分从恒星表面开始，向内积分到同一点，并使核心积分和包层积分在交界点处镶合。即在镶合点上保证各物理量的连续性，在镶合过程中可以对一系列参数（如中心温度、中心压力、光度半径等）的尝试值进行调节和确定。

太阳是离我们最近的一颗恒星，它的质量、光度、半径、表面温度和化学成分已有较精确的数据。应用质子-质子反应和碳氮循环作为产能的机制，求解太阳的内部结构，得到太阳的中心温度为1.5×10^7K，中心密度为160克/厘米^3。所采取的原始的化学成分，按重量计，氢为0.71，氦为0.27，其他重元素为0.02。由于氢聚变为氦，从0.2半径的层次起氢含量从0.71向内逐层减小，中心值是0.36，在0.2半径的球内包含总质量的60%。质子-质子反应产生总能量的90%以上。由于问题复杂，根据不同模型的计算结果，相差可达10%。

恒星内部结构主要由它的质量、化学成分和演化阶段（即年龄）来决定。在主星序阶段（见赫罗图）的星族Ⅰ恒星的内部结构主要由质量来决定。质量大于1.7太阳质量（$M_\odot$）的星，外部对流层（见太阳对流层）的影响可以忽略不计，可看作完全是辐射层，而中心部分有对流核心。质量在$0.8M_\odot\sim1.7M_\odot$范围内的恒星，外部有相当大的对流层，而中心部分的对流核心随质量的减小而减小。太阳内部从对流层底层到中心完全是辐射层。这和产能方式有关。大质量恒星的中心温度高，产能机制主要是碳氮循环，产能率和温度的高次方成正比。温度梯度高，导致对流，质量大于$2M_\odot$的恒星属于这种类型。质量小于$0.8M_\odot$的恒星计算结果较少，一般认为外部的对流层向内深入。对于$0.64M_\odot$的恒星，外部对流层厚度可达半径的1/3；对于$0.08M_\odot\sim0.27M_\odot$的星，对流层可以一直延伸到中心。恒星内部结构和它的中心温度、密度和化学成分决定恒星中以哪种热核反应起主导作用，而一旦新的热核反应发生，又转而影响、甚至决定恒星的结构和演化。此外，还可以就不同元素氢、氦、碳、氧等燃烧阶段来讨论恒星的内部结构。

恒星内部结构理论能说明赫罗图上恒星的分布和演化以及元素的合成和演化，还可以阐明各种星团赫罗图的意义，确定它们的年龄和距离，对于了解恒星的本质和演化，有很大作用。不过，恒星内部结构理论也有某些不足之处。由于问题的复杂性，在理论和计算上都不得不采取一些近似和简化方法，因而结果往往不够精确。

（龚树模）

恒星谱线形成　formation of stellar spectral line　恒星光谱谱线的形成。包括太阳在内的大多数恒星光谱的主要特征，是在连续光谱的背景上出现许多暗黑的吸收线。只有少数恒星光谱中除吸收线外，还出现明亮的发射谱线。恒星光谱中的吸收线和连续光谱都是在恒星的低层大气光球层中产生的，而发射线一般是由恒星抛射出去的星周物质产生的。因此对于**恒星大气**的探讨还是以吸收线的研究为主。恒星吸收线的产生源于各种原子和离子的能级跃迁，所以也称为选择吸收。为什么在产生连续谱的光球层中会形成吸收线，这是与光球层的温度随高度下降有关。在吸收线的波长处，恒星大气物质的吸收系数比谱线附近连续谱处的吸收系数要大，使得来自光球深层的辐射被严重吸收，导致谱线形成。或者说，在吸收线处的辐射主要起源于光球上层，那里的温度较低，源函数较小。反之，在连续光谱处，因吸收系数较小，辐射主要起源于光球深层，那里的温度较高，源函数较大。所以吸收线的形成其实是谱线与连续谱不同的起源高度以及源函数随高度下降的一种结果。

谱线形成机理　历史上曾经用简化的模型来解释吸收线的成因，即认为太阳和恒星光谱中的连续谱是由光球层发射的，吸收线则是由光球上方的另一低温层（称反变层）通过吸收下层的连续谱辐射而形成的。这种恒星大气模型称反变层模型，也称为舒斯特–史瓦西模型，或 S-S 模型。恒星大气中实际上并不存在这样两个截然分开的不同层次，因此反变层模型是一种过于简单的概念。但在反变层模型假定下，理论处理大为简化，可研究吸收线的一些基本特性。而且，对一些主要形成于光球高层的谱线，反变层模型是一种合理的理论模型，理论结果也与观测大致相符，因此反变层模型仍有一定的理论和应用价值。

恒星光谱中的吸收线都有一定的宽度（波长范围）。在吸收线的波长范围内，辐射强度随波长的变化称为**谱线轮廓**（见图）。I_ν为谱线内频率ν处的辐射强度，I_ν^0为

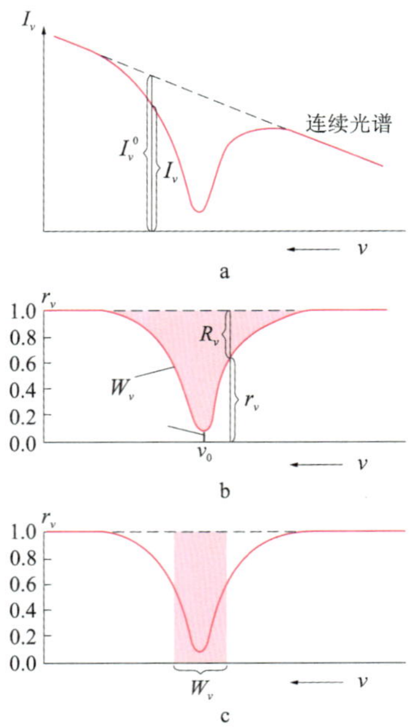

谱线轮廓和等值宽度

同频率连续谱的辐射强度，W_ν为总吸收，$r_\nu = I_\nu / I_\nu^0$为剩余强度。图 c 为图 b 的**等值宽度**。谱线的宽度和谱线轮廓形状与对应该谱线的原子能级结构和谱线形成区的物理条件有关，包含着谱线源区的丰富信息。为了推求恒星谱线轮廓的理论表达式，以便与实际观测到的谱线轮廓相比较，获得关于恒星大气结构和物理过程的知识，必须先从理论上建立谱线的辐射转移方程（见**恒星大气理论**），然后对其求解。为此，必须预先知道谱线的吸收系数和谱线的源函数，以及选择吸收中真吸收所占的比例因子ε。这些物理量都会涉及描写谱线跃迁概率的爱因斯坦跃迁系数，包括由高能级自发跃迁到低能级的自发跃迁系数A_{ij}，在辐射作用下由高能级向低能级跃迁的受迫跃迁系数B_{ij}，由低能级向高能级跃迁的受迫跃迁系数B_{ji}。此外，还有原子与其他粒子碰撞引起的碰撞跃迁系数C_{ij}和C_{ji}等。爱因斯坦跃迁系数是原子固有的特征参数，与辐射场和周围气体性质无关，可由量子力学方法计算得到。

谱线致宽　恒星谱线的宽度，既取决于原子本身的特性，又与谱线形成区的物理状态有关。导致谱线变宽的这些物理因素称为谱线的加宽机制，可用选择吸收系数对波长的分布来表示。若令k_λ和a_λ分别表示以单位质量计算和以一个原子计算的恒星大气的选择吸收系数，则有$na_\lambda = k_\lambda \rho$，其中$\rho$为大气密度，$n$为产生该谱线的低能级原子数密度。恒星谱线的加宽机制，亦即决定k_λ或a_λ形式的主要因素有如下几种。

①辐射阻尼加宽。又称自然加宽。根据经典辐射理论，可把原子发出的辐射看作是谐振子振动产生的，辐射强度依赖于谐振子的数量，称为振子强度，等效于原子能级跃迁的概率。一个以频率ν振动的振子在发出辐射的过程中将会损失能量，必定是一种阻尼振动，其振幅逐渐减小。通过能谱分析，可以证明振幅随时间减小的单色辐射等价于一种具有一定频率范围（或一定波长范围）的非单色辐射，因此谱线不会是无限窄的。

若从量子力学的观点来看，原子能级并不是无限窄的，而是有一定的能量范围，其数值ΔE服从不确定原理$\Delta E \cdot \Delta t \geqslant h$，其中$\Delta t$为能级寿命，$h$为普朗克常数。原子能级既然有一定的范围，不同能级之间跃迁产生的谱线就不会是无限窄的，必然有一定的宽度。

②多普勒加宽。当吸收原子存在视向速度分量时，根据多普勒效应，观测到的辐射将产生波长位移$\Delta\lambda$，可表示为$\Delta\lambda = (\upsilon/c)\lambda$，其中$\lambda$为未位移时的吸收波长，$\upsilon$为原子的运动速度在视向的分量，称视向速度，$c$为光速。由于具有不同视向速度的原子产生不同的波长位移，统计上合称为谱线的多普勒加宽。通常情况下，原子的热运动速度遵从麦克斯韦分布，由此可推导出因原子热运动引起的谱线加宽的数学表达式。

除了热运动外，如果恒星大气中还存在湍流运动，并假定谱线形成区的尺度远大于湍流元尺度，以及湍流元的速度也遵从麦克斯韦分布，则湍流将产生与原子热运动相似的谱线加宽效应。如果存在宏观运动速度，谱线形成区整体具有同一视向速度分量，则将造成整条谱线的位移，而非谱线加宽。其位移量$\Delta\lambda = (\upsilon/c)\lambda$，$\upsilon$为谱线形成区的整体视向速度分量。

③压力加宽。吸收原子与周围粒子的相互作用也会导致谱线的加宽。因为这种效应随压力增大而加剧，故统称为压力加宽。吸收原子与周围粒子相互作用导致谱线加宽的原理不难理解。按照经典物理的观点，振子遭受其他粒子碰撞时，将造成振子振动的中断或相位突变，其效果与阻尼相似。相位突变或中断也能造成能谱的变化，从而导致谱线加宽。按照量子力学的观点，周围粒子对吸收原子的作用就是使得吸收原子的能级受到微小的变化，导致能级范围变宽。研究表明，压力加宽中因原子能级受外界粒子扰动而引起的谱线波长位移可表示为$\Delta\lambda = (C/r)^m$，其中r为吸收原子与扰动粒子的距离，C为常数，它确定了相互作用的强度，而指数m则取决于扰动粒子与吸收原子的类型。当扰动粒子为电子或离子，而吸收原子为氢原子时，$m = 2$，即波长位移与扰动粒子的电场强度的一次方成正比，它产生的加宽效应称为线性**斯塔克效应**。当扰动粒子为电子或离子，吸收原子为非类氢原子时，$m = 4$，即波长位移与扰动粒子电场的平方成正比，称为二次斯塔克效应。而当扰动粒子与吸收原子为同一种中性原子时，$m = 3$，称为共振加宽。当扰动粒子与吸收原子为不同种类的中性原子时，$m = 6$，其相互作用力为范德瓦耳斯力，称为范德瓦耳斯加宽。压力加宽的理论处理比较复杂，通常有两种分析方法：一种是把扰动粒子对吸收原子的作用看作碰撞，这时可采用与辐射阻尼类似的方法处理，称为**碰撞阻尼理论**。另一种是把谱线加宽视作吸收原子在周围扰动粒子作用下导致原子能级变宽。吸收原子周围存在不同的扰动粒子，产生不同的能级变宽，从而可用统计方法处理，称为统计加宽理论。

④联合加宽。对于包括太阳在内的大

多数恒星的谱线，一般只需考虑辐射阻尼加宽和多普勒加宽（包括热运动和湍流）。只有**太阳耀斑**区光谱中的氢谱线，需要附加考虑线性斯塔克加宽。若仅考虑辐射阻尼和多普勒联合加宽，则可推导出以一个原子表示的联合加宽吸收系数为：

$$a_\lambda(a,\omega)=a_\lambda^0 H(a,\omega)$$

式中a_λ^0为线心吸收系数；a为辐射阻尼加宽与多普勒加宽的比率；ω为谱线中任一波长点与线心的距离；而无量纲函数$H(a,\omega)=\frac{a}{\pi}\int_{-\infty}^{\infty}\frac{e^{-y^2}}{a^2+(\omega-y)^2}dy$为沃依特函数（轮廓）。其主要特征是在线心部分，基本上由多普勒加宽确定；而在谱线的线翼部分，基本上由辐射阻尼加宽确定。

⑤**塞曼效应**。如果恒星大气中存在磁场，如**太阳黑子**区域就有强度达到0.1～0.3特的磁场，则在磁场区形成的谱线因塞曼效应而发生分裂。对于最简单的正常塞曼效应，一条吸收谱线分裂为三条子线，中间一条波长不变的子线称为π子线，为平行于磁场方向的线偏振光，左右两边各有一条子线，称为σ子线，分别为左旋和右旋圆偏振光。当观测者视向与磁场平行时（称为纵向观测），π子线消失，仅能观测到两条σ子线。而当观测者视向与磁场垂直时（称为横向观测），三条子线均能看到，其中π子线为与磁场平行的线偏振光，两条圆偏振光的σ子线因投影而成为与磁场垂直的线偏振光。两条σ子线与未位移的π子线之间的波长差（称为裂距）为$\Delta\lambda=0.467g\lambda^2B$，其中波长$\lambda$和磁场强度$B$的单位分别为厘米和特，$g$为朗德因子，是对应该谱线的原子能级的量子数的函数。因此，若能从观测上得到谱线的裂距$\Delta\lambda$，就能推算该谱线源区的磁场B。通常选择g较大的谱线进行观测。如果出现多于三条分裂子线，则称为反常塞曼效应，一般不观测这种谱线。

（林元章）

恒星时 sidereal time; ST 用春分点作为基本参考点，由春分点周日视运动确定的时间。见**世界时**。

恒星视差 stellar parallax 观测者位于两个位置观测天体所呈现的视角差。天文学家通过**视差**测量角度再用几何方法便可计算到**天体的距离**。当此法用于观测恒星时，称为恒星视差。通常天文学家测恒星用周年视差（N），又称日心视差。其定义为在地球和太阳看一颗恒星时的位置差，亦即恒星对地球围绕太阳旋转轨道的平均半径（基线）为 1 **天文单位**（AU）所张的角。视差隐含距离，一颗恒星方向的视变化是由于观测者的位置改变所致。如果视差以弧度表示则数值很小，视差、距离和基线三者的关系可表示为d（基线）$=r$（距离）$\times\theta$（视差），若距离以**秒差距**（pc）为单位，视差以角秒（″）为单位，利用 1pc = 202 625AU，近似距离是视差的倒数，则得到常用的公式：$r(\mathrm{pc})\approx 1/\pi$（角秒）。1838 年 F.W.**贝塞尔**首先用此法测量恒星天鹅座 61（61Cygni）的视差值为 0.31 角秒，现代测得的视差值是 0.29 角秒，即距离为 3.4 秒差距（11.08 光年）。恒星的周年视差都小于 1 角秒，观测是十分困难。视差方法仍作为其他方法测量天体的距离定标。离地球最近的恒星半人马座 α 的最大视差是 0.76 角秒，它的距离是 1.316pc = 4.29 光年。1989 年欧洲空间局发射**依巴谷天体测量卫星**，主要任务是获得太阳附近恒星的视差和自行，它只运行到 1993 年，共测量 12 000 颗恒星，视差的精度为 0.001 角秒。

（李宗伟）

恒星视向速度 radial velocity of star 恒星在单位时间内沿视线方向移动的距离。又称恒星径向速度。见**恒星的空间运动**。

恒星温度 stellar temperature **恒星大气**层及内部的温度。描述恒星的重要参数之一。测量恒星温度是**天体物理学**最重要的课题之一。实测只能获得恒星大气层的温度，内部温度则必须通过理论分析来估算。恒星的温度有许多不同的定义，用得最多的是**有效温度**T_e，即与恒星具有同样总辐射流F和同样半径的绝对黑体的温度。一般可认为它代表恒星光球层的温度，实际上这种温度应看作是各个层次的某种平均温度。它可根据斯忒藩公式：

$$F=\sigma T_e^4$$

推求出来，式中$\sigma=5.67\times10^{-8}$焦/（秒·米²·开⁴），是斯忒藩－玻尔兹曼常数。由于**地球大气**和仪器均存在严重的吸收，还有其他原因，恒星总辐射流F很难求得，所以T_e也难求出。有时可用有关公式加以计算。

由于T_e不易测定，所以还要定义下列几种温度：①**色温度**T_c。一定波段内的连续谱形状与恒星相同的绝对黑体的温度，它表征天体在某一波段的连续谱能量分布的物理量，又称分光光度温度。它与天体的颜色有关，故称色温度。②辐射温度T_r。在一定波段和单位时间、单位面积内的辐射流量与恒星相同的绝对黑体的温度。由于恒星并非黑体，所以不同波段的辐射温度是不同的。显然利用全波段求得的**热辐射**温度就是有效温度。③**亮温度**T_b，又称黑体温度。在任何波长λ单位面积、单位时间内辐射流量与恒星相同的绝对黑体的温度。④**激发温度**或电离温度。根据恒星大气中同一元素的不同激发态的谱线（或同一元素的不同电离级的谱线）的强度比与恒星大气的温度相关性来确定的温度。由于恒星光谱正是根据光谱中吸收线的种类和谱线强度比来分类的，所以可直接由光谱型来确定这种温度（不过谱线的强度比还与恒星的大气压力有关）。⑤动力学温度T_k。根据恒星大气中质量为m的质点的平均动能来定义的温度。上述各种温度中，T_c最容易求得。如果知道了恒星大气中的连续吸收系数，就可求出各种温度之间的互换关系。由于恒星的温度与其光谱型有直接的联系，因此光谱分类中的光谱型又常称为温度型（见**恒星光谱**）。知道恒星的光谱型便可大致地估计出它的温度。

（蒋世仰　李宗伟）

恒星物理学 stellar physics 应用物理学知识，从实验和理论两方面研究各类恒星的形态、结构、物理状态和化学组成的学科，是**天体物理学**的分支。在恒星上发现的某些奇特物理现象，也能够启发和推动现代物理学的发展。

研究方法　一般的恒星都是炽热的气体球。研究恒星所必需的一切资料几乎全部来自恒星自身的电磁辐射，20 世纪 70 年代以来能检测它们的高能粒子和引力波效应。因此，早期主要使用光学、红外线、射电和X射线等各种**天文望远镜**以及所附的终端设备，测量各类恒星在不同波段上的辐射强度、能谱、谱线结构、偏振状态等物理量。随后发展主要是应用**热辐射理论**，推知恒星表面的**有效温度**；应用**谱线位移**和一定的几何方法，确定**恒星自转**特性、双星特性或脉动特性；利用**引力理论**、辐射理论和脉动理论，可推出双星轨道半长径、子星半径、子星质量（或质量函数）及脉动变星的平均半径和平均密度等；应用谱线的形成和致宽理论，推出恒星大气的电子压力、气体压力、**不透明度**、**元素的丰度**以及恒星的光度；应用核物理理论，推知恒星的产能机制及其变迁，再结合**辐射转移理论**建立恒星模型，用以研究恒星内部结构；应用**塞曼效应**，可推知**恒星磁场**；应用引力理论、粒子物理理论，探讨恒星晚期超密态的各种现象；应用等离子体理论，探讨**星冕**、**星风**、**质量交流**和质量损失等恒星大气现象。最后，综合应用各种物理理论，探讨**恒星的形成和演化**。

主要研究内容　①恒星大气的观测和理论研究。恒星大气是能直接观测到的恒星外层部分。应用分光技术，根据辐射平衡、**局部热动平衡**的辐射转移理论和恒星大气模型理论，可在一定程度上解释连续光谱、吸收光谱和发射光谱的形态（见恒星大气理论），探明它们的形成机制、演变过程和致宽因素，并弄清恒星大气中光球、色球层和星冕等不同层次的物理状况和相互关系，以及大气中的元素丰度等，还可研究恒星自转，并根据较差自转来探讨恒星大气内层的情况。②恒星内部结构的研究。研究恒星内部从中心到表面各层的物态和物理过程，探讨恒星内部输送能量和维持温度梯度的物理机制，然后根据研究结果解释观测到的恒星质量、光度、半径和表面温度等的时序变化和相互关系。③恒星的能源和核合成的研究。确定产能和维持恒星不断辐射的核物理过程，探讨元素合成理论，以解释现有的元素丰度。较流行的是 1957 年 B^2FH 理论及相关的发展理论。④恒星脉动现象的观测和研究。许多恒星有脉动性的光变。理论研究表明，脉动现象是恒星演化到一定阶段（多为赫罗图上红巨星或红巨星后的水平支阶段）的必然现象。根据最重要的几种脉动变星的周光关系，可确定恒星和许多有关天体的距离。利用线性和非线性脉动理论，可较好地解释恒星的脉动现象。⑤恒星爆发现象的观测和研究。多种恒星有不同能量级的爆发现象。从年轻的耀星、金牛座 T 型变星到老年和临近“死亡”的新星、超新星，都有爆发现象。关于各类爆发的物理机制还不十分清楚，需要积累更多更完善的观测资料，并进行更深入的理论分析。对于新星的爆发和许多类似的其他星体的爆发，许多人试图采用双星模型进行解释。⑥双星系统的观测和研究。双星是恒星世界的普遍现象，估计银河系中太阳附近半数以上的恒星是双星或聚星的子星。根据长期的目视、照相、光度和分光观测，可定出恒星最基本的物理参量：质量和半径。密近双星系统中存在大量的质量交流。这种交流所引起的气流、气环、热斑、X 射线爆发和新星爆发现象等，在光谱和光度变化中都有所反映，对研究引力相互作用、辐射相互作用、物质相互作用和恒星演化过程等都很重要。⑦致密星的观测与相对论。根据流行的演化学说，晚期恒星因引力坍缩而成为密度大到 10^5 克/厘米^3 以上的致密星，即白矮星、中子星或黑洞。已观测到的白矮星有上千颗，被认为是中子星的脉冲星也已发现千余颗，而被证认的黑洞则还很少。所有这些天体的研究都与广义相对论密切相关，同时也是对广义相对论的检验。对天鹰座射电脉冲星双星 PSR1913＋16 所进行的观测研究，证实了广义相对论预言的引力波。

发展动向 恒星物理学在实测方面的一个重要发展是全波段观测。射电、大气外的 X 射线、远紫外线和红外线观测，丰富了关于恒星辐射和恒星表层物理的知识，并发现了 X 射线新星和 X 射线双星等新天体。密近双星系统的观测和理论研究，是解决许多恒星物理学问题的一把钥匙。

由于对耀星研究的深入，加上光斑干涉等超高分辨率和高精度光电视向速度分光仪等观测技术的发展，已经能够把当作点源的恒星与作为面源的太阳进行真正的类比研究。另一方面，由于有了大望远镜和其他新技术，已经能够对若干最近的星系（如大小麦哲伦云）内的各类恒星进行较详细的观测研究，从而把它们与银河系内的同类型恒星进行对比，这样就能更好地了解天体化学组成对演化进程的影响。

原子核物理学和粒子物理学的发展以及电子计算机的广泛应用，推动进一步研究恒星的内部结构、元素合成和恒星演化过程；中微子天文学的发展打开了认识宇宙的新窗口；多种脉冲星的发现和研究，促进了辐射理论的发展；广义相对论和各种引力理论更加活跃，被广泛应用于晚期恒星的研究。

（龚树模）

恒星形成区射电辐射 radio emission of star formation region 产生恒星的星云在射电波段的电磁辐射。恒星形成区的射电辐射波长范围宽阔，包括从百微米量级的亚毫米波到米波的辐射。

谱线辐射 由于接收技术的发展，厘米、分米波段的谱线在射电谱线中最先测到。这对于 20 世纪 60 年代星际分子的发现起到了独特的作用。羟基（OH）18 厘米吸收线于 1963 年由 S.维恩勒布等在射电源仙后座 A（Cas A）中测到。1965 年 H.韦弗等在 W3(OH)测到 OH 强烈的发射线，亮温度高、谱线又窄，当时称为“神秘”。进一步研究发现这就是恒星形成区的微波激射放大–脉泽，它是一种恒星形成区的非热辐射。多原子分子也在 60 年代由厘米波段测到，1969 年 A.C.张等在银心方向测到对称分子氨分子的反演谱 $NH_3(1,1)$。同年张等还测到不对称分子水分子的发射线 $H_2O(6_{16}\text{-}5_{23})$。以上四项结果都发表在《自然》杂志上。1969 年还测到甲醛吸收谱 $H_2CO(1_{11}\text{-}1_{10})$。这三个多原子分子后来也发现有脉泽辐射。多原子分子还包括有机分子、前生命分子，由于其质量、结构、对称性及运动等，在厘米波段有丰富的转动谱和反演谱及其精细结构辐射，为恒星形成的条件、动力学过程及化学反应提供了精密的探针。

谱线的发现前沿很快发展到毫米波波段。1970 年 R.W.威耳孙等用美国国立射电天文台的 11 米天线和自制的肖特基势垒二极管接收机，在猎户座 KL 区域观测到一氧化碳（CO）的$J = 1 - 0$转动谱。很快在 W3、Sgr B2、M17 等区域中测到了一氧化碳，并且用这种辐射成图观测电离氢区和年轻星体，发现它们成协出现，构成分子云复合体。此后，毫米波观测迅速发展。由于一氧化碳分子在分子云中丰度大，其转动谱线容易被激发，和氢分子（H_2）成协性好，并有多种同位素，可用作分子云物理及动力学测量的计算。一氧化碳是分子云最常用探针，在星际云中普遍测到。1987 年美国科学家完成银河系首个一氧化碳巡天，显示了银河系的大尺度结构。分子云又被称为 CO 云。除一氧化碳以外，宇宙中的基本元素 C、N、O、S 中任何两个构成的其他双原子分子以及多原子分子也都具有丰富的毫米波辐射。亚毫米波观测在 20 世纪 80 年代后发展起来。麦克斯韦望远镜（JCMT），欧洲毫米波射电天文研究所（IRAM）和阿塔卡马探路者实验望远镜（Apex）等单天线望远镜和次毫米波阵列望远镜（SMA）以及阿塔卡马毫米[亚毫米]波阵（ALMA）陆续投入使用。在稠密区域、热核以及原恒星系统的观测获得深入发展，测到了一系列新跃迁、新分子和新区域。例如，ALMA 观测在没有预言的情况下测到甲醇脉泽（$CH_3OH\ 14_1\text{-}14_0A^{-+}$）；一些长碳链分子新精细结构谱线由上海 65 米天马射电望远镜（TMRT）测到；在考察了用 ALMA 和 IRAM 对猎户座测到的 400 条谱线后，新分子异氰酸甲酯（CH_3NCO）得以认定；一段看来是分布在外旋臂上的新旋臂由紫金山天文台（PMO）巡天获得。截至 2022 年，发现的星际分子已达 198 种。其辐射已构成庞大的谱线体系，是恒星形成物理及化学的多重探针。

恒星形成区还有众多的复合谱线，是电离氢区的重要探针。射电复合线也有脉泽。射电复合线同样可以探测外流，湍动等动力学过程和化学变异，以及年轻星系统演化。

射电谱线除了分子谱还有氢原子 21 厘米谱线，是恒星形成不可缺少的探针。HI 辐射的普遍巡天为恒星形成区提供了动力学信息。年轻星体附近的原子星风是恒星形成中外向流的特征。恒星形成稠密分子云中的原子氢可被 HI 的窄线自吸收谱线测得，并可用来限制分子云的演化时标。

连续谱辐射 恒星形成区的射电连续谱辐射机制包括自由–自由辐射和尘埃热

辐射，大致以波长 3 毫米分界。连续谱的观测研究和谱线一样，也是在长波先开展的。厘米到分米的连续谱是巡测最频繁的辐射。从波长 2 厘米到 91 厘米的多个波段都做过巡天，显示了**银河系结构**特征，为恒星形成研究提供了丰富的资料。对于大质量恒星形成产生的超致密电离氢区（UCHⅡ regions）的甚大阵观测获得的高分辨率成图，获得了大质量年轻星周围电离区域的各种形态，包括彗、核晕、壳层、不规则以及未分解等。自由－自由辐射连续谱还可以帮助计算出尺度、电子密度以及质量等参数。电离氢区的膨胀及对周围分子云的反馈作用，可能诱导新一代恒星形成，是恒星触发形成的机制之一。

在 80 年代后，大型射毫米、亚毫米电望远镜及热辐射探测阵列和干涉仪开始兴建，陆续投入使用。毫米和毫亚毫米波段有多个连续谱巡天，例如麦克斯韦望远镜的 SCUBA 450/850 微米巡天，加州理工学院亚毫米波天文台（CSO）的 1.1 毫米巡天以及阿塔卡马探路者实验望远镜的 ATLASGAL 850 微米巡天。空间观测例如赫歇尔空间天文台等也获得了多个波段的资料。以连续谱分布为引导进行谱线观测是搜寻恒星形成区的有效途径。针对 APEX 望远镜大区域星系观测（ATLASGAL）的后续谱线跟踪观测结果，已经证认出一批 UCHⅡ 区、I 型甲醇脉泽以及大质量无星核。从多个波段的尘埃连续谱流量做出的能谱分布，可以获得辐射源的温度、密度、质量等参数，研究辐射区域演化状态。

（吴月芳）

恒星形成指针 star formation indicator 可用以估算星系中当前恒星形成率的单波段或多波段电磁辐射性质。恒星的形成具有成团性和**初始质量函数**的相似性，由于质量越大的恒星寿命越短，所以当星系中存在年轻的大质量恒星时，可以认为其正在经历恒星形成过程。在实测上，常用与大质量恒星的存在而相关的辐射作为恒星形成指针。这些辐射或直接来源于大质量的恒星，或由大质量的恒星诱发。前者如来自大质量恒星光球的远紫外波段的辐射；后者如氢的复合线及红外波段的辐射，它们分别来自被大质量恒星电离的周边气体和被大质量恒星加热的尘埃。由于在实际应用中，每一种恒星形成指针都存在一定的缺陷（比如受消光影响以及观测手段的限制），所以人们往往通过两类或多类恒星形成指针以及它们的组合来更好地示踪**星系中的恒星形成**。

（吴　宏）

恒星晕 stellar halo **银河系**外围近似球状的物质分布，以较年老的场星和**球状星团**以及**星流**为主。见**银晕**。

恒星直径 stellar diameter 恒星的实际直径，是恒星的基本参量之一，又称真直径。求恒星直径的方法大体有：①分析**月掩星**时被掩星亮度的变化求出被掩星的角直径，如再知道该星的距离，便可求得该星的真直径。②用各种干涉法（如强度干涉、光斑干涉等）测得恒星角直径，再由距离求真直径。③由绝对热星等（或恒星全波辐射光度）和表面**有效温度**（反映单位表面积的发光量）求出表面积，从而得出真直径。④双谱分光双星有了分光轨道解，如果它兼是**食双星**并能由光变曲线得出测光解，则可得每一子星的真直径。⑤部分**脉动变星**有了合适的视向速度曲线、光变曲线和反映表面有效温度的**色指数**曲线，可以求出相应于一定位相时的真直径，这叫作威舍林克法。此外，还有其他一些方法。

一些恒星的半径

星名	特点	半径（太阳半径）
天狼乙	白矮星	0.0073 ± 0.0012
天龙 CM 甲	红矮星	0.252 ± 0.008
天龙 CM 乙	红矮星	0.252 ± 0.007
南门二丙（半人马座比邻星）	矮星	0.38
河鼓二（牛郎星）	蓝矮星（或亚巨星）	1.68 ± 0.08
织女一	蓝矮星	2.76 ± 0.14
天狼甲	蓝矮星	1.678 ± 0.047
大陵五甲	蓝矮星	3.08（极半径）
大陵五乙	黄亚巨星	3.23（极半径）
五车二甲	黄巨星	14
五车二乙	黄巨星	8.9
大角	红巨星	23.5 ± 2.3
毕宿五	红巨星	46.6 ± 5.1
参宿二	蓝超巨星	34
参宿七	蓝超巨星	约 77
天津四	蓝超巨星	约 106
参宿四	红超巨星	约 900
仙王座 VV 甲	红超巨星	约 1600
HR237	红超巨星	约 1800

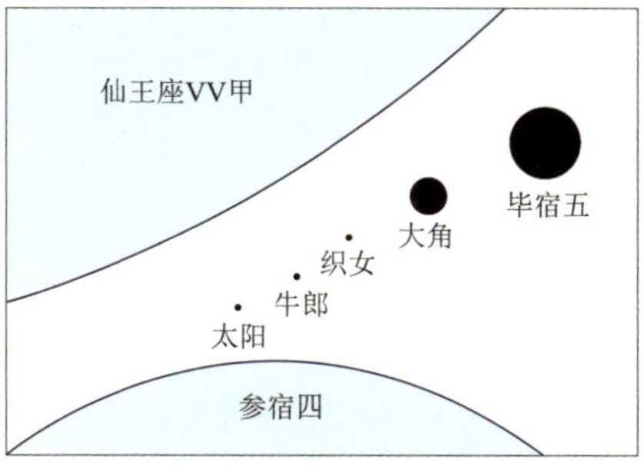

图 1　红超巨星同太阳大小对比

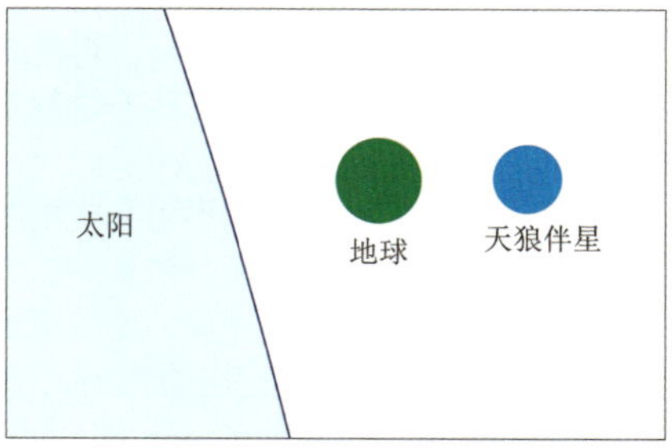

图 2　天狼伴星、地球、太阳大小对比

不同恒星的真直径差别非常巨大。**白矮星**的半径约为太阳的百分之一量级，即地球半径的量级。**中子星**的半径理论值通常取为约 10 千米。红超巨星**参宿四**的半径约为太阳的 900 倍，比火星绕日轨道半径大得多。食双星仙王座 VV 中的红超巨星半径约为太阳半径的 1600 倍，比木星绕日轨道半径还大。某些**红外星**的半径大概比红超巨星还要大。

（沈良照）

恒星质量 stellar mass 恒星所含物质量的多少。是其最重要的物理参量之一。恒星质量是恒星结构和恒星演化的决定性因素。求恒星质量最基本的方法是利用**物理双星**的轨道运动。所求得的质量称为动力学质量。具体方法如下：①**目视双星**有可靠的**视差**，可应用开普勒第三定律，由轨道半长轴的真长度和轨道周期算出两子星的质量和，再由两子星离公共质心距离的比值得知两子星的质量比，进而求出每一子星的质量。用这种方法求得的天狼甲、天狼乙两星的质量分别为 2.143 和 1.053 太阳质量。②双谱分光双星已得分光解，而这对**双星**又是**食双星**，并已知其测光解中的轨道倾角，进而可求得两子星的质量。用此方法求得的食双星大陵五甲、大陵五乙两星的质量分别为 3.7 和 0.81 太阳质量。③双谱分光双星已得分光解，而这对双星又是干涉双星，并已知其轨道倾角，由此可求得两子星的质量。用此方法求得的角宿一甲、角宿一乙两星的质量分别为 10.9 和 6.8 太阳质量。④双谱分光双星分光解加上由偏振观测所得轨道倾角进而也可得出两子星的质量。如普拉斯基特（Plaskett）星（HD47129 = HR2422，麒麟座中的一个 6 等星）的质量就是这样推算出来的。

求恒星质量的其他方法还有：利用已

知半径的**白矮星**的引力红移量求白矮星的质量；根据真半径和表面重力加速度推算恒星的质量(即分光质量或称大气质量)；根据恒星的质量和光度的统计关系（**质光关系**），从光度估计质量；利用恒星在**赫罗图**上的理论演化轨迹估计恒星质量（称为“演化质量”)；对已知真半径的**脉动变星**，可由脉动周期估算平均密度，从而得出质量（称为“脉动质量”)。但这些方法都不如动力学质量方法可靠。

许多恒星的质量数据仍不可靠或精度甚低，这包括**大角**、**老人星**、**织女一**、**河鼓二**、**参宿四**、**心宿二**等亮星。要编出规模可观的精确的恒星质量表还需要做很多工作。恒星质量的范围是在百分之几太阳质量（如某些**红矮星**，特别是物理双星的子星）到120太阳质量之间，有时可能更大，但大多数恒星的质量在0.1～10太阳质量。1978～1979年有人综合**X射线双星**的资料得出其中**中子星**平均质量为1.6±0.3太阳质量。恒星的质量范围比光度和直径范围小得多。一些恒星的质量随着时间而变化。除了热核反应把质量不断转变为辐射能以外，许多恒星还因大气膨胀或抛射物质而不断损失质量。**新星**、**再发新星**发亮时抛出质量，**超新星**爆发后质量可能大大减少。**密近双星**有时一颗子星的质量会逐渐转移到另一颗子星上去。

（沈良照）

恒星紫外辐射 stellar ultraviolet radiation 恒星在紫外波段最强的辐射。研究表明，大多数恒星都存在紫外辐射，只是辐射的强度和颜色不同，基于大样本**光谱巡天**数据和**星系演化探测器**（GALEX）档案数据的统计分析证实了这一点。对于早型星（O、B和A型），**恒星大气理论模型**预言它们会存在强紫外辐射。而且观测结果与理论模型一致，紫外辐射起源于高温的恒星光球层大气。无论是近紫外还是远紫外波段，这种一致性延续到早F型恒星。在远紫外波段，从晚F型恒星开始，有相当一部分恒星的紫外辐射与大气理论模型相比，存在显著的蓝色超出。在近紫外波段，这种超出开始于晚K型恒星。现在普遍认为，紫外波段的超出起源于恒星高层大气(**色球层**、过渡区和冕层），与恒星的磁活动紧密相关。磁重联过程把高层大气加热到很高的温度，在紫外波段辐射出显著的能量，导致这部分能量无法使用光球层大气模型解释，产生偏离。而且，在紫外光谱研究中，晚型恒星存在众多的发射线（如Fe、C、Si），这暗示着稀薄高温气体的存在。恒星的光变研究表明，在紫外波段，尤其是远紫外波段，晚型恒星的光变更加显著。而且，**变星**紫外光变的幅度也显著高于光学波段。例如，天琴座RR变星的紫外星等振幅，可以达到光学波段的十倍。一方面，恒星紫外辐射的研究对于恒星分类也有着重要的意义。结合紫外与红外波段的辐射，可以有效地揭示**双星**系统里的**白矮星**伴星，同时，很好地区分M型巨星与**矮星**。另一方面，恒星的紫外辐射，尤其是年轻恒星的紫外辐射是星际气体光致电离的主要来源，与红外辐射相结合，可以追踪星系的恒星形成速率和内部消光。基于GALEX的邻近星系测光数据表明，由紫外和红外测光组成的**色指数**，可以很好地区分早型(椭圆和透镜型）和晚型（旋涡、棒旋和不规则）星系，并估计晚型星系的内部消光。

（白 宇）

恒星紫外望远镜 celestial ultraviolet telescope 用于紫外波段观测恒星的天文望远镜。恒星的紫外辐射通常比太阳的弱得多。在卫星上探测到最强的**恒星紫外辐射**通量只有太阳的百万分之一，因而对恒星紫外望远镜灵敏度的要求也比**太阳紫外望远镜**高得多，口径一般都要大于25厘米。为了减少背景辐射，使望远镜有较高的灵敏度，视场就不宜太大。对于波长为1700～3100埃的中紫外辐射，通常采用反射光学系统。它的优点在于能完全消除色差，而且口径可以做得很大，能够探测银河系恒星、**星云**与河外星系的紫外辐射。对于波长小于300埃的远紫外辐射，垂直入射到反射镜表面很容易被吸收，一般采用掠入射光学系统（见**掠射X射线望远镜**）。为了提高望远镜的灵敏度，观测更多的弱紫外源，除增大望远镜口径、利用高反射膜系以外，还可采用多层结构，把数套同轴共焦圆锥曲面套叠在一起。几种典型的紫外望远镜性能见表。

（范大雄）

几种典型的紫外望远镜性能表

安装所在	类型	主镜直径（厘米）	副镜直径（厘米）	焦比	空间分辨率（角秒）	视场（角分）	附属仪器	波段范围（埃）	光谱分辨率（埃）	完成时间
轨道天文台2号	史瓦西型	30	15	f/2.1	30	144	无	1100～2000	无	1968
轨道天文台3号	卡塞格林型	92	30	f/1.6	5	1	扫描分光计	1000～4000	2、8、64	1970
国际紫外探险者	里奇-克列基昂型	45		f/15	1	10	阶梯光栅光谱仪	1190～3020 1150～3260	0.1～0.2 5～7	1978
探空火箭	沃尔特-史瓦西Ⅱ型	38	20	f/4.2	60～120	60	无	100～1000	无	1977
探空火箭	沃尔特-史瓦西Ⅱ型	38	5	f/10	60	10	远紫外分光计	100～500	25	1977

恒星自转 stellar rotation 恒星绕自身的转轴转动。20世纪初有人在研究**食双星**天秤座δ和金牛座λ视向速度曲线的畸变现象时，首次发现了恒星自转。

恒星自转会使光谱吸收线加宽，因此可以根据谱线的宽度测定自转速度。实际上，测量的结果只是恒星自转线速度矢量在视线方向的投影。测定恒星自转的经典方法是，在简化的条件下，计算出一套对应于不同自转速度值的理论谱线轮廓，再和观测轮廓相比较。自转还会影响恒星表面亮度分布、脉动和磁场，也会影响恒星光谱分类和致密星的理论质量上限等。

不同光谱型恒星的自转速度

光谱型	平均赤道自转速度 $\bar{v}$ 巨星（千米/秒）	平均赤道自转速度 $\bar{v}$ 主序星（千米/秒）	$v_{极大}$（千米/秒）	$v_{临界}$（千米/秒）
O5		180	400	
B0	95	200	420	630
B5	120	230	390	500
A0	140	190	320	450
A5	160	150	250	410
F0	130	100	180	400
F5	60	30	100	400
G0	20	4		
K,M	＜12	1		

不同类型的天体具有不同的自转速度。图中清楚表明，Be 星属于快速自转星，晚于 A 和 F 型**巨星**的自转比对应光谱型的**主序星**快得多。星族Ⅱ的星自转最小。数以千计恒星的自转速度投影值已经测定。表中列出不同光谱型恒星的平均赤道自转速

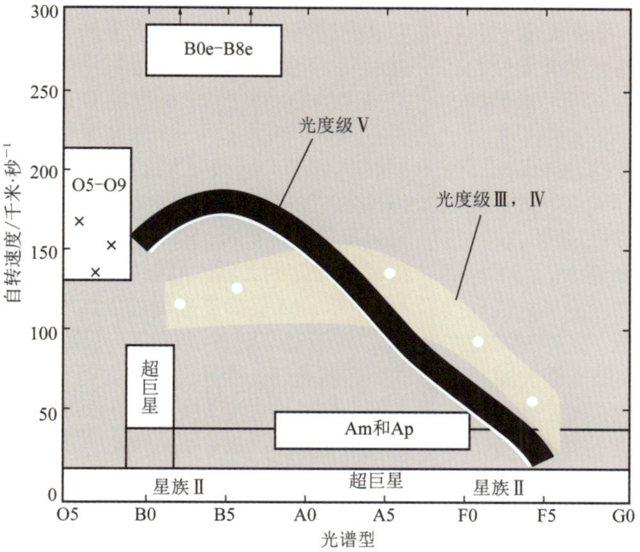

不同类型天体的自转速度观测平均值与正常主序星比较

度$\bar{v}$，以及每一类中所获得的最大赤道自转速度$v_{极大}$，以及当星体外层符合洛希界面（见**临界等位面**）时所限定的临界值$v_{临界}$。表中可见主序星和巨星之间存在显著差异。高速自转只发生在早型星特别是早型发射线星中，不会出现在晚型星、**超巨星**、**造父变星**和**长周期变星**中。（高为是）

红矮星 red dwarf　在**赫罗图**上居于主序的低质量尾部的星。它的表面**有效温度**在 2200～4000K。质量介于**褐矮星**和小质量恒星之间，即太阳质量的 0.07～0.6 倍。它的直径在太阳直径的 0.1～0.6 倍。太阳、红矮星、褐矮星和木星之间的相对大小如图所示。观测表明**银河系**以及其他星系中大多数的恒星都是红矮星。

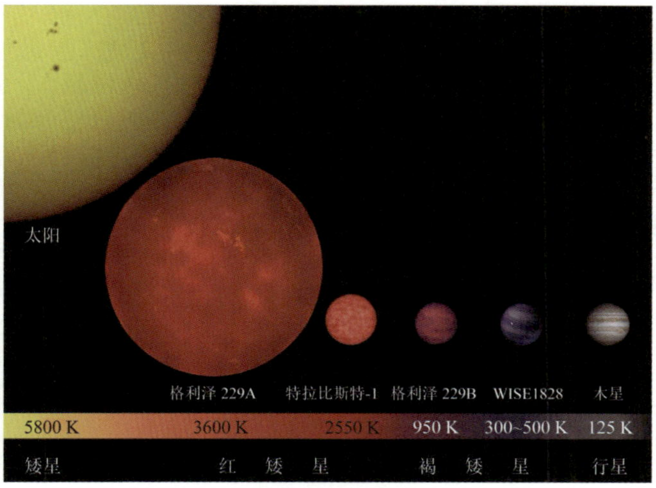

几种类型星体比较

特点和性质　红矮星的名称最早出现于 1915 年，用来泛指温度相对较低的红色主序恒星。对红矮星观测和物理参量还没有确切的界定。红矮星确定的主要依据是与表面温度相关的颜色。恒星的温度或颜色主要取决于其质量，另外也受其金属丰度的影响。与同质量的红矮星相比较，金属丰度更低的红亚矮星的颜色偏蓝，或者说表面温度偏高。红矮星的范围与甚小质量恒星近似。因为**恒星质量**的直接测量非常困难，所以甚小质量恒星也没有确切的质量边界，大体指质量小于 0.5～0.6 倍太阳质量的恒星。虽然人们对红矮星的温度、光谱型和质量的下限没有确切的界定，但是原则上应该到最小质量的恒星为止。因为我们通常把质量低于最小质量恒星的亚恒星天体称为褐矮星。红矮星与褐矮星之间的质量边界与金属丰度相关，所以它们在不同金属丰度下质量范围有少许重叠。所以大质量的贫金属褐矮星会比最小质量富金属红矮星的质量稍大。绝大多数的红矮星具有 M 型光谱型。晚型 K 型矮星一般也被称为红矮星。具有早型 L 型光谱型的最小质量恒星也属于红矮星。红矮星和褐矮星的温度和大气与它们金属丰度和年龄相关，所以在不同金属丰度和年龄下它们的光谱型范围也有重叠。例如年轻的大质量褐矮星具有晚型 M 型光谱型。

红矮星的光度和表面温度低，其能量辐射峰值分布在红光和近红外波段。质量小于约 0.35 倍太阳质量的红矮星内部是全对流的。其中心区氢核聚变反应产生的氦不断与外部的物质发生混合。质量越小的红矮星，其核反应速率越低，寿命也越长，且寿命远远超过宇宙的年龄。理论计算显示质量大于约 0.25 太阳质量的红矮星可以演化到**红巨星**阶段，但是需要远大于**宇宙年龄**的时间。质量为 0.25～0.08 太阳质量的红矮星经过 1～12 兆年的演化后，会变成蓝矮星并最终变成**白矮星**。

红矮星的核反应速率低，较好地保留了其形成初期的化学组成。所以红矮星，特别是贫金属的红亚矮星，可以被用来研究银河系的化学演化史。斯隆数字巡天（SDSS）和**大天区面积多目标光纤光谱天文望远镜**（LAMOST）等**光谱巡天**促进了红矮星以及红亚矮星的观测研究。规划中的 WEAVE 和 4MOST 等中高分辨率光谱巡天将会为红矮星的金属丰度和径向速度等参量的研究提供海量的观测数据资源。2013 年发射的 Gaia 天体测量卫星，已提供大量红矮星的自行速度、径向速度和距离等重要的观测参量。

在红矮星周围不断发现有行星存在。观测研究显示红矮星周围的岩质行星比气态行星更为普遍，而且岩质行星出现在其宜居带内的比例也高。数值模拟显示很多红矮星周围的类地行星最为普遍，而且其行星表面会有海洋覆盖。系外行星探测领域的强劲发展，推动了对红矮星的金属丰度、磁活动性和光变周期等参量的研究。随着观测设备进步和观测精度的提高，将有越来越多的系外行星探测望远镜指向红矮星。

重要的红矮星　以下列出 5 颗具有重要研究意义的红矮星。

比邻星（Proxima）　1915 年被发现。是一颗 M5.5 型的红矮星，是离太阳最近的恒星，也是半人马座 α 三星系统（Alpha Centauri ABC）的第三星。它是一颗 M5.5 型的红矮星，2016 年发现**比邻星**周围的宜居带内有一颗类地行星（Proxima b）。已有团队在计划向 Proxima b 发射人造飞行器。

巴纳德星（Barnard's star）　1888 年最早被观测到。是一颗 M4 型红矮星。E.E. 巴纳德于 1916 年首次测量了它极高的自行速度。**巴纳德星**是已知的自行速度最大的恒星。

卡普坦星（Kapteyn's star）　于 1898 年被 J.卡普坦发现。是一颗 sdM1 型红亚矮星，也是离太阳最近的贫金属恒星。2014 年发现卡普坦星周围可能有两颗质量分别为地球的 5 倍和 7 倍的岩质行星。

格利泽 229（Gliese 229）　是一颗 M1 型红矮星。是第一颗被发现的 T 型褐矮星（即光谱型为 T 的褐矮星）Gliese 229B 的

主星。

特拉比斯特-1（TRAPPIST-1） 是一颗M8型的红矮星。2017年发现TRAPPIST-1周围有7颗类地行星，其中3颗在其宜居带内。 （张曾华）

红巨星 red giant 恒星光谱分类中光度级为Ⅲ、光谱型为K或更晚的巨星（也有人把光谱型为F和更晚型的巨星称为红巨星）。肉眼所见的红巨星中最亮的是大角（光谱分类为K2Ⅲp），离地球最近的是北河三（K0Ⅲb或K0Ⅲ）和大角。现代恒星演化理论认为，主星序中的很大一段恒星在其中心氢聚变为氦的核反应完毕后，都要向赫罗图上的红巨星区演化。他们的演化途程范围在图上形成一个漏斗状区域，称为漏斗效应。恒星从主星序向红巨星的演化同质量损失和角动量损失可能有很大关系。按一般理论，红巨星应有很厚的对流包层。一般认为，不少恒星在红巨星阶段大概要失去外层物质（这种物质可能形成行星状星云），然后成为白矮星。看来红巨星是大多数恒星要经过的重要演化阶段，但要明确红巨星前后的演化过程，还需要解决许多实测问题和理论问题。

太阳已经耗掉了中心区原有氢含量的三分之一左右，将来它结束中心区氢聚变为氦的阶段后，也会演化为红巨星。虽然毕宿五（光谱分类为K5Ⅲ）和大角都是红巨星，但前者的大气化学组成类似太阳，属于星族Ⅰ，后者按大气化学组成和某些其他特征则属于星族Ⅱ，这两颗星的演化史看来有重大的差异。红巨星鲸鱼座o（光谱分类为M5eⅢ～M9eⅢ）是有名的变星，是长周期变星的典型星。它同一颗蓝色低光度变星鲸鱼座VZ组成目视物理双星。以鲸鱼座o为代表的长周期变星中有不少已测得来自分子微波激射源的射电谱线辐射。密近双星中也有红巨星，例如食双星巨蟹座RZ包含光谱分类为K2Ⅲ和K4Ⅲ的一对红巨星，轨道周期约21.64天；又如再发新星北冕座T是轨道周期为227.5天的分光双星，包含一颗M型红巨星和一颗蓝星。很多银河星团和球状星团都包含有红巨星。年轻的银河星团如昴星团中没有红巨星。年老的银河星团中有的可以找到红巨星。球状星团中普遍有红巨星，许多球状星团中最亮的星就是红巨星。在有的河外星系中也已经发现红巨星。研究星团和星系中红巨星的化学组成、物理参量和运动特征等对于认识所在星团和星系以及不同星族恒星的特性和演化非常重要。

（沈良照）

红团簇星 red clump star 在赫罗图上，分布在温度4000～5000K且光度50～80倍太阳光度范围内的恒星聚团。一般认为，红团簇星是富金属的小质量水平分支恒星。它们的初始质量在1～2太阳质量，经过主序和红巨星阶段的演化之后，发生氦闪耀，然后进入稳定的中心氦核聚变燃烧阶段，属于恒星演化晚期的水平分支星，且位于水平分支的红端。在红团簇星阶段，其光谱型为GK型，恒星在这个阶段持续的时间在一亿年左右。

在小质量恒星的红巨星演化阶段，恒星中心是氦核，电子处于简并状态，在氦核表面进行着氢聚变为氦的核反应。在这个过程中，氦核质量不断增大，而体积则不断收缩。当氦核质量增大到某一临界质量（0.4～0.5倍太阳质量）的时候（此时恒星光度约为3000倍太阳光度），氦核的收缩会使温度升高，从而引发氦的核聚变反应。但是，在电子高度简并状态下，氦核聚变反应是以非稳定的爆炸式进行，持续时间很短，被称为氦闪耀。通过数次氦闪耀之后，氦核解除电子简并，进入稳定的中心氦核聚变燃烧阶段。与此同时，氦闪耀造成的氦核膨胀使得氢聚变燃烧壳层的温度降低，从而恒星的光度下降。此后，恒星进入水平分支演化阶段。因为氦闪耀时的氦核临界质量是比较固定的，基本不依赖于恒星的总质量，所以不同质量的恒星进入水平分支演化阶段时的光度是基本相当的。而此类富金属的恒星，由于不透明度大，进入水平分支演化阶段时的有效温度都很低，在5000K以下，但略高于红巨星的温度。这两个效果使其具有基本一致的温度和光度，造成了富金属小质量水平分支恒星（即红团簇星）在赫罗图上的聚团现象。中等质量和大质量的恒星不会经过氦闪耀阶段，而贫金属水平分支恒星的有效温度可以很高，都不会形成红团簇星。

在观测中，红团簇星的温度和光度的聚团性，使得其很容易辨认；而且，由于它们的光度统一，可以被用作标准烛光，用来测定星团的距离。 （张钱生）

红外辐射的产生与吸收 emission and absorption of infrared radiation 产生红外线的物理过程。为理解红外天文学在人们研究宇宙的过程中所起的重要作用，我们需要理解产生红外线的物理过程。红外线产生的机制通常有三种：①原子、分子热运动产生的热辐射，产生包含所有频率的连续辐射谱。②原子、分子在不同能级之间跃迁，会产生某个特征频率的量子化、分立的发射或吸收谱线。③相对论性带电粒子在磁场中沿弯曲路径运动时，发出同步辐射，通常产生非热的幂率连续谱。

热辐射 组成宇宙中的所有物体的基本粒子、原子和分子都在不断地振动，这种热振动会产生电磁辐射。物体温度越高，振动频率越快，发射出来的光子能量就越高。天文和物理学家通常用黑体概念来描述热辐射发射，该概念由G.R.基尔霍夫在1860年引入。一个理想黑体是一个能够吸收所有入射电磁辐射的理想物体，根据基尔霍夫定律，在给定波长下，物体的辐射率与吸收率之比只取决于它的温度，所以温度一定时，黑体的辐射率是最大的。1900年，M.普朗克发现处于热平衡的黑体，其辐射率随波长的分布只跟温度有关，这就是普朗克黑体辐射定律。而黑体的峰值波长也直接取决于辐射体的温度，它们之间的关系：

$$\lambda T_{峰值} = 2898\mu m \cdot K$$

称为维恩位移定律。黑体温度越高，辐射峰值波长越短；越冷，峰值波长则越长。天体面向观测者体，一些恒星的光球层近似于一定温度的表面通常可视为近似于特定温度的黑体，并被薄薄的尘埃壳包围，这些尘埃壳像较低温度的黑体一样辐射。

所以，对天体热光谱的观测可以告诉人们天体的温度（图1），通常把与恒星光度相同的黑体温度，定义为恒星的有效温度。温度的量化方法有几种，包括摄氏温标、开尔文温标等。天文和物理学家更喜欢用开尔文温标，0K表示绝对零度（约−273.15℃），即所有物质的热运动都停止的温度；水的三相点温度273.16K（0.01℃）；宇宙微波背景的温度2.73K（−270.42℃）；而太阳温度约为5800K，黑体光谱峰值约在0.5微米的黄绿光波段。据维恩位移定律，温度低于3700K的天体电磁波辐射主要集中在红外区。如室温约300K（25℃），在波长约10微米的中红外波段发射最强，但在可见光下却难以察觉。所以利用红外线，我们可以研究温度太低无法产生可见光的天体。行星、恒星和星系在其生命周期中发生重大事件时，如原行星盘及行星形成、年轻恒星形成、老年恒星濒临死亡、星系形成等，往往伴随大量的气体和尘埃。尘埃会大量吸收可见光和紫外线，但在红外波段相对透明。恒星可将周围尘埃加热到100～1000K，在5～25微米的中红外区再次辐射。远红外区可以研究冷尘埃和冷分子云（10～30K）的发射。

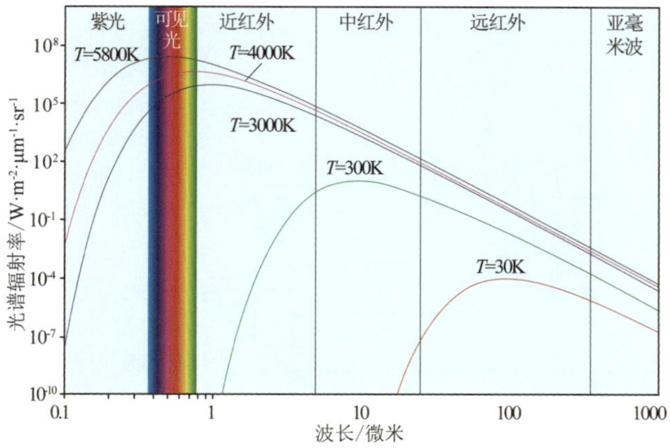

太阳温度约 5800K，峰值在可见光波段；更冷物体峰值波长更长，室温约 300K，在波长 10 微米的中红外发射最强；星际冷尘埃云约 30K，在波长约 100 微米远红外发射最强

图 1　不同温度下的黑体辐射谱

能级跃迁　原子能级跃迁　根据量子力学，单个原子或分子只能处于有限数量的分立能量状态。光子的能量也是量子化的，能量取决于其波长（或频率）：$E = h\nu$。当原子被一个光子击中，若光子能量与原子某两能级跃迁的能量匹配，则该光子就会被吸收，原子从低能级激发跃迁到高能级，这个过程会产生特定波长的光谱吸收线。而处于激发态的原子通过发射相同能量的光子自发从高能激发态衰变回低能态，会产生特定波长的发射线，谱线的确切波长取决于原子的详细特性（图 2）。

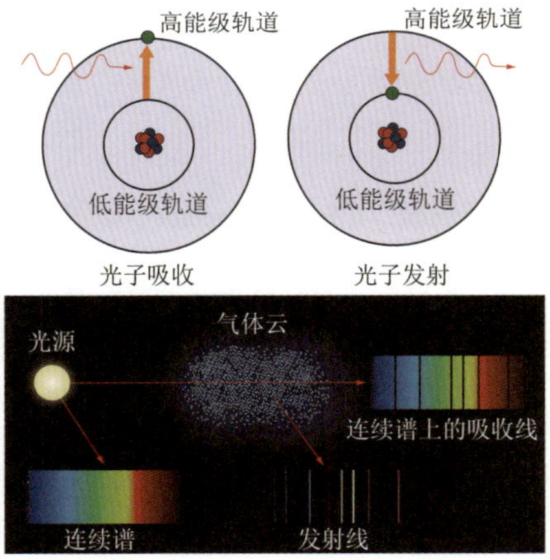

上图：原子吸收特定能量的光子，从低能级轨道跃迁到高能级轨道；原子发射光子，从高能级轨道跃迁到低能级轨道

下图：当通过较薄的气体云观测该连续谱时，可以看到叠加在连续光谱上的吸收线谱，若单独看一团受激气体原子（其后无发射源），会看到受激原子发射谱线

图 2　原子的能级跃迁（上）以及恒星产生连续光谱（下）

原子能级包括多个成分的贡献：①整个原子的平移动能（通过多普勒频移影响谱线波长）。②电子在其绕核轨道上的能量。③自旋平行矢量的电子之间的交换力。④电子的静电相互作用，与其角动量有关。⑤电子的磁矩与电子自已绕核运动产生的磁场之间的相互作用（精细结构；L-S耦合，L为轨道角动量量子数，S为自旋量子数）。⑥原子核磁矩与电子绕核磁场的相互作用（超精细结构）。⑦原子磁场与外部磁场的相互作用（**塞曼效应**）。⑧相对论修正。

原子还可以通过与电子碰撞（碰撞激发）改变其能级，而不会发射或吸收光子。原子能级的跃迁要遵从一定的选择定则，通常是指电偶极辐射跃迁的选择定则。而电四极矩辐射、磁偶极辐射以及更高级的辐射都比电偶极辐射要弱得多，在自然情况下发生概率很小，为禁戒跃迁，以这种方式跃迁的线用方括号[　]表示，称为禁线。在低密度气体占据巨大体积的条件下，禁线可有相对较大的强度，例如气体星云中，较强的禁线是二次电离氧[OⅢ]、一次电离氧[OⅡ]、一次电离氮[NⅡ]等，在红外波段可观测到大量[FeⅡ]跃迁。

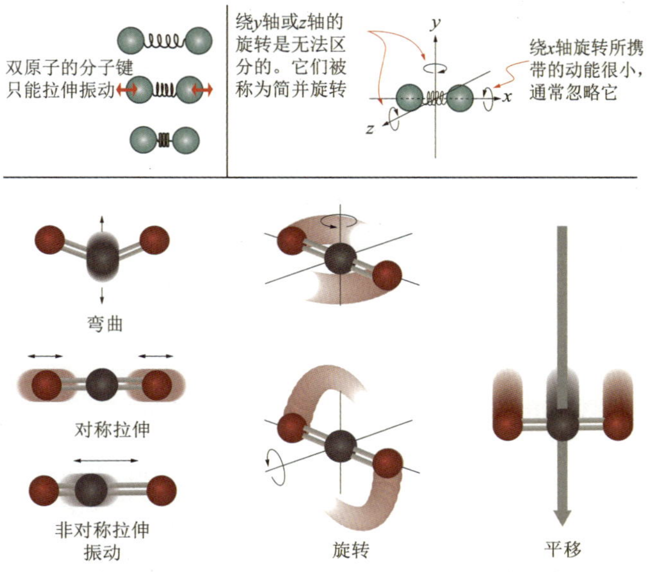

图 3　双原子分子的振动和旋转（上）以及三原子分子（CO_2）的振动、旋转和平移运动的不同模式（下）

分子能级跃迁　分子的能级按能量递减的顺序排列包括以下几方面的贡献：①电子能级跃迁，发射线在紫外或可见光波段。②振动能的变化，只发射红外谱线。③转动能变化通常发射谱线在毫米波段。

图 3 显示了双原子、三原子分子的振动和转动模式，更复杂的分子有更多的振动和转动模式。CO_2 的对称拉伸振动发射或吸收光子波长在中红外的 7.22 微米，该振动模式标记为 v_1；非对称拉伸振动对应光子波长为近红外 4.27 微米，标记为 v_3；弯曲振动模式对应中红外波长 14.97 微米，标记为 v_2。水分子 H_2O 的吸收在红外天文学中尤其重要，它的 v_1、v_2、v_3 振动模式对应波长分别为 2.74 微米、6.25 微米和 2.66 微米。**地球大气**对红外线的强烈吸收，主要就是由于大气中 H_2O 和 CO_2 分子的红外吸收，此外还有一氧化碳 CO、臭氧 O_3、甲烷 CH_4、一氧化二氮 N_2O 等分子的吸收。宇宙中有大量物质以分子形式存在，从最简单的氢分子到复杂的碳氢化合物有机分子，红外观测成为对其研究的有力手段。

同步辐射　当接近光速的相对论电子或正电子被磁场偏转时，会沿其路径切向发射出一层薄薄的电磁辐射（图 4）。这种电磁辐射于 1947 年在通用电气公司的电子同步加速器中首次观测到，因此被命名为同步辐射。同步辐射的特征包括：①幂率能谱。几乎所有同步辐射源中的相对论电子都具有幂律能量分布，因此它们不处于局部热力学平衡，通常被称为“非热”源。②偏振性，可有线偏振或圆偏振。③宽频谱。同步辐射频谱范围很宽，覆盖电磁波谱大部分范围，从射电、红外线、可见光、紫外、软X 射线一直延伸到硬 X 射线，是截至 2023 年唯一能覆盖这样宽的频谱范围又能得到高亮度的光源。④高准直性。

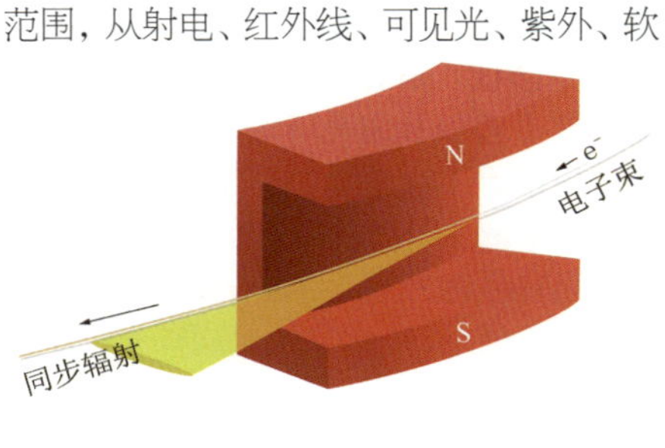

图 4　同步辐射原理示意图

同步辐射的天体源很多，**活动星系核**（AGN）通常认为由星系或**类星体**中央**超大质量黑洞**供能，它的大部分射电发射都

来自同步辐射，这是由离子在其强磁场中的引力加速度产生的。同步辐射另一类天文源是**脉冲星风星云**，其原型是**蟹状星云**及其中心的脉冲星，困在脉冲星周围强磁场中的电子会产生同步辐射。而对星际介质及其磁环境的研究可以通过同步辐射的观测，穿过介质的宇宙射线电子与相对论等离子体相互作用并发射同步辐射，天文学家可以从辐射特性推断这些区域的磁场强度和方向。

如图5所示，这张蟹状星云多波长图像结合了钱德拉X射线天文台的X射线（蓝色）、哈勃空间望远镜的可见光（黄色）和斯皮策空间望远镜的红外线（红色）。来自不同波段光的特殊组合突出了脉冲星风星云的嵌套结构。X射线揭示了蟹状星云跳动的心脏，这是近1000年前发生的**超新星**爆炸的**中子星**遗迹。这颗中子星是一颗爆炸恒星的超致密坍缩核心，是一颗以每秒旋转30次的脉冲星。一个X射线发射物质盘，喷出垂直于盘的高能粒子**喷流**，围绕着脉冲星。图中的红外线显示了同步辐射，由围绕脉冲星强磁场旋转的带电粒子流形成。可见光是由高能（紫外线和X射线）同步辐射加热的氧气发射的。这些多波长相互连接的结构表明，脉冲星是所有三架望远镜所看到的发射的主要能源。

图5 蟹状星云多波长图像

（蒙克来）

红外干涉仪 infrared interferometer 根据恒星干涉仪和**射电干涉仪**的原理而设计成应用于红外波段的仪器。由于干涉仪的分辨率取决于波长和望远镜（或射电天线）间的距离之比，而红外波长比射电波长小几个量级，所以在达到同样分辨率的要求下，红外干涉仪的基线距离比射电干涉仪缩短几个量级。在测量恒星的角径和分辨分立源时，基线距离为1千米的红外干涉仪（工作在10微米），能达到基线相距为1万千米的**甚长基线干涉仪**（工作在10厘米）的效果。红外干涉仪除可提高分辨率外，还可用来获得极高分辨率的**谱线轮廓**。但是，红外干涉仪的研究刚开始不久，还没有找到一个红外频率系统可以提供高度同步的两个以上的独立本振，以及足够稳定的宽范围的可调频激光器。所以，红外干涉仪的基线距离还没有超过20米的。

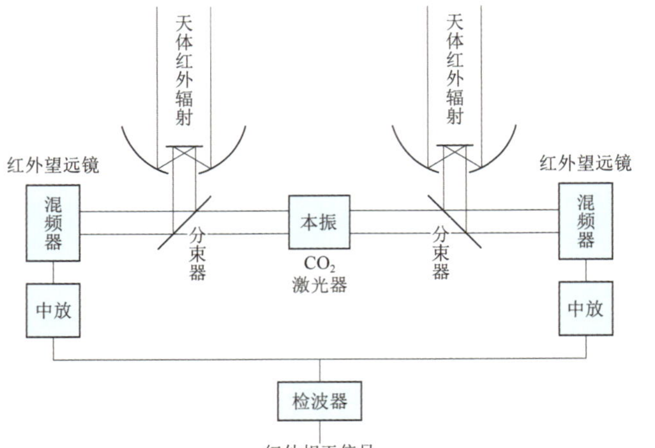

红外干涉仪结构图

（邹惠成）

红外空间天文台 infrared space observatory; ISO 欧洲空间局的**红外天文卫星**，是在红外天文卫星IRAS成功的基础上研发、用于在2.5～240微米波段进行观测的红外空间观测平台，也是第一颗可以针对特定天体开展详细研究红外卫星。红外空间天文台（见图）于1995年11月16日发射升空，1998年4月8日因液氦制冷剂耗尽而停止大部分科学观测，同年5月16日被关闭。ISO的轨道是远地点高度约7万千米、周期约24小时的高偏心率椭圆轨道，其中3/4以上的轨道周期远离地球，这样可以尽最大可能地避免地球的**热辐射**对观测产生影响。

红外空间天文台艺术图

红外空间天文台的主反射镜口径60厘米，配备有用于成像、覆盖2.5～17微米波段的ISO红外照相机（ISOCAM），用于测光、覆盖2.5～240微米超宽波段的ISO光子偏振计（ISOPHOT），以及分别覆盖2.4～45微米和45～196.8微米波段的短波分光仪（SWS）和长波分光仪（LWS），它们分别用于不同特征温度天体的红外光谱观测。除了SWS，所有仪器都需要2～4K的温度才能正常工作，所以ISO采用超流体液氦作为制冷剂，因此液氦的消耗速度也就决定了卫星的使用寿命。

在三年半的工作时间内，红外空间天文台开展了大约3万次观测，其间瞄准了近至**太阳系**成员、远至河外星系的各类天体，并借助红外光对尘埃透明的优势，研究了**银心**以及一系列**暗星云**的结构。红外空间天文台辨认了一批**褐矮星**的存在，确认了**红巨星**作为星际尘埃来源的身份，考察了原行星盘的结构，并借助红外辐射确定出在河外星系一些尘埃含量并不算太高的区域中，恒星形成速率仍然比单凭可见光的推断高很多。可以说，红外空间天文台的成功全面推进了**红外天文学**的发展。

（张 博）

红外探测器 infrared detector 能把接收的红外辐射能量转换成一种便于计量的物理量的器件。衡量红外探测器特性的几个参量是它们的量子效率、线性度、响应时间和暗电流。而读出噪声表示其读出电路的特性。

简史 近代 1800～1950年，缓慢发展。自1800年F.W.赫歇尔发现红外线到1950年的150年间，**红外天文学**发展非常缓慢。主要原因有两个，一是**地球大气**强烈的红外背景，使得天体辐射的暗弱红外信号淹没在背景噪声中；其次就是红外探测器的研制进展缓慢。在这个时期的红外探测器大事件简略列举如下：

①1821年，德国T.J.赛贝克发明首台温差电偶。

②1829年，L.诺比利制造出首台热电堆。

③1833年，M.梅洛尼改进温差电偶，其设计用了铋和锑。

④1880年，S.P.兰利发明测辐射热计，

从此，红外探测器的研究开始与热探测器联系在一起。

⑤1873 年，英国 W.史密斯发现了光导效应。

⑥1917 年，美国 T.凯斯研制出第一台红外光导装置。

⑦1930 年，研发出性能较稳定的银氧铯（Ag-O-Cs）光电管，激励了光电导管的进一步研发，光子探测器逐渐成为红外探测技术发展主流。

⑧20 世纪 40 年代，第二次世界大战期间德国科学家研制出硫化铅（PbS）光电导体，这是红外探测技术的重大突破。

1800～1950 年的 150 年间，红外天文学家利用早期的红外探测器，对月球、行星、明亮恒星和星际尘埃开展了观测和研究。到 20 世纪 50 年代末，他们已经对恒星的结构和演化以及它们在产生几乎所有化学元素中的作用方面有了很好的了解。红外天文学家开始理解恒星与星际空间物质之间的关系。现在，他们准备开辟全新的研究领域，特别是对垂死恒星和正在诞生的恒星的研究。

现代 第二次世界大战以来，军事上的迫切需求极大促进了红外探测器的快速发展。红外探测器已发展到第四代（图 1）。第一代是线性阵列光导探测器；第二代是二维阵列光伏探测器；第三代在前一代的基础上实现高像素、大面阵及双色探测；第四代进一步向更高像素、小像元和多色探测发展。

识和了解。

分类 红外探测器在原理上可分为光子探测器和热探测器两大类。

光子探测器 这类探测器由半导体晶体制成，入射光子被半导体材料吸收，产生内或外部光电效应，从而可以测定吸收的光子数。根据反应性质，可将光子探测器进一步划分为不同类型，最重要的是本征探测器、非本征探测器、光发射探测器（金属硅肖特基势垒）等。根据研发电场或磁场方式，可以有不同的模式，例如光导型、光伏型、光电磁（PEM）型和光发射型，任何一种材料体系都可以用于不同的工作模式。

本征探测器 半导体晶格中的电子有特征能级结构，导带和价带间的能量差为 E_g，即为该材料光电阈值。当一个入射光子能量 $E_\gamma > E_g$，会将价带中的一个电子激发，越过禁带进入导带，而在价带中留下一个空穴。具有自然能带结构的纯晶体称为本征半导体，典型的本征半导体有硅（Si）、锗（Ge）、砷化镓（GaAs）等。

材料能探测到光子的最大波长为：

$$\lambda_{截止} = c/\nu = c/E_g/h = hc/E_g \approx 1.24/E_g$$

式中 c 为光速；h 为普朗克常数。E_g 单位取电子伏 eV，波长单位为微米。在约 300K 时，用于可见光探测器 CCD 的硅带隙能量 E_g 约为 1.124eV，所以硅的截止波长约 1.1 微米。而红外波长带隙更小，锑化铟（InSb）截止波长约为 5 微米，碲镉汞（HgCdTe）的带隙能量可通过改变镉的相

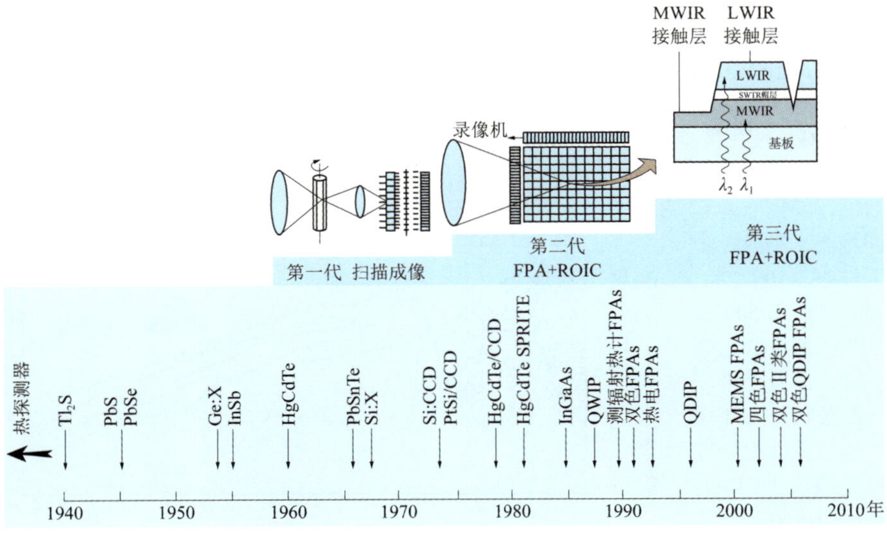

图 1 现代红外探测器发展史

在这个时期，红外天文学开始蓬勃发展，搭载各种先进红外探测器阵列的地面和空间设备，把红外探测的视野，延伸到了*系外行星*、*恒星的诞生和死亡*、*银河系*、银河系外的*星暴星系和活动星系核*，甚至早期宇宙，极大地改变了人们对宇宙的认

对含量在 1～20 微米调节。由于军事应用的推动，HgCdTe 已成为红外探测领域应用最广泛的材料。这两种材料都适合近红外观测，如*哈勃空间望远镜*（HST）的近红外照相机和多目标分光计 NICMOS，工作波段 0.8～2.4 微米，使用混合碲镉汞阵列。*詹姆斯·韦布空间望远镜*（JWST）的近红外相机 NIRCam，工作在 0.6～5 微米，使用了 10 个碲镉汞阵列，每个阵列分辨率 2048 × 2048。*斯皮策空间望远镜*（SPITZER）的红外面阵照相机（IRAC），在 3.6 微米和 4.5 微米使用了锑化铟探测器。常用材料的性能见表。

红外探测常用材料性能

材料	工作温度/K	阈值波长/微米
硅（Si）	295	1.11
锗（Ge）	295	1.85
锑化铟（InSb）	77	5.4
碲镉汞（HgCdTe）	77	2.5
硅掺砷（Si:As）	5	23
阻杂带硅掺砷（Si:As BIB）	5	30
硅掺锑（Si:Sb）		36
阻杂带硅掺锑（Si:Sb BIB）	5	40
硅掺镓（Si:Ga）	10	17.5
锗掺镓（Ge:Ga）		115
受压锗掺镓（Ge:Ga Stressed）	> 200	

非本征探测器 当需要探测超过 5 微米的中、远红外辐射时，须在半导体材料如硅和锗中掺杂其他元素的原子，这些原子能够捕获电荷载体，从而使价带和导带之间出现更多能级，能量阈值随之下降。例如用一个砷原子（元素周期表第五族）取代硅晶格中的一个硅原子（第四族），多出一个自由电子，产生 N 型电子导电性。将镓原子（第三族）取代第四族原子晶格会产生 P 型空穴导电性（图 2）。这种掺杂其他物质的半导体称为非本征半导体。

探测超过 40 微米的远红外辐射，常用材料是锗掺镓 Ge:Ga，通过施压，灵敏度范围可扩展至 210 微米。例如斯皮策空间望远镜的多波段成像光度计 MIPS、赫歇尔空间天文台的 PACS 仪器、索菲亚平流层红外天文台（SOFIA）的 FIFI 仪器等。

光发射探测器 包括杂质带光电导探测器（IBC）和阻挡杂质带探测器（BIB）。在几十微米中红外范围，常用的探测器是杂质带光电导探测器或阻挡杂质带探测器。这类探测器掺杂水平高到足以产生杂质带的红外吸收层，光子的吸收概率比标准的非本征光电导体高，探测器的厚度更小，未掺杂的阻挡层可阻挡大的暗电流。硅基杂质带探测器可探测 5～40 微米红外辐射，锗基杂质带探测器的可探测红外辐射波长为 40～200 微米，砷化镓基杂质带探测器对红外辐射的探测可拓展至 300 微米。

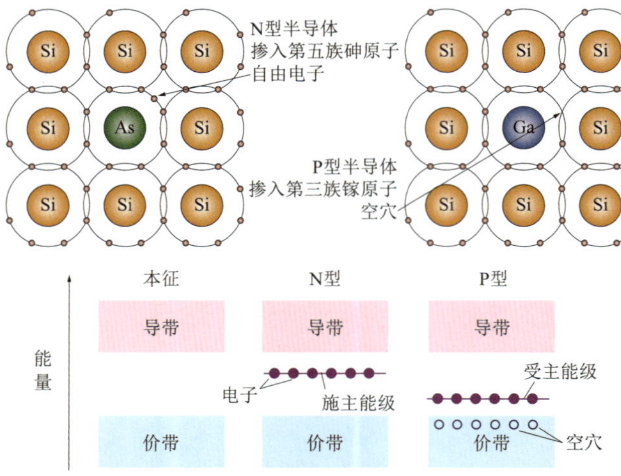

图 2 本征、非本征N型和P型半导体中的能带

斯皮策空间望远镜的红外面阵照相机(IRAC)，在6.2微米和8.0微米使用的就是杂质带硅掺砷(Si:As IBC)阵列。斯皮策的红外分光仪IRS，工作在5～40微米中红外波段，使用了阻杂带硅掺砷(Si:As BIB)和阻杂带硅掺锑(Si:Sb BIB)探测器。詹姆斯·韦布空间望远镜的中红外仪器MIRI，工作在5～28微米，使用了杂质带硅掺砷(Si:As IBC)阵列。

热探测器 红外入射光子被材料吸收后，能量不是用以激发电子，通过量子跃迁进入导带，而是转化为晶格热振动，使其温度、电动势、电阻率及自发极化强度等发生变化，根据这些变化可测定探测目标的红外辐射能量或功率。对红外技术最有用的三种方法是测辐射热计、热电效应和温差电效应。热电探测器测量内部电偏振变化，而热敏电阻测辐射热计是测量电阻的变化。

热探测器在红外天文学的早期做出了重要贡献。19世纪和20世纪初的红外天文学家利用热电偶观测月亮、行星和明亮恒星的红外辐射。20世纪F.洛发明了首个锗掺镓测辐射热计，可覆盖近、中红外。与光子探测器相比，热探测器一般工作在室温下，通常具有中等灵敏度和低响应度特性(因为探测元的加热和冷却是一个较慢过程)，但较便宜和易于使用，广泛应用于不需要高性能和响应速度的低成本领域。

红外探测器阵列 红外阵列由大量排列成行和列的单元或像素组成，分为探测器层和读出层。探测器层是一组红外敏感元件(光电导体或光电二极管，碲镉汞、锑化铟等)，读出层又称为多路复用器，使用传统的基于硅的技术构建，实现阵列的读出。这两层使用单个铟柱逐像素组装在一起，铟具有延展性和低熔点，是理想的材料。制造过程中，这两层在红外观察显微镜下对齐，通过机械压力将一层焊接到另一层上(图3)。每个像素中检测到的光子被转换成电子，这些电子被放电到像素电容中。每个像素的满井容量必须足够高，以避免饱和。红外相机的曝光时间通常不用快门控制，因为快门必须很冷才能避免辐射，而且还要快速作用。

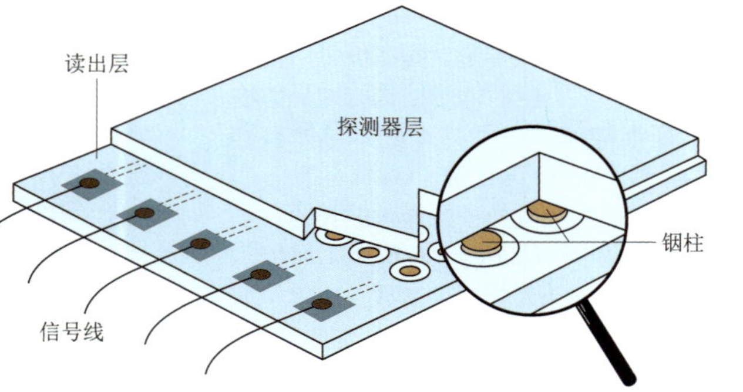

图 3 红外探测器阵列

上文提到了一些光子探测器组成的红外阵列，此外还有测辐射热计组成的阵列。赫歇尔空间天文台的光谱和光度成像接收器SPIRE，使用带有中子嬗变掺杂(NTD)锗温度传感器的辐射热计阵列作为其探测器，制成一个工作在250微米、350微米和500微米的三波段成像光度计，以及一个同时覆盖194～671微米的成像傅里叶变换光谱仪(FTS)。采用 ^{3}He 稀释制冷机，工作温度在0.3K。

红外探测器制冷 带隙越小，电子越有可能通过热激发进入导带产生噪声，因此红外探测器更需要制冷。常用的制冷系统有低温液态或固态杜瓦瓶、焦耳-汤普森开式循环系统、斯特林闭式循环系统和热电制冷器。8～14微米的红外探测器多用液氮制冷，在约77K温度下工作，空间红外探测器多用液氦制冷至4K以下。但杜瓦瓶制冷会消耗制冷剂，现在空间红外观测逐渐转向不消耗制冷剂的被动冷却加机械制冷的混合制冷方式(见**红外望远镜**)。

(郝允祥 蒙克来)

红外天空 infrared source 辐射能量集中在红外波段的天体。现已探测到的红外源几乎包括所有各类天体，如太阳系天体、恒星、**星云**、**银核**、星系和**类星体**等。

太阳系天体如行星、**小行星**、卫星以及彗星等，主要靠吸收**太阳辐射**而具有一定的表面温度，在这样的温度下再向空间发射红外线。太阳系天体的红外辐射强度取决于几个因素：它们与太阳的距离，它们与观测者的距离，太阳和观测者对它们的方位角，以及它们自身的吸收本领。这些天体离地球最近，是人们能观测到的最强红外源。同时，由于离得很近，就易于进行高分辨率的观测。据观测，**月食**时月面上有300多个热斑点，这可能起源于月面火山或月面局部导热性能的不均匀。在木星和土星上观测到有内热源存在。在彗星中也发现过红外爆发。红外光谱在行星以至卫星的大气探测方面也有许多新发现，如在金星的远红外光谱中找到了 H_2O、HCl、HF、CO 和 H_2O_2 等成分的谱线，在土星最大的卫星——土卫六的大气光谱中发现了甲烷和乙炔等谱线。

观测到的红外源绝大多数对应于恒星。恒星形成的早期和演化到晚型光谱时，都有丰富的红外辐射(见**红外星**)。**新星**爆发后可见光度迅速下降时，其红外辐射急剧增长(图1)，这是物质大量抛射的必然现象。

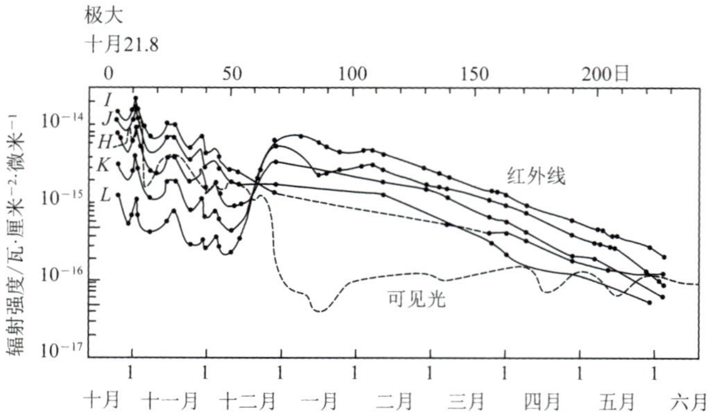

图 1 狐狸座新星的光度曲线

在**银河系**各类星云中，都观测到一些强红外源。在弥漫状的电离氢区，红外源的辐射能量大部分集中在约100微米波长处。有一些证据说明这些辐射来源于电离氢区气体内部或四周尘埃的二次

发射。在行星状星云中也观测到类似现象。对暗星云不可能进行光学观测，所以过去无法进行这方面的研究工作。红外探测手段对暗星云是有效的，例如，在波长 2 微米处观测到蛇夫座暗星云中的星团。银河系中心区是个红外辐射丰富、结构复杂的源。它的光谱在约 100 微米波段处出现峰值，说明它在远红外波段和电离氢区相似。在一些不同的红外波长处已对银河系中心区描绘出高分辨率的图像（图 2）。

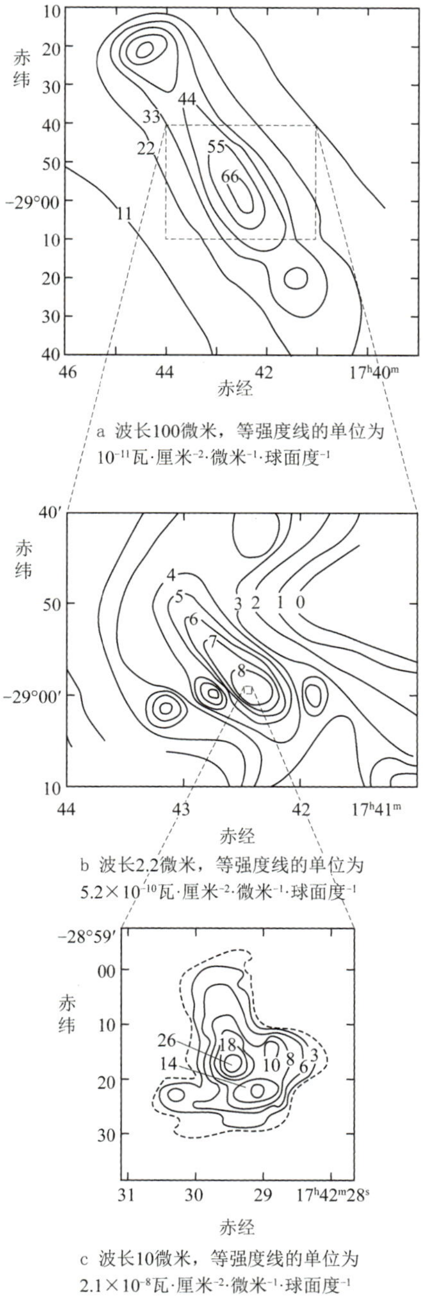

a 波长100微米，等强度线的单位为 10^{-11} 瓦·厘米$^{-2}$·微米$^{-1}$·球面度$^{-1}$

b 波长2.2微米，等强度线的单位为 5.2×10^{-10} 瓦·厘米$^{-2}$·微米$^{-1}$·球面度$^{-1}$

c 波长10微米，等强度线的单位为 2.1×10^{-8} 瓦·厘米$^{-2}$·微米$^{-1}$·球面度$^{-1}$

图 2　银河系中心区的红外强度分布

细致地研究银河系核心的结构和物理性质是研究星系核工作的基础。对其他星系做这样细致的探测还存在技术上的问题。

太阳系外红外天体数据

类别	CRL 号	对应天体名称	α（1950）	β（1950）	通量密度/央
恒星	……	船底座 η	10^h48^m	−59°25′	≈ 50 × 10^3（在 20 微米）
	1381	IRC + 10216	9^h45^m	13°30′	≈ 25 × 10^3（在 20 微米）
	1111	大犬座 VY	7^h21^m	−25°41′	≈ 11 × 10^3（在 20 微米）
	2650	天鹅座 NML	20^h45^m	39°56′	≈ 4.8 × 10^3（在 20 微米）
	2390	IRC + 10420	19^h24	11°16′	≈ 3.3 × 10^3（在 20 微米）
	1531	IRC − 30187	12^h01^m	−32°04′	≈ 2.7 × 10^3（在 20 微米）
	2210	盾牌座 EW	18^h36^m	−6°51′	≈ 2.5 × 10^3（在 20 微米）
	2251	天鹰座 AB	18^h45^m	−2°03′	≈ 2.5 × 10^3（在 20 微米）
	836	猎户座 α	5^h52^m	7°25′	≈ 2.1 × 10^3（在 20 微米）
	2071	人马座 VY	18^h05^m	−22°16′	≈ 2.1 × 10^3（在 20 微米）
行星状星云	2688	蛋状星云	21^h00^m	36°30′	≈ 2.5 × 10^3（在 20 微米）
	2713	NGC7027	21^h05^m	42°02′	≈ 0.6 × 10^3（在 20 微米）
电离氢区	2124	M17	18^h18^m	−16°13′	≈ 20 × 10^3（在 20 微米）
	779	M42	5^h33^m	−5°27′	≈ 5.9 × 10^3（在 20 微米）
	326	W3	2^h22^m	61°52′	≈ 5.6 × 10^3（在 20 微米）
	3048	NGC7538	23^h12^m	61°12′	≈ 3.6 × 10^3（在 20 微米）
分子云	779	KL 星云	5^h33^m	−5°27′	≈ 1 × 10^5（在 100 微米）
	877	麒麟座 R_2	6^h05^m	−6°23′	≈ 0.5 × 10^5（在 100 微米）
银核	2003	人马座 A	17^h43^m	−28°54′	≈ 2.6 × 10^3（在 20 微米）
星系	1388	M82	9^h52^m	69°55′	100（在 20 微米）
	……	NGC1068	2^h40^m	00°20′	60（在 20 微米）
类星体	……	蝎虎座 BL	22^h01^m	42°12′	0.2～0.7（在 10 微米）
	……	3C273	12^h27^m	2°20′	0.2～0.5（在 10 微米）

观测到的河外红外天体还包括一些类型的星系和类星体。观测到的星系大部分是属于赛弗特星系。有些光度特别强的红外星系，其红外辐射量接近太阳的 1013 倍。类星体如 3C273 的红外光度也达到这个量级或者更高。关于这些天体出人意料的强红外辐射机制问题尚未解决。

另有几个星系如 NGC1068、NGC253 和 M82 等，在其中观测到 10 微米附近的硅酸盐吸收特征。观测得知的太阳系外的一些最强的红外天体见表。

（郝允祥）

红外天文卫星　infrared satellite for astronomy　在红外波段开展天文观测的航天器。由于地球大气对波长在 5 微米以上的红外线透明度较差，同时在波长 3 微米以上的中红外波段，地面探测器的效率也往往不高，难以有效开展天文观测，因此空间红外卫星一般都重点关注波长长于 3 微米的中远红外波段，以填补地面观测的不足；同时由于太空环境本身即可避开各种地面热辐射的干扰，因此星载红外望远镜往往可以获得更高的灵敏度。

由于红外探测器成熟时间较晚，红外天文卫星直到 20 世纪 80 年代才问世，不过在空间开展红外天文观测的历史要追溯到 20 世纪 70 年代利用探空火箭开展的一系列飞行，其间一架 16.5 厘米口径的制冷望远镜在 4 微米、10 微米、20 微米和 27 微米波段总计进行了 30 分钟的观测，其间记录下了超过 2000 个红外天体。

从 1983 年的红外天文卫星 IRAS 起，比较重要的红外天文卫星包括红外空间天文台（ISO）、斯皮策空间望远镜（SST）、光亮号卫星、赫歇尔空间天文台、广域红外巡天探测者（WISE）等，还有已于 2021 年 12 月发射的詹姆斯·韦布空间望远镜（JWST），以及预计在 21 世纪 20 年代中期发射的南希·格雷斯·罗曼空间望远镜（Nancy Grace Roman space telescope）（见表）。根据科学目标，这些卫星主要可以分为两类，其中一类专注巡天，如最早的红外天文卫星 IRAS，还有光亮号、WISE 以及南希·格雷斯·罗曼空间望远镜等；另一类主要用于特定目标的定点观测，如 ISO、SST、赫歇尔和韦布空间望远镜等。

红外天文卫星主要接收的是来自天体

主要红外望远镜

运载器	名称	国家/机构	运行时间	观测范围/微米	主镜直径/厘米
机载	柯伊伯机载天文台（KAO）	美国/NASA	1974～1995	1～150	91.5
	索菲亚平流层红外天文台（SOFIA）	美国	2010～	1～655	250
卫星	红外天文卫星 IRAS	美国/英国/荷兰	1983（10 个月）	12/25/60/100	57
	红外空间天文台（ISO）	欧洲空间局	1995～1998	2.4～240	60
	斯皮策空间望远镜（Spitzer）	美国/NASA	2003～2020	3.6～160	85
	光亮号（Akari）	日本/JAXA	2006～2010	1.7～180	68.5
	赫歇尔空间天文台（Herschel）	欧洲空间局	2009～2013	55～672	350
	广域红外巡天探测者（WISE）	美国/NASA	2009～	1～500	40

的热辐射，对热量非常敏感，星载探测器也往往需要液氦等制冷剂来保持低温，所以发射时星载制冷剂的数量也就决定了卫星的使用寿命，在制冷剂耗尽后卫星要么退役，要么只能在 3～5 微米波长继续工作而无法顾及波长更长的红外光。同时为了尽量回避地球热辐射的影响，当代红外天文卫星还往往采用创新的轨道设计，如 SST 选择了地球后随轨道，而赫歇尔和 JWST 则环绕日地系统位于地球背面的拉格朗日点 L2 运行。 （张 博）

红外天文学 infrared astronomy 利用电磁波的红外波段研究天体的一门学科。是天文学和**天体物理学**的一个分支。

简史 红外辐射是英国天文学家 F.W.赫歇尔（见**赫歇尔家族**）于 1800 年在对太阳光的研究中发现的。他用三棱镜将阳光折射为从红到紫的不同色光，然后将温度计置于不同色光下，测量各色光的温度。赫歇尔发现，置于红光部分的温度计，温度上升比蓝光或紫外光下的温度计更快。随后，他把温度计移到他能看到的光线之外，即光谱中比红更红的部分，在那里人眼睛看不到任何光。令人惊讶的是，温度计的温度继续上升，最大的加热效应出现在光谱可见部分之外半英寸处，赫歇尔断言，在太阳光谱的红光之外，存在人眼看不到的光线，即红外辐射。

在赫歇尔之后的 1800～1950 年这 150 年间，红外天文学进展极其缓慢。有两个主要原因，一是大气本身的红外辐射背景很强，干扰极大；二是**红外探测器**研制缓慢。

1821 年，德国物理学家 T.塞贝克发明了热电偶，它对红外线的探测远比赫歇尔使用的温度计更灵敏。1856 年，苏格兰天文学家 P.史密斯利用热电偶探测器，探测到来自月球的红外辐射，同时发现了**地球大气对红外辐射的吸收**，要探测红外辐射需要到高海拔、干燥的天文站点。

继太阳和月球之后，天文学家尝试探测来自恒星的红外辐射。1869 年，W.哈金斯第一个研究**恒星光谱**，他使用一组称为热电堆的热电偶，首次尝试在红外波段观察恒星。声称用这种方法探测到了明亮的恒星：**轩辕十四**、大角星、天狼星和北河三。但由于他的设备问题，结果遭到质疑。

红外天文学的一个重要发展是 1881 年 S.兰利发明了测辐射热计，基于多种金属、合金和晶体的温度敏感电阻，从那时起就一直用于红外天文学，温度变化精度可达到万分之一度。1901 年，E.尼科尔斯用自己发明的辐射计首次可靠地探测到恒星大角星和织女星的红外辐射。随后，美国 W.W.科布伦茨改进了真空热电偶，用来研究恒星和行星的**热辐射**。到 1914 年，他观测了一百多颗恒星，被认为是第一个恒星红外天文学家。

红外探测技术的一个重大突破是德国科学家在第二次世界大战期间硫化铅（PbS）单元的研制。其间，由于军事需要，红外技术获得大幅度发展。20 世纪 60 年代初期，为军事发展起来的红外技术开始逐渐在自然科学研究领域应用。同时，低温制冷的光电红外探测器出现，空间技术迅猛发展，带动了红外天文的发展。70 年代，天文学家们利用高空气球、火箭和飞机携带**红外望远镜**在高层大气开展了红外天文观测。1983 年，**红外天文卫星**（IRAS）的发射，标志着现代空间红外探测的开始。

理论基础 **波段范围** 红外线是一种肉眼看不见的电磁波（图 1），波长范围 0.7～1000 微米，介于可见光（0.4～0.7 微米）和亚毫米波（10～1000 微米）之间。根据 ISO 20473 标准，红外波段细分可见表 1。

天文学家常用的红外波段划分见表 2。

地球科学家还将 8～15 微米的区域称为热红外，因为这些波长最适合研究从我们的星球辐射出来的长波热能。

宇宙空间的红外源 红外波段是观测宇宙中低温天体的最好手段。根据普朗克辐射定律，**黑体辐射**的亮度随频率的分布只取决于温度，峰值强度的频率和温度成正比（波长和温度成反比）。太阳表面看起来是黄色的，大约相当于 5800K 的黑体。猎户座的红星**参宿四**的表面温度约为 3000K。室女座蓝星**角宿一**在 2.5 万 K。对于 **X 射线辐射**，温度在 100 万到 1 亿 K。而温度低于 4000K 的天体辐射主要集中在红外区（图 2），包括原行星盘及行星形成、**行星大气及光环**、**小行星**、彗星组成结构、**褐矮星**、新形成的恒星和星系、濒死恒星周围的尘埃壳、正在形成行星的恒星周围的尘埃盘，以及正在诞生新恒星的稠密气体和尘埃云。地球的平均温度是 288K（15℃），因此地球的主要辐射波长是红外线。木星在 150K。濒死恒星周围的尘埃可能在 100～1000K，密集的原恒星云大约在 50K，而**银河系**中的尘埃云则在 10～30K。大爆炸留下的宇宙背景辐射的温度约为 3K。

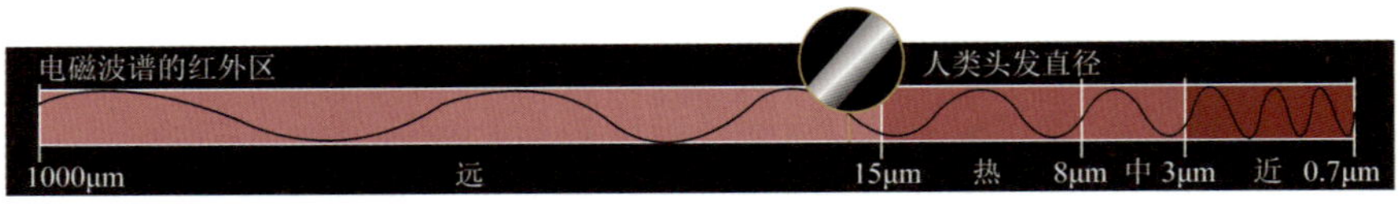

图 1 电磁波谱红外区

表 1 ISO 标准下红外波段划分

名称	缩写	波长
近红外	NIR	0.78～3 微米
中红外	MIR	3～50 微米
远红外	FIR	50～1000 微米

表 2 天文学红外波段划分

名称	缩写	波长	频率
近红外	NIR	0.7～2.5 微米	120～430 太赫
中红外	MIR	2.5～25 微米	12～120 太赫
远红外	FIR	25～1000 微米	300 吉赫～12 太赫

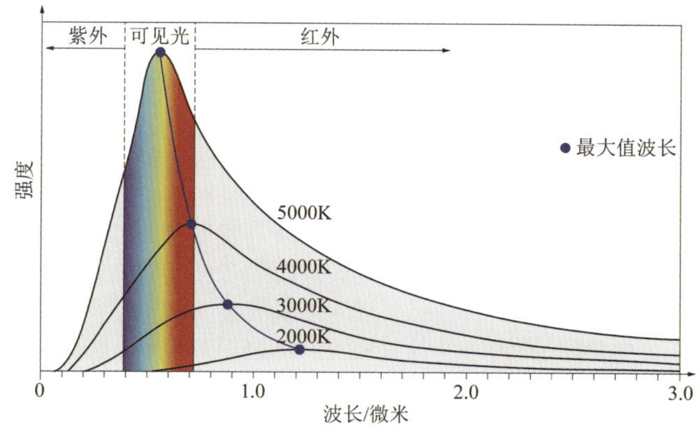

图 2　黑体辐射强度与波长关系（每条曲线对应不同黑体温度）

红外波段观测的优势　①从红外波段可以探测被宇宙尘埃遮蔽的天体。遥远天体的辐射到达地球会经过星际介质的消光，星际介质对红外波段的消光比可见光小得多。如使用**哈勃空间望远镜**的宽场照相机（WFC3）拍摄船底星云。在可见光波段，船底星云中由气体和尘埃组成的柱子被附近大质量恒星的光芒照亮，来自这些恒星的强烈辐射和快速带电粒子流正在柱子内形成新的恒星，但是由于稠密气体和尘埃的遮挡，大多数新恒星都看不见；而使用红外波段拍摄，气柱消失，显示出气体和尘埃柱后面的新生恒星（图 3）。

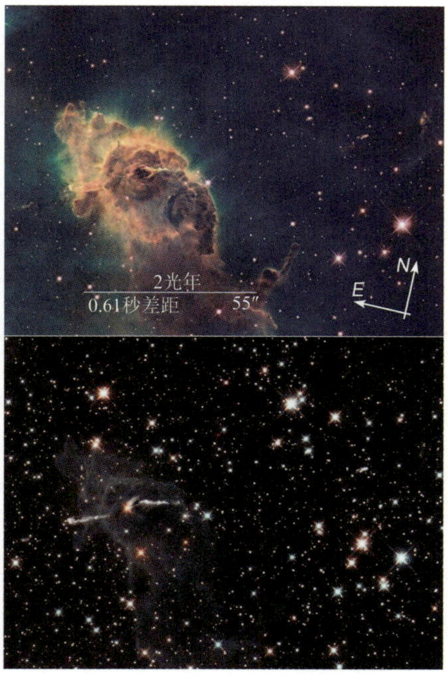

上图：可见光波段 下图：红外波段

图 3　哈勃空间望远镜宽场照相机拍摄的船底星云

②高红移的早期恒星，某些辐射波段会红移到红外波段，红外波段的天文观测，还可帮助研究宇宙的起源以及星系的形成。宇宙诞生至今在不断膨胀中，空间膨胀使光线波长拉长产生**宇宙学红移**。早期宇宙第一代恒星、星系产生的可见光，在穿越宇宙的时候被红移到红外波段。

地球大气的红外窗口　地面上进行红外观测很困难，缘于地球大气的水（H_2O）、二氧化碳（CO_2）、臭氧（O_3）、一氧化碳（CO）、甲烷（CH_4）、一氧化二氮（N_2O）等多种分子会吸收天体红外辐射。水分子是红外辐射主要吸收体，水的吸收带几乎覆盖 0.71～8 微米的波长范围。在 13.5～17 微米处出现二氧化碳吸收带。而在 22 微米到 1 毫米的远红外辐射被水大量吸收，无法到达地面。这些吸收带之间的空隙形成一些红外窗口，其中最宽的窗口在 8～13 微米（图 4）。

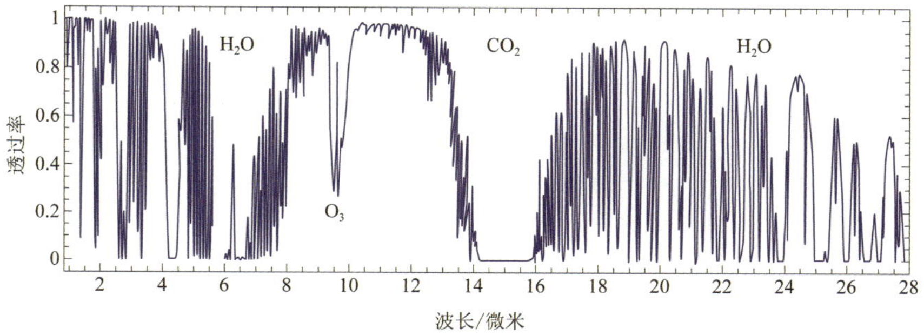

图 4　地球大气红外窗口

在这些窗口中被指定的红外测光系统为约翰逊–格拉斯（Johnson-Glass）JHKLMNQ 系统：J（1.2 微米）、H（1.6 微米）、K（2.2 微米）、L（3.6 微米）、M（5.0 微米）、N（10.6 微米）和 Q（21 微米）。地球大气不但吸收天体的红外辐射，而且由于它具有一定的温度（约 300K），其自身的热辐射对探测工作，特别是对波长大于 5 微米的观测，会造成极强的背景噪声。

所以地面的红外和亚毫米波观测一般都建在高海拔、空气极干燥地区，在这些地方可以进行 1～10 微米的红外天文探测。科学家们早期将红外探测器安装在飞机上，在 10 千米以上的大气层进行近红外观测，以减少大气吸收。如果要彻底摆脱大气和地面条件的影响，探测几十微米以上的中、远红外天体辐射，就必须到高空和大气外进行。

红外探测技术　**技术特点**　第二次世界大战后，军用红外探测技术的发展，促进了各种高灵敏红外探测器的出现，到 20 世纪 80 年代，红外天文学已经成为天文学的一个分支。

天体的红外辐射一般比较弱，地面望远镜在 10 微米波段观测红外源时，探测器上接收到的源信号是 10^{-14} 瓦的量级，而探测器上得到的背景辐射却高达 10^{-7} 瓦。强的背景噪声淹没了微弱的源信号，所以红外天文探测的一个根本问题是抑制背景噪声。红外望远镜的几个特点是：

①大口径，提高望远镜灵敏度。

②为了尽可能收集到微弱的红外辐射，还必须选择探测能力很高的红外探测器。红外天文学使用的光子探测器属于光电导体和杂质带传导探测器，碲镉汞（HgCdTe）探测器可通过改变镉的相对含量探测 0.8～20 微米的红外辐射，哈勃空间望远镜的 NICMOS 仪器就是基于碲镉汞的红外光电阵列；锑化铟（InSb）的截止波长约为 5 微米；锑化铟（InSb）的截止波长约为 5 微米；在几十微米范围内最常用的探测器是杂质带传导（IBC）或阻塞杂质带（BIB）探测器，例如**詹姆斯·韦布空间望远镜**（JWST）使用的硅掺砷中红外阻塞杂质带探测器阵列 MIRI 仪器；锗掺镓材料的截止波长可以扩展到更高的波长（可达 200 微米），如**斯皮策空间望远镜**（SST）的 MIPS 仪器。

③制冷设备必不可少。空间红外探测设备可以利用太空的低温进行被动制冷，结合太阳遮挡和辐射屏蔽，达到几十开的温度，延长任务寿命；主动制冷则通过将探测器和光学组件放置在由低温液体氮或氦冷却的低温恒温器内来实现。如液氦制冷的锗掺镓辐射热测量计可以处在 4K 甚至小于 1K 的温度，在这样的低温下，仪器本身的红外辐射影响可以忽略。不过主动冷却的任务持续时间受到低温液体供应的限制。

④采用调制技术，以抑制和消除背景辐射。

机载天文台　使用飞机在高层大气进行红外探测，主要有伽利略机载天文台、柯伊伯机载天文台和索菲亚平流层红外天文台。

①伽利略机载天文台（GAO）。

1965年美国国家航空航天局（NASA）曾利用伽利略（Galileo I）飞机研究日食，其使用经过改装的Convair-990飞机，在飞机左上方有多个观察窗，1973年该天文台停止工作。

②柯伊伯机载天文台（KAO）。

柯伊伯机载天文台是美国国家航空航天局1974年的一个国家项目，用以支持红外天文学的研究。观测平台是一架高度改装的洛克希德 C-141A Starlifter 喷气式运输机，航程可达11 000千米，能够在14千米高度进行观测。飞机搭载一架91.5厘米口径的卡塞格林反射望远镜，主要用于1～500微米的红外光谱观测。

柯伊伯机载天文台的发现包括：冥王星的大气层；天王星光环；围绕银河系中心形成的恒星环；空间复杂有机分子；彗星和木星大气中的水等。柯伊伯机载天文台于1995年退役，以开发具有更大，功能更强的红外望远镜的机载天文台——平流层红外天文台。

③索菲亚平流层红外天文台（SOFIA）。

索菲亚平流层红外天文台是2010年起，由NASA和德国航空航天中心（DLR）共同运营。他们用一架波音747SP飞机来搭载，是截至2022年最大的机载望远镜。望远镜口径2.7米，重20吨，由DLR设计、制造和维护。整个项目耗资3.3亿美元，是世界上最大、最先进、最昂贵的机载天文台。索菲亚飞行高度12千米，几乎隔绝了全部的水汽，可以使用全红外范围的85%。

索菲亚可以进行近、中、远红外观测，科学目标是研究红外宇宙，包括：恒星的生与死；新太阳系的形成；空间复杂分子的识别；太阳系中的行星、彗星和小行星；星云与星系生态系统；天体磁场；星系中心的黑洞等。

主要的空间红外探测器 截至2023年，空间红外探测器主要有：红外天文卫星IRAS、红外空间天文台、斯皮策空间望远镜、赫歇尔空间天文台、广域红外巡天探测者、凌星系外行星巡天卫星、欧几里得卫星。

①红外天文卫星（IRAS）。

是第一个用于红外天文观测的卫星，由美国、英国和荷兰联合研制。该卫星于1983年1月25日发射，是人类首次在宇宙空间进行红外巡天观测，它在8～120微米的四个宽带测光波段巡查了96%的天空，记录到245 839个红外源，使已知红外源总数增加了100倍。还获得了5000个较亮红外源的光谱。IRAS的诸多发现，大大推动了空间红外天文的发展。1983年11月21日，IRAS液氦制冷剂耗尽，观测停止。

②红外空间天文台（ISO）。

欧洲航天局研发的在2.5～240微米波段进行观测的红外空间观测平台，也是第一颗可以针对特定天体开展详细研究红外卫星。于1995年11月17日发射升空。

红外空间天文台的主反射镜口径60厘米，配备有用于成像、覆盖2.5～17微米波段的ISO红外照相机（ISOCAM），用于测光、覆盖2.5～240微米超宽波段的ISO光子偏振计（ISOPHOT），以及分别覆盖2.4～45微米和45～196.8微米波段的短波（SWS）和长波分光仪（LWS），它们分别用于不同特征温度天体的红外光谱观测。除了SWS，所有仪器都需要2～4K的温度才能正常工作，所以ISO采用超流体液氦作为制冷剂，1998年4月8日因液氦制冷剂耗尽而停止大部分科学观测，同年5月16日被关闭。

③斯皮策空间望远镜。

是美国航空航天局（NASA）“大天文台计划”四大空间天文台的最后一项任务，于2003年8月25日发射到日地第二拉格朗日点，采用绕太阳的日心轨道，是第一架与地球同步运行的空间望远镜。2009年5月15日，液氦冷却剂耗尽，斯皮策开始下阶段在较高温度下的工作，直到2020年1月，斯皮策最终停止工作。

④赫歇尔空间天文台（HSO）。

赫歇尔空间天文台是欧洲空间局主导的远红外空间天文卫星，于2009年5月14日与欧空局的普朗克卫星一同发射升空，2013年6月18日因冷却剂耗尽而结束任务。赫歇尔空间天文台的任务在于借助远红外这样一个先前为人了解较少的波段来研究低温宇宙的面貌，包括恒星和星系的形成、太阳系天体、尘埃云等。在4年的科学运转期间，赫歇尔空间天文台构筑了截至2023年最为全面的远红外天文观测数据集。

赫歇尔空间天文台是发射时口径最大、能力最强的红外空间望远镜，其主镜口径达到了3.5米，集光能力比斯皮策空间望远镜还要大20倍左右。同时，它也是第一架观测频段涵盖从远红外到亚毫米波的空间望远镜。赫歇尔空间天文台携带有三台科学观测仪器，分别是作为157～625微米波段分光仪的远红外外差式仪器（HIFI），以及用于57～670微米波段成像的分光与测光成像接收机（SPIRE）和电光导面阵照相机和分光仪（PACS）。赫歇尔望远镜的科学观测需要使用超流体液氦将仪器制冷到绝对零度以上不到3K，SPIRE和PACS更是需要几十分之一开的超低温度才能运行。

⑤广域红外巡天探测者（WISE）。

广域红外巡天探测者卫星，由美国于2009年12月14日发射升空，2011年2月1日在完成最初预定的红外波段全天巡天任务后进入休眠状态，2013年9月13日作为“新智”（NEOWISE）任务重启并工作至今，重点从巡天转为近地小天体搜寻。

广域红外巡天探测者搭载了一架口径40厘米的望远镜，它配备有工作3.4微米、4.6微米、12微米和22微米波长的4台照相机，每台相机均拥有约100万个像素，远远超过同为红外巡天卫星的IRAS（62个像素）。截至2020年11月，NEOWISE已经进行了14轮全天巡天，对将近38 000个太阳系天体进行了超过100万次观测，其中包括新发现的数百个近地小天体。

⑥凌星系外行星巡天卫星（TESS）。

TESS是一个由麻省理工学院领导和运营的NASA天体物理探索者任务，它将用两年时间利用凌星法对20万颗太阳附近（200光年以内）最亮的恒星进行全天巡天，旨在发现数千颗系外行星。TESS将覆盖85%的天空，比开普勒大400倍，将研究的恒星比开普勒卫星跟踪的恒星亮30～100倍，更容易用地面和空间天文望远镜进行后随跟踪观测，从而可以精确测量行星的质量、大小、密度和大气性质。

TESS卫星于2018年4月18日发射，同年夏季开始科学观测。搭载有4架对600～1000纳米波长敏感的2k×2k像素CCD照相机，每架覆盖24度×24度视场。卫星的观测策略是将全天划分为26个天区，对每个天区持续观测27.4天（相当于轨道周期的两倍），随后切换到下一天区。在运行的第一年里，卫星集中监测南天，第二年则切换至北天，依此类推。

TESS卫星的主要任务于2020年7月4日结束，进入了扩展任务阶段。截至2021年5月3日，发现了2657颗候选体，认证了125颗系外行星。

⑦詹姆斯·韦布空间望远镜（JWST）。

是NASA发射的下一代空间望远镜，由于技术难度和预算超标等原因，韦布空间望远镜的发射日期一再推迟，最终在2021年12月25日搭乘欧洲空间局的阿里安5型火箭升空，随后前往距离地球150万千米的日地系统第二拉格朗日点开展红外天文观测。

韦布空间望远镜的主镜口径约为 6.5 米，由 18 块镀金的铍金属六边形子反射镜组成，每块子镜边长 1.3 米。JWST 将装备 4 台照相机和分光仪，分别是近红外照相机（NIRCam）、近红外分光仪（NIRSpec）、**精密导星传感器**/近红外成像仪与无缝摄谱仪（FGS/NIRISS），以及中红外仪器（MIRI），它们的工作波长分别是 0.6～5 微米、0.6～5.3 微米、0.6～5 微米和 4.9～28.8 微米，全面覆盖从可见光的橙红端到远红外的近端，灵敏度最高可达哈勃空间望远镜的 100 倍左右。韦布空间望远镜的总造价高达 88 亿美元，相当于一架地面 8～10 米级望远镜建设费用的数十倍。

韦布空间望远镜的主要科学目标包括凭借深场观测辨识宇宙极早期的星系，从而来研究宇宙的第一缕曙光与再电离期，借由大样本深度星系巡天来探索星系的形成过程，借助恒星形成区和年轻恒星的星周尘盘来了解恒星与原行星系统的形成，还有通过确定**柯伊伯带天体**等太阳系原始成员和系外行星的理化特性来认识行星系统与生命的起源。凭借其空前的高分辨率和灵敏度，JWST 将革新人们对红外宇宙的认知。

⑧欧几里得卫星（Euclid）。

欧几里得卫星（图 5）是欧洲空间局的任务，目的是研究宇宙在过去 100 亿年的膨胀历史和宇宙结构的增长，为人们理解**暗能量**，**暗物质**的确切性质提供更好的线索。

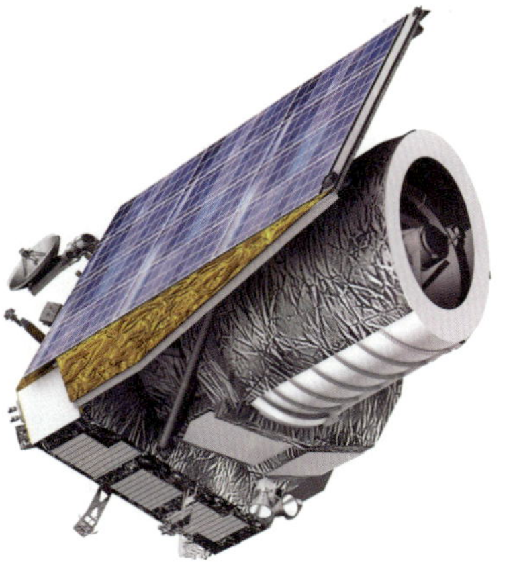

图 5　欧几里得空间望远镜

欧几里得卫星于 2023 年 7 月 1 日发射，标称寿命 6 年（到 2029 年），可能会延长 5 年。装载一架 1.2 米望远镜、一台 550～900 纳米的可视成像仪（NISP）和一台 920～2000 纳米的近红外光谱光度计（NISP）。欧几里得卫星将会以围绕地-日系统第二拉格朗日点 L2 旋转的轨道运行，将以前所未有的精度限制暗能量、广义相对论、暗物质以及宇宙的初始条件。

太空望远镜上的红外探测器　对于许多太空望远镜，只有部分仪器能够进行红外观测。下面列出了其中一些最著名的太空观测站和仪器：

①宇宙背景探测器（COBE）卫星（1989～1993）弥散红外背景实验装置（DIRBE）。

②哈勃空间望远镜（1990～　）近红外照相机和多目标分光仪（NICMOS）（1997～1999，2002～2008）。

③哈勃空间望远镜（1990～　）宽视场照相机 3 号（WFC3）相机（2009～　）。

未来进展　未来计划发射的红外天文探测器有以下几种。

①SPHEREx 太空望远镜。

SPHEREx（图 6）全称是宇宙历史分光光度计、再电离时代及冰探测器，是美国航天航空局提出的一项中型探索任务。它将进行首个全天**光谱巡天**。在为期两年的计划任务中，SPHEREx 将收集超过 3 亿个星系以及银河系中超过 1 亿颗恒星的数据，以探索宇宙的起源。预计发射时间为 2024 年。

图 6　SPHEREx 太空望远镜艺术图

SPHEREx 的科学目标包括：首先通过测量物质的三维大尺度分布，来限制暴胀物理。其次通过对大尺度**星系团**的深度多波段测量，来追溯星系形成历史。最后研究恒星和行星盘形成早期水和生物所需的冰的丰度和组成。SPHEREx 将获取 0.75～5 微米的近红外光谱，分辨率 6 角秒。它可以在标称的 25 个月任务中四次绘制全天。SPHEREx 还将与其他设备协作，从而得到一个丰富的光谱档案，将影响众多的科学研究。

②南希·格雷斯·罗曼空间望远镜。

南希·格雷斯·罗曼空间望远镜是美国国家航空航天局（NASA）的下一代空间期间望远镜，常简称罗曼空间望远镜（图 7）。它的前身是宽场红外巡天望远镜（WFIRST），20 年为纪念 NASA 第一位首席天文学家 N.G.罗曼而更名。该望远镜预计 2020 年代中期发射，主要任务寿命为 5 年，可能还会延长 5 年。

罗曼空间望远镜的主要科学目标是解决暗能量、系外行星和红外天体物理学领域的基本问题。主镜直径为 2.4 米，与哈勃太空望远镜主镜大小相同。将搭载一台 3 亿像素的红外宽场成像仪和一台**日冕仪**。它的主要设备是宽场成像仪，其视场比哈勃红外仪器大 100 倍，在前五年的观测中，罗曼覆盖的天区是哈勃在最初 30 年所覆盖的天区的 50 倍以上。它将测量来自 10 亿个星系的光，以及进行银河系内微透镜巡天，以找到约 2600 颗系外行星。日冕仪将对附近的单个系外行星进行高对比度成像和光谱分析。

图 7　罗曼空间望远镜

③大气遥感红外系外行星卫星（Ariel）。

尽管已发现大量系外行星，但行星大小、轨道参数与其母恒星的性质之间仍然没有明确的联系。为了更多地了解系外行星及其系统，需要对系外行星进行无偏大尺度巡天。

为此欧洲空间局开发了 Ariel，将通过在可见光和红外波长范围内同时对大约 1000 个太阳系外行星进行大范围的采样研究，研究行星和行星系统如何形成和演化。这是第一个致力于测量数百个系外行星的化学成分和热结构的任务，从而使行星科学远远超出了太阳系的范围。预计 Ariel 将于 2029 年发射升空，围绕日地 L2 点运行，主要任务寿命 4 年。

（郝允祥　蒙克来）

红外调制技术　infrared modulation technology　在进行红外天文观测中，为了抑制来自天空和望远镜背景的干扰，也为了使天体的辐射变为交流信号以便处理，在**红外望远镜**中广泛采用的调制技术。一般是调幅，即对天体的红外辐射（在投到探测器之前）以低频进行方波调制，探测器交替得到“源信号加背景”和“背景”，后面的电子线路放大的是二者之差，这样就把微弱的“源信号”从强的背景起伏中检测出来。

用在红外望远镜中的调制通常有三种方式：①摆动望远镜的主镜（这是最理想的）。②摆动望远镜的副镜。③安置焦平面调制器（斩波器），即在焦平面前一点，设置旋转或平移的小反光镜系统。这三种方式都是为了快速地交替观测天空两个相邻位置，获得调制信号差。摆动大口径望远镜的主镜很不容易，实际上最常用的是后两种方式，这可以用不同的光学机械装置和电路来加以实现。对调制器的要求是：调制函数应尽可能接近于方波，调制交替的两个最终状态应当很稳定，调制频率应等于所用**红外探测器**的最佳调制频率，以获得最大的输出信噪比。红外调制技术也广泛应用于军事工业和尖端科学的红外系统中，它们除采用调幅外，还采用调频、调相和脉冲编码等方式。

（邹惠成　周克平）

红外望远镜　infrared telescope　观测天体红外辐射的望远镜。天文学常用的红外辐射定义是波长在0.76～350微米的电磁波。红外望远镜外形和设计与光学望远镜相似，天体的红外辐射经光学系统聚焦在**红外探测器**上，再由电子学系统和终端设备得到红外辐射的各种信息。

地面红外天文观测会受多方面的制约。一方面，大气对红外辐射的吸收和散射，使得只有近、中红外有限窗口的红外辐射能透过大气到达地面，大气层对25微米以上的远红外辐射几乎是不透明的。但大气对红外辐射的吸收分子主要在对流层顶部以下，当望远镜在海拔28千米以上观测时，**地球大气**就几乎是完全透明的了。所以要观测大部分红外波段，必须利用高空气球、飞机、火箭、卫星在高层大气或宇宙空间进行（图1）。

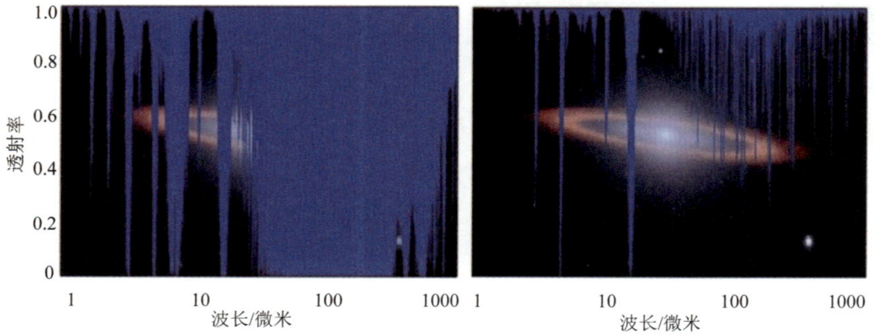

搭载红外望远镜的索菲亚平流层红外天文台（SOFIA），工作在海拔约14千米的平流层（右图），这个高度超越了99.8%的水汽，大气可降水量比地面优秀站点莫纳克亚山天文台（左图，海拔约4千米）低100倍，使红外观测成为可能。背景图片是斯皮策空间望远镜的红外阵列相机拍摄的草帽星系伪彩色图像

图1　地面高海拔站点和高空红外大气透射率对比

另一方面，大气的**热辐射**比来自天体的辐射强得多。天体红外辐射源信号量级通常为10^{-14}瓦，而到达探测器的大气背景辐射却高达10^{-7}瓦，红外观测的背景信号是望远镜探测信号的10^7倍，微弱的源信号淹没在强烈的背景噪声中。除却大气影响，望远镜自身的热辐射也是红外天文观测噪声的重要来源。在大于～2.3微米的红外波段，来自望远镜和大气本身的**黑体辐射**构成了红外天文观测背景噪声的主要来源。在～10微米，来自～300K地面源的黑体辐射达到最大值（图2）。

所以红外天文观测最重要的问题，就是消除或抑制强大的红外背景噪声，这使

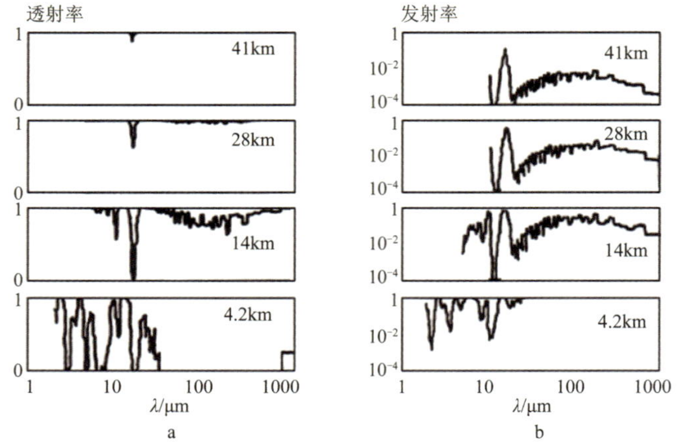

图2　地球上四个高度的红外透射率（左）和发射率（右）

得红外望远镜具有与光学望远镜不同的特点：

①采用低温冷却系统，降低望远镜自身温度和温度梯度，减少红外背景噪声。为了降低温度，抑制背景噪声，早期红外望远镜的光学部件和探测器通常用储存式（液体或固体）制冷系统（图3）。通过低温恒温器（杜瓦瓶）中携带的液体或固体在低温下的沸腾或升华来吸收设备的废热，再向空间排放气体带走废热。常用的制冷剂有液氮或液氦。在1个大气压下，液氮可制冷到77K（−196℃），液氦可达到超低温4K（−269℃）。储存式制冷系统的缺点是，当冷却剂耗尽后，设备升温，自身的红外辐射盖过了源信号，使望远镜无法继续工作。这限制了空间红外望远镜的寿命，短则数月，长则数年。

21世纪20年代以来，一些空间红外望远镜采用了更优化的制冷设计，可不消耗冷却剂，却能进行红外观测。如2021年发射的**詹姆斯·韦布空间望远镜**（JWST），它有三台仪器工作在0.6～5微米的近红外波段。在温度只有3K的宇宙空间，采用遮阳板和散热器组合，可使望远镜和这三台近红外仪器温度保持在约40K，这对近红外观测已足够。而红外波长愈长所需温度更低，JWST的中红外仪器MIRI需要工作在7K，通过新型多级脉冲管冷却器预冷却的焦耳－汤姆孙（J-T）冷却器制冷。其工作原理和冰箱、空调类似，氦气被泵压缩，然后通过节流阀膨胀降温到6K，膨胀过程吸收MIRI仪器的热量。随后将膨胀气体抽走，其吸收的热量被散热器排出。然后气体再循环和压缩，循环往复。

图3　斯皮策空间望远镜结构

由表1可以看到，空间红外光学系统的温度从早期的数K量级，变化为现在的数十K，而制冷方式从储存式制冷，向遮阳板和空间环境制冷、结合机械式制冷的方向发展。较成熟的空间机械制冷技术主要有脉管制冷技术、焦耳–汤姆孙循环节流制冷技术、斯特林制冷技术等。

②采用适于红外观测的特殊光学材料。红外和可见光的光学元件在设计上没有根本差别，但因为适用于红外波段的材料更少，且红外望远镜常要求在极低温下工作，使得红外光学元件更难设计。

有两类红外光学元件——反射元件和折射元件。红外望远镜一般用反射设计，因为通常的玻璃对很多红外波段是不透明的。最常用反射镜材料如光学冕玻璃，热膨胀系数较高，一般应用于非成像系统；低膨胀系数硼硅酸盐玻璃（LEBG），适合设计高质量前表面反射镜，在热冲击下光学变形很小；人造熔凝石英和微晶玻璃（Zerodur）热膨胀系数非常低。而空间红外望远镜主反射镜更常用的材料是铍和碳化硅（SiC）。

表 1 主要空间红外望远镜的低温恒温器

望远镜	发射和终止年份	波长范围（微米）	制冷材料	制冷剂容量	望远镜温度	探测器温度
红外天文卫星 IRAS	1983～1983	8～120	液氦	547 升	10K	2.8K
红外空间天文台（ISO）	1995～1998	2.5～240	液氦	2300 升	< 3.4K	2K
哈勃空间望远镜的近红外照相机和多目标分光计（NICMOS）	1997～	0.8～2.4	1997 年用固体氮冰，2000 年用外部制冷机，氖机械制冷	104 千克	294K	60K（1997） 77K（2000）
斯皮策空间望远镜（Spitzer）	2003～2020	3.6～160	液氦	337 升	5.5K	1.4K
赫歇尔空间天文台（Herschel）	2009～2013	55～625	液氦	2367 升	被动冷却在 80K	科学仪器：3～5K，探测器：0.3K
宽场红外巡天探测器（WISE）	2009～	3.4～22	固态氢	15.9 千克	12K	长波：8K 短波：32K
詹姆斯·韦布空间望远镜（JWST）	2021～	0.6～28.5	被动冷却，加多级脉冲管冷却器预冷却的焦耳－汤姆孙冷却器组成（MIRI）		望远镜光学系统和三台近红外仪器被动冷却至～40K	中红外仪器 MIRI 用焦耳－汤姆孙低温冷却器 < 6.7K

铍是可加工的最轻金属，它比铝轻 45%，硬度约是铝的 5 倍，以极高的刚度重量比（164）而闻名。铍在极低温下热容量低、膨胀率低，不易变形，有良好的均匀性。铍也是电和热的良导体，并且没有磁性。诸多的优点使铍成为空间红外望远镜反射元件的理想材料，碳化硅也具有类似的优点。

反射镜面常需要镀一层保护膜，有四种最经常使用的金属膜类型：裸铝膜、保护铝膜、银膜和金膜。它们在 3～15 微米光谱范围内有很高的反射率（高于 95%）。其中金膜反射率最高，在 0.8～50 微米反射率约 99%。但是银膜不持久，金膜太软，还需要再镀一层介质保护膜。此外，作为红外光学元件，还需要材料具有低的发射率。铝的发射率是 0.1，银发射率 0.05，金发射率最低为 0.03，采用超高真空技术制造的金发射率更是低至 0.006。JWST 的 18 块反射主镜就是由铍制成，然后用真空气相沉积技术镀上 100 纳米厚的金，最后在表面再镀上一层薄的无定型二氧化硅（玻璃）以保护其表面。

红外折射材料，则用于如红外线进入低温恒温器的窗口、滤光片基板、探测器基板、透镜等。由于红外覆盖几乎三个量级的波长范围，因此某种光学材料可能只能用于某个波段。通常的镜片在 2.2 微米左右变得不透明，但一些特殊镜片可在 2.6 微米和 2.7 微米工作，各种结晶物质可以透过更长的波长。有的材料热膨胀系数高，有些很软，或有吸湿性，难以加工和处理。常用的红外元件折射材料有：锗（Ge）、硅（Si）、熔融石英（SiO_2）、BK-7 玻璃、硒化锌（ZnSe）、硫化锌（ZnS）和卤化碱等。各主要空间红外望远镜主镜材质及口径见表 2。

表 2 主要空间红外望远镜主镜材质及口径

望远镜	主镜材质	主镜口径
红外天文卫星 IRAS	铍	57 厘米
红外空间天文台（ISO）	熔融二氧化硅	60 厘米
斯皮策空间望远镜（Spitzer）	铍	85 厘米
赫歇尔空间天文台（Herschel）	碳化硅	3.5 米
宽场红外巡天探测器（WISE）	铝	40 厘米
詹姆斯·韦布空间望远镜（JWST）	铍	6.5 米
索菲亚平流层红外天文台（SOFIA）	微晶玻璃 Zerodur	2.5 米

③采用摆动、交替观测等调制技术来扣除背景噪声的影响。地面或机载红外望远镜，仍然受到大气和望远镜设备发出的红外背景噪声的强烈影响。而且由于大气温度不断变化，噪声也随温度变化相应涨落，这个变化的时间尺度相对较短，为 1～5Hz。天空背景可以通过斩波技术来抑制，即将望远镜的副镜在天空包含源和不含源的两个位置之间来回摆动，摆动频率在 1～1000Hz（快于天空背景的变化率）。如图 4 左，探测器交替观测天空中的两个天区 Chop 1 和 Chop 2。观测开始时，Chop 1 既包含天空发射也包含天文源，而 Chop 2 只包含天空发射。通过从 Chop 1 减去 Chop 2 的空白天区，可将天空背景辐射扣除。

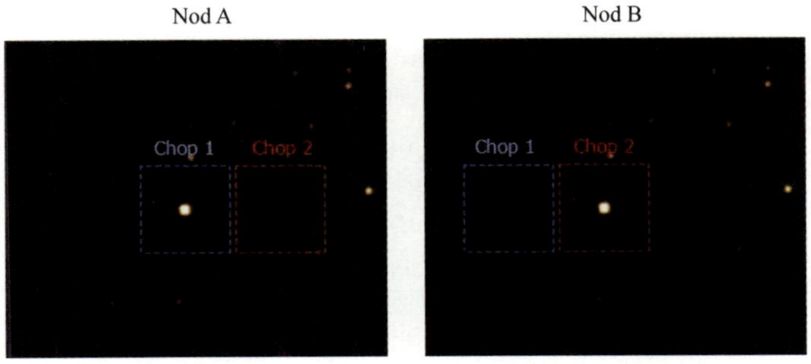

图 4 通过摆镜扣除红外背景的斩波和点头技术示意图

但是，副镜的这两个斩波位置通过望远镜的光路稍有差别，因此观测到的 Chop 1 和 Chop 2 望远镜背景发射也略有不同，它在斩波过程中没有扣除。消除剩余的望远镜发射需要另一种技术——点头（nodding）。应始终把源放在中心，第一次点头阶段称为 Nod A，在此阶段交替拍摄 Chop 1 和右侧空白天区 Chop 2。一段时间后，开始第二次点头 Nod B，即把参考场取为源左侧的空白天空，然后再用斩波技术交替拍摄 Chop 1 和 Chop 2。这样的“点头”每分钟进行 2～4 次（快于望远镜背景变化率），这样可以得到：NodAChop1 包含天文源发射 S、天空背景发射 BGs 和通过 Chop 1 副镜位置光路 BGt1 的望远镜背景发射；NodAChop2 包含天空背景发射 BGs 和通过 Chop 2 副镜位置光路 BGt2 的望远镜背景发射；NodBChop1 包含天空背景发射 BGs 和通过 Chop 1 副镜位置光路 BGt1 的望远镜背景发射；NodBChop2 包含天文源发射 S、天空背景发射 BGs 和通过 Chop 2 副镜位置光路 BGt2 的望远镜背景发射。

$$\begin{aligned}净信号 &= (NodAChop1 - NodAChop2) \\ &\quad -(NodBChop1 - NodBChop2) \\ &= [(S + BGs + BGt1) \\ &\quad -(BGs + BGt2)] \\ &\quad -[(BGs + BGt1) \\ &\quad -(S + BGs + BGt2)] = 2S\end{aligned}$$

最终所有背景都被扣除，只留下源信号（图5）。

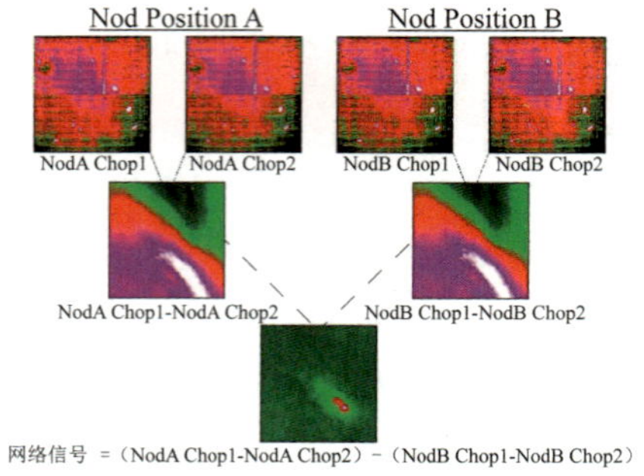

图5 红外望远镜设施IRTF望远镜在10微米波段利用斩波和点头技术拍摄的星系NGC253

④红外望远镜常采用较大的焦比。较大的焦比可以减小主镜中心孔和副镜的尺寸，降低中心孔热辐射占比。而小尺寸副镜便于通过摆镜技术扣除背景噪声。

⑤采用低温遮挡，尽量减少探测器视场内源以外的红外辐射。为减少背景热辐射，红外望远镜常使用放置在低温恒温器中的制冷李奥光阑（Loyt stop），置于望远镜场镜出射光瞳的成像处，通过使用合适的遮挡，以隐藏瞳内部件的热辐射。红外望远镜一般不加装中央挡光筒，因其会增加额外的背景辐射。副镜的镜室和支承设备安装在副镜镜面之后，以免这些元件发出的热辐射到达探测器。

⑥红外望远镜设备尽量放置在高海拔、高空或宇宙空间，避开大气吸收、散射和热发射的影响。主要有以下两种方式。

在高山上的地面红外望远镜。截至2022年，大型的地面红外望远镜，有英国红外望远镜（UKIRT），它是第一批优化专用于红外观测的大型望远镜，主镜直径3.9米，建在海拔4200米的夏威夷莫纳克亚山顶，于1979年开始运营起就一直处于近、中红外天文学的前沿。美国国家航空航天局（NASA）在UKIRT旁建造了一个稍小的红外望远镜设施（IRTF），主镜直径3米。凯克望远镜（Keck）也建在莫纳克亚山上，包括两架口径10米的望远镜，每架由36个六边形镜组成，是世界上首架使用组合镜面的望远镜，约一半的仪器在红外波段工作。同在莫纳克亚山上的还有8米级的昴星团望远镜（Subaru）和双子座北望远镜。世界上最大的专用于近红外波长巡天的望远镜VISTA，位于南半球智利北部阿塔卡马沙漠的帕拉纳尔天文台，口径4.1米。它的海拔虽然只有2518米，但阿塔卡马沙漠极干燥的环境为红外观测提供了优良的条件。同在阿塔卡马沙漠的还有**欧洲南方天文台**的甚大望远镜（VLT），位于2635米的帕瑞纳天文台，它由4架8.2米口径的光学/红外望远镜组成。位于西班牙加那利群岛（海拔2267米）的加那利大型望远镜，口径10.4米，是世界上最大的单镜光学/红外望远镜。

气球载红外望远镜。即便将红外望远镜置于高山之上，也远不能满足红外观测的需求。从20世纪50年代开始，人们就开始利用气球携带望远镜和探测器，升到几十千米高空进行红外观测。美国在50～70年代多次发射气球载平流层望远镜Ⅰ号（Stratoscope）和Ⅱ号，Ⅰ号1957年首飞，搭载30.5厘米的望远镜。Ⅱ号搭载91.4厘米望远镜。由美国女天文学家N.罗曼主持。人们利用球载红外设备对太阳、**行星大气**、恒星和星系进行了最早期的光学红外观测。20世纪60年代，B.霍夫曼等人利用球载红外望远镜和探测器，在100微米的远红外波段首次发现了来自**银河系**中心的明亮、扩展的红外辐射。70年代，D.詹宁斯等人利用球载设备在40～350微米的远红外获得了许多远红外源，这些源与正在形成大质量恒星团的尘埃和**分子云**有关。在气球的帮助下，中、远红外天文得以诞生并蓬勃发展。此外，还有机载红外望远镜和空间红外望远镜（见**红外天文学**）。（蒙克来）

红外星 infrared star 光谱中主要的能量位于红外区的恒星。1961年**黄授书**就预言过这种天体的存在。1966年，美国天文学家E.贝克林等人在**猎户星云**中发现了第一颗红外星，这颗红外星被称为“贝克林星体”。20世纪70年代，天文学家通过观测证实了在**银河系**核心方向上有一个强红外辐射源，称为“红外核”，它的直径不到10个**秒差距**，质量为太阳的300万倍，红外辐射为**太阳辐射**的8000万倍，几乎占银河系总辐射量的1%。之后又陆续发现其他的星系也有这样的“红外核”。

根据普朗克辐射定律，黑体的温度越低，辐射的主要部分就越向长波区（即红区）移动，因此相当多的红外星是**有效温度**很低的晚型星。还有一些红外星，其辐射不符合**黑体辐射**定律，而显现出明显的红外色余。这可做如下解释：在星体周围存在着尘埃和气体**分子云**，它们吸收中心星发射的紫外线和可见光能量，再以红外波辐射出去。这些物质可能来源于**原恒星**形成的剩余物，例如来源于猎户座BN天体和**金牛座T型变星**这样一些红外天体；也可能是从中心星抛射出来的，如鲸鱼座o和IRC＋10216的周围的尘埃壳。红外星主要是一些红色**超巨星**，**长周期变星**，**碳星**，淹没在浓密尘气吸光云中的O、B型星（见**恒星光谱**），**B型发射星**，爆发后不久的新星，老新星，F、G、K型高光度星，金牛座T型变星和猎户座BN天体等。它们中的一部分或者是年轻的正在形成中的恒星，或者是年老的走向灭亡的恒星。因此对红外星的研究是天体演化学（见**双星星族合成**）中十分重要的一环。

（蒋世仰）

红外源表 infrared catalog 红外波段的天体源表。主要的红外源表有IRC源表和AFCRL源表。①IRC源表：美国加利福尼亚理工学院根据波长2.2微米的红外巡天观测结果整理成红外天体表，表上的红外天体称IRC源。在1969年由诺伊吉保尔和莱顿等人整理的另一个红外天体表中，辐射流量密度大于40央（1央＝10^{-26}瓦/米^2·赫）的天体约5600个。②AFCRL源表：美国空军坎布里奇研究实验所（AFCRL）通过红外巡天观测发现的红外源，也称为AFCRL源。这是在波长4微米、11微米和20微米处测到的。该所1971～1972年曾经七次发射火箭，通过火箭上的小望远镜观测，发现这样的红外源约3200个。

比较大的天体源表多来自对巡天数据的处理和分析。第一颗红外巡天卫星IRAS在完成巡天之后发布了IRAS源表。

（蒙克来 李晔 周克平）

红移畸变 redshift-space distortion 由星系本动速度引起的，不规则的红移空间中星系三维成团性呈现的额外各向异性效应。星系不仅随宇宙的时空膨胀而整体运动，还在局域引力势的作用下运动，**宇宙学**中称之为本动。星系的本动速度会改变星系由于**宇宙膨胀**而引起的红移。在星系巡天观测中，由于我们只能通过星系的红移来反推星系之间的距离，星系本动带来的红移改变会导致星系的三维成团性产生额外的各向异性，宇宙学中称之为红移畸变。由于红移畸变效应是由于引力势引起的，在星系巡天观测中，我们可以通过直接测量红移畸变信号，在宇宙学尺度上检验广义相对论等引力模型。（赵公博）

红移巡天 redshift survey 天文学中，对某个天区进行巡天观测，从而获取此天区内星系、星系团或者类星体的红移分布情况。所谓巡天，是指通过普查式观测来获取某个天区内某类天体的测光或者光谱信息等资料。根据哈勃定律，红移可以用来估算某个天体或星系同地球之间的距离。基于星系的红移以及方位角，可以获取巡天区域内星系的位置分布，从而构建此区域内整体的三维物质分布图像。红移巡天提供的星系样本，主要用于宇宙大尺度结构的统计分析，构建宇宙大尺度结构的三维图像。结合宇宙微波背景辐射提供的相关数据，也可作为观测约束用于限制基本宇宙学参数，如哈勃常数、重子物质密度等。

早期的红移巡天包括：①拉斯坎帕纳斯红移巡天（LCRS）。该计划开始于1991年，由美国卡内基研究所位于智利拉斯坎帕纳斯天文台的望远镜完成。观测在R波段上进行。共提供了26 418个星系的红移，最大红移$z = 0.2$。天区面积700平方度，由6块的长条形小天区组成，在南北银极附近各有3条。②CfA红移巡天。一期项目开始于1977年，于1982年完成。二期项目CfA2开始于1985年，直到1995年，共测量大约18 000个星系的红移信息等。基于此红移巡天的数据样本，在1989年发现了CfA2巨壁结构。

早期的红移巡天，观测到的星系数目比较少。随着光纤光谱技术的发展，可以同时处理上百、甚至更多个星系的光谱信息，而随着观测效率的提高，可观测的星系数目大大增加。应用比较广泛的红移巡天主要有以下3个。

①2dF星系红移巡天。开始于1997年，利用澳大利亚英澳天文台的英澳望远镜，可同时观测400个天体，于2002年观测完毕。数据样本包含245 591个天体的光谱红移信息，其中大约22万个星系具有比较可靠的光谱红移信息。主要观测区域包含：南银极附近80度×15度的范围；北银半球75度×10度的范围；以及南银极附近随机选取的99个区域。总共观测范围大概2000平方度，目标天体红移的中间值约为0.11。

②SDSS星系红移巡天。SDSS星系红移巡天是最成功和应用最广泛的巡天之一。利用2.5米口径的光学望远镜，自2000年开始，直到2014年，已经完成三期巡天。第四期巡天SDSS-Ⅳ（2014～2020）正在进行之中。公开发表的数据样本大约覆盖了全天35%的范围，获取了超过300万个天体的光谱红移信息，包含红移为0.1附近的主星系样本、远及红移0.7处的亮红星系样本、远及红移5处的类星体样本等。

③6dF星系红移巡天。自2001年到2009年，AAO利用UKST进行了6度星系红移巡天，称为6dF。6dF一次可拍摄150个天体的光谱。与SDSS和2dF不同的是，该计划的观测目标选自红外样本（2MASS），总共观测12万多个天体，覆盖了南北银纬10度外的共17 000平方度的天区，占全天天区的41%，比以上两项计划的观测天区大得多。

除此之外，还有许多高红移的星系巡天，包括红移约为1处的DEEP2红移巡天，以及红移大于1的ZFOURGE巡天等。星系红移巡天，作为最重要的天文观测方式之一，在宇宙大尺度结构以及星系的形成和演化研究中，提供了重要的数据支持。

（张友财）

后发星系团 coma cluster 位于后发座天区、距离地球较近的一个规则星系团。这个星系团占6°大小的天区。中心坐标赤经12^h55^m，赤纬+28°20′。成员星系总数可能有10 000个，中心区亮成员星系超过1000个。平均视向速度每秒6700千米。距离113兆秒差距（3.5亿光年）。这个星系团有两个超巨型星系：NGC4889（E型）和NGC4874（SO型）。后者是一个结构复杂的射电源。另一成员星系NGC4869是一个广袤的头尾射电源（见射电星系）。后发星系团有X射线发射，这表明星系团中有炽热的星系际气体。

后发星系团图像

（赵君亮）

厚靶模型 thick target model 针对耀斑硬X射线和γ射线的产生机制而提出的一种辐射模型。与薄靶模型相反，这个模型假设硬X射线和γ射线产生区的背景等离子体密度比较高，从而导致产生辐射的高能粒子能损时标比相关高能粒子流量的变化时标还短。这时产生辐射的高能粒子的能谱分布由于受产生辐射的过程中能损的影响，和注入辐射区的高能粒子分布不同，有关流量能谱的观测可以直接用来得到注入辐射区高能粒子的功率和能谱。通常认为产生于日冕以下的色球层的硬X射线和γ射线主要通过厚靶模型产生。

（刘四明）

户冢洋二 Totsuka Yoji（1942-03-06～2008-07-10） 日本物理学家。生于日本静冈县富士郡吉永村，卒于日本东京都。1965年本科毕业于东京大学理学部物理专业，1972年获东京大学理学博士学位，并留校担任助理研究员。1972～1979年在德国电子加速器研究电子-质子碰撞。1979～1987年担任东京大学副教授，1988年晋升教授。1995年担任附属于东京大学宇宙射线研究所（ICRR）的神冈宇宙素粒子研究设施（神冈探测器）主任，1997年担任宇宙射线研究所所长，2003年担任日本高能加速器研究机构主任。1987年获日本仁科芳雄纪念基金会仁科芳雄奖，1988年获日本朝日新闻文化基金会朝日奖，1989年获美国天文学会高能天体物理分会罗西奖，1995年获欧洲物理学会特别奖，1999年获朝日奖，2002年获美国物理学会粒子物理与场论分部潘诺夫斯基实验粒子物理学奖，2003年获俄罗斯杜布纳联合核子研究所庞蒂科夫粒子物理奖，2004年获日本文化勋章，2007年获美国富兰克林研究院富兰克林奖章，同年获汤森路透引文桂冠奖。

师从小柴昌俊，从德国回到日本后，他主要开展中微子探测研究。他原本想利用神冈探测器探测质子衰变，结果却同美国的欧文-密歇根-布鲁赫文探测器成功观测到第一例，也是截至2022年最后一例来自SN1987A的中微子。在取得这一成功后，户塚洋二领导了对神冈探测器的升级，于1991年建成超级神冈探测器（Super-K），通过对大气层中微子流的高精度测量和统计，发现了中微子振荡的确切证据，也证明了中微子存在质量，完成了对粒子物理标准模型的修正。2015年，他的学生和团队成员梶田隆章和A.B.麦克唐纳因“发现中微子振荡，由此证明中微子存在质量”同获诺贝尔物理学奖。

（石云里）

华沙大学天文台　Warsaw University Observatory　华沙大学下属的天文机构。位于波兰华沙乌亚兹多夫。1825年建立，教学和科研团队有二十多人，其中2位波兰科学院院士，9名教授。华沙大学天文台积极参与各项天文学研究项目。1992年发起光学引力透镜实验（OGLE），以引力透镜的方法，来寻找宇宙中的暗物质；发起

拉斯坎帕纳斯天文台运行中的1.3米华沙望远镜

全天自动巡天（ASAS）项目。参与多项高能宇宙线项目如高能立体望远镜系统（H.E.S.S.）项目和切伦科夫望远镜阵列（CTA）项目；参与国际引力波（LIGO/VIRGO）计划以及普朗克卫星、盖亚卫星任务。截至2022年，拥有两个观测站：一处位于华沙附近的奥斯特罗维克，一处位于智利的拉斯坎帕纳斯天文台。

（李宗伟　刘黎明）

环形山　crater　行星、卫星及其他固体天体表面近圆形碗状深坑地貌。包括碰撞环形山和火山环形山，前者形成于小天体的高速碰撞，后者形成于喷发、塌陷等火山活动。

碰撞环形山的典型形状是高耸的四壁包围着中间的低地，既有地球上的陨坑那样小而简单的碗状洼地，也有大而复杂的多环盆地（图1）。破火山口、沉洞、冰斗、环状岩脉、盐丘等地貌外形与碰撞环形山相似，须加以区别。

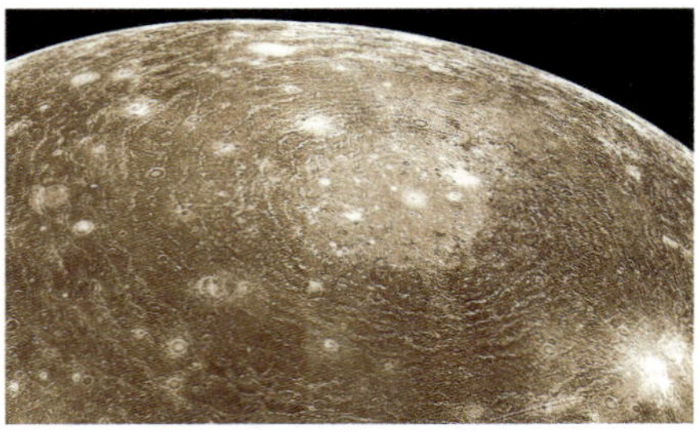

图1　木卫四上的瓦尔哈拉多环碰撞盆地

碰撞盆地是太阳系许多固体天体，例如月球、水星、木卫四、木卫三以及众多小行星和小卫星的特征地貌（图2）。水星、月球和火星南部高原上有许多非常古老的环形山，表明大约39亿年前太阳系内发生过非常猛烈的小天体轰击。

另外一些行星和卫星，例如地球、金星、火星、木卫二、木卫一和土卫六，由于受较多地壳活动和地质作用的影响，碰撞环形山多被侵蚀、掩埋甚至破坏，因而数目较少。

图2　土卫一上的赫歇尔环形山

内太阳系天体上环形山的形成受小行星带内碰撞的影响，这种碰撞生成的碎片群会成群结队地进入内太阳系并与那里的天体碰撞。1.6亿万年前，小行星带里发生了一次大碰撞，生成了巴普提斯蒂娜（Baptistina）小行星族。这些碰撞碎片进入内太阳系，使那里发生碰撞的概率大大增加。据信地球上6600万年前造成恐龙灭绝的希克苏鲁伯碰撞就是因此发生的。

地球平均每百万年要遭到1～3次造成直径20千米环形山的大撞击，这意味着地球上应该有比已知的多得多的年轻环形山，但它们多数被地质活动破坏，现在辨认出来的碰撞环形山只有190个，大多数位于稳定的大陆内部区域，直径从几十米到300千米，年代从当代到20亿年以前不等，多数晚于5亿年。海底由于探测难度大，地震变迁快和洋底扩张等原因，发现的环形山还很少。

（李广宇）

黄赤交角　obliquity of the ecliptic　黄道与天赤道的交角，用希腊字母ε表示。古代天文学家曾多次测定过黄赤交角，如希腊天文学家依巴谷和托勒密都曾用星盘进行过测定。由于赤道岁差和行星岁差，引起黄赤交角的长期变化。丹麦天文学家第谷曾根据恒星的黄纬存在某种系统性变化的事实，发现了这种长期变化的现象。在平均周期40 000年中ε变化21°55′至28°18′。这种变化是周期性的，当前黄极正向天极靠近，黄赤交角每世纪减小47″左右。这种减小大约还会持续15 000年，然后将转为增大。天文常数系统中给出标准历元时黄赤交角的数值。

通过许多年的行星观测，每年天文历书中都会推导出各种天文常数的数值。1885年S.纽康从行星位置观测给出的公式是：

$$\varepsilon = 23°27'08.26'' - 46.845''T \\ -0.0059''T^2 + 0.00181''T^3$$

式中T为回归世纪，从B1900.0起算，并为1896年在巴黎召开的基本星国际会议采纳，1901年开始使用。1964年国际天文学联合会（IAU）第12届大会上通过1963年IAU第21次天文常数系统讨论会上提出的一组新的常数——1964常数系统，从1968年开始用此常数系统。ε仍用以上公式计算。1976年在IAU第16届大会上通过了IAU1976年常数系统，从1984年开始采用H.L.李斯克给出的公式：

$$\varepsilon = 23°26'21.448'' - 46.8150''T \\ -0.00059''T^2 + 0.001813''T^3$$

式中T是从J2000.0年起算的儒略世纪数（1个儒略世纪等于36 525日），并采用动力学春分点。采用惯性系统的春分点后，ε（J2000.0）为23°26′21.4119″。

在推导ε的过程中，除了行星的观测资料外，还需要岁差和章动模型。1986～2006年IAU采用的岁差和章动模型如下：

①纽康常数系统中，采用日月岁差和刚体章动理论，1964天文常数系统中采用E.W.伍拉德章动理论。

②1983年MERIT规范，IERS规范（1989年、1992年、1996年）仍然采用李斯克岁差（即L77岁差模型）和瓦尔（Wahr）章动理论（即IAU 1980章动模型），所以J2000.0时刻的黄赤交角为23°26′21.4119″。

③IERS 2003年规范分别采用IAU 2000A岁差模型和MHB章动模型得到：

$$\varepsilon = 23°26'21.4059'' - 46.84024''T \\ -0.00059''T^2 + 0.001813''T^3$$

④根据2000和2006年IAU第24和26届大会决议，采用MHB2000章动模型和符合此章动与动力学理论的P03岁差模型，得到公式：

$$\varepsilon = 23°26'21.406'' - 46.836769''T \\ -0.0001831''T^2 + 0.00200340''T^3 \\ -0.000000576''T^4 - 0.0000000434''T^5$$

式中T是从J2000.0年起算的儒略世纪数。P03模型中黄道定义与1981年E.M.Jr.斯坦迪什给出的定义是不同的，P03定义的黄极是在BCRS中地月质心的平均轨道角动量矢量。从2010年开始采用IAU2009天文常数系统，对应J2000.0黄道交角的值为23°26′21.406″，精度为0.001″。

（金文敬）

黄道　ecliptic　地球绕太阳公转的轨道平面与天球相交的大圆。由于地球的公转运动受到其他行星和月球等天体的引力

作用，黄道面在空间的位置产生不规则的连续变化。但在变化过程中，瞬时轨道平面总是通过太阳中心。这种变化可以用一种很缓慢的长期运动再叠加一些短周期变化来表示。鉴于运动变化的复杂性，在天文学的一些工作中还需要使用黄道的严格定义：在任一瞬间，只考虑长期运动的轨道平面称为瞬时平均轨道平面，这一平面与天球相交的大圆称为黄道。从地球中心来看，黄道很接近于太阳在恒星中的视周年路径。只有应用精密的天文仪器，才能察觉黄道与太阳视周年路径的差别。黄道是天球上黄道坐标系（见**天球坐标系**）的基圈。 （谭德同）

黄道光 zodiacal light 日落后在西方或日出前在东方肉眼可看到的沿黄道方向延伸的微弱光锥。主要是由行星际尘埃散射太阳光而形成的现象。由于裂碎的小行星

拍摄于智利拉西拉天文台的黄道光

残迹和瓦解的彗星遗撒微粒基本上都散布在黄道面附近，所以它们散射的太阳光也在天球黄道上，并因而得名。另外，在与太阳相反的方向上可以看见一团椭圆形的微弱光晕，这就是所谓的**对日照**。

（李 竞 胡寿村）

黄道坐标系 ecliptic coordinate system 以黄道为基圈（相当于平面直角坐标系的横轴），以经过春分点的黄经圈（半圆）为始圈（相当于平面直角坐标系的纵轴），以春分点为原点组成的天球坐标系。见**天球坐标系**。

黄润乾 Huang Runqian（1933-12-05～2013-10-10） 中国天体物理学家。籍贯湖南衡山，生于北京，卒于云南昆明。1951年考入清华大学。1952年被选派留学德国，1958 年毕业于德国席勒大学天体物理专业。回国后在中国科学院兰州分院、兰州物理研究所等单位从事教学和国防科研工作。1976年调入中国科学院云南天文台。1986年晋升研究员。1999年当选为中国科学院院士。曾任中国天文学会副理事长、

云南天文学会理事长、中国科协理事。

长期从事恒星物理研究，是开创中国恒星结构与演化研究的先驱者，在双星演化理论研究领域做出奠基性的重要贡献。在建立和发展双星非守恒演化理论方面解决了一系列难题，先后建立了有物质和角动量损失的双星非守恒演化理论、有转动效应的双星演化理论、有磁场的双星演化理论以及**双星中碰撞星风激波**等理论。奠定了中国恒星物理研究在国际上的地位。他先后获得中国科学院自然科学二等奖、中国科学院科技进步二等奖、中国天文学会首届张钰哲奖、2007 年度云南省科学技术突出贡献奖。撰写了天体物理专著五本。其中，*Stellar Astrophysics* 一书成为世界各国天体物理研究生的教材；他写的《恒星物理》成为恒星物理领域的一部百科全书，被列入中国科学院研究生教材丛书；《恒星的结构与演化》《恒星大气理论》和《恒星震动理论》成为中国各高校和研究所培养天体物理研究生的重要教材，并获得中国科学院教学成果二等奖。为表彰黄润乾先生对中国天文学研究做出的突出贡献，国际天文学联合会小行星命名委员会于 2008 年 12 月 12 日将一颗获得国际永久编号为 120569 号的小行星正式命名为“黄润乾星”。 （李 焱）

黄授书 Su-Shu Huang（1915-04-26～1977-09-15） 美籍华裔理论天体物理学家。生于江苏常熟，卒于北京。1937年获浙江大学物理学学士学位，1943年获清华大学硕士学位，

并留校任教。1947 年赴美留学，1949 年获芝加哥大学博士学位，之后在该校任教两年。1951～1959年在加州大学伯克利分校从事天文学研究，其间于1951～1952年获古根海姆基金资助。1959～1963年任美国国家航空航天局戈达德空间飞行中心天体物理学研究员，其间于1960～1961年兼任普林斯顿高级研究院研究员，1963～1964年兼任华盛顿天主教大学天体物理学教授，1964年开始担任美国西北大学物理学和天文学教授，但一开始仍在戈达德空间飞行中心工作了两年。

黄授书一生共发表 120 多篇论文。他早年从事双电子系统连续吸收系数的研究，之后转入恒星大气湍流效应、恒星辐射层、双星与多星系统的动力学等方面的研究。1963 年他在《渐台二的一种解释》一文中提出盘状星模型，后来被天文界广泛采用。1975 年在英国召开的一次国际密近双星讨论会开幕词中，这项成就被列为密近双星研究史上 8 个里程碑之一。1961 年从理论上预言**红外星**的存在，它们或者是年轻的正在形成中的恒星，或者是年老的走向灭亡的恒星，是天体演化学研究中十分重要的环节。1965 年，美国 G.诺伊吉保尔、D.E.马尔茨和 R.B.莱顿等发现红外星，如天鹅座 NML、金牛座 NML 等，证实了黄授书的理论预言。他还对适于支持地外生命的恒星类型进行了研究，并在 1959 年创造了“适居带”这个名词，表示恒星周围能够让行星表面的水维持液态的区域。1960 年还对适宜居住的行星大小进行了研究。

为纪念表彰其在天文学上的杰出贡献，国际小行星中心已将紫金山天文台发现的小行星 3014 命名为“黄授书星”。

（陈美东 石云里）

彗差 coma 轴外物点发出的宽光束通过光学系统后在像平面上得到的形如彗星光斑的一种像差。见**像差**。

彗星 comet 一种含有冰冻物质的小天体，当运行在临近内**太阳系**或太阳附近空间时，受到**太阳辐射**和**太阳风**的影响，其冰冻物质发生升华带出尘埃形成弥散的彗发或彗尾。彗星俗称扫帚星，中国古代对彗星还有其他称谓，如孛星、星孛、妖星、蓬星、长星、异星、奇星。

认识历程 19 世纪以前，彗星一直是令人畏惧的**天象**和不祥的征兆。中国古代认为带有长尾的大彗星的出现总是重大事件的警示。历代的史官和钦天监在史书和地方志内，记录了连续 2000 多年间出现的彗星动态（图 1）。如**哈雷彗星**于公元前 613 年的出现，以及随后从公元前 240 年起到

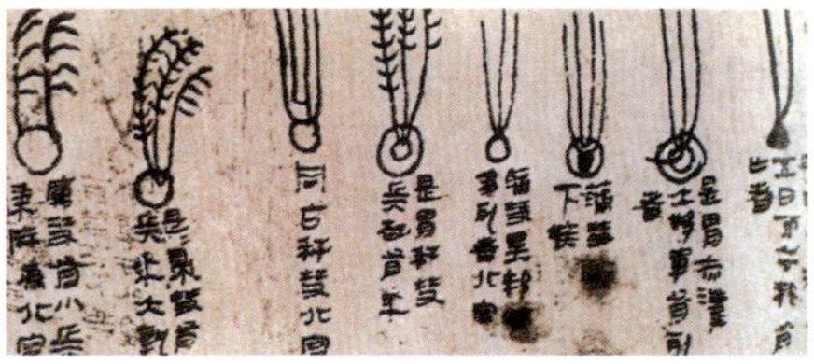

图 1 彗星帛画（马王堆汉墓出土）

1910 年的连续 29 次回归，均有实时的如实记载；而公元前 1057 年的大彗星还可能是更早的一次回归实录。伽利略、J.开普勒、I.牛顿、E.哈雷等是最早科学地描述彗星运动的先驱者。为认识彗尾本原做出重大贡献的天文学家先后有 H.W.M.奥伯斯、F.W.贝塞尔、G.V.斯基亚帕雷利、K.史瓦西等人。而后，P.斯文思、F.惠普等天体物理学家对了解彗星的物理结构和化学组成都取得突出成就。

发现和命名　天文望远镜发明之后，天文学家和天文爱好者都是用望远镜目视寻彗。1892 年开始利用天体照相仪发现和观测彗星等快速移动的天体。20 世纪末，则演进到借助配备 CCD 辐射接收装置和计算机程序管理的大视场望远镜自动搜索彗星和其他移动天体。天文学史中传统地以发现者的姓氏命名，如哈雷彗星、恩克彗星、坦普尔－图特尔彗星。1995 年，国际天文学联合会（IAU）颁布现行的彗星命名法。首先用前缀为彗星分类。

P/——周期小于 200 年的短周期彗星

C/——周期大于 200 年的长周期彗星

X/——尚不能计算出轨道的彗星

A/——可能是小行星

D/——不再回归的彗星

在前缀之后用 4 位阿拉伯数字表示发现年份，如 1997。随后是发现时的月份，用大写拉丁字母，从 A 到 Y，其中 I 不用。如 B（1 月下半月）、L（6 月上半月）、Y（12 月下半月）。再后是用阿拉伯数字表示的发现累计号，如 1994J3 是指 1994 年 5 月上半月发现的第三个。最后是括号之内的发现者姓氏，如 C/1996B2（百武）。对于短周期彗星还有另一种表示法，即在前缀之前加上彗星表顺序号，如 1P/Halley、36P/Whipple、83P/Wild 3、145P/Shoemaker-Levy 5。

轨道　周期小于 200 年的短周期彗星，其轨道为椭圆形，偏心率相对较小，其中对于轨道特征与主带小行星相似（火星与木星之间），具有类似彗星活动性，且活动性由水冰升华驱动的天体称为主带彗星；对于轨道周期大于 200 年的长周期彗星，其轨道也为椭圆轨道，但偏心率较高，轨道周期从 200 年至数千乃至百万年不等；还存在一类彗星偏心率大于 1，轨道为双曲线的彗星，此类彗星包括长周期彗星和 2019 年发现的星际彗星。此外，彗星受巨行星，主要是木星的引力扰动，它们的轨道也在不断地演变，甚至不同轨道类型的彗星可以相互转化。

亮度　亮度用星等表示。因彗星并非点源，所以通常用M_1表示总目视星等：

$$M_1 = H_0 + 5\lg\Delta + 2.5n\lg r$$

式中H_0为 1 个天文单位距离处的亮度；Δ为彗星－地球的距离；r为彗星－太阳的距离；n为一个系数，通常等于 3～4。

结构　彗星通常分彗核、彗发和彗尾 3 个组成部分（图 2）。彗核：根据探测，彗核的直径在几百米和几十千米之间，平均密度 0.6 克/厘米^3，为高度渗透性多孔而松散的物质，色黑灰，典型的反照率为 0.04。彗发：根据分光观测，彗发中的主要原子和离子为 CN、CH、C_2、C_3、NH、NH_2、OH、CO^+等。彗尾：按物态有气体尾和尘埃尾之分，气体尾的主要成分是H_2O^+、CO^+、CO_2^+、OH^+等。

图 2　彗星结构

起源　根据彗星的轨道特征，研究认为奥尔特云是长周期彗星的发源地；短周期彗星则出自柯伊伯带/离散盘（海王星外侧的盘状区域）；主带彗星的起源地是小行星主带；星际彗星的起源地为太阳系外的星际空间。

空间探测　发射探测器对彗星进行空间探测始于 20 世纪 80 年代，截至 2022 年，已发射 14 艘探测器对彗星进行了空间探测。1986 年，哈雷彗星回归时曾有 5 个飞行器对其进行了空间探测，其中欧洲空间局的“乔托”号取得的近距观测资料最为丰厚。1999 年，“星尘”号探测器升空，2001 年飞临周期彗星怀尔德-2（Wild-2）附近，用特定研发的设备俘获了彗星挥发的尘埃物质。“星尘”号于 2005 年携带彗星尘埃存储器回归地球。2005 年 1 月，发射了“深度撞击”探测器，于当年 7 月飞临周期彗星坦普尔-1，释放重量 372 千克的金属锤，以 20 千米/秒的相对速度撞击彗核，实现了深度撞击彗星，以期了解彗核地表下层的状况。星尘后继（Stardust-Next）计划是星尘号的后续计划，目标天体仍是 9P/Tempel 1，飞越彗星的时间是 2011 年 2 月 14 日，距离彗星的最近距离是 178 千米。主要科学目标是，加深对彗核表面过程的认识。EPOXI 是美国深度撞击计划的扩展计划，目标是探测彗星哈特雷 2 号（103P/Hartley 2），飞越彗星的时间是 2010 年 11 月 4 日。最著名的彗星探测计划是 2004 年 3 月 2 日发射的“罗塞塔”彗星探测计划（图 3），探测目标是彗星 67P/Churymov-Gerasimmenko，该计划是人类第一颗在彗星上进行着陆探测的彗星空间探测计划。

图 3　“罗塞塔”彗星探测计划

（李　竞　史建春）

彗星的运动　motion of comet　太阳系内一类小型天体的运动。彗星是太阳系的一种轨道偏心率高，与黄道面的倾角任意，绕太阳运行方向随机的小天体。彗星的运动有着显著的特点。

中国对彗星的观测和研究已有 4000 多年的历史，拥有世界上最早、最完整的彗星记录。特别是 17 世纪望远镜发明以前，中国的资料具有极高的权威。古希腊哲学家亚里士多德曾将彗星误认为是大气中的一种燃烧现象。这种看法在欧洲流传了十几个世纪，直到 16 世纪第谷测定彗星离地球要比月球远很多之后，才被彻底推翻。但是远在第谷之前，中国对彗星早已有比较正确的认识。《晋书·天文志》记载：“彗体无光，傅日而为光，故夕见则东指，晨见则西指。在日南北，皆随日光而指。顿挫其芒，或长或短……”对哈雷彗星的记录也以中国为最早、最完整。《淮南子·兵略训》：“武王伐纣，东面而迎岁，至汜而水，至共头而坠，彗星出，而授殷人其柄。”这可能是对公元前 1057 年哈雷彗星回归的记述。

彗星运动的特点　与大行星的运动相比，彗星的运动有显著的特点。大行星都在黄道面附近沿着较圆的轨道自西向东绕太阳运行。彗星则不然，既有自西向东顺行的，也有南北向垂直走的，还有像哈雷彗星那样逆行的，运动方向各不相同。除了运行于木星和土星之间的施瓦斯曼－瓦赫曼彗星和运行于火星和木星之间的奥特玛彗星等少量彗星外，其余都沿着很扁的椭圆和接近于抛物线的双曲线绕太阳运行。椭圆运动的周期差别很大，短的像恩克彗星只有三年多，长的则可达几千年甚至上万年。它们的近日距也悬殊，从千分之几个天文单位起，到五六个乃至近百个天文单位。长周期彗星的近日距一般都比较小，如彗星 1887 Ⅰ 的近日点离太阳表面不到 1/5 个太阳半径，只要 3 个小时它就从太阳的一侧走到另一侧，黄经改变 180°。又如彗星 1843 Ⅰ，它过近日点时，以 550 千米/秒的高速在日面上空 13 万千米处掠过，一天之内绕太阳转 292°，然后用 513 年的时间来走过余下的 68°。

除了那些经过仔细研究的短周期彗星外，多数彗星是不速之客。它们常常出人意料地出现，多则 1 年可以看到 10 颗（如 1948 年），少则 1 年内 1 颗也没有。而且只有它们走到近日点附近时，才被太阳照射和激发得足够明亮，因此可观测的时间往往很短。例如，1901 年出现的格里格彗星只有 12 天的可观测时间。一般来说，仅依据对彗星经过一次近日点的观测所确定的轨道是很不可靠的。几个轨道根数中，半长轴a尤其难定。有时轨道到底是椭圆型还是双曲线型也难于判断。1680 年出现过一颗周期彗星，开始 L.欧拉算出它的周期是 170 年，后来 E.哈雷又算得周期为 575 年，最后 J.F.恩克利用较多的观测数据定出它的周期应是 8814 年。

彗星运动的理论　通常用来研究行星运动的摄动理论总是假定轨道的偏心率和倾角很小，因此，它们只能用来研究少数短周期彗星的运动。1856 年，P.A.汉森把接近于抛物线的扁椭圆分为内外两部分，每一部分引进一个部分近点角，从而将用于行星摄动的汉森方法改造成适合于计算周期彗星摄动的分析方法。这个方法曾被成功地用于研究恩克彗星的运动。

由于用分析方法研究彗星运动时遇到各种困难，人们开始采用数值方法。20 世纪初，P.H.科威耳和 A.C.克洛梅林为了预报哈雷彗星的归来，用数值方法直接积分直角坐标的运动方程，得出一系列时刻的彗星坐标值，从而完全摆脱了轨道这个概念的约束。与此相似，恩克也曾提出过一种方法：先以中间轨道作为参考，然后在直角坐标系内计算彗星对于中间轨道的偏离。这种方法用来研究短周期彗星非常方便，特别适用于研究彗星在近日点前后的运动。这两种方法基本上奠定了天体力学数值方法的基础。

除太阳引力外，影响彗星运动的因素还有来自各大行星的引力。对于那些周期为几年到几十年的短周期彗星来说，木星的影响尤为显著。例如，1889 年布鲁克斯彗星接近木星，在木星上空 1.28 个木星半径处掠过，两天内竟绕木星转了 313°，结果使它绕日公转的周期由原来的 29 年变为 7 年。另一个有趣的例子是沃尔夫彗星，它的近日距是 2.5 天文单位，1875 年它接近木星，在木星的强烈摄动下近日距缩短到原来的 3/5；经过 47 年后再次接近木星时，同木星的相对位置恰与 1875 年相反，结果在木星的吸引下它又回到了 1875 年以前的运动状态，出现了天文史上罕见的巧合。木星的影响如此之大，常使一些彗星在它的邻近通过后轨道完全改变，以致往往使人怀疑，这究竟是不是同一颗彗星。为了研究这个问题，P.-S.拉普拉斯提出了作用球的概念。彗星位于球外时，研究它相对于太阳的运动；彗星位于球内时，则研究它相对于木星的运动。而且常把这两个运动作为限制性三体问题来处理，并用雅可比积分作为判据，来判断是否同一彗星，这就是著名的拉普拉斯判据。彗星奇特的运动状态不禁使人认为：它们原非太阳系的成员，而是被太阳系天体所俘获的宇宙过客。H.庞加莱、K.史瓦西等人的研究否定了这种看法。他们指出：任何沿双曲线和抛物线轨道闯入太阳系的天体，尽管由于木星等天体的摄动，可能一时取得椭圆型轨道而留在太阳系，但这必定是暂时的，它们终将重新恢复双曲线型或抛物线型轨道，远离太阳而去。

19 世纪初，恩克在研究那颗后来以他的名字命名的彗星的过程中，发现这颗彗星的周期不断缩短，差不多平均每世纪缩短 2.5 天，而且这种变化是不均匀的。以后又在别的彗星的运动中发现了类似的现象。这些现象暗示：彗星除了受到太阳和行星的吸引外，还受到某种非引力作用的影响。观测表明：这种非引力作用主要是彗核在太阳光激发下不断抛出物质。例如，恩克彗星每转一圈，质量要损失 1/500，半径要缩短 4 千米。而且，随着抛射速度的大小和方向的不同，轨道所受到的影响也不同：向后方抛射使轨道周期变长，轨道变扁；向前方抛射效果正好相反。恩克彗星属于后一类型。被抛射的物质在太阳辐射压的作用下形成各种美丽的彗尾。

彗星不仅不断抛射物质，而且彗核分裂成几块甚至完全瓦解的情况也屡见不鲜，特别是那种近日距小的彗星。比拉彗星就是一例，早在 1772 年就有了关于这颗彗星的记录。1845 年 11 月人们发现彗核上有一个突出部，两个多月后这颗彗星就分裂成了两颗，并逐渐远离。以后，尽管天文学家进行了精心的计算和细致的观测，可再也没能找到它的踪影。使人惊奇的是，在它原来的轨道上留下了灿烂的流星雨——仙女座流星雨。其实在比拉彗星解体前，它抛射出的物质已在逐渐形成流星群。以后的观测表明：比拉彗星的流星物质在逐渐地、均匀地散布在它的全部轨道上。这类彗星的运动把天体力学的研究内容从质点、刚体的运动延伸到物质的抛射、分裂、解体以及弥漫物质的运动、环带的形成、动力结构与动力演化等。因此，彗星的研究成为天体演化研究中不可缺少的一个方面。（张钰哲）

彗星射电　comet radio emission　彗星的热辐射或者非热辐射发射无线电信号。彗星被认为是太阳系中最原始的物体，因此其成分可用于诊断原始太阳星云在 46 亿年之前的成分信息。射电诊断是研究彗星成分的独特工具。许多分子及部分同位素通过彗星冰升华物的毫米波与亚毫米波观测所确认。由于彗星射电信号很弱，在射电天文的早期阶段其探索均未成功。直到 1973 年在 18 厘米波长上首次观测到了 C/1973 E1 科胡特克彗星的氢氧根离子谱线。射电观测也能够使得人们探索彗星大气的关键物理参数如膨胀速度、温度等，研究彗星与太阳风相互作用的等离子体环境。一些空基望远镜载荷致力于彗星水（及其同位素）、甲醇、氨和一氧化碳等谱线的探测。（颜毅华）

惠更斯，C.　Christiaan Huygens（1629-04-14～1695-07-08）　荷兰物理学家、天文学家和数学家。生于海牙，卒于海牙。1645～1649 年在荷兰莱顿大学和布雷达大学求学。1663 年被选为英国皇家学会会员。1666 年法国皇家科学院成立，他被接受为成员，并在这一年 5 月到巴黎。1681 年离法回国。

1650～1655 年惠更斯从事光学研究，与其弟共同改进望远镜。1655 年 3 月，他用经过改进的望远镜发现了土卫六，由此闻名于世。1655～1656 年发现土星环。1656～1657 年制成第一个摆钟。1673 年出版《钟表》一书，描述了他的发明。1656 年观测了猎户星云，分辨出其中所包含的一些恒星。他的《宇宙论》一书在死后三年出版，书中阐明恒星都是宇宙中的太阳；提出别的行星上也有生物。他还改进了测量行星角直径的测微器。惠更斯又研究过摆的振动；创立了光的波动学说；在建立向心力概念和极光研究等方面也有

重要贡献。1888～1950 年出版了《惠更斯文集》22 卷。天文学著作收在第 15 卷和第 21 卷中。（洪韵芳）

昏旦中星 Midheaven Stars at Dawn and Dusk 黄昏（“昏”）和黎明（“旦”）时处在中天位置的恒星，被古人来指示一年季节和月份的更替。最早记载见于《尚书·尧典》：“乃命羲和，钦若昊天，历象日月星辰，敬授民时。……日中星鸟，以殷仲春。……日永星火，以正仲夏。……宵中星虚，以殷仲秋。……日短星昴，以正仲冬。”意思是说，尧在登基后，派遣羲氏、和氏四兄弟负责四方的观象**授时**，制定**历法**，指导生民；昼长中等（“日中”，也就是春分）时鸟星（星宿一）中天，对应春季的中点（“仲春”）；白昼最长（“日永”，也就是夏至）时大火星（星宿二）中天，对应夏季的中点（“仲夏”）；夜长中等（“宵中”，也就是秋分）时虚星（虚宿一）中天，对应秋季的中点（“仲秋”）；白昼最短（“日短”）时昴星（昴宿一）中天，对应冬季的中点（“仲冬”）。

《礼记·月令》完整记录了一年 12 个太阳月中的昏旦中星：“孟春之月，日在营室，昏参中，旦尾中。……仲春之月，日在奎，昏弧中，旦建星中。……季春之月，日在胃，昏弧中，旦建星中。孟夏之月，日在毕，昏翼中，日婺女中。……仲夏之月，日在东井，昏亢中，旦危中。……季夏之月，日在柳，昏火中，旦奎中，……孟秋之月，日在翼，昏建星中，旦毕中。……仲秋之月，日在角，昏牵牛中，旦觜觿中。……季秋之月，日在房，昏虚中，旦柳中。……孟冬之月，日在尾，昏危中，旦七星中。……仲冬之月，日在斗，昏东壁中，轸旦中。……季冬之月，日在婺女，昏娄中，旦氐中。”其中的中天之星都属于二十八宿。类似的内容也出现在《吕氏春秋》十二月纪和《淮南子·时则训》等早期文献中。

《后汉书·律历志》所记载的后汉四分历中则给出了**二十四节气**的昏旦中星，精确到某宿的多少度，如“冬至……昏中星奎六弱，旦中星亢二少强退一。小寒……昏中星娄六半强退一，旦中星氐七少弱退二”，等等。（石云里）

浑天说 theory of sphere-heaven 中国古代的一种宇宙学说。浑天说的代表作《张衡浑仪注》中说：“浑天如鸡子。天体圆如弹丸，地如鸡子中黄，孤居于天内，天大而地小。天表里有水，天之包地，犹壳之裹黄。天地各乘气而立，载水而浮。周天三百六十五度又四分度之一，又中分之，则半一百八十二度八分度之五覆地上，半绕地下，故二十八宿半见半隐。其两端谓之南北极。北极乃天之中也，在正北，出地上三十六度。然则北极上规径七十二度，常见不隐。南极天地之中也，在正南，入地三十六度。南规七十二度常伏不见。两极相去一百八十二度强半。天转如车毂之运也，周旋无端，其形浑浑，故曰浑天。”可见浑天说比**盖天说**进了一步，它认为天不是一个半球形，而是一整个圆球，地球在其中，就如鸡蛋黄在鸡蛋内部一样。不过，浑天说并不认为“天球”就是宇宙的界限，它认为“天球”之外还有别的世界，即**张衡**在《**灵宪**》中指出的：“过此而往者，未之或知也。未之或知者，宇宙之谓也。宇之表无极，宙之端无穷。”

浑天说最初认为，大地不是孤零零地悬在空中的，而是浮在水上；后来又有发展，认为大地浮在气中，因此有可能回旋浮动，这就是“地有四游”的朴素地动说的先河。浑天说认为全天恒星都布于一个“天球”上，而日月五星则附丽于“天球”上运行，这与现代天文学的天球概念十分接近。因而浑天说采用球面坐标系，如赤道坐标系，来量度天体的位置，计量天体的运动。在古代，如对于恒星的昏旦中天，日月的运动与五星的顺、逆、见、伏、留，都采用浑天说体系来描述，所以浑天说不只是一种宇宙学说，而且是一种观测和测量天体视运动的计算体系，类似现代的球面天文学。

浑天说可能始于战国时期。屈原《天问》：“圜则九重，孰营度之。”这里的“圜”有的注家认为就是天球的意思。西汉末的扬雄提到了“浑天”这个词，这是现今所知的最早的记载。他在《法言·重黎》篇里说：“或问浑天。曰：落下闳营之，鲜于妄人度之，耿中丞象之。”这里的“浑天”是浑天仪，实即浑仪（见**浑仪和浑象**）的意思。扬雄是在和“盖天”对照的情况下来说这段话的。由此可见，至迟**落下闳**时已有浑天说及其观测仪器。（郑文光）

浑仪和浑象 armillary sphere and celestial globe 反映**浑天说**的仪器，早期常统称为浑天仪。由于浑仪是由许多同心圆环组成的一种仪器，浑象则是一个真正的圆球。“浑”字在古代有圆球的意思，故名。

浑仪 浑仪中有窥管，是一种观测仪器，其主要用途是测定天体的赤道坐标，有时也能测黄道坐标和地平坐标。唐代**李淳风**设计制造的浑仪，其结构分为外、中、内三层（重）。外层称为六合仪，由**子午环**（天经双规）、地平环（金浑纬规）和赤道环（天常环）交结成固定的框架。中层称为三辰仪，由璇玑环、赤道环、黄道环和白道环等构成。各环间的相对位置是固定的，但其整体可绕仪器的极轴东西旋转。内层叫四游仪，由极轴、赤经双环和窥管（又称望管）等构成。平行的赤经双环夹着窥管也绕极轴旋转。窥管还可以自由地在双环内转动，因此能指向天空的任何一点。唐以后所制造的浑仪，原理和基本结构都与李淳风浑仪相似，只是把规环或其他零件、部件做了一些增减（见图）。

明正统二年（1437）仿制浑仪（现陈列于紫金山天文台）

浑仪历史悠久。何时发明，尚难断定。西汉**落下闳**曾造过圆仪。耿寿昌用圆仪测定日、月的视运动。东汉傅安在圆仪上加黄道环，改称黄道铜仪，用以测定二十八宿的黄道经度等。早期的浑仪构造如何，史无记载。有确切记载的是东晋时孔挺所造的浑仪。这架浑仪就是六合仪和四游仪合起来的两重铜浑仪，可以推断早期各家的浑仪相去也不会太远。后来因为要直接测量太阳在黄道上的运动，必须增加黄道环；要直接测量月亮在白道上的运动，又必须增加白道环。又因为天球的周日转动，二十八宿和黄道、白道等在天穹上的位置不断变化，为了适应这种变化就必须使黄道环、白道环和赤道环都能随天球转动方向转动，就有三辰仪的产生。

对于浑仪，中国古代还注意到它的安装位置的校正问题。北魏明元帝永兴四年（412）造的太史候部铁仪（又称灵台铁仪）有个十字底座。底座上开有水沟，以校正底座平准。北宋皇祐三年（1051）于渊、周琮等造的皇祐新浑仪中，在六合仪的地平环上也开了水沟。大约在唐代以前人们就知道从浑仪极轴两端的圆孔观测**拱极星**的周日运动来校正仪器极轴的方向。北宋**沈括**把这个方法发展到很成熟的地步。因此，后来**郭守敬**在**简仪**中创造了专门的候极仪装置。

浑象 属于演示性的仪器。在一个大球上刻画或镶嵌有星宿、赤道、黄道、恒隐圈、恒显圈等，和现代的天球仪相似。浑象可能是西汉人耿寿昌发明的。东汉张衡的浑象是他设计的漏水转浑天仪的核心部分。

张衡以后，中国天文学家多次制造过浑象，而且多数和水力机械联系在一起，以取得和天球周日转动同步的效果，其中有名的制造者有三国时陆绩、王蕃，南北朝时钱乐之等。钱乐之于南朝宋文帝元嘉十七年（440）制造的小浑象周6尺6寸，有二十八宿、中外星官，以白青黄三色珠为星，以区别甘氏、石氏、巫咸氏星官，黄道上还有日、月、五星。到唐代，一行、梁令瓒把日、月缀于二轮上，可绕浑象运行，并且又和自动报时装置结合起来，开创了中国独特的天文钟传统。到郭守敬，才把报时装置和水运浑象分离开来。现存最古的浑象为清初南怀仁所做，称为天体仪，置于北京古观象台。

三国时葛衡曾经改造浑象。他把围在浑象天球之外代表地的机构移入天球中，天球转动时地仍不动。为了能看到天球中的地，必须把天球挖去多块。这种仪器古代称之为浑天象，后来就发展成为假天仪。假天仪是人们进入天球里面抬头向上看的，犹如现今天文馆的天象厅。中国第一架假天仪是北宋时出现的。（陈美东）

混沌 chaos 在一个动力系统的初始状态唯一确定演化历程的条件下，由邻近轨道指数分离导致的系统长期演化性态不可预言的现象。法国科学家H.庞加莱在研究三体问题时就已经注意到，演化历程迥异的三体系统的初始状态可以无限接近，这意味着三体运动方程存在极端敏感依赖于初始条件的特解。如果不能严格确定这种特解的初始条件，那么对给定的精度要求就存在一个时刻，使得其后的系统性态无法确定。E.N.洛伦茨在数值模拟气象系统时也遇到了这种现象，其后该现象受到越来越广泛的关注和研究。现已知道，混沌是非线性动力系统中的一种常见现象。尽管对如何在数学上全面准确地刻画相空间中的混沌区域（或者说由混沌轨道组成的相流的不变集）还没有达成共识，但系统长期演化性态对初始条件的极端敏感性是不同提法所共有的。

关于天体系统运动状态$\boldsymbol{x}$的常微分方程组是一种单自变量（时间t）的连续非线性动力系统。天体相轨道$\boldsymbol{x}=\boldsymbol{x}(t)$的混沌性可以借助李雅普诺夫特征指数予以量化描述：

$$\lambda(\delta\boldsymbol{x}_0)=\lim_{t\to\infty}\frac{1}{t}\ln\frac{|\delta\boldsymbol{x}(t)|}{|\delta\boldsymbol{x}_0|}$$

式中$\delta\boldsymbol{x}$为$\boldsymbol{x}$的变分；$\delta\boldsymbol{x}_0=\delta\boldsymbol{x}(0)$为关于$\boldsymbol{x}(t)$的变分方程的初始条件。由上述定义不难看出，如果$\Lambda=\max\limits_{\delta\boldsymbol{x}_0}\lambda(\delta\boldsymbol{x}_0)>0$，那么$\boldsymbol{x}(t)$与其邻近轨道的最大偏差一般按指数规律$|\delta\boldsymbol{x}(t)|=|\delta\boldsymbol{x}_0|e^{\Lambda t}$而随时间增长。特别地，当$t\approx 2.3/\Lambda$时，这种偏差将增加到初始偏差的10倍。由此可见，李雅普诺夫时间$T=1/\Lambda$可用于量化系统状态可预言的时间尺度。（傅燕宁）

混合成图 hybrid mapping 利用可见度测量中的闭合关系及源模型的混合信息，不断改进源模型的成图方法。根据闭合相位及闭合幅度关系的讨论，分别存在$(N-1)(N-2)/2$个独立的闭合相位关系，$N(N-3)/2$个闭合幅度关系。在利用闭合相位关系时，需要利用源的模型得到$(N-1)$基线相位一起求解$N(N-1)/2$个基线的可见度相位，进行成图。在利用闭合幅度关系时，需要利用模型得到N个基线幅度求解所有基线的可见度幅度，进行成图。通过洁化图像方法（洁图算法）得到新的源亮度分布模型，再进行成图迭代，逐步改进源模型直到成图过程收敛为止。这种成图方法中，可见度的信息有些来自观测量，有些来自源的模型，因此称为混合图。闭合相位成图（见闭合相位关系）中观测到的可见度相位信息的利用率为$(N-2)/N$。闭合幅度成图（见闭合幅度关系）观测到的可见度幅度信息的利用率为$(N-3)/(N-1)$。大气和仪器的效应可能会限制用模型进行校准的准确度。大多数情况中幅度可以通过天线增益曲线和系统噪声温度校准到一定的准确度，因此仅利用闭合相位成图就可以了。（蒋栋荣）

活动星系核 active galactic nucleus; AGN 发出大量非热辐射的星系的致密核心区。包括类星体、耀变体、赛弗特星系、射电星系和低电离核发射线区等亚类，总数约占正常星系的1/10。因为正常星系的辐射主要是其恒星成分在光学波段的热辐射，所以如果一个星系的射电、红外、紫外或X射线光度相当甚至大于光学光度，则这个星系的辐射肯定不是恒星发出的热辐射，而是非热辐射主导。

观测特征　活动星系核有以下的特征：①高光度。在所有电磁波段都有极高光度，总光度在10^{36}～10^{41}焦/秒，最亮者可达正常星系的万倍以上。②喷流结构。最早观测到的光学喷流是室女星系团中的巨星系M87。能观测到光学喷流的活动星系核很少。另外，射电观测发现，大量射电星系和类星体有从核区延伸或抛射出来的准直射电喷流结构，尺度从1秒差距至1兆秒差距。③快速光变。活动星系核中相当一部分呈现明显的不规则光变，变化时标以年、月、日甚至以时、分计。由于变化时标不应短于光穿越发射区的时间，由此可估计发射区尺度应小于1光年。④光谱中有宽发射线，发射线宽度为几千千米每秒；禁线通常窄于容许谱线。⑤连续谱具有非热同步辐射特征，流量强度F_ν随频率ν的分布呈幂律形式：

$$F_\nu \propto \nu^\alpha$$

式中α为谱指数。多数AGN的谱指数$\alpha\approx-1$。不过，也有些AGN在光学和红外波段表现出热辐射的连续谱特征。

物理模型　能够说明上述观测特征的物理模型是，所有AGN中心都有一个10^5～10^{10}倍太阳质量的黑洞。在这个超大质量黑洞周围有一个炽热的吸积盘，吸积盘周围分布着形成宽线的气体云，外面有一个尘埃分子环，环外侧分布着形成窄线的气体云。AGN辐射的巨大能量由被黑洞吸积物质的引力势能转换而来。质量m的物体落到一个黑洞5倍史瓦西半径处释放的引力势能等于其静能mc^2的10%，比氢聚变为氦的质能转换效率高一个量级。为使吸积持续进行，向内的引力必须不小于向外的辐射压力，对于球对称吸积，这要求质量为M的AGN之辐射总光度$L\leqslant 1.26\times10^{31}(M/M_\odot)$焦/秒，这个光度上限称为爱丁顿光度，常用来估计AGN的质量。如一个类星体的光度为10^{39}焦/秒，其中心黑洞的质量须超过$10^8 M_\odot$，为维持这样的光度，以10%的转换效率，需每年吸积两倍太阳质量的物质。AGN吸积率一般为每年1～$10M_\odot$。

以上述共有模型为基础，用少数内禀性质（光学光度和/或射电光度）及与观测者视角的不同来解释不同类型活动星系核的特征称为AGN的统一模型。其中，仅用一个内禀性质（总光度）者称强统一模型，需用两个内禀性质（光学光度和射电光度）者称弱统一模型。如从正面看去，宽线区不受尘埃分子环遮挡时，表现出类星体和Ⅰ型赛弗特星系具有宽发射线的特征，两者的不同仅在于光度大小。从侧面看去，宽线区被尘埃分子环遮挡时，表现出Ⅱ型赛弗特星系只有窄发射线的特征。耀变体则是视线靠近射电轴的活动星系核。

形成和演化　活动星系核现象的必要条件是形成大质量黑洞，形成方式可以是原初气体云直接碰撞，也可以是恒星或致密星团演化的结果，甚至可能是星系与星系的碰撞与并合。许多AGN显示出有近邻伴星系或潮汐形变等相互作用特征，对并合起源说提供了有力的观测支持。第一批恒星和星系形成于红移 20 左右，已观测到红移达 7 的类星体表明，AGN 应处于红移 7～20，即大爆炸后 10 亿年以内形成的。几乎所有星系中心都有大质量黑洞，而有 AGN 现象者仅占 1/10，这提示 AGN 的寿命，即吸积持续时间也只有 10 亿年左右。随着黑洞质量的增加，吸积率却越来越降低，AGN 也就逐渐死亡。

（邹振隆　撰　顾敏峰　修订）

活动星系核分类　active galactic nucleus classification　*活动星系核*按观测特征或物理特性进行的分类及命名。活动星系核可分为多种类别，每一类别又可进而分为若干子类。发展到现在，全部子类的总数已多达数十种，而对它们的系统性分类，又是与活动星系核研究进展紧密联系在一起的。

早期，通常是根据部分观测结果来对活动星系核命名和分类的，这种传统分类法一直沿用至今。主要类别有*赛弗特星系*、*类星体*、*射电星系*、耀变体、低电离星系核等。各种类别又可细分为若干子类，如赛弗特星系可以分为Ⅰ型和Ⅱ型两大类，而Ⅰ型赛弗特星系又可以分为窄线赛弗特Ⅰ型星系和典型的赛弗特Ⅰ型星系。按照宽发射线成分与窄发射线成分的相对比例不同可进一步细分为赛弗特 1.5、赛弗特 1.8 和赛弗特 1.9 等亚型。又如射电星系可分为 FRⅠ型和 FRⅡ型两类，而耀变体则包括蝎虎天体和平谱射电类星体。

随着活动星系核研究的快速发展，被确认的活动星系核数目大大增加，尤其是*活动星系核统一模型*的建立，对活动星系核结构和物理性质有了更为深入的理解，使得可以选定合理的物理参量来对活动星系核进行分类，如选择单一的参量，或选择两种及以上的参量来分类。较为常用的方法有几种，第一种以视角来分类，可以分为Ⅰ型和Ⅱ型活动星系核，这里的视角是指观测者视线方向与*吸积盘*转轴间的夹角。在Ⅰ型活动星系核中因视角小而普遍存在宽发射线，而Ⅱ型源中因视角大只能观测到窄发射线。第二种以射电辐射的强度来分类，可以分为射电强和射电弱活动星系核，它们大致对应于*喷流*的强弱。此外，也有以吸积率高低来分类，分为高吸积率和低吸积率活动星系核。这些分类判据直接与目标天体的基本物理量相联系，有助于理解不同类别活动星系核各个子类的物理性质。显然，这种分类框架与传统分类法之间必有交叉和混合。

如果把射电强度和视角结合起来进行二维分类，可以把传统的各类活动星系核类别分划为不同的类别。射电强Ⅰ型活动星系核包括射电强类星体和宽发射线射电星系，射电强Ⅱ型活动星系核包括窄发射线射电星系，而射电弱Ⅰ型活动星系核包括射电宁静类星体和赛弗特Ⅰ型星系，射电弱Ⅱ型活动星系核则主要包括赛弗特Ⅱ型星系。对于耀变体这类喷流辐射主导的活动星系核，有时也可以称为 0 型射电强活动星系核。除了二维分类外，也有把活动星系核光度加入做三维分类的。

综合来说，随着活动星系核研究的快速发展，对它们的分类已经从历史上根据观测特征进行分类，发展为以物理量来进行分类，因此，分类也变得非常灵活而多样。

（顾敏峰）

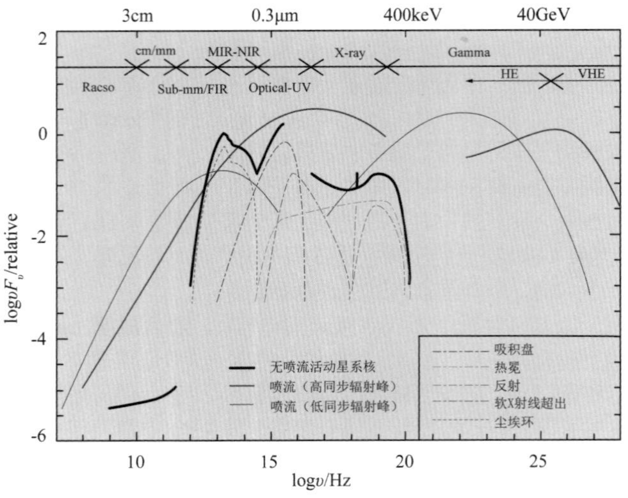

Racso：射电波段；cm/mm：厘米波/毫米波；Sub-mm/FIR：亚毫米波/远红外；MIR-NIR：中红外-近红外；Optical-UV：光学-紫外；X-ray：X 射线；Gamma：γ 射线；HE：高能 γ 射线；VHE：甚高能 γ 射线

红色虚线表示尘埃环贡献的红外辐射，其峰值频率在 10 微米左右

活动星系核的宽波段能量分布图

活动星系核红外辐射　infrared radiation of active galactic nucleus　活动星系核在红外波段的辐射性质、起源和应用。活动星系核中心的*超大质量黑洞*存在明显*吸积*，并在多个波段都有强烈的辐射。通常认为，除中心*黑洞*外，活动星系核还包括这些特征区域：黑洞周围的*吸积盘*和冕、宽发射线区、尘埃环、窄发射线区，有的还观测到相对论性*喷流*（见*活动星系核*）。来自吸积盘和冕的辐射会被尘埃环吸收及再辐射，其辐射主要在红外波段。尘埃环的内半径由尘埃升华温度决定，半径约为 0.1 秒差距量级，温度约为 100～1000K。来自尘埃环的*黑体辐射*主要分布中红外和远红外能段，峰值能量在 10 微米附近（见图中红虚线和黑实线）。通过*红外干涉仪*，可以分辨近邻活动星系核尘埃环的大小。对于喷流朝向地球的活动星系核，红外波段一般由喷流的同步辐射主导（见图中的棕实线和黑点线）。

尘埃在*活动星系核统一模型*中起着至关重要的作用。从光学光谱是否观测到宽发射线，可以将活动星系核分为Ⅰ型和Ⅱ型。利用偏振光谱对活动星系核的研究表明，在有些Ⅱ型活动星系核的偏振光谱中也探测到宽发射线。统一模型认为，Ⅰ型和Ⅱ活动星系核本质上是相同的。如果观测时视线方向经过尘埃环，则吸积盘和宽发射线被尘埃环遮蔽，在观测上表现为只有窄发射线区的Ⅱ型。如果视线方向没有尘埃环遮挡，则可以观测到宽发射线区，即Ⅰ型活动星系核。最新的研究表明，当吸积率低到一定程度时，活动星系核的内区可能不存在宽发射线。

利用活动星系核红外辐射特征，可以通过红外波段挑选活动星系核样本，这在很大程度上可以弥补其他波段挑选活动星系核时丢失的Ⅱ型天体。相对而言，各向同性且比较完备。当然，在这个过程中要考虑来自恒星的红外辐射，通常可以结合颜色判据来挑选活动星系核。

（李　晔　艾艳丽）

活动星系核偏振　active galactic nucleus polarization　*活动星系核*在射电和光学，甚至 X 射线波段的辐射存在偏振的现象。活动星系核分为射电宁静和射电强两类（见*活动星系核统一模型*），它们的偏振性质及其起源并不相同。

20 世纪 60 年代，研究发现射电宁静活动星系核光学连续谱存在偏振。因为内禀偏振度较高，被认为起源于同步辐射。直到 70 年代的研究发现其巴耳末线系也存在偏振，并且偏振光没有明显光变，从而确认这类光学偏振起源于散射效应。观测发现，Ⅰ型活动星系核的偏振较弱、电矢量位置角平行于活动星系核轴向；而Ⅱ型活动星系核的偏振较强、电矢量位置角垂直于活动星系核轴向。这些实测结果被认为是活动星系核统一模型的重要观测证据。从空间结构上来说，散射源主要有两个区域：极向分布的散射电子和赤道面方向分布的尘埃环。

射电强活动星系核在射电和光学波段都有较强偏振，且偏振光有剧烈光变。其偏振度从百分之几到百分之几十，最高可以达到50%以上；其电矢量位置角可发生几十到几百度的连续旋转。射电强活动星系核的偏振大都表现为线偏振，少数源存在圆偏振，其偏振起源于喷流中高能荷电粒子的同步辐射。这类活动星系核的偏振特征颇为丰富，如偏振度、偏振角和圆偏振的左右旋以及它们随频率的变化，包含了喷流辐射区及传播路径上的磁场强度、位形，粒子密度和喷流成分等信息。鉴于射电噪活动星系核的偏振对理解喷流物理有重要作用，国际上已有一些大型计划利用2米级光学望远镜及先进的终端设备进行系统性的偏振观测，如：①美国斯图尔德天文台的2.3米Bok望远镜和1.54米柯伊伯望远镜。②美国麦克唐纳天文台的2.08米斯特鲁维望远镜。③日本东广岛天文台的1.5米Kanata望远镜。④西班牙卡拉阿托天文台的2.2米望远镜。⑤希腊Skinakas天文台的1.3米R-C望远镜。

活动星系核的X射线辐射也可能存在偏振。因为没有相应的仪器设备，这一研究领域观测上仍是空白。中国和欧洲联合的增强型X射线时变与偏振空间天文台（eXTP）项目计划将有助于拓荒这一领域。理论上，射电噪活动星系核喷流可能加速产生极高能电子，这些高能的电子的同步辐射可能延伸到X射线波段，从而产生X射线偏振。相对于光学，辐射X射线的粒子能量更高，冷却时标更短，产生尺度更小，也预期具有更强的偏振，以及更快速的光变。对其进行研究可以揭示更高能、更致密、更极端状态下的物理过程。

（陈 亮）

活动星系核统一模型 active galactic nucleus unified model 可以用来解释不同类别活动星系核的主要观测特征和物理性质的理论模型。随着活动星系核研究的深入，天文学家逐渐认识到不同类别活动星系核的不同观测特征很可能只是一种表观现象，本质上可能有着统一的物理过程，只是由于某几个基本物理参量的变化，才造成观测特征上形形色色的差别。20世纪80年代中期，开始出现了试图建立活动星系核统一模型的趋向。在建立这种统一模型的探索过程中，黑洞吸积盘理论和偏振光谱观测起到了举足轻重的作用。在Ⅱ型赛弗特星系NGC1068的偏振光谱中观测到宽发射线，为统一模型的建立奠定了观测基础。

根据现有的活动星系核统一模型，这类天体普遍具有一些类同的基本结构：中心为超大质量黑洞，其质量为10^6～10^{10}太阳质量；围绕黑洞的是一个吸积盘，吸积盘的辐射为多色黑体谱；吸积盘外面存在一个密度和温度较高的宽发射线区；宽发射线区外面为尘埃环；尘埃环外面存在一个密度和温度较低的窄发射线区；对于射电强活动星系核，存在与吸积盘转轴方向大致相同的双向喷流。

在统一模型中，尘埃环结构和视角（观测者视线方向与吸积盘转轴间的交角）起着某种关键作用。物理上类似的活动星系核，由于视角的不同，表现出不同的观测特征。对于Ⅰ型活动星系核，视角较小，观测者可以直接看到中央吸积盘的辐射和宽发射线区，因此能观测到活动星系核核区辐射和宽发射线。对Ⅱ型活动星系核，视角较大，由于尘埃环的遮挡作用，不能直接看到中央吸积盘和宽发射线，因而只能观测到来自外区的窄发射线。这种以视角为单一参量的统一模型能成功地解释活动星系核诸多观测特征。

随着活动星系核研究的深入，发现上述统一模型并不完备，需要引入更多的参量，其中很重要的一个参量是吸积率，不同的吸积率会改变吸积流的结构和辐射性质，进而影响辐射能谱分布。更为完备的统一模型则需要包括多个参量，如视角、吸积率、尘埃环覆盖因子、喷流强度、演化以及寄主星系的性质等，把这些参量综合起来考虑，才能较为全面地解释活动星系核多种多样的观测现象。

（顾敏峰）

活动星系核X射线辐射 X-ray emission of active galactic nucleus 活动星系核（AGN）辐射的重要组成部分，通常占据AGN总辐射光度的1/10左右。活动星系核的X射线辐射能谱通常呈幂律形态，但X射线的高低能端经常会表现出偏离简单幂律的流量超现象，其中低能端的超出可能与活动星系核光学谱中蓝鼓包的康普顿化过程有关，但成因不甚明了；高能超出则一般归因于低温气体（可能来自吸积盘本身）的康普顿散射。此外，AGN的X射线能谱在2keV以下的软X射线能段还经常叠加有镁、硅、硫、铁等金属元素的电离吸收线；6.4keV附近还经常可见高度电离铁元素的Kα发射线，典型的谱线速度在数千千米每秒。能够产生上述X射线能谱结构的简化模型由AGN本身的幂律谱以及幂律谱辐射源下方被前者照射的低温气体厚团块组成，X射线幂律谱本身则可能来自吸积盘或吸积盘冕的高温气体热辐射，或是盘中的低能辐射被盘冕中的高速电子逆康普顿散射的产物。

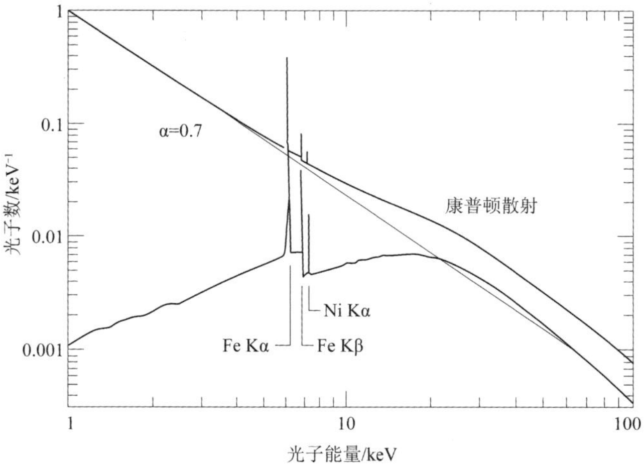

根据云团反射模型计算的AGN理论X射线能谱

从形态上看，大多数AGN的X射线辐射均以致密点源的形态存在，但也有少数AGN样本具备延展的软X射线辐射，它们可能是热气体的轫致辐射，或是被外围电子散射的核区辐射。在形态致密之外，活动星系核的X射线辐射通常会表现出快速的光变，变化时标可以短至数日，且长期看来X射线的这种光变与光学相关。因此AGN的X射线辐射应该起源于距离星系核中心黑洞光日级的距离上，相当于特大质量黑洞史瓦西半径的10倍左右，它们为探讨黑洞周边环境提供了重要的线索。

另外流行的理论认为，河外弥散的X射线背景辐射的主要来源之一也是活动星系核。构成弥散背景的AGN主要位于高红移宇宙，考虑X射线背景与邻近宇宙中的活动星系核的能谱特性有比较明显的差异，有说法是活动星系核的性质随红移会发生演化，或者高温星系际介质的影响也会改变能谱的形态，从而让X射线背景辐射谱不能简单地等同于邻近典型AGN的X射线能谱简单叠加。

（张 博）

火花室 spark chamber 一种利用气体火花放电原理制成的粒子探测器。如图所示，火花室由若干金属板组成，室内充有一个大气压的氦氖混合气体。当一个带电粒子入射后，沿粒子径迹的气体分子被电离。

同时，粒子使计数器望远镜构成的触发系统动作，触发一个前沿陡峭的高压脉冲加到板上，使电子发生“雪崩”，造成高度电离的导电通道，产生火花放电，最后用照相法录下火花。使用时，为了避免散射或相互作用，常用几十微米厚的铝箔做金属板。但对γ射线，则常用铅板，兼作转换体。γ射线在铅板中产生的电子对簇射可形成火花。作为高能粒子探测器，火花室有较好的空间分辨率，其定位精度稍低于气泡室。但是它可触发动作，事例选择能力强。在γ射线天文观测中，它能适应γ射线点源流强低、探测环境电子本底高的特点。火花室的探测面积可以做得很大，借以提高灵敏度，并对点源精确定位，大大提高仪器的信噪比，从而减小本底干扰。所以，在卫星或气球上的γ射线探测系统中，火花室常用来作为中心探测器。

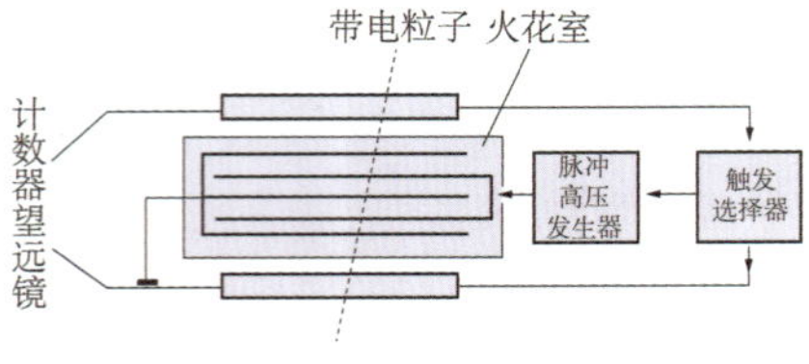

火花室结构示意图

在结构上，火花室可分为窄缝室和宽缝室两类。前者沿电场方向放电，后者则在较宽的范围内（约50°），沿粒子径迹放电。γ射线天文观测常用窄缝室。火花室根据数据显示方式不同，还有用微音器拾取火花声音到达时间进行定位的声室。有一种用摄像管代替照相的方法，将火花径迹以电荷形式存贮在管子的光阴极上。电荷量与光强有关，用电子枪发出的电子束对电荷分布进行扫描，便可得到径迹数据，记录在磁带上。这种方法的灵敏度和分辨率比照相法低。将火花室置于强磁场中可构成磁谱仪，根据径迹的偏转曲率，可测量带电粒子的动量和所带电荷的符号。

（陆柱国）

火流星　bolide; fireball　亮度超过金星乃至白昼可见的流星。见流星。

火星　Mars　太阳系中八颗行星之一，从内而外数第四颗行星，天文符号♂，属于类地行星。直径约为地球的百分之五十三，自转轴倾角、自转周期均与地球相近，公转一周约为地球公转时间的两倍。火星表面呈红黄色（见图），是地表土壤含有大量赤铁矿（氧化铁），受紫外辐射作用生成红黄色氧化物，且大气中又悬浮红黄色微尘共同作用形成的。火星的英文名字“Mars”一词来源于古罗马神话中的“战争之神”，中国古代称火星为“荧惑”，西汉之后始称火星。

罗塞塔号拍摄的火星照片（2007）

物理性质　火星是太阳系中距离太阳第四远的行星，属于类地行星，也是除金星外距地球最近的一颗行星。火星距地最近时仅有0.55亿千米，最远时有4亿千米。火星的平均直径为6794千米，大约为地球直径的一半。表面积约为1.45亿平方千米，仅相当于地球上陆地的表面积。体积约为1630亿立方千米，大约是地球体积的15%。质量6.42×10^{23}千克，仅为地球的10%。火星平均密度为3.93克/厘米^3，与地球内部地幔的平均密度相似，是类地行星中密度最小的。火星上的引力场比地球弱，表面的重力加速度为3.72米/秒^2，大约是地球的38%。

除了南北两极的白色冰盖，整个星球都被红黄色的沙丘和砾石所覆盖，属于一颗沙漠行星。火星的大气很稀薄，成分主要是二氧化碳（95%）、氮气（2.7%）和氩气（1.6%），还有微量一氧化碳、水蒸气和臭氧等，氧气含量极低。因为大气稀薄，所以平均气压仅为5.6毫帕，约为地球的千分之一。火星上的温度变化范围为27℃（300K）到−138℃（145K），全球表面年平均气温−63℃（210K）。火星的磁场较地球弱，表面的引力为3.693米/秒^2。火星的最高亮度可达−2.9等，在八大行星中仅比木星、金星暗，因此在地球上晴朗的夜空中肉眼可见。

火星的卫星　火星有两个天然卫星：火卫一和火卫二，火卫一（Phobos）呈土豆形状，它是火星的两颗卫星中较大也是离火星较近的一颗。火卫二（Deimos）较小而且是靠外侧的一颗卫星。两颗卫星的形状不规则，可能都是捕获的小行星。这两颗卫星都是由美国天文学家A.霍尔1877年在美国海军天文台发现的，它们的名字均取自于古希腊神话中战神玛尔斯的儿子。两颗卫星几乎都有正圆形轨道，位于火星的赤道平面上，其旋转轴均正交于该平面。

火卫一是一个平均直径为22千米的三轴椭球体，其公转半径为9378千米，它距火星表面只有6000千米。火卫一是太阳系天体中反照率最低的天体之一，反照率只有0.071，与D类小行星类似，成分与碳质球粒陨石相似。近几十年的观察表明，火卫一的轨道速度由于潮汐的拽引，正在缓慢地增加，因此，火卫一正在变得靠近火星。计算结果表明，按目前的加速度，它将在大约1亿年内坠入火星大气层，落到火星表面。

火卫二的平均直径仅有11.5千米，密度大概为1.5±0.2克/厘米^3，低于含碳矿物和硅酸盐矿物，这意味着火卫二的内部存在较高的孔隙度或者充填着水冰。经推算，火卫二内部的孔隙度为33%～63%。

自转与公转　火星自转轴倾角为25.19°，和地球的自转轴倾角相近，但由于没有如月球般的巨大卫星来维持自转轴，因此火星得到自传周倾角可在13°至40°间变化，不像地球的稳定处于22.1°到24.5°之间。由于没有大卫星的潮汐作用，火星自转周期变化小，不像地球的自转周期会被慢慢拉长。目前火星日平均为24小时39分35.244秒，大约为1.027个地球日。自转轴倾角和轨道离心率的长期变化则造成了火星上气候的长期变迁。

火星公转轨道面与黄道面的倾角为1.85°，所以火星总是在地球的夜空沿着天球上黄道运行。火星公转的平均轨道速度24.13千米/秒，公转周期686.9个地球日，略小于两个地球年。火星的赤道与公转轨道的倾角25.19°，和地球的黄赤交角23.45°近似，所以火星也有类似地球的四季现象，只是每季的长度要比地球的长出约一倍。当地球运行到太阳和火星轨道之间，太阳和火星的黄经相差180°之际，太阳、地球和火星几乎排成一线，这种现象称为火星冲日。若冲日时火星位于近日点，称为大冲，隔15～17年一遇。最近的一次大冲在2018年7月27日，下次火星大冲将发生在2035年9月15日。若大冲时又逢地球位于远日点，此时地球和火星的距离最近，称为最近距大冲，为难得一遇的罕见天象。

火星地形地貌　火星表面地形具有二分性，南半球和北半球地貌差异较大，南部由较高的高原组成，而北部由较低的平原组成。南部的高原上分布着数量巨大的陨击坑，包括火星上最大的陨击坑赫拉斯（Hellas）和阿盖尔（Argyre），而且地势起伏不平；北部平原上的陨击坑相对南部高原要少得多，大部分是熔岩，而且常常被风成堆积和泥石流物质所充填掩埋，因此地势较为平坦。现在认为，火星南部半球较为古老，北部半球较为年轻。这是根据南部半球的陨击坑的规模和数量都比北部半球要大和多得来的。

火星表面有多种地貌：陨击坑和盆地、大的盾形火山、峡谷系统和干涸的河床、崩塌地貌、两极区冰盖和沉积层、风成沙丘等。总体来说火星的地貌特征比月球和水星复杂，也有别于地球。火星上以一个与火星赤道呈 30°倾角的大圆，可以将其表面分成南、北两个半球。南半球年龄较老地势较高，广泛分布陨击坑；北半球年龄较轻地势较低，有广泛的熔岩流、塌陷和两个巨大的火山群。火星表面的最大高差近 30 千米，最低点为海拉斯盆地（高程为−8.2 千米），最高点为奥林帕斯火山（高程为 21.2 千米）。火星上普遍存在的一种构造地貌是地堑，它们紧密或平行排列，或是长达数百千米的孤立台地。塔西斯高原隆起是火星上全球尺度的大地貌，发育数千条大致径向排列的断裂体系长达几百千米，宽度在 1 千米以上。

火星主要地貌分区　根据火星的地貌和构造可以划分为五类单元：古老的南部高地单元、年轻的北部平原单元、火山单元、峡谷与河道单元和极区单元。①南部高原。火星南部高原平均高度为 1.5 千米，约占火星表面积的一半，密布陨击坑，可能代表了最古老的火星表面。②北部平原。火星北部的平原区平均高度为−4 米，陨击坑密度与月海相近，被认为比南部高原年轻。北部平原上分布的大多是火山物质，以熔岩为主，但它们又往往被风成物质和泥石流所覆盖充填。③火山单元。火星上的火山和地球火山不太一样，由于缺乏明显的板块运动，使火山分布是以热点为主，在原地喷发不断堆积，且因火星重力较小，因此火星上的火山可以堆积的很高。火星上的大部分火山为由玄武岩构成的盾形火山，以及火山渣锥、熔岩流、熔岩管和小型盾形火山。火星上有五座巨大的火山分别是阿希亚（Arsia）、帕吾尼斯（Pavonis）、埃斯科雷尔斯（Ascraeus）、奥林帕斯（Olympus）、阿尔巴（Alba），最高的火山为奥林帕斯火山，它与阿尔巴、阿希亚、帕吾尼斯以及埃斯科雷尔斯火山高地共同构成了萨希斯大火成岩省。在这些大火山之间还分布着许多小火山。④峡谷和河床。火星上最独特的巨型峡谷体系名为水手大峡谷（Valley Marineris），占火星赤道区长度的四分之一以上，长 4000 多千米，宽 150～700 千米，深可达 7 千米。是构造成因的巨大裂隙，而后又被各种侵蚀和水流沉积过程所改造。水手峡谷可以分为五段："夜迷宫"、西槽、中槽、东中心槽和东峡谷。火星上有许多现在已经无水的干涸河床，它们不同于构造成因的沟谷，且确有流水冲刷特征。火星表面的河床主要有两大类：径流河道和溢流河道。径流河道与地球上的干涸河谷相类似，广泛分布于火星南半球的陨击高地。有些构成相连的径流河床网，很像地球上的河网，长几百千米，由许多小支流汇成大河床。溢流河道和河床是分布在火星赤道区的巨大河谷系。最大且研究较好的溢流河床位于火星高地东北，流入黄金平原，包括卡塞、玛雅、司马德、蒂乌、阿瑞斯河谷及其小支流，各主河床的宽度都在万米以上，最长可达几百千米，沿途高程下落几千米，切割许多树枝状和交连的河床。溢流河床的形成可能类似与地球上灾难性的洪水冲刷地面，源头在地堑发育的杂乱地带。⑤极区单元、风成地貌、永冻土地貌。火星的纬度 70°以上的地区称为火星的极区，与地球的极区类似，火星上的极区沉积物表面的最上层，是水冰和干冰以及尘埃沉积形成的极冠，冰极冠下面是层状沉积物，深度几千米。层状沉积物的边缘是悬崖和阶地，阶地可能是多阶段侵蚀的结果，各层厚度为 10～50 米。此外，火星表面还有许多风侵蚀和风沉积形成的地貌。火星上存在形态各异的沙丘，覆盖了整个星球表面。除了前面已述的河床和已改造地貌可能是地下冰或永冻土融化的结果，火星上还有类似地球冰缘区的地貌：黄金平原南部还有类似喀斯特地貌的不规则坳陷，这可能是地下冰移走所致；北纬 40°～50°的平原上有多边形断裂，个别多边形的直径达 20 千米，而地球上的冰冻多边形地貌的直径很少超过 100 米。

火星表面环境　①温度。火星的轨道是椭圆形，因此，在不同位置接受太阳照射的所获得的能量不同，火星位于近日点和位于远日点时表面温度有所差异，温差将近 160℃。这对火星的气候产生巨大的影响。火星上的平均温度大约为−63℃（210K），但却具有从冬天的 140K（−133℃）到夏日白天的将近 300K（27℃，80℉）的跨度。②季节。火星自转轴有明显倾斜，赤道与公转轨道的倾角 25.19°，和地球的黄赤交角 23.45°近似，所以日照的年变化形成明显的四季变化，而一季的长度约为地球的两倍。由于火星轨道离心率大，为 0.093（地球只有 0.017），使各季节长度不一致，又因远日点接近北半球夏至，北半球春夏比秋冬各长约 40 天。③大气。火星的大气密度只有地球的大约 1%，非常干燥，温度低，表面平均温度−63℃，水和二氧化碳易冻结。但是在火星的早期，它的环境可能与地球十分相似。像地球一样，火星上几乎所有的二氧化碳都被转化为含碳的岩石，但由于缺少地球的板块运动，火星无法使二氧化碳再次循环到它的大气中，从而无法产生意义重大的温室效应。因此，即使把它拉到与地球距太阳同等距离的位置，火星表面的温度仍比地球上的冷得多。

（黄　俊　肖　龙）

火星的水　water on Mars　火星表面存在的水。火星表面环境因为大气压力平均温度过低和昼夜温差较大，会让液态水蒸发或凝固而无法存在。但是通过研究古代火星的水文遗迹，重建了火星古代可能存在的海洋，查明了古河道和古湖泊的分布，证明火星过去也曾是温暖潮湿富含大气和液态水的。已确定的火星表面的水体只在南北两极以冰的形式存在，其他地区的水主要分布在地下含水冰的土壤层中。

火星曾经的液态水　已有许多直接和间接证据证明火星表面曾经有液态水存在。通过对火星全球遥感影像数据的分析，已经识别出了数百个古湖泊、上千条河道，以及占据大半个北部半球的古海洋。火星表面最大最长的水手大峡谷中，有大量水流的痕迹，峡谷的东北部出口处和其他一些大型古湖泊中也留下了大量三角洲沉积。21 世纪以来十多年的火星着陆探测，更是直接探测到了大量与水有关的矿物学证据。2004 年，美国国家航空航天局（NASA）的"勇气"号火星车在火星上工作时，发现火星土壤中含有硫酸盐。另外在火星的古谢夫撞击坑中也发现了类似的浅色土壤，也包含硫酸盐成分。这些硫酸盐矿物一般认为是火山岩与水相互作用的产物。这些土壤中的矿物质成分表明，火星在远古时代是湿润的，高盐分土壤通常是曾经存在咸水的证据，因为水分被蒸发，才使盐分能够凝结。2006 年，"勇气"号还在火星土壤中发现了完整的欧泊（一种含水的非晶质的二氧化硅矿物）露头，这是火星上曾经有水的直接证据。NASA 的另一辆火星车"机遇"号利用小型热辐射光谱仪发现了大量的赤铁矿，而这种矿物通常是在有液态水的环境下生成。岩石中的这些矿物结构和其他沉积地貌，也暗示着火星上从前比现在更"湿润"。"机遇号"还在火星表面发现了石膏矿脉。石膏需要在水的作用下才能沉积形成，对于这些石膏矿物的进一步分析将有助于科学家们解开火星潮湿历史之谜。"好奇"号火星车对盖尔撞击坑的探测，发现了大量层状硅酸盐矿物、硫酸盐和少量的碳酸盐矿物。这些矿物的存在都说明火星表面曾经有过强烈的水岩相互作用，地表水的参与程度较高。

火星现在的冰冻水　火星表面的平均温度在−55℃左右，水和二氧化碳易冻结，所以现在火星上的水基本上都以冰的形式存在于火星的南北两极。火星南北极有水冰及干冰覆盖的区域称为火星的极冠，厚达数千米，是火星上水冰重要储藏库。火星南北极明显的极冠，曾被认为是由干冰组成，但实际上绝大部分为水冰，只有表面一层为干冰。这层干冰在北极约 1 米厚，在南极则约 8 米厚，是冬季时凝华而成，到夏季则再度升华进入大气。不过南极的干冰并不会完全升华，夏季仍存在的部分称为永久极冠。北极冠宽达 1100 千米，厚达 2000 米，体积 82.1 万立方千米；南极冠宽达 1400 千米，最厚达 3700 米，体积约 160 万立方千米。这些水冰会随着火星季节温度的变化，发生融化或冻结。据推断，火星极冠中的水冰，如果全部融化并均匀分布在火星表面，就会在火星表面形成一个 10 米厚的水层。

除极冠区的冰冻水外，其他高纬度地区也发现了地下水冰或地下水活动的证据。2008 年，NASA 的“凤凰”号火星车首次直接观测到火星高纬度地区浅表层存在水冰。最近几年，在火星上发现了“复现性斜坡纹线”。随着季节的变化，火星山丘或撞击坑斜坡上发现手指状阴影条纹，它们在火星温暖的季节里出现，并随着温度上升而向山丘下延伸，到了寒冷季节就会消失。火星勘测轨道器发现季节性斜坡纹线中有非常咸的液态水流动的痕迹，推测季节性斜坡纹线是由咸水流动所产生的，这意味着火星表面以下有冰冻水，当温度升高后，浅部的含冰层发生融化，水流沿着斜坡流出。这些证据都说明火星表面还有少量的液态水活动，但并无直接证据指向液态水或是水合盐物质的存在。此外，也有一些科学家对这类复现性斜坡纹提出了不同的成因解释，认为没有水参与的情况下，也可能形成这类现象。

（黄　俊　肖　龙）

火星空间探测　Mars exploration　对火星展开一系列探测的活动。火星是太阳系中距离太阳第四近的行星，也是所有岩质行星中最靠外侧的一颗。虽然火星的尺度只相当于地球的一半，但它的自转周期（约 24.63 小时）、自转轴倾角（当前约 25.2°）都与地球非常接近，因此其上也具备类似于地球的昼夜和季节循环。再加上通过地面望远镜可以在火星上看到类似河流网络的结构，自 19 世纪起，火星就成为人们对地外生命幻想的一大焦点；而对火星生命迹象和宜居性的探寻也贯穿整个火星空间探测史。

从技术上说，由于火星位于地球轨道之外，且与地球的距离相对较远，探测器的发射要充分考虑地球和火星的相对位置关系。每 26 个月左右发生一次的火星冲日现象提供了前往火星的捷径——此时地球和火星与太阳连成一线，且两颗行星都位于太阳同一侧，彼此距离最近。再考虑行星轨道运动，火星探测器最宜在冲日发生之前的一段时间升空，这样可以用最少的燃料和最短的时间抵达目的地。

虽然火星探测器的发射始于 1960 年苏联的火星 1M 号，但火星号系列的早期成员都遭遇了各种问题，无一取得成功。第一架成功的火星探测器是 1964 年发射、1965 年抵达的美国飞掠器水手 4 号。这架探测器传回了史上第一批地球以外其他行星的近距离影像，揭示出火星是一个荒凉、寒冷、大气稀薄且陨击坑密布的星球，根本不具备高等生命存在的条件。

在此之后，水手 6 号和 7 号的飞掠，以及水手 9 号、火星 2 号和 3 号轨道探测器的运行较为全面地探查了火星的全球地貌、大气、磁场情况，确认了火星大气的主要成分为二氧化碳，发现了火星上规模最大、最为显著的地貌，如太阳系最高的火山——奥林波斯山，以及水手号峡谷。早期火星探测的高潮是 1975 年发射、1976 年抵达的两架海盗号探测器，它们的轨道器和着陆器均取得了全面成功，第一次开展了火星地表考察和生物学实验，但并未发现任何当代火星生物存在的迹象。

在经历了 20 世纪 80 年代的停滞（虽然在此期间苏联发射了两架不成功的火卫一探测器）之后，从 90 年代中期开始，火星探测迎来了新的高峰。此时的火星探测任务（不论是轨道考察还是着陆勘探）已经成了太阳系空间探测的常规项目。新一代火星探测器有着更高的空间分辨率和更好的灵敏度，因此揭示出了更多细节；具有自主移动能力的火星车的引入也让火星地表勘查范围大大扩张。在此期间，研究者在火星上发现了地表和大气中的有机物成分、远古流水塑造的地貌，甚至还有当代液态水体可能存在的迹象（虽然最后一点仍存争议）。火星远古环境更适宜生命存在这一点现在几乎已成定论，不过要回答火星在诞生之初是否真的存在过生命这个问题，仍需要进一步的研究和探索。

与其他星球相比，火星探测计划的成功率并不算高。在已有的 40 余架探测器中，取得全面成功者大约只占一半。这除受前往地球轨道之外的深空目标所要面对的技术复杂性影响之外，很大程度上也是被美苏冷战背景下匆忙上马的早期探测器（尤其是苏联的火星号系列）拖了后腿，20 世纪 90 年代之后的新一代火星任务成功率还是不错的。除了延续现有的工作，未来的火星探测还将关注火星采样返回乃至载人考察，不过这些任务现在仍处概念论证阶段，距离其真正实施还有待时日。

（张　博）

火星生命　life on Mars　从人类开始探索宇宙起，寻找地外生命就是科学家和大众最关心的话题。由于自然环境和条件与地球接近，火星始终被认为是搜索地外生命的首选行星。尽管还没有找到火星生命的直接证据，但是多数科学家认为，火星曾经有非常宜居的环境，适宜生命的形成和繁衍，很有可能产生过生命。

火星生命存在的可能性　从理论上讲，火星有能力造就生命。火星处于太阳系生命宜居带的范围内，火星也有与地球类似的四季和昼夜时长。火星上面还有着太阳系最大的火山和峡谷，仿佛一个被抽干后的海洋河床，有着显著的海岸线古海洋。地球上的河床、冲积平原、古湖泊及洪水留下的溪谷等，在火星上面都能找到。火星的大气主要由二氧化碳构成，这与地球出现生命之前的大气结构相似。这种火星与地球的高度相似性，使得科学家认为火星是有可能存在过生命的，因此开启了逾百年的火星生命探索历程。这些探测包括利用地基望远镜、发射火星探测器和研究来自火星的陨石等。

火星生命探索历程　早期的火星生命探测起始于对火星表面形貌的分析，尤其是火星表面“运河”的发现。1877 年，意大利天文学家 G.V.斯基亚帕雷利用望远镜里看到的火星上存在隐隐约约的直的暗沟，这些暗沟就像海峡连接着大海一样，把一些宽广的区域连接了起来，他称之为“Canali”，意大利语即“水道”的意思。这一重要发现迅速传播开来，到了英语中便被讹译成“canal”，意即“运河”。于是，火星上存在智慧生物的消息不胫而走。有人猜测“运河”连接的暗区是火星人种的植物。一些科学家甚至设想：火星世界是一个古老的文明，由于火星气候的恶化，致使火星人不得不开凿运河从大的湖泊中引水灌溉来维持生态。另外一部分天文学家持否定态度：所谓“运河”不过是人的视觉误差而已，根本就没有真实存在的运河。这一场持续 30 多年的争论，直到 1913 年才被画上句号，地基照相观测最终确认曾经认为的“线条”或“运河”完全是视觉效应，根本不存在。

但是，火星生命的探索并没有就此止步，尽管没有宏观的生命迹象，科学家期待在火星土壤中发现微生物和与生命活动有关的物质。1976 年美国航空航天宇航局（NASA）的“海盗”1 号着陆器在火星的克里斯平原上成功登陆，很快投入了寻找火星微生物的工作中。“海盗”2 号于 1976 年则在火星乌托邦平原上着陆，目标是探测火星大气结构及组成，以及寻找是否有生命的迹象。安装在“海盗”1 号和“海盗”2 号上的仪器提供了大量关于火星大气及其表面的探测资料，但并没有确凿的证据表明火星上存在生命或其他的有机化合物。2003 年 6 月和 7 月，美国先后发射“勇气”号火星漫游车和“机遇”号火星漫游车。“勇气”号漫游车上的分光计、微观成像设备以及其他工具对火星岩石和土壤进行了分析，收集到强有力的证据表明，火星上曾经有水流动。“机遇”号在随后的十几年间不断在火星上发现曾经有水流动的痕迹，以及高盐分土壤的存在。水和一定的盐分是微生物存在的重要的条件之一，所以有理由推测火星过去存在过生命。工作在火星盖尔撞击坑中的“好奇”号火星车，搭载了多种先进仪器设备，发现了大量的与水有关的矿物，证明这个撞击坑曾经是一个湖泊，但是仍然没有找到能直接证明生命存在的组分。对大气成分的探测也可以帮助确定生命迹象。地基望远镜和火星轨道探测器都在火星大气中发现了甲烷，“好奇”号也在着陆点探测到了甲烷的存在，并且甲烷的浓度也随季节的变化而变化。人们曾经为之兴奋，以为找到了生命存在的证据，因为地球上的大量甲烷（成分与沼气一样）都是由微生物转化而来的。然而，甲烷也可能是无机成因的，水岩相互作用也可以形成甲烷，发现甲烷并不能证明存在生命，因此这些甲烷的来源依然没有得到确认。想要确认甲烷是否与生命有关，需要对其中碳进行同位素特征分析来判断无机或有机成因。

火星陨石中的“证据”　截至 2023 年，人类还没有登陆火星，也没有直接从火星采回样品，因此来自火星的陨石为人类直接寻找火星生命提供了样品。有两块火星陨石最受关注，一是 1984 年在地球南极阿兰希尔山地区发现的 ALH84001 号火星陨石，二是降落在摩洛哥的提森特（Tissint）火星陨石。

“ALH84001”陨石是来自火星表面的岩石，可能受到彗星或小行星撞击后飞向地球，途中经过了 1600 万年的时间，降落到地球上的时间已经有 1.3 万年。该陨石的化学构成与人类在 20 世纪 70 年代采集到的火星大气样本分析相符合，因此可以断定其来自火星。1996 年，科学家们在这块陨石中发现了蠕虫形态的结构，并推测这极可能是石化了的细菌。这些细菌是在陨石表面以下发现的，这说明它们是在陨石抵达地球时已经存在，而不是在后来的岁月中被地球上的细菌入侵生成的，可能是生命的证据。不过许多人对此观点持怀疑态度，认为凭单一矿物形态不能作为生命存在的证据，且在后续研究中，也通过无机方法合成了相同的结构。

提森特火星陨石降落到地球表面后，保存得很好，外表的熔壳非常完整，使得陨石内部没有受到地球环境的改造破坏。2014 年，由中国科学家参与的一个科研团队宣布了一个最新发现，认为里面包含的碳颗粒是火星地表、地下水里面有机质沉淀下来的，是有机碳。但是这一观点还没有得到国际社会的广泛认可，美国科学家认为这些碳颗粒是在火星的岩浆中形成的，跟生命无关。

可见，火星生命的探测依然是最重要的主题之一，多个国家正在和即将实施的火星探测任务，都是瞄准火星环境和生命探测的，相信在不远的将来我们能够确认火星上是否存在过生命。如果确认火星没有存在过生命，那么科学家们还必须回答，火星与地球为何如此相似，为什么火星没有产生生命，地球上的生命又是如何产生的等问题。（黄　俊　肖　龙）

火星卫星　satellite of Mars　火星有两个卫星：火卫一和火卫二，是 A.霍尔在 1877 年火星大冲时发现的。火卫一（图 1）和火卫二（图 2）的轨道半长径分别约为 9370 千米和 23 520 千米，相当于火星半径的 2.8 和 6.9 倍。这表明，它们的轨道很接近火星。特别是火卫一，它的轨道几乎处于洛希极限上，到了这个极限，卫星将因行星起潮力的作用而粉碎。火星对火卫一和火卫二的潮汐摩擦使火卫一不断接近火星，而使火卫二不断远离火星。火卫一和火卫二的公转轨道面与火星赤道面的交角以及它们的轨道偏心率都不大。这两个卫星绕火星转动的周期分别为 7 小时 39 分和 30 小时 18 分。同月球一样，它们的自转周期和它们的公转周期相等。火卫一绕火星的公转周期比火星本身的自转周期还要短，因此造成一种奇特的现象：从火星表面看来，火卫一同其他天体相反，它每天西升东落两次。火卫一和火卫二被认为是太阳系中的不规则卫星（见卫星）。火卫一和火卫二都很小，而且形状不规则。火卫一的大小近似 27×21.6×18.8（千米），火卫二只有 15×12.2×11（千米）。在火星赤道附近看到的火卫一，还没有地球上看到的月球一半大，而火卫二只有勉强看得清的视圆面。两个卫星上都有许多撞击陨击坑，其中最大的是火卫一上的斯蒂尼陨击坑，直径达 8 千米。行星际探测器“海盗”1 号在考察火卫一时还发现这个卫星地形上的新特征——沟纹和小环形山链。沟纹有些地方宽达 500 米。环形山链差不多与火卫一的轨道面平行，某些环形山位于链的突出处，可能是次生的环形山。根据“海盗”1 号、2 号的测定，火卫一的质量是 1.1×10^{19} 克，因而它的密度约为 2.1 克/厘米^3，同谷神星的密度一样。火卫一和火卫二的反照率都在 0.05 左右，类似于碳质球粒陨石和碳质小行星，因此有人推测，它们可能起源于小行星带。（郑家庆）

图 1　火星侦察轨道器拍摄的火卫一照片（2008）

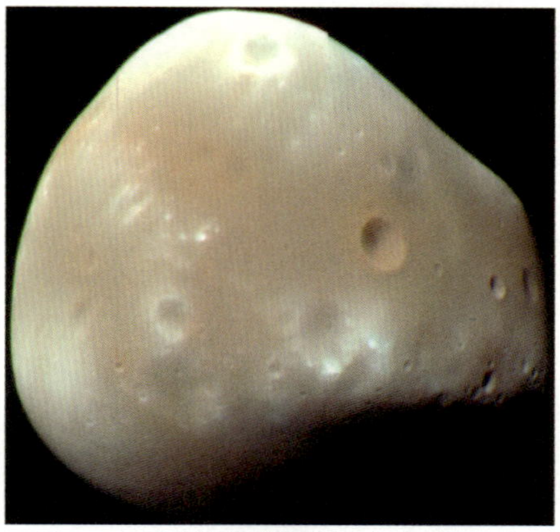

图 2　火星侦察轨道器拍摄的火卫二照片（2009）

霍金，S.W.　Stephen William Hawking（1942-01-08～2018-03-14）　英国理论物理学家、数学家。生于英国牛津，卒于英国剑桥。1959 年入牛津大学就读，1962 年入剑桥大学攻读研究生，1965 年获哲学博士学位。1966～2018 年，一直在剑桥大学从事研究：1968 年任职于理论天文学研究所，

1973 年为应用数学和理论物理系研究助理，1977 年升任为引力物理学教授。1980 年任剑桥大学卢卡斯讲座教授，300 多年前 I. 牛顿曾任此职。1974 年当选英国皇家学会会员，1975 年获英国皇家天文学会爱丁顿奖章，1976 年获英国物理研究所麦克斯韦奖章和奖金，1976 年获美国物理学会和美国物理研究院海涅曼奖和英国皇家学会休斯奖，1978 年获普林斯顿大学高等研究院爱因斯坦奖，1979 年获瑞士伯尔尼爱因斯坦学会爱因斯坦奖章，1982 年获大英帝国勋章，1985 年获英国皇家天文学会金质奖章，1987 年获国际理论物理中心狄拉克奖，1988 年获以色列沃尔夫基金会沃尔夫奖，1989 年受封英国名誉爵位，同年获西班牙阿斯图里亚斯亲王奖，2006 年获英国皇家学会科普利奖章，2009 年获美国总统自由勋章，2012 年获俄国基础物理学奖基金会基础物理学突破奖。

从事广义相对论，特别是理论天文学、**引力理论**、空时奇异性（**黑洞**、**引力坍缩**）和数学物理的研究。1966～1967 年提出，任何可能有的宇宙论中广义相对论解都应具有奇异性。1971 年提出，在宇宙大爆炸后可能形成数以百万计的微小黑洞，它们将 10 亿吨的物质集中在一个质子大小的空间内。这种黑洞因其质量极大而需遵循相对论规律，因其体积极小又需遵循量子力学规律。通过这种黑洞理论，有助于将相对论和量子力学联系起来。1971～1972 年，他建立了黑洞热力学第二定律。1974 年预言黑洞“蒸发”的量子过程，提出根据量子论，黑洞能不断产生物质，释放亚原子粒子，并在其能量耗尽的最后时刻发生爆炸。天文学家正在据此搜索能说明这种爆炸黑洞存在的 γ 射线爆发和射电爆发。他还研究大爆炸中氦的形成，在**双星**系统中存在黑洞的可能性，引力波探测器、多维时空理论中的“M 理论”（Membrane 理论）等。

写过许多科普文章和作品，其中《时间简史——从大爆炸到黑洞》一书从 1988 年出版以来已被译成中文和其他多种文字。

1963 年，霍金被诊断患有罕见的肌萎缩性脊髓侧索硬化症；1984 年，由于气管切开术，使他完全丧失说话能力。疾病的折磨，令他行动极为困难。他以坚强的毅力和勇气，以残疾之躯坚持不懈地进行科学探索，在黑洞和宇宙起源的大爆炸原理的研究上开拓了了解宇宙的视野，从而备受人们的尊敬。1974～1975 年他带着重病赴美国加州理工学院任客座教授。1985 年、2002 年、2006 年，霍金曾三次来中国。

（戴念祖　石云里）

霍伊尔，F.　Fred Hoyle（1915-06-24～2001-08-20）　英国天文学家。生于英国约克郡宾利，卒于英国多塞特郡伯恩茅斯。1939 年获剑桥大学硕士学位。第二次世界大战时在海军雷达部门工作。1945 年回剑桥大学担任圣约翰学院数学讲师，1958～1972 年担任该校普鲁明天文学和实验哲学教授，1967 年创立剑桥大学理论天文学研究所，担任所长到 1973 年。1957 年当选英国皇家学会会员，1971～1973 年任英国皇家天文学会会长。1968 年获英国皇家学会巴克利安奖章和英国皇家天文学会金质奖章，1970 年获太平洋天文学会布鲁斯奖章，1971 年获美国天文学会罗素讲席，1972 年获美国国家射电天文台詹思吉讲席。1977 年获太平洋天文学会克朗普克-罗伯茨奖，1994 年获巴尔赞奖，1997 年获瑞典皇家科学院克拉福德奖。1972 年受封爵士。1974 年获英国皇家奖章。

在宇宙学方面，霍伊尔把 T.戈尔德的连续创造论加以发展，于 1948 年和 H.邦迪一起提出稳恒态学说。这个学说认为，宇宙不断膨胀，物质不断创造出来，使星系空间密度不随时间改变。但有人认为，这个学说违背了质能守恒等物理规律，它所预言的**星系分布**和射电源计数等也与观测不符，因此未被广泛接受。在**太阳系起源**方面，他在 1944 年提出，太阳原来是**双星**，其伴星已瓦解，遗骸形成各个行星，以此说明行星的重元素含量高于太阳。1960 年他又提出，太阳通过磁耦合把角动量转移给星云盘物质，以后分别形成类地行星和类木行星。在恒星演化方面，他论证了氦核在高温下“燃烧”产生碳核和氧核以及镁、硫等直至铁核的过程，为研究恒星在**主序星**后的演化提供了理论依据。他同伯比奇夫妇、W.A.福勒等人在这方面的研究被合称为以他们的姓氏命名的 B^2FH 理论（见**元素合成理论**）。他还和 **M.史瓦西**共同研究了星族Ⅱ恒星的演化，对**球状星团**、**赫罗图**做出比较成功的理论解释。20 世纪 60 年代以后，他与那立卡合作，致力于保形不变的直线相互作用理论，得出引力常数随时间减小、地球在膨胀的结论，并且用这种理论探讨质量和引力的本质、弱相互作用、红移和新的宇宙模型。20 世纪 70 年代，他同 C.魏克拉马辛格合作提出，**星际介质**中存在生命所必需的复杂分子，经过彗星内核带到行星上，导致行星生命的出现。

霍伊尔还研究过考古天文学以及其他各种理论问题，发表了大量的科学普及作品，写过幻想小说和剧本。主要著作有《宇宙的本质》《星系、核和类星体》《从巨石阵到现代宇宙学》《天文学和宇宙学》。

（陈美东　石云里）

J

积分视场单元 integral field unit; IFU 安装于光谱仪缝前，可将二维视场内的目标（展源）连续切割成若干单元，重新排列后将目标光束导入光谱仪。安装了积分视场单元的光谱仪称为积分视场三维光谱仪（IFS）。IFS 能够同时获得目标源不同位置处的光谱，所得光谱数据同时具有空间信息和波长信息 (x, y, λ)，因此 IFS 光谱数据有时又被称为三位立方体数据。

积分视场单元分割的单元大小即为空间分辨率，其总覆盖范围是视场，有效覆盖率（也称有效信息密度），这些是 IFU 最重要的指标，也是定义一个 IFU 不同于其他 IFU 的基本特征。

IFU 因提高了延展天体观测的空间覆盖率，特别适合用于延展天体的高空间分辨的光谱观测，配合**自适应光学**技术或者用于空间观测，可以实现百万高空间单元的采样，如甚大望远镜（VLT）的可见光多目标光谱仪（VIMOS）在 1×1 角分的视场上安装了 6400 个 IFU。较高的空间分辨率和较大的视场都在争夺用于光子采集的探测器资源，因此在光子采集方式和探测器技术没有明显突破的情况下，空间分辨率高低和视场大小在一定的探测器资源下相互制约，即高空间分辨率的视场不容易做大，除非增加后置光谱仪，也就是增加探测器的数量。这样的发展思路正适合地面 10 米级以上望远镜上配置 IFU，新一代的 MUSE、VIRUS 等都采用了后置多个光谱仪以实现更高空间分辨率和更大视场的结合。

根据把目标源切割成单元的方式不同，IFU 又包括微透镜阵、光纤-微透镜阵、像切割器等类型（见图）。

①光纤-微透镜阵。IFU 利用一组微透镜阵把原视场分割成若干单元（如 GMOS、VIMOS、FLAMES、PMAS、CIRPASS、FALCON、SPIRAL、SIFS、IFOSC），在每一个微透镜后面接一根光纤，出射光纤依次排列在光谱仪的入射端。

②微透镜阵。IFU 用一组小透镜阵将成像在望远镜焦面处的面源分割成若干单元（如 OSIRIS、KYOTO-3D、SNIFS、OASIS、SAURON），也将望远镜的入瞳分割成非连续的单元像，这些单元像又被光谱仪色散为相应的光谱。

③像切割器。IFU 利用光学元件的反射把原像场切分成窄而长的子像场（如 SINFONI、GNIRS、MOMFIS、FISICA、SWIFT、UIST、SNAP、FRIDA、NIRSPEC），子像场重新成像后，依次排列进入光谱仪的入射端。 （侯永辉 胡中文）

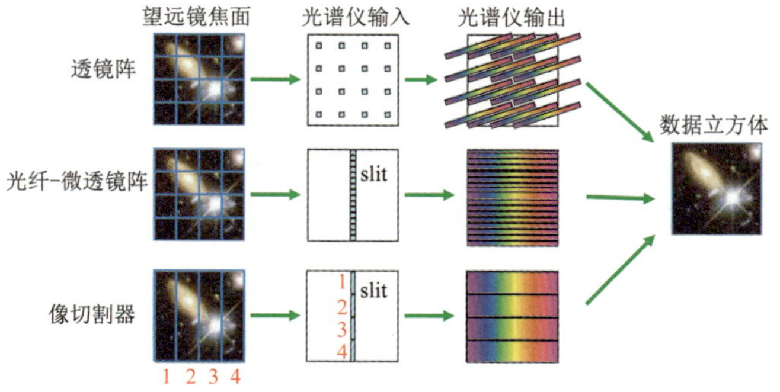

基于不同 IFU 技术的三维成像光谱原理

基本面 fundamental plane 椭圆星系的有效半径，平均表面亮度和中心速度弥散之间的关系。椭圆星系的有效半径R_e、该半径范围内星系的平均面亮度$< I >$和星系中心区恒星速度弥散度之间存在以下相关关系：

$$\log R_e = a < I > + b \log \sigma_0$$

上述关系式在三变量（$\log R_e$、$< I >$和$\log \sigma_0$）相空间内是一个平面，称为椭圆星系的基本面。式中a和b为常数，其值确定了基本面在相空间中的取向。鉴于观测量$< I >$和$\log \sigma_0$与星系的距离无关，由基本面关系式可确定星系的线半径，再与另一个可观测量——星系的有效角半径相比较，便可推算出目标星系的距离，称为角径距离或运动学距离。基本面关系实质上是对费伯-杰克逊关系的改进，后者的弥散度较大，而引入第三参数R_e后弥散度便可大为减小。

实际上，更普遍的做法往往是采用基本面关系的近似表达形式，即所谓D_n–σ_0“关系”来估算椭圆星系的角径距离。D_n–σ_0关系由 A.德雷斯勒等人于 1987 年导出，具体函数形式为$D_n = 2.05\sigma_0^{1.33}$，这里指某一特定面亮度范围内星系的特征直径，以千秒差距为单位，相应范围内恒星速度弥散度σ_0以 100 千米/秒为单位。这种方法的优点在于，从实测角度来看与D_n相应的角半径θ是不难取得的，即使测光精度不太高也能做到，而θ与D_n相比较即可确定星系的距离。

椭圆星系的尺度很大，可达到 10 万光年或以上，在很远距离上也不难通过高精度成像技术观测得到它们的角直径，因而这种方法的适用范围很大，最远可超过 30 亿光年。 （赵君亮）

基本天文学 fundamental astronomy 天体测量学、天体力学、地球自转、时间、太阳系天体历表、天文常数与规范等研究领域的统称。是天文学的主要分支。主要包括天体测量学、天体力学、地球自转、时间、太阳系天体历表、天文常数与规范等研究领域。

主要研究内容和任务包括但不限于：①建立与维持高精度、高时空分辨率的时空参考系统及其物理实现即参考框架，以描述天体在空间和时间中的位置和运动，这主要包括**天球参考系**和**天球参考架**、**地球参考系**和**地球参考架**、**地球定向参数**。②研究天体（包括人造天体）的动力学行为，包括短时间内的高精度描述和长期演化。③利用天体测量学和天体力学的方法获取天体的物理信息并研究其物理定律。④为天文学界和社会用户提供基础性和应用性服务，包括太阳系天体的数据和星历表、地球定向参数数据、时间尺度、天文常数、各类理论与数值模型及其有关的软件程序等。

按**国际天文学联合会**（IAU）的分类，2012 年 IAU 架构改革之前，IAU 设 12 个学部，基本天文学部是其中之一，下设 6 个专业委员会，分别是历表、天体力学与动力天文、天体测量、地球自转、时间、基本天文学中的相对论；2012 年后，IAU 改设为 9 个学部，基本天文学部也有相应调整，下设 5 个专业委员会，分别是天体测量、地球自转、基础规范、天体力学与动力天文、太阳系历表。而原来一直属于基本天文学部的原子时时间频率与服务工作因为主要属于物理学的范畴而在 2012 年后从该学部取消了，其中的世界时测定与服务工作仍保留在地球自转委员会中。

2000～2021 年，IAU 共召开了 8 次大会，通过了 44 个决议，其中近一半是由基本天文学部提出的，与时空参考系统的定义、模型或实现有关，由此反映出基本天文学始终是天文学中基础、重要且前沿的学科之一。

中国天文学界早期常用“天测天力”“应用天文”代指基本天文学。时间、天文地球动力学、天体测量学是基本天文学的主要分支，如天文地球动力学以地球为主要研究对象，研究的内容、方法和技术手段都在基本天文学的范畴内。（黄乘利）

基线 baseline 连接射电干涉仪中任意两个天线的矢量。见射电干涉仪。

畸变 distortion 只改变轴外物点在理想像面上的成像位置，使像的形状产生失真，但不影响像的清晰度的一种垂轴像差。见像差。

激变变星 cataclysmic variable star 包含一颗白矮星的物质交流双星。变星的一类包括经典新星、再发新星、矮新星、类新星变星和共生星等。白矮星的伴星通常是一颗低质量（小于 1 倍太阳质量）的近主序恒星，它充满洛希瓣并向白矮星传输物质。激变变星轨道周期分布在约 80 分钟至数天之间，在 2～3 小时间有一个明显的间隙。驱动激变变星中物质交流的机制是磁制动和引力辐射引起的轨道角动量损失。

如果白矮星没有磁场或磁场较弱，吸积物质在白矮星周围可以形成一个吸积盘。大约 1/4 的激变变星中的白矮星具有较强的磁场。其中磁场强度超过约 10^6 高斯的激变变星称为极化星或武仙座 AM 型星。白矮星的磁力线与伴星磁力线发生交汇，使得来自伴星的吸积物质沿着磁力线直接流向白矮星的磁极，并在磁极上方形成一个吸积柱。因此在该类天体中不存在吸积盘，并且白矮星的自转与公转同步。磁场强度达到 10^3～10^6 高斯的激变变星称为中介极化星或武仙座 DQ 型星。吸积盘的内区被白矮星磁场截断，吸积物质沿着磁力线流向白矮星的极区。（李向东）

激发温度 excitation temperature 在局部热动平衡条件下，分子或原子的各个能级上的布居符合玻尔兹曼分布律时，该公式内的温度。

在恒星大气中，若在单位体积里处于某一电离态r的原子总数目为N_r，处于同一电离态r某一激发态i的原子数为$N_{r,i}$，则比值$\frac{N_{r,i}}{N_r}$符合玻尔兹曼分布律：

$$\frac{N_{r,i}}{N_r}=\frac{g_i}{u_r}\exp(-E_i/kT_B)$$

式中g_i为统计权重；u_r为配分函数；E_i为激发电势；k为玻尔兹曼常数；温度T_B称为激发温度。恒星（包括太阳）大气的激发温度可用生长曲线方法求出。用生长曲线方法得出的激发温度在大多数情况下比有效温度低。例如，太阳的有效温度为 5770K，而由铁元素谱线的生长曲线得出的激发温度只有 4580K，而且对不同元素的激发温度值有很大的弥散度，可能对不同元素有不同的激发温度。对于恒星，有时二者可相差几千度，如天狼和双子座 γ 的激发温度大约为 6000K，而有效温度则高达 10 000K。这是恒星大气不处于严格的热动平衡的表征。（章振大）

激光频率梳 laser frequency comb 以锁模超短脉冲激光器为基础，通过将光频载波与脉冲包络之间的相位锁定，产生具有特殊性质的超短光脉冲。这些光脉冲在时域上是宽度为飞秒量级的超短脉冲序列，在频域上是一系列谱线中心频率位置固定、谱线间频率间隔相等且覆盖较宽光谱范围的单色谱线。这种光谱的形状就像一把具有许多梳齿的“梳子”，因此被称作“激光频率梳”。通过与微波频段的频率基准源锁定，激光频率梳实现了其频率覆盖范围内的所有谱线锁定和溯源，建立起光波频率和精确基准微波频率的直接联系，为光学频率的精确测量提供了基准。

激光频率梳时域和频域信号的特点如图所示。激光频率梳中的超短脉冲激光器采用锁模技术将激光腔内大量的纵模锁定后，输出一个在时域上具有精确脉冲间隔的

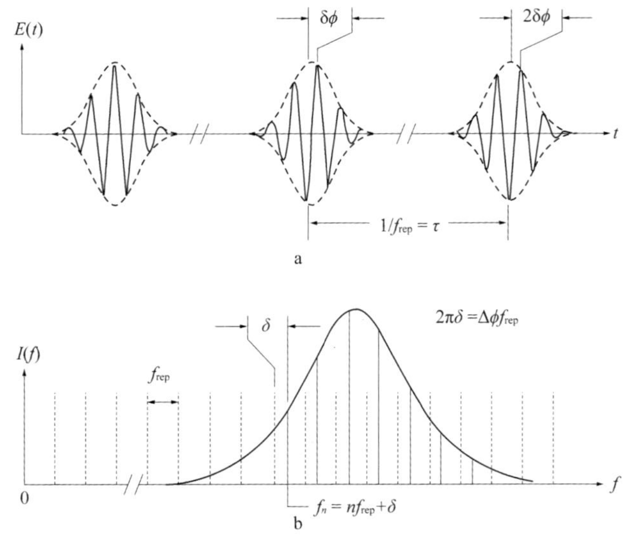

a 时域：虚线为飞秒脉冲包络，实线为脉冲电场　b 频域：竖实线为参与锁模的纵模

激光频率梳基本原理

脉冲序列，其中脉冲序列中每个脉冲的宽度由频域中的整个谱宽度决定，每个脉冲之间的间隔由激光器的腔长决定，同时激光器的腔长也决定了频率域中的纵模间隔f_{rep}。

频域中每个纵模的频率为：

$$f_n=n\times f_{\text{rep}}+\delta$$

δ为初始频率偏移。产生初始频率偏移的原因在于，光脉冲在激光谐振腔中每传播一圈，载波电场将相对于脉冲包络有一个相移，这个相移将导致初始频率偏移。

$$\delta=\Delta\phi f_{\text{rep}}/2\pi$$

对于普通的超短脉冲激光器，f_{rep}可以通过调节激光器的腔长来精确控制，但是δ的测量和控制都存在一定的困难，因此f_n将在一定范围内漂移。精确地测量和控制δ是激光频率梳技术中的关键。采用光谱扩展技术，可以使激光频率梳的光谱宽度达到一个倍频程以上。此时，将位于光谱短波长方向的$f_{2n}=2n\times f_{\text{rep}}+\delta$和位于光谱长波长方向$f_n$的倍频信号$2f_n=2(n\times f_{\text{rep}}+\delta)$进行拍频，并进行适当的滤波，将能得到初始频率偏移$\delta$：

$$2f_n-f_{2n}=2(n\times f_{\text{rep}}+\delta)-(2n\times f_{\text{rep}}+\delta)=\delta$$

根据测量的δ，通过控制激光器的参数，能够达到稳定δ的目的。由于δ和f_{rep}都能被精确地锁定到具有很高精度的基准频率上，f_n也具有与δ和f_{rep}相同的精度。

2005 年，美国国家标准技术研究院的 J.L.霍尔教授和德国马普学会量子光学所的 T.W.亨施教授凭借在激光频率梳方面的卓越工作荣获诺贝尔物理学奖。激光频率梳在精密频率、时间测量、超精细激光光谱测量以及通信等方面都有广泛应用。在天文上，激光频率梳的梳齿可以用来实现天文光谱仪的高精度定标。由于天文光谱仪工作波长和光谱分辨率上的特殊要求，激光频率梳通常要经过模式滤波和光谱扩展后才能用于天文光谱定标。经过改进后称为天文激光频率梳，主要用于高分辨光谱仪定标。天文激光频率梳对于通过视向速度测量发现太阳系外行星，特别是发现与地球相似的小质量行星，是不可或缺的关键设备。与普遍采用的碘盒定标和钍氩灯定标相比较，天文激光频率梳具有定标谱线密集、间隔均匀、谱线强度差异小、光谱范围覆盖宽广，同时稳定性和可重复性好等优点。（肖　东）

极大似然法 maximum likelihood method 通过寻找似然函数的极大值来推断概率分布中的未知参数的统计方法。极大似然法是统计推断中常用的方法。似然函数是指观测数据在假定的概率分布下的联合概率分布，是待定参数的函数，记作：

$$L(\Theta)=\prod_{i=1}^{n} f(X_i|\Theta)$$

式中$f(X|\Theta)$为假定已知的概率分布形式；Θ为待定参数；$X_i,\cdots,X_n$为观测值。使似然函数达到极大值的参数值$\hat{\Theta}$即为极大似然估计值。因为对数函数是单调上升函数，$\ln L$和L的极大值点相同，所以通常使用对数似然函数将似然函数的连乘积变为连加和形式，$\ln L(\Theta)=\sum_{i=1}^{n}\ln f(X_i|\Theta)$，便于计算。解似然方程即$\frac{\partial}{\partial\theta}/\ln L(\Theta)=\frac{\partial}{\partial\theta}\sum_{i=1}^{n}\ln f(X_i|\Theta)=0$可得到极大似然估计值$\hat{\Theta}$。

因为γ射线观测的数据量相对较少，观测光子数服从泊松分布，通过极大化预期光子数和实际观测光子数构成的似然函数，可以分析得到γ射线源的空间分布、能谱、光变等物理信息。其中预期光子数由γ射线源的物理信息和观测设备的仪器响应函数共同决定，仪器响应函数一般可以通过大量的对仪器的模拟来确定，γ射线源的物理性质用包含待定参数的模型确定。

如果观测数目较大，将观测数据分为N个区间$(n_1,\cdots,n_N)$做 binned 极大似然分析较为方便。每个区间的观测数目n_i服从期望值为μ_i的泊松分布，观测总数$n_{tot}=\sum_{i=1}^{n}n_i$服从期望值为$\mu_{tot}=\sum_{i=1}^{n}\mu_i$的泊松分布。似然函数$L(\Theta)=\prod_{i=1}^{n}\frac{\mu_i^{n_i}}{n_i!}\mathrm{e}^{-\mu_i}$等价似然函数比$\lambda(\Theta)=L(\Theta;n)/L(\hat{\mu};n)$，分母$L(\hat{\mu};n)$是每个区间的对应估计值$\hat{\mu}=(n_1,\cdots,n_N)$的似然函数值。根据威尔克斯定理，$-2\ln\lambda$服从$\chi^2$分布，可以根据$\chi^2$分布的性质方便地估计参数的误差。如果观测数据$x_i(i=1,\cdots,n_{tot})$数目较小，unbinned 极大似然方法相比于 binned 极大似然方法信息损失少，参数估计的统计误差小。unbinned 方法相当于将 binned 方法的区间分得足够小，以至于每个区间内只有 0 或 1 个γ射线光子，对数似然函数简化为$\ln L(\Theta)=\sum_{i=1}^{n_{tot}}\mu_i-\mu_{tot}$，通过极大化对数似然函数，可以得到γ射线源的性质。

（段 凯 黄晓渊）

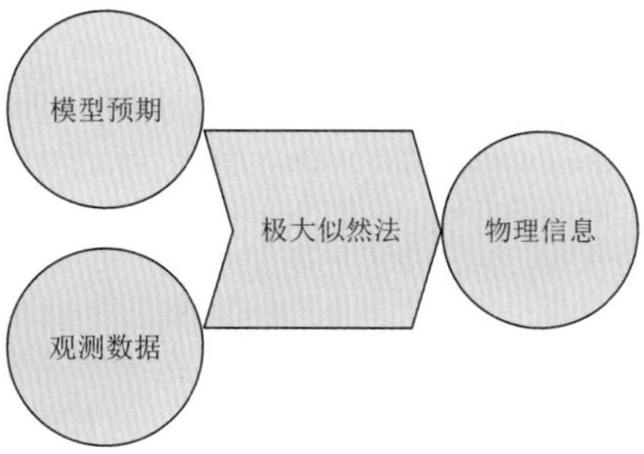

γ射线观测中的极大似然法

极大望远镜 extremely large telescope 20～50 米口径的巨型光学/红外望远镜。1977 年美国基特峰国立天文台开展了 25 米口径下一代望远镜的多种方案的预研究。拉开了现代新型大型望远镜和极大望远镜建造的序幕。1990 年**哈勃空间望远镜**成功发射，1993 年和 1996 年两架 10 米口径的地面光学/红外望远镜凯克Ⅰ和凯克Ⅱ先后投入观测（见**凯克天文台**），到 2008 年国际上已完成 14 架采用新技术的 8～10 米大型光学/红外望远镜。哈勃空间望远镜和这些 8～10 米口径的望远镜观测到很多早期宇宙的事件，使人类对宇宙的认识进入到一个崭新的阶段。这些天文观测已经获得许多大爆炸宇宙起源学说的证据，即已经看到了大爆炸留下的许多痕迹，从**宇宙微波背景辐射**到星系的红移。这些还远远不够，还有很多问题没有回答，如人类已经观测到**暗能量**和**暗物质**的作用，但不知道他们是什么和怎么起作用的；已经观测到的太阳系外恒星的行星系统，以及他们的结构和组成，但是行星系统是怎么形成的，生命是怎么产生的，还待揭示；科学已经发展到人类需要观测高红移的宇宙，看到第一代恒星和星系是怎么形成的；等等。

2000 年前后，各国天文学家在建造 8～10 米级望远镜的基础上纷纷提出建造口径 25 米、30 米甚至 100 米的极大口径光学/红外望远镜的建议。经过 21 世纪初的预研究，30 米望远镜（TMT）、巨型麦哲伦望远镜（GMT）、欧洲极大望远镜（E-ELT）已经开始设计或建造。这些望远镜的口径分别为 30 米、25 米、39 米，将采用拼接镜面主镜或多镜面光学系统，也都将采用**自适应光学**技术，在有限的视场实现近红外波段的衍射成像。极大望远镜的特点：口径 20～50 米，主镜都是几百到上千块 1～2 米的子镜拼接，或 8 米直径的多镜面；观测波段从 UV 到中红外（0.3～25 微米）；有自适应光学系统，在近红外区有限的视场内达到衍射极限。

尽管空间观测有着地面观测不可比拟的优越性，但在同一个技术发展的阶段，地面望远镜可以有更大的口径，能配置更大的光谱仪，获得更高的光谱分辨率，在某些波段（一些红外窗口）配上自适应光学系统能获得更高的像分辨率。所以地面和空间望远镜在观测工作上是互补的。现在的 8～10 米级地面望远镜和 2.4 米哈勃空间望远镜是互补的，国际上开始研制的地面 30 米级望远镜与下一代 6.5 米的空间望远镜也是互补的。

中国从 2000 年开始持续开展极大望远镜的方案与关键技术预研究工作。2004 年正式提出 30 米中国未来巨型望远镜（CFGT），在第十二个五年计划曾递交建造中国 30 米极大望远镜建议。

（崔向群）

极盖吸收 polar cap absorption; PCA 兆电子伏级的太阳宇宙线粒子进入 50～100 千米高度的地球大气层，引起大气电离加强，最终导致通过极区的无线电波被严重吸收的现象。引起极盖吸收的粒子是从**太阳耀斑**中抛出的质子和其他原子核，主要是质子。这些粒子到达地球（或其附近）时，开始和**地磁场**相互作用，它们的轨道受地磁场的影响而发生偏转。因为这些粒子的回转半径比地磁场特征尺度小得多，所以它们只能沿地磁力线进入极区附近，而不能到达低纬和中纬度地区。观测到的最低纬度，通常在南北纬 75°附近，但当磁暴的主相开始时，可降低至 65°附近。1956 年，首次从极区的极低频电波散射数据、电离层垂直探测的电离图和噪声探测仪记录中发现极盖吸收事件。极盖吸收的研究具有实际意义和理论价值。事件一般在大耀斑出现后 15 分钟至几小时开始，可持续 1～6 天。在此期间，极盖区的短波被完全吸收可达数小时之久。

（郭权世）

极光计划 PolarLight 一个专门的空间天文 X 射线偏振仪。是 6U 立方星“铜川一号”中的一个 1U 载荷，主要科学目标是明亮的 X 射线天体，利用 X 射线偏振测量来限制天体的磁场和几何。极光于 2018 年 10 月 29 日在酒泉卫星发射中心发射进入太阳同步轨道，轨道高度 520 千米，轨道倾角 98°。极光是继 20 世纪 70 年代轨道太阳观测台 OSO-8 卫星以后第二个专门的天文 X 射线（keV 能区）偏振仪（见图）。

极光的核心设备是气体像素探测器（Gas Pixel Detector），是一个二维位置灵敏的**正比计数器**。它可以测量 X 射线吸收后产生的光电子的二维径迹图像，从而统计推断出入射光的偏振信息。探测器上方安装微通道板准直器以限制视场。仪器主要参数如表：

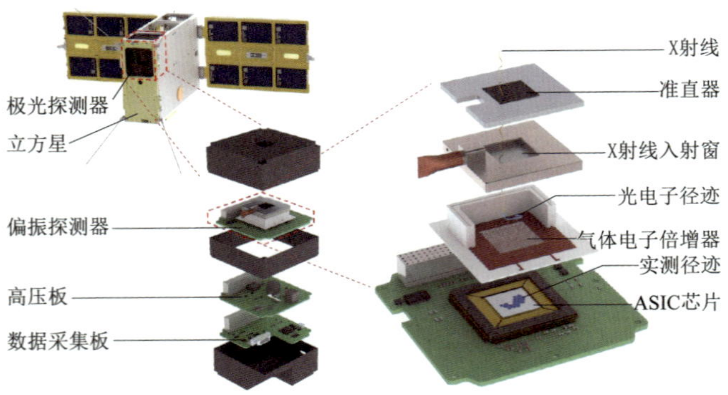

极光载荷结构示意图及在“铜川一号”卫星上布局

极光探测器主要性能指标

有效能区	2～8 千电子伏（keV）
能量分辨率	19%@6keV
视场	2.3° FWHM or 5.7°FWZR
探测气体	纯二甲醚（DME）、0.8 大气压、1 厘米厚
入射窗	100 微米铍窗
气体电子倍增器（GEM）	100 微米孔距、100 微米厚
像素读出 ASIC	50 微米像素间距
偏振调制因子	0.42@3.74keV
质量	580 克
功耗	2.2 瓦

发射上天后，极光对最明亮的天体进行了长期监测。2020 年，在《自然天文》发表论文，报道了蟹状星云脉冲星自转突变后 X 射线偏振信号的可能变化，并成为封面故事。2021 年，针对**蟹状星云**的后随观测发现其整体偏振方位角与 40 年前 OSO-8 的观测发生了显著偏转。2022 年，对天蝎座 X-1 长期观测后探测到显著的偏振信号，此结果对康普顿顿冕的几何产生了有效限制。

（冯 骅 李 红）

极红天体 extremely red object; ERO 20 世纪 80 年代随着近红外巡天的开展而被发现的一种天体。极红天体在光学波段非常暗而在近红外（约 2.2 微米处）相对较亮。极红天体通常是利用光学和近红外两个波段构成的**色指数**为判据（如 R-K > 5.0 或 I-K > 4 等）而被挑选出来，也有研究者称之为极红星系。

研究表明极红天体可分为两类：一类是被大量尘埃红化的高红移产星星系，主要是较年轻的**旋涡星系**或**不规则星系**，其中有恒星正在形成，称之为富尘埃产星星系（DGs）；另一类是高红移被动演化的红星系，它们有着比较年老的**星族**（> 10 亿年），基本上没有或很少有恒星形成。最初，人们利用近红外颜色（如 J-K）来区分这两类星系，后期引入了中红外颜色（[3.6]～[24]或[3.6]～[8.0]），利用产星星系中的尘埃在中红外波段的辐射来更好地区分这两个类型。

随着大规模近红外巡天的发展，极红天体的样本数目已达到几万个量级。大样本的统计分析显示，极红天体的红移分布大多集中在 0.8～2.0，其中位值或平均值大约在 1.2。星系的成团分析显示，被动演化的极红天体相对富尘埃的产星星系有着更高的成团幅度，它们处于质量 > 10^{13} 太阳质量的暗晕中。成团性质的不同表明这两个类别的极红星系处于不同的环境之中，有着不同的演化路径。大质量被动演化的极红星系有可能是宇宙中最亮（> 4 倍特征光度）的**椭圆星系**的前身星系，而富尘埃的产星星系有可能是宇宙中有着特征光度的椭圆星系的前身星系。

（郑振亚）

极亮 X 射线源 ultraluminous X-ray source 河外星系中各向同性的 X 射线光度超过 10^{39} 尔格/秒的非星系核 X 射线源。主要发现于恒星形成星系、相互作用星系、晚型星系和早型星系中。恒星形成星系中的极亮 X 射线源通常光度更高、光变幅度更大。绝大部分极亮 X 射线源是 **X 射线双星**，光度达到或超过恒星级黑洞的**爱丁顿极限光度**。一般认为吸积天体是质量不超过 100 倍太阳质量的恒星级黑洞，但在几个河外极亮 X 射线源中探测到 X 射线脉冲辐射，表明吸积天体是**中子星**。它们以超爱丁顿吸积率吸积伴星物质，产生非各向同性的 X 射线辐射。对中子星 X 射线双星，辐射的非各向同性还可能与中子星的强磁场有关。有观点认为部分光度达到 10^{41} 尔格/秒以上的极亮 X 射线源可能是中等质量（几千至几十万倍太阳质量）黑洞。

（李向东）

极限星等 limiting magnitude 用配置了**辐射探测器**的望远镜所能观测到的最暗的恒星星等。当探测器未达饱和状态时，极限星等m_0可参考下式估算：

$$m_0 = 常数 + 0.5M - 2.5\lg d - 2.5\lg k + 1.25\lg(D^2qt) - 1.25\lg(1 + R)$$

式中M为单位面积夜天背景的星等；d为恒星视影圆面直径；R为仪器背景和夜天背景的比值。上式表明，极限星等主要由下列三方面的因素决定：①望远镜系统在单位像面上能收集到的辐射流量，这和望远镜的口径D、焦距f以及大气吸收有关；②辐射探测器将这些辐射流转换成可测量的信号时，信号强度和探测器的量子效率q、时间常数（或曝光时间）t等因素有关；③噪声水平，包括信号噪声水平、背景噪声水平和仪器噪声水平。信号噪声是由被测辐射的量子特性决定的；后两项噪声则与夜天背景（见**夜天光**）的面亮度、**天文视宁度**、照相底片的化学灰雾、光电倍增管光阴极的热发射、**电荷耦合器件**（CCD）的暗流水平以及读数仪表的噪声或读出电路的噪声等有关。在一定精度要求下，只有当信噪比大于某一定值k时，该信号才能被检测出来。

一般说来，望远镜口径愈大，探测器量子效率愈高，观测时间愈长，极限星等也愈高。但在理论曝光时间足够长的情况下，夜天背景和探测器本身性能就成为限制最终极限星等的关键因素。理想情况下，目视观测的极限星等有经验公式：$m = 5\lg D + 6.9$，其中口径D以厘米为单位。照相望远镜的极限星等则与望远镜相对口径有关。夜天背景在底片上的照度和望远镜相对口径的平方成正比，当夜天背景的照相密度位于底片特性曲线的直线部分时，就不能继续延长曝光时间来提高极限星等。所以，口径相同时，相对口径大的照相望远镜极限星等反而低。在不考虑夜天背景的理想情况下，照相观测的极限星等可估算为：$m = 5\lg D + 2.5\lg t + 0.5$，其中口径$D$以厘米为单位，积分时间$t$以秒为单位。现代地面照相观测能达到的最高极限星等约为 25 等。CCD 望远镜与照相望远镜的情况比较类似，只不过 CCD 的量子效率要高约 30 倍，因此在理想情况下，可如下估算极限星等：

$$m = 5\lg D + 2.5\lg t + 4.2$$

极限星等愈高，说明观测暗弱天体的能力愈强，也就是望远镜的贯穿本领愈高。

（黄佑然 撰 黄永锋 修订）

极小质量白矮星 extremely low-mass white dwarf; ELM WDs 质量小于约 0.25 太阳质量（$M_\odot$），有效温度范围为 8000～22 000K，表面重力加速度范围为 10^5～10^7 厘米/秒^{2}的氦白矮星。极小质量白矮星（简称 ELM WDs）是 21 世纪以后由观测带动的一个新兴课题，2010 年之前，只有三颗 ELM WDs 在**毫秒脉冲星**中被发现。

观测研究　有三类比较系统的 ELM WDs 的观测结果。①极小质量白矮星巡天（ELM Survey）。2005～2009 年，美国**哈佛－史密松天体物理中心**的一些天文学家利用多镜面望远镜（MMT）进行了超高速星巡天。他们在巡天结果中发现了一些质量非常小的**白矮星**。在超高速星巡天结束后，2009 年开始，利用 MMT 开启了 ELM survey。2010 年发表了第一批数据，包括 12 颗 ELM WDs。截至 2016 年，ELM survey 共发现了 88 颗 ELM WDs，其中 76 颗属于**双星**系统，绝大多数是双白矮星系统。大约一半含有 ELM WDs 的双白矮星可以在 6Gyr（1Gyr＝10 亿年）内并合，产生的**引力波**信号在激光干涉空间天线（LISA）的可探测范围内。②开普勒（Kepler）卫星观测。在 2010 年，罗韦在 arXiv 上发表了一篇论文，提到使用开普勒太空望远镜发现了 2 颗非常奇怪的天体，KOI 74b 和 KOI 81b，他们的温度非常高，但质量却特别小，小于氢燃烧的最小质量（约 $0.1M_{\odot}$）。后来发现当时的数据分析出了问题，这两颗星被证实为极小质量氦白矮星，质量分别在 $0.22M_{\odot}$和 $0.25M_{\odot}$左右。截至 2017 年，开普勒太空望远镜至少发现了 7 颗 ELM WDs。③WASP（Wide Angel Search for Planets）观测。WASP 是一个由英国领导的系外行星搜寻项目。2011 年英国天文学家麦克斯泰德发表了第一个与 ELM WDs 相关的观测结果，1 SWASP J024743.37-251549.2。这是一个双星系统，其中一颗伴星是还处在原型阶段的极小质量白矮星（proto-He WD）——富氢外壳被剥离，剩下裸露的氦核；氦核收缩，向着高温端演化，最终将会变成一颗氦白矮星。另一颗子星是一颗 F 型矮星。到 2014 年，共有 17 颗类似的双星在 WASP 的观测中被发现。猎犬座 EL 变星是这类双星系统的原型星。除了这三类比较系统的观测结果外，毫秒脉冲星的观测也发现了一些零星的极小质量氦白矮星。2013 年麦克斯泰德首先在 1 SWASP J024743.37-251549.2 的 proto-He WD 伴星上发现了多模式脉动。之后，人们在开普勒太空望远镜的多个观测样本中均发现 proto-He WD 存在脉动。这些 proto-He WD 上的脉动被认为是一种新的脉动模式。

形成　一般情况下，只有双星演化才可以形成 ELM WDs。观测上的 ELM WDs 一般都位于双星系统中。毫秒脉冲星中的 ELM WDs 通过稳定的物质交换形成，**中子星**在物质交换过程中自转加快。伊斯垂特对毫秒脉冲星中的 ELM WDs 做了非常详细的形成和结构研究。观测到的猎犬座 EL 型双星，也只能通过稳定的物质交换形成。陈雪飞等人对这一类 ELM WDs 双星系统的形成和各种参数分布进行了详细研究，给出太阳金属丰度下 ELM WDs 质量分布峰值在 $0.16M_{\odot}$附近。双白矮星系统中的 ELM WDs 周期分布显示，公共包层抛射和稳定物质交换对这类系统的形成均有贡献。单星 ELM WDs 可能是Ⅰa 型超新星爆炸后的残留伴星——**红巨星**的富氢外壳被超新星爆炸抛射物剥离。

（陈雪飞）

极移　polar motion　地球瞬时自转轴在地球本体内的运动。地极移动的简称。1765 年，瑞士数学家兼力学家 L.欧拉在研究刚体定点转动时，发现瞬时自转轴在刚体内通过质心环绕惯量主轴运动。由此可以推断，若假定地球是刚体，地球瞬时自转极将围绕形状极（即惯量主轴的极点）做圆周运动，其周期为 305 恒星日，这称为欧拉周期，从而从理论上预言了极移的存在。这是自转极在无外力矩作用下的摆动，称为自由摆动或自由极移。但是，直到 1888 年德国天文学家 K.F.屈斯特纳才从纬度变化的观测中发现了极移。

观测表明，地极在约 0.8″×0.8″（相当于 24 米×24 米）的范围内，沿着一条振幅忽大忽小的螺旋线，逆时针向运动（从北极看）。极移的范围很小，因此可以取一个通过地极轨线的中心与地球表面相切的平面代替这一范围的球面，在此平面上取一直角坐标系来描述瞬时极的运动。此平面与地球表面的切点称为平均极，简称平极，作为坐标原点。由平极指向格林尼治子午线方向为x轴的正向，格林尼治子午线以西 90°的子午线方向为y轴的正向。平极也是地理坐标系的极点。瞬时极相对于平极的两个方向的坐标(x, y)就描述了极移。平极的数学意义是地极坐标系的原点，其力学意义是近似的地球形状极。

极移使地面上各点的纬度、经度和方位角都发生变化。相对来说，纬度变化最容易通过天文观测精确地测定，历史上首先是根据纬度变化来研究极移的。1899 年，国际上成立了国际纬度服务（ILS），组织全球性的纬度系统观测（初期由北纬 39°8′圈的 7 个纬度站组成，连续观测的有 5 个台站），由纬度变化求出地极坐标，研究地极运动。地极坐标除了供理论研究之外，还提供给精密的时间测量、星表编制、大地测量、地图绘制、海空导航等实用部门以求取相应的改正。

极移通常分为周年、钱德勒、长期、非极变化 4 个部分。1891 年，美国天文学家 S.C.**钱德勒**在分析了 1837～1891 年世界上 17 个天文台的 3 万多次纬度观测结果后指出，极移包括两个主要的周期成分：一个周期为 427 天（近于 1.2 年），另一个周期为 1 年。前者称为钱德勒周期，相应的运动称为钱德勒摆动。实际观测到的钱德勒周期比欧拉周期约长 40%。S.**纽康**认为钱德勒摆动正是地球的自由摆动，可是实际地球并非刚体，地球本体的弹性形变和海洋等因素导致自由摆动的周期延长。极移的周年分量是一种受迫摆动，振幅约 0.1″，主要起因于大气环流和洋流的周年性流动与固体地球的角动量交换。两项合成的最大振幅为 0.4″。

观测发现，钱德勒摆动的参数有明显的变化，对这个现象的解释主要有两种模型。一种是阻尼模型，认为钱德勒运动的周期是唯一的和不变的。阻尼引起衰减，使频带变宽，通常用品质因数Q来衡量运动的衰减；同时又受到某种随机激励的作用，使摆动得到能量补偿而维持下去。不少研究人员用地幔中固体摩擦，海洋、地幔和地核的电磁耦合等因素解释阻尼和衰减；用地震、大气等因素解释钱德勒摆动的激发。另一种模型是可变周期模型，认为钱德勒摆动的周期不是常数，而是可变化的。同时，振幅也有相应的变化。由此可见，地极的钱德勒周期与地球内部构造、物理性质、地球表面的物质运动等有密切关系。正因为这样，钱德勒摆动成了天文学界和地球物理学界共同感兴趣的重要课题，也是极移研究中最深入的课题。

随着研究的深入，发现在纬度变化的观测值中包含着许多并非极移引起的因素，即存在非极纬度变化。这些变化中的一部分是由板块运动、地球形变、垂线变化等引起的；另一部分则是由测站的外界条件、仪器误差、人差、周年光行差和章动常数不准确、赤纬和自行误差等引起的。纬度观测值中存在非极纬度变化自然影响所求地极坐标的精度。非极纬度变化也曾经是极移研究中很重要的一个方面，因为分析其中蕴含的天文、地球物理和观测环境等因素，对于改进一些常数或观测模型具有重要的作用。

20 世纪 60 年代以来，随着测时精度的提高，包含着极移引起的经度变化的测时结果，也用于测定极移。这时，国际极移服务（IPMS）和国际时间局（BIH）也都能以更大的规模从事极移测定和服务。历史上用于测定极移的经典仪器有天顶仪、照相天顶筒、等高仪和后期的光电中星仪等。

地极坐标原点即平极的确定在建立全球地面坐标系统和极移研究中很重要。最初，ILS采用国际纬度站1900～1905年6年各站的纬度平均值定义平极，称为1903.0平极。之所以采用6年的值，是因为6年是5个钱德勒周期和6个周年周期的整数时段，故其平均值能最大限度地消除极移的周期项。这个平极被认为是固定在地面上的“固定平极”。由于在纬度观测值中存在不能忽视的非极纬度变化，此外，参加ILS的纬度站也时有改变，即不能维持一个长期稳定和均匀的系统，有学者研究后指出1903.0平极不能很好地固定。有鉴于此，为了统一全球地面坐标系统和便于研究极移，1967年，**国际天文学联合会**（IAU）和国际大地测量和地球物理联合会（IUGG）决定采用新的地极坐标原点。这个原点是根据ILS连续观测的5个纬度站的平均纬度确定的，仍采用1900～1905年的观测值，但经过更精密的数据处理，尽可能消除各项误差，归算到一个均匀系统，它称为国际习用原点（CIO）。在它被定义以后，由BIH和IPMS的各台站共同维持，其精确性和稳定性远优于1903.0平极。

随着观测资料的多年积累，发现地极轨线除了表现为周期性的螺旋运动外，还有偏离固定平极向一定方向的移动。这种移动称为长期极移。从力学上理解，则是地球形状极在地面长期漂移。CIO能作为研究长期极移的参考原点。有些学者根据ILS积累的数十年的极移资料，归算到CIO系统，用适当的数学方法扣除极移的钱德勒项和周年项以后，求得长期极移的统计结果：长期极移的平均速度约为每年0.003″，方向大致在西经70°～80°。古气候、古生物、古地磁等研究也发现，地球自转极和地磁极以及各个大陆在漫长的地质年代里有过大规模移动。这些研究虽然比较粗略，却表明在漫长的地质年代中长期极移是可能存在的。产生长期极移的原因还未得到定论，起因可能是地球表面和内部物质的迁移和分布失衡，引起整个地球相对地球自转轴有一个长期扭动，于是使形状极产生长期漂移。

20世纪80年代，经过利用空间测地技术，诸如**人造卫星激光测距**（SLR）、**月球激光测距**（LLR）和**甚长基线干涉测量**（VLBI）等的MERIT（monitor earth-rotation and intercompare the techniques of observation and analysis）国际联测，从1988年起这些新技术全面取代了经典技术用于测定极移。使用新技术不仅使测量精度有了2个量级的提高，能在一天之内获得多个测量值，而且还能把测量结果与**地心地球参考系**直接联系，便于**地球参考系与天球参考系**的转换，并适应新的服务需求。在这一新的情况下，1987年IAU和IUGG建立了国际地球自转服务（IERS）取代了BIH和IPMS，并于1988年1月1日开始运行，中央局仍在BIH所在处**巴黎天文台**。2001年IERS进行改组，中央局由法国巴黎天文台移至德国制图和大地测量研究所。2003年重新命名为**国际地球自转和参考系服务**（英文缩写仍为IERS）。IERS发布**地球定向参数**（EOP），它们由世界时和地极坐标以及天极补偿值（即章动两个分量的改正）组成。世界时和地极坐标加上岁差章动，就能完整地描述地球自转的状态，它们直接反映了地面观测站在空间的位置和地球参考系在空间的指向。EOP中的地极坐标(x, y)反映了地球瞬时自转轴的指向，与**天球中间极**CIP一致，也就是说CIP相对于ITRS“地固”极点的运动就是极移。现极移由IERS通过合适的天文测地观测和包括高频变化的模型来提供。在天球惯性参考系与地球参考系之间的转换中地球定向参数起着与岁差章动参数同样重要的作用。

从理论上说，极移和章动都是地球空间定点转动的表现形式，极移是章动不可预报部分在观测中的呈现，所以只能通过实际测量获得。理论探讨和精确测量资料的分析表明极移中还包含更多的成分，如半年以及1月、半月和1天左右的短周期项，不过振幅都很小。例如，地球液核自由章动项是不能预报的，它能进入VLBI测量资料的残差中，它反映在极移中就是极移的近周日自由摆动项。IERS规定CIP中周期小于2天的运动，不管是什么原因造成的，都被认为是极移，这样章动模型的缺陷引起的在**地球参考架**中的周日项、观测和模型间的残差、地球定向参数的高频变化都可被吸收。

IERS根据各种空间技术近20年的实测资料于2003年发布了**国际地球参考架**ITRF2000（后来又发布ITRF2008），与其相应的地球参考系就是**国际地球参考系**（ITRS）。这个参考系由许多地面上“地固”的测站位置和速度维持，它的原点为地球质量（包括海洋和大气）中心，它的极是各测站子午线的交点；这个极点作为ITRS的固定平极，取代了传统的CIO。

（萧耐园）

几何变星　geometric variable　因外在原因引起光变的变星。又称光学变星。包括食变星、自转变星和椭球变星。恒星的本身真实的光度、光谱、半径不发生化。见**变星**。

加利福尼亚大学利克天文台　Lick Observatory　位于美国加利福尼亚州圣荷西市的东部，汉密尔顿山山顶的天文台。建造于1876～1887年，是世界上首个建于山顶的永久性台址，因使用美国富豪J.利克的遗产建成而得名。1888年1月3日，口径91厘米的利克望远镜开光，是当时世界上最大的**折射望远镜**（见图）。直到1897年才被**叶凯士天文台**超越。1888年4月，利克天文台移交给加利福尼亚大学董事会管辖，首任台长是爱德华·霍顿。1898年，詹姆斯·基勒担任天文台的第二任台长。

利克望远镜

天文台建拥有多部望远镜设施。主要装置有：口径3米的反射式望远镜——唐纳德·沙恩望远镜，位于第谷峰，安装了**自适应光学**和激光导星系统；3米反射望远镜；口径1米的反射式望远镜——安娜·尼克尔望远镜，位于天文台峰主楼南部；口径91厘米的反射式望远镜——克罗斯雷望远镜，位于托勒密峰；口径76厘米的反射式望远镜——卡兹曼自动成像望远镜，位于开普勒峰，主要用于寻找**超新星**爆发；两台口径50厘米的折射式望远镜——卡内基望远镜，位于第谷峰。

随着圣荷西的日益繁华，光污染逐渐开始对天文台的观测工作造成影响。20世纪80年代，圣荷西的路灯全部改用低压钠灯，这种灯光容易用望远镜上的**滤光片**去除。为了感谢圣荷西在降低光害方面所做的努力，利克天文台发现的第6216号小行星命名为“圣荷西”。　（李宗伟　刘黎明）

加那利天体物理研究所　Instituto de Astrofísica de Canarias; IAC　位于西班牙加那利群岛的天体物理研究所。1975年在西班牙拉古纳大学（ULL）成立，由西班牙政府资助，隶属西班牙国家行政总局、加那利群岛自治区公共行政部门、拉古纳大学和西班牙政府科学研究高级委员会（CSIC）。在加那利群岛拥有两个天文台：①拉帕尔马岛的罗克·德洛斯穆查霍斯天文台（见**拉帕尔马天文台**），拥有20多台望远镜和天文仪器，其中2007年建成的加那利大型望远镜（GCT），主要由加那利天体物理研究所负责研制，是截至 2022 年，世界上最大的单口径光学红外望远镜。②特内里费的泰德天文台，1964 年建立，拥有最全面的太阳研究仪器以及光学红外望远镜。加那利天体物理研究所主要

泰德天文台远眺图

研究涵盖太阳系、恒星形成、恒星结构和演化、星系形成和演化以及宇宙学。

（李宗伟 刘黎明）

伽利略 Galileo Galilei（1564-02-15～1642-01-08） 伟大的意大利物理学家和天文学家，近代实验科学的奠基者之一。生于意大利比萨，卒于意大利佛罗伦萨。

伽利略 17 岁时，按照父亲的意愿到比萨大学学医，其间通过观察教堂吊灯的摆动发现了单摆的等时性，又在偶然旁听了一次几何学后说服了父亲，让他转而学习数学和自然哲学。1585 年离校回家，专心研究古代希腊人的科学著作。他创制了以太测温计，发明了一架测定合金成分的流体静力学天平，于 1586 年出版了一本关于这种天平的小册子，引起学术界的注意，人们称他为“当代的阿基米德”。1589 年写了一篇论固体的重心的论文，获得新的荣誉。母校比萨大学因此聘他担任数学教授，时年仅 25 岁。此后，他的生活经历了三个时期：在比萨大学任教三年（1589～1591）；在帕多瓦大学任教十八年（1592～1610）；自 1610 年起，至 1642 年去世为止，移居佛罗伦萨，任托斯康大公爵的首席哲学家和数学家。中间曾两次去罗马：1611 年去表演他的望远镜，1633 年去宗教法庭受审。他在力学上的贡献主要在前两个时期，而天文学上的发现和对哥白尼学说的宣传和发展则在第三时期。不过，1633 年被宗教法庭定罪以后，早年的力学研究再次成为他的主要工作。

1597 年，伽利略同 J.开普勒通信，表明了自己支持日心地动说的立场，但表示暂时不愿意公开，以免受到攻击和嘲笑。1604 年，他观测开普勒超新星，没有发现任何视差，推断其为遥远的天体，指出亚里士多德关于天界永恒不变的观点不正确。1609 年，伽利略亲手制造和改进几具望远镜，并用来巡视星空。他首先发现所见恒星的数目随着望远镜倍率的增大而增加；银河是由无数单个的恒星组成的；月面上有高低不平的现象；木星有四个卫星。他于 1610 年出版《星际使者》一书，对此进行了详细报告。接着，他又发现太阳黑子，并认为黑子是日面上的现象。由黑子在日面上的位移，他得出太阳的自转周期为 28 天（实际上是 27.35 天）。根据这些发现，他于 1613 年出版《关于太阳黑子及其性质的纪实与推演》。

这一系列的发现轰动了当时的欧洲。当时的意大利仍处于教会的严厉统治之下，许多人不肯承认同《圣经》和亚里士多德著作相违背的新思想、新事物。伽利略的发现曾经在一个长时期内不被多数人承认，反被看成是错误的东西。帕多瓦大学的教授们不愿去看伽利略的望远镜。而比萨大学的同事们则试图用逻辑推论来证明：“伽利略是靠了巫术的符咒，把新的现象从天空咒了出来。”一位名叫席塞的天文学家竟然说伽利略的发现全是假的，“因为亚里士多德的书上从来没有讲过这些东西，并且又是和亚氏所说的完全相反”。无怪乎 1610 年 8 月 19 日伽利略在给开普勒的信中气愤地说：“对于这些人来说，真理用不着到自然中去寻找，而是从古人著作中追求。”

在上述两部著作中，伽利略都用自己的观测公开支持哥白尼日心地动说，这更加引发一群宗教界人士的攻击和反对。这些人将伽利略告到了罗马教廷。惧怕真理的宗教法庭终于在 1616 年 3 月 5 日把哥白尼的《天体运行论》列为禁书，并且警告伽利略必须放弃哥白尼学说，不得为它辩护，否则将受监禁处分。但是，伽利略未被吓倒，用了很长的时间写成《关于托勒密和哥白尼两大世界体系的对话》一书。这部书在 1632 年出版后，更加激怒了教会。1633 年 2 月，宗教法庭把伽利略传到罗马，宣判伽利略有罪，并以动用刑罚相威胁，责令他忏悔，放弃自己证明了的学说。此后，《对话》一书被禁止流传。伽利略被指定居住于佛罗伦萨郊区，不得离开。他在生命的最后几年里仍继续努力，完成了自己早年开始的关于运动学和材料力学的研究，在 1634 年写成《关于两门新科学的谈话和数学证明》，并偷运出意大利，于 1638 年在荷兰莱顿出版。1637 年他完成最后一项天文学方面的发现——月亮的周日和周月天平动，不久就双目失明了。

（席泽宗 撰 石云里 修订）

伽利略望远镜 Galileo telescope 意大利天文学家伽利略于 1609 年发明的人类历史上第一架望远镜。其物镜是凸透镜（会聚透镜），目镜是凹透镜（发散透镜），被称为伽利略望远镜（见图）。物镜的像方焦

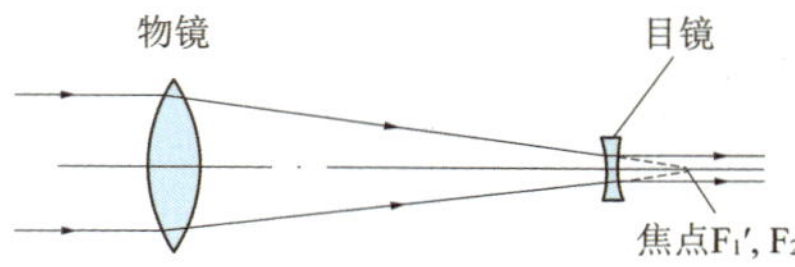

伽利略望远镜结构图

点与凹透镜的物方焦点重合，且位于望远镜的外面，这样对目镜是一个虚像。出射光瞳在目镜与物镜之间。望远镜的放大率等于物镜焦距与目镜焦距的比值。其优点是它成的像是正像，结构简单。而缺点则是视场太小，没有实像，不能安放十字丝分划板做比较和测量。

1609 年，伽利略先制成一架放大率仅 3 倍的望远镜，随后制成一架 8 倍的。而后又制成一架口径 4.4 厘米，筒长 1.2 米，放大率 33 倍的望远镜，这就是后人所说的天文学史上第一架天文望远镜——伽利略望远镜。伽利略将镜头首次对准月球，这也是人类首次对月面进行科学观测。后伽利略借助望远镜发现了木星的四颗卫星、土星光环、太阳黑子、太阳的自转、金星和水星的盈亏现象等，有许多划时代的天文发现，开辟了天文学进入用望远镜观天的新时代。

（王兰娟）

伽利略卫星 Galilean satellite 木星的最大的四个卫星。按距木星由近及远的顺序为木卫一、木卫二、木卫三、木卫四。因由意大

四个伽利略卫星比较图

利天文学家伽利略在 1610 年发现而得名。

（李 竞）

贾科尼，R. Riccardo Giacconi（1931-10-06～2018-12-09） 意大利裔美国物理学家。生于意大利热那亚，卒于美国加利福尼亚州圣迭戈。1954 年获意大利米兰大学

物理学博士学位。1956 年受富布赖特基金资助前往美国印第安纳大学访学，后曾在普林斯顿大学担任助理研究员，1959 年加入附属于麻省理工学院的美国科学与工程学公司从事**X 射线天文学**研究。1973 年，贾科尼与自己的团队加入哈佛–史密森天体物理中心。1981～1993 年，担任空间望远镜科学研究所首任所长。1982～1997 年，担任约翰斯·霍普金斯大学天文学和物理学教授。1993～1997 年，担任**欧洲南方天文台**总台长。1999 年，担任美国国家射电天文台台长和大学联合实验中心主任。1966 年获美国天文学会华纳奖。1971 年当选美国国家科学院院士和美国艺术与科学院院士。1981 年获太平洋天文学会布鲁斯奖章和美国天文学会罗素讲席，同年获美国天文学会与美国物理研究院海涅曼奖。1987 年获以色列沃尔夫基金会沃尔夫奖。2001 年当选美国哲学学会会士，2002 年获诺贝尔物理学奖。2003 年获美国国家科学奖章。

1959 年，贾科尼和 B.罗西一起探讨 X 射线望远镜研制的原理，开始利用火箭进行空间探索的计划。1962 年，他及其合作者发射的火箭探空装置，记录到不同能量的 X 射线辐射，以及探测到遥远地方有非常强大的 X 射线源及均匀分布在整个天空中的 X 射线背景辐射。这一意外的发现推动了 X 射线天文学的发展。此后，他又领导研制了世界上第一个宇宙 X 射线探测器——爱因斯坦 X 射线天文望远镜，并于 1978 年进入太空。利用这架望远镜首次获得了精确的宇宙 X 射线图像，详细研究了**X 射线双星**，还探测了可能来自黑洞的 X 射线。1976 年，他倡议研制更为强大的钱德拉 X 射线天文望远镜。望远镜于 1999 年发射升空，拍摄到宇宙更为清晰的 X 射线图像。由于他对天体物理学的开创性贡献，其成果导致宇宙 X 射线源的发现，因此获 2002 年诺贝尔物理学奖。

（郭奕玲　石云里）

贾逵　Jia Kui（30～101）　中国东汉时的经学家、天文学家。字景伯。扶风平陵（今陕西咸阳西北）人。曾任左中郎将、侍中领骑都尉。章帝元和二年（85）至和帝永元四年（92），与编䜣、李梵、卫承、李崇等人多次讨论东汉《四分历》的修订问题。他肯定了李梵、苏统发现的月球运动有快慢变化以及月行速度最大的位置每个月向前移动三度的现象。后者实际是现代所谓的近点月和近地点进动概念。他还大力介绍民间天文学家傅安的测量结果，说明量度日、月的运行用黄道度数表述比较准确。东汉灵台（皇家天文台）上用的黄道铜仪就是在他的倡议下建造的。他特别指出《太初历》所定的冬至点位置已经移动。他的意见对东汉《四分历》的改进起了重要的作用。此外，贾逵在反对图谶之学和在古文经学传授方面也起过重要作用。　（陈美东）

减速因数　deceleration parameter　描述**宇宙膨胀**变慢的一个参数，记为q，其当前值记为q_0，也称减速因子。定义为：

$$q=-\frac{\ddot{R}}{RH}\text{或}-\frac{R\ddot{R}}{\dot{R}^2}$$

式中R为宇宙标度因子；H为哈勃参数。在弗里德曼宇宙模型中，减速因子可以表示为$q_0=\Omega_m/2-\Omega_\Lambda$，这里$\Omega_m$和$\Omega_\Lambda$为宇宙的物质密度和暗能量密度。$q_0$大于 0 表示宇宙减速膨胀，宇宙最终将转变为坍缩。q_0小于 0 表示宇宙将永远膨胀下去。高红移**超新星**的观测结果表明，当前宇宙在加速膨胀，这一结果也为其他观测所证实。

（康　熙）

简仪　abridged armilla　中国古代测量天体坐标的仪器。元初天文学家**郭守敬**创造。因为是将结构繁复的唐宋浑仪（见**浑仪和浑象**）加以革新简化而成的，故称简仪。郭守敬摈弃了把测量 3 种不同坐标的圆环集中在一起的做法，废除黄道坐标环组，把地平和赤道两个坐标环组分解成独立的装置，即今所谓地平经纬仪和赤道经纬仪。同时废弃了浑仪中的一些圆环，赤道装置中只保留四游、百刻、赤道 3 个环；地平装置中除了地平环外，还增加 1 个立运环。其中百刻、地平两个环是固定的，四游、赤道两环可以绕极轴旋转，立运环则绕垂直轴旋转。

简仪中的赤道经纬仪与现代望远镜中广泛应用的天图式赤道装置的基本结构相同，有北高南低两个支架，支撑可以旋转的极轴。极轴的南端重叠放置固定的百刻环和游旋的赤道环。因此，除北天极附近外，可对整个天空一望无余，不像浑仪那样有许多障碍观测的圆环。为了减少百刻环与赤道环的摩擦，郭守敬在两环之间安装 4 个小圆柱体，这种结构与近代滚柱轴承减少摩擦阻力的原理完全相同。

四游双环中的方柱形窥管被撤去 3 个柱面，称为窥衡。窥衡的两端各有侧立“横耳”，耳中有直径 6 分的圆孔，孔中央各装一根细线。观测时使两条细线与星重合，以防止人目位置不正所产生的误差。为了观测两个天体的赤经差，在简仪赤道面上安装两条界衡，可容两人同时观测。

简仪中的地平经纬仪称为立运仪，它与近代的地平经纬仪基本上相似。它包括一个固定的地平环和一个直立的、可以绕铅垂线旋转的立运环，并有窥衡与界衡各一，用以测定天体的高度和方位角。

简仪的另一成就是提高了刻度分划的精细程度，元以前的仪器只能准确到一度的 1/12。简仪的百刻环上每刻等分为 36′，四游环上每度等分为 10′，比唐宋时代的浑仪大大前进一步。

简仪底座架中装有正方案，用来校正仪器的南北方向。座架上开有水沟，用以平准仪器。简仪的极轴两端附有候极仪，用以校正极轴方位。

明英宗正统二年（1437）按郭守敬所制仪器仿制的仪器中有简仪 1 架，明清两

明正统二年（1437）仿制简仪（现陈列于紫金山天文台）

代钦天监用于观测，以后就留在**北京古观象台**，抗日战争前迁往南京，现陈列于**紫金山天文台**（见图）。　（陈美东）

建立精密历表的数值方法　numerical method for precise ephemeris　研究**天体力学**的两类数值方法之一。见**天体力学数值方法**。

渐台二型食双星　beta Lyr-type eclipsing binary　食外显著变光，但主极小食甚比次极小食甚暗得多的**食双星**。以渐台二为原型的一类食双星。在该类食双星系统内，成员很接近，因而相互间的万有引力足以将对方光球层的物质拉出来，因此恒星已经变形成为椭球的形状，并发生质量转移。甲星初始质量很大，因此很快膨胀到了**巨星**阶段，它的物质源源不断流向乙星，使得原本较轻的乙星变成双星中较重的一颗，并且减慢了乙星的演化，使得乙星尚在**主序星**阶段。　（沈良照）

交叉证认 cross identification 一种在不同数据来源中寻找同一个天体可靠对应体的方法。数据通常来自不同的观测仪器，不同的观测波段或观测时间。不同仪器的观测精度各异，同一天体在不同波段下的物理特征存在差异，不同时间同一天体在天球的相对位置也会发生变化。如何证实这些数据确实源自同一天体是一件非常困难的事。而一旦能够得到证实，即“证认”，天文学家就可以更多地了解这一天体各方面的特征，掌握其规律。

交叉证认所使用的方法主要是计算天体被观测到的位置坐标是否足够接近。这是一种近似的方法，并不能完全保证它们源自同一天体，仍需要天文学家分析比较其他信息，以进一步确认它们的对应关系。

位置计算通常使用两个观测坐标间夹角大小（或称角距离）来表示。通过球面三角关系推导，两个坐标(α_1,δ_1)、(α_2,δ_2)间的角距离：

$$\theta = 2 * \arcsin\sqrt{\left(\sin\frac{\delta_1-\delta_2}{2}\right)^2 + \cos\delta_1\cdot\cos\delta_2\cdot\left(\sin\frac{\alpha_1-\alpha_2}{2}\right)^2}$$

距离的边界可以设置为：

$$d = \sqrt{r_1^2 + r_2^2}$$

式中r_1和r_2为两个观测坐标的误差半径。当$\theta \leqslant d$时可以认为这两个数据很可能源自同一个天体，即证认成功。

由于该公式的计算使用了较多的几何函数，在对大量数据进行计算的时候速度很慢，天文和计算机科学家提出了一些更快的交叉证认算法。如条带算法（Zones Algorithm）、基于分层三角网格（HTM）或多级等面积同纬度划分（HEALPix）的交叉证认方法等，并在个人计算机或者超级计算机等环境中进行了实验。多种计算机数据库产品也提供了对交叉证认的支持，如PostgreSQL数据库的PostGIS、pgsphere、Q3C、H3C等插件均可较快地对大量数据进行交叉证认。

国际上也有多个研究团队在使用机器学习方法进行交叉证认研究，以期取得更好的结果。 （樊东卫）

焦平面阵列 focal plane array; FPA 在反射面天线焦平面布置接收单元组成阵列，对不同方向入射的电磁波进行接收的技术。简称FPA。对于反射面为抛物面的天线，不同方向入射的平面波会汇聚在焦平面（经过焦点与光轴垂直的平面）不同的位置。FPA技术即为在反射面焦平面放置多个探测器，每个探测器接收某一方向入射的平面波。FPA技术可以扩展望远镜观测的瞬时视场，提高望远镜的使用效率。

由于光的衍射效应，入射的平面波在焦平面形成一定的场分布（称为**艾里斑**）。偏离反射面光轴入射的平面波会有一定的散焦效应，其对应的能量分布更加分散。以口径50米、不同焦距的抛物面为例，计算对于不同入射角的平面波的焦面场分布（见图）。可以看出，对于一定的焦距，偏

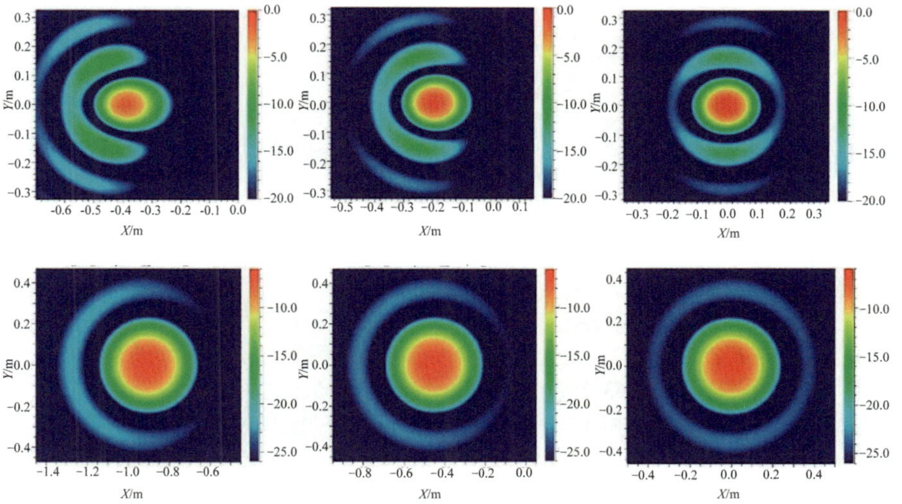

上图焦距为17.5米，下图焦距为50米；入射角从左到右分别为1°、0.5°和0°

入射平面波在口径50米的抛物面的焦平面上的场分布图

焦角度越大，散焦效应越显著。对于一定的偏焦角度，焦径比（抛物面焦距和口面直径之比）越小，散焦效应越显著。

接收信号的探测器一般分为非相干（incoherent，只接收信号幅度信息，不保留相位信息）和相干（coherent，同时接收信号幅度和相位信息）两种。非相干FPA阵列一般用在红外和毫米波段。红外和毫米波天线的焦径比一般比较大，偏焦光束的散焦效应不是很显著。非相干FPA阵列中每一个探测器独立工作，整个系统需要一套复杂的控制和低噪声信号读出装置，形成类似相机一样的系统。相干FPA大部分应用在毫米波低频段、厘米和米波波段。相干FPA技术主要有两种（见**多波束馈源阵列**和**相位阵馈源**）。相干探测器同时接收信号幅度和相位信息，因此可以与其他天线接收的信号进行相关处理。

为了降低FPA接收机的**噪声温度**，通常采用制冷技术将接收机前端的物理温度降低。对于红外和毫米波，接收机关键器件的物理温度需要降到1K以下。对于低频波段，接收机关键器件的物理温度在4～20K。 （金乘进）

角宿一 Spica 全天第十五亮星，视星等为0.98v（v代表**变星**）。**星表编号**为：Hip65474，HR5056，HD116658。西方星名室女座α（αVir）。角宿一是**三垣二十八宿**第一宿的第一星，到地球的距离是262光年，光度为太阳的2128倍。轨道周期为4.0145天的双谱分光双星兼测光双星，光谱型为B1Ⅲ＋B2Ⅴ，是质量较大的**密近双星**。目视星等总变幅为0.09（1968），变光的主要原因是甲乙两颗非球状子星的公转，即椭球双星的变化，次要原因包括甲星的脉动。甲星的脉动周期为0.1738天，属于**仙王座β型变星**，脉动所造成的亮度变幅和视向速度变幅有不稳定现象。双星轨道面的倾角约65.9°，轨道半长轴为27倍太阳半径，偏心率为0.13，近星点运动周期为143±20年。 （李宗伟）

较差自转 differential rotation 气体或恒星围绕银河系中心的转动角速度在不同半径处互不相同的现象。与较差自转相反的是类刚体转动（转动角速度随半径不变）。银盘内区几百个秒差距内气体或恒星转动角速度随半径变化不大（类刚体转动），在此之外银盘内的物质都绕银心作较差自转，通常离银心越远，转动角速度越慢。根据离心力与向心力的平衡条件，在半径R处的转动角速度约等于$[GM(<R)/R^3]^{1/2}$，这里G为引力常数，$M(<R)$指半径R以内包含的物质总质量。较差自转的原因就在于银河系内质量分布$M(<R)$不能遵循半径立方幂率的关系（即质量密度不是与半径无关的常数）。 （沈俊太）

阶梯光栅 echelle grating 一种专门刻划的具有大闪耀角的**衍射光栅**如主要用于高衍射级次，可以提供非常高的色散和分辨率。由光栅的色散公式可知，如果用低级次光谱即$m=1$或2，只有细刻线大面积光栅才能得到高角色散。如果用高级次光谱

即m很大（上百级），则用粗刻线光栅同样可以得到高角色散。基于这种想法，G.R. 哈里森 1949 年为利用高级次光谱和大入射角而特殊设计了一种光栅——阶梯光栅（见图）。阶梯光栅方程：

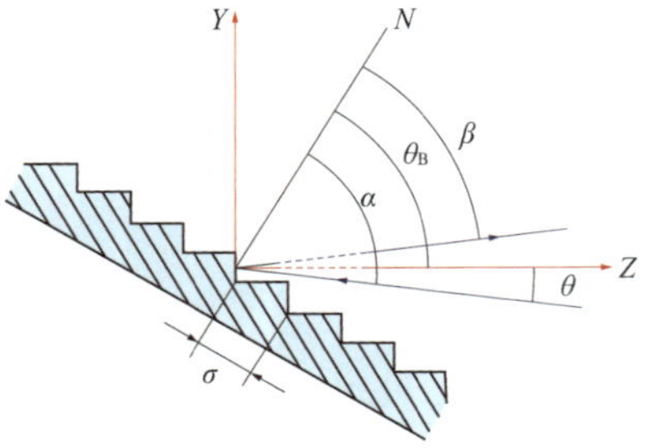

阶梯光栅截面

$$m\lambda=\sigma\cos\gamma(\sin\alpha+\sin\beta)$$

式中m为波长λ的级次；σ为光栅常数（相邻刻线间距）；α和β分别为入射角和衍射角，在Y-Z平面内从阶梯光栅法线N量起；γ为入射光束与Y-Z平面夹角。天文上使用的典型阶梯光栅有闪耀角 63°26′和 79°，其闪耀角的正切值约等于 2 和 4，分别称为$R2$和$R4$阶梯光栅。阶梯光栅的刻划面积与刻划机有关，单块阶梯光栅的最大尺寸 204 毫米 × 408 毫米。8～10 米级大口径望远镜高分辨光谱仪通常需要口径将近 1 米的阶梯光栅，所以由 2 块甚至 3 块阶梯光栅拼接而成。自由光谱范围$\Delta\lambda=\lambda/m$，即相邻级次具有相同衍射角的两波长差，或者说相邻级次不相重叠的最大波长范围，阶梯光栅单个级次的色散角一般只有几度，自由光谱范围内的波长都将出现在该级闪耀峰值附近，因此阶梯光栅对所有波长都是有效闪耀。（朱永田）

洁图算法　CLEAN algorithm　处理射电图像的一种计算机算法。见综合孔径成像。

结构形成的数值模拟　simulation of structure formation　借助计算机数值模拟研究宇宙层级结构非线性演化的方法。宇宙学原理认为宇宙是均匀的和各向同性的。观测却表明除了在大尺度上趋于一致，宇宙在不同尺度上都存在非均匀的结构，均匀宇宙模型只是它的零级近似。对于宇宙层次性结构的起源和形成，人们普遍认为今天观测到的结构是由原初物质密度涨落在引力作用下增长而形成的。结构形成的种子——微小的密度起伏来自宇宙的甚早期，起源于暴涨阶段的真空量子场涨落，而小扰动的增长则开始于实物为主的阶段。牛顿理论在扰动尺度远小于视界时是很好的近似，因此可以用牛顿理论讨论膨胀的影响。对于微小扰动的演化，可以用对宇宙基本方程做线性近似来描述。宇宙膨胀的作用对引力坍缩起到阻尼作用，使宇宙中微小密度起伏的增大变成了一个非常缓慢的过程。

当密度扰动演化增长到大约红移 1 之后，扰动的演化规律是非线性的。这时求解相应的微分方程已很困难，无法给出解析或近似的解，因此需要借助数值模拟的方法进行研究，来处理非线性的结构增长情况。

N体数值模拟已经成为研究结构形成的一个标准工具。通过数值模拟可以检验并发展现有的解析理论，检验各种宇宙学模型及宇宙学参数，联系宇宙学假设和观测性质。在没有观测数据时，还可用来检验新的统计方法和模型。美国天文学家 E. 博钦格给出对此方法的综述。

在进行数值模拟的运算之前，首先要给定所选用的宇宙学模型以及原初密度扰动的性质。这决定了结构增长的性质。而模拟的精度和效率主要由模拟的体积大小、粒子数和粒子质量决定。为了得到更精确的结果，理论上就要求粒子数目尽量多，粒子质量尽量小，同时模拟的盒子体积尽量大。但这些要求都直接导致了计算时间和计算成本的增加，并且这种增加不仅仅是线性的。因此，对这些参数的选取要根据所要研究的问题在精度和效率之间做权衡。对于以研究大尺度结构为主要目的的数值模拟，模拟的盒子体积必须大到可以给出大尺度的信息。而对于研究星系团或星系尺度的数值模拟，就必须要有足够多的质量较小的粒子来恢复小尺度的密度分布。

根据标准宇宙学模型可知，宇宙中物质的绝大多数是暗物质，暗物质与其他物质之间只有引力作用。边界条件通常取为周期性边界。初始条件的确立包含两部分：首先，用均匀分布的粒子来代表没有扰动的宇宙；然后在均匀场上加入所需的密度增长的扰动。线性扰动的分布可由泽尔多维奇（Zel'dovich）近似给出，将粒子移离它们在均匀宇宙中的位置。粒子的速度可由对位移或加速度运用线性增长理论确定。

采用的数值模拟程序主要有 3 种：粒子－网络（Particle-Mesh; PM）方法，基于网格计算密度和引力势；粒子－粒子（Particle-particle）方法，主要用于计算小尺度粒子之间的力；树（TREE）方法，对边条件的选取较方便。

在实际应用中，经常将几种方法结合起来以达到精度和计算速度等各方面因素的最佳组合。广泛使用的 GADGET-2 程序结合了 PM 和 TREE 两种方法。图中给出

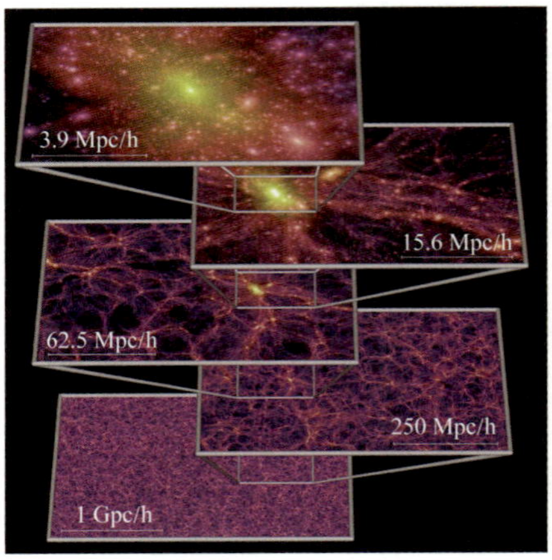

叠放的图像每次将框出的区域放大 4 倍

千禧模拟中在红移 0 处一个约 15Mpc 厚的切片的投影密度场

了千禧模拟（millennium simulation）得到的红移 0 的暗物质分布情况，由此可以了解N体数值模拟能够给出的大致图像。（王　岚）

金牛座 RV 型变星　RV Tauri variable star　光变周期约 20～150 天、光谱型为 F～M 型（大多数为 G 型和 K 型）的超巨星。脉动变星的一种。金牛座 RV 型变星的光变幅多在 2～3 星等，光变曲线呈双波状，周期相当固定，但主极小和副极小的深度不固定，并且常发生主极小和副极小的相互转变。大多数金牛座 RV 型变星的光谱中

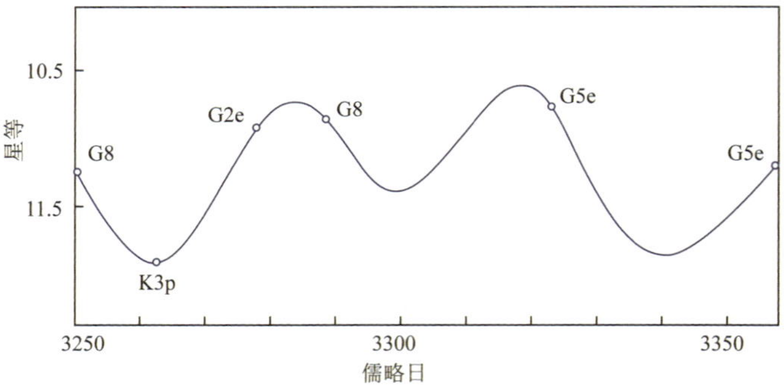

金牛座 RV 型变星的光变曲线和光谱型的变化

金牛座 RV 型变星

类型	典型星名	照相星等/星等	周期/天	光谱
RVa	武仙座 AC	7.4～9.6	75.5	F4pI～Rp
RVb	金牛座 RV	9.8～13.3	78.7	G2eI～K3p

常出现氢的发射线和碳、甲川（CH）、氰基、氧化钛的吸收带。谱型随光变而有明显的变化（极大时谱型早，极小时谱型晚），颜色一般偏蓝。这类变星可能属于星族Ⅱ。根据平均星等有无变化分为两个次型。具有正常的平均亮度的金牛座 RV 型变星称为 RVa，典型代表是武仙座 AC。平均星等作周期性变化的称为 RVb，典型代表是金牛座 RV 和天箭座 R。（蔡贤德）

金牛座 T 型变星 T Tauri variable star 光谱型为 G～M 型的**不规则变星**。典型星是金牛座 T。该星是英国天文学家 J.R.欣德于 1852 年首先发现的。金牛座 T 型变星和弥漫星云密切成协，并成集团出现，常构成 T 星协主要成员。有人估计在太阳周围 1000 秒差距内约有 12 000 个金牛座 T 型变星，整个银河系内的总数达 100 万个。这类变星都具有非周期的不规则光变，或快速的光变叠加在长期的缓慢光变上。最大变幅为 5 星等，一般为 1～2 星等。在红外波段上也发现存在光变。它们的光谱都是在一晚型光球上叠加一系列发射线。最强的发射线是巴耳末线和电离钙 CaⅡ的 H 和 K 线。经常出现电离铁 FeⅡ、电离钛 TiⅡ、中性铁 FeⅠ及中性钙 CaⅠ等发射线和低激发金属原子谱线。在蓝紫区都有一重叠的连续发射光谱区。在个别情况下，这一连续发射特别强烈，致使光球吸收光谱全被淹没。在一些亮的金牛座 T 型星的高色散光谱中，大多数吸收谱线都被加宽，说明它们有较大的自转速度。有不少金牛座 T 型星具有**天鹅座 P 型星**光谱，也就是说，在强发射线轮廓偏短波一端出现吸收线，这说明它们向外抛射物质。质量损失率估计为每年 10^{-7}～10^{-9}太阳质量。少数金牛座 T 型星有反天鹅座 P 型星光谱，说明有物质向内陷落的现象。某些金牛座 T 型星中有高达 12%的偏振。金牛座 T 型星的锂丰度比太阳大气高出约 2 个数量级，并且有红外色余。现已测得金牛座 T 星的射电辐射。一般认为，金牛座 T 型星是一种正处在引力收缩阶段的**主星序**前恒星（见**赫罗图**）。（孙益礼）

金属丰度-光度关系 metallicity-luminosity relation 星系的气态金属丰度和星系的总光度这两个重要物理参数之间所存在的相关关系。这一关系表明，星系的光度越大，它的金属丰度就越高，这种相关性非常显著。由于星系的质量与光度间可通过质光比转换，因此金属丰度-光度关系也可转换成金属丰度-质量关系（图 1）。

二维光谱巡天技术的发展使得人们可以得到空间分辨的星系光谱。光谱分析表明，星系内也存在局域的金属丰度-光度关系，即千秒差距尺度内的平均气态金属丰度与恒星质量面密度之间也存在正相关关系（图 2）。

导致金属丰度-光度关系的起因尚无定论。一种可能的原因为质量较小的星系演化较慢，或者较为年轻，也就是说相比大质量星系而言，较小质量星系把气体转化为恒星的能力较弱，即恒星形成效率较低，那么就会导致低光度星系的金属丰度较低。另一种可能的原因为星系质量越小，则引力势阱越浅，**超新星**爆发等剧烈物理过程越易导致富金属的气体外流，从而降低了有效产额，造成小质量端星系金属丰度较低的现象。（尹 君）

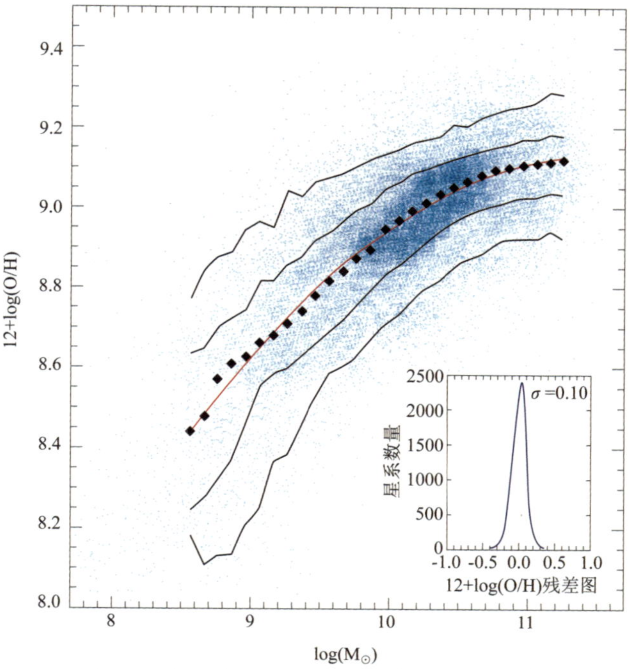

图 1 产星星系的气体金属丰度与恒星总质量关系

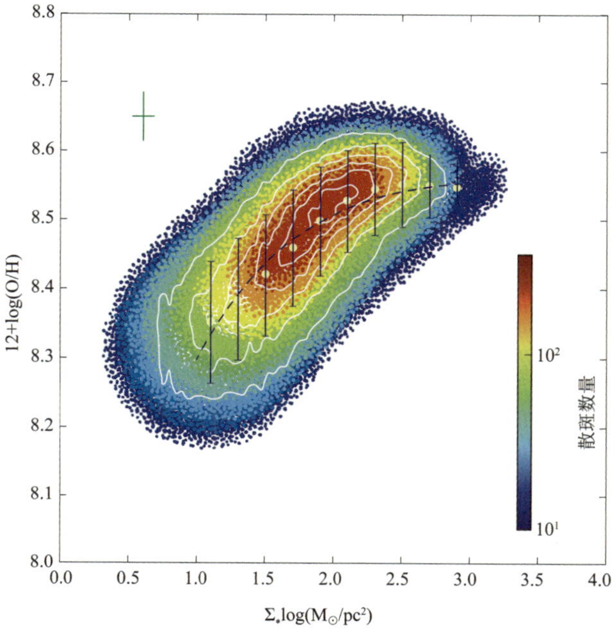

图 2 产星星系局域气体金属丰度与恒星质量面密度关系

金属丰度梯度 metallicity gradient 气体或恒星的金属丰度随空间位置的变化趋势。比如，银盘的径向丰度梯度是指气体或恒星的平均金属丰度随着银心距的增加而减少的量，即银盘的金属丰度在单位银心距上的平均变化量。

关于金属丰度梯度的测定，关键点是获取具有足够空间跨度的、示踪天体的元素丰度数据。就银盘元素丰度梯度而言，有以下几种途径：①观测 HⅡ区的发射线并分析其元素丰度；②分析早型 B 型星的光球丰度；③由**行星状星云**的发射线获取其元素丰度；④对**疏散星团**的单颗恒星进行测光和光谱观测并分析其元素丰度。德国天文学家 P.A.谢弗等人在 1983 年完成了经典的银盘丰度梯度工作，通过对一组 HⅡ区的观测，首次得到银盘的径向金属丰度梯度。随后的研究用不同方法、不同示踪天体，都得到了较为一致的丰度梯度。

关于星系丰度梯度的模型解释，一般认为**星系盘**的丰度梯度主要是由两种机制产生的，一种是由内而外的盘形成模式，即盘内部的气体冷却时标比外部的要短，内部区域增丰较快，从而形成径向丰度梯度；另一种机制是恒星形成律，即内部区域气体面密度较高，恒星形成效率也较高，星际介质的金属丰度较高，从而产生径向丰度梯度。2009 年，中国科学院上海天文台富坚等人比较了这两种机制的影响，发现恒星形成律可能是影响银盘丰度梯度的形成和演化的主导因素。但是，关于丰度梯度的测定和模型解释等问题，仍然有很多热点问题需要进一步研究。

（常瑞香）

金斯，J.H.　James Hopwood Jeans（1877-09-11～1946-09-16）英国天体物理学家。生于兰开夏的奥姆斯柯克，卒于萨里的多金。1896年入剑桥大学三一学院，1901年被选为该院院士。1905年任普林斯顿大学应用数学教授，1907年被选为皇家学会会员。1910年在剑桥大学教授应用数学。1912年退休后从事研究和写作。

1904年金斯发表了名著《气体动力论》，书中他重新推导了气体动力学理论的定理，在气体的扩散、热传导和黏滞性中引入了新的改正因子。1905年，他改正了瑞利在1900年所提出的**热辐射**公式中的一个数值错误，以后此公式被称为瑞利-金斯公式。1914年他发表《辐射和量子论的报告》，利用旧量子论深入地分析了辐射与自由电子的相互作用。此后他主要致力于天文学研究，从理论上证明了一个转动的在自重力作用下收缩的质量球不可能形成行星系统。他还讨论了双星和旋臂的形成问题，自重力系统的不稳定性问题（金斯不稳定性），和太阳系的起源问题（行星起源的潮汐说）。

金斯的主要科学著作还有《理论力学》（1906）、《电和磁的数学理论》（1908）、《天文学和天体演化学》（1928）。从1928年起，金斯还致力于科普创作。他写了例如《神秘的宇宙》（1930）、《物理科学的产生》（1947）等流行颇广的通俗作品。

（刘　辽）

金星　Venus　**太阳系**中第二靠近太阳的行星，地球夜空中亮度仅次于月球的天体。从地球上看，它是最亮的行星。“Venus”是希腊神话中的“爱情之神”，中国古代以“启明”和“长庚”分别称黎明前东方的晨星和黄昏后西方的昏星，西汉之后始称“金星”，民间俗称“太白”。最亮时的可达−4.7视星等（见**星等**），它的亮度是天上最亮的天狼星（大犬α）的19倍，最暗时的亮度仍是天狼星的8倍。金星是除太阳、月球和某些罕见的偶现天体外星空中最亮的星（图1）。

图1　水手10号行星际探测器拍摄的金星全景

金星没有天然卫星，大小、质量和成分都接近地球，常被称为地球的姊妹星。金星自东向西自转，且周期是行星中最长的。金星被浓密的二氧化碳大气包裹着，**温室效应**使地面温度超过水星，成为行星中最热的一颗。

轨道　金星公转轨道的半长径为0.723天文单位（AU），偏心率为0.007，对黄道面的倾角为3.395°，公转周期为224.701日。金星近日距为0.718AU，远日距为0.728AU。金星轨道在太阳轨道之内，只有在黎明或黄昏时才出现在天空中，离开太阳不会超过47.8°。

金星虽然没有卫星，但有几颗特洛伊型小行星在其轨道的拉格朗日点伴行。

自转　金星的自转方向与多数行星不同，是顺时针（逆行）的，轴倾角为177.36°，大于90°。自转周期即金星的恒星日为243地球日，比公转周期即金星年还要长，在行星中是最长的。由于逆行自转，金星太阳日为116.75地球日，比恒星日短。一金星年约等于1.92太阳日，太阳西升东落近两次。

金星从太阳星云中形成时，其自转状态与现今完全不同。在几十亿年演化过程中，受到行星摄动、浓密大气，以及太阳和其他行星的潮汐作用，这两种作用引起了自转的混沌改变，才形成今天这样的状态。金星很长的自转周期也是太阳引力的潮汐锁定和太阳加热大气引起的潮汐之间平衡的结果。

有研究者认为数十亿年前，金星至少有一颗碰撞事件生成的卫星，大约1000万年后，又一次碰撞改变了金星的自转方向，并且使卫星沿螺旋轨道落向金星，最终与之相撞。

物理特性　金星是一颗类地行星，形状接近正球体；平均半径6051.8千米，比地球略小；质量为地球的81.5%，平均密度为5.243克/厘米^3，略小于地球和水星。由于缺乏地震和惯性矩数据，我们对金星的内部结构和化学成分知之甚少。只能根据与地球的相似推测它也具有核幔和壳的结构，核至少有部分是液态的。金星与地球的最大区别是金星壳层缺乏板块构造，其原因可能是缺乏水分使岩石变得坚硬。

金星磁场远比地球为弱，起不了防护宇宙射线和保护大气层的作用。金星磁场产生于电离层与太阳风的交互作用，而不是像地球那样产生于地核的发电机效应。发电机效应的存在依赖于三个条件：存在导电液体，旋转和流动。金星核导电不成问题，自转虽然慢，仍能达到发电机效应的要求。发电机效应的缺失只能是由于流动性不足。在地球，流动性存在于地核的液体外层，因为液体层底部远比顶部为热。在金星，全球重构事件使板块活动终止，壳层热流减少，导致幔的温度增加，从核流出的热流减少，以致没有足够的流动性驱动发电机效应。

金星外层大气中的中性分子受紫外辐射离解生成氢和氧离子。由于缺乏较强磁层保护，这些离子被长驱直入的太阳风加速而从重力场中逃离。这导致较轻的氢、氦和氧离子的长期流失，而把较重的二氧化碳分子留在大气里。这种太阳风导致的大气流失可能使金星在形成后的十亿年里失去了全部水分，同时使氘和氢的比例增高到太阳系平均值的100倍。

地貌　金星表面由27%的低洼平原，65%的丘陵山地和8%的高原组成。60%的地区高程差不到500米，在类地行星中是最为平坦的。以平均半径为**大地水准面**，最低点在戴安娜峡谷（Diana Chasma），高程为−2千米；最高点在麦克斯韦山，高程为11千米。金星表面为点缀着板状岩石的干燥荒漠，周期地为火山活动刷新。

金星南北各有一块“大陆”台地。位于南半球的是较大的阿芙洛狄忒（希腊爱神）台地，大小与南美洲相当，网状断裂地貌覆盖其上。位于北半球的是较小的伊师塔（巴比伦爱神）台地，大小与澳大利亚相当。高大的麦克斯韦山脉蜿蜒其上，包围着拉克希米高原。长达1200千米的大峡谷穿越赤道，纵贯南北。缺少水分造成的坚硬岩石使金星上的山脉和峭壁更加险峻。

壳层表面覆盖着年轻的玄武岩，上面有为数不多的撞击陨击坑。早期形成时留下的大环形山口和褶脊平原等构造地貌，已被晚近的火山活动抹去。金星上有几个火山群，火山活动仍然活跃，存在新近喷发的迹象。火山周围有众多大规模的同心圆或辐射状线状断裂构造，其他地区也有。

尽管有浓密大气减速，金星上仍然有数量众多、规模颇大的撞击陨击坑，且成串分布，可能是撞击天体在大气中先行碎裂所致。

金星地面经度起算零点所在的本初子午线规定穿过阿丽雅德涅（Ariadne）环形山的中心峰。

大气　金星大气由96.5%二氧化碳、3.5%氮和痕量二氧化硫及其他元素组成，是四颗类地行星中最为密集的，地面气压是地球气压的92倍。金星大气分层为对流层，中间层和电离层。

数十亿年前金星的大气与地球类似，并且还有水的海洋。但经过约6亿年后，水的蒸发导致温室效应失控。蒸发水分子被光分解，生成的自由氢和氧被太阳风吹到行星际空间，大气中的温室气体增加达到临界水平。强烈的温室效应使金星表面的平均温度高达735K，超过水星成为行星中最热的。

尽管金星的自转很慢但热惯性和底层大气的流动使金星表面没有明显的昼夜温差。地面风速不大，只有每小时几千米，但由于密度很高，风力仍然惊人，足可飞沙走石。

地面以上50千米处，有一层厚约15～20千米的硫酸液滴云层，可能还杂有硫、氯化铁和水微粒。云层反射和散射掉入射光线的90%，使可见光观测难以到达金星表面。云层顶部风速高达300千米/时，是金星自转线速度的60倍，4～5个地球日就吹遍全球。比较之下，地球上最大的风速也只有自转速度的10%～20%。

金星表面的温度相当均匀，不仅昼夜温差，而且季节温差，极地和赤道温差都很小。值得一提的只有高度引起的温差。温度约为655K的麦克斯韦尔山的最高峰因而成为金星上最冷的地方。

金星云层可以产生闪电。自从1978年12月苏联的金星12号探测器首次发现**金星闪电**以来，这个问题一直在争论中。2006～2007年，欧洲空间局的金星快车清楚地探测到了闪电特征的哨声模式波，其间歇出现表明了与天气活动的关联。根据测量金星闪电发生的频率至少是地球的一半。

2007年，金星快车还在南极上空发现了巨大的双涡漩；2011年，又在金星大气中发现了臭氧层；2013年，报告说在金星电离层中发现了类似离子彗尾的离子外流。

金星凌日　金星绕日运行中从太阳与地球之间经过时，金星与太阳的黄经相等，地面上看到的天象叫作下合。由于金星轨道对黄道面有大约3度的倾角，这时金星通常不在日地连线上，淹没在太阳强光中而观测不到。但若金星恰在这时经过轨道升交点或降交点或其附近，日金地三个天体就会接近出现在一条直线上。从地面观测时，就会看到金星呈黑点状自东向西从日面经过，时间可持续几个小时。这种天象叫作金星凌日。

由于金星和地球公转运动的复杂性，金星凌日的发生呈现出复杂的周期性：243年发生4次，各次之间的时间间隔为8年、121.5年和8年，然后是105.5年的等待期，结束后进入下一周期。上一次金星凌日发生的时间是2012年6月6日（图2），下一次则是105.5年后的2117年12月21日。

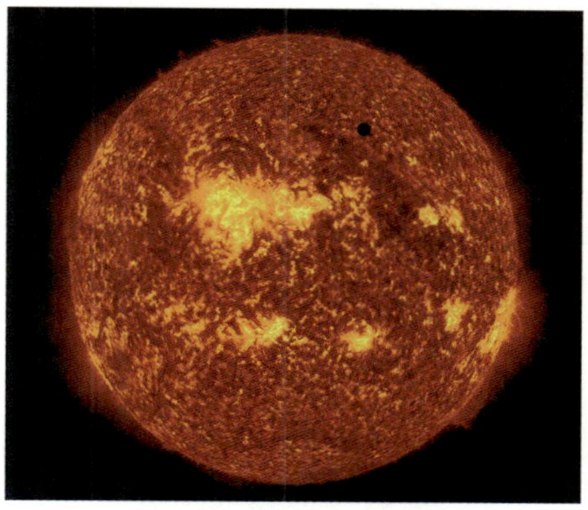

图2　太阳动力学天文台拍摄的2012年金星凌日

金星凌日时可以在地面上进行基线长度已知的**视差**（三角）测量，从而精确测定金星距离，进而确定以地面距离单位（例如米或千米）表示的天文单位的数值。

空间探测　金星是离开地球最近的邻居，最近距离只有4.023千万千米。金星因此成为早期行星际探测的主要目标。苏联在1961年开始实施金星探测计划，当年2月12日发射的金星1号在距金星96 000千米处飞过。尽管因通信故障未取得具体成果，仍然是对金星，也是对太阳系行星的第一次空间探测。此后26年里，苏联总共发射了16个探测器，有的进入金星轨道成为金星的卫星，有的在金星表面着陆，甚至在地面进行了钻探和取样，对金星大气、地形、地质、磁场等进行了全面的探测。

美国在1962年8月27日发射水手2号在距金星3500千米处飞过，第一次成功拍摄了金星照片，测量了金星大气的温度。1967年的水手5号和1973年的水手10号先后飞临金星，传回4000多幅金星照片。1978年的先驱者12号进入金星轨道，测绘了金星表面93%的地形，同年发射的先驱者13号进行了飞越探测。1994年的麦哲伦号测绘了分辨率100米的金星地图。

欧空局2005年发射的金星快车对金星大气进行了长达9年的多方面观测，时间和成果都超出预期。

日本2010年发射的拂晓号未能按计划进入环绕金星的轨道。在环绕太阳的轨道上运行5年后，于2015年12月借助船载推进器点火进入环绕金星的大椭圆轨道，对金星大气进行探测。

金星还是行星际空间探测的天然加力站。许多探测器借助金星的弹弓效应访问多个天体，同时对金星进行探测。其中有：法国和俄罗斯1984年合作探测**哈雷彗星**的维加1号和维加2号；欧空局1998年探测土星的卡西尼-惠更斯号；美国1990年探测木星的伽利略号，以及2006年探测水星的信使号。（李广宇）

金星空间探测　Venus exploration　对金星开展的一系列空间探测活动。金星是距离太阳第二近的行星，同时也是体积与地球最为接近的行星。由于金星与地球的距离最近，整个**太阳系空间探测**的历史也始于1962年水手2号探测器的金星飞掠任务。

金星探测的高潮期是20世纪60～80年代，其间美国陆续发射了水手2号、水手5号飞掠器，还有先驱者-金星号轨道器和大气探测器；苏联则发射了不下16架金星号探测器，以及用于金星和哈雷彗星考察的两架维加号探测器。这些早期探测器测得了金星微弱的磁场和二氧化碳为主的大气组分，完成了多次金星软硬着陆，确认了金星表面高温、高压的环境，借助气球实现了金星大气勘探，还开展了最早一批针对金星地貌的雷达测量，让研究者第一次认识到金星的真实面貌。

1989年发射的麦哲伦号探测器则全面开展了金星地表雷达测绘，绘制出了完整的高精度金星地形图。2005年发射的金星快车则侧重考察金星大气环境，并在金星大气中发现了复杂的极地涡旋、极光现象和臭氧层。当前唯一仍在运行的金星探测器是2010年发射、经历种种波折于2015年方才抵达金星的拂晓号，它的工作重点也是金星大气相关的考察。（张　博）

金星闪电　lightning on Venus　发生在金星大气中的放电事件。类似于地球大气雷暴过程中发生的闪电。云层在大气中形成时，云粒子相互碰撞，大粒子下降，小粒子上升，电荷从大粒子转移到小粒子。电荷的分离导致雷击，大气中贮存的太阳能量在强大的放电过程中释放出来。发生雷电时大气层局部温度和压力大大升高，使得复杂的有机分子可以形成。科学家推测，闪电可能有助于生命的出现。

1978 年 12 月 21 日，苏联发射的金星 12 号到达金星。在向金星下降的过程中，探测到了闪电。从距离金星表面 11 千米下降到 5 千米的过程中，记录到了 1000 次闪电，有一次持续了 15 分钟。同期美国国家航空航天局（NASA）发射的金星先驱者系列探测器也测到闪电信号。但学界对这些发现一直存在争议。

艺术家笔下的金星闪电

2005 年 11 月 9 日，欧洲空间局发射了金星快车，于次年 4 月进入环绕金星的极轨道。为了观测金星闪电，金星快车每天收集低空数据 10 分钟，磁强计清晰且频繁地记录到了来自电离层的雷击产生的电磁脉冲，是一种类似口哨声的啸叫。在地球上，这种信号总出现在闪电之后，是闪电存在的声音证据。这说明闪电在金星上就像在地球上一样常见。

研究者对金星和地球上的闪电进行了比较。金星上的磁信号比较强，但是将磁信号转换为能量流通量后，闪电强度差别不大。金星闪电在日间比夜间普遍。在太阳光最强的低纬度地区，发生的频率更高。地球上造成闪电的是大气垂直气流，但金星大气中缺少强大的垂直气流，产生闪电的原因尚待研究。

金星上存在闪电是一个非常重要的发现。据科学家所知，太阳系中除金星外，只有地球、木星和土星三个行星上存在闪电。金星闪电是独一无二的，与地球、木星和土星都不同，它不是由“水云”产生，而是由“硫酸云”产生的。　（李广宇）

近地层自适应光学　ground layer adaptive optics; GLAO　一种通过单个变形镜对近地层大气湍流引起的波前畸变进行校正，从而能够在较大视场内提高望远镜成像质量的**自适应光学**技术。在进行自适应光学技术的研究中，科学家发现，作为该技术的主要校正对象，大气湍流具有很强的分层特性，其中临近地球表面 1～2 千米这一层通常被称作近地层大气湍流。由于近地层大气湍流高度低，距离望远镜近，因此其对一个较大的视场内不同位置的天体光波波前所引起的畸变差异很小。通过对这一层的大气湍流所引起的视场内平均波前畸变进行测量和校正，在几到十几角分的视场内，GLAO 可以在光学到红外的全波段适度地提高望远镜成像质量。与其他类型自适应光学系统相比，GLAO 主要有如下的技术特点：首先，多数情况下 GLAO 目的不是尝试通过校正得到近衍射极限的星像，而是提高星像**点扩展函数**的能量集中度，并尽量减小不同时刻、视场不同位置点扩散函数差异。其次，GLAO 校正能力与望远镜所处台址的近地层大气湍流相对强度关系密切。近地层大气湍流强度越强、分布高度越低，GLAO 对于望远镜成像质量的提高越明显。再次，在 GLAO 的较大视场内，很容易找到信噪比足够的自然导引星作为参考，因此其天空覆盖能力强。最后，GLAO 往往会和其他自适应光学系统共同工作获取科学数据，即在 GLAO 初步校正近地层湍流引起的畸变基础上，其他自适应光学系统进一步校正残余的波前畸变。

根据天文观测需求和台址湍流分布实际情况，GLAO 通过对校正后星像点扩展函数质量和观测视场进行折中，保证了大视场下较好的点扩展函数质量，这一特点使其有利于开展视场较大且对点扩散函数质量有所要求的各类天文观测。在现有的技术条件下，GLAO 系统能够在几角分的视场内，将以半高全宽作为评价标准的点扩展函数质量提高 2 倍。在太阳、**星团**和星系等天文目标的观测中，在 GLAO 提供的校正的视场内，通过配备相应的光谱仪、成像设备等后端仪器，已经获得了一些科学成果。受这些科学成果启发和推动，针对地面 8～10 米级望远镜和下一代 30 米级望远镜，拥有十几角分的 GLAO 系统和相应的一些新的天文观测方法也在进一步发展中。　（贾　鹏）

近地天体望远镜　China Near Earth Object Survey Telescope; CNEOST　用于对近地天体进行快速自动搜寻、跟踪和测量、即时归算处理和测光观测的大视场望远镜。是国际预防近地天体联合监测网的重要组成部分。近地天体包括近地小行星、彗星以及运行在火木轨道之间的主带小行星、彗星等天体。该望远镜由中国科学院南京天文仪器研制中心和**紫金山天文台**合作研制，于 2004 年 10 月安装在紫金山天文台盱眙观测站。图 1 和图 2 分别为其观测室照片和总体外观结构图。

图 1　近地天体望远镜观测室照片

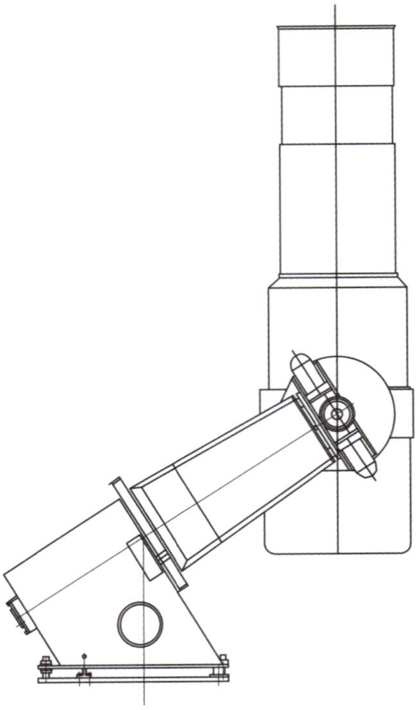

图 2　近地天体望远镜总体结构

该望远镜采用施密特（大视场）光学系统，球面反射主镜口径 1.2 米，改正镜口径（即望远镜通光口径）1 米，焦距 1.80 米，有效视场 3.14 度，观测中心波长 656.3 纳米，光能集中度 80%以上小于 2 角秒，恒动精度 1 角秒/4 分钟，微动（自动导星）精度 1 角秒/10 分钟，指向精度小于 10 角秒，变速跟踪与移动天体一致。该望远镜为中国最大口径和最大有效视场的施密特型望远镜。

在望远镜的结构设计方面，其镜筒结构比较独特（图 3）：它采用平移桁架外加防护罩壳的结构，上桁架支撑主焦点部件，下桁架支撑主镜部件，两者各由 6 个三角形构成。另外，为了消除温度变化引起的失焦，焦面环通过轴向平行的 6 根殷钢杆支撑到主镜室之上。直径 1.2 米的主镜采用浮动支撑系统（底支撑）和杠杆重锤（侧支撑）相结合的结构。所有这些措施不但可以保证光学系统中主镜面形精度及其与主焦点之间相对位置的正确性，而且减小了重力和温度变化对系统的影响。

近地天体望远镜的机架为赤道叉式。机械传动采用“双驱动”系统，直径 1.2 米的高精度大齿轮用一对力矩电机加减速箱

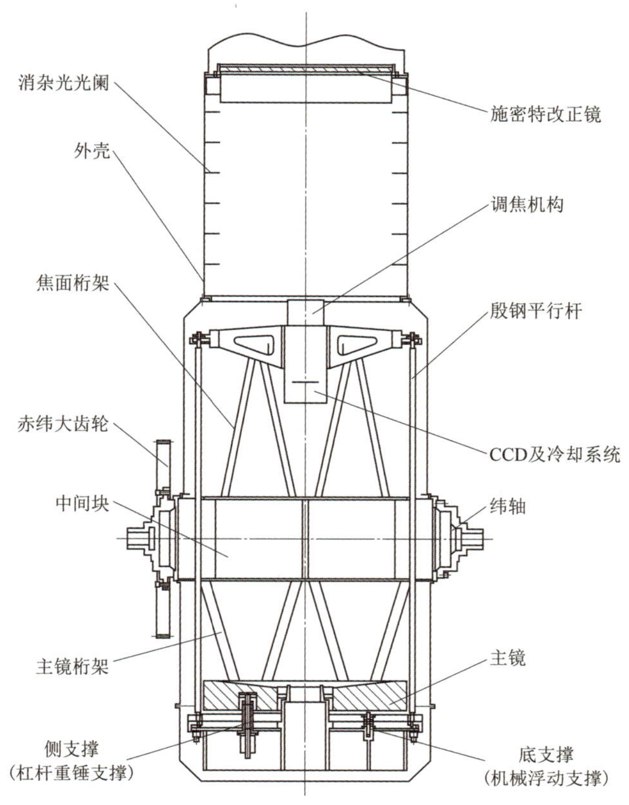

图 3　近地天体望远镜镜筒

实现驱动。运行实践表明，该望远镜定位精度高，据国际小行星中心 2009 年 1～10 月公布的观测资料统计，在全球 385 个天文台站中居榜首。

该望远镜的探测系统采用的背照明高灵敏度 CCD，4k × 4k 芯片，尺寸 62 毫米 × 62 毫米，采用漂移扫描技术和冷冻机冷却系统。

该望远镜的极限观测星等为22.46等。该望远镜没有**多色测光系统**（使用 5 块不同波段的**滤光片**），可进行彗星或小行星掩星，恒星高精度测量等观测。

近地天体望远镜观测的成果，已向国际上报送了近地天体和主带小行星、彗星的观测资料近 30 万次，发现了一个阿波罗型（Apollo type）近地小行星 2007JW2，一个木星族新彗星 P/2007SI，721 个获国际临时编号的新小行星，其中 40 个已获得国际正式编号（有 2 个属轨道特殊的特洛伊群小行星），观测量在全球 385 个天文台站中名列第六（2009 年 1～10 月）、观测精度名列榜首。

该望远镜参加同步轨道空间碎片的国际联测，拍摄到 2666 个高轨空间碎片的资料，得到国际上的好评。它曾被评为 2006 年度中国十大天文科技进展项目之一。

（胡企千　乐中宇）

近地小行星　near-Earth asteroid　椭圆轨道的近日距不大于 1.3 天文单位（AU）的小行星。其中轨道与地球轨道最近距离小于 0.05AU（约 20 个地月距离）且直径大于 140 米的近地小行星称为“潜在威胁小行星”。另外，近地小行星按照轨道类型也可分为阿波罗型（半长径$a > 1.0$AU，近日距$q < 1.017$AU）、阿莫尔型（q在 1.017～1.3AU）、阿登型（$a < 1.0$AU，远日距$Q > 0.983$AU）和阿蒂娜型（$Q < 0.983$AU），其中阿蒂娜型小行星轨道均在地球轨道以内，因此也被称为地内小行星。另外，轨道的一部分进入地球轨道之内的近地小行星也被为越地小行星。截至 2023 年 4 月已发现超过 3 万颗近地小行星（见图），其中已确认的潜在威胁小行星约 2300 颗，阿波罗型近地小行星所占比例最大，占总发现比例超过了一半。由于近地小行星直径较小，较难观测到，近 90%的近地小行星无永久编号。

1980 年美国 L.W.阿尔瓦雷茨在全球一些地区的白垩系－第三系界限处发现丰度反常的铱元素和同位素并测定其年龄为 6500 万年后，首次将 6500 万年前的恐龙灭绝之谜和小行星陨击事件联系起来。1990 年美国资源卫星探测到墨西哥湾尤卡坦半岛海下直径 180 千米的陨击坑，计年也为 6500 万年，恐龙灭绝的陨击说就被公认为最有力的一个假说。近地小行星日益成为公众关切的太阳系小天体和天文学家探测研究的对象。

（胡寿村　李　竞）

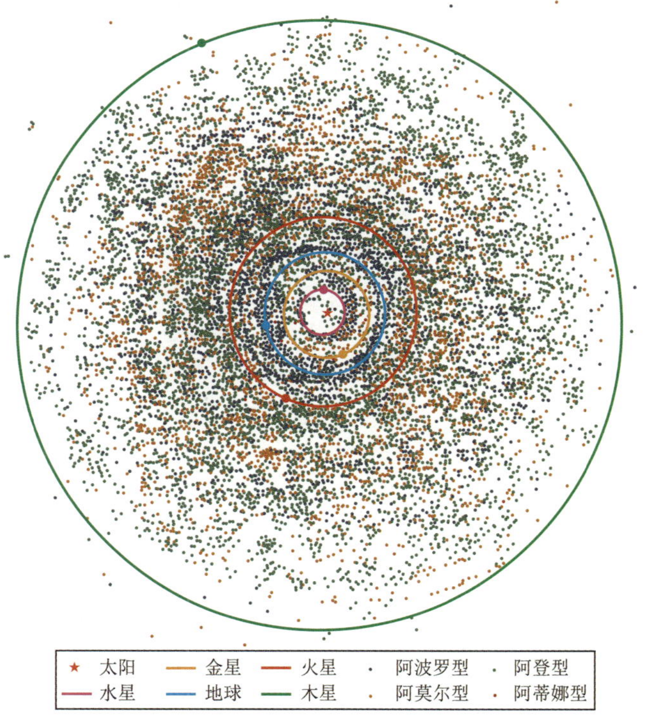

五个近圆轨道从内向外分别为水星、金星、地球、火星和木星轨道，
不同颜色的点分别代表不同轨道类型的近地小行星

已发现的近地小行星在某个历元的位置分布（2021 年 12 月 15 日数据）

近地小行星的运动　motion of near earth object　可以运行到地球轨道附近，与地球轨道距离小于 0.3 天文单位（AU）的小行星的运动。根据轨道特征，按照轨道半长径a、近日距$q = a(1-e)$和远日距$Q = a(1+e)$（e表示偏心率），可以把**近地小行星**分类成 4 个类型：①阿登型；②阿波罗型；③阿莫尔型；④阿蒂娜型。由于近地小行星存在与地球相撞的危险，因此近地小行星的研究和搜寻备受重视。截至 2023 年 4 月，已发现3 万多颗近地小行星。据舒梅克的估计，直径在 100 米以上的近地小行星约有 565 000 颗，直径在 1 千米以上的也有 2000 颗。研究表明，有的主带小行星在大行星**长期共振**的作用下会演变成近地小行星。

近地小行星中备受关注的一类叫作潜在威胁小行星（PHA）。具体是指直径大于 140 米且与地球的交会距离小于 0.05AU（750 万千米，约 20 倍地月距离）的小行星。它们在今后 200 年内可能会非常接近地球轨道，如果与地球相撞，则足以造成大范围甚至全球性危害。已发现的潜在威胁天体的总数尚不足理论估计数量的 1/3，而更小的近地

天体（直径大于 40 米）的发现数量仅占3%。为了保卫地球安全，天文学家致力于近地天体，特别是潜在威胁小行星的搜索和监测。最初比较大的搜索项目有LINEAR、Spacewatch、NEAT、Catalina、Mt.Lemmon 等，都是 1～2 米口径的多台站大天区巡天监测设备。最近还新增了一批新的监测设备，包括 DECam（4 米）、SST、Pan-STARRS 和 ATLAS 等，向着更大口径、更大视场和更快反应发展。中国科学院紫金山天文台的近地天体探测望远镜从 2006 年开始运行，已成为国际小行星联测网中最有影响的台站之一（数据排名前十）。（马月华　史建春）

近日点进动　perihelion precession　行星近日点位置的变化。对于太阳系中的行星，其近日点是会进动的，这是因为行星不只受到太阳引力的作用，其他的行星也会对它施加作用，因此任何一个行星实际受到的力都不会与它到太阳距离的成严格的平方反比关系。见**水星近日点进动问题**。

近太阳恒星　nearest star　离太阳最近或较近的恒星。离太阳最近的一颗恒星是南天的半人马座**比邻星**，仅 1.31 秒差距（4.22 光年），它是半人马座 α 这一三合星中离太阳最近的一颗，因此称为比邻星。表中列出离太阳最近的 13 颗恒星的主要数据。离太阳最近的恒星之所以重要，是因为可较准确地测量出它的距离，然后再根据它的亮度计算出它的光度，进而得出它的颜色和温度。由此可在**赫罗图**中标出一个点。赫罗图首先由离太阳较近而已知距离的恒星建立的，该距离约 21.47 秒差距（70 光年）。图中的点不是均匀分布的，90% 恒星落在主序带内，有一些恒星在右上方的**红巨星**区域内，左下方有三颗**白矮星**。赫罗图以绝妙的方式找到了恒星演化的规律，使它成为天体物理学最有用的工具。为最接近太阳的所有已知恒星编目是很有意义的。20 世纪上半叶，E.赫兹普隆等分别采用了 5 秒差距（pc）、10 秒差距、15 秒差距的距离极限。1957 年 W.格勒斯公布了位于太阳 20 秒差距内包括 915 个系统，含 1094 个子源的 Gliese 第一星表。到 1993 年该星表含 3803 个子源。统计表明，太阳 25 秒差距以内有很大数目的恒星M_V（绝对视星等）约为 15。研究太阳附近的恒星的运动状态和化学组成，对认识银河系的结构、起源和演化有非常重要的作用。美国 T.亨利领导执行一项搜寻邻近恒星的计划，目的是对太阳邻近地区的所有**红矮星**与**褐矮星**进行完整的认识，以期对银河系结构有更进一步的了解。观测的重点则集中在星空中相对移动速度较快的模糊星体上，再以视差法推算出其距离。至 2007 年底，已经发现 13 个先前所未知的星体，其中一个距离仅 3.68 秒差距（12 光年），它是离太阳第二十近的恒星。（李宗伟）

离太阳最近的 13 颗恒星

星名	目视星等	绝对星等	光谱型	距离（pc）	自行（arcsec/a）	视向速度（km/s）
半人马座 αC（比邻星）	11.05	15.45	M5	1.31	3.85	−16
半人马座 αA	−0.01	4.35	G2	1.34	3.68	−22
半人马座 αB	1.33	5.69	K2			
巴纳德星	9.54	13.25	M5	1.81	10.31	−108
沃尔夫 359	13.53	16.68	M8	2.33	4.71	+13
HD95735	7.50	10.49	M2	2.49	4.78	−84
天狼星 A	−1.45	1.42	A1	2.65	1.33	−8
天狼星 B	8.68	11.56	D*			
鲸鱼 UVA	12.45	15.27	M5	2.72	3.36	+30
鲸鱼 UVB	12.95	15.8	M6			
罗斯 154	10.6	13.3	M4	2.90	0.72	−4
罗斯 248	12.29	14.8	M6	3.15	1.59	−81
波江 ε	3.73	6.13	K2	3.30	0.98	+16

注：天狼星 B 为白矮星。

京茨堡，V.L.　Vitaly Lazarevich Ginzburg（1916-10-04～2009-11-08）　俄罗斯理论物理学家。生于莫斯科，卒于莫斯科。1938 年毕业于莫斯科大学物理系，1942 年获莫斯科大学物理学博士学位。1940 年起在苏联科学院别列捷夫物理研究所理论物理研究室工作，1971 年起任室主任。1945～1968 年兼任高尔基大学教授，1968 年起兼任莫斯科物理技术学院教授，创办该校物理学与天体物理学系，并担任主任。1966 年当选苏联科学院院士。京茨堡于 1945 年加入苏联共产党，1946 年获 1941～1945 年在伟大的卫国战争中忘我劳动奖章，1948 年获莫斯科建城八百周年奖章，1953 年获斯大林奖，1954 年获列宁奖章，1954 和 1975 年两次获得苏联荣誉勋章，1956 和 1986 年两次获得苏联劳动红旗勋章，1966 年获列宁奖，1970 年获纪念列宁诞辰 100 周年勇敢劳动者奖章，1984 年获波兰物理学会斯莫卢乔夫斯基奖章，1987 年当选英国皇家学会外籍会员，1991 年获英国皇家天文学会金质奖章，1994 年获以色列沃尔夫物理学奖，1995 年获俄罗斯科学院瓦维洛夫金质奖章和罗莫诺索夫金质奖章，1996 年获俄罗斯三等奖章，2003 年当选美国物理学会会员，2006 年获俄罗斯祖国功勋勋章。

1940 年，京茨堡提出瓦维洛夫－切伦科夫效应的量子理论。1945 年建立了铁电现象的热力学原理。在**射电天文学**的萌芽时期，他就以**宁静太阳射电**理论为基础，于 1946 年做出关于日冕本质的一系列推断。同年，他和 A.H.弗兰克一起预言了跃迁辐射。1952～1961 年，深入研究了**太阳射电辐射**的偶现部分的理论，提出一系的射电天文方法。如用观测月球边缘的衍射来研究分立射电源等。1958 年同 L.P.皮塔耶夫斯基合作建立了超流的半唯象理论。1969～1971 年完成**脉冲星射电辐射**及其大气方面的研究，并研究出引力场的量子涨落在广义相对论与宇宙论中的重要意义。

1950 年，京茨堡与 L.D.朗道一起，提出了一种新的超导唯象理论，被人们称为京茨堡－朗道理论。该理论选择描述超导电子的有效波函数作为有序度参量，得出了两个重要的联立方程。从这两个基本方程出发，京茨堡和朗道成功地获得了超导体的许多特性，特别是超导体为薄膜形状时的一些特性。为此，京茨堡获得了 2003 年诺贝尔物理学奖。（郭奕玲　石云里）

精密导星传感器　fine guidance sensor; FGS　**哈勃空间望远镜**上用于天体测量的

一台仪器。1990 年 4 月 24 日美国发现号航天飞机携带美国国家航空航天局和欧洲空间局联合研制的哈勃空间望远镜飞入太空，12 月 26 日 HST 脱离航天飞机进入离地球 539～543 千米的近圆形轨道，轨道面与赤道相交 28.5°。HST 的附属设备有：近红外照相机和多目标分光仪（NICMOS）、先进巡天照相仪（ACS）、大视场照相机（WFC3）、精密导星传感器（FGS）等。FGS 是一台用于天体测量和导星的仪器，其结构如图所示。

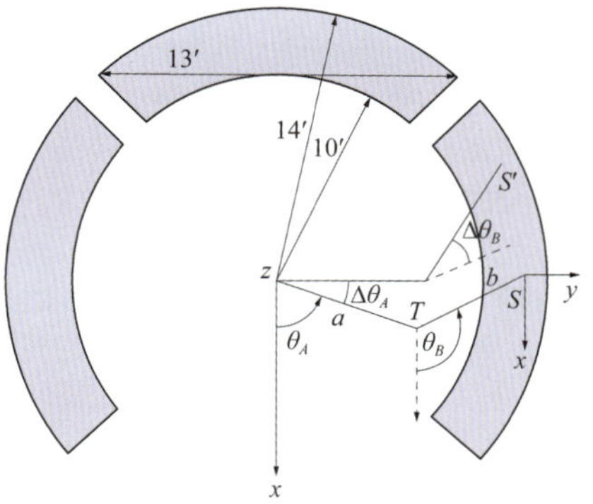

空间望远镜的精密导星传感器

在焦平面上有 3 个宽度为 13′的 90°扇形块，内外半分别为 10′和 14′，视场为 69 平方角分（简称 FGS1、FGS2 和 FGS3）。每个 FGS 由 2 个恒星选择器和 2 个正交的白光剪切干涉仪组成。FGS 不同于长基线的迈克耳孙恒星干涉仪，干涉仪是测量两架望远镜收到光线路径之差，由此得到天体与基线之间的夹角；而 FGS 是通过恒星光束至一个偏振的射束分离器和一对正交科斯特（Koester）棱镜，得到恒星与 HST 光轴之间的角度，扇形中只有 5″×5″瞬时视场的恒星光线至分离器和棱镜构建干涉条纹。FGS 中两个扇形块用于望远镜的导星和指向（1997 年 2 月 FGS1r 替换原有的 FGS 1；1999 年和 2009 年 FGS 2 被替换为 FGS2r 和 FGS2r 2），指向稳定性为 2 毫角秒（mas）。第三个扇形块用作为**窄角天体测量**。FGS 结构的最大特点是采用犹如人手臂的恒星选择器，使 HST 可以指向天空任何天区，而无观测盲区。已知星 S 的位置，可以用恒星选择器 A 和 B 的臂长和，及其对 ZX 的方向角θ_A和θ_B表示，即：

$$x = a\cos\theta_A + b\cos\theta_B$$

$$y = a\sin\theta_A + b\sin\theta_B$$

而 S′相对于 S 的位置分别为$\Delta\theta_A$和$\Delta\theta_B$。

FGS 的工作方式有两种：转换函数（TRAN mode）和天体测量方式（POS mode），前者把目标放在扇形块的中心，选择器在视场中移动时，采用条纹扫描方法，扫过目标星，以取得其干涉条纹。实际上向前和向后通过恒星时得到 10～30 次扫描，最后由来回漂移和叠加得到了条纹。目标星的单次扫描为 1 分钟，每次扫描漂移小于 1 毫角秒，这种方式主要用于观测**双星**和扩展的目标，测定双星的角距和位置角。后者在观测时沿x和y轴跟踪天体的干涉条纹，假如在 40 分钟内所有的参考星和目标星没有相对运动，每次进行天体测量观测时，必须包括一个或许多参考星，测量在星场中所选星之间的相对角距，以便得到视场中恒星的精确位置。一般目标星观测 3 次，每个参考星观测 2 次。在资料处理中需改正 3 个误差：①光学视场的角畸变（OFAD）。②一组星（约 12 颗恒星）在焦面中不同的位置与飞船速度矢量之间角度产生变化引起的较差光行差。③观测期间可能由于光学望远镜组合焦距或温度循环的细微变化引起视场的漂移。这种观测方式主要用于恒星视差、位置和自行的测定。

FGS 是指向式和采用了干涉方法，它与全天扫描观测不同，是唯一能在空间观测感兴趣天体，以及高精度相对天体测量和高角分辨率的仪器。它的应用如下：

①精确的相对位置、视差和自行。用 POS 方式观测时，FGS 是高精度的相对**天体测量仪器**，在中央 4′视场内测定 3.0。②密近的暗双星系统和**聚星**。用 TRAN 方式观测时，FGS 是高角分辨率仪器，检测小至 8 毫角秒源的结构，推导了分离接近 12 毫角秒、暗至 14.5 星等（mag）、星等差（Δm）< 1.5mag 双星的角分离、位置角和分量的相对亮度；而对于 16.8mag 双星，星等差 2.0mag。③测量**巨星**圆盘和非点源的角直径。用 TRAN 方式观测时，测量非点源的角直径小至 8 毫角秒。1997 年 M.G.拉坦齐等观测具有星周盘的**蒭藁变星**狮子座 R（HD84748，IRAS09448 + 1139）和长蛇座 W（HD120285，IRAS13462 − 2807），得到盘的不对称性，长轴分别为 78 ± 2 毫角秒和 91 ± 2 毫角秒，长轴和短轴分别大 11%和 20%。从研究这些蒭藁变星的大小和形状，可以了解其大气结构、质量损失、演化和脉动的性质，也可以了解**周光关系**。④绝对质量和亮度。同时用 POS 和 TRAN 联合方式观测双星系统，由视差和轨道参数可以得到聚星系统的主星和子星的质量，与测光资料结合，可得每个分量的**质光关系**。2001 年，G.F.贝内迪克特等用联合模式观测低质量沃尔夫 1062（Wolf 1062），得到该双星系统的质量分别为 $0.379 \pm 0.005M_\odot$和 $0.192 \pm 0.003M_\odot$。1998 年 J.赫尔希和 G.塔芙用 HST 在 1993 年 8 月至 1997 年 12 月对近距双星 M 型矮星 L722-22 进行观测，两星的质量分别为 0.179 ± 0.003和$0.112M_\odot \pm 0.002M_\odot$。1999 年赫尔希等观测**主序星**末端 24 个 20-20-20 的聚星系统（即距离 < 20pc、轨道周期 < 20 年和伴星质量 < $0.2M_\odot$的聚星系统），由此得到质光关系。2007 年 J.L.比恩等用 HST 天体测量和地面视向速度结合推导 HD33636 伴星（系外行星候选者）的质量。⑤突发事件与移动目标。FGS 在几个月内长期的相对测光精度为 1%～2%，在轨道时标内测光精度为 0.001mag。曾采用测光监测小质量 M 型矮星的恒星耀斑，如 1998 年贝内迪克特等用 POS 和 TRAN 方式观测人马座**比邻星**，即**耀星**半人马座 V645（V645 Cen）的暴发事件，最大一次暴发在离其中心 5.2 ± 2.4 恒星半径处，Δm～−0.6mag；1998 年，J.L.艾略特等用 FGS3 记录在 1997 年 11 月 4 日海王一掩 10.5mag 恒星 TR180 的事件，资料用于研究海王一大气的热结构。也曾用 POS 和 TRAN 方式观测太阳系主带小行星。（金文敬）

鲸鱼座 UV 型变星 UV Ceti variable 一类特殊的**爆发变星**。又称耀星。见**耀星**。

景益鹏 Jing Yipeng（1964-01～　）中国天体物理学家。生于浙江绍兴。1984 年毕业于杭州大学，同年进入中国科学技术大学攻读天体物理博士学位，1989 年中断国内研究生学习，去意大利留学，并先后于 1991 年和 1992 年在意大利高等研究生院获硕士和博士学位。1993 起先后在美国亚利桑那大学、德国马普天体物理研究所、日本东京大学从事博士后和研究员工作。2000 年回国，任**上海天文台**研究员、上海天文台学术委员会主任（2003～2012）。2012 年起，调入上海交通大学，任教授和天文系首任主任（2017）、物理与天文学院院长（2017～　）。2015 年当选中国科学院院士。2018 年当选中国天文学会理事长。

长期从事宇宙结构和星系形成的数值模拟、理论研究和观测分析。自主建立了一套针对宇宙高密度区域的多层网格、自适应 P3M 方法，开展国际领先的宇宙学数值模拟，发现**暗物质晕**成团公式（1998）、暗物质晕轮廓的分布模型（2000）、**暗物质**内部结构的三轴椭球模型（2002）、暗物质晕普适增长理论（2003、2009）等，成为

现代宇宙结构理论的基础成分；率先提出暗晕占有数模型方法并应用于星系巡天（1998），开创了研究星系与暗物质分布之间关系的新方法，成为大型星系巡天测量星系周围暗物质分布的标准方法。曾获国家自然科学二等奖（2005）、上海市自然科学一等奖（2004、2009）等。

（景益鹏）

镜面材料 mirror material 制造光学反射镜面的材料。人们最早是使用镜铜（一种铜锡合金）制造反射镜面。F.W.赫歇尔（见赫歇尔家族）在1789年建造的一架口径1.22米的望远镜中使用的就是镜铜质的主镜。但镜铜材料重，镜面加工困难，抛光后的反射率不高，也不耐久。自发明用化学镀银和真空镀铝等方法而获得高反射率镀层之后，对镜面材料本身的反射率已无要求。人们就采用抛光性能优良、热膨胀系数较小的玻璃来制造光学镜面。膨胀系数较小（约 3×10^{-6}/℃）的硼硅酸玻璃，长期以来是制造大镜面的主要材料。膨胀系数更小（5×10^{-7}/℃）的熔石英曾被认为是理想的镜面材料。在发现了膨胀系数接近于零的微晶玻璃以后，地面望远镜大多倾向于采用微晶玻璃材料。

大口径光学望远镜的镜面分为单镜面和拼镜面两种形式，截至2022年，最大的单镜面口径为8.4米左右，最大拼镜面尺寸为11米左右，现有拼镜面由口径1～2米的子镜拼接而成。超过8米口径的大型望远镜，如正在建设的30米望远镜等下一代望远镜均采用拼接形式。单个镜面的结构形式可分成三种类型：第一种为传统形式，直径与厚度比为7∶1左右，在早期的望远镜中用得比较多，由于刚性比较好，其支撑结构比较简单，往往采用被动支撑；第二种为轻量化形式，在实现与传统形式相当的结构刚性条件下，通过熔炼浇注、机械加工、胶接、高温熔接等形式，制作成轻量化结构，轻量化率一般超过50%，甚至达到80%，轻量化结构镜已成为大口径反射镜的一个发展方向；第三种为薄镜面形式，直径与厚度比达到40∶1左右，薄镜面形式可大大减轻镜面重量，但镜子薄，易变形，需要有精密的支撑结构，因此，薄镜面应用的前提条件是配套主动支撑，由于主动光学技术趋于成熟，薄镜面结构也是大口径反射镜的一个主流发展方向。

衡量镜面材料实用性能的指标包括重量、强度、刚度、热传导特性、表面磨削特性等多个方面，膨胀系数小，比刚度高，热传导高的材料更适合制作反射镜面。金属虽有较大的膨胀系数，但具有很高的导热率，能较快地和周围环境温度达到平衡，且可采用高效率的切削加工，所以也受到人们的重视。红外探测系统常用合金铝制作镜面，一些场合镜面和结构做成一体，稳定性得到提升。金属铍强度高而比重小，适合制作发射到空间的光学镜面，已经应用于6.5米大口径空间红外望远镜的拼接子镜。

碳化硅作为一种新材料，其比刚度仅次于铍，其热传导性能接近金属铝，随着制造技术成熟，也已经成功应用于大口径空间探测设备。

（杨世杰 李新南）

局部热动平衡 local thermodynamic equilibrium 恒星大气在任一局部区域内处于热动平衡状态。恒星大气内外各层温度并不相同，因此，热动平衡规律不适用于恒星大气整体。为了描述恒星大气的热状态，德国天文学家K.史瓦西和英国天文学家E.A.米尔恩分别于1906年和1921年提出了局部热动平衡假设（缩写为LTE）。根据这一假设，恒星大气内的任一局部小区域内，都可以引入一个局部温度来表征它的热状态。在这一小区域内，电子的速度分布、原子的激发和电离状态、物质和辐射的相互作用等，都可以用与局部温度相对应的热动平衡关系——麦克斯韦速度分布、玻尔兹曼公式、萨哈公式和基尔霍夫定律等来描述。对于偏离热动平衡不大的恒星大气，按照局部热动平衡假设所求得的理论结果与观测结果基本相符。一般来说，在深层的大气如光球层中，局部热动平衡可以近似地描述恒星大气的物理状态。

（汪珍如）

巨椭圆星系 giant elliptical galaxy 物理尺度、内禀光度和质量都超过典型值的椭圆星系。巨椭圆星系内部弥散速度大，通常大于300千米/秒，而且没有明显的转动。中心聚度高，塞西克指数（Sersic index）$n\geqslant4$。研究表明，这类星系起源于宇宙较早期的星系并合过程。

巨椭圆星系通常位于星系团或星系群的中心区域。某些星系团的最中心存在一个超巨椭圆星系，又称为cD星系。cD原指结构弥散的超大星系，也可以通俗地记为中央主导星系。cD星系的外围面亮度随半径下降比大多数椭圆星系更慢，有更延展的暗弱晕，与星系团中的弥漫星晕相接。cD星系是所有星系中最亮的一类，其光度高达太阳的万亿倍以上，许多cD具有双重或多重核，表明起源于星系团中两个或多个大星系的并合。

（邵正义）

巨星 giant 光谱分类中光度级按照由强到弱顺序分在第三级的恒星，用罗马数字Ⅲ表示。在赫罗图上，巨星的横向分布从O型到M型，纵向分布介于主星序和超巨星分支之间。巨星最初的概念是比相同光谱型的矮星光度强得多、比超巨星光度弱得多的恒星。后来引申为：在一定的表面（有效）温度范围内，巨星的体积比矮星体积大，光谱晚型巨星尤其如此；但早型巨星与同谱型矮星相比，光度和半径都相差不多。著名的巨星有大角、昴宿六、五车二（双巨星）等。许多变星和双星的子星都是巨星。按照现代流行的理论，随着主序星中心区的氢愈来愈多地聚变为氦，这些星将离开主星序，向表面温度较低、光度较强的红巨星阶段演化。

光度级为Ⅱ的恒星称为亮巨星。亮巨星在赫罗图上的分布区介于超巨星和巨星之间。对于具有一定表面有效温度的亮巨星来说，它们的光度比巨星强而比超巨星弱。著名的亮巨星有猎户座Δ、渐台二的亮子星、天蝎座19、狮子座ε、御夫座ι、南十字座γ等。

（刘学富）

聚星 multiple star 由3到5个互相有物理联系的恒星组成的多重恒星系统。有时也按成员星的数目称为三合星、四合星等。聚星的成员星数目比疏散星团少。从地球上看，成员星彼此之间很接近。聚星分为物理聚星和光学聚星，前者有引力约束，后者只是看起来靠近。一般所研究的聚星系统是指物理聚星。在1999年版A.托科维尼的聚星星表中，三星系统占大多数，包含越多恒星的聚星系统数目越少。这也可能是由于选择效应导致，人们对聚星系统的统计研究仍然比较欠缺。

聚星可以分成两类，一类是普通聚星，另一类称为四边形聚星。

普通聚星 普通聚星的成员星两两组成双星，双星与另外的成员之间的距离至少是双星的两子星间的距离的3倍，有时可达几十倍，因此普通聚星的成员星的运动类似于双星的周期运动，只是这种周期运动由于摄动变得更复杂一点而已。大熊座ζ（中名开阳）是普通聚星的一个例子，开阳和旁边一个中名称为“辅”的星组成双星（见开阳和辅），相距74 000±39 000天文单位，开阳本身又是一个双星，主星大熊座ζ甲和伴星大熊座ζ乙相距约400天文单位。大熊座ζ甲又是一个分光双星，主星和伴星相距约0.29天文单位。大熊座ζ乙也是分光双星。四边形聚星的成员星之间的距离相差不多，这种系统在力学上是不稳定的。聚星的成员星的运动不再是周期性的。聚星系统随着时间的流逝而逐渐瓦解。

四边形聚星　四边形聚星主要存在于星协之中，和年轻星团等一起组成星协的核心，是一种很年轻的恒星系统。猎户座四边形聚星是四边形聚星的著名例子（见猎户四边形）。它位于猎户星云的中央，构成猎户座星协的核心。它由4颗亮度和光谱型都相差不多的星构成一个边长接近相等的四边形。自行的观测表明猎户座四边形聚星正在瓦解之中。但也有人用数值方法计算猎户座聚星上百万年内的运动，发现其成员星不是不断散开，而是在忽聚忽散地振动。（钱伯辰）

聚星动力学分类　dynamic type of multiple star　依据聚星系统的动力学稳定性特征划分类别。聚星系统可以划分为两个主要的动力学类型：①层式系统。它是稳定的系统，是由嵌套的轨道组成的，相互之间的作用不大，每层都可视为一个两体问题。②不规则系统。轨道相互作用强烈且不稳定，是*N*体问题，表现出混沌行为。

层式系统　大部分聚星系统是层式系统。其中的恒星可以视为两个部分，它们分别绕着系统质心做更大轨道的运动，且都是一个小的层式系统，都可视为一个两体问题。轨道之间的相互作用很小，有比较稳定的质心，且恒星的运动近似稳定。这一点与不规则系统或星团和星系中的情况都不同。

①层式系统中的三星系统。在层式三星系统中，每个星都绕着系统的质心做轨道运动。通常，系统中的两个星构成一个双星系统，第三颗星以更大的轨道绕它们运行，这种轨道排列就是层式系统。如果内外轨道大小相当，系统在动力学上将会是不稳定的，这将会导致其中一颗星被逐出系统。

②层式系统中的多星系统。在层式多星系统中，聚星构成的情况更加复杂。1968年，英国天文学家D.S.埃文斯给出了一种图示来描绘这些系统，如图所示：图b是

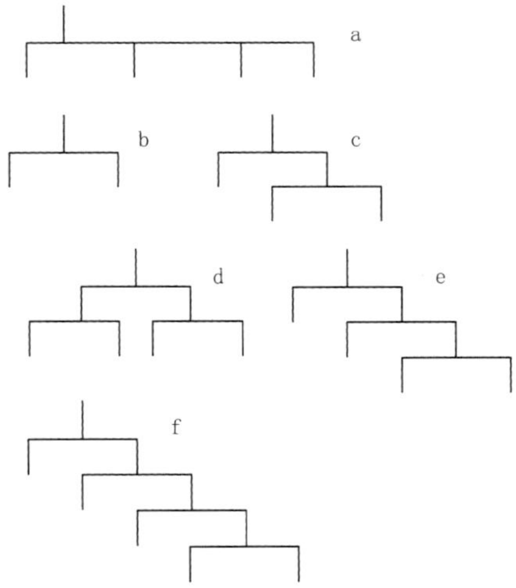

层式聚星系统图

两个单星组成的双星系统；在双星系统之外存在一个或几个外绕的单星，就是图a的情形；图c是单星和双星系统组成的三星聚星系统；图d是两个双星系统互相绕转的四星系统；图e是三层的聚星系统；图f是四层的聚星系统。例如，格利泽（Gliese）644B是一个分光双星系统，它与Gliese 644A组成了一个大的双星系统，从而成为三星聚星系统，之后在这样一个三星聚星系统之外，还发现存在更远距离绕转的Gliese 643和Gliese 644C，如图f的情况。更高层次的层式系统也有存在的可能性，它们或者是稳定的系统，或者经受着内层的扰动。还有一些研究者认为，在理论上，更复杂更高层次的聚星系统会演化蜕变成较为简单的三星或四星聚星系统。

不规则系统　不规则系统最具代表性的是猎户星云中心的四边形聚星系统（见猎户四边形）。这种系统通常是很年轻且很不稳定的系统，形成于恒星的婴儿时代，并会很快地蜕变成稳定的聚星系统。这一过程中会逐出聚星的成员星，例如星系中某些高速星的情况。这种系统并不常见，一般接近或位于亮的星云中。与层式系统不同，不规则系统的引力质心不是固定的一个点，而是随着成员星位置的改变而改变着。随着系统中的一些成员星以高速逐出到星际空间中，另外一些星最终稳定下来，围绕在双星系统周围，形成层式聚星系统。这样的情形可以解释一些速逃星，它们可能是从两个双星系统碰撞或聚星系统中撞击出去的，例如御夫座AE（AE Aur）、天鸽座μ（Mu Columbae）和白羊座53（53 Arietis）已经被追踪到是在200多万年前从猎户星云中的四边形聚星中逃逸出来的系统。（朱俐颖）

K

卡姆理论 KAM theory 关于哈密顿正则方程组解的稳定性理论。由A.N.科尔莫戈罗夫、V.I.阿诺尔德和J.K.莫泽三人提出和证明，因而取他们姓氏的第一个字母合称。又称KAM理论。天体力学中的哈密顿正则方程组一般不能应用李雅普诺夫运动稳定性理论。1954年，科尔莫戈罗夫提出，在一定条件下，排除共振奇点邻近的小区域（共振带）后，可保证正则变换级数和变换序列的收敛性，但他并未做出详细的严格证明。1963年，阿诺尔德做出上述论断的严格证明。所扣除的区域称为“共振带”，而所有这些共振带的总测度是趋向于零的，也就是说相点处于被排除共振带内的概率等于零。因此，科尔莫戈罗夫和阿诺尔德的理论表明哈密顿正则方程组在小摄动下对应的运动为拟周期的（即为在某个环面上运动），从而证明了稳定性的概率占绝对优势，或不稳定的概率为零。这个结论解决了平面限制性三体问题的稳定性问题。科尔莫戈罗夫和阿诺尔德的讨论都是在哈密顿函数对其所有变量为解析的条件下进行的。差不多同时，莫泽也得到了类似结果。莫泽的理论并不要求哈密顿函数的解析性，而只要求其具有333阶连续偏导数。（孙义燧）

卡普坦，J.C. Jacobus Cornelius Kapteyn（1851-01-19～1922-06-18） 荷兰天文学家。生于巴内韦尔德，卒于阿姆斯特丹。1868年进入乌得勒支大学学习数学和物理学，以优异成绩毕业。1875年任职于莱顿天文台。1878年任格罗宁根大学首任天文学和理论力学教授，直到1921年退休。1888年当选荷兰皇家艺术与科学院院士，1913年荣获美国国家科学院詹姆斯·克雷格·沃森奖章。

在天文学上的主要成就，是关于照相星表的工作和用统计方法研究银河系恒星的运动和空间分布。1885～1891年，英国天文学家吉尔拍摄了南天的星空照片。1886～1896年，卡普坦利用自己创制的视差仪测量、归算了这些照片上的恒星位置，1896～1900年刊布了载有454 875颗（星等到10等，赤纬−18°到南极）的恒星的南天照相星表，称为《好望角照相巡天星表》。作为这一工作的一项副产品，卡普坦发现南天绘架座内一颗矮星（《好望角照相巡天星表》中的CPD-44612）具有最高的自行度，该星因此被命名为卡普坦星。

1904年研究了恒星运动的规律，提出恒星的二流理论。这种理论认为恒星间彼此的相对运动（本动）不是无规律的，而是成群地沿着两个相反的方向运动。后来人们证实，这种运动实际上是银河系自转的反映，卡普坦则是最早发现这一现象的天文学家。1906年卡普坦提出“选区计划”，建议详细研究均匀分布在天球上的206个选择区域（称为卡普坦选区），由世界各天文台合作，对选区作广泛的、扩展到更暗弱星等的恒星计数，同时尽可能测定选区内恒星的视星等、光谱型、自行和视向速度。这个计划的实行，对星系动力学和银河系结构的研究起了很大的推动作用。

1901年，把对恒星统计和恒星自行的研究结果用于对银河系结构和大小的探讨，后在1921年前后建立了自己的银河系模型：恒星系是透镜状的，直径55 000光年，厚11 000光年，太阳距银心2000光年。这个模型被称为“卡普坦宇宙”。在他去世后，R.J.特朗普勒才由星际红化估计出更加合理的银河系大小。（石云里）

卡普坦天文台 Kapteyn Astronomical Institute 隶属于荷兰格罗宁根大学的天文研究机构。1876年，荷兰政府高等教育法律规定政府资助高校必须设置天文学教席，1878年，J.C.卡普坦被任命为格罗宁根大学天文学与理论力学教授。1896～1900年，卡普坦对记录英国科学家D.吉尔南天454 875颗恒星位置与星等数据的照相底片进行研究，发表好望角照相星表。其间为处理数据，卡普坦建立了一个临时的天文数据实验室，1922年，格罗宁根大学校长正式以卡普坦名字命名该天文实验室。1931年，首台55厘米反射望远镜正式投入使用，用于星际红化研究，1959年，该望远镜因建筑改造被拆除，直到1965年，天文台启用一台61厘米反射望远镜。20世纪70年代，天文台积极参与各项天文学研究计划，包括荷兰空间天文卫星紫外线和X射线空间天文台（ANS）计划、欧洲南方天文台的建立、25米射电望远镜中性氢研究。1983年，天文台搬迁至泽尼克大楼（卡普坦堡）。1994年，格罗宁根大学天文学（包括卡普坦实验室、卡普坦天文台、空间研究系等）正式更名为卡普坦天文研究所。截至2021年，共有员工18余人，博士后20～30人，博士生50余人。（李宗伟 刘黎明）

卡普坦天文台办公大楼

卡塞格林望远镜 Cassegrain telescope 由两块反射镜组成的一种反射望远镜。又称卡塞格林系统。反射镜中大的是凹面镜称为主镜，小的是凸面镜称为副镜，见图，1672年为法国人L.卡塞格林所发明。一般在主镜中央开孔，焦点在主镜外面，但焦点也可以在主镜与副镜之间。卡塞格林望远镜中，副镜不仅将像F_1移至F_2，而且将它放大。卡塞格林望远镜成的是倒像。

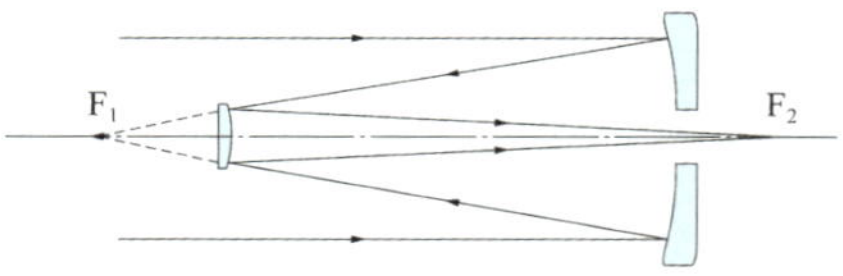

卡塞格林望远镜光学系统

卡塞格林望远镜可以有种种不同的形式，光学性能也随之不同。主要的形式有：①经典的卡塞格林望远镜。主镜的面形是旋转抛物面，副镜的面形是旋转双曲面，只要它的一个焦点与主镜的焦点重叠，根据圆锥曲线的性质，经过副镜反射后，光线将完全无球差地会聚到副镜的另一个焦点，但这种望远镜有彗差，w是焦面上像点离开视场中心的距离，在该处彗差的最大值$l=3w/16F^2$；式中F为系统的焦比，l和w可以为角度也可以是长度，但单位要相同，这个彗差公式与主焦点系统、格雷果里系统相同，但由于副镜已将焦比放大，实际的彗差值往往比主焦点系统小很多。②R-C望远镜（系统）。它的严格定义是对平行于光轴的所有光线满足等光程（消球差）和正弦条件的卡塞格林望远镜（系统），当主副镜焦比都不太强时，上述条件常近似地取为消去三级球差和三级彗差，镜面形状取为旋转圆锥曲面（见R-C望远镜）。

③主镜是球面的卡塞格林望远镜。为了消除球差，副镜近似于旋转扁球面（这是椭圆绕短轴旋转形成的曲面）。这种望远镜的优点是主镜加工容易，但彗差很大，可用视场很小。而且对副镜的准直要求很高。④副镜是球面的卡塞格林望远镜。为了消除球差，主镜近似于旋转椭球面。这种系统的优点是较容易制造，副镜的调整简单，其彗差大小介于抛物面主镜和球面主镜两系统之间。

卡塞格林系统还有多种形式，例如取主镜和副镜的表面曲率半径相等，可得到平焦面的卡塞格林望远镜，不过此时副镜的放大率只有1.6倍左右，副镜较大。也可以取副镜为平面镜，从光学性能来讲它就是一个主焦点系统，此时副镜直径大到主镜的一半左右，但镜筒长度也缩短了约一半。为了获得更大的视场、更小的像斑、主光线与像面垂直、平的焦面等，各种卡塞格林望远镜在焦点前需要加**像场改正器**，此时，主副镜的形状将与像场改正器一起优化，或按其他要求决定。还应当提到法国人M.谋森发现两个抛物面镜构成的、入射光和出射光都是平行光（焦点在无穷远处）的卡塞格林系统是没有球差、彗差和像散的性能非常好的光束压缩系统。（苏定强）

卡西尼家族 Cassini family 17～18世纪法国4代相继的天文学家家族。

第一代 G.D.卡西尼（Giovanni Domenico Cassini，1625-06-08～1712-09-14），生于意大利因佩里亚，卒于法国巴黎。早年曾在热那亚等地求学。从1650年起任博洛尼亚大学天文学教授19年。1662年，他编成太阳表，并提出第一个准确的**大气折射**理论。1664年7月观测到**木星卫星**影凌木星现象，由此他得以研究木卫的转动和木星本身的自转。他描述了木星表面的带纹和大红斑，正确地把它们解释为木星的大气现象，还说明了木星外形呈扁圆状。1666年，他发现**火星**的极冠，并测定火星的自转周期为24小时40分（与今天公认的精确值约差3分）。1668年刊布第一个木卫星历表。1669年2月25日应法王路易十四之请，前往巴黎参加皇家科学院工作。1671年**巴黎天文台**落成，他成为这个天文台的领导人，直至1710年。1673年入法国籍。在巴黎天文台，他用当时世界第一流的望远镜发现了土星的四颗新卫星：土卫八（1671）、土卫五（1672）、土卫四和土卫三（均为1684）。在此之前，只有**C.惠更斯**发现了一颗**土星卫星**（土卫六，1655）。1675年，发现土星光环中间有一条暗缝，后称卡西尼环缝。他猜测光环是由无数小颗粒构成。两个多世纪后的分光观测证实了他的猜测。1671～1679年，他仔细观测了月球的表面特征，1679年送呈法国科学院一份大幅**月面图**，此后一个多世纪内始终没人能在这方面超过他。他于1672年火星冲日期间测定了它的**视差**。当时他与皮卡德在巴黎，J.里歇在法属圭亚那的卡宴同时观测，结果测得火星视差为25″，并由此推算出太阳视差为9.5″，这是当时最接近真值的数据。从1683年3月起，他系统地观测研究了**黄道光**，正确地猜测到它是无数极细微的行星际微粒反射太阳光造成的，而不是什么大气现象。同年，他与N.L.de拉卡伊等共同测量通过巴黎的子午线长度，结果得出地球略呈纵长状的结论。1691年刊布木星图，测定木星的自转周期为9小时56分，与实际情况相当吻合。1693年刊布关于月球自转运动的经验性规律，后称卡西尼定则。

G.D.卡西尼在理论上是保守的，是最后一位不愿接受哥白尼理论的著名天文学家。他反对**开普勒定律**，认为行星运动的轨道不是椭圆而是一种卵形线，即卡西尼卵形线。他拒不接受牛顿的**万有引力定律**，反对**O.罗默**关于光速有限的结论。这种保守倾向对他的继承者影响很大。

第二代 J.卡西尼（Jacques Cassini，1677-02-18～1756-04-15），G.D.卡西尼的次子，生于巴黎，卒于瓦兹省。他接任巴黎天文台的领导职务，继承父亲生前从事的子午线弧长实测工作，先后组织两次大规模大地测量（一次在1713年，一次在1732～1734年）。与G.D.卡西尼一样，他错误地认为地球的赤道半径小于极半径。J.卡西尼也是一位优秀的观测者，于1738年独立发现恒星大角（牧夫座α）的**自行**运动。然而，他不顾自己的许多观测结果与G.D.卡西尼的理论不相一致，仍然竭力为他父亲辩护。他虽然接受了哥白尼的观点，却仍然激烈反对牛顿的**引力理论**。

第三、四代 C.-F.卡西尼（César-François de Thury Cassini，1714-06-17～1784-09-04）和J.-D.卡西尼（Jacques-Dominique Cassini，1748-06-30～1845-10-18），C.-F.卡西尼是J.卡西尼的次子，生于蒂里，卒于巴黎。他继其父领导巴黎天文台。1771年正式设立巴黎天文台台长一职，C.-F.卡西尼即任台长。他逝世后，此职又由他的独子J.-D.卡西尼继任。J.-D.卡西尼生于巴黎，卒于蒂里。

C.-F.卡西尼和J.-D.卡西尼曾分别观测了1761年和1769年的金星**凌日**。他们的保守倾向虽已减少，但对天文学的贡献却不及前两代卡西尼。他们在地理学、大地测量学方面做了许多研究，在测量和绘制高精度法国地形图的巨大工程中，起了重要作用。（陈美东）

开普勒，J. Johannes Kepler（1571-12-17～1630-11-15） 德国天文学家、物理学家、数学家。生于德国巴符州的威尔镇，卒于雷根斯堡。1587年进入蒂宾根大学神学院学习，1591年获文学硕士学位，在学期间他已成为哥白尼学说的热烈拥护者。1594年他前往奥地利的格拉茨，在路德教会高级中学任数学和天文学教师。1596年写成《宇宙的神秘》一书，以N.哥白尼的**日心体系**为基本框架，试图用各种几何图形组合解决行星的数目、轨道的大小和运动的物理机制等问题，由此受到丹麦天文学家**第谷**的赏识。1600年到布拉格，任第谷的助手，开始利用第谷为他提供的观测资料研究火星的运动，以建立其运动模型。次年第谷去世，他继任鲁道夫二世的御前数学家。

1603年，开普勒开始集中研究光学问题，于第二年完成了《天文学的光学部分》，提出光的照度定律，描述平面镜和曲面镜的反射、小孔成像原理以及**视差**和天体视大小的光学含义，探讨眼睛的光学结构和视觉机理。1604年，他对在蛇夫座附近出现的一颗**超新星**进行观测和研究，该星后被命名为开普勒超新星。同年提出大气有质量，指出在天顶方向**大气折射**为零，建立了大气折射的近似定律。他还正确地解释了月面灰光的成因。1607年，他观测了一颗大彗星，即**哈雷彗星**。1609年出版《**新天文学**》一书，公布了他对火星运动的研究结果，公布了后来人们所说的行星运动第一、第二定律。

1610年，**伽利略**将《星际使者》寄给开普勒，以寻求他的观点和支持。开普勒马上发表《与星际使者的对话》和《关于木星卫星的描述》，肯定伽利略的观测，并就相关问题展开讨论。他同时开展对望远镜的研究，于1611年出版《屈光学》，讨论伽利略式望远镜的成像原理，提出一种改进的望远镜设计，后被称为**开普勒望远镜**。次年前往奥地利的林茨，任该城数学家。

1615年，开普勒出版《酒桶新立体几何》一书，引入无穷大和无穷小概念，讨论90多种各类体积问题，提出平行线的无穷远点概念等，是微积分的先声。1619年出版《宇宙谐和论》一书，公布了他所发现的"和谐定律"，也就是后来的行星运动第三定律。1621年出版《哥白尼天文学概要》一书，对有关天文理论进行阐述，提出了行星运动的**开普勒方程**。1627年编成《鲁道夫星表》，**星表**除了包括由第谷确定的1000颗恒星的星表之外，还列出了行星表、月亮表等，并给出了推算以往和将来的行星位置的方法。晚年，他为了筹集资金出版星表以及催讨国家积欠的薪俸而四处奔走，终于在贫病交困中去世。

（石云里）

开普勒定律 Kepler's laws 关于行星运动的三大定律。德国天文学家**J.开普勒**仔细分析和计算了丹麦天文学家**第谷**对行星特别是火星的长时间的观测资料，总结出三个定律。

①所有行星的运动轨道都是椭圆，太阳位于椭圆的一个焦点。在以太阳S为极点、近日点方向SP为极轴的极坐标中，行星相对于太阳的运动轨迹为椭圆$PP_1P_2P_1'P'$，$PSP'=2a$表示椭圆的长径。

②行星的向径（太阳中心到行星中心的连线）在相等的时间内所扫过的面积相等，即面积定律。由于扇形P_1SP_2和$P_1'SP'$的面积相等，因此行星在近日点附近比远日点附近移动得更快（见图）。

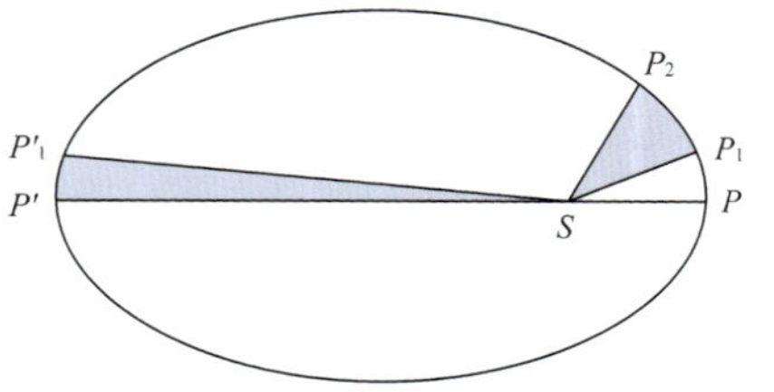

面积定律示意图

这两条定律是在1609年出版的《**新天文学**》一书中提出的。

③行星围绕太阳运动的公转周期的平方与它们的轨道半长径的立方成正比例。设T为行星公转周期，则$a^3/T^2=$常数。这条定律是在1619年出版的开普勒的另一著作《宇宙谐和论》一书中提出的。

这三条定律为**万有引力定律**的发现奠定了基础。从万有引力定律和牛顿运动定律也可以推出开普勒定律，只是需要对其中第三定律进行修正，即改成$\frac{a^3}{T^2(M+m)}=$常数，其中M和m分别为太阳和行星的质量。

（郑学塘）

开普勒方程 Kepler's equation **二体问题**运动方程的一个积分。反映天体在其轨道上的位置与时间t的函数关系。椭圆轨道的开普勒方程是：

$$E-e\sin E=M$$

式中E为偏近点角；e为轨道偏心率；M为平近点角。$M=n(t-\tau)$，n为平均角速度，τ为天体过近日点的时刻。这是一个联系E和M的超越方程，已证明它的解是存在的并且是唯一的，对于给定的t，可求出M，再用图解法、数值法或分析法求出E。然后便可以求出天体的极坐标(r,f)。其中r为向径，f为真近点角。双曲线轨道的开普勒方程是：

$$e\sinh F-F=v(t-\tau)$$

其中：

$$v=\sqrt{\mu}a_1^{-3/2}$$

式中a_1为双曲线轨道的半主径；$\mu=G(M+m)$；G为万有引力常数；$M+m$为两个天体质量之和；F为双曲线轨道的辅助量，它与r的关系为$r=a_1(e\cosh F-1)$。抛物线轨道的开普勒方程是：

$$\tan\frac{f}{2}+\frac{1}{3}\tan^3\frac{f}{2}=\frac{\sqrt{2\mu}}{2}q^{-3/2}(t-\tau)$$

式中q为轨道近日点距。

（倪彩霞）

开普勒望远镜 Kepler telescope 1611年由德国科学家**J.开普勒**发明的望远镜。不同于**伽利略望远镜**，开普勒望远镜的物镜是正透镜（会聚透镜）而目镜也采用正透镜（会聚透镜），望远镜的放大倍率是物镜的焦距与目镜焦距的比值（见图）。

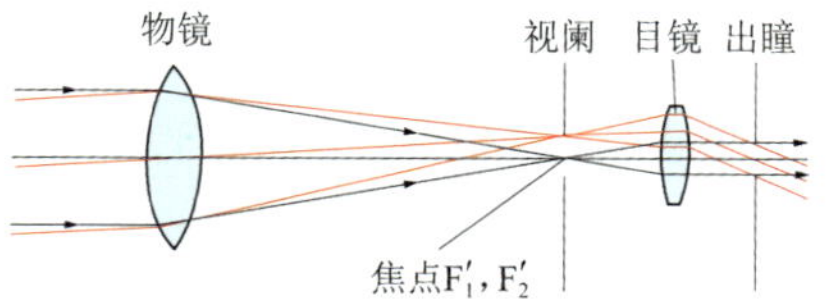

开普勒望远镜原理图

由于物镜的像方焦点和目镜的物方焦点重合，位于两透镜之间，形成的像是倒立的实像。出射光瞳在目镜外面，能获得较大的视场。由于成的是实像，它可方便地安置十字丝分划板，以作瞄准、定位和测量之用。像的正倒对天文观测并无影响，但观察及大部分瞄准用的地面望远镜，都需要正像，所以就在光路中间增加正像系统。正像系统分两类：棱镜正像系统和透镜正像系统。棱镜正像用单块屋脊棱镜或由普通棱镜组合，均能根据需要对光轴做转折或改变视线方向，以实现正像。透镜正像系统是在物镜实像平面后面，加一组正透镜使倒像再一次倒转成正像来实现正像。自从1613年世界上创造出第一架开普勒望远镜后，从17世纪中叶起，几乎所有的**折射望远镜**都采用开普勒式的光学系统。

（王兰娟）

开普勒星 Kepler's star 1604年在**银河系**蛇夫座内爆发的**超新星**。又称开普勒超新星或开普勒新星。一般认为其前身星是一颗处于**吸积**或者并合状态的致密白矮星。该超新星距离地球13 000光年，最亮时是全天仅次于金星的第二亮星。在1604年10月9日，该超新星爆发首次在意大利北部被记录到。到了10月17日，德国天文学家**J.开普勒**注意到这颗亮星，并开始进行了详细的观测研究。他随后写了《关于蛇夫座足部的新星》一书，记录了此次的超新星爆发情况。此后，这颗超新星便以开普勒的名字命名。而在中国《明史》（卷二十七·志第三·天文三）中也有对这次超新星爆发的较详细的记载。

开普勒超新星是银河系有记录的最近的一次超新星爆发。爆发抛射物残骸演化到今天形成了非常漂亮的遗迹，该遗迹也是**超新星遗迹**的一种原型。观测表明遗迹中心没有致密天体，X射线谱显示有非常丰富的铁成分，并有硅和硫的成分，但缺乏富氧的物质成分。这些观测结果表明开普勒超新星是一颗Ⅰa型超新星，其前身星可能是一颗处于吸积状态的**白矮星**。开普勒超新星遗迹仍是天文学研究得非常多的对象。

（王晓锋）

开阳和辅 Mizar and Alcor 开阳，大熊座ζ，是北斗七星勺柄末端的第二颗星；辅，大熊座80星，是开阳的暗伴星，开阳和辅组成了大熊星座的一个**目视双星系**统。在标准历元J2000赤道坐标系中，赤经为$13^h23^m55.5^s$，赤纬为$+54°55'31''$，距离太阳约有83光年。研究发现，开阳和辅实际上是一个六合星聚星系统。开阳的视星等是2.23，光谱型是A2V型。开阳本身是一个由两个**分光双星**（开阳A和开阳B）组成的四星系统。1889年，W.H.皮克林发现开阳A是一个分光双星，这使开阳A成为人类历史上发现的第一个分光双星。开阳A中的两个子星都比太阳亮35倍，相互绕转周期是20天12小时55分钟。开阳B随后也被发现是一个分光双星系统，轨道周期是6个月。开阳B的星等为 4.0 等，光谱型是 A7 型，距离开阳 A 为 380 个天文单位，它们相互绕转一周需要上千年时间。

辅是一个由光谱型为 A5V 和 M 型的恒星组成的双星系统，其视星等是 3.99。辅距离开阳约 12 角分。

开阳和辅的自行显示它们一起移动，是大熊座星协的成员星。然而还没有确凿的证据显示它们是引力束缚系统。研究表明，辅双星系统和开阳四星系统之间的距离比之前认为的更为接近，差不多有 74 000 ± 39 000 天文单位（0.5～1.5 光年）。

（朱俐颖）

《开元占经》 *Kaiyuan Classic on Astrology* 中国古代天文学著作。全称《大唐开元占经》。瞿昙悉达撰。编纂成书的时间在唐开元六年至开元十四年（718～726）。此书唐以后一度佚失，至明万历四十四年（1616）歙县人程明善偶然于古佛腹中发现，始又得以流传。除《四库全书》本外，通行的为道光中恒德堂藏版巾箱本。日本也有古抄本。全书 120 卷。书中有关于天文星象和各种物异等多方面的大量占语。其内容有天文，历法，名词解释，宇宙理论，日月五星行度，二十八宿距度，石氏、甘氏、巫咸氏三家星官名称、相对位置、度数等，还介绍了修书时施行的《麟德历》与瞿昙悉达所译印度《九执历》，以及从古六历到《麟德历》共 16 种著名历法的积年、章率等基本数据。书中搜辑唐以前的天文、历法资料及纬书甚多。如张衡的《灵宪》《浑天仪注》，甘氏、石氏、巫咸氏三家星经等。已散佚的古书中的不少资料，靠《开元占经》的辑录，才得以保存下来。例如今人所研究的《石氏星经》中 121 个恒星（现流行本中缺 6 个）的赤道坐标，就是这样流传下来的。这部书对于中国天文学史的研究很有价值，其所录《九执历》则是研究印度古代天文学的珍贵资料。

（陈美东）

凯克天文台 Keck Observatory 美国一家天文研究机构。总部设在美国夏威夷的卡姆艾拉，拥有两座世界上口径第二大的光学/近红外望远镜——凯克望远镜（口径 10 米），20 世纪 80 年代开始设计和建造，位于莫纳克亚山天文台园区内，海拔 4145 米。凯克Ⅰ于 1993 年启用，凯克Ⅱ于 1996 年启用，2001 年 3 月 12 日，两架凯克望远镜开始用于光干涉观测，成功观测了位于天猫座的恒星 HD61294，其等效分辨率相当于一台口径 85 米的望远镜。截至 2022 年，其口径仅次于西班牙 10.4 米的加那利大型望远镜。凯克天文台由加利福尼亚协会管理，理事来自加州大学和加州理工学院的非营利组织，1996 年新增美国国家航空航天局。

观测中的凯克望远镜

凯克天文台的望远镜观测时间向全世界天文学家开放申请。加州理工学院、夏威夷大学和加州大学受理自家研究人员的申请，美国国家航空航天局则受理其他美国研究人员的观测申请，美国国立光学天文台（NOAO）受理来自其他国家研究人员的观测。

（李宗伟　刘黎明）

康德，I. Immanuel Kant（1724-04-22～1804-02-12） 德国古典哲学的创始人。生于普鲁士柯尼斯堡（今俄罗斯加里宁格勒）一个手工业者的家庭，卒于柯尼斯堡。在故乡读完了中学和大学，并在那里度过一生。康德在1755年获柯尼斯堡大学哲学博士学位，以后就在母校任教。他教授形而上学（哲学）和逻辑学、数学和力学、物理学和地理学、人类学和自然通史等课程，直到 1797 年退休。康德在青年时代，主要兴趣是在自然科学上。1754 年，发表一部论述大洋潮汐的著作，提出地球自转由于潮汐的摩擦作用而减慢的假说。这个假说后来得到证实。1755 年，他发表《自然通史和天体论》，首先明确地提出太阳系演化的星云假说，从当时形而上学的僵化自然观上打开了第一个缺口。康德认为，太阳系是由一团稀薄的、庞大的、由气体和尘埃组成的原始星云演化而成的（见康德和拉普拉斯星云说）。康德星云说的有些基本原理，直到今天仍然为新的太阳系起源与演化假说所沿用，有的则被抛弃了。康德星云假说是首先在观测基础上建立起来的天体演化理论，对哲学和自然科学的发展都起了重要的作用。

（郑文光）

康德和拉普拉斯星云说 Kant and Laplace nebular hypothesis I.康德于1755年和P.-S.拉普拉斯于 1796 年各自提出关于太阳系起源的星云学说。最早的科学的天体演化学说，该学说起源于 1734 年，瑞典哲学家斯威登堡提出太阳系行星系统形成于太阳周边的物质，并且这类过程在新生恒星中普遍存在（Baker 1983）。这两种星云说的基本论点相近，认为太阳系内一切天体都有形成的历史，都是由同一个原始星云按照客观规律——万有引力定律逐步演变而成的。

康德认为，这团原始星云是由大小不等的固体微粒组成的，“天体在吸引最强的地方开始形成”，万有引力使得微粒相互接近，大微粒把小微粒吸引过去凝成较大的团块，而且团块越来越大，引力最强的中心部分吸引的物质最多，先形成太阳。外面的微粒在太阳吸引下向中心体下落时与其他微粒碰撞而改变方向，变成绕太阳的圆周运动，这些绕太阳运动的微粒又逐渐形成几个引力中心，这些引力中心最后凝聚成朝同一方向转动的行星。卫星形成的过程与行星类似。彗星则是在原始星云的外围形成，太阳对它们的引力较弱，所以彗星轨道的倾角多种多样。行星的自转是由于落在行星上的质点的撞击而产生的。康德还用行星区范围的大小来解释行星的质量分布（当时人们仅知水星、金星、地球、火星、木星、土星六颗大行星、10 颗卫星和 30 多颗彗星）。

拉普拉斯认为，形成太阳系的云是一团巨大的、灼热的、转动着的气体，大致呈球状。由于冷却，星云逐渐收缩。因为角动量守恒，收缩使转动速度加快，在中心引力和离心力的共同作用下，星云逐渐变为扁平的盘状。在星云收缩中，每当离心力与引力相等时，就有部分物质留下来，演化为一个绕中心转动的环，以后又陆续形成好几个环。这样，星云的中心部分凝聚成太阳，各个环则凝聚成各个行星。较大的行星在凝聚过程中同样能分出一些气体物质环来形成卫星系统。

康德星云说否定了I.牛顿的神秘的“第一推动力”，第一次提出了自然界是不断发展的辩证观点，因而在形而上学的僵化的自然观上打开了第一个缺口，这是从哥白尼以来天文学取得的最大进步。康德的学说侧重于哲理，而拉普拉斯则从数学和力学上进行论述。拉普拉斯的科学论述加上他在学术界的威望，使星云说在 19 世纪被人们普遍接受。由于科学发展水平的限制，这两种星云学说也有不少缺点和错误，曾一度被人们摒弃。但是，不少天文学家认为，星云说的基本思想还是正确的。

（张明昌）

康普顿γ射线天文台 Compton Gamma Ray Observatory; CGRO 美国国家航空航天局大型天文台计划旗下的第 2 架空间望远镜。用于高能天体物理观测，以美国高能物理学先驱、1927 年诺贝尔物理学得主A.H.康普顿的名字命名。康普顿γ射线天文台（见图）于 1991 年 4 月 5 日由亚特兰

发射期间从航天飞机舷窗拍摄到的康普顿γ射线天文台

蒂斯号航天飞机带入太空，随后进入近地点高度约 360 千米、远地点高度约 460 千米、倾角 28.5°的椭圆轨道。康普顿γ射线天文台在 1999 年底遭遇了 3 台星载陀螺仪失灵后，为了避免这颗重达 17 吨的卫星日后因为第 4 台陀螺仪损坏而失控坠落到人口密集区，美国国家航空航天局最终决定让康普顿γ射线天文台受控脱离轨道，卫星最终于 2000 年 6 月 4 日坠入太平洋。

康普顿γ射线天文台搭载有 4 组科学仪器，包括用于全天瞬变现象监测的爆发和瞬变源实验装置（BATSE），用于**太阳耀斑**、**超新星遗迹**和**银心**高能光谱研究的定向闪烁体分光实验装置（OSSE），借助康普顿效应为高能源成像的成像康普顿望远镜（COMPTEL），用于高能γ光子探测的高能γ射线实验望远镜（EGRET），总计覆盖 20keV～30GeV 的宽能段。除了基于对产生原理借助**火花室**测量入射光子能量和方向的 EGRET 仪器，其他 3 台仪器的主体都是不同材料的闪烁体。

康普顿γ射线天文台系统性的持续观测为高能天文学带来了革命性的变化。其搭载的 EGRET 和 COMPTEL 仪器都巡视了全天，其中前者记录下了耀变体短时标的光变，发现了 5 颗**γ射线脉冲星**，探测到了 30 余个高能**γ射线暴**，还编纂了一部拥有271 个能够发出100MeV 或更高能量辐射的天体的γ源表（其中有大约 170 个属于身份不明的新源）；后者测绘了放射性同位素铝 26 的全天分布，说明了γ射线窄能段观测的前景。OSSE 的观测揭示了星际空间正负电子对湮灭产生的γ射线辐射，并通过太阳耀斑的高能光谱揭示了**太阳γ射线辐射**源于高速带电粒子与太阳表面的碰撞。BATSE 探测到了超过 2700 个γ射线暴，证实了这一现象的各向同性分布，说明了其宇宙学距离的起源，还让相关研究者发现了γ暴幂律形式的能谱和双模分布的持续时间，大大推进了γ暴起源理论的研究。此外，康普顿γ射线天文台还促成了多个软γ射线复现源的发现和认证。这颗卫星让研究者第一次以足够高的灵敏度系统地开展了全天观测，从而大大推进了高能天文学的发展。

（张　博）

柯伊伯，G.P. Gerard Peter Kuiper（1905-12-07～1973-12-23） 美籍荷兰裔天文学家。生于荷兰的哈伦卡斯珀尔，卒于墨西哥的墨西哥城。1927 年毕业于莱顿大学，留校在 **E.赫茨普龙**领导下工作到 1933 年，获博士学位。之后到美国工作，先在嘉宾牌利克天文台、哈佛大学学院天文台、芝加哥大学**叶凯士天文台**工作，

1937 年加入美国国籍。1947～1949 年和 1957～1960 年两次担任叶凯士天文台和麦克唐纳天文台台长。1960 年在亚利桑那大学创办月球和行星研究所，任所长。柯伊伯是美国国家科学院院士、荷兰科学院院士。1947 年获法国天文学会詹森奖，1959 年获美国天文学会罗素讲席，1969 年获美国科学促进会和富兰克林研究院开普勒金质奖章。

柯伊博的研究工作范围极广。最初研究**双星**，并得出太阳邻近的恒星至少有一半是双星或**聚星**的结论。通过对双星的测量，进一步明确了**主序星**的**质光关系**。1937 年，发表第一幅银河星团的光谱型－光度图。从 20 世纪 40 年代开始，他的注意力转向**太阳系**。1948 年用分光观测探测行星和卫星的大气成分，1944 年发现土卫六上有大气。同年，发现**天王星**的第五颗卫星（天卫五），1949 年又发现**海王星**的第二颗卫星（海卫二）。1949～1956 年还组织了小行星巡天照相。1949 年以来，他提出并发展了一种太阳系起源的新学说——“原行星”演化假设。这是一种星云说。

20 世纪 60 年代中期，他是用宇宙飞行器考察月球计划的重要成员。是**宇宙飞船**“徘徊者”拍摄月球的首席研究员，也参与了“月球勘测者”“月球轨道环行器”“阿波罗”诸项计划。柯伊伯组织并编辑了两套重要的丛书：四卷本的《太阳系》和九卷本的《恒星和恒星系统》。

（陈美东　撰　石云里　修订）

柯伊伯带 Kuiper belt **海王星**轨道之外，距离太阳 30～50 天文单位（AU）的环带。在**太阳系**外围，海王星轨道以外，距太阳 30～50 天文单位（AU）的天区内，分布大量的固态小天体。多位天文学家曾经提出太阳系的质量分布延展到海王星轨道之外这一概念，包括美国天文学家 F.莱昂纳德、爱尔兰天文学家 E.埃奇沃思以及美籍荷兰裔天文学家 **G.P.柯伊伯**等。1992 年，英国天文学家 D.朱维特和美籍越南裔天文学家 J.鲁氏利用设在夏威夷**莫纳克亚天文台**的 3.6 米 CFH 光学望远镜观测到一个海王星轨道外的环日轨道运行的**小行星**，随后又发现更多类似的天体，证实了海王星轨道之外该小天体环带的存在，人们将之称为“柯伊伯带”，或莱昂纳德－埃奇沃思－柯伊伯带，将带内的天体称为**柯伊伯带天体**。也有部分学者认为上述“柯伊伯带”名称不能确切反映对于该区域的认识过程，更倾向于使用“海外天体”来指代海王星轨道之外发现的天体。截至 2023 年，在海王星轨道之外观测到的天体总数约 4000 颗。实际上，**冥王星**也是该类天体的一员，并且截至 2023 年，冥王星仍然是尺寸最大的一个海外天体，稍次于冥王星的阋神星，其尺寸比前者略小，但质量比前者大约 27%。其余发现的直径多为 200～400 千米。随着观测能力的增强，更多和更小的柯伊伯带天体将会被发现。估计带内直径大于 100 千米的小天体至少有 100 000 个，主要集聚在距离太阳 50 天文单位环带内。整个柯伊伯带内的小天体总数以十亿计，总质量可达0.02 个地球质量。2005 年，刚刚发现阋神星（临时编号 2003 UB313，暂名 Xena）时，一度认为其尺寸大于冥王星，并最终导致**国际天文学联合会**修订了“行星”的定义并增添了“**矮行星**”这一分类，冥王星和阋神星均分类为矮行星。

柯伊伯带最初被认为是短周期彗星（周期小于 200 年）的起源地，但从 20 世纪 90 年代开始的研究发现，传统认识上的柯伊伯带天体在动力学上是相对稳定的，而短周期彗星的真正起源地是所谓“散射盘”，这是一个动力学上比较活跃的区域，空间分布上包括传统柯伊伯带范围，但该散射盘中的天体具有明显较大偏心率和/或轨道倾角，和不稳定的轨道。

柯伊伯带被认为是太阳系的行星和**奥尔特云**之间的连续过渡，但在大约离太阳

50 天文单位处柯伊伯带天体的空间密度有一个显著的（至少是一个数量级）下降，其成因仍不为人们所理解。

柯伊伯带（喻京川太空美术作品）

柯伊伯带中天体的分布具有明显的特征，天体在与海王星发生 2∶3、4∶7、1∶2 等平运动共振的位置处聚集，而在另外一些区域有明显的缺失。这些结构可以用“行星轨道迁移”和“共振俘获”的动力学过程解释，因而柯伊伯带的结构和海外天体的分布、理化特征成为检验太阳系早期演化的试金石。（周礼勇 史建春）

柯伊伯带天体 Kuiper belt object 海王星轨道之外，距离太阳 30～50 天文单位（AU），在黄道面附近的大量冰封的小天体。它们是原始太阳星云的产物。最早提出在海王星轨道之外还有大量天体存在的是 F.C.伦纳德在 C.W.汤博于 1930 年发现冥王星后不久，伦纳德就提出“冥王星不太可能是海王星外唯一的天体，是否还有一连串的海王星外天体等待被发现，冥王星只是第一颗，其他的成员注定最终还是会被检测到”。1943 年，K.E.埃奇沃思认为在海王星轨道之外的天体质量较小，但数量众多，并且这些天体偶尔会进入内太阳系，成为拜访太阳系内部的彗星之一。

1951 年，G.P.柯伊伯认为太阳系形成的早期，会形成一个类似的圆盘，在海王星轨道之外的盘状区域，现在被称为“柯伊伯带”（图 1）。

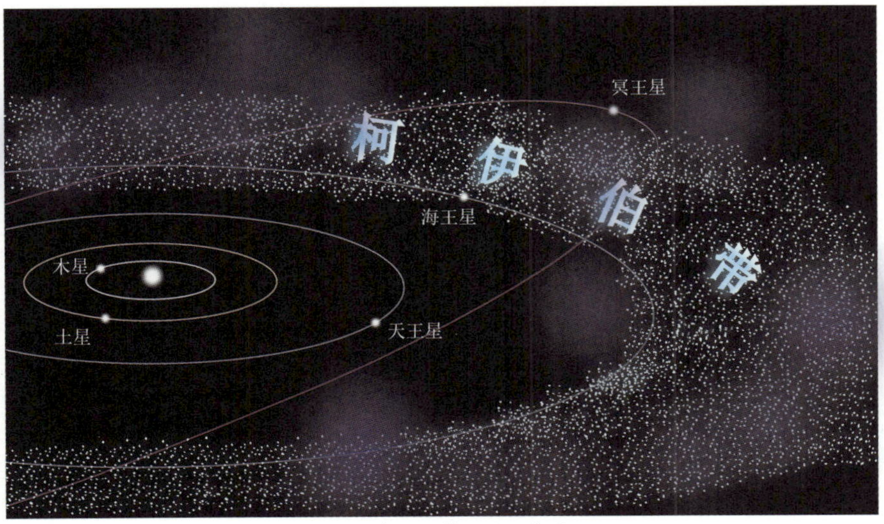

图 1 柯伊伯带位置示意图

自从科学家提出海王星轨道之外可能存在柯伊伯带以来，天文学家们就不断致力于寻找柯伊伯带存在的证据。1987 年，当时在麻省理工学院工作的天文学家 D.C.朱维特跟他的学生一起开始了寻找柯伊伯带天体的工作，经过 5 年的努力，终于在 1992 年 8 月 30 日发现了第一颗柯伊伯带天体（15760）1992 QB1（现正式编号和名称为 15760 Albion），6 个月后，他们发现了第二颗柯伊伯带天体（181708）1993 FW，截至 2023 年，已发现的柯伊伯带天体的数目约 4000 颗。

根据它们轨道的大小和形状，柯伊伯带天体可分为经典柯伊伯带天体、共振柯伊伯带天体、离散柯伊伯带天体、游离柯伊伯带天体。如图 2，红色点为太阳，蓝色为行星（土星、木星、天王星、海王星），紫色为木星–特洛伊群小行星，绿色点为经典柯伊伯带天体，橙色为离散柯伊伯带天体。

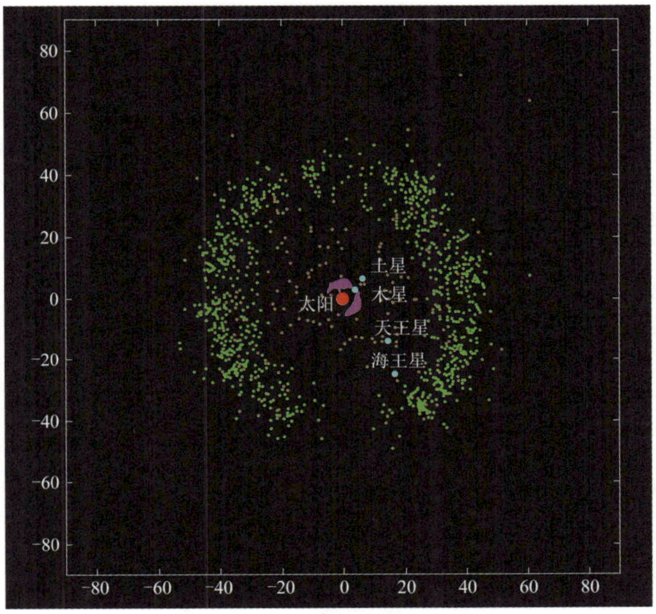

图 2 已知柯伊伯带天体分布图

经典柯伊伯带天体 距离太阳 40～47 天文单位，它们的轨道偏心率和半长径适中，由于它们从来不接近海王星，不会被海王星的引力散射出去，因此轨道比较稳定，这类天体的轨道最接近已有的动力学模型，因而被称为经典柯伊伯带天体。第一个被发现的柯伊伯带天体 1992 QB1（现名 Albion）就是经典柯伊伯带天体。

共振柯伊伯带天体 这类天体位于海王星平运动共振轨道上，这意味着它们的轨道周期和海王星轨道周期的具有固定的比值。如冥王星在与海王星 3∶2 的平运动共振轨道上，在这个轨道上布满了柯伊伯带天体，这些天体围绕太阳公转两圈的时间内，海王星绕太阳公转了三圈。“共振”起了稳定柯伊伯带天体轨道的作用，防止了这些天体太过向海王星靠近。

离散柯伊伯带天体 这类天体的轨道偏心率可达 0.8，这些天体的共同特点是，在近日点时，来自海王星的引力摄动足以把它们弹射到现在观测到的大倾角的轨道上。第一个确认的离散 KBO 是 1996 TL66（偏心率 = 0.6，近日点距离 = 35 天文单位，直径 = 600 千米）。

游离柯伊伯带天体 这类天体的轨道近日点超过 40AU，这类天体的共同特点是，来自海王星的摄动引力对它们并不重要，它们的大近日点距离可能是在过去和某种其他的力作用的结果。第一个已知的例子是 2000 CR105（近日点距离 = 44 天文单位），最有名的例子是 90377 Sedna（近日点距离 = 76 天文单位）。（史建春）

柯伊伯带小行星的运动 motion of Kuiper belt object 不同类型柯伊伯带小行星的轨道运动。柯伊伯带指海外星轨道之外的天体聚集带。自 1992 年小行星 1992 QB1 被发现起，到 2023 年已观测到约 4000 颗柯伊伯带天体（KBO），这一数字将随着更多太阳系巡天观测项目的开展而迅速上升。

KBO 中较大的天体，如妊神星（136108 Haumea）、鸟神星（136472 Makemake）和 1930 年即已发现的**冥王星**，按 IAU 的分类标准，属于**矮行星**；而另外大量的质量体积相对较小的称为“柯伊伯带小行星”（以下仍称为 KBO）。按照运动轨道特征，它们分为共振 KBO、经典 KBO、散射 KBO 几类，随着一些处于遥远轨道天体的发现，又增加了“游离 KBO”的新类型。

共振 KBO　共振 KBO 与**海王星**发生平运动共振，大部分聚集在冥王星轨道附近，与海王星处于 3∶2 共振状态，它们又被称为“类冥王星”或“冥族小天体”（Plutino），其他一些则处于与海王星发生 2∶1、7∶4、5∶3、4∶3、1∶1 等共振处。不少共振 KBO 具有较高的轨道偏心率，被认为是轨道迁移中的海王星将原始星周盘中的星子俘获进共振这一过程的结果。因而共振 KBO 的轨道特征和空间分布被当作太阳系大行星轨道迁移模型的检验标准。

经典 KBO　经典 KBO 大多分布于海王星的 3∶2 和 2∶1 共振之间，与海王星之间不发生**轨道共振**，几乎不受海王星引力摄动影响。经典 KBO 当中的大部分处于低偏心率、低倾角的动力学“冷”轨道，而另外少数则处于高偏心率、高轨道倾角的“热轨道”。观测表明经典 KBO 的**色指数**（反映其表面物质组成）与轨道倾角相关，所以有理论认为冷轨道上的经典 KBO 其起源地就在当前轨道附近，而热轨道上的经典 KBO 则是经由大行星的散射作用由更靠近太阳处迁移而来。经典 KBO 的轨道特征也可以检验太阳系早期的行星轨道构型的演化。

散射 KBO　散射 KBO 不属于上述两种类型，它们处于不稳定的轨道上，都具有很大的轨道偏心率，轨道倾角分布于较广的范围。一般认为，散射 KBO 是受大行星（特别是海王星）的引力散射作用而到达当前的轨道，其轨道半长径可以大到数百**天文单位**，但其近日点都在大行星（特别是海王星）的引力**作用范围**之内。近期的研究更将木星与海王星轨道之间的半人马座小天体（Centaurs）与散射 KBO 归为同一类，认为它们都是因大行星引力摄动而被散射出来的柯伊伯带天体。

游离 KBO　游离 KBO 的轨道与散射 KBO 相似，具有很大的偏心率和广泛分布的轨道倾角，但它们的近日点距离大于 40 天文单位，使得它们几乎完全不受已知大行星的引力摄动作用。这些天体被认为介于内奥尔特云与柯伊伯带之间，受到邻近恒星、星系潮汐作用或其他未知大质量天体的摄动而形成当前轨道。特别是观测表明一些游离 KBO 的轨道近日点有在某一特定方向聚集的特征，暗示着远离太阳数百天文单位之外的某处，可能存在着一个至少 10 倍于地球质量的行星，吸引了众多研究者的注意。

（周礼勇）

可跟踪抛物面射电望远镜　fully steerable parabolic radio telescope　主反射面是一个旋转抛物面，能在方位和仰角两个方向自由转动，观测天空中任意位置天体的**射电望远镜**。如果可跟踪抛物面射电望远镜只有一个反射面组成，这个反射面一定是旋转抛物面，一般称它为主焦式抛物面射电望远镜天线。如果反射天线由两个反射面组成，其中主反射面是抛物面，它反射来自射电源的一束平行于光轴的射线，并把它们汇聚起来，在没有到达主抛物反射面焦点以前，这束射线被一个旋转双曲面反射而交于它的另一个焦点，这个由抛物面和双曲面组成的双反射面天线系统就是经典的卡塞格林系统（见**卡塞格林望远镜**）。从射电波射线的结构系统分，还有偏轴（offset）、牛顿式（Naysmith）、波束波导式（beam waveguide）和双偏轴（dual offset）卡塞格林式天线（图 1）。

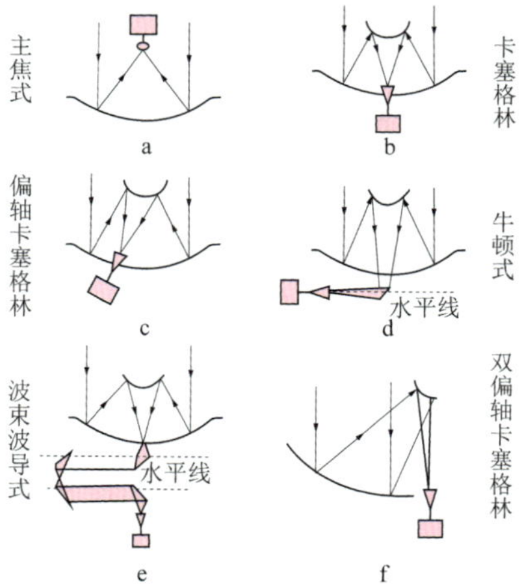

图 1　主反射面为抛物面的六类天线系统

主焦式望远镜的优点是它很简单，来自天体的辐射直接经抛物面聚焦到馈源，能量损失小。它的缺点是馈源不仅接收到来自天体的辐射，地面包括周围建筑物和人类活动的**热辐射**（温度约 300K）都进入了馈源，这些不想要的能量产生的热起伏降低了天线的灵敏度。卡塞格林式天线系统的副镜改变射线的方向，把射电辐射聚焦到主反射面附近的第二焦点，在这个位置上的馈源指向天空（温度约 15K），大大减少了地面的热噪声。

图 2　上海天文台 65 米射电望远镜

图 2 是上海天文台的 65 米射电望远镜，它的主反射面口径为 65 米，光学系统为卡塞格林式，副面口径为 6 米。

（郑兴武）

克里斯琴森，W.N.　Wilbur Norman Christiansen（1913-08-09～2007-04-26）　澳大利亚射电天文学家。生于澳大利亚墨尔本，卒于澳大利亚新南威尔士。1935 年获

墨尔本大学硕士学位，1953 年被授予墨尔本大学科学博士学位。克里斯琴森是澳大利亚科学院院士。1960 年以来任澳大利亚全国无线电科学委员会主席，1964～1970 年任**国际天文学联合会**副主席，1978 年又被选为国际无线电科学协会主席。1937～1948 年从事天线工程，在发展通信天线方面有所创建。1948 年他投入当时正在开创的射电天文工作。起先参与了中性氢 21 厘米谱线的实测验证。以后 30 年中，他先后在澳大利亚联邦科学工业组织和悉尼大学从事射电天文的研究和教学工作。他的主要贡献有：在 1951 年创制栅形**多天线射电干涉仪**，以简便、灵活的方法解决了**射电望远镜**分辨率的难题；1953 年首先发展了利用**地球自转**进行孔径综合的方法，并于 1955 年发表应用这种方法进行太阳射电成像观测的结果。这种方法在以后射电天文的发展中起了重大的作用。他在发展射电天文方法方面有广泛影响。

（陈美东）

客星 guest star 中国古代对天空中新出现的星的统称。明代《观象玩占》中说：“客星，非常之星。其出也，无恒时；其居也，无定所。忽见忽没，或行或止，不可推算，寓于星辰之间如客，故谓之客星。”古代记载中的客星，主要是**彗星**、**新星**和**超新星**以及其他**天象**。古代占星书中又把客星分作五类，如《黄帝占》中称：“客星者，周伯、老子、王蓬絮、国皇、温星，凡五星皆客星也。”区分五种客星的标准是：“客星出，大而色黄，煌煌然”，称作周伯星；“客星出，明大，色白，淳淳然”，称作老子星；“客星出，状如粉絮，拂拂然”，称作王蓬絮星；“客星出而大，其色黄白，望之上有芒角”，称作国皇星；“客星出，色白而大，状如风动摇”，称作温星。此外，在古代**占星术**中，还把客星分成两大类：一类称为瑞星，它的出现预兆吉祥。如北宋时代，1006年，在氐宿南骑官中出现一颗超新星，定名为周伯星，就属于瑞星之列。另一类称作妖星，它的出现预兆凶祸，如兵、乱、水、旱、饥馑等。瑞星有许多种，如周伯、含誉、格泽等。妖星也有几十种，其中常见的有彗、孛等。带尾巴的星称为彗；芒气四出的则称为孛。这些妖星和瑞星也包括一部分极光、**流星**等其他天象。 （王健民）

空间变源监视器 space variable object monitor; SVOM 计划中的中法合作**天文卫星**。空间变源监视器的主要科学目标是**γ射线暴**等高能暂现源的宽波段探测和后随观测，计划2024年在西昌卫星发射中心使用长征二号丙运载火箭发射，轨道高度625千米，轨道倾角30°。

空间变源监视器搭载了四台能量衔接的科学设备（见图），从高到低分别是γ射线监视器（GRM，15～5000keV）、ECLAIRs望远镜（4～150keV）、微通道X射线望远镜（MXT，0.2～10keV），以及光学望远镜（VT）。此外，SVOM还配置有配套地面设备：一套地面大视场相机阵（GWAC）和两套地面后随望远镜（GFTs）。各设备所覆盖的能量（或者波长）、视场、位置精度及响应时间见表。

SVOM的空间载荷以及地面设备基本性质

	载荷	波长/能量	视场	位置精度	响应时间
空间	GRM	15～5000keV	2sr	～5°	触发
	ECLAIRs	4～150keV	2sr	13′	触发
	MXT	0.2～10keV	64′×64′	2′	约200s
	VT	400～1000nm	26′×26′	0.1″	约200s
地面	GWAC	450～900nm	$5400deg^2$	3″	覆盖
	C-GFT	400～900nm	21′×21′	0.1″	约70s
	F-GFT	400～1800nm	26′×26′	0.1″	约70s

其中，大视场的ECLAIRs和GRM是触发探测器。当一个γ射线暴发生并触发ECLAIRs或GRM时，卫星将自动调整姿态，令小视场的MXT和VT指向观测到的γ射线暴，寻找γ射线暴余辉，并通过空地实时通信，通报给地面后随望远镜，实现联合观测。由于其快速响应和多波段的特性，SVOM将是继**格雷尔斯雨燕天文台**（SWIFT）之后最重要的γ暴探测卫星。

此外，SVOM也将对其他包括**引力波**等重要天文事件进行多波段快速机遇目标响应观测，以及其他科学目标的常规观测。 （魏建彦 李晔 辛立平）

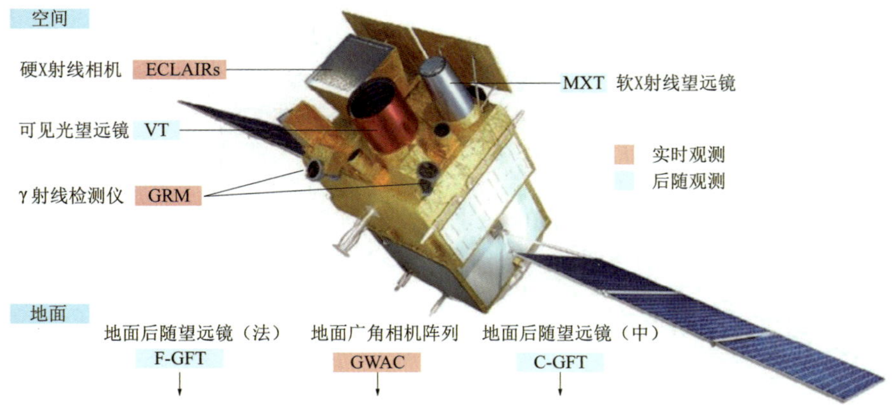

SVOM载荷配置图

空间低频射电天文 space low frequency radio astronomy 在地球外太空进行低频射电天文观测与研究的一门学科。空间低频射电天文是**空间射电天文学**的重要组成部分，它突破了地面射电观测的低端10MHz的截止，最低可以观测到kHz波段，开拓了射电天文观测的新波段。

低频射电一般指1.0GHz以下的射电频率范围，由于在30MHz波段，地球电离层的影响已经很大，所以地面低频射电望远镜实际的最低观测频率一般为30MHz。空间低频射电天文观测不受**地球大气**的影响，所以它的重点观测频率是0.1～30MHz，这是在地球上难以观测的波段。为了与地面低频观测相衔接，空间低频射电观测的频率高端一般为80～100MHz。空间低频射电观测有重要的科学意义，预期将在下列几方面取得重大的创新成果：①宇宙早期演化。②**太阳系**和系外行星射电辐射。③星系和恒星天体物理。④空间气候。⑤**宇宙线**和中微子。

自20世纪70年代以来，世界上众多天文学家提出了数十个不同的空间低频射电天文项目，技术方案各不相同，有的是单台**射电望远镜**，有的是天线阵；轨道也不同，如：环地轨道、环月轨道、日地和地月拉格朗日L2点的晕轨道；还有的计划建设在月球背面，等等。但是由于各种原因，大多未能立项实施。在20世纪70年代成功实施的空间低频射电天文观测项目为美国的射电天文探测号RAE-1和RAE-2及行星际监测平台IMP-6。RAE-1为环地轨道，测量了频率范围0.4～6.5MHz的银河系背景辐射；RAE-2是环月轨道，测量了25kHz～13MHz的银河系背景辐射；IMP-6为地球大椭圆轨道，测量了130～2600kHz范围内22个频点的银河系背景辐射。2015年起，中国与荷兰合作开展空间低频射电天文方面的研究和观测设施的研发，已经成功实施了中荷低频射电探测者计划（NCLE），在**嫦娥四号**任务的“鹊桥”号中继星平台上安装3根正交的单极子天线及接收设备（见图），观测频率为80kHz～80MHz，为地月拉格朗日L2点的晕轨道，作为进一步建设空间低频射电干涉阵的探路者。该中继星已于2018年5月成功发射，它在轨运行了18个月后，于

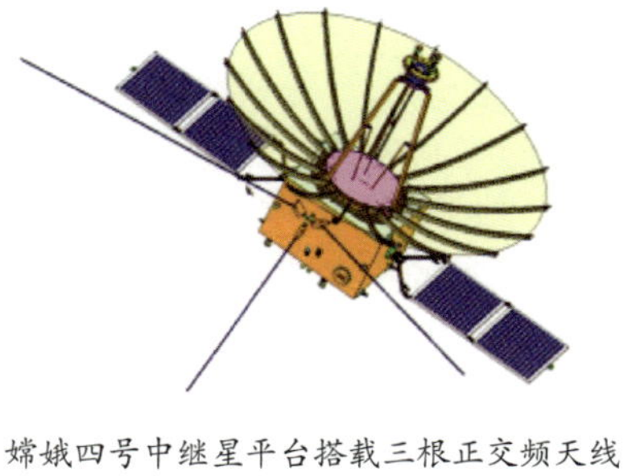
嫦娥四号中继星平台搭载三根正交频天线及接收设备图

2019 年 11 月展开了 3 根低频射电天线，开始低频射电观测。（钱志瀚）

空间高能粒子探测 high energy particle detection in space　基于气球、卫星等空间运载器对来自宇宙的高能粒子（宇宙射线）进行的探测。空间高能粒子，又称宇宙射线，指的是来自宇宙空间的高能粒子，主要成分是质子、氦核以及更重的原子核，也包括少量的电子、正电子以及反质子等。空间高能粒子通常来自中子星、黑洞、超新星遗迹等极端天体，它们携带着宇宙空间物质、磁场环境等重要信息。受宇宙空间中磁场特别是随机磁场的影响，宇宙射线粒子主要以扩散的方式传播。在传播过程中它们会和途经的物质和场发生相互作用，产生次级粒子（例如前述正电子和反质子等）和辐射。高能宇宙射线粒子探测与电磁辐射观测、引力波探测、中微子探测一并构成了人类研究宏观宇宙的基本手段。同时，在加速器产生之前，高能宇宙射线粒子还是粒子物理研究中非常重要的手段。

简史　在宇宙线被发现之前，物理科学家就在验电器实验中发现，存在未知来源的电离辐射，并猜测来自地球之外。为了研究这种现象，奥地利物理学家 V.F.赫斯设计了一个实验，使用高空气球携带电离室测量上千米的高空中的电离辐射。1912 年，赫斯发现，1.5 千米以上的高空中，电离辐射远大于地面，从而证实了来自宇宙空间中的高能粒子的存在，标志着宇宙射线的发现。后来的二三十年中，科学家们通过对不同时间、不同地磁维度、不同天空方向的研究发现，高地磁纬度、太阳爆发期的宇宙射线比较强，证实了大多数的宇宙射线为来自宇宙空间的带电粒子，其中一部分来自太阳爆发。

基于高空科学气球的高能粒子探测在现在仍旧非常重要。2000～2008 年在南极进行的 4 次高新薄电离量能器（ATIC）精确测量了 100GeV～1TeV 的质子、氦核和电子的能谱，发现了电子能谱在 300～800GeV 的超出。2004 年起，气球运载的宇宙线能量和质量实验（CREAM）在南极进行了 7 次放飞，进行 1TeV～1PeV 宇宙线成分和能谱研究，并发现了这个能段多种成分能谱的变硬现象。但气球实验的观测时间一般都比较短，一次成功的放飞一般只有 30 天左右。因此，要获得更多的数据还是要使用卫星和空间站作为运载器。CREAM 气球实验于 2017 年升级为空间站实验。

卫星能够在超过 500 千米高空进行长时间的观测，能够比气球实验获得更多的数据，受到大气的影响也更小。携带空间高能粒子探测器的卫星通常也携带了 γ 射线等其他探测仪器。美国于 1979 年发射高能天文台 3 号同时携带了一个 γ 射线谱仪和两个高能粒子探测器，测量了电荷数大于 4 的高能粒子丰度和 GeV 附近的能谱。1997 年发射的高新化学组成探测器（ACE）主要通过 100eV～500MeV 的粒子测量研究太阳风的组成、能谱、起源等，研究日地关系。2006 年发射的反物质及轻核载荷卫星（PAMELA）是第一颗空间高能粒子探测卫星。其上装载了磁谱仪，致力于反物质的探测，发现了 10～100GeV 能区的正负电子比上升现象。中国于 2015 年发射了“悟空”号暗物质粒子探测卫星，这也是中国的第一颗天文卫星。“悟空”号精确测量了从 25GeV 到 4.6TeV 的正负电子、40GeV～100TeV 的质子和 70GeV～80TeV 的氦核能谱，并首次直接测量到了正负电子能谱在 1TeV 处的拐折以及质子和氦核能谱分别在 14TeV 和 34TeV 变软的现象。

美籍华裔诺贝尔奖获得者丁肇中领导研制的阿尔法磁谱仪（AMS-02）是第一台进入太空的大型磁谱仪，装载在国际空间站上。阿尔法磁谱仪的原型机 AMS-01 曾于 1998 年跟随发现者号航天飞机在太空中进行了 10 天的实验。2011 年，阿尔法磁谱仪 AMS-02 装载于国际空间站，开始了宇宙线的测量，反物质和暗物质的搜寻。2015 年，日本领导的量能器电子望远镜（CALET）也进入国际空间站，对几十 GeV 到几十 TeV 的 γ 射线和电子，以及高达几百 TeV 的核子进行探测。中国领导的高能宇宙辐射探测设施（HERD）计划将于 2027 年进入中国空间站，其上的三维成像量能器将有效提高接收度和有效能区。

行星际探测器上有时也会携带高能粒子探测器对太阳系空间的高能粒子进行探测。1977 年发射的“旅行者”1 号和 2 号探测器上就装载了等离子体谱仪、宇宙线探测器等对行星际空间的离子、电子等粒子进行探测。1997 年发射的卡西尼-惠更斯号土星探测器上携带了卡西尼等离子谱仪、离子和中性质谱仪等粒子探测器。2008 年发射的星际边界探测器（IBEX）对太阳风和星际介质的相互作用产生的 10eV 到 6keV 中性粒子进行成像，从而研究太阳风的边界。

优势和劣势　空间高能粒子的探测主要通过高空科学气球、卫星、空间站和地面实验来进行。其中高空科学气球、卫星、空间站是直接探测，地面实验是间接探测。

空间高能粒子中，低能粒子多，高能粒子少，能谱遵循指数大约为−3 的幂律谱。对于能量为 1GeV（$1GeV = 10^9eV$）的粒子，每平方米每秒的粒子数高达 10^4 个；而对于能量约为 1PeV（$1PeV = 10^{15}eV$）的粒子，每平方米每年还不到一个。受技术和成本的制约，空间探测器的规模有限，不能观测到很高的能段。截至 2022 年，通过空间或气球实验直接观测的宇宙射线最高能量约为 1PeV。另外，高能粒子进入地球大气层后会和空气原子核发生相互作用。非常高能量的粒子（一般高于几十 GeV）在空气中可以引发级联簇射，从而也可以在地面通过观测簇射次级粒子间接地观测它们。因此，在极高能粒子的探测上，空间实验不如地面实验经济有效。

然而，和空气簇射实验对比，空间探测利用磁谱仪、量能器等设备可以更可靠的地识别出粒子种类及更为精确地测量粒子的能量和方向等属性，一般称作宇宙射线的直接探测。而地面的空气簇射实验只能进行间接探测，成分鉴别能力较差，能量测量的系统误差也较大。因此，在空间开展高能粒子探测，最大的优势是能够对高能粒子进行直接探测。从而大幅提高粒子的能量分辨能力和成分分辨能力。随着空间技术的提升，空间高能粒子探测以其高能量分辨率、优异的成分鉴别能力等优点，在粒子天体物理领域受到了日益广泛的重视。本文主要集中在空间的直接探测。

探测技术　空间高能粒子探测主要关心粒子的时间、能量、电荷等。探测技术与核物理中的粒子探测技术类似，包括闪烁体探测器、半导体量能器、切伦科夫探测器等。高能粒子的探测基于粒子与物质的相互作用。按照相互作用的物质，分为气体、半导体、闪烁体等探测器。按照功能，分为计数器和径迹室。为了探测粒子的带电量，还经常使用具有强磁场的磁谱仪。实际应用中，通常需要结合几种探测手段以获得高能粒子的能量、方向、时间和种类等全面信息。并有部分探测器用于触发或者反符合。

未来展望　截至 2021 年底，中国的“悟空”号暗物质粒子探测卫星还在运行。期望在探测更加精确的粒子能谱的同时，能够寻找到类似发射线的暗物质信号，并计划升级为甚大面积 γ 射线空间望远镜 VLAST。同时，中国空间站上计划将于 2027 年安装高能宇宙辐射探测设施（HERD）。国际上，高新化学组成探测器（ACE）、阿尔法磁谱仪（ISS-AMS-02）、量能器电子望远镜（ISS-CALET）将继续运行。最后，地面宇宙射线探测设施高海拔宇宙线观测站（LHAASO）等在通过间接探测宇宙高能粒子方面非常重要。限于篇幅，本文未详细说明。从地面到空间的空间高能粒子探测设备将在研究宇宙线起源的同时，间接寻找暗物质、检验基本物理。

（范一中　袁　强）

空间高能粒子探测技术　high energy particle detection techniques in space　在空间探测中使用的高能粒子探测技术。空间高能粒子探测技术与对撞机等地面高能粒子探测技术很相似。核心任务是获得入射粒子的能量、方向、时间和种类信息。

常用的基本技术手段包括磁谱仪、量能器、穿越辐射探测器、切伦科夫计数器、电离探测器、径迹探测器等。按照相互作用介质和探测原理，粒子探测器分为气体探测器、半导体探测器、闪烁体探测器等。气体探测器包括正比计数器、电离探测器等。电离探测器是通过测量带电粒子在介质中的电离能损来测量粒子的电荷。一般而言，气体探测器造价低、时间响应快、空间分辨率高。半导体探测器包括量能器等。量能器通过使入射粒子发生电磁或强相互作用级联簇射反应来测量入射粒子的能量。一般具有能量分辨率高、能量线性响应好、空间分辨率高的特点。闪烁体探测器发展成熟，能够探测各种类型的粒子、探测效率高、时间分辨率好，因此使用非常广泛。穿越辐射探测器测量极端相对论粒子穿越介电常数不同的介质交界面时所发出的辐射，从而可以测量粒子的能量；切伦科夫计数器通过测量在探测介质中速度超过光速的带电粒子发出的切伦科夫辐射来测量粒子的速度；磁谱仪通过磁场使带电粒子发生偏转来测量粒子的刚度。

实际应用中，通常需要结合几种探测手段以获得高能粒子的能量、方向、时间和种类等全面信息。例如，中国的“悟空”号暗物质粒子探测卫星（DAMPE）由塑料闪烁体、硅径迹探测器、BGO 量能器、中子探测器四部分组成。分别侧重于电荷、径迹、能量和种类的区分。

（袁　强　范一中）

空间高能粒子探测器　high energy particle detector in space　搭载于空间设备上的高能粒子探测器。早在 20 世纪 50 年代，美国和苏联等国就曾发射卫星进行空间高能粒子探测，代表性的卫星实验（也包括行星际探测器）有美国的“探险者”号、“发现者”号、“先驱者”号、“旅行者”号等，以及苏联的“电子”号、“质子”号卫星等。其中“旅行者 1 号”于 2012 年 8 月 25 日穿越了太阳系日球层顶，成为第一个离开太阳系进入星际空间的人造探测器。“旅行者 1 号”仍然在不断向地球传回数据，其中包含有星际空间高能粒子信息，对于认识宇宙射线粒子在太阳系内的传输具有重要意义。早期的空间实验规模通常较小（“质子”号系列例外），侧重于较低能量的宇宙射线探测。高能量段宇宙射线粒子探测卫星以及空间站实验主要包括高能天文台 3 号（HEAO-3）、阿尔法磁谱仪（AMS）、反物质及轻核载荷（PAMELA）、量能器电子望远镜（CALET）、中国的“悟空”号暗物质粒子探测卫星（DAMPE）以及未来中国空间站上的高能宇宙辐射探测设施（HERD）等。部分现有高能粒子探测器性能对比如表所示。

（袁　强　范一中）

部分高能粒子探测器基本性能对比

实验	国家/机构	运载器	时间	探测能区（e/γ/p）	能量分辨（e/γ）	e/p 鉴别	有效接收度/（m^2sr）	
							电子	质子
高能天文台 3 号	美国	卫星	1979～1981	0.6～35GeV（重核）				
高新化学组成探测器（ACE）	美国	卫星	1997～	100eV～500MeV				
高新薄离子量能器实验（ATIC）	美国	高空科学气球	2000～2008	10GeV～100TeV				
宇宙线能谱和质量实验（CREAM）	美国	高空科学气球	2004～	1TeV～1PeV				
反物质及轻核载荷（PAMELA）	意大利等	卫星	2006～2016	1GeV～100GeV（e^+）				
阿尔法磁谱仪（ISS-AMS-02）	美国	空间站	2011～	1GeV～1TeV	2%	10^{-6}	0.12	0.12
量能器电子望远镜（ISS-CALET）	日本等	空间站	2015～	1GeV～10TeV	2%	10^{-5}	0.12	—
暗物质粒子探测卫星（DAMPE）	中国	卫星	2015～	10GeV～10TeV	1%	10^{-4}	0.3	0.2
ISS-CREAM	美国	空间站	2017～2019	100TeV（p）	—	—	—	0.2
高能宇宙辐射探测设施（HERD）	中国	空间站	预计 2027	10GeV～10TeV（e/γ）3PeV（p）	1%	10^{-6}	> 3	> 2

空间激光干涉仪　Laser Interferometer Space Antenna; LISA　国际上较为成熟的空间引力波探测计划。由欧洲空间局（ESA）主导，美国国家航空航天局（NASA）等合作参与。LISA/eLISA 由三颗完全相同的卫星组成，形成一个等边三角形编队绕太阳轨道运行，卫星间臂长约 250 万千米，其质心落在地球轨道上，并落后地球约 20°。每颗卫星上安置两个测试质量，通过无拖曳航天技术使测试质量免受外界扰动力的影响做自由落体运动。卫星与卫星之间通过激光干涉建立激光链路，测量由引力波引起的测试质量间的距离变化。LISA 计划的敏感频段在 1mHz～1Hz，主要科学目标是精确测量超大质量黑洞并合以及超大质量比黑洞双星绕转所产生的引力波。

LISA 计划的设想可追溯到 1984 年由美欧合作提出的六颗卫星计划。这六颗卫星形成等边三角形编队，三角形的每个顶点处有两颗卫星，每颗卫星携带一个测试质量。经过近十年的论证，于 1993 年形成了初步的设计方案，并开始进行关键技术研究。此方案又经过多次改进，于 1998 年形成了 LISA/eLISA 所采用的三星编队预备研究方案。在 1998 年的初始方案中，LISA 计划采用的是 500 万千米臂长，测距精度要求为 $22pm/\sqrt{Hz}$，测试质量残余加速度水平为 $3 \times 10^{15}ms^{-2}/\sqrt{Hz}$。以此预备方案和前期关键技术研究为基础，LISA 研究组于 2000 年形成了最终的技术论证方案提交至 ESA。

考虑到 LISA 计划所需关键技术的实现难度大，为保证 LISA 计划能最终成功实现，LISA 研究组从 1998 年开始经过四年的方案及关键技术论证，于2002年通过了LISA技术验证星计划——SMART2，后更名为LISA探路者，以便对LISA计划所需的部分关键技术进行空间验证。在前期技术积累的基础上，LISA探路者在2005年便完成了载荷部分的工程模型研制，同时确定了任务设计及在轨实验方案。2006年，LISA探路者任务组正式成立。接着，卫星平台及推进舱的制作和测试也在2008年和2009年相继完成。

正当LISA及LISA探路者顺利进行时，美国NASA在2011年突然宣布由于经费原因退出LISA计划。ESA考虑到独立承担整个LISA任务的预算困难，不得不要求LISA研究组对整个任务进行简化。LISA研究组在2011年向ESA提交的L1申请任务书时，采用了一颗母星加两颗子星的设计方案，并更名为NGO（或eLISA）。母星与子星间建立激光链路，子星与子星间则不再建立激光链路，并且臂长由之前的500万千米缩短至100万千米。同时LISA工作组在全球范围内寻找合作者以替代NASA的退出，并积极争取中国参与合作。

NASA的退出并未影响到LISA探路者计划的实施。但原计划的推进器研制（FEEP推进器）未能达到LISA探路者的要求，只得寻求替代方案（冷气推进），使得整个LISA探路者的主载荷飞行模型（包括干涉仪和惯性传感器）直到2013年才研制完成，预计发射时间也相应推迟至2014年以后。鉴于以上两个原因，LISA探路者研发经费也由最初的2亿欧元上升至4亿欧元。考虑到技术难度大并为确保空间验证任务的可靠性，LISA探路者整星于2015年3月组装完成。

LISA探路者卫星最终于2015年12月成功发射升空，并于2016年3月进入科学工作模式，在空间持续工作至2017年6月。2016年6月，LISA探路者公布了第一轮科学工作阶段的结果。其结果表明，LISA探路者首次实现了$10^{15}\mathrm{ms}^{-2}/\sqrt{\mathrm{Hz}}$水平的测试质量自由落体运动，以及$3.5\times10^{-14}\mathrm{m}/\sqrt{\mathrm{Hz}}$的星内激光干涉测距水平，远远超过预期目标。2017年5月，在中国科学院大学怀柔校区举行的首次引力波国际会议（ISGW2017）上，LISA探路者的项目负责人S.维陀公布了最新结果，LISA探路者测试质量的自由悬浮水平已完全达到甚至超过未来LISA任务的需求。如此超高精度的测量结果将NASA重新吸引回到了LISA计划中。LISA探路者共同项目负责人K.丹兹曼在ISGW2017大会上宣布了NASA回归的消息。NASA的回归使得LISA工作组重新思考和修改eLISA任务，希望使其恢复至由三颗同等卫星组成的方案，每颗星搭载两个测试质量，卫星与卫星之间均建立激光干涉链路，臂长也由100万千米更改为250万千米。科学家们期望将来有两组或更多组引力波空间探测卫星在轨运行。LISA工作组更新的方案在2017年6月获得了ESA第三个大型空间任务L3的立项，计划于2034年前后发射。

（胡文瑞　吴岳良）

空间目标的光学观测　optical observation of space objects　使用光学望远镜对空间目标的观测。空间目标包括人造卫星和运载火箭，以及在卫星生命全过程中形成的空间碎片。

空间目标的观测目的有两个：①定位观测。即测量空间目标的空间方向（例如，观测时间、赤经和赤纬：t,α,δ），用来测定空间目标的轨道，完成空间目标的编目，形成空间目标的轨道数据库，并不断更新，因此这种观测也称为编目观测。②识别观测。包括光度（星等）观测、光谱观测和成像观测，用来识别空间目标的身份和用途。

空间目标光学观测的仪器，均是光学望远镜，包括望远镜的光学镜头、跟踪机架和探测器。按光学系统分，有*折射望远镜*、*反射望远镜*、*折反射望远镜*等；按跟踪机架分，有地平式望远镜、赤道式望远镜、水平式望远镜等；按探测器分有目视望远镜、照相望远镜、CCD光电望远镜、自适应光电望远镜等。

定位观测　对于定位观测，按照测量数据不同，有轴系定位和天文定位两种方式，轴系定位的测量数据为码盘数据（如方位角A和仰角h），天文定位的测量数据为赤经和赤纬，由于天文定位的测量精度较高，因此，现在常采用天文定位方式。

根据采集数据时的望远镜的运动状态，数据采集方式又有跟踪采集和固定采集两种。对于单目标观测来说，常采用跟踪采集方式，对于多目标观测，常采用固定采集方式。

对于跟踪采集望远镜，由于空间目标运动速度很快，会出现跟踪盲区，比较各种机架的盲区，水平式望远镜的盲区最小，赤道式次之，地平式最大。

对于多目标观测来说，一般采用阵列式望远镜（与相控阵雷达类似），这时，观测模式发生了根本变化，它观测的不是针对单个目标，而是针对空域，由于是多目标，就产生了目标关联的问题，在数据处理时，需要首先判别我们观测的目标是哪个目标。

空间目标的地面光学观测，受测站天气和天光的影响很大，因此，近期又出现了空间目标的天基观测（将望远镜安装在卫星平台上进行观测）。这时，观测就没有白天黑夜，也没有阴天下雨，而且受到的大气消光的影响很小，因此天基观测有很大的优越性。

天基观测又分单星观测和多星联网观测。对于天基观测，特别是多星联网观测，空间目标的光学观测，不仅需要设计望远镜，还需要设计卫星星座（包括平台轨道，姿态和望远镜指向），这就扩大了空间目标光学观测的研究领域。

为了扩大空间目标的可见范围，减少望远镜个数，实现空间目标的全覆盖，阵列式望远镜和天基望远镜，均需要大视场。

识别观测　识别观测主要是光度观测和成像观测，光谱观测的主要目标是获取空间目标的表面特性，现阶段还处于物理设计阶段。

光度观测的目标是测量目标的亮度（星等）及其变化，为设计望远镜提供依据；获取目标空间旋转姿态，为减缓空间碎片（特别是运载火箭）服务。

由于空间目标的反射光含有镜反射和漫反射两种成分，在数据处理时，需要区分这两种成分，利用漫反射成分测量目标的标准星等，利用镜反射研究目标的旋转。

成像观测是识别观测的最直接的形式，它可看到卫星的形状、结构和姿态的变化，判别卫星的工作姿态。当然，截至21世纪20年代，由于受望远镜分辨率的限制，还只能对大目标（大于5米）进行成像观测。

成像望远镜常采用大口径（大于1米）望远镜，采用跟踪观测方式，地面望远镜还需要采用*自适应光学*技术，以便克服波前畸变。并将望远镜安装在视宁度较好的测站。

为了实现白天成像，增加成像的机会，现常采用大口径红外望远镜。

（吴连大）

空间射电天文学　space radio astronomy　研究在地球大气之外开展的射电波段天文观测以研究天体与宇宙的性质和研制开发相关仪器设备的理论和方法。是*空间天文学*与*射电天文学*的分支学科，也是射电天文学的重要发展方向之一。20世纪60年代，随着航天技术与射电天文技术的发展，1968年7月4日，美国国家航空航天局（NASA）首次发射了射电天文探测器RAE-1号卫星，从而开启了空间射电天文新发展时代。截至21世纪20年代，全球提出了数十个空间射电天文项目，包括环地球或环月球空间射电望远镜、月面低频射电天文干涉阵以及日地平衡点 L2 的低频射电天文干涉阵等。多数是 30MHz（10 米波长）以下的低频射电项目，个别为毫米波/亚毫米波项目，还有空间甚长基线干涉测量（SVLBI）项目。虽然各个项目的科学目标都很先进、技术方案有创新，但由于当时的技术水平与经费条件所限，仅少部分项目得到了实施。随着航天技术的发展，月面天文观测基地建设的启动，空间射电天文将进入一个新发展时代。

意义 地面虽然已经建设了大量的、各种波段的射电望远镜与射电干涉阵，但还要发展空间射电天文。发展空间射电天文具有重要的科学目的与意义。发展空间射电天文的主要科学目的有四点：①开拓射电天文新波段；②提高亚毫米波段及太赫兹波段观测能力；③提高分辨率和改善射电成像能力；④优化宇宙微波背景辐射测量。

开拓射电天文新波段 由于地球大气电离层的影响，地面射电观测的低频截止为 10MHz（30 米波长），实际上，地面进行 30MHz（10 米波长）波段的观测就很困难，观测数据质量很差。所以 30MHz 以下的低频段，对于地面射电天文观测来说是空白，但是这部分波段对于射电天文研究是很重要的，特别是宇宙早期演化的观测研究。为了填补射电低频段的空缺，所以需要将射电望远镜建设在地球大气以外的太空（航天器平台上或其他星体上，比如在月球上），以开拓低频新波段，将会有新发现、新突破（见空间低频射电天文）。

提高亚毫米波段及太赫兹波段观测能力 地球大气中的水汽对于亚毫米波段及太赫兹波段的观测影响很大，所以在地球上只能选择少数高海拔地区或南极地区建站。即使在那些地方建站，仍然受到大气水汽的影响。比如，世界上最大的毫米/亚毫米波天线阵就建设在南美智利海拔 5 千多米的高原上，大气可降水（PWV）为 1.2 毫米（50%时间）与 0.4 毫米（10%时间），对于阿塔卡马大型毫米[亚毫米]波阵（ALMA）最高波段 950GHz（0.32 毫米）波段的透射率分别为 8%、40%；而对于 1000GHz 以上的波段，透射率降到 1%以下，所以无法进行 1000GHz 以上的太赫兹波段观测。全球可以进行太赫兹波段射电观测的地点在南极。根据测试，南极冰穹 A（Dome A）的 PWV 一般为 0.2 毫米，在 1000GHz 波段的透射率为 30%，可以进行观测，但是衰减还是比较大的。如果在空间观测，没有大气影响，同样口径的射电望远镜，灵敏度将大大提高（见空间亚毫米波射电望远镜）。

提高分辨率和改善射电成像能力 射电干涉测量的分辨率θ与基线长度D及观测波长λ的关系式为：$\theta \approx \lambda/D$。对于确定的观测波长，基线越长，则分辨率越高（θ越小）。地面射电干涉测量最长的基线距离为地球直径（～12 700 千米），所以分辨率受到了限制。射电天文观测分辨率是十分重要指标，分辨率越高，就能观测到射电天体越精细的结构。比如，20 世纪 60 年代末创建立了甚长基线干涉测量（VLBI）技术后，将射电干涉测量的分辨率提高到了毫角秒量级，从而发现了致密射电源的喷流结构及视超光速现象，对于射电天文学是一项重大突破。地面在 1.3 毫米波段的射电干涉测量的分辨率最高达到了约 20 微角秒，对于黑洞成像研究做出了突破性的重大贡献，但是对于细节的研究还是不够的，如果进一步将分辨率提高到微角秒量级，则将会有新发现与重大突破。分辨率的进一步的提高，就需要建设空间射电望远镜，实施“空-地基线”或“空-空基线”的空间甚长基线干涉测量。

另外，地面 VLBI 观测站的分布一般不完全符合成图观测的需要，组网进行干涉观测的 UV 覆盖不甚理想。尤其是毫米波 VLBI 观测站更是稀少，所以 UV 覆盖就更差，影响成图质量。地球轨道空间 VLBI 观测站环绕地球运动，它的位置不断变化，相当于有很多不同地点的 VLBI 观测站一起观测，所以可以大大改善 UV 覆盖，提高成图质量。

优化宇宙微波背景辐射测量 利用太空中低温且远离地球热辐射影响的优势，对宇宙微波背景辐射（CMB）进行精密的测量，以从中提取宇宙学关键信息，限制宇宙学模型，加深对早期宇宙的认识。

简史 国际上已实施的与在建的单口径空间射电望远镜项目　1968年7月4日，美国发射的射电天文探测器 RAE-1 号卫星，是最早的空间射电天文卫星。这颗卫星是美国国家航空航天局（NASA）空间射电天文卫星计划的一部分，该计划旨在将射电天文学的覆盖频段向下限延伸到数十 kHz，以寻找来自银河系的低频电波，并监测太阳系内的各式射电爆发随时间、方向与频率的变化。RAE-1 卫星上搭载一架长 37 米的偶极天线与两架长 229 米的 V 型天线，共有两颗卫星发射升空。

1 号卫星的倾角为 120.6 度，近地点 5835 千米、远地点 5861 千米的近圆地球轨道，周期为 224.4 分钟。两架 V 型天线分别指向地球以及地球对侧，工作频率为 25KHz～13.1MHz。RAE-1 在 0.4～6.5MHz 的频段上第一次测量了来自银河系的低频射电辐射，还测量了太阳的低频射电辐射。

1973 年 6 月 10 日，美国发射了射电天文探测器 RAE-2 号卫星，为环月轨道，周期 221.17 分钟。该卫星搭载的天线类型与 RAE-1 相同，观测频段同样为 25kHz～13.1MHz。得益于月球对地球的屏蔽效应，RAE-2 获取的数据质量比 RAE-1 大为改进；首次验证了月球背面对于来自地球的射电噪声干扰的屏蔽作用，是在月球背面建设射电低频观测设备或进行射电低频观测的可行性依据。

1991 年 7 月 17 日，由法国电子学与航天爱好者团体ESIEESPACE主持发射的业余射电天文卫星（SARA），主要用于木星射电波的研究。SARA 是一颗小型卫星，主体部分边长不到半米，总质量只有 26 千克，搭载有 6 架长 10 米的天线（其中两架用于对地通信与数据传输），在 2～15MHz 频段开展观测。它的轨道为倾角 98.1 度、周期 99 分钟的近圆轨道。在其长达 11 年的预定运行期内，SARA 卫星采集的数据还帮助了伽利略号木星探测器和尤利西斯号太阳探测器的运行。

1998 年 12 月 5 日，美国发射了亚毫米波天文卫星（SWAS），它是一颗旨在填补亚毫米波空白的卫星，搭载有一架 55 厘米 × 71 厘米口径的偏轴卡塞格林式天线与相应的后端仪器，在高度约 645 千米的近圆轨道上运行。SWAS 主要用于观测地球大气无法透过的 500～600GHz 频段上的水、$H_2{}^{18}O$、^{13}CO 等亚毫米波分子谱线以及中性碳原子线，在 2004 年 7 月 21 日结束第一期观测前对众多分子云进行了测绘。随后从 2005 年 6 月 1 日起，这颗卫星重启了 3 个月，以监测深度撞击探测器遭遇坦普尔 1 号彗星前后彗星的亚毫米波辐射。

2001 年 2 月 20 日瑞典主持发射的奥丁卫星搭载了一面 1.1 米口径天线，兼有地球大气研究与毫米/亚毫米波观测的任务，其在 120GHz 和 500～600GHz 开展的天文观测持续到 2007 年，主要关注宇宙中氧分子和水分子的分布情况；大气观测截至 2023 年仍在进行。SWAS 与奥丁卫星选择的 500～600GHz 频段是地球大气对其几乎不透明，因此无法开展地面观测的频率范围。

俄罗斯正在研发亚毫米波/远红外天文卫星（Millimetron），它使用一面 10 米天线在 30GHz～4.3THz 的极宽频段上在环地球轨道与日地系统的第二拉格朗日点附近开展微波/远红外观测，可以进行单天线观测，也可以联合地面毫米波射电望远镜或其他空间毫米波射电望远镜进行VLBI测量。

国际上已实施的空间甚长基线干涉测量项目 1986～1988年，日本与美国合作，利用美国的用于数据转发的地球同步卫星TDRSS，成功地进行3次空间VLBI试验，第1、2次试验分别于1986年7/8月和1987年1月，仅使用2.3GHz，第3次试验在1988年2/3月期间，使用2.3GHz和15GHz两个波段。卫星上的天线口径为4.9米，地面观测站为分别位于澳大利亚和日本的两架64米射电天线。第3次试验的15GHz观测，日本改用野边山45米天线。两个波段均获得了*河外致密射电源*类星体的干涉条纹。这是首次成功的空间VLBI试验，虽然地球同步卫星并不适合空间VLBI的成图观测，但是对于空间VLBI技术来说是一次成功的验证。

1997年2月12日，日本的VLBI*空间观测计划*（VSOP）发射了空间VLBI卫星，名为HALCA（通讯与天文先进实验室），又名MUSES-B。运行轨道采用倾角31.3度、偏心率很大的椭圆轨道，近地点高度560千米，远地点高度21 000千米，最长的空－地基线距离为30 000千米。HALCA具有一架等效8米口径的可展开式射电天线，设计工作波段为1.60～1.73GHz（L波段）、4.7～5.0GHz（C波段）和22.0～22.3GHz（K波段）。不过，当发射上天后经过检测，发现天线主面与22GHz接收机的性能都没有达到设计指标，可能是发射过程中的震动导致的。由于该波段的灵敏度很低，无法进行正常的天文观测，所以天文观测都是使用L与C波段进行的。这颗卫星的干涉观测在1997年5月正式展开，至2003年10月姿态控制失灵为止而结束，共进行了近800次的空－地基线的VLBI观测，它的主要科学目标是对于*活动星系核*致密射电源和恒星形成区的OH脉泽源的高分辨率观测研究，角分辨率比较地面观测提高3倍，将L波段和C波段VLBI观测分辨率提高到了毫角秒量级，首次获得空间VLBI观测图像，第一次揭示出了宇宙射电源中的大量精细结构，如类星体喷流中源于开尔文－亥姆霍兹不稳定性的双螺旋构造。同时还获得了空间VLBI工程技术方面的宝贵经验，其中相当一部分属于首创。

2011年7月18日，俄罗斯成功发射了射电天文号（RadioAstron）空间VLBI卫星，又名Spektr-R卫星。它搭载有一架10米口径的可展开式抛物面天线，工作波段为0.316～0.332GHz、1.636～1692GHz、4.804～4.860GHz和18.372～25.132GHz。采用大椭圆轨道，长半径约17.9万千米，倾角59.7°，最长基线35万千米（接近月球），周期约9天。它的主要科学目标为活动星系核、OH与H_2O脉泽源、脉冲星等的高分辨率观测。观测河外星系水脉泽源的分辨率最高达到9微角秒（基线长度34万千米），创造了天文观测的最高分辨率。2019年1月10日，星上发生通信故障，同年5月底，RadioAstron卫星任务正式告终。

宇宙微波背景辐射空间测量 宇宙微波背景辐射空间测量始于苏联的预报9号卫星搭载的Relikt-1仪器。随后美国航空航天局和欧洲空间局又陆续发射了三颗CMB观测卫星：①1989～1993年，美国航空航天局（NASA）的宇宙背景探测器（COBE）；②2001～2010年，美国航空航天局的威尔金森微波各向异性探测器（WMAP）；③2009～2013年，欧洲空间局（ESA）的普朗克卫星。

与通用的射电天文卫星相比，这些专用卫星的载荷都针对2.7K宇宙微波背景辐射（峰值辐射频率约为160MHz）的观测做了优化，它们并不针对某个具体的天体进行观测，但格外强调天空温度测量的准确性、灵敏性与分辨率。这些卫星成功测得了CMB中微小的温度起伏及其空间分布特性，不仅验证并限制了*大爆炸宇宙学*模型，还推进了观测宇宙学的发展。

中国空间射电天文的发展 21世纪以来，中国开始空间射电天文研究工作，提出过十多个空间射电天文项目，下面列出了其中主要的4个项目，前3项进入预研阶段，第4项已经进入工程实施阶段。

宇宙黑暗时代探路者——鸿蒙计划 拟建设绕月飞行的低频射电望远镜阵列，由1颗主星与8颗子星组成，基线距离100米～100千米的射电干涉阵列，编队绕月飞行。观测频率为0.1～120MHz，科学目标为：高精度测量全天射电频谱，揭示宇宙黑暗时代与黎明的演化历史；实现首次高分辨率超长波巡天，打开射电天文最后一个电磁波窗口；观测太阳和行星超长波活动，揭示空间环境相互作用规律。

空间毫米波VLBI阵列计划 拟建设两台可展开式10米口径天线的空间毫米波射电望远镜，工作波段为X波段（波长3.6厘米）、K波段（波长13毫米）与Q波段（波长7毫米）。为大椭圆轨道，远地点6万千米，两台射电望远镜飞行轨道的主轴方向是不同的，可以获得很好的UV覆盖，最高分辨率约20微角秒，主要科学目标是黑洞成像观测研究。

空间低频射电天文台计划 拟建设两台可展开式的30米口径天线的低频射电望远镜，工作范围为30～1700MHz。均为环地球的大椭圆轨道，远地点9万千米，最长基线10万千米以上。两台射电望远镜椭圆轨道的主轴指向不同方向，以获取良好的UV覆盖。主要科学目标为宇宙早期演化、首批星系与黑洞的搜寻和观测研究、地外行星搜寻、高精度低频射电巡天与天图的绘制及脉冲星高分辨率与高定位精度观测研究。

月球轨道VLBI实验系统计划 利用嫦娥七号环月中继卫星搭载VLBI设备，成为月球轨道VLBI实验观测站。天线口径4.2米，观测频率为X波段，最大带宽1.0GHz，使用制冷接收机，灵敏度与VSOP和RadiaAstron相当。现已进入设备研制阶段，计划2025年前后可以运行观测，如果成功的话，最长的空－地基线将达到40万千米，将是空间VLBI发展历史上一个新里程碑。

（张　博　钱志瀚）

空间甚长基线干涉测量 space very long baseline interferometry; SVLBI 由运行在地球外太空的空间VLBI观测站与地面VLBI观测站或其他空间VLBI观测站组成的*射电干涉仪*实施射电干涉测量。SVLBI是地面VLBI的发展，它的优点主要是：突破了地面VLBI的最长基线一万千米左右的限制，可以达到数万、数十万千米，甚至更长基线，所以SVLBI的分辨率和定位测量精度比较地面VLBI更高；另外，由地球轨道空间VLBI观测站与地面VLBI观测站组成的SVLBI，具有更多不同长度的基线，所以UV覆盖更好，进一步提高了VLBI成图的质量。它可以建设与运行在地球轨道、月球轨道或月面上，未来甚至可以运行在更远的深空飞行轨道上或其他星体上。

SVLBI技术比常规的地面VLBI技术更为复杂，它的核心技术是空间VLBI观测站，其建设与运行的难度更高，主要表现在下列几方面。

①抗震动、抗辐射及温度控制要求高。由于空间VLBI站在发射过程中火箭震动很大；另外，在轨飞行时空间环境也非常恶劣，温差可以达到摄氏百度以上，宇宙高能粒子辐射也十分强烈。所以对于VLBI设备的抗震动、抗辐射及温度控制要求非常高。

②可靠性和自动化要求高。空间VLBI站无人值守，由地面运程遥控进行观测运行，当设备故障时很难维修，所以对于设备的可靠性和自动化要求极高。

③星地通信提出了更高的要求。空间

站到地球的通信距离通常远大于地球表面通信距离，但是对于数据传输速率的要求又很高，所以对于 SVLBI 的星地通信提出了更高的要求。

④观测计划编制与观测运行更为复杂。由于空间 VLBI 站的飞行轨道与地面 VLBI 站的运动轨道差别很大；另外，空间 VLBI 站的转动范围与速度也与地面 VLBI 站有很大的差别，所以 SVLBI 的观测计划编制与观测运行更为复杂。

⑤SVLBI 的数据处理远比地面 VLBI 复杂。空间 VLBI 站的位置有时不很精确，导致观测数据的条纹搜索比较困难，花时很多；另外，SVLBI 的成图或定位测量的数据处理时，首先需要空间 VLBI 站的精确位置，而空间 VLBI 站飞行轨道的精确测定，也是一项复杂的数据处理工作。

世界上已经成功实施的 SVLBI 项目有：日本的 VLBI 空间天文台计划（VSOP），又名通信和天文学高度先进实验室（HALCA）；俄罗斯的空间 VLBI 计划（RadioAstron）（见图）。它们的有关参数见下表所列。俄罗斯正在推进亚毫米/远红外空间天文台计划（Millimetron），可以实施亚毫米波/毫米波 SVLBI 观测，SVLBI 观测的频率范围为 10.0～0.5 毫米，计划运行在日地拉格朗日 L2 点，距离地球约 150 万千米；中国正在推进为月球轨道空间 VLBI 项目，拟建立地-月甚长基线干涉仪。这些新项目将使 SVLBI 技术的发展提高到一个新阶段。

（钱志瀚）

俄罗斯 RadioAstron 示意图

已经成功实施的 SVLBI 项目的有关参数

项目名称	主持单位	发射；结束日期	天线口径	工作波段/GHz	轨道
VSOP/HALCA	日本空间和天文科学研究所（ISAS）	1997–02；2005–11	等效 8 米	1.6，5.0	远地点 21 400 千米；近地点 560 千米
RadioAstron	俄罗斯列比捷夫物理研究所天文空间研究中心（ASC/LPI）	2011–07；2019–01	10 米	0.3，1.6，4.8，22	远地点 350 000 千米；近地点大于 10 000 千米

空间太极计划　Taiji Program in Space　由中国科学院提出和支持，院内外十多个科研院所共同参与的空间引力波探测计划。空间太极计划可追溯到 2008 年，由中国科学院发起，院内外多家单位参与，以胡文瑞为召集人成立空间引力波探测论证组，开始规划中国空间引力波探测在未来数十年内的发展路线图。2009 年，空间引力波探测计划被列入中国科学院 2050 发展规划。2010 年在中国科学院战略先导以及中国科学院装备研制项目的支持下，空间引力波论证组开始启动可行性方案研究以及相关的关键技术研制。结合空间引力波探测论证组的多次讨论和论证，2010 年由胡文瑞作为联系人经中国科学院提交了国家重大科技基础设施中长期重点建设项目的建议“空间引力波观测”，提出了空间引力波探测的一个初步方案。该方案提出采用类似于激光干涉空间天线（LISA）计划的三颗卫星编队，跟随地球绕太阳运行的轨道，其星间距初步设计为 50 万千米。该方案确定的激光测距精度为 $6\times10^{-14}\mathrm{m}/\sqrt{\mathrm{Hz}}$，加速度噪声水平为 $3\times10^{-16}\mathrm{ms}^{-2}/\sqrt{\mathrm{Hz}}$。此方案的测量敏感频段为 0.01～10Hz，主要科学目标为中等质量黑洞并合以及中等质量比黑洞双星绕转。

2011 年，激光干涉空间天线（LISA）研究组因美国国家航空航天局（NASA）的退出，邀请中国加入其改进后的 eLISA 计划的合作。按照参与 eLISA 计划合作需贡献 20%的约定，eLISA 研究组希望中国以承担研制 eLISA 计划相关载荷任务的合作模式贡献其 20%。为推进中国空间引力波探测项目，加强与 eLISA 的国际交流合作，有效地组织整个任务的顺利实施，中国科学院于 2012 年成立了中国科学院空间引力波探测太极计划工作组。空间太极计划工作组初步制定了“两步走”的中国空间引力波探测计划路线图：一方面，积极参与 ESA 的 eLISA 计划国际合作，突破空间激光干涉引力波探测相关的关键技术；另一方面，加快推进中国独立研制的空间引力波探测太极计划。空间太极计划工作组每年组织其成员参加 eLISA 工作组召开的年会，进行深入交流探讨。同时，空间太极计划工作组与 eLISA 项目的主要牵头单位德国马普学会引力物理研究所和爱因斯坦研究所在 2013 年和 2015 年分别在中国和德国组织召开了两次双边会议，并形成了双方合作的备忘录。在中德科学中心的支持下，2015 年在德国爱因斯坦研究所召开了空间引力物理研讨会，50 多位专家学者参加了会议，包括德国和欧洲几乎所有相关领域的主要负责人以及美国相关研究机构和 NASA 的多位代表，一些工业界的代表也参加了此次会议。会议深入探讨了 eLISA 计划、LISA 探路者、空间太极计划和下一代时变地球重力卫星（GRACE Follow-On）等进展以及中国和欧洲的现有技术水平和发展现状。

考虑到技术实现的难度以及目标波源的特性，空间太极计划工作组经多次讨论和论证，选择更具挑战性的技术指标及任务设计，并对外公布了空间太极计划方案，卫星间臂长为 300 万千米，测距精度要求为 $(5\sim8)\times10^{-12}\mathrm{m}/\sqrt{\mathrm{Hz}}$，加速度噪声水平为 $3\times10^{-13}\mathrm{ms}^{-2}/\sqrt{\mathrm{Hz}}$。空间太极计划主要采用空间激光干涉法测量中低频段引力波（0.1mHz～1.0Hz），此频段除了覆盖欧空局的 LISA/eLISA 项目探测频段，其波源包括超大质量和中等质量黑洞的并合、极大质量比绕转系统、河内白矮星绕转，以及其他的宇宙引力波辐射过程。太极计划方案侧重于在 0.01～1.0Hz 频段具有比 LISA/eLISA 更高的探测灵敏度，有别于 LISA/eLISA 的科学目标，可将重点瞄准总质量在几百至十万太阳质量范围内的中等质量双黑洞绕转并合系统，使得太极计划具有明显优越的探测能力。

空间太极计划的主要科学目标是通过引力波的精确测量，测定黑洞的质量、自旋以及分布，探索中等质量种子黑洞是如何形成的，**暗物质**能否形成种子黑洞，种子黑洞是如何成长为大质量黑洞和**超大质量黑洞**，寻找第一代恒星形成、演化、死亡的遗迹，对原初引力波强度给出直接限制，并探测引力波极化，为揭示引力本质提供直接的观测数据。

空间太极计划方案规划在 2033 年前后发射三颗卫星组成的等边三角形引力波探测星组，在地球绕日轨道发射入轨后位于偏离地球太阳方向 18°～20°的位置进行绕日运行（离地球距离约 5000 万千米），以便避开地球重力梯度噪声的影响。三颗卫星组的质心位于地球绕日轨道所构成的平面与黄道面之间约成 60°夹角，使得卫星始终面对太阳保持热辐射的稳定性，有利于满足探测器温度变化控制在百万分之一的要求。

基于 2016 年 2 月 11 日激光干涉引力波天文台（LIGO）首次直接发现引力波后，

引起了全世界科技界和社会的广泛关注。中国政府对空间引力波探测和相关基础科学研究非常重视，有关部门随之进行了研讨和部署。中国科学院优先启动了引力波探测的战略性先导科技专项（2016），支持空间太极计划的预研。2017 年 5 月在中国科学院大学举办的首次引力波国际会议上，太极联盟工作组公布了空间太极计划新的发展路线图。路线图计划分三个阶段：2016～2020 年进行总体方案设计、科学目标凝练、关键技术攻关和原理样机研究以及相关技术的地面试验；2021～2025 年拟发射深空轨道的空间太极计划技术验证双星——太极探路者，同时开展工程样机研究；2026～2033 年完成空间太极三星编队计划的飞行模型研制、整星集成及测试，并完成发射任务。

2019 年 8 月 31 日，“太极一号空间引力波探测技术实验卫星”成功发射。第一阶段在轨测试和数据分析结果表明，激光干涉仪位移测量精度达到百皮米量级（约为一个原子直径），引力参考传感器测量精度达到地球重力加速度的百亿分之一量级，微推进器推力分辨率达到亚微牛量级。测试结果满足了太极一号任务设计的预期，表明太极技术是可行的。 （吴岳良 胡文瑞）

空间太阳观测仪 space solar observation instrument 投放到高空进行太阳观测的仪器。由于地球大气的吸收，波长短于 2900 埃（1 埃 = 0.1 纳米）的太阳紫外线辐射和 X 射线辐射不能到达地面，而地球磁场的作用又使得来自太阳的带电粒子流也不能到达地面。太阳的紫外线和 X 射线辐射对于研究太阳大气，尤其是它的高层大气（色球和日冕）极为重要。这是因为太阳低层大气（光球）辐射的主要功率在短波方向延伸到 1600 埃附近，色球的主要辐射集中在 400～1600 埃，而日冕的辐射主要集中在短于 900 埃的波段。太阳活动现象如太阳耀斑、爆发日珥和谱斑区也有大幅度增强的紫外线和 X 射线辐射。太阳的粒子流同样来源于太阳的高层大气和太阳活动现象。因此，太阳短波辐射（紫外线和 X 射线）中包含着关于太阳大气，特别是高层大气和太阳活动现象的重要信息。同时，太阳短波辐射和粒子流又是形成地球电离层和高空辐射带，以及产生某些地球物理效应（如磁暴、电离层骚扰和极光现象等）的能源，因此对它们的研究有着重要的理论意义和应用价值。然而，由于它们不能到达地面，因而只能借助探空火箭和空间飞行器（人造卫星和宇宙飞船）把太阳观测仪器带到离地面至少 60 千米（此时地球大气的吸收已可忽略）的高空进行观测。

空间太阳观测初期主要是观测因地球大气吸收而不能到达地面的太阳紫外线和 X 射线辐射，以及因地球磁场作用而不能到达地面的太阳粒子流。不过由于空间观测不仅可避免地球大气对太阳辐射的吸收，还可避免大气湍流对辐射波阵面的扰动，从而提高观测的空间分辨率，因此后来也陆续研制了观测太阳可见光和红外线辐射甚至射电波段的空间太阳观测仪器。各种空间太阳观测仪器的原理与地面太阳观测仪器相类似，但必须更为小型和紧凑，牢固和精细，能够适应严酷的空间环境（低气压、极端温度变化和处于失重状态等），以及无人操作所要求的高可靠性和自动化，因而包含了更高的科技含量和技术难度。

探空火箭 空间太阳观测开始于 20 世纪 40 年代后期。1946 年美国海军研究室（NRL）首先用 V-2 火箭把紫外光栅光谱仪发送到高空，拍摄到直至 2100 埃的太阳紫外光谱。随后的观测逐步向更短波段延伸到 250 埃。同时，利用乳胶光度计、光子计数器和电离室（有各种透射窗口和填充气体）等核物理技术探测各种波段的太阳 X 射线辐射强度。在 50 年代，他们用火箭监测了几乎一个太阳活动周的太阳 X 射线流量及其变化，发现了太阳耀斑期间 X 射线辐射增强和光谱硬化现象。1959 年和 1960 年，分别拍摄到太阳莱曼 α 谱线（波长为 1216 埃）的太阳单色像和 X 射线单色像。在这些照片上，可看到太阳活动区上空紫外线辐射和 X 射线源的位置和强度。

近地卫星 20 世纪 60 年代以后，美国和苏联开始利用人造卫星对太阳进行更加多样化的大量观测。美国海军研究室在 1960～1976 年发射了 11 颗太阳辐射监测卫星，主要任务就是长期连续监测太阳的紫外线和 X 射线辐射流量。美国国家航空航天局（NASA）在 1962～1972 年发射了 8 颗轨道太阳观测台（OSO）卫星系列，取得了许多重要的观测结果。它们包括高质量的太阳紫外和远紫外光谱，日冕活动区和耀斑的 X 射线辐射，以及莱曼 α、远紫外和 X 射线波段的太阳单色像（分辨率 < 1′），证实了冕洞的存在（OSO-4），以及观测到太阳耀斑的 γ 射线发射（OSO-7）。OSO-8 配备有观测耀斑紫外光谱的设备，它获得的耀斑光谱资料，用于研究耀斑期间活动区和耀斑本身的温度和密度变化过程，以及耀斑能量的传输途径。

深空探测 在利用近地卫星观测太阳电磁辐射的同时，美国和苏联发射了一批进入地球磁层之外的行星际探测器（深空探针），主要观测太阳的粒子流（包括太阳风和耀斑发射的高能粒子）、太阳磁场和行星际磁场，以及太阳活动的地磁效应。1959 年苏联“月球”2 号和“月球”3 号，以及 1961 年美国的“探险者”和“水手”等卫星先后对太阳风进行直接探测，证实了太阳风的存在，并取得了太阳风的平均密度和速度等基本数据。同时，还观测到太阳耀斑发生后几分钟有高能粒子到达地球和一两天后大量太阳等离子体到达地球的现象。美国于 1963～1973 年发射的由 10 个“探险者”卫星组成的行星际监测站（IMP）系列和苏联于 1972 年发射的“预报者”行星际监测台系列，20 世纪 70 年代德美合作研制的环日探测器太阳神号，对太阳的粒子发射和行星际磁场进行了长期监测，取得大量资料。

天空实验室 美国于 1973 年发射的载人科学实验卫星，标志着空间太阳观测进入了一个新阶段。它的主要科学目标之一就是观测太阳。它所携带的“阿波罗望远镜组合”（ATM）上装载 9 种太阳观测仪器，包括白光日冕仪、紫外光谱仪、远紫外单色光照相仪、X 射线望远镜、X 射线光谱望远镜、Hα 照相机和电视摄像机（分辨率达 1″）等。在 200 多天的飞行期间，获得了 3 万多幅白光日冕照片和 2 万多幅太阳 X 射线照片，观测到 100 多次太阳物质抛射现象，以及日冕和日珥结构的变化。1973 年 6 月 15 日还观测到一个二级耀斑发展过程中的紫外和 X 射线单色像，以及这个耀斑的紫外和 X 射线光谱。

太阳极大年卫星 1980 年 2 月发射的美欧合作观测卫星。它和日本于 1981 年 3 月发射的“火鸟”观测卫星正好在太阳活动 21 周峰年期间。它们的主要目标是观测太阳耀斑。卫星上有太阳 X 射线成像和光谱观测，以及 γ 射线、日冕和偏振观测。“火鸟”主要作太阳软 X 射线和硬 X 射线成像观测。它们取得的资料与地面的太阳可见光和磁场观测资料相配合，在太阳耀斑物理过程的研究方面取得重要进展。

阳光卫星 1991 年 8 月发射的日、美、英合作观测卫星。它的发射正逢太阳活动第 21 周峰年期间，主要目标也是观测太阳耀斑。卫星上太阳软 X 射线望远镜（SXT）的波段范围为 3～60 埃，由变换滤光片选择不同波长，空间分辨率达到 2.5″，时间分辨率对宁静太阳为 1 分钟，对耀斑为 0.5 秒。太阳硬 X 射线望远镜（HXT）的波段范围为 14～93 千电子伏，分为 4 个波带：C 带（14～23 千电子伏）、M Ⅰ 带（23～33 千电子伏）、M Ⅱ 带（33～53 千电子伏）和

H 带（53～93 千电子伏）。它的空间分辨率约为 5″，时间分辨率为 0.5 秒。还带有白光照相仪和宽带光谱仪，光谱仪的波段包括软 X 射线、硬 X 射线和 γ 射线。阳光卫星的观测资料与地面观测资料配合，已经揭示了关于太阳耀斑和活动区磁弧方面许多重要特征。

尤利西斯号卫星　1990 年 10 月发射的欧洲空间局（ESA）探测卫星。它的科学目标则是太阳风和行星际磁场的实地探测。它的轨道设计借助木星引力而离开黄道面，于 1994 年 6～11 月通过太阳南极区，1995 年 6～10 月通过太阳北极区，直接探测由太阳极区冕洞发射的太阳风。观测证实太阳极区太阳风比低纬太阳风速度更大。它于 2000～2001 年再次通过太阳两极地区。以往的探测卫星基本上都是在黄道面附近，尤利西斯号则是首次实现了对黄道面以外的日地空间探测，在研究太阳和日球层的三维结构上迈出了重要的一步。

太阳和日球层探测器　1995 年发射的欧美合作观测卫星。它的科学目标是观测太阳和日球层的大尺度结构，特别是日冕和超日冕，以及太阳振动和磁场。这颗卫星上装置多种观测仪器。其中日冕诊断光谱仪（CDS）观测波段为 150～500 埃，正是日冕的重要共振线发射区，主要探测日冕的温度和密度分布；远紫外成像望远镜（EIT）可获得紫外和 X 射线单色像，用于研究色球和日冕结构的演化；太阳紫外辐射测量仪（SUMER）着重于观测色球和**色球－日冕过渡区**的精细结构，波长分辨率极高，可研究物质流动和波动引起的光谱线变宽；紫外日冕光谱仪（UVCS）通过观测日心距离 1.3～10 个太阳半径范围的日冕中某些光谱线的强度和轮廓，来推测外冕中电子和离子温度；而大视角分光日冕仪（LASCO）则可探测日心距离 1.1～30 个太阳半径的广大日冕区中的质量、动量和能量传输与结构演化。此外，还有 4 种太阳风遥测和实地测量仪器，以及 3 种太阳振动观测仪器，从而构成了对太阳和日球层的全方位探测。

过渡区与日冕探测器　美国于 1998 年 4 月发射的太阳观测卫星。它的科学目标是对太阳过渡区和日冕进行高分辨观测。它荷载的望远镜口径为 30 厘米，观测波长范围 171～2500 埃，分为 8 个波段，涉及太阳大气温度范围从 3600K 至 6.6×10^6K，包括光球温度极小区、色球、过渡区和日冕。采用 1024×1024 像素的 CCD 作像感器，视场 8.5′×8.5′，太阳像空间分辨率为 1″，时间分辨率为几分之一秒。着重于观测太阳的小尺度图像，研究过渡区和日冕中的精细结构，期望揭示太阳高层大气加热和动力学现象（如冕洞的形成和**日冕物质抛射**）的物理机制。

日出号卫星　由日本主导，美国、英国等欧洲国家合作的太阳观测航天器。2006 年 9 月 23 日从日本鹿儿岛航天基地发射升空。航天器重 900 千克，长 4 米，太阳能电池展翼长 10 米，定轨于距地球 600 千米的太阳同步轨道，每年大约有 8 个月可对太阳作全天连续观测，寿命为 3 年，耗资 3 亿美元。

日出号的科学目标为探测太阳的磁场演化如何导致耀斑的发生，以及从光球直到日冕的动力学演化过程，期望能了解其物理机制和找到规律性，以便用于太阳耀斑预报。搭载的三台仪器分别为：①太阳光学望远镜。口径为 50 厘米，分辨率达到 0.2″，配合滤光器型的磁像仪和分光偏振计，可获得高清晰度的光球矢量磁图和速度场图。②X 光望远镜（XRT）。分辨率达到 1″，可快速拍照（2 秒/帧），得到耀斑发生过程中日冕的变化细节。③远紫外成像光谱仪（EIS）。观测波长为 170～290 埃，用于观测色球－日冕过渡区，可获得过渡区中等离子体的温度、密度和速度变化情况。

日地关系观测台　美国于 2006 年 10 月 26 日发射的日地关系观测台（STEREO）由两个结构相同的孪生航天器组成，分别称为 STEREO-A 和 STEREO-B。它们分别定轨在地球前方和后方相对于太阳成 45° 的位置，它们之间相对于太阳成 90°，这样与人的双眼类似，可对太阳和日地空间作立体观测。每个航天器重 642 千克，主结构长 2.7 米，宽 2.6 米，高 3.2 米。预期寿命超过 2 年。主要科学目标为研究太阳对行星际空间环境的影响过程，用于提高空间天气预报水平。

每个航天器携带的仪器有：①日地关系日冕和日球层探测器（SECCHI）。包括 1 台远紫外成像仪（EUVI）、2 台白光日冕仪（COR1、COR2）、1 台日球层成像仪（HI），时间分辨率优于 1 秒，可跟踪日冕物质抛射从日冕直到日球层的三维过程。②粒子与物质抛射原位测量仪（IMPACT）。由 7 台成像仪组成，包括太阳风电子分析仪（SWEA）、磁场仪（MAG）、低能望远镜（LET）和高能望远镜（HET）等。其主要任务是测量行星际空间磁场结构以及与太阳磁场的关系，用于建立磁流体动力学模型。③行星际射电暴追踪仪（SWAVES）。由法国研制，包括 2 台高频和低频射电接收机、1 台固定频率接收机、2 台时域取样仪（TDS），用于接收无线电波，这些电波是由日冕物质抛射的带电粒子穿越运动速度较慢的太阳风粒子时形成的激波产生的。

太阳动力学天文台　美国国家航空航天局于 2010 年 2 月 11 日发射了太阳动力学天文台（SDO），旨在对 2012 年的太阳活动极大年期间频繁的太阳爆发现象进行观测和研究，同时应对社会上关于 2012 年剧烈的**太阳风暴**将对地球产生毁灭性打击甚至世界末日的传言（见图）。SDO 的任务是对太阳作 24 小时不间断的高空间和高时间分辨率的多波段同时性观测，研究太阳黑子、耀斑、爆发日珥和日冕物质抛射的起源和演化，及其对日地空间环境的影响过程。SDO 定位于地球同步轨道，距地球 36 000 米，设计寿命为 5 年，预计可工作 10 年。

2010 年 2 月 11 日，SDO 搭乘火箭从卡纳维拉尔角升空

SDO 携带的仪器设备有：①大气成像装置（AIA）。利用紫外和远紫外波段对太阳作全日面的高时空分辨率观测，在 10 个波段上同时成像，视场覆盖 1.3 个太阳直径，时间分辨率优于 10 秒，空间分辨率优于 1″，可观测到太阳宁静区、活动区以及耀斑过程中日冕磁场的变化。②远紫外测变实验装置（EVE）。可观测 100 多个波长的远紫外辐射的谱变化，结合理论模型，研究太阳活动的远紫外辐射变化和原因。③日震和磁场成像仪（HMI）。可获得全日面速度场图、视向磁图和矢量磁图，前二者每 40 秒得一图，后者每 90 秒得一图，空间分辨率均优于 1″。HMI 的目标是太阳的对流层动力学和太阳发电机机制，研究黑子起源与演化，寻找太阳内部物理过程与表面活动，以及与日球层的动力学联系，期望

得到太阳风暴的先兆，为日地空间天气预报服务。 （林元章）

空间天气学 space weather 研究太阳活动引起日地空间环境变化及其预报的学科。太阳活动对日地空间环境具有广泛和重大影响，特别是太阳耀斑、爆发日珥和日冕物质抛射等剧烈太阳活动期间，从活动区发出强大的X射线和紫外辐射，抛射出大量的高能带电粒子和庞大的等离子体云，造成地球轨道附近高能粒子污染，破坏地球电离层的正常状态，引起地磁场扰动、平流层升温和大气环流变化，从而对人类的航天活动、无线电通信、航测和导航、物理探矿、高纬电力系统以及气候和水文等诸多领域产生影响。因此，许多研究者已致力于太阳活动引起日地空间环境变化及其预报的研究。实际上，与太阳活动有关的日地空间环境预报是对地球表面附近天气进行预报的扩展，它已经形成了一个新的分支学科，即空间天气学。它是太阳物理和空间物理学者合作的领域，是一门新的交叉学科（见日地关系、太阳活动预报）。 （林元章）

空间天体测量 space astrometry 用运载火箭把望远镜送入地球外层空间进行的天体测量观测。与地面观测相比，空间天体测量的优势是：①观测不受大气折射误差的影响。没有大气湍流的影响，可以获得更好的星像质量和更高的分辨率。②没有重力，仪器不会因指向变化而产生形变，还有非常好的热稳定环境。③在任何时候都可以观测到几乎整个天球，可以长时间地连续观测，不仅效率高，而且数据的一致性好。④广角测量与窄角测量有相同的精度，而在地面可以有两个数量级的差别。⑤没有大气吸收，可以开展所有波段的天体测量观测。

因此，空间天体测量的观测精度、观测效率比地面有巨大的提高。

空间天体测量观测得到的是天体的相对位置，建立的是一个没有确定零点的内部均匀的天球参考架，还需要通过河外射电源光学对应体的观测联系到国际天球参考架。

1989年发射的依巴谷天体测量卫星和1990年发射的哈勃空间望远镜标志着天体测量进入了空间时代，为天体测量带来了革命性的变化。依巴谷卫星的观测提供的前所未有的高精度天球参考架和精确的天体测量参数，对恒星演化、银河系结构和动力学演化研究，以及其他相关的应用领域产生了广泛的影响。

20世纪90年代以后，受依巴谷卫星成功发射的激励，一大批新的空间天体测量计划相继推出。其中欧洲空间局的Gaia已经于2013年12月19日发射上天，计划以10～20微角秒的精度测量暗至20星等的10亿颗星的三维坐标和运动以及物理参量。其他多数计划因各种原因而中止，如美国的FAME、OBSS、SIM、JMAPS，德国的DIVA，俄罗斯的AIST-Struve，日本的红外天体测量卫星Nano-JASMINE等。 （鲁春林）

空间天文设备运载器 platform for space astronomy 将空间天文观测设备运送到大气层之上进行观测的运载工具。空间天文的观测活动均是在大气层之外进行的，需要借助运载工具将相应的观测设备运送到大气层之上。运载工具是进行空间天文观测的基地，没有它，探测设备无法上“天”。在空间天文中广泛使用的运载工具有高空科学气球、探空火箭、天文卫星、航天飞机、宇宙飞船和空间站等。除此之外，在空间红外天文测量中，曾经有过通过大型运输机改装而成的柯伊伯机载天文台以及747机载同温层红外天文观测台。

空间天文学是在航天时代这个大的环境下快速发展起来的，从气球、火箭到人造卫星，为人类开辟了一个十分重要的认识宇宙的窗口，使空间天文学迅速发展起来。尽管各种运载工具的特点和应用范围不同，但在空间天文学的发展中均发挥过重要作用。

（胡一鸣 张 哲 张 岩 陈灯意）

空间天文学 space astronomy 在高层大气和大气外层空间进行天文观测和研究的一门学科。由于地球大气吸收、地壳振动、昼夜更替等地面条件对天文观测的影响和制约，天文学家迫切需要在空间开展天文观测和研究。20世纪10年代，高空气球和火箭的探测揭开了空间天文学的序幕。60年代以来，随着人造卫星、火箭、航天飞机、宇宙飞船、空间站等空间技术的飞速发展，天文学家得以将望远镜和探测设备送到宇宙空间。空间天文学已发展为涵盖恒星物理、太阳物理、行星物理、星系物理、宇宙学等不同研究领域，覆盖从γ射线到射电的全电磁波段，包含电磁波、宇宙线、中微子、引力波等多种宇宙信使的天文学分支学科。

空间天文观测的必要性和优越性 ①空间天文观测可突破地球大气屏障，实现全电磁波段天文观测。

各类宇宙天体的电磁辐射波长在10^{-20}米到10^{10}米范围内（表1），但只有可见光、近红外到中红外间的一小段波长、射电的中频部分等狭窄的窗口可以穿透地球大气。X射线、γ射线、紫外线、大部分红外辐射、大部分亚毫米波毫米波辐射会被大气吸收，长于10米的射电长波部分会被地球的电离层反射。这些波段只能进行空间观测（图1）。

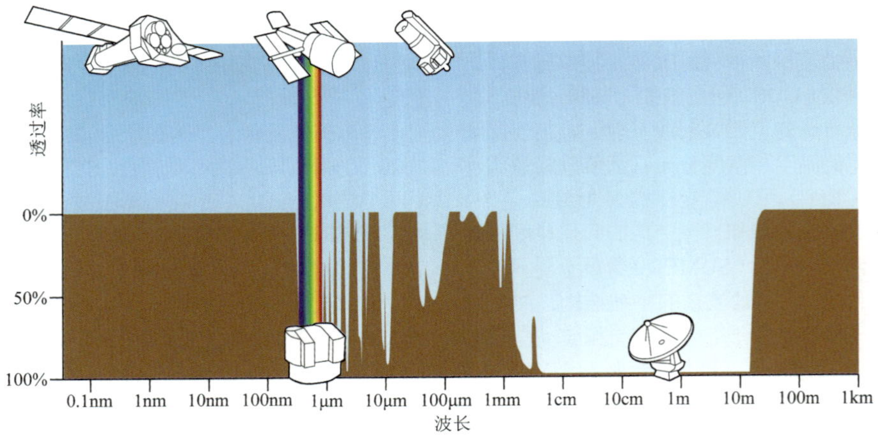

图1 地球大气对不同波长电磁辐射的透过率

②空间可减轻或免除地球大气湍流造成的光线抖动，天象不会歪曲，大幅提高仪器的分辨本领。

③由于大气层影响，初级宇宙线探测只能在空间进行。

④基于激光干涉的引力波测量技术，臂长受限于地球大小及地表振动，使得低频引力波（10赫兹以下）测量需要在空间进行。

⑤空间天文观测可摆脱地面昼夜、天气、地形遮挡等影响，进行不间断、全天区的天文观测。

⑥空间技术的发展让人们可以直接登陆天体进行实地采样和研究。

简史 空间天文学始于20世纪初。1911～1912年，奥地利物理学家V.F.赫斯利

表 1　不同电磁波段信息

辐射类型		波长范围	频率	能量
γ 射线	超高能 γ 射线（UHE）	$<10^{-12}$nm	$>3\times10^{28}$Hz	$>$100TeV
	甚高能 γ 射线（VHE）	10^{-8}～10^{-12}nm	3×10^{25}～3×10^{28}Hz	100GeV～100TeV
	高能 γ 射线（HE）	4×10^{-5}～10^{-8}nm	7500～3×10^{7}EHz	30MeV～100GeV
	低能（LE）/ 中能（ME）γ 射线	$0.01^{-4}\times10^{-5}$nm	30～7500EHz	0.1～30MeV
X 射线	硬 X 射线（HX）/ 软 γ 射线（SG）	0.01～0.1nm	3～30EHz	10～100keV
	软 X 射线	0.1～10nm	30PHz～3EHz	0.1～10keV
紫外线（UV）	极紫外（EUV/XUV）	10～121nm	2.5～30PHz	3.1～124eV
	远紫外（FUV）	122～200nm	1.5～2.5PHz	
	中紫外（MUV）	200～300nm	1～1.5PHz	
	近紫外（NUV）	300～400nm	750THz～1PHz	
可见光		400～700nm	430～750THz	1.8～3.1eV
红外线（IR）	近红外	0.7～2.5μm	120～430THz	1.24meV～1.8eV
	中红外	2.5～25μm	12～120THz	
	远红外	25μm～1mm	300GHz～12THz	
射电	亚毫米波	100μm～1mm	0.3～3THz	
	微波：毫米波或极高频（EHF）	1mm～1cm	30～300GHz	124μeV～1.24meV
	微波：超高频（SHF）	1cm～1dm	3～30GHz	12.4μeV～124meV
	微波：特高频（UHF）	1dm～1m	300MHz～3GHz	1.24～12.4μeV
	甚高频（VHF）	1～10m	30～300MHz	124neV～1.24μeV
	高频（HF）	10～100m	3～30MHz	12.4～124neV
	中频（MF）	100～1km	300kHz～3Mhz	1.24～12.4neV
	低频（LF）	1～10km	30～300kHz	124peV～1.24neV
	甚低频（VLF）	10～100km	3～30kHz	12.4～124peV
	特低频（ULF）	100～1000km	300Hz～3kHz	1.24～12.4peV
	超低频（SLF）	10^{3}～10^{4}km	30～300Hz	124feV～1.24peV
	极低频（ELF）	10^{4}～10^{5}km	3～30Hz	12.4～124feV

注：部分波段之间有重复，如硬 X 射线和软 X 射线，远红外和亚毫米波；部分波段的定义在不同文献中略有差异，如可见光在部分文献中定义为 400～700 纳米。

用热气球在几千米高空发现宇宙线(图 2)，是人类首次进行的高空天文观测。由于气球造价低廉、组织飞行方便、试验周期短，适合早期的探索性观测和研究。后来，紫外、X 射线、γ 射线等都进行了气球载实验，并在各个波段的空间天文学发展中起了先锋作用。技术飞速发展，高空气球实验仍旧是探索性观测和研究的重要手段。例如，美国的南极长周期气球探测项目高新薄离子量能器实验（ATIC）主要探测 10GeV～100TeV 的质子、氦核等宇宙高能粒子。中国科研人员在 ATIC 项目合作中，提出了测量电子能谱的建议、验证了相关技术、促成了中国“悟空”号**暗物质粒子探测卫星**（DAMPE）的成功研制和运行。

图 2　赫斯的气球实验

1945 年，第二次世界大战结束后，德国的 V-2 火箭转由美国和苏联使用，开始用于空间天文学研究。1946 年，美国海军研究实验室利用 V-2 火箭携带紫外望远镜到达 80 千米的高空，获得人类第一张太阳紫外照片；1949 年又用 V-2 火箭首次发现来自太阳的 **X 射线辐射**。1962 年 R.贾科尼利用空蜂火箭（Aerobee）发现天蝎座强 X 射线源和弥漫宇宙的 X 射线背景。基于探空火箭的这些天文发现揭开了空间天文学的序幕。

在空间天文学发展史中，卫星搭载的望远镜和探测器是空间天文观测的主力设备。这是由于气球难以达到外层空间的高度，火箭运行的时间又太短，而人造卫星能完全摆脱地球大气影响，可在太空长时间停留，还能携带多种探测设备。1957 年，苏联发射了首颗人造卫星“斯普特尼克”一号（图 3），不久之后的 1960 年美国就发射了第一颗天文卫星“太阳辐射监测卫星 1 号”。截至 2021 年，世界各国已经发射了约 200 颗天文卫星。这些天文卫星把人类的天文观测从狭窄的电磁波光学波段，拓展到了红外、紫外、X 射线、γ 射线等地面无法观测的全电磁波段。空间紫外、X 射线和 γ 射线卫星发现了**黑洞**、**X 射线脉冲星**、**γ 射线脉冲星**等致密天体，发现了宇宙中剧烈的 X 射线和 γ 射线爆发现象，以及 **X 射线双星**、**脉冲星风星云**等高能天文现象，向人们揭示了前所未见的高能宇宙新视野。而空间红外卫星使人们可以了解温度较低的宇宙，发现了**亮红外星系**、极亮红外星系等新的星系类别，发现了弥漫银河系的低温红外尘埃云，发现了大量太阳系外行星；红外波段可穿透宇宙中尘埃遮蔽的区域，研究恒星的诞生和死亡，丰富扩展了恒星形成和演化学说；还可以根据早期宇宙发出的、已被宇宙膨胀拉长到红外波段的光线，研究宇宙早期第一代恒星和星系的形成。空间红外、毫米/亚毫米波卫星发现了**宇宙微波背景辐射**十万分之一的各向异性，其对宇宙微波背景辐射的精确测量，成为宇宙起源的热大爆炸理论最坚实的实验基础，使人们能够了解宇宙的物质能量构成、年龄、曲率等重要信息，宇宙学因此进入了精确研究时代。而工作在光学、紫外和红外波段的**哈勃空间望远镜**，得益于远优于地面的高灵敏度和分辨率，拍摄了截至 2023 年人类以可见光观测宇宙所得最遥远的影像——哈勃深空影像。多种电磁波段的天文卫星，结合探测初级宇宙线、中微子、引力波等多种宇宙信使的天文卫星，

图 3　世界第一颗人造卫星“斯普特尼克”一号

共同开创了一个覆盖全电磁波段、**多信使天文学**的崭新时代。

20 世纪 60 年代以来，载人飞船、航天飞机、空间站的出现，对空间天文的发展做出了独特的贡献。哈勃空间望远镜就是于 1990 年由发现者号航天飞机送入预定轨道。1993～2009 年，航天飞机共对哈勃空间望远镜进行了五次空间维修和维护，使其在发射 30 年后依然正常运作，做出了大量惊人的科学发现。1998 年开建的国际空间站是 16 个成员国参与的人类有史以来最大的宇宙探索项目。其上装载了阿尔法磁谱仪（AMS-02）等设备，探测宇宙高能粒子以研究**暗物质**和反物质等。中国也在大力建造自己的空间站“天宫”。其上开展了大量的天文观测和科学实验，包括已经完成的**γ暴偏振探测仪**（POLAR）、未来将建成的载人航天工程巡天空间望远镜（CSST）等。

随着技术的发展，人类对太阳系内天体的研究已经不仅限于被动观测。部分探测器还使用了撞击、登陆甚至采样返回的方式对月球等近邻天体进行研究。截至 2021 年底，人类完成过 10 次月球采样返回，1 次彗星采样返回和 2 次小行星采样返回。由于这些计划的成功，人类已经开始设计更加雄伟的“太空采矿”计划。

在空间技术的带动下，空间天文学蓬勃发展，各种新发现有如井喷，有力推动了天体物理和宇宙学研究，让人们对世界的认识发生了天翻地覆的变革。未来的天文研究和航天技术与人类未来的发展密切相关。

中国空间天文学发展史　20 世纪末是中国空间天文的早期探索起步阶段。1970 年中国首颗卫星东方红一号成功发射。其后，为了在太空中开展空间物理探测和新技术实验，实践号卫星系列应运而生，成为中国自主研制的首个科学实验卫星系列。从 1971 年的实践一号（图 4）到 2019 年的实践 20 号，测量了地球高空磁场、太阳 X 射线、宇宙线、地球和大气的红外和紫外辐射背景、高空大气密度和外热流等。1976 年，中国科学界提出了天文一号卫星计划，以太阳观测为主。可惜该计划于 20 世纪 80 年代中期终止，但其对推动中国空间天文发展及科技队伍建设起到了开拓作用。1978 年至 2000 年前后，中国科学家在香河站开展了 30～40 千米高度的空间天文观测。为气球实验设计研制的各种球载天文观测设备，为之后中国载人航天天文观测任务、天文卫星的研制奠定了技术基础。

图 4　中国实践一号卫星（携带自研的盖革计数器，中国卫星首次探测到辐射带粒子数据）

进入 21 世纪后，中国的空间技术和天文技术都进入了迅速发展的时期。中国的长征系列火箭（图 5）从 20 世纪 70 年代开始研制，至 2021 年低轨和高轨运载能力均跃升至世界第二，是完成深空探测、载人登月和登火、空间基础设施建设等任务的重要支撑。1999～2023 年，中国已发射 16 艘载人神舟号飞船，6 艘天舟号货运飞船，成功实现了多人多天多次载人航天、飞船与空间站交会对接等技术，标志着中国的宇宙飞船技术日趋成熟。2010 年 10 月，中国载人空间站工程正式启动，并分别在 2011 年和 2016 年发射了天宫一号和天宫二号空间实验室，完成了一系列空间站技术验证。2021～2022 年，中国相继发射了中国空间站“天宫”的天和核心舱及问天、梦天实验舱，并于 2022 年全面完成中国空间站的在轨建造。

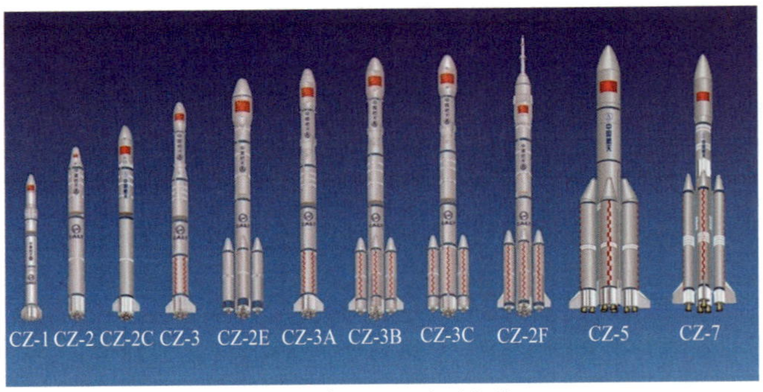

图 5　中国长征系列火箭

在高能粒子空间探测方面，2015 年 12 月 17 日，中国首颗天文卫星——“悟空”号暗物质粒子探测卫星（DAMPE）成功发射。“悟空”卫星精确测量了 25GeV～4.6TeV 能段正负电子能谱，首次直接测量到了正负电子能谱在 1TeV 处的拐折、精确测量了 40GeV～100TeV 质子和 70GeV～80TeV 能段氦核宇宙射线能谱，发现能谱在 10TeV 以上能区存在新结构。

在 X 射线天文方面，2001 年 1 月 10 日，神舟二号飞船携带三台天文仪器：超软 X 射线探测器、X 射线探测器和 γ 射线探测器，在轨运行 165 天，观测到 30 多个宇宙 γ 射线暴，近百例太阳耀斑的 X 射线、γ 射线爆发，取得中国空间天文观测首批重要成果。2017 年 6 月 15 日，**硬 X 射线调制望远镜**（HXMT）卫星成功发射，升空后命名为“慧眼”，是中国首颗空间 **X 射线天文卫星**。科学目标是研究黑洞、中子星 X 射线双星等天体硬 X 射线快速光变和能谱特性。2018 发射了“**极光计划**”立方星 X 射线偏振探测器。2020 年 7 月 20 日，龙虾眼 X 射线探测卫星于随资源三号 03 星被中国长征四号乙型运载火箭推送并成功发射入轨。它在轨验证了 X 射线能段上的超大视场聚焦成像技术，并将通过对 X 射线线谱的观测探索可能的惰性中微子衰变信号。2024 年 1 月 9 日大视场 X 射线卫星**爱因斯坦探针**（EP）成功发射，科学目标是在软 X 射线波段发现和探索宇宙中的高能暂现源和爆发天体。

在 γ 射线空间探测方面，“悟空”号的 γ 射线观测是中国首次对 γ 射线进行全天观测。得到了 γ 射线天图。2016 年 9 月 15 日，γ 暴偏振探测仪（POLAR）成功发射到中国天宫二号空间站，是世界上首台大面积、大视场、高精度的 γ 暴偏振探测仪。2020 年 12 月 10 日，**引力波暴高能电磁对应体全天监测器**（GECAM，又名怀柔一号、“极目”）成功发射，其包括两颗相同的微小卫星，能够进行全天监测，发现引力波高能电磁对应体等高能暂现源。预计还将于 2024 年发射中法空间变源监测器（SVOM），发现 γ 射线暴并搜寻其多波段余辉，并对引力波等重要天文事件进行多波段快速机遇目标响应观测。

在引力波空间探测方面，中国计划建成**空间太极计划**和**天琴计划**对引力波进行观测。“太极”计划成功发射了“太极一号”试验卫星，完成了在轨测试，实现了高精度空间激光干涉测量，成功进行了中国首次在轨无拖曳控制技术试验。天琴计划已经完成**月球激光测距**实验，测出中国最精确地月距离，并成功发射了“天琴一号”试验卫星。

在光学和紫外方面，即将上天的载人航天工程巡天空间望远镜（CSST）将以 1.1 平方度的视场、0.15 角秒的空间分辨率和约 26 等的极限星等对约 40% 的天空进行近紫外到光学图像巡天，并同时进行无缝光谱拍摄。由于其大视场、高空间分辨率和探测灵敏度，将在国际天文领域占有非常重要的位置。

在太阳空间探测方面，中国首颗太阳探测科学技术试验卫星**羲和号卫星**已于

2021 年 10 月成功发射，在国际上首次实现了太阳 Hα 波段光谱成像的空间观测，首次实现了超高指向精度、超高稳定度双超卫星平台技术在轨性能验证及工程应用。2022 年 10 月 9 日，**先进天基太阳天文台**（ASO-S）成功发射，将观测和研究太阳磁场、太阳耀斑和日冕物质抛射的起源及它们三者之间可能存在的因果关系。

在月球空间探测方面，2004 年，中国绕月探测工程正式立项（见**中国嫦娥工程**）。嫦娥探月工程分三个阶段：①“绕”，环绕月球探测；②“落”，月面软着陆和自动巡视勘察；③“回”，无人采样返回。2007～2009 年，**嫦娥一号**首次成功绕月。2012 年，**嫦娥二号**在完成一系列探月任务后成功受控变轨，与小行星图塔蒂斯近距离交会，交会时星载监视相机对小行星进行了光学成像。2013 年起，**嫦娥三号**实现中国首次地外天体软着陆，搭载的中国首台月基光学望远镜 LUT，在月球表面开展了人类第一次月基近紫外观测（图 6）。2018 年起，**嫦娥四号**实现世界首次月球背面软着陆和巡视勘察，其搭载的极低频射电频谱仪，联合月球鹊桥中继卫星携带的荷兰-中国低频射电探测仪（NCLE），开展首次月基低频射电天文观测。2020 年，**嫦娥五号**实现中国首次月球采样返回，实现“绕、落、回”三步走规划完美收官。通过对月壤的分析，科学家们发现，19.6 亿年之前，月球仍然存在岩浆活动，月球的地质年龄前推了 10 亿年之久。

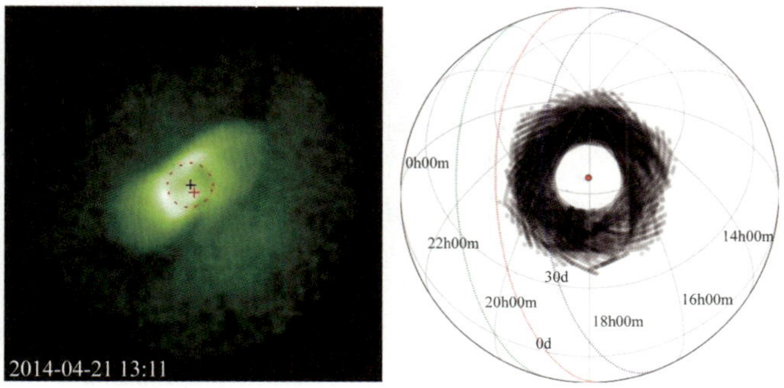

图 6　嫦娥三号极紫外望远镜拍摄的地球等离子层（左）以及月基光学望远镜观测覆盖天区（右），中心红点为月球北极

在太阳系行星空间探测方面，2020 年 7 月 23 日，中国首个火星探测器天问一号（见**中国火星探测计划**）发射升空，包括轨道器、着陆器和火星车祝融号。2021 年 2 月 10 日，天问一号进入火星轨道，2021 年 5 月 15 日，着陆巡视器与环绕器分离，携带祝融号穿越火星大气层，成功着陆于火星北半球的乌托邦平原南端。

学科分支和研究内容　空间天文学使得人们可以利用 γ 射线到长波射电的电磁波，结合引力波、空间高能粒子等多种宇宙信使，从更宽阔的视野探测和研究从行星、太阳、恒星、星系乃至整个宇宙，涵盖了当代天文学的主要方面。

太阳系天体的空间探测　从前，对太阳系内天体如太阳、行星、小行星、矮行星、彗星、**柯伊伯带天体**等的研究，只能通过地球上接收的天体辐射。现在，有丰富的多层次空间探测方法：①空间望远镜远距离观测。②探测器飞越天体附近拍摄照片，探测辐射和磁场。③探测器进入天体轨道绕转，成为其人造卫星进行长期观测。④以撞击天体表面等方式硬着陆，下落过程中直接探测天体大气温度、气压等信息。⑤着陆器软着陆，对天体表面进行勘测，获得该天体地质、地貌、磁场、辐射带、大气成分等详细数据。⑥载人登陆天体，进行实地勘测和实验。⑦开发天体，在表面建立天文观测和科研基地。

20 世纪 50 年代起，多个国家发射了大量的空间探测器，探索太阳系内的天体，行星科学迎来了革命性的飞速发展。如中国嫦娥工程对月球进行了多层次的探测。

空间光学天文　在地球大气的高层、外层或行星际空间（包括月球）放置望远镜等仪器设备进行可见光波段（波长 380～760 纳米）的天文观测研究，可摆脱地球大气背景，大幅提高探测灵敏度，看到更暗弱的天体和更深远的宇宙；摆脱大气湍流扰动，得到接近望远镜衍射极限水平的高成像分辨率；摆脱昼夜、天气等其他地面干扰，对天体进行连续不间断观测，对时变天体观测意义重大（见**光学空间天文学**）。著名的空间光学卫星有用于天体测量的**依巴谷天体测量卫星**和盖亚卫星（见 Gaia），搜寻系外行星的开普勒空间望远镜等，哈勃空间望远镜（HST）也主要工作在光学波段。

空间红外天文　红外辐射波长范围 0.7 微米到 1 毫米（0.35～1 毫米的亚毫米波也常归入射电波段）。温度低于 4000K 的天体辐射主要集中在红外区，红外波段是观测宇宙中低温天体的最好手段。

但是地面上难以进行红外观测，大气中的水、二氧化碳、臭氧、一氧化碳、甲烷、一氧化二氮等多种分子会吸收天体红外辐射，地球大气自身热辐射也会造成极强的背景噪声。有限的地面红外和亚毫米波观测一般都建在高海拔、空气极干燥地区，在这些地方可以进行 1～10 微米的红外天文探测。要摆脱大气的影响，探测几十微米以上的中、远红外天体辐射，必须到高空和大气外进行（见**红外天文学**）。著名的红外空间卫星有首颗**红外天文卫星**（IRAS）、**红外空间天文台**（ISO）、**斯皮策空间望远镜**、赫歇尔空间天文台、目前最强大的红外空间望远镜**詹姆斯·韦布空间望远镜**（JWST）等。它们在早期宇宙的星系形成和演化、恒星形成及其与星际介质的相互作用、太阳系天体的大气和表面化学成分、宇宙分子化学、系外行星等方面都取得了大量的科学成就。

空间紫外天文　紫外辐射的波长为 10～400 纳米，是较热物体的特征，一些恒星和星系在演化的早期或晚期，辐射能量主要集中在紫外波段。**活动星系核**和超新星爆发也会有很强的紫外辐射。此外，很多化学元素在紫外波段有吸收线，观测紫外光谱可用来识别星际介质和恒星的化学成分、密度和温度及探讨宇宙重子“缺失”问题和星系演化。但由于地球大气对天体紫外辐射的强烈吸收，绝大部分紫外辐射无法到达地面，所以直到 20 世纪 60 年代空间科学技术发展之后，紫外天文学才开始了蓬勃的发展（见**紫外天文学**）。著名的紫外空间设备有轨道天文台系列（OAO）、荷兰天文卫星（ANS）、国际紫外线探测卫星（IUE）、极紫外探测器（EUVE）、远紫外分光探测器（FUSE）、**星系演化探测器**（GALEX）等，它们在恒星冕层活动、**激变变星**和**白矮星**物理、近邻星际介质、活动星系核特征、星系团中心气体性质等诸多领域做出了不可替代的贡献。

空间 X 射线天文　X 射线波长范围在 0.01～10 纳米（124eV～124keV）。X 射线往往和天体的高温、高能过程相联系。太阳系内天体的 X 射线辐射主要来自反射的**太阳 X 射线辐射**。太阳系外 X 射线源主要来自高温天体的**黑体辐射**（如中子星）、高温气体的热轫致辐射（如星系团）、相对论电子的同步辐射（如超新星和磁星）和逆康普顿散射（如活动星系核）。

X 射线观测有两大困难，一是由于地球大气的强烈吸收，X 射线的天文观测只能在空间进行。二是 X 射线具有强穿透力且容易被介质吸收，这给 X 射线探测器的建造带来了困难。20 世纪 60 年代后，空间天文学的兴起、**掠射 X 射线望远镜**的发明，克服了这两大困难，从而带来了 X 射线天文学的发展和惊人发现，成为空间天文学发展的里程碑（见 **X 射线天文学**）。X 射线空间探测器有首颗 X 射线探测卫星乌呼鲁 X 射线卫星（Uhuru）、伦琴 X 射线天文台（ROSAT）、贝波 X 射线天文卫星（BeppoSAX）、钱德拉 X 射线天文台、XMM-牛顿望远镜、核分光望远镜阵（NuSTAR）、高能天体物理学空间天文台（Spektr-RG）等，X 射线空间卫星让人们以全新的视角研究宇宙中的黑洞、中子星等致密天体和高能天文现象。

空间 γ 射线天文学　γ 射线是能量大于 100keV 的光子（波长约小于 0.01 纳米），是电磁波段中能量最高、波长最短的部分。γ 射线源通常对应高能、极端、爆发性的天体事件。银河系内包括太阳耀斑、脉冲星、脉冲星风星云、超新星遗迹和银河系弥漫 γ 射线背景等。约 80%的 γ 射线源与银河系外天体有关。包括恒星形成星系、相对论性喷流、活动星系核、超新星、γ 射线暴等。

由于大气吸收，对宇宙天体的 γ 射线观测只能在空间进行（见 γ 射线天文学）。但是能量高于 10^{11}eV（100GeV）的甚高能 γ 射线空间难以探测，它进入地球大气与大气中的粒子碰撞会引起地球大气簇射，产生大量的切伦科夫光子，能被地面的切伦科夫望远镜探测到。因此，γ 射线的探测需要空间和地面配合，二者相辅相成。著名的 γ 射线空间探测设备有小型天文卫星 2 号（SAS-2）、康普顿 γ 射线天文台（CGRO）、格雷尔斯雨燕天文台（Swift）、国际 γ 射线天体物理实验室（INTEGRAL）、敏捷号 γ 射线天文卫星（AGILE）、费米 γ 射线空间望远镜（Fermi）等。这些 γ 射线空间卫星为天文学家研究活动星系核、超新星、γ 射线暴等高能现象提供了全新的视角。

空间射电天文学　射电辐射是波长约大于 1 毫米（频率小于 300GHz）的电磁波。可用于研究宇宙微波背景、星系、类星体、星系中分子云、中子星等。空间低频射电观测中性氢 21 厘米谱线还可用于研究宇宙黑暗时代和黎明。

射电辐射中的亚毫米波、毫米波会被大气中的水汽部分吸收；波长 10 米以上（频率小于 30MHz）的长波射电辐射会被地球的电离层反射，因此最理想是进行空间观测（见空间射电天文学）。甚长基线干涉（VLBI）技术能够提高射电望远镜的分辨率。空间甚长基线干涉测量（SVLBI）能够不受地球的限制，极大提高分辨率。著名的空间射电探测器包括宇宙背景探测器（COBE）、威尔金森微波各向异性探测器（WMAP）、普朗克卫星（Planck）、俄罗斯的射电天文号（Spektr-R）等。这些空间射电卫星通过微波背景辐射精确测量了宇宙学参数。

宇宙线的空间探测　宇宙线（又称空间高能粒子）是来自宇宙空间的高能粒子流，约 99%是带正电的原子核，1%是电子。已经测量到的宇宙线能量可达 10^{20}eV。能量小于 10^{9}eV 的宇宙线可能起源于太阳。大部分的宇宙线粒子（10^{9}～10^{18}eV）来自太阳系外、银河系内，如超新星遗迹、银河系中心黑洞等剧烈的天体物理过程。银河系磁场无法束缚住 10^{18}eV 以上的高能粒子，因此这个能标的宇宙线可能起源于银河系外，如活动星系核等。

高能宇宙射线粒子进入地球大气后，会与大气相互作用，产生大量次级粒子。因此，对宇宙射线的直接探测要基于高空气球、卫星、空间站在空间进行。以阿尔法磁谱仪（AMS-02）、“悟空”号暗物质粒子探测卫星（DAMPE）为代表的空间高能粒子探测实验通过空间高能粒子的直接探测，研究宇宙射线的起源和传播、寻找暗物质、检验基本物理。

引力波的空间探测　引力波是由加速质量产生的时空曲率的扰动，它们以光速从波源向外传播，任何加速的质量都会产生引力波。2015 年，美国的激光干涉引力波天文台（LIGO）首次直接检测到了来自 13 亿光年外的双黑洞并合引力波，开创了引力波天文学的时代。引力波在电磁波、宇宙线之外，提供了认识宇宙的新信使。

引力波探测主要是使用激光干涉仪测量时空扰动产生的微弱信号。在空间进行引力波探测一方面可以极大地减少或避免地面上的干扰，另一方面可以通过更长的臂长来测量频率较低的引力波。以欧洲的 eLISA 计划，中国的天琴计划、空间太极计划为代表的空间卫星激光干涉仪计划探测频率为 10^{-5}～1Hz 的引力波，研究超大质量黑洞并合、白矮星双星系统并合的现象（见空间引力波探测）。

未来展望　经过近一个世纪的发展，空间天文学已从最初的起步时期，发展到以重大科学目标驱动的成熟时期。当前空间天文学的前沿方向，包括了探索宇宙的起源和命运、黑洞的形成及演化、恒星和星系如何形成和演化、暗物质和暗能量的物理本质、生命如何起源、是否存在地外生命和类地行星系统等重大科学问题，涵盖了当代以及未来天文学与基础物理中最重要的研究领域。

国际上，美国、欧洲、日本等都制定了未来空间天文发展的战略规划（表 2），总体而言当前天文学的发展趋势是：①更大的巡天面积；②更高的空间、时间和光谱分辨率；③大天区时变和运动天体的观测；④全电磁波段探测和研究；⑤天地一体化观测；⑥包括引力波、中微子、宇宙射线和电磁波的多信使协同观测；⑦发展新的大数据和海量数据处理方法，发展计算天体物理学和天文信息学，并建立资料更完善、使用更方便的数据库。

从探测手段上看，利用干涉仪观测是一个新的手段。如空间引力波的探测，空间甚长基线干涉测量（SVLBI）可以将基线扩展至地球半径之外，而基于量子技术的更短波长的干涉观测技术也在发展中。编队飞行卫星探测将变得越来越普遍，这些技术将大幅提高现有分辨率。

中国空间天文发展的基本思路，是瞄准前沿科学问题，加强优势领域，适当扩大规模；重点发展高能天体物理观测、空间光学巡天观测、宇宙线粒子和暗物质探测、引力波空间观测和空间 VLBI 射电观测；大力加强天体物理和宇宙学理论研究和数值模拟；大力发展新型探测器技术；在增大天文卫星的发射数量、主导和实质性参与国际空间天文卫星计划，以及形成完整的空间天文研究体系方面，均有大幅度提升。同时，通过空间天文探测计划的实施，带动航天和空间仪器关键技术发展，将满足国家重大战略需求与发展空间天文结合起来。

为回答上述天文前沿科学问题，中国制定了到 2030 年空间天文发展的一系列规划。

“天体肖像”计划　科学目标是获得太阳系外的恒星、行星、白矮星、中子星、黑洞等天体的直接照片；星系中心、恒星形成区、超新星遗迹、喷流等结构的高清晰度照片；开展各个波段的深度成像巡天；以及绘制各个波段宇宙辐射的高精度天图。计划包括载人航天工程巡天空间望远镜（CSST），空间毫米 VLBI 阵（SMVA）和空间甚低频射电天文台（SULFRO）等项目。

“天体光谱”计划　对天体的各波段（主要频段：光学、射电和 X 射线）光谱进行高分辨测量，理解各种天体的化学组成、密度和温度，以及确定天体的距离（视向速度）、大小、质量、密度和运动速度，研究它们不同层次和位置的物理过程和结构模型。该计划包括空间站太赫兹探测实验、莱曼紫外发射线成图探索卫星（CAFE）和热宇宙重子巡天（HUBS）等项目。

“空间粒子探测”（暗物质探测）计划　项目将基于空间平台，利用宇宙线和 γ 射线进行暗物质粒子间接探测，搜寻各种理论模型预言的暗物质湮灭或衰变的产物。计划第一步是 2015 年发射的“悟空”号暗物质粒子探测卫星（DAMPE）。未来还计划在中国空间站安装高能宇宙辐射探测设施

表 2　2021 年 1 月以后拟实施的天文卫星/空间站天文任务

卫星/飞行器	发射时间	建造国	参加国	波段/科学目标
日本实验舱载极端宇宙空间天文台（JEM-EUSO）	2023 以后	日本	国际	宇宙线，国际空间站
詹姆斯·韦布空间望远镜（JWST）	2021.12	美国	ESA	6.5 米口径大型空间红外天文台
成像 X 射线偏振探测器（IXPE）	2021.10	美国	意大利	X 射线偏振探测
先进天基太阳天文台（ASO-S）	2022.10	中国		太阳观测天文台
欧几里得卫星（Euclid）	2023.07	ESA	美国	光学巡天。近红外/暗宇宙
空间变源监视器（SVOM）	2024	中国	法国	多波段 γ 暴观测天文卫星
X 射线成像与光谱任务（XRISM）	2023.09	日本	美国	软 X 射线成像和能谱测量
爱因斯坦探针（EP）	2024.01	中国		X 时域天文/引力波电磁对应体
载人航天工程巡天空间望远镜（CSST）	2024	中国		中国空间站，2 米光学巡天
世界空间紫外天文台（WSO-UV）	2023 以后	俄罗斯	欧洲 中国	紫外天文台
柏拉图卫星（PLATO）	2024	ESA		寻找类地行星
天极-2（POLAR-2）	2024	中国		γ 射线暴
高能宇宙辐射探测设施（HERD）	2027 以后	中国		中国空间站，暗物质与宇宙线
罗曼空间望远镜（ROMAN）	2026 以后	美国		光学巡天，系外行星，暗能量
甚大面积 γ 射线空间望远镜（VLAST）	2029 以后	中国		γ 射线、宇宙线、暗物质
增强型 X 射线时变与偏振探测卫星（eXTP）	2027	中国		X 射线时变与偏振，黑洞，磁星
高能天体物理高新望远镜（ATHENA）	2035	ESA	美国	X 射线天文台
近邻宜居行星巡天计划（CHES）	2028 以后	中国		近邻宜居系外行星
地球 2.0 巡天空间卫星（ET）	2028 以后	中国		凌星法寻找地球 2.0
系外行星大气遥感红外大型巡天（Ariel）	2029	ESA		系外行星
新引力波天文台（NGO）	2034	ESA	美国	引力波（具体方案待征集）
激光干涉空间天线（LISA）	2034	欧洲		新型引力波天文台，ESA 憧憬 L3 任务
空间太极计划（Taiji）	2034	中国		引力波天文台
天琴计划（Tianqin）	2034	中国		引力波天文台
先进技术大孔径空间望远镜（ATLAST）	待讨论	美国		光学，系外生命，暗物质等
宇宙学与天体物理干涉望远镜（SPICA）	待讨论	欧洲	日本	中远红外空间望远镜

（HERD）。甚大面积 γ 射线空间望远镜（VLAST）也在讨论中。

“黑洞探针”计划　通过观测宇宙中的 γ 射线暴等黑洞相关天体物理现象，研究天体的高能物理过程及恒星演化，理解宇宙极端物理过程和规律。并以这些天体为探针，研究宇宙演化和基本物理。计划包括硬 X 射线调制望远镜（HXMT）、空间变源监视器（SVOM）、γ 暴偏振探测仪 2 号（POLAR-2）。

“系外行星探测”计划　搜寻太阳系外类地、类木行星，精确测定行星的可见光和红外光谱以及其随时间的变化情况，并建立上述行星质量、轨道、半径、密度、表面重力等重要物理参数的数据库。初步对宇宙中是否存在另一个“地球”这一基本科学问题做出回答。主要项目包括系外类地行星探测计划（STEP）、空间冷行星成像计划（CPI，包括类木行星和光谱特征研究任务 JEEEDIS 和系外类地生命特征信号搜寻任务 ELSS）和近邻宜居行星巡天计划（CHES）等项目。

“天体号脉”计划　对天体各波段的电磁波和非电磁波辐射进行高测光精度和高时间精度探测，理解天体内部结构和各种剧烈活动过程。计划主要包括增强型 X 射线时变与偏振探测卫星（eXTP）、先进天基太阳天文台（ASO-S）、爱因斯坦探针（EP）和引力波暴高能电磁对应体全天监测器（GECAM）。

引力波探测计划　中国发展的空间引力波探测计划包括空间太极计划和天琴计划。前者计划于 2034 年前后发射三颗卫星构成等边三角形（边长 300 万千米，绕太阳轨道运行）的引力波探测星组。后者计划是将三个卫星发射到 10 万千米高的地球轨道组成一个间距约 10 万千米等边三角形阵列，用激光精确测量其距离变化。

研究意义　空间天文学紧密联系当代天文、基础物理最重大的前沿科学问题，包括弦理论、量子引力、暗能量、暗物质、黑洞物理、宇宙的起源和演化、生命的起源等。在天文学发展史上，空间天文学的兴起是继可见光和射电天文之后的第三个里程碑，是人类认识宇宙的重大飞跃。在过去的一个世纪，空间天文开启了覆盖全电磁波段天文、粒子天文和引力波天文观测的多信使现代天文观测时代，以前所未有的深度和广度拓宽了人类对宇宙和自然规律的认识，也使天文学再次成为新发现和新知识的源泉，成为现代自然科学发展的主要原动力之一。

空间天文学强烈地依赖于尖端观测仪器和先进的航天技术，是各国展示科技实力的舞台，更是引领世界科技发展的重要驱动力。空间天文学的发展带动了整个人类社会航天技术、信息技术、新能源技术、新材料技术、微机电技术、遥测科学等其他高新技术的发展，多学科交叉、渗透发展催生一大批科学技术应用到国民经济的各个领域，从而推动经济的发展，不断提高人民群众的生活水平。

（常　进　马宇蒨）

空间微波天文　space microwave astronomy　主要对宇宙微波背景辐射（CMB）测量进行研究的天文学分支。在无线电工程领域，微波波段的定义是频率介于0.3～300GHz的辐射。但在天文语境下的“微波”一词往往指的是射电波段频率最高的部分，频率在数十乃至数百GHz。地球大气对射电波的透明度在数十GHz以上大大减低，空气中的水分会吸收高频射电辐射，让它们难以抵达地表。

考虑当前主流运载火箭的能力有限，而高灵敏度、高分辨率微波观测的开展又需要口径较大的天线乃至天线阵列才能进行。这其中的原因一是宇宙微波背景辐射强度较高，使用小型星载天线即可轻松探测；二是哪怕测量CMB的各向异性分布也不需要太高的分辨率，口径一两米的小型天线足以满足需要；三是空间观测可以尽最大可能地规避地面各种辐射和干扰对精确的温度测量造成的不利影响，可以让研究者更好、更可靠地获知CMB微弱的温度起伏，可以说是充分做到了扬长避短。

自1964年贝尔实验室的A.彭齐亚斯和R.W.威耳孙发现宇宙微波背景辐射，从而证实热大爆炸宇宙学模型以来，研究者就一直在尝试确定CMB的频谱和空间分布特性。20世纪70年代的气球和高空侦察机测量发现了CMB中的偶极形式各向异性的存在；同期即有研究者向美国航空航天局提议，在未来发射专用卫星来更加精确而可靠地测定CMB的辐射性质。

第一次针对CMB的空间观测尝试则是由苏联的预报9号卫星搭载的Relikt-1仪器在1983～1984年完成的。Relikt-1以6度的空间分辨率和0.6毫开尔文的温度解析能力，宣称在37GHz的频率上找到了一处位于赤经1时30分，赤纬−10度的温度起伏区，起伏的幅度为十万分之几开尔文。虽然这种幅度的起伏得到了日后观测的证实，但考虑这一结果的误差颇大，其发表时间又较晚（直到1992年秋季才发表，此时宇宙背景探测器卫星已升空近3年），因此已少有人提及。

随后在20世纪80年代，受益于红外天文卫星（IRAS）的成功经验以及气球/机载/探空火箭的一系列前导性观测，第一颗专门的微波天文卫星——宇宙背景探测器（COBE）建成。虽然COBE的发射因1986年挑战者号航天飞机失事而被延误，但这颗卫星最终于1989年11月升空，不负众望地测定了宇宙微波背景辐射的频谱形态，证明了其作为2.73K黑体谱（对应的峰值辐射频率约合160MHz）的本质；还在1992年最终确定，CMB的特征温度在10度的角尺度上存在十万分之几度的起伏，正是这样的微弱变化在宇宙早期埋下了初始不均匀性的种子，从而在日后逐渐演化为星系和更小的结构。由于这些发现对当代宇宙学的突出意义，COBE的团队最终于2006年荣获诺贝尔物理学奖。

在COBE成功的基础上，美国航空航天局和欧洲空间局又分别在2001年和2009年发射了威尔金森微波各向异性探测器（WMAP）与普朗克卫星。与在高度900千米的地球轨道上运行的COBE不同，WMAP和普朗克都选择了日地系统位于地球背面的第二拉格朗日点作为工作地。这里远离地球热辐射的影响，可以更好地对特征温度极低的CMB进行精密测量，再配合更加先进的探测器技术和更为合理的观测模式，两颗卫星都达到了百万分之一开尔文量级的温度测量精度。在空间分辨率方面，WMAP达到了1度以内，普朗克更是将各向异性的解析能力提升到了10角分。这意味着使用这两颗卫星的数据，研究者可以更好地探讨宇宙背景辐射的角功率谱（也就是不同角尺度上温度偏离均匀分布程度的衡量），其中空间分辨率更高的普朗克更是以极高的可靠性确定了角功率谱中由$l>700$ 高阶多极矩贡献、源于早期宇宙中辐射作用的第三峰和$l>1000$、由光子脱耦期间最后散射面厚度决定的尾部结构的形态，从而明确限制了宇宙学模型，并敲定了宇宙中各种物质和能量成分的比例，大大推进了宇宙学在观测和理论两个方面的发展。

除了COBE、WMAP和普朗克三颗宇宙微波背景辐射测量卫星外，美国在1998年12月5日发射的亚毫米波天文卫星（SWAS）是一颗更加通用的微波卫星。搭载有一架55厘米×71厘米口径的偏轴卡塞格林式天线和相应的后端仪器，在高度约645千米的近圆轨道上运行。SWAS主要用于观测500～600GHz频段上的水、$H_2{}^{18}O$、^{13}CO 等亚毫米波分子谱线以及中性碳原子线，在2004年7月21日结束第一期观测前对众多分子云进行了测绘。随后从2005年6月1日起，这颗卫星重启了3个月，以监测深度撞击探测器遭遇坦普尔1号彗星前后彗星的亚毫米波辐射。SWAS选择的观测频段是地球大气对其几乎不透明，因此无法开展地面观测的频率范围。在其他频段，由于星载天线的口径有限，地基大型毫米/亚毫米波望远镜才是开展天文观测的更好选择。

此外，日本还计划在21世纪20年代晚些时候发射宇宙背景辐射探测B模偏振研究轻型卫星（轻鸟号），如其名所示，这颗卫星着重宇宙微波背景辐射（CMB）的B模偏振探测。轻鸟号也将在日地系统第二拉格朗日点工作，覆盖34～448GHz频段。考虑B模偏振的成分与宇宙暴涨密切相关，轻鸟号升空后有望揭示宇宙学的一系列根本性问题。（张　博）

空间亚毫米波射电望远镜　space sub-mm wave radio telescope　运行在地球外太空的亚毫米波射电望远镜。亚毫米波射电天文观测对于天文研究有重要意义，特别是在分子天文学和恒星诞生与演化的研究方面；同时，它将有希望直接观测到系外大质量气态行星的射电辐射；它与地面毫米/亚毫米波射电望远镜进行空间甚长基线干涉测量（SVLBI）观测，将获得更高分辨率的黑洞图像。建设空间亚毫米波射电望远镜主要是为了避免地球大气对于该波段的严重影响，大大提高观测的灵敏度，并且可以在地球上无法观测的波段进行观测。

亚毫米波的频率范围为300～3000GHz（波长1.0～0.1毫米），包括了太赫兹波段（1THz＝1000GHz，波长0.3毫米），它与远红外波段（0.3～0.05毫米）有部分交叠。地球大气中的水分子、氧分子等由于谐振吸收作用会造成亚毫米波段的射电波产生很大的衰减。亚毫米波观测一般要求大气中水汽含量不超过1毫米，因而地球上只有极少大气水汽含量十分低的地方适合作为亚毫米波射电望远镜的站址，比如在4千米以上的高山上和南极冰盖上。大气水汽对于亚毫米波段的1.0THz及更高频段的影响更为严重，例如：根据南美智利北部查南托高原海拔5050米处ALMA站址的大气水汽含量的测试，一年仅有约10%时间水汽含量降到0.4毫米，这时在1.0～1.6THz波段射电波的大气透射率仅为15%。在太空中进行亚毫米波天文观测不受大气影响，能够获得更好的观测效果。在太赫兹波段，一台空间亚毫米波射电望远镜的灵敏度，比地面上高海拔地方的同等口径的亚毫米波射电望远镜的实际灵敏度要高5～10倍。

亚毫米波射电望远镜是各类射电望远镜中研制难度最高的一种，例如：如果最短观测波长为0.1毫米（3.0THz），射电望远镜的天线面精度通常要求好于最短观测波长的1/20，所以天线面精度就要求达到0.005毫米（5微米），这对于天线的研制提出了新挑战。如果还要在高温差的太空环境中运行而保持天线面的精度，其研制的难度就更高了。

截至2022年，全球仅有俄罗斯的列比捷夫物理研究所天文空间研究中心（ASC/LPI）

主持实施的一项空间亚毫米/远红外天文台计划，项目名称为“光谱-M”（Millimetron）的计划，计划于2029年发射升空。它的主要技术指标如下：

①天线口径：可展开10米天线，中间直径3米部分为固定式。

②观测波段：单口径天线观测——0.07～3.0毫米；空间VLBI观测——0.5～10.0毫米。

③天线面精度：6微米。

④天线面保形技术：天线面温度控制 < 10K 和天线面形在轨主动调整技术。

⑤工作轨道：地球大椭圆轨道（前期）；日-地拉格朗日L2点的晕轨道（后期）。

Millimetron卫星概念设计图见图。

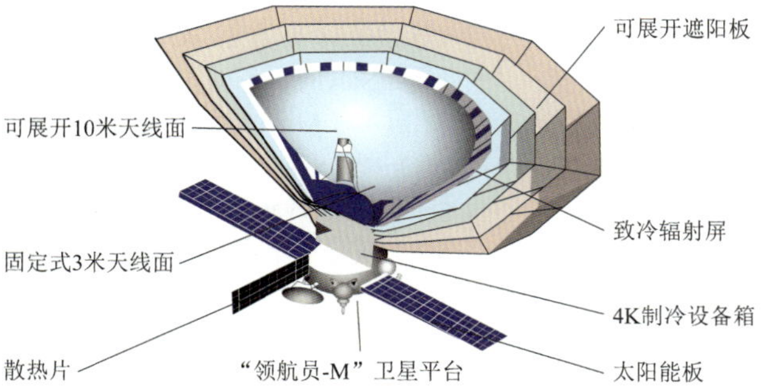

Millimetron 卫星设计概念图

Millimetron项目的主要科学目标是：

空间VLBI观测：波段——22、40、90、250、340GHz。①黑洞视界近旁的空间结构与物理性质。②宇宙快变现象，如超新星爆发、γ射线爆发等的结构与物理性质。③星系、恒星与行星系统的形成与演化。

单天线观测。①星系、恒星与行星系统的形成与演化。②太阳系、银河系及星系中固态星体的物理性质与演化；生命与智慧的表现形式。③超大质量黑洞、暗物质与暗能量的形成与演化。④宇宙早期产生的物体，如首批恒星与星系、原始黑洞等。（钱志瀚）

空间引力波探测 gravitational wave observation in space 通过在太空中部署大型激光干涉仪而开展的**引力波**探测。各国学者已提出了许多不同的空间引力波探测概念方案。在常规的空间引力波探测方案中，均考虑用三颗（或更多颗）卫星在太空中构成卫星编队，其中，每颗卫星内部包含一到两个检验质量。卫星之间通过激光链路链接，称为激光臂，卫星整体在激光链路方向上跟随检验质量做自由落体运动。引力波信号的存在，会使得检验质量间的距离发生微小的变化。通过激光干涉测量，可以得出距离的变化，并最终由数据分析，反推出引力波信号对应的物理参数。

不同的空间引力波探测方案间虽然在原理上有较大的共通性，并且在测量引力波信号的频段上也有较大的重合度，均以探测毫赫兹（10^{-3}Hz）至赫兹频段的引力波为主。但在具体构型上，仍有不少差异。例如，卫星之间的距离从最近的上千千米（如日本提出的DECIGO）、到十几万千米（如中国实施的**天琴计划**）、到上百万千米（如欧美合作开展的LISA），甚至几亿千米（如中国提出的ASTROD-GW）不等。

在毫赫兹至赫兹的频段上，包含着类型丰富、数量巨大且分布于整个宇宙的各类引力波源。因此，空间引力波探测的科学意义重大，在各种引力波探测方法具有特殊的地位。同时，由于技术门槛高，国际上在经历几十年研究，提出了诸多概念方案后，仍然还没能将一个空间引力波探测卫星编队送入太空，使空间引力波探测成为国际上唯一一个仍然处于空白状态的主要引力波探测方法。

概念方案演变 历史上的第一个主要的空间引力波探测方案是LAGOS（Laser Antenna for Gravitational radiation Observation in Space）。LAGOS采用一颗主卫星和两颗从卫星构成一个空间引力波探测器，共有两条激光臂。主卫星和从卫星上的检验质量之间采用激光外差干涉测量方法来记录引力波引起的距离变化。两条激光臂的长度都是100万千米，之间的夹角为90°。LAGOS激光天线设计放置于地球绕太阳运行的轨道上，距离地球大约5000万千米量级，跟随地球绕太阳运动。在设计方案中，LAGOS的两个从卫星每年绕主卫星运动一周，整个激光天线平面与黄道面保持约60°的夹角。

20世纪90年代初，LISA（见**空间激光干涉仪**）被提出，最初以四个航天器的构型参与竞争欧洲空间局（ESA）“地平线2000”（Horizon 2000）的第三次中等规模项目（M3项目），随后以六个航天器的构型参与竞争“地平线2000+”（Horizon 2000 Plus）的“基石项目”（cornerstone project）。LISA继承了LAGOS的绝大部分思想，但是激光天线的三个顶点放置完全相同的三个卫星，卫星两两之间均有激光臂链接，夹角也改成了60°，使整个激光天线大致构成一个等边三角形，三角形的每条边都为约500万千米。为了进一步降低成本，LISA于1997年将原先的六颗星压缩为三颗星，并开始成为ESA和美国航空航天局（NASA）联合支持的项目。2011年，NASA由于经费原因退出对LISA的支持。为了继续推进空间引力波探测，ESA随后提出了替代的eLISA/NGO计划。2015年底，LISA的技术验证星LISA Pathfinder发射成功，实际表现超出了设计预期。2016年，ESA的引力天文台咨询委员会报告称，以在两个做自由落体运动的检验质量间进行激光干涉测量为基础的引力波项目在技术上可行。2017年6月，LISA被ESA选为其科学计划中的第三次大型任务，预期将于2034年发射。2018年5月22日，GRACE-FO卫星发射，进一步对空间引力波探测中的星间激光干涉测量技术作在轨验证。

日本于2001年提出了自己的空间引力波探测任务DECIGO计划的概念，主要面向分赫兹频段的引力波探测，以填补LISA与地面引力波探测器（如LIGO等）之间的频率空白。完整的DECIGO将包含4组三星编队，每个编队包含3个臂，每个干涉臂长1000千米，采用直径1米的望远镜。DECIGO与现有其他空间引力波探测方案的重大区别在于将采用法布里-珀罗谐振腔模式的激光干涉臂。DECIGO原本计划于21世纪20年代中期发射，已有较大延后，并且还没有进一步明确的发射时间表。在LIGO探测到引力波后，人们发现几十个太阳质量的双轻黑洞并合的概率比原先预想的要大许多，使得DECIGO的技术验证星Pre-DECIGO探测到引力波的概率大大增加，因此，DECIGO合作组将Pre-DECIGO改名为B-DECIGO，计划作为一个正式的引力波探测任务于2025～2030年发射。

中国引力波探测的努力可以追溯到20世纪70年代，中山大学和中国科学院高能物理研究所最早在中国开始了共振棒型引力波探测器的研制。中山大学陈嘉言等研制的探测器技术指标达到了国际先进水平。1979年，中山大学的陈嘉言被聘为在意大利举行的第二届格拉斯曼广义相对论国际会议顾问委员会委员，并在会上做了《北京-广州引力波探测进展》的报告。华中科技大学于1983年开始建设引力实验中心，罗俊等人于21世纪初开始了空间惯性传感、星间激光干涉测量等空间引力波探测核心技术的研究。2008年，中国科学家召开了第403次香山会议，开始了对中国空间引力波探测发展路线的探索。随后刘润球等围绕旨在超越LISA的ALIA方案进行了研究，倪维斗于2009年提出了

ASTROD-GW 概念方案。但是在 2014 年天琴计划提出前，中国一直缺乏一个有明确时间表的空间引力波探测计划。罗俊于 2013 年底开始多次组织国际专家研讨未来的空间引力实验，于 2014 年 3 月提出了利用 15～20 年时间实现空间引力波探测的构想，并将对应的探测器命名为“天琴”。2015 年 9 月 1 日，也就是 LIGO 探测到首个引力波事件的前 13 天，天琴的第一篇概念方案论文被投稿给学术期刊《经典与量子引力》(*Classical and Quantum Gravity*)，并于 2016 年初正式发表。2016 年 2 月 16 日，中国科学院举行“空间引力波探测与研究”媒体见面会，对外公布了“**空间太极计划**”。

科学意义　通过空间引力波探测，预期可以探测到种类多样的引力波源，可以实现在极端条件下检验基础引力理论，可以帮助研究致密双星系统的演化、验证大质量黑洞的存在、探索黑洞和星系的形成等，也有可能提供关于宇宙形成与演化的重要信息。

引力波是广义相对论的基本预言，它提供了一个在极端情况下检验广义相对论、研究引力的高阶非线性效应的形态。虽然引力主宰着整个宇宙的演化，但它同时也是一种相对非常微弱的相互作用。空间引力波探测预期能探测到的引力波信号很多来源于致密双星合并，两个超大质量黑洞的合并，宇宙大爆炸等包含极强的引力场的过程。在强引力场过程中，引力的高阶非线性效应会有明显的体现，并最终在引力波的极化、相位和强度等信息上体现出来。对引力高阶效应的探测可以帮助人们区分广义相对论和其他可能的替代理论。此外，一些特定的引力波信号，如极端质量比旋近，由于其在纯引力作用下作长期复杂的演化，因此被认为是绝佳的引力实验室。引力波还可能帮助人们获得有关量子引力的部分信息。量子引力的特征能标(10^{19}GeV)远远超出了高能粒子加速器所能达到的能量上限。但是来自宇宙大爆炸的原初引力波因为在极早期就与其他物质退耦，因此有望携带有关引力量子特征的信息。空间引力波探测的频段范围对应宇宙在 10^{-18}～10^{-10} 秒时退耦的引力波，对应包括当前高能粒子加速器所能达到的最高能量，因此空间引力波探测实验有可能与地面的高能粒子实验形成相互促进的关系。

引力波将是除电磁波、中微子和宇宙射线之外可供人们对宇宙作观测的新媒介。作为一种新手段，对引力波的探测将开辟全新的领域：引力波天文学，有望极大促进对黑洞等极端致密天体及其前身星与其周围环境共同演化的研究。空间引力波探测可以通过对银河系内的致密双星系统的观测，测量其距离、轨道和质量等信息。与此同时，通过联合开展多波段引力波探测，可以帮助确定恒星级双黑洞的自旋、轨道偏心率等信息。这些信息对于研究双星演化和致密双星系统的形成机制有着重要帮助。空间引力波探测可以对银河系外大质量黑洞进行深入研究。观测表明，星系中心普遍存在大质量黑洞，更进一步地，宿主星系的与中心黑洞关系密切。主流模型认为，星系的成长伴随着不断的**星系并合**，而由于动力学摩擦，大质量黑洞也会随之靠近并最终并合。然而，星系中心的大质量黑洞与宿主星系之间的联系、两者的共同演化历史等，当前还存在许多依然存在许多尚待解答的问题，如大质量黑洞的形成机制、大质量双黑洞如何在有限时长内耗散角动量迅速并合等。通过空间引力波对大质量双黑洞并合的探测，有望对这类问题的解答带来启示。

空间引力波探测可以测量极早期宇宙的物理性质。相比电磁波或中微子，引力波在宇宙起源过程中更早地与物质退耦，因此来自宇宙大爆炸的原初引力波可以携带更接近宇宙源点的信息。原初引力波一方面可能在宇宙微波背景辐射中留下可探测的印记；另一方面，原初引力波很可能具有非热谱，从而也可以被空间引力波实验探测到。原初引力波的探测对于研究宇宙的演化和引力的量子特性都将有极其重要的意义。空间引力波探测同样可以对当下的**宇宙学参数**做出限制。通过两种电磁手段观测的宇宙学参数存在无法解释的差异：由宇宙微波背景辐射观测给定的**哈勃常数**与由临近的Ⅰa 型超新星给定的哈勃常数无法吻合，且其差异无法用统计误差解释。由于引力波观测可以直接测量光度距离，配合多信使探测的红移信息，可以获得一个独立的宇宙学参数测量。由于可探测范围广阔，空间引力波探测对这类标准警笛的探测可以实现非常高精度的宇宙学参数测量。这样一个独立、精确的测量将有望调和电磁波宇宙学观测中的这一矛盾。（胡一鸣）

空间站　space station　一种在外层空间近地轨道运行的，可供多名航天员巡访、长期工作和生活的人造航天器。又称太空站或者空间实验室。虽然它本身不一定具备推进或者着陆系统，但是却拥有和其他航天器的接口以进行人员输送轮换和物资补给。经过多年的发展，空间站已经从单个轨道舱体发展成由多个轨道舱体组合而成的联合体。

相对于人造卫星和载人飞船，空间站内部容积大，在轨停留时间长，实验条件相对完备，能够进行多门类科学观测和实验，包括空间微重力环境影响下的医学、生物学、工程学等，当然也包括天文学。对于天文学家来说，无大气干扰的外太空环境、充足的资源供给以及相比其他无人航天器来说方便易维护的基本条件，都是空间站作为天文观测平台的诱人之处。从早期的试验性质的单舱型空间站开始，到现在多舱积木和桁架构型的空间站上，都不断地有从光学到高能射线和高能粒子等各种类型的天文观测设备搭载工作。

苏联/俄罗斯方面，从 20 世纪 70 年代的礼炮(Salyut)系列空间站到 1986 年发射的和平号(Mir)空间站，搭载的猎户座 1 号(Orion 1 Space Observatory)、MKF-6M 和量子 1 号(Kvant-1)天文物理舱等天文仪器包，获得了丰富的从 X 射线到亚毫米波宽波段的观测数据。而 1973～1974 年美国发射的天空实验室(SkyLab)搭载的阿波罗望远镜(Apollo Telescope Mount)，也通过航天员的手动操作在软 X 射线、紫外和可见光波段对太阳进行成像观测。

2000 年发射，截至 2023 年仍在运行的国际空间站(International Space Station)是人类拥有过的规模最大的空间站(图 1)，预计其工作至 2030 年。在国际空间站上搭载和开展了多项天文观测实验，包括阿尔法磁谱仪实验、全天 X 射线成像监测器(Monitor of All-sky X-ray Image)、量能器电子望远镜等，取得了一系列丰富而重要的成果。

图 1　国际空间站

中国空间站的建设起步较晚，2011 年才发射了第一个小型试验性空间站天宫一号。但搭载天文观测设备的研制并不落后，2016 年发射的天宫二号上就搭载了中欧科学家共同研制的 **γ 暴偏振探测仪** POLAR，其观测结果和研究已经走在了 γ 暴偏振研究的国际前列。2021 年 4 月 29 日，中国空间站天和核心舱发射升空，2022

年 7 月 24 日，问天实验舱发射升空，2022 年 10 月 31 日，梦天实验舱发射升空，中国空间站全面建成。而未来将独立伴飞的中国巡天空间望远镜（图 2）预计 2024 年

图 2　与中国空间站伴飞的中国巡天空间望远镜

升空，主镜口径 2 米，视场将有望超过哈勃望远镜 300 倍，研究宇宙加速膨胀的机理和暗能量本质，检验宇宙学模型，研究暗物质属性、银河系三维结构以及恒星、黑洞、星系、类星体等多种天体的形成与演化的规律。

（胡一鸣　张　哲　张　岩　陈灯意）

夸克星　quark star　一种以游离夸克为基本组分而构成的致密天体。是大质量恒星演化至晚期通过超新星爆发而残留的遗骸。表现为脉冲星。随着对深层次物质结构的探索，人们于 20 世纪 60 年代开始认识到：包括中子、质子在内的强子是由更基本的粒子——夸克所构成。在高密度的情况下，束缚于强子内的夸克或可分离开来，这一过程被称为“解禁”。鉴于此，一些学者开始讨论大质量中子星核心处夸克解禁的可能性。不过因实验上未发现自由夸克，人们当时误认为夸克质量远大于质子质量，夸克因而通过深势阱相互束缚结合成强子。在这种错误的观念引导下，D.D.伊万年科和 D.F.库尔德兰兹（1969）计算得到了过高的夸克解禁密度，而伊萄（1970）给出了过低的夸克星质量。1973 年，D.J.格罗斯、H.D.波利策和 F.威尔切克（三位分享 2004 年度诺贝尔物理学奖）从理论上证明了强作用渐近自由，这标志着描述强作用的基本理论——量子色动力学（QCD）的建立。因此，夸克星也可以看作高密度下渐近自由属性的一种理论预言。

在高能标下，因渐近自由行为，QCD 可采用微扰论处理。然而，夸克解禁密度以及夸克物质的性质等却与 QCD 的非微扰特征密不可分。如何正确考虑这一非微扰效应仍是粒子物理领域的重大挑战之一，跟世纪奖金问题“杨-米尔斯存在性和质量间隙”紧密相关。1984 年，美国科学家 E.威滕推测大块的奇异夸克物质（以几乎等数量的上、下和奇异夸克为组成单元）是强作用物质的基态并讨论其存在的可能性（夸克星、宇宙线和暗物质）。这一论断后来被称为“威滕猜想”。由奇异夸克物质构成的致密星被称为奇异夸克星，简称为夸克星或奇异星。E.法赫和 R.L.贾菲于 1984 年利用 MIT 口袋模型计算发现：威滕猜想在很大的参数空间内是合理的。

若威滕猜想成立，夸克星要比中子星更稳定，因而观测上发现的脉冲星很可能是夸克星。海赛小组和阿考克小组于 1986 年分别独立计算了夸克星的结构，发现夸克星确实可以具有跟中子星相近的极限质量。至此，相对于流行的中子星而言，夸克星作为另一类模型而存在。考虑到脉冲星类致密天体观测现象的丰富性和复杂性，如何从观测上鉴别中子星或夸克星依然是天体物理的研究热点之一。

相对于威滕猜想而言，另一种可能性是：大块的、成团的（即夸克并非处于游离态，而是如原子核内夸克束缚于核子内那样）、以几乎等量轻味夸克（包括上、下和奇异夸克）构成的致密物质才是强作用物质的基态。由于在数倍核物质密度情况下，夸克之间的耦合依然很强，因此尚不能排除这一可能。研究表明，相比中子星而言，这种情形下形成的致密星在表面和整体结构上都有鲜明的特点（如整体呈固相）。如何通过天文观测确定这类天体是否存在，也将是有趣的天体物理话题。（徐仁新）

快速射电暴　fast radio burst; FRB　一种来自天空的持续时间仅为数毫秒的爆发性、脉冲式射电辐射现象。快速射电暴（简称 FRB）瞬时辐射流量可达到数倍央斯基（Jy），形态上表现为一种短时、明亮的点状射电源。

2007 年，美国天文学家 D.洛里默在分析澳大利亚帕克斯天文台脉冲星巡天的历史数据时首次发现了这种天文现象。快速射电暴的辐射分布在很宽的射电频带上，辐射到达时间随着频率的减小而延迟（即存在色散）。测得的色散量常常高达数百到上千秒差距/厘米^3，远高于银河系在相应方向上所能贡献的数值。

快速射电暴在天空中的发生位置可处于任意方向，未表现出在银道面的集中趋势。这种各向同性的空间分布和前述高色散性质表明快速射电暴很可能具有宇宙学起源。在假设色散主要由**星系际介质**引起的条件下，可以通过色散量估计快速射电暴的光度距离和**宇宙学红移**。由于对辐射源本身、宿主星系和银河系三者各自对色散量贡献的比例尚不了解，该估算的红移存在较大的不确定性。在未来实现对红移的独立测量后，快速射电暴有望作为一种研究宇宙学的新探针。作为一种宇宙学距离上的辐射源，快速射电暴不同频率光子的到达时间差，还可用于高精度检验广义相对论中的弱等效原理假设。

截至 2017 年 8 月，共有 23 个快速射电暴被观测到。其中，在 FRB 140514 和 FRB 110523 中分别测量到了一定程度的圆偏振和线偏振。另外，FRB 121102 在 2012 年被首次发现后，又相继在 2015 年、2016 年被观测到多次爆发，是已发现的唯一一个具有重复爆发性质的快速射电暴。尚无法确认其他快速射电暴是否也具有重复爆发的性质，或者是否仅存在两类本质不同的快速射电暴。FRB 121102 的多次爆发使人们能够定位到它的宿主星系（一个矮的低金属丰度的恒星形成星系），其红移被测定为 0.19，由此确认了该暴的宇宙学起源。此外，在 FRB 121102 的位置方向上发现了一个相对较弱的持续射电辐射源。

快速射电暴的天体物理起源仍是一个待解之谜。基于现有观测，天体物理学家们提出了不少理论模型。它们大多与以下两种过程有关：致密天体的坍缩和致密双星的并合等灾难性事件，或中子星（特别是毫秒磁星）的剧烈活动，因为快速射电暴的辐射时间极为短暂因而辐射区域较为致密。与第一种过程相关的模型可能使快速射电暴与**引力波**以及**γ 射线暴**等天文现象具有相关性，而与第二种过程相关的模型则在解释重复性的快速射电暴方面具有优势。此外，还有理论认为快速射电暴可能与超导宇宙弦的爆发有关。

快速射电暴的爆发率被估计为每天上万次，这为各类理论模型提供了强烈的观测限制，也为未来的观测创造了巨大的机遇。（俞云伟　吴雪峰）

奎洛兹，D.　Didier Queloz（1966-02-23～　）瑞士天文学家。生于瑞士日内瓦。就读于日内瓦大学，1990 年获硕士学位，1992 年获得天文学与天体物理深造文凭，

1995 年获得博士学位。1996～1997 年，在日内瓦大学做博士后研究员。1997～1999 年，美国喷气推进实验室杰出访问科学家，2000～2002

年，任日内瓦大学副研究员。2003～2007年，任日内瓦大学教员，2008年晋升教授。2013年成为英国剑桥大学教授。

在读研究生期间，在M.麦耶指导下利用阶梯光栅光谱仪（ELODIE）搜寻褐矮星和巨型行星，于1995年共同发现了第一颗绕主序星公转的太阳系外行星飞马座51b，并确定它是热木星型。因此和M.麦耶、P.J.E.皮布尔斯共同获得2019年诺贝尔物理学奖。

在此后的25年中，奎洛兹的主要工作就是增强探测和测量这类系统、获取其结构信息的能力，通过同太阳系的比较来探讨它们的形成和演化。为此，他参与了一系列新仪器、新方法和新算法的开发，参与或执行了导致数百颗太阳系外行星发现的研究项目，取得了一个又一个突破性发现。

奎洛兹于2020年当选英国皇家学会会员，还先后获得西班牙毕尔巴鄂比斯开银行基金会基础科学知识前沿奖（2011）、科睿唯安引文桂冠奖（2013）、以色列沃尔夫基金会沃尔夫奖（2017）。

（石云里）

L

拉格朗日特解　Lagrange particular solution　由拉格朗日求得的平面圆型限制性三体问题运动方程的五个特解。见**平面圆型限制性三体问题**。

拉卡伊 9352　Lacaille 9352　南天区的南鱼座中一颗视星等为 7.34 的主序**红矮星**。对于人眼来说，即使是在非常晴朗的夜空中，它也只是一颗昏暗的恒星。在标准历元 J2000 赤道坐标系中，赤经 $23^h05^m52.04^s$，赤纬 $-35°51'11.05''$。最早收录在法国天文学家 N.L.de 拉卡伊于过世后第二年即 1763 年发表的 9766 颗恒星星表中。1881 年，B.A.古德首次测量出拉卡伊 9352 具有当时所有已知恒星中第四高的自行——6.9 角秒/年，表明它是一颗距离太阳系很近的恒星。2007 年，F.van 鲁凡通过视差法进一步精确测量出它与太阳系的距离仅为 10.68 光年（3.28 秒差距），是离太阳系第 11 近的恒星。因此，为了在它的宜居带（与拉卡伊 9352 的距离范围 0.18AU～0.358AU）搜寻地球大小的系外行星，它被美国国家航空航天局（因资金短缺问题自 2010 年 11 月起就宣布无限延期）的空间光学干涉测量项目列为具有第一优先级的待测目标源。2000 年，D.J.施罗德等人并没有从哈勃空间望远镜中发现任何在它周围存在系外行星或暗弱天体的证据。2009 年，B.O.得莫利等人利用**欧洲南方天文台**建于智利的甚大望远镜阵组成的光学干涉仪，精确测量出它的质量为 0.5 个太阳质量，半径为 0.46 个太阳半径。对天文学家来说，其仍有极大的研究价值。

（戴智斌）

拉帕尔马天文台　La Palma Observatory　位于西班牙加那利群岛拉帕尔马岛上的天文台。成立于 1985 年，其正式名为罗克·德洛斯穆查霍斯天文台。隶属**加那利天体物理研究所**，也是欧洲北方天文台的一部分。天文台拥有多架望远镜，截至 2022 年，其中知名望远镜有 1 米口径的瑞典太阳望远镜（SST），是世界第二大**折射望远镜**；4.2 米口径的威廉·赫歇尔望远镜（WHT），1987 年开始观测，是欧洲第二大单口径望远镜；10.4 米口径的加那利大型望远镜（GCT），2009 年开始观测，是世界最大单口径光学红外望远镜。此外，英国的

拉帕尔马天文台的 3 架主要望远镜

2.54 米艾萨克·牛顿望远镜也安放在此处。2016 年，该天文台被选为 30 米望远镜（TMT）的备选台址，以备美国夏威夷的莫纳克亚山天文台无法实施的情况发生。

（李宗伟　刘黎明）

拉普拉斯，P.-S.　Pierre-Simon Laplace（1749-03-23～1827-03-05）　法国数学家、天文学家。生于法国西北部卡尔瓦多斯的博蒙昂诺日，卒于巴黎。年幼时就显露出数学才能，1767 年到巴黎拜见 J.le R.达朗贝尔，经过周折，终于以自己对力学原理的论述受到了达朗贝尔的称赞，随即被介绍到巴黎军事学校任数学教授。1785 年当选法国科学院院士，1795 年任巴黎综合工科学校教授，后又在高等师范学校任教授。1816 年当选法兰西学院院士，1817 年任该院院长。

拉普拉斯的研究领域很宽广，涉及天文、数学、物理、化学等方面的许多课题，一生中最主要的精力花费在**天体力学**上面。把数学当作解决问题的重要工具，而在运用数学的同时又创造和发展了许多新的数学方法。在微分方程、复变函数论、代数学和概率论等方面都有卓越贡献。在微分方程中有以他的姓氏命名的拉普拉斯方程：

$$\frac{\partial^2 v}{\partial x^2}+\frac{\partial^2 v}{\partial y^2}+\frac{\partial^2 v}{\partial z^2}=0$$

他在 1782 年就考虑过形如：

$$f(x)=\int_0^\infty e^{-xt}g(t)\,dt$$

的积分方程，后来人们称它为 $g(t)$ 的拉普拉斯变换；他是复变函数论的先驱者之一，较早地考虑了复函数求积法，并把实积分转换为复积分来计算实积分的值；在代数学中有关于行列式的拉普拉斯展开定理；被公认为概率论的奠基人之一。

拉普拉斯的研究成果大都包括在他的三部总结性的名著中：《宇宙体系论》（1796），其中有著名的关于太阳系起源的星云假说，因为 I.**康德**也曾发表过类似的假说，所以在科学史上通常称为“**康德和拉普拉斯星云说**”。《天体力学》（1799～1825），这部 5 卷 16 册的巨著实际上是 I.**牛顿**、A.-C.克莱罗、L.欧拉、J.-L.拉格朗日以及他本人的天文学研究工作的总结和统一。书中以很多篇幅阐述位势理论，这对物理学的许多分支的发展有深远的影响。传说拿破仑一世曾指责他在这部论述宇宙的大书中竟然没有提到宇宙的创造者——上帝，拉普拉斯回答说：“陛下，我不需要这种假设。”《概率的分析理论》（1812）是概率论方面的一部内容丰富的奠基性著作。书中首次明确给出了概率的古典定义，系统叙述了概率论的基本定理，建立了观测误差理论（包括最小二乘法），并把概率论应用于人口统计。书中大量运用了拉普拉斯变换，生成函数和许多数学工具。拉普拉斯把他的一篇论文《关于概率的哲学探讨》，作为该书第二版（1814）的序言，文中提出了关于概率论的重要见解：概率论终将成为人类知识中最主要的组成部分。生活中那些最重要的问题绝大部分正是概率问题。

由于拉普拉斯在科学上的重要成就，有“法国的牛顿”之称。拿破仑曾任命他为内政部长，但不久又认为他不称职而把他免职，并讥讽他把“无穷小的精神”带入政府工作。

（胡作玄　撰　石云里　修订）

拉普拉斯不变平面　Laplace's invariable plane　太阳系总动量矩（包括公转和自转）的垂直平面。是 P.-S.**拉普拉斯**在 18 世纪首先提出的，因而得名。根据质点组动力学的动量矩定理可知，如只考虑质点之间的万有引力，则各质点动量矩的向量和为常向量，它的大小和方向都是不变的，称为质点组的总动量矩。如把太阳系看作质点组（各天体看作很多质点的组合），在只考虑万有引力条件下，总动量矩的大小和方向也是不变的，因而与此总动量矩垂直的平面也是不变的平面。根据具体计算，拉普拉斯不变平面差不多与木星轨道面平行，与 1950 年的黄道面交角约为 1.65°。

（易照华）

拉普拉斯共振　Laplace resonance　三体共振的一种。最初发现在木星的**伽利略卫星**木卫Ⅰ、木卫Ⅱ、木卫Ⅲ的周期存在 1∶2∶4 关系。三颗卫星通过该共振相互

传递轨道能量和角动量，使得在木卫Ⅰ上存在强烈潮汐耗散作用的情形下仍能长期维持它们的轨道。（易照华）

拉斯坎帕纳斯天文台 Las Campanas Observatory; LCO 位于智利阿塔卡马地区的一家天文台。成立于1969年，用于取代光污染严重的美国威尔逊山天文台，是

位于拉斯坎帕纳斯天文台的众多望远镜（2007年摄）

美国卡内基科学研究所（CIS）下属的主要天文观测基地。总部位于美国加利福尼亚州的帕萨迪纳，在智利拉塞雷纳市的拉塞雷纳大学旁边设有办事处。主要观测设备有：2台6.5米口径的麦哲伦望远镜，沃尔特·巴德望远镜在2000年初光，兰登·克莱望远镜在2002年初光；2.5米口径杜邦望远镜，1977年投入使用；1米口径斯沃普望远镜1971年开始运行。此外，华沙大学天文台的1.5米口径华沙望远镜、2009年安装的匈牙利南部自动望远镜（HAT-South）等其他天文台的设施也建在此处。未来，巨型麦哲伦望远镜（GMT）也将在此处建成，预计2028年底完工，2029年开始调试。（李宗伟 刘黎明）

莱布尼茨天体物理研究所 Leibniz Institute for Astrophysics Potsdam; AIP 莱布尼茨学会下属的一家天文研究机构。原名波茨坦天体物理研究所。位于德国柏林以西

位于巴别斯堡的天文台主楼

勃兰登堡州的巴别斯堡，1992年成立。是1700年成立的柏林天文台以及1874年成立的波茨坦天文台的继承者。2011年改为现名，但保留其名称缩写AIP。在德国波茨坦电报山拥有爱因斯坦塔太阳天文台和大折射望远镜。主要研究太阳、恒星物理学、恒星和银河系演化以及宇宙学。开发了各类光谱和自控望远镜技术，是安装在美国亚利桑那州的大双筒望远镜项目合作伙伴；在阿根廷特内里夫和南极架设了自控望远镜；为包括欧洲南方天文台的甚大望远镜（VLT）在内的众多大型望远镜开发天文仪器。（李宗伟 刘黎明）

莱顿天文台 Leiden Observatory 荷兰南荷兰省莱顿的一座天文台。1633年荷兰莱顿大学建造了该天文台，是世界上最古老

莱顿天文台旧址

的仍在运行的大学天文台。起初该天文台使用莱顿大学主要建筑的房顶作为观测平台。1860年，新建一座大型现代化天文台，此建筑成为天文系的系址，1974年，天文系搬到莱顿城西北部的生物科技园。尽管莱顿不再进行专业性天文观测，但该系仍自称莱顿天文台。其科研人员则前往位于智利的欧洲南方天文台，使用甚大望远镜（VLT）等开展观测研究。

其是荷兰最大的天文系，享有国际知名度，研究方向囊括天文学内的众多领域。许多知名天文学家和物理学家如J.C.卡普坦曾在莱顿天文台工作过，一些天文学家如W.德西特、E.赫茨普龙和J.H.奥尔特等更是曾在此担任台长。（李宗伟 刘黎明）

莱曼断裂星系 Lyman break galaxy; LBG 采用莱曼断裂法所筛选出来的产星星系。由于高红移星系处于宇宙早期，恒星形成活动剧烈，紫外连续辐射很强，但波长短于91.2纳米（莱曼系限）的辐射被视线方向大量的中性氢吸收，因而该星系的能谱分布（SED）在该处有一个明显的跃变，具有这种性质的星系称为莱曼断裂星系。原则上讲，任何星系在SED上都有莱曼断裂特征，对于早型星系而言，由于恒星年龄较老，短于莱曼系限的辐射较弱，也会被视线方向上的中性氢吸收。但由于早型星系本身的紫外辐射较弱，除非星系本身很亮，莱曼断裂的特征并不足以明显到满足莱曼断裂方法中颜色选择的条件，所以这一方法选到的星系大部分都是恒星活动很活跃的星系，不过仍有可能在目标样本中混入少量的大质量早型星系。

通过分析莱曼断裂星系的统计样本可初步获得莱曼断裂星系的光度函数、尺度分布、成团性、质光比、金属丰度和恒星形成率等重要物理性质。统计上来看，莱曼断裂星系属于恒星形成活跃的中等质量星系，且星系的尘埃消光相比于红外亮的产星星系来得低。

美国天文学家C.C.斯特德尔，M.佩蒂尼和D.哈密顿在1995年通过莱曼断裂法成功观测到了红移为3左右的星系。大量的莱曼断裂星系的发现始于马道等人1996年的工作。随后斯特德尔等人通过光谱认证得到了这些星系的红移，这也是天

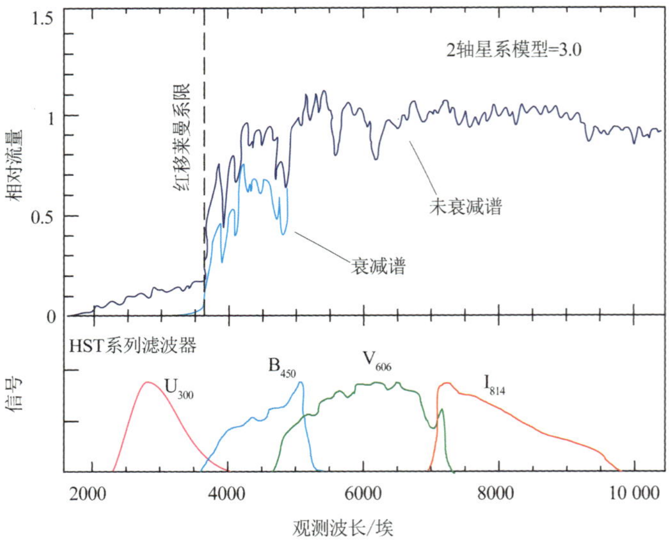

莱曼断裂星系观测原理图

文学家们得到的第一批大样本高红移星系。莱曼断裂的具体原理如图所示，哈勃空间望远镜4个滤光片U、B、V、I的中心波长分别为300纳米、450纳米、606纳米、814纳米。因此，如某个LBG的红移为3，它将不能被HST在U波段观测到，但能在B、V、I波段观测到。反之，若一个星系能被哈勃空间望远镜在B、V、I波段观测到，而只是在U波段观测不到（UV缺失），那它就很可能是一个红移约为3的LBG。当然，准确的红移值尚待大望远镜

的光谱观测确定。

利用 UBVI 的莱曼断裂方法来寻找红移 3 左右的亮星系是非常高效的，已用此方法找到 1000 多个这类高红移星系。与此类似，如果一个莱曼断裂星系只有 V、I 像而无 U、B 像（B 缺失），其红移应约为 4。若连 V 像也看不到（R 缺失），则红移应约为 5。第一个经凯克Ⅱ分光观测证实红移大于 5（$z = 5.34$）的星系 0140 + 326 RD1 就是用这种方法找到的。哈勃空间望远镜由于新装带多种滤光片组的大视场 CCD 相机（ACS）而如虎添翼，如用 F775W 波段像缺失而 F850LP 波段像可见的方法发现了约 30 个红移约为 6 的莱曼断裂星系。

未来，口径超过 6.5 米，配备高效光学和近红外相机及多目标摄谱仪的大型地面望远镜将达 16 台，这些观测设备将进一步扩大不同红移范围的莱曼断裂星系统计样本，这将为星系恒星形成活动的演化模型提供更好的约束。（陈 竹）

莱曼 α 丛 Lyman α forest 在作为背景（距离较远）的类星体光谱中，由观测者到类星体视线方向之间的星际介质里中性氢所产生的相对弱的莱曼 α 吸收线信号。又称莱曼 α 森林。它所要求的氢的柱密度小于 10^{17} 原子个数/厘米^2。莱曼 α 丛、莱曼极限系统和阻尼莱曼 α 系统的区别在于：莱曼 α 丛的氢柱密度值最小，其气体是光学薄的；莱曼极限系统的氢柱密度值较大，其气体是光学厚的；而阻尼莱曼 α 系统的氢柱密度值最大，不小于 2×10^{20} 原子个数/厘米^2。

一般认为，莱曼 α 丛所对应的是星际介质中的重子物质在暗物质晕的引力作用下，坍缩形成的片状或纤维状结构。这些结构的中性氢通过电子$n = 1$到$n = 2$的能级转移，在背景类星体光谱上产生的莱曼 α 吸收信号。因为这些结构存在于视线方向上的不同红移处，故而莱曼 α 的吸收信号因红移不同而排列成莱曼 α 丛。不过，也有小部分的吸收信号来自上述结构内金属元素对背景辐射的吸收。

20 世纪 60 年代类星体发现后，人们在类星体的莱曼 α 发射线蓝端光谱中发现了莱曼 α 丛，并很快推断出这类吸收来自视线方向上宇宙里弥散分布的气体。进一步的高分辨率光谱观测探测到了更高阶的莱曼线系的吸收，证明了莱曼 α 丛主要是来自视线方向上不同红移处气体氢的莱曼 α 吸收，从而证实了这类吸收是来自宇宙学尺度上的星系际的气体分布。因为莱曼 α 吸收的本征波长在 1216 埃，故而红移 1.5 以下的莱曼 α 丛的探索已移出光学波段范围。通过哈勃空间望远镜的紫外光谱巡天，人们探测到低红移近邻宇宙处的莱曼 α 丛。低红移近邻宇宙处的莱曼 α 丛可以方便人们利用多种星系巡天方法，去探索莱曼 α 丛的星系起源假说。鉴于观测上仅发现少量的莱曼 α 吸收与附近的星系相匹配，从而排除了莱曼 α 丛的星系起源假说。后来的理论和模型分析逐步发现，莱曼 α 丛的起伏实际上反映了星系际介质的线性密度涨落，其统计性质可以用等级式成团模型比较好地加以描述。根据这种模型，暗物质的坍缩是非球对称的，呈现片状（一维度坍缩）、纤维状（二维度坍缩）或晕状（三维度坍缩）的结构。据此，莱曼 α 丛的分布反映了在暗物质晕的引力作用下，重子物质坍缩形成的片状或纤维状结构的分布情况。（郑振亚）

莱曼 α 发射线星系 Lyman α emitter galaxy 光谱具有很强莱曼 α 发射线辐射的一类高红移星系。天文学上可以用窄带测光的方法去寻找红移为z的星系以及在观测者看来已红移到 $1215.67 * (1 + z)$Å波长处的莱曼 α 发射线。R.B.帕特里奇和 P.J.E.皮伯斯预言高红移的年轻星系应该具有强的莱曼 α 发射线，直到 21 世纪初，归功于 CCD 探测器在光学天文大望远镜上的大规模应用，这类星系才被大批量的发现。

莱曼 α 发射线星系的典型特征是低质量（10^8～$10^{10}M_\odot$）、年轻（2 亿～6 亿年）、少尘埃和单位质量恒星形成效率高。因为莱曼 α 光子与中性氢的共振散射特性，莱曼 α 发射线星系可以用来探索宇宙再电离时期（$z > 6$ 的宇宙），即通过莱曼 α 发射线星系的统计性质在宇宙再电离时期（$z > 6$）和宇宙再电离结束后（$z < 6$）的变化，限制宇宙再电离时期星系际气体的中性氢比例。另外，通过探测宇宙不同年龄处超大规模样本的莱曼 α 发射线星系的分布，如美国的霍比埃伯利望远镜暗能量实验（HETDEX）项目计划在 200 平方度天区探测到约 100 万例红移在 2～3.5 范围的莱曼 α 发射线星系，利用成团性分析可研究宇宙的重子声学振荡（BAO），从而探索宇宙的基本参数，如哈勃常数、暗能量的状态方程等。（郑振亚）

赖尔，M. Sir Martin Ryle（1918-09-27～1984-10-14） 英国射电天文学家。生于英国萨塞克斯郡的布赖顿，卒于英国剑桥。1939 年毕业于牛津大学，此后

任职于无线电通信研究院，第二次世界大战后入剑桥大学卡文迪什实验室。1948～1959 年任教于剑桥大学，1957 年兼任剑桥大学穆拉德射电天文台台长，1959 年任射电天文学教授。1952 年当选英国皇家学会会员，1954 年获英国皇家学会休斯奖章，1964 年获皇家天文学会金质奖章，1965 年获英国物理研究院和法国物理学会霍尔维克奖章和奖金，同年获美国国家科学院德雷伯奖章，1966 年获封爵士，1971 年获美国富兰克林研究院迈克尔逊奖章，1973 年获英国皇家奖章，1974 年获太平洋天文学会布鲁斯奖章。1972 年任皇家天文学家。

第二次世界大战期间赖尔参与研制雷达天线。战争结束后，发明双天线射电干涉仪，并用它于 1948 年观测到太阳的射电辐射和射电源天鹅座 A 的位置。1955 年制成 4 天线干涉仪，用它进行射电巡天探测，并于 1959 年编制了《剑桥第三星表》（包括 471 个射电源）。由于此表才发现了第一颗类星体。为了绘制像类星体这样遥远射电源的射电图，他在 20 世纪 50 年代末发展了“综合孔径”技术并提出综合孔径射电望远镜的设计思想，就是把各种间距和取向的干涉仪测量组合起来，通过傅里叶变换求得天空射电亮度的二维分布。1963 年主持建造 1.5 千米的综合孔径的射电望远镜。该项研制导致 A.休伊什于 1967 年发现第一颗脉冲星。1971 年又主持建造了穆拉德天文台称为“5 千米阵”的综合孔径射电望远镜。为此，他和休伊什同获 1974 年诺贝尔物理学奖。这是第一次由天文学家获得的诺贝尔奖。赖尔还培养了大批优秀的射电天文学家。（石云里）

蓝离散星 blue straggler 球状星团和各种年龄的疏散星团中常见的，位于星团赫罗图的主序“折向点”蓝边，比它周围同样光度的恒星更热和更亮的恒星。1953 年美国天文学家 A.R.桑德奇在球状星团 M3 中发现了蓝离散星。球状星团是宇宙中最老的天体，年龄在 100 亿年以上，其中充满了老的、冷的和小质量的恒星，而那些热的和大质量的恒星因演化迅速已死去。但在一些球状星团中却还存在少

数热的年轻恒星。星团赫罗图的曲线上蓝离散星与其他恒星很易分开，因为所有的恒星是同时诞生且位于一定的星团赫罗图的曲线上的位置，这些位置仅由初始质量决定。蓝离散星经历了反常的演化过程，它们对标准恒星演化理论提出了挑战。1995 年，天文学家通过哈勃空间望远镜第一次在距离为 15 000 光年的球状星团杜鹃座 47 中发现蓝离散星并证实这颗蓝离散星是由两颗小质量的恒星碰撞或并合形成的大质量恒星。通过哈勃空间望远镜的弱天体摄谱仪分析蓝离散星的光谱，测得它的质量约为 1.7 太阳质量，旋转相当迅速，比太阳快约 75 倍。这是非常重要的结果，因为它有助于解决关于蓝离散星的形成和演化理论的争论。

后来通过哈勃空间望远镜观测了一批球状星团，发现每个球状星团中包含 40～400 颗蓝离散星。认为蓝离散星或是在球状星团拥挤的核心处由两颗恒星碰撞形成，或是由一个双星系统的两颗子星一起旋转时并合在一起形成。如果双星是**密近双星**，通过物质交流，由于内部物质混合，延长了**主序星**的寿命，故它们滞留在“折向点”蓝边。

球状星团是一个巨大的系统，百万颗星拥挤在直径为 20 光年的球体内，很易发生恒星碰撞或与邻近的星发生动力学相互作用，这些过程形成各种天体融合，诸如 **X 射线双星**、**毫秒脉冲星**、蓝离散星和其他特性的天体。（李宗伟）

老人星 Canopus 船底座 α 星（α Car）。全天第二亮星，南半天球最亮的星，目视星等为−0.62。星表编号为：Hip30348，HR2326，HD45348。光谱型为 F0 Ⅱ，距离地球约 312 光年。又称南极老人、寿星。船底座是令人印象深刻的星座，有全天第二亮导航星——老人星，又位于银河亮丽的部分。船底座 α 星是南半球夏季傍晚的主要亮星，赤纬是−52°41′44″，对南纬 40°来说是永不下落的星。希腊时代，船底座是天舟，名为亚格号，是非常巨大的星座。到 18 世纪，法国人 N.L.de 拉卡伊把天舟座分成三个星座：船底座代表船的龙骨，老人星就是船舵；另外还有船帆座和船尾座，在船底座的北边。老人星是白色**超巨星**，直径是太阳的 30 倍，光度是太阳的 10 000 倍以上，质量仅为 10$M_{\odot}$。NGC3372（**船底座 η 星云**）是大而明的弥漫星云，宽度约有满月的 4 倍，环绕在船底座 η 星周围。船底座 η 星云用肉眼可见，背景是银河，用双筒镜观测更佳。有条 V 形的黑暗尘线穿过这个星云。（李宗伟）

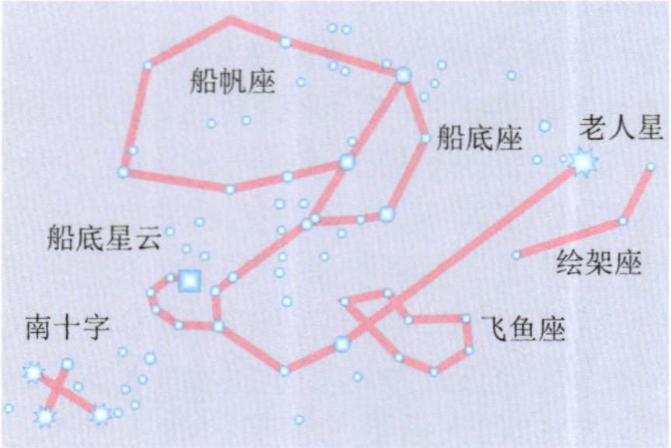

船底座老人星

勒梅特，G. Georges Lemaître（1894-07-17～1966-06-20） 比利时天文学家。生于比利时沙勒罗瓦，卒于比利时鲁汶。17 岁进入鲁汶大学，1920 年获博士学位。

1923 年在英国剑桥大学圣埃德蒙学院担任研究助理，跟随爱丁顿学习了宇宙学、恒星天文学和数值分析。1924 年赴美国，在哈佛学院天文台随 H.沙普利研习天文学，不久转入麻省理工学院攻读博士学位。1925 年回国，任鲁汶大学天体物理学兼职讲师。1927 年，他以《相对论下于液态球体中的均一密度重力场》一文获得麻省理工学院博士学位。1934 年获比利时最高学术与科学奖法朗基奖，1936 年获法国天文学会詹森奖，1941 年当选比利时皇家科学与艺术院院士，1950 年获比利时政府 1933～1942 年度应用科学奖，1953 年获英国皇家天文学会首届爱丁顿奖章。

1927 年，勒梅特在《布鲁塞尔科学学会年鉴》发表《用以解释河外星系径向速度的一个质量恒定且半径不断增加的均质宇宙》，通过求解爱因斯坦场方程，独立提出了宇宙在不断膨胀的观点，并且首次总结了星系退行速度与它们和银河系距离之间的比例关系，估算了比例常数。由于文章是以法文发表的，没有引起注意。1929 年，哈勃发表了其关于距离银河系越远的星系退行越快的观测结果，并给出了更精密的比例常数，被天文学界命名为“**哈勃定律**”和“**哈勃常数**”。1980 年，**国际天文学联合会**表决通过，正式将“哈勃定律”改名为“哈勃-勒梅特定律”。

1931 年，A.S.爱丁顿在《皇家学会月报》上发表了对勒梅特上述论文的简译本后，勒梅特进一步提出“原始原子”爆炸的宇宙起源理论，并将结果写成《以量子观点看待世界的起始》一文发表在《自然》杂志上。这一观点后来被 G.伽莫夫发展成为**大爆炸宇宙学**。勒梅特还研究过恒星形成理论、宇宙线和三体问题等。他的主要著作有《宇宙演化的讨论》《原始原子假说》。（石云里）

勒威耶，U.-J.-J. Urbain-Jean-Joseph Le Verrier（1811-03-11～1877-09-23） 法国天文学家。生于诺曼底的圣洛，卒于巴黎。他在巴黎综合工科学校毕业后从事化学实验工

作，1837 年任母校的天文教师，改攻天体力学。1854～1870 年和 1873～1877 年两度出任**巴黎天文台台长**。最重要的贡献是 1846 年 8 月 31 日以数学方法推算出海王星的轨道并预言它的位置。由于海王星的发现，英国皇家学会授予他柯普莱奖章。1839 年，还研究过**太阳系的稳定性问题**。1849 年系统研究**大行星运动理论**，编制了行星星历表。1859 年，发现水星近日点的异常进动，把这种异常现象归于一个未知行星的摄动，并预言水内行星的存在，但这个预言至今未能证实。后来，A.爱因斯坦用广义相对论成功解释了**水星近日点进动问题**。勒威耶还是现代气象学的奠基者之一，倡导国际气象预报服务。他的行星理论和行星星历表载于《巴黎天文台年刊》第 1～6 卷和第 10～14 卷。（陈美东）

雷伯，G. Grote Reber（1911-12-22～2002-12-20） 美国无线电工程师和天文学家，**射电望远镜**的创造者。生于美国伊利诺伊州的惠顿，卒于澳大利亚的塔斯马尼

亚。1933 年毕业于美国阿莫尔理工学院（今伊利诺伊理工学院）电气工程专业，此后到 1947 年一直在芝加哥担任业余报务员，并在几家无线电工厂工作。1962 年获美国俄亥俄州立大学荣誉博士学位，同年获英国太平洋天文学会布鲁斯奖章和美国天文学会罗素讲席，1963

年获美国富兰克林研究院克雷松奖章，1983年获英国皇家天文学会杰克逊–格威尔特奖章。

1932年，K.G.央斯基宣布接收到银河的射电信号。在得知这一消息后，雷伯想进入贝尔实验室开展这个领域的工作未果，于是在自家后院里试制射电望远镜，终于在1937年制成。这是第二次世界大战以前世界上独一无二的射电望远镜，它的抛物面天线口径为9.45米。1940年，他证实在银心方向确有一个强射电源，发表了第一篇论文。1941年，他完成了一张无线电频率巡天图，并于1944年进行了补充，成为射电天文学的一位先驱。1944年，他用1.87米波长绘成第一张银河射电图，发现来自太阳的特别强的射电辐射。1947年在华盛顿任微波研实室主任。1951年，他在夏威夷建成一架新的射电望远镜，用其在米波段（5.5～14米）绘制天空的射电等强图。1954年，他在澳大利亚塔斯马尼亚岛从事射电星图工作。1957年，在美国国家射电天文台任职，建立42.7米（140英尺）射电望远镜，1961年回塔斯马尼亚岛工作。（陈美东　石云里）

雷达天文方法　method of radar astronomy　主动向天体（或人造天体）发出无线电波，并接收反射或折射的电磁波，通过对接收到的人工电磁波的处理和研究以探讨天体的空间飞行运动状态以及物理和几何结构。是射电天文学的一个分支。常用的方法包括地面雷达天文方法、空间雷达天文方法和行星无线电科学实验方法三种手段。由于雷达发射功率的限制，雷达天文主要研究太阳系内的现象。截至2023年，最遥远的雷达天文探测已经触及太阳系的星际拱激波边缘。

雷达天文学最经典的探测手段是地面方法，借助地面发射雷达和地面射电望远镜，利用太阳系天体反射的人工电磁波信号实施。例如，地面发收雷达探测流星的空间分布和物理状态，月球和行星（包括小行星）的自转、表面特征和大气结构，日冕、行星际物质和彗星的等离子体运动和结构；该技术还被用于精确测定太阳系内天体的距离和位置，特别是用于对小天体的轨道的精密测量和预报、实施近地小天体临近地球风险预警等。雷达天文方法还在其他波段实施，如可见光和近红外激光雷达，对于月球和人造天体的精确定位和测距具有重要的意义（见月球激光测距、人造卫星激光测距）。

伴随着太阳系深空探测能力的提升，雷达天文设施还被直接设置在空间探测器上，在绕飞、伴飞、飞掠和着陆月球行星天体时，向天体发射不同波段的电磁波信号，并接收来自天体表面、表层和浅层的反射回波或光子信号，实现空间雷达天文方法，精细测量天体的包络形状、浅层构造，以及测量天体的大气、电离层特性。在实际工作中，这种方法也可由探测器发射信号，并联合地面大型射电天文装备接收天体反射的信号实施雷达天文观测。

雷达天文方法中另一个重要的手段是观测折射信号的行星无线电科学实验方法。在深空探测器巡航途中，以及在其绕飞、伴飞、飞掠和着陆月球行星天体时，地面射电天文台站接收探测器直接发射或经由行星大气、行星际太阳风折射的载波无线电信号；监测信号的强度、相位与极化变化、多普勒红移；提取引起变化的固体行星物理、行星大气物理、行星动力学信息；检验广义相对论效应，甚至是探测引力波效应、太阳系内可能存在的暗物质特征。借助这种方法接收“旅行者”-1号/2号探测器发回的S波段电磁波信号，还监测到了太阳系与星际边界的等离子体辐射变化特性。

雷达天文学创始于20世纪30年代，当时研究的是基于地面手段的探测研究地球高层大气、流星轨迹和极光。1946年在匈牙利和美国首次接收到月球的雷达回波。自1959年起，美国用这种方法研究日冕。在空间卫星探测成熟之前，对月球、行星和太阳的人工主动探测长期使用了雷达天文方法。其还被用于对大量小行星的科学探测和预警业务。行星无线电科学实验方法自第一颗人造卫星上天之后就开始了，采用单频或双频载波手段首先精密探测了包括地球在内的类地行星质量与重力场模型，在20世纪60年代，探测了金星、火星的大气电离层特性，并揭示发现了月球的巨大质量瘤区域。星载无线电和激光测高雷达，在21世纪初的数十年里，全面探测了月球、火星的形貌，探测了火星与金星的大气特性。

借助反射信号的天文雷达的工作原理与一般雷达基本相同，但是探测目标的距离，前者比后者要远几千倍乃至几百万倍以上。因此，接收回波与发射信号之间有较大的时间延迟，从月球的几秒钟到外行星的几个小时。其次，雷达回波信号强度是和距离的四次方成反比的。用来观测行星天体的雷达，一般要求有大口径的天线和强功率的发射机。例如，具有口径305米球面天线的美国阿雷西博天文台的射电望远镜在作为天文雷达使用时，就使用平均峰值功率为150千瓦的发射机（工作波长70厘米）。美国加州金石深空站的X波段天文雷达4台发射机同时工作时在3.5厘米波长的发射功率可以达到2兆瓦，主要用于对小天体和外行星的探测。而用于探测月球的雷达，由于月面很大，可以使用小型天线发射百瓦左右功率的信号，在地面接收就可以实现。

天体的自转运动使得雷达信号从该天体（如行星）表面不同部分反射后，由于不同区域的线速度不一样而带来不同的无线电频率红移，从而产生回波的多普勒致宽。天文雷达借助原子钟时频参考准确地测定回波的时间延迟，能精确地确定所测天体到测站的距离。它在测定太阳系的尺度上起着重要的作用，大大地提高了天文单位（即日地平均距离）的精确度；根据天文雷达对金星和火星的观测和相应的光学观测资料，得到了1天文单位距离等于149 597 870.5千米，其均方误差为±1.6千米。

利用雷达测距的高精确度，就可以发现行星或小行星在轨道上运动的微小变化。这就可以确定其他天体的摄动作用，进而检验广义相对论所预期的微小影响。利用雷达测距的高精确度，也可以确定月球和行星同几何球体的差异程度。

测量雷达回波的多普勒致宽，可以计算行星或小行星等天体的自转周期，也可导出轨道面的倾角。如果倾角为零度，且自转轴正好朝向观测者，则多普勒致宽为零。由于公转运动，行星和小行星同地球的相对位置发生变化，因而多普勒致宽也相应地变化。这样，就可从累积的资料中分析出自转的倾角。（平劲松）

类太阳恒星　sun-like star　质量和化学丰度与太阳类似或像太阳一样有行星系统（称为系外行星系统）的恒星。类太阳恒星质量范围是0.7～1.5$M_\odot$，总体的物理性质、观测特征与太阳可比拟。

从星团中类太阳恒星的赫罗图可看出它们的演化路径：主星序、亚巨星、红巨星和渐近巨星支。20世纪90年代以来，更多的天文观测和研究集中于寻找太阳系外行星，世界上几个大天文台，如凯克天文台（Keck）、英澳天文台（AAT）、里克天文台（Lick）、欧洲南方天文台（ESO）、美国麦克唐纳天文台（McDonald）和AFOE（先进的光纤光学阶梯光栅）有计划地对2000多颗恒星进行监测，已发现100多颗恒星具有行星或行星系统。观测较好、研究最多的10颗恒星是：P1257＋12（1996，脉冲星测时方法），飞马座51（多普勒分光光度，Teff～1200K），室女座70（行星轨道很古怪，轨道偏心率$e=0.40$），大熊座47（1996，距离为2AU，$m_2=2M_J$，J代表木星），巨蟹座55（第二个M_J，距离为0.11AU），拉朗德21185（有两个类木行星，$m_2=1.6M_J$，$m_3=0.9M_J$），牧夫座τ（1996，$e=0.91$），仙女座υ［类太阳恒星，有3颗行星，最内行星$M=3M_J/4$，距离为0.06AU，周期$P=4.6$天（地球天）］，天鹅座16（$m_2=1.55M_J$，$P=2.2$年），北冕座ρ（1996，$m_2=1.04M_J$）。

随着观测仪器和技术的提高，尤其是太空望远镜的投入使用，截至2019年11月10日，最新的太阳系外行星星表已确认有4093颗系外行星，这些行星中的大多数是由开普勒太空望远镜发现的。此外还有2420个潜在的系外行星尚待确认。

（李宗伟）

类新星　nova-like variable　类似新星的**爆发变星**。类新星爆发的次数比较频繁，数年爆发一次。光变幅比新星和再发新星小，周期性不强。最突出的特点是光谱特殊。

一部分类新星变星是爆发后的老新星，它们不时地爆发，抛射物质，形成气壳。例如，天鹅座P是1600年爆发的新星，近400年来，星周形成二、三层气壳，是处在短暂的、极不稳定的演化阶段的**超巨星**。人马座BS是1917年爆发的新星，爆发后激变活动不止，光谱特殊。另一部分类新星变星具有共生光谱，也称为**共生星**，既有冷星的吸收特征，又有热星的连续发射，还有气壳的高激发发射线。已知的类新星变星虽然只有几十个，但彼此差异很大。尽管类新星具有类似新星的激变这种共性，但它们的本原可能大不相同。20世纪70年代以来，有人划分出5个类新星次群：①仙女座Z型星。由沉陷在激发态星云中的晚型巨星和热蓝星组成的双星系统。光谱特征是低温吸收线和高温发射线同时并存。前者如TiO、CaⅠ、CaⅡ，后者如HeⅡ、OⅢ以及元素的更高次电离谱线。这种星具有半周期性的爆发，变幅可达3星等。绝对星等为−4～−3。集聚在银道面附近，没有向银心聚集的趋势，可能属老年盘星族。已经发现20多对。②剑鱼座S型星。光变极不规则的高光度星。光谱型为Bpeq～Fpeq，是银河系中最亮的星中的一部分。已经发现约10颗。③仙后座γ型星。光变不规则的气壳星。光谱型为BeⅢ～BeV。通常是快速自转星，光变往往与赤道带的气壳抛射过程有关。已经发现40多颗。④鲸鱼座ZZ型星。短周期光变的**白矮星**，可能是老新星，有以分钟计的快速变光，通常有几个光变周期叠加在光变曲线上。仅发现数颗。⑤武仙座AM型星。强磁性白矮星和**红矮星**组成的**密近双星**系统，有气盘和强**X射线辐射**。光谱特征是H、He发射线叠加在蓝连续区上。已发现约10对。此外，不同学者对类新星还有不同的定义和划分方法。

（李　竞）

类星射电源　quasi-stellar radio source　光学外貌类似恒星、辐射谱线有巨大红移的强射电源。类星射电源的发现历史可追溯至1960年发现的射电源3C48和1963年发现的射电源3C273。通常把一些光学性质与其类似但不发出射电辐射的天体统称为**类星体**。

（顾敏峰）

类星体　quasar; quasi-stellar object; QSO　20世纪60年代发现的一种新型天体，属**活动星系核**的一个亚型。因其在照相底片上具有类似恒星的像而得名。光谱的巨大红移和几乎全电磁波段的辐射显示，它们很可能是遥远星系明亮的活动核心。

沿革　1960年，T.A.马修斯和A.R.**桑德奇**找到了射电源3C48的光学对应体，在照相底片上类似恒星。分光观测表明，该射电源的光谱中有许多宽而强的发射线，但当时未能证认出来。1963年，射电源3C273亦被证认为一个13星等的貌似恒星的天体。M.**施密特**发现它的光谱与3C48的光谱很类似，并且成功地将其中最亮的一些发射线证认为氢的巴耳末线，但其红移很大，达0.158。随之，3C48的谱线也得到了证认，红移更大，达0.367。之后，又陆续发现了一批性质类似3C48和3C273的射电源（图1，图2）。它们在照相底片上呈类似恒星的像，因此被称为**类星射电源**。光学观测表明，他们的紫外辐射非常强。后来发现一些光学性质类似于3C48和3C273的天体，但并不发出射电辐射，故将其称为蓝星体，并将类星射电源和蓝星体统称为类星体。截至2014年6月，斯隆巡天至第12期数据已发现类星体近38万个。发现类星体的方法是先从射电、X射线、无缝光谱或多色巡天、光变挑选候选体，然后用有缝光谱或多目标光纤光谱证实并测定其红移。已发现的类星体最大红移达7.085（ULAS J1120+0641），这意味着发现它时看到的光是在宇宙年龄大约为7.7亿年时发出的。

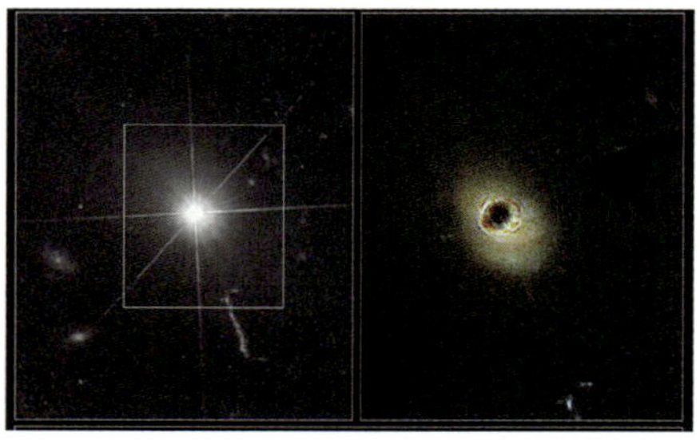

图1　类星体3C273的照片

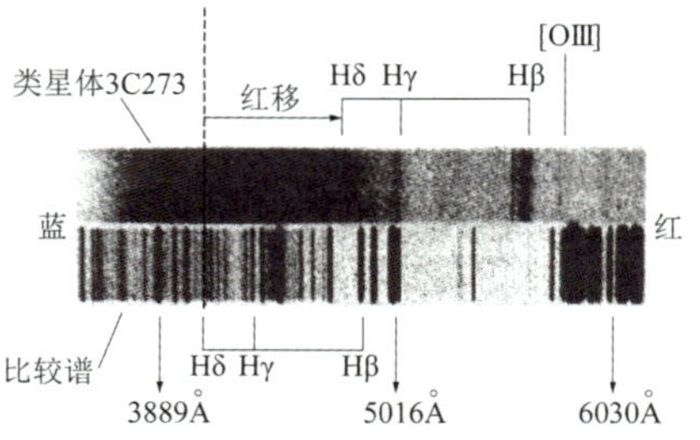

图2　类星体3C273的光谱

观测特征　类星体的主要观测特征有：①在照相底片上具有类似恒星的像，这说明它们的角直径小于1角秒。较近的类星体周围可看到暗弱的云状包层，如3C48。有些类星体有喷流状结构，如3C273。②光谱中有许多强而宽的发射线，包括容许谱线和禁线。有些类星体的光谱中有很锐的吸收线，说明产生吸收线的区域里湍流运动的速度很小。③连续谱几乎涵盖全电磁波段，能量分布多呈**非热辐射**的幂律谱形式，但也含有热成分。④一般都有光变，时标为几年，少数类星体光变很剧烈，时标为几个月或几天甚至短到几小时。⑤发射线都有很大红移。对于有吸收线的类星体来说，吸收线红移一般小于发射线红移。有些类星体有好几组吸收线，分别对应于不同的红移，称为多重红移。⑥许多类星体还发出很强的**X射线辐射**。

理论观点　主流观点认为，类星体是河外天体，它们的红移是**宇宙学红移**，它们的距离是宇宙学距离。据此推断，红移反映了类星体的退行运动，且符合**哈勃定律**，而类星体应属迄今观测到的最遥远天体之列。尽管类星体的红移−视星等统计相关性很差，对上述推理形成挑战，但原因可解释为类星体的绝对星等弥散太大。如果按照一定的标准将类星体分类，对某种类型的类星体进行红移−视星等统计分析，则相关性便会显著提高。支持宇宙学红移的观测事实还有：观测到了红移值与类星体相同的寄主星系；发现了一些和所在天区**星系团**红移差不多的类星体；类星体与某些活动星系（如**赛弗特星系**）的光谱特征很类似，表明类星体和星系之间没有本质的区别等。

另有观点认为，类星体的红移不是宇宙学红移。这种观点所依据的观测事实有：某些类星体和邻近亮星系（两者的红移相差很大）之间存在一定的位置相关性；某些类星体（如马卡良205）似乎与亮星系之间有物质桥联系，而二者的红移相差极大。这种观点对类星体红移提出过一些别样解释，如认为类星体是银河系或近邻星系抛出去的，他们的红移起因于局部运动，而不是宇宙学膨胀。有人甚至认为，类星体红移是大质量天体的**引力红移**，或源自某种未知的物理过程，这些就向近代物理学提出了所谓的红移挑战。

类星体辐射　类星体的射电辐射是非热的同步辐射，光学辐射和红外辐射则表现为以热辐射为主的连续谱，但至少有一部分可能仍是同步加速辐射。如果类星体的红移是宇宙学红移，它们的光度将超过太阳光度的一万亿倍。但是，从光变时标推知类星体辐射区域的大小只有几光时到几光年。这样高的产能效率是现今已知的各种能源，包括核聚变反应都无法达到的。最合理的模型是，类星体中央有一个约十亿倍太阳质量的**超大质量黑洞**，周围物质通过一个旋转的**吸积盘**落向黑洞，吸积盘被引力能的耗散所加热，产生类星体光谱中的热成分，这一过程中产生的高能电子在磁场中运动则是同步加速辐射的源泉。

（顾敏峰）

冷却流　cooling flow　星系团中热气体由于辐射冷却而可能呈现的一种物理机制或观测现象。星系团中的热气体向外辐射X射线并冷却，其冷却速率与电子密度的平方成正比。在星系团中心区，热气体的密度较高，辐射冷却速率很大。如果不存在额外的能量注入，热气体的密度将随着冷却过程而增加，从而进一步增加冷却速率，结果形成不可逆的冷却过程。理论计算表明，如果不存在额外的加热机制，星系团中心区的热气体的冷却时标小于10亿年，冷却速率（质量损失率）可以达到每年上千倍太阳质量。随着这些气体的冷却，其压强降低，将形成物质流向星系团中心移动的现象，从而可能在观测上形成“冷却流”。

对于星系团的高精度X射线观测表明，一些星系团中心的气体相对于外围区域来说的确温度偏低，即这类星系团存在一个相对较冷的核区，因此又被称为冷核星系团。但是，即使对于冷核星系团来说，其团中心的气体冷却速率通常为数倍太阳质量/年，远小于冷却流模型所预言的数值，因此该现象又被称为“冷却流问题”。一般认为，星系团中心不存在显著“冷却流”是因为星系团中心气体存在其他的能量注入过程。这些可能的能量注入机制包括：①星系团中央星系中的**活动星系核**的反馈过程。②外围气体向内的热传导过程。③宇宙线加热过程。以上这些物理机制中，星系团中央星系中的活动星系核通过**喷流**的动能对团内气体形成的能量注入过程，是解决“冷却流”问题的最为成功的模型。

（沈世银）

冷却流中射电源　radio source in cooling flow cluster　与处于星系团中央的最亮团星系相关联并可能由冷流所导致的吸积过程提供能量来源的射电源。**星系际介质**密度高、辐射冷却较为明显的最亮团星系内有射电辐射的天体或局部天区。

在星系团中央大约五分之一维里半径的区域内常常出现一类大型主导星系，称作最亮团星系（BCG）。典型的最亮团星系半径达数十 kpc，亮度比普通**椭圆星系**高一个量级以上。cD 星系为最亮团星系中特殊的一类，具有巨大包层，其外缘可达数百 kpc。大约五分之一的最亮团星系具有射电**活动星系核**（AGN）及其附属产物（**喷流**和射电瓣等），其射电辐射特征与普通椭圆星系完全不同（见**星系团射电辐射**）。而在 cD 星系中出现射电 AGN 的概率则更高，可达 70%。一般而言最亮团星系质量越大则其射电辐射越强、越复杂。在出现最亮团星系的星系团内区星系际介质（ICM）密度较高，其辐射冷却较为显著，从而形成**冷却流**。在冷却流、最亮团星系射电活动、最亮团星系中的恒星形成之间存在较强的关联。首先，一般认为最亮团星系射电辐射源于冷流所导致的吸积，而最亮团星系射电辐射也可通过加热过程最显著地影响最亮团星系自身及其周围星系际介质的热力学特性，从而成为制约冷却流的一个主要因素。其次，最亮团星系也常常是活跃的恒星形成区。从所形成的年轻恒星的光谱特性判断，这些恒星形成活动的时标短于冷流时标。因此，冷却流很可能提供了最亮团星系恒星形成活动的原料，而相当一部分恒星形成则可能是由最亮团星系射电活动直接触发的。

（徐海光）

离子钟　ion clock　以带电粒子能级的量子跃迁频率为标准的**原子钟**。离子被特定构型的静电、静磁或射频场束缚在阱区中，从而只能在空间中一个很小的范围内运动。这种方法有以下优点：①离子被长期囚禁在一个小区域，除了束缚场以外很少受到其他干扰，它与辐射场相互作用的时间实际上不受限制，可以获得极窄的鉴频谱线。②束缚空间尺寸小于辐射波长，可以有效地抑制谱线的多普勒频移。

离子阱的种类很多，有彭宁阱（Penning trap）、保尔阱（Paul trap）、联合阱以及其他特殊的离子阱等。而离子钟常用保尔阱，其特点是用与时间相关的射频场产生囚禁势，于是没有外加强磁场所引起的**塞曼效应**的影响，适合用来制成原子钟。但该阱的缺点是存在“射频加热”效应，只有中心一个点的电势最低。

离子阱的囚禁势能阱深大约为几到几十电子伏特，囚禁离子的动能应该小于离子阱阱深才能实现离子的有效囚禁。为了有效地捕获离子和在光谱中减小由离子运动多普勒效应引起的展宽，需要降低它们的动能，使囚禁离子从最初的热运动（约几百开尔文量级）到毫开尔文量级。采用激光冷却方法可以降低离子的运动速度，在离子钟里常用的技术有多普勒冷却、可区分边带冷却和协同冷却。

离子的产生方法有碰撞电离法和光电离法。碰撞电离一般是采用电子枪发射的电子流轰击气态原子或分子产生离子。光电离法是利用大于电离能的激光照射原子后产生离子的方法。检测离子的方法有射频共振吸收检测、激光诱导荧光检测和离子的抛出质谱检测。

利用离子不同的跃迁频率，可以制成微波钟、光钟；利用不同特性的元素，如汞（Hg^+）、镱（Yb^+）、铟（In^+）、锶（Sr^+）、铝（Al^+）、钙（Ca^+）、钡（Ba^+）等离子制成不同性能的原子钟。离子光钟采用单个离子做参考，其频率稳定度主要受限于鉴频信号的信噪比。频率不确定度主要来源于多普勒频移、电四极频移、斯塔克效应频移、黑体辐射频移、交流斯塔克频移、二阶塞曼频移等，频率不确定度可以从 10^{-15} 量级到 10^{-18} 量级。

（张首刚）

李奥，B.F.　Bernard Ferdinand Lyot（1897-02-27～1952-04-02）　法国天文学家。生于法国巴黎，卒于埃及开罗。1917年，他在巴黎高等电工学院毕业，进入巴黎工业大学当物理学家A.珀罗的助手。1920年起任职于巴黎**默东天文台**，1929年获巴黎大学博士学位，1943年担任默东天文台主任，1945～1947年担任法国天文

学会主席。1928年获法国科学院拉朗德奖，1930年获法国科学院詹森奖章，1932年获法国天文学会詹森奖，1939年获英国皇家天文学会金质奖章，1939年当选法国科学院院士，1942年获美国费城富兰克林研究院珀茨奖章，1947年获太平洋天文学

会布鲁斯奖章，1951 年获美国国家科学院德雷珀奖章。

主要从事行星和太阳的研究，1921～1929 年首次创制高灵敏度的照相偏振测量计，对月球和行星进行系统的偏振测量，揭示行星大气和表面的物理性质。他还改进目视和照相观测技术，研制仪器，创造新的照相观测方法。1930 年创制**日冕仪**成功，它能在非日全食时观测日冕。1933 年发明干涉偏振滤光器，1939 年研制成**色球望远镜**，1948 年发明光电偏振计，进一步提高了观测日冕、太阳色球等活动的能力。他长时间研究日冕的偏振、光谱，发现五条新的发射谱线。1950 年他采用干涉偏振滤光器创制太阳单色光照相仪，能在短时间露光下拍摄不同波长的**太阳单色像**，因而改进了太阳单色照相观测技术。

（陈美东　石云里）

李淳风　Li Chunfeng（602～670）中国唐初的天文学家和数学家。岐州雍县（今陕西凤翔）人。生于隋文帝仁寿二年，卒于唐高宗咸亨元年。唐太宗贞观初年，因与傅仁均争论**历法**，得到参与议论者的赞同而进入太史局。李淳风于贞观七年（633）制造成新浑仪。他在古浑仪的六合仪和四游仪之间，增加一重具有黄道环、赤道环和白道环的三辰仪（见**浑仪和浑象**）。他并因此著《法象志》七篇，评论前代浑仪的得失。贞观十五年，迁太史丞，二十二年升太史令。在这段时间里，他为《晋书》和《隋书》编写《天文志》和《律历志》，并同梁述、王真儒等人注释《算经十书》。《晋书》和《隋书》的《天文志》除搜集有关时期的大量天文和气象记录外，还对这些记录进行了分类，对一些特殊天象的名称做了解释，使后人能了解这些名称所反映的天文学内容。他还指出彗星尾“夕见则东指，晨见则西指”常背太阳的规律，这比西方早九百多年。《晋书》和《隋书》的《律历志》也是研究中国历法史的良好资料。唐高宗时，因原用傅仁均的《戊寅历》误差较大，李淳风乃以**刘焯**的《皇极历》为依据，编成新历，史称《麟德历》。《麟德历》首次废除古历中“章”“蔀”“纪”“元”的计算，并以 1340 为各种天体运动周期（如回归年、朔望月等）的奇零部分的公分母，大大简化了计算步骤。《麟德历》采用定朔（见**朔望**）安排历谱；废除**闰周**；完全由观测和统计来求得回归年和朔望月长度；在**日食**计算中提出蚀差的校正项（其实质就是视黄白交点离真黄白交点的距离）。《麟德历》的缺点是未考虑**岁差**。李淳风还著有《乙巳占》一书，总结前人天文成果，记录某些天象和气象，对少数天象做出比较符合实际的推测。此外，他还撰有《典章文物志》《秘阁录》等书，都已散佚。

（庄天山）

李珩　Li Heng（1898-12-22～1989-08-19）中国天文学家。字晓舫。生于四川成都，卒于上海。1917 年考入华西协和大学数学系，1922 年毕业后留校任教，后又任

教于重庆第二女子师范学校。1925 年前往法国巴黎大学里昂天文台进修，1933 年获理学博士学位，同年回国。历任山东大学教授、青岛观象台研究员。1937 年起任华西协和大学教授和理学院院长、教务长，四川大学教授兼物理系主任，昆明凤凰山天文台和南京紫金山天文台研究员。1948～1949 年，在美国普林斯顿大学做访问学者。1951 年任中国科学院**紫金山天文台**研究员，曾任徐家汇、佘山两观象台的负责人。1962 年两台改组为中国科学院**上海天文台**，任第一任台长，1982 年起任名誉台长；1953～1960 年任《天文学报》主编；1957 年以来，当选为**中国天文学会**第一至三届（1957～1982）副理事长，第四届（1982～1985）名誉理事长，为中国现代天文事业的创建做出了贡献。

长期从事数学物理学、恒星天文学研究，基于 40 厘米折射望远镜的观测资料，开创了中国星团自行测定的研究工作。曾在国内外发表《造父变星统计研究》《红巨星的模型》《五个银河星团的照相研究》《伏洛拉群小行星普遍摄动的计算和轨道的改进》等学术论著，翻译过《大众天文学》《普通天体物理学》《宇宙体系论》《天文学简史》等专门论著和科普文章 200 余篇。

（于　申）

李-马公式　Li-Ma formula　在 γ 射线数据分析中，常用来计算信号置信度的公式。由中国科学院高能物理研究所**李惕碚**院士和马宇蒨研究员提出。无论是在空间分布中寻找点源信号，还是在光变分布中寻找爆发信号，都可以应用李-马公式进行分析，快速准确地得到信号的置信度。

李-马公式的基本原理是选择想要寻找信号的区域作为 on 区域，并选择附近的区域作为 off 区域用来估计 on 区域中背景的贡献。假设 on 区域观测的光子数为 n_{on}，off 区域观测的光子数为 n_{off}，on 区域和 off 区域的曝光比为 α，即 on 区域中预期背景光子数 μ_{bkg} 和 off 区域的预期光子数 μ_{off} 的关系为：$\mu_{\mathrm{bkg}}=\alpha\mu_{\mathrm{off}}$。on 区域中信号的预期光子数为 μ_{sig}，那么 on 区域总的预期光子数为 $\mu_{\mathrm{on}}=\mu_{\mathrm{sig}}+\mu_{\mathrm{bkg}}=\mu_{\mathrm{sig}}+\alpha\mu_{\mathrm{off}}$。将 on 区域和 off 区域联合进行**极大似然法**分析，得到信号的置信度为：

$$S=\sqrt{2}\left\{n_{\mathrm{on}}\ln\left[\frac{1+\alpha}{\alpha}\left(\frac{n_{\mathrm{on}}}{n_{\mathrm{on}}+n_{\mathrm{off}}}\right)\right]+n_{\mathrm{off}}\ln\left[(1+\alpha)\left(\frac{n_{\mathrm{off}}}{n_{\mathrm{on}}+n_{\mathrm{off}}}\right)\right]\right\}^{1/2}$$

相比于之前只使用 off 区域估计 on 区域背景的方法，李-马公式更加充分地利用了观测信息，适用范围更广，得到的结果也更准确，在 γ 射线数据分析中应用广泛。

（段凯凯）

李善兰　Li Shanlan（1811-01-22～1882-12-09）中国清代数学家、天文学家。字壬叔，号秋纫。生于浙江海宁，卒于北京。他自幼学习算学。1852 年在上海结识英国传

教士 A.伟烈亚力、J.艾约瑟等人。此后即和他们合作，翻译西方自然科学著作多种。

在天文学方面，他与伟烈亚力合译英国天文学家 J.F.赫歇尔所著《天文学纲要》一书，中译本名《谈天》，于咸丰九年（1859）出版。该书共十八卷，全面介绍当时天文学的各个方面，如**天体测量学**、**天体力学**、太阳系诸天体的运动和性质、恒星天文学、银河系和河外星云、历法知识等。《谈天》首次向中国介绍了一系列天文新发现，如恒星周年视差（见**恒星视差**）、光行差、小行星、天王星、海王星等。在序言中，李善兰说明**日心体系**和椭圆定律等是客观实在，不是为了推算所做的假设。他批判了阮元等人对哥白尼学说的攻击。《谈天》一书的出版，使近代天文学第一次系统地传入中国。李善兰对天体椭圆轨道运动的解算法问题进行了研究，著有《椭圆正术解》二卷、《椭圆新术》一卷和《椭圆拾遗》三卷。《椭圆正术解》是对他的好友徐有壬所著《椭圆正术》一书的解释。《椭圆新术》则提出他自己的解算法。其中最主要的是他第一次在中国使用了无穷级数来求解**开普勒方程**。级数展开的方法是他自己在前

辈中国数学家工作的基础上发展起来的级数回求法。《椭圆拾遗》则介绍了有关椭圆的种种几何性质和命题。李善兰还著有《麟德术解》三卷，研究唐代李淳风所著《麟德历》，它的二次差内插法及其对元代《授时历》的影响。在所著《天算或问》中，摘要编进了跟学生答难的二十个数学天文问题。其中有一条是他改进了恒星子午观测定纬度的方法和计算公式。在数学方面，他也有著作多种，如《方圆阐幽》《弧矢启秘》《对数探源》等。他的主要贡献有三：求自然对数的方法，级数求和的“李善兰恒等式”以及素数论。同治三年（1864）出版了他的主要天文、数学著作汇集《则古昔斋算学》。（刘金沂）

李惕碚 Li Ti-Pei（1939-06-12～ ） 中国高能天体物理学家。籍贯湖南攸县，生于重庆北碚。1963 年从清华大学工程物理系毕业，到中国科学院原子能研究所（现中国科学院高能物理研究所）工作。1997 年当选为中国科学院院士。2001～2010 年任清华大学天体物理中心主任。

从 1963 年开始，在云南高山站进行了多年宇宙线研究。20 世纪 70 年代开始倡议并组织开展了中国高能天体物理的实验研究，主持研制硬 X 射线望远镜，用球载准直调制望远镜实现了对黑洞硬 X 辐射的高精度成像。2000～2015 年任中国首颗 X 射线天文卫星 HXMT（慧眼）预先研究、背景型号和工程项目首席科学家。

建立了银河 γ 射线的统计模型，给出对宇宙线与星际介质作用产生 γ 射线的定量估计，并指出 80 年代初国际普遍接受的宇宙 γ 射线点源约有一半是不真实的；经过多年争论后，这一模型的正确性被观测证实。建立了估计对象－背景观测结果统计显著性的公式。建立了对象重建的直接解调方法，显著提高了对低信噪比、低统计和低分辨数据定位及成像的灵敏度和分辨能力。建立了在时域上进行时变分析的时间尺度谱方法。建立了寻找高能辐射周期信号的时间差序列方法。建立了交叉相关分析的 Li-CCF 方法，显著提高了相关分析的灵敏度和准确度。在宇宙微波背景辐射数据分析和宇宙学模型研究方面取得重要成果。

曾获国家自然科学三等奖，全国优秀科技图书奖，王淦昌物理学奖，何梁何利科技进步奖，中国科学院杰出成就奖。（李惕碚）

里斯，A.G. Adam Guy Riess（1969-12-16～ ） 美国天体物理学家。生于美国华盛顿特区。1992 年本科毕业于麻省理工学院，1996 年在哈佛大学获得博士学位，之后前往加州大学伯克利分校访学，1998 年在那里参加高红移超新星搜索队。1999 年进入巴尔的摩的空间望远镜科学研究所，2005年成为约翰斯·霍普金斯大学教授。1999 年获太平洋天文学会特朗普勒奖，2001 年获哈佛大学波克奖，2003 年获美国天文学会华纳奖，2004 年获以色列特拉维夫大学赛克勒国际物理学奖，2006 年获中国香港邵氏基金会邵逸夫天文学奖，2007 年与小组同获美国耶鲁大学和国际天文学联合会格鲁伯奖，2008 年获美国麦克阿瑟基金会麦克阿瑟英才奖，2009 年当选美国国家科学院院士。与 B.P.施密特、S.波尔马特同获 2011 年诺贝尔物理学奖。2012 年获美国成就学会金牌奖，2015 年获俄罗斯基础物理奖基金会基础物理突破奖。2020 年当选美国天文学会会士。

里斯在博士论文中对 20 多个新的 Ⅰa 型超新星进行了分析，提出了一种用于纠正干预尘埃和内在不均匀性的方法，使 Ⅰa 型超新星成为精确的距离指标。作为高红移超新星搜索队的成员，他于 1998 年发表文章，公布了通过 Ⅰa 型超新星得到的宇宙加速膨胀的证据，开启了对宇宙的新认识。该发现被《科学杂志》评选为“年度突破”。在同一时间，由波尔马特领导的超新星宇宙学项目组也做出了同样的发现。里斯、施密特同波尔马特分享了 2011 年诺贝尔物理学奖。（石云里）

理论天体物理学 theoretical astrophysics 利用理论物理方法研究天体的物理性质和过程的一门学科。是天体物理学的分支学科。1859 年，G.R.基尔霍夫根据热力学规律解释太阳光谱的夫琅禾费线，断言在太阳上存在着某些和地球上一样的化学元素。这表明，可以利用理论物理的普遍规律从天文实测结果中分析出天体的内在性质，是理论天体物理学的开端。理论天体物理学的发展紧密地依赖于理论物理学的进步，几乎理论物理学的每一项重要突破，都会大大推动理论天体物理学的前进。20 世纪 20 年代初量子理论的建立，使深入分析恒星的光谱成为可能，并由此建立了恒星大气的系统理论。20 世纪 30 年代原子核物理学的发展，使恒星能源的疑问获得满意的解决，从而使恒星内部结构理论迅速发展；并且依据赫罗图的实测结果，确立了恒星演化的科学理论。1917 年，A.爱因斯坦用广义相对论分析宇宙的结构，创立了相对论宇宙学。1929 年，E.P.哈勃发现了河外星系的谱线红移与距离间的关系，以后人们利用广义相对论的引力理论来分析有关河外天体的观测资料，探索大尺度上的物质结构和运动，这就形成了现代宇宙学。在理论天体物理学这一领域，可以看到理论物理与天体物理更广泛、更深入的结合，其中以相对论天体物理学、等离子体天体物理学、高能天体物理学等几个方面最为活跃。

从理论物理学的分支与天体物理学问题的联系，可以看出理论天体物理学的概貌。

①辐射理论。研究类星体、射电源、星系核等天体的辐射，以及 X 射线源、γ 射线源和星际分子的发射机制。

②原子核理论。研究恒星的结构和演化、元素的起源和核合成（见元素合成理论），以及宇宙线问题。

③引力理论。探讨致密星的结构和稳定性、黑洞问题，以及宇宙学的运动学和动力学。

④等离子体理论。分析射电源的结构、超新星遗迹、电离氢区、脉冲星、行星磁层、行星际物质、星际物质和星系际物质等。

⑤基本粒子理论。研究超新星爆发、天体中的中微子过程（见中微子天文学）、超密态物质的成分和物态等。

⑥凝聚态理论。研究星际尘埃、致密星中的相变及其他凝聚态过程。

理论天体物理的基本方法是把地球上的实验室范围中发现的规律应用于研究宇宙天体。这种方法不仅对于说明和解释已知的天体现象是有力的，而且还可以预言某些尚未观测到的天体现象或天体。例如，在 1932 年发现中子之后不久，L.D.朗道、J.R.奥本海默等人就根据星体平衡和稳定的理论预言可能存在稳定的致密中子星。尽管这种预言中的天体与当时已知的所有天体差别极大（异乎寻常的高密度等），可是在 1967 年发现了脉冲星后，预言终于被证实。另外，许多物理学概念首先是由研究天体现象得到的，后来又是依靠天体现象加以检验的。例如，首先是天体物理学家注意到充满宇宙间的电离物质具有一系列特性，这对建立等离子体物理学这门学科起了极大的推动作用。又如，热核聚变概念是在研究恒星能源时首次提出的。禁线也是受到天体光谱研究的刺激才得到深入探讨的。

由于地面条件的限制，某些物理规律的验证只有通过宇宙天体这个实验室才能进行。有关广义相对论的一系列关键性的观测检验，都是靠研究天体现象来完成的。**水星近日点进动问题**、光线偏转以及雷达回波的延迟是几个早期的例子。1978 年观测脉冲星双星 PSRB1913 + 16 得到的轨道周期变短现象，2015 年探测到的首例双黑洞并合产生的**引力波**事件，给引力波理论提供了观测检验，是理论物理学与天体现象二者结合的成功事例。因此，理论天体物理学既是理论物理学用于天体问题的一门“应用”学科，又是用天体现象探索基本物理规律的“基础”学科。无论从天文学角度来看，还是从物理学角度来看，理论天体物理学都是富有生命力的。

（方励之　撰　李向东　修订）

历法 calendar 推算年、月、日的时间长度和它们之间的关系，制定日期编排的法则。由于生产和生活的需要，古代人就希望知道昼夜、**月相**和季节的变化规律，以及更长期的时间计量方法。世界各文明古国很早就开始根据**天象**观测来制定历法。

定出年、月、日的长度，是制定历法的主要环节。日的长度是根据太阳每天的视运动定出的；年的月数和日数以及月的日数，有的按天象定出，有的是人为定出的。按天象确定的年和月所包括的日数不是简单的有理数，如按季节变化确定的年（即回归年）平均包含 365.242 20……日，按月相变化确定的月（即朔望月）平均包含 29.530 59……日，而制定的历法必须使年的月数和月的日数均为整数。各国历代制定的历法，侧重点各不相同。大体可分为三类：一类称为阳历，其中年的平均日数约等于回归年的日数，月的日数和年的月数则人为规定，如**公历**、**儒略历**等；一类称为**阴历**，其中月的平均日数约等于朔望月的日数，年的月数则人为规定，如伊斯兰教历、希腊历等；另一类称阴阳历，其中月的平均日数约等于朔望月的日数，而年的平均日数又约等于回归年，如中国现在还采用的**农历**、藏历等。

此外，确定年首、月首、节气以及比年更长的时间单位，也是制定历法的内容。

（易照华）

历书时 ephemeris time; ET 以地球公转运动为基础，理论上均匀的时间尺度。历书时秒长为历元 1900.0 回归年长度的 31 556 925.974 7 分之一，起点为太阳几何平黄经为 279°41′48.04″的瞬间，取该瞬间为历书时 1900 年 1 月 0 日 12 时。

历书时在 1960～1967 年被规定为国际时间计量标准，后被**原子时**取代，1984 年前被用作为太阳系引力理论中的时间自变量，后被**地球时**（TT）和**质心力学时**（TDB）取代。

（漆贯荣）

历书天文学 ephemeris astronomy **天体力学**的一个分支学科。主要学科任务是建立天体运动理论和开展天文历书服务。为了建立天体运动理论，首先需要在特定的**时空参考系**中建立天体运动方程，并采用分析或数值求解方法得到天体运动模型，以便计算各种运动学观测量。其次，需要通过拟合运动学观测资料确定观测量计算中所要用到的待定参数。因为天体之间的相互作用影响着天体的运动，而这种相互作用又依赖于天体的运动状态，所以通常需要同时建立一个成员相互作用不可忽略的天体系统中各成员的运动理论。

有了天体运动理论，即可借助天文参考系之间的**变换理论**预报天体相对不同参考系的运动状态，决定于观测者和一个或几个天体之间相对位置的各类天象，以及依赖于实际日月天象的历法规则（如中国的农历）下的日期编排，并以出版纸质**天文年历**和提供电子、网络历书的形式开展天文历书服务。

（傅燕宁）

《历象考成》 *Lixiang Kaocheng* 清朝中期的一部论述历法和天象计算的著作。全称《御制钦若历书》。康熙五十二年（1713），康熙帝下旨在畅春园斋设立算学馆，命和硕成亲王胤祉具体督办，召梅瑴成、何国宗等国内天文学和算学人才充实其中，负责编纂乐律、数学和历法方面的著作。算学馆的工作成果之一就是在康熙六十一年（1722）完成本书的编纂。同时编成的还有《御制数理精蕴》和《御制律吕正义》，三部著作合称《御制律历渊源》。

本书是对此前清朝钦天监采用的《西洋新法历书》（即《**崇祯历书**》）的修订和精简。全书共 42 卷，分成上编、下编和表三大部分。上编“揆天察纪”6 卷讲天文理论（“历理”），依次为“历理总论”“弧三角形”（球面三角学）、“日躔历理”“月离历理”“交食历理”“五星历理”和“恒星历理”；下编“明时正度”10 卷讲天文计算（“历法”），依次为“日躔历法”“月离历法”“月食历法”“日食历法”“土星历法”“木星历法”“火星历法”“金星历法”“水星历法”和“恒星历法”；表 16 卷，依次为“日躔表”“月离表”“交食表”“土星表”“木星表”“火星表”“金星表”“水星表”“恒星表”和“黄赤互推表”。

按照《四库全书总目提要》的说法，康熙皇帝下令编纂本书的原因有两点：一是《西洋新法历书》中存在“图表不合”的问题；二是该书编纂时，“欧罗巴人自秘其学，立说复深隐不可解”。事实确实如此，《崇祯历书》编纂时间紧迫，其内容确实存在很多错误和漏洞，尤其是太阳和月亮的理论同它们相应的天文表之间完全对应不上，甚至存在以哥白尼月亮理论解释第谷月亮表的情况，让当时的中国读者难以理解，造成了传教士有意用这种方式隐藏关键知识的印象。《历象考成》则完全解决了这些问题。另外，书中只聚焦于太阳、月亮、日月食、五星和恒星几方面，内容上更加简明、结构上更加严谨、层次上更加清晰。全书最大限度地吸收了清初中国天文学家对《崇祯历书》的研究成果。《四库全书总目提要》曾列举该书最重要的六条技术改进，其余五条已见于**梅文鼎**的《日差原理》《交食蒙求补订》《交食管见》《五星纪要》和《弧三角举要》等书。其中的太阳和月亮理论更与杨作枚和梅文鼎等本土天文学家提出解决方案一致。

康熙皇帝以“御制”之名组织编纂《历象考成》等著作还有另外两个原因。首先是为了以自己在这些科学领域的作为彪炳自己的文治武功，其次则是为了实现清朝在这科学上的“自立”。由于清朝和罗马教廷之间的“礼仪之争”，他在晚年已经失去了对在华传教士的信任。

（石云里）

《历象考成后编》 *Lixiang Kaocheng Houbian* 清朝中期编纂的一部历法天文学著作。全名《御制历象考成后编》。《御制历象考成》在康熙六十一年（1722）年完成并投入使用后，算学馆的主要骨干建议由他们取代欧洲传教士担任钦天监监正。正担任监正的德国传教士戴进贤当时已经掌握了比**第谷**体系更加先进的欧洲天文表。面对中国官员的挑战，他借雍正八年六月初一（1730-07-15）的**日食**向中国官员们显示，钦天监根据《御制历象考成》所做的预报已经出现“微差”，而戴进贤利用欧洲新表的计算则更加准确。钦天监满族监正明图就此请求皇帝下旨，让戴进贤和担任钦天监监副的葡萄牙传教士徐懋德组织进行修改。得到批准后，两位传教士于雍正十年（1732）编成一套新日月交食表，命名《御制历象考成表》投入使用。礼部尚书顾琮在乾隆二年（1737）上书皇帝，请求组织人为这套表增补相应图说，得到批准。顾琮先是请任命戴进贤任总裁、徐懋德和**明安图**为副总裁主持工作，不久又请任命梅瑴成为总裁、何国宗为副总裁。乾隆皇帝在六个月后下旨，命和硕庄亲王允禄总理编纂事务，顾琮、张照、何国宗、梅瑴成、进爱、戴进贤、徐懋德、明安图同为"汇编"官。当然，其中起到主要作用的无疑还是两位传教士。五年后新书编纂工作完成，被命名为《御制历象考成后编》。

全书共10卷，仍仿照《御制历象考成》的体例，分成"数理"（包含"日躔数理""月离数理""交食数理"各1卷）、"步法"（包含"日躔步法""月离步法"各1卷，"月食步法""日食步法"合1卷）和"表"（包含"日躔表"1卷、"月离表"2卷、"交食表"1卷）三大部分。书中只讨论了太阳、月亮和日月食的理论和计算，没有涉及行星和恒星。其中的太阳月亮部分主要参照了**I.牛顿**1713年提出的月亮几何模型（其中包含了对太阳运动的讨论）和德国耶稣会天文学家N.格拉马迪奇据之编算的《月亮表》（其中包含了太阳表），最早将牛顿（书中译作"奈端"）天文学进入中国。书中在对太阳和月亮运动的分析中放弃了本轮-均论模型，采用了开普勒椭圆轨道定律和等面积定律，引进了**开普勒方程**及其近似解法，还采用了J.D.卡西尼和J.里歇等同时代欧洲一流天文学家最新的观测数据和天文常数。这些新成果的采纳使钦天监在日月运动和交食计算上的精度得到了质的提升。不过，作者在太阳运动的讨论中把地球放到了椭圆轨道的焦点上，仍然保持了地心说的宇宙模型。

（石云里）

粒子加速机制 particle acceleration mechanisms 电磁场加速带电粒子达到更高能量状态的机制。

费米加速 费米加速机制是一种应用十分广泛的粒子加速机制。该机制最早由E.费米在1949年提出，因此而得名。费米考虑了带电粒子与一些随机运动的碰撞体（如"磁云"）发生碰撞。在碰撞体的静止系中，碰撞前后粒子能量守恒。而在观测者系里，根据碰撞的角度粒子会获得能量（对碰，粒子的速度方向与碰撞体的速度方向夹角大于90°）或损失能量（追尾碰，粒子的速度方向与碰撞体的速度方向夹角小于90°），但多次碰撞后粒子的能量是增加的。在天体物理环境中，湍动的磁场或者说磁流体波，担当了"磁云"角色，而所谓的碰撞则是粒子和波长与其拉莫尔半径相当的磁流体波发生共振。在此过程中，"磁云"的动能转换成粒子的能量。

根据具体物理环境的不同，费米加速机制也分为不同的种类：

①激波加速。激波在天体物理中是一个常见的现象。当激波扫过气体，进入激波下游的带电粒子与其中的磁流体波发生作用后运动的方向被改变，一部分粒子会穿越激波面返回上游。返回上游区域的粒子有可能与上游区域的磁流体波作用并调转运动方向，从而再次穿越激波面返回下游，并多次重复上述过程。对于一个非相对论性激波，能量的增量正比于碰撞体速度的一次方，激波加速又被称为一阶费米加速。

②随机加速。随机加速和费米最初的想法很接近，这种加速机制考虑的是磁流体波（通常为阿尔文波）与粒子之间的"碰撞"。如果磁流体波传播方向的分布是各向同性的，则既有对碰使得粒子能量增加，又有追尾碰使得粒子能量减少。但只要碰撞数量足够多，如考虑很多粒子或者一个粒子的多次碰撞的情况，粒子的平均能量在碰撞后是增加的，这是因为粒子与波发生碰撞的概率在对碰情况下更大。随机加速又被称为二阶费米加速，因为每次碰撞平均的能量的增量正比于磁流体波的相速度的平方。

电场加速 快速变化的磁场会感应出电场，在空间中产生电势差。经过该电势差一部分的粒子会被加速，能量由磁能转换成粒子的动能。这种情况常见于**中子星**表面，由于中子星具有快速自转及强磁场，在其表面与无穷远之间会产生巨大的电势差。另一种产生大尺度电场的方式是磁重联。磁重联是磁场拓扑结构的重构。两股磁场方向相反的高导等离子体流相遇时会在交界面附近产生电流片，并产生耗散，使得磁场重联。该过程会在重联区域产生电场。粒子在产生的电场中会获得加速。粒子也有可能多次往返于电流片两侧的入流，通过一阶费米加速机制获得能量。磁重联经常被应用于解释**太阳耀斑**和**太阳风**中的粒子加速，它也可能产生于中子星磁层、脉冲星风、**γ射线暴**、**喷流**中，并加速高能宇宙线。

（王祥玉）

粒子天体物理学 partical astrophysics 粒子物理学和**天体物理学**之间的交叉学科。宇宙的知识大多来自光子，而其他高能粒子诸如宇宙线、中微子和可能的暗物质、反物质的陌生粒子，也携带着重要信息。宇宙线是被超新星激波和其他高能现象加速的相对论性粒子。它们在星际介质的电离、加热和加压以及高能光子的产生中起着重要作用。典型的宇宙线具有与其静质能相比较的动能，但多数高能宇宙线所具有的能量要大近1万亿倍。这些超高能宇宙线的本质和起源还不清楚。

在太阳一类恒星的内部、超新星爆发中、可能的**γ射线暴**和**超大质量黑洞**周围发生的核反应里都可产生中微子。多数现有的中微子探测器都是设计用来研究来自太阳的相对低能的中微子的，并且主要集中于研究中微子物理。为了搜寻能量更高的中微子欧洲和美国已经实施了一些项目。美国项目南极μ子和中微子探测器阵列IceCube（冰立方）用南极一大块地表下的冰来探测中微子，2013年已探测到来自地球之前的弥漫高能中微子，这些高能中微子的能量在几十TeV至几个PeV之间（见**中微子天文学**）。

一些搜寻陌生暗物质粒子的实验也正在进行或将要开始。美国的轴子实验已经开始了对于轴子粒子的搜寻，而低温暗物质搜寻Ⅱ项目则有望成为搜寻弱相互作用大质量粒子WIMP最灵敏的实验。这些实验对于天体物理学和物理学同样重要，因为如果不了解宇宙中主要物质形式的本质，那么对于宇宙的了解就太不完全。

宇宙学中最基本的问题之一是宇宙中物质和反物质之间是否对称。太阳系、银河系由普通物质组成，银河系外反物质的实验上限还没有定论。丁肇中领衔的在国际空间站上进行的大型超导磁谱仪实验（AMS），以十亿分之一精度探测到少量疑似反氦事件，使人类看到了反物质宇宙探测的曙光。

（邹振隆）

连续孔径射电望远镜 filled radio telescope 天线由一个连续整体的表面组成的射电望远镜。射电望远镜是观测天体射电辐射，确定它们的位置、运动以及它们的物理、化学等性质的天文仪器。射电望远镜结构的主要成分是天线，它收集来自天体的射电辐射（见**射电望远镜**）。如果天线由一个连续整体的表面组成，称它为连续孔径射电望远镜（图1）。连续孔径射电望远

图1 上海天文台65米射电望远镜

镜，特别是可全天候驱动的连续孔径射电望远镜，由于重力弯曲、风、温度等因素的影响，不可能做得很大。天文学家为了提高射电望远镜的灵敏度，即加大天线的收集面积，研制出由多个小连续孔径射电望

图2 美国国立射电天文台甚大阵（VLA）

远镜综合成一个大射电望远镜。这种射电望远镜称作**非连续孔径射电望远镜**，现在一般称它为**射电干涉仪**（图2）。

（郑兴武）

梁令瓒 Liang Lingzan 生卒年不详。中国唐代画家、天文仪器制造家。活动于8世纪。开元年间曾设计制造黄道游仪和水运浑象等仪器。见**一行**。

亮红外星系 luminous infrared galaxy; LIRG 红外光度超过1千亿倍太阳光度的星系。其中光度大于$10^{12}L_\odot$的称为超亮红外星系（ULIRGs），光度大于$10^{13}L_\odot$的又称为极亮红外星系（ELIRGs）。

亮红外星系指的是星系在红外波段（波长范围8～1000微米）光度超过1千亿倍（10^{11}）太阳光度的星系。这些星系具有剧烈的恒星形成以及/或者星系中心**超大质量黑洞的吸积和辐射**（即**活动星系核**）。其红外辐射的能量来源主要是星系中的冷尘埃被大质量恒星以及活动星系核加热散发出的热辐射。其中由活动星系核产生的能量占主导的亮红外星系其尘埃温度往往更高。

亮红外星系发现之前，已知的河外星系主要从光学波段发现，红外与光学光度比较相近。1983年，天文学家在红外天文卫星IRAS的巡天数据中发现了一批红外明亮星系。最典型的包括Arp 220（见图）和NGC6240。光学红外图像和能谱观测表明，这些星系的红外光度超过1千亿倍太阳光度（$10^{11}L_\odot$），是其光学光度的几十甚至上百倍。其中红外光度越高，星系越倾向于表现出并合的不规则形态，并伴随有更加剧烈的超大质量黑洞的活动。近邻宇宙中的（超）亮红外星系几乎都是**星系并合**的产物。星系并合导致了星系外围的气体更容易进入星系的中心，从而可以触发星系中心剧烈的恒星形成以及超大质量黑洞的吸积活动。这一过程被普遍认为会迅速耗光星系的气体从而最终使恒星形成星系的恒星形成活动停止，最终变成宁静星系。

上溯到宇宙早期，随着星系整体的平均的恒星形成活动变得更为剧烈，很多正常星系的红外光度也可以达到亮红外星系甚至超亮红外星系的水平。与近邻宇宙的亮红外星系不同，宇宙早期（红移在1以上）的亮红外星系大部分与星系并合并无直接关联，但整体仍呈现光度越高，星系并合的比例越大的统计性质，即超亮和极亮红外星系中的星系并合比例仍然较高。

（李 晔 王 涛）

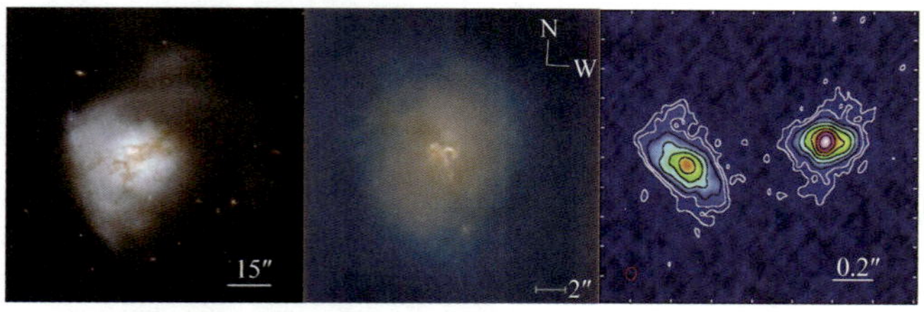

近邻亮红外星系 Arp 220（红移$z=0.018$）的光学图像（左），红外图像（中）和毫米波图（右）

亮红新星 luminous red nova 因两颗星并合造成爆炸形成的新星。亮红新星拥有明显的红色，红外波段的光变曲线在初始的光度附近反复逗留和徘徊。

已发现的亮红新星的候选体的数目很少。在**仙女星系**M31中，M31 RV在1988年的闪耀具有亮红变星的特征，被认为可能是一颗亮红新星。在银河系，人马座V4332在1994年的闪耀和麒麟座V838在2002年的闪耀都具有类似的特征。第一颗被确认的亮红新星是M85星系中的M85 OT2006-1。天蝎座V1309是在2008年发现的由一对相接双星并合产生的亮红新星。在2015年1月和2月分别在仙女星系M31和风车星系M101星系中发现两颗亮红新星。

亮红新星的重要观测特征有：①爆炸光度介于新星和超新星之间。②可见光可以持续数个星期或数个月，颜色显著偏红，并且随着时间，越来越暗，越来越红。随着可见光的变暗，红外光会增强并且持续反复一段时间，通常会变暗和再变亮数次。③亮红新星M85 OT2006-1的红外观测表明这颗星的温度要略低于1000K。不过仍不清楚其他的亮红新星是否具有类似的特征。

（陈海亮）

亮温度 brightness temperature 天体射电辐射强度的一种表示方式。设想一个温度为T的天体在频率ν处的射电辐射为**黑体辐射**，并且满足瑞利-金斯（Rayleigh-Jean）近似条件，即$h\nu \ll kT$，那么辐射强度I_ν可以表示为：

$$I_\nu = B_\nu(T) = \frac{2h\nu^3}{c}\frac{1}{e^{h\nu/kT}-1}$$
$$\approx \frac{2\nu^2}{c^2}kT = \frac{2kT}{\lambda^2}$$

上式中辐射强度和温度有简单的线性关系。在**射电天文学**里，通过引入亮温度T_B，这种形式上非常简洁的表示被推广到一般的情况：任意射电辐射强度I_ν都可以用亮温度T_B表示为：

$$I_\nu \equiv \frac{2kT_B}{\lambda^2}$$

需要注意的是，上述定义的引入只是为了亮温度和辐射强度的简单转换，不依赖于黑体辐射是否适用，也与瑞利-金斯近似条件无关。所以，亮温度就是射电辐射强度的一种表示方式。

只有在考察的射电辐射为黑体辐射，并且满足瑞利-金斯近似的情况下，亮温度才与天体的温度相等，而在绝大部分情况下，亮温度与天体温度没有关系。

（邱科平 郑兴武）

亮星 bright star 视星等排名靠前的恒星。常见亮星见**最亮星表**。

猎户四边形 Trapezium of Orion 位于**猎户星云**中央的**疏散星团**，其中的4颗亮星构成一个不规则四边形，因而得名。又称猎户四边形星团。猎户四边形中，位于四边形顶点的4颗亮星按照赤经由小到大的顺序分别被标记为A、B、C和D，其中最亮的是C星，视星等为5.13。猎户四边形是**伽利略**最早发现的，他在1617年观测并记录了其中的3颗亮星（A、C和D）。第四颗亮星（B）直到1673年才被观测确认，之后又有更多的星团成员被发现。

猎户四边形是距离太阳最近的恒星形成区——猎户星云M42的一个组成部分，是一个相对年轻的星团。

（苏 杰）

猎户星云 Orion Nebula 位于猎户座的**发射星云**。用肉眼观察，猎户座中构成“宝剑”的有三颗星，中间一颗是较模糊的亮斑，它不是单颗星，而是一个星云（星表编号为M42和NGC1976）。猎户星云是一个有发射线的明亮弥漫星云（见图），同地球的距离约460秒差距，即约1500光年，直径约5秒差距，质量约$300M_\odot$（太阳质

量）。猎户星云是猎户星协的核心，在星云的附近有许多恒星组成一个银河星团，称为猎户星云星团，著名的“猎户四边形”聚星就位于星云之中。在猎户星云星团和

哈勃空间望远镜拍摄的猎户星云

猎户四边形中，有许多表面温度高达几万度的O型和早B型的热星，他们发出的强烈的紫外辐射使星云受到激发而产生辐射，因此星云的光谱主要是发射线。射电观测发现猎户星云以8千米/秒的速度离开猎户星云星团。猎户星云是一个非常年轻的天体，那里不但有许多年轻的恒星，而且还有许多星前天体。如1966年在猎户星云中发现黑体温度只有600K的红外星，它可能是一个处于引力收缩中的原恒星，估计半径为8个天文单位，质量为6$M_{\odot}$。不久，在离这个红外星不远的地方又发现一个黑体温度只有70K的红外星云，它的角径大于30″，质量可能为10^2～$10^3M_{\odot}$。后来在这些红外天体附近又发现了羟基和水分子辐射源。此外，在猎户星云中还发现有一些球状体，它们的质量约为1$M_{\odot}$，温度为10K左右，一般认为这也是处于引力收缩阶段的原恒星。20世纪70年代已观测到来自猎户大星云的X射线。

（钱伯辰）

猎户座FU型变星 FU Orionis variable 增光缓慢、减光更慢的一种与暗星云成协、处于主序星前阶段的变星。猎户座FU型变星的典型星是猎户座FU。此外，还有天鹅座V1057和天鹅座V1515。猎户座FU在1936～1937年的一年多时间里增亮了6个多星等（B星等），光度极大的时间持续了两年左右，从1939年以后的十五六年时间里才减光0.2星等。天鹅座V1057在1969～1970年的390天时间里增亮了5个多星等（B星等），光度极大的时间持续了一年多，从1971年开始减光1个多星等。这类变星可能是接近“林忠四郎演化程”顶部的主序前星（见恒星的形成和演化、赫罗图），是光谱型为F或G的超巨星，爆发之前可能属于金牛座T型变星。

（蔡贤德）

猎户座T型变星 T Orionis variable 星云变星的一种类型。见星云变星。

猎犬座RS型变星 RS Canum Venaticorum variable 有活跃的色球层，因而出现亮斑，进而导致光度变化的密近双星。其中一些系统的光度变化的时标为几年，主要是由于亮斑的覆盖面积变化导致的。还有一些系统呈现周期性的变化，其周期和双星的轨道周期很接近。还有一些系统呈现光度变化主要是由于它们是食双星。典型的光度变化大约0.2星等。

猎犬座RS型变星可以分为五种类型：

规则系统。轨道周期在1～14天。温度较高的伴星光谱类型为F或G，光度类型为Ⅴ或Ⅳ。在没有掩食期间，能观测到很强的CaⅡH和K线。

短周期系统。双星是分离的，周期要小于1天。其中温度较高的恒星的光谱型为F或G，光度类型为Ⅴ或Ⅳ。系统的一颗或两颗星会展现CaⅡ的H和K发射线。

长周期系统。轨道周期大于14天。至少有一颗星的光谱类型为G到K之间，光度类型为Ⅱ到Ⅳ之间。在没有掩食的时候，能观测到强烈的CaⅡ的H和K线。

耀星系统。在这类系统中，温度高的恒星的光谱类型为dKe或dMe，其中的发射线指的是CaⅡ的H和K发射线。

金牛座V471型系统。其中温度高的系统为白矮星，温度低的系统的光谱型为G到K之间，并有很强的CaⅡH和K发射线。

（陈海亮）

林德布拉德，B. Bertil Lindblad （1895-11-26～1965-06-26） 瑞典天文学家。生于厄勒布鲁，卒于斯德哥尔摩。1914年人乌普萨拉大学学习，1920年获博士学位。

1922～1927年任职于乌普萨拉大学天文台。1927年起任瑞典皇家科学院天文学教授并创建斯德哥尔摩天文台，任首任台长直到逝世。两次出任瑞典皇家科学院院长。1948～1952年任国际天文学联合会主席，1952年任国际科学联合会主席。1938年获法国科学院詹森奖章，1948年获英国皇家天文学会金质奖章，1949年获法国天文学会詹森奖，1954年获太平洋天文学会布鲁斯奖章。

他的主要科学工作是研究银河系和星团的结构和动力学。1920年从事辐射平衡理论研究，并用以解释太阳临边昏暗现象。他还利用晚型恒星的光谱紫区的吸收强度和恒星光度之间的关系，测定绝对星等，并利用氰分子吸收线的强度定出几千个暗弱恒星的绝对星等，从而求出视差。1926年为了解释银河系中恒星速度分布的不对称性，首次提出银河系由许多银河系次系组成，并证明银河系自转中心在人马座方向。1927年，他广泛地研究了星系的旋涡结构和旋涡星系的较差自转，发现星系中的恒星具有集中在旋臂中的趋向。1934年首次证明星际尘埃能够形成小粒子，并通过吸积过程而增大，这种过程对恒星的形成和演化能起很大的作用。1942年他提出密度波理论来解释星系的旋涡结构。

（陈美东 撰 石云里 修订）

林家翘 Chia-chiao Lin（1916-07-07～2013-01-13） 美籍华裔应用数学家、物理学家、天文学家。生于北京，卒于北京。1937年毕业于清华大学物理系，之后留校任教。

1939年受中英庚子赔款奖学金资助，因第二次世界大战于1940年辗转到达加拿大，进入多伦多大学求学。1941年获应用数学硕士学位，1944年获美国加利福尼亚理工学院航空学博士学位。1943年开始任教于该校，1945年转到布朗大学等校，1947年任麻省理工学院副教授，1953年任该校教授，1966年当选为全学院教授。2001年11月被聘为清华大学教授，2002年回中国定居，并担任清华大学周培源应用数学研究中心名誉主任。

林家翘对近代应用数学和流体力学的发展做出很多贡献。他在20世纪40年代提出流动稳定性和湍流理论，解决了困扰科学界多年的“海森堡猜想”问题。他与T.von卡门一起提出均匀各向同性湍流的谱理论，对湍流统计理论的早期发展具有重要影响。1962年以后他开始致力天体物理学的研究，提出准稳旋涡结构（QSSS）假说，1964年与弟子徐遐生一起完成了星系旋涡结构的密度波理论，成功解释了盘状星系螺旋结构的主要特征，得到实验观

察的证实，成功解决了困扰天文学界数十年的难题，促进了**星系动力学**的发展。

林家翘于 1951 年当选美国艺术与科学院院士，1954 年和 1960 年两次当选美国古根海姆学会会士，1962 年当选美国国家科学院院士，1994 年当选中国科学院外籍院士。1975 年获美国机械工程师学会提莫申科奖，以表彰他“对流体力学特别是流动稳定性、湍流、超流氦、空气动力学和星系结构的贡献”。1977 年获美国科学院应用数学和数值分析奖，1979 年获美国物理学会的第一个流体力学奖。1981 年获麻省理工学院小吉利安学院成就奖，以表彰他在“发展更全面的应用数学方法”领域极有影响力的成就。曾任美国数学学会应用数学委员会主席、工业和应用数学学会主席。（石云里）

临边昏暗 limb darkening　太阳圆面边缘区域的亮度比中心区域稍暗的现象。观测表明，波长为 0.17～200 微米广阔波段范围内，用太阳辐射这个连续谱区中任一波长处的单色光或这个波段的整体辐射（白光）观测太阳时，均表现为辐射强度随日面中心距离增大而减弱的现象，称为太阳的临边昏暗。造成太阳临边昏暗的原因可定性说明（见图）。

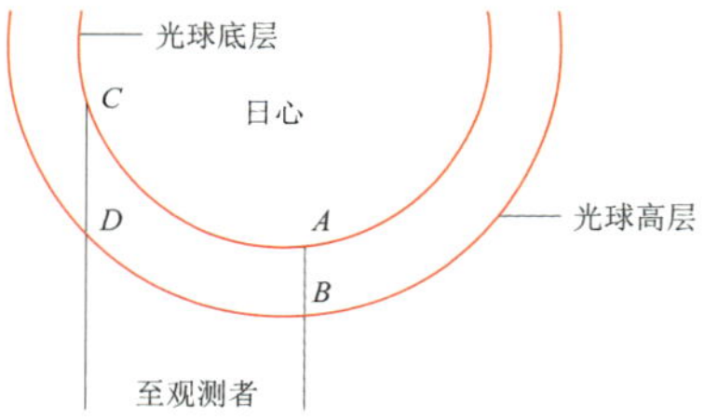

太阳临边昏暗成因

当观测太阳圆面中心时，辐射通过的大气层较薄（图中路径 AB），来自光球深层的辐射到达观测者时受到的吸收不大，观测到的辐射中来自光球深层的辐射占优势，光球深层的温度较高，辐射较强，显得较亮。而当观测太阳边缘时，深层辐射通过的大气较厚（图中路径 CD），受到较多吸收，结果到达观测者的辐射中主要是光球高层的辐射，因高层温度较低，辐射较弱，显得较暗。因此太阳临边昏暗现象是太阳光球温度由里向外减小的直接反映。（林元章）

临界等位面 critical equipotential surface　在洛希等位面族中最小的和最大的、能同时包络两个子星的闭合曲面——最内接触面和最外接触面，或称内洛希界面和外洛希界面。临界等位面是研究**密近双星**的一个重要物理概念。假定两子星的密度分布的中心聚度很高，在相互引力作用下做圆轨道运动，子星的自转与公转同步，而且自转轴垂直于轨道平面，那么在与轨道角速度相同的旋转坐标系内，两子星的引力位和离心力位的合力位等于常值的点，就组成一个具有确定形状的曲面族，称为洛希等位面族。这是法国天文学家 É.A.洛希在 1849 年首先提出的概念，它与**平面圆型限制性三体问题**中的雅可比零速度面族的概念是同一回事，前者是后者的一个分支。内临界等位面的存在，决定了子星表面的最大的形状和界限。当子星在演化膨胀过程中，体积充满临界等位面时，其表面物质的零速度曲面与之重合。这时，表面物质最容易从该子星逃逸。两子星物质交流的通道是两子星之间的内拉格朗日点 L_1。至于外临界面的存在，则决定了围绕两子星公共包层的最大形状和界限，其上也有类似内拉格朗日点的外拉格朗日点 L_2，它是双星物质流出双星系统的“溢口”。（翟迪生）

《灵台仪象志》 *Lingtai Yixiangzhi*　清朝初期编纂的一部关于天文仪器的著作。全称为《新制灵台仪象志》。比利时来华传教士南怀仁著，清刘蕴德笔受。主要是对南怀仁新制黄道经纬全仪、赤道经纬全仪、地平经纬仪、象限仪、纪限仪和天体仪等六种欧式天文仪器以及相关知识的解说。康熙八年正月（1669-02-01～1669-03-01）底，南怀仁反诉杨光先获得最后成功，并重获钦天监的领导权。同年八月，南怀仁奏请另制天文仪器。至康熙十二年（1673），新仪告成。次年正月二十九日（1674-03-06），南怀仁奏请刊行《新制灵台仪象志》十六卷，说明此时该书已经完成。

全书共有 16 卷。卷一共 14 篇，主要介绍新制的六件仪器的结构及其操作与使用方法，包括仪器上有利于提高度数精度的新分度方法。卷二共 17 篇，主要介绍六件仪器所适用的天文观测项目及其设计与制作的静力学、材料学和机械学原理。卷三共 12 篇，主要介绍仪器的安装以及相关的测地学知识。卷四共 10 篇，主要介绍温度计和湿度计的结构、原理、制法及其在气温和湿度测量中的各种应用，给出了大气折射修正表以及光在气-水和气-玻璃等界面上的折射表，讨论了霓虹珥晕等大气光学现象，介绍了单摆及其在天文学和运动学研究中的各种应用，其中包括单摆计时仪的制作与用法，以及对自由落体运动的测量。卷五到卷十四给出了一组天文表，主要是恒星表和方位天文学计算用表。

《灵台仪象志》所画观象台和台上六件新仪器

卷十五到卷十六为《诸仪象图》，是与前四卷内容相配合的插图，共 117 幅。南怀仁有意改变了一般著作中图文混排的做法，而将图文分开，将插图单独汇集成册，以增加阅读亲和力。

南怀仁所制的六件仪器基本上是按照第谷仪器设计的。对于第谷仪器，明末改历中成书的《测量全义》卷十“新仪器解”中已经进行了介绍。南怀仁不仅介绍了六件仪器的本身、补足了仪器应用中所需的各种天文表，而且还广泛介绍了相关的各种科学知识，其中大量欧洲新科学知识在中国的首次介绍，尤其是关于材料强度、单摆、落体与抛体运动、温度计和湿度计等方面的知识。对于此前已经传入过中国的欧洲测量学、静力学与机械学等方面的知识，本书也围绕仪器及其应用进行了大幅度补充。（石云里）

《灵宪》 *Lingxian*　东汉张衡的天文学作品。存于南北朝时刘昭为《续汉书·天文志》所作的注文中，是**浑天说**的一部经典著作。全文共 1700 余字，对天地的起源、星辰的来源与星座的排布、日月的组成与属性、日月五星的运动进行了概述，其观点包含着自然主义的合理性。

例如，关于天地星辰的起源，文中所持的是一种自然演化观，认为天地最早是从“太素”之前虚无幽清的阶段（“溟涬”），发展到元气浑一、**混沌**不分的“太素”阶段（“庬鸿”）；然后元气会按照清、浊和刚、柔发生分离，形成在外的天和在内的地，天体位于阳所以圆转而运动，地体位于阴所以体平而静止，天地之气交互作用形成地上万物，从而进入“太元”阶段。再如，文章虽然带有明确的天人合一、天人感应观，但却将它建立在一种自然主义的基础上，认为天上的星辰都是地上万物之气宣发到天上，同天上的精气结合后形成的，所以二者之间就存在对应和互感。

文中对月相变化和日月食给出了一种同样合理的解释。认为太阳是阳气之精，所以像火一样发光；月亮是阴气之精，所以只能接受和反射太阳的光；月亮的明处是太阳照到的部分，暗处（“魄”）是日光照不到的部分；当月亮进入地影（“闇虚”）时，就发生月食；白天即便月亮就在天上，但人却看不到，因为这时太阳光太强了。文中还对日月五星在恒星间自西向东移动速度的不同提出了解释，认为它们会受到天球每天自西到东转动的阻碍，因此离天球越近移动越慢，反之移动越快；行星的留回现象也是同样的原因。　（石云里）

凌日　transit　视圆面较小的天体经过日面的现象。常用于特指地基观测者见到的地内行星（水星和金星）经过日面的现象。水星和金星在绕日公转的过程中有时会位于地球和太阳之间，此时地球上的观测者可看到小黑点状的水星或金星自东向西经过日面，这一天象即是凌日。天球上水星的视圆面很小，观测水星凌日必须借助望远镜。金星的视圆面较大，不用望远镜也能观测金星凌日。

由于水星和金星的公转轨道和黄道之间的倾角分别为7.0°和3.4°，所以每逢“下合”，即水星或金星与太阳在天球上的黄经相同时，并不必然会发生凌日现象。只有当水星或金星的下合发生在黄道面附近，即它们和地球都处在接近轨道的交点位置才能有凌日。地球每年11月10日前后经过水星的升交点，5月8日前后经过水星降交点，所以水星凌日只能出现在这两个日期附近。同样金星凌日只能发生在12月9日附近和6月7日前后。水星凌日平均每百年发生13次。金星凌日则每两次为一组，两次之间相隔8年，而两组之间分别相隔105年和122年。

根据文献记载，第一次观测到水星凌日在1631年，是法国天文学家P.伽森狄。在910年，阿拉伯科学家法拉比首次借助滤光片发现金星凌日现象。第一位根据行星运动规律阐明并预报金星凌日的是德国天文学家J.开普勒。　（李　竞　刘宝琳）

刘洪　Liu Hong（约129～约210）　中国东汉天文学家。字元卓。山东蒙阴人。汉桓帝延熹（158～167）年间应太史征召到洛阳，拜为郎中，参与天文历法工作。卒于山阳太守任上。所创《乾象历》，是第一部传世的引进月球运动不均匀性（见月球运动理论）的历法。刘洪实测得一个近点月内每天月球实际运行的度数，列出每天实际运行度数和平均运行度数之差。由此可从平朔推求定朔。这个方法为后世所沿用。《乾象历》中把《四分历》回归年长度减为：$365\frac{145}{589}\approx 365.2462$日；朔望月长度也降低为29.530 54日。这两个数值都比前代历法精密。《乾象历》首次给出黄白交角值古度六度一分，近点月长度27.553 36日，并首次引进黄白交点退行的概念与具体数据。《乾象历》还首次给出食限的概念与具体数据，对于交食周期也给出较前人准确得多的数值。《乾象历》约从吴大帝黄武元年（222）起在三国的吴国行用，直到吴亡（280）。刘洪还与议郎蔡邕一起续补过《汉书·律历志》。其中许多资料为后来的《续汉书·律历志》（已收入今本《后汉书》）所采用。　（陈美东）

刘焯　Liu Zhuo（544～610）　中国隋朝天文学家。字士元。信都昌亭（今河北冀州一带）人。曾任太学博士等职，但常以教书著述为生。刘焯的主要贡献是在历法方面。隋文帝仁寿四年（604），他编制成《皇极历》，因受到炀帝宠臣袁充和张胄玄的排斥，这部历法未得颁用。在《皇极历》中，刘焯给出一批十分精确的天文数据，对若干天文表格的编制也有所改良或创新，首创等间距二次差内插法与等差级数法用于历法问题的计算，还创立了一整套虑及太阳运动不均匀与月亮视差影响的、明交食的推算法和虑及五星运动不均影响的五星位置计算的新方法，对后世历法产生了重大影响。　（陈美东）

流星　meteor　来自行星际空间的微小固态天体以高速进入地球大气并在夜空呈现的发光余迹现象。大小从0.01毫米到10米不等，而形成目视可见的流星现象的流星体典型大小为几毫米。进入大气的运行速度为每秒几十千米，在地球表面之上90～100千米处蒸发并辐射发光（图1）。凡亮度超过金星乃至白昼可见的流星称为火流星，它们在进入大气之前通常是米级大小的流星体，燃烧未尽的实体陨落地表即为陨星。以“宇宙尘”形式落向地球表面的流星物质每年平均有1.5×10^8千克。

例如，2020年12月23日7时24分，在青海省玉树州杂多县、囊谦县和昌都，西藏航空TV6018航班拍到的玉树火流星

图1　夜空中的流星

（图2），它疑似一颗近地小行星以超过第二宇宙速度冲入大气层，在青海省玉树上空35.5千米处产生了空爆，形成火流星。火球在空中解体分裂成多块碎片，并形成壮丽的火流星尾迹云（图3、图4）。此次空爆能量相当于约9500吨TNT炸药，推断该小行星质量可能高达430吨。　（李　竞）

图2　西藏航空TV6018航班拍到的玉树火流星

图3　火流星尾迹云

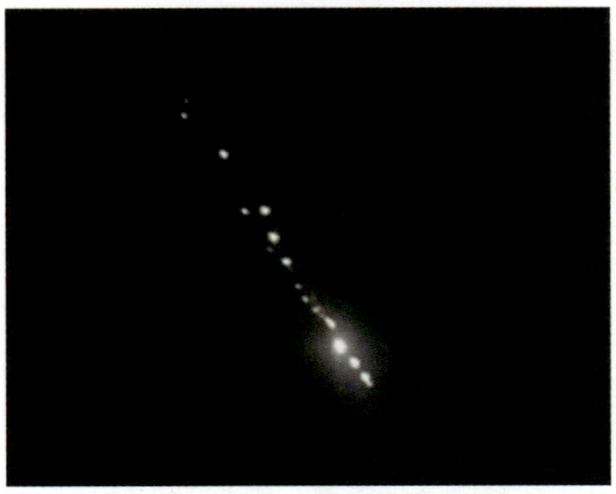

图4　流星火球分裂成十余个碎块

流星雨 meteoric shower; meteor shower 每当流星群与地球相遇时，地球上看到某个天区的流星明显增多的现象。太阳系中有许多沿不同轨道环绕太阳运行的密集的流星体，它们是彗星挥发和遗撒的碎小物体。流星雨起源于彗星，而流星的前身是弥散于行星际空间的微小固态天体。每逢地球遇到轨道上的流星群最密集区，观测到的流星"天顶时数"（ZHR）激增，称为流星暴雨。与流星的随机偶现不同，流星雨出现有定时和固定的辐射点，遂以辐射点所在星座命名。最著名的如狮子座流星雨（图 1），每年 11 月 18 日前后出现，每

图 1 1998 年狮子座流星雨

隔 33 年有一次流星雨盛期。1799 年、1833 年和 1966 年曾出现流星暴雨（图 2）。其中 1966 年的最盛期曾记录到的流星 ZHR 达 50 万个/小时。狮子座流星雨是周期彗星 55P/坦普尔-图特尔的遗撒物撞入地球大气层烧蚀产生的发光现象。国际天文学联合会（IAU）将流星区分成为 24 个流星群（表中给出了部分），截至 2023 年，有超过 800 多个命名的流星雨。最主要的流星雨是英仙座流星雨，它的高峰期出现在

图 2 1883 年狮子座流星暴雨（图画）

最活跃的流星雨

名称	极大中心日期（月-日）	活跃日数	天顶时数（ZHR）峰值 2003 年值	所属彗星
象限仪	01–04	4	130	96P/马赫霍茨
天琴	04–23	6	15	（C/1861 G1）撒切尔
宝瓶 η	05–06	25	40	1P/哈雷
白羊	06–08	20	50	96P/马赫霍茨
南宝瓶 δ	07–29	15	10	96P/马赫霍茨
英仙	08–13	30	80	109P/斯威福特-图特尔
猎户	10–22	15	25	1P/哈雷
金牛	11–03	30	10	2P/恩克
狮子	11–18	6	20	55P/坦普尔-图特尔
双子	12–15	10	90	小行星 3200 号"法厄松"

每年的 8 月 13 日前后，每分钟至少会出现一颗流星。另外，2004 年 3 月 7 日在火星上观测到流星雨事件。 （李 竞）

六分仪 sextant 用来测量远方两个目标之间夹角的光学仪器。通常用它测量某一时刻太阳或其他天体与海平线或地平线的夹角，以便迅速得知海船或飞机所在位置的经纬度。六分仪的原理是牛顿首先提出的。六分仪具有扇状外形，其组成部分包括一架小望远镜，一个半透明半反射的固定平面镜即地平镜，一个与指标相连的活动反射镜即指标镜。六分仪的刻度弧为圆周的 1/6。使用时，观测者手持六分仪，转动指标镜，使在视场里同时出现的天体与海平线重合。根据指标镜的转角可以读出天体的高度角，其误差约为±0.2′～±1′。在航空六分仪的视场里，有代替地平线的水准器。这种六分仪一般还有读数平均机构。六分仪的特点是轻便，可以在摆动着的物体如船舶上观测。缺点是阴雨天不能使用。20 世纪 40 年代以后，虽然出现了各种无线电定位法，但六分仪仍在广泛应用。在 GPS 全球定位系统出现后，六分仪退居备用手段。 （胡宁生）

龙虾眼光学系统 lobster-eye optics 一种 X 射线成像光学系统，因其构型类似于龙虾眼球的反射式光学结构而得名。龙虾眼 X 射线光学由美国亚利桑那大学 J.R.P.安吉尔于 1979 年在其文章"龙虾眼作为 X 射线望远镜"中提出的一种 X 射线成像光学构型，其主要目的是为了实现理论上视场不受限制的 X 射线望远镜用于天文观测。文中提到，这种光学构型受到了部分甲壳纲十足目动物眼睛的启发。这些动物的眼球使用反射成像（动物绝大部分使用折射成像），由大量的正交排布的方孔形状的微型管道构成，管道壁光滑且指向同一球心（图 1）。这些动物中的代表是龙虾，因此安吉尔将其命名为龙虾眼 X 射线光学。

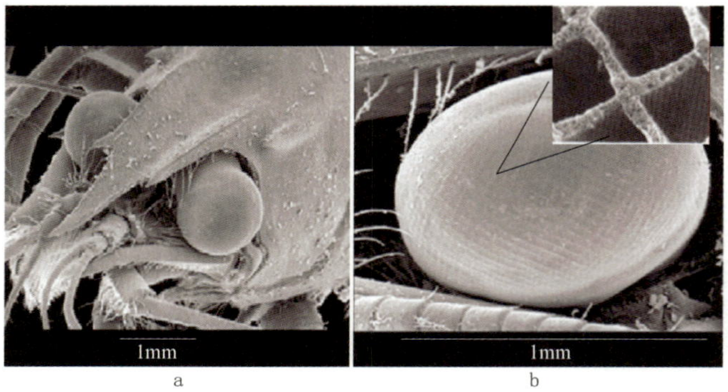

图 1 龙虾及其眼睛的显微镜照片，其眼球可见大量方形结构

X 射线光子由于能量较高（是可见光光子能量的 100 倍以上），在介质中的折射率为复数，其实部略低于 1（即介质中相速度略大于光速），虚部表征介质对 X 射线的强烈吸收。因此 X 射线光学系统绝大部分利用了 X 射线光子在介质表面大入射角（接近 90°）的有效反射特性。该反射可简单理解为 X 射线在介质表面发生的全反射，反射率的计算可以借助菲涅耳方程完成。对于反射式 X 射线光学，反射面几乎平行于入射光，造成反射面利用效率极低（正比于反射面在入射光方向的投影）。为了提高成像效率，一个 X 射线光学系统需要若干（几十到上百万）反射面，而反射面的形状和构型构成了不同的 X 射线光学系统。

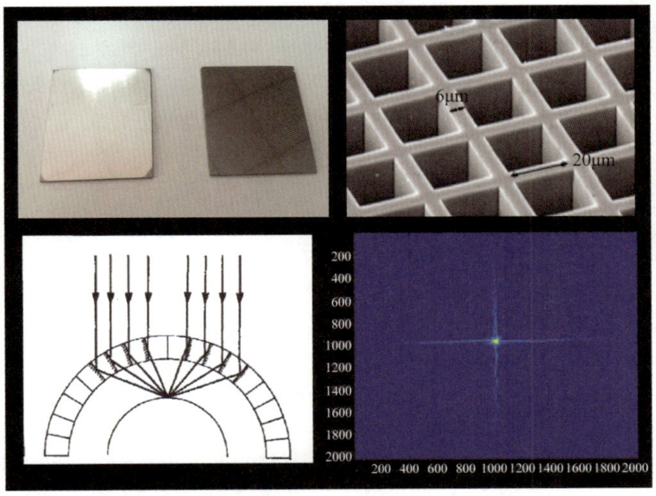

左上：现代工艺制作的龙虾眼光学器件；右上：龙虾眼器件电子显微镜照片，可见大量微小方孔微管道结构；左下：M.F.兰德 1976 年为解释龙虾眼球成像而画的光路图，他是率先发现龙虾成像秘密的人之一；右下：实验室测量得到的龙虾眼光学系统典型 PSF

图 2　龙虾眼光学系统图

龙虾眼 X 射线光学系统（图 2）正是参考了龙虾眼睛结构提出的 X 射线反射面构型，即利用正交排布的方形微管道相互垂直的光滑内壁（光洁度均方根值优于 1 纳米）反射 X 射线。由于所有微管道指向同一个球心（微管道径向中心所在球面曲率半径为 *R*），当光子在一个微管道相互垂直的两组壁上各发生一次（奇数次）反射时，就汇聚到了焦面上的焦点。当光子在微管道一组壁（组 a）上不发生（或发生偶数）反射，在其垂直壁组（组 b）上发生一次（奇数次）反射时，就汇聚到焦面上通过焦点的直线上（方向平行于组 b）。因此其*点扩展函数*（PSF）为十字形。这里需要指出的是龙虾眼光学系统的焦面是一个球面，曲率半径为 *R*/2。龙虾眼光学系统没有特定的光轴，视场可以覆盖全部立体角，是这种系统独一无二的特性，而广泛使用的轴对称 Wolter 型 X 射线望远镜视场很难达到或超过 1 度。龙虾眼光路中使用了大量的几何光学近似，*像差*较大。在焦距 375 毫米的情况下，以 PSF 角宽度（FWHM，Full Width at Half Maximum，半高全宽）计算的相差接近 30 角秒。然而由于工艺的原因，最好的龙虾眼望远镜 PSF 角分辨率（FWHM）约为 4 角分，远未接近理论极限。

在安吉尔提出龙虾眼光学后的很长一段时间内，光学器件都无法生产，原因在于大规模高质量的制作长径比 50∶1 左右、孔径几十微米的正方形管道结构对于微加工技术提出了巨大的挑战。在借鉴了用于微光夜视的*微通道板*（MCP）的玻璃拉丝工艺后，才逐渐研制出了微孔光学器件（MPO）。典型的 MPO 器件尺寸为 40mm×40mm，厚度 1mm，包含了上百万个边长 20 微米、长 1mm 的微小方孔微通道结构。一个完整的龙虾眼望远镜需要几十上百个 MPO 器件拼接而成。MPO 微通道加工时的微小变形和统计特性误差是制约龙虾眼成像质量的主要因素（图 3）。

龙虾眼光学系统的大视场特点，成为新一代大视场高灵敏度 X 射线时域天文望远镜的首选，被科学家寄予厚望能完成该领域观测突破。同时该型望远镜也被用于在空间观测地球上层大气活动等空间科学研究任务。

图 3　显微镜下正方形微管道结构（左）以及一个龙虾眼望远镜镜头组件（右）

（张　臣）

隆德大学天文台　Lund Observatory　位于瑞典隆德大学的一处天文研究机构。简称隆德天文台。成立于 1749 年，位于瑞典隆德。但早在 1672 年，瑞典天文学教授 A.斯波尔就建造了一座天文台，其于 1676 年的隆德战役中被毁。隆德天文台旧的天文台大楼于 1867 年建成，2001 年，原天文台大楼成为文化遗产，天文台工作人员则搬至隆德大学北校区的一座新大楼内，并使用附近的旧水塔进行天文观测（见图）。2010 年，其成为隆德大学天文和理论物理系的一部分。

隆德大学天文台外景

隆德天文台的研究活动侧重于观测和理论天体物理学。涵盖的研究领域包括星系形成和演化、系外行星研究、实验室天体物理学、高能天体物理学、星团和天体测量学。

（李宗伟　刘黎明）

漏壶　clepsydra　古代利用滴水多寡来计量时间的一种仪器。漏壶按计时方法大体上可分为两种：一种是观测容器内的水漏泄减少情况来计量时间，称作泄水型漏壶；另一种是观测容器内流入水增加情况来计量时间，称作受水型漏壶。在一些文明古国，如中国、古埃及、古巴比伦等，都使用过漏壶。古巴比伦一般使用泄水型漏壶；埃及人两种类型都用，不过受水型漏壶使用较晚，也较罕见。

中国的漏壶也称漏刻。早期的漏壶是在漏壶中插入一根标竿，称为箭。箭下用一只箭舟托着，浮在水面上。水流出或流入壶中时，箭下沉或上升，借以指示时刻。前者为泄水型漏壶，叫作沉箭漏；后者为受水型漏壶，叫作浮箭漏。这两种类型统称箭漏。另一种是以滴水的重量来计量时间，叫作称漏。此外，还有一种以沙代水的沙漏。中国历史上用得最多、流传最广的是箭漏。

漏壶的发明时代尚无定论。在周朝已经有了漏壶。《史记》上曾记载司马穰苴在军中“立表下漏”以待庄贾，日中而贾违令不至，即被处死刑的事件。由此可见，春秋时期漏壶的使用已很普遍了。

西汉的漏壶现已发现五只，分别是在河北满城、内蒙古鄂尔多斯、陕西兴平和山东巨野出土的。前三只漏壶属于同一类型，都是铜制单只泄水型壶，大小稍有不同。壶的形状是圆筒，下有三足，在接近底部的侧面有小孔，安装滴水管，壶上有提梁，梁中央有长方形的孔，用以扶箭直立。巨野漏壶属受水型漏壶，丞相府漏壶则为泄水与受水混合型漏壶。

单只泄水型或受水型漏壶结构简单，使用方便。但是水流速度与壶中水的多少有关，单只漏壶随着壶中水的减少，流水速度也在变慢。这样，就直接影响到计时的稳定性和精确度。后来人们想到在漏水壶上另加一只漏水壶，用上面流出的水来补充下面壶的水量，就可以提高下面壶流水的稳定性。但这种办法只适用于受水型漏壶，因此泄水型漏壶很快便被淘汰了。发明增加补给壶的办法之后，人们自然会想到，可以在补给壶之上再加补给壶，形成多级漏壶。补给壶的使用大概始于西汉末东汉初。东汉张衡已使用二级漏壶，即一只漏壶和一只补给壶（不计最下面的受水壶，下同），晋代出现了三只一套的出水壶，唐初吕才设计了四只一套的漏壶。北宋燕肃又发明了另一种方法。他在中间一级壶的上方开一孔，使上面来的过量水自动从这个分水孔溢出，让水位保持恒定。燕肃创制的漏壶称莲花漏，北宋时曾风行各地。

元延祐三年（1316）的一套漏壶，现保存在北京中国国家博物馆，是三级漏壶（见图）。故宫博物院中有与此类似的一套清代制的大型漏壶。

铜壶滴漏（元延祐三年）

称漏的最早制造者是5世纪的北魏道士李兰。称漏盛行于唐、宋。它的构造是一杆吊着的秤，受水壶挂在秤钩上，以受水壶里受水的重量计量时间。按李兰的规定，流水一升，重增一斤，时经一刻。也可以把秤杆上的重量刻度改成时刻刻度，从而直接读出时刻数。

沙漏的最早记载见于元代，造沙漏的目的是避免水因气温变化而影响计时精度。其原理是通过流沙推动齿轮组，使指针在时刻盘上指示时刻。明初詹希元创制五轮沙漏，后来周述学改进为六轮沙漏。但是流沙容易阻塞，使用并不普遍。

（陈美东）

陆埮 Lu Tan（1932-02-23～2014-12-03）中国天体物理学家。生于江苏常熟县南门外东市河，卒于江苏南京。1957年毕业于北京大学物理系，先后在中国科学院原子能研究所、哈尔滨军事工程学院、长春防化学院、南京电讯仪器厂工作。1978年调入南京大学天文系，任教授和博士生导师。

2003年7月调入紫金山天文台，同年11月当选为中国科学院院士。曾任南京大学天体物理研究室主任，第五、六、七届全国人大代表，中国天文学会理事和该学会高能天体物理专业委员会主任，国际天文学联合会（IAU）会员。2004年起任中国物理学会引力与相对论天体物理分会主任，2006年初兼任南京大学与紫金山天文台共建的粒子-核-宇宙学联合研究中心主任。

陆埮和他的研究小组长期从事粒子物理、γ射线暴、脉冲星、中子星、奇异星和宇宙学等方面的研究，在国内外学术刊物上发表论文300余篇，被他人文章引用900多篇次，并著有《基本粒子》《从电子到夸克》《宇宙-物理学的最大研究对象》等书。获得了多项奖励，包括全国科学大会重大科技成果奖（1978），教育部科技一等奖2次，中国天文学会张钰哲奖1次，国家自然科学二等和三等奖各1次，国家科技进步二等奖1次等奖项，以及全国先进科技工作者、中国科学院杰出贡献教师等称号。2012年，经国际天文学联合会小天体提名委员会批准，国际永久编号第91023号小行星被命名为陆埮星。

（掌 静）

滤光片 filter 用来选取所需辐射波段的光学器件。分为两类：①颜色滤光片，这是各种颜色的平板玻璃或明胶片，其透射带宽数百埃到数千埃，多用在宽带测光或装在恒星摄谱仪中，以隔离重叠光谱级次。其主要特点是尺寸可做得相当大。②薄膜滤光片，又分为薄膜吸收滤光片和薄膜干涉滤光片两种。前者是在特定材料片基上，用化学浸蚀或真空蒸镀方法形成单层薄膜，使本征吸收线正好位于需要的波长处。一般透过的波长较长，多用作红外滤光片。后者是在一定片基上，用真空镀膜法交替形成具有一定厚度的高折射率或低折射率的金属-介质-金属膜，或全介质膜，构成一种低级次的、多级串联实心法布里-珀罗干涉仪。膜层的材料、厚度和串联方式的选择，由所需要的中心波长λ_0和透射带宽$\Delta\lambda$确定。能够制造λ_0从紫外到红外任意波长、$\Delta\lambda$为1～500埃的各种干涉滤光片。金属-介质膜滤光片的峰值透射率不如全介质膜高，但后者的次峰和旁带问题较严重。薄膜干涉滤光片中还有一种圆形或长条形可变干涉滤光片，其λ_0随不同位置而连续变化。这种单色滤光片的特点是小而轻，适宜于空间天文测量。此外，还有一种双色滤光片，它与入射光束成45度或特定角度放置，能以高而均匀的反射和透射率将光束分解为方向互相垂直或成一定角度的两种不同颜色的光束，适合于多通道多色测光或摄谱仪中波段的分离。干涉滤光片一般要求垂直入射，当入射角增大时，λ_0向短波方向移动，而且透过带宽$\Delta\lambda$会适当加宽。这个特点在一定范围内可用来调准中心波长。由于λ_0、$\Delta\lambda$和峰值透过率均随温度和时间而显著变化，使用窄带滤光片时必须十分小心。

滤光片的透过曲线形状可以是缓变的，也可以是剧变的，后一种常常叫作带通滤光片。需要透过的波段内各个波长处的透过率均很高而几乎相等。不需要的波长的透光率几乎为零。有的带通滤光片是单边截止。比如只允许长于或短于某一波长的光线通过。分别叫作短通滤光片或长通滤光片。也有的是只允许选定的某一波段通过，长于和短于均不能通过。

由于大尺寸的均匀膜层难于获得，干涉滤光片的直径一般都小于50毫米。有人曾用拼合方法获得大到38厘米见方的干涉滤光片，装在英国口径1.2米施密特望远镜上，用于拍摄大面积星云的单色像。

（蒋世仰）

卵形星云 Oval Nebula; Egg Nebula 位于天鹅座的原行星状星云。编号RAFGL2688和CRL2688。又称蛋形星云或天鹅座V1610（V1610 Cyg）。它是一个典型双极原行星状星云，处在从渐近巨星支恒星向行星状星云转化的短暂过渡阶段。它类似于被灯光照亮的泳池，位于天鹅座，距离地球大约1400光年（420秒差距），视星等14.0，绝对星等4.2。卵形星云的中心天体正在慢慢向白矮星转变，外壳是恒星喷射出的尘埃和气体云，并以20千米/秒的速度膨胀。这个星云是美国国家航空航天局（NASA）位于加利福尼亚州帕萨迪纳喷射推进实验室发现的（见图）。

卵形星云的中心星是一颗后渐近巨星

卵形星云照片

支恒星，光谱型为F5 I a，有效温度6500K，还没有足够热到能电离周围的壳层大气。卵形星云的壳层大气中，碳、氮以及中子俘获过程产生的元素存在明显的增丰。高空间分辨率光学成像显示卵形星云存在像探照灯一样双极延伸瓣和一个明显暗淡的走廊，这个暗淡的走廊推测为冷尘埃组成的赤道盘。后来的氢分子2微米发射高角分辨观测显示卵形星云存在多极高速准直物质流，表明卵形星云存在多极延伸瓣。另外，研究者还发现：在卵形星云中，大分子气体氨是沿暗廊的方向呈盘状分布的。卵形星云的核区（即暗淡的走廊区域，直径大约12个角秒，厚度大约3个角秒）正在以15千米/秒的速度膨胀。

卵形星云是罕见的，因为它处在快速演化阶段，持续时标只有1千年的量级。然而，它们可能是理解**红巨星**如何转变成行星星云的关键，还可帮助揭示**类太阳恒星**的缓慢死亡过程中的物质抛射过程。（李立芳）

掠射X射线望远镜 grazing incidence system　一种使天体X辐射成像的仪器。X射线很易被介质吸收，且在介质中其折射率近于1。这表明，折射系统不可能用在X射线波段，而X射线在非常倾斜的掠射角下将产生全反射。掠射X射线望远镜就是利用这种全反射原理设计而成的。1952年，沃尔特首先建议利用X射线掠射的全反射现象来进行光学聚焦，使用两个同轴共焦旋转圆锥曲面组合构成的光学系统，可以减少**像差**。他还提出三种有实用意义的成像系统方案（图1）。X射线

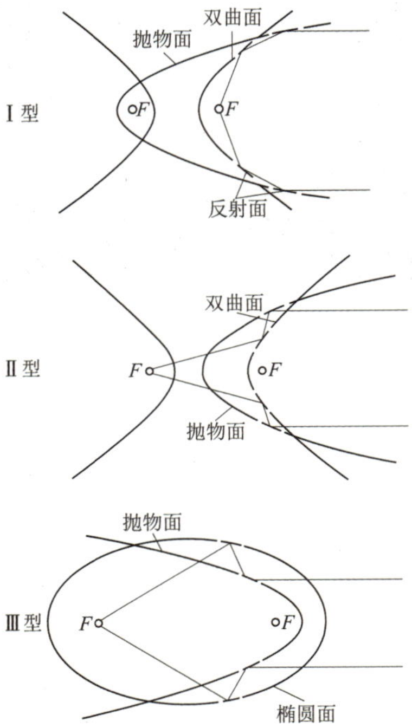

图1　掠射X射线望远镜工作原理

望远镜光学系统一般采用沃尔特I型——抛物面焦点与双曲面的后焦点重合的同轴光学系统。其焦平面通过双曲面的前焦点。按照制作工艺来划分，X射线望远镜的研制已经历三代（图2）。第一代镜面是铝制

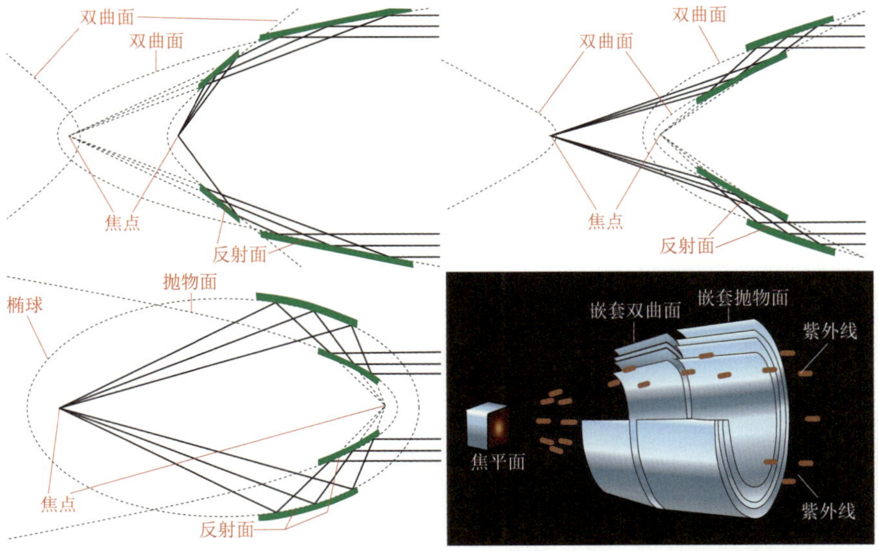

左上：沃尔特I型；右上：沃尔特II型；左下：沃尔特III型；右下：望远镜结构示意图

图2　掠射X射线望远镜及其不同型号结构

的，效率为1%，1963年用这种望远镜拍摄到分辨率为几角分的照片，可看出太阳上存在着X射线发射区。第二代镜面是在光学抛光的不锈钢模上电铸镍，它的效率在8.3埃处约为20%。1965年，曾用它摄得太阳像，分辨率为30″，发现大面积弱发射区。第三代镜面已在天空实验室的望远镜装置上使用，一个是利用熔石英做**镜面材料**，另一个是由两套同轴共焦系统进行套叠组成。镜坯采用铝材，表面镀镍磷合金，分辨率可达1″～2″，能观测到许多日冕亮点。

在恒星**X射线天文学**中使用的掠射X射线望远镜，在结构上与太阳X射线望远镜相似。由于恒星的辐射流量比太阳弱得多，因而恒星掠射X射线望远镜要求有更大的有效集光面积和更灵敏的探测器。为了探测宇宙中较弱X射线源，美国在20世纪70年代开始研制集光面积为1000平方厘米、焦距为610厘米的掠射X射线望远镜，视场为60′，分辨率为2″。（范大雄）

伦琴X射线天文台 Röntgen Satellite; ROSAT　德国、美国和英国合作的X射**线天文卫星**，以德国物理学家、X射线的发现者、第一届诺贝尔物理学奖得主W.K.伦琴的名字命名。ROSAT卫星于1990年6月1日升空，1999年2月12日退役，2011年坠入大气层。ROSAT在高度580千米、倾角53°的圆轨道上运行，其任务是在软X射线波段第一次进行全天成像观测，同时ROSAT巡天的灵敏度也达到了第一颗X射线卫星——**乌呼鲁X射线卫星**的1000倍。

ROSAT卫星搭载有一架焦距2.4米、配备有正比计数器和高分辨率成像仪的沃尔特I型**掠射X射线望远镜**，以及一架焦距0.525米的沃尔特-史瓦西型极紫外照相机，分别覆盖0.1～2.5keV和62～206eV的能段。ROSAT的X射线望远镜是建造之时体量最大、面形精度最高的，还开创了同类仪器使用低膨胀系数的微晶玻璃的先河。

ROSAT卫星在任务期间的观测最终汇总成了一份包含超过15万个X射线天体的全天X射线源表（星表的指向精度超过30角秒），外加一份包含479个天体的极紫外辐射源表。同时这颗卫星还第一次

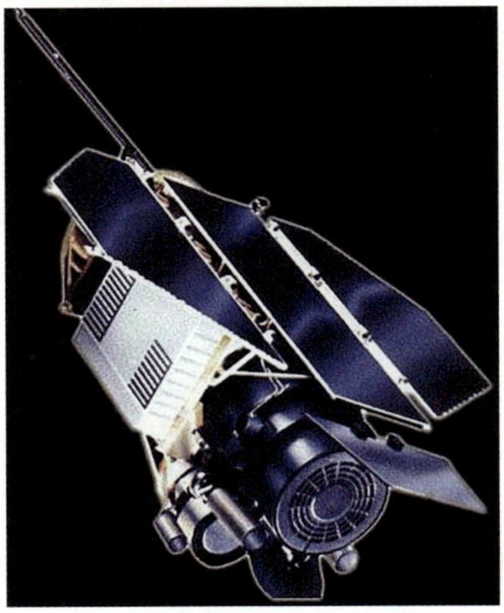

ROSAT卫星艺术图

探测到来自高能辐射源杰敏卡的脉冲，敲定了其作为脉冲星的身份；还观测了来自彗星的 X 射线辐射、1997 年舒梅克－列维 9 号彗星撞击木星期间产生的 X 射线辐射、分子云相对弥漫 X 射线辐射投下的“阴影”，以及众多超新星遗迹和星系团在 X 射线能段的形态，从而大大推进了 X 射线天文学的发展。（张 博）

罗马天文台 Rome Observatory 意大利的一家天文研究机构。成立于 1938 年，总部位于意大利罗马附近的蒙泰波尔齐奥卡托内，马里奥山的梅里尼别墅中，在天文台

罗马天文台总部

可以一览罗马全景。拥有意大利本初子午线塔、天文和哥白尼博物馆，以及欧洲最大的太阳塔。2002 年起隶属意大利国家天体物理研究所（INAF）。主要研究恒星天体物理学、系外天体物理学和太阳天体物理学、相对论天体物理学和宇宙学等领域。其积极参与各项国际合作活动，借助各类大型望远镜设施如甚大望远镜（VLT）、大双筒望远镜（LBT）、哈勃空间望远镜（HST）等开展天文研究活动。（李宗伟 刘黎明）

罗默，O. Ole (Christensen) Romer（1644-09-25～1710-09-19） 丹麦天文学家。生于奥尔胡斯，卒于哥本哈根。1662 年进入哥本哈根大学，在导师 R.巴多林指导下学习了数学，并以天文学家第谷的天文观测为基础学习天文学。1671 年，法国天文学家 J.皮卡德来到丹麦，用几个月时间观测了木卫一的 140 交食，用这种方法测定了第谷天文台与刚刚新建的巴黎天文台之间的地理经度差。罗默参与了这项工作。皮卡德返法时，罗默随他到巴黎皇家天文台工作。1681 年回到丹麦，任皇家数学家和哥本哈根大学天文学教授，创建和领导哥本哈根大学天文台。曾当选法国科学院院士。

在巴黎天文台工作期间，罗默担任 G.D.卡西尼（见卡西尼家族）的助手，继续开展对木星卫星的观测。他发现，当木星远离地球，木卫被木星遮食的时刻较预先计算的时刻推迟；而当木星接近地球时，发生木卫掩食的时刻就会提早。这种现象在木卫一上表现得非常明显。1676 年，罗默用光传播速度的有限性正确地解释了这种现象。根据观测，估算光线穿越地球轨道直径的时间约 22 分钟。根据他给出的结果，荷兰物理学家和天文学家 C.惠更斯通过计算得出，光速为每秒 227 000 千米（现代测定值光速为每秒 299 792.46 千米）。罗默还研制成带有精确刻度环的中星仪和子午环，改进了测微器，创造了其他许多天文仪器，测定了 1000 多颗恒星的位置。（石云里）

罗素，H.N. Henry Norris Russell（1877-10-25～1957-02-18） 美国天文学家。生于纽约州奥伊斯特湾，卒于新泽西州普林斯顿。1895 年进入普林斯顿大学学习天文学，1897 年获学士学位，1899 年获博士学位。1903～1905 年在剑桥大学天文台担任研究助理，1905～1947 年在普林斯顿任教，先后担任天文学训导、助理教授、教授和研究教授。1912 年起担任普林斯顿大学天文台台长，1947 年以后改任名誉台长。1921 年当选美国艺术与科学院院士并获英国皇家天文学会授以金质奖章，1922 年获法国科学院拉朗德奖和美国国家科学院亨利德雷伯奖章，1925 年获太平洋天文学会布鲁斯奖章和美国艺术与科学院伦福德奖，1934 年获富兰克林研究所富兰克林奖章，1936 年获法国科学院詹森奖章，1937 年当选英国皇家学会国外会员，1938 年当选皇家爱丁堡学会荣誉会员。1934～1937 年任美国天文学会会长。曾任国际天文学联合会恒星光谱组和恒星结构组主席。

1910 年，罗素独立发现巨星序和矮星序之别。1912 年，他建立了食双星理论，成为根据光变曲线求双星轨道要素和二子星基本参数的先驱者。1913 年在英国皇家天文学会的会议上发表恒星的亮度、颜色和光谱型之间的统计关系。罗素绘制一幅图解，表示恒星的绝对星等和光谱型的分布：巨星位于一条水平带上，再上还有超巨星；绝大多数恒星从 B 型到 M 型，分布在一条对角线上，叫作主星序。左下角还有少量的白矮星。这样的图常被叫作赫茨普龙－罗素图，简称赫罗图。1929 年罗素提出求目视双星动力学视差的方向。同年，分析了太阳光谱，详细计算了太阳的化学成分，证明太阳绝大部分物质是氢，另有少量的氦、氧、氮和氖等。他还成功地解释了各类恒星的光谱特征。1952 年，他和 P.W.梅里尔合作，发明食双星测光解轨的 RM 方法，至今仍被广泛应用。

（陈美东 撰 石云里 修订）

螺旋星云 Helix Nebula 位于宝瓶座，标准历元 J2000 的赤经 $22^h29^m38.54^s$，赤纬 −20°50′13.64″的行星状星云。《星云星团新总表》中的编号为 NGC7293，是离地球最近最明亮的行星状星云。由于螺旋星云与眼睛极为相似的显著外观，在通俗文化中被誉为“上帝之眼”或“索伦之眼”。螺旋星云是第一个被发现有环形结构的星云，到地球距离约为 714 光年，直径约 25′。

螺旋星云最早是在 1823 年，由德国天文学家 K.L.哈丁使用 10 厘米折射望远镜在德国发现的。它在各个波段的相似特征（从紫外到红外）使它很容易被辨认。哈勃空间望远镜和智利 4 米望远镜在可见光波段拍摄的螺旋星云图像（图 1），斯皮策望远镜在红外波段拍摄的螺旋星云图像（图 2）。

图 1 哈勃空间望远镜和智利 4 米望远镜在可见光波段拍摄的螺旋星云图像

从图中可看到星云呈现螺旋结构。强烈的辐射激发四周的云气，使它发出灿烂的光芒，是典型的发射星云。行星状星云实际上是恒星的遗迹。另外，螺旋星云周围存在暗红云气，可能是死亡恒星（即处于核心的高温白矮星 WD2226-210）的最初喷发物。其次，螺旋星云拥有异常复杂的环状结构，这些环状云气可能是恒星在不同的阶段所释放出来的。实际上，它的主环结构是由两个成直角排列的椭圆云气环所组成。在螺旋星云中，约 1.7 光年宽的

内环估计已经膨胀了 6500 年，约 2.5 光年宽的外环已经膨胀了 12 100 年。从光谱上看，外环的膨胀速度是 40 千米/秒，内盘约为 32 千米/秒。最后，螺旋星云的内环里面有很多径向排列的彗星状结点，这些结点含有低电离分子气体。主环中也含有许多模糊的彗星状结点，这些彗星状结点

图 2　斯皮策望远镜在红外波段拍摄的螺旋星云图像

数目超过 20 000 多个，且结点的彗头大小与太阳系相当，质量与地球相当，它们的形成及起源还不清楚。　（张奉辉　龚晓波）

洛韦尔，P.　Percival Lowell（1855–03–13～1916–11–12）　美国天文学家。生于马萨诸塞州波士顿，卒于亚利桑那州弗拉格斯塔夫。1876 年毕业于哈佛大学。受意大利天文学家 G.V.斯基亚帕雷利关于火星“运河”报道的鼓动，于 1894 年在弗拉格斯塔夫建造私人天文台。洛韦尔在大量的照相和目视观测的基础上画了 500 多条火星“运河”，记录了火星“暗区”的季节性变化，并推测后者系农作物区的枯荣所致。他认为火星上有高度文明的“火星人”。20 世纪 70 年代火

星探测器在火星上软着陆后证明，他的观点是不正确的。但洛韦尔的研究却推动了行星世界的观测工作。1908 年，他预推出海王星外存在另一颗行星，1930 年此星为 C.W.汤博所发现，即冥王星（冥王星于 2006 年被定为矮行星）。1911 年他还与 V.M.斯莱弗首次测定天王星的自转周期为 17 小时 14 分。此外，他对土星的光环、木星上云的形成、太阳系的演化等均有深入的研究。　（陈美东　撰　石云里　修订）

洛希极限　Roche limit　在讨论卫星的形状理论中，若把卫星看成质量很小（相对行星而言）的流体团，就成为流体在行星引力作用下的形状问题。因行星引力很大，当卫星离行星很近时，潮汐作用会使卫星的形状变成细长的椭圆。当距离近到一定程度时，潮汐作用就会使流体团解体分散。这个使卫星解体的距离的极限值是由法国天文学家 E.A.洛希首先求得的，因此称为洛希极限。如用 A 表示这个距离，则：

$$A = 2.455\ 39\left(\frac{\sigma'}{\sigma}\right)^{1/3} R$$

式中 R 为行星半径；σ 为卫星密度；σ' 为行星密度；系数 2.455 39 为洛希求出的近似值。他假设卫星质量同行星质量的比值 $\mu = 0$。若 $\mu \neq 0$ 时，系数值略有变化。根据英国天文学家 G.H.达尔文的计算，系数值和 μ 值的关系如下：

系数值和 μ 值关系

μ	0.4	0.5	0.6	0.8	1.0
系数	2.484	2.485	2.490	2.502	2.514

土星环中心到土星中心的距离为 2.31 个土星半径。若土星环的密度与土星相同，则这个距离小于洛希极限，因此解体分散，不能形成一个卫星。洛希极限除了被用于研究太阳系的天体外，还被用于研究双星系统的演化。　（易照华）

落下闳　Luoxia Hong　生卒年不详。中国西汉民间天文学家。字长公。巴郡阆中（今四川阆中）人。活动于公元前 100 年前后。汉武帝元封（前 110～前 104）年间为了改革历法，征聘天文学家，经同乡谯隆推荐，落下闳由故乡到京城长安。他和邓平、唐都等合作创制的历法，优于同时提出的其他 17 种历法。汉武帝采用为新历，于元封七年（前 104）颁行，改元封七年为太初元年，新历因而被称为《太初历》。汉武帝请他担任侍中（顾问），他辞而未受。落下闳是浑天说的创始人之一，经他改进的赤道式浑仪（见浑仪和浑象），在中国沿用了两千年。《太初历》采用的二十八宿（见三垣二十八宿）赤道距度（赤经差），一直用到唐开元十三年（725）才由一行重新测过。在《太初历》第一次提出交食周期，以 135 个月为“朔望之会”，即认为 11 年应发生 23 次日食。落下闳知道《太初历》存在所用回归年长度偏大的缺点，指出“后八百年，此历差一日，当有圣人定之”。事实上，每 125 年即差一日，到公元 85 年就实行改历。　（陈美东）

M

马克斯·普朗克地外物理研究所 Max Planck Institute for Extraterrestrial Physics; MPE 马克斯·普朗克协会下属的一个天文研究机构。位于德国慕尼黑附近的加兴，成立于1963年，为马克斯·普朗克物理与天体物理研究所的分支机构，1991年成为一个自治机构。截至2015年，拥有工作人员400多人，每年接待客座人员约50人。主要致力利用太空轨道上的望远镜进行地外空间和天体物理现象的研究，包括银河系和遥远宇宙中的黑洞的研究。

（李宗伟 刘黎明）

马克斯·普朗克射电天文研究所 Max Planck Institute for Radio Astronomy; MPIR 马克斯·普朗克协会下属的一个射电天文研究机构。总部位于德国波恩。旨在针对射电天文学领域中的天文学问题进行观测，重点在射电光谱学。主要研究脉冲星和河外星系的射电辐射。此外，研究所还从事星际介质等方面的理论研究，并同德国–法国射电天文学联合研究所进行合作研究，其内容为运用亚毫米波长的30米射电望远镜项目。与欧洲南方天文台共同建造阿塔卡马探路者实验（APEX），该射电

位于智利的阿卡塔马探路者实验（APEX）

望远镜口径12米，2005年启用，是阿塔卡马大型毫米［亚毫米］波阵（ALMA）的原型。 （李宗伟 刘黎明）

马克斯·普朗克太阳物理研究所 Max Planck Institute for Solar System Research; MPS 马克斯·普朗克协会下属的一个天文研究机构。位于德国卡特伦堡，前身为马克斯·普朗克高层大气科学研究所。2004年改为现名。2014年，研究所搬迁至格丁根大学附近。其参与多个国际任务如：太阳轨道探测器、太阳动力学天文台（SDO）、日出望远镜、日地关系天文台（STEREO）、太阳和太阳风层探测器（SOHO）以及各项太阳系空间探测卫星。主要研究方向包括太阳、日光层以及行星和彗星。 （李宗伟 刘黎明）

马克斯·普朗克天体物理研究所 Max Planck Institute for Astrophysics; MPA 马克斯·普朗克协会下属的一个天文研究机构。1958年成立，位于德国慕尼黑北部的加兴，也是欧洲南方天文台的总部。原名马克斯·普朗克物理与天体物理研究所。1991年，该研究所分立为两个研究所，即天体物理研究所、物理研究所。

马克斯·普朗克天体物理研究所俯瞰图

主要研究方向有：宇宙学，特别是星系的形成和演化、再电离和宇宙微波背景；高能天文学和天体物理学，包括超大质量黑洞、星系团、活动星系核和类星体、X射线双星和吸积盘；恒星物理学，包括恒星演化和恒星爆炸，如超新星和γ射线暴。

（李宗伟 刘黎明）

马克斯·普朗克天文研究所 Max Planck Institute for Astronomy; MPIA 成立于1967年，位于德国巴登玉坦伯格海德堡。主要研究方向包括行星恒星形成、星系、宇宙学、天体生物学、星际介质、天体化学、银河系结构演化等，是全球重要的天文研究中心。建有多处地基望远镜和天文

马克斯·普朗克天文研究所办公大楼

观测卫星。1973～1984年和西班牙安达卢西亚天体物理研究所联合运作卡拉阿托天文台，2019年，该天文台股份全部转让给西班牙。2005年起与德国、意大利、美国等国家的合作伙伴运营位于美国亚利桑那州的大双筒望远镜（LBT）。此外，研究所还为众多望远镜或天文卫星制造仪器或部件，包括欧洲南方天文台的帕瑞纳天文台甚大望远镜（VLT）、欧洲极大望远镜（E-ELT），欧洲空间局（ESA）的红外空间天文台、赫歇尔空间天文台，以及詹姆斯·韦布空间望远镜等。 （李宗伟 刘黎明）

马克苏托夫望远镜 Maksutov telescope 一种折反射望远镜，1940年初为苏联光学家D.D.马克苏托夫所发明，因此得名。荷兰光学家A.包沃尔斯也几乎于同时独立地发明了类似的系统，所以有时又称马克苏托夫–包沃尔斯系统。马克苏托夫望远镜的光学系统和施密特望远镜类似，是由一个凹球面反射镜和加在前面的一块改正球差的透镜组成的。改正透镜是球面的，它的两个表面的曲率半径相差不大，但有相当大的曲率和厚度，透镜呈弯月形，所以，这种系统有时也称为弯月镜系统（见图）。适当选择透镜两面的曲率半径和厚度，可以使弯月透镜产生足以补偿凹球面镜的球差，同时又满足消色差条件。在整个系统中适当调节弯月透镜与球面镜之间的距离，就能够对彗差进行校正。和施密特望远镜

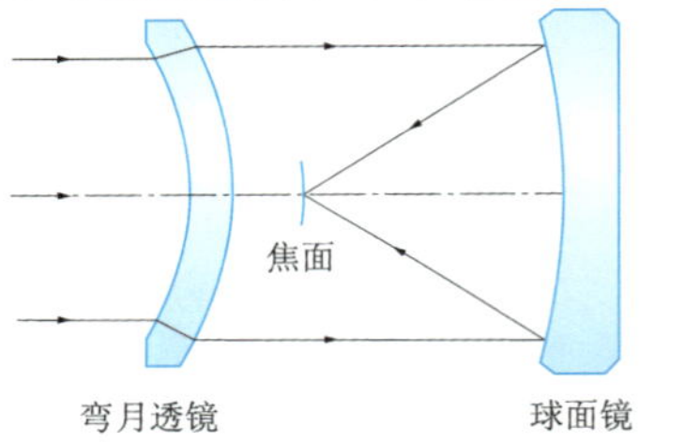

马克苏托夫望远镜光学系统

一样，马克苏托夫望远镜光学系统的像散很小，但场曲比较大，所以必须采用和焦面相符合的曲面底片。弯月透镜第二面的中央部分可磨成曲率半径更长的球面（也可以是一个胶合上去的镜片），构成具有所需相对口径的马克苏托夫–卡塞格林系统，也可直接将弯月镜中央部分镀铝构成马克苏托夫–卡塞格林系统。马克苏托夫望远镜的主要优点是：①系统中的所有表面都是球面的，容易制造；②在同样的口径和焦距的情况下，镜筒的长度比施密特望远镜的短。缺点是：①和相同的施密特望远镜比较，视场稍小；②弯月形透镜的厚度较大，一般约为口径的1/10，对使用的光学玻璃有较高的要求，因此，限制了口径的增大。

俄罗斯科学院普尔科沃天文台曾装备有马克苏托夫望远镜，最大的马克苏托夫望远镜在格鲁吉亚阿巴斯图马尼天体物理天文台，弯月透镜口径70厘米，球面镜直径98厘米，焦距210厘米。 （杨世杰）

马瑟，J.C. John Cromwell Mather（1946–08–07～ ） 美国天体物理学家。生于美国弗吉尼亚州罗阿诺克。1968 年在斯瓦斯莫尔学院获物理学学士学位，1974 年在加州大学伯克利分校获物理学博士学位。1974～1976 年在哥伦比亚大学哥达德空间研究所做博士后，1976 年转入美国航空航天局哥达德空间飞行中心工作。1990 年获美国航空航天局哥达德空间飞行中心林德赛纪念奖，1991 年获洛特利国家空间成就奖和国家大气与空间博物馆奖杯，1993 年获美国天文学会和美国研究院海涅曼奖。1996 年获美国艺术与科学院拉姆福德奖，同年当选美国物理学会会士。1997 年当选美国国家科学院院士。1998 年获阿洛森纪念奖，同年当选美国艺术与科学院院士。美国富兰克林研究院富兰克林奖章，2005 年获国际光电工程学会哥达德奖，2006 年获耶鲁大学格鲁伯宇宙学奖，同年获诺贝尔物理学奖。2007 年当选国际光电工程学会会士，同年获美国成就学会金牌奖。2008 年获美国编辑学会罗宾森奖，2010 年当选美国光学学会会士，2020 年当选美国天文学会资深会士。

在博士后工作期间，马瑟组织提出了宇宙背景探索者（COBE）卫星的第一份计划书，此后就一直在哥达德空间飞行中心作为 COBE 计划的首席科学家和项目领导者。1989 年 COBE 卫星升空，他所负责的远红外绝对分光光度仪（FIRAS）以前所未有（百万分之五十）的精度测量到**宇宙微波背景辐射**谱具有温度为 2.725K 的理想黑体的性质，而加州大学伯克利分校教授 **G.F.斯穆特**负责的较差微波辐射计（DMR）则测到宇宙微波背景不同方向的温度起伏为十万分之一。由于这一重要成果对宇宙起源的大爆炸理论提供了新的有力支持，将宇宙学推进到精确科学的时代，马瑟和 G.F.斯穆特分享了 2006 年诺贝尔物理学奖。

马瑟的研究领域涵盖宇宙学、远红外天文学及仪器、傅里叶变换谱学、巨型望远镜、**行星际尘埃**和弥漫背景辐射。作为下一代空间望远镜（JWST）的高级项目科学家，他从 1995 年起就领导着这个科学团队，是项目管理中科学权益的代表。他还是美国国家科学院、宇航局、科学基金会支持的大天区红外巡天卫星（WISE）、亚毫米波宇宙结构演化探测（SPECS）等项目的顾问组和工作组成员。

（邹振隆　石云里）

马头星云 Horsehead Nebula 位于猎户座亮星云 IC 434（由猎户座 σ 星所电离）中的**暗星云**。因形状类似马头而得名。马头星云（如图）距离地球约为 1500 光年。美国哈佛天文台研究人员 W.弗莱明于 1888 年在天文照相底片上首次证认出这一天体。之后人们很快认识到，这一区域暗黑的原因是由于物体遮挡了其后的星光，并不是由于恒星分布在该区域有空缺。此暗云在巴纳德表中的名称为 B33。马头星云的西部边缘受猎户座 σ 星（光谱型为 O9.5，投影距离 4pc）照射而发生光致蒸发，该区域是一典型的光致离解区。关于马头星云的成因主要有两种观点：一种认为暗云中存在稠密云核，云核周围的稀薄气体因光致蒸发而消散，而云核背后的气体因云核的遮挡而未受影响；另一种认为在**分子云**与电离氢区的交界面存在不稳定性，这些不稳定过程产生了稠密的结构。通过 CO$J=1$–0 谱线成图得出马头星云的质量为 $27M_{\odot}$，通过 CS 分子谱线观测得到的气体密度为 10^4 厘米$^{-3}$。多波段观测表明马头星云蕴藏**年轻星体**（YSO），其中一些位于马头星云的西边缘，他们的形成可能与大质量恒星猎户座 σ 星对马头星云的照射有关。

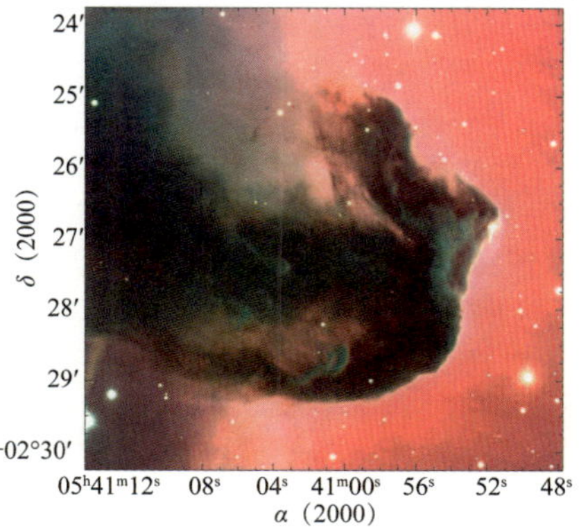

图中坐标系为赤道坐标

甚大望远镜（VLT）拍摄的马头星云 B、V、R 波段合成图像

（王红池）

麦克劳林椭球体 Maclaurin ellipsoid 英国科学家 C.麦克劳林（又译马克劳林）提出的一种经典天体形状理论。1742 年麦克劳林第一次严格证明：旋转椭球体可以是均匀流体自转时的平衡形状。后来很多数学家改进了这项工作，成为天体形状理论中第一个经典结论。若σ为流体密度、ω为它的自转速率、G为万有引力常数，则当参数：

$$\Omega = \frac{\omega^2}{2\pi G\sigma} < 0.224\,67\cdots = \Omega_0$$

时，平衡形状可以是旋转椭球体。此旋转椭球体称为麦克劳林椭球体。若a为椭球体的赤道半径，c为极半径（在自转轴上），则必须是$a > c$。这说明麦克劳林椭球体一定是扁球体，不可能是长球体。当$\Omega < \Omega_0$时，每一Ω值都对应一个麦克劳林椭球体。Ω值越大，相应的椭球体越扁。在极限情况$\Omega = \Omega_0$时，相应的$a = 2.7c$。A.M.李雅普诺夫证明，当$\Omega < \Omega_1 = 0.187\,11\cdots$时，相应的麦克劳林椭球体是稳定的；而当$\Omega_1 < \Omega < \Omega_0$时，相应的麦克劳林椭球体是不稳定的。

（易照华）

麦克唐纳，A.B. Arthur Bruce McDonald（1943–08–29～ ） 加拿大天体物理学家。生于加拿大新斯科舍省悉尼。1964 年本科毕业于加拿大达尔豪西大学物理学专业，1965 年在该校获硕士学位，1969 年获美国加州理工大学物理学博士学位。1970～1982 年任职于加拿大渥太华西北的乔克河核子实验室，1982～1989 年任美国普林斯顿大学教授。1989～2013 年转任加拿大女王大学教授，2002～2003 年担任该校研究主席，2003～2006 年担任该校粒子天体物理主席。1983 年当选美国物理学会会士，1998 年获加拿大艺术理事会吉拉姆研究员职位，2003 年获加拿大自然科学与工程理事会赫兹伯格加拿大奖章，2005 年获俄罗斯杜布纳联合核子研究所庞蒂科夫粒子物理奖，2006 年获加拿大勋章，2007 年与日本物理学家**户冢洋二**同获美国富兰克林研究院富兰克林奖章。2009 年当选英国皇家学会会员，同年入选加拿大科技博物馆加拿大科学与工程名人堂。2010 年获加拿大艺术理事会吉拉姆自然科学奖，2011 年获加拿大皇家学会托里奖章，2012 年获安大略省荣誉勋章。2015 年获诺贝尔物理学奖，同年晋升为加拿大勋章。2016 年获俄罗斯基础物理奖基金会基础物理突破奖，同年当选美国国家科学院外籍院士，并获加拿大新斯科舍省荣誉勋章。

主要研究领域是中微子。自 20 世纪 60 年代后期开始，实验显示了中微子具有质量的迹象。但地球上几次中微子观测中所

探测到的电中微子数量总是低于理论模型的预言。一些物理学家认为，有电中微子通过振荡而成为其他类型的中微子，但在地球上却无法被观测到。根据量子力学理论，如果中微子发生振荡，那就意味着它们存在质量。1984年，加利福尼亚大学欧文分校教授陈华生提出，重水是理想的太阳中微子探测介质，可以直接对中微子振荡进行探测。他同麦克唐纳等15位科学家启动了萨德伯里中微子观测站合作计划，开始在萨德伯里2100米深的镍矿矿井里建设一座1000吨重水的探测器。陈华生于1987年因白血病去世后，麦克唐纳自1989年开始担任该计划主任。1991～2003年和2006～2009年，两度出任萨德伯里中微子观测站研究所主任，2009～2013年转为研究所副主任。2001年8月，观测站报告，已经观测到来自太阳的电中微子振荡为μ中微子和μ中微子的直接证据，论文发表于《物理评论快报》，被认为是非常重要的结果。2015年，麦克唐纳和日本天体物理学家**梶田隆章**因为“发现中微子振荡，并且由此证明中微子具有质量”而获得诺贝尔物理学奖。（石云里）

麦耶，M. Michel Mayor（1942-01-12～ ） 瑞士天文学家。生于瑞士洛桑。本科毕业于洛桑大学，1971年在日内瓦大学获得天文学博士学位。1971～1984年在属于日内瓦大学天文系的日内瓦天文台担任副研究员，1984年成为该校副教授，1988年晋升教授，1998～1992年到欧洲南方天文台访问研究，1998～2004年担任日内瓦天文台台长，2007年退休。

在担任研究助理期间，麦耶研发以光电技术为基础的多普勒光谱仪，以便在对星体径向速度测量中获得比照相法更精确的结果，同法国马赛天文台的A.巴拉尼合作研发高精度光电光谱仪径向速度关联仪（CORAVEL），用以对恒星运动、**双星**回转周期和**恒星自转**速度的测量。1991年，他们对一组双星系统的径向速度进行了测量，发现其中一小组实际上可能只是带有亚恒星次级天体的单星系统。为了得到更加精密的测量结果，麦耶同自己的研究生**D.奎洛兹**进一步开发出分级光栅型光谱仪（ElODIE），既能及时输出目标系统的径向速度，测量精度也从原来的1000米/秒提高到15米/秒。仪器于1994年投入使用。1995年7月，二人发现飞马座51带有一颗绕其公转的行星，被命名为飞马座51b（后来证明是一颗热木星型行星）。这是人类发现的第一颗围绕**主序星**公转的太阳**系外行星**。此后，麦耶领导团队继续对分级光栅型光谱仪进行改进，研发出高精度径向速度行星搜寻仪（HARPS），测量精度达到1米/秒，于2003年在智利拉西拉天文台的ESO3.6米望远镜上投入使用。2007年，麦耶与11位欧洲天文学家一同发现了格利泽581c。这是人类发现的第一颗轨道位于恒星外适居地带内的太阳系外行星，中心天体是天秤座格利泽581**红矮星**。2009年，麦耶及其团队发现了一颗最轻的太阳系外行星格利泽581e。截至2019年，人们已经发现了至少4000颗地外行星。2019年，麦耶和D.奎洛兹因飞马座51b的发现同**P.J.E.皮布尔斯**同获诺贝尔物理学奖。

先后当选瑞士天体物理与天文学会主席（1990～1993）、法国科学院外籍院士（2003）、英国皇家天文学会荣誉会员（2008）、美国国家科学院外籍院士（2010）、美国艺术与科学院外籍院士（2010），还曾荣获瑞士贝诺亚基金会贝诺亚奖（1998）、法国天文学会詹森奖（1998）、瑞典巴尔赞基金会巴尔赞奖（2005）、瑞士伯尔尼爱因斯坦学会爱因斯坦奖章（2004）、中国香港邵氏基金会邵逸夫天文学奖（2005）、西班牙毕尔巴鄂比斯开银行基金会基础科学知识前沿奖（2011）、英国皇家天文学会金质奖章（2015）、以色列沃尔夫基金会沃尔夫奖（2017），2004年获法国荣誉军团勋章。（石云里）

麦哲伦云 Magellanic clouds **本星系群**中银河系近邻的两个相当小的**不规则星系**。麦哲伦云都是南半球肉眼可见的河外天体，于1519年首次由航海家F.de麦哲伦看到并记录下来。大麦哲伦云（LMC，简称大麦云）直径约10 000秒差距，位于剑鱼座方向，距离约50 000秒差距（图1）。

图1 大麦哲伦云

小麦哲伦云（SMC，简称小麦云）直径约6000秒差距，位于杜鹃座方向，距离约60 000秒差距（图2）。

图2 小麦哲伦云

这两个星系都富含星族Ⅰ天体，气体的占比要比银河系大得多。它们被包围在一个巨大的冷中性氢云里，从中伸出一细长的物质条，后者在天空跨越110°且指向银河系，称为麦哲伦流。构成麦哲伦流的共有6个拉长的HI云，它们排成一行，延伸范围超过60°，有21厘米发射线，流结构的一端与麦哲伦云周围的弥漫HI包层相连。麦哲伦流包含10亿倍太阳质量的气体，很可能是两亿年前当麦哲伦云从银河系近旁通过时由于**潮汐**作用剥离出来的。麦哲伦云在一个差不多垂直于**银盘**的平面上绕银河系旋转，最终可能会因潮汐摩擦沿螺旋轨道掉入银河系。

对上述结构已经提出非常成功的模型：气体从大小麦云中逸出，随着麦云绕银河系转动而拖在麦云后方。模型预言麦哲伦云现在位于轨道近心点附近，且正在向东运动。观测发现，大小麦云的自行为：$\mu_\alpha = (1.20 \pm 0.28)\mathrm{mas/yr}$ 及 $\mu_\delta = (0.26 \pm 0.27)\mathrm{mas/yr}$。式中$\mu_\alpha$为大麦哲伦云自行；$\mu_\delta$为小麦哲伦云自行；mas/yr为毫角秒/年。与模型推算出的结果相一致。（赵君亮）

脉冲双星 binary pulsar 位于**双星系统**中的射电脉冲星。**脉冲星**的伴星可以是**中子星**、**白矮星**等。部分脉冲双星同时也是**毫秒脉冲星**。脉冲双星在**银盘**和**球状星团**中都可以观测到。它们的脉冲周期在大约1毫秒至1秒，轨道周期约几小时至几年。脉冲星PSRB1913＋16是第一颗发现的脉冲双星。它的脉冲周期为59毫秒，轨道周期7.75小时，轨道偏心率0.617，伴星是一颗质量约为1.4太阳质量的中子星。观测发现PSRB1913＋16的轨道周期以每年约75毫秒的速率逐渐减小，表明两颗子星正在相互接近。造成这一现象的唯一机制是**引力辐射**，这与广义相对论的预言是一致的。PSRJ0737－3039是第一个双脉冲星双星，脉冲周期分别为22.7毫秒和2.77秒，轨道周期为2.45小时。（李向东）

脉冲星 pulsar 发射周期性脉冲辐射的自转磁中子星。脉冲因星体自转所致，而非脉动产生。

发现 1968年2月，英国《自然》杂志发表A.休伊什在剑桥领导的研究组宣布的消息：他们收到了来自宇宙空间的无线电信号。所用射电望远镜本来的目标是观测受行星际物质影响的射电闪烁，它的特点是能够识别快速变化的脉冲信号。1967年7月这台仪器正式投入使用，用望远镜观测并担任繁重记录处理的是休伊什的学生J.贝尔。在观测过程中，他们在3.7米的波长上发现来自狐狸座的具有极短周期的射电脉冲信号，脉冲周期是1.3373秒。第二天的同一时间在同一天区通过视场的时候，又收到了这种奇怪的脉冲信号。不久，在其他天区又陆续发现好几个这种快速脉冲的射电源。贝尔偶然发现的正是一颗发出射电脉冲的脉冲星。脉冲星的一般符号是PSR。如第一颗脉冲星就记为PSR1919＋21。1919表示这个脉冲星的赤经是19^h19^m，+21表示脉冲星的赤纬是北纬21°。最令天文学家惊奇的是脉冲星的辐射变化如此迅速，周期为秒的量级。随着探测器分辨率的提高，测得的脉冲的精细结构也就更清楚。万分之一秒的射电强度变化也能看得出来。如此高频的光变表明脉冲星的尺度是如此之小，直径不能大于几十千米。脉冲星的发现，被称为20世纪60年代的四大天文学重要发现之一。20世纪60年代至21世纪初，脉冲星又有许多新发现：脉冲星与超新星遗迹成协（1968）、脉冲双星（1975）、毫秒脉冲星（1982），以及围绕脉冲星的行星（1992）等。截至21世纪初期，发现的脉冲星数目已超过两千。除了自转能提供辐射能量的脉冲星，还存在吸积能提供辐射能量的X射线脉冲星。著名的星表是ATNF脉冲星星表，给出了星名、坐标和各种参数。AXP是反常X射线脉冲星，SGR是软γ射线重复暴。它们是否是自转驱动的脉冲星尚在争论：如果是磁星则是由磁能驱动的；如果有吸积过程（存在吸积盘）就不是磁能驱动了。

射电观测特点 ①周期性地发射短促的脉冲辐射。②脉冲周期很短。周期最短的脉冲星J1748-2446ad的周期为1.4毫秒，最长的为8.5秒，周期通常有非常缓慢的变长现象。大约每年增长百万分之一秒到千亿分之一秒。③脉冲辐射多呈单峰或双峰形状，有的甚至多到五个峰。每个脉冲星的个别脉冲在脉冲形状和强度上会有变化，但几百个脉冲累加得到的平均脉冲轮廓（在脉冲期间辐射能量随时间的变化曲线，见图）是稳定的。每个脉冲星有它特有的平均脉冲轮廓。④脉冲辐射持续时间为周期的百分之一到十分之几。⑤脉冲辐射是高度的线偏振或椭圆偏振。偏振度和偏振矢量的方向在脉冲期间通常是变化的。⑥绝大多数脉冲星是在射电波段发出辐射，其频谱分布一般呈简单的幂律谱，也有呈现为二段幂律谱合成的频谱。频谱指数通常是1～3。⑦有些脉冲星的个别脉冲出现规则的向前或向后的漂移现象，有些脉冲星有时会呈现短缺脉冲现象。⑧个别脉冲星出现周期突然变化的现象。如PSR0833-45的脉冲周期发生过三次突然变化，PSR0531＋21也有类似现象。⑨已发现的脉冲星绝大多数是银河系内的天体，距离在100秒差距到2万秒差距之间。大多分布在银道面两旁，有向银道面聚集的倾向。大、小麦哲伦云已经发现有脉冲星。

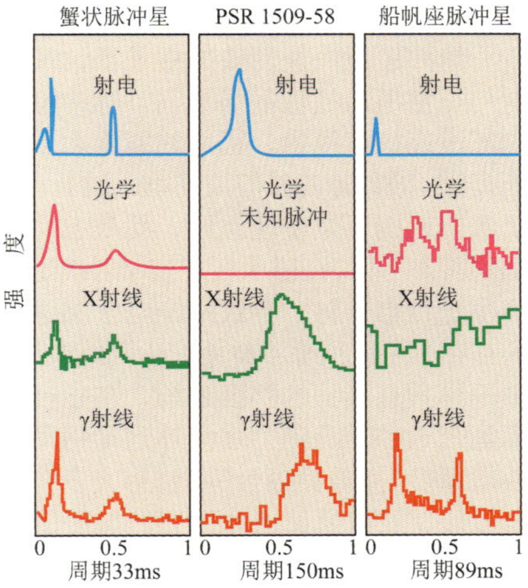

脉冲星的平均脉冲轮廓

脉冲星和中子星 普遍认为，脉冲星是有很强磁场的快速自转着的中子星。它的表面磁场为10^8～10^{13}高斯。脉冲周期对应自转周期。脉冲星辐射的能量是靠消耗它自身的自转能而来的。随着脉冲星不断地辐射能量，它的自转逐渐变慢，这就是脉冲星周期缓慢变长的原因。利用脉冲星的周期变率的观测值，可计算脉冲星的能量损失速率。如对于蟹状星云的中心星，可求得能量损失速率为5×10^{31}焦/秒，这与整个蟹状星云辐射的能量相符合。脉冲星的能量转化过程是十分复杂的，自转能由两种过程把能量带走：一种是低频的磁偶极辐射；另一种是脉冲星磁层中被加速的高能粒子。观测的就是由这些高能粒子的能量转化出来的电磁辐射。关于这种能量转化的机制的轮廓已弄清，但细节还不十分清楚。观测表明，电磁辐射具有高度的方向性，就像灯塔光束一样，使得脉冲星自转一周就能给出对应的脉冲图样。最著名的一颗脉冲星是蟹状星云的中心星PSRB0531＋21[2]（或NP0532），它的周期是0.0331秒。它在射电、红外线、可见光、X射线和γ射线等波段都发出脉冲辐射。它的目视等是17，距离约6300光年。蟹状星云的中心星一般认为是中国宋代记录的超新星（1054年金牛座“客星”）爆发后的残骸。蟹状星云是超新星爆发时抛出壳层的遗迹。脉冲星的年龄与由蟹状星云大小推算出的年龄相吻合，脉冲星能量损失与蟹状星云辐射能量的自洽，都有力地证实了这一点。脉冲星的发现并被证认为中子星是天体物理学和物理学的一项重大成就。这证实了20世纪30年代在理论上预言的、一种新型的、由超密态物质组成的恒星的存在。因此，脉冲星的发现被誉为20世纪60年代天文学的四大发现（脉冲星、类星体、微波背景辐射、星际分子）之一。1974年，诺贝尔物理学奖颁给了休伊什，以奖励他所领导的研究小组发现了脉冲星。1993年，R.A.赫尔斯和J.H.泰勒又因发现射电脉冲双星为引力的研究提供了新机会而获得诺贝尔物理学奖。

（李宗伟）

脉冲星风星云 pulsar wind nebula; PWN 脉冲星星风在脉冲星近旁形成的以电子、正电子为主要成分的相对论性等离子体以及被这一等离子体震激的周围介质所共同构成的星云。是一种具备从射电到γ射线段全波段辐射能力的天体。脉冲星向周围吹出相对论性的磁化星风，因受周围介质的阻挡，形成一道终止激波，达到压力平衡。星风中的带电粒子（电子、正电子等）被激波加速到极高的能量，并输运到激波后侧，通过同步加速辐射、逆康普顿散射等过程产生非热电磁辐射。在某些情况下，脉冲星风等离子体在外围较低温介质中作超声速膨胀或定向运动，形成另一道激波，受震激的气体能在光学波段发出线辐射。脉冲星风星云也称为蟹状星云型或实心型超新星遗迹（见超新星遗迹）。

发现 脉冲星风星云早先是作为宇宙中一类射电源而被发现的。在射电天文发展初期就发现蟹状星云是最亮的射电源之一。在脉冲星发现不久后，就探测到了为蟹状星云提供能量的脉冲星的射电脉冲信号，这颗脉冲星以每天36纳秒的速率自转变慢。后续几十年间，在射电、X射线和γ射线等波段相继发现了大量的脉冲星风星云。

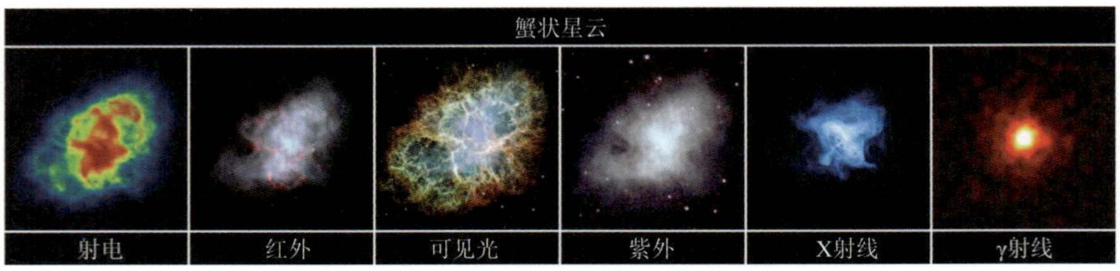

典型脉冲星风星云——蟹状星云的多波段图像

观测特点　脉冲星风星云是研究相对论等离子体物理性质的理想实验室，部分源中的高能粒子能量可达几百TeV，从而发出从射电一直到TeV的γ射线波段电磁辐射。区别于壳层型超新星遗迹，观测到的大多数脉冲星风星云在射电波段都具有中心较亮的形态，射电连续辐射高度偏振，谱较平，具有一颗快速旋转的脉冲星作为能量引擎。脉冲星风星云的辐射形态受脉冲星及周围超新星遗迹介质分布共同影响。高分辨X射线观测显示，一些脉冲星风星云还具有环状、喷流状的成分。一些脉冲星具有一定的自行速度，脉冲星位置往往偏离脉冲星风星云辐射中心，也会产生拖尾状或带有弓激波的脉冲星风星云。

脉冲星风星云中的高能电子、正电子通过同步加速辐射产生射电连续辐射，部分源的同步加速辐射可达到X射线波段。多数脉冲星风星云在100MHz～100GHz的射电光度与脉冲星自转能损比典型值约为10^{-4}。在射电波段，谱往往具有幂律分布，即单位频率的流量$S_\nu \propto \nu^\alpha$（其中ν为频率，α为谱指数），谱指数典型范围为$-0.3 \leqslant \alpha \leqslant 0$。在X射线波段，**非热辐射**谱往往会变陡，意味着在射电到X射线段间，辐射谱分布存在一个或者多个拐折。

脉冲星风星云也是重要的γ射线源。观测显示，某些源如蟹状星云产生的γ射线能量超过了百TeV。在已证认的河内TeV辐射源中，脉冲星风星云的占比很大。通常认为，来自脉冲星风星云的γ射线源于高能电子、正电子与环境中的软光子碰撞，通过逆康普顿散射产生。有部分模型认为脉冲星风星云中相对论性质子的**强子过程**也能产生可观的γ射线。

演化　脉冲星风星云演化分七个阶段（见**超新星遗迹的演化**）。

（方　军　张　博　陈　阳）

脉冲星辐射模型　pulsar radiation model　为理解转动供能**脉冲星**的多波段辐射而建立的磁层动力学模型。因单极感应效应，快速旋转的强磁场**中子星**会在周围产生强电场。原则上，在这一强电场中粒子的产生、加速和辐射等过程提取了脉冲星的自转动能，使得脉冲星的自转逐渐减慢。然而，在磁层中何处且如何加速粒子，又是怎样产生从射电到高能的宽波段辐射等问题，仍未有定论。比较流行的脉冲星辐射模型包括内真空间隙模型、外间隙模型、空间电荷限制流动模型等。

（徐仁新）

脉冲星射电辐射　pulsar radio emission　发射周期性脉冲辐射的自转磁中子星的电磁辐射。1967年10月，剑桥大学卡文迪许实验室A.休伊什的学生J.贝尔检测**射电望远镜**收到的信号时无意中发现了一些有规律的脉冲信号，师生两人运用多种检验方法，确认脉冲信号周期十分稳定，为1.337秒，认为是一类新的天体，命名为“**脉冲星**”。1974年休伊什因此获诺贝尔物理学奖。

脉冲星是快速旋转的中子星，其辐射与正常恒星的辐射很不同。脉冲星的内部没有核能提供，辐射的能量由自转能提供，因此脉冲星的周期越来越长；**中子星**的周围不是中性气体，而是电荷分离的等离子体，在磁极区宇宙γ射线光子产生正负电子对，导致高能电子加速区的存在，可以源源不断地产生高能电子；中子星具有极强的偶极磁场，在磁极区高能带电粒子沿磁力线向外运动将发出曲率辐射、康普顿辐射等，辐射大多在射电波段，具有幂律谱和很强线偏振的特性；少部分射电脉冲星同时在光学、X射线和γ射线波段有脉冲辐射；辐射过程局限在由开放磁力线组成的磁极冠区（辐射窗口），形成与中子星一起转动的两个方向相反的射电辐射波束。每当**射电波束**扫过地球上的射电望远镜时，就接收到一个脉冲。这一框架俗称脉冲星的灯塔模型。

辐射窗口的几何面积很小，角大小与周期的0.5次方成反比，周期为1秒时约为6°。实际观测到的脉冲称为单个脉冲，表征一次具体的辐射过程，无规或有规地出现在辐射窗口中。由许许多多单个脉冲形成的平均脉冲轮廓的形状很稳定，在若干年内往往看不到变化。这表明辐射区的结构是稳定的。

已发现约3000颗射电脉冲星。射电脉冲星可分为正常脉冲星和**毫秒脉冲星**两大类，正常脉冲星周期在33毫秒～23.5秒，毫秒脉冲星的周期在1.396毫秒～30毫秒。正常脉冲星占大多数，毫秒脉冲星约占10%。射电脉冲双星是指射电脉冲星与其他恒星组成的双星系统，其中主星是脉冲星。在射电脉冲星中，射电脉冲双星所占比例约为10%，双中子星系统在射电脉冲双星中的比例更小。截至2021年，只确认9个双中子星系统。1974年发现的第一个射电脉冲双星PSRB1913+16是一个双中子星系统。轨道周期很短，两颗子星相互靠得很近，极强的**引力辐射**导致它们的距离愈加靠近，轨道周期逐渐变短，该双星轨道周期的变化间接地验证了**引力波**的存在，这个脉冲双星的发现者R.A.**赫尔斯**和J.H.**泰勒**获得1993年的诺贝尔物理学奖。2003年4月，发现双脉冲星系统PSRJ0737-3039，两颗子星都是脉冲星，这是因为两颗中子星的辐射束都扫过地球。

脉冲星是宇宙中天然的极端物理实验室，超强引力场为广义相对论和引力波的检验提供了独特场所。脉冲星的理论和观测研究对推动天文、天体物理、核物理、粒子物理、等离子体物理、广义相对论和引力波等领域的发展都有着非常重要的意义。理论计算表明，如果能探测到更重的脉冲星或亚毫秒脉冲星，其内部可能是奇异物质，这是核力起主导作用的一类新物态，会为核物理研究打开新的大门。

（乔国俊　吴鑫基）

脉冲星时　pulsar time scale　基于**脉冲星**自转建立的时间尺度。脉冲星自转频率非常稳定，特别是自转周期小于10毫秒的脉冲星（**毫秒脉冲星**）被誉为自然界最稳定的时钟。在宇宙中已发现毫秒脉冲星约300颗，其中多数为**脉冲双星**。随着**射电望远镜**天线口径的增大与灵敏度的提高，更多新的毫秒脉冲星还将被发现。如果在某个参考历元，毫秒脉冲星自转参数（包括脉冲星自转的初始相位、自转频率及其随时间的变化率）已知，脉冲星的自转相位可以用时间t的二次多项式表示，脉冲星的三个自转参数分别是二次多项式的常数项、线性与二次项的系数。由二次多项式模型就可以得到脉冲星在任一时刻的自转相位值，从而得到脉冲星时。实际上，脉冲星自转参数需要采用计时观测的方法，经过射电望远镜的长期观测才能精确测定。射电望远镜计时观测记录下的是脉冲星脉冲到达望远镜的时刻。脉冲星脉冲到达时刻应该以**国际原子时**或**地球时**为参考。因为脉冲星是宇宙中的遥远天体，在消除掉星际介质与太阳系行星际介质对脉冲星脉冲信号的传播影响后，观测得到的脉冲星脉冲到达时刻是脉冲星自转参数与天体测量参数（脉冲星相对于太阳系质心的方向、距离和自行，对于脉冲双星，还包括双星轨道参数）的函数。

描述脉冲星脉冲到达时刻与脉冲星自转参数、天体测量参数之间函数关系的数学模型称为脉冲星计时模型。脉冲星计时模型包括脉冲星信号的几何、物理因素延迟以及相对论效应的精确计算。理论上，计时模型本身几乎能达到纳秒量级的精度。利用同一颗脉冲星多年大量的脉冲到达时刻观测资料序列和观测时刻观测站相对于太阳系质心的位置坐标（由太阳系行星历表提供），采用高精度计时模型，才能最终分析确定脉冲星的自转参数与天体测量参数。这些参数拟合确定后，剩余的脉冲到达时刻观测数据的残差，就是计时观测参考时间系统与脉冲星时之间的差值。如果脉冲星脉冲到达时刻以地球时为参考，则得到的差值序列就是地球时与脉冲星时的差值时间序列。由单颗脉冲星确定的脉冲星时受到观测误差和脉冲星本身的自转不稳定等因素影响，利用多颗脉冲星的计时观测资料，采用合适算法可以建立更加稳定的综合脉冲星时系统。利用多颗毫秒脉冲星10年以上计时观测资料得到的地球时与综合脉冲星时差值序列，其长期频率稳定度好于同期国际原子时与地球时的差值时间序列。单个射电望远镜利用事先设计好的脉冲星计时观测程序，长期监测分布于天空的一组毫秒脉冲星，这种计时观测模式被称为脉冲星计时阵（PTA）。世界上的多个脉冲星计时阵还可以组成国际脉冲星计时阵（IPTA）。利用国际脉冲星计时阵的长期计时观测资料，采用合适算法，能够建立更高精度的综合脉冲星时系统。

脉冲星时比**原子时**具有更高的长期频率稳定度，可以利用脉冲星时检测原子时的长期不稳定性。但因为利用长期计时观测资料拟合脉冲星自转参数时，原子时的一阶与二阶项误差分别被吸收到脉冲星自转频率及其变化率参数中，所以利用脉冲星时，只能检测原子时三阶及其以上的误差。（杨廷高）

脉动白矮星 pulsating white dwarf　由于自身内部非径向重力内波（g 模式）的传播而引起表面光度变化的白矮星。理论研究表明，有超过95%的脉动白矮星恒星演化的最终归宿都是**白矮星**。

分类　根据光谱型，白矮星主要被分成DA、DB、DC、DO、DZ、DQ等类型。相应地，脉动白矮星被分为DA型脉动白矮星（DAV），DB型脉动白矮星（DBV），DO型脉动白矮星以及DQ型脉动白矮星（DQV）等。

①DA型脉动白矮星（DAV）。因DA型脉动白矮星的原型星是ZZ Ceti，故而DA型脉动白矮星又名ZZ Ceti（鲸鱼座ZZ）型**变星**。其表面为富氢大气，光谱型为DA型。

②DB型脉动白矮星（DBV）。因DB型脉动白矮星的原型星是V777 Her，故而DB型脉动白矮星又名V777 Her（武仙座V777）型变星。其表面为富氦大气，光谱型为DB型。

③DO型脉动白矮星。因DO型脉动白矮星的原型星是PG 1159-035，故而DO型脉动白矮星又名PG 1159型变星（PG 1159 Stars）或者GW Vir型变星（GW Vir Stars，室女座GW型变星）。DOV是一些刚进入白矮星冷却阶段的恒星，外面没有星云。最初，外部存在星云的**行星状星云**中心核变星（PNNV）被单独作为一类**脉动变星**进行研究。严格来说，它们并非白矮星，而是前白矮星（pre-white dwarf）。在**赫罗图**上处于渐近巨星分支之后、白矮星分支之前的行星状星云分支演化阶段（靠近白矮星演化分支，如图所示）。后来，DOV和PNNV都被归类为GW Vir型变星。GW Vir型变星的大气主要包含氦、碳和氧，部分GW Vir型变星大气中还发现少量的氮。该类脉动变星主要由恒星外包层的碳和氧的部分电离引起物质不透明度的变化而激发。GW Vir型变星是已知最热的脉动变星，它的脉动不稳定带有效温度80 000～180 000K、表面重力加速度（lg *g*）5.5～7.5（CGS单位制）。其脉动表现为周期300～3000秒的低球谐度（$l \leqslant 2$）高节点数（$n \geqslant 18$）脉动模式。通常，长周期的是PNNV。研究表明，GW Vir型变星普遍存在强烈的**星风**物质损失。同时，随着演化，该类变星的脉动周期因**恒星温度**和半径的快速变化而变化。因此，脉动周期的变化率被用来研究恒星的演化速度。GW Vir型变星的周期变化率约为10^{-11}量级。截至2010年，已知的GW Vir型变星已有16颗。

④DQ型脉动白矮星（DQV）。DQ型脉动白矮星的脉动不稳定带有效温度约20 000K，略低于DBV而高于DAV。表面重力加速度（lg *g*）8～9。恒星表面是富碳大气，即所谓的**碳星**。第一颗DQV（SDSS

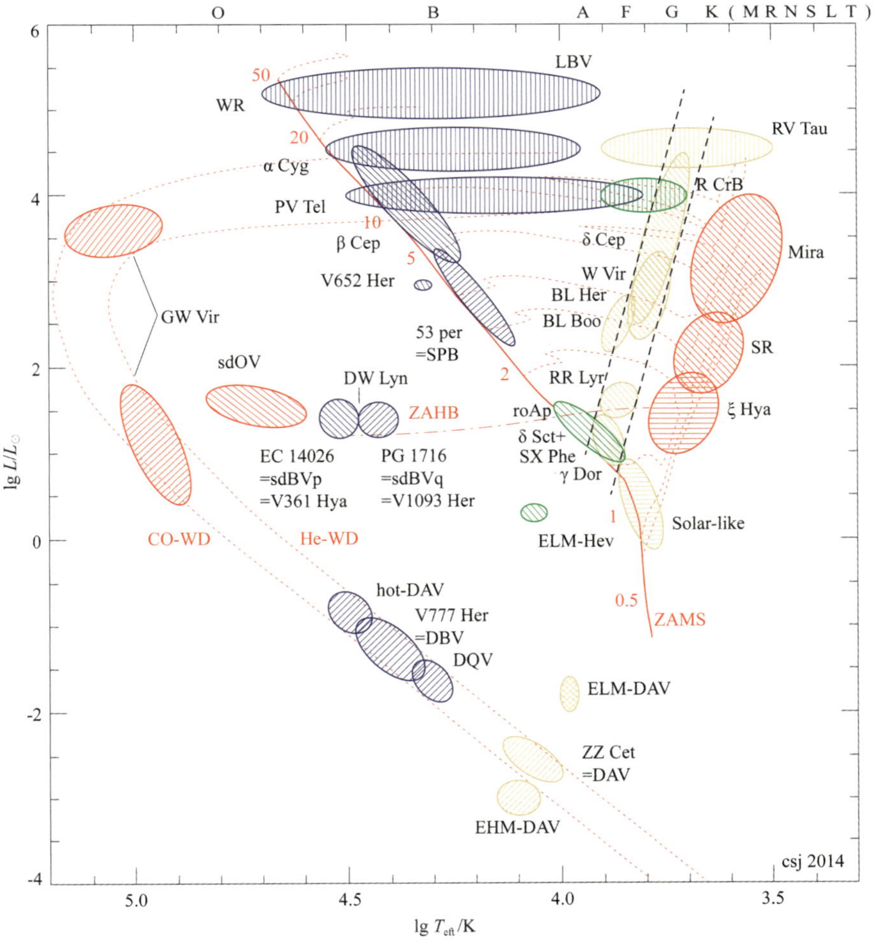

赫罗图上恒星的脉动现象

J142625.71 + 575218.3）由蒙哥马利在2008年发现。DQV被认为是由恒星表面碳的部分电离而激发。该类变星普遍存在很强的磁场（>1兆高斯）。对DQV的研究仍然比较匮乏。普遍认为，DQ型白矮星的前身星是大质量恒星，或是由两颗简并恒星并合而来。

结构和性质　白矮星有着极其特殊的内部结构和状态。比如内部的高温、高压、高密度现象，使得白矮星内部高度简并。白矮星内部超强的元素引力沉淀效应导致内部元素出现分层现象，进而使得白矮星呈现出规则的洋葱结构。另外，通常白矮星内部的热核反应已熄灭。因此，白矮星演化通常可看作一个冷却过程。

白矮星的脉动是等周期间隔的g模式振动（恒星的g模式振动本质上属于一种重力内波：以浮力作为回复力）。在渐近理论分析中，白矮星的质量M反比于它自身脉动的周期间隔$<\Delta P>_{l=1}$。因此，通过观测确定白矮星脉动的周期间隔便能估算出白矮星的质量。该方法主要适用于GW Vir型变星。对于DAV和DBV，由于存在严重的模式囚禁现象，周期间隔存在很大的弥散，因而会带来较大误差。

白矮星的引力分层现象会使得不同的振动模式被囚禁在不同的壳层内。这使得本应是等周期间隔脉动的白矮星出现较大的周期间隔弥散。因此，通过对周期间隔弥散的研究便可以确定不同壳层的质量。此方法主要应用于确定白矮星表面氢、氦壳层的质量。

在白矮星冷却演化过程中，白矮星的温度、半径不断变化。这使得脉动的周期也随之变化。因此，通过观测确定周期的变化率就能对白矮星的演化速率进行限制。对于DAV、DBV和DOV，它们的周期变化率分别约为$10^{-15}ss^{-1}$、$10^{-13}ss^{-1}$和$10^{-11}ss^{-1}$量级。另外，由于白矮星的演化速率由白矮星中心核的元素组成所决定，通过周期变化率还能估算出恒星的平均原子权重A，进而估算出白矮星的元素组成。

（吴　涛）

脉动变星　pulsating variable star　自身在不断膨胀、收缩（径向脉动）或发生变形运动（*非径向脉动*），其光度、颜色、光谱型和视向速度（有时还有磁场）也随之发生变化的一类*变星*。据苏联天文学家B.V.库卡尔金和P.P.*帕连纳戈*估计，整个*银河系*中这类变星的总数约为200万个。

根据脉动性质（特别是它们的光变曲线），脉动变星主要分为如下几种类型：①经典造父变星；②星族Ⅱ造父变星，又名*室女座W型变星*；③*天琴座RR型变星*；④*盾牌座δ型变星*；⑤矮造父变星；⑥*仙王座β型变星*；⑦*蒭藁增二型长周期变星*（见*蒭藁变星*）；⑧*金牛座RV型变星*；⑨*半规则变星*；⑩晚型不规则变星；⑪*脉动白矮星*。有人把前9种合称为大序变星。

各类脉动变星的主要特征

类别	周期大致范围	目视星等变幅	可能年龄	光谱型
经典造父变星	1～50天	中	青	F6～K2
室女座W型变星	2～45天	中	老	F2～G6（？）
天琴座RR型变星	0.05～1.5天	中	老	A2～F6
盾牌座δ型变星	0.02～0.3天	小	青	A2～F5
矮造父变星	0.04～0.3天	中	老?	A2～F5
仙王座β型变星	2～6小时	小	青	B0～B2
蒭藁增二型长周期变星	80～1000天	大	混合	Me, Re, Ne, Se
金牛座RV型变星	20～150天	中	老	G, K等
半规则变星	数十天～若干年	中	混合	K, M, R等
晚型不规则变星	数十天～若干年	中	青?	K, M, N等
脉动白矮星	小于10秒～大于1000秒	小	老	

脉动变星的周期可相差很大，短至一小时以下，长至几百天，甚至十年以上。如还不能确定分入④类或⑤类的GD428的周期只有56分18秒，而另一些不规则变星的周期则可达几十年。某些脉动变星中还存在有多重周期的脉动现象。脉动变星的目视星等变幅从大于10星等，到小于千分之几星等都有。脉动变星的密度和绝对光度都与脉动周期有一定的关系，这些性质为研究恒星的物理本质和宇宙的尺度提供重要依据。

由光谱型看，脉动变星分布很广，年轻的、年老的都有。脉动的原因是，恒星演化到一定阶段，其结构出现某种不稳定性，产生一定幅度的脉动。变星的脉动性质，主要由变星内部结构决定，因此各类脉动变星在*赫罗图*上都有其特殊的位置。

脉动白矮星是新发现的一类脉动变星。它们的变光周期从小于10秒到大于1000秒不等，典型星如R548（鲸鱼座ZZ）。关于它们的物理本质和演化问题还有待研究。

（李宗伟）

卯酉圈　prime vertical　地平坐标系中的大圆。即与*子午圈*相垂直的地平经圈，它与地平圈相交于东点和西点。卯酉其实就是东西向的意思。卯酉圈就是东西走向的地平经圈（见*天球坐标系*）。

（李　竞）

昴星团　Pleiades　*疏散星团*之一。全称昴宿星团。位于金牛座。中国古代把其中的亮星列为昴宿。梅西耶编号为M45。有关的传说和神话很多。又名“七姊妹星团”，但通常情况肉眼只能看到其中的6颗星，眼力极好的人可以看到7颗或更多的恒星。

金牛座昴星团M45（左侧为东向）

昴星团的角直径约2°，包含星数在1000以上，距离约136秒差距（444光年），线直径约5秒差距。其中最亮的6颗星自西向东依次如下表：

昴星团主要亮星

中文名	英文名	编号	视星等	光谱类型
昴宿一	Electra	金牛座17	3.71	B6Ⅲ
昴宿二	Taygeta	金牛座19	4.31	B6Ⅳ
昴宿四	Maia	金牛座20	3.88	B7Ⅲ Sn
昴宿五	Merope	金牛座23	4.18	B6Ⅴ
昴宿六	Alcyone	金牛座η	2.87	B7Ⅲ
昴宿七	Atlas	金牛座27	3.64	B8Ⅲ

蓝巨星昴宿六表面有效温度约13 500开，总辐射光度约为太阳的2200倍，半径约为太阳的8倍，但赤道自转一周所需时间还不到3天。昴宿七是轨道周期为好几年的*分光双星*。昴星团有7%的成员星是轨道周期小于100天的双星。著名气壳星金牛座28（即金牛座BU）就在昴星团内。这个星团中还有*盾牌座δ型变星*。在昴星团方向已经发

现了 460 个以上的耀星。昴星团的年龄约为 1.2 亿年。 （陈　力）

玫瑰星云　Rosette Nebula　位于麒麟座巨分子云末端的**发射星云**。通常也用《星云星团新总表》中的编号 NGC2237 来指代它，因形似一朵绽放的玫瑰花而得名（见图）。又称 NGC2237。玫瑰星云标准历元

玫瑰星云照片

J2000 的赤经和赤纬分别为 $06^h31^m40.0^s$ 和 +04°57′48″，是一个巨大的电离氢区，包括 NGC2237、NGC2238、NGC2239、NGC2244 和 NGC2246 共五个 NGC 天体。由于玫瑰星云太大，即使是最大的望远镜也很难一次观测到它的全貌，因此，玫瑰星云中的不同 NGC 天体是天文学家在持续不断的观测中逐渐发现的。例如：NGC2244 于 1690 年被英国天文学家 J.弗拉姆斯蒂德发现；NGC2239 被英国天文学家 J.F.赫歇尔（见**赫歇尔家族**）于 1864 年首次正式纳入**星表**；德国天文学家 A.马特于 1867 年首先发现了 NGC2238；美国天文学家 L.A.斯威夫特于 1855 年首先观测到 NGC2237 和 NGC2246。值得注意的是，B.A.阿奇纳尔在 1993 年指出 NGC2244 与 NGC2239 是同一个**疏散星团**。玫瑰星云距离地球约为 1600 秒差距（约 5200 光年），直径约为 40 秒差距（约 130 光年）。其中心的疏散星团 NGC2244 包含 6 颗 O 型星，总光度约为 1000 太阳光度，年龄约为 4×10^6 年。这些恒星被认为是玫瑰星云中的物质所形成的。 （葛继兴）

梅文鼎　Mei Wending（1633～1721）　中国清代天文学家、数学家。字定九，号勿庵。安徽宣城人。少年时从私塾老师罗王宾学天文。清顺治十六年（1659）又拜倪观湖为师，学习明代《大统历》。康熙元年（1662）写成《历学骈枝》五卷。康熙十四年（1675）以后从《**崇祯历书**》入手，研究西洋历算。曾于康熙四十四年（1705）受康熙皇帝召见，讨论历算。一生四出游学，手不释卷，著作很多。据他在康熙四十一年（1702）手定的《勿庵历算书目》中记载，有天文学著作 62 种，数学著作 26 种。传世的有雍正元年（1723）编的《勿庵历算全书》，共收 29 种 76 卷。乾隆二十六年（1761）孙梅瑴成编《梅氏丛书辑要》，共收 23 种 60 卷。其中天文方面 10 种 20 卷。在中国传统天文学方面，他主要研究《授时历》《大统历》，并作注解。在《授时历》研究中，最早用几何方法阐明求日食三限（初亏、食甚、复圆）时刻和月食五限（初亏、食既、食甚、生光、复圆）时刻的道理，指出《授时历》等在推算黄、赤道差和黄、赤道内外度中，已接近球面三角学，还对三次差内插法给出了详细阐释。在引进西方天文学方面，梅文鼎做了下列工作：①介绍与讨论天文学中的球面三角学方法，为确定天体的位置引入黄道坐标系。②介绍与讨论如何用小轮方法来解释某些天体运动的规律，用偏心圆方法来说明太阳的视运动，并对小轮的实在性提出怀疑。③把散见在《崇祯历书》《历学会通》以及其他著作中的西方星表，包括**托勒密**的《**天文学大成**》中的星表和巴耶的星表，做了系统的整理和介绍。④系统整理《崇祯历书》中关于求太阳、月球以及五星的位置的计算方法，并做出分析与解释。他和学生的许多工作后来在《御制历象考成》中得到采用。梅文鼎对伊斯兰历法也做了介绍和研究。

梅文鼎在数学方面整理和研究了中国传统数学中的多元一次方程组解法和勾股算法，对当时传进来的西方数学，包括笔算、纳皮尔算筹、对数、平面和球面三角学、《几何原本》等，都做了系统的研究和深入浅出的介绍，并有所发展。

梅文鼎主张"去中西之见，以平心观理"，毕生致力于阐发西学要旨，弘扬中学精华，对中西天文学、数学的融通做了大量工作，产生了很大影响。

（陈美东　撰　石云里　修订）

梅西耶，C.　Charles Messier（1730–06–26～1817–04–12）　法国天文学家，最早编撰了成体系的星云和星团表。生于法国巴登威勒，卒于巴黎。对天文学的兴趣源于少年时见到的六尾大彗星（C/1743 X1）以及 1748 年 7 月 25 日在家乡可见的日环食。1751 年，在巴黎被海军天文学家 J.德利尔聘用来记录天文观测结果。首次留下记录的天文观测是 1753 年 5 月 6 日的水星**凌日**，德利尔教导他精确测量坐标的重要性。1754 年，被聘为海军仓库正式职员。1757 年，德利尔命令他寻找将在次年回归的**哈雷彗星**，但由于前者的计算失误，梅西耶在指定天区观测

数月无果。不过，1758 年 8 月，他发现了另一颗彗星，并在金牛宫发现了一个彗星状的**光斑**（即**蟹状星云**）。1759 年 1 月 21 日，他最终成功找到了哈雷彗星。1760 年，梅西耶首次独立发现新彗星，之后持续搜寻，截至 1801 年共独立发现 13 颗彗星，另外还有 7 颗是各自独立发现的。被法国国王路易十四称为"彗星猎手"。为了防止将类似彗星的暗淡天体错认作彗星，梅西耶决心编撰一份这类天体的列表。1771 年，该表首次发表，其中包含 45 个类彗星天体。后来，他又对其进行增补，最终在 1781 年将天体数目扩大至 103。其中，梅西耶独立发现的有 44 个，另外还有 20 个是各自独立发现的。他甚至首次发现了室女座和后发座包含大量的暗淡星云，即**室女星系团**。1770 年，梅西耶成为法国皇家科学院成员，另外他也是很多其他机构的成员，如英国皇家学会、瑞典皇家科学院、普鲁士皇家科学院等。1806 年，他还获得了拿破仑颁发的荣誉军团十字勋章。

（褚龙飞　杨伯顺）

美国阿雷西博天文台　Arecibo Observatory　波多黎各的阿雷西博城南 16 千米处的天文台。1963 年正式启用，由史丹佛国际研究中心、美国国家科学基金会与康奈尔大学管理。建有阿雷西博射电望远镜，为一直径 305 米的球面反射镜，20 世纪 80 年代又扩建至 366 米。天线结构能

阿雷西博望远镜（摄于 2019 年）

沿任何方向运动，从而能跟踪不同天区的天体。该射电望远镜自建成之日起一直是世界最大单口径射电望远镜，直到 2016 年中国 **500 米口径球面射电望远镜**（FAST）启用后才退居第二。2020 年，因望远镜平台倒塌，停止观测并拆除。天文台还有另一个直径 30 米的附属望远镜，作为**射电干涉仪**，并有一供研究**地球大气**用的高功率传输设备。阿雷西博天文台已绘制了金星表面细节的雷达测绘图，并取得了有关金星自转的精确资料。天文台还对射电天

文做出了贡献，例如检测脉冲星内的中子星物质。（李宗伟　刘黎明）

美国国家航空航天局河外数据库 NASA/IPAC extragalactic database; NED 一个河外天体的多波段综合数据库。数据来源于诸多大型巡天项目、出版文献等，并且与美国国家航空航天局（NASA）的天体物理数据库系统、红外科学数据中心（ISRA）、高能天体物理科学数据库研究中心（HEASARC）和米库斯基空间望远镜数据中心（MAST）无缝对接。NED由NASA喷气推进实验室（JPL）和加州理工学院负责运行，由美国国家航空航天局提供资助和管理。

NED的数据资源包括天体源和目标数据、参考文献以及天体数据。NED的数据检索可以通过天体名称、天体位置等进行。数据的检索结果包括：基本信息、图像、交叉证认的结果、坐标信息、距离信息、分类信息、多波段信息、相关文献等，甚至给出了相关的外部数据库的信息。检索结果支持多种格式：HTML、文本格式以及XML等。NED采用数字化巡天（DSS）的图像作为其参考图像。NED提供了多个自动化的接口，可以通过编程或者软件基于接口对数据进行检索。（何勃亮）

美国国家航空航天局行星数据系统 NASA planetary data system; PDS 美国国家航天局行星任务的数据系统，负责这些任务数据产品以及相关的地面数据的长期归档、管理和对外服务。PDS的数据归档有严格的流程，所有的数据产品都要经过同行评审，记录完备才能进行归档。归档的数据可以通过PDS的在线服务获取。

PDS是一个由九个分布在美国各地的团队组成的联盟，包括有六个学科节点、两个支持节点以及一个项目管理小组。六个科学节点：大气科学、地球科学、制图和成像科学、行星等离子体相互作用、环月系统以及小型机构。两个支持节点：工程节点、导航和辅助信息节点。一个项目管理小组，发挥着项目科学家的职能。

每个节点都由学科领域的专家来领导，都有一个由该学科的领域专家组成的咨询小组。根据美国国家航天局的规定，节点的负责人和咨询小组会每五年进行一次选举。在2017年，PDS发布了路线图研究报告，总结了对PDS状态的评估，高度评价了社区的贡献和作用。未来，社区将在PDS中发挥越来越大的作用。

在PDS主页上，提供了数据检索的功能，用户可以根据关键词或者发射任务进行检索浏览。根据检索结果，还可以跳转到专门的数据发布网站进行更细粒度的检索。PDS一个非常亮点的工作是制定了PDS数据标准。PDS数据标准严格定义了数据归档的要求和规范，为数据的规范化管理提供了有益和高效的支持。（何勃亮）

美国国立光学-红外天文研究实验室 NSF's NOIRLab 美国光学和红外天文学国家中心。1984年，美国国家科学基金会（NSF）成立了国立光学天文台（NOAO），其位于美国华盛顿特区宾夕法尼亚大道西北1331号，天文学研究大学协会。根据与美国国家科学基金会（NSF）的合作协议，由天文学研究大学协会（AURA）进行运营。成立之初，天文台拥

鲁宾天文台4米望远镜（左）和基特峰天文台4米望远镜（右）

有塞罗-托洛洛美洲天文台（CTIO）和基特峰国家天文台（KPNO）两大观测基地，之后通过建设社区科学和数据中心（CSDC），合并双子座天文台和维拉·C.鲁宾天文台，整合为现在的实验室。实验室通过已有设施探索天体物理学的重要领域，包括暗能量和暗物质、星系和类星体、银河系、系外行星和太阳系中的小天体，从而推动人类对宇宙的理解。（李宗伟　刘黎明）

美国国立射电天文台 National Radio Astronomy Observatory; NRAO 美国国家科学基金会资助的从事射电天文研究的机构。别名格林班克天文台。总部位于弗吉尼亚大学。1962年在美国西弗吉尼亚州格林班克建成91米口径的半可跟踪抛物面射电天线。这种天线，斜置，能南北向摆动，靠地球自转把观测对象收进狭窄的东西向观测域，因而对准某一天体的时间不超过几分钟。1965年又在格林班克设置43米口径的可跟踪射电望远镜。1970～1971年对91米射电望远镜进行改造，采用铝质网络，从而可用于更短的波长。射电天文学家利用91米天线完成了涉及脉冲星、类星体和遥远星系领域的重大发现。1988年11月15日，这个大型天线突然坍毁，完全无法修复。为弥补观测缺口，2000年建成罗伯特·C.伯德·格林班克望远镜（GBT），由偏置抛物线天线组成，其孔径为100米长，110米宽。抛物面实际上由2004个面板组成，每个面板都由促动器微调以保持准确的抛物面。自2016年10月1日起，独立为绿岸天文台。

格林班克望远镜

在新墨西哥州的圣阿古斯丁平原建有甚大天线阵（VLA），由27台25米口径的天线组成，是世界上最大的综合孔径射电望远镜。2003年，与多个国家的研究机构合作，开始在智利北部建设由64台口径12米的天线组成的阿塔卡马大型毫米[亚毫米]波阵（ALMA）。此外在亚利桑那州的基特峰建有12米口径的射电望远镜。（李宗伟　刘黎明）

美国国立太阳天文台 National Solar Observatory 美国国家光学天文台下属的专门进行太阳观测的天文台。始建于1952年，总部位于美国科罗拉多州的博尔德。在美国新墨西哥州的萨克拉门托峰和亚利桑那州的基特峰以及夏威夷毛伊岛设有太阳望远镜。①1947年建成的太阳黑子天文台（SSO）位于美国新墨西哥州的萨克拉门托峰，由新墨西哥州立大学与国立太阳天文台共同运行，建有真空塔望远镜（VTT）以及其他4架望远镜，1998年为表彰美国天文学家R.B.邓恩在太阳物理方面做出的贡献，以其名命名真空塔望远镜（DST）。②1962年11月2日建成的麦克梅斯-皮尔斯太阳望远镜位于亚利桑那州的基特峰，口径为1.6米，光路长约240米，镜筒冷却水约7.2万升，曾是世界上最大的太阳望远镜。③2019年建成井上建太阳望远镜（DKIST）位于美国夏威夷毛伊岛东

麦克梅斯-皮尔斯太阳望远镜（左）与邓恩太阳望远镜（右）

部的最高峰哈莱阿卡拉山，截至 2022 年是世界上口径最大的太阳望远镜。

（李宗伟　刘黎明）

美国海尔天文台 Hale Observatories 1969 年为纪念天文学家 G.E.海尔，由帕洛马山天文台、威尔逊山天文台、大熊湖太阳天文台和拉斯坎帕纳斯天文台合并组成的天文台。自 1948～1980 年由美国加利福尼亚工学院和华盛顿的卡内基学会联合管理。帕洛马山天文台、威尔逊山天文台都是在海尔指导下设置的。

威尔逊山天文台 1904 年建成，位于加利福尼亚州帕萨迪纳东北约 16 千米的威尔逊山顶，海尔担任该台首任台长。威尔逊山天文台拥有一系列光学望远镜，其中最著名的是一对反射望远镜，一架口径 1.5 米，另一架口径 2.5 米。后者在 1917 年建成，至 1948 年 5.08 米望远镜建成之前都是世界最大望远镜。借助该望远镜，E.P.哈勃和他的同事在有关宇宙的大小和膨胀方面做出重要的发现。在天文台的主要设备中还有两架用于研究日面磁场这类现象的太阳望远镜。

帕洛马山天文台 1948 年建成，位于美国加利福尼亚州圣迭戈东北约 65 千米的帕洛马山上。建成于 1948 年、为纪念海尔而命名的 5.08 米口径高倍率望远镜是当时世界最大的反射望远镜，直到 1976 年才被苏联 6 米反射镜取代。在帕洛马山天文台的重要设备中还有一架具有 0.9 米孔径和 1.2 米镜面的广角施密特望远镜。20 世纪 50 年代初这一设备用来实现摄制《帕洛马天图》。这一天图所收集的恒星和星云的照片比以前任何一本星图都多。在 20 世纪 80 年代中期再次参加对全天进行拍照。

大熊湖太阳天文台 1969 年建成，位于洛杉矶以东 160 千米大熊湖畔。1997 年起由美国新泽西理工大学日地研究中心（CSTR）运营。大熊湖天文台以其对太阳磁场、耀斑、太阳振荡的观测和研究而闻名，也是全球振荡监测网（GONG）的站点之一。2008 年建成“新太阳望远镜”（NST）直径为 1.6 米，是当时世界最大太阳望远镜，直到 2020 年，被位于夏威夷的 4 米井上建太阳望远镜（DKIST）超过。

拉斯坎帕纳斯天文台位于智利，其拥有两台 6.5 米望远镜，现由欧洲南方天文台管理。1980 年，最后一任台长 M.施密特决定解散海尔天文台，威尔逊山天文台和帕洛马山天文台重新成为独立机构。

（李宗伟　刘黎明）

美国海军天文台 United States Naval Observatory; USNO　美国天文机构。位于华盛顿（哥伦比亚特区），是与美国国家标准和工艺局（NIST，即前国家标准局）共同提供美国标准时间的官方机构。该天文台从成立时起，目的就在于计时和导航，以天体方位测量为主要任务。1833 年，在首都附近建立了第一个小型天文台。1844 年，利用从天文台建筑物的旗杆上降球形式，首次向公众提供时间信号。1904 年天文台首先

美国海军天文台原址鸟瞰图

向全世界播发无线电时号。随后，天文台几经扩建和搬迁，其原址天文台主楼在 1974 年被美国国会定为副总统官邸。1934 年建成的 102 厘米反射望远镜，于 1955 年迁至亚利桑那州的费拉格斯塔夫。1964 年在费拉格斯塔夫又建立了一个 155 厘米的反射望远镜。在佛罗里达州和阿根廷还设有两个观测站。法定标准时的任务（如在美国建立时区）移交给交通部。天文台则专门负责美国国防部及其合同单位的标准时、时间间隔以及无线电标准频率的事务。美国海军天文台、国家标准和工艺局各自保持独立的时间标准。但从 1968 年 10 月起，双方协调一致，使二者的时间保持在相差约 1 微秒。海军天文台每隔一定时间就广播时频信息，与国家标准和工艺局一样均实行 24 小时工作制。这两个机构还都与巴黎的国际时间局合作。在授时、天体测量领域是世界权威机构之一，编纂并出版每年一册的天文年历。

（李宗伟　刘黎明）

美国麦克唐纳天文台 McDonald Observatory　隶属于美国得克萨斯大学奥斯汀分校的一家天文台。1939 年由美国得克萨斯大学用得克萨斯州金融家 W.麦克唐纳的遗赠所兴建，位于得克萨斯州戴维斯堡附近的洛克山，在 1963 年之前还接受芝加哥大学的管理。该天文台拥有一架 1939 年启用的 2.08 米反射望远镜，许多年一直为世界第二大望远镜；还有一架 1968 年启用的 2.72 米反射望远镜和两架较小的反射望远镜。此外尚有一座直径 5 米的抛物面天线，用于毫米波研究。得克萨斯大学射电天文台位于其南 60 千米，作射电

麦克唐纳天文台俯瞰图

源定位工作和木星研究。1996 年，在福尔基斯山上建造的 9.2 米口径霍比埃伯利望远镜（HET）开始启用，主要用于光谱的观测研究。先后有 O.斯特鲁维（见斯特鲁维家族）、G.P.柯伊伯、B.G.D.斯特龙根、W.W.摩根和 H.J.史密斯等天文学家在此工作。

该天文台的发现有：一颗海王星卫星——海卫二和一颗天王星卫星——天卫五。其主要研究重点是恒星的组成和

演化，以及河外星系的本质。其他研究项目包括高速测光、**月球激光测距**和**人造卫星激光测距**。（李宗伟　刘黎明）

美国帕洛马山天文台　Palomar Observatory　美国的一家天文台。见**美国海尔天文台**。

美国威尔逊山天文台　Mount Wilson Observatory　美国的一家天文台。见**美国海尔天文台**。

蒙德极小期和斯玻勒极小期　Maunder minimum and Sprer minimum　**太阳活动**较低水平的两个时期。19世纪末，英国天文学家E.W.蒙德和德国天文学家F.W.G.斯玻勒从早期零星的望远镜观测**太阳黑子**记录中就发现，在1645～1715年几乎是难得看到太阳黑子的异常时期。1976年美国天文学家J.A.艾迪由测量古树年轮中放射性元素碳-14（^{14}C）含量反推得到近一千年来的太阳活动变化（见图），除了证实上述时期太阳活动的确处于较低水平外，还发现1460～1550年的太阳活动也处于较低水平，并把这两个时期分别称为“蒙德极小期”和“斯玻勒极小期”。艾迪同时发现太阳活动在1110～1260年于较高水平，并称其为“中世纪极大期”。

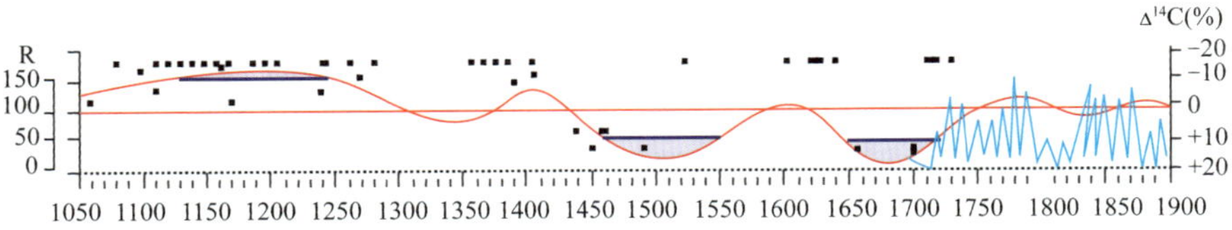

图中红色曲线为由碳-14推测的太阳活动强度，蓝色曲线为太阳黑子相对数，大点为亚洲国家历史上黑子目视记录，小圆点（横坐标上方横向）为树轮碳-14数据，从左至右的三个阴影区分别对应中世纪极大期、斯玻勒极小期和蒙德极小期

最近一千年的太阳活动变化

艾迪曾经提出蒙德极小期间可能不存在太阳活动11年周期。针对这一观点，中国云南天文台、紫金山天文台和南京大学的学者专门做了研究。他们根据中国史书上的100多次黑子目视记录的分布规律进行分析研究，结果表明即使在太阳活动水平较弱的蒙德极小期间，仍然能够发现其存在11年周期性。北京天文台的邹仪新也根据自公元前165年至1854年间的黑子目视记录和极光记录，分析得到在此期间太阳活动平均周期为10.42±0.19年，完全肯定了太阳活动11年周期的连续性。

艾迪还曾认为太阳的自转在蒙德极小期前后有过变化。他根据1642～1644年欧洲国家的太阳黑子手描图的直接测量，得到了**太阳自转**在蒙德极小期之前比当前快的结论。他们测得在日面纬度5°～15°处的太阳自转每天比现在快（0.4°），相当于太阳自转会合周期只有26天，而不是当前的27天，并认为正是太阳自转的这种变化可能是导致出现蒙德极小期和随后的11年周期的物理原因。根据现代关于太阳活动起源的**太阳发电机**理论，太阳自转作为产生太阳活动区磁场的动力因素，如果真的有过突变，是有可能影响到太阳活动整体水平，以致产生蒙德极小期的长期活动低落和11年周期的出现。因此，肯定太阳活动11年周期的连续性与承认太阳自转有过突变是不协调的。为此，中国学者根据极光出现周期与太阳自转速度有关的原理，利用1553～1625年中国史书上的46次极光记录，检测极光重现周期，证明这个时段（正好是蒙德极小期出现前夕）的太阳自转会合周期仍是27天，与目前一致，从而表明太阳自转在蒙德极小期出现之前和之后并未发生变化。实际上艾迪根据1642～1644年的少量黑子手描图进行的测量受到许多误差的影响。例如，描图上的太阳像直径、日轴位置和黑子位置的不精确，当时的时间精度较差，以及**黑子群**自身的变化等，均会最终影响到对太阳自转速度的精确测定。反之，分析极光的重现周期，则不受到上述所有因素的影响，其结果更为可靠。（林元章）

弥漫红外背景　diffuse infrared background　在天空中观测到的弥漫红外背景。地球上无月夜空的弥漫红外背景辐射（0.76～350微米）主要包括几个来源：来自高层大气的气辉和大气热发射；**太阳系**内的**黄道光**，包括来自行星际空间的散射阳光和**行星际尘埃粒子**的**热辐射**；暗弱恒星的贡献；红外卷云。弥漫银河光的红外部分，由红外天文卫星IRAS发现，它主导着远红外的天空亮度；来自河外的**宇宙红外背景**。

气辉　由**太阳辐射**与**地球大气**发生作用产生的，它时刻都在发生，而且遍及全球，通常分为昼气辉（dayglow）、曙暮气辉（twilightglow）和夜气辉（nightglow）。

白天阳光照射大气层时，大气中的原子、分子和离子吸收太阳辐射，激发到高能级，然后再从高能级跃迁到低能级，在这个过程中发射光子，这就是气辉产生的原因。共振散射、荧光散射和光电子碰撞等过程，发生在太阳辐射被大气原子、分子吸收后短时间内，这类机制产生的是昼气辉。昼气辉比日光暗得多，淹没在散射光中，肉眼无法看到。曙暮气辉本质上与昼气辉相同，但曙暮时只有高层大气被阳光照射，其余的大气层和地面的观测者都处于黑暗之中，因此能被地面观测者看到。而夜气辉通常发生在85～100千米的高层大气，阳光在白天将能量通过光化学反应沉积到大气原子、分子或离子中，但由于空气密度小，离解复合或去激发概率小，光子发射通常推迟到激发后的几小时的夜间才发生。

气辉是近红外J（1.25微米）、H（1.65微米）和大部分K（2.2微米）波段主要的背景源，它主要由羟基（—OH）的激发能级辐射。对K波段背景，羟基发射、甲烷CH_4和水H_2O的热发射都有显著贡献。羟基激发反应为：

$$H + O_3 \longrightarrow OH^* + O_2$$

大气热发射　白天，散射的阳光在热辐射中占主导地位，波长约4微米。夜空背景以波长约小于2微米的月光和星光瑞利散射为主，主要是来自气辉的OH线。超过约2.3微米时，大气的黑体热辐射占主导地位。随着波长增加，大气热发射强度以指数形式增长。

黄道光　在太阳系的环日轨道平面（黄道）附近（倾角约3°）分布着尘埃颗粒，这些尘埃颗粒位于以太阳为中心并延伸到地球轨道之外的薄透镜状空间中，称为行星际尘埃云。通常认为行星际尘埃粒子来自小行星碰撞、彗星活动和太阳系内部的碰撞、柯伊伯带碰撞和星际介质颗粒等。行星际尘埃云一方面反射和散射阳光，同时被太阳加热（1AU处约300K）产生热发射，这些热发射在更长的红外波段。被这些太阳系内星际尘埃云散射的阳光和尘埃自身热发射的综合，就称为黄道光。

黄道光是最主要的地外红外背景，夜晚/日出或日落前后，沿黄道肉眼可见的黄道光就是黄道光散射可见光部分。在赤经和赤纬的任意给定方向上，黄道光随着地球在其轨道上的位置而变化。

图1给出了黄道光在整个可见光和红外区域的辐射强度。强度受观测位置影响，该图观测位置在近地轨道，视线在黄道面上，与太阳方向成90°角。在3.5微米处，散射分量和热发射分量之间有个极小值，被称为“宇宙窗口”，可用来观测遥远的暗天体。

红外卷云　在大尺度上，红外辐射主要来自黄道尘埃和**银河系**。这些背景中哪

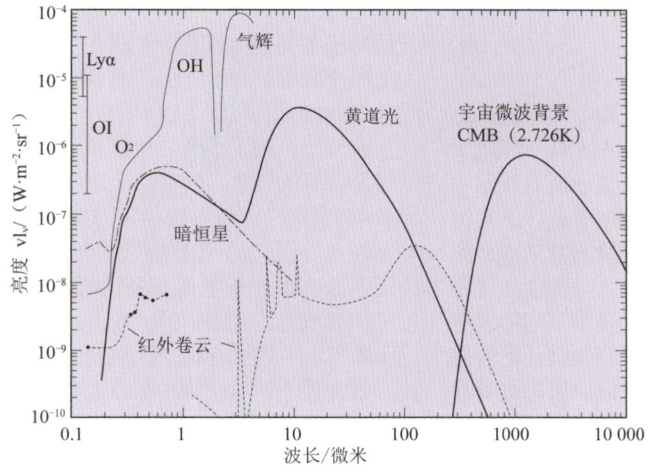

图 1 在远离银河和黄道平面、从地球高层大气观察到的夜空漫射发射的强度

一个占主导地位随波长而变化。在波长较短如 12 微米和 25 微米处，黄道光占主导地位，但在 100 微米处很难检测到它。银河系红外发射在 60 微米处很强，在 100 微米处开始占主导地位。来自银河系星际尘埃的 100 微米辐射覆盖了大部分天空，其延展的丝状卷云分布会阻碍星系等点源的探测。这种丝状卷云是 IRAS 卫星于 1983 年在 60 微米和 100 微米波长处发现的，是星际介质的一个新组成部分。它们的角度大小从几十度到几角分不等，由于其通常具有丝状结构，所以命名为“红外卷云”。60 微米和 100 微米的弥漫发射主要来自星际尘埃颗粒，典型尺寸为 0.1 微米，它们主要存在于原子氢气云中。在银河平面，IRAS 扩展发射图描绘了巨大的**分子云**，大质量恒星在这些分子云中形成并加热了新生云中的尘埃。这些卷云的结构和亮度将限制未来空间天文台对远红外的灵敏度。

宇宙红外背景　扣除了气辉、大气热辐射、黄道光、弥漫银河光之后，天空中才存留了一个各向同性的弥漫成分（图 2）。图 2 显示了 60（蓝）微米、100（绿）微米和 240（红）微米波长观察到的红外天空亮度。横跨图像中间的明亮的黄白色水平带对应于银河系平面中星际尘埃的发射（银河系的中心位于图的中心）。明亮带上、下方的红色区域是“红外卷云”，为相对较冷的银河尘埃的纤维状云。蓝色的 S 形光带沿着黄道平面，是太阳系中行星际尘埃发射的黄道光。中图，扣除了黄道光，在 60 微米、100 微米、240 微米波段。可以看到来自银河系（中心带）和麦哲伦云（右下）中尘埃的发射光仍然存在。下图，扣除银河系发射，只显示 240 微米亮度，显示出来自河外的均匀的宇宙红外背景辐射场，穿过中心的黑线是去除银河光的产物。一般认为来自**高红移星系**，称为宇宙红外背景。

（蒙克来）

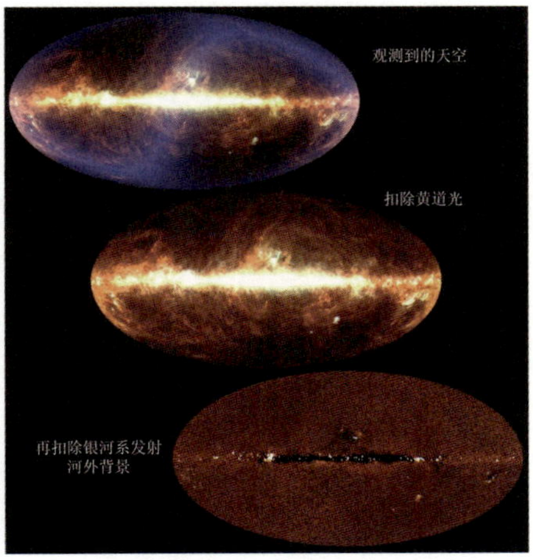

图 2 宇宙背景探测器（COBE）卫星拍摄的红外宇宙三视图

弥漫紫外背景 diffuse ultraviolet background

紫外天空中，除了点源和扩展源之外的弥漫紫外背景辐射。早在弥漫紫外背景被观测到之前，天文学家就已经预言了它的存在。一方面，这是由于星际尘埃能够使紫外光明显变弱，即消光现象。消光的主要方式包括散射和吸收。其中，散射只是改变紫外光的方向，因此，恒星周围的星际尘埃会通过散射使得星光成为弥漫紫外背景辐射。并且，弥漫紫外背景辐射的强度和空间分布还能够用来研究尘埃的反射率以及尘埃颗粒的大小、成分等性质。另一方面，早期天文学家更感兴趣的是，理论上，作为宇宙中重子物质重要组成部分的温热**星系际介质**也可能成为弥漫紫外背景的重要组成部分。然而，当时的天文学家们并不知道哪个成分占主导。

1967 年起，V.G.库尔特、V.P.贝利亚耶夫等人使用苏联的金星号行星际探测器、**探空火箭**、轨道天文台（OAO-2）系列卫星等对弥漫紫外辐射进行了观测。然而，不同的观测视场和天区给出了非常不同的结论，流量之间存在着 3 个量级的差别。这主要是由于当时还无法扣除热星等点源的贡献。到了 20 世纪 80 年代，小视场和高灵敏度的阿波罗－联盟号计划和法国的 D2B-奥拉卫星使得排除点源的干扰成为可能。发现大多数远紫外弥漫辐射来自**银盘**附近，并且与银盘上的中性氢柱密度相关。这说明了，弥漫紫外辐射由银河系的成分主导，主要来自星际尘埃对恒星星光中紫外部分的散射。这一结论得到了预报 6 号（Prognoz 6）、远紫外分光探测器（FUSE）、旅行者号、**星系演化探测器**（GALEX）等一系列探空火箭及卫星紫外探测的证实。图中显示了 2015 年 GALEX 望远镜给出的远紫外弥漫背景，空间分辨率为 1°。其中，蓝绿色表示明亮区域，红黑色表示暗淡区域。蓝色圈表示 TD1 望远镜给出的远紫外亮星。还标出了部分星座。从图中可以看到，最明显的远紫外辐射来自银盘。与其他波段辐射的对比分析表明，远紫外背景与尘埃辐射的 100 微米 IRAS 背景存在关系。也就是说，尘埃辐射越强的地方，远紫外背景也越强，远紫外背景由尘埃散射主导。

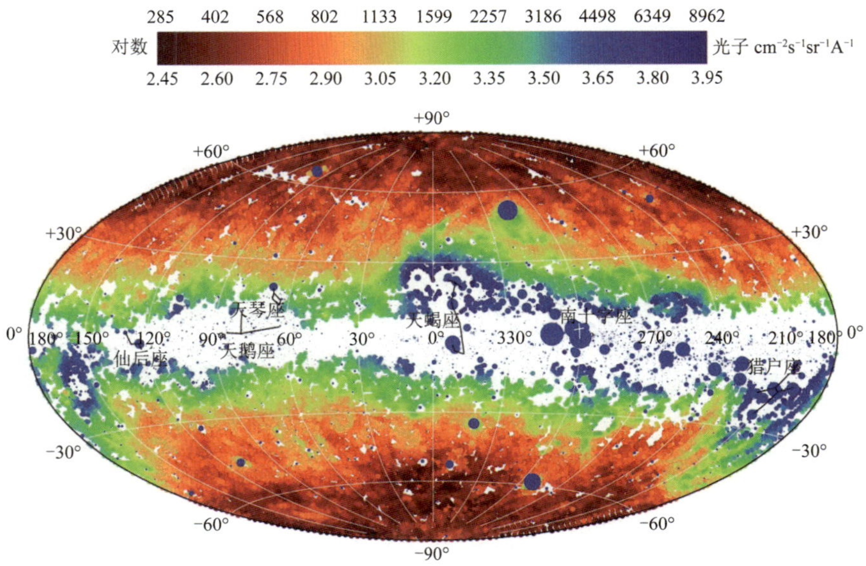

星系演化探测器（GALEX）给出的远紫外弥漫背景

此外，地球外层大气产生的大气辉光和太阳系黄道面上的尘埃散射太阳光产生的黄道光也会成为弥漫紫外观测中的污染。前者由莱曼 α、中性氧的发射线等主导，后者能够通过观测方向和太阳以及黄纬的距离来估计，并且当观测方向与太阳夹角大于 60°时可以忽略不计，因此，一般能够比较好地排除。

更细致的研究中，使用红外天文卫星 IRAS 的 100 微米弥漫辐射作为尘埃的探针，估计银河尘埃散射对紫外弥漫辐射的贡献，并与观测到的紫外弥漫辐射进行对比，表明除了主导的银河尘埃散射部分，可能还存在着一个比较暗弱的成分。这个成分或许起源于未估计准确的地球大气辉光，或许起源于未被分辨的星系以及星系际介质，也或许是暗物质等其他成分。但它的强弱和起源都尚未确定。 （李 晔）

弥漫γ射线背景 diffuse γ-ray background 除了点源和扩展源，弥漫的γ射线背景。第一颗 γ 射线卫星由美国旅行者 11 号飞船在 1961 年带入太空，观测到来自宇宙中 100 个γ射线光子，γ射线光子来自宇宙空间各个方向，因此被称为“γ 射线背景”。后来的 γ 射线卫星发现来自太阳耀发的γ射线光子和来自蟹状星云、脉冲星的 γ 射线光子。因此“γ 射线背景”有一部分是来自宇宙γ射线源的贡献，但总有部分“γ射线背景”无法分辨，称为弥漫γ射线背景。弥漫γ射线发射背景主要由银河系弥漫γ射线背景和河外弥漫γ射线背景两个成分。

银河系弥漫γ射线背景 集中在银盘附近，主要是高能宇宙线背景与银河系星际介质相互作用产生的。银河系中心区域的弥漫γ射线发射明显的超出宇宙线产生的银面γ射线背景，因此银心的弥漫γ射线发射具有特殊的物理起源，可能是未知的γ射线脉冲星，也可能是银心暗物质湮灭的贡献。

河外弥漫 γ 射线背景 接近各向同性，其物理起源则一直存在争议。天文学家一般认为河外弥漫 γ 射线背景中存在大量未分辨的活动星系核及蝎虎座 BL 型天体，计算表明它们可以贡献 50%～80% 的河外弥漫γ射线背景辐射。星系团高能辐射也可以贡献 1%～2%的河外弥漫γ射线背景。γ射线暴是宇宙中最剧烈的高能爆发现象，贡献 10%左右的河外弥漫γ射线背景。一些天体物理学家认为宇宙大尺度结构中存在物质与反物质湮灭过程，也可以产生河外弥漫γ射线背景。宇宙原初黑洞湮灭也可能贡献河外弥漫 γ 射线背景。 （王 伟）

米库斯基空间望远镜数据库 Mikulski archive for space telescopes; MAST 归属于美国国家航空航天局空间望远镜的数据中心。为天文界提供多种数据服务，主要包括光学、紫外和近红外波段的数据。米库斯基空间望远镜数据库位于美国空间望远镜科学研究所（STSCi）。美国空间望远镜科学研究所在 20 世纪 90 年代就开始管理运维哈勃空间望远镜的数据。后来更多的空间任务（紫外、光学和近红外望远镜）执行后，美国国家航空航天局认为需要有一个专门的数据中心来管理这些数据，因此在 2012 年，以美国国会历史上任职时间最长的女参议员米库斯基命名的米库斯基空间望远镜数据库（MAST）正式成立，MAST 的标志是一个星海中桅杆的图像。

MAST 归档和服务的空间望远镜项目有：哈勃空间望远镜、开普勒空间望远镜以及詹姆斯·韦布空间望远镜等。MAST 开发了一套高效的数据管理和数据访问服务，用户可以通过网站或者虚拟天文台软件对数据进行检索和在线展示。MAST 提供了高级科学数据产品（HLSP）的检索和下载服务。高级科学数据产品主要是由学术界贡献的根据原始数据处理好的科学数据。科学用户也可以贡献自己的产品数据到 MAST，MAST 提供了如何贡献的方法。

MAST 上的开放数据都是免费共享的，但 MAST 对数据的使用有一套完善的数据使用政策，要求在使用 MAST 数据的时候标注数据来源于 MAST。 （何勃亮）

米粒组织 granulation 太阳大气中对流气团冲击太阳表面所形成的米粒状结构。高质量太阳照片上可显示出太阳表面呈米粒状（见图）。单个米粒的直径平均约为

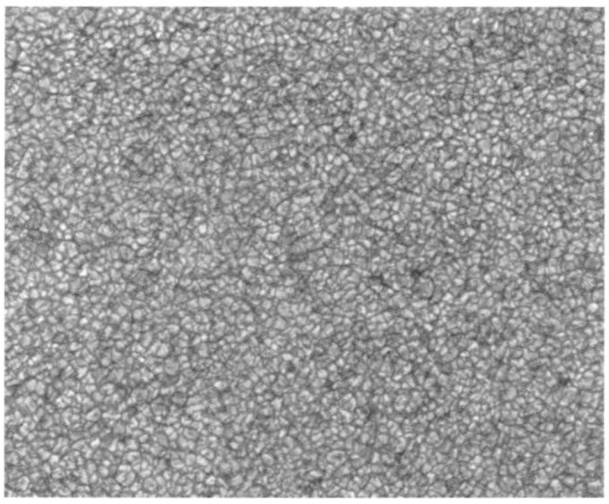

太阳表面的米粒组织

1400 千米，寿命约 6 分钟。太阳表面的米粒组织是由于光球下方的对流层中上升的气团冲击光球造成的，因此米粒实际上相当于对流元胞。研究表明，米粒组织所涉及的对流主要是由紧贴于光球下面的气层中氢原子的电离和复合引起的，气层厚度约为 2000 千米。气层下边界附近受到扰动的上升气团，由于不断发生氢原子复合而获得复合能的加热，使它总比周围温度略高，密度稍低（与外界保持压力平衡），从而不断上升；而在上边界附近的向下气团，由于不断有氢原子电离需要供给电离能，使气团温度总比周围略低，密度稍大，从而不断下沉。这样在这个区域就形成了对流。研究表明，除这种由氢原子电离和复合引起的对流所形成的米粒组织外，太阳大气中还存在另外两种尺度更大的对流系统，即由氦原子的电离和复合引起的对流，以及由一次电离氦（He^+）电离和复合引起的对流。前者在太阳表面形成的对流元胞直径约为 7000 千米，元胞平均寿命约 2 小时，图样称为中米粒组织；后者在太阳表面形成的元胞直径约为 32 000 千米，寿命可达 40～50 小时，图样称为超米粒组织。不过中米粒组织和超米粒组织均不能用照相方法拍摄出来，它们实际上是一种速度场的分布图样，必须用光谱方法对太阳表面进行速度场测量，才能显示出它们的结构。色球中的针状物就是从超米粒边向上生长的，光球的网络磁场也是大致沿超米粒边界延伸的。 （林元章）

密度波理论 density wave theory 在引力作用下物质流进流出高质量密度旋臂区以解释星系旋臂（见银河系旋臂）的理论。又称 Lin-Shu 密度波理论。系统的密度波理论是由美籍华裔科学家林家翘和徐遐生在 20 世纪 60 年代中期发展建立。密度波的基本思想是，旋臂是气体和恒星绕星系中心运动时空间分布较密集的区域，组成旋臂的气体和恒星并非始终处于旋臂中，而是有进有出。Lin-Shu 密度波理论进而假设旋臂是已经达到稳态的长期存在的准静态密度波，密度波型并不与物质相联，而是以不同的角速度转动，这种相对运动维持了旋涡星系的大尺度壮丽旋臂，也缓解了固定物质旋臂因较差自转带来的缠绕困难。它可以成功地解释为什么亮星旋臂在气体旋臂的下游及它们的相对宽度等。 （沈俊太）

密近双星 close binary star 一子星影响另一子星演化的物理双星。通常把分光双星和测光双星（包括食双星）通称为密近双星。包括有两颗恒星，并且彼此演化严重受到对方影响的系统称为密近双星系统。肉眼可见的五车二、角宿一、大陵五、

渐台二都是密近双星。密近双星是恒星世界中普遍存在的一种天体：有的可提供可靠的物理参量；有的可提供重要的恒星演化线索；有的可通过两子星相互作用的各种表现，为研究恒星高低层大气结构、恒星内部密度分布、星周物质的特性、星风、吸积过程、质量交流等提供良好的机会。密近双星中出现的脉动变星、爆发变星、X 射线源、射电源、白矮星、中子星（脉冲星）、B 型发射星、A 型特殊星、巨星、超巨星等，可为研究这类天体提供有利条件，聚星、星协、星团、行星状星云和河外星系中出现的密近双星，可和这些天体系统的研究联系起来。

洛希瓣　讨论双星动力学时，常用两子星同步旋转的共转坐标系，在这种坐标系中两子星保持静止，而一个小质量的质点除了受到两子星的引力外，还受到离心力的作用。扣除了离心力的引力称为有效重力。等势面是有效重力恒定的曲面，且曲面上某点的法线方向即该点的有效重力方向。作为第一近似，E.A.洛希设全部质量集中到恒星的中心，即两子星作为质点来处理。洛希首先计算了双星的等势面。等势面有无数多个，每一个等势面与等势函数与某一常数相对应。双星系统中几个有代表性的等势面与双星轨道面见图 1。M_1 是一

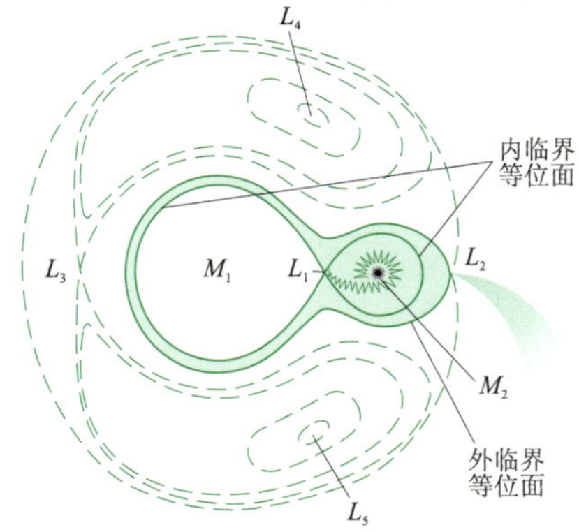

图 1　临界等势面和拉格朗日点

个普通恒星，M_2 可是一个致密星，M_2 是通过内拉格朗日点 L_1，吸积来自 M_1 星的物质，外拉格朗日点 L_2 是物质容易逃逸的溢口。L_1、L_2、L_3、L_4 和 L_5 为五个拉格朗日运动点，在这些点上有效重力消失。其中 L_1、L_2 和 L_3 位于两子星的连线上，L_4 和 L_5 分别与两子星形成等边三角形。等势面的形状很复杂，可以想象：两子星邻域的等势面向外“扩张”，会在 L_1 点相接。等势面与轨道面呈横 8 字形，该等势面称临界等势面，又称洛希面。它所包围的两个区域称为洛希瓣。横 8 字继续“扩张”，成花生形，然后与远离两子星的区域中向内收缩的等势面相接于 L_2 和 L_3 点。在 L_1、L_2 和 L_3 点的小质点虽然可处于静止状态，但不稳定，它受扰动而偏离这些点后，不会再返回。这样内拉格朗日点成为两子星之间物质交流转移的通道，而从子星流出的物质通过 L_2 或 L_3 后将脱离双星系统。按照恒星演化理论，氢聚变为氦并逐渐形成氦核。当氦核扩大到一定程度时，双星的子星的星面可能达到临界等势面，星体充满洛希瓣，子星外壳中的气体将通过内拉格朗日点流向另一子星，两子星发生了物质转移。洛希瓣是子星可能达到的体积的上限。

分类　食双星按光变曲线形状分为三大类，即大陵五型、渐台二型和大熊座 W 型。分光双星中只测到一子星谱线的称为单谱分光双星，测得两子星谱线的叫双谱分光双星。对一些单谱分光双星，现也逐渐测到了双谱。如猎户四边形中的食双星 BM 测定为双谱，解决了恒星早期演化黑洞问题。天空中一半以上的恒星均为双星系统的成员，其中一半也许是密近双星系统。根据理论分析，Z.科帕尔在 20 世纪 50 年代提出密近双星通过彼此的引力场发生相互作用。密近双星系统共分为三类：①相接双星系统，这两颗星处于半结合状态并有一个共同的外壳（图 2c）；②半相接双星系统，这两颗星相互接触但仍可交换质量、能量以及角动量，其中的一个可能会失去质量（一部分给伴星）（图 2b）；③不相接双星系统，这个系统中恒星风、潮汐变形和热效应也会影响双星的演化（图 2a）。密近双星中一子星充满临等面时，它的物质应大规模地流向另一子星（如后者未充满其临等面），这称作质量交流，对密近双星的演化发生巨大影响。如果两颗主序星组

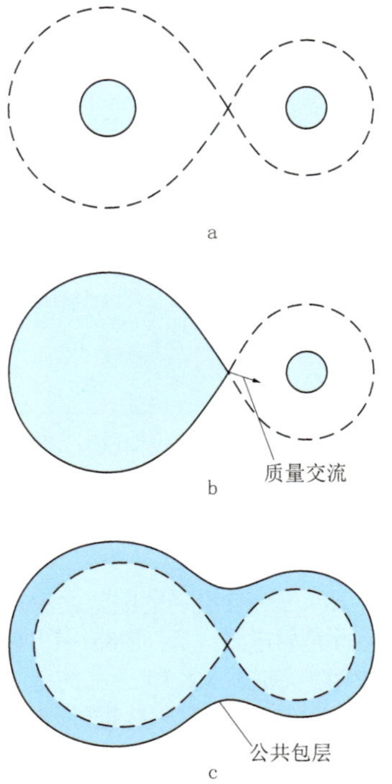

图 2　密近双星系统

成的不相接双星中的一颗子星质量较大，则当这一子星演化到充满临界等势面时（即开始做质量转移时），就会至少出现下列三种情况：中心氢仍在核燃烧；中心氢已“燃烧”完，但中心氦尚未开始“燃烧”；中心氦已“燃烧”完，碳尚未开始“燃烧”。从这些基本概念出发，70 年代对多种形式的密近双星做了大量的理论计算，在解释大陵五型食双星的“演化怪象”（即质量较小的子星看来演化得反而更快）、“谜星”渐台二的基本参量、某些 B 型发射星双星，以及模拟某些 X 射线双星和射电脉冲星双星的演化史等工作中，都取得了佳绩。为了更好地说明实测现象，需要打破早先理论工作中的一些简化假设的限制，如计及子星的非球状、轨道的偏心率、总质量和总角动量的不守恒，计及星风和辐射压、自转和磁场、子星发生超新星爆发时的不对称性等。

理论方面　理论方面的重要任务是用密近双星质量交流和质量流失的概念，解释某些食双星变光周期的变化以及气环的形成和变化，以及许多包含矮新星、再发新星、新星的密近双星的爆发和射电双星现象等。吸积盘的物理问题受到很多人的重视，现已用来研究爆发双星和 X 射线双星。有多种可能性使得密近双星发生质量转移，只要某一阶段恒星膨胀或两星的距离缩短即可。主要有离开主序的演化、渐进巨星支（AGB）的快速膨胀和 AGB 的演化，分别称为情形 A、情形 B 和情形 C。现以情形 A 为例予以说明。

当一个分离的双星系统中质量相对大的恒星开始离开主序而膨胀，并最终充满洛希瓣时，一些质量就会转移到另一子星。转移率将随时间而变，系统会失去一部分的质量和角动量。研究表明，质量损失的那颗星达到与洛希瓣一般大小后，还会继续演化直到它留下一个不能再膨胀的核为止。这个阶段残余的核只由氦组成，而富氢的外壳已经不再存在。与此同时，伴星获得能量并根据自己的需要演化。如果伴星的初始质量比主星小得多，当大质量星停止损失质量后，伴星就会离开主序。经过一段时间之后，大质量星就会逐渐冷却而变成一颗白矮星。而另一颗子星将离开主序，把质量又还给白矮星。这个质量来回转移的过程都伴随有相应的恒星观察现象。

因引力辐射而改变密近双星轨道周期的问题也已开始研究（见恒星物理学）。对以大熊座 W 为代表的相接双星的力学和物理问题的研讨也很热烈。某些密近双星（如天鹅座 X-1）中可能存在黑洞的问题，

密近双星和**太阳活动**、恒星活动的关系、两子星星风的相互作用等，早已或正在引起天文学家的重视。

实测方面　20 世纪 70 年代在密近双星实测研究方面进展很快。如发现了 X 射线双星、X 射线脉冲星双星(包括河外的)、射电双星、射电脉冲星双星、光学脉冲星双星和并不包含致密天体（如白矮星、中子星、黑洞）的 X 射线双星（如五车二、大陵五、猎犬座 RS 等）；确认在一定波段上视流量最强的稳定 X 射线源天蝎座 X-1 是分光双星；否定食双星 V78 是**球状星团**半人马座 ω 的成员（使极端星族Ⅱ中有否双星的问题被重新提出）；发现一批猎犬座 RS 型射电兼 X 射线双星；发现与大熊座 W 型迥然不同的早型大质量、高光度新型相接双星（如包含一对蓝超巨星的天鹅座 V729）；测出经典的单谱分光双星中另一子星的谱线，确定这些双星是双谱双星；用偏振法求密近双星的轨道倾角等。

（李宗伟）

密云米波综合孔径射电望远镜　Miyun Meter-wave Synthesis Radio Telescope; MSRT　一台工作在 232MHz，具有低噪声、大视场及成像能力的，利用地球自转综合技术而建成的等效口径为 1164 米的**射电望远镜**。由于射电天文的观测频率低、波长长，能同时获得高灵敏度、高空间分辨率并能快速成像的设备一直是天文观测设备研制中的一大瓶颈。20 世纪 60 年代，综合孔径技术的发明一举打破了这个瓶颈，大大促进了射电天文观测和物理研究的发展。发明者英国射电天文学家 **M.赖尔**也因此获得 1964 年诺贝尔物理学奖。密云米波综合孔径射电望远镜就是根据这一原理研制出来的。

1973 年，中国天文学家**王绶琯**提出了利用密云站原有米波干涉仪建造密云米波综合孔径射电望远镜的设想，并于随后完成了总体设计方案。1975 年开始望远镜的建设工作。第一阶段是将原干涉仪的单元天线口径从 6 米增大到 9 米并且总数达到 28 个。根据方案对 28 个安装位置点形成的基线位置进行测量，确保都在一条东西直线上。最后实现的天线阵分为两组：中心的 16 面天线为 A 组，两边的 12 面为 B 组（见图）。A 组和 B 组相邻的天线对间隔进行相关处理。总体形成 18～1164 米，增量为 6 米的 192 对相关组合。一组持续 12 小时的观测，能产生完整的 UV 覆盖，得到所需观测目标的傅里叶分量，经过后处理即可得到观测天区的亮度分布，进而得到分立射电源强度和位置信息。

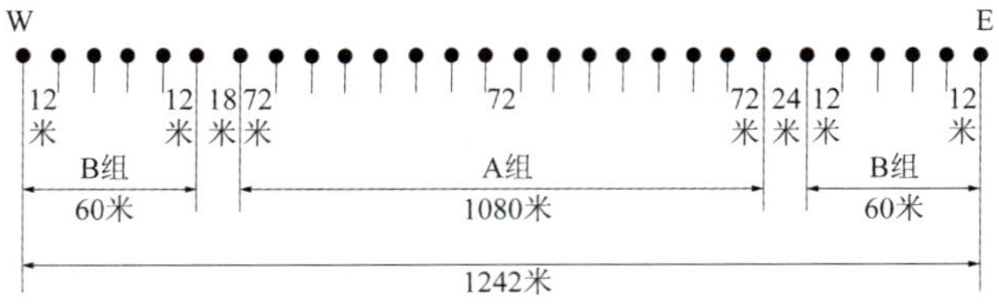

密云米波综合孔径射电望远镜设计图

建造该望远镜的关键技术主要有：①制冷低噪声前置放大器，确保一轮 12 小时观测由热噪声限制的系统总的灵敏度达到 50mJy（带宽 1.5MHz，信噪比 5）。②深埋地下 1.5 米的等长中频电缆和等长分支本振信号传输电缆传输系统。这种信号传输方式使电缆处于温度日变化很小的环境下，保证 12 小时连续观测期间内系统相位稳定。使用的电缆总长度约为 36 千米。③采用数字化技术信号处理，包括实时数字采样、条纹跟踪、数字化延迟补偿等先进技术。其中数字采集器和硬件傅里叶变换是当时最先引进中国的数字化系统。引进工作得到了澳大利亚天文学家 **W.N.克里斯琴森**的巨大帮助。④二次调制技术。二次调制技术的采用，极大地提高了系统稳定性，保证了长期稳定的观测。⑤望远镜实时运行软件和后处理软件。这两套软件系统，保证了系统运行、傅里叶变换、相位增益自校准及成图和射电源信息提取。望远镜的主要性能指标见表。

密云米波综合孔径射电望远镜主要性能指标

地理位置	东经 7ʰ47ᵐ53.5ˢ 北纬 40°33′23.8″海拔 155m
工作频率	232MHz
单元天线口径，天线数目	9m，28
视场	10° × 12°
基线增量及基线总数	6m，192
最短及最长基线	18m，1164m
综合波束宽度	3.8′ × 3.8′csc δ
FET 前端噪声温度	50°K
带宽	1.5MHz
采样间隔	10s
延时补偿	数字

密云米波综合孔径射电望远镜系统庞大、技术先进，历经十年努力，于 1985 年建成并通过中国科学院验收，同年获得国家科技进步奖二等奖。

密云米波综合孔径射电望远镜的主要设计目标是射电源巡天。1985～1996 年又一个十年，完成了$\delta \geqslant 30°$天区的观测（部分**银道面**区域除外）和数据处理全部工作，得到了 232MHz 约 33 400 个分立射电源源表和射电天空亮度分布图，其中约 1000 个射电源是首次被记录到。该源表是中国首个米波射电源表，与国际上著名的 6C 源表（英国，151MHz）和 WSRT327MHz 源表（荷兰）构成世界三大最重要的低频射电源表。射电源源表是重要的基础数据积累，在很长时期内将在诸多射电天文研究领域内发挥作用，如低频射电源物理、观测**宇宙学**、**非热辐射**目标研究等领域。

密云米波综合孔径射电望远镜还具有实时相加系统，形成一个扇束响应的总功率系统，等效于一个口径为 47 米的单天线。这个系统是中国首个用于行星际闪烁观测的设备，并据此成为国家子午工程的一员。由于密云米波综合孔径射电望远镜的视场大，该望远镜还用于大角经目标的观测研究，如**超新星遗迹** G78.2＋2.1 等。

（张喜镇）

冕洞　coronal hole　**日冕**中的低密度和低温区。从空间用远紫外波段的谱线拍摄或软 X 射线波段拍摄的日冕照片中，可看到日冕中存在一些几乎是暗黑的区域，称为冕洞。观测表明，冕洞区的密度和温度均比周围低，其大尺度磁场的磁力线如喇叭状向外开放。在太阳的两极地区几乎总是存在冕洞，而且可以其中一极区延伸到中低纬度区。冕洞的演化缓慢，寿命往往可持续几个太阳自转周。冕洞的形状随太阳自转变化不大，它们几乎不存在**较差自转**。通过冕洞在日面上出现的时间与行星际空间的太阳风速度测量以及地磁场观测记录的比较，可判定冕洞是高速太阳风源。冕洞的大尺度开放型磁场在宏观上虽是单极性，从冕洞区光球磁场的小尺度分布看，洞区中仅仅是某种极性的磁流占绝对优势，一般可占 90%左右，但另一种极性（称异极性）的磁流也并非为零，约占 10%。冕洞区的平均磁流密度约为 7 高斯，略低于周围宁静日冕区的磁流密度（约为 8 高斯）。

（林元章）

冕流和极羽　coronal streamer and polar plume　**日冕**中比背景亮的两种延伸结构。冕流的长度与**太阳活动**有关，在太阳活动极大时延伸到约 $1R_\odot$（$R_\odot$为太阳半径），而在太阳活动极小时则可达 $2R_\odot$，宽度大于 $0.1R_\odot$。冕流按形状可分为两类：①盔状冕流。形状如钢盔，其下部罩住宁静日珥，在**日珥**上面是暗区，称为冕穴。在冕穴上常有亮冕弧和暗冕弧，形状为半椭圆或尖铲状，向上延伸到几个$R_{\odot}$以外，向外膨胀的速度约为 1 千米/秒。②活动区冕流。在日面活动区向外延伸，延伸部分的截面较平整或略散开，向外膨胀的速度为 2～10 千米/秒。冕流是日冕磁场不均匀分布的结果，有人用在太阳大尺度磁场中有物质沿冕流的轴向流动来解释其形状。由于磁场冻结在物质中，物质沿磁力线流动就会使初始场变形，不过初始场强越大，变形就越难。因此，冕流从**色球**边缘到以直线形式延伸区域的起点的距离，是随场强的增加而增大的。

极羽出现在日面的两极区域，其宽度小于 $0.05R_{\odot}$，呈羽毛状（见图），在太阳活

2017 年美国日全食照片（图中左上和右下可见太阳两极极羽）

动极小期特别明显。聚集在太阳极区的日冕等离子气体，由起着侧壁作用的磁场维持其流体静力学平衡，就形成极羽。极羽与磁力线的相似性说明太阳有极性磁场，并可据此画出太阳的偶极磁场来。

（章振大）

面源测光 surface photometry 对面光源天体（如星系）面亮度的测量。面源测光有别于对恒星一类点光源的点源测光。面亮度是讨论星系形态分类和物理性质的最基本依据。

星系的面亮度分布是其三维的星光分布在二维天球面上的投影，通常中心处最高，随中心距增加而下降。正常星系的中心面亮度在 19～23 星等/平方角秒，**椭圆星系**按沃库勒 $R^{1/4}$ 律随半径下降，**旋涡星系**的盘则按指数形式下降。习惯上将中心面亮度暗于 24 星等/平方角秒的星系称为**低面亮度星系**。许多矮星系或星系外围的面亮度可低至 31 等/平方角秒，远低于天光背景（～22 星等/平方角秒），因此，高精度的面源测光必须谨慎处理天光背景的涨落问题。另外，实测的面亮度分布是内禀面亮度与观测**点扩展函数**（PSF）卷积的结果，因此在分析星系的面亮度分布时应充分考虑该因素。

（邵正义）

苗永瑞 Miao Yongrui（1930-12-03～1996-06-11） 中国天体测量及时间频率专家。生于山东济南，卒于上海。1951 年毕业于齐鲁大学天算系，后到中国科学院紫金山天文台工作。1957 年到中国科学院上海天文台任职。1958～1961 年在苏联列宁格勒科学院天文总台进修。1970～1977 年在陕西 326 工程和北京中国科学院 326 工程指挥部工作。1978～1987 年任中国科学院陕西天文台（今国家授时中心）副台长、台长，1982 年任研究员。1988 年任陕西天文台名誉台长，后调回上海天文台工作。1991 年当选为中国科学院学部委员（院士）。

主要从事基本天体测量工作。在提高天文测时精度的研究方面，编制了天顶星表，专门用于测时，提高了测时精度，同时改进了观测星的位置，得到精度较高的测时星表（1965）。在天体测量选址的研究方面，根据微气象理论，制定了一些天体测量选址方案，改进了观测室及观测位，提高了测定精度。在提高**授时**技术研究方面，制定和研究了守时、收时、授时方法（1974）。开展**日地关系**研究，建立电离层 D 层监测站，基于电离层 D 层扰动反演太阳 X 射线爆发（1983），还进行了中国大地电导率的测定，得到中国等效大地电导率分布图（1980）。

参加了中国授时和测时工作，70 年代承担了陕西天文台的建设工作，提出了短波多频发播方式覆盖全国的授时方案并在陕西天文台建成了短波授时台，70 年代中期开始负责筹建长波授时工程，1986 年长波授时系统通过国家鉴定并正式开播，使中国的授时工作跨入了世界先进行列。获多项国家和省部级科技成果奖。

（于 申）

秒差距 parsec; pc 量度天体距离的单位。秒差距主要应用于太阳系以外的天体。当天体的周年视差为 1″时，其到太阳的距离即为 1 秒差距。parsec 是 parallax（视差）和 second（秒）两字的缩写合成的。1 秒差距约等于 3.262 光年，或 206 265 天文单位，或 308 568 亿千米。更长的距离单位有千秒差距（kpc）和百万秒差距（Mpc）。银河系内天体的距离通常以千秒差距表示。太阳到银河系中心的距离约为 8 千秒差距。对于河外星系和星系团的距离，通常用百万秒差距来量度。

（陈 力）

闵可夫斯基，R. Rudolph Minkowski（1895-05-28～1976-01-04） 美籍德裔天文学家。生于德国斯特拉斯堡（今属法国），卒于美国伯克利。1921 年在德国布雷斯劳大学（今波兰弗罗茨瓦夫大学）获物理学博士学位。在格丁根大学执教多年后被柏林大学聘为教授。1935 年赴美，在威尔逊山天文台和帕洛马山天文台工作，直到 1960 年。1959 年当选美国国家科学院院士。从 1961 年开始主持加利福尼亚大学伯克利射电天文实验室。

到美国后，他研究**气体星云**，创造用物端棱镜检测行星状星云的方法，在几年内，发现了约 200 个行星状星云，使当时已知的行星状星云总数增加一倍以上。他特别仔细地观测了**蟹状星云**，通过光谱分析，揭示了星云内物质的快速运动。他还从事**新星**和**超新星**的分光观测多年，同 F. **兹威基**、W.**巴德**等天文学家一道，确认超新星有Ⅰ型和Ⅱ型之分。1953 年，他同巴德合作，首先证认出强射电源**仙后座 A** 是**超新星遗迹**，天鹅座 A 是遥远的特殊超巨型椭圆星系和半人马座 A 是近距的特殊椭圆星系 NGC5128，从而表明它们是能量主要集中在无线电波段的**射电星系**。帕洛马山天文台于 1948 年建成 120 厘米/180 厘米**施密特望远镜**后，他主持拍摄《帕洛马天图》的计划，经过 10 年努力，完成一套共 1872 幅蓝红双色北天深空照相星图。

（陈美东 撰 石云里 修订）

明安图 Ming Antu （约 1692～约 1765） 中国清代天文学家、数学家。全名巴彦•明安图，字静庵，蒙古正白旗人。青年时被选入钦天监，专门学习天文、历法和数学。康熙五十一年（1712），随康熙皇帝往承德避暑山庄，回答科学问题。次年学业结束，留钦天监任职，参加编纂《**历象考成**》一书，对书中的理论和数据进行实际考察和检验计算。全书于康熙六十一年完成。康熙六十年起，明安图任钦天监五官正，负责编纂每年的时宪书（即民用历书），预报日月食等天文计算工作。乾隆二十四年至二十八年（1759～1763）任钦天监监正。

乾隆二年参加编修《历象考成后编》，乾隆九年至十七年，参加编纂《仪象考成》。乾隆二十一年和乾隆二十四年，两次去新疆测绘地图。在测量中使用测太阳午正高弧决定地理纬度，观测月食决定地理经度的方法，同时配以三角测量。在此测量基础上编成《康熙皇舆全图》和《乾隆内府舆图》。此外，他还著有一本数学名著《割圆密率捷法》初稿。这是他三十年的研究成果，由其后人成书，共四卷，于道光十九年（1839）刊行。（刘金沂）

冥王星 Pluto 曾被认为是**太阳系**九个行星之一，以及距离太阳最远的行星。1930年，美国天文学家C.W.汤博照相巡天发现。天文界选中美国少年的提名定为“Pluto”，意为“地狱之神”，中国天文学家取其译名为冥王星。若从1914年曾记录到冥王星发现前的照片星象算起，到 21 世纪初的约100年间，它绕日公转仅走过一整周的1/3多，轨道行程的实测资料太少。直到1978年发现和冥王星环绕运行的卡戎星冥卫之前，关于冥王星的信息，无论是大小、质量、自转等基本参数，还是物理状态和化学组成，或是知之甚少，或是一无所知。只有当确认冥王星－卡戎星冥卫双天体系统后，才开启了认知之门（见图）。2006年根据**国际天文学联合会**颁布的《行星定义》将冥王星分类为**矮行星**。

在冥王星卫星上看冥王星
（喻京川太空美术画）

公转和自转 冥王星与太阳之间平均距离为39天文单位（AU）。冥王星的轨道偏心率很大，e 约为 0.25，比八行星中最大的一个（**水星**）还大；远日距49.3AU，近日距 29.7AU，比**海王星**的近日距29.8AU还小些。在冥王星公转的一个周期内，约有20个地球年的时间距太阳比海王星还近些。公转轨道面和黄道面的夹角也很大，为 17.14°。冥王星可运行到黄道面之上8AU和之下13AU的远处。平均轨道速度只有4.75千米/秒，比八行星中最慢的（海王星）还慢。公转周期长达248个地球年，比八行星中最长的还长。每隔495年，冥王星公转两周而海王星绕转三周，二者的平均**轨道共振**为2∶3。冥王星赤道面和公转轨道面的倾角119.6°，按照国际天文学联合会的定义，属于逆向即顺时针方向自转。

卫星的发现 美国天文学家 J.克里斯蒂于1978年在视宁度极佳的天气条件下分辨出距冥王星 0.9 角秒的卡戎星的星象，当时二者的亮度分别是 15.9 和17.3 视星等（见**星等**）。根据冥王星－卡戎星冥卫双星系统的观测资料推算出二者的基本参数：平均半径 1150 千米和625千米。根据2015年美国航空航天局（NASA）新视野号航天器的观测资料，冥王星和卡戎的半径分别更新为1188千米和606千米。冥王星的半径约为地球的1/6，比月球还小。冥王星和冥卫的星心距离 19 591 千米，约合 17 个冥王星半径。质量分别是地球的2.2%和0.3%。密度约为2.0 克/厘米^3 和 1.7 克/厘米^3，而地球和月球分别为5.52克/厘米^3 和 3.34克/厘米^3。冥王星的表面重力加速度 0.63米/秒^2，赤道逃逸速度1.1千米/秒，是名实相符的矮行星。2005～2012 年，利用**哈勃空间望远镜**又发现了另外四个只有几十千米大小的小卫星。

冥王星自转周期是 6 个地球日 9 小时18分钟，而卡戎星冥卫的绕转周期和冥王星自转周期同步，也是 6 日 9 小时18 分钟。卡戎星冥卫不仅总以同一半球朝向冥王星，冥王星也同样总以同一半球面对卡戎星冥卫的同一半球。此外，面对卡戎星冥卫的冥王星半球上，卡戎星冥卫总是呈现在天球中的同一方位；背对卡戎星冥卫的冥王星半球上和背对冥王星的卡戎星冥卫半球上，彼此永不相见。这一特殊天象在太阳系中是唯一的。地球上的观测者在冥王星公转进程中，会看到卡戎星冥卫的绕转轨道面的指向变化。每隔124个地球年，即在冥王星公转半周期间，在五个地球年期间，面对冥王星轨道的侧向，交替地观测到冥王星和卡戎星冥卫在彼此的圆面前和圆面后通过。1985～1992 年正逢这一难得一见的天象出现，通过观测取得了二天体的直径、椭率、密度、表面成分、反照率等基本资料。

冥王星接受的太阳热量相当于地球的0.06%。表面温度−230～−220℃。拥有稀薄大气，表面的气压约30微帕。大气的主要成分是氮、甲烷等。邦德反照率 0.72，几何反照率0.52。（李 竞）

冥王星卫星 satellite of Pluto 冥王星的卫星。1978年发现卡戎星，被认为是冥卫一，2005～2012年又陆续发现4颗冥王星卫星。见**冥王星**。

莫尔顿波 Moreton wave 在耀斑的闪光相阶段从爆发区发出的一种波，是G.莫尔顿在1960年最先发现的，因而得名。又称耀斑波。莫尔顿波以1000千米每秒左右的速度，在一个角度约为90°的扇形内传播，可达60万千米的远处而速度不减。莫尔顿波的存在有许多证据。最直接的证据是用单色光观测**色球**可以看到快速运动的波前。在Hα线心波前是明亮的。在Hα红翼（Hα＋0.5埃）先行波前是暗的，宽约3万千米，后随的波前是一个较宽的亮扰动。在Hα紫翼（Hα－0.5埃）先行波前是薄而亮的，后随的波前是宽而暗的。两翼的先行波前在时间和位置上完全一致。这种现象可以用先行波前处的色球的**针状物**（日芒）受迫向下运动，然后慢慢回到原先的位置来解释。莫尔顿波存在的另一个重要证据是在波经过的地方，原先离耀斑很远的稳定的**暗条**在波到达时突然从 Hα 线心中消失，而在 Hα 线的红翼出现，接着又在紫翼出现，来回振荡三四次。此外，在波经过的地方出现逐渐变亮的短寿命的小亮点，以及一个活动区的耀斑激发远离它的另一个活动区的耀斑爆发等，也是莫尔顿波存在的光学证据。

莫尔顿波与耀斑物质的快速喷发有关，与耀斑的米波Ⅱ型太阳射电爆发也有密切关系。对莫尔顿波的产生和传播的研究表明，它是一种强的激波。莫尔顿波在色球层中传播有很大的耗散，离波源越远其速度越小。莫尔顿波可能是**日冕**中传播的一种磁流体力学波在色球层所激起的波扰动效应。（史忠先）

莫纳克亚天文台 Mauna Kea Observatory 设在美国夏威夷的天文台。位于夏威夷岛中北部的休眠火山莫纳克亚峰顶，海拔4205米，由夏威夷大学管理。1964年在美国天文学家G.P.**柯伊伯**的倡导下建立。1970年建成一架用于研究行星的2.2米**反射望远镜**。莫纳克亚随后成为世界上最重要的、专门进行红外观测的望远镜群体的基地。1979年又投入使用三架大型反射望远镜，它们是3.8米联合王国红外望远镜

莫纳克亚山上的望远镜

（UKIRT）、3.6 米加拿大－法国－夏威夷望远镜（CFHT）和 3 米美国国家航空航天局红外望远镜（NASA IRTF）。此外，一架 15 米用于亚毫米波和毫米波的英国－荷兰望远镜已于 20 世纪 80 年代末建成，另一架属于加利福尼亚理工学院的、与之类似的 10.4 米毫米波望远镜也于 90 年代初使用。加利福尼亚理工学院和加利福尼亚大学联合研制的 10 米多镜望远镜——凯克望远镜于 1992 年在莫纳克亚建成。它是当时世界上最大的反射望远镜，兼用于光学波段和红外波段的观测。另一架凯克望远镜于 1996 年开始运作。由于莫纳克亚的观测条件是所有地基天文台中最好的，所以它成为许多大型望远镜的基址。30 米望远镜（TMT）也计划在此处建设。该处的海拔高度比其他大型天文台高出近一倍，位于 40%的地球大气之上，因而阻碍遥远星光通过的大气层要比普通台站薄很多。局域的天气独特性以及大部分时间内山巅都处于云层之上，使莫纳克亚大多数夜空晴朗、宁静且无云。高海拔和极其干净的空气，使之成为观测发射远红外波段辐射（该辐射易被大气中的水蒸气所阻挡）的天体的理想基址。（李宗伟 刘黎明）

默东天文台 Meudon Astrophysical Observatory 位于法国墨东的一座天文台。1893 年，由氦的发现者之一 J.杨森建造于旧皇宫废墟上，是当时最宏伟的天文台之一，重点研究天文学和太阳物理学。第一次世界大战后，该天文台与附近的巴黎天文台合并，成为巴黎天文台的重要园区。截至 21 世纪，天文学家仍在此进行太阳观测，拥有保存完好的大折射望远镜和俯瞰巴黎市的天文花园。园区包括默东太阳塔、默东城堡以及法国空间科学和天体物理学仪器实验室（LESIA）。（李宗伟 刘黎明）

大折射望远镜圆顶

木村荣 Kimura Hisashi（1870-10-04～1943-09-26） 日本天文学家。生于金泽市，卒于东京。1892 年毕业于日本东京帝国大学。长期从事纬度观测和极移研究。1899 年创建日本水泽国际纬度站，1902 年从全世界的纬度观测资料中发现公共的纬度非极变化项，又称 Z 项，后被命名为木村项。由于这一贡献，1911 年获得日本学士院颁发的首届恩赐奖。1922 年，出任国际纬度服务中央局局长，1936 年辞职。在任职期间为促进南半球的国际纬度观测事业，为改进国际纬度服务综合处理的方法进行了大量的工作。1936 年获英国皇家天文学会金质奖章，1937 年成为日本文化勋章的首位获得者。

（陈美东 撰 石云里 修订）

木星 Jupiter 太阳系八个行星之一。太阳系中最大的行星。西名“Jupiter”是罗马神话中的主神，中国古代称“岁星”，西汉之后始称“木星”（见图）。“冲日”时亮度达−2.9 视星等（见星等），是夜空最亮恒星天狼星亮度的 3.5 倍。

从木卫一看木星

公转和自转 木星与太阳之间平均距离约为 5.2 天文单位（AU）。木星公转轨道在小行星带外侧，是外太阳系中离太阳最近的一个行星。木星轨道偏心率 e 为 0.05。与太阳距离的变化幅度是：近日距为 4.95AU，远日距为 5.45AU。公转轨道和黄道面的夹角 1.30°，所以在天球上木星的运行轨迹与黄道的偏离很小。它的平均轨道速度 13.06 千米/秒，不及地球的（29.79 米/秒）一半。公转周期是 11.87 个地球年，约为 4330 个地球日。木星赤道面与公转轨道面的倾角很小，等于 3.12°，在八行星中仅略大于水星的轨道交角。由于公转轨道和赤道与黄道的倾角都很小，所以在地球上总是以很小的视角侧看木星的极区。木星自转周期为 9 时 50 分至 9 时 56 分，是自转速率最快的一个大行星。

理化状况 木星是类木行星的典型代表。赤道半径 71 492 千米，约为地球的 11.2 倍。由于自转快，赤道半径明显大于极半径，椭率 0.062。质量约为地球的 318 倍，超过除太阳外的太阳系其他天体质量的总和。在大气压 1 帕处的表面重力加速度 24.8 米/秒^2，逃逸速度约 60 千米/秒，也都是八行星中最大的。体积约为地球的 1318 倍，超过其他三个类木行星（土星、天王星和海王星）。平均密度很低，仅为 1.31 克/厘米^3，不及地球的 1/4。它与类地行星大不相同，成分主要是氢、氦等轻元素。木星大气厚达 1000 千米，但和巨大的体积相比，仍只能算是薄层。大气中主要成分是氢和氦，分别占比约 90%和 10%。大气上层接受的太阳热量为地球的 3.7%，气温−150～−140℃。反照率为 0.52。

大红斑 早在伽利略时代，天文学家即发现南北两半球上沿赤道带分布的、形态多变的条带状和斑纹状的云系，风暴的时速达 300～500 千米。1664 年，旅法意大利天文学家 G.D.卡西尼首次用长焦距折射望远镜观测到位于木星南半球的椭圆形大红斑。大红斑的宽度相当恒定，约有 14 000 千米，但长度在几年内就能从 30 000 千米变到 40 000 千米。21 世纪初，又观测到一个形体略小的红斑，称为小红斑。现公认大红斑和小红斑都是个风暴气旋，但对其长达几百年的持续机制知之甚少。

在八行星中，木星拥有最强的磁场，表面场强是地球的 14 倍，磁矩是地球的 20 000 倍。还有最强大的磁层、广袤的辐射带、壮丽的极光，并是很强的分米波和十米波射电源。推测核心处为一个半径约只有木星半径 5%的铁－硅核，温度达 30 000K。其外是厚度达木星半径 60%的液态金属氢壳层，再往外是厚度占木星半径 35%的液态分子氢壳层。金属氢和分子氢的过渡区温度约 11 000K，压力达 300 万个地球大气压。最上层则是木星大气，厚度达 1000 千米，但与行星半径的尺度相比还只能算是一薄层。

木星环 为“旅行者”1 号行星际探测器于 1979 年飞掠木星时发现，是继土星和天王星之后，观测到的第三个拥有环系的行星。环系由亮环、暗环和尘环（又称晕）三部分组成，又窄又薄，离木星又近，绕转木星一周约需 7 小时。整个环系的宽度约 9000 千米，约为木星半径的 12%。亮环宽 5700 千米，不足木星半径的 8%。除尘环和暗环外，亮环厚度仅 1 千米，由尘粒和水冰组成，反照率很低，可能小于 0.05。与借助小型望远镜即可目视得见的土星光环不同，即使用最大的地基光学天文望远镜也观测不到木星环。

木星卫星　木星拥有成员众多的木卫族。最大的四个卫星是伽利略在1610年用他手制的折射望远镜首次观察木星时发现的，按与木星的距离由近及远，它们是木卫一（Io）、木卫二（Europa）、木卫三（Ganymede）和木卫四（Callisto），后世称之为伽利略卫星。最大的木卫三（直径5270千米）比水星还大。木卫四（直径4800千米）和木卫一（直径3640千米）虽比水星小些，但都大于月球。最小的木卫二（直径3130千米）仍大于矮行星冥王星。木卫一离木星太近，在强大引力作用下变成椭球状，还不时有猛烈的火山喷发。木卫二的表面是一层冰水圈，或许有某种形态的生命。木卫三的地貌显示曾经历过激烈的板块活动，或许有过水，它也被视为可能具备生命诞生条件的天体。伽利略卫星因其质量大和体积大，称为行星型卫星。到20世纪末，观测到的木卫已有16个，其中木卫五（Amalthea）、木卫六（Himalia）、木卫十四（Thebe）和木卫十五（Adrastea）是直径60～125千米的中型卫星。进入21世纪，借助巨型地基光学望远镜和哈勃空间望远镜，又新发现许多直径只有几千米的小型卫星，截至2023年，已知的木卫总数达92个。这些小木卫的轨道椭率大，与木星的赤道面夹角大，绕木星运行的方向既有逆行也有顺行，可能多是被木星俘获的小行星。

空间探测　截至2023年，已有六个行星际探测器造访或顺访过木星。“先驱者”10号和11号探测器：前者1972年发射，1973年顺利穿过小行星带，同年飞掠木星。拍摄了一批木星、大红斑、木卫二、木卫三和木卫四的照片，并测量了辐射带的范围和强度。后者1973年发射，次年飞临木星南极上空，随后以高速奔向土星继续考察。“旅行者”1号和2号探测器：两个探测器于1977年先后升空，它们在1979年顺次飞临木星，近距离考察木星、伽利略卫星和木卫五，“旅行者”1号还首先发现木星环系，并送回大量有关行星际等离子体、低能荷电粒子、宇宙线和木星射电的信息。“伽利略”号木星探测器：于1989年由航天飞机送入太空。1994年在驶向外太阳系之际，正值出现彗木碰撞事件，“伽利略”接受临时的额外任务，从地基天文台和哈勃空间望远镜都不可能有的视角，及时而出色完成观测使命。1995年飞抵木星区域，在成为第一个绕木星运行的人造天体的同时，将一个子探测器投下，一路测量温度和气压，历时1小时多，行程610千米。“伽利略”探测器则按指令直到2001年初已取得了大量有关木星大气结构、云系动态、磁层环境等资料，以及伽利略卫星的近距离图像。2002年11月，在超额完成探测计划后陨落木星大气深处。“卡西尼”土星探测器：1997年升空，在飞往土星时，于2002年年底在途中按指令顺便考察了木星。（李　竞）

木星环　ring of Jupiter　绕木星运行的由碎小物体构成的天体环。1979年3月4日，当行星际探测器“旅行者”1号穿越木星赤道面时，它携带的窄角照相机在距离木星120万千米处拍到了亮度暗弱的木星环的照片。木星环离木星中心约128 300千米。环的宽度数千米，厚度约30千米，光谱型为G型。木星环系由黑色的块状物体组成，每块的大小从数十米至数百米不等。这些块状物体围绕木星旋转，约7小时旋转一周。

1979年7月10日，“旅行者”2号又在距木星约150万千米处拍下木星环的照片。研究所得照片，发现木星环有两个，外环较亮，内环较暗。内环几乎同木星的大气层相接。（陈道汉　武志贤　初　一）

木星空间探测　Jupiter exploration　对木星系统开展的科学探测。太阳系中最为庞大的行星——木星是太阳系从中心向外的第五颗行星，轨道位于小行星带之外；同时它也是距离太阳最近的一颗气态巨行星，主要由氢、氦元素组成，内部据推测只存在一个体积相对较小的固态核心，因此其物理、化学性质与分布在小行星带之内的岩石行星相差甚远，外观也由交错排列的白色氨云和棕色的硫化氢铵云外加一系列大小气旋主导。木星还拥有整个太阳系最辽阔、强度最强的行星级磁场（其磁尾甚至可以延伸到土星轨道附近），以及由至少近80颗卫星组成的庞大卫星系统，其中由冰壳覆盖的木卫二更是很有可能拥有地下海洋，或许蕴藏着生命的踪迹。

对木星的近距离空间探测始于1973年、1974年先驱者10/11号的飞掠，其间它们不仅传回了数百张木星系统的影像，还第一次实地考察了木星的磁场分布。随后在1979年，两架旅行者号探测器也先后飞掠木星，其间它们发现了暗淡的木星光环，还有多颗新的木卫。

不过对木星系统最早的长期性考察是由1989年发射、1995年抵达目标的“伽利略”号木星探测器完成的。在环绕木星8年的运行期内，这架最早的太阳系带外行星轨道探测器论证了航天器在强磁场环境下长期工作的可行性，详查了木星大气和光环，测量了木卫一的火山，发现了木卫二海洋存在的证据以及木卫三自身的磁场。此外伽利略号在前往木星途中还拍摄了舒梅克-列维9号彗星与木星相撞的场面；抵达木星后，它还释放了大气探测器，第一次窥探了木星大气的深层状况。

当前仍在运行的唯一一架木星轨道探测器则是2011年发射、2016年抵达目标的朱诺号，它的目标是全面考察木星大气、内部结构以及空间环境，预计它至少将运行到2025年。而在2023年4月升空的冰质木卫探测器（JUICE）和计划于2024年升空的木卫二快船（Europa Clipper）则将预期的考察重点放在了木星可能拥有地下海洋的数颗大型卫星而非木星本身上面，其主要目标是评判这些天体的宜居性，从而更好地了解地球乃至宇宙中生命的起源和可能的分布情况。

除了专门的木星探测任务，尤利西斯号、卡西尼号以及新视野号探测器也在飞行途中顺道开展了木星飞掠式考察。其中卡西尼号还在飞掠木星期间与当时在轨的伽利略号进行了联测。不过由于飞掠当口持续时间有限，它们取得的成果不如专门的轨道探测器持久且系统。（张　博）

木星-特洛伊群小行星　Jupiter Trojan　一些与木星处于同一轨道上，但分别位于木星前后60°角的日-木L4和L5三角平动点附近的太阳系小行星。由于其他行星的引力摄动以及木星本身的轨道存在一定的偏心率，木星-特洛伊群小行星实际分别分布在围绕L4和L5点附近细长的弧形区域内（日心距离为5.05～5.35天文单位，经度跨度约为26°，见图），因此与木星的距离并非恒定。由于传统上将荷马史诗《伊利亚特》剧中特洛伊战争的人物来命名这些特洛伊群小行星，而位于木星前方（L4）的天体主要由希腊英雄人物命名，后方（L5）的天体主要由特洛伊的英雄命

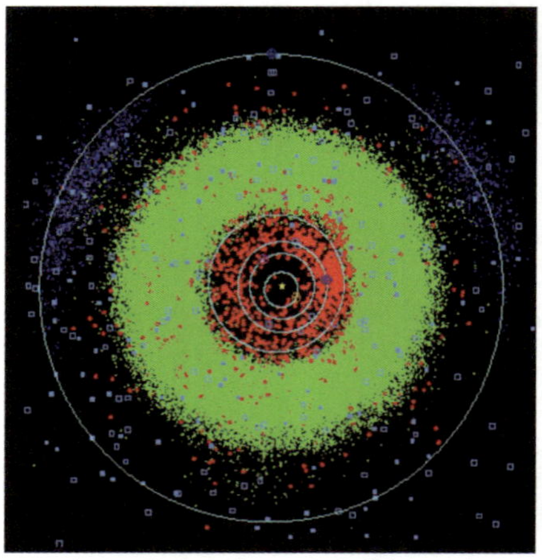

木星-特洛伊群小行星（蓝色标注）

名，因此前者又称为希腊群，后者称为特洛伊群。除了木星轨道的三角平动点附近发现有小行星，其他行星，如海王星、火星等轨道的三角平动点附近也已发现有小行星，分别称为相应行星的特洛伊群小行星。但在狭义上的特洛伊群小行星指的仅是木星轨道上的特洛伊群小行星。

基本性质　1906 年德国天文学家 M.沃夫首次发现了位于木星 L4 点处的特洛伊群小行星（588）Achilles，截至 2020 年 9 月，已经发现的木星－特洛伊群小行星数目已到 8750 颗。据估计，直径大于 1 千米的木星－特洛伊群小行星数目约为 100 万颗，与 1 千米以上的主带小行星数目相当。已发现最大的木星－特洛伊群小行星是平均直径达 203 千米的（624）Hektor。双小行星系统，如（617）Patroclus，也在木星－特洛伊群小行星中被发现过。观测上看木星－特洛伊群小行星的反照率较低，几何反照率主要分布在 0.03～0.1。其自转性质不是特别清楚，但分析认为它们的自转周期分布相比于主带小行星更接近于麦克斯韦分布。基于对光变曲线以及双小行星性质的研究，估计木星－特洛伊小天体的平均密度 0.8～2.5 克/厘米^3。光谱观测表明木星－特洛伊群小行星的光谱型主要是 D 型（这类光谱型的天体在主带外侧小行星中占主导），小部分为 P 型或 C 型。

形成机制　有学者提出了两种机制来解释木星－特洛伊群小行星的形成。第一种认为其形成的区域与木星相同，在木星形成时的雪崩增长（runaway growth）阶段，木星的质量在 1 万年内增大了 10 倍，从而相近轨道上的星子被捕获形成了特洛伊群小行星，但该理论无法解释木星－特洛伊群小行星较高的倾角分布以及比预计少得多的数目。另一种机制则与太阳系形成理论的尼斯模型有关。根据该模型，太阳系内的巨行星原初的位置比现在离太阳更近，在与大行星、小行星引力的相互作用下巨行星的轨道向外迁移以至于木星和土星穿越了 1∶2 轨道共振区域，此阶段内的动力学不稳定性使得土星、天王星、海王星向外迁移而木星向内迁移了一些，在此过程中木星特洛伊轨道的“动力学窗口”被打开从而使得一些小行星向外逃逸而一些小行星向里迁移，最终形成观测到的木星－特洛伊群小行星。

（胡寿村）

木星卫星　satellite of Jupiter　绕木星运行的单个天体。已确认的有 13 个卫星。其中木卫一、木卫二、木卫三、木卫四是意大利天文学家伽利略在 1610 年用自制的望远镜发现的，这四个卫星后被称为伽利略卫星。它们的星等是 5 等和 6 等，如果不是同明亮的木星十分靠近，它们是可以直接用肉眼看到的。木星的其他卫星比伽利略卫星暗得多，要用较大的望远镜才能看见。美国天文学家 E.E.巴纳德在 1892 年用望远镜发现的木卫五在木卫一轨道以内运动。1979 年 3 月，“旅行者”1 号空间探测器发现木卫五呈浅灰色，上面有一个长约 130 千米、宽 200～220 千米的微红区域。木星的其他卫星则是 1904 年以来用照相方法陆续发现的，它们在木卫四以外的轨道上运动。木星的 13 个卫星中，有的半径达 2000 多千米，有的半径仅几千米或十几千米。此外，1979 年初，美国加利福尼亚大学洛杉矶分校的 D.C.杰威特和 G.E.丹尼尔森根据“旅行者”2 号探测结果宣布发现木星的一个新卫星，即木卫十四。1980 年，又有人宣布发现木卫十五和木卫十六。

分群　木星的 13 个卫星分成三群。其中最靠近木星的一群——木卫五和四个伽利略卫星的轨道偏心率都非常小（≤ 0.01），轨道面和木星赤道面的交角也都很小（≤ 0.5°），就是说，它们都在木星的赤道面上沿圆形轨道运动。这些卫星的轨道面与木星的轨道面的交角为 2°～4°，顺行，是规则卫星。其余的卫星都是不规则卫星，但又可分为两群。离木星稍远的一群卫星——木卫十三、木卫六、木卫十、木卫七的轨道面和赤道面的交角为 24°～29°，顺行，轨道偏心率为 0.13～0.21。离木星最远的一群——木卫十二、木卫十一、木卫八、木卫九的轨道偏心率相当大（0.17～0.38），它们的轨道面与木星赤道面的交角为 145°～164°，它们都是逆行卫星。有人认为它们可能是被木星俘获的小行星。

木卫掩食　木星的卫星在运行中会发生下列现象：①木星在太阳照射下，背太阳方向有一影锥，当木星卫星进入影锥时，卫星无法反射太阳光，变得不可见了，称为木卫食。②当木星的卫星进入木星圆面的后面，我们从地球上观测木星卫星的视线便被木星挡住，称为木卫掩。③木星的卫星通过木星圆面的前面，从地球看去在木星视圆面上投下一个圆形斑点，称为木卫凌木。④当木星某一卫星的影子投在木星视圆面上而它本身又不在木星视圆面上时，称为木卫影凌木。⑤从地球上看去，当木星的一个卫星挡住另一个时，称为木卫互掩；当一个木卫进入另一木卫的影锥时，称为木卫互食。

伽利略卫星　四个伽利略卫星的密度随着同木星的距离的增大而减小，这与太阳系中各个行星的密度随着同太阳的距离而变化的情况十分相似。太阳系中这种情况是由于以原始太阳作为热源蒸发那些较轻的和易于挥发的物质造成的。波拉克认为同一过程也发生在木星及其卫星系统中，只不过是以原始木星作为热源而已。木星辐射出的热能为它从太阳接收到的热能的两倍。而在木星诞生后的头几百万年中，木星平均辐射的能量相当于现在太阳所辐射的能量的几百分之一。

木卫一的表面覆盖着易蒸发的钠盐（可能是通常盐类的晶体）。木卫二、木卫三、木卫四的表面除了覆盖着沙砾土壤和冰霜以外，也不同程度地覆盖着盐和硫黄。木卫一基本上是岩体结构；木卫二的岩体上覆盖着一个水冰构成的壳。根据木卫三和木卫四的密度，刘易斯认为这两个卫星中的岩石或硅矿物不超过 15%，其余大部分由冰冻的水、氨和甲烷构成。R.A.布朗 1973 年宣布他在木卫一的发射谱中观测到钠气体的谱线，以后其他观测者也证实了木卫一存在钠气体等构成的大气。这种大气在木卫一周围空间中伸展很广，远远超过其引力所能束缚的范围。原来，木卫一表面覆盖着挥发性钠盐，由于阳光加热，钠就蒸发出来，弥漫在木卫一的运行轨道上，构成了一个环状钠云。“先驱者”10 号空间探测器还观测到，在木卫一轨道上有一个比钠云大得多的氢云，在木卫一的向阳面存在一个广大的电离层，后者的范围足以同金星和火星的电离层相比。

木卫一附近之所以有氢云、钠云，是因为原子从卫星的弱引力场中逃逸，飘散到周围空间，但又被木星的巨大引力场束缚住（图 1）。原子云就展布在“木星空间”，集中在发源地木卫一附近。至于电离层，则是由太阳紫外线电离木卫一的外层大气中的原子造成的。

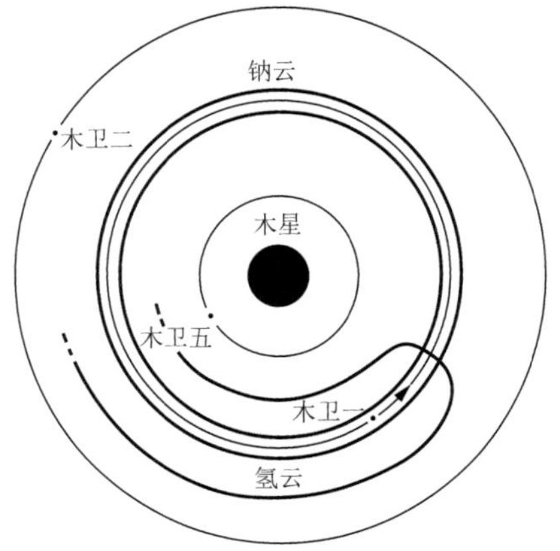

图 1　展布在木卫一轨道上的氢云和钠云

1979 年 3 月，“旅行者”1 号空间探测器发现木卫一的表面比较平坦，不像一般天体那样有众多的环形山。这个空间探测器还在木卫一上发现了至少有六座活火山，以每小时 1600 千米的速度喷发着气体和固体物质，喷出物高度可达 450 千米。火山活动区的直径有的达 200 千米，火山喷发的强度比地球上大得多（图 2）。

图 2　“旅行者”1 号 1979 年 3 月 5 日拍摄的木卫一洛基火山喷发

此外，木卫一还有一个红色的极冠；当木卫一从木星影锥中钻出来时，有长达 15 分钟的亮度增强。射电天文学家还观测到木星射电噪暴的强度同木卫一在轨道上的位置有密切联系。

“旅行者”1 号发现木卫二是一个明亮的球体，表面夹杂着一些宽阔的黑色条纹和淡黄色暗区。这表明木卫二被冰覆盖着，冰层底下可能是岩石；黑色条纹可能是它表面的裂缝。“旅行者”1 号在木卫三表面发现了十分明显的山脊和峡谷的标志，这说明木卫三表面存在断层（图 3）。“旅行者”1 号拍

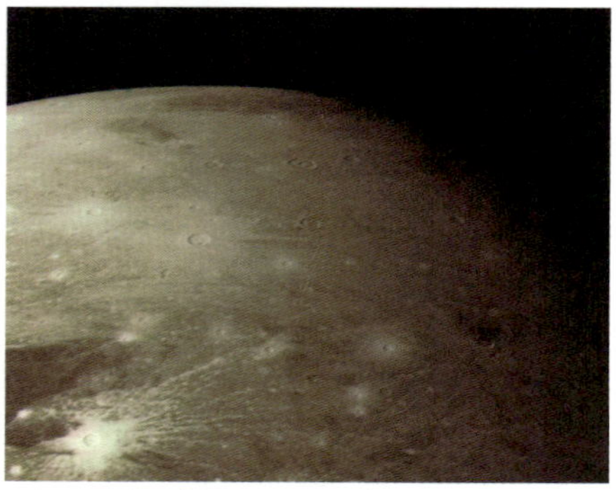

图 3　“旅行者”1 号 1979 年 3 月 5 日拍摄的木卫三照片

摄的照片还表明，木卫四上有一些由同心环围绕的大盆地，地势起伏不大。同心环盆地放射出奇特的亮光，表明木卫四表面有冰层。此外还发现木卫四上的环形山比木卫三的多，说明木卫四的地质年龄比木卫三大。

1995 年进入环木星轨道的“伽利略”号木星探测器测量到的感应磁场信号表明木卫二冰层以下存在含盐的液态水海洋，木卫三是太阳系内唯一拥有内禀磁场的天然卫星。

2021 年 7 月 26 日，美国国家航空航天局（NASA）宣布，通过查看哈勃空间望远镜过去 20 年的数据，研究人员发现木卫三稀薄的大气中存在水蒸气。不过，这些水蒸气可能是从卫星表面蒸发的冰。截至 2023 年，科学家们已发现 92 颗木星卫星。

（陈道汉）

木星族彗星　Jupiter comet family　短周期彗星中，轨道周期小于 20 年，远日点在木星轨道附近的彗星。简称木族彗星。木星族彗星的轨道倾角较小，最大不超过 30 度，截至 2020 年，已发现的木星族彗星数目为 691 颗。

木星引力对彗星轨道的影响　彗星的轨道除受到太阳引力影响外，还受到其他几个大行星的引力影响，最显著的就是受木星引力的影响（图 1）。当起源于“半人马”和柯伊伯带/离散盘（海王星外侧的盘状区域）的彗星运行到木星附近时，受到木星引力摄动的影响，就会改变原来的运行轨道。有时会使某些彗星的周期缩短，轨道半长轴减小而被木星“俘获”成为木星族彗星。如布鲁克斯 2 号（16P/Brooks 2）彗星，当它接近木星后，它的公转周期从 29 年变成 7 年。还有些彗星分别与土星、天王星和海王星有类似关系，分别称作土星族彗星、天王星族彗星和海王星族彗星，不过这些彗星族的数目较少，这些彗星是否真是被这三颗天体俘获仍具有争议。

木星族彗星的整体特征　由于木星族彗星的轨道周期较短，再现的次数较为频繁（平均轨道周期为 5 年左右），近日距在类地行星附近，因此木星族彗星是最容易被观测到的彗星。与长周期彗星相比，木星族彗星的活动性较低，属于较老的彗星，这是由于多次回归导致木星族彗星内部的挥发性物质大量丢失，活动性降低。但木星族彗星表面活动性的减少有利于人们直接对彗核表面开展观测研究。

木星族彗星典型的彗核半径在 1～5 千米（图 2），准确估计木星族彗星彗核的

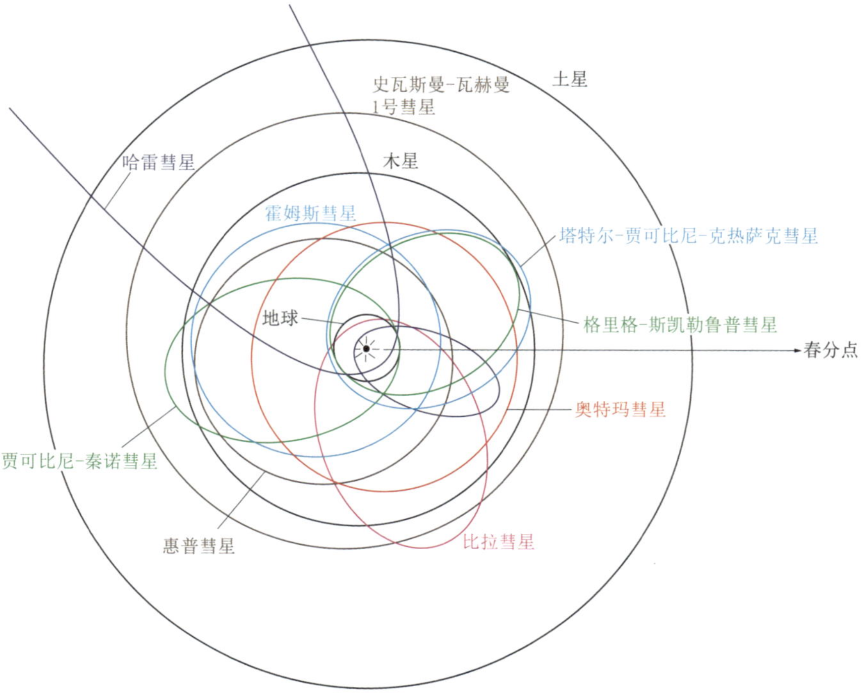

图 1　短周期彗星的代表性轨道

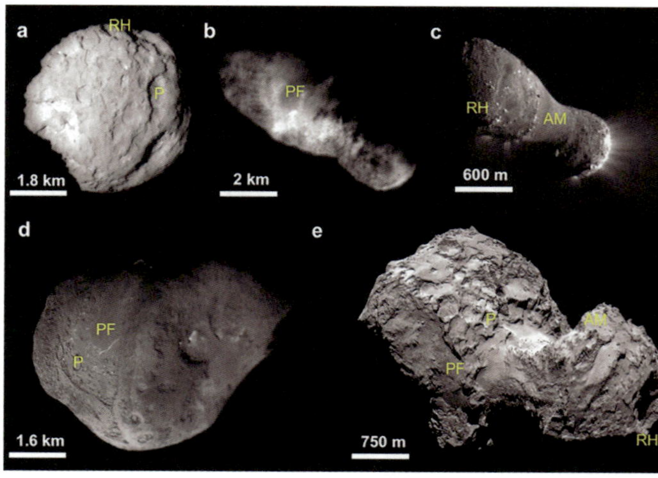

图 2　木星族彗星的彗核大小

大小其实是一件比较困难的工作，因为当木星族彗星靠近地球时它们是处于活动的状态，彗核周围包围着明亮的彗发使得难以直接观测到彗核，当木星族彗星远离太阳不活动时，木星族彗星的亮度就会降到22等以下，只有通过大口径的天文望远镜才能观测到它们。

C.劳里（2003）研究发现木星族彗星的彗核自转周期存在着一个5.2小时截断周期，这个周期对应的彗核的截断密度是0.6克/厘米^3，这个密度意味着木星族彗星的内部是一种多孔（70%）的结构，这与“深度撞击”计划探测过的彗星9P/Tempel的发现是一致的。（史建春）

目视双星 visual binary star 用光学方法能分辨开两颗子星的**双星**。

狭义上指观测者能直接用望远镜分辨开两颗子星的双星。两子星间的角距离和方位角可直接测量。通过观测可以获得目视双星系统的公转周期 p 和轨道半长径 a，如果 p 用年、a 用天文单位表示，双星系统总质量M_1+M_2用太阳质量作单位，则由开普勒第三定律可得：$M_1+M_2=a^3/p^2$。因此观测目视双星能提供一种测定恒星质量的最直接和最可靠的方法。目视

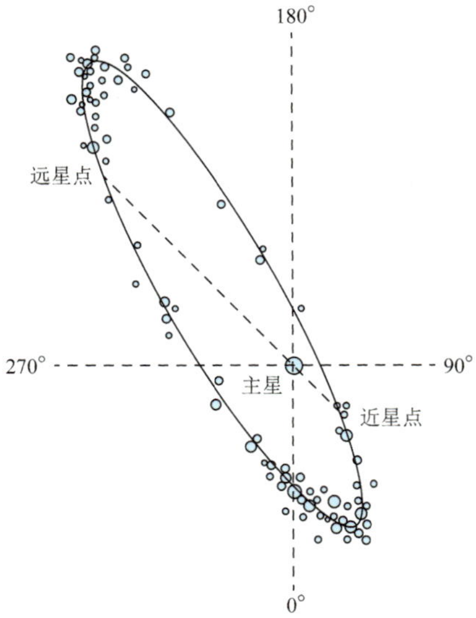

目视双星轨道的视椭圆图

双星的光学观测有目视、照相和干涉三种方法。它们各具特点，可以互相补充，但是不能互相取代。照相方法取得角距离的下限是2.5″。目视观测的分辨率较高，在大气宁静的一刹那，甚至能观测到角距0.1″以下的双星。干涉方法已成功地测量到0.01″。由于观测技术的提高，对某些**分光双星**，例如北冕座β可用目视方法进行研究。最早从事双星观测的是F.W.赫歇尔，他编制了848对双星表（H）。后来有F.G.W.von 斯特鲁维双星表（Σ）和O.W.斯特鲁维双星表（OΣ）。目视双星的大量发现是19世纪末和20世纪初期的事情，当时使用大型折光镜，配以高倍目镜，用目视方法对全天9.0等以上的亮星进行巡天观测。1906年刊布《伯纳姆双星总表》（BDS），列出赤纬在−30°以北的13 655对目视双星。1932年出版《艾特肯双星总表》（ADS），列出赤纬在−30°以北的17 180对目视双星。1963年又有杰弗斯和范登博斯的《双星索引星表》（IDS）问世，列出64 247对目视双星。目视双星的公转周期短的1个月，长的达几百年以上，一般是70年左右。理论计算表明，在**银河系**中构成双星系统的条件是子星间的距离不大于5 万天文单位。距离太阳最近的恒星——半人马座α是一个三合星，其中两颗星构成目视双星，公转周期为80年。轨道的视椭圆如图。目视双星往往和分光双星、**食双星**组成一个体系。例如北河二（双子座α），就是这种混合体。北河二的甲星和乙星组成目视双星，甲、乙又都是分光双星，丙星是周期为0.8日的交食双星，因此，北河二是一个相当复杂的六合星系统。

（阎林山）

N

南非天文台 South African Astronomical Observatory; SAAO 南非的国立光学和红外天文中心。成立于1972年，总部位于南非开普敦，隶属南非国家研究基金会（南非国科会）。其前身是1820年建立的皇家天文台观测站，装备有1901年启

南非天文台索色兰观测站

用的麦克利尔望远镜以及包括6架直径2.5米和1架直径3.4米天线的射电望远镜——阶段实验示范者（PED）。天文台主要的望远镜位于北开普省的索色兰，距离总部约370千米。建有多台超1米口径望远镜。1951～2004年，其1.9米雷德克里夫望远镜更是南非最大光学望远镜。2000年开始，与德国、波兰、美国和新西兰的一些研究人员合作，建造南半球最大的单口径光学望远镜——南非大望远镜（SALT），直径11米，有效口径9.2米，2005年投入观测。（李宗伟 刘黎明）

南宫说 Nangong Yue 中国唐代天文学家。生卒年不详。活动于8世纪。神龙元年（705）唐中宗复位后，南宫说当时担任太史丞，奏请改革《麟德历》，奉诏和其他历官一起编制《乙巳元历》。景龙（707～710）年间历成，后因睿宗即位而未采用。该历用**黄道**而不用赤道；它的主要天文数据一律采用百进位制，在中国历法史上首次废除了复杂分数数据。开元十二年（724），根据**一行**制《大衍历》的要求，担任太史监的南宫说被派往今河南省进行天文大地测量。后经一行归算，求出了相当地球子午线一度之长。一行死后，开元二十一年太史监官员**瞿昙悉达**、陈玄景等攻击说“《大衍（历）》写（抄袭）《九执历》，其术未尽”。当时任太子右司御率的南宫说也参与了这场攻击。唐玄宗命侍御史李麟、太史令桓执圭比较天象观测记录，结果证明《大衍历》十得七、八，而《九执历》才得一、二。于是《大衍历》被肯定，而南宫说等则被判罪。（李 迪）

南河三 Procyon 全天第八亮星，目视星等为0.38等。**星表**编号为：Hip37279，HR2943，HD61421。西方星名小犬座α（α CMi）。南河三在《史记》中已有记载。英文名为Procyon，意思是“在狗前方”（before the dog），此名的由来可能与大犬座的β星军市一相同：因升起时间在天狼星之前，预告了天狼星即将出现（在西方天狼星曾被称为Dog star）。南河三呈黄白色，光谱型为F5.从地球到它的距离是11.4光年，为靠近太阳的恒星之一。它类似**参宿七**（猎户座β）靠近赤道，赤纬+5°，除南极外地球上各地都能看见。它的表面温度7000K，比太阳亮7倍，直径和质量是太阳的2倍。南河三和天狼星一样是一颗**双星**，且其伴星和天狼星的一样是**白矮星**，亮度10.3等，每41年公转一周。这颗伴星密度极大，约为水的12万倍。由于它与南河三非常接近，用大型天文望远镜才看得见。南河三与猎户座的**参宿四**及大犬座的天狼星构成“冬季大三角”，是冬天星空中重要的标记。此外，南河三亦是“冬季大椭圆”的星星之一，其他成员有大犬座的天狼星、猎户座的参宿七、金牛座的**毕宿五**、御夫座的**五车二**以及双子座的北河三。（李宗伟）

南极巡天望远镜 Antarctic Survey Telescope; AST3 中国安放在南极冰穹A的大视场巡天望远镜。2004年《自然》上发表了澳大利亚在南极冰穹C（Dome C）选址的研究结果：近地层30米以上的平均大气视宁度0.27角秒，可进行3～4个月的连续观测，水汽含量少，大气透过率高，红外背景辐射低等，确认南极内陆是地面上最好的天文台址，将望远镜安放在南极将比安放在地球上的其他地方效率至少提升2～4倍。2005年1月中国南极科考队首次登上内陆最高点冰穹A（Dome A），海拔4093米，0.57个大气压，常年温度范围−80～−30℃。按照地形和环境的相似性，冰穹A一致被认为是比冰穹C更好的天文台址，是开展光学、红外和亚毫米波观测的最理想台址，在2008年之后的天文选址中也得到了证实，为中国南极天文开创了极好的机遇和条件。

2006年中国南极天文中心成立，陆续规划了中国第一代南极天文设备——中国之星（CSTAR），口径145毫米的折反射望远镜，固定指向南天极附近观测，主要科学目标是变星监测，获得多波段长时间的连续光变曲线、**系外行星**搜寻等，同时也用于冰穹A天文台址测量。南极巡天望远镜（AST3）是中国南极天文中心提出的中国第二代安装在冰穹A的南极天文光学设备，包括三台直径50/68厘米、视场8平方度的望远镜，具有自动调焦和指向跟踪功能。光学系统采用了中国创新设计的大视场折反射系统，该光学系统既具有经典施密特系统的优良像质，又具有镜筒短、结构紧凑和消畸变及大气色散校正等优点。配置国际上最大单芯片10K×10K的CCD及g、r、i三种不同**滤光片**，主要科学目标是系外行星搜寻和超新星巡天等。

与普通天文台址的望远镜不同的是，南极望远镜要解决极端低温驱动、镜面除霜、能源供给和无人值守等难题；要经过近三个月长途复杂路况的运输（汽运、海运、直升机吊运及雪地车拖运等），要求有足够安全的防震措施；现场的安装和维护只能由很少的几位科考队员，在每个南极内陆科考年的1月份（南极夏季——极昼）的20天左右的时间完成，望远镜在3月底开始到整个极夜结束，通过铱星卫星进行全自动的远程观测运行。AST3是南极首套可远程遥控无人值守运行的光学望远镜，望远镜的控制系统安放在有温控的仪器舱PLATO内，该仪器舱和能源舱是由澳大利亚合作单位提供的。首台南极巡天望远镜AST3-1于2012年1月安装在冰穹A，第二台望远镜AST3-2于2015年1月安装在冰穹A，成功进行了系外行星和超新星巡天的连续观测，发现了大量高置信度的系外行星候选体。特别值得一提的是AST3-2在2017年8月18～28日探测到了来自GW 170817**引力波**事件的光学对应体，使得中国天文学家能够使用自己的望远镜参与这次重大的天文事件，为此次引力波源的全球探测提供了重要观测数据。第三台望远镜AST3-2将具有近红外K波段巡天的能力，2021年6月22日，由多个天文机构组成的专家组对在云南省姚安县开展试观测的AST3-3望远镜的运行性能进行了测试和验收。（袁祥岩）

南京天文光学技术研究所 Nanjing Institute of Astronomical Optics & Technology 中国科学院下属的天文研究机构。简称南京天光所。由原中国科学院南京天文仪器研制中心（前身为1958年成立的原中国科学院南京天文仪器厂）的科研部分和高技术镜面实验室于2001年4月组建而成。

南京天光所面向天文学科重大前沿需求，以突破天文观测核心关键技术为目标，研究和发展与现代天文学密切相关的高新技术，建设国家重大天文观测设施，在天文学研究中发挥技术引领和支撑作用。成功研制了以2.16米光学望远镜、太阳磁场望远镜、Ⅱ型光电等高仪、大天区面积多目标光纤光谱天文望远镜（LAMOST）等为代表的一大批天文观测设备。在天文光学研究中建立了有创新的光学系统优化方法，发明了透棱镜像场改正器、苏俞周（SYZ）中继镜系统、变形镜的光学系统、变形镜面与拼接镜面相结合的主动光学、预应力环抛技术等。

南京天光所研制成中国第一个李奥双折射滤光器、第一个变形镜面主动光学和拼接镜面实验系统、第一个长基线恒星光干涉实验系统、第一台高分辨光谱仪、第一台主动压力抛光盘等。在中国率先开展30米极大口径光学/红外望远镜概念及关键技术研究、系外行星直接成像探测研究，在国际上首先开展南极大视场光学望远镜研制和观测等。是中国最早、水平最高的大口径光学望远镜、大型天文光谱仪和大口径、高精度非球面光学镜面研制基地。同时注重服务国家战略需求，完成系列高分辨空间光学系统。并为国际上多个天文台的太阳望远镜研制了双折射滤光器。获国家、中国科学院及省部级科技成果奖励共75项，其中国家科技进步一等奖2项、自然科学二等奖1项、科技进步二等奖6项。

南京天光所成长了三位院士，拥有天文学、光学工程两个博士后科研流动站和江苏省外国专家工作室，是中国科学院大学天文学、光学工程、天体物理、天文技术与方法、精密仪器及机械学科的硕士、博士研究生培养点，是电子信息全日制专业学位培养点，是江苏省先进光学制造技术高技能人才培养基地。 （郑　健）

南门二　Rigil Kent　全天第三亮星，目视星等为−0.01。星表编号为：Hip71683，HR5459，HD128620。西方星名半人马座α（α Cen）。实际上南门二是由甲、乙、丙（亦作A、B、C）三星组成的目视三合星（星等为−0.28c，c为多星组合星等）。丙星即半人马座比邻星，是距离太阳系最近的恒星（见比邻星）。甲、乙两星都是特亮星，据计算二者在1980年初的角距为21.79″，到2000年初将减为14.20″。丙星约11等，离甲星约2.2°。甲星是黄矮星，乙星是红矮星，甲乙两星目视双星的轨道周期为80.089年，轨道半长轴17.544″（相当于23.5天文单位），轨道偏心率0.5208。丙星即半人马座比邻星。南门二的光度、大小、质量均比太阳稍大（约10%），和太阳十分相似。而第二伴星是质量为太阳60%左右的K型主序星。比邻星是M型矮星，是鲸鱼座UV型耀星，他的变星名称为半人马座V645。据1978年发表的天体测量研究结果，甲乙两星距离地球1.333±0.009秒差距（4.35±0.03光年），丙星距离为1.295±0.007秒差距（$4.22^{+0.03}_{-0.02}$光年）。天文工作者通过高能天文台2号卫星已分别测得南门二甲星和乙星的0.15～3.0千电子伏波段X射线。有人认为这种X射线也许和星冕有关。 （李宗伟）

南仁东　Nan Rendong（1945-02-19～2017-09-15）　中国天文学家，教育家。生于吉林辽源。1968年毕业于清华大学无线电系，同年在吉林省通化市无线电厂工作。1978年在中国科学院研究生院攻读天体物理学专业研究生。1981年在中国科学院北京天文台工作，先后任中国科学院北京天文台副研究员（1989），中国科学院北京天文台研究员（1992）、副台长（1993～1998），北京天文学会理事长（1993～1996）。1995年任大射电望远镜（LT）中国推进委员会主任。2005年任国家无线电频率规划专家咨询委员会委员。2006年当选为国际天文学联合会（IAU）射电天文学委员会主席。2009年被澳大利亚DIIST部部长聘为澳洲电信标准化委员会（ATSC）执委会委员。2010年任工信部频谱管理专家委员会委员。南仁东是国家重大科技基础设施500米口径球面射电望远镜（FAST）工程的发起者及奠基人。2008年担任FAST工程的首席科学家兼总工程师。

1978年，南仁东独立提出利用射电强源天鹅座A（Cyg A）校准密云米波综合孔径射电望远镜的方法，成功应用于观测，完成了电离层改正模型及望远镜阵列的成像。1984年开始使用国际甚长基线干涉测量（VLBI）对活动星系核进行系统观测研究。主持完成欧洲和全球网十余次观测。首次在国际上应用VLBI“快照”模式，取得了丰富天体物理成果；纠正了类星体3C 119的前期观测结论；提出了一套针对残缺UV覆盖的处理方法，为欧洲和日本研究人员广泛采用。

创新VLBI偏振观测技术方法，揭示了浓密介质限制喷流形成大尺度的机制。VLBI领域多年的突出成果得到同行赞誉，担任日美空间计划VSOP在轨检测IOC组长。

1994年始，南仁东主持国际大射电望远镜计划的中国推进工作，并启动选址和预研究工作。自2005年起，主持完成500米口径球面射电望远镜（FAST）的立项、可行性研究及初步设计。作为项目首席科学家兼总工程师，负责编订FAST科学目标，全面指导FAST工程建设，并主持攻克了索疲劳、动光缆等一系列技术难题，为FAST工程的顺利完成做出了卓越贡献。

南仁东为中国天文事业发展做出重大贡献。2016年获北京市科学技术奖一等奖。2017年获广西技术发明奖一等奖和全国创新争先奖奖章；同年中共中央宣传部追授南仁东“时代楷模”荣誉称号。2018年作为突出贡献者获中国科学院杰出科技成就奖，同年获得“改革先锋”称号和奖章。2019年获“人民科学家”国家荣誉称号和“最美奋斗者”称号。

2018年，将国际永久编号“79694”的小行星命名为“南仁东星”。 （姜　鹏）

南山26米射电望远镜　Nanshan 26m Radio Telescope; NSRT　中国科学院新疆天文台南山观测站26米射电望远镜。坐落于新疆维吾尔自治区乌鲁木齐县甘沟乡小峰梁台地，位于北纬43°28′，东经87°10′，距乌鲁木齐市70千米。其地处亚洲地理位置中心、拥有良好的观测环境。

NSRT始建于1991年，1993年底建成并投入观测运行，是中国甚长基线干涉测量（VLBI）网二期建设的重大科学装置。NSRT是欧洲VLBI网（EVN）、国际VLBI服务（IVS）、东亚VLBI网（EAVN）以及中国VLBI网（CVN）的重要成员，也是中国探月工程测控系统VLBI测轨分系统的重要设备。NSRT增加了EVN观测的中长基线覆盖，填补了东亚和欧洲之间的UV覆盖空洞；NSRT构成了中国VLBI网最长的三条基线，极大地提高了CVN观测分辨率。

NSRT具备多频段、宽频带、低噪声、高效率、高指向精度等特点。NSRT配备了L、S/X、C、K和Q波段制冷接收机，DBBC2和CDAS2等全数字化VLBI终端，脉冲星DFB终端、分子谱线终端以及连续谱总功率/偏振终端等单天线观测系统，氢原子钟、时间比对和GPS接收机等。

为满足中国探月三期VLBI测轨分系统的需要，2014～2015年对NSRT进行了全面升级改造，改造后的望远镜性能有较大提升，口径由原来的25米增大到26米，主反射面面型精度得到提高，副反射面采用了碳纤维材料，配备了快速换馈及副面六杆调整机构，轨道采用了整体焊接技术，最高工作频段提高到7毫米波段（见图）。

南山26米射电望远镜远景

在科学研究方面，NSRT主要开展了脉冲星、耀变体、**活动星系核**、分子谱线、恒星包层碳等课题观测，并取得丰硕的研究成果。NSRT参加了从“嫦娥一号”到“嫦娥五号”的所有测轨任务（见**中国嫦娥工程**），为中国探月工程顺利实施做出了重要贡献。另外，NSRT还承担了中国首次火星探测器“天问一号”的测轨及后续拓展任务。

（王　娜）

南虚十字 False Cross　由船帆座κ、船帆座δ、船底座ε和船底座ι这4颗星组成的星群，位于南十字星座西北方向偏25°，大麦哲伦云东北方向偏20°位置。虽然在形状上和南十字星座很相似，且二者常常被人们混淆，但是通过仔细辨认可以发现南虚十字和南十字星座还是有很多的不同点：①南虚十字并不是一个星座，而是一个由4颗星组成的星群，即夜空中非正式星座形态的恒星集团，彼此之间并没有实际的物理关联。②相比于6°的南十字星座的长轴，南虚十字的长轴更长，即南虚十字看起来比南十字星座更大。③南虚十字相比于南十字星座更倾向于一个菱形，而不是一个规则的十字形状。④与南十字星座的长轴方向相比，南虚十字的长轴并不指向南天极。⑤平均来说，组成南十字星座的4颗星比南虚十字的更亮。⑥南虚十字所在的星空背景有着灿烂的**疏散星团**和发射线星云，然而南十字星座上有着著名的**暗星云**——煤袋星云。

南虚十字除了和南十字星座相似外，还和另一个菱形十字星群相似。这三个南天区的十字状星群和星座在夜空的位置都彼此接近。

（戴智斌）

内史密斯系统 Nasmyth system　在**卡塞格林望远镜**（系统）或**格雷果里望远镜**（系统）的主、副镜之间多加一块45°平面镜把像成到镜筒侧面的系统。镜筒侧面可安置好几个不同的终端设备，转动平面镜，就可使其中一个处于工作状态。这种系统是很简单的。

20世纪70年代以来，4米以上的望远镜几乎都采用**地平式装置**，在用得最多的叉式地平式装置的水平轴下面、两个叉臂外部可以各装一个平台，称为内史密斯平台，采用内史密斯系统将光反射到平台上，在这里天体像的情况与**折轴系统**相似，在这两个平台上可放置多个仪器，这样的内史密斯系统就成为一种很重要的系统了。不过，当望远镜绕垂直轴（方位轴）转动时，天体像除自转外还有空间运动，内史密斯平台上的稳定性仍不如折轴焦点，有些工作不能或不宜在这里做。

（苏定强）

尼斯模型 Nice model　太阳系动力学演化的理论模型。尼斯模型是以它的提出地——法国城市尼斯命名的。核心内容是由四位天文学家巴西R.戈麦斯、美国H.F.利维森、意大利A.M.莫比德利和K.钦加尼斯于2005年在《自然》杂志同时联合发表的3篇论文。模型提出在初始太阳星云中的气体消散后，太阳系中的巨行星们经历了一个轨道迁移过程才产生了现在观测到的轨道构型。

尼斯模型认为太阳系的巨行星（木星、土星、**天王星**和**海王星**）在刚形成时相互之间是靠得更加紧密，轨道呈近圆形分布在离太阳5.5～17AU，并且天王星和海王星的初始次序很可能是对调的，而天王星的外面一直到离太阳约35AU处还环绕着一个总质量约35个地球质量的星子（半径从1千米至几百千米）盘。盘中的星子先后被天王星、海王星和土星向内散射，而这些行星通过散射星子获得角动量往外迁移。向外迁移又使得行星遭遇和散射更多的星子而不断继续向外迁移，直到大部分星子都被散射掉。被散射到内部的星子遇到木星。由于木星的质量大，它的引力足以把星子散射出整个太阳系。在这个过程中星子获得能量逃出太阳系而木星损失能量，轨道向内迁移。经过几亿年缓慢地散射星子和轨道迁移，木星和土星发生轨道1∶2共振。共振激发了木星和土星的轨道偏心率，同时触发了整个系统的不稳定性，加剧了整个星子散射和轨道迁移的进程。通过共振，木星把土星向外推到了接近当前的观测位置，使其与海王星和天王星发生轨道交会，并大大激发了它们的轨道偏心率。轨道被激发后的海王星和天王星在星子盘中扫荡，被散射走的星子占总星子质量的99%。最终，这些巨行星的轨道半长径达到它们当前观测值，而海王星和天王星的轨道偏心率通过和残骸星子的动力学摩擦被降到接近于零。对这个过程的大量数值模拟发现，有大概50%的可能会出现天王星和海王星轨道次序对调的情况。不过初始条件假设天王星和海王星轨道次序对调，正好符合太阳系星云盘密度随距离减小这样一个常用的盘模型。

尼斯模型是在解释外太阳系动力学演化理论中最广为接受的一种模型。它的成功在于能同时解释太阳系的很多观测事实。海王星的向外迁移和散射星子可以解释**柯伊伯带**的质量缺失，以及很多**柯伊伯带天体**与海王星轨道处于共振的构型。一些被天王星和海王星散射到更远（1000AU以上）的星子则可以用来解释**奥尔特云**的形成。而向太阳系内部散射的星子，则可以解释太阳系的类地行星遭遇的后期重轰炸。此外，巨行星的迁移可以将一些星子俘获在与它共振的轨道，这又解释了**木星-特洛伊群小行星**和**海王星-特洛伊群小行星**的形成，以及**小行星带**的一些共振轨道构型。

然而尼斯模型并非完美无暇。一个主要的弱点在于它对初始条件的要求很苛刻。初始的大行星轨道位置选取要非常特殊，才能使星子散射和后期重轰炸的时间匹配，而且系统触发不稳定的时间与星子盘的内边界的选取非常敏感。为此，尼斯模型性从2005年提出以来，也不断进行改进。2010年，天文学家提出尼斯模型的初始条件是四大巨行星开始处在一个轨道相互共振的链上。这种构型的初始条件更具有一般性，因为研究发现共振链构型是行星在气体盘中诞生并和气体盘相互作用的一个较普遍结果。此外，采用这种初始构型，后期触发系统不稳定性的时间和星子盘内边界变得没有相关性了。尼斯模型的一些版本中还包括第五个行星，该行星最终被散射出太阳系。

（谢基伟）

尼斯天文台 Nice Observatory　位于法国尼斯的一家天文台。1879年，由法国银行家R.比斯绍夫桑出资，建于法国尼斯市旁边的格罗斯山上。1881年开始正式观测，1887年建成长18米，口径77厘米的世界最大折射望远镜，直到1888年才被美国**加利福尼亚大学利克天文台**的91厘米口径利克望远镜超越。1906年，比斯绍夫桑去世后，由巴黎大学接管该天文台。1988年，

尼斯天文台外景

与塞尔加天文台合并，成立了一个新的机构——蔚蓝海岸天文台（OCA）。

（李宗伟 刘黎明）

拟周期解 quasi-periodic solution 天体力学中,天体运动的动力系统的一种特解。沿着这种特解，系统状态的演化可以由n（$\geqslant 2$）个角变量关于时间t的线性函数$\theta_i(t)=\theta_i(0)+2\pi\upsilon_i t(\mathrm{mod}2\pi)$描述，其中$i=1,\cdots,n$，实常量$\upsilon_i$称为基本频率。在系统相空间中，拟周期解的轨道始终被限制在一个n维环面T^n上，其中$t=[0,2\pi)$。当一个拟周期解的所有基本频率都相互通约时，它就退化为一个周期解。

牛顿万有引力是影响天体运动的主导因素。忽略其他因素后，天体运动方程可以表示成一个哈密顿系统。用(x_i,y_i)表示一个n自由度哈密顿系统的第i对正则共轭变量,并记$z_i=x_i+\sqrt{-1}y_i$,则该系统的一个拟周期解可以写作：

$$z_i(t)=\sum_{k\in Z^n} a_k e^{2\pi\sqrt{-1}\langle k,\upsilon\rangle t}\quad (i=1,\cdots,n)$$

式中$k=(k_1,\cdots,k_n)$；Z^n为n维整数空间；$\upsilon=(\upsilon_1,\cdots,\upsilon_n)$称为基本频率；内积$\langle k,\upsilon\rangle=k_1\upsilon_1+\cdots+k_n\upsilon_n$，$a_k$是频率为$\langle k,\upsilon\rangle$项的复振幅。

（傅燕宁）

年 year 以地球绕太阳公转运动为基础的时间单位。地球公转运动在天球上的反映就是太阳的周年视运动。根据天球上不同参考点计量的太阳周年视运动，就有各种各样的“年”，以适应各种需要。回归年是太阳在天球上连续两次通过春分点（见分至点）所需要的时间间隔，长度为365.242 20平太阳日（见日）。现行的公历就是按回归年的长度制定的，为方便起见，历年取365或366平太阳日。恒星年是太阳在天球上连续两次通过某一恒星所需要的时间间隔，长度为365.256 36平太阳日。这是地球绕太阳的平均公转周期。近点年是地球连续两次经过近日点所需要的时间间隔，长度为365.259 64平太阳日，主要用于研究太阳运动。交点年（又称食年）是太阳在天球上连续两次经过月球轨道的升交点所需要的时间间隔，长度为346.620 03平太阳日。交点年对计算日食有重要作用。

（任江平）

年龄–金属丰度关系 age-metallicity relation; AMR 恒星的金属丰度和年龄存在相关关系，即年龄越老的恒星，其金属丰度越低。一般认为恒星的金属丰度代表的是其诞生时刻、诞生地点的星际气体的金属丰度，因此，场星的年龄–金属丰度关系反映了星际介质化学丰度随着时间的增加而逐步增加的演化趋势，是星系化学演化的重要观测约束之一。

1980年，B.A.特瓦罗格最早发表场星年龄–金属丰度关系，其中金属丰度是由色余测定的，年龄是由等龄线得到的。比较精确的场星金属丰度–年龄关系是1993年B.爱德华松等人得到的，通过对太阳附近F和G型矮星的高分辨率、高信噪比的光谱观测，得到了这些恒星的金属丰度、年龄和运动学轨道信息。这是研究场星的金属丰度和运动学特征的经典工作之一。

尽管场星存在年龄–金属丰度关系，更引人注目的是该统计关系存在很大的弥散，即：在同一年龄范围内，样本星的金属丰度存在较大的弥散，该弥散远大于金属丰度的观测误差。科学家已经提出多种机制来解释年龄–金属丰度关系的弥散，比如恒星的径向迁移、星际介质的非充分混合导致的金属丰度的局域非均匀性、星系的并合致使银盘是由多种星族来源、分子云内恒星形成区的自增丰现象、贫金属气体的不断内落，等等。截至21世纪20年代，还没有一个模型可以很好地解释年龄–金属丰度关系的弥散而不与其他的观测特征相违背。

（常瑞香）

年轻星体 young stellar object; YSO 在恒星形成过程中尚未开始氢核燃烧的恒星胚胎及其周围的尘埃、气体结构共同构成的天体。年轻星体在不同的演化阶段，具有诸如吸积包层、吸积盘、喷流/外流、原行星系统、分子脉泽源等多种结构特征。它们按质量从大到小可以分为大质量年轻星体、中等质量年轻星体和小质量的褐矮星。主序质量小于8倍太阳质量的中小质量年轻星体被研究得较多，而大质量年轻星体的性质还很不清楚，是观测和理论研究的热点。

形成与演化 恒星形成肇始于原子气体聚集形成分子云。分子云首先引力坍缩形成致密云核（dense core），称为无星云核（starless core）。其中仅部分云核将坍缩形成恒星，因此可称为恒星前云核（prestellar core）。恒星前云核进一步失稳坍缩，直到形成一个气体密度高于10^{11}个粒子/厘米^{3}的内核。它在红外和毫米波段也变得光学厚度高，辐射冷却效率降低，气体温度升高，压力增大，使得云核坍缩减慢，在中心形成一个流体静力学核（hydrostatic core），便进入了年轻星体阶段。

中小质量年轻星体 对于主序质量小于8倍太阳质量的中小质量星体，当核球内气体密度慢慢升高到约10^{16}个粒子/厘米^{3}时，气体温度将达到1000K以上，H_2分子开始离解，氢原子开始电离，并吸收热量导致气体温度和压力无法进一步升高以对抗因吸积而继续增大的引力，星体再次快速坍缩，直到完全电离。中心气体温度慢慢升高到10^6K时，氘核燃烧点燃，星体很快变得完全对流。氘燃烧结束后，星体继续坍缩，温度、密度升高，直到其中心温度达到10^7K时，中心氢核燃烧点燃，便结束年轻星体阶段，进入了主序阶段（main sequence）。

大质量年轻星体 大质量年轻星体的形成与演化仍然是一个前沿的研究课题。这可能涉及高达10^3太阳质量/年的超高气体吸积率。作为例子，已有数值模拟研究描绘了这样一个演化图景：①绝热吸积过程。初始吸积过程非常迅速，热传导速度太慢，因此这近似为绝热过程。星体内部通过辐射传递能量，气体温度没有达到氘核反应的温度，因此无对流产生，直到星体质量达到约6倍太阳质量。②热膨胀过程。由于中心温度高，但密度和光学厚度低，中心氘核燃烧对星体影响不大，星体内部仍然是辐射传能为主，仅在星体表面由来自内部的辐射能量和吸积激波的联合加热产生一个薄对流层。星体半径膨胀，可以超过100倍太阳半径，直到星体质量超过约10倍太阳质量为止。③热塌缩过程。星体光学厚度减小，内部所有地方都能通过辐射损失能量，星体因此而收缩，中心温度升高。由于没有对流过程补充中心供核燃烧的氘元素，氘燃烧在中心熄灭，并在一个向外移动的壳层区域内继续进行。④主序吸积过程。当星体吸积达到约20倍太阳质量时，中心氢核点燃并提供能量补充辐射损失，星体进入主序阶段，直到星体吸积达到约30倍太阳质量时，星体收缩才停止。在这整个过程中，星体光球的温度都维持在6000～7000K。大质量年轻星体寿命很短暂（可以短于10^4年，依星体质量而不同）。

文献中常提到的原恒星和主序前恒

星，主要是从观测的角度对年轻星体的分类：前者主要指恒星胚胎还被尘埃包埋着，仅能在红外波段观测到的阶段；后者是指星周尘埃包层部分或全部消散，星体在光学波段变得可见，从而可以在赫罗图上确定其位置的阶段。大质量年轻星体深埋在浓密的尘埃气体中，吸积很快，时标很短，因此只有原恒星阶段，没有主序前星阶段。

观测性质　对于中小质量年轻星体，它们最初在观测上根据红外能谱特征被分为四类（Class 0-Ⅲ），中小质量恒星从坍缩的星云中形成 Class 0 天体，然后经历吸积盘和双极喷流过程的 Class Ⅰ，吸积停止之后行星形成过程的 Class Ⅱ，最后演化到形成行星系统的 Class Ⅲ。大致对应于孤立的中小质量恒星的形成和演化序列（图 1）。

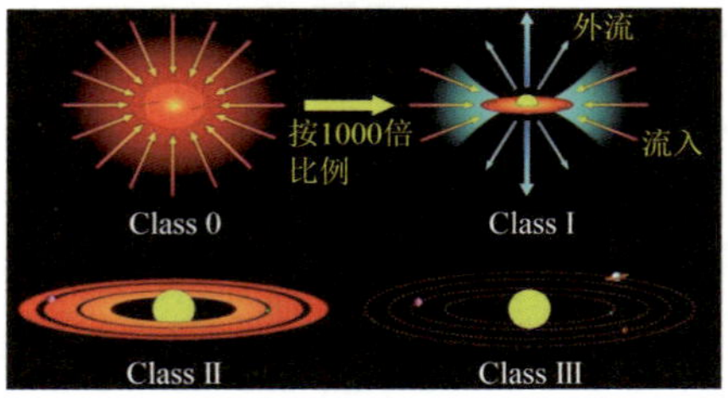

图 1　年轻星体的四个演化阶段

天文学家后来又在 Class Ⅰ 和 Class Ⅱ 之间为一类物理状态不太明确的过渡型天体添加了一个平谱类，因此共有如下五类：

第零类（Class 0）　这类年轻星体还深深包埋在温度很低（<70K）浓密尘埃云中，在光学和小于 20 微米的近中红外波段都不可见，仅在远红外波段被探测到。这个阶段基本对应于恒星胚胎成长的早期阶段，年轻星体初次形成，云核坍缩仍将继续，坍缩激波加热气体，提供星体发光的主要能量来源，直到物质吸积由云核坍缩为主转变为盘吸积主导。Class 0 阶段是星体吸积率最高的阶段，时标较短（$<10^5$ 年）。这个阶段的星体可以称为原恒星。

第一类（Class Ⅰ）　这类年轻星体的能谱分布（即辐射流量密度作为波长的函数）通常很红，在红外波段向长波方向上升，在 2.2～20 微米波长的红外能谱斜率 $\alpha \geqslant 0.3$。（部分第二类的年轻星体也可能由于侧向吸积盘的遮挡效应而出现类似能谱特征。）观测发现，这类星体仍然包裹在浓密的尘埃包层中，可见光（V 波段）消光高达 10～50 星等，主要在红外波段被作为点源探测到。它们通常同时具有吸积包层和吸积盘。由于角动量守恒，包层物质先沉降入盘中，然后再通过盘吸积进入原恒星。气体吸积率在此阶段已经开始减小；到此阶段末期，恒星通常已经获得了大部分质量。此阶段的时标也不长，约 10^5 年。这个阶段的星体也属于原恒星。

平谱类（flat spectrum）　这类年轻星体红外能谱分布在红外波段接近水平，红外能谱斜率 $-0.3 \leqslant \alpha < 0.3$。这是 Class Ⅰ 到 Class Ⅱ 的过渡型天体，可能也是原恒星与主序前星之间的过渡天体。很可能它们正在经历星周物质结构的某种快速演变过程。

第二类（Class Ⅱ）　这类年轻星体红外能谱分布偏蓝，向长波方向下降，红外能谱斜率 $-1.6 \leqslant \alpha < -0.3$。在观测中，除个别情况下被侧向吸积盘遮挡之外，大部分这个阶段的星体都在光学波段可以被探测到，星周 V 波段消光只有 0～5 星等，它们开始在赫罗图上的恒星诞生线附近出现，由重氢核燃烧提供能量，星体内部处于完全对流状态。那些在观测上具有强的 Hα 谱线辐射的所谓经典金牛座 T 型星（CTTS）大多数属于这一类别中的小质量星；比 CTTS 亮 10～100 倍的赫比格 Ae/Be 星则是主序质量在 2～8 倍太阳质量的恒星在此阶段对应的观测天体。这类年轻星体通常仅有吸积盘，没有显著的星周包层，吸积活动很弱；气态巨行星主要在这个阶段形成。此阶段的时标为 10^6～10^7 年（平均 3×10^6 年）。

第三类（Class Ⅲ）　这类年轻星体的能谱分布主要来自恒星光球辐射，只有很弱的来自残留原行星盘的远红外，超红外能谱斜率 $\alpha > -1.6$。在观测中，它们只有很弱的来自分子云的消光。这类星体在赫罗图上沿林忠四郎线向主序演化。这个时期分子云被辐射压驱散，引力场减弱，同时期形成的星团开始瓦解，成员星逐渐逃离母分子云区域。那些观测上具有较弱的 Hα 谱线辐射的所谓弱线金牛座 T 型星（WTTs）很多就属于这一类别中的小质量星（也有部分 WTTs 属于 Class Ⅱ）。也许部分较大质量的赫比格 Ae/Be 星也可以归为这一类。这类年轻星体通常不再拥有光学厚的吸积盘，气态巨行星的形成也已经停止，但是类地行星的形成还在进行着。此阶段结束时，恒星点燃氢核燃烧进入主序，与太阳风类似的恒星风将驱散大部分余下的行星际气体和小尘粒。

喷流和外流是年轻星体中常见的现象，它们在从 X 射线到毫米波的宽波段范围内都可见，有些在更长波的射电波段也能观测到脉泽现象。它们在恒星形成过程中扮演了重要的角色：带走角动量促进气体吸积；在星周包层中制造出空洞，甚至瓦解它们，允许辐射逃逸；为维持云核尺度的湍流提供能量等。这些反馈过程调节了恒星形成的速度和效率。特别是中小质量恒星的喷流准直度非常高，其双极喷流尺度可以达到 10 秒差距，形成著名的赫比格－阿罗天体（简称 HH 天体）。图 2 显示了一个原恒星团的复杂喷流激波相互作用，这是一个很好的例子。

图中广泛存在的绿色网络状结构，是来自初期恒星体喷流激发的激波区中的氢分子振转谱线辐射

图 2　斯皮策红外望远镜观测到的年轻原恒星团的 3.6 微米（蓝色）、4.5 微米（绿色）和 8.0 微米（红色）假彩色图

上述物理图景主要适合于孤立恒星形成的情况。但是最新的观测表明，绝大多数银河系中的恒星，特别是大质量恒星，都是成团形成的。在原恒星团的环境下，相邻年轻星体可以发生复杂的引力、辐射、喷流和星团动力学相互作用。大质量原恒星如何吸积获得足够质量的机制尚在争论之中，可能是通过气体盘吸积或者竞争性吸积，也可能是较小恒星在原恒星团中的并合。现已在大质量原恒星周围观测到了吸积盘。

年轻星体的观测搜索　基于不同类型年轻星体的特点，人们通常使用不同的观测方法去寻找它们。

消光大的 Class 0/Ⅰ 和平谱类天体　①通过中远红外图像中的点源来证认它们（如斯皮策红外空间望远镜对 1 千秒差距内的年轻星体做了完备的观测搜索）；②通过近红外图像上在空间上聚集的红外源星团来找到它们。

消光小的 Class Ⅱ/Ⅲ 型天体　寻找它们的方法包括：①对于金牛座 T 型星，人们主要根据它们高达 3 个星等的不规则光变，来自星周物质的强 Ca Ⅱ H 和 K 线以及巴耳末线发射，不早于 F 型的光谱型，以及与星云的成协来证认；②对近邻分子云中的年轻星体，还可以通过它们约 0.02 角秒每年的较大的自行来证认；③由于它们还通常有强的磁场，也可以通过强的 X 射线辐射来证认它们；④也可以通过光学和近红外波段的颜色指数来证认它们（如很多恒星形成区中的褐矮星就是这样找到的）。

（何金华）

宁静太阳　quiet sun　忽略太阳活动现象的理想太阳。太阳基本上是一颗球对称和稳定的恒星。然而观测表明，太阳在稳定而均匀地向四面八方发出辐射的同时，它的大气中一些局部区域有时会发生一些存在时间比较短暂的“事件”。例如，出现在光球层中的太阳黑子和光斑，色球层中的日珥和谱斑，以及日冕中的凝块等。特别是在色球和日冕中，偶尔还会发生表明有巨大能量释放的太阳爆发现象——太阳耀斑，以及大规模的日冕物质抛射。在发生上述现象，尤其是太阳耀斑期间，往往会发射出增强的电磁辐射和高能粒子流。通常把太阳上所有这些在空间和时间上的局部化现象统称为太阳活动。与此对应，把不包含太阳活动的理想太阳称为宁静太阳。

宁静太阳的物理性质在空间上只随日心距变化，在同一半径的球层中物理性质是相同的；在时间上几乎是不变的，其变化时标为太阳演化时标，即大于 10^7 年。这样，就可以把真实的太阳看作以宁静太阳为主体并附加有太阳活动现象的实体。换句话说，可以把宁静太阳看作真实太阳的基本框架，而把太阳活动看作对宁静太阳的扰动。

（林元章）

宁静太阳射电 quiet solar radio radiation

太阳射电中的一种最基本的成分。又称 B 成分。来源于太阳大气的热辐射。宁静太阳射电不同于太阳缓变射电和太阳射电爆发，是始终存在着的一种背景射电。除了随太阳活动 11 年周期有缓慢起伏外，它基本上不随时间变化。这种宁静射电成分遍及从毫米波到十米波的整个射电波谱。通过低分辨率射电望远镜对太阳射电的总辐射的长期观测，然后采用统计分析方法，就可以把宁静太阳射电与太阳射电中的其他成分区别开来，从而确定宁静太阳的射电强度。

根据电波在等离子体中的传播理论得知，只有频率 ν 大于临界频率 ν_c 的射电波，才能通过电子密度为 N 的等离子体，$\nu_c^2 = 8.06 \times 10^{-5} N$（$\nu$ 和 ν_c 的单位为兆赫，N 的单位为厘米$^{-3}$）。频率较低的太阳射电来自太阳上电子密度较低的外层大气（日冕），频率较高的射电则来自电子密度较高的内层大气（色球）。只要我们改变观测的频率，便可研究不同层次的太阳大气。在较长波长上，如波长约为 3 米的宁静射电太阳的图像，代表较高且较热的日冕的射电状态，其直径约为光学日面直径的两倍，亮温度约为 10^6K。在较短波长上，如波长约为 3 厘米的射电，则反映色球的射电面貌，此时射电太阳的直径比光学日面大不了多少，其亮温度较低，约为 10^{-4}K。

利用日食时月球边缘逐步掩盖日面所提供的高分辨率条件，以及用双天线射电干涉仪或多天线射电干涉仪的“扇束”高分辨率观测，可获得宁静太阳射电的一维日面亮度分布；而用多天线综合的“铅笔束”高分辨率观测，能得到二维日面亮度分布。通过这些观测发现：宁静太阳射电延伸到光学日面以外的范围，它在日面上的分布并不是均匀的，也不是对称的，极区总是比赤道区弱些；亮度分布的特征随波长的不同而有差异（见图）。在较长的米

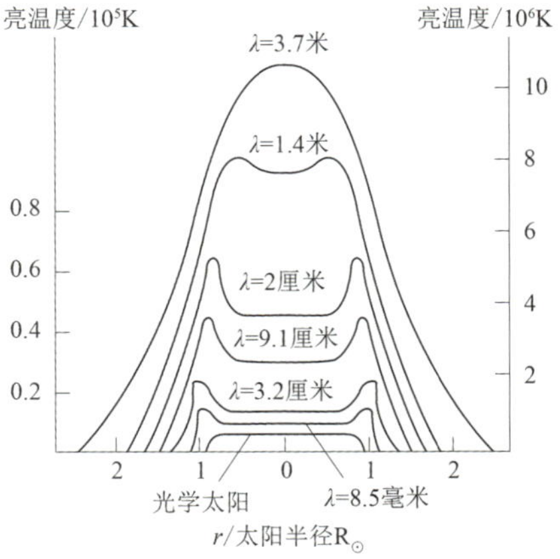

宁静太阳射电在赤道方向上的日面亮度分布

波段，无论是在赤道方向还是在极轴方向，宁静射电太阳总是呈现出临边昏暗的图像；在波长较短的厘米波及分米波段中，其亮度分布在极轴方向呈现临边昏暗，而在赤道方向却呈现临边增亮现象；在波长更短的毫米波段，日面中心附近的亮度也有所增加，而边缘附近只出现轻微的增亮（见射电太阳临边增亮）。另外，宁静太阳射电也随着太阳活动周而变化。太阳活动极大年的辐射比宁静年强 25%～60%；而且在米波段上，宁静射电太阳赤道方向的大小也随太阳活动性增强而增大。

结合光学资料，对宁静太阳射电进行观测研究，就能够建立起太阳色球和日冕更为精确的大气模型。

（赵仁扬）

牛顿，I. Isaac Newton（1643-01-04～1727-03-31） 英国物理学家、天文学家、数学家。生于林肯郡伍尔索普镇，卒于伦敦。幼年时代就喜欢制作机械玩具。1661

年进剑桥大学三一学院学数学，1665 年获文学士学位。1667 年他进三一学院当研究生，次年获硕士学位。1669 年牛顿受到数学教授巴罗博士的推荐，继承他的教授职位。1689 年和 1701 年，牛顿两次以剑桥大学代表的身份被选入议会。1696 年他被聘为造币厂的监督。1703 年起担任英国皇家学会会长。

牛顿在科学上的贡献是非常巨大的。从天文学来说，他的主要成就有两方面，即天文光学的研究和万有引力定律的发现。

天文光学　1666 年，牛顿重复了用三棱镜分解日光为七色光带的实验。他正确地解释说，这是各色光线通过玻璃时折射率不同造成的。但是，他认为各种玻璃的折射本领都是一样的，因此折射望远镜不易制造。为了解决这个难题，牛顿便以铜锡合金磨成一面凹面镜来反射聚光成像，1672 年牛顿制成了一种新的反射望远镜，一般称为牛顿望远镜。他亲手制造的望远镜现仍保存在英国皇家学会作为珍贵的展品（图 1）。

图 1　牛顿发明并制作的反射望远镜

万有引力定律的发现　1666 年，牛顿在家乡躲避瘟疫的时候，曾思考过引力问题。据牛顿晚年的密友 W.斯多克雷的回忆录记载，牛顿在 1726 年 4 月 15 日亲口告诉他，牛顿曾因见到树上的苹果落地而引起深思，引力的概念进入他的脑海。他的结论是，物体都互相吸引，地球上所有物质对苹果的吸引力的合力是向着地心的，因此苹果才向着地心落下。进一步，牛顿又把物体相互吸引的问题推广到宇宙间。他又想到月球离地球虽然远到地球半径的 60 倍，但地球的引力也一定会达到月球。那么，月球何以不坠落呢？这一定和月球绕地球的运动有关。若月球暂时停止运动，无疑它会落向地球引起灾难性的碰撞，应该是月球的绕地运动使这灾难得以避免。天体互相吸引的概念，在牛顿以前就有人想到过，例如，英国物理学家 R.胡克等人。他们甚至猜测过，引力是和距离平方成反比的。牛顿的贡献是，令人无可怀疑地证明了地球和其他天体的引力确实是按照这个规律变化的。不过，完成这个证明却需要很长的时间。一个原因是当时所掌握的

地球半径数据误差较大，从而使牛顿最初算出的月球绕地球运动的向心加速度和地面上重力加速度之比不符合与距离平方成反比的规律。直到1671年法国天文学家J.皮卡德测算得较精确的地球半径数据后，才有可能通过计算，证明使苹果落到地面的力量，也就是使月球沿轨道绕地球运行的力量。

既已理解月球绕地球运行的问题，牛顿不难推想到地球绕太阳的运动也是受控于太阳引力的。其他行星与太阳的距离虽不同于地球，它们绕太阳的运动也必定是受它的引力支配。开普勒在牛顿之前曾经从观测的结果得出行星运动的三定律（见**开普勒定律**），但行星为什么要按这些规律运动，却未能做出解答。牛顿从数学上解答了这个问题。

牛顿首先证明若要行星与太阳的联线在相等时间内扫过相等的面积，只需引力的方向是沿着行星与太阳的连线即可，不问引力大小与距离有什么关系。假如行星的轨道为一椭圆，而太阳处于椭圆的一焦点上，那么牛顿的数学推理能够证明引力的强弱必须同太阳和行星的距离的平方成反比。在绕日运行各行星的物质同样受到太阳引力影响的假设下，数学方法也足以证明开普勒的第三定律，即任何两颗行星周期的平方同它们轨道长轴的立方成正比。通过进一步的研究，牛顿发现了**天体力学**中的许多奥秘。他认识到不但大天体像太阳、地球、月球按平方反比律互相吸引，而且宇宙间的每个质点和其他质点间也是以平方反比律互相吸引的。从这假设出发，牛顿证明了任何层层均匀的球体，它对外的引力可以用同质量的质点放在它中心的位置来替代。

牛顿还用万有引力原理说明了**潮汐**的各种现象，指出潮汐的大小不但同**朔望**有关系，而且同太阳的引力也有关系。牛顿还从理论上推测，地球的两极较扁，而**岁差**就是由于太阳对赤道突出部分的摄动而造成的。

牛顿的天体理论的局限性在于，他把天体运动归之于起始推动力，归之于上帝。

牛顿的许多发现都被收在他的不朽杰作《自然哲学的数学原理》一书中（图2）。该书于1687年问世。一个崭新的天文学分支——天体力学便由此而诞生了。

（张钰哲）

图2 《自然哲学的数学原理》

牛顿望远镜 Newtonian telescope 通过一块45°平面反射镜，将像成在镜筒侧面的**反射望远镜**。1668年为**I.牛顿**所发明。经典的牛顿望远镜反射镜的形状是旋转抛物面，根据圆锥曲线的性质，平行于光轴的光将完全没有球差地汇聚在焦点，但有彗差，w为焦面上像点离开视场中心的距离，在该处彗差的最大值$l = 3w/16F^2$，式中F为系统的焦比；l和w可以为角度也可以是长度，但单位要相同。牛顿望远镜的反射镜并不都是旋转抛物面（见**主焦点望远镜**）。有时在牛顿望远镜镜筒侧面安置好几个不同的终端设备，转动平面镜，就可使其中一个处于工作状态（见图）。

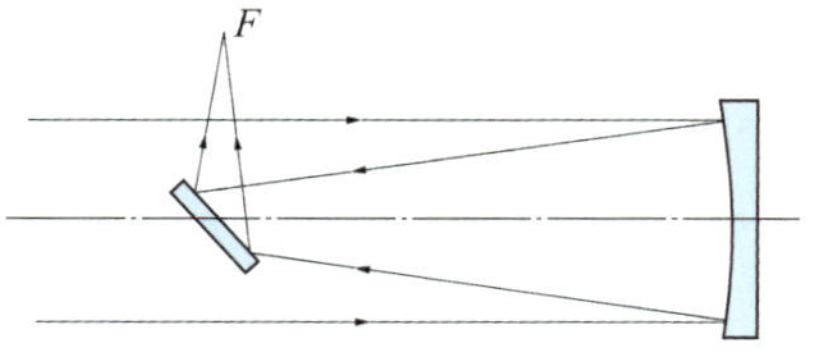

牛顿望远镜光学系统

1609年**伽利略**首先将望远镜用于天文，开创了天文学研究的新时代，但17世纪折射望远镜物镜是由球面单透镜构成的，有色差和球差，在伽利略之后的几十年间，一些人研究了由反射镜组成的望远镜，它没有色差，利用旋转圆锥曲线的性质来安排焦点位置，又可完全没有球差。当时望远镜的口径不大，又都是用人眼观测的，人头不能挡住需要观测的天体的光，这是一个重要问题，显然当时提出**格雷果里望远镜**、牛顿望远镜和**卡塞格林望远镜**都是考虑到这个因素，把像成到了光路外面。对于反射望远镜，从提出的时间来看牛顿并不是最早的，但它是最早实际研制成功的，并且是牛顿本人磨制的。

（苏定强）

牛顿宇宙学 Newtonian cosmology 建立在牛顿时空观、牛顿运动定律和牛顿引力定律基础上的**宇宙学**理论。I.牛顿本人在《自然哲学的数学原理》（1687）中注意到遥远的恒星位置几乎不动，进而推测：在无限的宇宙中，恒星遍布宇宙，它们之间的引力相互抵消。这样的静态宇宙是牛顿宇宙学的雏形。然而，牛顿的静态宇宙模型极端不稳定（恒星密度的微小扰动会指数增长），并且受到**奥伯斯佯谬**等难题的困扰。

20世纪初，广义相对论的提出和**宇宙膨胀**的发现奠定了现代宇宙学的基础。牛顿引力理论是广义相对论的"非相对论"近似：广义相对论在接近静态的弱引力场中，对低速运动物体的描述可以简化为牛顿引力。对于很多具体问题（例如模拟宇宙大尺度结构的形成和演化）而言，牛顿宇宙学比广义相对论宇宙学简单得多，精度上也往往满足要求。因此，在了解牛顿宇宙学局限性的前提下，仍可以小心地把牛顿宇宙学应用到膨胀的宇宙，来理解和研究宇宙的很多性质。

宇宙学中的两个基本问题是：①宇宙如何膨胀。②物质在膨胀的宇宙中如何演化。这两个问题都可以在牛顿宇宙学中得到解释。

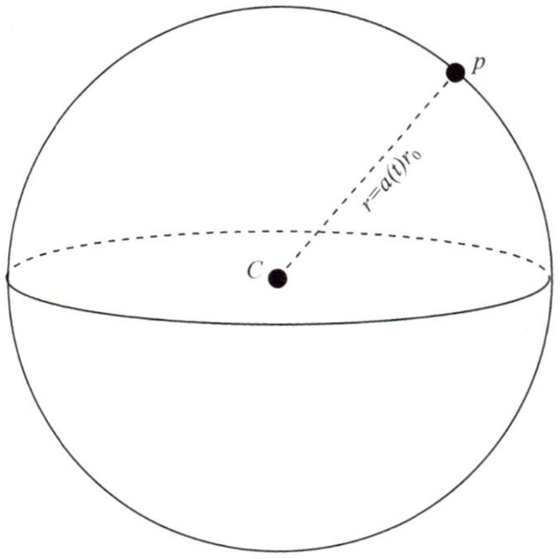

牛顿宇宙学模型

宇宙如何膨胀 受限于牛顿的绝对时空观，牛顿宇宙学不能直接描述宇宙膨胀。在牛顿宇宙学中，宇宙膨胀现象需要通过物体在"绝对时空"中的运动体现出来。为此，考虑如上图所示的问题：假设C点是宇宙的中心，宇宙中的物质是非相对论的粒子，其压强远小于能量密度。这些粒子分布均匀，密度为ρ，并且相对于C点各向同性。可以把这样的物质分布想象成以C点为中心的一系列不同半径的球壳。

考虑这样的一个球壳：设球壳的初始半径为r_0，在t时刻，球壳的半径为$r(t) = a(t)r_0$。这里叫作尺度因子，表征宇宙中的物质如何彼此远离，对应于广义相对论宇宙学中宇宙如何膨胀。

考虑这个球壳上质量为m的一个粒子p受其他物质的引力。一个半径大于r的球壳对p没有引力。所以只需考虑处于半径小于r的球内的物质对p的引力。粒子p的总能量（动能＋引力势能）为：

$$E = \frac{1}{2}m\dot{r}^2 - \frac{GMm}{r}$$

式中M为半径小于r的球内物质的总质量：$M=\frac{4\pi}{3}r^3\rho$。由于忽略压强，粒子不对外做功。根据能量守恒，E为常数。代入$r=a(t)r_0$，得：

$$H^2-\frac{8\pi G}{3}\rho=\frac{2E}{ma^2r_0^2}$$

式中$H\equiv\dot{a}/a$为哈勃参数。当粒子的总能量为零时，此方程为平坦三维空间情况下弗里德曼方程。而在弯曲的三维空间则对应粒子总能量非零的情况：开宇宙对应于$E>0$（粒子速度超过逃逸速度），所以宇宙将永远膨胀；闭宇宙对应于$E<0$（粒子速度不足逃逸速度），所以宇宙到达一个最大半径后将开始坍缩。

物质在膨胀的宇宙中如何演化　首先考虑均匀分布的物质。考虑随宇宙膨胀的一个小体积元$V(t)=a^3(t)V_0$，其中V_0为该体积元的初始体积。这个体积元在宇宙膨胀过程中，对相邻其他体积元做的功为：

$$dE=-pdV$$

式中p为物质的压强。带入$V(t)=a^3(t)V_0$以及$E(t)=\rho(t)a^3(t)V_0$，得：

$$\dot{\rho}+3H(\rho+p)=0$$

这个方程叫作连续性方程，表征了物质在膨胀的宇宙中的演化。在膨胀的宇宙中，压强越大，物质对外做功越多，于是能量密度下降越快。

至于在空间中不均匀分布的物质，它们随宇宙膨胀的演化则更加复杂，也体现了更加丰富多彩的物理内容。例如，在大尺度结构形成、星系形成等物理过程的理论推演和计算机模拟中，牛顿宇宙学都发挥了重要作用。　（王　一）

纽康，S.　Simon Newcomb（1835-03-12～1909-07-11）　美国天文学家。生于加拿大新斯科舍省沃拉斯，卒于美国华盛顿。1853年他迁居美国。1858年毕业于哈佛大学，1861～1877年任海军学院教授，1869年当选美国国家科学院院士，1877～1897年领导美国航海历书局的工作。他是美国天文学会创建者和第一任会长（1899～1905），还是英国皇家学会会员圣彼得堡科学院院士。1890年获英国皇家学会金质奖章。1898年成为太平洋天文学会布留斯奖金的第一个获得者。

于1878年在前人的理论研究基础上，改进了月球运动的理论，成为后世完善**月球运动理论**的基础。他利用1677～1881年水星凌日的数据，求得水星近日点进动的超差为每世纪43″。又根据前两个世纪的4次金星凌日的数据，于1895年算出太阳视差是8.797″。他把此值与英国天文学家吉尔整理的数值88.02″综合起来，得出修正后的值为8.80″。这个太阳视差值，连同**岁差常数**、**章动常数**、**光行差常数**，为1896年在巴黎举行的国际基本恒星会议所采用。以后国际上又陆续决定采用其他一些天文常数构成纽康天文常数系统。这个系统虽有其缺点，但是使用了数十年。纽康还于19世纪末整理了100多年来的观测记录，求得水星、金星、地球、火星和**天王星**、**海王星**等的摄动数据。它们成为以后数十年编算这些行星历表的根据。纽康的主要著作有《球面天文学纲要》（1906）以及编历著作8卷。他的《通俗天文学》一书曾被译成多种文字。

（石云里）

农历　Chinese traditional calendar　依据太阳和月球位置的精确预报以及合理约定的历法规则编排日期，并以传统命名方法表述日期。是现行的中国传统阴阳**历法**。又称夏历。为了保证农历编算的准确性和权威性，有效维护农历作为国家历法的统一性和严肃性，中华人民共和国国家质量监督检验检疫总局和中国国家标准化管理委员会于2017年5月12日发布了国家标准“农历的编算和颁行”，其中规定的历法规则如下：①以北京时间为标准时间。②朔日为农历月的第一个农历日。③包含节气冬至在内的农历月为农历十一月。④若从某个农历十一月开始到下一个农历十一月（不含）之间有13个农历月，则需要置闰。置闰规则为：取其中最先出现的一个不包含中气的农历月为农历闰月。⑤农历十一月之后第2个（不计闰月）农历月为农历年的起始月。

标准还规定了农历日期的表示方法，即以“农历”、农历年名称、农历月名称、农历日名称组合表示。为了明确农历日期所在的农历年的干支周，可在农历日期前标注该农历年年首所在的公历年份。

（成　灼　傅燕宁）

O

欧阳自远 Ouyang Ziyuan（1935-10-09～ ） 中国天体化学与地球化学家。生于江西吉安。1956年毕业于北京地质学院，1961年中国科学院地质研究所研究生毕业。历任中国科学院地质研究所室主任，中国科学院地球化学研究所研究员、所长，中国科学院资源环境科学局局长，贵州省科学技术协会主席等职。兼任中国矿物岩石地球化学学会理事长，中国地质学会、中国空间科学学会副理事长；《环境科学》《空间科学学报》《中国科学》《地球化学》等十余种学术期刊的主编、副主编和编委；北京大学、南京大学、中国科技大学、浙江大学、中国地质大学等11所大学的客座教授；贵州大学名誉校长。1991年当选中国科学院学部委员（院士），2004年当选第三世界科学院院士。

率先在中国开展各类地外物质（陨石、宇宙尘、月岩）、比较行星学与天体化学研究，建立了天体化学学科。长期从事地球化学与天体化学的研究，负责中国地下核试验选场和地质综合效应研究，爆后验证成功。系统提出铁陨石成因假说、玻璃陨石成因模型、宇宙尘的分类与判别标志、吉林陨石雨形成演化模式与多阶段宇宙线照射历史的理论；补充并发展了太阳星云化学不均一性模式与理论。论证了各类核转变能与地球物质的演化，提出地球多阶段的新演化模式；系统论证了中国白垩纪末与第三纪初天体撞击事件，提出并证实新生代以来6次巨型撞击诱发地球气候环境灾变的观点；论证组成地球原始物质的不均一性、地球两阶段形成与多阶段演化及对成矿与构造格局的制约，提出地球与类地行星的非均一组成与非均变演化的理论框架。参与并指导中国月球探测科学目标的论证与设计以及长远规划的制订，担任中国月球探测计划中国嫦娥工程的首席科学家。发表专著9部，主编11部。主要著作有《核转变能与地球物质的演化》（1974）、《月质学研究进展》（主编，1977）、《天体化学》（1989）、《行星地球的形成与演化》（主编，1995）、《月球探秘》（2001）等。发表论文360余篇。

（禹启仁 欧阳自远）

欧洲南方天文台 European Southern Observatory; ESO 一个多国政府间组织的主要在南半球进行观测的国际性天文研究机构。成立于1962年，总部位于德国慕尼黑附近的加兴。截至2023年，共有16个加盟国家，包括奥地利、比利时、巴西、捷克、丹麦、法国、芬兰、德国、意大利、荷兰、波兰、葡萄牙、西班牙、瑞典、瑞士和英国。

望远镜主要建在智利北部的三个地点：拉西亚山、帕瑞纳山、拉诺德查南托高原。①拉西亚山。位于圣地亚哥北600千米处，设有15米亚毫米波射电望远镜、3.6米反射望远镜、3.5米新技术光学望远镜、1.52米摄谱望远镜、1米测光望远镜和1米施密特望远镜。②帕瑞纳山。设有4架口径8.2米的甚大望远镜（VLT）、口径4米的可见光和红外巡天望远镜（VISTA）以及口径2.6米的VLT巡天望远镜（VST）。③拉诺德查南托高原。位于圣佩德罗-阿塔卡马东方约50千米，设有口径12米的阿塔卡马探路者实验（APEX）望远镜以及由64台口径12米天线组成的阿塔卡马大型毫米[亚毫米]波阵（ALMA）。此外。欧洲南方天文台还计划建造口径39.9米的欧洲极大望远镜（E-ELT），预计2025年完工。

欧洲南方天文台研究领域有恒星、星系、星际介质、星系团、类星体、X射线天文学、γ射线天文学、射电天文学和天文仪器与技术方法等。拥有730多名工作人员并向全世界各国天文学家开放，中国也曾有多名天文学家前往观测工作，如陈建生、朱能鸿等。中国天文学家崔向群曾在欧洲南方天文台工作多年，负责甚大望远镜（VLT）的主动光学系统与镜片的组合设计。

（李宗伟 刘黎明）

P

帕多瓦天文台 INAF-Osservatorio Astronomico di Padova 意大利一家天文研究机构。位于意大利的帕多瓦，隶属意大利国家天体物理研究所（INAF）。天文台旧址源自14世纪的一座塔楼，**伽利略**在帕多瓦大学执教时曾在此制造望远镜。1767年，改建为天文台，之后一直观测至20世纪30年代，1942年开始启用帕多瓦北部高原上的亚细亚天体物理天文台1.22米伽利略望远镜。原塔楼成为博物馆，用于展

帕多瓦天文台塔楼

示天文油画及天文仪器。天文台下属的西玛·埃卡（Cima Ekar）观测站建有1.82米哥白尼望远镜，1973年开始观测，是截至2022年意大利最大的光学望远镜。

（李宗伟　刘黎明）

帕克太阳探测器 Parker Solar Probe; PSP 美国的太阳探测器，原名太阳探测器+。2017年为表彰美国科学院院士、现代太阳风和磁重联理论先驱E.N.帕克的功绩而更为现名（同时它也成为美国国家航空航天局第一架以在世者命名的航天器），2018年8月12日发射。

帕克太阳探测器的目标是深入**太阳大气**（**日冕**）开展实地考察，从而揭示加热日冕的能流与太阳风源头的磁场、等离子体和高能粒子加速过程，进而更好地了解太阳及其活动对空间环境的影响。为了更好地完成科研任务，同时兼顾探测器的安全与数据传输需求（因太阳附近的高温、强磁场和强辐射环境会阻断通信，同时折损载荷的使用寿命），在为期7年的预定任务期间，帕克探测器的目标轨道是近日点距离只有600万千米（相当于不到太阳半径的9倍）、远日点距离达上亿千米的环日轨道，在每个为期88天的轨道周期中，探测器只会在太阳附近停留10天左右。

帕克太阳探测器的科学载荷共有4组，分别是负责日冕与**日球层**内区的成像的WISPR、用于太阳周边电磁场性质实地考察的FIELDS、专攻太阳风高能电子/质子/氦离子计数的SWEAP，以及用于太阳风高能电子/重离子成分测量的IS$\odot$IS，它们共同构成了研究太阳高层大气的有机整体。为了应对太阳附近的强辐射高温环境，所有这些仪器都被安置在由碳纤维强化碳素复合材料制成的绝热罩后方，哪怕在近日点的强光下仍可保持室温以下的温度。同时，探测器的太阳能电池板也采用了可开合式设计，在近日点附近向内拢起，远离太阳后打开，并运用了种种散热手段和主动制冷技术来确保工作正常。

截至2023年，帕克太阳探测器已经完成了14次太阳飞掠，并在多次行星飞掠助推的帮助下，将近日点距离缩短到834万千米。在最初两年多的工作时间里，这架探测器探索了太阳周边的高能粒子环境，第一次辨认出了太阳风中磁场方向的逆转，并将慢速太阳风的源头确定为太阳赤道附近的**冕洞**。2021年4月，帕克第一次进入了日冕，并通过实地测量数据证明，日冕与太阳风的边界——阿尔文临界表面结构并不规则，存在起伏。可以预见在不久的将来，帕克探测器将进一步涉足日冕深处，由此回答**太阳物理学**的一系列根本性问题。

（张　博）

帕连纳戈，P.P. Pavel Petrovich Parenago（1906-03-20～1960-01-05） 苏联天文学家。生于耶卡捷里诺达尔，卒于莫斯科。1929年毕业于莫斯科大学，1935年获博士学位，1938年任该校教授。1953年当选为苏联科学院通讯院士。

于1945年确认**赫罗图**中主星序的左下方存在**亚矮星序**。1946年，他和B.V.库卡尔金一起主编由国际天文学联合会委托苏联编制的《变星总表》，1948年出版。帕连纳戈还和库卡尔金合作研究各种类型**变星**的空间分布和空间运动，得到关于**银河系结构**和演化以及恒星演化的新知识。他和库卡尔金共同预言1866年北冕座新星（北冕座T）过60～100年将再次爆发。这颗星果然在1946年2月8日再次爆发。1955年提出银河选择星区的综合研究计划。著作有《恒星天文学教程》《恒星世界》《宇宙的构造》和《变星及其观测法》（与库卡尔金合著）等。

（石云里）

帕邢-巴克效应 Paschen-Back effect 在磁场非常强的情况下，反常塞曼效应会重新表现为正常塞曼效应，也就是说，谱线的多重分裂会重新表现为三重分裂，这是德国物理学家F.帕邢和E.E.A.巴克分别于1912年和1913年发现的，故名帕邢-巴克效应。当外磁场强度大于几千高斯时，外磁场的作用超过电子轨道（L）和自旋（S）之间的耦合作用。这时，L和S之间的相互作用可以忽略。在这种情况下，能级分裂的近似表达式可以写作：

$$\Delta E = (M_L + 2M_S)\frac{ehH}{4\pi m_e c}$$

式中量子数M_L和M_S分别为L和S在外磁场H方向的投影；e为电子电荷；h为普朗克常数；H为外磁场强度；m_e为电子质量；c为光速。根据选择定则，$\Delta M_L = 0$、$+1$、-1和$\Delta M_S = 0$。因此，相应的频率分裂为：

$$\Delta\nu = \frac{\Delta E}{h} = \pm\frac{eH}{4\pi m_e c}$$

由上式可以看出，在磁场很强的情况下，谱线的分裂状况又回到正常塞曼效应的情况。

（何香涛）

潘君骅 Pan Junhua（1930-10-14～2023-12-18） 中国应用光学专家。祖籍江苏常州，生于上海吴淞，卒于苏州。1952年毕业于清华大学机械工程学系，1952～

1980年在中国科学院长春光学精密机械研究所工作，其中1956～1960年在苏联列宁格勒普尔科沃天文台（今**俄罗斯科学院普尔科沃天文台**）读研究生，学习天文光学，获副博士学位。1980年到中国科学院南京天文仪器厂（后为南京天文仪器研制中心）工作。曾任863-410项目工程总监；863-806高技术重大专项监理组成员、专家组顾问；高功率激光物理实验室客座研究员及航天508所高级顾问等职；中国天文学会理事、常务理事；中国光学学会理事、中

国光学学会光学测试专业委员会主任委员；中国科学院南京天文仪器有限公司、南京天文光学技术研究所、苏州大学光电科学与工程学院研究员。1999年当选为中国工程院院士。

长期从事光学仪器研制、光学元件及系统的加工和测试。1960～1966年，为长春光机所建立了大口径光学仪器制造的技术基础，推进非球面在光学系统中的应用。1972～1974年研制出激光球面干涉仪，获1978年全国科学大会奖。1978年12月至1981年1月任2.16米光学望远镜项目组长（先后共有四位组长），该项目获中国科学院科技进步一等奖和国家科技进步一等奖（均排名第三）。和蒋世仰共同负责研制成功的中国第一台天文光谱仪——折轴阶梯光栅分光仪获中国科学院科技进步二等奖和国家科技进步三等奖（均排名第一）。著有《非球面光学的设计、加工及检验》一书。

编号216331小行星被命名为"潘君骅星"。（程 姮 郑 健）

盘风 disk wind 吸积盘的非准直外流。观测表明吸积盘中几乎总是存在很强的风。与喷流不同，风的速度要低得多，但是张角要大得多。另外，喷流产生于吸积盘最内区，而风则很可能产生于吸积盘中从内区到外区一个很大的半径范围。对于黑洞吸积盘，大部分关于风的观测证据来自明亮的活动星系核的宽吸收线，不过越来越多的观测发现低光度活动星系核也存在风。这些观测数据结合简单的理论模型能够粗略估计风的质量流、速度、产生位置的上限等信息。例如，发现风的质量流可以比黑洞视界附近的吸积率高得多。

已经提出的产生风的物理机制主要有三种。①吸积盘中的磁场导致的洛伦兹力能够将一部分气体有效加速进而形成风。研究发现，这是热吸积流中风的产生的主要物理机制。②辐射压力对风的加速。由于大部分黑洞吸积产生的辐射低于爱丁顿极限光度，所以通过汤姆孙散射导致的辐射压力是小于引力的。但是，若风的气体是部分电离的，则辐射与风气体的束缚－束缚跃迁导致的散射截面比汤姆孙散射截面大很多，因而辐射压力可以超过引力，进而产生风。这一机制主要适用于冷吸积盘。③热机制。即吸积盘中心区域产生的辐射照射在吸积盘外区并加热那里的气体，一旦气体的热能高于引力势能，气体就会逃逸形成风。实际情况下，对同一个源，有可能不止一种机制起作用。（袁 峰）

庞加莱体 figure of Poincaré 天体力学中，H.庞加莱提出的均匀流体球自转时的一种平衡形状。1885年，H.庞加莱证明，除麦克劳林椭球体和雅可比椭球体外，均匀流体自转时还存在另一类平衡形状。这类平衡形状与椭球体相差很小，故在一些文献中称为庞加莱椭球体。又因为A.M.李雅普诺夫已先在1884年提出存在这类平衡形状，所以在有的文献中又称为李雅普诺夫－庞加莱体。它主要有三种形状：①梨状体或卵状体。和雅可比椭球体相比，一头稍大，另一头稍小。②带状体。垂直于自转轴的截面都是椭圆或圆，而子午截面不是椭圆，但与椭圆相差很小。与椭圆比较时，有的弧段上要凸出些，有的则凹下些。③扇状体。它的子午截面都是椭圆或圆，而垂直于自转轴的截面不是椭圆，但同椭圆相差很少。与椭圆比较时，有的弧段凸出，有的凹下。此外，还有一些更复杂的形状。（易照华）

喷流 jet 天体在吸积过程中在吸积盘转动轴方向发射的准直辐射和物质外流。喷流在原恒星、中子星、白矮星和黑洞吸积盘中都已大量观测到。在致密星吸积盘的喷流中物质的运动速度通常很高，可达相对论性速度，并伴随显著的相对论性效应。例如，在正对着喷流的方向观测，喷流的辐射强度会被放大，称为相对论性集束效应或者多普勒放大效应，观测到的喷流的表观速度会超过光速，称为视超光速效应。喷流的尺度有大有小，大的如活动星系核中的喷流，尺度可以达到几百万秒差距，远大于星系的尺度。喷流中的辐射一般认为是其中的相对论性电子在磁场中的辐射导致的，波段涵盖了从射电、光学，一直到γ射线波段。

喷流的形成机制仍然是个没有完全解决的问题。不过，普遍认为形成喷流需要有两个要素，一是旋转的吸积盘或者中心天体，二是大尺度磁场。具体到黑洞喷流的形成，已提出两个模型。一个模型认为，由于黑洞视界上附着有大尺度极向磁场，该磁场能够提取黑洞的转动能从而形成喷流。这种模型中喷流的成分是以正负电子对等轻子物质主导的，能量方面是坡印廷能流而不是物质的动能主导。另一个模型认为，喷流是通过附着在吸积盘内区的大尺度极向磁场提取吸积盘的转动能驱动的。这种模型预言，喷流是由正常的等离子体物质组成的。（袁 峰）

喷焰 sprays 耀斑区物质在耀斑扩张阶段中的高速抛射现象。又称耀斑喷焰。在日面边缘，有时可看到从一些耸立的明亮的小丘顶，以超过色球逃逸速度（610千米每秒）的高速向外喷射物质。喷射轨道不一定是沿径向的。由于速度很高，喷射剧烈，以致不像冲浪那样具有轮廓分明的界线，而是呈碎片状喷射。此外，冲浪因受磁场限制，发射锥较小；而喷焰的发射锥较大，并且具有与耀斑本体相同的亮度，很像耀斑本体的发射。耀斑喷焰的速度超过色球的逃逸速度，因而不能像冲浪那样沿着发射出去的轨道返回太阳表面，而是射进日地空间。产生在日面上的喷焰，以急剧的运动越过耀斑区向外抛射出去，形状并不规则，在开始时亮度往往超过周围的发射，逐渐变成暗于周围的吸收。日面上喷焰的速度往往比边缘喷焰的速度小，这表明大部分喷焰的真运动轨道是垂直于太阳表面的。（曹天君）

彭罗斯，R. Roger Penrose（1931-08-08～ ） 英国数学物理学家。生于英国埃塞克斯郡科尔切斯特。1952年本科毕业于伦敦大学，获得数学一等学士学位。随后

转入剑桥大学继续学习数学，于1958年获得博士学位。1956～1957年担任伦敦贝德福德学院助理讲师，1958～1961年担任剑桥大学三一学院研究员，其间赢得北大西洋公约组织奖学金前往美国，于1959～1961年先后在普林斯顿和锡拉库扎两所大学访学。1961～1963年任伦敦大学国王学院研究员。1963～1964年任美国得克萨斯大学奥斯汀分校访问副教授。1964～1973年，先后任伦敦伯克贝克学院应用数学准教授和教授。其间曾于1966～1967年和1969年先后在叶史瓦、普林斯顿和康奈尔三所美国大学任访问学者。1973年开始担任牛津大学若斯－伯尔数学讲席教授，1983～1987年任教于美国休斯敦莱斯大学。先后荣获美国天文学会和美国物理研究所丹尼·海涅曼天体物理学奖（1971）、英国皇家天文学会爱丁顿奖章（1975年与S.W.霍金分享）、英国皇家学会皇家奖章（1985年）、以色列沃尔夫基金会物理学奖（1988年与霍金分享）、英国皇家物理研究院狄拉克奖章和奖金（1989）、瑞士爱因斯坦学会爱因斯坦奖章（1990）、伦敦数学学会内勒奖（1991）、英国皇室功绩勋章（2000）、

伦敦数学会德·摩根奖章（2004）、澳大利亚新南威尔士大学狄拉克奖章（2006）、英国皇家学会科普利奖章（2008）、西班牙圣迭戈－德孔波斯特拉大学丰塞卡奖（2011）、瑞士联邦技术研究院理查德·恩斯特奖章（2012）。先后当选英国皇家学会会士（1972）、波兰科学院院士（1994）、美国国家科学院外籍成员（1998）和美国哲学协会会士（2011）。先后被英国巴斯大学（1994）、波兰华沙大学（2005）、比利时鲁汶大学（2005）、墨西哥国立多种技术学院高等研究院（2015）授予荣誉博士学位。1992～1995年担任国际广义相对论和引力学会（ISGRG）主席。1994年因科学贡献受封爵士。2020年因发现**黑洞**的形成是广义相对论的确凿预言而获得诺贝尔物理学奖。

1964年，受剑桥大学宇宙学家D.西亚马的影响，彭罗斯的注意力从纯数学转向天体物理学，发展出对时空进行分析的全新数学工具。在利用曲面几何学方法求解爱因斯坦相对论方程时，物理学家们一直局限于那些具有足够对称性、能够明显求解的结构，以致怀疑这些情况是否真的具有典型性。为了取得突破，普林斯顿大学的J.H.惠勒倡导使用扰动理论，通过一个中间步骤，把一个复杂问题分解为可求解的简单部分和不可精确求解的微扰部分，从而得到该问题的近似解。彭罗斯则采取了一种更加彻底的创新方法，直接忽略时空几何结构的细节，而把注意力集中在空间的拓扑结构上，最多只考虑其“共形结构”，因为拓扑结构是由光锥的排列决定的，因此也决定了类光测地线的轨迹和它们之间的因果关系。

利用这种方法，彭罗斯在1965年发表“引力坍缩与时空奇点”一文，证明当一颗大质量天体的坍缩跨越某个临界点时，引力场的作用将变得无可阻挡，最终会形成一个奇点。这个结论被称为彭罗斯定理。这种方法也为如何在其他条件下，尤其是在宇宙“大爆炸”的条件下，获得类似的一般结论指出了途径。后来，他同西亚马的学生霍金一起，将存在的奇点证明推广到更加一般的情况，包括早期宇宙，被称为彭罗斯－霍金奇点定理。

彭罗斯对引力坍缩局域条件的研究也做出了最具决定性的贡献。1969年，他提出“弱宇宙审查假说”，指出任何新出现的奇点都会被限制在一个包围着那个隐蔽时空区域（后来被称为“黑洞”）的“事件视界”之内，同时留下一个可见的外部时空区域，其曲率虽然大但却有限。由于黑洞的超光速旋转会对其周围的时空区域产生拖曳作用，形成所谓的“能层”，在外部观测者看来，该区域中的物质是从黑洞中获得了一些引力能量，从而沿黑洞旋转的方向运动。这个过程被称为“彭罗斯过程”。同时，黑洞周围物质的**吸积**过程也会释放更多能量，形成像**脉冲星**那样的天体物理学现象。在此基础上，彭罗斯在1979年进一步提出“强宇宙审查假说”，认为一般说来，与经典力学一样，广义相对论也是一种决定论理论。按照该理论，所有观测到的现象都可以通过其初始数据加以预言。

同年，彭罗斯又将广义相对论用于物理宇宙学，提出“魏尔曲率假说”，试图解释两个最基本的物理学问题：一方面，人们要解释一个这样的宇宙，在可观测的最大尺度上，其各种物理性质在空间上是均匀和各向同性的；另一方面，在热力学第二定律起源的问题上，却又存在着深刻的问题。彭罗斯认为，解决这两个问题的关键是引力场熵含量的概念；在宇宙的初始奇点（大爆炸）附近，相对于理论预言值，引力场的熵含量极低，但随后则开始单调上升，表现为通过物质的积聚而形成星系和**星系团**之类的结构；随着描写大爆炸附近宇宙引力场的魏尔曲率张量的实际消失，其动力学影响逐步增大，由此导致了宇宙中熵含量的全面增加，由此引发了宇宙的时间箭头。在彭罗斯看来，在对我们宇宙空间均匀性和各向同性的现有观测结果的解释上，自己的这个假说要比暴涨说更加可信。

彭罗斯还是一位出色的科普作家，出版有《皇帝新脑——有关电脑、人脑及物理定律》（1989）、《心灵的阴影：寻找缺失的意识科学》（1994）、《通向实在之路：宇宙法则的完全指南》（2004）、《时间的轮回：关于宇宙的全新观点》（2010）、《宇宙新物理学的时尚、信念与幻想》（2003）等，并与霍金共著《时空本性》（1996）。

（石云里）

彭齐亚斯，A. Arno Penzias（1933-04-26～ ） 美国天体物理学家。生于德国慕尼黑。1940年移居美国，1946年加入美国籍。1954年毕业于纽约市立学院物理专业，随后在美国陆军通信兵团服役两年，并在哥伦比亚大学辐射实验室担任研究助理。1956年成为该校研究生，1962年获博士学位。1961年受聘于贝尔电话实验室，1974年任实验室无线电研究室主任。1975年当选美国艺术与科学学院院士和美国国家科学院院士，1977年同**R.W.威耳孙**获美国国家科学院德雷珀奖章，1978年同威耳孙获诺贝尔物理学奖，1979年获

美国成就学会金牌奖，1998年获美国工业研究所奖章。

20世纪60年代初，为了改进与“回声”（Echo）和“电视星”（Telstar）卫星的通信，彭齐亚斯与威耳孙合作建立6米号角式接收天线系统，其定向灵敏度高于其他**射电望远镜**。彭齐亚斯又制造一个氦致冷参考源，威耳孙也改进了一套对比**天线温度**的开关装置。1964年，当他们测量**银晕**气体射电强度时，发现存在着无法消除的背景辐射，指出波长7.35厘米的微波噪声相当于3.5K**黑体辐射**。在以后的长时期测量中还发现背景辐射的各向同性程度极高，没有季节性变化。他们与麻省理工学院、普林斯顿高级研究院的天文学家共同探讨，并把辐射温度订正为2.7K，于1965年7月将发现公之于世，被称为3K宇宙背景辐射。彭齐亚斯和威耳孙认为，3K微波背景的发现是对**大爆炸宇宙学**的有力支持。彭齐亚斯还致力于改进和制作精密射电望远镜，并通过射电望远镜发现了大量**星际分子**。1973年他发现氘化分子DCN，并探测到星际中氘的分布。这些成果为宇宙起源的研究提供了重要证据。

（郭奕玲　石云里）

碰撞问题 collision 两个或多个天体碰撞产生的一系列问题。若P个质点在时刻t_1同时碰撞于一点，这就称为在t_1发生了P体碰撞。碰撞时刻t_1是多体运动方程的奇点。当时间趋于t_1时，碰撞质点的相互距离趋于零，鉴于万有引力与距离平方成反比，所以加速度趋于无穷大，微分方程在该点不再满足解的存在及唯一性定理的条件。能否通过一定的变换消除这一奇点，碰撞以后天体如何运动，在碰撞时刻附近轨道的渐近表现如何，以及虽不发生碰撞但出现几个质点彼此紧密接近，这时轨道的性质又如何，诸如此类都是碰撞问题所要讨论和研究的。从理论上说，不消除碰撞奇点就不可能得到**多体问题**的全局解。实际工作也要求解决碰撞和紧密接近时轨道的计算问题。

只要二体碰撞得到了详尽研究，并适当选取参数，就可以毫无困难地把天体在碰撞前后的运动清楚地表示出来。两个天体在相互引力的作用下，沿着一条近乎直线的轨道碰撞，然后就反弹回来。经过碰

撞，这个系统的能量积分、动量矩积分和质量中心的运动状态都保持不变。尽管碰撞时天体的加速度会无限增大，但是两个天体之间的距离 r 和其中任何一个天体的速度 v 的平方之积 rv^2 却趋于一个确定的有限值。所以，二体碰撞奇点是非本质的，可以通过一定的变换予以消除。

研究二体以上的碰撞问题要困难得多，尚有很多问题未弄清楚。但可以肯定，若要所有天体都同时碰撞于一点，则该系统动量矩的三个分量必须全部为零。因此，在研究该系统的一般运动状态时可避开这种情况。在**三体问题**的三体碰撞方面，有一些更为具体的研究成果。首先，如发生三体碰撞，三个质点必须始终保持在一个平面上。另外，它们只能组成等边三角形或连成一直线。发生在碰撞奇点邻近三体碰撞轨道的坐标的渐近表示式是形如$(t-t_1)^{\lambda_i}$项的线性组合。这些特征指数λ_i中有一个取值为 2/3，其他一般是无理数。这说明与二体碰撞奇点不同，三体碰撞奇点是本性奇点。K.F.松德曼对三体问题的碰撞奇点做了深入的研究。他首先适当选择初始条件，以排除三体碰撞，然后引入一个变量 ω 代替 t 作自变量，以消去所有的二体碰撞奇点。他证明了三质点的坐标、它们相互间的距离以及时间 t 都是 ω 的解析函数，因此能展开为它的收敛幂级数，而且这一点对于任何时刻都有效。松德曼级数是三体问题最重要的成果之一。

在 N 个天体（质点）组成的多体问题中，在某一时刻如果每个天体受到的引力都指向该系统的质心，并且引力的大小正比于该天体的质量和它到质心的距离，就称这 N 个天体组成的几何形状为中心构形。具有相似形状的中心构形，都看成是同一类的。N 个天体在趋于 N 体碰撞时，它们所组成的几何形状一定越来越接近于某类中心构形。如果这 N 个天体组成的系统具有无穷多类中心构形，则在趋于 N 体碰撞时，就可能摆动于这些中心构形之间。

（黄天衣）

碰撞阻尼 collision damping　由辐射原子和扰动粒子的碰撞引起的谱线致宽机制。又称碰撞致宽。碰撞致宽理论最早是由 H.A.洛伦兹提出的。他认为，当辐射振子受到碰撞时，振动会突然中断。碰撞期间发射中断，此后再发射的辐射与碰撞前的辐射相位是无关的。因此由角频率为ω_0的谐振子发出的是一段一段有限长度的波，其长度由两次碰撞的间隔时间决定。把辐射波按时间长度的分布概率考虑在内，可以得到由**辐射阻尼**确定的辐射强度$I(\omega)$的分布，即：

$$I(\omega)=\frac{I(\omega_0)\left(\frac{\gamma_c}{2}\right)^2}{(\omega-\omega_0)^2+\left(\frac{\gamma_c}{2}\right)^2}$$

式中γ_c为碰撞阻尼常数。

考虑到碰撞前后扰动质点接近辐射原子时辐射波的相位变化，可以得到更为一般的辐射强度分布形式：

$$I(\omega)=\frac{I(\omega_0)\left(\frac{\gamma_c}{2}\right)^2}{(\omega-\omega_0-\beta)^2+\left(\frac{\gamma_c}{2}\right)^2}$$

这表示除了谱线加宽外，还有谱线中心的位移量β（极大值不在线心$\omega=\omega_0$处）。由碰撞阻尼确定的吸收系数，按频率的分布与辐射强度的分布类似。

（李宗伟）

皮布尔斯，P.J.E. Phillip James Edwin Peebles（1935–04–25～　）美籍加拿大裔天体物理学家。生于加拿大曼尼托巴省温尼伯市。本科毕业于曼尼托巴大学，1962 年在美国普林斯顿大学获得博士学位，随后留校工作，1972 年晋升教授。1977～1978 年、1990～1991 年和 1998～1999 年曾在普林斯顿高等研究院理学院访学。2002 年转为荣休教授。

自 1964 年开始**物理宇宙学**研究，探讨宇宙起源问题。该领域当时被公认为是“死胡同”，但皮布尔斯却坚持探索。1964 年，他在导师 R.狄克指导下对宇宙大爆炸留下的微波背景辐射进行计算，得出约为 10K。尽管早在 1948 年 G.伽莫夫、R.阿尔法和 R.赫曼就已经进行了同样的计算，但皮布尔斯的计算正好与 **A.彭齐亚斯**和 **R.W.威耳孙**对微波背景辐射的发现同时，为及时确认和解释做出了直接贡献。除此之外，他对原始核合成、**暗物质**、宇宙结构形成等领域的研究都做出了重要的理论贡献。自 1970 年以来，他被广泛认为是世界领先的理论宇宙学家。他在 1987 年提出了原初等曲率重子模型（primordial isocurvature baryon model）；他还因奥斯特里克–皮布尔斯判据而闻名，该判据与**银河系形成**的稳定性相关。他的工作“为宇宙学中几乎所有的现代研究奠定了基础，包括理论和观测，将一个高度猜测性的领域变成了一门精密的科学”。2019 年，皮布尔斯因在物理宇宙学中的理论发现与 **M.麦耶**、**D.奎洛兹**同获诺贝尔物理学奖。

先后当选美国物理学会会士（1964）、皇家学会会员（1982）、美国哲学学会会士（2004）和美国天文学会遗产级会员（2020），还曾获英国皇家天文学会爱丁顿奖（1981）、美国天文学会和物理研究院海涅曼天体物理学奖（1982）、美国天文学会罗素讲席（1993）、太平洋天文学会布鲁斯奖章（1995）、瑞典斯德哥尔摩大学克莱因纪念讲席（1997）、英国皇家天文学会金质奖章（1998）、耶鲁大学格鲁伯宇宙学奖（2000）、以色列技术研究所哈维奖（2001）、中国香港邵氏基金会邵逸夫天文学奖（2004）、瑞典皇家科学院克拉福德奖（2005）、澳大利亚新南威尔士大学和澳大利亚物理研究所狄拉克奖章（2013）、加拿大曼尼托巴省荣誉勋章（2017）。

（石云里）

偏袒参数 bias parameter　星系的空间分布与宇宙中**暗物质**的分布不一致的数字表征。偏袒参数$b(\vec{r})$，是一个与空间位置$\vec{r}$有关的量，一般被定义为：$b(\vec{r})=\delta_g(\vec{r})/\delta_{DM}(\vec{r})$。其中$b(\vec{r})$和$\delta_{DM}(\vec{r})$分别代表了星系和暗物质空间分布的数密度涨落。因为星系偏袒的存在，人类对可观测星系的空间分布的测量并不能代表宇宙中暗物质的分布。然而在大尺度上，偏袒参数近似于一个与尺度无关的常数。这个常数实际上还与星系自身的性质有关，一般也并不等于 1。所以从宇宙大尺度结构分布中，人们发现星系的空间分布与通过 N 体暗物质数值模拟所描绘的宇宙暗物质分布是十分相似的。

星系偏袒的概念最初是由英国天文学家 N.凯瑟在 1984 年提出，用于解释场星系和**星系团**成员星系的不同成团性大小。大规模星系巡天观测进一步发现，星系偏袒还与星系的一些本征参数有关，例如星系的光度、**恒星质量**、颜色、恒星形成率等。光度越大、恒星质量越大、颜色越红的星系的偏袒参数通常也越大。这说明亮红星系在宇宙空间中是聚集成团的，处于物质密度比较高的区域。同时，它表明星系偏袒参数的产生与星系的形成过程中的重子效应（如恒星形成、反馈机制等）以及它所处的宇宙空间环境有关。

根据主流星系形成和演化模型理论，星系是在**暗物质晕**的环境里通过气体的冷却、坍缩所形成的。因为暗物质晕的空间分布与暗物质的整体分布也是存在偏袒的，所以在暗物质晕模型框架里，星系的偏袒参数自然地与暗物质晕的偏袒参数联系在了一起。天文学家发现，亮红星系通常分布于大质量的暗物质晕里，而越大质量的暗物质晕的偏袒参数值也越高，从而很好地解释了观测到的星系偏祖参数。在大尺度结构上，星系的暗物质晕环境起到了主导作用，星系的偏祖参数主要由暗物质晕的偏祖参数所决定。然而在小尺度结构上，星系形成过程中的复杂重子效应会影响不同性质星系的偏祖参数。偏祖参数在小尺度上的行为就与具体的星系形成过程相关，不再接近一个常数。　（郭　宏）

平面圆型限制性三体问题　plane circular restricted three-body problem　限制性三体问题中比较简单的、也是研究得最多的一种类型。平面圆型限制性三体问题研究无限小质量体在两个有限质量体的万有引力作用下的运动规律，并假定两个有限质量体在相互引力作用下绕其质量中心做圆周运动。如无限小质量体的初始位置和初始速度在两个有限质量体的轨道平面内，则无限小质量体永远在该轨道面内运动，这样就成为平面圆型限制性三体问题。它是三体问题中最简单的情况。

取两个有限质量体 P_1、P_2 的连线为 x 轴（图 1）。设无限小质量体到 P_1、P_2 的距离分别为 r_1、r_2，则相应于旋转坐标系的运动方程有一个首次积分：

$$v^2 = x^2 + y^2 + \frac{2m_1}{r_1} + \frac{2m_2}{r_2} - c$$

式中v为无限小质量体的速度；x、y为其坐标；c为积分常数；m_1、m_2为P_1、P_2的质量。这就是著名的雅可比积分。

当无限小质量体的速度为零时，上式就成为：

$$x^2 + y^2 + \frac{2m_1}{r_1} + \frac{2m_2}{r_2} = c$$

这是一个曲线方程，称为零速度线，在空间情况下便是曲面，称希尔曲面。根据小天体的初始位置和初始速度，可以确定积分常数 c，也就确定了零速度线在旋转坐标系中的位置。当 c 的数值非常大时，它描绘出一条远离原点的近于圆形的闭曲线S'_1以及分别围绕 P_1 和 P_2 的两条很小的闭曲线 S_1；当 c 值逐渐减小时，外面的闭曲线也逐渐缩小，P_1、P_2附近的两条小闭曲线则逐渐扩大；c 值减小到一定程度时，两条小闭曲线相遇，相遇的点 L_1 称为自交点。在自交点曲线的法线方向不确定，也就是奇点的情况。相遇时，里面的曲线记为 S_2，外面的曲线记为S'_2；当 c 继续减小到一定程度时，里面的曲线相遇后继续扩大为一个闭曲线 S_3，并与不断缩小的外面曲线S'_3相遇于L_2点；c 再继续减小，里外两曲线变成一条闭曲线 S_4，在 L_3 处自己相交；最后，当 c 再减小时曲线分裂成上下两半，即 S_5；c 再继续减小到一定程度，S_5 就收缩成为两个点，即 L_4 和 L_5（图 2）。

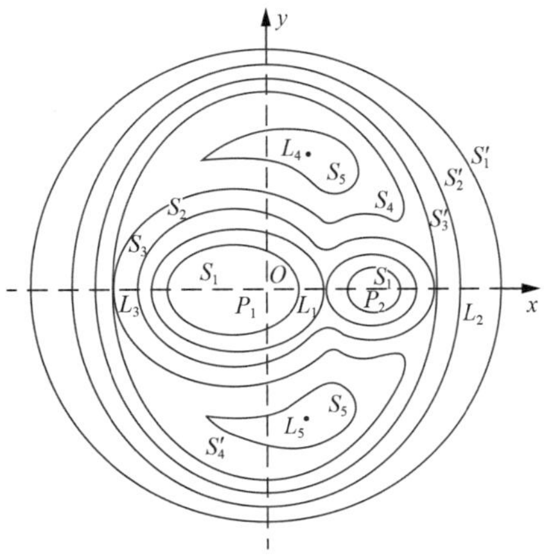

图 1　零速度线和它的自交点

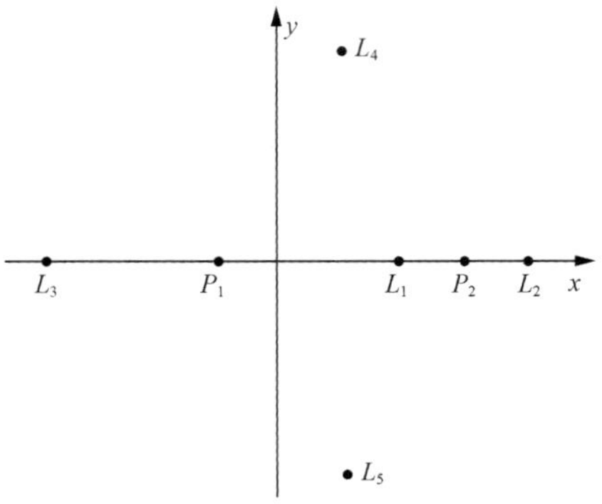

图 2　拉格朗日平动点 L_1、L_2、L_3、L_4、L_5 的位置

以上五个点代表平面圆型限制性三体问题的运动方程的五个特解。这五个特解是由 J.-L.拉格朗日首先求得的，所以称为拉格朗日特解，又称平动解。它们都在两个有限质量体所在的平面上，并与有限质量体保持固定的相对位置，这五个点称为平动点。五个平动点中有两个点对称于 x 轴，并分别与 P_1、P_2 组成等边三角形，习惯上表示为 L_5（$y>0$）和 L_5（$y<0$）。若无限小质量体的初始位置在 L_4或 L_5，而且相对于坐标系的初速度为零，则小天体在两个有限质量体的吸引下，随着有限质量体一起做圆周运动，而且与 P_1、P_2 组成等边三角形，永远保持不变，因此，这两个特解又称为等边三角形解。另外三个平动点在x轴上，L_1 位于 P_1 和 P_2 之间，L_2 位于 P_2 的右边，L_3 位于 P_1 的左边，它们相对于 P_1、P_2 都是固定点，具体位置与质量有关。由于 L_1、L_2、L_3 与 P_1、P_2 在同一直线上，故称为直线解。这些结果在空间情况中也同样成立。

在椭圆型限制性三体问题和更一般的三体问题中，也存在等边三角形解和直线解，而且在太阳系中，已找到实际的例子。特洛伊群小行星的运动就是一个例子。它们位于太阳、木星等边三角形解附近。

1957 年以后，平面圆型限制性三体问题在讨论月球火箭运动理论中得到了应用，利用零速度面可以确定火箭飞向月球的最小速度。零速度面在讨论运动区域时有重要意义，还被进一步用来研究双星的演化。　（赵德滋）

平太阳日　mean solar day　平太阳连续两次上中天所经历的时间间隔。是一种天文计时单位。由于太阳的周年视运动是不均匀的，太阳运行至近地点时最快，至远地点时最慢。同时，因为黄道与赤道并不重合，存在黄赤交角，因而根据太阳来确定的真太阳日有长短不一的问题。

为了解决这个问题，使计时系统均匀化，假想了一个辅助点——“平太阳”，它沿着天赤道匀速运行，速度等于太阳在一年内的平均速度，并且和太阳同时经过近地点（即地球过近日点）和远地点（即地球过远日点）。将这个“平太阳”连续上中天的时间间隔称作平太阳日。1 个平太阳日等分为 24 个“平太阳小时”，1 个“平太阳小时”再等分为 60 个“平太阳分”，1 个“平太阳分”又等分为 60 个“平太阳秒”。根据这个系统计量时间所得的结果就称作“平太阳时”，简称“平时”。这就是日常生活中所使用的时间。

以平太阳日作为计量时间的基本单位是从 19 世纪末期开始的。为了计算方便，S.纽康首先假设了一个“平太阳”。

近代以来，测时精度提高，发现地球自转并不是绝对均匀的，但它的速度变化极其微小，根本不影响历法的制定，这里就不再详细地叙述。　（李宗伟）

平太阳时　mean solar time　按平太阳日计量的时间。见世界时。

平运动轨道共振　mean motion resonance　天体运动中出现的各种共振现象的泛称。又称轨道共振。轨道共振原是指两天体之间的轨道–轨道共振，即两个天体各自以平太阳速度 n_1 和 n_2 绕同一中心天体运行，满足条件 $n_1/n_2 = \mathrm{p/q}$（p、q 为正整数），即构成两个运行轨道之间的 p/q 轨道共振。平太阳速度又被称为平运动，故而轨道共振又被称为平运动共振。

平运动共振表现为两天体在轨道上的位相差$l = pl_2 - ql_1$（l 是平近点角）在平衡位置附近摆动。该现象在太阳系中普遍存在，如火星与木星之间的主带小行星与木星之间的 2∶1、3∶2、3∶1 共振，特洛伊型小行星群与木星之间的 1∶1 共振，土卫六与土卫七之间的 4∶3 共振等。平运动轨道共振增强了两天体之间的角动量转换，可以增强（如冥王星与海王星的 3∶2 轨道共振）或者破坏系统（小行星的柯克伍德空隙）的稳定性，其机理仍然是天体力学研究的重要内容。（易照华）

普拉斯基特星　Plaskett's star　银河系中一个由两个质量和光度都非常大的 O 型星组成的非掩食的双星系统。在标准历元 J2000 赤道坐标系中，赤经为 $06^h37^m24.041\,30^s$，赤纬为 +06°08′07.3719″。又称麒麟座 V640（V640 Mon）或 HD47129 等。普拉斯基特星是银河系中质量最大的双星系统之一。1922 年，加拿大天文学家 J.S.普拉斯基特在其儿子 H.H.普拉斯基特的协助下对麒麟座 V640 进行观测，发现了它的双星本质。于是天文学家以这对父子的姓氏来命名该系统，称其为普拉斯基特星。2008 年，N.林德尔等通过高分辨光谱数据得到普拉斯基特星主星和次星的质量分别是 45.4 倍太阳质量和 47.3 倍太阳质量，质量比为 1.05。普拉斯基特星的视星等是 6.05 等，轨道周期为 14.396 25 ± 0.000 95 天。主星的自转速度是 75 千米/秒，而次星的自转速度则高达 300 千米/秒，导致星体变形，赤道处隆起。它的亮度在几小时内存在从 6.0 等到 6.1 等的不规则光变，引起这种不规则光变的原因可能来源于双星轨道、星风碰撞下的热斑和米粒组织等。

普拉斯基特星中每个子星的光度比它们的光谱型对应的光度低得多，造成这种偏差的原因也许是因为普拉斯基特星离我们的距离比我们之前认为的要远 2 倍，它很可能并不是麒麟座 OB2 星协的成员星，从而每个子星比之前计算得到的要亮 4 倍。（朱俐颖）

普朗克时期　Planck era　宇宙自大爆炸创生之后最早可能被描述的物理时期。这一时刻可以通过宇宙时间来衡量，是经过普朗克时间（指时间量子间的最小间隔，10^{-43} 秒）之前，大约在 5.391×10^{-44} 秒的阶段。在这个时期之前的宇宙还没有一个合适的物理理论可以描述，也无法通过当前的实验观测手段来探知。通常物理学家们相信这个时间尺度之上的物理过程是由引力的量子效应所主导。因此，大家期待存在某一个量子引力理论对其进行描述。根据传统的热大爆炸宇宙学观点，物理学家相信这个时期的宇宙应该处于一个极高能标，并且是极高温度、极致密的物理形态，衡量这一形态的相关单位有：普朗克长度，约为 1.616×10^{-35} 米；普朗克能标，约为 1.221×10^{19} 吉电子伏；普朗克温度，约为 1.417×10^{32} 开。（蔡一夫）

普适图像传输系统　flexible image transport system; FITS　天文领域广泛使用的一种用于存储、传输以及分析处理数据的格式标准，主要用于多维数组和表格数据。数组一般用于存储图像数据，表格一般用于存储星表数据。FITS 格式开始于 20 世纪 70 年代末，很快成为天文数据交换的事实标准，并于 1983 年得到了国际天文学联合会（IAU）的正式官方认可。1988 年成立了 IAU 的 FITS 工作组（IAUFWG），全权负责 FITS 格式的修订和完善，规定今后对 FITS 标准的修改不得破坏前后一致性，也就是所谓的“once FITS, always FITS”。稳定的 FITS 版本是 3.0，2016 年 7 月 IAU FITS 工作组发布了 4.0 的草案版本。

FITS 文件由一个或者多个头数据单元（HDU）组成，第一个头数据单元被称为主头数据单元（primary HDU），后面的是扩展单元或其他特殊记录，扩展类型名需要向 IAUFWG 注册，标准的扩展类型有图像扩展（IMAGE）、ASCII 表扩展（TABLE）、二进制表扩展（BINTABLE）。此外还有一种随机组，主要用于射电干涉数据领域。FITS 文件组织结构如下：主头数据单元、扩展（可选）、其他特殊记录（可选、严格）。

每个 HDU 的头和数据长度均为 2880 字节或其整数倍，不够 2880 字节的时候用空格（ASCII 码）或零（二进制数据）补足。头记录了 FITS 数据的元信息，必须严格遵从格式规范，每 80 个字节为一组［1～8 字节：关键字，9～10 字节：'=', 11～80 字节：值］。FITS 文件主头的第一个关键字必须为“SIMPLE”，主头后面跟的如果是随机组，则头信息里的其他关键字必须按固定顺序列出。扩展头的第一个关键字必须为“XTENSION”。XTENSION ='IMAGE' 表示图像扩展；XTENSION ='TABLE'表示 ASCII 表扩展；XTENSION ='BINTABLE' 表示二进制表扩展。（王锋　邓辉）

谱斑　plage　太阳色球中比周围背景明亮的区域。通常用两种单色光观测太阳的色球层，即氢原子发射的 Hα（波长 656.28 纳米）或 Hβ（486.13 纳米）谱线和电离钙原子 Ca Ⅱ 发射的 K 线（393.37 纳米）或 H 线（396.85 纳米）。用氢谱线观测到的谱斑称为氢谱斑，用钙谱线观测到的谱斑称钙谱斑。谱斑一般出现在太阳黑子附近（见图），但比黑子早出现，寿命也比黑子长得多。谱斑位置上与下方光球中的光斑对应，是光斑在色球中的延伸。谱斑的面积比下层光斑的面积更大，这是光球磁流管在色球层中扩散造成的。通常都把谱斑所占的面积作为太阳活动区的范围。研究表明，

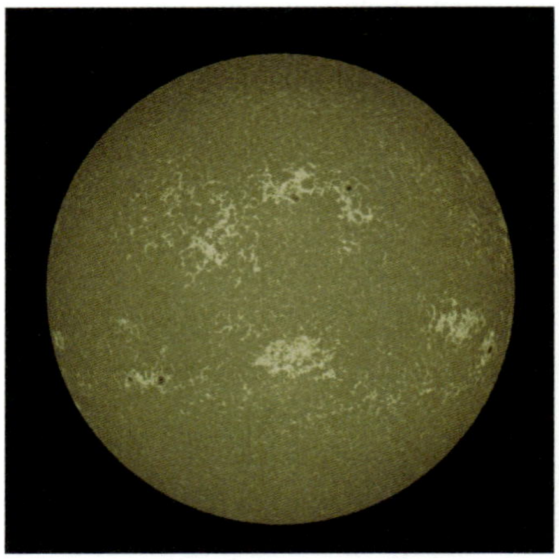

太阳动力学天文台拍摄的谱斑

谱斑的发射强度与下方光球的磁场强度成正比，可见谱斑的发射机制必定与磁场有关。谱斑磁场的磁感应强度为几十至几百高斯，极性分布取决于附近黑子磁场的极性分布。（林元章）

谱线轮廓　spectral line profile　描述谱线的能量随波长或者频率变化的相对分布。典型的谱线轮廓有洛伦兹型轮廓、高斯型轮廓、佛克脱型轮廓。

能级间跃迁产生的辐射理想情况是离散单色谱线，实际观察到的谱线受到多种机制的影响发生谱线增宽和谱线位置移动，导致谱线增宽的机制有不确定性原理的自然增宽、热多普勒效应、碰撞效应，天文观测中常考虑辐射阻尼、多普勒效应、压力效应、恒星自转、恒星大气的膨胀和湍动等。通过观测得到的谱线宽度还包括仪器轮廓增宽，观测谱线轮廓是真谱线轮廓和仪器轮廓的卷积。

对谱线轮廓进行定量描述的参数包括谱线半高全宽、等值宽度、零强度全宽、峰值强度等。单个谱线有宽、窄和深、浅的不同，对谱线位置、谱线轮廓和增宽效应的定量分析，可深入研究观测天体目标的元素丰度、物理状态、物理过程及动力学参数。（胡中文）

谱线位移　displacement of spectral line　泛指谱线偏离正常频率位置的现象。引起谱线位移的原因很多。例如，当光源沿视线方向运动时，它发出的谱线频率会发生变化，这就是多普勒效应。多普勒效应所引起的谱线位移被广泛地应用于天文学研

究中。例如，测量天体的视向运动速度和自转速度，研究**双星**的运动等。

光源处于强引力场也会引起谱线向红端位移。例如，**白矮星**表面的引力场很强，观测已经证实了白矮星谱线有**引力红移**。此外，像二次斯塔克效应、辐射原子和中性氢原子的碰撞过程等都可能产生谱线位移。在星系中，已经发现绝大多数河外星系和全部**类星体**的光谱都向长波方向位移（红移）。河外天体的这种红移被认为是**宇宙学红移**。

（何香涛）

Q

启明星　Phospher; Phospherus　中国古代对金星的别称。还有长庚星、晨星、昏星、太白等。金星是内行星，与太阳的黄经差（距角）不能超过 48°。如图 1 所示，当金星位于太阳和地球中间时，距角为 0，叫作下合，这时金星淹没在太阳的光芒中而不可见。下合之后，金星继续由东向西逆行，来到太阳的西边，距角逐日增加，开始出现在日出前的东方天空中，古人把它叫作启明星，又叫作晨星。

图 1　出现在晨曦中的启明星
（吴光节摄于云南会泽，2010 年 12 月 4 日）

当距角达到最大时，叫作西大距，金星在天空中的移动变得很慢以至停止，叫作留。留结束后，金星改变方向由西向东顺行，从后面追赶太阳，距角逐日变小以至为零。金星早晨升起的时间也越来越晚，又一次淹没在阳光中。这时太阳位于地球和金星的中间，叫作上合。上合之后，金星越过太阳继续顺行，来到太阳的东边，开始出现在日落后西方的天空中，古人把它叫作长庚星，又叫作昏星。

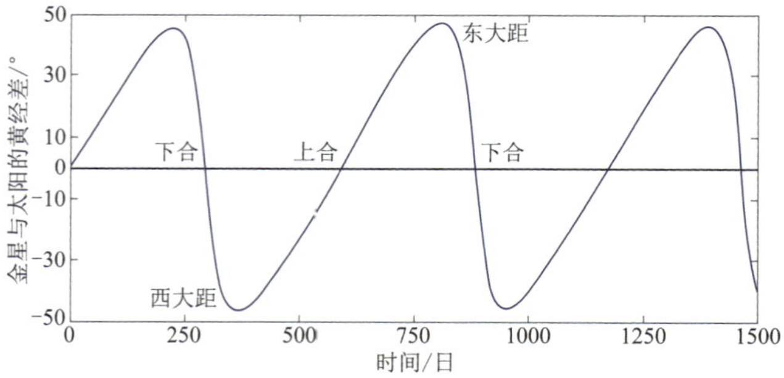

图 2　金星距角的变化

当距角再一次达到最大时，叫作东大距。东大距后经过一次留，金星改为逆行，迎面迎接太阳，再次下合，完成 583.9 日的一个会合周期（图 2）。

（李广宇）

气体星云　gaseous nebula　银河星云中主要由气体组成的亮星云。包括*行星状星云*和*发射星云*等。在 20 世纪 60 年代，对行星状星云进行红外观测，发现在这些一向被认为是完全由气体组成的星云中，也存在着相当数量的尘埃物质。经过进一步的研究表明，这些尘埃物质和气体一样，都是在星云形成的初期就已经存在的。在气体星云中，有不可忽视的尘埃微粒，只是比其他星云稀少一些。*银河系*中的弥漫气体星云，大部分集中在*银道面*附近，平均银纬约 2°。它们的质量，从太阳质量的几分之一到几千倍，但大部分为太阳质量的十倍左右。气体星云都具有发射光谱如*鹰状星云*（见图）。弥漫气体星云照明星的

一个典型气体星云——鹰状星云（M16）

温度一般低于行星状星云中心星的温度，所以弥漫气体星云的激发度也低于行星状星云。光谱中最强的谱线是氢的巴耳末（Hα）线和一次电离氧（OⅡ）的禁线。由于红光的穿透力较强，所以弥漫气体星云光谱中氢原子的 Hα 线很强。因此对暗弱星云的照相观测，一般都采用只透过强发射线（如 Hα）的窄带滤光片和红敏底片进行长时间露光。很多暗弱的电离氢区都是采用这种方法发现的。最亮的气体星云是*猎户星云*（M42）；最大的气体星云是南天的古姆星云，它的角直径为 30°；最美丽的气体星云是天鹅座的网状星云（见*天鹅圈*）。在许多河外星系中，特别是在*旋涡星系*的旋臂中，也观测到有大量的气体星云。

（郝象樑）

千新星　kilonova　一种在中子星－中子星、中子星－黑洞双星系统并合时发生的光学与红外辐射现象。又称李－帕钦斯基新星（Li-Paczynski nova）、巨新星（macronova）、并合新星（mergernova）等。当两个*中子星*或中子星与黑洞双星系统通过引力波辐射带走轨道角动量，并最终相互旋进发生并合时，由于潮汐和吸积盘风等作用，有少量物质会被高速抛射出来，并具有近似各向同性性。富中子化的抛射物质将能够通过快中子俘获过程有效合成大量重元素（质量数 $A > 130$），这些重元素的衰变进而将加热抛射物使其发出明亮的可见光和近红外辐射。在有大量镧系元素形成时辐射还会被显著红化。有关千新星的研究对理解宇宙中重元素的起源具有重要意义。理论计算表明，千新星辐射的峰值光度可达到 10^{41} 尔格/秒量级，峰值时间处于引力波信号之后的数小时到数天的量级。此外，并合抛射物与环境介质的相互作用还可能在千新星辐射数月或数年后造成多波段（特别是射电）的余辉辐射。

千新星辐射可能受到并合产物的影响。特别是对于双中子星的并合，并合后的产物有一定可能是一颗处于极限旋转状态的大质量中子星。该中子星的自转能损将能够为并合抛射物注入额外的能量，其多少主要取决于中子星的磁场强度和中子星存在的时间（它可能在自转减慢后最终坍缩为*黑洞*）。在一定条件下，由中子星注入的能量将使千新星辐射显著增强（甚至可与*超新星*辐射相媲美），并可能导致强烈的紫外辐射。此外，这些由中子星供能的千新星还可能具有一些特殊的高能辐射特征，使其区别于单纯由重元素衰变供能的情形。

千新星辐射有可能出现在短时标 *γ 射线暴*的余辉当中，因为这些暴被认为很可能起源于致密星的并合。2013 年 6 月 3 日，*哈勃空间望远镜*在短 γ 暴 GRB 130603B 爆发一周后发现了一个显著超出该暴余辉辐射强度的近红外信号，被认为是千新星的第一个观测事例。之后，人们又相继在 GRB 050709、GRB 060614、GRB 080503 等短 γ 暴余辉的历史数据中找到了可能的千新星候选体。鉴于千新星辐射的近似各向同性和短 γ 暴辐射的高度集束性，原则上应该有数目更多、不与短 γ 暴成协的孤立千新星有待发现。

引力波探测将有望为千新星的观测发现提供重要帮助，因为致密星的并合同时也是强烈的引力波辐射源。随着引力波探测的实现，引力波和千新星（以及可能的短 γ 暴）的联合观测备受人们期待。它将为千新星的理论预言提供最坚实的观测支持，并进一步为并合产物的性质提供强烈的限制。与此同时，作为引力波最重要的电磁对应体之一，千新星观测也将十分有助于引力波定位精度的提高和距离的确认。

（俞云伟）

钱德拉塞卡，S. Subrahmanyan Chandrasekhar（1910-10-19～1995-08-21） 美籍印度裔理论物理学家、天体物理学家。生于今巴基斯坦的拉合尔，卒于美国芝加哥。1930

年毕业于印度马德拉斯大学，1930～1934年在英国剑桥大学三一学院学习理论物理，其间曾到哥本哈根学习一年，结识N.玻尔；1933年获剑桥大学博士学位，并当选三一学院研究员。1935年应邀前往美国哈佛大学天文学访学，1936年成为芝加哥大学叶凯士天文台理论天体物理学助理教授，后任副教授、教授，1952年成为该校天体物理杰出贡献教授，1953年加入美国籍。1944年当选英国皇家学会会员，1949年荣获美国天文学会罗素讲席，1952年获太平洋天文学会布鲁斯奖章，1953年获英国皇家天文学会金质奖章，1955年为美国科学院院士，1957年获美国艺术与科学院拉姆福德奖，1966年获美国国家科学奖章，1968年获印度莲花赐勋章，1971年获美国国家科学院德雷珀奖章，1972年获波兰物理学会斯莫鲁科夫斯基奖章，1983年获诺贝尔物理学奖，1984年获英国皇家学会科普利奖章，1988年当选国际科学学会荣誉会员，1989年获芝加哥大学拉因奖，1990年获美国成就院金牌奖。另外还获得过美国国立射电天文台詹思吉讲席和德国洪堡奖。1952～1971年任美国《天体物理学杂志》主编。

在恒星内部结构理论、恒星和行星大气的辐射转移理论、星系动力学、等离子体天体物理学、宇宙磁流体力学和相对论天体物理学等方面都有重要贡献，并因在恒星结构和演化方面的研究而获得诺贝尔物理学奖。1929年，他集中开展恒星结构的研究。1930年，他利用完全简并的电子气体的物态方程建立白矮星模型，导出白矮星的质量上限是太阳质量的1.44倍。这就是著名的钱德拉塞卡极限。1939年，他出版《恒星结构研究引论》一书，系统论述恒星内部结构理论。1939年，他开始恒星动力学研究，运用经典力学讨论星团、星系等天体系统的动力学问题，修正了J.H.奥尔特等人提出的恒星动力学模型，进而开展对星际介质的研究，发现星系中的气体与尘埃的分布的不均匀性，于1943年出版《恒星动力学原理》一书。1943年开始辐射转移方面的研究，于1950年出版《辐射转移》一书，总结了他在恒星和行星大气辐射转移理论方面的主要工作。他处理了有偏振的辐射转移问题，并用量子力学方法计算了作为中介光谱型恒星大气不透明度源泉的负氢离子吸收系数（见负氢离子吸收）。1950年，他开始研究磁流体的稳定性和流体动力学，于1960年出版《等离子体物理》，1961年出版《流体动力学和磁流体力学的稳定性》，1969年出版《平衡体系的椭圆图样》等专著。1971年，他开始黑洞数学理论的研究，于1983年出版《黑洞的数学理论》一书。20世纪80年代后期，他开展了对引力波、碰撞问题的研究。

（郭奕玲 石云里）

钱德拉塞卡极限 Chandrasekhar limit 稳定白矮星的质量上限。白矮星是一种依靠简并电子压力来抗衡自引力而维持稳定平衡的简并矮星。20世纪30年代，S.钱德拉塞卡研究了这种星的平衡和稳定性质，利用牛顿引力理论中的无转动球对称星体结构方程，并用理想费米气体方程作为简并电子的物态方程，证明存在一个质量上限$M_c \approx 1.44M_\odot$，式中$M_\odot$为太阳质量。当星体的质量小于M_c时，存在稳定的平衡解；当大于M_c时，没有稳定的平衡解。也就是说，简并矮星的最大质量M_c就是钱德拉塞卡极限。

（张家铝）

钱德拉X射线天文台 Chandra X-ray Observatory; CXO 美国航空航天局（NASA）于1999年7月23日从肯尼迪航天中心发射升空的一颗大型X射线天文卫星。该卫星是爱因斯坦天文台的后续者，之前被称为先进X射线天文设备（AXAF），但被美国航空航天局于1998年12月改为现名，用以纪念天体物理学家S.钱德拉塞卡。CXO和哈勃空间望远镜、斯皮策空间望远镜以及康普顿γ射线天文台一同被称为美国航空航天局的四大旗舰"大型天文台"。CXO在轨期间由美国哈佛-史密松天体物理中心（CfA）的钱德拉X射线中心（CXC）管理和控制。CXO是世界上最强大的X射线望远镜：与以往任何X射线望远镜相比，它有高八倍以上的空间分辨率，能够形成很清晰的图像，并能够探测暗弱20倍以上的天体。除了具有极高的空间分辨率（亚角秒）以外，CXO还具有极高的能量分辨率，让天体物理学家们获得了各种环境下多个种类天体的X射线图像和光谱，从而帮助了解宇宙的结构和演化。CXO总重约4.8吨，主镜为套筒式沃尔特Ⅰ型掠射式望远镜，口径1.2米，焦距10米，接收面积0.04平方米，观测能量范围为0.1～10千电子伏（keV）。尽管设计寿命仅为五年，CXO自升空以来一直很好地工作（已完成超过18年的观测）并能继续健康工作许多年。它运行在一个椭率为0.744的高轨椭圆轨道上，近日点为14 310千米，远日点为134 530千米，轨道周期为63.5小时，轨道倾角76.7°。CXO携带四个科学仪器：先进CCD成像光谱仪（ACIS）、高分辨率照相机（HRC）、高能透射光栅光谱仪（HETGS）与低能透射光栅光谱仪（LETGS）。ACIS和HRC为焦面仪器，能很好地捕捉被主镜精准聚焦的X射线光子，获得其数目、位置、能量以及到达时间的信息。HETGS和LETGS可以提供X射线光子更为详细的能量信息：X射线光子被主镜聚焦后通过HETGS或者LETGS进行衍射，再由ACIS或者HRC对光子能量进行精准记录。CXO观测得到的数据每八小时往地面传输一次。

先进CCD成像光谱仪（ACIS）由十块CCD组成，观测能段为0.08～10keV，每块CCD均含有1024×1024个像素，每个像素的大小为0.492角秒，在进行X射线成像的同时，也能记录光子的能量信息。ACIS的四块CCD以二乘二的形式排列，侧重于成像能力，叫作ACIS成像阵列（ACIS-I），视场大小为16.9角分×16.9角分；另外六块CCD以一乘六的形式排列，侧重于光谱拍摄能力，叫作ACIS光谱阵列（ACIS-S），视场大小为8.4角分×50.7角分，位于ACIS-I下方。

高分辨率照相机（HRC）观测能段为0.06～10keV，由两个微通道板探测器组成，一个侧重于成像能力，叫作HRC-I，另一个侧重于光谱拍摄能力，叫作HRC-S。HRC-I视场大小为30角分×30角分，能谱分辨率（即E/delta_E）为1。HRC-S视场大小为6角分×99角分，位于HRC-I下方；HRC-S可以和LETGS很好地配合使用，时间分辨率为10毫秒；HRC-S也可以用于快速计数模式，达到16微秒的时间分辨率。

高能透射光栅光谱仪（HETGS）观测能段为0.4～10keV，能谱分辨率为60～1000。HETGS由四个环形透射光栅组成，里面两个为高能光栅，外面两个为中能光栅。

低能透射光栅光谱仪（LETGS）观测能段为0.08～2keV，能谱分辨率为40～2000。

CXO极其优异的观测能力极大地推进了X射线天文学的进展，其做出了一系列重要的发现，例如：首次对超新星遗迹中心的致密天体及其喷流进行X射线成像，首次对银心超大质量黑洞进行X射线观测，观测到星系（超）团并合的冲击波并为**暗物质**的存在提供证据，探测到中等质量黑洞的候选体，观测到**γ射线暴**的X射线发射线，观测到绕着类日恒星公转的**褐矮星**，观测到超大质量黑洞的X射线发射圈、环、纤维状形态，观测到**活动星系核**喷流吹出的巨大空洞，完成众多X射线河外**巡天**（包括截至2023年人类获得的最深X射线观测——700万秒钱德拉南天深场）并发现宇宙X射线背景辐射绝大部分由活动星系核贡献。（薛永泉）

钱德勒，S.C.　Seth Carlo Chandler（1846-09-17～1913-12-31）　美国天文学家。生于波士顿，卒于马萨诸塞州韦尔斯利山。1861年毕业于哈佛大学，1864～1870年在美国海岸测地局工作，并到阿根廷进行经度测量。1871～1881年受聘一保险公司任统计员，1881～1885年在哈佛大学天文台工作，1891～1908年任《天文学杂志》主编。1891年他分析全世界17个天文台3万多次纬度观测的资料，发现由于**极移**引起的纬度变化，除周年变化外，还存在14个月的周期变化。这种14个月的周期变化，很快就被证实是欧拉曾经预言过的地极自由摆动引起的。因而被命名为钱德勒周期。地极的这种钱德勒周期的运动，就称为钱德勒运动，或钱德勒摆动。此外，钱德勒还对**变星**特别是英仙座β进行了许多研究。1896年曾刊布包含393颗变星的**星表**。晚年还对星表系统、星等标准的建立进行大量研究工作。他一生共发表论文200余篇。由于在纬度变化研究上的重要成果，他获得英国皇家天文学会授予的金质奖章。

（陈美东）

钱德勒摆动　Chandler wobble　周期为427天（近于1.2年）的地极运动。由美国天文学家S.C.**钱德勒**提出。见**极移**。

强子过程　hadronic process　高能质子与周围气体或低频光子相互作用产生γ射线的过程。强子是由夸克组成的亚原子粒子，包括重子（3个夸克组成，如质子、中子和其他各种“奇异”粒子）和介子（1个夸克和一个反夸克物质组成，如介子、K介子和超介子等）。介子很不稳定，会迅速衰变为带电轻子、中微子或光子。

质子也可以通过激波加速。由于辐射冷却率很低，质子可以获得比电子更高的能量。这些相对论性质子可通过多种方式直接或间接地产生高能射线或中微子，主要包括：①质子的同步辐射；②逆康普顿散射（$p+\gamma \longrightarrow p+\gamma'$）；③介子产生过程（pγ过程，$p+\gamma \longrightarrow \Delta^+ \longrightarrow \pi^0+p$）；④贝蒂–海特勒（Bethe-Heitler）电子对产生过程（$p+\gamma \longrightarrow p+e^++e^-$）；⑤与介质通过强相互作用可产生次级介子（如pp碰撞）。此外，产生的高能光子在传播过程中可以被吸收，通过光致解离过程$A+\gamma \longrightarrow (A-1)+n/p$破坏原子核。

强子过程是高能天体物理现象（如**γ射线暴**、**超新星遗迹**、**活动星系核**等）中产生甚高能射线和高能中微子的主要机制。

质子的同步辐射　质子的同步辐射与电子类似，高能质子在磁场中做加速运动时也会产生同步辐射。相对论运动电荷产生同步辐射的总功率为：$P(\gamma)=\frac{4}{3}\sigma_T c\beta^2\gamma^2 U_B$，该公式对电子和质子都适用。只是要注意，对于质子而言，汤姆孙散射截面$\sigma_T=\sigma_{T,p}=\sigma_{T,p}(m_e/m_p)^2$，比电子的要小得多。尽管如此，相较于电子，质子同步辐射具有更长冷却时标$t_{cool,p}=t_{cool,e}(m_p/m_e)^3$，和更大的最高同步辐射光子能量$E_{max,p}=E_{max,e}(m_p/m_e)$（对电子同步辐射，$E_{max,e}=22$MeV；对质子同步辐射，$E_{max,p}=41$GeV）。因此，质子同步辐射仍被用于解释活动星系核（AGN）和γ射线暴（GRB）中的高能辐射现象。

逆康普顿散射　逆康普顿散射和电子一样，质子也可以通过逆康普顿散射产生高能光子：$p+\gamma \longrightarrow p+\gamma'$。

电子的逆康普顿散射公式可直接运用到质子，只需将其中的电子质量替换为质子的质量（$m_p \approx 1836m_e$）。质子的汤姆孙散射截面比电子的要小$(m_e/m_p)^2$倍，$\sigma_{T,p}=\sigma_{T,e}(m_e/m_p)^2 \approx 1.97\times10^{-31}\text{cm}^2$对于相同能量的质子和电子，质子逆康普顿散射的功率要比电子的低$(m_e/m_p)^4 \approx 10^{-13}$。因此，该过程在通常的天体物理过程中并不重要，除非质子获得的能量比电子的高得多。即便是极高能的质子，质子与光子相互作用的介子产生过程（$p+\gamma \longrightarrow \Delta^+ \longrightarrow \pi^0+p$）和贝蒂–海特勒电子对产生过程（$p+\gamma \longrightarrow p+e^++e^-$）也比质子逆康普顿散射要更为有效。

介子产生　介子产生（photomeson production）是指通过pγ过程产生Δ粒子（$p+\gamma \longrightarrow \Delta^+$），该过程具有较大作用截面$\sigma_{p\gamma\to\Delta^+} \approx 5\times10^{-28}\text{cm}^2$。这些低能光子可能来自与质子共同加速电子的同步辐射，或来自**喷流**附近的外光子。虽然该过程的截面比pp碰撞的低约2个量级，但多数情况下光子的数密度较质子/中子高得多，所以在很多高能天体物理系统中介子产生过程极为重要。

Δ^+有两种主要衰变途径：①占2/3通过$\Delta^+ \longrightarrow \pi^++n$；②占1/3会通过$\Delta^+ \longrightarrow \pi^0+p$衰变。$\pi^+$寿命只有$2.551\times10^{-8}$s，之后便衰变产生相对论性正电子（$\pi^+ \longrightarrow \mu^++\nu_\mu \longrightarrow e^++\nu_e+\bar{\nu}_\mu+\nu_\mu$）。这些高能正电子通过同步辐射或逆康普顿散射产生γ光子。而中性π^0则会直接衰变为γ光子。

π^0为中性π介子，其静止能量为134.9764(6)MeV，具有极短的寿命（8.4 ± 0.6）$\times10^{-17}$s，会经历电磁衰变，有两种方式：98.8%会通过$\pi^0 \longrightarrow \gamma+\gamma$衰变，每个光子的能量最低67MeV（在介子静止系中）；另外的1.2%以$\pi^0 \longrightarrow e^++e^-+\gamma$方式衰变。$\pi^0$衰变是产生甚高能γ光子的主要方式之一。

中性π^0可通过相对论质子与光子或介质相互作用产生，π^0衰变产生的γ光子携带的能量约为原初质子的十分之一，能谱指数和原初质子谱一致。

与电子辐射对比，π^0衰变具有以下特征：①高能质子的加速时标和参与的强相互作用时标都比较长，所以π^0衰变产生的γ射线辐射流强变化一般不会太快；②π^0是由强相互作用产生的，而强相互作用还产生$\pi^+\pi^-$，这些次级介子会衰变产生中微子；③高能电子的同步辐射能量损失会比较严重，相应高能辐射在百TeV前截断，而π^0衰变产生的γ光子能量只依赖于质子的能量。

电子对产生　高能质子还可以与光子作用($p+\gamma \longrightarrow p+e^++e^-$)产生正负电子对，该过程称为贝蒂–海特勒电子对产生。这些电子通过同步辐射或逆康普顿散射可产生费米/LAT观测到的高能射线辐射。光子可能逃逸或者通过$\gamma\gamma \longrightarrow e^+e^-$过程产生新的正负电子对，再由同步辐射产生新的光子。

贝蒂–海特勒电子对产生过程的反应截面依赖于核子参考中出射电子和入射光子之间的夹角，其峰值截面约为介子产生过程的10倍。对于射线暴喷流，电子本身可以通过费米机制加速到很高洛伦兹因子，比较而言贝蒂–海特勒过程并不太重要。但一旦贝蒂–海特勒过程产生的正负电子数量比喷流自带电子数多时，电子对产生过程重要性得以显现。

pp 碰撞　相对论质子与质子通过强相互作用产生次级介子的过程：$p+p \longrightarrow p+p+\pi^0$，$p+p \longrightarrow p+n+\pi^+$，$p+p \longrightarrow p+p+\pi^+ +\pi^-$。其中中性$\pi^0$衰变直接产生γ光子，该过程的反应截面为$\sigma_{pp\to\gamma\gamma} \approx 10^{-26}cm^2$。带电π介子衰变为μ子和中微子：$\pi^+ \longrightarrow \mu^+ +\nu_\mu$，$\pi^- \longrightarrow \mu^- +\bar{\nu}_\mu$，其平均寿命为$2.551\times10^{-8}$s。产生的带电μ子也是不稳定的，平均寿命为$2.2001\times10^{-6}$s，之后会经历衰变$\mu^+ \longrightarrow e^+ +\nu_e+\bar{\nu}_\mu$，$\mu^- \longrightarrow e^- +\nu_\mu+\bar{\nu}_e$。

pp 碰撞的反应截面较pγ过程（介子产生）高约 2 个量级。因此，在致密介质环境中，比如相对论性喷流穿越γ射线暴（GRB）前身星包层过程中，pp 碰撞变得更为重要。

光致解离　如果光子能量足够高，光子可以将原子核破坏，这种过程称为光致解离（photodisintegration）：

$$A+\gamma \longrightarrow (A-1)+n/p$$

该过程会吸收高能光子，影响很多的天体物理现象中的化学成分。比如恒星演化晚期，如果中心核的温度超过5×10^9K，则中心核内光子的能量已经超过了包括铁原子核在内的重原子核的结合能，光子可以将中心核内的各种原子核破坏，并且光致解离的产物可以再次发生光致解离。该过程吸收高能光子，是吸热过程，是造成恒星铁核坍缩，最终导致**超新星**爆发的主要原因之一。在γ射线暴的**黑洞**中心引擎模型中，超吸积盘（中微子主导吸积流）的温度可以达到10^{10}K，高能光子的光致解离将氦核分解为自由核子（质子和中子）。该过程也是中微子主导吸积流中重要的冷却机制。

总之，光致解离过程并不会对产生高能γ射线辐射有显著贡献，相反其主要是吸收高能光子，并影响致密天体或**星系际介质**中高能宇宙射线的化学组成。

（雷卫华）

轻元素丰度　light element abundance　原子核不重于 ^{7}Li 的元素丰度。见**大爆炸核合成**。

轻子过程　lepton process　有轻子参与的高能过程。轻子包括电子、μ子、τ粒子和与之相应的中微子（ν_e、ν_μ和ν_τ）以及它们的反粒子。γ射线天文中最常遇到的高能轻子过程主要是电子参与的过程，主要包括同步辐射、逆康普顿散射和电子对产生，其他过程还包括韧致辐射、曲率辐射、回旋辐射、康普顿散射、切伦科夫辐射等。

同步辐射　同步辐射是高能电子在磁场中做加速运动而产生的辐射。当电子在磁场中运动时会受到垂直于磁场和运动方向的洛伦兹力，电子同时也在受力的方向上有加速度，而加速的电子会有辐射。对于相对论性的高能电子，还未完成一周的旋转即辐射掉它的大部分能量，这种辐射称为同步辐射。同步辐射的功率与磁场的平方和电子洛伦兹因子的平方成正比，也即磁场和电子速度越高，辐射功率越大。电子的总能量和电子的洛伦兹因子的一次方成正比，因此洛伦兹因子越大，损失掉大部分能量的时间越短。天体中存在大量容易形成同步辐射的情况，比如**活动星系核**的外流，**超新星遗迹**中γ暴的辐射以及余辉的辐射等，由于磁场几乎无处不在，只要存在激波或其他机制加速电子的机会，就可能有同步辐射。如果存在大尺度磁场，同步辐射还能表现出偏振性质。因此偏振的观测是磁场存在以及大小估计的重要依据。

逆康普顿散射　当相对论性电子和软光子发生碰撞时，需满足能量守恒和动量守恒。实验室参考系中能量为E的光子，在洛伦兹因子为γ的电子的共动参考系中看，若光子能量（γE）和动量大小相对电子来说可忽略，光子将发生类弹性散射。对于正碰，其能量不变，方向发生改变，在实验室系能量再次增加约γ倍，从而变成γ^2E。因此在逆康普顿散射过程中，软光子的能量增加到了约γ^2倍，从而成为高能光子的主要来源之一。

逆康普顿散射所需满足的条件是在粒子的共动系中光子的能量不能大于粒子的静止质量，否则碰撞过程不能近似当作粒子始终不动，即$m_ec^2>\gamma E$。当光子能量大于m_ec^2/γ（或者电子洛伦兹因子大于m_ec^2/E）时，散射进入克莱因-仁科极限，散射截面将减小很多，所产生的高能光子能量也变为γm_ec^2）。处于克莱因-仁科极限下的散射的高能光子还可能和软光子发生碰撞产生正负电子对，如果高能光子能量足够高，还可能产生所谓的 cascade 级联过程。

逆康普顿散射在存在软光子和高能电子的情况下，是主要的高能光子来源之一。广泛存在于下列对象中：黑洞**吸积盘**、盘冕及**喷流**中的高能辐射，活动星系核能谱中的高频峰，**γ射线脉冲星**（特别是γ射线双星）的γ射线，γ射线暴及其余辉中的高能辐射，**宇宙微波背景辐射**被较高能电子散射的**苏尼亚耶夫-泽尔多维奇效应**等。种子光子（软光子）的来源有：宇宙微波背景辐射、星系红外背景辐射、恒星星光、吸积盘上的热光子以及同步辐射光子等。高能电子的来源有：激波加速的电子、磁重连加速的电子、**脉冲星**内外间隙区加速的电子以及高温热电子等。

与逆康普顿散射相关的还有康普顿散射和汤姆孙散射，二者都是针对粒子在实验室系是非相对论性的情形，当光子能量远远小于粒子静止能量时的散射为汤姆孙散射，其类似弹性散射，只改变了光子的运动方向而没改变其能量；当光子能量和粒子静止能量可比时，碰撞的能量动量守恒方程要求光子的能量必须有一部分转移给粒子，从而光子的能量降低，称为康普顿散射。

电子对产生　两个高能光子之间也能发生碰撞，当在它们的质心参考系中（两个光子将能量相同并且相向而行）光子的能量大于电子的静止能量时，即可能有正负电子对产生。其散射截面在质心系光子能量接近电子静止能量时为最高，等于汤姆孙散射截面。

有一类**超新星**称为电子对不稳定性超新星，其爆发原理是当超大质量恒星（100 太阳质量以上）温度增加到 0.511MeV 时，突然增加了电子对产生的冷却过程，使得恒星快速坍缩从而迅速增加热核反应率，导致超新星爆发并且没有任何中心黑洞或者**中子星**留下。

电子对产生的逆过程是正负电子对湮灭。当在高温（温度高于 0.511MeV）高密的稳定环境下，电子对的产生和湮灭会同时存在并达到平衡，从而形成主要由光子和正负电子对共同存在的“火球”。

（邹远川）

琼斯，H.S.　Harold Spencer Jones（1890-03-29～1960-11-03）　英国天文学家。生于伦敦，卒于格林尼治。早年在剑桥大学耶稣学院求学。1913～1922 年在格林尼治天文台工作，1923 年起任好望角天文台台长，1933～1955 年任格林尼治天文台台长。曾担任英国皇家天文学会秘书长、会长（1937～1939）。

1945～1948 年担任国际天文学联合会主席。从事恒星自行、恒星光谱分类、恒星视差以及太阳、月球、大行星和小行星观测资料分析等研究工作。1930～1931 年，他主持全世界 23 个天文台对爱神星（Eros）冲

的联合观测，1941年发表太阳视差为$\pi_{\odot}=8.790'' \pm 0.001''$；1939年发表了对近200年的太阳、月球、金星和火星的观测资料的分析，确认地球自转速度的不规则变化。这两项成果在20世纪天体测量学发展进程中起过重要的推动作用。（陈美东）

秋分点 autumnal equinox 从地球上看，太阳沿黄道从天赤道以北向南通过天赤道的那一点。见分至点。

萩原雄祐 Hagiwara Yusuke（1897-03-28～1979-01-29） 日本天文学家。生于大阪，卒于东京。1921年毕业于东京帝国大学，两年后担任该校天文学助理教授。1923～

1925年在英国剑桥大学学习，1928～1929年到美国哈佛大学学习，1930年获日本东京大学博士学位。1935年起担任东京大学教授，1944年成为日本学士院院士，1947～1957年担任东京天文台台长，1957～1960年担任日本东北大学教授，1961～1967年担任宇都宫大学校长，1961年担任国际天文学联合会副主席，兼任天体力学委员会主席。1954年获日本政府文化勋章，1960年获美国国家科学院沃森奖章。

研究工作范围很广，发表论文近90篇，内容涉及天体力学、理论天体物理学、恒星内部结构理论、相对论以及球面天文学等。贡献较大的是前两个学科，特别是天体力学定性理论。他在天文教学上成绩卓著，日本天文学界许多有名专家都出自他的门下。他在退休后仍积极从事天体力学工作。著作有五卷九册的《天体力学》，全面系统地阐述了现代天体力学的主要内容，其中包括动力学原理、变换理论、摄动理论、天体力学中的微分方程、周期解和拟周期解、三体问题的拓扑方法等。这部书是20世纪以来最全面的天体力学著作。（易照华　石云里）

球差 spherical aberration 轴上物点发出的光束经光学系统后，与光轴夹不同角度的光线交光轴于不同点，从而在像面上形成一个圆形弥散斑。见像差。

球状星团 globular cluster 由于其形状接近于球对称而得名的星团。球状星团是星系内部最大的恒星集合，含有数万至数百万颗恒星，直径达数十至数百光年，呈球对称致密结构，且越向中心越致密；平均恒星数密度要比太阳附近大50倍左右，而中心则可能大近千倍。球状星团十分年老，年龄一般都大于100亿年，星团内恒星通常具有大致相同的年龄。

银河系内已发现近160个球状星团。它们在银经方向的分布高度集中于人马座方向，也就是银河系中心方向。银河系球状星团系统的银面聚度很小，但表现出有一定的银心聚度，相对于星系中心呈近似的球对称空间分布，其数密度随银心距的增加大致以−3.3次方的幂率下降，半数以上球状星团分布在银心距5千秒差距以内，而最远的星团银心距可超过120千秒差距。还可能有许多球状星团隐藏在银盘中，只是由于受银盘消光物质的影响而未被发现。

球状星团的化学元素组成及其分布规律直接反映出星系早期的元素增丰过程。银晕中的球状星团，年龄很老，金属含量很低，各自沿高偏心率椭圆轨道绕银心运动；相对而言，离银盘较近的球状星团年龄较轻，金属含量较高。通常情况下，球状星团内部的铁元素丰度十分均匀，差别一般小于0.1dex；银河系中最大的球状星团半人马ω星团则是一个例外，铁元素丰度弥散达到了0.5dex。

现在观测到的银河系球状星团是在经历了100亿年以上的动力学演化而仍能维持引力束缚的致密恒星集合。球状星团不仅是银河系，也是其他星系中最为古老的可见天体系统。数值模拟和理论分析表明正常星系环境对球状星团的动力学演化的影响仅在星系核心区域（有效半径内）较为明显，而在有效半径之外相当大范围内，动力学演化对球状星团诸特性的影响不大。可以认为球状星团，特别是晕区的球状星团，基本保留了其在星系形成时的动

位于天蝎座的M80球状星团

力学与化学特征，常被视作星系演化的“活化石”。

在球状星团中有许多变星，其中大部分是天琴座RR型变星，其余很多是星族Ⅱ造父变星，这两类天体都可用来测定距离。

自从美国天文学家E.P.哈勃在1932年最早证认出仙女星系（M31）中的球状星团以来，已陆续在远至数百万秒差距的各种类型星系中发现了球状星团的存在，已知M31的球状星团就在625个以上。椭圆星系的球状星团更为丰富，如M87估计包含上万个。某些相互作用星系，特别是新近并合的星系往往有较年轻的富金属球状星团。（陈　力）

区时 zone time 1884年华盛顿国际子午线会议决定，将这种按全世界统一的时区系统计量的时间称为区时。又称标准时。在同一瞬间，位于不同经度的观测者测得的地方平太阳时是不同的，因此需要一个统一标准。19世纪中叶，欧美一些国家开始采用一种全国统一的时间。这种时间多以本国首都或重要商埠的子午线为标准，例如英国采用格林尼治时间，法国采用巴黎时间，美国采用华盛顿时间。这种时间在一国之内通用，尚无不便。但是，随着长途铁路运输和远洋航海事业的日益发达，国际交往频繁，各国采用的未经协调的地方时，给人们带来了很多困难。19世纪70年代后期，加拿大铁路工程师S.弗莱明建议，在全世界按统一标准划分时区，实行分区计时。这个建议首先在美国和加拿大被采纳试行，后为多数国家所采用。1884年华盛顿国际子午线会议决定，全世界统一。（漆贯荣）

曲钦岳 Qu Qinyue（1935-05-21～　） 中国天体物理学家、教育家。生于山东牟平。1957年毕业于南京大学天文系，随即留校任教，1978年任教授，1979～1980年任南

京大学天文系主任，1984～1996年任南京大学校长。1980年当选为中国科学院学部委员（院士），1993年当选为第三世界科学院院士。1978年以来曾任国务院学位委员会委员，国家教委直属高校咨询委员会副主席，国家科委天文学科组成员，教育部（国家教委）理科

教材编审委员会委员（1983 年后兼任天文组组长），中国天文学会常务理事、副理事长、理事长，中国天文学会名誉理事长，中国高教学会副理事长。

主要从事天体物理学教学和研究工作，是中国高能天体物理研究的先驱者之一。在**中子星**、X 射线源、γ 射线源等前沿领域取得一系列重要研究成果。与合作者得出了关于脉冲星能损率－特征时标的统计曲线，并澄清了国际上关于 JP 1953 是否为中子星的争论。他与合作者提出了反常中子星可能是致密星体的一种新类型，并得出了反常中子星的质量极限；构建了某些形态特异的**超新星遗迹**的理论模型等。1992 年担任攀登计划项目“天体剧烈活动多波段观测与研究”首席科学家。著有《普通天文教程》《恒星大气物理》等著作，并在国内外期刊上发表学术论文 70 余篇。参与的科研项目《高能天体的研究》获 1985 年国家教委科技进步奖二等奖，《超新星遗迹和中子星的研究》获 1987 年国家自然科学奖三等奖，《超新星爆发的产物及其前身星的研究》获 1998 年教育部科技进步一等奖和 1999 年国家自然科学三等奖。《恒星大气物理》获 1995 年普通高等学校优秀教材一等奖和 1997 年国家级教学成果奖二等奖。

1984 年被评为国家级有突出贡献的中青年专家，1990 年被评为全国高等学校先进科技工作者，1995 年被评为全国教育系统劳动模范。1982 年以来连续四次任国际天文学联合会高能天体物理专业部组织委员会委员。1986 年获美国印第安纳大学“有贡献的教育家”奖章与奖状。1990 年被授予美国西顿·希尔学院名誉博士，1991 年被授予美国利文斯顿大学名誉博士。

1999 年，国际小行星命名委员会将国际编号 3513 号小行星命名为“曲钦岳星”。

（姜　冰）

瞿昙悉达　Gautama Siddhārtha（7 世纪下半叶～8 世纪上半叶）　中国唐代天文学家。原籍天竺。世居长安。从 1977 年 5 月西安市文物管理处发掘瞿昙譔墓所获墓志铭中，得知瞿昙氏家族“世为京兆人”即长安（今陕西西安）人。

在这一家族中，瞿昙悉达的贡献最大。他在唐睿宗景云三年（712）行太史令时，亲自参加修理铁浑仪，这架浑仪为北魏永兴四年（412）所制，辗转入唐。唐玄宗开元六年（718）奉诏翻译天竺《九执历》，介绍了当时印度的天文学，包括日月运动和日月食计算法等。引进的内容还有：分周天为 360 度、一度为 60 分的圆弧量度制；以 30 度为一宫的黄道十二宫，称为“十二相”；用一点表示十进位数字中的空位“零”；以两月为一季，一年分六季，称为“六时”的印度季节分法；三角术的正弦函数。不过，这些内容对中国古代天文学和数学的发展影响不大。

《**开元占经**》的修撰，是瞿昙悉达一项意义重大的工作。通过这部著作，中国上古、中古时代许多宝贵的天文资料得以保存下来。

（潘　鼐）

全民科学　citizen science　由业余（非专业）科学家全部或部分参与的科学研究工作，即不论参与者背景，皆可参与其中的科学研究。参与方式包括但不限于参与科研本身、监测数据、提供科研素材等，也被称为社区科学、众包科学、公众科学、志愿者科学或网络科学。参与全民科学的方式可能以个人、小组、集体（如学校、单位）或社会团体的形式，项目通常与专业科学家合作，或在科学家的指导下进行，以达到一定的科学目的。大型的全民科学项目可能号召到成百上千，乃至更多的志愿者参加，更快更有效地帮助科学家完成严肃的科研课题，节省大量科研资金。

全民科学在 20 世纪 90 年代，由美国鸟类学家 R.邦尼和英国社会学家 A.欧文各自独立提出，但含义各不相同。欧文认为全民科学指科学为民众的需求服务并提高他们的科学素养。而邦尼则将其更具体地定义为有非科学家参与的科学项目，如业余观鸟人志愿贡献科学数据等。1989 年美国开展的收集雨样，帮助酸雨宣传活动，有共计 225 名志愿者参与其中。伍德罗·威尔逊国际学者中心的报告中记录了这一活动，并写道：“一种新的参与科学的模式被称为全民科学”。

2013 年，欧盟委员会（European Commission）数字科学部门出版了《全民科学绿皮书》，将全民科学定义如下：“当公民参与科学研究活动时，使用自己的智力、知识、工具和资源为科研做出真正贡献。参与者为科研提供实验数据和研究设施，提出新的问题，并共同创造出新的科学和文化。”2014 年 6 月，全民科学和全民科学家词条正式进入了《牛津英语大词典》（OED）。全民科学被定义为“由普通公众成员参与执行的科研工作，通常与科学家合作或在专业科学家及科研机构指导下进行”。

在互联网和智慧城市的时代，全民科学在以互联网为基础的各种工具辅助下迅速发展，可以在短时间内吸引来自不同地区的大量参与者，逐渐成为网络全民科学。比如 SETI@home 项目在参与者电脑上安装终端软件，利用其电脑空闲时间分析天文数据，帮助科学家寻找可能存在的外星信号。**星系动物园**项目搭建在线网站平台，让参与者利用自己的时间和科学判断，帮助科学家进行**星系分类**。

中国的全民科学刚刚起步，在天文、计算机科学、生物学等多个领域出现萌芽，涌现了诸如星明天文台与**中国虚拟天文台**合作开展的超新星搜寻计划等较为成功的案例，成功推动了科学知识的快速普及，提高了全民参与科学研究的热情。

全民科学项目的实际价值和科研作用还待评估，一些争议和问题仍然存在。比如某些全民科学项目的内容和设计并不适合普通大众参与。参与者所产生的数据、结果的正确性如何评估，会不会出现较大的偏差为科学研究带来更多麻烦等。而围绕着项目本身，一些法律和道德争议也仍然存在。2015 年 9 月，欧洲全民科学协会发表了《全民科学的十项原则》，强调了包括全民科学项目必须产出真正的科学成果、全民科学参与者有权利获知项目的结果和出版物等原则。

（李珊珊）

全球导航卫星系统　Global Navigation Satellite System; GNSS　一种能在地球表面或近地空间的任何时间任何地点为用户提供全天候的三维坐标和速度以及时间信息的天基无线电导航定位系统。

分布　截至 2021 年 5 月，GNSS 系统包括 GPS 导航系统、**北斗卫星导航系统**（BDS）、格洛纳斯卫星导航系统（GLONASS）和伽利略卫星导航系统（GALILEO）四大卫星导航系统，它们分别由美国、中国、俄罗斯和欧盟建立。最早出现的是美国的 GPS，也是现阶段服务与应用最完善的 GNSS 系统。GALILEO 在加快星座组网建设，而 BDS 和 GLONASS 系统在亚太地区的服务已全面开启，尤其是 BDS 系统在民用领域发展越来越快。

构成　全球卫星导航系统通常由 3 部分构成：空间段、控制段和用户段。

空间段　空间段主要作用是产生并发送码信号与相位信号，并广播由地面控制段上传的导航电文。为了提供连续的全球定位服务能力，每个 GNSS 的星座必须包含足够数量的卫星，以确保在每个站可同时观测至少四颗卫星。卫星星座的选择必须遵循多种优化原则。设计中需要考虑用户定位精度、卫星可用性、服务范围和星座几何构型等。GNSS 卫星基本上都配置一个平台，该平台装载有**原子钟**、无线电收发器、微处理器和各种操控系统的辅助设备。

控制段　控制段负责操控整个系统，主

要功能有：控制并维持卫星星座，根据需要为轨道保持令卫星做小的机动，或补偿故障卫星进行重新布位、监测并维护卫星健康、保持导航时间系统、预报卫星星历及钟参数和更新导航电文。

控制段通常由一个主控站、若干监测站及地面天线组成。主控站控制并协调所有操作，监测站形成跟踪网，地面天线则是连接卫星的通信链路。

用户段 导航系统大规模民用的成功很大程度上要归功于集成电路的革命，它使得接收机简单、轻便、价格大幅降低。用户接收每颗卫星的信号，测定到卫星的距离，并利用卫星播发的电文可以确定卫星的位置。具备以上条件就可以通过交会原理算出用户的位置。

用户接收机通过对导航信号的测量，可得到用户到导航卫星的距离。在已知卫星位置的前提下，利用对三颗卫星的距离测量组成三个方程式，就可以解出用户的位置（X,Y,Z）。考虑到卫星的时钟与接收机时钟之间的差异，用户实际获得的是包含时钟差异的伪距，伪距测量方程中有 4 个未知数：X、Y、Z和钟差，因而需要引入对第 4 颗卫星的距离测量，形成 4 个方程式进行求解。在实际应用中，用户接收机可以锁住 4 颗以上的卫星信号并获得伪距测量，按照最优估计解算出用户的位置与钟差。

原理 按测量模式分类，伪距测量属于“到达时间差”：每一颗导航卫星都发播由原子钟驱动生成的导航信号，并保持连续播发。用户捕获导航信号，通过与本地产生信号的相关处理获得信号从卫星发射至接收机接收的到达时间差。由于导航信号需要经过星地距离的传输，接收机接收到信号的时刻总是要比卫星发播该信号的时刻晚，通常称之为时延。时延的测量等同于距离的测量。在具体实现层面，导航卫星和接收机同时产生同样的伪随机码，一旦通过相关处理实现两个码的对齐，接收机便能测定时延；将时延乘上光速，便能得到距离。

导航信号是 GNSS 定位的基础之一，另外一个基础是导航信息。该信息以导航信号为载体，向用户接收机发播关于导航卫星自身的时间和位置信息，供接收机接收。每颗卫星并不精确知道其轨道位置和时间信息，这些信息需要地面监测站网跟踪导航卫星，采集跟踪测量数据，并经过处理后上注给卫星。注入数据包括：星座中每颗卫星的轨道和星上时钟的钟差参数。这些校正数据是在复杂模型的基础上算出的，可在几个星期内保持有效。导航信息产生的过程就是把地面监测网实现和维持的时间和空间基准信息传递到导航星座。

由于卫星导航电文中播发的轨道和卫星时钟信息存在误差，以及信号传播通过的大气对流层、电离层对信号传播路径和速度的影响，早期的 GNSS 定位精度只有数十米量级，随着导航电文精度、误差修正模型精度的提升，GNSS 的民用定位精度已达到 2～3 米水平（按 95%置信度统计）。为进一步提高定位精度，普遍采用差分定位技术，通过建立地面基准站（差分台）进行卫星观测，利用已知的基准站精确坐标，计算出的理论伪距值与观测值进行比较，从而得出修正数，并对差分用户发布。差分接收机收到该修正数后，对自身的观测值进行修正，可消去大部分误差，从而得到一个更准确的定位结果。

一般民用 GNSS 导航定位精度为米级，而高精度的大地测量应用达到厘米级的定位精度。

应用 GNSS 技术是一种全天候、高精度的连续位置确定系统，并且具有定位速度快、费用低、效率高和灵活多样等特点。作为一个国家的时空信息基础设施，GNSS 技术在国家安全和国民经济建设中发挥了越来越重要的作用。这里列举其在定位、导航与**授时**、测绘工程、地球物理科学等领域的部分应用。

定位、导航与授时 GNSS 的传统应用是授时和位置导航。GNSS 作为精密时间源，对商业和产业基础设施的影响巨大。基于位置的服务是 GNSS 的主要市场，在航空、航海、铁路和公路方面都得到了广泛的应用。导航、通信和地理信息的集成为各种广阔的应用打开了大门。

测绘工程 现代的 GNSS 测量与数据处理技术可以使得定位精度达到毫米级水平。这些方法的精度可以满足多种测绘领域应用，如地籍测量、大地控制网、局部或全球形变监测。

科学应用 连续的 GNSS 观测和高精度的位置监测，可以应用于地球科学的诸多科学研究。如**地球自转**、地壳形变、板块运动、冰后回弹等。对于地震学、冰川学、气象学、地质学和环境监测等学科而言，GNSS 是一种成本低、效率高的方法。GNSS 技术还可以应用于中性大气监测、电离层监测等。 （胡小工 宋叶志）

全球动力学扁率 global dynamic flattening 描述天体（包括地球）的动力学非对称性的一个全局参数。全球动力学扁率（H）的定义式是：

$$H = 1 - \frac{A + B}{2C}$$

式中A、B、C为天体的惯性矩张量的三个特征值即主轴惯量，它反映了天体的非对称性。因此，H是研究天体的一个重要的动力学参数。对自转的地球而言，日月岁差、主章动（18.6 年）项和欧拉摆动等都与其密切相关。

由高精度的天文岁差观测值导出的地球全球动力学扁率H值约为 1/305.5，但基于传统的**地球形状理论**（只考虑旋转对称和南北对称近似）和地球模型（如 PREM）计算给出的H值约为 1/308.8。围绕这两者间约 1.1%的差别，自 20 世纪 80 年代以来，众多学者基于各种假设展开了大量的研究，但都没有直接而令人信服的结论。2018 年的研究表明，传统的地球内部形状理论和地球模型都存在问题，利用改进后的广义地球形状理论（舍弃旋转对称和南北对称近似假设，并同时顾及圈层之间的间接效应）并考虑地壳密度模型（如 CRUST 1.0 模型）后，这约 1.1%的差别可以得到较好的解释。 （黄乘利）

R

热辐射 thermal radiation 处于热动平衡或局部热动平衡的辐射源产生的电磁辐射。如果辐射源（等离子体、中性气体云等）处于热动平衡或局部热动平衡状态，即系统内质点（分子、原子、离子、电子等）的能量分布可以用一定温度下的玻尔兹曼分布律表示，则其辐射称为热辐射；反之，如果辐射源中质点远离热动平衡分布，则其辐射称为非热辐射。大部分正常恒星的辐射可以近似认为是热辐射。热辐射的光度依赖于辐射表面积和温度，由斯忒藩-玻尔兹曼定律决定。

（尤峻汉）

热辐射计 bolometer 主要用于宇宙微波背景及天体热辐射的连续谱探测的探测器。在高能谱段类似的探测器则被称为量能器（calorimeter）。热辐射计阵列由多像素热辐射计和复用读出电路组成。单个热辐射计一般由吸收体（absorber）、电阻量温计（thermometer）和恒温热沉（thermal reservoir）构成，其中吸收体与恒温热沉之间通过热导连接。当吸收体电阻随温度变化时，也可同时作为电阻量温计。热辐射计的基本原理是：辐射功率入射至吸收体导致其温度升高，与恒温热沉之间形成温差，温度变化导致电阻量温计或吸收体本身电阻变化，进而可通过直流电压或电流变化实现辐射功率测量。温度变化值等于入射功率与吸收体和恒温热沉之间热导之比。探测器速度则主要依赖于热辐射计的内禀热弛豫时间常数（即吸收体热容与热导之比）和焦耳热导致的电热反馈效应。探测器灵敏度主要由光子噪声、热波动噪声（即声子噪声）及读出噪声决定。热辐射计最早由美国天文学家 S.P.兰利于 1878 年提出，早期采用金属薄膜，后主要采用半导体和超导薄膜。超导薄膜热辐射计被称为超导相变边缘探测器（TES），一般工作在 300mK 以下温区，灵敏度已达背景噪声极限（即光子噪声主导），像素已达 10k 以上。超导 TES 探测器也是高能谱段高能量分辨率探测器的首选，在暗物质探测等方面也显现应用前景。

（史生才）

热改正 bolometric correction 视星等换算成热星等时添加的改正值。把视星等换算成热星等必须加热改正，常用符号BC表示。公式表示为：

$$
\begin{aligned}
BC &= m_{\mathrm{bol}} - V \\
&= -2.5\lg\left(\int_0^\infty f_\lambda \mathrm{d}\lambda\right) - V + C_1 \\
&= 2.5\lg\left(\int_0^\infty f_\lambda S_{V\lambda}\,\mathrm{d}\lambda\right)\Big/\left(\int_0^\infty f_\lambda \mathrm{d}\lambda\right) \\
&\quad + C_2
\end{aligned}
$$

式中m_{bol}为热星等；V为光电星等；f_λ为恒星在波长λ处的单位波长间隔内的光流量；$S_{V\lambda}$为V星等系统的分光灵敏度；C_1、C_2为确定系统零点的常数。根据实测结果，求得$C_1 = -11.51 \pm 0.03$等，$C_2 = 0.958 \pm 0.01$等。于是可对任何f_λ及V已知的恒星计算出相应的热改正值BC来。各类恒星的BC值见表，其中$(B-V)_0$和$(U-B)_0$表示没有受到星际红化影响的色指数。

（蒋世仰）

热吸积流 hot accretion flow 辐射低效吸积盘的一种形式。对热吸积流的研究比对标准薄盘晚二十几年，开始于 20 世纪 90 年代，但发展很快，已经发展得比较成熟。

各类恒星的目视星等、色指数、有效温度和热改正

光谱型	目视绝对星等 M_V	色指数		有效温度 T_e	热改正 BC
		$(B-V)_0$	$(U-B)_0$		
光度级Ⅴ					
O5	−5.8	−0.35	−1.15	40 000	−4.00
B0	−4.1	−0.31	−1.06	29 000	−2.99
B5	−1.1	−0.16	−0.55	15 300	−1.34
A0	+0.7	0.00	−0.02	9600	−0.19
A5	+2.0	+0.28	+0.07	7800	0.00
F0	+2.6	+0.28	+0.07	7800	0.00
F5	+3.4	+0.45	+0.03	6320	−0.01
G0	+4.4	+0.58	+0.05	6000	−0.03
G5	+5.1	+0.70	+0.19	5500	−0.07
K0	+5.9	+0.89	+0.47	4900	−0.19
K5	+7.3	+1.18	+1.10	4100	−0.60
M0	+9.0	+1.45	+1.28	3500	−1.19
M5	+11.8	+1.63	+1.2	2800	−2.3
M8	+16	+1.8		2400	
光度级Ⅲ					
G0	+1.1	+0.65	+0.3	5600	−0.08
G5	+0.7	+0.85	+0.53	5080	−0.22
K0	+0.5	+1.07	+0.90	4560	−0.45
K5	−0.2	+1.41	+1.5	3860	
M0	−0.4	+1.60	+1.8	3250	
M5	−0.8	+1.85	+2.3		
光度级Ⅰ					
B0	−6.4	−0.25	−1.2	28 640	−2.68
A0	−6.2	0.00	−0.3	9690	−0.28
F0	−6	+0.25	+0.25	7800	−0.14
G0	−6	+0.70	+0.60	5680	−0.02
G5	−6	+1.06	+0.87	4840	−0.19
K0	−5	+1.39	+1.34	4400	−0.40
K5	−5	+1.70	+1.7	3790	−0.95
M0	−5	+1.94	+1.7	3380	−1.58
M5		+2.14		2800	−3.36

热吸积流中气体的温度比标准薄盘高几个量级，可达位力温度，因此热吸积流是几何厚的，即吸积流的厚度与半径相当。气体的转动速度略小于开普勒速度，朝着**黑洞**下落的径向速度则比标准薄盘要高几个量级，但仍小于转动速度。热吸积流中气体的密度相对较低，因此辐射是光学薄的，出射谱不再是黑体辐射谱，而是同步加速辐射、轫致辐射、康普顿辐射等几种不同机制共同作用形成的。根据吸积率的大小，热吸积流的动力学也有所不同。当吸积率较小时，因为吸积盘能量方程中的能量径移项起着重要的冷却作用，导致辐射效率很低，辐射效率差不多正比于吸积率。这时的热吸积盘又被称为径移主导吸积盘或者辐射低效吸积盘。当吸积率较大时（但仍小于爱丁顿吸积率的十分之一），能量径移项起着加热作用，此时热吸积流的辐射效率较高，与标准薄盘的辐射效率相当。宇宙中大部分星系中心**超大质量黑洞**（包括**银心**的超大质量黑洞）的吸积属于热吸积模式。这种吸积模式通常辐射效率很低，这是为什么宇宙中大部分星系中心辐射比较弱的原因。

（袁 峰）

热亚矮星 hot subdwarf star 处于**水平分支星**的更蓝端，具有稳定的中心氦燃烧核和非常薄（小于 0.01 个太阳质量）氢壳层的一类小质量恒星。又称极端水平分支星。与水平分支星相似，但在**赫罗图**上处于更高温度端（> 20 000K），因此在**星团**中这类恒星通常称为极端水平分支星。但与水平分支星不同，由于氢壳层非常薄，很难维持稳定的氢壳层燃烧。

根据光谱型的不同，大致可以分为 B 型热亚矮星（sdB）和 O 型热亚矮星（sdO）两类。B 型热亚矮星光谱中具有明显的巴耳末线吸收线，O 型热亚矮星光谱中具有明显的氦吸收线。按照表面氦丰度的不同，可以分为富氢型和富氦型热亚矮星，前者表面氦与氢原子数之比小于 0.1；后者主要为氦主导，其表面氦与氢原子数之比大于 0.9。

与水平分支星类似，热亚矮星的形成要求在稳定的氦燃烧之前损失掉大量的氢壳层，其演化可以分为单星渠道和**双星**渠道。对于单星渠道，恒星需要在**红巨星**阶段通过**星风**抛掉几乎全部的氢外壳，但尚无确凿的证据表明红巨星具有如此大的星风物质损失。对于处于双星系统中的红巨星来说，通过洛希瓣物质转移和公共包层抛射都可以损失大部分的外壳物质。另外，通过双星演化形成的双氦白矮星系统在相互绕转的过程中，由于引力波辐射而损失大量的角动量，不断靠近，进而发生并合。这种并合过程十分剧烈，局部温度可达 10^8K 以上，将重新点燃氦而形成热亚矮星单星。观测表明，有超过半数的热亚矮星处于双星系统，同时其周期分布、表面有效温度以及重力加速度都与双星演化结果符合。双星演化渠道被认为是热亚矮星形成的主要渠道。热亚矮星中，富氢与富氦的表面元素丰度也与双星演化相关。富氢型热亚矮星的氢元素主要来自洛希瓣物质转移或公共包层抛射后所留下的氢壳层。富氦型热亚矮星则主要来自双氦白矮星并合。由于剧烈的并合过程可以产生极高的温度，氦白矮星表面留存的氢元素在这一过程中几乎燃烧殆尽，因此，这类热亚矮星表面主要为氦主导。双氦白矮星并合过程相对于前两种双星演化过程发生概率较小，这类富氦型热亚矮星数目较少。观测上，富氦型热亚矮星占热亚矮星总数的10%左右，同时几乎均为单星。

热亚矮星是天文研究中重要的一类天体。热亚矮星具有极高的表面有效温度，是重要的紫外辐射源。在**椭圆星系**光谱中，紫外部分有一特别的“隆起”，被称为“紫外超”。研究发现，这一隆起主要为热亚矮星辐射所贡献。因此，通过对热亚矮星的研究，可以估计椭圆星系的年龄，从而进一步研究星系的演化。热亚矮星质量通常在 0.5 个太阳质量左右，与太阳演化到红巨星阶段的中心氦核的质量相当。通常认为，当太阳演化到红巨星阶段时，由于巨大的半径，地球等行星都会被吞没和瓦解。但热亚矮星系统飞马座 V391（V391 Pegasi）的发现却提供了另一种可能，该系统正是一颗热亚矮星与行星所组成的系统，其双星间距也与日地距离接近。因此，飞马座 V391 的发现表明，太阳演化后期，在膨胀和损失掉大量外壳后，地球仍然可能存留下来。

（张先飞）

人马－船底臂 Sagittarius-Carina arm 银河系的主旋臂之一。包括靠近**银核**的人马臂和较远的船底臂。这条旋臂位于**盾牌－半人马臂**和**本地臂**之间（见**银河系旋臂**）。

（沈俊太 徐 烨）

人马座 A* Sagittarius A*; Sgr A* **银河系**中心位置上一个结构非常致密的强射电源。其视位置很靠近人马座和天蝎座的交界处（见**银心**）。该源最早于 1974 年 2 月被美国天文学家 B.巴里克和英国天文学家 R.H.布朗借助射电干涉测量技术发现，1982 年被命名为 Sgr A*，其中星号表示物质原子处于受激态。通常认为人马座 A*即是银河系中心**超大质量黑洞**的栖息之地，而它所发出的辐射便源自该**黑洞**与周围物质间的相互作用。

（赵君亮）

人眼的探测性能 detective property of human eye 人眼对光学目标的获取能力。人眼作为一种**辐射探测器**有下述性能：眼睛的瞳孔直径随外界亮度在 2～8 毫米范围变化。眼睛的视网膜上有圆锥细胞和圆柱细胞。这些细胞内的光化学作用刺激神经，产生视觉。当视场的亮度约等于或大于 3 尼特时，圆锥细胞起主要作用，眼睛处于亮适应状态，称为白昼视觉。当视场的亮度约等于或小于 3×10^{-5}尼特时，眼睛处于暗适应状态，称为黄昏视觉。从暗适应转到亮适应需 2～3 分钟；反之，从亮适应转到完全暗适应需 45 分钟。人眼只对波长 4000～7000 埃的辐射产生反应。人眼的分光响应分为白昼视觉分光响应和黄昏视觉分光响应。其分光响应曲线见图。在这两种状态之间，人眼分光响应是连续变化的。由图可知，对于白昼视觉，在波长 5550 埃处，灵敏度出现了极大值 673 流明/瓦。对于黄昏视觉，极大分光灵敏所对应的波长为 5100 埃，其值为 1725 流明/瓦。人眼的灵敏度和视线的方向有关，笔直向前看时，其灵敏度最低。

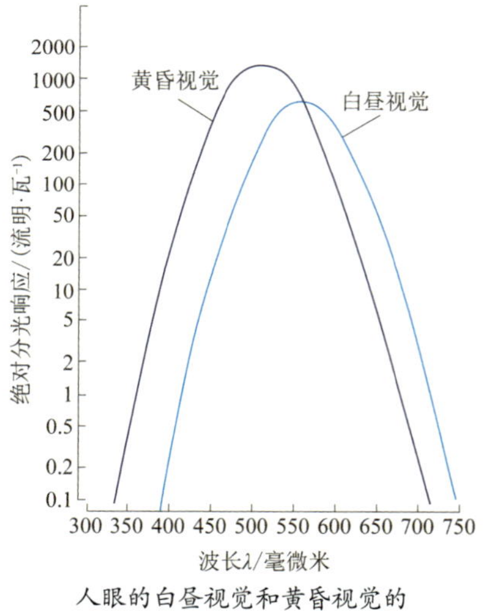

人眼的白昼视觉和黄昏视觉的绝对分光响应曲线

眼睛能反应的最小辐射功率为 5×10^{-17} 瓦，相当于 5～14 个光子的作用。眼睛能反应变化于 10^{11} 量级的辐射，对辐射的反应是非线性的。当入射光子数成正比增加时，人眼的反应按对数律增加。人眼对背景的亮度差别有很强的辨别能力。人眼的分辨本领随不同物体的亮度和反衬而异。在理想的条件下，人眼可以分辨 0.5′。在一般照明条件下，眼睛的极限分辨角的平均值在 1′左右。

（唐玉华）

人造地球卫星运动理论 theory of artificial satellite motion 人造地球卫星是一种围绕地球运动的人造小天体。人造地球卫星运动理论主要研究人造卫星在各种摄动因素影响下的运动规律，在理论上沿用了经典天体力学中的摄动方法（即小参数方法）去求解卫星摄动运动方程。若地球是一个密度均匀的正球体，可把它看作质量集中于地心的一个质点，如果没有其他力的作用，人造地球卫星将围绕地心作椭圆运动，这是一个简单的*二体问题*。然而，人造卫星的运动却受到许多其他因素的影响，这些因素称为摄动。研究影响卫星运动的各种摄动因素及摄动运动方程的解法，是现代天体力学的一个重要研究课题。通过现代观测手段测定卫星的轨道还涉及数据处理与参数估计等问题，这又是天体力学与数理统计学交叉的一个课题。影响人造卫星运动的主要摄动因素有：地球非球形摄动（即地球形状摄动）、大气阻力摄动、日月引力摄动、太阳光压摄动以及因牛顿引力理论偏差产生的摄动（称为相对论改正或后牛顿效应）。

人造地球卫星的一阶运动理论（指包含到二阶*长期摄动*和一阶*周期摄动*的理论）通常采用分析方法进行研究，此时可将各种摄动因素分开处理。1959 年，日本天文学家古在由秀采用平均要素法，首先提出一阶运动理论，后来被逐步完善。一阶分析解广泛用于精度要求不高的卫星定轨中。1962 年，古在由秀首先创立二阶运动理论的分析方法，一般局限于地球非球形摄动。1970 年，K.阿克斯内斯用包含部分一阶摄动的轨道作为*中间轨道*，并利用堀源-李变换，获得了更简洁的表达式。由于二阶运动理论的公式繁杂，人们开始使用计算机进行公式的推导。现有的二阶分析解采用的是简化模式，精度比数值方法要低。国内外普遍采用数值方法（如亚当斯-科威耳方法）计算精密的卫星星历表（见*建立精密历表的数值方法*），该方法用计算机实现较为方便，缺点是计算时间过长。为了解决分析方法精度不高而数值方法计算时间过长的问题，有学者提出了半数值-半分析方法，即短周期摄动用分析方法计算，长期与长周期摄动用数值方法计算，该方法对于计算分米级精度的卫星历表是合适的。

对人造卫星运动的研究，是发展空间事业的理论基础之一。利用人造卫星运动特征设计的太阳同步轨道，成功地用于气象卫星、地球资源卫星，保证卫星照相得到有利的日照条件。利用人造卫星运动理论并结合实际观测，可以精密测定测站的地心坐标、地球引力场和高层大气密度。人造卫星的运动理论现在还广泛用于导航事业，并成功地用来测定*极移*。

（吴连大　赵长印）

人造卫星多普勒观测 satellite Doppler measurement 利用人造卫星发射的无线电波固有频率和地面站接收频率的“多普勒频移效应”来进行人造卫星定轨和地面点定位的一种方法。根据地面站接收到的频率和人造卫星发射的固有频率的差值就能求出人造卫星的轨道要素。反之，如果已知人造卫星轨道，则根据测得的人造卫星多普勒频移也可以求出地面站相对于地心的位置。

1957 年，美国约翰斯·霍普金斯大学应用物理研究室首次对苏联第一颗人造卫星进行了多普勒观测，根据已知的地面站坐标和测得的多普勒频移，成功地确定了卫星轨道。用这个方法反推，在已知卫星轨道的情况下，根据测得的多普勒频移值，可推算地面待定点的位置。这项工作为以后人造卫星多普勒观测的发展奠定了基础。

采用人造卫星多普勒观测进行定轨和定位的“子午卫星系统”（Transit）是第一代卫星导航定位系统的代表，于 1964 年交付美国海军使用。子午卫星星座由 6 颗卫星组成，运行于近圆形极轨道上，离地高度约 1075 千米，每颗子午仪卫星发射 150 兆赫和 400 兆赫的高稳定相干频率。子午卫星具有两种星历：一种是预报星历，精度约 30 米，用于导航和实施处理用户；另一种是精密星历，精度约 2 米，根据全球约 20 个跟踪站观测数据计算，使用受到严格控制。在 20 世纪 70 年代至 80 年代初，子午卫星多普勒测量曾作为一种重要的卫星定位技术被广泛采用。美欧各国，包括中国，都布设过卫星多普勒网，以改善天文大地网，其地面控制点的点位精度可达 1～2 米。多普勒观测在建立早期地球模型、提高*极移*测定精度等方面发挥过重要作用。

人造卫星多普勒测量这种技术仍在继续使用。一些卫星，如 Jason-2/3、HY-2A 等，仍在采用多普勒测量的方法进行精密定轨，但与人造卫星多普勒观测相反，无线电波从地面站发射，被人造卫星接收。此外，许多 GPS 接收机在提供测码伪距和载波相位测量观测值的同时，也向用户提供多普勒观测值，用以测定用户的三维运动速度，以及进行周跳探测和修复等。

（吴　斌）

人造卫星激光测距 satellite laser ranging; SLR 利用激光技术测量人造地球卫星到地面台站距离的技术。此技术出现于 20 世纪 60 年代，其原理是：从地面测站向卫星发射激光脉冲，经卫星上的激光反射镜反射后，由测站的接收望远镜接收，用计时器测定激光往返的时间间隔，即可算出卫星到台站的距离。由于光速在大气中变慢的影响，根据现有理论模型可以修正到 1 厘米（地平高度 10°以上），所以此技术可达很高的测量精度。所用的仪器称为卫星激光测距系统或卫星激光测距仪。早期人造卫星激光测距中采用红宝石激光器，现用钇铝石榴石激光器。采用半导体泵浦技术，获得千赫重复频率、10～60 皮秒的窄脉冲激光信号。计时器的测时精度一般 5～10 皮秒，最新的计时器可达 1 皮秒或亚皮秒。光电接收器件采用具有单光子灵敏度的*微通道板*光电倍增管或雪崩二极管。接收望远镜口径一般为 40～60 厘米，中国最大口径为 120 厘米。对激光反射镜分布较好的卫星的单次测距内部精度为 5～10 毫米。现有各类带激光反射镜的卫星达 50～60 颗，轨道高度从几百千米至三万六千千米。为了进一步提高测距精度，正在发展万赫兹重复率卫星激光测距技术，以提高激光观测数据量，获取更高的平均测量精度。全球有 50 多个人造卫星激光测距系统，其中 60%～70%的台站具有白天测距能力，个别系统已开展无人值守全自动测量。这项技术的缺点是阴雨和雾天不能工作。

人造卫星激光测距技术可用于卫星精密定轨、精密测定测站的地心坐标、建立*地球参考架*、精密测量地球引力场模型及其时变性，研究地球质心的位置、精密测量地球自转参数，验证广义相对论等。发展全球范围的高精度时间传递，高精度的海平面和冰盖地形的测量。特别指出的是*国际地球参考架* ITRF 的原点是由全球激光测距网 ILRS 台站原点来定义的。

（张忠萍）

人择原理 anthropic principle 认为宇宙中生命（特别是人类生命）的存在可对当前宇宙的状态，甚至物理定律的形式施加约束的一种主张。人类中心论，即人类处在宇宙中心的观点，在历史上曾长期居于统治地位。人们总是试图将各种现象给以拟人化的解释，甚至自然规律似乎也是以人类为中心的。《列子·说符》载“天之于民厚矣！殖五谷，生鱼鸟以为之用”，就是这种万物皆备于我的目的论者的写照。在 *N.哥白尼*日心说的胜利动摇了人类中心论的统治地位以后，取而代之的是把宇宙看成一座上好发条的大钟，其运行完全与人的存在无关的机械论。然而 20 世纪 60 年代以来，又发展了一种不同于机械论的所谓“人择”观。这种观点认为，在一定意义上说，要问宇宙的性质（包括基本常数以至自然规律）何以如此，回答就是若不如此，它就不能演化出生命，更不会有人们在这里提出这个问题。因为多数论证只涉及一般生命而非特指人类，所以也有人认为用“生存原理”或许比“人择原理”更为确切。

人择论证的一个最简单的例子就是问宇宙的尺度为什么这么大。通常的回答是，在任何特定时刻，可观测宇宙的大小就是大爆炸以来光走过的距离。因为宇宙的年龄大约为 100 亿年，所以它的大小约为 100 亿光年。这个答案其实只是把球踢到了别处，并没有回答**宇宙年龄**为什么是 100 亿年的问题。对这个问题的另一种回答是美国天文学家 R.H.迪克在 1957 年给出的。他认为宇宙的大小“不是随意的，而是受生物因素的制约”。论证如下：为了使生命存在，就必须有碳元素，这种碳元素只能在恒星内部的核聚变反应中产生，然后经**超新星爆发**抛入星际空间，最终变为可演化出生命的行星的一部分，整个过程约需 100 亿年。另外，宇宙也不能比 100 亿年老得太多，如果那样的话，所有恒星都将演化成了**白矮星**、**中子星**或**黑洞**，需要恒星提供光和热的生命也不可能存在。

人择原理有几种不同的表述形式。最少争议的是弱人择原理。它认为物理学和宇宙学的所有基本参数值并不是同等可能的，它们偏爱那些使碳基生命得以进化的地域，以及使宇宙足够年老以便实现这种进化所限定的值。换句话说，是人的存在从各种可能的宇宙参数值中“选择”出了人们观测到的那一套组合，如假定引力相互作用比今日宇宙中强得多，为了对抗这样的引力，恒星就必须燃烧得更快，从而在复杂的生命形态来不及进化成功前就已烧尽，也就不会提出“宇宙何以如此”这类问题。更具猜测性的强人择原理则认为：物理学规律本身必须具备使生命得以进化的性质，这意味着宇宙是为人类“定做”的。强人择原理的这种目的论色彩使它颇受争议。美国 J.A.惠勒将它同量子物理学认为的除观测到的东西外无物为真的思想联系在一起。也就是说，宇宙的物质现实性依赖于关注其存在的智能观测者的参与，而这就保证了自然界的基本物理学常数，如引力场强度等具有了人类所知的数值。另一些人则把允许宇宙中存在生命的各种“巧合”看成是有某个设计师在起作用的证据，如英国天文学家 F.霍伊尔说过：“核物理学的定律是针对它们在恒星内部产生的结果而精心设计的。”这似乎又回到了 18 世纪 W.培利用生命过于复杂不可能偶然产生来“证明”上帝存在的老论点。反对的论据是通过自然选择的进化实际上已经产生了地球上复杂的生命体，根本不需要上帝插手。美国物理学家 L.斯莫林把这个论据推广到了宇宙学领域。他认为，当子宇宙通过黑洞从母宇宙中分离出来时，“新”宇宙中的物理定律可能与“老”宇宙稍有不同。物理学定律的这种变化提供了使自然选择在宇宙本身这样的层次上起作用的可能性。那些生产黑洞效率较高的宇宙能生产较多类似自身的宇宙，因而较易从中选出适合生命进化的宇宙。也就是说，人类的存在仍然是宇宙规模上自然选择的结果。

无论是闭合宇宙模型中在时间上相继出现的多宇宙，或是在**暴胀宇宙**模型中如泡泡般分布于空间的多宇宙，虽然有一定的物理基础，但还都只是带高度猜测性的设想，人类或许永远不知道宇宙是否会发生循环，同样也可能永远无法同另外的宇宙泡接触。因此，这两种图景还都是无法检验的，在这个意义上，人择原理多少具有哲学性质，还不能说是一个完全的物理学原理。　（邹振隆）

日　day　以**地球自转**运动为基础的时间单位。地球自转反映为各种天体在天球上的周日视运动。根据天球上不同的参考点计量的地球自转运动，就有各种各样的日。

真太阳日　是真太阳在天球上连续两次由东向西通过同一**子午圈**所需要的时间。真太阳除了周日视运动以外，还存在着不均匀的周年视运动，因而真太阳日的长度是不断变化的。

平太阳日　是平太阳在天球上连续两次由东向西通过同一子午圈所需要的时间。所谓平太阳是天球上一个假想的点，它在天赤道上按真太阳在黄道上运动的平均速度均匀运动。日常生活中的“日”，通常是以**平太阳日**的长度为基础的。

恒星日　是春分点在天球上连续两次由东向西通过同一子午圈所需要的时间。由于**岁差**和**章动**，恒星日有真恒星日和平恒星日两种。前者受岁差和章动的影响，后者仅受岁差的影响。一平恒星日等于平太阳日 23 小时 56 分 4.090 54 秒。某一恒星在天球上连续两次由东向西通过同一子午圈所需要的时间，就是地球自转的周期，它比一恒星日约长 0.0084 秒。

实际上，地球自转呈现出复杂的不均匀性，因此上述各种日的长度都相应地发生变化。　（任江平）

日本国立天文台　National Astronomical Observatory of Japan; NAOJ　日本的国家天文研究机构之一。成立于 1988 年，是由数个分布于日本各地的公立天文研究机构，加上两处位于海外的天文观测设施所组成，总部位于东京都三鹰市（见图）。前身为 1888 年成立、隶属于东京大学的东京天文台，其历史最早可以追溯到日本江户时代后期，幕府天文方设置的浅草天文台。2004 年，成为大学共同利用机关法人自然科学研究机构的分支机构，仍由日本文部科学省直辖。

日本国立天文台总部

总部设有天文资料中心、先进技术中心、公共关系中心，其在日本各地设有观测站，建有多台望远镜，如 45 米毫米波望远镜、水泽 20 米射电望远镜、冈山 1.88 米望远镜等。在夏威夷建有 8.2 米昴星团望远镜，1999 年开始观测。此外还与多国组织合作，共同建设阿塔卡马大型毫米［亚毫米］波阵（ALMA）等天文设施。

日本国立天文台主要从事与天文学及相关领域的研究、天文观测和日历的编制、中央标准时间的确定和表示、时钟的测试有关的事务。截至 2022 年 4 月，共有员工 516 人。　（李宗伟　刘黎明）

日地关系　solar-terrestrial relationship　通常指太阳特别是**太阳活动**对地球产生的各种影响。地球实际上是浸泡在太阳的光辐射和粒子流（**太阳风**）当中。因此，**地球附近空间环境**的主要特征是由太阳光辐射的能谱（辐射强度随波长的变化）和粒子流的能谱（粒子流量随粒子能量的变化）确定的。太阳稳定的光辐射和粒子流决定了地球附近空间环境的定常状态。如在太阳 X 射线和紫外线作用下，**地球大气**中形成了电离层和臭氧层。太阳风则把地球磁场压缩成彗星的形状（称**地球磁层**）并在其中形成了内、外辐射带，它们是被地球磁场捕获的太阳粒子的集中区。在此基础上，太阳活动产生的光辐射（主要是 X 射线和紫外线）增强和粒子流增强就构成了对定常状态的扰动，产生各种异常现象，也称为地球物理效应。

耀斑的影响 太阳活动对地球产生的各种异常现象中，最严重的是太阳上发生耀斑时产生的一系列地球物理效应。

短波辐射 最先是耀斑产生的X射线和紫外射线（特别是波长为 0.1～1 纳米的 X 射线）于 8 分多钟后到达地球，地球电离层 D 层的电子密度骤然增大，使无线电通信中依靠更高电离层反射的短波（波长 10～50 米）在通过 D 层时受到严重吸收，造成通信信号减弱，甚至中断。这一现象又称为电离层突然骚扰。

高能粒子流 耀斑发射的高能粒子（其成分通常为质子）一般于几至十几小时后到达地球。这些粒子的能量很大，将对人造卫星和宇宙飞船等航天器以及宇航员造成损害。1991 年 3 月的几次太阳耀斑发射的高能粒子，就曾损坏了日本的广播卫星和欧洲海事通信卫星的电池板。1990 年 11 月太阳耀斑的高能粒子流也曾扰乱了中国“风云”1 号气象卫星中的控制程序。太阳高能粒子流损害航天员的事故尚未发生，但地面模拟实验表明，太阳耀斑的高能粒子流将会对空间行走的航天员，甚至在航天器中的航天员造成严重损害。

低能粒子流 耀斑发射的更大量的低能粒子流为同等数量的质子和电子构成的等离子体。它们通常在耀斑发生后 1～3 天到达地球，冲击地球磁层和电离层，引起磁暴和电离层暴。大量低能粒子通过地球两极地区进入电离层（主要是 F 层）后产生的电离层暴，对无线电通信的损害比上述电离层突然骚扰更为严重，一般会持续好几天。这些粒子撞击地球高空大气的原子和分子，使它们受到激发而发光，出现壮丽的极光现象。另外，大量低能粒子在地球磁场中运动还会产生强大的感应电流，它在引起磁暴的同时，还会损坏高纬地区的供电设备、输油管道，甚至电话线路。如 1989 年 3 月的一系列太阳耀斑发射的等离子体引起的磁暴，曾使加拿大魁北克地区的电力系统遭到严重破坏，电力供应中断了 9 小时。磁暴期间，由于地磁场的正常状态遭到破坏，还会影响到利用地磁场进行作业的其他领域，如物理探矿、导航和航测等部门，甚至会使信鸽迷路。

其他太阳活动的影响 除了耀斑之外，其他一些太阳活动现象，如特大的黑子群、爆发日珥和日冕物质抛射等，也有 X 射线和紫外线增强辐射，以及各种粒子流发射。一般，这些辐射强度不如耀斑，但它们的累积效应也会对地球产生影响。

太阳活动产生的短波辐射（X 射线和紫外线）增强和粒子流一般只能到达地球的高层大气，主要对电离层，至多对平流层（位于 12～50 千米，臭氧也在这一层）产生影响。它们不能直接到达天气现象所在的对流层。但从 20 世纪开始的统计研究却发现，太阳黑子和太阳耀斑的出现与地球上一些地区的气象和水文参数之间存在相关性。这些参数包括平均气温、气压、雷暴频数、季风频数、旱涝程度以及江河的水位和港口冰冻期等。太阳活动对天气影响的物理过程尚未探明。

太阳活动引起的短波辐射增强和粒子流还会使地球大气受到加热。这将使低层大气向高层运动，相当于大气整体向外膨胀，引起高空大气密度增大，导致在高空运行的人造卫星受到更大阻力，使卫星轨道衰变，卫星寿命缩短。这种低层大气向高层运动也可能造成大气环流变化，影响到天气现象。地球大气膨胀还会改变大气角动量，影响地球的自转。1959 年 7 月和 1972 年 8 月发生的两次大耀斑均造成地球自转突然变慢。研究表明，一些地区的地震发生率似乎与太阳活动有关，有可能是太阳活动引起的地磁扰动和地球自转的微小变化触发了地震的发生。至于某些疾病的发生、农产品产量、人的情绪变化，甚至交通事故等都与太阳活动有联系，有一部分可能是太阳活动产生的紫外线辐射增强、地磁场变化或天气变化等因素间接造成的，不过这些方面还存在较大争议。

（林元章）

日地间激波和磁流间断 interplanetary shock wave and magnetospheric discontinuity 太阳风中出现的激波波阵面和其他磁流间断面是太阳风场中不断出现的磁流体运动的不连续现象。

由于太阳风场不断受到太阳耀斑爆发、日冕中等离子体不稳定性以及太阳自转等多方面因素的干扰，太阳风场中的激波、间断面就会不断产生和消失。有的就随太阳风到达地球而被观测到。

日地间激波和磁流间断有几种类型。①接触间断面。法向磁场不为零，法向速度为零；磁场、压强连续，质点密度不连续。②切向间断面。法向磁场、法向速度均为零，总压强连续。③转动间断面。法向磁场、法向速度均不为零，磁场、压强、质点密度连续。④快激波。法向速度、法向磁场不为零，磁场、质点密度在跨越间断面时增大，速度在跨越间断面时减小（由上游向下游减小）。⑤慢激波。法向速度、法向磁场不为零，质点密度在跨越间断面时增大，磁场、速度在跨越间断面时减小。

在 1 天文单位处，人造卫星观测直接证实激波的到来。1968～1971 年的 93 个磁暴急始事件中，48 个是有测量结果的。其中有 7 个是太阳风中切向间断面，有 41 个是激波。这就是地球物理现象直接受到行星际激波和间断面影响的证据。在 1 天文单位处观测到激波，既有爆震波型也有活塞波型。观测和理论计算证明，地球弓形激波波阵面的运动（每秒数十千米），有很大一部分与太阳风中切向间断有关。

（陈 彪）

日珥 solar prominence 突出于太阳边缘色球之上的火焰状物质。日珥在太阳圆面上的投影就成了暗条。日珥的主体在日冕当中，底端与色球相连。太阳边缘看到的日珥如篱笆、云彩、喷泉和圆弧等形状。厚度约为 5000 千米，高度一般为几万千米，长度可达 10 万～20 万千米。但爆发日珥的高度可达几十万千米。日珥中有精细结构，一般由条状的纤维组成，纤维中有些亮块，称为节点。日珥的分布范围比黑子广。除中纬度和低纬度的黑子带日珥外，还有纬度超过 40°的极区日珥。黑子带日珥的出现规律与黑子相似，出现频数和平均纬度都有约 11 年周期变化。而极区日珥则在黑子数极大过去 3 年后开始出现，持续到黑子极少期。

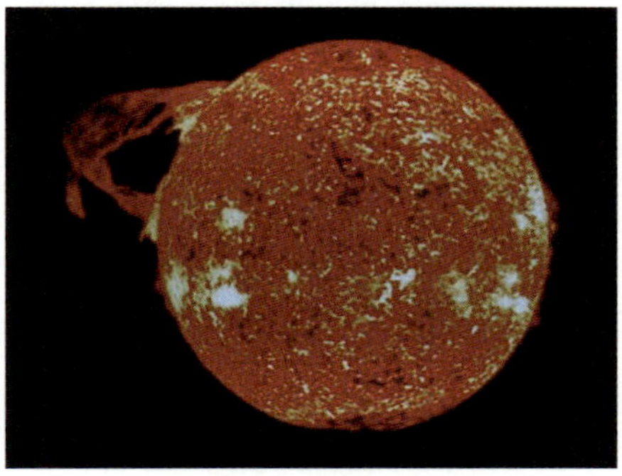

突出于太阳边缘的日珥

日珥大体上可分为三类：①宁静日珥。形状长期稳定，一般体积较大，寿命可达 2～3 个月。经常出现在活动区发展的后期，又出现在高纬的日珥中。②活动日珥。又称黑子日珥或电磁日珥，大多数出现在黑子附近，形状不断变化，并可觉察到其中物质的缓慢运动。这类日珥的主要特点是其形状和非径向运动均表现出电磁力在其中起主要作用。③爆发日珥。某些宁静日珥或活动日珥会突然发生猛烈的爆发性膨胀或向外抛射。成为爆发日珥。爆发日珥沿径向抛射的速度可达每秒几百千米，高度可达 0.3～0.5 太阳半径，有时也会超过一个太阳半径。爆发日珥向外抛射过程中，物质加速往往是跳跃式的，有时可达逃逸速度。关于日珥的形成问题尚在探讨之中。

（林元章）

日法 rifa 中国传统计年法中的一个术语。回归年（见**年**）和朔望月（见**月**）的长度都不是整数日，中国古代用分数来表示这两个数据。在唐**李淳风**以前，不同的**历法**对朔望月和回归年用不同的分母。《三统历》将朔望月的分母 81 称为日法（历中朔望月的长度为$29\frac{43}{81}$日），而将回归年的分母称为统法。东汉《四分历》则相反，《四分历》的回归年长度为$365\frac{1}{4}$日，称 4 为日法；朔望月的长度为$29\frac{499}{940}$日，称 940 为蔀月。但是，用日法朔望月的分母则较为普遍。李淳风以后，这些有关周期的基本天文数据都用同一个分母来表示。日法的意思就成了把一日分成若干份的总分数。不过有些历法仍对日法用不同的名称，例如，在李淳风《麟德历》中就称为“总法”。

（陈久金）

日晷 sundial 利用一根表投出的日影方向和长度以测定真太阳时的仪器。“晷”字的古义是太阳的影子。汉代以及后来很长的时期内把**圭表**测得的太阳影长也称为“日晷”。大约元、明以后才把测天体的方位以定时刻的仪器称为“晷”。明末以后，作为测时器名称的“日晷”才流行于世。中国日晷起源于圭表。日中时，表影指向正北的瞬时为正午，即当地真太阳时 12 时正。《史记·司马穰苴列传》中有“立表下漏”的记载，可见远在春秋时代就用表来测定时刻了。但用这种方法一天里只有一次机会得到读数，因此它只能用于校正漏刻的快慢。后来发明了把时角坐标网通过表顶投影到一个平面上，这样白天无论何时都能从太阳的影子来得到时刻读数。这种仪器就是日晷。日晷的部件包括一根表（称为晷针）和刻有时刻线的晷面。

日晷按晷面安置的方向可以分为地平日晷、赤道日晷、立晷（晷面平行卯酉面）、斜晷（晷面置于任何其他方向）等。晷面也可以制成半球面形，晷针顶点处于球心的就是球面日晷。如果在晷面上按当地的地理纬度和节气刻制 13 条节气晷线（冬至夏至各一条，其余每两个节气用一条），则从表影的方向和尖端的位置可以测定节气和时刻，这种日晷称节气日晷。

中国日晷的早期历史尚不清楚。19 世纪末和 20 世纪初先后在内蒙古、洛阳等地发现了几块秦汉时代的石板。在正方形的平面上刻有大小两个同心圆。大圆上每隔 1/100 圆弧的地方刻有一个浅孔，共 69 孔。每孔向内刻有一条辐射线，到小圆周为止。圆心刻有一略大的深孔。这种石刻合于中国古代把一天分为 100 刻的时刻制度，所以有些人认为它是一种日晷（图 1）。但是，它们是地平日晷还是赤道日晷，一直有不同意见。也有人认为它们可能不是日晷，而是一种置于地平面上，用来测定方向或方位角的仪器，不过可以用作正午的漏刻校正器罢了。

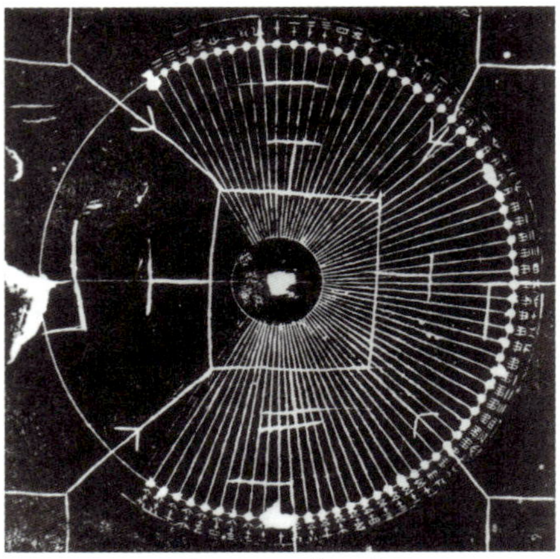

图 1 汉玉盘日晷

第一个明确可靠的日晷记载是《隋书·天文志》所载隋开皇十四年（594）鄜州司马袁充发明的短影平仪。这是一种地平日晷，晷面圆周均分为 12 辰。圆心立表。袁充测定了不同节气里太阳走过一辰所需的时间，载列为表。但因每个时辰的时间长度相差悬殊，未被后人采纳。

关于赤道日晷，据清代**梅文鼎**说，安徽宣城有一具唐制日晷，但并无其他文献佐证。明确的记载初见于南宋曾敏行《独醒杂志》卷二，其中说到他的族人曾瞻民（字南仲）发明了“晷影图”。所述结构和后世赤道日晷基本相同，不过晷面是木制的。后世改用石质晷面，金属晷针，以求经久，称为员石欹晷。今北京故宫等处还保存有一些清代制造的石质赤道日晷（图2）。

元代**郭守敬**创制的**仰仪**，兼有球面日晷的作用。后来朝鲜、日本制作的仰釜日晷则把仰仪中心的璇玑板等取消，改成尖顶的晷针，成为纯粹的球面日晷。

节气日晷以及其他各种形式的立晷、斜晷等大概都是明末来华的欧洲耶稣会士传入中国的，或由中国学者学习刚传入的欧几里得几何学之后自己再创作的。明末天启（1621～1627）年间陆仲玉著有《日月星晷式》一书，介绍了各种类型日晷的制作法，并涉及测星、月用的星晷和月晷。

图 2 北京故宫太和殿前日晷

（陈美东）

日界线 date line 地球 180°经线附近的一条假想线。是国际日期变更线的简称。地球自西向东自转，子夜、黎明、中午和黄昏由东向西依次周而复始地在世界各地循环出现。地球上新的一天从哪里开始，到哪里结束。国际上规定在太平洋中靠近 180°经线附近划了一条国际日期变更线，地球上每个新日期就从这里开始。此线两侧的日期不同。由东向西过日界线（从美洲到亚洲），日期要增加一天（即略去一天不算）；由西向东过日界线（从亚洲到美洲），日期要减少一天（即日期重复一次）。为了避免在日界线附近的国家或行政区内使用两个日期，日界线不是一条直线，而是一条折线。

（漆贯荣）

日冕 solar corona 太阳的最外层大气。日冕位于**色球**上面，亮度仅为**光球**亮度的百万分之一，比地面上的天空亮度暗得多，因此在地面平时看不见日冕，必须用专门的仪器**日冕仪**，或者在日全食时才能看见。安装在海拔 2000 米以上高山（那里天空散射光很弱）的日冕仪也只能看到从太阳边缘至大约 0.3 太阳半径范围的日冕。日全食时看到的日冕呈银白色，也是太阳边缘以外的投影日冕。从最好的日全食照片上，能够看到它可延伸到 5～6 个太阳半径的距离，但实际上它可延伸到超过日地距离。距日心 5～6 个太阳半径以外的日冕物质是以很高的速度向外膨胀的，形成所谓的**太阳风**。太阳风就是动态日冕。日冕的温度高达 100 万～200 万度，但密度却小于 10^{-14}克/厘米^3，而且随日心距迅速下降。日冕的温度比下层大气，即色球和光球高得多，原因是有非辐射能源输入日冕，使其获得额外加热。关于非辐射能源的性质，仍在探讨之中。在空间飞行器上用X射线观测整个太阳半球面上的日冕结构（见图），能够看到活动区上空的日冕区中有许多亮环，非活动区的日冕则由更大尺度的弱亮环贯穿，还有一些几乎全暗黑的区域称**冕洞**。高温条件下的日冕物质处在高度电离状态，自由电子和各种高次电离原子倾向于沿磁力线延伸，因此日冕中的这些结构实际上反映了它的磁场分布。

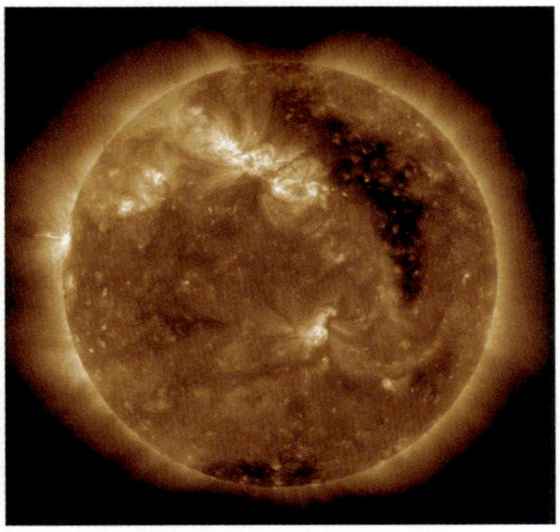

太阳动力学天文台（SDO）拍摄的X射线波段日冕照片

（林元章）

日冕磁场外推 extrapolation of coronal magnetic field 通过物理模型，以观测的**光球磁场**作为边界条件，进行理论外推得到日冕磁场。**日冕**磁场难以直接测量，因为日冕谱线太宽太暗，而且磁场太弱，采用传统的谱线塞曼分裂方法非常困难。若用红外谱线测量，情况会有改善，因为塞曼分裂大小与波长二次方成正比，但用红外方法也仅限于日冕低层。对于日冕活动区，也可在微波波段测量电子回旋辐射来推测磁场，但其结果依赖于模型假定，以及辐射机制和传播途径，有很大程度的不确定性。因此，关于日冕磁场的知识主要是在合理的物理模型假定下，以观测的光球磁场作为边界条件，进行理论外推得到的。实际上除了**日珥**可以直接测量塞曼分裂外，在很大程度上**色球**和过渡区的情况也是如此。这种研究中也把观测到的日冕（X射线）、色球（Hα单色光），甚至光球结构作为理论外推磁场的检验标准。因为在日冕和色球中，等离子体分布基本上由磁场控制，如果理论外推的磁力线位形与观测到的日冕或色球结构相符，就可以认为理论外推的磁场位形就是所研究区域中真实的磁场位形。

磁场与等离子体的平衡结构由以下的磁流体静力学方程描述：

$$-\nabla p+\frac{1}{\mu_0}(\nabla\times B)\times B-\rho\times g=0 \quad (1)$$

式中p、B、ρ、g、μ_0分别为压强、磁场、密度、重力加速度和真空磁导率。在色球和日冕中，磁压力远大于气体压力和重力，上式可近似简化为：

$$(\nabla\times B)\times B=0 \quad (2)$$

此式表明这时电流与磁场平行，洛伦兹力为零，因此（2）式称为**无力场**方程。上式也可写成：

$$\nabla\times B=\alpha(r)B \quad (3)$$

式中$\alpha(r)$为空间位置r的函数，称为无力因子。当$\alpha(r)$为常数时，$\alpha(r)=\alpha$，称为常α无力场，或线性无力场。一般情况下，$\alpha(r)\neq$常数时，称为非线性无力场或一般无力场。作为线性无力场的特例，当$\alpha=0$时，（3）式变成：

$$\nabla\times B=0 \quad (4)$$

就是**无电流场**，也称势场，此时磁场B可用标量势Φ表示为：

$$B=-\nabla\Phi \quad (5)$$

两边取散度即拉普拉斯方程：

$$\Delta\Phi=0 \quad (6)$$

根据变分原理可以证明，势场是给定边界条件下所有磁场位形中能量最低的位形，因此也是最稳定的位形。而当$\alpha\neq0$时，表示存在电流，其磁场称为有电流场，或非势场，无力场是非势磁场中最简单的位形，此时电流与磁场平行。

要对日冕中磁场进行理论外推，首先必须认定在上述各种模型中采用哪种模型。若以光球作为边界，采用势场模型相当于认定只有光球下方存在电流，而色球和日冕中的电流可以忽略，于是日冕中的磁场为势场，其中的磁场是由光球下方的电流产生的。这样，就可以用**太阳磁像仪**观测得到光球磁场分布为边界条件，求解拉普拉斯方程（6），得到的就是日冕中磁场结构。势场模型通常用于推测日冕宁静区的磁场结构。

对于太阳活动区上空的日冕，磁场结构复杂，肯定存在电流，不能采用势场假定。一般采用最简单的非势场，即常α无力场模型。在$\alpha=$常数时，可以证明满足$\nabla\times B=\alpha B$的常α无力场B可以用一标量函数B表示。在直角坐标系中，B可写成：

$$B=\nabla\times\nabla(p\hat{z})+\alpha\nabla\times(p\hat{z}) \quad (7)$$

式中p满足亥姆霍兹标量方程：

$$(\nabla^2+\alpha^2)p=0 \quad (8)$$

表明只有α值确定之后，才能求解（8）式，因此必须设法确定α值。例如以α为参数，选用一定范围的不同α值，由（8）计算得到对应于不同α值的磁场结构，把它在(x,y)平面的投影分量与观测到的光球中黑子半影纤维和Hα单色光中色球纤维的走向进行比较，符合最佳者的α值即为正确的近似值。与此正确α值对应的B即活动区上空日冕的磁场结构。由这类比较可知α值的大小反映了磁场的扭绞程度。有几种求解常α无力场的计算方法，但多少存在一些缺陷，有待进一步完善。

常α无力场是比较粗糙的近似。真实的日冕大气中，尤其结构复杂的活动区上空的日冕中，必定存在复杂的电流系统，必须采用$\alpha\neq$常数的非线性无力场模型。一些学者提出如变分法、α值分布法、加权残差法、初值积分法和边界元方法等，但尚未有获得普遍认可。（林元章）

日冕电波散射 radio wave scattering of the solar corona 外日冕中电子密度的不均匀结构引起的宇宙射电波的散射。由于存在这种散射，宇宙射电源在被日冕掩食时，角径显著增大。在这种散射中，多重小角度散射起主要作用，部分的宽角度散射可能作用较小。**日冕**的这种电波散射，直接证实在日面外$100R_{\odot}$（$R_{\odot}$为太阳半径）的广大范围内总是有行星际电子的存在。因此，根据散射观测可以了解外冕中电子密度不均匀结构的性质。

为了观测日冕的电波散射，大多使用高分辨率的射电天文设备。散射效应同观测波长的二次方成正比，在较长波长上容易观测到小尺度的散射现象。**宁静太阳射电**强度随波长而减小，宇宙射电源的强度却随波长而增加，**太阳射电**对长波干扰较小，因此，利用长波能够观测离太阳较远处（$50\sim100R_{\odot}$）的散射现象。观测表明，日冕电波散射随太阳活动周而变化，在距日面较近处特别明显。然而在整个太阳活动周内，电子密度的不均匀结构却是日冕的持久特征。在$20R_{\odot}$的距离处观测到的散射表明，每立方厘米的平均电子密度值为0.02～300个电子；而在$100R_{\odot}$的距离处，散射可以用太阳和宇宙射电源间的角距函数表示，并服从指数约为−2的幂律。电子密度的变化也服从类似的幂律。当外推到地球轨道附近时，电子密度大致同**黄道光**观测或空间天文探测所得值相近。

根据日冕的散射研究可以测定不均匀结构的取向，从而确定离日心$5\sim100R_{\odot}$范围内的日冕磁场。这样测定的磁场可同其他方法（如根据**宇宙线**的变化）测定的磁场相互补充。在距离小于$20R_{\odot}$处，日冕散射的观测特性以切向散射占优势，这就是说磁场大部分是径向的。在距离大于$20R_{\odot}$处，对应于十米波射电观测，散射更接近于各向同性，只是在切向方面稍大些，这表明日冕磁场在这些区域是随机的，而在径向则稍占优势。日冕散射的径向变化同

流线稍微向太阳赤道会聚的**太阳风**模型是一致的。（李春生）

日冕光学偏振　coronal optical polarization　K 冕具有的较高的偏振特性。早在 1871 年就已发现这一现象。1905 年 K.**史瓦西**认为这种偏振是由**日冕**中自由电子的汤姆孙散射引起的。根据 F 冕与 K 冕的强度比值随距离的增加而增大的趋势，利用汤姆孙散射机制可解释如下观测事实：日冕偏振度从日面边缘的 25%增加到离边缘半个太阳半径处的 50%左右，达到极大值，然后又随着距离的增加而减小；对磁矢量而言，有严格的径向偏振。

日冕发射线的偏振是由日冕离子的各向异性激发所引起，其中主要包括来自太阳的偏振入射辐射流所引起的共振偏振（或称共振散射），也包括离子速度的各向异性所引起的碰撞偏振（或称碰撞激发）。此外，日冕磁场对上述偏振有很大的影响，即磁场的消偏振效应。温度也对偏振产生一定的影响。日冕发射线偏振度较低，对仪器偏振度的补偿要求很高，因为任何观测误差以及日冕大气中的非均匀性，都影响到观测结果的可靠性。对日冕绿线（5303 埃）和红线（6374 埃）的观测最多，但所得结果差异较大。例如，绿线的偏振度可从百分之几到百分之四十三。不少人在共振偏振理论的基础上，利用磁场和碰撞的消偏振效应来解释这种差异。（曹天君）

日冕禁线　coronal forbidden line　在**日冕**内层中高次电离离子的禁戒跃迁所产生的发射线。由量子力学得知，满足和不满足选择定则的跃迁分别称为容许跃迁和禁戒跃迁，相应的谱线称为容许谱线和禁戒谱线，后者简称为禁线。一般情况下，禁戒跃迁并不是绝对被“禁止”，只是其跃迁概率甚微，仅为容许跃迁的 10^{-5}～10^{-8}。但是，原子或离子处于某激发态的平均寿命等于其相应跃迁概率的倒数，在那些不能发生容许跃迁的激发态——亚稳态上，原子或离子的平均寿命比在一般激发态上的要长 10^5～10^8 倍，从亚稳态向下的跃迁只能是禁戒跃迁。所以，产生禁线的首要条件是激发态必须是亚稳态，而产生明亮的禁线就要求一定的物理条件了。

自 1869 年发现最强的日冕发射线波长为 5303 埃的绿线以后，多次日全食观测和**日冕仪**观测相继发现许多发射线。然而，这些发射线的波长，同实验室中和太阳其他部分的谱线都不一样。只能将它们归属于一种假想的只存在于日冕中的元素——（上气下免）发出的谱线。随着量子力学的建立和发展，以及光谱实验手段的进步，终于出现了重大突破。1939 年，W.格罗特里安指出波长为 6374 埃和 7892 埃分别同高次电离离子 FeX 和 FeXI的两条禁线波长相近。随后，B.埃德伦证认出已发现的大多数谱线分别属于铁、镍、钙等的高次电离离子的禁线。这些元素的原子由于日冕中高速电子的不时撞击而丧失外围的 9～14 个电子，成为 9～14 次电离的离子。

日冕的物理状态极有利于禁线的产生。日冕的**电子温度**高达 100 万度以上，电子的平均动能为几百电子伏。高次电离离子与快电子碰撞而被激发，但由于日冕辐射场的能量密度太小，不足以使处于亚稳态的离子发生向高能级的跃迁，又由于日冕气体密度很低，高次电离离子与慢电子连续两次碰撞而使离子离开亚稳态的时间间隔大于离子处于亚稳态的寿命，因此，亚稳态上集聚着大量的激发离子。而禁线的强度正比于亚稳态上的离子数与禁戒跃迁概率的乘积，并且日冕对禁线辐射几乎是完全透明的，于是，明亮的日冕禁线便得以产生并被观测到。

附表给出了波长约 3000～11 000 埃范围内较为重要的日冕禁线的类别、谱线的强度、**等值宽度**的实测结果和证认结果。

波长 3000～11 000 埃较为重要的日冕禁线

类别	波长（埃）	强度	等值宽度（埃）	离子	等电子数序	跃迁	跃迁型别	跃迁概率（秒$^{-1}$）	激发电势（电子伏）	电离电势（电子伏）
Ⅰ	3987	0.7	0.7	Fe XI	S I	$^1D_1—^3P_1$	m	9.5	4.67	262.1
	6374（红线）	15	5.0	Fe X	Cl I	$^2P_{1/2}—^2P_{3/2}$	m	69	1.94	235.0
	7892	27	6	Fe XI	S I	$^3P_1—^3P_2$	m	44	1.57	262.1
Ⅱ	3388	16	10.0	Fe XIII	Si I	$^1D_2—^3P_2$	m	87	5.95	331
	3643	1.3	0.4	Ni XIII	S I	$^1D_2—^3P_1$	m	17	5.81	352
	4232	2.6	1.1	Ni XII	Cl I	$^2P_{1/2}—^2P_{3/2}$	m	237	2.93	321
	5116	3.5	0.8	Ni XIII	S I	$^3P_1—^3P_2$	m	156	2.41	352
	5303（绿线）	100	20.0	Fe XIV	Al I	$^2P_{3/2}—^2P_{1/2}$	m	60	2.34	361
	6702	3	1.2	Ni XV	Si I	$^3P_1—^3P_0$	m	56	1.84	430
	7060	15	0.8	Fe XV	Mg I	$^3P_2—^3P_1$	m	38	3.17	392
	8024	0.5	0.3	Ni XV	Si I	$^3P_2—^3P_1$	m	22	3.38	430
	10 747	55	50.0	Fe XIII	Si I	$^3P_1—^3P_0$	m	14	1.15	331
	10 798	35	30.0	Fe XIII	Si I	$^3P_2—^3P_1$	m	9.6	2.30	331
Ⅲ	3329	1.0	0.7	Ca XII	F I	$^2P_{1/2}—^2P_{3/2}$	m	488	3.72	591.6
	3601	2.1	1.3	Ni XIV	Al I	$^2P_{3/2}—^2P_{1/2}$		193	3.44	464
	4086	10	0.4	Ca XIII	O I	$^3P_1—^3P_2$	m	320	3.02	657
	4412		0.3	Ar XIV	B I	$^2P_{3/2}—^2P_{1/2}$		106	2.83	686
	5446	0.5	0.2	Ca XV	C I	$^3P_2—^3P_1$	m	78	4.46	817
	5694（黄线）	3	0.3	Ca XV	C I	$^3P_1—^3P_0$	m	95	2.17	817

表中所列Ⅰ、Ⅱ、Ⅲ类是以谱线所属离子的电离电势为依据划分的，电离电势（亦即电离温度）增高，类别数字随之变大。由此，不难理解下述由长期观测获得的不同类别谱线的强度同太阳活动周期和日面边缘局部区域活动程度有关：第Ⅰ类谱线在太阳活动极小期间以及宁静区上空最为显著；第Ⅱ类谱线在太阳活动极大期以及活动区（如太阳黑子、谱斑）上空显著；第Ⅲ类谱线仅在高激发区（如大黑子、耀斑）的上空或周围（如环状日珥）才显著。

空间探测获得了大量的高分辨率的紫外线、远紫外线和X射线波长区域的日冕发射线光谱，这就有力地促进了日冕发射线的证认和研究工作。用于证认的实验装置能够达到约一亿度的高温和获得能量约百万电子伏的光子。已经证认出了相当数目的禁线，如[FeⅫ]λ2170、[SiⅨ]λ2150、[OⅨ]λ1400、[FeⅫ]λ1242等。（王振一）

日冕亮点 coronal bright point 日冕中经常出现的一些明亮的短寿命斑点。日冕亮点在宁静区日冕或冕洞中均能出现，可以出现在任何纬度。在X射线的日冕单色像中，日冕亮点最为清晰，因此也称为X射线亮点。它们的尺度一般只有10″～30″，寿命只有几小时至几十小时。日面上平均每天会出现上千个亮点。研究表明大约有一半的X射线亮点与光球中的短寿命双极区（也称瞬现区）对应。X射线亮点在色球中对应于很小的亮区。这些亮点在微波波段也有相应的辐射增强。波长为6厘米的观测显示这些射电亮点的极大亮温度约为3×10^6K，比附近宁静区高1×10^6K。射电亮点的角直径为5″～15″，寿命在5～20分钟。（林元章）

日冕凝聚区 coronal condensation 日冕内层电子密度比周围大的区域。又称日冕凝区。日冕凝区是太阳表面局部活动区在日冕中的延伸，1939年为M.瓦尔德迈尔所发现。用发射线及白光可以观测到它。用日冕绿线5303埃及红线6374埃可以观测到在发展中的黑子群和光斑的上面有这种凝聚区，而用黄线5694埃可以观测到在结构复杂的黑子群的上面也有这种凝聚区。这种用光学方法观测到的凝聚区称为光学凝聚区。光学凝聚区的大小在经度方向（见日面坐标）的伸展为15°～35°，高度为25 000～170 000千米，寿命约几个月，电子密度比周围日冕区大2～10倍，温度约4×10^6K。光学凝聚区有精细结构，成环状或亮节，高度5万～10万千米，厚度约5000千米。凝聚区的射电辐射也很强，用厘米和米波都可以观测得到，这种用射电方法观测到的凝聚区叫作射电凝聚区。射电凝聚区的大小随所用的观测波段的不同而不同。例如，在毫米波段小于1.7′；在3～10厘米波段为1.3′～3.0′；在21厘米波段为3′～5′；而在88厘米和178厘米波段平均为6′～8′。射电凝聚区的寿命随波长而增加，在毫米波段和3厘米波段，一般不超过黑子群寿命，在9厘米波段可长于黑子群寿命，在21厘米波段平均为3个月。射电凝聚区的温度不超过6×10^5～3.8×10^6K，其精细结构与光学凝聚区的类似。

把光学凝聚区和射电凝聚区的空间位置进行比较得知，二者是一个整体，其中某些局部差别是由于存在精细结构造成的。日冕凝聚区也发射X射线，用软X射线所观测到的日冕X射线凝聚区，经过证认，就是上述光学凝聚区和射电凝聚区，当然它们的大小范围是有差别的。日冕凝聚区的X射线强度比其周围的X射线强度约大70倍。这是日冕凝聚区的电子密度比周围高的又一证明。（章振大）

日冕物质抛射 coronal mass ejection; CME 日冕局部区域内的物质大规模快速抛射现象。又称日冕瞬变。从20世纪70年代开始，通过放置在航天器上的白光日冕仪观测发现，太阳最外层大气中存在相当频繁的瞬变现象，主要是日冕物质抛射（CME）。日冕物质抛射表现为在几分钟至几小时内从太阳向外抛射一团日冕物质，速度在20～3000千米/秒，质量达10^{11}～10^{13}千克，使很大范围的日冕（近于一个日轮面积）受到扰动，从而剧烈改变日冕的形态和磁场位形。日冕物质抛射是日冕大尺度磁场平衡遭到破坏的产物。白光日冕仪中看到的其形态结构非常复杂和多样化。典型的形态是膨胀的泡状环，其前端是亮环，中间是空腔，最后是亮核，亮环的双腿扎根在太阳上。但更多是其他形态，如云状、扇状、多重尖峰、射线状以及不定形态。

由于日冕亮度只有太阳光球亮度的百万分之一，色球亮度的万分之一。为了观测到暗弱的日冕，必须在白光日冕仪（不管安装在地面或航天器上）的视场中央安放一挡光屏，用以遮挡太阳光球和色球，这样白光日冕仪只能观测到发生在日面边缘的日冕物质抛射在天球面上的投影，亦即与观测者视向有一定交角的日冕物质抛射。正对着地球的日冕物质抛射是观测不到的。日冕的白光辐射是日冕中电子散射光球的辐射，因此白光日冕仪拍摄的日冕物质抛射亮度分布主要反映日冕中电子密度分布。

如果在航天器上用远紫外波段（EUV，又称极紫外波段，波长在10～150纳米）观测日冕，则此时温度高达10^6K量级的日冕辐射强度将远超下方光球和色球的辐射强度，因而摆脱它们的辐射干扰，从而能看到日轮正面的日冕结构，这时如果发生正对着地球的日冕物质抛射，就能被观测到。对于典型的泡状日冕物质抛射，观测者将会看到日轮上有一团晕状暗区不断增大，表明日冕物质抛射正朝着地球传播。因此正对着地球的日冕物质抛射被称为晕状日冕物质抛射。由于太阳远紫外辐射被地球大气吸收而不能到达地面，因此只有到了航天时代，利用搭载于航天器上的太阳望远镜，才能实现对晕状日冕物质抛射的观测和研究。由于晕状日冕物质抛射正对着地球，可能会对日地空间和地球产生更直接的影响，因此受到更多关注。

早先的研究普遍认为日冕物质抛射可以分为两类：一为与太阳耀斑关系不明显的慢速日冕物质抛射，速度小于500千米/秒，加速度小于100千米/秒^2，属中低能现象；另一为明显与耀斑相关的快速日冕物质抛射，速度大于500千米/秒，加速度超过100千米/秒^2，为高能现象。后来进一步的研究表明，快速日冕物质抛射通常与大耀斑对应，慢速日冕物质抛射通常与较小耀斑对应，二者并无明显界限，日冕物质抛射的速度和威力取决于驱动它的磁场强度和磁能储备。

过去普遍把观测到的源于太阳的各种日地空间和地球物理现象，如行星际激波、高能粒子事件、地磁暴、极光和电离层骚扰等，几乎全部归因于耀斑引起。但经过近30多年对日冕物质抛射及其相关现象的研究表明，日冕物质抛射所造成的

2000年2月27日，由航天器搭载的日冕仪拍摄，中央黑色圆盘为遮挡日轮（白色圆圈）的挡光屏

日冕物质抛射

日地空间效应和地球物理效应并不亚于太阳耀斑。同时，太阳耀斑和日冕物质抛射产生的效应有着不同特征。一般来说，耀斑对粒子的加速过程是脉冲式的，粒子流量不大。而大流量的高能粒子事件是日冕和**太阳风**粒子通过激波加速的，而激波则是日冕物质抛射驱动的。日冕物质抛射驱动的行星际激波也是非重现性地磁暴的扰动源。 （林元章）

日冕仪 coronagraph 在光学波段用于观测太阳最外层大气－日冕的科学仪器。日冕最初由日全食观测发现，日冕仪便是人为制造日全食的仪器，于 1930 年由法国太阳物理学家 B.F.**李奥**发明（见图）。日冕仪通过在成像光路中放置遮光掩体遮挡**光球**和**色球**直接射入的辐射，从而观测周围微弱的日冕。根据遮光掩体相对主（物）镜位置分为内掩式和外掩式日冕仪。内掩式日冕仪（通常称为李奥日冕仪）在主（物）镜的焦面上放置内掩体遮挡太阳光球和色球光，通常内掩体遮挡太阳光采用将太阳光反射到光阱中吸收掉的方法防止内掩体过热膨胀及多次散射杂散光。并在入射瞳面（通常是物镜）的共轭像面处设置李奥光阑遮挡物镜边缘的衍射光，从而进一步降低仪器杂散光，日冕光通过未遮挡的光路由第二次成像后被记录。外掩式日冕仪在内掩式成像系统的基础上，在主（物）镜之前放置外掩体挡板，从而阻止太阳光球和色球辐射直接进入物镜和其后的光路中，可进一步降低仪器的杂散光，通常日冕光也是通过二次成像光学系统到达焦平面成像。根据日冕仪的主（物）镜的选择，还可以分为反射式和折射式日冕仪。日冕仪的主要技术难点是如何尽量降低整个仪器自身产生的杂散光。

普通的日冕仪已经发展多年，在拥有较为完备太阳物理研究队伍的国家均有日常日冕观测。在中国，日冕仪研制滞后，直到 2018 年才由山东大学（威海）、中国科学院长春光学精密机械和物理研究所以及**云南天文台**合作在云南天文台丽江观测站取得中国首台自主研制日冕仪的观测资料，这为中国进一步发展日冕仪打下了坚实的基础。中国多家单位正在研制空间和地基小型日冕仪。

随着日冕仪本身和**太阳磁场**观测技术的发展，利用日冕仪作为观测平台探测日冕物理量特别是对日冕结构和爆发现象起至关重要的日冕磁场探测成为地基日冕观测中最有价值和最困难的部分。由美国高山天文台（HAO）提出的口径达 1.5 米折射式日冕仪 COSMO-LC 成为首个致力于偏振成像再通过波长扫描成谱来探测日冕磁场的设计，而由中国科学院云南天文台提出的日冕磁场和等离子体综合探测望远镜（COMPASS）参考了 COSMO-LC 设计，在其功能之上增加了多谱线同时实时成谱成像以及偏振光学开关，将更有利于日冕磁场的观测。

由于日冕亮度随着离太阳边缘的高度变化极大，如白光亮度在日面边缘附近只有日面中心亮度的几十万分之一，到 2 个太阳半径高度时只有中心亮度的几亿分之一，因此对于地基日冕仪，其观测台站的选择要求在天空背景散射光微弱的地点，这对于人们能观测到多大视场范围内的日冕关系极大。 （屈中权　夏利东）

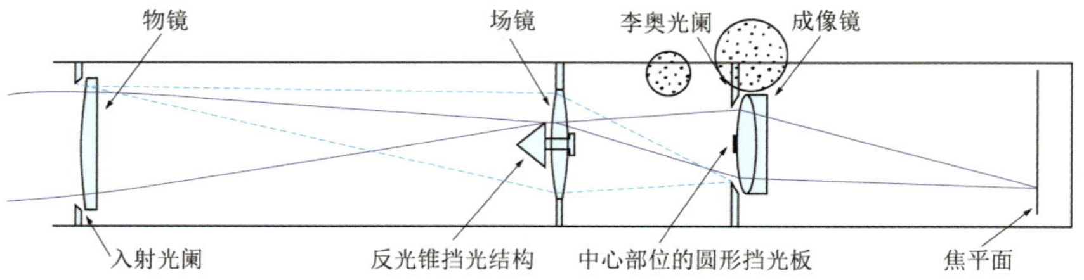

李奥日冕仪结构示意图

日冕周期变化 periodic variation of corona **日冕**的形状同**太阳活动**周期有关：在相对黑子数极大时，日冕近于圆形；而在黑子数极小时则较扁，赤道区延伸较远，两极区延伸较近，且有羽状物。因此，日冕的形状也与黑子数一样，有 11 年的变化周期。通过日冕形状与球对称的偏离程度的测量，可粗略得到日冕的周期变化的定量结果。利用任何一个日冕等亮度圈（根据白光、偏振光或单色光拍到的日冕照片，通过光度测量求出离太阳不同距离和不同方位角处的亮度，把亮度相同的各点连接起来的曲线），可定义日冕的扁度ε为：

$$\varepsilon = \frac{D_e}{D_p} - 1$$

式中D_e为在日面纬度±22.5°和0°的三个日冕等亮度圈赤道直径的平均值；D_p为连接两极以及与之成 22.5°的三个日冕等亮度圈两极直径的平均值。

观测表明，在小于 $4R_\odot$（$R_\odot$为太阳半径）的范围内，ε随着同太阳距离R的增加而增大，到 1.5～$2R_\odot$处达到极大，然后开始减小，到大约 $4R_\odot$处就减小到极小，R更大时，F 冕的形状遂变为椭圆的。在离太阳 1～$2R_\odot$范围内，ε值的变化可表示为：

$$\varepsilon = a + b\left(\frac{R}{R_\odot} - 1\right)$$

式中a和b为参数。由ε随R变化图得出，$a+b$为 **K 冕**扁度的量度，K 冕在太阳活动极大时呈圆形，极小时呈椭圆形。 （章振大）

日面坐标 heliographic coordinate 用来测定日面上某一特征（如黑子）的位置的坐标系统。通常采用随**太阳自转**的坐标系统。日面上的位置常用日面经度L和日面纬度ϕ来表示。太阳绕着自转轴由东向西（从地球上看）自转。自转轴和太阳表面相交于两点，分别称为太阳北极和太阳南极。通过北极和南极的大圆，叫作日面子午圈。规定 1854 年 1 月 1 日格林尼治平午（**儒略日** 2 398 220.0）通过太阳赤道对于黄道的升交点的子午圈为本初子午圈。日面经度由本初子午圈量起，向西计量，由 0°～360°。这样定义的经度又称卡林顿经度。通过太阳中心做垂直于自转轴的大圆，称为太阳赤道，它将太阳分为北半球和南半球。日面某点的铅垂线和赤道面间的夹角ϕ即为该点的日面纬度，由赤道起沿着某点的子午圈向两极计量，由 0°～90°。向北计量的叫北纬，用“N”或“+”号表示，向南计量的叫南纬，用“S”或“−”号表示。太阳自转的会合周期的平均值为 27.2753 天。规定 1853 年 11 月 9 日本初子午圈转到日面中心的时刻为太阳的第一个自转周的开始。自转周都给以连续的号数，称为卡林顿自转号。每年中各个自转周的号数和开始日期都可从**天文年历**中查到。要确定日面上任一点的位置，需要三个数据：①自日面北点量起的太阳自转轴北极的方位角p，向东为正，向西为负。②日面中心的日面纬度ϕ_0。③日面中心的日面经度L_0。在天文年历中列出了一年中每天**世界时**零时的p、L_0和ϕ_0值，应用内插法就可求出观测时刻的卡林顿经度L和纬度ϕ值。

由于日面特征的坐标不需要知道得十分准确，准确到半度或一度就够了。因此，在实际工作中不用球面公式来求L和ϕ，而用特制的网格和表来量算。 （赵爱娣）

日球层 heliosphere 泛指**太阳风**和同样源于太阳的**行星际磁场**所占据的整个空间体系。早年间，“heliosphere”的中文译名并不统一。在天文学界，多译作“太阳风层”“太阳风圈”或“日光层”；在空间物

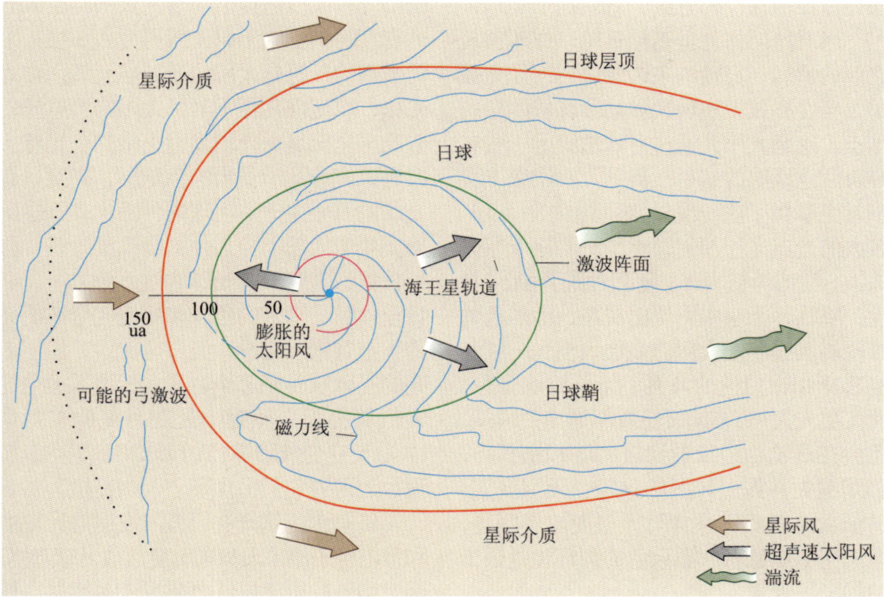

图中数字为以日地平均距离（天文单位）表示的日心距离

黄道面上的太阳风层结构示意图

理学界，曾普遍译作“日球”。天文学界认为称“日球”容易误解为太阳，特别是那些不了解其真正含义的读者，会从月球指月亮而想到日球指太阳。由 1995 年发射的空间探测器“太阳和日球层天文台”（SOHO）的名称可以知道，“heliosphere”并不含有太阳，而是指除太阳之外的行星际空间。

全国科学技术名词审定委员会天文学名词审定委员会曾就“heliosphere”的中文译名展开讨论，最终确定译为“日球层”。这个定名与空间物理学界的“日球”译名相近，但加有一个“层”字，这就既避免误认为指太阳，又体现了其词尾“sphere”（球层）的含义，也与其他带词尾“sphere”的科技名词，如太阳大气中的光球层（photosphere）、色球层（chromosphere），以及地球电离层（ionosphere）和地磁层（magnetosphere）等的译法一致。

以日心为中心，太阳风估计向四周延伸范围超过 180 亿千米。由于太阳在**银河系**中运动，日球层与星际介质相互作用，从而使日球层变成与**地球磁层**（简称地磁层）相类似的彗星形状。它的边界称为日球层顶。空间探测和理论研究，综合得到的日球层在黄道面上的结构如图中所示。主要特征是其中的磁场呈扇形分布。每一扇形区中的磁场极性相同，相邻扇形区的磁场极性相反，一为指向太阳，另一为背离太阳。这种结构通常称为行星际磁场的扇形结构。磁力线形如阿基米德螺线，它与地球轨道大约呈 45°交角。太阳风物质为高导电等离子体，磁场与物质冻结在一起，因此扇形磁场是由太阳输运到日地空间的，它实际上是**太阳磁场**在行星际空间的延伸。地球轨道附近的行星际磁感应强度为 10^{-5}～10^{-4} 高斯。由于太阳在星际间运动，日球层与星际介质相互作用，可能导致在太阳运动方向上形成弓形激波阵面。

日球层中与磁场并存的就是行星际介质。行星际介质中除了来自太阳的太阳风等离子体（带电粒子）外，还包括各种大小的中性固体物质，尺寸从小于一微米的尘埃直到鹅卵石大小的块状物。这些物质主要来源于彗星和**小行星**的碎裂，少量来自星际介质中的尘埃。（林元章）

日食 solar eclipse 在地球上看到太阳被月球遮蔽的现象。

发生原因 太阳发光，月球（俗称月亮）不发光。月球是依靠反射太阳光而呈银白色的。月球绕地球公转，而地球又带着绕它公转的月球一起绕太阳公转（图 1）。太

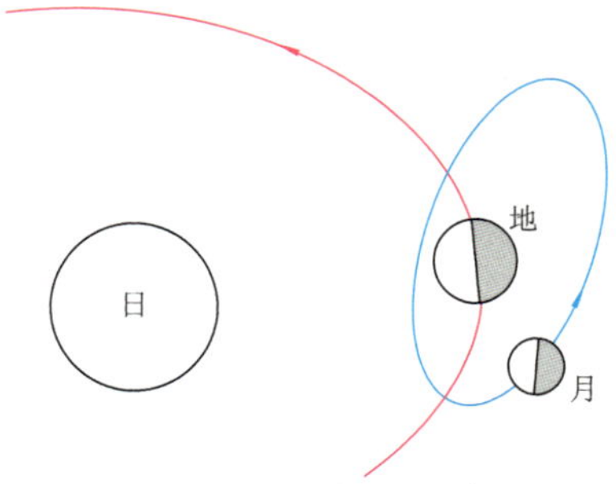

图 1 地球和月球运动示意图

阳的直径约为 1 400 000 千米，大致是月亮直径 3500 千米的 400 倍。但月球离地球的平均距离仅约 380 000 千米，又大致是日地平均距离约 150 000 000 千米的四百分之一。因此太阳的视角径（日轮）与月球视角径（月轮）几乎是一样大小，都是约 32 角分（32′）。由于月球公转轨道和地球公转轨道都是椭圆（地球和太阳分别位于月轨椭圆和地轨椭圆的焦点上），日地距离和月地距离会略有变化，使得月轮有时会略大于日轮，有时会略小于日轮。另外，农历是根据**月相**变化制定的**历法**。月相是月球被太阳照亮部分的形状，如镰刀形和半圆形等，取决于日地月三者的相对位置。月相变化的周期是 29.353 天，称为朔望月（比月亮的公转周期 27.3 天略长），也就是农历一个月的平均长度。当月球运动到日地之间，即从地球上看月球和太阳在同一方位时（三者不一定在一直线上），地球上看到的是月球未被太阳照亮的半球，也就是看不见的黑月亮，称为新月，也称为朔，对应于农历初一。当月球运动到太阳的相反方位，即地球处在日月之间时（三者也不一定在一直线上），看到的是月球被太阳照亮的半球，就是满月，也称为望，对应于农历十五或十六。如果地球绕太阳的轨道和月球绕地球的轨道在同一平面上，则每逢农历初一月球走到日地之间时三者处在同一直线上，就会发生地球上看到月球遮挡太阳的日食现象。但实际上地轨和月轨并非在同一平面上，而是相互倾斜成 5°9′的交角。因此一般情况下，在朔日，日月地三者并不在一直线上，不会发生月球遮挡太阳的日食现象。只有当月球在自己的轨道上运行到地球轨道平面附近时，才会出现日月地三者正好或近于在一直线上，发生月轮遮蔽日轮的日食现象。这就是为什么日食总是发生在农历初一，但并非每逢农历初一都有日食的道理。

种类和过程 日食可分为日偏食、日全食和日环食 3 种。发生 3 种不同类型的日食，与月球的影子结构和日食时地球在月影中的位置有关。图 2 中月球的影子有三种区域：由月球直接伸展出去的锥形暗区是月亮的本影区；由本影延长线构成的锥形暗区称为伪本影区；本影和伪本影周围的斜线区就是半影区。若某次日食时，仅是月球的半影区落在地面上，该地区只能看到日轮的一部分缺失，就是日偏食。

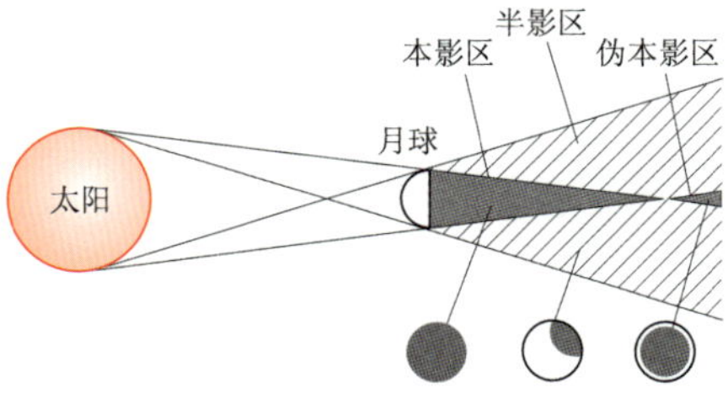

图 2 月影结构与日食的三种类型

若某次日食时月亮的本影落到地面上（相当于月地距离较近和月轮略大于日轮的情况），则处在本影区将看到整个日轮被遮，就是发生了日全食。若某次日食时只有月亮的伪本影到达地球（相当于月地距离较远和月轮略小于日轮的情况），则处在伪本影区将会看到只有日轮的中央部分暗黑，这就是日环食。日全食和日环食合称为中心食。

随着月亮的公转运动和**地球自转**，月亮的影子将会在地面上扫过一大片区域。其中本影或伪本影扫出的地带非常狭窄，宽度只有几十至几百千米，长度则可达几千至上万千米，它们分别称为全食带或环食带。处在全食带或环食带地区就将会先后看到日全食或日环食。而在全食带或环食带两边地区显然就是月球半影扫过的地区，这些地区就只能看到日偏食。月球自西向东运动，地面上的月影也是自西向东移动，因此总是西部地区比东部先看到日食。月球自西向东运动的另一结果就是，日轮总是从西边缘开始被月轮遮蔽，然后向东扩大，在东边缘结束日食。

日食的全过程及各阶段如图3所示。若为日全食，则可分为5个阶段（图3日全食）。其中食既至生光为日全食时间，一般为2～3分钟，最长7分多钟，最短只有几秒钟。日环食也分为5个阶段（图3日环食），其中环食始至环食终为日环食时间。日偏食只有初亏、食甚和复圆3个阶段（图3日偏食）。对于日全食和日环食，月轮直径与日轮直径之比称为食分。日全食的食分大于1，日环食的食分小于1。对于日偏食，食分则指食甚时日轮直径被遮部分占日轮直径的分数，它总是小于1。

当月轮即将完全遮挡日轮，亦即食既之前的瞬间，日轮的东边缘仅剩一丝亮弧时，会在亮弧上出现几颗如珍珠般闪亮的光点，这是太阳光通过月球边缘的一些**环形山**凹地涌出的结果。英国天文学家F.贝利首先解释了这一现象，因而也称贝利珠。较大的光点光芒四射，更像钻石镶嵌在亮弧上，常称为钻石环。随即食既开始，“星夜”降临，天空中闪现出星星，而黑色的月轮周围显现出太阳的高层大气——红色的**色球**和银白色的**日冕**，十分绚丽多彩。而在生光之后，亦即日轮重新露出的瞬间，还会在日轮西边缘看到贝利珠和钻石环，随即消失并露出较多的日轮，天空变亮，日全食结束。日环食时天空变暗不明显，但天空中高悬着一圈金色的圆环也是很奇特的罕见天象。

频繁度和观测意义 天文学家的计算表明，平均每个世纪可出现67.2次日全食、82.2次日环食和82.5次日偏食。由于日全食带和环食带非常狭窄，每次日食时只占据地球表面积的极少部分，有时还位于海洋或人口稀少或难以到达的地区，因此看到日全食和日环食的机会很少。对于某一具体地区来说，平均每300多年才能看到一次日全食或日环食。与此相反，日食时月亮半影扫过的地区面积（就是偏食带）很大，日全食和日环食时，全食带和环食带两边的地区也在月亮半影中可看到日偏食。因此看到日偏食的机会相当多，对于一个地区而言，平均每3年可看到一次日偏食。

日食现象不仅有观赏价值，还具有科研价值，主要是提供了研究太阳高层大气的有利时机。太阳的大气可分为3层：平时看到的日轮是太阳的最低层大气，称为**光球**，厚度仅几百千米，太阳的可见光辐射几乎全部是由光球发射出来的。光球上方是厚度为几千千米的色球层，亮度只有光球的万分之一。色球的外面还有一层延伸至几个太阳半径之外的最外层大气，称为日冕，亮度只有光球的百万分之一。非日全食时，暗弱的色球和日冕完全被明亮的天空背景所淹没，但日全食时，由于明亮的光球被月亮遮蔽，全食带地区上空的大气失去强光照射（处在月亮的本影当中），天空变成暗黑，使色球和日冕得以显现，为研究它们提供了“天赐良机”。

日全食也是研究因太阳发射的光辐射和带电粒子流（**太阳风**）突然被月球遮挡，而对地球的电离层、电磁场、臭氧层、低层大气，以及其他地球环境（如引力场、重力场、固体潮和**宇宙线**变化等）产生影响的好时机。同时，还可在日全食时进行爱因斯坦预言的光线弯曲试验。中国科研人员也曾多次对日全食进行观测研究。从20世纪后期开始，对于发生在中国境内的日全食，包括1980年2月16日在云南、1997年3月9日在黑龙江漠河、2008年8月1日在新疆和甘肃地区，中国有关学科的科研人员和**天文爱好者**，都分别进行了专业观测和业余观测。2009年7月22日的日全食，其全食带几乎贯穿整个长江流域，食延时间长达5～6分钟，遗憾的是当日为阴雨天，大部分地区未能看到日全食。2040年之前，还可以在中国境内看到两次日全食。其一是2034年3月20日的日全食，发生在新疆和西藏的交界地区。另一次是2035年9月2日的日全食，全食带横越中国西北和华北地区，覆盖了首都北京，以及包头、大同、秦皇岛等城市，值得关注。2020年6月21日在西藏、四川、贵州、湖南、江西、福建、台湾一线看到一次日环食。2030年6月1日在东北部分地区还可看到一次日环食。 （林元章）

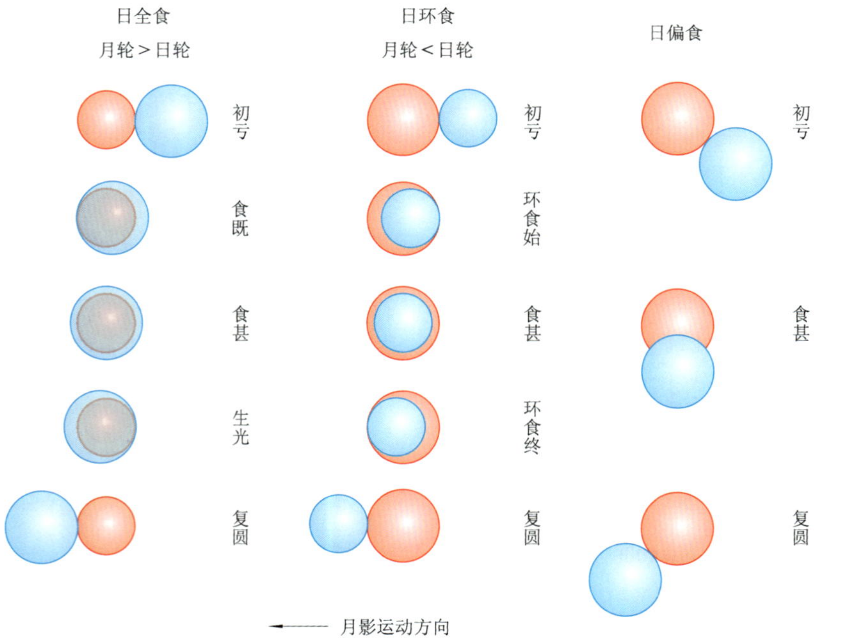

图3 日食不同阶段的定义

日食射电观测 radio observation of solar eclipse 使用**射电望远镜**观测**日食**现象。用射电天文方法观测研究日食现象。多年来天文工作者利用日食的机会，进行各种天文观测研究。就太阳射电天文学来说，日食观测具有相当重要的意义。尤其是在射电天文学诞生不久，射电望远镜的分辨率还不很高的时期，这种观测就更为重要。在日食期间，月球边缘对太阳圆面的逐渐掩盖和露放，提供了天然的高分辨率。随着射电天文技术方法的日益改进，相对来说，日食射电观测方法已不似初期那么重要。不过，对于某些特殊情况，集中多种小型仪器，在多种波段上，同时作日食观测，仍然具有特定的意义。

观测的方法和内容　在日食期间，用低分辨率的小型射电望远镜接收太阳的总辐射。这时，射电流量密度随着太阳被掩食和露放而不断变化。当月球初掩射电太阳时，接收到的太阳射电流量密度开始下降；在食甚附近，流量密度下降到最低水平。然后，当月球露放太阳时，流量密度开始上升；直到射电太阳完全露出时，流量密度才又恢复到日食前的数值。这样，就记录到一条完整的射电流量密度随时间变化的曲线。对这条实时记录曲线进行分析和处理（例如，作天空背景射电、月球射电、地球大气吸收、天线辐射效率等一系列改正），便可得到射电太阳本身的流量密度随时间变化的曲线$S(t)$。这条曲线就称为射电食变曲线。取它对时间的微商，就又获得食变斜率曲线$dS(t)/dt$。通过对这两条曲线的分析研究，可以获得有关太阳射电的许多资料。因为月球掩食太阳的运动速度已知，所以，由$S(t)$上的射电初亏时刻，便可算出掩食射电太阳半径，从而求得等效射电太阳半径。例如，中国于1968年9月22日在新疆的日全食射电观测中，所获得的3.2、11.1和21厘米波长上的等效半径分别为1.04、1.07和1.085$R_{\odot}$（$R_{\odot}$为光学太阳半径）。从$S(t)$也可算出射电食甚时的剩余流量密度占太阳射电总辐射的百分比。从射电太阳半径和剩余辐射可以看出，太阳射电来自光球以外的太阳大气（色球和日冕），因而射电太阳总比光学太阳大；食甚时，月球不能完全掩盖射电太阳，所以有相当大的剩余辐射。

为了研究太阳局部射电源的特性，首先需要在射电食变曲线上，将局部源的射电与宁静太阳射电区分开来。这可以通过选择各个波长上的宁静射电太阳模型来达到。由选定的适当模型可以算出理想宁静射电太阳的食变曲线$S_0(t)$和食变斜率曲线$dS_0(t)/dt$。然后，对$dS(t)/dt$与$dS_0(t)/dt$进行比较，并参照日食时光学Hα的太阳单色像、日冕绿线等强度图以及活动区黑子图形，便可以将日食期间日面上的局部源一一证认出来。通过对日食的观测发现，这些局部源通常与黑子和谱斑相对应。

由$dS(t)/dt$曲线可得到局部源开始被掩食和掩食终了的时刻t_1和t_2，按照已知的月球运动速度可求得局部源的角径。计算结果表明，局部源的角径与对应的黑子或谱斑相近。另外，由$dS(t)/dt$曲线上月掩局部源的时刻与Hα像上月掩对应谱斑的时刻，假设局部源径向地处于谱斑的上方，利用几何关系，又可以算出局部源在色球上空的高度。观测结果表明，射电局部源的高度为几万千米。

从局部射电源被掩食的最初和最末时刻t_1和t_2，以及与此对应的一段食变斜率曲线$dS(t)/dt$，可算出局部源的流量密度。假设局部源形状与对应光学活动区（黑子或谱斑）相似，由局部源的掩食角径可算得局部源的立体角。再假设局部源亮度均匀，便可求得局部源的平均亮温度。

观测的结果和意义　在太阳活动宁静期间，由日食射电观测可以获得射电太阳亮度沿日面的一维分布。早期的日食观测就已发现，在厘米和分米波段，在赤道方向上为宁静射电太阳临边增亮，而在极轴方向上则为临边昏暗；但在米波段，在两个方向上均为临边昏暗；而在毫米波段，呈现为很不一致的亮度分布。由此可见，今后在太阳宁静期间进行日食毫米波射电观测，一方面可以帮助解决一直悬而未决的毫米波亮度分布问题，另一方面能够获得关于色球层的不均匀结构如针状物（日芒）、色球网络以及针状物区域间的波状结构等的有价值资料。这对于建立一个可靠的色球层模型具有重要的意义。通过日食射电观测还发现并验证了日面上的冷源。这种冷源就是冕洞。因为冕洞与太阳风中的再发性高速流密切相关，所以也就与重现性的地磁扰动和电离层骚扰有联系。

通常太阳并非绝对宁静，日面上多少总会有一些活动。一般来说，在日食期间，太阳上往往存在一些太阳局部射电源。通过日食射电观测，可以获得这些局部源的非常重要的细节资料。因此，日食射电观测对于太阳局部射电源的射电特性的研究，也就是对于太阳缓变射电理论的探讨，具有重要的意义。

在日食期间的射电偏振观测中，可以获得局部源的一些重要偏振特性。由偏振辐射计测到的食变斜率曲线$dS(t)/dt$可得到偏振源的偏振流量密度，把它同源的总辐射流量密度相比，便获得局部源的偏振度。根据适当的假设，采用一定的公式，从偏振流量密度可以求出局部源的平均磁场。在新疆日食观测中，由3.2厘米偏振观测获得一个偏振源的对应于前导黑子和后随黑子辐射区的平均磁场，其强度分别为480高斯和470高斯。这种高分辨率射电偏振观测，是确定活动区上空低层日冕中磁场的主要方法。由日食射电偏振观测可以获得偏振源的细节结构。例如，观测到某些偏振源与下方有关的黑子群有一一对应的双极结构（见图）。通过多种波长的

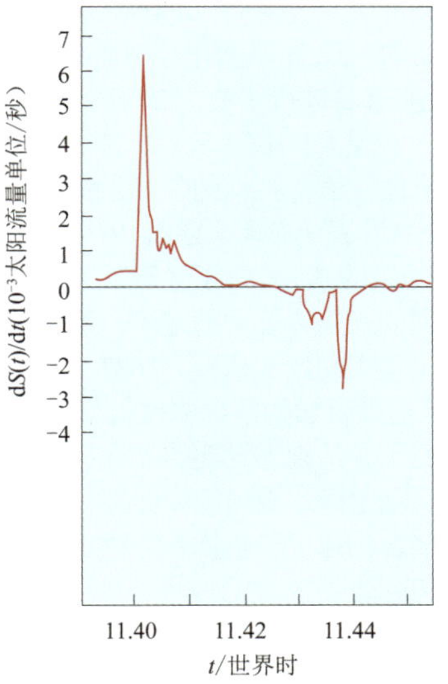

新疆日全食3.2厘米波长偏振观测

日食射电观测，可以获得活动区局部源的射电频谱。例如，1970年3月7日日全食时，在8个波长上就得到好几个局部射电源的频谱，发现强源的频谱在波长6厘米附近有极大值，而弱源的频谱则比较平坦。

在日食期间，用较小型的辐射计和偏振计在多种波长上进行观测，就能获得宁静太阳射电的亮度分布、活动区上空局部射电源的辐射特性（强度、频谱、偏振、精细结构）等资料。结合光学资料便可推导出宁静太阳和活动区的基本物理参数（如电子密度、电子温度、磁场等），从而可以研究局部源的物理特性和辐射机制。

（赵仁扬）

日心体系　heliocentric system　关于太阳系天体总体运动模式和相互作用的理论体系，认为其他天体都围绕太阳运动，太阳引力作用是太阳系天体运动的源泉。与地心体系相对立。公元前4～前3世纪希腊文明鼎盛时期，各种宇宙学说相继涌现。埃拉托色尼通过在夏至日正午同时测量位于赛印（今阿斯旺）和亚历山大两地立杆的影长测出了地球的半径，其值与现代精确测量值相比只差20%。阿利斯塔克发明了测量太阳和月亮大小远近的方法和仪器，尽管相当粗糙，他仍然做出了太阳比地球大得多，因而应该位于宇宙中心的判断，最早提出了日心体系。

古希腊的日心说没有发展出能与观测比较的数学模型，逐渐归于沉寂，让位于托勒密的地心体系。地心体系认为太阳和行星都围绕地球运动，托勒密引进本轮、均轮和偏心圆，构建了能与观测比较的数学模型，但无法回答运动源泉的问题。即使在托勒密的体系中，水星和金星两颗内行星的运动也是日心的。

1543年，N.哥白尼划时代著作《天体运行论》出版，重新提出了日心体系。1576年开始，第谷进行了长达20年的系统而精密的天文观测。1609年，伽利略用望远镜观测天体，发现了木星的卫星系统。同年，J.开普勒发表《新天文学》，9年后又发表《世界之和谐》，公布了他研究第谷观测数据发现的三条行星运动定律，为日心体系奠定了坚实的数学基础。1687年，I.牛顿出版《自然哲学的数学原理》，公布了他在开普勒工作基础上发现的万有引力定律和三条运动定律。引力定律回答了运动源泉的疑问，构建了日心体系的物理基础。在数学和运动学上，地心体系与日心体系是等价的。但在动力学上，日心体系能给出运动的原因，地心体系却不能。从此，日心体系取代地心体系成长为完全科学的理论体系，成为人类认识宇宙的第一阶梯。

（李广宇）

日震学 helioseismology 通过观测和研究太阳振动特征推测太阳内部构造的研究领域。20世纪60年代初R.B.莱顿等首先发现，太阳表面任何一点都存在周期约为5分钟的振动现象，气体平均速度为0.5～1千米/秒，基本上是径向振动，在水平方向大约30 000千米的范围内振动大体上是同相位的，并称之为5分钟振动。在相当长的时期内，对太阳表面这种速度场的性质未能从物理上予以解释。70年代初，R.K.乌尔里希以及J.W.雷巴谢和R.E.斯忒因等通过分析，分别提出太阳5分钟振动可能是俘获在太阳光球下面的驻声波，并预言这些波在频率与水平波数（ω-k_h平面）的关系（又称诊断图）将是一些近于抛物线的脊。直到1975年F.L.道依卜内首先从观测上获得太阳振动的功率谱在（ω-k_h）平面上的分布，并与根据标准太阳模型计算得到的结果进行比较，证实了太阳5分钟振动的驻声波解释。从此太阳振动的观测和研究迅速发展，形成太阳物理中的新分支。

内容与方法 与任何其他物体相似，处在静力平衡态的太阳，若内部受到某种扰动，将会产生恢复体积力，从而导致振动。在假设振动为绝热（振动过程中不考虑辐射损失和吸收等能量交换）、忽略太阳物质的黏滞性以及不考虑自转和磁场等条件下，可从理论上建立太阳振动的基本方程组，包括连续性方程、运动方程、物态方程和泊松方程。再从标准太阳模型出发，在适当边界条件下，解上述方程组就能获得各种太阳振动模式。研究表明，太阳振动中存在两大类振动模式，即以压力梯度作为恢复力并处在高频区的p模（又称声模）和以浮力作为恢复力并处在低频区的g模（又称重力模）。不同振动模式用不同的径向量子数n（称模式的"次"）和角向量子数l（称模式的"阶"）来区别。太阳振动观测的主要任务是观测尽可能多的振动模式，证认出这些振动模式的次和阶，测定它们在（ω-k_h）平面上的功率谱和谱线宽度等，以便与基于某种太阳内部构造模型计算得到的理论结果进行比较，研究太阳内部结构。不过由于太阳p模5分钟振动是已知能够证认出n和l值的唯一振动模式，因此对太阳振动的观测和研究大部分也是针对5分钟p模进行的。

日震学研究中，通常采用直接模拟法和反演法两种方法。直接模拟法从某种太阳构造模型出发，先计算太阳振动方程组中依赖日心距r的各种系数，然后在适当边界条件下对方程组求数值解。这些解包括径向位移和各种物理参数（如压力、密度和引力势等）的扰动量，以及振动的本征频率。由于标准太阳模型中存在许多不确定性，如在物态方程中对理想气体定律的各种修正，太阳氦丰度y和重元素丰度z的不准确，太阳物质不透明度有15%的误差和对流理论的不完善等因素，这样可在这些不确定性中尝试性地选择不同参数来计算太阳振动的理论本征频率，再与观测到的振动频率进行比较，最终确定理论频率与观测频率相符的参数为合理参数，获得关于太阳内部构造的知识。反演法正好相反，它的要旨是根据观测结果反推理论本征频率表示式中被积函数的形式，亦即某种物理参数随日心距的变化，也就是太阳内部结构。太阳内部自转随深度的变化就是依靠反演法推测出来的。

存在问题 太阳振动p模本征频率的理论计算值与观测结果之间存在平均约为0.5%的差异，超过观测误差。一般认为，这是理论计算中的诸多缺陷造成的。这些缺陷包括：未考虑振动过程中的非绝热效应，如辐射损失；求解方程组时对太阳表面附近边界条件的不适当选择，如未考虑磁场引起大气不均匀结构；对流理论的不完善以及未考虑对流与振动的热力学和动力学耦合等。这些因素均会影响理论本征频率的计算结果。关于太阳振动的激发机制现尚未弄清。已经提出的可能机制包括导致某些恒星径向脉动（如造父变星）的所谓κ机制，以及湍动对流引起的随机激发。

（林元章）

儒略历 Julian calendar 16世纪以前西方国家采用的一种历法，世界通用的公历的前身。公元前46年罗马统治者儒略·凯撒采纳希腊天文学家索西琴尼（活跃于公元前46年前后）的意见制定儒略历。公元前8年其侄奥古斯都又做了调整。儒略历以回归年为历法基本单位，所以实质上是一种阳历。它分一年为12个月，1、3、5、7、8、10、12月为大月，每月31日；4、6、9、11月为小月，每月30日；二月平年为28日，闰年为29日。平年共365日，闰年共366日。西方国家采用公元纪年后，凡公元年份能被4整除的年份为闰年。这样，历年平均长度为365.25日，比回归年要长0.0078日，400年要多出3.12日。到16世纪后期，累差已约10天。因此，罗马教皇格列高利（又译格雷果里）十三世进行修订，于1582年颁行格雷果里历，即公历。

（李能耀）

儒略日 Julian day; JD 一种不用年、月的长期纪日法。如果计算相隔若干年的两个日期之间的天数，利用儒略日就比较方便。它以倒推到公元前4713年儒略历1月1日格林尼治平午为起算日期，每天顺数而下，延续不断。例如1979年10月1日零时儒略日数为2 444 147.5。天文年历附表载有各年每月零日世界时12时的儒略日数。此外，在天文计算中还常采用约化儒略日MJD，其定义为MJD = JD – 2 400 000.5。

（李能耀）

瑞士日内瓦天文台 Geneva Observatory 位于瑞士日内瓦的一家天文研究机构。成立于1967年，其与洛桑埃科尔理工学院天文系共用一座大楼。主要观测设备建于国外，如在法国上普罗旺斯天文台建有1米望远镜，在欧洲南方天文台位于智利的拉西拉山建有0.6米望远镜和1.2米的利昂哈德-欧拉望远镜。

瑞士日内瓦天文台大楼

曾参与评估和评定瑞士钟表的准确度，并向通过测试的机械机芯颁发证书，随着石英机芯的出现，20世纪60年代末至70年代初，日内瓦天文台停止认证工作。

主要研究领域为系外行星、恒星测光、恒星演化等。参与欧洲航天局的依巴谷天体测量卫星、国际γ射线天体物理实验室（INTEGRAL）、盖亚卫星和普朗克卫星等多项任务。

（李宗伟 刘黎明）

闰周 period of intercalary month 设置闰月的周期。在阴阳历即中国通用的农历中，12 个朔望月比一回归年约少 11 天，需要设置闰月来调整季节与月份的关系。约在春秋战国之际，人们发现 19 个回归年（见**年**）与 235 个朔望月（见**月**）非常接近。《四分历》就是按二者完全相等来制定的，19 年中安排 7 个闰月，它的闰周就是 19 年 7 闰。但是，闰周的名称古人很少使用，古人称 19 为章岁，7 为章闰。后人把章岁和章闰合称为闰周。随着科学发展，19 年 7 闰显得粗略，人们就寻求更精密的闰周。北凉赵𢾺首次创用 600 年 221 闰的闰周。祖冲之改用 391 年 144 闰，比赵𢾺更精密。此后 19 年 7 闰法就废止不用了。中国可能在战国时已经发明**二十四节气**，其中有十二个中气。西汉制定《太初历》时，规定以无中气之月为闰月，此后都采用这种置闰方法。虽然这种方法的采用对更精确的闰周的探索失去重要的意义，但是在赵𢾺、祖冲之以后相当长一段时间里，对新闰周的探求仍是历家所重视的问题。而从唐**李淳风**的《麟德历》起，不再确定闰周。

（陈美东）

弱引力透镜效应 weak lensing 强度不足以形成多重像或是巨型光弧，但能使背景星系发生微小扭曲的一种**引力透镜**效应。对于弱引力透镜的研究比强引力透镜要晚得多。弱引力透镜信号是在 2000 年被探测到的，但是已经成为观测宇宙学研究的一种新颖而又强有力的工具。由于光线偏折角很小，星系本身又具有内禀的形状，故单个星系由弱引力透镜引起的形状改变非常小而难以确认。因此，弱引力透镜的研究通常采用的是一种统计的方法，即通过测量许多星系的平均形状来揭示弱引力透镜效应。

弱引力透镜的应用非常广泛。首先，它可用于研究**星系团**或星系群中的**暗物质**分布，即利用弱引力透镜现象，可以绘制大范围暗物质的二维分布图，而结合**测光红移**的数据，还可以构建三维分布图。弱引力透镜研究则主要集中于研究宇宙大尺度结构。由于宇宙中暗物质的量及其分布的不同，光线在到达地球前时已经发生了不同程度的偏折，因此观测到的弱引力透镜效应中携带着宇宙大尺度结构的信息，而宇宙中的暗物质分布取决于各种**宇宙学常数**，因此这种被称为“宇宙剪切”（cosmic shear）的信号已被有效地用于约束宇宙学常数。

（涂　泓）

S

萨根，C. Carl Sagan（1934-11-09～1996-12-20） 美国天文学家，天文科普者。生于美国纽约州布鲁克林，卒于美国华盛顿州西雅图。1955 年在芝加哥大学获得物理学士学位，1956 年获得物理硕士学位，1960 年取得天文学与天体物理学博士学位。1960～1962 年在加利福尼亚大学伯克利分校访学，1962～1968 年在哈佛－史密松天体物理中心工作。1968 年成为康奈尔大学行星研究实验室主任，1971 年成为全职教授，直至 1996 年病逝。

萨根是一位具有丰富想象力与激情的活跃科学家。他早年的研究集中在行星物理环境，尤其是金星与木星的大气层。在 25 岁左右他提出金星所散发的高强度微波实际是行星由于其浓密的二氧化碳大气层的温室效应导致的热辐射。最早的“水手 2 号”行星探测计划有力支持了他的理论。在学习与研究过程中，他对生命起源、存在地外生命的可能性、探测地外生命产生了浓厚兴趣。在米勒－尤里实验的基础上，他试图证明氨基酸和核酸可以通过紫外线照射简单的化学物品获得。当然，他的实验颇具争议。在他的有力促进下，“先驱者 10 号”“先驱者 11 号”探测器装载了特制的金属饰板，“旅行者 1 号”“旅行者 2 号”探测器放置了音像盘。金属饰板绘制有一个男人和女人的形象，镌刻了关于地球的基本信息。音像盘是金属制成，类似唱片，凹槽里刻着存在于地球上的声音与图像。这些探测器已经驶向太空，试图获得与地外文明的接触。萨根还在其他方面尝试了对地外生物学的研究与探索。

尽管萨根在行星大气、地外生物学、地球生命起源研究方面有重要贡献，但他为公众所家喻户晓却因其科普工作。他出版了一系列科普著作，参与了媒体的科普宣传，公众讨论，撰写科幻小说。他与妻子 A.德鲁扬共同编写的电视系列片《宇宙》，在全世界的观众有 5 亿之多。这些成果或使萨根成为美国 20 世纪 70～80 年代最具有知名度的科学家。（朱浩浩）

塞曼效应 Zeeman effect 在外磁场中原子发出的谱线发生分裂且偏振的现象。1896 年由荷兰物理学家 P.塞曼发现。产生塞曼效应的原因是，原子的磁矩和外磁场相互作用，使原子能级发生分裂，裂距$\Delta E = \Delta m \frac{ehH}{4\pi m_e c}$，式中$e$为电子电荷，$h$为普朗克常数，$H$为外磁场强度，$m_e$为电子质量，$c$为光速，$\Delta m$为磁量子数的差。根据选择定则，只有$\Delta m = 0$或$\pm 1$为容许跃迁。一条频率为$\nu_0$的谱线在外磁场的作用下将分裂为三条谱线：$\nu = \nu_0 \pm \frac{eH}{4\pi m_e c}$和$\nu = \nu_0$，中间一条频率不变，称为$\pi$子线，旁边两条称为$\sigma$子线。在垂直于外磁场的方向观测时，谱线分裂为三条（横效应），分裂的谱线都是线偏振：中间的一条，振动平行于磁场；旁边的两条，振动垂直于磁场。当平行于外磁场的方向观测时，谱线分裂为两条（纵效应）：中间一条观测不到；旁边的两条是圆偏振，转动方向相反。利用分光仪器测量出天体谱线的塞曼分裂裂距，便可以求出天体的磁场强度。这是测定天体磁场强度的基本方法，也是塞曼效应在天体物理学中的重要应用。若用波长表示谱线的分裂裂距，则$\Delta\lambda = 4.67 \times 10^{-5}\lambda^2 H$，波长$\lambda$以厘米为单位，$H$以高斯为单位。谱线的塞曼分裂裂距是很小的。例如，对于$\lambda = 5000$埃的一条谱线，当磁场强度为 10 000 高斯时，$\Delta\lambda$只有 0.1 埃左右。但是，由塞曼效应分裂成的两条子线的偏振性质是不一样的。正是利用这种偏振性质的不同，可以测量出微小的$\Delta\lambda$值来。美国天文学家 G.E.海尔首先利用塞曼效应来测量天体磁场，他于 1908 年测出了太阳黑子的磁场。1946 年，H.W.巴布科克测量出恒星的磁场。1968 年，G.L.弗斯库尔测量出星际磁场的强度。上述塞曼效应也叫作正常塞曼效应。当考虑电子的自旋效应时，谱线会分裂成更多的子线，这叫作反常塞曼效应。在电子轨道（L）和自旋（S）耦合情况下，只要$S \neq 0$，外磁场不强，均可出现反常塞曼效应。（何香涛）

赛丁泉天文台 Siding Spring Observatory 澳大利亚东南部的一座天文台，由澳大利亚国立大学管理。坐落于澳大利亚瓦伦本哥国家公园海拔 1165 米处的赛丁泉山上。是澳大利亚国立大学的天文和天文物理研究所的一部分，并与澳大利亚国立大学、新南威尔士大学和其他一些机构共同管理英澳望远镜和聚集在该处的十多架望远镜。

1924 年，澳大利亚在堪培拉以西 10 千米，海拔 768 米的斯特罗姆洛山上建立斯特罗姆洛山天文台。20 世纪 50 年代，某些范围内的暗天体已经淹没在光污染之下而看不见了。为此，1962 年，澳大利亚国立大学新建赛丁泉天文台。60 年代中期，设置了三架望远镜，现已退役。1969 年，英澳望远镜（AAT）最终选址赛丁泉天文台，70 年代，新建联合王国施密特望远镜（UKST）。之后又建设的望远镜有 2.0 米南福克斯望远镜、1.3 米星图家（Sky Mapper）望远镜、2.3 米先进工艺望远镜、0.5 米乌普沙拉南施密特望远镜、0.5 米自动化巡查望远镜、机器人光学中天搜寻实验、韩国南方望远镜等。

赛丁泉天文台鸟瞰图

赛丁泉天文台设有访客回廊和展示区开放给访客，并在每年 10 月的最后一个星期日举办开放日，作为星空活动的一部分。（李宗伟 刘黎明）

赛弗特星系 Seyfert galaxy 星系核极亮，具有强而宽发射线的活动星系，常有旋臂结构。因美国天文学家 C.K.赛弗特于 1943 年首先发现而得名。活动星系核的一个亚型。其主要特征是：①有一个小而亮的恒星状核，核心有时标数月或数日的光变。②核的光谱显示有高激发、高电离的气体发射线和 OⅢ、OⅡ、NeⅢ 等禁线。③强的红外源和 X 射线源，光学波段呈蓝色或紫外超，连续谱为非热谱或不完全非热谱。到 2000 年已发现 1700 多个赛弗特星系。

赛弗特星系可分为两大类：①1 型赛弗特星系（Seyfert1），具有窄的电离金属禁线和很宽的氢巴耳末容许线，容许线零强全宽大于 3000 千米/秒，最高可达 10^4 千米/秒。②2 型赛弗特星系（Seyfert2），容许线和禁线宽度相差不大，一般在 500～1000 千米/秒。按照宽线成分与窄线成分的相对比例不同还可进一步细分为 Seyfert1.5、Seyfert1.8 和 Seyfert1.9 等亚型。Seyfert1.5 光谱中 Hβ 线的宽线成分与窄线成分强度相当，而数字较大者对应的宽线成分较弱。按照活动星系核（AGN）的统一模型，这些不同的亚型是由观测者不同的视角产生的：当视角较小时，宽线区完全在视野之内，呈现为 1 型赛弗特星系，随着视角逐渐增大，被遮挡的宽线区越来越多，宽线成分越来越弱，光谱逐渐呈现为 1.5、1.8、1.9、2 等亚型。1 型赛弗特星系的光谱与**类星体**的相似，只是光度比后者低，因此常把赛弗特星系称为低光度 AGN（$M_V > -22.5$或$L_V < 10^{11}L_\odot$）。区别 2 型赛弗特星系和正常星系电离氢区（又称 HⅡ系），通常用谱线流量判据[OⅢ]λ5007/Hβ > 3。几乎所有赛弗特核都位于**旋涡星系**或**S0 透镜状星系**中。Sa 和 Sb 型旋涡星系中约 10%有赛弗特核，与活动星系核在正常星系中的比例相当。这意味着所有这些旋涡星系都有 10%的寿命处于赛弗特阶段。

Sa 和 Sb 型旋涡星系约 25%有低电离星系核（LINERs）。LINERs 光度比 Seyfert2 小，光谱中有[OⅠ]λ6300 和[SⅡ]λ6716、λ6731 等无须高能量激发的发射线。谱线强度比提示，气体是在有激波通过时被电离的。尚不清楚它们是包含一个低能活动星系核还是代表中央星系的恒星形成暴发，更可能是两者兼而有之。

（顾敏峰）

三角视差的测定 trigonometric parallax 用三角方法测定遥远天体尤其恒星以及各类恒星集团的距离。是天文学中的一项重要工作。一方面，恒星距离的测定是研究**银河系结构**的基础；另一方面，有关恒星或恒星集团的一些物理参数，如空间速度、光度、实际大小、质量等的测定，也必须知道恒星的距离。天文学家为了解决遥远天体距离测定这一十分困难的问题，长期以来从各个方面进行了深入的研究。经典的方法，如三角视差，不仅由于观测资料在数量和精度上的提高而使视差测定精度有了很大的提高，而且因为采用了新的技术手段（如空间观测、CCD 的应用），以及新的归算方法，同样也使视差测定精度不断得到提高。

周日视差　是**地球自转**或天体周日视运动所产生的视差。测定天体的周日地平视差的最简单方法是：在同一子午线上，相距很远的两个地点同时观测同一天体，测定它在中天时的天顶距z_1和z_2，如果已知两地的地理纬度分别是φ_1和φ_2，则可用公式：

$$P_0 = \frac{(z_2 - z_1) - (\varphi_2 - \varphi_1)}{\sin z_2 - \sin z_1}$$

计算P_0值。对于**太阳系**内月球、行星等天体，可测定其周日地平视差，由此求得它们的距离。根据**天体力学**的理论，利用行星的周日地平视差，可以求得太阳的周日地平视差（即太阳视差），由此可以求得地球和太阳之间的平均距离。1751～1753 年，法国 N.L.de 拉卡伊和 J.de 拉朗德，首次在差不多位于同一经线上的柏林天文台和好望角天文台同时观测月球，相当精确地测定了月球的周日地平视差。行星的周日地平视差也可在它们最接近地球时用上述方法测定。1672 年，法国 G.D.卡西尼根据他在巴黎和南美法属圭亚那所做的火星观测，求得了火星的周日地平视差。至于太阳的周日地平视差则不能用上述方法直接测定，必须采用间接的方法来测定。

周年视差　是地球绕太阳周年运动所产生的视差。它的定义是：地球和太阳间的距离在恒星处的张角。恒星的周年视差π与太阳到恒星的距离r以及地球到太阳的平均距离α之间的关系（图 1）可以表示为：

$$\sin \pi = \frac{\alpha}{r}$$

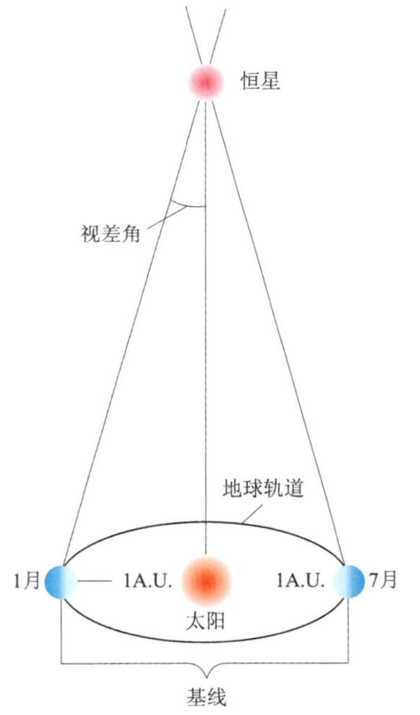

图 1　恒星的周年视差

恒星的周年视差π都小于一角秒，所以通常π以角秒为单位，并把上式写为：

$$\pi = 206\,265\frac{\alpha}{r}$$

已知α和π，便可求得r。若距离以秒差距（pc）为单位，地球到太阳平均距离$\alpha = 1$天文单位（A.U.），利用1pc = 206 265A.U.，则得到常用的公式：$r(\mathrm{pc}) = 1/\pi$（角秒）。

自 **N.哥白尼**提出日心地动学说以后的近 300 年间，许多人企图发现恒星的周年视差，但都没有成功。直到 1837～1839 年，俄国 F.G.W.斯特鲁维、德国 **F.W.贝塞尔**和英国 T.亨德森才分别测出了织女星（即天琴座 α）、天鹅座 61 和**南门二**（即半人马座 α）三颗近距恒星的周年视差。在全天恒星中，南门二的一颗伴星的视差最大，等于 0″.76，故有**比邻星**之称。

20 世纪以来，开始使用口径大、焦距长的大型折射或**反射望远镜**和照相方法测定视差。1989 年欧洲空间局发射**依巴谷天体测量卫星**，主要任务是测量太阳附近恒星的视差和**自行**，共测量了近 12 000 颗恒星，视差测量的精度最高可达 0.001 角秒。2013 年底发射的 Gaia 卫星，其视差测量精度比依巴谷天体测量卫星高 2 个数量级以上，对于远离太阳 10 000 秒差距的恒星距离，其视差测量的相对精度仍可以达到 10%左右。

三角视差法是测定太阳系外天体距离的最基本方法。用其他方法测得的距离都要用三角视差法来校准。

长期视差　是太阳在空间运动所产生的视差（也称视差动）。长期视差π_s和太阳到恒星的距离r以及太阳在一年里所走过的距离d之间的关系（图 2）可以表示为：

$$\sin \pi_s = \frac{d}{r}$$

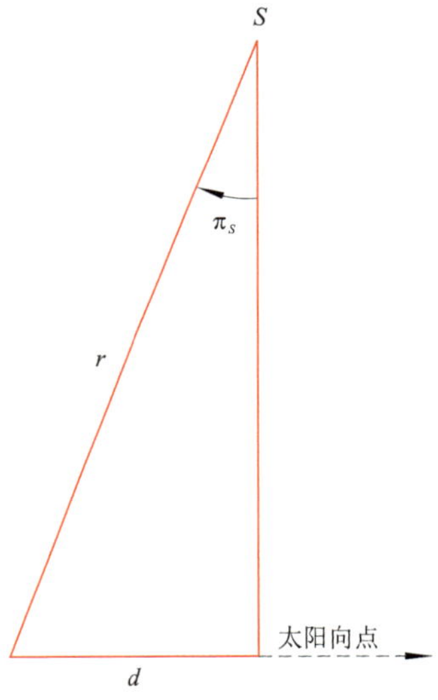

图 2　长期视差

恒星的距离遥远，π_s十分小，所以当它以角秒计时：

$$\pi_s = 206\,265\frac{d}{r}$$

太阳对于邻近恒星的空间速度$V_\odot$ = 19.7千米/秒，因此，太阳附近恒星的长期视差等于其周年视差的 4.15 倍。对于具有某种共同特征的一组星，如视星等或光谱型在某一确定范围内的恒星，或某种类型的**变星**等，可利用自行或视向速度的观测数据进行统计分析，求出它们的长期视差。

（陈　力）

三千秒差距臂 3 kpc arm　**银河系**棒两侧的两条次旋臂（见**银河系旋臂**）。近三千秒差距臂在1950年由荷兰天文学家H.范吾尔登及其合作者通过观测原子氢的21厘米发射线发现。这条旋臂位于银河系第四象限，距离太阳约5.2千秒差距，距离银河系中心约3.3千秒差距。一般认为近三千秒差距旋臂是**英仙臂**在银河系内区的延伸。2008年美国天文学家T.M.登姆发现了位于银河系第一象限的远三千秒差距旋臂，这被认为是与近三千秒差距旋臂对称的，在银河系另一端的类似旋臂。

（沈俊太　徐　烨）

三体问题 three-body problem　三个质点在相互之间万有引力作用下的运动问题。尽管已有300多年的研究历史，但该问题仍是一个尚未解决的难题。在采用三体问题作为模型研究具体天体运动时，通常需要根据实际情况求出近似特解，由此发展出来的研究方法也常用于讨论一般三体问题。

降阶和求积　三体系统的运动方程是18阶的常微分方程组，具有10个经典的首次积分，即6个质心运动积分、3个动量矩积分和1个能量积分。这些积分都可以表达为三体直角坐标和速度的代数函数，故称为代数积分。

1843年，C.G.J.雅可比证明，只要找到N体系统运动方程除两个以外的所有积分，则剩下的那两个积分也可以找到。对三体问题而言，还差8个积分没有找到。H.布伦斯和P.潘勒韦证明不存在新的代数积分，而H.庞加莱则进一步证明了新的积分不可能是椭圆根数的一致解析函数。

级数解法　太阳和两个行星的运动方程中含有两个小参数，即行星的质量m和m'。作为零阶近似，这和三体问题可以视为两个独立的**二体问题**，其中两颗行星分别绕太阳做开普勒运动，其瞬时**轨道根数**是积分常数。根据常数变易法，可以将原问题化为关于这些根数的常微分方程组，其解在形式上可写作m和m'的幂级数。庞加莱证明：若时间$t=0$两个行星的瞬时轨道不相交，则对于给定的m和m'值，存在$t_0>0$，使得对于$t\in[0,t_0]$，上述级数解是收敛的。

为了得到三体问题对任何时间都收敛的级数解，需要克服由运动方程碰撞奇点造成的困难。1912年，K.F.苏德曼通过正规化变换克服了二体碰撞造成的困难，同时在三体角动量非零的情况下证明了三体问题收敛级数解的存在性，但这种级数解收敛太慢，没有实用价值。

简化问题和寻找特解　G.W.希尔讨论月球在太阳和地球引力作用下的运动问题时，作为零阶近似，忽略了月球对太阳和地球的引力作用。庞加莱将这种简化了的问题称为**限制性三体问题**，其中引力作用被忽略的天体称为小天体，另外两个天体称为有限体。

在随两有限体旋转的坐标系中，可以得到限制性三体问题的**雅可比积分**、希尔曲面和**拉格朗日特解**。这些结果对于研究**小行星的运动**、**双星**系统子星之间的物质交换、**俘获理论**等都具有重要意义。

寻找周期解　庞加莱认为研究周期解是探讨三体问题的一条重要途径，这是因为在有界解集合中周期解很可能是稠密的。庞加莱用三体问题模型讨论行星运动时把周期解分为三类：当两行星瞬时轨道面之间的夹角为零，且两个偏心率都很小时，称为第一类周期解；当两行星瞬时轨道面之间的夹角为零，偏心率不都很小时，称为第二类周期解；当两行星瞬时轨道面之间的夹角不为零，偏心率不都很小时，称为第三类周期解。

庞加莱提出的解析延拓方法可以用来从已知的周期解出发寻求新的周期解。依据该方法的思想，M.埃农等人在数值上发现了许多限制性三体问题的周期解族。基于最小作用量原理的变分方法是证明周期解存在性的一种常用方法。在这方面的一个著名实例是由C.摩尔通过数值方法找到的8字形周期解，该解的存在性就是由A.尚西内和R.蒙哥马利通过变分方法严格证明的。

定性方法　直接从运动方程出发研究三体问题的方法。该方法由庞加莱等人创立，可用以研究密近交汇前后天体轨道类型的变化、时间趋向正负无穷时的运动类型、方程特解的存在性和稳定性，以及系统的相空间结构等问题。

数值方法　通过数值积分运动方程来研究三体问题的方法。早在18世纪，人们就用数值方法研究过**彗星的运动**。20世纪50年代以来，现代高速电子计算机的发展为在数值上全面探索三体问题提供了条件。除了针对实际问题求解三体运动方程外，数值方法在寻求新的周期解族、探讨解的稳定性、揭示轨道扩散机制和扩散规律等方面都有许多成功的应用。

（赵德滋　傅燕宁）

三体问题的积分 integral of three-body problem　一般**三体问题**的运动方程为18阶的常微分方程组。18世纪时就已知10个首次积分，如果再能求出8个首次积分，则三体问题就能解决。1843年，C.G.J.雅可比指出，如果除两个积分以外，其余积分都已找出，则三体问题也可以解决。因此，寻找三体问题的新积分，就成为解决三体问题的重要途径。对于一些特殊的三体问题，如**平面圆型限制性三体问题**，运动方程只有四阶，已有一个**雅可比积分**，所以只要再求出一个新积分就可求解，但直到现在还未解决。

1887年，H.布伦斯证明，如用坐标和速度分量作基本变量，则三体问题不存在新的代数积分（积分为变量的代数函数）。1889年，H.庞加莱又证明，如用轨道要素的组合作变量，则新的单值解析积分也不存在。1898年，P.潘勒韦进一步证明，表示为速度分量的代数函数形式的新积分也不存在。1941年，C.L.西格尔还证明，平面圆型限制性三体问题除雅可比积分外，不存在新的代数积分。尽管在寻找三体问题新积分的过程中出现了种种悲观的结论，但这些结论都是有条件的，并不是绝对的。20世纪50年代以后，又提出了两条研究三体问题新积分的途径。

一条途径是寻求级数形式的新积分。例如，1965年G.康托普洛斯找到一个用级数表示的积分。这个积分展开为以平面圆型限制性三体问题中较小有限体的质量作为小参数的幂级数，级数的系数原则上可以逐步求出，但为求积形式。只是这个级数的收敛性还没有被证明，因此还不能正式成立。另一条途径是用数值方法证明新积分是否存在，对平面圆型限制性三体问题已有初步结果。例如，B.沃齐斯等人用数值方法找到了假想积分同雅可比积分相交的曲面与坐标面的交线，被称为不变曲线。根据不变曲线反证假想积分是存在的，但还未具体找到。

（易照华）

三垣二十八宿 three enclosures and twenty-eight mansions　中国古代星空体系名称。中国古代为了认识星辰和观测**天象**，把天上的恒星多寡不一地组合在一起，每个组合给一个名称。这样的恒星组合称为星官。各个星官所包含的星数少到一个，多到几十个。所占的天区范围也各不相同。在众多的星官中，有31个占有很重要的地位，这就是三垣二十八宿。到唐代的《**步天歌**》中，三垣二十八宿发展成为中国古代的星空区划体系，颇似现今天文学上的**星座**（图1）。

三垣　即紫微垣、太微垣、天市垣。作为星官，紫微垣和天市垣的名称先在《**开元占经**》辑录的《**石氏星经**》中出现，太微垣的名称晚到唐初的《玄象诗》中才见到。在《**史记·天官书**》中也可见到和这三垣相当的星官，但其名称和星数则有所

图 1　北宋仿唐代三垣二十八宿铜镜（湖南博物馆藏）

二十八宿距星今古对照表

宿名	今距星	古距星	宿名	今距星	古距星
角	室女座α	室女座α	奎	仙女座η	仙女座β
亢	室女座κ	室女座κ	娄	白羊座α	白羊座β
氐	天秤座α	天秤座α	胃	白羊座35	白羊座β
房	天蝎座π	天蝎座π	昴	金牛座17	金牛座17
心	天蝎座σ	天蝎座σ	毕	金牛座ε	金牛座α
尾	天蝎座μ_1	天蝎座α	觜	猎户座λ	猎户座λ
箕	人马座γ	人马座γ	参	猎户座δ	猎户座α
斗	人马座φ	人马座σ	井	双子座μ	双子座γ
牛	摩羯座β	摩羯座α	鬼	巨蟹座θ	巨蟹座θ
女	宝瓶座ε	宝瓶座ε	柳	长蛇座δ	长蛇座δ
虚	宝瓶座β	宝瓶座α	星	长蛇座α	长蛇座ι
危	飞马座α	飞马座θ	张	长蛇座υ_1	长蛇座μ
室	飞马座α	飞马座η	翼	巨爵座α	巨爵座γ
壁	飞马座γ	仙女座α	轸	乌鸦座γ	乌鸦座γ

不同。可见三垣的形成曾有过一段演变和调整过程。在《步天歌》中，三垣成为三个天区的主体，这些天区也以三垣的名称为名称。紫微垣包括北天极附近的天区，大体相当于**拱极星区**；太微垣包括室女座、后发座、狮子座等星座的一部分；天市垣包括蛇夫座、武仙座、巨蛇座、天鹰座等星座的一部分。

二十八宿　又名二十八舍或二十八星。最初是古人为标示日、月、五星的运动而选择的二十八个星官，作为描述其位置的标志。“宿”或“舍”，有“停留”的意思。《史记·律书》说：“舍者，日、月所舍。”在《步天歌》中二十八宿也成为二十八个天区的主体。这些天区也仍以二十八宿的名称为名称。不过和三垣的情况不同，作为天区，二十八宿主要是区划星官的归属。而在天象记录中，大量使用的“入×宿”的字样，这里的“宿”所包括的范围，是指二十八个星官的范围，同二十八宿所指的天区是有区别的。

二十八宿的名称　二十八宿从角宿开始，自西向东排列，与日、月视运动的方向相同。东方七宿：角、亢、氐、房、心、尾、箕；北方七宿：斗、牛（牵牛）、女（须女或婺女）、虚、危、室（营室）、壁（东壁）；西方七宿：奎、娄、胃、昴、毕、觜（觜觿）、参；南方七宿：井（东井）、鬼（舆鬼）、柳、星（七星）、张、翼、轸。此外，还有贴近这些星官与它们关系密切的一些星官，如钩钤、坟墓、离宫、附耳、伐、钺、积尸、右辖、左辖、长沙等，分别附属于房、危、室、毕、参、井、鬼、轸等宿内，称为辅官或附座。二十八宿包括辅官或附座星在内共有星 182 颗。唐代天文学家**李淳风**撰写《晋书·天文志》时，将神宫一列为尾宿的辅官，因而总星数增加为 183 颗。

二十八宿的距星和距度　二十八宿中，各宿所包含的恒星都不止一颗，从每宿中选定一颗星作为精细测量天体坐标的标准，叫作这个宿的距星，下宿距星和本宿距星之间的赤经差，叫作本宿的赤道距度（简称距度）。赤道距度循赤经圈往**黄道**上的投影所截取的黄道度数叫作黄道距度。一个天体在某宿距星之东，并且和该宿距星之间的赤经差小于该宿距度的话，就称为入该宿，这个赤经差就称为该天体的入宿度，写作“入×宿×度”。再配上该天体与天北极间的角距离——“去极度”，就成为中国古代的一对赤道坐标分量。距星选定之后，由于**岁差**的原因，各宿距度还在不断变化。但是这种变化相当缓慢。西汉初的《淮南子·天文训》中所列二十八宿距度数值如下，角：12°；亢：9°；氐：15°；房：5°；心：5°；尾：18°；箕：$11\frac{1}{4}$°；斗：26°；牵牛：8°；须女：12°；虚：10°；危：17°；营室：16°；东壁：9°；奎：16°；娄：12°；胃：14°；昴：11°；毕：16°；觜觿：2°；参：9°；东井：33°；舆鬼：4°；柳：15°；七星：7°；张：18°；翼：18°；轸：17°。各宿距度的总和为$365\frac{1}{4}$°。二十八宿的距度大小相差悬殊：最大的井宿达到 33°，最小的觜宿只有 2°。二十八宿的分布为何如此不均匀，是研究二十八宿起源尚未解决的问题。

二十八宿距星的选取，古今也不相同。汉以前存在一套与后世不同的二十八宿距星。1977 年安徽省阜阳地区出土一件西汉初年的刻有二十八宿距度的圆形漆盘，其距度数值与汉以后的数值有很大差异。据研究，这是距星的选取与汉以后不同造成的，若把汉以后的距星称为今距星，汉以前的距星称为古距星，则可列表如：

二十八宿和四象　把二十八宿按上述次序分作四组，每组七宿，分别与四个地平方位、四种颜色、五种四组动物形象相匹配，称作四象或四陆（图 2）。它们之间的对应关系如下：东方苍龙（或青龙），青色；北方玄武（即龟蛇），黑色；西方白虎，白色；南方朱鸟（或朱雀），红色。

二十八宿与四方相配，是以古代春分前后初昏时的天象为依据的，这时正是朱鸟七宿在南方，苍龙七宿在东方，玄武七宿在北方，白虎七宿在西方；四种颜色的相配，则与古代五行说有关。至于龙、龟蛇、虎、鸟匹配天象的由来，一种观点认为是与原始部落的图腾有关；另一种说法则认为可能与这些星座昏中时所代表的季节特征有联系，如南方七宿昏中是春季，而鸟可以被看作是春天的象征等。

1978 年夏，湖北省随县发掘出战国初年的墓葬曾侯乙墓，入葬时间在公元前 433 年左右。其中有一件漆箱盖，上面有二十八宿的名称，还有与之相对应的青龙、白虎图像。这不但把二十八宿出现的文献记载时代提前了，而且证实四象与二十八宿相配的起源年代也是很早的（图 3）。

二十八宿创立的时代　在中国古代文献记载中，二十八宿中的部分星宿出现较早。如西周至春秋时期的《诗经》《**夏小正**》等书中，就有不少记载。此外，《尚书·尧典》中，有“四仲中星”的记载，即“日中星鸟，以殷仲春”，“日永星火，以正仲夏”，“宵中星虚，以殷仲秋”，“日短星昴，以正仲冬”。从所记天象来推算，“日中星鸟”即“七星”宿春分时昏中的时代，大约在公元前十二三世纪，也就是殷末周初，

图 2　四象图

图 3　曾侯乙墓漆箱盖二十八宿图

因而有人认为二十八宿即产生于这个时代。但是，也有人认为少数星宿名的出现，并不能证明当时二十八宿的系统已建立起来。早期载有二十八宿的可靠文献是《吕氏春秋》《礼记·月令》《周礼》等书，它们的时代最早的大约在战国中期（前 4 世纪）。而从这些记载中的天象推算，则可提前到春秋中叶（前 7 世纪）。

还有人认为，二十八宿在创立之初是沿赤道分布的。计算表明：二十八宿与天球赤道相吻合的年代距今约 5000 年前。这可认为是二十八宿体系创立时代的上限。而依据文献、文物等证实的公元前 5 世纪，则应该看成是二十八宿创立时代的下限。

古代印度等国的二十八宿　中国以外，古代的印度、阿拉伯、伊朗、埃及等国，也都有类似中国的二十八宿体系。由于伊朗、阿拉伯、埃及等国的二十八宿出现时代较晚，而且与印度的二十八宿相似之处较多，所以一般都认为古代这些地区的二十八宿是从印度传播去的。印度的二十八宿作月站（Nakshatra，或音译为纳沙特拉）。有二十七宿与二十八宿两种。二十七宿出现较早，并且一直以二十七宿为主，二十八宿是后来增加而成的。二十七宿加上“麦粒”（Abhijit）一宿（其联络星为织女星），成为二十八宿。印度二十八宿中，每宿也选定一颗亮星为代表，称主序联络星（Yogatara）。但是它并不起中国二十八宿距星的作用。每宿的划分也不以主星为标准，而是由二十七宿来等分黄道度数，每宿平均占 13°20′，总和为 360°。

关于二十八宿的起源地的问题，是起源于中国还是起源于印度，尚无定论。

（陈美东）

三正　three calendars of the different first months　三种不同岁首的历法。“正”是指正月。三正是夏正、殷正、周正。《左传》说：“火出，于夏为三月，于商为四月，于周为五月。”大火星黄昏出现于东方地平线时，夏历为三月，商历为四月，周历为五月。这表示三种历法的正月是在不同的时节。《史记·历书》说：“夏正以正月，殷正以十二月，周正以十一月。”这是以夏历为标准而言的。这两种说法实质是一致的。《左传》《史记》都认为夏朝用夏正、商朝用殷正、周朝用周正。古人也大都沿用此说。《史记·历书》更认为：“盖三王之正若循环，穷则反本”，意思说，三种历法是轮流交替行用的。这种说法是汉代的一种历史循环论“三统说”的一个组成部分。到近代，中国的王韬、朱文鑫，日本的新城新藏等人根据对《春秋》历法的研究，认为三正交替之说只是春秋战国时宣传改变历法的托词，未必真有其事。中国科学史专家钱宝琮更认为，所谓夏、殷、周三种历法，实际是春秋时代夏、殷、周三个民族地区的历法，而不是三个王朝的历法。

（陈美东）

桑德奇，A.R.　Allan Rex Sandage（1926-06-18～2010-11-13）　美国天文学家。生于美国艾奥瓦州艾奥瓦城，卒于美国加利福尼亚州圣盖博。1948 年本科毕业于伊利诺伊大学，1953 年获加利福尼亚理工学院天体物理学博士学位。1952 年受聘于帕洛马山天文台。1957 年获美国天文学会华纳奖，1962 年当选美国哲学学会会员，1963 年当选美国国家科学院院士，1963 年获英国皇家天文学会爱丁顿奖章，1967 年获英国皇家天文学会金质奖章，1972 年获美国天文学会罗素讲席，1973 年获富兰克林研究院科里森奖章，当选英国皇家学会会员，1975 年获太平洋天文学会布鲁斯奖章，1976 年获美国成就学会金质奖牌奖，1971 年获瑞典皇家研究院克拉福德奖，1995 年当选美国哲学学会会员，2000 年获格鲁伯宇宙学奖。

1960 年 W.巴德去世后，桑德奇成为帕洛马山天文台在宇宙学观测领域的领导者。20 世纪 50 年代用帕洛马山天文台 5 米望远镜从事恒星演化的研究。1953 年他与 H.阿普等合作，通过建立星团的赫罗图和对它所做的分析，为今日公认的恒星演化理论做出重要贡献。1956 年，他和 M.L.哈马逊、N.U.梅奥尔合编《河外星系的红移和星等表》，1961 年又主编《哈勃星系图谱》，总结了自 E.P.哈勃开创以来 30 年中对星系的观测成果。1960 年第一个把一些射电源的光学对应体证认为类星体，并发现射电宁静的类星体。1966 年与他人合作，首先证认出太阳外的最强宇宙 X 射线源天蝎座 X-1 是一个暗弱的蓝星。1972～1975 年他以星系团中为首的椭圆星系作光度定标，把红移–距离关系扩展到 $z = 0.45$。1974～1976 年他和 G.A.塔曼合作，根据晚型旋涡星系的最亮星和电离氢区线直径的标定，把哈勃常数修订为 55 千米/（百万秒差距·秒），只及哈勃于 1936 年的测定值的 1/10。1978 年和塔曼一起完成对 H.沙普利和 A.艾姆斯于 1931 年编辑的《亮星系表》的修订工作，对原表所载的全天 1249 个星系重新进行分类，并测量了它们的红移。他还致力延展哈勃图的工作，1978 年，已将此项工作推进到 $z = 0.75$ 的遥远星系团星系。

（陈美东　撰　石云里　修订）

色差　chromatic aberration　由光学介质中的色散形成的、由物点发出的不同波长的光线经过由各种介质组成的光学系统成像后在像面上不会交于一点的成像缺陷。见像差。

色球 chromosphere　位于光球和日冕之间的太阳大气层。通常把太阳大气中的温度极低层作为光球与色球的分界，亦即色球底部，它大约位于从光球底部（定义为波长为500纳米的光学深度为1处）起算的高度$h=500$千米处。至于色球的上边界，则难以明确。问题在于色球上层基本上是由从超米粒边界向上延伸的针状体构成。针状体大约从色球底之上约1500千米处向外延伸，可达到约5000千米的高度，但它们的覆盖面积只占全日面积的1%～2%。而针状体之间的区域实际上已具有日冕物质的特征，比较均匀的色球仅限于从色球底向上延伸约1500千米的范围。因此，对于色球上界常有不同的说法，但大部分研究者认为色球厚度约为1500千米。色球底部的密度约为8×10^{-8}克/厘米^3，随高度迅速下降至顶部的约10^{-14}克/厘米^3，但其温度却从底部的几千度向上迅速增加到顶部的近100万度。由于色球的亮度只有光球的万分之一，比白天的天空亮度还要暗，因此平时是看不到色球的，必须用专门的仪器（色球望远镜）或在日全食时才能看到太阳色球层。日全食时看到的是色球在太阳边缘的投影，而且时间非常短暂（通常只有几秒钟）。用色球望远镜则可看到日面上的色球结构，如谱斑、暗条（日珥在日面上的投影）和耀斑等活动现象（见图）。空间飞行器上拍摄的太阳照片上可

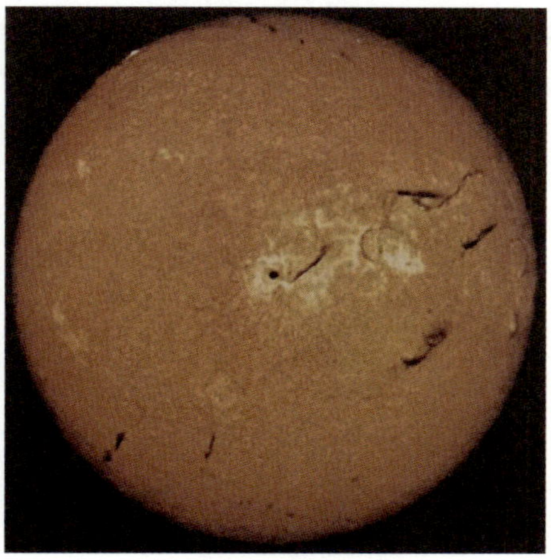

色球望远镜拍摄的色球照片

清晰看到色球针状体。关于针状体的本质和色球温度随高度增加的原因，尚在探讨之中。

（林元章）

色球和日冕加热 heating of chromosphere and corona　太阳能源位于日核，但太阳高层大气（色球和日冕）的温度反而比低层大气（光球）高很多，这是需要解释的反常现象，即所谓太阳高层大气加热问题。太阳高层大气加热机制是太阳物理研究中极为困难的问题，经过多年探讨，尚不能说已经有了公认的结论。对于太阳高层大气加热已经提出了许多不同观点，也形成一些共识，即高层大气加热的能源来自光球以下的层次。早在1946年，L.F.B.比尔曼就曾提出太阳对流层激发的声波可以进入温度极小层加热色球和日冕的观点。随后许多学者在这一方面进行了深入探讨，成为20世纪40～70年代研究太阳高层大气加热机制中的主流。当声波振幅不大时，其携带的能流为：

$$F=\frac{1}{2}\rho_0V^2C_s$$

式中ρ_0为介质平衡态密度；V为扰动速度；C_s为声速。当声波向上传播到达温度极小层附近时，由于声速C_s变化不大，而振幅随$\rho_0^{-1/2}$迅速增大，导致波的压缩相陡峭，从而形成激波。这意味着在几个粒子平均自由程的距离内，激波能量将通过黏滞摩擦和热导而迅速耗散。由于激波理论不完善，以及波受到的辐射阻尼也难以精确计算，不同学者得到的波函数（耗散随高度变化）有所不同。有的结果表明，大部分声波能量将耗散在光球上层，但剩余波将以激波形式进入色球，在那里耗散加热大气。大多数结果表明激波主要在高度1000～2000千米（从温度极小层起算）范围内耗散，加热函数随高度的变化也与色球辐射损失曲线大致相符，从而支持声波–激波加热，这一结果至少可以解释高度不超过2000千米的色球反常升温。声波–激波加热的研究同样表明，这些波通过色球低层加热那里的大气之后，已经没有足够的能量加热色球上层，更不用说进入日冕，因此关于日冕加热，必须寻找其他机制。

日冕的观测，特别是日冕X射线和紫外单色像的观测显示，日冕结构受磁场的控制比色球更强，或者说日冕的辐射损失对磁场的依赖比色球更灵敏。因此大多数学者认为，日冕的加热机制应与磁流体动力学（MHD）过程有关。大致可分为两类观点，即磁流体动力学波耗散和电流耗散。如果光球面上磁力线足根的运动很快，就将激发磁流体动力学波，它们包括阿尔文波、快磁声波和慢磁声波。一些研究表明，快磁声波和慢磁声波由于多种限制，不能有效加热太阳大气，只有阿尔文波有可能传播到日冕，并在那里耗散。例如，J.V.霍尔维就曾指出，具有一定空间尺度和磁场强度的磁环可以有效吸收与其固有频率相同的阿尔文波，即所谓磁环共振吸收的耗散机制。而J.W.白尔切和L.Jr戴维斯通过分析太阳风中磁场涨落和速度场涨落的相关性，认为太阳风中存在周期大于一小时的阿尔文波。在电流耗散加热机制方面，E.N.帕克提出的拓扑耗散和纤耀斑可作为典型的例子。帕克指出，由于光球面上磁力线足根的缓慢运动，相反极性的磁力线可能靠得很近，从而形成厚度只有0.1千米量级的电流片。这种电流片中的电流很大，而且这种磁场位形极不稳定，容易发生磁力线重联，使电流耗散，从而加热大气，同时光球中磁力线的拓扑连接性也发生变化。单位体积中电流耗散转变为热能的转换率为j/σ，其中j为电流密度，σ为电导率。如果这种磁重联的规模很大，从而释放的能量也很大，就可以用于解释太阳耀斑过程。帕克认为，由于光球中大量异极性磁力线相互靠近和缠绕，将会形成无数小电流片，并发生大量小规模的磁重联和电流耗散，导致发生大量的纤耀斑。每个纤耀斑释放的能量小于10^{25}尔格，而大量纤耀斑就可以有效加热大气。

当然，还有其他设想的加热机制，不属于上述两类。例如，一些学者提出的磁流体动力学湍流加热。另一些学者认为色球中的针状体和小纤维可能在日冕加热中起重要作用。不过也有学者认为，虽然所有这些加热机制的物理过程看起来有所不同，但是如果深入考虑它们的真实参数，则可发现许多差别将会消失。为了输送足够的能量，各种波的振幅必须很大，因而波动将是非线性的。而非线性阿尔文波实际上等效于多种磁流体动力学波的组合，其中一些模式在日冕条件下易于耗散。同时，频率稍有差别的组合波能够形成波拍或波包，它们与随机运动很相似。而且对剧烈随机运动的谐波分析表明，它们实际上等效于非线性波。因此可以认为，波和随机运动是相互等价的。而大振幅的非线性波容易耗散。这样，已提出的各种不同的传播和加热机制，可能只是理论处理上的差别，实际上它们可能是一样的。

（林元章）

色球–日冕过渡区 chromosphere-corona transition region　太阳大气的温度从高度约为2000千米的色球顶部（温度$T\approx10^4$K）随高度增加而急速上升，仅需几百千米就达到日冕温度（$T\approx10^6$K），这一温度陡峭上升的薄气层就是色球–日冕过渡区。简称过渡区。由于温度梯度太大，而且在不同大气模型中同一高度对应的温度相差很大，以及考虑到空间结构不均匀性的因素，因此对于过渡区用温度来定义比用高度来定义更为合理。粗略地说，过渡区就是指温度从$T=10^4$～10^6K的气层。不过为了定量讨论方便，一些文献中常把过渡区准确定义为$\lg T\approx4.5$～5.5的区域，它所对应的高

度范围则随不同大气模型而不同。过渡区薄层中的压力P变化不大，由$P \propto \rho T$可见，T随高度h增大急速上升意味着过渡区中密度ρ随h增大而急剧下降。

观测过渡区的最合适波段就是远紫外（EUV）波段。这个波段有各种多次电离原子的共振线，连续谱辐射是由过渡区的温度范围产生的。图中示出一种过渡区平均模型（即一维模型）温度随高度的变化以及一些离子的形成高度。1973 年“天空实验室”航天器上搭载的 EUV 光谱仪曾观测到莱曼系连续谱以及 Lyα、CⅡ、CⅢ、OⅣ、OⅥ和 MgⅩ等谱线。由图可见，允许某一种离子存在的温度范围是非常窄的。

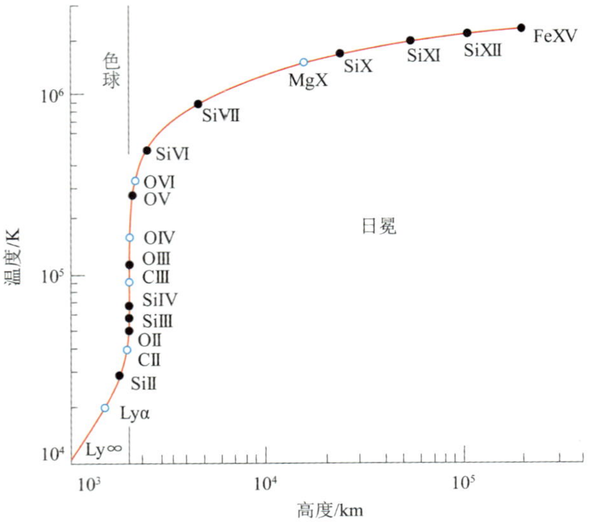

图中圆圈代表 Skylab 航天器搭载的 EUV 光谱观测到的谱线，横轴中的高度从光球顶算起

过渡区温度随高度变化（一维模型）

实际上过渡区的结构是不均匀的，主要是色球层中的网络结构向过渡区延伸，在整个过渡区内网络仍能看得见，不过随高度增大而逐渐淡化。在过渡区中网络处的辐射比网络内的辐射强度大约高一个量级。因此，图中的一维模型是一种平均模型。色球层的网络结构起因为太阳大气中的磁流管沿着**光球**中超米粒边界向上延伸，因此网络实际上是超米粒的痕迹。在色球层中看得非常清晰的网络在向日冕过渡的过程中逐渐淡化，在日冕中完全消失。由于气压随高度增大而下降，来自光球的磁流管随高度增加而不断膨胀，过渡区正是磁流管迅速膨胀的区域，也是网络逐渐淡化的区域。（林元章）

色球网络　chromospheric network　太阳宁静色球中由亮斑或暗斑组成的一种多角形网络链状结构。被网络链所围的部分称为元。不同色球谱线的单色像（见**太阳单色像**）和同一条谱线不同波长部分的单色像中的色球网络形态互不相同。电离钙的 H、K 线，钠的 D_1 线，镁的 B_2 线，氢的 Lyα 线等的单色像中看到的是暗元背景反衬下的亮网络，而 Hβ、Hγ 和氦的 λ10830 等谱线的单色像中则呈现亮元背景反衬下的暗网络。Hα 线心单色像是亮网络，线翼单色像是暗网络。高分辨率的单色像显示出网络有复杂的精细结构。在日面上，斑状物象花瓣似的以放射的形状向外延伸。在太阳边缘，斑状物看来像草丛一般。通常，氢网络组织变化复杂，不如钙网络组织稳定。从 Hα 单色像和 K 单色像的测量推测，色球网络单元的平均大小为 30 000～35 000 千米，平均寿命为 19～21 小时。通过对高色球紫外线单色像的观测得知，色球网络可延伸到约 9000 千米高度。可以把色球网络简单地看成是光球网络的向上延伸，反过来也可把光球网络看成是色球网络的向下延伸。然而，就单个颗粒而言，色球网络比光球网络大一些。色球网络、光球**超米粒组织**和光球磁场分布密切相关。色球网络的亮边界和超米粒组织的边界几乎一致。曾经流行过这样的看法：与超米粒对流有关的水平运动把光球磁场推向超米粒边界。在此边界处，磁场具有复杂的精细结构，包括短距离内的极性变化。磁场强度达 10～50 高斯，有的甚至达 100 高斯。光球磁场向上延伸到色球，宁静区大部分磁场都集中在网络中。磁场的存在是给色球网络加热的重要条件。极性相反的磁力线被相邻的超米粒流动压缩，加速磁场沿中性线方向的湮没，磁场湮没产生的能量是色球亮网络的能源。也有人认为，来自光球的扰动向上传播，由于超米粒磁场的作用，降低了激波加热的有效高度，增加了低层次的损耗，从而使网络更热。色球亮网络结构事实上反映了光球的纵向磁场分布状态。（印春霖）

色球望远镜　chromospheric telescope　用某一单色光观测太阳**色球层**活动现象（如**谱斑**、**耀斑**、**日珥**等）的光学望远镜，又称李奥太阳望远镜。色球层的亮度比光球层微弱得多，也比白昼天空背景暗弱。平时，用普通光学望远镜只能观测到光球，无法观测色球。如果在望远镜的光路中加一具**双折射滤光器**，只透射色球谱线的窄带（带宽 0.25～0.75 埃）单色光，在成像焦面上便得到色球的单色像，既可以用目视，也可以用照相方法观测。常用来观测色球的谱线是氢线（6563 埃）和电离钙线（3934 埃）。**太阳巡视**用的色球望远镜，物镜口径一般为 10～20 厘米，太阳像直径约 2 厘米，通过 CCD 记录全部日面资料；观测色球层精细结构的望远镜，物镜口径一般大于 25 厘米，太阳像直径 10 厘米以上，通常只观测日面局部像。有的色球望远镜上还附有普通的望远镜，以便同时观测光球。（林严观）

色散元件　dispersive element　建立在一定色散原理之上的，光谱仪的核心部分。色散作用是按波长分离光波的方法，其原理基本上是基于光学材料、光的衍射、光的干涉及干涉调制的色散作用。天文光谱仪的色散元件主要有分光棱镜和**衍射光栅**，或者二者组合——棱栅。

三棱镜的角色散与折射顶角和玻璃材料折射率成正比。因此，为了得到较大的角色散率，三棱镜的折射顶角尽量增大，并尽量采用折射率较大的透明材料制造棱镜，通常选用重火石玻璃来制造。三棱镜通常用作中小口径望远镜的低色散光谱仪的色散元件和高色散光谱仪的辅助色散元件（图 1）。

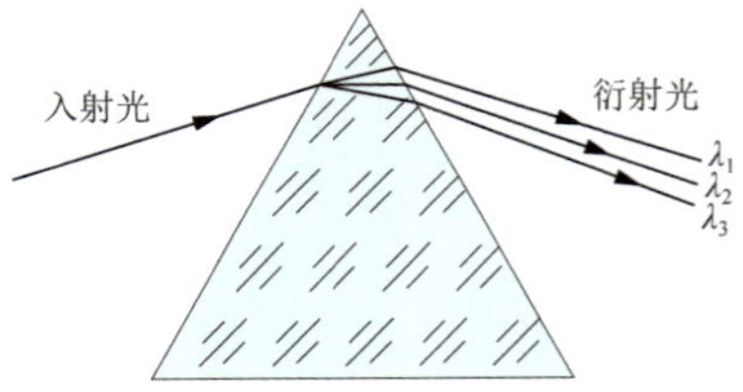

图 1　棱镜色散示意图

光栅对于科学领域具有重要意义，光栅作为极其精密的元件能用来确定天体的特性和**行星大气**或研究分子、原子结构。天文光栅从制作工艺来讲分为表面刻划光栅（surface-relief）和**体位相全息光栅**（VPHG）。刻划光栅又分为平面光栅、凹面光栅和非球面光栅。天文用刻划光栅的母光栅尺寸最大为 304 毫米 × 406 毫米，这主要取决于刻划机的性能。随着望远镜口径的增大，其**分光仪器**所需的色散元件相应增大，单块光栅的尺寸已无法满足大口径望远镜的需求，因此发展了光栅拼接技术（图 2）。

将光栅复制到直角棱镜的斜面上，称为棱栅。棱栅一方面增大色散，同时也改

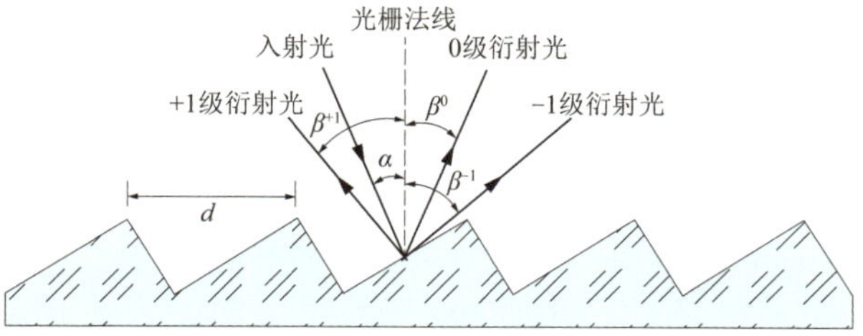

图 2 平面反射光栅色散示意图

善了棱镜或光栅色散对波长的不均匀性，尤其重要的是通过设计棱镜的顶角使得中心波长通过棱栅后不偏折，在成像与光谱观测模式转换中只需将棱栅移进或移出光路即可，光路其他部件不变，所以成像光谱仪多采用棱栅（图 3）。

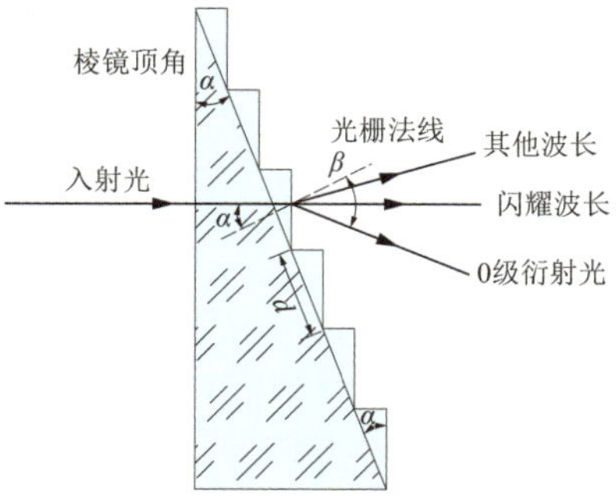

图 3 棱栅色散示意图

随着全息技术的进步与成熟，体位相全息光栅（VPHG）于 20 世纪 90 年代陆续在天文光谱仪中获得应用。VPHG 制作工艺是利用光的干涉原理，两束平行相干光在光敏胶中形成干涉场，使得光敏胶的折射率周期性变化，形成明暗相间的等间距平行条纹，等同于“刻线”。条纹的间距与两束平行光的夹角和波长有关，根据需要可任意调整。VPHG 天文应用的最大优点是光效率高，理

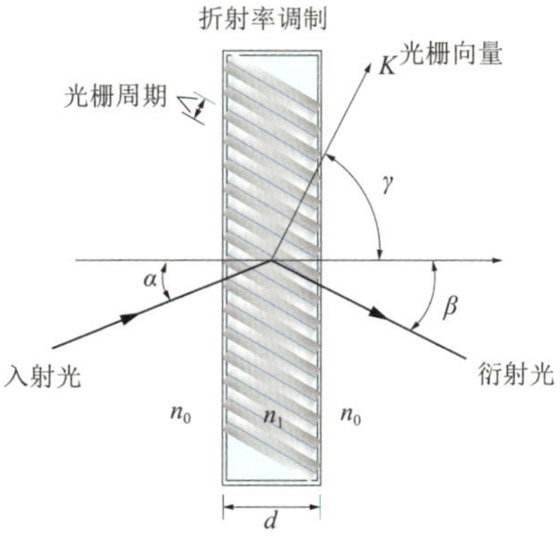

图 4 体位相全息光栅色散示意图

论上可以达到 100%，实际上也达到了 90% 以上。此外，VPHG 的尺寸可以接近 1 米，刻线密度约 6000 线/毫米，所以备受天文光谱仪的青睐（图 4）。

（朱永田）

色温度 color temperature 表征天体在某一波段的连续谱能量分布特征的物理量。又称分光光度温度。它与天体的颜色密切相关，故称色温度。在某一波段中，如果天体的连续谱（能量随波长或频率的分布）同温度为 TC 的绝对**黑体辐射**谱相近，则 TC 就定义为该天体在这一波段的色温度。色温度是依赖于观测波段的，同一天体的连续谱在不同波段往往可以对应于不同的色温度。当天体和绝对黑体的辐射特性相近时，色温度可以相当精确地表示该天体辐射区的实际物理温度。在**天体分光光度测量**中，往往用较差测量方法获得色温度，即将待测天体在某一波段的连续谱与另一已知色温度的天体的同波段连续谱进行比较，再按特定方法计算出色温度。在**天体光度测量**中，如已测得某天体在 *UBV* 测光系统中的**色指数**（*B-V*），则该天体在 4300～5500 埃波段范围内的色温度可由下面的公式近似算出：

$$T_C = \frac{7900}{(B\text{-}V) + 0.72}$$

（宣焕灿 撰 黄永锋 修订）

色余 color excess 天体的实测**色指数**与光谱型相同的天体的正常色指数之差。实测色指数大于正常色指数，即天体颜色显红时，色余为正。正色余大多是**星际红化**引起的。**星际尘粒**对短波的消光作用大于对长波的消光作用。这时色余与光线穿过的距离成正比，因而可根据色余值来估计**天体的距离**。必须注意的是当星周存在尘埃包层以及红移过大时，也会出现正色余（见**红外星**）。一些**非热辐射**的天体，以及**反射星云**等，出于各自的原因会使色余变成负值，天体显得过蓝，这种现象叫作紫外色余。利用这种现象，常可鉴别和发现一些特殊天体。

（蒋世仰）

色指数 color index 在两个不同波长处测量恒星星等（用对数尺标表示的亮度）所得的差，其值等于短波段星等减去长波段星等。两种波长通常一种是蓝光（在对蓝光最敏感的普通底片上测量），另一种是可见光（在对黄光敏感的底片上测量）。色指数是表示恒星颜色的一个标度和温度的一个指标，也是描述恒星辐射在电磁波谱中能量分布的一个参数。蓝热星由于辐射最强，它们的短波段星等数也较低，因而具有负的色指数；红冷星的色指数则是正的。星光通过星际介质会使恒星的色指数增大。色指数大于光谱型所应有的数量称为色余。

（李宗伟）

沙漏星云 Engraved Hourglass Nebula 位于苍蝇座，标准历元 J2000 的赤经 13^{h}39^{m}35.07^s，赤纬−67°22′51.74″的年轻行**星状星云**。因其形状像西方记录时间的沙漏而得名。又称 MyCn18。**哈勃空间望远镜**成像显示沙漏星云有两个大的外环和一个小的中心环，故外号为“上帝之眼”（见图），与**螺旋星云**共享此名。沙漏星云到地球距离不确定（2600～10 000 光年；约 8000 光年），哈勃空间望远镜成像大小约 5″ × 20″。哈勃空间望远镜拍摄到质量较高的沙漏星云图像，是 2009 年天文学家评选出哈勃空间望远镜 16 年来拍摄的十大最佳图片的第五名。

哈勃空间望远镜拍摄的沙漏星云

发现　沙漏星云最初由美国国家航空咨询委员会（1958 年解散，并入美国国家航空航天局）的 M.W.梅奥尔和 A.J.坎农在 1918～1924 年发现。后来地基望远镜发现它与 SN1987A 的三角星云相似。随着望远镜和影像处理的技术的进步，美国国家航空航天局喷气推进实验室的 R.萨亥和 J.特劳戈在 1996 年 1 月 18 日发现它的形状像一个沙漏，甚至还发现中心区域有一对相交的椭圆环，这似乎是一个较小的沙漏。图中给出了哈勃空间望远镜 2007 年拍摄的照片，这是三个独立图像合成的照片，其中红、绿、蓝色分别代表星云的电离氮［NⅡ］、氢［Hα］、电离氧［OⅢ］。

主要特征　沙漏星云属于行星状星云阶段，是**类太阳恒星**生命将要终结的阶段。此时，系统由一个中心温度很高的天体（$m_V = 14.90 \pm 0.05$，温度约 51 000K）和

星云组成的。进入行星状星云阶段之前，中心天体是光度高、温度低的渐进巨星支（AGB），有低温的包层，且不断地将物质抛入星际空间。在未来的几千年里，沙漏星云将慢慢将外壳物质损失殆尽，并消散到太空中，其核心逐渐冷却成为一颗暗弱的白矮星。

沙漏形状成因　最大的沙漏结构与行星状星云形成的星风相互作用理论预言一致。在星风相互作用理论中，轴对称的形状是由于快速（1000～2000 千米/秒）稀薄的后渐进巨星支（post-AGB）星风在低速（10～20 千米/秒）稠密的 AGB 星周包层中膨胀引起的，星周物质在赤道附近比靠近两极附近的密度更大。不对称的形状是由于星周包层或者高速平行外流作用到一个圆形的星周物质上引起的。

星云中心内环如何形成，前身星为什么偏离星云中心，一直是个谜。关于星云结构偏离球对称的解释有很多，如特殊磁场排列的单星、双星等。

（张奉辉　李槛杉）

沙普利，H.　Harlow Shapley（1885-11-02～1972-10-20）　美国天文学家。生于密苏里州纳什维尔，卒于科罗拉多州博尔德。1907 年进入密苏里大学学习天文学，1913 年获普林斯顿大学博士学位。1914～1921 年在威尔逊山天文台工作，后担任哈佛大学天文台台长（1921～1952）。1924 年当选美国国家科学院院士，曾任美国工艺和科学研究院院长。1943～1946 年任美国天文学会会长。1946 年任美国科学促进会主席。1926 年获美国国家科学院德雷珀奖章，1933 年获法国天文学会詹森奖章和美国艺术与科学院伦福德奖，1934 年获英国皇家学会金质奖章，1939 年获太平洋天文学会布鲁斯奖章，1940 年获法国天文学会詹森奖章，1941 年获梵蒂冈科学院庇护十一奖章，1950 年获美国天文学会罗素讲席。

1914 年，他首先提出造父变星是一种脉动变星，而非分光双星。1915 年，重新定出造父变星周光关系的零点。1915～1920 年，发现球状星团赫罗图上的红巨星序。1918 年，在分析了 100 个左右球状星团的空间分布后，他确认银河系的中心在人马座方向，太阳离这个中心约 5 万光年，从而否定了太阳系是宇宙中心的传统观念。1931 年，他和 A.艾姆斯编成《亮星系表》，收载视星等大于 13.5 星等的 1249 个星系。1938 年，他最先证认了矮星系的存在。1939 年发现了球状星团赫罗图上的亚巨星序和水平分支。1960 年他主编的《天文学名著选编》问世，此书是他和豪沃思于 1929 年汇编的《天文学名著选编》的续集，两书为研究近代和现代西方天文学史提供了重要资料。

（陈美东　撰　石云里　修订）

沙普利模型　Shapley model　美国天文学家 H.沙普利 1918 年提出的、最早的银河系透镜形结构模型。该模型中，整个银河系呈扁盘状，直径为 100 千秒差距，太阳到银心的距离为 16 千秒差距。

人类对银河系结构的最早认识来源于 1785 年英国天文学家 F.W.赫歇尔（见赫歇尔家族）用恒星计数方法绘制的第一幅银河系结构图。在这幅图中，太阳被放在了银河系的中心位置，因为无论数哪个方向上的恒星，在相反方向上都有近似数量的恒星。一个多世纪后，荷兰天文学家 J.C.卡普坦借助照相底片技术，重新进行了恒星计数工作。通过测量不同亮度的恒星数目和位置的微小变化，卡普坦估算了不同视亮度恒星的平均距离，推断出恒星完整的三维分布，最终在 1920 年和 1922 年的两篇论文中阐述了他的银河系模型。这一模型后来被称为卡普坦宇宙。卡普坦的分析表明，太阳位于银道面略微向外一点的地方，距离银河系中心 650 秒差距。卡普坦当时已经明确意识到，认为太阳是宇宙中心非常有可能是错误的。如果恒星之间有介质吸收或其他使得恒星变暗的效应，人们将会错误地将恒星放到更远的地方，从而导致每个方向上的恒星密度都会有一个系统偏差。如果这种效应很强，无论太阳处在哪个位置，人们观测到的恒星都会大致均匀地弥散在各个方向。后来观测发现，星际介质中有尘埃。尘埃会对恒星造成非常强的遮挡效应，从而使得基于恒星计数的卡普坦分析完全无效。至此，卡普坦宇宙才最终被天文学家抛弃。

在卡普坦研究的同时，美国天文学家沙普利根据银河系球状星团的观测结果，在 1918～1919 年的系列论文中阐述了一个完全不同的银河系结构。沙普利在球状星团观测中发现了一些造父变星。通过测量这类变星的光变周期，人们就可以通过周光关系得到变星的绝对光度，然后根据恒星视光度来计算距离。通过这种方法，沙普利共得到了 69 个球状星团的距离。他发现，球状星团并非绕地球均匀分布，而是集中分布于人马座方向，90%以上坐落在以人马座为中心的半个天球上。因此，沙普利指出，太阳系并非银河系的中心。根据他当时的计算，银河系的中心距离太阳系 16 千秒差距，整个球状星团系统的跨度接近 100 千秒差距。当时人们还不知道星际介质中有尘埃，因此沙普利明显高估了太阳到银河系中心的距离以及银河系的直径。在考虑了尘埃消光和造父变星的不同类型之后，天文学家把太阳系距离银河系中心的距离减小到 8 千秒差距左右。2009 年，美国天文学家通过甚长基线干涉测量（VLBI）技术测量了银河系 11 个恒星形成区的三角视差，并结合位置、距离、自行和视向速度等给出了银河系的三维结构，将太阳系距离银河系中心的距离限制在 8.3 千秒差距左右。

（陈雪飞）

闪光谱　flash spectrum　日全食的食既和生光的瞬间，在太阳边缘闪现的色球发射线光谱。日食时光球的光被月球掩盖，散射光很小，色球底的起点定得比非日食时准，所以这种资料非常珍贵。

可以用有缝或无缝摄谱仪拍摄闪光谱，但有缝摄谱仪的狭缝对太阳的位置不易定准，所以多用无缝摄谱仪来拍摄。食既和生光时由月球边缘遮蔽太阳边缘所构成的细眉形色球本身，就起了狭缝的作用，一条条光谱线实际上就是色球那部分的单色像（见太阳单色像）。闪光谱持续时间很短，约几秒钟，拍到的是日面上各个高度在视线方向的累积强度，把两张相继拍得的底片谱线强度相减才可得出相应的色球层次的发射光谱。因此，观测时要求快速拍片以取得高空间分辨率的资料。

分析闪光谱，首先应把不同的谱线在不同高度处的强度标出来，并算出其梯度值。不同的谱线强度随高度变化的情况各不相同。低激发谱线在 1500 千米处强度就已经降得很低，而高激发谱线可延伸到 6000 千米或更高处。这可能是因为温度从色球底层极小处开始回升，直至 10^6K。闪光谱底片上不仅有许多发射线，而且还有弱的连续辐射。它们是由负氢离子发射和汤姆孙散射造成的。在巴耳末系限的短波侧，还重叠有自由电子跳到氢第二能态而产生的巴耳末连续辐射。各个波区不同高度的连续辐射资料中蕴藏着很多信息，利用它们同电子密度、氢密度依赖关系的差别，可求出电子温度、电子密度随高度分布的情况，从而建立色球模型。闪光谱中氢线占很突出的地位。现在拍到的最高项巴耳末线已达 H_{37}，因为低项巴耳末线自吸收比较大，所以分析起来比较困难。研究氦线的困难要小一些，因为可见光区的氦线自吸收都较小。从这些谱线的研究中发现，色球并不处于热动平衡状态，而色球的静力学平衡也被破坏。把氦线与巴耳末连续带加以分析比较，就可得出**太阳大气**中氢与氦的含量比：在 3000 千米以上高度大约为 10∶1，它并不随高度变化。经过分析，**针状物**（日芒）中氢与氦的含量比也是如此，不过在 1000～3000 千米高度空间，针状物中氢的含量较大。这一现象尚无确定的解释。闪光谱中数量最多的是金属线，它们的梯度值相差非常大，除了电离钙的共振线之外，金属线的强度下降得很快。即使如此，其标高（见**太阳大气标高**）也有 250～300 千米，比静力学平衡预计的 100 千米要大得多，原因尚不清楚，可能是湍流的作用。（尤建圻）

闪烁体探测器 scintillation detector 一种高能粒子探测器，其原理是借助高能粒子激发荧光材料的过程来确定粒子的存在。当能量足够高、能够导致电离的辐射粒子穿过闪烁体材料时，组成后者的原子或分子会受到激发，随后的退激发过程会发出一系列短暂的可见光或紫外闪光（荧光），且荧光的强度与入射粒子能量正相关。如果配合**光电倍增管**等高灵敏度光子探测器来测量闪烁体中荧光事件的光强和发生的次数，就可以反推出入射粒子的性质。

可以充当闪烁体的材料都是透明的，包括掺有铊等杂质的碘化钠、碘化铯，还有锗酸铋等无机物，也可以是有机物晶体，或是掺杂蒽等有机荧光成分的塑料或液体，各自适用的场合不尽相同。通常空间探测器，包括最早的 γ 射线天文卫星探险者 11 号，还有后来的**康普顿 γ 射线天文台**和**费米 γ 射线空间望远镜**搭载的部分仪器，均选用了固体闪烁体；部分地面宇宙线探测器会使用液体闪烁体；而康普顿 γ 射线天文台的成像康普顿望远镜（COMPTEL）则结合了固态和液体闪烁体。衡量闪烁体性能的其他指标包括材料透明度、尺寸、特征时间（闪烁的持续时标）、K 极限（材料中 K 壳层电子的电离能）以及探测效率。

闪烁体可以用于高能光子和带电宇宙线粒子的探测，其优点在于结构相对简单且成本较低，但缺陷在于缺乏空间分辨率。单台闪烁体探测器不能提供入射高能粒子方向的信息，必须结合**准直器**等额外装置，或是将多架探测器组合才能为光子定位。此外，单一材质和尺寸的闪烁体也不能区分高能光子和带电粒子，因此一般还要结合只能激发特定能段带电粒子反应的反符合屏蔽装置使用，后者可以选用工作能段与主体探测器不同的闪烁体材料或其他结构的探测器制造。（张　博）

扇形边界 sector boundary **行星际磁场**中相邻的扇形结构具有相反的极性，因此在两个扇形结构交界面上存在着一个磁中性的扇形边界。卫星观测表明，扇形边界常常是不连续的。如果只有磁场方向的不连续而没有磁场强度的变化，那么这种边界扫过地球时一般没有相应的地磁脉冲。但是在另外的情形下就可能出现突发性的地磁脉冲。行星际磁场扇形边界位于太阳光球表面部分被称为太阳光球背景场扇形结构边界，这种扇形边界具有某些特殊的**太阳物理学**意义。布姆巴等人的研究指出，耀斑尤其是质子耀斑总是先集中在太阳扇形结构边界附近活动。较大耀斑和较多耀斑的活动区在产生的一两天内多分布在扇形边界附近。大约有一半的质子耀斑活动区的发展与扇形边界附近的快速和短寿命的极性变化有关。但是，这种扇形边界结构与活动经度究竟有什么内在的物理联系，它们为耀斑粒子的传播过程究竟提供什么条件，仍然不清楚。（张和祺）

上海天文馆 Shanghai Astronomy Museum; Branch of Shanghai Science & Technology Museum 中国大型科普场馆。截至 2023 年，是全球建筑规模最大的**天文馆**。上海科技馆“三馆合一”科普教育集团的重要组成部分。全称上海天文馆（上海科技馆分馆）。位于上海临港新城滴水湖畔，占地面积 58 000 平方米，建筑面积 38 000 平方米。于 2021 年 7 月 17 日正式开馆。以大型沉浸式科普展览、天象演示、球幕影院、天文观测、科普活动等形式全方位地向公众普及天文知识，弘扬科学精神。

建馆目标是：努力激发人们的好奇心，鼓励人们感受星空，分享发现，理解宇宙，塑造完整而科学的宇宙观。

主建筑以优美的螺旋形态模仿天体运行轨道，圆洞天窗、倒转穹顶和球幕影院构成标志性的“三体”结构，共同诠释天体运行规律（图 1）。室外绿化勾勒出优美的星系旋臂形态，与星空之镜公园自然衔接，充分体现了建筑与生态的有机融合。

主展区包括“家园”“宇宙”“征程”三个部分（图 2、图 3、图 4），全景展现宇宙浩瀚图景，打造多感官探索之旅。“家园”主展区带领游客仰望璀璨星空，在沉浸式氛围中探索**太阳系**和**银河系**的奥秘，了解人类在太空中的方位；“宇宙”主展区从时空、光、引力、元素和生命五个维度全景探索宇宙奥秘和天体运行法则；“征程”主展区则以宏大的叙事方式展现人类探索宇宙、航向太空的伟大历程，启迪游客的思考和感悟。

图 1　上海天文馆主建筑航拍

图 2　上海天文馆“家园”展区一景

图 3　上海天文馆“宇宙”展区一景

图 4　上海天文馆“征程”展区一景

此外，根据建筑特点还在其他区域分散式地安排了“中华问天”（专题展区）、“好奇星球”（儿童乐园）、“航向火星”（科幻体验）等特色展区，“星空探索营”里建有天文教室，陨石实验室和创客实验室，可以开展各种科学实验，讨论有趣的科学问题。

上海天文馆拥有四大专业级天文观测及天象演示设备。65 厘米自适应光学太阳望远镜（EAST）可在白天实现太阳的多波段观测，展现**太阳活动**高清影像；一米双焦点望远镜（DOT）可在夜间获得清晰的月面、行星和深空天体观测（图5）；直径23米的超高清多功能球幕影院（图6）配置全球最先进的10K播放系统，也可配合进行舞台表演；直径17米的天象厅配置高级光学天象仪，投射高精度的模拟星空。

此外，上海天文馆还拥有丰富的陨石和天文史藏品资源（图7），展出包括月球陨石、火星陨石在内的70多件世界陨石精品，展出众多原版科学名著，精美古代**星图**，以及各种**天球仪**、**星盘**和**天文望远镜**

图5　上海天文馆一米双焦点望远镜

图6　上海天文馆球幕影院形似"漂浮的星球"

图7　上海天文馆馆藏陨石精品——乌东穆珠庆旗中铁陨石

等。依托以上专业设备和藏品资源，还建有天文研究中心，积极开展以天文观测、天文藏品和天文数据可视化为特色方向的科研工作。

上海天文馆开馆后积极开展各类科普教育活动，创立了明星导航、星空学堂、小伽利略课堂、学术沙龙、天文之夜等品牌科普教育活动，指导来馆青少年开展深度科普学习。同时建有完善的网络科普教育体系，官网随时发布各种天文馆相关信息和科研发展动态新闻，虚拟天文馆系统可以线上漫游全馆，慕课及各种网络课程可使数以百万计的网络观众分享天文科普教育，提高科学素质。（林　清）

上海天文台　Shanghai Astronomical Observatory　中国科学院下属的天文研究机构。成立于1962年。全称中国科学院上海天文台。其前身是1872年建立的徐家汇天文台和1900年建立的佘山天文台。现有徐家汇园区和佘山科技园区以及位于上海松江佘山地区的天文观测台站，总部在徐家汇。上海天文台以天体物理和**天文地球动力学**为主要学科方向，积极发展现代天文观测技术和时频技术，在面向世界科技前沿方面取得了一系列原创性成果，在导航定位和深空探测等国家战略需求中发挥了重要作用。拥有**甚长基线干涉测量**（VLBI）观测台站（包括佘山25米射电望远镜和**上海65米天马射电望远镜**）、国际VLBI网数据处理中心、1.56米光学望远镜、60厘米卫星激光测距望远镜、全球定位系统等多项现代空间天文观测技术和国际一流的观测基地和资料分析研究中心，是世界上同时拥有这些技术的7个台站之一。上海天文台是中国VLBI网和中国激光测距网的负责单位。上海天文台从1964年开始招收培养研究生，是天文学一级学科博士和硕士学位授权点，现有天体物理、天体测量与天体力学、天文技术与方法和仪器仪表工程4个招生专业。还设有天文学博士后流动站。出版物有《天文学进展》。

（沈志强　朱　洁）

上海65米天马射电望远镜　Shanghai 65m Tianma Radio Telescope　具有多种科学用途的口径65米、全方位可转动的大型**射电望远镜**。2013年12月命名为天马望远镜，由中国科学院**上海天文台**负责建造和运行。望远镜坐落于上海松江佘山（见图），东经121.136度，北纬31.092度，海拔49.142米（俯仰轴和方位中心线的交叉点）。从2008年10月底立项，2009年12月29日奠基，2010年3月19日开工建设，到2012年10月28日落成，上海65米射电望远镜的建造历经4年，在天线结构保形设计技术、主反射面精度保证技术、轨道无缝焊接技术、五自由度副反射面随动技术、主反射面主动调节控制技术、致冷接收机研发技

上海65米天马射电望远镜远景图

术、VLBI观测终端及射电天文观测终端研发技术等方面，取得了一系列关键技术创新和突破，特别地，研发了中国首套大型射电望远镜主反射面主动调整系统，利用相位参考全息和相位恢复全息测量技术成功构建重力形变修正模型，实现了3角秒高精度指向。

天马望远镜高70米，重约2700吨，直径为42米的方位轮轨由30段单轨全焊接而成。望远镜采用修正型卡塞格伦反射面天线，主反射面直径65米，焦径比为0.32，副反射面直径为6.5米。

该望远镜配备了覆盖1.2～50GHz的8个波段（L、S、C、X、Ku、K、Ka和Q）的致冷接收设备，其中S/X、X/Ka为双频同时接收，对应的观测波长范围从最长21厘米到最短7毫米，涵盖了开展射电天文观测的全部厘米波波段和部分长毫米波波段，是中国首个工作在7毫米波长的射电望远镜。

射电望远镜的主反射面受到重力等因素的影响会发生变形，而且在跟踪观测目标时，随着仰角的变化，这类重力变形也时刻在变，大大降低实际的观测效率。通常情况下，要求实际的反射面与理想反射面的偏离不超过工作波长的二十分之一。天马望远镜的最高工作频率是43GHz（7毫米波长），就要求将反射面整体表面精度控制在0.3毫米左右。为此，望远镜主反射面的安装采用了中国首创的主动调整技术，在每四块面板单元相邻角下与天线背架结构的连接处安装一台促动器，共安装了1104台促动器以实现对1008块面板单元组成的主反射面的面型调整。高精度促动器的定位精度可达15微米，即一根头发丝的一半左右。实际观测中，由观测室的主控计算机根据天线重力形变模型来控制各台促动器对天线面板位置的实时位移调整量，以补偿跟踪观测中重力引起的主反射面变形，显著提高了高频观测的天线接收效率。另外，副反射面六杆并联机构的调整也同时克服了副面撑腿重力变形的影响。

因其所具备的大口径、高灵敏度、宽

频率覆盖等优势特点，天马望远镜已成为中国乃至世界上的一台大型通用观测设备，在**射电天文学**、**天文地球动力学**和空间科学等观测研究中发挥了重要的作用。

天马望远镜的工作频段涵盖了丰富的谱线（如羟基脉泽、水脉泽、氨分子、甲醇和一氧化硅脉泽等），在分子谱线天文观测研究中发挥极其重要的作用。天马望远镜已开展了大量的谱线和**脉冲星**等的单天线观测研究，探测到长碳链分子等许多复杂有机分子的发射和一些新的羟基脉泽源以及包括北天周期最短**毫秒脉冲星**在内的一批脉冲星，成功捕捉到**银河系中心黑洞**附近磁星的射电爆发等。

天马望远镜作为国内外**甚长基线干涉测量**（VLBI）网的一个强大单元，是欧洲VLBI网、国际测地网、东亚VLBI网等的一个重要成员，提升了国际VLBI网的整体观测能力和中国在国际VLBI网中的显示度，如，全程参与了2017年东亚VLBI网在13毫米和7毫米波段对M87的与事件视界望远镜的协同观测，获得前所未有的M87多波段同步观测成果。

中国VLBI网建成于2006年，当时由四台（上海25米、乌鲁木齐南山25米、北京密云50米和云南昆明40米）射电望远镜以及上海数据相关处理中心组成，上海65米天马望远镜的加入使现有中国VLBI网的灵敏度提高40%，大幅提升了中国深空探测器的VLBI测定轨能力，为嫦娥探月、火星探测以及将来更遥远的深空探测器提供精确定位和定轨。

（沈志强 刘庆会）

上普罗旺斯天文台 Haute-Provence Observatory 位于法国南部上普罗旺斯地区的天文台。1936年，法国物理学家J.佩兰决定在普罗旺斯的圣米歇尔镇（Saint Michel）附近建造天文台。第二次世界大战爆发后，天文台建设受到影响，仅有一架口径80厘米的望远镜进行观测。1942年，**巴黎天文台**的1.20米望远镜安装于此。1957年，上普罗旺斯天文台才又开始装备更新、更大型的观测望远镜。1958年，1.93米的天文望远镜正式建成使用，这是该天文台最大的望远镜（见图）。之后的几十年，这台望远镜不断被进行现代化改造。1967年，1.52米的望远镜建成启用，主要用于光谱研究。1995年，借助1.93米望远镜，瑞士天体物理学家**M.麦耶**与**D.奎洛兹**发现了首个太阳**系外行星**。两人因此荣获2019年诺贝尔物理学奖。截至2011年，1.93米望远镜已发现50多颗太阳系外行星，为

观测中的1.93米望远镜

天体的研究做出了巨大的贡献。此外，天文台还装备有近十台口径17～152厘米的中小型望远镜。这些望远镜共同构成了一个密集的宇宙空间观测群。

（李宗伟 刘黎明）

上弦 first quarter 农历的每月初七、初八，月球与太阳的地心黄经相距90°时，从地球上看月球正面的一半被照亮的月相。此时月亮在上半夜从东边升起。见**月相**。

上元积年 Superior Epoch; Shangyuan Jinian **中国古代历法**制定中的一个重要环节。在古代**历法**中都设有历元，作为推算的起点。这个起点，大多是取一个理想时刻。通常取一个甲子日的夜半，而且它又是朔，又是冬至节气。从历元更往上推，求一个出现“日月合璧，五星连珠”**天象**的时刻，即日月的经纬度正好相同，五大行星又聚集在同一个方位的时刻。这个时刻称为上元。从上元到编历年份的年数称作积年，通称上元积年。上元实际就是若干天文周期的共同起点。有了上元和上元积年，历法家计算日、月、五星的运动和位置时就有统一的起点。中国推算上元积年的工作，首先是从西汉末年的刘歆开始的。刘歆的《三统历》以19年为一章，81章为一统，三统为一元。经过一统即1539年，朔旦、冬至又在同一天的夜半，但未回复到甲子日。经三统即4617年才能回到原来的甲子日，这时年的**干支**仍不能复原。《三统历》又以135个朔望月（见月）为交食周期，称为朔望之会。一统正好有141个朔望之会。所以交食也以一统为循环的大周期。这些都是以太初元年十一月甲子朔旦夜半为起点的。刘歆为了求得日月合璧、五星连珠的条件，又设5120个元，即23 639 040年的大周期，这个大周期的起点称作太极上元。太极上元到太初元年为143 127年。在刘歆之后，随着交点月、近点月等周期的发现，历法家又把这些因素加入理想的上元中去。

日、月、五星各有各的运动周期，并且有各自理想的起点，如太阳运动的冬至点，月亮运动的朔、近地点、黄白交点等。从某一时刻测得的日、月、五星的位置离各自的起点都有一个差数。以各种周期和各相应的差数来推算上元积年，是一个整数论上的一次同余式问题。随着观测越来越精密，一次同余式的解也越来越困难，数学运算工作相当繁重，所得上元积年的数字也非常庞大。这样，对于历法工作就很少有实际意义，反而成了累赘。后经唐代傅仁均、**曹士蒍**和宋代**杨忠辅**等做尝试性的改革以后，元代**郭守敬**在创制《授时历》中废除了上元积年。

（陈美东）

射电波束 radio beam **射电望远镜**天线在各个方向有不同的接收本领，描述天线这种接收本领与方向之间关系的物理参数。又称天线功率方向图。当射电望远镜观测一个四面八方都呈均匀辐射的背景时，设天线轴对称，在频率ν，(l,m)方向单位立体角里接收的功率为$P_\nu(l,m)$，则可以把接收的功率与方向(l,m)，绘制成一张图，它可以称为天线的功率方向图。如果天线调准得很好，天线在光轴(l_0,m_0)方向的接收辐射的本领最大，若它在这个方向单位立体角里接收到的功率为$P_\nu(l_0,m_0)$，天线归一化功率方向图（有时简称功率方向图）定义为：

$$P_N(l,m)=\frac{P_\nu(l,m)}{P_\nu(l_0,m_0)}$$

一般称射电波束就是式中计算出来的归一化功率方向图（见图）。

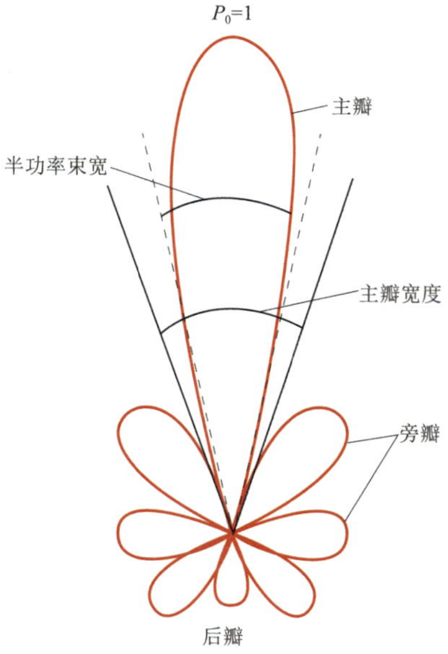

射电波束示意图

图中给出一架轴对称抛物面射电望远镜天线归一化功率方向图的切面图，其中在光轴方向$P_N(0,0)=1$。天线功率方向图

用极坐标归一化曲线表示，包括极大响应的叶瓣称作主瓣，其他为旁瓣。主瓣紧邻两个极小值之间且包含主瓣的角度定义为主瓣束宽或主瓣宽度（BWFN）。主瓣强度 1/2 之内的角宽度称为半功率束宽（HPBW）。通常用半功率束宽定义射电望远镜的角分辨率（见**射电角分辨率**）。紧靠主瓣的那个旁瓣称作第一旁瓣，它的瓣极大值与主瓣极值之间的比值称作旁瓣电平。在功率方向图中，与主瓣位置相反的那些叶瓣叫作后瓣。

可以观测辐射强的射电点源（一般称它们为校准源）来测出射电望远镜波束。设想一架轴对称的射电望远镜，指向强射电点源扫描一周，也可以理解为在射电望远镜的四周都分布有强射电点源，射电望远镜天线对这个强射电点源在各个方向的响应，就是射电望远镜的波束。实际测量时，只要测量一定角度，一般为 6～8 个半功率束宽就可以测出主瓣和部分旁瓣。主瓣不是一个宽度很窄的尖峰，而呈现具有近似高斯分布的轮廓，还有旁瓣，这是有限口径的射电望远镜接收这个点源时，遵循衍射定律引起的。（郑兴武）

射电辐射计 radiometer **射电望远镜**中接收具有连续射电辐射特征的天体信号，获得整个或几个辐射频段总功率的接收设备。一般接在射电接收机中频放大器的后面，成为射电辐射接收终端。图 1 给出传统模拟射电辐射计主要组件的方框图，其

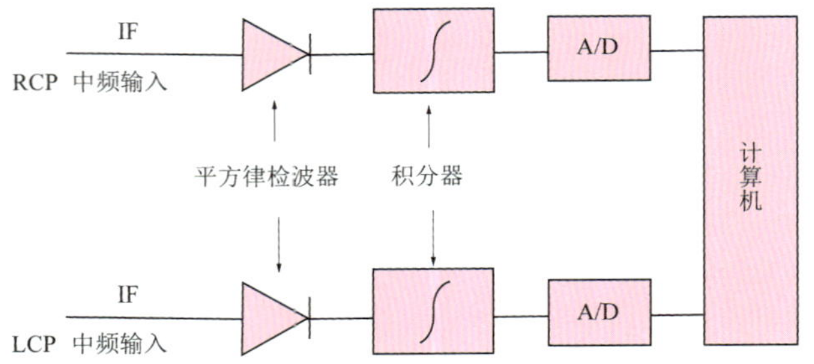

图 1 传统模拟射电辐射计主要组件方框图

中有平方律检波器、积分器和 A/D 转换器。平方律检波器是一个电子非线性元件（如肖特基二极管），从射电辐射信号中提出它的平方项，把辐射场变成辐射功率。积分器是把整个接收频段的辐射加起来，在模拟电路中，由一个电子 RC 回路来实现。输出总功率信号经 A/D 转换，把模拟信号变成数字信号，由计算机采集和处理。连续谱终端因需要还可能有其他一些部件，如滤波器、放大器、混频器等。

随着数字化电路的发展，现代的射电辐射计逐渐开始采用数字电路。图 2 给出一架现代总功率数字接收机的方框图。如

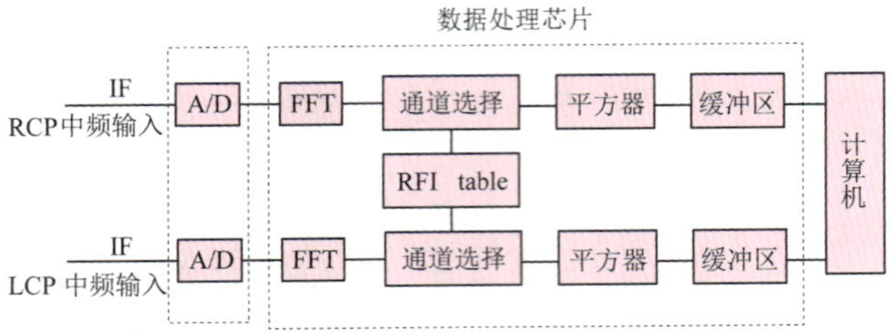

图 2 数字射电辐射计方框图

图所示，在 A/D 转换以后经快速傅里叶变换器（FFT）得到一个射电辐射谱，剔出了在谱的某些通道有干扰的部分，再经一个平方器生成射电辐射功率谱，在缓冲器里经过积分生成这个时段的总功率谱，经计算机采集这个频谱记录，把所有通道的数值求和就可以获得这个积分时段的射电辐射总功率。（郑兴武）

射电复合谱线 radio recombination line 当一个电子被一个离子重新俘获到基态以上的能级，再向下跃迁所形成的落在射电波段的谱线。原子，例如 H 原子，离化后生成正离子 H^+和电子 e 并在能级图上处于连续离化区。而 H^+和 e 复合后的原子可能处于能级（$n+\Delta n$）并跃迁至能级n发射复合谱线。其中n是主量子数。若$\Delta n=1$称为 nα 线，$\Delta n=2$称为nβ 线。如 H 原子的复合线形成于$n=199\rightarrow198$的跃迁，称为 H198α 线，形成于$n=200\rightarrow198$的跃迁，称为 H198β 线。

射电复合线为研究 HⅡ区和**行星状星云**提供了一个重要手段。1990 年，S.戈登和 P.沃姆斯利对用毫米波射电天文所（IRAMAA）的 30 米毫米波望远镜在 2 毫米和 3 毫米波段对 W3 等 7 个 HⅡ区的复合谱线进行观测，其结果与在厘米波段观测基础上建立起来的**非局部热动平衡**（no-LTE）模型相符。除 H 以外，He 和 C 的复合线在天体物理研究中的作用也是不可忽视的。1984 年，A.A.科诺瓦连科在**仙后座 A**（Cas A）方向，在 16.7～30MHz 探测到低频、高 n 的射电复合（c603α、c611α、c631α、c640α、c686α 和 c732α）吸收线。由此，原子物理学中的高里德堡原子（n高达 732）在射电天文观测中，借助于 HⅡ区背景连续辐射通过射电复合吸收线的形式得以显示。1994 年，D.鲍尔泽等人使用格林班克（Green Bank）43 米口径**射电望远镜**，在 8.7GHz 波段取得 C，He，H 相同复合线（91α，114β 和 130γ）的相对强度与相互关系。之后将观测量视丰度 $T(He^+/H^+)$转化为离子丰度 $N(He^+)/N(H^+)$，进一步得到总元素丰度[He/H]。

射电复合线是离化气体的重要诊断探针，科学家致力于将射电复合线的观测推向河外。射电复合线通常很弱又很宽，探测难度很大。但是如果视线到远距离的被测天体中有 HⅡ存在，由于泵浦，负的 ζL 出现了，这就是得到极大放大的受激复合射电发射谱线。较远的星系（例如 M82）也会变得可观测了。同样的情况在对**类星体与活动星系核**的观测中也会出现。（曾 琴）

射电干扰 radio interference 由一种或多种发射、辐射、感应或其组合所产生的无用能量对射电天文系统的接收产生的影响。其表现为接收系统性能下降、数据信息丢失等。射电天文及射电天文业务指基于接收宇宙无线电波的天文学。作为一项无源业务，射电天文在划分的频段内并不发射无线电波，因此使用划分的频段时不会干扰其他业务。另一方面，与人造传输信号相比，**宇宙射电辐射**极其微弱，因此射电天文观测极易受到其他无线电业务的干扰。射电天文主要使用 1MHz～1THz 甚至以上频率之间的电磁波谱，理论上，全部无线电频谱对射电天文业务都均有科学价值。

射电天文测量到的辐射振幅几乎都符合高斯概率分布。除了窄带谱线发射之外，天体辐射与来自地球及其大气层的热噪声辐射，或接收机自身产生的噪声，拥有相同的统计特征。除此之外，宇宙射电发射还非常微弱。由于射电天文信号的强度比其他业务信号更加微弱，射电天文观测非常容易遭受无线电干扰，除了**脉冲星**，宇宙信号一般不具备能够将其与噪声或众多形式的干扰信号区别开来的调制特性。

在实际操作中，因存在干扰信号，导致的接收机输出功率电平增加，从而无法形成一个足以校准并从测量得出的功率中扣除的常数。除了信号发射固有的调制变化，经过长距离传播的干扰信号，也会因大气层和路径损耗的影响，而发生较大的振幅涨落。行驶中的汽车车载移动电台发射的信号，会随发射机和**射电望远镜**之间的路径变化而发生改变。即使干扰的功

率流量密度值保持不变，接收到的功率电平也会在射电望远镜跟踪观测源的运动中，在发射机方向呈现出不断变化的旁瓣电平。在干扰电平较低的情况下，干扰具有起伏叠加效应，这些起伏通常无法与系统噪声或在部分情况下天文信号造成的起伏区分开来。然而，在一般情况下，干扰造成的接收机输出功率起伏，不会像完全的随机噪声那样，随积分时间的增加而被平均。

判断干扰信号是否达到有害级别的强度判据，定义为无用发射造成的测量误差，比仅由于系统噪声造成的误差多10%时的电平。计算干扰的常用做法是假设该干扰电平会造成接收机输出功率增加，且增加值等于系统噪声引起的输出功率起伏的均方根（r.m.s.）的 10%，ITU-R RA.769 建议书给出了射电天文业务在连续谱、谱线和甚长基线干涉观测模式情况下的一般干扰保护限值。

在许多情况下，干扰具有随机性（例如来自移动通信信号的干扰），或者会因传播条件而随时间发生较大的强度变化。在确定此类干扰信号是否对射电天文观测有害时，有必要明确规定一个可以容许有害干扰发生的最大时间百分比。对于射电天文业务而言，各种干扰源造成的净损耗时间百分比的最大可容许值为 5%。由于很多射电天文观测过程中会遇到来自邻近频段多个发射源的干扰，而来自同一业务的干扰最大可容许时间损失率为 2%。ITU-R RA.1513 建议书给出了明确的建议。（张海燕）

射电干涉仪 radio interferometer 由多个**射电望远镜**组成的干涉阵列。用来测量宇宙射电源的精细结构以及它们的高精度位置等，主要应用于天体物理、天体测量及测地研究等领域。射电干涉仪的发展经历了**双天线射电干涉仪**、**多天线射电干涉仪**、多元综合阵、地球自转综合阵、**甚长基线干涉仪**（地面甚长基线干涉阵，包括空间的射电天线与地面天线组成的空间甚长基线干涉阵）等发展阶段。射电信号的接收和记录以及最后的相关处理等技术也有了长足的进步。世界上知名的**综合孔径射电望远镜**有甚大阵（VLA）、甚长基线干涉阵（VLBA）、欧洲 VLBI 网（EVN）、阿塔卡马大型毫米[亚毫米]波阵（ALMA）等。

在射电天文中，将两个射电望远镜接收到的信号电压相乘，滤掉高频成分输出的信号称为干涉条纹。单频观测时，基线的输出信号的大小正比于二路信号的相位差的余弦函数，忽略各种相位误差项，两个台站的相位差：

$$\phi = (2\pi D/\lambda)\cos\theta$$

式中D为基线长度；λ为观测波长；θ为基线相对于天体的方向。基线随地球自转，引起θ连续变化，给出干涉条纹。现代的射电干涉仪采用相关处理机处理观测数据，需要对每条基线的观测数据进行复相关处理，为了进行准确的信号相关，需要对各个天线处接收到的信号进行干涉仪的几何学效应补偿，包括时延补偿和相位转动。相关函数的幅度随时延的变化曲线，也称为干涉条纹。实际的射电干涉仪通常采用一定带宽的接收设备，这会引起自然条纹的消减效应（条纹图形有一个sin c函数的包络）。

射电干涉仪中，一对天线（两个射电望远镜）构成一条基线（baseline），如果这个射电干涉仪中有N个射电望远镜构成，则共有$N(N-1)/2$条独立的基线。有多种坐标系用来指定一个干涉阵中天线的相对位置。一种方便的坐标系是采用右手笛卡尔，X和Y在平行于地球赤道的一个平面中测量，X轴在子午面中，Y轴朝东测量，Z轴朝北极测量。与天体方向相联系的天测坐标系或空间坐标系（U, V, W）是对时角为H和赤纬为δ观测源方向定义的。基线的（U, V）分量称在源方向的投影基线。随着天体的周日运动，干涉仪的一条投影基线矢量的端点在UV平面中的轨迹为一个椭圆（即一条基线的UV平面覆盖）。投影基线的大小通常是用波长为单位测量。在给定的观测频率上，一个射电干涉仪的最高角分辨率是由最长的投影基线决定的。甚长基线干涉仪（VLBI）观测一个天体时，总的UV覆盖是由地球自转实现的。而如 VLA 等综合阵，由于有很多天线组成，即使瞬时的观测也有很好的UV覆盖，可以进行快拍观测。

射电复可见度（visibility）函数定义为观测天体的空间亮度分布在UV平面中的二维傅里叶变换或空间相干函数。射电干涉仪是测量射电源的可见度函数的设备。实际的干涉测量中，信号是在中频上记录和量化的，这会引起条纹相位的高频振荡，使对干涉数据在时间域中的平均几乎不可能，因此需要在相关处理机中进行条纹转动（fringe rotation or fringe stopping）技术，将条纹率变慢到近似为零，数据可以进行合适的时间平均。

由于相关处理机进行相关处理的过程中存在着时延和时延率的误差，因此在进行成图之前还需要对相关处理机输出的互相关数据进行条纹拟合（fringe fitting），搜索残余时延和残余时延率。相关处理后的数据在时间和时延的二维矩阵中呈现孤立的一个峰，条纹拟合的目的是搜索和拟合这个峰的参数。互功率谱数据是时间和频率的二维矩阵，条纹拟合是进行条纹相位随频率的变化（时延）和相位随时间的变化率（条纹率）拟合。条纹拟合可以在各条基线上进行，这种基线条纹拟合要求在所有的基线上检测到条纹，基线拟合的第二个问题是不保证残余时延，时延率和相位的闭合关系。对成图研究的天体物理观测，条纹拟合的最终目的是求出残余时延和残余时延率，用来改正可见度的相位。主要采用的方法称为总体条纹拟合（global fringe fitting），令残余时延和时延率误差是由每个天线引进的，把有关台站的数据加权组合构成组合基线进行条纹拟合。条纹拟合过程中令参考天线的相位，时延和时延率为 0，求解其他天线的残余误差。通常先用二维 FFT 变换给出残余时延和时延率的初始猜测，然后假定一个源的模型，进行最小二乘拟合。为了提高解的信噪比，条纹拟合的时间间隔可稍长于相干时间。对 VLBI 来说通常点源的模型就可以满足条纹拟合的要求。由于在条纹拟合过程中，已经将参考天线的相位置 0，所以成图的结果已经丢失了源位置的绝对信息。正确的时延和时延率中包含着台站位置和天体位置的信息，天体测量和测地观测通常采用基线条纹拟合，然后用最小二乘等方法分解为每个天线的残余时延和时延率。（蒋栋荣）

射电光度 radio luminosity 天体每单位时间内辐射出的总能量。一个射电天体的射电光度是它投射到和辐射方向垂直单位面积上的功率（瓦·米$^{-2}$）。它是**射电流量密度**在某个频段的积分，即：

$$L = \int_{\nu_1}^{\nu_2} F_\nu \, d\nu$$

式中L为射电光度；F为射电流量密度；ν为频率。（郑兴武）

射电角分辨率 radio angular resolution **射电望远镜**能区分两个射电点源所对应天空最小的张角。又称空间分辨率。对于一架光学望远镜，决定其分辨率的主要因素是大气的视宁度（seeing），而射电望远镜决定其分辨率的主要因素是有限射电望远镜孔径电磁辐射的衍射特性。当射电天线观测一颗点源时，它的响应是功率方向图，有主瓣、旁瓣和后瓣（见**射电波束**）。主瓣强度 1/2 之内的角宽度称为半功率束宽。通常把它定义为射电望远镜的角分辨率。

同光学望远镜定义（瑞利判据）角分辨率一样，射电天线对一颗射电源响应的主瓣极大值处刚好与另一颗射电源紧邻主瓣的第一极小值重合，即值为主瓣宽度（BWFN）的一半，认为这两颗恒星刚好能分辨（见图），这是射电望远镜天线角分辨

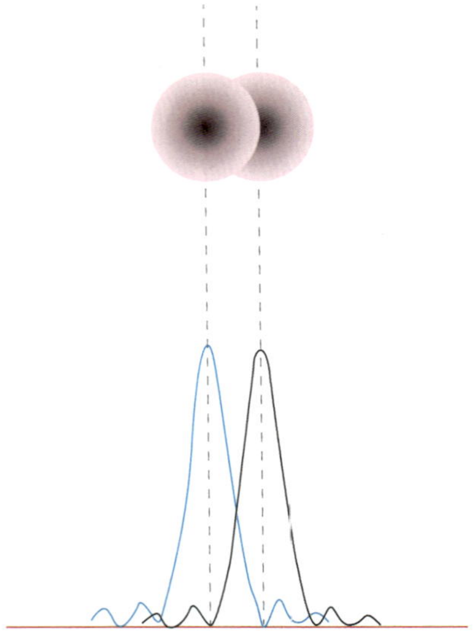

射电望远镜远镜角分辨率瑞利判据示意图（其中曲线表示波束的直角坐标的形式）

率的瑞利判据。由于它的值与半功率束宽接近，在射电天文里一般都用半功率束宽来描述射电望远镜天线的角分辨率。不同射电望远镜天线乃至由许多天线组成的射电干涉仪有不同的功率方向图，也有不同的角分辨率。（郑兴武）

射电可见度函数 radio visibility function 天体的空间亮度分布在 UV 平面中的二维傅里叶变换或空间相干函数。见射电干涉仪。

射电流量密度 flux density of radio radiation 描述天体在某一频率上辐射总强度的物理量。一个射电天体的流量密度是它投射到和辐射方向垂直的单位面积上、单位频率间隔的功率（瓦·米$^{-2}$·赫$^{-1}$）。射电流量密度与射电天体的距离平方成反比。（郑兴武）

射电马赛克 mosaicking 射电干涉仪成图的一种方法，对大于天线主波束的天区成图的一种技术。观测设计上可以利用覆盖整个源的多个指向中心位置依次进行观测，为了改善每个指向位置观测的UV覆盖（由于地球自转），需要不断重复上述的快拍过程，相邻指向中心的间隔应小于单天线主波束的宽度。理论上对每个指向中心可以独立成图，然后将这些图像进行线性组合构成马赛克图像，但是每个指向中心的图像存在噪声不均匀及负旁瓣的影响。天文学家1979年研究表明每个干涉仪基线的测量得到的不仅是一个空间频率的信息，每条基线的单个可见度将是由一个天线上的若干小块单元与另一个天线上的小块单元可能得到的所有基线可见度的线性组合。用干涉仪在源上扫描（或有间隔的指向观测），并把单基线可见度相对于指向位置的傅里叶变换来获得这些信息。令一条干涉仪基线 b 的UV坐标为（u_0, v_0），这条基线可见度的数学表达式为：

$$V(u,v)=V[(u_0-u),(v_0-v)]\overline{A}_N(u,v)$$

式中$\overline{A}_N(u,v)$为单天线归一化波束$A_N(l,m)$的傅里叶变换，是在单天线孔径上场分布的自相关函数。此式表示如果观测几个波束的视场，获得几组指向方向的可见度，每对天线对可见度相对于指向方向作傅里叶变换，可得到如$\overline{A}_N(u,v)$的UV覆盖同样大的范围的可见度的值。

实际应用中有多种射电马赛克成图的算法，效果比较好的是非线性马赛克方法，利用最大熵算法对多个指向观测联合去卷积。几种不同的算法已经应用在 AIPS 天文图像处理系统及 MIRIAD 软件包中。（蒋栋荣）

射电宁静射电源 radio quiet source 射电噪度小于 10 的河外射电源。根据河外射电源的射电辐射与光学辐射的相对强度的一种分类方法，为此定义了射电噪度R，$R=L_{\nu 5\mathrm{GHz}}/L_{\nu 4400\mathrm{A}}$，$R$为射电流量或光度与光学流量或光度的比值，通常$R$大于 10 的河外射电源称为射电强源，$R$小于 10 的称为射电宁静射电源。根据这个准则，大约仅10%的河外射电源是射电强源。但是活动星系核的射电辐射和光学辐射都存在光变，并且二个波段的光变不一定是同步发生的，因此一个射电源的射电噪度在不同时间可能是不同的。据此定义所谓射电宁静射电源不是没有射电活动性，而是其射电辐射相对比较弱，在这些源中也可以检测到核和喷流等结构，在某些射电宁静的射电源中也观测到分量的视超光速运动，如赛弗特 1 型星系Ⅲ Zw 2。（蒋栋荣）

射电喷流 radio jet 从致密天体延伸出来的细长线状明亮辐射，有时也会破碎为许多明亮的节点。喷流通常在射电波段看到，但也偶尔出现在 X 射线和光学波段。在河外源中喷流常出自某些活动星系核。有些源（主要是射电星系）在核的两侧都看到喷流，称为双侧喷流。有些源（如类星体）只在核的一侧看到喷流，称为单侧喷流。某些喷流的运动看起来似乎超过了光速，称为视超光速源。此外，处于形成阶段的恒星如金牛座 T 型星、赫比格－阿罗天体、X 射线双星 SS433 等河内源中也可看到喷流。（蒋栋荣）

射电日像仪 radio heliograph 在无线电波段对太阳实现成像观测的射电干涉仪望远镜系统。遥远天体射电源的相关特性由观测者在不同测量位置之间的电场的互相关函数所决定，该函数也称为空间相干函数。射电干涉仪就是测量这个空间相干函数的设备。于是，遥远射电源的分布图像可以通过测量垂直于射电源视线方向的平面上的不同测量位置之间的电场的互相关函数得到。射电日像仪通过组阵，采用综合孔径技术将多个口径比较小的望远镜综合成一架等效的大口径望远镜，其等效口径为小望远镜之间的最远间隔，也称最长基线，而等效面积则为小望远镜面积之和。对太阳的射电成像始于 20 世纪 50 年代，太阳专用成像观测则从 60 年代开始的澳大利亚库尔古拉（Culgoora）米波日像仪、美国克拉克（Clark）湖米波日像仪、法国南凯（Nancay）米波日像仪、日本野边山厘米波日像仪、俄罗斯的 5.7GHz 西伯利亚射电望远镜阵等点频成像发展到现在的具备宽带数百通道成像能力的明安图厘米分米波射电日像仪（MUSER），望远镜技术指标不断得到提高。美国仍在推动类似 MUSER 的宽带频谱成像观测设备——频率灵活太阳射电望远镜（FASR），其探路者欧文斯谷扩展太阳阵（EOVSA）可以在微波波段（1～18GHz）进行射电成像观测，推动了太阳射电爆发事件的频谱成像研究。未来，针对太阳爆发过程中时间尺度和空间尺度更小的元爆发过程的研究，需要在更宽的频率范围内对太阳进行更高时间和空间分辨率的观测。（颜毅华）

射电闪烁 radio scintillation 射电望远镜有时会观测到射电源（星系、类星体、脉冲星等）呈现短时标流量（强度）起伏现象，这与地球大气层引发的可见光波段星光闪烁类似。宇宙空间分布着弥散的稀薄介质，主要成分是带电粒子和尘埃气体等。介质中电子密度的随机涨落，可以形成湍流团块，引发射电源信号相位起伏（闪烁）。当团块特征尺度与介质的菲涅耳尺度相当时，闪烁较明显，为强闪烁，如某些星际闪烁（ISS）现象。ISS 变化时标较长，一般是日、月或年，取决于电离气体团块尺度、射电源与地球相对运动速度等。团块特征尺度小于菲涅耳尺度时，多呈现弱闪烁，如行星

际闪烁（IPS）。IPS 特征时标为 1～10 秒，因太阳风运动而实时变化。

衍射闪烁和折射闪烁　宇宙空间介质等离子体微结构即小尺度密度不规则性调制，使射电源的辐射形成明暗相间衍射图案（图 1）。作为衍射屏的介质，其与地球之间存在相对运动。使望远镜接收到的射电信号呈现强弱变化，即衍射闪烁，特征时标较短。介质等离子体宏观结构，即大尺度密度涨落可以使射电源的无线电波聚焦或散焦，类似凸透镜或凹透镜对可见光的折射效应（图 2），称为折射闪烁，特征时标较长。

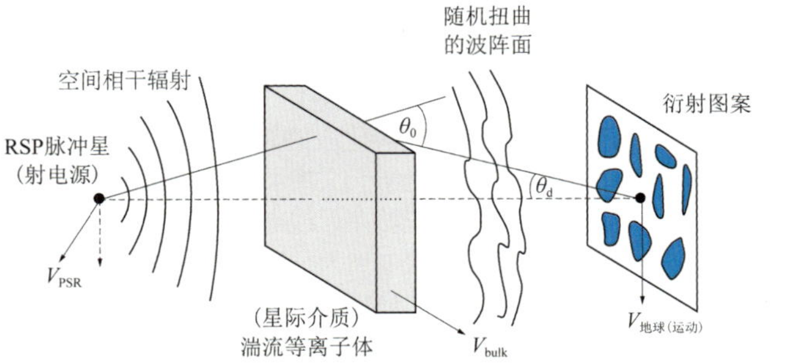

图 1　衍射闪烁原理示意图

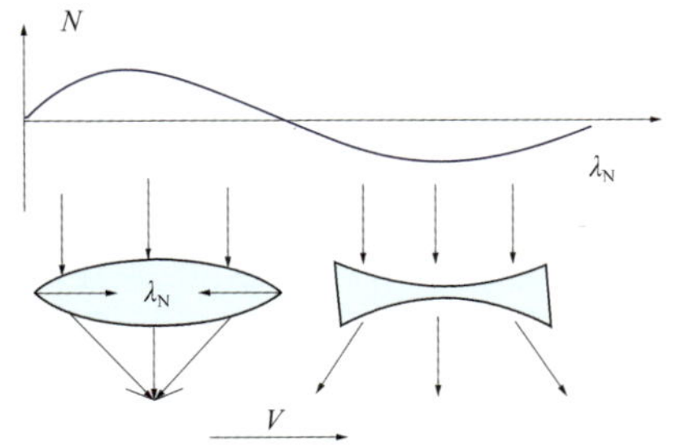

图 2　折射闪烁原理示意图

射电闪烁观测　20 世纪 50 年代，英国和意大利等国的望远镜执行巡天项目，观测射电源位置和流量时，如同对宇宙天体进行“人口普查”，以编制射电源星表，发现了少量射电源呈现时变特征。（早期）有仪器不稳定性因素，也有被证明是射电源的内禀属性，但大多数是因宇宙空间介质的传播效应，即星际闪烁（ISS）或行星际闪烁（IPS）所致。

80 年代，德国望远镜发现射电源流量一天时间的变化（IDV）。源于射电源辐射机制的话，将导致射电源的亮温度超高，即温度灾难，甚至超逆康普顿散射极限温度（10^{12}K）亿倍。活动星系核（AGN）统一模型中，IDV 源的相对论性运动能流有很强的多普勒视差，且呈极小角径，难免受介质影响。由观测的光变曲线和谱指数变化，可分离出射电源内禀（如激波物理）和介质传播（折射、衍射闪烁）效应。

脉冲星的闪烁是因脉冲星、不均匀介质（闪烁屏）和地球三者之间相对运动所致。由观测的脉冲星闪烁动态谱（强度随时间和频率变化图），可推导介质闪烁屏位置和速度，检验不同理论。如果能够观测到脉冲星闪烁弧（抛物线型），还有助于研究本地星际介质边界、银河系旋臂或脉冲星双星轨道等。

（彭　勃）

射电太阳临边增亮　limb-brightening of radio sun　通过射电观测，太阳在赤道方向上的亮度分布并不像光学太阳那样呈临边昏暗，而是日面边缘附近的亮温度常常高于日面中央的亮温度，亮度也相应增加的现象。高分辨率的太阳射电观测表明，射电太阳的直径比光学太阳直径大得多。波长越长，看到的太阳直径也越大。同时，对于波长$\lambda < 2$米左右的射电太阳还表现出临边增亮现象。这是由于太阳射电起源于高层大气，而这个波段的射电源区是光学厚的，而且温度随高度增大，由计算得到的太阳大气中射电波传播路径可见，当观测点自日轮中心移向日轮边缘时，射电辐射来自更高层次，因而出现临边增亮。

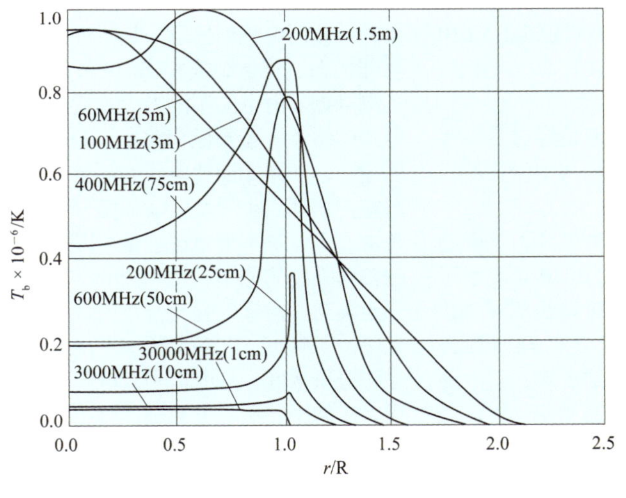

不同波段的太阳射电亮度随日心距的变化

但当波长$\lambda < 2$米时，射电源区变为光学薄的，其亮温度T_b小于日冕电子温度T_e，意味着其辐射强度将低于日冕温度T_e所对应的黑体辐射强度。这时尽管日冕温度随高度增大，但其出射的到达观测者的辐射变弱了，从而表现为临边昏暗。图中示出理论计算得到的太阳射电临边现象。由图可以看出，当波长增大时，不仅太阳直径增大，其轮廓（射电日轮边缘）也变得愈模糊。

（林元章）

射电天体测量学　radio astrometry　研究使用射电天文技术方法进行天体测量的理论和方法的一门学科。它是射电天文学与天体测量学的交叉学科，也是它们的分支学科。

研究内容　射电天体测量学的主要研究内容为：①河外致密射电源（如类星体、射电星系核等）位置和自行的测量；以河外致密射电源为基础的准惯性天球参考架的建立和维持、射电参考架与光学参考架的连接。②本星系群的射电源（如 OH 和 H_2O 超脉泽源）的位置、自行及视差测量，进而测定星系的自行、距离及旋转速率等。③银河系射电源（如银心致密射电源、射电星、脉冲星、脉泽源及超新星遗迹等）的位置、自行及距离的测量等，进而测定银河系的运动学参数（银心距离、银河系旋转速度等）。④地球定向参数（含世界时、极移、岁差、章动模型改正）的测定，地球局部形变（板块运动、地壳形变、固体潮等）的测量，地球参考架的建立和维持。⑤对于具有射电信标的人造天体的位置和运动轨道的测量，通过轨道器与着陆器的跟踪观测研究行星公转与自转运动，建立行星历表参考架及其与射电参考架的连接。

观测工具　射电天体测量使用的观测工具为射电望远镜——单口径射电望远镜或射电干涉仪。众所周知，单口径射电望远镜的测角精度主要取决于天线的口径及观测频率（天线主波束宽度），而射电干涉仪的测角精度主要取决于干涉仪两个单元之间的基线距离及观测频率（干涉瓣的宽度）。全方位可动的单口径射电望远镜的口径一般为数十米，最大为百米；而连线射电干涉仪（又称连接单元干涉仪，CEI）的基线距离通常为数千米至几十千米，甚长基线干涉仪（VLBI）的基线距离可以达到几千、上万千米，空间 VLBI 的基线更长。因此，射电干涉仪的测角精度大大高于单口径射电望远镜，所以高精度的射电天体测量通常使用射电干涉仪，特别是 VLBI，而单口径射电望远镜仅适用于射电源的巡天观测和概略定位。

自 20 世纪 30 年代初射电天文学诞生

之日起，就产生了射电天体位置的测量问题。新发现的射电源必须要确定它的位置，编制成射电源位置表，以供进一步观测研究。第二次世界大战后，射电干涉技术于50～60年代有了较快的发展。在国际上，主要先驱者之一为英国剑桥大学射电天文研究组，后来改名为卡文迪什天体物理研究组，它的领导者为M.赖尔。该射电天文研究组在早期射电巡天观测中做出了出色的工作，例如，著名的3C巡天，它的3C射电源表发表于1959年，包含471颗分立射电源的位置、流量密度等。虽然巡天观测模式获得的射电源位置的精度一般较低，但是为进一步实施高精度的射电源定位测量打下了基础。高精度的定位测量需要使用专门的天体测量观测模式进行，在70年代初，赖尔等利用当时新建成的5千米射电望远镜（由8台13米口径天线组成）进行高精度的射电源定位测量，其精度达到0.03″，为国际上当时的连线射电干涉仪天体测量的最高精度。

VLBI技术诞生于1967年春，它的诞生使得射电天体测量的测量精度和应用范围跃上了一个新台阶。VLBI技术经过半个世纪的发展，日臻成熟。它的绝对定位精度达到1.0～0.1角分，相对定位精度达到0.01角分。为了协调全球关于天球和地球参考架的建立及地球定向参数测量等方面的射电天体测量工作，国际上于1999年1月成立了“国际天体测量/大地测量VLBI服务（IVS）”。全世界现共有20个国家、30多个VLBI测站参加。

研究成果　射电天体测量经过几十年的发展和观测工作，取得了重大的成果，主要有：

①建立了以河外致密射电源为基础的国际天球参考架（ICRF）。2010年发表了ICRF2，是IVS所有VLBI站长期观测数据的综合处理结果。ICRF2共有3414颗致密射电源，其中定义源为295颗，射电源相对于参考架的精度为0.25角分。

②提供EOP序列的测量数据。序列长度30余年，近10年达到的测量精度为极移和章动改正0.05角分、UT13微秒（24小时观测）。

③测定了全球150多个VLBI测站（固定站和流动站）的位置和速度，除极少数观测次数很少的测站外，所有测站位置的精度均达到了毫米级。

④应用于深空探测器的跟踪测量，测角精度好于1.0角分。

⑤应用于测量银河系射电源相对于ICRF参考源的位置，精度达到0.01角分，进而推算得观测目标的位置、自行及距离等，为银河系动力学研究提供了重要的基础数据。

（钱志瀚）

射电天体物理学　radio astrophysics　用现代物理学理论解释天体的射电现象的一门学科。虽然K.G.央斯基在1931～1932年就已探测到来自银河系中心的无线电波，各国射电天文学家在20世纪50年代对太阳射电也做了相当多的观测和理论探讨，但只有在20世纪60年代的几项重大发现（类星体、脉冲星、宇宙微波背景辐射、星际分子等）以及对射电星系进行细致观测以后，射电天体物理学才成为一门独立的学科。

要通过天体的辐射研究天体，必然需要探索各种辐射机制和能量起源问题。从理论物理的角度看，这主要涉及处在等离子体中的粒子以及磁场内的相对论性粒子的加速、辐射以及能量转移过程，需要等离子体物理学、电磁波在等离子体中的传播理论以及相对论作为理论基础。另一方面，射电谱线的观测研究涉及高温电离气体、温度较低的原子气体和冷的分子气体中的物理-化学过程，毫米波亚毫米波段观测还涉及星际尘埃颗粒的化学组成和物理性质，所以，热力学统计物理学和原子物理学、分子化学也成为射电天体物理学的主要理论支柱。

实测基础　用各种类型射电望远镜获得的天体射电辐射信息，是研究射电源的物理状态、化学组成和辐射-能源机制的实测依据。射电的实测内容主要有：①射电源的位置。②角径和大小。测出射电源的角径，如果知道射电源的距离，即可定出它的物理大小尺度。③强度分布和射电光度。高分辨率射电望远镜可以测出射电源辐射强度的分布，得到源的结构。在已知距离时，由辐射强度分布可计算出射电光度。④频谱。在多个频率上测量辐射强度和流量密度，从而得到射电源的辐射频谱。⑤偏振。用射电偏振计测定辐射中的偏振成分。⑥射电谱线测量。搜索原子、分子发出的射电谱线，测定谱线的强度、轮廓、多普勒频移和偏振。⑦随时间的变化。许多射电源的辐射强度和辐射结构在几天、几个月或几年等不同时标发生明显变化，需要长时间的监测。

辐射机制和辐射转移　射电源按空间分布，可以分为两大类：银河系源，集中在银道面附近；河外源，呈现出空间近似均匀分布。另外还有一个宇宙学起源的2.7K微波背景辐射。按射电辐射机制，也分为两大类：以热机制辐射的源和非热过程辐射的源。观测发现，河外源中包括射电星系和类星体，非热辐射是主要的。这类天体有的包含成双的射电源，有的伸展到周围很远的空间；有些处在核心位置的射电双源以视超光速的速度相背飞离。这类非热辐射的主要起因是大量电子以接近于光速的速度在磁场中的运动。高亮度的河外射电天体，即使处在非常遥远的地方，也可以用现代的射电望远镜观测到。这使得射电天文学探索到的宇宙空间达到过去难以企及的深处。一些天体爆发过程产生的射电辐射也经常是非热的：规模最“小”的如太阳上的局部爆发、一些特殊恒星的爆发，较大的如演化到晚期的恒星的爆炸，更大的如最近发现的快速射电暴等，都有强烈的非热射电辐射。天体无线电波还可能来自其他种类的非热辐射。日冕中等离子体波转化成的等离子体辐射就是一例。而在光学天文中所熟悉的那些热辐射，也同样能够在无线电波段中产生。例如，太阳上的电离大气以及银河系的电离氢区所发出的热辐射，都是理论上预计到的。宇宙微波背景辐射虽然是一个惊人的发现，但它的机制却是众所熟知的2.7K温度上的热辐射。

射电天体物理学的一个重要内容是研究等离子体中射电辐射的产生机制，以及这种辐射在传递过程中发生的变化，包括发射、吸收、放大、偏振和频率的变化等。射电天体物理学研究内容还包括解释天体射电的频谱分布和谱线特征。射电辐射按频谱的特点，可分为连续辐射和谱线辐射。已知的天体连续辐射的主要有三类：①轫致辐射。一个带电粒子在运动过程中在另一个带电粒子的作用下发生碰撞而产生的辐射，在天体物理中主要是自由电子在质子的作用下发生的辐射，因此也叫自由-自由发射。②同步加速辐射。相对论性电子在磁场内作回旋运动时发出的辐射，大量河外射电源的辐射特性可用这种机制来解释（非相对论性电子在磁场内加速运动产生的辐射称为回旋加速发射）。③尘埃热辐射。大小在0.01微米以上的星际尘埃颗粒产生的热辐射能量主要集中在远红外到亚毫米和毫米波段。谱线辐射主要也有三类：①原子谱线。主要包括氢原子在两个自旋态之间跃迁的21厘米波长超精细结构线，以及碳原子在亚毫米波的两条精细结构线。②分子谱线。分子或分子离子的旋转和振动能级跃迁产生的辐射。③复合线。自由电子被离子重新俘获到激发能级，接着再向低能级跃迁时产生的辐射。每一种发射过程都有相应的逆过程——吸收，如热吸收、同步自吸收等。在射电天体物理学中，辐射的放大机制也在一定条件下出现，特别是通过微波激射机制产生的羟基、水分子等的谱线。

典型射电天体上的物理过程 当代射电天体物理学研究的天体覆盖了从太阳系到银河系，再到河外星系和宇宙深处的所有天体，主要包括：

太阳和行星 太阳是离人类最近的一颗射电恒星。太阳的射电是从太阳大气中的色球和日冕中发出来的。除了宁静太阳射电和与黑子活动有关的太阳缓变射电外，有时伴随着光学耀斑出现强大的太阳射电爆发。有的爆发可持续几个小时，射电辐射总能量约 10^{37} 尔格。这些爆发一般可用 0.1～10 兆电子伏的高能电子在黑子区磁场内的回旋加速辐射或同步加速辐射来解释。大爆发常伴生太阳宇宙线，发射大量等离子体云，干扰行星际空间和地球环境。同时，我们在太阳上确实观测到某些等离子体辐射：电子束和等离子体激波通过太阳大气时产生强大射电暴（米波Ⅱ型和Ⅲ型爆发）。因此，在高能粒子加速和等离子体不稳定性研究上，太阳是检验理论的一个理想的“实验室”。木星射电在行星物理研究中有特殊的意义。航天器的直接探测表明，木星也有磁层。而射电观测发现，分米波到十米波的射电（包括背景辐射和爆发）起源于磁层内相对论性电子的同步加速辐射；十米波以上的射电爆发，又和木星的一颗卫星——木卫一的轨道位相有关。可能是木卫一在绕木星的轨道运动时有时扰动了磁场，引起这种调制作用。对木星大气中氨和其他分子的射电谱线的观测和研究，则为行星大气起源和演化的研究提供了新的资料。

射电星 要探测恒星的宁静射电是相当困难的，但已测到一些恒星的射电爆发（射电耀），例如著名的 1972 年 9 月天鹅座 X-3 的大爆发。已知的射电星有鲸鱼座 UV 型红矮耀星、红超巨星、射电新星、早型发射线星、射电双星、射电 X 射线星和脉冲星等。这些射电爆发形态和太阳爆发有些类似，但规模和强度都要大得多，也许它们具有不同的物理机制。分析天鹅座 X-3 射电爆发频谱的时间变化得知，爆发源是一个膨胀的磁相对论性等离子体团，膨胀损耗和辐射损耗都起作用。在射电爆发时，光学和 X 射线也常出现跃变。在这些波长上进行的联测会为恒星演化的研究提供新的线索。

超新星遗迹 超新星爆发后，形成一个星云状的残骸——超新星遗迹（SNRs）。在银河系中，有许多射电源是超新星遗迹。研究得最充分的是著名的蟹状星云，它是 1054 年超新星爆发留下的遗迹。中央有一个较暗的光学体，这个光学体就是著名的射电脉冲星，也是一颗光学脉冲星。

蟹状星云发出连续的射电，同时也发射 X 射线、可见光和 γ 射线。它是正在膨胀的磁相对论性粒子云。它的射电、可见光和 X 射线，都起源于同步加速辐射。而 γ 射线则起源于逆康普顿散射机制。脉冲星自转减慢所释放的转动能量提供了蟹状星云的粒子和磁场的能量。超新星、蟹状星云与脉冲星之间存在的物理联系，构成了一幅明确生动的演化图像。

射电脉冲星 1967 年发现射电脉冲星是天体物理学史上一个划时代的重大成就，不仅为天文学开辟了一个新的领域，而对现代物理学也产生了重大影响。英国天文学家 A.休伊什和他的学生 J.贝尔一起发现了射电脉冲星，休伊什因此获得 1974 年诺贝尔物理学奖。射电脉冲星发出的不是连续的辐射，而是周期性地发出一系列短促的射电脉冲。脉冲周期从几毫秒到几秒。脉冲重复频率非常精确，在几年内精度达到 10^{-12} 量级。这项发现促进了在整个电磁波段（从射电波、可见光、X 射线直到 γ 射线）上对脉冲现象观测技术的发展。现在认为，脉冲星是快速自转强磁场的中子星，是大质量恒星演化到晚期由核心坍缩产生Ⅱ型超新星爆发而成的。从理论和观测射电脉冲细节推知，中子星直径只有 10 千米左右，质量却有太阳质量那样大，密度达到～10^{15} 克/厘米^3。中子星表面有极强磁场，强度 10^{10}～10^{14} 高斯，它的周围有一个磁层。它的脉冲辐射可以用“灯塔”模型来解释：由于自转和强磁场的作用，在中子星上形成了定向的相对论性电子束。它所发出的辐射也沿着这个束的方向。由于自转，当辐射束掠过地球时，人们便观测到射电脉冲。因此，脉冲周期也就是中子星的自转周期。辐射等效温度非常高，达到 10^{25}～10^{30}K，所以只能用相干辐射机制（相干粒子束或相干辐射束）加以解释。截至 21 世纪 20 年代，脉冲星辐射机制理论还在深入探讨。

射电谱线和恒星形成区 射电谱线观测对于恒星形成的研究意义重大。氢原子 21 厘米谱线的窄自吸收结合分子谱线发射可以探测到分子云中的少量冷的原子气体，并可以一定程度上限制分子云和恒星形成时标。从微波到毫米、亚毫米波大量的分子谱线更是示踪各个演化阶段恒星形成区的有效手段。形成稠密的分子气体团块是气体向恒星转化的第一步。一些极低温（< 20K）和高密度环境下仍可以气相存在的分子的谱线发射，可以有效示踪最冷最密的分子气体结构和最早期的恒星形成区。到了恒星形成比较活跃的阶段，由于中心原恒星的加热，大量的分子谱线被激发。在大质量恒星形成晚期，电离氢区（HⅡ区）开始形成，射电复合线是这类天体的良好探针。另外，恒星形成过程中普遍产生的分子外向流一般都是通过一氧化碳、氧化硅等分子的毫米波亚毫米波谱线来观测和研究的。

银河系射电辐射 主要集中于银道面附近，在毫米波亚毫米波段的连续辐射主要是星际尘埃的热辐射；在微波和更长波段上的连续辐射主要是弥漫电离气体和叠加在其上的分立源（非热的超新星遗迹和电离氢区的热辐射源）辐射，其中银河系中心超大质量黑洞的发射格外引人注目。氢原子 21 厘米谱线和一些分子谱线（比如一氧化碳的毫米波谱线）可以很好地示踪银河系旋臂结构。

类星体和射电星系 河外射电源绝大多数是射电星系和类星体。它们的射电现象涉及巨大能量的起源问题。正常星系的射电功率为 10^{37}～10^{41} 尔格/秒，而类星体和最强的射电星系，则要强 10^2～10^6 倍，达到 10^{47} 尔格/秒。类星体红移很大（2003 年已测到的最大红移是 $z > 6$），如果用哈勃定律来估计距离，则它们可能处在可观测到的宇宙的边缘。这意味着它们是可观测宇宙的演化早期的天体。因此，研究类星体射电对于宇宙演化和结构以及星系的演化的研究都有直接意义。类星体和射电星系的射电结构基本上相似，射电主要来自光学体以外体积很大的区域，称为河外射电展源。它们大体上对称地分布在光学体两侧，形成双源结构。双源之间的距离可以达到 2000 万光年（如 3C236），表明它们的年龄至少已有 10^6～10^8 年。同时，在类星体和射电星系核的位置上常出现一个致密射电源。甚长基线干涉仪观测表明，星系核中存在着精细结构，常常也是一对双源，其轴线和外双源轴线也大致符合。这种双核源–双展源的结构，对于探讨类星体和射电星系的能量和演化问题有深刻的物理意义。

普遍认为，射电星系和类星体外部展源的射电，是弱磁场内的同步加速辐射。由此计算出的相对论性粒子和磁场的能量，分别达到 10^{60} 和 10^{62} 尔格的量级。如此巨大的能量，又集中在远离光学体之外 10^6～10^7 光年的距离上，所以，高能粒子和磁场的起源问题成为射电天体物理学中最重大课题之一。一种比较可取的观点是：星系核（类星体被看作巨星系核）是能量供应者，它以相对论性粒子、磁场或其他形式的能量不断地供给外部展源。然而，甚长基线干涉仪观测表明，星系核中的射电核非常之小，所以必须有一种极为有效的产能机制。为此，黑洞的吸积过程被提出来作为一种可能的选择。但是关于产能机制和供能机制至今仍不清楚。另外，在一些河外致密射电源中，甚长基线干涉仪观测表明，核中射电结构发生变化，主要现象是，双核源以很大速度分离。如果星系和类星体处在宇宙学距离，那么分离速度好像达到光速的许多倍。这种"视超光速"现象的物理本质有待进一步观测和研究。

红移 21 厘米谱线观测　红移 21 厘米谱线观测是现代天文学正在探索和发展的一种重要观测方法。氢原子的基态由于电子和原子核自旋磁矩的相互作用会发生分裂，形成一个单态和一个三重态，这两个态之间的量子跃迁产生的光子频率为 1420MHz，对应的波长 21.3 厘米，通常称为 21 厘米辐射，由于宇宙膨胀，距离人类较远的天体发出的 21 厘米辐射被红移，对于这些天体实际观测的是较长的波长：

$$\lambda_{\mathrm{obs}} = \lambda_{\mathrm{em}}(1+z)$$

式中z为红移，这可以称为红移 21 厘米辐射，或仍简称为 21 厘米辐射。在第二次世界大战期间，荷兰天文学家 H.C.范德胡斯特预言 21 厘米谱线可用射电望远镜观测。1951 年美国的 H.I.尤恩和 E.M.珀塞尔首次探测到了这种辐射，此后这成为射电天文学上重要的谱线观测对象。通过对 21 厘米谱线的观测，人们绘制出了银河系以及近邻星系中氢原子的分布，通过对银河系和一些旋涡星系中气体盘的 21 厘米谱线多普勒频移的测量，还可以得到星系的旋转曲线（即旋转速度与盘心距的关系曲线），这些旋转曲线测量延伸到可见光观测所能观测的盘以外，表明旋转速度在可见光发射物质的分布以外仍然不明显下降，这是 20 世纪 70 年代发现暗物质存在的一个关键证据。对于较低红移的 21 厘米观测，帕克斯射电望远镜和阿雷西博射电望远镜分别进行了巡天。尽管银河系和近邻星系已观测到 21 厘米辐射，但要观测红移 21 厘米辐射仍具有挑战性。国际射电天文界正在筹建的平方千米阵列（SKA）将大幅提升 21 厘米观测的精度，会为人类展现出宇宙大尺度结构的图像。总之，在射电天文研究中，红移 21 厘米观测是一个大有前途、正在快速发展的方向，在研究宇宙起源、暗能量的性质、暗物质与中微子性质、星系形成与演化等多方面都有相当重要的科学价值。（邱科平　李宗伟　郑兴武）

射电天文接收机　radio receiver　把射电望远镜馈源输出的电磁辐射场信号经过放大和加工，使它成为与天体辐射成正比且可测量的一种探测器。它一般由前端、中频放大和后端三部分组成。下图给出用于厘米波和短厘米波一架典型总功率射电超外差（super-heterodyne）接收机的方框图。来自射电源的辐射大多是偏振辐射，为了获得射电源的偏振特性，现代射电望远镜上都安装能接收两个偏振信号的双偏振接收机。接收机的最前端是馈源，在工程设计上，它属天线系统。厘米波段和短厘米波射电望远镜的馈源大都为喇叭，由于它对接收机的噪声有很大的影响，在研制和安装接收机时，又都把它作为接收机的一部分来考虑。

图中灰色的部分称为接收机的低温杜瓦，一般包含耦合器（coupler）、极化器（polarizer）和低噪声放大器（LNA）。由于它们的噪声水平对接收机总的噪声影响最大，为了降低噪声，通常把它们安装在一个低温杜瓦里。在厘米波和短厘米波段，一般低温杜瓦采用两级制冷。第一级是为了屏蔽热辐射，第二级提供给低噪声放大器。

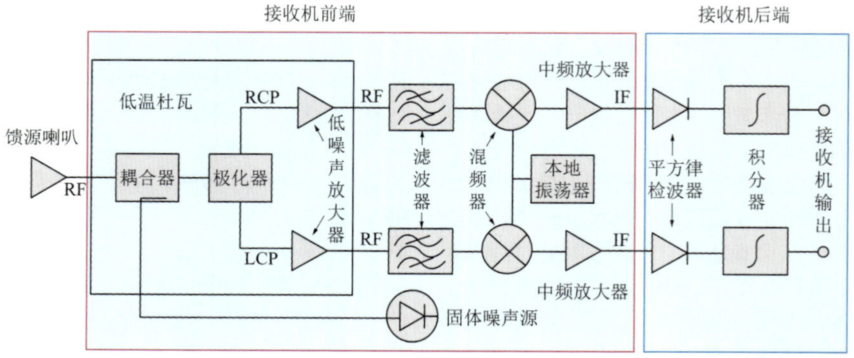

左侧红线方框内的部分为接收机前端，其中灰色方框为低温杜瓦；右侧蓝线方框为接收机后端，为总功率辐射计

一架典型的射电超外差接收机的方框图

前端中的耦合器是为了在输入端引入一个校准噪声信号，以便在实际观测中做接收机的校准。极化器把来自耦合器的射电信号分成两个偏振信号，对于线偏振接收是两个互相垂直的线偏振信号，而对于圆偏振接收是相位差为 90°的左圆偏振（LCP）和右圆偏振（RCP）信号。

尽管此时的接收机能提供带宽的信号，但它的中心频率很高，高频信号的处理很困难，设备也很昂贵。为了使接收机后面几级电路比较容易地处理信号，在滤波器后加混频器。它的功能是把来自滤波器的射电频率（简称射频，RF）信号乘以本地振荡器的信号，产生一个容易处理的比射频低的信号，这个信号称中频（intermediate frequency）。

中频信号输入中频放大器。中频放大器是射电辐射超外差接收机中一个重要的部分，整个接收系统的增益是由中频放大获得的。另一个原因是接收机的带宽以及频谱响应，主要由中频放大器决定。

后端是接收机的为特殊科学目标设计的接收设备，有射电辐射计、频谱仪、脉冲星消色散系统、偏振计等。图中给出的射电天文接收机的后端是射电辐射计（见射电辐射计）。（郑兴武）

射电天文接收机灵敏度　radio receiver sensitivity　射电天文接收机最小可测天线温度。按照射电信号的噪声特性，最小可测天线温度$T_{A,\min}$等于接收机输出噪声功率的均方根值$\sigma_{T_{\mathrm{sys}}}$，即：

$$T_{A,\min} = \sigma_{T_{\mathrm{sys}}}$$

噪声功率的均方根值与射电望远镜的系统温度T_{sys}（见系统温度）成正比、与接收机信号采样成反比，即噪声功率均方根值与射电望远镜系统温度T_{sys}、接收机带宽$\Delta\upsilon$和积分时间Δt的关系为：

$$\sigma_{T_{\mathrm{sys}}} = \frac{T_{\mathrm{sys}}}{\sqrt{\Delta\upsilon\Delta t}}$$

考虑到射电信号遵循高斯分布统计规律，最小可测天线温度为：

$$T_{A,\min} = M \times \frac{T_{\mathrm{sys}}}{\sqrt{\Delta\upsilon\Delta t}}$$

式中系数M为 3～5。（郑兴武）

射电天文频率分配　radio frequency allocation of radio astronomy　将无线电频率规定由一个或多个部门，在指定的区域内供射电天文业务在指定条件下使用。射电天文是基于接收源于宇宙无线电波的天文学。射电天文学研究的是在无线电频谱范围内特定频率上发射或吸收能量的天体：在地面，研究工作可以在 MHz 至 THz 范围内任何一处大气层完全透明的区域内开展。射电天文学与频率协调相关方面的内容，即通过达成不同无线电业务间的相互协议，以规则的方式使用无线电频谱，避免相互干扰。在国际范围内，频谱使用的规则由联合国专门机构国际电信联盟（ITU）予以制定。

在1959年世界无线电行政大会上，射电天文首次正式认定为一种无线电通信业务。当时，在国际科学联合会理事会（ICSU）的支持下，由三个科学协会组成了一个委员会，即射电天文与空间科学频率划分联合委员会（IUCAF），作为在无线电频谱科学应用领域的代表。这三个创始协会是**国际天文学联合会**（IAU）、国际无线电科学联合会（URSI）和空间研究委员会（COSPAR）。三个协会都是IUCAF的成员。IUCAF作为公认的国际组织参与世界无线电通信大会（WRC），但没有投票权。射电天文学家通过本国机构或IUCAF使无线电通信部门审议其关注的议题，或使其议题纳入WRC。除IUCAF外，国家和区域委员会如美国科学院的无线电频率委员会（CORF）、欧洲射电天文频率委员会（CRAF）和亚太射电天文频率委员会（RAFCAP）也对射电天文学家的共同参与起到了促进作用。

国际电联的《无线电规则》为频谱的规划使用奠定了基础，它是世界无线电通信大会（WRC）的结晶。WRC为《无线电规则》中定义的约40种无线电业务进行国际频率划分。为划分频谱，全世界被分为三个区域：一区包括欧洲、非洲和北亚；二区包括北美和南美；三区包括南亚和澳大利亚，中国在第三区。对任何一个具体的频段而言，不同区的划分情况可能并不相同。两种或两种以上的业务常常共用频段。一般而言，业务划分可能是主要业务或次要业务。主要业务可以对次要业务造成干扰，但是不允许次要业务对同一频段上的主要业务造成干扰。频率划分的情况包括在《无线电规则》中。多数划分都显示在划分表中，但也有其他一些划分载于划分表有编号的脚注中。

在一个国家内，频谱划分的事宜由政府机构处理，不同国家主管部门的划分可能大不相同。

参考《中华人民共和国无线电频率划分规定》中频谱管理的专用术语，涉及射电天文业务频率的包括：

①射电天文频率划分。将某个特定的频段列入频率划分表，规定该频段可在指定的条件下供射电天文业务使用。

②射电天文频率分配。将无线电频率规定由一个或多个部门，在指定的区域内供射电天文业务在指定条件下使用。

③射电天文频率指配。将无线电频率批准给射电天文电台在规定条件下使用。

（张海燕）

射电天文谱线 spectral line of radio astronomy 频率在无线电波段的天文谱线。宇宙在全波范围内，以谱线或连续谱的形式向我们不断发送丰富的信息。**射电望远镜**大致工作于15MHz（λ）～600GHz（λ）的**大气窗口**范围。1931～1932年美国无线电工程师K.G.**央斯基**在研究长途电讯干扰时首次偶然发现来自**银心**方向的宇宙无线电波。1951年E.M.珀塞尔和H.尤恩在微波波段21厘米处观测到由处于氢原子基态的两个超精细结构状态间的跃迁而形成的原子谱线。1963年，S.魏因雷布等观测到第一条**星际分子**微波谱线（自由基OH的λ）。从此微波窗口逐步被打开。

自从上述H原子的21厘米和OH的18厘米线被观测到以后到20世纪末已有近140种（不包括稀有同位素取代物，但H的同位素D的取代样品例外）分子样品的上千条谱线在星际空间和拱星包层中通过微波窗口被观测到。这些谱线的发射机制有热与受激辐射之分。微波激光源（MASER）光度高、谱线窄，提供了恒星诞生与死亡的珍贵信息，对于河外活动星系的研究更有其独到的功能。星际CO分子因广泛分布，且丰度仅次于氢分子，它和它的稀有同位素分子的转动热线在分子天文学的研究中备受关注。1959年苏联N.卡尔达舍夫提出在HⅡ区可以观测到射电复合线的预言之后，射电复合线不仅在HⅡ区而且在HⅡ区临近的部分离化区、**行星状星云**和河外星系都已观测到。原子、分子和离子的微波谱线为人类提供了大量星际空间、拱星包层以及河外星系中各种原子、分子和离子过程的知识。

（曾 琴）

射电天文谱线证认 line identification of the radio astronomy spectrum 对某天体作谱线巡视中，常会出现以前在该天体或甚至在任何天体均没有发现过的一些谱线，对它们的归属进行证认。例如龚龑等在2015年使用德国埃菲尔斯伯格100米射电望远镜对IRC＋10 216作1.3厘米谱线巡天，覆盖频率范围17.8～26.3GHz。他们在拱星包层IRC＋10 216发现78条谱线，其中有12条是有待证认的。已证认的谱线归属于18个不同的分子和自由基。谱线证认中，一条线只有当它的信噪比≥5才能认为它是一条真的谱线。谱线证认的基础可参考美国喷气推进实验室（JPL），科隆分子光谱数据库（CDMS），*splatalogue*和上网的美国国家标准与技术研究院洛瓦斯（Lovas）天文谱线表。

（曾 琴）

射电天文学 radio astronomy 通过接收天体的无线电波来研究天文现象的一门学科。射电天文学的历史始于1931年的一个偶然发现，这一发现已被列为20世纪最重要的发现之一。现代射电天文学的观测和研究对象遍及整个宇宙，包括从**太阳系**到**银河系**、再到河外星系和遥远宇宙深处的各类天体，可探测到以往凭光学手段所看不见的天文现象。射电天文学的不断进步革命性地推动了**脉冲星**、**宇宙学**、恒星形成、天体化学、超高精度天体测量等领域的发展，并在**引力波**探测、极早期宇宙探测、星系形成与演化、**天体生物学**、射电暴发与瞬变现象、**黑洞**直接成像等新兴领域大放异彩，不断刷新人类对宇宙的认知和理解。

历史发展 根据麦克斯韦方程组，宇宙天体的电磁辐射应该是全波段现象。早在19世纪末，人类就开始尝试探测太阳的无线电波，但都失败了。一直到1902年，地球电离层被发现，当时的物理学家认为任何来自天体的无线电波都将被电离层反射，因此在地面上探测不到这些无线电波。美国贝尔电话实验室的无线电工程师K.G.**央斯基**在研究跨大西洋短波语音通信的干扰源时探测到了周期为23小时56分的20MHz无线电波，最后确认电波来自**银心**方向。这是人类第一次探测到宇宙无线电波，标志着射电天文学的开端。为了纪念央斯基的开创性贡献，射电天文学以“央斯基（Jy）”命名天体无线电波流量密度的基本单位。受到央斯基发现的启发，G.**雷伯**在1937年制造了直径为9米的抛物面天线和工作在160MHz的接收机，组成了自己的**射电望远镜**，并用这个望远镜完成了天文学史上第一个射电巡天，探测到了太阳以及其他一些天体发出的无线电波。雷伯完全凭着对无线电和天文的浓厚兴趣，一直坚持着射电天文开拓性探索。在第二次世界大战结束前的近十年时间内，雷伯很可能是世界上唯一的射电天文学家。第二次世界大战结束后，军用雷达技术被应用于天文观测，射电天文学迎来了大发展。

射电天文观测 射电望远镜是射电天文观测工具，是天文学家用来观测和研究宇宙射电的基本设备，包括收集射电波的定向天线、放大射电信号的高灵敏度接收机以及记录信号的终端设备三个部分。它可用来测量射电源的位置和结构、信号的强度、频谱和偏振等，称之为“望远镜”是因为它与光学望远镜一样可以观测遥远的天体，而就它的工作原理和结构而言是个特别的无线电接收设备。从射电天文诞

生以来，射电望远镜的历史就是不断提高分辨率和灵敏度的历史。

传统的射电天文观测主要是将单天线射电望远镜对准天体目标，通过一定时间的积分来探测天体的射电信号。与射电望远镜系统、地面和大气，以及天空背景等共同产生的系统噪声相比，天体的射电辐射是非常微弱的。为了探测到这种微弱的信号，单天线射电望远镜一般采用较差式观测方法，即通过观测天体目标与周围干净天空背景并比较两者的输出来确定对目标的信号探测。

现代射电天文观测主要以大型阵列干涉成像、**甚长基线干涉测量**、同时兼备高宽带和高谱分辨率的谱线技术为标志。为了扩大视场、提高观测效率，多波束接收机已在单天线射电望远镜观测中得到比较广泛的应用，更进一步的相控阵馈源和波束合成技术也已经取得初步成功并在单天线和干涉阵望远镜都得到验证。

20世纪50年代以来，射电望远镜的发展，特别是**射电干涉仪**（由两面射电望远镜放在一定距离上组成的系统）的发展，使测量射电天体位置的精度稳步提高。现代射电天文的观测手段是以综合孔径、甚长基线干涉测量等技术为标志的。大型射电望远镜和干涉仪功能及数量不断提高，并已发展到毫米波、亚毫米波段以及**空间甚长基线干涉测量**，不断取得重要的结果。

大射电望远镜　国内外建造和计划建造的大射电望远镜迅速发展，国际上包括，绿岸望远镜（GBT）、埃费尔斯贝格射电望远镜、央斯基甚大天线阵（JJVLA）、阿卡塔马大型毫米［亚毫米］波阵（ALMA）和平方千米阵（SKA）等。

①绿岸望远镜全名为“罗伯特·C.伯德绿岸望远镜”，是截至2023年世界最大的全向可动射电望远镜，位于美国无线电静宁静区的核心地带——西弗吉尼亚州绿岸山区。GBT是世界最大的陆基可移动结构，高度大约有43层楼高，重7700吨，其碟形天线大小110米×100米，由2000多块小型反射板组成，真是个“大块头”。

②埃费尔斯贝格射电望远镜。于1968年开始建造，1972年8月1日启用。其抛物面天线略小于绿岸望远镜，直径100米，全方位可动，它被安装在德国波恩市西南大约40千米的埃费尔斯贝格的一个山谷中，属麦克斯威尔·普朗克射电天文研究所。

③央斯基甚大天线阵。位于美国新墨西哥州的圣阿古斯丁平原上，是截至2023年世界上功能最强大的干涉望远镜。JVLA由27个25米口径的天线组成射电望远镜阵列，每个天线重230吨，架设在铁轨上，可以移动，有三种组合模式，最长基线可达36千米，Y型排列时，每臂长可达到2.1千米。JVLA有着多种用途，设计用于观测各种天体。

④阿塔卡马大型毫米［亚毫米］波阵。是多个国家的研究机构合作建造的大型射电望远镜阵列。ALMA位于智利北部查南托高原的拉诺德查南托天文台，地处安第斯山脉5000多米海拔的山顶之上，是地球上气候最干燥的地区之一，非常适合毫米波和亚毫米波观测。ALMA由66面天线组成，包括主阵列上的50个12米天线，一个致密阵列的12个7米天线，以及4个12米总功率天线，最长基线可达16千米，最高分辨率达到20毫角秒。ALMA主要用于探究宇宙起源、星系演化、恒星与行星形成机制以及生命与太阳系起源等。

⑤平方千米阵。由全球多国合资建造和运行的世界最大规模**综合孔径射电望远镜**，其最终建设规划的接收面积达一平方千米，为人类认知宇宙提供重大机遇。SKA的科学目标包括：第一代天体形成原因、星系形成与演化、**暗能量**性质、宇宙磁场、引力本质、生命分子与**地外文明**等。SKA天文台总部设在英国，台址分设在南非和澳大利亚。SKA由2500个15米口径天线组成的高频阵、250个致密孔径阵列、130万个偶极天线组成，最长基线可达3000千米，有效接收面积可以达到大约1平方千米，工作在50MHz～13GHz。SKA第一阶段建设预计于2030年完成并开始正式运行。SKA由政府间国际组织SKA天文台负责建设运行，作为创始成员国，中国将与其他成员国共同参与SKA天文台国际组织治理、望远镜建设、运行和研究开发等各阶段工作。

中国射电天文发展迅速，最具代表性的射电望远镜就是**500米口径球面射电望远镜**（FAST），它的建设凝聚了中国一大批科研人员的心血，采用了多项自主创新技术。FAST的索网结构可以随着天体的移动变化，带动索网上的4450个反射单元，在射电源方向形成300米口径的瞬时抛物面，极大提升了观测效率。主动反射面让其拥有更广的观测范围，能覆盖40°的天顶角。同时FAST也能够参加国际甚长基线网，极大增加灵敏度和分辨率。作为世界最大的单口径球面射电望远镜，FAST拥有接收面积大、精度高、视野广三方面的优势，将在未来20～30年保持世界一流设备的地位，被称为国家重器名不虚传，在2020年1月完成验收并向全世界天文学家开放使用。FAST侧重中性氢探测和脉冲星接收。能够将中性氢的观测延伸到宇宙更早期阶段，为探索宇宙起源和演化、研究宇宙大尺度物理学提供资料；能够在短时间内发现大量脉冲星并建立脉冲星计时系统，研究极端状态下的物质结构与物理规律等众多科学任务。

标志性射电天文学成就　从20世纪50年代以来，一些最重要的射电天文成就包括探测到中性氢21厘米谱线、**类星体**的发现、宇宙微波背景的发现、星际脉泽的发现、脉冲星的发现、**星际分子**的大量发现、孔径合成技术与**脉冲双星**的发现、**引力透镜**探测和搜寻、**宇宙微波背景辐射**功率谱与**系外行星**的发现、宇宙微波背景辐射各向异性的精细测量、**银河系结构**的精确测量、**快速射电暴**的发现、人类首张黑洞照片发布等。在这些重要成就中，孔径合成技术与脉冲双星的发现、宇宙微波背景的发现、脉冲星的发现、宇宙微波背景辐射功率谱和宇宙微波背景辐射各向异性的精细测量等分别获得了1974年、1978年、1993年、2006年的诺贝尔物理学奖，对整个天文学、物理学乃至科学界的贡献已经广为人知。而其他的发现同样具有重大意义。

与很多重大科学发现一样，脉冲星的发现是一个偶然事件。从第一颗脉冲星发现到现在，已经有约3000颗脉冲星被发现，其中包括验证了广义相对论引力辐射理论的脉冲双星和**毫秒脉冲星**等特殊脉冲星。关于脉冲星的研究，从限制极端物理条件下的物态方程到作为星际介质探针和建立高精度时空基准等方面的应用，再到以探测低频引力波为目标的脉冲星测时阵计划，已经发展为一个重要的领域。另外，系外行星首先是在脉冲星周围被发现。系外行星的搜寻和宜居性研究已经是天文学的一个热点课题。

2007年，射电天文学家D.R.洛里莫和他的学生在分析脉冲星观测数据时发现了第一个快速射电暴，也就是“洛里莫”暴。此后，越来越多的快速射电暴被发现，包括少部分重复暴。尽管对快速射电暴的起源和能量机制还没有定论，但对这一“年轻”的射电天文现象的研究已经快速发展成为一个新兴研究方向。

射电天文对宇宙学的推动是决定性的。宇宙微波背景（CMB）的发现和COBE卫星对CMB功率谱与各向异性的测量两获诺贝尔奖，并奠定了观测宇宙学的基础。继COBE卫星之后，WMAP卫星以及后续包括普朗克卫星和南极望远镜在内的众多以宇宙学为主要科学目标的设备将观测宇宙学带入精确测量时代，通过越来越精细地测量CMB的各向异性和偏振等特性检验宇宙学模型，特别是对标准冷暗物质宇宙学模型的基本参数给出越来越严格的限制。

人类对类星体的发现和认识过程是星系和宇宙学研究的重要内容。在早期的射电巡天中，这类具有极小角尺度的射电源被大量发现，然而在整个20世纪60年代，围绕着红移和能量机制等性质，天文界对这类天体的起源争论不断。70～80年代，随着其他波段观测证据的积累和黑洞、宇宙学等相关研究的进展，人们才逐渐对这类天体的河外起源达成共识，并认识到类星体和**射电星系**的能量机制实际上都是**活动星系核中超大质量黑洞**对周围物质的**吸积**。继脉冲双星之后，引力透镜的发现是对爱因斯坦广义相对论理论的又一次天体物理验证，并在宇宙学模型检验乃至系外行星搜索等领域发挥了重要作用。第一个引力透镜系统正是在对一个射电类星体的光学光谱证认中发现的，而后来利用大型干涉阵列射电望远镜开展的引力透镜搜寻在这个领域做出了里程碑式的贡献。另一方面，由于类星体距离远、尺度小、亮度高、数目众多且遍布全天，所以被用来建立**国际天球参考架**，对天体测量乃至大地测量都非常重要。

中性氢21厘米谱线是射电波段探测到的第一条谱线，为探索宇宙中的原子气体打开了窗口，在银河系结构与旋转曲线、星际原子气体向分子气体转化、星系结构与演化、极早期宇宙探测等课题中扮演着不可替代的角色，在某些课题中甚至是唯一的观测手段。氢分子是星际分子气体的主要成分，但由于氢分子没有永久偶极矩，一般情况下探测不到氢分子的任何谱线发射，因此，其他分子谱线经常被作为观测和研究分子气体的探针。1963年星际羟基的探测揭开了射电波段星际分子大发现的序幕，之后氨、水和甲醛等星际分子的射电谱线被陆续探测到，特别是在70年代以后随着毫米波亚毫米波观测设备和技术的发展，包括复杂有机分子在内的大量星际分子被发现。星际分子大发现有力推动了恒星形成到晚期演化、银河系结构、星系形成和演化等天体物理课题的发展，同时也是天体化学蓬勃发展的原动力。

星际脉泽（又称天体物理脉泽）作为一种特殊的受激谱线发射，已经在**分子云**、**恒星大气**、**行星状星云**、**超新星遗迹**、彗星和河外星系等多种天体物理环境中被探测到。对星际脉泽抽运机制和特有时变等性质的研究可以帮助人类了解脉泽周围环境的物理条件。脉泽具有极端致密的结构和超高的亮度，是甚长基线干涉观测的重要目标。因此，在脉泽本身性质之外，现代天文学更多地将脉泽作为工具，基于高精度测量开展动力学和天体测量等方面的研究。这里尤为值得一提的是对天体距离的测量：对于河外星系，利用甚长基线干涉测量星系中心超大质量黑洞周围脉泽的位置，再结合速度和中心黑洞质量信息，高精度测定星系距离；对于河内源，可以进一步测量脉泽**自行**和三角视差，完全基于几何学方法精确测定距离。

基于孔径合成技术的射电干涉成像在70年代已经基本成熟，几乎同时发展出来的甚长基线干涉技术进一步将射电观测的空间分辨率提高到毫角秒甚至亚毫角秒的水平。在此基础上，经过长期的理论和技术准备，国际大型合作计划事件视界望远镜（event horizon telescope），组成一个全球亚毫米波甚长基线干涉阵，在2019年发布了M87中心超大质量黑洞的图像，成为人类探索宇宙的一个重要里程碑。

（邱科平　李宗伟　郑兴武）

射电条纹拟合　fringe fitting　确定VLBI观测可见度数据中的残余时延和残余条纹率。见**射电干涉仪**。

射电望远镜　radio telescope　能收集来自宇宙射电源或空间探测器波长从0.03毫米到30米射电辐射，具有指向和测定射电源位置，对它们进行跟踪观测的天文仪器。射电望远镜由天线系统、接收机系统、数据采集系统和计算机四部分组成。射电望远镜从天线连续性性质，可分为连续和非连续孔径天线（见**连续孔径射电望远镜**），从天线可驱动性来分，又分为可驱动和固定射电望远镜，但它们基本结构和各个部分的功能非常类似（见图）。

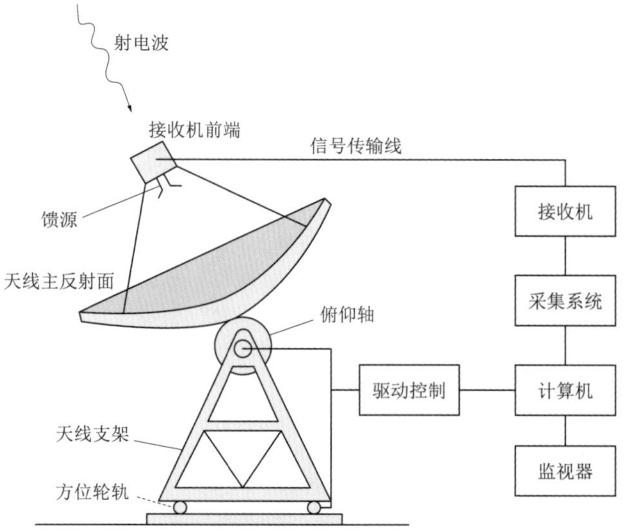

射电望远镜基本结构示意图

①天线系统。包括主反射面（可能还有副面）、支撑反射面的支架和馈源，在射电天文里，一般把它简称为天线。天线系统中的主反射面收集从天体来的辐射，支架的作用是随时可指向所要求的观测目标、能随天球转动跟踪监视射电源、有显示天线指向天体位置的装置（码盘）。馈源是在天线系统的焦点上，把电磁波能量收集起来，并输入给接收系统的设备，它的功能是把自由空间的电磁辐射转换成接收系统输入传输线（如同轴线和波导）可接收的电磁波。

天线系统有多个参数来表征它的工作性能。对于一个连续孔径天线来说，最主要的是天线主反射面的口径和它的面板精度。口径的大小决定天线系统接收辐射的面积，它很大程度上决定射电望远镜的灵敏度。而面板精度决定射电望远镜的工作波长范围。由于射电望远镜要接收波长范围跨度为五个量级，不可能用一架相同的天线系统来完成。对应于太赫兹波（30微米～3毫米）、亚毫米波（0.1～1毫米）、毫米波（1～10毫米）、厘米波（0.1～1厘米）和米波（1～30米）射电望远镜都对应着不同的天线系统。

②接收机系统（见**射电天文接收机**）。是把馈源输出的电磁辐射场信号经过放大和加工，使它成为与天体辐射成正比且可测量的一种探测器。从遥远天体来的射电辐射是一种相当微弱的电磁辐射信号。一个典型射电源的发射流量密度为1央，这意味着在射电望远镜的口面接收到的射电信号辐射流是10^{-26}瓦·米$^{-2}$·赫$^{-1}$。射电辐射接收机是极微弱信号的接收系统。

③数据采集系统。是采集接收机系统输出信号的设备，也可以称为射电望远镜的终端。从采集射电信号的带宽来分，它可分为两大类，它们分别是测量天体总强度的辐射计和具有高频率分辨率的谱线接收机。

④计算机。它们存储射电望远镜数据采集系统所采集的数据，供观测者使用。另外，它们有控制天线按观测纲要运转，指向所要求观测不同的天体，以及跟踪天体观测所需要的时间等功能。

（郑兴武）

射电相关机 radio correlator 用于获取射电干涉阵相关函数的处理设备。是射电干涉阵的重要组成部件。按算法不同，可以分为 XF 型、FX 型和混合型（FXF/FFX）相关机。

所谓 XF 型，是先将一条基线两个测站的观测数据经延迟处理后，两两相乘（X），得到互相关函数（即干涉条纹），然后再进行傅里叶变换（F），得到互相关函数的谱。XF 相关机也叫延迟（或滞后）相关机（Lag Correlator）。

FX 型相关机通常由整数位时延补偿、条纹旋转、快速傅里叶变换、分数尾数时延补偿、交叉相乘和长期累加等部件组成。即先对测站观测数据进行傅里叶变换（F），然后再将各基线的两测站数据进行两两相乘（X），得到该基线的互相关函数谱。

混合型是指在 XF/FX 型之前增加用于带宽和频率变换的滤波器（F），作为粗略的频率通道分配和选择，然后对子通道进行 XF 或 FX 相关处理。这在处理宽带数据和处理不同台站不同采样速率的观测数据时非常有用。

这三种相关机的运算结果相同。早期（20 世纪 50 年代）的射电相关机是模拟信号相关机。随着稳定可靠的数字电路出现，射电天文学家和工程师立即开始研究量化信号的特性，并研制成现在叫作 XF 型的相关机。直至 80 年代，大多数的相关机都是 XF 型的相关机，这是因为当时的数字电子产品比较简单，只是晶体管和中小规模集成电路。甚大阵（VLA）相关机是 70 年代后期这种相关机的一个代表，它的带宽和频率通道数都是当时最大。安装在智利北部的安第斯山脉的混合型 XF 相关机——阿尔玛（ALMA）相关机，运行在现场可编程门阵列（FPGA）等专用芯片组成的工作平台上，拥有 1.34 亿个处理器，每秒执行多达 17 千万亿次运算。2012 年建成时其运算速度与当年 TOP500 榜第一名的泰坦（Titan）通用型超级计算机不相上下。但 ALMA 相关机是专用计算机，不参与 TOP500 榜评选。

由于毫米波天文学和宽带接收技术的发展，对同时具有更宽带宽和更高频率分辨率的相关机的需求十分迫切。为满足这一需求，在 20 世纪 80 年代，近田义弘等依据相关原理，建造了基于傅里叶变换的野边山（Nobeyama）FX 相关机。有效地解决了信号带宽和频率分辨率问题。

与 XF 相关机相比，由于傅里叶变换部件的输出字长，FX 相关机的中间结果数据量会爆发式增长，增加了研制成本和技术难度。这在一定程度上限制了 FX 相关机的发展。大规模集成电路和集群计算机的出现，有效地解决了这一问题。2006 年由 A. 戴勒开发的分布式 FX 型软件相关机 DiFX，就是基于通用计算机平台，是“软件相关机”的代表之一。它具有功能强大、使用方便、开发时间短的优点。DiFX 已广泛应用于射电天文研究，人们可以在自己的笔记本电脑和计算机集群平台上运行 DiFX，处理干涉仪或甚长基线干涉测量（VLBI）的观测数据，十分方便灵活。

VLBI 相关机，由于各观测台站观测数据的记录数据格式不同，需要使用不同的解码逻辑。用磁带机作为回放设备的相关机还需要专用的磁带回放伺服电路和磁带通道数据同步、缓存电路。在射电相关机中，部件间的数据传输和同步、不同工作模式的切换、错误检测和恢复等，也花费了系统的大量逻辑运算资源和系统功耗。统一、高效的 VLBI 观测数据记录格式已在射电天文观测台站使用。

正在建设的下一代射电干涉阵（ngVLA、SKA、ngEHT 等）对相关机的处理速度、规模、结构和功耗提出了新的要求。已经出现的 CPU + FPGA 器件将为基于逻辑运算和数字运算的射电相关机提供更为合适的工作平台。可以预期，随着技术的发展，射电相关机的结构、性能、功耗和成本会有进一步的改进。 （张秀忠）

射电星 radio star 具有可探测连续谱射电辐射的恒星。银河系内所有的恒星都有射电辐射。射电天文在 20 世纪 30 年代诞生以来，天文学家就在 40 年代初探测到了太阳的射电辐射。50 年代，发现了更多的“射电星”，但后来都被证实为银河系外的天体（如射电星系和类星体）以及银河系内的星云状天体（如超新星遗迹和电离氢云）。60 年代，首次探测到除太阳以外的真正射电星（红耀矮星）。70 年代初已经探测到了六类特殊的射电星，包括红耀矮星、红超巨星、红超巨星的蓝矮伴星、新星、脉冲星以及 X 射线星。之后，随着射电望远镜观测技术的发展，特别是射电干涉仪的出现，对射电星有了更系统和深入的观测研究。20 世纪末，探测到有射电辐射的恒星已遍布整个赫罗图（见图），几乎涵盖所有的温度、质量以及演化阶段。21 世纪以来，随着射电望远镜观测能力的进一步提升，探测到了更多种类的射电星。

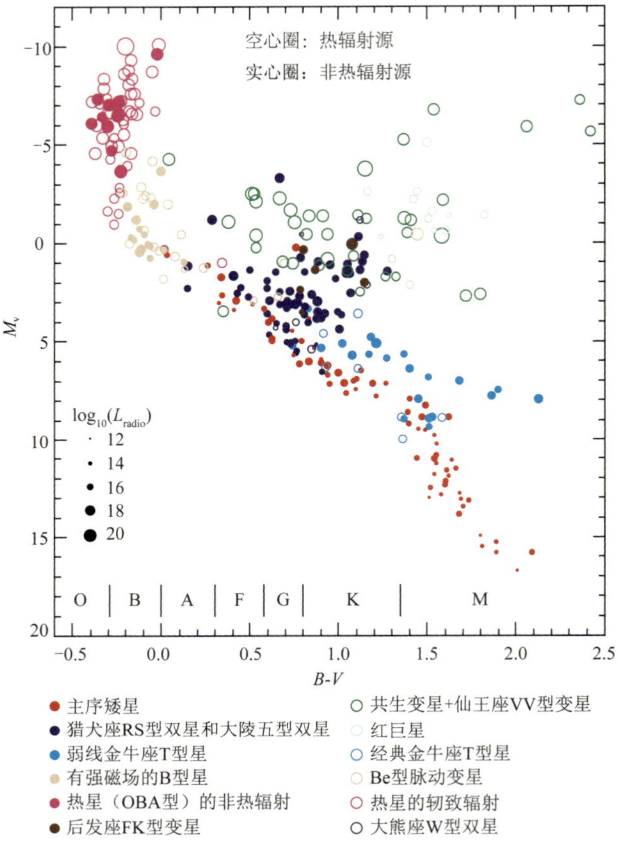

已探测到射电辐射的恒星在赫罗图上的位置分布图

恒星的射电辐射起源于各种不同的物理进程，对射电星的观测可以窥探到其他波段难以发现的物理现象。总体来说，最强射电星的辐射主要与活动的恒星现象有关，如耀发、强或变化的磁场或质量损失。大多数活动星以及双星系统都具有较强的射电辐射，而且辐射流量的变化较快，来源于中等相对论性带电粒子与磁场相互作用产生的同步加速辐射。主序前以及 X 射线双星也有类似的非热辐射机制。此外，大质量双星系统星风碰撞区域的激波以及脉冲星也可产生非热辐射。热辐射则主要来自沃尔夫-拉叶星以及 OB 星的星风，行星状星云和新星周围的壳层，以及共生星和主序前星的喷流。到 21 世纪 20 年代，射电星的观测频段从 kHz 到 THz 已基本全覆盖，这对恒星天体物理的研究具有重要的推动作用。 （张 波）

射电星系 radio galaxy 射电辐射功率大于10^{34}瓦的星系。属活动星系核的一个亚型。射电星系大多是椭圆星系，其中许多是星系团的中央主导成员。

形态结构 射电星系的形态有三种结构。

致密型核晕结构 主体为点状源，外围有晕，并向两个相反方向延伸。中心可能是有几个致密子源组成的复合结构。射电辐射区与光学体位置相重合，有的相距甚至不超过几光年。如室女座A为与室女星系团中心巨椭圆星系M87（图1）对应的

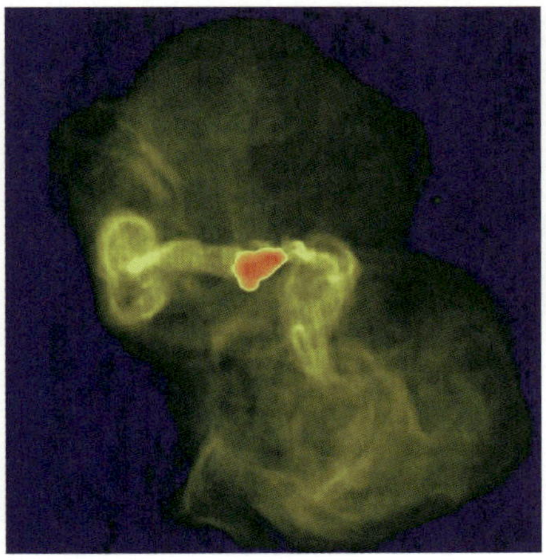

图1 星系M87

双致密子源，外面由分布很广的射电发射区包围着。M87最突出的光学特征是以每秒几万千米的速度从核抛射出亮的蓝色喷射物，长达1.5千秒差距。这些由几个凝聚块组成的喷射物又是强的紫外线和X射线高偏振源。哈勃空间望远镜对M87核中热气体盘的观测显示，它在快速旋转，表明中央存在一个30亿倍太阳质量的黑洞。

延展的双瓣结构 延展源射电星系中约有一半大致具有这种结构，即外面是两个分立的射电子源（外延展瓣），中心为光学天体。如天鹅座A射电星系（图2）

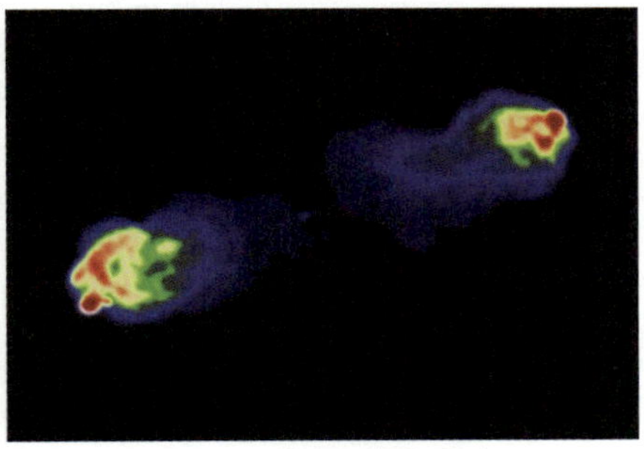

图2 天鹅座A射电星系

两个外瓣相距186千秒差距，每个瓣直径约17千秒差距，外面较亮，形成热斑，它们与一个16等的中心天体基本在一条直线上。甚长基线干涉测量发现天鹅座A在毫角秒尺度上存在一个致密射电核，核位于正反向喷流之间，其位置与光学天体相对应。在米波段，两个外瓣之间有辐射桥连接。

头尾结构 前面是一个与光学星系对应的致密源，随后有几对逐渐增大的双射电子源，并拖着范围逐渐增宽、谱指数逐渐变陡、偏振度逐渐增大、强度逐渐减弱的射电尾。尾长达数十至数百千秒差距。这类射电源都是星系团的成员，典型的例子是英仙星系团中的NGC1265（图3）。这

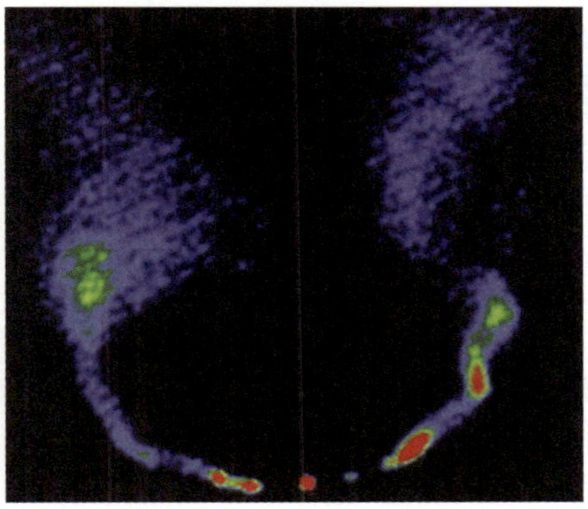

图3 NGC1265

种头尾结构是快速运动的星系喷出的等离子体受到团内星系际气体的阻挡形成的。

射电谱和偏振 射电星系的射电连续谱一般为幂律谱，谱指数平均值为0.75，辐射流量一般不变。致密结构有平坦谱（谱指数为0～0.25）或者复杂谱，即有一个或多个极大值或极小值，而且辐射流量大多是变化的。厘米波段偏振测量表明，几乎所有射电星系都有线偏振，偏振度百分之零点几到百分之几。一个源在较致密区域的线偏振度一般较低，只有百分之几；而在延展的低亮度区域却可高达60%。由频谱和偏振推断，射电辐射机制属于相对论性电子在磁场中运动产生的同步辐射。在延展区域，因较透明而得到直线谱；而在致密区域，因不全透明，所以自吸收可产生平坦谱以及由各组源谱叠加而形成的复杂谱。

光学谱 射电星系的光谱特征很像赛弗特星系，也可分为两大类。大多数射电星系的中心光学源的光谱，如2型赛弗特星系，具有窄的容许发射线，称为窄线射电星系（NLRG）。少数如1型赛弗特星系具有宽发射线，称为宽线射电星系（BLRG）。两者的差别源于观测者视角的不同。

（顾敏峰）

射电源表 radio source catalog 记载射电源的名称、位置、强度等物理参数的表册。射电望远镜与光学望远镜不同，接收的是来自天体辐射的一个狭窄频带的无线电信号。同一源辐射信号在不同频带强弱不同，以致当天线对准一个射电源工作时，在一个频率下接收到该源的信号，在另一频率下就有可能接收不到。不同天线设备有分辨率、灵敏度和覆盖天区的不同，因而基于不同观测设备得到的射电源表有各自独特性，这造成表册种类甚多，篇幅浩繁（见表）。此外，某些特殊类型的射电源会有单独的源表，如超新星遗迹、射电恒星、脉冲星、电离氢区和射电星系等。

射电源表往往包含源的以下信息：源名称，位置、强度及其误差，可信度和完整性、极限流量密度，覆盖天区和总源数。

源名称 射电天文学兴起的早期，发现的射电源数量较少，往往采用星座名称来表示，如天鹅座A、仙后座A、室女座A等。但随着发现的射电源不断增多，该方法很快被弃用。此后陆续有3C NNN、4C DD.NN等命名规则。真正的突破是PKS星表的命名规则：基于坐标来命名，这为随后很多射电源表所采纳。随着精度要求的提高，后续的源表采用了更多的坐标位数。但一些著名的有长期系统观测的源表，仍沿用其原来的表示法。

位置、强度及其误差 源的位置是用观测图形与天线束理论响应图形进行拟合而得到的。此外，还须对系统的相位偏差和电离层折射偏差进行修正。源强度的测定主要根据该天区已知的校准源的流量强度，定出标度因子进行相对测量而得。它们的误差除了来自噪声和混淆作用外，还来自天线方向图的不规则性，整个接收系统增益、相位的起伏、电离层折射的不均匀性以及标度因子的误差，等等。

部分低频射电源表

源表符号	频率	极限流量	总源数	覆盖天区	编制年份
CGPS	1.4GHz	1.2mJy	72 758	660deg^2	2017
AMIGPS	15.7GHz	3mJy	3503	868deg^2	2013
FIRST	1.4GHz	0.15mJy	946 432	10 575deg^2	2011
10C	15.7GHz	1mJy	1897	27deg^2	2011
SUMSS	843MHz	10mJy	211 050	8000deg^2	2003
NVSS	1.4GHz	2.5mjy	1 773 484	37 216deg^2	1998
WENSS	330MHz	18mJy	11 299	570deg^2	1997

可信度和完整性、极限流量密度　天线方向图对源的混淆作用使低亮度的展源和亮度分布复杂的源不易被检测和确认，再加上测量误差，会导致源的误认和遗漏，并且影响到射电源表中源的可信度和完整性。可信度是指该射电源表中的源有多少真正符合要求；完整性是指射电源表收集了多少真正符合要求的源。二者结合起来可以表征射电源表的质量。极限流量密度则反映了源表的灵敏度，极限流量密度越低，说明源表中包括了更多暗弱的射电源，一般源的数目也越多。

覆盖天区和总源数　受天线所在地区纬度和天线的活动性能限制，单个望远镜或者射电阵列所能观测到的天区是有限的。完成大面积天区测量，需要较长的巡天观测时间，尤其是对视场小而分辨率高的综合孔径阵列望远镜来讲，完成大天区巡天通常需要10年以上。源表的总源数是指流量密度超过某一极限被该天线观测到的所有源，这通常同选取的极限流量阀值有关。由于不同时期能测到的源的数量总是受限于具体天线的性能，多数射电源表都需通过互相比对，特别是与同一频率下极限流量密度更低、天线分辨率更高的已知源表进行比较来验证。（田文武）

射电源的光学证认　optical identification of radio source　根据射电源的位置（天球坐标）寻找其光学波段的对应天体。证认能否成功，主要取决于射电源的定位精度和结构分布以及是否有对应天区的高质量光学观测资料。证认成功之后，天文学家会根据源的射电和光学形态以及光学光谱，对源进行分类，并尽可能得到其距离和辐射强度等信息，由此研究它们的分布、演化及相关的宇宙学。

20世纪80年代后期，天文学家已观测到一些分立的射电源，因测量的位置误差太大（≥1度），无法确定光学对应体。1948年J.G.博尔顿利用海面－悬崖干涉技术得到了10角分的位置精度，并将金牛座A证认为蟹状星云，而室女座A和半人马座A分别是巨椭圆星系M87和NGC5128。1951年M.赖尔利用多台射电望远镜干涉方法将射电源的位置精度提高到1角分，W.巴德和R.闵可夫斯基由此发现仙后座A是一个超新星遗迹，而天鹅座A是一个碰撞中的星系。

第二次世界大战之后，雷达技术在天文观测中的应用促进了射电天文学的飞速发展，天文学家利用射电望远镜进行了一些巡天观测，得到了一些射电源表，最著名的包括英国剑桥的3C/3CR、4C和澳大利亚的帕克斯（Parkes）射电源表。这些射电源的位置精度仍然不高，误差半径超过20角秒，难以进行光学证认。于是天文学家们想了一些巧妙的办法，月掩星就是其中的一种。哈泽德利用月掩星方法对射电源3C273进行了精确的定位，找到了它的光学对应体，随后M.施密特利用美国帕洛马山天文台的5米光学望远镜拍摄了它的光学光谱，认证出了其中的氢的巴耳末线，红移为0.158，宣告类星体的发现。到20世纪80年代时，利用长基线的射电干涉仪开展观测，射电源的位置精度已经小于1个角秒，媲美光学观测的位置精度，射电源的光学证认就变得相对容易了。

普通恒星的射电辐射都比较弱，大部分射电源被证认为星系或活动星系核，还有一些是星云或特殊类型的恒星，如一些早型星、脉冲星、某些类型的双星，沃尔夫－拉叶星、共生星等。另外部分射电源并没有找到光学对应体，因为射电辐射比光学辐射受到星际气体和尘埃的吸收和散射小得多，可以在更远的距离处被观测到。早期射电巡天得到的一些强射电源表，如3CR、4C表等，几乎100%的源都能得到光学证认，而20世纪90年代美国国立射电天文台的甚大阵探测到的近百万个射电源，只有约30%能得到证认。其中射电源流量越低，光学对应体是星系的比例越高，接近90%。

早期证认所需要的光学资料都来源于光学巡天得到的底片，这些巡天由施密特望远镜完成，包括美国帕洛马山天文台（北天）、英国和欧洲南方天文台（南天）的几台施密特望远镜；现在则有一些数字巡天得到的光学资料可用，比如利用斯隆数字巡天（SDSS）得到的光学资料证认甚大阵巡天得到的射电源。正在进行或计划中的光学巡天，如地面的大型综合巡天望远镜（LSST）和空间的盖亚（Gaia）、欧几里得（Euclid）及中国空间站光学巡天望远镜（CSST）巡天，都能用于射电源的光学证认。如利用现有光学巡天资料不能证认的一些射电源，还可以利用大口径光学望远镜在其位置附近进行深度曝光，寻找其潜在的光学对应体。

射电源的光学证认及后续工作，是在两个波段对天体进行观测、证认和研究。现代天文观测已进入全波段时代，不同波段的电磁辐射可能来自同一天体的不同区域，产生于不同的物理过程，因此对同一天体做多波段观测的交叉证认，能让天文学家更加全面地研究天体所蕴含的物理过程，从而更深入地理解天体的本质。（吴江华）

射电脏图　dirty image　对干涉仪观测采样得到的可见度函数进行傅里叶变换得到的射电图像。见综合孔径成像。

摄动函数展开问题　problem of expansion of disturbing function　天体力学中，对受摄运动方程进行积分前把摄动函数展开为时间以及所选变量的显函数的问题。摄动函数展开问题是摄动理论中的基本课题之一。摄动函数展开式的收敛快慢，在一定程度上决定相应的摄动理论的使用效果。

经典的展开方法是将摄动函数展开为幂级数和三角级数的混合级数，又称泊松级数。以三体问题为例，摄动函数中包含被摄动天体和摄动天体的轨道根数和时间，而时间则隐含在天体的近点角内。在瞬时轨道为椭圆的情况下，摄动函数展开为两个天体的轨道半长径之比$\alpha = a/a'$、偏心率e、e'和两个轨道面交角I一半的正弦$\sin(I/2)$的幂级数，以及平近点角和其他轨道根数（或有关辅助量）的三角级数。当α、e和e'接近于1以及I较大时，展开式收敛得很慢甚至不收敛。因此，摄动函数的展开问题实际上就是改进展开式的收敛性问题。20世纪40年代以后，不少人研究了各种改进方法。研究得最多的是α接近于1的情况。主要采用的方法有：①用复变函数的线性变换使奇点离变量的应用范围更远些，从而改进展开式的收敛性。②分出形式为$(1-\alpha^2)^{-s}$的因子或有关项（s为正有理数），再讨论其余项的展开，从而回避α接近于1时的困难。③以中间轨道的摄动函数展开式作为基础，在相应的改正项中只出现天体之间距离的正幂次项，因而不存在α接近于1的困难。④找出既适用于$\alpha < 1$，也适用于$\alpha > 1$的更一般的展开式，以便适用于投影相交轨道情况（如海王星和冥王星的轨道）。以上几种方法已取得很多成果。

对于I较大时产生的困难，主要用两种办法解决：①不展开为$\sin(I/2)$的幂级数，而展开为I的三角级数。②展开为$\cos I$的幂级数。另外，不少人用两个天体的瞬时轨道对某惯性参考面的倾角i和i'来代替I。对于偏心率e和e'较大时产生的困难，虽然有一些解决办法，如用$e = \sin\varphi$、$e' = \sin\varphi'$，把摄动函数展开为φ和φ'的三角级数，但效果仍不好，故这个困难依然存在。正因如此，对于大偏心率轨道的摄动问题（如一些彗星、月球火箭等），还只能用数值方法进行研究。除上述困难外，当两个天体瞬时轨道的平均角速度接近通约时，在积分受摄运动方程也会出现小分母的困难，这可用共振理论的方法解决。（易照华）

摄动理论 perturbation theory 研究确定天体运动偏离原来轨道的大小和变化规律的理论和方法。一个天体绕另一个天体沿二体问题的轨道运行时，因受到其他天体的吸引或其他因素的影响，天体的运动会偏离原来的轨道。这种偏离的现象称为摄动。对于摄动，在数学上可以通过分析方法和数值方法两种不同途径来研究。这两种方法相应地在摄动理论中形成了普遍摄动和特殊摄动两个分支。摄动理论不仅是研究天体运动的主要手段，而且在理论物理与工程技术上也被广泛应用，即所谓微扰理论。

摄动理论的发展，已有200多年的历史。L.欧拉、J.-L.拉格朗日、C.F.高斯、S.-D.泊松和P.-S.拉普拉斯等许多著名的学者都为它的发展做过不少贡献，先后提出过的摄动方法不下百种。归纳起来，大致可分为坐标摄动法、瞬时椭圆法和正则变换三类。有些方法不能明确地列入哪一类，如著名的汉森方法就兼有一、二两类的特性。

坐标摄动法 研究天体在真实轨道上的坐标和在中间轨道上的坐标之差，这个差值称为坐标摄动。在经典方法中，常把坐标摄动表示为某个小参量（例如摄动行星的质量）的幂级数，然后逐项进行计算。由于计算技术的发展，微分方程近似解法中皮卡迭代法正逐步代替原来的小参量幂级数展开方法。它的主要优点是有统一的迭代过程，使计算过程能高度自动化。按所取坐标系的不同，坐标摄动又分为下述几种方法。

直角坐标摄动 这是1858年J.F.恩克在研究彗星的运动时提出的，它讨论坐标摄动在直角坐标系中的表示式，经常用于计算短周期彗星和月球火箭的轨道。这种方法的优点是：摄动方程的推导简单，形式对称，可以直接得到坐标，便于计算天体的历表。它的缺点是：以直角坐标表示的摄动量难于显示出摄动的几何特性和力学含义；随着时间跨度的增长，直接坐标的三个摄动量往往同时变大，以致不能把它们所服从的方程作线性化处理，否则就要多次更换零点。

球坐标摄动 自然天体一般总是围绕着某个主天体运动，例如行星绕着太阳运动，卫星绕着行星运动。因此，球坐标或极坐标的摄动就有较明显的几何意义。A.-C.克莱罗和P.-S.拉普拉斯在研究彗星的运动和大行星运动理论时最早提出了球坐标摄动方法。后来，S.纽康对拉普拉斯方法做了改进，特别是在展开摄动函数时运用了算符运算，使展开过程不仅有简洁的数学表示式，而且有规则的处理过程，便于以后在电子计算机上进行计算。纽康成功地运用这个方法研究了水星、金星、地球、火星四颗内行星以及天王星、海王星的运动，据此编成的内行星的历表，一直是20世纪以来编算天文年历的基础。G.W.希尔提出了一种以真近点角为引数的球坐标摄动法，它曾被成功地用于计算第一号小行星——谷神星的摄动。

其他坐标摄动 1963年P.穆森提出了另一种计算坐标摄动的方法，用于计算天体坐标在向径、速度和角动量三个方向上的摄动量。尽管这样的分解不正交，但由于它有不少优点，如有较明显的力学意义，推导方便，积分直接、运用算符运算、各阶摄动方程具有统一而紧凑的形式，并便于计算自动化，现正用于建立新的大行星运动理论。

在各种坐标摄动的研究中，几乎都以椭圆作为中间轨道。希尔在研究月球运动理论时用了所谓二均轨道作为中间轨道，这是一种计及太阳摄动主要部分的周期轨道，它避开了月球在近地点时进动快所带来的困难。J.A.H吉尔当曾提出用转动椭圆作为中间轨道，以便消除坐标摄动中的长期项，并将摄动表示为真近点角的三角级数。他的理论曾一度引起人们普遍关心，但后来的研究证明，这种方法是不收敛的。

瞬时椭圆法 这是以轨道根数作为基本变量的摄动方法。如果行星只受太阳的吸引，正如开普勒定律所描述的，它将沿着一个固定的椭圆运动，决定椭圆运动的六个轨道根数应是常数。若考虑到其他因素的影响，行星将偏离原来的椭圆，六个轨道根数就不再是常数，它们将遵循由常数变易法导出的规律而变化。在这种情况下，可得到一族椭圆，它们逐个地与真实轨道相切，在相切点，二者不仅有相同的坐标，而且有相同的速度，只是加速度不同，一个是真实加速度，另一个是椭圆加速度，二者之差正是摄动力引起的摄动加速度。由于这种摄动加速度的作用，天体在下一时刻将离开这个椭圆，走上邻近的一个瞬时椭圆；相反，一旦摄动作用消失，天体将沿着消失点的瞬时椭圆一直运动下去。天体在太阳辐射压摄动下的运动正是这样：当辐射压起作用时，天体的瞬时椭圆不断变化；但当天体进入一个阳光照不到的阴影区时，辐射压消失，天体就沿着入影点的瞬时椭圆运动下去，直到跑出这个影子为止。

天体的真实轨道就是瞬时椭圆族的包络线。与坐标摄动相比，椭圆轨道根数的变化一般要缓慢得多，因而便于处理。瞬时椭圆法最早是欧拉在18世纪中叶研究木星与土星的相互摄动时提出的，后由拉格朗日加以改进。他根据常数变易法，利用拉格朗日括号，严格地导出了描述椭圆轨道根数变化的摄动方程——拉格朗日方程。这种方法的应用十分广泛，特别是被U.-J.-J.勒威耶成功地用来研究大行星的运动。

正则变换 这是一种以分析力学为基础的方法。其基本思想是：对变量进行一系列适当的正则变换，以求降低运动方程的阶次，使新的方程具有较简单的形式，如得出一个描述等速直线运动或简谐振动的方程，从而使问题得解。19世纪，C.-E.德洛内从这个观点出发建立了著名的德洛内月球运动理论。他首先将月球的摄动函数展开成400多个三角项，然后进行一系列的正则变换，使每次变换都能消去其中的一项。他花了差不多20年的时间，进行了上千次变换，找到了三个合适的角速度，将月球的轨道根数都表示成时间的三角多项式，而不包含任何长期项。德洛内的工作为天体力学中的变换理论奠定了基础。这种方法是由一系列形式统一的循环过程组成的，因此非常便于用电子计算机进行计算。

德洛内之所以要进行那样多的变换，是为了对摄动函数中的每一项都给以严格的数学处理。这在实用上是没有必要的，某些高阶项完全可以略去。以这种想法为指导，E.H.冯·蔡佩尔在20世纪初建立了蔡佩尔变换。他先把摄动函数中的角变量按它们变化快慢排队，然后在一定精度范围内寻找适当的变换，以便一次消去所有含快变量的项，得出一组平均化的方程，进而对新的方程重复类似的过程，直至消去全部角变量为止。与德洛内方法相比，这种方法的工作量小得多，因此，它一出现就被成功地用来研究小行星的运动。人造卫星上天后，它得到了更广泛的应用。但是，蔡佩尔变换也有一些缺点，其中最突出的是：决定新旧变量转换关系的母函数是混合型的，同时含有新旧两种变量，使用颇为不便。为了克服这一缺点，堀源一郎在20世纪60年代提出了一种以李变换为基础的理论——堀源-李变换。其优点是：不仅新旧变量之间的变换具有显函数的形式，同时其结果在正则变换之下保持不变，因此它与用哪一组正则变量进行计算无关，具有通用性。

电子计算机的出现和发展不仅大大提高数值计算的精度和速度，而且代替人们完成大量机械重复的推导，已经广泛用于摄动理论研究。天文学家们利用电子计算机编制了一个分析月球历表。单就计算太阳主要摄动项而言，摄动函数就有近3000

项，并通过李变换，得到了近 50 000 项月球坐标表示式。其规模之大，远非德洛内理论所能相比。

影响天体运动的摄动因素多种多样：有万有引力引起的保守力，有介质阻尼引起的耗散力，有连续作用的力，也有诸如辐射压引起的间断力等。影响大行星运动的主要摄动因素是行星间的相互吸引，地球大气的阻尼使卫星陨落于地面，太阳辐射压决定着彗尾的形状，潮汐摩擦则是卫星轨道演化的主要动力。只有准确地掌握各种摄动因素，才能准确无误地计算天体的运动，解释各种壮丽的天象。反之，通过精密的观测和准确掌握天体的运动规律，就可以根据摄动理论的分析，弄清天体周围的力学环境，如测定摄动天体的质量、主天体的力学扁率和弹性模量、大气密度和各种引力场参数等，甚至还能预告一些未知天体的存在与行迹。因此，摄动理论不仅有丰富的理论内容，也有较高的实用价值。

（童　傅）

参宿七　Rigel　全天中第七位的亮星，最亮的蓝超巨星，视星等为 0.18v（v 代表变星）。星表编号为 Hip24436、HD34085。西方星名猎户座β（β Ori）。参宿七拉丁语名为 Rigel，源自阿拉伯语，有“左腿”的含义。半径为太阳半径的 77 倍。表面积虽比参宿四小，但由于表面温度高，T_c = 12 000K，光谱型为 B8Ia，总辐射能量却比参宿四大，为太阳光度的 38 370 倍。距地球 863 光年。目视星等在 0.08～0.20 变化。最亮时成为猎户座的第一亮星，光度变化规律有待研究。参宿七属于猎户座 OB1 星协。光谱中Hα线的位置和强度都有显著变化。Hα 线有时为吸收线，有时为天鹅座 P 型谱线，说明这个高温超巨星大气在剧烈运动和向外膨胀。从紫外光谱推断，它除了存在较平稳的星风外，还在不规则地喷出一团团物质，这些物质有时在它周围形成一个膨胀气壳。

（李宗伟）

参宿四　Betelgeuse　全天第十亮星，视星等为 0.45。英文名 Betelgeuse，源自阿拉伯文，“腋下”的意思。星表编号为 Hip27989、HR2061、HD39801。西方星名猎户座 α（α Ori）。参宿四是天上最亮的光谱型为 MⅡa-Iab 的红超巨星，为参宿座 7 颗亮星中唯一的红星，其余亮星均为蓝色或蓝白色的高温星。参宿四直径平均为太阳的 650 倍，温度为 3100K，距太阳为 430（±100）光年。可见光亮度是太阳的 1 万倍，该波段辐射仅占 13%，故其热光度是太阳的 4 万或 10 万倍。质量为太阳的 20 倍，但质量损失很大，约为 10^{-5} 太阳质量。属半规则变星，周期约 2070 天。光球平均视向速度变化周期约 5.78 年，光谱型变化于绝对星等 *M* 1.5～2.7。它是第一个直接用恒星干涉仪测定角直径的恒星。1966 年就已发现它是射电星。射电频谱观测表明，它既有大气射电，也有恒星圆面射电。通过 2.1 米望远镜电视分光装置观测，发现它周围已形成极厚的气壳，至少伸展到本星半径约 600 倍处，表明该星向星际空间抛出了大量物质。还有人认为它至少有两个星周壳层，分别离本星约 50 和几百个半径处，膨胀速度分别约 11 千米/秒和 17 千米/秒。1995 年 3 月哈勃空间望远镜用紫外波段拍摄了它的图像，发现它的大气中有“沸腾”的巨大的对流团。1998 年用射电望远镜甚大阵望远镜（VLA）观测了它的图像，发现巨大对流团使气体由表面进入大气，这些结果改变了恒星大气均匀膨胀的基本认识。它已离开主星序进入红巨星阶段，历史上和现代天体物理都特别重视它。

（李宗伟）

沈括　Shen Kuo（1031～1095）　中国北宋科学家。字存中，生于钱塘（今杭州），卒于润州（今镇江）。仁宗嘉祐八年（1063）中进士，神宗熙宁三年（1070）积极参与王安石变法运动。熙宁五年提举司天监，疏浚汴河水道，次年视察浙江水利。熙宁八年奉命出使辽国，归修《天下州县图》，后知宣、潭、青、延等州。元丰四年（1081）引军抗击西夏。次年因永乐城陷受贬，安置隋州。哲宗元祐三年（1088）迁居润州（今镇江）梦溪园。著《梦溪笔谈》《良方》《长兴集》等，对天文、地理、数学、医、农等均有研究。

早在治平三年（1066）参加编校昭文馆书籍时，他就开始学习和研究天文学。通过实践，认识到岁差现象使天象发生变化是自然规律。他以月亮是一个球体，受太阳照射而发光来解释月相的变化；科学地描述了坠落于常州的陨石，判断其成分是铁；注意到行星视运动轨迹像柳叶形，表明行星有往复视运动；还观测天球周日旋转的现象来定极星与天极的距离。在主管司天监期间，致力于整顿机构；强调实测，改制新天文仪器；推举卫朴编制的《奉元历》。熙宁七年制成新浑仪（见浑仪和浑象）和漏壶，写出《浑仪议》《浮漏议》《景表议》三篇论文（载《宋史·天文志》），详细记录仪器的形制和他的研究心得。他所制浑仪，开创了简化结构的方向，注意到校正极轴方向和降低望筒照准误差的问题。漏壶采用了燕肃平水壶的当时最新发明；《景表议》中讲述了观象台地址选择及大气能见度问题。他对一年中太阳视运动不均匀问题曾进行了多年观测，不但验证了这一事实，而且发现了由于太阳视运动有快有慢，致使一天的长短不一，“冬至日行速，故百刻有余；夏至日行迟，故不及百刻”。又指出日长的变化是渐进的，绝无一天突然变化的道理。他提出计算太阳视运动的“妥法”，但《熙宁晷漏》原著已经失传。他提出《十二气历》，建议废除以十二个或十三个朔望月为一年的传统历法，改以节气为主的阳历。这种历法规则简单，便于指导农事活动。19 世纪英国气象局用作农业气候统计的萧伯纳农历就与《十二气历》十分相似。

沈括晚年所著《梦溪笔谈》，是一部笔记文集，共 600 余篇，其中三分之一属自然科学。记述了北宋时期各方面的科学成就，如毕昇发明活字印刷术等。

（李志超　钱景奎）

甚长基线干涉测量　very long baseline interferometry; VLBI　用独立本振的射电干涉测量，它的基线长度原则上不受限制，在地球上可以达到几千、上万千米，因此称为“甚长基线”。VLBI 也可以是“甚长基线干涉仪”（very long baseline interferometer）的英文缩写。1965 年，苏联的射电天文学家首先发表了关于 VLBI 概念方面的文章。1967 年 2 月，加拿大和美国的射电天文学家分别成功地实施了首次 VLBI 试观测。自此，标志着射电天文进入了一个新发展时代。

VLBI 与连线射电干涉仪（CEI）比较，它们之间最主要的不同点是：①CEI 采用公共本振，而 VLBI 采用“独立本振”。VLBI 的各个观测站均各自采用高稳定度的原子频率标准和独立的本机振荡器，使得接收到的来自同一射电源的辐射信号经过变频后仍然相干。这样，经过信号的相关处理后，就可以获得干涉条纹，并进行后续的数据处理，进行射电源成图或天体测量、大地测量参数解算。②CEI 采用实时相关处理，而 VLBI 采用“数据记录、事后处理”。VLBI 实施观测时，各个观测站的观测数据使用同样的格式记录在磁介质上，观测结束后，将记录观测数据的磁带或磁盘运送到数据处理中心进行互相关处理。但是，随着远程数据传输技术的发展，创建了 e-VLBI 技术，观测数据可以通过高速数据网络实时传送到数据处理中心进行互相关处理。所以“数据记录、事后处理”不再是 VLBI 技术的一个主要特点。

VLBI 技术经过半个世纪的发展已经日臻成熟，在灵敏度、测量精度方面比较 VLBI 诞生后的初期阶段，有 2~3 个数量级的提高，已成为射电天文的主要观测技术之一。VLBI 不仅应用于天文学研究，还应用于大地测量、地球动力学和深空探测等领域。世界上已经建成了众多的、不同规模的 VLBI 网，世界上主要的 VLBI 网为：①国际天体测量/大地测量 VLBI 网（International VLBI Service for Astrometry & Geodesy; IVS）；②欧洲 VLBI 网（European VLBI Network; EVN）；③东亚 VLBI 网（East Asia VLBI Network; EAVN）；④美国 VLBI 阵（Very Long Baseline Array; VLBA）；⑤中国 VLBI 网（Chinese VLBI Network; CVN）；⑥日本 VLBI VERA 网（VLBI for the Earth Rotation Study and Astrometry; VERA）；⑦韩国 VLBI 网（Korean VLBI Network; KVN）；⑧俄罗斯 VLBI QUASAR 网（Russian VLBI Network QUASAR）；⑨澳大利亚 VLBI 阵（Australian Long Baseline Array; LBA）。

VLBI 具有高分辨率、高测量精度，已经取得了举世瞩目的观测与研究成果，突出成果包括以下方面。

探测到**河外致密射电源**的毫角秒精细结构及其变化，首次发现部分致密射电源存在**视超光速**膨胀现象。

成功进行了**银心超大质量黑洞**的亚毫米波（波长 1.3 毫米）VLBI 观测，角分辨率达到数十微角秒，接近**黑洞视界**尺度。通过努力改进设备，特别是提高频率标准的稳定度，以实现 0.8 毫米的 VLBI 观测，这进一步提高分辨率，为黑洞的观测研究发挥重要作用，2019 年 M87 黑洞成像数据公布，这离不开 VLBI 的应用。

为**天球参考架**和**地球参考架**的建立及它们的连接参数（**地球定向参数** EOP）的测定，发挥了巨大的作用。特别是 VLBI 是唯一能够精确测量河外致密射电源的精确位置的技术方法，从而建立了**国际天球参考架**（ICRF）。

用 VLBI 天体测量方法精确测量了银河系脉泽源的位置、**自行**及距离，进而计算得出**银心距离**和银河系的旋转速度等，对于银河系动力学研究提供了更为精确可靠的数据。

VLBI 已经成为很多国家和机构（如美国、中国、日本及欧空局等）进行深空探测器跟踪测量的重要手段之一。对于深空探测器的测角精度达到了毫角秒或更高，相当于火星离地球最远距离（近 4 亿千米）时，火星探测器的横向位置测量精度为数千米。

建成了地球轨道的空间 VLBI 系统，如日本的 VSOP 和俄罗斯的 RadioAstron，它们最长的空-地基线分别为 3 万和 35 万千米，取得了比地面 VLBI 更高分辨率的 VLBI 观测结果。所以，建设地球轨道、月球轨道及月基 VLBI 站，是 VLBI 技术今后重要发展方向之一。　（钱志瀚）

甚长基线干涉仪　very long baseline interferometer　由两台或两台以上具有独立本振、之间没有馈线连接的**射电望远镜**组成的干涉仪。各台射电望远镜各自独立地同时观测同一个射电源，获得的观测数据送到相关器进行处理，得到干涉观测结果（图 1）。取消馈线连接，只要能同时看到

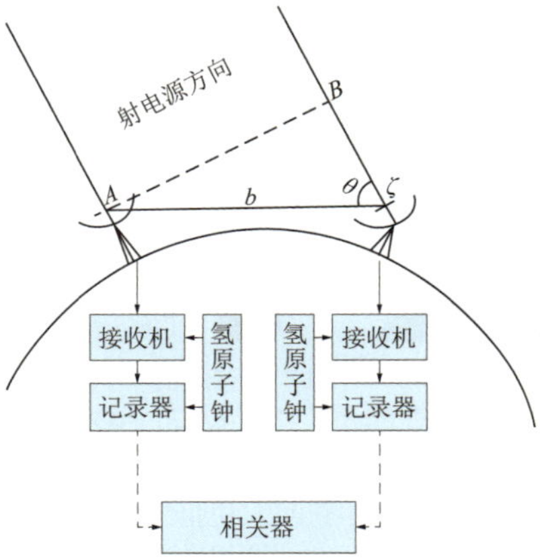

图 1　甚长基线干涉测量原理示意图

射电源，基线可以任意长，因此称为甚长基线干涉仪。其奥秘在于各台射电望远镜的本机振荡器跟一个稳定度极高的由**原子钟**提供的原子频率标准锁相，每个单元的输出信号连同精确的时间标志一起各自独立地记录在磁带或光盘上。这样，就能保证各台射电望远镜记录的数据是同时来自同一个射电源的同一个频段的信息。因此各台射电望远镜的观测数据彼此是相关的。地面甚长基线干涉仪的基线可长达几千到上万千米。把射电望远镜放到卫星或月球上，基线就能达到几万到几十万千米。它们的分辨率得到极大的提高，远远超过光学望远镜的分辨率。由多台射电望远镜组成的甚长基线干涉仪网，不仅分辨率高，而且也能给出很好的图像。其图像质量由网中射电望远镜的数目、品质和分布决定。

这项技术的真正发展应归功于加拿大和美国两个各自独立的小组，它们于 1967 年各自研制成现代的甚长基线干涉仪。20 世纪 80 年代以来，相继建成不少**甚长基线干涉测量**（VLBI）网，其中最有代表性的是欧洲的 VLBI 网（EVN）、美国的 VLBI 阵和日本的空间地面联合的 VLBI 网（VSOP）。

欧洲国家率先突破国家的界限，于 1980 年组织了欧洲甚长基线干涉网（EVN）。为了进一步提高分辨率和成像质量，邀请中国上海佘山 25 米射电望远镜和乌鲁木齐的**南山 26 米射电望远镜**（后来还有**上海 65 米天马射电望远镜**）、南非约翰内斯堡的 26 米射电望远镜和美国阿雷西博 305 米口径射电望远镜加入（见**美国阿雷西博天文台**）。2009 年以后，又邀请了俄罗斯 VLBI 网、韩国 VLBI 网等加入，使欧洲网成为覆盖区域最广阔、灵敏度最高的甚长基线干涉阵。其最高分辨率达到毫角秒的量级。

美国于 1993 年建成完全在美国领土上的专用甚长基线干涉阵（VLBA）。十台 25 米口径的望远镜的设计和性能完全一样，分布在从东部卡里宾的维尔京群岛到西部的夏威夷岛的辽阔疆土上，天线的基线跨度最长为 8600 千米，最短为 200 千米。当增加口径 100 米的绿岸射电望远镜（GBT）和综合孔径望远镜甚大天线阵（VLA）后，灵敏度将增加 5 倍或更多。它的覆盖区域虽然不如欧洲网广阔，但观测波段为 90 厘米到 3 毫米，最高分辨率达到亚毫角秒级，优于欧洲网。

欧洲网（EVN）和美国的 VLBA 还常常合作组成全球网，成为世界上分辨率最高、灵敏度最高的射电望远镜。但是，天文观测对分辨率的要求是无止境的，宇宙有探之不尽的奥秘，细节之下还有细节，突破地球大小的限制，发展空间 VLBI 技术成为天文学家的追求。1997 年，日本科学家通过把一架等效口径 8 米的射电望远镜送到绕地球运转的轨道建成日本甚长基线干涉空间观测站（VSOP），卫星的近地点在 580 千米，远地点在 21 400 千米（图 2）。这台射电望远镜与地面上的 VLBI 天线组

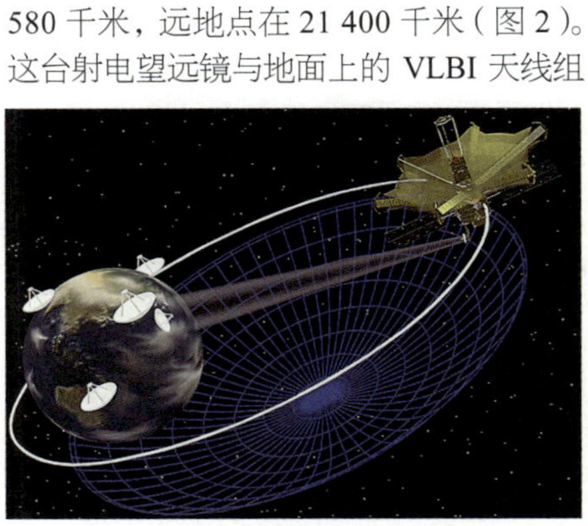

图 2　日本甚长基线干涉空间观测站（VSOP）示意图

成了一个等效口径达 3 万千米的 VLBI 观测网。在 6 厘米和 18 厘米波段上的角分辨率比地面 VLBI 网相同波段的分辨率提高了三倍以上，比哈勃空间望远镜在光学波段长上的分辨率高出 1000 倍。21 世纪将是空间 VLBI 大发展的时代，更诱人的计划是在月球甚至在火星上建立 VLBI 射电望远镜，与地球上的射电望远镜进行干涉观测。月地距离使干涉仪的基线长达 38.4 万千米，其分辨率将会有惊人的提高。

中国的射电望远镜不仅参加欧洲甚长基线干涉网，还参加多个其他干涉网的观测合作。上海 25 米（或 65 米射电望远镜）、乌鲁木齐 26 米射电望远镜、北京密云 50 米射电望远镜和昆明 40 米射电望远镜组成的中国 VLBI 网，承担了嫦娥探月的测轨任务，并进行脉冲星的观测研究。

（吴鑫基　乔国俊）

声视界　sound horizon　宇宙演化到复合期时，其声速传播的重子密度涨落所能达到的最大距离。早期宇宙温度高，常规物质处于等离子体状态，光子与电子频繁散射从而与等离子体紧密耦合形成重子－光子流体，由于光压的存在，该流体压强大，对应的声速接近光子气体声速，即$c/\sqrt{3}$。想象该流体在早期宇宙的某处出现一个重子密度的扰动，其会以声速向外传播，传播的声速略大于光速的一半，由于宇宙创生的年龄有限，声波传播的距离是有限的，所以此处重子密度的涨落不可能影响到这个尺度之外，类比于光速视界（或者粒子事件视界），这一尺度叫作声速视界。宇宙学中特征的声速视界是宇宙演化至原子复合时期对应的声速视界。此后重子光子脱耦，这一特征尺度在光子背景辐射和物质场中留下印记，称作重子声波振荡尺度。（王　乔）

声速视界　sonic horizon　由重子声学振荡传播极限造成的特殊尺度。见重子声学振荡。

圣地亚哥国立天文台　National Astronomical Observatory of Chile　由智利大学（UCh）天文系拥有和运营的天文台。又译智利国家天文台。位于智利首都圣地亚哥卡兰山。成立于 1852 年，1927 年成为智利大学的一部分。主要观测设备有 2005 年安装的 1.2 米口径的毫米波望远镜（MINI）、2002 年安装的 0.45 米的卡塞格林望远镜以及两架 28 厘米口径的折射望远镜和 10 厘米的等高仪等。天文台下属两个观测台站，一处位于塞罗埃尔－罗布勒山上，建

圣地亚哥国立天文台远眺图

有苏联提供的 0.7 米马克苏托夫望远镜，1967 年开始观测；另一处为迈普射电天文台，1959 年开始观测，2000 年关闭。

（李宗伟　刘黎明）

施密特，B.P.　Brian Paul Schmidt（1967-02-24～　）美国－澳大利亚天体物理学家。生于美国蒙大拿州米苏拉。1989 年本科毕业于亚利桑那大学物理学和天文学专业，

1992 年和 1993 年先后从哈佛大学获得硕士和博士学位。1993～1994 年任哈佛－史密森天体物理中心博士后研究员，1995 年入职澳大利亚国立大学斯特朗洛山天文台，2016 年成为澳大利亚国立大学第 12 任校长。2000 年获澳大利亚政府颁发的麦金托什奖和哈佛大学博克奖，2001 年获澳大利亚科学院波西奖，2002 年获印度天文学会巴普奖章。2005 年当选马克·阿伦森纪念讲师，2006 年与 A.G. 里斯、S.波尔马特同获中国香港邵氏基金会邵逸夫天文学奖。2007 年获美国耶鲁大学和国际天文学联合会格鲁伯奖。2011 年与里斯和波尔马特同获诺贝尔物理学奖，2012 年获澳大利亚新南威尔士大学狄拉克奖章，2013 年获澳大利亚陪伴勋章。2015 年获丹麦尼尔斯·玻尔研究所荣誉奖章，同年获俄罗斯基础物理奖基金会基础物理突破奖。2012 年当选英国皇家学会会员。施密特还是澳大利亚科学院、美国国家科学院和西班牙皇家科学院院士，澳大利亚研究委员会桂冠会员。

1994 年，施密特同 N.B.桑采夫组建高红移超新星搜索队，成员包括美国、欧洲、澳大利亚和智利的约 20 名天文学家，目标是利用 Ⅰa 型超新星来探测宇宙的膨胀。1998 年，在 A.G.里斯为第一作者的一篇论文中公布了团队的发现——宇宙膨胀不是在减速，而是在加速。该发现被《科学杂志》评选为“年度突破”。在同一时间，由 S.波尔马特领导的超新星宇宙学项目组也做出了同样的发现。（石云里）

施密特，B.V.　Bernhard Voldemar Schmidt（1879-03-30～1935-12-01）德国天文光学家。生于爱沙尼亚奈萨尔（今塔林附近），卒于德国汉堡。早年当过报务员、摄

影师和绘图员。1901 年到德国，在米特韦达工业学院学习，后来成为光学技师。1926 年到贝格多夫汉堡天文台工作。1931 年，他公布了他创造的折反射望远镜，即通称的施密特望远镜，为天文望远镜的发展开辟了重要的新途径。（陈美东　撰　石云里　修订）

施密特，M.　Maarten Schmidt（1929-12-28～2022-09-17）美籍荷兰裔天文学家。旧译施米特。生于荷兰格罗宁根，卒于美国加利福尼亚州弗雷斯诺市。本科毕业于

格罗宁根大学，1949～1959 年在莱顿天文台任职。1956 年获莱顿大学博士学位。1959 年起在美国加利福尼亚理工学院任教，1964 年任教授。同时在威尔逊山天文台和帕洛马山天文台兼职，1978 年任美国海尔天文台台长。1964 年获美国天文学会华纳奖，1968 年获美国艺术与科学学院拉姆福德奖和德国天文学会史瓦西奖章。1978 年获美国天文学会罗素讲席，同年当选美国国家科学院院士。1979 年获美国国立射电天文台詹思吉奖，1980 年获英国皇家天文学会金质奖章和美国成就学会金牌奖，同年当选荷兰皇家艺术与科学学院通讯院士，1991 年获美国国家科学院沃森奖，1992 年获太平洋天文学会布鲁斯奖章，1995 年当选德国利奥波第那科学院院士，2000 年当选美国哲学学会会员。施密特是挪威科学与文学院院士，2008 年获挪威科学与文学研究院、挪威教育科学研究部以及科维理基金会联合颁发的科维理奖。1984～1986 年任美国天文学会会长。

20 世纪 50 年代初，施密特在莱顿天

文台从事**星系动力学**和**银河系结构**的研究，1956 年提出的银河系模型描述了恒星和**星际介质**的分布和运动。1963 年施密特首先判明，**类星射电源 3C273** 的谱线是红移了的氢发射线，红移$z = 0.158$，即波长向红端移动了 15.8%，从而揭破了困惑天文界三年之久的谜团。随后，一批类星射电源的光谱得以成功地被证认，并定名为**类星体**，成为 60 年代重大的天文发现。他在类星体的计数、统计、空间分布、发射线和吸收线的证认研究、红移起因和能源问题、红移-距离关系等方面均有重要贡献。（陈美东　石云里）

施密特，O.Yu.　Otto Yulyevich Schmidt（1891-09-30～1956-09-07）苏联科学家。生于莫吉廖夫（今白俄罗斯），卒于莫斯科。1913 年毕业于基辅大学。曾任莫斯科大学教授等职。1935 年当选为苏联科学院院士，1939～1942 年任苏联科学院副院长。曾组建北极地带研究所，并任所长。为《苏联大百科全书》的首任总编辑，1929～1941 年任主编。对数学、天文学、地球物理学都有研究，曾到北极地区做过考察。他在数学上的成就主要在群论方面。1916 年发表《抽象群论》，指出了这一领域的发展方向。1927 年证明了关于无限群的直积分解定理，后称施密特定理。在天文学方面的主要工作是提出**太阳系**起源的学说，即陨星说。1944 年发表《地球和行星起源的陨星理论》，1949 年出版了《地球起源学说四讲》。按照他的学说，行星是由太阳俘获的旋转的气体-尘埃云中的固体粒子形成的。尘粒由于彼此间的非弹性碰撞，集聚在扁平的旋转圆盘上，随着密度增大，吸引作用也增大。小质点黏附于大质点，逐渐积聚成行星。这个学说的主要困难在于不能解释太阳动量矩较小这一事实，而且太阳在**银河系**中俘获星际气体尘埃云的概率太小。

（陈美东　撰　石云里　修订）

施密特望远镜　Schmidt telescope　一种**折反射望远镜**。1931 年为德国光学家 B.V.**施密特**所发明，因此得名。这种望远镜由一块接近平行平板的非球面改正透镜和一个凹球面反射镜组成（图 1）。虽然凹球面

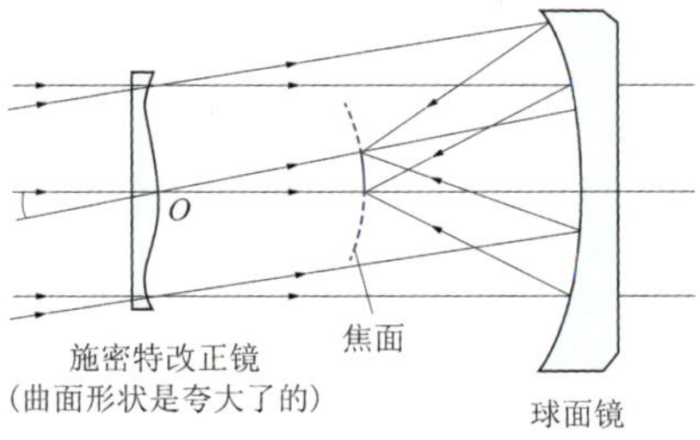

图 1　施密特望远镜光学系统

反射镜具有球差（见**像差**），但它有一个重要特性——镜面对于球心是对称的。如果在球心处设置一个限制光束的光阑，那么对于不同倾角入射的光束，除了光阑在斜光束方向的投影与正方向不同外，成像条件都完全相同，不存在光轴上和光轴外的差异。因而，在球面镜的焦面上各处的像点都是对称的，具有相同球差造成的小圆斑。在这种情况下，除了球差和场曲外，不存在其他像差。为改正球差，施密特不是像过去人们所做的那样，破坏这一对称成像条件，把镜面形状改成抛物面，而是在光阑处放置一块与平行平板差别不大的、非球面的改正透镜（常称施密特改正透镜）。它对于法向和倾斜入射光束在球差的改正作用上所引起的变化不大，同时折射引起的色差也很小。所以在口径和焦比相同的情况下，施密特望远镜比其他望远镜有更大的清晰视场。此外，施密特望远镜的优点是：光能损失较少，改正透镜厚度比**折射望远镜**薄，制作材料容易解决，口径可以做得较大。缺点是：①改正镜的非球面形状比较特殊，加工比较困难；②焦面是弯曲的，底片也必须弯成和焦面相符合，对使用玻璃底片不方便；③焦面位于光路中间，增大视场就必然会使光的损失增加，而且底片装卸也不方便；④镜筒长度比主镜焦距相同的**反射望远镜**长，约为焦距的两倍。现在最大的施密特望远镜在德国陶登堡史瓦西天文台，是 1960 年制造的，改正透镜口径为 1.34 米，球面镜直径为 2 米，焦距为 4 米，视场为 3.4°×3.4°。

对某些工作，施密特望远镜可做不同的改变，如增加平场透镜把焦面改成平面；增加一个凸面副镜把焦点引到主镜的背面或附近，形成卡塞格林系统（见**卡塞格林望远镜**）。美国光学家 J.G.贝克首先对这种系统进行了研究，经他改进的这种望远镜，称为贝克-施密特望远镜（图 2）。也可以

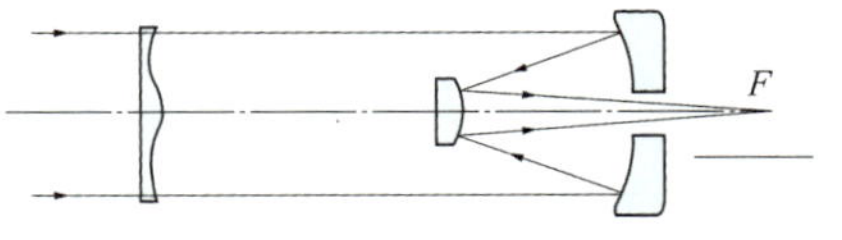

图 2　贝克-施密特望远镜光路图

把改正透镜分成两片，以校正色差等。**苏定强**、王兰娟提出两类变更方案，一是在施密特望远镜的焦面前增加一块小改正板，把球面镜变为非球面，原来的改正板放在一个选定的位置，例如焦面附近或优化得到的最佳位置。另一类是在一个系统中，同时应用施密特改正板和弯月形透镜，即将弯月形透镜的一个面做成非球面，放在优化得到的最佳位置。这两种光学系统都可以得到较好的像质，而镜筒比施密特望远镜的镜筒短得多。

施密特望远镜的口径做大受到改正板透射光学材料尺寸的限制，因此就发展出反射施密特望远镜（见**反射施密特望远镜**）。（杨世杰）

十二辰　twelve hour　中国古代对周天的一种划分法。大抵是沿天赤道从东向西将周天等分为十二个部分，用地平方位中的十二支名称来表示，即子、丑、寅、卯、辰、巳、午、未、申、酉、戌、亥。它与二十八宿星座有一定的对应关系（见**十二次**）。当星宿南中天的时候，这时十二辰与地平方位中的十二支也正好一一对应。十二辰的一种应用就是**岁星纪年**。关于十二辰的最初含义，众说纷纭，尚无定论。（王健民）

十二次　twelve Jupiter-stations　中国古代为了观测日、月、五星的位置和运动，把黄赤道带自西向东划分为十二个部分。十二次的名称依次是星纪、玄枵、娵訾、降娄、大梁、实沈、鹑首、鹑火、鹑尾、寿星、大火、析木。春秋战国时代的《左传》《国语》等书中就已有这些名称的记载，它们被用来记述岁星（木星）的位置。古代把木星的恒星周期定为十二年，所以一般认为，十二次的创立是起源于对木星的观测。它的时代大约在春秋时期或更早。

中国科学史家钱宝琮认为，十二次的划分原是基于二十八宿的四宫（即四象），每宫各分三次（见表）。由于四宫所跨的赤

十二次、十二辰和二十八宿对应表

十二次	星纪	玄枵	娵訾	降娄	大梁	实沈	鹑首	鹑火	鹑尾	寿星	大火	析木
二十八宿	斗、牛	女、虚、危	室、壁	奎、娄	胃、昴、毕	觜、参	井、鬼	柳、星、张	翼、轸	角、亢	氐、房、心	尾、箕
十二辰	丑	子	亥	戌	酉	申	未	午	巳	辰	卯	寅

经广度并不均匀，所以十二次的赤经广度也参差不齐。不过后来就发展成按赤道度数等分的制度。《汉书·律历志》中载有十二次起讫度数，它们是和**二十四节气**相对应的。以十二节气为各次的起点，十二中气为各次的中点。以后一直沿用这种分划原则。不过因**岁差**的影响，起讫度数是逐渐变化的。明末以后用十二次名称来翻译黄道十二宫，如译摩羯宫为星纪宫等。但各宫的起点改为与十二中气相对应，并按黄道经度等分各宫。如星纪宫的起点对应冬至点等。（王健民）

十字天线 cross antenna 天线成十字形排列的**射电干涉仪**。**双天线射电干涉仪**或**多天线射电干涉仪**仅能提高一维的分辨率。澳大利亚射电天文学家B.米尔斯研制的十字天线，可以直接获得二维的高分辨率（“铅笔束”方向图）。对很难获得高分辨率的米波段来说是很有价值的。最初的米尔斯十字天线是由两个狭长的平行偶极子阵所组成（见图），后来发展为十字抛物柱面对。十字天线的两个连续阵可以用栅（也就是分立天线阵）来代替，称为克里斯琴森十字。十字栅是多瓣响应，只限于用来观测强的孤立射电源。最初的十字栅是专门用来观测太阳的。截至2023年，世界上最大的米尔斯十字天线都是20世纪60年代建造的。例如，澳大利亚莫朗格洛的米尔斯十字由长1600米、宽12米的两个抛物柱面组成，在73厘米波长和270厘米波长的分辨率，分别为1.4′和5.8′；意大利波洛尼亚大学的十字天线东西阵宽30米、长1186米的抛物柱面，南北阵是128个47米×7.5米的抛物柱面阵，阵长1094米，在73厘米波长的分辨率为2.5′；苏联科学院物理研究所谢尔普霍夫十字系统由40米宽、1000米长的抛物柱面组成，在2.5米波长的分辨率达到9′。

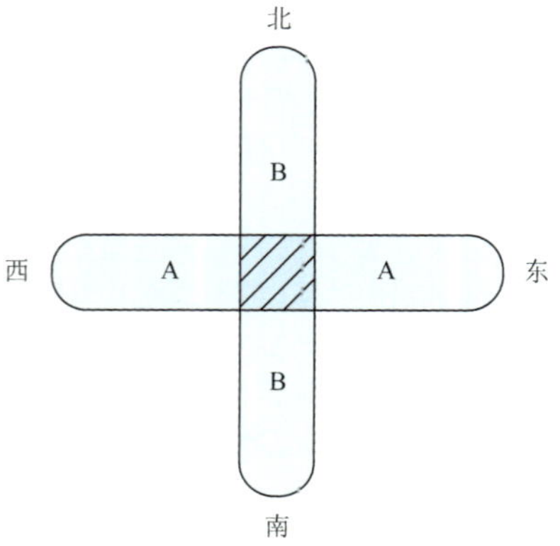

十字天线示意图

除了十字形排列，还有Y形、T形和环形排列，都可以获得两个方向上很高的分辨率。作为米尔斯十字的一种变形，在苏联哈尔科夫有一T形偶极子阵YTP-2，由2040个偶极子组成，分布在南北长1860米、东西长900米、宽51米的范围内，在12米和30米波长的分辨率，分别为23′和60′。（吴鑫基 乔国俊）

什克洛夫斯基，**I.S.** Iosif Samuilovich Shklovsky（1916-07-01～1985-03-03）苏联天文学家。生于乌克兰格卢霍夫，卒于苏联莫斯科。1938年毕业于莫斯科大学，获物理数学博士学位。从1944年起任莫斯科史天堡天文研究所射电天文研究室主任，兼莫斯科大学教授。1960年获列宁奖，1966年当选苏联科学院通讯院士，1972年获太平洋天文学会布鲁斯奖章。

他最先将星系的射电辐射分成**热辐射**和**非热辐射**两类。1946年他提出用**日冕**中电离气体的等离子振荡机制来解释**太阳射电爆发**现象。1949年他预言探测星际OH（羟基）分子的微波辐射的可能，后被证实。1953年，他用相对论性电子的同步辐射来解释**超新星遗迹**的射电辐射性质，并利用中国古代天文观测资料，把若干射电源证认为超新星遗迹。他还研究过极光、夜天的红外辐射、**新星**和**超新星**外壳中产生的**宇宙线**和日冕等。主要著作有《日冕》《射电天文学》（有中译本）、《宇宙射电辐射》和《超新星与有关问题》等。1962年，他出版了一部关于**地外文明**的书，该书经**C.萨根**翻译并扩写，于1966年以《宇宙中的智慧生命》为名出版。（陈美东 石云里）

石申 Shi Shen 中国战国时魏国天文学家、占星家。又名石申夫。见《**石氏星经**》。

《石氏星经》 *Shi's Classic on Stars* 中国战国时代魏国天文学家**石申**的著作。据南朝时代梁阮孝绪的《七录》说，石申著《天文》八卷。这大概是石申著作的本名。大约在西汉以后才被尊称为《石氏星经》。《**史记·天官书**》《汉书·天文志》等汉代史籍中引有该书的零星片段，内容涉及五星运动、交食和恒星等许多方面。汉、魏以后，石氏学派续有著述。他们的书都冠有“石氏”字样，如《石氏星经簿赞》等。《石氏星经》原著和石氏学派其他著作都已失传。不过，在唐《**开元占经**》中有大量节录。其中最重要的是标有“石氏曰”的121颗恒星的坐标位置（今本《开元占经》中佚失6个星官的记载）。计算表明，其中一部分坐标值（如石氏中、外星官的去极度和黄道内、外度等）可能是汉代所测。另一部分（如二十八宿距度等）则确与公元前4世纪即石申的时代相合（见**三垣二十八宿**）。自三国时代吴太史令陈卓总合石氏、甘氏、巫咸三家星官成283官、1464星的星座体系后，出现了综合三家星官的占星著作，其中一种称为《星经》或《通占大象历星经》。这部书后来被人伪托为“汉甘公、石申著”。因此，自宋以后又称它《甘石星经》。但该书中有唐代的地名，而且有巫咸这一家的星官。因此，它与战国、两汉时代所流传的《石氏星经》完全是两回事。（王健民）

时间 time 标注事件发生瞬间和持续历程的基本物理量。时间的科学内容涵盖三个领域：人文时间、哲学时间、科学时间。人文时间研究人的时间意识、时间观念的形成和发展，以及人对于时间的心理学、生理学和病理学特征。哲学时间研究时间的本质，即时间是什么。这个问题在人类认识论发展史中，一直是作为一个基本问题被各个历史时期的思想家们所关注。科学时间研究作为基本物理量的时间的测量，以及自然科学发展所揭示的时间特性。

时间测量的基本原理 通常所说的时间有两个含义：时刻和时间间隔。前者指事物处于某种运动或变化状态的瞬间；后者指事物运动或变化的两个不同状态之间所经历的时间历程。因此，时间测量与其他基本物理量测量不同。后者给出的只是测量的基本单位，而时间测量需要建立并保持一个连续的时间系统，给出该系统的起点（时刻起算点）和基本单位（时间间隔单位）。

时间是物质存在和运动的基本形式之一。它的测量依赖于物质运动。在原理上，任一连续运动的物理过程都可表征成以时间t为自变量的函数。只要它是可测的，便可以以它为标准来测量时间。该函数最简单的形式是线性函数。严格地说，由于各种因素影响，自然界中很难找到完全表现为线性函数形式的物理运动过程。一般情况下，这个函数可写为：

$$f(t)=a+bt+\varphi(t)$$

式中a、b为常数；$\varphi(t)$为非线性部分。对时间测量而言，要求$\varphi(t)$尽量小，在一定精度范围内可以忽略；或者$\varphi(t)$具有某种特定形式，可以在记录运动变化中加以扣除。

上述方程称为时间测量原理方程。忽略$\varphi(t)$，当t等于0时，$f(t)$等于a。这表明常数a表征$f(t)$的起始状态，它指示了时间测量系统的起点，即规定了时刻的起算点。常数$b=\frac{df(t)}{dt}$，它表示$f(t)$在dt时间内的变化。当规定以dt作为某种时间单位时，即令$dt=1$，则$df(t)=b$。这表明只要精细地把$f(t)$的变化记录下来，实际上就给出了时间间隔的单位。

时间测量标准的选取 按照原理方程，人们总是选择某种周期运动作为标准去测量时间。被选择的周期运动大体分为三类：

①转动体的自由旋转。如**地球自转**。由此导出了恒星时、平太阳时。后者演变为应用广泛的世界时（见**世界时**）。

②天体的开普勒运动，即伴星体在引力作用下绕主星体的轨道运动。如地球绕太阳的公转运动，由此导出了历书时（见**历书时**）。

③谐波振荡运动，包括原子在量子-机械系统中受激辐射的跃迁振荡运动。由此导出了原子时（见**原子时**）。

时间测量的基本方法 时间测量范围十分宽广。天体的年龄以百亿年计，有文字记载的人类社会有数千年历史，某些基本粒子的寿命只有10^{-16}秒。在如此宽广的范围内，人们不可能用唯一的物质运动过程去测量时间，必须从实际出发，选用不同的测量方法。在计量学范畴内，时间测量方法基本分为两类：

①动力学方法。依据对特定天体（例如地球）运动规律的认识和掌握，以**天体力学**定律为基础，通过天文观测得到天文学时间标准——世界时和历书时。

②复制型方法。依据对特定物质周期运动规律的认识与掌握，以周期不变性原理为基础，复制该运动过程。人们用此方法在实验室复制原子跃迁振荡运动，得到当代物理学时间标准——原子时。

时间的应用与服务 时间是描述自然现象的大多数数学方程中的一个基本参量。它的应用渗透于人类活动、科学实验和国家建设的众多领域。大地测量、定位导航、通信、数据传输、交通管理、空间飞行器的测控制导等，都需要精准的时间。因此，建立一个独立的，并力图保持同时代高水平的时间标准和时间服务系统（见**授时**），是国计民生的一项基本工程。

物理学中时间概念的演变 时间概念在哲学中是一个基本概念。它在自然科学特别是物理学中也占据重要地位。许多物理学定律的引入都以一定的时间概念为基础。在早期物理学中，时间是一个普适性概念。17世纪后期，英国物理学家**I.牛顿**在前人成果基础上提出了系统的绝对时间概念。他认为时间是绝对的，均匀流逝的，它与外界事物无关，与物体运动无关，与空间坐标无关，事件的同时性也是绝对的。牛顿在绝对时间框架下给出了物质运动和描述运动的时空模型，发展了严格进行实验和分析归纳的科学方法，建立了公理式力学体系并在逻辑上达到自洽，开创了经典物理学时代。尽管不少研究者（例如数学家G.莱布尼茨、物理学家E.马赫）对形而上学的、绝对化的牛顿时间提出过批评，有些批评已经触及问题的根本，但直到19世纪和20世纪的交迭之际，物理学对此无法给出建设性解决方法。

打破这一窘境的是物理学家**A.爱因斯坦**。爱因斯坦在20世纪初创立了相对论理论。狭义相对论指出，相对运动会影响时钟的常规运转。具有不同相对运动速度的观测者对于同一事件的发生时刻和同一时间间隔的测量会得到不同的结果。广义相对论指出，引力会使时空弯曲，会使信号谱线发生移动，影响时钟速率。在引力场中，相对运动的两个观测者，对同一相邻事件的时间间隔的测量，结果不会相同，除运动的影响外，还有引力效应的影响（见**引力时延**）。相对论揭示的这些时间特性表明，时间受环境因素（引力）和运动状态影响，与空间坐标相联系，时间是相对的，同时性是相对的。这一概念的提出打破了牛顿绝对时间概念的桎梏，使物理学的发展由经典物理学进入现代物理学时代。

时间与宇宙 关于时间和宇宙的关系的讨论，具有十分悠久的历史。从中国古代思想家庄子、德国近代哲学家**I.康德**，到现代物理学家爱因斯坦，都为后人的探索留下了宝贵的论述。

自然界存在许多不同现象的时间顺序，人们称其为时间箭头。关于不同时间箭头之间的关系，尽管尚无可以被普遍接受的理论，但是已经得到的对于时间特性的解释表明，时间最终可能会被认为是**宇宙学**的。

宇宙是有限的还是无限的，时间有没有起点和终结，这是学术界长期争论的问题。在现代，直接把时间的起点和终结与宇宙的诞生和消亡联系在一起作为问题进行研究的，当推英国科学家**S.W.霍金**。一般认为，宇宙的生成起始于大约在150亿年前的高温超密态初始物质的一场大爆炸，霍金认为大爆炸的开始就是时间的起点。大爆炸后，随着宇宙的扩张，温度逐渐下降。在温度下降的不同阶段，形成了各种力的作用和物质。宇宙仍在向外扩张，但扩张速度在减慢，有可能会在某一时刻停止。然后便开始一个相反的过程——收缩。收缩延伸下去，会使宇宙因坍缩而消亡。这时，时间也便终结。

（吴守贤　漆贯荣）

时间和纬度测定的经典方法 classical method for determination of time and latitude 记录星过等高圈或**子午圈**的时刻和测量天顶距较差以测定本地的时间和纬度的方法。经典的天文时间（**恒星时**或**平太阳时**）的计量系统是以**地球自转**为基础。为了便于理解天文时间的测定方法，将**天球参考系**和地球体及地面上某点的基本方向联系起来。设想天球参考系原点置于地球中心，延伸地球自转轴与天球参考系交于两点：北天极和南天极。距离两天极90°的大园为天赤道。在天赤道上有春分点和平太阳两个重要的参考点，天球参考系赤道上赤经计量的起算点和以真太阳平均速率运动的参考点（平太阳）。又设地球上某地的铅垂线延伸方向与天球的交点为天顶点；经过北天极、天顶点的大圆弧为地方子午圈。由于地球自转，天球上星星东升西落。当已知的恒星赤经精确值，通过仪器相对子午圈的“转轴”观测，即使不知道子午圈在视场中的精确位置，也可“读出”它们过地方子午圈的时刻。即完成时间测定的任务。由已知的恒星赤纬精确值，通过仪器相对天顶点的“转轴”观测可以推算天顶点的赤纬值，即该地点的天文纬度。

20世纪50～80年代，在测定**世界时**（即平太阳时）和**极移**研究地球自转方面，应用各种测定方法的仪器都有较出色的表现。如用中天法测时的光电**中星仪**，用太尔各特法测定纬度的天顶仪，用兼有中天法测时、太尔各特法测纬两者特点的照相天顶筒，用多星等高法的超人差等高仪和**光电等高仪**。一般来说，影响观测精度的首要原因是环境因素，即大气扰动。其次是仪器系统的稳定性。

90年代，人类开启了**空间天体测量**时代。人们将时间和纬度的测量工作和垂线偏差的监测联系起来，研究的科学目标主要是局部或全球的**大地水准面**，厘米至毫米级精度的精细结构。发现地下物质异常，改进人们的**地球内部结构**的知识，改善GPS的高程系统，加强地面坐标系和空间坐标系的联系。对天体测量技术也有新的要求：尽可能高的观测精度，小型化、自动化和数字化。照相天顶筒的时间和纬度测定技术在这些方面有明显的优势。首先是观测天区指向天顶，受到大气扰动的影响小。仪器结构和工作原理简明，便于分析观测误差。特别是采用CCD芯片取代底片后，仪器的工作效率有显著的提高。

数字化的天顶测量仪器的测量原理如图所示。设想在CCD图像平面上建立了

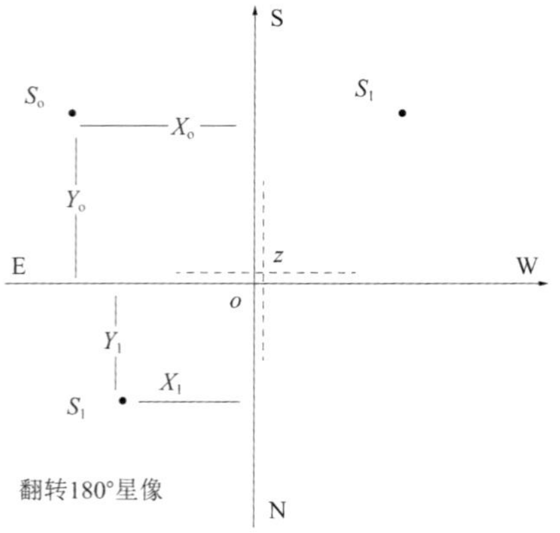

数字化天顶望远镜（DZT）观测原理图

直角坐标。原点置于天顶点的邻近，X轴方向自东向西，Y轴方向自北向南。S_0为某恒星中天以前，t_0时刻的位置（X_0,Y_0）。S_1为该星中天后（物镜-CCD架旋转180°后），t_1时刻的位置（X_1,Y_1）。则时钟改正值U和纬度的观测值φ按下两式计算：

$$U = \alpha - (t_0 + t_1)/2 + (X_0 - X_1)/2M/V$$

$$\Phi = \delta + (Y_0 - Y_1)/2M + \Delta y$$

式中M为底片比例尺；V为恒星速率；Δy为改正项。基于空间天体测量成就的高密度星表（如Tycho-2）的发表也为天顶测量仪器的发展提供了十分有利的条件，使后者成为垂线偏差测定的最有力的方法和技术。

（李东明）

时间和纬度测定的经典仪器　classical instrument for determination of time and latitude　记录星过等高圈或子午圈的时刻和测量天顶距较差以测定本地的时间和纬度的仪器。由于20世纪50年代国际地球物理年活动的开展，时间和纬度测定的经典仪器得到了很大的发展：大量的中星仪和超人差等高仪投入工作；中星仪应用光电技术取代目视观测；新型光电等高仪问世；全球装备照相天顶筒的台站数虽然不多，但多数有出色的表现。这些仪器（一般口径10～20厘米，焦距为上述数值的10～15倍）都为地球科学的研究做出了历史性的贡献。

中星仪和光电中星仪　中星仪和光电中星仪用于时间测定的仪器。通常是折轴式的望远镜。仪器有一东西方向的水平轴。镜筒围绕该轴旋转时，视准线在子午圈内运动。中星仪对过子午圈的每颗星，在中天前与中天后各做一次观测。两次观测之间，望远镜从支座上升起，水平轴转动180°，以消除望远镜准直差和挂水准器零点差的影响。中星仪原本是目视观测仪器。在20世纪50年代，普尔柯夫天文台首先将光电方法用于中星仪记录星过中天时刻。在此后的十多年中，这一方法在中国得到了推广和发展。除了仪器主光路系统不变外，重要的附属设备如计时仪、水准器读数都实现了数字化输出。整个观测过程几乎不需要人工介入。光电中星仪成了自动化程度较高、无人差的高精度测时仪器，可观测暗至7等星。

天顶仪　天顶仪是国际纬度站精密测定纬度和纬度变化的观测仪器。用目镜测微器观测一颗在天顶以南（或北）过子午圈的恒星，然后转轴180°，几分钟内再观测天顶以北（或南）过子午圈的另一颗恒星。在同一视场中用目镜测微器测量两星的天顶距之差，并利用精密水准器改正镜筒在转轴前后的天顶距的微小变化。天顶仪的优点是避免了天顶距度盘的分划误差。同时天顶距的大气折射较差也易于改正。

超人差等高仪和光电等高仪　1954年法国天文学家A.-L.丹戎研制成功的超人差等高仪问世。此仪器主要的特点是在望远镜的焦平面前后插入了双折射沃拉斯顿棱镜测微器。该仪器构造简便且观测精度较高。仪器的不足是目视令人疲劳，结果存在人差；只能观测亮于6等的恒星。

中国研制的光电等高仪（1972年Ⅰ型，1974年Ⅱ型）和前者的不同点：一是采用反射角镜-水银地平光学系统，代替前者用的折射角镜，免除了因焦平面位置变化产生的误差。二是采用真空镜筒消除仪器内部的反常折射。更重要的是，用两个光电倍增管代替人的双眼，对星过记录栅中的双像实行同时观测。Ⅱ型光电等高仪原来是半自动化仪器，可观测暗星至7.2星等，在20世纪80年代末改进为全自动化仪器，可观测暗星至11.3星等。

照相天顶筒　此仪器是镜筒对准天顶、视场一般不到1°的照相望远镜。星光经过物镜射向水银水平，再向上反射。在物镜下方1～2厘米处是物镜的第二主点，并在该处放置照相底片。这样可以避免由物镜倾斜引入的误差。在中天前后各曝光两次，每次曝光后，物镜连同底片架精确地旋转是180°。由中天前后两次曝光的两像点在南北方向的距离，可以算出纬度值；由两像点在东西方向的距离得到该星两次过子午圈时刻均值的改正值。就夜间的观测过程言，照相天顶筒是全自动化的观测仪器。但底片上信息的数字化（包换底片冲洗）过程却不轻松，特别是当底片测量设备欠佳时。照相天顶筒可观测暗星约为9等。在20世纪内，全球装备照相天顶筒的台站不多。至21世纪，小型化便利移动的数字天顶相机（digital zenith camera）却得到了较大的发展。

中国于1976年研制成功一台真空镜筒照相天顶筒。因多方原因获得的观测资料较少。

（李东明）

时间同步　time synchronization　不同时钟对于同一客观事件发生时刻，给出相同的钟面时读数。由于各种因素影响，不同时钟的钟面时读数之间会有偏差。测量该偏差的不确定性称为同步精度。时间同步通过时钟之间相互比对实现。其方法主要有以下6种。

①搬运钟。利用适当运载工具（如飞机），在相距较远的时钟之间进行搬运比对，求得它们的相互时刻差。由此得到时间同步精度约为纳秒（10^{-9}秒）量级。

②单向法。通过电磁波信号单向传输的时间比对。相距较远的时钟利用接收第三方无线电时号，例如授时台或卫星发射的时号进行比对，求得相互之间的时刻差。利用地面长波授时台信号，时间同步精度为微秒（10^{-6}秒）量级。利用卫星信号，时间同步精度为纳秒量级。

③双向法。通过电磁波信号双向传输的时间比对。相距较远的时钟，利用卫星对收对发时间信号，经数据处理，交换信息，实现相互时间比对。应用较广的是同步卫星的双向比对，它可实现洲际间的两个时钟的时间比对，同步精度可达亚纳秒量级。

④激光比对。利用激光脉冲信号往返传播实现时钟之间的相互比对。其原理是：从A钟向B钟发射激光脉冲。B钟记录该脉冲到达时刻并将它反射回A钟。A钟记录脉冲发射时刻和回波信号到达时刻，从而计算出两钟时刻差。时间同步精度为皮秒（10^{-12}秒）量级。

⑤光纤时间同步。利用激光通过光纤双向传递时间信号。时间同步精度可达亚皮秒量级。

⑥网络时间同步。网络时间同步有网络时间协议（NTP）同步协议和精确时间协议（PTP）同步协议。前者同步精度为毫秒至百毫秒，后者同步精度为纳秒至百纳秒。

（漆贯荣）

时空参考系　spacetime reference system　标定四维时空流形中一个事件（时空点）所需参考的要素系统。一般而言，时空参考系在数学上表达为覆盖整个时空流形的一

系列四维坐标系，其中每个坐标系都在其适用范围内把时空点一一对应到一组四维坐标。自 1991 年国际天文学联合会第 21 届大会以决议形式在**基本天文学**研究中正式引入广义相对论后，该理论框架成为建立天文时空参考系的标准理论框架。

在广义相对论框架下，一个观测者对应于时空流形上的一条类时世界线。只有在其邻近区域，一个观测者才能将时空流形物理地分解为一维时间和三维空间。因此，有必要建立四维时空参考系以便同时给定不同观测者可以共同使用的四维坐标，并由此描述其中发生的各种物理过程。为了区别于具体观测者的**原时**，人们把时空坐标系中的时间坐标称为**坐标时**，相应地可以把具有相同坐标时的三维空间称为坐标空间。时空流形由其度规结构刻画，因此给出该结构是建立时空参考系的前提，但度规结构又依赖于时空流形中的物质结构。这种时空与物质的相互依赖关系使得人们在广义相对论框架下建立时空参考系时，需要事先选定坐标系的类型，并用拟建的坐标系在形式上表达**时空度规**和物质结构，进而通过形式求解爱因斯坦场方程给出时空的度规结构。实践中，物质结构模型中的参数往往需要从它们各自的预估值出发，通过求解用坐标表达的运动方程、计算可观测量的理论值、拟合相应的观测资料等步骤不断予以改进。

2000 年国际天文学联合会第 24 届大会决议 B1.3 完善了此前引入的适用于**太阳系**及其邻近时空区域的一类**质心天球参考系**，以及适用于地球及其邻近时空区域的**地心天球参考系**，在它们各自适用区域中由度规所决定的测地线方程都具有 1 阶后牛顿精度。时空参考系可以借助**河外射电源**、**银河系**中的恒星、太阳系内的大天体等不同类别的天体**星表**或历表完成天文实现。由上述三类天体的坐标集合给出的坐标空间参考架分别称为河外射电源参考架，恒星参考架和太阳系天体动力学参考架。

在观测精度进一步提高和各种应用需求的直接推动下，天文时空参考系一直是基本天文学研究的热点之一，主要研究方向包括：建立具有更高精度的质心和地心天球参考系；建立分别适用于太阳系行星的自转运动、天然卫星绕宿主行星的运动、行星绕太阳系质心的公转运动，以及银河系运动学和动力学研究的多层次天文参考系；建立同时适用于不同引力理论框架的参数化天文时空参考系。 （傅燕宁）

时空度规 spacetime metric 时空的几何性质用度规张量$g_{\mu\nu}$来描述。其中μ、ν称为指标。时空度规给出了在该时空中进行度量的规范，即给出了时空中和坐标选择无关的距离元（固有长度，proper length）：

$$ds^2 = g_{\mu\nu}\,dx^\mu\,dx^\nu$$

式中x^μ为坐标，对四维时空，广泛采用的约定是指标$\mu,\nu = 0,1,2,3$，其中 0 代表时间坐标分量，1 到 3 代表三个空间分量。根据广义相对论以及类似的度规引力理论，时空度规描述了引力系统的引力场。在没有引力场时，时空是平直的，用闵可夫斯基度规描述；有引力场存在时，时空是弯曲的，其时空度规需要解爱因斯坦引力场方程得到。 （韩文标）

时域天文学 time domain astronomy 研究具有时变特性的天文现象的学科。是天文学的分支学科。具有时变现象的天文现象源于天体或天体系统的运动或其物理变化，如**超新星**、**脉冲星**、**系外行星**、**活动星系核**、**γ 射线暴**等。对时变天体对象的分析与统计是研究宇宙、星系以及各类天体与天体系统的形成与演化的重要手段，也推动着基础理论的发展和完善。

时域天文学要研究的是目标天体随时间推移而变化的特征，因此要求对同一目标天体在一定时间尺度内进行足够多次数的观测，所获得的时间序列数据形成光变曲线，定量分析随时间的变化规律，从而获知目标天体的具体信息（见图）。地基和空基先进天文观测设施的建设以及各类**巡天**计划的实施，为时域天文学提供了近乎全波段观测数据与观测机会，同时也需要观测设施管理调度、海量观测数据分析与挖掘、多波段数据融合等方面的技术支撑。

多波段、多信使协同观测以及高性能数据分析是时域天文学的重要基础。对于超新星、γ 射线暴以及引力波源的电磁对应体等短时标暂现源的研究，要求各波段的观测设施能够准实时响应高置信度的**随动观测**请求，以尽可能完整记录天体变化的全过程；对此类暂现源的发现与预警，则依赖于天文数据处理软件系统的性能与精度。 （于　策）

实验室天体物理 laboratory astrophysics 利用地面高能量密度物理设备再现天体环境来研究相关的天体物理现象的学科。是**天体物理学**的分支学科。

研究特点　随着现代高能量密度物理大科学装置的出现，科学家可以在实验室创造一些与天体或天体周围环境相似的物理环境，例如利用高功率激光或箍缩装置产生极端天体等离子体物理条件，利用电子数离子阱模拟恒星冕区等离子体环境等。这样的实验条件前所未有，且与天体物理中诸多关键的物理现象、重要的物理参数直接对应。根据研究对象的差异可以将实验室天体物理研究内容进行分类，包括相同性、相似性和相关性的物理问题。相同物理讨论的是在实验室利用强激光可以产生与天体物理环境几乎相同的等离子体温度和密度，在这种情况下认为测量得到的等离子体基本参数是相同的，如物质的**不透明度**、状态方程等。相似物理是指两个物理体系存在某种相似性，满足相同的物理演化规律，可以通过研究一个物理体系来推导另外一个相似的物理体系问题，通常被研究的物理体系存在某种标度变换关系，如**超新星遗迹**中的瑞利–泰勒不稳定性和非相对论的**喷流**等。相关物理问题认为实验室研究的有一些物理过程与

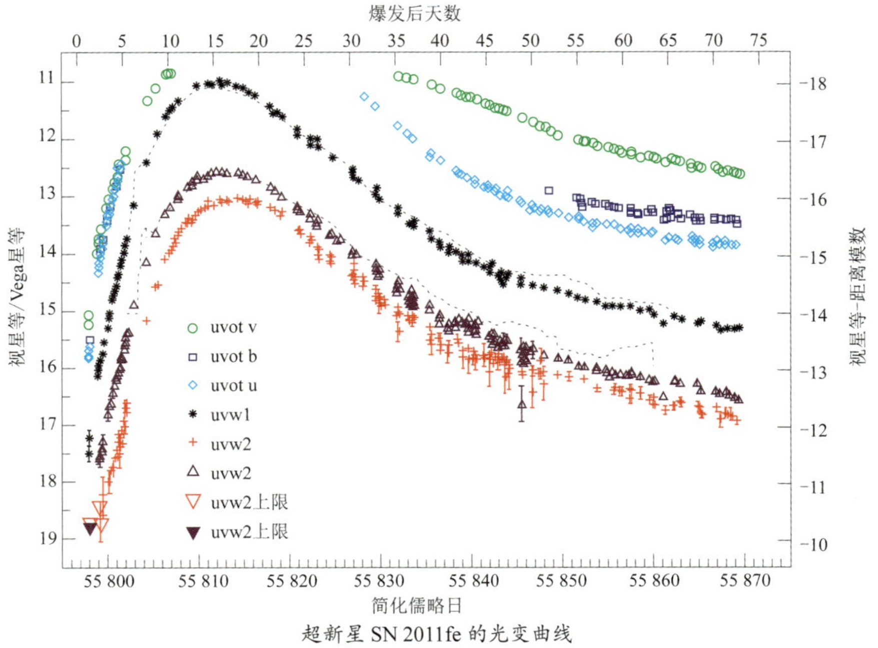

超新星 SN 2011fe 的光变曲线

天体等离子体相关，但是还没有找到对应的标度变换关系，它们也可能包含相同和相似的内容，如利用超强激光产生正负电子对的物理过程与γ射线暴相关等。实验室天体物理是除观测和数值模拟以外的另一条研究天体物理问题的创新、探索之路，可以极大促进等离子体天体物理学和实验室等离子体物理学两个领域之间的融合。

研究方向　实验室天体物理主要研究方向包括：①天体和实验室等离子体中磁场相关问题，涉及磁场产生、放大、耗散和对等离子体的影响，如宇宙、星系种子磁场如何产生放大，太阳耀斑等磁爆发现象中磁能如何释放。②天体等离子体剧烈释能问题，如天体高能粒子和宇宙射线如何产生，无碰撞冲击波如何实现并有效加速带电粒子，天体喷流如何产生、准直、传输等。③强辐射场与物质的相互作用问题，如太阳风对行星大气的离化物理过程及弓形波的形成，双星系统中致密主星吸积伴星物质形成的强辐射场对吸积盘的作用等。④极端条件下的天体等离子体性质和流体界面不稳定问题，如在白矮星、中子星强磁环境下的等离子体状态，行星内部的物态方程和相变过程，超新星爆发过程中的瑞利–泰勒不稳定性等。

实验室天体物理在其发展历程中取得了许多重要的成果，包括利用实验测量得到的不透明度数据，成功解决天文观测造父变星光变周期问题；利用电子束离子阱光谱实验证实了太阳风离子与彗星中性分子电荷交换导致X射线辐射的产生机制，实验解决了数十年来的科学争议问题即类氖铁离子线比值差异的本质；实验成功模拟行星形成动力学，超新星遗迹中的瑞利–泰勒不稳定性、太阳耀斑环顶源以及利用惯性约束聚变探测恒星核条件下的热核反应等。与远距离、长时间的被动观测相比，实验室研究具有近距、瞬态、可控、主动、可重复等特点，因而能够更为准确、细致地对相关物理过程进行研究。

研究趋势　世界上大多数现代高能量密度物理大科学装置都将实验室天体物理列为重要基础研究方向之一，它在解决一些共同的关键科学问题上可以做到实验、观测、模拟相互参考、印证，具有重要的科学意义。同时实验室天体物理也为人类探索和应用自然规律所遇到的问题提供帮助，如新能源利用、粒子加速、国防武器储备等。世界能量最大的激光装置美国国家点火装置（NIF）在“发现科学”方向的实验发次几乎全部用于天体物理研究。英国、日本和法国在其高功率激光装置上每年都分配有实验室天体物理研究的激光发次。日本科学家最早将激光聚变发生的瑞利–泰勒不稳定性应用到超新星爆炸并与周围星际介质相互作用的不稳定性研究。中国科学院神光Ⅱ激光装置较早支持实验室天体物理研究。在接下来的十多年，随着国际上拍瓦（10^{15}瓦）激光与10^{10}电子伏量级电子束加速器的结合或多束拍瓦激光“极端光学装置”（ELI）建成，在这些装置所开展的物理实验可能会打开与极端天体物理环境相关的新的研究窗口。中国同样正在筹划建造更大能量的聚变点火装置：广东中山光子科学中心和上海张江高科技园区正在建设10拍瓦及100拍瓦超强激光装置，北京怀柔科学城计划建设激光驱动多束流综合设施等，这些激光装置为人们探索和研究极端天体等离子体物理提供了优越的实验条件。（仲佳勇）

食双星　eclipsing binary star　在相互引力作用下围绕公共质量中心运动，且其轨道面差不多同我们的视线方向平行时，能看到一星被另一星所遮掩（就像日食、月食那样）而发生星光变暗现象的两颗星。又称食变星。最早发现的食双星是大陵五（英仙座β），它最亮时为2.13等（光电目视星等，下同），最暗时（称为主极小食甚）为3.40等，这是甲星被乙星偏食所致。乙星被甲星偏食，损光最多时整个双星成为2.19等（称为次极小食甚）。大陵五的轨道周期是2.867 307 5天。它由平时亮度降到最暗约需4.9小时，由最暗回到平时亮度也约需4.9小时。

食双星的光变曲线（见图）分为三种类型：①大陵五型，食外变化较小；②渐台二（天琴座β）型，食外也显著变光，但主极小食甚比次极小食甚暗得多；③大熊座W型，食外显著变光，主极小食甚比次极小食甚稍暗。

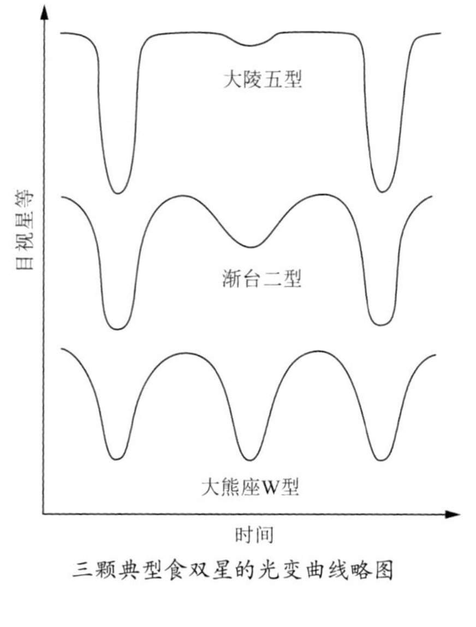

三颗典型食双星的光变曲线略图

分析食双星的光变曲线，可以比较可靠地求得大星半径、小星半径（都以轨道半长轴为单位）、轨道面倾角（轨道面法线和视线交角）、大星或小星光度（以总光度为单位）、反映大星和小星的圆面亮度分布的“临边昏暗系数”等，统称为测光轨道解，简称测光解或测光轨道要素。如果这双星又是双谱分光双星（见密近双星），并且已有比较可靠的分光轨道解，那么和上面的测光轨道解结合起来，可以得出组成该双星的两子星各自的质量和半径（以太阳质量和太阳半径为单位）。所以，某些食双星能为人们提供比较可靠的恒星基本参量，成为研究恒星物理和恒星演化的重要基础之一。但由于大多数食双星总有偏离“理想共性”的这样那样的“个性”，已测出基本物理参量的食双星不仅数量少，而且数据也不够精确。

苏联1969年出版的《变星总表》已收有食双星4000多对，但美国1970年出版的《食双星测光轨道解总表》只选列221对双星的数据，其中不少数据有待改进。因此需要不断改进实测技术和分析理论，以测出更多双星的更精确的基本参量。瑞典每半年出版一期《密近双星文献和工作志》以及国际天文学联合会每三年出版一次的大会会议录中有关密近双星的记述，是食双星研究的基本资料。波兰每年出版《食变星历》，1979年出版的《1980年食变星历》列出856对双星的食甚时刻预报表。2000年出版的《天体物理量》（第4版）则收入5074颗食变星。这些对于天文工作者和天文爱好者都十分有用。

研究食双星取得的成就是多方面的：①已得到100对密近双星的质量、半径等物理参量。②对柱二（御夫座ζ）型食双星中蓝矮星的光穿过红超巨星大气各层的观测，得知许多红超巨星的色球结构和色球活动资料。③根据椭圆轨道食双星的近星点运动，推出有关恒星的内部密度分布特点。④根据兼为食双星的新星（如1934年武仙座新星）的观测资料，通过对X射线食双星（如武仙座X-1）的多方研究，以及通过对包含脉动变星的食双星（如白羊座RW）和包含耀星的食双星（如北河二的丙星）等的探索，了解到有关新星、X射线星、脉动变星和耀星的一系列物理特性。⑤研究了有关的X射线星是否为中子星的问题。⑥测得了相接食双星如仙王座VW、天鹅座V729的X射线。1979年发现了有射电食的食双星如蝎虎座AR。这两项发现为食双星研究开拓出新的领域。⑦对星协与星团中的食双星进行研究，并且将其同食双星所在星协、星团的年龄、化学成分等联系起来，为这些恒星群的研究提供有效线索。⑧在各类双星中，食双星是能够测得的最远的一类双星，在其他星系中发现的食双星为星系的研究开辟了独特的途径。

但是食双星研究中还存在很多问题。研究了300多年的大陵五，虽然在1978年得到了双谱分光双星分光轨道解，显著提高了它的物理参量的可靠度，但是它的射电爆发和X射线的实测工作和理论解释都还做得非常不够。1784年发现变光的食双星渐台二，其中的较暗星究竟是什么样的天体，虽经多年的高色散光谱分析以及人造卫星观测，仍然是个谜。许多短周期（1天以下）“相接双星”的**质量交流**与能量交流的动力学和物理问题还不清楚。**球状星团**成员星中有没有**物理双星**也是一个在演化上尚待解决的重要问题。为此，天文学家已在寻找球状星团中的食双星。射电波段的食双星研究已经开始，中国建设的贵州500米射电望远镜（FAST）就有食双星观测计划。至于γ射线波段的食双星观测也陆续展开。　（沈良照）

《史记·天官书》　*Official Book of Heaven*　司马迁《史记》中关于周天星座描写的部分。司马迁身为太史令，天文**历法**是他的主管范围。他来自一个“世序天地”的天文家族，又曾“学天官于唐都”，元封（前110～前104）年间还发起过汉朝第一次大规模历法改革，是一位天文历法专家。他在《史记》中写入《天官书》和《历书》，开创了中国历代正史中专篇记录天文历法发展情况的先河。《历书》主要是司马迁自己写的“历书甲子篇”，《天官书》则是一部周天星座（古代成“星官”或者“天官”）以及当时人们关注的各种**天象**，并述说与它们占星意义的著作。

周天星官按照中宫、东宫苍龙、南宫朱雀、西宫咸池、北宫玄武的区划方式描述，二十八宿穿插在各宫之中，共列出91个星官、500多颗恒星。一些恒星的颜色受到特别关注，如质（**鬼星团**，M34）、昴（**昴星团**，M45）和狼（大犬座α）为白色，心大星（天蝎座α）、南极（船底座α）为赤色、参右肩（猎户座γ）为苍色（蓝色）、奎大星（仙女座β）为黑色（暗红），有时还被作为描述其他恒星颜色的标准。恒星的亮度被自觉不自觉地用“大星”（约1.5等）、“明者”（2等左右）、“小星”（4.5等左右）、“若见若不”（5到6等）等描写来区分，而不做特别描写的恒星则大多在3到4等。文中描述的其他天象包括彗星、大流星、极光和**新星**等，还列出了五大行星在一个会合周期内的动态，明确指出它们的逆行是有规律可循的。还给出了一个交食周期的数值，并对**岁星纪年**的法则进行了总结。　（石云里）

史生才　Shi Shengcai（1964-12-15～　）　中国射电天文学家。生于江苏南京。1985年毕业于东南大学无线电工程系，1988年获中国科学院**紫金山天文台**硕士学位，1996年获日本综合研究大学院大学博士学位，1998年回国。先后任中国科学院紫金山天文台研究员、南极天文与射电天文研究部主任、学术委员会主任，中国科学院射电天文重点实验室主任，2021年当选为中国科学院院士。曾任**中国天文学会**射电天文专业委员会主任。

回国后，史生才在紫金山天文台负责**13.7米毫米波望远镜**超导接收机的研制工作，领导团队参与了ALMA和SMA等国际天文大科学装置的合作研究，并正主持研制中国空间站巡天望远镜高灵敏度太赫兹探测模块。在高灵敏度超导探测技术研究方面，提出了分布式超导隧道结阵列结构，发展了接近量子极限灵敏度的无调谐模式和高能隙超导隧道结混频技术；建立了超导微桥频率相关非平衡态热点模型，实现了太赫兹至中红外的高灵敏度超导热电子混频器；突破了超导动态电感探测器和相变边缘探测器芯片及系统技术，成功研制中国首例太赫兹超导相机。他是中国**太赫兹天文**技术的主要开创者，2019年获何梁何利基金科学与技术进步奖。　（李　婧）

史瓦西，K.　Karl Schwarzschild（1873-10-09～1916-05-11）　德国天文学家、物理学家。生于法兰克福，卒于波茨坦。他16岁时写出关于**三体问题**周期解的论文，1891年进入斯特拉堡大学学习天文学，1893年转到慕尼黑大学，1896年获得博士学位。1897年在维也纳库夫纳天文台工作，1899年回到慕尼黑大学，完成特许任教资格论文答辩。1901～1909年任格丁根大学教授和大学天文台台长，1909～1912年任波茨坦天体物理台台长。1912年任柏林大学教授，并当选普鲁士科学院院士。

在天文学的几个领域中都有贡献。在实测方面，在格丁根大学工作期间，他发现了照相底片变黑定律，发明了焦外照相法天体测光，奠定了照相测光的基础。在理论方面，他于1906年将辐射平衡的概念引入**天体物理学**，最先清楚认识到辐射过程在**恒星大气**热转移中的重要作用，并提出处理这种过程的数学方法。1907年，他把近代统计方法应用于天文研究，发现了以他名字命名的恒星速度椭球分布。此外，他对天文光学仪器的设计理论也做出了重要贡献。

在理论物理方面，他是玻尔原子光谱理论的先驱者之一。他和A.J.W.索末菲彼此独立地提出了一般的“量子化定则”，得出**斯塔克效应**的完整理论。1916年，他找到了广义相对论球对称引力场的严格解，即史瓦西解。这个解描述了球形天体附近的光线和粒子的运动行为，在现代相对论天体物理，特别是**黑洞**物理中，起着关键性的作用。他还首先提出，在离致密天体或大质量天体的中心某一距离处，逃逸速度等于光速，即在此距离以内的任何物质和辐射都不能溢出。后人将此距离称为史瓦西半径，并把上述天体周围史瓦西半径处的想象中的球面叫作视界。　（石云里）

史瓦西，M.　Martin Schwarzschild（1912-05-31～1997-04-10）　美籍德裔天体物理学家。德国天文学家**K.史瓦西**之子，生于德国波茨坦，卒于美国宾夕法尼亚州兰霍恩。1935年在格丁根大学获博士学位。1936～1937年在挪威奥斯陆天体物理研究所工作。1937年移居美国，先在哈佛大学天文台任职，1940～1947年在哥伦比亚大学天文台工作。后来就职于普林斯顿大学，1950年任教授。1956年当选美国国家科学院院士。1970～1972年任美国天文学会会长。

他早期的工作是研究**脉动变星**、恒星动力学结构，稳定恒星的质量上限，太阳氦丰度演化等。1950年后研究**红巨星**模

型，1952年，他同A.R.桑德奇合作，提出关于恒星从主星序到红巨星的迅速转变，可用包括两种能源的模型来解释：一是氢壳层燃烧；一是核心引力收缩。几年后同F.霍伊尔合作研究了星族Ⅱ恒星的演化、球状星团、赫罗图的解释、晚期演化中的“氦闪”和元素丰度问题。其结果都包括在1958年所写的《恒星的结构和演化》一书中。1960年后他研究湍流和对流问题，研究太阳米粒组织，主持气球飞行计划以获得太阳高质量照片。这个成功的计划后来扩大到行星和晚期恒星红外分光光度测量的领域。（石云里）

世界时 universal time; UT 以地球自转为基础的时间计量系统。相对于格林尼治本初子午线的平太阳时。地球自转的角度可用地方子午线相对于天球上的基本参考点的运动来度量。为了测量地球自转，人们在天球上选取了两个基本参考点：春分点（见分至点）和平太阳，由此确定的时间分别称为恒星时和平太阳时。

恒星时　用春分点作为基本参考点，由春分点周日视运动确定的时间，英文缩写ST。某一地点的地方恒星时，在数值上等于春分点相对于当地地方子午圈的时角。由于岁差和章动的影响，春分点在天球上不是固定的，对应于同一历元，还有真春分点和平春分点之别。相应地，恒星时也有真恒星时和平恒星时之分。

平太阳时　恒星时与地球自转的角度相对应，这虽然符合以地球自转为基础的时间计量标准的要求，但不能满足日常生活和科学应用的需要。因此，又选用了以真太阳周日视运动的平均速度为基础的平太阳时。因为地球公转轨道是椭圆的，所以真太阳的视运动是不均匀的（或真太阳时是不均匀的）。为了得到以真太阳周日视运动为基础、同时又与其不均匀性无关的时间计量系统，S.纽康在19世纪末引进了一个假想的参考点——平太阳。它在天赤道上做匀速运动，其速度与真太阳的平均速度相一致，其赤经用一个约定的表达式来确定，并规定平太阳赤经与太阳平黄经相差应尽量小。用平太阳假想点作为基本参考点来规定的时间，称为平太阳时。平太阳赤经数值表达式是：

$$\alpha = 18^{h}38^{m}45.^{s}836 + 8\,640\,184.^{s}524T + 0.^{s}0929T^{2}$$

式中T为从1900.0算起的儒略世纪数（一个儒略世纪等于36 525平太阳日）。纽康提出的这个表达式，不但给平太阳时下了精确定义，而且还在恒星时与平太阳时之间建立了一个相互转换的关系。

世界时系统　平太阳时的基本单位是平太阳日（见日），一个平太阳日包含24个平太阳小时（86 400平太阳秒）。以平子夜作为0时开始的格林尼治平太阳时，称为世界时，英文缩写UT。世界时与恒星时之间有严格的转换公式。世界时是以地球自转为基础的，又称为地球自转时。各个天文台观测恒星求得的是世界时的初始值UT0，尽管早在200多年前就有人提出地极运动和地球自转的不均匀性，并且后来通过观测得到证实，但是长期以来UT0一直被作为均匀的时间计量系统应用着。从1956年起才在UT0中引进极移改正$\Delta\lambda$和自转速度季节性变化经验改正ΔT_S，相应得到的世界时为UT1和UT2。它们之间的关系是：

$$UT1 = UT0 + \Delta\lambda,$$
$$UT2 = UT1 + \Delta T_S = UT0 + \Delta\lambda + \Delta T_S$$

式中$\Delta\lambda = (x\sin\lambda - y\cos\lambda)\tan\varphi$，它与观测地点的地理经纬度（$\lambda,\varphi$）和地极坐标（$x,y$）有关。地球自转速度的不均匀性具有复杂的表现形式，包含周期变化、长期变化、短期变化和不规则性变化各种因素。人们根据大量天文观测资料，求得了周期变化（又称季节性变化）的经验改正ΔT_S。它是一个周期函数，虽然每年地球自转并不完全相同，但其振幅和相位变化不大，基本上稳定在一定范围。从1962年起，国际时间局采用的ΔT_S为：

$$\Delta T_S = 0.^{s}022\sin 2\pi t - 0.^{s}012\cos 2\pi t - 0.^{s}006\sin 4\pi t + 0.^{s}007\cos 4\pi t$$

式中t以年为单位，从贝塞尔岁首起算。1970年国际时间局根据1967～1969年全世界的测时资料，制定了地球自转短期变化改正的数值，于1972年开始正式采用。

世界时的测定　世界时是通过恒星观测，由恒星时推算的。常用的测定方法和相应仪器有：①中天法——中星仪、光电中星仪、照相天顶筒；②等高法——超人差棱镜等高仪、光电等高仪。用这些仪器观测，一个夜晚观测的均方误差为±5毫秒左右。依据全世界一年的天文观测结果，经过综合处理所得到的世界时精度约为±1毫秒。由于各种因素（主要是环境因素）的影响，长期以来，世界时的测定精度没有显著的提高。试验中的新方法主要有射电干涉测量、人造卫星激光测距和月球激光测距以及人造卫星多普勒观测等。测定的精度可望有数量级的提高。

世界时的应用　1960年以前，世界时曾作为基本时间计量系统被广泛应用。由于地球自转速度变化的影响，它不是一种均匀的时间系统。但是，因为它与地球自转的角度有关，所以即使在1960年作为时间计量标准的职能被历书时取代以后，世界时对于日常生活、天文导航、大地测量和宇宙飞行器跟踪等仍是必需的。同时，精确的世界时是地球自转的基本数据之一，可以为地球自转理论、地球内部结构、板块运动、地震预报以及地球、地月系、太阳系起源和演化等有关学科的研究提供必要的基本资料。（李　竞）

视差 parallax 观测者在两个不同位置看到同一天体的方向之差。视差可以用观测者的两个不同位置之间的距离（又称基线）在天体处的张角来表示。天体的视差与天体到观测者的距离之间存在着简单的三角关系。测出天体的视差，就可以确定天体的距离。因此，天体的视差测量是确定天体距离的最基本的方法，称为三角视差法。由于太阳系外天体的距离都很遥远，它们的视差很小，为精确测定它们的视差，需要尽可能地把基线拉长。

在测定太阳系内一些天体的视差时，以地球的半径作为基线，所测定的视差称为周日视差。它的定义是：通过M点的地球半径在天体S处的张角（见图）。

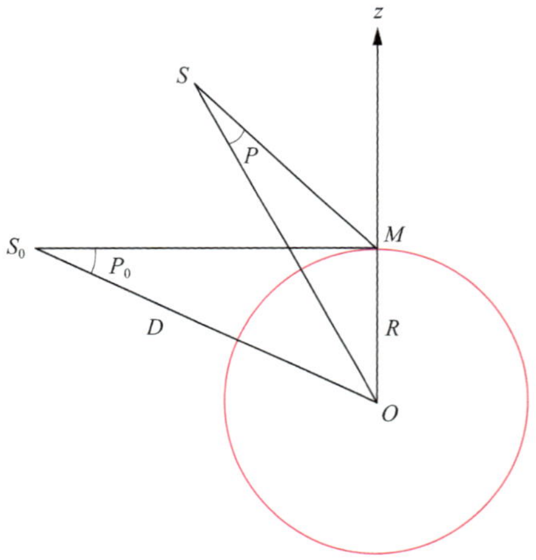

天体的周日视差

周日视差随着天体的高度变化而改变。当天体位于天顶Z时，它的周日视差为零；当天体位于地平时，它的周日视差达到极大值P_0，称为周日地平视差。周日地平视差P_0和地心到天体的距离D以及地球半径R之间的关系可以表示为：

$$\sin P_0 = \frac{R}{D}$$

已知R和P_0，便可求得D。考虑到地球是个扁球体，赤道半径大于极半径，同一天体的周日地平视差值，还将随观测地点的不同而变化。当观测者位于赤道时，天体的周日地平视差具有最大值，称为赤道地平视差。

在测定恒星的视差时，以地球和太阳之间的平均距离作为基线，所测定的视差称为周年视差。如果以π表示天体的周年视差，而距离r以秒差距表示，则有以下近似关系$\pi=\frac{1}{r}$，以最近的恒星来说，$\pi<1''$。

正因为恒星的视差值很小，对恒星距离的测定经历了漫长的历史过程。N.哥白尼创立了日心体系以后，进行了第一次直接测定恒星距离的尝试。根据日心体系，地球围绕太阳运动，因此不同时间所观测到的恒星在天空中的位置应该发生变化。哥白尼测量了在太阳和恒星黄经相同以及相差 180°两个时刻恒星的黄纬β_1和β_2，结果发现$\beta_1=\beta_2$。哥白尼考虑到测量精度为 3′～5′，正确地得出了恒星离开地球的距离至少比太阳远 1000 倍的结论。之后，经过近 400 年的时间人们才第一次测得了恒星的三角视差。除了用三角视差方法直接测定恒星的距离外，后来还创造了分光视差法、变星法以及利用红移等一系列测定天体距离的方法，成功地测出了大量银河系内及河外天体的距离，从而为研究银河系结构和宇宙大尺度结构奠定了基础。

（陈　力）

视超光速　superluminal velocity　表观上超过光速的速度。某些双射电源或类星体中，若将两个成分彼此分离的角速度乘以到太阳的距离，得到的表观线速度可能超过光速。如 1977～1980 年，观测到类星体 3C273 喷流中的亮结与星系核的距离以角速度$\mu=0.0008''$/年扩展着。若取 3C273 的距离$d=640$兆秒差距，则不难算出其视运动速度$v=\mu d=8c$。后来发现 3C111 子源分离的表观速度甚至达到$45c$。

按照狭义相对论，物理运动是不可能超过光速的。但可以证明，这种表观上的超光速现象可用一个简单的几何模型给予解释，只要两个成分以接近（但不超过）光速的速度与视线成足够小的角度运动即可。

（邹振隆）

视界疑难　difficulty in horizon　宇宙暴胀模型中的一个难题。根据哈勃定律，在一个膨胀的宇宙中，两个区域相隔越远退离速度越大。因此，宇宙中非常遥远的信息会由于不能超过光速而无法抵达观测者，这样就形成了宇宙的视界，即观测者只能捕获到此视界以内的物理信息。从地球上观测到的可见区域只是宇宙的一小部分，其他不可见区域与观测者之间没有信息交替。在缺乏暴胀的热大爆炸宇宙学模型中，宇宙视界可以不断向外扩张使得可观测区域不断增大。然而，当观测者首次看到这些新区域时，却发现彼此相距遥远的区域和之前的可观测区域极为相似，处于不同区域的宇宙微波背景辐射具有几乎相同的温度，大尺度结构十分接近，时空曲率也彼此一致。这样就带来了一个理论疑难：为何这些从未有过因果性连通的区域能够如此默契地具有近乎相同的物理状态，包括宇宙微波背景辐射温度、大尺度结构物质功率谱和时空曲率等物理参量。

这一问题在暴胀宇宙中得以完美解决。暴胀学说认为，当前宇宙的所有可观测区域都可以来自极早期的同一个因果连通区域，在暴胀期间由于宇宙空间呈近指数形式的加速膨胀，使得所有原本十分接近的区域可以迅速退离到极大尺度，并在暴胀结束后直至今日仍能覆盖观测者的可观测范围。

（蔡一夫）

室女星系团　Virgo cluster　离地球最近的一个不规则星系团。因位于室女座方向而得名。室女星系团在天球上至少占赤经 12^h～13^h（$1^h=15°$）、赤纬+20°～−20°的大片面积。《梅西耶星表》中共有河外天体 34 个，室女星系团的成员星系就占其中的 16 个。超巨型椭圆星系 M87（NGC4486）位于这个星系团中心（见图），它是全天最

M87 是图片中最大的星系（左下方）

室女座星系团图像

强的射电源之一，也是亮 X 射线源。北京时间 2019 年 4 月 10 日晚 9 时许，全球天文学家同步公布了首个黑洞“真容”。该黑洞即位于 M87 的中心，距离地球 5500 万光年，质量约为太阳的 65 亿倍。其核心区域存在一个阴影，周围环绕一个新月状光环。在 M87 中心区 12°×10°的椭圆形天区内，有几百个成员星系。整个室女星系团拥有的星系超过 2500 个。平均视向速度为 1180 千米/秒，距离 19 兆秒差距（约 6000 万光年）。它的结构相当复杂，可能是几个星系团的投影。室女星系团和银河系所在的本星系群都属于本超星系团。

（赵君亮）

室女座 W 型变星　W Virginis variable star　星族Ⅱ的造父变星。室女座 W 型变星与星族Ⅰ造父变星的主要不同点是：光变曲线在极大或下降段（在位相 0.4 处）有一较长的停顿；周期为 2～45 天；频数分布的极大值在 10～20 天，而在 5～10 天的则很少（见图）；周光关系的曲线类似星族Ⅰ

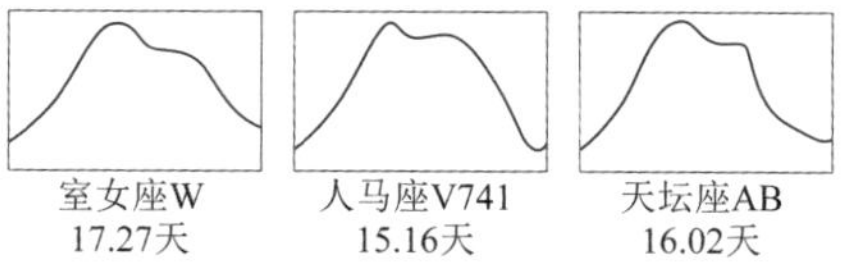

三颗室女座 W 型变星的光变曲线

造父变星，但零点暗 1.5～2 等；离银道面的距离和相对于太阳的速度比星族Ⅰ造父变星大；光强临近极大时光谱中出现亮氢线，而到极大时发射已减弱，这是星族Ⅰ造父变星所没有的；比周期相同的星族Ⅰ造父变星具有较早的光谱型。室女座 W 型变星的典型代表是室女座 W，它们又可细分为球状星团室女座W型变星和银河星场室女座 W 型变星，据 1978 年的资料，前者周期很少在 8～12 天。

（蔡贤德）

授时　time service; time transfer　建立并保持某一时间标准（例如协调世界时 UTC），以一定手段把代表这一标准的信息传递出去，使用户能有效地获得并保持精密准确的时间，这一系统工程叫作时间服务，在中国称为授时。授时这一称谓来源于《尚书·尧典》中下列一段文字：“乃命羲和，钦若昊天，历象日月星辰，敬授人时。”

授时历史悠久。古代有敲钟击鼓等方式。现代授时包含测时、守时（保持时间）、播时（又称时间传递）、订定刊布时号改正数等内容。在天文时间标准情况下，通过天文观测测定时间，以石英钟等天文时计保持时间。在原子时标准情况下，测时由实验室通过原子钟组相互比对实现，以原子钟组保持时间。现代播时主要凭借无线电信号传输，其主要方法有：

短波授时　20 世纪初出现的利用短波波段频率（3～30MHz）发射时号的播时系统。其定时精度为毫秒（10^{-3}秒）量级。目前世界上多数国家都建有短波授时台，并按国际电信联盟（ITU）规定的频率（2.5，5.0，10.0，15.0，20.0，25.0MHz）和标准，发播各自短波时号。有些国家还使用其他短波频率发播时号。中国的短波时号由中国科学院国家授时中心短波授时台发播。电台呼号为 BPM。它用 2.5，5.0，10.0，15.0MHz 4 个频道，全天连续发播 UTC 时号和时码等标准时间和频率信息。

长波授时　20 世纪 60 年代出现的利

用长波波段频率（30～300KHz）发射时号的播时系统。长波无线电信号具有沿地球表面（地波）和经电离层反射（天波）两个传播通道。通过对大地电导率和大气折射率研究，可较准确测定信号传播路径时延，因此长波授时精度较高，为微秒（10^{-6}秒）量级。世界上一些发达国家都建有长波授时台。中国的长波授时由中国科学院国家授时中心的BPL长波授时台承担。BPL长波授时台以100KHz频率发射编码脉冲式时号。

卫星授时　经由导航卫星传递标准时间的授时服务系统。卫星授时信号覆盖范围大，传送精度高，是广泛采用的高精度授时方法。它的定时精度为纳秒（10^{-9}秒）量级。

授时是卫星导航系统的重要功能之一。提供授时服务的有美国的GPS系统、俄罗斯的Glonass系统、中国的北斗系统、欧盟的伽利略系统。

GPS传送的时间可溯源到美国海军天文台（USNO）保持的协调世界时 UTC（USNO）。在1980年1月6日0时，GPS时间与UTC同步，此后不再实施闰秒。

Glonass传送的时间可溯源到莫斯科时间UTC（SU），并实施闰秒。

北斗系统传送的时间 BDT 可溯源到中国科学院国家授时中心（NTSC）保持的协调世界时UTC（NTSC）。在2006年1月1日，BDT与UTC同步，此后不再实施闰秒。

电视授时　利用电视信号垂直消隐间隔的正弦波群或稳定的彩色正弦波信号传送标准时间的授时服务系统。其定时精度为微秒（10^{-6}秒）量级。

网络授时　利用网络系统传送标准时间信息。它主要为网络系统内计算机的时钟同步提供参考信号，定时精度为毫秒（10^{-3}秒）量级。

电话授时　利用公共电话系统传送标准时间信息。它采用咨询方式向用户提供包含有年、月、日、时、分、秒信息的时码和其他时间信息。它属于点－点有线传输，定时精度为毫秒量级。

（吴守贤　漆贯荣）

疏散星团　open cluster　在大至50光年的范围内含有数十至数千颗恒星的形状不规则星团。疏散星团有几种不同的分类方法。一种根据向中心的集聚程度、成员星亮度范围和成员数目分类。集聚程度最大的以罗马数字Ⅰ表示，最小的为Ⅳ，视星等范围最大的以3表示，最小的以1表示。最后，成员数小于50的以字母p表示，在50和100之间的为m，超过100的以r表示。例如昴星团为Ⅱ3r型。R.J.特朗普勒发现星团线直径与这种分类法有着密切的关系。

另一种分类法主要根据最亮成员星的光谱型，把疏散星团分为O星团、B星团和A星团，最亮成员星是光谱型为O型或B0型的团称为O星团，最亮成员星为B1～B5型的为B星团，B6～A3型的为A星团，例如昴星团为B星团。

疏散星团沿银经方向的分布比较均匀，表明这类天体的银心聚度很小。另一方面，它们的银面聚度却很大，除了最靠近人类的星团外，将近80%的疏散星团位于银道面附近宽度为10°的狭带上。离人类最近的疏散星团只有几十到100多秒差距，例如毕星团、昴星团、鬼星团的距离分别为45、136、187秒差距，远的可达1万秒差距以上。

疏散星团有很宽的年龄谱，其范围在100万～100亿年，已知最老疏散星团是伯克利17（Berkeley17），根据颜色－星等图上主序折向点判得的年龄为100亿年。疏散星团的宽年龄谱说明它们不断地在银河系盘中形成，可用来描绘银河系自盘形成以后的历史和演化（见图）。

欧洲南方天文台（ESO）在可见光和红外巡天望远镜（VISTA）资料中发现的30个疏散星团

正确地确定星团成员是疏散星团研究工作的基础，然而这又是一个颇为困难的问题。原因在于团星、场星混杂在一起，需要把它们正确地加以区别开来。确定疏散星团成员通常依据三个观测上的判据，即多色测光数据、视向速度以及自行。疏散星团作为一个整体在空间运动，其成员应当具有大致相同的自行以及视向速度，而且从总体上说同不属于星团的场星（可能是前景星或背景星）有着不同的运动规律。相比场星而言，疏散星团成员间的年龄、金属丰度以及到太阳的距离基本一致，因此其在颜色－星等图上的分布也相对更加集中。

疏散星团作为银盘性质的“探针”，无论是大样本的统计性质还是单个星团的内部运动与特性，都会对银河系结构和演化模型提供关键性约束。

就疏散星团本身而言，作为一种有着共同起源的恒星系统，其成员星具有某些相似的特征（如年龄、距离、红化、金属丰度等），从而为恒星演化的理论提供了理想的检验场所。疏散星团中的蓝离散星、主序空缺以及双重主序等现象对现有的恒星演化理论提出了挑战。

相对于场星而言，疏散星团的距离和整体运动、金属丰度以及年龄的测定相对比较准确和可靠。疏散星团较宽的年龄范围对盘族恒星系统的演化研究极为有利，尤其是研究疏散星团金属丰度在银河系内的分布能提供银盘整体化学演化方面的关键信息，为银盘形成和演化的理论模型提供最可靠的约束。

（陈　力）

数据立方　data cube　一种多维的数据集。在天文学中，狭义的数据立方通常用来表示积分视场光谱获得的数据。对于传统的天文观测来说，图像观测可以获得二维空间上的信息，光谱观测可以获得波长这一维度上的信息。对于积分视场光谱来说，其同时可以获得二维空间和波长这一方向上的信息，因此其最终观测的数据通常被整合在一起形成一个三维数据集，该数据集通常被称为数据立方。除了积分视场光谱数据集外，广义的数据立方还可以拓展到其他的多维数据上，如图像的时间序列等。数据立方的维度也可以超过三维到更高。 （沈世银）

双不动中心问题 two fixed-center problem 一种特殊的**限制性三体问题**。在这个三体系统中，两个主天体（或称有限质量天体）固定不动，第三个小天体在两个固定的主天体吸引下运动。L.欧拉、J.-L.拉格朗日、A.-M.勒让德、C.G.J.雅可比等人很早就研究过这个问题。双不动中心问题是限制性三体问题中少有的可积情况之一，其解包含椭圆积分，比**二体问题**复杂些。双不动中心实际上是不存在的。但是，只要一个主天体绕另一个主天体的运动速度比小天体的运动速度小得多时，就可略去由此引起的惯性力，近似地作为双不动中心问题，对应的解至少可作为小天体运动的第一近似，即**中间轨道**。这在研究**人造地球卫星运动理论**中是有用处的。

人造卫星（即小天体）绕旋转对称的地球运动时，**地球自转**对卫星运动没有影响。因此，可以将地球看成是由压缩了的很多分散的"不动体"集合而成的，进而简化为两个质量相等的不动体的结合，这两个不动体的总质量等于地球质量。这样，就把一个复杂的问题简化成双不动中心问题。相应的卫星运动方程为：

$$\ddot{r} = \nabla V_0$$

式中V_0为双不动中心构成的引力场势函数。为了使V_0尽量接近于真实的地球引力场位函数V，可取V_0为：

$$V_0 = \frac{Gm}{2}\left(\frac{1+i\sigma}{r_1} + \frac{1-i\sigma}{r_2}\right)$$

式中

$$r_1 = \left\{x^2 + y^2 + [z - c(\sigma + i)]^2\right\}^{1/2}$$

$$r_2 = \left\{x^2 + y^2 + [z - c(\sigma - i)]^2\right\}^{1/2}$$

G为引力常数；m为地球质量；r_1、r_2分别为小天体到双不动中心的距离；$i = \sqrt{-1}$。这相当于构成地球的两个不动体对称地分布在z轴上，但它们的质量和相互距离用共轭复数形式表示。适当选取两个待定常数c和σ，可以使V_0包含V的球谐展开式的主要带谐项J_2、J_3和J_4中的大部分。利用空间泰勒变换，将x、y、z转换为ξ、η、λ：

$$x = c\left[\left(1 + \xi^2(1-\eta^2)\right)^{1/2}\cos\lambda\right]$$

$$y = c\left[\left(1 + \xi^2(1-\eta^2)\right)^{1/2}\sin\lambda\right]$$

$$z = c\sigma + c\xi\eta$$

可将人造卫星的运动方程转化为对于ξ、η、λ的可积形式。它的解虽然包含椭圆积分，但用来作为中间轨道要比椭圆轨道精确得多，它包含了地球形状摄动的主要部分。

要在上述中间轨道基础上进一步求出人造地球卫星运动更精确的解，就得求摄动，相应的摄动函数为$R = V - V_0$。解决这个问题仍然是比较麻烦的。因此，即使在人造卫星绕地球运动这个特定的问题中引用双不动中心的模型，也不能完全解决问题。 （刘　林）

双带耀斑 two-ribbon flare 由两条近于平行的亮带构成的**光学耀斑**。大量观测表明，用氢谱线看到的光学耀斑可以大致分为两大类，即致密耀斑和双带耀斑。致密耀斑的外观较小，其发射区似乎被限制在高度较低的单一磁弧（弧形磁流管）当中，在耀斑发展过程中变化不明显，很像是在当地自生自灭。而双带耀斑则有两个较大的亮带，分别处在相反磁极性区，二亮带由一些近乎平行的磁弧联接，二亮带就是这些磁弧的足根。双带耀斑往往与活动**日珥**相联系。日珥位于双带之间的中性线上，其长轴与磁弧系近于90°。耀斑发生过程中，二亮带愈益分离，连接二亮带的弧形系也逐渐变大和增高，最终导致日珥互解或形成物质抛射。有时在双带耀斑发生前夕，中性线上的日珥就出现骚动（激活），甚至突然消失，然后才发生耀斑。在大的双带耀斑后期，往往还会出现耀斑后环系，在单色光中表现为耀斑两大亮块之间呈现许多平行排列的暗黑细拱。有一种由两排相互平行但磁极性相反的所谓A结构**黑子群**的活动区，具有很高的双带耀斑产率。当活动区中的磁场极性变换线（也称中性线）近于直线时，耀斑的两条亮带比较平直；而当中性线弯曲时，两条亮带一般也成弯曲形状。 （林元章）

双阶段加速 two stage acceleration 基于大太阳耀斑高能辐射随能量增加而延迟达到流量峰值的观测现象。J.P.怀尔德、S.F.斯莫德与A.A.韦斯于1963年，C.de亚格于1969年相继提出双阶段粒子加速的概念。

新近的观测表明，高能离子产生的γ射线通常在高能电子产生的硬X射线辐射之后几十分钟达到流量峰值，在脉冲性太阳高能粒子事件中，人们也发现高能离子在耀斑附近向开放日冕磁力线的注入通常也晚于高能电子。多数太阳物理学家认为，大耀斑中的粒子加速经历了两个阶段。脉冲相的粒子加速和磁重联过程密切相关，在这个阶段除了高能电子可以通过回旋同步辐射和轫致辐射过程分别产生脉冲性的射电和X射线辐射，由于高能电子角分布各向异性导致的各种相干射电辐射通常有很短的光变时标和较窄的辐射频谱。在脉冲相加速产生的部分高能粒子，可以通过费米加速机制在缓变相被加速到更高的能量。 （刘四明）

双天线射电干涉仪 two-element radio interferometer 由两面天线组成的**射电望远镜**。是最简单的也是最基本的一种干涉仪。所有各种高分辨率的非连续孔径望远镜都是以它为基础发展起来的。双天线射电干涉仪由取向一致的两面个天线组成，天线A和天线B安置在某一方向（如东西方向）的基线上，接收角径远远小于单个天线的分辨率的"点源"的单频信号。天线用性能相同、长度相等的传输线把各自收到的信号送到接收机输入端，两个信号互相叠加。当一个天体射来的电磁波与基线的垂线成θ角时，射电波到达两天线相差一段路程BC。若程差BC正好是半波长的偶数倍，这两个信号同相，信号相加；若为奇数倍则反相，信号相互抵消。因此，当θ因天体的周日运动而不断改变时，接收机的输出呈现强弱相间的周期性变化，形成干涉图形。图1、图2是双天线干涉仪的原理和方向图形。图2中各方向瓣的包络就是单天线方向图。用中心瓣的宽度来表示一具双天线干涉仪所具有的分辨率。这

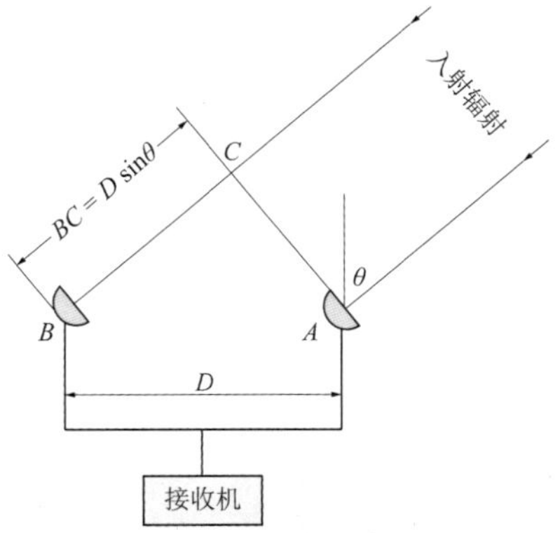

图1　双天线射电干涉仪原理示意图

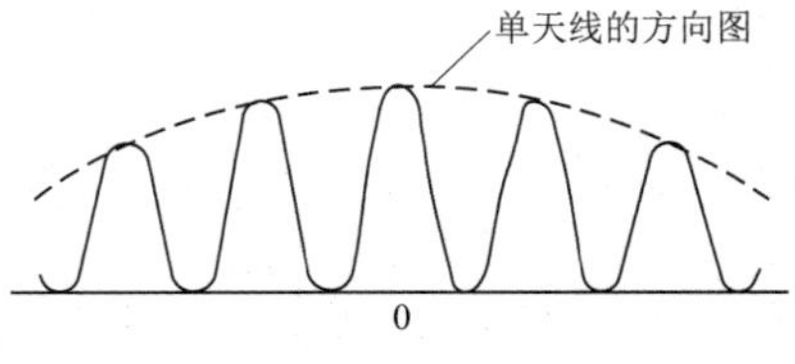

图2　双天线射电干涉图形示意图

和连续孔径情况一样，也近似有$\delta\theta \approx \lambda/D$的形式，然而这里的$D$是两台天线之间的间距。由于$D$可以很大，因此干涉仪可以得到比连续孔径望远镜窄得多的方向瓣。对于特定的孤立射电源，方向瓣的宽度就决定了观测所能达到的分辨率。如果在单天线方向图的范围内不止有一个源，或源的角径大于相邻两个方向瓣的角距，则所得的信息将混淆不清。

为了适应各种目的，研制了各种形式的干涉仪，其中最重要的是相关干涉仪。相关干涉仪是由两个分立的天线以及对天线送来的信号能起乘法作用的接收机（称为相关接收机）组成的。相关接收机的输出，只对两组元的天线同时收到的信号起作用，其输出正比于两个组元天线输出的电压乘积的平均值。如果信号或某种噪声或干扰只加在其中的一个组元通道上，则相关输出将为零。这就使得相关接收机可以抑制接收机噪声以及外来的只对一个组元有作用的有害干扰。综合孔径射电望远镜、米尔斯十字射电望远镜、复合射电干涉仪等许多非连续孔径射电望远镜，都是以这种形式的接收机为基础的。

（吴鑫基　乔国俊）

双小行星　binary asteroid　一类由两颗小行星绕着它们的共同质心在引力作用下相互绕转组成的小行星系统。其中常把质量较大的一颗称为主星（primary asteroid），较小的称为卫星（satellite）或次星（secondary asteroid）。传统上双小行星的英文翻译为binary asteroid，但为了将海王星外的双小行星也包括在内，英文中更广泛的翻译对应为 binary minor planet，包括传统意义上海王星轨道内的双小行星（binary asteroid）以及海王星轨道外的双小天体（binary Trans-Neptunian objects）。首个被证实的双小行星系统是于 1993 年由“伽利略”号木星探测器近距离观测到的主带小行星 243 Ida（见图）。在近地小行星、火星轨道穿越小行星、主带小行星、木星-特洛伊群小行星以及柯伊伯带天体中都已证实有双小行星系统的存在。有些小行星系统的两部分

首个被证实的双小行星 243 Ida

在空间上距离很远，但通过轨道回溯发现它们可能在历史上曾经是双小行星，这些系统被称为小行星对（asteroid pairs）。

观测结果　近地和主带双小行星的主要发现方式是地面雷达观测和光学波段的光变曲线观测，特别是雷达观测方式已经被证认为主要的近地双小行星发现手段，60%以上的近地双小行星都是通过地面雷达发现的（主要是美国的阿雷西博和金石雷达天文台）；而一些通过光变曲线发现的疑似双小行星也需要通过雷达观测来确认。光变曲线方法则主要用于主带以及火星轨道穿越双小行星的发现。此外，直接成像法也已用于发现新的双小行星，主要的设备是哈勃空间望远镜以及口径 10 米级以上配备有自适应光学系统的地面望远镜，约 12%的主带双小行星，两颗木星-特洛伊双小行星以及几乎所有的海王星外双小行星都是由直接成像法发现的。从总数上看太阳系内已经有接近 400 颗双小行星已经被发现。而据估计，直径大于 200 米的近地小行星以及直径 20 千米以下的主带小行星中可能有 16%是双小行星；而直径 20 千米以上的主带双小行星比例预计要远小于 16%。

基本性质　统计数据表明，大部分近地双小行星（以及直径 20 千米以下的主带双小行星）的卫星/主星直径比在 4%～58%；卫星相对主星的轨道半长径主要分布在 2.5～7.2 倍主星半径范围；且主星一般具有较快的自转周期，主要分布在 2.2～4.5 小时范围内。有些双小行星中卫星的自转周期与其自身绕主星的公转周期相同，这类系统被称为轨旋同步双小行星（synchronous binary asteroid），否则称为非轨旋同步双小行星（asynchronous binary asteroid）；若主星的自转周期、卫星的自转周期与相互绕转的轨道周期都相同，这类系统被称为双轨旋同步双小行星（doubly synchronous binary asteroid），如(69230) Hermes。观测还发现，有些小行星具有两颗卫星，这类小行星被称为三合小行星（triple asteroid），如直径 280 千米的 87 号小行星林神星（Sylvia）。

形成机制　小行星表面各向异性的散射和自发热辐射可能会给小行星本身产生一个力矩作用，从而改变其自转轴指向，甚至使得自转速率持续加速或减速，该效应称为 YORP 效应。研究认为，近地双小行星和直径 20 千米以下的主带双小行星主要由原小行星母体在 YORP 效应下自转加速从而引起物质分裂而形成。而直径 20 千米以上的主带双小行星的形成则认为主要与碰撞有关。

特殊的双小行星　有些双小行星的母体形状比较特殊，例如雷达反演的形状模型表明近地双小行星(185851)2000 DP107和(66391)1999 KW4 的主星都具有类似陀螺的形状，特别是在赤道附近有明显的隆起。此外，作为最大的木星-特洛伊群小行星以及同时也为双小行星的(624)Hektor，其母星具有明显的延长型结构，长宽比达到 2∶1；不过也有学者猜测 Hektor 是一颗由两部分组成的接触双小行星（contact binary）。

（胡寿村）

双星　binary star　在空间中视位置比较靠近的两颗星。由于彼此引力作用而围绕共同质心互相环绕的两颗星，称为物理双星。看似彼此很靠近，实际上在空间相距很远，并无物理联系的两颗星，称为光学双星。下文叙述仅指物理双星。组成双星的两颗星均称为双星的子星。天狼、南门二、五车二、南河三、角宿一、心宿二、北河二、北斗一和参宿三等著名亮星都是双星。

双星的分类　双星分类一般依据三条原则：①发现和观测双星的方法；②双星现在的物理状态或子星间物质交换的情况；③考虑恒星演化的状况。

根据子星在赫罗图上的位置，主要分为七大类：①目视双星。指通过望远镜，人眼可直接分辨开子星的双星，已发现的目视双星将近 8 万对。C.E.沃利等（1983）给出了 850 颗目视双星的轨道根数星表。天狼星是著名的目视双星，两子星的质量分别为 2.28 和 0.98 太阳质量，它的伴星为白矮星。②分光双星。指由谱线位移的规律性而判知的双星。测得两颗子星谱线的称为双谱分光双星（或双线分光双星），只测到一颗子星谱线的称为单谱分光双星（或单线分光双星），已发现的分光双星约 5000 对。1989 年加拿大自治领天体物理台发表的《分光双星系统轨道根数第八表》列出了 1470 对分光双星的数据，是重要的参考资料。③食双星。指子星彼此掩食造成亮度规则变化的双星，又称食变星。它们常载入变星表，已知有 4000 多对，按照光变曲线的形状，主要分为三大类：英仙β型（大陵五）、天琴β型和大熊 W 型。现在还没有综合性强的星表，D.特雷尔等（1992）列出了 323 颗食双星的数据。④天体测量双星。一般指通过天体测量方法发现其自行行迹为曲线并可用存在某伴星来解释其行迹而发现的双星。⑤光谱双星。指由连续光谱能量分布而判知的双星，这种双星往往是轨道面与视向接近垂直，而且两子星的光谱型相差悬殊。⑥掩食双星。

指由掩星（如月掩星）观测分析而略知的双星。⑦椭球双星（或椭球变星）。指由两颗椭球状子星组成，其合成亮度随位相（轨道上的相对地位）按一定规律变化而被发现的双星，但并不是食双星。椭球双星与食双星可合称测光双星。把分光双星和测光双星合起来称为密近双星。另外，还有按照观测波段或所包含的特殊对象而得名的双星，如射电双星、**X 射线双星**（或简称 X 线双星）、爆发双星（包含**爆发变星**）、**脉冲双星**等（见表）。

双星示例

星名	类别	轨道周期	特点
天狼	目视双星	50.1 年	一子星是白矮星；已测得 X 射线
玉衡（北斗五）	干涉双星		角距 53 毫秒（1978 年发表）
昴宿七	掩食双星		由月掩星测知
天鹅座 9	光谱双星	215.5 天	复合光谱，后测知为分光双星
仙王座 VV	天体测量双星	7430 天	食双星、分光双星，包含红超巨星，有磁场
角宿一	分光双星	4.0145 天	也是测光双星，一子星是脉动变星
大陵五	食双星	2.8673 天	已测得 X 射线、射电爆发，有第三星
英仙座 β	椭球双星	1.5274 天	有射电爆发
武仙座 X-1	X 线双星	1.700 天	包含 X 射线脉冲星兼光学脉冲星
PSR1913 + 16	脉冲星双星	27 907 秒	包含射电脉冲量

双星是恒星世界的普遍现象，是规模最小的恒星集团。此外，还有两颗以上恒星组成的**聚星**，如三颗星组成的三合星，四颗星组成的四合星等。太阳周围几十光年内，60%～70%恒星是双星或聚星的成员。随着观测方法和仪器的发展或改进，以前认为是单星而后来被确证为的双星数目在增加。因此，太阳附近空间的恒星是双星或聚星的子星的并不限于上述百分数。在许多**星协**、**星团**、**星云**和一些河外星系中也发现有双星。

著名的双星和聚星　有以下 6 种。

①英仙 β（β Per）。中名大陵五，是最早发现的食双星。它的光变周期等于 2.867 天，总亮度 2.20m，最暗时亮度下降到 3.40m。英仙 β 的主星是 B8 型主序星，质量为 3.7$M_{\odot}$，半径 2.9$R_{\odot}$；伴星是 K2 型星，质量为 0.8$M_{\odot}$，但半径比主星稍大，等于 3.5$R_{\odot}$，已充满洛希瓣，所以英仙 β 是半接双星。两子星的轨道的偏心率 $e = 0.015$，很接近圆形。1906 年 A.A.贝洛波尔斯基发现这个双星系统的质量中心在移动，表明还有第三颗星存在，所以英仙 β 实际上是三合星。以英仙 β 为典型的双星称作大陵型双星，又称大陵型食变星，符号为 EA。1975 年探测到英仙 β 的 **X 射线辐射**，功率为 10^{24} 瓦；1992 年又探测到英仙 β 的一个 X 射线大耀斑，光度达 2×10^{25} 瓦。

②天琴 β（β Lyr）。中名渐台二，1784 年 J.古德利克发现其光变，是第二个被发现的食双星。周期为 12.91 天，每年增加 19 秒，两子星相距较近，都畸变成扁球形，光变曲线的主极小和次极小的深度分别为 0.8m 和 0.4m。天琴 β 离太阳约 500 秒差距，属半接双星。主星是 B6 Ⅱ 型，质量为 2$M_{\odot}$，充满洛希瓣；次星 B0 Ⅴ 型，质量 12$M_{\odot}$，正在增加质量，次星周围有一个**吸积盘**，由主星流向次星的物质形成的。天琴 β 型食变星的符号为 EB。

③大熊 W（W UMa）。离太阳 67 秒差距，周期为 0.3336 天，目视星等变化范围 7.75m～8.48m，两颗子星的光谱型分别为 F8 和 F7。大熊 W 是相接双星，两子星相距很近，都充满或几乎充满洛希瓣。主星质量 1.30$M_{\odot}$，次星质量 0.65$M_{\odot}$。该双星被一个公共的对流包层包裹着。大熊 W 型食双星的符号为 EW，已发现 500 多对。在太阳附近这类双星很多。

④御夫 ζ（ζ Aur）。为数不多的食双星，主星是有延伸大气的 G～M 型超巨星，次星是半径小得多的 B 型星。当 B 型星被掩食时，观测者看到在 B 型星光谱上重叠了 Ca Ⅱ 的 K 线等**色球**吸收线。御夫 ζ 中名柱二，是这类双星的代表，无交食时星等为 $m_p = 5.0$，主极小时为 5.6。较亮并且研究过的有天鹅 31、天鹅 32 和御夫 ε 和仙王 VV。

⑤大熊 ζ（ζ Uma）和双子 α（α Gem）。大熊 ζ 中文名开阳（见图），其近旁有一颗 4 等星，名叫大熊 80，中名辅，与大熊 ζ 相距 11 角分。大熊 ζ 是最先被发现的目视双星，两子星又都是分光双星，现又证明大熊 80 也是分光双星。因此，该恒星系统共包括 6 颗星，为六合星。双子 α 也是由三对双星组成的六合星。

⑥猎户 θ（θ Ori）聚星系统。位于**猎户星云**里面，用小望远镜看它是四合星，4 颗星组成了四边形，常被称为**猎户四边形**。

研究双星的意义　研究双星特别重要的原因是：①除太阳外，恒星之中唯有对某

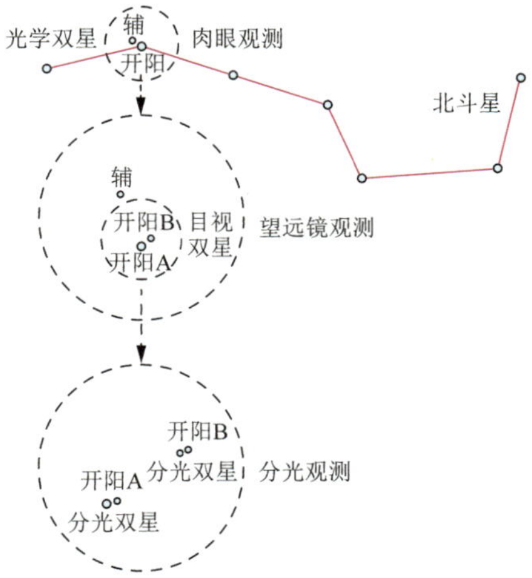

大熊 ζ 中开阳近旁星

些双星观测，才能够从轨道运动直接和可靠地定出**恒星质量**，而恒星的质量是决定恒星一生和演化的第一要素。不少单星的质量估值，要用双星质量去对比检验。②许多天文过程和现象仅发生在双星系统中，特别是恒星一生中某些时间相互作用的状态（见**密近双星**），双星可以说是引力“实验室”。如天鹰座射电**脉冲星** PSR1913 + 16（轨道周期既短，偏心率又大，而且包含有致密星的双星）就为研究相对论和**引力波**提供了宝贵的资料。③当恒星是双星的部分时，可能轨道稳定且可围绕恒星居住行星。双星还提供了认识恒星之间各种相互作用的条件，如引力相互作用、辐射相互作用、物质相互作用等。双星对于研究某些恒星内部的密度分布、大气结构、爆发等问题也提供了非常有利的条件，亦为研究许多恒星的演化和寻找**黑洞**提供宝贵的样品。此外，认真研究双星、聚星和行星系的区别与联系，必然会大大促进它们的起源和演化等问题的解决。自从 X 射线双星、射电双星、脉冲星双星发现以来，双星天文学内容更加丰富，研究更加活跃。（李宗伟）

双星星族合成　binary population synthesis

按恒星（含**双星**）演化的一般规律，同时演化数百万颗恒星，得到某类或某几类恒星的总体特征，并可以同时追踪某些复杂恒星系统的研究活动。

研究简史　20 世纪 90 年代起，天文学的发展出现两个新的趋势，一是大型设备巡天计划逐渐成为国际天文观测的主流，如美国斯隆巡天（SDSS）、中国 LAMOST 巡天等。还有更多更大的巡天项目如 LSST、WFIRST 等在计划和筹备中。这些大型巡天项目释放了大量的高精度高分辨率恒星观测数据，快速推动着整个天文学的发展。二是星系宇宙学蓬勃发展，星系中绝大部分可见物质都是恒星，星系

的演化依赖于恒星群体的演化。单颗或几颗恒星的演化已经无法满足当时天文学发展的需求。双星星族合成应运而生。早期进行双星星族合成研究的天文学家有俄罗斯 L.R.尤恩格尔森、英国 U.科尔布、荷兰 O.波尔斯、中国**韩占文**、比利时 D.范贝弗伦等。他们被认为是双星星族合成研究的先驱。

基本要素　一般情况下，双星星族合成需要以下几个基本要素：①恒星（含双星）演化的基本关系和判据，这些基本关系和判据决定了恒星（双星）演化的方向和结局，是双星星族合成的骨架。②研究对象（某类或某几类天体）形成的物理图像，这是研究工作的精髓和思想的体现。③恒星族（含双星）的初始条件，包括恒星形成历史、初始质量分布、双星的初始质量比分布和初始轨道周期分布等。通过大样本演化可以得到研究对象各种参数的分布以及随时间的演化，然后通过和观测对比，解释现代恒星天体的观测结果，并进行理论预言。

恒星（含双星）演化的基本关系和判据　下列是几个非常重要的关系和判据。

①单星和双星演化的初始-终止质量关系。给定一颗恒星，根据恒星的初始-终止质量关系，可以判断其何时死亡，以及死亡后的产物，如**白矮星**、**中子星**、**黑洞**，或者没有残留物。

②双星物质交换的动力学稳定性判据。双星演化是一个非常复杂的行为，**密近双星**的两个子星间会发生一次或几次物质交换。物质交换的具体行为决定了双星演化的走向，如图所示。如果由于某种原因，其中一颗恒星损失物质的速率迅速增加而使得它无法恢复热平衡状态，这颗恒星将剧烈膨胀而使得物质损失速率进一步增加。这种正反馈过程最终会导致动力学时标的物质交换——正在丢失物质的恒星会迅速将伴星旋入自己的包层内，整个双星系统进入公共包层演化阶段。一个双星系统在什么条件下发生动力学物质交换是双星演化的两个未解决的基本问题之一。因为通常的恒星结构和演化方程建立在热力学平衡基础之上，无法追踪恒星以动力学时标损失物质时的行为。所以长期以来，该领域使用的均是由恒星多方模型得到的动力学稳定性判据，尽管应用该判据得到的结果和实际观测之间存在非常明显的矛盾。2010 年、2015 年，中国葛宏伟等人利用他们建立的恒星快速物质损失模型给出了新的动力学物质交换稳定性判据。新的判据和多方模型之间存在显著差异，被认为是该领域研究的一大进步，有望解决原有判据遗留下来的一些问题。

③公共包层演化的能量机制。双星进入公共包层演化阶段以后，随后的演化是一个动力学行为——伴星和原来物质损失星的核组成的内双星系统在公共包层内快速旋进，最终并合成一颗单星或将公共包层抛射形成一个短周期双星系统。对于这样一个动力学过程，通常采用三维数值模拟来处理它的演化，即采用多个粒子来近似公共包层结构，并考虑它们之间的相互作用，看最终能否抛射包层。这种模拟计算量非常大，考虑的粒子数越多耗时越长，因此公共包层演化是双星演化领域内另一个没有解决的基本问题。该研究领域广泛使用的是基于能量守恒的一个唯象描述：内双星系统和公共包层的转动不同步，伴星在旋入过程中由于摩擦，轨道能会转化成热能储存在公共包层内；如果在内双星系统的某一子星充满洛希瓣之前损失的轨道能量大于公共包层的引力束缚能，就有可能将公共包层抛射，最终形成一个短周期的双星系统；反之，这个双星最终将并合形成一个快速自转的单星。这一唯象描述解决了双星演化在应用时面临的实际问题，但同样带来了非常多的不确定性和矛盾。比如，在该唯象模型中，人们引入公共包层抛射系数这个参数来描述有多大比例的轨道能可以用来抛射公共包层。但是，这个参数往往被设为 3 才能较好地重现观测结果。这显然是和能量守恒相悖的。韩占文等人 1994 年最先提出了在计算公共包层的束缚能时，应该考虑包层内能的贡献，极大地缓和了这一矛盾。

④稳定物质交换形成的双星系统的质量——周期关系。如果正在发生物质损失的恒星有一个简并核，在物质交换结束后，这颗星的剩余质量和轨道周期之间有一个非常强的关系，不依赖于物质损失的过程和角动量损失方式，但和金属丰度相关。这个关系最早是 S.拉帕波特等人 1995 年研

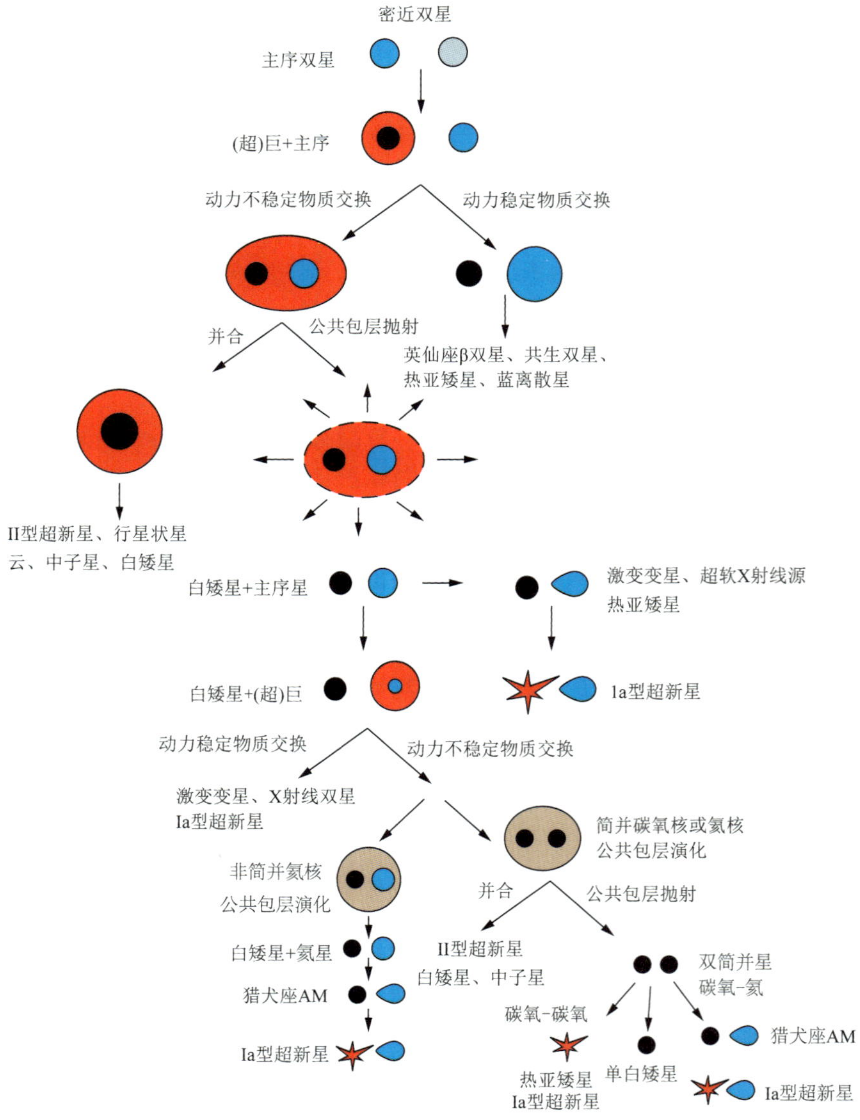

双星演化基本流程

究长周期脉冲星时提出，随后出现了相当多的类似研究，被证实在小质量**X射线双星**、**毫秒脉冲星**以及长周期热亚矮星中均存在。

应用　以热亚矮星双星模型和Ⅰa型超新星的氦星模型为例来介绍双星星族合成的应用。

在恒星分类中，有一类恒星温度高、体积小，被称为热亚矮星，它们被用来发展星震学、测定星系结构和年龄。在结构上，热亚矮星的中心是一个稳定燃烧的氦核，外面有一个很薄的氢壳层（质量小于$0.02M_{\odot}$）。单星在解释这类恒星的形成时，需要一个非常奇特的**星风**分布，物理上无法给出一个合理的解释。韩占文等在对双星演化理解的基础上，于2002年、2003年间提出了热亚矮星的形成图像：长周期热亚矮星是双星在第一巨星支顶端经历稳定洛希瓣物质交流并且氦点燃后形成；短周期热亚矮星是双星在第一巨星支顶端经历公共包层抛射并且氦点燃后形成；热亚矮星单星是由双氦白矮星因**引力波**辐射损失轨道角动量并合且氦点燃后形成。基于此思想，它们通过双星星族合成建立了热亚矮星的双星模型。在模型建立中，他们通过详细的双星演化研究了巨星和白矮星之间发生物质交换时的动力学稳定性判据；在公共包层抛射过程中考虑了内能的贡献，在不违背能量守恒的前提下就可以很好地重现观测结果。热亚矮星双星模型自然地解释了热亚矮星的观测性质，他们不再是以前认为的那样来自单星而是来自双星，质量也不再是以前认为的单一质量而是有较大的质量范围，从而颠覆了人们对热亚矮星的认识，并迅速成长为该领域的主流模型。中国的陈雪飞等人在考虑了稳定物质交换形成的双星系统的质量——周期关系后，修正了长周期热亚矮星的轨道周期分布，重现了最新的观测结果。

Ⅰa型超新星是碳氧白矮星热核爆炸的产物。它作为可标准化的烛光，可以用来测量宇宙的距离。人们正是通过Ⅰa型超新星测距发现宇宙在加速膨胀，从而推论出**暗能量**的存在，开创了宇宙学研究的全新局面。此外，Ⅰa型超新星是铁元素的主要来源，而铁是星系化学演化的主要驱动力。Ⅰa型超新星中有一半在恒星形成后1亿年内爆炸，但当时所有的超新星模型均不能解释为什么有这么多的Ⅰa型超新星在如此短的时间内爆炸。中国的王博等人2009年提出了氦星前身星模型，指出一颗碳氧白矮星可以通过洛希瓣物质交换从一颗氦星或者是一颗处于亚巨阶段的氦星**吸积**物质，最后达到其最大稳定质量极限，从而发生Ⅰa型超新星爆炸。在此基础上，他们通过双星星族合成建立了Ⅰa型超新星的氦双星模型，并预言了超高速氦星的存在——氦星或氦亚巨星在超新星爆炸后会获得非常高的空间速度，有可能超过**银河系**的逃逸速度而变成超高速氦星。银河系中跑得最快的恒星US708被认为很可能是氦星模型形成的Ⅰa型超新星爆炸后的残留伴星。

作为双星星族合成研究的早期开拓者，韩占文和他的团组通过双星星族合成建立了一系列特殊恒星的形成模型，包括钡星、双白矮星、双极行星状星云、**蓝离散星**等。这些模型对认识恒星演化，尤其是恒星的晚期演化非常关键，在恒星物理、星系结构与演化等领域均有重要科学意义。另一方面，在激光干涉引力波天文台（LIGO）宣布探测到恒星级双黑洞并合的引力波信号后，国际上涌现了大量关于恒星级双黑洞形成方面的研究工作。双星星族合成是这些工作的基础和主要手段：首先基于对恒星和双星演化的理解，提出恒星级双黑洞的形成图像，然后通过双星星族合成得到该图像生成的恒星级双黑洞的各种参数分布和随时间的演化，并对升级后的LIGO探测概率或事件数量进行预言。

双星在双星星族合成中举足轻重，因为很多重要恒星的形成都与双星相关，包括Ⅰa型超新星和恒星级双黑洞。双星演化可以产生非常炙热的天体，这些天体在蓝端、紫外以及X射线波段都有很强的辐射，是星系中气体重要的电离源，如蓝离散星可以极大地改变星团在蓝端的积分光谱特性；热亚矮星是早型星系紫外辐射的主要来源；吸积白矮星是**椭圆星系**中软X射线辐射重要来源之一等。荷兰Y.约特贝里等人最新研究发现，大质量双星演化形成的热的致密天体可以产生与典型大质量**沃尔夫-拉叶星**相当的电离光子，因而可能对宇宙再电离有重要贡献。中国的张奉辉等人发展了包含双星的演化星族合成模型——云南模型。研究发现，在年老星族中，双星对积分光谱的蓝端和紫外有重要贡献。因此，在利用年老星团或星系的积分光谱去反演星系的基本参数时，如果不扣除双星影响，很有可能是错误的。　（陈雪飞）

双折射滤光器　birefringent filter　由双折射晶体构成的、利用偏振光的干涉作用得到充满视场的单色光的仪器。又称偏振干涉滤光器或李奥滤光器。是法国天文学家B.F.李奥和瑞典天文学家Y.奥曼分别于1933年和1938年独立发明的。主要用于太阳的单色光观测。最常用的双折射滤光器，其透射带半宽在0.1～1埃。大多数的工作波长为Hα6563埃。

原理　偏振方向与晶体轴成45°角的偏振光垂直进入光轴平行于通光表面的双折射晶片后，分成振动方向垂直于晶轴的寻常光和平行于晶轴的非常光。出射时，它们之间具有以波长λ为单位的光程差$n=\mu d/\lambda$。式中d为晶片厚度；μ为双折射率，即寻常光与非常光折射率之差。若再通过一偏振片，两束光就发生干涉。当偏振片的偏振轴平行于入射光的振动方向，同晶轴成45°时，透射光强度为：$\tau=\cos^2\pi n$。n为整数时，τ有极大值；而当n为半整数时，τ为零。因此，若入射光是白光，便得到明暗相间的透过带。透射率曲线如图1a。图1b和图1c是厚度为$2d$和$4d$的晶片与偏振片组合后的透射率曲线。若偏振光相继通过以上三个组合，便得到如图1d所示的相隔较远的狭窄的透射带。将这样的组合增加到足够多（其中每块晶片的厚度都是它前面晶体厚度的2倍）时，可得到足够窄的透射带。透射带两旁第一个零点之间的波长间隔与最厚一级的相同，透射带极大值之间的波长间

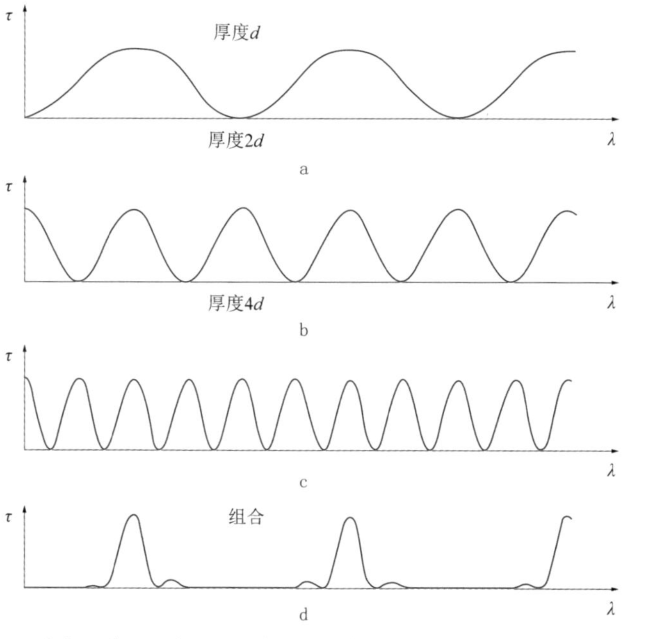

图1　滤光器单级的透过曲线（a，b，c）和三个级组合的透过曲线（d）

隔与最薄一级的相同，中间有些小的起伏，称为次级带。次级带的总能量大约为主带能量的 10%。这种组合称为简单级滤光器。图 2 是其中三个级的组合。加入位相移动器、变化晶体厚度或μ值可改变透过率极大的波长。

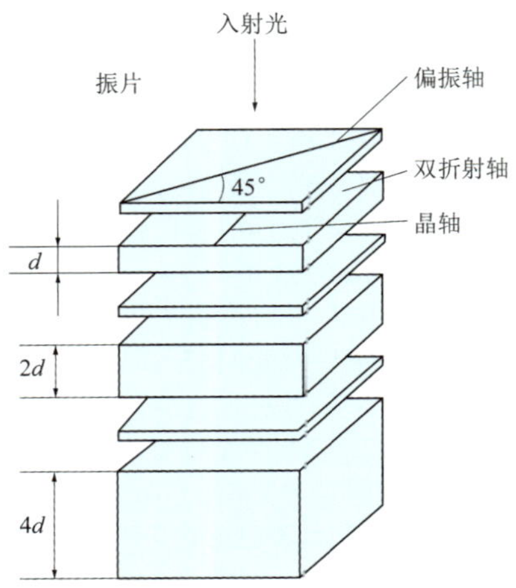

图 2 滤光器三个级的组合

最常用的双折射材料是水晶和冰洲石晶体。双折射物质的μ值与温度有关。因此滤光器需在恒温下工作，以避免由温度变化引起的透射带位移。为了减少反射损失和杂散光，所有元件都浸在折射率与晶体相近的液体（如硅油）中。

分类 除了上述的简单滤光器之外，根据结构和性能的不同，双折射滤光器还有一些不同的类型。

分裂元素滤光器 由 J.W.埃文斯提出，将简单滤光器的一个级分成厚度相等的两半。中间夹入另一级，一起放在两块正交的偏振片之间。透过这种组合的光强度为：

$$\tau = \sin^2 \pi n_j \cos^2 \pi n_p$$

式中n_p和n_j分别为中间级和分开级的光程差。由于两偏振片之间放了两级晶体，所以可比简单滤光器省掉约一半数量偏振片，使透射率大为提高。

宽视场滤光器 不同方向的光线通过晶体后，有不同的光程差。因此，斜光线通过滤光器所引起的主极大的位移和次级带能量的增加便会限制视场。一般说来，滤光器的可用视场约为 1°。李奥提出了三种类型的宽视场滤光器。其中李奥 I 型宽视场滤光器应用最多。他把滤光器的一级分成厚度相等的两半，光轴互相正交，中间放一个 1/2 波片，可将视场扩大到 4°左右。

可工作于多个波长的滤光器 在李奥滤光器的基础上，**艾国祥**和胡岳风提出了多通道滤光器，**苏定强**和邵联贞提出了多波段滤光器。

索克滤光器 I.索克于 1953 年首次提出，由夹在两块偏振片之间的若干厚度相等的晶片构成。各相邻晶片的晶轴方向之间的夹角和两端的晶片晶轴与偏振片光轴之间的夹角可以有多种方式来确定。改变晶片之间的相对方位可使透射极大的位置与透射带轮廓发生变化。由于整个滤光器只用两块偏振片，所以其透射率可比李奥滤光器大为提高，但次级带能量比李奥滤光器强。索克滤光器如由水晶构成，做到透过带很窄（例如半宽小于 0.5 埃），所需的水晶片数要很多，总厚度要很厚，是不切实际的。

中国进展 1968 年苏定强、王亚男、何凤宝、沈磐安、宋慕陶研制成中国第一个李奥滤光器，通过这项工作掌握了双折射滤光器研制中的关键技术——冰洲石和水晶的加工、检测方法，在中国开辟了一条路，此后中国所有以双折射滤光器为核心的**太阳观测仪器**就全部由自己制造。截至 2020 年，中国在 50 多年间研制了大量双折射滤光器，包括一些很高水平的双折射滤光器，如太阳精细结构望远镜的滤光器、太阳磁场望远镜的滤光器、万能滤光器、光学和近红外太阳爆发探测望远镜的 10 830 埃滤光器等，并出口到日本、印度、韩国、美国等国家，中国和美国是研制双折射滤光器水平最高的国家。

（王亚男）

双子座 U 型星 U Gem star 以 1971 年发现的双子座超新星（双子座 U）为原型的一类星。是矮新星的一种主要类型。从亮度极大时起，经历几天或几星期回复到亮度极小的状态。见**矮新星**、**天鹅座 SS**。

水平分支星 horizontal branch star 红巨星演化之后，由稳定的氦燃烧核和较薄的氢燃烧壳层构成的一类小质量恒星。水平分支星最早发现于**球状星团**中，在**赫罗图**上，处于从左下到右上大体水平的曲线上，温度则沿水平线从高温端（蓝端）到低温端（红端），与**红巨星**所处位置底部**红团簇星**相接。水平分支星通常处于球状星团中，在**疏散星团**中几乎没有发现，属于星族Ⅱ年老恒星。

对于质量小于 2.3 个太阳质量的恒星，其中心氢燃烧过程结束后所形成的氦核处于电子简并状态。在红巨星阶段，壳层中的氢继续燃烧并不断累积到氦核表面，使得氦核质量和温度不断上升。当温度达到氦燃烧点火温度时（约为 10^8K），氦核表面附近的氦将发生失控式氦燃烧，被称为“氦闪耀”。氦闪耀过程导致氦核逐渐解简并，并在其闪耀结束后开始稳定的中心氦燃烧。由于氦燃烧的点火温度大体上是固定的，通常当氦核质量约为 0.45 个太阳质量时其温度达到点火温度。因此，对于小质量恒星，处于水平分支阶段的恒星具有基本相同质量的氦核。中心氦燃烧过程所产生的光度也是基本相同的。在红巨星阶段，由于恒星损失了大量外壳质量，因此留存在水平支星的氢外壳质量较小。不同质量的壳层会造成光度和温度的变化，质量较大的外壳对应于较大的光度和较低的温度，质量较小的外壳则对应于较小的光度和较高的温度。由于光度大部分由氦核贡献，其变化范围较小，处于近水平的曲线上，因此称为水平分支星。水平分支星温度跨度较宽，在 5000～20 000K。在**有效温度** 5900～7500K 的一个窄带，所有处于其中的水平分支星都表现出周期性的脉动现象，其脉动性质服从“周期–光度关系”，被称为**天琴座 RR 型变星**。由于脉动周期可以从观测上较准确地测定，利用周期光度关系可以准确得到恒星的光度，因此，这类变星常用于距离的测量，作为宇宙测距的标准烛光之一。

通常而言，水平分支星分布的形态与**星团**金属丰度直接相关，低金属丰度星团水平分支星可延展至更蓝端。但观测表明金属丰度并不是唯一决定其形态的参量，如球状星团 NGC288 与 NGC362 具有相似的金属丰度，但前者水平分支延展至蓝端，后者则只到红端附近。因此，除金属丰度以外，还有其他因素影响着水平分支星分布的形态，称为第二参数。恒星年龄、自转、星团密度以及氦增丰等均为可能的候选参数，但仍然没有某一参数可以解释所有球状星团的水平分支星分布形态。这一问题作为恒星物理的基础问题之一被称为“第二参数问题”。

（张先飞）

水平式装置 horizontal mounting 安装天文望远镜镜筒的一种机械装置。它有两根互相垂直的轴——经轴和纬轴。经轴平行于地平面且指向南北方向，纬轴指向东西方向。经轴两端分别安装在南北两个支撑上，经轴的中部是一个矩形框架，纬轴安装在经轴中间，镜筒与纬轴连接并可以在矩形框架中绕纬轴转动（可以看作将赤经轴水平放置的厄式装置）。由于跟踪观测盲区位于南北水平面的两端（实际上由于大气影响，这两个区域基本不观测），在天顶处没有跟踪盲区，且在天顶附近跟踪角速度和角加速度都比较小，这使它更适于高仰角的人造天体、空间碎片等高速运动的人造目标观测和轨道测量。另一个优点是两轴的重力变形不影响指向精度。可以安装口径较大的望远镜。缺点是跟踪目标时，经轴和纬轴必须同时变速转动，跟踪控制系统复杂（实际上由于各类人造天体的轨道不同，视运动方向和运动速度也不同，其他类型的装置跟踪观测也需要两个轴同时转动）。另一个缺点是在跟踪过程中，视场绕望远镜光轴转动，而且速度不均匀。在观测面源时须增加像场消旋器，消除像场旋转。（李国平）

水星 Mercury **太阳系**中最靠近太阳且大小和质量都最小的行星。水星（图1）没有天然卫星，表面遍布撞击**环形山**，地质活动已经停止，有极其稀薄的大气外逸层和微弱的全球磁场和磁层。

图1 “信使”号于2008年拍摄的水星图像

轨道 水星公转轨道的半长径为0.387天文单位（AU），偏心率为0.206，对黄道面的倾角为7°，是太阳系内倾角最大的行星，公转周期为87.969日。水星近日距为0.308AU，远日距为0.467AU。水星轨道在太阳轨道之内，只有在黎明或黄昏时才出现在天空中，离开太阳不会超过28°。因为离太阳太近，从地面不易观测，但日全食时可以清楚地看到（图2）。

箭头标出了水星和金星，水星距离太阳较近

图2 日全食时的水星与金星

1859年，法国天文学家U.-J.-J.**勒威耶**发现了水星轨道围绕太阳的进动，并且不能用已知行星的摄动按牛顿力学圆满解释。他怀疑在水星轨道之内可能还有行星存在，从而对水星运动施加影响，就像**海王星**影响**天王星**一样。天文学家还把这颗待发现的行星称为祝融星（Vulcan），但始终没有找到。

水星近日点进动的速率相对于**国际天球参考架**为574.1角秒/世纪，相对于**地球参考架**为5600角秒/世纪，其中5034角秒/世纪是地球的**岁差**。牛顿力学只能解释其中的531角秒，还有43角秒原因不明。

1916年A.爱因斯坦发表广义相对论，对牛顿力学做出修正，对水星近日点进动的修正量正好是42.98角秒/世纪。

当水星位于轨道升交点或降交点附近，恰巧又运行到太阳与地球之间，三者接近连成一条直线的时候，地面观测者会看到**水星凌日**的**天象**：水星呈黑点状自东向西地经过太阳圆面（见**金星**）。水星凌日每46年发生7次，间隔分别为3.5年、13年、7年、9.5年、3.5年、9.5年。

自转 水星的自转周期（恒星日）为58.646日（地球日，下同），轴倾角只有0.034°，是行星中最小的。水星自转有以下特点：

①由于太阳强大引力的**潮汐**锁定，自转与公转速率接近3∶2整数比，即大约每自转3周时公转2周。水星上的太阳日长达176日，换句话说，水星公转两周时，太阳只升落一次。

②水星的公转角速度接近自转角速度，由于轨道偏心率较大，公转的角速度变化也较大。在一水星年的大部分时间，自转都比公转略快，太阳在天空中自东向西运行。

③接近近日点时，公转加快，在过近日点前4日，公转角速度恰巧增大到与自转角速度相等，太阳停留在天空中不动。然后公转超过自转，太阳在天空中由西向东运行；过近日点后公转变慢，直到4日后重新与自转相等，太阳再次停留不动；而后自转超过公转，太阳恢复由东向西运行。

④水星过近日点时，日下点在赤道上某处。在这里观测时，太阳在将近0.1水星日的时间里在天顶附近徘徊，接连三次通过天顶。加之这时日心距接近最小，太阳的持续照射使这里成为水星上最热的地点。半个水星日后，水星又一次过近日点，这时日下点是经度相差180°的另一点。因此在水星赤道上存在温度高达700K的两个热点。

1970年国际天文学联合会（IAU）大会通过决议，选取上述两个热点之一作为水星参考系的经度零点，该点位于婚卡（Hun Kal）环形山中心向东20度处。这个规定称为经度规范。

物理特性 水星是一颗类地行星，赤道半径2439.7千米。成分为金属占70%，硅酸盐占30%。密度为5.427克/厘米^3，比地球略小。金属核的半径为1800千米，可能是熔融的。硅酸盐幔的厚度为500～700千米。壳的厚度为35千米（图3）。

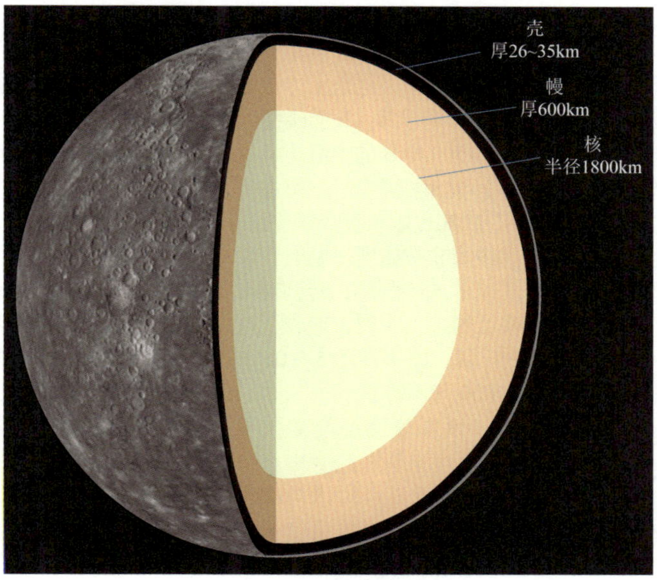

图3 水星内部结构

水星核的铁含量高于其他行星，普遍接受的解释是，水星在太阳系演化的早期遭到一颗质量约为其1/6的大星子的碰撞，把已经形成的幔和核的一大部分剥离了，类似于关于月球形成的大碰撞假设。

地貌 与月球类似，水星表面宽阔的平原（海）上散布着大量环形山，还有纹脊、山脉、高原、平原、峭壁和山谷多种地形（图4）。

46亿年前水星形成后的12亿年里遭受过彗星和**小行星**的猛烈轰击，形成了众多大环形山。在此期间，火山活动也很活跃，那些盆地填满了岩浆，形成类似**月海**的平原。壳凝固后幔和核冷却收缩，造成了许多交叉绵延数百千米的收缩皱褶。

环形山多种多样，有小到碗状的洞穴，也有大到直径数百千米的多环碰撞盆地；有最新的带射线环形山，也有严重退化的环形山遗迹。“信使”号发现一个叫作“蜘蛛”、后来命名为阿波罗多罗斯（Apollodorus）

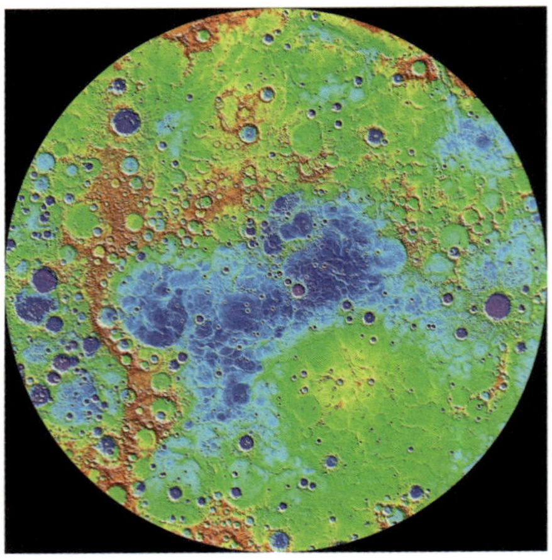

图 4　水星北半球地形
（信使号测绘，高差为 10 千米）

的环形山带有辐射槽线。古老的平原分布在环形山之间，上面还有很多早期环形山的残留。与月球环形山不同的是，水星环形山抛射物覆盖的区域较小，这是重力较强所致。水星上已经分辨出来 15 个碰撞盆地，最大的是直径 1500 千米的卡洛里斯盆地（Caloris Basin）。盆地四周环山，有许多谷、峭向外伸展，底部也散布着众多裂纹。形成这个盆地的碰撞非常猛烈，抛射岩浆造成了高达 2 千米的同心圆环；传到对面的地震波引起壳层的应力断裂，造成了对跖点处的大范围丘陵，山头直径 5～10 千米，高度 100～1800 米不等。

环境和大气　水星表面温度变化于 100～700K，最高温度出现在经度零点和对面 180°的地方，过近日点时达 700K，过远日点时只有 550K。两极的温度不超过 180K。夜晚平均温度为 110K。**太阳辐射**强度变化范围为 4.59～10.61 **太阳常数**（$1370W \cdot m^{-2}$）。与月球类似，水星两极处环形山的底部从来见不到阳光，温度不会高于 102K，雷达观测在那里探测到可能来自水冰的较强讯号，信使号也发现了大量水冰存在的证据。

又热又小的水星无法维持大气，其表面只有一个由氢、氦、氧、钠、钙、钾等成分组成的外逸层，气压只有帕。层里的原子不断逃逸又不断补充，达到平衡。氢原子和部分氦原子来自**太阳风**，其他原子来自壳层物质的放射性蜕变。层中还存在水蒸气，可能的来源是彗星撞击、太阳风中氢离子与岩石中氧原子的反应以及永夜环形山中储藏的水冰。

磁场和磁层　水星磁场是稳定而全球性的，强度约为**地磁场**的 1.1%，磁轴几乎与自转轴重合。与地球磁场一样，水星磁场也生成于富铁液核流动导致的发电机效应，高轨道偏心率引起的强潮汐效应有助于核保持液态。水星磁场虽弱，已经可以使太阳风偏折围绕行星而形成磁层，并能够捕获太阳风等离子体。探测器在水星磁层中探测到了低能等离子体。

空间探测　由于离太阳太近，太阳强大的引力和辐射对水星的空间探测造成了很大的困难。美国国家航空航天局先后发射过两个水星探测器，进行了卓有成效的探测。这两次探测的成果构成了我们对水星的大部分认识。水手 10 号借助金星引力的弹弓效应，于 1974 年 3 月 29 日在绕日轨道上首次对水星进行了飞越探测。此后又两度飞越并探测水星，直到 1975 年 3 月 24 日燃料耗尽而结束任务。37 年后，“信使”号在三次飞越水星后，于 2011 年 3 月 18 日进入环绕水星的轨道，进行了长达一个地球年的仔细探测，取得了丰硕的成果。（李广宇）

水星近日点进动问题　problem of the precession of Mercury's perihelion　根据牛顿**万有引力定律**计算的水星近日点进动值与观测值的分歧。1859 年，法国天文学家 U.-J.-J. **勒威耶**发现水星近日点进动的观测值，比根据牛顿定律算得的理论值每世纪快 38″，并猜测这可能是一个比水星更靠近太阳的水内行星吸引所致。可是经过多年的搜索，这颗猜测中的行星始终毫无踪影。S.**纽康**测定这个值为每世纪 43″。他提出，这可能是那些发出**黄道光**的弥漫物质的阻尼所造成的。但是，这种假设又不能解释其他几颗行星的运动。于是纽康就怀疑万有引力定律中的平方反比规律有问题。为了能同时解释几颗内行星的实际运动，纽康求出了引力应与距离的 $2 + 1.574 \times 10^{-7}$ 次方成反比。19 世纪末，电磁理论发展的早期，W.E.韦伯、B.黎曼等人也都曾试图用电磁理论来解释水星近日点的进动问题，但均未能得出满意的结果。

1915 年，A.**爱因斯坦**发表了广义相对论，成功地解释了这个问题。根据广义相对论，行星公转一圈后近日点进动为：

$$\Delta\omega = \frac{24\pi^3 a^2}{c^2 T^2 (1 - e^2)}$$

式中c为光速；T、a、e分别为轨道周期、半长径和偏心率。对于水星，此值与牛顿万有引力定律所得值的差值为每世纪 43.03″。这与观测值十分接近，成为天文学对广义相对论的有力的验证之一。

但是，仍存在两个问题：首先，根据牛顿定律，水星近日点应有每世纪$\Delta\omega_N = 5557.62''$的进动，其中的 90%是由坐标系的**岁差**引起，其余的部分是由其他行星，特别是金星、地球和木星的摄动引起的；而实际观测值为$\Delta\omega_O = 5600.73''$，二者相减得每世纪 43.11″。因此，**岁差常数**的任何微小变动，如有万分之一的变动，都会直接影响到对广义相对论的验证，而这种变化是完全可能的。其次，影响水星近日点进动的因素很多，任何一个微小的因素，如太阳的扁率，对它都有直接影响。因此，这个问题尚需继续研究。（童　傅）

水星空间探测　Mercury space exploration　对水星进行的空间探测。水星是**太阳系**中最小也是最内层的行星，与太阳的平均距离只有不到 0.39 **天文单位**。由于自身体积小、距离太阳近（因而受太阳引力影响较大），因此对水星开展空间探测要面临一系列技术难题。探测器难以直接飞抵水星，而是需要借助地球或金星飞掠来改变航向和速度来接近目标。

截至 2023 年，只有两架探测器造访过水星，分别是“水手”10 号和“信使”号。其中“水手”10 号在 1974～1975 年三次飞掠水星，其间考察了将近一半的水星表面，发现水星不具备浓密的大气，磁场强度很弱，地表也更加接近月球。“信使”号则在 2011 年第一次实现了环绕水星的轨道飞行，并在 2015 年结束考察任务前完成了对整个水星地表的测绘工作。

即将飞往水星的探测器还有欧洲空间局与日本合作的贝比科隆博号探测器，由两架子探测器组成。它已于 2021 年完成第一次水星飞掠，并将于 2025 年完成子探测器的分离，分别进入环绕水星运行的不同轨道。随后贝比科隆博号将开展一系列针对水星形态、大气和磁场的考察。（张　博）

水运仪象台　Water-driven Astronomical Clock Tower　中国北宋科学家**苏颂**主持修造的有机械操纵的大型天文仪器。中国远在汉唐时，即曾制造利用水力激转水轮带动浑象的天文仪器，但具体的制作都没有流传下来。北宋中期，苏颂在汴京（今河南开封）建成水运仪象台。他在设计之初，首先是罗致人才，启奏录用了掌握机械工程技术的韩公廉，然后组织天文研究机关太史局中的星官和年轻生员通力合作，从宋哲宗元祐元年（1086）开始设计，到元祐三年，先后制成小样、完成大木作的工程。绍圣元年至三年（1094～1096），撰成《**新仪象法要**》。该书图文并茂，有工程图、**星图**等 63 种，保存了全部做法，同时也反映了宋代工艺科学的水平。根据复原的仪器模型（见图），水运仪象台总体高度为 12 米强，台基正方形，底层前后设门户；后门内有一组用一人搬转水车，提

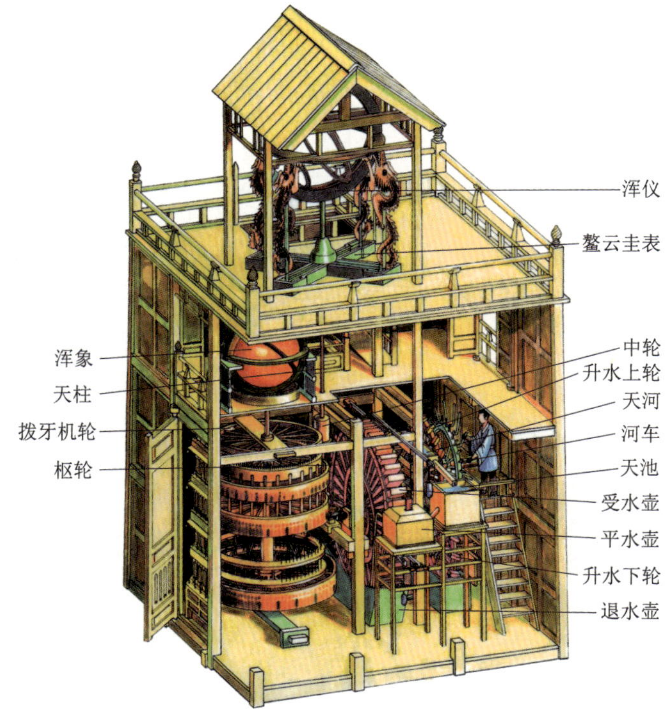

宋代苏颂等创制的水运仪象台

水注入**漏壶**，保持漏壶水的恒定流量，使壶水流嘴注入大枢轮辋上的水戽（受水壶）。在枢轮上和壶架旁装有一组为近代钟表中擒纵器的机械，用来控制枢轮，做间歇的运转，水戽共计 36 个。根据模型（5∶1）初步试验，每 25 秒钟落水一戽，一刻钟枢轮转一周，24 小时转 96 周。底层前门内（南向）装有多层仪具立面的更楼，楼的后面装有如走马灯的机轮，用以报时。机轮四周，分层挂有小木人并装有箭筹拔子，从钟楼立面各层门内，可窥见指示时间的小木人所持的时辰牌，楼后并设有活臂小木人，按时击钟鼓。台的中层设浑象一座，在台的顶层置有浑仪，仪上木屋顶板可以开合，以备观测全台的运动，是以底层大枢轮的轮轴，以间歇运转传动齿轮、机轴、凸轮、拔子等，带动机轮、浑象、浑仪、望筒等全台设备，按时运转。当代的欧洲科技史学家认为苏颂等人创制的水运仪象台是欧洲天文钟的先驱，早于西方数百年。（王振铎）

水准椭球 level ellipsoid 表面为正常重力位水准面的旋转椭球。水准椭球面所包围的形体，是**大地水准面**的规则形状。又称正常水准椭球。由于地球形状和地球系统物质分布的不规则性，致使**地球重力场**不是一个按简单规律变化的力场。但实际地球非常接近于一个旋转椭球，因此可将他近似为一个旋转椭球。为了区别于实际地球重力场，称该旋转椭球产生的力场为正常重力场，其重力位为正常重力位，在正常重力场中也有一簇正常重力位水准面。

为了方便研究地球重力场，水准椭球通常满足以下性质：①水准椭球的旋转轴与实际地球的自转轴重合，且两者的旋转速度相等。②水准椭球的中心重合于地球质心。③水准椭球的质量与实际地球的质量相等。④水准椭球表面与大地水准面的距离的平方和最小。地球的自转轴、旋转速度、质心等是随时间变化的，因此，选择水准椭球时通常取地球在某一历元或某一段时间的平均值。（罗志才）

朔 new Moon 月球与太阳的地心黄经相同的时刻。又称新月。见**月相**。

朔望 syzygy 月球与太阳的地心黄经相同或相差 180°的时刻。朔是指月球与太阳的地心黄经相同的时刻。这时月球处于太阳与地球之间，几乎和太阳同起同落，朝向地球的一面因为照不到太阳光，所以从地球上是看不见的。望是指月球与太阳的地心黄经相差 180°的时刻。这时地球处于太阳与月球之间。月球朝向地球的一面照满太阳光，所以从地球上看来，月球呈光亮的圆形，称满月或望月。从朔到下一次朔或者从望到下一次望的时间间隔，称为一朔望月，约为 29.530 59 日。这只是一个平均数，因为月球绕地球和地球绕太阳的轨道运动都是不均匀的，二者之间也没有简单的关系。因此，每两次朔之间的时间是不相等的，最长与最短之间约差 13 小时。在**中国古代历法**中，把包含朔时刻的那一天称朔日，把有望时刻的那一天称望日，并以朔日作为一个朔望月的开始。在历日的安排中，通常为大小月相间，经过 15～17 个月，接连有两个大月。

东汉以前的历法中都是把月行的速度当作不变的常数，以朔望月的周期来算朔，算出的朔后来称作“平朔”。东汉前后发现了月亮运动的不均匀性，此后人们就设法对平朔进行修正，以求出真正的朔，称“定朔”。首次载有这种修正算法的历法，是**刘洪**创制的《乾象历》。隋代**刘焯**的《皇极历》，才把日行也有迟疾（就是地球绕日运动不均匀性的反映）的因素考虑到“定朔”的计算中去。（王健民）

斯德哥尔摩天文台 Stockholm Observatory; Stockholms Observatorium 位于瑞典首都斯德哥尔摩的一座天文台。创建于 18 世纪，现属于斯德哥尔摩大学。最初在斯德哥尔摩市中心的一个小山顶上建立天文台（见图），曾是瑞典的国家零度子午

斯德哥尔摩天文台旧址

线，现在是格林尼治东经 18°3′29.8″。1931 年，搬至斯德哥尔摩东南沿海半岛萨尔茨约巴登，建有 1.02 米**反射望远镜**，是当时世界上最大的望远镜之一。2001 年，搬至瑞典皇家理工大学和斯德哥尔摩大学联合在位于若斯雷哥斯图尔的阿尔巴诺瓦大学中心，原天文台大楼改为天文博物馆。

2000 年 8 月，斯德哥尔摩天文台发现了小行星 36614 Saltis。2003 年，这颗小行星的发现者 A.布兰德克以天文台所在地的昵称萨尔茨约巴登（Saltsjöbaden）命名该星。（李宗伟 刘黎明）

斯隆测光系统 SDSS photometry 斯隆数字化巡天（Sloan digital sky survey; SDSS）项目中成像巡天所使用的 5 色测光系统。SDSS 使用的望远镜是在美国**阿帕奇天文台**（APO）一架口径为 2.5 米的光学望远镜，其成像巡天使用了 5 种**滤光片**，即 u、g、r、i 和 z 滤光片。SDSS 成像巡天可以获得天体的 5 色星等，即 u、g、r、i 和 z 星等。

SDSS 使用的 5 色滤光片的中心波长见表。相应的透过率曲线如图所示。

斯隆测光系统近似于 AB 测光系统。AB 测光系统是定义相应波段的星等零点为 3631 央。这样，斯隆测光系统中的 5 色星等

SDSS 使用的 5 色滤光片中心波长

u	g	r	i	z
3551Å	4686Å	6166Å	7480Å	8932Å

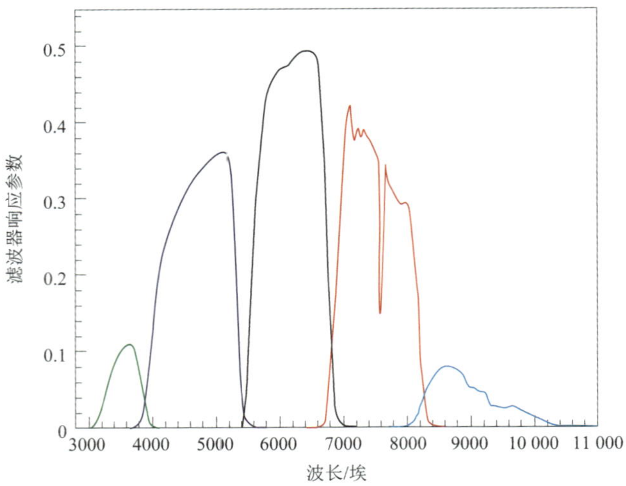

斯隆测光系统5色滤光片的透过率曲线

m与相应的辐射流量f［以尔格/（秒·厘米^2·赫）为单位］的关系为：

$$m = -2.5\log(f) - 48.60$$

（赵永恒）

斯穆特，G.F.　George Fitzgerald Smoot（1945-02-20～　）　美国天体物理学家。生于美国佛罗里达州杰克逊维尔市育空镇。1966年获得麻省理工学院数学和物理学双学士学位，1970年获物理学博士学位。1974年开始在美国劳伦斯-伯克利国家实验室担任研究员，1971年开始在加利福尼亚大学伯克利分校物理系空间实验室物理学担任研究员，1994年成为该校物理系教授，2007年担任伯克利宇宙物理中心主任。1992年获美国航空航天局杰出科学成就奖章，1993年获北达拉斯商会高技术委员会基尔比国际奖，1994年获美国成就学会金牌奖和美国能源局科学办公室劳伦斯奖，2003年获瑞士伯尔尼爱因斯坦学会爱因斯坦奖章，2006年获诺贝尔物理学奖，同年获耶鲁大学发展办公室格鲁伯奖和国际天体物理学校夏龙奖章，2009年获美国物理教学协会奥斯特奖章。

斯穆特是观测天体物理学和**宇宙学**领域的活跃研究者，致力**银河系**和宇宙背景辐射的观测研究，包括地面射电望远镜观测、球载仪器和卫星实验。作为1989年升空的美国国家航空航天局宇宙背景探索者（COBE）卫星上较差微波辐射计（DMR）的首席科学家，他和同事们经过缜密的数据处理，于1992年发表了首张全天宇宙微波背景图，在扣除银河系的贡献和由于观测者运动产生的偶极矩效应后，表明来自宇宙早期的遗迹辐射在不同方向的温度起伏不到十万分之一，正是这些微小的不均匀性的种子经过数十亿年的演化，形成了星系、**星系团**等巨大的天体。这项工作不仅证实**宇宙微波背景辐射**确实具有黑体谱形的特征，并且发现了其各向异性的特点，使宇宙学研究进入了一个更加精密的时代。由于这一杰出贡献，斯穆特和J.C.马瑟分享了2006年诺贝尔物理学奖。

斯穆特还对2001年发射的第二代宇宙微波背景各向异性探测卫星（WMAP），以及欧洲空间局于2009年发射的、空间分辨率和灵敏度更高的第三代卫星普朗克卫星做出了贡献。

（邹朗克　石云里）

斯皮策空间望远镜　Spitzer Space Telescope　美国航空航天局的大型天文台计划旗下的第4架空间望远镜。本名空间红外望远镜设备（SIRTF），后以美国天文学家、物理学家、空间望远镜概念的先驱者L.斯皮策的名字命名，专门用于红外空间天文观测。斯皮策空间望远镜（见图）于

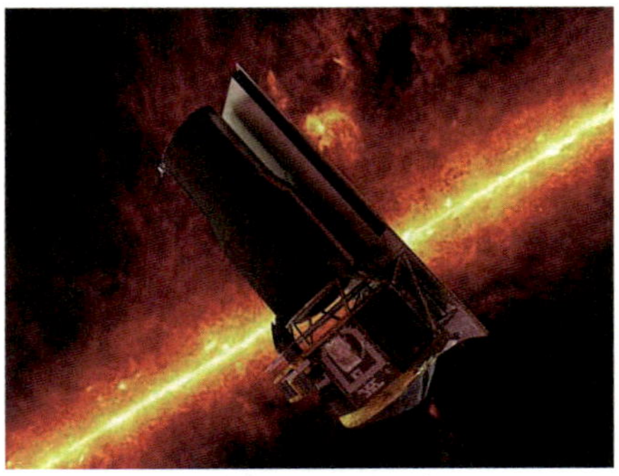
斯皮策空间望远镜艺术图

2003年8月25日发射，2009年3月15日因星载制冷剂耗尽而进入“温热”工作模式，直至2020年1月30日结束任务。为了尽量回避地球**热辐射**对红外观测的影响，斯皮策空间望远镜选择了地球的“后随”轨道，与所有行星一样也是环绕太阳而非地球运行。

斯皮策空间望远镜的主体结构分为卫星本体与低温望远镜系统两部分。无须制冷的前者包括飞行期间一直面向太阳的电池板，以及供电系统、通信模块、飞行和姿态控制组件等维持航天器工作的必要设备。后者容纳由望远镜光学系统、由红外面阵照相机（IRAC）、多波段成像光度计（MIPS）和红外分光仪（IRS）组成的观测仪器，还有相应的制冷设备以及防护罩。出于散热的考虑，防护罩背向太阳的一侧被漆成了黑色。在斯皮策空间望远镜发射后最初的五年半低温观测期间，低温望远镜系统一直由液氦保持5K左右的低温。斯皮策空间望远镜的光路是焦比12的RC式反射镜，口径0.85米的主镜由坚固、高导热率、低密度的金属铍制成。其红外面阵照相机可以在3.6微米、4.5微米、5.8微米和8.0微米波长同时拍摄天体的图像；多波段成像光度计的成像对象则是波长更长的24微米、70微米、160微米红外光；红外分光仪可以以0.01微米的分辨率解析波长介于5～40微米的红外光谱。在液氦耗尽、斯皮策空间望远镜进入典型温度约为30K的“温热”工作模式后，只有IRAC波长最短的两个频段仍可开展正常的科学观测。

由于星载仪器的高灵敏度，斯皮策空间望远镜得以对富含尘埃（因此难以开展可见光观测）的恒星形成区、新生行星系、**银心**、红外星系等目标开展详细研究。同时，它还观测了低温**褐矮星**、**系外行星**（包括通过凌星法发现了一个具有7颗类地行星的系统TRAPPIST-1）、巨分子云、星际有机物等能够发出红外热辐射的目标，解析出了土星新的巨型光环结构（直径相当于行星本身的300倍左右），还帮助研究者更好地测量了**哈勃常数**的数值。

（张　博）

斯塔克效应　Stark effect　原子发出的谱线在电场作用下产生分裂的一种现象。1913年为德国物理学家J.斯塔克所发现。对于氢原子来说，当电场强度不很大时，能级的分裂宽度ΔE可以近似写作：

$$\Delta E = \frac{3h^2}{8\pi^2 m_e e} n(n_2 - n_1)F$$

式中h为普朗克常数；m_e和e分别为电子的质量和电荷；F为外电场强度；n为主量子数；n_1和n_2可以取0至（$n-1$）之间的值。从上式可以看出，主量子数为n的能级可以分裂成（$2n-1$）个次能级，而能级的裂距与外电场强度F的一次方成正比，故称之为线性斯塔克效应。当外电场强度很强时（超过10^5伏/厘米），能级的裂距与外电场的平方成正比，称为二次斯塔克效应。

在恒星大气中的各种粒子一般都是带电的。当带电粒子相互接近时，会产生很强的微观电场而引起斯塔克效应。通常用统计方法来处理微观电场。上述的F可引入等效电场强度F_0来代替，$F_0 = 2.61eZN^{2/3}$，式中N为离子数密度，Z为离子的电离级。由于微观电场强度与带电离子的数密度有关，而数密度是和压力密切相关的，因此常把斯塔克效应引起的谱线致宽放在压力效应的理论中加以讨论。氢线的斯塔克效应是最明显的，而其他原子谱线的斯塔克效应则不明显，但在分子光谱中还能观测到。（何香涛）

斯特恩伯格天文台 Sternberg Astronomical Institute 俄罗斯古老的天文台之一。隶属于莫斯科国立大学的一家天文研究机构。始建于1831年，位于俄罗斯莫斯市科克拉斯诺普雷斯奈斯基区。1931年在原址建立现在的天文台，以俄罗斯天文学家P.K.斯特恩伯格的名字命名。1939年，与多所研究所合并后成为莫斯科国立大学天文研究所总部，1954年搬迁至麻雀山，天文台旧址在很长一段时间内都是一个博物馆（见图，已关闭）。该研究所是俄罗斯

斯特恩伯格天文台旧址

最大的天文研究和科学培训中心。研究所工作人员进行的科学研究几乎涵盖了现代天文学的所有领域。（李宗伟 刘黎明）

斯特拉斯堡天文数据中心 Strasbourg Astronomical Data Center; CDS 位于法国的国际知名的天文数据中心。法国斯特拉斯堡天文数据中心是国际知名的天文数据中心，由法国斯特拉斯堡大学/斯特拉斯堡天文台进行管理和运营。

CDS最知名的服务是天文星表数据的整理，还提供了数据检索和下载的服务。CDS的核心目标主要是：收集整理天文数据、根据研究进展更新这些数据、数据发布以及基于数据的研究。

CDS的历史可以追溯到1972年，是年法国斯特拉斯堡天文台成立了一个被称作“恒星数据中心”（Stellar Data Center）的机构，并且在1983年更名为斯特拉斯堡天文数据中心。CDS是传播科学数据增值的先驱之一，是最早进行天文数据共享的机构，在天文学界享有盛名。

CDS也是国际虚拟天文台联盟的创立者之一（约2000年前后），是欧洲虚拟天文台、法国虚拟天文台和国际虚拟天文台等组织的主要成员，扮演着领导角色。CDS还是国际科学联合会（ICSU）世界数据系统（WDS）的成员。支持CDS日常运行的组织包括法国国家太空研究中心（CNES）、欧洲空间局（ESA）和欧洲南方天文台（ESO）。

CDS核心的产品有三个。

①SIMBAD。它的目标是对数据资源相关信息进行证认和汇总，是一个天体目标证认的参考数据库。通过SIMBAD，用户可以查询天体目标的基本信息、观测信息、与之相关的论文等，还可以通过网页界面对数据进行可视化。

②VizieR。VizieR主要提供天文星表数据、学术论文中表格数据的检索服务。截至2018年3月底，已经收录18 269个星表数据。VizieR星表数据按照波段和类型进行整理，学术论文中的表格数据按照期刊进行整理。

VizieR提供了多种方式进行数据的检索和下载：网页、命令行客户端、虚拟天文台数据访问协议、Python库等。

VizieR还在中国、美国、加拿大、日本、南非、印度等国建立镜像服务站点，为各国的天文学家提供就近服务。中国的镜像站点位于中国科学院国家天文台，由中国虚拟天文台负责运维，是中国天文数据中心资源服务的一部分。

③Aladin。Aladin是一个互动的天文数据可视化软件，拥有强大的功能，可以查看星表和星图数据。特别的是基于虚拟天文台的数据访问协议，Aladin是一个名副其实的“虚拟天文台”，通过访问遍布全球的天文数据中心，获取数据并在界面上展示。Aladin还开发了网页版本Aladin Lite，使海量数据通过网络浏览器来呈现。（何勃亮）

斯特拉斯堡天文台 Strasbourg Observatory 位于法国斯特拉斯堡大学校园内的一家天文台。始建于1881年，位于法国阿尔萨斯大区下莱茵省斯特拉斯堡市斯特拉斯堡大学校园内，因其选址主要为了教学而非观测，其地势低洼容易起雾。在1914年之前工作人员较少，无法进行较多观测，发表的学术研究较少。主要观测彗星和变星，1909年后，仪器也用来观测双星和星云光度测定。

这个天文台是斯特拉斯堡市的第三个天文台，建有一个大型圆顶和其两边的办公楼，这些建筑被长廊相互联系着（见图）。截至2023年，该天文台还是采集天

斯特拉斯堡天文台近景

文数据、研究天文理论的地方。与法国斯特拉斯堡大学共同运营斯特拉斯堡天文数据中心。建有现代化的天文馆。在天文台下方的拱形地下室，坐落着一座由大学管理的博物馆，展示了旧望远镜和其他古董天文设备，如时钟和经纬仪等。（李宗伟 刘黎明）

斯特龙根，B.G.D. Bengt Georg Daniel Strömgren（1908-01-21～1987-07-04） 丹麦天文学家。生于瑞典哥德堡，卒于丹麦哥本哈根。1925年进入哥本哈根大学学习天文学和原子物理学，1927年完成本科学习，1929年以优秀成绩获得博士学位。1932年任哥本哈根大学讲师，1936年应邀前往美国芝加哥大学访学一年半。1940年任哥本哈根天文台台长，在丹麦被德国占领期间领导创立了布洛菲尔德天文台。1951年移居美国，任麦克唐纳天文台和叶凯士天文台台长，1957年成为普林斯顿大学高等研究院的首位天体物理学教授。1967年回丹麦，任哥本哈根大学天体物理学教授，1970～1973年任国际天文学联合会主席。1959年获太平洋天文学会布鲁斯奖，1962年获英国皇家天文学会金质奖章，1965年获美国天文学会罗素讲席，1967年获法国科学院詹森奖章。

早年研究恒星大气理论、恒星脉动和星际气体电离理论；他发现恒星中氢的丰度约为70%、氦的丰度约为27%，改变了人们对恒星化学组成的认识；1939年，他发展了星云中高温恒星使周围气体氢电离而形成发射星云的理论，还推导出氢电

离区的范围半径，称斯特龙根半径，半径以内的区域称斯特龙根球。以后从事太阳和恒星光谱的理论分析，创立了恒星光谱的定量分类法和二元分类法。20 世纪 50 年代提出四色测光系统。1937 年主编在维也纳出版的《实验物理手册》第 26 卷《天体物理学》。著有《恒星定量分析基本原理》等。（陈美东　石云里）

斯特鲁维家族 Struve family 天文世家，祖孙 4 代 6 人，都在天文实测方面做出出色的贡献。

第一代 F.G.W.von 斯特鲁维（Friedrich Georg Wilhelm von Struve，1793-04-15～1864-11-23），俄国天文学家。生于德国汉堡附近的阿尔托纳，卒于俄罗斯圣彼得堡。1810 年在爱沙尼亚塔尔图大学毕业，1813 年任该校天文数学教授。1832 年被选为圣彼得堡科学院院士，1853 年被选为美国哲学学会会员。1833 年，沙皇尼古拉一世派他参加组织和兴建普尔科沃天文台，台址位于圣彼得堡近郊。1839～1862 年任首任台长。他是俄罗斯天体测量学和恒星天文学的奠基人，发现和测量了大量的双星和聚星，出版有《新双星星表》（1827）和《双星和聚星的测微计测量》（1837）。1837 年，他向科学院报告了对织女一视差的测定，结果为 0".125 ± 0".065。这是该恒星视差的第一次测定，数值与今值很接近。1847 年，他出版《恒星天文学研究：论银河和恒星的距离》，提出星际消光及太阳不在银河系中心说。他还组织了从挪威北部港口哈默菲斯特到黑海的三角大地测量，跨越 10 个国家，全长 2820 千米，被称为“斯特鲁维测地弧”。

第二代 O.W.von 斯特鲁维（Otto Wilhelm von Struve，1819-05-07～1905-04-14），F.G.W.von 斯特鲁维之子。生于多帕特（今爱沙尼亚塔尔图），卒于德国卡尔斯鲁厄。1862～1889 年任普尔科沃天文台台长。1850 年因岁差测量荣获英国皇家学会金质奖章。瑞典皇家科学院院士。1852～1889 年入选俄罗斯科学院成员，1856 年当选院士。1874 年当选荷兰皇家艺术与科学院外籍院士。1895 年移居德国。他也是观测能手，曾用 37.5 厘米折射望远镜发现了 500 多对双星，测量了若干恒星的视差。此外，还发现天王星的卫星，计算海王星的质量，对土星内光环进行详细观测和研究，提出恒星产生于星云的主张，探讨宇宙的构造和无限性。

第三代 K.H.von 斯特鲁维（Karl Hermann von Struve，1854-10-03～1920-08-12），O.W.von 斯特鲁维之子。生于俄国圣彼得堡附近的沙皇村，卒于德国纽伦堡附近的巴德-黑恩那伯。曾在普尔科沃天文台任职。1895 年随其父亲 O.W.von 斯特鲁维迁居德国，1904 年主持柏林天文台。擅长于对双星的观测与研究。

G.W.L.von 斯特鲁维（Gustav Wilhelm Ludwig von Struve，1858～1920），O.W.von 斯特鲁维之子。生于俄国圣彼得堡附近的沙皇村，卒于乌克兰哈尔科夫。曾在塔尔图天文台工作。1897 年起任哈尔科夫大学教授，兼校天文台台长。擅长于对双星的观测与研究。

第四代 G.O.H.斯特鲁维（Georg Otto Hermann Struve，1886～1933），K.H.von 斯特鲁维之子，德国天文学家。1895 年随祖父去德国柯尼斯堡，他的主要工作是对土星和土星卫星以及土星光环的观测。

O.斯特鲁维（Otto Struve，1897-08-12～1963-04-06），G.W.L.von 斯特鲁维之子，俄裔美籍天文学家。生于俄国哈尔科夫，卒于美国伯克利。1919 年毕业于哈尔科夫大学。1921 年移居美国，历任叶凯士天文台、麦克唐纳天文台、勒施奈天文台和国立射电天文台台长。美国国家科学院院士。1932～1947 年任美国《天体物理学杂志》主编。1952～1955 年任国际天文学联合会主席。O.斯特鲁维早年致力分光双星研究，测定了几百颗双星的质量和轨道参数。通过光谱分析，发现超巨星大气中的大尺度湍动现象。1925 年，他分析早型星光谱的 H、K 线无位移现象，指出钙吸收起源于集聚在银道面附近的钙云。1928 年证实了星际离子的存在。1929 年与沙因共同揭示恒星自转现象，并根据谱线轮廓测量了许多恒星的自转速度，而且发现自转速度与光谱型的相关性。O.斯特鲁维是研究密近双星方面的权威，对渐台二、御夫座 ε、仙王座 VV 等特殊双星以及大熊座 W 型食双星和大犬座 β 型变星的研究做出巨大成绩。1938 年发现星际氢云的存在。他发表过 700 篇文章。主要著作有《恒星演化》《宇宙》《二十世纪天文学》（与 V.泽伯格斯合著）等。（石云里）

斯图尔德天文台 Steward Observatory 美国天文研究机构。1916 年建立，位于美国亚利桑那州图森亚利桑那大学校园内（见图）。1922 年建成首台望远镜并于次年投入使用。天文台管理和运行多台望远镜，包括 6.5 米的多镜面望远镜（MMT）、两台 8.4 米的大双筒望远镜（LBT）。在亚利桑那州南部还管理着三个观测站：格雷厄姆山国际天文台（MGIO）、莱蒙山天文台和比格罗山上的卡特琳娜站，建有数个光学和亚毫米波望远镜。曾为哈勃空间望远镜研制近红外照相机和多目标分光仪（NICMOS）、为斯皮策空间望远镜研制多波段成像光度计（MIPS）。其镜面实验室（SOML）为大双筒望远镜、多镜面望远镜、麦哲伦望远镜、巨型麦哲伦望远镜（GMT）和大型综合巡天望远镜（LSST）等多个大型望远镜制造了主镜。（李宗伟　刘黎明）

斯图尔德天文台一角

搜寻地外文明 search for extra terrestrial intelligence; SETI 用射电望远镜等先进

设备接收从宇宙中传来的电磁波，从中分析有规律的信号，希望借此发现外星文明。宇宙中的生命包含构成生命基础的低级生命和掌握了高等技术的高级生命，即地外智慧生命，也称为**地外文明**。1964年苏联天体物理学卡尔达肖夫根据宇宙中一个文明所能够利用的能源量级来量度文明层次及技术先进程度，把文明分成三个量级：Ⅰ型（10^{16}W）、Ⅱ型（10^{26}W）和Ⅲ型（10^{36}W）。Ⅰ型文明使用在它所居住行星所有可用的能量，Ⅱ型文明利用它所居住行星所围绕的恒星所有的能量，Ⅲ型文明则利用它所处星系的所有能量。一般认为地球上的人类文明现在接近但尚未达到Ⅰ型文明。

SETI的构想始于19世纪末，与无线电技术息息相关。受到1951年发现星际中性氢的影响，P.莫里森和G.科可尼于1959年在《自然》杂志发文倡议对临近恒星进行相关波段的检测。中性氢气（HⅠ）21厘米即1.42GHz和羟基（OH）1.62GHz的信号之间形成了一个容易穿透**行星大气**的窗口“水洞（water hole）”，一直到21世纪都是SETI的主要窗口。OH在1963年成为射电波段人类探测的首个分子。现代的SETI通过智能检测电磁场，寻求具有技术文明特征及（或者）自然界无法产生的信号。天体源最小带宽约为500Hz，所以窄带信号可以和天体信号区分开。期待的地外文明的信号是地球之外的窄带信号。SETI的研究革命性地推动了并行计算、大众科学、天文处理终端的发展。例如加州大学伯克利分校的SETI@Home网络，其利用并行的个人电脑，在20世纪90年代末形成了世界上最早的超级计算机之一。2015年俄罗斯投资人尤里创立了SETI的突破聆听（Breakthrough Listen）计划，10年提供1亿美元的资金开展SETI研究。由**南仁东**先生推动，SETI成为FAST立项建议书中的五大科学目标之一。SETI的内容拓展超出微波频段，包括寻找地外文明遗留痕迹、搜寻“戴森球”等。20世纪末，J.塔特提出用“技术痕迹”（technosignature）替代“文明”。

（李　菂）

苏定强　Su Dingqiang（1936-06-15～　）中国天文学家。生于上海，籍贯江苏常州。1959年毕业于南京大学天文系。南京大学教授、博士生导师。曾在中国科学院**南京天文光学技术研究所**及其前身工作多年。1991年当选中国科学院学部委员（院士）。曾任**中国天文学会**理事长（2002～2006）、名誉理事长（2022～　），**国际天文学联合会**（IAU）第9（天文仪器与技术）委员会

主席（2000～2003），第八届、第九届全国人大代表。

在国际上首次提出加入中继镜使**折轴系统**和卡塞格林系统（见**卡塞格林望远镜**）共用同一个副镜的思想，并形成了一种重要的三块非平面镜系统［见**苏俞周（SYZ）中继镜系统**］，已在中国**2.16米光学望远镜**和国内外一些大望远镜中应用。和**大天区面积多目标光纤光谱天文望远镜**（LAMOST）科学目标的提出者**王绶琯**共同提出了望远镜的基本方案，在**崔向群**领导下、多位专家的努力下建成。1986年提出用**主动光学**方法产生镜面形状连续变化的常规不能实现的光学系统（见**主动变形镜光学系统**），该论文中的一例就是将一个阿雷西博型望远镜的使用区实时变化成抛物面或双曲面，是LAMOST和**500米口径球面射电望远镜**（FAST）技术上主要的创新思想。与国外互相独立提出点图评价函数，二十世纪七八十年代不被重视，1990年后点图评价函数已在国内外普遍采用，对光学设计产生了重大影响。领导研制成中国第一个李奥（Lyot）双折射滤光器、中国第一个薄镜面和第一个拼接镜面主动光学实验系统。提出了含有透棱镜的**像场改正器**。提出中国空间站2米望远镜在站外独立飞行。在天文光学方面还有过多项创新和理论研究。

在南京大学讲授过基础天文学、恒星天文学（与**戴文赛**合讲）、广义相对论基础等课程。发表论文约80篇。

获国家科技进步奖一等奖一次（排名1），国家自然科学奖二等奖一次（排名1），国家科技进步奖二等奖一次（排名2）。中国科学院一、二等奖各两次（均排名1），杰出科技成就奖一次。江苏省一等奖两次（排名1和2）。1999年获何梁何利科技进步奖。2009年，国际编号19366号小行星被命名为“苏定强星”。

（谢立华）

苏尼亚耶夫-泽尔多维奇效应　Sunyaev-Zel'dovich effect　一种宇宙微波背景光谱的畸变现象。**宇宙微波背景辐射**（CMB）的光子在穿过**星系团**中的高温电离气体时，会被高能电子经逆康普顿散射（inverse Compton scattering）过程变成高能光子。当部分原本长波的CMB光子被转移到高能端后，会使CMB的谱型发生改变，基本可以等效于CMB的温度降低。这种现象由R.A.苏尼亚耶夫和Y.B.泽尔多维奇在1969年提出，随后被大量发现并证实，简称SZ效应。1980年，他们还讨论了由星系团的本动速度引起的CMD温度的变化，称为运动SZ效应（或热SZ效应）。SZ效应的强弱和范围取决于高能电子的温度、数密度、空间分布以及整体运动，因此是探测星系团气体性质的主要手段之一，也可以推演出测定星系团距离和本动速度的独立方法，在**宇宙学**研究中有广泛的应用。

（邵正义）

苏颂　Su Song（1020～1101）　中国宋代天文学家、药物学家。字子容。福建泉州南安人。生于宋真宗天禧四年，卒于徽宗建中靖国元年。仁宗庆历二年（1042）进士。先

任地方官，后改任馆阁校勘、集贤校理等职九年，得以博览皇家藏书。宋哲宗登位后，先任刑部尚书，后任吏部尚书，晚年入阁拜相，以制作**水运仪象台**闻名于世。

元祐元年（1086），苏颂奉命检验当时太史局等使用的各架浑仪（见**浑仪和浑象**）。因此想到应有表演的仪器和浑仪配合使用。先前太平兴国四年（979）张思训曾创造水运浑象“太平浑仪”，后因机绳断坏，无人知其制法。苏颂访知吏部守当官**韩公廉**精通数学、天文学，告以**张衡**、**梁令瓒**、张思训仪器法式大纲。韩公廉写出《九章钩股测验浑天书》一卷，并造成机轮木样一座。后由苏颂和韩公廉于元祐三年集合一批工人制造，元祐七年竣工。这是一座把浑仪、浑象和报时装置三组器件合在一起的高台建筑，整个仪器用水力推动运转，后称水运仪象台，其中有许多突出的发明创造。水运仪象台完成后，苏颂于绍圣初年（约1094～1096）把水运仪象台的总体和各部件绘图加以说明，著成《**新仪象法要**》一书。

苏颂为了能更直观地理解星宿的昏晓出没和中天，又提出设计一种人能进入浑天象内部来观察的仪器，即假天仪。具体设计由韩公廉推算完成。它是用竹木制成，形如球状竹笼，外面糊纸。按天上星宿的位置，在纸上开孔。人进入球内观看，外面的光从孔中射入，呈现出大小不同的亮点，好像夜空中的星星一般。人悬坐球内扳动枢轴，使球体转动，就可以更形象地看到星宿的出没运行。这架仪器是近代天

文馆中星空演示的先驱。

苏颂在药物学方面，曾组织增补《开宝本草》（1057），著有《本草图经》（1062）。（王振铎）

苏俞周（SYZ）中继镜系统　SYZ relay mirror system　具有中继镜的一种望远镜光学系统。20世纪60年代中期，在研究中国2.16米光学望远镜的光学系统时苏定强提出如下思想：卡塞格林系统（见卡塞格林望远镜）和折轴系统共用同一个副镜，苏想的主要方法是增加一个中继系统，把光由卡塞格林焦点聚焦到折轴系统焦点。1972年6月他进一步想出只加一块反射镜的中继系统，此系统为中国2.16米光学望远镜采用（图1）。这样的系统如果只使用

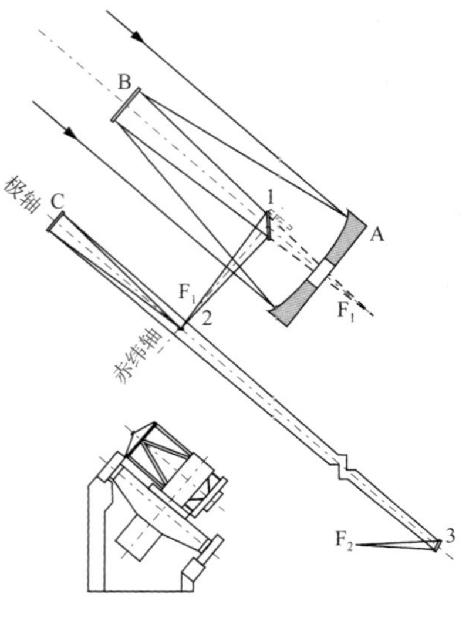

C 为中继镜，左下角为机械结构示意图

图1　中国2.16米光学望远镜光学系统图

折轴焦面，由于加了中继镜，其中有三块非平面镜，可消去三级球差、彗差和像散，获得极佳的像质。

美国天文学家和光学家A.B.迈耐尔夫妇将上述中继镜命名为SYZ中继镜，SYZ是三位2.16米光学望远镜光学系统设计者苏定强、俞新木、周必方姓的第一个字母。迈耐尔夫妇在他们提出的多个望远镜方案中使用了SYZ中继镜。对于叉式地平式装置的望远镜，也可以加中继镜得到和卡塞格林系统共用副镜的折轴系统，图2显示的就是一例，这样的系统如果只使用折轴焦面，由于加了中继镜，其中有三块非平面镜，可获得极佳的像质。如果中继镜到最后焦点的距离很短，将图2中的最后三块平面镜拿掉，可得到加有中继镜的和卡塞格林系统共用副镜的内史密斯系统，如果只使用内史密斯焦面，由于加了一块中继镜，可获得极佳的像质。上两种加有SYZ中继镜的系统往往只使用像质极佳的折轴

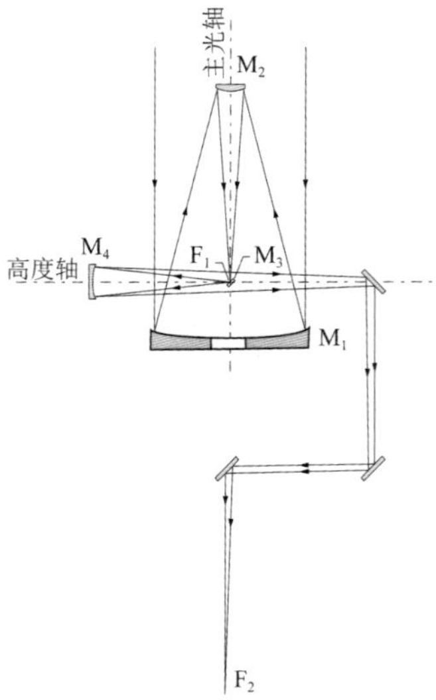

图2　加中继镜得到的和卡塞格林系统共用副镜的折轴系统或作为一个完整的折轴系统

焦面和内史密斯焦面。

将图2中的后三块平面镜拿掉得到的内史密斯系统，两边的内史密斯平台上要各装一块中继镜，还要在平台上移动它们，当中继镜较大时比较困难，但如果只需用内史密斯一边的平台，这样的布局是可行的。1981年迈耐尔夫妇首先将SYZ中继镜用到内史密斯系统中，他们提出的排布是：将SYZ中继镜放在主光轴上、主镜的下方，由一块装在主光轴和高度轴交点处、中心开孔的45°平面镜先让光通过射到SYZ中继镜上，再由中继镜将光射到45°平面镜上由它反射到内史密斯平台的两边（图3），当然其中的三块非平面镜面形必

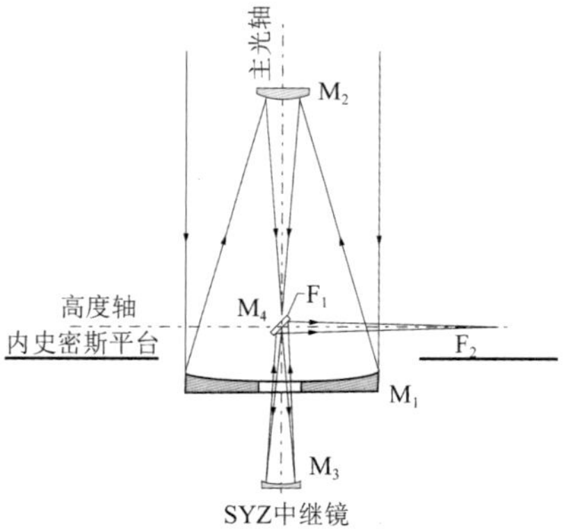

图3　1981年迈耐尔夫妇提出的加有SYZ中继镜的内史密斯系统的排布

须优化，将用于中国计划中的12米通用光学红外望远镜。

就如何使卡塞格林系统和折轴系统共用同一块副镜，苏定强采用的办法是对一个卡塞格林焦点处的像，用一块凹面镜将它再成像到折轴焦点（到需要的位置）。只要优化主镜、副镜和中继镜这三块非平面镜的面形，即可获得极佳的像质。这样得到的系统很巧和柯尔施光学系统（Korsch system）是非常相似的，2.16米光学望远镜中带有中继镜的折轴系统是1972年6月苏定强在项目组内部提出的，柯尔施光学系统是1972年12月在*Applied Optics*上发表的，所以SYZ中继镜系统和柯尔施光学系统是互相独立提出的。但SYZ中继镜系统的来源及部分内容和柯尔施光学系统是不同的，例如按SYZ中继镜系统很易得到格雷果里系统和折轴系统、卡塞格林系统和内史密斯系统、格雷果里系统和内史密斯系统，每一对都可加入一块中继镜得到一个含有三块非平面镜的、像质极佳的系统。

此外，1973年底苏定强还发现：如果卡塞格林系统已采用R-C系统，此时主、副镜的面形都已确定，但只要转换时小量平移副镜，并将中继镜取为适当的扁球面（椭圆绕短轴旋转形成的曲面），得到的折轴系统可同时消去球差和彗差。

继中国2.16米光学望远镜之后，欧洲南方天文台（ESO）的甚大望远镜（VLT）中的4架8.2米望远镜、中国计划中的12米通用光学红外望远镜、正在争取建造的世界最大的光谱巡天望远镜等都用了共用副镜和加中继镜系统的思想。（范一新）

苏州石刻天文图　Astronomic Map in Suzhou　鋆刻在一块高2.16米、宽1.06米的大石碑上的天文图。现存江苏省苏州博物馆。石碑原置苏州文庙戟门口，原有四碑，现存其三：天文图、地理图和帝王绍运图。据地理图下碑文记载，碑石刻于南宋淳祐七年（1247），为永嘉（今浙江温州）人王致远建。原图作者为普成（今四川剑阁附近）人黄裳。他于绍熙元年（1190）向宋太子赵扩献八图，称为“绍熙八图”。其中之一即天文图。

天文图分为两部分：上半为一圆形全天星图，下半为说明文字。碑额题“天文图”三字。星图直径约91.5厘米，按照中国古代传统的“盖图”方式绘制。它以天球北极为圆心，画出三个同心圆。内圆称为“内规”，直径19.9厘米，是北纬约35°地方的恒显圈。中圆直径52.5厘米，为天球赤道。外圆称为“外规”，直径85厘米，相当于上述地方恒隐圈的范围。有28条辐射状线条与三圆正向交接，分别通过二十八宿的距星。线端界外注有二十八宿宿度数据。外圈又绘有二同心圆，两圈间交叉密注与二十八宿相配合的十二辰、十二次和州、国分野等各12个名称。图下的文字说明，概略叙述天文基础知识。全图共刻恒星1400多颗，银河带斜贯星图，黄道为

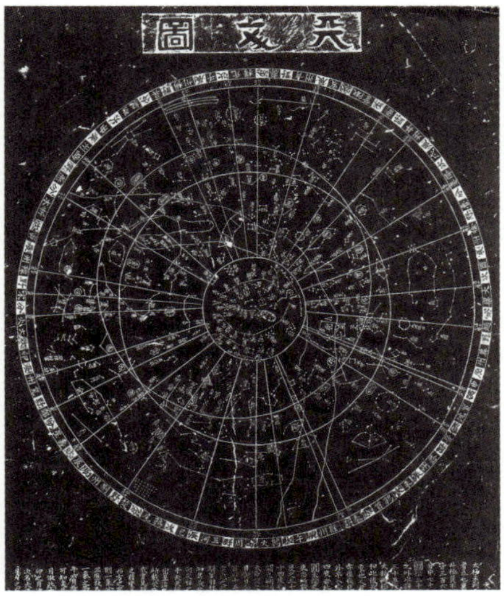

世界现存较早的宋代大型石刻科学星图，黄裳作，刻于1247年。星图直径91.5厘米，有星1400多颗

苏州石刻天文图（苏州博物馆藏）

一偏心圆与赤道相交于奎宿和角宿范围内的两点。根据史籍记载和对星图本身的研究，可确定该图是根据北宋元丰（1078～1085）年间一次恒星观测的资料绘制的。这是现存世界上较早的大型石刻实测星图，已被列为全国重点保护的文物（见图）。

（潘　鼐）

速逃星　runaway star　一类比周围其他恒星具有反常高的速度穿越空间的高速星。其空间速度反方向指向一个**星协**，暗示它们是从星协中逃离出来的成员星。通常光谱型是年轻的O型或者B型。1952年，天文学家在OB星协天蝎座OB2（Sco OB2）附近识别出一颗光谱型为O9.5V恒星蛇夫座ζ（ζ Oph），以其投影旋转速度高达400千米/秒的速度逃离星协天蝎座OB2（Sco OB2）。到1961年，布劳在星协猎户座OB1（Ori OB1）附近的光谱型为O和B的早型**星族**中，陆续发现三颗著名的近邻速逃星[御夫座AE（AE Aur）、天鸽座μ（μ Col）、白羊座53（53 Ari）]，他们以100千米/秒的速度相互离开彼此（而太阳的运动速度比本地平均速度快20千米/秒）。1987年，天文学家统计发现**银河系**大约五分之一的大质量O型和B型星属于速逃星。它们的起源问题困惑天文学家近半个世纪。

已发现有两种主流的形成机制：①双星-超新星通道。在大质量双星系统中一颗成员星发生超新星爆炸之后导致伴星获得很高的速度。②动力学弹射通道。速逃星获得高的速度主要通过与其他一颗或多颗星之间的动力学相互作用，其中两颗短周期双星系统之间的碰撞是最有效碰撞。这两种机制的相对重要作用一直处于激烈的争论之中。直到1997年，**依巴谷天体测量卫星**对近邻恒星的天体测量和甚长基线干涉测量（VLBI）对**脉冲星**的天体测量可以推导它们的形成机制。发现速逃星ζ Oph的轨道与近邻的一颗脉冲星PSRJ1932＋1059是相交的，推测这颗脉冲星是双星系统中发生Ⅱ型超新星爆炸后的残骸，而ζ Oph是其中的那颗伴星。发现近邻速逃星AE Aur、μ Col与大质量离心双星猎户座ι（ι Ori）是双星-双星碰撞的结果，从而产生这两颗速逃星。2011年，**日本国立天文台**藤井美智子等人提出在恒星级**星团**中心单星与双星之间强引力作用模型，该模型可以解释银河系中OB速逃星的关键特征，并预言在年轻恒星星团R136附近可以出现100个太阳质量的速逃星，认为银河系绝大多数OB速逃星起源于在100万年前经历的银河系坍缩的恒星星团。

21世纪以后，空间天文设备拍摄到速逃星在空间高速运动时产生的壮观天文现象，**斯皮策空间望远镜**发现速逃星ζ Oph以高的空间速度扫过富尘埃区域时，在运动方向上产生的弓形激波（见图）。2017年，Gaia卫星已探测到了13颗

速逃星ζ Oph

新的O型速逃星，对于揭示速逃星的形成机制有很大帮助。

（罗杨平）

随动观测　follow up observation　一种主要针对瞬变源（又称暂现源）等时变天体或事件进行观测的技术手段。又称后随观测、时变观测。由于瞬变事件的持续时间通常非常短暂，单一的望远镜观测很难准确全面地观测到瞬变源的物理过程，因此需要许多不同类型、不同地点的望远镜同时对瞬变源进行观测，从而在短时间内获取到关于瞬变源尽可能多的信息，以便更好地理解瞬变事件发生的物理过程及对瞬变源有更深层次的认识。随动观测系统包括两部分：其一为巡天望远镜，对天空进行持续扫描，捕获瞬变事件；其二为随动观测望远镜（阵），对巡天望远镜捕获到的目标进行跟踪观测。随动观测望远镜（阵）可以是专门为巡天望远镜建设的，也可以利用已经在用的望远镜来组建。为了让随动观测系统的两个部分能高效的工作，需要设计相应的随动观测管理系统软件来协调整个观测过程。

随动观测管理系统软件由警报代理、目标与观测管理、观测调度、数据归档与发布等主要系统组成。警报代理是核心及必备组件。警报代理是一个接收并处理警报信息的软件平台系统，负责管理巡天望远镜发布的警报信息，并将此信息分发给用于随动观测的望远镜。随动观测的基本过程为：①巡天望远镜发现瞬变事件，产生警报信息。②警报代理对警报信息进行处理、过滤、归档、发布。③随动观测望远镜根据获取的警报信息制订观测计划，执行观测。

（李长华）

岁差　precession　地球自转轴或对应的平天极在惯性空间绕北黄极的长周期旋转，相应的春分点沿黄道以约50角秒/年速率的西退运动。地球自转参数的一部分。地球绕**太阳系**质心公转，地球各部分还绕一个贯穿于地球的轴转动，称为**地球自转**，该轴即地球自转轴。为了描述该转动状态，通常引入五个参数即地球自转参数或地球指向参数（EOP）。地球本体绕自转轴自西向东（或从北极往下看呈逆时针）的转动角速率，即日长（LOD），每圈约24小时。LOD一直在发生毫秒量级的变化即日长变化。与此有关的是**世界时**（UT），故UT是非均匀变化的。从站在地表上（代表固体地球本体）的观察者看，地极在地表上一直在运动，在两极附近描绘出形状复杂的轨迹，即地极相对于固体地球框架的运动，即**极移**，常用（x,y）两个坐标来表述。自转轴或地极相对于空间惯性参考框架的运动，即岁差和章动，常用（x,y）或（黄经y，**黄赤交角**ε）两个坐标来表述。

岁差和章动是非球形的地球在日月行星的引潮力作用下的一种受迫运动。从惯性空间来看，地球自转轴（或形状轴、主惯量轴）或对应的平天极在空间绕着北黄极按顺时针方向以大约2.58万年的周期旋转，相应的春分点沿黄道以约50角秒/年速率的西退运动称为岁差，又称春分点进动。常用赤道岁差和黄道岁差来分别描述天赤道和黄道相对于**惯性参考系**的长期运动。在此长周期运动基础上，真天极相对于平天极还叠加有周期从2天到18.6年之间的摆动，称为**章动**。

历史上曾采用了4个岁差模型：纽康（1896）模型、李斯克岁差模型（IAU1976天文常数系统）、IAU2000岁差-章动模型（对**岁差常数**给出一个改正值）、IAU2006岁差模型即**P03岁差模型**。

在IAU2006岁差模型即P03模型之前，采用天球历书极（CEP）和春分点作为参考轴和经度零点。在P03之后，引入了

运动学上的无旋转原点的概念，改用天球中间极（CIP）和天球中间零点（CIO）作为参考轴和经度零点。黄经总岁差表示成时间的5阶多项式，其中的1阶线性项系数即岁差常数，对应于历元 J2000.0 的值为 5 028.796 195 角秒/世纪。

变化机制：①从地球所处空间环境来看，地球受到日、月、各大行星对它的引力或潮汐作用。②从地球圈层结构来看，自外向内有大气层、冰盖与地表水系、海洋、起伏的陆地、地壳、地幔、流体外核和固体内核等圈层，由于存在大气与海洋的负荷、风和洋流运动、冰雪融化、板块运动、地震与火山喷发、地幔对流等，固体地球的惯性张量矩随时都在发生变化，同时各圈层之间存在各种相互耦合（如引力、电磁、黏滞、地形耦合）作用并发生角动量交换。③地球不是一个球对称的完全刚性体，而是内部结构复杂、具有弹性甚至非弹性（如黏滞性或弹滞性）和各向异性的非均匀体。以上使得包括岁差和章动在内的地球自转变得非常复杂。

包括岁差和章动在内的 EOP 是基于地面的天文观测所依赖的地面参考架与空间惯性参考架之间转换与联结的重要参数，对它们的观测与理论研究一直是基本天文学、大地测量学和地球物理学共同的重要课题。（黄乘利）

岁差常数 precession constant 黄经总岁差（由赤道岁差和黄道岁差两部分合成）时间展开式中线性项的系数。大约等于动力学春分点在一个回归世纪内沿黄道运动以角秒表示的角度值。它是天文常数之一。赤道岁差是由于日月对非球形地球作用引起的天赤道的运动，用P_1表示，它可根据大量恒星或者甚长基线干涉（VLBI）的观测资料来确定。黄道岁差是由于行星摄动引起的黄道的运动，用λ表示，它可由天体力学理论和太阳系历表计算得到。黄经总岁差P，赤道岁差和黄道岁差之间的关系是：

$$P = P_1 - \lambda \cos \varepsilon$$

式中ε为某个时刻的黄赤交角。P也可以表示为时间的多项式$h_1 t + h_2 t^2 + \cdots$，式中t为从历元 1900 年或 2000 年起算的回归世纪数，其线性项的系数h_1即称为岁差常数。

早在公元前约2世纪时古希腊天文学家依巴谷（又译喜帕恰斯）发现了岁差，至19世纪初德国天文学家 F.W.贝塞尔第一次精确地确定。贝塞尔根据3000多颗恒星的观测资料来确定h_1值，研究结果发表于1818年。对历元 1755.0，他得出$h_1 = 5034.05''$。19世纪末美国天文学家 S.纽康确定了黄经总岁差和岁差常数，并在1896年巴黎的国际基本恒星会议上被确认为通用的天文常数之一。对历元 1900.0，纽康得到的岁差常数为$h_1 = 5025.64''$/世纪，此值沿用了80年。1976年在国际天文学联合会（IAU）第十六届大会上，通过了采用李斯克岁差模型（也称 L77 或 IAU1976 天文常数系统）的决议，对于标准历元2000年的值：$h_1 = 5029.0966''$/世纪。

通过 VLBI 对地球自转轴指向的长期检测发现，IAU1976 通过的总岁差速率与观测的偏差为黄经方向：$-0.299\ 65''$/世纪，交角方向：$-0.025\ 24''$/世纪，因此在2000年第24届 IAU 大会上通过采用了 IAU2000 岁差模型，对应的岁差常数为 $5\ 028.796\ 928\ 8''$/世纪。在此基础上，利用新的非刚体地球模型和高精度太阳系历表计算得到的黄道岁差，通过积分岁差方程得到 IAU2006 岁差模型，即 P03 岁差模型（见 P03 岁差模型）。在这个最新的标准模型中，对应于历元 J2000.0 的岁差常数为 $h_1 = 5\ 028.796\ 195''$/世纪。表中总结了各个岁差模型对应的岁差常数值。（刘佳成）

历年 IAU 采用的岁差常数

	岁差模型	黄经总岁差
1911～1964	Newcomb	5025.64″/世纪
IAU 1964 常数系统	Newcomb	5025.64″/世纪
IAU 1976 常数系统	L77	5029.0966″/世纪
2003～2009	IAU2000	5028.796 928 8″/世纪
2009～	P03	5028.796 195″/世纪

岁实和朔策 length of the tropical year and length of the synodic month 中国清朝的历法术语。称以日为单位的回归年（见年）长度为岁实，朔望月（见朔望）长度为朔策。近代人在历法史研究中也大都沿用这些名称。但是，这两个名称的含义有一个演变过程。唐《崇玄历》中开始用岁实、朔实等名称和数值，但这些数值还必须除以分母“通法”，才得到以日为单位的回归年长度和朔望月长度。宋朝历法中开始有朔策的名称，意义也和朔望月一致。金朝重修的《大明历》中的岁实的意义和《崇玄历》相同，而另一名称岁策，则是指回归年长度。直到清朝才将朔望月长度定名为朔策，将回归年长度定名为岁实。（陈美东）

岁星纪年 Jupiter cycle 以木星所在星次来纪年的方法。中国古代很早就认识到木星约12年运行一周天。人们把周天分为十二分，称为十二次，木星每年行经一次，就用木星所在星次来纪年。因此，木星被称为岁星，这种纪年法被称为岁星纪年法。此法的起源年代还不清楚，但在春秋、战国之交很盛行。因为当时诸侯割据，各国都用本国年号纪年，岁星纪年可以避免混乱和便于人民交往。《左传》《国语》中所载“岁在星纪”“岁在析木”等大量记录用的就是岁星纪年法。

除了十二次之外，天上又有十二辰的分划（用子、丑、寅、卯、辰、巳、午、未、申、酉、戌、亥十二地支来称呼）。它的计量方向和岁星运行的方向相反，即自东向西。由于十二地支的顺序为当时人们所熟知，因此，人们又设想有个天体，它的运行速度也是12年一周天，但运行方向是循十二辰的方向。这个假想的天体称为太岁。当岁星和太岁的初始位置关系规定后，就可以从任何一年岁星的位置推出太岁所在的辰，因而就能以十二辰的顺序来纪年，称为太岁纪年法。当时又对太岁所在的子、丑、寅、卯、辰、巳、午、未、申、酉、戌、亥12个年，给以相应的专名，依次是困敦、赤奋若、摄提格、单阏、执徐、大荒落、敦牂、协洽、涒滩、作噩、阉茂、大渊献。有了地支关系，再配上天干，就与干支顺序相连。在岁星纪年中，对甲、乙、丙、丁、戊、己、庚、辛、壬、癸10个年也给以专名，依次为阏逢、旃蒙、柔兆、强圉、著雍、屠维、上章、重光、玄黓、昭阳。这样，甲寅年可写为阏逢摄提格，余类推。这些岁名在不同的古书中有不同的写法。上面所列的是《尔雅·释天》所载的通用写法。

岁星实际约11.86年运行一周。过80多年，岁星实际位置将超过理想计算位置一次。岁星纪年法用久之后，就与实际天象不符。于是，必须改革历法，调整岁星和太岁的位置。因此，当时各种历法的岁星纪年法是有出入的。汉太初以后，岁星纪年法与后世的干支纪年法相连接，从太初上溯至秦统一中国时，岁星纪年比干支纪年落后一辰，上溯至战国时期则落后二辰。西汉末刘歆提出岁星每144年超一次的算法，但实际上未在纪年法中应用。东汉改用《四分历》时，废止了岁星纪年法与太岁纪年法，开始使用干支纪年法。

（陈美东）

孙义燧 Sun Yisui（1936-12-20～ ） 中国天体力学家。生于江苏南京。1954年考入南京大学天文系，1958年毕业后留校工作，

1979～1981年在法国**尼斯天文台**做访问学者，1997年当选为中国科学院院士。任中国科学院学部科学道德建设委员会第四、第五届委员，曾任南京大学研究生院院长，国际天文学联合会天体力学专业委员会委员，国家“九五”攀登计划和“十五”重点基础研究发展计划（“973”计划）首席科学家，中国科学院数理学部副主任，国务院学位委员会（物理学、天文学）学科召集人，国家自然科学基金委员会数理科学部专家咨询委员会委员，全国博士后管委会（物理学、天文学）专家组召集人。

截至2020年，发表了学术论文百余篇、出版专著四种、主编国际学术会议论文集两部。曾获国家自然科学二等奖一次，中国高校科学技术（自然科学）一等奖一次、江苏省重大科技成果一等奖一次、国家教育部科技进步二等奖四次、何梁何利基金科学与技术进步奖和第二届中国出版政府奖图书奖等奖项。2010年，**国际天文学联合会**将国际编号185640号的**小行星**命名为“孙义燧星”。（孙义燧）

缩焦器 focal reducer 在望远镜的焦点处配置的使焦距缩小的光学系统。望远镜的通光口径是一定的，焦距缩短，相对口径就增大，即光力增强。缩焦器常由折反射系统构成，但也有用折射系统的。它通常加在卡塞格林焦点和主焦点（或牛顿焦点）处。加在卡塞格林焦点的缩焦器，常使它产生相当于主焦点的、或更大的相对口径。加在主焦点（或牛顿焦点）上的缩焦器，则产生比主焦点系统更大的相对口径（大到等于1甚至更大）。通过缩焦器可进行强光力的直接照相等工作。也常在缩焦器前加准直镜系统，使光变成平行光，以加入需要在平行光中工作的光学元件，如**法布里-珀罗干涉仪**等，然后再让光进入缩焦器。（苏定强）

索恩，K.S. Kip Stephen Thorne（1940-06-01～ ）美国理论物理学家和天体物理学家。生于美国犹他州洛根。1962年本科毕业于加州理工学院，1965年从普

林斯顿大学获得博士学位，博士导师是J.H.惠勒。1967年回到加州理工学院担任副教授，1970年晋升教授，是该校历史上最年轻的教授。1981年荣任威廉·柯南教授，1991～2009荣任费曼理论物理学教授，2009年以费曼理论物理学荣休教授的身份辞任。此后主要从事写作和电影创作，同时也进行科学研究。

主要研究领域是引力物理学和**相对论天体物理学**，尤其是相对论性恒星、**黑洞**和**引力波**。1916年，A.爱因斯坦用广义相对论预言了引力波的存在。从20世纪50年代中期开始，美国和苏联的一些物理学家开始研究引力波的探测，并在60年代后期研制出谐振和激光干涉两类探测仪。1968年，索恩在加州理工大学组织了自己的研究团队，开始对引力波理论及其天体物理来源进行研究，包括引力波能够被探测到的波段、这些波段的发射源以及可以从这些发射波中提取的信息等，后来又开始研究干涉仪噪声的问题。通过与V.布拉金斯基领导的苏联引力波实验团队的合作，他们认识到高级引力波干涉仪必须在一个全新的技术环境下运行，并为此开展了长期努力。70年代后期，索恩推动创立了加州理工学院的引力波实验研究团队。1984年，在美国和欧洲的几台引力波干涉仪原型机取得成功后，加州理工学院同麻省理工学院签署协议，启动激光干涉引力波天文台（LIGO）的设计和建造。项目管理机构设立在加州理工学院，具体由R.德瑞福（加州理工学院从格拉斯哥大学引进）、R.**韦斯**（麻省理工学院）和索恩联合领导。1987年，R.E.福格特（加州理工学院）被指派为主任，并同索恩和韦斯联合向国家科学基金会提交了项目申请。申请书建议先在两个地点以已经证实可行的技术建成初始LIGO，满足基本的引力波探测要求；然后再利用更加先进的技术建设升级版LIGO，以提高引力波探测能力。在美国国家科学基金资助下，初始LIGO于2002年建成并投入试运行。经过两次升级后，LIGO在2015年9月14日探测到第一个引力波信号。经过研究，发现这是两个约为30倍太阳质量的黑洞在合并过程中产生的。这是人类首次直接观测到引力波的实际存在，也是首次观测到双黑洞合并的现象。2016年2月11日，B.C.**巴里什**在欧洲核子中心向科学界公布了这一发现。2017年，索恩与韦斯及巴里什共同获得诺贝尔物理学奖。

从博士阶段开始，索恩一直致力黑洞宇宙学研究，于1994年出版了《黑洞与时间弯曲：爱因斯坦的惊人遗产》一书。他提出“环猜想”，对球形恒星内爆形成黑洞的原因提出了理论解释。他同学生建立了一种研究黑洞物理学的新方法，称作“膜范式”，成功阐明了布兰德福-日纳杰过程的机理。在黑洞热力学上，索恩和指导的博士后发现，一个黑洞的熵是其形成方式数的对数。索恩还与I.诺维考夫和D.佩吉发展了黑洞**薄吸积盘**的广义相对论理论，得到了对黑洞自旋速度最高极限的认识。

获得过诸多其他学术奖励，包括美国物理学会林的菲尔德奖（1996）、瑞士伯尔尼爱因斯坦学会爱因斯坦奖章（2009），俄罗斯基础物理学奖基金会基础物理学特别突破奖（2016年与团队共同获得）、耶鲁大学和国际天文学联合会格鲁伯宇宙学奖（2016）、中国香港邵氏基金会邵逸夫天文学奖（2016）、挪威科学与文学院卡夫里奖（2016）、西班牙阿斯图里亚斯亲王奖（2017）、美国洛克菲勒大学托马斯奖（2018）。1972年当选美国文理科学院院士，1973年当选美国国家科学院院士，1976年当选美国科学促进会会员，1999年当选俄罗斯科学院外籍院士和美国哲学会会士，2016年当选国际相对论与引力学会会士和挪威科学与文学院外籍院士。（石云里）

T

塔利-费希尔关系 Tully-Fisher relation 晚型星系的绝对星等（光度）与自转速度之间存在的相关关系。其基本形式为晚型星系的绝对星等（光度）与自转速度之间存在的相关关系，其基本形式为：

$$M = \sigma \lg V_0 + \beta$$

由两位美国天文学家R.B.塔利和J.R.费希尔于1977年首先提出，故称为塔利-费希尔关系，又称TF关系。式中M为星系的绝对星等，由观测视星等和距离推得；V_0为21厘米射电观测所得到的星系HI盘的圆运动速度，可由多普勒致宽效应引起的谱线宽度W推得，或者由星系自转曲线求得；和为常参数，又称TF参数。这里，还需就星系的倾角i以及星系内恒星非正圆轨道引起的随机运动V_{rand}对V_0加以改正，有：

$$V_0 = (V_c - V_{rand})/\sin i$$

式中V_c为观测值；而V_0的含义是把任意倾角星系的自转速度改正到侧向状态后的相应值，对于侧向星系$i = 90°$，对于正向星系$i = 0$。

塔利-费希尔关系的表观形式与造父变星周光关系$M = \alpha \lg P + \beta$完全一样，不同的是以星系气体盘的自转速度V_c，取代了变星的光变周期P。只要对若干已知距离的星系测定其绝对星等和自转速度，便可确定关系式中的TF参数（斜率）和（零点），即对TF关系做绝对定标。塔利和费希尔所导出的关系式为$(M_{pg})_0 = -3.5 - 6.25 \lg V_0$。对于未知距离的星系来说，就可以根据这一关系式，利用线宽W或自转曲线所推得的最大自转速度V_c来确定星系的绝对星等M，并进而由下式推算星系的距离r：

$$(m - M)_0 = 5\lg r - 5$$

式中m为星系的视星等；$(m - M)_0$为已经银河系消光改正后的距离模数。

TF关系也称光度-自转速度关系，对这一关系通常理解为星系光度反映了星系质量的大小，而星系质量又与星系的圆运动速度V_c有着严格的比例关系。该关系自发现以来，大量细致的后续工作即随之展开，主要包括：①不同波段的TF关系，并发现红外波段，特别是H波段TF关系的弥散度远小于可见光波段，其原因是前者的消光值仅为B波段的10%左右。②旋涡星系TF关系随观测点到星系中心的距离（中心距）的变化特征，即所谓"径向TF关系"。③关于透镜状星系是否存在TF关系的问题，现有的研究对此尚未能得出完全一致的结论。④重子TF关系，即同时考虑到恒星质量和气体质量的TF关系。⑤TF关系的演化问题，包括盘状星系的动力学演化和恒星演化史，追溯TF关系随红移的变化情况，进而探究星系演化和宇宙结构的形成史。

由TF关系确定的星系距离可归类于光度距离，又因该方法需用到星系的自转速度，故又称运动学距离，而TF关系又可称为光度-线宽关系。这是天体距离的一种相对测定方法，除观测量的测定精度外，星系测距结果的准确程度还取决于TF关系的弥散度、星际消光值的不确定性，以及参数和的定标精度等多方面因素。鉴于旋涡星系和不规则星系在许多星系团和团外场区中普遍存在，TF关系的发现为测定河外星系和星系团的距离开辟了一条有效的途径，适用范围最远可超过30亿光年。 （赵君亮）

台北市立天文台 Taibei Observatory 中国台湾台北市政府教育局下属的社会教育机构。位于台北市圆山，东经121°32′，北纬25°05′，海拔31米，建于1938年。主要观测仪器有口径41厘米反射望远镜、口径25厘米折射望远镜、口径12.5厘米天体照相仪、口径12.5厘米折射望远镜、水平式太阳望远镜和双筒彗星搜索镜等，从事太阳黑子和日珥、日食、月食、月掩星、变星、月球、行星、小行星、彗星、流星以及流星雨等观测和研究。附设有天象仪一架，圆顶直径为16米，可容纳250人观看，用以开展天文普及和教育工作。

1993年于士林区基河路动工兴建天文科学教育馆，1996年改制为台北市立天文科学教育馆，1997年7月20日正式对外全面开放。圆山天文台建筑改为校外教学专区，但因建筑老旧等安全问题，于2000年7月25日拆除，但仍留下一个水平式日晷供人纪念。 （洪斯溢）

台湾"中央大学"天文研究所 Graduate Institute of Astronomy, "Central University", Taiwan, China 中国台湾"中央大学"所属的独立研究所。中国台湾地区第一个与天文学教学和研究相关的大学系所。1977年台湾"中央大学"物理学系成立"物理与天文研究所硕士班"，1986年成立"物

天文研究所外景

理与天文研究所博士班"；1992年硕士班部分正式独立成天文研究所。主要进行可见光与红外天文学方面研究并培养天文研究与高等教育人才。下设：①科一馆天文台。1981年，在旅美华人天文学家吕克华的协助下建成，位于学校科学一馆顶楼，使用口径61厘米的卡塞格林望远镜进行天文研究，该望远镜在2002年之前是台湾最大的望远镜。②科四馆天文台。1996年建立，位于学校科学四馆顶楼，使用口径16英寸（40.64厘米）的施密特-卡塞格林望远镜。③鹿林天文台。1999年正式启用，位于玉山国家公园鹿林前山，2002年正式启用的鹿林一米望远镜（LOT）是截至2022年台湾地区最大光学望远镜。 （李宗伟 刘黎明）

台湾"中央研究院"天文及天文物理研究所 Institute of Astronomy and Astrophysics, "Academia Sinica", Taiwan, China 中国台湾"中央研究院"下属的天文机构。1992年，经美籍华裔天文学家林家翘建议，于1993年正式成立天文及天文物理研究所筹备处；2010年6月1日改制成为正式研究所。总部位于中国台北市台湾大学总校区内的天文数学馆内，并在美国夏威夷设有办事处。截至2022年，共有各类研究人员、访问学者及行政人员等170名以上。主要从事太阳系、恒星与行星形成、生命起源、星系及星系团、宇宙学、超大质量黑洞等方面研究。并与世界一流学术机构及天文台建立合作，参与的国际天文计划有阿塔卡马大型毫米［亚毫米］波阵计划、甚长基线干涉仪/格陵兰望远镜计划、昴星团望远镜新一代超广角相机（HSC）与主焦点光谱仪（PFS）研发与科学计划、海王星外自动掩星普查计划、亚毫米波阵列、宇宙微波背景辐射阵列探索宇宙原初一氧化碳的起源与分布计划等。同时在台湾地区进行天文教育与推广活动。 （李宗伟 刘黎明）

太赫兹天文 terahertz astronomy 在太赫兹谱段探测星际原子、分子和尘埃的辐射及吸收特性的天文学研究。太赫兹（THz）谱段一般定义为0.1～10THz（$1\text{THz} = 10^{12}\text{Hz}$）的频率区间，对应的波长范围是3

毫米至 30 微米，涵盖部分毫米波段、亚毫米波段和大部分远红外波段。随着射电天文探测频率与灵敏度的持续提高，逐渐形成太赫兹天文这一新的观测研究领域。太赫兹谱段天文观测的主要特征包括：**宇宙微波背景辐射**后形成天体约 50% 的辐射能量集中在这一谱段，正在形成阶段的冷暗天体的辐射、早期遥远天体发光被星际尘埃吸收后的辐射功率谱峰值位于这一谱段，具有非常丰富的离子、原子和分子谱线，较之于可见光具有穿透星际尘埃观测天体的能力。太赫兹天文观测几乎涉及当代天文学所有基本问题，尤其在恒星及其行星系统的形成与演化和早期宇宙演化等前沿领域研究中具有不可替代的作用。

地球大气中的水蒸气会强烈吸收太赫兹电磁辐射，导致地球上绝大部分区域在太赫兹这一电磁谱段均不透明，即难以实现太赫兹谱段天文观测。即使是位于智利阿塔卡马（Atacama）沙漠海拔 5000 米以上高原建设的世界最大望远镜——阿塔卡马毫米［亚毫米］波阵（ALMA），也只能在 1THz 以下频段通过几个有限的**大气窗口**观测。截至 2022 年，1THz 以上太赫兹谱段的有限天文观测从近到远主要依赖于球载望远镜（如 BLAST）、机载望远镜（如 KAO、SOFIA）或空间望远镜（如 SWAS、Herschel），但望远镜口径、观测时间等都受到一定的限制。1THz 以下太赫兹谱段的地面天文观测台址主要包括夏威夷莫纳克亚山（Mauna Kea）山顶（SMA 亚毫米波干涉阵和 JCMT 望远镜）、南美智利的阿塔卡马沙漠（ALMA、APEX 和 ASTE 望远镜）、南极洲（SPT 望远镜）、中国的青藏高原（如阿里地区）等。中国针对南极冰穹 A 的台址考察发现：南极冰穹 A 存在若干地面其他台址难以观测的太赫兹远红外新窗口，是地面上开展太赫兹及远红外谱段天文观测的最佳台址。为此，中国计划在南极冰穹 A 建设一台 5 米太赫兹望远镜（DATE5），将来拟建设更大口径太赫兹望远镜或太赫兹、远红外谱段干涉阵。

太赫兹天文进展主要得益于高精度天线制造、高灵敏度探测器、快速信号处理等技术的快速发展。太赫兹天文探测技术包括用于高频谱分辨率谱线观测的相干探测（或超外差混频）技术和主要用于大规模阵列成像及中、低分辨率谱线观测的非相干探测（或直接检波）技术。基于低温超导器件的高灵敏度探测及成像技术在天体物理及宇宙学观测研究中正发挥越来越重要的作用。太赫兹相干探测器主要有超导隧道结（SIS）和超导热电子（HEB）混频器，而太赫兹非相干探测器主要有超导相变边缘（TES）和超导动态电感（KID）探测器。随着更高灵敏度和更大规模阵列超导探测器、半导体倍频及功率放大器、量子级联激光器、半导体低温制冷低噪声放大器、高速 ADC 与 FPGA、片上系统（SOC）集成等技术的发展，太赫兹天文观测研究将得到新的发展。（史生才）

太阳　sun　太阳系的中心天体。太阳系的八行星和其他天体都围绕它运动。天文学中常以符号⊙表示。太阳是**银河系**中一颗普通恒星，位于距**银心**约 10 千秒差距的旋臂内，**银道面**以北约 8 秒差距处。它一方面与旋臂中的恒星一起绕银心运动，另一方面又相对于它周围的恒星所规定的本地静止标准（银经 56°，银纬 +23°）做 19.7 千米/秒的本动。

基本参数　太阳与地球的距离可用多种方法测定。最简单的方法是测定太阳视差，就是地球半径在太阳处的张角（约为 8.8″），然后由三角关系推算。更精确的是用雷达方法测定地球与金星的距离，再由开普勒第三定律推算。测量结果表明，日地平均距离（地球轨道半长轴）A 为 1.496×10^8 千米，其周年变化约为 1.5%，每年 1 月地球在近日点时为 1.471×10^8 千米，7 月在远日点时为 1.521×10^8 千米。光线从太阳到达地球需时约 500 秒。当观测者在日地平均距离处注视太阳时，视向张角 1″对应于日面上 725.3 千米。

在日地平均距离处测定太阳的角半径为16′，因而可算得太阳半径 R 为 6.963×10^5 千米，或约为 70 万千米，即为地球半径的 109 倍左右。太阳体积则是地球体积的 130 万倍。另一方面，由开普勒第三定律可算得太阳质量 M 为 1.989×10^{30} 千克。太阳的平均密度 ρ 为 1.408 克/厘米³。

太阳的总辐射功率可通过直接测量确定。根据“太阳极大年使者”人造卫星（SMM）上辐射仪的测量结果，在日地平均距离处，地球大气外垂直于太阳光束的单位面积上，单位时间内接收到的太阳辐射能量 S 为 1367 瓦/米²，这个数值称为**太阳常数**。这样整个太阳的总辐射功率为 $L=4\pi A^2S=3.845\times10^{26}$ 焦/秒。单位太阳表面积的发射功率为 $a=L/(4\pi R^2)=6.311\times10^3$ 焦/(秒·厘米²)。

太阳上不同区域的温度，原则上可通过观测不同区域的辐射特征来确定，如连续光谱中的能谱分布、**谱线轮廓**和电离谱线的出现情况等。光谱观测还可得到**太阳大气**的化学组成、密度、压力、磁场强度、自转和湍流速度等物理参数。太阳的各种基本参数见表 1。

表 1　太阳的基本参数

日地平均距离	$A=1.496\times10^8$km
半径	$R=6.963\times10^5$km
质量	$M=1.989\times10^{30}$kg
表面重力加速度	$g=2.74\times10^4$cm/s²
表面逃逸速度	$V=617.7$km/s
平均密度	$\rho=1.408$g/cm³
中心密度	约 150g/cm³
表面密度（光球）	约 10^{-9}g/cm³
表面温度（光球）	约 6000K
中心温度	约 16×10^6K
太阳常数	$S=1367$W/m²
总辐射功率	$L=3.845\times10^{26}$J/s
化学组成（按质量百分比）	氢 71%，氦 27%，其他元素 2%

总体构造　由太阳光谱研究推算太阳表面温度约为 6000K，而结合理论推算的太阳中心温度高达 16×10^6K，在这样的高温条件下，所有物质都已气化，因此太阳实质上是一团炽热的高温气体球。通过观测和理论推算表明，整个太阳球体大致可分为几个物理性质很不相同的层次。除了中心区氢因燃烧损耗较多外，其他各层次在化学组成上无明显差别。其构造如图 1 所示。

从太阳中心至大约 0.25 太阳半径的区域称为日核，是太阳的产能区。日核中连续

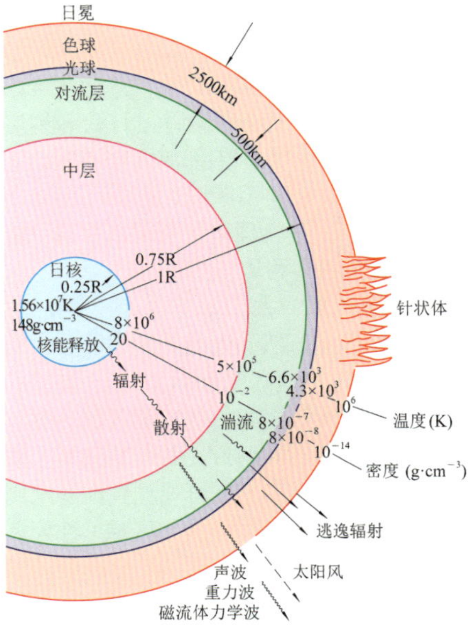

图 1　太阳球体分层结构

不断地进行着四个氢原子聚变成一个氦原子的热核反应，反应中损失的质量变成了能量，主要为γ射线光子和少量中微子。约从0.25至0.75太阳半径的区域称为辐射层，也称太阳中层。来自日核的γ射线光子通过这一层时不断与物质相互作用，即物质吸收波长较短的光子后再发射出波长较长的光子。虽然光子的波长不断变长，但总的能量无损失地向外传播。区域的温度由底部的8×10^6度下降到顶部的5×10^5度；密度由20克/厘米^{3}下降到10^{-2}克/厘米^3。从0.75太阳半径至太阳表面附近是太阳对流层，其中存在着热气团上升和冷气团下降的对流运动。产生对流的主要原因是温度随高度变化引起氢原子的电离和复合。

对流层上方是一个很薄然而非常重要的气层，称光球层或**光球**。当用肉眼观察太阳时，看到的明亮日轮就是太阳光球。光球的厚度不过500千米，但却发射出远比其他气层强烈的可见光辐射。太阳在可见光波段的辐射几乎全部是由光球层发射出去的。因此当用肉眼观察太阳时，它就非常醒目地呈现在面前，这就是把它称为光球的原因。太阳半径和太阳表面都是按光球外边界来定义的。光球外面是较厚和外缘参差不齐的气层，称色球层或**色球**，其厚度在2000～7000千米。高度在1500千米以下的色球比较均匀，1500千米以上则由所谓针状体构成。色球的密度从底部向上迅速下降，但其温度却从底部的几千度随高度迅速增加了近3个量级。色球上面是一个更稀薄但温度更高而且延伸范围更大的气层，称为**日冕**。日冕的温度高达百万度。日冕的形状很不规则，而且无明显界限。实际上距日心几个太阳半径以外的日冕物质是向外膨胀的，形成所谓**太阳风**，可延伸到太阳系边缘。

太阳光球、色球和日冕合称太阳大气，可通过观测它们的辐射特征，并结合理论分析来推测它们的物理构造。日核、辐射层和对流层则合称太阳内部或太阳本体，它们的辐射被太阳本身吸收，因而不能直接观测到它们，其物理构造主要依靠理论推测（见**太阳内部构造**）。

活动现象　太阳基本上是一颗球对称的稳定恒星。然而大量观测表明，太阳在稳定和均匀地向四面八方发出辐射的同时，它的大气中的一些局部区域，有时还会发生一些存在时间比较较短暂的“事件”。如在太阳光球中，可观测到许多比周围背景明显暗黑的斑点状小区域（称为**太阳黑子**）和比背景明亮的浮云状小区域（称为**光斑**）；色球中也可经常观测到比周围明亮的大片区域（称为**谱斑**）和突出于太阳边缘之外的奇形怪状的太阳火焰（称为**日珥**）；日冕中也可观测到许多明显的不均匀结构。特别是在色球和日冕的大气层中，偶尔还会发生表明有巨大能量释放的太阳爆发现象（称为耀斑）。上述现象不仅存在的时间比较短暂和不断变化，而且往往集中在太阳黑子附近的太阳大气的局部区域（这些局部区域称为太阳活动区）。同时，这些现象发生的过程中，尤其是发生**太阳耀斑**期间，从这些区域发射出增强的电磁波辐射和高能粒子流，特别是在X射线、紫外线和射电波段出现非常强的附加辐射，以及能量范围在10^3～10^9电子伏的带电粒子流（主要为质子和电子）。通常把太阳上所有这些在时间和空间上的局部化现象，及其所表现出的各种辐射增强，统称为**太阳活动**。与此对应，把不包含这些现象的理想太阳，即时间上稳定、空间上球对称和均匀辐射的太阳，称为**宁静太阳**。

宁静太阳的物理性质在空间上只随日心距变化，在同一半径的球层中物理性质是相同的；在时间上几乎是不变的，其变化时标为太阳演化时标，即大于10^7年。这样就可把真实的太阳看作以宁静太阳为主体并附加有太阳活动现象的实体。换句话说，可把宁静太阳看作真实太阳的基本框架，而把太阳活动看作对宁静太阳的扰动。

太阳活动现象中，一次耀斑过程的持续时间只有几分钟至几小时，一个活动区的寿命为几天至几个月。同时，整个太阳大气中所发生的太阳活动现象的多寡，还表现出平均长度约为11年的周期（称为太阳活动周），也可能存在更长的周期。因此太阳活动的时标可认为从几分钟至几十年。太阳活动区本质上是太阳大气中的局部强磁场区，而各种活动现象则是磁场与太阳等离子体物质的相互作用结果。

应当指出，太阳活动所涉及的能量大小与整个太阳的总辐射能相比，仍然是微不足道的，如一次大耀斑释放的能量估计为4×10^{25}焦，若其持续时间为1小时，则其辐射功率为10^{22}焦/秒，与太阳的总辐射功率3.845×10^{26}焦/秒相比是可忽略的。因此，存在太阳活动现象丝毫无损于把太阳视为一颗稳定的恒星。大功率的稳定的辐射加上小功率的周期性的太阳活动，这就是现阶段太阳的主要特征。

各种辐射　广义的太阳辐射包括向外发射的电磁波、太阳风、中微子、偶发性高能粒子流，以及声波、重力波和磁流波。其中电磁波辐射来自太阳大气。太阳风是从日冕区连续向外发射的等离子体，主要是质子和电子。太阳中微子是由日核中的核反应产生的，它们几乎不与太阳物质相互作用，而是直接从太阳内部向外逃逸。偶发性高能粒子流是当太阳大气中发生耀斑、**爆发日珥**和**日冕物质抛射**等剧烈太阳活动现象时产生的，这些粒子流不一定是等离子体，往往是质子或电子占优势。声波、重力波和磁流波主要是由太阳对流层中猛烈的气团运动激发并与磁场耦合产生的。太阳在上述各种形式的能流中，电磁波的能流远远超过其他形式的能流。如太阳风的发射功率约比电磁波小6个数量级，其他能流就小得更多。这样从能量的角度看来，电磁波以外的其他能流是可忽略的。因此若无特殊说明，通常都把太阳辐射理解为太阳电磁波辐射。

太阳电磁波辐射的波长范围从γ射线、X射线、远紫外、紫外、可见光、红外，直到射电波段。但由于地球大气的吸收，能够到达地面的太阳辐射只有可见光区、红外区的一些透明窗口和射电波段。太阳的紫外、远紫外、X射线和γ射线只能进行高空探测。太阳电磁辐射的波段划分见表2。

表2　太阳电磁辐射波谱

波段	波长/纳米	能量范围/电子伏
γ射线	$\lambda<2.5\times10^{-3}$	$E>5\times10^5$
硬X射线	$0.0025\leqslant\lambda<0.1$	$12.4\times10^3<E\leqslant5\times10^3$
软X射线	$0.1\leqslant\lambda<10$	$0.124\times10^3<E\leqslant12.4\times10^3$
远紫外（EUV）	$10\leqslant\lambda<150$	$8.24<E\leqslant124$
紫外（UV）	$150\leqslant\lambda<300$	$4.13<E\leqslant8.24$
可见光	$300\leqslant\lambda<750$	$1.65<E\leqslant4.13$
红外（IR）	$750\leqslant\lambda<10^6$	$0.001\,24<E\leqslant1.65$
射电	$\lambda\geqslant10^6$	$E\leqslant0.001\,24$

太阳电磁波辐射的主要功率集中在可见光区和红外区，分别占太阳总辐射能量的41%和52%。极大辐射强度对应的波长为495纳米，在黄绿光区。紫外线所占的能量比重仅为7%。而太阳无线电波段以及远紫外、X射线和γ射线所占的能量比重是可忽略的。粗略地说，太阳紫外线、可见光和红外波段的辐射是由光球发射的，而远紫外、X射线、γ射线和射电波段则来自太阳高层大气（色球和日冕）。

形成和演化　太阳的演化途径主要取决于它的能源变化。太阳是一颗典型的**主序星**，关于主序星的产生及其演化过程，天

文学家已做了大量研究，并已得到比较一致的看法。根据这些研究结果，太阳的一生大体上可分为五个阶段（图 2）。

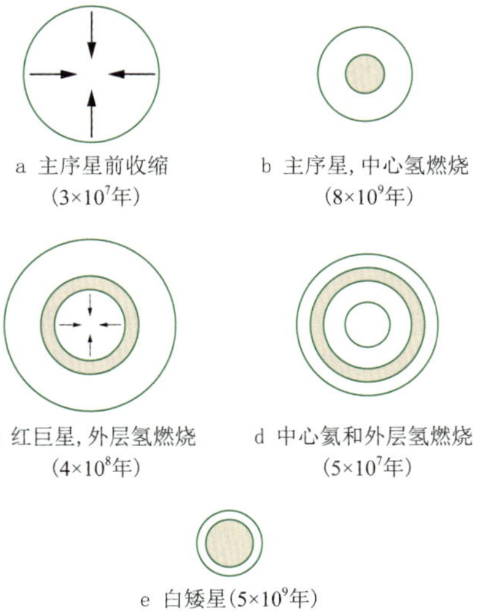

图 2 太阳的形成和演化

①主序星前阶段。包括太阳在内的所有主序星都是由密度稀薄而体积庞大的原始星云演变来的。当星云的质量足够大时，在自身的引力作用下，星云中的气体物质将向星云的质量中心下落，其宏观表现就是星云收缩。这个过程的实质就是物质的位能变成动能。结果是星云中心区的密度和温度逐渐增大，并最终使其达到氢原子核聚变所需的密度和温度，这样便发生氢变成氦的核反应，它所释放的辐射压力与引力平衡，使星云不再收缩，形成一颗恒星。这个阶段经历的时间大约只需 3000 万年。

②主序星阶段。以氢燃烧为能源，标志着太阳进入主序星阶段。由于太阳的氢含量很大，能源非常稳定，从而太阳的状态也非常稳定。因此这个阶段相当于太阳的青壮年时期。太阳已经在这个阶段经历了 46 亿年，这就是太阳的年龄（主序星前的3000万年可忽略）。根据理论推算，太阳还将在这个阶段稳定地“生活”约 40 亿年，然后进入动荡的晚年时期。

③**红巨星**阶段。日核中的氢耗尽之后，包围日核的气体壳层里面的氢开始燃烧，壳层上面的气体温度上升，结果使太阳大规模膨胀。由于太阳光度的增大不如表面积增大快，单位表面积的发射功率下降，辐射波长移向红区，使太阳变成了一颗巨大的暗红恒星，即红巨星。太阳在红巨星阶段经历的时间大约是 4 亿年。

④氦燃烧阶段。当太阳中心氢耗尽并变成原子量较大的氦之后，中心部分又开始收缩，密度和温度继续增大。当温度达到 10^8 度时，氦核开始聚变燃烧。与此同时，外面氢烧燃层的半径继续增大，但燃烧层的厚度却不断减少。中心氦和壳层氢耗尽后，接着就是壳层氦燃烧。太阳的氦耗尽之后，还可能经历几个更重元素的燃烧期。不过由于其他元素含量很少，这些时期均非常短暂。整个氦燃烧阶段的时间也只有 5000 万年，其他元素的燃烧时间则更短。

⑤白矮星阶段。当太阳的主要燃料氢和氦耗尽之后，体积进一步缩小，它的半径可缩小到只有目前太阳半径的 1%，而密度大约是现在的 100 万倍。这时太阳的光度只有目前太阳的 1‰～1%，成为一颗很小的高密度暗弱恒星，即白矮星。太阳在白矮星阶段大约经历 50 亿年之后，它的剩余热量也扩散干净，终于变成一颗不发光的恒星——黑矮星。

根据理论推测的太阳演化过程中不同阶段的基本特征，如红巨星和白矮星等，均能在众多的恒星世界中找到实例，因此通常认为这种推测是可信的。（林元章）

太阳扁度 solar oblateness 太阳存在扁度，用公式表示为$\frac{\Delta R}{R}$，其中R为太阳半径，ΔR为太阳赤道半径与两极半径之差。太阳的自转非常独特。在太阳表面，不同纬度处具有不同的自转速度，称为**较差自转**。在太阳内部，自转方式更为复杂。这样的自转方式是否导致太阳存在扁度，一些研究者进行了探讨。导致太阳存在扁度的因素有两个，即太阳表层自转和可能存在于太阳内部的四极矩。四极矩起因于非对称物质分布产生的非对称引力场。理论分析表明，太阳扁度可表示为：

$$\frac{\Delta R}{R}=\frac{1}{2}\frac{\omega^2 R}{g_0}+\frac{3}{2}J$$

式中g_0为太阳表面重力加速度；ω为表面自转角速度；J为四极矩。若取太阳表面纬度为 15°处的自转角速度$\omega=2.87\times10^{-6}$/秒，则上式右端第一项为 1.04×10^{-5}，即$\frac{\Delta R}{R}$只有约万分之一。20 世纪 60 年代开始，一些研究者致力于太阳扁度的直接测量。早先的测量结果为$\frac{\Delta R}{R}\approx5\times10^{-5}$，因而认为太阳内部存在四极矩，它导致偏离球对称引力势。但后来更多人的测量大多在 0.58×10^{-5} 至 2.0×10^{-5} 之间，倾向于否定存在四极矩。实际上 10^{-5} 只相当于太阳赤道与两极的直径差别为 14 千米，或 0.02″的差异。即使采用精巧的观测仪器和优越的资料处理方法，在地球大气扰动的噪声背景下，从地面测量太阳扁度是相当困难的，因此已有在空间观测太阳扁度的计划。（林元章）

太阳差旋层 solar tachocline 在太阳内部的辐射层与对流层之间，存在的一个很薄的速度较差剪切层。即太阳**较差自转**沿径向变化极为陡峭的圈层。这是根据太阳振荡观测资料进行反演得到的结果得到的。发现太阳内部存在差旋层是太阳物理研究的重大进展，也是用**日震学**方法探测太阳内部构造的重要成果。太阳差旋层的厚度只有 0.02～0.05R（R为太阳半径），在不同纬度处有不同的梯度变化（见图）。差旋层有时也称为较差剪切层或强剪切层，其密度、压力和温度分别为大约 0.21 克/厘米^3、6.7×10^{13} 克/（厘米^2·秒^2）和 2.3×10^6K。由图可见太阳内部自转由辐射层的刚性自转通过差旋层后转换为对流层的较差自转，差旋层是它们之间的自转变换过渡层。

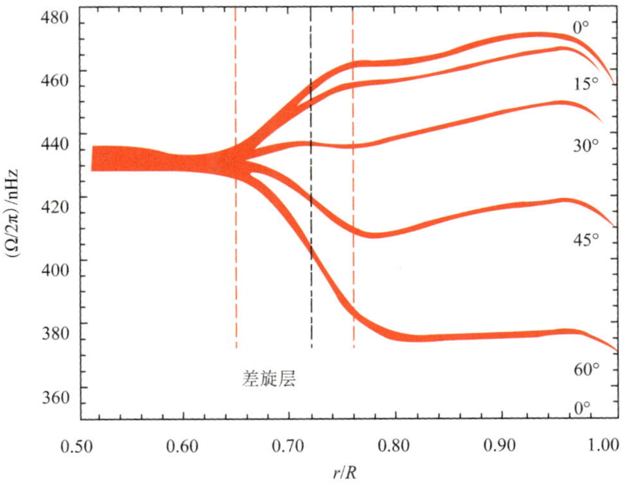

太阳内部自转变化

太阳内部存在差旋层的观测证据，使人们对太阳内部结构的认识，以及对太阳表面和内部物理过程的理解产生了重大影响。首先是关于**太阳发电机**理论。该理论认为，太阳表面强磁场区（**黑子群**和活动区）的特征以及太阳活动周演化规律是太阳等离子体通过自身运动感应，对原始的微弱磁场（绝大部分云体，包括恒星和行星均有由原始星云演化带来的微磁场）拉伸和放大产生的强磁场所表现的周期性现象。这与运动导体通过感应产生强磁场的自激发电机原理相似。发现太阳内部存在差旋层之后，一般认为差旋层就是太阳发电机的驱动层，即太阳表面强磁场的发源地。太阳发电机工作的物理过程涉及太阳较差自转、湍动对流、科里奥利力、剪切和子午环流等多种因素的相互作用，其中的细节尚在探讨之中，不同的过程产生不同的发电机模型。由于差旋层位于对流层底部，又是太阳由刚性自转向较差自转变换的过渡层，因而也对其他与此相关的太阳物理过程的理解产生影响，如关于太阳内部的元素混合过程，以及太阳自转的长时标演化等问题。（林元章）

太阳常数 solar constant 在地球大气外距离太阳一个天文单位的地方（日地平均距离），垂直于太阳光束的单位面积上，在单位时间内接收到的所有波长的太阳总辐射能量。通常用符号S表示，单位为卡/（厘米^2·分）或瓦/米^2。太阳常数随波长的分布称为“大气外太阳分光辐照”，其单位常用瓦/（厘米^2·微米）表示。太阳辐射的能量集中在可见光和近红外波段，因此太阳常数涉及的波段并不太宽，0.2～10.0微米波段的辐射已占太阳常数的99.9%，其中0.3～3.0微米就占97%左右。精确测定太阳常数对于研究太阳和地球大气结构十分重要，还可应用于气象、航天、太阳能利用和环境科学等领域。

直到20世纪60年代，基本上都在地面进行太阳常数测量，因此必须考虑地球大气对太阳辐射的吸收改正。通常都在大气稀薄的高山地区，用太阳分光辐射仪测定太阳在不同高度（对应于不同大气质量）时辐射强度随波长的相对分布（称为相对分光辐照），波段范围为0.295～2.5微米。同时，用一架绝对能量标度的太阳总辐射仪测定同样波段的太阳总辐射能量，作为上述相对分布的绝对能量定标。然后，对每一波长按照指数消光定律外推得到地球大气外的太阳分光辐照，再对波长积分就得到大气外0.295～2.5微米的太阳辐射能量。必须进行分光测量是因为指数消光定律只适用于单色辐射。至于波长小于0.295微米和大于2.5微米的太阳辐射，则因地球大气中臭氧、水气和其他大气分子的强烈吸收，不能到达地面，只能利用高空探测或理论推算得到。把所有波长的能量加在一起，并作日地平均距离订正后，即得到太阳常数。也可用飞机（在11～13千米高度）进行太阳分光和总辐射测量，要做的大气吸收改正比高山测量要小，但也须做飞机窗口玻璃吸收的改正，以及观测时间不长造成大气质量变化范围太小而影响外推大气外的精度等问题。因飞机观测仍须进行大气消光改正，基本上仍属地面观测范畴。地面测量的太阳常数精度通常为1%左右。

从20世纪60年代后期开始，太阳常数的测定一般不在地面进行，而是利用火箭（60千米以上）、人造卫星和宇宙飞船携带太阳辐射仪在太空中直接测量太阳的总辐射能量（绝对能量标度）。此时地球大气的吸收已可忽略，测量结果经日地平均距离订正后就是太阳常数。从太空直接测量太阳常数的精度优于1‰。

太阳常数测量结果大多在1.95～2.0卡/（厘米^2·分）。1954年F.S.约翰逊主要根据20世纪50年代以前的地面测量结果，综合分析后提出$S = 2.00$卡/（厘米^2·分）或1394瓦/米^2，这一数值在50～60年代被广泛采用。随后多采用1971年由D.拉布斯和H.内克尔综合部分地面观测和高空探测后提出的$S = 1.95$卡/（厘米^2·分）或1352瓦/米^2。现普遍采用1980年发射的人造卫星“太阳极大年使者”（SMM）上测量的更精确数值$S = 1.96$卡/（厘米^2·分）或1367瓦/米^2。

关于太阳常数是否变化的问题曾有过长期争论，原因在于早期的观测（尤其是地面观测）精度较差，难以判定不同研究者在不同时期测得的不同结果是太阳本身的变化，还是他们所用的不同观测仪器和资料处理方法带来的系统误差造成的。直到1980年4～5月人造卫星“太阳极大年使者”上的太阳辐射仪观测到太阳总辐射的两次明显下降，其变化幅度分别达到0.15%和0.09%，并且分别与当时日面上出现的两群大黑子对应，这才肯定太阳总辐射，亦即太阳常数与日面上的太阳黑子密切相关。随后的观测进一步证实了太阳常数与太阳黑子之间存在相关。（林元章）

太阳磁场 solar magnetic field 遍布于太阳大气和太阳内部的磁场。

太阳磁场结构相当复杂。太阳大气的磁场可观测，但内部磁场只能由理论推测。观测表明，太阳大气中的磁场有多种成分，但这些成分如何构成统一的图像，以及它们之间的演化关系迄今尚未完全弄清。以测量光谱线的塞曼分裂为依据的太阳磁像仪和磁场望远镜只能对光球层的磁场分布进行精确测量，对色球磁场做精度稍差的观测。日冕磁场只能用射电方法粗略估测。色球以上的太阳大气磁场，可在某些理论模型假定下（如势场模型或无力场模型），以观测的光球磁场为边值，进行理论外推。从已有的观测结果分析，太阳大气中的磁场大体上可划分为如下几种类型。

活动区磁场 太阳上最强的磁场出现在以太阳黑子为中心的活动区中。黑子本身的磁场强度为1000～4000高斯，具有各种极性分布，但大多数为双极结构。黑子附近谱斑区的磁场一般为几百高斯，可看作黑子强磁场向黑子边界外的延伸，其极性取决于黑子群的极性分布。黑子上空色球和日冕中的磁场估计只有几至几十高斯。单个活动区在日面上的延伸范围一般自几千至十几万千米，并且出现在太阳赤道两边±50°以内的中低纬度带。活动区的数目和总磁流具有平均长度为11年的周期变化。

极区磁场 20世纪50年代发现太阳上纬度高于55°的两极地区，也存在强度为1～2高斯的弱磁场，而且南北两极区的磁场极性相反，颇似地球的偶极子磁场。随后的观测表明，太阳极区磁场是变化的，它们在太阳活动极大年附近会发生极性转换。实际上太阳极区磁场与偶极子场有所不同：其一是它只存在于两极地区，而且没有准确的轴向和对称性。其二是由于太阳大气的电导率很高，磁场的自然衰减非常缓慢，而太阳极区磁场的变化时标只有11年左右，意味着太阳极区磁场的磁力线只是埋藏在太阳表面浅处。太阳活动起源的发电机理论认为，活动区磁场是太阳极区磁场与太阳较差自转相互作用产生的，而极区磁场又是活动区磁场演化和叠加形成的，二者密切相关。

宁静区磁场 随着太阳磁场观测技术的不断提高，20世纪70年代发现活动区以外的太阳宁静区中，磁场也并非为零，而是仍然有弱磁场分布。主要特征是存在网络状的磁场结构，称为网络磁场。网络磁场大致沿超米粒边界延伸成链状，网络大小约3万千米，磁场强度为20～200高斯，寿命可超过1天。网络内部的磁场也不为零，而是存在许多离散的小磁岛，称为网络内磁场，强度为5～25高斯，大小为几百至几千千米，寿命从几分钟至几十分钟。太阳网络磁场和网络内磁场的起源和演化尚未探明。观测显示，网络磁场主要是由活动区磁场瓦解形成的，而网络内磁场主要从网络内部某些区域以混合极性浮现出太阳表面。

行星际磁场 太阳最外层大气日冕是高导电的等离子体，磁场与物质冻结在一起，这样向外膨胀的太阳风把太阳磁场带到了行星际空间，因此日地之间的行星际磁场实际上源于太阳，可看作太阳磁场的延伸。利用在地球磁层外绕地球运行的空间飞行器可测量黄道面（地球轨道面）上的行星际磁场分布，结果表明在黄道面上行星际磁场呈现扇形结构（见图）。

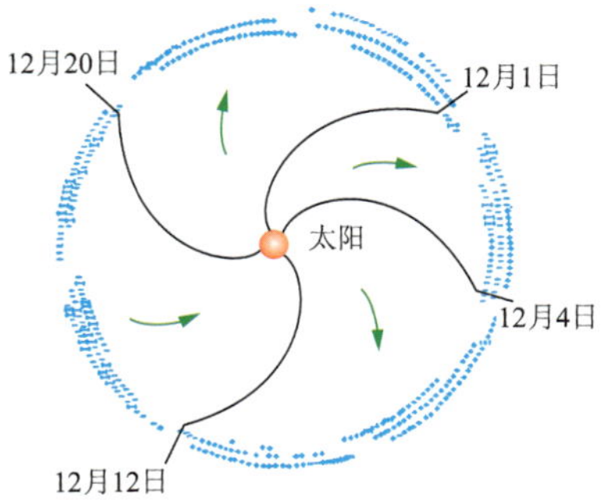

空间飞行器 IMPI 于 1960 年探测到的行星际磁场（4 个扇形中的箭头表示磁场方向）

同一扇形区中的磁场极性相同，相邻扇形区的磁场极性相反。地球轨道附近的行星际磁场强度为 10^{-5}～10^{-4} 高斯。行星际扇形磁场随太阳自转，导致其磁力线为螺旋线形。地球穿越不同极性交界线的时间短于 5 分钟，表明扇形交界线的厚度不超过 1.5×10^5 千米。长期观测表明，扇形磁场是变化的，有时扇形结构明显，有时不明显。有时一个太阳自转周中有 4 个扇形区，有时只有 2 个。对行星际扇形磁场可解释为：起源于太阳两极区的相反极性的磁力线在太阳赤道附近交会，但它们的交界面（电流片）不会是平面，而是如一顶大草帽的帽檐那样的曲面，这个曲面与黄道面有几个交界线，就是扇形磁场极性分界线。在太阳自转和地球在黄道面上运动的过程中，当地球处在电流片上方时，空间飞行器探测到的磁场就具有太阳北极区的磁场极性；当地球穿越边界线到达电流片下方时，探测到的磁场就具有太阳南极区的磁场极性。（林元章）

太阳磁场望远镜 solar magnetic-field telescope 中国科学家发明的，观测和研究**太阳磁场**和速度场的第四代和第五代仪器的总称。安装在**国家天文台**（原北京天文台）怀柔太阳观测基地。主要用于太阳物理、日地关系以及太阳活动对空间环境影响等研究。此超越式发展是使中国的太阳磁场设备和太阳物理研究处于世界领先水平的一项重大科研成就。

提出和发明 太阳磁场望远镜是 20 世纪 60 年代中期提出的。当时正值中国“两弹一星”发展的关键时期，人造卫星的安全，以及短波无线电的军、民用通信，都受太阳电磁风暴的严重影响，需要开展有关的灾害预报。因此，发展先进的太阳磁场观测系统是天文学发展的需要，更是中国国家战略发展的需要。

1966 年，**艾国祥**试图以辩证唯物论推动太阳磁场设备的发展。对近 400 年来太阳仪器的发展，系统地总结及辩证分析，归纳出太阳观测设备的发展规律，如图 1 所示（第四列为 1984 年补充）。

这是两维分类图，纵行按观测光的性质，分白光、单色光、单色偏振光（磁场）和偏振光谱轮廓四层次；横列为视场，由点→线→面→体顺序发展。近代天文学是从 1611 年**伽利略**发明天文望远镜开始的，它能观测面视场的白光，称为**太阳光球望远镜**。第二层是单色光。1841 年发明的光栅光谱仪，能观测线视场光谱；1887 年发明太阳单色光观测仪，用机械扫描获得不同时的视面单色像；1938 年发明**双折射滤光器**，能观测同时视面上的太阳色球和太阳耀斑爆发，称为太阳色球望远镜。第三层次是偏振光谱（磁场）观测。1908 年美国加州理工学院发明了海尔磁像仪，能观测太阳上点源磁场，是第一代。1953～1962 年，美国加州理工学院和苏联克里米亚天文台发明了光电矢量磁像仪，能观测太阳上点源矢量磁场，可扫描观测一条线上的磁场，是第二代。当时全世界有 16 个天文台要仿制美国和苏联系统。后来，美国国立天文台于 1972 年发明了 40 个通道磁像仪，可同时观测线源磁场，线扫描可观测不同时面源，属于第三代。从二维图可见，随时间的发展，存在由面→点→线→面→点→线→面的螺旋式上升的发展。一般是沿螺旋线循序渐进，赶超发展。但从图右侧的面，存在着直接向高层跨越式发展的可能性。由第一层的太阳光球望远镜，发展到第二层的太阳色球望远镜，再发展到太阳磁场望远镜的可能性。由此预见和发明了第四代的太阳磁场望远镜。1984 年，艾国祥接着发明了第三层次的同时的多通道磁场望远镜，即第五代（体）。后来，又发明了第四层次中，偏振光谱轮廓的最右边的一个系统——二维同时光谱仪，即第六代太阳磁场望远镜，是能同时观测不同层上磁场、速度场和其他物理量的系统。20 世纪 90 年代，中共中央党校曾将太阳磁场望远镜的发明作为案例，编入高级班哲学教材，以提倡结合辩证唯物论的发展规律，创新跨越发展科学。

同时视场	点	点（线）	线 线扫描面	面	体
白光				1611 伽利略望远镜	
光谱 单色光		1841 光栅光谱仪	1887 太阳单色光观测仪	1938~1944 双折射波滤器	
偏振光谱 单色光	1908 海尔磁像仪	1953~1962 光电矢量磁像仪	1977 * 基特峰磁像仪	20世纪80年代* 视频磁像仪	20世纪90年代 * 多通道磁像仪
偏振光谱 轮廓		傅立叶 光谱仪	光栅 光谱仪	滤光器 光谱仪	二维同时 * 光谱仪

* 分别表示第三代、第四代、第五代和第六代太阳磁场仪器

图 1 太阳光学仪器的发展和演化

艾国祥和胡岳风在自力更生和发愤图强精神鼓舞下，敢于对苏联进口的、成像严重变模糊的双折射滤光器做“心脏”开刀手术，并修好了滤光器。

建造和性能 本文介绍的是第四代和第五代的太阳磁场望远镜系统。

1967 年由中国科学院批准立项研发太阳磁场望远镜。由北京天文台、南京天文仪器厂、长春光机所和福州物质结构研究所承研。其后又于 1990 年立项研发太阳磁场望远镜的第二型——多通道磁场望远镜，由北京天文台和南京天文仪器厂承研。

太阳磁场望远镜由 35 厘米口径的真空光学系统、带 KD*P 电光偏振调制器的双折射滤光器以及 CCD 摄像机和处理计算机三部分组成。双折射滤光器能分别在太阳光球谱线 λ5324.19 埃、带宽 0.15 埃，以及色球谱线 λ4861.34 埃、带宽 0.12 埃工作，可分别观测太阳光球和太阳色球磁场和速度场。

太阳磁场多通道望远镜由 60 厘米口径真空光学望远镜；带 KD*P 电光偏振调制器的 9 通道双折射滤光器，具有 0.05 埃带宽，能同时观测太阳各层次磁场的系统；以及 9 个 CCD 摄像机和计算机系统组成。

双折射滤光器和 KD*P 电光调制器的创新和研发。太阳磁场望远镜两大系列的核心部件是带有 KD*P 电光调制器的双折射滤光器。太阳磁场的观测是根据**塞曼效应**，当太阳大气中存在磁场时，在特定的光谱线中，谱线会发生分裂和波长的位移。这些位移分量有不同偏振态。当用比谱线带宽更窄的滤光器观测时，在滤光器的波长上各种分量的光强度不同，通过偏振的调制，测量光强度差，经过定标，可以归算出矢量磁场（vector magnetic field）。当太阳大气中的物质沿视线运动时，谱线会发生多普勒位移。如果滤光器的通带能在谱线的两翼，随时间快速调制，能测到谱线移动引起的光度差，经定标，可获视向速度场。双折射滤光器由偏振片和双折射晶体组成。在

太阳磁场望远镜系统发明前，这种面视场滤光器主要用于太阳色球层观测。色球谱线带宽大约3埃，所用滤光器带宽约为0.5埃。但是太阳光球磁场谱线较窄，仅0.15～0.3埃。太阳磁场望远镜中的滤光器只能使用0.15埃和0.05埃的窄带滤光器，比历史上使用的0.5埃窄了3～10倍。并且要求滤光器的恒温精度高达±0.001度，以稳定波带位置。原仅使用$\phi 30$毫米孔径，而本系统中使用37×37毫米^{2}方孔径以扩大视场。这是世界上第一次设计，引发了对双折射晶体，特别是光学级冰洲石的很大需求。研究团队在近20年中，深入矿区和深山寻找优质冰洲石，付出了难以想象的艰辛；并发明了很多具体技术，加工磨制冰洲石晶体。滤光器所用玻片，晶体和偏振片多达几千片，只要一片方向装错，都要重来，这是对理论水平、工匠精神以及协同和检测技术的严重考验。

另一难点是KD*P电光调制器。它的设计，作为氢弹原料的氘的申请使用，晶体加工，导电玻璃的制作，矩形波调制高压电源以及系统的安装调试，都是极其复杂和困难的。中国研发的KD*P电光调制是宽视场的，寿命达几十年。而20世纪80年代末，美国的产品仅能用几个月，且是窄视场的。

另一难关，是高速A/D变换器。要测到1高斯的纵向磁场，但与磁场有关的信号仅为背景强度的1/10 000。当时摄像机的A/D变换器只有8位，只能分辨1/256的信号。若要获得1/10 000的信号，至少要有14位的A/D变换器，这在当时绝对办不到。经过研究和实验，发明了8位的A/D变换器，通过利用噪声，并进行累加增强，实现了提取1/20 000～1/10 000信号的方法。

太阳矢量场观测，极难的是横向磁场的定标。首先，理论体系十分复杂。太阳大气吸收谱线的形成，在磁场条件下，需要求解偏振的I、Q、U、V四个斯托克斯（Stokes）参数的联立非线性方程。加上存在法拉第旋转，引起横场方向的不确定性。经过极其复杂的计算，结合大量实践，形成了理论与经验定标相结合的系统。经当时全世界四架横场仪器的联测比较，太阳磁场望远镜矢量场的定标，处于领先地位。

研制口径35厘米和口径60厘米的真空望远镜的光学、机械和电子系统，在1966～1987年的中国，仍是十分困难的工程。重要元部件和材料，以及特种加工和调试都是十分复杂和艰难的。经过广大科技人员和优秀工人的集体努力，特别是在李挺总工程师带领下，经20余年的奋斗，实现了这个创新发展。

1973年开始为太阳磁场望远镜选址。在北京附近的山区，平原区和怀柔水库的水域进行测量。用15厘米口径的太阳光球望远镜进行高速采样，比较成像质量；另用直径5微米的铂金丝，从气球和铁塔上测量温度脉动，以判断不同高度湍流扰动的强度。历时三年测量的结果表明，水面上大气视宁度最好，山地次之，平原较差；水面上塔高20～30米为优化高度。最终，确定望远镜建在怀柔水库中的小岛24米高的观测塔上（图2）。天文台一般采用开

图2　中国科学院国家天文台怀柔太阳观测基地

天窗的圆顶。缺点是，太阳光聚在圆顶内引起湍流，降低圆顶内的成像质量。因此设计了观测时可向北移动的圆顶，防止太阳对圆顶加热。不工作时，罩上又能为望远镜挡风雨。塔和望远镜表面一律用白色二氧化钛，减少聚热。优美的环境加上极富创造性的设计，使怀柔太阳观测基地，成为英国BBC介绍世界100集天文台电视节目的第一集，而享誉世界。

成就　中国的太阳磁场望远镜于1987年成功运行，成为世界太阳磁场观测的领先设备，保持了领先地位20年。美国在20世纪80年代末也研制成第四代磁像仪，分别装于加州理工学院大熊湖天文台和美国航空航天局马歇尔宇航中心。前者只有纵场，后者能观测矢量场，但都没有色球磁场和速度场。中国太阳磁场望远镜观测内容和质量比美国两台之和还高出2倍。太阳磁场望远镜1987年获中国科学院科技进步奖一等奖，1988年获国家科技进步奖一等奖。1995年太阳多通道磁场望远镜获中国科学院科技进步奖一等奖，1996年获国家科技进步奖二等奖。2006年，日本发射了日出号（HINODE）卫星，口径为50厘米的磁场系统，空间分辨能力超过了太阳磁场望远镜。从空基和地基全面评价，太阳磁场望远镜的领先地位被日本超越。但对于地基观测，太阳磁场望远镜的两个系统截至2023年仍是世界上最好的系统。

太阳磁场望远镜产生了许多世界一流的科学成果。主要在太阳活动区磁场演化，过剩磁能的积累和释放的研究；太阳普通磁场、极区磁场的研究，特别是小尺度磁场对消方面的成果；以及**太阳活动预报**利用磁场的方法上的成果三个方面。

太阳磁场望远镜对外开放，吸引了众多国外访问学者来做观测和研究；培养了一批来自日本、韩国、印度、朝鲜和中国台湾的研究生。这些成就，使得中国在太阳物理的研究领域进入世界前列，并于1994年获中国科学院自然科学奖一等奖，2007年获中国人民解放军总装备部军队科技进步奖一等奖，2009年获国家自然科学奖二等奖。

太阳磁场望远镜的发明制造和运行研究中，产生了一大批优秀人才，前后有两人当选中国科学院数理学部院士，并产生了一批国家杰出青年科学基金获得者和近百名研究员。太阳磁场研发集团的主要成员前后两次出任国际天文学会太阳分委员会主席。另外，引发了国际上对磁场望远镜，特别是核心部件滤光器和KD*P电光调制器的订货。由北京天文台和南京天文仪器厂向日本、韩国、美国等国家和地区出口20余套。国内也生产了数台磁场望远镜设备，供天文界外单位使用。高科技成果产业化，提供了科研成果奖励基金和改善科技人员生活的物质条件，促进了太阳磁场设备和研究的持续发展。中国科学院周光召院长十分赞赏这些创新和改革措施，并题词："太阳磁场望远镜的建设者是中国科学院的骄傲。"

（艾国祥）

太阳磁流管　solar magnetic tube　泛指由相对密集的磁力线束构成的管状磁场区。它周围（磁流管外）的磁场可以忽略。从地面高分辨的白光日冕观测和从空间飞行器上观测到的紫外或X射线日冕单色像上均可看到，太阳大气中的磁场基本上是由无数磁流管构成的。因此在**太阳磁场**的研究中，磁流管特性的探讨具有重要意义。理论研究表明，处在均匀和各向同性湍流的理想导电流体中的弱磁场，必定会演化成磁力线相对集中成线束状或片状的结构。在太阳对流层中，情况大体上就是这样。由于磁场冻结效应以及气体热压超过磁压，迫使磁力线随着物质流动，导致形成无数磁流管。若磁流管与外部处于压力平衡，由于存在磁压，管内的热动气压必定低于管外气压，意味着磁流管密度比外部低，从而形成浮力，使磁流管上升到太阳表面，并穿过光球，出现在色球和日冕当中。

对磁流管特性的研究结果表明，太阳表面观测到的许多重要现象，都可以用磁流管的各种效应加以解释。例如，黑子区域中的磁流管通过磁力线冻结效应使物质难以横

黑子上空的磁力线构成的磁流管

越磁力线，极大地抑制了对流，导致黑子区无法从下方获得热量传输，从而使其温度略低于周围，呈现为黑子。对磁流管不稳定性的研究可知磁场强度小于约1000高斯的磁流管是不稳定的，这一结果可以解释在高分辨的观测中得到的太阳磁图总是呈现为离散的磁岛形式，而非连续分布。对于其他一些现象，如光斑比较容易在日面边缘看到，以及谱斑的某些特征，也可用它们的磁流管具有不同直径和密度给予解释。（林元章）

太阳磁像仪 solar magnetograph 对太阳磁场进行成像观测的设备。在英文中，“magnetograph”一词对应多个译义，例如有磁强仪、地磁仪、磁像仪三解，几乎所有的科技词典中，magnetograph 词条的注解都是针对前两条而做的。而“magnetograph”用作磁像仪，最早出现于H.W.巴布科克1953年的论文中，巴布科克磁像仪也是世界上第一台磁像仪。

工作原理 磁像仪的工作基础是塞曼效应。光线受到塞曼效应作用后产生的塞曼分裂子线具有两个特性：一是裂距与磁场强度成正比，二是子线具有不同偏振特性。磁像仪主要在可见光和近红外波段开展工作，此时塞曼裂距非常小，很难通过直接测量裂距而得到磁场强度，因此磁像仪的工作主要是基于塞曼子线的偏振特性开展测量。所以，磁像仪实际上获得的是太阳光的偏振信息，然后通过磁场反演或定标获得太阳磁场图像。

构成 磁像仪是一台特殊的望远镜，除了传统望远镜的光、机、电系统外，它还需一套物理光学系统，通常由偏振分析器（也称磁分析器）和单色器两部分组成。前者选择所感兴趣的磁场分量，后者获取足够窄带的太阳信号。

分类 由于单色器的不同，磁像仪可以分成不同的类型，例如光栅光谱仪型，可以获得谱线的偏振轮廓，提取非常丰富的物理信息，但需要通过狭缝扫描的方式成像，可称之为成谱型磁像仪；双折射滤光器型，直接获得磁场图像，但没有光谱信息，可称之为成像型磁像仪。这两类设备是常用的磁像仪，各有特点，互为补充。除了双折射滤光器外，还有利用傅里叶光谱仪、珐珀干涉仪、迈克尔逊干涉仪等作为单色器的，也均可归于成像型磁像仪类型。

中国在双折射滤光器型磁像仪研制方面居于世界领先水平。

历史上，曾经有太阳光电磁像仪、照相磁像仪、视频磁像仪的分类。但这种分类方法是由所采用的后端探测器的不同而区分的，带有典型的时代特征，并非是原理上的分类。这种分类在现代已不适用。

（李 挺 邓元勇）

太阳大气 solar atmosphere 其辐射可到达地球从而可直接观测到的太阳外层。太阳本质上是一团炽热的高温气体球。整个太阳球体可分为几个物理性质上有明显区别的球层，由里向外分别称为日核（产能区）、辐射层、对流层、光球、色球和日冕（见太阳）。其中日核、辐射层和对流层的辐射被它们上方的气层完全吸收，不能到达地球，因而看不到这些层次。关于它们的结构主要依靠理论推测。太阳上这三个看不见的里层，合称为太阳内部，或太阳本体。反之，光球、色球和日冕的辐射可到达地球，这些辐射中包含有这三个层次的丰富信息，因而可通过各种观测仪器对这些辐射进行测量和分析，从而探明它们的结构。这三个可直接观测到的太阳外层，合称为太阳大气。太阳大气的延伸极为广阔，但其总质量只有约6×10^{20}千克，与太阳整体总质量约为2×10^{30}千克相比，是微不足道的。

用肉眼看到的明亮日轮就是太阳光球层，其厚度仅为500千米左右，但它发射出远比其他层次强大的辐射。实际上太阳在可见光波段的辐射几乎全部是由光球发射的。通常所说的太阳表面就指光球表面，太阳半径也是按光球定义的。光球底和顶的温度分别为6.6×10^3K和4.3×10^3K，密度分别为4×10^{-7}克/厘米^{3}和8×10^{-8}克/厘米^3。

色球位于光球上方。从色球底（光球顶）至约1500千米高度处的色球比较均匀。更高层的色球实际上是由纤维状的针状体构成，颇似燃烧的草原，其高度可延伸至7000多千米。色球的亮度仅为光球亮度的万分之一，即比白天的天空亮度暗，因此平时用肉眼看不到色球，必须用专门的太阳观测仪器（色球望远镜）或者在日全食期间暗黑的天空背景下，才能看到红色的色球层。色球的密度从底部10^{-8}克/厘米^{3}量级向外迅速下降至顶部的10^{-14}克/厘米^{3}量级，但其温度却从底部的几千度向外迅速上升至顶部的约100万度。

色球层之上就是日冕，它是太阳的最外层大气。日冕的亮度比色球更暗，平时也看不见，必须用特殊仪器（日冕仪）或在日全食时才能看见。日全食期间看到的日冕呈银白色。从最好的照片上可看到它可达到4～5个太阳半径的距离。但实际上它可延伸至超过日地距离。而且距日心5～6个太阳半径以外的日冕物质是以很高的速度向外膨胀，形成所谓太阳风。太阳风就是动态日冕。日冕的温度高达百万度，但其密度却低于10^{-14}克/厘米^3，而且随日心距离增大而迅速下降。

太阳的能源位于日核中，产生的辐射能由里向外传播，太阳的温度理应随日心距增大而下降。但太阳高层大气（色球和日冕）的温度反而比低层大气（光球）高得多，这种高层大气反常升温的原因尚未彻底探明。倾向认为光球下面的对流层中产生的各种波（如声波和重力波等）传播到色球层后将在那里耗散，从而加热色球引起升温。尽管这些波的能量与来自下层的辐射能相比是很小的，但由于色球密度很低，这种附加波能的加热非常有效。至于日冕的加热，则可能与太阳磁场有关。处在磁场中的电离物质的运动将会激发磁流体力学波，如阿尔文波以及形成电流系统。磁流体力学波的传播和耗散及电流耗散，均可加热日冕使其升温。（林元章）

太阳大气标高 scale height 表征太阳大气密度随着高度增加而减小的速率的量。简称为标高，以H表示。太阳大气标高的确切定义是：在引力场中，处于流体静力平衡的等温大气中，气体粒子数密度N随高度h的分布符合气压定律，高度每升高一个“标高”H，数密度就减小为原来的e分之一。即$N=$常数$\times e^{-(h/H)}$。容易求得密度标高的表达式为$H=kT/\mu m_{\mathrm{H}}g$，式中k为玻尔兹曼常数，T为气体温度，m_{H}为氢原子质量，g为太阳表面的重力加速度，μ为气体平均分子量，它同大气的化学成分和电离状态有关。在太阳大气的光球上层，标高约115千米；在色球中层，标高约330千米；在色球上层，标高增加到1100千米左右；在日冕区域中，标高达50 000千米以上。这反映了太阳大气各层温度的巨大差异。

实际上，太阳大气并不处于流体静力学平衡状态，而是到处存在着湍流。太阳大气中的湍流使得标高增大。标高增大量ΔH正比于湍流速度的二次方。湍流速度为3千米每秒时，ΔH为11千米；湍流速度为10千米每秒时，ΔH便为121千米。在色球低层，湍流速度约为2千米每秒，而在色球中层，湍流速度可达10千米每秒左右，即$\Delta H/H \approx 0.37$，可见湍流对标高H的影响很大。标高不仅应用于太阳大气，也应用于一般**恒星大气**。它也可用来表示气体的其他一些物理量，如气体压力、辐射等随高度的变化。与密度标高类似，分别设压力标高、辐射标高等。 （王振一）

太阳单色像 monochromatic image of the Sun 观测某一波长λ处的狭窄波段Δλ内的单色辐射所得到的太阳像。它反映出**太阳大气**中形成该单色辐射的那一层气体的状态。以前，一般是利用**太阳光谱仪**，使太阳像扫过光谱仪狭缝，并使底片同步移动来获得太阳单色像。自20世纪30年代法国天文学家B.F.李奥发明**双折射滤光器**后，人们可利用装有双折射滤光器的望远镜来得到太阳单色像。现代还常采用**法布里－珀罗干涉仪**等获得太阳单色像。这些仪器大大提高了时间分辨率。

常见的太阳单色像如下。

①氢单色像。在氢Hα谱线（波长6563埃）的线心进行观测，可得到Hα单色像（图1）。用它来观测色球，可以看到谱斑（氢谱斑）、日珥和暗条及耀斑等。根据**谱线位移**，在Hα的红翼和蓝翼进行偏带观测时，还可以观测到色球上物质的上升或下降运动。

图1 羲和号卫星拍摄的太阳氢谱线Hα单色像

②钙单色像。电离钙CaⅡ的H和K线（波长分别为3968埃和3934埃）都是共振双线，但由于K线较强，一般都用K线进行观测。在吸收线K线轮廓中的发射部分——K_2线，和中心凹陷部分——K_3线进行观测，都可得到单色像。K_2线产生于色球中层，K_3线产生于色球上层。钙单色像上的谱斑（钙谱斑）有明显的**色球网络结构**——钙网络（图2）。观测表明，钙网络与**超米粒组织**、钙网络元与超米粒元都有很好的对应关系。

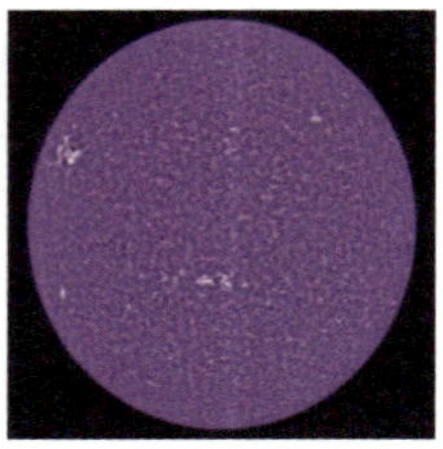

图2 太阳的电离钙K线单色像

③氰单色像。氰分子（CN）谱带的带头波长3883埃谱线产生于光球的上层，对温度特别灵敏。在观测中发现，小的CN元在黑子附近以1千米/秒的速度外流。这种单色像在空间位置上与纵向磁图基本一致。

④日冕的5303埃和6374埃单色像。内冕光谱中以绿线（FeXⅣλ5303埃）发射线最强。由于离太阳边缘1′处的日冕亮度只有日面平均亮度的百万分之一、二，而在地面上观测，地球大气造成的散射光在该处可达日面平均亮度的千分之一，所以，只有在日全食时（图3），或利用放置在高山上或空间中的**日冕仪**才能观测到日冕单色像。

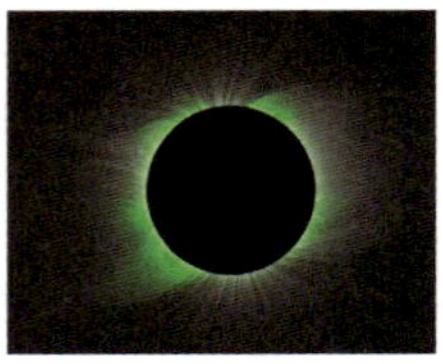

图3 用日冕仪拍摄的FeXⅣ5303埃单色像

⑤中性氦（HeⅠ）10 830埃单色像。它产生于色球高层。在10 830埃太阳单色像上可观测到太阳活动区和**冕洞**等结构（图4）。如果分辨率足够高，还可看到一些纤维状精细结构，可能是能量从太阳低层大气向高层的输运通道。

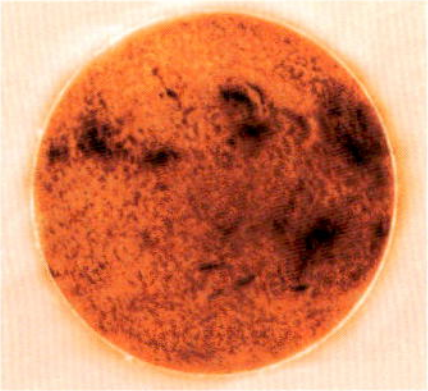

图4 光学和近红外太阳爆发探测仪（ONSET）观测到的中国第一张太阳10 830埃单色像

⑥太阳极紫外单色像。利用极紫外单色像可以取得有关耀斑和其他太阳活动的亮度、位置及其演变的信息。例如，在电离氦（HeⅡ）304埃单色像上可观测到日珥和冕洞等结构。在电离铁（FeⅫ）的193埃单色像（图5）上可观测到太阳活动区、冕环和冕洞等。

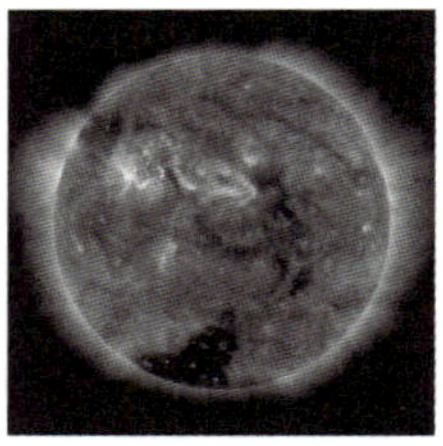

图5 太阳动力学天文台（SDO）拍摄的太阳193埃单色像

（苏庆瑞 方 成）

太阳电子事件 solar electron event 太阳出现耀斑时发射高能电子的现象。太阳电子事件是1964年由行星际探测器“水手”4号第一次探测到的。自那时以来，在地球附近记录到的太阳电子事件已达数百次之多，能量一般都在40千电子伏以上。90%以上的电子事件都同耀斑明显对应。**太阳质子事件**都伴生非相对论性电子，很少例外。另一方面，在空间探测中，却常有观测到电子流而观测不到质子成分的情况，这称为纯电子事件。观测表明，纯电子事件与通常的电子事件一样，电子的能谱与幂律谱型相吻合，这种吻合一直保持到电子能量在5千电子伏以下，有时甚至到2千电子伏左右。但是纯电子事件与通常的电子事件，在性质上有明显区别。在纯电子事件中，电子流量在每平方厘米、每球面度、每秒10～100个电子，决不超过10^3个电子；而在通常电子事件中，电子流量在10^2～10^3个电子，有时甚至高达10^4个电子。电子能谱的幂指数在两种不同电子事件中也不一样。在纯电子事件中，幂指数在2.5～4.6，在100千电子伏以上能谱更为陡峭。相反，在通常的电子事件中，典型的电子谱较为平坦地似幂律谱的形式伸展到高能区，直到10兆电子伏，幂指数几乎常常小于3.5。此外，在纯电子事件中，能量高于20千电子伏的电子总数估计在10^{33}左右；而在通常的粒子事件中，电子数目则可高达10^{36}。所有这些差异反映出两类电子事件的加速过程的强烈程度有所不同。这对了解**太阳耀斑**粒子的加速过程是很有用的。 （张和祺）

太阳对流层 convection zone of the Sun 太阳光球下面处于对流状态的一个层次。一般认为厚约15万千米，有人认为更厚，也有人认为薄到约1万千米。太阳对流层内的氢不断电离，增加气体比热，破坏流体静力学平衡，引起气体上升或下降。由于升降很快，流体元几乎处于绝热状态；又由于比热大，在重力场中上升时，流体元的温度就比周围高，密度小，因浮力而继续上升。流体元一旦下降，温度比周围低，密度大，就继续下降。这样就形成了对流。可以把对流层看成是一个巨大的热机，它把从太阳内部核反应所产生的外流能量的一小部分变为对流能量，成为产生诸如黑子、耀斑、**日珥**以及在**日冕**和**太阳风**中其他瞬变现象的动力。因此，太阳对流层的研究具有非常重要的意义。层内对流的尺度和速度都远大于地球上常见的流动现象，它的雷诺数也就远大于通常引起湍流运动的临界雷诺数，所以一旦在对流层内产生了流动，很快就会从对流层底部到光球底部建立起一个非均匀的湍流场。太阳内部的能量被转变为湍流场的湍流元的动能和它胀缩时的噪声能。这个湍流场是不均匀的和各向异性的。通过机械传输的方式，把绝大部分的能量，传到光球底层，再辐射出去。但这种小尺度的湍流并不是对流层内唯一的运动模式。因为太阳存在整体的**较差自转**，它必然会在对流层的湍流场上引起叠加其上的大尺度环流。这种大尺度环流使对流层底部和表层的物质搅混：把太阳表面物质带向温度为3×10^6～4×10^6K的太阳深处，造成日面所特有的锂－铍丰度的反常，即太阳表面的锂丰度比其他类型的恒星（指光谱型、质量和光度都不同于太阳的恒星）表

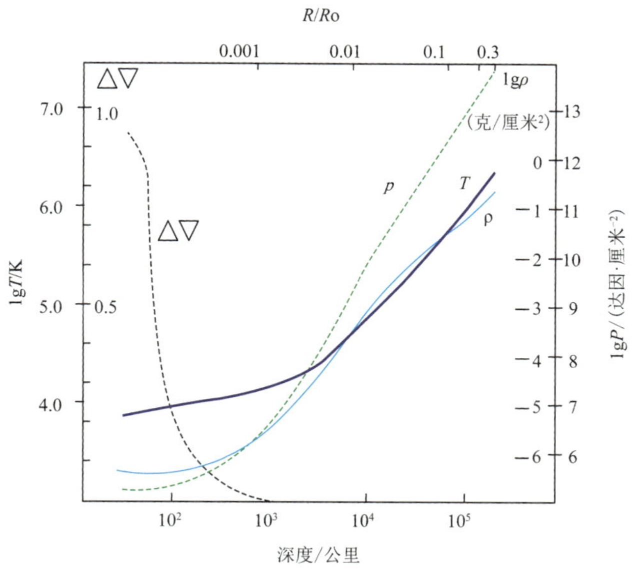

图中绘出温度T、密度ρ、气压p和超绝热梯度ΔV随光球底下的深度的变化情况

用混合长理论算出的太阳对流层模型

面的小很多，而铍丰度却差不多。这是由于锂在3×10^6K处就在核反应中烧掉，而铍却要到4×10^6K处才被烧掉；太阳表面物质只能流动到3×10^6K的层次，不能更深；又由于大尺度环流，把这个含锂较少层次的物质带到上面来了，含铍量却并不因此而变动。这个图像虽然比较清晰，但因湍流理论不够完善，对于太阳对流层的研究，始终未能得出完整的定量的结果，只好用旧的混合长理论定量研究太阳对流层的性质和组态。这种理论可概括为：上升的对流元经过路程l（即混合长）后便完全瓦解，把自己的动能和热能全部转移给周围的物质，同周围的物质完全混合，而在瓦解之前，并未同周围环境交换热量。这种热量和动能的传输，类似分子热运动的输运过程，混合长类似分子的平均自由程。图中表示用混合长理论算出的太阳对流层模型。

（杨海寿　周道祺）

太阳发电机　solar dynamo　一般认为，维持太阳周期性活动过程的物理机制，是太阳等离子体自身运动感应的磁场所表现的周期性现象。运动导体通过感应能够产生磁场正是自激发电机的原理。因此，太阳活动周规律可能就是太阳体内自然形成的自激发电机产生的。实际的自激发电机中有许多导体和各种精巧的联结方式，其运转过程不难理解。然而太阳上是连成一片的导电等离子体，并且永远处在短路状态，因此问题是它能否形成自激发电机。这个问题即探求描述太阳磁化等离子体中磁场$\boldsymbol{B}$与速度场$\boldsymbol{v}$之间关系的感应方程$\frac{\partial \boldsymbol{B}}{\partial t}=\nabla\times(\boldsymbol{v}\times\boldsymbol{B})+\frac{1}{\mu_0\sigma}\nabla^2\boldsymbol{B}$是否存在发电机解。式中$\sigma$为电导率，$\mu_0$为真空磁导率。

通过对太阳黑子（太阳表面的强磁场区）形态和演化规律的长期观测发现，太阳活动周的主要特征是极向磁场与环向磁场之间相互转换。极向磁场是指磁力线处在太阳子午面内，在极坐标中只有r和θ分量，其φ分量可忽略；环向磁场是指磁力线环绕太阳自转轴并与赤道平行的磁场，在极坐标系中只有r和φ分量，θ分量可以忽略。由于太阳等离子体的磁雷诺数$R_m\gg1$，磁力线与等离子体冻结在一起，因而太阳较差自转可以把极向磁场拖拉成环向磁流管，再通过磁浮力上升到太阳表面，形成双极黑子群。然而环向磁场转换为极向磁场的物理机制则比较复杂，长期未获进展。只有找到环向磁场转换为极向磁场的有效机制，才能形成不间断的太阳活动周演化。

1955年美国天体物理学家E.N.帕克研究表明，如果假定太阳内部存在旋涡状湍流（其涡度不为零），并且采用平均场的处理方法，就能使环向磁场转换为极向磁场，称为α效应。因此帕克的模型是太阳较差自转Ω与旋涡湍流的α效应相结合，被称为$\alpha\Omega$发电机。

太阳物理学家H.W.巴布科克和R.B.莱顿分别于1959年和1961年根据观测到的太阳黑子在太阳活动周中的演化特征，提出了经验和半经验模型。他们认为，借助太阳超米粒运动对磁力线的湍流扩散，并与太阳自转和子午环流相互作用，可以使太阳南、北半球中的双极黑子群的后随极性分别向南极区和北极区迁移，在大约半个太阳活动周的时段中完成环向磁场转换为极向磁场，并使极区磁场极性反转（见图）。数值模拟计算结果也与观测大致

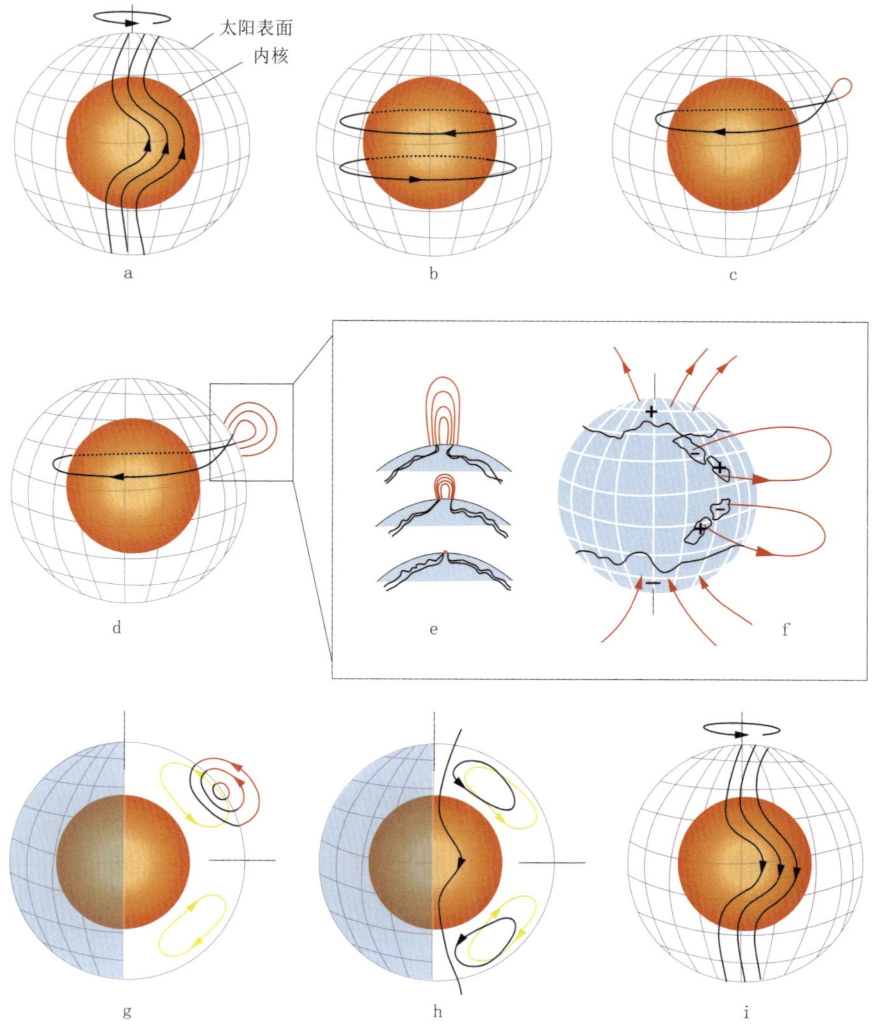

太阳发电机工作过程

相符。巴布科克和莱顿的模型显然比帕克的更符合实际，成为太阳发电机模型中的主流。此外还有一些未获普遍认可的模型，如修正的运动学发电机、MHD 发电机和湍流发电机等。（林元章）

太阳风 solar wind 日冕因高温膨胀，不断抛射到行星际空间的等离子体流。太阳最外层大气称为**日冕**，它因高温膨胀不断向外抛射等离子体流，形成太阳风。在太阳系中，太阳风粒子可向外扩散到超过日地距离 100 多倍的地方，太阳风所占据的这一巨大空间称为**日球层**。因此地球实际上是“浸泡”在太阳风当中。

太阳风的概念最初是由一些彗星研究者在研究彗尾为何向远离太阳一侧偏离时提出的。太阳最外层大气日冕低层的温度高达 10^5 开，粒子平均动能约为 0.8 千电子伏，但仍小于该处每个粒子的引力势能（约 2.0 千电子伏），因而这些粒子不会逃逸。当日心距增大时，从下层来的非辐射能流输入日冕，气体被加热，由于日冕的热导率很大，加热引起的高温和对应的粒子高速运动可维持到几个太阳半径外的远处。另一方面，引力势能却随日心距增大而迅速减少，并在大于某一日心距后小于粒子动能，导致日冕气体向外逃逸，这就是太阳风。这样，太阳风的动力来自**太阳对流层**中产生的非辐射能流，其作用与鼓风机相似。

1962 年发射的旨在探测金星的宇宙飞船“水手”2 号首先发现，地球附近的行星际空间存在来自太阳方向的不间断的超声速等离子体流，其成分主要为质子和电子，以及少量 α 粒子（占 3%～4%），从而证实了 E.N.帕克于 1958 年提出的预言太阳风存在及其基本特性的理论。随后的空间探测，包括 1974 年和 1976 年发射的深入太阳方向日心距分别为 0.31 天文单位和 0.29 天文单位的“太阳神”1 号和“太阳神”2 号，以及其他一些探测卫星，对太阳风的主要参数进行了测量。地球附近的太阳风参数见表。由表中可见，地球附近太阳风粒子的平均密度为 8.7 个/厘米^3，速度约为 468 千米/秒。同时，空间飞行器直接探测到的磁场为 10^{-5}～10^{-4} 高斯。

研究认为，来自太阳的粒子流中包含三种成分：①日冕连续膨胀产生的背景太阳风；②日冕中局部区域（**冕洞**）发射的慢变化高速太阳风；③太阳爆发（耀斑）产生的偶发性高能粒子流。前两者为等离子体，后者为某种电荷占优势（通常是质子）的更高能量的粒子流。有些研究者没有把后者包括在太阳风中。成分①产生于上述的热源加速。成分②的速度较大，可能涉及其他加速机制，如阿尔文波耗散或等离体湍流加速。成分③的高能粒子加速与耀斑机制有关，可能涉及费米加速和等离子体湍流加速。

地球附近的太阳风主要特征

参数	低速风		高速风		平均风	
	平均	起伏	平均	起伏	平均	起伏
N/cm^{-3}	11.9	4.5	3.9	0.6	8.7	6.6
$v/\mathrm{km\cdot s^{-1}}$	327	15	702	32	468	116
$T_p/10^5\mathrm{K}$	0.34	0.15	2.3	0.3	1.2	0.9
$T_e/10^5\mathrm{K}$	1.3	0.3	1.0	0.1	1.4	0.4
$T_\alpha/10^5\mathrm{K}$	1.1	0.8	14.2	3.0	5.8	5.0
N_α/N_p	0.038	0.18	0.048	0.005	0.047	0.019

注：N和v为粒子数密度和速度，T_p、T_e和T_α分别为质子温度、电子温度和 α 粒子温度，N_α和N_p分别为 α 粒子和质子数密度。

最靠近太阳的探测器——帕克太阳探测器

美国把 2018 年 8 月 12 日发射的太阳探测器命名为“**帕克太阳探测器**”，表彰当时已 91 岁高龄的天体物理学家和太阳风理论预言者 E.N.帕克的杰出贡献。帕克太阳探测器将于 7 年间绕太阳 24 圈，最终到达离太阳表面仅 610 万千米的深处，对太阳风进行更进一步的探测研究。（林元章）

太阳风暴 solar storm 剧烈太阳活动对地球产生重大影响的事件。太阳风暴不是太阳风。太阳风是指太阳最外层大气——日冕永不停息向外膨胀，不断把太阳等离子体扩散到行星际空间，是一种定常现象。太阳风暴则是指能对地球产生重大影响的剧烈太阳活动，尤其是**太阳耀斑**和**日冕物质抛射**，包括航天活动、无线电通信、卫星定位、地磁探矿等造成损害的偶发性事件。

太阳活动对地球产生影响的主要原因是，由太阳活动区产生的高能粒子流（不一定是等离子体，可能是某种电荷占优势并且速度比太阳风大得多）和太阳短波辐射（紫外、远紫外和 X 射线）突然增强，对地球磁层和电离层的正常结构造成损害（见**日地关系**）。当太阳上发生特大的耀斑和日冕物质抛射时，由于它们发射的高能粒子流和短波辐射强度特别强烈，导致对地球磁层和电离层正常结构的破坏特别严重，从而影响到航天活动、通信和雷达、导航和定位、物理探矿等国防和国民经济的诸多领域。这种情况相当于日地空间天气环境中发生了台风和龙卷风等灾害性天气，由于它们的发源地是太阳，因而被形象地称为太阳风暴。预报太阳风暴的发生是空间天气学的主要任务。（林元章）

太阳风边界 solar wind boundary 太阳风能够到达的最远距离处。**太阳风**的动力学压力约为$2\times10^{-8}r^{-2}$达因/厘米^2（r以**天文单位**为单位），它随距离平方而下降，而星际压力为 10^{-12} 达因/厘米^2，因此太阳风最终将同星际气体压力、银河磁场和宇宙线压力相平衡。由此估算出太阳风边界约在 100 个天文单位处。最近的空间探测表明，在行星际空间中可能存在着低密度的中性原子氢。这种中性星际物质成分对太阳风的动力学过程有显著影响，特别是对远离地球轨道的太阳风的膨胀有明显减速、加热等效应。考虑到这些因素，理论上推得的太阳风边界在 25～50 个天文单位。（张和祺）

太阳服务 solar-service 通常指利用太阳知识，特别是太阳活动知识，为其他相关部门提供太阳活动预报服务。日地空间环境，包括地球磁场和高层大气（电离层和臭氧层）的物理状态，受到太阳活动现象的剧烈影响；地球低层大气（对流层）也在一定程度上受到太阳活动的制约。一些与国民经济乃至与国防有关的部门，如航天活动、无线电通信、高纬地区电力系统、导航和航测，以及气象和水文等，与地球磁层、高层大气和低层大气密切相关（见**日地关系**）。这些部门需要不同时段的太阳活动预报信息，了解当前和未来的日地空间尤其是**地球附近空间环境**状态，以便调整工作计划，避开太阳活动干扰或采取必要的预防措施。因此，太阳服务的主要任务就是开展对太阳活动规律性和预

报方法的研究，同时向有关部门提供太阳活动预报信息。 （林元章）

太阳辐射 solar radiation 通常指太阳的电磁辐射。广义的太阳辐射包括太阳向外发射的电磁波、粒子流（太阳风和高能粒子流）、中微子，以及重力波、声波和磁流波等各种形式。其中电磁波的能流远远超过其他形式的能流，如太阳风的发射功率比电磁波小 6 个量级，其他能流更小。因此，从能流大小的角度看，其他形式的发射能是可以忽略的。所以，若无特殊说明，通常都把太阳辐射理解为太阳电磁辐射。

波段分类 太阳电磁辐射按波段划分见表。

电磁辐射波谱

波段	波长范围	光子能量范围
γ射线	$\lambda < 2.5$pm	$E > 500$keV
硬 X 射线	0.0025nm $\leqslant \lambda < 0.1$nm	12.4keV $< E \leqslant$ 500keV
软 X 射线	0.01nm $\leqslant \lambda < 10$nm	0.124keV $< E \leqslant$ 12.4keV
远紫外（EUV）	10nm $\leqslant \lambda < 150$nm	8.24 $< E \leqslant$ 124eV
紫外（UV）	150nm $\leqslant \lambda <$ 300nm	4.13eV $< E \leqslant$ 8.24eV
可见光	300nm $\leqslant \lambda <$ 750nm	1.65eV $< E \leqslant$ 4.13eV
红外（IR）	0.75μm $\leqslant \lambda <$ 1000μm	0.001 24eV $< E \leqslant$ 1.65eV
射电	$\lambda \geqslant$ 1mm	$E \leqslant$ 0.001 24eV

太阳辐射波长可测范围从γ射线、X射线、紫外、可见光、红外，直到射电波段的米波区。然而由于地球大气的吸收，能够到达地面的只有可见光区、红外区的一些透明窗口，以及射电波段。而紫外、X 射线和 γ 射线只能在不受地球大气吸收的高空进行观测。地球大气外的太阳辐射能谱如图所示。由图可见，太阳辐射强度变化范围达 26 个数量级，最强的可见光区量级为 10^6 尔格·厘米$^{-2}$·秒$^{-1}$·微米$^{-1}$，射电米波区最弱处为 10^{-20} 尔格·厘米$^{-2}$·秒$^{-1}$·微米$^{-1}$。太阳辐射的主要功率集中在可见光和红外波段，峰值波长为 0.495 微米。因此，**太阳常数**必须计及的波段并不太宽。波长 0.2～10.0 微米的辐射能占太阳常数的 99.9%，其中 0.38～0.70 微米的可见光波段约占总辐射能的 40%，短于 0.38 微米的紫外波段约占 7%，长于 0.7 微米的红外波段约占 53%，X 射线和射线波段对总辐射能的贡献可以忽略。

太阳辐射能谱曲线大致与6000K的**黑体辐射**相符。但在紫外波段，由于吸收线密集，辐射强度为略低于 6000K 的黑体辐射。若按辐射总能量与黑体比较，即太阳表面单位面积的发射率：

$$a = \frac{L}{4\pi R^2} = \sigma T^4$$

式中L为太阳光度（总辐射的功率）；R为太阳半径；σ为斯忒藩－玻尔兹曼常数，则可得$T = 5770$K，称为太阳的**有效温度**。

光谱特征 不同波段的太阳辐射实际上来自不同的太阳大气层。这些大气层有着各异的物理特性。它们发射的辐射具有不同的光谱特征，而太阳全波段辐射则是综合结果，但大致上可以分段描述如下。

①波长 0.2～10.0 微米为连续发射谱，但其中叠加 2 万多条吸收线，这种形式的太阳光谱称为夫琅禾费光谱，其中的谱线称为**夫琅禾费线**。这个波段的辐射基本上是由太阳光球产生的，其能谱分布近于 6000K 黑体辐射。夫琅禾费谱线所在处的辐射强度并不是零，不同谱线有不同强度，这些谱线的波长对应于各种中性和电离原子以及分子的能级跃迁。这些波长处的吸收系数比邻近其他波长处要大，来自光球下层较强的辐射（因下层温度较高，辐射更强）在这些波长处被严重吸收，于是从光球表面出射的主要是上层较弱的辐射，结果在这些波长处的辐射强度显得比邻近波长的辐射弱，呈现为吸收线。而其中一些特别强的吸收线，如氢原子的 Hα（6562 埃）和电离钙的 K（3933 埃）和 H（3968 埃）线，其吸收系数已大到使光球上层的辐射也不能出射，因此这些吸收线处的微弱辐射系来自色球层。在 0.2～10.0 微米波段，色球和日冕的辐射很弱，其贡献可以忽略。

②波长$\lambda < 0.15$ 微米为弱连续谱叠加上比连续谱强的发射线。在这个波段，约 6000K 的光球连续辐射强度已经低于温度较高的色球和日冕的连续谱强度，因此这一波段的连续辐射的主要贡献者为色球和日冕，其中 0.1～0.15 微米主要来自色球；而$\lambda < 0.1$ 微米来自日冕，粗略对应于10^6K 黑体辐射。这个波段的发射线也来自色球和日冕中各种中性和电离原子的束缚－束缚（b-b）跃迁，其强度高于附近的连续谱，因此发射线更容易观测到，有时也近似称其为“色球和日冕发射线状光谱”。其实它们也有很弱的连续谱，来源于各类原子的自由－束缚（f-b）和自由－自由（f-f）跃迁，以及自由电子散射。

③波长 0.15～0.2 微米的太阳光谱非常特别，是在连续谱上同时叠加吸收线和发射线。这个波段的连续谱的主要贡献仍是光球（色球的贡献可以忽略，而日冕的连续辐射波长小于 0.1 微米），但其强度已经很弱。于是在色球和日冕中 b-b 跃迁所

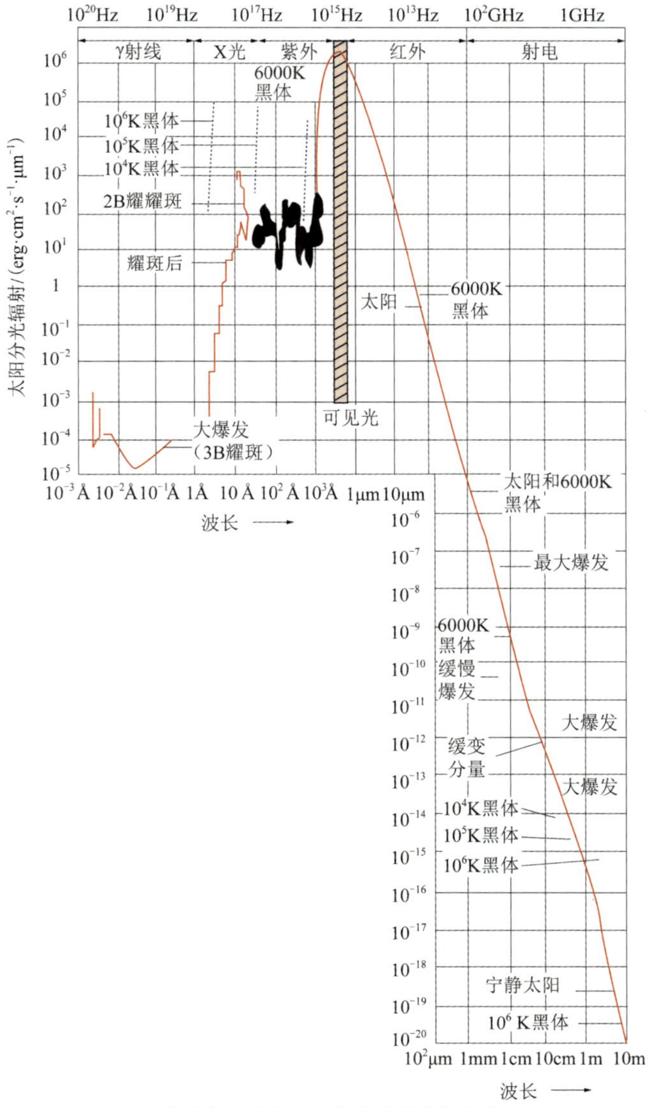

地球大气外太阳辐射强度随波长变化

在的波长处，其发射的辐射叠加到该处的连续谱上面，就呈现为叠加上发射线。与此同时，这个波段仍保持一些夫琅禾费吸收线，因而成为非常独特的过渡波段。

④波长 10 微米至 1 毫米的太阳光谱中，连续谱强度已经降到 10^2 尔格·厘米$^{-2}$·秒$^{-1}$·微米$^{-1}$ 以下，吸收线已不再出现。但后来却观测到一些很弱的发射谱线。太阳光谱在这个波段又出现发射谱线的原因如下：如前所述，在$\lambda < 10.0$ 微米的可见光区和红外区，连续辐射来自光球低层，因其温度较高，发射较强，但在谱线所在的波长处，由于附加的选择吸收，使该处的辐射来自温度较低的光球上层，辐射强度较低，结果在该处形成吸收线；然而光球的**不透明度**在红外区随波长增加而增大，从而当 $\lambda > 10.0$ 微米时，连续辐射的本身系来自温度较低的光球上层，近于温度极小区；在谱线波长处的附加吸收，造成在该处的辐射来自温度更高的色球层，因而变成了发射线。

⑤波长$\lambda > 1$ 毫米的射电波段，其连续谱已明显偏离 6000K 黑体辐射，$\lambda = 3$ 毫米时，连续谱大致对应于 7000K 低色球的辐射特征。粗略地说，来自色球的毫米波和厘米波连续辐射．大致对应于 10^4～10^5K 的黑体辐射，而来自日冕的分米波和米波辐射，大致相当于 10^6K 的黑体辐射。

（林元章）

太阳高能辐射 solar high-energy radiation 太阳在 X 射线和 γ 射线波段的辐射。太阳高能辐射包括波长为 1～100 埃（1 埃 = 0.1 纳米）的软 X 射线（相应于产生辐射的电子能量为 0.124～12.4 千电子伏，有时粗略为 0.1～10 千电子伏）和波长为 0.025～1 埃的硬 X 射线（相应的电子能量为 12.4～500 千电子伏，有时粗略为 10～500 千电子伏），以及波长短于 0.025 埃的 γ 射线（电子能量超过 500 千电子伏）。这些辐射均可被**地球大气**吸收，只能利用空间飞行器在地球电离层之上的高空进行观测。太阳 X 射线连续谱辐射有多种成分，图中示出波长短于 1000 埃的太阳短波连续辐射的各种成分。**宁静太阳的 X 射线辐射**主要是高温**日冕的热辐射**（日冕的辐射功率集中在 10～1000 埃波段）。当日面上出现太阳活动区时，1～10 埃的软 X 射线辐射可增强一两个量级，仍为热辐射性质。活动区演化过程中，软 X 射线强度也会有缓慢变化，波长愈短，变化幅度愈大。当太阳上发生耀斑时，由热电子产生的波长 1～10 埃的软 X 射线轫致辐射又可再增大一两个量级，而由能量为 10～500 千电子伏的非热电子（有时也称超热电子）轫致辐射产生的波长小于 1 埃的硬 X 射线强度可增大 2～3 个量级。耀斑在软 X 射线波段也有各种高次电离原子的束缚－束缚跃迁（b-b 跃迁）产生的谱线发射，但总能量仅为连续谱能量的 10%，对应的温度为 10^7～10^8K。少数大耀斑中还观测到 γ 射线发射，是耀斑过程中存在核反应的证据。例如，1972 年 8 月 4 日的特大耀斑发生时，曾观测到能量为 2.23 兆电子伏和 0.511 兆电子伏的 γ 射线。前者被认为是高能质子与其他原子核反应产生的中子被质子俘获形成的氘核跃迁发射的；后者被认为是高能质子与 ^{14}N 或者 α 粒子与 ^{12}C 发生反应产生的正电子与电子湮没的结果。

（林元章）

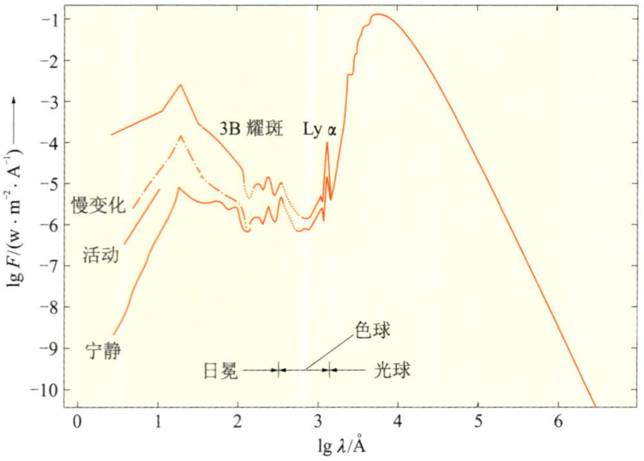

纵轴为对数辐射强度［单位：瓦/（米²·埃）］，横轴为对数波长（单位：埃）。图中示出宁静太阳、活动区及其变化和 3B 级大耀斑情况。Ly α 为氢原子莱曼 α 谱线

太阳短波辐射变化情况

太阳观测仪器 instrument for solar observation 专供观测太阳用的仪器。包括地面和空间各种波段的专用设备。太阳观测仪器的历史可以追溯到 1609 年**伽利略**首次用望远镜观测**太阳黑子**。20 世纪以来，在可见光波段对太阳进行了多方面的观测，出现了各种用于观测光球、色球、日冕等的光学仪器。一方面是建造各种形式的**太阳望远镜**，另一方面是研制具有各种用途的附属仪器，包括白光和单色光成像仪器，以及各种**分光仪器**，如单波段光谱仪、多波段光谱仪、傅里叶变换光谱仪等。此外，还有根据多普勒原理测定太阳表面物质运动状态的太阳速度场仪，利用**塞曼效应**测量日面磁场矢量分布图的**太阳磁像仪**，能对太阳磁场进行实时观测的视频磁像仪等。地面上，具有优良像质和拥有这些观测仪器的塔式太阳望远镜（简称**太阳塔**），成为太阳物理观测的基本手段。20 世纪 60 年代以来，射电天文和空间天文技术迅速发展，实现了从 γ 射线直到米波的太阳观测。太阳观测仪器追求更高的空间、时间和光谱分辨率，为此，除了增加望远镜的口径外，更需要采用**自适应光学**技术克服大气湍流对成像质量的影响，并采用灵敏度更高、信噪比更好、采集速度更快的探测器，以及高速计算机采集和存储系统等。此外，选择白昼**天文视宁度**特别好的地方安置太阳观测仪器，同时采用无圆顶或敞开式的圆顶结构，克服仪器自身引起的热空气湍流都成为必须考虑的重要措施。空间观测方面，由于地球大气对波长短于紫外波长辐射的吸收，因此，太阳紫外、X 射线和 γ 射线的观测成为太阳空间观测的主要内容。由于技术的发展和空间无大气扰动的干扰，高分辨率的可见光观测也日益成为重要的内容。国际上从 20 世纪 50 年代末以来，已经发射了 70 多颗太阳探测卫星，取得了一系列重大的观测成果。

（李挺 方成）

太阳光谱仪 solar spectrograph 拍摄太阳光谱的光学仪器。又称太阳摄谱仪。一般采用平面**衍射光栅**作为**色散元件**。准直镜和成像镜焦距在 10 米左右，光栅线色散一般为 5～13 毫米/埃，也有小到 1 毫米/埃的。由于太阳辐射非常强，入射狭缝可以开得很窄，光谱分辨率接近光栅分辨本领的理论值，因此，可用来研究太阳光谱的精细结构。太阳光谱仪采用的光学系统主要有：①经典的埃伯特－法斯蒂系统。准直镜面和成像镜面严格地在同一球面上；光栅同镜面间的距离等于镜面焦距的 0.84 倍时，光谱焦面是平面。②利特罗系统。一种自准直系统，准直镜和成像镜是同一组双合消色差透镜，光栅的衍射角与入射角相差很小，结构简单，大多用于垂直式光谱仪。③二次色散光谱仪。在成像镜第一次成像的焦面处安置中间狭缝，只让一小段需要的光谱通过，利用适当光学装置，使它返回成像镜，并经光栅再色散一次，由准直镜成像，并进行照相和光电记录。采用这种装置的主要目的是消除大部分散射光，以获得高纯度光谱，同时，可将线色散增大一倍。④多波段光谱仪。水平放置，光栅一般是不转动的，各个波段的成像镜

和底片盒沿色散方向布置可同时拍摄若干个波段的太阳光谱（图 1）。

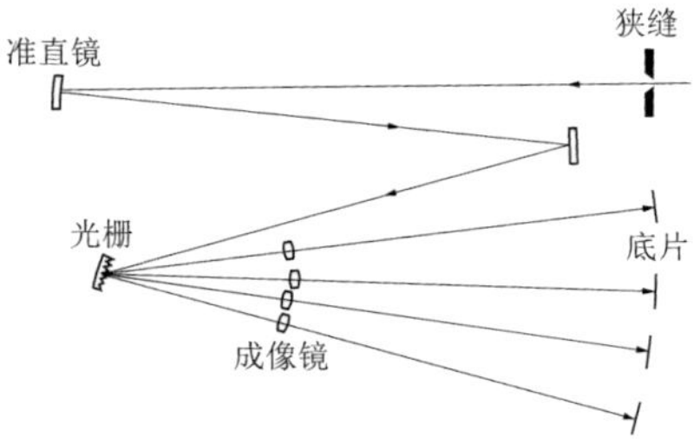

图 1　多波段太阳光谱仪光路图

为了观测太阳光谱的精细结构，必须尽量减小甚至消除光谱仪内部气流对光谱成像的不良影响，为此，可将光谱仪内部抽成真空。放置多波段光谱仪的仪器室，在建筑结构上需采取隔热、空调措施，使室内温度均匀，而且日变化很小。此外，在准直镜与诸成像元件之间设置挡光板，以减小散射光。

太阳光谱观测中还用到其他形式的光谱仪，主要如下。

①阶梯光栅光谱仪。多波段太阳光谱仪只能得到几个波段的太阳光谱，要想获得更大范围的同时性的可见光全波段太阳光谱，通常采用阶梯光栅作色散元件的阶梯光栅光谱仪。阶梯光栅的刻线形状为如图 2 所示的直角三角形阶梯，二相邻阶梯

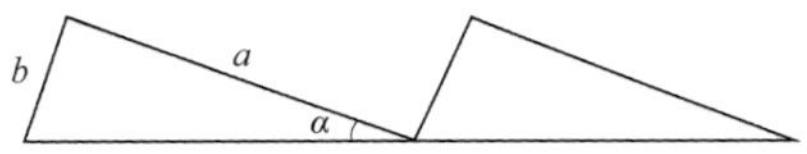

图 2　阶梯光栅刻线形状

反射光束的程差为$2b$。当程差为波长的整数倍时，干涉强度达到极大。可以证明阶梯光栅的角色散和分辨率以及不重叠光谱范围分别为：

$$\frac{d\alpha}{d\lambda}=\frac{2tg\alpha}{\lambda}=\frac{2b}{a\lambda}=\frac{m}{a}$$

$$R=\frac{2W\sin\alpha}{\lambda}$$

$$\Delta\lambda=\frac{\lambda^2}{2b}$$

式中W为光栅宽度。阶梯光栅刻线密度比普通光栅小，每毫米只有几十条，即a较大。为了获得足够的色散度，所用的光谱级m高达几十。阶梯光栅的宽度和入射角也都较大，以便获得足够的分辨率。它的不重叠光谱范围比普通平面光栅小。为了同时观测很大的光谱范围，需要用另一前置色散元件，其色散方向与阶梯光栅色散方向垂直，以便把不同级的光栅分开，从而可以在一张底片上得到同时性的全波段光谱。

②傅里叶变换光谱仪。傅里叶变换光谱仪（FTS）实质上是光程差变化范围很大的迈克耳孙干涉仪。可以证明，若入射光不是单色光，其强度随波长变化为$B(k)$，其中$k=\frac{2\pi}{\lambda}$，则其出射光强度可表示为：

$$I(x)=I_0+\int_0^{\infty}\eta B(k)\cos kx\,\mathrm{d}k$$

式中x为干涉仪中二光束的光程差；I_0为与x无关的项；η为仪器效率，由干涉仪中反射镜的反射率和透过波片的透过率确定。于是通过测量$I(x)$并计算$I(x)-I_0$的傅里叶变换，可获得入射光的强度分布$B(k)$。在实际操作中是让干涉仪的二个反射镜中的任一个做匀速移动，于是$x=vt$，式中v为反射镜的移动速度；t为时间。$I(x)$变换为$I(t)$，即只要测定出射光强度随时间的变化，而干涉仪的二个反射镜的精确位置是由另一激光干涉仪监测的。因此 FTS 可以测定波长的绝对值，测量精度达 1 毫埃（mÅ），光谱分辨率达 10^6 量级。FTS 的另一优点是可以用较宽的入射狭缝而获得较多的入射光流量，从而可以提高信噪比。同时，FTS 的仪器效率η随波长变化缓慢，因而可以由选定几个波段做绝对定标而获得相当精确的绝对强度光谱。

③二维光谱仪和成像光谱仪。传统的太阳光谱仪一次曝光只能获得入射狭缝所截取的日面一窄条区域的光谱，亦即得到一线元光谱。为了得到太阳上某一面元光谱，必须让太阳像垂直于狭缝逐步移动来扫描整个面元，具有这种扫描功能的光谱仪就成了二维光谱仪。这种由逐步扫描太阳像而获得的面元光谱需时较长，即时间分辨率不高。由于技术上的困难，这类二维光谱观测通常限于一条或两条谱线附近的波段范围。早期的二维光谱仪多采用照相底片或胶卷记录。若在光谱仪焦面上放置一宽度等于拟拍摄波长范围的出射狭缝（如 Hα 附近的 10 埃范围），由步进电机控制*定天镜*的第二平面镜或望远镜使太阳像相对于入射狭缝扫描，并使底片盒同步移动，拍摄 Hα 谱线及附近连续谱，这种光谱也称为光谱–单色光照相仪（spectro-spectrograph; S^2HG，是二维光谱仪中最简单的一种）。中国科学院*云南天文台*曾有过一台 S^2HG，用于研究*日珥*。

20 世纪 80 年代以后，许多天文台采用*电荷耦合器件*（CCD）作为像感器，并用计算机进行资料的快速采集和处理，不仅极大地提高了观测的时间分辨率，而且使整个仪器的功能发生了质的变化。这种仪器不仅能得到准同时性的日面二维视场中各点的Hα或其他谱线的完整轮廓，而且依靠软件能自动拼合成谱线中不同波长处的二维单色像。显然，这种仪器的功能已超过单纯获得二维光谱，而是兼具获得多波长单色像的功能，因此又称为成像光谱仪。成像光谱仪的空间分辨率主要取决于太阳像相对于狭缝逐步扫描的步长，一般为 2″～3″。光谱分辨率主要取决于光谱仪色散度和 CCD 像元大小，一般为 0.05～0.5 埃，而时间分辨率则远高于 S^2HG，通常采集 100 × 100 像元数据仅需几秒钟，因此特别适合于研究快速变化的太阳现象，如*耀斑*和*爆发日珥*。美国萨拉门托峰天文台的真空太阳塔于 1982 年首先配备了成像光谱仪。20 世纪 90 年代后，夏威夷大学的米斯（Mees）太阳观测台、加那利岛上的瑞典真空太阳塔以及中国南京大学太阳塔也先后配备了成像光谱仪。

（李　挺　林元章）

太阳光球望远镜　photospheric telescope　对太阳光球层进行观测的光学望远镜。通常与单色光观测太阳色球层的色球镜筒配合设计，组成双筒太阳望远镜。物镜口径小于 20 厘米的白光望远镜一般用于全日面的常规巡视，视场可以达到 34 角分以上，可以全日面搜寻*太阳黑子*或*黑子群*。此类望远镜的分辨率往往在 1 角秒左右，观测波段一般位于 5500 埃，半宽小于 50 埃，因此需要在光路中合适的位置加装干涉滤光片。

望远镜口径物镜大于 26 厘米或分辨率高于 0.7 角秒的白光望远镜可以进行太阳精细结构观测（见*太阳精细结构望远镜*）。此类望远镜可以观测太阳黑子本影、半影、米粒、亮桥等精细结构。观测波段根据太阳研究的要求而定，一般有 3600 埃、4250 埃、5500 埃、7057 埃等，使用半宽小于 30 埃的干涉滤光片。

望远镜配备 CCD 采集系统，数据存储和处理系统，平场、暗场等数据自动采集和处理专用软件，可以自动识别、分类黑子以及相关参数的计算。望远镜具备远程控制、自动找寻和跟踪太阳功能。　（毛伟军）

太阳黑子　sunspot　太阳光球中的暗黑斑点。磁场比周围强，温度比周围低，是最常见和最容易观测到的一种*太阳活动*现象。简称黑子。在普通望远镜的焦平面上放置照相底片或电子像感器（如 CCD 电荷耦合元件）拍摄太阳，或用附加强减光*滤光片*的望远镜对太阳目视观测，有时能看到太阳表面经常出现的暗黑斑块，这就是太阳黑子。当太阳在地平线附近，或遇到薄雾天气时，日面上若有特大的黑子，往往用肉眼就能看到。

黑子分布　太阳黑子倾向于成群出现，因此日面上经常形成一些*黑子群*。每

群中的黑子从一两个至几十个，单个黑子大小则从几百至几万千米。大部分黑子群由大致与太阳赤道平行的两部分组成。由于**太阳自转**，西边部分总在前面，称为前导部分；东边部分称为后随部分。前导部分的黑子大都比后随部分大，黑子的分布也较后随紧密，寿命也较长，而且比后随部分早出现和晚消失。前导黑子的纬度一般也较后随黑子稍低，因此黑子群相对于太阳赤道略为前倾，黑子群通常出现在太阳赤道两边±40°之间的区域。

本影和半影　较大的黑子结构复杂，其中心区常有一块或几块特别暗黑的核块，称为本影。围绕本影的淡黑区域称为半影（见图）。

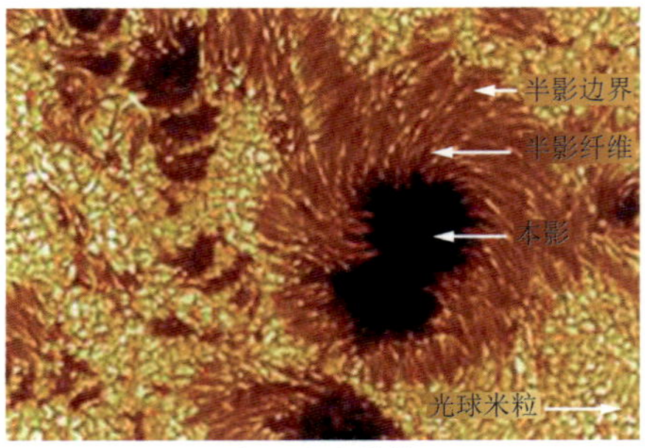

太阳黑子结构

光谱观测表明，本影区的温度为4000～4500K，半影区温度约为5500K，均比太阳表面无黑子区域的温度（约6000K）要低。高质量的照片上可看到黑子半影呈亮暗相间的纤维状结构，称半影纤维。本影中有时也出现一些亮颗粒，称为本影点。观测显示，半影中的亮纤维和本影中的亮颗粒均有向上的运动速度，与因对流运动引起的太阳表面的**米粒组织**有些相似，可见在黑子中对流并未完全消失。

单个黑子都有很强的磁场，强度为1000～4000高斯。黑子本质上是太阳表面的强磁场区，黑子越大，磁场越强。由于太阳等离子体难以横越磁力线运动，造成黑子区中对流不畅，太阳深层的热量难以充分输送到太阳表面，导致该局部区域温度下降，变得稍暗。因此，黑子的强磁场是造成黑子暗黑的原因。由两部分黑子组成的黑子群中，其前导和后随部分的极性往往相反，这种黑子群称为双极群。大多数双极群中前导和后随的磁通量近于相等，暗示这两部分是由共同的磁力线贯通的。黑子群中也有一部分为单一极性的单极群和具有复杂极性分布的多极群。

物理形态　黑子群的演化过程通常是由简单变复杂，再变为简单。最先是由米粒之间的暗点扩大为几个米粒大小的暗斑，称为气孔，就是无本影的最小黑子。许多气孔只存在几小时，或一天左右；另一些则发展成黑子和黑子群。气孔已有相当强的磁场，强度可达1000高斯以上。黑子群的寿命短的只有几天，长的可达几个月，大多为10～20天。黑子群在发展过程中，具有各种形态。为研究黑子群的演化规律，常按这些形态特征对黑子群分型，不同型别的黑子群具有不同的形态特征。

其他活动现象　太阳黑子多时，其他活动也比较频繁。黑子附近的光球中总会出现**光斑**；黑子上空的**色球**中总会出现**谱斑**，其附近经常有**日珥**；黑子上空的**日冕**中则常出现凝块等不均匀结构。同时，最剧烈的活动现象——**太阳耀斑**，绝大多数也发生在黑子上空的大气中。所以**太阳大气**从低层至高层，以黑子为核心形成了一个活动中心，称为太阳活动区。黑子既是活动区的核心，也是活动区最明显的标志。这样就可用表示黑子群和黑子多寡的所谓“**黑子相对数**”来代表某日或某一时期的太阳活动平均水平。　（林元章）

太阳黑子的古代观测　ancient sunspot observation　在望远镜发明以前直接用肉眼观察日面上的黑子现象。在一般情况下，由于太阳光十分刺眼，看到这种现象的机会不多。但在日出或日落时，或在大雾笼罩或风沙弥漫的天气，日光减弱，就有可能看到日面上的大黑子。在古代欧洲，亚里士多德认为天体是永恒不变的和完美无缺的。这种观念后来为基督教神学所利用，成为中世纪禁锢科学思想的精神枷锁。在这种观念的支配下，人们用肉眼看到太阳黑子，竟不敢相信这是事实。因此，欧洲在望远镜发明以前的漫长历史中，关于太阳黑子的观测记录寥寥无几，而且记载十分简单。据一些研究者考证，欧洲古代太阳黑子观测记录总共只有八条。

中国古代对太阳黑子的观测有悠久的历史。中国哲学著作《周易》中有“日中见斗”“日中见沬”的记载，说的可能就是太阳黑子。1972年长沙马王堆一号汉墓中出土的帛画上方，画着一轮红日，中间蹲着一只乌鸦。据考证，这就是中国古代神话所说的“日中乌”。这应该认为是对太阳黑子现象的艺术描述。在中国的史书中，观测到太阳黑子通常都记为“日中有黑子”“日中有黑气”等。例如，《汉书·五行志》记载：成帝河平元年“三月乙未，日出黄，有黑气大如钱，居日中央”（据考证，“乙未”应为“己未”）。这是公元前28年5月10日的太阳黑子记录，是中国史书中第一条确切无疑的黑子记录。史书中的太阳黑子记录，在宋代郑樵编纂的《通志》和清代编辑的《古今图书集成》中都有系统的整理和归纳。在近代，一些研究者对太阳黑子的记载也进行了系统的统计和考证，其中以中国的**朱文鑫**和日本的神田茂所整理的黑子表为最完善。在中国的地方志、笔记、杂著和其他书籍中，也有相当数量的太阳黑子记录。

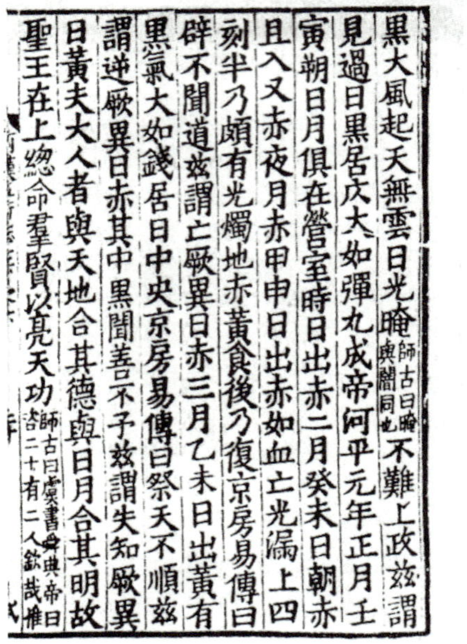
黑大風起天無雲日光晻師古曰晻與闇同也不難上政茲謂
見過日黑居仄大如彈丸成帝河平元年正月壬
寅朔日月俱在營室時日出赤二月癸未日朝赤
且入又赤夜月赤甲申日出赤如血亡光漏上四
刻半乃頗有光燭地赤黃食後乃復京房易傳曰
辟不聞道茲謂亡厥異日赤三月乙未日出黃有
黑氣大如錢居日中央京房易傳曰祭天不順茲
謂逆厥異日赤其中黑聞善不予茲謂失知厥異
日黃夫大人者與天地合其德與日月合其明故
聖王在上總命羣賢以亮天功師古曰虞書舜典帝曰咨二十有二人欽哉惟

《汉书·五行志》河平元年的黑子记录

古代关于太阳黑子的记录具有重要的科学价值。它是历史上关于太阳活动状况的仅有的直接观测资料。利用这些资料来探讨历史上太阳活动的特性和规律，将有助于人们对太阳活动本质的认识和理解。利用古代黑子记录还可以从事**日地关系**的研究。中国科学家竺可桢，曾利用大量的历史资料研究中国历史上气候变化和太阳活动的关系。他发现，凡是中国古代黑子记录多的世纪，也是中国境内奇寒冬天次数多的世纪。　（徐振韬）

太阳黑子周期　sunspot cycle　太阳黑子出现频数的周期性变化。1843年，德国业余天文学家S.H.施瓦贝发现黑子的消长有一个平均为10年的周期。1848年，R.沃尔夫提出太阳**黑子相对数**(用*R*表示)的概念，并利用历史上积累下来的望远镜观测的黑子资料，推算出上溯到1700年的黑子相对数的年平均值，从而进一步证明了太阳黑子活动确实存在着明显的周期性。从长期的黑子相对数记录可知，每天黑子相对数的年平均值明显地表现出存在11年左右的周期性变化（见图）。自1790年以来的观测数据求得的平均周期为11.1年，最短的为9.0年，最长的为13.6年。黑子相对数年平均值周期性变化曲线中极大和极小所在的年份分别称为太阳活动极大年和极

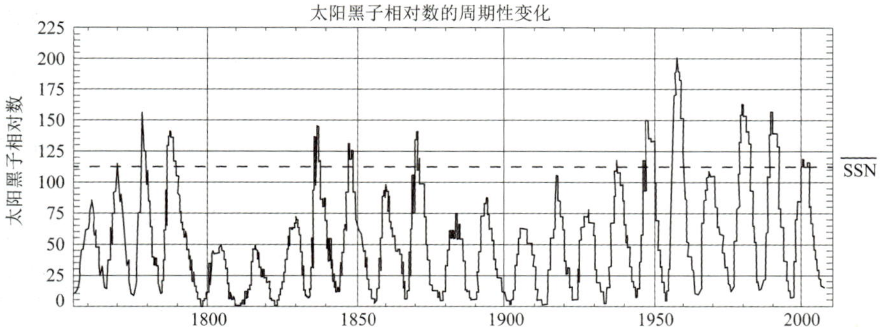

太阳黑子相对数年均值变化曲线

小年，有时也称为太阳活动峰年和谷年。而相邻两个极小年之间称为一个太阳活动周，或一个太阳黑子周。国际上规定从1755年极小起算的太阳活动周为第一周。

太阳活动极小年附近，日面上出现的**黑子群**和黑子很少，有时甚至没有黑子。其他太阳活动现象如光斑、谱斑、日珥和暗条也很少，耀斑和**日冕物质抛射**现象几乎不可能发生。与此相反，在太阳活动极大年附近，日面上经常出现很多黑子群和黑子，尤其是大的黑子群和大黑子。上述其他活动现象也十分活跃，发生耀斑和日冕物质抛射等剧烈活动的概率也相应增大。因此太阳黑子相对数可以代表太阳整体活动的平均水平，太阳黑子周期也称为太阳活动周期。（林元章）

太阳缓变射电 slowly varying component of solar radio radiation 在太阳局部地区出现弱扰动时产生的一种**太阳射电辐射**。

缓变射电源 **太阳射电**中一种同黑子和谱斑密切相关的缓慢变动的成分。又称S成分。这种射电成分遍及从2.25毫米到1.76米的宽阔波段。在波长短于60厘米的厘米和分米波段，缓变射电最为突出，其**亮温度**接近日冕**电子温度**；关于缓变射电的大部分观测资料，也都集中在这个波长范围内。缓变射电的流量密度约比宁静射电的小一个量级，它与黑子和谱斑的面积有相应的统计关系。缓变射电来自黑子和谱斑上空的**日冕凝聚区**，这种区域的电子密度比周围高几倍，温度也较高，而且还渗透进黑子磁场。这种区域也称为**太阳局部射电源**。

图中曲线为1957年7月到1958年12月“国际地球物理年”期间，每天测到的10厘米波长上太阳缓变射电**流量密度**与太阳相对黑子数的变化，可见二者是密切相关的。

缓变射电组成 缓变射电普遍认为是由两种辐射过程组成的。一种和**宁静太阳射电**一样，是电子在离子的库仑场中沿双曲线轨道运动时产生的热韧致辐射；另一种是电子在黑子磁场中沿磁力线做螺旋轨道运动时产生的回旋加速辐射。这种联合机制基本上可以解释缓变射电的全部性质（如亮度分布特性以及偏振和频谱特性）。在波长超过60厘米的长分米波和米波波段，缓变射电非常微弱，而且经常与射电爆发混在一起。例如，米波噪暴往往是在以前存在缓变源的区域中产生的。业已发现，米波缓变射电辐射的方向性比厘米波和分米波的强得多，缓变源还存在着周期近半小时的可变性。这种起伏以及较高的亮温度（10^6～10^7K）足以表明其辐射可能有一部分是非热性质的。毫米波缓变射电的观测研究工作开展得较晚，其亮温度仅比宁静太阳射电的稍高，其偏振度也较低。值得提出的是，毫米波辐射来自耀斑的起源处——**色球**，因而对毫米波缓变射电的观测研究能提供预报耀斑出现的线索。例如，毫米波缓变射电的增强就与大耀斑的出现相关。另外，毫米波缓变源与钙谱斑和色球磁场关系较密切，因而通过对毫米波的偏振测量可能探索到测定色球磁场的途径。

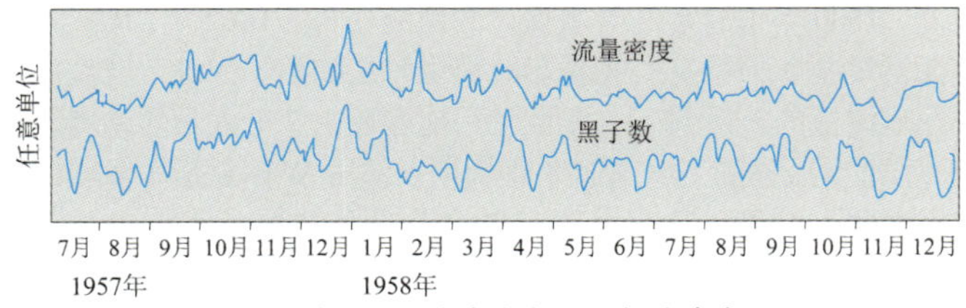

10 厘米波长缓变射电与黑子数的关系

在多个波长上同时作缓变射电的观测研究，可以确定太阳活动区上空不同高度上的电子密度、温度和磁场分布等重要物理参数。通过对缓变射电的观测研究，可以进一步探讨耀斑爆发的起源机制和寻找预报耀斑的重要线索。（赵仁扬）

太阳活动 solar activity **太阳黑子**、耀斑、射电暴等活动现象的总称。人们把发生在**太阳大气**中局部区域且时间短暂的偶发性事件，称为太阳活动。在太阳的低层大气中，会出现成群的太阳黑子和**光斑**，高层大气中会出现**日珥**、**谱斑**和**日冕凝块**，有时还发生**太阳耀斑**和**日冕物质抛射**现象。黑子是日面上的暗黑斑块，本质上是太阳表面的局部强磁场区（磁场强度为几千高斯），但其温度较周围低，显得暗黑。光斑是光球层的高温区，显得明亮。日珥是突出于太阳表面的火焰状物。谱斑是色球层的高温区。日冕凝块是日冕中的高密度区。耀斑则是太阳大气中大规模的能量突然释放现象，也就是太阳爆发，是最剧烈的太阳活动。日冕物质抛射也是一种很剧烈的太阳活动现象。特别是太阳耀斑和日冕物质抛射，由于发射出强烈的太阳X射线和紫外辐射及各种能量的带电粒子（主要是质子和电子），将会严重干扰地球磁场和电离层的正常状态，甚至影响到地球的低空大气，从而影响到人类的航天活动、无线电通信、导航、物理探矿、电力系统，以及气象和水文等诸多领域。因此，探讨太阳活动的规律并设法对其进行预报，具有实际应用价值。

观测发现，上述各种太阳活动现象倾向于发生在太阳大气中以黑子为中心的局部区域，称为太阳活动区。一般，当太阳上出现的**黑子群**和黑子较多时，其他各种太阳活动也增多。就是说可用黑子群和黑子多寡来代表太阳活动的平均水平。1848年瑞士天文学家R.J.沃尔夫提出用**黑子相对数**表示每天的太阳活动强度。黑子相对数定义为$r = 10g + f$，式中g和f分别为当天日面上黑子群和黑子的数目。长期观测发现，太阳黑子相对数r的年平均值R具有11年左右的周期性变化（图1）。图1中R变化曲线极大点所在年份意味着太阳活动频繁和强烈，称为太阳活动极大年；极小点的年份，称太阳活动极小年。相邻两个极小年间的时段称为一个太阳活动周。规定以1755年（极小年）开始为太阳活动第一周。从2019年开始的太阳活动第25周，估计其极大期在2025年附近。

在一个太阳活动周中，与黑子相对数由极小至极大再变为极小的同时，出现黑子的日面纬度也发生变化。活动周开始时，南北两半球的黑子分别出现在±30°附近，随后出现黑子的纬度变小，极大年附近约为±15°，活动周结束时平均纬度约为±8°。而且，每一活动周的末尾，新周的黑子又开始在±30°附近出现，形成在一年左右的时间里，旧周黑子在低纬和新周黑子在高纬同时出现的局面。这种日面黑子纬度随太阳活动周进程变化的规律称为斯玻勒定律。如果以时间为横轴和黑子纬度为纵轴

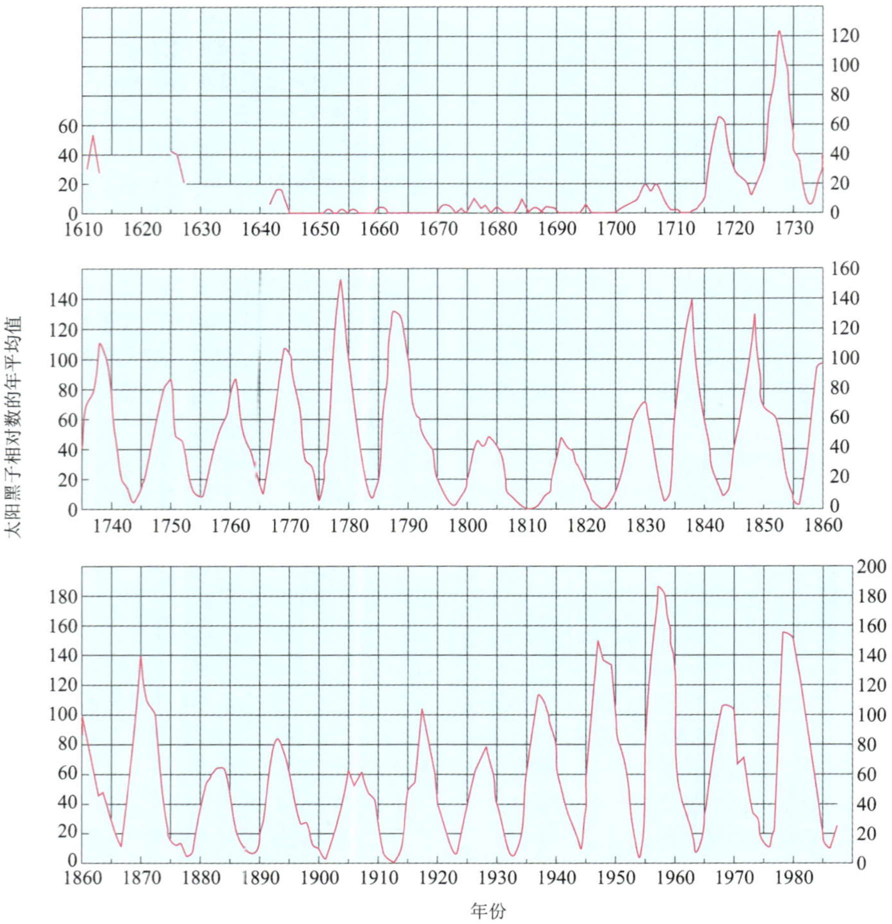

图1　太阳黑子相对数年均值变化曲线

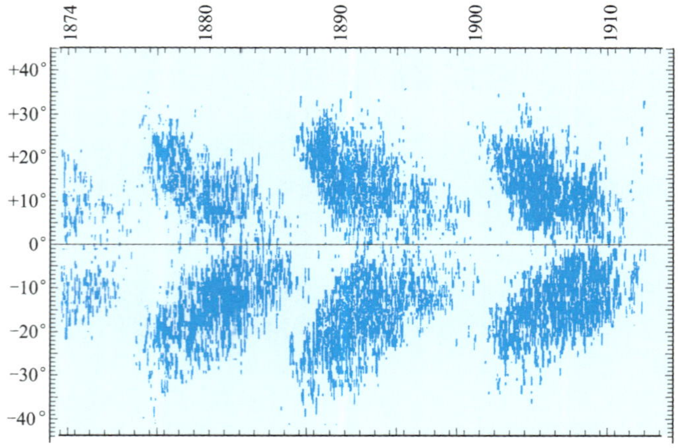

图2　表示太阳黑子纬度变化的蒙德蝴蝶图

作图，将会得到一串蝴蝶形的图样（图2），称为蒙德蝴蝶图。

用望远镜观测太阳黑子只有300多年，但中国史书上公元前43年至公元1638年就有112次肉眼目视黑子的记录。极光是太阳活动产生的高能粒子流轰击并激发地球大气原子和分子而造成的发光现象（图3、图4），因此地球上每年发生极光的次数也间接反映了太阳活动的水平。利用这些珍贵的目视黑子记录和全世界记录到的极光频数，可推测近2000年来的太阳活动变化。此外，通过测定古树年轮中放射性同位素碳-14含量也可推测出近7500年来太阳活动的大致情况。这些研究表明，除了明显的11年周期外，太阳活动似乎还存在平均长度为80多年的周期和200年的双世纪周期。同时，7500年来的太阳活动并非平稳变化，而是经历了尚看不出规律性的一系列极大期和极小期。现在太阳活动正处在约从1800年开始的“现代极大期”。而离此最近的是1460～1550年的“斯玻勒极小期”和1645～1715年的“蒙德极小期”，以及1110～1260年的“中世纪极大期”。这些**太阳活动超长期变化**的情况大致得到古气候资料的证实。

宏观上稳定的太阳为何会出现太阳活动现象一直是天文学重点研究的课题。一般认为，太阳活动是起源于太阳内部的原有弱磁场与太阳自转相互作用的结果。太阳的自转赤道区较快，两极区较慢，称为**较差自转**。理论研究表明，正是这种较差自转能够把太阳内部的微弱磁场拉伸放大，形成管状的强磁场，称为磁流管。磁流管具有磁浮力，会逐渐向太阳表面升浮。当这些磁流管升浮到太阳表面时，与太阳表面碰撞并拱出表面，在那里形成局部强磁场区，这就是太阳黑子。而光斑、谱斑、日珥、耀斑和日冕物质抛射等其他太阳活动现象，则是黑子区的强磁场与太阳等离子体相互作用的结果。太阳活动具有11年左右的周期，也可用**太阳发电机理论**予以解释。

（林元章）

图3　太阳粒子流轰击地球磁层示意图

极光起因于太阳粒子流对地球高空大气的激发

图4　2018年10月7日在俄罗斯摩尔曼斯克州拍摄的极光

太阳活动超长期变化　superlong term variation of solar activity　探讨**太阳活动**除明显存在大约为11年的周期外，是否存在其他更长周期的课题。这个问题一直是许多学者探讨的课题。早在1862年，R.沃尔夫根据当时可供利用的黑子记录，就曾指出太阳活动可能存在由7个太阳活动周组成的78年周期。随后W.格莱斯堡发现，如果把1700年以来的太阳活动周中**黑子相对数年均值**中的极大值R_m按每相邻四个活动周滑动平均，得到的均滑值的曲线显示似乎存在长度平均为80年的周期，有时也称为格莱斯堡周期。还有很多人根据各种时段的黑子相对数年均值曲线，用各种数学分析方法（如周期图、功率谱和最大熵等）进行处理，也得到其他一些周期，但都不很可靠。即使是80年的周期，因为仅仅只有二个多周期的结果，也不能完全肯定。

另外，还存在两个问题值得探讨：太阳活动除了周期性变化外，是否还有其他不规则变化；太阳活动的 11 年周期这一重要特征是否长期以来总是如此，或仅仅是太阳在某一阶段的特征。但由于近代用望远镜观测太阳黑子的可靠记录只有 300 多年，因此要探讨太阳活动的超长周期变化，只能借助其他途径。除了利用历史上的目视黑子记录外，还可利用与太阳活动有密切关系的地球上出现的极光频数和古树年轮中的同位素碳-14（即 ^{14}C）的含量。

根据中国历史上的太阳黑子目视记录分布规律进行研究，结果表明太阳 11 年周期这一特征即使在太阳活动较弱的蒙德极小期间也仍然存在。中国学者还根据从极光出现频数间接推测得到的约 1600 年的太阳活动变化情况，分析得到两个主要结论：①1000 多年来的太阳活动变化中，除了 11 周期外，似乎还存在长度约为 200 年的双世纪周期，即偶数世纪的太阳活动强于奇数世纪，这一点也得到中国史书上目视黑子记录次数分布的证实。②从 1000 多年的太阳活动来看，格莱斯堡周期实际上是一个弥散度较大的准周期，其平均周期长度为 87.2 年，但周期变化范围在 30～130 年。美国学者 J.A.艾迪根据古树年轮中放射性同位素碳-14 含量，推测得到了近 7500 年来的太阳活动变化轮廓，发现近 7500 年来的太阳活动水平不是平稳和均匀变化的，而是经历过一系列的极大期和极小期。尽管这些极大期和极小期的分布还看不出明显的规律性，但是也大致得到一些古气候变化资料（如阿尔卑斯山和全球冰川升降，英国平均气温和英法地区寒冷指数等）的证实。从这一超长期的太阳活动变化可知，太阳活动正处在大约自 1800 年开始的“现代极大期”，而离此最近的是两个极小期和一个极大期，它们是 1460～1550 年的“斯玻勒极小期”和 1645～1715 年的“蒙德极小期”，以及 1110～1260 年的“中世纪极大期”。其中斯玻勒极小期和蒙德极小期正好对应于小冰川时期和两个寒冷期，当时全球平均气温分别下降 0.5℃和 1℃。而太阳活动的中世纪极大期则相当于中世纪温暖期。太阳活动变化与古气候变化基本一致，这并不是巧合，而是表示它们密切相关，具有一定的可靠性。至于太阳活动为何会遵循这样一种似乎看不出规律性的变化，则是另一个有待探讨的问题。（林元章）

太阳活动与极光频数 solar activity and aurora frequency 太阳活动与极光发生次数的关系。极光是由**太阳耀斑**等发射的高能粒子流轰击地球大气后，引起大气原子和分子激发产生的。因此地球上每年发生的极光频数与表示太阳活动年平均水平的**黑子相对数**年均值之间存在强相关。而极光又是一种在广大地区用肉眼可以看到的醒目天象，因而自古以来，许多国家都有大量的极光记录。全世界记录的极光已达到数千次。英国学者 D.J.邵夫曾于 1962 年根据欧洲以及中国、日本和朝鲜等国家历史上的极光记录，整理并发表了自公元前 500 年至 1959 年的每 10 年发生的极光频数A_d，其中 290 年以后为连续资料。中国学者曾把其中 1700～1959 年的 A_d与黑子相对数的年代平均值（每10 年平均）R_d进行对比，发现二者密切相关（图 1），其相关系数高达$r = 0.967$，因而认为可利用邵夫的 A_d 数据推得 290～1699 年的R_d值，再加上 1700～1959 年望远镜实际观测**太阳黑子**记录得到的R_d值，从而得到 305～1945 年太阳黑子相对数年代均滑值（相邻 5 个R_d的滑动平均值）R_d的变化曲线（图 2）。这一变化曲线可供进行自 305～1945 年的 1600 多年的太阳活动变化情况的研究。（林元章）

图 1 每 10 年的极光频数A_d与黑子相对数年代平均值R_d的关系

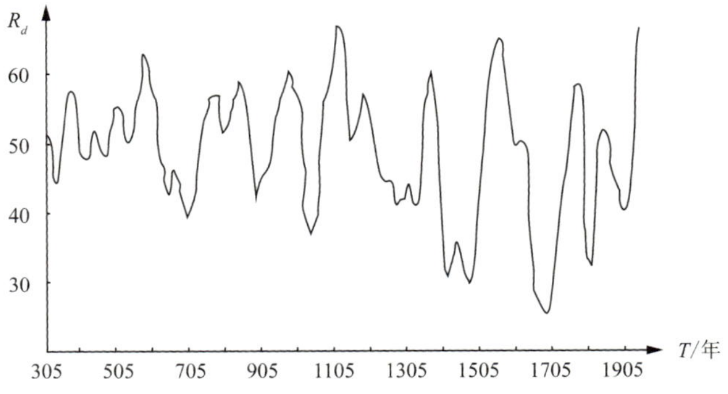

图 2 太阳黑子相对数年代均滑值R_d的变化

太阳活动与碳-14 solar activity and ^{14}C 另一种可用于**太阳活动超长期变化**研究的资料就是古树年轮中同位素碳-14（^{14}C）的含量。自然界中碳的同位素有三种，即 ^{12}C、^{13}C 和 ^{14}C，其中只有 ^{14}C 是放射性的，其半衰期为 5730 年。^{14}C 主要是由银河宇宙线中的中子轰击地球大气中的 ^{14}N 产生的（$^{14}N + n \longrightarrow {}^{14}C + p$）。在大气循环中，新生的 ^{14}C 不能游离存在很久，一般都与氧气（O_2）结合成 $^{14}CO_2$，它与大气中的 $^{12}CO_2$ 化学性质相同，混合后参与自然界的交换循环。植物通过光合作用吸收 $^{12}CO_2$，也吸收 $^{14}CO_2$，形成植物组织。当太阳活动强烈时，太阳发射的粒子流增强，它们将在地球周围形成对宇宙射线的屏蔽作用，使大气中生成的 ^{14}C 含量下降，导致它与 ^{12}C 的含量比值 $^{14}C/^{12}C$ 下降。反之，当太阳活动减弱时，地球大气中的 $^{14}C/^{12}C$ 增大。这样，通过测量 ^{14}C 发射的射线的强度，就能得知树木年轮中 $^{14}C/^{12}C$ 的比值，从而推知太阳活动的变化规律。这种方法推测的太阳活动变化的时间分辨率不太高，然而利用非常古老的树木（包括枯树）年轮中 ^{14}C 含量已可了解到自公元前 5500 年以来的太阳活动大致轮廓（见图）。

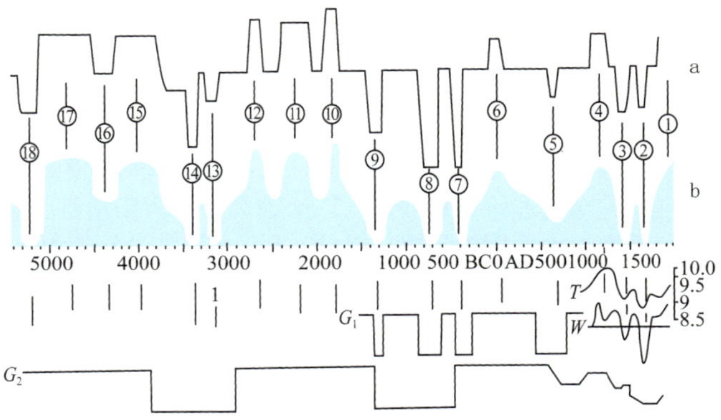

太阳活动与古气候变化的比较

图中 a 为 ^{14}C 含量对正常值的偏离，b 为推测的太阳活动强度，G_1为阿尔卑斯山冰川升降，G_2为全球冰川升降，T为英国平均气温，W为英法地区寒冷指数。圆圈中数字为 J.A.艾迪提议的太阳活动极大期和极小期编号。（林元章）

太阳活动预报 prediction of solar activity 对未来的太阳活动情况进行预测。因太阳活动对日地空间环境有重要影响（见日地关系），所以要预测日地空间环境的未来状态，必须进行太阳活动预报。与天气预报相类似，通常分为短期预报（提前几天）、中期预报（提前半个月至几个月）、长期预报（提前一年以上），以及提前几分钟至几小时的警报。短期预报主要是预测未来几天内是否会发生具有强烈 X 射线、紫外线和粒子流发射的太阳耀斑。中期预报主要是预报半个月至几个月内日面上是否会出现大的太阳活动区，因为大的太阳活动区最容易发生强烈耀斑。警报则是判断即将或已经发生的耀斑是否会有强烈的地球物理效应。长期预报是估计太阳活动年平均水平的变化趋势，实际上就是预报太阳黑子相对数年均值的变化，包括下一个太阳活动周的极小年和极大年出现的时间和强度。

不同部门关心不同的太阳活动预报内容。航天部门关心太阳高能粒子流对航天器和航天员的损害，需要短期和中期太阳活动预报，以便选择合适的航天时间。估计人造卫星运行寿命时，需要知道卫星轨道附近大气密度的分布情况，而大气密度分布与太阳活动水平有关，需要知道太阳活动长期预报的信息。由于太阳耀斑产生的短波和粒子辐射均会破坏电离层的正常状态，导致无线电通信信号衰减甚至中断，因此无线电通信部门需要各种时段的太阳活动预报，以便选择最有利的通信频率。气象、水文和管理部门需要太阳活动中期和长期预报，作为天气和水情预报的重要参考。太阳耀斑发射的大量低能粒子流所引起的感应电流会造成磁暴，严重破坏高纬地区的电力系统和输油管道，干扰导航、航测和物理探矿等部门的正常作业，因此这些部门也需要太阳活动信息。此外，太阳物理和地球物理研究也需要太阳活动预报，特别是太阳耀斑预报，以便在耀斑期间安排各种类型的观测和国际协作，取得更为丰富的观测资料，探讨太阳耀斑及其对地球影响的物理过程和规律性，进而改进对它们的预报方法。（林元章）

太阳极区磁场 solar polar magnetic field 太阳的两极地区（$\phi > 55°$）存在平均强度为几高斯的磁场，而且南北两极区的磁场极性相反。这一现象于 20 世纪 50 年代初被观测到。这一情况颇似地球的偶极子磁场，不过太阳的极区磁场与真正的偶极子场有所区别。首先是它只限于极区附近，并且没有准确的轴向和对称性，其次是观测表明太阳的极区磁场是变化的，它在太阳活动极大期附近会发生极性反转，表明其变化时标只有一个太阳活动周。在太阳活动第 19 周期间，南极区于 1957 年 3～7 月间由 S 极变为 N 极，随后北极区在 1958 年 11 月间迅速由 N 极变为 S 极。太阳南极区先于北极区发生极性反转可能与该活动周中南半球的黑子先于北半球黑子达到极大有关。太阳活动极大附近的 1971～1972 年，又观测到太阳极区磁场极性反转。以后的观测进一步证实了太阳活动极大附近极区磁场极性反转的规律。

太阳等离子体的电导率很高［光球中约为 10^{12}e.s.u（1 欧/米 = 9×10^9e.s.u），而色球和日冕中更高］，磁场的自然衰减非常缓慢。观测到的太阳极区磁场的变化时标只有一个太阳活动周（11 年左右），表明极区场的磁力线只是埋藏在太阳表面浅层，并非起源于太阳内部的偶极子场。太阳活动起源的发电机理论认为，活动区磁场（环向场）是极区磁场（极向场）通过太阳较差自转拖拉形成的，而极区磁场则是活动区磁场的后随部分向极区扩散和叠加形成的。早先观测到的太阳极区磁场的强度只有几高斯，后来利用航天器搭载的高分辨率磁像仪观测结果表明太阳极区场也是由分离的磁元构成，单个磁元的强度可达 1000 高斯，可见原先测得的极区场强度为几高斯仅为低分辨率磁像仪观测的平均值。这些结果也倾向于支持太阳极区磁场来自活动区强磁场扩散迁移的观点。（林元章）

太阳精细结构望远镜 solar fine structure telescope 对太阳光球、色球进行高分辨观测的光学望远镜。望远镜能够获得至少 1.2 角秒色球细节和 0.7 角秒光球细节。在大气条件、观测地点周围视宁度好的时候可以获得更高分辨的观测。

太阳精细结构望远镜一般由色球镜筒、光球镜筒和导行镜筒组成。色球镜筒、光球镜筒物镜比色球望远镜的要大，物镜通常是直径大于 260 厘米的透镜；视场直径一般达到 5 角分；两个镜筒都要有真空密封镜筒、反射式的主焦点光阑、放大的太阳像。

色球镜筒物镜和光球镜筒物镜将太阳像成在主焦点上。主焦点光阑中间透过部分太阳像到后面的光学系统中，其余部分的太阳像由主焦点光阑通过真空镜筒侧面或前面反射出去。

其中色球镜筒局部太阳像再经过准直镜，双折射干涉滤光器置于准直镜形成准直光路中，并且尽量让光束经过滤光器两个端面的大小一致；在某些要特别考虑减小谱线漂移的情况下，这部分光路设计成远心光路，各视场主光线基本垂直入射双折射干涉滤光器。滤光器后的成像镜将单色像成像在 CCD 上。精细结构望远镜中的双折射干涉滤光器工作波段通常选氢 Hα线（波长 6562.81 埃），滤光器透过带半宽小于 0.25 埃，工作波段在 +1.5 埃和 −1.5 埃之间连续可调，滤光器的口径与望远镜物镜要匹配。

光球镜筒局部太阳像经过放大成像在 CCD 上。光球高分辨的观测波段为 5500 埃，要观测白光耀斑会选 3600 埃和 4250 埃。光路中需要加半宽为 50 埃或更加窄的干涉滤光片。

望远镜成像采用的 CCD 的像元大小、像元数要与所要观测的视场和空间分辨率匹配，色球与光球镜筒的 CCD 像素分辨率要小于 0.6 角秒和 0.35 角秒。CCD 曝光时间要小于 30 毫秒。

望远镜需要降低内部热量。物镜前要加宽带滤光片，把热量拦于镜筒之外；无真空镜筒的主焦点光阑采用风冷或水冷同时尽量保持镜筒的通风；真空镜筒的非真空部分要抽风。镜筒内部加阻挡杂散光的光阑。望远镜安放在离地面 16 米以上高的隔振基墩上，无圆顶或敞开式圆顶。

此外，现代太阳精细结构望远镜可以通过互联网实现远程控制，具备自动找寻和跟踪太阳功能；根据研究课题的观测要求变更观测模式；根据指令自动采集计算平场、暗场等需要的观测数据；海量数据的存储功能；望远镜数据处理软件能够根据需要自动处理所观测到的数据。真正具备了高空间分辨率，高光谱分辨率，高时间分辨率等性能。

大于 60 厘米口径的太阳望远镜要获得超高分辨的精细结构太阳局部像，将采用自适应光学、斑点重构法、位相差法等技术。（毛伟军）

太阳局部射电源 solar local radio source 太阳大气中电子密度和温度较高并且渗进黑子磁场的区域，从此发出较宁静太阳射电背景为高的辐射。这种发自局部源的射电称为太阳缓变射电，一般认为是起源于韧致辐射和磁回旋加速辐射的联合机制。辐射频谱通常在5～10厘米波长处达到峰值，而偏振频谱则在短厘米波长上达到峰值。辐射强度随射电源离开日面中心越远而越小。通过高分辨率的射电观测在厘米波段发现：局部源的形状和大小与有关的黑子相对应。另外，局部源的大小还取决于黑子磁场，双极黑子群上空的源的大小平均为1.4′，单极黑子的大小平均为2.2′，辐射**亮温度**为10^5～8×10^5K，有时可达到1.5×10^6～2×10^6K。这种局部源在**光球**上空的高度为0.008～0.18个太阳半径。在分米波段，源的形状和大小与**谱斑**相对应。局部源大小一般为5′，有时可达10′，其辐射亮温度为6×10^5～1×10^6K。源在光球上空的高度为0.03～0.15个太阳半径。简单地说，太阳局部射电源有两类：一为与黑子有关的强而小的源，一为与谱斑有关的弱而大的源。

（赵仁扬）

太阳空间卫星 solar observing satellite 用于观测太阳的卫星。太阳是太阳系的中心天体，也是距离地球最近的恒星。由于太阳距离近、对日常生活的影响重大，太阳空间卫星的历史也较为悠久。最早用于天文观测的一批卫星——太阳辐射监测卫星（SOLRAD）就是以太阳观测为主要任务。而太阳空间卫星也是当代天文卫星的重要组成部分。

广义的太阳空间卫星不仅包括在地球轨道上工作的卫星，还包括在环绕日地系统位于太阳和地球之间的第一拉格朗日点运行，或直接在日心轨道上运行的太阳观测平台，如太阳和日球层探测器（SOHO）、高新化学组成探测器（ACE）、日地关系观测台（STEREO）、**帕克太阳探测器**、环日轨道器等。而为了使有效观测时间最大化，环绕地球运行的太阳观测卫星也往往会选择太阳同步轨道（一类特殊的极轨道，其上的卫星与太阳的相对位置保持固定，并在固定的时间经过地球上的固定地点上空）作为工作轨道。开展空间太阳观测的意义在于可以实现不受昼夜交替影响的全天候太阳监测；同时拉格朗日点或日心轨道还能够提供不同于地球附近的视角，让研究者得以先于近地空间感知太阳活动引发的空间天气事件，或是了解太阳上从地球看不到的区域（如太阳背面以及两极）。

太阳空间卫星的主要任务包括在紫外、X射线等大气不透明的波段监测太阳；在远离大气干扰的外太空开展太阳的高清晰度光学观测，并以此测量**太阳磁场**和日震；监测太阳活动以及与其密切相关的空间天气变化；像20世纪70年代的太阳神号，还有当代的帕克探测器和环日轨道器等项目还借助高偏心率轨道飞抵太阳附近，以图深入了解太阳活动的发生机制。

当代较为重要的太阳空间卫星包括驻守第一拉格朗日点的太阳和日球层探测器、高新化学组成探测器，长于太阳磁场高精度测量的日出号卫星，以提供太阳立体视角为主要任务的日地关系观测台，还有深入**太阳风**乃至**日冕**考察的环日轨道器和帕克太阳探测器等。

（张　博）

太阳粒子抛射 solar particle ejection 由太阳向外发射的各种能量的粒子流，特别是偶发性的粒子抛射事件。太阳的粒子发射可分为两大类。一类是由**日冕**连续不断向四面八方发射的背景太阳风粒子和由**冕洞**区向外发射的具有一定方向性的高速太阳风流（持续时间可达几个月）。它们的主要成分是由质子和电子组成的等离子体，粒子能量在10^{-2}～10^{-1}千电子伏，速度为几百千米每秒。另一类为**太阳耀斑**引发的高能粒子发射，是偶发性的短时间延续事件（几小时至几天），并具有很强的方向性。耀斑发射的高能粒子流不一定是等离子体，有可能是电子或质子占优势，粒子能量在10^0～10^6千电子伏，速度在1500千米每秒直到相对论性速度。估计所有耀斑均有粒子发射。但由于不同耀斑发射的粒子能量和流量有很大差别，以及探测器的灵敏度、耀斑在日面上的位置、太阳自转和地球公转等诸多因素的制约，并非所有耀斑均可观测到粒子发射。而且，实际探测到的粒子能量和流量也不完全代表耀斑区发射的粒子原有情况，而是严重依赖于探测器的位置和粒子在日地之间的传播效应，特别是行星际空间的磁场分布。统计结果表明，对于发生在日面西半球的耀斑，观测到粒子流的概率增大。

探测耀斑粒子发射的主要手段有以下几种：①空间飞行器的直接测量，如IMP（行星际监测站）系列卫星；②地球极区电离层不透明度仪的测量；③地面宇宙线探测器记录。空间监测结果表明，大多数小耀斑引发的粒子发射事件中不能检测到质子流，只有电子流，这类事件称为“纯电子事件”，电子的能量和流量都不大。但有些耀斑发射的粒子流中却可检测到质子流，电子流量也较大，这类事件称为“电子-质子事件”。而少数耀斑发生时，可检测到能量超过10兆电子伏、流量超过平时背景10倍的质子流，此时称为发生了一次“**太阳质子事件**”，并把所对应的源耀斑称为“质子耀斑”。质子耀斑通常也有高能电子流和强烈的X射线发射，从而产生多种地球物理效应。放置在地球极区附近的电离层不透明度仪实际上是一种接收射电波段宇宙噪声的长波接收机（工作频率在30兆赫左右）。当太阳耀斑发射能量达0.1～100兆电子伏的粒子并有足够大的流量时，这些亚相对论性的带电粒子沿地磁场的磁力线在南北极区之间来回运动，造成两极地区上空带电粒子密度骤增，它们的屏蔽作用导致宇宙射电噪声信号突然减弱，这种现象称为“**极盖吸收**”（PCA）。由空间飞行器的测量和极区电离层不透明度仪记录比较可知，太阳质子事件可产生极盖吸收，因此电离层不透明度仪是在地面监测太阳质子事件的有效手段。极少数太阳大耀斑有时会发射能量超过500兆电子伏的粒子，这些粒子将会突破地球磁场的约束到达地面附近，产生地面宇宙线探测器能够记录到的事件，称为“地面（粒子）事件”（GLE）。这种事件对应的源耀斑称为“宇宙线耀斑”。它们是非常罕见的现象，只有几十次观测记录，比质子耀斑少得多。除太阳耀斑外，**爆发日珥**和**日冕物质抛射**也产生偶发性粒子发射，它们也是等离子体，速度可超过日面逃逸速度（617.7千米/秒），而进入日地空间。

（林元章）

太阳联合观测 solar cooperative observation 几个天文台用多种观测设备对太阳上的同一区域或同一现象进行的同时性协同观测。联合观测是为了更有效地对太阳进行观测研究。如为了研究某个**黑子群**的变化，一个天文台只能观测到白天至多8～9小时的情况，而处在不同地理经度（从而不同时差）的几个天文台进行接力式的联合观测，就可不间断地跟踪该黑子群的演化情况。又如为了研究某一次**太阳耀斑**事件在不同波段的电磁辐射（包括光学和射电波段）、粒子发射、耀斑区的磁场变化和物质运动等情况，依靠一两个天文台的观测设备是难以完成的，必须动员许多天文台的各种仪器，甚至空间飞行器上的太阳仪器在同一时段中对该耀斑进行综合观测。在太阳活动极大年期间，经常进行此类联合观测。对太阳振动的观测研究中，观测到的振动频率的分辨率与记录的连续长度有关，为了增大频率分辨率，必须尽量延长对太阳的不间断观测时间，通常都由几个位于不同地理经度的天文台构成观测网，以便对太阳进行接力式的连续观测。

（林元章）

太阳内部构造 structure of solar interior 太阳内部辐射不能到达地球因而无法观测到的太阳内层结构。与之对应，辐射可到达地球因而能够观测到的太阳外层称为太阳大气。太阳内部从里向外分为日核、辐射层和对流层三个层次。太阳大气从里向外也分为光球、色球和日冕三个气层。太阳大气的延伸虽然极为广阔，但其质量与太阳的总质量相比是微不足道的。因此，太阳内部的质量基本上就是太阳质量，有时也把太阳内部称作太阳本体。

理论推测 对于无法观测到的太阳内部，物理构造主要依靠理论推测，但这种推测必须以太阳半径、总质量和太阳光度作为边界条件。在球对称、忽略太阳自转和磁场，并假定太阳流体处在静力平衡和能量平衡等近似条件下，就可建立起太阳内部构造的基本方程组。方程组中各项系数的确定则涉及对太阳能源、化学组成、物质**不透明度**和传能机制的讨论，其过程相当复杂。只有完整地确定了所有系数和参数之后，才能求解方程组，获得太阳内部构造的知识，即太阳的温度、压力、密度等各种物理参数随日心距的变化图像。

太阳对流层 在对太阳内部能量平衡所涉及的能量传输机制讨论中，发现太阳内部大约从$r = 0.75R$（R为太阳半径）向外直到太阳表面附近（$r = R$）的区域，将会出现热气团上升和冷气团下降的对流运动，即形成了对流层。太阳流体产生对流的条件是$\left|\frac{dT}{dr}\right|_{rd} > \left|\frac{dT}{dr}\right|_{ad}$，称为史瓦西判据。

不等式左端为太阳内部辐射场的温度梯度（区域实际温度梯度）的绝对值，右端为绝热温度梯度绝对值。导致从$r = 0.75R$开始满足对流判据的主要原因是太阳温度由内向外逐渐下降，在此处已降到足以使电子和离子复合（主要为电子和质子复合成氢原子），形成更容易吸收辐射的原子和离子，使太阳物质吸收辐射的能力增强，造成$\left|\frac{dT}{dr}\right|_{rd}$增大和$\left|\frac{dT}{dr}\right|_{ad}$减少。在光球底部附近，太阳密度和温度已经很低，气团不能携带足够的能量；同时，密度下降使物质吸收辐射的能力降低；造成$\left|\frac{dT}{dr}\right|_{rd}$变小，导致不满足史瓦西判据，对流停止。

从定性上也能理解**太阳对流层**的成因，若太阳内部$r = 0.75R$附近有一气团因受某种向上的扰动而浮升，周围温度由于随高度增大而不断下降，致使气团内的电子与离子复合，释放出的复合能又加热气团本身，使气团温度总是比周围环境略高，造成气团膨胀，密度比周围略低，从而不断上升。反之，若在光球底部附近有一气团受某种向下的扰动而下沉，周围温度由外向里逐渐增大，致使气团内的原子不断电离，电离所需的电离能由气团提供，使气团温度下降到略低于周围温度，造成气团压缩，密度比周围略大，从而继续下沉。因此，对流层实际上相当于太阳内部由基本上为完全电离物质向外过渡到基本上为中性物质的过渡区。

太阳流体的黏滞性很小，雷诺数很大，形成的对流必然是湍流性的。如何对湍流性对流进行精确的定量描述，是一个尚未解决的理论问题。通用的混合长理论实际上是一种半经验的近似理论。借鉴于气体动力论中分子平均自由程的概念。所谓混合长l是指这样一个物理量：比周围热的气团上升了路程l之后，经与周围物质交换热量而混合和瓦解，并释放出多余能量；反之，比周围温度低的气团下降了路程l之后，因吸收周围热量而瓦解，并与周围气体混合。由于混合长的具体数值难以确定，不同研究者采用了不同的假定，从而有不同的理论处理。更精确的对流层理论，应当从考虑黏滞性的流体运动方程出发，并与质量平衡和物态方程联合求解。研究表明，满足史瓦西判据的太阳对流层是从太阳表面向下延伸到大约 180 000 千米的深度。不过根据混合长概念，在满足对流判据区域的上边界和下边界处的气团，会继续分别向上和向下运动一段相当于混合长的距离之后，才会彻底瓦解。这种现象称为对流过冲。这样考虑对流过冲的对流层底部的深度应为 200 000 千米，而太阳表面观测到的**米粒组织**，实际上是对流顶部气团过冲造成的。对流层的质量仅占太阳总质量的 1.5%。

太阳中心区核反应产生的能量是以辐射能的形式向外传输的（极少量以中微子形式直接逃离太阳），即通过辐射与太阳物质的相互作用，物质吸收波长较短的光子后再发射出波长较长的光子，而能量无损失地向外传输。但能量传输到对流层底部时，一部分就以运动气团直接携带能量的形式向外传输，而且对流传输能量的百分比随高度逐渐增大。计算表明，在$0.75R$～$0.94R$的区域，对流传能所占的比例从 11%增大到 99%，而从$0.94R$到太阳表面附近对流传能占 100%。

标准太阳模型 上述各种假定和讨论中求解太阳内部构造方程组，得到的太阳构造模型称为**标准太阳模型**。由于不同研究者对方程组的不同处理，得到的标准太阳模型不尽相同，但大同小异。因此，标准太阳模型是指一类模型，并非是指一个模型。

图中所示为 J.N.巴卡尔和 R.K.乌尔里奇于1988年发表的一种标准太阳模型。图中T和ρ分别表示温度和密度，T_c和ρ_c为太阳中心的温度和密度，L_r为日心距为r的太阳球层光度，L为太阳总光度，X为单位质量的太阳物质中元素氢所占的分数。

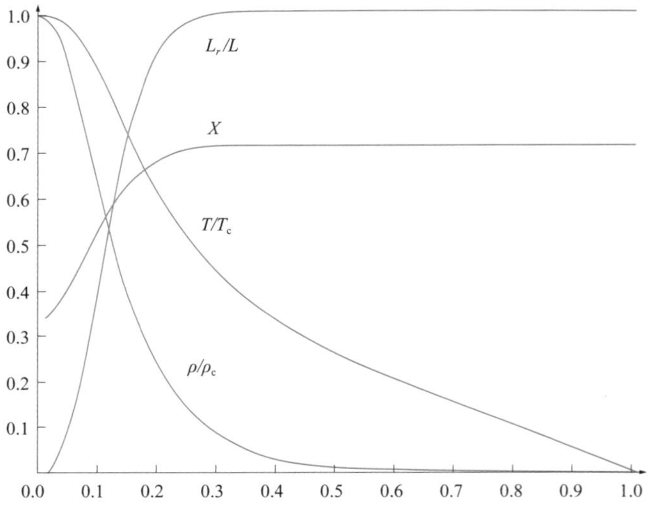

一种标准太阳模型

由图可见，现阶段的太阳内部构造有如下特点：①太阳产能区仅限于从日心至大约 1/4 太阳半径的日核中，在$r = 0.25R$处的太阳球层光度已达太阳总光度的 99%；②太阳温度和密度由日心向外迅速下降，密度的下降更为陡峭，大约 1/4 太阳半径内的太阳球体质量已占太阳总质量的一半；③太阳燃料氢的含量在日核区明显下降，日心附近的氢含量减少了一半，从$r = 0.25R$向外氢含量没有变化。

上述依靠太阳流体静力平衡和能量平衡假定而从理论上推测获得的太阳内部构造模型，某种程度上还可用 20 世纪 60 年代末开始的太阳中微子探测实验（见**太阳能源**），以及 70 年代以后基于太阳表面振动观测而发展起来的**日震学**，进行间接检验。

（林元章）

太阳能源 source of solar energy 巨大太阳辐射的能量来源。为了解释这种能量来源，历史上曾提出过各种假说，如碰撞产能、化学产能、放射性产能和收缩产能等。按具体计算，这些产能机制都不能以现在的太阳辐射功率（3.845 × 10^{26} 瓦）维持太阳年龄（约 4.6 × 10^9 年）的量级。只有核反应才能作为长期维持太阳辐射的能源。

太阳内部核反应 原子核之间发生碰撞，即达到核力能够起作用的距离之内才能发生核反应。这就要求原子核具有足够的动能，才能穿过它们之间的静电斥力势垒。这个势垒大小为：

$$E_0 = \frac{z_1 z_2}{r} e^2 \approx z_1 z_2 \times 10^6 (\text{eV})$$

式中z_1和z_2为两种原子核的原子序数；r为核力作用距离，量级为 10^{-13} 厘米。此式表明两核之间的静电斥力与它们原子序数的乘积成正比。因此原子序数小的原子核，如氢核和氦核等，容易发生核反应。太阳核心区温度$T \approx 10^7$K，核平均动能为$E = \frac{3}{2}kT = 10^3$ 电子伏，仍然小于势垒E_0。根据隧道效应，一个动能低于势垒的微观粒子，仍然可穿越势垒发生核反应，只是粒子动能低时反应概率减少。

根据 H.A.贝特等人的研究，现阶段太阳的能量主要由两种类型的核反应产生：一是质子-质子反应链（常记作 pp 链）；二是碳氮循环（常记作 CN 循环），分别列于表 1 和表 2。每一次核反应产生的能量都为$q = q' + q_\nu$，q'为电磁辐射能，q_ν为中微子能量。由表 1 可见，pp 链中有两个分支反应：ppⅡ是 ppⅠ三步反应中第三步的分支；ppⅢ则是 ppⅡ三步反应中第二步的分支。这些分支反应的比率为Ⅰ：（Ⅱ + Ⅲ）= 83：13；Ⅱ：Ⅲ = 13：0.0015。太阳 pp 链和 CN 循环核反应的最终结果都是 4 个氢核合成 1 个氦核，由质量亏损而产生的能量为 26.732 兆电子伏或 4.283 × 10^{-12} 焦。为维持太阳的光度，每秒大约消耗 5 × 10^{10} 千克氢燃料。太阳的氢若能全部燃烧，所需时间量级为 10^{11} 年，远远超过太阳年龄。现阶段太阳能量的 99%来自 pp 链，1%来自 CN 循环。

表中核反应式为 x（a,b）y，式中 x 为靶核，a 为入射粒子，b 为出射粒子，y 为最后生成的核，而逗号则把反应前后的状态分开。p、d 和 α 分别为氢核质子、氘核和氦核，e^+、e^-、γ 和 ν 分别为正电子、负电子、光子和中微子，*表示核处在激发态。

太阳中微子发射 由表 1 和表 2 可见，作为太阳主要能源的 pp 链和 CN 循环中，有 5 个反应道产生中微子。实际上表 1 中 ppⅠ的第一步 pp 反应中也有两个分支反应。这两个分支反应的概率都很小，产生的电磁辐射对太阳辐射能的贡献可以忽略。但其中一个反应（pep 反应）的中微子发射不能忽略。这样在太阳产能过程中就有 6 个反应道产生不可忽视的中微子发射。由于中微子与物质相互作用的概率极小，从太阳发射的中微子可直接逃离太阳。在地球附近的太阳中微子流量ϕ_i与第i种产生中微子的核的反应率ε_i有关，而反应率ε_i强烈依赖于太阳内部的温度。若从理论上预言太阳中微子流量，必须知道精确的太阳构造模型，特别是温度随深度的变化。因此，从地球上测量太阳中微子流量，并与按标准太阳模型（见太阳内部构造）推算的理论预言值进行比对，就能间接地检验主要依靠理论推测的标准太阳模型是否正确。

表 1 pp 反应链

	核反应	q'/MeV	q/MeV
ppⅠ	$p(p,e^+\nu)d$（称 pp 反应）	1.192	0.250
	$d(p,\gamma)^3He$	5.494	
	$^3He(^3He,2p)\alpha$（另一分支为 ppⅡ）	12.860	
ppⅡ	$^3He(\alpha,\gamma)^7Be$	1.586	
	$^7Be(e^-,\nu)^7Li$（另一分支为 ppⅢ）	0.049	0.813
	$^7Li(p,\alpha)\alpha$	17.348	
ppⅢ	$^7Be(p,\gamma)^8B$	0.137	
	$^8B(,e^+\nu)^8Be^*$	7.9	7.2
	$^8Be^*(,\alpha)\alpha$	2.995	

表 2 CN 循环

核反应	q'/MeV	q/MeV
$^{12}C(p,\gamma)^{13}N$	1.944	
$^{13}N(,e^+\nu)^{13}C$	1.510	0.71
$^{13}C(p,\gamma)^{14}N$	7.551	
$^{14}N(p,\gamma)^{15}O$	7.298	
$^{15}O(,e^+\nu)^{15}N$	1.752	1.00
$^{15}N(p,\alpha)^{12}C$	4.966	

太阳中微子探测 中微子与物质作用的概率虽小，但毕竟不是零。已发现一些原子核，如 ^{37}Cl 和 ^{71}Ga 等，与中微子有足够大的碰撞概率，可作为太阳中微子探测实验中的靶原子。从 20 世纪 60 年代后期开始，美国的布鲁克海文国家实验室利用中微子与 ^{37}Cl 反应产生放射性 ^{37}Ar 的原理，探测太阳中微子。经过几十年的测量，获得的太阳中微子流量仅为按标准太阳模型推算的理论值的 1/3。80 年代开始，有两个欧洲研究组利用反应阈能值更低的 ^{71}Ga 作为靶原子的探测实验，得到的结果也低于理论值的 1/2。

中微子除了可以与原子核发生作用外，也可以被电子散射，而被散射电子在介质中运动将产生切伦科夫辐射。根据这一原理，以日本科学家小柴昌俊为首的研究组在神冈町矿山地下 1000 米处安装了一个圆筒形探测器，内装 3000 吨纯水，并在其周围安装上万个光电倍增管，观测被太阳中微子散射的电子在水中产生的切伦科夫辐射，测量中微子流量。这种实验探测到的中微子流量也只有理论预言值的一半左右。通过上述不同的检测实验，探测到的太阳中微子流量均比按标准太阳模型推算的理论预言值少得多，这就是科学上的太阳中微子失踪案。

探测到的太阳中微子流量与理论不符的意义非同小可，它意味着可能在太阳物理或是核子物理理论方面出现问题。为了解决这一矛盾，人们在太阳物理和粒子物理领域进行了探索，从而促进了这些领域的研究发展。重新审查了与太阳内部核反应和中微子与物质相互作用有关的各种参数，如核反应率和碰撞截面等，同时检查中微子探测实验中是否存在问题，但均未取得进展。最后，人们认为中微子振荡可能是太阳中微子失踪的答案。

中微子有三种形态，也称为三种味，即电子中微子ν_e、μ 子中微子ν_μ和τ子中微子ν_τ。20 世纪 80 年代以来，关于中微子是否存在静止质量的实验结果，在肯定与否定之间反复多次。直到 2000 年，日本、美国和中国科学家利用日本神冈 1000 米深处矿中的中微子探测器，探测来自 20 多个核电站反应堆产生并穿越地壳到达探测器的中微子，发现记录到的电子中微子数量比核电站发射的数量少，表明一部分ν_e已转变为ν_μ和ν_τ，这是国际上首次用人工中微子源证实了中微子振荡现象，同时也证实了中微子具有静止质量，可以认为这是太阳中微子失踪案的重大突破。太阳中微子失踪案的最终破解，是由国际上 10 多个机构 100 多位科学家组成的研究团队，在加拿大的沙德伯里中微子天文台（SNO）共同探测完成的。SNO 的实验不仅可测ν_e的流量，也可测ν_μ和ν_τ的流量。通过反复检测之后，表明太阳中微子ν_μ和ν_τ的流量之和大致是ν_e的二倍，而三味中微子的合计流量与按标准太阳模型推算的理论预言值符合得很好。既然太阳产能区中核反应产生的都是ν_e，那么 SNO 探测到的ν_μ和ν_τ，就是一部分ν_e从太阳源区到达地球上的探测器过程中，通过中微子振荡产生的。因为 SNO 的实验是直接对太阳进行的，不是利用人工中微子源间接证实中微子振荡现象，因此结论更令人信服。延续几十年的太阳中微子失踪案终于得到解决。（林元章）

太阳射电　solar radio emission　来自太阳大气，其波长范围遍及整个无线电波段。截至 21 世纪 20 年代，已发现**太阳射电辐射**具有三种性质不同的成分：**宁静太阳射电**、**太阳缓变射电**和**太阳射电爆发**。它们分别起源于宁静太阳大气辐射、太阳局部活动区辐射和**太阳耀斑**等的快速日冕动力学过程。太阳是从地球上观测到的宇宙最强射电源。

在第二次世界大战期间（1942），英国发现工作在波长为 4～6 米的防空雷达突然出现了无线电信号的剧烈增强，但却没发现德国飞机来袭。起初以为是来自德军的干扰。但是后来经过仔细分析，发现这个强干扰信号对应着太阳耀斑的射电爆发。其实在 19 世纪爱迪生曾提出观测太阳无线电辐射，但试验未成功。19 世纪末德国人曾介绍观测太阳射电辐射的试验装置，也未提及观测结果，相关信息发布在 1896 年的学术文献中。射电天文学的先驱 G.雷伯于 1944 年首先报道了关于太阳射电辐射的测量。随后，英国关于太阳射电的研究结果在战后发表，从而导致了太阳射电天文学的蓬勃发展。人们在米波段发现了 5 种太阳射电爆发类型、在分米波段也获得了类似的种类，太阳射电爆发还会出现在毫米波段。

射电辐射可由热电子与原子核的库仑碰撞即韧致辐射产生，或由中等相对论性电子的回旋同步辐射产生，亦或由不稳定的各向异性电子分布如电子束（通过等离子体辐射）或者损失锥（通过电子回旋脉泽辐射）产生。射电辐射通常分为相干辐射和非相干辐射。非相干辐射为连续辐射过程，包括热电子通过库仑碰撞在微波和毫米波段产生韧致辐射，或者热电子与中等相对性电子分布由于它们的随机回旋运动而产生回旋共振或者回旋同步辐射。相干辐射则是因非稳定电子分布的动力学不稳定性而产生。宁静太阳射电是对应于宁静太阳大气的热韧致辐射产生，**亮温度**为 10^4K～10^6K，对应着从色球到日冕的温度变化。太阳缓变射电是对应于太阳局部强磁场区域（黑子或者谱斑）上方的局部射电源的热过程，与黑子和谱斑密切相关，通常认为由韧致辐射和回旋共振辐射的联合机制产生，亮温度为 10^5K～10^6K。而太阳射电爆发则是当太阳受到强烈扰动（如太阳耀斑等）所产生的射电强度急剧增加的相干与非相干辐射过程，亮温度一般为 10^7K～10^{12}K，有时会超过 10^{13}K。因此，太阳射电辐射特征是对辐射源区的等离子体密度、温度、磁场以及动力学过程的最直接、最敏感的响应，对于建立太阳大气模型、诊断从低色球到日冕的磁场特性、研究耀斑及其他等离子体动力学过程、探索色球和日冕中的反常加热及粒子加速等物理起源都起着重要作用。

太阳射电观测设备从早期的射电流量计、频谱仪发展到**射电日像仪**，更向射电频谱日像仪发展。太阳射电的高精度观测和研究将进一步推动太阳物理的发展，对天体物理和等离子体物理也具有重要意义，并对日地空间监测和空间天气预报具有重要作用。（颜毅华）

太阳射电爆发　solar radio burst　与耀斑有关的**太阳射电辐射**增强现象。在耀斑期间和耀斑前后的太阳射电频谱观测表明，耀斑引起的射电爆发可分为微波爆发、Ⅱ型、Ⅲ型和Ⅳ型爆发等。小耀斑一般只有微波爆发（限于厘米波段）和Ⅲ型爆发，大耀斑则有微波爆发（可自厘米延伸至分米波段）、Ⅲ型、Ⅱ型和Ⅳ型爆发。微波爆发为连续谱，通常与软 X 射线爆发同时发生，并且有相似特征，对应的射电源区**亮温度**为 10^7～10^9 度，它的发射机制为部分热电子韧致辐射和部分非热电子的磁回旋辐射，即电子在洛伦兹力作用下沿磁力线做回旋运动时受到加速产生的辐射。

射电Ⅱ型爆发的主要特点是出现米波段的窄带由高频向低频漂移，寿命为 5～10 分钟，辐射为无偏振或弱偏振。辐射强度在分米波段对应的亮温度为 10^{11} 度，在米波段可达 10^{15} 度。Ⅱ型爆发同时出现两条频带，其频比值大多为 2∶1，因而对应于同一源区的基频和二次谐频辐射。有时出现较复杂的辐射频带，可能是不同源区的混合造成的。二次谐波强度与基频波相近，甚至更强。未出现过更高次谐波。Ⅱ型爆发的频率漂移速度约为 1 兆赫/秒，可以用运动速度为 10^3 千米/秒的等离子体自耀斑区向外运动时在**日冕**中激发等离子体振动来解释。大部分Ⅱ型爆发与大耀斑，尤其是与具有大质子流量发射的质子耀斑相联系，而且大多数以微波爆发和Ⅲ型爆发为先导。Ⅱ型爆发表明有等离子体和激波自太阳向地球传播。

射电Ⅲ型爆发的频率漂移更快，其寿命只有几秒钟，辐射一般无偏振，有时为弱圆偏振。辐射亮温度可达 10^{11} 度，频率从几百兆赫一直延伸到几千兆赫，对应的爆发源位置从日冕直到地球附近的整个日地空间。Ⅲ型爆发有时也出现谐波，谐波与基波频率比一般在 1.8～2，二者强度为同一量级。Ⅲ型爆发的频率漂移速度随频率增大而增大，在 100 兆赫附近约为 20 兆赫/秒，在 200 兆赫附近约为 150 兆赫/秒。频率漂移可用速度约为 10^5 千米/秒的非热电子从耀斑区向高层运动所激发的等离子体振动来解释。Ⅲ型爆发的一个变种是先从高频向低频漂移，达到极小频率（大多在 100～150 兆赫）后又向高频漂移，在时

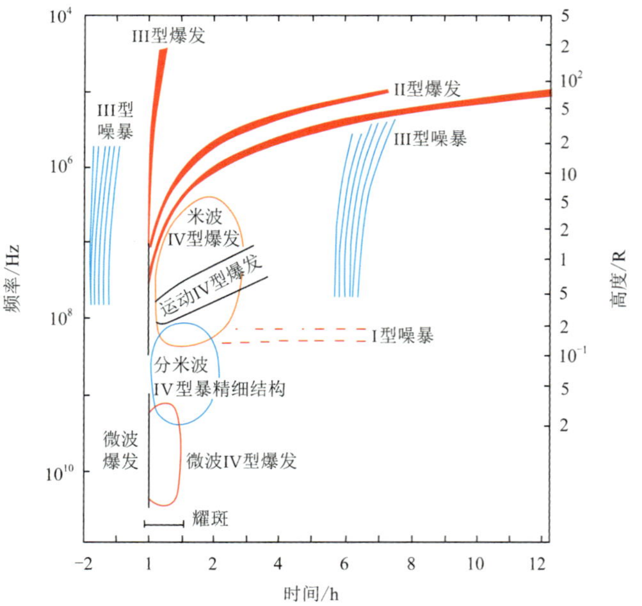

与耀斑有关的太阳射电爆发分类

间–频率图上的曲线如 U 型，故称为 U 型爆发。

射电Ⅳ型爆发为连续谱，一般紧随Ⅱ型爆发之后发生，持续时间从几分钟至几小时，辐射对应的亮温度在米波段通常为 10^7～10^{10} 度，在分米波段可达 10^{12} 度。大的Ⅳ型爆发的频率范围可自毫米波直到十米波段，即地面可观测到的所有射电波段，在很宽的波段中，其辐射强度平稳缓慢变化。Ⅳ型爆发常与大耀斑对应，20%的Ⅱ型爆发有Ⅳ型爆发伴随。高分辨观测表明，很多Ⅳ型爆发源较大（8′～12′），它们在日冕中以几百至 1000 千米每秒的速度向外运动，辐射的方向性很弱，一般为部分圆偏振。Ⅳ型爆发又可分为几种亚型。厘米波段的Ⅳ型爆发称为Ⅳ-A 型，通常与耀斑同时开始，爆发源较小，而且固定不动。爆发源运动的米波段Ⅳ型爆发称为Ⅳ-B 型。还有一种比较少见的爆发源稳定的米波Ⅳ型爆发称为Ⅳ-C 型，其爆发源比Ⅳ-B 要小。运动的Ⅳ型爆发可以用被俘获在由耀斑向外抛射的等离子体云中的电子磁回旋辐射来解释。固定型的Ⅳ-C 爆发的起因尚不清楚。

射电Ⅴ型爆发是连续谱，它在Ⅲ型爆发期间或稍后开始，持续约 2 分钟。它在频率 20～100MHz 的辐射特别强，而且持续时间最长。辐射一般为弱圆偏振，其偏振方向往往与先前的Ⅲ型爆发的偏振方向相反。

（林元章）

太阳射电动态频谱仪 solar radio dynamic spectrometer 在无线电波段覆盖一定的带宽、以高时间、高频率分辨率对太阳射电信号实现频谱观测的射电望远镜。太阳射电爆发有多种类型，可能反映了不同的辐射过程和物理起源。这些射电辐射具有不同的频谱和时间特征，可在射电动态频谱（即射电强度在时间–频率域中的二维分布）中很好地展现出来。自 20 世纪 50 年代以来，人们在米波段发现了 5 种太阳射电爆发类型、在分米波段也获得了类似的种类。这些辐射可能是由电子束、激波、捕获电子和等离子体中的高频波产生相干辐射，而非相干回旋同步辐射是仅有的宽带射电辐射。由于射电辐射携带着人们仍然缺乏了解的激波、高能电子与加速等信息，关于太阳射电爆发现象的研究会得到进一步发展。

（颜毅华）

太阳射电辐射 solar radio radiation 太阳在射电波段（波长超过 1 毫米）的电磁辐射。

宁静太阳的射电辐射　宁静太阳的射电辐射来自太阳高层大气。粗略地说，毫米波和厘米波辐射来自色球和过渡区，分米波和米波来自日冕。位于太阳电磁波谱两端的太阳射电和 X 射线辐射有一些相似特征：①它们均来自太阳高层大气，其能量在太阳总辐射能中的贡献均微不足道，但却包含着太阳高层大气的重要信息。②宁静太阳的射电辐射机制也与 X 射线相似，即热电子的轫致辐射。但与太阳活动有关的射电爆发和增强的发射机制却比较复杂，有非热电子轫致辐射、磁回旋辐射和等离子体振动等多种机制。③在 X 射线和射电波段均可对着日面观测到整个可见半球的太阳高层大气结构，而不受下层辐射的干扰。不过两者在观测上也有两点不同：①太阳射电波段的辐射能够透过地球大气，可在地面对其进行观测，而太阳 X 射线则被地球电离层吸收，只能在高空进行探测。②空间飞行器上的太阳 X 射线观测的空间分辨率已能达到角秒量级，而射电观测的空间分辨率较差。正在发展新的技术，如射电干涉仪和综合孔径射电望远镜，可改善这一观测状况。日食时的射电观测可部分补偿这一缺陷。太阳射电辐射在太阳等离子体中传播时受到两种制约：①当射电波频率ω低于等离子体振动频率ω_p时，射电波不能传播。②射电波在等离子体中传播时将产生折射，折射率依赖于电子密度n_e。由于太阳大气中的n_e随高度下降，结果导致太阳射电辐射在太阳大气中沿曲线传播（见图）。就是说正对着太阳观测到的射电辐射源点并非全部在视向上。离日面中心距不同点出射的射电辐射在大气中的传播路线具有不同的曲率，这些曲线的顶点也对应于不同的大气深度。日轮中心附近的射电辐射主要是深层的贡献，而日轮边缘附近的辐射主要来自高层大气。

观测表明，射电太阳的直径比光学太阳直径大得多，波长愈长，看到的太阳直径也愈大。对于波长短于两米的射电辐射还表现出临边增亮现象（见临边昏暗）。这是由于这个波段的射电源区是光学厚的。当观测点由日轮中心移向日轮边沿时，辐射来自更高层大气，而温度又随高度增大，因而射出的辐射增强，观测到临边增亮。而当波长超过 2 米时，射电源区变为光学薄的，这时尽管温度随高度增大，但射出的辐射变弱，观测到临边昏暗。在射电波段的观测波长增大时，不仅观测到的太阳直径增大，而且太阳边缘也变得愈益模糊。

太阳射电爆发　与太阳耀斑有关的太阳射电辐射增强称为太阳射电爆发。观测表明，它们可分为微波爆发、Ⅱ型、Ⅲ型和Ⅳ型爆发等类型。小耀斑通常只有微波爆发（限于微波段）和Ⅲ型爆发。大耀斑则有微波爆发（可延伸至分米波段）、Ⅱ型、Ⅲ型和Ⅳ型爆发。微波爆发为连续谱，发射机制部分为热电子轫致辐射，部分为非热电子的回旋辐射，即电子在洛伦兹力作用下沿磁力线作回旋运动所产生的辐射。Ⅱ型爆发为出现在米波段的窄频带由高频向低频缓慢漂移（约 1 兆赫每秒），持续几分钟，系由速度约为 1000 千米每秒的等离子体从耀斑区向外运动在日冕中激发的等离子体振动产生的辐射。Ⅲ型爆发的频率漂移速度更快（几十至 100 多兆赫每秒），持续仅几秒，可用速度约为 10^5 千米每秒的非热电子从耀斑区向外运动激发的等离子体振动来解释。Ⅳ型爆发为连续谱，波段范围很宽，可持续几个小时，通常在Ⅱ型爆发之后发生，可用从耀斑区向外抛射的等离子体云中的电子磁回旋辐射来解释。观测表明，与耀斑有关的太阳微波爆发中存在不同时标的精细结构，其中时标为几十毫秒、几毫秒甚至更短时标的结构称为快速精细结构（FFS）。精细结构中的单一脉冲爆发是耀斑区中电子加速过程引起的，因此 FFS 的研究对于理解耀斑中的粒子加速机制有重要意义。

缓变成分和米波噪暴　除了宁静太阳射电和与耀斑有关的太阳射电爆发外，还有两种与太阳活动区有关的射电辐射，即缓变成分（又称 S 成分）和米波噪暴。缓变成分射电辐射的源区大小为 1′～3′，主要在厘米和分米波段，强度约为宁静太阳射电辐射强度

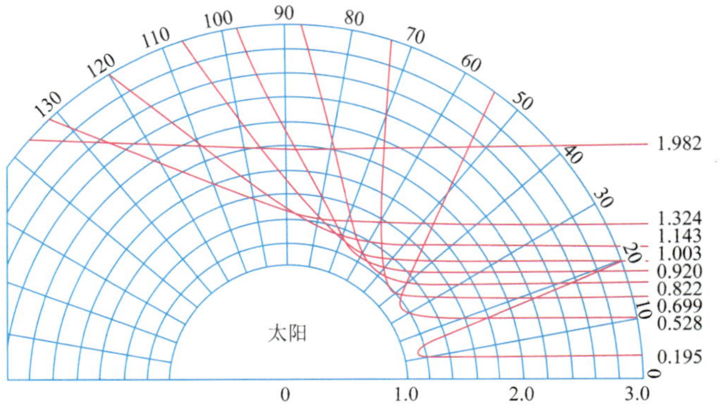

顶端数字为该射线与通过日心的平行线（图中横轴）之间的距离，以太阳半径为单位。图中横轴上的日心距也以此为单位

太阳大气中频率为 100 兆赫的射电波传播途径曲线

的 1/10，并有很强的方向性。缓变成分射电辐射是太阳活动区的贡献，它与黑子之间存在强相关，辐射机制为轫致辐射和磁回旋辐射。米波噪暴则是在米波增强的背景上出现的一系列持续时间很短的尖峰或爆发群（Ⅰ型爆发），强度变化形态与地磁暴相似，故称噪暴。米波增强源大小为 5′～10′，Ⅰ型爆发源大小则小于或等于它。米波噪暴与黑子群有关，但并非所有黑子群都出现米波噪暴，它们与耀斑之间似乎也存在相关性，可能是耀斑的后效现象。关于米波噪暴的成因及其辐射机制尚在探讨之中。（林元章）

太阳塔 solar tower　外形是塔式建筑物，塔的顶部一般安置定天镜或定日镜，也可安置折轴式望远镜，将入射的太阳光线垂直向下，进入成像光学系统和附属仪器。又称塔式太阳望远镜。这种结构最早由美国 G.E.海尔在 1904 年提出，美国威尔逊山天文台在 1908 年首先建造。由于近地面的热气流对成像质量有严重影响，采用塔式建筑，并将定天镜或折轴式望远镜置于足够高的高度，既避免了近地热气流的干扰，并使垂直往下的太阳光同近地面上升热气流相平行，就可大大减少热气流的影响，获得优良的像质。在塔底或地下竖井内设置大型太阳光谱仪及其他附属仪器，即可对太阳进行多方面观测。1980 年由南京大学建成了中国第一座太阳塔（见图）。1986～1989 年，这座太阳塔进行了重大改进，定天镜口径从 46 厘米扩大为 60 厘米，成像镜口径改为 43 厘米，焦距 2170 厘米，多波段光谱仪可同时工作于氢的 Hα、Hβ、Hγ、Hδ，电离钙的 H 线和 K 线以及氦的 D3 线等 6 个波段。1992 年以后，又研制了 CCD 二维光谱数据采集系统，为该光谱仪在 Hα 和电离钙的 H 线和 K 线波段配了两个 CCD 探测器，能同时进行太阳二维光谱观测，以少于 10 秒的时间分辨率进行快速扫描，光谱分辨率达到 0.005 纳米。2011 年云南天文台于澄江抚仙湖畔云南天文台南方观测基地内建成了口径为 1 米的新真空太阳望远镜。该望远镜为地平装置，焦距 45 米，视场 3 角分，配备有 Hα、TiO（705.8 纳米）和 G 波段（430 纳米）等波段的成像 CCD 观测系统和两个光谱仪。（李　挺　方　成）

南京大学太阳塔

太阳网络磁场 solar network magnetic field　太阳小尺度磁场中的主要成分。太阳表面宁静区中，除了少量网络内磁场和瞬现区磁场外，绝大部分都是网络磁场。网络磁场的磁流占宁静区中总磁流的 60%～70%。网络场大致与超米粒边界和色球网络对应，以磁岛形式沿超米粒边界延伸成链条状，因此比较容易证认。网络磁场强度大多在 20～200 高斯之间。单个磁岛的磁流在 10^{18}～10^{19} 麦克斯韦之间，寿命可超过一天。网络磁场又可分为宁静网络和增强网络两种，增强网络磁场常出现于活动区所在的太阳中、低纬度区和极区冕洞中。网络磁流不随太阳活动周变化，因此属于宁静太阳现象。不过一般认为网络磁场主要起源于太阳活动区强磁场的互解和扩散，并由超米粒组织内的水平运动带到超米粒边界附近。对日面某一局部区而言，网络磁场磁岛的正负极性、数目和磁流往往不平衡，并且与附近活动区磁场的极性分布有关。（林元章）

太阳网络内磁场 solar intranetwork magnetic field　已观测到的太阳表面尺度最小的磁场结构。位于超米粒元胞内部区域。由航天器搭载的太阳磁像仪观测到的最细小尺度为 0.3″。太阳网络内磁场场常以混合极性的磁岛成团浮现于超米粒元胞中部区域，然后向元胞边界运动，其平均速度约为 0.4 千米/秒。网络内磁场强度大多在 5～25 高斯，单个磁岛的磁流为 10^{16}～10^{18} 麦克斯韦，寿命只有几分钟至几十分钟。网络内磁场的变化包括自然分裂，与附近的其他网络内磁场、网络磁场或瞬现区相互作用，即同极性磁流合并和异极性磁流对消。网络内场的总磁流不随太阳活动周进程变化，属于宁静太阳现象。

关于网络内磁场的起源，尚无统一观点。一些学者认为它们与网络磁场的起源不同。网络磁场源于太阳活动区磁场的扩散和迁移，而活动区磁场本身来自太阳差旋层（对流层底部）的发电机过程，即由极向场转换的环向场。而网络内磁场则可能来自太阳表面附近浅处的局部发电机过程。网络内磁场的尺度和强度虽小，但变化快速，它们在日面磁场更新中不可忽视，有可能在太阳高层大气（色球和日冕）加热中起重要作用。（林元章）

太阳望远镜 solar telescope　用于太阳观测的天文望远镜。最基本的太阳望远镜是太阳照相仪，它实际上就是附加上照相装置的光学望远镜，可用于太阳的直接照相。太阳照相仪通常为赤道式装置，由机电转仪钟跟踪太阳。另外，要加上宽带滤光片以减少散射光和像差，取得的照片即是光球的白光图像，可见太阳黑子、光斑和临边昏暗现象。高分辨的白光照相还可见米粒组织、纤维组织、黑子半影等细节。若在望远镜的焦平面后设置放大目镜，并在目镜后置一投影屏，即可实现目视太阳投影观测，称为太阳投影仪。

太阳色球望远镜是观测太阳色球的专门设备。它是在太阳光学望远镜的光路中加上只能透过氢原子发射的 Hα 波长 656.28 纳米的窄带滤光器，可透过的带宽通常为 0.05 纳米。色球的亮度虽然只及光球的万分之一，但辐射却在某些波长的谱线上，可见光波段的最强谱线就是 Hα，而在此波长处的光球辐射反比色球的弱。色球望远镜的窄带滤光器根据偏振光的多级干涉原理用双折射晶体和偏振片制成，通称双折射滤光器或偏振干涉滤光器。

大型太阳望远镜大多是一种综合性设备，主要功能是提供多种大小尺度和高质量的太阳像，而终端装置能对太阳像的不同部位和太阳大气中不同层次进行光谱、单色像、磁场、速度场等多种观测。望远镜的光学系统可采用地平式定天镜装置或垂直式定天镜装置，后者也称塔式太阳望远镜或太阳塔。大型太阳塔的定天镜和主镜的口径大多为 30～100 厘米或更大。有些为了消除气流对成像的稳定性的影响，将主镜置于地下室内并将光路空间保持在真空状态，称为真空太阳塔。此外，为了发挥最大的效益并取得更高质量的观测资料，应该将望远镜设置在大气条件优良的台址。

大型太阳望远镜的终端设备中，最基本的是分光仪器，如单波段光谱仪、多波段光谱仪、单色光仪、傅里叶变换光谱仪等。此外，还有根据多普勒原理测定太阳表面物质运动状态的太阳速度场仪，利用塞曼效应测量日面磁场矢量分布图的太阳磁像仪，能对太阳磁场进行实时观测的视频磁像仪等。以视频磁像仪为主要终端设备的太阳望远镜也称太阳磁场望远镜。（林元章）

太阳物理学 solar physics 研究太阳的物理构造、太阳内部和表面发生的物理过程以及太阳整体演化的学科。天文学中的重要分支。中国有全世界最早、最系统的太阳黑子目视记录（见**中国黑子目视记录**）。从公元前43年至明朝末年，在中国史书上已可找到100多条黑子记录。17世纪初**伽利略**开始用望远镜观测太阳黑子。I.**牛顿**则于17世纪60年代用三棱镜分解了太阳光。不过通常认为，近代太阳物理的观测和研究发端于19世纪初J.von夫琅禾费用低色散光谱仪观测太阳光谱。

研究意义 太阳研究的理论和实际意义可概括为如下几点：①太阳是一颗典型的恒星，它是恒星世界中占绝大多数的**主序星**的一员，又是离人类最近从而可对其作仔细详尽研究的唯一恒星。从太阳的研究结果，可对大多数恒星的情况有大致的了解。实际上关于恒星大气的辐射传输、内部构造和演化等问题的研究，都是以太阳作为范例进行探讨和检验的。②太阳有非常特殊的物理环境，包括高温、稀薄、高电离度、大尺度和强磁场，这些条件同时并存，这是地面实验室难以模拟的。研究在这些特殊条件下发生的物理过程，促进了物理学某些领域的发展。如复杂的太阳光谱研究曾推动了原子光谱学的进展；对太阳能源和太阳中微子问题的探讨也一定程度上促进了原子核物理学的发展；近代关于太阳磁场、太阳活动起源和太阳爆发机制的探索，已成为推进等离子体物理学和磁流体力学进展的重要因素。③地球高空大气结构和日地空间环境在很大程度上是由太阳的电磁波辐射和粒子辐射确定的。同时太阳活动产生的太阳X射线和紫外射线辐射增强，以及各种能量的带电粒子流将对地球高空大气结构和日地空间的正常状态造成扰动和破坏，引发一系列地球物理效应，如地球轨道附近高能粒子污染、电离层暴、地磁暴、平流层升温、大气环流混乱，甚至导致地球自转变化，从而影响到航天活动、无线电通信、电力系统、导航和航测以及气象和水文等国防和国民经济诸多领域。因此，对太阳电磁辐射和粒子流中的稳定成分，以及太阳活动引起的扰动成分进行研究，同时探讨太阳活动的规律性并对其进行预报，具有广泛和重要的应用价值。

研究方法 太阳物理学以观测作为理论分析的主要依据。在太阳观测上的明显优势就是它有巨大的亮度和可对角直径为32′的日轮进行区域分解，因而可对太阳进行远比其他天体更为详尽的观测和研究，得到关于太阳构造和物理过程的知识也远比其他天体丰富。而且，也正是由于太阳的高亮度和可作区域分解这两大有利条件，导致太阳观测技术和仪器的多样化。现代太阳研究者已能够利用许多设计精巧的专门仪器，在地面和空间对太阳大气的不同层次和日面不同区域中的各种太阳活动现象，进行各种的物理参数和几何参数测量。也可在地球大气外空间直接对太阳风和高能粒子流取样探测。正是根据对太阳长期观测取得的大量数据，用物理学的方法进行综合分析和理论推断之后，获得了关于太阳构造、物理过程和演化方面的知识。

太阳观测 从17世纪初首次用望远镜观测太阳和19世纪初开始观测太阳光谱之后，地面太阳观测技术不断取得重要进展。包括20世纪初G.E.**海尔**用光谱仪改装的单色光照相仪首次进行太阳单色光照相和对太阳光谱线的塞曼分裂测量；20世纪30年代B.F.**李奥**和Y.欧曼分别发明了**双折射滤光器**，从而研制成太阳色球望远镜；几乎同时，李奥还发明了可在非**日食**期间观测**日冕**的**日冕仪**；50年代H.D.巴布科克发明了可测量太阳微弱磁场的光电磁象仪。从20世纪40年代开始逐步发展的**太阳射电**观测技术，则把对太阳电磁辐射的观测扩展到射电波段。第二次世界大战结束之后又开始了空间太阳探测。50年代之前，主要是用**探空火箭**观测不能到达地面的太阳紫外和**X射线辐射**，包括获得光谱和**太阳单色像**。60年代以后开始利用人造卫星进行更加多样化的观测，特别是监测**太阳耀斑**的短波辐射。与此同时，利用进入**地球磁层**之外的行星际探测器，实地探测太阳风和太阳活动产生的高能粒子流，并对源于太阳的行星磁场进行实地测量。美国于1973年发射的载人科学实验卫星天空实验室和1980年发射的太阳极大年卫星（SMM），1991年发射的日、美、英合作的**阳光卫星**，1995年的欧美合作卫星太阳和日球层探测器（SOHO），以及美国于1998年发射的过渡区与日冕探测器（TRACE）和2010年发射的太阳动力学天文台（SDO）等太阳观测卫星，在太阳耀斑、大尺度日冕结构和**日冕物质抛射**，以及**色球-日冕过渡区**和日冕的小尺度精细结构的高分辨观测方面取得了重要成果。直到20世纪的前半叶，太阳物理的理论探讨基本上限于太阳内部和**宁静太阳**的大气构造，主要涉及太阳流体的静力平衡和对流理论，以及原子光谱和辐射传能等领域。到了20世纪后半叶，地面光学和射电观测以及空间太阳探测技术突飞猛进，关于太阳活动现象，尤其是太阳耀斑、射电爆发、日珥和日冕物质抛射等动力学现象的观测资料急剧膨胀和非常多样化。这些现象的理论解释涉及太阳磁场与等离子体物质的相互作用和能量释放过程，导致等离子体物理和磁流体力学在太阳物理的理论研究中发挥重要作用。 （林元章）

太阳系 solar system 银河系中受恒星太阳引力和辐射支配的天体系统。太阳系（图1）的成员包括太阳和在太阳引力作用

图1 太阳系全景示意图

下围绕太阳运行的8颗大行星、若干颗**矮行星**、大量小天体、流星体，间接围绕太阳运行的卫星，还包括弥漫在空间中的行星际介质和**太阳风**，以及还是理论假设的**奥尔特云**。人类繁衍生息的地球是太阳系的成员之一。

认识史 人类对世界的认识最初表达为各种宗教故事，“地”作为人居处于内，“天”作为神坛处于外。中国至迟到战国时期，已经依据在天空中的视运动，将日月和金木水火土五星同恒星区别开来，称为七曜。屈原在诗篇《天问》中对天地架构发出“圜则九重，孰营度之？”的疑问，**张衡**在《浑天仪注》中回答说：“浑天如鸡子。天体圆如弹丸，地如鸡子中黄，孤居于天内，天大而地小”，描画出一幅地心体系。西方在公元前3世纪时，**阿利斯塔克**就提出了太阳位于中心的日心说，但缺乏数学支持。140年前后，**托勒密**完成《**天文学大成**》，基于地心体系构建出了可与观测对比的数学模型，把人类对太阳系的认识提高到了科学的高度。此后的1000多年里，他的学说一直占据统治地位。

1543年，N.**哥白尼**出版《**天体运行论**》，日心说重新回到前台。此后的144年是认识突飞猛进的年代。1609年，J.**开普勒**出版《**新天文学**》，发表了关于行星运动的第一定律（椭圆定律）和第二定律（面积定律），9年后又出版《世界之和谐》，发表了第三定律（和谐定律）。在**第谷**近30年火星精密观测数据的基础上，开普勒奠定了人类认识太阳系的科学基础。同一时期，**伽利略**进行了自由落体实验和望远镜天文观测，发现了沿着近乎圆形轨道围绕木星

运行的四颗较大卫星，直观地揭示了太阳系天体运行的原理。1687 年，I.牛顿出版《自然哲学的数学原理》，运用他和莱布尼茨发明的微积分方法，从开普勒的行星运动定律和伽利略的落体实验挖掘出了惯性定律、加速度定律、作用反作用定律和**万有引力定律**。前三条定律又称为牛顿运动定律。这四条从太阳系天体运动总结出来的科学定律揭示了太阳系天体运动的物理机制，确立了太阳的支配地位，还原了地球只是一颗行星的事实，适用于包括地球在内的宇宙间一切物体，作用范围远远超出了太阳系。

随后的三个多世纪，伴随着望远镜的改进和航天器的出现，观测技术不断提高；伴随着广义相对论和量子力学等科学理论的提出，理论研究步步深入。从 1781 年 F.W.赫歇尔发现**天王星**开始，太阳系的新成员不断被发现，至今势头未减；从 1959 年苏联发射月球一号探测器开始，太阳系的主要成员已经被航天器一再访问，新发现层出不穷。人类对太阳系的认识从总体把握进入范围扩展和深度发掘的新阶段。

结构和成分 太阳系的质量分布高度不均匀。太阳独占已知系统总质量的 99.86%，取得了引力支配地位。剩余质量中的 99%，又被 4 颗巨行星瓜分。其余成员，包括 4 颗类地行星、数量众多的矮行星、卫星、**小行星**和彗星等，合起来只得到了不足总质量 0.002%的份额。

太阳的热和光压造成了成员物质组成的梯度变化。距太阳大约 5 天文单位（AU）处，有一条霜线，越过此线，挥发性物质才会凝结。霜线把太阳系划分成内外两部分。内太阳系天体包括水星、金星、地球和火星四颗较小的行星，合称类地行星，主要由硅酸盐、铁、镍等高熔点成分组成。外太阳系天体包括木星、土星、天王星和**海王星**四颗巨行星，其中木星和土星主要由氢和氦等极低熔点和高蒸汽压的气体组成，合称气态巨行星；离开太阳更远的天王星和海王星，主要由熔点高于氢氦的水、氨和甲烷等挥发性物质组成，合称冰巨行星。

已发现的太阳系小天体已超过百万颗，类型多样，分布也十分复杂，通常划分为不同的带和族。**小行星带**位于火星和木星轨道之间，成分类似于类地行星，占已知小天体数目的 93%以上。**柯伊伯带**和离散盘位于海王星轨道之外，同属于海外族，主要由冰物质构成。离散盘的内侧与柯伊伯带重合，但向外一直延伸到距太阳 150 天文单位（AU）的地方，被认为是**短周期彗星**的主要来源地。再向外，还有新发现的赛德娜（Sedna）族，其中天体一直分布到离开太阳 1000AU 的地方。

几个族内都有矮行星居住，它们自身的引力已经大到可以维持为球形。已知的矮行星有小行星带的**谷神星**，海外族的**冥王星**、阋神星（Eris）、鸟神星（Makemake）和妊神星（Haumea）5 颗，总数估计有数百颗之多。小行星、彗星、半人马天体、流星体和**行星际尘埃**等小天体则穿行于各区域之间。6 颗大行星，至少 4 颗矮行星，还有许多小天体，都有各自的天然卫星围绕它们运行。

太阳系的广袤空间中还弥漫着接近真空的行星际介质。由太阳向外流出的带电粒子流形成太阳风，造成称为**日球层**的气泡状区域，其外边界日球层顶达到距太阳 80～150AU 的地方，远在离散盘边界之外。奥尔特云可能在比日球层还要遥远的地方，从赛德娜族外围一直延伸到太阳引力边界之外，长周期彗星据认为来自那里。

距离和尺度 行星到太阳的平均距离从水星的 0.387AU 到天王星的 19.22AU，呈现出类似等比级数的规律性增加，波德－提丢斯定则试图描绘这个规律，但只有前几颗行星适用，对海王星已不再有效。

太阳系主要结构间的距离关系见图 2。横坐标轴采用对数尺度，原点在太阳，单位是天文单位，指向离太阳最近的恒星半人马座 α。从太阳向右，依次可以遇到大行星（水星、金星和天王星没有画出）、小行星带、柯伊伯带、日球层顶、奥尔特云、太阳引力边界和**比邻星**（半人马座 α）。

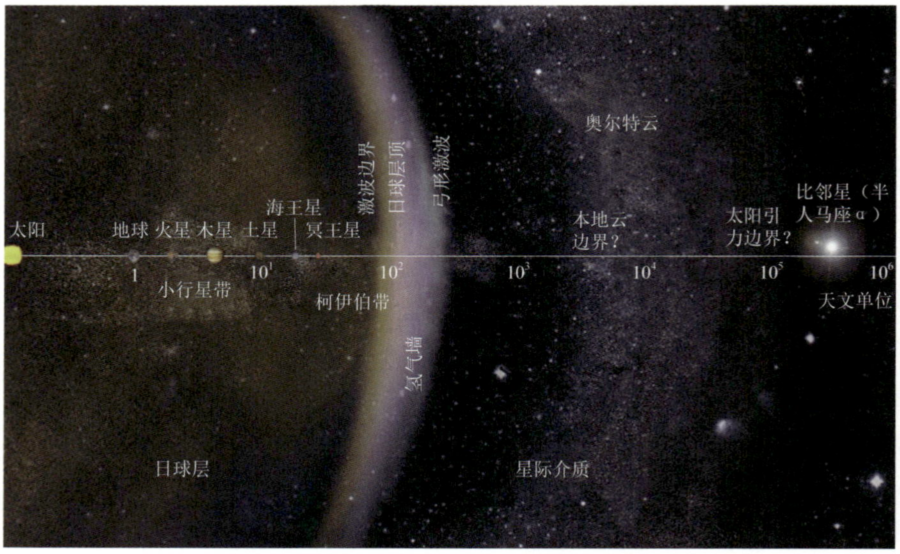

图 2 太阳系主要结构间距离

图 3 显示出太阳系各区域的相对尺度。左上图为内太阳系，图中可见内行星、小行星带和作为外太阳系内边界的木星轨道。右上图为外太阳系，内太阳系缩小成为中心的灰色矩形。图中可见四颗外行星和冥王星的轨道，以及柯伊伯带，在右上角还可以看到红色的赛德娜。右下图显示出了赛德娜轨道的全部，可见赛德娜是在其绕日轨道的近日点处，外太阳系缩小

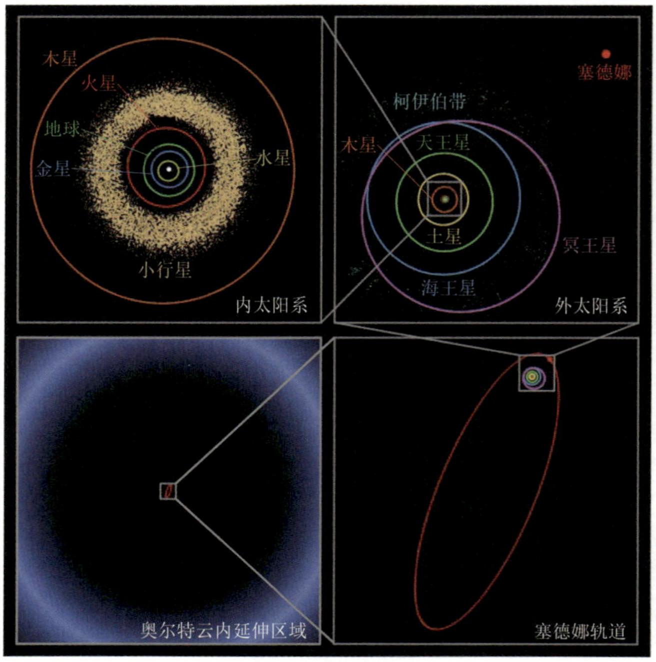

图 3 太阳系区域的相对尺度

成为左上的灰色矩形。左下图显示的是奥尔特云向内延伸的区域，赛德娜轨道缩小成为中心的灰色矩形。

轨道运动　太阳系天体的运动遵守开普勒发现的三条定律。大行星的轨道接近圆形，轨道平面也十分接近黄道面，换句话说，它们轨道的偏心率和倾角都比较小。部分小行星、彗星和柯伊伯带天体具有较大的偏心率和轨道倾角。所有行星和绝大多数天体公转的方向都和太阳自转的方向相同。如果从地球北极方向朝下看，是逆时针的。也有少数例外，哈雷彗星就是一个。多数较大天然卫星的自转与公转同步，以固定的一面朝向主星。太阳的质量虽然巨大，但只贡献了太阳系总角动量的 2%，以木星为主的行星贡献了其余角动量的大部分，其中彗星可能也占有相当的份额。太阳系天体运动的这些特性都能从它们的星云起源和演化历史中得到解释。

太阳和太阳系位于银河系的一支旋臂——猎户臂的边缘上，距星系中心约 3 万光年，距星系外缘约 2 万光年，以 220 千米/秒的速度围绕银河系中心运动。太阳相对于邻近星空的运动朝向武仙座中的一点，叫作太阳向点。

形成和演化　太阳系形成于 45.68 亿年前的一次星际分子云的引力坍缩。分子云的尺度达几光年，主要由氢组成，还掺杂有来自前代恒星的氦和少量重元素。坍缩发生在的巨大分子云的一隅，可能诞生了包括太阳在内的好几颗恒星。坍缩中大量物质向中心聚集，那里变得越来越热，形成炽热致密的原恒星。由于角动量守恒，前太阳星云的自转越来越快，扁平化成为直径约 200AU 的原行星盘（图 4），盘中尘埃和气体在引力作用下相互吸引，聚集成为更大的物体。早期太阳系内有几百个原行星，它们互相吞并或破坏，最终吸积形成了今天的行星和矮行星，残余物则成为小天体。

图 4　原行星盘想象图

霜线是形成不同类型行星的分界线。霜线以内温度较高，只有熔点较高的金属和硅酸盐能够保持固态，形成类地行星。此类物质在太阳星云内存在甚少，所以类地行星都未能长得太大。与此不同，霜线以外温度较低，挥发性冰物质能够保持固相，形成巨行星。冰物质比金属和硅酸盐多得多，巨行星可以长得很大，继续捕获最轻最丰富的氢氦元素形成庞大的大气。剩下的没有机会形成行星的碎片则残留在小行星带，柯伊伯带和奥尔特云内。外行星形成之后，在相互引力的作用之下，还经历了漫长的迁移过程，才来到了现在的轨道上。

经过约 5000 万年，积聚在原恒星中心的氢的压力和密度增大到足以点燃热核反应。温度、反应速率、密度和压力迅速增加，达到热压力等于重力的流体静力学平衡点，太阳从此变成一颗主序星，并在此阶段持续大约 100 亿年。主序星太阳释放出太阳风把原行星盘内残留的尘埃和气体清扫到星际空间，行星形成的过程由此终结。在主序星早期，太阳的亮度只有现在的 70%，经历了变亮的过程才达到现在的亮度，并且还将维持大约 50 亿年，直到氢核完全被氦所覆盖。那时主序星阶段结束，核心发生坍缩，能量输出大大增加；外层膨胀，太阳直径增大到现今的 260 倍；表面积急剧扩大，表面温度降低到约 2600K，变成一颗红巨星。水星将被气化，地球也变得无法居住。太阳核心温度的升高最终点燃氦聚变，由于质量不够大，太阳点燃不了重元素的热核反应，核心的热核反应很快变慢，外层物质则被抛到星际空间，中心剩下一颗非常致密的白矮星，质量仍然有原来的一半，大小却只与地球相当。抛出的外层物质形成行星状星云，把一部分原来太阳的物质归还回星际空间，比原来多富含了一些碳一类较重的元素。（李广宇）

太阳系的稳定性问题　problem of stability of the solar system　天体力学定性理论和天体演化学的一个基本问题。主要研究由大行星和太阳组成的力学系统在长时间内（至少几十亿年）是否能够保持稳定，具体地说就是每个大行星瞬时椭圆轨道的形状和大小是否都能长时间保持基本不变，不致发生某些大行星逃逸、堕入太阳或互相碰撞等现象。这个问题尚未得到彻底解决。早在 18 世纪，法国科学家 P.-S.拉普拉斯和 J.-L.拉格朗日就开始研究这个问题。他们从行星轨道根数的受摄运动方程出发，讨论行星轨道的半长径a和偏心率e是否有长期变化。结果表明在以行星质量为小参数的一阶摄动中，a没有长期变化。1809 年，法国天文学家 F.F.蒂斯朗和 S.-D.泊松又先后证明，在二阶摄动中，a也没有长期变化。20 世纪以来，已证明a和e分别有三阶和一阶的长期变化，但这并不意味着a和e存在长期单向性变化。由于任意给定阶数意义下的类似结论都不足以确定a和e演化的长期性态，因此沿这条途径无法最终解决太阳系的稳定性问题。

20 世纪 60 年代，人们利用卡姆理论沿着另外一条途径探讨太阳系稳定性问题。根据该理论，只要行星的质量充分小，行星在相互万有引力摄动下几乎全概率地做拟周期运动。但因为行星的质量并不是小到足以满足卡姆理论的要求，所以至多只能说太阳系很有可能是稳定的。另外，行星运动除受到万有引力作用外，还受其他摄动力的影响。尽管有些摄动力很小，但它们在几十亿年时间尺度上的累积效应仍有可能是不可忽略的。

人们用快速电子计算机直接计算太阳系大行星轨道的长期演化，结果表明这些大行星的运动并不是拟周期的，并且存在带内行星碰撞或逃逸的可能性（这种可能性并不大）。（易照华　傅燕宁）

太阳系化学　chemistry of the solar system　研究太阳系各种成员（太阳、行星、卫星、小行星、彗星及宇宙尘等）的元素丰度、化学组成、物理化学性质和过程、年代学和形成演化以及有机物-生命起源问题的学科。宇宙化学和天文学的重要分支，也是跟多学科——诸如物理、化学和行星科学等密切关联的新兴交叉学科。19 世纪中叶以来，光谱观测分析太阳和行星的化学组成。1931～1933 年，德裔美国天文学家 R.维尔特测得木星大气含有氨和甲烷；20 世纪 50 年代初，H.布朗按密度和化学组成把太阳系天体分为三类：岩石物质的（类地行星及其卫星、小行星和流星体）、岩石-冰物质的（彗星和类木行星的卫星）、气物质的（太阳和类木行星）。G.P.柯伊伯和 H.C.尤里注重研究太阳系起源演化的化学问题，尤其是陨石的分析结果。面向太阳系的深空探测，多个航天器先后探测了多颗行星、矮行星及其卫星、小行星、彗星，乃至从小天体上直接采集样品，用实验室先进技术方法精准分析研究；同时，开展年轻恒星的原行星盘和行星的观测，丰硕的新资料和新发现纷至沓来，太阳系化学研究进入活跃兴盛时期，取得了很多重要成果和进展。

太阳系原始星云的元素丰度和化学　从太阳光谱观测和太阳风探测研究得出太阳外部的元素丰度和化学组成。从陨石分析得出，碳质球粒陨石中难挥发元素的丰度与太阳光球层非常接近。类木行星有丰富的氢和氦。这些事实表明，太阳系原始星云 98%来自大爆炸的氢和氦，行星等成员的化学差异主要是化学分馏和演化所致。J.S.刘易斯等人认为，原始星云出现高温后，建立主要由星云盘各部分温度决定的两种不同模型：①平衡凝聚模型。凝聚物相与气体相以及凝聚物之间在热力学平衡条件下发生反应，产生热力学“态函数”的成分。②非平衡凝聚模型。气体相与凝聚物相以及凝聚物之间不发生反应。两种模型的生成物不同。实际的凝聚过程可能介于上述两种模型之间。平衡凝聚模型可以较满意地说明类地行星的性质，例如，模型计算得出的密度与观测结果相符；离太阳越远，温度越低，因而各行星区凝聚物的成分和含量各不相同。小行星含有各种岩石矿物，但冰物质尚未凝聚。小行星区以外，各种冰物质依次凝聚，因而形成质量大、密度小的类木行星，它们吸积气体和形成大气的过程可用非平衡凝聚模型来描述，但行星本体的形成过程究竟适用哪种模型还不能确定。然而，研究人员发现陨石含有上述模型不能解释的化学组成和同位素异常，诸如金刚石、碳化硅（SiC）、氧同位素异常等。D.D.克莱顿认为，原始星云没有经过高温阶段，陨石中的异常反映了原始星云的前身凝聚物的成分。前身凝聚物有**超新星**或其他恒星抛出的热凝聚物、**分子云**的非热化合物，成为太阳系初始化学态的关键。在星云盘演化过程中，温度和压强结构变化，岩石和冰的两个凝聚线内移，动力学混合及化学反应，导致成分改变。各种平衡的或非平衡的化学反应的关键是时标：完成化学反应的时标、可反应区移动的时标、环境变为不利于反应的时标。星云盘各区形成的不同固态凝聚物成为星子，进而成为行星等的基本“造星”原料。

内太阳系天体的形成时标　地球和其他行星已经历过显著熔融分异过程，难于得到它们形成和演化早期的化学资料；月球和卫星的分异程度较小，它们保留一些早期遗迹；小天体（小行星和彗星等）保留了太阳系早期的更多信息。研究人员发现有附近超新星爆发产生的放射性同位素（如 ^{182}Hf、^{60}Fe）注入原始星云，从其衰变的同位素相对含量可以测定行星等的形成演化时标。例如，CV 陨石的富钙铝包裹体是原始太阳星云中最古老的物质，其年龄 45.67 亿年取作太阳系的年龄；陨石球粒、地球和月球等的形成和重要事件的时标如图。

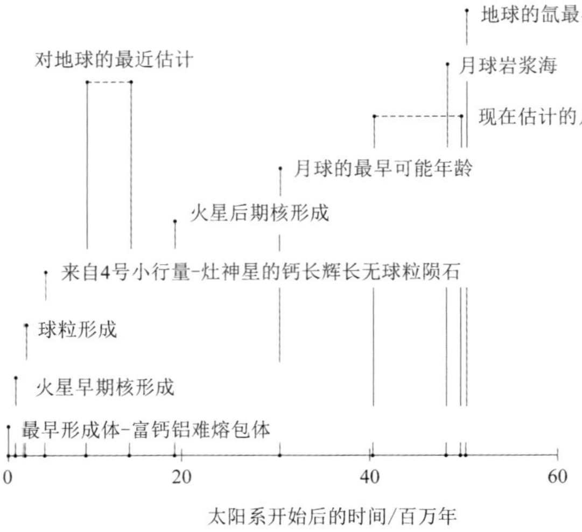

内太阳系各天体的形成时标（虚线是吸积的近似时标）

外太阳系化学　主要是 4 颗巨行星（木星、土星、海王星、天王星）的大气及其化学过程和它们卫星（多为冰）表面地质的观测研究。相对于太阳的元素丰度，木星大气富碳、氮、硫及氩达 2 倍以上，而贫氧，其原因是彗星及流星体陨落所致。彗星是太阳系最古老的冰遗存，演化程度小，保留有原始星云物质，包括前太阳系的外来物质，为巨行星及其卫星的起源演化提供重要线索。

有机物　在恒星际物质中已发现 120 余种分子。陨石中含有烷烃、氨基酸等有机物。彗星含有机分子甲醇、乙炔、乙烷、甲烷等，彗星 67P/Churyumov-Gerasimenko（简称 67P 或 Chury）含 16 种有机分子，其中乙酰胺、丙酮、异氰酸甲酯、丙醛是第一次发现的，也首次发现周围有大量分子氧 O_2，它的 D/H 比率是地球水的 3 倍。一些实验表明，在宇宙条件下可由无机物或简单有机分子生成复杂的前生命有机物。美国 A.安德斯等由 CO、H_2、NH_3 等通过磁铁矿、硅酸盐水合物及铁镍合金的催化作用，在类似原始星云条件（温度 360～400K，压强 0.4～1 帕）下，合成跟陨石物质相似的烷烃异构物，这称为 FTT（Fisher-Tropsch Type）反应。在米勒-尤里反应（Miller-Urey）中，用 CH_4、HO_2、H_2、NH_3 在放电或紫外线作用下生成几种氨基酸有机物。美国天文学家 C.**萨根**以氨、甲烷、水等为原料，受汞灯（紫外线）和放电作用，生成了称为“索林”（Tholins）的棕黄色沉淀混合物，经加热而分解出多种有机物，例如，冥卫一表面留有各种微红的“索林”。可见，在行星形成前，原始星云就存在有机物，而在行星和卫星的演化中也可以生成有机物，尤其是前生命有机物。这些发现和研究成果对于探讨有机物的形成过程并进而研究生命的起源问题有着十分重要的价值。

（胡中为　李兆麟　王　英）

太阳系空间探测　space exploration of the solar system　对太阳系内天体以及行星际空间进行的一系列空间探测。太阳系是对太阳所支配范围的总称，其中包括 8 颗已知的行星及 200 余颗卫星、若干矮行星，还有大量的小行星、彗星等小天体。了解太阳系有助于人类更好地认识自身所处的太空环境，并以此为窗口来了解天体的形成与演化。

意义　与地面观测相比，在太空开展太阳系空间观测可以规避地球大气的模糊效应，以及地球大气和磁场对高能/紫外/红外光子以及带电粒子的屏蔽和吸收，更全面地获取目标天体的信息。同时，通过派遣航天器前往目标天体进行实地考察，还可以获取远较地面观测更高的数据分辨率，从而详细、全面地获知目标天体的地形、地质活动、地表矿物组分、大气环境、磁场、重力场、内部结构、卫星系统和演化史。

简史　针对太阳系天体的空间探测历史可以追溯到航天技术诞生之初。早在 1958 年，美国的第一颗人造地球卫星——“探险者”1 号在飞行期间就第一次探知了地球周围范艾伦辐射带的存在，这是两道由高能带电粒子组成的环带，其中的粒子主要是被地球磁场束缚的太阳风物质，因此其消长与太阳活动密切相关。随后 20 世纪 50 年代末 60 年代初美国和苏联发射的最早一批月球探测器收集了第一批月球相关的空间遥测数据；60 年代陆续升空的第一代行星际探测器，如美国最早的几架“水手号”系列以及苏联最早的“金星号”系列，对金星和火星开展了最早的近距离考察。这些都为后来太阳系空间探测的系统开展奠定了基础。

从时间上看，太阳系空间探测大致可以分为三个阶段。第一阶段是 20 世纪 60～70 年代，此时太阳系深空探测活动借美苏太空竞赛而蓬勃开展，探测技术也随之突飞猛进。其中 60 年代末到 70 年代初的阿波罗载人登月计划（见“**阿波罗”计划**）可以称得上是这一时期的高潮；此外第一次成功飞掠金星的“水手”2 号（同时它也是第一架成功的空间探测器）、第一次飞掠火星并拍摄火星表面图像的“水手”4 号、成功实现火星软着陆并随后持续工作数年的两架“海盗号”探测器、第一次飞掠水星的“水手”10号探测器，还有飞往太阳系外层空间考察巨行星的“先驱者”10/11号和“旅行者”1号/2号，都是其间的亮点。

第二阶段是深空探测活动稍显停滞的20世纪80年代至90年代中期。此时太空竞赛的紧张氛围已经消退，空间探测器发射的数量比先前的20年大大减少。不过在此期间，苏联的“金星”11号和12号成功着陆金星并拍摄了金星地表的彩色图像；美国的“麦哲伦号”探测器对金星完成了完整的雷达测绘；“旅行者”2号完成了第一次也是截至2023年唯一一次天王星和海王星飞掠；“尤利西斯号”太阳探测器离开了黄道面，第一次考察了太阳极区；第一架木星轨道探测器——“伽利略”号木星探测器飞抵了目标。同时在1986年**哈雷彗星**回归前后，欧洲、日本也第一次发射了自己的深空探测器，并与苏联和美国的彗星探测器一同开展了深空探测史上的第一轮大规模近距离彗星考察。

第三阶段从20世纪90年代中期持续至今，太阳系深空探测迎来了复兴。与早期的空间探测深受美苏太空竞赛政治背景的影响不同，这一阶段的探测活动更强调科学意义。月球环形山观测与遥感卫星、“圣杯号”（重力测量与内部实验室）、月球大气及尘埃环境探测器等新一代月球探测计划的科学目标更细致、更加具有针对性；火星探测日趋常规化，且寻找火星上的液态水体和可能存在的生命踪迹日益成为考察重点；第一架土星轨道探测器——“卡西尼-惠更斯号”土星探测器详尽勘测了整个土星系统，发现了新的土卫和土星光环成分；“新视野号”完成了史上第一次**柯伊伯带天体**的近距离飞掠，揭示了两个不同尺度冰态天体的面貌；小天体的深空探测以及采样计划逐步推进，截至2022年，已有来自1颗彗星和两颗小行星的样品被探测器带回了地球，来自另一颗小行星的样品也即将返回；同时**帕克太阳探测器**还第一次深入日冕，研究太阳风的源头。而且在这一时期，中国、印度、阿联酋等更多国家也加入考察太阳系的行列中来。

发展现状 月球、太阳系中所有的大行星、冥王星和谷神星两颗矮行星，还有多颗小行星和彗星都已被空间探测器造访过。具体到单个天体的空间探测，也可以将其分为四个阶段——飞掠、轨道观测、着陆勘察和采样返回。针对月球以及八颗行星的考察都以飞掠开始，所有的岩质内行星、月球以及木星和土星都被相应的轨道探测器考察过。月球相关的空间探测进行得更加彻底，众多的无人探测器不仅详细拍摄了月表影像，测绘了月球地貌、矿物、重力场和磁场分布，测量了月球周围的尘埃和辐射环境，发现了月球南极的水冰，还将样本带回了地球。阿波罗登月还是截至2022年，太阳系天体深空探测中唯一的载人项目，该计划6次成功的登月任务除了采集月球样品，还测量了月表环境，在月面开展了天文观测的尝试，并部署了用于测量地月间距的反射镜。

类地行星的空间探测　除地球之外的3颗内行星中，水星由于位置较为靠近太阳，探测器较难接近，因此之前只有“水手”10号飞掠器和“信使号”轨道探测器造访过，预计2025年，“贝比科隆博号”探测器将进入绕水星轨道。金星已被一系列金星号探测器，两架维加号探测器以及“先驱者-金星号”“麦哲伦号”“金星快车号”“黎明号”等轨道探测器造访，其中部分“金星号”探测器还完成了金星软着陆，维加号则向金星大气释放了探空气球。不过由于金星表面的高温高气压环境，已有的金星登陆器在着陆后的工作时间都非常有限。

火星是除月球外内太阳系考察的又一个重点，已有不下10架轨道器和近10架着陆器/火星车取得了成功，截至2023年，仍在运行的火星探测器也有近10架，它们有的以高精度地形测绘为首要目标（如火星勘测轨道飞行器），有的着重考察火星上的水体（如火星快车），有的关注火星大气的剥蚀过程（如“专家号”）有的将注意力放在可能的生命痕迹上（如“好奇号”火星车，以及火星生命探测计划2016的痕量气体轨道器），有的则重点研究火星地震（如“洞察号”着陆器）。更远期的火星探测计划有望携带火星样本返回地球，但这方面的相关工作仍处在规划之中。

巨行星的空间探测　木星的空间探测始于1973年先驱者10号的飞掠，随后先驱者11号和旅行者1号/2号先后飞掠木星，在此期间它们不仅拍摄了木星的图像，测量了木星周边的磁场和辐射环境，还发现了新的木卫和木星的光环系统。伽利略号木星探测器在1995～2003年对木星系统开展了详细考察，还向木星大气投放了大气探测器。朱诺号探测器则从2016年起详尽勘测木星大气的深层结构和组分。由于有证据表明木星某些冰封的大型卫星地下存在液态海洋，欧洲和美国新一代的探测器——2023年4月发射的冰质木卫探测器（JUICE）和计划2024年发射的木卫二快船（Europa Clipper）还将重点关注木卫系统以及其上可能存在的生命。此外，尤利西斯号太阳探测器在飞越太阳极区的过程中多次与木星擦肩而过，卡西尼号土星探测器和新视野号冥王星探测器也在前往目标途中分别于2000年和2007年掠过了木星，它们在此期间都实地观测了木星系统的不同方面。

截至2023年，土星已被先驱者11号和旅行者1号/2号三架飞掠器造访过。卡西尼号轨道探测器则在2004～2017年环绕土星运行，除了考察土星之外，它还发现了土卫二可能的地下水体，并通过雷达测绘了太阳系中唯一具有浓厚大气的卫星——土卫六的地形图。卡西尼号还释放了惠更斯号着陆器，后者在土卫六表面成功实现了软着陆。

由于距离遥远、考察任务周期长，且现有认知不足，难以进行可靠的轨道规划，太阳系外围的两颗冰态巨行星——天王星和海王星，以及已知体积最大的柯伊伯带天体——冥王星都各只有过一次飞掠器造访。不过这些相对短暂的飞掠活动还是让研究者获取了有关目标天体的高分辨率一手实测资料，是地面观测无法替代的。

小天体空间探测　在小天体探测方面，433号爱神星（Eros）、25143号糸川（Itokawa）、162173号龙宫（Ryugu）和101955号贝努（Bennu）这几颗近地小行星都有探测器造访。其中第一次实现环绕小行星运行的NEAR-舒梅克号探测器最后在爱神星上着陆；后3颗小行星都得到了探测器采样，糸川和龙宫的样本已经返回地球，贝努的样本也即将于2023年被带回。但造访小行星主带的探测器还只有曙光号一架，它勘查了灶神星和谷神星两个天体。新视野号探测器在完成预定的冥王星考察后还造访了**柯伊伯带**小天体阿罗科思（Arrokoth）。此外，其他一些不以小天体为主要目的探测器也在飞行途中顺路开展过多次小行星近距离考察。

系统性的彗星深空探测则始于1986年的哈雷彗星回归。随后多架探测器又造访了不同的彗星，星尘号探测器采集了来自怀尔德（Wild）2号彗星的样本并将其带回地球；深度撞击探测器通过发射撞击体考察了坦普尔（Tempel）1号彗星的彗核组分和结构；罗塞塔号探测器携带的菲莱号着陆器更是完成了第一次彗核登陆，探测器本身还伴随丘留莫夫-格拉西缅科（Churyumov-Gerasimenko）彗星一路绕过近日点，记录了该彗星在此期间的各种变化。

太阳空间探测　除了行星和小天体探测，针对太阳本身的考察也是太阳系深空探测的重要话题。由于太阳表面温度极高，周边的辐射环境也较为恶劣，专门的太阳探测器（如1974年和1976年发射的两架太阳神探测器，还有 2018 年发射的帕克太阳探测器和 2020 年发射的环日轨道器）都选择了高偏心率的日心轨道作为工作轨道。这类探测器与太阳最近的距离往往近于水星，它们要利用掠过近日点前后的短暂时间来开展近距离测量，并将大段远离太阳的时间用于休整和数据传输。而 1990 年升空的尤利西斯号探测器，其椭圆轨道近日点距离虽然与地球接近，但它的主要任务是借助木星引力改变飞行路径，第一次飞越太阳两极；2020 年发射的环日轨道器也将在未来若干年内陆续提升轨道倾角，并将第一次拍摄太阳极区的图像。这些探测器的任务都是获取有关太阳周边等离子体、电磁场和辐射场的实测信息，从而推进了人们对日地关系的了解，同时也帮助研究者更好地开展空间天气预报工作。

除了实地飞抵目标天体开展考察的深空探测器之外，从 1960 年第一颗太阳辐射监测卫星（SOLRAD）起，工作在近地轨道（已拓展到日地系统拉格朗日点，以及与地球轨道相近的日心轨道）上的空间天文设备就一直对太阳系的各类天体进行着观测。这些设备既有专用的太阳观测卫星（见**太阳空间卫星**），也有哈勃空间望远镜等通用天文卫星，还有搭载在历代空间站和航天飞机上的各式天文观测仪器。在近地空间开展太阳系观测的意义在于摆脱地球大气湍动导致的图像模糊，以及大气层对部分波段和高能粒子的屏蔽。这些由近地平台获取的数据虽然从分辨率上无法与深空探测器相比，却也远远胜过了地面观测，在一定程度上也能弥补空间探测器（尤其是外太阳系探测器）在数量上的不足。（张 博）

太阳系其他紫外源 other ultraviolet source in the solar system 太阳系中，除太阳之外的天体的紫外辐射。包括行星、小行星、彗星等。紫外覆盖的波长为 10～400 纳米，是大多数分子、原子和离子的共振线所处的区域，也是大部分分子光致解离和原子光致电离的区域。如果太阳系天体处于炎热或者剧烈变化的环境中，就可能产生紫外的连续辐射或者发射线；如果吸收并散射太阳紫外光，则会产生丰富的吸收线。因此，紫外是研究太阳系行星大气和等离子体现象的重要工具。

国际紫外探测器（IUE）、“旅行者号”等观测了其他行星上的极光。远紫外分光探测器（FUSE）的紫外光谱观测到了木星极光中的氢分子谱线。**哈勃空间望远镜**（HST）上的空间望远镜成像分光仪（STIS）观测到了木星和土星极光中的氢原子莱曼 α 发射线和氢分子谱线。

FUSE 观测了木卫一的远紫外光谱，发现了一次电离碳、电离硫和电离氯线。哈勃空间望远镜上的 STIS 在木卫一的火山爆发期对其进行了近紫外的光谱观测，发现了二氧化硫的发射线。

国际紫外探测器、远紫外分光探测器和哈勃空间望远镜观测了彗星。远紫外分光探测器观测到了彗星接近太阳时，二氧化碳光致离解产生的一氧化碳。2017 年，彗星探测器罗塞塔号上的紫外分光仪（ALICE）通过紫外光谱，在丘留莫夫-格拉西缅科彗星（comet Churyumov-Gerasimenko）上观测到了水蒸气、氧分子、碳化硫和羟基分子。（李 晔）

太阳系其他 X 射线源 other X-ray source in the solar system 太阳系中，行星、小行星、彗星等太阳之外天体的 **X 射线辐射**。相对于其他 X 射线源而言，行星的 X 射线辐射非常微弱。尽管如此，已经在七颗行星（海王星除外）、地球和木星的卫星、几颗彗星以及太阳附近的弥漫物质上探测到了 X 射线。与可见光波段类似，包括行星、卫星在内的各种天体都会散射或者荧光太阳的 X 射线辐射。有磁层的行星由于外空间的高速电子沿磁力线进入行星大气并与其相互作用产生极光 X 射线。而高能的太阳风粒子与行星外层大气以及行星际空间的中性粒子的电荷交换过程也能够产生 X 射线。

地球的 X 射线辐射主要来自散射太阳的 X 射线辐射和太阳风与**地球大气**相互作用产生的极光 X 射线。由于地球大气的吸收，这些 X 射线辐射对地面的影响可忽略不急。但是，对于早期在火箭上进行的 X 射线天文观测影响很大。在低轨道的爱因斯坦 X 射线卫星上，散射的**太阳 X 射线辐射**也是重要的 X 射线来源。

月球上的 X 射线辐射一直是 **X 射线天文学**的重要目标，但月球的 X 射线图像于 1990 年 6 月才首次通过**伦琴 X 射线天文台**（ROSAT）观测到。与地球上类似，月球 X 射线辐射的主要来源是反射太阳的 X 射线。因此，月球的 X 射线辐射与光学波段类似，被太阳照亮的一面比较明亮，另一面比较暗淡，存在着不同的**月相**。在月球的 X 射线中，探测到了 O、Mg、Al 和 Si 的荧光线，通过这些荧光线，能够研究月球表面的物质组分。

如表格所示，火星和金星的首次 X 射线观测都来自 2001 年**钱德拉 X 射线天文台**。金星的 X 射线辐射由太阳 X 射线散射/荧光辐射主导。火星面上存在太阳 X 射线散射/荧光辐射，外面还有外层大气与太阳风电荷转移过程产生的晕状辐射。木星的 X 射线首次于 1979 年使用爱因斯坦 X 射线卫星观测到。主要包括较弱的反射太阳 X 射线和很强极光 X 射线两个成分。土星的 X 射线辐射首次由 XMM-牛顿望远镜于 2002 年观测到。主要来自反射太阳 X 射线成分。此外，还看到比较弱的土星环 X 射线。总结见表。2021 年天文学家利用钱德拉 X 射线天文台的归档数据首次观测到天王星的 X 射线辐射，其主要来自太阳 X 射线散射，但并不排除存在其他 X 射线产生机制。同样在 2016 年天文学家利用四次钱德拉 X 射线天文台的观测探测到了海王星的 X 射线辐射。尽管 X 射线的产生机制还没有定论，最大的可能是来自太阳风电荷交换辐射。此外，彗星在接近太阳的时候，也有可能通过太阳风和

太阳系行星 X 射线观测数据

天体	首次 X 射线观测		光度/MW	辐射成分		
				太阳 X 射线散射/荧光	极光	外大气层电荷转移
水星			—	主导	—	—
金星	2001	钱德拉 X 射线天文台	50	主导	—	—
地球			40	强	强	有
月球	1990	伦琴 X 射线天文台	0.07	强	—	有
火星	2001	钱德拉 X 射线天文台	2	主导	—	有
木星	1979	爱因斯坦天文台	1000	有	强	—
土星	2002	XMM-牛顿望远镜	200	主导	弱	—

中性原子的电荷转移产生 X 射线。

（刘文浩　李　晔）

太阳系其他γ射线源　other γ-ray source in the solar system　产生于太阳系除太阳以外的其他天体的γ射线辐射。在**γ射线天空**中，太阳和月球是太阳系中最明亮的太阳系天体。它们的γ射线辐射大多来自与银河系宇宙射线的相互作用。其他太阳系天体与宇宙射线的相互作用也能够产生γ射线辐射，但由于太过遥远，在地球附近无法探测到，只能通过行星际飞行器来进行探测。

月球　与太阳类似，宇宙射线与月球表面的相互作用也能够产生γ射线。在γ射线天空中，月球比太阳更加明亮。这一方面是由于月球比较近，另一方面由于月球表面磁场很弱，不会屏蔽宇宙射线。由于月球γ射线辐射来自宇宙射线与其表面的相互作用，在γ射线波段，月球并不会表现出变化的**月相**，而是保持满月的状态（图 1）。

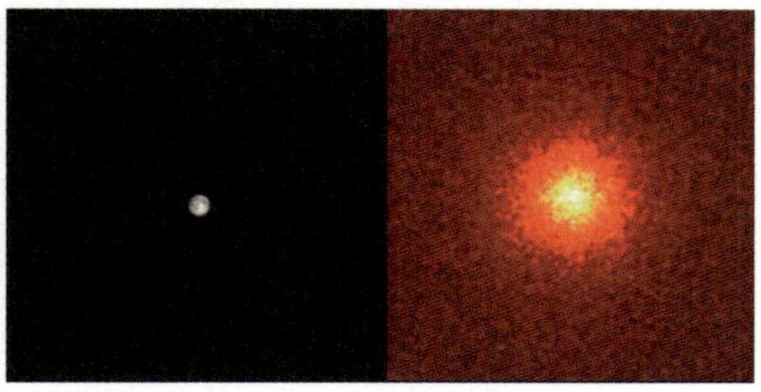

图 1　费米γ射线卫星测得的月球γ射线辐射图（右），左侧为月球，用于参考尺寸大小

行星　当行星表面受到宇宙射线撞击时，也能够产生γ射线（图 2）。并且，土壤和岩石中的化学元素会以γ射线的形式发出独特的可识别的能量信号。这些数据可以帮助科学家寻找重要的地质元素，如氢、镁、硅、氧、铁、钛、钠和钙。但普通行星上的γ射线辐射非常弱，截至 2021 年，地球附近的卫星都无法探测到。普通行星的γ射线辐射通常需要绕飞的行星际飞行器或者着陆器才能够探测到。比如，2001 火星奥德赛上的γ射线频谱计（GRS）就曾探测到火星表面的γ射线辐射。

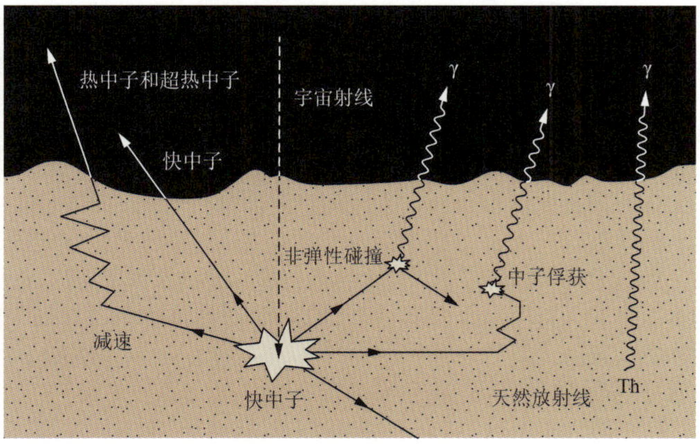

图 2　宇宙线和行星表面土壤原子碰撞，产生伽马光子（γ）

（蒙克来　李　晔）

太阳系起源和演化　origin and evolution of the solar system　研究太阳系是在什么时间、由什么形态的物质、以什么方式、经历怎样的过程、用了多长时间形成的，是什么原因产生太阳系的现有特征和各类天体的差异。是天体演化学的一个分支。太阳系是由太阳、八大行星、众多的卫星、大量的小行星和彗星以及行星际物质组成的天体系统。它的起源和演化的内涵涉及太阳系在何时，由何种原因形成，由何物质构成，经历何种方式和何种演化过程，如何导致现有各个成员天体的各自特征及成员天体之间的差异。此外，还包括阐述具有特殊意义的地球的起源和演化。

20 世纪 50 年代，恒星的起源和演化学说取得了辉煌的成就和进展。天文学家对于太阳的诞生和演化史有了较为明确的认识和了解，开始实质性地推动太阳系的起源和演化的探索。到 80 年代，利用红外天文方法发现了一批具有盘状星际气体尘埃云的恒星，显示可能是正在形成中的行星系。天文学家才初步摆脱太阳系是研究其起源和演化的唯一样本的极度困难局面，开始有了可追溯起源和演化早期阶段的参照物。1992 年，由于成功地借助最新的分光技术，提高了检测恒星视向运动速度的精度，能够确切地发现太阳系外的行星，经过 10 年努力，到 21 世纪初已发现的**系外行星**超过 100 个。随着观测能力的提高和观测技术的进步，对系外行星的观测获得了大量的成果，尤其是随着开普勒空间任务的成功实施，利用凌星法观测到众多包括类地行星和超级地球在内的等多行星系统。截至 2022 年，天文学家已经探测到了超过 3833 个行星系统中的5197 多颗系外行星，为研究太阳系的起源演化提供了大量的样本，为科学地勾画太阳系的过去和未来的图像开创了新的前景。

研究简史　1644 年，法国科学家 R.笛卡尔提出太阳、行星和卫星在太初混沌中诞生的“涡流说”。百年之后，法国天文学家 G.-L.L.de 布丰于 1745 年阐述太阳因受到彗星撞击而形成的“**灾变说**”。这两个假说虽然科学价值不大，但有启蒙作用，开启了后世的科学探索太阳起源和演化的新历程。1755 年德国科学家 I.**康德**和 1796 年法国数学家和天文学家 P.-S.**拉普拉斯**各自独立地提出太阳系起源的“星云说”。这两个假说虽然枝节上有所不同，但最主要的内涵均认为太阳和太阳系天体都起源于同一个原始星云。随后的百年间，“星云说”广为流传，影响极大，为近代的太阳系起源和演化研究奠定了基础。随着天文学的进展，开始认识到“星云说”的致命缺陷是无法解释太阳系天体之间的角动量分布特征，即占太阳系总质量的 99.8%以上的太阳的角动量却不到太阳系总角动量的 1%，而不到总质量0.2%的太阳系其他天体却拥有总角动量的 99%。这样 19 世纪末到 20 世纪上半叶，先后出现了 T.C.**张伯伦**的“星子说”、F.R.摩耳顿的“微星说”、C.F.von **魏茨泽克**的“旋涡说”、G.P.**柯伊伯**的“原行星说”、O.Yu.**施密特**的“陨星说”、H.**阿尔文**的“电磁说”。其中“星子说”“微星说”“潮汐说”和“撞击说”都认为太阳系起源于灾变事件。前三者论述的是某个恒星在原始太阳附近掠过，在起潮力作用下将太阳物质拉出，或是先形成星子而后演变成行星，或是先形成微星再聚合为行星，或是物质团块凝缩成行星。后者则是恒星与太阳撞击，击出的太阳物质形成行星。恒星天文和银河系天文的进展表明，恒星世界中的碰撞天象发生的概率极小，太阳系的起源不应建立在极其罕见的事件上。随后，“旋涡说”“原行星说”“陨星说”“电磁说”等学说又都回归到“星云说”的范畴。“旋涡说”认为原始太阳周围的气体尘埃云团转动而变成盘状结构，盘内的湍流形成几条同心旋涡，最终演化成行星；“原行星说”表明星云盘因引力不稳定性而解体为原行星，最后分别演化为类地行星和类木行星；“陨星说”认为太阳系天体原是太阳在银河系内运行进程中俘获的星际物质，其后再又演化为行星；“电磁说”则认为原始太阳星云中含有大量高度电离的气体，原始太阳在形成之初即具有磁场，星云盘中的中性星际物质聚合为原行星，在星云内的磁耦合机制作用下，出现今日太阳系角动量的特殊分布和行星自转的周期规律。

到 20 世纪 60 年代，综合多家研究成果之长而形成了现代的“原始星云理论”。众多学说中有诸如H.C.**尤里**关于星云盘物质中的中等质量（10^{28} 克）天体形成行星、卫星、小行星和其他小天体的化学演化的论述，W.H.麦克雷对原始太阳星云的形成和演化过程的研究，以及 E.沙兹曼、A.G.W.卡梅伦、V.S.萨夫龙诺夫、F.**霍伊尔**等人的研究成果。如今，已在太阳的诞生和早期演化、行星和卫星的形成、太阳系的稳定性、太阳系角动量的分布、太阳系的化学演化等领域取得公认的进展。特别是阿塔卡马大型毫米[亚毫米]波阵（ALMA）对大量原行星盘的观测，发现众多有由气体和尘埃组成的气体盘环绕在年轻的恒星周围，为太阳系的星云盘和星云演化提供了新的天文观测证据。

研究进展　①太阳于50亿年前诞生在原始太阳星云中，它是银河系内第二代或第三代的恒星。最早是星际物质因自吸引力和吸积作用形成的原始太阳。它在星际气体尘埃中先经过坍缩过程，进入历时仅4000万～5000万年短暂的引力收缩阶段。当核心区的温度增至1500万度时，氢聚变的核反应启动，从而变成自主产能的主序星太阳。

②太阳系天体于50亿～46亿年前起源于同一原始太阳星云，三要成分是气体，还有占总质量1%～2%的尘埃，围绕中心太阳的星云扁化为旋转星云盘。在吸积作用下，星云盘物质形成行星、卫星、小行星和其他小天体。

③根据天体力学推断，在最近20亿年间，行星的轨道运动没有明显变化，为一动力学稳定性高的系统，但小行星和其他小天体的轨道则演化较大。

④几十亿年间，类地行星已经历巨大的地质演变，面目早已今非昔比。但小天体则保留较多的太阳系形成初期的信息，变化过程缓慢。

⑤类木行星的化学组成与太阳的近似。类地行星与类木行星在成分和结构上的差异是演化过程中化学分馏的结果。

⑥类地行星和月球的表面上的环形山结构主要是40亿年前之后的小天体陨击所致。

⑦太阳系角动量的特殊分布是太阳磁场在磁耦合机制作用下，转移了太阳角动量的后果。

⑧太阳系的起源和演化除动力学过程外，还有原子物理、化学、电磁学以及等离子体等的综合作用。

尚存的疑难问题　除已取得的共识外，尚有许多环节和疑难有待理顺和解释，如原始太阳和星云盘的相互作用，星云盘物质和角动量的转化过程，星云盘中不稳定性过程，行星形成的吸积过程，类地行星和类木行星的形成先后顺序和所用时间，类木行星的气体吸积进程等。（李　竞）

太阳系天体射电　radio emission from body in the solar system　来自太阳系内各种天体的无线电辐射。包括太阳、太阳系行星、行星的卫星、彗星等的热辐射或者非热辐射过程发射的无线电信号。太阳系最主要的天体是太阳。太阳是从地球上观测到的宇宙最强射电源。1942年在第二次世界大战期间，英国发现工作在波长为4～6米的防空雷达突然出现了无线电信号的剧烈增强，但却没发现德国飞机来袭。起初以为是来自德军的干扰。但是后来人们经过仔细分析，发现这个强干扰信号并不是来自敌方，而是对应太阳耀斑的射电爆发。其实在19世纪爱迪生曾提出观测太阳无线电辐射，但试验未成功。19世纪末德国人曾在玻兹坦最早发表学术文献介绍观测太阳射电辐射的试验装置，也未提及观测结果。英国关于太阳射电的研究结果在战后发表以后，促使太阳射电天文学的蓬勃发展，成为研究太阳物理的重要手段。人们发现太阳上不但在可见光波段可以观测到爆发现象，在射电波段同样可以观测到强烈的爆发现象。太阳射电辐射包括从亚毫米波到十米波波段的整个射电波段，可以分为三种性质不同的成分：宁静太阳射电、太阳缓变射电和太阳射电爆发，它们分别起源于宁静太阳大气辐射、太阳局部活动区和太阳耀斑等的快速日冕动力学过程。太阳射电研究对天体物理和等离子体物理都具有重要意义。太阳射电观测设备也从射电流量计、频谱仪发展到射电日像仪，更向射电频谱日像仪发展。太阳系行星、行星的卫星、彗星等的热辐射或者非热辐射过程也会发射无线电信号。（颜毅华）

太阳系小天体空间探测　space exploration of minor body in the solar system　对太阳系中除八大行星和若干已知矮行星之外的众多小天体的空间探测。太阳系中存在数以百万计的小天体，这些天体可以分为小行星和彗星两类。小行星的成分以岩石和金属为主，大多数此类天体分布在火星和木星之间的小行星带中。彗星则含有大比例的易挥发的冰态物质，源自太阳系边缘的柯伊伯带和更远处的奥尔特云，其中遍布形成于太阳系早期的冰态小天体，奥尔特云更是被认为是大量彗星的源头。

开展小天体空间探测的意义在于借助小天体来了解太阳系演化，同时更好地认识可能对地球存在威胁的近地小天体。目前已有的探测任务从探测器的角度可以分为两类，一是前往其他目标的探测器在飞行途中遭遇某个小天体，顺便对其开展考察，如“伽利略”号木星探测器在前往木星期间即近距离考察了951号小行星加斯普拉（Gaspra）和243号小行星艾达（Ida），还发现了后者的卫星；嫦娥二号也在完成月球考察的预定任务后改变航向，并与4179号小行星托塔蒂斯（Toutatis）会合。此外，先驱者-金星号探测器还在哈雷彗星1986年回归前后利用其当时位于太阳背侧的位置进行了彗星观测。但总的来说，上述探测器并不以小天体观测作为自身的主要目标。

使用专用小天体探测器对彗星或小行星开展近距离考察始于1986年哈雷彗星的回归。当时欧洲空间局（ESO）发射的乔托号探测器、美国主持的国际彗星探测器、苏联的维加1号和维加2号，还有日本的先驱号-彗星号组成了阵容强大的“哈雷舰队”，针对哈雷彗星的形态、组分、电磁场环境等方面开展了全面的近距离勘测，确认了彗星作为“脏雪球”的身份。在此之后的星尘号探测器采集了来自怀尔德（Wild）2号彗星的样本并将其带回地球；深度撞击探测器通过发射撞击体考察了坦普尔1号（Tempel）彗星的彗核组分和结构；罗塞塔号探测器携带的菲莱号着陆器更是完成了第一次彗核登陆，探测器本身还伴随丘留莫夫-格拉西缅科（Churyumov-Gerasimenko）彗星一路绕过近日点，记录了该彗星在此期间的各种变化。这些活动既加深了人们对彗星的认识，也推进了空间探测技术的发展。

美国的NEAR-舒梅克号、曙光号和奥西里斯王号，还有日本的隼鸟号和隼鸟2号则是专门的小行星探测器，其中最后3架还都开展了采样返回活动。不过除了曙光号造访过小行星主带，其他的小行星探测器都以近地小行星为目标。

2021年11月发射、2022年9月按计划撞击目标的飞镖号（双小行星重定向测试任务，DART）则是一项另类的小行星探测计划。它造访了65803号近地小行星李大星（Didymos）和李小星（Dimorpho）系统，其主要目标并非科学考察，而是通过撞击李小星的方式来论证小行星重定向的动力学方法，为行星防御技术积累经验。此外预计将于2024年发射的赫拉号（Hera）也将造访李大星/李小星系统，对DART的撞击后果进行深度观测，以进一步研究主动行星防御手段。最新的小行星探测器还包括露西号（Lucy）以及灵神星探测器（Psyche）。露西号于2021年10月发射，将造访两颗主带小行星以及多颗木星-特洛伊群小行星。灵神号已于2023年10月发射，目的地是富含金属的主带小行星灵神星（Psyche）。

截至2023年，柯伊伯带小天体只有阿罗科思（Arrokoth）得到了新视野号探测器的近距离勘察。其近距离图像表明，该天体具有双瓣状的外观和偏红的颜色。同一架探测器的团队还在积极搜寻新的目标，希望能在不久的将来让新视野号飞掠另一个柯伊伯带小天体，从而扩展对太阳系外围环境的认知。（张 博）

太阳系行星红外辐射 infrared radiation of planet in the solar system 太阳系内行星在红外波段的辐射性质和起源。红外探测在行星研究中的作用主要体现在两个方面，首先，通过测量天体黑体辐射谱的峰值波长，判断其表面温度。这在太阳系外围尤其重要，那里太阳能量难以企及，天体温度较低。其次，一些分子、原子在红外有特征波长。如很多太阳系天体存在的水冰，在近红外的 3 微米和中红外的 15 微米有特征波长。此外还有甲烷、二氧化碳、一氧化二氮等分子的特征吸收也在红外波段，而水和甲烷都是生命存在的重要因素，所以红外探测另一重大作用是探测行星大气中的化学成分。

水星 最靠近太阳的行星是水星，由于缺乏大气层保护，水星表面布满了**陨石**撞击的陨击坑，面向太阳的一面温度高达 430℃，而背向太阳一面低至−180℃。美国国家航空航天局（NASA）的“信使”号在 2011～2015 年绕水星飞行，对其进行了详细研究。“信使”号携带的水星大气和表面成分谱仪（MASCS）工作在紫外到红外波段，通过测量紫外线发射确定了水星周围稀薄大气的特征，并通过测量红外反射率确定了水星表面铁和钛矿物的普遍存在（图 1）。

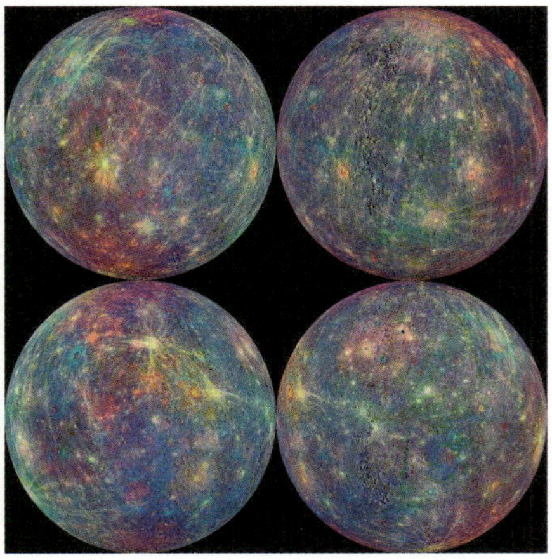

图 1 “信使”号的水星大气和表面成分谱仪（MASCS）和水星双成像系统（MDIS）拍摄的合成图，显示了水星的矿物成分、年龄和火山喷口

金星 金星温度高达 482℃，是太阳系中最热的行星。它的表面包裹着厚重的大气层，气压是地球的 100 倍，其主要成分是二氧化碳，高空还有二氧化硫形成的厚厚的硫酸云，高温高压使二氧化碳具有腐蚀性。金星恶劣的环境使得对它的探测极为困难，而浓密的大气使光学探测无法看到金星表面。1990 年，美国的麦哲伦号探测器绕金星飞行，使用雷达穿透浓密的云层，首次清晰地看到了金星表面，发现了火山、长熔岩通道、煎饼形穹顶，以及深处有热地幔柱的证据。红外波段同样可以穿透云层，2006～2015 年，欧洲空间局的金星快车携带从紫外到红外的多台仪器，在金星轨道上对金星进行了详细探测。

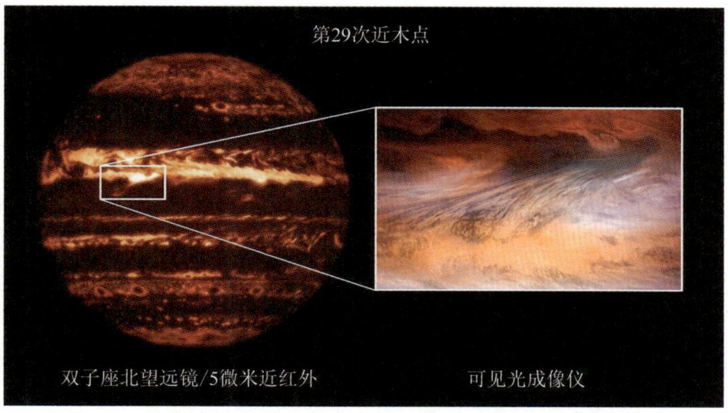

图 2 双子座北望远镜在 5 微米近红外波段拍摄的木星图像，与朱诺木星探测器拍摄的可见光图像合成图

火星 有大量的观测证据表明火星表面曾经存在液态水，意味着火星可能曾经发展出利于生命存在的条件。甚至火星上的生命可能仍然存在，只是隐藏在地表下或深层含水层中。但是深入地表直接探测生命是很困难的，一种办法是在火星大气中探测生命代谢的产物，如甲烷。但是其他一些地质原因如火山活动也会产生甲烷，所以难点在于区分甲烷的生命起源或是地质起源。2003～2006 年，一些天文学家利用夏威夷红外望远镜设施（IRTF）和凯克望远镜在近红外波段观测火星甲烷强度分布，在三个特定地点观测到甲烷，浓度随时间变化，在北半球夏季达到峰值。随后欧空局的火星快车探测器和 NASA 的好奇号火星车都在火星上检测到了甲烷。但是欧空局和俄罗斯航天局合作于 2016 年发射的火星生命探测计划 2016 火星探测器携带的微量气体轨道器（TGO）却没有探测到任何甲烷的痕迹。关于火星甲烷仍然没有定论，需要更多的探测。

木星 木星是太阳系最大的行星，它表面的条纹和旋涡实际上是寒冷、流动的氨和水构成的云，漂浮在氢和氦的大气中。木星的标志性大红斑是一场比地球还大的巨大风暴，已经在木星上肆虐了几百年。图 2 显示了木星大气中的一个热点。左图由 8.1 米可见光/红外的双子座北望远镜（Gemini North）于 2020 年 9 月 16 日在近红外波段拍摄，红外线比可见光能穿透云层，让人们能够看到更深、更热的木星大气层内部，而最厚的云层看起来很暗。通过红外光谱中不同波长的图像，还能得到能量和物质通过大气向上传输的三维图片。红外波段的图像，加上来自**哈勃空间望远镜**（HST）和朱诺号木星探测器（Juno）的照片，可以告诉人们很多关于木星天气模式的信息。右图是 2020 年 9 月 16 日朱诺号第 29 次近距离掠过木星期间，可见光成像仪（JunoCam）拍摄的图像。在可见光波段热点看起来很暗，在木星赤道带上表现为黑暗、无云的区域，但在 5 微米波长的红外波段很明亮，揭示了云层下方温暖的深层大气。

土星 最有名的土星探测器当属卡西尼－惠更斯号土星探测器，它于 1997 年发射，2004 年进入土星轨道，绕土星运行了 13 年，对其进行了详细的研究。它携带的复合红外光谱仪（CIRS）测量了广阔土星大气、环和表面的红外辐射，在三个维度上绘制了土星大气的地图，以确定温度和压力剖面与高度、气体成分以及气溶胶和云的分布。它还测量了热特性以及卫星表面和环的组成。可见光和红外测绘光谱仪（VIMS）测量了大气、环和表面在 0.35～5.1 微米波长范围的反射和发射辐射，以确定它们的成分、温度和结构。图 3 是 2014 年卡西尼号多个波外波段拍摄的土星，许多细节在红外波段清晰可见，云带显示出巨大的结构，包括拉得很长的风暴。最引人注目的是围绕土星北极的六边形云图案，每条边长相当于地球直径，它的起源

图 3 卡西尼号在不同红外波段拍摄的土星

和稳定性仍然是一个研究课题。赤道下方，是土星环投下的阴影。

2005 年，科学家们从卡西尼号 9～16.5 微米波长的红外观测中发现，土星的卫星土卫二的南极比预期要暖。其赤道温度与预期大致相同，最高温度约为 80K（−193℃），但南极的温暖区域达到 85K（−188℃），复合红外光谱仪数据进一步表明，在土卫二南极的冰层中长长的平行裂缝，这些裂缝称为老虎条纹，它们地质年代很年轻，这些裂缝的某些地方温度更高，远高于 110K（−163℃）。如果阳光是加热地表的唯一能源，土卫二南极的高温就很难解释，因此，南极部分地区很可能因从内部逸出的热量而变暖，这意味着土卫二是一个地质活跃的地方。更大的惊喜在后面，卡西尼号果然发现了土卫二南极老虎条纹中喷射而出的气体和冰物质羽流。随后，卡西尼号多次飞越南极喷流并采样，用离子和中性质谱仪（INMS）分析成分，最终确定羽流中近 98%的气体是水，约 1%是氢气，其余是二氧化碳、甲烷、氨、盐和二氧化硅和等分子的混合物，其密度远高于科学家的预期。卡西尼号的发现表明，土卫二南极热点不是喷流的原因，而是喷流的结果。当水喷射到太空中时，温暖的液态水通过裂缝向上流动，并将其部分热量沉积在地表冰层中。这意味着土卫二地表下可能存在内部海洋和热液活动，也许将来某一天适合人类在上面居住。

天王星和海王星　天王星和海王星是距离太阳最远的太阳系行星，又称为远日行星，接收太阳能量少、寒冷、很暗、公转周期长。截至 2022 年，只有旅行者 2 号对它们进行过近距离飞越探测。哈勃、斯皮策、赫歇尔等空间望远镜也在红外波段对其进行过观测研究。

利用红外观测，能有效地探测从行星大气散发的热量。一个国际研究小组结合了近二十年来从多个天文台收集的所有现有海王星热红外图像。其中包括位于智利的欧洲南方天文台的超大望远镜和双子座南望远镜，以及夏威夷的昴星团望远镜、凯克望远镜和双子座北望远镜，以及来自斯皮策空间望远镜的光谱。他们惊讶地发现，海王星的热亮度不断下降，平流层平均温度 2003～2018 年下降了约 8℃。海王星有一个轴向倾斜，所以它会像地球一样有季节更替。不过因为它与太阳的距离很远，海王星需要超过 165 年才能绕太阳一周，因此它的季节变化缓慢，每个季节长达 40 多个地球年。科学家们本来预测现阶段海王星温度会逐渐变暖，但观测结果让人非常意外。尤其海王星南极部分 2018～2020 年升温了大约 11℃，这在以前没有观测到过。这些意外的平流层温度变化的原因尚不清楚，需要对温度和云模式进行后续观测。　（蒙克来）

太阳小尺度磁场　solar small-scale magnetic field　通常指尺度小于超米粒大小的磁场结构。随着太阳磁场观测技术的进步，20 世纪 70 年代以后的太阳磁场观测表明，在太阳活动区以外的太阳宁静区中，磁场也并非为零，而是仍然有弱磁场分布。其主要特征是形成网络状的结构，称为网络磁场。网络磁场大致与超米粒边界和色球网络对应，大小约为 3×10^4 千米（40″）。它们往往沿超米粒边界延伸成链状，磁场强度范围为 20～200 高斯，其寿命可超过一天。网络所围绕的内部区域，磁场也并非为零，而是散布着一些离散的小磁岛，称为网络内磁场，其强度为 5～25 高斯，最小的尺度只有几百千米（<1″），寿命从几分钟至几十分钟。在通常的太阳宁静区中，网络场和网络内场的磁场极性倾向于随机分布，正负极性的磁流也大致平衡。但是在冕洞区中，则是某种极性占优势，称为主导极性，或优势极性，不过其非主导极性的磁流也并非为零。冕洞区的磁流密度也略低于通常具有平衡极性的太阳宁静区。

太阳宁静区的小尺度磁场除了网络场和网络内场外，还有瞬现区磁场。主要特征是两个距离很近的相反极性几乎同时浮现，随后磁流逐渐增大，两极性沿相反方向运动，它们之间的距离不断增大，直至它们与其他外来场（另一瞬现区或网络磁场或网络内磁场）相遇。相同极性相遇时将发生磁流合并，而异极性相遇时，则发生磁流对消。不同极性的磁场对消有两种可能，一是两极同时下沉到太阳表面以下，二是引起磁能转换的磁力线重联。瞬现区的单极尺度约为几角秒至几十角秒，磁流量级为 10^{18}～10^{19} 麦克斯韦，磁场强度为 50～300 高斯，寿命约为一天。观测表明日面宁静区中任一时刻，瞬现区磁流一般占该区总磁流的 10%～15%。瞬现区出现的数目以及它们的日面纬度随太阳活动周变化。因此，它们实际上是寄居在宁静区中未充分发育的微活动区，属于太阳活动的现象。而网络磁场和网络内磁场则是宁静太阳的现象。当瞬现区的磁流超过 10^{20} 麦克斯韦时，就成为小气孔或小黑子。瞬现区的某一磁极往往先于另一极性与外场发生磁流合并或对消，因此经常看到瞬现区的磁流不平衡。

太阳小尺度磁场呈现为离散的磁岛结构，其中最小的网络内场磁岛，观测到

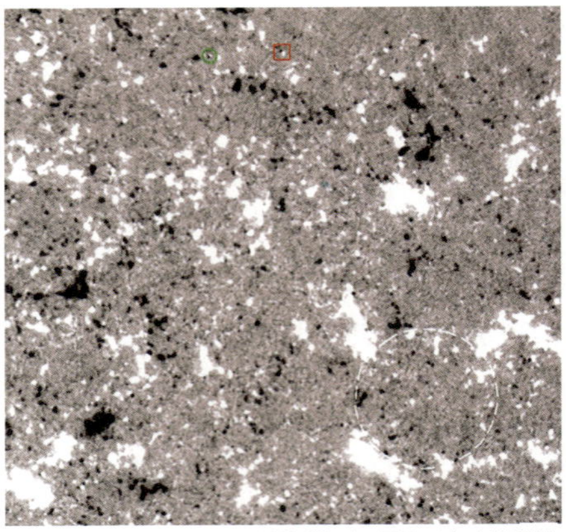

由“日出”（Hinode）卫星观测得到；图右下角白线段的长度代表 10 角秒；图中虚线圆圈标出的太阳超米粒中典型的网络内磁场区域

日面中心附近太阳宁静区磁强图（2007 年 6 月 24 日）

的极限尺度为 0.3″。值得注意的是各种灵敏度的太阳磁像仪测量得到的磁图分布均呈现为离散的磁岛结构，表现出太阳大气中磁流管的特有性质。太阳磁流管理论研究表明，磁场强度小于 1000 高斯左右的磁流管是不稳定的，将遭受对流互解，只有磁场强度大于这一临界值的磁流管才是稳定的，从而造成了日面磁场的非连续离散分布（见图）。　（林元章）

太阳巡视　solar patrol　对太阳所做的多样化的连续观测。为了监视太阳的各种活动现象，特别是新活动区的出现、特大活动区的形成以及太阳耀斑和爆发日珥等对地球具有重要影响的活动现象，研究它们的发生和发展规律，进而对它们进行预报，许多天文台都对太阳进行从日出至日落的不间断观测。通常都用透过氢原子谱线 Hα 单色光的色球望远镜（滤光器的透过带半宽大多在 0.025～0.05 纳米）监视太阳活动最频繁的色球层。这些色球望远镜一般配备 35 毫米照相机或 CCD 摄像机和屏幕显示。除目视监测外，通常每 5 分钟左右拍摄一张照片或 CCD 摄像。当发现太阳耀斑或爆发日珥等剧变现象时，就每分钟甚至半分钟拍照一次。此外，还对各种波段的太阳射电辐射从日出至日落连续观测，记录太阳射电爆发情况。通常至少每天一次或多次用白光拍摄太阳光球，主要是发现新出现的黑子群并跟踪它们的发展情况。　（林元章）

太阳耀斑　solar flare　太阳大气局部区域突然变亮，并伴随有增强的电磁辐射和粒子发射，是最剧烈的太阳活动现象。简称耀斑。20 世纪 50 年代以前，太阳耀斑的定义是指用氢的 Hα 谱线观测到太阳色球谱斑中的突然增亮现象，因此早先也称为色球

爆发。后来多种手段的综合观测表明，Hα谱线突然增亮的同时，还伴随有一系列更高能的现象发生，包括从波长短于 0.1 纳米的γ射线、X射线、紫外线、可见光，直到波长达几千米的射电波段——几乎全波段的电磁辐射增强，以及发射能量从 10^3 电子伏直到 10^{11} 电子伏的各种粒子，同时还观测到大规模的物质运动和抛射现象。

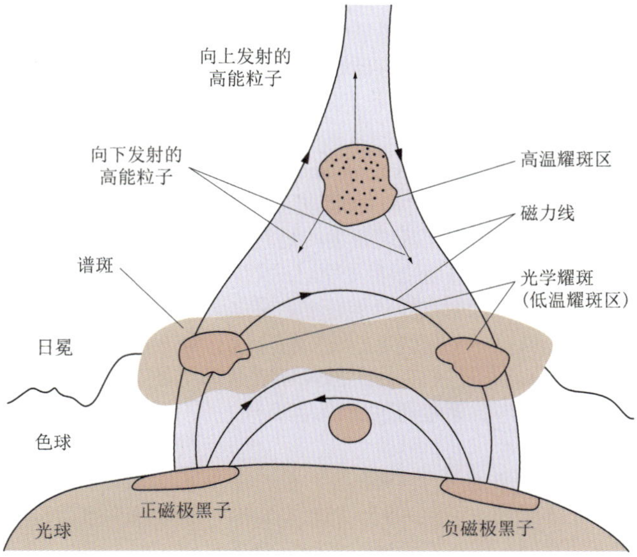

图 2　太阳耀斑区大气结构

较大耀斑释放的能量是 10^{25} 焦量级。因此，现代的太阳耀斑概念应包括所有这些突变现象，也应更全面地把太阳耀斑理解为发生在太阳大气局部区域的大规模能量突然释放过程（图 1）。而把色球谱斑增

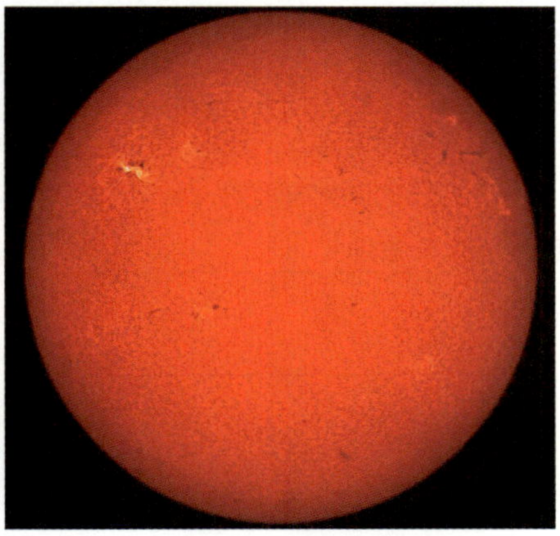

图 1　太阳耀斑（太阳圆盘中左上角的丝带状亮区）

亮称为**光学耀斑**，是耀斑在可见光 Hα 辐射增强的表现，是耀斑发生的一种标志。大量观测结果表明，太阳耀斑的增强电磁辐射和粒子发射，分别是由太阳大气中不同区域发射出去的。电磁辐射主要产生于低温耀斑区（即光学耀斑区，**电子温度** $T_e \approx 10^4$K，电子密度 $n_e \approx 3\times10^{13}$/厘米^3），粒子发射则起源于从**色球－日冕过渡区**至日冕中的**高温耀斑区**（$T_e \approx 10^7$K，$n_e \approx 10^{10}$/厘米^3）。从释放能量的大小或从触发耀斑事件的起始位置看，耀斑的主体应当是高温耀斑区，而光学耀斑是较低能的次级现象。即导致耀斑发生的等离子体不稳定性的触发系发生在高温耀斑区附近，然后由触发区产生的粒子流和热传导一起向下层传播，在低层大气激发产生光学耀斑（图 2）。

太阳耀斑现象涉及许多复杂的物理过程，包括 10^{25} 焦量级的能量积累，等离子体不稳定性的触发，高能粒子的加速和传播方式，它们激发产生的从γ射线、X射线、紫外线和可见光直到射电波段辐射增强的机制，同时发生的耀斑区大气动力学变化，以及物质运动和抛射现象等。因此，对太阳耀斑的研究具有重要的理论意义。另一方面，耀斑事件引起的 **X 射线辐射**增强将破坏地球电离层的正常状态，耀斑的高能粒子流将造成地球轨道附近高能粒子污染，并干扰地球磁层，产生地磁暴，这些扰动也会向下传播，导致地球低层大气（平流层和对流层）动力学状态的变化。通过这些扰动，对人类的航天活动、无线电通信、物理探矿、导航和航测、高纬地区的电力系统，以及天气和水文领域产生影响。因而，预报太阳耀斑的发生又具有实际应用价值。对于太阳耀斑的研究，已成为**太阳物理学**中最热门的研究课题之一。（林元章）

太阳耀斑的演化　solar flare evolution　对磁场重联产生的爆发活动的动力学演化的研究。一般认为**太阳耀斑**由磁重联过程触发，驱动耀斑演化的主要能量来自耀斑爆发前日冕非势磁场中储存的自由能。环境应用静地系列卫星（GOES）从 1970 年开始对太阳耀斑软 **X 射线辐射**的系统观测表明，耀斑软 X 射线流量的演化通常包含一个流量快速上升的脉冲相和流量缓慢降低的缓变相，射电和硬 X 射线上观测到的脉冲式爆发通常发生在脉冲相。软 X 射线主要是由高温等离子产生，耀斑脉冲相释放的磁能除了可以直接将背景等离子体加热到几千万度（10^7K），还可以产生能量高达几十万甚至上百万电子伏的高能电子。这些高能电子在太阳大气里传输的过程中，同周围磁场和粒子作用产生脉冲式射电和硬 X 射线的同时，可以有效地加热背景等离子体。（刘四明）

太阳耀斑级别　importance of solar flare　太阳耀斑辐射规模的分级。耀斑面积的大小是耀斑辐射规模的重要指数，因此国际上规定用耀斑光度达到极大时的面积作为耀斑级别的主要依据，同时用 B、N、F 定性表示耀斑的亮度很亮、中等和较暗。表 1 中为 1966 年 1 月 1 日以前和以后的国际通用耀斑分级标准。观测到的 Hα 耀斑，在照片或 CCD 图像等测出面积S_d后，必须先做太阳球面投影改正到相当于耀斑处在日面中心时的面积S_p，然后再根据表 1 定级。例如，经投影改正后的耀斑面积为 $S_p = 1000\times10^{-6}$ 太阳半球面，亮度为中等，则该耀斑定级为 3N。

在文献中常看到的耀斑级别，除了根据 Hα 单色光面积和亮度的级别外，通常还会加上该耀斑在 1～8 埃软 X 射线辐射强度的定级。地球电离层对太阳 1～8 埃软 X 射线强度变化反应敏感，所以太阳耀斑 X 射线级别可以大致反应耀斑产生的地球物理效应的能力。耀斑的 X 射线级别根据空间飞行器测量的 1～8 埃峰值流量Fx而分为 C、M、X 三大级，如表 2 所示。

同时，各大级再细分为 9 个小级，如 M3 级表示耀斑软 X 射线峰值流量 $Fx = 3\times$

表 1　光学耀斑分级标准

改正至日面中心时的耀斑面积		级别	
单位为 10^{-6} 太阳半球面	单位为平方度	1966 年 1 月 1 日之前	1966 年 1 月 1 日之后
< 100	< 2.06	1^-	S
100～250	2.06～5.15	1	1
250～600	5.15～12.4	2	2
600～1200	12.4～24.7	3	3
> 1200	> 24.7	3^+	4

注：①1 平方度相当于太阳表面 1.467×10^8 平方千米。
②S为亚耀斑。
③在旧分级中有时也用 1^+、2^+、2^-、3^-表示 1、2、3 级之间的级别，但无严格界限。

表 2 耀斑 X 射线分级

级别	Fx [尔格/(厘米²·秒)]
C	$< 10^{-2}$
M	$10^{-2} \leqslant Fx \leqslant 10^{-1}$
X	$\geqslant 10^{-1}$

10^{-2}尔格/(厘米²·秒),其余类推。因此,2B/M4 级耀斑表示该耀斑的 Hα 级别为 2B,而 X 射线级别为 M4。（林元章）

太阳宇宙线地面事件 ground level event of solar cosmic ray 太阳耀斑发射的粒子突破地磁场的屏蔽到达地面,产生地面宇宙线探测器能够记录的事件。简称地面事件(GLE)。其所对应的耀斑称为宇宙线耀斑。绝大多数太阳耀斑发射的粒子能量在 1～10^6 千电子伏(keV),粒子速度从 1500 千米/秒到相对论性速度,粒子主要成分为质子和电子,其次为 α 粒子和其他原子核。但少数大级别耀斑有时会发射能量超过 500 兆电子伏(MeV),甚至超过 10 吉电子伏(GeV)的高能粒子,它们能够突破地磁场的屏蔽到达地面。太阳宇宙线中的主要成分为质子(约 90%),其次为电子(约 9%),和少量其他原子核(约 1%)。自 1942 年首次发现太阳地面宇宙线事件以来,仅观测到 70 多次事例。

太阳发射的带电粒子通常沿行星际磁场的磁力线(阿基米德螺旋线)做回旋运动,同时受到多种扩散效应的制约,物理过程比较复杂。不过对于具有极高能量的太阳宇宙线粒子,遭受的传播效应较轻。早先的观测和研究表明太阳的 GLE 发射似乎可分为两类,由太阳耀斑加速的脉冲型和由日冕物质抛射(CME)驱动的激波加速的缓变型。然而后来的研究表明,有一些事例为既包含脉冲又有缓变的混合型。

至于 GLE 粒子是如何加速到如此高的能量,则仍在探讨当中。一般认为其主要的加速机制可能有两种,即由 CME 驱动的激波加速和太阳等离子体湍流的随机加速。前者认为,在日冕物质抛射过程中会在行星际空间形成激波,与介质相互作用产生磁流体力学(MHD)不稳定,形成磁流体力学湍流,亦即无规则运动的磁云(等效于磁镜),粒子与磁云的相互作用,将受到加速,即费米加速。后者认为,太阳宇宙线耀斑源区中的等离子体湍流,实际上就是包含各种等离子体波动模式的混乱波场,当这些等离子体波的固有频率与粒子沿磁力线运动的回旋频率发生共振时,通过波粒相互作用的朗道阻尼效应,将导致波与粒子的能量交换,使粒子得到加速。少数学者还认为,太阳宇宙线耀斑源区中磁重联产生的感应电场也可能在粒子加速中起重要作用。这些问题尚在进一步探讨中。（林元章）

太阳远紫外爆发 solar extreme and far ultraviolet burst 在 10～200 纳米波区太阳单色辐射观测到的局部区域辐射的短时间突然增强。在 2004 年国际标准化组织(ISO)给出太阳辐射波段分类标准定义之前,习惯上将 10～170 纳米的波段称作远紫外,它实际上包括了 ISO 于 2004 年给出定义中的极紫外、莱曼阿尔法和大部分的远紫外波段。

太阳远紫外爆发于 1966 年,首先在 122.5～135 纳米波段探测到。随着空间探测技术的发展,现在有大量的太阳紫外望远镜配置在各种太阳观测卫星上,由它们探测到的太阳远紫外爆发不计其数。在远紫外和极紫外波段有许许多多的谱线和波段可以用来进行太阳观测,它们的形成温度可以从色球的几万度到太阳耀斑的千万度。表格给出近代太阳紫外望远镜常用的观测谱线(波段)、它们对应的主要辐射离子以及这些谱线(波段)对应的观测对象。太阳远紫外线爆发可以看作太阳耀斑、爆发日珥、喷流等活动现象在远紫外和极紫外波段的对应物,或者说是它们在远紫外和极紫外波段的表现。

跟太阳耀斑一样,太阳远紫外线爆发可分为脉冲型爆发和缓变型爆发两种类型。

①脉冲型爆发。用亮度曲线表示的辐射强度呈现迅速上升和缓慢下降的时间演化。脉冲型爆发同硬 X 射线爆发和脉冲微波爆发具有较好的相关性。脉冲型太阳远紫外线爆发的峰值强度通常与 Hα 耀斑级别成正相关的关系,寿命通常比 Hα 耀斑和相应的太阳软 X 射线爆发短,但比相应的硬 X 射线爆发要长。

②缓变型爆发。辐射强度呈现缓慢上升直到峰值,然后又缓慢地下降到起始水平的时间演化。缓变型爆发与软 X 射线爆发和缓变型微波爆发具有一定的相关性。（黎　辉）

太阳质子流 solar proton flux 太阳持续发射的能量为兆电子伏量级的质子辐射。太阳除瞬时喷发出能量范围为 10 兆电子伏到 10 京电子伏的高能带电粒子(称为太阳宇宙线)外,还发射可以连续存在很多天的质子流,它们与某些特殊的活动区相关。在太阳活动极小期间,这种质子流的 27 天重现性可保持几个太阳自转周。它们被限制在行星际磁场的扇形结构中,受到行星际磁场的调制与散射,到达地球附近

远紫外/极紫外成像观测常用波长/波段

波长/波段(纳米)	辐射离子	观测区域	使用仪器注
9.4	Fe XVIII	耀斑区	AIA
13.1	Fe VIII/XX/XXIII	耀斑区	AIA
17.1	Fe IX/X	宁静日冕、过渡区上边缘、冕洞内结构	EIT/TRACE/EUVI
19.3	Fe XII/XXIV	日冕、耀斑热等离子体	AIA
19.5	Fe XII	冕洞外的宁静日冕	EIT/TRACE/EUVI
21.1	Fe XIV	活动区日冕	AIA
25.6			
28.4	Fe XV	活动区日冕	EIT/TRACE/EUVI
30.4	He II	色球网络、冕洞	EIT/AIA/EUVI
33.5	Fe XVI	活动区日冕	AIA
121.6	H I Lya	色球、耀斑	TRACE
133	C II	色球网络、冕洞	IRIS
140	Si IV	色球网络、冕洞	IRIS
155	C IV	色球、过渡区	TRACE
160	C IV+连续谱	上层光球,过渡区	AIA
170	连续谱	光球,温度极小区	AIA

注:AIA = Atmospheric Imaging Assembly(大气成像组合,太阳动力学天文台载荷)。
EIT = Extreme ultraviolet Imaging Telescope(极紫外成像望远镜,太阳和日球天文台载荷)。
TRACE = Transition Region and Coronal Explorer(过渡区与日冕探测卫星)。
EUVI = Extreme UltraViolet Imager(极紫外成像仪,日地关系天文台载荷)。
IRIS = Interface Region Imaging Spectrograph(界面层成像光谱仪)。

时，已趋于各向同性。美国空间天文学家范章云等人首先发现同太阳活动区相关的非耀斑粒子事件。他们是利用"先驱者"6号和"先驱者"7号探测到能谱为0.6～13兆电子伏质子流的资料，在日心经度范围为180°以内曾观测到质子流增强。通常，这种增强开始在中心子午线以东60°～70°，后来一直到达中心子午线以西100°～130°。有些学者认为，这种质子流是由于粒子受到不规则的小尺度磁场起伏调制而产生的。这种粒子流对于探讨耀斑的本质和行星际磁场的小尺度起伏，都很有意义。（范大雄）

太阳质子事件 solar proton event *太阳耀斑*发射能量超过10兆电子伏的质子流量超过无耀斑时背景流量十倍以上的事件。太阳耀斑发射的粒子能量大多在10^3～10^9电子伏，粒子速度自1500千米/秒直到相对论性速度。粒子成分主要是电子和质子，其次是α粒子和其他原子核。探测太阳粒子发射的手段主要有：①空间飞行器的直接测量，如行星际监测站（IMP）系列卫星；②地球极区电离层不透明度仪的观测；③地面宇宙线探测器记录。空间监测结果表明，大多数与耀斑有关的粒子发射事件（粒子事件与耀斑的相关性是从耀斑发生时间与粒子流量增强的时间差，以及粒子在日地空间的传播时间来判断的），不能检测到质子流，这种事件称为"纯电子事件"。这类事件中，电子能量和对应的速度都是非相对论性的，流量也不大，一般与小耀斑或亚耀斑对应。少数耀斑发射粒子事件中除了电子外，还检测到能量E超过10兆电子伏的质子流，这类事件称为"电子-质子事件"。更少数耀斑则能探测到能量E超过10兆电子伏的质子流量超过无耀斑时背景流量的十倍以上，表明这些耀斑有很强的质子发射，就称为发生了一次"太阳质子事件"，并把此类耀斑称为"质子耀斑"。有些文献中也把质子事件定义为能量$E \geqslant 20$兆电子伏的质子流量超过背景三倍的事件，这两种定义大致等价。质子事件中的电子能量和流量也会较大，其中包含相对论性电子。因此，质子事件是一种相当大的太阳粒子事件，一定也含有很强的软和硬X射线发射。这些强粒子和强X射线发射将产生严重的日地空间高能粒子污染和其他地球物理效应，如地球电离层受到骚扰和地磁扰动，从而影响到人类的航天飞行、无线电通信和其他活动领域。因此，太阳质子耀斑的研究和预报受到了特殊重视。

所谓电离层不透明度仪实际上是一台接收射电波段宇宙噪声的长波接收器，通常工作频率为30兆赫。当太阳耀斑发射能量达到0.1～100兆电子伏的粒子流量足够大时，这些亚相对论性粒子沿地磁场磁力线在南北极区之间来回运动，使两极地区上空的太阳粒子密度骤增，导致宇宙射电噪声突然下降，这种现象称为"*极盖吸收*"（PCA）。放置在地球极区（高纬地区）的电离层不透明度仪就是利用这一现象来检测太阳耀斑粒子发射。由空间飞行器测量与电离层不透明度仪的记录比较可见，太阳质子事件可以产生极盖吸收。因此，PCA是记录如太阳质子事件这种规模的粒子事件的有效手段。

极少数的特大耀斑有时会发射能量超过500兆电子伏的粒子，这些粒子将会突破地磁场的屏蔽而产生地面宇宙线探测器能够记录到的事件，称为"*太阳宇宙线地面事件*"（GLE）。这种事件对应的耀斑称为"宇宙线耀斑"。这是非常罕见的现象，只观测到几十次事例，比PCA记录到的质子耀斑少得多。

国际日地物理联盟（IUCSTP）和空间研究联合会（COSPAR）曾于1970年建议采用三个指数的质子事件定级标准，如下表所示。

表中第一个数字代表地月系统人造卫星对$E>10$兆电子伏质子流量的测量结果，第二个指数表示地球极区白天电离层不透明度仪测量到的30兆赫宇宙噪声吸收，第三个指数代表高纬海平面中子堆的反应。这种分类中指数大于0表示地面探测器能够测量，指数为0表示地面反应不灵敏，指数小于0表示地面探测器不能测量。例如，1968年11月18日曾观测到一次特大的质子事件，人造卫星测量的质子极大流量达849/（厘米²·秒·球面度），电离层不透明度仪记录的吸收为12.5分贝，地面中子堆计数增值为9%，因而该事件为232级，它实际上也是一次太阳宇宙线地面事件。不过通常只用人造卫星测量的第一个指数定级。（林元章）

太阳质子事件三指数分级标准

指数	人造卫星测量$E>10$MeV质子流量（$cm^{-2}\cdot s^{-1}\cdot sr^{-1}$）	白天地球极区电离层不透明度仪吸收（dB）	海平面中子堆计数率增长
−3	10^{-3}～10^{-2}		
−2	10^{-2}～10^{-1}		
−1	10^{-1}～10^{-0}		
0	10^0～10^1	无可测变化	无可测增值
1	10^1～10^2	< 1.5	< 3%
2	10^2～10^3	1.5～4.6	3%～10%
3	10^3～10^4	4.6～15	10%～100%
4	> 10^4	> 15	> 100%

太阳子午环流 solar meridional circulation 太阳表面存在的沿经圈方向运动的现象。20世纪80年代，天文学家从分析太阳黑子的平均运动速度发现这一现象。后来用*日震学*的方法探测表明，自日心距约为$0.71R$（R为太阳半径）直至太阳表面附近的整个太阳对流层中，存在从赤道沿太阳经圈分别流向太阳南和北极区的子午环流，也称为经圈环流。其流动速度为10～20千米/秒，平均为15千米/秒。根据质量守恒原则，可推测在对流层底部附近应有由南北两极区流向赤道的反向流，否则将引起物质在极区堆积。然而尚无反向流的明显观测证据。少数学者研究表明，流动的转向大约发生在日心距为$0.8R$深度处，反向流约为3千米/秒。理论分析认为，太阳子午环流主要起因于太阳较差自转、对流以及科里奥利力之间的相互作用，其实际物理过程比较复杂，涉及太阳较差自转、对流、雷诺应力、层流和剪切等诸多因素。

现代太阳发电机理论已能大体解释太阳表面活动区宏观形态和太阳活动周期演化规律。太阳内部存在子午环流是太阳发电机能够不间断运行的重要因素。太阳发电机原理中最关键的物理过程就是太阳的极向磁场与环向磁场必须能相互转换，其转换周期为22年左右，称为太阳磁性周期。由于太阳等离子体的磁雷诺数远大于1，太阳物质与磁力线基本上是冻结在一起的。太阳较差自转因而造成极向磁场被横向拉伸，完成向环向磁场的转换，并借助磁浮力上升到太阳表面，形成双极太阳活动区；另一方面，太阳南和北两个半球的双极活动区则是借助子午环流把它们的后随极性输运到极区，完成环向磁场向极向磁场的转换，以及极区磁场的极性反转。正是这样的极向磁场与环向磁场的相互转换，产生了太阳活动周期演

化现象。因此观测上证实太阳内部存在子午环流，是对太阳发电机理论的有力支持。（林元章）

太阳紫外辐射 solar ultraviolet radiation 太阳发射的波长在10～400纳米的电磁辐射。占太阳辐射总量的7%～10%。在地球表面能够接收到的太阳紫外辐射是很弱的，因为太阳紫外辐射的主要部分，特别是波长小于300纳米的部分，已经被大气中臭氧、氧、氮等分子所吸收。地面上一般不能观测到波长短于300纳米的太阳辐射。因此，要在小于300纳米的波段紫外波段对太阳进行观测，需要通过火箭将观测仪器送入太空。随着火箭、卫星等空间技术的发展，太阳紫外辐射的探测早已经成为现实。

国际标准化组织（ISO）在2004年将太阳紫外辐射分成近紫外光（NUV）、中紫外光（MUV）、远紫外光（FUV）、氢莱曼阿尔法（HLya）和极紫外光（EUV）（见表）。

在近紫外与部分中紫外区，太阳光谱与可见光区的夫琅禾费光谱类似，即在连续光谱的背景上呈现吸收线。当波长小于210纳米时，吸收线变弱并开始出现发射线；当波长比170纳米更短时，连续辐射背景与吸收线几乎都不存在，光谱上出现的只是发射线。不同波长的太阳紫外辐射来自太阳大气的不同层次（高度）。近紫外、中紫外辐射来自光球层，远紫外和极紫外辐射主要来自色球层、色球－日冕过渡层和内日冕。太阳紫外辐射波区的发射线主要为氢的莱曼线系发射线和多次电离的铁离子的发射线。其中最强的是氢的莱曼阿尔法线（HLyα，121.2纳米），其次是莱曼贝塔（HLyβ）线。因为莱曼阿尔法是太阳紫外波段最强的发射线，同时它既可以用于观测几万度的低温日珥物质，也可以用于观测上百万度高温的太阳耀斑，国际标准组织在分类太阳紫外辐射时将它单独列了出来。另外，在波长280纳米附近有两条一次电离镁（Mg Ⅱ）的共振线，叫作Mg Ⅱ的H、K线。它们与一次电离钙（Ca Ⅱ）的H、K线相似，即在吸收线中心出现发射线，并且发射线中心呈现自反转现象。

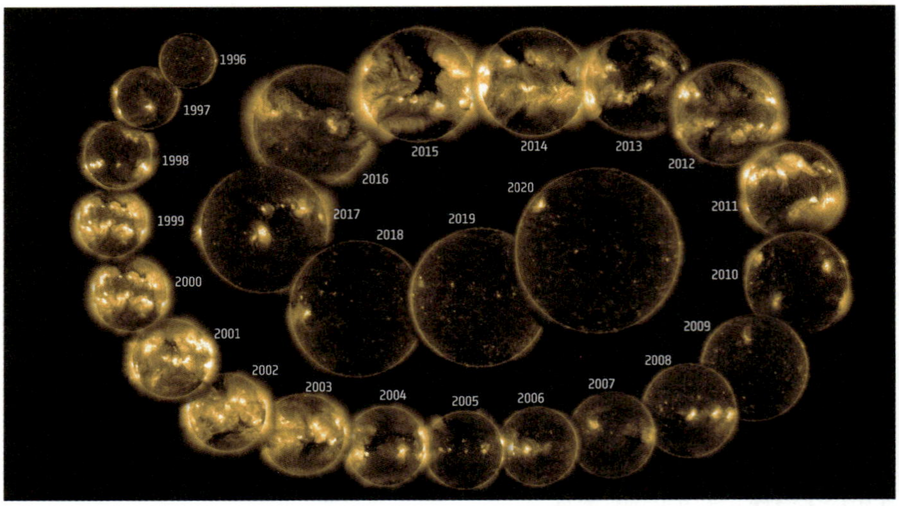

图像显示了太阳大气层中温度约为200万度的气体，即日冕，它延伸到太阳数百万千米之外。最明亮的图像出现在太阳活动极大期，此时太阳的磁场最强且高度动态，改变了它的结构并向空间释放能量

SOHO卫星从1996年到2020年的25年中，由极紫外成像望远镜拍摄到25张太阳照片，观测到太阳黑子11年周期中的两次，表现为太阳活动的盛衰

在太阳总辐射中，紫外辐射所占的比例虽然不大，但影响却不小。因为太阳紫外辐射能够引起地球高层大气各种反应，对卫星表面温度控制涂层和太阳能电池具有破坏作用，所以紫外辐射的探测引起人们极大重视。20世纪60年代的美国轨道太阳天文台（OSO）系列卫星和20世纪70年代的天空实验室（SkyLab）系列都对太阳紫外辐射的通量、光谱及其变化进行了系统的探测，并拍摄了太阳紫外单色像。美国、日本和欧洲后来发射的很多太阳观测卫星都具备紫外成像或（和）光谱观测能力，主要的卫星包括：1995年发射的太阳和日球层探测器（SOHO）卫星（见图）、1998年发射的过渡区与日冕探测器（TRACE）卫星、2003年发射的太阳辐射与气候实验（SORCE）卫星、2006年发射的日地关系观测台（STEREO）卫星和“日出号”（Hinode）卫星、2010年发射的太阳动力学天文台（SDO）卫星以及2013年发射的界面层成像光谱仪（IRIS）卫星。中国太阳物理学家提出的**先进天基太阳天文台**（ASO-S）卫星将在莱曼阿尔法波段对太阳进行全日面和内日冕成像观测。由于不同波长的紫外辐射来自太阳大气的不同层次（高度），所以不同波长的紫外单色像能给出不同层次（高度）、不同温度范围的太阳大气辐射分布。通过对太阳紫外单色像的研究，得到太阳大气的温度、密度和辐射分布；通过紫外光谱的研究，还可以得到太阳大气及其活动现象的运动学和动力学特征。（黎 辉）

太阳紫外望远镜 solar ultraviolet telescope 工作波长在紫外波段的**太阳望远镜**。有时也叫紫外太阳望远镜。根据观测模式，大致可以分为成像型、光谱型和光度计型，分别在紫外波段对太阳进行成像观测、光谱观测和辐射流量观测。太阳紫

国际标准化组织对太阳紫外辐射的分类定义（2004）

名称/别称	英文缩写	波长范围（纳米）	光子能量（电子伏）	别名/备注
紫外光A	UVA	315～400	3.10～3.94	长波紫外光，黑光，不被臭氧层吸收
紫外光B	UVB	280～315	3.94～4.43	中波紫外光，大部分被臭氧层吸收
紫外光C	UVC	100～280	4.43～12.4	短波紫外光，杀菌紫外光，全部被臭氧层和大气层吸收
近紫外光	NUV	300～400	3.10～4.13	鸟类、昆虫和鱼类可见
中紫外光	MUV	200～300	4.13～6.20	
远紫外光	FUV	122～200	6.20～12.4	
氢莱曼阿尔法	HLya	121～122	10.16～10.25	波长121.6谱线，光子能量10.20eV
真空紫外光	VUV	10～200	6.20～124	被大气中的氧强吸收，150～200纳米的光可在氮气中传播
极紫外光	EUV	10～121	10.25～124	有时定义为全电离辐射，被大气完全吸收

外辐射主要来自色球、过渡区和日冕层，因此，太阳大气的这些层次也是太阳紫外望远镜的主要观测目标。太阳的紫外辐射的大部分被位于距地球表面20～40千米的臭氧层吸收，特别是波长小于300纳米的中紫外光（200～300纳米）、远紫外光（122～200纳米）和极紫外光（10～121纳米）（见**太阳紫外辐射**）。因此，在这些波段的太阳观测必须借助**探空火箭**或卫星在高空进行。普通光学玻璃对紫外光具有很强的吸收，石英、氟化锂等紫外光学材料对极紫外光也具有强吸收。即使用这些材料磨制透镜，也很难透过波长100纳米以下的紫外光。这正是在太阳紫外望远镜中多采用反射系统的原因。最常用的反射膜为铝膜，但由于铝膜容易氧化进而降低其反射率，通常在铝膜上再加镀一层氟化镁保护膜。由铝和氟化镁组成的双层膜的反射率在中紫外和远紫外波段通常在80%左右，而在100纳米以下反射率下降到15%左右，甚至更低。通常认为120纳米是使用铝作为反射表面的极限波长。由于各种材料波长在30纳米以下的紫外光的反射率都很低，因此，以前在这些波长的仪器一般采用掠入射光学系统（见**掠射X射线望远镜**）。随着现代多层膜技术的发展，从20世纪90年代开始，太阳紫外望远镜也广泛采用正入射光学系统。

根据所采用的光学系统，可以将太阳紫外望远镜分成两类：

①正入射太阳紫外望远镜。正入射太阳紫外望远镜的早期代表是1967年发射的轨道太阳观测台（OSO）4号上的太阳分光光度计。通过地面的遥控指令，它能够在30～140纳米范围某一波长处取得所期望的**太阳单色像**，空间分辨率为1角分。在1973年发射的美国第一个空间站天空实验室（SkyLab）上配置了类似的载荷，仪器的口径和性能得到大幅度提升。1995年发射的太阳和日球层天文台（SOHO）卫星上的极紫外成像望远镜（EIT）是第一个采用正入射多层镀膜光学在极紫外波段对太阳进行长期成像观测的仪器。工作波长为17.1纳米、19.5纳米、28.4纳米和30.4纳米。太阳物理学家通过EIT观测发现了EIT波的存在，其物理本质尚待明确。多层膜技术在EIT上获得成功之后，1998年发射的过渡区与日冕探测器（TRACE）卫星、2006年发射的日地关系观测台（STEREO）卫星上的极紫外成像仪（EUVI）以及2010年发射的太阳动力学天文台（SDO）上的大气成像组合（AIA）采用了多层膜技术。光谱型太阳紫外望远镜的最新代表是2013年发射的界面层成像光谱仪（IRIS）。其任务是获取色球和过渡区的高空间和光谱分辨率的两维光谱和高时空分辨率的单色图像，进而开展色球和过渡区的相关研究工作。关于这些卫星和仪器的详细信息，可参阅后面给出的外部链接。

②掠入射太阳紫外望远镜。在20世纪90年代之前的太阳紫外望远镜较多地采用掠射光学结构。其早年的代表是在天空实验室内的太阳紫外及X射线摄影实验用的望远镜。该望远镜的视场为60角分。焦距为1米、集光面积为12平方厘米的离轴抛物面镜收集太阳紫外辐射并聚焦成像。用三块厚度为100纳米的薄铝作为**滤光片**实现17.1～63纳米的工作波段选择。所得太阳像的空间分辨率为40角秒。通过天空实验室设备对太阳的成像观测，证实了太阳上**冕洞**的存在。（黎　辉）

太阳自转　solar rotation　太阳自身的转动。早在17世纪初**伽利略**发明望远镜后不久就发现，用望远镜连续几天观测日面上同一黑子时，它的位置每天向西移动约为14°的日心张角，表明太阳是在自转。太阳自转方向与地球自转方向一致，但它的自转轴与地轴不平行，而存在26.4°的交角。同时作为流体的太阳与固体地球的自转也不一样，就是太阳表面上不同纬度处的自转角速度也是不相同的。这种自转角速度随纬度而异的现象通常称为**较差自转**。更准确应称为纬向较差自转，以区别于下面将提到的径向较差自转。太阳赤道区大约26天转一周，两极区大约为37天，它们称为恒星周期。不过由于太阳自转过程中，地球也在自己的轨道上与太阳自转相同的方向运行，因此从地球上看太阳赤道上的一个黑子随太阳自转一周不是26天，而是27天，而在两极区附近自转一周需时41天，它们称为会合周期。

观测表明，太阳表面纬向较差自转可以表示为如下形式：

$$\omega = A + B^2 \sin^2 \varphi + C \sin^4 \varphi$$

式中ω为自转角速度；φ为纬度；ω、A、B、C的单位为度/天。表中列出由不同示踪物和测量不同纬度处太阳光谱线多普勒位移而获得的A、B和C数值。其中A代表太阳表面赤道处的自转角速度，B和C代表纬向较差程度（见表）。

太阳表面纬向较差自转系数

观测资料	A	B	C
威尔逊（Wilson）山天文台观测的所有黑子（1921～1984）	14.552	−2.84	
格林尼治（Greenwich）天文台观测的所有黑子（1874～1876）	14.551	−2.87	
威尔逊山天文台观测的谱线多普勒位移（1967～1984）	14.050	−1.492	−2.606
格林尼治天文台观测的回转大黑子（1878～1944）	14.368	−2.69	
空间飞行器“天空实验室”（Skylab）对冕洞的观测（1973）	14.23	−0.4	

太阳自转随深度的变化，即径向较差自转，主要依赖**日震学**的方法反推获得（见图）。理论研究表明，太阳振动频率将因自转而发生漂移，因而可以测量源于不同深度的振动模式的频率变化来推测自转角速度随深度的变化。结果表明，自光球表面至大约$0.05R_\odot$（$R_\odot$为太阳半径）深的各纬度处，自转速度随深处略有增加。而在大约$0.7R_\odot$附近，即在对流层底部附近，几乎在所有纬度处，都存在一个自转速度的径向梯度陡峭变化的剪切层，其厚度估计只有（0.02～0.05）$R_\odot$，称为差旋层。普遍认为，差旋层是**太阳发电机**的工作层，即**太阳磁场**的发源地。（林元章）

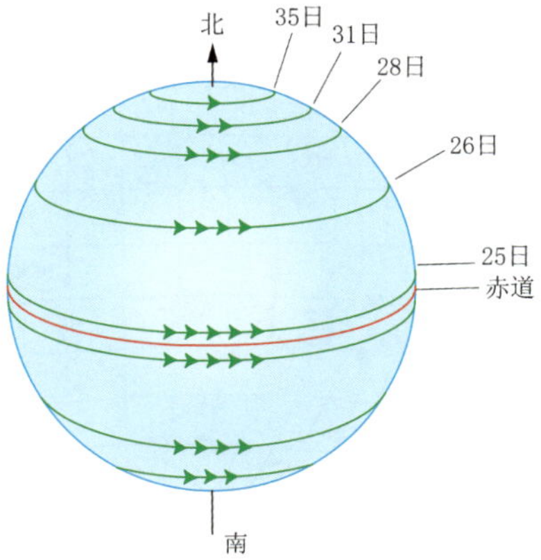

太阳较差自转示意图

太阳综合图　synoptic map of the sun　以每天的单色光观测为基础综合而成的，反映一个**太阳自转**周期内太阳主要活动特征的矩形图（图1）。将每天观测到的日面上各种活动特征（太阳黑子、光斑、谱斑、日珥和暗条、冲浪、日冕等）记录绘制到一张圆形日面图上，就得到每日太阳图（图2）。每日太阳图是研究太阳活动的基本资料，它提供每天日面上各种特征的概貌，把每日太阳图积累起来，就可以了解这些特征的发展史。为了绘制完整的每日太阳图，应收集较多的天文台、站的资料，加以综合整理。

1959～1965年，中国**紫金山天文台**每月发布一次每日太阳图，它包括黑子（实心圆，其大小与该黑子群面积成正比）、暗

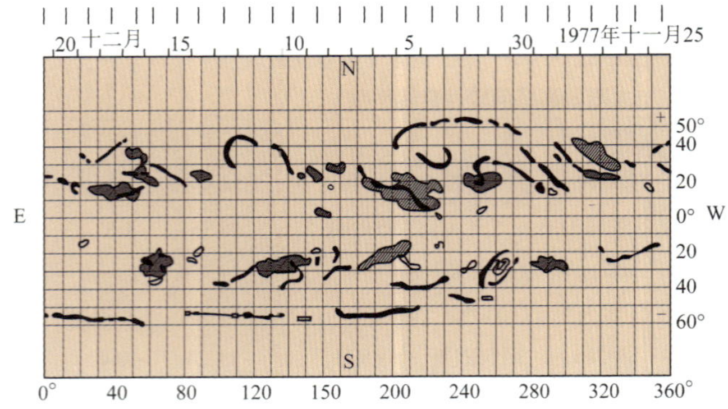

图 1 太阳综合图（卡林顿周 1664）

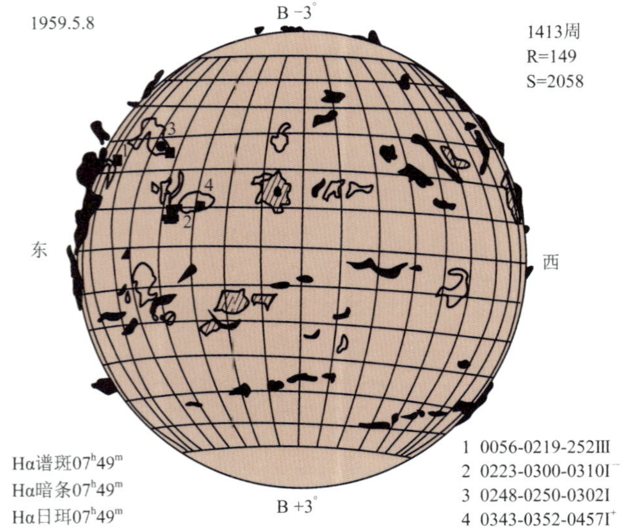

图 2 1959 年 5 月 8 日的太阳图

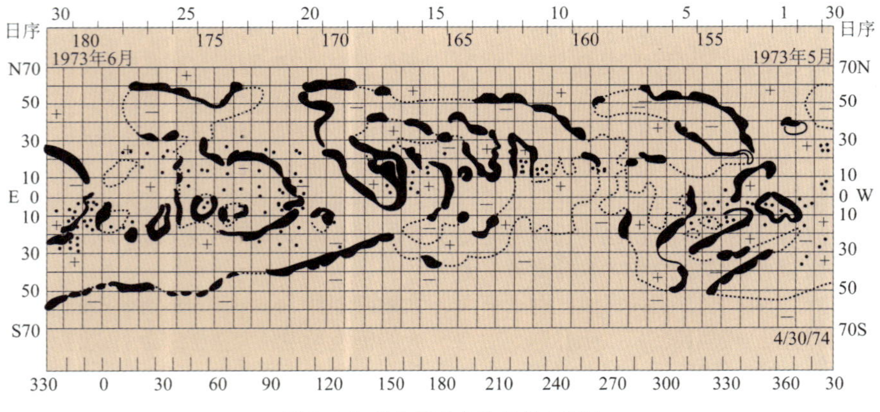

图 3 Hα 综合图（卡林顿周 1602）

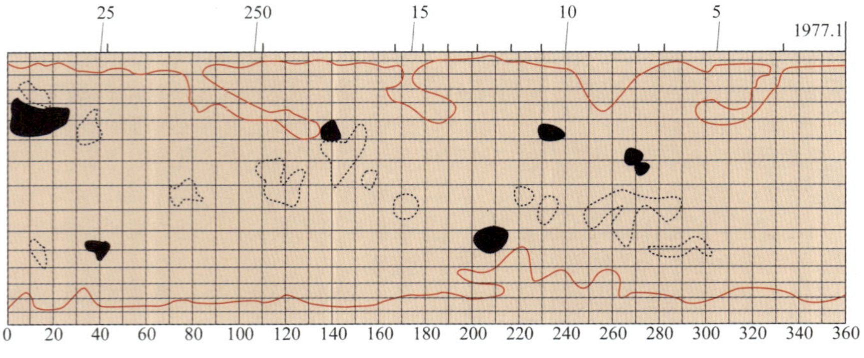

图 4 He Ⅰ 10 830 埃综合图（卡林顿周 1671）

条和日珥（实心闭合线围的区域）、Hα 谱斑（带阴影线围的区域，最暗的与最亮的谱斑一致）、太阳耀斑（实心黑方形）。图 2 是 1959 年 5 月 8 日的太阳图。太阳图上的方位：自转轴自上而下，东边在左，西边在右，北极在上。世界上许多国家的天文机构均发布每日太阳图，例如，法国巴黎**默东天文台**、德国夫琅禾费研究所、俄罗斯普尔科沃天文台、美国博尔德天文台等，这些太阳图一般还包括日面边缘的日冕强度。

20 世纪 50 年代，“国际地球物理年”（1957 年 7 月 1 日至 1958 年 12 月 31 日）后出版了套色的太阳图 D-1 集和太阳图 D-2 集。D-1 集收集了包括黑子、光斑、钙谱斑、冲浪、活动日珥、耀斑等太阳活动的资料，反映国际地球物理年期间的太阳活动史。D-2 集载有每日太阳的黑子群、边缘日珥、日面上的暗条和它的突然消失、太阳边缘的绿冕线（波长为 5303 埃的**日冕禁线**）强度图、太阳 21 厘米谱线射电的等辐射线。

用不同观测手段获得的资料汇总的太阳图有 Hα 综合图（图 3）、He Ⅰ 10 830 埃综合图（图 4）、He Ⅱ 304 埃综合图、**太阳磁场**综合图等。这些图反映出相应波段的活动特征在日面的分布。连续序号的综合图给出相继的自转周中太阳活动的缓慢变化的大尺度特征，它是研究大尺度太阳活动的基本资料。（胡福民）

太阳 X 射线辐射 solar X-ray radiation 当太阳上出现耀斑或其他偶发活动时，在 X 射线区常出现的辐射快速增强现象。在耀斑的闪光阶段，波长小于 1 埃、能量大于 10^4 电子伏的硬 X 射线区发生的脉冲式辐射快速增强现象称为太阳硬 X 射线爆发；波长 1 埃以上的软 X 射线区出现的辐射快速增强现象则称为太阳软 X 射线爆发。

太阳脉冲式硬 X 射线爆发 这是一种非热成分。辐射的寿命很短，通常为几十秒钟，爆发的上升时间和衰减时间相差不多，具有脉冲特征。与太阳软 X 射线爆发相反，脉冲式硬 X 射线爆发在数千电子伏低能区是不存在的。相反，在数兆电子伏的高能区，仍能记录到这种爆发的辐射流。这种爆发的特性是：常常在氢线 Hα 达到光学极大值前 0.5～3 分钟发生；X 辐射流的上升和衰减的时间常数分别为 2～5 秒和 3～10 秒；爆发的寿命随着辐射能区的增高而减小。X 辐射谱具有幂律谱的形式：

$$\frac{\mathrm{d}J(E)}{\mathrm{d}E} = KE^{-\gamma}[\text{光子数}/(\text{厘米}^2\cdot\text{秒}\cdot\text{千电子伏})]$$

式中 E 为光子能量；$\mathrm{d}J(E)/\mathrm{d}E$ 为微分光子流量。幂指数 γ 在几十千电子伏能量范围内为 $2.5 \leqslant \gamma \leqslant 5.0$，在 100 千电子伏以上的高能区，$\gamma$ 值更大，具有十分陡峭的光子能谱。在爆发过程中，谱型是变化的，常常在流量上升阶段光子谱型变硬，而在衰减阶段光子谱型变软。最硬的谱型出现在流量极大时刻，但在某些情况下也有例外。脉冲式硬 X 射线爆发与脉冲式微波爆发（见**太阳射电爆发**）几乎共生。二者在时间上有非常密切的相关性，甚至在二者流量随时间变动的细节都十分相似。脉冲式硬 X 射线爆发源的角径小于 1′，比 Hα 耀斑区小得多，也小于软 X 射线爆发源。

太阳软 X 射线爆发 与太阳脉冲式硬 X 射线爆发相比，软 X 射线爆发变化较为缓慢，缺乏脉冲特征，持续时间较长。一般认为软 X 射线爆发是热辐射或准热辐射性质的（见**热辐射**和**非热辐射**）。它的辐射包含有较多的高次电离原子的发射线成分。软 X 射线爆发的最普遍特征是，X 射线辐射通量快速增大，X 射线的短波截止波长大为缩短，有时出现硬 X 射线。波长越短，相对的通量增强越多：波长短于 8 埃的，通量可增大数百倍；波长为 8～20 埃的，通量可增大数十倍；波长为 20～100 埃的，通量一般为宁静时的 2～3 倍。波长越短，相对的通量增加得也越快：波长短于 3 埃通量达到峰值时间，比波长 3～8 埃提前 1～2 分钟，比波长 8～20 埃提前约 5 分钟。在太阳宁静期间，短波截止波长一般为几埃，出现 2～3 级耀斑时，短波限常移至 0.1～1 埃。在 X 射线增强最大的数十秒钟内，甚至能发射 0.02～0.05 埃的硬 X 射线。软 X 射线爆发的通量时间变化曲线有各种不同的类型。其简单变化类型的时间曲线与 Hα 耀斑强度时间变化曲线相似，表现出较快的上升和缓慢的衰减。复杂的爆发是相继出现、彼此不可分辨的简单爆发的组合。各个爆发的时间参数和幅度，是不相同的。根据行星际监测站“探险者”33 号、35 号在 1～6 千电子伏记录到的 4028 个爆发的统计研究得出，最普遍的上升时间为 4 分钟，未观测到上升时间短于 1 分钟的爆发；最普遍的衰减时间为 10～13 分钟；最普遍的持续时间为 8～24 分钟，未观测到短于 2 分钟的爆发。在爆发强耀斑的情况下，有时可持续 1 小时或更长时间。这是由于活动区出现强耀斑之后，接着出现一组较弱耀斑所致。统计分析表明，大约有 70%的软 X 射线爆发可认为是由 Hα 耀斑所引起的，有的耀斑不伴随软 X 射线爆发。X 射线爆发与 Hα 耀斑的对应数目，同 X 爆发的识别标准有关：降低 X 爆发的识别标准，Hα 耀斑引起 X 射线爆发的百分比就会增大。此外，有些 X 射线增强找不到对应的**光学耀斑**。大多数人认为，这些同耀斑没有对应关系的 X 射线的增强，有的和比弱耀斑更小的亮点相联系；有的同太阳上的冲浪、**爆发日珥**、射电Ⅲ型爆发或活动区的温度变化有关。关于软 X 射线爆发源的大小，用月掩 X 射线爆发源的方法测出 1～8 埃爆发的水平范围为 140 000 千米。从处于不同日心经度的两只飞船同时观测太阳边缘后面耀斑事件，发现软 X 射线爆发源高度下限约在**色球**底层以上 10 000 千米，在某些情况下，可延伸到很高的**日冕**中。

（苏万振 张和祺）

太阳 γ 射线爆发 solar γ-ray burst 太阳出现耀斑时经常伴随产生的持续时间仅数十秒钟、能量超过 10^5 电子伏甚至 10^6 电子伏的高能光子发射。这种爆发现象是 L.E.彼得森等人在 1958 年最先发现的。他们在一次**太阳耀斑**和射电爆发时，首次探测到这种高能辐射，其寿命约 18 秒钟。更高能量的 γ 光子则是在 1972 年 8 月 4 日大耀斑中观测到的。T.A.丘普等人成功地得到完整的 γ 射线谱，在微弱的连续谱背景上重叠着若干条强 γ 发射线。它们分别位于 0.5、2.2、4.4 以及 6.1 兆电子伏附近。

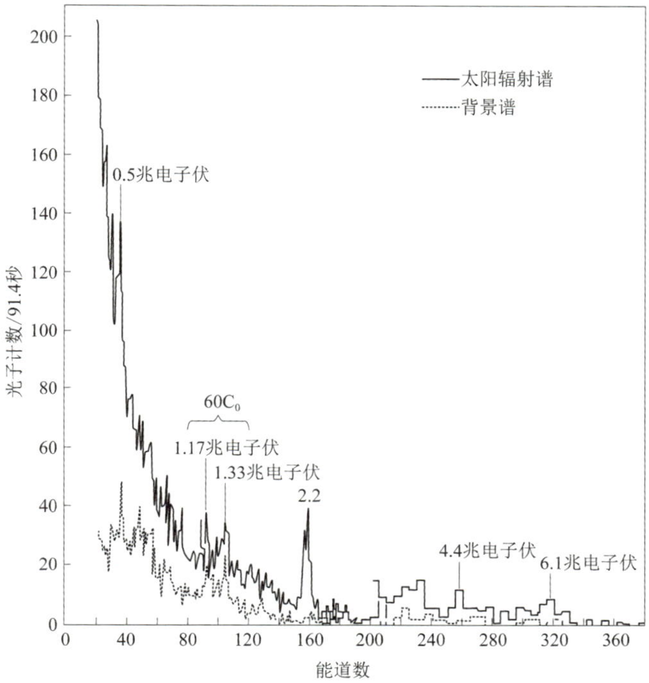

1972 年 8 月 4 日太阳耀斑的 γ 射线谱（0.4～8.0 兆电子伏）

这是到 1979 年为止记录到的最强的 γ 射线谱线（见图）。

从太阳 γ 射线爆发的研究中得到了很多关于高能粒子和耀斑物理条件的有价值的信息。可以断定在太阳出现耀斑条件下比较可能的 γ 辐射过程有：①正负电子对湮没，产生能量为 0.51 兆电子伏的两个 γ 光子，$e^+ + e^- \longrightarrow 2\gamma$。如果正负电子速度较高，也可形成连续谱。正电子可以来源于π^+介子的衰变（后者可以由核子之间的碰撞产生），也可以来源于核子间碰撞所形成的放射性核的正电子发射。②“核退激”，即与高能粒子碰撞而受激发的核，可以通过发射 γ 射线衰变回到基态。③中子俘获，在许多核子与核子相互作用过程中可以产生中子。当中子被质子俘获时可以产生能量为 2.23 兆电子伏 γ 射线。④π^0介子衰变，在高能的质子与质子碰撞中可能产生π^0介子。然后它很快衰变为 γ 射线，$\pi^0 \longrightarrow 2\gamma$。此外，电子的韧致辐射、逆康普顿散射等虽然对 γ 辐射也有一定作用，但在太阳耀斑条件下，看来是微不足道的。丘普的观测结果很好地反映了上述的核过程。其中 2.23 兆电子伏 γ 射线由中子俘获过程产生，4.4 和 6.1 兆电子伏 γ 射线由 ^{12}C 和 ^{16}O 的核退激产生，0.5 兆电子伏则是正负电子对湮没所致。

（张和祺）

太阳 γ 射线辐射 solar γ-ray emission 产生于太阳的伽马射线辐射。宁静期的太阳 γ 射线辐射主要来自其与银河系宇宙射线的相互作用。存在着两个成分：一个是宇宙射线中的电子与太阳**日球层**中光子的逆康普顿散射，表现为扩展源；另一个是宇宙射线中的核子与**太阳大气**的相互作用，表现为太阳日面的辐射（见图）。因此，通过太阳 γ 射线辐射，能够研究太阳系中宇宙射线流量以及太阳日球层电子的性质。由于**太阳风**能够与银河宇宙射线相抗衡，太阳活动强的时候银河宇宙射线弱，因此太阳 γ 射线弱；反之，太阳活动弱的时候银河宇宙射线强，太阳 γ 射线强。

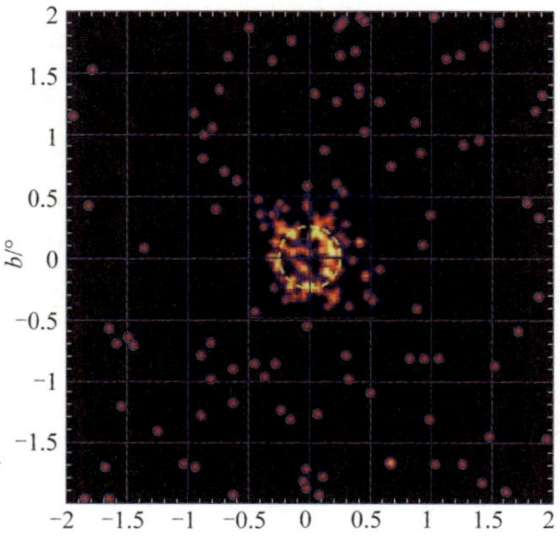

太阳 γ 射线辐射图（黄色圆圈为太阳日面大小）

另外，在太阳产生耀斑时，有时能够产生 γ 射线的爆发，能量可高达 100GeV。

（蒙克来 李 晔）

泰国国立天文研究所 National Astronomical Research Institute of Thailand 泰国国家级天文研究机构。成立于2004年，是科技部下属的法定政府机构，2008年改为非营利性政府公共组织。总部位于泰国清迈省诗琳通公主天文公园。

2012年在诗琳通公主天文公园的因他农山建成泰国国家天文台（TNO），拥有2.4米R-C**望远镜**，又称泰国国家望远镜（TNT），是泰国最大的光学望远镜（见图）。另有0.5米施密特-卡塞格伦机器人望远镜。用于培训和教育、测试新仪器和技术、支持主望远镜以及不需要使用主望远镜的研究。

2.4米泰国国家望远镜

2020年，建成泰国国家射电望远镜（TNRO），位于清迈省雷沙革县。该望远镜为**可跟踪抛物面射电望远镜**，口径40米，单偏轴，工作于毫米波段。是东南亚最大的射电望远镜，也是首个位于赤道附近的射电望远镜。其配合另一台13米口径的射电望远镜可进行**甚长基线干涉测量**（VLBI）。

泰国国立天文台的主要任务是通过研究、公众宣传和教育活动，开展、支持和促进泰国天文学和天体物理学的发展。

（李宗伟　刘黎明）

泰勒，J.H. Joseph Hooton Taylor（1941-03-29～ ）美国射电天文学家。生于美国费城。1963年本科毕业于哈弗福德学院物理专业，1968年获哈佛大学天文学博士学位。此后任马萨诸塞大学天文学助理教授、副教授、教授，曾担任五大学射电天文台副台长。1981年起任普林斯顿大学物理学教授，直到2006年退休。1980

年获美国物理学会和美国物理研究院首届海涅曼奖，1982年当选美国艺术与科学院院士，1985年获美国国家科学院德雷珀奖章，1987年获瑞士托马拉基金奖，1990年获美国哲学学会麦哲伦金质奖章，1990年获瑞士伯尔尼爱因斯坦学会爱因斯坦奖章，1991年获美国国家科学院卡尔提科学进步奖，1992年获以色列沃尔夫基金会沃尔夫物理学奖，1993年获诺贝尔物理学奖，1995年获美国成就学会金牌奖，1997年获德国天文学会史瓦西奖章。

研究射电天文学，设计并发展了**射电望远镜**及其信息处理系统。1974年起，他和研究生 R.A.**赫尔斯**等人用西印度群岛波多黎各的阿雷西博300米射电望远镜前后发现了40个脉冲星，其中之一是PSR1913+16。其后两个星期，又发现该脉冲星是一双星系统。泰勒的学生赫尔斯于1978年证实，该脉冲星系统的公转周期变快，其实测变率与广义相对论的理论预言值一致。这就为检验A.**爱因斯坦**的广义相对论和其他**引力理论**找到了一个新的革命性的“空间实验室”，也是广义相对论的可靠的实验验证。由于发现了新型脉冲星，并由此开拓了引力研究的新的可能性，泰勒和赫尔斯获1993年诺贝尔物理学奖。

（郭奕玲　石云里）

探空火箭 sounding rocket 一种携载测量高空各种地球物理参数仪器的火箭。探空火箭系统由有效载荷、火箭、发射装置及地面台站组成（见图）。有效载荷一般安装在火箭的仪器舱内。探空火箭具有把数千克有效载荷携带到100千米以上高能的能力，推力较大的火箭能够推送得更高。探空火箭的意义在于，高空科学气球飞行高度一般在40～50千米，而卫星轨道高度基本高于160千米，在这两者之间的区域，气球上不去、卫星下不来，探空火箭正好能够填补这一区域进行实地探测。探空火箭可以沿着自己的飞行轨迹探测发射地点上空一定的区域，但停留的时间一般较短，仅仅能够停留几分钟至几十分钟的时间。

探空火箭的空间观测首先应用于太阳紫外和X射线测量，后来逐渐用于其他天文观测。1946年10月10日，美国天文学家 R.图西率领科研团队，在白沙导弹靶场

中国“织女”3号探空火箭

将V-2火箭发射到数百千米的高空，用来观测来自太阳的紫外线，获得了波长为230纳米的太阳紫外光谱，得到了人类第一张太阳紫外照片。1949年，美国海军天文台 H.弗里德曼领导的小组将当时的盖革计数器安装在V-2火箭上，首次发现了来自太阳的**X射线辐射**。1962年，R.**贾科尼**利用探空火箭携带宽视场盖革计数器探测月球表面的X射线荧光，意外地发现了第一个宇宙X射线源和宇宙X射线弥漫背景，揭开了**X射线天文学**的序幕。

20世纪中叶，科学家还先后利用探空火箭进行了紫外辐射探测和红外探测。这些观测既为**空间天文学**的发展奠定了基础，也确定了探空火箭在空间天文学发展过程中的地位。

（胡一鸣　张　哲　张　岩　陈灯意）

探月飞行器运动理论 theory of the motion of lunar vehicle 对探月飞行器的探月轨道进行的一系列运动理论研究。人类于1969年首次登上了月球（见**“阿波罗”计划**），中国从2007年开始发射“嫦娥”系列探月卫星。叶戈罗夫和希勒利用**作用范围**的概念把探月轨道分为几段圆锥曲线，全面研究了探月轨道，获得了许多重要结果，主要包括击中月球的轨道、绕月飞行的轨道和绕地-月飞行的周期轨道等。尽管这些只是定性结果，但可以给数值方法指明范围，从而减少盲目性。

击中月球的轨道是一个典型的边值问题，运用作用范围的概念可求出这种轨道的发射条件。谢多夫的研究表明，从节省能量的观点来看，飞行器进入轨道时的地心方向与到达月球时的地心方向二者交角愈大愈好，此外还应使飞行器到达月球时

能从发射场观测到。因此，探月飞行器的飞行时间应在一天半、两天半或三天半左右。为了击中月球，飞行器的地心轨道可以是椭圆、抛物线和双曲线，但只有椭圆轨道既可以使飞行器在到达远地点前从正面击中月球（上升轨道），也可以使飞行器在过远地点后绕到月球背面去击中它（下降轨道），其他两种轨道则只能从正面击中月球。在这三类轨道中，椭圆型轨道的稳定性最差，抛物线型**轨道稳定性**最高。

绕月球飞行的轨道指的是探月飞行器离开月球区域后能立即返回地球邻近的轨道，飞行器通过这种轨道将探测资料发回地面。对于这类轨道，主要研究探月飞行器在月球和地球邻近的运动性质。在月球附近，探月飞行器相对月心的速度要比月球逃逸速度大一倍以上，因此，飞行器相对于月球的运动总是双曲线型的。飞行器的月心轨道按运动方向可分为顺行和逆行两种。逆行轨道绕到月球背面，近月点也在月球背面，故又称绕行轨道；顺行轨道则达不到月球背面，故又称非绕行轨道。绕行轨道的飞行时间较短，一般为5～10天；非绕行轨道的飞行时间较长，15～20天。希勒对二维情形（轨道在白道面内）的近月点分布进行了研究，发现在月球运动方向的前、后方各有一个不会有近月点的“禁区”，前方的禁区比后方的大一倍。这就说明：考察月球的两侧要比考察月球的正、背面困难。

在绕地－月飞行的周期轨道的研究中，对称周期轨道通常以**平面圆型限制性三体问题**为力学模型，其中那些近月距和近地距都较小的周期轨道对考察月球有着实际意义。**黄授书**的研究表明：周期分别为1/2、2/3、3/4、2/5、……、6/11个月的14种通约型轨道，它们的近月距小于8万千米，而且近地距又在16万千米以内。与绕月飞行的轨道相似，这种周期轨道亦可分为绕行与非绕行两种。绕行周期轨道是一些周期很短（几天）的逆行轨道，这些轨道的近月距比近地距小得多，它们是不稳定的；非绕行周期轨道比较普遍，是由周期相当的顺行与逆行轨道组成一对。当近地距缩短至零时，它们一起退化到同一个极限轨道——闭合抛射轨道。非对称周期轨道比对称周期轨道更稳定，但这类轨道的设计比较难。（童　傅　赵长印）

碳星　carbon star　恒星表面碳原子数目多于氧原子数目（$C/O>1$）的巨星支恒星。这类恒星由碳元素结合所形成的分子及碳尘埃包裹，是星际介质中重要的碳来源之一。光谱上可见明显的C_2、C_3、CN、CH和SiC_2等分子谱线。

分类　碳星可分为R、N、J和CH，以及特殊的CEMP类型。R型碳星在**赫罗图**上处于**红巨星**区域，与太阳元素丰度相比具有更小的碳同位素比（$^{12}C/^{13}C<15$），没有明显的慢中子俘获过程（s过程）元素增丰，如钡元素等，主要为单星。N型碳星在赫罗图上处于渐进巨星支区域，具有与太阳丰度接近的碳同位素比，可观测到明显的慢中子俘获过程元素增丰。J型碳星在赫罗图上处于渐进巨星支区域，但光谱与R型碳星相似，具有较小的碳同位素$^{12}C/^{13}C$比，没有明显的慢中子俘获过程元素，但$^{12}C/^{13}C$之比较之于R型碳星更小同时伴随有较高的锂元素增丰。CH型碳星处于双星系统中，在赫罗图上处于红巨星区域，光谱上具有强烈的CH吸收线以及慢中子俘获元素吸收线。具有较大的运动速度，主要分布在**银晕**中，被认为属于星族Ⅱ贫金属星。

富碳贫金属星（CEMP）是碳星中的一个特殊类别，通常处于银晕之中，金属丰度$Fe/H<-1$，碳丰度$C/Fe>+1$。与碳星类似，部分富碳贫金属星可观测到慢中子俘获过程元素增丰甚至快中子俘获元素增丰，但仍然有部分富碳贫金属星没有观测到任何慢中子俘获元素增丰。富碳贫金属星是研究银河系早期恒星演化的重要标本。一部分富碳贫金属星被认为是更低金属丰度的CH星，但仍然缺乏确凿和完备的理论依据。见**钡星和CH星**。

形成　根据恒星演化理论，碳星的形成可以分为单星演化渠道和双星演化渠道。在小质量恒星主序阶段，恒星表面氧原子数目多于碳原子数目。在红巨星阶段，恒星内部通过氦燃烧可以生成碳元素，却难以通过对流等形式搬运到恒星表面，因此恒星表面仍然具有与主序相近的碳氧元素丰度。只有当恒星演化到渐进巨星支阶段，恒星氦燃烧层所生成的碳及慢中子俘获过程元素会随着外壳层对流搬运到表面，从而增加了表面碳元素及慢中子过程**元素的丰度**，这种渠道主要生成N型碳星。双星演化渠道则更为丰富，一种情况是双星中质量较大的恒星演化到渐进巨星支阶段时，由于**星风**作用或洛希瓣物质转移，渐进巨星支恒星表面富含碳及慢中子俘获过程元素的物质被转移到仍然处于主序阶段的伴星表面，使得**主序星**碳元素及慢中子俘获过程元素含量增加。在随后的演化中，渐进巨星支恒星演化为**白矮星**，主序伴星演化到红巨星阶段成为碳星。如果这一双星演化过程发生在星族Ⅱ贫金属恒星之间，则为CH碳星；如果发生在星族Ⅰ恒星之间，则为钡星或部分J型碳星。另一种情况是氦白矮星与红巨星发生公共包层并合形成碳星。随着小质量双星的演化，其中一颗将率先演化为氦白矮星。当伴星继续演化到红巨星阶段时，恒星将充满洛希瓣，并通过内拉格朗日点向氦白矮星转移物质。如果物质转移的时标小于恒星的热时标，这种物质转移是动力学非稳定的，氦白矮星将很快被包裹进红巨星内部，形成公共包层。随后氦白矮星与红巨星氦核进一步靠近并释放引力势能及转移角动量到公共包层，引发公共包层不断损失物质。在氦白矮星与氦核逐渐靠近直至并合之前，如果转移的能量和角动量能够将公共包层完全抛射掉，则形成双氦白矮星系统；如果转移的能量和角动量不能将公共包层完全抛射掉，将形成一颗与红巨星类似的恒星，其中心是氦白矮星与氦核并合所形成的并合核，而外部仍然包裹着之前红巨星留存的氢包层。与通常的红巨星不同，中心氦核的并合所爆发的强烈氦闪耀将驱动足够深的对流，这一对流将氦燃烧所生成的碳搬运到恒星表面，形成富碳表面。但该过程由于没有合适数密度的中子源，不足以发生慢中子俘获过程，因而没有慢中子俘获过程元素生成。这一渠道可以生成R型碳星或J型碳星，具体的机制尚待更细致的研究。（张先飞）

汤斯，C.H.　Charles Hard Townes　（1915-07-28～2015-01-27）　美国物理学家。生于美国南卡罗来纳州的格林维尔，卒于美国加利福尼亚州伯克利。1939年获加州理工学院哲学博士学位。

1939～1947年入贝尔实验室从事微波波谱学和雷达研究。1948～1959年任哥伦比亚大学物理学教授、辐射实验室主任、物理系主任。1959～1961年任国防分析研究所所长兼研究主任。1961年后任麻省理工学院教务长兼物理系教授。1967年起任加州大学教授。美国国家科学院院士，英国皇家学会会员。

20世纪40年代研究微波波谱学，1951年产生微波激射的想法，他和同事历经两年的试验，在1954年制成第一台微波激射器。1958年与A.L.肖洛合作，提出设计激光器初步方案及其研制的可能性和特性。在此基础上，红宝石脉冲固体激光器和氦氖气体连续波激光器在1960年相继问世。由于这一贡献，汤斯和苏联物理学家N.G.巴索夫和A.M.普罗霍罗夫同获1964年诺贝尔物理学奖。1960年以后，汤斯从事非线性光学研究。他在微波激射器、激光器、飞机导航等方面获 13 项专利。

1968 年，汤斯在加州大学开创射电和**红外天文学**研究，与他人合作发现星际空间复杂分子（氨和水）。20 世纪 70 年代中后期，汤斯与几位天文学家合作对银河系中心的人马座 A 进行了红外观测，发现其中存在一个超级黑洞，成为人类观测到的首个黑洞。汤斯还是红外线空间干涉仪的主要研创者。该仪器安装在威尔逊山天文台，是一个由 3 架彼此相距 70 米的 1.65 米望远镜组成的阵列，操作范围是中红外线，在最长基线上以 11 微米的波长可获得 0.003 角秒的解析力。（郭奕玲　石云里）

特洛伊群小行星的运动　motion of Trojan group asteroid　*限制性三体问题的拉格朗日特解*在太阳系中的实例。传统上特洛伊群小行星以希腊神话中的人物来命名，而这个位于木星的第四、第五拉格朗日点附近的小天体群在发现时则以传说中特洛伊战争双方的英雄命名。天文学界曾译为脱罗央。特洛伊群小行星绕太阳运行的周期与木星相同。这一群中最先被发现的小行星名为阿基琉斯，它是德国天文学家 M.沃尔夫于 1906 年观测到的。这颗小行星之所以引人注意，是因为当它的轨道被推算出来之后，它的周期和木星的周期很相近。C.W.L.沙利叶注意到，以太阳为原点向外看去，它位于木星前方约 55°处。他认为这可能是 J.-L.拉格朗日于 1772 年所推导的三体问题的特解（见*平面圆型限制性三体问题*）。按照拉格朗日特解的情况，可假设太阳和木星是两颗有限质量的天体，木星轨道为一圆周，那么在太阳S和木星J的周围将有五个平动点（见图）。其中三个点L_1、L_2、L_3位于SJ直线上，而另外两点L_4、L_5则与S、J构成两个等边三角形。但L_1、L_2、L_3三处为不稳定的平动点，在这些点上的小行星若位置稍有移动，便一去不返；反之，L_4和L_5则为稳定的平动点，在这两点上的小行星即使稍有移动，仍将在平动点附近打转而不远离。它们绕太阳运行的周期为 11.86 年左右，与木星的周期相近。

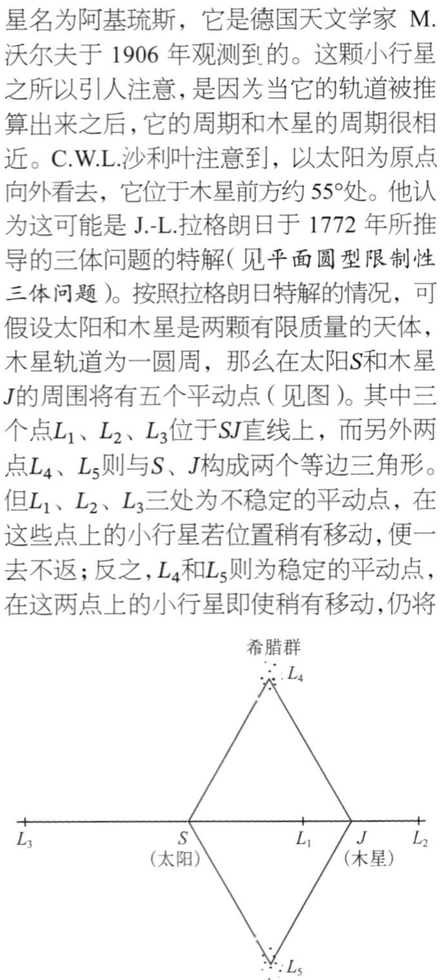

特洛伊群小行星位置示意图

在木星之前的特洛伊群小行星，位于平动点L_4附近，它们形成希腊大营，有阿基琉斯（第 588 号，Achilles）、赫克托尔（第 624 号，Hektor）、涅斯托尔（第 659 号，Nestor）、阿伽门农（第 911 号，Agamemnon）、奥德修斯（第 1143 号，Odysseus）、埃阿斯（第 1404 号，Ajax）、狄奥墨得斯（第 1437 号，Diomedes）、安提罗科斯（第 1583 号，Antilochus）、墨涅拉奥斯（第 1647 号，Menelaus）、忒拉蒙（第 1749 号，Telamon）。跟随木星之后的特洛伊群小行星位于平动点L_5附近，属于特洛伊大营，有帕特罗克勒斯（第 617 号，Patroclus）、普里阿摩斯（第 884 号，Priamus）、埃涅阿斯（第 1172 号，Aeneas）、安喀塞斯（第 1173 号，Anchises）、特洛伊罗斯（第 1208 号，Troilus）。截至 2023 年，在前后两个拉格朗日点附近已发现了数千颗此类型小天体。

由于特洛伊群小行星位于拉格朗日特解所确定的区域，它们的发现引起了天体力学家们的很大兴趣。又因发现的小行星并不严格在L_4、L_5点，公转周期与木星也略有差别，所以研究L_4、L_5点附近运动的周期轨道的存在性和稳定性问题，不仅有理论意义，而且有实用价值。

实际上，在太阳–行星–小天体组成的圆型限制性三体模型中，太阳系中行星的第四、第五拉格朗日点都是稳定的。除了木星之外，人们已经观测到海王星和火星都有稳定存在的特洛伊天体。而其他行星的特洛伊天体的区域，由于行星的引力摄动以及非引力摄动的作用，能够稳定存在特洛伊天体的区域极小（或不存在），因而不能长期维持特洛伊天体的存在。（张钰哲　周礼勇）

特殊星系　peculiar galaxy　根据光学形态，难以归为哈勃分类系统中的*旋涡星系*、*椭圆星系*或*不规则星系*的河外星系。*巡天*资料表明，它们占星系总数的 5%～10%。大多数特殊星系表现出非正常的形态，如桥、尾、环、壳等结构，而此类结构的形成，主要归因于两个（或多个）邻近星系之间强烈的引力潮汐相互作用。许多特殊星系正在经历着恒星的大规模爆发式形成过程。

形态特征　在美国天文学家 H.C.阿尔普编制的特殊星系图册上，可看到如下一些形态类型：

①有尾和（或）桥的相互作用旋涡星系。两个质量相当的旋涡星系近距交会时，引潮力可拖出长达 100～200 千秒差距的尾和桥形特征，如天线星系 NGC4038/39 和 NGC2535/36。这些特征来源于星系外盘，因而呈蓝色，富气体。

②相互作用的旋涡–椭圆星系对。当一个旋涡星系与椭圆星系交会时，因后者内部运动并非由旋转主导，所以潮汐作用只导致恒星更为弥散，而前者则往往出现一段尾、桥，或显现形态残损，如 NGC 274/5。

③并合遗迹。当两个*星系并合*且到达晚期阶段时，光学像表现为类似于一个椭圆星系，而射电和红外波段显示出大量气体、潮汐尾和双核等特征，如 Arp 220。

④环状星系。当一个星系从另一旋涡星系的核附近穿盘而过时，引力会把盘星的轨道挤入直径 10～35 千秒差距的大环，在那里集中了该星系 90%的气体和几乎全部的恒星形成活动，如车轮星系。

辐射特征　除上述形态特征外，就辐射特征来看，许多特殊星系同正常星系相比，其颜色显得非常蓝，有强的氢 Hα 发射线，表明这些星系在最近 1000 万～1 亿年经历着强烈的恒星形成活动。恒星形成率平均比正常星系高 2～3 倍，有的甚至高几个量级。有些星系大部分辐射位于波长 5 微米以上的红外波段，而这些*亮红外星系*从形态上看几乎都是特殊的。有些特殊星系中心有很高的光度，有很强的射电、紫外和 X 辐射，光度有快速变化。有亮核的特殊星系，核区光谱都有较宽的发射线和高激发、高电离的禁线，这些都表明它们是一些具有活动核的星系（AGN）。哈勃空间望远镜的观测表明，许多*类星体*在形态上也是特殊的，如存在大尺度形变、多重核、近伴星系等。

成因　关于星系特殊结构的成因，早期研究者提出过各种可能，除星系的潮汐扰动外，还包括来自核心的爆发、分裂或喷射、强磁场或某种全新的力，甚至物质的创生，等等。但最早的解释被后来的大量观测和数字模拟证明是最接近实际的，即特殊星系是普通星系近距离交会时产生的强引潮力触发星暴或核活动的结果。（邹振隆　沈世银）

提丢斯–波得定则　Titus-Bode law　关于行星轨道半长径与行星序号之间函数关系的假设。认为由太阳向外，行星到太阳的平均距离近似为公比等于 2 的等比级数。定则以两位德国学者的名字命名，J.D.提丢斯在 1766 年做了完整表述，J.E.波得于 1772 年在著作中发表出来。

取天文单位（AU）为距离单位，定则可以表示为如下公式：

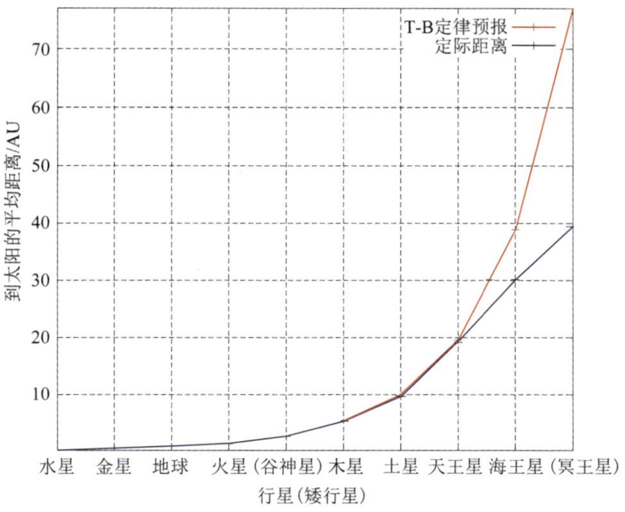

提丢斯–波得定则预报与实际距离的比较

$$a = 0.4 + 0.3 \times 2^n$$

式中a为行星轨道的半长径，即行星到太阳的平均距离；$n = -\infty, 0, 1, 2 \cdots$，依次对应于水星、金星、地球等行星或**矮行星**。上图给出了定则预报的 8 颗行星和 2 颗矮行星到太阳的平均距离与真实值的差。

定则发表于天王星发现以前，应是以指数函数拟合当时知道的 6 颗行星轨道半长径的结果，但以$-\infty$对应水星显得牵强。天王星和谷神星的发现似乎支持了这个定则，但随后发现的海王星和冥王星则又破坏了定则。当代的太阳系演化理论也不支持这个定则。（李广宇）

体位相全息光栅 volume-phase holographic grating; VPHG 与经典的刻划光栅不同，通过调制夹在两块玻璃中间的介质材料的折射率实现对光的衍射的光栅。折射率调制的频率（条纹数）和光栅介质的厚度是决定 VPHG 性能的重要参数。VPHG 是制作在重铬酸盐明胶上，首先将感光明胶薄膜涂在玻璃基底上，用全息曝光装置将干涉产生的条纹频率和方位记录在感光明胶介质上，这样就得到了所设计的光栅参数，然后在光栅的上表面用玻璃材料封装，典型的基底和封装玻璃有 BK7 和熔石英，玻璃表面镀增透膜以减少光损失，图 1 所示两种体位相光栅的结构，类似“三明治”。VPHG 同样可以制作在棱镜斜面上或平凸、平凹透镜表面。光线衍射角作为入射角和折射率调制频率的函数，VPHG 也满足经典的刻划光栅衍射方程。VPHG 的衍射效率与入射角、衍射角有关，当这种关系满足布拉格条件时，VPHG 的衍射效率最高，理论上接近 100% 是可能的。

透射 VPHG 方程可以由下式表达：

$$m\upsilon\lambda = \sin(\alpha) - \sin(\beta) \quad (1)$$

式中m为衍射级次；υ为光栅频率；λ为光波长；α为在空气中光线入射角；β为在空气中光线衍射角。

对于条纹刻线垂直于光栅表面的透射 VPHG（图 1），满足布拉格条件时，公式（1）简化为：

$$m\lambda = \Lambda 2 n_2 \sin(\alpha_{2B}) \quad (2)$$

式中$\Lambda = 1/\upsilon$为条纹间隔；α_{2B}为布拉格角；n_2为 1 折射率。当入射角与衍射角相等符号相反的波长才满足布拉格衍射条件。

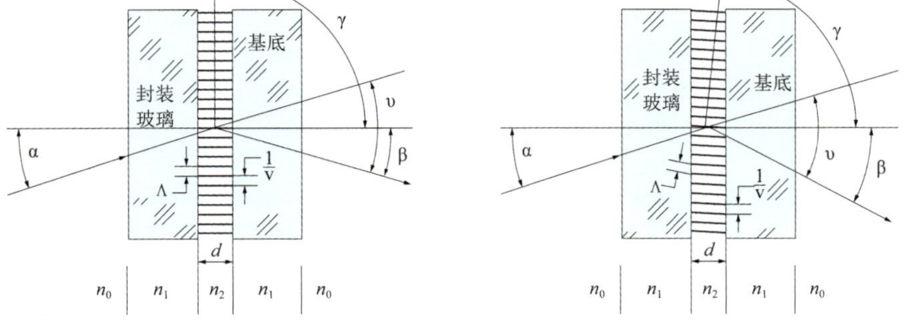

左图：条纹刻线垂直于光栅表面的透射 VPHG，这种光栅满足布拉格条件时$\alpha = \beta$
右图：条纹刻线倾斜于光栅表面的透射 VPHG

图 1 两种体位相光栅结构图

VPHG 与刻划（SR）光栅相比，主要特点有：“闪耀”或效率轮廓由布拉格（Bragg）衍射给定，因此对于不同波长或不同衍射级次可通过改变 VPHG 的入射角获得高效率；300 线/毫米～6000 线/毫米的 VPHG 的衍射效率达 80%～95%（图 2）；全息技术可以制造出大尺寸的 VPHG，最大口径达 1 米；VPHG 的刻线密度可以高达 6000 线/毫米，而且如此高密度的刻线同样适用于透射式 VPHG；透射 VPHG 可以工作在利特洛（Littrow）状态，使得成像系统的光学结构相对简化；VPHG 偏振效应小；VPHG 鬼像和杂散光明显好于刻划光栅；VPHG 封闭在两块玻璃材料中间，防尘，易于清洁，寿命长，性能不衰减。

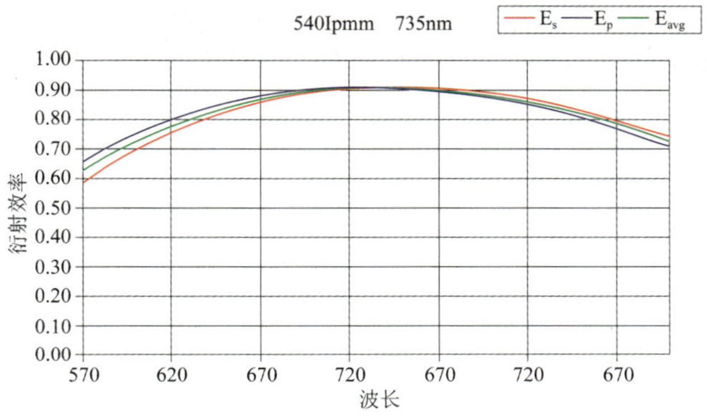

图 2 LAMOST 低分辨率光谱仪红区 VPHG 衍射效率

反射 VPHG 和高刻线密度的透射 VPHG 工作波长范围窄，对高级次（$m > 10$）VPHG 的理解还相当粗浅，设计和制造高级次 VPHG 有一定困难。

体位相全息光栅具有光效率高和波段可调性，这种光栅技术已显示出巨大的天文应用前景，用来代替刻划光栅将改善光学/红外光谱仪的性能，是下一代天文光谱仪的首选**色散元件**，欧美国家率先研制了天文用途的体位相全息光栅，获得了广泛应用。**大天区面积多目标光纤光谱天文望远镜**（LAMOST）的多目标中低分辨率光谱仪集群均选用 VPHG 作为色散元件，进而大幅提高了仪器总体光效率。大口径望远镜**高分辨率阶梯光栅光谱仪**的横向色散元件也多采用 VPHG。（朱永田）

天鹅圈 Cygnus Loop; radio source W78; Sharpless 103 位于天鹅座翅膀上的横跨3°的**发射星云**。又称面纱星云复杂体。距离人们大约 1500 光年。天鹅圈产生于 5000～8000 年前一颗大质量恒星爆炸，是爆炸冲激波与星际介质相互作用的结果。天文学家已在射电、红外、紫外、X 射线波段观测到完整天鹅圈，而在可见光波段只观测到

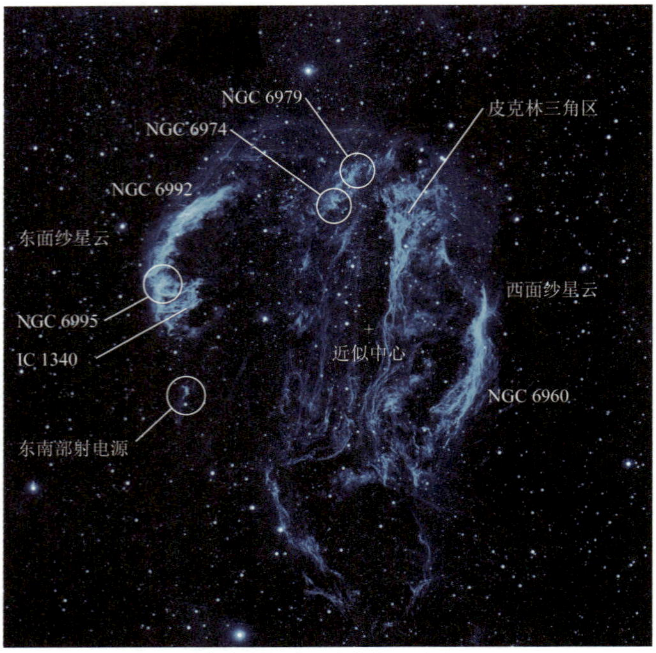

紫外波段观测的完整天鹅圈

部分天鹅圈（即面纱星云，又称丝状星云）。

天鹅圈星云又称面纱星云复杂体，其主要组成为：西面纱星云东部包含的NGC6960；东面纱星云西部包含的NGC6992、NGC6995、IC1340；天鹅圈北部包含NGC6974和NGC6979，其西边是皮克林三角区；在东南部，有一个X射线源。（单素素　田文武）

天鹅座P型星　P Cygni star　一种光谱具有特殊发射线、光谱型大部分是B型、气壳向外膨胀的恒星。天鹅座P（天鹅座34），中文名天津增九，是这种恒星的典型代表。天鹅座P的目视星等为4.9等。发现于1600年，当时的目视星等增亮3等，一度被看作**新星**。以后光度有一系列不规则的变化，大约在1715年以后开始稳定下来。它是一颗具有特殊发射线的、光谱分类为B1Ⅰa的**超巨星**。关于它的各项参数颇有争议。1979年的一项研究认为它的距离为1.8±0.7千秒差距，绝对热星等为−8.9±1.4，表面有效温度为17 000±3000K，半径为60±30倍太阳半径，质量为40±20倍太阳质量。这颗星不断有物质抛出，质量损失率约3×10^{-5}太阳质量/年。抛出的物质在周围形成向外膨胀的气壳，气壳密度比较稀薄，具备产生复合光谱的条件。天鹅座P型星的光谱结构很特殊，在发射线的短波端有一条吸收线，偶尔在某些光谱成分处有两条吸收线。吸收线的紫移说明气壳不断向外膨胀，两条吸收线的出现说明有两个不同速度的气壳同时存在（图1、图2）。根据各种元素的吸收线计算所得的气壳膨胀速度在30～250千米/秒，并已测得天鹅座P的红外和射电辐射。（刘宗礼）

北京天文台（今国家天文台）摄

图1　天鹅座P光谱

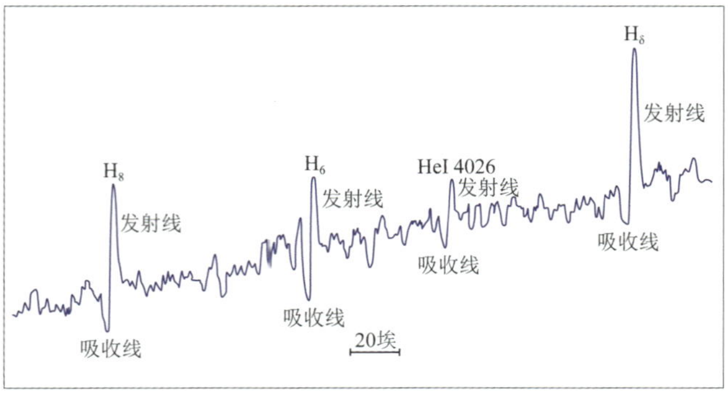

图2　天鹅座P的光谱描迹

天鹅座SS　SS Cygni star; SS Cyg　距离地球约372光年的天鹅座中的一颗**变星**。属于新星。最早发现于1896年。天鹅座SS可能是一颗**矮新星**，多数的观测结果显示它会7～8星期经历一次爆发。通常它被划分为双子座U（U Geminorum）类型的新星。然而它的最大光度要比这些双子座U类型的矮新星要亮。天鹅座SS的赤纬大约44°，使得从欧洲和北美的纬度来观察，该星位于极地区域。从而使得很多的天文爱好者能够观测到该星的变化。

类似其他的激变变星，天鹅座SS也是由一个密近双星系统组成的。其中的致密星是**白矮星**，伴星是一个**红矮星**。一些研究表明，这两颗星之间的间距只有160 000千米或者更小。在这个双星中，白矮星的质量大约为0.60太阳质量，红矮星的质量大约为0.40太阳质量。

从天文学上讲，天鹅座SS离地球是相当近的。早期天文学家认为它离地球的距离为90～100光年，1952年的研究表明它的距离为400光年左右，2007的哈勃望远镜的观测数据显示它的距离为540光年，2010～2012年用**甚长基线干涉测量**得到的距离为372光年左右。（陈海亮）

天鹅座V1974　V1974 Cygni; Nova Cygni 1992　1992年在天鹅座中发现的一颗较亮的新星。离地球的距离为10 430光年。为天鹅座第1974颗变星。又称天鹅座新星1992。天鹅座V1974是在1992年2月19日由P.科林斯发现的。它被发现的时刻，其视星等为6，在2月22日达到最大视星等4.4。观测发现其星云阶段的光学光谱有很强的NeⅢ和NeⅤ的发射线，表明这颗新星是一颗氧氖镁新星。它是第一颗从爆发到燃烧结束全程观测的新星，第一颗用多个望远镜在完整的多波段观测的新星。因而它是被研究得最为详细的氧氖镁新星。通过对比观测和理论计算得到的光变曲线，天文学家发现其中的白矮星的质量在1太阳质量左右。通过测光分析发现，该新星所在的双星的轨道周期大约在0.081 263天。此外观测发现它的氢燃烧在1994年结束。（陈海亮）

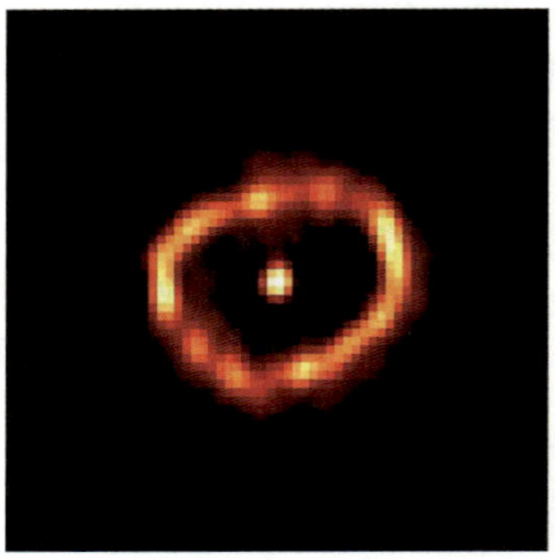

哈勃空间望远镜拍摄的天鹅座V1974
（1995年12月27日）

天格计划　γ-ray Integrated Detectors; GRID　一个以学生为主体的空间天文项目。科学目标是在低轨上布置若干个γ射线探测器卫星载荷组成探测网，对来自宇宙的γ射线瞬变源如**γ射线暴**进行监测。2016年10月，第一个天格学生团队在清华大学成立。2018年10月29日，天格01

在酒泉卫星中心发射入轨，完成了技术验证。2020年11月6日，天格02在太原卫星中心发射，成功开展了科学观测。2022年2月27日，天格03b和天格04在文昌卫星发射中心发射入轨，将开始持续的科学观测。以上天格探测器均由清华大学学生完成。若干所大学已经加入天格联盟并成立天格学生团队，计划发射更多的天格探测器载荷，包括南京大学、北京师范大学、四川大学等。

天格探测器的核心部件是闪烁晶体探测器，利用GAGG晶体探测γ射线，由硅光电倍增管（SiPM）进行信号读出。整个探测器由四块闪烁晶体组成，每一块的尺寸为3.8cm×3.8cm×1cm，有效能区从几十keV到几MeV，可监测约2p立体角的天区。天格载荷一般装载在立方星上，整体尺寸为0.5U（见图）。

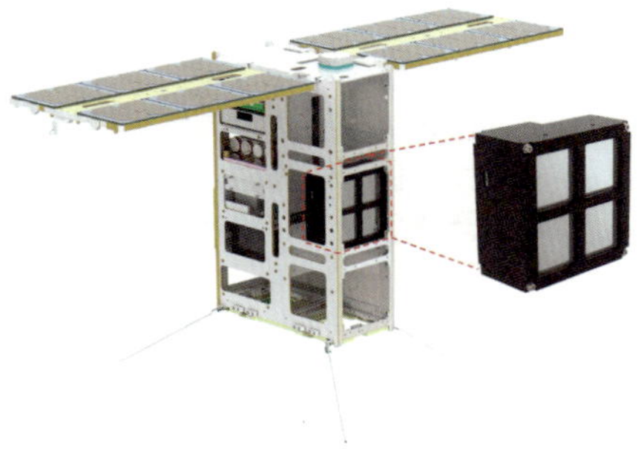

天格探测器结构示意图以及在卫星中的布局

2021年，天格02与美国国家航空航天局（NASA）的费米γ射线空间望远镜、中国的硬X射线调制望远镜（HXMT）和引力波暴高能电磁对应体全天监测器（GECAM）联合探测到了γ暴GRB 210121A，并发表了科学论文。这是天格发布的第一个科学成果，后续科学结果将会陆续发布。天格计划的全部科学数据通过中国国家空间科学数据中心发布。

（曾 鸣 冯 骅）

天箭FG型星 FG Sagittae; FG Sge 极端罕见的奇异变星。海因兹行星状星云1～5的中心星。拥有多重身份，包括超巨星、星云中心天体、北冕座R型变星。在标准历元J2000赤道坐标系中，赤经$20^h11^m56.06^s$，赤纬20°20′04.37″。在1896年首次被人类发现时，它仅是一颗视星等为13.6的普通蓝星。在随后的100年内，它经历了如下奇特的变化：

①至1943年，由于它的亮度在不断增加，因此，按照标准的国际天文学会变星命名规则，它被命名为天箭FG星。亮度持续增加的现象到1968年达到峰值，视星等9.5。到1992年8～9月，它开始短时标亮度衰退过程，视星等变为12.87。之后亮度逐渐恢复。至21世纪初，它的视星等9.45，所在的行星状星云的视星等16.3。

②至1955年，K.G.海因兹发现它是直径36角秒的行星状星云中心天体。后续研究测量出典型的行星状星云膨胀速率34千米/秒。据此，计算出距离2500秒差距，星云直径1.4光年，星云年龄6000年。

③自1955年起随后的40年时间内，它经历了大尺度短时标红化过程（因此被称为“变色龙”星）——从B4超巨星光谱型开始，历经1960年B6型、1967年A5型、1972年F6型、1980年G9型，直到1992年K2型。剧烈的“变色”过程表明它的有效温度以每年300K的速率持续减少（从15 000K冷却到不足5000K）。这是由它的剧烈膨胀造成的，从1958年的10倍太阳半径膨胀至1973年的55倍太阳半径。自20世纪70年代起变成A型星后，它开始出现脉动，周期从最初的15天演化至21世纪初的100多天。

④至1974年，它的恒星大气被发现存在大量仅在超新星爆炸中才能观测到的慢中子俘获过程。

为解释这些观测现象，I.伊本和M.利维奥在1992年提出双壳层燃烧模型——稳定氢燃烧的外壳和不稳定氦燃烧的内壳。由于新的爆发和壳层抛射事件不断被观测到，使得大量新理论模型被提出。对它的研究仍在持续进行。

（戴智斌）

天津四 Deneb; α Cyg 全天第19亮星。天鹅座主星，编号HIP102098、HR7924、HD197345。西方星名天鹅座α（α Cyg）。天津四与天鹅座其他四颗星组成北天十字架，与南天的南十字座遥相呼应。“天津”意即“银河渡口”，源自中国古代牛郎织女的神话爱情故事，天津即为牛郎和织女每年七夕相会时的鹊桥，天津四即天津星的第四颗。天津四与牛郎星、织女星组成著名的夏季大三角，其形状近似为一个直角三角形，天津四位于其中一个锐角上。

天津四为一颗蓝白色的超巨星，光谱型A2Ⅰa，质量约为19倍太阳质量，表面温度约8500K，半径超过太阳半径的200倍，总光度将近太阳光度的20万倍。天津四距地球的距离还不是很确定，较为普遍接受的值为2600光年，但从依巴谷天体测量卫星数据分析得到的距离仅为约1550光年。将来的Gaia卫星能给出天津四的精确距离。

天津四是一颗变星，是天鹅座α型变星的原型，其表面存在非径向的波动，导致亮度存在非周期的变化，变化最大可达0.15星等。有研究称天津四是一颗单线分光双星，但更详细的光谱分析似乎不支持这种结论。天津四中心氢已经燃烧完毕，其表面正在膨胀变冷，并将最终演化成为一颗红超巨星。可能再过几百万年，天津四将作为一颗ⅡP型超新星爆炸。但是，天津四正在经历剧烈的物质损失，物质损失率大约是太阳的10万倍，将来很可能还会更高，所以不能排除作为Ⅰb或Ⅰc型超新星爆炸的可能。

由于地球的轴向进动，天津四将在大约9800年之后成为北极星。 （孟祥存）

天狼 Sirius 全天最亮的恒星。由甲、乙（亦作A、B）两星组成的目视双星。星表编号为Hip32349、HR2491、HD48915。西方星名大犬座α（α CMa）。甲星是全天第一亮星，视星等为−1.44等，属于主星序的蓝矮星。乙星一般称天狼伴星，是白矮星，质量比太阳稍大，而半径比地球还小，其物质主要处于简并态，平均密度约3.8×10^6克/厘米^3。甲乙两星轨道周期为50.090±0.056年，轨道偏心率为0.5923±0.0019。天狼星距地球为8.60±0.03光年。1834～1844年F.W.贝塞尔注意到天狼星的运动。1862年美国人A.克拉克用当时世界上最好的望远镜测到天狼星的伴星，称为天狼星乙。1920年W.S.亚当斯拍到了天狼星乙的光谱，命名为白矮星。1930年S.钱德拉塞卡对白矮星做出理论解释。1999年10月28日钱德拉X射线卫星拍了天狼星乙的像，乙星比甲星亮得多，其表面温度为25 000K。天狼星是否是密近双星，与天狼双星的演化有关。天狼星甲的质量为两个太阳质量，乙星与太阳质量差不多。古代曾经记载天狼星是红色的，这为人们提供了研究线索。1975年发现了来自天狼星的X射线，有人认为这可能是乙星的几乎纯氢的大气深层的热辐射，有人则认为这可能是由甲星或乙星高温星冕产生的，相关研究仍在继续。 （李宗伟）

天琴计划 Tianqin project 中国自主开展的空间引力波探测计划。

项目背景 天琴计划是中国科学院院士罗俊于2014年提出，通过在太空中进行引力波探测来进行天文学、宇宙学及基础物理前沿研究的空间计划。天琴计划的基本方案是于2035年前后在约10万千米高的地球轨道上，部署三颗全同卫星构成边长约为17万千米的等边三角形编队，建成空间引力波探测天文台，开展空间基础科学前沿研究。天琴计划的每颗卫星内部都包含完全悬浮起来的参考物体（称为检验质量），在引力波探测过程中精确测量卫星相对检验质量运动的偏差，并精确控制卫星使其跟随检验质量运动，从而抵消太阳风、太阳光压等因素造成的细微的非引力扰动，保证检验质量只在引力场的作用下运动，真实反映引力波的效应。高精度的激光干涉测量技术将被用来记录检验质量之间的细微距离变化，以获得引力波信号的信息。天琴卫星编队示意图见图。

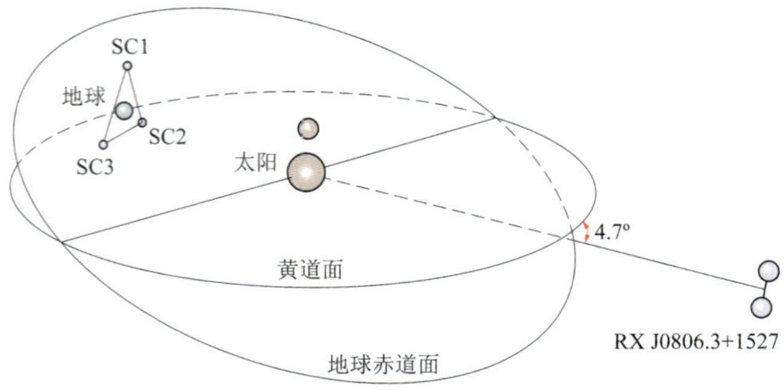

天琴卫星编队（由SC1、SC2、SC3三颗卫星组成）示意图

科学目标及科学意义　天琴将打开10^{-4}～1Hz频段的引力波的探测窗口，主要探测对象包括了从几倍太阳质量的恒星级黑洞到星系中心高达上千万倍太阳质量的大质量黑洞、银河系中大量的致密双星、邻近宇宙空间的恒星级双致密星，以及源于早期宇宙的引力波等。天琴有望提供大量无法通过其他探测手段获取的信息，特别是有关高红移的大质量黑洞双星、星系或星团核区动力学、银河系中的致密双星系统等的信息，对于揭示大质量黑洞的起源与成长历史、星系或星团核区动力学、恒星级致密星的天体物理、银河系双致密星的起源和演化、宇宙膨胀、引力与黑洞本质、早期宇宙及高能标物理等都有非常重要的意义，并有可能引出物理新发现，将对天文学、物理学研究产生显著的推动作用。

工程关键技术　天琴计划的开展需要攻克一系列核心关键技术，包括建立高精度惯性基准、进行星间激光干涉测量、实现超静超稳卫星平台及大尺度编队飞行、实现引力波探测信号的辨识测量等。天琴计划的开展将推动中国高精度空间探测载荷及卫星技术跨越式发展，在各个阶段所取得的技术进步也在地球重力场测量等方面有重要的应用，具有重大的战略价值。

技术路线　中国现有的技术水平离空间引力波探测实际需要和国际前沿还有较大的差距，在部分核心技术指标上还有量级的差距。为此，天琴计划将发射系列卫星，稳步推动所需的核心关键技术走向成熟。主要包括：

①开展**月球激光测距**实验，包括研制新一代激光测距角反射器和新建或升级激光测距台站，获得对天琴卫星的高精度测距能力，为天琴卫星的高精度定轨提供技术支撑。

②发射高精度空间惯性基准技术试验卫星，对高精度惯性传感、微牛级微推进器、高精度无拖曳控制等核心技术进行在轨验证。

③发射星间激光干涉测量技术试验双星，对星间激光干涉测量技术进行在轨验证。该试验卫星项目也将能够对地球重力场进行高精度测量。

④在各方面核心关键技术成熟之后，发射一组天琴卫星构成编队，进行引力波的空间探测。

成果　2015年，中国中山大学开始了天琴计划的推进工作，布局了五大方面的任务，包括建设载荷研究基地、升级和新建激光测距台站、建设空间引力波探测地面模拟装置、发射系列试验卫星和进行广泛的国际合作。

天琴计划自启动以来，受到了中国国家部委和各级地方政府的大力支持。新建的天琴中心大楼已经基本完工，中心师生已入驻工作；天琴超静山洞实验室隧道已于2020年6月5日贯通；新建的天琴计划激光测距台站已经开始激光测距工作，并于2019年底在中国首次实现了对月球上全部5个激光测距反射器的测距；空间引力波探测地面模拟装置已经完成可行性研究；"天琴一号"试验卫星于2019年12月20日成功发射，各项关键技术指标均超过了任务要求。截至2021年初，天琴中心正在建设"天琴计划"教育部重点实验室，以及筹建天琴前沿科学中心等国家级大平台。（胡一鸣）

天琴座RR型变星　RR Lyrae variable star　变光周期0.05～1.5天的一类**变星**。是**脉动变星**"大序变星"中的一种。又称短周期造父变星。天琴座RR型变星原被分为RRa、RRb和RRc三个次型，现已合并为RRab和RRc两个次型。它们的光谱型除少数为F型外，一般均为A型。RRab型的光变曲线有较陡的上升段和较缓的下降段；光变幅一般不超过1～2个星等。RRc型的光变曲线则近似于正弦曲线，较为对称；光变幅也较小，在半个星等上下。两型的周期、变幅和光变曲线形状都具有周期性变化，称为布拉日哥效应。因它们大多出现于**球状星团**中，故又称作星团变星。RRab型的典型星是天琴座RR星；RRc型的典型星是大熊座SX星。同一球状星团中的天琴座RR型变星，其中介星等（最亮和最暗时的星等平均值）十分相近，这表示各个天琴座RR型星的绝对星等也相差不大。观测和研究表明，光度的相差不超过一个星等，而且同周期的关系颇小，因而可以通过对它们的观测和研究来推测它们所在恒星系统的距离。这样，这类变星就起"量天尺"的作用。按金属丰度（见**元素的丰度**）划分，天琴座RR型星可分为三类，这三类的绝对星等也不相同，亮度约差半个星等。这些都是通常的脉动理论所难以解释的。（初毓桦）

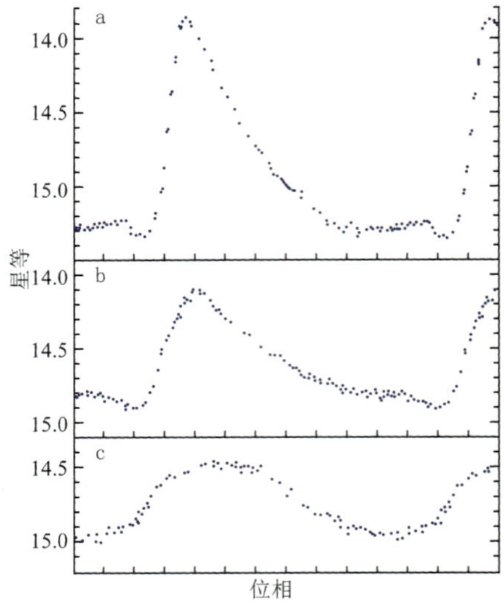

天琴座RR型变星的典型光变曲线图

天球参考架　celestial reference frame　**天球参考系**的物理实现。通常包含天球上的一组可观测的天体以及它们的位置。一个参考架通常是由一部恒星或者河外射电源星表构成的，并包含在某个特定的历元（目前是J2000.0）它们相对于太阳系质心的位置、自行（如果能测量到）及其误差。天体的瞬时位置用赤经和赤纬来表达，其含义为该天体到星表的赤道和春分点的角距离。星表中任意两个天体（只要它们是不重合或反向的），就能在天空中唯一确定一个球面坐标，即所谓的参考架。

现代天体测量星表包含大量的天体（假设数量为N），任意两个天体（总共$N^2/2$对）都能在星表的随机误差的范围内定义一个**天球坐标系**，即赤道和春分点的位置。为了在任意时刻观测都能使用天球参考架，就要求计算在任意时刻星表中天体的位置，因此星表中都提供了天体的自行，即天体的运动在天球上的投影，用赤经和赤纬的变化率来表达。由于自行的系统误差，参考架会随着其慢慢旋转和扭曲。因此，自行的精度对于恒星参考架的建立和维持是十分关键的。在射电波段的国际天球参考架ICRF中，虽然遥远的河外射电源没有自行，参考架的性能仍然会因为射电源的结构和辐射的机制等引起的微小运动而变差。

太阳系内天体的位置和运动也可以用来定义一个参考架，即用太阳系历表（包含天体的位置的时间序列）作为天球参考架，这样的参考架也称为动力学参考架。动力学参考架很好地定义了赤道、黄道和春分点，同时观测太阳系天体和恒星，可以有效改进星表对应的参考架。　（朱　紫）

天球参考系　celestial reference system　描述天体在空间的位置和运动的参考系。由于位置和运动都是相对的，描述一个天体在空间的位置和运动，需要先找到一批可观测的空间参考点（或者参考面），还要找一个合适的数学方法（包含理论模型和天文常数）来定量描述天体相对于这些参考点（或者参考面）的位置和运动。这些物理的空间参考点（或者参考面）和数学描述方法合起来就是参考系。早期人类在观测星空时，因为天体距离都非常遥远，所有天体看上去都好像在一个直径无穷大的天球上运动。

由于地球的周日自转，所有天体在天球上的运动都呈现出以北天极为中心、周期为24小时的圆运动。人类很早就发现了这个现象，因此很自然地就建立了天极、天赤道这些自然的参考点和参考面，并用球面角度来描述恒星在天球上的位置。

在牛顿力学体系下，理想的天球参考系应该是惯性的，但在广义相对论框架下，绝对的惯性参考系是不存在的，因此在天体测量实际工作中，只能采用准惯性参考系。它们通过对太阳系天体、恒星或河外射电源的观测和分析来实现，以提供给天文学、大地测量、航空航天等领域的研究和应用服务。

历史上天球参考系的零点（坐标系x轴的指向）曾由春分点来定义，春分点是通过太阳系天体（主要是大行星）观测和运动理论来测定的，这种春分点称为动力学春分点，相应的参考系称为动力学参考系，包括基本参考系FK3、FK4和过去的太阳系天体历表等。由于春分点的空间运动，参考系的惯性精度依赖于岁差模型。根据纽康岁差理论，通过分点的岁差改正后，动力学参考系可以过渡到准惯性参考系。W.弗里克针对FK4系统的银河系运动学分析发现，早期的纽康岁差常数存在非常明显的系统差，由此带来动力学系统的非惯性旋转。消除这种非惯性旋转后，新的FK5参考系被认为具有更好的惯性特性，即FK5系统实质上在动力学参考系的基础上，引入了运动学参考系的概念。更为精确意义上的运动学参考系由一组遥远的河外射电源来定义参考系坐标轴的指向，这些遥远的射电源被认为不存在明显得整体旋转，该参考系为当前国际天文学联合会（IAU）所采用的国际天球参考系（ICRS）。ICRS的零点与春分点无关，为了与历史衔接，ICRS零点定义为在J2000.0历元与FK5系统的零点重合。

天球参考系的原点一般采用太阳系质心，即质心天球参考系（BCRS）。BCRS没有考虑太阳系质心在银河系中的加速度影响，这一加速运动在观测上会带来河外源的一种附加视自行，视自行在天球上呈偶极形式分布，视自行的幅值约为5微角秒/年，该数值与当前最好天体测量观测精度水平相当，因而可能影响到微角秒精度水平天球参考架的惯性精度。IAU参考架工作组正在考虑太阳加速度的影响问题。　（朱　紫）

天球中间参考系　celestial intermediate reference system; CIRS　采用天球中间零点（CIO）进行地心天球参考系（GCRS）和国际地球参考系（ITRS）的转换，对GCRS进行岁差-章动随时间变化的转动后的地心参考系。天球中间参考系的第一极（z轴方向）为给定时刻的天球中间极（CIP），与之等价的基本平面为与该时刻的天球中间极垂直的中间赤道，经度坐标起量点为天球中间零点，如下图所示。它类似于传统说法中的真赤道和真春分点参考系，两者基本平面完全相同，不同之处在于天球中间参考系的赤经零点为天球中间零点，而真赤道参考系的赤经零点为春分点。两个参考系的转换为绕着天球中间极旋转一个角度EO，称为零点差，它的表达式为$EO = ERA - GAST$，即地球自转角与真恒星时之差。由此可以看出，真赤道真春分点参考系可以认为基于春分点的转换中的天球中间参考系。由于天球中间参考系的首字母缩略语与国际天球参考系（ICRS）非常接近，因此，在提及该参考系时建议尽量使用全名。　（刘佳成）

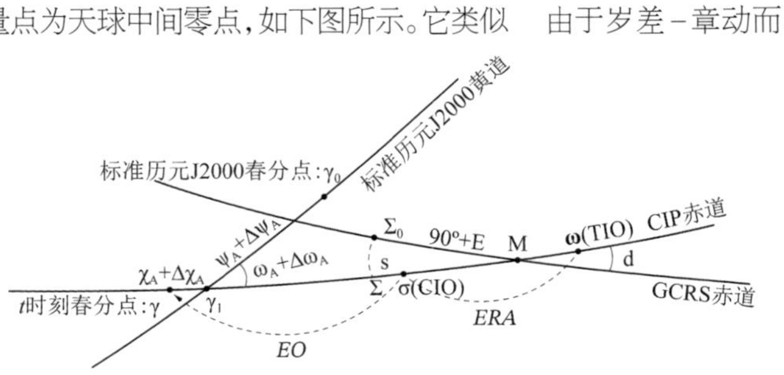

CIO、春分点与其他各点的关系

天球中间极　celestial intermediate pole; CIP　IAU2000决议B1.7定义的地心赤道极作为从地心天球参考系（GCRS）转换到国际地球参考系（ITRS）的中间极，分离了章动和极移。CIP在GCRS中的定位来自：①周期大于两天的岁差-章动部分；②极移的退行周日部分，包括自由核章动；③基本历元J2000.0的参考架偏差。

CIP在ITRS中的定位来自：①ITRS中除退行周日部分以外的极移运动；②ITRS中对应章动周期小于两天的运动。CIP在GCRS中的观测位置由IAU岁差-章动模型加上IERS提供的随时间变化的天极偏差值得到。

IAU2000决议以前，人们使用天球历书极（CEP）作为中间极，它是IAU1980章动理论和极移的参考极，在1984～2003年使用。CEP定义为在天球和地球参考系中都没有近周日章动，由IAU1980章动理论所实现，后来用VLBI观测的天极偏差来测定，现在被IAU2000决议B1.7所定义的CIP代替。　（刘佳成）

天球中间零点　celestial intermediate origin; CIO　为了实现高精度的地心天球参考系和国际地球参考系的转换，以及更简洁的描述地球自转而引入的在天球中间极赤道上的特殊的经度起量点。与传统的春分点不同，天球中间零点（CIO）具有运动学定义。它规定当天球中间极（CIP）赤道由于岁差-章动而不断运动时，CIP赤道上CIO的瞬时速度总是与该时刻的CIP赤道垂直，或者说指向天球中间极CIP。以遥远的恒星为背景，如此定义的CIO将没有绕着CIP旋转的运动分量，因此CIO是一种无旋转原点。起初CIO也称为天球历书原点（CEO），在IAU2006 B2决议中，为了在术语上和天球中间极一致，改名为天球中间零点。

如图给出了三个时刻的赤道与黄道的位置关系。为了简明起见，假设黄道是不动的（事实上，黄道运动的幅度确实比赤道小得多）。CIP赤道由于岁差-章动的缘故在不断变化，图中的春分点是赤道与黄道的交点，它是一种几何定义，由于岁差-章动，春分点在不断“西退”。另一方面，

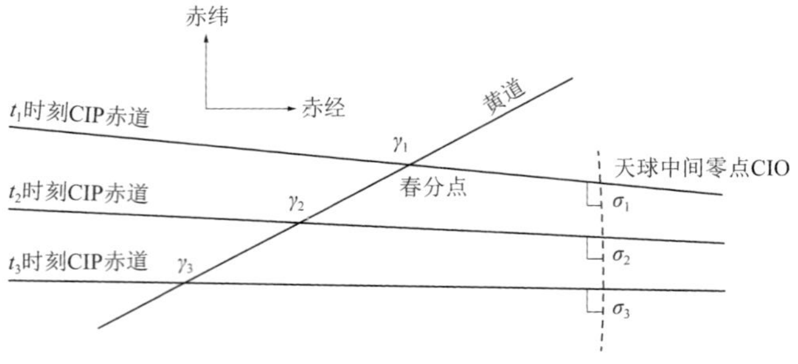

CIP 赤道的运动以及春分点和天球中间零点的关系

根据上面所述的CIO的运动学定义，它的运动时刻垂直于CIP赤道，一旦初始时刻在CIP赤道上的位置给定了，它的运动轨迹也就确定了。它最大的好处在于，无论CIP赤道在天空中如何复杂的运动，CIO都不会有沿着CIP赤道的“西退”运动。

描述地球自转的传统方法中，由于春分点的退行运动，以春分点为参考的真恒星时（GAST）并不能清楚地描述地球本身绕着自转轴的转动。GAST中必然包含复杂的岁差、章动，以及两者的交叉项，很显然GAST和世界时UT1并非简单的线性关系，而是和岁差–章动耦合在一起。而且，每当岁差–章动模型有所改变时，GAST和UT1的关系也将随之变化。如果用CIO作为描述地球自转的空间参考点，情况将会变得简单，由于CIO不会绕着CIP转动，可以定义地球赤道上某个固定点（例如格林尼治）与CIO之间的角距离为**地球自转角**（ERA），它必然与UT1成严格的线性关系：

$$ERA = 2\pi R(0.7790572732604 \\ +1.00273781191135448D_U)$$

式中D_U为从J2000起算的UT1天数。这个表达式不会随着地球岁差–章动模型的变化而变化，因此使用CIO可以将地球的绕轴自转和自转轴的运动（见**岁差和章动**）清楚地分开。CIO的重要特征如下：

①CIO是无旋转原点，它和春分点一样都位于CIP赤道上，但是与春分点没有任何联系；

②CIO是通过运动学定义的，任意时刻的运动都垂直于赤道，初始位置的选择不唯一；

③使用CIO描述地球自转可以将岁差–章动和地球的自转清楚地分开；

④为了使用的延续性，CIO与春分点非常接近。

（刘佳成）

天球坐标系 celestial coordinate system

天球上各种球面正交坐标系的统称。无论在地球上，还是在太空中，任一观测者环视星空，看到的都是远近各异的天体投射在天穹的像。为了标记和量度天体在天穹上的位置和运动，天文学中就引进一个以选定点为中心，以任意长度为半径的假象球面，称之为天球。地球表面上的观测者所见的天球是地平面上的半个，而“太空人”则能看到整个天球。地球北半球上的天球定向为上北下南和左东右西。若将观测点归算到地球中心，称为地心天球；若归算到太阳则称日心天球。为了确定天体在天球上的投影的位置，以及一天体的投影和另一点之间的大圆弧段表示的二者之间的位置关系，必须引入天球坐标系。以天球上任何一大圆作为球面坐标的基本圈，大圆所在的平面称为基本平面。由于天球内可选择多种不同的基本平面，遂有多种不同的球面正交坐标系。按天文学中通用的几种基本平面，计有地平坐标系、赤道坐标系、黄道坐标系和银道坐标系。

地平坐标系　地平坐标系的第一坐标是高度h（又称地平纬度），第二坐标是方位角A（又称地平经度）（图1）。图中N、

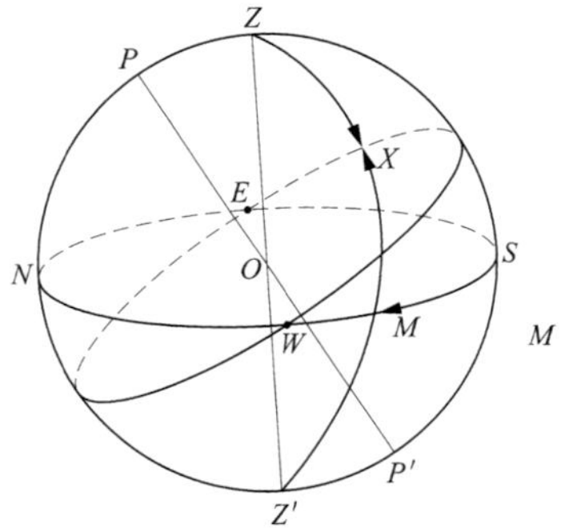

图1　地平坐标系

E、S和W为四方点，分别为北点、东点、南点和西点，并将O定为原点。Z是天顶，Z'是天底，P是北天极，P'是南天极。天顶和天底之间的基本圈称为真地平。天顶、天底、北天极和南天极所在的大圆是**子午圈**，与之垂直并过天顶和天底的大圆是**卯酉圈**。所有经过Z的大圆都垂直于真地平，称为地平经圈，又称垂直圈；与真地平平行的任意小圆，称为地平纬圈，又称平行圈。通过任一天体X可做出地平经圈$ZXMZ'$。大圆弧MX是天体X的高度h，自真地平起计，向天顶为+，向天底为−，取0°～±90°。但也能用大圆弧ZX取代h，称为天顶距z，自天顶起计，取0°～180°。z和h的关系是$z = 90°-h$。大圆弧SM是方位角A，自原点S向西，顺时针起计，取0°～360°。S的$A = 0°$，W的$A = 90°$，N的$A = 180°$，E的$A = 270°$。

地平坐标系是最基本的也是最直观的天球坐标。但因为不同地理纬度的天极高度不同，所以天体的地平坐标与观测者的地理纬度位置有关，它只对应于某一特定的地点。此外，任一天体均参与东升西落的周日运动，天体的地平坐标时时刻刻都在变化，因此它的应用领域和使用价值都大受局限。

赤道坐标系　以天赤道为基本平面的天球坐标系，它的第一坐标是赤纬δ，第二坐标是赤经α。天赤道是地球赤道面延伸与天球相交的大圆。天球上与天赤道平行的任意小圆称为赤纬圈。地球上的北极和南极延伸到天球上即为北天极和南天极。天球上过天极的任意大圆称为赤经圈。赤纬是纬向坐标，从天赤道沿过天球上一点的赤经圈量到该点的弧长。赤纬的度量是从天赤道起计，向北天极为+，即0°～+90°；向南天极为−，即0°～−90°。赤经是经向坐标，过天球上一点的赤经圈与过春分点♈的赤经圈之间的夹角。春分点是天球上黄道和赤道相交的两个交点中的升交点。按经度的不同方向度量，有第一赤道坐标系和第二赤道坐标系之分。

第一赤道坐标系中，以天赤道QQ'为基本圈，以天赤道和子午圈的交点Q'为原点（图2）。通过北天极P和天体X的半个大

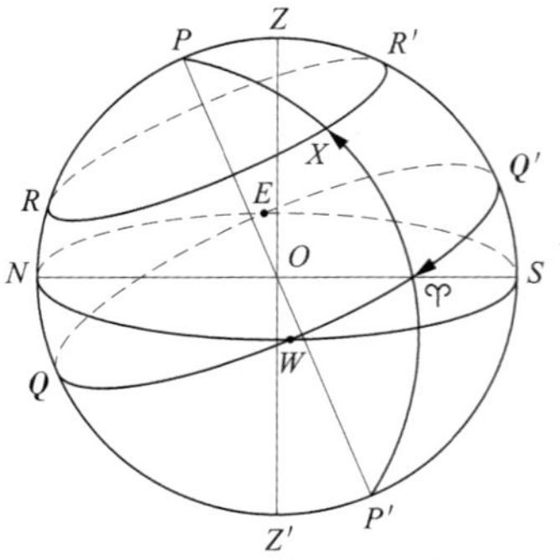

图2　第一赤道坐标系

圆PX♈P'是为天体X的时圈，亦即赤经圈。天体X这一时刻的经度称为时角。时角t从Q'起计，按顺时针方向由0°～360°。第二赤道坐标系中，也有一天赤道QQ'为基本圈，但以春分点♈为原点（图3）。♈T是天体X的赤经α，自春分点♈起按逆时针方

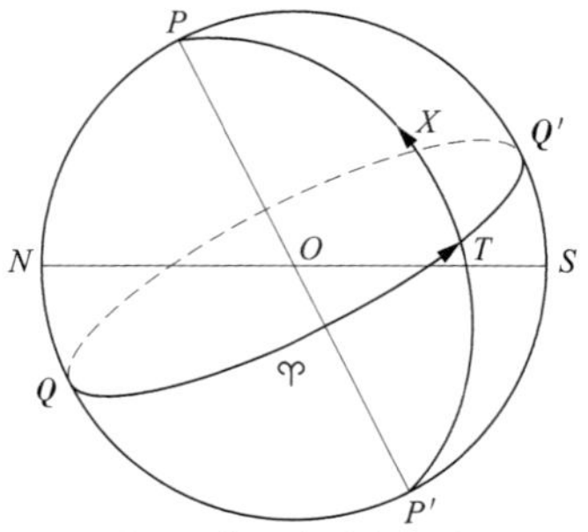

图3　第二赤道坐标系

向量度，由 0°～360°，或由 0～24h。

第一赤道坐标系的时角t和第二赤道坐标系的赤经α之间的换算关系是：

$$s = \text{时角}t + \text{赤经}\alpha$$

式中s为春分点的时角，即观测点的地方恒星时。

赤道坐标系的直观性不如地平坐标系，天赤道和春分点在天球上都没有明显标识。然而，赤道坐标却与观测者的地理坐标无关，其基本圈、**基本面**和基本点都与天体同步参与东升西落的周日运动，因此天体的赤道坐标是相对固定的。正是由于天体，主要是恒星的赤经和赤纬全都独立于观测者的位置和观测的时间，所以**星图**、**星表**和历表都以赤经和赤纬确定天体在天球上的方位。赤道坐标系是现代天文学中最广泛应用的天球坐标系。值得一提的是中国天文家几千年来始终使用赤道坐标系，这在世界**天文学史**中是绝无仅有的。

黄道坐标系　以黄道为基本平面的天球坐标系，它的第一坐标是黄纬β，第二坐标是黄经λ（图 4）。

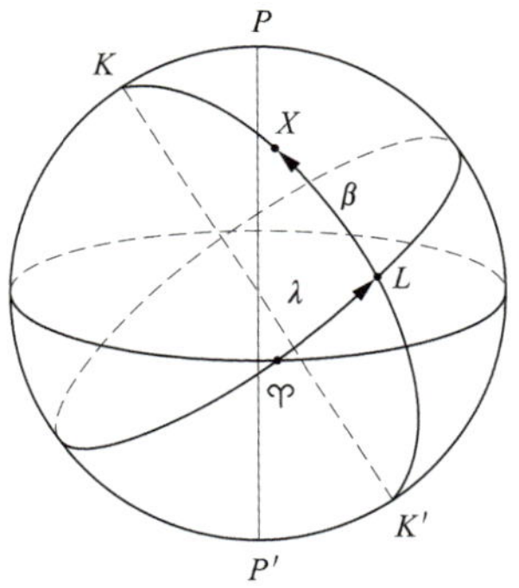

图 4　黄道坐标系

黄道是地球公转的平均轨道面无限延伸与天球相交的大圆，也就是太阳一年之中相对于恒星在天球上运行的视轨迹。由于地球公转轨道面与地球赤道面不重合，黄道和天赤道之间有 23°27′的夹角，称为**黄赤交角**。黄道与天赤道交于春分点和秋分点二点，前者是黄道对天赤道的升交点，后者是黄道对天赤道的降交点。黄道坐标系中，原点是春分点♈，两极分别为北黄极和南黄极。通过天体 X 和北黄极K和南黄极K'的半个大圆KXK'，称为黄经圈，它是天球上通过黄极的任意大圆。黄经圈和黄道相交于L点。天体X的经向坐标♈L称为黄经，即过天体X的黄经圈与过二分点黄经圈所交的球面角。黄经λ由春分点逆时针方向度量，由 0°～360°。天体X的纬向坐标XL称为黄纬，即从黄道沿过天体X的黄经圈到X的弧长。黄纬β自黄道起计，向北黄极为+，取 0°～+90°，向南黄极为−，取 0°～−90°。

黄道坐标系的基本圈、基本面和基本点都与天体同步参与天球的周日运动，所以天体的黄道坐标不因观测点的位置不同和观测时间不同而变化。黄道坐标系最适于表述和研究太阳和太阳系各种天体的运动，曾是西方古代的埃及天文学、美索不达米亚天文学、希腊天文学和阿拉伯天文学传统首选的天球坐标系。

银道坐标系　以**银道面**为基本平面的天球坐标系，它的第一坐标是银纬b，第二坐标是银经l（见**银道坐标系**）。

银道面是银河系盘状结构的平均平面，它与天球相交的大圆称为银道，亦即银道坐标系的基本圈。天球上与银道平行的小圆称为银纬圈。银道坐标系的两极分别为北银极L和南银极L'，通过L和L'的半个大圆称为银经圈。银道与天赤道在天球上相交于两点——升交点☊和降交点☋。升交点☊是由北银极朝向银道面，按逆时针方向从天赤道以南向北，通过天赤道的一点；另一点则是降交点☋。天体X的银经圈与银道交于B点，大圆弧XB即为天体的银纬l。银纬自银道起计，向北银极为+，取 0°～+90°；向南银极为−，取 0°～−90°。过升交点☊的银经圈与天体X的银经圈之间在银道上的大圆弧☊B即为天体的银经l。银经自升交点☊起计，按逆时针方向量度，从 0°～360°。银道坐标系主要用于银河系的结构、行为、运动及周边星系的研究。

银道与天赤道的夹角$i = 62°36'$，称为银赤交角。升交点☊的赤经是 18^h40^m。银道坐标系的空间定向用银极的赤道坐标确定。**国际天文学联合会**于 1958 年规定的北银极的赤道坐标（1950.0 历元）新值是：

赤经$A = 12^h49^m = 192°15'$

赤纬$D = +27°24'$

此外，还规定，银经改为由银河系中心方向（1950.0 历元）：

赤经$\alpha = 17^h42.4^m$

赤纬$\delta = -28°55'$

按逆时针方向起计，并标识为银经l^{II}和银纬b^{II}。

此外，由于天球的周日运动，对于地平坐标系天体的仰角和方向时时在变化，对于第一赤道坐标系天体的本地时角不断在变化，但第二赤道坐标系、黄道坐标系和银道坐标系均不受影响。　（李　竞）

天然卫星的运动　motion of natural satellite　自然卫星的运动。卫星指围绕行星运行的天体。自 1610 年意大利天文学家**伽利略**发现木星的 4 颗卫星以来，300 多年中一共发现了大行星的卫星 34 颗，它们分别环绕着除水星、金星以外的几颗大行星运动。近来人们还发现了若干小行星的卫星。卫星是太阳系天体中的一个重要层次。人造卫星发射以来，人们也把这种天然的卫星称为自然卫星。

运动概述　17 世纪以来，卫星的运动一直是天体力学中一个受人重视的研究课题。卫星的轨道多种多样：有顺行的，有逆行的；其公转周期有的比行星自转周期长，有的则比行星的自转周期短；有的轨道偏心率很小，有的则很大；有的轨道与椭圆相差无几，有的则不能用椭圆来作为近似。这就为检验天体力学中各种理论提供了有力支持。许多**摄动理论**也都以能否应用于卫星运动，作为检验其是否正确的一种标志。有的卫星系统，如木卫系统，已确定的成员已超过 80 个，再加上木星环，可以看成是太阳系的缩影。其中早期发现的较大的 13 颗卫星按它们的运动特性又大致可以分为三类：最内侧的 5 颗属一类，它们的轨道倾角和偏心率都特别小；其次是中间的 4 颗，公转周期大致相近，轨道倾角都是 20 多度，偏心率则略大于前者；第三类是外侧的 4 颗，它们的轨道都是逆行的，公转周期在 600～700 天，轨道比前两类大。对卫星系统运动的分析有助于太阳系动力演化的研究。

实用意义　从**伽利略卫星**被发现时起，卫星就以其突出的实用意义受到人们

五种天球坐标系的对比

坐标	原点	基圈	横轴 量度方向	纵轴 量度方向	两极
地平 坐标系	观测者地平圈上的北向点	相对于观测 者的地平圈	方向右旋 顺时针	仰角 + 地平 上−地平上	天顶 天底
第一赤道 坐标系	相对于观测者的子午圈与 天赤道的相交点	天赤道	本地时角右 旋顺时针	赤纬 + 北−南	北天极 南天极
第二赤道 坐标系	春分点	天赤道	赤径左旋 逆时针	黄纬 + 北−南	北天极 南天极
黄道 坐标系	春分点	黄道	黄经左旋 逆时针	黄纬 + 北−南	北黄极 南黄极
银道 坐标系	银心方向银道上的一点	银道	银经左旋 逆时针	银纬 + 北−南	北银极 南银极

的注意。伽利略一开始就意识到：不同地区（东西方向）观测者共同观测木星对其卫星的掩食可以测定观测者所在的经度。根据伽利略的思想，G.D.卡西尼精心设计了一个利用伽利略卫星的掩食观测绘制世界地图的方案。1668年，在他的指导下组织了一次全球性的木卫掩食观测，据此绘出了第一幅较准确的世界地图。长期以来，行星和卫星的质量以及行星的扁率主要是依靠对卫星运动的分析来测定的。卫星的星象比行星小，而且也更清楚，因此卫星是行星际航行优良的导航目标。行星际探测器在飞越木星时就是用伽利略卫星导航的。

各种摄动力 自然卫星除了受母行星的万有引力作用以外，还受各种摄动力的影响。

太阳引力 太阳对卫星运动的影响情况比较复杂，大致可以分为两类。

①太阳的摄动力还不及主行星引力的百分之一，这时卫星的运动特性基本上与椭圆运动相近。月球的运动就是这类典型，木星的伽利略卫星、木卫六、木卫七、木卫十、木卫十三以及土星的土卫五、土卫六、土卫八的运动也都属于这一类。用通常的摄动理论就能处理这些卫星的运动。太阳对它们摄动的主要后果是使它们的轨道绕行星的主轴转动；再加上行星扁率的摄动使卫星轨道绕位于黄道面和行星赤道面之间的所谓**拉普拉斯不变平面**进行极进动。

②远离主行星的木卫八、木卫九、木卫十一、木卫十二和处在本卫星系统最外侧的土卫九和海卫二的运动，太阳对它们的摄动非常强。它们的轨道与椭圆相差较远，已无法应用通常的摄动理论。特别是木卫八、木卫九、木卫十一和木卫十二4颗卫星，它们的平运动与太阳平运动之间还有1∶6和1∶7的通约存在，这更增加了问题的复杂性。从20世纪初起，F.E.罗斯等许多天文学家就试图用德洛内方法来研究这类卫星的运动，结果都失败了。M.科瓦列夫斯基对木卫八建立了一个半数值理论，其精度只有1′～2′。对研究这类卫星的运动来说，最有效的方法还是数值积分，其精度可达几角秒。

卫星间的相互吸引 4颗伽利略卫星中除木卫二外，其他3颗的质量都超过月球，因此卫星之间的相互摄动起着十分重要的作用。卫星平均运动之间的通约状态引起许多天体力学家的兴趣。除了几个质量大的伽利略卫星之外，卫星之间相互吸引所产生的短周期摄动，在现有技术条件下还难于观测到；只有通约状态引起的长周期项才对卫星的运动有显著的影响。其中最著名的是木卫一、木卫二、木卫三这3颗伽利略卫星之间的双重共振，这是太阳系中最复杂的运动状态之一。在这3颗伽利略卫星的平运动之间有$n_1-3n_2+2n_3\approx 0$的关系；不但如此，在它们的平经度之间还有$l_1-3l_2+2l_3\approx\pi$的关系，这就是著名的拉普拉斯关系。根据这个关系可以得出一个很有意义的结论：这3颗伽利略卫星不可能同时被木星掩食。

在土星的卫星系统中，卫星之间的共振状态也有几个例子。土卫六和土卫七的平运动之比为4∶3，土卫二和土卫四之比为2∶1，土卫一和土卫三存在有2∶1共振。19世纪末，S.纽康曾认为土卫七是当时天体力学中最有意义的研究对象之一。纽康曾证明：当两颗卫星的平运动之比为$(n+1)/n$时，它们的黄经之间将有约束关系。土卫七的邻居土卫六是土星卫星中最重的一颗。在土卫六的强烈摄动下，土卫七只有在“远土点”时才能与土卫六会合。同样，土卫一和土卫三总是在它们两个轨道升交点的中点附近会合。土卫二只有在近土点附近才能与土卫四会合。

共振状态不仅约束了两颗卫星之间的相对位置，同时也给测定卫星质量的工作提供了方便。卫星质量绝大多数是借助于对卫星相互摄动的分析测得的。

潮汐作用 卫星对母行星的潮汐作用是影响近距卫星轨道演化的一个主要因素。行星不是一个完全弹性体，因此潮汐使一部分机械能转化成热能。另一方面，潮汐使行星变形，从而改变行星的引力场，也就影响到卫星的运动，以及卫星的形状。当卫星的公转周期大于行星的自转周期时，潮汐使卫星运动的能量及角动量不断增加，卫星轨道变大；反之，如卫星公转周期小于行星自转周期，潮汐则使卫星的运动能量及角动量减小，最后卫星陨落于行星大气之中。对于后一类卫星，潮汐的作用使其轨道越来越圆，这说明了为什么近距卫星的偏心率一般都比较小。J.伯恩斯认为：正是由于潮汐的作用，水星、金星的卫星——如果它们曾经有过的话——一个个都陨落了，所以水星、金星都没有卫星；同样，也是由于潮汐的作用，木星和土星的卫星一对对地都演化到了共振状态。

其他摄动力 除了上述几种摄动力以外，还有行星际物质阻尼、太阳辐射压和坡印廷-罗伯逊效应。行星际物质阻尼使卫星能量不断下降，但作用很小；太阳辐射压只使卫星轨道产生周期性振荡；坡印廷-罗伯逊效应则使卫星轨道不断收缩，但因以横向速度与光速之比为因子，故此量甚小。

卫星既暗，又与行星靠得紧，所以较难进行光学观测，这就使天体力学的研究缺少必要的观测资料。射电观测技术，特别是空间观测技术的发展，正在大力推动卫星运动理论的进展。（童　傅）

天枢 α Ursa Major　大熊座第二亮的恒星。为北斗七星勺头第一颗星。**星表编号**：HIP54061、HR4301、HD95689。西方星名大熊座α（α UMa）。又称北斗一。天枢与天璇组成北斗七星中的指极星，通过天璇与天枢连线的5倍延长线处的暗星即北极星。在中国古代**占星术**中，天枢曰正星，主阳主德，天子之象也。北斗七星与日月金木水火土七曜对应，天枢对应木星，主天道。

天枢距离地球大约123光年，是一个多星系统。主星是一颗光谱型为K0Ⅲ型的**红巨星**，4倍太阳质量，32倍太阳半径。其与一颗光谱型为F0Ⅴ的**主序星**（α UMa B）组成一个**分光双星系统**，轨道间距约23**天文单位**，公转周期约44.4年。在距离主星约8000天文单位的位置还有另外一颗光谱型为F8的伴星，称为α UMa C。

天枢主星是一颗**脉动变星**，其亮度存在大约千分之一星等的变化。有多个脉动模式，均为径向脉动模式，周期在6.4小时到6.4天之间。

因天枢在空间的运行速度与大熊座移动星团的成员星不同，所以其不是大熊座移动星团的成员。（孟祥存）

天体 celestial body　宇宙中各种实体的统称。如在太阳系中的太阳、行星、小行星、卫星、彗星、流星体，银河系中的恒星、星团、星云，以及河外星系、星系团、超星系团等。但通常不把行星际、星际和星系际的弥漫物质以及各种微粒辐射流等称为天体。

通过射电探测手段和空间探测手段所发现的红外源、紫外源、射电源、射线源和γ射线源也都是天体。人类发射并在太空中运行的人造卫星、宇宙火箭、空间实验室、月球探测器、行星探测器、行星际探测器等则被称为人造天体。

应指出古人与现代天文学中用其称呼宇宙间各种星体不同，古人用天体来称呼天空。他们将天看作是有形质的一种存在实体。《晋书·天文志》以“天体”为题介绍了当时较有影响的几种宇宙学说，对天的情况分别做了不同的描述。在谈到**宣夜说**时对其“日月众星，自然浮生虚空之中，其行其止皆须气焉”的特点描述后指出：

“若缀附天体，不得尔也。”在引用三国王蕃对浑仪的描述时也有“天体圆如弹丸，地处天之半”之类的说法。在《隋书·天文志》中也有类似的叙述。

位置　天体在某一天球坐标系中的坐标，通常指它在赤道坐标系中的坐标（赤经和赤纬）。赤道坐标系的基本平面（赤道面）和主点（春分点）因岁差和章动而随时间改变，天体的赤经和赤纬也随之改变。此外，地球上的观测者观测到的天体的坐标也因天体的自行和观测者所在的地球相对于天体的空间运动和位置的不同而不同。天体的位置有如下几种定义：①平位置。只考虑岁差运动的赤道面和春分点称为平赤道和平春分点，由它们定义的坐标系称为平赤道坐标系，参考这一坐标系计量的赤经和赤纬称为平位置。②真位置。进一步考虑相对于平赤道和平春分点作章动的赤道面和春分点称为真赤道和真春分点，由它们定义的坐标系称为真赤道坐标系，参考这一坐标系计量的赤经和赤纬称为真位置。平位置和真位置均随时间而变化，与地球的空间运动速度和方向以及与天体的相对位置无关。③视位置。考虑到观测瞬时地球相对于天体的上述空间因素，对天体的真位置改正光行差和视差影响所得的位置称为视位置。视位置相当于观测者在假想无大气的地球上直接测量得到的观测瞬时的赤道坐标。

星表中列出的天体位置通常是相对于某一个选定瞬时（称为星表历元）的平位置。要得到观测瞬时的视位置需要加上：①由星表历元到观测瞬时的岁差和自行改正。②观测瞬时的章动改正。③观测瞬时的光行差和视差改正。

距离　地球上的观测者至天体的空间距离。不同类型的天体距离远近相差悬殊，测量的方法也各不相同。①太阳系内的天体是最近的一类天体，可用三角测量法测定月球和行星的周日地平视差，并根据天体力学理论进而求得太阳视差。也可用向月球或大行星发射无线电脉冲或向月球发射激光（见甚长基线干涉测量），然后接收从它们表面反射的回波，记录电波往返时刻而直接推算天体距离。②对于太阳系外的较近天体，如恒星采用三角视差法。更远的恒星三角视差太小，无法测定，要用其他方法间接测定其距离。主要有：分析恒星光谱的某些谱线以估计恒星的绝对星等（见星等），然后通过恒星的绝对星等与视星等的比较求其距离；分析恒星光谱中星际吸收线强弱来估算恒星的距离；利用目视双星的绕转周期和轨道张角的观测值来推算其距离；通过测定移动星团的辐射点位置以及成员星的自行和视向速度来推算该星团的距离；对于具有某种共同特征的一群恒星，根据其自行平均值估计这群星的平均距离；利用银河系较差自转与恒星视向速度有关的原理，从视向速度测定值求星群平均距离。③对于太阳系外的远天体测量距离的方法主要有：利用天琴座RR型变星观测到的视星等值；利用造父变星的周光关系；利用球状星团或星系的角直径测定值；利用待测星团的主序星与已知恒星的主序星的比较；利用观测到的新星或超新星的最大视星等；利用观测到的河外星系里亮星的平均视星等；利用观测到的球状星团的累积视星等；利用星系的谱线红移量和哈勃定律等。

形状和自转　天体不是质点，具有一定的大小和形状。天体内部质点之间的相互吸引和自转离心力使得天体的形状和内部物质密度分布产生变化，同时也对天体的自转运动产生影响。天体的形状和自转理论主要是研究在万有引力作用下天体的形状和自转运动的规律。

天体的形状理论中，通常把天体看作不可压缩的流体，讨论天体在均匀或不均匀密度分布情况下自转时的平衡形态及其稳定性问题。研究得最深入的是地球的形状理论，建立了平衡形状的旋转椭球体、三轴椭球体等地球模型。利用专用于地球测量的人造卫星所得的资料，与地面大地测量的结果相配合，以建立更精确的地球模型。天体的自转理论主要是讨论天体的自转轴在空间和本体内部的移动以及自转速率的变化，其中地球的自转理论现讨论得十分详细。地球的自转轴在本体内部的运动形成地极移动；同时地球自转轴在空间的取向也是变化的岁差和章动。地球自转的速率也在变化，它既有长期变慢、使恒星日的长度每100年约增加1/1000秒，又有一些短周期变化和不规则变化。

（李宗伟）

天体测量双星　astrometric binary　通过天体测量方法发现其自行行迹为曲线并可用存在某伴星来解释其行迹而发现的双星。见双星。

天体测量星表　astrometric catalog　记载天体的各种天体测量学参数（如位置、自行、视差）的表册。星表分为两大类：天体测量星表和天体物理星表。它们由两种不同类型的参数构成的。前者给出了天体测量参数（如位置、自行、视差），后者记载天体的各种天体物理参数（光度、金属丰度）。星表以观测方式不同有空间的和地面的；也可以按波段分有射电、红外、光学、X射线等星表；星表按观测目标的类型分有恒星星表、变星星表、双星星表、非恒星天体星表等。在法国斯特拉斯堡天文数据中心（CDS）收集了全球各天文单位提供的各类星表。美国海军天文台也有星表数据库（NOMAD），这些都是有用的资料。由于CCD的应用，天体的测光已经与天体测量和光谱观测不可分开，所以在这些计划中都给出了测光资料。为了完整地了解某个天体的形成和演化过程，观测都在多波段进行。天体测量星表常常同时给出天体的星等、光谱型等数据，满足天体证认工作的需要。对于研究天体的演化和形成的天体物理课题，如SDSS（sloan digital sky survey）、QUEST（quaser equatorial survey team）巡天，也同时给出了天体测量参数。星表和数据库都向着同时给出天体测量参数和天体物理参数的方向发展，这类星表称为联合星表。

著名且广泛使用的天体测量星表有依巴谷星表和第谷星表、ICRF星表、2MASS星表等。

依巴谷星表和第谷星表　根据依巴谷天体测量卫星的观测资料（平均历元为J1991.25）编制的光学星表。1997年6月发表的依巴谷星表（星表历元为J1991.25）包含117 955颗星的位置（赤经/赤纬）、自行和视差。星等亮于9等的精度分别为0.77/0.64毫角秒，0.88/0.74毫角秒/年和0.97毫角秒（其中10%的精度好于0.47～0.66毫角秒）。具有测光资料的星数为118 204颗，星等亮于9等的测光精度为0.0015等。因此它是一本毫角秒精度的星表。此外，还确认和存疑的双星和聚星系统共23 882颗星，确认和发现各类变星为11 597颗星。由卫星上恒星测绘仪的观测资料编制的第谷星表（星表历元为J1991.25）包含1 058 332颗星，亮于9等星的位置精度为7毫角秒，对于10.5等星，位置精度为25毫角秒。亮于9等星的测光精度0.012等，10.5等星的测光精度为0.06等，星表第一版本Tycho-1没有自行。美国海军天文台和丹麦哥本哈根天文台合作，用AC（astrographic catalog）和Tycho-1，并结合地面100多本天体测量星表，于2000年编成第二版本Tycho-2（星表历元为J2000.0），包含近2 539 913颗星（每平方度25～150颗星，取决于银纬）。位置精度（亮于9等）7毫角秒，对所有星的位置精度和自行精度分别为60毫角秒和2.5毫角秒/年。依巴谷星表星的密度小（每平方度3颗星），实际较多采用的参考星表为Tycho-2。依巴谷星表与国际天球参考系

（ICRS）的符合在1991.25时为零，指向的精度为±0.6 毫角秒，速率的精度为±0.25毫角秒/年。由于自行误差，精度逐年降低，但是在Gaia星表未发表前，仍然是ICRS在光学波段的实现。

ICRF星表 根据全球VLBI观测编制的射电星表，1998年1月1日国际天文学联合会（IAU）采用了河外射电源定义的ICRS，此类星表为ICRS的实现。ICRF-1仅包括608个源，其中212颗射电源为定义源，294颗射电源为候选源，102颗射电源为其他源，ICRF-1的射电源位置和参考架指向的精度分别为约250和20微角秒。经过12年的使用，2010年1月1日采用ICRF-2替代ICRF-1。射电源的数量增加至3414颗，其中定义源、非定义源和VCS（VLBA Calibrator Surveys）源的数量分别为295、922和2197颗。ICRF-2的射电源位置和参考架指向的精度分别为约40和10微角秒。2019年1月1日启用ICRF-3。射电源数量增加至4536颗，其中定义源303颗。

2MASS星表 这是红外波段的星表，全名为two micron all sky survey。根据美国霍普金斯山天文台（Mt.Hopkins）和智利托洛洛山美洲际天文台（CTIO）1.3米望远镜对北天和南天在近红外的波段的观测编制的，发表于2003年。包括主要由银河系恒星组成的点源星表（总共470 992 970个点源）以及主要包含河外星系的展源星表（共1 647 599个展源），点源星表的极限星等$I<15.8$星等、$H<15.1$星等和$Ks<14.3$星等。在2000年附近的位置精度为60～100毫角秒，比美国海军天文台星表USNO-B和哈勃导星表GSC-Ⅱ精度高，与美国海军天文台的电荷耦合器件天体照相星表（UCAC）的51×10^6共同星（8～10星等）比较，系统差仅10～20星等，但是无自行，它是ICRS在近红外的实现；展源星表的极限星等为$J<15.0$星等、$H<14.3$星等和$Ks<13.5$星等。

两千多年来，各个波段和各种天体的星表的编制在不断地进行着，从未间断过。编制天体测量星表呈现新的特点：①数量多、星等暗、精度高。随着空间天体测量的发展，星表包括天体的数量和位置精度上都有一个飞跃。位置精度已从公元前150年左右的1000″提高至1毫角秒，第二个天体测量卫星Gaia将使位置精度达到微角秒精度。随着新技术的发展（如CCD和漂移扫描技术的应用），观测天体更暗、数量更多，以深度天体测量标准天区（DAS）计划为例，其中的极限星等为25星等，因此星表中包括天体的数量也随之增加。光谱星表也有类似的情况，随着大视场多目标光纤分光仪和高质量CCD照相机的应用，将有利于高精度、快速地编制各类光谱星表。②星表编制时间缩短。一般从观测至星表发表要在10年左右，如依巴谷星表（极限星等为12.4星等）从1989开始观测，至1997年才发表该星表。随着计算机技术的发展，UCAC4星表（极限星等为16星等）从1998年2月开始观测，至2003年发表，只用了5年，Gaia星表也类似。③资料处理方法更严格。随着观测精度的提高，观测资料的处理已从牛顿框架改为一阶后牛顿框架。如果精度要求至1微角秒或者更高，则要考虑更高阶项，即采用后－后牛顿框架。

截至2018年进行中的地面的光学巡天计划有SkyMapper、URAT（USNO robotic astrometric telescope）、Pan-STARSS（panoramic survey telescope and rapid response system）、LSST（large synoptic survey telescope）等，极限星等都达到20星等左右，有的甚至到24星等。这些计划科学目标侧重天体物理方面的研究，如太阳附近几百秒差距（pc）内的小质量星；银河系动力学结构、大尺度星流；银河系的形成和演化；太阳系天体的轨道的改进等。未来，更多集中于在各个波段和对各种天体的联合星表的编制，既包括了天体测量参数，又有天体物理参数，如对银心星团的射电和近红外波段的观测。（金文敬）

天体测量学 astrometry 以研究和测定天体的位置、距离和运动，建立天球参考坐标系，以及在其他学科中的应用为主要任务的学科。天文学中最先发展起来的分支学科。天体测量学的起源可追溯到人类文化的萌芽时代。远古时期，为了指示方向、确定时间和季节，先后创造出日晷和圭表。由茫茫星空的观测，导致划分星座和编制星表，进而研究太阳、月球和各大行星在天球上的运动。当时的天体测量学既奠定了历法的基础，又确认了地球的自转和公转在天球上的反映，从而逐渐形成古代的宇宙观。因此，早期天文学的主要内容就是天体测量学，以编制星表为主。如公元前400年中国战国时魏国天文学家石申著有《石氏星经》，其中载有121颗恒星的位置；公元前150年左右，希腊天文学家依巴谷发表了依巴谷星表，其中包括约1000颗恒星，位置精度为1000角秒。16世纪W.赫西和第谷，18世纪J.弗兰斯蒂德，19世纪F.阿格兰德等都发表了天体测量星表。20世纪50年代射电和红外技术的发展，产生了射电、红外和X射线波段星表。天体测量的其他参数发现较晚，如1718年E.哈雷发现了亮星（如毕宿五、大角、天狼星等）的自行；1728年J.布拉得雷发现了光行差，1838年F.W.贝塞尔首次成功地测定了近距双星天鹅座61的视差。19世纪末，出现天体物理的测光观测和分光观测，开辟了天体物理观测的新纪元。三角视差测量法是天文学中最早应用的确定天体距离的基本方法，一直是校准其他测量方法结果的依据。难以想象的是缺少行星、卫星、恒星和星系的距离的知识，人类却能正确和客观地认识宇宙。从这种意义上说，天体测量是所有天体物理的基础。1995年W.F.van阿尔特纳等发表的8112颗星的三角视差是基于当时地面天体测量长期和大量工作的最佳成果。

20世纪90年代天体测量具有巨大的变革，虽然观测的方法——广角和窄角天体测量，即绝对和相对测定的基本原则没变，但是随着科学技术的发展，天体测量学所用的仪器和方法有不少变化。例如，天体测量的观测仪器也从子午环、照相天体仪等，发展为甚长基线干涉和光干涉，以及空间天体测量卫星；终端设备的仪器以电荷耦合器件（CCD）替代了照相底片；观测波段及成果也从可见光波段（如FK5、Hipparcos、Tycho、GSC2.3、USNO B1.0）扩展到射电（国际天球参考架ICRF）、红外（如2MASS）、紫外、X射线和γ射线等波段。过去一台仪器常局限于二维、球面上的方位测量，现已走向三维（包括距离）测量时代等。在观测精度从毫角秒提高至微角秒的时代，资料处理必须在相对论框架下进行；数学的表示方法也有所发展：有了球面天文学和矢量天文学之分。研究工作的内容也从天体的位置、距离和运动的测定，扩展至这些资料在天体物理和其他学科中的应用。

20世纪80年代以后，天体测量学的最大成就是河外射电参考架的建立和依巴谷星表的问世。1997年第23届国际天文学联合会（IAU）B2决议：从1998年1月1日起采用国际天球参考系（ICRS），其首次实现为ICRF1。ICRF1包括全天608颗射电源的位置，其中维持参考架稳定的定义源为212颗，源坐标精度平均为±0.25角分，参考架的指向稳定在±0.020角分以内。随着观测数的增加和精度的提高，2009年第27届IAU B3决议：从2010年1月1日起采用ICRF2。它包括全天3414颗射电源的位置，其中定义源295颗，源坐标精度平均为±40微角秒，参考架的指向稳定在±10微角秒以内。2018年8月IAU决议，于2019年1月1日启用ICRF3。1989

年依巴谷卫星的成功发射，开辟了空间天体测量的新纪元。作为依巴谷卫星的主要成果，1997 年发表的依巴谷星表包括了近十二万恒星的天体测量参数：位置、自行和视差（见依巴谷天体测量卫星），精度为毫角秒。从 1998 年起，依巴谷星表取代沿用了十余年的 FK5 星表，成为 ICRS 在可见光波段的基本参考系的实现，在天文、空间、测地研究诸领域中广泛使用。第 2 个天体测量卫星 Gaia（见空间天体测量）已于 2013 年 12 月 19 日发射，2016 年 9 月发表了 Gaia 14 个月的资料，2018 年公布了第二批数据资料。Gaia 观测结果编制的最终星表将可能在 2024 年甚至更往后发表，包括大约 1×10^9 天体的位置、视差和自行，精度达到微角秒，故称为微角秒天体测量。

天体测量与天文学中其他分支学科的发展紧密联系。天体力学和天体物理学推动了天体测量学的发展，如 1844 年和 1846 年分别发现天狼星的伴星和海王星；卫星和宇宙飞船的导航；太阳系天体（自然和人造卫星、小行星、空间导航）的运动和历书编算，以预测它们今后的位置；高精度的天文观测需要在广义相对论框架中讨论长度和时间尺度。另一方面天体测量工作也为天体物理学和天体力学的研究提供其工作必需的基本参考架和天体测量数据库。例如：①亚毫角秒乃至微角秒精度的天体测量，这是天文学研究和深空探测的需要，将由已发射的天体测量卫星 Gaia 来实现。②现有的 ICRF 的加密和依巴谷星表向暗星的扩充（2000 年后已发表 Tycho-2、UCAC5、GSC2.3），以及参考架的维持和红外乃至多波段天球参考架的创建。③三角视差的测定。它是宇宙距离阶梯的重要一步，也是关于恒星类型（巨星和矮星）和它们绝对光度的基础。④银河系星团和伴星系运动的观测，以便了解银河系物质的分布，特别是暗物质的分布。这是当前的热门课题。⑤天体测量方法是寻找系外行星的方法之一，其天体测量信息与系统的倾角无关，可以直接测定行星与恒星的质量比。

特别应提及高精度天体测量数据已成为研究银河系形成、演化和结构的必需资料，例如：①恒星流的检测。1994 年 R. 伊巴塔首先用 SPM3 自行资料在人马矮椭球星系检测到这个星系因银河系的潮汐作用而瓦解，并由此产生潮汐流。随后，其他学者用北银极 SA57 自行资料发现在银河系晕中的大尺度星流；在南银极发现一个顺行的晕星流以及小熊座星流的存在。②暗物质的检测。银河系被暗物质晕包围着，晕的成分是未知的，晕族大质量致密天体是其候选者。现在观测认为它可能是年老的、非常冷的白矮星渐变而成的，所以寻找白矮星、M 型褐矮星、L/T 型星可以直接检测暗晕物质。③银心星团的研究。1996 年德国马克思·普朗克地外物理研究所和美国加利福尼亚大学物理和天文系的两个小组采用不同仪器进行观测，首先用自行证明银心人马座 A*（IR）星团的存在，说明了银河系中心的暗物质是一个大质量的黑洞。继而开始了人马座 A*红外星团中恒星轨道运动测定，研究用 1992～2007 年 15 颗星的轨道得到中央黑洞的质量为 $4\times10^6M_\odot$，位置与人马座 A*的射电位置相符。未来的天体测量在从毫角秒向微角秒精度发展的过程中，将提供更丰富的观测资料，满足天文和空间科学研究工作的需要，而且为天体物理、天体演化和宇宙学的新理论开拓道路。

地面天体测量与空间天体测量比较，虽然观测精度低很多，但是天体测量卫星望远镜口径小和飞行时间短，观测的星等和长期摄动的研究受到限制，所以地面天体测量也有着不可忽视的优势：投资少，见效快；有丰富的暗星观测历史资料；适合于需要长期观测的天体和暗的天体，且安排灵活。每颗空间天体测量卫星上天之前，还有大量的工作需要地面天体测量来完成。毫角秒和亚毫角秒的天体测量已把测量距离好于 10%的观测样本（即σ_π/π小于 0.1）从 5 秒差距（FK5 星表）扩大到 100 秒差距（依巴谷星表），不久将至 20 千秒差距（Gaia 星表）。高精度、大样本的观测资料的涌现将推动天体测量资料在恒星物理、星系、宇宙距离尺度的确定等研究方面的发展，从而获得显示度更高的成果。促进天体测量（位置、自行、视差）和非天体测量（视向速度、光度、元素丰度等）资料的联合应用，将天体物理的研究推上一个新的台阶。 （金文敬　李东明）

天体测量仪器 astrometric instrument 测定各种天体位置和距离的仪器。在光学天体测量仪器中，子午环用于测定恒星坐标，以编制基本星表。中星仪、棱镜等高仪、光电等高仪、照相天顶筒和天顶仪等用于测定世界时或极移，以研究地球自转。它们以铅垂线或水银面为基准，测定天体的天顶距或过子午圈的时刻。北极管是用来测定某些天文常数的。此外，经纬仪是天文大地测量的主要仪器。六分仪则用于船舶和飞机的定位。天体照相仪对天体进行照相定位，即从底片上某些已知星的坐标推算出其他星的坐标。在长焦距照相仪每隔半年拍得的两张同一天区的照片上，可以测定距离在 100 多光年以内的恒星三角视差。激光测距仪能记录激光束在仪器与目标间的往返时间，从而推算出目标的距离。当前的计时技术已较完善，大气对光程的影响不大，所以，激光测量人造卫星或月球的距离可以达到误差仅几厘米的高精度。

天体测量仪器已有近两千年的历史，自 17 世纪采用望远镜后，测量精度显著提高。19 世纪发展起来的照相天体测量方法，能够精密测定大量恒星的位置和自行。20 世纪 50 年代以后，代替人眼瞄准星像的光电记录法得到较普遍的应用。光电自动跟踪星像、光子计数、数字滤波、CCD 电荷耦合器件、电子计算机等新技术的应用使天体测量仪器日趋自动化。随着仪器设计和制造技术的进步，光学仪器本身的误差已小于大气反常折射所引入的测角误差。各种优良的光学天体测量仪器几乎都只达到同样的观测精度（对一颗星进行一分钟的定位观测，其最高精度约为 0.1″），因为它们都受到从镜筒内起直至高空各层大气反常折射的限制。如在地球大气外进行空间天体测量（如欧洲空间局的依巴谷天体测量卫星）则可获得高十倍以上的精度。

20 世纪 60 年代发展起来的甚长基线干涉仪可用来进行多种天体测量工作。它受大气的影响较小，对遥远的河外射电源的定位精度可达千分之几角秒，用以建立天文惯性参考系。它还可精确测量银河系射电天体的距离。此外，利用射电源还能精密测定地球自转、纬度以及两个相隔数千千米的测站之间位置的微小变化，为研究天文地球动力学提供实测资料。

（胡宁生）

天体的距离 distance of celestial body 地球到天体的距离。不同类型天体的距离远近相差悬殊，测量的方法也各不相同。早在古代，人们通过粗略的观测已建立起天体的相对距离的初步概念。公元前 3 世纪，古希腊阿利斯塔克推算出日、月到地球的距离的近似比值。公元前 2 世纪，依巴谷求得月球的距离为地球直径的 30 又 1/6 倍。1751～1753 年，法国 N.L.de 拉卡伊和 J.de 拉朗德第一次用三角测量法精确测定了月球的距离。1672 年，G.D.卡西尼精确测定了太阳的距离。1837～1839 年，F.G.W.斯特鲁维、F.W.贝塞尔和 T.亨德森几乎同时分别利用三角视差法相当精确地测定了织女星（即天琴座 α）、天鹅座 61 和南门二（即半人马座 α）三颗近距星的距离（见视差）。

测量天体距离的经典方法是三角视差法，此外还有许多方法。每种方法都有一定的适用范围。下面按照天体从近到远的距离分为两类，分别叙述各种测量方法。

太阳系内的天体 三角测量法 用于测定月球、行星的周日地平视差，由此可以求得它们的距离。根据天体力学的理论，利用行星的周日地平视差，可以求得太阳的周日地平视差（即太阳视差），从而得到地球和太阳之间的平均距离。这是20世纪60年代以前测定太阳距离的常用方法。

雷达测距法 通过向月球和行星（如金星、火星、水星等）发射无线电脉冲，然后接收从它们表面反射的回波，并将电波往返的时间精确地记录下来，便能推算出天体的距离。雷达测距法已成为测量太阳系内某些天体的基本方法之一。1946年首次用这一方法成功地测定了月球的距离，1957年月距的测定精度已优于1000米。自1961年起，对金星、火星和水星等多次进行雷达测距。对行星的雷达测距还为测定地球和太阳间平均距离提供了最优的方法。根据对金星的雷达测距求得的日地间平均距离的数值是最精确的（见雷达天文方法）。

激光测距法 比雷达测距法更精确。但只适用于很近的天体，如人造卫星和月球。它的工作原理与雷达测距法相似。

太阳系外的天体 三角视差法 测定太阳系外天体距离的最基本方法。用其他方法测得的距离都要用三角视差法来校准。以前它仅对离太阳50秒差距（见秒差距）范围内的近距星有效。但自1989年以来，随着空间天体测量卫星如依巴谷天体测量卫星、盖亚（Gaia）卫星相继上天，由于它们的测角精度显著提高（达到毫角秒以至几十微角秒量级），因此测定天体距离的范围已扩展到了5000秒差距（相对误差10%），甚至可扩展到10 000秒差距（相对误差20%）。

分光视差法 分析恒星谱线以测定恒星距离的一种方法。以秒差距为单位的恒星距离r与它的视星等m（见星等）和绝对星等M之间存在下列关系：

$$5\log r = m - M + 5$$

根据恒星谱线的强度或宽度差异，估计恒星的绝对星等，再从观测得到恒星的视星等，由上式求得恒星的距离。由于星际消光对M和m有影响，用分光视差法测定恒星的距离必须计及星际消光这个很复杂的因素。

威尔逊－巴普法 1957年，O.C.威尔逊和M.K.巴普发现，晚型（G、K和M型）恒星光谱（见恒星光谱）中电离钙的反转发射线宽度的对数与恒星的绝对星等之间存在着线性关系。对这条谱线进行光谱分析，便可得到晚型恒星的距离。

星际视差法 在恒星的光谱中出现有星际物质所产生的吸收线。这些星际吸收线的强度与恒星的距离有关：恒星越远，它和观测者之间存在的星际物质越多，星际吸收线就越强。利用这个关系可测定恒星的距离。常用的星际吸收线是最强的电离钙的K线和中性钠的D双线。不过这个方法只适用于O型和早B型星，因为其他恒星本身也会产生K线和D线，这种谱线同星际物质所产生的同样谱线混合在一起无法区分。由于星际物质分布不均匀，一般说来，用此法测得的距离，精度是不高的。

力学视差法 目视双星的相对轨道运动遵循开普勒第三定律，即伴星绕主星运转的轨道椭圆的半长径的立方与绕转周期的平方成正比。设主星和伴星的质量分别为m_1和m_2，以太阳质量为单位表示，绕转周期P以恒星年（见年）为单位表示，轨道的半长径的线长度A以天文单位表示，这种双星在观测者处所张的角度α以角秒表示，则其周年视差π为：

$$\pi = \frac{\alpha}{A}$$

$$A = \sqrt[3]{(m_1 + m_2)P^2}$$

式中α和P可从观测得到。因此，如果知道双星的质量，便可按上述公式求得该双星的周年视差。如果不知道双星的质量，则用迭代法解上式，仍可求得较可靠的周年视差。周年视差的倒数就是该双星以秒差距为单位的距离。

星群视差法 移动星团的成员星都具有相同的空间速度。由于透视作用，它们的自行会聚于天球上的一点或者从某点向外发散，这个点称为“辐射点”。知道了移动星团的辐射点位置，并从观测得到n个成员星的自行μ_k和视向速度$V_r^{(k)}(k = 1,2,\cdots,n)$，则该星团的平均周年视差为：

$$\overline{\pi} = \frac{4.74}{n\overline{V}}\sum_{k=1}^{n}\frac{\mu_k}{\sin\theta_k}$$

$$\overline{V} = \frac{1}{n}\sum_{k=1}^{n}V_r^{(k)}\sec\theta_k$$

式中θ_k为第k个成员星和辐射点的角距；$\overline{V}$为n个成员星的空间速度的平均值。这样求得的周年视差的精度很高。但此法只适用于毕星团。其他移动星团因距离太远，不能由观测得到可靠的自行值。

统计视差法 根据对大量恒星的统计分析资料，知道恒星的视差与自行之间有相当密切的关系：自行越大，视差也越大。因此对具有某种共同特征并包含有相当数量恒星的星群，可以根据它们的自行的平均值估计它们的平均周年视差。这样得到的结果是比较可靠的。

自转视差法 银河系的较差自转（即在离银河系核心的距离不同处，有不同的自转速率）对恒星的视向速度有影响。这种影响的大小与星群离太阳的距离远近有关，因此可从视向速度的观测中求出星群的平均距离。这个方法只能应用于离太阳不太远，距离大约在1200秒差距以内的恒星。

利用天琴座RR型变星 这类变星的特点是：尽管光变周期长短不同，但它们的光度是相同的，绝对星等差不多都在＋0.5等左右。因此，先通过观测得到它们的视星等，再把视星等同上述绝对星等数值做比较，便可求得含有这类变星的球状星团的距离。这类变星由于光度大，光变周期为0.05～1.5天，显得特别引人注目，所以可作为相当理想的“距离指示器”。

利用造父变星 这类变星的光变周期长，而且它们的光度和光变周期之间有一种确定的周光关系，即光度越大，光变周期越长。应用这种关系，便可根据观测得到的光变周期计算它们的绝对星等，再将算出的绝对星等同视星等作比较，就可求得这类变星及其所在星团或较近的河外星系的距离。

利用角直径 假如各个球状星团或星系的线直径D（以天文单位表示）大致是相等的，则通过观测得到它们的角直径d（以角秒为单位），就可求得星团或星系的距离r（以秒差距为单位）：

$$r = \frac{D}{d}$$

但实际上，无论是球状星团，还是各类星系，它们的线直径相差不小，而且要确定它们的角直径也很困难，所以用这个方法求得的距离是很粗略的。

主序星重叠法 这个方法的出发点是：认为所有主序星都具有相同的性质，同一光谱型的所有主序星都具有相同的绝对星等。可以把待测星团的赫罗图（以色指数为横坐标，视星等为纵坐标）同太阳附近恒星的赫罗图（以色指数为横坐标，以绝对星等为纵坐标）相比较，使这两个图的主星序重叠。根据纵坐标读数之差，即星团的主序星的视星等和绝对星等之差，可算出该星团的距离。也可以把待测星团的主星序同已知距离的比较星团的主星序相重叠，则纵坐标读数之差就是两星团的主序星的视星等之差，由此可以求得这两个星团的相对距离。根据比较星团的已知距离，便得到所测星团的距离。这是测定银河星团和球状星团的距离的一种有效方法。

利用新星和超新星　新星和超新星的光度变化都具有这样一个特征：在不长的时间内光度便达到极大值，而且所有新星或属同一类型的超新星的最大绝对星等变化范围不大。因此，可先取它们的平均值作为一切新星或属同一类型的超新星的最大绝对星等，再把它同观测到的最大视星等相比较，便可定出该新星或超新星所在星系的距离。

利用亮星　对于河外星系，可以认为它们所包含的亮星的平均绝对星等与银河系里属于同一类型星的平均绝对星等是相同的。因此，可以先通过观测得到这些亮星的视星等，然后把它们同上述平均绝对星等做比较，以求得河外星系的距离。

利用累积星等　球状星团的累积星等变化范围不大，可先取其平均值作为所有球状星团的累积绝对星等，再从观测得到所测星团的累积视星等，便可算出该球状星团的距离。此法也可用于河外星系，但必须考虑到星系的形态类型，不同类型星系的累积平均绝对星等应取不同的数值。

利用谱线红移　观测表明，在光学望远镜和**射电望远镜**所及的空间范围内，河外星系的谱线都有红移现象，而且红移量同星系的距离成正比。以r表示星系的距离，c表示光速，λ表示波长，$\Delta\lambda$表示波长的变化量，则：

$$r=\frac{c}{H}\cdot\frac{\Delta\lambda}{\lambda}$$

式中$\Delta\lambda/\lambda$为红移量；H为**哈勃常数**。因此，只要测量出星系的谱线红移量，便可推算出星系的距离。

测定天体的距离是天体测量最重要的研究课题之一，尽管方法很多，但要得到可靠的结果是不容易的。因此，对于某一天体，应尽可能采用几种方法分别测定它的距离，然后相互校核，才能得到可靠的结果。（何妙福）

天体的形状和自转理论　theory of the figure and rotation of celestial body　关于各种类型的天体在内外引力作用下自转时的平衡形状，以及自转轴在空间和天体内部的变化规律的理论。天体力学的一个分支。内部辐射较强或电磁作用较大的天体，其形状和自转问题则在天体物理学中进行研究。在天体的形状理论中，主要的模型是转动着的流体。其中流体分为可压缩的和不可压缩的以及均匀的和不均匀的，转动分为整体均匀转动和带状转动等。在天体的自转理论中，主要的模型是刚体，有时也采用刚体和流体或刚体和弹性体的混合模型。

天体的形状理论　孤立天体的形状理论　主要研究天体在内部引力和自转离心力作用下的形状（包括内部结构）问题。这方面的研究工作是分别按各种物态模型进行的，主要的研究课题有：①均匀自转的平衡形状问题。主要研究天体在均匀自转（即自转角速度不变，而且整个天体每个质点的自转角速度都相同）时，可能的平衡形状以及相应的稳定性问题。其中又分别研究各种物态模型，如密度均匀的流体、密度不均匀的流体、带有固体核心的流体、带有浮动固体的流体、带有固体壳的流体、可塑体和弹性体等。②带状自转（**较差自转**）的形状问题。主要研究带状自转天体的平衡（或相对平衡）形状和相应的层次结构。如果天体中各质点的自转角速度不一样而是质点到自转轴的距离和纬度的函数，则这样的自转称为带状自转，例如太阳、木星、土星以及其他恒星的自转等。③形状的变化问题。主要研究天体形状在天体内部各种力出现不平衡时，产生周期性的或其他规律性变化的情况。

天体系统的形状理论　研究一个或多个天体系统在外力作用下的形状问题，主要的研究课题有：①受中心体引力作用的流体形状问题。典型例子是土星环。②地月系统的形状问题。这是关于地月系统演化的一个课题。从地月原来是一个天体的假定出发，研究分裂为两个天体的可能性以及它们的形状和自转的演化规律。③双星系统的形状问题。这是关于双星演化的一个课题。④复杂系统的形状问题。主要是星团、星云和星系的形状理论，这些问题主要在天体物理学中研究。

天体的自转理论　主要研究：①天体自转轴在空间的运动。除地球外，还研究人造天体的自转轴的运动。②天体自转轴在天体内的移动。研究得最多的是地球的**极移**。③天体自转速率的变化。主要研究内外引力对天体自转速率的影响。

几个重要课题　在天体的形状和自转理论的所有课题中，有几个是研究得比较深入的重要课题。

均匀流体自转时的平衡形状问题　这是最简单的理论模型。它研究密度均匀的不可压缩流体在均匀自转时的平衡形状及其稳定性问题（即偏离平衡形状很小时，是否会破坏平衡）。设σ为流体密度、ω为自转速率、G为万有引力常数，法国科学家H.庞加莱求得产生平衡形状的必要条件为：

$$\Omega=\frac{\omega^2}{2\pi G\sigma}<1$$

$\Omega=1$的条件称为庞加莱极限。对于密度不均匀的流体，此条件仍然成立，只是σ表示整个流体的平均密度。当满足此条件时，已证明存在一系列的平衡形状，如**麦克劳林椭球体**（旋转椭球体）、**雅可比椭球体**（三轴不相等的椭球体）、**庞加莱体**（近椭球的几种闭曲面）和**达尔文体**（梨状体）等。这些平衡形状都是指大行星而言的，它们是椭球体或接近椭球体。有人证明，环状体也可能成为平衡形状，但不能解释土星环的运动。对土星环的实际观测表明，它不是自转着的流体，而是按开普勒椭圆运动着的小固体质点所组成的环。

庞加莱和俄国科学家A.M.李雅普诺夫建立了这些平衡形状的稳定性理论。当Ω值较大时（仍小于1），相应的麦克劳林椭球体或雅可比椭球体都是不稳定的。按均匀流体得出的结论只有参考价值，因为这与天体实际情况相差太远。但结论本身是非常可靠的，可作为讨论更复杂情况的基础。

地球的形状理论　在天体的形状理论中，研究得最深入的对象是地球，各种物态模型，都是针对地球提出来的。由于人造地球卫星的轨道受到地球引力场的摄动，可根据人造卫星**轨道根数**的变化反测地球引力场展开式的系数。这些系数值反映了地球形状和内部密度分布的规律。1963年，美国根据**哈佛－史密松天体物理中心**的建议，拟定了“国家测地卫星”计划，并从1965年开始发射专用于观测地球的带有激光反射器的卫星。1966年，根据卫星资料建立第一个标准地球模型，称为“史密斯标准地球Ⅰ”；1969年，用更多的资料建立“史密斯标准地球Ⅱ”。后来又用25个卫星的照相和激光观测资料以及两万多个地面重力测量资料，在1973年建立“史密斯标准地球Ⅲ”。进入21世纪以来，国际上相继发射了地球重力测量卫星CHAMP、GRACE和GOCE，分别引入了高精度加速度仪、高精度星间测距和高精度重力梯度等现代卫星测量技术，利用2015年以前的卫星重力测量资料可以反演出的高精度**地球重力场**，其对应的**大地水准面**精度已达厘米级。

地球的自转理论　在天体的自转理论中，也只有对地球自转的理论研究得最为深入。它包括：①**岁差**和**章动**理论。主要研究地球自转轴在空间的变化规律。经典理论是用刚体模型建立起来的，所得结论仍在应用。同时还根据完全弹性体模型以及核心为流体、壳为固体的模型建立了一些章动理论。②地极移动理论。研究地球自转轴在地球体内的运动规律。这需要用各种较复杂的模型（弹性体、可塑体、带流体核的固体、带有浮动固体块的流体等）进行研究。③地球自转速率的变化。需要用更复杂的模型进行研究。

（易照华 廖新浩）

天体分光光度测量 astronomical spectrophotometry 对天体某波长处的单色辐射流或单色亮度进行的测量。借以研究不同波长处的天体辐射特性。单色辐射是指半宽与波长之比接近于零的极窄波带内的辐射，这种测量也属光度测量范畴。因波带极窄，得到的信息也就很丰富。分光光度测量在对仪器的要求、测量和分析的方法等方面都与一般光度测量有所不同，是研究天体物理性质的基本方法之一。进行这种测量，需要借助于有一定光谱分辨率的仪器，如各类恒星摄谱仪、太阳光谱仪、光电分光光度计和傅里叶变换分光仪等。

在相同观测条件下比较两个天体单色辐射的测量，称为较差分光光度测量。测量结果以物理学的绝对单位表示的，称为绝对分光光度测量；以某一相对单位表示的，称为相对分光光度测量。按测量的波长范围又可分为连续光谱测量和谱线测量。

连续光谱测量 目的是得到天体光谱能量分布曲线或色温度。连续光谱的测量范围可宽达几千埃。这种测量对分光仪色散度和分辨本领的要求可以低些。观测结果除依赖于天体的单色辐射外，还和星际消光、地球大气透射率、望远镜和分光仪的反射率或透射率以及探测器的分光响应等有关。这些都是波长的函数。严格说来，必须先得到这些函数关系并对天体观测数据进行相应改正，才能最终确定天体的光谱能量分布。

通常在天顶距相同、仪器条件不变的情况下，分别观测待测星和光谱能量分布已知的标准星，计算出它们的单色星等差，便可排除大气消光和仪器分光响应的影响。或者在天顶距稍有差别时，可做大气消光改正。由标准星的光谱能量分布定出待测星的光谱能量分布，其单位与标准星相同。对于距离大于100秒差距的天体，要考虑星际消光的改正。待测天体也可以和实验室里光谱能量分布已知的标准光源（如近似绝对黑体、标准灯或同步辐射器等）进行比较。在这种情况下，必须严格改正大气消光和仪器系统误差的影响。

经过天文学家精确测定了的织女星的绝对光谱能量分布曾被用作一级标准。此外，在不同赤经区里，还有一些仔细测定过能量分布的次级标准星。

连续光谱测量根据所用探测器又分为：①照相分光光度测量。这种测量需要考虑底片的非线性和选择性，要拍摄校准光谱，必须依底片的特性和测量精度的要求分波段做特性曲线。测量光谱密度时，要注意避开吸收线。针对照相分光光度测量，已有全自动显微密度数据处理系统，能直接给出天体的分光光度图。②光电分光光度测量。可用光电倍增管沿天体光谱扫描，或者用一维或二维光电探测器同时记录各波段的单色辐射。光电探测器具有线性响应、测量精度高、易于数字化处理等特点。现代天文观测中，二维光电探测器技术（特别是CCD，即电荷耦合器件）发展得很成熟，已基本取代了照相底片。

实测的连续光谱能量分布，因受到光谱中吸收线的影响会相应偏低。将实测和理论计算的连续光谱能量分布进行比较，可以求出天体的有效温度和表面重力加速度等参量。

谱线测量 测量谱线范围内单色辐射与连续光谱强度的比例，求出谱线轮廓或等值宽度。测量谱线轮廓要求有高色散、高分辨本领的分光仪。分辨本领较低的分光仪只能测等值宽度。测量时应注意连续光谱的影响。对测量结果首先要做散射光改正，再做仪器轮廓改正，才能得到较正确的观测谱线轮廓。

比较观测轮廓和理论计算的轮廓，可以得到天体或辐射区的一些重要物理参数，如有效温度、重力加速度、运动速度、角速度、磁场强度、元素丰度等。

（刘宗礼 黄佑然 撰 黄永锋 修订）

天体干涉测量 astronomical interferometry 在光学（含红外）波段和射电波段用干涉原理以实现天体高分辨率观测的技术和方法。1868年，法国物理学家A.H.L.斐索首先提出恒星干涉测量的设想，大约在1890年美国A.A.迈克耳孙用里克天文台30厘米折射望远镜实现了A.H.L.斐索的想法，成功测出木星四个伽利略卫星的直径。1920年，迈克尔孙与F.G.皮斯用置于2.5米望远镜支架上的平面反射镜将入瞳距离（基线）拉开到10米以上，分辨率得到了显著提高，成功地测定了角直径为0.020″～0.047″范围的6个恒星的角直径。20世纪60～70年代，澳大利亚天文学家R.H.布朗建成强度干涉仪，它把基线长10～188米的2面口径6.7米反射镜（置于圆形轨道上）接收到的星光由光电倍增管变成电信号，进行电流强度干涉，测定了南天32颗最亮的光谱型为B5～F8的恒星的角直径。80年代末之后，美国、欧洲和澳大利亚建成了一批新型的迈克尔孙恒星干涉仪，取得毫角秒和亚毫角秒的分辨率，在双星分辨、恒星位置测量及红外源的观测方面取得了一批观测成果。

射电望远镜因为接收到的天体射电辐射波长较光学望远镜接收波长高几个数量级，用射电干涉方法提高观测分辨率，在技术上比光干涉容易实现，所以20世纪40年代末和50年代初，国际射电天文领域中就已广泛采用干涉测量方法。到70年代，射电天文学家已能够分辨出0.0002″的射电源的角径。射电干涉仪是将两个或更多个分立的天线，通过电子技术连接，以期获取天体的高分辨率图像。天线彼此可相距几千米，可安置在不同的洲际或地球相对的两端，甚至是地基天文台的天线和太空观测站的天线相连，在这样的方式下进行同时观测，并由计算机控制和成像计算。在厘米波段分辨率可达毫角秒和亚毫角秒。

（李 竞 王正明）

天体光度测量 astrophotometry 测量来自天体的某波段范围内的辐射流。简称测光。常以星等表示测量结果。历史上，测光是为了给出天体的亮度，帮助在复杂的星图、星表中证认恒星。随着测光方法日益完善和研究的逐步深入，光度测量成为研究各类天体物理性质的重要方法。对难于观测光谱的暗弱天体，通过测光可以得到一些有价值的物理信息。测光结果可以帮助定出恒星的光谱型（见恒星光谱）和天体距离，可以得到变源的变化特征。测光对研究宇宙结构、星际物质空间分布、恒星演化、系外行星和各类变源等都十分有用。

测光依据的基本原理是：在观测条件不变的情况下，相同的辐射流能使探测器产生同样的响应。根据这一原理，将待测星和已知星等的星做比较，从探测器对它们的响应便可推算出待测星的星等或星等变化。比较星是事先已经确定星等的定标星，或参照定标星精确测定了星等的标准星。有时，将待测星的辐射和实验室中的模拟黑体比较，测出以物理学的绝对单位表示的天体亮度。

探测器的响应同天体的光谱能量分布（受星际消光的影响）有关，也同仪器系统（包括望远镜、滤光片和辐射探测器）的分光响应以及同地球大气消光有关。其中地球大气消光的影响可以用专门的观测方法改正。仪器系统的分光响应则决定了测量的辐射波段。即使测量同一波段，不同测量者的仪器不可能完全相同，得到的数值也不一样，有时彼此间的关系是非线性的。测光的波带用平均波长λ_0和通带半宽$\Delta\lambda$

表征。λ_0是仪器系统相对分光响应曲线下面积的重心所对应的波长，$\Delta\lambda$是该曲线上响应度等于 1/2 的两点对应的波长差。依半宽的大小，天体测光可分为宽带（$\Delta\lambda >$ 300 埃）、中带（300 埃 $> \Delta\lambda >$ 90 埃）和窄带（$\Delta\lambda <$ 90 埃）测光。按所用探测器的类型又可分为目视测光、照相测光、光电测光、CCD 测光等。按观测对象又分为面源测光和点源测光。

目视测光　以人眼为探测器，测得结果为目视星等，其平均波长大致为 5500 埃。目视测光在天体测光史上起过重要作用，星等标度就是在目视测光的基础上建立起来的。历史上人们曾以目视测光方法测量了大量恒星的星等，编制了著名的《波恩星表》（BD）等。但因目视测光精度低，标度不稳定，已很少在科研工作中采用。

照相测光　用天文底片作探测器。对点光源，考虑到底片响应的非线性，必须在同一底片上拍摄待测星和一系列（从亮到暗的）星等已知的比较星。然后，用光瞳光度计或全自动底片处理机测量这些星像。由测量仪器的读数和已知星的星等做校准曲线，从该曲线内插和归算出待测星的星等。用蓝敏底片进行照相测光，得到照相星等，平均波长约 4300 埃。用对其他波长敏感的底片，并加适当的滤光片，可得到与目视星等类似的仿视星等、红星等和红外星等。

照相测光有多种误差来源（如乳胶不均匀、场差、显影时的缺点等），所以精度不如光电测光。一般均方误差约 0.05 星等。此外，照相测光的动态范围比光电测光小。照相测光的优点是能同时拍摄大面积天区的许多恒星，适宜做巡天和统计工作，且可以保留底片作为历史档案。照相测光在历史上曾对天文学的发展起到了重大推动作用，但现代天文观测普遍用 CCD 测光等技术取代了照相测光。

光电测光　采用光电光度计作为探测器，一般用的是光电倍增管。因光电倍增管的高精度和线性响应特性，光电测光是准确度和灵敏度极高的测光方法，一般精度达到 0.01～0.005 星等。较差测量时，精度更可达 0.001 个星等。光电测光时，选择适当的光阑，让星像位于光阑中，记下仪器读数，此数减去光阑对准夜天背景（见夜天光）时的读数，即为星光产生的仪器响应。这个响应同星光强度成正比，可由此响应按星等定义直接计算观测系统的星等。通常还需要将此星等归算为大气外的星等并转化为标准系统星等。光电测光所得到的星等称为光电星等。实测中还可以使用能同时测量几个波带或同时测量变星和比较星的多通道光电光度计，用电子计算机直接处理数据，能迅速得到结果。光电测光适宜于测定星等标准，以及测量天体亮度的快速变化。

CCD 测光　采用 CCD 作为探测器，这是应用最广泛的测光方法。CCD 也就是电荷耦合器件，每个探测单元就是一个像素，由金属电极、绝缘体和半导体三层构成。观测过程中，入射光在半导体内产生自由光电子，电子被收集在金属电极下方的势阱中。曝光结束后，各像素势阱中的电子通过耦合转移的方式依次被读出电路放大读出，直接得到数字化的图像。通常每像素的几何尺寸在十几到几十微米之间，单个 CCD 芯片上则可有数百万甚至上亿像素。多个 CCD 芯片拼接，可覆盖更大范围的焦平面。CCD 探测器具有低噪声、高量子效率、高灵敏度、高动态范围、宽波段、线性响应、低功耗、数字化、方便应用等优点，在红外、光学、紫外、软 X 射线等波段都被广泛应用，基本上已经完全取代了照相底片。为尽量降低噪声，CCD 在观测中需要制冷。利用 CCD 图像测光时，对于分立的点源，可以通过孔径测光的方式得到星等值。而对于密集星场，当待测对象和附近恒星图像有叠加时，仍可以通过应用点扩散函数进行轮廓拟合的方法，得到各天体的星等。CCD 测光过程中，需要对原始观测数据进行平场、暗流、背景等一系列改正，并要剔除坏点、消除宇宙线的干扰。

面源测光　对具有延伸像面的天体，如星云、星系、日、月、行星进行测光，称为面源测光。面源测光有两种：①研究天体视面上亮度的分布，得到其各处每平方角秒的星等数；这种测量能研究天体表面细节的物理特征或结构。②测量天体整个视面的累积星等，以研究天体的总辐射。照相方法测量面源亮度分布时，为建立底片特性曲线，用实验室的管光度计拍摄校准记号；或者用特殊照相技术拍摄一些比较星的具有一定均匀密度面积的像，以避免因星像结构和大小不同而引入误差。当光电测量累积星等时，光电光度计的光阑应包括整个天体视面，或用积分法求累积星等。现代天文观测普遍使用 CCD 进行测光观测，可以很方便地得到面源的亮度分布和累积星等。

（黄佑然　姚保安　黄永锋）

天体光谱分析　astronomical spectral analysis　应用光谱学的原理和实验方法确定天体的物理性质和化学成分的分析法（见恒星光谱）。光谱分析技术是现代天体物理学得以发展的基石。天体光谱分析一般有两种：

①定性分析。用来确定天体的化学成分。首先需要测定谱线的波长。在拍摄天体光谱时，同时拍摄已知谱线波长的光源产生的比较光谱（通常是铁弧光谱）。测量比较谱线的坐标x，然后确定它们的波长λ和x的关系式。对于棱镜摄谱仪拍摄的光谱，有经验公式：

$$\lambda = \lambda_0 + \frac{c_0}{(x_0 - x)^{\alpha}}$$

式中α、λ_0、c_0和x_0为待定常数，α、λ_0同摄谱仪有关；c_0同所选择的光谱段有关；x_0同谱线的坐标所取的零点有关。这关系式确定以后，便可根据这个经验公式从天体谱线的坐标x计算其波长λ。改正天体视向速度对波长的影响之后，将天体谱线波长和地球上已知元素的谱线波长做比较，或者应用按原子结构和光谱理论计算的谱线表，证认出产生天体谱线的元素。

②定量分析。每种元素的谱线强度，与它们在物质中的丰度有关，所以通过对谱线强度的比较，可以确定物质中各元素的丰度。对于天体光谱的定量分析，有两种方法：一是测定谱线的等值宽度，做出谱线的生长曲线，与理论计算比较；二是根据某种谱线形成的机理，假设一些物理参数，计算出理论轮廓，再同观测轮廓比较。这两种方法不仅能得到形成谱线的元素含量，而且能得到辐射区的温度、湍流速度、压强、磁场等参数以及有关辐射机制的信息。　（黄佑然　撰　黄永锋　修订）

天体力学　celestial mechanics　天文学中较早形成的一个分支学科，主要研究天体的力学运动和形状。研究的对象是太阳系内的天体，20 世纪 50 年代以后也包括人造天体和一些成员不多（几个到几百个）的恒星系统。天体的力学运动是指天体质量中心在空间的移动和绕质量中心的转动（自转）。至于天体的形状，主要是研究流体或弹性体在内部引力和自转离心力作用下的平衡形状及其变化规律。天体内部和天体相互之间的万有引力是决定天体运动和形状的主要因素。天体力学以万有引力定律为基础。虽然已发现万有引力定律与某些观测事实发生矛盾（如水星近日点进动问题），而用 A.爱因斯坦的广义相对论却能对这些事实做出更好的解释，但对天体力学的绝大多数课题来说，相对论效应并不明显。因此，在天体力学中只是对于某些特殊问题才需要应用广义相对论和其他引力理论。

历史渊源　远在公元前一二千年，中

国和其他文明古国就开始用太阳、月球和大行星等天体的视运动来确定年、月和季节，为农业服务。随着观测精度的不断提高，观测资料的不断积累，人们开始研究这些天体的真运动，从而预报它们未来的位置和天象，更好地为农业、航海事业等服务。历史上出现过各种太阳、月球和大行星运动的假说，但直到 1543 年 N.哥白尼提出日心体系后，才有反映太阳系的真运动的模型。J.开普勒主要根据第谷多年的行星观测资料，于 1609～1619 年先后提出了著名的行星运动三大定律；开普勒定律深刻地描述了行星运动，对天文学发展有重要作用。他还提出著名的开普勒方程，对行星轨道根数下了定义。从此可以预报行星（以及月球）更准确的位置，形成理论天文学，这是天体力学的前身。

到这时为止，人们对天体（指太阳、月球和大行星）的真运动仅处于描述阶段，未能深究行星运动的力学原因。早在中世纪末期，L.达·芬奇就提出了不少力学概念，人们开始认识到力的作用。伽利略在力学方面做出了巨大的贡献，使动力学初具雏形，为牛顿三定律的发现奠定了基础。I.牛顿根据前人在力学、数学和天文学方面的成就，以及他自己 20 多年的反复研究，在 1687 年出版的《自然哲学的数学原理》中提出了万有引力定律。他在书中还提出了著名的牛顿三大运动定律，把人们带进了动力学范畴。对天体的运动和形状的研究从此进入新的历史阶段，天体力学正式诞生。虽然牛顿未提出这个名称，仍用理论天文学表示这个领域，但牛顿实际上是天体力学的创始人。

发展过程　按研究对象和基本研究方法的发展过程，天体力学经历了三个时期。

奠基时期　自天体力学创立到 19 世纪后期，是天体力学的奠基时期。天体力学在这个过程中逐步形成了自己的学科体系，称为经典天体力学。它的研究对象主要是大行星和月球，研究方法主要是经典分析方法，也就是摄动理论。天体力学的奠基者同时也是近代数学和力学的奠基者。牛顿和 G.W.莱布尼茨共同创立的微积分学，成为天体力学的数学基础。18 世纪，由于航海事业的发展，需要更精确的月球和亮行星的位置表，数学家们致力于天体运动的研究，从而创立了分析力学，这就是天体力学的力学基础。主要奠基者有 L.欧拉、J.le R.达朗贝尔和 J.-L.拉格朗日等。其中欧拉是第一个较完整的月球运动理论的创立者，拉格朗日是大行星运动理论的创始人。后来由 P.-S.拉普拉斯集其大成，他的五卷十六册巨著《天体力学》成为经典天体力学的代表作。他在 1799 年出版的第一卷中，首先提出了天体力学的学科名称，并描述了这个学科的研究领域。到 1825 年，全书出齐。在这部著作中，他对大行星和月球的运动都提出了较完整的理论，而且对周期彗星和木星的卫星也提出了相应的运动理论。同时，他还对天体形状的理论基础——流体自转时的平衡形状理论做了详细论述。

后来，A.M.勒让德、S.-D.泊松、C.G.J.雅可比和 W.R.哈密顿等人又进一步发展了有关的理论。1846 年，根据 U.-J.-J.勒威耶和 J.C.亚当斯的计算，发现了海王星。这是经典天体力学的伟大成果，也是自然科学理论预见性的重要验证。此后，大行星和月球运动理论日臻完善，成为编算天文年历中各天体历表的根据。

发展时期　自 19 世纪后期至 20 世纪 50 年代，是天体力学的发展时期。在研究对象方面，增加了太阳系内大量的小天体（小行星、彗星和卫星等），在研究方法方面，除了继续改进分析方法外，增加了定性方法和数值方法，但它们只作为分析方法的补充。这段时期可以称为近代天体力学时期。H.庞加莱在 1892～1899 年出版的三卷本《天体力学的新方法》是这个时期的代表作。

虽然早在 1801 年就发现了第一号小行星（谷神星），填补了火星和木星轨道之间的空隙。但小行星的大量发现，是在 19 世纪后半叶照相方法被广泛应用到天文观测以后的事情。与此同时，彗星和卫星也被大量发现。这些小天体的轨道偏心率和倾角都较大，用行星或月球的运动理论不能得到较好结果。天体力学家们探索了一些不同于经典天体力学的方法，其中 C.-E.德洛内、G.W.希尔和 P.A.汉森等人的分析方法，对以后的发展影响较大。

定性方法是由 J.H.庞加莱和 A.M.李雅普诺夫创立的，他们同时还建立了微分方程定性理论（见天体力学定性理论）。但到 20 世纪 50 年代为止，这方面进展不快。

数值方法最早可追溯到 C.F.高斯的工作方法。19 世纪末形成的科威耳方法和亚当斯方法，仍为天体力学的基本数值方法（见天体力学数值方法），但在电子计算机出现以前，应用不广。

新时期　20 世纪 50 年代以后，由于人造天体的出现和电子计算机的广泛应用，天体力学进入一个新时期。研究对象又增加了各种类型的人造天体，以及成员不多的恒星系统。在研究方法中，数值方法有迅速的发展，不仅用于解决实际问题，而且还同定性方法和分析方法结合起来，进行各种理论问题的研究。定性方法和分析方法也有相应发展，以适应观测精度日益提高的要求。

学科内容　当前天体力学可分为六个次级学科：

摄动理论　这是经典天体力学的主要内容，它用分析方法研究各类天体的受摄运动，求出它们的坐标或轨道根数的近似摄动值。随着无线电、激光等新观测技术的应用，观测精度日益提高，观测资料数量陡增。因此，原有各类天体的运动理论急需更新。其课题有两类：①具体天体的摄动理论，如月球的运动理论、大行星的运动理论等。②共同性的问题，即各类天体的摄动理论都要解决的关键性问题或共同性的研究方法，如摄动函数的展开问题、中间轨道和变换理论等。

数值方法　这是天体力学中运动方程的数值解法。主要课题是研究和改进现有的各种计算方法，研究误差的积累和传播，方法的收敛性、稳定性和计算的程序系统等。电子计算技术的迅速发展为数值方法开辟了广阔的前景。20 世纪 60 年代末期出现的机器推导公式，是数值方法和分析方法的结合，已被广泛使用。

以上两个次级学科都属于定量方法，由于存在展开式收敛性以及误差累计的问题，各种方法还只能用来研究天体在短时间内的运动状况。

定性理论　又称定性方法。它并不具体求出天体的轨道，而是探讨这些轨道应有的性质，这对那些用定量方法还不能解决的天体运动和形状问题尤为重要。其中课题大致可分为三类：①研究天体的特殊轨道的存在性和稳定性，如周期解理论、卡姆理论等。②研究运动方程奇点附近的运动特性，如碰撞问题、俘获理论等。③研究运动的全局图像，如运动区域、太阳系稳定性问题等。在定性理论中应用拓扑学较多，有些文献中把它叫作拓扑方法。

天文动力学　又称星际航行动力学。这是天体力学和星际航行学之间的边缘学科，研究星际航行中的动力学问题。在天体力学中的课题主要是人造地球卫星、月球火箭以及各种行星际探测器的运动理论等。

历书天文学　利用摄动理论和数值方法建立各种天体历表，研究天文常数系统以及计算各种天象。

天体的形状和自转理论　这是牛顿开创的次级学科，主要研究各种物态的天体在自转时的平衡形状、稳定性以及自转轴的变化规律。空间探测技术的应用得到了地球、月球和几个大行星的形状以及引力场方面大量数据，为进一步建立这些**天体的形状和自转理论**提供了丰富资料。

特殊课题 天体力学在发展过程中除了形成上面六个次级学科外，还形成了一些学科性的特殊课题。它们相对独立地发展着。这些课题主要有：

多体问题 又称N体问题，研究N个质点在万有引力作用下的运动。在$N=2$时为**二体问题**，这个问题是天体力学的基本问题之一，已得到完全解决。在$N=3$时为**三体问题**，该系统是不可积的，这个问题尚未得到解决，正在尝试用分析方法、数值方法和定性方法进行研究。还有许多人致力一些特殊问题的研究，如**三体问题的积分**、**限制性三体问题**等。对于其他多体问题，主要研究运动的一般特性。

与其他学科相结合的问题 天体力学的发展同数学、力学、地学、星际航行学以及天文学的其他分支学科相互联系。如天体力学定性理论与拓扑学、微分方程定性理论紧密联系；**多体问题**也是一般力学问题；天文动力学也是星际航行学的分支，引力理论、小恒星系的运动等是与天体物理学的共同问题；动力演化是与天体演化学的共同问题以及地球自转理论是与天体测量学的共同问题等。 （易照华）

天体力学定性理论 qualitative theory in celestial mechanics 主要研究天体在长时间（包括趋于无穷）内的运动状态，以及轨道在运动方程奇点（无穷大值、多值或不定值）附近的性质。为H.庞加莱等人所创立。天体力学定性理论不寻求天体运动方程的解，而是根据运动方程本身来研究天体运动的长时间性态，所得到的是天体运动的定性性态而非定量性态，其名称也由此而来。N体问题（$N\geqslant 3$）是不可积的，即天体的运动不能表示为时间的函数形式。数值方法中方程的截断误差、计算的舍入误差和分析方法中级数解的收敛性等问题分别使得这两种方法不适宜研究时间趋向无穷时天体的运动性态。这里所说的“长时间”，从理论上讲应该为时间趋向无穷，但在研究实际系统时往往理解为很长但依然有限的时间，其具体含义取决于所研究的具体系统。如对近地人造天体而言，几个月时间已经很长，但对于大行星，几千年也不能认为是“长时间”。因此，对一些具体天体系统，也可用数值方法来探索天体运动的定性性态。天体力学定性理论的主要研究对象为N体问题（$N\geqslant 3$），大致可归纳为下面几个方面的问题。

天体紧密接近时轨道的剧烈变化 可分为两类问题：一类是**碰撞问题**，研究碰撞前后轨道的变化。在天体发生碰撞时，天体间的距离趋于零，运动方程（分母中有距离的因子）出现奇点，称为碰撞奇点。使奇点在运动方程中消去的过程称为正规化。研究表明：二体碰撞可正规化，碰撞前后的运动状态类似于弹性碰撞；三体碰撞不能正规化，故在讨论**三体问题**时要回避三体碰撞情况。与碰撞奇点相对应的是非碰撞奇点，即天体不发生碰撞，但天体的速度在有限时间内趋于无穷，此时运动方程中也会出现奇点，称为非碰撞奇点。中国的夏志宏用一个五体模型证明了此类奇点的存在性，解决了这个100多年来一直没有解决的问题。另一类是俘获和交换问题。若三个天体中有一个天体的瞬时轨道原来是双曲线或抛物线轨道（相对于某个天体的质量中心），它与另两个天体紧密接近后变为椭圆轨道，这种情形称为俘获；如果另一个天体的轨道与此同时从椭圆轨道变成双曲线或抛物线轨道，则称为交换。俘获和交换问题在天体演化研究和人造天体轨道设计中都有重要的应用。

时间趋于无穷时的运动特性 三体问题在时间趋于无穷时，有16种运动类型。如双曲线型（三体间的距离都与时间成正比地趋于无穷）、抛物线型（三体间的距离与时间的2/3次幂成正比地趋于无穷）、振动型（三体间的距离既没有界限，也不趋向无穷）、双曲-椭圆型（两个天体间的距离是有界的，另一天体同它们的距离则趋于无穷）等。

运动的全局性质 所谓全局指的是全部时间，即从负无穷到正无穷。当时间趋于正无穷时，三体问题有16种运动类型；而时间趋于负无穷时，也同样有16种运动类型。

在有界运动研究中，对一些特殊轨道的存在性和稳定性研究占有重要地位，其中讨论得最多的是周期轨道（轨道是闭曲线）和拟周期轨道（如环面上的运动）。**周期解理论**是由庞加莱等人建立的，为天体力学中的一个重要的研究领域。卡姆定理证明了在一定条件下拟周期轨道的存在性，由此解决了**限制性三体问题**中三角秤动点的稳定性问题。

在运动的全局性的研究中，解决了一般三体问题的流形M8的拓扑结构问题，三体运动的允许区域和禁区问题，以及三体相对运动中一些三体轨道参数的变化范围问题也是重要的研究内容。 （孙义燧）

天体力学数值方法 numerical method of celestial mechanics 应用常微分方程数值解理论并借助计算机求解天体运动方程的方法。它与分析方法、定性方法并列为**天体力学**的三个基本方法。随着计算机的飞速发展，数值方法得到越来越广泛的应用。天体力学研究大致分为两类：建立天体历表和研究轨道演化。前者要准确计算天体的位置，要求的精度比较高。后者研究天体轨道的长期演化，计算时间很长，需要保持系统的主要特征（如共振、混沌、守恒量等），但计算精度要求不高。传统的分析方法可用于建立天体的历表，但在精度要求高，轨道偏心率或倾角比较大，或者摄动因素比较复杂时会遇到困难，需要用数值方法求解。由于数学理论发展的限制，轨道演化课题常需要数值方法作为一种重要的辅助手段。数值方法的优点是适用范围广，计算公式简单，可达到很高的精度；缺点是计算速度慢，只能得到所计算的轨道，难于了解问题的全貌。太阳系行星、月球和人造天体的精密历表大都用数值方法建立。在讨论太阳系和恒星系统的起源和演化问题时，数值方法也是一个重要的工具。

建立天体历表常用的数值方法 计算天体历表时最常用和效率最高的方法是经典的科威耳方法，它直接积分以天体坐标为变量的二阶微分方程。当作用在天体上的力与速度有关时，科威耳方法应与亚当斯方法联用。科威耳方法不适用于偏心率比较大或受强摄动的轨道。

龙格-库塔型的方法程序简单，适用范围广，得到大量的应用。20世纪70年代建立的嵌套算法，能够自动地在每步计算后估计下一步应采取的步长。直接积分二阶微分方程的龙格-库塔方法称为尼斯特罗姆型方法，在轨道数值积分时效率要高些。

在计算太阳系小天体的历表时可能会遇到两个天体接近碰撞的情况，这时比较适用的方法是BS外推法，它能灵活地变阶和变步长。最好能同时对方程进行KS正规化变换以消除两体碰撞的奇点。专为大偏心率彗星轨道设计的埃弗哈特方法能达到很高的精度，但计算速度较慢。针对大偏心率**轨道计算**还可以引入时间变换但坐标不需变换的方法。作为一种时间变换方法，对数哈密顿方法比KS变换方法在应用上更为简单。

研究轨道演化常用的数值方法 中国冯康和美国R.D.卢斯分别于20世纪80年代提出的辛方法，已被广泛用于研究天体系统的演化。辛方法能保持哈密顿系统的辛结构这一主要特性；当用大步长进行长时期计算时，也能够保持系统的主要特征。自从J.威斯顿和M.J.荷尔曼提出在**雅可比坐标系**里把哈密顿函数分离成二体和摄动两个可积的部分后，辛方法成为研究太阳系动力学的主要数值方法，并得到了发展。

小恒星系、星团和星系团与太阳系有所不同，各个成员的质量相差不多，没有一个具有太阳在太阳系的统治地位，并且星体之间可能频繁地发生紧密交会。阿塞斯采用低阶泰勒级数展开，把差分、引力势的软化、正规化等技术相结合，编制了一系列的程序，适用于研究从几十到几千个星体组成的系统的演化，得到广泛的采用。

数值方法的主要特性　必须根据课题的具体要求来选择数值方法，因此需要了解每一个数值方法的特性和适用范围。这些特性主要有误差、稳定性、计算速度和能否保持天体系统的动力学特征等。用数值方法进行计算时所产生的误差可分为两类：截断误差和舍入误差。截断误差来自数值方法算得的结果和原微分方程的解之间的差别。截断误差愈小，表明这种方法的精度愈高。舍入误差来自计算过程中因计算机字长的限制产生的数字舍入。两种误差在逐步计算过程中一般都会累积扩大，累积的规律既和数值方法有关，又取决于微分方程的性质。

数值方法的稳定性表现在计算的某一步产生的误差，在以后的逐步计算过程中的传递规律：是始终保持微有增长还是急剧增长，以致淹没了结果的有效数字。稳定性通常与步长有关，步长愈大，稳定性愈差。亚当斯-科威耳之类的多步法要比龙格-库塔等单步法稳定性要差。

显然，截断误差愈小，稳定性愈好的数值方法可采用比较大的时间步长，数值积分耗费的机时就比较少。在采用相同步长的情况下，计算速度主要取决于每积分一步所需计算微分方程右边函数的次数。

（黄天衣　伍　歆）

天体偏振测量　astropolarimetry　一种测定和研究天体辐射偏振状态和变化的天体物理方法。常用斯托克斯参量来描述。根据测量功能可分成偏振成像测量、偏振光谱测量和偏振成谱成像测量等类型，也可分为圆偏振测量、线偏振测量和全部斯托克斯参量测量。在各向异性的分布下，辐射和物质相互作用如固态天体表面的反射、大气的折射和散射、行星际物质和星际物质的散射、天体磁场和电场和星际磁场和电场的作用都可使辐射产生偏振。此外同步加速辐射、逆康普顿散射和轫致辐射等过程产生的辐射都具有偏振特征。当然也有不少机制对偏振辐射产生退偏振的作用。天体偏振测量能揭示辐射源的许多物理和几何性质。光学波段的偏振测量必须使用偏振分析器或者检偏振器，通常用斯托克斯参量来定量表述。在射电波段则用射电偏振计。　（李　竞　屈中权）

天体射电的定标　calibration for radio observation　当射电望远镜观测一个射电天体时，它的记录终端，如射电辐射计、频谱仪、偏振计等记录的是一些无量纲的数据。把这些数据经过校准，变为天文学家所需要天体物理量的过程。射电观测有总强度、谱线、偏振等诸多定标，尽管过程比较复杂，但基本的依据是定标源，或称校准源。下面给出射电总强度定标的过程，以对射电定标有一个初步的概念。

如图给出射电望远镜观测一个流量密度为F的射电源（见射电流量密度），其辐射穿过地球大气，经射电天线收集和接收机放大，一直到记录终端采样值为r的流程图。来自射电源的辐射，经过地球大气的吸收后，它的流量密度变为F'。射电望远镜天线所接收的功率P_a，在射电天文里，习惯由天线温度T_a来表示（见天线温度），正比于这个天线温度的电流或电压经过接收机前端的放大后，输入接收机后端连续辐射总功率辐射计，由计算机数字记录或送到记录仪，最后的读数为r。天体射电的定标是如何把读数r变成射电流量密度为F的处理过程。有两种方法进行天体射电的定标：①射电接收机校准，它把计算机数字记录或记录仪的读数为r变换成射电接收机输入端天线温度T_a。一般是通过如下的方法实现的，在观测射电目标前，先把一个已经精确知道噪声温度的固体噪声源接到接收机前端（见图），可以得到比例常

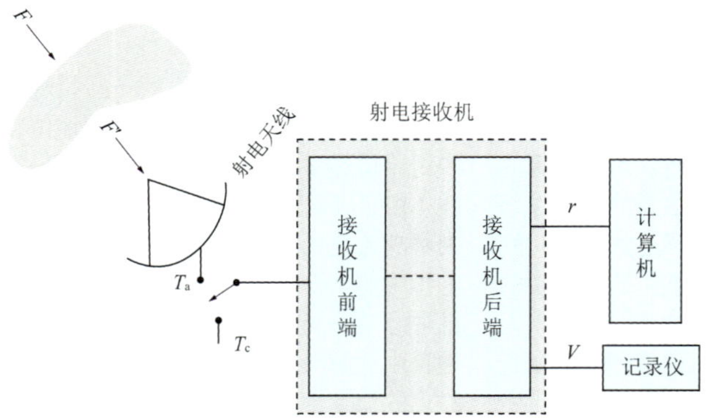

射电望远镜观测一个流量密度为F的射电源到记录终端采样值为r的流程图

数$q = T_c/r_c$，然后，接到指向射电天体的天线，获得记录r，从式$T_a = q \cdot r$，得到观测射电天体的天线温度，量纲为开（K）；这种定标的条件是，有稳定的噪声源和稳定的接收机系统。②射电望远镜指向射电目标源后，转动天线，指向附近的定标源。定标源是经过长期严格观测，已知它的流量密度的射电源。类似上面的方法，从观测定标源的(r_c, F_c)，也可以得到目标源的F。这种定标的条件是，观测目标源和定标源时，有相同的大气条件，稳定的天线参数和稳定的接收机系统，这基本上做不到的，因此需要更加复杂的定标方法。

（郑兴武）

天体生物学　astrobiology　研究地球以外的天体上生物是否存在；如果存在时，研究其分布、起源和演化的学科。又称地外生物学。这门新兴的交叉学科除天文学外，覆盖了生物学的许多分支，如微生物学、生物化学和生态学等。研究其他天体上是否存在生物的问题，首先要考虑那里是否具备存在类似地球上生命的必要条件。①必要的组成物质。即能够合成有机物的碳、氢、氧、氮等元素。现在已知这些元素在宇宙中是相当普遍存在的。②适宜的温度。生命需要光和热，但又必须适中。在高温下碳原子的化学键会被破坏，而过低的温度又会使生命所必需的生物过程停顿。③液态的水。这是生物体必要的组成成分，也是生物体内进行各种生物化学反应的必要介质。④大气。许多作为生命起源的天然有机物，必须在大气中通过紫外线照射和电火花才能合成。大气还起保护作用，使生命免受陨石和宇宙线的伤害，使水不致大量汽化而逸失。⑤必要的时间。上述条件必须存在很长时间，然后才会有生命的产生和发展。

恒星温度太高，任何生命形态都不可能存在；小行星、彗星等体积太小，不能保持厚层大气，无法维持生命的发生和发展。只有一部分行星和某些卫星才有可能具备上述条件。太阳系内，水星表面温度约为400℃，日夜温差很大。金星表面温度约480℃，木星约−140℃，土星约−180℃，天王星、海王星和冥王星的表面温度更低，都不适于生命存在。火星同地球条件最相似，两极有永久的冰冠，表面虽无液态水，但有干涸的河床，温度在−125℃和0℃之间，所以一直是人们寻找地外生命的重点目标。为了弄清生命存在的极端环境条件，科学家到地球上最寒冷、最炎热以及最不适宜生活的地方去寻找活的生命体。结果发现了在美国黄石公园 60℃的温

泉中的微生物，附着在太平洋海床火山口的多毛虫，地壳 30 米深度以下的细菌等在极端环境下存活的生命，称为 X 生命体。尽管火星宇宙飞船着陆探测结果表明，在火星着陆点附近土壤中尚未发现任何生命形态，但不排除在下一轮火星探测中在表面以下深处找到液态水和生物的可能。月球上白昼温度高达 127℃，夜晚温度又低至 −183℃，而且月球上既无大气，又无液态水，不具备生命存在的条件。登月探测并未发现月球上有生命存在。有些科学家认为，土星的一颗卫星——土卫六，可能存在生命，但尚待证实。即使太阳系内其他行星、卫星都不存在生命，也不能说宇宙间只有地球上才有生命。银河系估计有几百亿颗行星，其中约有 100 万颗可能具有类似地球这样能够孕育生命的行星。在星际空间中已经发现 50 种以上的星际分子。在落到澳大利亚默奇森和美国肯塔基地区的陨石中，已发现氨基酸这种有机物。这都表明宇宙中其他天体可能存在生命。地球上产生生命的基础是碳和水。但在其他天体上产生生命的基础不一定是碳分子，可能是其他分子，例如硅。其他天体上生命存在的条件和进化的道路有可能与地球上的生物很不相同。　（邹振隆）

天体史　history of celestial body　各类天体的起源和演化的历史。天体的起源是指某个天体在什么时候、从什么形态的物质、以什么方式形成的。天体的演化是指天体形成以后的发展过程。I.康德于 1755 年提出的太阳系起源和演化的假说，是第一个科学的天体演化学说。研究表明，地球的年龄不少于 46 亿年，其他行星和太阳的年龄也都是几十亿年。有些恒星的年龄超过 100 亿年，也有些恒星的年龄不到 100 万年。新的天体还在不断地产生，老的天体（白矮星、中子星等）在走向衰亡。天体的起源同地球的起源、生命的起源和人类的起源合称为“四大起源”。天体演化、物质结构和生命起源又是自然科学三大基本理论问题。　（陈载璋）

天体微波激射源　celestial maser　某些天文分子或原子受激辐射的微波放大。又称天体脉泽。其产生原理同光学波段激光类似，可以理解为处于射电波段的激光。自 1965 年 H.韦弗等人首次在电离氢区 W3 中探测到羟基（—OH）分子的脉泽辐射，已经探测到 10 余种分子以及原子氢的脉泽辐射，其中常见的脉泽辐射主要来源于四种分子：羟基（—OH）、水（H_2O）、氧化硅（SiO）和甲醇（CH_3OH）。脉泽广泛地分布于星际空间，如大质量恒星形成区、演化晚期恒星的拱星包层、超新星遗迹、行星状星云、彗星以及河外星系等。脉泽的典型辐射特征有：致密成团特性，典型尺度为 1 天文单位（au）；极高亮温度（典型 10^9～10^{15}K）；复杂谱线轮廓及剧烈光变，并具有偏振特性等。

脉泽作为一种极端非热平衡的物理现象，为人们研究小尺度（如 au 尺度）天文环境的物理、化学及动力学等提供了极为重要的工具。特别是天体脉泽与恒星演化中两个极为重要的演化阶段——恒星形成（“婴儿”恒星）及主序后星（“老年”恒星）阶段密切相关，因而它们可以有效地用来探索恒星的诞生及死亡过程。根据脉泽的激发环境，又可以将脉泽分为与恒星形成区成协的星际脉泽和与晚型星（如红巨星、超新星、原行星状星云和行星状星云等）的拱星包层成协的恒星脉泽。截至 2022 年，已经在银河系内探测到几千颗（大于 4000）星际脉泽和恒星脉泽源。由于不同的激发及抽运机制，不同种类的分子脉泽通常产生在不同的空间区域。如图给出了典型渐进巨支（AGB）星三种常见脉泽（SiO、H_2O 和 OH）在拱星包层的分布区域。

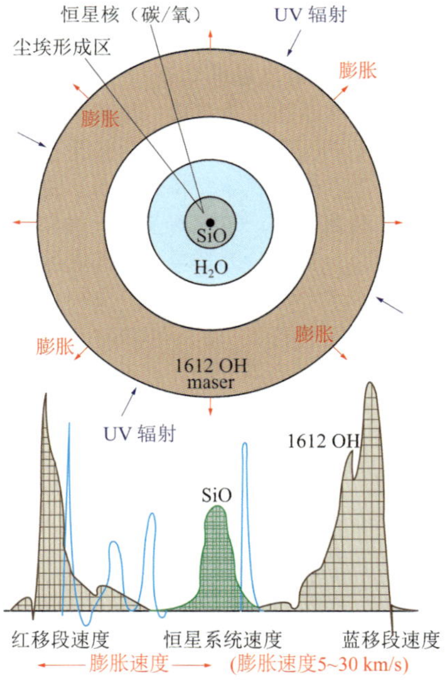

AGB 星拱星包层示意图

此外，天体脉泽由于其致密的成团特性，使其高分辨射电干涉图像［如甚长基线干涉（VLBI）］呈现非常明亮的斑块，通常可以被看作点源，因此脉泽又是三角视差测量的理想天体目标，在天体测量中有着重要的应用。如国际 BeSSeL 天体测量项目正是利用甚长基线干涉阵 VLBA 对银河系内几百个恒星形成区及主序后星拱星包层的天体脉泽，开展三角视差的天体测量工作，从而精确描绘银河系旋臂结构及测定银河系的基本参数等。　（陈　曦）

天体物理数据系统　SAO/NASA astrophysics data system; ADS　天文领域一个重要的学术论文数据库。主要面向天文学和物理学。系统由哈佛-史密松天体物理中心（SAO）负责运行，并受美国国家航空航天局（NASA）的资助。ADS 维护着三个文献数据库：天文学和天体物理学、物理学以及 arXiv 预印本。包含了总计约 1360 万条记录的数据。天体物理数据系统主站点位于哈佛大学史密松天文台，在全球有 13 个镜像站点，在中国的镜像站点由中国科学院国家天文台进行运维。

在 2018 年夏季，天体物理数据系统发布了新一代的用户界面，应用了最新的一些互联网技术，用户的访问和检索也更加便利。通过新界面，还可以可视化检索结果的统计信息、引用信息等。另外，天体物理数据系统提供了一套 API 接口，用户可以通过这些接口对数据库进行检索和访问。ADS 开发了基于 Python 等语言的接口工具集，可以让用户通过编程访问 ADS 数据系统，支持多种输出方式，比如 BibTex、AASTex 等。　（何勃亮）

天体物理学　astrophysics　应用物理学的技术、方法和理论，研究天体的形态、结构、化学组成、物理状态和演化规律的学科。天文学的一个分支。

诞生和发展　从公元前 129 年古希腊天文学家依巴谷目测恒星光度起，中间经过 1609 年伽利略使用光学望远镜观测天体、绘制月面图，1655～1656 年 C.惠更斯发现土星环和猎户星云，后来还有 E.哈雷发现恒星自行，到 18 世纪 F.W.赫歇尔开创恒星天文学，这是天体物理学的孕育时期。19 世纪中叶，三种物理方法——分光学、光度学和照相术被广泛应用于天体的观测研究，对天体的结构、化学组成、物理状态的研究形成了完整的科学体系，天体物理学遂成为天文学的一个独立的分支学科。

天体物理学的发展，促使天文观测和研究不断出现新成果与新发现。1859 年，G.R.基尔霍夫对太阳光谱的吸收线（即夫琅禾费谱线）做出科学解释。他认为吸收线是光球所发出的连续光谱被太阳大气吸收而成的。这一发现推动了天文学家用分光镜研究恒星。1864 年，W.哈根斯用高色散度的摄谱仪观测恒星，证认出某些元素的谱线，以后根据多普勒效应又测定了一些恒星的视向速度。1885 年，E.C.皮克林首先使用物端棱镜拍摄光谱，进行光谱分类。通过对行星状星云和弥漫星云的研究，在仙女星云（见仙女星系）中发现新星。这些发现使天体物理学不断向广度和深度发展。

1905年，E.赫茨普龙在观测基础上将部分恒星分为巨星和矮星。1913年，H.N.罗素按绝对星等与光谱型绘制恒星分布图，即赫罗图。1916年，美国天文学家W.S.亚当斯和A.科尔许特发现相同光谱型的巨星光谱和矮星光谱存在细微差别，并确立用光谱求距离的分光视差法。在天体物理理论方面，1920年，M N.萨哈提出恒星大气电离理论。通过J.R.艾姆登、K.史瓦西、A.S.爱丁顿等人的研究，关于恒星内部结构的理论逐渐成熟。1938年，H.A.贝特提出了氢聚变为氦的热核反应理论，成功地解决了主序星的产能机制问题。

1929年，E.P.哈勃在研究河外星系光谱时，提出了哈勃定律，极大地推动了星系天文学的发展。1931～1932年，K.G.央斯基发现了来自银心方向的宇宙无线电波。20世纪40年代，英国军用雷达发现了太阳的无线电辐射。从此，射电天文蓬勃发展起来。20世纪60年代用射电天文手段发现了类星体、脉冲星、星际分子、微波背景辐射。1946年，美国开始用火箭在离地面30～100千米高度处拍摄紫外光谱。1957年，苏联发射人造地球卫星，为大气外层空间观测创造了条件。以后，美国、西欧、日本也相继发射用于观测天体的人造卫星。现在世界各国已发射数量可观的宇宙飞行器，其上装有各种类型的探测器，用以探测天体的紫外线、X射线、γ射线等波段的辐射。从此天文学进入全波段观测时代。进入21世纪，随着中微子、宇宙线和引力波的探测，天文学进入了多信使观测时代。

分支学科　天体物理学分为太阳物理学、太阳系物理学、恒星物理学、恒星天文学、星系天文学、宇宙学、宇宙化学、天体演化学等分支学科。另外，射电天文学、空间天文学、高能天体物理学也是它的分支。

研究对象和现状　太阳　离地球最近的一颗普通恒星。人们可以观测它的表面细节——黑子、日珥、耀斑等。对太阳的研究，经历了从研究它的内部结构、能量来源、化学组成和静态表面结构，到使用多波段电磁辐射研究它的活动现象的过程。太阳风的影响能够为人们直接感受。日地关系密切，所以研究有关地球的科学，必须考虑太阳的因素。

太阳系　对行星的研究是天体物理学的一个重要方面。对彗星的研究以及对行星际物质的分布、密度、温度、磁场和化学组成等方面的研究，也都取得了重要成果。随着空间探测的进展，太阳系的研究又成为最活跃的领域之一。

恒星　银河系有一二千亿颗恒星，其物理状态千差万别。球状体、红外星、天体微波激射源、赫比格–阿罗天体，可能都是从星际云到恒星之间的过渡天体。特殊恒星更是多种多样。造父变星的光变周期为1～50天，光变幅为0.1～2个星等；长周期变星的光变周期为80～1000天，光变幅为2.5～8个星等；天琴座RR型变星的光变周期为0.05～1.5天，光变幅不超过1～2个星等；金牛座T型变星光变不规则，没有固定的周期；新星爆发时抛出大量物质，光度急骤增加几万到几百万倍；有的红巨星的半径比太阳半径大1000倍以上；白矮星的密度为10^5～10^7克/厘米^3，中子星密度为10^{13}～10^{16}克/厘米^3。各种各样的恒星，为研究恒星的形成和演化规律提供了样品。另外，天体上特殊的物理条件，在地球上往往并不具备，利用天体现象探索物理规律，是天体物理学的重要职能。

银河系　通过多年研究，人们对银河系的整体图像以及太阳在银河系中的地位，有了比较正确的认识。银河系的直径为25千秒差距，厚1～2千秒差距。通过对银河系恒星集团的研究，建立和证实了星族和银河系次系等概念。对银河系自转、旋臂结构、银核和银晕也进行了大量研究。

河外星系和星系集团　河外星系与银河系属于同一天体层次。星系按形态大致分为5类：旋涡星系、棒旋星系、透镜型星系、椭圆星系、不规则星系。按星系的质量大小，又可分为矮星系、巨星系、超巨星系，它们的质量依次为10^6～$10^9M_\odot$（$M_\odot$为太阳质量）、10^{10}～$10^{11}M_\odot$、10^{12}～$10^{13}M_\odot$。同银河系一样，星系也由恒星和气体组成。三五个、十来个、几十个以至成百上千个星系组成星系集团，称星系群、星系团。

总星系　通过各种观测手段，人们的视野已扩展到138亿光年的宇宙“深处”。这就是“观测到的宇宙”，或称为“我们的宇宙”，也就是总星系。

天体的化学问题　研究表明，宇宙物质由化学元素周期表中的近百种化学元素和289种同位素组成。在不同宇宙物质中发现了地球上不存在的矿物和分子。

宇宙的生物问题　太阳系内，除地球外，原先估计只有火星或个别大卫星具有生命存在的条件。但宇宙探测器探测结果表明，在火星土壤中没有发现任何生命形态。在星际空间中已经发现五十多种星际有机分子，在陨石中发现了氨基酸，这表明宇宙中可能存在其他生命。

天体演化问题　恒星起源于分子云核，通过内部的热核聚变反应释放能量维持自身平衡，同时合成新的元素，向周围环境输运物质和能量。对中小质量恒星演化的研究获得了很大成功，但仍存在诸多未解之谜，特别是大质量恒星的形成和死亡时的核坍缩过程。此外，恒星的自转、磁场和双星间的相互作用等对恒星的演化也有重要影响。

研究方法　用物理学的技术和方法分析来自天体的电磁辐射，可得到天体的各种物理参数。根据这些参数，运用物理理论来阐明发生在天体上的物理过程及其演变，这是实测天体物理学和理论天体物理学的任务。

实测天体物理学　研究天体物理学中的基本观测技术、各种仪器设备的原理和结构，以及观测结果的处理方法。主要任务是为理论天体物理学提供研究资料，用观测证实理论推断。

除了宇宙线的粒子探测、陨石的实验室分析、宇宙飞行器对太阳系天体的实地采样和分析，以及引力波观测之外，关于天体的信息主要来自电磁辐射。天体物理仪器的作用是对电磁辐射进行收集、定位、变换和分析处理。电磁辐射的收集和定位是由望远镜（包括射电望远镜）来实现的。为了获得物理信息，必须对电磁辐射进行频谱分析。对于γ射线和X射线，可以通过对探测器输出的分析得到能谱。对于紫外线、可见光、红外线，常采用在不同介质中传输过程的色散、干涉或衍射的方法，将不同波长的辐射进行分解。对于射电波段，实际上是测量中频带的宽范围的辐射。

最早的探测器——人眼，不免有主观成分。照相底片引入后，才有了客观的探测器。光电倍增管的应用，弥补了底片非线性响应的缺陷。光电成像器件兼有照相底片和光电倍增管的长处。

从辐射的连续谱可以判断辐射的机制，还可以得知天体的表面温度；从早型星的巴耳末系限上的跳变，可以得知天体的表面压力；由UBV测光系统也可粗略地确定恒星的光度和温度值。从线谱可以获得更多的信息：视向速度、电子温度、电子密度、化学组成、激发温度、湍流速度。对双星的观测研究，可以得到天体的半径、质量和光度等重要数据。研究脉动变星的光变周期与光度之间的关系（见周光关系），可以确定天体的距离。

理论天体物理学　是解释已知天象的有力工具，而且还可以预言尚未观测到的天体和天象。以辐射转移理论为基础建立的恒星大气理论，以热核聚变概念为基础发展起来的元素合成理论、恒星内部结构理论和天体演化理论，是理论天体物理学的基础。

理论物理学中的辐射、原子核、引力、等离子体、固体和基本粒子等理论，为研究类星体、宇宙线、黑洞、脉冲星、星际尘埃、超新星爆发奠定了基础。

研究意义 人类对宇宙的认识不断扩大，不仅使人们愈来愈深入地了解宇宙的结构和演化规律，同时也促使物理学在揭示微观世界的奥秘方面取得进展。氦元素就是首先在太阳上被发现的，过了25年后才在地球上被找到。热核聚变概念是在研究恒星能源时提出的。由于地面条件的限制，某些物理规律的验证只有通过宇宙这个“实验室”才能进行。20世纪60年代，天文学的四大发现——类星体、脉冲星、星际分子、宇宙微波背景辐射，促进了高能天体物理学、宇宙化学、天体生物学和天体演化学的发展，也向物理学、化学、生物学提出了新的课题。

（程茂兰 胡景耀）

《天体运行论》 *On the Revolutions of the Heavenly Spheres; De Revolutionibus Orbium Coelestium* 波兰天文学家N.哥白尼阐述日心说的著作，书名直译作《天球运动论》。1543年在德国的纽伦堡出版。全书共六卷。第一卷第1～11节是宇宙学和日心地动说概述，提出世界和大地均为球形、天体均处于永恒的匀速圆周运动或其组合的运动之中、太阳静止于世界中心、地球作为一个行星在自转的同时围绕太阳公转等观点，回答了古人认为地球静止于世界中心的原因，描述了行星围绕太阳排列的次序和它们的公转周期；第12～14节为三角学内容，描述了弦的概念和弦表。第二卷是基础性的球面天文学知识以及一份全天恒星表。第三卷讨论分点岁差、太阳的视运动的数学处理以及相关的天文现象。第四卷讨论月亮及其轨道运动。第五卷讨论如何用日心模型计算五大行星的运动，并给出了相应的天文表。第六章讨论五大行星的纬度。哥白尼将手稿交朋友付印时，除有作者自序外，并没有书名，也没有作者署名。当时，哥白尼重病缠身，该书的监印者为了避免宗教上的麻烦，未经哥白尼同意，自行加了一个《关于本书的假说告读者》的前言，掩盖了作者的原意。哥白尼见到本书第一版印本时已是弥留时分。19世纪发现了原稿，证明这个前言并非出自哥白尼之手。本书已被译成多种文字，第一卷中译本于1973年出版。截至2022年4月，中国共有叶世辉、张卜天和徐萍的三个中译本。

（石云里）

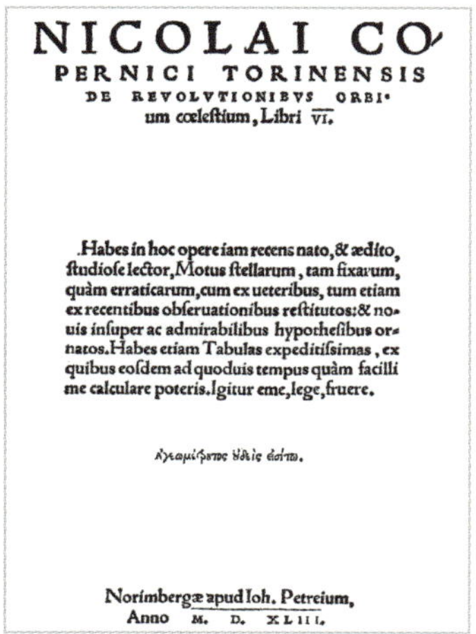

NICOLAI CO
PERNICI TORINENSIS
DE REVOLVTIONIBVS ORBI-
um cœlestium, Libri VI.

Habes in hoc opere iam recens nato, & ædito, studiose lector, Motus stellarum, tam fixarum, quàm erraticarum, cum ex ueteribus, tum etiam ex recentibus obseruationibus restitutos: & nouis insuper ac admirabilibus hypothesibus ornatos. Habes etiam Tabulas expeditissimas, ex quibus eosdem ad quoduis tempus quàm facillime calculare poteris. Igitur eme, lege, fruere.

Ἀγεωμέτρητος οὐδεὶς εἰσίτω.

Norimbergæ apud Ioh. Petreium,
Anno M. D. XLIII.

1543年初版《天体运行论》

天王星 Uranus 太阳系八大行星之一。它是F.W.赫歇尔于1781年3月13日用自制望远镜发现的，实际上，古代就已观测到它，但误认为恒星了。它的西文名Uranus源自古希腊神话的天神，中文称为天王星。虽然肉眼可见（视亮度为5.9～5.32星等），但因它离我们远，视角直径仅3.3″～4.1″，很难观测其面貌，经多年观测研究，尤其飞船去探访，逐渐揭示它的真实情况。现在知道，天王星是比气体巨行星（木星和土星）富冰的“冰巨行星”，其大气类似于木星和土星的氢、氦大气，已知天王星卫星27颗，有多个细而暗的天王星环（图1）。

图1 天王星及其卫星和环系

公转轨道和自转 天王星绕太阳公转轨道椭圆的半长径——平均距离为19.2184天文单位（AU），偏心率为0.046 381，近日距18.33AU，远日距20.11AU，轨道面和黄道面交角0.773°，平均轨道速度6.80千米/秒，公转周期（1天王星年）为84.0205（地球）年。自发现以来只过了2.8个天王星年。

天王星的自转很奇特，其赤道面与轨道面交角为97.77°，自转轴近于躺在轨道面上侧向自转。因此，每个天王星“年”（公转周期）中，它的两极分别朝向太阳，两极轮流约42（地球）年白昼，另约42年黑夜；也经历漫长的季节变化，例如，其北半球的冬至与南半球的夏至发生在1986年，北半球的夏至与南半球的冬至发生在2028年。类似于木星和土星，天王星也呈较差自转，不同纬度云的速度、因而相应自转周期不同，大气的可见特征运动更快——相应于自转周期14小时，而内部自转周期为17小时14分24秒，赤道自转速度为2.59千米/秒，只有其赤道区有以此周期的昼夜变化。

物理特性 天王星的质量是地球质量的14.536倍。其形状为旋转椭球，赤道半径25 556千米，极半径24 973千米，扁率0.0229，平均半径25 362千米。其表面重力加速度为8.68米/秒^2，逃逸速度为21.3千米/秒。其平均密度为1.27克/厘米^3，这表明它主要是由（水、氨、甲烷）冰组成的。从观测资料推算的天王星结构模型分为三层：岩石（硅酸盐/铁-镍）质星核，其半径小于0.2天王星半径，质量约0.55地球质量，密度约9克/厘米^3，中心压力800万巴（1巴＝100千帕），温度约5000K；中层冰幔，厚度约0.6天王星半径，质量约15.4倍地球质量，冰不是通常意义，而是由水、氨和其他挥发物组成的热而密的流体；气体氢-氦包层，厚度大于0.2天王星半径，外部延续到大气，没有固态表面，上述的椭球“名义表面”半径是指气压1巴而言的。

它有广延的大气，自下向上可分为三层：对流层，从气压100巴到0.1巴，厚350千米，温度从底部320K往上降低到顶部53K；同温层，从气压10^{-10}巴～0.1巴，厚3950千米；外部是稀疏的热层，延展到两倍多天王星半径。大气的主要成分是分子氢、氦以及甲烷，各占体积的83%、15%和2.3%。甲烷显著的吸收太阳可见光和红外光，因而天王星外貌呈青蓝色。对流层上部有甲烷冰晶云层，更深处也可能有氨和水云。浓密的雾霾层在云层之上，压力0.13巴的高度，使人们难从外面很难见到深部情景。使用新技术，获得天王星有类似海王星的云带和变化的特征，例如，哈勃空间望远镜在2006年得到天王星的暗斑图像（图2）。

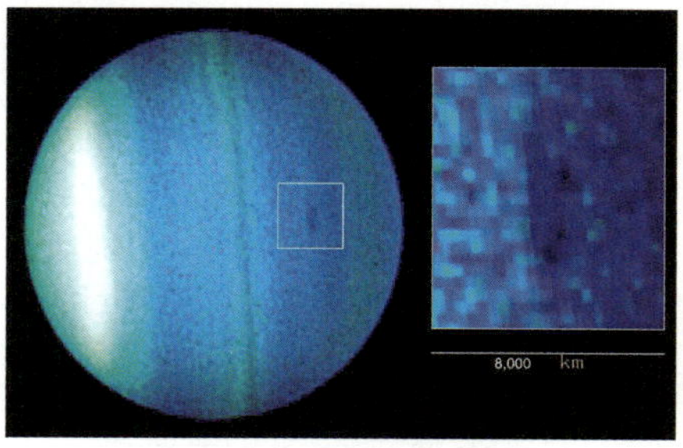

图2 天王星的云带和暗斑

磁场和磁层 “旅行者”2 号飞船探测表明，天王星的磁场是最奇怪的，其偶极磁场的两极磁性跟地球磁场相反，磁轴与自转轴交角异常大（约 58.6°），且磁轴中心偏离天王星质心向自转轴南极方向约 1/3 天王星半径，赤道表面的磁场强度为 0.23 高斯。天王星磁场的非偶极部分也较大，暗示磁场源于内部浅层。天王星磁场可能是热的高压中间层冰中离子流所产生。

天王星有磁层，朝太阳一侧弓形激波面离天王星中心达 20 天王星半径，**磁尾**延展几百万千米。由于磁轴与自转轴交角大，自转造成背太阳一侧磁力线螺旋式扭曲。由于大卫星轨道在磁层之内，卫星吸收一些捕获在磁层的质点。天王星磁场也捕获大量带电粒子（来自天王星高层大气的质子与电子），并在磁层中形成辐射带。

国际紫外探测卫星观测到天王星的紫外（发射）辉光。2011 年，哈勃空间望远镜拍摄到天王星的罕见短暂（几分钟）极光（图 3）。

图 3 天王星的极光

空间探测 截至 2023 年，只有“旅行者”2 号飞船于 1986 年 1 月 24 日从天王星近距（离云顶 81 500 千米）飞越时期的探测。测定天王星的大气的结构和化学成分，包括因特殊自转造成的独特气象；首次仔细考察它的五颗大卫星，发现 10 颗新卫星，考察已知的 9 个环并发现 10 个新环；也考察了天王星磁场和磁层的不规则结构；测定天王星的自转等情况。 （胡中为 史建春）

天王星环 ring of Uranus 天王星赤道面上的环系。由极暗的粒子组成，大小从几微米到不到一米不等，截至 2022 年已发现围绕天王星的 13 个不同的环。最早在 1789 年，F.W.赫歇尔描述了天王星周围可能存在的光环。由于光环非常微弱，在接下来的两个世纪里，都没有其他观察者观测到天王星环的存在。尽管如此，赫歇尔还是准确地描述了ε环的大小、与地球的角度、颜色，以及它在天王星绕太阳运行时的变化。

明确观测到天王星环系统存在的时间是 1977 年 3 月 10 日，当时天王星掩一颗恒星（SAO 158687），美国、中国等都观测了这次罕见天象，原来打算用以研究天王星的大气，结果却意外地发现天王星主掩事件前后至少各有 5 个次掩，由此推断天王星有 5 个细环。同年 12 月 23 日和 1978 年 4 月 10 日的两次天王星掩星观测又发现 4 个细环。1986 年旅行者 2 号飞临天王星，又发现新环，使环的总数达 11 个。它们离天王星中心 1.49～1.95 天王星半径，处于天王星赤道面附近。最显著的是ε环（图 1），

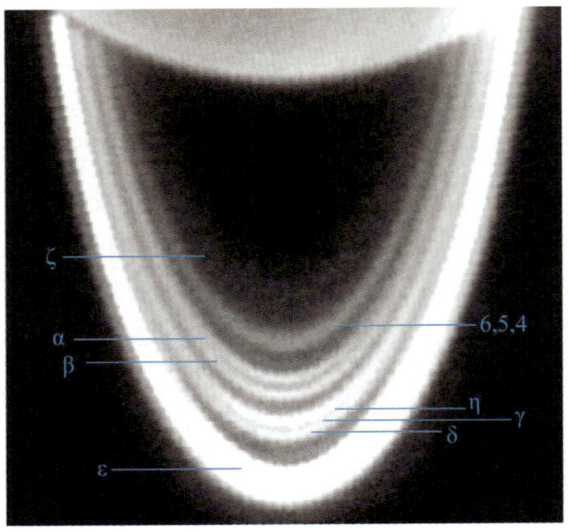

图 1 天王星环系

它很不对称的，呈偏心率 0.079 的椭圆，宽度 20～96 千米，厚度 150 米，其内外侧分别有“牧羊”卫星——天卫六和天卫七。其余环大多是几千米宽、100 米厚的圆，或许附近也有未发现的卫星。从紫外、可见光、红外及微波探测资料推断，环颗粒主要是大的（可能 50 厘米到几米），也有微米大小的尘埃；主环中的尘埃少，它们大多分布在环隙空间，说明因撞击而丢失物质。环的颗粒是暗黑的，至少表明它们表面不是水冰，而含暗色物质（碳氢化合物或碳）。

2003 年，**哈勃空间望远镜**又新发现天王星先前环系的外面的两个极其暗的环（R/2003 U1、R/2003 U2，现在分别命名为 μ 环和 ν 环，图 2），仔细考察旅行者飞船

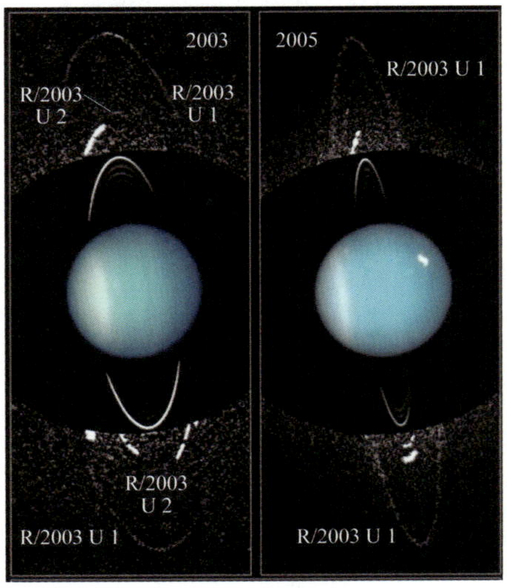

图 2 新发现的天王星环（2003）

资料也得到验证。μ 环的半径是主环的两倍，ν 环大致在 μ 环与主环的中间。它们是暗的细尘宽环，尘粒受到天王星延展大气所施拖引和光压作用而轨道变小，最终落入天王星大气，因此环的寿命有限（估算为百万年），需要物质补充。附近的天卫二十六（Wab）因经常被流星体撞击而溅出新鲜尘埃，补充给 μ 环。但 R/2003 U2 环附近没有发现卫星，可能是原来的卫星被完全撞碎了，其碎屑供给 ν 环。 （胡中为 史建春）

天王星卫星 satellite of Uranus 环绕**天王星**运行的卫星。截至 2022 年，已知天王星有 27 颗卫星。天王星卫星系统是大行星中质量最小的，五颗主要卫星的质量加起来还不到海王星最大卫星海卫一质量的一半。天王星的卫星**反照率**相对较低，它们的成分是由大约 50%的冰和 50%的岩石组成的冰岩砾岩，冰中可能含有氨和二氧化碳。

天卫三（Titania）和天卫四（Oberon）是 F.W.赫歇尔在 1787 年 3 月 13 日发现的，以莎士比亚的《仲夏夜之梦》中人物命名。天卫一（Ariel）和天卫二（Umbriel）是 W.拉索尔在 1851 年发现的，命名来自英国诗人 A.蒲柏的诗《夺发记》（*The Rape of the Lock*）。天卫五（Miranda）是 G.柯伊伯在 1948 年发现的，命名来自以莎士比亚的《暴风雨》（*The Tempest*）。这五颗大卫星是同步自转的，即自转周期等于轨道周期，总以同一侧朝向天王星。其他小卫星是 1985 年之后由飞船和大望远镜发现的。它们可分为三组：大卫星 5 颗、内卫星 13 颗、不规则卫星 9 颗（图 1）。“旅行者”2 号飞船近距飞越，摄下它们的真面目，显示很多地质活动特征，且活动程度随它们离天王星由远到近而增加的趋势。它们的光谱仅有水吸收带，说明表面由脏冰组成。

天卫三的轨道半径为 436 300 千米，轨道周期为 8.706 日。它是最大的天王星卫星，直径 1576.8 千米，质量 3.527×10^{21} 千克，密度 1.70 克/厘米^3。它表面反照率为 0.28，呈中性灰色，有多种地质特征：散布一些带有亮辐射纹（因而年轻）的陨击坑，也有几个直径 100～200 千米的大陨击坑（盆地），直径 20 千米以下的陨击坑密布；有几片陨击坑少的较平坦平原；有一个复杂沟槽体系，断层和断裂跨过它直径的一半，大多断层呈分支交叉网、切割大陨击坑而又不受较小陨击坑改造，表明这是最年轻地貌。其地质演化十分复杂，早期大陨击坑被下面浸出的冰消减，

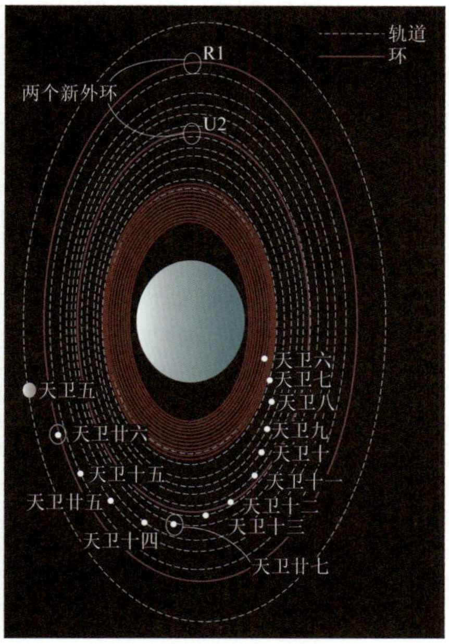

图1 天王星的卫星和环系

后来的小陨击产生年轻陨击坑。几个区域又被内部新浸出的冰更新。内部冰的晚期冻结造成冰壳断裂，最后冻结成现在状况。

天卫四的轨道半径为583 500千米，轨道周期为13.463日。其直径1522.8千米，质量为3.014×10^{21}千克，平均密度为1.64克/厘米^3。其表面反照率为0.24，虽然光谱中有水冰特征，但暗表面说明暗色物质多。它表面的大陨击坑密布，说明较古老。依稀可见一些线性和弯曲的悬崖。有些陨击坑的底部很暗，可能是火山的暗熔岩填充了坑底。一对大陨击坑有亮辐射纹和坑内暗物质沉积，说明是最近陨击并触发火山活动。

天卫二的轨道半径为266 000千米，轨道周期为4.144日。它的质量为1.17×10^{21}千克，直径为1169千米，平均密度为1.52克/厘米^3。它表面反照率0.19。其光谱上水冰特征弱，说明有较多的暗色物质。它表面密布大量陨击坑；有几个亮特征，最明显的是一个直径80千米亮环。缺乏地质活动特征。

天卫一的轨道半径为190 900千米，轨道周期为2.520日。它的质量为1.35×10^{21}千克，直径为1175.8千米，密度为1.56克/厘米^3。它表面反照率0.40，大多区域散布老陨击坑残迹。许多大陨击坑已被熔冰流侵蚀。全球断层体系破坏了陨击平原。最显著特征是窄而深的谷系。断层体系是内部冻结时造成的外壳扩张所产生。高纬区有零散陨击平原地貌，似乎冰物质泛滥覆盖和掩埋了老陨击坑而形成的。它是地质上最年轻的。

天卫五的轨道半径为129 900千米，轨道周期为1.414日，轨道面对黄道面倾角为3.4°。它的质量为6.58×10^{19}千克，直径471.6千米，密度为1.15克/厘米^3。它表面有两种截然不同的地形：一种是严重陨击的起伏地形，反照率较均匀，陨击坑密集，因而是古老的，有挤压的褶皱，几个较大陨击坑的壁很陡，暴露出壳物质；另一种是大致环角状地形，周围是近似平行的交替亮暗带、悬崖和脊，陨击坑密度小因而较年轻。最奇特的是南极附近“不规则四边形”（浑名“肩章”），内有肩章式的角形特征，外边界以及内部的脊、带呈许多锐角；前导半球赤道南的“带状卵形”（bandedovoid），其外边角大致圆的，暗带平行于边界；后随半球赤道附近的“多脊卵形”（ridgedovoid），其中央区有复杂的脊和沟交叉，被大致同心线形脊和沟的外带截断。也有巨大断层体系，沿断层暴露亮物质斑，某些谷达80千米宽、15千米。多种特征说明地质上是活跃的。

天王星和它最大的六个卫星，从左向右依次是天卫十五、天卫五、天卫一、天卫二、天卫三和天卫四（图2），其余卫星

图2 天王星及其6大卫星对比图

都很小，半径在100千米以下。内卫星很暗，反照率小于0.1，它们和大卫星的轨道都在天王星赤道面附近，内卫星的轨道在发生变化，可能变为轨道交叉和相互撞击。外卫星在对天王星赤道面倾角很大、偏心率较大的长轨道上绕天王星转动，除了天卫二十三顺向外、其余的都逆向，它们可能是天王星形成之后俘获的。

（胡中为 史建春）

天文爱好者 amateur astronomer 关注天文，特别是对天文观测感兴趣的非天文专业研究的人士。繁星满天的夜空和神秘的宇宙永远会吸引天文爱好者的目光，日月食、流星雨、大彗星等**天象**一直是天文爱好者关注和追逐的目标。传统的天文爱好者主要关注光学波段的观测：有的天文爱好者着迷于深空天体（星云、星团、星系）的观测，或者以天文摄影的方式展现夜空和宇宙的无尽魅力，也有的天文爱好者致力于新天体的发现和观测（比如彗星、小行星、变星、新星、超新星等，甚至有的天文爱好者发现了新的星云）。部分天文爱好者以业余天文学家的身份直接参与天文学领域的观测发现和专业研究工作，为天文学科的发展做出了诸多贡献。无论是早年的流星天文学领域，还是近年来飞速发展的**时域天文学**领域，都可以看到天文爱好者们勤奋的身影。天文爱好者的观测手段也从早期的肉眼观测、相机拍摄发展到了远程天文台和专业的探测设备。

由**中国天文学会**和**北京天文馆**共同主办的《**天文爱好者**》杂志创刊于1958年，伴随和见证了中国天文爱好者群体的成长壮大，2006年，由中国科学院**国家天文台**主办的《**中国国家天文**》杂志代表了中国天文爱好者群体的进一步壮大。随着改革开放的不断深化，中国综合国力不断增强，人民生活水平不断提高，有越来越多的公众在初步解决温饱问题之后，把目光更多的投向遥远的宇宙，加入天文爱好者的行列。1980年和1997年的两次日全食、1986年**哈雷彗星**的回归和非常适合于中国地区观测者的1998年和2001年两次狮子座流星暴雨的发生，助推了中国天文爱好者群体的发展，各地逐渐出现了一些天文爱好者组织。从2009年国际天文年开始，中国有越来越多的高校成立了天文爱好者社团，天文爱好者们除了着迷于自己的天文观测，也开始越来越多地参与到天文普及和传播的活动中。2007年成立的星明天文台是中国第一个由天文爱好者发起和建立的专业天文观测台站，拥有多架远程控制无人值守观测设备，截至2022年3月，共发现彗星3颗、获得永久编号的小行星8颗、超新星59颗、新星42颗（其中银河系新星1颗、河外新星41颗）、高亮度红新星1颗、高亮度蓝变星1颗、其他各类变星（其他**激变变星**、**爆发变星**、**脉动变星**、**自转变星**、**食双星**等）148颗。星明天文台和**中国虚拟天文台**合作开展的星明天文台公众超新星搜寻项目，是首次基于国内业余天文观测数据策划实施的全民科学项目，该项目让对新天体搜索感兴趣的普通民众有机会参与专业的天文发现。

（朱 进）

《天文爱好者》 *Amateur Astronomer* 创刊于1958年，由中国科学技术协会主管，**中国天文学会**、**北京天文馆**主办，是中国创刊最早、影响力很大的天文科普期刊。《天文爱好者》自诞生之初就得到了中国科学界和天文界的大力支持，杂志的科学顾问和编委均为国内知名天文学家和天文教

育家。杂志刊名由时任中国科学院院长的郭沫若先生题写。

《天文爱好者》杂志以追踪天文热点、探索宇宙奥秘、启迪智慧、陶冶情操为办刊宗旨，坚持宣传辩证唯物主义世界观，介绍天文学基础知识和人类认识宇宙取得的新成果，培养青少年天文爱好者的观测实践能力，是国内普及天文知识的重要窗口。自创刊起至2020年，杂志累计发行1300余万册，许多活跃在科研一线的天文学家都曾经是《天文爱好者》的读者。《天文爱好者》的品牌栏目有“前沿·视点”“天象预告”“星空有约”“宇宙奥秘”“天文杂谈”“天文奥赛”等，涵盖最新科学发现、天文知识、观星技巧、天文摄影、天象预告、人文历史等内容。

2005年，《天文爱好者》发起并举办了年度“天文爱好者星空大会”，并连续举办，已成为中国天文科普活动的知名品牌。《天文爱好者》也是中国天文知识竞赛的发起单位。2001年，《天文爱好者》发起“首届全国中学生天文知识通讯赛”，并于2002年成功举办，成为国内正式天文赛事的开端。从2003年开始，《天文爱好者》与北京天文馆共同组织“全国中学生天文奥林匹克竞赛”。这项赛事每年举办一次，后于2019年更名为“全国中学生天文知识竞赛”，由中国天文学会主办，北京天文馆、中国天文学会普及工作委员会承办。《天文爱好者》刊载历年国际、国内竞赛真题和解答，成为广大中小学天文爱好者的参考资料。

曾获荣誉：中国优秀科普期刊；中国科协“公众喜爱的科普作品”重点推荐期刊；入选中国科协精品科技期刊建设工程第四期；全国科普教育基地；北京市科普基地；中国天文学会优先建设期刊等。

《天文爱好者》面向海内外发行，截至2022年1月，为月刊，除纸刊出版外，还有微信、微博等电子媒体服务。 （李 鉴）

天文常数系统 system of astronomical constant 用于编算**天文年历**和计算天体位置的一组常数及其最佳估计值。天文常数系统中的常数包括地球的大小、形状和重力场，地球的**轨道根数**，**岁差常数**，**章动常数**和**光行差常数**，与地球轨道运动和自转有关的天文单位和**黄赤交角**，以及太阳、月球和行星的质量等物理参数等。这些常数的集合称为天文常数系统，它们综合地表示出地球以及太阳系其他天体的力学特性和运动规律。这些常数是使用天文、物理或大地测量学的测量方法加以直接或间接测定的，特别是20世纪80年代以来发展的各种空间技术也已应用于天文常数的测定。

在地面或者空间进行的天文观测，直接获得的是天体相对于观测站或者卫星的位置，即在观测者站心坐标系中的位置。但是，在理论研究中所需要的是天体在太阳系质心参考系的位置。为了把观测结果同理论计算结果进行比较，必须把观测到的天体位置换算到统一的参考系中，而坐标换算就需要利用上述常数。因此，天文常数系统是研究天体的空间分布和运动规律的基本数据。

在天文常数系统中，各个常数的数值并不是完全独立的。根据天体力学的理论，某些常数之间应该满足一定的关系。这样在选定各个常数值时，除应考虑它们的观测精度以外，还要考虑它们相互之间的理论关系，即它们的系统性，这就是所谓“系统”的含义。天文常数系统的建立和修改，一般都经过国际会议讨论通过，并且规定各国的天文工作者在统一的时间内共同使用。**国际天文学联合会**（IAU）先后建立了三个天文常数系统，分别为IAU1964、IAU1976、IAU2009天文常数系统。

最早的天文常数系统应当追溯到1896年在巴黎召开的国际基本恒星会议上通过的纽康天文常数系统，它包含了在各国天文年历中共同采用美国天文学家**S.纽康**所确定的岁差常数、章动常数、光行差常数和太阳视差等常数值。当时还没有提出天文常数系统的概念，只考虑到这样做便于天文年历的比较和使用。以后逐步扩充了一批共同采用的天文常数，尽管它们之间并没有明确的系统性，但由于其中的主要常数值大多是由纽康所确定的，后人习惯上把它们统称为纽康天文常数系统（表1）。这个系统一直使用到1967年底。

纽康天文常数所依据的大多是1750～1890年的天文观测资料，精度较低。此外，还存在两方面的缺点：①主要常数值之间存在矛盾。例如，由太阳视差推算天文单位距离的光行时，得到$\tau_A = 498.58s$，而由光行差常数推算，$\tau_A = 498.38s$。又如**E.W.布朗**的月球运动表中所采用的地月质量比$1/\mu = 81.53$，与纽康所确定的数值$1/\mu = 81.45$不同。②在确定各常数值时，没有考虑地球自转不均匀性、银河系自转和相对论效应等因素的影响。

第二次世界大战以后，出现了一些测量天文常数的新的观测仪器和方法，特别是利用人造卫星、行星际火箭和雷达测距等，使观测精度大为提高。另一方面，为了发射人造卫星和行星际火箭，又对天文常数的精度提出了更高的要求。经过1950年和1963年两次国际天文常数会议的讨论，建立了新的天文常数系统，即IAU1964天文常数系统。

表1 纽康天文常数系统主要常数表

常数名称	采用值	来源
太阳视差	$\pi_\odot = 8.''80$	纽康确定的
章动常数（1900）	$N = 9.''21$	同上
光行差常数	$\kappa = 20.''47$	同上
黄经总岁差（1900）	$p = 5025.''64$(每世纪)	同上
黄赤交角（1900）	$\varepsilon = 23°27'08.''26$	同上
光速	$c = 299\,860$ 千米/秒	同上
地月质量比	$1/\mu = 81.45$	同上
日与地月系质量比	$S/E(1+\mu) = 329\,390$	同上
月球平均地平视差	$\pi_☾ = 57'02.''70$	取自E.W.布朗的月球运动表
地球赤道半径	$a_e = 6\,378\,388$ 米	取自1924年国际大地测量和地球物理联合会采用的“国际参考椭球”
地球扁率	$f = 1/297$	同上
高斯引力常数	$k = 0.017\,202\,098\,95$	1938年由国际天文学联合会通过作为固定常数值
一回归年（1900）所包含的历书时秒数	$s = 31\,556\,925.9747$	1958年由国际天文学联合会通过作为历书时的定义，1960年开始使用

IAU1964 天文常数系统　由 1964 年国际天文学联合会通过，从 1968 年开始正式使用（表 2）。系统中包括定义常数、基础常数、导出常数和行星质量系统四类。定义常数是用定义规定的常数，它们没有误差；基础常数是直接测定的最精确的常数；导出常数是根据它们同定义常数和基础常数的理论关系式计算的常数；行星质量系统是专门在行星运动理论中所采用的一组常数。

这个系统的常数值比纽康天文常数系统更精确，常数之间的关系也更合理，但是对于黄经总岁差、黄赤交角、章动常数和行星质量系统，则因牵涉的问题较多，尚未进行修改。1974 年国际天文学联合会又组成一个修改天文常数的工作小组，提出了 IAU1976 天文常数系统。

IAU1976 天文常数系统　这个系统是 1976 年国际天文学联合会通过的，规定从 1984 年开始正式使用（表 3）。这个新系统，除根据新的观测资料对 1964 年系统中的各常数值做了修改外，还有下面几点变化：①对天文学的基本单位做出规定：国际单位制的长度、质量和时间单位分别是米、千克和秒。天文学的时间单位是日，等于 86 400 秒；36 525 日等于一个儒略世纪。天文学的质量单位是太阳质量S。除了对天文学的时间单位和质量单位做出规定外，还用高斯引力常数$k = 0.017\,202\,098\,95$来定义了天文学的长度单位A，简称为天文单位。②根据天文学时间单位的新规定，这个系统中取消了关于**历书时**的定义常数。③把计算天文常数的标准历元由 1900 年改为 2000 年。新的标准历元是公元 2000 年 1 月 1.5 日，即**儒略日** 2 451 545.0，记为 J2000.0。④把天文单位距离的光行时由导

表 2　1964 年国际天文学联合会天文常数系统常数表

常数名称	采用值	来源
（一）定义常数		
一回归年（1900）所包含的历书时秒数	$s = 31\,556\,925.974\,7$	与纽康天文常数系统相同
高斯引力常数	$k = 0.017\,202\,098\,95$	同上
（二）基础常数		
天文单位	$A = 149\,600 \times 10^6$米	由雷达测金星加以确定
光速	$c = 299\,792.5 \times 10^3$米/秒	取自 1963 年国际理论和应用物理学联合会的采用值
地球赤道半径	$a_e = 6\,378\,160$米	由观测人造卫星加以确定
地球力学形状因子	$J_2 = 0.001\,082\,7$	同上
地心引力常数	$GE = 398\,603 \times 10^9$米^3/秒^2	由重力测量和观测人造卫星加以确定
地月质量比	$1/\mu = 81.30$	由观测人造卫星加以确定
月球平均恒星运动	$n_{☾}^* = 2.661\,699\,489 \times 10^{-6}$弧度/秒	根据修订后的月球历表求出
黄经总岁差（1900）	$P = 5025.''64$(每世纪)	与纽康天文常数系统相同
黄赤交角（1900）	$\varepsilon = 23°27'08.''26$	同上
章动常数（1900）	$N = 9.''210$	同上
（三）导出常数		
太阳视差	$\pi_o = \arcsin(a_e/A) = 8.''79\,405$	
天文单位距离的光行时	$\tau_A = A/c = 499.012\text{s}$	
光行差常数	$k = F_1 k' \tau_A = 20.''4958$	
地球扁率	$f = 1/298.25$	
日心引力常数	$GS = A^3 k'^2 = 132\,718 \times 10^{15}$米^3/秒^2	
日地质量比	$S/E = GS/GE = 332\,958$①	
日与地月系质量比	$S/E(1+\mu) = 328\,912$②	
受摄月球平均距离	$a_{☾} = F_2[GE(1+\mu)/n_{☾}^{*2}]^{1/3} = 384\,400 \times 10^3$米	
月球视差正弦常数	$F_o \sin \pi_{☾} = F_0(a_e/a_{☾}) = 3.422.''451$	
月行差常数	$L_o = F_0 \frac{\mu}{1+\mu} \cdot \frac{a_{☾}}{A} = 6.''439\,87$	
月角差常数	$p_{☾} = F_3 \frac{1-\mu}{1+\mu} \cdot \frac{a_{☾}}{A} = 124.''986$	
计算导出常数的辅助常数		
$k' = 1.990\,983\,6 \times 10^{-17}$，$F_0 = 206\,264.''806$，$F_1 = 1.000\,142$，$F_2 = 0.990\,931\,42$，$F_3 = 49\,853.''2$		
（四）行星质量系统		
行星与太阳质量比值倒数	水星 6 000 000 土星 3501.6 金星 408 000 天王星 22 869 地月系 329 390 海王星 19 314 火星 3 093 500 冥王星 3 600 000 木星 1047.355	

注：①②这几个数值与行星质量系统中的有关数值矛盾，在行星运动理论中暂不使用。

表 3 1976 年国际天文学联合会天文常数表

常数名称	采用值	来源
（一）定义常数		
高斯引力常数	$k = 0.017\ 202\ 098\ 95$	与纽康天文常数系统相同
（二）基础常数		
光速	$c = 299\ 792\ 458$米/秒	取自 1975 年第十五届国际计量大会的采用值
天文单位距离的光行时	$\tau_A = 499.004\ 782$s	由雷达测金星加以确定
地球赤道半径	$a_e = 6\ 378\ 140$米	取自 1975 年国际大地测量和地球物理联合会采用的"标准大地测量参数"
地球力学形状因子	$J_2 = 108\ 263 \times 10^{-8}$	同上
地心引力常数	$GE = 3.986\ 005 \times 10^{14}$米^3/秒^2	同上
引力常数	$G = 6672 \times 10^{-14}$米^3/千克·秒^2	取自 1973 年国际科学联合会所属科学技术数据委员会的采用值
地月质量比	$\mu = 0.012\ 300\ 02(1/\mu = 81.3007)$	由月球激光测距和月亮火箭测定
黄经总岁差（J2000）	$p = 5029.''0966$(每世纪)	在纽康的确定值中，加上关于银河系自转和行星岁差的改正值后，再换算到 J2000
黄赤交角（J2000）	$\varepsilon = 23°26'21.''448$	对纽康的确定值，用新的行星质量值计算其长期变化，并换算到 J2000
章动常数（J2000）	$N = 9.''2109$	将纽康的确定值直接换算到 J2000
（三）导出常数		
天文单位	$A = c\tau_A = 149\ 597\ 870 \times 10^3$米	
太阳视差	$\pi_{\odot} = \mathrm{acr}\sin(a_e/A) = 8.''794\ 148$	
光行差常数（J2000）	$\kappa = Fk\tau_A/86\ 400 = 20.''495\ 52(F = 1.000\ 141\ 3)$	
地球扁率因子	$1/f = 298.257$	
日心引力常数	$GS = A^3k^2/D^2 = 132\ 712\ 348 \times 10^{12}$米^3/秒^2	
日地质量比	$S/E = GS/GE = 332\ 946.0$	
日与地月系质量北	$\frac{(S/E)}{(1+\mu)} = 328\ 900.5$	
太阳质量	$S = GS/G = 19\ 891 \times 10^{26}$千克	
（四）行星质量系统		
行星与太阳质量比值倒数	水星 6 023 600 火星 3 098 710 天王星 22 869 金星 408 523.5 木星 1047.355 海王星 19 314 地月系 328 900.5 土星 3498.5 冥王星 3 000 000	

出常数改为基础常数。另外把引力常数G作为新的基础常数。

IAU2009 天文常数系统 20 世纪 80 年代以来，出现了很多天文观测手段，如人造卫星激光测距、月球激光测距、甚长基线干涉、GPS，以及依巴谷天体测量卫星，使得对天体位置的观测精度大大提高，已经达到毫角秒的量级。随着第二代空间天体测量卫星 Gaia 的观测完成，天文观测的精度将达到空前的微角秒的水平。与之相匹配的观测和理论研究也需要更精确的常数系统。2006～2009 年，国际天文学联合会下属的基本天文学数值标准工作组确定了一组天文参数当前最佳估计值，而 IAU2009 决议 B2 采纳了这项最佳估计值，使之成为 IAU2009 天文常数系统，是对 IAU1976 天文常数系统的一次重大改进。为了更好地反映常数系统的结构，IAU2009 系统中的天文常数主要分为自然定义常数（只包含真空中的光速c）、辅助定义常数、自然测量常数、天体常数、其他定义常数等。为了符合广义相对论，某些常数在不同的参考系中有不同的值，例如"TCB-compatible""TCG-compatible"分别表示在太阳系质心天球参考系 BCRS 和地心天球参考系 GCRS 中的值。详细信息见 IAU2009 天文常数系统。 （刘佳成）

天文单位 astronomical unit; AU 天文学中测量距离，特别是太阳系内天体之间距离的基本单位。天文单位是天文常数之一，其可视作日地平均距离的近似值。根据2012 年国际天文学联合会（IAU）第 28 届大会通过的决议，1 天文单位等于 149 597 870 700 米。

20 世纪 60 年代以前，天文单位是根据测定太阳视差$\pi_{\odot}$推导出来的。20 世纪 60 年代起，行星雷达测距取得了更为精确的结果。1976 年 IAU 大会曾对天文单位给出如下定义：当时间的单位为 1 日等于 86 400 秒，质量的单位为太阳质量，长度的单位选取使得高斯引力常数的数值k等于 0.017 202 098 95。在 IAU2012 的 B2 决议中，天文单位与国际单位制系统中的米之间关系固定，成为一个定义常数。

（陈 力）

天文导航 celestial navigation 通过观测已知坐标的自然天体，经解算获得测点的导航信息，包括位置、姿态、授时等。经过长期的天文观测和理论研究，日月星辰等自然天体的坐标及其随时间的变化精确已知。在给定时刻，一个天体必然位于地球表面上某点的天顶方向，称此点为给定时刻该天体的星下点，其地理经度、纬度称为天体的地理坐标（GP）。若某时刻通过观测获得了一个天体与大地水准面之间的角距（天体高度），在地球为正球体假设下，则测点必然位于地表一圆周上，称其为位置线（LOP），圆心为星下点，半径由天体高度唯一确定。若在后一时刻对同一天体或其他天体观测获得了另一位置线，则两条位置线（圆周）具有两个交点，观测点位于其一，且根据估值不难做出真伪判断，进而由天体的 GP 经计算获得测点的地理坐标。实践中，利用三条及以上位置线可唯一确定测点坐标。

天文导航中常用的天体包括日、月、行星、北极星和其他数十颗较亮的恒星，导航年历中以列表形式给出了其坐标。测量天体高度的常用仪器为**六分仪**，测量精度可至 0.2 角分，对应于定位精度 0.2 海里，约 370 米。海洋中位于移动平台上的观测者通常可获得 1.5 海里（约 2.8 千米）的定位精度，在缺失地标参考的情况下足以保障航行安全。

利用位置线交点实现天文导航也称为交叉方法，要求测量的时刻准确到 1 秒，否则每 4 秒的时刻误差将导致约 1 海里的定位误差。通过观测太阳或其他恒星过本地子午线时的高度，可以确定测点的地理纬度。若具有较为精确的计时，类似观测也可以确定测点地理经度。

其他天文导航还包括太阳敏感器、恒星敏感器、脉冲星导航等。太阳敏感器通过敏感太阳的方位信息以获得航天器的姿态信息。恒星敏感器通过获取天区星象、判断星座，进而获得航天器姿态信息。**脉冲星**为恒星演化遗迹的一种，尤其是**毫秒脉冲星**具有极其稳定的自旋周期，被誉为自然界最稳定的时钟，通过观测脉冲星有望同时获得航天器位置、姿态信息和完成授时。

天文导航具有鲜明的特点。①自主式导航。天文导航不依赖其他外部信息，被动获取导航信息，是一种完全自主的导航方式。②全时空覆盖。地面光学观测会受到天气因素的限制，射电波段观测除极端恶劣天气之外均可进行。对位于云层以上的航空、人造卫星、深空探测器等的天文导航，则具有鲜明的全时空覆盖特性。③高可靠、稳定和安全性。天文导航中的观测目标为自然天体、寿命长、位置信息精确可靠。导航星座稳定，不受人为因素制约。测量的重复性好、结果的稳定性高，测量误差不随时间积累。不需向外部发送信息，因而隐蔽性高、安全性好。在全球导航卫星系统应用极其普及的今天，天文导航作为复核、备份、应急等廉价、可靠手段，仍具有重要实际应用价值，在深空探测领域更是具有不可替代的重要地位。

（李金岭）

天文底片 astronomical photographic plate 天文观测中拍摄暗弱星像时专用的长时间曝光（几秒钟到几小时，甚至更长）的底片。

简史 天文望远镜问世以后的 200 多年中，天文观测完全靠人的眼睛进行。1827 年，照相术问世。19 世纪中叶，照相术开始应用到天文领域，它具有比人眼无比的优越性：视场大，可同时观测多个对象；可累积观测长达几小时，比人眼客观等。

照相观测在天文学的发展中，曾起到非常重要的作用。本文所指的天文底片，是指为了拍摄天体暗弱信号而专门研制的底片。它和普通的底片有两个不同，它的一个特点是片基是玻璃；另一个特点，就是它有比较小的互易律失效。互易率是指当一束光照射到底片上时，相同的曝光量（强度E和时间T的乘积）所产生的底片的密度是相同的，互易率只有中等曝光量强度情况下才适用。当曝光量强度太强和太弱时，这个线性关系就失效了。天文学家为了得到天体的微弱信号就要曝光几小时，而使用非天文底片是不可能实现地。

全世界只有少数几个国家能够生产天文底片。开始有美国、英国和德国等。后来只有美国柯达公司一家生产，它陆续生产了 103a 系列、Ⅰa 系列和Ⅱa 系列等。对于输入信噪比远大于 1 的探测，例如对亮变星和用**干涉滤光器**的照相等，为了缩短曝光时间，常采用粗颗粒、高灵敏度的 103a 系列天文底片。Ⅰa 和Ⅱa 系列的天文底片其颗粒稍细，常用在分光工作。20 世纪 60 年代柯达公司研制出了Ⅲa 系列底片，它和前几种底片有较大不同，其颗粒比较细，有较高的探测量子效率和信噪比。对于输入信噪比远小于 1 的探测，例如对暗弱的遥远恒星和星系的照相时，就要用这种天文底片。和前几种底片不同，它在使用前，要进行处理，叫作底片敏化。经过这样处理后，底片探测量子效率可从原来的 0.1%提高到 4%，望远镜照相的**极限星等**可以提高 1～1.5 等。中国使用的天文底片完全依靠进口，有一段时间受封锁的影响，一度没有底片使用。当时北京天文台提出由中国自行研制天文底片，于是开始和中国科学院感光化学研究所合作，后来中国科学技术大学化学系加入，三单位合作，在试验室中取得了一些进展。但由于所需数量太少，品种又多且工艺复杂，因此中国没有工厂愿意生产，从而没能成为产品。

随着电子技术的发展，20 世纪 50 年代光电倍增管问市，从而实现了光电测光。它比底片有很多优点，但它只能测量单个天体，无还法替代底片。20 世纪 80 年代出现了 CCD 电荷耦合器件。随着技术进步，CCD 逐步在天文学中应用。和天文底片比较，CCD 有无比的优越性：灵敏度高，精度高，线性范围宽，信噪比高，可直接实现数字化，可以用计算机进行实时处理等。所以天文底片已逐渐被代替。到了 20 世纪末美国柯达公司宣布，不再生产天文底片，以致天文底片已完全被 CCD 所代替。至此天文底片经历了 150 年之后，它完成了历史使命而从此退出了历史舞台。但是天文底片作为一个两维接收元件在天文学的发展史上，曾起过巨大作用。

器件结构 天文底片是将有感光性能的材料（溴化银，碘化银等）加到明胶中再涂到玻璃干板上（图 1）。底片上感光层的厚度，只有 0.1 毫米。底片玻璃的厚度是 1.5 毫米或 2 毫米。但因为**施密特望远镜**的焦面是一个球面，所以底片盒要将底片玻璃压弯曲，才能与成像球面符合。这时就需要用 1 毫米厚的薄玻璃板才能不被压碎。为保证感光层能够牢牢地黏合在玻璃面上，玻璃面上需先涂结合层，之后才再敷盖上乳胶层。底片玻璃下面要涂反光晕层。它能吸收没有被乳胶和玻璃吸收的剩余的光线，这样可以不影响成像的质量。

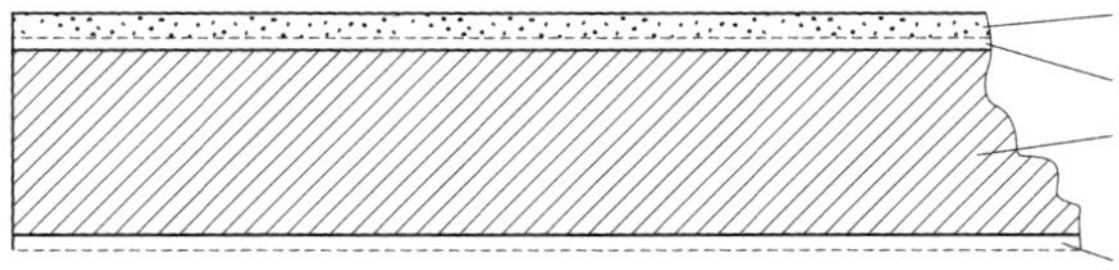

图 1 天文底片结构示意图

特性曲线 天文底片作为一个二维的接收器，不但可以记录天象，还可以进行天体的光度测量和分光光度测量。这就需要借助特性曲线来解决。特性曲线表示照相底片的密度D和曝光量的对数（$\lg Et$）的关系。特性曲线与底片的种类、曝光时间、显影定影条件都有关系（图 2）。特性曲线的中间部分，是线性的。曲线底部和上部都是非线性的。在实际工作中每一次观测，都要做出一个定标曲线。在底片上的一个角落上要打上定标。它和观测对象同时进行显影和定影。操作者使用密度计可以测出一条定标曲线。

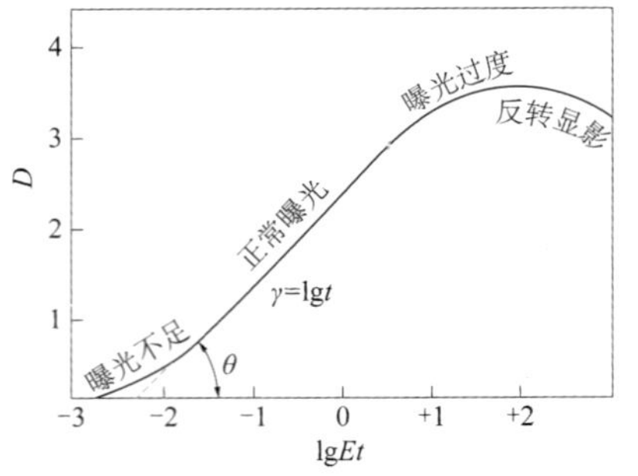

图 2 底片特性曲线

冲洗和保存 没有用过的天文底片要保存在低温条件下（−18℃）。在使用前数小时才从冰箱中取出底片使其达到室温后，才能使用。天文底片在露光拍摄后应即刻冲洗。否则，底片会丢失一些信息。当使用柯达公司推荐的显影和定影液时，底片在药水中要做不规则的运动，以保证显影定影的均匀性。然后要用流动的清水（20℃）冲洗半小时以上，以去掉所有残留的化学药品。再用柔软的材料将玻璃反面的反光晕层擦去。最后将冲洗好的底片放在架子上，以自然风干。对拍摄过的底片进行登记后，用柔软的纸包装再装入底片袋中。由于乳胶和玻璃的物理特性不同，因此对保存底片就有比较严格的要求。注意在温度较高湿度较大的情况下，底片乳胶就会发霉。而在太干燥的情况乳胶就会干裂而与玻璃面脱离。从世界上一些天文台已积累的经验来看，底片应当保存在密闭的、恒温（18℃）恒湿（相对湿度 50%）的专用的底片库中以能使保存几十年还比较好。中国分散在几个天文台的所有底片，由**上海天文台**主持都集中到余山底片库中，因此中国的数万张底片得到了比较好的保护。

数字化 在 150 多年的天体照相观测历程中，经各国天文学家的辛勤工作，已经拍摄到了超过两百万张的底片。这些底片不仅对当时的天文研究发挥了作用，也会对今后天文研究有重要作用。为此，这就产生了一个新的课题——天文底片数字化。即用现在的扫描仪对整张底片进行扫描以将保存在底片上的信息取出来变成数字信息。世界上许多国家都在研制新型的扫描仪。扫描目标位置的精度可以达到微米级，而天体亮度的精度可达 0.01 星等。通常扫描一张底片只需要几分钟，而扫描的结果可以放到**虚拟天文台**上。这样就可以实现天文信息共享。（尹济生）

天文地球动力学 astrogeodynamics 用天文手段测定和研究地球各种运动状态及其力学机制的学科。研究的运动是地球整体的自转和公转运动，以及地球各圈层（大气圈、水圈、地壳、地幔和地核）的物质运动。所涉及的力学机制是地球自转变化的机理，以及它与地球各圈层物质运动变化的相互作用与成因机理。天文地球动力学是 20 世纪 70 年代开始出现的地球科学、空间科学和天文科学相互交叉派生的一门分支学科，是基本天文学对地球科学的应用。天文观测除了传统的天体测量手段外，主要是20世纪60年代后期以来不断涌现的空间测地技术，这包括**人造卫星激光测距**（SLR）、**甚长基线干涉测量**（VLBI）、**全球导航卫星系统**（GNNS）、**星基多普勒轨道确定和无线电定位组合系统**（DORIS）、**卫星测高技术**（SAT）和合成孔径雷达干涉技术（InSAR）等。它们已能以厘米甚至毫米级的精度测定地面点的位置，以毫米/年的精度测定地壳和海平面变化，以 0.1 毫秒和几十微秒的精度测定**地球定向参数**（EOP），时间分辨率已达到小时的量级，因而已可以观测到地球各圈层动力学效应对地球自转变化的影响。这些动力学效应既反映了地球的局部物质运动（如大气、海洋和地壳运动），又与地球深部的物理性质与运动密切相关。反之，地球定向参数的变化又成为地球动力学的重要约束依据。空间技术使我们以更高的精度和时空分辨率监测大气、地下水的变化，冰冠溶化、海平面升降、地壳运动等自然现象，使深入研究这些物质运动成为可能。例如，板块和地壳运动是在地球内力和外力作用下地壳所处的运动状态，板块运动、地壳形变和冰期后地壳回弹是地壳运动的主体，板块运动是山脉隆起、岛弧海沟形成的直接原因。传统方法测量板块运动主要由几百万年平均的地质和地球物理资料测定，而空间技术使高精度测量地壳形变与冰期后地壳回弹成为可能，也使测定以几年至几十年内平均的现今的板块运动成为可能，进而有可能发现地壳运动的非线性时变细节及探索地震、火山喷发等的成因过程。

新技术使地球动态变化的监测、研究和应用发生了根本性的变化。地球科学的研究从静态到动态，从运动学到动力学，从三维空态到四维时空，从刚体到弹性体、流变体，从地球表面深入地球内部、伸向外部空间，从研究孤立的地球整体和各圈层运动状况到把它们看成一个完整的体系研究其相互激发、驱动和制约的动力学关系，从各学科封闭的状态到天文科学、地球科学和空间科学的交叉合作和综合研究。地球科学正经历一场深刻的变革。天文地球动力学为地球科学提供更精确的动力学过程的约束条件和理论模型的检验，也为天文学提出了许多新的研究课题（如广义相对论效应的考虑），具有重要的理论意义。此外，它对地面测站和空间目标的精确定位、对减灾防灾提供的重要信息和安全预警，为国家经济建设和国家安全，特别是对航天、国防等部门提供天文地球动力学最直接的支持，具有明显的实用意义。

主要研究内容 ①地球整体及各圈层运动的高精度监测。利用高精度、高时空分辨率的空间和地面技术测定地球定向参数，监测地壳、大气、海洋等物质运动，以及建立为监测这些运动所需的各种空间技术观测模型和空间飞行器精密定轨的力学模型等。

②天球和**地球参考系**的定义、实现和维持。包括相对论框架下的参考系的定义；运动学和动力学**天球参考架**（CRF）的建立和维持；**地球参考架**（TRF）的实现和维持；地球质心运动的监测；各种参考架的连接和转换；天文常数及**岁差**、**章动**的测定。

③地球重力场及其时变性的测定与研究。综合空间和地面重力观测确定地球重力场及其时变性的理论和方法，建立高精度的地球重力场，研究地球重力场的时变特性与地球大气、地表水和海洋质量的变迁、冰期后地壳回弹、地球质心变化、地球自转变化等的关系。

④地球自转变化及其与地球各圈层物质运动的关系与机理的探讨。鉴于空间测地结果建立更接近于实际的地球自转理论，研究地球自转速度和极移变化与大气、海洋、地壳、地幔和地核运动的相互作用过程，地球自转各种时间尺度变化的激发机制。

⑤天文方法用于自然灾害的预测。研究地球自转速率变化与地震活动韵律的关系、天文测时测纬仪器铅垂线变化、日长年际变化与厄尔尼诺现象的关系、地球的宇宙环境与气候变化的关系等，提供有关自然灾害的预警信息。

⑥数据处理和数学模式的研究、应用。针对本学科领域涉及的观测资料种类多、信息量丰富的特点，研究强噪声中检测弱信号的方法，高分辨率的频谱分析，观测数据的最佳拟合和数学模型的确定。涉及多种资料综合处理、海量参数估计的稳定且高精度的大型软件系统的建立和实施。

上述这些工作基本上都囊括在国际天文学联合会（IAU）的基本天文学部（Div.A）内各专业委员会的工作中，反映了该领域的研究是国际天文界关注的前沿课题。

发展趋势　①观测手段从地面扩展到空间。②观测精度有了质的飞跃，空间技术观测精度比传统的地面天体测量设备的观测精度有了量级上的提高。③观测波段从单波段向多波段或全波段扩充。④观测范围由区域性向全球性发展。⑤海量数据处理方法和数学模式的不断完善。⑥与其他学科交叉、融合日趋紧密。⑦国际合作更显密切。

以全球大地测量观测系统（GGOS）为代表的现代全球空间大地测量技术对地球自转和参考架的观测精度已获得显著的提高，地球参考架的测量精度已进入毫米级并将很快达到1毫米的精度，天球参考架、极移的精度约为30微角秒，相应的变化率约为0.1毫米/年。另一方面，提供这些测定结果的时间分辨率已能达到一小时甚至近实时，而且可以连续地观测。

能提供高精度高时空分辨率的地球参考架和地球定向参数监测资料的仍然主要是空间大地测量技术，如VLBI、SLR/LLR、GNSS和DORIS。但新技术仍在不断出现，如环形激光陀螺仪、**光钟**等，因具有独立的优点而广受关注。

有待解决的重要课题　①微角秒精度多波段自洽的高精度天球、地球参考架的建立与维持。②与观测符合、完全自洽的天文地球动力学中的相对论模型建立。③与观测符合、完全自洽的地球自转理论建立。④VLBI2010系统及多技术综合处理平台的建立。⑤满足GGOS对未来精度要求的地球定向参数确定理论和预报方法研究。

（黄　珹）

天文动力学　astrodynamics　研究人类从地球向空间发射的各种飞行器的运动。是天体力学的一个新的分支，也是进入空间时代以来天体力学与星际航行学、火箭飞行力学的交叉学科。又称人造天体动力学。主要研究人造地球卫星、探月飞行器和行星际探测器的飞行理论，进行人造天体的轨道设计，包括轨道机动、轨道平面变化和星际转移等。

人造卫星运动理论是天文动力学的重要理论之一，它主要研究人造地球卫星在各种摄动因素影响下的运动规律，理论上沿用了经典天体力学中的**摄动理论**（即小参数方法）去求解卫星摄动运动方程。如果地球是一个密度分布均匀的正球体，即可把它看成质点，那么卫星绕地球运动就是简单的**二体问题**，相应的轨道是一个椭圆。但地球是一个密度分布不均匀、形状又很不规则的天体，因此对卫星的运动来说，不能把地球看成质点。此外，在近地空间仍有大气阻力作用，还有太阳辐射压力（简称光压）和日、月等天体的引力作用，这就构成了一个广义的限制性**多体问题**，又由于地影的存在（卫星在绕地球运行中，往往每一圈都有一段在太阳照射不到的地影内），光压摄动是不连续的，加上卫星运动很快（近地卫星一天要绕地球转十多圈），轨道变化又极其迅速等原因，在计算卫星轨道时不能简单地照搬天体力学中的一些经典方法。因此，必须在原来的天体力学基础上提出一些既实用又能满足当前观测精度要求的轨道计算和摄动计算方法，从而为某些理论问题增添了新的内容。比如在研究人造卫星运动过程中逐步形成的堀源–李变换，促进了经典**变换理论**的发展；对“临界角”及其他共振问题的研究，推动了**轨道共振理论**的发展；此外人们还提出了许多种适用于研究人造卫星运动的**中间轨道**以及计算其残留摄动的方法等，所有这些都推动了天体力学的发展。

月球是离地球最近的自然天体，是星际航行的第一个目标，载人飞船已成功实现了登月。发射探月飞行器的目的是对地月空间、近月空间以及月球本身进行科学考察。根据不同的目的，探月飞行器又大致分为三类：接近或绕过月球后又重返地球附近的飞行器（相当于一个特殊的远地卫星）、击中月球（硬着陆或软着陆）探测器和人造月球卫星。发射探月飞行器比发射人造地球卫星需要更大的能量，因此，如何使燃料消耗最小这个最优化问题变得极其重要。在**探月飞行器运动理论**中，通常把探月飞行器的运动作为**限制性三体问题**来处理，如果精度要求较高，还得考虑其他摄动（如太阳摄动等）。由于探月飞行器同时受到地球和月球这两个天体的引力作用，使得问题变得更加复杂，天体力学中常用的一些分析方法已不适用。拉普拉斯在18世纪末提出了**作用范围**的概念，从而得到许多关于短周期彗星运动的重要结论，这个概念对于今天研究探月飞行器的运动也十分有用。对于地月系统，月球的作用范围约有66 000千米，在这个范围内主要考虑月球对飞行器的引力作用，而在这范围外主要考虑地球对飞行器的引力作用，从而把探月飞行器的运动分解成地球与飞行器、月球与飞行器的双二体问题。这是一种近似分析法，但能为探月飞行器的轨道设计提供重要的依据。精确计算和设计探月飞行器轨道需要采用数值方法，但飞行器分别接近地球和月球时的特点在数值计算中同样需要考虑。此外，从地球发射的探月飞行器飞到月球附近后，不做任何推力改正能否被月球俘获变为月球卫星，这是一个俘获问题（见**俘获理论**）。经研究证实，产生这种俘获的概率为零。至于变为月球卫星后，那就和人造地球卫星类似，它的运动将要受到月球的形状（非球形）摄动和日、地摄动等影响。

发往太阳系各行星的探测器称为行星际飞行器。与探月飞行器类似，大致也分为三类：接近或绕过目标行星、击中目标行星和人造行星卫星。它们的飞行可分为从地球附近发射到脱离地球作用范围前、脱离地球作用范围后到进入目标行星作用范围前（这一段常称为过渡轨道，主要受太阳的引力作用）和进入目标行星作用范围三个阶段。此后可能飞离目标行星成为一个人造小行星，或被目标行星俘获变成该行星的人造卫星。选择什么样的过渡轨道以使能量消耗较小而飞行时间又较短的最优化问题，以及飞行中几次靠火箭推力换轨的轨道过渡问题，都是行星际飞行器动力学的重要问题。在整个飞行过程中，飞行器基本上受两种力的作用，即太阳和有关行星的引力以及火箭推力。如果推力比引力小，则可作为推力摄动处理，仍旧是个典型的天体力学问题；否则，喷气过程的运动是一个典型的火箭飞行力学问题。因此，**行星际飞行器运动理论**是天体力学（二体问题或限制性三体问题）与火箭飞行力学的结合。

（刘　林　赵长印）

天文分子微波谱线的实验室测量　laboratory measurement of astronomy molecular spectrum　在实验室测定分子微波谱线的数据，以供**射电天文学家**搜寻和证认**星际分子**射电谱线。当射电天文学家在自己研究的天体中接收到前所未遇的U谱线（unidentified line），首先他会到已经积累的资料库里去寻找此线应归属哪个已知分子（见**射电天文谱线证认**）。如果他没有找到现成的答案，应该庆幸自己遇到了值得全身心投入的未知新问题。为此须与多种学科的科学家联手前进，例如化学家、生物学家、近代的天体化学家与天体生物学家、微波接收和微波谱分析的专家等。以星际分子甲酸甲酯（$HCOOCH_3$）为例：甲酸甲酯是最稳定的顺式（*cis*-）结构同位素，1997年以来在一些星际介质的温暖的恒星形成区中已探测到。它的丰度比其他两个反式结构同位素醋酸（CH_3COOH）和乙醇醛（$HOCH_2CHO$）高得多且难以星际化学模型做解释。

天文学家和化学家联手探讨这个问题。首先他们在6～60兆赫频率范围用几个脉冲射流傅里叶变换式频谱仪，测得反式（*trans*-）甲酸甲酯的实验室微波谱。然后选择 SgrB2（N）分子云作为天文研究对象，绿岸望远镜（GBT）将对 *cis*-与 *trans*-甲酸甲酯的观测纳入为公众提供的“生命起源以前的星际分子巡天”（PRIMOS 巡天）。通过巡天，他们探测到 7 个吸收特征和实验室的反式甲酸甲酯的跃迁相符。

（曾 琴）

天文符号 astronomical symbol 对某些特殊天体和星座以及**太阳系**天体运动现象所规定的符号。在天文书刊、**星图**和**星表**中对某些天体和**天象**，以及黄道十二宫常用专门天文符号表示。这些天文符号中的大多数历史悠久，由中世纪的星占学流传至今。

太阳	☉	月球	☾	水星	☿
金星	♀	地球	⊕，♁	火星	♂
木星	♃	土星	♄	天王星	♅，⛢
海王星	♆	冥王星	♇	彗星	☄
恒星	★，☆	双星	-◉-	变星	◉
星云	⫽	星团	⁂	星系	⊘

图 1 天体的天文符号

白羊宫	♈	金牛宫	♉	双子宫	♊
巨蟹宫	♋	狮子宫	♌	室女宫	♍
天秤宫	♎	天蝎宫	♏	人马宫	♐
摩羯宫	♑	宝瓶宫	♒	双鱼宫	♓

图 2 黄道十二宫的天文符号

新月	●	上弦	◐	满月	○
下弦	◑	合	☌	方照	□
冲	☍	升交点	☊	降交点	☋
春分点	♈				

图 3 天象的天文符号

天体、天象、黄道一二宫的天文符号见图。

（李 竞）

天文公共对象模型 astronomy common object model; ASCOM 一个基于微软公司 Windows 环境的天文观测设备软件接口标准平台。制定该软件接口标准的目的是保证天文观测软件开发者和天文仪器制造者能够在不同厂家的设备和不同计算机语言之间协同工作。1998 年初，B.邓尼提出了天文公共对象模型（ASCOM）的概念并开发了相应的软件平台。经过 20 多年的努力，截至 2020 年 3 月，ASCOM 已经升级到了 6.4 版本。

ASCOM 在设备与程序之间加入了驱动层，其设备驱动采用了微软公司组件对象模型 COM（Component Object Model）。它工作在 Windows 操作系统之下，其 API 由一套标准的符合相关 ASCOM 接口规范定义的属性和方法组成，有着固定的函数名称、访问参数和数据类型。由于 ASCOM 采用了 COM 组件的模型，而 COM 组件支持多种开发语言、脚本语言和脚本工具的调用，使得 ASCOM 也可以支持多种语言的开发。从硬件上讲，虽然各种设备利用通信接口连接到计算机上，但控制软件并不直接和通信接口打交道，而是通过 ASCOM 调用设备驱动来操作设备。一方面，设备厂商只要提供符合 ASCOM 标准的驱动程序，就可以将自己的设备挂接到 ASCOM 平台；另一方面控制软件也只需要针对 ASCOM 来进行操作，无须考虑不同厂家不同类型的设备的特殊性。这样无论更新控制软件还是设备驱动，都非常容易对接。因此，ASCOM 具有开发语言独立性和设备厂商独立性两大特色。随着 ASCOM 的发展，ASCOM 支持包括望远镜及赤道仪、CCD、**圆顶**、调焦、**滤光片**等主要天文设备。有非常多的天文设备厂商支持这一平台，也有越来越多的小型望远镜观测系统使用 ASCOM。但 ASCOM 基于 Microsoft Windows 的特性也制约了其应用，大型望远镜很少直接使用 ASCOM 作为望远镜运行的核心平台。

（季凯帆）

天文观测图像处理 astronomical image processing 应用计算机硬软件对望远镜及其终端获得的天空图像进行的各种必要的计算处理。目的是获得真实可靠的图像和可以用来进行后续科学研究的数据。人们首先对原始观测图像进行去基底、剔除宇宙线污染、除平场、像元坐标位置定标、减去天空背景、进行消光改正，从而获得基本的天空真实强度分布图。再转换成仪器星等分布。然后进行测光系统转换和星等定标。此外，还要进行图像增强、噪声压抑、图像放大缩小、图像分割、图像对比、图像加减乘除、利用伪彩色标注强度变化和图像识别等处理。对于光谱图像，还需要进行级次抽取、拼接、波长标定、分光强度标定等。还需要进行与标准光谱的交叉相关处理来求取天体的自转特性和视线速度测量。谱线的**等值宽度**等与元素丰度有关的测量。有时还需要判断天体是否有互相绕转的伴侣。有一些外国天文机构已经发展并推广了一些软件包，如英国的 Starlink、**欧洲南方天文台**的 MIDAS、空间望远镜研究所的 Drizzle 和**美国国立射电天文台**的 AIPS 等。但是许多时候仍然需要根据具体工作环境编写自己的专用软件包。不管怎样均要进行下列步骤：

①减去基底，即 Bias。实际上，每晚观测前都必须在 CCD 开机稳定后读取多幅曝光时间为零（快门不打开）的基底。在当晚观测结束后再次读取多幅基底。然后将前后多幅基底相加并求平均而采用之。

②监测暗电流。在读取基底结束后还需要在快门关闭条件下读取一定积分时间的无光照图像，以了解是否需要进行暗流扣减。能够买到的优质 CCD 电荷耦合器件在液氮制冷条件下的暗电流基本可以忽略。

③进行平场处理，即改正 CCD 各个像元本身灵敏度的差异。其中也包括了光学系统的渐晕、杂散光和鬼像的影响。平场十分重要，通常采用天文昏影终前和天文晨光始后的极短时段，把望远镜对准高度适中的无云天空读取各种**滤光片**下的 CCD 读数接近 70%饱和值的图像多帧，取平均值加以利用。也有采用高稳定度高色温灯光照射观测室内壁上的白色屏幕形成的均匀面光源，叫作圆顶平场。这样做的优点是可以在白天不正式观测时利用足够充足的时间来仔细地进行平场研究和处理。

④对于长时间曝光，还要剔除宇宙线影响。

⑤利用视场内已知坐标标准天体的经历元、岁差、章动、光行差、自行、大气折射改正后的坐标来标定 CCD 每一个像元对应区域的坐标网格和比例尺。这帧图像就是真实的观测信号图像。

⑥将上述图像的复制品中所有可以分辨出天体像的像元剔除，然后求取其他全部像元中信号的平均值和均方差。再以此值为标准剔除那些偏离平均值的数值明显高于均方差 3 倍的像元的原有信号，而代之以按坐标平移内插滚动获得的新信号。这帧图像就是天空背景信号图像。

⑦将观测信号图像减掉天空背景图像，就获得了观测对应天区的天体信号图像帧。

⑧对天体信号图像帧中每一个可以辨识的天体求取中心仪器坐标和仪器星等。这时必须区分点源和面源。即使对于点源，也要根据图像中天体的密度来确定处理方法。假如密度较稀，没有彼此重叠现象，就采用孔径测量法。即根据**天文视宁度**由计算机程序自动选取一个孔径套住每个天体，并积分求出各孔径内的总信号作为该天体的信号。对该信号取对数，再乘以 −2.5，就得出该天体的仪器星等。从而按孔径中心坐标保存二维数字图像帧。如果是较密集天区，星像多有重叠，就必须改用点扩散函数拟合出每一个天体的中心位置和信号值。再取对数乘−2.5 以给出每个天体的仪器星等。对于面光源，就给出单位角面积星等的等星等线。

⑨对于仪器星等坐标配置帧，可以根

据研究需要而进行不同的后续处理。最简单的是较差测光。通常是观测研究变星的光度变化情况。人们通常在观测前就已经挑选好合适的比较星和校验星。只需要求出被研究变星与比较星的仪器星等差，再加上比较星的标准星表星等，就获得了被研究星的某种标准星表星等。由于是时序多幅测光，比较星与校验星的星等差随时序的变化的均方根可以确定测量的可几误差。还可以检验比较星是不是变星而是否需要另外选择比较星。

⑩如果是巡天工作，视场会比较大。甚至可以大到数度。如中国南极 AST3 望远镜的可用视场为 4.3 平方度。而未来的 LSST 的视场达到 9.6 平方度。还有一些小型巡天望远镜的视场可以达到 10 度见方。这种情况下，必须认真进行大气较差消光改正。然后获得视场内所有可以测量天体的按仪器坐标排列的仪器星等。进一步应用视场内的标准星等星做比较星求出星等差，再换算成国际标准系统星等。这种计算并不复杂，但数据量十分庞大，所以需要足够容量和速度的计算机系统，按预先编写好的程序进行批处理并把最后数据按星表形式存贮起来。

⑪要想进行绝对测光，就必须在 CCD 前配置标准的测光系统滤光片。在视场内尽可能选择多个星等标准星。由于视场大小有限，通常很难办到。所以只有事先对特定的标准星较多的视场进行定标测光。建立起自己的望远镜、滤光片、CCD 系统与国际标准测光星等系统之间的归化关系，再对其他天区进行测光。而且还要进行大气消光改正。才能够获得可以归入国际系统的测光星等。

对于使用小口径大视场望远镜的测光工作，由于焦面比例尺较小，每个 CCD 像元覆盖的天空范围太大，包含的天体信号加天空背景信号总量太强，容易饱和，必须缩短曝光时间，因此不能获得暗的极限星等。这时可以采用多次短曝光同像场叠加的办法加以适当克服。其极限取决于天体密度和 CCD 的读出速度和读出噪声。 （蒋世仰）

天文馆 planetarium 以传播天文知识为主的科学普及机构。通过展览、讲座和天象仪表演，以及编辑天文书刊等不同形式进行科学普及宣传。天文馆还建立小型天文台，进行天体观测；组织天文小组活动，培养青少年天文爱好者；磨制小型光学望远镜，制作其他天文教学用具等。此外，天文馆还可建立气象台、太阳能利用设施等，普及同天文学有关的其他自然科学知识。天文馆的仪器设备以天象仪为主。它可以表演地球上任何地点的古往今来的星空；增加一些辅助仪器，还可以表演日食、月食、彗星、流星雨、太阳系鸟瞰、大气现象和宇宙航行中所看到的景色。世界上第一所天文馆是 1923 年在德国慕尼黑建立，1925 年 5 月 10 日正式启用的。全世界有 100 多所天文馆（装备小型天象仪的不计在内）。中国第一所天文馆是 1957 年建立的北京天文馆。2021 年启用的上海天文馆则是世界规模最大的天文馆。

天文馆除开展普及天文知识、进行天文学宣传教育外，还进行天文观测并从事一定的天文学研究工作。天文馆越来越发展成为综合性的科学普及机构。近年来建立的天文馆，都开展天文学和相关学科的普及宣传活动，有发展成为综合性的宇宙科学馆的趋势。 （陈遵妫）

天文光干涉技术 astronomical optical interferometry technology 望远镜与光干涉相结合的技术。是提高望远镜分辨率的方法之一。1609 年意大利天文学家伽利略发明了第一架单口径的望远镜，1868 年法国物理学家 A.H.L.斐索首次提出了天文光干涉测量的想法。光线通过两个分离的小口径望远镜，在焦面上干涉成像。通过消除大气的湍流，提高天文设备的角分辨率，以便测定恒星的直径。1873 年，法国天文学家 E.斯蒂芬按此想法做了实验，但是受到条件的限制实验没有获得成功。大约在 1890 年美国物理学家迈克尔孙用利克天文台 30 厘米折射望远镜实现了斐索的想法，成功地测出木星四个伽利略卫星的直径。1920 年迈克尔孙设计了新的干涉仪结构，即现在人们称之为迈克尔孙恒星干涉仪，如图所示。其基本原理为：

$$d = B \cdot s + C$$

式中 d 为延迟；B 为基线矢量；s 为源方向的单位矢量；C 为延迟补偿，它是一个与仪器有关的常数。观测了多颗源后，可以测定源的位置和仪器参数。他与 F.G.皮斯用此装置在美国威尔逊山天文台 2.5 米的反射望远镜首次测定了 6 颗恒星的直径（包括猎户座 α），其大小为 0.020″～-0″。由于两个望远镜分离后机械的稳定性问题难以解决，科学家们在 20 世纪 20 年代以后放弃了光干涉的想法，直至 1974 年法国天文学家 A.É.H.拉贝里首次用 I2T，即两个口径 26 厘米望远镜，安放在 12 米长的南北基线上，得到了织女星的干涉条纹。

随着科学技术的发展，1967 年 3 月长基线干涉首先在射电波段获得成功。由于光波长比射电波长短得多，大气的高频扰动和仪器本身的稳定性对光程差的影响很大，直至 20 世纪 70 年代末地面长基线光干涉在技术上有了突破，80 年代才有较大的进展。研制的天文光干涉仪有法国天文地球动力学中心先后研制了 I2T 和 GI2T；美国在威尔逊山天文台的 Mark Ⅰ 至 Mark Ⅲ、CHARA 和 ISI，海军天文台旗杆镇的 NPOI，帕洛马天文台的 PTI，霍普金斯天文台的 IOTA；澳大利亚 Narrabri 的 SUSI；英国剑桥的 COAST；日本国家天文台 Mitaka 的 MIRA。虽然干涉仪的结构有斐索和迈克尔孙式结构，但是大多数是后者，口径在 0.4～1.5m，基线长度为 2～640 米，波长在可见光、近和中红外的 J、H、K、N 波段。GI2T、Mark Ⅰ-Mark Ⅲ、PTI 和 IOTA 已停止运行。值得注意是两个全球具有干涉模式的大望远镜：美国凯克（Keck）天文台的 2 个 10 米望远镜（基线为 85 米），以及欧南台在智利 Paranal 的 VLTI，它有 4 个 8 米的单元望远镜（基线 47～130 米）和 4 个 1.8 米辅助望远镜（基线 8～203 米），在 2001 年初这两个干涉仪获得干涉条纹。欧洲一些天文台与欧南台合作研制了 VLTI 的双馈元系统后端设备 PRIMA，开展红外窄角天体测量工作［能检测两颗星之间角距离的变化至角分，天体测量的精度为 50 微阿秒（μas），期望提高至 10μas］。下一代的 4 光束后端设备有中红外的 MATSSE 和近红外的 GRAVITY，最长基线为 200 米。天体分离

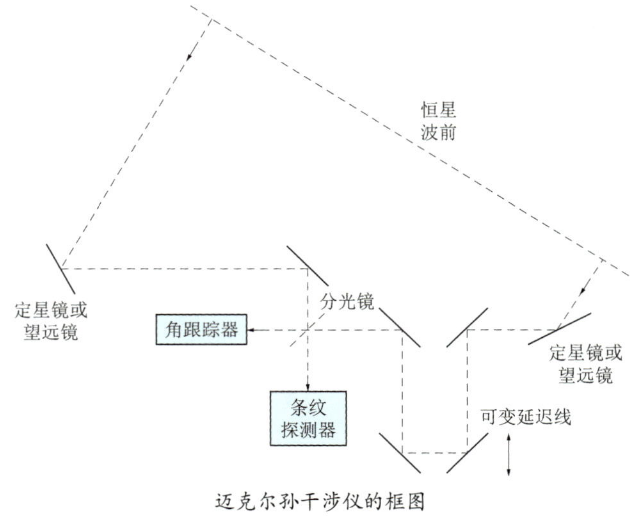

迈克尔孙干涉仪的框图

2″时，天体测量精度达到10μas，成像的分辨率为4毫角秒。除此以外，美国亚利桑那格拉汉姆山国际天文台的LBT，它用两个口径8.4米望远镜，安放在同一个基墩上，类似于斐索式结构。

相应于天体测量和天体物理的观测，地面光干涉仪可以在干涉和综合孔径两个模式工作。前者为广角和窄角观测，可以得到恒星的直径、双星的间距和方位角、天体的位置、系外行星的检测，银心处S恒星系统的观测；后者为成像观测，可以得到恒星表面的细节（黑子、耀斑）和亮度分布等。光干涉得到的显著的科学成果有：1992～2002年VLTI观测确定最近银心**人马座A***（Sgr A*）恒星S2的轨道，周期为15.2年，近心点距离仅17光时（1.8×10^{13}米或120au），质量为$3.7\pm1.5\times10^{6}$太阳质量。

虽然地面的高角分辨率技术有了重大进展，但是地面上高角分辨率的干涉测量仍然受到地球大气的限制。在空间用长基线光学干涉技术进行观测的优点是：①观测可以在全波段［紫外（110纳米）至远红外（300微米）］进行。②观测的**极限星等**和大视场的天体测量的精度将提高。③地面用大口径望远镜进行干涉测量成像，在可见光波段高分辨率的像只有几个角秒，即等晕斑的大小。没有大气后，在大视场中将给出高分辨率的像。④空间红外成像的热辐射背景低，提高了观测灵敏度，因此空间大口径干涉仪可以探测恒星周围类似地球那样的行星的热辐射。因此，在20世纪80年代初许多单位就提出了空间干涉仪计划（AIM），如美国喷气推进实验室的OSI、史密松天体物理台和加州大学天体物理与空间科学中心等单位提出的POINTS、欧洲空间局的OASIS和法国天文地球动力学中心的TRIO计划等。而且1984年10月在法国卡尔热斯（Cargese）召开了“Kilometric Optical Arrays in Space”专题讨论会。SIM（Space Interferometer Mission）是1990年和2000年美国天文和天体物理十年计划的建议项目，虽然已进入初步设计和技术完备阶段，但是也因为经费不足，已在2010年中止。2012年12月19日发射成功的Gaia，最初提出干涉式的结构，即Global Astrometric Interferometer for Astrophysics（GAIA），已改为与**依巴谷天体测量卫星**相似的结构，但是各部件放大，并且加入分光仪设备，现在的名称Gaia，但是空间光干涉卫星仍为人们关注，在条件成熟后，该计划仍会提出。 （金文敬）

天文光纤技术 optical fiber technology in astronomy 将光纤应用于天文仪器中，拓展天文观测的技术手段，提升天文观测的综合能力。属于天文光子学（Astrophotonics）范畴。光纤在天文观测中既可以作为光源，也可以作为探测器；既可以作为光谱传输的媒介，也可以作为数据传输的媒介；既可以分析单个目标星的光谱，也可以观察一片天区；既可以将多台望远镜构成阵列，也可以监测一台望远镜的工作状态；既可以用于抑制OH根的影响，也可以提供高质量频率标准。

1972年，美国基特峰国家天文台的L.A.窦和W.C.利文斯顿首先把光纤应用于太阳观测中。光纤已经在天文观测的各个领域发挥作用，其中包括：

①天文单（多）目标光纤光谱观测。既可以高分辨地获取单个或少数目标星的光谱变化规律，分析系外行星的数量与状态，也可以大范围地同时获取数百至数千个目标的光谱，进行光谱巡天研究。2008年建成的郭守敬望远镜（LAMOST）是截至2023年，国际上光纤数量最大（4000根光纤）、光谱获得效率最高的光谱巡天望远镜。

②天区三维光谱图像获取。利用光纤积分市场单元（IFU），可以得到太阳或者星系空间的三维光谱像（空间二维和波长一维），从而对星系的演化、太阳的磁场运动等问题进行深入分析。

③利用光纤制成**像切分器**，提高光谱仪的光谱分辨率。

④光纤激光频率梳可以为光谱观测提供高精度的稳定频率标准。

⑤利用光纤灯笼结构和光纤光栅技术，实现对大气氢氧根背景谱的抑制。利用各种光纤灯笼结构，可以制成一根多模光纤和很多根单模光纤的转换器，通过在单模光纤上制作光纤光栅等结构，构成一种多模光纤滤波器，从而实现对大气OH根背景谱的抑制。

⑥利用光纤拉锥技术，改变像斑或模场尺寸，提高匹配效率。

⑦望远镜阵列构成。利用光纤可以将多台望远镜连接起来，形成等效大口径观测系统。自适应主动光学技术的快速发展，使单台望远镜的星光可以耦合入单模光纤，使光纤光学望远镜阵列更加具有可行性。

⑧**自适应光学**中的光纤激光导星。单模光纤，尤其是光子晶体光纤在传输激光信号从激光器到望远镜的路径中体现了灵活的优势，在光纤使用中需要抑制受激拉曼散射和受激布里渊散射。

⑨波长位移光纤可以作为辐射传感器，探测X射线、γ射线等宇宙射线。

⑩在大型望远镜结构中，光纤也可以作为传感器，用来监测温度、应力等参数，可以构成智慧天文台。

影响光纤在天文应用的特性参数包括光纤的吸收谱（光纤在短波长一般吸收较大）、光纤的芯径（在光纤用于收集星光信号时，较粗的光纤芯径可以收集到较多的光能，而较细的光纤芯径在进行光谱分析时可以具有较高的光谱分辨率，单模光纤可以实现干涉或者制作布拉格光纤光栅）、光纤的焦比退化（指光纤出射斑口径大于入射斑口径，最大出射斑口径取决于光纤的数值孔径）、光纤模场（大口径光纤出射模场会出现草帽形、环形、月牙形等非中心峰值、非均匀模场，影响光谱分析；单模光纤也会由于光在传输中偏振态的变化，影响高精度视向速度测量）等。

光纤在天文应用中，有很多相关的技术：

①**光纤定位技术**。这主要是单（多）目标光纤光谱观测时，每根光纤需要对准一颗目标星，并根据曝光时间，对目标星进行跟踪。定位技术包括打孔定位板、双轴旋转装置、倾斜脊柱（Tilting spine）和星虫（Starbugs）装置等，在光纤定位时设法减少光纤的扭转、弯曲是减少焦比退化的关键因素，精确测量光纤端的位置对提高光能利用率非常重要。

②光纤耦合技术。指将星光耦合到光纤中。因为大气扰动等原因，光纤的芯径受到不同地区视宁度影响，一般纤芯直径在几十到几百微米之间。随着自适应光学的快速发展，已经发展出将星光耦合到单模光纤（纤芯直径为几个微米）之中的技术。

③光纤扰模技术。为了将非中心峰值的光纤出射斑转换为中心峰值模场或均匀模场，需要引入扰模技术。多边形纤芯光纤和普通圆芯光纤耦合，以及一定频率的振动扰模是产生理想模场的主要方法。

④多光纤对准连接技术。同时对接多根光纤的连接器在多目标光谱观测中可以提高系统的灵活性，将微透镜与光纤束对准可以制成**积分视场单元**、光纤瞄准器等器件。 （孙伟民）

天文光学新技术 new technology in astronomic optics 天文学研究前沿需要的光学（包括近红外）望远镜和仪器等观测设备发展的新技术。天文学是一门基于观测的科学，天文学的发展在很大程度上依赖于新技术的发展和观测设备的能力。天文学发展的历史证明，天文仪器与技术的发展与人类对宇宙的认识的进步相互促进，每一次望远镜和仪器能力的提高，都会增进人类对宇宙的认识。光学波段观测是发展得最早，积累的信息最多，使用最成熟的波段。不仅大爆炸宇宙学的基础——**哈勃定律**就是由光学观测发现的；**暗物质**、**暗能量**也是由光学观测发现的；第一颗系外行星和已观测到的大量系外行星也是光学观测发现的。光学（包括近红外、红外）仍然是一个极重要的观测波段。从20世纪90年代初至2009年的20年间，全世界已陆续有14架口径8～10米的望远镜投入观测。这些望远镜均采用了新的技术：①**主动光学**技术。使突破口径大于6米的集光能力和角分辨率成为可能，包括薄变形镜面主动光学、拼接镜面主动光学技术。②干涉阵技术。在近红外波段获得大于望远镜口径限制的高分辨率。③**自适应光学**技术。克服大气气流的扰动，使望远镜和仪器的成像质量在近红外波段和有限的视场达到或接近衍射极限。④光学红外CCD探测器技术。⑤快焦比大镜面磨制和检测技术。⑥望远镜结构优化设计。⑦圆顶视宁度改善。这些新技术使得8～10米望远镜大大降低了造价；使得望远镜口径更大成为可能；使望远镜本身的成像质量提高一个数量级；使红外波段观测在一定范围的视场中达到衍射极限，分辨率提高至少10倍。

现代技术的发展已经使天文学进入全电磁波段探测和研究的时代。21世纪天文观测设备发展的特点是：①追求更高的空间、时间和光谱分辨率。新一代地基和空间观测设备使光学观测的空间分辨率将达毫角秒级。②追求更大的集光本领，以进行更深的宇宙探测。③追求更大的视场，特别是兼备大口径的大视场观测，以获得大的信息量和高的观测效率。

21世纪20年代人类将进入30米级极大口径望远镜时代。截至2022年，在研和计划的30米级**极大望远镜**有**欧洲南方天文台**的39米口径欧洲极大望远镜（E-ELT）；美国主导国际合作的30米望远镜（TMT）；美国联合澳大利亚的24.5米口径巨型麦哲伦望远镜（GMT）。中国也同样在21世纪初就预研究了30米口径的中国未来巨型望远镜（CFGT）的方案和关键技术。这些极大望远镜的共同特点是：①口径20～50米；②主镜都是用几百到一千块1～2米的子镜拼接，或更大的多镜面；③观测波段从紫外（UV）到中红外（0.3～25微米）；④有自适应光学系统，在近红外区达到衍射极限。

研制这些极大望远镜都需要发展如下新技术：①几百到几千块1～2米离轴非球面非圆形镜面磨制和检测；②大口径凸非球面副镜的磨制和检测；③高反射率耐用薄膜的镀膜；④几百到千块子镜的主动拼接控制及检测；⑤大口径快速倾斜镜；⑥大口径自适应镜面（或自适应副镜）；⑦多激光引导星系统（MLGS）多共轭的自适应光学系统（MCAO）；⑧类射电望远镜快焦比和高度轴低于主镜的高精度望远镜结构；⑨大惯量低固有频率的高精度低速跟踪控制系统。

同样地，极大望远镜的终端仪器也需要发展新技术，如：①大尺寸近红外探测器；②大尺寸中红外探测器；③先进的**积分视场单元**（IFU）的**像切分器**；④多目标光谱仪微光机电系统（MOEMS）多缝掩模；⑤大型**体位相全息光栅**；⑥大型浸入式硅光栅；⑦大口径透镜和滤光片。

（崔向群）

天文镜面的磨制和检验 making and testing of astronomical mirror 对玻璃镜坯打磨、抛光，经过内应力和面形检验，制成所设计的镜面形状和达到所要求的精度。天文光学望远镜粗略可分成透射、反射和折反射的形式，分别由透镜、反射镜等部件组成。大型天文望远镜以反射形式为主，反射镜的表面形状大多数是非球面。天文光学非球面镜面的磨制是一个精雕细凿的过程，磨制和检测完全不同于球面，磨制难易程度取决于其与球面的偏离量，该偏移量与非球面系数相关，同时与镜面直径成正比，与相对口径的三次方成正比。整个过程涉及镜面材料选择、熔炼、成型、研磨、抛光、精确测量等，涵盖精密机械、物理化学、计算机控制等多学科，镜面从最初的粗糙状态成为光亮镜面，误差从毫米计到以纳米计，提高6个数量级，甚至更高。

为保证镜面精密稳定可靠的光学特性，制作镜面的材料必须具有优良的化学、力学和热力学性能。早期的望远镜以透射形式为主，镜坯采用透光及热稳定性俱佳的光学玻璃，镜子在研磨抛光好后，给人以晶莹剔透的感觉。如果玻璃材料存在内应力，会使镜面在使用过程中因应力逐渐释放，导致变形而降低成像质量，严重时在抛光阶段就无法控制其表面形状，因此，材料熔炼阶段常常需要特殊的处理方式消除其内部应力，熔炼结束后，把两个端面磨平抛光，利用玻璃的透射特性，用偏振法检查其双折射，以确定内应力的大小。为了适应大口径望远镜发展的需求，现代望远镜采用反射形式，镜坯材料更注重于热学、力学等理化特性，新材料的运用，对镜面的抛光的检测提出了更加严格的要求。

就磨制方法而言，现有球面或者平面的加工技术非常成熟，甚至可以采用大口径的环抛机磨制有批量化要求的1米口径级的镜面。非球面不像球面那样可以用整工具磨制，只能使用口径比较小的工具，为提高效率，常常先将要磨制的非球面磨成与之差别最小的球面，然后改成非球面。传统非球面化流程一般是在抛光阶段，用比镜面小的抛光盘或用与镜面同样大小但沥青胶分布不均匀的抛光盘进行。计算机控制的磨制方法可以定时、定点、定量地进行非球面化，实现更高的镜面面形精度需求。一些新的工艺方法发展迅速，并得到了广泛应用，为大口径高精度天文镜面的磨制提供了保障。

①计算机控制光学表面成型技术（CCOS）。这是一种利用计算机控制的小磨盘加工镜面的技术。它采用了比被加工光学工件尺寸小得多的磨盘，计算机控制磨盘在工件表面上按照一定的路径移动，同时控制磨盘与工件间的相对运动速度、相对压力及驻留时间，从而实现磨盘对工件表面材料的定点、定量磨削，相对传统方法，磨制过程预见性好，面形误差收敛快。

②应力盘抛光技术。应力盘抛光技术可以认为是CCOS的拓展，特点是磨盘直径大，最大可取到直径的三分之一，磨盘形状可控。磨制过程中，计算机控制应力盘运动路径与驻留时间的同时，实时控制抛光盘的面形，使抛光盘与工件表面吻合良好。专门用于大口径、大非球面度的天文镜面的加工。因为磨盘直径大，加工效率很高。

③预应力加工技术。预应力加工技术基本原理是对被加工光学工件施加预应力使之变形，然后把工件表面磨制成平面或球面，应力释放后镜面将变成所需的非球面。概念最早形成于20世纪30年代，用于加工施密特校正板，80年代成功应用于10米口径凯克望远镜主镜六角形拼接子镜加工。这项技术已成为**极大望远镜**计划的重要技术支撑之一。

④离子束抛光技术。离子束抛光技术利用被加速的离子与工件表面的原子核直接进行弹性碰撞，将能量直接传递给工件材料的原子，使其逸出工件表面从而实现材料去除。离子束抛光是原子量级上的无应力、非接触式抛光工艺，是提高加工精度的一种有效方法。随着相关技术的不断进步，离子束抛光技术已成为高质量天文镜面加工的一项基本技术。

⑤等离子体抛光技术。等离子体抛光技术利用气体在RF激励作用下形成活性

等离子体，高速运动的活性等离子体与工件表面物质发生化学反应，产生易挥发的混合气体，从而将工件表面材料去除。等离子体抛光技术不同于离子束抛光技术，前者是利用化学反应去除镜面材料，而后者是利用物理碰撞进行镜面抛光。在等离子体抛光中等离子体束本身还具有一定的能量，使化学反应加速。等离子体抛光可以在弱真空中进行，可以获得很精确的镜面形状，比离子束抛光的效率要高。

⑥磁流变抛光技术。利用磁流变抛光液在高强度的梯度磁场作用下聚结、变硬成为具有黏塑性流体的特性，通过控制磁场强度，使抛光液在抛光区范围内形成一个小面积的抛光工具，该抛光磨盘的形状和硬度可以通过实时控制磁场强度实现其稳定性，抛光盘在镜面上的移动路径及接触面深度由计算机实时控制，适合于非球面光学元件的抛光。

大型天文镜面相当重，在磨制时必须考虑其自身重量引起的变形问题，并针对镜面结构形式及使用特点，采用合理的支撑形式。对于刚性好的镜子，可以采用比较稳定的被动支撑形式，对于比较薄的镜子，则必须采用主动支撑形式。镜面的支承包括轴向支承和径向支承两个组成部分，它们分别承受镜面重量的轴向和径向分量。支撑点的位置和数量则通过计算分析确定。

天文镜面磨制阶段检测，对镜面面形误差的快速收敛十分重要。在成型时，表面尚未抛光，可以采用精度适中，操作方便的检测方法，最终抛光阶段，应采用高精度，非接触的精密测量方法。

细磨成型阶段常用机械接触式方法测量面形轮廓，用于接触式测量的探头为高精度的位移传感装置。通过一套移动装置，探头被放置到被测量表面的预定测量点，逐点测量记录各被测点的空间坐标，进行后处理，拟合得到表面的面形轮廓形状。按照测量点扫描路径差别，机械接触式测量可以分成两类。其中一类为摆臂式非球面轮廓仪，利用被测镜面的特殊几何结构沿最接近比较球面进行扫描；另一类为三坐标测量仪，直接按照网格划分点对镜面进行测量，通用性强。机械接触式面形轮廓测量方法对面形的凸凹性无要求，适用多种镜面的测量，但测量比较费时间。类似的接触式轮廓测量还有采用三维激光跟踪仪的方法。

抛光后的表面，通常采用非接触测量以避免与测头接触导致镜面划伤。这种非接触测量都是基于被测量表面的几何特性和镜面反射特性进行的。

天文望远镜常用的二次圆锥曲面都具有完善成像的特殊位置，称之为无像差点。如凹椭球面的两个共轭焦点，在其中一个焦点放置标准点光源，会在另外的一个焦点处得到完善点像，利用这种几何特性，可以检验凹椭球面的面形误差。在利用无像差点法对镜面进行检验时，大多数情况需要加一个辅助镜，例如检验凹抛物面镜时要加一个标准平面反射镜。而检验双曲面镜时，不管是凸还是凹，都要加一个凹标准球面反射镜。

实践中更多使用的是像差补偿法。设计方法是把被测非球面的法线看作光线，经过一个反射面或一个光学系统之后，会聚成同心光束交于一点，或者更一般地设计一个包含被检验面的光学系统，使最后得到同心光束，会聚成一点，在这一点上进行自准式的检验。通常将这些为了检测镜面面形而额外加到检测光路中实现完善成像的辅助光学元件称为补偿器。一般情况下，补偿器的直径比被检验镜直径小很多，由球面反射镜和球面透镜组成，小口径球面的加工检测都比较简单，一旦装校好后性能稳定可靠。因此，像差补偿法是高精度非球面检测中的主要方法。

上述补偿镜或补偿系统，可以用计算全息片 CGH（Computer-generated holograms）代替，或者与前述形式组合使用。计算全息图原理上可以模拟获得任意形式的非球面波前，进而精确地提供非球面检测中所需要的“标准样板”。考虑计算全息片的实际制造问题，为避免计算全息刻线过密，基于计算全息方法辅以简单的透镜、反射镜补偿系统，可以更好地满足面形特殊、非球面度较大的镜面检测的需要，具有很好的应用前景和研究价值。

基于镜面光学特性的检测方法，通常有以下几种：

①基于几何光线追迹概念的光线检验法。这种方法用细光束近似成光线，从理想几何成像模型出发，检测光线被镜面成像后的偏转误差，由于用于测量的光线数目有限，不能完善模拟整个镜面的面形误差分布，但可以评估镜面的低频误差。如哈特曼法，包括经典哈特曼法及夏克-哈特曼法（Shack-Hartmann）。另外，基于五棱镜特性的扫描方法属于同种类型。

②刀口阴影法。这种方法最早于1858年由J.B.L.傅科提出来的，所以又叫傅科刀口法。该方法利用点光源（人造星）照明被测的光学镜面，在所成的点光源像位置前后，用刀口切割光束，检验者眼睛紧靠在刀口后面，观看在切割过程中镜面照亮的情景。在理想成像情况下，可看到镜面突然变暗，或随着刀口移动逐渐变暗。反之，则可以看到镜面上出现明暗相间的图像，从而判断镜面形状的偏差。刀口阴影属于定性检测，但操作简单、判断直观方便且具有较高的判断精度，因此吸引了不少研究者开展定量改进尝试。

③采用激光干涉仪的干涉法。干涉仪是基于光学干涉原理将被检验对象与标准镜面进行对比从而获得被测面信息的一种高精度测量仪器，干涉仪的参考面可以是平面，也可以是球面。被检验部分的光路安排和刀口检验基本相同。干涉仪记录其标准面与从被检测镜面光路反射回来的被测波前之间形成的干涉条纹，根据干涉条纹的特征，解算出镜面的实际形状。干涉法可实时获得高精度检测结果，普及面广，与此相关检测方法研究也得到重视，如子孔径拼接、亚奈奎斯特干涉测量等，抗振动检测方法因为特别适合于大口径天文镜面，得到了非常广泛的应用。

完整的望远镜系统在出厂前可以利用哈特曼方法或从干涉方法检测得到定量检测结果，安装到天文台后，通过对星检验得到整个光学系统的光能集中度的数据。

（潘君骅　李新南）

天文刊物 astronomical journal　刊载天文观测和理论研究成果的定期或不定期的连续出版物（不包括**天文年历**和**星表**）。天文刊物对于发表和传播天文学研究成果，促进学术交流和讨论，推动天文事业的发展十分重要。

简 史　早期的天文学论文都刊登在多学科性刊物上。历史最久的天文刊物是英国的《皇家天文学会研究报告》和德国的《天文学通报》，它们都是1821年创刊的。其他各国的天文刊物和许多重要天文台的台刊，大多创办于19世纪末或20世纪初。

中国最早的天文刊物是《观象丛报》，创刊于1915年。**中国天文学会**还出版过《观象汇刊》（1922年创刊）、《中国天文学会会报》（1924年创刊）、《宇宙》（1930年创刊）、《天文台双月刊》（1929年创刊）等刊物。中国现在主要的天文刊物是《天文学报》（1953年创刊）、《天文学进展》（1983年创刊）、《天文研究与技术》（1977年创刊），英文国际天文学期刊 *Research in Astronomy and Astrophysics*（RAA，2001年创刊，收入Web of Science核心数据库。曾用名 *Chinese Journal of Astronomy and Astrophysics*，前身为1981年创刊的中文刊物《天体物理学报》）。《中国科学》物理天文力学卷也发表中英文天文学论文。还有科普刊物《天文爱好者》(1958年创刊)、《中国国家天文》(2006年创刊)。另有一个由爱斯维尔出版社发行的英文期刊 *Chinese Astronomy and Astrophysics*(CAA，1977年创刊)，选择《天文学报》、原《天体物理学报》《天文学进展》《空间科学学报》部分论文译成英文出版。第二次世界大战以后，随着天文事业的发展，天文资料逐渐增多。据统计，1977年全世界发表的天文资料共14 000多篇。1979年出版刊载天文资料的刊物有500多种，其中天文刊物近200种。至2023年，天文刊物已超500种，其中专业期刊70多种。

分类　20世纪60年代以来，许多天文刊物由不定期改为定期，刊期缩短(由双月刊改为月刊，或由月刊改为半月刊)；有些刊物还增出了天文学家来信的《通讯》专刊，加快了天文研究成果的交流。另一方面，刊物逐渐趋向专业化和国际化。例如，新创办了国际性专科杂志《太阳物理学》《月球》等。德意志联邦共和国、法国、荷兰等国的天文刊物已合并为《天文学和天体物理学》(欧洲杂志)。天文刊物根据出版的形式和内容大致可分为五类：①全国性天文刊物，多由各国天文学会(或委托某天文机构)主编，主要刊载本国的天文研究成果和学术动态，有些刊物也刊载外国的天文研究成果(例如美国的《天体物理学杂志》等)。②天文台台刊，主要刊载本单位的研究成果和观测资料，作为台际交换的出版物，多不公开发行。例如，《格林尼治皇家天文台公报》《日本东京天文台年刊》等。此外，还有不定期的出版物如报告和抽印本等。③国际性天文刊物，由国际性天文组织委托某一天文机构主编，有些是由各国天文学家组成的编辑委员会主编的，通常由出版社发行。其中有综合性天文期刊、专业期刊和评述性期刊等。④文摘索引刊物，专门刊载每年各国发表的各种天文资料的题名、内容、作者和出处，属于文摘索引性质的天文刊物一般由科技情报机构编辑出版。⑤天文通俗刊物，以通俗的方式介绍天文学基础知识和各种新成就。

当代国际著名的天文学和天体物理学期刊为国际科学信息出版平台所收录，主要有 Web of Sicnece 和 Expertly curated abstract & citation database(Scopus)。2019年，前者收录68个天文和天体物理学期刊(中国RAA排名第44位)，后者收录103个期刊(RAA排名第50位)。

(许邦信　方文海　汪景琇)

天文年历　astronomical ephemeris　按年度出版、反映天体运动规律的历表。编算天文年历是**历书天文学**的任务之一。

内容　主要有：①太阳、月球、各大行星和千百颗基本恒星在一年内不同时刻的各种精确位置。②日食、月食、月掩星、行星动态、日月出没和晨昏蒙影等天象的预报。③用于天体各种坐标之间换算的必要数据，如岁差和章动、光行差等。此外，还有天体物理观测历表、天然卫星历表以及辅助性用表和资料等。这些历表和数据直接用于天文大地测量(测定地面经、纬度和方位角)、天体测量和天体物理的一些观测和计算，也为天文、气象、潮汐等科学研究工作提供必要的资料。航海天文年历和航空天文年历曾经是天文年历的组成部分，现在已经单独出版，成为远洋船舰和远程飞机天文导航从事定位的主要资料。此外，特殊天体历表，如小行星冲日历表等，也按年度出版，单独成书。有些国家还出版供业余天文爱好者和一般读者使用的简易天文年历，内容除精度较低的历表外，还有指导业余天文观测的文字说明。年历除印刷成书的形式以外，还出现磁带式年历、电子版年历。

编算简史　世界上最早的天文年历是法国在1679年出版的称为《关于时间和天体运动的知识》的年历，随后是1767年开始逐年出版的《英国天文年历》。1776年开始，逐年出版《德国天文年历》(已于1959年停刊)。《美国天文年历》虽然迟至1855年才开始出版，但在19世纪末由纽康主持编历工作以后，很快就成为国际上最出色的天文年历。苏联在1922年利用外国资料首次出版1925年的《俄罗斯天文年历》。苏联第一本独立编算的年历是1941年出版的《苏联天文年历》。早期的天文年历主要是为适应航海定位的需要编算的，后来天文年历的编算则着重于天文观测和研究方面。第一次世界大战前后，远洋商船和军舰的迅速发展，要求有专用于海上定位的历书。1914年英国第一本《航海天文年历》出版。以后十年中各大国也相继出版航海天文年历。

中国年历编算　中国编算出版历书已有悠久的历史。流传到现在的清代钦天监编算的《七政缠度经纬历》，内容包括日、月、五星的位置以及日月食等特殊天象。20世纪10年代初，中国只出版民用历书。天文年历的出版时断时续。中央观象台曾出版过1915年和1917年的《观象岁书》。以后，中央研究院天文研究所等单位曾出版过1930年、1931年、1932年、1938年、1939年、1940年、1941年和1948年的天文年历。中华人民共和国成立后，紫金山天文台自1950年起每年编算出版天文年历；1954年编算出版航海天文历；1955年又编算出版航空天文历。1966年紫金山天文台开始独立编算1969年和1970年的天文年历，以后每年正式出版《中国天文年历》和《中国天文年历(测绘专用)》。《航海天文历》的编算工作也有所改进。紫金山天文台和北京天文馆在1977年开始合编普及天文知识和指导业余观测用的《天文普及年历》。

国际交流和合作　为了统一各国天文年历的基本内容和避免重复计算，各国编历机构经常进行广泛的联系和合作。早在1896年，在巴黎召开的国际基本恒星会议，通过各国天文年历共同采用统一的**天文常数系统**，即纽康所确定的章动、光行差、太阳视差和岁差值。以后又多次召开国际性会议，讨论年历的计算分工，历表的精度要求，采用新天文常数系统以及新基本参考系统和时间系统等问题。国际交流导致各国天文年历编算工作的合作。1953年英国和美国在航空天文年历的编算工作方面进行合作；1958年两国合刊航海天文年历；1960年两国又联合出版天文年历。《德国天文年历》在1959年停刊后，接着出版《基本恒星视位置表》。历表计算也有分工，例如太阳、月球和大行星历表由英国格林尼治天文台编历局计算，各国编历机构可以向编历局索取有关资料。

(李能耀)

天文软件系统　astronomical software system　用于天文观测、计算、数据收集整理、数据处理分析、数据可视化等操作的计算机程序和工具集。当前一些著名的天文软件系统包括 AIPS 天文图像处理系统(AIPS)、Aladin 天图系统、Astropy 软件包、CASA 通用天文软件系统(CASA)、FITS 工具包(FTOOLS)、图像还原和分析软件(IRAF)、高能天文软件包(HEASoft)、欧洲南方天文台慕尼黑图像数据分析系统(ESO-MIDAS；MIDAS)、天文源提取器(SExtractor)、空间望远镜科学数据分析系统、数据表格操作工具 TOPCAT 等。天体物理源代码库(ASCL)是一个免费的在线登记目录，列出了为天文学或天文物理设计的软件及源代码库。

当代的科学研究越来越依赖于软件或代码。代码已经成为研究方法的一部分，科学家要求软件代码同其他技术方法一样，也应当进行开放并得到同行评议。天体物理源代码库的目标即是使得软件代码更易于被访问，以推动对代码的评议。对于软件和代码开发者而言，其代码被天体物理源代码库索引后，可以得到更

多研究人员的关注，了解开发者所进行的工作，增加代码的引用率，提高开发者的影响力。 （崔辰州）

天文时计 astronomical timekeeper 天文观测的计时设备。17 世纪开始使用的天文时计主要是天文摆钟。20 世纪 20 年代末出现了石英钟，50 年代出现了原子钟。

天文摆钟　1656～1657 年，荷兰科学家C.惠更斯根据伽利略发现的摆的等时性原理发明了摆钟。摆钟不仅为天文观测的计时提供了方便，而且成为当时的守时工具。摆钟的特点是在一定的摆幅内，摆动的周期只与摆长有关。

天文摆钟用秒摆。摆的长度为 990 毫米。摆长变化 0.025 毫米时，钟的速率每天变化 1 秒。这相当于温度变化 2.2℃时金属摆杆的长度变化。摆的摆动动力在早期用挂锤的重力，后用电能。保持摆长恒定的方法是用补偿摆。即用温度系数小的摆（如铟钢、石英等），并将钟安放在恒温室内。

最精确的天文摆钟是1924 年出现的雪特摆钟。它由两个分离的摆钟（子钟和母钟）组成。子钟受母钟控制，与母钟同步，指示时刻（时、分、秒）。母钟置于低气压金属筒内以减小摆的阻力。每半分钟有一个脉冲能量加给母钟的摆，以维持其摆动。摆杆和摆锤均用铟钢制成。母钟通常放在恒温室内，每天的误差为千分之几秒。

石英钟　利用 P.居里在 1880 年发现的石英晶体压电效应制成的时钟。它于 20 世纪 20 年代面世，经过改进，精度逐步提高，到 50 年代完全替代了天文摆钟。石英钟的核心部件是利用压电效应制成的晶体振荡器。表征石英晶体振荡器特性的主要参数是其品质因子Q值、频率温度系数及老化率。Q值决定谐振频率稳定度。它取决于晶体切割方式，并与系统内部的摩擦损耗和弹性形变有关。石英晶体振荡器的最佳设计是 AT 切割层状谐振器。它的频率随温度而变化。为减小温度变化影响，除注意切割方式的选择外，还采用恒温方法将振荡器与环境温度变化隔离开来。

石英晶体振荡器一般由晶体电路、自动增益控制放大器、隔离放大器、缓冲放大器和恒温控制系统等部分组成。输出信号由缓冲放大器馈送，经分频做成石英钟。

石英钟的主要缺点是它的频率老化特性。它由晶体及其电极表面上的质量交换和晶体点阵本身缺陷引起。好的石英钟频率日稳定度为 10^{-11}～10^{-10}。

原子钟　当代天文观测的计时设备是准确度和稳定度更高的原子钟。

（苗永瑞　翟造成）

天文视宁度 astronomical seeing 地球大气对光学成像（包括成像质量、星像抖动、视亮度变化等）的影响程度。又称天文宁静度。如果星像越清晰稳定，就反映本地大气的视宁度越好。由于复杂的地区性气象因素的综合影响，大气会出现不规则湍动，表现为气温（影响大气密度）的随机起伏，因而导致折射率的变化。天体光线进入大气后，原来的平面波前发生畸变，而且畸变的波前形状不断变化，使成像质量恶化。其中近地面大气层的作用最为显著。望远镜和观测室的空气不均匀，也会影响成像质量。因此，圆顶室应修建得有足够的高度，并须采取严格的隔热降温措施，使观测室内的温度略低于室外。

图示星光通过湍动大气后发生的波前畸变。小望远镜（例如口径小于 40 厘米的望远镜）的入射口径只占有小部分接近平面的倾斜波前，星像仍显得较明锐，但当风吹动大气经过入射孔径时，局部波前的倾斜度变化使星像角位移增大，表现为不规则跳动，如曝光时间短于 0.02 秒，可得到较清晰的照相星像，或具有局部清晰区的延伸天体图像。而对于大望远镜，其入射孔径上包含广阔范围内的波前，穿过倾斜度不同的局部波前的星光会聚成像，跳动不显著，星像成为具有一定直径的模糊圆，被称为视影圆面（seeing disk）。一般较好的天文台，视影圆面在 1 角秒～2 角秒，有的可在一段时间内达到 0.5 角秒～1 角秒。因此，由于大气湍动，大望远镜的分辨本领远远不能达到它的由衍射现象确定的极限分辨率（例如，2 米望远镜为 0.07 角秒），用望远镜直接成像所能达到的极限星等、分辨双星和天体表面细节的能力也都受到极大的限制。在高分辨率光谱观测中，视影圆面的直径比入射狭缝宽度大得多，若不采取措施，大部分星光会被挡在狭缝之外而不能被利用。

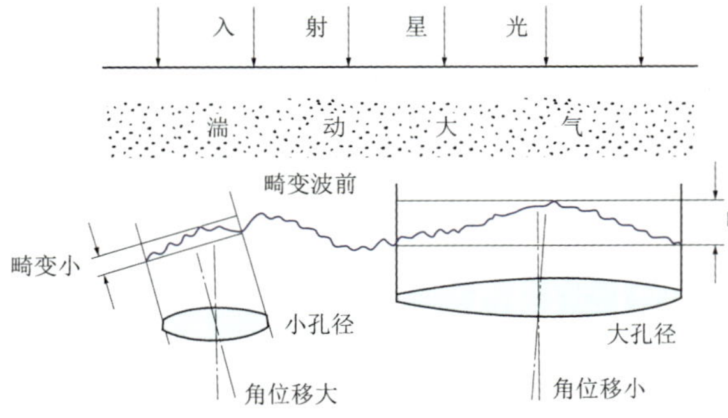

湍动大气造成星光波前畸变

视宁度的好坏同天文台所在地的局部气象条件密切相关。大气折射率不均匀性还表现为星的视亮度有不规则变化，这种变化称为闪烁。天顶距大时，颜色也会有快速变化。它主要是由高层大气湍动引起的，在小望远镜中尤为显著。在天文观测中，通常把大气相干长度（Fried 参量r_0）当作所在台址的视宁度的一种度量，描述大气扰动导致像质退化的程度，它可以使用差分像运动法来测量记录。视宁度统计值已成为光学天文台选址工作中的重要科学依据之一。在实际观测中，大望远镜观测能力经过大气湍流层的影响后，其分辨率被限制为 $\theta = \mathrm{FWHM} = 0.98\lambda/r_0$，这时它的真实分辨率不再是由口径的大小来决定，而是由环境的大气相干长度r_0来决定。

（李　挺　撰　刘　煜　修订）

天文数据标识、测量和文献系统 set of identifications, measurements and bibliography for astronomical data; SIMBAD 由法国斯特拉斯堡天文数据中心（CDS）开发的一套数据资源相关信息的证认和汇总机制，是天体目标证认的参考数据库。通过 SIMBAD，用户可以查询天体目标的基本信息、观测信息、与之相关的论文信息等，还可以通过网页界面对数据进行可视化。

数据库收录的天体类型有恒星、星系、行星状星云、星系团、新星以及超新星等。收录的信息有天体的基本数据，比如针对恒星有天体类型、坐标、自行、视向速度、视差、光谱类型等信息；针对星系包括天体类型、坐标、红移、形态类型等信息。除了基本信息，数据库中还收录有交叉证认和文献数据等信息。

根据斯特拉斯堡数据中心的运行机制，每日都会对 SIMBAD 数据库进行更新。SIMBAD 经过多年的运行，已经有了比较成熟的数据体系和服务体系，用户可以通过多种方式调用其服务，比如 Javascript、sesame 命令行以及 astroquery 软件包等。

（何勃亮）

天文数据处理 astronomical data processing 对天文观测和模拟所得到的数据进行处理和分析的过程。在天文学中，观测数据通常通过望远镜、探测器等设备获取。模拟数据则通过计算机程序模拟仿真计算获得。这些数据包含了天体的位置、亮度、运动、演化等信息。为了从这些数据中提取有用的信息和开展科学研究，需要对这些数据进行处理和分析。天文数据处理是天文学研究中非常重要的一部分，通常包括数据采集、数据预处理、数据分析、数据建模、数据验证等步骤。

（崔辰州）

天文数据分析软件与系统国际研讨会 Astronomical Data Analysis Software and Systems (ADASS) Conference 天文软件与数据处理领域的系列学术会议。每年举行一次，主要由世界各地不同的天文机构承办。会议为关注天文数据获取、归算、分析、发布等相关算法及软件系统的科学家及程序设计人员提供了良好的交流机会，会议的主旨之一是促进开发者与专家用户之间的沟通。会议日程主要包括邀请报告、口头报告、海报、演示、用户组会议、特别兴趣小组会议等等，会议论文集出版在太平洋天文学会会议文集(Astronomical Society of the Pacific Conference Series)。

截至 2021 年 5 月，ADASS 进行到第 30 届。历年的会议举办时间、地点见表(按时间倒序排列)。

（樊东卫）

ADASS 历年会议举办时间地点

届别	时间	举办城市
30	2020 年 11 月 8～12 日	西班牙格拉纳达（线上）
29	2019 年 10 月 6～10 日	荷兰格罗宁根
28	2017 年 11 月 11～15 日	美国马里兰州大学公园
27	2017 年 10 月 22～26 日	智利圣地亚哥
26	2016 年 10 月 16～20 日	意大利迪里雅斯特
25	2015 年 10 月 25～30 日	澳大利亚悉尼
24	2014 年 10 月 5～9 日	加拿大阿尔伯塔省卡尔加里
23	2013 年 9 月 29 日～10 月 3 日	美国夏威夷州威可洛亚
22	2012 年 11 月 4～8 日	美国伊利诺伊州香槟市
21	2011 年 11 月 6～10 日	法国巴黎
20	2010 年 11 月 7～11 日	美国马萨诸塞州波士顿
19	2009 年 10 月 4～8 日	日本札幌
18	2008 年 11 月 2～5 日	加拿大魁北克省魁北克市
17	2007 年 9 月 23～26 日	英国伦敦
16	2006 年 10 月 15～18 日	美国亚利桑那州图森
15	2005 年 10 月 2～5 日	西班牙圣洛伦索-德埃尔埃斯科里亚尔
14	2004 年 10 月 24～27 日	美国加利福尼亚州帕萨迪纳
13	2003 年 10 月 12～15 日	法国斯特拉斯堡
12	2002 年 10 月 13～16 日	美国马里兰州巴尔的摩
11	2001 年 9 月 30 日～10 月 3 日	加拿大不列颠哥伦比亚省维多利亚
10	2000 年 11 月 12～15 日	美国马萨诸塞州波士顿
9	1999 年 10 月 3～6 日	美国夏威夷州科纳
8	1998 年 11 月 1～4 日	美国伊利诺伊州厄巴纳
7	1997 年 9 月 14～17 日	德国松托芬
6	1996 年 9 月 22～25 日	美国弗吉尼亚州夏洛茨维尔
5	1995 年 10 月 22～25 日	美国亚利桑那州图森
4	1994 年 9 月 26～28 日	美国马里兰州巴尔的摩
3	1993 年 10 月 13～15 日	加拿大不列颠哥伦比亚省维多利亚
2	1992 年 11 月 2～4 日	美国马萨诸塞州波士顿
1	1991 年 11 月 6～8 日	美国亚利桑那州图森

天文数据库 astronomical database 存储和管理天文学相关数据和信息的数据库管理系统。天文数据库通常存储包括天体的位置、星等、速度、距离等信息的观测数据，以及天体的分类、演化、模拟等理论数据。天文数据库为天文学研究提供数据支持和分析挖掘环境，是天文学研究的重要基础设施。世界上已经建立了许多天文数据库和数据中心。国际知名数据库系统和数据中心有美国国家航空航天局**天体物理数据系统**(ADS)、**米库斯基空间望远镜数据库**(MAST)、**美国国家航空航天局河外数据库**(NED)、**美国国家航空航天局行星数据系统**(PDS)，法国斯特拉斯堡**天文数据中心**的 SIMBAD(**天文数据标识、测量和文献系统**)天文标识数据库、VizieR **数据库**，加拿大天文数据中心(Canadian Astronomy Data Center)等。**中国国家天文科学数据中心**设立于 1989 年，2019 年成为中国首批国家科学数据中心。

（崔辰州）

天文台 observatory 从事天文观测和天文研究的机构。旧称观象台。拥有多种类型和用于不同波段的天文望远镜，以及测量、分析、处理和运算观测数据和天象资料的仪器和装置。主持或负责编制历书和历表、星表和星图。提供日月交食、掩星和凌日、彗星出没、太阳活动等常规天象和特殊天象的预报和服务。从事探索天体和宇宙的规律和本原，揭示天体、天象和宇宙的奥秘。

简史 公元前 2600 年，古代埃及已建有天文台。前 2000 年，巴比伦也已有了天文台。中世纪的阿拉伯和欧洲的天文台多备有观测行星和恒星在天球上的位置和方位变化的量角装置。1609 年发明天文望远镜之后，欧洲陆续建立用望远镜观星的天文台。1667 年，法国建立**巴黎天文台**，它是天文学史上第一座现代意义的天文台。1675 年，英国成立**格林尼治皇家天文台**。1897 年，美国**叶凯士天文台**装备口径 1 米的**折射望远镜**，截至 2022 年仍是此种类型望远镜的最大者。20 世纪之后，许多国家相继建设适应天体物理观测的**反射望远镜**的天文台，其中拥有最大型和最先进仪器设备的是美国威尔逊山和帕洛马山天文台(图 1)。美国威尔逊山天文台于 1908 年建成世界上第一座**太阳塔**；1918 年建成口径 2.5 米反射望远镜，在随后的 30 年间，一直是世界最大的；1948 年，又落成口径 5 米的巨型反射望远镜。20 世纪下半叶，为了更好地开拓南天星空，地处北半球的许多国家先后在智利、夏威夷等地的海拔高、晴夜多的宜于天文观测的台址建设有大型光学-近红外望远镜的天文台，如**欧洲南方天文台**(ESO)(图 2)、**莫纳克亚天文台**(MKO)。60 年代以来，随着射电天文技术的成熟，兴建了一批大型射电天文台，其中有直径 100 米可动抛物面单天线的德国埃费尔斯贝格天文台、直径 304 米固定球面单天线的**美国阿雷西博天文台**、由 27 架口径 25 米的抛物面天线组成甚大阵(VLA)的**美国国立射电天文台**。地基天文

图 1 帕洛马山天文台俯瞰图

图 2 欧洲南方天文台所有台站与总部拼接图

台中，除用于教学、科普以及专用的天文台外，全世界已有从事科研的光学天文台约 400 个、射电天文台近 100 个、太阳观测台约 50个。

中国古代观测天象的场所名为灵台。《诗经·大雅》云：“经始灵台，经之营之。庶民攻之，不日成之。”可知至少 2500 年以前已有天文台。河南登封始建于唐代的周公观景台遗址（图 3）和元代**郭守敬**创建的观星台是世界上现存的最古老的天文遗址。**北京古观象台**（1279）是始建于元代的司天台遗址。中国科学院下属的天文台现有**国家天文台**、**紫金山天文台**、**上海天文台**、**云南天文台**等。

图 3 河南登封周公观景台遗址

分类 根据天文台所侧重的分支学科，除综合性天文台外，还有专科型的天体物理台、天体测量台、太阳观测台等。按照探测天体的不同波段，又有光学天文台和射电天文台之别。根据天文台台址所处的地基环境，从 20 世纪下半叶，有了地基天文台和空间天文台之分。在以太空为搭载观测仪器的场所中，还可细分为卫星载运并环绕地球飞行的轨道天文台，飞机运载在大气高层观测的机载天文台，气球运载在高空探测的球载天文台等。

天体物理台 以天体物理为主业，主要设备适应天体物理科研的天文台。往日的综合性天文台多日益天体物理化。

太阳观测台 太阳是地基天文台上唯一只能在白日进行观测的天体。太阳更是唯一作为强光源的恒星，所以太阳观测仪器一般都不能和夜间观测星系、星云和恒星等暗弱天体的望远镜、辐射接收和分析的装置共用，通常都是太阳专用设备。此外，太阳观测对台址的天文气候最主要的要求是白日视宁度的优异，即白日的大气湍动要小而稳定。正因为与主要要求晴夜多、夜间视宁度好的天文台台址选取侧重点的不同，世界上不少太阳观测另行设址，建立白日观天的太阳观测台，如美国国家天文台的台址为海拔 2120 米的基特峰高山，而国家太阳观测台则在大熊湖地区。又如，中国科学院国家天文台的光学观测台设在兴隆山区，太阳观测台则选在怀柔水库畔。中国科学院云南天文台的光学观测台设在丽江，太阳观测台则选在抚仙湖畔。

20 世纪 60～70 年代发展了轨道太阳观测台。它是指环绕地球飞行或环绕太阳运行，载有探测太阳、太阳风或太阳活动的望远镜或其他类型仪器的飞行器，或指 1962～1975 年发射“轨道太阳观测台”（OSO）系列共 8 个空间天文台。

光学天文台 直到 20 世纪 40 年代，天文学家探索和了解天体与宇宙的唯一手段及途径是通过地球大气的光学窗口，在光学波段的观察、测量和研究，所以天文学就是光学天文学的同义语。当射电窗口开启以及空间时代到来后，为了区别新兴的射电、轨道、高能等非光学波段的天文台才将经典的天文台冠以光学天文台之名。

射电天文台 以射电天文为主业的天文台。射电天文观测对台址选择的主要条件是要求没有电磁波污染的宁静环境。此外，对光波视宁度虽然没有苛刻要求，但要有视野开阔而平坦的场地，特别是拥有由多面分立的天线组成的天线阵则更必须具备大面积平地。所以，现有的地基射电天文台通常都不和光学天文台设在一处。

地基天文台 20 世纪下半叶，空间科学兴起之后，出现了在“天文台”一词之前冠以“地基”，以区别“空间天文台”“月基天文台”“机载天文台”“球载天文台”等新型天文台。通常在强调某一座或某一类天文台是建设在地球上的情况下才加上“地基”二字。

空间天文台 运载天文望远镜或其他天文观测仪器的飞行器的统称，如环地轨道卫星、环月轨道卫星、环日轨道卫星、行星际飞船、飞机、气球、火箭等，以区别于传统的地基天文台。

轨道天文台 环绕地球以近圆或椭圆轨道飞行、载有天文望远镜或其他类型天文观测仪器的飞行器。或专指 1966～1972 年发射的 OAO-1、OAO-2 和 OAO-3 等空间天文台。

（李 竞）

天文台选址 site testing for observatory 根据地面天文观测的要求、运行维护的便利、基地未来空间的拓展等多方面综合考虑，慎重选择观测台址。由于天体的辐射到达地面以前要穿过地球的大气层，因此地球大气条件对天文观测有很大的影响。在光学观测方面：云量的过多会影响观测的时间；大气的吸收会使星光减弱；大气温度和密度的起伏变化，会使大气折射率出现不均匀的状态，引起望远镜中的星像抖动、扭曲或弥散，并减弱进入接受器的星光。大气吸收和不稳定性会降低望远镜的观测质量。在毫米波段的射电观测方面，大气积分水汽吸收的影响最为严重。在宇宙射线及高能粒子观测方面，还需要结合一定的海拔高度以及开阔平坦的地势。除天文、地理与气候因素外，人为的因素也影响天文观测。如城市、工矿的灯光会使**夜天光**增亮；烟尘增加大气吸收，降低大气透明度，会影响对暗星和日冕的观测；无线电发射台的电波会给射电观测带来干扰。另一方面，随着现代各类大型天文观测设备不断增多、项目实施的紧迫性、国际交流的便利以及未来面临的运行成本不断增长的现实，人们还需要考察候选台址现有的基本条件、社会环境条件、附近城市长期发展规划可能带来的潜在影响等因素。

因此，天文台台址必须精心选择，不但要尽量建设在观测条件最好的地方，而且要尽可能减少各种不利因素的影响，才能保障长期高效运行。否则，价格昂贵的大望远镜不能发挥足够的作用。

天文台选址是一项系统科学研究工作。建设一个光学观象台，实施过程通常包括远程普查、实地踏勘和长期监测等三个阶段。要先根据气象、气候、地震活动等资料，确定一些晴日、晴夜多又离城市、工矿远的少灾地区，再从中选出几个视野开阔、局部气流平稳、温差小、湿度低、交通便利、水电供应充分的候选地址，利用专业选址设备进行天文视宁度、大气消光和气象方面的对比观测，然后根据充分积累的各类资料来选出最好的台址。对于太阳观测台台址，要着重研究白昼的条件。对于射电观测台台址，应尽可能避免无线电干扰。准备设置各种天线阵的射电观测台，则要选择足够平坦的地区。为了进行毫米波观测和红外观测，则要选择水汽含量最少的地方。（李启斌　刘　煜）

天文统计学　astrostatistics　通过统计学方法处理分析天文数据，以及通过统计学方法推导天文学研究对象的结构、性质与规律的学科。是统计学与天文学的交叉领域。随着现代天文仪器设备的发展，产生的海量天文观测数据从两个方向使得天文学研究与统计学深度结合。

统计学是现代天文仪器设备数据处理与分析系统的重要组成部分。现代天文仪器设备产生海量的天文数据集，例如美国的斯隆数字巡天项目（SDSS），欧空局的盖亚（Gaia）天文卫星巡天项目，中国的大天区面积多目标光纤光谱天文望远镜（LAMOST）巡天项目，以及中国的500米口径球面射电望远镜（FAST），国际上的平方千米阵列射电望远镜（SKA）和大型综合巡天望远镜（LSST）等运行或在建的现代天文仪器设备，产生的天文数据已经迅速地从TB量级发展到PB量级，同时数据类型多样，从低维的测光数据到高达几千维的高维光谱数据。统计学以及建立于统计学基础上的机器学习、数据挖掘等数据分析技术与方法广泛应用于这些天文仪器设备的数据处理分析系统中，完成天体类型识别与分类、物理参数测量与估计、特定天体的搜寻识别等数据处理分析任务。

统计学是从数据正确推导天文学研究对象的物理化学性质与动力学规律的重要数学工具。通过统计学方法处理分析天文数据，从而对天文学研究对象建立基于数据的物理模型，确定模型参数，并以统计推断的方式解释、描述，表达天文学研究对象的结构、性质与规律。

同时，天文学为统计学研究提供了测试与实验的数据环境。已建立的物理学模型及其测量误差的存在，以及大量重叠数据流提供的交叉验证机会，使得天文学为统计学提供了测试与实验的数据环境，从而对现代统计方法进行原型化，建立新的通用统计方法，促进了统计学以及相关的数据挖掘、机器学习、信号处理等领域的研究发展。

知名的天文统计学学术团体与组织有国际天文学联合会天文统计学与天文信息学工作组（International Astronomical Union Working Group in Astrostatistics and Astroinformatics）、国际天文统计学协会（International Astrostatistics Association）、美国天文学会天文信息学与天文统计学工作组（American Astronomical Society Working Group in Astroinformatics and Astrostatistics）。（张健楠）

天文望远镜　astronomical telescope　用于天文观测，收集天体辐射并成像的仪器（或装置）。自1609年意大利天文学家伽利略创制第一架天文望远镜以来，直到20世纪30年代建成第一架在无线电波段探测来自天体的射电望远镜之前的300多年间，天文望远镜就是光学望远镜的同义语。按照成像原理光学望远镜分为三大类：用透镜作物镜的称为折射望远镜，用反射镜作物镜的称为反射望远镜，兼用透镜和反射镜作物镜的称为折反射望远镜。按照探测天体辐射的不同波段则分为光学望远镜、射电望远镜、红外望远镜、紫外望远镜、X射线望远镜和γ射线望远镜。光学天文望远镜常包括近红外和近紫外波段。1957年人造卫星上天后，空间望远镜可以观测到整个电磁波段。

望远镜的第一个作用是放大远处物体的张角，即提高角分辨能力，使人眼能看清角距更小的细节。望远镜第二个作用是把物镜收集到的比瞳孔直径（最大8毫米）粗得多的光束，送入人眼，使观测者能看到原来看不到的暗弱物体。目视望远镜由物镜和目镜两组镜头及其他部件组成（见图）。光线先经过物镜，后经过目镜，人眼在目镜的后面观测。为了减小望远镜的像差，物镜和目镜通常都由多个光学元件组成。人眼的分辨角大约是1′。若使物镜和目镜的焦点重合，入射的平行光束，经过望远镜后仍然是平行光束。两束交叉入射的平行光束，经过望远镜后出射时，夹角被放大的倍数称为放大率（或倍率），它等于物镜和目镜焦距之比。另一方面，此时出射的平行光束变细了，入射和出射平行光束截面直径之比，也恰好等于望远镜的放大率。只要有一定的放大率，使出射的平行光束直径小于瞳孔的直径，物镜收集到的一束很粗的平行光就可全部送入人眼。望远镜物镜所能收集的最大的光束直径，称为口径。望远镜观测到的范围，称为视场，通常以角度来表示。视场大小和目镜的结构有关。对于同样类型的目镜，视场直径与放大率成反比：放大率越高，视场越小。由于受到衍射、天文视宁度和望远镜本身的缺陷（像差、加工误差等）的限制，望远镜的角分辨能力并不能随着放大率的增加而无限提高，安置在地面上的望远镜，通常达到的最小分辨角为十分之几角秒。

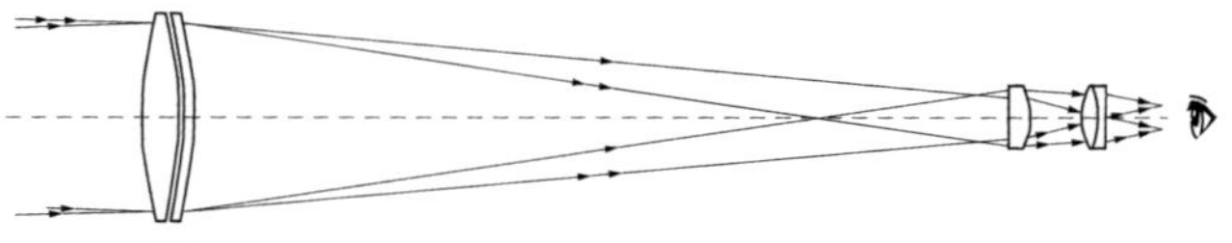

目视望远镜基本原理

折射望远镜的类型有伽利略望远镜和开普勒望远镜。伽利略制成的望远镜的目镜是负透镜，称为伽利略望远镜，观测到的是正像，视场较小。开普勒采用正透镜作目镜，这样的望远镜称为开普勒望远镜。用它观测到的是倒像，视场较大。开普勒望远镜为了获得正像，常在物镜和目镜之间加入两块转像直角棱镜，观测地面目标的双筒望远镜就常用这种结构。天文望远镜在光学原理上与观测地面目标的望远镜并没有区别，只是口径大、倍率高和允许倒像。反射望远镜在1668年由I.牛顿首先制成。反射望远镜没有色差，反射镜材料可不受透射光学材料尺寸的限制，望远镜口径可以做得很大，镜筒也较短。现代天文望远镜几乎都是反射望远镜。很多反射望远镜为了扩大视场和改善成像质量有像场改正透镜，仍然称为反射望远镜。折反射望远镜是大视场望远镜，典型的有施密特望远镜和马克苏托夫望远镜。天文研究主要用施密特望远镜，马克苏托夫望远镜一般用在天文科普上。折反射望远镜受透射改正镜材料尺寸限制的影响，口径很难做大，但20世纪90年代，中国天文学家创新发明的主动光学反射改正镜的施密特望远镜（称为“王-苏主动反射施密特光学系统”）——大天区面积多目标光纤光谱天文望远镜（LAMOST，中文名郭守敬望远镜），突破了施密特望远镜这类大视场望远镜口径做不大的难题。

有目镜的望远镜是用人眼看的目视望远镜。从1609年伽利略创制第一架天文望远镜，到照相术开始应用于天文观测之前的二百多年间，望远镜是目视观测的。当照相术应用于天文观测以后，用作照相的望远镜，直接在物镜的焦面上放置照相底片，这种望远镜实际上就是一架大型照相机，在这种情况下，底片上物像的线长度是和物镜的焦距成正比的。20世纪出现电荷耦合器件（简称CCD探测器），就是直接在焦面上放置CCD

探测器。照相底片和 CCD 探测器靶面所对应的范围，称为视场，一般仍以角度来表示，可用视场的大小与物镜的结构有关，它主要受像差的限制。望远镜物镜的口径D和焦距f之比，称为相对口径，也称为光力，常记为A，它的倒数称为焦比。对于面状天体（如像大于底片颗粒的星云、星系，特别是包括底片上的天空背景）像的照度和A^2成正比，而不再与D有关。对于线状天体（如在焦面上移动的像宽度小于底片颗粒的人造卫星、流星），像的线照度与A和D成正比。对于点状天体（如像小于底片颗粒的恒星）像点的总能量与D^2成正比，而不再与A有关。照相时，根据不同对象选用口径、相对口径和视场适当的望远镜。

除了科普或其他特别用途的望远镜，天文望远镜是用照相底片（从前）和探测器（现在）接受天体的辐射。照相底片和 CCD 探测器具有人眼没有的累积性，因此曝光时间可以延长，可以拍摄到比人眼看要暗很多的天体像。另外照相底片和 CCD 探测器拍摄的照片可以对天体的位置准确定位，特别是 CCD 探测器可以很方便地将大量的观测数据实时记录在计算机上。可知照相底片和 CCD 探测器的出现和应用对天文观测带来了极大的影响。哈勃空间望远镜（HST）著名的极端深场 XDF 对准一小块天区，持续观测 50 天，累计曝光时间超过 200 万秒，获得截至 2022 年已知的最深远的宇宙图像，揭示了最遥远、最黯淡的星系。2021 年底成功发射并开始观测的詹姆斯·韦布空间望远镜（JWST）开始用同样的方法曝光观测揭示最早期的宇宙。

1931 年，K.G.央斯基用地面通信的天线发现来自银河系中心方向的射电波（无线电波），从而开启了射电天文学和开始研制射电望远镜。与光学波段不同的是，光学望远镜出来之前，人的眼睛就可以看到光学波段的天体，就有了天文学（中国古代天文学家和西方古代天文学家第谷就是用眼睛观测研究天体），有了望远镜以后就能看得更清楚和获得更丰富的信息。在央斯基发现射电波之前人类不知道天体有射电波。第二次世界大战雷达技术的发展，大大推进了射电天文望远镜的研制。截至 2023 年，世界上最大的全可动天线射电望远镜是口径 110 米 × 100 米的格林班克射电望远镜（GBT）、最大的固定天线射电望远镜是中国的 500 米口径球面射电望远镜（FAST，被誉为中国天眼）。尽管射电望远镜相对波长短得多，光学望远镜口径容易做得很大，但是由于波长很长，分辨率不高，就有了甚大望远镜干涉阵（VLA）和甚长基线干涉仪（VLBI），其很长的基线（最长可以是地球直径）可以得到很高的分辨率。望远镜干涉阵首先在射电望远镜中发展并大量使用，尽管光学望远镜波长要短得多，建造干涉阵也难得多，建造大型干涉阵仍是光学望远镜的发展方向。1974 年，法国天文学家 A.拉贝里（Antoine Labeyrie）在尼斯天文台建成用两个独立望远镜（I2T）的长基线干涉仪，直接观测天体的干涉条纹；1979 年，美国基特峰国立天文台（见美国国立光学–红外天文研究实验室）首任台长、亚利桑那大学光学科学中心创始主任 A.B.迈耐尔在霍普金斯天文台建成了第一台多镜面望远镜（MMT）；他们是发展天文光学望远镜干涉仪的先驱。21 世纪初，美国的 2 架 10 米凯克望远镜干涉仪（Keck-Ⅰ），和欧洲甚大望远镜干涉仪（VLTI）（4 架 8 米望远镜和 4 架 1.8 米望远镜）建成并开始观测。

1957 年人造卫星上天以后，特别是 20 世纪 70 年代以后，空间天文开始发展起来，空间望远镜开始出现。空间望远镜突出两点：一是没有大气吸收和扰动，可实现全波段高分辨观测；二是空间观测温度低，天空背景噪声小。过去也曾通过高空科学气球观测 X 射线，但仪器在气球不稳定，且高度不够，存在部分大气的吸收。空间观测实现后，天文就实现了全电磁波段观测，如 20 世纪欧美等国发射的赫歇尔空间天文台（HSO，远红外）、哈勃空间望远镜（HST，光学）、詹姆斯·韦布空间望远镜（JWST，光学/红外）、远紫外分光探测器（FUSE，远紫外）、伦琴 X 射线天文台（ROSAT，X 射线）、国际 γ 射线天体物理实验室（INTEGRAL，γ 射线）、斯皮策空间望远镜（SST，红外）。中国在 2015 年发射了其首颗天文空间望远镜“悟空号”暗物质粒子探测卫星（DAMPE，γ 射线），随后发射了硬 X 射线调制望远镜“慧眼”（HXMT），2022 年 10 月 9 日发射了先进天基太阳天文台“夸父一号”（紫外线、可见光和 X 射线），计划 2024 年发射空间站 2 米巡天望远镜（光学）。

为了收集更多的辐射，对天体作更仔细的研究和观测更暗弱的天体，最重要办法的是增大望远镜的口径。截至 2022 年，最大的单口径光学/红外望远镜是 10.4 米加那利大型望远镜（GTC）；正在研制的最大的光学红外望远镜是口径 39 米的欧洲极大望远镜（E-ELT）；最大全可转动射电望远镜是格林班克射电望远镜（GBT）；最大固定反射面望远镜是口径 500 米的 FAST；最大空间光学/红外望远镜是口径是 6.5 米的詹姆斯·韦布空间望远镜（JWST）；最大的光学/红外望远镜干涉阵是甚大望远镜基线长度 200 米的干涉阵（VLTI）；最大的射电望远镜甚长基线干涉仪 VLBI 的基线长度是地球直径。望远镜的分辨本领受到衍射、天文视宁度和望远镜缺陷这三方面的限制。增大望远镜的口径，采取干涉阵，将望远镜发射到空间去，把望远镜设计和制造得更精良，仍然是不断努力的方向；此外，主动光学、自适应光学和计算机图像处理等技术，也在不断在打破上述限制。

天文学需要更大的望远镜，但随着天文望远镜的口径增大，望远镜自身的重力和环境温度影响也增大，从而使磨制得很好的镜面和准直得很精确的望远镜在工作时很难保持理想状态，由此催生了主动光学的产生。20 世纪 90 年代至 21 世纪初，得益于主动光学，全世界建造了 14 架 8～10 米的大型光学/红外望远镜。正在研制下一代的极大光学/红外望远镜，即 25 米巨型麦哲伦望远镜（GMT）、30 米望远镜（TMT）、39 米欧洲极大望远镜（E-ELT）。在极大光学/红外望远镜的研制中，主动光学和自适应光学都起到最重要的作用。这是因为口径增加到极大，如不采用自适应光学，受限于大气扰动，望远镜只能提高集光能力但分辨率无法提高。这 3 架极大望远镜都是要靠主动光学和自适应光学技术。

中国光学天文最大的望远镜是 2008 年研制成功的 LAMOST，其最大的镜面是 6.67 米 × 6.05 米，拥有国际上最大的施密特改正镜（5.74 米 × 4.4 米），是世界上最大的光谱巡天望远镜。中国最大的精测望远镜是位于云南丽江的 2.4 米望远镜和 20 世纪 80 年代自主创新研制的 2.16 米光学望远镜。中国在光学望远镜上的投入还太少，虽已完全掌握做口径 12 米甚至 30 米的光学望远镜的自主技术，但缺乏经费支持，这已严重影响了中国天文学的发展。

用天文望远镜观测运动中的天体，不仅要对准观测对象，而且往往需要以很高的精度（对光学望远镜来说是十分之几角秒）进行跟踪。要达到这样高的精度，望远镜的机械结构必须十分精密。主动光学技术使得当代大型和极大型望远镜的镜面表面几何形状准确到二十几分之一波长，并在转动中保持这样高的精度和光学系统的准直。在望远镜获得天体像后，还需配置和更换称为终端设备的各种探测器和专门仪器（如分光仪器、CCD 相机等）。现代的天文望远镜都配置有电子计算机，以精密控制望远镜的运动，并进行自动观测和数据的实时处理。

（崔向群　苏定强）

天文卫星 astronomical satellite　用于观测宇宙天体和其他空间物质的人造卫星。对于空间天文观测，天文观测设备搭载卫星平台或作为主要有效载荷，在地球大气层外直接进行天文观测。由于没有大气层的阻挡，卫星所载的观测设备能接收到来自天体的从无线电波段到红外波段、可见光波段、紫外波段直到X射线波段和γ射线波段的电磁波辐射。与高空科学气球和探空火箭不同，人造卫星使得天文观测设备完全摆脱了地球大气层的影响，携带的观测设备更多，留空时间更长。借助于卫星平台的定向系统、轨道控制系统、姿态控制系统，以及数据传输系统，天文观测设备的探测能力和条件得到极大改善。天文卫星的观测推动了太阳物理、恒星和星系物理的迅速发展，人造卫星的应用使空间天文学获得了一次质的飞跃，促进空间天文学发展成为一门独立的分支学科。

自1957年第一颗人造卫星上天以后，各国发射了许多系列型号的卫星，其中包括一系列的天文卫星。按照观测对象，天文卫星可以分为太阳观测卫星和非太阳观测卫星；按照观测波段，天文卫星可以分为**光学天文卫星**（**红外天文卫星**、**紫外天文卫星**等）、**X射线天文卫星**和**γ射线天文卫星**。

1960年美国发射的太阳辐射监测卫星1号是世界上第一颗天文卫星，它的发射揭开了人类利用卫星进行太阳探测和研究的序幕。至1976年，太阳辐射监测卫星系列发射了10颗卫星，用于探测太阳X射线和紫外线的辐射通量。同时期，美国还发射了另外多个系列的天文卫星，包括轨道太阳观测台（OSO）、轨道天文台（OAO）以及高能天文台（HEAO），这些系列卫星分别发射了8颗、3颗和3颗。美国发射的天文卫星从时间、数量以及技术难度等方面均处于领先水平。此外，苏联、欧洲各国以及日本等国家先后发射了很多天文卫星进行空间天文的观测。

1971年开始，中国的实践系列卫星中搭载通过搭载一系列的探测仪器，开始进行宇宙线、太阳X射线等方面的观测，获取了有关地球磁场、太阳紫外线、太阳X射线、带电粒子辐射背景等数据。

进入21世纪，中国开启了探月与深空探测，按照“绕落回”三步有计划地开始对月球进行天文观测等研究任务。**嫦娥一号**、**嫦娥二号**搭载了CCD立体相机、激光高度计、微波探测器、太阳高能粒子探测器、干涉成像光谱仪、X射线探测器、γ射线探测器以及低能离子探测器等多台有效载荷；**嫦娥三号**则在国际上首次使用了极紫外相机、测月雷达、月基天文望远镜等月球探测器。“十二五”期间，空间科学先导专项开始实施，建立了中国第一个科学卫星系列，为中国从航天大国走向航天强国奠定了基础。2015年12月，空间科学先导专项首发星“悟空号”**暗物质粒子探测卫星**成功发射，标志着中国空间科学探测研究迈出了重要一步。

（胡一鸣　张　哲　张　岩　陈灯意）

天文信息学 astroinformatics　旨在为天文学和信息技术以及计算机应用科学搭建桥梁，以基于**虚拟天文台**框架建立起来的数据网格为基础，为数据密集型天文学的研究者们打造一个更广阔的学术共同体的一门学科。虚拟天文台的核心目标是制定一套完整的标准来实现对全球天文信息资源的发现、访问和互操作，这是天文信息学的基础和出发点。为了应对数据密集型的天文学研究，还需要更多系统性的研究和开发，把计算和分析的科学工具应用到天文学领域，从海量的数据中甄别出新的模式和新的发现。天文信息学代表了数据密集型天文科学研究的一种新模式。它涵盖一系列内在相互关联的领域，包括数据组织、数据描述、天文分类学、天文概念语义、数据挖掘、机器学习、可视化、天文统计学等。研究的内容包括数据模型、数据转换和归一化方法、索引技术、信息提取和整合方法、知识发现方法、基于内容和基于语境的信息呈现、一致化的语义描述、分类学、天文本体论等。这些技术和方法为在海量数据环境下开展数据挖掘、信息提取和融合、知识发现提供了条件。

信息学是把数字化的数据、信息和相关服务应用于科学研究活动和知识产生的过程。信息学是对不同来源的数据进行组织、访问、整合与挖掘从而取得发现和决策支持的学科。

为了应对数据密集型的天文学研究，在虚拟天文台实现了对全球天文信息资源的发现、访问和互操作基础上，还需要把计算和分析的科学工具应用到天文学领域，从海量的数据中甄别出新的模式和新的发现，这就是天文信息学要完成的使命。

天文信息学是天文学研究一个必不可少的方法论，这将为天文学的发展提供强大动力。科学基金资助、大学院系设置、科学研究计划、研究生培养、本科生教育等方面都应该把天文信息学列为天文学的一个分支学科。生物信息学和地理信息学已经分别成为生物学和地理学的一个分支学科。在数据量不断增长，天文学研究越来越成为数据驱动和数据密集型科研活动的情况下，天文信息学必定会成为天文学研究不可或缺的一个分支学科。在中国，2006年国家自然科学基金委员会与中国科学院开始共同设立天文联合基金，把“海量天文数据存储、计算、共享及虚拟天文台技术”列为重点支持的5个研究领域之一，并一直保持下来，为国内虚拟天文台和天文信息学的稳步发展提供了关键的支持。2011年，“天文信息技术”作为“天文技术与方法”专业的一个研究方向被列入中国科学院国家天文台硕士和博士招生专业目录。2018年10月中国天文学会信息化工作委员会成立。

2010年6月，国际上第一次天文信息学研讨会在美国加州理工大学召开。大会的主旨是要为数据密集、计算使能的21世纪天文学定义一个新学科。会议以邀请报告和自由讨论的形式探讨了虚拟天文台、跨学科研究、计算技术发展趋势、数据库技术发展趋势、知识发现和提取、机器学习和人工智能的应用、高维复杂数据集的可视化、下一代科学软件系统、数值密集型理论和数据密集型观测条件下的科学、定量化的新科学、协同工作环境和工具、下一代面向天文信息学的科学家的培养、科普教育新技术、全民科学、科学出版和知识保护的新方法、实用天文语义技术等广泛的话题。此后，天文信息学国际研讨会成为每年一次的系列研讨会。

（崔辰州）

《天文学大成》 *Almagest*　2世纪天文学家**托勒密**在亚历山大城完成的一部天文学名著。又译《至大论》。它是希腊天文学的总结，在中世纪是欧洲和阿拉伯天文学家的经典读物，直到17世纪初才失去它的作用。《天文学大成》的希腊原名 μεγαη σχαξιζ，应译为《大综合论》。托勒密有时把它叫作《数学文集》。9世纪初，阿拉伯人胡那因·伊本·伊沙克父子在巴格达翻译此书时，将“大”译成“最大”，再加上阿拉伯语的冠词“al”，就成了Al Magiti，这就是今天书名Almagest（直译应为“至大论”）的来历。此书曾于元朝传到中国，但未译成中文，直至明末的《**崇祯历书**》中才有介绍了书中关于太阳、月亮、日月食和行星的基本理论和相关几何模型。

全书共分13卷。第一卷首先是亚里士多德宇宙学概述，包括天和地均为球形，地居宇宙中心，静止不动，其他天体绕它旋转；其次是三角学知识，包括弦（相当于正弦）的定义和弦表和球面三角学介绍，中间插入关于**黄赤交角**的观测。第二卷讨论与天球周日运转相关的现象，包括天体的东升西落、昼夜的长度、地理纬度的测定、日下点、表在春秋分和冬夏至正午的影长，以及其他随观测者地点而出现的天象变化。还讨论了黄道的地平倾角问题。第三卷讨论太阳的运动和各种年的长度，解释了**依巴谷**对分点岁差的发现和本轮模型。第四、第五卷讨论月亮的运动、月亮视差、月亮远地点的运动，以及太阳和月亮相对于地球的大小和距离，其中描述了托勒密的一个重要发现——出差。第六卷讨论日月食的计算。第七、第八卷讨论恒星和岁差，将恒星按亮度分为6等，列出48个星座，1022颗星的黄道坐标。其余五卷利用本轮、均轮理论详细讨论五大行星的运动。（陈美东　石云里）

天文学史　history of astronomy　研究人类认识宇宙的历史，探索天文学发生和发展的规律的学科。天文学的分支。也是自然科学史的一个组成部分。

天文学的研究在中国有悠久的传统（见**中国天文学史**）。近代天文学兴起后，从18世纪到20世纪初的两个世纪中，西欧国家对天文学史做了广泛的研究。现在**国际天文学联合会**内设有一天文学史组，几乎每年都举行国际性学术会议。在全世界范围，把整个人类认识宇宙的历史作为一个整体研究的是世界天文学史。研究各地区、民族和国家的天文学发展的则是有关地区、民族和国家的天文学史。世界天文学史和各地区、民族或国家的天文学史又可按时代划分成更细的分支。现按时间发展次序分三个阶段进行叙述：

哥白尼以前的天文学　分为两河流域天文学、希腊古代天文学和阿拉伯天文学。

两河流域天文学　天文学是最古老的一门科学，它与人类文明同步起源。约从公元前3000年开始，在两河（底格里斯河和幼发拉底河）流域（希腊人称此地区为“美索不达米亚”）、尼罗河流域（古埃及）、印度河流域（古印度）以及中国的黄河流域，先后出现了原始的农业定居区，开始有文字记载，天文学也发展起来，其中以两河流域最为突出。

两河流域在今伊拉克共和国境内，从公元前3000年左右苏美尔城市国家形成到公元前64年为罗马帝国所灭的3000年中间，虽然占统治地位的民族多次更迭，但始终使用楔形文字，天文学也在持续地向前发展，主要贡献有：①创立60进位制，分圆周为360°，每度为60分（′），每分为60秒（″）。②建立了“黄道”概念，分黄道天区为12宫（星座），另外还划分了其他一些星座，这些星座名称一直沿用到今天。③以黄昏为一日的开始，以新月初见为一月的开始，以春分为一年的开始，用闰月来调整季节与月份的关系。④对日、月、五星的运动有深入的观察和研究，在公元前4世纪所测朔望月和近点月的精度误差只有0.4秒和3.6秒，所做日、月、五星运行表极为细致，在月行表中栏目多达18项，其中包括月行速度变化、连续合朔日期、黄道对地平的交角、月球的纬度等，而处理这些数据的方法则是直折函数、斜率等，可说是利用多项式内插法来预报**天象**。

希腊古代天文学　从有关证据来看，天文学从实用技术型转变为学术探讨，从运作程式上升到推理和论证，大约是公元前6世纪在希腊开始的。希腊早期的两位自然哲学家泰勒斯和毕达哥拉斯都曾到埃及和美索不达米亚长期游历，并在神庙中向祭司问学（当时天文学知识就掌握在这些人手中）。他们与这两个古老文明都有密切的学术渊源，但他们的抽象思维和推理方法却是原始创新，毫无先例。

毕达哥拉斯首先提出地为球形的概念，并且把它放在宇宙的中心，而围绕着它运动的天体，其大小、距离、速度等必须符合简单的数比。这种宇宙和谐思想对后代有深远的影响。他的学生菲洛劳斯提出地球每天绕“中央火”转动一周的理论，开日心地动说之先声。其后他的另外两位学生，又取消了“中央火”，把地球仍然放在宇宙的中心，但用地球的自转来解释天体的周日视运动。

雅典学派的亚里士多德对地动思想进行了有力的反驳。他以没有发现**恒星视差**来反对地球绕中央火转动的学说，以垂直向上抛出的物体仍落回原来位置而不是偏西来反对地球自转的学说。亚里士多德的这两个论据，直到**伽利略**的力学兴起和F.W.**贝塞尔**等发现了恒星的视差（19世纪中叶）才得以解决。但是亚里士多德提出的水晶球理论，因为过于复杂，后来也没有得到进一步的发展。

希腊天文学的高峰不是发生在希腊本土，而是在埃及的亚历山大。亚历山大学派持续了约五个世纪，涌现了一大批杰出的天文学家，诸如**阿利斯塔克**、阿波罗尼奥斯、**依巴谷**，以及集大成者**托勒密**等。

阿利斯塔克有一篇论文《论日月的大小和距离》一直流传到今天。在这篇文章中，他利用几何学方法得出日地距离为月地距离的18～20倍，而太阳直径为地球直径的61/3～71/6倍，这些结果虽然很不准确，但他毕竟发现了太阳比地球大得多。也许由于这个缘故，使他有勇气站出来，再一次提出完整的日心地动说：地球每天自西向东自转一周；每年沿着圆形轨道绕太阳转一周；五大行星和地球一样，也在绕太阳运动；看不到恒星的视差，是因为它们和地球的距离远大于日地距离。

阿利斯塔克的日心地动说比亚里士多德的水晶球理论简单得多，而且能够克服它的一些困难；但人们无法接受把地球当作一个行星的看法。因此，还得以地球为中心，沿着圆运动的思路继续前进。约在阿利斯塔克的半个世纪后，阿波罗尼奥斯提出了本轮均轮说：行星做匀速圆周运动，而这个圆周（本轮）的中心又在另一个圆周（均轮）上做匀速运动，这样行星和地球的距离就会有变化。通过对本轮、均轮半径和运动速度的适当选择，就能说明行星的顺行、逆行和伏、留现象。同时，它们的亮度也会因与地球距离的改变而发生变化。

依巴谷继承了阿波罗尼奥斯的本轮均轮说，但在他发现了太阳周年视运动的不均匀性以后，又提出了偏心圆理论来解释，即太阳绕地球做匀速圆周运动，但地球不在这个圆周的中心，而是稍偏一点（离中心1/24半径处）。他还据此编算了太阳运行表。

除本轮均轮和偏心圆理论外，托勒密又提出了“对点”概念，即地球也不在行星和月球的各个均轮的圆心上，而是偏离一段距离。在托勒密体系中是：太阳在均轮上直接绕地球运动；水星和金星的均轮中心位于日地连线上，这一连线一年绕地球转动一周；火星、木星、土星到它们各自本轮中心的直线与日地连线平行，这三颗行星每年绕各自本轮中心转一周。此外，恒星天和这七个天体每天还要绕地自东向西转一周。在有了这些假设以后，再适当地选择各个均轮与本轮的半径比、行星在本轮和均轮上的运行速度、地球对各均轮中心偏离值、各本轮平面与均轮平面的交角等，就可计算日、月、五星的位置。

托勒密把这一套理论写成了一部13卷大书《**天文学大成**》，成为西方天文学的经典，一直到1543年N.**哥白尼**的《**天体运行论**》出版才逐渐被抛弃。

阿拉伯天文学　从托勒密《天文学大成》（约140）到N.哥白尼《天体运行论》（1543）的1400年间，天文学在欧洲停滞不前。但从7世纪起阿拉伯民族征服了阿拉伯半岛和西南亚，包括外高加索的大部分、中亚的广大地区，埃及和整个北非、比利牛斯半岛和法国南部，建立了许多伊斯兰国家，形成了历史上的“阿拉伯文化”，但阿拉伯文化不仅是阿拉伯民族的贡献，而是这一时期（8～15世纪），这一地区内许多民族的贡献（如1447年的《乌鲁伯格天文表》就是蒙古族的贡献），不过都是用阿拉伯文写成的。阿拉伯天文学是从翻译印度和希腊的天文学著作开始的，在其后的发展中主要贡献是对观测精度的提高和计算技术的改进，重要的学派和天文学家有：

属于巴格达学派（9～10世纪）的**巴塔尼**，通过长期观测修正了《天文学大成》中的不少数据，所确定的回归年长度非常准确，成了700年后格里高里改历的基本依据，发现了太阳远地点的进动。他的全集《萨比天文表》（又译《论星的科学》）是一部实用性很强的巨著，对欧洲天文学的发展有深远的影响。

属于开罗学派（10～12世纪）的伊本·尤努斯从977年到1003年做了长达26年的观测，在此基础上编撰了《哈基姆历数书》，不但有观测数据，而且有计算的理论和方法，用正射投影和极射投影的方法解决了许多三角学的问题。他的日、月食观测记录为近代天文学研究月球的长期加速度提供了宝贵资料。

西阿拉伯学派（11～13世纪活跃在西班牙地区）早期的阿尔·扎卡里测出太阳的远地点相对于恒星的移动是每年12.04″（真实值为11.8″），黄赤交角在23°33′和23°53′之间来回变化，有《恒星运动论》《星盘》等专著多种，最重要的是1080年主持完成的《托莱多历表》，在欧洲使用了170多年，才被1252年出版的《阿方索表》所代替。

西班牙国王阿方索十世是一位阿拉伯天文学家的学生，但他本人信奉基督教，他对阿拉伯天文学传入欧洲和欧洲天文学的复兴起了很大的作用。他主编的《天文学全集》，共五大卷，收录了阿拉伯世界的全部天文仪器，图文并茂。由他授命主编的《阿方索天文表》在欧洲风行一时，直到15世纪才由两位德国天文学家C.普尔巴赫和雷格蒙塔努斯发现他预告的天象已误差很大（月食差1小时，火星差2°），需要进行新的探索。后者于1474年在纽伦堡出版了一本新的《航海历书（1475～1505）》，其中给出了行星每天的位置，为哥伦布1492年发现新大陆提供了条件。而阿方索于1252年在一次有阿拉伯天文学家和犹太天文学家参加的学术讨论会上的发言更是敲响了托勒密学说的丧钟。

近代天文学 从16世纪中叶到19世纪中叶的天文学。

日心地动说的确立 1543年哥白尼《天体运行论》的出版，标志着近代天文学的诞生。他在书中倡导的日心地动说，虽远可追溯到希腊，近有阿方索十世、巴黎的奥里斯姆和库萨的尼古拉等为其开路，但成为系统的科学理论，从而引起人类思想上的一场革命，则还是由于他的艰苦努力。他用了很长的时间，经过观测、计算和反复思考，先将他的观点写成一篇《要释》，在朋友中间流传和征求意见，然后写成六大卷的《天体运行论》，到临终前才出版。这部书中人类所居住的地球不再有特殊的地位，它和别的行星一样绕着太阳公转，同时每天自转一周。行星离太阳由近而远的排列次序是水星、金星、地球、火星、木星和土星。只有月球还是围绕着地球转，同时又被地球带着围绕太阳转。恒星则位于遥远的位置上安然不动。

哥白尼的**日心体系**是经过了长期而曲折的斗争才得到了公认。这是因为，在社会根源方面，它“上下异位，动静倒置，离经叛道”，遭到教会和一切保守势力的疯狂反对；在认识论根源方面，新生事物有它不完善的地方，还得经过一段长时间的发展。首先，亚里士多德反对地动说的两条主要理由，哥白尼并没有解决。后来，伽利略于17世纪上半叶建立了惯性原理，才正确解释了前一个疑问。1728年，**J.布拉得雷**发现**光行差**实际上已经回答了后一个疑问，而1837～1840年，F.G.W.斯特鲁维、F.W.贝塞尔和T.亨德森各自独立地测到恒星视差才最终解决了这个问题。其次，哥白尼仍然因袭前人的观点，认为行星和月球运行的轨道是圆形。因而，他预告的位置仍然和实际不符，还得采用一些本轮、均轮来组合，虽然数目比起当时流行的**地心体系**少得多。他推算的行星位置的精度依然不太高。

由于没有发现因地球绕日运动而造成的恒星视差现象，又认为哥白尼日心体系无法同《圣经》相调和，**第谷**提出了一个折中体系：所有行星绕着太阳转，太阳又携带着它们绕着地球转。但第谷是一位杰出的天文观测者，他认为三家学说的最后结局只能由更多、更好的观测来检验。他的继承者**J.开普勒**在分析他留下来的大量观测资料时发现，对火星来说，无论用哪一家学说都不能算出与观测相符合的结果，虽然这差异只有8′，但他坚信第谷的观测结果。这样他推测“行星做匀速圆周运动”这一传统观念可能是错的。他用各种不同的圆锥曲线来试，终于发现火星沿椭圆轨道绕太阳运行，太阳处于椭圆的一个焦点上，这一图景和观测结果符合。同时他又发现，火星运行的速度虽是不均匀的，但它和太阳的连线在相等的时间内扫过相同的面积。这就是他发现的关于行星运动的第一、第二定律，刊布于1609年出版的《**新天文学**》中。10年后，他又公布了行星运动的第三定律：行星绕日公转周期的二次方与它们的椭圆轨道半长轴的三次方成正比。

万有引力定律的发现 开普勒关于行星运动三定律的发现，正如他自己所说：“就凭这8′的差异，引起了天文学的全部革新。”它埋葬了托勒密体系，否定了第谷体系，奠哥白尼体系于磐石之上，并带来了**万有引力定律**的发现。哥白尼曾经说过，地之所以为球形，是由于组成地球的各部分物质之间存在着相互吸引力，并且相信这种力也存在于其他天体之上。开普勒也曾想过，可能是来自太阳的一种力驱使行星在轨道上运动，但他没有提供任何说明。**I.牛顿**则用数学方法率先证明：若要开普勒第二定律成立，只需引力的方向沿着行星与太阳的连线即可；若要开普勒第一定律成立，则引力的强弱必须与太阳和行星的距离的二次方成反比。在此基础上，他又进一步证明，宇宙间任何两物体之间都有相互吸引力，这种力的大小和它们质量的乘积成正比，和它们距离的二次方成反比。

1687年牛顿发表了他的《自然哲学的数学原理》，明确提出了力学三定律和万有引力定律，建立了经典力学体系，这导致了**天体力学**的诞生。1799～1825年，**P.-S.拉普拉斯**出版了5卷16册巨著《天体力学》，全面而系统地探讨了天体力学的各有关问题，提出了有关的理论和方法，因而成为天体力学的奠基之作。依据天体力学的原理，天体的运动完全是由天体本身的力学特性所决定的，无须借助任何超自然的力。天体力学的诞生，使天文学从单纯描述天体间几何关系进入到研究天体之间相互作用的阶段，说明了天体的运动和地上物体的运动服从同一规律，并进一步否定了亚里士多德的两界说。万有引力定律问世、天体力学诞生后，运用它取得了一个又一个胜利。其中最激动人心的是，1845～1846年英国的**J.C.亚当斯**和法国的**U.-J.-J.勒威耶**运用它推算出当时一颗未知行星的位置，德国的伽勒则依据勒威耶的推算位置找到了这颗行星，即海王星。

太阳系起源说的诞生 牛顿所建立的经典力学体系，实现了科学史上第一次大综合。但由于当时习惯于对自然界的事物分门别类地、孤立而静止地进行研究，并往往用机械运动来解释千差万别的自然现象，这导致了17～18世纪占统治地位的形而上学自然观的形成。牛顿本人也深受形而上学思维方法的束缚，他用太阳的引力和行星在轨道上因惯性产生的横向运动来说明行星绕太阳公转的必然性，但他又无法解释这种横向运动最初是怎样造成的，最后不得不求助于上帝，认为是上帝做了“第一次推动”，行星才能在近圆轨道上绕太阳转动起来，而且此后按照力学定律永远转动下去。牛顿的这一见解成了17～18世纪形而上学自然观的重要组成部分。

1755年，德国哲学家I.康德提出了一个太阳系起源的星云假说，1796年拉普拉斯也提出了一个类似的星云说。这两个学说都认为太阳和行星是由同一个原始星云形成的，但对原始星云的性质、太阳的诞生和行星的聚合过程、行星绕太阳公转的形成等，则作了不同的解释。康德和拉普拉斯的星云说根本否定了牛顿对行星运动作的“第一次推动”的说法，说明了地球和整个太阳系是某种在时间过程中逐渐生成的东西，从而在当时形而上学自然观中打开了第一个缺口。康德和拉普拉斯的星云说以万有引力为理论根据，解释了当时所知的太阳系天体的许多观测事实，因而成了第一个科学的太阳系起源说，为天文学开创了一个新的研究领域——天体演化学。

近两个世纪以来，星云说经历了一个螺旋式上升的过程。19世纪末至20世纪初，由于星云说无法解释太阳系角动量的特殊分布问题（占太阳系总质量99.8%的太阳，其角动量只占太阳系总角动量的0.6%），许多学者纷纷提出太阳系起源的灾变说，即认为太阳系的行星系统是由太阳和别的恒星相遇的一场灾变中被拉出的物质凝聚而成的。20世纪30年代以后，一则由于灾变说无法解释太阳系的许多重要特征，二则由于恒星由星际云引力收缩而诞生的演化理论取得了极大的成功，三则由于考虑电磁作用，太阳的角动量会向外转移，用它可解释太阳系角动量的特殊分布问题。这样新的星云说再次活跃起来，成为当今太阳系起源学说中的主流。

银河系结构的探索 在哥白尼的日心体系里，恒星只是遥远的“恒星天”上的光点，人们的视野还被束缚在太阳系的狭小范围内。1717年E.哈雷发现了恒星的自行，十多年后，J.布拉得雷在测量天体光行差的过程中得出，即使最近的恒星，其与太阳的距离也应远于6～8光年，若把太阳放在这样的距离上，它也就变成了一颗普通的恒星。这两大发现，使人们对太阳在宇宙间所处的地位发生了怀疑。在此基础上，F.W.赫歇尔迈出了勇敢的一步，他说：“我们无权假设太阳是静止的，正和不应否认地球的周日运动一样。”他认为恒星的视位移可能是恒星的自身运动和太阳运动的综合效应，如果恒星本身的运动方向是随机分布的，太阳运动必使其向点附近的恒星散开，而背点附近的恒星则相互靠拢。根据这一思路，仅用了当时仅知的七颗恒星的自行资料，于1783年得到太阳的向点位置，与今天的结果相差不到10°，相当成功。

赫歇尔的更大贡献是，他采用取样统计的方法，用自制的口径为46厘米的反射望远镜，对自己事先选定的上千个天区，一一数出这些天区的星数以及亮星与暗星的比例，并假定：①宇宙空间是完全透明的。②恒星在空间均匀分布。③所有恒星的光度都一样。从而于1785年得出了一幅扁而平、轮廓参差、太阳位于中心的银河系结构图。现在知道，除银河系的直径大约是其厚度的五倍这一点基本正确外，其余见解都是错的。但在关于恒星距离的数据尚完全没有的情况下，赫歇尔能做出如此成绩，却令人无比钦佩，而他的取样统计方法则成了当今天文学中常用的方法，特别是在恒星天文学和宇宙学中。

赫歇尔以后的130多年间，人们总把太阳系看成银河系的中心。1916～1917年H.沙普利利用球状星团中造父变星的周光关系来测量当时已知的近百个球状星团的距离并研究它们的空间分布。结果发现，这些球状星团有1/3位于占天空面积只有2%的人马座内，90%以上位于以人马座为中心的半个天球上。他认为，这种表面上的不均匀现象是由于太阳系不在银河系的中心而造成的，银河系的中心应该在人马座方向。1927年J.H.奥尔特通过研究银河系的较差自转，证实了H.沙普利的结论。经后人的反复测量，已得悉银河系的半径约为6万光年，太阳离银心的距离为32 000光年，并以每秒250千米的速度绕银心运动，约2.5亿年公转一周。

19世纪中叶以来的天文学 现代天文学兴起的时期。

天体物理学的兴起 自古以来只能凭借肉眼观天。1609年伽利略首次将望远镜对准天空，一系列新发现纷至沓来，使人们大开眼界。但利用望远镜和它的一些附属设备，只能测定天体的位置和位置变化，考察天体的运动规律，粗略地估计天体的亮度以及观察某些天体的表象特征，无法研究其物理性质、化学成分和内部结构。19世纪中叶随着实验物理的发展，光谱学、光度学和照相术应用于天文观测和研究，迅速改变了这一面貌。1859年10月27日G.R.基尔霍夫向普鲁士科学院提交的对太阳光谱中暗线的解释，宣告了天体物理学的诞生，标志着现代天文学的发端。

后来的发展是，从光谱分析不但能够知道太阳和恒星的化学成分，还能知道它们的温度、压力、视向速度、电磁过程和辐射转移过程等。更重要的是：1905～1907年，E.赫茨普龙发现了同一光谱型的恒星有着光度截然不同的两类（巨星和矮星）。两年之后，H.N.罗素提出了相同的，但更为广泛的、被人们所熟知的赫罗图。1913年，罗素率先用演化观点来解释这个图形，认为恒星的一生是从红巨星开始，因引力收缩，温度不断上升，在赫罗图上向左演化进入主序，接着恒星缓慢地收缩，因收缩的能量不足以维持向外的辐射能，这样恒星的温度和光度逐渐下降，恒星沿主序下滑，最后成为红矮星。1924年，A.S.爱丁顿发现了恒星的质光关系。它表明，主序上不同位置的恒星具有截然不同的质量。若恒星真的沿主序下滑，恒星质量怎么会大幅度地变小，这是罗素理论难以解释的。按照罗素理论，恒星的能源来自它的引力收缩，但计算表明，这解释不了恒星的漫长寿命。早在1920年，爱丁顿就预言：“如果一颗恒星的质量最初含有5%的氢原子，而这些氢原子又不断地合成为更复杂的元素，那么所释放的总热量将超过我们的需要，无须再去寻找其他的能源。”20世纪30年代末，C.F.von魏茨泽克和H.A.贝特各自独立地提出了太阳和恒星的能源来自氢聚变为氦的两种原子核反应——质子–质子反应和碳氮循环。贝特因此荣获1967年诺贝尔物理学奖。根据这一能源理论发现，主序并不是恒星的演化径迹，而是不同质量恒星在赫罗图上的一系列平衡位置，在这些平衡位置上，恒星稳定地进行核反应，温度和光度基本上保持不变。现在还在探索恒星在赫罗图上的演化路线，但其复杂程度是罗素所梦想不到的。

走向全波天文学 突破大气障碍，观测全部电磁波是20世纪天文学的一大特色。天体发射的电磁波，由短到长，大致可分为γ射线、X射线、紫外线、可见光、红外线和无线电波。但是长期以来，用肉眼和望远镜只能观测到从0.3微米（紫光）到0.7微米（红光）之间这样一段狭小的光波范围，俗称“光学窗口”。

20世纪40年代，借助于新兴的无线电和雷达技术，收到了来自太空的无线电波，从此打开了瞭望宇宙的另一扇窗户——“射电窗口”，波长从1毫米到10米以上，形成了**射电天文学**。20世纪60年代天文学的四大发现（**类星体**、**脉冲星**、星际有机分子和**宇宙微波背景辐射**），都是射电天文学的杰作，除类星体以外，其余三项均已先后获得诺贝尔物理学奖（1964、1974、1978）。

20世纪60年代的射电天文学，除观测得到的四大发现以外，还有观测手段的两大发明，意义也非常深远，一是综合孔径望远镜，二是**甚长基线干涉仪**（VLBI）。**综合孔径射电望远镜**的运转成功，不仅使射电天文的分辨率和成像本领一跃可与光学望远镜相媲美，而且使巨型光学望远镜的设计和制造也发生了革命性的变革，因而它的发明人M.**赖尔**荣获1974年诺贝尔物理学奖。综合孔径射电望远镜是由许多小的天线（单元望远镜）排列成阵，它们之间由非常精密的传输系统连接。整个系统的“等效望远镜”面积等于全部单元望远镜面积之总和，其分辨率则取决于最远两个单元的距离。1981年美国在新墨西哥州建成了一台特大综合孔径射电望远镜，由27面直径为25米的天线组成，呈Y形排列，每臂长21千米，其性能相当于一个直径27千米的抛物面天线，在厘米波段最高分辨率可达0.1角秒。VLBI也是一种综合孔径望远镜，不过各个单元均配有一套原子频率标准，用以代替普通综合孔径的传输系统，这就使得各单元之间没有实物连接，因而它们之间的距离可调节为“任意”长度。VLBI已发展到空间站与地面网联测。1997年2月日本发射了一颗带有一架8米天线的射电望远镜轨道卫星（远地点距地21 250千米），与加拿大出资在全球安装的8架地面射电望远镜共同组成VLBI网。由于基线大大延伸，其分辨率达到百万分之几角秒，相当于从加拿大蒙特利尔可看到东京的一颗米粒，计划用它来做高能天体物理的观测和研究。VLBI除用于天体测量和天体物理研究外，还可用于天文地球动力学研究，能以厘米级的精度测定地球的自转、极移以及板块的运动等。

20世纪60年代天文设备的另一个重大突破是空间天文的早期试验获得成功。地球大气挡住了大部分电磁辐射，只留下两个窗口（光学窗口和射电窗口）让地球上的居民领略天体送来的信息。从天体发出的其他辐射，包括长无线电波、红外线、紫外线、X射线及γ射线，在茫茫太空中旅行了千年、万年乃至几十亿年、上百亿年到达地球的大门口时，却被大气挡了驾，不得其门而入。要迎接这些信使，就得“走”到大气以外，而1957年人造地球卫星的发射成功，则为此目的提供了可能。20世纪60年代以来，天文学家把各种观测仪器（包括望远镜、辐射接收器、粒子计数器等）送上探空火箭、平流层气球、航天飞机、人造地球卫星、宇宙飞船，“走”出大气，开创了**空间天文学**的新时代，是人类认识宇宙的又一次飞跃。

空间天文是相对于地面观测来说的，若就研究波段来说，则产生了**γ射线天文学**、**X射线天文学**、**紫外天文学**和**红外天文学**。30多年来，这些学科都取得了丰硕成果，2002年的诺贝尔物理学奖颁发给了X射线天文学的创始人R.**贾科尼**。

2002年诺贝尔物理学奖的另外两位获得者，美国的R.**戴维斯**和日本的**小柴昌俊**的工作也属于天体物理学，但不是空间天文，而是把615吨的四氯乙烯（约38万公升）放在一个大罐子里，埋在地下深达1.5千米的深矿里，用它来俘获天体发来的中微子，从而又打开了人类瞭望宇宙的另一扇窗户。

中微子以外，天文学家还考虑用**引力波**来探测天体。1978年，美国射电天文学家J.H.**泰勒**和R.A.**赫尔斯**发现了首例脉冲双星PSR1913+16，经长期监测间接地验证了广义相对论关于引力波存在的预言，从而荣获1993年诺贝尔物理学奖。

诺贝尔物理学奖本来是不发给天文学家的，但1964年以来已有14位天文学家荣获物理学奖，足以证明天文学已在整个物理科学中具有举足轻重的地位，成为基础科学研究的前沿阵地。至于“阿波罗”登月、**哈勃空间望远镜**上天，以及对太阳系许多天体的近距探测，更是令人眼花缭乱的成就。

河外星系的开拓　在银河系之外，还有没有与银河系类似的天体系统，这个问题的研究始终与星云的观测与证认分不开。大、小麦哲伦星云对南半球的人来说司空见惯，但迟至1519～1521年麦哲伦航海至美洲最南端的一个海峡时，才把它加以描绘，记录下来，为世人所知。1612年德国天文学家S.马里乌斯用望远镜发现了仙女座大星云。其后，随着望远镜的口径增大，发现了更多的这种云雾状斑点。18世纪中叶，德国哲学家I.康德和地理学家F.W.洪堡提出，银河和恒星构成一个巨大的系统，看上去呈雾状的星云也是这样巨大的系统，它们在宇宙间就像岛屿在海洋中分布着，他们这个宇宙岛的预见，由于望远镜分辨率的限制和测定距离的困难，在经历了170年的曲折历程以后，到20世纪20年代才得以证实。

1920年4月，在美国国家科学院爆发了著名的沙普利-柯蒂斯大辩论。H.D.柯蒂斯利用仙女座大星云中发现的三颗新星，定出该星云远在银河系之外，是一个独立的星系，而沙普利则反对柯蒂斯的结论。这场辩论，当时胜负未分。1923年，E.P.**哈勃**在美国威尔逊山天文台用当时世界最大的2.5米反射望远镜，把仙女座大星云的旋涡结构分辨为恒星，并且在这个星云内发现了许多造父变星。利用这些造父变星的周光关系，定出其距离为90万光年（现知为230万光年），远在银河系之外，而且体积比银河系还大。1924年底他在美国天文学会宣布这一结果时，与会天文学家一致认为，宇宙岛学说已取得了胜利，人类关于宇宙的认识翻开了新的一页。

接着，哈勃又发现了许多星系，并把它们按形态予以分类，使人一看就知道这些星系是同一家族中互有联系的成员。更重要的是，他利用前人获得的星系光谱资料和他本人测定的这些星系的距离资料，于1929年得出红移和距离的关系：河外星系和我们的距离越远，它的光谱线的红移量越大。这便是著名的**哈勃定律**。如果红移是由于多普勒效应引起的，则红移和距离的关系就意味着越远的星系以越快的速度退行，各星系之间的距离在增加，则宇宙是一个膨胀的宇宙。

但是，红移不一定是由多普勒效应引起的，哈勃的同事F.**兹威基**当时就提出另一种解释，认为红移是由于光线和星际物质之间的作用而引起的。这种作用使远来的光量子能量减低，波长向红端位移；因而也是距离越远，红移量越大。为了判断红移究竟是由哪种机制引起的，哈勃联合M.L.哈马逊观测了更多的星系，测出它们的视星等，并统计它们的数目。他们假定全部星系有同样的大小和同样的发光本领。这样如果星系在空间上的分布是均匀的，在**极限星等**和计数之间就应该有一线性关系，否则这个关系就不能成立。如果红移是由多普勒效应引起的，远处的星系密度应该小于近处的；如果红移是由于光线和星系际物质作用的结果，星系的密度应该到处一样。由于哈勃当时所掌握的数据太少，他无法做出判断，但这种方法至今仍在应用，并且推广到星系团、射电源、类星体的计数上，是当代观测宇宙学的一项基本工作，而哈勃的《星系世界》（1936）成了这一领域的奠基著作。

现代宇宙学的发展　星系光谱线的红移，无论是由于星系退行，还是由于光能量衰减，都可得到相对论的承认。如果是前者，则是一个服从相对论引力定律的膨胀宇宙；如果是后者，则是一个静态宇宙，而后者还首先是由A.爱因斯坦本人提出来的。爱因斯坦在完成他的广义相对论以后，立即把它应用于宇宙学问题，于1917年发表《根据广义相对论对宇宙学所作的考察》一文，指出无限宇宙和牛顿力学之间存在着难以克服的矛盾，要么修改牛顿理论，要么修改空间观念，要么两者都加以修改。他放弃了传统的宇宙空间三维欧几里得几何无限性的概念，把空间和时间联系起来，并做了物质均匀分布和各向同性两条假设，从而建立了一个静态的、有限无边的动力学宇宙模型。

与此同年（1917），荷兰天文学家W.德西特也用广义相对论研究宇宙学问题，得出了一个物质平均密度趋近于零的静态宇宙模型。这两个模型被人们研究、讨论了十多年，当星系谱线的红移和距离的关系发现以后，就成了问题。德西特模型虽然可用别的方法来解释这一现象，但一个没有物质的宇宙总难令人相信。爱因斯坦于1930年公开宣称放弃他的宇宙常数项后，在英国皇家天文学会演讲时，爱丁顿在欢迎词中说“为什么爱因斯坦方程只有两个解，而没有第三个解以适应于哈勃的最新发现呢”，曾经做过爱丁顿学生的G.勒梅特从刊物上看到这段话后，立即写信给爱丁顿，说他已经找到了第三个解，文章发表在比利时的刊物上，这就是他的原始原子说。他找到爱因斯坦方程可有几个时间函数解，以适应膨胀的宇宙。1932年，他又提出现在观测到的宇宙是一个极端高热、极端压缩状态的原始原子爆炸的产物。

其实在勒梅特以前，苏联的A.弗里德曼已于1922年发现了具有时间函数解的宇宙模型。他发现爱因斯坦在建立静态宇宙模型时有一个数学错误，指出爱因斯坦解和德西特解只是爱因斯坦方程更为普遍情况下的两个特殊解。他把爱因斯坦方程中的宇宙常数取消以后，得出宇宙既可是开放的，也可是封闭的。后人对弗里德曼的宇宙模型做了进一步的研究，发现宇宙是开放还是封闭，这要看物质的平均密度而定。若平均密度（ρ）和临界密度（ρ_c）之比$\rho/\rho_c<1$，则空间曲率$K=-1$，对应于一个双由型的开放宇宙；若$\rho/\rho_c=1$，则$K=0$，对应于一个平直的开放宇宙；若$\rho/\rho_c>1$，则$K=+1$，对应于一个没有边界但体积有限的闭合宇宙。在前两种情况下，宇宙要一直膨胀下去；在后一种情况下，膨胀到一定时候又要收缩。从理论上算出，临界密度$\rho_c=4.7\times10^{30}$克/厘米^3。观测宇宙学的任务就是要确定ρ/ρ_c的值，现在所得结果是：宇宙是平坦的，即$\rho/\rho_c=1$，现在发光物质占0.05，暗物质占0.25，暗能量占0.70。

1948～1956年，G.伽莫夫等人多次发表论文，发展了勒梅特的宇宙模型，更深入地探讨了宇宙从原始高密状态演化、膨胀的概貌，并把粒子的起源和化学元素的起源都结合进来一起考虑，从而形成了最有影响的大爆炸宇宙学。伽莫夫还明确预言，早期宇宙的大爆炸遗留至今还残存着温度很低的辐射。1965年宇宙微波背景辐射的发现证明了这一论断的正确性。如今对热大爆炸宇宙学的更大兴趣则集中在137亿年以前，大爆炸发生的10^{-43}秒之后到3分钟之间的演化过程。10^{-43}秒之前，相对论和现有一切物理规律都不能适用，有人想用时空量子化来解决这一问题，但尚未成功。从10^{-43}秒到3分钟之间可用温度随时间降低的一个序列区别出几个阶段来。到3分钟时温度降到10^9K，第一个稳定的原子核出现。这一极早期的宇宙演化学和粒子物理学、大统一理论、超弦理论密切相关，理论、实验、观测互相影响，是当代物理学的一个前沿，仍在不断发展中。

地外文明的搜寻 首先是有没有“外星人”到过地球。有人把许多不易解释的历史遗迹（如埃及的狮身人面像、中国的悬棺等）当成是外星人留下的遗迹，但这些假说都缺乏有说服力的证据。20世纪议论最多的是“不明飞行物”（UFO）。1948年美国空军执行了一项“蓝皮书计划”，经过22年研究，对12 600份目击者的报告作了处理，发现其中12 000起均为已知物体。1968年美国科罗拉多大学成立了一个专门小组，有几十位各方面的专家参加，写出长达1500页的报告，结论是没有根据证实UFO是天外来客，对此问题无须再做研究。

第二个问题是在太阳系内其他天体上有无智慧生命（至少是会点火和用火）存在。19世纪末，洛韦尔关于火星人及其运河的宣传曾经轰动一时，但20世纪空间探测器对太阳系各种天体的近距考察可以断定，在太阳系内除地球以外，其他天体上均无智慧生命存在。

剩下的一个问题是在其他恒星附近有没有类似太阳系的行星系统。在这些行星系统上有没有生命、智慧生命，甚至高度文明的出现，1956年苏联科学院的两位院士奥巴林（生物化学家）和费森科夫（天文学家）合写了一本《宇宙间的生命》来讨论这个问题，最后一章的结论是：生命起源和演化的过程只可能在固态的行星或卫星的表面上发生，而且这些行星和卫星必须符合五项条件，缺一不可：①必须处在太阳这样稳定的而且较老的恒星周围。②为了要有适宜的温度和温度变化不能太大，行星与中央星的距离要适中，而且轨道必须近于圆形，轨道面和行星赤道面的交角不能太大；行星的自转周期也不能太长。③质量不能太大，也不能太小。太小了保不住大气圈（如月球）；太大了，完不成元素丰富度的转变（如木星）。④没有大气层不行，大气层太厚也不行。⑤要有液态的水和能够合成有机化合物的化学元素——碳、氢、氧、氮等。这五项条件，有四项都是要求适中，也就是“中庸之道”，所以有人就把它称作中庸原理或“平庸原理”。

根据这一原理，利用统计学方法，把各种条件出现的概率都考虑进去可算出，在银河系内任选的一颗恒星周围出现“文明”的概率只有二十五万分之一，但是银河系内恒星总数约为2500亿，因而地外文明单在银河系内就可能有100万之多，更不用说河外星系。

有人对以上讨论持根本反对态度，认为就拿地球上的一个样本来无限推广，很难令人置信。自1963年范德坎普根据巴纳德星（离地球最近的恒星之一）的自行晃动，发现该星具有质量为木星0.4倍和0.8倍的两颗行星以来，至2001年底为止已发现地外行星系70个。20世纪80年代利用红外卫星（IRAS）发现在织女星周围有一尘埃带，尺度约为80天文单位，总质量约为地球的300倍，也许是一个新的行星系正在形成中。

但这些发现离证实地外文明的存在还很遥远。20世纪70年代以来已有四艘宇宙飞船（“先驱者”10号和11号，“旅行者”1号和2号）带着人类为地外文明准备的礼物，飞出太阳系，奔向星际空间。“旅行者”1号和2号各携带一个专门的录声器，一个金刚石唱针，以及关于它们使用方法的编码说明，并录制了55种语言的问候以及各种各样的声音，如狗叫、婴儿哭等。这些仪器即使在太空旅行10亿年也能播出声像，一旦某个地外文明获得了这些声像，也许会有所回应，但至今尚无音信。

此外，1974年美国还利用设在波多黎各的大型射电望远镜（见美国阿雷西博天文台）向离地球25 000光年远的球状星团M13发送电文，电文用双编码写成，能译成图像。图像上有DNA的双螺旋线和一个人像，希望能进行星际交流，至今也没有结果。

除了发送信号外，美国、俄罗斯、澳大利亚、加拿大等国也都在用大型射电望远镜监听地外文明的信息。美国于20世纪90年代开始的“搜索地外智慧生命”计划，可接收800万个频道，每1.7秒扫描一次，一半用于巡视整个天空，一半用于监测离地球80光年以内的约800颗太阳型恒星。后来许多天文爱好者也参加进来，成立SETI联盟，利用自己的计算机和自行购置的卫星天线，一起扫描天空来进行普查。1996年有两个英国天文爱好者检测出一个他们无法辨认的信号，但两个星期后获悉他们发现的“外星人”实际上是美国海军的秘密卫星。

如此庞大的研究计划，或许是白费人力、物力，将来毫无结果，但该计划一旦成功，那将是最伟大的科技成就，人类的思想和行为无不受其影响。（席泽宗）

天文仪器和方法 astronomical instrument and method 天文学研究收集天体辐射，获得天体的位置和运动、物理化学性质等各种信息的观测装置，以及所需要的观测技术和手段。天文学研究的对象是天体，而绝大部分天体人们直接接触不到，只能通过它们的辐射进行研究。从这一基本特点出发，人们不断创造出各种天文仪器和观测方法。通常天文仪器被默认为光学天文仪器，也包括近红外和近紫外波段，本条目仅涉及这个波段。

天文学的发展在很大程度上依赖于技术的发展和观测仪器的能力。在古代，人们就已经创造了一些天文仪器，如中国的浑仪（见浑仪和浑象）、简仪，外国的黄道经纬仪等。人们用肉眼通过这些仪器来观测天体的位置和视运动。人眼瞳孔最大直径只有8毫米，收集到天体的辐射不多，因此人眼只能见到为数不多的亮天体；同时，人眼的分辨本领不大，即使对太阳系中几个明亮的行星，也无法分辨出它们的视圆面。1609年，伽利略制成的第一架天文望远镜，是近代天文仪器的开端。使用望远镜观测天体，是天文观测手段的一次大变革。19世纪中叶，照相术、分光术、测光术，特别是光谱中的谱线与化学元素和电离状态的关系，在天文学中产生了一系列新的天文仪器，这是天文观测手段的第二次大变革。这次变革产生了一门研究天体的物理性质、化学组成等的新学科——天体物理学。20世纪中叶以来，各种光电探测器和CCD传感器等新技术的发展，电子计算机和自动控制技术的广泛应用，主动光学和自适应光学、光学干涉技术的出现，使天文观测的精度、效率和探测暗弱天体的能力不断提高；射电技术和空间技术的相继崛起，使天文学进入了全电磁波段天文学的时代，这是天文观测手段的又一次大变革。至今，这个变革仍在日新月异地发展着。2016年人类首次直接探测到引力波，又打开了一个新的观测和研究宇宙的窗口。现代天文观测设备发展的特点是：①追求更高的灵敏度，即更大的集光本领，以进行更深的宇宙探测。②追求更高的空间、时间和光谱分辨率。新一代地基和空间观测设备使光学观测的空间分辨率将达毫角秒级。③追求更大的视场，特别是兼备大口径的大视场观测，以获得大的信息量和高的观测效率。

提高探测灵敏度的方法 为了观测遥远而暗弱的天体，首先必须用望远镜收集大量的天体辐射。望远镜能收集比瞳孔直径大得多的光束，还能形成天体的实像，用照相底片（早期）和光电探测器（现代）记录下来。通过望远镜，观测到许多前所未见的天文现象，使人类认识宇宙的深度和广度都大为扩展。400多年来，望远镜的口径越做越大。1948年，美国制成口径5米的反射望远镜。1975年，苏联制成口径6米的反射望远镜。这样大的反射镜面，其形状要达到和保持在约十几分之一波长的精度。望远镜还要以几分之一角秒的精度跟踪天体，这是相当复杂而艰巨的工程。20世纪70年代末80年代初，主动光学技术的出现，解决了望远镜口径大于5～6米因重力变形和热变形难以保持望远镜光学镜面精度和系统准直精度，不能获得高质量的像质的难题。至21世纪初，美国和欧洲建造了14架8～10米口径的望远镜，美国和欧洲开始建造39米欧洲极大望远镜（E-ELT）、30米望远镜（TMT）和25米巨型麦哲伦望远镜（GMT）极大口径望远镜。

另一方面是提高辐射探测器的灵敏度。在照相术出现以前，人们只能用眼睛来接受天体的辐射。19世纪中叶至20世纪中叶，天文底片成为天文观测中最常用的探测器之一，它具有的累积特性可以在较长的曝光时间里能拍摄到暗弱天体，同时还能记录整个视场中的所有天象。由于光电技术的发展，出现了多种高灵敏度的探测器，首先是光电管和由它发展成的光电倍增管，能将接收到的辐射极快地转换为便于读数的电流信号，并具有很高的灵敏度和线性响应，这就大大提高了辐射强度的测量精度。20世纪70年代发展起来的半导体器件——电荷耦合器件（CCD），具有存储和转移电荷的功能，广泛应用于图像传感器，成为天文仪器广泛应用的图像传感器。CCD传感器能同时把图像上各点的辐射强度转换为大量的数字信息，不仅便于记录，而且还可以通过计算机作数据的实时处理和实时传输。20世纪90年代，互补金属氧化物半导体CMOS光电传感器出现，成为天文图像传感器的新种类，并在天文应用中初露头角。随着CCD传感器的效率不断提高并接近100%，人们认识到望远镜口径又到了需要进一步增大的发展阶段。

提高分辨本领的方法 为了取得清晰的天体像，研究天体的细节，仪器必须有高的分辨本领。但这要受到很多因素的限制。首先，由于衍射，物点不能成为一个像点，而是一个圆面，在点的周围环绕着一些越来越暗的环。这种圆面称为衍射斑。它的角直径和物镜的口径成反比，物镜口径越大，衍射斑越小，分辨本领就越高。这也是望远镜口径越做越大的一个原因。另外，采用恒星光干涉测量技术和光学综合孔径成像，也是提高分辨本领的一个重要途径。自20世纪70年代，法国天文学家A.É.H.拉贝里等人利用两个独立望远镜（I2T）直接观测到干涉条纹后，国际上涌现对光干涉技术的研究热潮，建造了一大批长基线式恒星光干涉仪及光干涉阵，特别是其中的2架10米望远镜组成的干涉仪凯克Ⅰ（Keck-Ⅰ）以及4架8.2米望远镜和4架1.8米望远镜组成的甚大望远镜干涉仪（VLTI），在测量银河系中心黑洞的质量做出贡献（2021年诺贝尔物理学奖）。国际上空间光干涉计划在20世纪90年代就提出并实施，但由于经费的原因暂停了。

对于地面观测来说，影响分辨本领的另一个重要因素是地球大气歪曲了入射波面的形状。由于大气湍流扰动，被歪曲的波面在不断地变化着，使观测到的星像模糊而又跳动。为了减小和消除这种影响，需要选择天文视宁度特别好的地方建造天文台。已发展起来的斑点干涉测量和自适应光学等技术，能在很大程度上消除大气湍流的影响，在小视场范围可以达到接近衍射的像，使地面大口径望远镜增大更有意义。21世纪发展起来的近地层自适应光学（GLAO），有望消除部分或大部分大气湍流的影响，使地面大口径望远镜可获得较大视场范围内优秀的成像质量（如0.2～0.4角秒直径）。

为了克服地面观测中大气的影响并实现全电磁波段观测，20世纪40年代起，人们利用高空气球和火箭进行天文观测，特别是从60年代起利用人造卫星和各种空间探测器在地球大气外进行天文观测，扩展天文观测的波段为全电磁波段。将光学望远镜发送到空间去，还可获得衍射极限的成像质量。1990年发射的2.4米哈勃空间望远镜的极深场星系的图像，以及2021年12月发射到第二拉格朗日点的6.5米詹姆斯·韦布空间望远镜（JWST）观测发回的图像，使人类的视线极大地深入宇宙早期，取得空前的观测成果。空间仪器在重量、观测时间和经费等方面都受到限制，因而还不能完全取代地面观测仪器。

此外，影响望远镜成像质量的各种误差，如光学系统设计的像差、光学镜面磨制的误差、探测器的分辨率，也都限制了观测的分辨本领。1972 年苏定强独立提出了点图评价函数，建立了相关的数学和光学理论，使光学设计获得很大的进步（当时在中国超前并在国际上处于前沿）；王亚男编制出采用这种评价函数和应用阻尼最小二乘法优化的软件，在中国天文光学系统设计和研究的 30 年中，都获得优秀的象质。1990 年以后这样的评价函数在国内外普遍采用，加上计算机的发展，很多过去设计不出的新的光学系统都设计出来了。为了加工出面形精度要求非常高的大口径天文镜面（非球面或高次非球面），多位天文学家发展出离子束抛光、预应力抛光、主动压力抛光、预应力环抛等天文镜面磨制技术（见天文镜面的磨制和检验），研制出 8～10 米口径的大望远镜，并正在用于 30 米级口径的极大望远镜研制中。

天文仪器和方法的分类　用望远镜收集天体辐射的目的，在于测量天体辐射的方向（位置和运动）、辐射强度、辐射的偏振特性等。根据研究目的不同，天文仪器和方法大体上分为两大类。

天体测量仪器和方法　一般天体测量仪器是测定天体（包括人造天体）的位置、自行、视差以及确定观测站的地面位置。高精度的光学天体测量仪器的基本特点是：观测处于特殊位置的天体和应用特殊的仪器结构。例如，专用于观测子午圈天体的子午环和中星仪，专用于观测一定高度圈上天体的光电等高仪。为了精确地测量大量天体的位置，用望远镜拍摄各天区的照片，利用位置已经过精密测定的天体，测量计算出其他天体的位置。人造卫星摄影机能拍摄各瞬间人造卫星相对于恒星位置的照片，并归算出人造卫星的位置。天体测量的仪器和方法随着新技术的发展而不断发生变化。由于激光技术的发展，利用激光对月球和人造卫星的测距精度已达到几厘米级以至几毫米级。由于大气反常折射的影响，地面光学天体测量仪器的精度已接近极限（百分之一角秒），高精度的天体测量由地面的射电望远镜长基线干涉仪和空间的依巴谷天体测量卫星和盖亚天文卫星（Gaia）取代，高精度地大规模地测量银河系的自行和三角视差，精度可到十万分之一角秒。

天体物理仪器和方法　主要用于对天体进行测光、分光和偏振测量。

对波段稍宽的辐射测量，称为天体光度测量，所用仪器称为光度计。光度测量可得到天体的视星等和色指数。由天体的已知视星等和距离，就可得知天体的绝对星等（见星等）；由色指数可换算出天体表面的色温度。由绝对星等和色指数可定出恒星在赫罗图上的位置。分析恒星色指数之差（色余）可得知星际物质的分布。天体辐射强度的迅速变化，反映天体上发生的许多特异现象，如食双星等的掩食，造父变星等的脉动，新星与超新星等的爆发，耀星的活动和脉冲星的高速自转等。这些都是天体物理学研究的重点。现有测量精度不低于 0.001 星等的光电光度计。而快速光电光度计的时间常数已短到几十毫秒。观测的极限星等达 25 等。

天体分光光度测量是为了研究天体辐射强度随波长的变化。在望远镜的终端加上分光仪即可进行此种研究。用于获得恒星和星云等天体的光谱的仪器有：恒星摄谱仪、物端棱镜、无缝摄谱仪、星云摄谱仪等。用于获得太阳光谱的仪器有太阳光谱仪等。由于光栅刻制技术的进步，现代可见光分光仪器中的色散元件基本上都是光栅。光栅的宽度已能做得大到 60 厘米。对于 X 射线，因其波长极短，采用晶体衍射光栅作色散元件。在红外分光中，常用傅里叶变换分光仪，它记录的是干涉仪光程差变化时干涉强度的变化，通过傅里叶变换的计算而获得光谱。这种分光仪还应用于可见光区的太阳观测。天体光谱的研究分为两个方面：①以测定波长为基础的光谱分析，包括证认产生天体谱线的元素、对恒星光谱进行分类以及测定视向速度和偏振子线等；②分光光度测量，包括测量天体的谱线轮廓和连续光谱的能量分布。这些测量可以确定天体表面的化学成分（包括所含元素和它们的相对含量）、温度、压力、自转、磁场等。

光谱是研究天体物理最基本的方法。物端棱镜光谱是无缝光谱，多色测光是相当于极低色散光谱。有缝光谱在望远镜的焦面狭缝上拍摄，以前一次只能拍摄一颗星，现在用了天文光纤技术的多目标光纤光谱的观测方法，就可以同时观测很多颗星的光谱，如大天区面积多目标光纤光谱天文望远镜（LAMOST）可最多观测 4000 颗，正在准备做一万多颗天体的光谱同时观测。有的天体是面源，也可以一束光纤对面源进行光谱分析，这就是积分视场单元（IFU）。

天体物理研究的另一个重要方法是观测天体的偏振，即电磁波电矢量（或磁矢量）的振动方向的取向。固体表面反射，微粒、分子和自由电子散射，磁场的作用，同步加速辐射，逆康普顿散射，轫致辐射等都具有偏振特性，所以偏振测量能揭示关于辐射源的许多性质。光学波段的偏振测量方法，类似光度测量，但必须用偏振光分析器和检偏振器，它们和光度计结合构成偏振计。测量射电辐射偏振的仪器称为射电偏振计。

根据研究对象来分，天体物理仪器可分为恒星仪器（夜间观测仪器）和太阳仪器（白天观测仪器）等，它们都具有各自的特点。如大望远镜主要是用于研究恒星、星系和太阳系外行星。在太阳仪器方面，由于太阳辐射很强，常用高色散的分光仪获得太阳的高色散光谱，还用窄带滤光器（如双折射滤光器或法布里－珀罗干涉仪）构成色球望远镜，以获得太阳单色像。

自 20 世纪中叶，无论是天体测量还是天体物理的仪器和方法，都广泛采用计算机和自动控制技术，这不仅大大提高了观测效率，也带来一系列的质的变化。例如，太阳多通道磁像仪测量所得的信号经计算机处理，能接近实时地显示出磁场强度；傅里叶变换分光仪，不是直接记录天体的光谱，而是测量与之相关的另一函数，然后通过计算机运算处理，求得所需的图像和光谱。用 CCD 导星和计算机控制大型望远镜的跟踪运动，大大提高了望远镜的跟踪精度。从 20 世纪 70 年代苏联建造的 6 米望远镜采用地平式装置开始，在大型光学望远镜中，普遍采用计算机控制的地平式装置。赤道式装置主要用在小型的望远镜中。

（崔向群　苏定强　黄佑然）

天线温度　antenna temperature　天线输出功率的一种表示。天线温度不是天线的物理温度。根据奈奎斯特（Nyquist）定理，在热平衡条件下，一个电阻在单位频宽内发生的噪声功率P（瓦·赫兹$^{-1}$），只与其温度有关，而与电阻阻值和频率无关，即有：

$$P = kT$$

式中k为玻尔兹曼常数（≈ 1.38×10^{-23} 瓦·赫兹$^{-1}$·开$^{-1}$）。这种噪声是由电阻里的电子热运动引起的噪声，它与频率无关，是一种白噪声。天体的射电辐射是一种高斯噪声，不是一种平谱白噪声。但是相对于整个射电波段来说，射电望远镜工作带宽比较窄，它的谱有与电阻热噪声相似的特性，则可以用电阻的热噪声功率来表示天线的输出功率。

设有一架射电望远镜天线，当它观测一个射电源时，天线接收到的功率为P_a，定义该射电源的天线温度为：

$$P_a = kT_A\Delta\nu$$

式中$\Delta\nu$为射电望远镜系统的带宽。从上式可以看到，天线温度仅仅是天线输出功率的另一种表示。天线温度1K，表明天线输出端的天线功率约为1.38×10^{-23}瓦·赫$^{-1}$，它与射电望远镜天线接收一个典型的射电源的辐射天线输出端的功率相近。这可能也是在射电天文里，常用天线温度的原因。

（郑兴武）

天线有效面积 antenna effective area 当射电望远镜观测天体时，收集来自天体辐射的面积。由于各种原因，如天线重力变形、风、温度、设计的缺陷等，天线有效面积小于它的几何面积$A_g=\pi R^2$，其中R为天线几何半径，我们用天线有效面积来表征天线实际收集辐射的面积。假如射电望远镜观测一个流量密度为F_ν（瓦·米$^{-2}$·赫兹$^{-1}$）的点源，在射电望远镜天线的输出端，输出功率为P_ν（瓦）。这个输出功率应该与观测点源的流量密度和望远镜的观测带宽成正比，即：

$$P_\nu=A_\nu^{eff}F_\nu\Delta\nu$$

式中A_ν^{eff}为一个比例常数，它表示射电天线在这个频率上，接收来自任何方向的辐射，把辐射变成输出功率的本领，量纲为m^2。这个比例常数A_ν^{eff}叫作射电望远镜的天线有效面积。这里的天线有效面积与其几何面积的比即为天线效率η_a：

$$A_\nu^{eff}=\eta_a A_g$$

（郑兴武）

天象 astronomical phenomena 各种天文现象。如太阳出没、行星运动、月相变化、彗星、流星、流星雨、陨星、日食、月食、极光、新星、超新星、月掩星、太阳黑子等。中国早在三四千年前就注意观测和记录天象，此后历代的天文官和民间的天文学家也都注重观测天象。中国古代的天象记录内容丰富、记录翔实，在世界上是独一无二的。正如英国著名科技史专家李约瑟所说：从中国的天象记事可以看出，中国人在阿拉伯人以前，是全世界最坚毅、最精确的天文观测者。有很长一段时间（自公元前5世纪至公元10世纪），几乎只有中国的记录可供利用，现代天文学家在许多场合（例如对彗星，特别是哈雷彗星重复出现的记载），都曾求助于中国的天象记录，并得到良好的结果。一个显著的例子是关于新星和超新星的出现，这对于现代宇宙论是很重要的，而中国关于这些星的记事包括从依巴谷到第谷的整个期间；在这期间内，世界其他地区对于天上有时会出现“新星”这一事实，还一无所知。在其他方面，例如对于太阳黑子（日斑），中国人早已非常正规观测了许多世纪，欧洲人不仅不知道，而且由于他们在宇宙论上的成见，也不能承认有这种现象存在。这一切在人类认识天象的历史上都是不小的贡献。准确而有恒的观测，是科学的基础之一。古代文化中令今日射电天文学家最感兴趣的是中国星官对新星、彗星与流星的记载。他们（至迟在7世纪）知道彗星尾部朝离太阳之长则。文艺复兴时代的天文学家为谁先研究太阳黑子的问题争论不休，而中国人早在1世纪便开始观测黑子，并且还忠实地记录在文献里。

（李宗伟）

天象馆软件 planetarium software 泛指显示星空和天象的一类软件。又称天文馆软件。它们通常使用公开的星表数据和天文照片作为输入，按照一定的投影算法进行显示或渲染，在屏幕等输出设备上显示指定时间和方位的星空。早在1983年，美国的S.M.比斯克就开发了运行在DOS系统上的星图软件The Sky，用于显示天象并辅助天文观测。后来随着计算机性能的提升，陆续出现了许多呈现天象的软件。天象馆软件按功能特点大致可以分为三类。

电子星图类　这类软件使用平面投影，以节省计算资源，提高运行速度为目标。显示效果接近印刷星表，适合天文爱好者和专业工作者证认目标。在20世纪80～90年代计算机性能不足时，这是最主要的天文软件类型。著名的商业软件包括The Sky、Guide、SkyMap、RedShift等。同类的开源软件包括XEphem、SkyCharts（Cartes du Ciel）、KStars等。

星空模拟类　这类软件力求真实再现实地观测的景象，是名副其实的桌面天文馆。它们以尽可能真实的视角渲染星空，并考虑地景、月光、晨昏蒙影乃至城市光污染等光影效果，特别适合进行天象的演示。这类软件中最具代表性的是商业软件Starry Night和开源的Stellarium。智能手机上的天文软件也多属此类，如star walk、sky safari等。

宇宙漫游类　随着计算机性能和软件平台的进一步发展，以及天文数据的丰富，在20世纪的最后几年，人们终于能够在个人电脑上以真实数据显示近域宇宙的三维模型。这类软件不仅可以显示地球表面的星空，还能够模拟星际航行的效果，展示太空中、行星表面乃至银河系外的景象。这类软件包括美国海登天文台开发的Digital Universe、美国开发的Celestia、瑞典FMJ Software公司的StarStrider、日本国立天文台的Mitaka、微软研究院的万维望远镜WWT、俄罗斯程序员Vladimir Romanyuk开发的Space Engine等。

（余　恒）

条纹频率 fringe frequency 条纹相位随时间的变化率。简称为条纹率。见射电干涉仪。

头尾射电源星系 head-tail radio galaxy 在射电波段呈现头尾结构（head-tail structure）的一类特殊星系。其头部较亮，而尾部则较暗较长。头尾射电源星系几乎都出现在星系团中，其最典型的特征就是以一个巨大的椭圆星系为起点（头），向远处延伸一条或两条夹角极小的细长射电结构（尾）。由于视角和观测空间分辨率的限制，观测到的单尾星系事实上也可能具有两条长尾。最早的一例头尾射电源星系于1968年发现于英仙座星系团，而尾部最长（达1.3Mpc）的一例则是发现于艾贝尔星系团表Abell 1314之中。此类星系在形态分类上一般属于FR Ⅰ型射电源，其成因与射电星系以跨声速或超声速穿行于星系团星系际介质的运动相关。1973年，W.J.贾菲和G.C.佩罗拉曾就此提出等离子体滴团模型和磁层模型。1979年，M.C.比格尔曼等人和T.W.琼斯、F.N.欧文又分别提出的射电源向前运动从而导致喷流被星系际介质的冲压作用弯曲向后方的模型，成为目前的主流观点。由于喷流的进动，此类星系的尾部可显现复杂的多重弯曲。一般而言，在射电尾的终点观测不到弥漫射电瓣。显然，头尾射电源星系相对于团内星系际介质（ICM）的高速运动不利于形成射电瓣——即便形成也会很快被破坏掉。通常情况下头部和尾部的射电辐射均呈现同步辐射形式。

（徐海光）

投影缩减效应 foreshortening effect 太阳视圆面上某一特征（如黑子）的视面积随离开日面中心的距离增大而缩小的现象。产生这一现象的原因是该特征实际上是位于一个球面上，而人们所看到的只是该特征的球面积（真实面积）在视线方向的投影（投影面积或称视面积）。某一特征位于日面上不同的位置，有不同的投影效果，所以我们要得到它的真实形状和大小，就必须对它进行投影缩减改正。因此，如要测量日面上某一特征的真实面积，可采用如下的公式：

$$S=S'\sec\rho,\rho=\arcsin\left(\frac{r}{R}\right)$$

式中R为太阳圆面图的半径；r为图中该特

征到太阳圆面中心的距离；secρ是为了消除投影效应而引进的改正因子；S'为所测量到的视面积；S为该特征的球面积，均以太阳半球面积的百万分之一为单位。

（杨海寿 赵爱娣）

透镜改正器 lens corrector 主要由透射元件组成的像场改正器。见像场改正器。

透镜状星系 lenticular galaxy 星系分类的一种，因侧视时貌似一个凸透镜而得名。在哈勃分类序列中位于椭圆星系和旋涡星系之间，记为S0星系或SB0星系。其中SB0表示核区存在棒状结构，S0则没有棒结构。S0星系根据盘内尘埃吸收的强度又可分为$S0_1$、$S0_2$、$S0_3$三类，其中$S0_1$为无尘埃吸收，$S0_3$则有完整的尘埃吸收带。SB0也分为$SB0_1$、$SB0_2$、$SB0_3$三类，但划分标准不是依据尘埃吸收带的强度，而是根据棒的明显程度。$SB0_1$的棒仅表现为核两边两个粗短的明亮区，而$SB0_3$中的棒窄且非常明显，从透镜中央穿过。

在观测特征上，从中心向外，S0透镜状星系具有明亮的核心，继之以缺少结构特征的核球部分，类似椭圆星系，外围有一个暗弱延展的大范围包层，其间则是所谓透镜。统计分析得出，透镜状星系的短轴与长轴之比在0.1～0.3，其空间结构趋向于扁平，呈现出比较明显的恒星盘结构，因而与旋涡星系合称为盘星系或盘状星系。透镜状星系的光度分布形式也有别于椭圆星系，而与旋涡星系更相像。鉴于以上观测特征，有人称透镜状星系为无臂旋涡星系。不过，在少数透镜状星系的外围包层背景上，依稀可见微弱的旋臂迹象或星际尘埃造成的狭窄吸收带结构。

也有若干透镜状星系形状甚为奇特，难以赋予确切的分类形态，可以视为不规则星系，或归为无法纳入哈勃星系分类系统的少数特殊星系。如NGC4753，其图像被多条不规则尘埃带覆盖。

（陈 力）

土星 Saturn 太阳系八颗行星中第二大、距离太阳第六近的行星。西名“Saturn”是罗马神话中的“农神”。中国古代称“镇星”，也称“填星”。西汉之后始称“土星”。用光学望远镜可看到它有光环（图1），此外截至2023年，已发现的土星卫星有146颗。

图1 土星及其光环

物理特性 土星是主要由氢和氦组成的气体巨行星，缺乏确定的表面。其自转导致扁球形，它的赤道半径60 268千米，约为地球的9.4倍；极半径54 364千米，扁率为0.098，是行星中扁率最大的。它的体积约为地球的763.59倍。它的质量约为地球的95倍。它的平均密度为0.687克/厘米^3，是行星中密度最小的。它的表面重力加速度为10.44米/秒^2，逃逸速度35.5千米/秒。

内部结构模型 依据有关的观测资料和理论计算，土星的内部很可能是由铁镍和岩石（硅和氧化合物）组成的核心，其质量为9～22倍地球质量，直径约25 000千米，温度达11 700℃；星核被较厚的液态“金属相”氢层包围；再往外是氦饱和的分子氢液态层，逐渐过渡为气体；最外层1000千米是气体。

大气 土星大气浓厚，外大气的分子氢和氦分别占体积的96.3%和3.25%。相当于太阳的元素丰度而言，土星大气匮乏氦；也不准确知道更重元素的含量，假定土星有太阳系原始丰度，估计土星的这些重元素总质量为10～31倍地球质量，它们大多在土星的核心区。土星大气含有少量的甲烷、氨、乙烷、乙炔、丙烷、磷化氢。高层雾霾遮掩使云层特征模糊。云的成分随气压和温度而变，在气压0.5～1.2巴、温度100～160K有氨冰晶云层；在气压2.5～9.5巴、温度185～270K有水冰云层；在气压3～6巴、温度290～235K插有氢硫化铵（NH_4SH）冰晶云层；再往下，在气压10～20巴、温度270～330K是含有氨溶液的水滴区。由于土星自转很快且是较差式的，东西向风交替（纬向环流），东向风速峰达500米/秒；土星云也有类似于木星云的亮带（zone）和带纹（belt），它们对称地平行于赤道，但不如木星云特征显著。土星大气偶尔显示有长寿（持续几个月）的卵形斑（ovals）——反气旋；每个土星年（约30地球年）发生一次短寿的大白斑（Great White Spot）云暴，人类已经观测到以前发生在1876年、1903年、1933年、1960年、1990年的五次大白斑，但2010年，与正常情况相比，第六次大白斑较早出现。土星南极显示独特的暖旋涡，有地球那么大，温度高达−122℃，而通常温度为−185℃，风速550千米/时，可能持续数十亿年。其北极旋涡周围有持久的六角形波图案，各边约13 800千米，整个结构转动周期10小时38分24秒。卡西尼飞船还拍摄到其北部绰号“珍珠串”的系列云特征，是云空隙暴露的深云层（图2）。

图2 土星在2011年的“珍珠串”云暴

磁层 土星有简单和对称的内在偶极磁场，磁轴与自转轴重合，但南北磁极与地磁相反。土星赤道的磁场强度0.2高斯。土星的磁层也较广延，达20倍土星半径，而磁尾延展到几百倍土星半径。磁层内填充着来自土星及其卫星的等离子体。磁层与太阳风相互作用，产生极区的明亮极光（图3），在可见光、红外和紫外都已观测到。磁层内有辐射带，其所在粒子能量高达几十兆电子伏，它们对于内卫星的冰表面有重要影响。

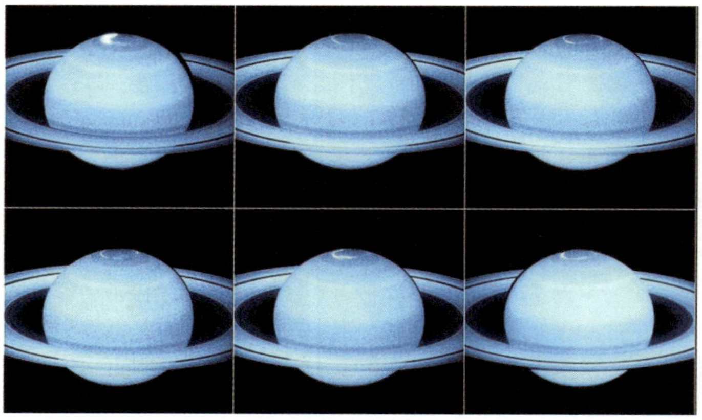

图3 土星的北极光

公转轨道和自转 土星绕太阳公转椭圆轨道的半长径——土星－太阳平均距离为9.5549天文单位（AU），轨道偏心率为0.055 55，土星的近日距为9.195AU，远日距为9.957AU，公转周期为29.4571年，平均轨道速度为9.68千米/秒；轨道面对黄道面倾角为2.48°。

土星的自转可通过三种不同的系统来描述，系统一包括赤道带、南赤道带和北赤道带，周期为10小时14分00秒，极地地区被认为与系统一具有相似的旋转速率；系统二包括除北极和南极地区以外的所有其他土星纬度区域，周期为 10 小时 38 分 25.4 秒；系统三指的是土星内部的转速，周期为 10 小时 39 分 22.4 秒。

（胡中为　史建春）

土星环　ring of Saturn　土星赤道面上的环系。由绕土星运转的碎块和微粒组成。土星最著名的特征是它具有突出的环系统，虽然其他气态巨行星也有环状系统，但土星环是最大和最可见的，这使土星环在视觉上是独一无二的。土星环从土星赤道向外延伸 6630～120 700 千米，平均厚度约 20 米（图 1）。

图 1　“卡西尼”号探测器拍摄的土星环

1610 年，伽利略用望远镜依稀看到土星两旁的附属物，惊奇地写下暗语“这两颗星是帮助土星寻路的仆从”，但 1612 年却不见了，1616 年又显现。直到 1659 年才揭开土星附属物之谜，确认这是环绕土星的很薄光环，它在不同时间侧向地球的角度不同而呈不同形貌。

从地面望远镜可看到亮的主环由三个同心环（A、B、C）组成，它们之间有暗的环缝。有利条件下还可看到另两个较暗环（E、D）。1979 年“先驱者”11 号飞船又新发现两个环（F、G）。B 环宽而亮，其次是 A 环，C 环较暗，其他环更暗。D 环从 C 环内边界几乎延续到土星大气云层，而最外面的 E 环向外延续很远。内环的厚度不超过 1 千米，而外环（G，E）厚千倍。环系位于土星赤道面上空。2009 年 10 月，发现更远的 Phoebe 环，它弥漫于土卫九（Phoebe）轨道之内，对其他环倾斜 27°，跟土星九一样绕土星逆转（图 2）。各土星环

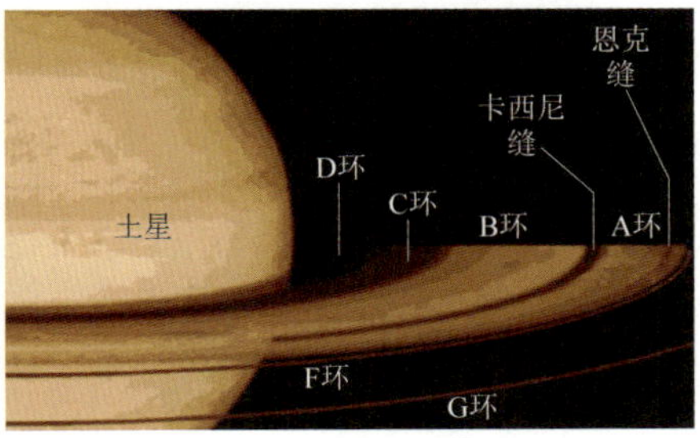

图 2　土星环结构

土星环系

环与环缝	离土星心距离/千米	环与环缝	离土星心距离/千米
D 环	66 900～74 510	F 环	140 180
C 环	745 658～92 000	Janus/Epimetheus 环	149 000～154 000
B 环	92 000～117 580	G 环	166 800～175 000
卡西尼缝	117 580～122 170	Pallene 环	211 000～213 500
A 环	122 170～136 775	E 环	180 000～480 000
洛希缝	136 775～139 380	Phoebe 环	4 000 000～13 000 000

与环缝距离土星心距离见表。

“旅行者”飞船近距摄像表明，每个环又是由许多细环（总共上万个细环）组成，好像唱片上的细纹，甚至环缝中也有细环。恩克环缝中有两个不连续的扭曲细环。F 环结构复杂，好像由 5 个细环编织的发辫，细环宽度约 10 千米。F 环两侧的“牧羊”卫星（土卫十五和土卫十六）引力约束 F 环结构。在 A 环与 F 环中间是一个物质稀疏带，可能受土卫十五的作用所致。B 环有径向暗轮辐，仿佛车轮辐条般转动。

主环有很多缝隙，最显著的是卡西尼环缝和恩克环缝。实际上，环缝内的颗粒是被那里的卫星清除的。1990 年在“旅行者”飞船摄像发现恩克环缝处的土卫十八，2005 年“卡西尼”飞船摄像发现基勒等环缝处的卫星。另些环缝是由于跟较远卫星轨道共振而清除的。

“卡西尼”飞船从不同角度拍摄的大量图像表明，环系由混杂岩尘和碳化物的水冰颗粒组成，不同比例的杂质使得环系的彩色不一。又新发现几个暗环，有的细环位于环隙内，有的细环扭曲。环的细结构随时间和位置有变化，有些细环呈现类似水面波圈的波状特征，可能还存在未知的“牧羊”卫星。环系是演化的，现在的环系可能是第二代甚至三代的，环系的颗粒来源于卫星。

对于土星光环性质，有不同的推测和争论。1655 年 C.惠更斯用改进的望远镜观测，确认土星环系是位于其赤道面上的薄而平的盘。起初有人认为环是固体的整环，1675 年卡西尼发现土星环有暗缝，提出环由大量小物体组成的。1789 年，P.-S.拉普拉斯从理论上论述了，土星环由很多小物体组成。1789 年，J.C.麦克斯韦从理论上证明了，环的每个颗粒在自己的开普勒轨道上绕土星转动。1895 年 J.基勒尔观测环的光谱，最后确证环系颗粒的转动是内快、外慢的较差转动。虽然不能直接看到环的个别颗粒，但从它们散射光和射电波的效应，可以推算它们的大小分布和性质。综合地面各种观测和飞船的探测分析研究，环系的颗粒从微尘到 10 米块体，说明是原来较大块体多次撞碎的，在环系的某些部分碰撞更频繁。颗粒主要成分都是水冰，还有一些尘埃和其他的化学物质。小的颗粒“云”是带电的，受土星磁场作用而形成“轮辐”特征。虽然旅行者飞船看到明显的“轮辐”特征，但卡西尼飞船最初却没有看到“轮辐”特征，可能是太阳照射角度不同（产生颗粒带电）原因。

关于环的起源有两种主要的假设。一种假设是，这些光环是土星的一颗被摧毁的卫星的残余；第二种假说认为土星环是由形成土星的星云物质遗留下来的。此外 E 环中的一些冰来自土卫二的间歇泉。环的水丰度呈放射状变化，最外层的 A 环是纯水冰。这种丰度差异可以用流星撞击来解释。

（胡中为　史建春）

土星空间探测　Saturn’s exploration　通过发射太空探测器或者空间望远镜对土星进行探测。土星是太阳系从中心向外的第六颗行星，也是体积在太阳系中排行第二的气态巨行星。与木星类似，土星的主要成分也是氢和氦两种元素，不过从表面看去，其条带的清晰度远不如木星。土星有着太阳系所有行星中最低的密度（低于液态水）、最宽阔壮观的光环，还有由超过 80 颗卫星组成的庞大系统，其中的土卫六是太阳系中唯一具备稠密大气的卫星，其上富含碳氢化合物成分，据信与地球在生命诞生之前的状态存在颇多相似之处。

由于土星距离地球较远，对探测器的耐久性和适应性提出了很高的要求，因此对土星系统的近距离空间探测起步也相对较晚。第一次近距离考察土星是由“先驱者”11 号在 1979 年完成的，这只是一次短暂的飞掠式考察，期间研究者第一次注意到了土星 F 环的存在。随后“旅行者”1 号和 2 号探测器在 1980 年和 1981 年先后完成了土星飞掠，其间拍摄了一批图像，并发现了土星 G 环、一系列新的土星卫星，以及土星北极独特的六边形射流构造。这些飞掠任务揭示了对土星开展系统性空间探测的可能前景。

详细而持久的土星空间探测是由 1997 年发射、2004 年入轨的卡西尼-惠更

斯号土星探测器完成的。其中卡西尼号轨道器一直环绕土星运行到了2017年，并传回了大量有关土星天气变化、磁场、光环和土星卫星的信息。而惠更斯号着陆器完成了第一次外太阳系天体软着陆，于2005年1月成功登陆土卫六。

除了近距离，**哈勃空间望远镜**、**钱德拉X射线天文台**等空间天文仪器也定期对土星开展着观测，它们所采集的数据分辨率虽然远远达不到行星探测器的水平，但因为避免了地球大气的干扰和吸收，对于土星系统的长期监测来说还是具有较大意义的。

已有研究者在探讨未来开展土星空间探测的可能性，其中包括派遣大气探测器深入土星大气深处进行实地测量，还有针对具备大气层的土卫六和很可能存在液态地下海洋的土卫二开展的详细考察，但这些任务尚未得到正式批准。 （张 博）

土星卫星 satellite of Saturn 围绕土星运行的卫星。截至2023年，已发现的土星卫星（简称土卫）有146颗，它们大多数是近年用地面大型望远镜和空间探测器发现的，其中53颗已有正式编号（罗马数字，中国用中文数字）。土卫大多以希腊神话人物的命名，例如，土卫一（Mimas）、土卫二（Enceladus）、土卫三（Tethys）、土卫四（Dione）、土卫五（Rhea）、土卫六（Titan）……土卫五十三（Aegaeon）。最大且唯一有浓厚大气的是土卫六泰坦，第二到第六大的依次是土卫五、土卫八、土卫四、土卫三、土卫二（见图），它们的直径大于1000千米，土卫中有14颗直径在10～50千米，有34颗直径小于10千米。

就轨道特征而言，24颗土卫属于“规则”卫星：轨道面（对土星赤道面）倾角小，轨道运动顺向（土星自转方向），轨道偏心率也小，包括7颗大的土卫（一至六，八）、4颗位于大卫星特洛伊轨道的小土卫、2颗（土卫十和土卫十一）共轨的；其余38颗属于“不规则”卫星：它们体积较小，离土星远，轨道倾角大，轨道偏心率大，轨道运动顺向或逆向。

土卫六 1655年被荷兰科学家**C.惠更斯**发现的最大土星卫星，太阳系的第二大卫星，其直径5150千米，比水星还大；其质量为1.345×10^{23}千克，平均密度为1.880克/厘米^3。土卫六环绕土星绕转轨道半长径为1 221 850千米，偏心率0.0292，轨道平面与土星赤道面交角为0.33°，公转周期15天22时41分24秒。土卫六的自转周期与公转周期相同，像月球那样“同步自转”。它是卫星中唯一有浓厚大气的，

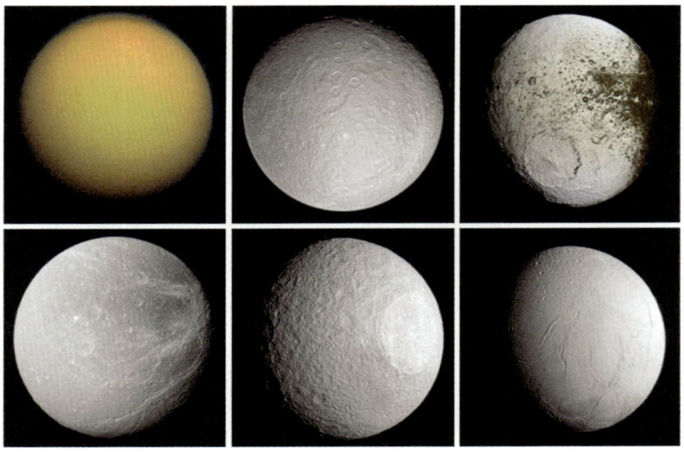

土星的六大卫星

表面达1.5个大气压，而且主要成分是氮，有多环芳烃（PAH）——可能是生命前兆。由于浓密的大气雾霾笼罩而难见其表面，卡西尼飞船和探测器发回的图像和资料显示，它有很多类似地球的地貌——高地、平原、河床、陨击坑和火山丘等，那里现在是极其寒冷（表面温度−179℃）的干涸冰原，有海洋湖泊地貌，过去发生过降雨，河床有液体流淌过，不过雨和液流不是水，而是甲烷和乙烷，“岩石”则是冻得很硬的水冰。火山则是冰火山，喷发的是水或氨-水“浆”。

土卫五 直径1527千米，是月球直径的44%，而其质量是月球的3%，密度约为1.236克/厘米^3。这种低密度表明它是由大约25%的岩石（密度3.25克/厘米^3）和75%的水冰（密度0.93克/厘米^3）组成的。它是同步自转的，前导（面向土星）半球较亮，后随半球较暗背景是由亮的断裂长纹。全球冰表面是严重陨击的，陨击坑密布，也有显著亮辐射纹系的年轻陨击坑（直径48千米），还有两个大的（约400千米和500千米）陨击盆地，但未发现内成活动证据。

土卫八 直径1470千米，是月球直径的42%，其质量是月球的2.5%，更富冰。它的轨道面倾角较大（15.47°）。也是同步自转的，前导半球暗如沥青（*反照率*0.03），而后随半球亮如雪（反照率0.5），极区也很亮，有高20千米、几乎跨过整个赤道的脊，亮、暗表面都古老和严重陨击的，至少有4个大的（直径380～550千米）陨击盆地，小陨击坑众多，也未发现内成活动证据。

土卫四 直径1123千米，含硅酸盐比水冰多些。其表面大多部分是老而严重陨击的，也有广延的槽纹网，表明过去经历全球构造活动，甚至现在也是地质上活动的。

土卫三 直径1062千米，是水冰主导的冰卫星。其表面显著特征是前导半球的大陨击坑（直径400千米）和广延（至少270°）谷系。严重陨击的多丘地貌占大部分表面。另半球有年轻的平坦小平原。

土卫二 直径504千米，其化学成分类似于彗星。其地貌复杂多样：老的严重陨击区，有年轻的平坦亮区，有些“虎纹”状断裂发出水汽和尘埃喷流，表明其南极区下面存在液态水，表面下潜在有全球海洋。

（胡中为 史建春）

湍动致宽 turbulence broadening 由湍动运动引起的谱线致宽。这种机制是S.罗斯兰德于1928年提出的。湍动是比原子的尺度大得多而比恒星的半径小得多的气体团的运动。通常把比光子自由程大的湍动称为宏观湍动，比光子自由程小的湍动称为微观湍动。在许多恒星中，都存在因湍动而出现的谱线致宽，特别是在**超巨星**中更加明显。恒星大气内的原子同时参与两种完全杂乱的运动——热运动和湍动。若视向速度在（ζ，$\zeta+d\zeta$）内的相对原子数为：

$$\frac{dN}{N}=\frac{1}{\sqrt{\pi}}\exp\left[-\left(\frac{\zeta}{\zeta_D}\right)^2\right]\frac{d\zeta}{\zeta_D}$$

式中$\zeta_D^2=\zeta_0^2+\zeta_t^2$，$\zeta_0$为原子热运动的最概然速度，$\zeta_t$为湍动的最概然速度（都指视向速度），则辐射按频率分布的形式为：

$$I(\nu)\,d\nu\propto\exp\left[-\left(\frac{\nu-\nu_0}{\Delta\nu_D}\right)^2\right]\frac{d(\Delta\nu)}{\Delta\nu_D}$$

式中$\Delta\nu_D=\frac{\nu}{c}\zeta_D$。 （李宗伟）

托勒密 Claudius Ptolemy （约公元90～168）古希腊著名天文学家。又译托勒玫或多禄某。相传他生于上埃及的一个希腊化城市，从127～141年在埃及的亚历山大城

进行天文观测。他的《**天文学大成**》十三卷是一部天文学巨著，直到开普勒时代，都是天文学家的必读书籍。书中总结了古希腊天文学的成就，根据自己发现的“出差”（见**月球运动理论**）改进了**依巴谷**的月亮运动模型，提出了完整的

日月食计算方法，建立了五大行星运动的几何模型，形成了一个完备的理论系统，标志着欧洲古代天文学体系的形成。

托勒密的著作很多：《立成表》是根据《天文学大成》中的理论编制的一套便于使用的天文表，包括这些表的编算和使用方法；《恒星出没》讨论了一年中恒星见伏出没的情况；《额捺楞马》讨论了太阳相关的球面天文学问题，用了投影几何学方法；《平面天球图》讨论了将球面上的点和圈投影到平面上，用以制作星盘的方法；《四门经》四卷是关于命宫占法的经典著作；《地理学指南》八卷，列出了当时已知地点的地理经纬度分区地图，讨论了用于地图绘制的投影和制图方法；《光学》五卷，讨论视觉以及平面镜、凸面镜和凹面镜的反射，其中第五卷讨论折射问题，列出了气-水界面上的折射表。（石云里）

椭圆星系 elliptical galaxy 星系的主要形态类别之一。因在天球上投影呈平滑无特征的圆形或椭圆形而得名。椭圆星系记为 E，同旋涡星系 S 相比没有旋臂，同透镜状星系 S0 相比没有盘。颜色比旋涡星系红，主要由年老的星族Ⅱ天体组成，通常没有典型的星族Ⅰ天体——蓝巨星，也缺乏冷星际气体、尘埃和恒星形成活动。根据哈勃分类，椭圆星系按其椭率大小可分为 E0、E1、E2、E3、…、E7 共八个次型，E0 为圆形，E7 最扁。

符合上述结构与成分特征的概称为椭圆星系，都可归为球状系统。光度和大小所涵盖的范围巨大。巨椭圆星系的光度可达−24 等；暗于−18 等的通常被归为矮椭圆星系，标记为 dE；更为暗弱的为矮椭球星系，记为 dSph，从−14 等可暗至−2.5 等。星系的有效半径R_e（内含总光度的一半）取值范围从 0.02～20 千秒差距，总体上与光度存在正相关。R_e内的平均面亮度$<\mu>_e$（星等每平方角秒）值分布在 21～31，从 E 到 dSph 依次降低。另外，观测上还发现了一类致密的矮椭圆星系 cE，其面亮度（约 20）明显高于正常的光度与大小的相关性；而与 cE 面亮度相近，但光度极暗（−10 等左右）的则称为超致密矮星系 UCD。椭圆星系的各次型除了结构参数上存在显著的区别，更可能具有不同的形成方式。

面亮度中心区最高，正常椭圆星系按沃库勒$R^{1/4}$律向边缘递减。也可以用更普遍的$R^{1/n}$律（n为 Sersic 指数）描述。dSph 和 dE 的n值通常小于 4，有的低至 1～2，接近于盘星系的指数分布；巨椭圆星系的n值可能大于 4，中心聚度更高的而外围更延展，可延至 150 千秒差距以外。

椭圆星系的真实形状为椭球，若第三轴短于另两个相等的轴，称为扁椭球；反之称为长椭球；若 3 个轴都不相等称为三轴椭球。三轴椭球的投影几何可说明某些椭圆星系等面亮度椭圆的长轴方向从内向外扭转的现象。将等面亮度线同理想椭圆的偏离作傅里叶级数展开，前三项都很小，第四个余弦项的系数若大于 0，则等面亮度线类似盘状；反之，类似盒状。前一种椭圆星系光度中等，扁度可由较快的旋转说明；而后一种光度较高，射电和 X 射线辐射较强，几乎没有整体旋转，主要依靠内部恒星的弥散速度抗衡引力。

光度与中心速度弥散度（σ）的四次方大致成正比，称为费伯-杰克逊关系；$\log R_e$、$<\mu>_e$和$\log\sigma$之间存在更好的标度关系，它们在三维参数空间中定义了一个平面，称为基本面。同旋涡星系的塔利-费希尔关系类似，这些标度关系可以提供椭圆星系形成过程的线索，也常用来估计椭圆星系的相对距离。此外，椭圆星系还存在金属丰度和光度之间的相关关系，通常光度越大金属丰度越高。

20 世纪后半叶，一系列 X 射线卫星发现许多椭圆星系存在温度高达 1000 万度的热气体晕，由热气体压强和引力平衡可准确推测星系的总质量，与其外围球状星团和行星状星云运动学数据估计的结果相吻合。由此得到质光比M/L（以太阳质光比为单位）为50～100，说明椭圆星系中也存在暗物质。

椭圆星系 NGC205

高精度测光和分光观测还表明，有的（巨）椭圆星系外围存在壳状结构，有的中心区存在反转的核，有的存在新近形成的较年轻恒星和尘埃带。这些观测证据表明，它们主要是通过星系的主并合过程形成的。（邹振隆 邵正义）

椭圆型限制性三体问题 elliptic restricted three-body problem 运动轨迹为椭圆形的限制性三体问题。见限制性三体问题。

（赵德滋）

W

万维望远镜 worldwide telescope; WWT 一款包含天文、地理等海量信息的数据可视化软件平台。支持天文地理数据可视化、望远镜控制、球幕显示、天文数据导入及漫游编辑在内的多种功能，可用于天文研究、教育及科普等多个领域。该软件最早由微软研究院设计开发，于 2008 年 5 月正式推出。2016 年该软件实现开源共享，并交由美国天文学会进行管理。2018 年中国虚拟天文台对该软件进行较完整的汉化并推出中国本地化版本。该软件可运行在微软 Windows 操作系统平台上，同时还有一个基于 HTML5 和 WebGL 的在线版本。

万维望远镜软件不但包含斯隆数字化巡天、哈勃空间望远镜、2 微米全天巡天（2MASS）等多个大型国际望远镜项目获取的天文数据，同时也提供了基于必应（Bing）地图的地理数据。该软件支持用户根据需要导入包括天文观测数据、卫星轨道数据、地理信息数据、3D 模型等在内的多种数据类型，进行快速可视化展示。具有特有的宇宙漫游制作功能，以及图层、框架、时间轴、图片动画、声音播放等模块丰富了使用者的自由度，在天文科普教育领域拥有巨大的应用潜力。（李珊珊）

万有引力定律 law of gravitation 物体间相互作用的一条定律。1687 年为 I.牛顿所发现。任何物体之间都有相互吸引力，这个力的大小与各个物体的质量成正比，而与它们之间的距离的平方成反比。如果用 m_1、m_2表示两个物体的质量，r表示它们间的距离，则物体间相互吸引力为：

$$F=\frac{Gm_1m_2}{r^2}$$

式中G为万有引力常数。根据中国引力物理学家罗俊等的最新测量结果，国际天文学联合会给出的 2023 年建议G值为 $6.674\,30\times10^{-11}$ 米^3 千克$^{-1}$ 秒$^{-2}$。万有引力定律是牛顿在 1687 年出版的《自然哲学的数学原理》一书中首先提出的。牛顿利用万有引力定律不仅说明了行星运动规律，而且还指出木星、土星的卫星围绕行星也有同样的运动规律。他认为月球除了受到地球的引力外，还受到太阳的引力，从而解释了月球运动中早已发现的二均差、出差等（见月球运动理论）。另外，他还解释了彗星的运动轨道和地球上的潮汐现象。根据万有引力定律成功地预言并发现了海王星。万有引力定律出现后，才正式把研究天体的运动建立在力学理论的基础上，从而创立了天体力学。

1859 年，法国天文学家 U.-J.-J.勒威耶发现水星近日点进动速率的数值与用万有引力定律算得的数值有偏差（见水星近日点进动问题）。以后又有人陆续发现月球运动长期加速、星光在太阳附近弯曲等用万有引力定律无法解释的现象。20 世纪后，A.爱因斯坦等许多学者又提出了各种新的引力理论。（郑学塘）

汪景琇 Wang Jingxiu（1944–05～ ）中国太阳物理学家。生于辽宁抚顺。1969 年毕业于北京大学。1970～1978 年先后在辽宁省清原县大孤家中学做教员、在清原县气象站做气象员。1978～1981 年就读中国科学技术大学研究生院，1981 年由中国科学院数理学部授予理学硕士学位；同年入中国科学院北京天文台从事太阳物理研究。1983～1984 年赴美国加州理工学院访问合作。1987 年在北京天文台获理学博士学位。1992 年起任中国科学院北京天文台（今国家天文台）研究员、2017 年起任中国科学院大学资深讲席教授。2013 年当选中国科学院院士。曾任中国科学院天文委员会主任（1998～2001），中国科学院学术委员会光电空间领域专门委员会委员（2017～ ）、国家空间科学专家委员会委员（2015～ ）。

长期从事太阳磁场和太阳活动研究，在审稿杂志发表 200 多篇研究论文，得到广泛的正面评价。主要学术贡献包括：发展太阳向量磁场观测研究的方法和概念，在国际上最早定量估计太阳活动区磁螺度，提出用自由磁能密度表征磁非势性，定量描述太阳活动中磁能积累过程；合作发现太阳表面磁通量消失的模式磁对消，基于中国向量磁场观测证实，磁对消主要表征太阳低层大气中的磁重联，对导致太阳活动中日冕爆发式磁重联有重要作用；通过前所未有的定量测量，提出太阳网络内磁元是内禀弱磁场，对太阳总磁通量有重要贡献。曾被国家教委和国务院学位委员会授予“做出突出贡献的中国博士学位获得者”称号。曾获中国科学院自然科学二等奖、一等奖、北京市自然科学一等奖各一次；因太阳磁场和太阳活动研究获 2009 年国家自然科学二等奖、2012 年中国天文学会张钰哲奖。《科学通报》编委，长期担任 *Solar Physics* 编委，参与创办中国英文学术期刊 *Research in Astronomy and Astrophysics*（RAA）并担任联合主编。（汪景琇）

王绶琯 Wang Shouguan（1923–01–15～2021–01–28）中国天文学家、教育家。生于福建福州，卒于北京。1943 年在重庆毕业于马尾海军学校。1945 年赴英国皇家海军学校留学，主修造船。1950 年改攻天文，进入伦敦大学天文台进行研究工作，1953 年回国。先后任中国科学院紫金山天文台副研究员，中国科学院北京天文台研究员（1979）、台长（1984～1987）、名誉台长（1987～1998），中国天文学会理事长（1985～1989）、名誉理事长（1989～2021），中国科学院数理学部副主任（1981～1993）、主任（1994～1996），第五、六、七、八届全国人大代表。1980 年当选为中国科学院学部委员（院士）。1998 年当选国际欧亚科学院院士。他是中国射电天文学开创者，中国现代天体物理学奠基者之一，20 世纪后期（1978～1998）成为中国天文学发展的领路人。

回国后，王绶琯在紫金山天文台参加恢复天体物理观测工作，在上海徐家汇观象台负责提高授时精度的任务。提出将光电记录方法用于棱镜等高仪，后中国制成的光电等高仪实现了当时国际同类仪器最高精度。1958 年，参加北京天文台筹建工作。1959 年主办全国“射电天文讲习班”，培养了一批射电骨干人才。先后主持建成太阳米波多天线干涉仪（1967）、分米波复合干涉仪（1974）、密云米波综合孔径射电望远镜（1984）。20 世纪 80 年代初提出太阳爆发可能存在极短时标精细结构，后被观测证实，得到国际同行高度重视。90 年代提出并推进脉冲星实测研究项目，托举了 500 米口径球面射电望远镜（FAST）的立项。

为打破天文研究长期缺乏天体光谱的瓶颈，20 世纪 80 年代末提出超大规模有缝光谱巡天思想，与苏定强等共创大天区面积多目标光纤光谱天文望远镜（LAMOST）的基本方案，被国家列为重大科学工程（并担任科技委主任），成为世界天文大规模光谱观测的典范。2008 年 LAMOST 由崔向群带领技术团队建成，成为中国光学天文学研究的最主要平台。

1999 年王绶琯发起成立了北京青少年科技俱乐部，旨在为明日杰出科学家铺路搭桥。创设的青少年科学教育范式为国家采纳推广。

王绶琯为中国科学事业发展做出重大贡献。1978 年全国科学大会上被表彰为全国先进科技工作者，1985 年获国家科学技术进步奖二等奖，1996 年获何梁何利科技进步奖、同年获全国先进科普工作者称号。2012 年获中国天文学会 90 周年最高荣誉奖，2018 年当选中国十大科学传播人物，2019 年获中国科学院杰出科技成就奖，2021 年被授予第八届全国道德模范荣誉称号。

1993 年 3171 号小行星被命名为王绶琯星，永耀苍穹。（韩金林）

王锡阐 Wang Xichan（1628-07-23～1682-10-18） 中国明清之际的民间天文学家。字寅旭，号晓庵。生于江苏吴江震泽，卒于江苏吴江震泽。17 岁时，明朝覆亡，他放弃科举，致力于学术研究，尤其爱好天文，常竟夜仰观天象。每遇日、月食，必以实测来检验自己的计算结果。去世前一年，虽已疾病缠绵，仍坚持观测。王锡阐生活在耶稣会士东来、欧洲天文学开始传入中国的时期，对于应否接受欧洲天文学，当时中国学者有三种不同态度：一种是顽固拒绝，一种是盲目接受，他则持批判吸收的第三种态度。从当时集欧洲天文学大成的《崇祯历书》入手，对其前后矛盾、互相抵触之处予以揭露，对其不足之处予以批评，进而在吸收欧洲天文学优点的基础上，发展了中国天文学，写成《晓庵新法》（1663）和《五星行度解》（1673）等书。《晓庵新法》共 6 卷，运用传到中国的球面三角学，首创计算日月食的初亏和复圆方位的算法，以及金星凌日和五星凌犯的算法。后来都被清政府编入《历象考成》，成为编算历法的重要手段。《五星行度解》是王锡阐在第谷宇宙体系的基础上建立的一套行星运动理论。他认为五大行星皆绕太阳运行，土星、木星、火星在自己的轨道上左旋（由东向西），金星、水星在自己的轨道上右旋（由西向东），各有各的平均行度；太阳在自己的轨道上绕地球运行，这轨道在恒星天上的投影即为黄道。他据此推导出一组公式，能预告行星的位置。他还考虑到日、月、行星运动的力学原因，但错误地认为这些是因假想的“宗动天”（恒星所在的天球外的一层天球）的吸引所致。（陈美东）

王恂 Wang Xun（1235～1281） 中国元代天文学家、数学家。字敬甫，中山唐县（今河北省唐县）人。生于元太宗七年，卒于元世祖至元十八年。幼承父学，通天文、数学。后从忽必烈的谋臣刘秉忠到邢台附近的紫金山读书，和郭守敬同学。元宪宗三年（1253）因刘秉忠的推荐，被忽必烈召见于六盘山，受任太子伴读。后升太子赞善、国子祭酒等职。至元十三年（1276）奉命主持改历，和郭守敬等组织太史局（后改称太史院），王恂任太史令。王负责推算，郭负责制仪和观测。至元十七年，编成新历——《授时历》。次年因丧父忧伤过度而逝。（潘鼐）

望 full Moon 月球与太阳的地心黄经相差 180°的时刻。又称满月。见月相。

望远镜机械结构 mechanical structure of telescope 安装各种光学电子零部件以及其他设备并维持望远镜运转的机械装置。一般望远镜机械结构主体由镜筒和机架两大部分组成。

镜筒 主要功能是安装望远镜的光学系统和接收器，并保持二者之间的正确位置。它由镜筒筒体和光学系统零部件的安装调整机构组成，大型反射望远镜以主镜、副镜和焦面的支撑调整机构为主。

新技术望远镜的机械结构较特殊，包括可校正镜面面形或子镜位置和方向的“促动器”，并且其副镜或焦面多采用自动或可控的调整机构（见主动光学和自适应光学）。

筒体为镜筒部件的外壳，其外部设有与机架第二轴连接的法兰，内部安装望远镜光学系统。筒体有封闭式（薄壁结构）和桁架式两种类型。封闭式镜筒的优点是可以避免外界杂散光进入光学系统；桁架式镜筒多用于大型望远镜，其优点是重量轻，通风良好而镜筒视宁度好，并且可以采用“平移桁架”设计，以保持主镜和副镜（或焦面）的相对位置精确不变。

机架 主要由基座、轴系及驱动机构三部分组成。

基座为整台望远镜的基础，望远镜通过它固定于观测室的地基或基墩之上。

为了使望远镜可观测天球上的任意目标，镜筒必须具有两维旋转自由度，因此其轴系至少有两根正交的机械旋转轴：第一轴和第二轴。机械旋转轴由轴体和轴套组成，两者之间通过轴承可以实现灵活地相对转动。第一轴的轴套在基座之上，轴体上装有第二轴的轴套，第二轴的轴体上装有安装镜筒的法兰结构。由此可见望远镜的两轴为“串联”关系。

轴系所用轴承主要有机械滚动轴承和静压油垫轴承两种。后者的特点是承载能力大而摩擦系数小（10^{-6}～10^{-5}），缺点是结构较大、制造成本较高、易漏油等，多用于大型望远镜的第一轴。

望远镜机架按第一轴的方向的不同分为三种类型（见图）：①第一轴指向天极的为赤道式机架，两轴分别称为赤经轴（简称极轴）和赤纬轴（简称纬轴），其特点是用一根轴便可实现跟踪，小型和传统意义的恒星望远镜（5 米以下）多用此结构。②第一轴指向天顶的为地平式机架，两轴分别称为方位轴和高度轴，其特点是结构对称，体积小，重量轻，但天顶有盲区。大型（新技术）望远镜多用此结构。③第一轴指向南（北）点的为水平式机架，两轴分别称为水平经轴和水平纬轴，其特点是结构对称，盲区在很少观测的南（北）点，此结构仅用于少数人卫望远镜。望远镜初次安装后必须精确地调整第一轴的方向，为此，基座或第一轴的轴套应具有两维方向微调机构。

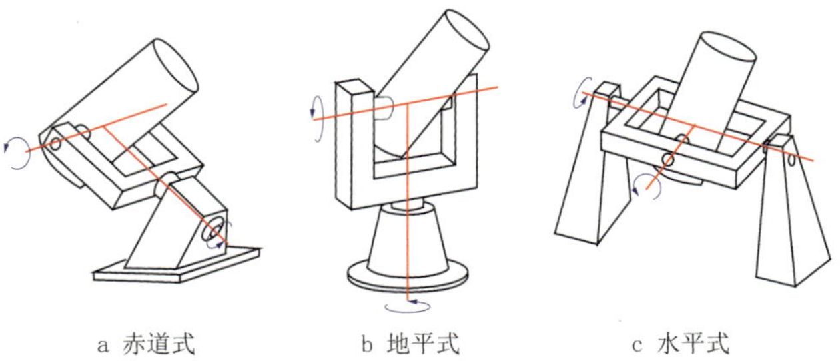

a 赤道式　b 地平式　c 水平式

按第一轴方向区分的机架类型

一般机械轴至少具有两个轴承，以确定其方向。根据转动部件处于两个轴承之间还是之外的不同设计，赤道式望远镜机架又衍生出叉式、德国式、英国式、马蹄式等各种类型（见赤道式装置）。地平式望远镜一般都采用叉式结构，为了减小高度，大型地平式望远镜的方位轴往往采用“盘轴（或扁轴）”形式，相应采用静压油垫支撑而以机械滚动轴承定心。

望远镜轴系的驱动机构有蜗轮蜗杆机构、齿轮机构和摩擦轮机构等或者它们的组合，并可以是多级串联的机构。为了避免传动间隙和减小迟滞，采用电机直接驱动方式已成为一种趋势。

一般望远镜机架上设有提供角位移和角速度的传感器（增量或绝对码盘）、旋转轴限位装置和缓冲保护机构等。

除了镜筒和机架两大部分外，望远镜的机械结构还包括导星镜、寻星镜以及终端仪器的安装调整机构和像场消旋器。

望远镜作为大型精密光学仪器，它对机械结构的要求表现在两方面：

①当望远镜运行时，重力方向相对于镜筒是不断变化的，这种变化必然会引起其光学元件本身的变形，并影响到光学系统各部分之间的相对位置关系。对此，一般小型望远镜通过提高结构刚度的办法加以克服；对于大型（1～6 米）传统望远镜则采取“等柔”设计的方式来解决，如平移桁架和主镜浮动支撑机构等，属于“被动维持”的结构；对于新技术望远镜，其光学系统用特殊的机构和控制系统来实现“主动调整”，原则上不受重力方向变化和温度场变化的影响。

②为了迅速找到目标并进行高精度跟踪，望远镜机械结构应具有高灵敏度、高精度（涉及机构精度）以及快速（涉及机构强度和刚度）平稳转动的性能。

（胡企千　乐中宇）

望远镜控制系统　telescope control system　用于对望远镜结构各组成部件进行不同物理量控制和操作的系统。以实现望远镜的快、慢、微动、恒动或不同天区的变速控制、实现自动跟踪和像场消旋的补偿；实现望远镜光学系统的焦距补偿。望远镜控制系统是望远镜的重要组成部分。在没有人直接参与和操作下，利用多个不同的自动控制装置使望远镜能够修正结构弯沉、传动系统的缺陷和大气折射等因素所引起的误差，提高定位和跟踪的精度，从而实现望远镜的自动定位和圆顶、风帘的随动。对于极为暗弱的天体，可利用自动控制装置存贮所要观测暗星的坐标位置，找出最接近的导引亮星，实现对暗星的消差导引。自动控制装置还能自动补偿因温度变化而引起的焦点位置的偏移，自动调整副镜准直；对于应用拼接镜面*主动光学*系统的拼接主、副镜镜面，可根据望远镜的轴角位置变化，控制力促动器施加力的大小，消除面形误差。对于应用油（气）垫支撑系统的主镜室，可按照镜筒倾斜角自动调节各个油（气）垫内的压力，使主镜保持正确的位置。控制装置可以完成各种重复性的观测动作，实现望远镜的无人操作，以消除观测者体温对成像质量的影响，控制装置还可以根据望远镜的结构、电器装置的合理使用范围进行各种方式的保护控制、保证望远镜安全有序运行。

望远镜控制系统就是由望远镜的各部分被控对象和自动控制装置按一定光、机、电结构形式连接，有配套的系统软件、应用软件、程序控制软件、编译软件和各种接口软件支撑的软、硬件有机组合体。望远镜与被控对象的控制装置采用计算机总线或网络连接，甚至把装有单片机系统的控制装置制成不同功能的控制卡，插在控制计算机的总线槽中，组成完整的望远镜控制系统。在控制机的统一指令下，有序操作望远镜各部分工作，接收运行或故障信息，实现望远镜对天体的跟踪观测。

望远镜控制系统的自动控制装置的控制方式不完全相同，有的采用闭环控制（望远镜跟踪轴），有的采用开环控制（小型望远镜调焦控制），有的采用恒值控制，有的采用变速跟踪和随动控制。

望远镜转轴控制和调焦控制是望远镜控制系统的最基本组成部分。

望远镜开环控制主要应用步进电机驱动负载力矩较小的副镜调焦。自动控制装置都由单片机系统（SOC）和控制接口组成，承担望远镜中各个具体物理量的控制。

望远镜转轴控制应用闭环控制，包括输入、反馈信号，控制放大器、执行电机、机械传动机构、控制对象（望远镜）、速度传感器等多个环节组成。其中：控制放大器已由性能更优越的单片机系统集成而替代。精密机械传动箱曾经是望远镜制造的一个难点，由于加工、安装误差，机械传动结构内的间隙是望远镜控制系统非线性误差的主要来源。基于力矩电机优越的低速驱动性能，互换式、双电机消隙驱动、摩擦驱动和直接电机驱动控制是望远镜跟踪控制的主流方案，大大简化了传动结构，提高了望远镜跟踪精度。测速发电机、感应同步器、旋转变压器、增量式和绝对式光栅编码器都曾经在望远镜控制系统中应用，由于体积小、分辨率高、易于单片机读取数据、安装调试方便，带细分处理的增量式光栅编码器已成为望远镜控制系统的主要配置。

（沈磐安　汪达兴）

望远镜像质评价　image quality evaluation　对光学系统成像质量进行的衡量和评定。*天文望远镜*中常用的几种像质评价指标包括点列图、*波像差*和斯特列尔比等。

点列图　由物点发出的光线经过望远镜的光学系统成像，由于各种几何*像差*的存在使得各条光线在像面上不能会聚于一点，而是形成了一个散布在一定范围的弥散点阵，称为点列图。点列图中点的分布能够近似代表点像的能量分布，因此这些交点越密集，成像质量越好。选择一个基准点，如所有点的平均位置（即重心）或主光线与像面的交点等，用各点与基准点的距离可表征点图的大小。通常用最大像斑，RMS 像斑和光能集中度等量描述像斑的大小。最大像斑的半径是像斑中距基准点最远的点到基准点的距离。RMS 像斑的半径是所有点到基准点的距离的均方根值。光能集中度是在一定范围内所包含的点数占总点数的百分数（假设每根光线所代表的光能量相等），如 50%、80%、100%等光能量分别对应的像斑直径或张角。

点列图是天文望远镜的设计和检验中最常用的评价方法，也是一种方便易行，形象直观的方法，根据点图可以得知像的形状、弥散尺寸及能量分布等情况。

波像差　一个物点发出的光经过理想光学系统后，其波面是以其像点为中心的球面。实际的光学系统都是有几何像差的，所以来自一个物点的光经过光学系统后，实际得到的波面不是球面，与球面偏离越大，像质越差。将实际波面与一个适当选取的球面（理想波面）或平面进行比较，两者之间的光程差（两个面之间的光线长度的径向差与所在介质的折射率的乘积）即波像差。波像差通常以波长为单位，常用均方根值（RMS）和峰谷值（PV）表示波像差的大小，均方根值是计算的所有光线的光程差的均方根值，峰谷值是所有光线光程差的最大正值和最大负值的绝对值之和。1879 年 T.B.瑞利提出当实际波面与理想波面之间的最大波像差不超过$\lambda/4$时（λ是波长），则剩余像差对成像质量没有明显的影响，即可认为成像是完善的。这个也是长期以来用于评价光学成像质量的一个经验标准，称为瑞利判据。根据瑞利判据，光学系统的波像差达到$\lambda/4$（峰谷值）时，即达到衍射极限。

光学传递函数　*光学传递函数*可以定量描述物体频谱中各个频率成分经过光学系统的传播情况，反映物象之间的变化，可以对成像质量做出评价。在物平面上，任何物体的光强分布都可以分解成为许多正弦波光强度分布的叠加。正弦波光栅通

过光学系统后仍然是正弦波光栅，但由于衍射和像差的影响，光强度的最大值会减小，而最小值会增大，这样像的调制度与物体的调制度相比就降低了。正弦波光栅成像后，除了强度会改变外，还会有相位的变化，这种现象叫作相位传递，也与空间频率有关。公式表示如下：

$$H(u,v)=|H(u,v)|\exp[i\varnothing(u,v)]$$

式中u、v为像面的空间频率；$H(u,v)$为光学传递函数，其模值$|H(u,v)|$称为对比传递函数或调制传递函数，其幅角$\varnothing(u,v)$称为相位传递函数。利用几何或物理方法求得光学系统的**点扩展函数**后，经过傅里叶变换即可计算出光学传递函数。

斯特列尔比　斯特列尔比（Strehl ratio）是实际光学系统的点扩散函数的中心亮度（峰值）与无像差的理想光学系统的衍射点扩散函数的中心亮度之比，通常用于测量对像质要求高的光学系统的成像质量。按照瑞利标准，光学系统的波像差达到$\lambda/4$（λ是波长，$\lambda/4$指峰谷值，RMS约为$\lambda/14$）时，即达到衍射极限，与此对应的斯特列尔比约为0.8。（袁祥岩）

威耳孙，R.W.　Robert Woodrow Wilson（1936-01-10～　）美国天体物理学家。生于美国休斯敦。1957年本科毕业于莱斯大学，随后进入加州理工学院做研究生，1962年获博士学位。1963年任职于贝尔实验室，1976年任射电物理学研究室主任。1978年任布法罗纽约州立大学物理教授。1977年同**A.彭齐亚斯**获美国国家科学院德雷珀奖章，1978年同彭齐亚斯获诺贝尔物理学奖，1987年获美国成就学会金牌奖。2009年当选美国哲学学会会士。

在贝尔实验室和彭齐亚斯合作，用**射电望远镜**于1965年观测到宇宙背景微波辐射，被认为是**大爆炸宇宙学**的一个重要观测证据。为此他们获1978年诺贝尔物理学奖。还从事毫米波射电天文学研究，发现一氧化碳等多种星际分子；测量了星际同位素，特别是氘同位素的丰度；探测银河系中的暗云，由此证实了热宇宙模型，这是他对宇宙学和天体物理学做出的又一贡献。此外，他研究了微波固体器件和集成电路。（郭奕玲　石云里）

微黑子　microspot　用白光观测到的日面上亮度比光球暗而没有半影的斑点。最小的微黑子的一般直径为1″～5″（相当于700～3500千米）。微黑子的视亮度不到光球的视亮度的65%，温度低于5600k，其单位面积辐射功率为3×10^7瓦/米^2。微黑子的磁场非常密集，磁场强度大于1400高斯，并且较为均匀，但在边缘小于0.5″处突然下降。微黑子的寿命约几小时。它们出现在**米粒组织**之间，常常是黑子的初始阶段。如果半径超过1750千米，一般就产生半影而形成黑子（见**黑子本影和半影**）。（胡福民）

微类星体　microquasar　恒星级的**类星体**。因与类星体具有类似的物理特征和过程而得名。微类星体是**X射线双星**，**吸积盘**中的物质在流向黑洞或中子星的过程中，一部分形成双极喷流向外抛射，产生射电辐射。喷流往往是高度准直的，运动速度可接近光速。SS433和GRS1915+105是著名的微类星体。（李向东）

微通道板　microchannel plate　一种光子探测技术。多用于紫外波段，也可用于X射线天文观测或对电子、离子、带电粒子等的探测。微通道板的本质是在含铅玻璃板或硅片基质上加工出的诸多紧凑排列的管道，它们两端开放、截面呈方形、多边形或圆柱形。一块典型的微通道板上的通道数量可达百万甚至千万的量级，各通道宽度大者不过毫米级，最小只有数微米到十余微米，且彼此大小一致。

对于微通道板光子探测器而言，每个通道充当的是微型光电倍增管。当光子从板的一侧射入某条通道时，会让通道侧壁释放出一个电子。如下图所示，此时若对板的两侧整体加以电压，以使各条通道中形成电场，形成于通道内的次级电子就会被加速，进而再次撞击通道壁，并释放出更多电子，以此类推，从而导致生成次级电子的雪崩式事件。这样的强电子信号随后被吸引到带有正电压的阳极阵列并读出。为了提升量子效率，还可以在管壁涂以高性能光电发射体。通过改变发射体类型（它决定了可发生光电倍增事件的光子频率下限），就可以适应不同能量光子的探测需要。COS天文卫星、GALEX星系演化探测器、极紫外探测器等**紫外天文卫星**均采用了微通道板作为其主力探测器。

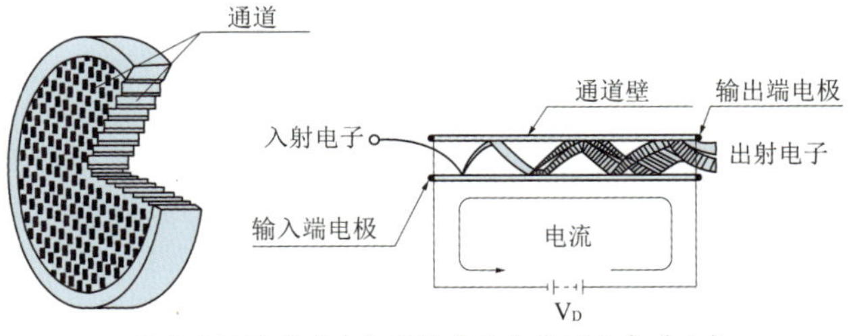

微通道板外观（左）及信号放大原理示意（右）

在X射线能段，由于微通道板加工难度较大，且现有X射线CCD等元件的量子效率可以满足需求，因此微通道板并非光子探测器的主流选择。不过以大视场、大接收面积为优势的**龙虾眼光学系统**却是以微通道板作为基础来构筑光路的，在这里，通道的侧壁充当的是光子反射装置，每个通道相当于一架微型掠射镜，来自天体的X射线在此发生大入射角掠射，最终聚焦。未来这种基于微通道板技术的光路将用于多个空间天文卫星项目，如中国的**爱因斯坦探针**、欧洲空间局的雅典娜望远镜等。（张　博）

韦斯，R.　Rainer Weiss（1932-09-29～　）美籍德裔理论物理学家和天体物理学家。生于德国柏林。1938年随家人移民到美国。1955年本科毕业于麻省理工学院，1962年获得该校博士学位。1960～1962年任教于塔夫斯大学，1962～1964年在普林斯顿大学从事博士后研究，1964年回到麻省理工学院任教。

主要成就集中在**宇宙微波背景辐射**特征测量和**引力波**测量两个方面，是这两个领域从诞生走向成熟的推动者。他利用气球实验对宇宙微波背景辐射进行过开创性测量，后来又成为美国国家航空航天局宇宙背景探测者（COBE）项目的共同发起者和顾问。20世纪60年代晚期，受J.韦伯关于引力波测量工作的激发，他产生了利用激光干涉仪测量引力波的思想，在1972年发表文章公布了自己的想法，先后试制了干涉臂为1.5米和30米的原型机，形成了自己的研究团队，提出了利用长基线天线系统进行测量的思想，加入了激光干涉引力波天文台（LIGO）项目的策划和实施。在美国国家科学基金资助下，初始LIGO于2002年建成并投入试运行。经过两次升级后，LIGO

在 2015 年 9 月 14 日探测到第一个引力波信号。经过研究，发现这是两个约为 30 倍太阳质量的黑洞在合并过程中产生的。这是人类首次直接观测到引力波的实际存在，也是首次观测到双黑洞合并的现象。2016 年 2 月 11 日，巴里什在欧洲核子中心向科学界公布了这一发现。2017 年，他与 K.S.索恩和 B.C.巴里什“因对 LIGO 探测器及引力波探测的决定性贡献”而共同获得诺贝尔物理学奖。

先后当选美国艺术与科学院院士（1998）、美国国家科学院院士（2000）以及美国天文学会遗产会员（2020），曾先后获美国航空航天局的成就奖（1983）、团队成就奖（1990）、杰出科学成就奖章（1991）和团队成就奖章（1991），美国国家空间俱乐部科学奖（1994）、法国尼斯天文台奖章（2003）、耶鲁大学和国际天文学联合会格鲁伯宇宙学奖（2006 和 2016）、美国物理学会爱因斯坦奖（2007）、俄罗斯基础物理学奖基金会基础物理学特别突破奖（2016）、中国香港邵氏基金会邵逸夫天文学奖（2016）、挪威科学与文学院卡夫里奖、以色列技术研究所哈维奖（2016）、美国量子电子物理学学会兰姆激光科学与量子光学奖（2017）、西班牙阿斯图里亚斯亲王奖（2017）、美国天文学会韦伯天文仪器奖（2018）。 （石云里）

梶田隆章 Takaaki Kajita（1959-03-09～ ） 日本物理学家、天文学家。生于日本埼玉县东松山市。1981 年毕业于埼玉大学理学部物理专业，1986 年获东京大学理学博士学位。毕业后留校担任理学部助教，2008 年进入该校宇宙射线研究所工作，1992 年晋升副教授，1999 年晋升教授并担任该所所长。2007 年之后，他还担任该校宇宙物理与数学研究所研究员，是长岗引力波探测器的主要研究人员。1987 年获日本朝日新闻文化基金会朝日奖，1989 年获美国天文学会高能天体物理分会罗西奖，1998 年再获朝日奖，1999 年获第 45 届仁科芳雄奖，2002 年获美国物理学会粒子物理与场论分部潘诺夫斯基实验粒子物理学奖，2010 年获首届户冢洋二奖，2012 年获日本学士院奖，2015 年获诺贝尔物理学奖，同年获日本文化勋章、柏市民特别功劳奖、埼玉县县民荣誉奖。2016 年获俄罗斯基础物理学奖基金会基础物理突破奖。2020 年当选日本学术会议会长。

在小柴昌俊和户冢洋二的指导下开展对中微子的研究。借助于神冈探测器，户冢–梶田实验团队对宇宙射线在地球大气层散射所产生中微子进行测量。1988 年，他们发现 μ 中微子与电中微子的数量比率仅达到理论预言的 60%，被称为“大气中微子反常”。1994 年，他们又发现该比率与中微子在地球内部的移动距离有关，意味着中微子振荡的存在。1996 年，他们将神冈探测器升级为超级神冈探测器（Super-K）。新的观测数据表明，宇宙射线在地球大气层因散射所产生的 μ 中微子会在经过地球内部的途中变型为 τ 中微子，这证实了中微子振荡的现象，也证实中微子带有质量。1998 年，梶田在“中微子物理学·宇宙物理学国际会议”上首次公布这一结果，引起轰动。2015 年，A.B.麦克唐纳与梶田隆章因“发现中微子振荡，由此证明中微子存在质量”同获诺贝尔物理学奖。 （石云里）

卫星 satellite; moon 在围绕行星、矮行星和小行星（或其他小天体）的轨道上运行的天体。又称天然卫星（natural satellite 或 moons），以与人造卫星相区别。英文 satellite 在未加修饰语 natural 时常指人造卫星，与中文“卫星”的语义有所区别。

太阳系的 8 颗行星中除水星和金星外的 6 颗都带有自己的卫星。冥王星、阋神星、鸟神星和妊神星 4 颗矮行星也带有卫星。截至 2021 年 11 月，发现的小行星卫星超过 400 颗。

认识史 人类最早认识的卫星就是围绕地球运行的月球。但在尊奉地心说的年代，月球的地位与其他行星相同，直到日心说确立，才明确成为地球的卫星。1609 年伽利略发现了木星的四颗大卫星，1655～1686 年，C.惠更斯和 G.D.卡西尼又先后发现了土星的 5 颗卫星。随后的 200 多年里，不断有新的发现，1787 年发现了天卫四，1846 年发现了海卫一，1877 年发现了火星的两颗卫星，1978 年发现了冥卫一（喀戎）。从 1979 年旅行者 1 号探测木星开始，航天器成为发现新卫星的利器。1994 年，在分析伽利略航天器传回的图像时发现了小行星 243 Ida 的卫星。

运动 按轨道运动特性，天然卫星常可归入两大类。一类是规则的，轨道接近圆形，倾角小，离主星较近且顺行；另一类与此相反，是不规则的，偏心率和倾角都较大，远离主星且逆行。前者据信与主星一同诞生于原行星盘同一区域的坍缩，后者据信是被捕获的小行星或碰撞产生的小行星碎片。大部分较大卫星都是常规的，而大部分较小卫星都是不规则的。月球和冥卫一是两个例外，它们可能产生于两个较大星子的碰撞。海卫一是另一种例外，轨道圆且靠近主星，卫星大而且逆行，据信是一颗被捕获的矮行星。

与月球一样，大部分规则卫星的自转周期与公转周期相等，总以同一面朝向主星，这是主星潮汐作用的结果，称为潮汐锁定。土卫七是一个例外，由于土卫六引力的影响，其自转是混沌的。巨行星的不规则卫星离主星很远，未被潮汐锁定。例如木卫六土卫九海卫二的自转周期都只有几十小时，而它们的公转周期却长达数百天。行星的潮汐作用还会瓦解天然卫星的卫星系统，这可能是没有发现这类天体的原因。

土卫三和土卫四两颗卫星还有各自的特洛伊卫星在轨道上的拉格朗日平衡点 L4 和 L5 伴随运行，就像木星–特洛伊群小行星伴随木星那样。伴随土卫三的两颗卫星是土卫十三和土卫十四，一个领先 60°“前导”，一个落后 60°“护卫”；伴随土卫四的两颗卫星是土卫十二和土卫三十四。

形状和大小 尺度为 424 千米 × 390 千米 × 396 千米的海卫八是不规则形状天然卫星中最大的，尺度 480 千米 × 468 千米 × 466 千米的天卫五的形状已经相当规则了。其余比天卫五大的卫星都已经成为流体静力学平衡的圆椭球体。潮汐锁定的较大天然卫星呈卵形：极轴最短，赤道上指向主星方向的主轴最长，指向其他方向的轴较短。例如土卫一（见图）的主轴比极轴长 9%，比其他方向的赤道轴长 5%。对于月球那样的大天然卫星，主星相对较轻而卫星距离很远，潮汐效应对形状的影响变得微乎其微。

太阳系中最大的三颗卫星是半径 2634

土卫一

千米的木卫三、2476 千米的土卫六和 2410 千米的木卫四，1737 千米的月球居于第五。至于卫星大小的下限，已经发现的有直径小到 1 千米的。太阳系卫星的质量与主星相比一般都很小，因而系统的质心都位于主星的表面之下。当这个值足够大时，系统的质心就会移到主星体外，例如冥王星和卫星冥卫一就是这种情形，有人据此认为它们是双矮行星系统。（李广宇）

卫星测高 satellite altimetry 利用人造地球卫星携带的测高仪，测定卫星到瞬时海平面的垂直距离的技术和方法。卫星测高的概念由美国大地测量学者 W.M.考拉在 1969 年首次提出。20 世纪 80 年代以来，计算机技术和空间技术高速发展，卫星测高追随着卫星遥感遥测技术的应用发展起来。1973 年美国国家航空航天局（NASA）发射了第一颗带有测高仪的原理性试验卫星 Skylab-193，已有 Geosat、ERS-1、Topex/Poseidon、GFO、ERS-2、Envisat、Jason-1、Spot 等主要测高卫星的资料可以利用，截至 2021 年 5 月正在执行的任务有 Sentinel-3、Jason-3、Saral、Cryosat、Jason-2、CFOSat、Jason-CS-A 等测高卫星，中国已先后发射海洋一号（HY-1）和海洋二号（HY-2）海洋卫星。

卫星测高主要利用卫星测高仪来实现其功能，卫星测高仪是一种星载的微波雷达，由发射机、接收机、时间系统和数据采集系统组成，根据卫星测高仪获取的海洋面至卫星的高度，确定海洋大地水准面（见**大地水准面**）和海面地形，并通过数据处理和分析，来研究大地测量学、地球物理学和海洋学方面的问题。卫星测高的基本原理是：利用卫星上装载的微波雷达测高仪，辐射计和合成孔径雷达等仪器，以一定的脉冲重复频率向地球表面发射调制后的压缩脉冲，经海面反射后，由接收机接收返回的脉冲，实时测量卫星到海面的距离、有效波高和后向散射系数，通过测定微波从卫星到地球海洋表面再反射回来所经过的时间及返回的波形来确定卫星至海面星下点的高度。根据已知的卫星轨道和各种改正（包括卫星的地心向径、地球椭球体面的地心向径、轨道改正、仪器改正、大气改正、海洋物理改正等），来确定某种稳态意义上或一定时间尺度平均意义上的海面相对于一个参考椭球高或海洋大地水准面的海拔高。卫星发射雷达波束到达海面的波迹半径为 3～5 千米，测高仪测得的距离相当于卫星天线相位中心到这个半径为 3～5 千米圆形面积内海面的平均距离。卫星雷达脉冲从卫星到地球海洋表面再返回卫星必须穿过大气层和电离层，由于微波在大气介质中传播时会受到各种影响，因而使得卫星测高仪的测量值并不等于在理想情况下卫星质心到海洋表面的瞬时距离，还需要进行各种改正。

海洋卫星测高技术历经由单频到双频、单波段到多波段，测高精度从米级发展到厘米级，地面轨迹分辨率达到 $1' \times 1'$～$2' \times 2'$。随着传统高度计与干涉计联合使用的宽幅卫星测高以及**全球导航卫星系统**（GNSS）等新技术的联合应用，卫星测高精度、分辨率有了很大的提升，它可以在全球范围内全天候地多次重复、准确地提供海洋、冰面等表面高度的观测值，为海洋学、大地测量学及地球物理学的相关研究积累了丰富的数据。卫星测高已成为全球气候观测系统 GCOS 和全球大地测量观测系统 GGOS 的一个重要组成部分。随着卫星测高资料的不断补充和积累，以及新的数据处理手段的提出和改进，卫星测高技术的研究和应用领域将得到进一步拓宽和深化。（王虎彪）

魏茨泽克，C.F.von Carl Friedrich von Weizsacker（1912-06-28～2007-04-28）德国物理学家、哲学家和天文学家。生于德国基尔，卒于德国施塔恩贝格附近的

瑟金。1929～1933 年在柏林、格廷根和哥本哈根先后追随 W.海森堡、N.玻尔和 F.洪特等名师学习物理学、天文学和数学，最终获得博士学位。1936 年获得在大学授课的资格，同年成为柏林的威廉皇帝物理研究所研究人员。1955 年成为斯特拉斯堡大学理论物理学教授。

1937 年提出恒星能源的机理。1944 年提出太阳系起源的星云旋涡说，主要观点是：太阳形成后残留的气体和尘埃，因自转而变为盘状。盘内存在旋涡，逐渐演变为准稳排列；每个同心环内出现五个旋涡。环与环之间，旋涡与旋涡之间产生次级旋涡，行星即在其中形成。上述假说避免了**灾变说**的某些困难，但也带来了新的问题。他还研究过天体物理学和宇宙学以及恒星和星系演化的若干问题。在哲学方面也有很多著述。他的主要著作有《物理世界》《当代物理学》（与尤伊弗斯合著）、《自然界的统一性》。（陈美东 石云里）

温室效应 greenhouse effect 行星表面受到来自大气的辐射加热而温度升高的现象。行星大气如果含有辐射活跃气体（即温室气体），就会向四面八方辐射能量，其中一部分会向下辐射加热地面，使地面温度高于没有大气时的温度。温室效应的强度即能量向下辐射的强度，依赖于大气温度和温室气体的含量。

物体都向外辐射电磁波，其波长依赖于物体的温度。温度越高，辐射的波长越短，能量越高。太阳以紫外、可见和近红外三个波段向外辐射能量。太阳辐射的能量到达大气层顶后有 26%被反射回到空间，19%被大气吸收，其余部分到达地面并被地面吸收。大气和地面吸收太阳能量后温度升高，又以长波形式向外辐射能量，降低温度，直至达到平衡。

大气中的温室气体不会阻止波长较短的太阳入射能量，但会强烈吸收地面向外辐射的长波，而后以更长波长辐射，其中一部分又会回到地面，并对地面再次加热，地面因吸收额外的能量而温度升高，形成温室效应。

地球大气中影响最大的 4 种温室气体是水蒸气、二氧化碳、甲烷和臭氧，对地球温室效应的贡献依次为 36%～70%、9%～26%、4%～9%和 3%～7%。

地球上正常的温室效应对生命活动至关重要。人类活动，特别是燃烧化石燃料和砍伐森林，都大大加剧温室效应，以致引起了全球性气候变暖。

“温室效应”一词最早由瑞典气象学家 N.G.埃克霍尔姆在 1901 年用于引起地球变暖的过程。该词本意是指太阳辐射穿过玻璃加热温室的过程，这主要是通过减少空气流动和把温暖空气留在室内达到的，与现在所说行星大气加热表面的过程并不相同。

除地球以外，太阳系天体中存在温室效应的还有火星、金星和土卫六。金星上的温室效应由于浓密二氧化碳大气而格外严重。火星上的温室效应因大气稀薄而作用有限。土卫六则由于大气吸收太阳辐射而对红外辐射较为透明，存在逆温室效应。（李广宇）

稳恒态模型 steady-state model 1948 年，英国天文学家 H.邦迪、**F.霍伊尔**和 T.戈尔德共同提出的一种宇宙模型。它以完全宇宙学原理为前提，认为宇宙的性质在大尺度时空范围内稳恒不变。不仅在空间上是均匀的、各向同性的，而且在时间上也处于稳定状态，尽管宇宙并非静止。稳恒态宇宙模型可避免大爆炸理论的奇点困难，但要求在**宇宙膨胀**过程中物质密度不变，物

质就必须连续不断地从虚空中创生。诞生率是平均每 100 亿年在一立方米体积内产生一个氢原子。这样就违背了一些普遍适用的守恒律，如重子数守恒、轻子数守恒、质能守恒等定律。从观测角度来看，稳恒态宇宙模型所预言的**星系分布**和射电源计数显示的宇宙演化与实际不符。特别是根据这种模型也难以解释**宇宙微波背景辐射**，因而 1965 年以后在与大爆炸模型的竞争中失利。尽管如此，稳恒态宇宙模型由于刺激了关于元素起源的核合成理论的诞生，在历史上仍然功不可没。同时它与大爆炸理论最新成就的一种**暴胀宇宙**模型有异曲同工之处。（邹振隆）

沃尔夫-拉叶星 Wolf-Rayet star 温度与 O 和 B 型星相近的一类特殊星。因法国学者 R.沃尔夫和 G.拉叶于 1867 年最先发现而得名。简称 WR 星或 W 星。这类星为数不多，截至 2018 年，在银河系中共发现 158 颗。在大麦哲伦云中有 154 颗，小麦哲伦云中有 12 颗，M33 中有 25 颗。沃尔夫-拉叶星有强连续谱和强而宽的中性氦、电离氦及各次电离碳、氮、氧的发射线，氢发射线很弱，有些发射线的紫端有吸收线。从发射线的轮廓和宽度，可知有物质以 1000～2000 千米/秒的速度不断从星体流出，有时甚至高达 3500 千米/秒，并在星体周围形成运动着的延伸包层（见**恒星大气**）。在可见光波段，大多数 WR 型光谱可分为氮序和碳序。氮序光谱中电离氮线占优势，记为 WN；碳序光谱以电离碳和氧线为主，记为 WC；两序均有强的氦线。有些星兼有氮和碳线，记为 WN-C。在大气外进行的紫外观测也发现，原来被划入 WC 序的船帆座 γ2 星，却具有 WN 序所特有的三次电离氮的强紫外发射线。这些都表明 WN 序和 WC 序的划分是不严格的。表明这两序光谱的差别，不完全是由于 C、N、O 的含量不同，而和恒星大气中的物理条件有关。

很多 WR 星与 O、B 型星成协，这说明 WR 星是年轻的恒星。另外，由谱线强度的测量求得，WR 星大气中氦-氢含量比超过正常星的几十倍，说明大部分氢已转变成氦，因此 WR 星看来已经历了氢燃烧阶段，进入了恒星演化的晚期。这一结论与 WR 星是年轻星的结论并不矛盾，因为从若干包含 WR 星的双星的研究得知，WR 星的质量约为 10 太阳质量。考虑到质量损失，这种星的初始质量应在 20 太阳质量以上。这种大质量星演化很快，因此，它们虽然已度过大半生，但绝对年龄还是年轻的。（黄 磷）

沃尔夫-拉叶星云 Wolf-Rayet nebula 位于**沃尔夫-拉叶星**周围的一类**发射星云**。沃尔夫-拉叶星云有几种不同的分类方法。其中最早的分类是依据其本质和起源将其分为 HⅡ区、抛射物类型的星云、星风吹出的气泡。这种分类需要对每一个星云有详细的研究。后来的研究，更多地尝试根据星云的外形来快速分类。沃尔夫-拉叶星云大多数是环状的，也可能是球状的，其他的是不规则的，它们要么是已经瓦解的壳层，要么是通过成团的抛射物形成的。

研究表明星云的形状和沃尔夫-拉叶星的光谱型是相关的。大多数的沃尔夫-拉叶星云和 WN 型恒星是相关的。晚型的 WN8 型恒星的星云是由恒星的抛射物占主导的，拥有成团的形状。相比之下，早型 WN4 恒星的星云主要由星际介质组成。而 WN5、WN6 型的恒星的星周气泡由不同程度的星风导致。

沃尔夫-拉叶星云的例子包括 NGC 6888、NGC2359 和 NGC3199。有些沃尔夫-拉叶星云有明显的旋涡结构，如 WR104。（陈海亮）

乌呼鲁 X 射线卫星 Uhuru X-ray satellite; SAS-1 第一颗 X 射线天文专用卫星。原名“X 射线探测卫星”，是 NASA 三颗系列小型天文卫星的第一颗，所以也称为 SAS-A 或 SAS-1。卫星的重量为 141.5 公斤，于 1970 年 12 月 12 日发射升空，初始轨道为远地点 560 千米、近地点 520 千米、偏心率为 0.002 956 的近圆轨道，轨道倾角为 3°。卫星的有效载荷是两套**正比计数器**，每套有效面积约 0.084 平方米，工作在 2～20 千电子伏波段，极限灵敏度为 5×10^{-4}Crab。卫星设计寿命为 3 年，于 1973 年 3 月结束使命。乌呼鲁 X 射线卫星是第一颗对 X 射线源进行全天巡天的卫星，观测 X 射线源的 X 射线强度变化和谱性质。对强 X 射线源，位置精度可达到几平方角分。

乌呼鲁 X 射线卫星取得了多项重要的科学进展：首先，乌呼鲁 X 射线卫星在运转时期内完成的巡天观测在 2～6 千电子伏波段共发现 339 个 X 射线源，而从 **R.贾科尼**领导的科研小组于 1962 年 7 月发现了第一个宇宙 X 射线源天蝎座 X-1（Sco X-1）后，到乌呼鲁 X 射线卫星上天之前，通过火箭、气球人们只陆续发现了约 30 颗 X 射线源，这一事实已清楚显示卫星观测的重要性；乌呼鲁 X 射线卫星发现了具有 X 射线脉冲、吸积驱动的双星 X 射线源，如半人马座 X-3（Cen X-3）、船帆座 X-1（Vela X-1）和白羊座 X-1（Her X-1）等；对天鹅座 X-1（Cyg X-1）的长期观测发现其 X 光强度有频率为每秒数次的波动，证实了 Cyg X-1 是第一个强黑洞候选体；此外还发现了许多重要的河外源。连续四版的乌呼鲁 X 射线卫星星表（最后一个叫 4U 星表）是第一个全面的 X 射线星表。不仅如此，由于卫星观测在时间上的连续性给乌呼鲁 X 射线卫星详细研究子星之一是致密天体的 **X 射线双星**提供了极好的条件，这一发现打开了同致密天体和引力能释放相联系的崭新研究领域，**X 射线天文学**的学科地位稳稳地确立了。（刘庆忠）

乌兹别克斯坦科学院兀鲁伯天文研究所 Ulugh Beg Astronomical Institute of the Uzbek Academy of Sciences 乌兹别克斯坦最早的天文研究机构。1966 年成立，其前身是 1873 年成立的塔什干天文台。曾为苏联重要的天体测量中心，19 世纪末加入国际纬度服务（ILS），其基塔勃（Kitab）观测站是国际纬度服务的 5 个站点之一。主要望远镜建在距离古城撒马尔罕 120 千米，海拔 2700 米山区的迈丹内克（Maidanak）天文台。20 世纪 70 年代主要使用 2 架 0.6 米以及 1 架 0.48 米望远镜进行观测。1981 年，口径 1 米的蔡司-1000（ZEISS-1000）投入使用；1992 年，建成 1.5 米 **R-C 望远镜**（AZT-22），截至 2022 年，迈丹内克有 8 架望远镜用于观测。

位于迈丹内克的望远镜

因其区位优势以及良好的观测条件，迈丹内克已成为各种需要持续监测天体的观测项目的一个非常有用和关键的地点。（李宗伟 刘黎明）

无电流场 current-free field 旋转度为零的磁场。又称势场。无电流场是无力因子 α 为零的**无力场**的一种特殊情况。其磁场能量处于最低能态，磁力线无扭曲。日冕磁场的实测数据很少，几乎完全依赖于理论计算。虽然大于 $2.5R_\odot$（$R_\odot$为太阳半径）的日冕区，由于**太阳风**对磁场的扰动，不能认为是势场，但对于小于 $2.5R_\odot$的内冕区及其中的活动区精细结构而言，至少可近似地看作势场。特别对小尺度日冕磁场结构，如冕流和极羽、日珥甚至冲浪，计算结果和观测资料都比较符合。这也说明，一般的日冕扰动是缓慢演化的，能持续几天或更长的时间，在短时间的电流出现并消失以后，立即又恢复到势场形态。甚至在耀斑发生并把日冕低层和色球高层的扭曲磁场的能量急速释放之后，日冕磁场又立即恢复到无电流状态。所以，只要活动区不是处于急剧上升或急剧下降阶段，势场模型还是适用的。

计算结果表明，只有在相当大的日冕电流影响下，日冕磁场才会与势场有较明显的偏离。因此，日冕势场形态和日冕密度结构的一致，并不排除在小于$2.5R_{\odot}$的日冕低层和色球区域内可以存在较小的电流。（曹天君）

无力场 force-free field 电流方向与磁场平行，因而电磁力为零的磁场。又称无作用力磁场。对携带强磁场的稀薄气体，要维持这种磁场，只有在其气体压力远小于磁压力，而电磁体积力又处处为零的情况下才有可能。磁场为无力场的充分必要条件是$\nabla \times B = \alpha(r,t)B$，式中$B$为磁场的强度（磁通量密度），$\alpha$为无力因子，通常是空间位置$r$和时间$t$的函数。无力因子$\alpha$为常数值的磁场是无力场的一种特殊情况，称为稳定无力场。一团受强磁场约束的稀薄导电气体，无论其系统的初始状态如何，只要α不是常数，这个系统就是不稳定的。但经过演化而趋于稳定时，这时系统的势能，也就是磁能趋于最小状态，即成为稳定无力场。在太阳色球层，由于气体稀薄，气体压力和重力远小于磁压力，色球气体处于稳定状态，其磁场属于无力场。在研究天体磁场时，只要所研究的区域不是处于激烈的活动状态，其瞬时的磁场形态均可以近似地用α为某一常数值的无力场来表示。（曹天君）

吴学蔺 Wu Xuelin（1909-06-01～1985-09-07） 中国冶金学家、机械工程学家、光学仪器专家。祖籍江苏武进（今常州），生于北京，卒于南京。1930年毕业于上海大同大学。1930～1932年在浙江大学任教，1932年任北平研究院物理研究所助理研究员，1934年赴美国卡内基大学留学，1937年获硕士学位。1938年回国，曾任中央机器厂分厂厂长、资源委员会工业处技正等职，并任国立西南联合大学和中央大学工学院机械系教授。1949年任上海钢铁公司总经理，1953年后曾任第一机械工业部三局总工程师、技术司总锻冶师，国家科委综合局、二局副局长，中国科学院长春机械研究所副所长、长春光学精密机械研究所副所长。1979年起任中国科学院南京天文仪器厂（今中国科学院南京天文仪器有限公司、南京天文光学技术研究所）总工程师、厂长。1955年当选中国科学院学部委员（院士）。曾任中国民主促进会中央委员，第二、三、四、五、六届全国政协委员。

吴学蔺在抗日战争期间回到中国，努力进行中央机器厂建设，积极开拓炼钢事业，引进炼钢用转炉，在昆明首次炼钢成功并引进了孕育铸铁、阶段热处理、电焊条制作等技术。中华人民共和国成立后，吴学蔺积极组织恢复和发展上海和华东地区的钢铁工业，组织上海钢铁股份有限公司（简称上钢）一、二、三厂改进平炉，扩大上钢二厂轧钢能力。他在组织上海小钢厂成为多品种生产基地，协助进行“液态成形”和解决用模子压铸零件的办法等多项工作中都做出了重要贡献。

吴学蔺担任南京天文仪器厂厂长和总工程师期间，重视科技人才队伍培养和引进，并从1981年初担任当时中国最大的望远镜2.16米光学望远镜项目组长，在这一部件加工的关键研制阶段，他的领导保证了望远镜研制顺利进行。他还组织领导了国际合作的13.7米毫米波望远镜研制，为这台截至2022年中国精度要求最高的射电望远镜的建成做出了重要贡献。（郑 健 丁丽媛）

五车二 Capella 全天第六亮星。视星等为0.08v（v代表变星）。距太阳42光年。星表编号为Hip24608、HR1708、HD34029。西方星名御夫座α（α Aur）。五车二是最亮的短周期双星，亦是由一对黄巨星组成的密近双星（G0Ⅲ + G5Ⅲ）。轨道周期为104.023天。轨道近似圆形，倾角约137°。五车二又近又亮，而且是包含非主序星的双谱分光双星，为此成为检验天文新技术、恒星大气和恒星内部结构理论的重要天体。英国天文学家A.S.爱丁顿在20世纪30年代研究恒星质光关系时，就曾利用了五车二的基本参量，并写入其名著《恒星内部结构》（1926）一书中。后来有人发现它的可见光波段亮度有周期300多天的小幅变化。用光斑干涉法已经能够在照片上分辨五车二的两颗子星。1977年法国发表了用两架望远镜所做的干涉观测，测出两子星角直径分别为5.2 ± 1.0毫角秒和4.0 ± 2.0毫角秒。由于光谱技术，特别是空间天文技术的进展，不仅确认五车二是活动色球星，而且探测了它的星冕。1975年报道用火箭发现了五车二的X射线连续谱辐射。1978年，高能天文台1号卫星测得五车二有强烈的0.85千电子伏X射线发射谱线，这可解释为是由温度约10^7K、化学成分为太阳型的等离子体中包含Fe XVII在内的离子所产生的。1979年高能天文台2号卫星还测到了Mg XI、Si XIII和S XV离子所产生的X射线发射谱线，为研究主星序后密近双星和星冕物理提供了重要资料。（李宗伟）

五分钟振荡 five-minute oscillation 太阳表面气体以五分钟为周期的一种不断起伏的运动。这一现象为美国学者R.B.莱顿于1960年所发现。图1是五分钟振荡的一个典型实例，它表示日面一定点气体的上下运动速度随时间的变化。运动的平均速度约为每秒0.3千米。在一次振荡中，相对于平均大气来说，气体上下移动的范围均约为25千米。在日面水平方向1000～50 000千米区域，物质基本上同起同落。在铅垂方向，不同高度处的振荡有相应的相位差。

一般认为五分钟振荡的产生与光球下面的太阳对流层密切相关。从太阳大气中线性波的传播观点来说，对流层所产生的波动，只能在两个临界频率之外才能向上传播。一个是声波临界频率，即$\omega_0 = C/2h$，式中C为声速，$h = rT/\mu g$为密度标高，r为普适气体常数，T为绝对温度，μ为平均分子量，g为重力加速度。只有当频率$\omega > \omega_0$的时候，声波才能传播。另一个临界频率为$n = (\gamma - 1)g/C$，γ为定压比热与定容比热的比值。当$\omega < n$时，重力波可以传播。

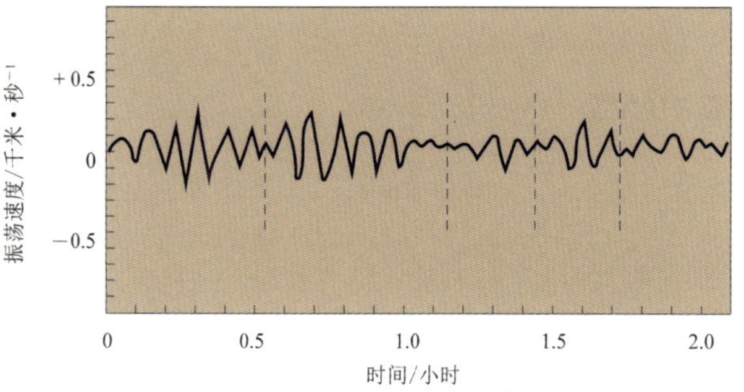

图1 日面一定点的五分钟振荡速度

光球中波动色散方程是:

$$k_Z^2=\frac{\omega^2-\omega_0^2}{C^2}-k_H^2\left(1-\frac{N^2}{\omega^2}\right)$$

式中k_Z和k_H分别为铅垂方向和水平方向的波数。从上列方程可以确定在以ω为纵坐标、k_H为横坐标的图上波动能够传播的区域。只有当$k_Z^2>0$时,波动才能传播。符合这一条件的,图 2 中用阴影标出。在左上方的阴影区,声波可以传播;而在右下方,重力波能传播。至于在无阴影区域,不存在波动,只存在不传送能量的驻波。有人认为,正是这样的驻波形成了五分钟振荡。这种驻波很可能是波在图 2 中上下两层来回反射所造成的。图 2 中的两条实线是波动能传播区域的分界线,这相当于一个反射界线。这两条实线都是对温度T_0画出的。对于另外两个温度T_1和T_2($T_1<T_0<T_2$),声波传播区的边界是两条虚线。

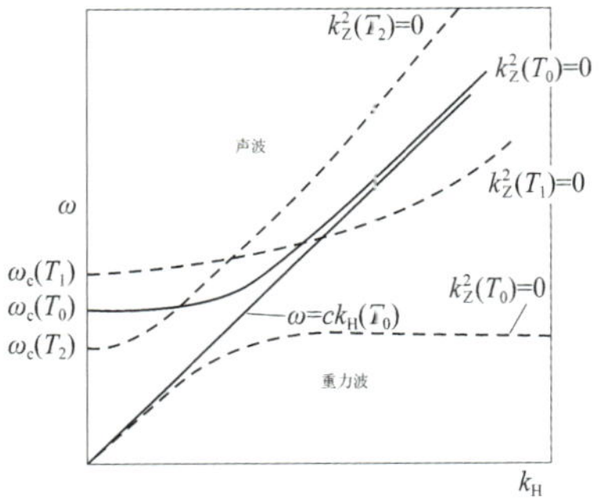

图 2 在$T=T_0$等温大气中振荡的诊断图
(ω_c为临界频率)

此外,五分钟振荡还有如下有趣的性质:①振幅随着同日面中心距离的增加而减小,这表明振荡是在日面的铅垂方向上。②平均振幅随高度增加,周期随高度减小。③**米粒组织**对五分钟振荡的激发影响不大。④在太阳活动区中,五分钟振荡同样也存在,只是振幅小一些。⑤**太阳磁场**也呈现出五分钟振荡,磁场强度的变幅为 1～2 高斯。

五分钟振荡并不是太阳大气中唯一的驻留振荡。观测证明太阳上可能还有其他不同周期的驻留振荡现象。但是由于五分钟振荡最明显,就特别引人注目。

(叶式煇)

武仙座 DQ 型星 DQ Herculis star 以武仙座 DQ(又称武仙座新星 1934)为原型的一类**激变变星**。又称中介偏振星。其中的主星是拥有较快的自转和磁场的**白矮星**,磁场的强度为 10^6～10^7 高斯(1 高斯 = 10^{-4}特)。在这类系统中,伴星充满洛希瓣,发生物质转移,物质会在白矮星周围形成盘。**吸积盘**会被白矮星的磁场截断,使得盘中的气体会沿着白矮星的磁力线运动,到达白矮星的磁极附近。

这类系统通常有很强的 X 射线辐射。X 射线是由吸积流中的高速粒子产生的。当它们落到白矮星表面的时候会产生激波,这些粒子在撞到白矮星表面之前会减速变冷,因而会通过轫致辐射机制产生 X 射线。在物质流和白矮星表面交接的地方,会产生一个热斑。因为白矮星拥有偶极磁场,因而白矮星在它的两个磁极都有热斑。随着白矮星和偶极磁场的转动,热斑也会随之转动。这类系统的另一个特征是有很强的 He Ⅱ 468.6 纳米发射线和圆偏振。

这类系统的光变曲线显示它的亮度呈现几种不同类型的周期性变化。①周期性是和双星系统的轨道周期相关的。典型的轨道周期为 3～6 小时。②周期是由于白矮星的自转导致的。这类周期的变化范围为 33～4022 秒。③周期是边带周期,通常是介于白矮星自转周期和双星的轨道周期之间。

(陈海亮)

武向平 Wu Xiangping(1961–01～)中国天文学家。生于陕西省黄龙县。1989 年毕业于中国科学院研究生院,获天体物理学博士学位。先后赴法国巴黎天文台做博士后(1990～1994),美国亚利桑那大学做访问学者(1996～1997)。现任中国科学院国家天文台研究员(1994～)、中国科学院大学天文与空间科学学院院长(2017～)、全国政协委员(2013～)、中国科协常委(2016～)等。2011 年当选为中国科学院院士。曾任中国天文学会理事长(2014～2018)。

主要从事宇宙学的研究,主持了在天山地区开展的"宇宙第一缕曙光探测"科学实验(2004～),建成了大型低频射电望远镜阵列 21CMA。先后担任科技部 973 计划项目"宇宙第一缕曙光探测"首席科学家(2009～2013)、中–法"起源"联合实验室主任(2008～2018)、中国科学院先导科技专项"多波段引力波宇宙研究"领衔科学家(2016～2021)、国际大科学工程"平方千米阵列射电望远镜 SKA"中国首席科学家(2012～),并担任国际 SKA 科学和工程咨询委员会委员(2016～)、中国科学院天文大科学中心科技委主任(2016～)、FAST 科学委员会主任(2019～),为中国天文学特别是低频射电天文学的发展做出了重要贡献。积极推动和参与科学普及工作和青少年科技活动,并长期为社会各阶层人士和学生讲授自然科学的宇宙观等现代天文学知识。1994 年获中国青年科学家奖,1999 年获中国科学院自然科学一等奖,2001 年获国家自然科学二等奖,2011 年获何梁何利科技进步奖。

(黄 滟)

兀鲁伯 Ulugh Beg(1394–03–22～1449–10–27) 中世纪伊斯兰学者,天文学家。又译乌鲁伯格。生于伊朗苏丹尼耶,卒于撒马尔罕(今属乌兹别克斯坦)。蒙古帖木儿帝国的创立者帖木儿的孙子,兀鲁伯是人们对他的尊称,意思是伟大的君主。1409 年由其父任命为帝国都城撒马尔罕城的统治者。他在生命的最后两年登帝位。1449 年 10 月 27 日被其子所杀。1420 年,他在撒马尔罕建立一座天文台,安装有一具半径达 40 米的巨型**六分仪**和其他仪器。在他的领导和参加下,从 1417 年开始,经过约 30 年的观测,于 1447 年编成《新古拉干历数书》,后世通称《乌鲁伯格天文表》。其中包括太阳和行星的运行表和 1018 颗恒星的位置表。

(洪韵芳 撰 石云里 修订)

物端棱镜 objective prism 附在天体照相仪物镜前的棱镜。一般是小顶角的三棱镜,与望远镜共同组成一种常用的天文摄谱仪器(见图)。星光先由棱镜色散,再由望远镜聚焦成光谱。其优点是光量损失少,能同时将视场中出现的亮星光谱都拍摄下来,适于研究大量恒星的低色散光谱;缺点是不能拍摄比较光谱。物端棱镜广泛用于**恒星光谱**分类,也用于对特定类型天体(如 Hα 发射线星、**行星状星云**、**类星体**、高光度星等)的普查。物端棱镜最初是德国科学家 J.von 夫琅禾费设计的。法国天文学家 C.费伦巴赫为测量恒星视向速度设计了一种直视物端棱镜,它由两块冕玻璃棱镜和一块火石玻璃棱镜组成。这种物端棱镜对特定波长不产生偏折,但有足够的剩余色散,能克服一般棱镜的畸变,用它测量恒星的视向速度,精

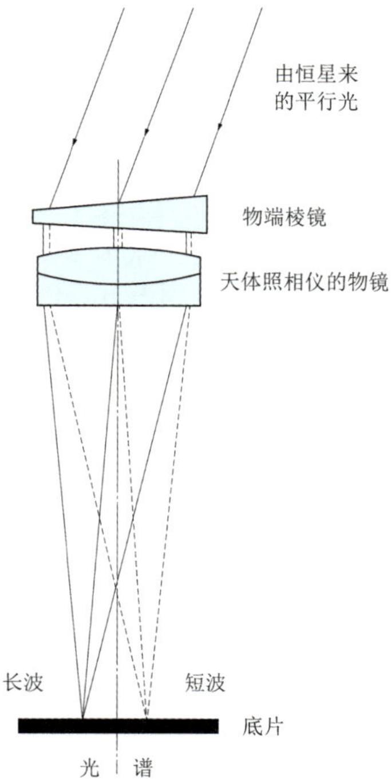

天文摄谱仪器中的物端棱镜

度达 3 千米/秒。物端棱镜光谱色散度通常在 100～1000 埃/毫米；有时为了观测暗星可达 10 000 埃/毫米。多数物端棱镜与**施密特望远镜**组合，可获得大视场的高质量光谱。 （黄 磷）

物理变星 physical variable 光变是光度的真实变化，光谱和半径也变化的变星。见**变星**。

物理双星 physical double star 一颗恒星围绕另外一颗恒星运动，或者两者互相围绕，并且互相间有引力作用的双星系统。见**双星**。

物质主导期 matter dominated era 从大爆炸后 7 万年（对应的**宇宙学红移**大约为 3400，宇宙温度约为 8700K）到 116 亿年（对应的红移大约为 0.31，温度约为 3.6K）的一段时期。在此时期内，宇宙中的非相对论性物质，主要是**暗物质**与重子物质，共能量密度超过了辐射与**暗能量**的密度，成为宇宙的主导成分，并决定了宇宙的演化的动力学。

物质主导期内发生的一个重要事件是复合，对应的宇宙年龄大约为 48 万年，红移约为 1090，温度约为 3000K。在此期间内带电的原子核与电子复合形成中性原子（主要是氢原子与氦原子），光子与物质脱耦，宇宙变得透明，遗留的光子就形成了著名的微波背景辐射。从复合期开始宇宙进入了黑暗时期（见**宇宙黑暗期**），直到第一代恒星形成以后，宇宙中的中性原子又经历了再电离。物质主导期的另一个重要特征是宇宙大尺度结构开始形成，没有压强并且主导宇宙的暗物质和重子物质在初始的密度微小的非均匀性的基础上通过不稳定的引力作用开始坍缩成团。

通过求解弗里德曼方程，物质主导期内宇宙的标度因子随时间的变化关系为 $a \propto t^{2/3}$。 （李明哲）

X

吸积 accretion 天体周围的气体由于受到引力作用而朝着该天体下落的过程。吸积过程在宇宙中非常普遍，吸积天体可以是星系、恒星、致密星、行星等。恒星和行星的形成都是通过吸积来完成的，*超大质量黑洞*的吸积是*活动星系核*的能源，*中子星*和恒星质量黑洞的吸积则发生在*X射线双星*和*γ射线暴*中，因此对吸积理论的研究是理解上述天文现象的关键。

天体对周围物质的吸积存在一个外边界，通常称为邦迪半径。在邦迪半径处，吸积气体的内能与其引力势能相等。在此半径以内，引力势能大于内能，因此气体是束缚的，处于天体引力的控制范围内。在此半径之外，气体可认为不受引力控制。吸积过程中由于总能量守恒，随着吸积气体的下落，势能会逐渐转化成动能和内能，气体的温度变得很高，因此就会发出强烈的辐射。吸积是宇宙中非常高效的释能方式。单位时间内通过某一半径向内吸积的气体的总质量称为吸积率，该总质量对应的静质量能量转化成辐射能的比例称为辐射效率。吸积发出的辐射功率等于吸积率与辐射效率的乘积。

如果吸积气体的角动量很小，则吸积过程可以近似用球对称吸积来描述。在球对称吸积中，气体以接近自由下落的速度沿着径向方向朝天体运动。较高的运动速度导致球对称吸积的辐射效率比较低。球对称吸积所能达到的最大辐射光度是*爱丁顿极限光度*。

如果吸积气体的角动量不可忽略，气体会形成一个盘状结构，称为*吸积盘*。在吸积盘中，气体一方面围绕中心天体做圆周运动，一方面也存在一个径向运动的速度，所以总的运动是沿着螺旋线下落。这种盘吸积模型的核心问题是如何将气体的角动量转移出去。这方面公认的机制是*磁转动不稳定性*。盘吸积的辐射效率要比球吸积高得多。

根据吸积气体温度的不同，吸积盘可以分为冷吸积盘（如*标准薄盘*）以及*热吸积流*两种模式，这两种吸积模式对应描述黑洞吸积的方程组的两个系列解。当吸积率值高于大约爱丁顿吸积率的十分之一时，吸积属于冷吸积盘模式；当吸积率低于爱丁顿吸积率的十分之一时，则属于热吸积流模式。

含角动量的吸积过程一个重要现象是：气体在吸积的同时往往伴随着*喷流*与风。这两者有时也合称为外流。也就是说，并不是所有的进入邦迪半径的气体最终都会落入中心天体，有一部分气体会通过风或者喷流的形式流失。

辐射、喷流、风是吸积系统三种主要的物质和能量输出形式。对于活动星系核，这三种输出会与活动星系核所在宿主星系中的星际介质气体相互作用，改变这些气体的温度、密度等物理性质。这一方面会影响*星系中的恒星形成*进而影响星系的演化，另一方面也会影响星系中心超大质量黑洞的吸积。这一相互影响的过程称为活动星系核反馈。这一机制被认为是影响星系形成和演化的关键物理过程。 （袁 峰）

吸积盘 accretion disk 吸积物质在致密天体周围形成的盘状物。对于没有磁场的致密星，或者在远离强磁场的区域，吸积运动主要由致密星的引力场控制。这时，如果吸积物质没有足够的角动量，则入射流是径向的，形成球对称的吸积。如果吸积物质具有较大的角动量，它们就不会沿径向轨道直接落到致密星上，而是围绕致密星运动，形成一个绕致密星作较差转动的盘状物，称为吸积盘。吸积盘上的物质，受黏滞性的影响，是沿着螺旋轨道向星体表面旋进的。在星体表面附近，物质密度增加很快，并向外释放能量。吸积盘的具体性质取决于致密星的具体情况，以及吸积物质的原始物理特性。有关X射线*密近双星*的能源机制等问题，多采用吸积盘模型来解释。 （张家铝）

羲和 Xi He 传说中的中国古代掌管天文历法的人。相传他是黄帝时代的官。《史记·历书》记载："黄帝考定星历。"同书《索隐》引《系本》及《律历志》："黄帝使羲和占日，常仪占月……容成综此六术而著《调历》。"所谓"占日"是指观测太阳、计算日子等。在关于唐尧的传说中，羲和是掌管天文的家族，有羲仲、羲叔、和仲、和叔四人，被尧派往东、南、西、北四方，去观测昏中星，参照物候来定二分、二至的日子，以确定季节，安排历法。最有名的传说见于《尚书·胤征》篇。羲和是夏仲康王的天文官。因他沉湎于酒色而荒废了天象的观测和推算，造成了意外的惊慌。于是仲康王依据《政典》（法律）"先时者杀无赦，不及时者杀无赦"，命胤侯征伐羲和。因为羲和是传说中掌天文的官，主张复古的王莽在掌权后就把天文官改称羲和。著名天文学家刘歆就曾被任命担任羲和这个官职。又因为羲和在传说中与观测太阳有关，所以在古代神话故事中有的把羲和塑造为太阳的母亲。《山海经·大荒南经》中说，在东南海之外有羲和国，国中有一女子叫羲和，嫁给帝俊为妻，生了十个太阳。每天羲和在甘渊为十个太阳洗澡。而屈原在《离骚》中，则把羲和写成驾驭太阳车的神，就像希腊神话中的赫利俄斯一样。 （王健民）

羲和号卫星 Chinese Hα Solar Explorer; CHASE 中国首颗太阳探测科学技术试验卫星。全称太阳Hα光谱探测与双超平台科学技术试验卫星。2021年10月14日18时51分，"羲和号"在太原卫星发射中心由长征二号丁运载火箭发射成功，运行于平均高度517千米的太阳同步轨道。

"羲和号"卫星在国际上首次实现了太阳Hα波段光谱成像的空间观测。它的观测对象是太阳低层大气——光球和色球。它的科学目标包括太阳活动在低层大气的热力学和动力学研究、太阳暗条的形成和演化及其与太阳爆发的关系研究、太阳与恒星磁活动的比较研究。此外，它为空间天气预警和预报提供了全天候的关键数据。

"羲和号"卫星首次实现了超高指向精度、超高稳定度双超卫星平台技术在轨性能验证及工程应用。载荷舱和平台舱（见图）之间通过非接触式磁浮作动器实现两舱的动静隔离，通过两舱主从协同控制，实现载荷舱的超高指向精度和超高稳定度

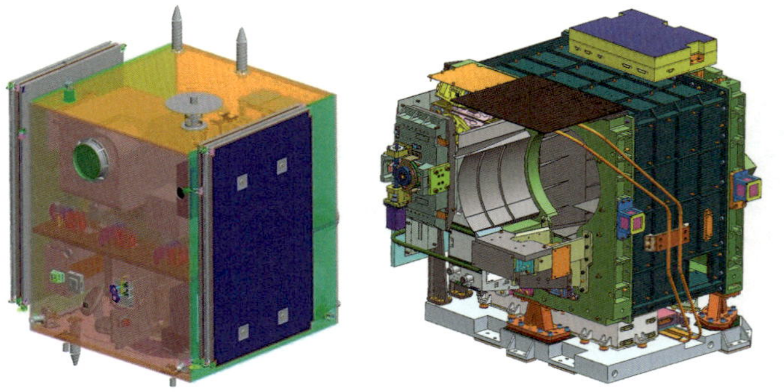

羲和号卫星（CHASE）和其科学载荷（HIS）示意图

控制，从而为科学载荷提供超精超稳的工作环境。

“羲和号”卫星科学载荷为 Hα 成像光谱仪（HIS）。CHASE/HIS 有两种成像模式：光谱扫描成像（RSM）和连续谱成像（CIM）。CHASE/HIS 的主要技术指标见表。

CHASE/HIS 主要技术指标

光学参数	
口径	180mm
视场	40′×40′
焦距	1820mm
光谱扫描成像（RSM）	
观测波段	Hα：6559.7～6965.9Å Fe Ⅰ：6567.8～6570.6Å
仪器谱线半宽	0.072Å
像元光谱分辨率	0.024Å
全日面扫描时间	60s
局部日面扫描时间	30～60s
曝光时间	＜10ms
像元空间分辨率	0.52″
连续谱成像（CIM）	
中心波长	6689Å
透过带半宽	13.4Å
曝光时间	＜5ms
时间分辨率	1s
像元空间分辨率	0.52″

“羲和号”卫星在轨运行状态良好，每天所接收的原始数据量约 1.2Tb（压缩后）。“羲和号”设计寿命 3 年，预期可观测至太阳活动第 25 周的峰年。

（李 川 方 成 李 臻）

席泽宗 Xi Zezong（1927-06-09～2008-12-27） 中国天文史学家。生于山西垣曲，卒于北京。1951 年毕业于中山大学天文系。1951～1956 年在中国科学院编译局工作，1957 年开始在中国科学院自然科学史研究所工作，1981 年晋升该所研究员，1983～1988 年任所长。1994～2004 年任中国科学技术史学会理事长。1983 年当选国际科学史研究院通讯院士。1991 年当选中国科学院学部委员（院士）。1993 年当选国际科学史研究院院士。

席泽宗从中、日、朝三国的历史文献中证认出 90 个新星记录，其中有 12 个可能属于**超新星**，并讨论了这 12 个超新星和观测到的**超新星遗迹**以及射电源对应关系。他的《古新星新表》（1955）和他与薄树人合著的《中、朝、日三国古代的新星纪录及其在射电天文学中的意义》（1965）有英、俄文等多种译本，在国际上被大量引用。他对敦煌卷子中的星图（1966）和马王堆出土的天文资料（1978）做了系统的研究；论证了战国时期的甘德以目视观测到木卫三的可能性（1981）；对中国古代科学思想特别是天文学思想有深入的研究。作为夏商周断代工程的首席科学家之一，他为该年代学研究项目（1996～2002）的完成做出了贡献。其代表作有《古新星新表与科学史探索——席泽宗院士自选集》（2002）、《科学史十论》（2003）、《席泽宗文集》（2021）等。

（陈美东 撰 石云里 修订）

系统温度 system temperature 整个射电望远镜系统噪声功率的一种表示。设射电望远镜观测一个射电源得到的**天线温度**为 T_a，而观测一个没有射电源的天空背景时得到**噪声温度**为 T_{sys}，它定义为系统噪声温度，包括下面 6 项贡献：

$$T_{sys} = T_{rcvr} + T_{bg} + T_{atm} + T_{spill} + T_{loss} + T_{cal}$$

即射电接收机噪声温度 T_{rcvr}、天空背景噪声温度 T_{bg}（宇宙微波背景、银河系连续辐射背景等）、T_{atm}（大气微波辐射）、从射电望远镜旁瓣进入的地面噪声温度 T_{spill}、馈源输入波导引起的 T_{loss} 和校准源引起的注入噪声 T_{cal}。一般情况下，射电接收机噪声温度占系统噪声温度的 50%～70%。于是可以把方程改写：

$$T_{sys} = T_{rcvr} + T_{sky}$$

式中 T_{sky} 为在系统温度中除接收机以外的噪声温度，称为天空噪声温度，注意它包含天空背景噪声温度 T_{bg}、地球大气辐射噪声温度 T_{atm} 等。

（郑兴武）

系外行星 exoplanet; exosolar planet 太阳系之外、在环绕其他恒星的轨道上运行的行星。截至 2022 年 9 月 30 日，已经发现并确认了约 3833 个系统中的 5197 颗系外行星，其中包含月 840 个多行星系统。此外还有开普勒空间望远镜发现的约 2600 颗行星候选体以及凌星系外行星巡天卫星（TESS）待确认的约 5800 颗行星候选体。它们几乎都在银河系内，但也有几颗可能在河外星系。

系外行星命名 一般在系外行星所绕转的主恒星名后加字母 a，而环绕它的系外行星依次加字母 b、c、d 等来命名。例如，距离地球最近的恒星——半人马座**比邻星**的行星命名为 Proxima Centauri b，仙女座 ν（ν And a）的三颗行星命名为 ν And b、ν And c、ν And d。此外，还有其他专用命名，例如，开普勒空间望远镜发现的系外行星命名为 Kepler452，它是地球大小的岩石行星。国际天文学联合会（IAU）组织了为系外行星正式命名的活动，为宿主恒星和其周围的行星命名。

研究成果 系外行星的探测研究有很多重要发现里程碑。1992 年首先发现室女座脉冲星（PSRB1257＋12）的行星，可以说是系外行星的第一个里程碑，但一般更关注太阳型恒星的行星，而把 1995 年首先由视向速度法发现并确认系外行星 51Peg b 作为重要里程碑。随之，由视向速度法发现的 HD209458 b 又于 1999 年由它凌主恒星的测光观测有力地证实；2001 年，用**哈勃空间望远镜**探测到 HD 209458 b 有大气和云；2003 年 7 月，哈勃空间望远镜观测推断，第一颗环绕双星的行星 PSRB1620－26c 是最老的，估计年龄为 127 亿年；2004 年 8 月，天坛座 ν（ν Ara）发现的 ν Ara d 约 14 倍地球质量，可能是发现的第一颗类地行星，后来又发现比它的质量更小的行星，如格利泽 876d（Gliese 876 d）为 6～8 地球质量、离主恒星 0.021 天文单位（AU）（1.94 天绕转一圈），应是很热的类地行星，可能有很厚云层；2005 年 7 月发现的 HD149026 b 可能有 70 倍地球质量的星核；2006 年 1 月，由引力微透镜法发现环绕最远的（21 500 光年）且最老的（127 亿年）的行星 OGLE-2005-BLG-390Lb，约 5.5 地球质量，离主恒星 2.6AU，这更像是类地行星；2006 年 9 月，第一次直接同时拍摄到的是恒星 2M1207 及其行星 2M1207 b；2007 年 2 月，首次直接观测到 HD209458 b 和 HD189733 b 光谱，未找到受生命影响的大气水汽特征，但有硅酸盐尘云特征。在已发现的系外行星中，大部分由凌星法发现（3892 颗），视向速度法共发现 935 颗行星，微引力透镜法发现了约 135 颗行星，直接成像法发现了约 61 颗行星，其余行星的发现则是由天体测量法、凌日时间变分法（TTV）等发现的。已发现并确认了的行星的半径分布和质量分布情况见表。

虽然因探测技术方法等条件所限，科研人员已可从取得的系外行星资料来初步总结和归纳它们的某些较普遍的规律。如太阳型恒星 51Peg，其有木星质量的行星轨道半长径仅 0.052 天文单位。由于它离主恒

系外行星半径及质量分布情况

参数	分布范围	数量
半径（R）	$R \leqslant 1.25$	484
	$1.25 < R \leqslant 2$	1013
	$2 < R \leqslant 6$	1693
	$6 < R \leqslant 15$	542
	$15 < R$	184
质量（M）	$M \leqslant 3$	64
	$3 < M \leqslant 10$	197
	$10 < M \leqslant 30$	147
	$30 < M \leqslant 100$	118
	$100 < M \leqslant 300$	267
	$300 < M$	446

注：以地球半径和质量为基准。

星近，恒星照射使其温度达1000～1700℃，因而也称为“热木星”，研究表明，由于其质量大，很强的引力仍可以保留住氢气。

综合已发现的系外行星观测数据，图1是它们的质量-轨道周期分布（图1a）和半径-轨道周期分布（图1b），依据**开普勒定律**——轨道周期的平方与轨道半长径的立方成正比，此图也代表质量和半径的轨道大小分布。显然，已发现的行星大多数是离恒星较近的，且质量很大的，这是观测的选择效应。因为这些行星主要是视向速度法和凌星法发现的，离恒星近的大质量行星易被发现，而实际上小质量行星可能更多。

已发现的行星中，很多是在扁长的椭圆轨道上绕恒星运行，这不会是观测的选择效应，而是真正不同于太阳系行星近圆轨道，这又是未预料到的。研究这些行星情况跟太阳系存在的较大差别，是行星形成理论的新课题。

有的恒星有两颗或更多的行星绕转，可能很多恒星都有多颗行星组成的行星系。前期主要是搜寻环绕**类太阳恒星**的行星，即光谱型F、G、K的**主序星**。统计分析表明，质量小的恒星（**红矮星**，光谱型M的）或者不太可能有行星，或者即使有行星也是质量小而难于探测到的。**斯皮策空间望远镜**的观测表明，（光谱）O型星附近因“辐射蒸发效应”而不会形成行星。已发现有行星环绕的恒星中，多数恒星是中年的或主序类太阳的，也有晚年的和年轻的，而这些行星也相应地处于不同的演化时期。

在已发现和有可能发现的环绕恒星的行星中，应当有生命宜居的行星。行星上存在生命应具备几个必要条件：有液态水、生命新陈代谢或复制所需元素、可用的能源和生物体延续生存的足够稳定环境。环绕一颗恒星有一个满足生命存在必需条件的延续“生命宜居带”（图2）。太阳系的宜居带大致在金星轨道到火星轨道之间。生命宜居带主要跟恒星的辐射和行星离恒星的距离有关，即有类似地球一样的生命环境条件。（王　素）

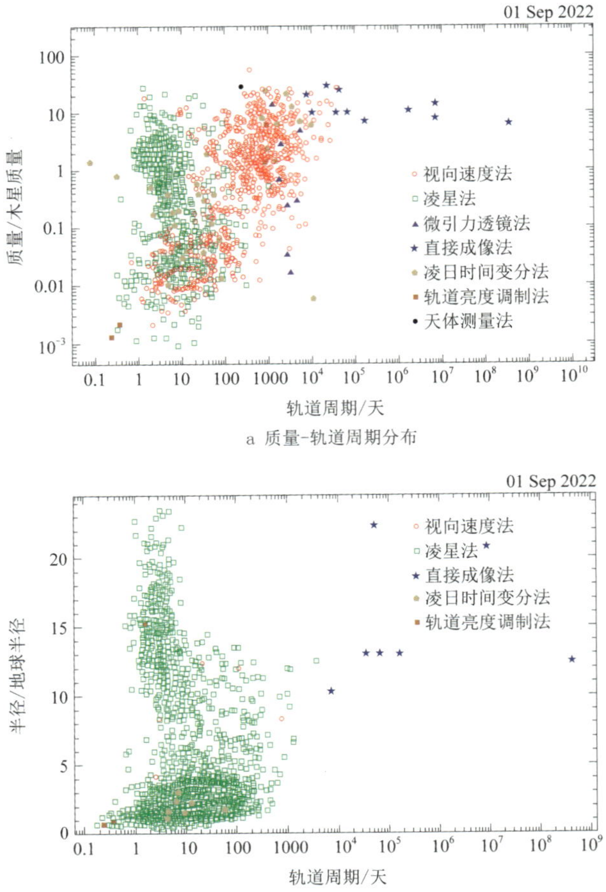

a　质量-轨道周期分布

b　半径-轨道周期分布

图1　系外行星的质量-轨道周期分布和半径-轨道周期分布

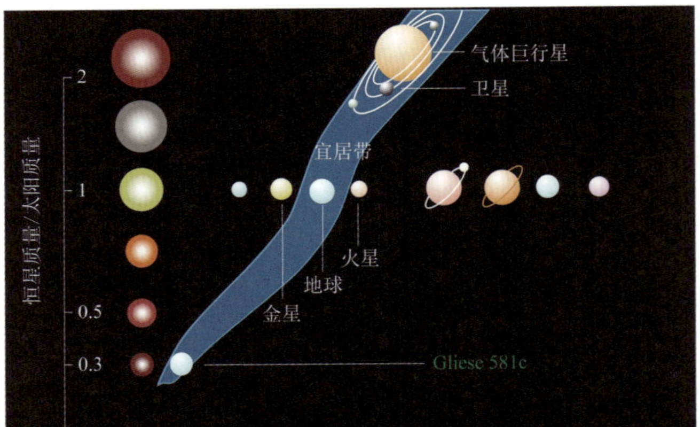

图2　不同质量恒星周围宜居带

系外行星的探测　detection of exoplanet　对太阳系外行星进行的探测。G.**布鲁诺**、I.**牛顿**等科学家、哲学家和科幻作家早就推测，在太阳系之外，其他恒星周围可能也有行星环绕，甚至存在智慧生命的类地行星。1855年，在东印度公司马德拉斯天文台（Madras Observatory）工作的W.S.雅各报告，蛇夫座70双星的轨道异常可能是存在“行星体”。1952年，O.斯特鲁维（见**斯特鲁维家族**）写道，为什么行星不会比太阳系行星更近于其主恒星，提出用多普勒光谱和凌星方法探测恒星近旁的超级木星。20世纪50～60年代，P.范·德·坎普曾从**巴纳德星**的位置摆动推求出它有行星，但这种“天体测量法”因当时观测精度不够而未被确认。随着恒星位置测定精度大为提高，**哈勃空间望远镜**观测恒星格利泽876（Gliese 876）位置周期摆动而得出它有行星。1992年，由用“脉冲星计时法”发现PSR1257＋12有行星。1987年以来，几个小组分别研制高分辨光谱仪和观测处理技术，精确测定百余颗视向速度变化，精化**分光双星**的“视向速度法”搜寻它们的小伴星——系外行星。1995年10月6日，M.**麦耶**和D.**奎洛兹**首先宣布，发现飞马座51有一颗巨行星绕转，很快就被C.马西和R.P.巴特勒的独立观测确认。随之，视向速度法发现很多恒星的行星。当系外行星运行到其主恒星与地球之间就发生行星“凌”主恒星，因而主恒星的亮度减小，于是可用“测光法”推算出行星的直径和质量及其大气等情况，2000年发现系外行星HD209458 b。1991年，波兰的B.帕琴斯基提出，若恒星及其行星运行到遥远天体与地球之间，发生“微引力透镜事件”，从而可以发现很遥远（几千光年）、小到地球质量的行星以及它与主恒星的距离，2002 年开展光学重力透镜实验（OGLE）和天文物理重力微透镜观测（MOA）等巡天计划，2004 年发现 GLE-2003-BLG-235Lb/MOA-2003-BLG-53Lb。这些都是发现系外行星的间接方法。虽然系外行星比其环绕主恒星暗得多，且由于恒星-行星视角距很小而难于分辨，但采用新技术也开始同时直接拍摄到一些恒星及其行星，例如，用类似**日冕仪**的“人造日食”的方法遮挡恒星而在红外直接拍摄到其周围的尘盘和行星，2006 年首先拍摄到相距 55 天文单位的 2M1207 和其行星 2M1207 b。

为了克服地球大气干扰，提高观测精度，21 世纪 10 年代以来大力开展空间望远镜搜寻系外行星。哈勃空间望远镜、斯皮策空间望远镜、恒星微变和振荡望远镜（MOST）等都参与搜寻系外行星。此外还发射专用探测系外行星的探测器和空间望远镜。每年都有大量系外行星被发现（见图）。2006 年末，法国发射的空间探测器 CoRoT 搜寻系外行星凌恒星，工作到 2012 年，发现 30 多颗系外行星；2009 年 3 月，美国航空航天局发射开普勒空间望远镜，它用“凌”测光法搜寻 10 多万颗恒星来搜寻它们的行星，延续工作到 2016 年。该任务共确认发现 2000 多颗系外行星及 2000 多颗行星候选体。2013 年 12 月，欧洲空间局发射盖亚天文卫星，借助于天体测量法来研究系外行星，2022 年 6 月已探测发现 100 多颗系外行星，预计将发现数万颗长周期类木行星。2018 年美国航空航天局（NASA）发射的利用凌星法探测系外行星的卫星——凌星系外行星巡天卫星（TESS），探测目标主要针对近邻的 G、K 型亮星，截至 2022 年 8 月，TESS 任务已确认发现 249 颗系外行星以及 5800 多颗行星候选体。2021 年 12 月，**詹姆斯·韦布空间望远镜**（JWST）正式发射升空，将精细刻画不同类型的系外行星的大气成分，揭示行星的宜居性。 （王 素）

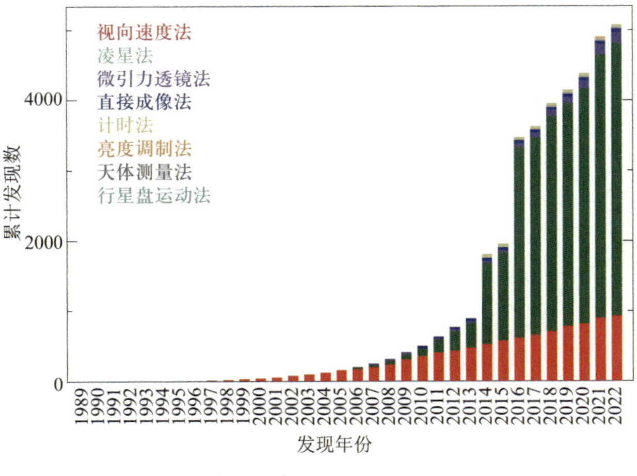

系外行星每年累计发现数目

系外行星的运动 exoplanet motion 太阳系外行星自转和绕宿主恒星公转的天文现象。天文观测有自转测量的系外行星只有一个绘架座 β 星 b（Beta Picb）。它的自转周期为 8.1 小时，比太阳系自转最快的木星转得还快。与太阳系内行星放在一起比较，可以反映出行星质量越大自转越快的规律。系外行星公转的研究则非常丰富，主要包括公转轨道周期（或半长径）、间距、偏心率以及倾角等。

系外行星的轨道公转周期分布范围很广。很大一部分系外行星的轨道周期分布在几十天，而太阳系中水星的轨道以内（公转轨道周期小于 88 天）则没有行星分布。一些系外行星的轨道周期甚至在 10 天以内。由于靠宿主恒星很近，它们的表面温度很高而被称为热行星（木星大小的为热木星）。热行星由于受到恒星的潮汐作用，它们的公转和自转可能同步（如同月球一样）。此外也有系外行星的公转轨道长达上千年，轨道半长径超过 200 天文单位（太阳系内海王星的公转周期 165 年，半长径 30 天文单位）。甚至还有的系外行星离宿主恒星太远而脱离主星运动（因此没有所谓的公转运动），成为在银河系运动的游离行星。

18 世纪 J.D.提丢斯和 J.E.波得根据太阳系内行星的公转轨道间距分布总结出了一个经验规律，即**提丢斯-波得定则**。但这个经验规律的背后到底有何物理本质还不知晓。对于系外行星，从轨道半长径看，有人也总结了一个更一般化的提丢斯-波得定则，并对一些系统进行了行星的预言。但是，进一步的观测搜寻并没有发现这些被预言的行星。提丢斯-波得定则因而在太阳系外同样遭遇了质疑和挑战。如果从轨道的周期比看行星轨道间距，一些系外行星轨道的周期比近似等于简单的整数比，即轨道平运动共振的一个表现。但是统计发现，出现共振轨道构型的比例并不高，大部分系外行星的公转轨道并不处在共振或共振附近。

系外行星公转轨道偏心率的分布也是多样化的。统计上分析表明大部分系外行星的轨道是像太阳系内行星近圆形的，偏心率在 0.1 以内。少部分行星的偏心率较大，极少数的偏心率甚至在 0.9 以上。总的来说，偏心率的分布规律是大行星的偏心率一般比小的行星大，多行星系统中的偏心率比单行星的大。

系外行星的公转轨道倾角往往有两层意思。一是多行星系统中的轨道相互倾角，二是行星的轨道面相对于宿主恒星自转面的夹角。对于第一层意思，在太阳系，八大行星间的相互轨道倾角约为 3°。而太阳系外，能直接测量到的相对倾角的系统不多。统计发现大部分系统的轨道相对倾角比较小，与太阳系类似呈共面的构型。对于第二层意思，在太阳系里，这个夹角大概为 7°，依然是一个近共面的构型。但是太阳系外，这个夹角的分布呈多样化：既发现了像太阳系的这种近共面的构型，也发现了很多夹角很大的倾斜构型，甚至一些倾角接近甚至超过 90°的垂直和反转构型。进一步的统计研究发现倾角的大小和恒星表面温度有一定的联系：一般高倾斜构型中系统恒星的表面温度都大于 6100K。这可能是因为恒星的温度和恒星内部结构有关，从而影响恒星和行星之间的潮汐力，导致轨道构型的差异。另一个特征就是，有研究发现单星系统中的这个倾角一般高于多星系统的倾角。

通过以上这些系外行星的运动特征的研究，可以有助于人们进一步了解系外行星系统的动力学演化、长期稳定性，以及揭示行星系统形成的机制。

（谢基伟）

系外行星红外辐射 infrared radiation of exoplanet 系外行星在红外波段的辐射性质和起源。对系外行星红外辐射的探测是研究系外行星大气组成最有效的观测手段。红外波段的重要性体现在两个方面：首先，行星**热辐射**的峰值在红外波段，红外辐射观测较其他波段信噪比更高；第二，行星大气中的常见分子在红外有丰富的特征谱线，所以可以从系外行星的红外辐射光谱辨认这些分子，获取大气组成成分。空间望远镜（例如斯皮策、哈勃等）具有低噪声，不受地球大气干扰的优势，是测量行星红外辐射的主力仪器。地基大望远镜凭借大口径和高光谱分辨率的优势，也在行星观测中发挥了重要作用。

根据辐射性质，系外行星辐射分为两

类：吸收光谱和发射光谱。吸收光谱由掩食行星产生，展示了掩食的深度和波长的关系。当行星掩食恒星时，行星大气中的原子、分子和尘埃在其特征光谱区域吸收掠射的星光，导致掩食光变曲线随入射波长改变，形成行星吸收光谱。科学家已利用红外吸收光谱探索了上百颗系外行星，在其中发现了水、一氧化碳、甲烷等十几种分子，并领略了云、霾等大气现象。这些观测数据不仅有助于分析行星大气成分，而且让人们得以深入理解大气微观物理化学过程，并根据元素丰度推算行星的形成演化历史。

发射光谱来源于行星的热辐射。由于仪器条件限制，发射光谱的观测对象集中于热木星和被直接成像的宽轨道超级木星。与吸收光谱相比，发射光谱以行星光球层为光源，而非掠射的星光，所以可以探测更深层的大气成分和温度结构。个别超热木星的发射光谱中出现了水分子发射线，意味着其大气中有上层温度高于底层温度的逆温现象。热木星大多被潮汐锁定，所以发射光谱呈现规律的日周变化。这个现象让人们可以通过连续红外光谱测量来推断行星表面温度分布，探究强辐射场下行星大气环流物理。

截至 2022 年，最高质量的系外行星红外辐射光谱来自对直接成像行星的观测。在像平面上分辨行星和其主星的辐射大大提高了行星数据的信噪比，使得高精度、高分辨率红外光谱观测成为可能。从这些观测数据中，人们精确测量了行星的光度、半径、质量、大气成分等基本性质，并对行星大气演化模型做出了严格验证。利用自转致宽和光变曲线的测量首次通过红外辐射见证超级木星的自转。随着**自适应光学仪器**的进步，直接红外成像将在系外行星研究中更加举足轻重。

深入研究系外行星的红外辐射是当前和未来天文学和行星科学的重点发展方向。**詹姆斯·韦布空间望远镜**和地面三十米级望远镜将在灵敏度、波长覆盖、空间分辨等方面提高红外辐射观测性能，从而可以更精确地了解系外行星大气组成，并且为探索类地行星大气创造可能。同时，行星大气模拟和模型数据拟合算法的进步也将帮助人们从红外辐射光谱中获取更多信息，从而勾勒出更加清晰的行星景象。

（周一凡）

系外行星紫外辐射　UV radiation of exoplanet　系外行星的紫外辐射。系外行星的研究在天文学中日益盛行。除了发现越来越多的系外行星，研究它们的轨道、质量，它们的大气也是寻找宜居星球的重要指标、研究行星以及生命起源的工具。

一颗系外行星穿过其母星和地球之间时（称为“凌星”），其大气层对恒星辐射的吸收可用于探测其化学成分和大气结构。早在 2003 年，人们就使用**哈勃空间望远镜**的 STIS 探测器对系外行星紫外光谱进行了观测。发现一颗热类木行星（hot Jupiter）凌星时，其母星的莱曼 α 发射线有所减弱，说明了热类木行星的外层大气存在氢。由于这样的莱曼 α 发射线减弱现象在远离热类木行星时就能够观测到，可见氢正在从热类木行星的表面迅速蒸发，每秒可达一万吨。类似的观测在不同的系外行星上进行了许多尝试。其中，热类海行星上也观测到了类似的现象，但是热类地行星并没有看到，也许是因为类地行星的质量太小，早就失去了大多数的氢。此外，除了氢以外，上层大气上还发现了氧原子和一次电离碳，这说明通过紫外光谱对系外行星大气的观测是研究系外行星的重要工具。

（李　晔）

下弦　third quarter; last quarter　农历的每月二十二、二十三，月球与太阳的地心黄经相距 90°时，从地球上看月球正面的一半被照亮的月相。此时月亮在下半夜从东边升起。见**月相**。

下一代望远镜　next generation telescope　20 世纪 70 年代 8～10 米级望远镜计划初期提出的望远镜发展规划。20 世纪 60 年代就有人提出过这种设想。到 20 世纪 70 年代，CCD 探测器、各种新技术和计算机以及新技术附属仪器已愈来愈多地应用到天文观测上，望远镜口径便成为地面光学观测的主要限制。同时，红外、射电、空间天文学取得了许多崭新的观测结果，迫切需要可见光波段观测的有效配合，而现有大望远镜已不能适应这种要求。1974 年，美国基特峰天文台成立专门研究小组提出研制下一代望远镜的规划。这种望远镜应具有高分辨本领和强集光力，用以研究诸如恒星周围的行星、河外星系中的单颗恒星、脉冲星，从事类星射电源的光学证认和光谱分析以及探测遥远星系的红移等。考虑到近期内工程技术的可能性，它的口径应当为 25 米量级。它可用于可见光、红外、毫米波观测。从亚毫米波段直到可见光区，都能进行斑点干涉测量。到 1977 年，从许多种设想中归纳出四种方案：①转动“靴”。因其结构外形似靴而得名。它的主镜是宽 25 米的一段球面镜，曲率半径 50 米，纵向弧长 75 米，由许多六角形镜块拼合而成。位于主焦点附近的副镜，可绕过镜面曲率中心的水平轴转动，对主镜面扫描。光束经过多次反射引入水平轴，再到达位于主镜两侧的折轴室。所有上述的结构都置于大底盘上，它可绕垂直轴转动。②可操纵的镜盘。结构类似地平式**射电望远镜**，但结构精度高得多。主镜是 25 米的抛物面镜盘，由排列在 16 个同心圆环带上的 1032 块偏轴抛物面镜块拼成，相对口径为 1/0.75。③大型多镜面望远镜。根据霍普金斯山多镜面望远镜（MMT）按比例放大。由六个口径 10.2 米的独立镜筒安装在同一个**地平式装置**上。10.2 米主镜中央是一个直径 6 米的镜面，周围是许多小镜块，分布在一个或几个同心圆环带上。④望远镜阵。将许多独立的望远镜排成阵列，各台望远镜接收到的光线经多次反射集中到同一个焦点。已设想出三种阵列形式：108 台 2.4 米望远镜，16 台 6.25 米望远镜或 6 台 10.2 米望远镜。

转动“靴”在运转过程中镜面上各镜块的重力影响是不变的，但结构过于庞大。可操纵的镜盘结构最紧凑，体积最小，而且保持了主焦点系统、卡塞格林系统和**折轴系统**的结构，性能较全面，但重力影响导致较复杂的工程技术问题。以上两种都用单一口径，较易保证斑点干涉测量所要求的成像光束的光程相等。但在接收器匹配和分光仪狭缝失光上是很不利的。大型多镜面望远镜和望远镜阵两种方案都是多口径组合，尤其是望远镜阵，在保证组合光束相位一致性方面，必须解决相当困难的技术问

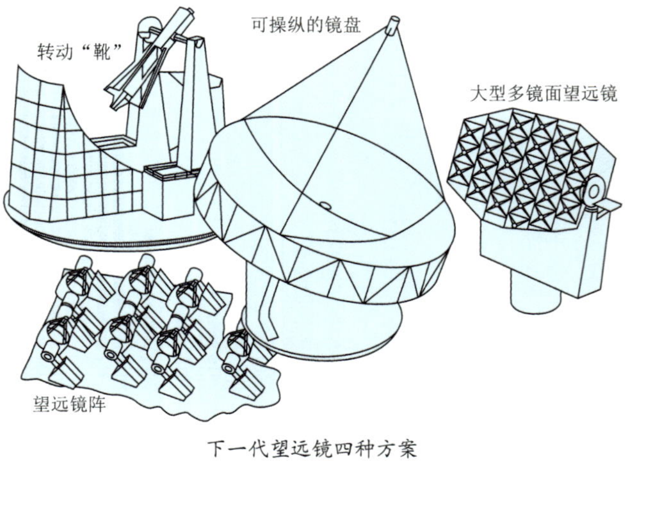

下一代望远镜四种方案

题，但其他方面的技术问题较少，各个望远镜在使用上有较大的灵活性。除望远镜阵外，各种方案都是应用于小视场（1′以内），以观测位置已精确测定的暗弱天体为主。因此，要求望远镜具有较高的定位精度（1″）和跟踪精度（0.1″）。

（龚祖同　李　挺　蒋世仰　崔向群）

夏坚白　Xia Jianbai（1903-11-20～1977-10-27）　中国大地测量学家，大地天文学奠基人。生于江苏常熟，卒于湖北武汉。1925年10月考入清华大学工程学习，1929年7月毕业后留校任教。1934年8月考取中英庚款公费留学名额赴英国伦敦大学帝国理工学院测量专业学习，1935年8月转赴德国柏林工科大学测量系学习，1939年8月获工学博士学位。1939年10月回到中国，在1946年10月前历任同济大学（昆明）副教授、中国地理研究所（今重庆北碚）副研究员、同济大学（四川李庄）教授，中央陆地测量学校教授、教育处长。1946年11月任陆地测量局（南京）教育处长，兼任中央大学（南京）教授。1948年7月至1949年5月，历任上海同济大学教授、教务长、教务委员会主任委员、代理校长和校长。1949年5月至1956年8月，先后任上海同济大学校务委员会主任委员、同济大学副校长。1950年6月至1955年6月，任中国科学院专门委员。1955年6月当选中国科学院生物地质学部学部委员。1955年6月至1958年7月，担任武汉测绘学院筹备委员会副主任委员，负责该学院的筹建，并全面主持学院工作；其间发起筹备中国测量制图学会，任筹备会主任委员；出席匈牙利测量学术会议，筹备并出席北京五国测量科技会议。1958年7月至1966年，担任武汉测绘学院院长；其间曾任中国测绘学会第一、二届副理事长，中华人民共和国科学技术委员会测绘制图组副组长。1970年11月至1974年3月，原武汉测绘学院撤销，到华中师范学院外语系任教。1972年冬给周恩来总理写信呼吁恢复武汉测绘学院和测绘事业，使该学院于1974年恢复重建。

夏坚白是中国现代最早从事大地测量学教学和科学研究的学者。1940年创立了中国最早的测绘刊物《测量》和《测量专刊》。在大地天文学方面的工作尤为突出，著有《应用天文学》（1933），合编《实用天文学》（1953），主编《大地天文学》（1960）、《全能经纬仪 T_4 的检验与应用》（1965）等著作。在制定中国大地测量法式和测绘学12年科学技术发展远景规划方面也做出了重要贡献。

（陶本藻　石云里）

夏令时　daylight saving time　一种人为规定地方时间的制度。为了节约能源，夏季人为将时间调快一小时。也叫夏时制，夏时令，又称日光节约时制或夏令时间。见**地方时**。

《夏小正》　*Xia Xiaozheng*　中国现存最古的科学文献之一。原为《大戴礼记》中的一篇。《隋书·经籍志》在《大戴礼记》之外，另有《夏小正》一卷，可知当时已有《夏小正》的单行本流传。《夏小正》按夏历十二个月的顺序，分别记述每个月中的星象、气象、物候以及所应从事的农事和政事。其星象包括昏中星、旦中星、晨见、夕伏的恒星、北斗的斗柄指向、河汉（**银河**）的位置以及太阳在星空中所处的位置等，例如“正月鞠则见，初昏参中，斗柄悬在下”。现在流传下来的《夏小正》，内容已有部分残缺和错乱，而且《夏小正》的正文与后来注释的传文混杂在一起，难以分辨，所以也有称为《夏小正传》的。据分析，正文只有四百余字。关于《夏小正》是否为夏代的书的问题，众说纷纭，但至迟在春秋时代（前8～前5世纪）已有此书，当无疑义。而且书中有取自更早时代的资料，也是可以肯定的。

（王健民）

夏夜大三角　Summer Triangles　夏季星空东南方向，由几个星组成的三角形。由**织女一**（天琴座α）、**河鼓二**（天鹰座α）和**天津四**（天鹅座α）三颗亮星为顶点构成的假想三角形（见图）。夏夜大三角是

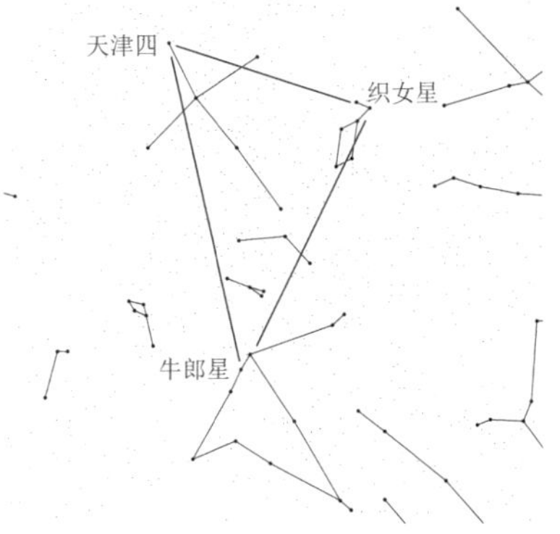

夏夜大三角

北半球夏季夜空最显著的标志。

（苏　杰）

夏至点　summer solstice　黄道上与二分点相距90°且位于赤道以北的二至点。是太阳通过春分点到达最北的那一点，与冬至点相对。见**分至点**。

仙后座A　Cassiopeia A; Cas A　位于仙后座的超新星爆发残留的遗迹，是一个强射电源。仙后座A距离地球11 000光年，可能是银河系内已知的最年轻的超新星爆发事件。依据爆炸抛射物的膨胀率推测其应该在1681±19年爆发，但这一推测缺乏当时历史记录的支持。英国天文学家J.弗拉姆斯蒂德是否在1680年8月16日看见了亮度为6等的Cas A超新星仍然是个谜。仙后座**超新星遗迹**由英国剑桥的射电天文学家在1947年发现，它是天空中仅次于太阳的强射电源。其爆炸抛射物仍以很高的速度向外膨胀，X射线谱显示抛射物富含硅原子，而铁原子较少。1999年，**钱德拉X射线天文台**首次观测便对准了仙后座超新星遗迹，观测后发现在遗迹中心存在X射线点源，这被认为是一颗**中子星**，但并没有探测到X射线或者射电的脉冲。尽管这样，上述观测结果表明Cas A超新星应该源于大质量恒星的核心坍缩爆发。2009年，钱德拉X射线天文台对遗迹中心的点源进行了再次观测，发现其外层有碳，首次确立孤立中子星的大气成分。

利用**斯皮策空间望远镜**在2007年8月20日的图像发现了该超新星遗迹中心附近存在亮的回光区域，这是Cas A超新星爆发辐射的光子经星际尘埃散射而延迟了300多年达到了地球。利用斯巴鲁8米望远镜对这一延迟光辐射进行光谱观测，发现该超新星的光谱特征与SN 1993J非常类似，显示了氢和氦的吸收特征，这与Ⅱb型超新星的特征吻合。此外，X射线及射电的观测显示，Cas A前身星具有很低的物质丢失率和缓慢的星风速度（如10千米/秒），这表明Cas A超新星的前身星为丢掉了大部分氢壳层的红超巨星。由于没有像SN 1993J那样探测到伴星，关于Cas A超新星的前身星是处于双星系统中还是演化的单星还不清楚。

（王晓锋）

仙女星系　andromeda galaxy　位于仙女座的巨型**旋涡星系**。2000历元的天球坐标是赤经 $00^h42^m44.3^s$，赤纬41°16′09″。视星等 $V=3.44$。照片上呈现为倾角77.7°，长轴方位角约37.7°，分类为SbⅠ-Ⅱ型星系。在《梅西耶星表》中的编号为M31，在星云星团新总表的编号为NGC224。习称仙女座大星云，现称仙女星系。1924年，E.P.

哈勃在照片上证认出 M31 旋臂上的造父变星，并根据周光关系算出其距离，确定它是银河系以外的恒星系统。2005 年测定的距离是 778±33 千秒差距（254±11 万光年）。绝对星等$M_v=-21.5$，大小为 20 千秒差距×44 千秒差距，是本星系群中最亮和最大的一个星系。M31 的总质量为 $M_A=(1.1\sim1.5)\times10^{12}M_\odot$，其中中性氢（HⅠ）的质量占比约为 2%，电离氢（HⅡ）的质量约为 $2\times10^7M_\odot$，分子氢 H_2 的质量只有 $3\times10^8M_\odot$。这表明 M31 中只有约 2% 的物质以气体氢的形式存在，而其原星系中的大部分气体都已形成恒星或被抛掉。

核 M31 有一星状核。该核由两个距离 0.49 角秒（1.8 秒差距）的成分 P1 和 P2 组成。P2 与核球的光学中心重合，致密但非点源，可能含有一个质量约 $7\times10^7M_\odot$的黑洞。

核球 M31 的核球光度约占其目视总光度的 30%，有效半长轴$a_e=17.5$ 角秒（3.8 千秒差距），其半短轴与半长轴的比值，也就是视扁率为$b_e/a_e=0.6$，外围等强线呈盒形。核球内的速度弥散 $\sigma=146\pm6$ 千米/秒。紫外观测给出其产星率约为 $1\times10^{-4}M_\odot$/年。发射线观测给出离核心 400 秒差距内的电离气体总量为 $10^5M_\odot$，高的金属丰度表明这些气体是演化晚期的恒星抛出的。

盘 M31 盘的光度呈指数分布，最外部分存在卷曲。外盘星族比内盘年轻（颜色较蓝）。两条细长的紧卷旋臂形态相当复杂，可能受到附近 M32 潮汐力的破坏。M31 盘内已观测到的疏散星团约有 400 个，大多处于旋臂内，主要集中在距中心 10 千秒差距到 17 千秒差距的宽阔环带里。颜色－星等图显示，M31 中明亮的年老红星团远多于年轻蓝星团，这意味着这个星系中恒星和星团的形成率一开始非常高然后迅速下降。M31 中的 HⅡ区约有 700 个，Hα 辐射总流量约 700 万倍太阳光度，意味着其恒星形成率约为 $0.35M_\odot$/年。最大 HⅡ区的直径为 660 秒差距。射电观测显示，M31 中 HⅠ气体的大尺度分布与 OB 星协符合得很好，H_2 的质量比 HⅠ小一个量级，以低温巨分子云的形式存在。ISO 远红外观测显示，M31 尘埃的总质量为 $3.7\times10^7M_\odot$，约一半处于 10 千秒差距的宽阔环带里。

晕 恒星计数径向分布的研究表明，M31 晕的面亮度在中心距R为 66 千秒差距（沿短轴测量）处降到$V\approx30$ 等/平方角秒，在 0.2～20 千秒差距遵从$R^{1/4}$律；外晕恒星密度$\rho(R)\propto R^{-5}$，远陡于球状星团径向分布R^{-3}。颜色－星等图显示，M31 内晕中恒星的金属丰度高于球状星团，意味着这些星团形成在多数晕星之先。M31 视向速度在 15 千秒差距至 30 千秒差距之间保持常数，表明该区域内的质量随距离线性增加，且外区质光比大于 200。这些暗物质的本性还不清楚。

球状星团 M31 中估计有 460 多个球状星团，在 6～22 千秒差距，其投影面密度正比于R^{-2}。其中视向速度已知者有 181 个。金属丰度高的球状星团相对于盘圆周运动的偏离远低于贫金属球状星团。M31 球状星团的平均光度$\langle M_V\rangle=-7.51\pm0.15$，高斯弥散$\sigma\approx1.42$ 等。根据历史记录，M31 中只观测到 1 颗超新星 S And（SN1885A），距离核心只有 16 角秒，因为核球属星族Ⅱ，可推断该超新星属Ⅰa 型。由禁线比[SⅡ]/H 所发现的超新星遗迹为数也不多（52 个），所以 M31 中恒星的形成率应该很低。M31 中已发现的新星总数超过 300，形成率为每年 29±4 个，行星状星云总数估计为 8000±1500，形成速率为每年 0.3 个。（赵君亮）

仙女座星系（M31）

仙王座β型变星 β Cephei variable star 短周期脉动变星。周期范围大致为 2～6 小时。又称大犬座 β 型变星。许多仙王座 β 型变星具有两个略微不同的周期。光变曲线常近于正弦形，位相比视向速度曲线落后 90°，这表明光度的极大和极小分别与半径的极小和极大相对应。光谱型大致介于 B0 到 B2 之间，颜色随光度有微小的变化，光度极大时比光度极小时略蓝。大多数的光度级为Ⅲ～Ⅳ。在变星的赫罗图上位于主星序上方。许多仙王座 β 型变星是密近双星或聚星的子星，如角宿一、心宿一等。仙王座 β 本身就至少有 3 颗伴星。因此它们的脉动会受到伴星起潮力的影响。有不少这类变星的光变曲线和视向速度曲线表现出不稳定性，这可能是由伴星、自转或磁场等造成的。（蔡贤德）

先进天基太阳天文台 Advanced Space-based Solar Observatory; ASO-S 中国太阳物理界在 2011 年自主提出的专门用于在空间对太阳进行观测的卫星。中文昵称夸父一号。先进天基太阳天文台（见图）是中国科学院空间科学战略性先导科技专项中的一项研究。它采用三轴稳定的姿态控制，2022 年 10 月 9 日发射升空，卫星运行在高度 720 千米的太阳同步晨昏轨道，设计寿命 4 年。它以太阳活动第 25 周峰作为契机，以实现中国太阳卫星探测“零”的突破。

先进天基太阳天文台模型

先进天基太阳天文台的科学目标简称为“一磁两暴”。“一磁”指太阳磁场，“两暴”是指太阳上两类最剧烈的爆发现象——太阳耀斑和日冕物质抛射，即观测和研究太阳磁场、太阳耀斑和日冕物质抛射的起源及它们三者之间可能存在的因果关系。

先进天基太阳天文台共有三个主要载荷：①全日面矢量磁像仪（FMG），用来观测太阳光球矢量磁场；②太阳硬 X 射线成像仪（HXI），用来观测太阳耀斑等现象中的非热物理过程；③莱曼 α 太阳望远镜（LST），主要用来观测太阳耀斑和日冕物质抛射的形成和早期演化。先进天基太阳天文台独特的载荷组合将首次实现在一颗卫星上同时观测太阳全日面矢量磁场、太阳耀斑高能辐射成像和日冕物质抛射的内日冕传播，有望在当代太阳物理前沿领域“一磁两暴”的观测和研究方面取得重大突破，揭示太阳磁场演变导致太阳耀斑爆发和日冕物质抛射的内在物理机制。同时也将为严重影响人类生存环境的空间天气提供预报的物理基础。（甘为群）

弦宇宙学 string cosmology 基于弦理论的一种宇宙学模型。弦理论是量子引力理论中最成功的候选者，有望调和量子力学和广义相对论之间的矛盾，以及统一宇宙中所有的物质和相互作用。弦理论认为，物质的基本组成成分并不是点粒子（零维物体），而是微小的弦（一维物体）。而人类实验观测到“点粒子”，是因为短距离实验（加速器）还不能达到弦的尺度。

然而，弦理论不仅与短距离的物理有关，还可能解决宇宙学上的问题。宇宙学也为弦理论的可能实验检验提供了观测窗口。弦理论与宇宙学的关系包括：

原初奇点问题　弦理论有助于解决广义相对论中宇宙诞生之初的原初奇点问题。解决原初奇点问题的思路包括弦论的T对偶性（小尺度对偶于大尺度）、弦的有限长度以及全息原理等（见宇宙奇点）。

暴胀宇宙学　弦论是有望在极高能量统一物理学的理论。暴胀的宇宙是人类可以探测到的最高能量的物理过程。所以，暴胀的宇宙是检验弦论的理想场所。弦论家构造了很多暴胀模型，例如膜暴胀模型（利用额外维空间中漂浮的 D 膜来推动宇宙加速膨胀）和模暴胀模型（利用额外维空间的形状变化来推动宇宙的加速膨胀）等（见暴胀宇宙）。

暗能量　虽然暗能量是宇宙大尺度表现出来的现象，但是暗能量的本质可能和量子引力有关。这是因为暗能量包括真空量子涨落的引力效应。利用弦理论及相关推论解释暗能量的模型包括基于全息原理的全息暗能量、基于弦理论景观假说的人择多重宇宙等（见暗能量）。

宇宙弦　一些弦暴胀模型预言，宇宙中可能存在宇宙弦，就是横跨整个宇宙的一维物体。宇宙弦的存在会改变空间结构，使得环绕宇宙弦的空间角度不再是360°。这个角度缺陷会带来一系列观测效应，包括天体双重成像、微波背景辐射上的温度不连续变化、结构形成速度加快、电磁辐射、引力辐射等。宇宙弦是否存在，还有待于宇宙学观测的进一步检验。（王　一）

限制性三体问题　restricted three-body problem　三体问题的特殊情况。当所讨论的三个天体中，有一个天体的质量与其他两个天体的质量相比，小到可以忽略时，这样的三体问题称为限制性三体问题。一般地把这个小质量的天体称为无限小质量体，或简称小天体；把两个大质量的天体称为有限质量体。把小天体的质量看成无限小，就可不考虑它对两个有限质量体的吸引，也就是说，它不影响两个有限质量体的运动。于是，对两个有限质量体的运动状态的讨论，仍为二体问题，其轨道就是以它们的质量中心为焦点的圆锥曲线。根据圆锥曲线为圆、椭圆、抛物线和双曲线四种不同情况，限制性三体问题相应地分为四种类型：圆型限制性三体问题、椭圆型限制性三体问题、抛物线型限制性三体问题和双曲线型限制性三体问题。若小天体的初始位置和初始速度都在两个有限质量体的轨道平面上，则小天体将永远在该轨道平面上运动。这就成为平面限制性三体问题。

G.W.希尔按限制性三体问题研究月球的运动，略去太阳轨道偏心率、太阳视差和月球轨道倾角，实际上这就是一种特殊的平面圆型限制性三体问题。他得到的周期解，就是希尔月球运动理论的中间轨道。

在小行星运动理论中，常按椭圆型限制性三体问题进行讨论，特洛伊群小行星的运动就是太阳－木星－小行星所组成的椭圆型限制性三体问题的等边三角形解的一个实例。D.布劳威尔还按椭圆型限制性三体问题来讨论小行星环的空隙。抛物线型限制性三体问题和双曲线型限制性三体问题在天体力学中则用得很少。人造天体出现后，限制性三体问题有了新的用途，常用于研究月球火箭和行星际飞行器运动的简化力学模型，大部分结果是用数值方法得出的。（赵德滋）

相对论的天体测量检验　astrometric test of relativity　用高精度天体测量的技术和方法对相对论性引力理论的各种可观测效应进行检验。1916年A.爱因斯坦提出广义相对论的时候，理论的实验基础并不坚实。相对论解释了水星近日点每世纪43角秒的“异常”进动，但太阳的扁率也可能导致进动，而当时不能确定太阳扁率的数值。1919年日全食时对引力偏折造成的光线弯曲的测定说是与广义相对论的理论值相符合，然而那时二维的方位观测的精度不高，那次观测的误差高达30%。广义相对论的另一项经典预言是引力红移，它需要与多普勒红移以及光在介质中传播产生的红移现象相区分，直到1959年才得到初步证实。

从1919年的日全食观测到20世纪60年代，广义相对论的实验验证进入了一个停滞的阶段。广义相对论效应的强度可以用$\frac{GM}{c^2r}$来度量，这里G和M分别是牛顿引力常数和引力源的质量，r是到引力源的距离，c是真空中的光速。在地球附近，它的值约为10^{-8}，在太阳表面也只有10^{-6}，所以太阳系是相当弱的引力系统。在20世纪的前半叶，天体测量主要是方位观测，虽然不断改进仪器来提高精度，并不足以检验太阳系中的相对论效应。

随着时频和空间技术的飞速发展，20世纪60年代开始了相对论实验验证的黄金时代。1955年英国国家物理实验室制成的第一台铯原子钟，日频率稳定度为10^{-9}。现在最好的铯喷泉原子钟的日频率稳定度接近10^{-16}。有了高精度的时钟，加之第二次世界大战后雷达技术的进步，60年代初开展了向金星等行星发射无线电信号并用雷达接收回波，记录下时间间隔用以计算观测站到行星的距离。太阳系天体的定位就从二维的方位观测进入了三维的时代。雷达测距和多普勒测速现已成为深空探测飞船的主要测控手段。雷达测距的精度已好于1米，而多普勒测速的精度在每秒0.5毫米左右。可见光比射电波的波长短得多，激光测距也就比雷达测距精度高。人造卫星激光测距（SLR）和月球激光测距（LLR）的绝对精度已从1厘米提高到毫米量级。这些高精度的测距资料被用来在太阳系的范围内建立太阳系天体历表和检验引力理论。方位观测的精度在此期间也得到了大幅度的提高，从两条途径去实现。一条是空间天体测量，摆脱了地面大气的干扰。依巴谷天体测量卫星的定位精度好于1毫角秒。新一代天体测量卫星全天天体测量干涉仪（Gaia）的观测精度提高到10微角秒。另一途径是发展干涉测量。地面甚长基线干涉测量（VLBI）的定位精度已好于1毫角秒。干涉测量的分辨率与λ/b成正比，其中λ和b分别为波长和基线长度。未来的光干涉天体测量卫星的定位精度可达1微角秒。空间VLBI由于增大了基线的长度，定位精度也可提高。

广义相对论并不是存在的唯一引力理论。一方面是因为实验和观测还不能对理论做出最后的选择，也来自物理理论本身发展的需求。暗物质和暗能量的理论解释，量子引力理论的发展，都使得物理学家认为广义相对论不是最后的引力理论。高精度天体测量是检验引力理论的主要手段。

相对论等引力理论的理论基础是等效原理。它可以分成3个层次，从低到高为：弱等效原理（WEP）、爱因斯坦等效原理（EEP）、强等效原理（SEP）。WEP可以表述成在时空的局域内，所有在引力场中自由下落的试验体（大小和质量可以忽略的天体），初始条件相同时的轨迹都相同，与它们的结构和组成无关。WEP的核心内容是对所有的物体而言，惯性质量和引力质量之比都相同。爱因斯坦将WEP扩展成了EEP：在任何地点和时间的局域惯性系中，对试验体进行的所有条件相同的非引力实验的结果都相同。SEP则将WEP和EEP中的试验体推广到自引力不能忽略的物体，将非引力实验扩展为所有的实验。

WEP和EEP已经有相当坚实的实验验证。主要是地面和空间的物理实验，其中也有一些是天体测量实验。例如，地球和月球是结构和组成并不相同的物体，但是它们都在太阳系的引力场中自由下落。从20世纪70年代中期到21世纪，LLR将WEP的验证精度提高到近于 10^{-13}。又如EEP的一项重要效应是引力红移。1976年6月18日美国发射的引力探测器A（Gravity Probe A; GP-A），垂直上升至10 000千米，在近2小时后回到地面。将探测器上载有的氢脉泽钟和停留在地面上的同样的钟进行比对，得到的结论是实验与EEP预言的引力使钟变慢的效应符合的精度是 7×10^{-5}。

尽管科学家仍然在设计验证WEP和EEP的更加精细和昂贵的空间实验，但普遍相信EEP是正确的。这就是说，引力表现为时空的弯曲，引力要通过**时空度规**来对物体产生作用。然而，物质的质量和能量如何形成时空弯曲，不同的引力理论却有不同的方式。广义相对论只有一个时空度规场，有的理论引入标量场，有的则引入向量场，以及其他度规场等。一种流行的看法是，如果SEP成立，那么唯一正确的理论是广义相对论。这一看法有一些富有逻辑的描述，但并没有严格的证明。此外，除后面讲到的诺德维特效应（Nordtvedt effect）外，SEP还缺乏非常强有力的实验证据。

这样，相对论性引力理论实验验证的焦点便集中在查验各种度规理论的正确性。最精密的仪器和航天器都局限在地球附近和太阳系，实验数据的分析要用太阳系的后牛顿近似度规。太阳系高精度天体测量数据分析大都采用所谓参数化后牛顿（PPN）度规。这是1968～1972年K.诺德维特和C.威尔建立的含有10个参数的1阶后牛顿（1PN）近似度规，对不同的度规理论，参数取不同的值。实验的目的就成了通过测定这些参数的数值来鉴别各种引力理论的正确性。10个PPN参数中最重要的两个是爱丁顿参数β和γ。前者表示度规中牛顿引力势出现的非线性，需要用天体的轨道运动来测定。后者表示单位静止质量产生的三维空间曲率，常用电磁波的传播来测定。测定这两个参数的值成了太阳系引力实验和高精度天体测量的重要目标。对广义相对论，它们的值都是1，然而反过来并不成立，例如爱因斯坦-以太理论的β和γ值也是1，鉴别就要靠其他参数了。余下的8个参数分别是：ξ，检验引力理论是否有优越位置；α_1、α_2、α_3，检验引力理论是否有优越参考系；ζ_1、ζ_2、ζ_3、ζ_4和α_3检验引力理论是否具有动量守恒。对于广义相对论，没有优越的位置和参考系，有动量守恒定律，这8个参数全为零。

PPN参数γ的测定依赖电磁信号的传播，主要是两类观测：**引力时延**和引力偏折。2003年用卡西尼（Cassini）飞船发来的信号在经过太阳附近时产生的引力时延所造成的频率变化，测定$|\gamma-1|$的上界是 2.3×10^{-5}。这是对γ精度最高的一次测定。引力偏折的观测在射电波段比光学波段的精度高，前者应用VLBI技术。VLBI测定$|\gamma-1|$的上界为 2×10^{-4}。

PPN参数β值最精确的测定来自水星近日点进动。信使号（Messenger）飞船环绕水星运动，大大改进了水星的定轨精度。太阳引力造成的水星近日点进动由3个参数决定：β、γ和太阳的形状四极矩$J_{2\odot}$。采用γ的卡西尼飞船测定值和$J_{2\odot}$的最新估计值 2.2×10^{-7}，得到β值的精度略低于γ测定值的精度，$|\beta-1|$与广义相对论理论值符合的程度约为 8×10^{-5}。

除了广义相对论外，SEP在很多引力理论中并不成立。诺特维特在研究LLR中的相对论效应时，发现当SEP不成立时，地球和月球在太阳的引力作用下产生的加速度并不相同。这一效应称为诺特维特效应，用参数η_N表示，其主要部分的系数是 $4\beta-\gamma-3$。对广义相对论，这个参数为零，对标量-张量等其他引力理论不为零。经过LLR长期数据的分析，得到诺德维特参数$|\eta_N|$的上界为 4.4×10^{-4}。

在大多数高精度天体测量资料处理的模型中，只保留PPN参数β和γ，因而其他PPN参数的测定结果较少，但也没有发现违背广义相对论的情况。

有一些广义相对论效应太弱而长期得不到验证。例如**引力波**，虽然在20世纪通过**脉冲双星**的轨道周期变慢得到了间接验证，直到2016年才在地面初步直接观测到了双黑洞并合产生的引力波辐射。另一项是伦塞-西凌（LT）效应，说的是天体自转会拖曳周围的空间，由此影响围绕该天体的轨道运动和陀螺的指向。在2004年，美国发射了斯坦福大学科学家研制的引力探测器B（Gravity Probe B; GP-B）。卫星上载有除引力外不受任何力和力矩作用的球形陀螺，陀螺置于超低温的环境下以防止热辐射。任务是测量陀螺指向相对导航星飞马座IM方向的漂移。这种方向漂移由两个相对论效应所造成：地球质量造成的**测地岁差**和**地球自转角**动量造成的LT岁差。它们分别在两个相互垂直的方向上。在这个实验里，测地岁差的理论值是一年6630毫角秒，而LT岁差是一年38毫角秒。2010年10月，GP-B课题组公布了结果，与广义相对论理论值差别的范围是：测地岁差为0.3%，LT岁差为20%。另一个验证LT效应的是意大利的I.丘福利尼及其合作者对3个卫星的SLR高精度数据分析。这些卫星是两个激光地球动力学卫星（LAGEOS）和激光相对论卫星（LARES）。在**地球自转**造成的LT效应的拖曳下，卫星的轨道平面将在赤道面上滚动。用3个卫星的观测资料是为了尽可能消除地球形状多极矩产生的类似的轨道面进动。根据2016年的报道，对3.5年的SLR观测数据分析，初步得到观测与广义相对论理论值的差别在5%以内。

毫无疑问，强引力场应当能够提供更有力的引力理论的实验证据，然而存在两方面的困难：①对于强场，没有类似PPN形式那样的理论模式可以用几个参数来区别不同的引力理论，强场观测的数据处理通常以广义相对论作为理论基础，看理论和观测是否相符。②在强场的观测中，除了引力外常常掺杂着其他物理效应，需要予以区分。

脉冲双星是强场引力效应观测中最受关注和成果最多的对象。精确的脉冲计时观测资料用来拟合双星的物理参数和轨道。轨道周期越短，相对论效应就越显著。1974年发现的B1913+16已经积累了将近40年的观测资料，轨道周期为0.3天，近星点进动为每年4.2度。2003年发现的J0737-3039的两颗子星都是脉冲星，轨道周期只有0.1天，近星点进动达到每年16.9度，是更理想的相对论效应验证源。发现的脉冲双星的数据分析都以广义相对论为基础，观测与理论没有发现不一致。另一个备受关注的强场是人马座射电源Sgr A*，位于银河系中心，通常认为那里是一个具有400万太阳质量的黑洞。对黑洞附近天体运动的高精度天体测量观测，可以拟合得到黑洞的物理参数和验证黑洞附近的相对论效应。困难是距离遥远和星际消光，观测精度不够高。马普天文研究所等研究部门正计划用甚大望远镜干涉仪（VLTI）进行近红外观测，预期的定位精度能达到10微角秒。

广义相对论通过了所有的天体测量实验验证，主要在太阳系内。大部分情况下，只是对弱场的1阶后牛顿近似进行了一些验证，需要进一步提高精度，并且通向强场相对论效应的验证。这类实验是基础研究课题，也是高科技工程项目，时间跨度大，费用高昂，需要多个领域的科学家和工程师通力协作来克服各种技术和理论上的困难。在规划每一个高精度天体测量项目和深空探测计划时，都应当探索如何将这些项目和计划所取得的观测资料用于相对论的实验验证。

（黄天衣）

相对论岁差 relativistic precession　一种相对论效应。时空曲率导致的陀螺指向相对遥远恒星方向的进动。设想绕一个中心天体运动的自由陀螺。所谓自由是指除引力外不受任何力的作用，同时也不受任何力矩的作用。按照牛顿力学，以极其遥远恒星的方向为参照，陀螺的指向在运动过程中始终保持不变。然而，广义相对论的时空是弯曲的，陀螺的指向相对遥远恒星有进动。

中心天体的质量和自转角动量都会造成时空弯曲，从而产生相对论岁差。质量造成的陀螺进动称为测地岁差或德西特岁差；自转角动量造成的称为伦塞-西凌岁差，常简称为 LT 岁差。测地岁差的表现是陀螺指向绕其轨道角动量矢量进动；LT 岁差则表现为绕中心天体的自转角动量矢量进动。

地球可以看成是一个环绕太阳运行的陀螺。太阳质量造成的时空弯曲使得天极绕黄极进动。这一进动的长期部分数值为每世纪 1.919 角秒，称为“测地岁差”，这是名词测地岁差的狭义内涵。进动的周期部分称为“测地章动”，其主要项是周年项，振幅为 0.132 毫角秒。测地岁差和测地章动已经纳入 IAU 岁差章动系列。值得注意的是它们都属于黄经岁差和黄经章动，黄赤交角没有相对论岁差章动。

太阳自转很慢，它对地球绕日运动的 LT 岁差可以忽略。LT 岁差的初步直接验证来自引力探测器 B（Gravity Probe B; GP-B）。卫星轨道设计为地球的极轨道，轨道角动量与地球自转轴垂直，使得测地岁差和 LT 岁差在两个相互正交的方向上漂移而易于分离。GP-B 的验证结果是 LT 岁差和测地岁差与广义相对论符合的程度分别为 20%和 0.3%。　（黄天衣）

相对论天体力学 relativistic celestial mechanics　在爱因斯坦广义相对论或现代其他新引力理论框架下建立的天体运动和自转理论。

发展历史　U.-J.-J.勒威耶在1846年用天体力学理论计算而发现海王星，标志着此学科的可靠性。但就在勒威耶任巴黎天文台台长期间，他在整理大行星长期观测资料时，于 1859 年发现水星近日点进动速率有偏差，计算值比观测值每百年小 38″。纽康通过更长时间和更精确的观测研究于 1882 年肯定了此偏差，并修正为 43″。在排除了各种可能因素后，就断定问题在牛顿力学本身。

A.爱因斯坦提出广义相对论后，于 1916年用它计算出水星近日点进动速率，正好比牛顿力学的计算结果每百年多 43″，符合观测结果，而且后来计算的金星、地球、火星的结果，也符合观测。这就肯定广义相对论更符合天体运动实际。1938 年，爱因斯坦等人完成多体问题的后牛顿运动方程，即 EIH 方程，开始建立更精确的后牛顿天体力学，这是相对论天体力学的前身。直到 20 世纪 50 年代，有关天体运动和形状的绝大多数课题，用牛顿天体力学已能解决。

随着观测精度不断提高，很多课题所需的精度已超过牛顿力学水平，建立以广义相对论为基础的天体运动和形状理论，已提到议事日程。第一个提出的人是俄罗斯的勃隆别格，他在 1972 年出版的天体力学著作的书名就是《相对论天体力学》。他在书中提出了此学科的定义和主要内容。由于是用俄文出版，在国际上影响不大。后在国际天文学联合会主持下，于 1985 年召开了相对论天体力学的专题讨论会，此学科在会上得到公认，并引起广泛重视。勃隆别格将《相对论天体力学》一书充实内容后，于 1991 年用英文出版，成为此学科的代表作。

主要内容　相对论天体力学主要内容为后牛顿天体力学、高阶后牛顿二体问题、相对论天文参考系统及相对论恒星系统动力学。

后牛顿天体力学　模仿牛顿力学的形式来解决慢速运动和弱引力场的相对论问题，即将广义相对论的场方程展开成天体速度v与光速c的比（v/c）及无量纲牛顿引力势（GM/Rc^2）这些小量的幂级数形式，得到逐级近似的天体系统的运动方程，如爱因斯坦等人的 EIH 方程。在这种近似形式下，容易将广义相对论的结论与牛顿经典理论进行比较。许多重要的广义相对论效应，如水星近日点的进动、自转与轨道运动的耦合，都可由后牛顿天体力学给予说明。为讨论和检验广义相对论和其他新引力理论，威耳等人在 1981 年完成了参数化后牛顿方法（PPN）；1991～1994 年，法国人达穆尔、德国人索费儿和须重明共同完成的 DSX 理论体系等。

高阶后牛顿二体问题　设c为光速，含c^{-2}的项称为一阶后牛顿（1PN）项；含c^{-4}的称 2PN 项；含c^{-5}的称 2.5PN 项；依次类推。针对旋转致密双星二体问题运动方程，轨道部分已展开至 3PN 项（其中 2.5PN 项同引力波联系，是耗散项），自转与轨道运动的耦合已准到 3.5PN 项，自转与自转运动的耦合已准到 4PN 项。达穆尔等采用广义相对论的 ADM-哈密顿量形式来描述二体动力学问题，而安德雷德（Andrade）等直接在谐振坐标下由拉格朗日导出运动方程。这两种算法的结果在物理上被证明等价。然而，中国的伍歆等人于 2015 年揭示了同阶后牛顿拉格朗日和哈密顿量这两种近似表达形式一般不等价，甚至存在可积与不可积或者不混沌与混沌的差异。

相对论天文参考系统　研究广义相对论框架下天文学各种参考系的精确定义和实现方法，是天体力学和天体测量学的共同领域。

相对论恒星系统动力学　用相对论或其他新引力理论研究双星（特别是脉冲双星和 X 射线双星）、星团、星系等的动力学课题。　（易照华　伍　歆）

相对论天体物理学 relativistic astrophysics　以狭义和广义相对论等物理学基础理论为主要工具，研究在经典力学和牛顿引力理论不再适用条件下的天文现象的学科。是天体物理学的分支。1915 年 A.爱因斯坦建立广义相对论时给出的第一个应用，就是定量地解释水星近日点进动问题（用来解释牛顿引力理论不能解释的部分）。所以原则上说，从广义相对论诞生时起相对论天体物理学也同时诞生。但在 1915 年以后的 40 多年里，除了几何宇宙学以外，广义相对论对天体物理学并没有产生大的影响。这是因为在“通常”的天体对象中引力场太弱，没有应用广义相对论的必要。对于“通常”的天体物理学来说，广义相对论和牛顿引力理论在量级上的差别是十分微小的。在太阳系中只有引力红移、光线偏转、水星近日点进动、雷达信号的延迟等几个效应与广义相对论有关。

一个体系的引力场的强弱，可用体系的尺度R同它的引力半径r_g之比来衡量（表 1）。$r_g = GM/c^2$，式中M为体系质量；G为引力常数；c为光速。如果体系的比值$r_g/R \ll 1$，属于弱场；如果$r_g/R \approx 1$，则属于强场。表 1 所列一些常见的天体的r_g/R值都远小于 1，这正是牛顿引力理论得以适用的根据。还可从另外一个角度来看这个问题。如果质量M的体系所产生的引力场是强的，它们的空间尺度R就应当是$R \approx GM/c^2$。如果想把质量为M的体系变成强引力场的源，就应把这个体系压缩到R那么小的空间范围之内。例如只有把太阳压缩成几十千米直径的球，它才能成为强场天体。

根据从地面实验室中得到的经验，会认为这种压缩是完全不可能的。但早在 20 世纪 30 年代，就提出天体的引力坍缩概念。这个概念是说，一个质量足够大的天

表 1　一些常见的天体r_g/R值

名称	月亮	地球	太阳	银河系
r_g/R	$10^{-10.1}$	$10^{-8.9}$	$10^{-5.4}$	10^{-6}

体系统，在自身引力的作用下，总要无限地坍缩下去。经过更仔细的理论分析，进一步肯定了这个概念。总之，一个质量足够大的星体，不能摆脱引力坍缩的结局。引力的存在本身就必然导致强引力场天体的存在。按照这个结论，宇宙间不仅一定存在具有强引力场的天体，而且为数应当很多。60 年代的天文观测逐步证实了这种观点。其中关键的一步是关于蟹状星云脉冲星的研究。**蟹状星云**是 1054 年的**超新星遗迹**。它的中心有颗恒星，观测发现它是一颗脉冲星，脉冲周期仅 33 毫秒，而且周期非常稳定，说明这是由自转引起的。脉冲周期极短，说明自转天体的空间尺度很小。另一方面，脉冲星光度很大，又表示它的质量不可能太小。这样一个大质量而小体积的天体，正是那种经过引力坍缩后形成的致密天体。1054 年的**超新星**爆发就是引力坍缩的一种表现。天文观测还发现了一些其他类型的具有强引力场的天体，其r_g/R值见表 2。

表 2　具有强引力场天体的r_g/R值

名称	蟹状星云脉冲星	天鹅座X-1	NGC6624星系核心	M87星系核心	宇宙
r_g/R	10^{-1}	≈ 1	≈ 1	≈ 1	1

相对论天体物理学的第一个成果就是发现自然界中具有强引力场的天体的种类很多，数量很大，这完全改变了旧有的宇宙天体观念。

相对论天体物理学包括以下几个方面：①**相对论宇宙学**。这是最早发展起来的一个分支。它研究宇宙的大尺度时空结构和几何特征。比较有影响的是膨胀宇宙模型、**大爆炸宇宙学**等。②致密天体物理学。研究恒星核能源耗尽后将发生的引力坍缩过程，以及坍缩后形成的致密星，如简并矮星、中子星、黑洞等。③引力波天文学。研究各种天体过程的引力波发射，以及**引力辐射**对天体现象的影响。直接探测天体发射引力波的工作，也在进行中。④后牛顿天体力学。研究广义相对论对“普通”天体力学(即以牛顿引力理论为基础的天体力学)的各种修正。如双星的近星点的相对论进动，自转轴的相对论进动等。

用天体的运动性质来检验各种引力理论，也是相对论天体物理的一个重要方面。广义相对论的几个主要预言，如光线偏转、**宇宙膨胀**、**引力波**的存在等，都是首先通过天文观测来检验的。因此，相对论天体物理学不仅是一门广义相对论的应用学科，而且也是探索引力规律的一门基础学科。（方励之　撰　李宗伟　修订）

相对论宇宙学 relativistic cosmology　在**A.爱因斯坦**相对论基础上建立起来的宇宙学理论。它的一些基本结论都是根据所谓宇宙学原理（即宇宙物质在大尺度上是均匀和各向同性的）的假定而推得的。在这种宇宙理论中，空间各点的曲率处处相同，但弯曲程度可以随时间变化（不改变其正负号）。其中正曲率（空间曲率符$k=+1$）对应于一个没有边界但体积有限的闭合宇宙；零曲率（$k=0$）对应于一个平直的开放宇宙；负曲率（$k=-1$）则对应于一个双曲型的开放宇宙。宇宙的膨胀或收缩运动在所有方向上是一样的，它可以由度规公式中的宇宙标度因子$R=R(t)$来描述。R随宇宙时t的相对变化率即$H=\dot{R}/R$称为哈勃参量（在现在t_0时刻的哈勃参量H_0称为**哈勃常数**）。知道了R随时间的变化，也就知道了宇宙的历史和发展趋向。假定星系可以设想为均匀而静止地分布在整个空间中，那么就可用理想流体的能量-动量张量来描述它们。这时，根据引力场方程，就能推出均匀各向同性宇宙学模型的动力学方程：

$$\dot{R}^2+k=\frac{8\pi G}{3}\rho R^2$$

$$\frac{\mathrm{d}}{\mathrm{d}R}(\rho R^3)=-3\rho R^2$$

式中G为引力常数。给定物态方程的压力$p=p(\rho)$，可求得函数$R(t)$，详细分析$R(t)$的性质，就得到各种典型的相对论宇宙模型。如果考虑到爱因斯坦为了得到静态宇宙加上的表现为排斥力的**宇宙学常数**，上述宇宙动力学方程将会变得更为复杂，宇宙在近期可以加速膨胀。这已经被 1998 年Ⅰa 型超新星的观测所证实，并且获得2011 年诺贝尔物理学奖。（卢炬甫　张家铝）

相接双星 contact binary　两颗星处于半结合状态并有一个共同外壳的密近双星。见**密近双星**。

相位参考 phase referencing　利用目标源附近的射电强源校准目标源的可见度相位。在通常的 VLBI 成图中，用目标源本身的观测数据进行条纹拟合和自校准来消除相位误差，时延和时延率的影响，前提是目标源要足够强，信号必须有高的信噪比。对一个弱的目标源，在 VLBI 基线上在相干积分时间上检测不到条纹就无法进行成图研究。解决的办法是用一个目标源附近的强源来校准目标源的相位数据。VLBI 阵交替地观测目标源和相位参考源，用连续二次参考源条纹拟合的结果内插到目标源的观测时间上进行相位差分。假定钟误差和电子学的影响对两个源的影响是相等的；两个源的角距离足够近，大气和电离层的相位误差可以相消，天线位置误差等几何学的误差影响对两个源也是近似相同的。差分相位可表示为：

$$\phi^t-\tilde{\phi}^{\mathrm{ref}}=(\phi^t_{\mathrm{vis}}-\phi^{\mathrm{ref}}_{\mathrm{vis}})+(\phi^t_{\mathrm{pos}}-\tilde{\phi}^{\mathrm{ref}}_{\mathrm{pos}})$$

式中t为目标源；ref为参考源；～为参考源内插后的量；ϕ_{vis}为可见度相位。利用对相位参考源成图，可以对它的结构相位进行改正。这样差分相位仅包含着目标源的结构和目标源与参考源的位置信息。对目标源进行通用的方法成图，从目标源的图像中可以确定目标源相对于成图中心的位置，就是两个源之间的相对角位置的测量，因此，相位参考技术也可用于两个邻近的射电源高精度的相对天体测量。由于大气中同温层和电离层的时间和空间变化，在不同观测频率上，对目标源和相位参考源观测的开关时间及两个源之间的角距离有着限制条件。（蒋栋荣）

相位阵馈源 phased array feed; PAF　在反射面天线焦平面紧密排布馈电单元，通过对各个馈电单元接收的电压信号进行加权求和进行波束合成，以对反射面汇聚的电磁波进行多种模式接收的技术。对于反射面为抛物面的天线，入射的平面波经反射面反射会在焦平面（经过焦点与光轴垂直的平面）上形成一定的场分布。PAF 技术通过在焦平面上紧密排布馈电单元来对上述场分布进行接收，以提高接收的能量和实现灵活的波束合成。

PAF 的波束合成有模拟和数字两种方式。模拟波束合成通过传输线或电子器件实现对各馈电单元接收的电压信号的幅度和相位的调整，进而实现波束合成。数字波束合成先是对各馈电单元接收的电压信号做模数转换，波束合成所需的幅度和相位调整都是对数字信号的操作，灵活性大，但需要巨大的计算量。模拟波束系统的复杂性和窄带特性，或数字波束合成系统巨大的计算量，一直制约着 PAF 技术在射电天文中的应用。随着计算机及数字电路的发展，到 20 世纪末，PAF 在射电天文中的应用逐渐成为可能。

20 世纪 80 年代，NASA 进行了利用 PAF 补偿反射面大尺度面型误差的尝试。90 年代，国际上逐步开展针对射电天文的 PAF 关键技术研究。比较有代表性的是美国国立射电天文台（NRAO）、杨百翰大学（BYU）和康奈尔（Cornell）大学的 PAF 研究，加拿大自治领射电天文台（DRAO）的 Phased Array Feed Demokstrator（PHAD）项目，欧洲的 Focal-plane Arrays for Radio Astronomy, Design Access and Yield（FARADAY）及后续项目，澳大利亚联邦科学与工业研究组织（CSIRO）的 New Technology Demonstrator（NTD）和 extended New Technology Demonstrator（xNTD）项目等。PAF 的研究已经取得了丰硕的成果。截至 2022 年，已经投入运行和正在研发的 PAF 项目有：澳大利亚 CSIRO 为 ASKAP 望远镜阵列研发的常温 PAF 系统和荷兰 ASTRON 为 WSRT 望远镜阵列研发的常温 PAF 系统 APERture Tile In Focus（APERTIF）。制冷 PAF 的研究包括美国 NRAO 和 BYU 大学合作研制的 Focal L-Band Array for GBT（FLAG），英国乔卓尔·班克天文台（JBO）的 PHased Arrays for Reflector Observing Systems（PHAROS），美国杨百翰大学和康奈尔大学合作为美国阿雷西博天文台研发的 Advanced Cryogenic L-Band Phased Array Camera for Arecibo（ALPACA）和澳大利亚 CSIRO 的 ROCKET PAF 等。中国科学院**国家天文台**、清华大学、北京航空航天大学、中国电子科技集团公司第五十四研究所等也相继合作开展了针对 SKA 和 **500 米口径球面射电望远镜**（FAST）的 PAF 接收机研究。常温 PAF 的系统**噪声温度**为 50～70K，制冷的 PAF 系统噪声温度已经接近单个馈源接收机的水平。

PAF 的关键技术主要集中在馈电单元阵列及馈电单元与低噪声放大器的有源阻抗匹配的设计。馈电单元需要紧密排布，以对焦面场在一定带宽下进行有效采样。馈电单元阵列的设计主要包括馈电单元的选型和阵列构型等。紧密排布的馈电单元之间的互耦效应使得低噪声放大器的噪声会耦合到邻近馈电单元，这就带来了馈电单元和低噪声放大器的有源阻抗匹配问题。通常的设计思路是根据波束合成的需要合理设计低噪声放大器的有源阻抗匹配，使得**射电望远镜**在波束合成后获得最优的性能。

PAF 可以进行多种模式的波束合成，如通过复用部分馈电单元实现视场内的连续天空覆盖；调整反射面口径的照明函数、降低漏损等因素，从而优化望远镜灵敏度；同时形成多个波束的方式实现波束扫描，提高望远镜对致密射电源流量观测的效率；对于保型设计天线，通过动态波束合成回避接收机的机械定位机构；利用波束合成补偿反射面大尺度面型误差；通过动态波束合成补偿馈源位姿残差；通过在**射电干扰**（RFI）方向形成零深来消减 RFI 对观测影响等。

PAF 是射电天文技术研究的热点之一，国际上的 PAF 同行自发组织了年度会议交流研究进展。（金乘进）

像差 aberration 光学系统的实际成像和理想成像状态的差别。传统上像差的概念主要指几何像差。除此之外，像差还用**波像差**、像斑点图、**光学传递函数**等方法描述。

单色像差 对单色光而言的像差。单色像差有球差、彗差、像散、场曲和畸变。下面分别描述这几种像差。

①球差。与视场无关的像差。轴上物点只有球差这一种像差。通过入射光瞳上不同环带的光线，经过光学系统后会聚在光轴上的不同点。这些点与近轴光的像点之间的距离称为轴向球差。由于球差的存在，轴上物点在高斯像面上的像不是一个像点，而是一个像斑，像斑的半径即横向球差。横向球差与视场无关，与入瞳半径的三次方成正比。

②彗差。一种轴外像差。若仅存在彗差，轴外物点发出的通过入射光瞳不同环带的光线，会在理想像平面上形成沿子午线分布的半径不同的圆。圆心在子午线上。圆的大小和圆心与主光线在像面上交点间的距离都与视场角的一次方和光线在入瞳上环带的半径的平方成正比。这些圆有两条公共的切线，对称地位于子午线两边，它们之间的夹角为 60°。也就是说，从轴外物点发出的光线，经光学系统后，在高斯像面上的像位于子午线两旁夹角为 60°的两条直线之间，像斑好像彗星形状。这种像差称为彗差。

③像散。一种轴外像差。由轴外物点发出的斜光束所成的像不是旋转对称的，子午面内的光线与弧矢面内的光线聚焦于不同的位置，形成两条互相垂直的短线，称为子午焦线和弧矢焦线。这种像差称为像散，用子午焦线与弧矢焦线的轴向距离表示。光束在高斯像面上形成的像是椭圆，其长、短轴与入瞳口径的一次方和视场的二次方成正比。在两条焦线的中点，光束成圆形，称为最小弥散圆。

④场曲。一种轴外像差。若没有像散，子午焦线和弧矢焦线重合，成为一点。此时像斑为圆形，其大小仍与入瞳口径的一次方和视场角的平方成正比。不同视场的光线将会聚于距高斯像面不同距离的地方。这样，整个物平面上的点经光学系统后所成的像分布在一个弯曲的面上，这个现象称为场曲。

⑤畸变。一种轴外像差。物体被光学系统所成出的理想像应该是按系统的放大率被放大的，有与物体完全相似的形状。但事实并非如此，这种影响就是畸变。畸变与入瞳口径无关，与视场角的三次方成正比。不同视场角处的物点，其像偏离不同的值，显然实际像与物体不再相似。

上述像差仅与视场角和入射光瞳口径有关，视场角和入射光瞳口径的幂之和等于三，称为三级像差（又称初级像差），与视场和入射光瞳口径的更高次方成正比的像差，称为高级像差。

色差 与波长有关的像差。折射系统中的光学元件都是光学玻璃做成的。光学玻璃的折射率与波长有关，随波长的不同而不同。如果被成像的物体包含有多种颜色的光，由于波长不同，不同颜色光所成的像的大小和位置都不同，不能在像面上得到清晰的像，这种现象称为色差。通常选定一种波长作为参考，其他波长的像位置和大小与选定波长的像位置和大小来比较。

①位置色差。又称纵向色差，与物高无关的像差，即不同波长的光线经由光学系统后会聚在不同的焦点。像在位置上的差别叫作位置色差。

②横向色差。又称倍率色差，与物高一次方成正比的像差。不同波长光线在像面上的像高的不同叫作横向色差（又称倍率色差）。在理想像平面上物点的像成为一条小光谱。

实际的光学系统还存在着各种像差。（周必方 王亚男）

像场改正器 corrector 加在望远镜焦面前以改进成像质量并扩大可用视场的光学系统。**反射望远镜**通常可以提供几个不同焦比的焦点进行不同类型的观测，但由于受反射望远镜校正**像差**能力的限制，这些焦点的可用视场一般都很小。以反射望远镜中经常采用的卡塞格林系统（见**卡塞格林望远镜**）为例，这类望远镜可以提供的工作焦点有主焦点和卡塞格林（或内史密斯）焦点。经典的卡塞格林系统（又被称为牛顿卡塞格林系统）的主焦点和卡塞格林焦点都只消了球差。现代反射望远镜经常使用的消球差和彗差的卡塞格林系统，又称 R-C 系统（见 **R-C 望远镜**）的卡塞格林焦点（或称为 R-C 焦点）虽然消掉了球差和彗差，但因为存在象散和场曲，像质好的视场仍然不是很大，由于 R-C 系统的主镜是双曲面，主焦点存在球差，无法单独使用。为了改善这些焦点的像质以获取较大的工作视场，需要在它们光学系统的焦点前加入像场改正器（或称为像场改正镜）。常根据像场改正器安放的位置、结构和功能给以分类。例如，按像场改正器的工作位置可以分为主焦、卡焦或内史密斯焦点改正器，由透镜组成的改正器称为透射式改正器，主要由反射镜组成的改正器则被称为反射镜改正器（由于反射改正器用的很少，此处只讨论透射式改正器），在透射式改正器里，根据改正镜的面形可又分为球面透镜改正器、非球面板改正器和带有非球面的透镜改正器等，另外带有大气色散补偿功能的改正器可以被冠以“带有大气色散补偿功能”的改正器等。

透射式改正器 主要由透射元件组成的像场改正器，使用的像场改正器几乎都属于这一类。受玻璃材料大小的限制，透射式改正器安放在离望远镜焦点不远的位置，所以它的口径比望远镜要小很多。改正器一般由分离的正负透镜或正负透镜组组成，其组合光焦度很小，加入改正器基本上不会改变原来光学系统的焦距和焦比，带入的横向色差也较小，如果将望远镜和改正镜看作一个系统，这个系统的光焦度主要由较大口径的反射镜形成，反射镜的剩余像差则由口径较小的像场改正器补偿。

球面透镜改正器 全部由球面透镜组成的改正器。由于球面透镜加工检测相对较容易，早期的像场改正器都是采用球面透镜组。1991 年，R.A.桑普森最早提出在牛顿卡塞格林望远镜的主焦点和卡焦点使用透镜改正器来扩大这些焦点的使用视场，他提出的牛顿主焦点改正器由 3 片分离的相同玻璃透镜组成，能在色差得到很好控制的同时校正了彗差和象散，但却无法消掉球差，不过他指出如果主镜稍稍偏离抛物面，则镜面和改正器的球差可以互相抵消，1935 年，M.保罗的分析指出，桑普森建议的有利于球差校正的主镜面形，恰好就类似 R-C 系统主镜的双曲面面形，已经知道 R-C 系统的主焦和卡焦改正器在同样约束条件下设计性能会比传统卡塞格林的更好一些。1933 年，F.E.罗斯为威尔逊山天文台的 60 英寸望远镜的 F/5 卡焦和 F/3.3 的主焦点分别设计了由两片透镜组成改正器。后来他又为帕洛马山天文台的 200 英寸望远镜焦比为 F/3.3 的主焦点设计了一个使用三片透镜的改正器，他的改正器消掉了彗差和象散，但存在一定的球差，成像质量并不是太好（图 1）。1967 年，C.G.温在早期改进改正器设计方面做了很多工作，他为帕洛马山天文台的 200 英寸 F/3.3 主焦点设计了一个 4 透镜改正器，这个改正器的成像质量就有了显著改进，在 365～1014 纳米波段范围，25 角分视场内最大像弥散小于 0.5 角秒，接着，他又为**格林尼治皇家天文台**的 2.5 米望远镜 F/3 设计了类似的改正镜（图 2），在 40 角分视场内得到与上述 200 英寸改正镜相似的像质。1958 年前后，温的改正器开始使用了计算机辅助设计，由

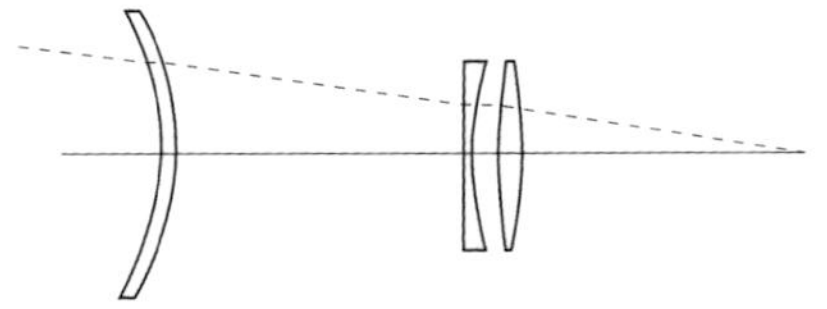

图 1　罗斯为帕洛马山天文台的 200 英寸望远镜焦比为 F/3.3 的主焦点设计的含有三片透镜的改正器（工作波段 405～656 纳米，全视场 20 角秒，像斑 4 角秒内）

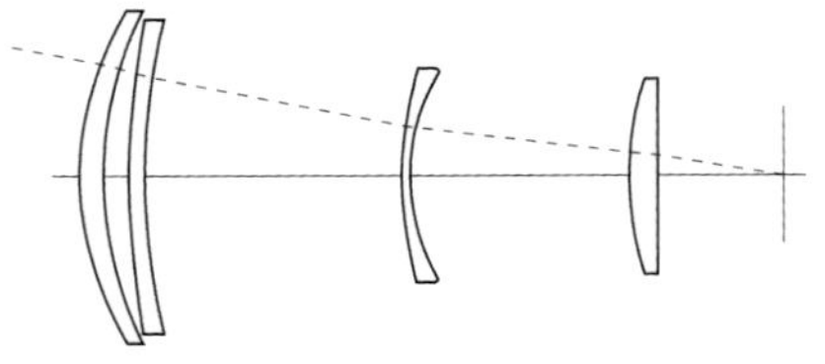

图 2　温为格林尼治皇家天文台 2.5 米望远镜 f/3 主焦点设计的 4 片透镜改正器（在 40 角分视场内，在 365～1014 纳米波段，像斑在 0.5 角秒内）

于计算机在光学设计中应用，使光学系统包括改正器的设计和优化取得很大进步。但温的评价函数是由各种像差（三级像差、高级像差、色差等）组成的，它们的权重和目标值很难定，在探索、设计新光学系统时相当困难。

苏定强在 1972 年与国外互相独立提出了新的清晰度和畸变度构成的评价函数，建立了相关的数学和光学理论，在清晰度中只有一种像差：像点y方向和z方向离重心的距离平方，目标值全为零，如果光线选在入瞳上均匀分布，对同一种波长，所有像差都是等权的，只要对不同波长、不同视场根据需要给出权重，这种像的清晰度是严格正确的，也是简单的，同时定义了不同视场像斑重心偏离线性的量的平方作为畸变度，评价函数由清晰度和畸变度按权重相加构成，苏把这种评价函数称为点图评价函数，王亚男编制了采用这种评价函数和应用阻尼最小二乘法优化的软件，在中国天文光学系统设计和研究中用了将近 30 年，效果极佳。苏定强提出的这种评价函数一开始就选择了一个正确的方向，当时这种评价函数理念在中国是绝对超前的，在国际上也是处于前沿或是并驾齐驱的。1990 年以后这样的评价函数在国内外普遍采用，应用这样的评价函数和快速的电子计算机，光学设计有了极大的进步，很多包括多个透镜、多个非球面的新光学系统设计出来了。

非球面板改正器 由一片或几片分离的非球面板组成的改正器，这里所说的非球改正板是指板的面形是采用幂多项式表示的非球面，由于其曲率项较小，面形看起来比较平坦，所以被称为非球面改正板。1935 年，保罗最早提出和讨论了使用两片非球面改正板的主焦改正器，这种改正器可以同时校正彗差和象散，S.C.B.加斯科因对单块非球面板改正器进行了深入研究，1953 年，迈耐尔夫妇首先提出了由三片非球面板组成的主焦点改正器（图 3），他指出适当选择改正板的非球系数和间隔可以同时消掉球差、彗差和象散。后来 H.科勒、R.N.威尔逊、苏定强、王亚男、羿美良、邵联贞等都在这方面做了很多工作。由于这种非球面板的加工和检测比较困难，单独使用非球面板的改正器并不多，SDSS（斯隆数字巡天望远镜）2.5 米望远镜的光谱模式 R-C 焦点改正器使用了两片非球面板组成的改正器，用于光谱工作模式，其接收器是光纤，在 3 度视场内，平均相斑为 1 角秒。计算机全息检测和计算机控制抛光技术的发展，促进了非球面在望远镜和改正器中的应用，但与使用非球面板相比，更为普遍的做法是在球面改正器上叠加多项式非球面，使大部分像差由球面透镜补偿，非球面则主要用于高级像差的校正，从而使非球面得到更有效的使用，由于这样使用非球面的非球面度（非球面与最接近球面的距离和斜度的偏离度）相对较小，可以提高检测和加工的精度，这种改正器可以被称为带有非球面的改正器。

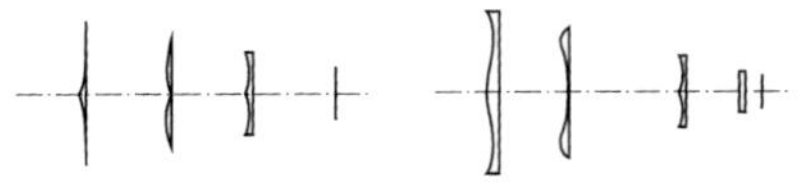

左图是迈耐尔提出的 3 片非球面板改正器；右图是科勒为欧洲南方天文台 3.5 米 R-C 望远镜设计的 4 片型主焦点非球面板改正器。两个改正器的光学件非球面板非球面的比例故意加大了，右图最后一片是球面透镜用于校正场曲

图 3　两种非球面板改正器

大气色散补偿器 现代改正镜几乎都要对大气色散进行补偿。大气色散产生的原因如下，当不在天顶的天体光线在进入大气后传播方向会发生改变，这种现象被称为**大气折射**，造成这种现象的原因是因为大气折射率与大气密度有关的，而且随海拔高度降低而增加，另外大气折射率的这种变化还和波长有关，不同波长的光线经大气折射后的方向改变不同，波长越短的光折射的越多，这会使天体在望远镜的焦面上的像形成一个小光谱，将星像拉长，降低成像质量，这种现象称为大气色散，天体的大气折射和色散在天顶时为零，随天顶距的增大而变大。天顶距为z（弧度）的光线折射偏角R（角秒）约为：

$$R(\lambda) = 206\,265[n(\lambda) - 1] * \tan(z)$$

式中$n(\lambda)$为望远镜所在海拔的大气折射

率，是波长的函数。由此可估算出不同海拔和不同天顶距的色散，例如当望远镜在海拔2100米的高度（相当于基特峰的海拔高度），天顶距为60°时，0.34～1微米波段产生的相对色散大约为3角秒。

大气色散会造成星象模糊，降低分辨率，为了补偿这种色散，需要在改正镜中加入大气色散补偿器（ADC）。例如在光学系统中插入两个顶角相同可以绕轴线相对旋转的平面棱镜（图4），每个棱镜可以产生一半的色散，通过相对旋转两个棱镜可以实现对不同天顶距大气色散的补偿，但这种棱镜在互相对转时会使中心波长的光线产生偏斜和平移，影响像质。为消除这种偏斜和平移，1984年，H.W.埃普斯等设计的校正大气色散的改正器（ADC）将每个单棱镜设计为直视棱镜（Resley Prism），每个直视棱镜由两种不同材料顶角相同的棱镜胶合而成。这两种材料有相同或相近的中心波长折射率，但有不同的色散（不同阿贝数），光线穿过这种棱镜时仍然会产生色散，而当两个直视棱镜在做相对旋转时中心波长基本不产生偏斜。一般来说将ADC直接插入望远镜的会聚光路中会引进一定的像差，所以ADC通常是和改正镜一起优化设计的。1986年苏定强提出将ADC的平面改为球面，这样的ADC被称为透棱镜（lensm）ADC，它在补偿大气色散的同时也参与了改正镜像差的校正，从而改进了改正器的像质。2df、WHT和4-MOST望远镜中都用了透棱镜ADC。但大口径的由两种玻璃组成的ADC在材料，胶合方面都存在一定的困难，这时也可以考虑采用由两个单透棱镜组成的大气补偿镜，2013年梁明在为美国基特峰国立天文台4米望远镜DESI（Dark Energy Spectroscopic Instrument）设计的主焦改正器中采用了由两个单片楔形透镜组成的ADC，相对旋转两片楔形透镜可以补偿不同天顶距的色散。

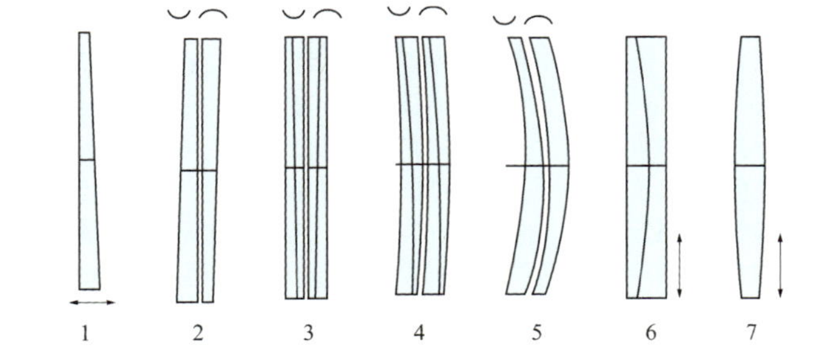

1 单棱镜纵向动；2 双棱镜相对旋转；3 双直视棱镜相对旋转；4 双透棱镜相对旋转；5 双楔棱镜相对旋转；6 胶合透镜横向运动；7 单透镜横向运动设计。3、4和6都由两种玻璃组成，两种玻璃有相近的中旬波长折射率，不同的色散

图4　不同形式的大气色散补偿器

当横向移动透镜时也会产生一定的色散，这种色散可以被用来补偿大气色散，日本口径8米的昴星团望远镜的超级改正镜（Hyper Suprime-Cam）的设计中就采用了横向移动透镜的方法来补偿大气色散，其原理是因为在横向移动透镜时等效于在透镜上叠加了一个楔形棱镜，移动距离越大楔形效应越大，产生的色散越大，从而可补偿不同天顶距的大气色散。图4给出了大气色散补偿器的几种可能的形式。

现代像场改正器　现代大口望远镜常常需要改正镜扩大工作视场，用于天体巡天工作，为了得到大视场和好的像质，现代改正器的口径都比较大，最大口径常常要超过1米，甚至可达1.5米，这就需要有高质量、高透过率的大口径玻璃，另外这类改正器需要的片数也比较多，而且经常要加非球面。现代改正器一般都要求具备上述的大气补偿功能。这些改正器非常庞大复杂。根据使用目的不同，现代改正器一般有两种工作模式：①成像模式。这种模式用来作天体多波段成像，接收器是拼接的数字探测器，焦面一般为平面，探测器需要封装在有透过玻璃窗的低温杜瓦瓶内，这种模式的改正器要求要有与像元匹配的较高的成像质量，但由于是分波段观察，对色差的要求要松一些。②光谱模式。主要用于多目标光纤光谱，接收装置是光纤，这种改正器由于每次曝光覆盖的波段较宽，要求改正器的色差要小一些，为了提高光纤的接受效率，最后的出射光往往设计成远心系统，希望主光线与焦面法线的夹角尽量小，以提高接受效率，这类改正器的焦面可以是弯曲的球面，甚至是非球面，下面是两个现代改正器的设计实例。

8米望远镜主焦点改正器　这个改正器是梁明为8.1米口径双子座北望远镜主焦点设计的一个改正器（图5），称为超级改正器KAOS（Kilo-Aperture Optical Spectrograph），这架望远镜的主焦比为F/1.8，加改正器后降为F/2.4，改正后的主焦视场直径可达1.5°，覆盖波段380～1000纳米。改正器包括4片透镜和两个直视棱镜，第1、第2和第4透镜均有一个面为双曲面，两个直视棱镜有两个作用，它们可以做相对旋转，用于大气色散补偿，另外第2个直视棱镜可以做快速摆动用于补偿由于大气产生的像抖动。改正器最大的透镜直径为1.36米，改正器工作在光谱模式，焦面为弯曲的球面，出瞳位于球心。图中带有*的面是非曲面，ADC由两种玻璃组成，可用来补偿不同天顶距的大气色散，全视场（FOV）1.5°。

暗能量光谱仪DESI改正器　该改正器是为美国基特峰国立天文台4米口径的梅奥尔（Nicholas U.Mayall）望远镜主焦点设计的光谱工作模式，称为暗能量光谱仪DESI（Dark Energy Spectroscopic Instrument）改正器（图6）。望远镜主焦比是F/2.8，加改正器后变为F/3.7，改正后的视场直径为3.2度，焦面的直径达812毫米，改正器由6片透镜组成，第一片透镜的口径达1.14米，第2和第6透镜各有一面带有非球面，第3和第4透镜为楔形透棱镜，

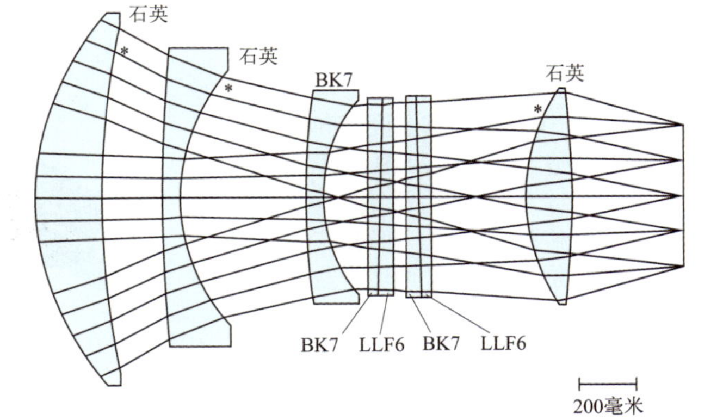

图5　双子星8米望远镜KAOS带有大气色散补偿和像稳定器的改正器

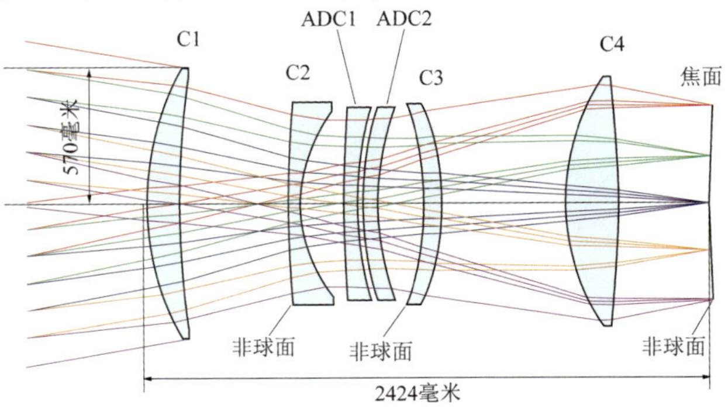

ADC是由两片楔形透镜组成，可相对旋转补偿不同天顶距的大气色散，全视场（FOV）1.5°

图6　暗能量光谱仪改正器

用于大气色散补偿，焦面是弯曲的非球面，焦面光纤盘上共安装了5000根光纤和光纤定位器。

上面两个例子都是主焦点改正器，对于卡塞格林焦点，中国科学院南京天文光学技术研究所的白华等也设计了很好的现代改正器，取望远镜直径6.5米，视场直径3°，波段0.365～0.95微米，望远镜海拔2500米，最大天顶距60°，最大透镜直径1.66米，主、副镜面形（圆锥常数）参与优化，设计了四个包含现代像场改正器的卡塞格林系统，其中两个各包含4块透镜，另外两个各包含5块透镜，得到的结果：焦比约3.7，EE80D小于等于0.60角秒。（梁　明）

像切分器　image slicer　恒星摄谱仪的一种附属装置。地面光谱观测时，为了提高光谱分辨率往往需要将入射狭缝的宽度开得比星像直径更窄，大部分光线被挡在狭缝之外而得不到利用（图1）。像切分器能将星像分成若干与狭缝等宽的切分像，并沿狭缝长度方向排列，使大部分星光都能进入光谱仪，解决光谱分辨率和星光利用率的矛盾。1938年，I.S.鲍恩首先设计一种迭片式像切分器。随着技术进步，出现了更多种形式的像切分器，以Bowen-Walraven式像切分器（简称B-W式）最为常见。B-W式像切分器由棱镜和平板玻璃组成，利用全反射原理使光束在平板玻璃中以折线方式向前传输，圆形像斑在光束前进中反复经过与前进方向成一定夹角的切分棱边，切出若干个与狭缝等宽的切分像，它们沿狭缝长度方向排列并依次穿过狭缝。1984年，E.H.理查德森提出另一种设计方案，由柱面镜、多次反射球面腔和长狭缝组成，切分像在狭缝处前后重叠，依次穿过狭缝。像切分器利用柱面镜将星像沿狭缝长度方向拉长，由两块分离的凹球面镜组成长狭缝，对拉长的星像进行切分，处于狭缝位置的星光穿过狭缝，其余星光在凹球面组成的反射腔内多次反射直至对准长狭缝，然后穿出（图2）。这类像切分器结构简单、光效率高，但制造难度大、切分像之间存在少量离焦。随着积分视场光谱技术的兴起，像切分器被用作**积分视场单元**来切分星系、星团等扩展星像，切分数可达15～40个或更多。

20世纪90年代以来，光纤在天文设备中的应用日益广泛，使望远镜与光谱仪之间的连接更加灵活。一种密集分布的光纤束被用来切分和传输星像，称为光纤型像切分器（图3），主要应用于积分视场光谱仪和高分辨率光谱仪。这种像切分器将紧束在一起的光纤束对准星像，利用密集分布的细小光纤切分星像，并将星光沿光纤束传输到光谱仪。狭缝前，光纤束的另一端光纤散开，沿狭缝长度方向线性排列，每根光纤出射的星光经光谱仪色散成一根光谱。光纤型像切分器结构紧凑、使用灵活、数据处理方便，但长距离光纤传输存在损光问题，且紧束的光纤之间存在间隙，需要在光纤束前端粘接微透镜阵列来降低光纤间隙造成损光。（蒋世仰　李　挺　张　凯）

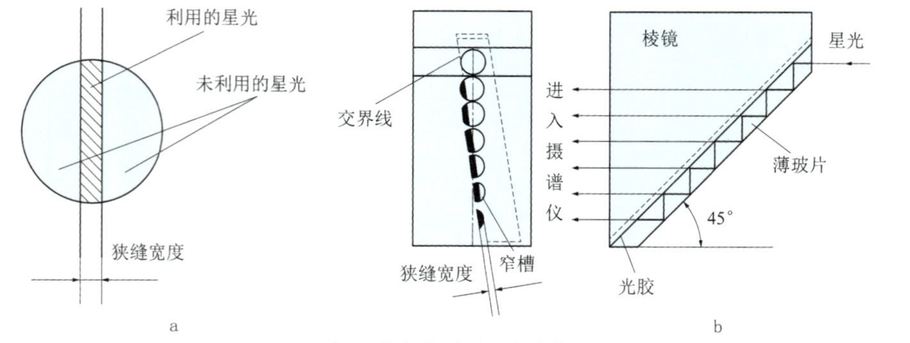

图1　像切分器原理和结构

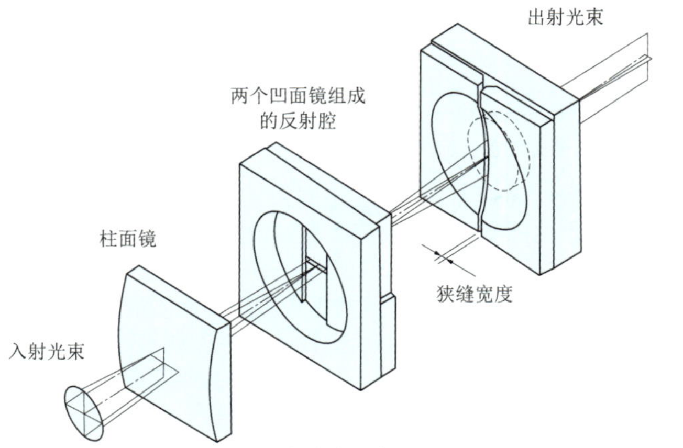

图2　理查德森型像切分器

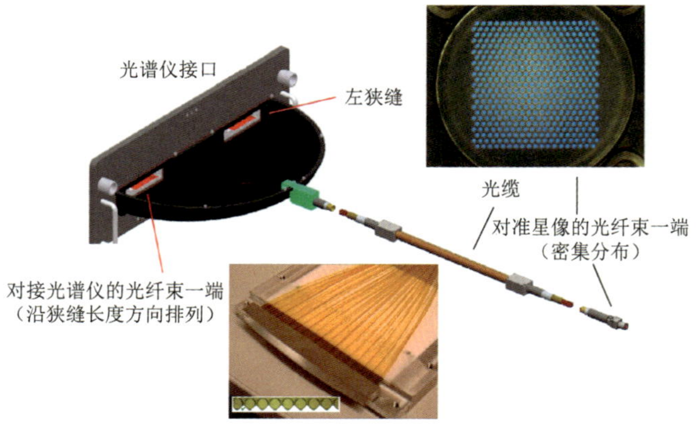

图3　光纤型像切分器

像散　astigmatism　在轴外物点沿主光线的细光束锥中，子午面上的子午光束在主轴上的会聚点与弧矢面上的弧矢光束在主轴上的会聚点之间发生位置差异的现象。见像差。

像增强器　image intensifier　由安装在高真空管壳内的光电阴极、电子透镜（有静电聚焦和磁聚焦两种）和荧光屏三部分组成的微光探测器的一种。又称像管。它的工作原理是将投射在光阴极上的光学图像转变成电子像，电子透镜将电子像聚焦并加速投射到荧光屏上产生增强的像，然后用照相方法记录下来。单级像增强器亮度增益为50～100倍。几个单级管串接成的多级像增强器，亮度增益可达几千倍至几十万倍。用五级像增强器拍摄昴星团的照片表明，曝光时间为普通照相法的千分之一。单级像管图像分辨率一般为每毫米80～100线对，多级像管则为每毫米20～50线对。由于普通照相底片在红外光谱区灵敏度极低，采用具有对红外光敏感的光电阴极的像管，可获得巨大增益。（傅德濂）

小柴昌俊　Koshiba Masatoshi（1926-09-19～2020-11-12）　日本物理学家。生于日本爱知县丰桥市，卒于日本东京都。1951年毕业于东京大学理学部物理专业，1955年获美国罗切斯特大学博士学位。1955年7月～1958年2月任芝加哥大学助理研究员。1958年3月～1963年10月任东京大学原子核研究所助理教授，其间于1959年11月到1962年8月离岗兼任芝加哥大学物理系高能物理与宇宙射线实验室主任。1963年3月升任东京大学理学部物

理系副教授，1967年获东京大学理学博士学位，1970年3月晋升东京大学教授，1987年转为荣誉教授。1987～1997年任教于日本东海大学。1985年获德意志联邦共和国功绩勋章，1987年获日本朝日奖和仁科芳雄奖，1997年获德国洪堡奖和日本文化勋章，2000年获以色列沃尔夫物理学奖。2002年获诺贝尔物理学奖，同年获美国物理学会粒子物理与场论分部潘诺夫斯基实验粒子物理学奖并当选美国物理学会会士，2003年获日本旭日勋章和美国富兰克林研究院富兰克林奖章。

主要研究领域是宇宙射线。1983年，他在神冈和他的小组研制成一台中微子探测器，称为神冈中微子探测实验装置。它被放置在日本的矿井中，由一个装满水的大罐构成。当中微子穿过这个罐时，它们会与水中的原子核相互作用。这个反应导致释放电子，产生了微弱的闪光。包围在罐四周的光电倍增管捕捉到这些闪光，记录下来。调节探测器的灵敏度，可以证明中微子的出现。小柴昌俊的神冈探测器不但可以记录反应发生的时间，并且能识别出方向，首次证明中微子来自太阳。

1987年2月神冈探测器接收到名为大麦哲伦1987NA的超新星爆发所产生的中微子脉冲。如果超新星爆发变为中子星，它所释放出来的巨大能量大部分都会以中微子的形式放射出来。估计共有约1058个中微子从超新星1987NA放射出来，小柴昌俊的研究小组观察到通过探测器的约1016个中微子中的12个。

1996年小柴昌俊研制的更大更灵敏的探测器——超级神冈实验装置投入使用，观测到了全新的中微子振荡现象，这意味着中微子具有非零质量。小柴昌俊的发现以及他对仪器的改进为**中微子天文学**奠定了基础。小柴昌俊由于对天体物理特别是在宇宙中微子探测方面做出开创性贡献，2002年获诺贝尔物理学奖。 （郭奕玲 石云里）

小行星 asteroid; minor planet 沿近圆或椭圆轨道环绕太阳运行，没有彗星活动特征，大小从米级到几百千米级的岩质小天体。它们的绝大多数分布在火星和木星轨道中间的小行星主带中，与具有活动性的彗星同属于太阳系小天体。

传统上小行星对应的英文名为asteroid，包括**近地小行星**、越火小行星、主带小行星与**木星-特洛伊群小行星**。随着越来越多木星轨道外的小天体相继发现，小行星的定义开始变得复杂。在2006年**国际天文学联合会**大会上，已重新定义minor planet为包括传统的小行星（asteroid），半人马天体和海王星外天体在内的太阳系小天体。在中文里minor planet也不做区分直接翻译为小行星。如果一颗小行星被发现具有活动性，它也可按彗星的命名规则来做二次命名。

发现 自从经验地描述大行星与太阳距离的**提丢斯-波得定则**于18世纪70年代提出以后，火星和木星的公转轨道之间是否存在未知天体的问题开始为天文学家所关切。1801年意大利天文学家G.皮亚齐在用望远镜目视观测时发现一颗在天球上移动的天体。经过轨道计算表明，它是位于火星和木星轨道之间的行星，但亮度仅7～8视星等。后又推算出直径不足1000千米，与当时已知的任一行星都相差太大，遂称为“小行星”。1802年德国天文学家H.W.M.奥伯斯发现第二颗，1804年德国天文学家K.L.哈丁观测到第三颗，1807年奥伯斯又发现了第四颗，它们也都是使用望远镜沿黄道带目视巡天所得。天文学家从而认识到，正如波得定则所预示，火星和木星轨道之间的空区，确实还有环绕太阳运行的天体。19世纪下半叶，由于天文观测中引进照相方法，到1900年已发现的小行星增至450颗，到1950年总数达1600颗。1994年以来，组建了国际间的小行星搜索网，采用效率更高的探测组件，使用计算机控制和管理望远镜并主持观测、搜索、发现、计算轨道和验证等全部巡天程序，推动了小行星观测和发现事业的发展。到2021年12月，已发现的小行星总数达114万颗，有永久编号的达60万颗。

命名 在发现4颗小行星后，西方天文学家按照大行星以古代神话中的神灵为名的传统，也将小行星冠以罗马神话中的女性小精灵之名。它们是**谷神星**（1号小行星，现被归类为**矮行星**）、智神星（2号小行星）、婚神星（3号小行星）和灶神星（4号小行星）。这一命名传统一直延续到19世纪80年代，随着新发现的小行星总数超过近300个，神话人物所剩日减而不敷选用。经国际天文界协商，新的命名由有命名权的发现者（天文学家或天文台站）自行取名。如张衡（1862号）、郭守敬（2012号）、牛顿（8000号）、哈勃（2069号）、莫扎特（1034号）、中国科学院（7800号）、南京大学（3901）、北京大学（7072号）、小行星命名辞典（19119号）、联合国（6000号）、北京（2045号）、美国国家航空航天局（11365号）、CCD组件（15000号）等。1995年国际天文学联合会下属的小行星中心颁布了新修订的命名管理法则。新的发现或疑似发现后，由小行星中心给予“暂定编号”，如1998 CZ6。在新发现的小行星获得至少4次回归观测资料（对于近地小行星可减少至3次甚至2次）并测定精确轨道之后，再给予“永久编号”，如20146号小行星。与此同时，发现人或发现单位可获得命名权。

形态结构 由于小行星的尺寸较小，引力不足以克服固体应力以达到流体静力学平衡，因此小行星一般呈现不规则形状。例如中国由**嫦娥二号**首次完成的飞越小行星探测任务拍摄到了近地小行星（4179）Toutatis的光学图像（图1），结果

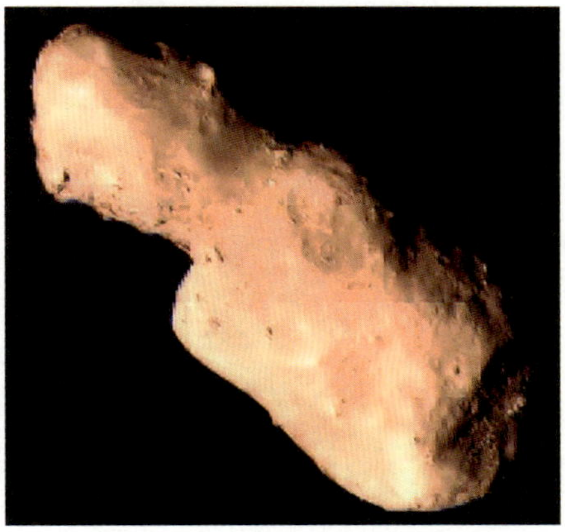

图1 嫦娥二号飞越小行星拓展任务重拍摄到的近地小行星（4179）Toutatis的光学图像

表明该小行星为一颗由两部分连接在一起构成的具有双瓣结构的小行星，称为双瓣小行星或接触双小行星。另外，有些小行星，特别是近地小行星，其形状呈现陀螺型，这类小行星一般具有较快的自转速率，如日本隼鸟2号任务的探测目标近地小行星（162173）Ryugu就是此类小行星（图2）。此外，有些小行星类似地球一样

图2 日本隼鸟2号拍摄到的近地小行星（162173）的光学图像

具有一颗自己的卫星，这种小行星系统称为**双小行星**。 （胡寿村 李 竞）

小行星带　asteroid belt　火星和木星轨道之间聚集大量**小行星**的区域。主要分布在2.06～3.28天文单位（Au），其中的小行星称为主带小行星。主带小行星的数目很多，截至2021年12月已发现超过107万颗，占所有已发现小行星的94%。主带小行星的轨道分布并不均匀，特别是部分较大天体的分裂导致小行星家族的形成，它们具有非常相似的轨道特性并聚集在一起。而在另一个极端，有些区域则几乎没有小行星，这些被称为柯克伍德空隙，是与木星**轨道共振**的结果。从动力学上，一般可将小行星带分为内、中、外三个带，3∶1共振处（2.5Au位置）作为内带和中带的分隔点，而5∶2共振处（2.82Au位置）为中带和外带的分隔点（见图）。

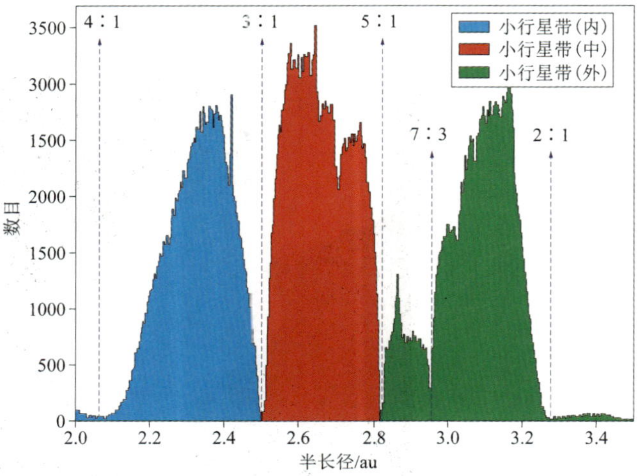

小行星带的轨道半长径分布与柯克伍德空隙

小行星主带中绕日运行的小行星数目很大，但其总质量仅为月球质量的4%。按照成分可分为C型或碳质小行星、S型或硅酸盐小行星，以及M型或金属小行星。其中C型小行星富含碳元素主要分布在小行星带的外部区域，占已知小行星的75%以上。它们的**反照率**很低，平均值约为0.057，光谱与太阳系早期的原始成分相吻合，只是去除了较轻的元素和挥发性物质。S型小行星在主带内侧区域更为常见，即在距离太阳2.5Au以内，反照率较高，平均值约为0.197，占总数的17%左右。M型小行星的光谱类似于铁镍，反照率在0.1～0.3，有学者认为它们来自撞击后从分异后的金属核心中所产生的碎片。小行星主带中最大的一颗是谷神星（现为**矮行星**），直径934千米，大小在200～500千米的24个，150～200千米的45个，据估计小行星主带中直径1千米以上的数目能有110万～190万颗。小行星主带所在区域是太阳系中的动力学不稳定区，那里可能从来没有形成过大行星，所以小行星并非一颗大行星裂碎后的遗迹。由于小行星的质量小，诞生以来从未发生过分异过程，因而保存了太阳系早期形成时的重要信息，可对太阳系起源与演化研究提供重要线索。

（胡寿村　李　竞）

小行星的运动　motion of asteroid　太阳系内小行星在空间的运动规律。自从1801年1月1日发现第一颗小行星——谷神星以来，太阳系内一共已经发现了约127万颗小行星，但这可能仅是所有小行星中的一小部分。这些小行星中只有少数直径大于100千米。已发现的小行星大多数集中在火星与木星轨道之间的小行星主带。

小行星在空间的运动　小行星在万有引力作用下在围绕太阳的椭圆轨道上运行，轨道的六个**轨道根数**表征其运动特性。其中，半长径a和偏心率e表示轨道的大小和形状；近日点角距ω、升交点黄经Ω、轨道倾角i，则表示轨道在空间的取向；还有过近日点的时刻τ。

主带小行星轨道在空间的分布存在以下特征：①小行星轨道的半长径分布在一个较宽的区域，并且在某些特定的位置有显著的缺失，这些分布空隙被称为柯克伍德空隙（Kirkwood gaps），而在另外一些位置则具有较高的密度分布（图1）。这些空隙和密集的分布恰恰在n_1/n成简单比例的地方：n_1/n等于1/2、2/5、1/3的地方为空隙的区域；n_1/n等于1/1、3/4、2/3的地方为密集的区域。其中n为小行星运动的平均角速度，它与轨道半长径a存在着简单的关系式：$n^2a^3=$常数。n_1为木星运动的平均角速度。这种空隙和密集的分布与木星摄动的共振作用有关。②小行星轨道偏心率分

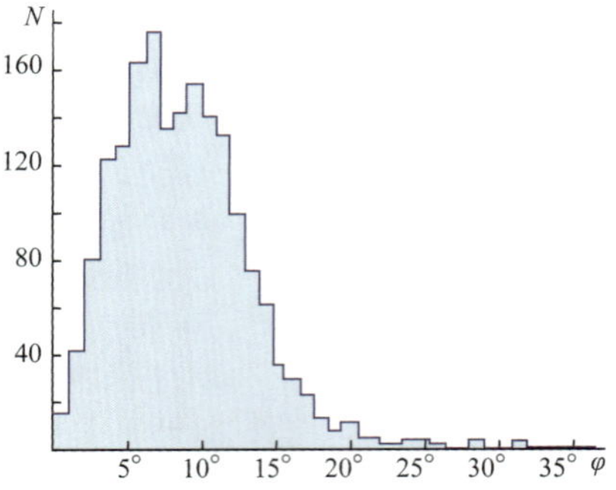

图2　小行星轨道偏心角的分布

布在约0.07处取得极值，绝大多数偏心率小于0.4，比大行星轨道偏心率的平均值大。③小行星轨道面和黄道面有着大小不等的倾斜，绝大多数轨道倾角小于30°，倾角分布的极值约在4°，因而也比大行星的轨道倾角大。④小行星轨道近日点经度呈现非均匀的分布特征，这同木星的近日点经度相关。

研究形成小行星轨道分布的这些特征的原因，是太阳系动力演化研究的重要课题。

小行星轨道的计算　小行星由于轨道偏心率和倾角可能较大，可以很接近作为摄动体的大行星，这样就难于应用拉普拉斯**大行星运动理论**来研究小行星的运动。C.F.高斯、J.F.恩克和F.W.**贝塞尔**等都认为计算小行星轨道摄动的唯一办法是外推法，就像A.-C.克莱罗计算彗星轨道摄动那样，一步一步地不断计算摄动力和小行星的速度及位移。高斯就是这样计算了第2号小行星智神星的轨道。用这种方法，不仅每一步都要做大量的计算，同时它也是一个无穷无尽的过程。1856年，P.A.汉森提出用类似于**月球运动理论**中所用的方法来计算小行星的摄动，并计算了第13号小行星埃杰里亚的摄动。汉森方法能用于具有较大偏心率和轨道倾角的小行星，曾被广泛地用来计算小行星的摄动。19世纪后期，由于照相观测方法的发展，发现的小行星数目剧增。为了能及时计算出大量小行星的摄动，丹麦K.波林将汉森方法做了

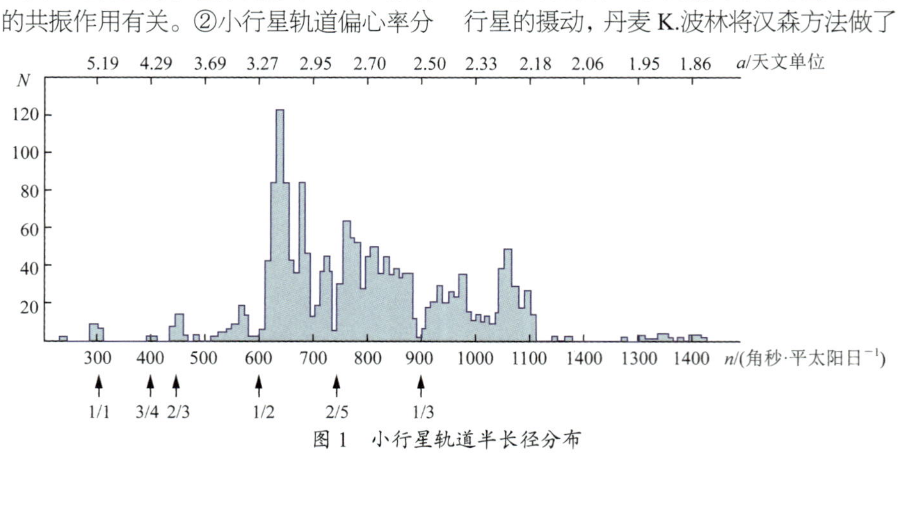

图1　小行星轨道半长径分布

改进。他按平均角速度n的大小对小行星分群研究，大大减少了工作量。波林用这种方法研究了赫斯提亚群小行星的运动。20世纪初，E.H.von 蔡佩尔用这个方法研究了赫库巴群小行星的运动。中国佘山观象台用这个方法研究了弗洛拉群和匈牙利群小行星的运动。

20世纪初，P.H.科威耳和 A.C.克洛梅林在研究哈雷彗星的运动时创立了著名的科威耳方法。它完全摆脱了**中间轨道**的束缚，直接计算天体的坐标，所以多年来被广泛应用于计算小行星的轨道。特别是在50年代以后，电子计算机技术的发展，使得人们有可能把所有大行星和若干小行星的运动方程同时积分，逐步算出它们在几十年、几百年内的运动。在特殊摄动方面，被广泛采用的还有计算轨道根数变化的方法。为了适用电子计算机的特点，在计算瞬时椭圆在空间的取向时，常用一些向量元素来代替经典的轨道根数。2000余颗编号的小行星的摄动已全部采用特殊摄动法来计算。由于木星对小行星运动的影响显著，G.A.切博塔廖夫提出了研究由太阳–木星–小行星组成的**平面圆型限制性三体问题**，把这类三体问题中的周期轨道作为研究小行星运动的中间轨道，然后计算留下的摄动。他用数值方法具体计算了赫库巴群、希尔达群、**特洛伊群小行星的运动**所应有的周期轨道。

精确计算小行星的轨道，不仅可以保证以后的跟踪观测，而且还可测定一些有关的天文常数，以及研究太阳系的动力结构和演化。除了较大的轨道倾角和偏心率以外，计算小行星摄动的困难还来自小行星和木星平均角速度的通约。妨碍高斯建立第2号小行星智神星运动理论的原因之一，也就是智神星和木星平均角速度存在7/18的通约，引起了周期达万年之久的长周期摄动。接近通约的情况可使木星的摄动异常突出。当小行星和木星平均角速度之比接近$p/(p-1)$（p是正整数）时，用小行星来测定木星的质量要比用土星或木星的卫星好得多。木星的质量数值大多数是通过小行星来测定的。研究小行星的运动，还可以测定小行星的质量。第197号小行星阿雷特曾以0.101天文单位的距离接近第1号小行星谷神星。根据对它们当时的运动分析，曾测定了谷神星的质量。后来利用阿雷特还测定了第4号小行星灶神星的质量。根据对第433号小行星爱神星在1893～1966年8000多次观测的分析，不仅测定了地月系统的质量，同时还测定了太阳视差。系统地研究小行星的运动还可以测定天球坐标系的运动和星表的系统差。

（张家祥）

小行星卫星　asteroid satellite　围绕小行星轨道并按闭合轨道做周期性运行的卫星。观测上发现有些小行星并非是孤立的单颗天体，而是类似地球等大行星一样具有两颗甚至两颗以上天体环绕它们的公共质心而运行，其中常把系统中最大的一颗称为主星，其他的称为卫星。其中含一颗卫星的称为**双小行星**，而含两颗卫星的称为三合小行星（triple asteroids; ternary asteroids 或 trinary asteroids）。由于有些双小行星中卫星相比于主星的质量比较大（最高甚至可达1∶1质量比），这些较大的卫星也常常被称为次星。

截至2020年9月发现的双小行星数目已经接近400颗，在**近地小行星**、火星轨道穿越小行星、主带小行星、**木星–特洛伊群小行星**以及海王星轨道外小行星中都已经发现有双小行星的存在，而地面雷达的探测数据表明直径200米以上的近地小行星中双小行星比例可达16%。由于潮汐锁定效应，许多双小行星系统中卫星的自转周期与绕转轨道的公转周期成1∶1共振关系，这类双小行星被称为轨旋同步双小行星（synchronous binary asteroids），例如主星直径约860米的近地小行星（185851）2000 DP107（见图）和主星直径约1500米的近地小行星（66391）1999 KW4。此外，有些双小行星系统中卫星和主星的自转周期都与它们的相对轨道周期相等，这些双小行星被称为双轨旋同步双小行星（doubly synchronous binary asteroids），例如近地小行星（190166）2005 UP156，一般来说双轨旋同步双小行星中卫星主星质量比可大于0.2。

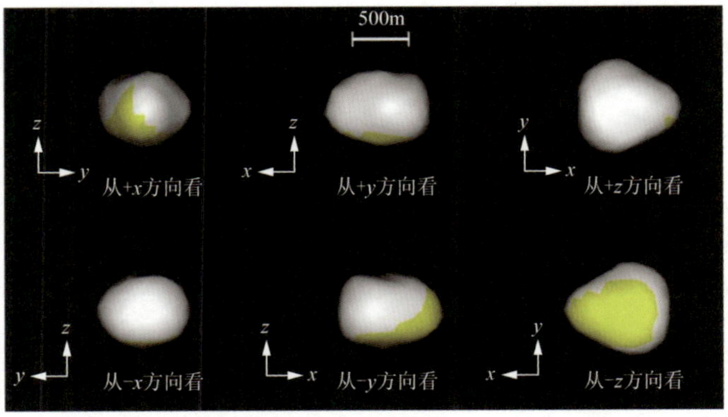

利用地基雷达数据反演获取的近地双小行星（185851）2000 DP107卫星的形状模型（其中黄色区域的雷达入射角大于60°，误差相对较大）

已经发现的三合小行星系统数目有15个，其中3个分布在近地轨道，1个在火星穿越轨道，9个在小行星主带而两个在海王星外轨道。比较有名的三合小行星系统有主带小行星林神星（87 Sylvia）和艳后星（216 Kleopatra），其中林神星的两颗卫星于2005年被发现，使得林神星成为首个被发现的三合小行星系统。截至2022年还未发现含三颗以及三颗以上卫星的小行星系统，虽然冥王星具有5颗卫星，但在2006年国际天文学联合会（IAU）决议中冥王星已被归类为**矮行星**。

（胡寿村）

校际天文与天体物理中心　The Inter-University Centre for Astronomy and Astrophysics, India; IUCAA　由印度大学资助委员会设立的旨在促进印度大学天文学和天体物理学活跃群体形成和成长的一个自治机构。成立于1988年，位于印度西部马哈拉施特拉邦浦那市的印度浦那大学校园内，毗邻**印度国家射电天文学中心**。在天文学、天体物理学和物理学的广泛领域开展研究，并运营印度虚拟天文台项目。2006年建成吉徕瓦里（Girawali）天文台，安装有一架口径2米的光学望远镜。此外，该中心重视科普工作，为在校学生、教师和业余天文学家提供教育设施，是印度主要的天文科普中心。

位于吉徕瓦里天文台的2米光学望远镜

（李宗伟　刘黎明）

蝎虎座BL型天体　BL lacertae object　以蝎虎座BL为典型的一类天体。是**活动星**

系核的一个亚型。简称 BLLac 天体。1928 年在蝎虎座发现了一个暗弱的、光变不规则的点状天体，只有连续光谱，而谱线几乎完全观测不到。当时认为它是一个特殊变星，故按变星命名规则称之为蝎虎座 BL。1968 年证认出蝎虎座 BL 原来是射电源 VRO42.22.01 的光学对应体，而且还有一小批天体具有类似于蝎虎座 BL 的特征，遂把它们定名为蝎虎座 BL 型天体（简称 BLLac 天体）。到 2001 年为止，已发现 608 个。天秤座 AP 和 OJ287 都是著名的蝎虎座 BL 型天体。这类天体的重要特征是：①射电、红外、光学和 X 射线流量都有不规则的快速变化，时标约为几天到几个月，可见光波段光变幅度大于 0.1 星等，最大可达 5 个星等。②偏振度高，一般超过百分之几，最高可达 35%（其他类型活动星系核的偏振度通常小于 1%），偏振随波长增加而减少，并有时标约为一天的快速变化。③连续谱强，吸收线和发射线很微弱。④各波段的辐射都是非热幂律谱，但谱指数在不同波段有较大差别，如对于蝎虎座 BL，射电波段的谱指数为 0.3，而光学和近红外波段为 2.2。

蝎虎座 BL 型天体的一些物理特征非常类似于**类星体**、**赛弗特星系**和N型星系，但因谱线特征很弱，所以难于测量红移。但精细观测发现在许多蝎虎座 BL 型天体周围存在暗弱的寄主星系（多为**椭圆星系**），由这些星系产生的吸收线可知它们也有较大的红移，如蝎虎座 BL 的红移 $z=0.07$，因此它是遥远的河外天体，可归类为活动星系核的一个亚型。按照统一模型，这类天体的快速光变和高偏振特征是因观测者视线正对目标天体的相对论性喷流所产生的。

有些类星体具有大幅度快速光变、高偏振等蝎虎座 BL 型天体的特征，被称为光学激变类星体（OVV），两者的区别仅在于是否具有宽发射线。但后来通过高信噪比分光观测发现，已知蝎虎座 BL 型天体在低态时也显示出宽发射线，因而不再可能严格区分 OVV 天体和 BLLac 天体，于是在 1978 年以后，两者即合称为耀变体。（邹振隆　撰　顾敏峰　修订）

蝎虎座 BL 型天体 γ 射线辐射　γ-ray emission of BL Lac object　蝎虎座 BL 型天体的 γ 射线辐射的能谱和光变性质。蝎虎座 BL 型天体是一类光度快速变化的**活动星系核**。天文学家认为其中心引擎是一个**超大质量黑洞**吸积产生相对论性喷流，喷流方向正对着地球方向。由于喷流的不稳定性，喷流发射的辐射总是不断快速变化。蝎虎座 BL 型天体是河外天体中发射 γ 射线的主要组成部分，占全天所有宇宙 γ 射线源的三分之一，因此又被称为蝎虎座 BL 型天体 γ 射线变源。

蝎虎座 BL 型天体 γ 射线变源大部分发射光度不是很大，称为宁静态。每隔一段时间蝎虎座 BL 型天体 γ 射线变源会出现爆发态，光度会突然增加几十倍（图 1）。光度变化没有周期性。

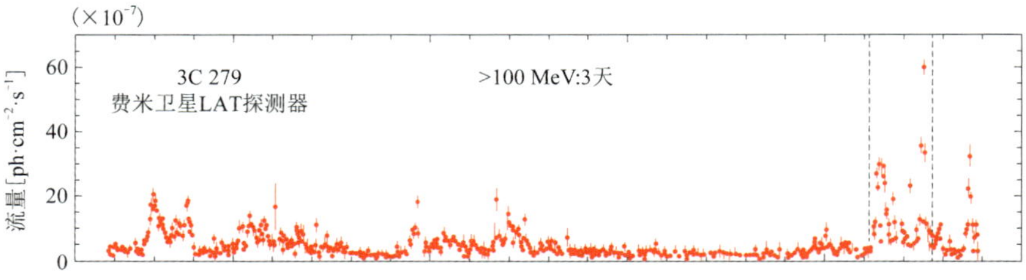

大部分时间宁静态，偶尔会出现爆发态（如图中虚线）

图 1　蝎虎座 BL 型天体 γ 射线天体 3C279 的 γ 射线发射强度变化曲线

蝎虎座 BL 型天体 γ 射线变源在不同的光度时，其能谱特征也具有不同性质（图 2）。在爆发态的时候，蝎虎座 BL 型天体 γ 射线变源的能谱更硬一些。并且多波段同时监测蝎虎座 BL 型天体 γ 射线变源发现射电、光学、X 射线和 γ 射线的变化是同时的。射电、光学、X 射线和 γ 射线的能谱辐射特征是**非热辐射**，其中 γ 射线辐射主要来自喷流中的逆康普顿散射过程。

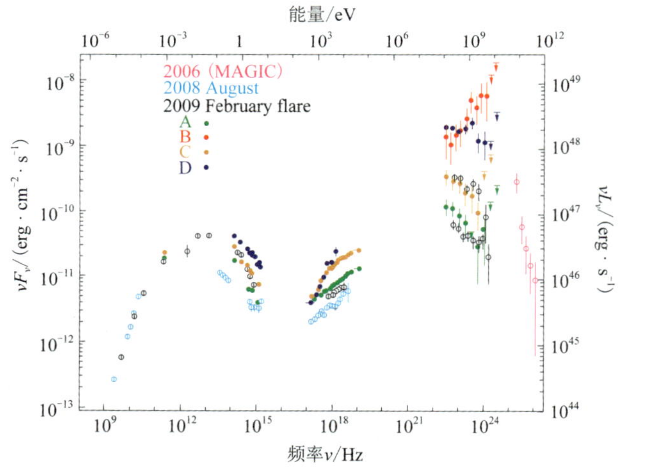

蝎虎座 BL 型天体 γ 射线变源在宁静态与爆发态的 γ 射线能谱的形态完全不同，爆发态的时候 γ 射线能谱更硬一些

图 2　蝎虎座 BL 型天体 γ 射线天体 3C279 从射电到 γ 射线的多波段能谱变化特征

第三个费米全天 γ 射线天文星表（3FGL 星表）中包含 1100 多颗蝎虎座 BL 型天体 γ 射线变源，其中最远的蝎虎座 BL 型天体 γ 射线变源的红移值等于 2。大样本的蝎虎座 BL 型天体 γ 射线变源为天文学家研究黑洞相对性喷流的物理起源、辐射机制、喷流的变化特征提供了非常完备的科学样本。（王　伟）

协调世界时　coordinated universal time; UTC　以**原子时秒长**为基础，时刻尽量接近于**世界时**的一种时间尺度。是当代国际民用时间标准。

产生　原子时由**原子钟**提供，秒长十分稳定，但时刻没有具体物理内涵。世界时以**地球自转**为标准，虽然因地球自转速率变化而秒长不稳定，但它的时刻反映地球在空间旋转时地轴方位的变化。大地测量、天文导航、宇宙飞行体的跟踪测量等领域，需要知道任意瞬间地球自转轴在空间中的方位角，即世界时时刻。而精密校频等物理学测量，则要求有均匀的时间间隔，即需要稳定的原子时秒长。但是，时间服务部门不可能以同一个原子钟为标准发播时号，同时满足性质不同的这两种要求，于是就出现原子时和世界时如何协调的问题。为此，国际无线电咨询委员会（CCIR）在 1960 年提出了协调方案，规定采用一种介乎原子时和世界时之间的时间尺度，发播标准时间和频率信号。这种时间尺度既能保留由原子钟产生的均匀时间尺度的优点，又能反映地球自转变化，是原子时与世界时折中协调的产物，所以称为协调世界时，记为 UTC。

演变　协调世界时的发展分为两个阶段：1961～1971 年，在此期间，通过频率调偏（又称频率补偿）和时刻跳变，使协调世界时的时刻与世界时 UT2 时刻之差保持在±0.1 秒以内。这两个改正量的数值由国际时间局（BIH）根据天文观测确定。

按照以上协调方法得到的协调世界时，由于采用频率调偏，使其秒长变得不固定，有损于原子时秒长均匀的优点。为此，国际天文学联合会（IAU）和 CCIR 在

1971 年决定，从 1972 年 1 月 1 日起，改变协调方法，得到一种新的协调世界时系统。新系统具有如下特点：

①取消频率调偏，协调世界时秒长严格等于原子时秒长。

②协调世界时UTC与国际原子时TAI之间只差n个整数秒，即 UTC = TAI + n。

③UTC-UT1的最大允许偏差为±0.9秒。当两者之差接近这一数值时，可在某月的最后一天（一般为 6 月 30 日或 12 月 31 日），在 UTC 中引进 1 秒的跳变。这一跳变称为闰秒，增加 1 秒时为正闰秒，反之为负闰秒。闰秒的具体实施如图所示。为了使协调世界时与国际原子时在时刻上保持整秒的差数，在新旧系统过渡时做了−0.107 758 0 秒的调整，即规定旧系统 1971 年 12 月 31 日 23 时 59 分 60.107 758 0 秒瞬间为新系统 1972 年 1 月 1 日的开始。

发展趋势 协调世界时兼顾原子时和世界时的特点，多数国家都以它为标准发播时间频率信号。从 1979 年起，国际电信联盟（ITU）将它规定为国际民用时间标准。但是，由于不定期插入闰秒，它不是连续计数的时间尺度。几十年以来，时间用户发生了重大变化，有些用户，例如现代定位导航和数据传输系统等，需要连续计数的时间尺度。因此出现了对现行 UTC 进行改革的讨论。有关学术机构已经提出了一些改革方案，其中受关注者有三个：①中止闰秒。即保留目前的 UTC 尺度，但不再引进闰秒。这一选择可使现行民用时间标准 UTC 得以连续，但 UTC 与 UT1 的差值会越来越大。②定期闰秒。在选定的间隔内，譬如每 4 年一次的公历闰年的 2 月 29 日的最后 1 秒插入闰秒。该方案的优点是闰秒日期固定，缺点是每次的闰秒数可能会有变化。③保持现状。这样，**授时**系统的各种工作都无须改变，但闰秒数和实施闰秒的频次会越来越大，已经暴露的问题和由此引起的不满会越来越严重。有关讨论尚在进行中。**国际度量衡局**（BIPM）将在论证协调后做出决定。

（漆贯荣）

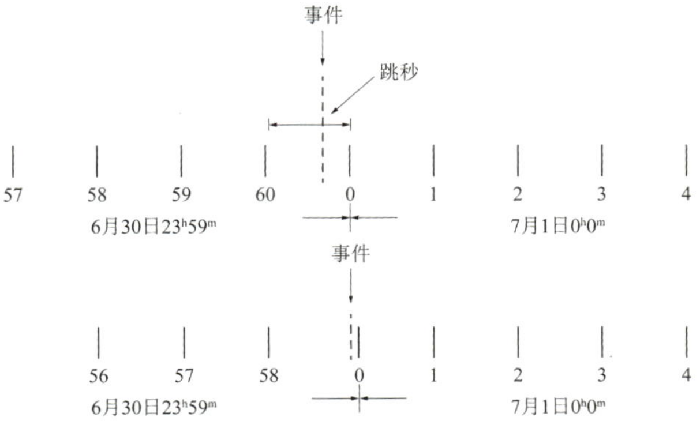

上图为正闰秒，事件发生时间为 6 月 30 日 23 时 59 分 60.6 秒
下图为负闰秒，事件发生时间为 6 月 30 日 23 时 59 分 58.9 秒

闰秒规则

协议地球参考系 conventional terrestrial reference system; CTRS 对所建立的参考系的各种方法、参数和模型做出一定的协议。由一组参考点的位置和坐标来具体实现某一协议参考系，这组参考点的位置和坐标构成了一个协议参考框架。国际上采用的协议地球参考系的定义如下：①原点，定义在整个地球（包括海洋和大气）的质量中心。②尺度，定义为广义相对论意义下一局部地球框架的尺度。③定向，由某一历元的**地球定向参数**定义。④定向随时间的演变，遵循地壳整体无旋转（NNR）的约束条件。

（黄乘利）

蟹状星云 Crab Nebula 金牛座的一团无定形的膨胀气体云。星表中的编号为 M1 和 NGC1952。标准历元 J2000 为赤经 $05^h34^m31.94^s$，赤纬+22°00′52.2″。角径为 7′×4′，视亮度相当于 9 等星。按传统的形态分类，蟹状星云被划为**行星状星云**，但本质上与典型的行星状星云完全不同。它已被证认为**超新星遗迹**。蟹状星云产生于 1054 年 7 月 4 日一次剧烈的超新星（即 SN1054）爆发。当时中国、印度、阿拉伯和日本的占星术士们都记录了这一天文现象。中国史书《宋会要》载："至和元年五月晨出东方，守天关，昼见如太白，芒角四出，色赤白，凡见二十三日。"这是北宋钦天监对 1054 年 7 月出现的特亮超新星（天关客星）事件的观测记载（图 1）。这个超新星爆发时亮度超过金星，近人称之为中国新星。它的遗迹（爆发过程中抛射的气体云）就是现在看到的蟹状星云（图 2）。

1731 年，英国天文爱好者 J.比维斯（Bevis）首次用小型望远镜发现了这个朦胧的椭圆形雾斑。1771 年刊布的《梅西耶星表》，把它列为第一号天体：M1。在《星云星团新总表》中的编号是 NGC1952。1844 年英国罗斯伯爵三世威廉·帕森斯用他自制的大型反射望远镜观察到星云的纤维状结构。他根据目视观察的印象，把星云描绘成蟹钳状，因而名为蟹状星云，并沿用至今。1921 年美国 L.C.邓肯对比两批相隔 12 年的照片，确认该星云仍在膨胀。1942 年荷兰的 J.H.奥尔特推论蟹状星云是 900 年前爆发事件的产物，从而把今日的蟹状星云和 1054 年观察到的超新星证认为一。

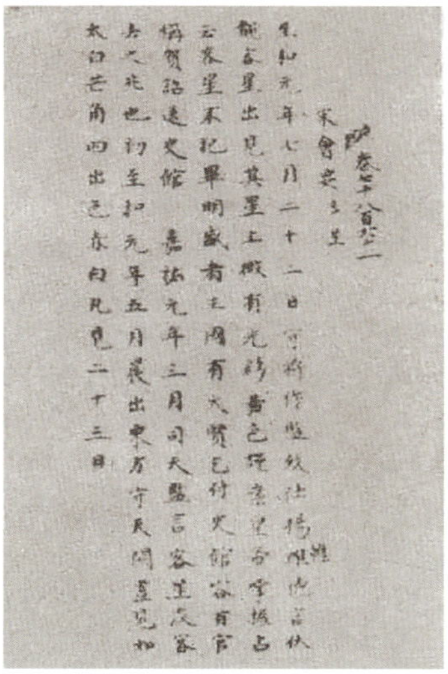

图 1 中国古籍《宋会要》关于 1054 年超新星事件的记载

图 2 蟹状星云

蟹状星云的可见光是强偏振化的，是快速电子在磁场中运动而产生的同步加速辐射。偏振光的分析研究表明，纤维状结构的走向是平行于磁力线的。可见光谱中有发射线，除中性氢和电离氦线外，还有很强的禁线。蟹状星云是天上较强的射电源之一——金牛座 A（即 3C144）。该源周期地为月亮所掩，并且每逢六月被日冕掠掩，因此能精确地测定它的方位、大小和波谱特征，确切地证认出它的光学对应体即是超新星遗迹。蟹状星云还是强红外源、紫外源、X 射线源和 γ 射线源。它的总辐射光度的量级为 10^{38} 尔格/秒，比太阳强几万倍。

1968 年发现该星云中的射电脉冲星 NP0532。

（李 竞）

心宿二 Antares 一颗红超巨星。拉丁名 Antares，为与火星匹敌之意。它属天蝎座

OB 2 星协，变光明显，为周期 1733 天的**半规则变星**。星表编号为 Hip80763、HR6134、HD148478。西方星名天蝎座 α（αSco）。因色红似火，又称大火。2000～3000 年前这颗星被测定为夏至的标准。商、周时期就设定“火正”的天官专门来看这颗星，以便定立节气。诗经里就有“七月流火、九月授衣”之说法。大诗人杜甫曾写过“人生不相见，动如参与商”，此处商为心宿二。心宿二和另一颗目视星等约为 5、MK 分类约为 B4V 的蓝矮星组成轨道周期千年数量级的**目视双星**。1976 年预报这双星的角距在 1980 年、1990 年和 2000 年元旦分别为 2″59、2″45 和 2″30。20 世纪 70 年代发现了来自心宿二蓝伴星的射电辐射。通过甚大天线阵测得了心宿二蓝伴星的射电，也测到了心宿二红超巨星的射电及其耀变，又发现蓝伴星附近的射电源实际上位于两星之间，这可能是两星星风相互作用形成的。 （李宗伟）

新疆天文台 Xinjiang Observatory 中国科学院下属的天文研究机构。位于乌鲁木齐市高新区（新市区）科学一街 150 号。中国科学院新疆天文台始建于 1957 年，原名为中国科学院乌鲁木齐人造卫星观测站，1987 年更名为中国科学院乌鲁木齐天文站，2001 年更名为中国科学院国家天文台乌鲁木齐天文站，2011 年更名为现名。

新疆天文台从使用 AT-1 型广角望远镜对人造卫星进行目视观测开始。1974 年新的观测办公楼建成，搬迁至现址。1975 年新的人造卫星观测仪器——“68”型光学跟踪打印经纬仪和 GDJ 打印跟踪经纬仪先后安装并投入使用。同时，建立原子钟房，利用 JSZ-4 型双频多普勒接收机，开展卫星动力测地工作；安装太阳色球、光球双筒望远镜（物镜口径为 180 毫米），开展太阳观测研究；安装 3.2 厘米太阳射电望远镜，开展太阳射电常规巡视观测。

1990 年后，新疆天文台加强野外台站建设，截至 2020 年，新疆天文台运行南山、喀什、奇台三个基地型野外观测站。①南山观测站始建于 1991 年，位于乌鲁木齐市西南 70 千米处的乌鲁木齐县甘沟乡，东经 87°10′、北纬 43°28′、海拔 2080 米。拥有 26 米射电望远镜，主要开展脉冲星、恒星形成与演化、星系宇宙学观测研究，VLBI 联测，探月测轨等工作；40 厘米精密光电望远镜、80 厘米望远镜和若干 30 厘米光学望远镜，开展空间碎片研究与观测；1 米大视场光学望远镜开展光学天文观测和研究；1.2 米量子通信望远镜，承担和完成了量子卫星科学实验任务；3 套 GPS 设备。②喀什卫星地面站位于新疆喀什市东湖小区墓士塔格东路，距乌鲁木齐约 1480 千米，东经 76°02′、北纬 39°45′、海拔 1242 米，建设有 1 套 3.7 米 IGSO 卫星测轨系统，两套 3.7 米转发式 GEO 卫星测轨系统，1 套 5 米北斗及转发式 GEO 测轨系统，1 套 13 米 VLBI2010 测角子系统，承担着“中国区域定位系统”和“中国北斗卫星导航系统”等重要任务。③奇台观测站位于新疆昌吉州奇台县半截沟镇石河子村，距乌鲁木齐约 260 千米，东经 89°41′、北纬 43°36′、海拔约 1800 米，运行有太阳系外行星巡天望远镜系统、两台 BEST 项目 0.5 米超广角望远镜等设备，新疆 110 米射电望远镜将在此建设。

（王 娜 王 石）

《新天文学》 *New Astronomy* 德国天文学家 **J.开普勒**最早提出其前两条行星运动定律的天文学著作。全名《基于原因的新天文学，或者以尊贵的第谷·布拉赫的观测为基础而从火星运动的研究发展出的天体物理学》。1609 年出版于海德堡。全书共 70 章，650 页，分成五大部分。第一部分共 6 章是对**托勒密**、**N.哥白尼**和**第谷**行星运动几何模型的比较，指出三种模型在近期位置计算中给出的结果相同，但在对过去和未来位置的计算中则都会出现可测量的误差。第二部分共 15 章，讨论前人对火星第一均差的分析。第三部分共 19 章，讨论由太阳或地球运动造成的火星第二均差。第四部分共 20 章，内容是根据物理原因和经验讨论对第一均差的准确测算。第五部分共 10 章，讨论火星的纬度。开普勒以一种纪实性的笔法，报告了自己通过火星运动

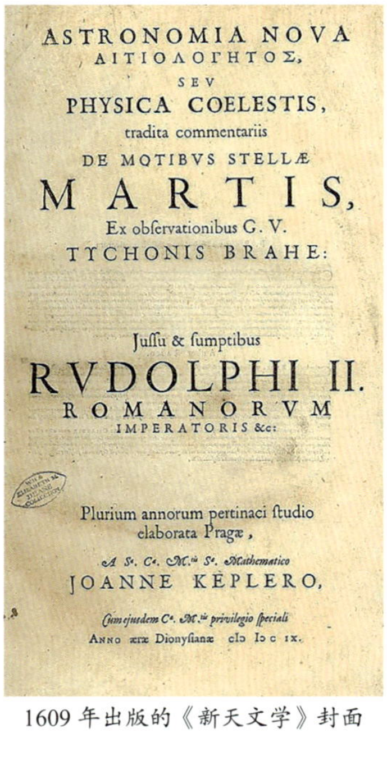
ASTRONOMIA NOVA
ΑΙΤΙΟΛΟΓΗΤΟΣ,
SEV
PHYSICA COELESTIS,
tradita commentariis
DE MOTIBVS STELLÆ
MARTIS,
Ex obſervationibus G. V.
TYCHONIS BRAHE:
Juſſu & ſumptibus
RVDOLPHI II.
ROMANORVM
IMPERATORIS &c:
Plurium annorum pertinaci ſtudio
elaborata Pragæ,
A S. C. M.tis S. Mathematico
JOANNE KEPLERO,
Cum ejuſdem C. M.tis privilegio ſpeciali
ANNO æræ Dionyſianæ clↃ Iↄ c ix.

1609 年出版的《新天文学》封面

探讨其轨道形状的工作步骤，以及在这个过程中分阶段得到的几个重要认识：①所有行星轨道的中心都位于真太阳上，因此太阳是其他行星的轨道中心和运动的原因。②行星在轨道上的速度不可能一直保持匀速，而会随着它到太阳的距离改变而改变，使得行星与太阳之间的连线在单位时间内所扫过的面积保持不变。③行星的运动轨道只能是一个椭圆，而不是其他形状。其中第②③两条就是开普勒第二和第一定律的最早表达。开普勒在书中根据第谷对彗星运动的观测否定了固体天球的存在，所以他也试图把对行星运动的几何分析建立在物理学的基础上，认为太阳会发出一种类似于磁力的东西，推动行星按照他所揭示的几条规律运动。他把这种基于物理学的行星运动研究称为“新天文学”或者“天体物理学”。 （石云里）

新星 nova 在可见光波段第一次观测到的亮度在几天内突然剧增，增亮幅度多数在 9～15 星等，然后在几个月到若干年期间有起有伏地下降到爆发前状态的天体。新星属于**激变变星**（CV）的一种。按光变的原因属**爆发变星**。“激变”一词源自希腊文，意谓泛滥、灾难。激变变星与激变双星是同义词，因为这类变星都是双星。这类变星主要包括新星、**再发新星**、**类新星**、**矮新星**、磁激变变星。激变变星新星表列出 1323 颗的数据（2003）。

新星光谱随光变发生阶段性的变化，并以 100～5000 千米/秒的速度抛射物质。新星的全称是经典新星。新星平均增亮 11 个星等，就相当于增亮几万倍。新星是已演化到老年阶段的星。这种星爆发前通常甚暗，只在爆发后一段时期内才相当明亮，有的甚至亮到影响星座的形状，所以曾被误认为是新生的星而取名“新星”沿用至今。亮度突然增大是主星**白矮星**吸积物质由热核燃烧产生的一种爆发过程，能量释放平均达 10^{38}～10^{39} 焦/秒，抛射的物质为 10^{-5}～10^{-3} 太阳质量，抛射速度 500～2000 千米/秒。新星按光度下降速度分为快新星、慢新星和非常慢新星三类。

新星命名法 通常是在新星的星座名称前面加 N，在后面加爆发年份，如 NHer1934 表示 1934 年武仙座新星。随后新星又纳入**变星**的命名系统，如 1934 年武仙座新星即武仙座 DQ（见**武仙座 DQ 型星**）。最早作光谱研究的新星是北冕座 T（1866），但后来知道它是再发新星。用照相方法研究的第一个新星是御夫座 T（1891）。有最完整光学观测资料的新星是武仙座 DQ（1934）。20 世纪以

来，银河系内出现的新星最亮的是 1918 年天鹰座新星（天鹰座 V603），亮度极大时目视星等达−1.1，一度成为仅次于天狼星的亮星。1975 年天鹅座新星（天鹅座 V1500，图 1）是一颗很特殊的新星，亮度极大时目视星等为 1.8，接近天鹅座 α 的亮度。美国帕洛马山天文台的巡天照片上，在该新星位置处没有亮于 21 的星，表明该新星增亮幅度超过 19 个星等。1992 年在天鹅座发现第 1974 颗新星，命名为**天鹅座 V1974**。“银河新星参考图表”（1987）中收集了 1670～1986 年发现的 277 颗银河新星和有关恒星的资料；在 1997 年发表的激变变星表中列出新星 276 颗。由于银河系中新星太多，自古代起人类就有关于新星爆发的历史记载，中国古代有极丰富的新星观测记录。

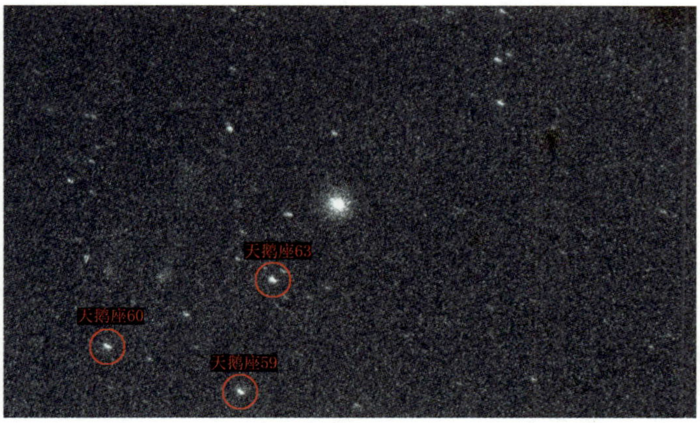

拍摄于 1975 年 8 月 30 日，周围为天鹅座 59（4.8 星等），天鹅座 60（5.4 星等），天鹅座 63（4.5 星等）

图 1　天鹅座新星 V1500（中部最亮星）

在其他星系中也搜寻到新星。**仙女星系**（M31）中已发现包括亮红新星（见**亮红新星**）在内的 200 多个新星。M81、M33、大麦哲伦星系（LMC）、小麦哲伦星系（SMC）等不少星系中也找到了新星。不同的星系中新星出现的频数大不相同。据估计，银河系每年 50 个，M31 每年 29 个，有些星系每两年一个。一般说来以棒旋（SB）星系的频数为最高。

银河系新星的极大光度绝对目视星等估计平均为−7.3。新星属于老年盘星族。在**赫罗图**上新星的热子星与行星状星云的中心星、共生星等占有同样的位置。它们都位于主星序的左下方，表明这些天体多半有共同的不稳定特性。

新星的光变和谱变　一般的新星都有典型的光变和谱变。典型光变曲线如图 2。图 2 中各阶段分别为：①爆发前——光度固定或有 1～2 星等不规则的变化；②初升——为 2～3 天，光度迅速上升；③极大前的停滞——几小时到几天，甚至光度有些下降；④终升——1 天到几周；⑤亮

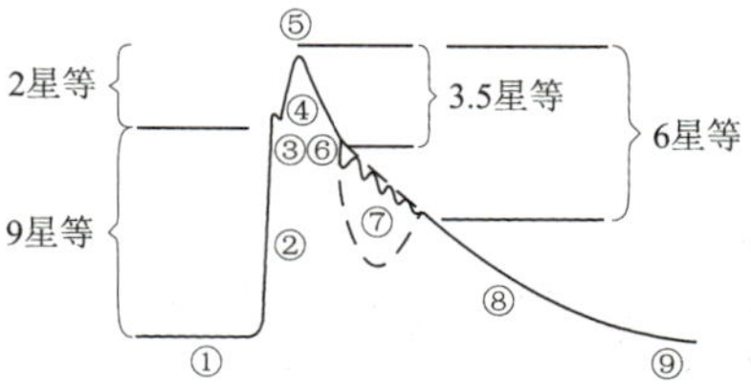

图 2　新星的典型光变曲线

度极大；⑥初降——快新星是平滑的，慢新星会有 1～2 星等的起伏；⑦过渡期——不同新星表现不同，有些是平滑下降，有些有起伏，有些亮度有一明显的极小然后又回升；⑧终降——比较平滑下降；⑨爆发后——与爆发前一样。不同新星的光变曲线形状不尽相同。

所有新星都依次经历以下几个光谱阶段：爆发前谱、极大前谱、主谱、漫强谱、猎户谱、4640 漫发射、星云谱、爆发后谱。新星光谱中的发射谱线都很宽，吸收线紫移很大（图 3）。爆发前谱呈高温的连续谱，不出现强的吸收线或发射线，极大前谱出现模糊的吸收线和一些弱发射线，谱线极宽。主谱在极大后立即出现，有显著的发射线。漫强谱中有 H、CaⅡ等吸收线，视向速度比主谱更大。猎户谱显示出有更高的激发度，出现高电离电势的 HeⅠ、NⅡ、OⅡ线，膨胀速度更大。当 NⅢ4640 达到最强时，称 4640 漫发射阶段。新星在出现[OⅠ]、[NⅡ]、[OⅢ]等禁线时，便进入星云谱阶段，这时连续谱已完全消失。星云谱阶段很长，消失后就进入爆发后谱阶段。爆发后有些新星出现类似白矮星的宽吸收线，有些新星只有连续谱，许多新星有比较窄的 H、HeⅡ、CⅢ等发射线。射电、红外、紫外、X 射线波段和偏振等观测的开展，为新星的研究提供了重要的信息。有些新星在短于 200 纳米紫外区也已探测到辐射。通过对巨蛇座 FH（1970）的红外观测，得到随着可见光光度下降，某些红外波段光度反而上升，能谱的峰值逐渐向红外方向移动的结果。在爆发后的 104 天，红外星等达到−4.0，成为全天最亮的红外星。在厘米与毫米波段都有接收到一些新星的射电辐射。在已找到有光学对应体的十多个 **X 射线双星**中，有两个被认为是老新星。直接照相显示出某些新星爆发后确有膨胀着的壳层存在，并且有赤道带和极冠的结构。相关研究已给出一系列兼为**密近双星**的新星并求出了轨道周期。

新星爆发原因　20 世纪 50 年代以前多主张单星模型。1954 年发现新星武仙座 DQ 有交食周期，而周期很短（4 小时 39 分），推测新星大多甚至全部是密近双星。一般认为新星的一个子星是冷的红星，而另一个子星是热的、体积小得多的简并矮星。演化过程中，当冷星充满了临界等势面便发生质量交流，气流通过内拉格朗日点流向热星。这样便围绕热星形成一个**吸积盘**，其中小的热星可认为是白矮星，它是新星的爆发源。比较大的冷星抛射出的富氢物质，部分为白矮星所吸积。随着吸积过程的发展，在白矮星的表面形成一层富氢的气壳层，气壳层的底部将受到越来越大的压力，并被加热，一直达到氢燃烧反应所需要的点火温度，这时可能发生热核反应，导致星体爆发。另外，单个白矮星吸积星际物质而后发生新星现象的可能性，在理论上也是成立的。

再发新星、类新星和矮新星的光度、光谱变化与新星有某些类似。值得注意的是，从 1975 年起发现一类称为 X 射线新星的天体，它们的 X 射线光变曲线与经典新星光学波段的光变曲线类似。这类天体有时又称作暂现 X 射线源，但它们的光学对应体并不是新星。此外，又发现某些老新星是 X 射线双星的光学对应体。

（李宗伟）

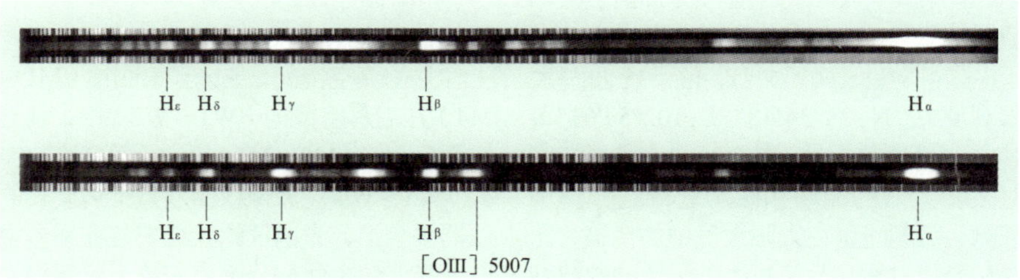

上图为 1975 年 9 月 5 日拍摄，下图为 1975 年 9 月 22 日拍摄

图 3　1975 年天鹅座新星光谱

《新仪象法要》 *Xin Yixiang Fayao; Standard Essentials of the New Armillary Clock* 中国宋朝天文学家苏颂为水运仪象台所做的设计说明书。成书于宋神宗绍圣初年，约 1094～1096 年。据《宋史·艺文志》等记载，本书又曾名《绍圣仪象法要》《仪象法纂》等。今通行各本都源出南宋乾道壬辰（1172）施元之刻本，共三卷。施元之曾据当时所见的各本进行过校补。书中所谓“一本”“别本”就是施元之补入的。通行本中以《守山阁丛书》刊本为善。书首有苏颂《进仪象状》一篇，报告造水运仪象台的缘起、经过和它与前代类似仪器相比的特点等。正文以图为主，介绍水运仪象台总体和各部结构，各图附有文字说明，卷上介绍浑仪，有图 17 种；卷中介绍浑象，除 5 种结构图外，另有星图两种 5 幅，四时昏晓中星图 9 种；卷下则为水运仪象台总体、台内各原动及传动机械、报时机构等，共有图 23 种，附别本作法图 4 种。其中还有唯一一段不带图的文字——“仪象运水法”，讲述利用水力带动整个仪象台运转的过程。总计全书共有图 60 种。这些结构图是中国现存最古的机械图纸。它采用透视和示意的画法，并标注名称来描绘机件。通过复原研究，证明这些图的一点一线都有根据，与书中所记尺寸数字准确相符。本书是中国现存最早的水力运转天文仪器专著，它反映了中国 11 世纪的天文学和机械制造技术水平。通过研究，人们得以了解中国古代的水运仪象传统，还得知近代机械钟表的关键性部件——锚状擒纵器是中国发明的。（陈美东）

新真空太阳望远镜 New Vacuum Solar Telescope; NVST　位于抚仙湖太阳观测站的一架真空太阳望远镜。1 米新真空太阳望远镜原名 1 米红外太阳塔（图 1），隶属于中国科学院云南天文台，位于抚仙湖太阳观测站（N：24°34′48″，E：102°57′01″），其主要科学目标是：在 0.3～2.5 微米波段对太阳大气的流场和磁场进行高分辨率观测，监测能量在太阳大气中的传输、储存和释放过程，尤其关注太阳活动的精细结构及其演化。

NVST 是一架真空反射式望远镜，镜筒内工作气压约 70 帕。光学系统为修正的格里高里系统（图 2），通光口径为 985 毫米，系统等效焦长 45 米，有效视场为 3 角分。太阳光从主封窗（W1）进入望远镜，经由 M1～M7 后聚焦于望远镜下方的仪器平台（图 3）。NVST 的视场光阑位于主镜焦点（F1），视场外的光能量通过 F1 侧面的封窗（W5）反射出镜筒。NVST 有两个独立的真空镜筒，主镜至第四镜（M1～M4）在主真空镜筒（W1～W2）中，第五镜至第七镜（M5～M7）则位于第二真空镜筒（W3～W4）。成像仪器放置于可旋转的仪器平台上，光谱仪的狭缝安装在平台中心，光谱仪主体部分垂直安装于仪器平台下方，工作时将与仪器平台一同旋转以消除像旋。

图 1　观测室（左）和工作中的望远镜（右）

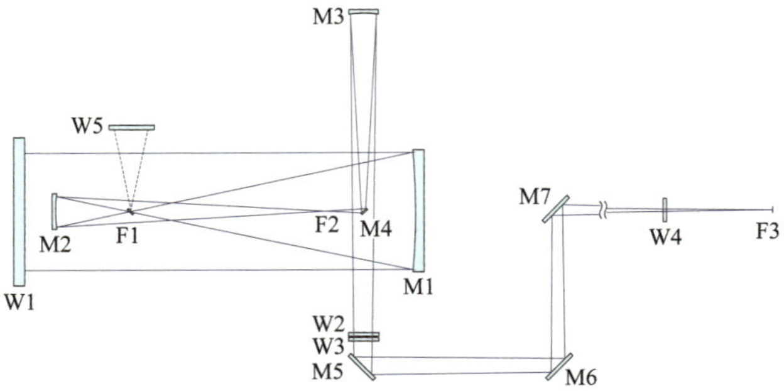

图 2　NVST 光学系数示意图

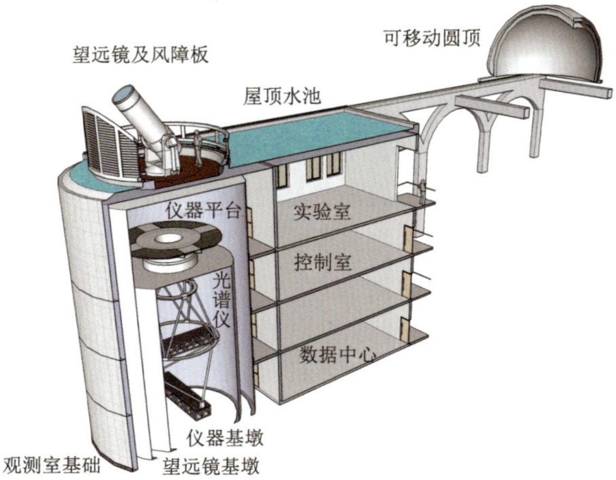

图 3　NVST 观测室结构图

NVST 采用了地平式机架，摩擦传动方式，跟踪精度优于 0.3 角秒。望远镜安装在 16 米高的建筑上，建筑则位于紧靠水边的基岩上。观测时，圆顶打开并移至后方的引桥，望远镜周围的木质地板和屋顶水池保证了良好的局地大气视宁度。一个百叶式可调风障板被放置在望远镜的前面以削减风力，保证望远镜稳定运行。为了避免震动交扰，望远镜和仪器平台的基墩是互相独立的，圆顶及风障板则与主建筑共用另外的一个基础。

NVST 的主要仪器包括 151 单元自适应光学系统、多通道高分辨率成像系统、磁像仪、多波段光谱仪和大色散光谱仪。多通道成像系统配备了 Ca Ⅱ（3933 埃、3968 埃）、Hα（6563 埃）、Ca Ⅱ（8542 埃）、He Ⅰ（10 830 埃）四台李奥滤光器以获取不同高度的太阳色球图像，还配备了多套干涉滤光片，可在不同波段对太阳光球进行观测。多通道成像系统配合斑点成像技术或自适应光学系统可以得到分辨率接近望远镜衍射极限的图像（图 4）。磁像仪的滤光器为带宽 0.125 埃的李奥滤光器，观测谱线为 Fe Ⅰ（5324 埃），偏振分析器包括位于 F2 焦点的偏振校正单元和位于滤光器前的偏振分析单元。NVST 多波段光谱仪的光谱分辨率约为 1×10^5，主要观测 Fe Ⅰ（5324 埃）、Hα（6563 埃）和 Ca Ⅱ

望远镜主要性能指标

通光口径	985 毫米
视场	3 角分
等效焦长（F3）	45 米
光谱范围	0.3～2.5 微米
偏振测量精度	约 10^{-3}
真空度	＜100 帕
跟踪精度（RMS）	＜0.3 角秒
天顶盲区	±1°

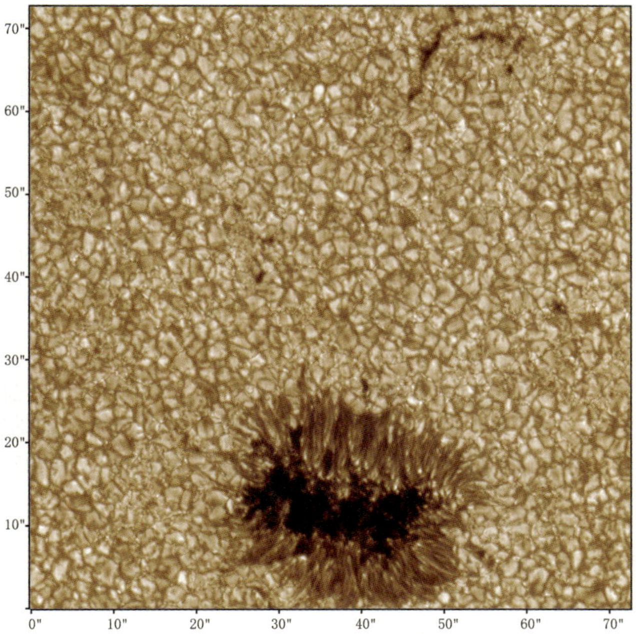

所用干涉滤光片的中心波长是 705.8 纳米，带宽 1 纳米

图 4　NVST 在氧化钛波段拍摄的太阳活动区光球像

（8542 埃）三条谱线及其附近光谱。大色散光谱仪的最高光谱分辨率可达 4×10^5，主要观测 Fe Ⅰ（15 648 埃）、He Ⅰ（10 830 埃）两条近红外谱线及其附近光谱。NVST 亦可通过光谱仪和偏振分析器的组合进行磁场测量。

截至 2023 年，NVST 是东经 100°附近八个时区内唯一可进行亚角秒级高分辨率观测的地基**太阳望远镜**。当大气相干长度（视宁度参数）好于 10 厘米时，NVST 在 0.4 微米波段的实测空间分辨率可达 0.1 角秒。得益于抚仙湖太阳观测站优良的大气视宁度，NVST 对太阳边沿目标（如日珥）的观测分辨率高于其他地基大口径太阳望远镜。投入运行以来，NVST 在小尺度磁重联、太阳大气精细结构、太阳小尺度活动及爆发性活动等研究领域取得了一系列重要成果。NVST 研制项目正式立项于 2001 年，研制经费主要来源于中国科技部和中国科学院，望远镜于 2010 年初光，2012 年正式投入运行。NVST 由中国科学院云南天文台主持研制，主要研制单位包括中国科学院南京天文光学技术研究所、中国科学院南京天文仪器有限公司、中国科学院国家天文台和中国科学院光电技术研究所。（刘　忠）

星暴星系　starburst galaxy　正在发生恒星大规模暴发式形成的星系。特征是红外光度远大于可见光光度，有时达 50 倍以上。光度可与**类星体**的热光度比较，但有不同的能源机制。星暴通常发生在尺度约 1 千秒差距的区域，从而与具有极小中心能源的其他活动星系区别。几个近距星暴星系如 M 82 早就以其被扰动的光学形态为人所知，但只是在 1980 年红外天文卫星 IRAS 发现数千个类似星系之后，它们的普遍存在才得到确认。星暴星系基本上是**旋涡星系**，其恒星形成率远高于普通星系恒星形成率的平均值。恒星形成的触发机制尚不清楚，但某些情况下可能起因于伴星系的引力潮汐作用。新形成的大质量恒星（年龄不超过 10^7 年的 OB 型星）使这类星系颜色偏蓝，且有较强的发射线，如果埋在致密的分子云中，其紫外辐射会被周围的尘埃吸收然后再辐射出来，故在远红外波段可有很高的光度。星暴活动的特征，也可作为**超新星遗迹**的同步辐射在射电波段被观测到。这些超新星遗迹是年轻大质量恒星演化终点的产物。许多星暴星系如 NGC6420，在 18 厘米波段观测到的 OH 脉泽辐射，是激烈恒星形成活动的另一标志。

星暴星系分为 3 类：河外电离氢区、块斑不规则星系和星暴核。它们在形态、平均光度、光谱性质以及产生机制方面各不相同。河外电离氢区一般具有致密的形态，很低的光度（约为**银河系**的 1%）及非常低的金属丰度（太阳值的 3%～10%），典型例子是 Mrk36 和 Mrk116（I Zw18）。块斑不规则星系属麦哲伦型不规则星系，光度中等（银河系的 10%～50%），具有较低的金属丰度（太阳值的 50%），代表性天体是 NGC4214 和 NGC4449。星暴核一般是旋涡星系，通常是相互作用或扰动系统的成员，星暴区实际上在核的外面，尺度约 1 千秒差距，光度为银河系的 1～10 倍，富金属，如 NGC7714、NGC3690 和 M82 等。

国家天文台 BATC 组提供

星暴星系 M82

（邹振隆　撰　赵君亮　修订）

星暴星系射电辐射　radio emission from starburst galaxy　恒星形成率比银河系等普通星系高一个量级以上的一类特殊星系发出的射电辐射。这类星系通常含有大量的气体和尘埃，而且气体密度较高，大量气体是以分子的形式存在。光学观测容易受尘埃消光的影响，不易观测，因此，射电波段是探测该类星系的重要窗口。**星暴星系**的射电辐射主要由连续谱辐射和谱线辐射构成。

在厘米波段的射电连续谱辐射有热辐射和非热辐射两种成分。这两种成分可以从它们能谱分布的谱指数区分。①热辐射的能谱斜率几乎是平坦的（$f_\nu \propto \nu^{-0.1}$），而非热辐射的能谱较陡，谱指数α($f_\nu \propto \nu^{\alpha}$)是−1.2～−0.4，因此，频率越低，射电连续谱辐射的非热成分比例越大。②热辐射主要是由大质量恒星周围的电离氢区和**超新星遗迹**里的自由电子产生的。这些辐射的强度与莱曼电离光子的总数成正比，因此与大质量恒星的总数成正比，可以用其辐射强度来推算恒星形成率。非热辐射主要是相对论性电子在磁场中运动产生的同步辐射。这些相对论性电子主要是超新星爆炸后在其遗迹中加速产生的。③部分星暴星系有**活动星系核**（AGN）存在，因此这些星系里也有 AGN 产生的非热辐射。AGN 的非热辐射主要集中在星系核区，通过高分辨率的射电干涉观测可以看到有明显的致密核。超新星遗迹产生的非热辐射则广泛分布于星系盘，因而从空间分布上可以区分非热辐射的来源是 AGN 或者是超新星遗迹。

如果星暴星系的质量比银河系类的正常星系小 1～2 个量级，其很多射电辐射特征会类似于矮星系（见**矮星系射电辐射**）。

在毫米波段或更短波长的连续谱辐射主要是由星际尘埃产生的热辐射。星暴星系有大量的尘埃，恒星发出的能量大部分都被尘埃吸收后重新在远红外和亚毫米波段发射出来，其发射的能谱（SED）类似于黑体辐射谱，峰值在 100～200 微米，能谱一直延伸到亚毫米波和毫米波段。这些波段的辐射都是光学薄的，不易受消光的影响，比较容易被地面望远镜观测到。大量中高红移的星暴星系都是通过毫米波或亚毫米波连续谱巡天发现的。利用观测到的尘埃辐射的流量可以估算出星系中尘埃和气体的总质量。典型的星暴星系的尘埃质量为 10^8～10^9 太阳质量，气体总质量达 10^{10}～10^{11} 太阳质量，比银河系类星系大 1～2 个量级。红移越高，星暴星系的尘埃和气体质量越大。

射电谱线辐射主要有氢原子的 21 厘米谱线和各种分子（如 CO、HCN、HCO^+等）转动能级跃迁产生的谱线，另外还有电离气体（主要是氢离子和碳离子等）产生的射电复合线。观测这些谱线可以分别揭示原子气体、分子气体和电离气体的物理特性。星暴星系中的原子气体一般比分子气体少，其分布与恒星形成的关系不如分子气体紧密。在该类星系中，大量的气体主要以分子气体形态存在，这样才能维持很高的恒星形成率。观测发现，射电连续谱辐射和红外辐射的流量与 CO 等谱线的流量有很好的正相关关系。

由于星暴星系的恒星形成率高，红外和紫外辐射都很强，其星际介质大多处于高激发状态，人们可以观测到各种类型分子的谱线及其各种能级的发射线，甚至在太赫兹波段也能观测到很强的发射线。很多新的分子谱线都是首先在星暴星系中发现的。此外，还有一种特殊的分子谱线——河外超脉泽线（即特别强的脉泽线），它通常只出现在非常致密的分子云里，且需要有很强的红外辐射才能激发，这种谱线通常在星暴星系中才能观测到。

不同的分子有不同的激发温度和临界密度，不同分子、不同能级的发射线来自星系中分子云的不同区域，因此观测各种分子的谱线可以揭示星际介质各处不同的物理条件。利用辐射转移模型拟合同一分子不同能级的发射线数据可以计算气体的激发温度和密度等物理参数。

现代宇宙学模型表明在红移 $z=2$～3 时宇宙的恒星形成率达到高峰。这些处于大量恒星形成阶段的星系类似近邻宇宙看到的星暴星系，因此可以通过观测星暴星系来理解早期宇宙的年轻星系的特性。观测**高红移星系**时，远红外波段的光子会被红移到频率较低的亚毫米甚至毫米波段。在这些波段，星系的射电辐射类似黑体辐射，且近似满足瑞利·琼斯定律，其辐射流量强度与波长的平方成反比，因而红移效应引起的流量改正（K-correction）是反向的，正好抵消了由于距离增大引起的辐射流量减小，从而使得其射电辐射的流量不再随红移增大而变小。这一特性使得高红移星系更容易被毫米波/亚毫米波射电望远镜观测到。在这些波段开展的大规模巡天观测发现了大量的高红移亚毫米波星系，这些星系大部分是包含大量气体和尘埃的星暴星系。

（朱　明）

星表　star catalog　刊载天体的多种参数，如坐标位置、亮度以及颜色、自行、视向速度、光谱型、视差或距离等的表册。通过天文观测编制星表是天文学中一项历时悠久的经典事业。公元前 4 世纪中国战国时期天文学家**石申**编著的《**石氏星经**》载有 121 星官 809 恒星的位置。公元前 2 世纪希腊天文学家**依巴谷**编制载有 1022 恒星位置的星表。根据它后人又屡有修订和重新测定，如 1602 年的《第谷星表》和 1690 年的《赫维留星表》。中国的星表自古以来始终保持按赤道坐标量度恒星位置的传统，而 17 世纪以前的欧洲星表均采用黄道坐标，只是从《赫维留星表》开始才改用赤道坐标。随着中天观测原理的确立和新式望远镜的应用，星表的精度日益提高，**极限星等**不断加深。1863 年和 1887 年德国出版的《波恩巡天星表》被视为 19 世纪下半叶一项重大天文成就。

按星表的不同功能，可划分为基本星表、相对星表和专用位置星表三大类。基本星表是一切星表的基础，主要用作天文参考坐标系和恒星位置的相对测定时的定标星系统。19 世纪 70 年代后，建立了现代基本星表系统。通用的基本星表有《GC 星表》《FK5 星表》《N30 星表》等。利用相对测量方法测定的恒星位置而编制的星表称为相对星表，其中最重要的如《AGK3 星表》《耶鲁星表》《好望角照相巡天星表》《照相天图星表》等。在其他专用位置星表中最著名的如 1966 年美国史密森天文台编制的《SAO 星表》，最初是服务于人造卫星照相定位，入载恒星近 26 万颗。又如 1997 年根据**依巴谷天体测量卫星**的恒星位置、视差和自行的观测数据编制的**依巴谷星表**和**第谷星表**，前者载有恒星近 12 万颗，平均精度优于 1 毫角秒，后者载有恒星超过 100 万颗，平均精度优于 25 毫角秒。这两部星表的问世是 20 世纪一项重大天文成就。

20 世纪以来，天体物理量如**色指数**、光谱型、视向速度等日益成为星表的重要组成部分，从而编制了多种专用星表，如《变星星表》《双星总表》《分光双星表》《目视双星表》《密近双星表》《白矮星星表》《磁星星表》《银河星团表》《球状星团表》《行星状星云表》《NGC 星表》《IC 星表》《亮星系表》《星系团表》《类星体和特殊星系表》《行星、卫星和小行星星历表》《人造天体星表》。20 世纪 50 年代射电天文兴起后，出现了为数众多的**射电源表**，诸如超新星遗迹表、星际分子表、射电星系表等。20 世纪 70 年代以来，根据空间探测取得的资料汇编了红外、紫外、远紫外、X 射线和 γ 射线等各个波段的辐射源表，极大地丰富了星表信息库。从 20 世纪 90 年代初起，很多星表都出版了电子文本。

（李　竞）

星等　magnitude　表示天体相对亮度的量。它以对数标度测量的数值。古希腊天文学家**依巴谷**（又译喜帕恰斯）编制星表（表上有 1022 颗恒星）时，把全天人眼可见的星按感觉的亮度分为 6 等，亮的 20 颗星定为 1 等，人眼刚刚可见的最暗恒星为 6 等。亮度随星等数目的增加而降低。后来 J.F.赫歇尔发现，1 等星比 6 等星亮约 100 倍。到 19 世纪已意识到，人眼的感光不是线性的，而是遵守对数规则。1856 年 N.R.普森用公式 $m_2-m_1=-2.5\lg(I_2/I_1)$ 联系两个天体的星等m_1、m_2和它们的亮度I_1、I_2，这个星等尺度的定义被一直沿用。星等尺度的零点由规定某颗星的星等值来确定。

视星等　天体光度测量直接得到的星等同天体的距离有关，称为视星等，它反映天体的视亮度。一颗很亮的星可能会由于距离远而显得很暗（星等数值大）；而一颗实际上很暗的星可能由于距离近而显得很亮（星等数值小）。对于点光源，则代表天体在地球上的照度。星等常用m表示。对单一波长测定的单色星等差与辐射探测器的特性无关。但在一定波段内测定的星等差，随探测器的选择性而不同。因此，对应不同探测器有各种星等系统。例如：①目视星等m_V。人眼测定的星等。美国哈佛大学天文台规定小熊座 λ 星的$m_V=+6.55$，以此来确定目视星等的零点。太阳的目视星等为-26.74，天狼星的目视星等为-1.6，**天津四**为 1.25；满月的视星等为-12.7。目视星等为 1 等的星，地面的照度约等于 8.3×10^{-9} 勒克斯。由现代实验测定，零等星在大气外的照度是 2.54×10^{-6} 勒克斯。简单地说，光度为 1 烛光的点光源在相距 1 米处所产生的照度就是 1 勒克斯。为了便于识别，星等图上常根据星等的大小，将星画成不同大小，点子愈大表示愈亮，点子愈小则愈暗。②照相星等m_p。用蓝敏照相底片测定的星等。国际照相星等I_{pg}的零点是这样规定的：令目视星等介于 5.5～6.5 的 A0 型星的平均I_{pg}为m_V。③仿视星等m_{pv}、国际仿视星等I_{pv}。用正色底片加黄色滤光片测定。它的分光特性与人眼相近，实际上取代了目视星等。④光电星等。用光电倍增管测定的星等。最常用的光电星等系统是UBV测光系统。U为紫外星等，B为蓝星等，V为黄星等（和目视星等相似）。⑤热星等m_{bol}。表征天体在整个电磁波段内辐射总量的星等。不能直接由观测来确定，只能由多色测光的星等结合理论计算求得。把目视星等换算成热星等必须加改正值（见热改正）。随着各波段测光技术特别是大气外观测的发展，确定热星等的精度越来越高。

绝对星等 为了比较天体的发光强度，采用绝对星等。绝对星等M的定义是，把天体假想置于距离10秒差距处所得到的视星等。若已知天体的视差π（以角秒计）和经星际消光改正的视星等m，可按下列公式计算绝对星等：$M = m + 5 + 5\lg\pi$。对应不同系统的视星等有不同的绝对星等。

（李宗伟）

星风 stellar wind 从恒星的外层大气向外快速运动的带电粒子流（大部分是质子和电子）。星风的概念是从太阳风的启示得来的。星风的存在从恒星光谱中发现了间接证据。如在所有的M型巨星和超巨星中，强的吸收线都分成两条谱线：一条宽而浅，另一条锐而深。按照恒星谱线形成的理论，宽而浅的吸收线形成于光球（见恒星大气理论）之中；锐而深的吸收线则形成于光球之外的星周物质即包层中。锐而深的星周吸收线相对于光球宽线有一个紫移（又称蓝移），相应的速度为10千米/秒，说明包层正以此速度向外扩张。锐吸收线形成的包层位于远离恒星光球的地方，可把它解释为星风。事实上双星武仙座α的目视伴星的光谱中，也可看到锐的星周吸收线；从谱线位移求得星周包层的运动速度达到10千米/秒。这表明在距离武仙座α主星（M型巨星）至少700天文单位的地方仍存在着吸收物质，且物质的外流速度大于该处的逃逸速度（1～2千米/秒）。上述观测资料表明，这些恒星正在抛出热的气壳，以1000千米/秒的速度向外膨胀。这种现象可认为是存在星风的间接观测证据。星风现象是恒星在演化中逐渐损失质量的过程。星风中粒子的加速各不相同，依赖于恒星的性质。像太阳这样的冷恒星，由于热冕压力和膨胀而产生星风；在O、B型星中，快速自转和辐射压对星风的形成起着重要作用。

有的恒星因星风而损失的质量是很小的，如太阳的质量损失率是每年1×10^{-14}太阳质量（$M_\odot$），吹出的物质的速度200～300千米/秒，不足以影响恒星内部结构和演化进程。但星风会不断地带走恒星的自转角动量，对自转起着制动的作用。对于热的亮星，质量损失率是每年2×10^{-5}太阳质量，风速为2000千米/秒。星风对恒星演化的影响仍在深入研究中。某些代表星的星风参数见表。

某些代表星的星风参数表

星名	光谱型	质量（$M/M_\odot$）	质量损失（dM/dt）	v（km/s）
天蝎座α	M1.5	15	1×10^{-6}	17
太阳	G2V	1	1×10^{-14}	200～300
弧矢增二十二（船尾座ζ）	O4I	59	2.7×10^{-6}	2200
天津增九（天鹅座p）	B0Ia	30～60	1.5×10^{-5}	210
沃尔夫-拉叶型恒星1	WN5		6×10^{-6}	2000

（李宗伟）

星基多普勒轨道确定和无线电定位组合系统 Doppler orbit determination and radio positioning integrated on satellite; DORIS 20世纪90年代由法国航天局（CNES）、法国空间测地研究院（GRGS）和法国国家地理研究所（IGN）为满足航天器高精度定轨和地面目标精确定位的需求而设计和研制的系统。

DORIS系统由星上和地面两部分组成。星上部分包括：星载DORIS双频接收机（2036.25兆赫和401.25兆赫）；超稳晶体振荡器，在10～100秒周期内的短期稳定度可达5×10^{-13}；全向天线。地面部分包括：由分布于全球的约50多个地面定轨信标（ODB）组成的定轨信标网；由若干地面定位信标（GLB）组成的定位信标网，一个用来处理地面控制系统和卫星之间的通信和信息交换的主信标站（MB）；设在法国图卢兹测控中心的DORIS控制中心（DCC）；由IGN负责管理的信标安装和维护中心。地面信标安装维护中心负责管理所有的地面信标。法国航天局CNES负责轨道的精确计算，而GRGS则根据DORIS数据计算并修正地球重力场的模型。此外还设有一个专门服务机构，在技术上受IGN管辖，负责看管信标，并可根据用户的需要定做DORIS产品。自2003年起，DORIS资料和产品由IDS（International DORIS Service）提供国际服务，IDS是建立国际地球参考架的四大技术之一。

DORIS系统的星上接收机处于地面定轨信标（其位置精确已知）发射信号的视场内，就可测得两个发射信号频率的多普勒频移。其中一个发射信号的多普勒频移用来确定卫星与地面信标之间的相对速度，另一个发射信号的多普勒频移用来修正信号由于电离层传播延迟所引起的误差。分析所采集的跟踪数据，可精确测定卫星的轨道。反之如一旦卫星轨道精确确定，进行类似的测量就可精确确定地面信标的位置。因而DORIS系统的主要应用领域是高精度卫星定轨和地面信标的精确定位。定轨精度可达1厘米，地面信标的定位精度可望达到厘米级。

DORIS系统的星上仪器已装备SPOT系列和TOPEX/POSEIDON海洋观测卫星、Jason、HY-2A等卫星的有效载荷，其运行性能良好，达到了预定的定轨和定位性能要求。未来的航天器轨道平台也可装备DORIS接收机，预期可达到厘米级的定位精度。

DORIS系统除了应用于高精度卫星定轨和地面信标的精确定位外，在地球自转监测、地心运动测定、电离层变化监测、地球参考架建立和地球引力场确定方面也有重要贡献。此外，由于它的位置测量精度不受当地自然环境的影响，所以它特别适用于监视各种自然现象，例如，地震引起的地表运动、火山活动或地壳构造的强烈运动、冰川运动、大陆漂移；也可遥感水坝、隧道等重大施工现场的活动。由于DORIS系统的地面定位信标站很易实现，且制造成本较低，因此它是远距离监视重大工程和施工现场的优选系统。例如用于大型水力发电站水坝及其邻近地区地表的常规监视；研究隧道、高速公路等重大民用工程项目建设过程中的地表运动。带有Diode软件并装备DORIS接收机的航天器可提供实时精密定轨。

（黄 珹）

星际尘粒 interstellar dust grain; cosmic dust 存在于恒星之间的微小固体颗粒。与星际气体共同组成星际介质，其质量约为星际气体的1%。又称星际尘埃、宇宙尘。它们吸收和散射天体的电磁辐射，使天体的视亮度变暗，这种现象称为星际消光；同时，由于星际消光在可见光的短波长处比长波长处严重，天体的视颜色比内禀颜色偏红，这种现象称为星际红化。20世纪30年代，星际尘粒的发现及确认正是基于其星际消光效果。星际尘粒是氢分子形成的重要场所，其吸收和发射是星际气体加热和冷却的重要方式，对星际气体的动力学研究具有重要作用。

主要观测性质　尘埃的存在导致一些可观测的现象：对星光的衰减、对星光的偏振、*反射星云*的散射光、尘埃红外发射、X射线的散射、尘埃的微波发射和延展的红光（6000～8000埃）发射。

成分　根据星际消光曲线的谱特征和星云的红外发射谱特征，天文学家证认了星际尘粒的化学成分。硅酸盐是星际尘粒的主要成分之一，它在9.7微米和18微米的谱特征分别来自Si—O键的拉伸振动和O—Si—O键的弯曲振动，化学形式以$FeMgSiO_4$为主，即以铁和镁阳离子与硅酸根离子化合而成。由于其平滑的消光轮廓，星际硅酸盐应该主要是以无定型的形式存在的，结晶硅酸盐的含量估计不超过5%。另外，含碳物质被认为是2175埃消光驼峰的载体，比较广为接受的候选含碳物质是石墨和PAHs（polycyclic aromatic hydrocarbons，多环芳烃）颗粒。PAHs因其在红外波段的一系列发射特征获得较多关注；3.4微米的特征则很可能来自碳氢化合物的C—H键的拉伸振动。除了硅酸盐和含碳尘粒外，分子云中还发现有一些冰尘粒特征，如水冰（3.1微米）、CO（4.67微米）、CH_3OH（3.53微米）、CO_2（15.2微米）等。此外，400余条未得到证认的星际弥散带（DIB）也可能源于星际尘埃，如富勒烯离子C_{60}^+被提出作为两条DIB带的载体。

尺寸　星际消光规律是对星际尘粒尺寸最好的限制。星际尘粒的尺寸分布很广，小到0.01微米直至更小，大到0.2微米。实际上，红外发射要求尘埃尺寸小到3.5埃。一般认为，尘埃的尺寸分布呈幂律谱形式，大致遵循$dn/da \propto a^{-3.5}$的形式。J.魏因加特纳和B.德雷纳2001年提出的对数正态分布也获得广泛认同。银河系的星际尘粒的典型尺寸为0.1微米。

温度　尘粒的温度取决于加热和冷却的平衡。在弥漫的星际介质中，加热和冷却都由辐射主导，只有在非常致密的区域，与气体粒子的碰撞才变得重要。在银河系的星际辐射场下，处于稳态的尘粒的平衡温度大约在20K。极小（纳米量级）的尘埃颗粒则由于其很低的热容而不具有稳态平衡温度，其温度将在一定的范围内涨落，单光子加热模型计算得到比大尘埃颗粒更高的平均温度。

起源和演化　一般认为星际尘埃主要来自中小质量恒星演化晚期（渐近巨星支阶段）的*星风*，其高密低温的环境适合气体冷凝形成尘埃颗粒。在*高红移星系*中探测到大量的红外辐射意味着大质量恒星的超新星爆发可能也是重要的来源。也有人认为星际尘埃就是在星际空间形成的。尘粒通过吸积周围的气体粒子或者与尘粒黏合生长，表面蒸发、与高温气体粒子的溅射、高能光子的照射等会破坏尘粒。典型实例如*马头星云*。　（姜碧沩）

星际分子　interstellar molecule　自然存在于星际空间的气体尘埃云内的分子。第一批星际分子是1930年发现的CH和CN。星际分子谱线通常产生于转动能级之间的跃迁，波长处于毫米波或亚毫米波段，主要通过这些射电波段特定波长的发射线和吸收线探测，已经发现和证认的这类分子达120种以上。已知的星际分子包括氨（NH_3）和水（H_2O），简单的有机分子如乙醇（CH_3CH_2OH）、甲醛（CH_2O）和醋酸（CH_3COOH），各种地球上不稳定的离子和基团如羟基（OH）、一氧化硫（SO）和HCO^+。也发现了许多同位素分子如重水（HDO），以及构成生命基础的复杂分子NH_2CH_2COOH。已经证认的最大星际分子是由13个原子组成的$HC_{11}N$。已探测到尚未证认出来的谱线可能来自更复杂的分子。星际分子通过在射电波段发出辐射而降低气体云的温度。这种能量损失允许某些最致密的云区坍缩为恒星。分子也形成于老年恒星周围的气体尘埃包层，称为星周分子，以别于由一般星际介质形成的星际分子。　（邹振隆）

星际红化　interstellar reddening　星光通过星际空间而变红的现象。虽然在19世纪已有人认识到星际消光现象的存在，但一般认为，除了有*暗星云*的天区外，星际空间几乎是完全透明的。1930年瑞士天文学家R.J.特朗普勒经过研究，首次证明星际消光现象的存在。星际空间存在大量消光物质，它们在*银道面*附近浓度最高，随着银纬的增高而逐渐稀少。它们的主要成分是石墨、硅酸盐、碳化硅等尘粒的混合。它们对于星光的散射与波长有关：对长波散射小，对短波散射大。因此，从地球上看，远处的恒星由于选择散射，颜色会比没有散射时红，这称为星际红化。如果用星等表示消光量A，则消光对波长的关系在λ3000～10 000埃范围，可以近似表示为两段直线（这两段直线约在λ4355埃处相交），即近似地与$1/\lambda$成比例。在UBV测光系统中，存在关系：$A_v = 3.3 \times (A_B - A_v)$和$(A_U - A_B)/(A_B - A_v) = 0.75 + 0.05(A_B - A_v) \approx 0.80$。星际消光的规律在大部分天区基本上一样。但有些天区，例如天鹅座天区、猎户座天区以及一些浓密的暗云区，就与正常规律有所不同。这种现象可用存在不同大小、不同比例的各种星际尘埃的混合来解释。　（姚保安）

星际化学　interstellar chemistry　研究星际空间中元素的丰度、化学反应以及它们与辐射场的相互作用的天文学与化学交叉的学科。是*宇宙化学*的分支。星际化学可观测和证认*星际分子*，并研究它们的形成。

星际化学的光谱学观测　光谱学使用望远镜测量不同环境下的分子和原子的吸收和发射，通过比较实测光谱和实验室光谱获得元素丰度、化学组成、恒星和星际云的温度。这样的测量具有局限性，人们往往只能探测到原子或者分子的部分谱线。第一个探测到的星际有机分子是甲醛（HCHO）。

最有效的星际介质探测手段是射电天文，已经检测到190多种星际介质，包括基、离子和有机物，如醇、酸、醛、酮等。一氧化碳（CO）是含量丰富的分子之一，很强的电偶极矩使其成为射电波段最容易探测的分子。星际甘氨酸可能是人们最感兴趣的星际分子，它是最简单的氨基酸。不过，它的认证还有争论，因为射电方法对具有大偶极矩的简单分子认证比较有效，而对大的复杂分子则不够敏感。而且，这种方法完全不能检测没有偶极矩的分子。比如，H_2作为最丰富的星际分子，因为没有偶极矩而不能在射电波段检测到。同时，这种方法也不能探测非气体状态的分子。实际上，由于致密分子云的温度很低（10～70K），大部分分子都冻结成固态的冰。所以，其他波段的分光观测也很重要。大部分有机分子的吸收和发射都在红外波段，比如，火星大气中的甲烷就是红外望远镜探测到的。

红外天文学揭示星际介质中包含一系列复杂的气相含碳复合物多环芳香烃（PAHs），这些分子主要由碳的稠环组成，可能是星系中最丰富的碳化合物，也是陨石中最丰富的碳化合物。通过红外观测了解到星际介质中的固体物质成分有硅酸盐、含碳尘埃和冰。不管在红外还是射电波段，N_2都很难检测。

发现的历史　星际空间的超高真空、超低温、大尺度导致一些非同寻常的化学现象，在化学上很不稳定的分子、分子离子和自由基却在星际空间非常丰富，如H_3^+离子，表明离子-分子反应在星际化学过程中起着重要的作用。

截至2017年6月，在星际气体尘埃云

中已经发现了超过 190 种分子。其中大多数是含有 C、H、O 原子的分子，最大的气相分子是 $HC_{11}N$，由 13 个原子组成，分子量为 147，包括醛、酮、醇、酸、酰胺、酯、醚、炔、烃、腈等各类化学特性不同的有机分子。

1937 年，在星际介质中发现了第一个含碳分子——次甲基自由基（CH）。

20 世纪 70 年代，人们认识到星际尘埃含有大量的复杂有机分子。

2004 年，天文学家在红矩形星云（red rectangle nebula）中探测到蒽［$(C_6H_4CH)_2$］和芘（$C_{16}H_{10}$），证实了在这类星云中包含从恒星核合成的碳元素，它们被带到恒星表面并通过星风吹散出来，进入星际空间。

2010 年，富勒烯在年轻的行星状星云中被探测到。

2011 年 10 月，天文学家发现宇宙尘埃中含有很可能来自恒星的有机物质。

2012 年 8 月，在距离地球 400 光年的蛇夫座年轻恒星的星云中发现了一种特别的糖分子——乙醇醛（$HOCH_2CHO$）。它是形成 RNA（核糖核酸）所必需的，这个发现意味着复杂有机分子可以先于行星在恒星系统里面形成，然后转移至年轻的行星上。

2012 年 9 月，发现 PAHs 通过氧化、氢化、羟基化可以转化成更复杂的有机分子，是演化为氨基酸、核酸中的一步。

2014 年 11 月，天文学家公布了使用 ALMA 望远镜得到的彗星 C/2012 F6（Lemmon）和 C/2012 S1（ISON）的 HCN、HNC、H_2CO 和尘埃颗粒的分布。

2015 年 7 月，“菲莱”第一次在彗星 67/P 的表面着陆，携带的探测器检测到 16 种有机分子，其中 4 种是第一次在彗星中探测到：乙酰胺（CH_3CONH_2）、丙酮（CH_3COCH_3）、异氰酸甲酯（CH_3NCO）和丙醛（CH_3CH_2CHO）。

星际分子的形成 虽然观测认证的星际分子将近有 200 种，对于星际分子的形成机制并不十分清楚。从观测上看，星际分子的丰度与宇宙元素丰度（H 和 He 占比 99%，其次是 O、C、N）并不一致，观测认证的多于 6 个原子组成的分子都含有碳原子，只有极少数的多原子分子是无机分子，所以，星际多原子分子的化学本质上就是 C 元素的化学。由于星际介质中极低的温度和密度，化学反应必须满足以下两个条件：放热反应；两体反应（三体碰撞的概率过低）。因此，有两类反应能够发生：

尘埃颗粒表面的反应 气体 H 原子通过辐射缔合反应形成 H 分子的概率非常低，远不足以解释星际空间丰富的 H_2 的存在。H_2 一般被认为是在尘埃颗粒表面形成的：

$$H + H + grain \longrightarrow H_2 + grain$$

其中包括三个步骤：①原子吸附至尘埃表面。②两个原子相遇反应形成分子。③产生的分子脱吸附进入星际空间。尘埃表面积大、势能分布丰富，①②过程是很有效的。但是，③过程对于 H_2 是有效的，H_2 可以通过反应中释放的热能而脱离尘埃进入星际空间，而其他重元素组成的分子则比较困难，需要额外的脱吸附过程。所以，尘粒表面的反应对 H_2 的形成是非常重要的，其他分子需要另外的途径。

气相反应 相对其他类型的反应，正离子－中性粒子的活化能（化学反应发生需要的最低能量）较低，被认为是最可能的气相反应过程。

①弥漫星际云。弥漫星际云对星际辐射几乎是透明的，紫外光子电离和破坏云中的原子和分子。因为 H 原子的电离能是 13.6 电子伏，电离能低于 13.6 电子伏的 C 元素主要以离子形式存在，电离能高于 13.6 电子伏的元素 O 和 N 则主要以中性原子形式存在。从而，弥漫星际云的化学成分非常简单，主要是双原子分子 H_2、HD、OH、CO、CH、CH^+、N_2、NO、CN、O_2 等。

②致密星际云。致密星云对紫外光子不透明，光致解离和光致电离过程可以忽略，只有宇宙线是唯一的外来能源。宇宙线粒子通过电离开启了分子形成的第一步，产生正离子 H_2^+ 和 He^+，以及 $H_2^+ + H_2 \longrightarrow H_3^+ + H$。之后，这些正离子与中性粒子反应生成种类丰富的分子，如 $H_3^+ + A \longrightarrow AH^+ + H_2$ 类型的反应将形成 HCO^+、N_2H^+、NH^+、C_2H^+、OH^+ 之类的氢化分子离子。类似的，He^+ 也可以解离分子形成原子离子。形成的分子离子继续与 H_2 反应，形成氢化程度更高的离子，如 H_2O^+、H_3O^+、NH_2^+、NH_4^+、OH^+、NH^+、CH^+、CH_2^+、CH_3^+ 等。达到饱和的分子离子不再与 H_2 反应，与电子的复合将产生中性分子，如 OH、H_2O、CH。HCN、HNC、H_2CO 和 CN 都是通过这种反应形成的。

③$HC_{n+1}N$ 系列分子。通过以 C_2H_2 为基础的一系列反应，将产生 $HC_{n+1}N$ 中的碳链，$C_2H_x^+ + C_2H_2 \longrightarrow C_4H_y^+ + C_2H_2 \longrightarrow C_6H_z^+ \cdots$ 然后，其产物与 CN 或者 HCN 反应，$H_2C_n^+ + CN \longrightarrow HC_{n+1}N^+ + H$，$H_2C_n^+ + HCN \longrightarrow HC_{n+1}N^+ + H$，$H_3C_n^+ + CN \longrightarrow HC_{n+1}N^+ + H$，$H_3C_n^+ + HCN \longrightarrow H_2C_{n+1}N^+ + H_2$，这些正离子与电子的复合形成星际分子中观测到的 $HC_{n+1}N$ 系列。

④复杂分子的辐射缔合合成。辐射缔合反应 $A^+ + B \longrightarrow AB^+ + h\nu$ 配合随后的与电子的复合将产生中性分子 AB，比如 $CH_3^+ + H_2O \longrightarrow CH_3OH_2^+ + h\nu$，$CH_3OH_2^+ + e^- \longrightarrow CH_3OH + H$，这个过程能解释大多数星际分子的形成。

（姜碧沩）

星际介质 interstellar medium 银河系（及其他星系）内恒星之间的物质。包括星际气体、星际尘埃和各种各样的星际云，还可包括星际磁场和宇宙线。又称星际物质。星际介质（ISM）约占银河系可见物质质量的 10%，高度集中在银道面，尤其在旋臂中。不同区域的星际介质密度可相差很大。星际气体和尘埃当聚集成质点数密度超过 10～1000 个/厘米^3 时，就成为星际云，云间密度则低到 0.1 个/厘米^3 质点。平均密度为 10^{-24} 克/厘米^3，相当于平均数密度为 1 个/厘米^3 氢原子。星际介质的温度相差也很大，从几 K 到千万 K。不同温度和密度的星际介质大体可用三相模型来描述。其中，冷中性介质为密度 30 个/厘米^3 原子，温度 70K 的中性氢气体，占总体积的 3%～4%；温中性介质为密度 0.3 个/厘米^3 原子，温度 6000K 的中性氢气体，占总体积的 20%；热电离介质为密度 0.001 个/厘米^3 原子，温度 100 万 K 的电离氢气体，占总体积的 70%。这三种成分近似处于压强平衡，相互间可来回转换。

星际气体的化学组成可通过各种电磁波谱线的测量求出。结果表明，星际气体的元素的丰度与根据太阳、恒星、陨石得出的宇宙丰度相似，即氢约 60%，氦约 30%，其他元素很低。

星际尘埃是尺度 0.01～0.1 微米的固态质点，分散在星际气体中，总质量约占星际介质总质量的 1%。星际尘埃可能是由下列物质组成的：①水、氨、甲烷等的冰状物。②二氧化硅、硅酸镁、三氧化二铁等矿物。③石墨晶粒。④上述 3 种物质的混合物。

星际尘埃吸收和散射星光，使星光减弱，这种现象叫作星际消光。消光数值依赖于观测方向，朝银极方向较小，银心方向最大。星际消光随波长的减小而增长，蓝光比红光减弱得更多，使星光的颜色随之变红，这种现象叫作**星际红化**。射电和红外波段的星际消光同光学波段相比可忽略，因而是观测银心的最佳波段。星际尘埃还可引起星光的偏振，由这种星际偏振可测量星际磁场，其能量密度约为 2×10^5 电子伏/米^3。

星际尘埃对于星际分子的形成和存在具有重要的作用。一方面尘埃能阻挡星光紫外辐射不使星际分子离解，另一方面固体尘埃作为催化剂能加速星际分子的形成。

星际介质的观测可在不同的电磁波段进行，如1904年在**分光双星**猎户座δ的可见光谱中发现了位移不按双星轨道运动而变化的钙离子吸收线，首次证实星际离子的存在。1930年观测到远方星光颜色变红，**色指数**变大（即星际红化），首次证实星际尘埃的存在。1951年通过观测银河系内中性氢21厘米谱线，证实星际氢原子的大量存在。1975年利用人造卫星紫外光谱仪观测100多颗恒星的星际消光与波长的关系，得知220纳米附近的吸收峰。1977年，观测星际X射线波段，发现OⅦ2.16纳米（0.57千电子伏）的谱线，确认存在着温度达10^5～10^7K的高温气体。

根据现代恒星演化理论，一般认为恒星早期是由星际介质聚集而成，而恒星又以各种爆发、抛射和流失的方式把物质送回星际空间。（邹振隆）

星际介质的电波传播效应 interstellar medium's impact on radio wave propagation 星际介质对星际空间中传播的电磁辐射产生的各种影响。星际介质（ISM）是指银河系中恒星系统之间的物质。这些物质由星际气体和星际尘埃构成。依质量区分，星际气体约占99%，星际尘埃只有1%。其中星际气体包括气态的原子、分子、电子和离子，其主要成分是氢和氦，元素丰度与恒星基本一致。星际尘埃是直径从约0.01微米（或更小）到约0.2微米（或更大）的固体颗粒，包括冰状物、石墨、硅酸盐等，弥散在星际气体当中。有时也将星际间的磁场和宇宙线归入ISM中。

星际介质（ISM）的整体密度极低，银河系中的星际介质主要分布在银河系旋臂中，占到了银河系总质量的10%，平均密度大约为每立方厘米一个氢原子，这种低密度在人造的真空中都很难达到（高度真空实验室每立方厘米100亿个分子）。

影响　尽管如此稀薄，星际介质却会对星际空间中传播的电磁辐射产生显著的影响。一方面，星际介质的传播效应会造成天体原始信号的失真，需要在数据处理中扣除星际介质的影响，尽可能地还原出天体的真实信号。但另一方面，这些效应也为我们带来了星际介质的信息，从中可以得到星际介质的组成成分、空间分布等重要物理参数。

分类　星际介质的电波传播效应主要包括色散、法拉第旋转、散射。

色散　电磁辐射在星际介质中的群速度与频率相关。以**脉冲星**为例，天体同一时刻发出的脉冲信号由于频率的不同，达到地球的时间也不同。脉冲星的观测必须考虑色散效应，需改正信号的色散效应才能获得足够的信噪比。

法拉第旋转　**银河系磁场**同样会对电磁辐射在星际介质中传播造成影响，法拉第旋转效应会使得线偏振电磁波的偏振面发生旋转。同一源内不同位置发出的信号走过的路径不同，偏振面旋转的角度也不同，这使得射电源原始的偏振信息被掩盖，观测到的信号被消偏振。

散射　星际介质引起的散射会导致信号的振幅随时间变化，散射效应包含折射散射和衍射散射。其中衍射散射是散射角内电磁波的叠加和干涉所导致的强度变化。折射散射则与散射体的空间尺度有关，介质造成的相位扰动随散射盘尺度增大而增大，从而导致电磁波部分聚焦或失焦，信号的振幅发生变化。（田文武）

星际介质红外辐射 infrared radiation of interstellar medium 星际介质在红外波段的辐射性质和起源。星际介质的弥漫红外辐射成分，由连续谱背景和叠加其上的谱线组成。其中连续谱背景部分主要起源于各式热辐射，比较典型的是星际尘埃受电离区的星光加热，从而发出特征温度在20K上下的红外光。如果是激波或者**活动星系核**加热，对应的特征温度还会更高。当然在星际环境下，不同的辐射转移过程还会导致红外连续谱背景相对理想黑体出现偏移。

星际介质红外辐射的谱线部分成因较为复杂，包括多环芳香烃分子（PAH）的振动能级跃迁线、硅酸盐尘埃粒子的发射或吸收线、氢元素的红外复合线、其他元素离子的精细结构跃迁线等，它们反映了星际介质的不同物理和化学性质。（张　博）

星际介质紫外辐射 UV radiation of interstellar medium 星际介质的紫外辐射。星际介质指的是恒星之间的气体和尘埃等物质。星际介质的温度最高可以超过10^6K，最低可以低于10K。密度可以从每立方厘米少于10^{-3}粒子到多于10^6个。由于不同的温度，星际介质可能处于不同的状态，包括热电离气体（HIM）、中性气体、分子云等。星际介质为恒星形成提供了原料，决定了星系的特性和星系演化，因此，是天文学研究中极其重要的一部分。由于温度大于$10^{5.5}$K的热电离介质能够产生紫外辐射，并且紫外辐射穿过稀薄的冷星际介质时能够产生丰富的吸收线，因此，紫外辐射能够作为研究星际介质的重要工具。

稀薄的星际介质产生的辐射很弱，使用普通的方法很难探测到。但是，当明亮的恒星穿过它们时，在紫外波段能够产生比较明显的吸收线，因此提供了一种研究稀薄星际介质的重要手段。比如，太阳周围存在着一个“本地泡”，主要由几十万度的热气体组成。同时，其中也存在着温度为100K左右的低温气体。当较远的恒星穿过这些气体时，会在**恒星光谱**上形成吸收信号。然而，这些低温气体在光学波段中（比如钠线）的吸收很弱。而在紫外波段，这些低温气体能够产生显著的吸收线。比如，位于279.5纳米和280.2纳米的一次电离镁线。一次电离镁线是**类太阳恒星**中常见的发射线。图中显示了G8恒星孔雀座δ的镁发射线，发射线中心的深吸收线是太阳系周围的低温气体造成的。通过这些吸收线能够测量这些星际介质的大小、密度、温度和质量等。天文学家发现，这些星际介质的密度很高。虽然它们在本地泡中占的体积很小，但总质量约占本地泡的一半。同时，通过大量的高分辨率恒星紫外光谱，能够构造出太阳周围星际介质的三维结构。

同时，通过紫外光谱，天文学家还能

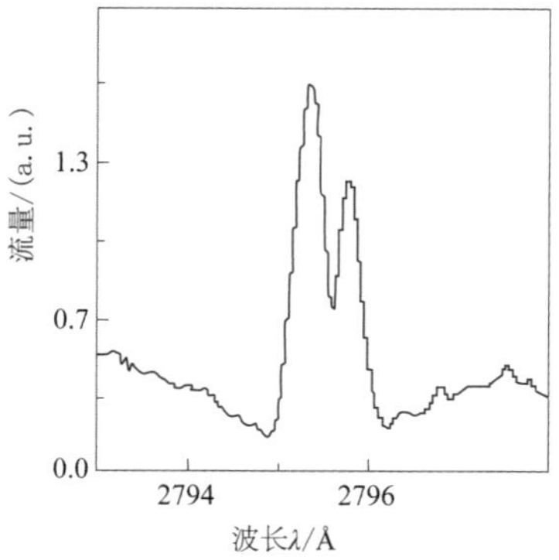

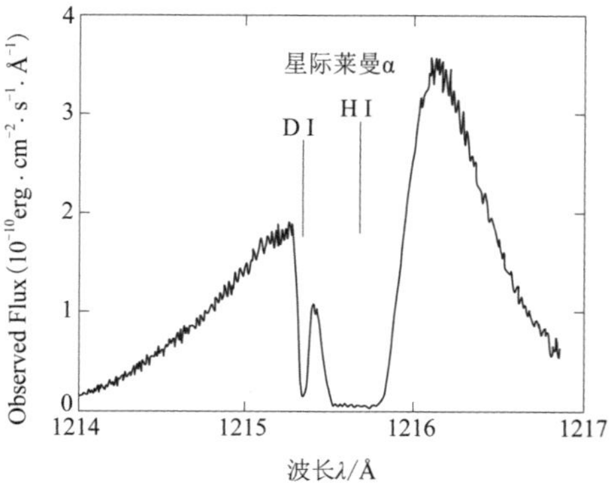

左：IUE测量的恒星孔雀座δ的一次电离镁发射线，发射线中心存在一个很深的吸收线，是由星际介质产生
右：哈勃空间望远镜中紫外高分辨率光谱仪（GHRS）观测的五车二莱曼α发射线，发射线中还存在星际介质产生的原子氢（H I）和氘（D I）吸收线

星际介质紫外发射线

够研究星际介质中氘的占比。氘是氢的同位素，原子核中具有一个质子和一个中子。**大爆炸核合成**理论认为，宇宙中所有的氘都是在大爆炸时期形成的，而恒星中的核物理过程会破坏氘，因此氘氢比是研究大爆炸时期物质状态重要的工具之一。如图中的右图所示，五车二的高分辨紫外光谱中，莱曼 α 发射线上会叠加原子氢（HⅠ）和原子氘（DⅠ）的吸收线，并且所处波段略有差别。通过它们，可以计算氘和氢的柱密度以及比值。通过远紫外分光探测器（FUSE）、星际测绘和加速探测器（IMAPS）和哥白尼望远镜的紫外光谱，天文学家发现，本地泡中的氘氢比约为百万分之十五。但太阳周围 2kpc 半径内，不同视线方向上，氘氢比在百万分之四和百万分之二十六之间。（李　晔）

星际闪烁　interstellar scintillation; ISS　星际介质中等离子体不规则团块的密度不均匀性，可使天体射电信号受到相位调制，生成衍射或折射（取决于团块尺度）图案的现象。观测者接收到的射电源流量呈现变化。见**射电闪烁**。

星流　stellar stream　具有共同运动学和物理学特征的一群恒星。星流分为两类，一类是潮汐流，一类是动态流。潮汐流通常是指沿着一条狭长轨道围绕星系运动，由众多恒星组成的链状结构，在空间中呈现长条形水流状。潮汐流是**球状星团**或者矮星系受到星系引力的巨大潮汐作用而逐渐变形、瓦解、撕裂形成的。截至 2022 年，已经在银河系中发现了大约 100 个这样的星流，它们由几千到几亿颗恒星组成，跨度从数万光年到数百万光年不等。动态流通常是指具有相同运动速度但是在空间上弥散的恒星的集合，这类星流是由于星系的旋臂或者中心棒等非轴对称引力势导致的。通常说的星流主要指的是潮汐流。对星流中恒星的速度、位置的分析能够给出其起源的信息。随着时间的推移，这些星流会逐渐被星系吸收。对星流的研究表明星系在形成过程中吸积和吞并了众多小的矮星系，改变了对传统星系形成理论的认识。这些星流就像化石一样，记录着星系构建的历史，还为研究星系中暗物质的分布提供了有效的途径。已探测到的星流绝大部分是位于银河系中的星流。

一个矮星系或者球状星团受到银河系引力的潮汐作用而被逐渐变形、瓦解、撕裂。起初，被瓦解的星流成员星能在空间位置上聚集到一起。这个阶段的星流探测较为容易，可以通过"匹配过滤"技术来发现。与银河系的总体结构相比，星流可归于银晕周边尺度不等的次结构，或者说密度超区。由于银河系本地的恒星相对均匀地分布在银河系中，星流几乎无法从点点繁星中突显出来，也就很难被人发现。利用匹配过滤技术，可以过滤掉银河系中的场星，让星流显现出来。这种过滤包括在位置空间中的恒星密度分布，也包括在恒星颜色–星等图上的分布，使得星流以相对过密的形式和场星区分开来。星流探测，首先要选取示踪天体。较为广泛地应用于星流探测的示踪天体包括**天琴座 RR 型变星**、**红团簇星**（RC）、蓝水平支星（BHB）、主序拐点星、M 型巨星。

图中黄点为太阳系大致位置

银河系探测到的星流

银河系中发现的星流大都是通过这种方法发现的。其中一个最为典型的星流是 1994 年发现的人马座星流，包含了大约 1 亿颗恒星，跨度超过 100 万光年，发源于人马座**矮椭圆星系**。继人马座星流后，银河系周边又陆续发现了众多星流，与矮星系相关的如室女星流、麒麟星流、鲸鱼星流、孤儿星流等。与晕族球状星团有关的一些星流，如球状星团帕洛马 5（Palomar 5）的星流，以及若干尚未确认其本源的星流。这些星流的发现归功于一些大型的数字巡天项目，如斯隆数字巡天、2MASS 巡天、RAVE 巡天等。

随着时间的流逝，潮汐流会被银河系逐渐吸收，完全淹没于银河系场星中，最终在空间化为无形，即在空间位置上已经无法将星流成员星和银河系场星区分开来。但是，星流中的恒星依然保持着前身天体的相空间信息和化学组成信息。

人们习惯用位置和速度来刻画物体的运动。但运动还有其他不同的特性，可以用诸如能量和角动量之类的物理量来描述。正如物体的空间位置能够用 3 个坐标来描述，因此被称为三维空间一样，也可以用位置加上动量（一共 6 个物理量）来描述物体的运动状态，这个抽象的六维空间被称为相空间。相空间的优点在于，与真实空间相比，恒星在相空间中的分布模式更有还原性（这里是指经历巨大变化之后恢复原状的能力）。尽管星系的吞并消化过程通常会破坏星流的空间结构，却无法抹去它们在相空间的整体结构。

因此，通过测量能量、角动量和相空间中恒星随机样本的密度，就能识别出无法直接观测到的星流。它们是很久以前被银河系瓦解的矮星系的残骸。几个研究小组，例如荷兰**卡普坦天文台**的 A.希勒米和美国华盛顿大学的 C.B.布鲁克各自领导的小组，已经用这项技术发现了一些被吞并的矮星系遗迹。已被发现的遗迹都位于太阳系附近，因为现有设备仍无法足够精确地测量更遥远恒星的三维运动。

然而星流和前身天体保持一致性最好的还是化学组成。无论星流被银河系撕扯到何种程度，它依然保持着前身星的化学丰度。因此化学丰度是区分星流和银河系场星的最有效的观测判据。

上述所说的都是潮汐流的探测，对于动态流的探测，主要是在恒星的三维速度空间利用小波变换技术寻找过密区。然后对探测到的每一个速度过密区利用蒙特卡洛方法进行可靠性分析。这种星流可以用来更好地理解银河系的引力势模型。

在银河系已经发现了 100 多个潮汐流和数十个动态流，厘清这些星流到底来自哪里或者如何形成的，对于理解银河系的形成和演化具有重要的意义。

潮汐流的前身一般是银河系附近的矮星系或星团。一些比较著名的星流只有人马座星流的起源是最清楚的。人马座矮星系已经出现了几十亿年，现已走向瓦解。它的恒星将散落在整个银河系中，随着时间的流逝，人马座星流也会逐渐消失，未来很难把它们与银河系的场星区分开来。但是对于一些星流，它们的前身仍然存在着争议。如孤儿星流、麒麟星流等。星流的化学组成对于理解它们的起源有很大的帮助。通过对星流成员星进行高分辨率光谱观测，得到不同元素的丰度模式，这些元素包括奇类元素、α 元素、中子俘获元素等。通过星流成员星的丰度模式分析，可以比较准确的估计它的前身天体。但是这种方法实际操作起来也比较困难，因为星流的成员星离人们较远，相对较暗，高分辨率光谱的获取需要大望远镜和较长的曝光时间，另外星流的成员星的选取也需要可靠的距离和自行。

动态流的起源一般是旋臂的扰动或者中心棒的共振来产生的，也有的来自并合事件的激发。对于证认的动态流结合动力学模型的演化可以估计出他们的起源。同时动态流可以对引力势模型提供观测上的限制。

随着盖亚（Gaia）数据的释放和更多巡天的开展，对于星流的研究必将更加深入，更多的星流会被发现，它们的面纱也将被慢慢揭开。（赵景昆）

星冕仪　stellar coronagraph　主要用于太阳系外行星直接成像的一种高对比度成像仪器。通过遮挡或者压制恒星经由望远镜孔径产生的衍射光，从而能够探测隐藏在恒星周围的行星。

星冕仪由**日冕仪**发展而来，日冕仪主要用于观测太阳日冕，由法国天文学家B.F.**李奥**在1931年发明。20世纪90年代以来太阳系外行星探测与研究成为天文学热点，技术和方法有多种，但直接成像观测可以研究其大气成分，探测系外生命特征信号，所以备受瞩目。对此，基于不同技术原理的星冕仪相继被提出并得以发展，并在目标成像工作角距离和对比度方面都有了显著的提高。

工作原理　星光通过望远镜引入到星冕仪系统，最终在焦面上的光强分布为点扩散函数图像（PSF），为光瞳函数的傅里叶变换取模的平方，可以表示为：

$$I(u,v)=\left|\vec{F}\left[E_{pupil(x,y)}\right]\right|^2 \qquad (1)$$

式中$\vec{F}$为傅里叶变换；E_{pupil}为系统的光瞳函数。表示如下：

$$E_{pupil}(x,y)=A(x,y)*\mathrm{e}^{i\phi(x,y)} \qquad (2)$$

式中A和ϕ分别为光瞳函数的振幅和相位部分。

星冕仪工作原理是通过改变光波在光瞳处的场强（光瞳函数）或者调制PSF本身来改变系统最终的光强分布，从而在特定区域获得高对比度成像。

工作角距离和对比度是衡量星冕仪性能的重要技术指标。其定义如下：

①工作角距离（IWA）。是指系统能够分辨出行星离开主恒星的最近距离。光学定义为：

$$N*\lambda/D$$

式中λ为工作波长；D为望远镜孔径；λ/D为光学系统的衍射限。根据不同的技术原理，星冕仪IWA一般对应2至几个λ/D。举例来说，4米口径望远镜，工作波段在1000纳米，则$2\lambda/D$对应0.1″。此时，系统能够分辨在10pc以内恒星1AU距离处的行星。

②对比度。是指经过星冕仪调制后系统工作区域内的光强与恒星原始光强峰值的比值。根据不同的科学目标，系统成像对比度设计值可以达到10^{-7}（地面探测年轻行星）～10^{-10}（空间探测类地行星）。

分类　根据不同的技术原理，可以分为光瞳调制技术和相位掩膜技术星冕仪。前者是通过引入特定形状的光瞳调制板或者透过率调制滤光片来改变光波位于光瞳处的场强，后者是在系统焦面放置特殊的相位掩膜板将恒星的亮光旋转出系统的出瞳以外，从而实现高对比度成像。

其中，光瞳调制星冕仪可以分为光瞳形状（Shaped Pupil）和光瞳透过率（Apodized Pupil）调制技术。其代表有：①美国普林斯顿大学团队发展的多高斯形状函数光瞳调制技术；②南京天文光学技术研究所团队发展的有限带透过率渐变滤光片调制技术。图1给出了星冕仪工作示意图，经过星冕仪调制，隐藏在恒星强光之内的行星被清晰成像（十字图像PSF中心左下角附近小圆点为行星）。

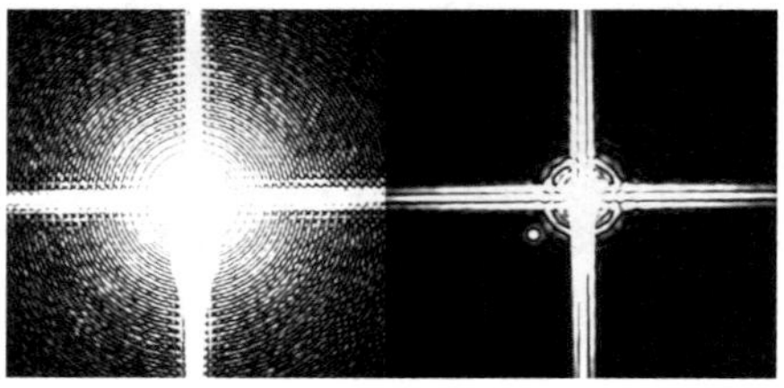

经过星冕仪调制前（左）和调制后（右）

图1　系统PSF图像（南京天光所系外行星探测技术实验）

相位掩膜技术包括象限掩膜和光学涡旋掩膜技术，其代表性技术为喷气推进实验室（JPL）发展的Vector Vortex Coronagraph（VVC）。其原理和光路与日冕仪基本相同（图2），区别在于放置在焦面的掩膜板摈弃了日冕仪采用的不透明遮挡板，而是采用了相位掩膜板（此处以VVC为例），其优势是可分辨距离主星更近的行星系统。其原理是通过光干涉将恒星强光均匀地旋转至再成像光瞳（图2中出瞳位置）之外，最终有效削弱了位于系统光轴及附近的恒星强光（系统最终的PSF强度较初始像面处光强明显减弱）。

应用　地基望远镜系外行星成像计划集成了**超级自适应光学**、星冕仪和后端图像处理技术，主要在红外波段探测年轻的行星系统。代表性仪器为用于双子座南望远镜的双子座行星成像仪（GPI），实测对比度达到10^{-6}，其上配置的星冕仪采用了光瞳透过率调制技术。2021年底发射的詹姆斯·韦布空间望远镜以及中国空间站的CPI-JEEEDIS类地行星成像和系外生命信号搜寻计划，核心载荷为超高对比度星冕仪，目标成像对比度最高可以达到10^{-10}。（窦江培）

星名　star name　人们给亮星起的名字。中国以外地区的星名，来自不同时代、不同民族。最古老的星名很多来自古希腊，而大部分的星名，则源于继承了希腊星座的阿拉伯。不少星名和位置有关，例如大犬座的天狼星，英文名称Sirius，意义为烧焦或灼热，正符合天狼星为全天最亮的恒星；小犬座的**南河三**，英文名称为Procyon，这名称来自希腊文“pro kion”，意思是在狗之前；双子座的北河二和北河三，分别是Castor及Pollux，这是希腊神话中一对双生子的名字；天鹅座的**天津四**，英文名称Deneb的意思为尾部。应指出当不少阿拉伯星名在中世纪被翻译为拉丁文转回西方时，有些翻译错误，本来星名意义再不可考，严重的甚至张冠李戴。中国古代文献中有恒星别称“经星”之称，《穀梁转》中有“恒星者，经星也”的记述。晋代范宁在其所撰《春秋穀梁转集解》中有这样的解释：“经，常也，谓常列宿。”清初**梅文鼎**在《中西经星同异考》中指出：“曰恒者，谓其终古不易也，经亦有恒之义焉。”中国星名的命名方法较系统，某一星的名称是它所属中国星座，

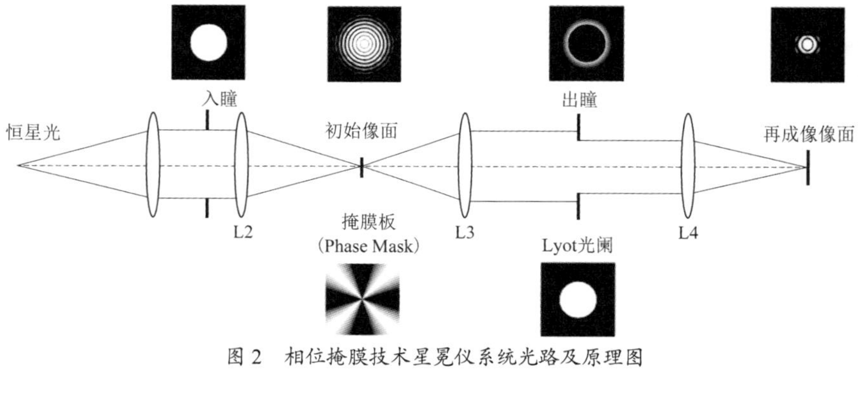

图2　相位掩膜技术星冕仪系统光路及原理图

再加上一个数字，例如勾陈一、**轩辕十四**等。1603年，德国业余天文学家J.拜尔建议命名的方法是：每个星座中的恒星从亮到暗顺序排列，以该星座名称加一个希腊字母顺序表示。如猎户座α（中名**参宿四**）、猎户座β（中名参宿七）、猎户座γ（中名参宿五）、猎户座δ（中名参宿三）。如果某一星座的恒星超过了24个希腊字母，就用星座名称后加阿拉伯数字，如天鹅座61星、天兔座17星等。随着大望远镜和新的观测技术不断涌现，被观测到的恒星越来越多，天文学家们将它们一一登记入册，编成**星表**。星表中的编号就和天体的名字一样。天文学家可以根据星表中记录的天体坐标，把天文望远镜对准它们。世界上有记载的最古老的星表为公元前5世纪的甘石星表。有记载的**星图**为中国敦煌星图。世界上有各种各样的星表上千种。最重要的有哈勃空间望远镜导星星表和星图等。

（李宗伟）

星盘 planispheric astrolabe 测量天体高度的仪器。一说是古希腊天文学家**依巴谷**发明的，一说是更早的阿波隆尼所创造。现存文献中最早论述过星盘的是希腊天文学家塞翁的著作（约375）。中国在元朝制造过这种仪器（1267），在明朝译著过有关星盘的两本书，即《浑盖通宪图说》（1607）和《简平仪说》（1611）。

仪器的主体是个圆形铜盘，盘的背面安装有一可绕中心旋转的窥管（见图）。观测时，将铜盘垂直悬挂，人目用窥管对准太阳或恒星，就可以从盘边的刻度上得到它们的高度。在盘的正面，有用球极平面射影法绘制的星图和地平坐标网。星图上只有最亮的星和黄道、赤道，地平坐标网有以天顶为中心的等高圈和方位角。地平坐标网在下，星图在上。后者是用透明材料绘制的。由观测得到太阳的高度后，将当日太阳在黄道上的位置转到观测到的高度圈上，二者交于一点。这一点和盘面中心的连线（用游尺）同刻在边缘上时圈的交点，就是观测时间。知道太阳当天的赤纬和中午时的高度，也可以求出观测地的纬度。这种仪器还可以根据不同的需要，在盘面上增加其他的东西，如测影的刻度、罗盘和占星用的符号等。它可以应用于教学、航海和测量等，在欧洲和伊斯兰世界曾经长期使用，直到18世纪中叶才为**六分仪**代替。

（陈美东）

1572年制星盘

星图 star atlas 将天体在天球上的视位置投影在平面上而绘制的图，或用天体照相仪将拍摄的星空图像编辑而成的图。有全天星图和特定天区星图之分。星图是天文观测、教学和科研的基本工具之一。天球坐标及其历元以及天体的**极限星等**或辐射源的极限亮度是星图的两大基本要素。大多数星图采用赤道坐标，但也有用黄道坐标或银道坐标的。

中国于705～710年问世的唐代《**敦煌星图**》载有恒星1350颗，它是世界上遗存的最古老的绢制星图。1247年刻制的宋代《苏州天文图》载有恒星1400颗，它是现存最古老的石刻星图。天文望远镜发明后，波兰天文学家J.赫维留编著的《天文图志》共载54幅星图，它是欧洲版本最早的星图。1863年和1887年德国出版的《波恩巡天星表》（简称BD星表）极限星等为9.5～10.0，共载赤纬−23°以北的恒星近46万颗，一直沿用至今。1966年，为人造卫星定位的需要，美国编制了载有近26万颗恒星的《史密森星图》（简称SAO星图）。20世纪末，根据**依巴谷天体测量卫星**的观测资料汇编成载有百万颗恒星的《千禧年星图》。

20世纪上半叶，在星图领域增添了用照相方法制作的星团、星云、星系等非星天图。20世纪60年代以来又出现了不同波段的星图，如射电、红外、紫外、X射线和γ射线的辐射源巡天图。此外，还有根据星系红移汇编的宇宙大尺度结构天图、按照宇宙微波背景辐射及其起伏再现的早期宇宙结构天图等。

附录为简明中西对照星图，包括中国传统星象各星和亮于5.5等的其他恒星，以及一些知名的星团、星云、星系等天体。星图历元为J2000.0。图中中国星名除个别星外，均依照清代《仪象考成续编》绘制。《仪象考成续编》和更早的《仪象考成》星表是中国传统星名的主要依据，但其与历史上不同时期的星象存在少许出入，使用时须加以注意。对某些找不到对照星的中国星名亦标明了计算位置，以供参考。

（李　竟）

星团 star cluster 由各成员星之间的引力束缚在一起的恒星群体。在银河系这个巨大的恒星系统中，许多恒星结合成各种不同规模的群体，其中有双星、聚星以及各种不同的星团，这些群体的成员之间有物理联系，因万有引力的作用聚集在一起。

通常把星数超过10个的恒星群称为星团。根据形状、星数和空间分布的情况，星团又分为**疏散星团**和**球状星团**两大类。疏散星团包含的星数较少，从几十个到上千个，密集程度比较松散，因为高度集中于银道面两旁所以又称为银河星团。它们属于极端星族Ⅰ。球状星团包含的星数少则几千，多可达几百万，向中心的密集程度很高，以至其核心区域的恒星难以分辨开来。球状星团的银面聚度很小，属于极端星族Ⅱ。由于两类星团属于两个星族的极端情况，空间分布和运动特性相差很大，反映恒星成分的“视星等−色指数”图以及所包含的**变星**成员也相差很大。对不同星团的研究有助于认识星族的本质、各星族之间的关系等，无论对研究银河系的结构还是检验恒星起源和演化理论都具有重要意义。

（陈　力）

星系 galaxy 由引力束缚在一起的几百万至几万亿颗恒星以及星际气体和尘埃、暗物质等构成的天体系统。空间尺度几千光年至几十万光年。银河系就是一个普通的星系。银河系以外的星系称为河外星系，统称为星系。

研究简史　17世纪望远镜发明以后陆续观测到一些云雾状的天体，称之为**星云**。18世纪，德国的I.康德和英国的T.赖特都曾猜想这些云雾状天体是像银河系一样由大批恒星构成的“宇宙岛”，只是因为距离太远而不能分辨出一颗一颗的星来。但它们到底有多远，直到20世纪初才找到线索。1917年美国天文学家G.W.里奇在**美国威尔逊山天文台**所摄的星云NGC6946的照片中发现了一颗新星，随后H.D.柯蒂斯也有类似的发现。因为这些新星极其暗弱，他们认为星云应该极其遥远，是银河系以外的天体。1924年，美国天文学家**E.P.哈勃**用威尔逊山天文台的2.5米大望远镜在仙女星云、三角座星云和星云NGC6822中发现**造父变星**，并且根据造父变星的**周光关系**定出这几个星云的距离，终于肯定了它们是银河系以外的天体系统，称它们为河外星系。现代望远镜，包括哈勃空间望远镜，能观测到的星系数目估计在500亿以上。

形态和分类　星系的外形和结构是多种多样的，但大多由椭球形的中央核球和（或）外围扁平的盘成分构成。1926年，哈勃按星系的形态进行分类，把星系分为椭圆星系、旋涡星系和不规则星系三大类。后来又细分为椭圆、透镜、旋涡、棒旋和不规则5个类型的星系。

椭圆星系没有盘成分，外形近似于椭圆，记为E型，后面标以阿拉伯数字表示椭圆的扁度，从0到7，数字越大，椭圆越扁。旋涡星系中核球和盘两种成分都有，外形显示旋涡结构，记为S型。大多数都有两条沿相反方向旋卷的螺线形旋臂，其中一些在核心部分有一棒状结构，旋臂从棒的两端伸出，称为棒旋星系，没有棒状结构的则称为正常旋涡星系。棒旋星系记为SB型。S和SB型号后面附以小写英文字母a、b、c表示核球和盘两种成分的相对重要性以及旋臂缠卷的松紧程度，a型核球最大，旋臂最紧，b型次之，c型核球最小，旋臂最松。与旋涡星系类似为盘状但无旋臂的星系归为透镜状星系，记为S0。不规则星系的形状没有规则，记为Irr型。

此外，从尺度和光度上分，有一种超巨型椭圆星系，往往出现于星系团的中心或中心附近，据认为是几个星系碰撞并合的产物。这种稀有的星系称为cD星系。相反，为数众多，尺度和光度比正常星系小的星系称为矮星系，并可进一步细分为矮椭圆星系（dE）、矮不规则星系（dIrr）和矮椭球星系（dSph）。

在1000个最亮的星系中，旋涡星系占75%，椭圆星系占20%，不规则星系占5%。如果包括矮星系在内，则相对比例变为30∶60∶10。不同形态星系的比例也与星系所在的环境相关：在密度高的富星系团中，大多数亮星系是椭圆星系和透镜状星系，旋涡星系只占5%～10%；而在星系团外的低密度环境中，亮星系中80%是旋涡星系。

除上述普通的星系外，后来又发现了许多特殊星系。有些旋涡星系，具有十分明亮的中心区，光谱中有强而宽的发射线，称为赛弗特星系。有些星系具有很亮的近于恒星状的核心，称为N型星系。有些星系有很强的射电辐射，称为射电星系。有的星系诸如M82，近期发生着大规模恒星形成，称为星暴星系。以上几种星系都是活动激烈的星系，统称为活动星系。有证据表明1963年发现的类星体实际上是具有活动核的星系，是活动星系核（AGN）中的一种。AGN的能源来自位于中心的超大质量黑洞。

分布　1934年哈勃对44 000多个星系的视分布进行了研究，证实星系的数目有规律地从银极向银道递减。银道方向星系很少，形成一个隐带。这种视分布是由银河系星际物质消光造成的。实际上从大尺度来看，星系分布在各个方向都是一样的，星系的空间密度也近于均匀。从较小的尺度来看，星系的分布有成团的倾向。有的是两个结成一对，多的可能几百以至几千个星系聚成一团。银河系同麦哲伦云、仙女星系以及其他70多个星系构成一个集团，称为本星系群。一般的星系集团称为星系团。星系团内星系之间的距离约为百万光年量级。本星系群和室女星系团等星系团又构成更高级的星系集团——本超星系团，其长径1亿～2.5亿光年，总质量约为太阳的千万亿倍。观测到的星系团已有一万个以上。

运动和质量　星系内部的恒星和气体都在运动，而星系作为一个整体也在运动。恒星在星系内部的运动有两种：一是围绕星系核心的系统性旋转运动，一是随机运动。盘状星系以旋转运动为主，椭圆星系以随机运动为主。旋转的特点是较差自转，旋转速度作为到星系中心距离的函数称为旋转曲线。随机运动是叠加在旋转运动上的弥散运动，遵循类似麦克斯韦分布的椭球分布律。星系整体也有各种运动。成对出现的星系（即双重星系，又称星系对）彼此围绕公共质心转动。在星系团中，星系间有随机的相对运动。此外，1929年哈勃还发现星系的红移同距离成正比的关系（见哈勃定律）。按照红移的径向多普勒效应解释，这表明星系之间距离越远，相互退行越快，这就是宇宙膨胀运动。

从星系的运动可得知星系的质量。根据牛顿定律，转动着的星系内任一点的离心力必须同该点轨道以内所有物质对它的引力相平衡，这样可由速度-距离关系的实测曲线（旋转曲线）得出星系的质量分布和总质量。多数星系的旋转曲线有向外变平的趋势，表明星系发光区域之外存在大质量暗晕。按照恒星在星系内的速度弥散度，由位力定理可求得星系的质量，称为位力质量。与此类似，根据星系在星系团内随机运动的速度弥散度，也可求出星系团的总质量。用这种动力学方法求出的星系团总质量往往比由测光方法定出的光度质量大一个数量级，意味着星系团中含有大量不发光的暗物质。

形成和演化　从椭圆星系到旋涡星系再到不规则星系，似乎有质量递减、气体含量增加、老年恒星减少的趋势。其中，旋涡星系本身随着旋臂由紧到松，也有相应的序列变化。

因此曾经提出这样的星系演化序列：由椭圆星系到旋涡星系，由紧旋涡逐渐旋开变为松旋涡以至成为不规则星系。也有人认为是沿着相反的途径演化的。因为不同类型星系的质量和角动量有量级的差异，难以解释在演化中总质量和角动量变化很大的现象。所以更多的人认为星系分类的序列也许并不是演化序列，而只是初始条件的反映：密度较大的原气体云，自转较慢，角动量密度较小，因而恒星形成快，年龄老，颜色红，成为星多气少的椭圆星系；密度低而角动量密度高的原气体云，恒星形成慢，未形成恒星的气体多，在快速自转中变为扁盘形，从中产生旋臂，并不断形成新的年轻恒星，成为颜色较蓝的旋涡星系。不过，数值模拟实验和观测证据表明，两个富气的旋涡星系相遇时，在动力学摩擦和潮汐力作用下可能发生并合，触发恒星形成，消耗或剥离气体，转变为一个椭圆星系。星系的演化仍然是正在积极研究的一个尚未解决的问题。

按照大爆炸理论，星系起源于早期宇宙中非常微小的物质分布不均匀性，随着宇宙的膨胀，这种密度起伏由于引力不稳定性的作用而放大，最终导致星系尺度天体的形成。数值模拟计算表明，暗物质，特别是冷暗物质的存在对星系形成过程有重要影响，但星系何时和怎样形成的细节也还很不确定。（赵君亮）

星系标度关系　scaling relation of galaxy

泛指表述星系物理特征的两个或两个以上参数间存在某种联系的关系式。而这些物理特征从表观上看却彼此并无关联。最常用、最著名的星系标度关系是适用于椭圆星系的基本面FP关系，以及适用于盘星系的TF关系。此类标度关系可广泛应用于测定非常遥远的星系和星系团的运动学距离，故又称星系运动学标度关系。

在2006年的一项工作中，D.扎里茨基等人对FP关系做了拓展，推出所谓“基本多相（FM）关系”。作为比较，基本面关系可写成如下形式的表达式：

$$\log r_e = aI_e + b\log\sigma_0$$

式中r_e为星系的有效半径；I_e为r_e范围内星系的面亮度；σ_0为r_e范围内恒星的速度弥散度；而a和b为两个拟合参数。相应地，基本多相关系的一种表达形式为：

$$\log r_e = (2 - \alpha^2\log\sigma_0 + 2\alpha\beta)\log\sigma_0 - \log I_e + C$$

式中C为拟合参数，而变量α和β（以及另一变量γ）与r_e范围内星系的质光比M_e/L_e

有以下关系式：

$$\log M_e/L_e = (\alpha\log\sigma_0 - \beta)^2 + \gamma$$

后续研究进一步认为，基本多相关系适用于各类恒星系统：不仅可用于巨椭圆星系和盘星系（盘星系时的弥散度甚至小于TF关系），也可用于低质量的矮椭球星系（包括光度极低的银河系伴星系），以及无暗物质的恒星系统——星团。

由上式可以看出，除了测定星系的运动学距离，基本多相关系还可用来估测星系的质光比和质量等物理参数。

尽管星系标度关系是一种经验关系，但对探索星系形成过程提供了重要的观测约束，任何星系形成理论都应该对星系标度关系做出合理的解释。（赵君亮）

星系表 catalog of galaxies 收录或汇编星系（有时也包括银河系）的各类特征参数的表册、专著或电子文档。可为星系天文领域的观测研究工作所用，大量星系的各种参数对于研究星系的结构、演化以及宇宙学具有十分重要的意义。星系表中所收集的参数可以（但并非必然）包括：①几何参数，如天球面位置、距离、距离模数、角径、轴比等。②物理参数，如质量、视星等、绝对星等、色指数、金属度、视向速度、自转速度、红移、平均面亮度等。③其他参数，如原始星表（NGC、IC、M等）中的编号或者专用名（如仙女星系、大麦云等）、星系形态类别等。各类星系表往往都会就表列参数给出具体定义、来源以及相关的说明，星系表使用者需详细阅读后方可正确引用。鉴于不同表列星系的某些特征参数可能取自不同的观测设备，或采用了不同的观测纲要，星系表编纂者通常会把此类参数归算至同一系统，以尽可能减小所发表参数的系统偏差。另外，就一份星系表中的每个表列星系而言，因观测资料来源所限，某些特征参数有可能是缺项的。

代表性星系表如下：

①近星系表（catalog of nearby galaxies）。近星系表可以算是近星系图册（atlas of nearby galaxies）的数字表述，均由天文学家R.B.塔利和J.R.费希尔于1988年刊布，表列星系数计2367个。星系图册的发表吸引了众多读者，而表列星系的特征参数则受到专业天文学家和业余爱好者们的青睐。

②亮星系表（reference catalog of bright galaxies）。也可称为参考亮星系表。由美国天文学家G.de伏古勒等编辑出版，先后共刊出3版，分别发表于1964年（含星系2597个）、1976年（含星系4364个）和1991年（表列星系数超过23 000个）。

③星系和星系团表（catalog of galaxies and clusters of galaxies; CGCG）。由瑞士天文学家F.兹威基等编纂而成，一共出版了6卷，刊布于1961～1968年，共计有29 418个星系和9134个星系团，这份星系和星系团表又常被称为兹威基表（ZC）。美国天体物理中心（CfA）根据ZC提供的资料开展红移巡天，并于1999年刊布更新版兹威基表（UZC），UZC含19 369个星系，其中有98%的星系给出了红移。

④艾贝尔星系团表（Abell catalog）。美国天文学家G.O.艾贝尔于1957年发表，又称艾贝尔富星系团表，共计含2712个星系团。

⑤《艾伦天体物理量（Allen's astrophysical quantities）》一书中给出的两份星系表：本星系群成员星系表（local group），表中列出27个本星系群成员星系的多项特征参数；亮星系表（bright galaxies），这份星系表给出了34个亮星系的多项特征参数。

另外，1888年刊布的星云星团新总表（NGC）及其补编（IC）中分别列出了7800和6900个星云、星团和星系，不过因当时的认识所限，对这三类天体未有予以区分而列入同一表中。类似的还有1771年问世的梅西耶星云星团表（MC），经后续工作的补充，表列天体计有110个，称为梅西耶天体或M天体。这三份表册尽管并非是专用的星系表，但因其历史悠久且名声很大而常为相关研究者所引用。

随着观测设备能力的快速提升和研究工作的不断深入，多国天文学家开展了大面积天区的普查式观测——巡天，包括早期的照相巡天和后来的数字巡天，观测波段则从可见光拓展到红外、射电等非光学波段。在众多巡天工作中，照相底片时代最著名的成就当推帕洛马天文台巡天（POSS），数字巡天方面则有斯隆数字巡天（SDSS）、2微米全天巡天（2MASS）、2度视场星系红移巡天（2dF Galaxy Redshift Survey）等。此类巡天工作的观测目标大多包括银河系内的恒星和河外星系，其中有关星系的资料（如位置、多色星等、红移等）可归入星系表之列。（赵君亮）

星系并合 galaxy merger 两个或两个以上星系（或作为其母体的暗物质晕）通过引力相互作用合并为一个天体的过程。例如，强射电源Cen A就是一个椭圆星系和一个稍小的富气旋涡星系并合后的产物。当运动中的两个星系的距离接近到可与星系本身的尺度相比时，潮汐效应会影响星系的形态，在气体中产生激波，触发恒星形成。这种近距碰撞是高度非弹性的。一种称为动力学摩擦的过程，可减小星系整体相对运动的速度，增加星系内部的运动动能，加速轨道衰变，导致星系在相当短的时间内并合为一。星系并合与一些短时标高能现象（如星暴和活动星系核）之间的联系已获得直接的观测支持。

在盘星系的情况下，恒星速度弥散小（动力学"冷"），潮汐形变突出，可产生非常大尺度的相干结构，甚至大于盘的初始尺度。特别是顺行时，即伴星系的公转与盘的自转方向一致的情况下，由于伴星系在盘的旋转参考系中运动缓慢，可在盘中产生大的潮汐效应。数值模拟能很好地复现在相互作用星系中观察到的各种并合遗迹，如桥、尾、极环和波纹等。并合遗迹的证认对了解星系形成和动力学演化的历史非常重要。统计研究提示，多数亮星系至少在某个较早时刻曾与一个尺度相当的系统并合。这种所谓的"主并合"会产生动力学上显著的后果。同质量小得多（1∶3以下）的伴星系并合称为"次并合"，不会产生明显后果。盘星系并合的产物可能很像椭圆星系。在这类事件中往往会触发星暴，并在星系际空间中抛射出很多星际介质。有些椭圆星系核心的旋转方向与外围不一致甚至相反，可能就是吞食另一个星系的结果。但现在还不清楚多数椭圆星系是否都是这样产生的。

有相当多的证据可把星系的潮汐扰动和恒星形成率的增加联系起来。例如，对于核区有星暴过程的星系来说，在比例上其更多的处于强相互作用系统中。大样本统计还表明，在相互作用系统中，无论核或盘的恒星形成率都比较高。光度达太阳一万亿倍的极亮红外星系几乎全是相互作用或并合星系。一般认为，相互作用系统中，恒星形成的增强是星云间碰撞压缩的结果。也有不少盘星系尽管显示受到强的潮汐作用，但恒星形成率并不高，这意味着问题涉及几个参数，情况要比简单潮汐扰动复杂。（邹振隆 撰 沈世银 修订）

星系的动力学演化 dynamical evolution of galaxies 星系中恒星及气体的空间分布、结构形态及运动学性质等在引力作用下的演化。按照标准星系形成模型，星系在早期会经历剧烈的并合过程，而在其后绝大部分的时间里，盘星系内部的结构形成与演化则主要由内部的长期演化过程所主导。在这一过程中，动力学演化扮演者重要的角色。盘星系中的各种子结构（如旋臂、棒、环等）的形成都起源于其内部动力学不稳定性的增长。而这些子结构一经产生，又因其独特的动力学性质而影响星系的演化。

旋臂的**密度波理论**是由**林家翘**与徐遐生在 20 世纪 60 年代提出，用来解释**旋涡星系**中的旋臂结构。该理论认为星系盘高密度区存在准稳态密度波，旋臂就是恒星在盘上的高密度区，就像高速路上的交通拥堵一样。汽车进入和离开拥堵区，恒星也不断地进入和离开旋臂。旋臂的转动速度称为图案速度。当在半径R_c处的恒星在盘上的运动速度与旋臂的模式速度相同时，R_c被称为共转半径。在共转半径以内，恒星的运动速度大于旋臂的图案速度，而在共转半径以外，恒星的运动速度小于旋臂的图案速度。在旋臂上物质密度高，气体被压缩，促使恒星形成。旋臂也能够转移盘内的角动量和能量分布，在较长的时标里影响星系的结构形成和演化。

棒结构在盘星系中普遍存在，约 60% 的盘星系中存在棒状结构。数值模拟显示这种结构在动力学冷盘内极易产生，棒在盘内区形成后持续时标很长，不易瓦解。棒能够有效地向外转移盘内物质的角动量，并因其图案速度而产生各种共振效应，如内林德布拉德共振、共转共振和外林德布拉德共振。这种共振现象能够显著影响在该区域的恒星轨道以及气体的运动学性质。而且，这些过程又进一步造成了盘星系内的能量分布和角动量分布的改变，产生恒星的径向迁移。这会增大星系的尺度，并使星系的径向密度轮廓与金属丰度轮廓变得更加平缓。

棒结构在垂直方向容易受翘曲不稳定性的影响而增厚，并最终形成一个侧向看上去类似于盒状/花生状的核球。这种盒状/花生状核球在侧向盘星系中颇为常见。数值模拟研究表明，对于垂向速度弥散较小的棒结构，翘曲不稳定性会快速增长。

（李兆聿）

星系的化学演化 chemical evolution of galaxies 星系中恒星和星际介质的元素丰度随时间的变化过程。这类研究开始于 1963 年荷兰天文学家 M.**施密特**的一篇论文，该文的主要目的是要对星系中恒星和星际介质观测到的化学元素丰度给予合理的说明。此外，将观测结果同理论预言比较还可对恒星形成和演化的理论提供重要约束。

演化模型 原星系云坍缩到某个临界密度时，会碎裂，并最终形成质量 0.1～100$M_\odot$的多颗恒星，其原初化学组成主要是氢和氦。通过内部的热核聚变，在演化过程中逐渐合成钙、氧、镁直至铁等重元素。这些重元素或者经对流上翻到恒星表面以星风形式流出，或者主要在演化终结时经超新星爆发抛入周围星际空间。新一代恒星从这种重元素增丰了的星际介质中形成，再以与前代恒星稍有不同的方式继续演化。这种循环原则上可永远持续下去，使氢丰度不断减少，而重元素丰度相应增加。不过，每一代恒星都是小质量星的占比高，而小质量星寿命很长，不能返回太多气体。此外，死亡恒星的遗迹（白矮星、中子星、黑洞）中的物质也不能进入再循环而参与新一代的恒星形成。

上述简单的模型只考虑了星系内部恒星演化，而没有计及星系外部环境的影响，这种封闭模型的预言往往同观测不符。实际上星系在宇宙中并不孤立，它们或者通过引力将星系际气体**吸积**进来，或者通过超新星爆发产生的星风将星际介质驱赶出星系。两个或更多星系的并合不但会改变初始化学组成，还将显著影响恒星形成率。星系化学演化模型考虑了所有这些可能的过程，把它们当作问题的自由参数，使理论的预言同实际的观测尽可能一致。这些自由参数包括恒星形成率、**初始质量函数**、流入和流出星系的气体数量和速率以及重元素产额等。此外，恒星演化理论中某些仍不太确定的参数也可作为化学演化模型的变量。由于自由参数太多，只有银河系拥有足够的观测资料来限定它们，而对于河外星系则需要等待更多观测数据。

椭圆星系 同椭圆星系观测特征相符的所有模型都预言，星系形成之后紧接着有一个非常强的星暴阶段，这个阶段几乎耗尽了所有气体。随着星系质量的增加，在不超过 10 亿年的时间内爆发了大量超新星，并触发**星系风**，驱除了几乎所有剩余的气体，从而阻止恒星的进一步形成，这就解释了观测到的平均恒星年龄。在这阵强大星系风之后，星系内的气体只是由死亡恒星逐渐返回星际介质的，由于缺乏原始贫金属气体的稀释，其金属丰度很高，有时可在星系的热气体晕中观测到。

旋涡星系 由于银河系和近距星系中所有晕星的年龄都很老，不难设想这类星系中早期的恒星形成活动甚至比椭圆星系还迅速。但盘的存在使情况大为改观。盘上的恒星形成以中等速率稳定地进行，在中央致密区比较活跃，而外区的恒星形成率较小。实际上，从超新星和脉冲星这类标志得出的近距旋涡星系恒星形成率随中心距的增加而按指数率减少。随着时间的流逝，不同区域恒星形成率的区别将对其性质产生明显影响：中央区气体质量较低而金属丰度较高；盘的最外区气体比例增加到 50%，而金属丰度低于太阳值。这种现象的直接后果是旋涡星系盘上观测到重元素丰度的径向梯度，即内区的重元素丰度比外区来得高，但斜率因星系和元素而异。

旋涡星系化学演化的另一个重要参数是吸积。1972 年 R.拉尔森为说明许多星系没有因恒星持续形成而耗竭气体，首次提出气体会从外部流入星系内的概念，并得到存在**高速云**和气体内落现象等观测事实的支持。

不规则星系 不规则星系由于质量小，引力势阱浅，星系内能引起化学增丰的气体将因超新星爆发所触发的强大星风而被驱出，所以金属丰度低。

（邹振隆 撰 赵君亮 修订）

星系动力学 galactic dynamics 研究恒星系统中物质分布、运动状态和动力学演化的力学理论。又称恒星动力学或恒星系统动力学。这里所说的恒星系统包括星团、星系和星系团等，是由引力束缚在一起的恒星、星际气体和尘埃（以及**暗物质**）所组成的体系，星团含有 100～100 万颗恒星，星系含有 1000 万～1 万亿颗恒星。除某些系统中心黑洞附近需要考虑相对论效应外，这些系统的行为一般由牛顿运动定律和牛顿引力定律支配。星系动力学至少同物理学的其他三个分支直接相关。星系动力学同天体力学的关系最为密切，因为两者都涉及引力势中轨道的研究；不过天体力学的许多数学方法不能用于星系动力学，因为天体力学基于质量、偏心率、倾角等参数的摄动展开，在用于后者时不收敛。星系动力学与经典统计物理学有深刻联系，因为两者都涉及大量粒子组成的系统，必须进行统计处理。星系动力学同等离子体物理学也彼此借鉴研究方法，因为它们研究的都是通过长程力作用的大量粒子集合，不同的是有正负电荷而无负质量。

星系动力学中最基本的两个物理量是分布函数和引力势函数。前者是位置、速度和时间的函数，后者是位置和时间的函数。它们满足无碰撞玻尔兹曼方程和泊松方程。泊松方程来自牛顿引力定律，而无碰撞玻尔兹曼方程则是相空间密度不变的刘维尔定理的推论。将无碰撞玻尔兹曼方程对速度空间积分得到连续性方程，乘以速度再对速度空间积分，所得出的方程类似于流体力学中的欧拉方程，因 1919 年由 J.H.**金斯**首先应用于星系动力学，故称为金斯方程。星系动力学就是要在一定的近似假设（如球对称或轴对称条件）下求解上述方程，并研究这样的解是否能够保持稳定。1927 年，**B.林德布拉德**求得了速度椭球与奥尔特常数之间的关系。1928 年，**J.H.奥尔特**在分布函数服从速度椭球分布律的假设下，解出轴对称星系的分布函数，成功地解释了银河系的**较差自转**现象。1940 年后，林德布拉德提出密度波的概念来解释旋涡星系旋臂的存在，1964 年，**林家翘**和徐遐生等完成了准稳旋涡的**密度波理论**，导出了密度波的色散关系，成功地解释了大量观测事实。

星系之间的相互作用会引起潮汐摩擦、剥离、并合等丰富的动力学效应，已得到大量观测资料的证实。由于这类情形往往缺乏对称性，难于用解析方法处理，所以自 1970 年以来发展了计算机数值模拟，从而大大推动了星系动力学演化研究的进展。（邹振隆　撰　李兆聿　修订）

星系动物园　galaxy zoo　一个基于互联网的天文全民科学项目。志愿者可以在星系动物园平台上对星系图片进行形态分类，协助天文学家开展科学研究。星系动物园项目开始于 2007 年 7 月，最初的数据集由斯隆数字巡天（SDSS）获得的 100 万幅星系图像构成。由于天文学家无法短时间内对数量庞大的星系图像完成分类，利用志愿者力量的星系动物园项目应运而生。项目开始的第一年就有 15 万志愿者参与，完成了超过 5000 万次的分类。星系动物园开创了一种对大规模天文巡天数据集进行人工视觉分类的新方式。

第一代星系动物园的任务比较简单，只是让志愿者将星系分为椭圆、并合、旋涡三类，并对旋涡星系进一步指出旋臂的方向。结果显示，星系动物园中志愿者给出的分类与专业天文学家几乎同样准确。这使得星系动物园的分类数据被很多科研人员采用。同时，包括著名的**哈勃空间望远镜**在内的世界上许多大型望远镜开始对星系动物园的发现进行后随观测。

基于对志愿者能力的信心，第二代星系动物园（Galaxy Zoo 2）要求志愿者们观察更加细微的星系结构，如旋臂的数量、**星系核球**尺寸等。第三代星系动物园（Galaxy Zoo：Hubble）的很多数据来源于哈勃空间望远镜所开展的巡天项目，用于了解星系形成的早期景象。第四代的星系动物园（Galaxy Zoo：CANDELS）结合了新的 SDSS 巡天图像和宇宙近红外超深空组合河外星系遗产巡天（CANDELS）数据。

2017 年 7 月，星系动物园迎来了 10 周年生日，已有超过 100 万志愿者参与完成了 12 亿次分类，并且有 60 多篇科学论文作为星系动物园的直接成果发表。（陶一寒）

星系分布　galaxy distribution　星系在宇宙空间中的散布。由于**银道面**附近强烈的星际消光作用，故在银纬±20°范围内，几乎完全观测不到星系，那里形成一条很明显的星系空缺带，称为隐带。离银道面越远，星系出现得越多。北银极附近，在室女座和后发座各有一个占据大片天区的富星系团。前者的中心区域达 10°×12°，后者的视直径约为 6°。研究亮星系的分布后发现，照相星等亮于 13.5 等的星系，集中分布在天球上一个大圆两侧宽 18°的带内。这个现象表明和**本星系群**一起，还有 50 个左右近距星系群和星系团，共同组成了一个本超星系团，而这个庞大天体系统的中心在**室女星系团**方向。

图像中绝大多数的红外光延伸源是星系，垂直穿过图像的蓝色带子是由银河系内的亮星造成的

2 微米全天巡天（2MASS）星系分布图

随着天体**红移巡天**工作的长足进展，对宇宙三维大尺度结构的探究日趋深入，并发现星系的大尺度分布呈现某种网络形态或海绵状结构，称之为宇宙网络结构（cosmic web），主要包含超星系团（supercluster）、纤维状结构（filament）、巨壁（great wall）以及巨洞（void）等。网络节点处的星系集聚区往往是超星系团所在的位置，巨型长条形星系密集区便形成所谓“巨壁”，而“巨洞”则指在相当大的区域内星系异常缺损、甚至不存在，犹如一个个超大的空洞。

不过，对更暗弱的星系计数和星系团计数表明，除了相对较小范围的分布不均匀外，就更大尺度的宇宙空间而言，星系的空间分布可能是均匀的。星系成团现象以及现在的空间分布情况，必然是宇宙物质的大尺度演化的结果，任何星系的起源和星系的演化理论以及宇宙模型学说都必须对此做出解释。（赵君亮）

星系分类　galaxy classification　将星系按一定特征划分为若干类别。星系的分类是研究星系的物理特性和演化规律的依据。1926 年 **E.P.哈勃**在观测并认证大量星系的基础上，建立了星系按形态分类的系统。1940 年以后，随着照相巡天观测的开展，各种星系的观测资料在数量上和质量上都有了大幅度的提高。一方面，对哈勃分类提出了一些修订方案；另一方面，又在研究特殊星系以及正常星系若干细节尤其是星系核的基础上，提出了一些新的分类系统，如沃库勒系统、范登堡系统、摩根系统等。

哈勃系统　哈勃于 1926 年提出将星系分为**椭圆星系**（以 E 表示）、**旋涡星系**（以 S 表示）和**不规则星系**（以 Irr 表示）三大类。其中，旋涡星系根据有无棒形结构分为正常旋涡星系（以 S 或 SA 表示）和**棒旋星系**（以 SB 表示）两族。每族按核球相对于盘的大小和旋臂由紧到松的程度分为 a、b、c 三个次型。椭圆星系按扁度分为八个次型，E0 表示正圆星系，E7 具有最大的扁度。后来又分出中介类型 S0（无臂盘星系）和 SB0（无臂有棒盘星系），以及各种过渡形态。不规则星系分为两类：Irr Ⅰ 和 Irr Ⅱ。Irr Ⅰ 类非对称，有亮的 O、B 星和电离氢区等星族Ⅰ天体。Irr Ⅱ 类分解不出恒星，有不规则吸收的尘埃条和尘埃片。有一部分 Irr Ⅱ 星系可能是正被伴星系的引力所扭曲或正在并合的星系（见**星系**）。

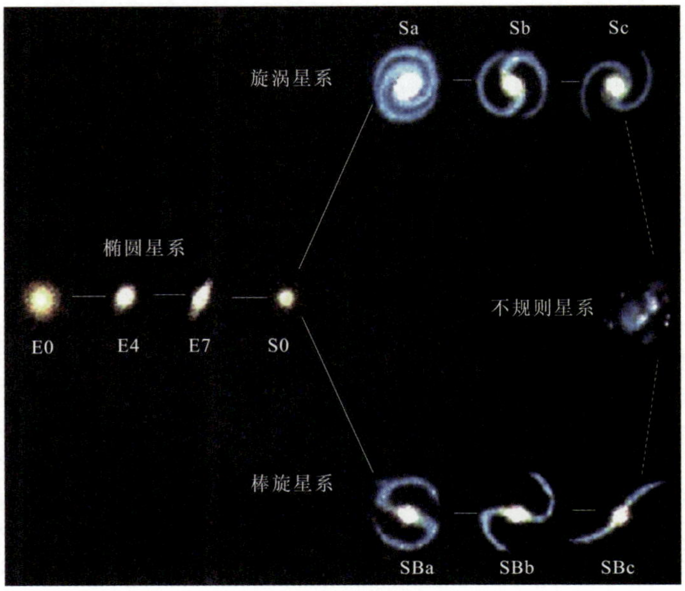

星系的哈勃分类

哈勃系统是一种形态分类。它是直接以观测为依据的，切实可行而又稳定不变，因此仍被广泛采用。哈勃分类第一判据可能同星系前身的角动量分布有关，也同最早期恒星的形成时标有关；第二、第三判据则可能同星系的恒星生成率有关。若干难于纳入哈勃分类系统的星系称为特殊星系（如 M82、NGC3077、NGC520、NGC2685、NGC3718），这些星系的数量只占星系总数的百分之几。

沃库勒系统 1959 年以来，G.de 沃库勒多次对哈勃系统提出修订方案。方案的要点是划分四大类、两族、两种和五级。①四大类：椭圆星系（E）、透镜型星系（L）、旋涡星系（S）、不规则星系（Irr）。其中，透镜型星系等同于哈勃系统中的 S0 类。②两族：L 类和 S 类又各分为 A、B 两族。A 族表示无棒；B 族表示有棒；AB 表示过渡（混合）形态。③两种：r 和 s。r 种代表旋臂绕成弧状，环成圆形 SA(r) 或椭圆形 SB(r)；s 种表示旋臂从星系核心或棒端出发，形成“s”状。过渡形态记为 rs 或 sr。④五级：a、b、c、d、m（m 指麦哲伦云类型）。过渡形态记为 ab、bc、cd、dm。星系的一些物理参量如色指数、气体含量和旋转速度等，往往和上述顺序级有关联。

范登堡系统 亦称 DDO 系统。DDO 是S.范登堡所在的研究单位加拿大戴维·邓洛普天文台（David Dunlap Observatory）的缩写。该分类系统是二维的，它沿用了哈勃分类参量 a、b、c，增加光度型作为第二个参量。范登堡根据《帕洛马天图》发现，旋臂的形态与星系的光度密切相关：光度越高，旋臂就越长、越舒展；反之，光度越暗，旋臂越不舒展。据此，范登堡将 Sb 型分为五个光度型（Ⅰ、Ⅰ-Ⅱ、Ⅱ、Ⅱ-Ⅲ、Ⅲ），Sc、Irr 型分为八个光度型（Ⅰ至Ⅴ，包括各种过渡型）。如 M51 划为 ScⅠ，M31 划为 SbⅠ-Ⅱ，M33 划为 ScⅡ-Ⅲ，大麦哲伦云划为 IrrⅢ-Ⅳ，IC1613 划为 IrrⅤ。

摩根系统 又称叶凯士系统（因 W.摩根在美国叶凯士天文台工作而得名）。用 E、S、B（≡SB）和Ⅰ表示形态；另加 L、N 和 D3 个字母（L 表示表面亮度小，N 表示在微弱背景上有小而亮的核，D 表示没有尘埃）。再用前标 a-f、af、f、fg、g、gk 和 k 表示中聚度，用后标表示倾角指数 1——圆……7——纺锤形，a/b ≈ 10，另以 p 表示特殊，如：

NGC5273——摩根系统 gkD2、哈勃系统 S0/Sa

NGC488——摩根系统 kS2、哈勃系统 Sb

NGC628——摩根系统 fgS1、哈勃系统 Sc

NGC5204——摩根系统 fI-fS4、哈勃系统 Sc/Ir、沃库勒系统 SAm

NGC4449——摩根系统 aI、哈勃系统 Ir、沃库勒系统 Ibm

星系形态分类受观测波段、曝光时间等多种因素（包括研究者主观判断）的影响，不同文献对同一星系的分类可能不一致。进入 21 世纪，随着斯隆数字巡天计划的完成，天文学家将获得空前均匀的大样本星系成像数据，加上计算机人工智能的帮助，星系形态分类将变得更为准确客观。

（邹振隆）

星系风 galactic wind 星系尺度上的物质外流。星系风常见于产星星系（star-forming galaxies）与星暴星系。星系风中的物质存在多种状态，包括特别热（温度约 10^8 开）、热（温度 10^6～10^7 开）、温（温度约 10^4 开）、冷（温度 < 10^4 开）的原子、分子气体与尘埃和宇宙线。其探测手段也涵盖了从 X 射线到红外的各个波段，其中紫外吸收线的探测尤为重要。从金属吸收线探测到的星系风速度是100～1000 千米/秒，质量外流率通常是星系恒星形成率的数倍。一个典型的例子是近邻星暴星系 M82 中观测到的星系风。

一般认为，星系风是由恒星在超新星爆发、恒星风、辐射等物理过程中所释放的能量与动量驱动的，但也有一部分非常强的星系风（速度超过 1000 千米/秒）被认为是由活动星系核所驱动。星系风研究中的一个关键疑难问题是星系风中的温冷气体是如何被加速的。一种模型认为，温冷气体是在超新星爆发所产生的热气体外流中冷却产生的，其他模型则认为本就存在于星系中的温冷气体被加速并产生星系风。加速机制可能来源于热气体外流的冲击压，作用于尘埃气体上的辐射压，或者起源于超新星爆发所产生的宇宙线的径向压强梯度力。

星系风可以有效促进物质在星系内的循环，并将其传输到星系周介质与星系际介质中，因此在星系与星系际介质的演化中起到了重要作用。星系风把恒星演化产生的金属元素传输到星系之外，增加了星系际介质的金属丰度，并调节了星系的化学演化，是建立已被观测验证的星系金属丰度与星系质量之间紧密关联的一个重要物理机制。星系风把气态重子物质带离星系，或者加热星系晕中的重子物质并阻止其冷却。这个物理过程被认为是造成产星星系中重子物质比例随星系质量降低的一个关键因素。

（郭福来）

星系光度函数 galaxy luminosity function 单位体积中不同光度（L）星系的相对数目。星系光度函数的特征是在暗星等端按幂率平缓上升，在亮星等端以指数形式陡峭下降，可以用谢克特（Schechter）函数的形式来描述：

$$\phi(L)\,\mathrm{d}L=\phi^*\left(\frac{L}{L^*}\right)^{\alpha}\exp\left(-\frac{L}{L^*}\right)\frac{\mathrm{d}L}{L^*}$$

式中L^*为特征光度；α为暗端斜率；ϕ^*为星系数密度的归一化值。星系的光度函数不仅与观测波段有关，也随星系的形态、环境和红移变化。

尽管不存在某种“普适性”的总光度函数，但是各种条件下的（如不同形态类型）星系的光度函数的形式可以不变，只是它们的幅度（ϕ^*）、形状（α）或特征光度（L^*）会有所不同。而这些差异，恰恰是不同的星系形成过程和星系中的恒星形成历史在光度上的体现。此外，如果假设成团环境中星系的光度函数存在一致性，那么，团星系的特征光度可以作为估计遥远星系团距离的“标准烛光”。

（邵正义）

星系核球 galactic bulge 位于盘星系中央的椭球状恒星密集区。其主要成分是老年星族Ⅱ天体，构成星系盘的盘族恒星分布于核球的周围，星系核位于核球的中心。核球尺度大小因星系形态而异，早型旋涡星系的核球大，晚型旋涡星系的核球小，典型尺度为几千秒差距（1 秒差距约等于 3.26 光年）。更具体来说，可定义核球所贡献的光度与母星系总光度之比为核球百分率，常记为 B/T，则 B/T 值与星系的哈勃形态类别密切相关，其平均值从透镜状星系的 0.65，到 Sa 星系的 0.55，直至 Sc 及更晚型星系的 0.15，其间 B/T 值的系统性变化颇为显著。

观测研究表明，通常情况下核球的三维外形是一个扁旋转椭球体，即椭球体的三条主轴有两条长度相等，故又称等轴椭球体。核球的表观外形是一个二维椭圆，椭率通常不大于 0.7（椭率为 0 时，椭圆退化为圆），而椭圆的长轴位于星系盘的对称平面（即星系中面）附近。有 25%的侧向核球呈现盒状或花生状，这些盒状核球可能包含有弯曲的棒，且能被观测到，而剩余的同类核球可能不含棒，也有可能因棒结构的取向为端向而未能观测到。另一方面，一些具有三维椭长形结构的棒，因早期观测技术的水平所限而被归入呈现等轴椭球体外形的核球之列，一个典型例子就是银河系。

对银河系结构的实测研究已经有 300 多年的历史，在 20 世纪 50 年代之前银河系一直被认为是一个无棒结构的普通旋涡星系，并分类为旋涡星系中的 Sb 或 Sc（或 Sbc）型。20 世纪 60 年代中期起发现**银河系核球**可能呈现棒结构，并随即开始探究该区域的恒星是构成旋转椭球状的二轴核球，还是长条形的三轴核球——棒状结构，而最迟到 20 世纪 90 年代中期，对银河系是一个**棒旋星系**的观念已渐渐达成普遍共识。

尽管核球是盘星系特有的一种结构成分，但就实测结果来看，核球的一些表观性质与**椭圆星系**相仿。例如，核球与椭圆星系有着类似的径向面亮度轮廓。又如，核球的有效半径、该半径范围内的平均面亮度和核球中心区恒星速度弥散度之间，也满足类似的基本面关系，以及标准D_0-σ_0关系（见**基本面**）。核球与椭圆星系之间这种表观相似性，是否反映了两者形成和演化过程的某种共性，对此尚无明确的结论性意见。（赵君亮）

星系红外辐射 infrared radiation of galaxy 星系在红外波段的辐射性质和起源。星系的红外辐射主要由两部分构成，分别是波长较短（典型波长通常在几个微米或更短）的恒星辐射，以及由星系中的尘埃贡献、波长较长的热辐射（典型波长 100 微米左右）。其中前者大抵来自比太阳质量更小、温度更低且普遍年老的 K、M 型星，因此一般相对星系的核球区域集中；后者则主要分布在星系盘上，通常是由受到年轻恒星发出的紫外或可见光辐射照射的电离区尘埃发射的。此外对于活动星系而言，在星系中心区域也往往会存在受活动星系核的照射而被加热的尘埃环，它们通常也会对星系核区的中红外辐射有所贡献，典型波长约为 20 微米。

除了前面提到的长短波红外辐射成分分布不同，哪怕单纯考察来自星际介质中的尘埃、波长较长的红外辐射，它们在星系盘上的分布也并不均匀，而是经常表现

其中蓝、绿、黄、红色分别对应波长 3.6 微米、4.5 微米、5.8 微米和 8.0 微米波长的红外光，可见主要源于恒星的前两个波段的辐射相对星系核球集中，而源于尘埃的后两个波段的红外光主要分布在旋臂上

M81 红外图像

出条纹状或卷毛状的形态。这背后的原因除却尘埃本身分布的均匀性之外，还要考虑尘埃辐射的主要诱因——紫外/可见光星光的照射。因此，源于尘埃的长波红外光在年轻的 O、B 型星附近强度最高，从而经常可以用于勾勒旋臂的形态。

由于星系中源于尘埃的远红外辐射与年轻恒星的诞生密不可分，这一成分经常被用作整个星系中恒星形成率的量度，其光度也是与恒星形成率成正比。相对可见光而言，使用红外辐射来标定恒星形成率的优势在于可以回避恒星形成区中常见的尘埃消光的影响，因此所得的结果更为准确。实际上，在红外波段还可以看到一类特殊的极亮红外星系（ULIRG），它们的恒星形成率极高（每年形成的新生恒星相当于太阳的数百倍），但其中的尘埃消光也非常显著，因此这类星系辐射能量主要集中在红外（尤其是远红外）波段，红外光度可达银河系的百倍量级。（张　博）

星系际磁场 intergalactic magnetic field 存在于星系际空间中的磁场。通常认为，宇宙空间中普遍存在着磁场，其中包括涉及**星系际介质**的**星系际磁场**。有关星系际磁场的两个关键问题是其探测与起源研究。这方面的观测主要依赖于宇宙线电子在磁场中的射电同步辐射、磁场对背景光的法拉第旋转效应等。在星系团中，星系际介质（即团内介质）的磁场已经有了较多的观测证据，其强度大约在微高斯（μG）量级。然而对于更广袤稀薄的团外星系际介质，磁场的探测则比较困难，其存在的观测证据相对比较少。

一些星系团中存在弥散的射电辐射源，包括射电晕（radio halos）、射电遗迹（radio relics）、微射电晕（radio minihalos）等。射电晕的大小与星系团相当（兆秒差距尺度），而微射电晕通常覆盖包含星系团中心区在内的 100～500 千秒差距区域。射电遗迹位于星系团的外围，其长度可达兆秒差距量级，一般被认为是由两个星系团碰撞时所产生的激波造成的。上述几类弥散的射电辐射起源于宇宙线电子的同步辐射，是星系团内介质中存在磁场的重要证据。此外，起源于星系团中或其背景的偏振光在通过充满磁场与电离气体的星系团内介质时，会产生法拉第磁旋转效应，而这一效应也被广泛应用于磁场探测。

根据磁冻结效应，磁感应强度B大致上随着星系际介质密度ρ的增大而增大（$B \propto \rho^{2/3}$）。此外，发电机效应也会在某些局部区域（比如星系周边）进一步增强磁场。因此，在稀薄的星系团外星系际介质中，磁场强度通常要比星系团内介质中的磁场强度小，其产生射电同步辐射与法拉第旋转效应的信号更弱，探测难度也更大。磁场在团外星系际介质中存在的一个比较确切的证据是，在后发座 A1656 与狮子座 A1367 两个星系团之间观测到了一条比较弱的射电桥（radio bridge），产生该同步辐射的磁场强度为 0.2～0.6 微高斯。（郭福来）

星系际介质 intergalactic medium 广袤的星系际空间中存在的大量极稀薄的宇宙物质。在现今宇宙中，大约有一半的**暗物质**位于星系际空间，而在普通重子物质中这个比例则更高。另外，在高红移宇宙中，进入星系中的物质要比现今宇宙中的少，因此上述两个比例相应地要更高一些。星系际介质通常特指星系际空间中的重子物质（即气体），包括星系团内介质与星系团外的星系际介质。前者的密度高于宇宙平均重子密度的 200 倍，而后者的密度要低于平均密度值。在红移$z=0$处，星系际介质中的质子平均数密度大约是 2×10^{-7}/厘米^3，而星系团内介质中的质子平均数密度为 10^{-4}～10^{-2}/厘米^3。星系际介质的演化与星系形成紧密相连，都深受恒星形成与**超大质量黑洞**反馈过程的影响。恒星与超大质量黑洞是星系际介质加热、电离与金属丰度演化的两大主要能量来源。

在宇宙极早期，红移z约等于 1100，宇宙中的质子与电子复合，宇宙物质变成中性，宇宙因而进入黑暗时代。在红移等于 20 左右时，宇宙中的**第一代星系**开始形成，在这之后星系际介质这个名词才变得有意义。而红移在 2～5 这个区间的观测研究则奠定了现今对星系际介质认识的基础。在这个红移区间，存在大量的背景**类星体**光源可以用来开展吸收线观测研究。而这些吸收线（包括莱曼阿尔法、一些金属吸收线等）在经过因宇宙膨胀而造成的红移之后，刚好进入地面光学望远镜可以探测的波段。在这个中红移区间（$2<z<5$），星系际介质的观测研究（比较典型的是莱曼阿尔法线丛）与标准宇宙学的预言比较一致。但在其他红移处，对星系际介质的了解还不够全面，存在几个著名的天文学前沿问题，包括高红移（$z>5$）的宇宙再电离与低红移（$z<2$）的失踪重子之谜等。

在高红移（$z>5$）处，宇宙再电离深刻影响星系际介质的状态，并进而影响其中的星系形成。当第一代星系出现之后，星系际介质就开始受其辐射的影响，被逐渐加热与电离。而**星系风**则把恒星演化产

生的金属元素带到星系际介质中。在这个过程中，因宇宙膨胀而降温的星系际介质被加热到温度大约 10^4K，这将限制小质量星系的形成。一些观测表明，宇宙再电离在红移$z \approx 6$处结束，但其具体的物理过程与演化细节还不是很清楚。

在低红移（$z < 2$）处，星系际介质的观测变得比较困难。这主要是由于星系际介质因宇宙膨胀变得更加稀薄，同时有较大比例的星系际介质被加热到较难探测的 10^5～10^6K 温度区间。因此，对低红移处星系际介质的了解还远不够清楚。除了失踪重子之谜，另两个很重要的未解问题是：星系反馈如何影响星系际介质，以及受影响的星系际介质与星系周介质如何反过来影响星系形成。（郭福来）

星系际介质紫外辐射 ultraviolet radiation of the intergalactic medium 星系之间的物质在紫外波段产生的辐射与吸收。**星系际介质**通常是由密度极低的气体所构成，主要成分是中性或电离的氢和氦，同时包含少量的金属元素。部分位于星系际介质内的氢是以中性氢的形式存在。中性氢主要的光谱特性是氢原子在第一级和第二级电子轨道之间跃迁所产生的吸收或发射线，通常称为莱曼线，其波长为 1215.67 埃，位于光谱的紫外波段。这是星系际介质在紫外波段的主要辐射特征。

除了中性氢以外，星系际介质里还有一些电离的离子会在紫外波段产生辐射和吸收。这些离子当中，比较重要的是五次电离的氧离子（OⅥ）。OⅥ最强的两条特征谱线处于 1031 埃和 1038 埃，观测上位于远紫外（Far UV）。其他比较重要的有一次电离的镁离子（MgⅡ），其光谱特征位于 2803 埃，观测上位于近紫外（Near UV）。

由于星系际介质的主要光谱特征均在紫外，对于星系际介质的观测主要是通过空间望远镜来实现的。在紫外观测历史上，最重要的观测卫星包括安装在美国哈勃空间望远镜上的一系列紫外光谱仪，以及远紫外分光探测器（FUSE）。这些空间望远镜在紫外观测方面都取得了巨大的成就。

哈勃空间望远镜最早期的紫外观测仪器是其暗天体摄谱仪（FOS）。暗天体摄谱仪在紫外星系际介质研究方面最重要的贡献是发现在低红移处**类星体**光谱上中性氢的吸收线数量远少于高红移所观测到的结果。这意味着低红移星系际介质的构成和高红移有显著区别，也是后来提出的“**重子缺失**”问题主要的观测依据之一。

后续的远紫外分光探测器以及安装在哈勃望远镜上的宇宙起源光谱仪（COS）也对星系际介质进行一系列研究，重点在于中性氢和各类金属吸收线和前景星系之间的关系。宇宙起源光谱仪最重要的发现之一就是这些吸收线和其附近的星系分布有显著相关性。（方陶陶）

星系际巨洞 intergalactic void 包含非常少的星系，甚至不存在任何星系的宇宙空间。可观测宇宙中，物质和星系的分布呈现网络状态。作为宇宙网络（cosmic web）结构之一，典型的巨洞结构，直径大概 10 到 100 兆秒差距左右，其内部的物质密度一般小于宇宙物质平均密度的十分之一。

巨洞结构起源于宇宙早期的重子声波振荡。在大爆炸之后，宇宙早期的量子涨落会导致物质分布的不均匀性。这种不均匀性已被**宇宙微波背景辐射**的观测所证实。随着宇宙的演化，这种不均匀性会被不断放大。在密度比较高的区域，由于引力的作用，物质不断坍缩成团，从而导致巨壁或**超星系团**的形成；而在密度比较低的区域，大量的物质不断流失，从而形成巨洞结构。通常而言，宇宙低密度区域存在更大尺度的巨洞结构。巨洞结构的体积和质量分布，可以用来限制标准宇宙学模型的许多基本参数，对于宇宙学的研究具有重要意义。

随着星系**红移巡天**的发展，各种巨洞结构不断被发现，典型的巨洞结构如下：

①近域巨洞。此巨洞位于**本星系群**附近，中心距离地球大概为 23 兆秒差距，直径大约为 60 兆秒差距。

②北方本超空洞。此巨洞位于室女（Virgo），后发（Coma）和武仙（Hercules）3 个星系团之间，巨洞中心距离地球约为 61 兆秒差距，直径大约为 104 兆秒差距。

③南方本超空洞。此巨洞位于本超星系团附近，巨洞中心距离地球约为 96 兆秒差距，直径大约为 112 兆秒差距。

④巨洞。此巨洞位于猎犬座附近，也称为猎犬座巨洞，距离地球约为 543 兆秒差距，此巨洞的直径为 300～400 兆秒差距。

除此之外，还有 KBC 空洞（KBC Void），以三位提出此巨洞结构存在的学者首字母命名。2013 年，通过分析星系红移巡天的数据，R.基南、A.巴杰和 L.考伊三位学者发现红移$z < 0.07$内的星系光度密度低于更大红移处（$z > 0.07$）的星系光度密度。基于此结果，他们提出银河系本身处于一个直径约为 600 兆秒差距的巨洞之中。此巨洞包含银河系、本星系群、本超星系团等，是最大的巨洞结构。（张友财）

星系盘 galactic disk **旋涡星系**、**透镜状星系**和某些**不规则星系**中由恒星（和气体尘埃）组成的盘形结构。星系盘直径为 10^4～10^5 光年，厚度约为 10^3 光年，质量为 10^9～10^{11} 太阳质量。通常，星系盘绕着垂直于它的中心轴线作**较差自转**，即旋转角速度和离中心的距离有关。这种关系可以用布兰特公式表示：

$$\omega(r) = A/(1 + B^3r^3)^{1/2}$$

式中ω为角速度；r为到星系中心的距离；A、B为拟合参数。研究表明，星系盘的较差自转对形成和维持盘的准稳结构起着很大的作用。星系盘中的恒星主要是星族Ⅰ恒星，多半是属于主星序的年轻恒星（见**赫罗图**）。大尺度的扁星系盘具有巨大的角动量，它的典型值为 10^{74} 克 · 厘米^2/秒。星系盘的形成以及它的角动量的来源是一个重要的研究课题。（李晓卿 撰 赵君亮 修订）

星系团 galaxy cluster 十几个、几十个以至成百上千个星系集聚在一起组成的星系集团。是宇宙中确知具有动力学束缚特征的最大结构。团内的每一个星系称为星系团的成员星系或团星系，以别于不属于任何星系团成员的所谓“场星系”。成员数目较少的星系团称为星系群，但星系群和星系团之间并无严格的定量划分判据。

已发现的星系团有上万个，距离远达 70 亿光年之外。至少有 85%的星系是各种星系群或星系团的成员。小的星系团如**本星系群**，由银河系以及包括**仙女星系**在内的几十个大小不等的星系组成。大的星系团如**后发星系团**有上千个比较明亮的成员星系，如果把一些暗星系也包括进去，总数可能上万。平均而言，一个星系团内的成员数约为 130 个。有时又称成员星系数较多的星系团为富星系团，但贫、富的划分标准也是相对的。尽管不同星系团内成员星系的数目相差悬殊，但星系团的线直径最多相差一个数量级，平均直径约为 5 兆秒差距。

星系团按形态大致可分为规则星系团和不规则星系团两类。规则星系团以后发星系团为代表，大致具有球对称的外形，故又可称球状星系团，它们往往有一个星系高度密集的中心区，团内常常包含有几千个成员星系，几乎全部都是**椭圆星系**或**透镜状星系**。这种星系团往往发射弥漫 X 射线，显示其内部存在温度高达一亿度的热气体。这些气体的金属丰度达太阳值的 1/3，可能是由于星系内恒星演化增丰的气体被星系间相互作用剥离的结果。规则星系团中心有时会有一个特别明亮的超巨椭圆星系（cD 星系），质量可达 $10^{13}M_{\odot}$，光度达−23 等。规则星系团又往往是强 X 射线源。

不规则星系团亦称疏散星系团，它们结构松散，没有一定的形状，也没有明显的中央星系集聚区，如**室女星系团**。它们的成员星系数目可以比规则星系团更多。范围比较大的不规则星系团可有几个团星系集聚中心，在团内形成一种次一级的成群结构，称为次团结构或次结构，整个团即表现为这些次团结构的松散集合体。不规则星系团包含各种类型星系，其中往往以暗星系占绝对优势，而只有少数不规则星系团有明显的 X 射线发射。另外，不规则星系团内气体仅同个别星系相关联，缺少弥漫分布的**星系际介质**。这些特征显示不规则星系团没有像规则星系团那样充分位力化。

星系团作为整体运动的视向速度同星系团的距离满足**哈勃定律**，即距离越远视向速度越大。如较近的室女星系团离太阳约 19 兆秒差距，视向速度为 1180 千米/秒；而长蛇Ⅱ星系团离太阳约有 1000 兆秒差距，视向速度则高达 60 000 千米/秒。一个星系团内不同成员星系间的相对运动情况可用速度弥散度来表示。一般随着星系团的范围的扩大和成员数的增加，速度弥散度也就越来越大。小星系团成员星系的速度弥散度为 250～500 千米/秒；大星系团的速度弥散度高达 2000 千米/秒。根据速度弥散度，利用位力定理可估算星系团的总质量；扣除由**星系光度函数**和平均质光比算出的星系质量，以及由 X 射线观测借助流体静平衡算出的热气体质量后，可以估计出**暗物质**所占的比例和分布。

（邹振隆　撰　赵君亮　修订）

星系团射电辐射　radio emission in galaxy cluster　星系团在射电波段发出的辐射。星系团的射电辐射有两个主要来源。其一为寄宿于星系团成员星系的**活动星系核**（AGN）及其产物（喷流和射电瓣等）。这些活动星系核常出现于星系团中央区域的最亮团星系（BCG）之中。据 S.克罗夫特（S.Croft）等人统计，在红移为 0.1～0.3 的 13 240 个 BCG 中大约有五分之一含有射电活动星系核。有关此类射电源，见**射电星系**。星系团射电辐射的第二个来源为弥漫于成员星系之间且占据发光物质质量 70%～90%的**星系际介质**（ICM）。自 1959 年于 408MHz 探测到后发星系团中的大型射电晕以来，已在许多星系团的星系际介质中发现了结构较为复杂的星系际介质射电展源——据估计，在富星系团中出现这类射电源的概率约为 1/3。根据其位置、尺度、形态、谱型、偏振等特性，星系际介质射电展源大致可分为射电晕、射电遗迹和微射电晕三大类。其中，射电晕仅发现于并合星系团中，其形状较为规则，尺度可达 Mpc 量级，与星系团 X 射线气体晕之间存在关联。射电遗迹分为长形和圆形两类，常出现于富星系团较外围区域，其辐射呈现明显偏振，也与 X 射线气体晕相关。微射电晕一般围绕着星系团中央的射电星系分布，延展数百 kpc。关于星系际介质射电展源的起因，主流模型为初级电子模型（即再加速模型）。按此模型，由活动星系核和恒星形成等活动所产生的初级相对论性电子可以经过湍流加速而产生同步辐射，形成射电晕和微射电晕，或者经过激波加速而形成长形射电遗迹。除此之外，尚有次级电子模型（强子模型）、混合模型等解释。

（徐海光）

星系团形态分层　morphology segregation of galaxy cluster　不同形态的团星系在星系团中的差异性分布。在星系团中，成员星系（团星系）之间存在引力相互作用。与星团不同的是，团内各成员星系除了质量迥异外，外观形态上也有明显的差别。经长期动力学演化后，不同形态团星系在相空间（位置空间或速度空间）中的分布可能表现出某种系统性差异，这种差异性分布便称为形态分层，而相应于位置空间和速度空间的分层效应则分别称之为形态空间分层和形态速度分层。

形态空间分层　在一个星系团内，不同形态的星系可能有不同的形成和演化方式，分析它们的形态分层，可对星系形成和演化机制加以观测约束。

形态空间分层主要表现为早型星系在全部团星系中的占比随离星系团中心的距离（团心距）的减小而增大，而晚型星系占比的径向变化情况恰好相反。如把形态分得更细一些，则**椭圆星系**（E）、**透镜状星系**（S0）、早型旋涡星系（Se）和晚型旋涡星系（Sl）的团心距分布有显著差异，核半径按 E—S0—Se—Sl 序列渐而增大，表明团星系存在形态空间分层，甚至发现在一些富星系团的核区很少观测到有晚型星系。

探测形态空间分层效应可以有几种途径，如讨论不同类型星系的径向面密度轮廓，分析各类星系所占比例的径向变化规律，比较它们的平均团心距、核半径或引力半径等的大小等。

形态速度分层　20 世纪 70 年代首先发现星系团中 E 和 S0 星系的速度弥散度要比 S（旋涡）星系或 S＋Irr（不规则）星系的速度弥散度来得小。20 世纪末发现沿着哈勃序列 E—S0—Se—Sl，不同形态星系的速度弥散度呈现出不断增加的趋势，从而推知可能存在某种程度的形态速度分层，如著名的后发团中就存在此类效应。不过，这种速度分层在 E 星系和其他类型星系之间的表现最为显著。

形态速度分层可为分析团的动力学演化提供某种线索。有人在讨论了不同形态星系的动力学演化状态后认为，团内 E 星系正在朝着能均分状态演化。晚型 S 星系处于开始向星系团中心沉降阶段，而 S0 星系和 Se 星系的速度空间分布则介于以上两者之间。

形态分层与质量分层之间是否存在某种内因性的联系？或者说，在同一星系团内，形态分层实际上会否是质量分层的必然结果？有工作表明，在所研究的样本中，4 类不同形态星系（E、S0、Se、Sl）的平均星等非常接近，但依然表现出光度速度分层，可见两者之间并不存在内在的因果关系。

除了质量分层和形态分层外，还发现星系团可能存在元素丰度分层。例如，在**室女星系团** 9 个旋涡星系中，位于星系团核区 3 个星系的 HI 气体缺损相当明显，其平均金属丰度（O/H）要比团外围星系高出 0.3～0.5dex（后者的 O/H 丰度与同类场星系不相上下），呈现某种丰度空间分层效应。

（赵君亮）

星系团质量分层　mass segregation of galaxy cluster　不同质量团星系在星系团中的差异性分布。在星系团中，成员星系（团星系）之间存在引力相互作用。经长期动力学演化后，不同质量团星系的相空间（位置空间或速度空间）分布可能表现出较为明显的系统性差异，这种差异性分布称为质量分层，而相应于位置空间和速度空间的分层效应就分别称之为质量空间分层和质量速度分层。另外，由于高光度星系通常也是大质量巨星系，而低光度星系往往是小质量矮星系，在团星系质量未能确知的情况下，关于质量分层的讨论常以光度分层代之。

质量空间分层　高光度、大质量巨星系的中心聚度，要比低光度、小质量的矮星系来得高，这就意味着团内成员星系在质量、光度上表现出某种空间分层效应。空间质量分层的另一种表现形式是在星系团的中心区，大质量巨星系的占比相对较高，在团的外围区域，它们的占比相对较低，小质量矮星系的情况恰好与之相反。不过，并非每个星系团都会呈现明显的质量分层效

应。研究表明，不同的星系团存在不同程度的质量分层效应，有些星系团实际上并没有表现出质量空间分层效应，而有的团分层效应颇为明显，具体情况与星系团的动力学状态有关。

分析不同区域团星系的光度函数同样可以探测团内成员星系的光度分层。例如，通过这一途径发现在后发团中存在明显的光度分层，巨星系集聚在两个次团结构中，而矮星系的分布则较为弥散。在更大的团天区范围内，利用K波段的近红外观测资料证实了一些有较高红移的星系团同样存在质量分层效应。

质量速度分层 又称动力学分层。有关星系团是否存在质量速度分层的问题，最早进行详细讨论的对象也许当推后发团。这种速度分层表现为高光度、大质量星系的速度弥散度比小质量星系来得小。许多工作表明一些星系团确实存在质量速度分层效应。经足够长时间的动力学演化后，质量分层的最终结果是使系统（星系团）达到能均分状态，即对于任何质量为m的团星系有$mv^2=\text{const}$。

与星团相比，星系团的分层效应表现得更为复杂，这是因为：①团成员星系不仅质量各异，且有不同的形态类别；不同形态星系可能有不同的形成条件和动力学演化进程，还可能存在某种演化上的联系。②团星系除了相互间的交会外，还可能发生碰撞，甚至并合，交会、碰撞和并合都会使星系形态发生变化，并影响到团的运动学状态，而星团中恒星间发生直接碰撞的可能性几乎为零，影响其运动学状态的主要因素是恒星间的近距交会。③对不规则团来说，比较普遍地存在次结构，星系团总体结构比星团复杂。④对星系来说，唯一可取得的运动学资料是视向速度，而无法取得它们的自行。

对一个星系团来说，成员星系是否存在某种质量分层效应，显著程度如何，是否在位置和速度空间上同时表现出这种效应，不同类别、不同富度、不同距离处星系团的质量分层效应有何异同，这类问题必然涉及星系团的形成和动力学演化，团星系的演化及其对星系团整体演化的影响等，因而受到广泛的关注。（赵君亮）

星系团X射线辐射 X-ray emission of galaxy cluster 星系团发出的*X射线辐射*。来自河外星系的X射线辐射最早是20世纪60～70年代使用搭载在*探空火箭*和高空气球上的X射线探测器发现的，而且早期观测已经暗示，这样的辐射很可能并不与单个星系成协，更像是散布在整个星系团中的。70年代升空的*乌呼鲁X射线卫星*正式确立了星系团和X射线延展辐射的成协性，同时还确认了星系团作为最常见的河外X射线亮源的身份。1971年，A.卡瓦列雷与R.富斯科－费米亚诺第一次提出，星系团中弥漫的高温气体就会产生观测到的X射线辐射。后来陆续升空的X射线卫星又以更高的分辨率和灵敏度观测了更多的星系团样本，揭示出了星系团X射线辐射的基本特性。

从能谱的方面来看，星系团的X射线辐射主要是由高温等离子体产生的热轫致辐射，典型的辐射峰值能量数十keV，对应气体温度是10^8K。星系之间的气体非常稀疏，数密度只有每立方厘米10^{-3}个原子。这样的等离子体密度虽低，但考虑星系之间的空间辽阔，一个星系团内此类物质的总质量也可以同恒星的总质量相当。在热轫致辐射之外，部分星系团也表现出了非热的X射线辐射成分，通常这一成分被认为源于在*星系际介质*中加速的电子。叠加在星系团X射线连续谱之上的还有6.5～7.0keV高次电离铁、镍元素的混合发射线（正是这一成分证实了连续谱辐射以热辐射为主的本质），以及较低能量上碳、氮、氧、镁、硅等元素的K线。

在形态方面，星系团的X射线辐射通常可以达到角分的量级。一个星系团内部的X射线辐射并不均匀。根据理论预言，产生X射线的热等离子体理应源于星系团成员星系早年的恒星活动抛出的气体，随后这些气体彼此碰撞并升温。在随后的演化中，热气体会一边冷却，一边均匀地流入位于星系团核心的巨型星系，为形成新一代星系和恒星补充原料。但在实际情况中，由于星系团成员星系相互作用的复杂性、团中可能发生的各种爆发性事件以及特大质量黑洞的存在，X射线辐射中的空穴、泡状结构和亮斑也是非常常见的。

星系团的X射线辐射除了能够揭示团中的星系际环境之外，还为*暗物质*的存在提供了重要的线索。考虑发出辐射的等离子体温度高达10^8K，其对应的热运动速度也是非常可观的。观测表明，各个星系团中的可见物质都不足以提供足够强大的引力来束缚如此高温的气体，因此团中必然分布着大量的不可见物质。另一方面，对星系团X射线辐射的形态进行详细研究，进而反推团中的引力场轮廓，还有助于了解不可见暗物质的分布情况，进而验证并改进暗物质模型。（张 博）

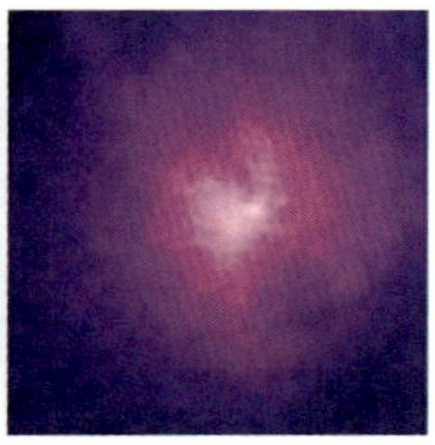

左：半人马星系团的中心区域，正有气体流入星系团中心的巨型星系，同时气体温度一路降低（红低蓝高）
右：长蛇A星系团的X射线辐射，不对称的结构系受到磁场和爆发性事件影响的结果

不同星系团X射线辐射

星系相互作用 interaction of galaxy 近邻星系间发生的引力相互作用。星系相互作用是影响*星系动力学*演化的一种重要物理机制。

星系相互作用可分为以下几种类别：

①星系与其伴星系之间的相互作用，比如银河系和大小麦哲伦云间的引力作用。在这类相互作用中，主星系对伴星系产生潮汐吸引，并影响到伴星系的结构和动力学演化，如麦哲伦流就是因银河系的这类作用，使部分物质从麦哲伦云中拉出而形成的。同时，伴星系也可扰动主星系的动力学结构，如触发旋臂的形成等。

②星系交会。星系与星系处于相对运动之中，因而彼此间的位置会发生变化，一个星系会逐渐靠近另一个星系，与之交会，并最终渐而远去。交会过程中星系间必产生引力相互作用，从而使星系的运动轨迹，包括速度和方向发生改变，而密近交会更会影响到星系的结构。

③星系碰撞。这种相互作用可以看作为星系交会的极端情况，主要发生在星系对，或其他星系数密度很高的环境之中，比如银河系和*仙女星系*有可能在几十亿内发生碰撞。如果两个碰撞星系之间的动能小于引力势能，那么随着动力学演化过程的进行，它们将发生*星系并合*，其最终结果可能使星系结构和形态发生重大改变。

④*星系团*（群）内成员星系之间的扰动。在星系团中，星系数密度较高，成员之间的相对速度较大，因此成员星系之间会发生较为频繁的交会过程，该过程又被称为骚扰（harassment）。数值模拟表明，星系骚扰是星系团中小质量*旋涡星系*剥离气体并转化为矮椭圆（椭球）星系的主要物理机制。（沈世银）

星系形成半解析模型 semi-analytical models for galaxy formation 用数值模拟方法研究星系形成的一种数学模型。星系形成半解析模型采用数值模拟的方法研究星系形成，这是研究星系形成的两条主要途径之一，另一条途径是流体动力学多体模拟。通常的做法是，利用观测或者理论推导，得出一些经验或者唯象（phenomenological）公式，并以参数化方式来描述与星系形成相关的各种复杂的非线性重子物理过程。

星系形成半解析模型由S.D.M.怀特和M.里兹在1978年的工作中首先采用，之后几十年中逐步得以发展。这种方法的主要思路是，把已有的大规模多体暗物质模拟所输出的暗晕作为星系的引力势阱（最常用的是千禧模拟给出的暗物质晕），并加入有关重子物质的多种过程，来描述星系的形成和演化。这些过程包括早期再电离、热气体冷却和下落、星系恒星形成和金属元素产生、超新星和活动星系核的反馈，星系中心黑洞成长、星系并合、潮汐剥离及伴星系瓦解等，而这些过程的初始条件一般来自高红移宇宙学观测所得的宇宙学参数。半解析模型常用于给出星系的光度函数和气体质量函数、金属丰度、星系形态和颜色等星系整体性质，以及这些量随红移的演化。然后把这些可观测性质、观测数据与约束模型、模型参数相比较，另一方面也可以用于解释各种观测现象所产生的可能原因。

半解析星系形成模型主要有两大优点。①计算量比较小，半解析模型在已有的暗物质输出基础上简单地描述重子物理过程，利用小型服务器或者台式机就能进行宇宙学尺度上的星系形成计算，且一般只要一天甚至几小时就能完成。与之相比，流体动力学模拟宇宙学尺度上的星系形成则需要极大的计算资源和计算时间。②半解析模型能够详细研究各个物理过程对于星系演化所起的作用。由于半解析模型运算很快，可以很方便地改变模型中各个物理过程以及相关参数并重新运行模型，从而便于了解这些物理过程在星系形成和演化中所起的作用。

另外，半解析模型也有不足之处。①由于暗物质和重子物质完全分开计算，而无法包括重子物质对于暗物质晕内部结构的影响，尤其是星系核球及内部重子物质占主导的区域，物质密度轮廓可能不太正确。②半解析模型由于对星系的描述比较粗糙，往往只适合给出星系的整体性质，而无法给出星系内部有关旋臂等细致结构的信息。

（富　坚）

星系演化探测器 galaxy evolution explorer; GALEX 美国国家航空航天局用于研究星系形成与演化的紫外天文卫星。卫星重280千克，于2003年4月28日发射升空，运行在高697千米、倾角29°的近地轨道上。卫星原计划运行29个月，但随后延长运行至2013年6月28日。

GALEX的望远镜采用了里奇－克莱琴式设计，口径0.5米，焦距3米。收集的紫外光子经过一面双色分色镜后由工作在近紫外（1770～2730埃）和远紫外（1350～1780埃）波段的两个微通道板探测器收集，同时生成同一视场（直径1.2°）的双波段图像。卫星同时搭载了棱镜分光仪，可以提供低分辨率（R为100～200）的紫外光谱。

GALEX的科学目标主要通过一系列不同深度的星系巡天观测来实现。它的巡天比以前的紫外巡天深一万倍，推动了星系形成与演化的研究，例如：重新标定了紫外光度与恒星形成率的关系，发现低面亮度星系外盘上有年轻恒星的紫外辐射，认证了最大已知星系NGC6872，揭示了此前缺失的年轻到年老星系的演化过程，发现年老星系周围的巨大年轻恒星环，显示了星系盘从内到外的成长过程，找到活动星系核与宿主星系共同演化的证据，通过星系对的分离与星系团的成长独立验证了暗能量的本质等。此外，2005～2011年GALEX还组织了6轮开放观测，观测目标涵盖了恒星到星系团不同尺度的各类天体，取得了众多发现，例如：发现高速星蒭藁（Mira）绵延13光年的如彗星般的尾巴，抓住超大质量黑洞吞噬恒星的瞬间等。

（张水乃　孙　玮）

星系晕 galactic halo 旋涡星系外围结构稀疏的由晕族天体等物质组成近球状区域。典型尺度可达10万光年或更大，其主要成分晕族（即极端星族Ⅱ，或属于球状子系）天体，包括球状星团和晕场星，后者如亚矮星、周期长于0.4天的天琴RR型变星等。总体上看，晕族天体是一些重元素含量很低的老年恒星，金属丰度通常仅为0.003，有的甚至不足太阳金属丰度的十万分之一。作为比较，盘族（中介子系）恒星的金属丰度约为0.02，而极端星族Ⅰ（扁平子系）恒星的金属丰度可达0.04左右。就银河系而言，太阳邻域内大约每一千颗恒星中仅有一颗属于贫金属晕，由此足见该类天体物质分布的密度之低。从晕族天体的年龄上看，最年老的当推球状星团，其年龄为10^{10}年甚至更老，与星系自身的年龄相仿。另一方面，中面距（星系盘的对称面称为中面，天体到中面的距离称为中面距）几个千秒差距处分布着一些金属度相对较富的晕场星，它们的年龄约为6×10^9年。

晕族天体与盘族天体有着不同的空间分布。前者总体上呈近球形分布，没有朝中面集聚的趋向，中面聚度小，平均中面距可达20千秒差距。盘族天体整体呈扁平状分布，中面聚度大，平均中面距仅约为0.5千秒差距或更小。另一方面，尽管星系晕结构相当松散，但与星系盘一样也表现为较明显地向星系中心集聚，即中心聚度较大。

星系晕的运动学特征与星系盘迥然不同。盘族天体绕星系中心高速运动，转动速度可超过200千米/秒，但这种转动是比较有规则的，在星系盘内某个确定位置附近个别恒星的转动速度矢量大致保持相互平行，且绝对值大致相等，故而速度弥散度较小，仅约为±30千米/秒或更小，在垂直星系中面方向上的运动速率的平均值为$V_Z\approx16$千米/秒或更小。另一方面，晕族天体绕星系中心的转动速度很小，平均值近乎为零，这意味着它们与盘族天体的相对运动速度相当大（或可超过200千米/秒）。尽管如此，晕族天体转动速度的弥散度却很大，可达±130千米/秒，而$V_Z\approx75$千米/秒。可见，盘族天体是步调较为一致地绕星系中心转动，转动平面与星系的中面相平行，而晕族天体的运动近乎是一种随机运动，运动轨道高度偏心，且可以与星系中面交任意角，大部分时间内它们在远离星系中面的地方缓慢地运动。

晕族天体与盘族天体在化学成分、年龄、空间分布和运动学特征等方面有着很大的不同，任何有关星系形成和演化理论，都必须对此做出合理的解释。

（赵君亮）

星系中的恒星形成 star-formation in galaxy 恒星的形成与星系整体或局部特征的关系。恒星形成于致密分子云之中。然而，影响恒星形成的许多重要过程都远超分子云的尺度。例如，从伴星系或者星系际介质中吸积气体（百万秒差距尺度）、气体冷却成为中性气体（千秒差距尺度）、分子云形成（10～100秒差距尺度）、分子云碎裂并形成更为致密的团块（约1秒差距尺度）等。因此，星系中恒星的形成与星系的一些整体或局域特征存在着联系。

恒星形成与星系类型的关系　不同类型星系有着不一样的恒星形成史，这种差别会体现在星系的总体颜色以及恒星形成率上。在星系的颜色－星等图上，星系的分布有明显的双峰结构：颜色较红的红序（red sequence）星系，主要为早型星系（E, S0, Sa）；颜色较蓝的蓝序（blue sequence）星系，主要为晚型星系（Sb, Sc, Irr）；此外还有少量介于两者之间的绿谷（green valley）星系。而这样的双峰分布在恒星形成率－质量图上同样存在。

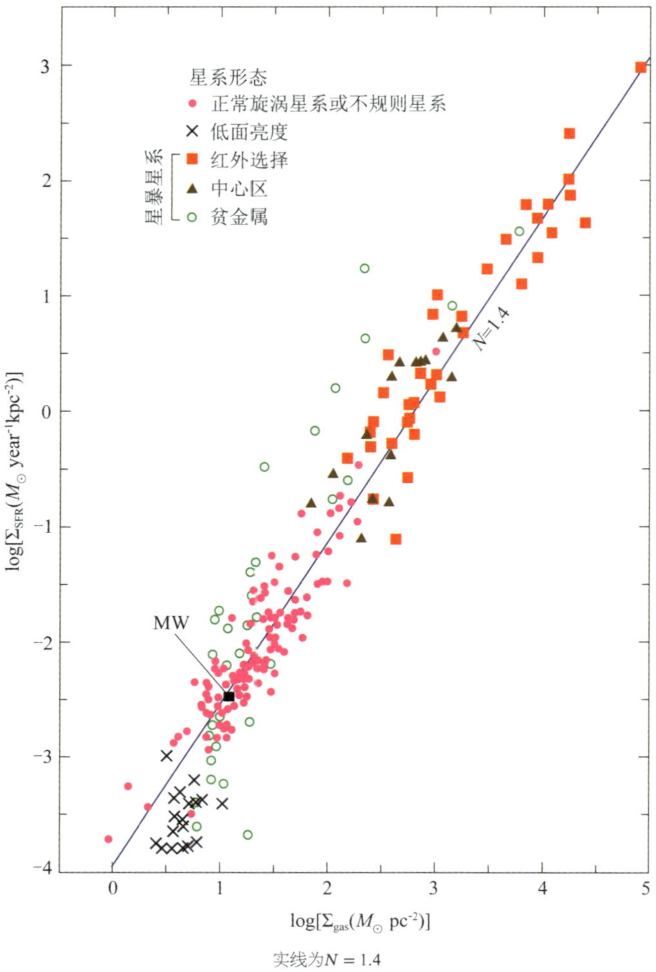

近邻产星星系的 SFR 与总气体质量面密度的相关关系

椭圆星系的光度分布十分平滑，近期没有恒星形成，星系在早期就完成了质量聚集，星族成分年龄都比较老，星系整体颜色较红，恒星形成率 SFR 较低；而**旋涡星系**的旋臂结构上通常可见蓝色团块，表明仍在经历恒星形成过程，年轻星族特别是近期形成的大质量恒星使得星系的颜色较蓝，且 sSFR（单位恒星质量的恒星形成率，定义为 SFR/Mstar）也较高。

恒星形成与气体质量面密度的关系 星系内的总恒星形成率 SFR 与气体质量（包含原子气体和分子气体）的平均面密度有非常紧密的相关关系，称其为恒星形成律（star-formation law）：

$$\Sigma_{SFR} = A\Sigma_{gas}^n$$

Jr.R.C.肯尼卡特通过观测正常旋涡星系和**星暴星系**盘内平均恒星形成率面密度和气体质量面密度，得出$N = 1.4 \pm 0.15$，该定律被称为肯尼卡特－施密特法则，广泛应用于晚型星系的形成与演化模型中。

通过更为仔细地测量星系中的分子氢和中性氢气体质量之后发现，在气体面密度较低时，Σ_{SFR}与总气体Σ_{gas}的相关关系会偏离幂律形式，而Σ_{SFR}与分子气Σ_{H_2}却存在很好的线性相关关系：

$$\Sigma_{SFR} \propto \Sigma_{H_2}$$

这与恒星形成于分子云之中的图景一致。

在气体高密度区（$> 100 \sim 300\ M_\odot pc^{-2}$），例如星系的中心区、星暴星系、**星系并合**等场所，分子气体变得更加致密，恒星形成集中，这些场所可能是星团的产生地。

在中等密度区（$> 10M_\odot pc^{-2}$至$> 100 \sim 300\ M_\odot pc^{-2}$），例如正常旋涡星系、分子云等，该区密度是最常见的密度范围，分子气体与原子气体均存在，且达到平衡态，恒星形成率与总气体面密度或者分子气体面密度的相关性都很显著。

在气体低密度区（$< 10M_\odot pc^{-2}$），例如盘的外围、旋臂间区域、**低面亮度星系**、矮星系等，气体主要为中性态，恒星呈分散性形成，分布颇为稀疏。（尹 君）

星系紫外辐射 UV radiation of galaxy 星系的紫外辐射。星系的紫外辐射主要由星系中的大质量年轻恒星产生。它们的温度很高，辐射的能量主要在紫外区域。在一些盘星系中，恒星的形成是自内而外的。也就是说，中等年龄和老年的恒星位于靠近中心的位置，而年轻的大质量恒星位于星系的外围。因此，紫外辐射显示的星系尺寸比光学显示的要更大。图中显示了**仙女星系**在远红外（左）、光学（中）和紫外（右）图像。其中蓝色代表远紫外光，橙色代表近紫外光。在**星系演化探测器**（GALEX）望远镜的图像中，紫外辐射通过蓝色来表示，显示的正是年轻恒星所处的区域，大多数位于环形的旋臂区域，比光学中显示的盘更为延展。相对于光学图像，紫外图像与**斯皮策空间望远镜**拍摄的远红外图像更为相似。这是因为远红外图像显示的是星际介质中温热的尘埃部分，而温热的尘埃经常位于大质量恒星的周围。

仙女星系多波段图像对比图

组成该星系引人注目的环的蓝－白色带附近，隐藏着炙热、年轻的大质量恒星。暗蓝灰色的冷尘埃带在这些明亮的环上明显地显示出来，表示着稠密的云中正在形成恒星的区域。中央的橙白色球体揭示了一群形成于很久以前的更冷、更古老的恒星。在可见光下观察，仙女座的环看起来更像旋臂。紫外波段图像显示，这些臂状物更接近于斯皮策空间望远镜在红外波段观测到的环状结构，天文学家认为这些环是 2 亿多年前 M31 和其邻居 M32 碰撞过的证据。（李 晔）

星系自转曲线 galactic rotation curve 星系自转速度V随中心距R变化的变化曲线$V(R)$。最早发现星系有自转，并测定其自转曲线的都是一些正常的**旋涡星系**（S 星系），后来又陆续发现其他类别的星系也会有自转，并对之进行了研究。自 20 世纪 60 年代起，有人开始讨论不同形态类别星系的自转曲线问题，如 SB 星系、Irr 星系、E 星系、S0 星系，以及不同次型的 S 星系等。不过，绝大部分自转曲线，特别是自 20 世纪 90 年代起取得的大样本资料，均来自 S 星系。另一方面，其他类别星系也会表现出有自转，只是自转曲线的某些特征与 S 星系有所不同。

S 星系自转曲线的总体轮廓大致可分为三段：①从星系中心$R \approx 0$处起，$V(R)$随R的增大而增大，这是自转曲线的快速上升段。②随着R的进一步增大，较差自转盘的运动学特征开始显现，$V(R)$表现为较缓慢地增大，并在$R_t \approx 2R_D$处达到极大值V_{max}（V_{max}通常为 200～300 千米/秒；这里R_D为盘的标长，而R_t是自转曲线的转向点的中心距。③一旦$R > R_t$，$V(R)$（在略有下降后）大体上保持不变，或者仅有缓慢减小或增大的趋势，这种平坦曲线通常可一直维持到最远测点R_{last}，不过其间曲线可能会表现出有少量（每秒数十千米）的起伏。自转曲线的这些基本特征，通常可以用“核球＋自转盘＋大质量暗晕”的 3 成分星系模型来做出合理的解释。

为探究星系的质量分布以及可能存在的大质量暗晕，自转曲线涉及的中心距范围应该越大越好。以**仙女星系** M31 为例，1915 年该星系观测视向速度最远测点的中心距R_{last}仅为 0.2 千秒差距，1918 年扩展到 0.5 千秒差距，而 1939 年R_{last}约为 20 千秒差距，这已大致相当于该星系 Holmberg 半径（指 B 波段$\mu = 26.5$ 星等/平方角秒的星系等面亮度线轮廓的半径，是一般情况下能可靠地加以测量的最低面亮度，常记为R_{Ho}）的范围。1970 年R_{last}扩大到 24 千秒差距，不久 21 厘米射电观测使R_{last}进一步拓展到 30 千秒差距，达到$1.5R_{Ho}$。另一方面，一些星系的视向速度最远测点之中心距R_{last}已超过 30 千秒差距，甚至达到 45 千秒差距。

用于测定星系自转曲线的谱线，经历了从光学吸收线、光学发射线，到射电发射线的发展过程。最早利用的是星系核区的吸收线（如 H 线和 K 线）。鉴于强发射线比吸收线更容易探测到，最迟自 20 世纪 70 年代起，发射线便广泛用来测定星系的自转曲线，其中最常用的发射线是 Hα，此外，也用到[N Ⅱ]、[S Ⅱ]、[O Ⅱ]等发射线。射电波段的 21 厘米 H Ⅰ 发射线对于测定星系自转曲线殊为重要，这种来自星际气体的辐射在星系外缘也能探测到，远超出光学发射线所能涉及的范围，R_{last}甚至可超过 50 千秒差距，成为探测星系最外区自转状况的唯一手段。

星系自转曲线测定对星系天文研究具有多方面的重要意义：它可以用来探测星系的运动学状态、结构和质量分布，给星系质量模型提供了观测约束条件，并进而探究星系内**暗物质**的存在，也可为了解星系演化进程提供有用的线索。

（赵君亮　李兆聿）

星系 X 射线辐射 X-ray emission of galaxy　星系在 X 射线波段的电磁辐射。如图所示，观测到的星系 **X 射线辐射**由零散的点源辐射和弥散的展源辐射组成。这些 X 射线辐射主要来源于一些极端条件下的高能天体物理过程。星系中明亮的 X 射线点源都来源于致密天体的**吸积**过程，如星系中心的**活动星系核**（AGN），大质量 **X 射线双星**（HMXB）和小质量 X 射线双星（LMXB）。而弥散的展源辐射可分成两类：热气体和暗弱点源。热气体来源于星系中各种反馈过程，如活动星系核、**星风**和**超新星爆发**等。暗弱点源如**激变变星**（CV）、活动双星（AB）、**年轻星体**（YSO）

其中零散的点源辐射主要来源于大质量和小质量 X 射线双星，而弥散的展源辐射来源于热气体和暗弱点源的叠加辐射

M83 的钱德拉 X 射线天文台 X 射线三色叠加图像（红色：0.3～1keV，绿色：1～2keV，蓝色：2～8keV）

和**超新星遗迹**（SNR）等，因为它们单个的 X 射线光度很低，以致当代的 X 射线望远镜并不能单独地分辨它们，但是它们的数目很多，数以百万计，所以这些大量暗弱点源的叠加 X 辐射看起来就像弥散辐射，并且它们和星系的恒星分布成协。研究星系的 X 射线辐射对于理解高能天体物理过程和星系的演化非常重要。比如大质量 X 射线双星的伴星是年轻的大质量恒星，所以它们的数目示踪的是星系的恒星形成率。而小质量 X 射线双星的伴星是年老的小质量恒星，它们的数目和星系的总恒星质量相关。利用星系中的 X 射线点源还可以研究恒星的演化、动力学和吸积物理。而热气体的 X 射线谱线示踪**星系际介质**（ISM）的热力学、化学和动力学状态，从而进一步来研究星系的各种吸积和反馈过程。

（葛　翀）

星协 stellar association　由相似光谱型年轻恒星组成的非常松散的集合。星协概念的形成经历了 30 余年的过程。早在 1914 年荷兰天文学家 J.C.**卡普坦**和英国天文学家 A.S.**爱丁顿**曾指出 B 型星有成群的倾向。O.W.斯特鲁维（见**斯特鲁维家族**）在 1857 年曾发现一个与**猎户星云**相连的不规则变星群，到 1904 年共计数到 70 个成员，这就是第一个已知的 T 星协。1947 年亚美尼亚籍天文学家 V.A.安巴楚勉提出了星协的概念，他指出，O、B 型星在天球上的分布有集结的现象，这并不是偶然的投影结果，而是一种互相之间有物理联系的恒星群。他把这种比星团稀散得多的恒星群称为星协。在星协中，虽然某一特定类型的恒星的密度较高，但其总密度却低于周围星场。星协是不稳定的系统，已经发现一些星协在向外膨胀。根据现行的速度倒推回去可估计系统的年龄，如用这种方法估计英仙Ⅱ星协的膨胀年龄略大于 100 万年。

分类　星协分为两类：一类称为 O 星协，是 O、B 型星的集团，故又称 O、B 星协，几乎所有的 O、B 型星都位于 O 星协之中。另一类为 T 星协，是**金牛座 T 型变星**的集合。

O 星协的直径通常在 30～200 秒差距，以一个或一个以上的 O 型星为核心，也有以四边形聚星或星链为核心。除 O～B2 型星外，还包含 B3～B9 型的星以及光谱型更晚的星。已发现的 O 星协将近有 100 个，距离在 3500 秒差距之内，其中有一半的距离不超过 1500 秒差距。

T 星协内除金牛座 T 型变星外，也包括御夫座 RW 型变星的其他次型变星。T 星协中可有十个以至几十个金牛座 T 型星。已发现的 T 星协约有 40 个，距离小于 500 秒差距。尺度大小为几秒差距到几十秒差距。

空间分布　两类星协都属于银河系中的扁平子系，表现出有很高的银面聚度。虽然 T 星协的银纬一般比 O 星协来得高，但由于距离很近，所以银面聚度仍然很高。这两类星协与 H Ⅱ 区、消光的尘埃物质云以及年轻星团一起可能都分布在银河系的旋臂区域。O 星协大多有一个以上的中心，成员星从这些中心向外扩散。许多 O 星协都包含大的发光星云，而 T 星协总和亮星云或**暗星云**在一起。

性质　通常认为星协是年轻的不稳定恒星系统，正处于瓦解之中，这主要有以下几方面的理由：

①星协包含有很年轻的恒星，如 O 型星、**沃尔夫－拉叶星**、**天鹅座 P 型星**等。根据恒星演化理论这些恒星的年龄为百万～千万年，而且光度很大，正在从表面抛出大量的物质。因此，包含这几种年轻而又不稳定恒星（它们处于形成过程中，甚至尚未达到平衡状态）的星协也应该是不久前才诞生的系统，年龄估计为百万～千万年。

②星协内往往有四边形聚星和星链，这是些不稳定的系统，理论上应该在大约 10^7 年的时间内瓦解，既然它们还存在而且被我们观测到，这证明它们是年轻的系统，因而包括它们的星协很可能也是年轻的系统。

③星协比**疏散星团**大得多，空间密度很低，平均为 3×10^{-5}～8×10^{-4} 颗星/秒差距^3，而太阳附近空间的恒星密度为～0.1 颗星/秒差距^3。星协在银河系**较差自转**的作用下是不稳定的，应该会很快瓦解。但观测到的星协外形并不呈扁长形，而是比较接近球状，从而表示这些星协的年龄不大，可以估算出其上限为约 3000 万年。

应该指出的是在有些空间区域内既有 O 星协，又有 T 星协，猎户星协就是这样的

例子。估计银河系内 O 星协总数为上千个，而 T 星协总数为约十万个。（陈 力）

星夜天象馆软件 Starry Night 加拿大 Sienna 软件公司在 1996 年推出的一款星空模拟天象馆软件。它能够以相当逼真的方式显示任一时间任一地点的星象和天文事件，并且可以进行一定程度的缩放，展示天体的数据和照片。因为效果真实、体验流畅，很快成为家用电脑上最好的星空模拟软件。

它的产品主要有精简版的“Starry Night: Backyard”（已更名为“Starry Night Enthusiast”），包含更多恒星数据和深空天体照片的标准版“Starry Night: Pro”，以及包含丰富图片和视频资料的豪华版“Starry Night: Pro Plus”。此外，基于同一系统制作的演示节目如 Sky Explorer、Galaxy Explorer、Deep Space Explorer 等也有单独发售。

2000 年空间新闻网 space.com 买下了 Starry Night 的版权。2004 年公司更名为 Imaginova。2008 年这个品牌又被卖给美国加州的 Simulation Curriculum 公司。（余 恒）

星云 nebula 太阳系以外天空中由气体和尘埃组成的一切非恒星的云雾状天体。如图 1、图 2 所示，都是比较著名的星云。一些较近的星系，外观像星云，18 世纪以来也称为星云。1924 年底解决了宇宙岛（历史上对星系的一种称呼）之争以后，才把二者分开。位于银河系内的称为银河星云，银河系以外的星云称为河外星系或星系。按形状、大小和物理性质，银河星云可分为广袤稀薄而无定形的弥漫星云、亮环中央具有高温核心星的*行星状星云*，以及尚在不断地向四周扩散的超新星剩余物质云（见*超新星遗迹*）。就发光性质，银河星云又可分为被中心或附近的高温照明星（早于 B1 型的）激发发光的*发射星云*、因反射和散射低温照明星（晚于 B1 型）的辐射而发光的*反射星云*，以及部分或全部挡住背景恒星的*暗星云*。前两种统称为亮星云。反射星云同暗星云的区别，仅仅是在于照明星、星云和观测者三者相对位置的不同。

光度和光谱 用肉眼只能看到一个*猎户星云*，说明一般星云都是十分暗弱的。在《梅西耶星表》（M 星表）的 103 个有一定视面积的天体中，只有 11 个是真正的星云。就是在 1888～1910 年陆续刊布的《星团星云新总表》（NGC 星表）及其补编（IC）中的 13 226 个有一定视面积的天体中，也只有一小部分是真正的星云。在大口径望远镜，尤其是大视场强光力的*施密特望远镜*出现后，才开始对星云进行有效的观测研究。气体星云光谱中除氢、氦等复合线外，还有很强的氧、氮等的禁线，如[OⅢ]λλ4959、5007，[NⅡ]λλ6548、6583 和[OⅡ]λλ3726、3729 等，几乎在所有气体星云的光谱中都可看到。气体星云的光谱中同时存在一个较弱的连续背景，它一部分来自星云内尘埃物质对星光的散射，其强度随星云中尘埃含量而增减；另一部分来自电子的自由－自由跃迁和自由－束缚跃迁。此外，若干星云中还出现被照明星辐射加热到 100℃左右的尘埃粒子所发射的红外连续光谱。

图 1 鹰状星云

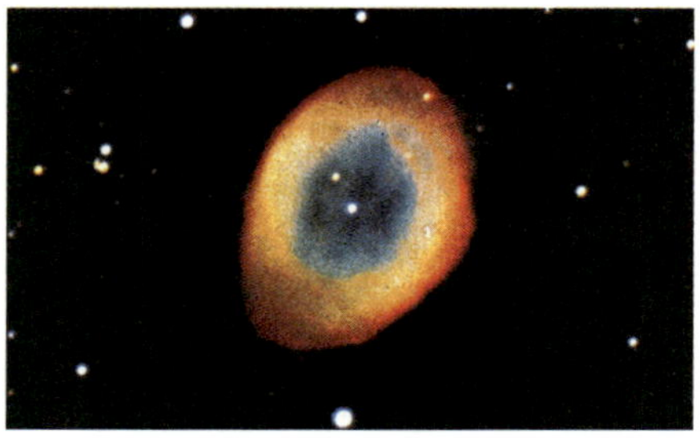

图 2 环状星云

气体星云中的电离球 热星对气体星云的激发电离有一个范围。1939 年丹麦天文学家 B.G.D.*斯特龙根*确定了电离氢云的半径S_0同恒星温度T和星云中粒子数密度N之间的关系：

$$\lg S_0 = -0.44 + \frac{1}{3}\left[\left(\frac{T_0}{T}\right)^{\frac{1}{2}}\right] - 4.51\theta + \frac{1}{2}\lg T + \frac{2}{3}\lg R - \frac{2}{3}\lg N$$

式中T_0为离照明星S_0处的*电子温度*；$\theta = 5040/T$；R为恒星半径。通常把这个半径S_0叫作斯特龙根半径。从这个电离云到周围中性氢云的过渡是急促的，过渡区的厚度只有千分之一秒差距，所以电离氢云都有一个很清晰的边界。由于星云中气体和尘埃分布不均匀，加上位于星云前面的吸收物质分布不规则，实际观测到的电离氢云的边界往往是参差不齐的。

星云的演变 一般认为行星状星云是由激发它的中心星抛射出来的，将会逐渐消失；新星和超新星爆发所抛出的云也在很快地膨胀而逐渐消失。它们都是恒星演化过程中的产物，也是恒星逐渐变为星际介质的过程。在照明星晚于 B1 型的一些弥漫星云中，一个暗星云可能是和运动着的恒星偶然相遇而被照亮，恒星离开之后重又变暗。已观测到这些星云与它们的照明星的视向速度是不相同的，因而二者之间没有演化上的联系。还有一些发射星云内部包含若干早于 B1 型的热星，它们常常组合成聚星、银河星团或星协（如 O 星协）。这些星云和年轻恒星一起分布在*银河系旋臂*中。因此，一般认为这些星云中的热星群可能是不久前才从这些星云中诞生的。

成分 银河星云中的物质都是由气体和尘埃微粒组成的。不同星云中的气体和尘埃的含量略有不同。发射星云中的尘埃少些，一般小于 1%；暗星云中则多一些。星云中物质密度常常十分稀薄，一般为每立方厘米几十到几千个原子（或离子）。星云的体积一般比太阳系大许多倍，虽然密度很小，总质量却常常很大。星云物质的主要成分是氢，其次是氦，此外还含有一定比例的碳、氧、氟等非金属元素和镁、钾、钠、钙、铁等金属元素。后来还发现有 OH、CO 和 CH_4 等有机分子。星云中各种元素的含量与宇宙丰度是一致的。在其他星系中也有很多气体星云。（邹振隆 李宗伟）

星云变星 nebular variable 出现在各种亮的或暗的弥漫星云之中或其附近，并同星云有物理联系的变星。星云变星可分为五类：御夫座 RW 型变星，猎户座 T 型变星，*金牛座 T 型变星*，某些*耀星*，特殊星云变星。这种分类主要根据光变曲线性状，但也参考光谱特征。

星云变星有成集团出现的倾向，不仅本身成群，而且往往几类星云变星聚集在一起。星云变星的光变是不规则的，光谱型和光度级范围较宽。猎户座 T 型变星的光谱型范围最宽，从早 B 型到晚 K 型都有，但以早型较多。御夫座 RW 型变星大部分是 G 型到 K 型，但也有少量具有较早的光谱型。金牛座 T 型变星全部都是从 G 型到 K 型、M 型，而耀星则更晚，绝大多数都是 K 型、M 型。猎户座 T 型变星大部分是温度较高的*巨星*。御夫座 RW 型变星除少数是巨星外，多数是*矮星*。金牛座 T 型变星和耀星都是矮星。它们的光谱，有的是带发射线的早型恒星光谱，有的是金牛座 T 型和类金牛座 T 型光谱，有的没有发射线。金牛座 T 型变星和弥漫星云及年轻星团有密切的物理联系，都有较高的锂丰度。在*赫罗图*上，它们都位于同样光谱型的主星序上方。它们可能都是年轻的主星序前天体，或多或少还保留有残存的*原恒星*气壳，正处在引力收缩阶段。

多数天文学家认为恒星起源于星际物质云。所以，对于星云变星进行系统的观

测和分析研究，对探讨恒星的形成和演化有重要意义。（孙益礼）

星周物质 circumstellar matter 恒星周围与恒星有演化联系，并受恒星引力显著约束的气体、尘埃和等离子体组成的物质。星周物质同星际介质的区别在于，后者存在于星际空间，物理和动力学状况受星场多数恒星的影响。双星的两子星间的气流也叫作星周物质。Be 星有两个星周物质区：极弥漫星风区、中央星的赤道盘面密的巴耳末发射线区。有人从此引申，把行星状星云也称作星周物质。

星周物质包围着中心星，形成气体云、星周包层或气壳。分布基本上呈球形，也有盘形（气盘）或环形（气环）的结构。星周物质的存在已有大量的观测证据。许多类型的恒星光谱中，已观测到气壳的谱线特征。膨胀着的星周气体造成某些原子谱线的多普勒紫移；星周尘埃粒子受到中心星的辐射加热，吸收可见区辐射，再以红外辐射发出，形成 10～20 微米波段的所谓“红外辐射过剩”；星周物质中的 OH、H_2O 和 SiO 分子通过受激发射，形成射电波段的微波辐射；有些星周气云中还有 CN 微波辐射。

星周物质或来源于原始的星际云，或起源于恒星演化过程中的物质抛射。在恒星形成早期阶段，不会是所有的星际云都收缩成恒星，由于动力学的不稳定性，会有大量的残余物质遗留在恒星周围。在一些年轻的恒星周围，已观测到大量的星周物质。如金牛座 T 型变星、猎户座 T 型变星等被认为是主星序前收缩阶段的年轻星（见赫罗图），其周围的气壳物质，可能就是这种残留物。另外，恒星在演化过程中，会不断有质量抛射出来。如太阳就是以太阳风的方式，不断抛出质量。而恒星离开主星序后，以星风方式造成的质量损失则更为可观。如 M 型红巨星、超巨星中质量损失率为 10^{-8}～10^{-7} 太阳质量/年；又如 O、B 型超巨星，质量损失率可达 10^{-6}～10^{-5} 太阳质量/年。此外，有许多长周期变星如刍藁型变星，都是 OH 分子受激辐射源，它们的质量损失率约为 10^{-6} 太阳质量/年。还有像爆发变星、新星和超新星的爆发活动，以及双星中的质量交流，都是星周物质的来源。因此，根据对星周物质的规模、物理状况的观测研究，可更有效地探讨恒星的星前物质的损失机理以及恒星的演化等重要问题。（李宗伟）

星族 stellar population 银河系（以及河外星系）内大量具有相近特定天体物理性质的恒星集合。这些天体在年龄、化学组成、空间分布和运动特性等方面十分接近。星族的划分主要依据于赫罗图和物理特性。最早在 1927 年提出星族概念的是 P.布鲁根克特。1944 年，W.巴德在比较河外星系和银河系有关恒星集团赫罗图的基础上重新提出了星族的概念，他认为银河系和其他旋涡星系的恒星可以分为两大类，即较年轻的星族Ⅰ和较年老的星族Ⅱ。它们的主要差别在于赫罗图的形状、最亮恒星的颜色和光度以及空间分布和运动特性。此外，天文学家推测存在比星族Ⅱ更年老的星族Ⅲ。

各个星族在化学组成上也有差别。一般较老的星族所含的重元素（天文学中重于氦的元素统称金属）百分比，要比年轻星族的低，又称贫金属星族。这种差别可用恒星演化过程加以解释。恒星进入晚年期后向外抛射物质，使恒星内部核过程所形成的重元素渗入星际介质中，以后由这种“加浓”物质形成的恒星，重元素含量就会相应增高。因此，越是年轻的恒星包含的重元素就越多，即越富金属。

银河系星族的划分主要基于相关天体的物理特性，包括其年龄、金属丰度、运动及空间分布。大量的研究表明，星族概念在研究银河系的起源和演化问题上起着重要的作用。它已成为星系天文学和天体演化学的重要内容。

河外星系中的星族组成与星系的类型有关。类似银河系这样的旋涡星系，星族Ⅰ天体集中分布于星系盘上，而星族Ⅱ天体主要延展分布于厚盘及球对称的晕结构中。椭圆星系通常只包含星族Ⅱ。不规则星系一般以星族Ⅰ为主，包含少量星族Ⅱ天体。（陈　力）

星族合成 stellar population synthesis 由观测的积分光谱来确定星团或星系中恒星组成的一种方法。星族是指年龄、化学组成、空间分布和运动特性相近的恒星集合。由于星系距离遥远难以直接分解为恒星，只有通过比较各种星族组分的合成效果同星系的积分测光和分光特性来确定其星族组成。

为了研究星系和星团的结构和演化，新西兰天文学家 B.M.汀斯雷 1968 年提出了星族合成方法。截至 21 世纪 20 年代，主要有两类星族合成方法：经验星族合成法和演化星族合成法。经验星族合成法是首先建立具有各种光度、有效温度和金属丰度的恒星光谱库，然后将星系的积分光谱特性同库中各种恒星线性组合的合成光谱比较，在一定精度范围和天体物理限制内，找到使两者相差最小的组合模型。演化星族合成法是利用恒星演化理论得到星团或星系中具有各种初始质量和化学成分的恒星在赫罗图上随时间的分布，并将每时刻光度、有效温度等物理量通过恒星光谱库转化为观测特征量，然后在初始质量函数和恒星形成率等基本假设下，按照一定算法得到星团或星系的光谱分布等积分特性随时间的演化。经验星族合成法的优点是无须引入任何理论参量和假设，缺点是合成结果依赖于约束条件，往往缺乏唯一性和明确的物理意义。演化星族合成法是真正意义上的物理模型，在有完备的恒星演化理论和光谱库的前提下，可得到观测星系的恒星成分和准确比例，验证初始质量函数的形式。反之，若已知初始质量函数和恒星形成率，人们可以通过演化星族合成方法来检验恒星演化理论和恒星光谱库。

演化星族合成方法在现代天文学研究中得到了越来越广泛的应用，是星系、星团研究的重要工具。随着恒星光谱库参数范围的扩大和精度的提高，以及初始质量函数和恒星形成率确定方法和精度的改进，演化星族合成模型已经逐渐发展成为一套自洽的理论模型。恒星在天空中有不同的存在方式。有些是类似于太阳的单颗恒星，有些会在引力的作用下相互绕转，称为双星。双星大约占了恒星的一半。根据模型中是否包含双星，演化星族合成模型又被分为单星族演化星族合成模型和双星族演化星族合成模型。单星族演化星族合成模型中假设所有恒星都是单星，使用最为广泛的是 G.A.布鲁苏亚尔与其合作者 2003 年建立的 BC03 模型。双星相互作用会产生一些温度非常高的天体。这些天体对星族积分光谱的短波部分有重要贡献。云南天文台学者于 2004 年建立了世界上最早的双星族演化星族合成模型——云南模型。（陈雪飞）

星族Ⅲ星 population Ⅲ star; Pop Ⅲ 宇宙中不含金属元素的第一代恒星。天文学上将氢和氦以外的所有元素都称为金属。最早于 1940 年，德国（后移居美国）天文学家 W.巴德对银河系和近邻星系的观测发现，相比银盘上的恒星（如太阳），晕以及球状星团中的恒星其大气中金属含量低很多，因此把前者称为星族Ⅰ，后者称为星族Ⅱ。据此，1953 年 M.史瓦西和 L.斯皮策延伸到不含金属或金属含量极低的恒星，提出星族Ⅲ这个想法。1978 年，星族Ⅲ被正式添加为恒星星族。2009 年，也有人进一步区分星族Ⅲ.1（第一代恒星）和星族Ⅲ.2（被Ⅲ.1 恒星电离过的但尚未被金属污染的气体形成的恒星）。

第一代恒星形成是宇宙演化过程中的一个标志性事件，宇宙黑暗时期自此终结。研究中的一个里程碑就是宇宙演化的现代标准冷暗物质模型的建立。在模型中第一代恒星应该是在大爆炸后 1 亿～2 亿年大量形成的，其场所位于早期宇宙密度涨落形成的微型**暗物质晕**中。高效计算机数值模拟研究了微型暗物质晕中原初气体的分离瓦解的特征，发现第一代恒星的形成模式和性质都与此后的恒星有很大不同，其大气中除了极少量的在大爆炸时期合成的锂之外不含金属元素。一般认为其质量非常巨大，在几十到数百个太阳质量之间，寿命仅几百万年。它们的表面有效温度是太阳的十几倍，光度可达太阳光度的百万倍。另外，发射强的紫外辐射将电离周围的中性氢。部分第一代恒星在其核燃料耗尽后会以超新星爆发的方式结束自己的生命，向周围抛射出核燃烧过程中产生的金属元素，这些元素进入后一代恒星形成的星际介质中。对于更大质量的第一代恒星，金属丰度较低坍缩会使中心的温度更高，核反应产生的能量会被中微子带走，无法产生压强抵抗引力，很可能直接坍缩成一个超大质量的黑洞。这样的黑洞可能是早期的迷你**类星体**的中心天体。

第一代恒星的研究主要是从理论上推测其形成过程和性质。这一过程非常复杂，涉及引力、流体动力学、化学、辐射转移等，即使速度最快的计算机对于这些物理过程也只能做一些简单化处理。第一代恒星的观测非常困难，尚没有任何第一代恒星被观测到。由于理论预言的第一代恒星寿命很短，只在高红移的宇宙中存在，其直接观测将非常困难，只获得一些间接证据。2002 年，发现极端低金属星族Ⅱ星 HE0107-5240，认为其包含了星族Ⅲ星产生的金属，推测提供该星金属的星族Ⅲ星质量在 20 到 130 个太阳。2003 年，在遥远宇宙中的一个**引力透镜**星系中发现第一代恒星存在的间接证据。2009 年，发现星系 UDFy-38135539 处于再电离过程。2014 年，发现极端低金属星族Ⅱ星 SDSJ 0018-0939，推测提供该星金属的星族Ⅲ星的质量是太阳的 200 多倍。2015 年，观测到早期宇宙星系 CR7 出现强烈的电离氦发射线，发现星系内没有其他重元素迹象。星族Ⅲ星的研究是天文学和宇宙学的前沿。天文学家将利用高能、光学、射电等观测设备进行全波段观测。主要有：①基于**格雷尔斯雨燕天文台**卫星探测第一代恒星可能产生强烈的**γ射线暴**和超新星爆发。②基于斯隆数字巡天（SDSS）、郭守敬望远镜（LAMOST）等光谱巡天望远镜，在银河系或近邻星系中寻找金属丰度极低的恒星，从其不同金属元素的含量可以推测第一代恒星的性质。③已经建成的**詹姆斯·韦布空间望远镜**（JWST），将要建成的 30 米望远镜（TMT）等可以观测再电离早期的星系，这些星系中可能有较高比例的星族Ⅲ恒星。④在低频射电波段，平方千米射电阵（SKA）的红移 21 厘米观测可以勾画出再电离的历史，这些信息也将帮助人们了解第一代恒星。（罗杨平）

星座 constellation 一种具有特征并容易记忆的恒星在天空的投影图案。天球上的恒星人为地按某种图案划分的区域。它是恒星在天空的投影图案所占天区，星座意思是“星星的座位”，又像天上的“国度”。星座中的恒星在空间中并没有聚集成群，彼此间更没有物理联系。古人为了方便认星，就把位置比较靠近的星星划分成群，并在每一群星中用想象的线条把较亮的星联结起来，形成各种图案，这些星群就称为星座。星座将天空分成若干片，因此最古老的星座名称通常都源自更加古老的神话与传说。星座包含各民族丰富的文化。

公元前 4000 年左右，生活在美索不达米亚平原两河流域下游（今属伊拉克）的苏美尔人就开始将群星“分而治之”。他们还开始系统地注意行星的运动。若将此看作人类观测天象的开端，那么世代相传的天文观测已有约 6000 年历史。在史前，游牧民们发现星座可帮助他们识别方向；当人类从游牧过渡到定居农业时，星座对于报时和掌握季节的变化同样有用。公元前 13 世纪，古代巴比伦人把黄道附近的星座确定为 12 个，依次称为白羊座、金牛座、双子座、巨蟹座、狮子座、室女座、天秤座、天蝎座、人马座、摩羯座、宝瓶座和双鱼座。古代天文学家为了表达太阳在黄道上所处的位置而将黄道这个大圆划分为 12 段，称为黄道 12 宫，每宫占 30°，又将黄道 12 宫和黄道附近的 12 个星座联系起来。如白羊座所在的那个宫称为白羊宫。由于**岁差**运动，黄道 12 宫和 12 个黄道星座渐渐错开，如今白羊宫已和双鱼座重合在一起。公元 2 世纪，经过古希腊天文学家的详细描述，北部天空约 40 个星座的雏形便大体确定下来。17 世纪以来，通过航海家和天文学家在南半球的系统观测，又逐渐确定了南天的 48 个星座。由于近代科学的发展，南天星座中便有了用科学仪器命名的名称，如显微镜座、六分仪座、罗盘座、望远镜座等；而北天的星座则依然充满着古老的神话色彩：仙后座、仙女座、英仙座、飞马座等。

在中国古代，对星群的划分也有自己独特的体系。早在公元前 11 世纪以前，星空就已经被划分成了许多“星官”或“星宿”。后来，又进一步演变为“**三垣二十八宿**”的星空体系。《**史记·天官书**》记载颇详。“三垣”是指北天极周围的三个天区，分别叫作紫微垣、太微垣和天市垣；二十八宿是指大致分布在黄道附近的 28 个天区，它们的名字依次是角、亢、氐、房、心、尾、箕、斗、牛、女、虚、危、室、壁、奎、娄、胃、昴、毕、觜、参、井、鬼、柳、星、张、翼、轸。

1841 年 J.F.赫歇尔提出星座界线，以赤经线和赤纬线划分。世界通用的星座体系是**国际天文学联合会**（IAU）于 1928 年最终确定的。它以传统的星座为基础，将整个天空统一划分为 88 个星座，并规定以 1875 年的春分点和赤道为基准的赤经线和赤纬线作为星座界线。全天 88 个星座大小不一。88 个星座的拉丁名、符号、汉语名、位置、面积和星数见星座表。

星座表

序号	拉丁名	符号	汉语名	位置	面积	星数	序号	拉丁名	符号	汉语名	位置	面积	星数
1	Andromeda	And	仙女座	北天	722	100	10	Caelum	Cae	雕具座	南天	125	10
2	Antlia	Ant	唧筒座	南天	239	20	11	Camelopardalis	Cam	鹿豹座	北天	757	50
3	Apus	Aps	天燕座	南天	206	20	12	Cancer	Cnc	巨蟹座	赤道	506	60
4	Aquarius	Aqr	宝瓶座	赤道	980	90	13	Canes Venatici	CVn	猎犬座	北天	465	30
5	Aquila	Aql	天鹰座	赤道	652	70	14	Canis Major	CMa	大犬座	赤道	380	80
6	Ara	Ara	天坛座	南天	237	30	15	Canis Minor	CMi	小犬座	赤道	183	20
7	Aries	Ari	白羊座	赤道	441	50	16	Capricornus	Cap	摩羯座	赤道	414	50
8	Auriga	Aur	御夫座	北天	657	90	17	Carina	Car	船底座	南天	494	110
9	Bootes	Boo	牧夫座	赤道	907	90	18	Cassiopeia	Cas	仙后座	北天	598	90

续表

序号	拉丁名	符号	汉语名	位置	面积	星数	序号	拉丁名	符号	汉语名	位置	面积	星数
19	Centaurus	Cen	半人马座	南天	1060	150	54	Microseopium	Mic	显微镜座	南天	210	20
20	Cepheus	Cep	仙王座	北天	588	60	55	Monoceros	Mon	麒麟座	南天	483	85
21	Cetus	Cet	鲸鱼座	赤道	1231	100	56	Musca	Mus	苍蝇座	南天	138	30
22	Chamaeleon	Cha	蝘蜓座	南天	132	20	57	Norma	Nor	矩尺座	南天	165	20
23	Circinus	Cir	圆规座	南天	93	20	58	Octans	Oct	南极座	南天	291	35
24	Columba	Col	天鸽座	南天	270	40	59	Ophiuchus	Oph	蛇夫座	赤道	948	100
25	Coma Berenices	Com	后发座	赤道	386	53	60	Orion	Ori	猎户座	赤道	594	120
26	Corona Austrilis	CrA	南冕座	南天	128	25	61	Pavo	Pav	孔雀座	南天	378	45
27	Corona Borealis	CrB	北冕座	赤道	179	20	62	Pegasus	Peg	飞马座	赤道	1121	100
28	Corvus	Crv	乌鸦座	赤道	184	15	63	Perseus	Per	英仙座	北天	615	90
29	Crater	Crt	巨爵座	赤道	282	20	64	Phoenix	Phe	凤凰座	南天	469	40
30	Crux	Cru	南十字座	南天	68	30	65	Pictor	Pic	绘架座	南天	247	30
31	Cygnus	Cyg	天鹅座	北天	804	150	66	Pisces	Psc	双鱼座	赤道	889	75
32	Delphinus	Del	海豚座	赤道	189	30	67	Piscis Austrinus	PsA	南鱼座	赤道	245	25
33	Dorado	Dor	剑鱼座	南天	179	20	68	Puppis	Pup	船尾座	赤道	673	140
34	Draco	Dra	天龙座	北天	1083	80	69	Pyxis	Pyx	罗盘座	赤道	221	25
35	Equuleus	Equ	小马座	赤道	72	10	70	Reticulum	Ret	网罟座	南天	114	15
36	Eridanus	Eri	波江座	赤道	1138	100	71	Sagitta	Sge	天箭座	赤道	80	20
37	Fornax	For	天炉座	赤道	398	35	72	Sagittarius	Sgr	人马座	赤道	867	115
38	Gemini	Gem	双子座	赤道	514	70	73	Scorpius	Sco	天蝎座	赤道	497	100
39	Grus	Gru	天鹤座	南天	366	30	74	Sculptor	Scl	玉夫座	赤道	475	30
40	Hercules	Her	武仙座	赤道	1225	140	75	Scutum	Sct	盾牌座	赤道	109	20
41	Horologium	Hor	时钟座	南天	249	20	76	Serpens	Ser	巨蛇座	赤道	637	60
42	Hydra	Hya	长蛇座	赤道	1303	20	77	Sextans	Sex	六分仪座	赤道	314	25
43	Hydrus	Hyi	水蛇座	南天	243	20	78	Taurus	Tau	金牛座	赤道	797	125
44	Indus	Ind	印地安座	南天	294	20	79	Telescopium	Tel	望远镜座	南天	252	30
45	Lacerta	Lac	蝎虎座	北天	201	35	80	Triangulum	Tri	三角座	赤道	132	15
46	Leo	Leo	狮子座	赤道	947	70	81	Triangulum Australe	TrA	南三角座	南天	110	20
47	Leo Minor	LMi	小狮座	赤道	232	20	82	Tucana	Tuc	杜鹃座	南天	295	25
48	Lepus	Lep	天兔座	赤道	290	40	83	Ursa Major	UMa	大熊座	北天	1280	125
49	Libra	Lib	天秤座	赤道	538	50	84	Ursa Minor	UMi	小熊座	北天	256	20
50	Lupus	Lup	豺狼座	南天	334	70	85	Vela	Vel	船帆座	南天	500	110
51	Lynx	Lyn	天猫座	北天	545	60	86	Virgo	Vir	室女座	赤道	1294	95
52	Lyra	Lyr	天琴座	北天	286	45	87	Volans	Vol	飞鱼座	南天	141	20
53	Mensa	Men	山案座	南天	153	15	88	Vulpecula	Vul	狐狸座	赤道	268	45

注：①以希腊字母或拉丁字母或数字加上星座名来表示恒星时，星座名用所有格，例如 αCanis Majoris（大犬座 α 星，即天狼星）。
②“面积”指星座在天球上所占面积，以平方度为单位。
③“星数”指星座内目视星等亮于 6 等，即肉眼能见的恒星数目。

星座的故事非常美妙且星座很实用。对待星座的态度上，天文学和占星学各行其道，天文学是观测和研究天体、探索宇宙奥妙的一门科学，天文学家能用公式描述的理论和定律，解释天文现象及其物理机制；没有人知道**占星术**兴起的确切原因，如为敬奉天空中的天神（太阳、月亮和五大行星），巴比伦的祭师发明了周期为七天的星期，七天以七个游走天神命名，占星学是利用星座和天象来决定人的命运的随意神秘联系。即使是现代文明世界，许多人依然墨守祖先那种神秘信仰。

（陈载璋　李宗伟）

邢云路　Xing Yunlu［约 1550～（1621～1626）］　中国明代天文学家。字士登。安肃（今河北省徐水）人。按明孙承宗《山西按察使邢公墓志》“二十八举于乡，又四年，庚辰成进士”推测，约生于嘉靖二十九年（1550）；从其生平活动来看，卒于天启元年（1621）至六年（1626）。万历二十三年（1595）任河南佥事时，发现《大统历》与天象实测不合，因而奏请改历。他的奏疏受到钦天监官员的攻击。礼部侍郎范谦推举他主持改历，也无结果。万历三十六年戊申，他在兰州时曾立六丈高表（见**圭表**）以测日影，算得这一年立春时刻与钦天监所推不同，写成《戊申立春考证》一卷。书中提出一回归年为365.242 190日，同现代理论计算值只差2.3秒。万历三十八年被召入京，参加改历工作。万历四十四年献《七政真数》，叙述推算**历法**的方法。天启元年（1621），以古今交食数例，指出《授时历》（见**郭守敬**）的不足。著《古今律历考》七十二卷，指陈历代历法得失。

在邢云路活动的年代，中国古典天文学正面临一个新的发展高潮。他曾参加两次改历运动（1595年和1610年），是明末复兴天文学的重要人物。他在《古今律历考》中指出："星、月之往来皆太阳一气之牵系也。"这是一种朴素的行星运动受太阳吸引力支配的思想。（刘金沂　石云里）

行星　planet　围绕太阳或其他恒星运行的质量较大天体。围绕恒星或恒星遗迹运行的，能够满足以下三项条件的天体：①质量足够大，自身重力足以维持接近圆球的形状；②质量不够大，还没有引起内部热核反应；③已经清空了邻近区域内的星子。行星常特指太阳系内围绕太阳运行的天体，已知的有**水星**、**金星**、**地球**、**火星**、**木星**、**土星**、**天王星**和**海王星**8颗。中心天体不是太阳的行星叫作**系外行星**，以示区别。

上述定义是国际天文学联合会（IAU）第26届大会于2006年通过的。再对定义做以下补充说明：①定义原来聚焦于太阳系内，这里扩大到了系外行星。恒星遗迹指的是大质量恒星演化晚期残留的**白矮星**、**中子星**和**黑洞**等天体。②接近圆球形状也就是行星内部重力压倒热力和电磁力，达到流体静力学平衡，得以维持其物理结构的状态。③清空邻近区域，指的是在行星系演化过程中已经将邻近星子吸积或扫除，轨道上只剩下了一颗行星；没有清空指的是轨道附近还有多个差不多大小的其他天体，没有清空的天体若满足前两个条件，就归类为**矮行星**。

认识史　肉眼可见的五颗行星在星空中的移动，早就引起先民的关注和思考，成为神话、宗教和天文学共同的话题。中国古代学者把它们叫作"五行"，并且与其他事物相联系，发展成完整的哲学体系。希腊人把它们叫作"漫游的星"，演变出"planet"一词。希腊人和罗马人还把它们尊奉为维纳斯、马尔斯和宙斯等天神。

认识行星的历史也是厘清以下几个问题的历史：

①地球和太阳是不是行星。古代希腊、中国和巴比伦学者的回答几乎是一致的：太阳、行星，甚至恒星都围绕着地球运行，地球不是行星，而是宇宙的中心；太阳只是围绕地球运行的行星之一。2世纪时**托勒密**发展出了完整的地心说和可与观测比较的数学模型。

希腊学者也有不认同地心说的，公元前3世纪的**阿利斯塔克**就认为地球是和行星一道围绕太阳运行的。为日心说发展出可与观测比较的数学模型是一个艰苦的过程。这个任务在16世纪中叶由N.**哥白尼**提出，到17世纪头20年由J.**开普勒**完成，他发现的三条运动定律确立了太阳的中心地位和行星绕太阳运行的规律。17世纪末，I.**牛顿**进一步阐明了其中的物理机制。

②行星究竟有几颗。直到1781年F.W.赫歇尔发现天王星，人们认可的行星包括地球一直是6颗。此后新天体接连发现，到了1930年时，这个数字增加到了9颗，其中海王星和**冥王星**是后来发现的。1801年发现的**谷神星**一度被认为是新行星，后来因其个头比其他行星小得多，才被确定为**小行星**。1986年IAU大会严格定义行星时，谷神星又被升格为矮行星，而冥王星却被降格，于是行星数目变成了现在的8颗，无人能肯定这是太阳系中行星的最终数字。海王星以外的广袤空间中已经发现了许多矮行星和小天体，那里存在着发现新行星的机会；水星以内的空间虽小，却极其不利于探测，那里也有发现新行星的机会。

③太阳系外有没有行星。1992年，A.沃尔兹森和D.弗雷第一次发现了系外行星，这是2颗围绕着**脉冲星**PSR1257+12公转的行星。截至2021年10月，已经在3364个行星系中发现了4531颗系外行星。

物理特性　①质量。行星的质量受其定义条件①和②的限制，存在上限和下限。太阳系中质量最大的行星是木星，其质量为地球质量的317.8倍。但这还不到上限，太阳系天体不发生热核反应的上限是木星质量的13倍。由于同位素丰度的不同，这个上限对系外行星并不适用，已经发现的系外行星，质量有达到24倍木星质量的。

太阳系中质量最小的行星是水星，只有地球质量的0.06倍。这也不到下限，系外行星中质量最小的是围绕脉冲星公转的PSRB1257+12A，质量只及水星的一半。围绕**主序星**公转的行星中质量最小的是Kepler-37b，只比月球略重。

②内部分异。行星按其成分和结构可以分为类地行星、气态巨行星和冰巨行星（见**太阳系**），演化早期都有一个全液态的阶段，这时较密较重的物质向中心沉降，而把较轻物质留在表面附近。行星内部因此分异成致密的核和包裹着核、可能仍然是液态的幔。类地行星核的主要成分是铁和镍元素，幔的主要成分是硅酸盐，幔外面还覆盖着固态的壳。至于巨行星，据推测，核的成分在气态巨行星是岩石和金属，在冰巨行星则只有岩石；幔的成分在前者是金属氢，在后者是水、氨和甲烷等物质的冰。巨行星的幔直接融入上部云层。行星核内的流体活动造成"发电机"，产生行星磁场。

③大气。除水星外的7颗行星都有足够强的重力，因而可以维持各自的大气。氢氦等轻气体只有巨行星的强大重力才能束缚，较小行星只能任由它们逃逸到行星际空间。由于生命活动产生了大量自由氧分子，地球大气的成分与其他行星大不相同。受到太阳辐射能量和行星内部能量变化的影响，行星大气中会形成诸如地球上的台风，火星上的全球尘暴，木星上比地球还要大的反气旋（大红斑）和海王星上的大气洞那样的天气系统。系外行星HD189733 b上也发现了大红斑两倍大的天气系统。

④磁层。行星磁层产生于它的磁矩。存在磁场表明行星内部仍然存在地质活动，也就是存在产生磁场的导电物质流。磁场显著改变行星和**太阳风**的相互作用，生成包绕着行星的磁层，这是一个太阳风无法穿透的比行星自身大得多的空腔，能够保护行星免受太阳风的轰击。与此相反，非磁化行星只有产生于电离层和太阳风相互作用的小磁层，形成不了对行星的有效保护。太阳系的8颗行星中，金星和火星没有磁层。磁化行星中，磁场最弱的是水星，完全抵挡不住太阳风；最强的是木星。其他行星的磁场与地球相差不多，但磁矩要大得多。

视运动　**行星视运动**是行星相对于地球的运动。由于行星和地球都在绕太阳运行，行星的视运动表现为由西向东的顺行、由东向西逆行和转换方向时的留等复杂的情况（见图）。

行星在任何时刻的位置需要六个相互独立的参数（见**行星轨道要素**）。按公转轨道在地球轨道之内还是之外，行星（不包括地球）划分为内行星和外行星。内行星

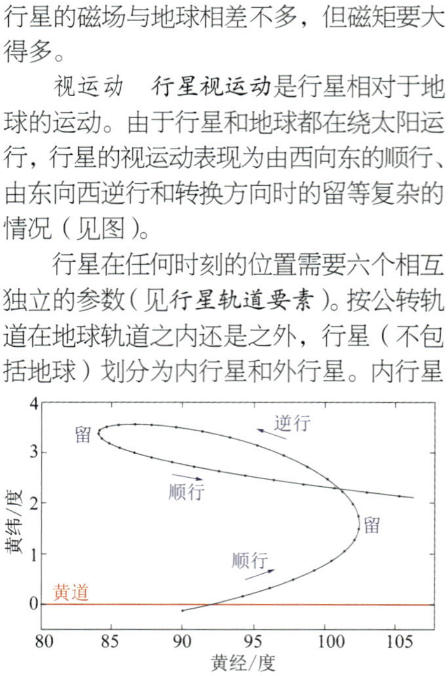

火星视运动

只有水星和金星两颗，其余5颗都是外行星。注意与按内部结构和成分划分的类地行星和巨行星相区别。

内行星只能出现在太阳前后一定的范围内。内行星到太阳的最大角距离叫作距角，水星和金星的距角分别为和28°和48°。

卫星和环　水星和金星以外的6颗行星都有天然卫星。地球1颗，火星2颗，巨行星都卫星众多，自成系统。巨行星的许多卫星具有类地行星和矮行星的特征。四颗巨行星还有大小不同、结构复杂的行星环绕转。行星环主要由尘埃等微粒物质构成，可能是由坠入主星洛希限的卫星在潮汐力作用下瓦解而来的。（李广宇）

行星大气 planetary atmosphere　受行星引力场和磁场所束缚、包裹着行星本体的中性气体和等离子体的总称。除地球外，太阳系中其他的行星，都有独特的大气，研究它们的结构、物理状态、化学组成及其运行的一般状态，有助于探索地球大气演化。20世纪40年代以前，仅限于用天文望远镜和雷达等在地球上观测其他行星。自1961年以来，开始用行星探测器探测其他行星而获得资料。这些探测器，有的在离行星1000多千米到100多万千米处发回照片，有的降落舱在行星上软着陆后，向地球发回照片和资料。随着探测手段的不断发展，使行星大气的研究，有了较大的进展。

水星大气　水星是离太阳最近的行星。其赤道直径约4880千米，密度为5.42克/厘米^3，质量为3.30×10^{26}克。表面气压小于2×10^{-9}毫巴。水星表面有一层很稀薄的大气，其成分有He、Ne、Ar、Kr、Xe、H、H_2、O和CO、CO_2、H_2O等。水星表面的平均温度为350～400K，赤道正午的温度可达700K；背阳面的温度约100K。表面没有找到任何大气和水体的搬运、侵蚀和沉积等地质作用的证据，表明自形成以来水星从未有过浓密的大气层和水圈。

金星大气　主要成分为二氧化碳，约占95%，氮约占3.5%，此外还有少量的氩、一氧化碳、水汽、氯化氢和氟化氢等。金星的大气层比地球厚，金星表面上的气压约为地球表面气压的90倍，即约90 000百帕。30千米高空的气压约10 000百帕，50千米高空约为1000百帕，80千米高空约10百帕。金星大气自下往上可分为若干特性层：①0～31千米为洁净大气，大气几乎不含杂质，但其中闪电雷鸣持续不停。②31～68千米为云层，因含硫化物而呈黄色。整个云系中有硫酸滴、不同浓度的硫及高含量的气溶胶。金星北极区大气层有一个极洞，宽约1100千米，气流下沉，云层稀薄。金星大气中的二氧化碳，造成非常显著的温室效应，使金星表面温度高达750K，而且基本上不随地区、季节和昼夜而变化。北极地区的气温反而比赤道地区高10K左右。

金星是太阳系中逆向自转的大行星之一（另一个为天王星），因此从金星上看太阳，是西升东落的。它的体积和质量都略小于地球。金星的自转周期为243天（地球时）。整个星球几乎终年为深厚的云雾掩盖。

火星大气　主要成分为二氧化碳，占95%，氮占2%～3%，氩占1%～2%，一氧化碳和氧共约占0.1%，此外还有极少量的臭氧、氢和水汽，其中水汽约占0.01%。火星大气中二氧化碳的含量随高度减少；在100千米高度处含量占50%，到140千米高度处，测得氧的含量比二氧化碳大6倍之多。火星大气密度不足地球大气的1%，火星表面的平均大气压仅为7.5百帕，相当地球上30～40千米高空的大气压。

火星比地球小得多，体积只有地球的0.15，质量只有地球的1/9，火星上也有四季变化，由于它绕太阳运行一周约687天（地球时），故每季的长度约为地球上两倍。火星表面平均温度为240K，赤道区白天最高温度超过300K，晚上在200K以下，日变化很大；冬季极区温度低达150K。自表面向上温度下降，在40千米高度以上，平均温度为140K，但有大幅度不规则变化。火星大气中也存在云层。在15～30千米高度有由水冰组成的云，在45千米左右的高度有由二氧化碳（干冰）组成的白色云。在北半球春、夏季时，在巨大火山的迎风侧亦有水冰云。火星表面风速一般较小。火星上最壮观的气象现象是尘暴，它经常可以发展到行星尺度，有时几乎遮蔽整个行星表面。

在火星的南极和北极，终年存在着白色的极冠，极冠区的范围随季节有变化。冬季，它由水冰和干冰（固体二氧化碳）所组成，范围最大；春季来临后范围逐渐缩小；夏季，极冠的范围最小，但不消失，是完全由水冰组成的永久性极冠；随着秋季的来临，极区温度逐渐下降到二氧化碳的凝固点（150K）之下，二氧化碳开始凝华，极冠范围扩大。

木星大气　主要成分为氢，占88.6%，氦占11.2%，其他为少量的氨、甲烷、水汽、氧、氮及硫化物等，其厚度约1000千米。

木星是太阳系八行星中最大的一颗，其体积约为地球的1316倍，质量约为地球的319倍，由中心至71 370千米，依次为由以铁硅为主的固体核、液态金属氢（其中分子离解为独立原子，形成导电流体）、液态分子氢。核温可达30 000K。71 370千米以上则为大气层。

木星大气中的云层分布有如下特点：最外层为氨晶体云，温度150K，约0.6个地球大气压；其下30千米左右为氨氢硫化物晶体云，温度200K，约1.7个地球大气压；再往下35千米存在水冰晶云层，温度约250K，4～5个地球大气压。在该层之下，温度达270K以上，开始出现水滴。在最外层的氨晶体云之上，温度随高度而降低，到110K的最低值后，又开始随高度增加。用望远镜观测木星，其云层外貌呈斑马纹似的亮暗相间的横条，传统上亮条称为带，暗条称为带纹，均与赤道平行，亮带主要呈现白色或灰黄色，而暗纹呈不同深度的红棕色。带和带纹的亮度随时间而变，亮带中可出现暗区，暗纹中也可观测到亮区。另外，在南半球还有一个大红斑，呈蛋形，宽约14 000千米，长度变动在30 000～40 000千米，有三个地球那么大。木星大气的运动非常激烈，亮带是由上升的暖气流所形成，为高气压带（类似地球大气中的“高压”）；暗的带纹由较冷的下沉气流构成，为低气压带（类似地球大气中的“低压”）。木星大气中的主要成分都是无色的，只有微量的有色物质如硫、红磷或某些有机物分子。

土星大气　主要成分是氢和氦，并含有氨、甲烷和其他气体。

土星的体积约为地球的745倍，其质量约为地球的95.18倍，其平均密度只有地球的1/8（0.70克/厘米^3），在八大行星中密度最小。一般认为，土星有一个岩石核心，其外依次有很厚的冰壳、金属氢层、液态分子氢层和大气层。土星大气的上层常为稠密的氨晶体云所覆盖，人们无法看到下面的云层，无从了解底层大气的状态。氨晶体云呈现彩色的亮带和暗纹，平行于赤道，但其色泽不像木星那样鲜艳。颜色以金黄色为主，其余为橘黄色、淡黄色等，不过极区呈现绿色，是整个土星图像中最暗的区域。云顶温度为103K，表面温度约为133K。土星的南半球有一个红斑，和木星大红斑类似。它呈椭圆形，长10 000多千米，只有木星大红斑直径的1/3。初步研究认为，它是一种巨大的反气旋风暴。此外，“旅行者”1号还拍摄到土星云层顶部一些奇怪的明亮白斑，而在土星的北半球拍摄到另一些这类椭圆形斑块，以及浅色的、小规模的对流云图案和一条数千千米长的波线。土星赤道风带的风速很大，达 500 米/秒，为木星赤道风带速度的 3～4 倍。

天王星大气、海王星大气　天王星和海王星结构可能相同，都有岩核，核心温度可达 2000～3000K，岩核外面为质量较大的冰层。冰层之外为稠密的大气，具有很厚的云层。大气的成分主要是氢，还有甲烷和含量很少的氦和氨等。天王星和海王星的表面温度均约 70K，这两个行星的云层主要为甲烷云和氨云。

（黄士松）

行星轨道要素　planetary orbital element　决定行星在任何时刻的位置所需要的六个相互独立的量。又称行星轨道根数。行星运动的开普勒第一定律指出：行星在绕太阳的平面上作椭圆运动；太阳位于椭圆的一个焦点上。因此为了决定行星在任何时刻的位置就需要六个相互独立的参数，其中五个决定轨道椭圆的空间位置，一个决定行星在某一特定时刻在轨道上的位置（见图）。

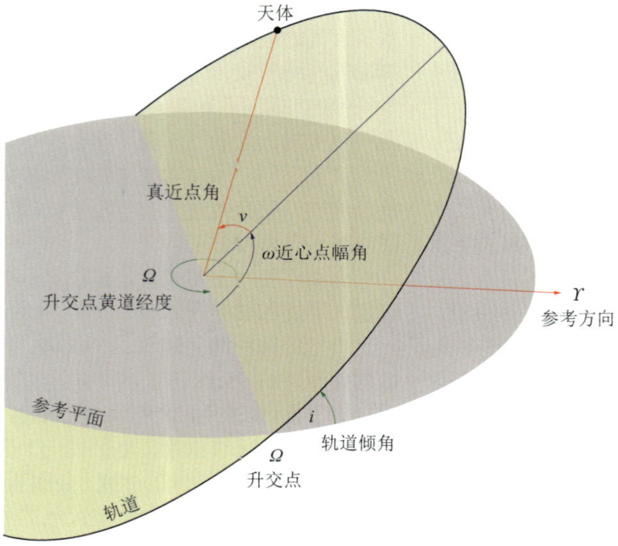

行星轨道要素示意图

习惯上这六个量是按如下方法选取的：

①轨道倾角i。它是行星轨道平面与黄道平面的交角。i的变化范围为 0°～180°，定义方式决定于行星运动的方向。如果行星是顺行的（它运动的方向和地球在轨道上运动的方向相同），i的范围为 0°～90°；如果行星是逆行的，i的范围则为 90°～180°。

②升交点黄经Ω。升交点是行星轨道与黄道的交点之一。在这一点上行星由南到北穿过黄道（经过这一点时行星的日心黄道纬度由负变正）。升交点黄经就是从太阳看来春分点Υ方向到升交点方向的角度。

以上两个量决定行星轨道平面法向在空间中的指向，它同行星绕日运行的角动量矢量的方向一致。

③近日点角距ω。轨道椭圆长轴靠近太阳的端点叫近日点（另一个端点叫远日点）。近日点角距是从升交点到近日点两个向径的夹角，它决定椭圆长轴的方向。有时它可由$\Pi=\omega+\Omega$来代替，Π不很确切地被称为近日点黄经。

④轨道的半长径 a。有时也称为行星与太阳的平均距离。这个量决定行星轨道的大小。它常以地球轨道的半长径作为单位，称为**天文单位**。

⑤偏心率e。即焦点到椭圆中心的距离与椭圆半长径之比，它决定椭圆的形状。如果$e=0$，轨道就是圆。偏心率e还常常用偏心角φ代替，该角按$\sin\varphi=e$的公式计算。

⑥行星经过近日点的时刻τ。τ可以取为行星任何一次经过近日点的时刻。它有时还以任一时刻t的平近点角$M=n(t-\tau)$代替。n是行星的平均运动，$n=2\pi/T$，T为行星运动的周期，它不是轨道根数，而根据开普勒第三定律可由半长径a唯一确定。当长度单位取为天文单位，时间单位取为年的时候，$T\approx a^{3/2}$。

由于摄动（其他行星引力的影响），各行星的轨道根数在缓慢地发生变化（见**摄动理论**），因此是时间的函数。在某一时刻行星轨道根数称为吻切轨道根数，对应的轨道称为吻切轨道，它相当于行星在该时刻开始只在太阳引力的影响下运动（而不再受其他行星的摄动）所能具有的轨道。

（郑家庆　胡寿村）

行星和卫星的内部结构　internal structure of planet and moon　行星和卫星内部物质的组成元素、密度、温度、压强、导电率、运动速度等物理化学参数的分布形态。它是行星科学的一个重要研究领域，且与地球科学和空间科学紧密交叉。

内部结构分类　根据行星内部结构特点，可以将行星分成类地行星和类木行星，天然卫星的内部结构基本与类地行星类似。

类地行星　行星内部结构是**地球内部结构**的自然延伸。生活在地球表面的人类时刻都在感受着地球内部的物质活动，如火山爆发、地震、地球磁场等自然现象都是由地球内部物质运动产生的。事实上，类地行星表面特征与地球内部物理化学活动密切相关。火山活动导致的典型表面特征是玄武岩广泛覆盖，火星表面有广阔的玄武岩平原，地球表面大洋玄武岩覆盖率约达 60%；而构造活动使行星表面呈现悬崖和陆沉，水星表现为存在许多由其铁核收缩形成的舌状悬岩，火星遍布大裂谷和与高原相连接的地堑，而地球则主要体现在海底扩张和板块移动。

类木行星　对类木行星而言，其内部结构与类地行星有着显著的不同，主要体现在物质形态。类地行星的主要物质成分是硅酸盐石和铁镍金属，其内部结构主要由固体内核、液体外核、弹性幔和刚性壳组成；而类木行星主要是由氢、氦和甲烷组成，其内部结构主要分为固体核、导电的流体内层和非导电的流体外层。

研究内容　行星内部结构模型分为类地行星和类木行星两种。通常可以采用研究地球内部结构的方法和理论去建立类地行星和天然卫星的内部结构模型，但对类木行星却不行，需要建立新的方法和理论。一般来说，行星内部结构包含的基本研究内容是流体静平衡态、相变曲线和物态方程、重力场、内热和地震学等。

流体静平衡　在流体静平衡态假设下，处于自转状态的行星通常可近似为扁球体。在一阶扁率近似下，行星的内部结构模型可以用克莱罗理论来计算，可以获得内部密度剖面等相关信息。研究行星内部结构最关键的观测数据是质量、大小和形状。从质量和大小可以估算出其平均密度，进一步可以估计其整体的化学成分；而其形状则与大小、密度、内部物质的强度、自转速度以及与其天然卫星的相互作用等有关。

相变曲线和物态方程　为了建立更切合实际的行星内部结构模型，需要知道其内部物质密度和组分随温度和压强变化的相变关系。它们可通过具体实验获得，也可由理论计算获得。物质状态关系表示合理与否，决定了行星内部结构模型的可用度。

重力场　行星或其天然卫星的重力场直接反映了其内部密度分布状态。重力场可以由绕其飞行的人造卫星轨道变化反演获得，也可以通过其自然卫星轨道变化或光环形状位置变化反演获得。

内热　内热的产生和损失也与内部的结构相关。如果只有太阳的热辐射，某些行星的平衡温度低于观测到的**有效温度**，这说明其有内部热源。地球有内部热源，否则无法驱动发电机模型，产生**地磁场**。内部热量产生于潜热释放、重力势能的转化、压力加热、化学反应、放射物衰变、欧姆加热和潮汐加热。在行星内部热传导和对流是主要的热量传输方式，在行星表面热辐射把热量传输到外界。通过观测行星表面的有效温度或者地表热流，可以揭示其内部的性质。

地震学　研究类地行星的内部结构最精确的方法是地震学，它是利用地震波的走时和全球自由振荡来研究密度随深度变化的。常用的地球模型（PREM），就采用了全球地震波和自由振荡的资料。“阿波罗”飞船在月球表面放置了月震仪，虽然得到的数据不是很令人满意，但对月球内部结构的理解仍提供了重要的观测依据。

展望　人们对行星内部结构的了解还很不深入，这主要是由于相关深空探测数据还不够充分。随着国际深空探测计划的全面开展，对于行星内部结构的认识必将进入一个新阶段。特别是太阳系外行星的不断发现，将促进行星内部结构研究的全面开展，加深对天体形成与演化的认识。

（廖新浩　张　冕）

行星和月球历表　planetary and lunar ephemerides　依据行星和月球的数值运动理论，在一系列时间点上通过数值积分给出的行星和月球的运动状态。从这种历表出发，通过内插可以计算出在历表适用时段内任意时刻的行星和月球的运动状态。

为了建立高精度的行星和月球历表，需要在观测精度水平上建立行星和月球完备的动力学模型，进而通过拟合观测资料确定由模型参数构成的常数系统，并在此基础上通过数值积分给出所需历表。为了使用方便，提供给用户的往往是每一个运动状态分量的多项式内插公式的系数。

（傅燕宁）

行星环　planetary ring　由尘埃和小卫星等固态物质组成的围绕行星的盘或环。太阳系已知的巨行星都带有环系，以**土星环**最为著名。早在1610年，**伽利略**就观测到了土星环，但直到45年后，惠更斯才分辨出盘的形状。**天王星环**发现于1977年的掩星观测，**木星环**和海王星环则分别是在1979年由旅行者1号和1989年由旅行者2号探测器发现的。

大而结构复杂的土星环系（见图）不像以前想象的那样由许多小环组成，而是由

土星环

数量更多、密度各异的盘组成，成分主要是水冰颗粒和微小岩石，大小从微米到数米。致密的主环位于距离土星赤道7000～80 000千米的空间中，半径为60 300千米，厚度变化范围从10米到1千米。环系总质量估计为3×10^{19}千克，略小于土卫一的质量。环系的结构非常复杂，几千条缝隙分布其间，大者如卡西尼环缝和恩克环缝在地面上就能观测到。环系中还有螺旋波，甚至还有自己独立于土星的大气。

天王星环系中清楚分辨出了13条环，多数只有几千米宽且不透明，成分主要是水冰和一些辐射生成的有机物。由于天王星外大气层的影响，相对缺少尘埃。木星环系由一个暗而厚，叫作“晕”的圆环，一个相对较亮的主环，和两个暗而宽的薄环组成，成分主要是尘埃。海王星环系有5条暗而多尘的主环，结构颇像木星环系。环中很暗的物质与天王星环一样，是辐射生成的有机物。

构成环系的物质有三种来源：原行星盘内的物质，因位于行星**洛希极限**内而无法形成卫星；卫星受较大碰撞产生的碎片；卫星穿过洛希极限内时潮汐瓦解产生的碎片。大多数环都不稳定，可能在几千万或几亿年里消失。土星环是个例外，已经由太阳系早期延续至今。细小的环也可能产生于流星体对卫星的碰撞，或卫星上冰火山的喷发。

组成环的微粒多种多样，既有大量硅酸盐或冰的尘埃，也有大块岩石，甚至数百米大小的小卫星。有的环包含叫作牧羊犬卫星的小卫星，运行于环带的外边缘或内边缘。这些卫星会以引力驱离或吞噬飘过的物质，维持环边界清晰。

近年来有证据表明，环绕着**小行星**、卫星和**矮行星**的周围也可能存在环系。

（李广宇）

行星际尘埃　interplanetary dust　主要弥漫在黄道带附近的、微米和亚微米大小的尘埃微粒。它们部分起源于原始太阳云，部分是流星、彗星和小行星的残余物。地球上可见的**黄道光**和**对日照**都源于行星际尘埃。

（李　竞）

行星际磁场　interplanetary magnetic field　行星际空间中跟随太阳风径向向外运动的微弱磁场。行星际磁场的大尺度结构，如早年帕克所指出的那样，是一种旋臂状的结构。太阳风径向向外运动，在日冕附近略有加速，但在通过大部分日地空间以至整个行星际空间过程中，近似地保持常速。另一方面磁力线起源于太阳本体，并随太阳本体一起转动，其外端为太阳风等离子体所带出。这就构成熟知的旋臂结构，在太阳赤道面上有典型的阿基米德旋臂形式（如图）。卫星观测结果证实，行星际磁场成双地分成若干区域，一般分为四个区域。在同一个区域中磁场极性相同，而在相邻的区域中磁场极性相反，从而形成扇形结构。当它处在最有规则的时候，就会造成等离子体流、太阳宇宙线和地磁暴的循环图像。当然，就小尺度而言，局部不规则性是存在的，这种不规则性正是太阳活动对行星际空间所产生的扰动的反映。随着太阳的自转，这种扇形结构在若干个太阳自转周内常常保持相当稳定。有时很快就发生变化，有时在短时间内只出现两个扇形。

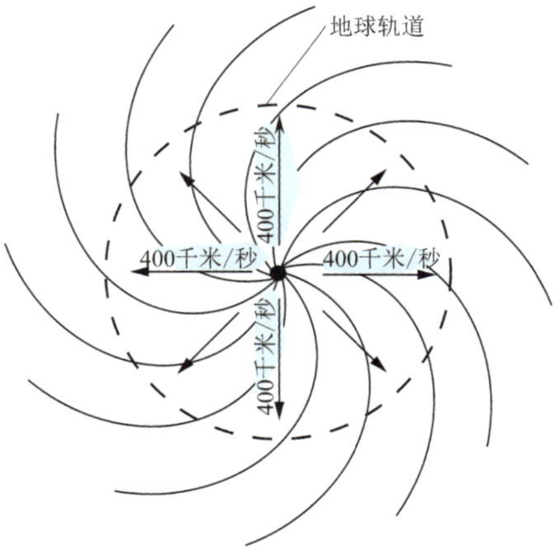

行星际磁场的扇形结构

N.F.内斯和J.M.威尔科克斯最早提出，这种有规则的扇形磁场结构是太阳有规则的**光球背景场**的反映。通过太阳光球磁场的测量得知，在卡林顿坐标系统中光球背景场的极性和强度的分布有很强的规则性。就大尺度结构而论，极性相反的背景场主要集中在彼此分离180°的区域上。磁场分布的精细结构的循环能够维持若干个甚至几十个自转周以上。分析表明，这些区域是重要的太阳活动区密集的区域。内斯和威尔科克斯则把这种图像和行星际空间的扇形结构联系起来，卫星观测已证实这种相关性。因此普遍认为：光球背景场的极性和尺度同行星际磁场是一致的，扇形结构的磁场极性完全由光球场径向分量的大尺度平均

值所决定。也就是说，行星际磁场及其结构起源于太阳光球的大尺度背景场。太阳活动区对行星际磁场有重大影响。几乎所有与活动区相关的耀斑都发生在行星际磁场的扇形结构有新的变化之前。很明显，与耀斑相关的行星际激波在改变大尺度行星际磁场结构方面起重要作用。

（张和祺）

行星际飞行器运动理论 theory of the motion of interplanetary vehicle 研究行星际飞行器在日、地、行星引力及其他摄动力作用下的运动规律，并依据科学考察的要求进行轨道设计的一门学科。在行星际空间飞行的人造天体称为行星际飞行器，包括飞向和绕过行星的飞船、击中行星（硬着陆和软着陆）的火箭和行星的人造卫星等。行星际飞行器的轨道设计通常采用数值方法计算（见天体力学数值方法），而分析方法则主要用于定性研究，同时为数值方法提供近似轨道。

行星际飞行器的运动基本上可以认为是在地球、太阳和其他行星引力作用下的限制性多体问题。以从地球出发到目标行星为例，利用引力的作用范围可以简化为三个阶段的受摄二体问题：

①从地球附近发射到脱离地球作用范围前，它除了受地球的引力（包括地球形状摄动）作用以外，还受地球大气阻力和月球、太阳引力的作用。它相对于地球的运动轨道接近于双曲线。这一阶段的飞行时间很短。

②脱离地球作用范围后到进入目标行星作用范围前的过渡轨道，主要研究飞行器的日心运动，飞行器在太阳（有时还考虑某些行星）的引力作用下，相对于太阳的运动轨道基本上是一个椭圆。这一阶段飞行时间最长，是飞行器运动的主要阶段。

③进入目标行星作用范围，这时飞行器在目标行星和太阳的引力作用下运动，它相对于目标行星的运动轨道接近于一条双曲线。如果要使飞行器成为行星的人造卫星或者在行星表面上软着陆，则需要利用制动火箭使飞行器减速。这个阶段持续时间也很短。

行星际飞行器的运动过程主要是在轨道过渡阶段，这个阶段的轨道设计十分重要。最节省能量的过渡轨道是日心椭圆轨道，它在近日点和远日点上分别与相应的两个行星的运动轨道相切，故又称双切轨道。这种过渡轨道是W.霍曼在1925年首先提出的，也称霍曼轨道。但是双切轨道的飞行时间较长，且对于发射时的精度要求较高。若过渡轨道取为抛物线轨道，只要增加一些发射速度就能大大地缩短飞行时间，因此，采用抛物线轨道甚至双曲线轨道作为过渡轨道比较合适。事实上，发射行星际飞行器的轨道绝大多数是属于双曲线类型的。为了便于修正轨道和节省燃料，在空间飞行中还设计一种驻留轨道，它们是围绕着地球或目标行星飞行的卫星轨道。飞行器先发射到驻留轨道上，测定它的位置，再加推力进入过渡轨道。在到达目标行星时也先在驻留轨道上运动，选择合适时机在行星表面的预定地区着陆。如果飞行器需要回收，可以把暂时不用的燃料储存在驻留轨道上，以便返回时使用，从而大大减少能量的消耗。

（郑学塘　赵长印）

行星际闪烁 interplanetary scintillation; IPS 致密射电源辐射的无线电波，经过行星际空间时，被太阳风（等离子体）不规则结构散射，导致电磁波相位和强度随机起伏的现象。具体图解如图1所示。1964年，剑桥大学A.休伊什等人，利用178兆赫干涉仪测量射电源位置和强度，发现几个射电源强度呈现出几秒钟的不规则起伏（闪烁），认为是行星际介质中电子密度不规则结构变化所致。

行星际闪烁研究大致分为三个阶段。第一阶段是20世纪70年代之前，主要研究太阳风的电子密度不规则结构、太阳风风速，以及探测致密射电源角径大小。第二阶段是20世纪70年代末到90年代初，主要研究日地空间射电源瞬变现象，开展短期日地扰动预报。从20世纪90年代初开始为第三阶段，研究太阳风与日球观测的对比、行星际扰动与地磁活动预报等。

太阳风是影响日地空间环境的主要物质来源。其剧烈变化会干扰地面短波通信、卫星通信，甚至导致输电设备故障、可能威胁航天器和宇航员的安全。

IPS观测概况　IPS现象有空间直接观测、地面间接观测两种方式。空间探测器（卫星和宇宙飞船）沿固定轨道稀疏取样，分布在近黄道面范围，对较高日球纬度、不同日心距区域探测很少。而地基射电望远镜可长期监测和跟踪任何日心距、任何日纬太阳风。IPS观测有单站和多站系统。

单站观测有两种模式：单个观测站在单一频率观测，通过拟合闪烁功率谱获得太阳风风速及闪烁指数。另外，单个观测站在两个频率同时观测，通过归一化互相关频谱第一零点频率估算太阳风速。单站观测因为设备简单而得到广泛应用。三站系统可直接测量衍射条纹的漂移速度，反

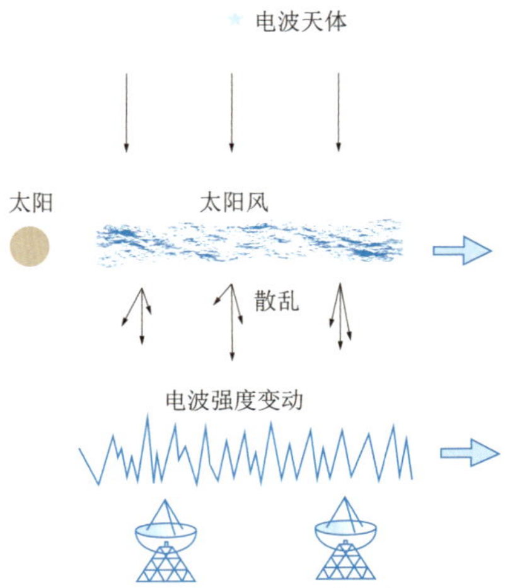

图1　行星际闪烁现象图解

映视线上距太阳最近处太阳风速度值，因不受弱闪烁条件限制，测量更可靠。

印度的IPS观测始于20世纪70年代。使用Ooty宽30米、长530米抛物柱面射电望远镜（图2），每天监测约120个致密射电源。采用单站单频模式观测，通过拟合得到闪烁功率谱，进而获得太阳风风速及闪烁指数。

图2　印度行星际闪烁（Ooty）望远镜

日本的IPS望远镜由四架宽20米、长100米的抛物柱面天线组成。位于富士（Fuji）、菅平高原（Sugadaira）、丰川（Toyokawa）和木曾（Kiso），两两间距百千米。其中三面可组成一个三站系统，每天观测约100个射电源，给出太阳风风速。

20世纪90年代，中国的密云综合孔径射电望远镜（MSRT）开始IPS试验。2008年，在密云新建成的50米口径射电望远镜开展了单站双频、新疆天文台25米口径望远镜开展了单站单频IPS观测。由于太阳风散射，密云50米望远镜扫过3C273B时，形成的主瓣包络波动剧烈（图3）。2018年，在500米口径球面射电望远镜（FAST）开展了单频及双频IPS观测，获得短时标高动态范围太阳风速。

闪烁强弱　闪烁强弱由闪烁指数衡量，定义为射电源强度的归一化方差。行星际闪烁强度随着射电源的日心距增加而迅速衰减，大致呈4次方的反比关系。行星际闪烁现象近太阳处较强，大部分行星际空间闪烁现象较弱。强弱闪烁区与频率有关。以327MHz为例，强弱闪烁区

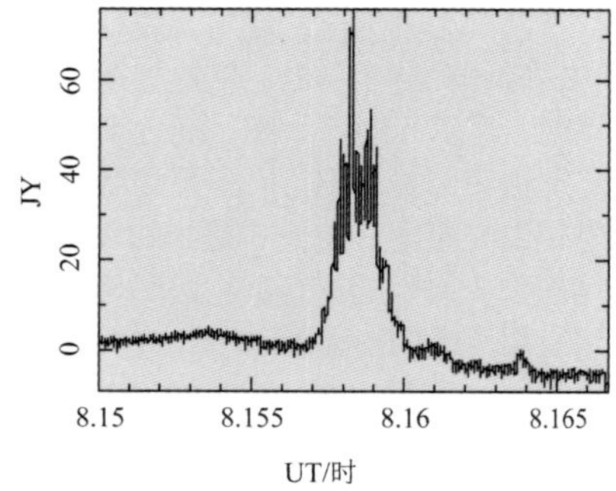

图 3　密云站行星际闪烁监测仪观测射电源 3C273B 时，形成的主瓣包络波动非常剧烈（2011 年 9 月 27 日）

分界约在 $35R_{\odot}$（$R_{\odot}$为太阳半径）。

（彭　勃）

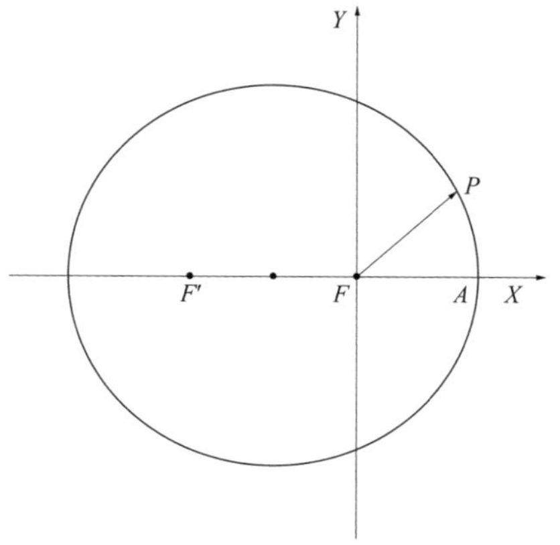

图 1　行星围绕太阳运动的椭圆轨道（F 太阳所在焦点，P 行星，A 近日点）

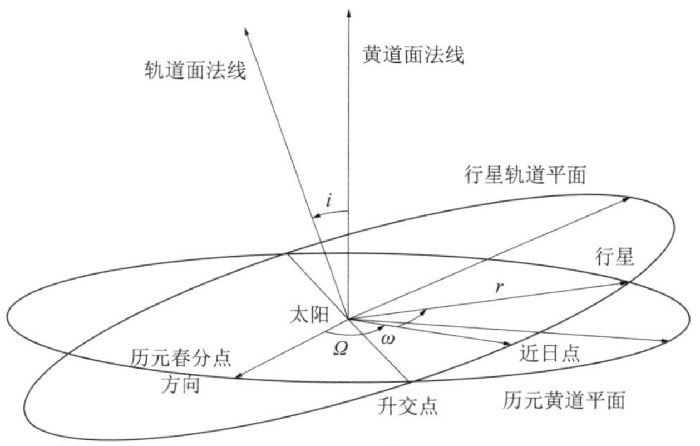

图 2　行星轨道的空间方位（i倾角，ω近日点角距，Ω升交点黄经）

行星空间运动　space motion of planet　行星在空间中的真实运动。其可以看成一系列简单运动的合成：行星体相对于自转轴的自转运动和**极移**运动，行星自转轴指向相对于**国际天球参考系**的**章动**运动，行星质心围绕太阳的公转运动，行星作为太阳系的一员追随太阳在银河系以及更大范围空间中的运动。分别描述如下：

①自转。行星围绕经过质心的自转轴的转动运动。行星自转轴与轨道平面法线的夹角叫轴倾角。多数行星的自转与公转同向，轴倾角小于 90°。从太阳北极向下看，是逆时针的（顺行）。金星和天王星是两个例外，轴倾角大于 90°，其自转是顺时针的（逆行）。天王星的轴倾角为 97°，几乎是躺在轨道平面上滚动。行星的自转周期，即日长的差别很大，从巨行星的短短几个小时到金星的长达 243 日。

②极移。行星形状轴因内部物质流动而相对于自转轴的摆动。

③章动。行星自转轴指向相对于国际天球参考系的运动。其原因是行星形状偏离正圆球体，受到太阳和其他天体潮汐力矩的作用而发生摆动。章动的长期项特称为*岁差*。

④公转。行星质心在太阳引力作用下的椭圆运动（图 1），遵守开普勒的三条行星运动定律：所有运动都沿椭圆轨道进行，太阳位于椭圆的焦点；由太阳指向天体的向径在相等的时间里扫过相等的扇形面积；天体到太阳平均距离的平方与它绕太阳运行一周的周期的立方成正比。

行星的公转运动由 6 个**轨道根数**确定：半长径确定轨道的大小和运动的快慢；偏心率确定轨道的形状，偏心率越大，轨道越扁；倾角、升交点黄经和近日点角距三个根数确定轨道平面的空间方位（图 2）；平近点角初值确定历元时刻行星在轨道上的位置（见**行星轨道要素**）。由于其他行星引力等因素的影响，这 6 个根数都以很小的速率变化着，这种变化叫作摄动。行星轨道的特点是偏心率和倾角都很小，换句话说，行星都在靠近黄道平面的近圆轨道上运动。

⑤其他运动。行星追随太阳以 220 千米/秒的高速围绕银河系中心运动，约 2.5 亿年走过一周。与此同时还有一种约 20 千米/秒，振幅约 500 光年的上下起伏运动，每转过一周起伏两到三次。银河系又带着太阳系在**本星系群**中以 300 千米/秒的速度运动。本星系群相对于宇宙微波背景运动的速度则达 30 000 千米/秒。

（李广宇）

行星迁移理论　theory of planet migration　通过对行星轨道半长径演化机制的研究，经过不断发展和完善，形成的行星迁移的理论。随着丰富多样的太阳系外行星系统被发现，人们对行星的了解越来越全面，而行星形成与演化理论也随着新的观测结果而不断发展。例如，热木星（指尺寸和质量与木星相当但轨道离宿主恒星很近的行星）的发现，就表明行星的位置在其形成过程中很可能会经历较大范围的变化。

行星迁移原因　行星的轨道迁移过程，其本质是行星与周围介质发生角动量的交换。根据介质的不同，可以简单分为行星在气体盘内的迁移、行星在星子盘内的迁移、行星之间的动力学散射，以及行星与恒星的潮汐耗散等几种类型。从行星系统演化的时间顺序上来说，行星与气体盘的相互作用一般是最先发生的。在行星系统形成的早期，原行星盘内存在大量的气体物质。当行星围绕主星运动时，它的引力势会对气体盘产生周期性的扰动。在气体盘的某些位置上，气体绕主星的公转速度与行星的公转速度会满足一定的共振条件。而密度波就会在共振位置上被激发出来，并对行星产生一个反作用力矩。根据共振类型的不同，可分为共旋力矩和林德布拉德力矩。行星在不同力矩的作用下，轨道半长径和偏心率会发生相应的改变，这就是行星在气体盘中的轨道迁移。

行星迁移类型　根据行星对气体盘扰动程度的不同，行星在气体盘内的迁移又可以分为三种。当行星的质量较小时，气体盘的密度分布没有被显著改变，此时称为Ⅰ型迁移。Ⅰ型迁移的方向取决于气体盘面密度的分布等因素，而其发生的时标较短，一般在 10^5 年左右。当行星质量较大时，它对气体盘的扰动会形成非线性的激波，此时称为Ⅱ型迁移。Ⅱ型迁移最显著的特征是行星会在其轨道周围清空气体形成空隙，把原行星盘割裂成内外两个盘。此时行星等效于嵌在气体盘中，随着气体盘的黏性演化而迁移，其时标较长，在 10^6 年量级。当行星的质量介于Ⅰ型迁移和Ⅱ型迁移所要求的范围之间时，其对气体盘的影响处于非线性范围，但其清空自己轨道共旋区域内气体的能力又较弱。当其轨道共旋区域内的气体密度分布发生剧烈变化时，大量气体会穿越行星的轨道，会产生巨大的共旋力矩。行星在共旋力矩的作用下发生非常迅速的迁移，这被称为Ⅲ型迁移或雪崩迁移。这是一种非常快速的迁移类型，时标通常在 10^3～10^4 年量级。

在原行星盘演化到 10^7 年以后，其中固体物质逐渐碰撞、并合、吸积形成大量千米级的星子。随着气体的逐渐消散，行星与其周围星子盘的相互作用成为主导行星轨道迁移的作用。在这一阶段行星通过连续不断地散射星子而改变其轨道半长径和偏心率。与在气体盘中的迁移类似，其本质仍然是角动量的交换过程。所不同的是星子盘的总质量较小，大质量行星轨道迁移的幅度较小。另外由于缺少气体的阻尼作用，被散射的星子往往会保留较高的偏心率和轨道倾角。如太阳系的**柯伊伯带**和**奥尔特云**，都被认为是早期星子与大质量行星作用的产物。这一阶段往往持续的时间较长，在 10^7～10^8 年。

当原行星盘完全消散以后，行星系统中只剩下若干颗行星和残留的星子盘。在某些扰动下，行星与行星之间的间隔会发生改变。它们之间的引力相互作用会导致它们发生轨道穿越或密近交会。其结果是其中一颗或几颗行星得到角动量而被散射到更远的轨道，甚至离开行星系统。而剩下的行星失去角动量而迁移到更靠近恒星的轨道上，这也是一种迁移的类型。相较于前面几种迁移，这种迁移的过程十分迅速，在很短时间内就可以使行星的轨道发生剧烈变化。即使没有发生剧烈的散射，行星间的相互作用，也可能导致行星的轨道偏心率或轨道倾角被激发起来，如古在（Kozai）效应。现在观测到的高偏心率行星，一般被认为是经历了这样的散射或激发过程。这些轨道偏心率很高的行星，其近日点往往非常靠近主星。当行星处于近日点附近时，其公转和自转角动量会被与主星的潮汐作用缓慢耗散掉。结果就是其轨道收缩，偏心率减小，最后达到与主星潮汐锁定的状态。这一过程也被称为是高偏心率迁移，其时标非常长，在 10^9～10^{10} 量级。

无论哪种类型的迁移，其本质都是行星与其他对象（气体、星子、行星等）发生相互作用而产生角动量的变化。这些迁移并不是绝对独立的，有时候可能会同时发生，这也造成了已观测到的太阳系外行星系统的多样性。

（张　辉）

行星射电　planetary radio emission　行星的热辐射或者非热辐射会发射出无线电信号。利用地基或空间长波射电望远镜的**亮温度**测量来遥测行星大气下的热结构与大气成分增进了人类对行星深层大气下结构与成分的了解。这些测量甚至比就位探测还能到达更深的层次。对太阳系行星的了解会有助于科学家对系外行星的诊断。

水星是太阳系八大行星中距离太阳最近的固态行星，由于没有大气层，并且自转很慢，所以昼夜温差以及示道和极区的温差都很大。白昼侧在近日点表面温度可达700K，而黑夜侧的温度则只有110K。但由于射电辐射来自昼热夜冷所影响不到的表层下面，因而温差要小些。射电测量表明水星上昼夜射电温度在150～450K变化。在波长11厘米上的射电观测也没有发现明显的相位变化，昼夜的温度为200～300K。

金星处于地球和水星之间，其体积、质量和密度均与地球相近。金星没有磁场，但覆盖着浑浊浓厚的大气层，特别是它的二氧化碳含量很大，具有**温室效应**，保持金星表面的高温。波长短于1厘米的射电测量，代表金星大气中间高度上的值，得到金星温度为300～400K，波长大于3厘米的射电测得的亮温度都接近600K。这表明金星本身固体表层温度接近600K，而由红外测得的大气上层温度约为220K。人们致力于在毫米波段进行金星大气分子谱线的探测。进入空间时代以来，人们发现地球由于磁场的存在，在极光区会产生千米波非热辐射。

火星位于地球之外轨道上，半径约为地球的一半，其自转速度和自转轴倾角最为接近地球。现在火星并没有磁场，但有早期存在磁场的证据。火星大气非常稀薄，火星表面很冷，平均温度约为213K。不同波长的射电测量所得温度与此一致，如在3厘米、6厘米、10厘米、11厘米和21厘米波长的测量值分别约为211K、192K、177K、162K和169K。它们都是火星表层发出的热辐射。

木星是太阳系中体积和质量最大的行星，由于其巨大的质量，木星在自身重力的作用下会产生坍缩，使体积不断收缩，并产生热量。其内部释放的热量与木星接收到的太阳辐射能量相当。木星具有磁场，并且很强，约为地球磁场的14倍。因此木星射电辐射包括热和非热辐射。非热辐射可细分为两种不同成分，主要是厘米波-分米波辐射和十米波-百米波辐射。前者是辐射功率稳定的非热辐射，后者是木星的射电爆发。稳定成分辐射区域远比木星圆面大得多，辐射具有很强的线偏振，是由木星强磁场中的高能电子产生的同步加速辐射。短于7厘米波长的射电辐射主要来自热源，热源产生于构成大部分可见圆面的浓厚大气层中，这些波长的辐射都在140K左右。

土星是太阳系中体积和质量第二大的行星，与木星一样，在重力作用下向内收缩产生巨大的热量释放，向外辐射的热能超出它接收到的太阳辐射能量的两倍。在不同波长上都已观测到土星的射电辐射。毫米波测得的温度约为130K，而在6厘米，11厘米，21厘米和94厘米波长上测得的结果分别为约179K、196K、303K和接近540K。所有这些射电都是来自土星气体的热辐射。

天王星和海王星都具有磁场，但天王星的磁北极偏离南极点进60°，磁场中心也与行星中心不重合，偏向北极。天王星的自转轴倾角约为98°，基本上是南半球夏季时，南极正对着太阳，而北半球夏季时，北极正对着太阳。天王星和海王星的射电辐射亮温度从波长3毫米的100K逐渐增加到3厘米的170K，它们都是来自大气可见层下面的热辐射，波长愈长，产生辐射的层次愈深。

行星大气闪电也会产生射电辐射，除了我们的地球，也探测到了金星、火星、土星、天王星和海王星等行星闪电导致的射电爆发，而关于**金星闪电**观测结果一直存在争议。虽然观测有木星光学闪电照片，但尚未探测到木星闪电对应的射电辐射。此外，在太阳系中存在着至少六种强烈非热辐射：地球、木星、土星、天王星和海王星的极光区射电辐射，以及木星与木卫一磁通量环之间射电辐射。它们有助于人们探测系外行星的射电辐射。人们使用荷兰的低频射电望远镜阵列（LOFAR）的低频段发现了牧夫座τ太阳系外行星系统的辐射爆发。虽然不能排除恒星耀斑的可能性，但在3.2σ的置信度水平上很有可能是该行星系统类似于木星、因其磁场结构中的回旋脉泽机制而产生了强烈的射电辐射，需要开展进一步的深入观测。

（颜毅华）

行星视运动　apparent motion of planet　行星的空间运动在天球上的投影。自古以来，天文学家用顺行、逆行、留、冲、合、方照、大距等术语描述视运动的特征和方向。由于行星绕日轨道的近共面性，它们在天球上的运行轨迹都在黄道附近，沿黄道移动，将自西向东的运动称为“顺行”，将自东向西的运动叫作“逆行”。由顺行转为逆行或逆行转为顺行的时刻，位置短暂不动，称为“留”。将看到行星和太阳的黄经相同的现象叫作“合日”，简称“合”。将看到行星和太阳的黄经相差180°的现象称为“冲日”，简称“冲”。地外行星和太阳的黄经相差90°时叫作方照。地内行星的距角达到最大时的位置称为大距。

地内行星相对于太阳的视运动　太阳西下后，出现在西天太阳之东的行星，称为昏星。地内行星逐日向东运行，达到与太阳的角距离最大，此时的“大距”叫作“东大距”。随后，角距逐日减小，达到“合”，此时的“合”叫作“下合”。之后，逐日向西运行，在太阳东升前，出现在东天太阳之东，称为晨星。接着内行星继续西行，又达到与太阳的最大角距离，此时的“大距”叫作“西大距”。“下合”之前的那次“合”叫作“上合”。连续两次“上合”或“下合”的时间间隔称为“会合周期”。在一个由上合到下一次上合的会合周期中，地内行星的视运动可归结为：上合（行星不得见）→东大距（昏星）→下合（行星不得见）→西大距（晨星）→上合（行星不得见）。水星大距时和太阳的角距离为 18°～28°；金星大距时和太阳的角距离为 45°～48°（图 1）。

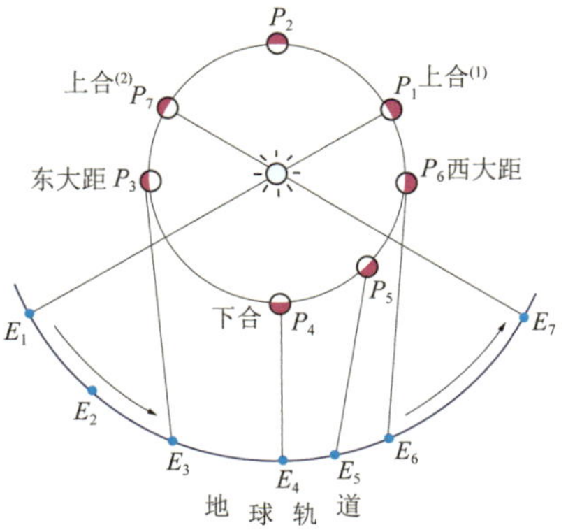

图 1　地球和地内行星同时绕太阳运动示意图

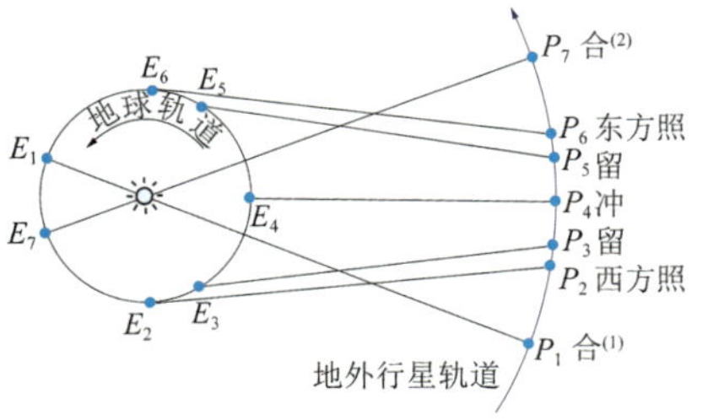

图 2　地球和地外行星同时绕太阳运动示意图

地外行星相对于太阳的视运动　行星和太阳的黄经相同时，称为“合”。因为外行星不可能运行到太阳和地球的轨道之间，所以不会有“下合”，只有“上合”，它就是“合”。“合”之后行星西行，黎明前出现在东天，是为晨星。之后，与太阳的角距离逐日增加，东升的时间逐日提早。当与太阳的黄经相差 90°时，叫作“西方照”。此刻，当太阳东升时，行星呈现在天空正南。以后，行星继续西行，与太阳的角距离持续增大。当二者黄经相差180°时，叫作“冲”。此时，太阳一落山行星即出现在东天，是为昏星，整夜可见。“冲”之后，二者角距离逐日增加，行星从太阳之东接近太阳。当行星和太阳的角距离从 180°减到 90°时，叫作“东方照”。此时，太阳一西下行星即出现在南方天空。以后，继续从太阳之东接近太阳，当二者黄经再次相同时，又是“合”。连续两次“合”的时间间隔称为“会合周期”。在一个会合周期中，外行星的视运动可归结为：合（行星不得见）→西方照（子夜升起，逐日提早）→冲（整夜可见）→东方照（子夜落山，逐日提早）→合（行星不得见）（图 2）。　　（刘麟仲）

行星碎片盘红外辐射　infrared radiation from planetary debris disk　行星碎片盘在红外波段的辐射性质和起源。行星碎片盘是环绕恒星的尘埃颗粒，颗粒尺寸通常为 1～100 微米，研究认为碎片盘来源于恒星形成行星系统时的残余物。

已发现的大多数系外行星，包括太阳系的行星，很可能是通过核心吸积过程形成的。在恒星生命的早期，环绕新生恒星的原行星盘内有大量尘埃颗粒和气体。盘的挥发性化合物如水、氨、甲烷、氢和氮，集中在离恒星较远处，那里的温度低到足以使其凝结成冰冷的尘埃颗粒，形成微小的星子，然后通过气体吸积过程形成气态巨行星。盘靠内的区域由于恒星的高温，所有气态物质被蒸发掉或落入恒星，只留下微小的固体或金属颗粒最终聚集形成小的类地行星。当新生行星从尘埃中形成时，盘内会出现间隙，盘上剩余的原始物质一部分被恒星的辐射压清除，这个行星“碎片盘”逐渐变薄。最后，围绕着年轻恒星的最外围只剩下一个几十个天文单位宽的、小行星和彗星等小天体组成的巨大碎片盘。这些小天体之间的碰撞、研磨，产生大量的第二代尘埃颗粒，为碎片盘补充原料维持其存在。我们太阳系也有类似的碎片盘结构，一个是火星和木星间的**小行星带**往内的黄道尘埃带，另一个是海王星轨道外的**柯伊伯带**。

这种围绕其他恒星的尘埃碎片盘是在 20 世纪 80 年代初期由红外天文卫星 IRAS 首次发现的，IRAS 在 60 微米和 100 微米的红外波段发现织女星的红外辐射远超预计，这种红外超出被推断是恒星辐射被碎片盘中尘埃吸收，然后在红外波段重新辐射的结果（见图）。IRAS 探测到附近几十颗**主序星**也存在类似的红外超出现象，从而发现了一类新的天文现象——行星碎片盘。明亮、年轻的盘可以通过可见光望远镜直接成像。而年老的、较暗的碎片盘只能通过**红外望远镜**观测。　　（蒙克来）

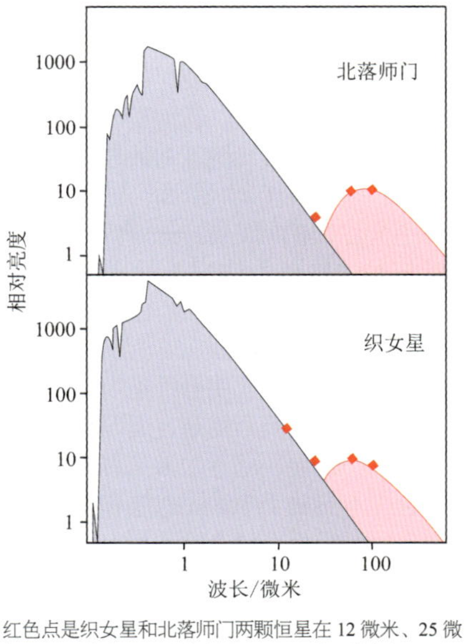

红色点是织女星和北落师门两颗恒星在 12 微米、25 微米、60 微米和 100 微米处的 IRAS 测值。紫色阴影显示了恒星本身的辐射，称为“光球辐射”从 25 微米开始，在光球层上方出现的过剩现象是由围绕每颗恒星运行的碎片盘发射（红色阴影）造成的

织女星和北落师门行星碎片盘红外辐射

行星物理学　planetary physics　研究行星及其卫星的物理状况和化学性质的学科。太阳系物理学的一个主要分支。它的任务是：①测定行星及其卫星的各种物理参数，如大小、质量、扁率、平均密度、表面重力加速度、逃逸速度、**反照率**等。②研究行星及其卫星表面的构造、表面覆盖物的特性、表面温度及其周期变化。③对有大气的行星和卫星，研究它们的大气的构造、物理状态和化学组成。④研究行星的内部结构。⑤研究行星的磁场、磁层以及太阳风与行星的相互作用。地理学和地球物理学一般不包括在行星物理学中，但地球是一个行星，从研究行星的角度对地球所做的研究则属于行星物理学。

研究方法　17 世纪初，望远镜的诞生为行星及其卫星的物理研究提供了条件。虽然行星的视圆面很小，而且观测受到地球大气抖动等因素的影响，但用望远镜通过目视观测还是发现了行星表面的许多特征。19 世纪中叶以后，照相术、测光术、分光术被广泛地应用到行星及其卫星的观测和研究中来。例如：用照相方法拍摄行星的照片；用测光方法测定行星和卫星的累积星等、明度星等（见**天体光度测量**）、**色指数**、光度与位相的关系、反照率及表面的**有效温度**；用分光方法拍摄行星的光谱，并进而确定行星大气的成分，根据**谱线位移量**测定行星的自转周期等。随后，偏振测量也被广泛地应用到行星物理研究方面，对行星表面不同部分所反射的光的偏振测量，对于了解行星表面结构和特性有十分重要的价值。20 世纪上半叶，射电天文学诞生后，开始对行星进行射电观测，扩大了对行星及其卫星观测的波段。这种观测通常分为两类，一类是直接接收行星和卫星表面发出的射电辐射，例如对行星而言，已经接收到的有水星、金星、火星、木星、土星、天王星、海王星的射电辐射（见**行星射电**），其中木星、天王星、海王星还有射电爆发；另一类是雷达观测，用雷达方法可以测定和研究行星表面的特征，甚至可以测绘表面图。50 年代末以来，相继向月球、金星、火星、水星、木星和土星发射了各种探测器（见**空间天文设备运载器**），以逼近飞行、绕转飞行、硬着陆、软着陆、载人飞行等方式，通过照相、自动测量、采样分

析以及宇航员的实地考察和取回样品，对月球和行星做了深入的研究。新的发现接踵而至。随着宇宙航行时代的到来，行星物理学已成为当代科学研究的活跃领域之一。

主要成果 通过研究，已经对行星的大气、表面、内部结构、磁场和磁层等方面有了一定程度的了解。此外，对于地球的天然卫星——月球，也获得了更加丰富的资料（见*月质学*）。

行星大气 行星上大气的存在和保持取决于其组成成分的逃逸率。根据金斯经验规则，如逃逸速度v_p高于热运动均方根速度v_t的5倍，则给定分子（分子质量为μ）的逃逸可以忽略，行星表面上这种分子的大气成分实际上将永远地存在下去。这个条件可用方程表示为$v_p \geqslant 5v_t$，式中$v_t = (3kT/\mu)^{1/2}$，T为绝对温度，玻尔兹曼常数$k = 1.38 \times 10^{-16}$尔格/度。

由于水星引力小而表面温度高，根据上述金斯规则，水星上很难长期保有大气层。行星际探测器“水手”10号果然确证水星上只有极微量的大气，其主要成分是中性氦。至于冥王星有无大气，因资料很少，还不能断定。其他行星都存在着大气。此外，木卫一、木卫三、土卫六、海卫一等卫星也有大气。

用分光方法证认出来的大气组成是：

①金星。CO_2、N_2、Ar、CO、H_2O、HCl、HF、H、He、O。

②火星。CO_2、CO、N_2、H_2O、Kr、Xe、O_2（微量）。

③木星。CH_4、NH_3、H_2、He、C_2H_2（微量）、C_2H_6、PH_3。

④土星。CH_4、NH_3、H_2、C_2H_6（微量）。

⑤天王星。CH_4、H_2。

⑥海王星。CH_4、H_2。

⑦土卫六。CH_4、H_2。

⑧木卫一。Na、He。

必须指出，这里证认出的原子和分子只是行星大气组成的一部分。可能还有一些重要成分没有检测到。例如，木星大气中含量占第二位的元素氦，以前用分光方法并未证认出来，直到1973年才被行星际探测器“先驱者”10号发现。火星上的氮是行星际探测器“海盗”1号首先发现的。

行星表面 月球、水星和火星的表面可以通过光学波段直接观测，对颜色、反照率和相效应的测量表明，月面和水星表面情况相似。水星表面可能覆盖着粗糙不平类似月壤的物质。“水手”10号摄得的水星照片证实了水星表面和月球表面的相似性。“水手”9号进入绕火星的轨道以后，已经对火星做了非常精确的地貌调查。

无线电波可以穿透金星浓密的云层直达表面。通过雷达观测已绘制了金星表面地形图。行星际探测器已在金星表面软着陆，获得了高分辨率的资料。通过对金星局部地区作精细的研究，发现金星赤道区有像火山口一样大而浅的圆形圈和南北向穿过赤道绵延1200千米的大裂谷、山系等。

已知木星是个流体行星，没有固体表面。

行星内部结构 研究行星内部结构的主要目的是揭示行星的总体组成和行星内部存在的物理化学性质均不相同的分层。目前还不能直接用观测手段来探测行星内部，而只能根据下述有关观测资料来推断行星的结构模型：①行星质量。对内部结构来说，是个重要的量。根据行星、卫星、小行星的运动和摄动已经计算出各大行星的质量，而且大多较为精确。②半径和密度。从计算得到的质量以及测量到的半径可以求得平均密度。有的行星半径本来是较难定准的，通过行星际探测，情况大为好转。③扁率和动力学椭率。这两个量同行星内部的物质分布有密切关系。一个质量较集中在中心的转动着的行星，要比一个密度均匀分布的相似行星扁些。扁率（或称椭率）定义为$\varepsilon = (a-b)/a$，式中a和b为行星的长轴和短轴。对于有一定的扁率而且有近距卫星的行星，可以根据该行星的赤道隆起对卫星的摄动求得动力学椭率$\varepsilon' = (C-A)/C$。式中C为对于自转轴的惯量矩，而A为对垂直于自转轴的任一轴的惯量矩。④自转。所有行星都已有自转数据。如果将扁率和自转速率合在一起，可以导出量I/MR^2。其中I和R为行星的惯量矩和半径，M为行星质量。量I/MR^2表示物质向中心集中的程度，是对行星模型正确程度的一种量度。⑤地震学研究。地震学研究使人们得知地球内部具有分层结构，并且存在着几个间断面。地球内部大致由不同性质的同心层——地壳、地幔、外地核和内地核所构成（见*地球内部结构*）。这一分层结构模型目前已被用来研究某些行星的内部结构。

行星内部的高压使得行星内部的凝聚物质的状态方程极为复杂，因而行星内部结构理论的进展，远不如*恒星内部结构理论*迅速。幸而关于冷的固态氢和固态氦的状态方程已经相当精确地计算出来了。氢在2×10^6～2.5×10^6大气压时产生了重大的状态变化，从分子形式过渡到金属形式，密度增加大约40%。其他某些元素和化合物也有类似的状态变化。

H.W.雷姆塞提出了一个假设，他用橄榄石（硅酸盐幔中所含的一种重要矿物）在高压下过渡到金属相来解释地表下2900千米处（地幔与地核交界面）密度突然增加的现象。这一假设被推广到所有类地行星上，即试图寻求关于所有类地行星化学上匀质的模型，将幔与核之间的差别仅仅归之于同一物质的高压相变。但是关于水星的较新资料得出其平均密度与地球相近这一点，证明类地行星不会是完全匀质的。在行星中间，水星的质量最小，但它的密度却和地球相近。因此显然不能用高压硅相来解释，而必须假定重元素占有相当高的分量。这就再次回到水星具有铁–镍核的概念。关于类地行星的结构问题，还有较大的争论。

类木行星的情况要好得多。木星和土星的平均密度较低（分别为1.33和0.70克/厘米^3），表明这些行星主要由氢、氦组成，核的内部有少量的重元素。

P.马库斯根据太阳型组成及分子氢与金属氢之间的相转变，提出了木星和土星的结构模型。木星和土星间的密度差可以直接用它们的质量不同来解释：与木星相比，压力造成的向金属相的过渡发生在土星的更深处，从而使金属相物质在土星的总质量中只占有较小的份额。虽然在模型计算中还在作这样或那样的修正，但上述图像目前仍然是讨论这两个行星结构的基本前提。

至于天王星和海王星，它们的密度（分别为1.24和1.66克/厘米^3）比土星要高得多，意味着含有更高浓度的氦和重元素。但对它们的内部结构研究得还很少。

行星磁场 关于行星磁场，除*地磁场*外，只有零星的初步知识。由于空间探测技术的发展，情况正在迅速改变。已对水星、金星、火星、木星和土星的磁场做了空间探测。

“水手”10号发现水星具有远比火星、金星强大得多的磁场。探测结果还表明，与磁强计所得曲线十分符合的水星磁矩为5.2×10^{22}电磁单位，即不到地球磁矩的1/1500。水星磁极的极性与地球相同，偶极矩指向南；磁轴和自转轴交角约12°；赤道表面的场强为4×10^{-3}高斯。业已肯定水星磁场是这个行星本身所固有的，但对其起源的解释还有争议。

截至2022年，行星际探测还没有发现金星拥有固有磁场的充足证据，只是发现金星附近的太阳风激波。这种激波的位形可以用太阳风直接同金星大气的顶部碰撞来解释。激波后的湍流和小尺度磁场是由太阳风同金星相互作用引起的。但1976年C.T.罗素则认为一个磁矩为1.4×10^{23}电磁单位的偶极场更能说明所获得的空间观测资料。这个问题还有待进一步的研究。行星际探测器“火星”2 号、3 号和 5 号对火星的探测获得了火星拥有磁场的证据。磁矩是 2.5×10^{22} 电磁单位，是地球磁矩的 1/3000；赤道表面磁场强度为 0.6×10^{-3} 高斯；磁极的极性与地球相反，即偶极矩指向北；磁轴与自转轴交角为 15°。但是，C.T.罗素于 1978 年重新分析了空间探测资料以后，认为观测到的磁场只是围绕火星的被压缩了的**行星际磁场**。据 2019 年的火星环绕探测与着陆探测表明，火星当前并没有内禀磁场，但存在较强的岩石圈剩余磁场，且分布呈现明显的南北不对称性。

在类木行星中已获得木星磁场和土星磁场的证据。

行星磁层 在太阳风作用下，行星磁场被限制在一定的区域，这个区域称为行星磁层。磁层内充满等离子体，其物理性质和过程受所在行星的磁场的支配。一般说来，磁层的外边界只在向日方向是清晰的，而在背日方向则模糊不清。在向日方向，可以回到行星表面的磁力线与不能回到行星表面的磁力线之间存在着截然的界线，太阳风流动的动压与行星磁场的磁压相等处就是界面。在背日方向行星磁力线与太阳风场连在一起，没有明确界面。

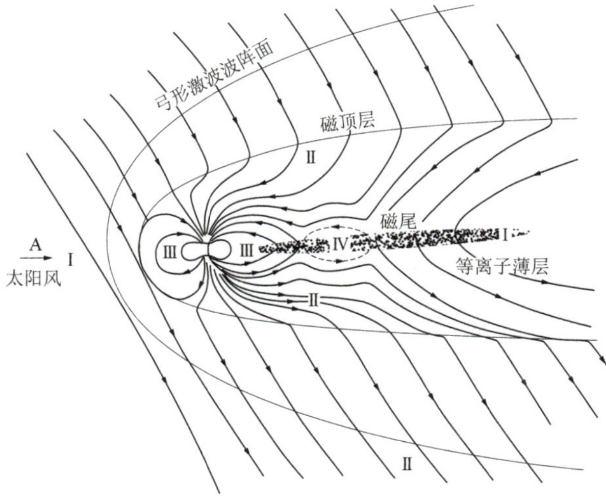

行星磁层

已发现水星、地球和木星有磁层，水星的磁层很像地球的磁层，不过规模较小。木星有更强的、结构更复杂的磁层，同地球磁层差别较大。

磁层物理过程的主要能源是等离子体流。它是不稳定的，随时间而变化的。图中定性地表示行星磁层的拓扑位形。图的平面是由行星磁轴和太阳风速度矢量决定的。按磁力线的拓扑性质可分为四个区域。区域Ⅰ中的磁力线从太阳表面出发并回到太阳表面上的另一点。区域Ⅱ中的磁力线将太阳与行星联结起来。区域Ⅲ中的磁力线与行星表面交于两点。区域Ⅳ中的磁力线完全被包围在等离子体中，既不同太阳也不同行星接触。

按等离子体拓扑来分，可分为 A、B、C 三区。A 区包含的是未受干扰的超声速太阳风等离子体，下边界位于日冕底部。B 区是磁鞘，以弓形激波波阵面和磁层顶作为界面，所包含的是被压缩的亚声速（有时是湍流的）等离子体，当它沿磁层边界流动时便变成超声速等离子体。C 区是磁层（见**地球弓形激波**和**地球磁层**）。

（陈道汉）

行星掩星 planetary occultation of star 行星视圆面掩蔽恒星的现象。在没有任何遮挡的假想情况下，光路通过某颗行星的恒星星光将穿过该行星继续传播并经历特定的时空区域，位于该区域的观测者都将见到行星掩星现象。在地基观测者看来，行星的视圆面及其相对星空背景的运动速度都比月球的小很多，因此给定行星的掩星现象比月掩星要少见得多，短期内同一颗恒星重复被掩的概率也很小。

行星掩星的观测资料具有与月掩星类似的应用研究价值（见**月掩星**），相关研究中通常有必要综合利用不同掩体的掩星资料。在此值得提及的是，相比于月掩星资料在改进**月球运动理论**方面的价值而言，行星掩星资料对改进行星运动理论的作用要大得多。这一方面是因为对行星特别是带外行星而言，由行星掩星观测提供的行星位置资料的精度一般都要高于其他地基观测资料；另一方面则是因为空间天体测量资料的时间跨度都不长，因此与行星运动中的长期或长周期现象有关的模型参数需要借助长期地面观测资料来确定。此外，行星掩星的观测资料对行星的天然卫星、环结构和大气的研究也有重要的应用价值。

（傅燕宁）

行星状星云 planetary nebula 其中心有一向白矮星过渡的热星，且由稀薄电离气体组成有明晰边缘的小圆面状星云。星云为该中心星所抛出，正向外膨胀，并由中心星的紫外辐射照射而发光。行星状星云是**发射星云**的一种。在望远镜中大都具有像天王星或海王星那样的略带绿色而有明晰边缘的小圆面。因此，F.W.赫歇尔（见**赫歇尔家族**）在 1779 年发现这类天体后称它们为行星状星云。初看起来行星状星云具有较规则、较对称的圆盘形状，中心有一个很小的核心——温度很高的中心星（图 1）。但用大望远镜拍得的照片却显示出非常复杂的纤维、斑点、气流和小弧等结构。行星状星云大都比较暗，只能用望远镜进行观测和证认，所以到 1940 年只发现了 130 多个。后来使用大口径**施密特望远镜**，另加**物端棱镜**按其光谱特征来证认，并配合参考《帕洛马天图》，到 1977 年已发现 1237 个。一部分星云的角直径小于望远镜的分辨率，在底片上很难与恒星区别，因而它们也有恒星状星云之称。此外，由于行星状星云分布在银道面附近，受到严重的星际消光影响，所以大量的行星状星云被**暗星云**掩蔽而难以观测。根据太阳附近的空间密度（每千立方秒差距 30～50 个），估计整个银河系中应有行星状星云 4 万～5 万个。可见，已经观测到的只是其中很小的一部分。行星状星云不仅集聚在银道面附近，而且运动特性与蒭藁增二型**长周期变星**相似（在一个很扁的轨道上绕银心转动），所以是盘星族中的一个重要组成部分。

图 1 宝瓶座行星状星云（NGC7293）

行星状星云的光谱很像弥漫气体星云的光谱，但由于前者的中心星比后者的照明星具有高得多的温度，所以激发度也高得多（图 2）。在微弱的连续背景上重叠着一批强发射线。二次电离氧的禁线（λ5007、λ4959）是行星状星云光谱中最强的发射线。1864 年 **W.哈根斯**对天龙座行星状星云 NGC6 543 进行分光观测时，发现了许多很强的亮线，大部分被证认为氢线，有几条未能证认，认为这些是一种**氦**元素的谱线。1927 年 I.S.鲍恩才成功地说明哈根斯发现的“氦”线是二次电离氧的禁线。

行星状星云的质量在 0.1～1.0 太阳质

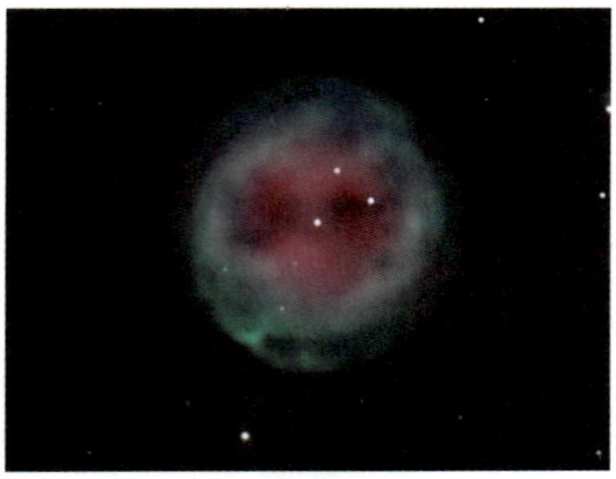

图 2　大熊座行星状星云（M97）

量，星云中的密度在 100～10 000 个原子（离子）/厘米^3。行星状星云的中心星都是温度很高（⩾30 000K）的，它们的辐射集中在光谱的紫外和远紫外区，加上星云的“覆盖”，所以在地面只观测到 200 个左右的中心星。行星状星云的能量来自中心星，星云吸收它发出的强紫外辐射通过级联跃迁过程转化为可见光。在抛出星云后中心星迅速收缩，光度和温度迅速上升。当光度接近两万倍太阳光度时，因收缩而得的重力势能辐射殆尽，光度和温度又迅速下降，恒星很快地过渡到白矮星阶段而濒于死亡，周围的星云气体也已完全稀薄暗淡而消失于视野中，所以行星状星云的出现象征着恒星已到晚年。据估计，行星状星云的平均寿命约为 3 万年。假定银河系中行星状星云的数量是动态平衡的，则由星云的寿命和现存的个数可推算出来，在银河系存在期间（10^9～10^{10} 年）将会有 10^9～10^{10} 个恒星经历过行星状星云阶段，因此行星状星云很可能是一种普遍存在的天体。银河系中的大部分恒星很可能都将经过行星状星云阶段而“死亡”。在其他星系中也发现了不少行星状星云。例如**仙女星系**（M31）中有 8000 ± 1500 多个，大麦哲伦云中约有 400 个，小麦哲伦云中有 200 多个。

（郝象樑）

行星坐标系　planetary coordinate system　对行星的地形、重力场、表面地貌地质等进行研究时，采用的固连在行星上的坐标系。用以描述行星表面上点的位置。与**天球坐标系**和地球坐标系一样，行星坐标系的定义包括坐标原点、XY基本平面或Z轴指向、X轴指向即经度零点，然后以右（或左）手系规则确定Y轴指向。行星坐标系通常以行星质心作为坐标原点。行星坐标系中坐标轴的指向通常由其平均自转轴方向以及定义的行星表面经线系统确定，坐标系的Z轴沿行星的平均自转轴指向北极，X轴自原点指向**本初子午线**（即 0°经线）与行星赤道面的交点，坐标系为右手系。对于多数的行星而言，其本初子午线或表面经度系统通常以表面地形地貌特征——如撞击坑，作为参考点来定义，例如对于火星，以经过撞击坑 Airy-0 的经线定义为本初子午线；而对于巨行星，则由其各自的磁场的特征确定。而行星的自转轴方向和定义的本初子午线的位置可以通过其赤经、赤纬以及行星轨道升交点与行星的本初子午线间的夹角W确定，如图所示。

国际天文学联合会（IAU）在 1976 年大会上决定由第四委员会（历表）和第十六委员会（行星与卫星的物理研究）建立 IAU 行星与卫星制图坐标系和旋转参数联合工作组（WGCCRE）。表中列出了该工作组在 IAU 第 27 届大会（2009）上给出的太阳系八大行星平均自转轴参数以及本初子午线参数。

在确定坐标轴指向后，行星表面任意位置可通过经纬度来确定。根据经纬度定

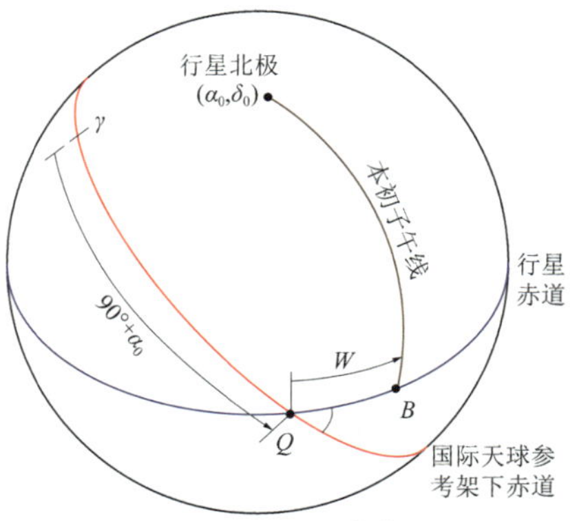

定义行星指向的参考系

义的区别又可将常用的行星坐标系分为三种：行星心坐标系、行星测地坐标系和行星地理坐标系。与之对应的地球坐标系分别是地心坐标系、大地坐标系和地理坐标系。

①行星心坐标系（planetocentric coordinate system）。该坐标系下，行星表面任意一点的纬度定义为该点和行星中心的连线与赤道面的夹角，纬度变化范围为[−90°,90°]，自南向北逐渐递增；经度定义为过该点的子午线和本初子午线之间的夹角，经度变化范围为[−180°,180°]，自西向东逐渐增加。

②行星测地坐标系（planetodetic coordinate system）。以参考椭球面为基准面建立起的坐标系，该坐标系下经度定义与行星心坐标相同，纬度定义为参考点附近的表面法线与赤道面的夹角，纬度变化范围为[−90°,90°]，自南向北逐渐递增。对于扁率较小的行星，行星测地坐标系与行星心坐标系的纬度差别较小，但对于扁率较大的行星，如气态行星，两种坐标系间纬度的差别较大。

③行星地理坐标系（planetographic coordinate system）。该坐标下纬度定义与行星测地坐标系相同，该坐标系将经度定义

IAU 在 2009 年给出的太阳系八大行星平均自转轴定向参数和本初子午线参数

水星	$\alpha_0 = 281.0097 - 0.0328T$　$\delta_0 = 61.4143 - 0.0049T$ $W = 329.5469 + 6.138\,502\,5d + 0.009\,938\,22° \sin(M1) - 0.001\,045\,81° \sin(M2) - 0.000\,102\,80° \sin(M3)$ $-0.000\,023\,64° \sin(M4) - 0.000\,005\,32° \sin(M5)$ 其中，$M1 = 174.791\,086° + 4.092\,335°d$，$M2 = 349.582\,171° + 8.184\,670°d$ $M3 = 164.373\,257° + 12.277\,005°d$，$M4 = 339.164\,343° + 16.369\,340°d$
金星	$\alpha_0 = 272.76$　$\delta_0 = 67.16$　$W = 160.20 - 1.481\,368\,8d$
地球	$\alpha_0 = 0.00 - 0.641T$　$\delta_0 = 90.00 - 0.557T$　$W = 190.147 + 360.985\,623\,5d$
火星	$\alpha_0 = 317.681\,43 - 0.1061T$　$\delta_0 = 52.886\,50 - 0.0609T$　$W = 176.630 + 350.891\,982\,26d$
木星	$\alpha_0 = 268.056\,595 - 0.006\,499T + 0.000\,117° \sin Ja + 0.000\,938° \sin Jb + 0.001\,432 \sin Jc + 0.000\,030 \sin Jd + 0.002\,150 \sin Je$ $\delta_0 = 64.495\,303 + 0.002\,413T + 0.000\,050 \cos Ja + 0.000\,404 \cos Jb + 0.000\,617 \cos Jc - 0.000\,013 \cos Jd + 0.000\,926 \cos Je$ $W = 284.95 + 870.536\,000\,0d$ 其中，$Ja = 99.360\,714° + 4850.4046°T$，$Jb = 175.895\,369° + 1191.9605°T$，$Jc = 300.323\,162° + 262.5475°T$，$Jd = 114.012\,305°$ $+6070.2476°T$，$Je = 49.511\,251° + 64.3000°T$
土星	$\alpha_0 = 40.589 - 0.036T$　$\delta_0 = 83.537 - 0.004T$　$W = 38.90 + 810.793\,902\,4d$
天王星	$\alpha_0 = 257.311$　$\delta_0 = -15.175$　$W = 203.81 + 501.160\,092\,8d$
海王星	$\alpha_0 = 299.36 + 0.70 \sin N$　$\delta_0 = 43.46 - 0.51 \cos N$　$W = 253.18 + 536.312\,849\,2d - 0.48 \sin N$　$N = 357.85 + 52.316T$

为过该点的子午线和本初子午线之间的夹角，变化范围为[0°,360°]。以一个位于惯性空间中该天体轨道平面上的观测者来看，经度应随时间而增加，因此，当该天体为顺向自转（考虑到天体进动后，其本初子午线的方位角随时间增加）时，就采用西经即向西为正；反之，当该天体自转为逆向时，就采用东经即向东为正。这与太阳、地球和月球的经度系统有所区别，这三个天体都是顺向自转，但都采用东经和西经180度，而不是[0°,360°]。

如表，式中α_0、δ_0分别为行星北极的赤经赤纬；W为本初子午线与过行星升交点的子午线间的夹角，参考历元为J2000（TDB）；T为距离参考历元的世纪数；d为距离参考历元的天数。各角度参数的单位缺省为度。关于经度系统定义，水星以过撞击坑Hun Kal的经线定义为东经20°，金星以过撞击坑Ariadne中央峰的经线定义为本初子午线，地球以过格林尼治的经线定义为本初子午线，火星以过撞击坑Airy-0的经线定义为本初子午线。对于木星、土星、天王星、海王星，上表中的W均由其各自的磁场的旋转确定（对应于System Ⅲ）。　（黄乘利）

形态–密度关系　morphology-density relation　星系团内不同形态类别团星系在全部成员星系中的占比与其数密度之间的关系。形成不同形态星系的原因之一可能与星系所处的环境有关。例如，与不属于任何星系团的“场星系”相比，团星系中的**椭圆星系**（E）和**透镜状星系**（S0）所占比例要高得多。不过，这种现象又随星系团而异，有的星系团中E星系的占比高达40%，而有的团仅为15%。若用f(E)表示椭圆星系之占比，在规则星系团中f(E)值高，而在不规则团中f(E)值就低。

对一个规则星系团来说，团中心区成员星系的密度很高，随着到星系团中心的距离（团心距）R的增大，星系的投影数密度不断减小，但其中**旋涡星系**的占比f(Sp)反而随R的增大而增大。由于观测到的只能是星系的投影数密度，视位置位于星系团核区的星系实际上可以距离团中心很远，因而在团的核区很可能不存在旋涡星系，这就是所谓星系团内星系的形态–半径关系，也就是星系团的形态空间分层。

形态–半径关系表明，与椭圆星系相比，团内旋涡星系离团中心比较远，它们在团内的轨道运动能量比椭圆星系来得大，形态空间分层使不同类型星系的运动状况有所不同。在给定团中心距处，旋涡星系的随机速度比椭圆星系大，即存在形态速度分层，并已为观测证实。

对55个星系团约6000个星系的大规模形态分层的研究，证实旋涡星系的占比f(Sp)的确随团心距的增大而增大，而透镜状星系的占比f(S0)在团中心附近呈减小的趋势，从团心距$R = 0.25$兆秒差距处的54%减少到$R = 0.075$兆秒差距处的30%。据此得出的一种观点是，这种关系不是基本关系，星系形态实际上应取决于星系团内的局域星系密度，或者说团内f(Sp)、f(S0)与局域星系密度的关系，即形态–密度关系才是基本关系。

实际上要区分哪一个关系更为基本是极为困难的。星系团，特别是规则星系团内，成员星系的分布有一定的统计规律，即投影数密度N是团心距R的单调函数。就许多星系团而言，在相当大的团半径范围内有$N \propto R^{-1}$，而在小半径范围内用函数$N \propto \exp(-R/100\text{kpc})$来描述$N$-$R$关系可能更为合理，后者仍然是单调函数。因此，如星系形态分布与R有关，则也必然与N有关，反之亦然。所以，除非能找到某种本质性物理机制，否则无法明确判定形态–半径和形态–密度哪一个是更为基本的关系。　（赵君亮）

幸运成像　lucky imaging　在地基天文观测中，从大量短曝光图像中选取一定比例的受大气湍流影响最小的图像，对其进行配准和叠加，得到高空间分辨率图像的方法。在传统的地基天文观测中，大气湍流会带来光束波前误差，且该误差不断变化，使观测图像存在不同程度的平移、扭曲和模糊。即使在大气视宁度极好的台址，由于大气湍流的影响，利用大口径望远镜直接成像的空间分辨本领也难以明显优于口径20厘米望远镜的衍射极限。与修正大气湍流影响的其他技术（如**自适应光学技术**、望远镜干涉技术等）相比，幸运成像技术可以以较低的成本、简单的设备和易实现的算法有效地提高地基中小型望远镜的空间分辨本领，使其接近或达到衍射分辨极限。图1为口径50厘米望远镜获得的幸运成像图像。

获得“幸运图像”的概率与观测时的大气视宁度和望远镜口径有关。研究表明采用数毫秒，甚至更短的曝光时间，可以有效“冻结”大气湍流，从而得到接近衍射极限的图像。但是随着望远镜口径的增大，获得高分辨率图像的比例显著降低。近年来将幸运成像技术与低阶自适应光学技术相结合，在中等口径望远镜上也取得了明显的效果。图2为口径5米的海尔望远镜利用低阶自适应光学系统和幸运成像

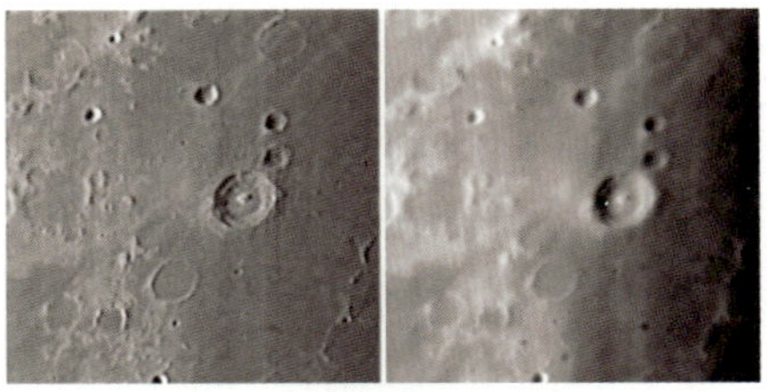

图1　利用50厘米望远镜拍摄的月球局部照片（左幸运成像，右未进行幸运成像）

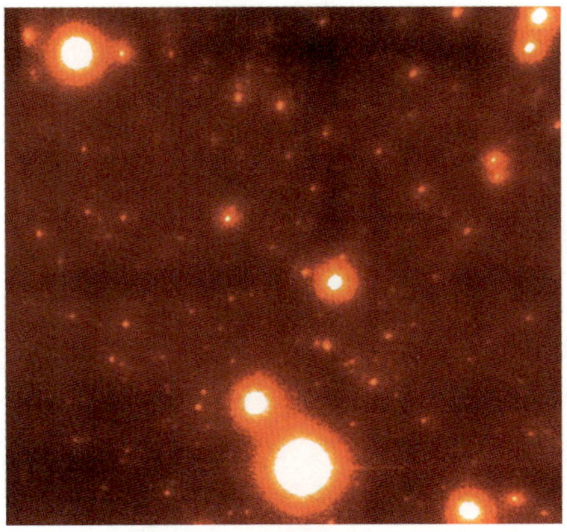

图2　海尔望远镜利用低阶自适应光学系统和幸运成像获得的I波段半高全宽（FWHM）为35mas的星像

筛选10%图像，获得的半高全宽（FWHM）为35mas的星像（I波段），其分辨率比哈勃空间望远镜高约三倍。　（姜晓军）

熊大闰　Xiong Darun（1938-09-16～　）中国天体物理学家。籍贯江西南昌，生于江西吉安。1962年毕业于北京大学地球物理系天体物理专业，同年到中国科学院紫金山天文台工作至今。1986年任研究员，曾任紫金山天文台学术委员会主任。1991年当选为中国科学院学部委员（院士）。

熊大闰在紫金山天文台最初几年主要从事一系列设备研制和观测方面的工作，受当时科研条件的限制，后来的研究兴趣完全转向理论方面。他主要研究恒星对流理论，以及与之相关的恒星结构、演化和脉动稳定性、恒星化学元素混合等等问题。他长期潜心研究恒星对流，发现国际学界研究恒星对流通用的混合长方法存在理论上的不自洽性。他从第一性原理的流体力学基本方程出发，发展了一种基于相关函数的对流统计理论。这是国际上最早摒弃恒星对流局部唯象描述的理论体系之一。为了实际运用于恒星结构、演化的理论计算，他针对

非线性流体力学相关函数不封闭的困难，提出了三阶截断的梯度近似方法，并成功应用到大质量恒星演化计算中，在国际上率先解决了所谓的半对流的理论矛盾和造父变星质量矛盾。他将该理论应用到太阳对流区的研究中，得到了一个比传统理论更符合观测事实的太阳对流区模型。他将已有的理论进行了扩展，形成了时间相关的对流理论，以此进一步解释了变星脉动不稳定区红端边界和长周期变星脉动不稳定区等现象（1977～1984），这是截至2022年国际学界对经典造父变星脉动不稳定带红边界最准确的理论解释。这个理论研究成果及其在诸多恒星问题上的成功应用被国际同行广泛引用，他发展的湍动对流的统计理论被称为“熊氏理论”。在一系列与对流相关的恒星物理问题上，比如日震学和星震学（1988）和太阳大气锂元素丰度（1991）中，他也取得了重要成果。熊大闰先后获江苏省重大科技成果二等奖（1979）、中国科学院自然科学奖一等奖（1989）、国家自然科学奖二等奖（1991）、王丹平科学奖（1992）和何梁何利基金科技进步奖（2003）。（邓李才）

休伊什，A. Antony Hewish（1924-05-11～2021-09-13） 英国天体物理学家。生于英国康沃尔郡的福伊，卒于剑桥。1942年入剑桥大学学习。第二次世界大战期间，他和M.赖尔一起参与空载抗雷达装置的战时科学研究。战后回剑桥大学继续学习，1948年毕业后在该校卡文迪什实验室工作，成为M.赖尔的助手，并于1952年获博士学位。1971～1989年任卡文迪什实验室射电天文学教授，1977年任英国皇家研究院教授，1982～1988年任马拉德射电天文台台长。1968年当选皇家学会会员，1969年获皇家天文学会爱丁顿奖章，1972年获国际无线电科学联盟德林格金质奖章，1973年获美国富兰克林研究院迈克尔逊奖章，1974年获英国物理研究院和法国物理学会霍尔维克奖章，1976年获皇家学会休斯奖章，1998年当选皇家物理研究院院士。

休伊什于1946年就参加了由M.赖尔领导的射电天文学研究小组，提出建设一座大型相控阵射电望远镜，以获得高时间分辨率。1966年，他和丹尼森合作用相距90千米的两天线同时观测一射电源的行星际闪烁现象，并测定了太阳风的速度。1967年7月主持建成了高时间分辨率的特殊射电望远镜。10月，他和他的学生J.贝尔在剑桥大学穆拉德射电天文台用射电望远镜研究行星际闪烁过程中，发现有来自确定方向的、周期极稳定和短暂的射电脉冲源，经系统观测后，定为第一颗脉冲星——CP1919。科学史上第一次观测到脉冲星，而且它实质上是高速自转的中子星。脉冲星的发现进一步推动了诸如中子星一类的晚期恒星演化的研究，并为研究高能天体物理学开辟了一条新的途径。由此，休伊什和M.赖尔获1974年诺贝尔物理学奖。（郭奕玲　石云里）

修改的引力理论 modified gravitational theory; alternative gravitational theory 超出爱因斯坦广义相对论的描述引力现象的一类物理模型。又称另类引力理论（alternative gravitationed theory）。通过对引力场和加速度运动参考系之间的敏锐观察，A.爱因斯坦指出了二者的等价性，也就是等效原理。基于此原理他于1915年提出了描述所有引力现象的物理理论，即广义相对论，并且用一个非线性的场方程将物质分布和时空曲率衔接在一起。在之后一百年来的引力研究当中，科学家们基于不同的理论动机提出过形形色色的修改的引力理论。例如，基于扩展的等效原理框架下，有嘉当理论、布兰斯-迪克理论、罗森度规等引力理论；基于引力量子化的目标，有阿希提卡等人构建出非微扰且背景独立的圈量子理论；为了实现统一描述包括引力在内的所有相互作用这个终极理论目标，弦理论也被构建出来。然而，目前推动研究修改的引力理论的动机主要来自现象学的发展，特别是一系列天文及宇宙学实验所揭示的违反过去认知的引力现象。其中，代表性的理论有以基于刻画时空曲率的里奇标量所提出的F(R)理论和引入时空挠率而构建的F(T)理论等。

F(R)引力理论实际上是一类模型的统称，每一个模型都是通过给定一个里奇标量的函数来定义的，其中最简洁的线性函数则正好对应了爱因斯坦的广义相对论。由于里奇标量的函数形式可以任意构建，这类模型可以在不引入暗物质的情况下来解释宇宙中星系旋转曲线反常的现象。然而，这类模型却很难刻画暗物质在一些天文观测中所体现出的粒子动力学行为，例如，子弹星系团的星系对撞观测通常被认为是否定星系尺度上修改引力的重要依据。F(T)引力理论则是通过推广时空的微分几何性质，引入挠率并以挠率标量的函数形式来定义一类模型。

此外，修改的引力理论亦可在不引入暗能量的情况下来解释当前的宇宙加速膨胀。1998年两个独立的天文实验组通过对Ⅰa型超新星的观测发现宇宙正在加速膨胀。这一现象随后被大尺度结构、重子声学振荡以及宇宙微波背景辐射等观测数据所证实。通常人们通过引入如宇宙学常数这样的暗能量来解释当前的宇宙加速膨胀，但这类理论往往存在一致性疑难或精细调节问题。因此，一种替代暗能量的理论方案就是在红外能标，也就是宇宙学尺度，对引力理论进行修改。常见的修改的引力理论有F(R)理论和F(T)理论等。（蔡一夫）

虚拟天文台 virtual observatory; VO 由虚拟的数字天空、虚拟的天文望远镜和虚拟的探测设备所组成的机构。虚拟天文台是通过先进的信息技术将全球范围内的天文研究资源无缝透明连接在一起形成的数据密集型网络化天文学研究和科普教育环境。其将全球的天文数据库连接起来形成一个多波段的数字星空，一个全球性的天文数据网格，让科学家和普通用户能够基于数据发现、高效数据访问和互操作，以各种创新的方式进行检索、展现和分析，打造创新型的科学研究和资源使用环境。

虚拟天文台的诞生消除了各个数据库系统访问标准不统一的问题，使得数据访问融合和数据分析的工作有了相应的工具来完成。全世界越来越多的天文数据中心或天文项目声明支持虚拟天文台的标准，为虚拟天文台提供标准接口的数据源。

传统研究模式为人类留下了GB量级的数据遗产，巡天模式为人类留下了TB量级的数据遗产，虚拟天文台模式则把人类带入PB量级的数据密集型时代。这三种模式并不是一种取代另一种，而是同时存在于现代天文学研究活动中。

中国虚拟天文台旨在完成国际虚拟天文台宏伟构想中的中国部分，正在以国内核心天文观测设备的时间申请、审批，数据汇交、共享、使用，课题设计、开展为线索，融合天文观测和科研活动所需的科学数据、科技文献、高性能计算、软件和实用工具等资源，打造一个物理上分散、逻辑上统一的网络化科学研究平台；基于虚拟天文台技术和云计算技术实现一个全生命周期数据管理与开放共享平台。中国虚拟天文台是一个数据驱动的科研信息化环境，基于标准、完整、有质量保障的元数据和科学数据系统，通过具备互操作能力的软件、工具和服务，为天文学家等科学用户带来一个泛在融合的信息化科研新模式。同时，这是一个开放的平台，通过标准的接口和协议与国际上的资源和服务实现无缝融合。

国际虚拟天文台联盟（IVOA）为虚拟天文台定义了清晰的体系架构。这个架构采用了分级的描述方法。0级是一个通俗的架构描述，让任何人都可以明白虚拟天文台的工作原理。1级提供了稍多的组成元素和功能细节。2级把国际虚拟天文台联盟的各项标准融入体系架构中，阐述了这些标准如何在这个架构中发挥作用。

虚拟天文台的基本架构如图1所示。天文学领域中的海量数据通过大型的数据中心或者小型的研究团队来进行管理，以互联网为平台把这些数据以及相关的计算等资源提供给天文学家等用户使用。这就是虚拟天文台架构中的资源层。数据和计算资源的消费者，或者是天文学家，或者是研究团队，或者是计算机系统，通过用户层来和下面的资源进行交互。虚拟天文台则是这个架构中连接资源层和用户层的那个中间层，它以无缝透明的方式将两者连接在一起。国际虚拟天文台联盟为资源提供者提供了一套技术框架，使得这些资源可以被共享出去，让用户能够找到这些资源，得到并使用它们。为能让这些功能得以实现，就必须制定一套面向天文学领域的核心标准。

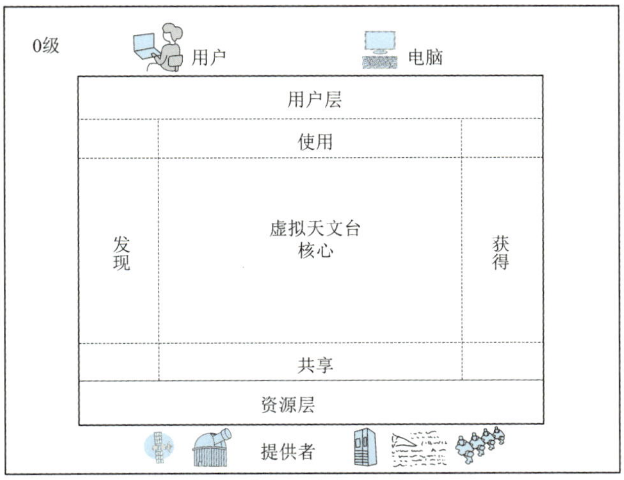

图1　虚拟天文台0级架构

图2是虚拟天文台的1级体系架构。资源提供者通过网络向用户提供数据和计算服务。这些资源可以是：

①数据集（图像、光谱、星表、时序数据、理论模型等）及其相关的描述元数据和访问服务；

②为用户和程序提供的存储服务；

③为处理从数据集或者用户处取得的数据所需要的计算服务。

这些数据和计算服务的“消费者”，个体研究者、研究团队或者计算机系统，与架构中的用户层进行交互。交互方式可以是用户在网络浏览器中执行的面向网络浏览器的程序、独立的应用程序或者可以被计算机自动执行的脚本程序。

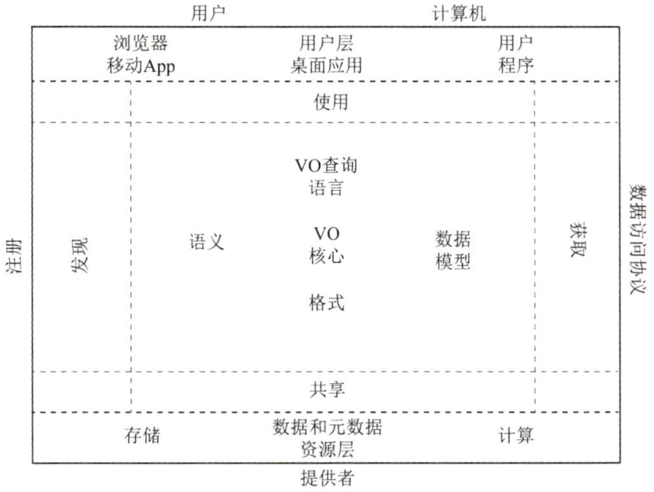

图2　虚拟天文台1级架构

虚拟天文台就是以无缝透明方式把资源层和用户层联结起来的那个必需的“中间层”。互联网让终端用户和机器可以透明地访问以各种方式存储在世界各地的文档和服务。与此类似，虚拟天文台可以让天文学的科学用户访问各种天文资源，无论它们被天文数据和服务的提供者存储在什么地方、以什么方式存储。

虚拟天文台为资源提供者和消费者提供了一套技术框架，让他们能共享数据和服务。注册功能类似于VO中的“黄页”，把数据资源和信息服务的元数据收集成一个可检索的数据库。和虚拟天文台的资源和服务一样，注册也是分布式的。数据和元数据信息的访问通过数据访问协议完成。数据访问协议为从各种不同的提供者处获取数据和元数据定义了统一的方式。在用户层也需要一系列标准，来保证用户对特定数据集和存储资源的授权访问以及各种虚拟天文台应用之间的互操作。

为了实现这些功能，定义一套面向天文学科的核心标准是必需的。特别是，为了让天文数据集有一个统一的描述，定义通用的格式和数据模型，使用共同的语义，是必要的措施。这样，数据集之间才能有互操作性，才可能使用标准的查询语言来访问并进行跨数据集的处理和分析。

虚拟天文台的2级体系架构（图3）和1级体系架构很相似，只是把国际虚拟天文台联盟已制定的标准和协议对应到了相应的位置上。有些标准已经完成制定并得到应用，有些则还在制定和讨论之

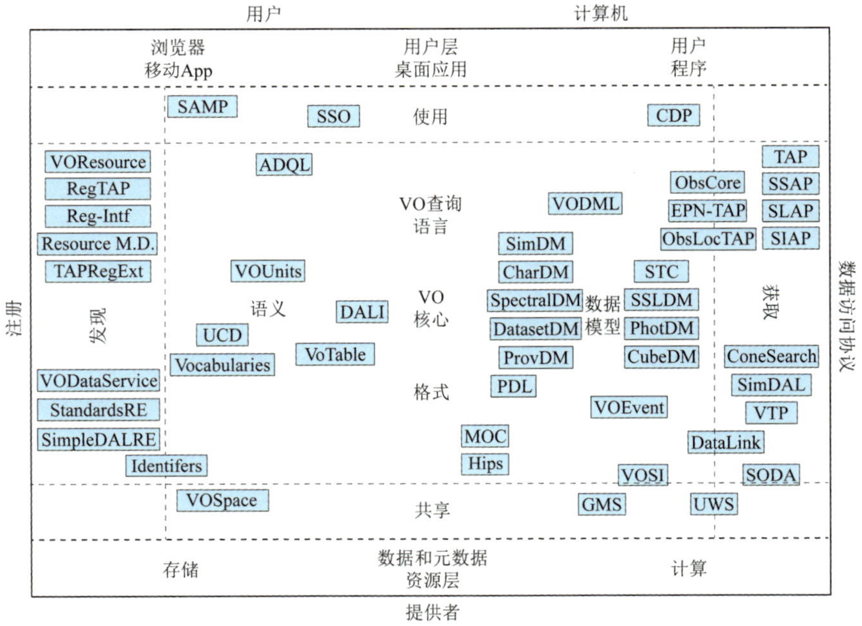

图3　虚拟天文台2级架构

中。这些标准将随着时间的推移得到不断完善。随着科学需求的不断出现，更多的标准也将会提出并添加到这张图中。

（崔辰州）

徐光启 Xu Guangqi（1562-04-24～1633-11-24） 中国明末杰出的科学家。字子先，号元扈。生于明嘉靖四十一年三月二十日（1562年4月24日），卒于明崇祯六年十月七日（1633年11月24日）。上海人。他在天文学、数学和农学方面都有重要贡献，是介绍和吸收欧洲科学知识的积极推动者。他从青年时代起，就注意农桑水利技术和各种实用知识。万历二十八年（1600）在南京遇意大利耶稣会士利玛窦，为利玛窦介绍的欧洲科学知识所吸引，与利玛窦等耶稣会士密切交往，学习西方的天文、数学、水利等技术知识。万历三十一年入天主教。万历三十二年中进士后，任职翰林院。万历三十五年他和利玛窦合译的《几何原本》付印。同年，又合译《测量法义》。万历三十九年和意大利人熊三拔合译《简平仪说》，万历四十年合译《泰西水法》。晚年他领导了一次重大的改历活动。临终前官至文渊阁大学士。

明初以来使用的《大统历》，由于二百多年的误差积累，差错屡次发生。万历三十八年十一月壬寅朔（1610年12月15日）日食，钦天监预报错误显著。当时徐光启按欧洲方法做的预报则比较准确，由此博得巨大的名声。后来人们多次提出改历建议，推举他参与或负责此项工作。崇祯二年五月己酉朔（1629年6月21日）日食，钦天监推算错误。崇祯皇帝接受礼部建议，授权他组织历局，进行改历。他坚决主张参用西法，提出“欲求超胜，必须会通；会通之前，必须翻译”的方针。历局先后聘请耶稣会士邓玉函、罗雅谷、汤若望参与工作，编纂成《**崇祯历书**》，其中包括欧洲古典天文学的理论、仪器、计算和测量方法、基础数学知识以及天文表的编算使用方法等。同时，历局进行了许多天文教育和介绍欧洲天文学知识的工作。引进了欧洲式的象限仪和纪限仪等古典仪器，以及望远镜。安排了星表测定、日月食观测和五星位置观测等观测计划。历局根据第谷星表和中国传统星表，编测了使用欧洲度量单位的星表，后来成为清代星表的基础。

（薄树人　撰　石云里　修订）

轩辕十四 Regulus; α Leonis 狮子座中最亮的星，全天第21亮的恒星，视星等为1.35等，距离太阳大约79光年。西方星名狮子座α，拉丁语的含义是王子或者小国王。轩辕十四是一个**聚星系统**。轩辕十四A是一个轨道周期为40天的**分光双星系统**。主星是一个质量为3.5太阳质量、光谱型为B7V型的蓝白色**主序星**，其自转很快，自转周期为15.9小时，这导致其形状很扁，因此会产生引力昏暗效应；伴星可能是一个0.3倍太阳质量以上的**白矮星**，但尚未被直接探测到。轩辕十四B和C是一个相互绕转的双星系统。单独去观测会发现，轩辕十四B是8.1等，轩辕十四C是13.5等。轩辕十四A距离轩辕十四BC系统有177角秒，距离轩辕十四D有212角秒，它们有相同的自行。轩辕十四的光度由轩辕十四A主导，轩辕十四B、C、D都是暗弱的主序星。

轩辕十四非常靠近黄道面，经常被月球掩食，也常被小行星掩食，偶尔也会被水星和金星掩食。2005年10月19日，研究人员观测了小行星166 Rhodope掩食轩辕十四，并测得光线弯曲与广义相对论结果一致。2014年3月20日，小行星163 Erigone掩食了轩辕十四，但由于天气原因没有获得任何观测数据。轩辕十四最近一次被金星掩食发生在1959年7月7日，下一次掩食将会出现在2044年10月1日。而其他行星由于位置原因，未来几千年时间都不会掩食轩辕十四。

（朱俐颖）

宣夜说 theory of infinite heaven; theory of expounding appearance in the night sky 中国古代的一种宇宙学说。据《晋书·天文志》记载：“汉秘书郎郗萌记先师相传云：‘天了无质，仰而瞻之，高远无极，眼瞀精绝，故苍苍然也。譬之旁望远道之黄山而皆青，俯察千仞之深谷而窈黑，夫青非真色，而黑非有体也。日月众星，自然浮生虚空之中，其行其止皆须气焉。是以七曜或逝或住，或顺或逆，伏见无常，进退不同，由乎无所根系，故各异也。故辰极常居其所，而北斗不与众星西没也。摄提、填星皆东行，日行一度，月行十三度，迟疾任情，其无所系著可知矣。若缀附天体，不得尔也。’”由此可见，宣夜说认为，所谓“天”，并没有一个固体的“天穹”，而只不过是无边无涯的气体，日月星辰就在气体中飘浮游动。因此，宣夜说是中国古代一种朴素的无限宇宙观念。

宣夜说的历史渊源可以上溯至战国时代的《庄子》。《庄子·逍遥游》：“天之苍苍其正色邪？其远而无所至极邪？”就用提问的方式表述了自己对宇宙无限的猜测。也是战国时代，道家中的宋钘和尹文一派就提出了朴素的元气学说，把宇宙万事万物的本原归结为“气”。这“气”，可以上为日、月、星辰，下为山、川、草、木。同时，名家的惠施，又提出了“至大无外，谓之大一；至小无内，谓之小一”的朴素的无限大和无限小的思想。这就为宣夜说的宇宙无限观念奠定了基础。

宣夜说的进一步发展，认为日月星辰也是由气组成的，只不过是发光的气，如《列子·天瑞》所说：“日月星宿亦积气中之有光耀者。”三国时代宣夜说学者杨泉又进一步说：“夫天，元气也，皓然而已，无他物焉。”他认为银河也是气，并从中生出恒星来。他说：“气发而升，精华上浮，宛转随流，名之曰天河，一曰云汉，众星出焉。”在思辨性的自然哲学中，这种猜测是十分精辟独到的。作为一个宇宙结构体系，宣夜说没有提出自己独立的对于天体坐标及其运动的量度方法。它的数据借自**浑天说**。这是宣夜说在1000多年内不能得到广泛发展的重要原因。

（郑文光）

旋涡星系 spiral galaxy 具有旋涡结构的盘状星系。在星系的哈勃分类中用S代表。此类星系的旋涡结构，最早是由W.P.罗斯于1845年观测猎犬座星系M51时发现的。旋涡星系的中心通常有大质量黑洞，稍外是由星族Ⅱ老年恒星组成的旋转椭球体状核球，核球周围围绕着由星族Ⅰ恒星、**疏散星团**、气体和尘埃组成的扁平圆盘状结构，与盘结构相比核球呈隆起状。同核球恒星相比，盘星绕星系中心的转动速度较大，但速度弥散度较小。盘的面亮度从星系中心向外按指数律降低，即$I(R)=I(0)\exp(-R/h_R)$，式中R为中心距（亦可称半径），$I(R)$是中心距R处的盘面亮度，h_R为$I(R)$降到中心面亮度$I(0)$之1/e倍时的中心距，称为标长，其值通常在1～10千秒差距。

旋涡星系最主要的结构特征是从核球两侧延伸出两条或多条点缀着明亮年轻恒星的螺线状旋臂，并叠加于**星系盘**上。旋涡星系的另一个重要结构特征是**星系晕**，大致呈球形，范围可延伸到盘结构之外，其中主要是星族Ⅱ天体，典型代表是**球状星团**，一个中等质量的旋涡星系往往含100～300个球状星团。再往外还有由**暗物质**组成、主导着星系质量的物质晕——暗晕。正是由于大质量暗晕的存在，星系的旋转曲线在远离中心处仍能大致保持平坦状。

大熊座旋涡星系 M101
（国家天文台 BATC 组提供）

旋涡星系的质量 M 为 10 亿至 1 万亿倍太阳质量，光度 L 对应的绝对星等为 $-22\sim-16$ 等。质光比（以太阳质量和太阳光度为单位）$M/L\approx2\sim20$。这类星系（不计暗晕）的直径范围是 5～50 千秒差距。旋涡星系的光度和峰值旋转速度（由中性氢 21 厘米谱线宽度测定）之间存在一个标度关系：光度近似正比于旋转速度的 4 次方。该关系按其发现者的名字称为**塔利－费希尔关系**，是估计旋涡星系相对距离的重要方法之一。（沈世银）

璇玑玉衡 Xuanji Yuheng　中国古代天文学名词。“璇玑玉衡”一词出自中国古籍《尚书·舜典》，原文是“在璇玑玉衡，以齐七政”。由于记载简略，含义难以理解，从汉代起就产生两种不同看法：一主星象说，一主仪器说。司马迁主张璇玑玉衡就是北斗七星，《**史记·天官书**》上说：“北斗七星，所谓‘璇玑玉衡以齐七政’。”纬书《春秋运斗枢》更把北斗七星的名称与璇玑玉衡联系起来：“北斗七星第一天枢，第二璇，第三玑，第四权，第五玉衡，第六开阳，第七摇光。一至四为魁，五至七为杓（柄），合为斗。居阴布阳，故称北斗。”《晋书·天文志》则说：“魁四星为璇玑，杓三星为玉衡。”与司马迁的主张略有不同。此外，又有北极（北辰）说，如伏胜在《尚书大传》中写道：“璇者，还也，玑者几也，微也，其变几微而行动者大，谓之璇玑，是故璇玑谓之北极。”《说苑》则说：“璇玑谓北辰，勺陈枢星也。”《**周髀算经**》称北辰皆曰璇玑，而《星经》又有不同的说法：“璇玑者谓北极星也，玉衡者谓北斗九星也。”以上均主星象说。

从汉代起，认为璇玑玉衡是仪器的也大有人在。孔安国说，璇玑玉衡为“正天之器，可运转”，肯定璇玑玉衡为仪器。郑玄说：“运动为玑，持正为衡，以玉为之，视其行度。”这也是指仪器。更有人主张璇玑玉衡就是浑仪（见**浑仪和浑象**）。马融说：“上天之体不可得知，测天之事见于经者，惟玑衡一事。玑衡者，即今之浑仪也。”三国时王蕃说：“浑仪羲和氏旧器，历代相传谓之玑衡。”而北宋的**苏颂**认为璇玑玉衡是浑仪中的四游仪。（陈美东）

薛凤祚 Xue Fengzuo（1600～1680）　中国明末清初数学家、天文学家。字仪甫，号寄斋。生于明万历二十八年（1600），卒于清康熙十九年（1680）。山东淄博人。少时曾随孙奇逢、陆继善学习举业和阳明心性之学，成年后又随魏文魁学习中国历算。清顺治九年（1652）在南京结识波兰传教士穆尼阁，随他学习西方自然科学，合作编译了系统介绍欧洲天文学、星占学的著作《天步真原》，另外还有对数和三角对数方面的知识和数表。康熙三年（1664）编成《历学会通》一书，十余年后编成《气化迁流》。

《天步真原》天文学部分译自比利时天文学家 P.兰斯玻治的《永恒天体运行表》，包括日月五星的几何运动模型、相应的天文表与用表计算指南。底本中采纳的是哥白尼学说，显然由于其宗教敏感性，《天步真原》对涉及日心地动的关键文字和图形进行了删节和改动，掩盖了其宇宙模型的真相。但书中还是明确指出了第谷体系的过时，呼吁采用书中引进的新系统。该书星占部分主要译自意大利数学家 G.卡尔达诺的《托勒密评注》，内容是欧洲的命宫星占学。《历学会通》有正集十二卷，是以《天步真原》天文学部分为基础，记过会通中西知识编制的一套适用于中国的**历法**天文学系统，包括太阳、月亮、交食、五星和恒星的理论与天文表，还收入了对数表、三角对数；考验二十八卷，主要汇集了薛凤祚在会通中使用的《大统历》《回回历法》（“旧西法”）、《西洋新法历书》的概述以及《天步真原》的全部内容；致用十六卷，分门汇集了来自中西学著作的三角学、医药、占侯、机械学、水利、火器和兵法知识。《气化迁流》是一部大型的星占学著作，据说有 80 卷之多，汇集了薛凤祚独创的占法，可惜现在仅有其中五种著作的八卷残本传世。此外，薛凤祚还有《两河清汇》《圣学心传》《甲遁真授秘籍》等著作传世。薛凤祚的学术理想是通过对古今中西天文学、占侯学和其他实用知识的会通，建立起一个庞大的知识体系，在通天知天的基础上实现对国计民生的指导。（石云里）

巡天 survey　有计划地用天文望远镜在某种波段对天空进行巡查并将观测结果编表的研究活动。巡天有悠久的历史，往往有意想不到的发现。公元前 2 世纪古希腊天文学家**依巴谷**编出一份包括 850 颗恒星位置和亮度（星等）的星表。16 世纪丹麦天文学家**第谷**多年进行精心观测，他的观测资料为 **J.开普勒**发现行星运动三定律准备了基础资料。1919 年美国著名天文学家 **E.P.哈勃**用当时世界上最大的 2.5 米**反射望远镜**照相观测**旋涡星系**，揭开了神秘宇宙的面纱，从此诞生了河外星系天文学。自哈勃以后有更多的巡天，近代有名的巡天有帕洛马天图、莫龙洛（悉尼大学）射电巡天、中国科学院国家天文台密云观测站射电巡天、伦琴卫星巡天。最雄心勃勃的巡天是斯隆数字巡天（SDSS），该计划将测量 1 亿个天体的位置和绝对亮度，还测量百万颗近星系的距离，绘制宇宙的三维图，记录 10 万颗**类星体**。

中国国家天文台研制的 LAMOST 望远镜提供更多的天体的光谱资料，到 2020 年它的科学成果非常引人注目：已获取天体千万条有缝光谱；与 Gaia 卫星的数据结合更新对银河系的认识；发现了某些特殊天体（黑洞、类星体等）开拓了人们对宇宙特别对银河系的深刻认识。

Gaia 卫星于 2013 年 12 月 19 日成功发射，进入日地拉格朗日 L2 点附近工作，L2 点位于太阳和地球连线上的地球同侧，到地球的距离与日地距离相当，即 150 万千米。在 L2 点，卫星仅需要消耗很少的燃料便可以长期驻留，围绕 L2 做圆周运动。Gaia 卫星，堪称全新一代**空间天体测量**卫星，旨在精确观测银河系内数以亿计的恒星，从而实现银河系三维勘察，绘制出银河系最精确、最大的三维“地图”，解释银河系的组成、形成和演化。（李宗伟）

Y

哑铃星云 Dumbbell Nebula 位于狐狸座的行星状星云。**星表**编号为 M27 和 NGC6853。因外形类球面，且酷似哑铃而得名。哑铃星云是天空中明亮（第二亮）且很美丽的行星状星云之一。哑铃星云的赤经为 $19^h59^m36.38^s$，赤纬为 $+22°43'15.75''$（标准历元 J2000）。到地球距离为 708～1566 光年。甚大望远镜（VLT）可见光成像显示其大小约 $5'\times8'$。

发现 它是人类第一次发现的四个行星状星云之一，由 C.**梅西耶**在 1764 年发现。哑铃星云是一个受业余**天文爱好者**欢迎的观测目标，利用口径 8 厘米望远镜就可以看见它，利用口径 15 厘米的望远镜可以看得非常清晰。但是全部星云面貌要使用 36 厘米或更大口径的望远镜才可看见。

拍摄时间为 1998 年 10 月 7 日。视场为 $6.76'\times6.82'$。蓝、绿、红色分别代表波长 429nm（B）、501nm（OⅢⅢ）、656nm（Hα）的图像

地基 8.2 米 VLT 望远镜（FORS1 终端）观测的哑铃星云图像

组成 星云的主体是一个明亮的、略呈椭圆的环。当用较好的望远镜观测时，能看到柔和的蓝绿色的光晕包围在“哑铃”的周围。光晕的主轴和次轴都是倾斜的。哑铃星云拥有结点。中心由黑暗的物质与明亮的结点所组成，并且这些结点连接着黑色的尾巴。这些结点常常以对称的黑尾模样出现，而不是不规则的。结点前的明亮部分是因为局部光致电离所致。该星云包含非常稀薄的气体，这些气体很可能是从一颗很热的恒星上被抛射出来的，且被该恒星加热。中心处的恒星很可能是一颗 14 星等的 DAO 光谱型的**白矮星**，表面**有效温度**高达 100 000K，质量约为 0.56 ± 0.01 太阳质量。 （张奉辉 龚晓波）

雅典天文台 National Observatory of Athens; NOA 位于希腊雅典市的天文研究机构。成立于 1842 年，坐落在雅典卫城西北侧的仙女山上，是希腊历史最久的科研基地，也是希腊独立后第一个科研机构。1890 年更名为雅典国家天文台。经过多次重组，截至 2023 年，天文台划分为 3 个研究机构：天文学、**天体物理学**、空间应用和遥感研究所，环境研究和可持续发展研究所，地球动力学研究所。是全球地球观测系统（GEOSS）在希腊的联络点。拥有 4 处观测站点，主要望远镜有 2.3 米阿里斯塔克斯（Aristarchos）望远镜、1.2 米卡塞格林反射望远镜。 （李宗伟 刘黎明）

位于雅典仙女山顶的天文台

雅可比积分 Jacobi integration 由 C.G.J. 雅可比提出的平面圆型限制性三体问题的运动方程的首个积分式。见**平面圆型限制性三体问题**。 （赵德滋）

雅可比椭球体 Jacobi ellipsoid 天体力学中，C.G.J.雅克比提出的一种均匀流体球自转时的一种平衡形状。1834 年，C.G.J. 雅可比证明：三轴椭球体（椭球体的三个轴彼此不相等）可以为均匀流体自转时的平衡形状。条件是参数 Ω（见**麦克劳林椭球体**）满足下列条件：

$$\Omega<\Omega_1=0.18711\cdots$$

若 a、b 为椭球体赤道截面椭圆的半长径和半短径、c 为椭球体的极半径（在自转轴上），则 $a>c$、$b>c$。这表明平衡形状只能是扁球体。对小于 Ω_1 的任一 Ω 值，都相应地存在一个三轴椭球体（$a>b>c$）的平衡形状，称为雅可比椭球体。在极限情况 $\Omega=\Omega_1$ 时，$a=b$，相应的雅可比椭球体就成为麦克劳林椭球体。雅可比椭球体的赤道椭圆可以很扁，这在**太阳系**内的较大天体中尚未发现，但在星系中，如**棒旋星系**可能属于这种类型。A.M.李雅普诺夫等人证明，雅可比椭球体是稳定的平衡形状。 （易照华）

雅可比坐标系 Jacobi coordinate system 由 C.G.J.雅可比提出的由于一些 N 体系统的特殊性，特别是在有一个主天体占主导地位的系统，有时候经常用到一种对称性较好的相对运动坐标系，即雅可比坐标系。首先以三体运动为例说明雅可比坐标系的建立。设三体质量分别为 m_0、m_1、m_2，在任一惯性坐标系中的位置分别为 r_0、r_1、r_2。雅可比坐标系的原点取为 m_0 所在的位置，取 m_1 相对于 m_0 的坐标 r_1' 为第一雅可比坐标，m_2 相对于 m_0 和 m_1 的质心的坐标 r_2' 为第二雅可比坐标。则三体运动非常可简化成：

$$\mu_1\ddot{r}_1'=-\nabla_{r_1'}U$$

$$\mu_2\ddot{r}_2'=-\nabla_{r_2'}U$$

式中 $\mu_1=\frac{m_0m_1}{m_0+m_1}$ 和 $\mu_2=\frac{m_2(m_0+m_1)}{m_0+m_1+m_2}$ 为折合质量；U 为三体引力势能。由于 U 中仅含相对位置，故上述方程是 6 自由度哈密顿系统，即从原三体的 9 自由度系统简化了 3 自由度，并保持哈密顿动能项的对角化形式。这就是雅可比坐标系的优点。该坐标系可以推广到一般 N 体系统，并有较广的用途。 （周济林）

亚矮星 subdwarf 位于赫罗图中主星序（也称作矮星序）的下面，光度级为Ⅵ。是比**主序星**稍暗的一类恒星。20 世纪 30 年代，美国天文学家 W.S.**亚当斯**进行**恒星光谱分析**时，发现了几颗金属线很弱的恒星。他根据金属线的强度，证认为 A 型星，但因其绝对星等比通常的 A 型星暗几个星等，因此称为亚矮星。与同类光谱型的主序星相比，亚矮星的半径小一些，因此光度也暗一些。亚矮星在赫罗图中构成一个单独的序列，叫作亚矮星序。亚矮星的化学成分与主序星颇为不同，一般说来金属含量很低，只相当于普通恒星的 1%左右，因此可以称为贫金属星。亚当斯发现的几颗 A 型亚矮星，**有效温度**实际上与 G 型星近似，只是由于金属含量低才被证认为 A 型星。一般认为，处于主序星和**白矮星**之间的 O 型和 B 型亚矮星，属于恒星的演化晚期，正在向白矮星过渡。亚矮星主要属于中介星族Ⅱ。 （何香涛）

亚当斯，J.C. John Couch Adams（1819-06-05～1892-01-21） 英国天文学家。生于康沃尔郡，卒于剑桥。1843 年在剑桥大学圣约翰学院毕业，后在剑桥大学任教。曾两次被选为英国皇家天文学会会长（1851～1853，1874～1876），1861 年起任

剑桥大学天文台台长。1844年以后研究天王星的观测资料，计算影响天王星运动的一颗未知行星的轨道要素、质量和日心黄经。1845年9～10月他分别向剑桥大学天文台台长J.查理士、格林尼治天文台台长G.艾里报告了他的计算结果，但未受重视。1846年德国J.G.伽勒根据法国U.-J.-J.勒威耶的计算发现了这颗未知行星——海王星后，人们才想起亚当斯的工作。经过长期的争论，亚当斯最后被公认为是海王星的共同发现者。此后，他研究月球运动长期加速现象、地磁场，还研究了狮子座流星雨的轨道，认为它是一个扁长的椭圆，周期为33年3个月。他据此预言在1866年11月12～14日流星雨将再次出现，预言果然得到证实。著有《亚当斯科学论文集》2卷。1866年获得英国皇家天文学会金质奖章。海王星的一条光环以及第1996号小行星都以他的姓氏命名。

（陈美东　撰　石云里　修订）

亚当斯，W.S.　Walter Sydney Adams（1876-12-20～1956-05-11）　美国天文学家。生于土耳其安塔基亚，卒于美国加利福尼亚州的帕萨迪纳。1885年移居美国。1898年

毕业于美国达特茅斯学院，前往德国。返回美国后曾与天文学家G.E.海尔共同工作。1923～1946年担任威尔逊山天文台台长。

主要从事恒星光谱方面的研究，1916年与德国天文学家A.科尔许特发现相同光谱型的巨星光谱和矮星光谱存在细微差别，并确立用光谱求距离的分光视差法。证认第一颗白矮星——天狼星B。还在金星的红外光谱中发现了强烈的二氧化碳谱线。

1917年获英国皇家天文学会金质奖章，1918年获美国国家科学院德雷珀奖章，1922年当选美国国家科学院院士，1926年和1934年获法国天文学会詹森奖章，1928年获太平洋天文学会布鲁斯奖章，1947年获美国天文学会罗素讲席，1950年当选英国皇家学会外籍会员。为纪念他，第3145号小行星被命名为沃尔特·亚当斯，火星上的一座环形山也以他的姓氏命名。

（李宗伟　刘黎明）

亚毫米波源　submillimeter-wave source　在（亚）毫米波段（850微米～1.3毫米）观测到的富尘埃产星星系。又称亚毫米波星系（SMGs）。尘埃被新形成的恒星所发出的紫外辐射加热，从而在红外波段发出辐射，其形式近似于黑体谱（称为灰体谱）。（亚）毫米波段探测的是尘埃所发射的黑体辐射在瑞利-金斯区域的部分。由于尘埃辐射的特殊谱形，在这一区域（亚）毫米辐射随红移增大引起的衰减，与光谱能量分布随红移增大引起的变化互相抵消，从而使（亚）毫米观测能够在很大的红移范围（z为2～8）内探测到同样本征红外光度的星系。

亚毫米波星系通常有着很高的恒星形成率（100～1000太阳质量/年）、很高的总产星质量（恒星质量为10^{10}～10^{11}太阳质量）、很大的红外光度（$>10^{12}$太阳光度），以及很高的红移（中位红移为2～2.5，与所选取的亚毫米波流量限相关）。相比于其他的产星星系，SMG中的尘埃倾向于有较低的温度。这些性质表明，亚毫米波星系是处于恒星形成历史中最高点时的一类特殊星系，有可能是宇宙中的大质量星系的前身星系。因此，对这类星系的物理特征的研究能够揭示其在星系演化中的作用。

20世纪60年代以前，单天线射电望远镜普遍用于观测研究SMG，但这类望远镜的分辨率大多非常低，10～30米的口径大体对应着10～30角秒的光束大小。2013年建成并投入使用的大型毫米波干涉阵——阿塔卡马大型毫米波［亚毫米］波阵（ALMA）的应用使得SMG观测的分辨率提高到1个角秒甚至更高的量级。ALMA的高空间分辨率使得之前观测到的单个亚毫米波源被解析为多个星系，也使得在其他波段观测中寻找亚毫米波星系的对应天体更加容易。基于ALMA的（亚）毫米巡天发现，尘埃发出的静止系下的远红外辐射有着非常致密的结构（半高全宽的中位值为1.4～3.1千秒差距），而与此同时恒星的分布却更加延展，这表明亚毫米波星系中的恒星形成活动可能缘自气体沉降的触发，而气体沉降则是由星系并合与相互作用引起的。

（郑振亚）

亚巨星　subgiant　位于赫罗图上主星序的右上方、介于巨星序和主星序之间的一类恒星。在恒星光谱的MK二元分类中，亚巨星的光度级为Ⅳ级。现代恒星演化理论认为，亚巨星是由主序星演化而来的。主序星在中心氢核燃烧的末期，中心核收缩，恒星半径和光度缓慢增加，恒星离开主星序而向巨星演化。亚巨星就处于这种演化的最初阶段。有些密近双星的子星是亚巨星，如半相接双星大陵五，就包含一个主序星和一个半径充满临界等位面的亚巨星。因此对亚巨星的研究在密近双星的研究领域中占有重要的地位。

（翟迪生）

研究轨道演化的数值方法　numerical method for orbital evolution　研究天体力学的两类数值方法之一。见天体力学数值方法。

衍射光栅　diffraction grating　具有周期性空间结构或周期性光学性能（如折射率）的衍射光学元件。可以对入射光波的振幅或相位进行空间周期性调制，或对振幅和相位同时进行空间周期性调制，具有色散、分束、偏振和相位匹配四个基本特性。其中，最显著的性质是色散，可将入射复色光波按照不同波长在空间传播方向上分离形成光谱，从而被用来进行物质结构或成分分析。

衍射光栅的种类繁多，大概有百余种，而且其分类准则也各不相同。天文光栅通常按照工作方式分为反射光栅和透射光栅两大类。反射光栅可以直接在镀制在光栅基底上的金属薄膜（通常为铝膜）上刻划出一系列平行刻槽而成；透射光栅一般是利用高分子材料将具备合适刻槽形状的母光栅复制到透明的基底上，然后去除铝膜而成。天文仪器中应用较多的是反射光栅，它的基底是低膨胀系数的微晶玻璃或熔石英，其上镀铝，然后把平行线刻在铝膜上。刻划好的母光栅再依据工作波段选择镀高反射金属膜，如铝、银或金等。

20世纪90年代以来，体位相全息光栅由于光效率高，受到天文青睐，得到了广泛应用（见体位相全息光栅）。

光栅的结构如图所示：

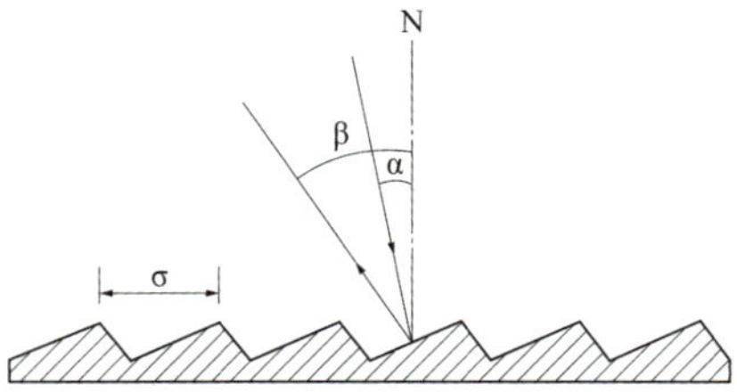

衍射光栅截面示意图

光栅方程的普遍形式写成：

$$m\lambda = \sigma(\sin\alpha \pm \sin\beta) \quad (1)$$

式中α为入射角，取正值；β为衍射角，当衍射光与入射光在光栅法线同一侧时β为正，反之为负；σ为光栅常数，即相邻刻线间距；m为干涉级次（整数）。在透射光栅中，光栅方程与光栅材料的折射率无关，公式（1）也同样适用。当入射角α给定时，对于满足光栅方程的每个m值，都有相应的m级光谱。光谱的级次愈高，分辨本领和色散也愈大。但是，光强度的分布是级次愈低，光强度愈高。特别是没有色散的中央零级占了大部分的光能量，这对于光栅的天文应用是很不利的。

定向光栅是通过改变刻槽的形状来改变各级光谱的相对光强分布，使光强主要集中到所要求的光谱级次（相应的谱段），也称为闪耀光栅。现代刻制光栅的技术，能使所有刻线槽截面具有相同的、严格规定的形状和尺寸。选择适当入射角，可使所需的波长及其邻近波段的绝大部分（达 70%）的光能量集中到预定的光谱级中。

通常用角色散或线色散来表征不同波长谱线分开的程度。相差单位波长的谱线分开的角距离称为角色散（rad/nm），对公式（1）微分得：

$$\frac{\mathrm{d}\beta}{\mathrm{d}\lambda} = \frac{m}{\sigma\cos\beta} \quad (2)$$

线色散是在焦平面上相差单位波长的两条谱线分开的线距离（mm/nm），它可以表示为：

$$\frac{\mathrm{d}l}{\mathrm{d}\lambda} = f\frac{m}{\sigma\cos\beta} \quad (3)$$

式中f为光谱仪成像系统的焦距。

根据瑞利判据，如果一条谱线强度极大值和另一谱线的极小值重合时，两条谱线刚好被分辨。可分辨的最小光谱单元宽度表示为：

$$\delta\lambda = \frac{\lambda}{mN}$$

式中N为刻线总数。光栅的理论分辨本领$R = \lambda/\delta\lambda = mN$。即干涉级次与刻线总数的乘积。受狭缝宽度、光学系统相差以及探测器像元分辨率等因素影响，天文光谱仪的实际光谱分辨率远远低于所使用的光栅的理论分辨率。

衍射效率是光栅的重要性能参数，它表示光栅的能量传输特性。衍射效率定义为在某一个衍射方向上的光强与入射光强的比值。

杂散光强度是光栅的另一个重要性能参数，很大程度上决定了光谱仪器的杂散光水平。广义地讲，在衍射屏上除光栅各衍射级次主极大能量之外，其他的能量分布都称为杂散光。杂散光的产生机理包括光栅刻槽位置的随机性变化；光栅刻槽的位置周期性变化；光栅刻槽的微观直线度；光栅刻槽表面的粗糙度。

光栅的衍射波前与理想波前之差称为光栅的衍射波前差，其影响光谱仪器的光谱分辨率。产生波前差的主要因素有光栅基底的面形，光栅刻槽的位置缓慢变化（低空间频率）和宏观直线度。（朱永田）

衍射极限成像 diffraction-limited imaging 光学系统在像差对像质的影响不超过衍射效应的条件下进行成像。包括无像差或衍射效应主导的小像差光学系统成像。一般光学系统同时存在孔径衍射和像差，两者都导致成像质量下降，应用中将像差引起的像质退化不超过衍射效应的情形称为衍射极限成像，常采用基于衍射的像质准则评价光学系统是否达到衍射极限，包括瑞利四分之一波长、斯特里尔比高于 0.8、几何像斑不超**艾里斑**直径以及**波像差**均方根和调制传递函数等准则。

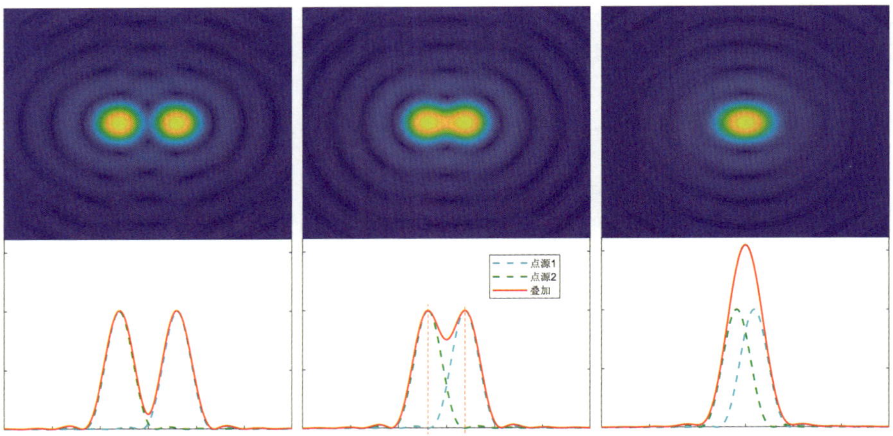

两点源的可分辨、瑞利分辨率限、不可分辨三种情形

1934 年，英国天文学家 G.B.艾里研究恒星通过望远镜光学系统的星像，推导出圆形孔径无像差光学系统点源的衍射像计算公式。对衍射限无像差系统的多色点扩散函数也有多位研究者进行了系统研究。英国物理学家 L.瑞利发表于 1879 年的论文研究了像差对成像质量的影响，不超过四分之一波长的球差导致点扩散函数的中心强度衰减小于20%。1902 年，斯特里尔比的概念被引入像质评价。法国光学专家 A.马雷夏尔发表于 1947 年的像差公差理论给出了波像差与斯特里尔比的关系式，像质准则采用波像差均方根小于 1/13.4 波长。而被广为所知的马雷夏尔准则，是基于最大强度偏离艾里斑中心点最大值小于20%的条件，由马雷夏尔的公式对应像差均方根 1/14 波长。1957 年，英国光学专家 H.H.霍普金斯利用几何光学近似，得到有像差光学系统频率响应表达式，通过研究光学系统允许的像差，得到给定频率调制传递函数（MTF）与无像差光学系统相比不低于 0.8 的准则。

天文望远镜的衍射极限成像能力常被表示为衍射极限分辨率，望远镜圆形孔径按瑞利分辨率限得到可分辨的最小角距离$\delta\theta = 1.22\lambda/D$，式中$\lambda$为波长；$D$为望远镜口径。光学系统对两个点源进行成像，其可分辨最小距离的瑞利判据见图，一个点源成像艾里斑的中心与邻近点源的一级衍射极小彼此重合对应瑞利准则临界可分辨情形。在波长 1 微米处，2.4 米哈勃太空望远镜可实现 0.1 角秒点源分辨率，30 米极大望远镜衍射极限分辨率为 8 毫角秒。地基中大型望远镜为了实现衍射极限成像，一般采用干涉、散斑成像或**自适应光学**等技术突破大气视宁度对分辨率的限制。（胡中文）

央 Jy 射电流量密度单位。按米－千克－秒（MKS）公制，射电流量密度单位是瓦/(米²·赫)［W/(m²·Hz)］。对射电天体辐射来说，这个单位太大。为纪念宇宙射线发现者，美国的 **K.G.央斯基**，1973 年，第十五届 IAU 射电天文专业委员会（NO.40）决定采用央斯基（Jy）为流量单位，简称央，并编入国际物理单位系统：

$$1\mathrm{Jy} = 1\ 央 = 10^{-26}[\mathrm{W}/(\mathrm{m}^2\cdot\mathrm{Hz})]$$

（郑兴武）

央斯基，K.G. Karl Guthe Jansky（1905－10－22～1950－02－14） 美国无线电工程师，宇宙射电的发现者。生于俄克拉何马州的诺曼，卒于新泽西州的雷德班克。1928 年，央斯基参加美国新泽西州的贝尔电话实验室工作，专门搜索和鉴别电话的干扰信号。1931 年，他在一些干扰信号中发现

有一种每隔23小时56分04秒出现最大值的无线电干扰，经过仔细分析，发觉这正是在银河扫经天线主瓣的时候。他在1932年发表文章断言：这是来自银心方向的射电辐射。由此央斯基开创了射电天文学。

为了纪念1931～1932年首先发现银河系射电的央斯基，在1973年8月举行的国际天文学联合会第十五届大会上，射电天文小组委员会通过决议：采用“央斯基”作为天体射电流量密度的单位，简写作“央”，它等于10^{-26}瓦/(米^2·赫)，并纳入国际物理单位系统。（陈美东）

阳光卫星 Yohkoh 日本主导，并与美国和英国合作研制的一颗太阳观测卫星。1991年8月30日发射进入地球轨道，工作到2001年12月14日。发射前名为Solar-A，后改为Yohkoh。Yohkoh卫星有4个主要载荷：①软X射线望远镜（SXT）。空间分辨率3.7″、视场42′、时间分辨率在耀斑模式为2秒、宁静模式为8秒、最高可以达到0.5秒。共有5个滤镜，观测波段分别为2.5～36埃、2.4～32埃、2.4～23埃、2.4～13埃、2.3～10埃。

②硬X射线望远镜（HXT）。成像能量段为14～93千电子伏，采用64对准直光栅的傅里叶变换综合孔径成像技术。空间分辨率为5″，时间分辨率0.5秒。

③软X射线谱仪。谱仪测量四条谱线，分别是Fe XXVI（1.76～1.81埃）、Fe XXV（1.83～1.90埃）、Ca XIX（3.16～3.19埃）和S XV（5.02～5.11埃），谱分辨率为波长的1/3000～1/8000，时间分辨率为8秒，最高可以达到0.125秒。

④宽波段谱仪。能谱测量范围从3千电子伏～100兆电子伏。谱仪由四个仪器组成，每个仪器都输出积分强度和能谱。软X射线测量能段为5～40千电子伏，分为两个强度计数通道和128个能谱通道；硬X射线谱仪，测量能段为24～830千电子伏，采用的是NaI(Tl)闪烁计数器，分为两个强度计数通道和32个能谱通道；γ射线谱仪，测量能段0.3～100兆电子伏，分为6个强度计数通道和144个能谱通道；辐射带监测仪，不同于之前的三个谱仪，监测仪观测目标不是太阳耀斑而是测量辐射带。

Yohkoh卫星是三轴稳定的，每天数据量为50MB。卫星重390千克、长2米、宽2米、高4米。轨道近地点516千米、远地点754千米、周期97.4分钟、倾角31.3度。

Yohkoh卫星的主要科学产出来自SXT和HXT的观测，截至2002年底，利用该卫星的观测结果发表SCI论文超过700篇。通过Yohkoh卫星在X射线波段对太阳的成像观测，对耀斑软X射线的形态演化、超热的软X射线喷流、硬X射线双足点源、环顶源、Masuda源和粒子加速机制和位置等方面的研究取得了重要的进展。

Yohkoh卫星的科学目标主要是研究太阳耀斑的高能辐射，以及耀斑前相的演化过程。卫星的观测结果将太阳耀斑的研究推向一个新的高度，其开放式的数据政策为后继太阳卫星树立了楷模，也奠定了日本在国际太阳物理界的地位。

（黄 宇 甘为群）

杨忠辅 Yang Zhongfu 中国宋代天文学家。字德之。籍贯不详。生卒年不详。约在宋孝宗淳熙十二年（1185）到宁宗开禧二年（1206）期间任职于太史局，于宁宗庆元五年（1199）作《统天历》。《统天历》有三个主要特点：①使用较精密的回归年数值365.2425日。②认为回归年长度不是常量，古大今小。因此，历法中使用斗分差来校正（见年）。③取消上元积年，采用截元术。但为免遭保守派的反对，仍虚立一个上元。杨忠辅的这三项重要改革为元代郭守敬的《授时历》所继承。此外，他所使用的岁差数值和五星会合周期比前人精密。清初著名数学家梅文鼎说，宋朝的历法“莫善于《统天》”。（陈久金）

仰仪 upward-looking bowl sundial 中国古代天文仪器。元代天文学家郭守敬创制。它的形状好像一口平放的锅，直径一丈二尺（元代天文尺）。锅口上边刻着时辰和方位，相当于地平圈，上面还有水槽，用以校正水平。在锅口的南部放置东西向和南北向的杆子各一根。南北向杆子延伸到半球的中心，顶端装置一小方板，称为璇玑板。板可以南北向和东西向转动。板的中央开一小孔，小孔的位置正好在半球的中心。在仰仪的内半球面上刻着赤道坐标网。不过，这个坐标网与天球的坐标网，东西相反，以南极替代北极。转动璇玑板，使它正对太阳。太阳光通过小孔在球面上成像，从坐标网上立刻可以读出太阳去极度数和时角，由此可知当地的真太阳时和季节。仰仪基本是一种球面日晷。不过，仰仪的功能比球面日晷广泛，它能测定日食发生的时刻，还可以估计日食的方位角、食分多少和日食发生情况的全过程。它甚至还能观测月球的位置和月食情况。这架仪器利用针孔成像的原理，避免人眼对强烈的太阳光作直接观测。仰仪流传到朝鲜和日本后，取消了璇玑板，改成尖顶的晷针，从而成为纯粹的日晷，被称为仰釜日晷。（陈美东）

耀星 flare star 以鲸鱼座UV为典型的一类星。是特殊的爆发变星。又称鲸鱼座UV型变星。耀星的亮度在平时基本上不变，有时则无规则地在几分钟甚至几秒钟内突然增大，光度的变幅从零点几到几星等，个别的可达到10星等以上，经过几十分钟后又慢慢复原。这种现象称为“耀亮”或“耀变”。早在1924年就已发现船底座DH有耀亮，但当时并未引起足够的注意。1948年发现鲸鱼座UV的光度在3分钟内增强11倍，之后又发现一些光谱型从dKe到dMe的鲸鱼座UV型变星。

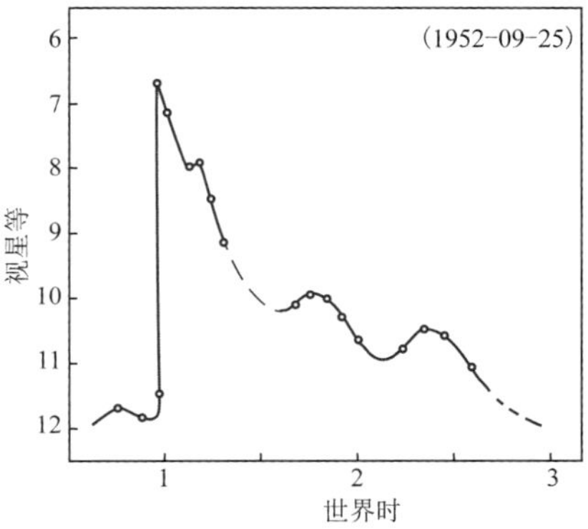

鲸鱼座UV星的光变曲线

观测最多的是太阳附近的耀星，经过多年的国际联合观测，在可见光、射电和X射线波段都积累了不少资料。耀星的主要特点是：①耀亮时在宽广的波段内，从1～7千电子伏的X射线到约196兆赫的射电波都能测到辐射，既有连续辐射也有发射线。在光学波段，一般紫外变幅最大，蓝光次之，黄光最小。在不同波段辐射的变幅之间并没有相关性，即几个波段不一定同时出现耀亮。在不同类型的辐射（连续谱或发射线）之间也没有相关性。②耀亮随时间的分布与泊松分布相近（对昴星团耀星的观测结果也如此）。③光变曲线由“快”和“慢”两部分组成。“快”的对应连续辐射，“慢”的对应发射线。发射线主要有氢、电离钙、氦等。④耀亮时的色指数$U\text{-}B$和$B\text{-}V$的变化范围可能很大，射电辐射的谱指数也如此。⑤耀亮时发出的平均能量与星的光度相关。光变曲线类型也与光度相关。⑥对**食双星**双子座 YY（两颗子星都是耀星）的光电光谱观测表明，星体表面存在着局部活动区。耀亮就在活动区里发生，并且同一活动区可以发生多次耀亮。⑦对某些耀星的长达十年以上的光谱观测表明，其发射线的年平均强度具有缓慢变化，变化周期与太阳的活动周期相似。⑧太阳附近耀星的耀亮同太阳的耀斑活动性质相似，但规模比**太阳耀斑**活动大得多。在太阳附近已发现近 100 颗耀星，其中包括半人马座**比邻星**。截至 20 世纪 70 年代，在一些**星团**或**星协**中也发现了耀星。例如，在昴星团区已发现 460 多颗，在**猎户星云**区已发现 300 多颗，在北美洲星云区已发现 50 多颗，在**鬼星团**区发现的已超过 30 颗，这些耀星主要可用来研究在不同年龄的星团中它们与其他类型天体在演化上有什么联系。

天文观测又发现了一些所谓非经典耀星，即在食双星大熊座 W 星、**密近双星**大熊座 UX 星、双子座 U 型星和早型星上都发现了耀亮现象。（姚保安　尹济生）

耶律楚材　Yelü Chucai（1190-07-25～1244-06-21）　中国元代政治家、天文学家。字晋卿，契丹人。金尚书右丞耶律履之子。耶律履通历算，曾著《乙未历》。楚材自幼即学习天文历算。元太祖十四年（1219）随元太祖铁木真（成吉思汗）西征，到达寻斯干城（今撒马尔罕）。当时这里是中亚各民族的交汇点，各族科学知识在此交流，耶律楚材也在这里同他们讨论天文**历法**等问题，著《西征庚午元历》。1229 年元太宗窝阔台继位后，他参与制定规章制度，改革游牧民族的旧俗，以适应对农业地区的统治。太宗三年八月任中书令，主张以孔学治理国家，他的工作为统一中原地区奠定了基础。耶律楚材通天文、地理、律历、术数、医卜等学。元太祖十五年在寻斯干城发现当地**月食**时刻和食分同金重修《大明历》所推算的不同，他认为是由两个原因造成：一为金重修《大明历》行用年久，误差积累渐大；二为观测地点的差异，《大明历》所推算的适用于中原地区，寻斯干城西距中原万里。根据这两种原因，他在编著《庚午元历》时既改正历法本身的误差，又创立"里差"，作为东西方向的改正。里差的计算，以寻斯干城为起始线，向东加，向西减，这实为"地理经度"概念在中国的首次提出。数十年后，苏天爵据此提出**地方时**的概念，认为中原和西域的时辰不同，中原的"子正"实为西域的"初更"。耶律楚材研究回纥历，认为回纥历推算行星运动比中原历法精密，乃作《麻答巴历》，具体内容已失传。此外，有诗文集《湛然居士集》十四卷。（刘金沂）

叶凯士天文台　Yerkes Observatory　美国天文研究机构。位于美国威斯康星州威廉斯湾。1897 年由美国天文学家 **G.E.海尔**创建。曾隶属于美国芝加哥大学。1897 年建成 1.02 米**折射望远镜**，截至 2022 年仍为世界最大口径的折射望远镜。另有 1 米和 0.6 米**反射望远镜**两架。

中国天文学家**张钰哲**曾在叶凯士天文台做纬度测定工作，1928 年 11 月 22 日，其在此发现了一颗**小行星**，这是第一颗亚洲人发现的小行星。按照他的意见，国际小行星中心将这颗星命名为"中华"小行星。

叶凯士天文台（2006 年摄）

由于该天文台位置近海、经常多云，再加上附近越趋严重的光害，已渐渐失去其原有作用。由于研究产率低，维护经费高，2018 年，芝加哥大学宣布叶凯士天文台停止对外开放，2020 年 5 月 1 日，叶凯士天文台正式移交给叶凯士未来基金会（YFF）。（李宗伟　刘黎明）

叶叔华　Ye Shuhua（1927-06-21～　）　中国天文学家。生于广东广州。1949 年毕业于中山大学数学天文系。1951 年到中国科学院徐家汇观象台工作。1978 年任**上海天文台**研究员；1978～1988 年任**中国天文学会**副理事长，其后任名誉理事长；1980 年当选为中国科学院院士（原称学部委员）；1981～1993 年任上海天文台台长；1985 年当选为英国皇家天文学会外籍会员；1988～1994 年任国际天文学联合会（IAU）副主席；1991～2001 年任中国科协副主席，1996～2001 年任上海市科协主席。1978～1983 年任全国政协委员、1983～1988 年任上海市政协副主席，1988～2003 年任上海市人民代表大会常务委员会副主任，1988～2008 年任中华人民共和国第七、八、九届全国人民代表大会常务委员会委员。现任上海天文台名誉台长。

中国**天文地球动力学**研究领域的奠基人之一，20 世纪 50～70 年代起主持建立、发展了中国的综合世界时系统，在各天文机构的合作下该系统精度从 1963 年起一直保持国际先进水平。80 年代组织中国各天文台参加国际地球自转联测，前瞻性、开创性地提出建设中国甚长基线射电干涉测量网，在天体物理、天文地球动力学以及月球和深空探测方面做出了重要贡献。90 年代负责"现代地壳运动和地球动力学研究"攀登项目，发起"亚太空间地球动力学（APSG）"国际合作项目，1996 年担任首届主席。倡导建设并建成**上海 65 米天马射电望远镜**，大幅提升了中国射电天文观测能力并取得重要成果。推动中国成为世界最大望远镜列阵（SKA）的创始国。推动上海筹建 SKA 亚洲科学中心，使中国在国际大科学工程中发挥引领作用。推动顺利建成全球最大的**上海天文馆**，推动了天文科学普及事业的发展。

先后荣获全国科学大会重大成果奖（1978）、中国科学院科技进步奖一等奖（1981，1987）、国家自然科学奖二等奖（1982）、何梁何利基金科学与技术进步奖（1997）、上海市科技进步奖一等奖（2002）、中国天文学会最高荣誉奖（2022）等。1994 年 7 月，国际小行星组织正式将**紫金山天文台**发现的 3241 号小行星命名为"叶叔华星"。（于　申）

夜天光　night sky light　太阳落入地平下 18°以后的无月晴夜，在远离城市灯光的地方，夜空所呈现的暗弱弥漫光辉。又称夜天辐射。在测光工作中，常称之为天空背景或夜天背景。它的主要来源是：①气辉。高层大气中光化学过程产生的辉光（约 40%）。②**黄道光**。行星际物质散射的太阳光（约 15%）。③弥漫银河光。**银道面**附近**星际介质**反射或散射的星光（约 5%）。④恒星光（约 25%）或河外星系和星系间介质的光（＜1%）。⑤**地球大气**散射上述光源的光（约 15%）。每平方角秒夜天背景的亮度约相当于目视星等 21.6 等、蓝星等 22.6 等。在地球大气外，每平方角秒夜天背景的亮度比地面观测的亮度大约暗一个星等。夜天光的光谱由连续光谱和发射线组成。连续光谱是分子和尘埃粒子等散射星光产生的，其峰值在波长为 10 微米处。发射线则是高层大气中的原子和分子的辐射产生的，其中氧原子发射的绿线（波长 5570 埃）和红线（波长 6300、6363、6392 埃）最明显，中性钠的 D 线（波长 5890～5896 埃）也很强；在红外波段，有很强的羟基分子发射带和氮分子、氧分子的发射带。夜天光一定程度上限制了观测的**极限星等**。在做光谱观测时，要注意区分天体谱线和大气谱线；做红外测光观测时，也要考虑大气红外辐射的影响。（黄佑然）

一行 Yixing（683～727） 中国唐代天文学家和佛学家。本名张遂。魏州昌乐（今河南南乐）人。张遂的曾祖是唐太宗的功臣张公谨。张氏家族在武则天时代已经衰微。张遂自幼刻苦学习历象和阴阳五行之学。青年时代即以学识渊博闻名于长安。为避开武三思，剃度为僧，取名一行。先后在嵩山、天台山学习佛教经典和天文数学。曾翻译过多种印度佛经，后成为佛教密宗的领袖。李唐王朝多次召他回京，均被拒绝。直到开元五年（717），唐玄宗李隆基派专人去接，他才回到长安。一行一生中最主要的成就是编制《大衍历》。他在制造天文仪器、观测**天象**和主持天文大地测量方面也颇多贡献。

①制造仪器和天文观测。开元十二年（724），一行和梁令瓒共同创制成黄道游仪。这架仪器的黄道不是固定的，可在赤道上移位，以符合**岁差**现象。后来，一行和梁令瓒又设计制造水运浑象（见**浑仪和浑象**）。以水力推动而运转的浑象附有报时装置，可自动报时。一行等以新制的黄道游仪观测日月五星的运动，测量一些恒星的赤道坐标（见**天球坐标系**）和对黄道的相对位置，发现这些恒星的位置同汉代所测结果有所变动。

②主持天文大地测量。从开元十二年（724）起，一行主持大规模的全国天文大地测量，其中以**南宫说**等人在河南所做的一组观测最有成就。他们在今河南省四个地方测量了当地的北极高度、夏至日影长度，又测量了四地间的距离。经一行归算，得出了北极高度差一度，南北两地相距 351 里 80 步（唐代尺度）的结论。这实际上就是求出了地球子午线一度之长。

③制定《大衍历》。从开元十三年（725）起，一行开始编历。经过两年时间，写成草稿，定名为《大衍历》。随即一行不幸去世。《大衍历》后经张说和陈玄景等人整理成定稿。从开元十七年（729）起，颁行全国。经过检验，《大衍历》比唐代已有的其他**历法**都更精密。开元二十一年（733）传入日本，行用近百年。

《大衍历》的编排结构严谨，条理分明，共有《历经》7 卷、《立成法》12 卷、《略例》《历议》10 卷，另有《长历》《古今历书》等 128 卷。《大衍历》对太阳周年视运动的具体规律描述得比以往的历法更合乎实际。它以定气（见**二十四节气**）编太阳运动表。在计算中使用了不等间距的二次差内插法，这在数学史上也是一个创举。《大衍历》提出全国不同地点计算晷影、漏刻长度和蚀差的方法，称为“九服晷漏”与“九服蚀差”，其中使用了具有正弦函数性质的表格。在五星计算方面，对五星运动不均匀性的改正计算上，比张胄玄、**刘焯**的方法更为科学合理。（陈美东）

依巴谷 Hipparchus（？～前 127） 古希腊天文学家、数学家、地理学家。又译喜帕恰斯。生于小亚细亚半岛西北的尼西亚，主要活动于前 162～前 127 年，曾长期在罗得岛工作。在天文观测上，他测算出一回归年的长度为 365.25 日再减去 1/300 日，与理论值相比每年误差仅 6 分钟；根据实测编出一份**星表**，列出 850 颗恒星的位置和亮度（星等）；通过对一些恒星古今黄经数值的比较，发现黄道和赤道交点由东向西缓慢移动——**岁差**，同时发现回归年同恒星年长度之间存在微小的差别，最后岁差值约为每 100 年差。他发明了与正弦函数等效的弦函数，创立了平面三角学，解决了几何天文学中关键性的数学工具问题。在天文学理论上，他用偏心圆建立太阳运动模型，用本轮-均轮建立月亮运动模型，发明了利用观测数据确定模型基本参数的方法，使两个模型具备了计算太阳和月亮位置的功能。他创制或改进了天球仪、**星盘**、浑仪等天文仪器，留下大量的观测资料，成为后人的重要参考。1718 年，E. **哈雷**将自己的观测与依巴谷的记录比较而发现了恒星的**自行**。依巴谷写有多部著作，但都没有流传下来。现在所知的关于他的工作都是从**托勒密**的著作中得到的。（石云里）

依巴谷天体测量卫星 Hipparcos astrometric satellite 欧洲空间局于 1989 年 8 月发射的天体测量卫星。全称为高精度视差采集卫星，缩写意在纪念古希腊天文学家**依巴谷**。法国天文学家 P.拉克鲁特于 1966 年提出了**空间天体测量**的方案，在此基础上研制成的依巴谷卫星由欧洲航天局于 1989 年 8 月 8 日在圭亚那航天中心以阿利亚娜 4 号火箭发射升空。由于在远地点点火失败，卫星未能进入同步轨道，结果运行在近地点 500 千米、远地点 36 500 千米和倾角为 6.8°的椭圆轨道上，周期为 10 小时 40 分。这样卫星的轨道有一部分没入**地球辐射带**，卫星经过时光子噪声太大，不能进行观测，使有效观测时间缩减至轨道周期的 65%～70%，而且这种辐射逐渐损坏卫星的部件。从 1992 年 7 月以后卫星不能正常工作，至 1993 年 3 月观测全部停止，1993 年 8 月 15 日卫星停止工作，得到有用资料的时段为 37 个月。

卫星的主要构件是一台全反射的大视场**施密特望远镜**，口径为 0.29 米，焦距为 1.4 米。整台望远镜由光束联合器、平面反射镜和球面镜 3 个部件组成。光束联合器直径为 0.29 米，由两块夹角十分稳定的非球面镜构成，夹角为 29°。这两面镜片形成两台光轴交角 58°的**反射望远镜**，把角距为 58°的两个天区送入同一视场，在同一焦平面处的调制光栅上成像。主光栅两端各有两个恒星测绘仪，其中两个是备件。望远镜的接收系统由主检测系统和恒星测绘系统（又称第谷系统）两个部分组成。前者的光谱范围遍及整个可见光波段，而后者把入射光束分为 *B* 和 *V* 两个波段，以便同时获得双色测光，如图所示。

观测时，卫星的自转使得望远镜扫描天空，星象通过主光栅。其自转轴与太阳方向的夹角为 43°，两台反射望远镜的光

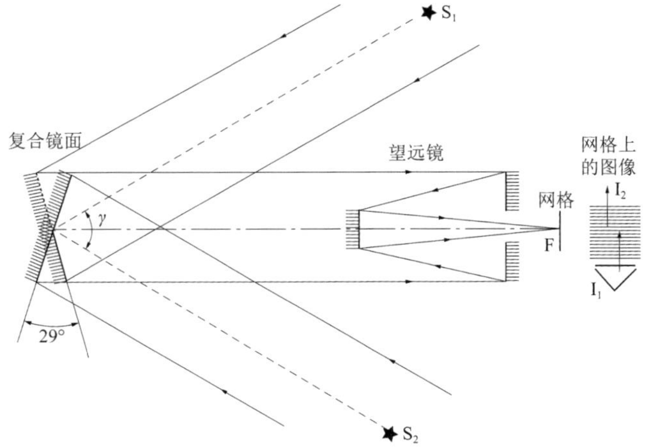

望远镜的接收系统

轴垂直于自转轴。在望远镜运转期间，每颗星观测30～150次（具体次数取决于恒星在天空的位置）。

依巴谷卫星的观测资料由3个分析中心进行处理，即空间技术基本天体测量组（简称南方组）、北方资料分析组（简称北方组）和第谷资料分析组（简称第谷组）。南方组和北方组处理主检测系统的观测资料，其中南方组采用黄道坐标系统，北方组则采用赤道坐标系统进行处理，并相互校对结果，最后形成一部有近12万颗恒星的天体测量星表——依巴谷星表。第谷组处理恒星测绘仪的观测资料，其特点是给出每颗星在观测历元上的两色光度校正值，最后形成约100万颗星的第谷星表，其天体测量精度比依巴谷星表低，但比地面观测高。

依巴谷卫星的空间天体测量成果是继19世纪末照相术引入天体测量后，这一领域的又一次飞跃。（萧耐园）

依巴谷星表 Hipparcos catalog 欧洲航天局（ESA）依巴谷天体测量卫星计划的主要成果。依巴谷天体测量卫星由欧洲空间局于1989年8月发射升空，1993年8月完成历史使命，观测寿命为4年，用以测量恒星视差和自行，以古希腊天文学家依巴谷的名字命名。其中在1989年11月至1993年3月，卫星观测得到了37个月的高质量的科学资料。利用卫星的测量数据发布了依巴谷星表。见天体测量星表。

《仪象考成》 *Yixiang Kaocheng* 中国清代中期的一部以星表为主的工具书。最初，钦天监西洋监正、日耳曼人耶稣会士戴进贤等奏请增修《灵台仪象志》星表部分，经批准后开始这项工作。从乾隆九年（1744）着手，到乾隆十七年完成。戴进贤是星表的实际主编，有26人参加编算工作。书成后送武英殿刊刻时，适值制造十年之久的大型天文仪器“玑衡抚辰仪”于乾隆十九年竣工，因此，在星表之前又增加有关“玑衡抚辰仪”的《仪说》上下卷，全书也因而定名为《仪象考成》。据书首乾隆亲笔书序的日期为“丙子冬十有一月”，推定出版年份当在乾隆丁丑（1757）。《仪象考成》全书共32卷，分为10册。星表中列有300个星座、3083颗星的黄道坐标和赤道坐标值（见天球坐标系），以及每颗恒星的赤道岁差和星等。采用乾隆甲子（1744）冬至为星表历元。内容参用了当时出版不久的《弗拉姆斯蒂德星表》。

80多年后，钦天监又对《仪象考成》星表进行复测、修订，于道光二十四年（1844）成书32卷，称为《仪象考成续编》。主编为当时的钦天监监正、协理国子监算学事务周余庆，有38人参与测算和编写。它是清代由中国人独立考测、编算的第一部星表。表中较《仪象考成》新增163星，减去未观测到的6颗星，共收3240星，以道光甲辰（1844）冬至为星表历元。与《仪象考成》相比，《仪象考成续编》虽然增星不多，变动不大，但提供了一批年代可靠的新测恒星坐标值，使研究者有可能据此了解清代的测量精度。清代几部星表承上启下，是仍在沿用的恒星中文名称的主要依据。（伊世同）

阴历 lunar calendar 仅以朔望月为依据编排日期的历法，又称太阴历。月球绕地球运行一周约为29.53日，以此为基础安排每个历月为30日或29日，每12个朔望月为一历年，共354或355日。阴历完全按月相周期编排，不反映太阳的周年位置变化，因而与季节无关，与动植物生长活动周期脱节。阴历仅在部分不宜农耕的特殊地理环境中有较多应用，如沙漠、海滨、高纬度地区。仍通行于伊斯兰教国家的伊斯兰历，又称回历，是阴历的代表。其起始历元定于儒略历622年7月16日，以在年底设置一个闰日的方式使月初和新年都在新月出现之日。大部分俗称“阴历”的历法，特别是中国传统的农历（又称夏历），依据月相安排历月，但通过置闰月的方式使得历年与回归年相合，实际上是阴阳合历，中国农历中更设置了“节气”以反映太阳的运行节律。（周礼勇）

银道带 Galactic zone 银河系天体投影在天球上所构成的不规则亮带。银盘集中了银河系中的绝大部分恒星和星际介质，且具有扁平圆盘状结构，太阳位于银盘之内，故从地球上沿银道面方向看，银盘天体在夜晚星空中呈现为一条轮廓不规则、边界亦不很清晰的亮带，这就是银道带（古人称之为银河）。不同位置处的银道带宽窄不一、亮度迥异，最宽处可达30°左右，最窄处仅略大于10°。银心所在的人马座方向银道带最为明亮，亮星云密集天区也较为明亮，而暗星云所在天区便表现为银道带上的暗区。（赵君亮）

银道面 Galactic plane 银盘面对称结构的对称面。银河系中的恒星和星际介质（即可见物质），绝大部分分布在一个扁平圆盘状的空间范围内，这就是银盘。作为一级近似，银盘大致上呈现旋转对称和面对称结构，其面对称结构的对称面即称为银道面，而旋转对称结构的对称轴称为银轴。根据这样定义，银轴与银道面相垂直。天体到银心的距离称为天体的银心距，天体到银道面的距离称为银面距。太阳位于银道面之北，距银道面约20秒差距，这就是太阳的银面距。银道坐标系中的基本大圆——银道，便是过太阳，且与银道面相平行的平面与日心天球相交所截的大圆。鉴于太阳银面距与银盘尺度（近10万光年）相较是一小量，绝大部分情况下可略去不计。这时，可简单地认为银道即是银道面与日心天球相交的大圆，亦可把过太阳，且与银盘对称面相平行的平面看作银道面。（赵君亮）

银道面铝发射线 aluminum emission line in the Galactic plane 铝的不稳定同位素铝26衰变，放出的能量为1.8MeV的γ射线光子。铝发射线是铝的不稳定同位素铝26衰变，放出一个能量为1.8MeV的γ射线光子，半衰期为76万年。铝26的物理起源可能有五种：核坍塌超新星爆发、大质量恒星晚期的星风过程、AGB星的星风过程、新星的爆发、宇宙线与星际介质相互作用。

银河系铝发射线是美国的高能天文台3号在1982年发现的。但是银河系中铝发射线是怎么分布的，其物理起源是什么却不清楚。

银河系铝发射线重要的突破是美国康普顿γ射线天文台在1991年上天后实现的。它用了9年的时间对全天进行了γ射线巡天观测，终于第一次获得了比较清晰的铝发射线分布图（图1）。铝发射线辐射主要分布在银道面，因此一般称观测到的

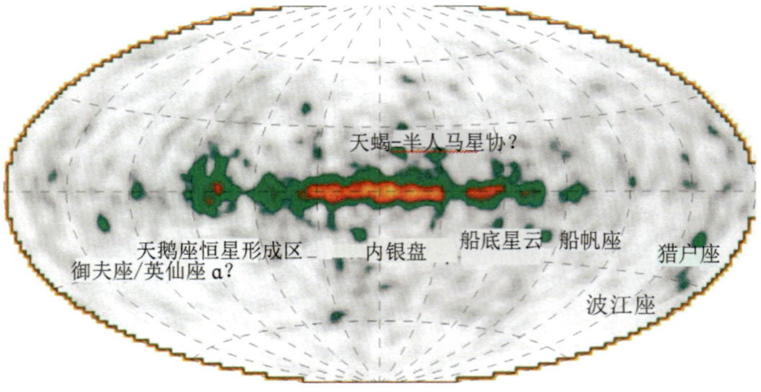

铝发射线主要分布在银道面，与银河系旋臂结构和恒星形成区成协

图1 康普顿γ射线天文台1991～2000年观测数据获得1.8MeV铝发射线全天分布图

铝发射线为银面铝发射线。

康普顿 γ 射线天文台发现的银面铝发射线证实银河系中铝 26 主要来自超新星爆发和大质量恒星晚期的星风过程。

银面铝发射线研究的第二个里程碑是 2002 年底国际 γ 射线天体物理实验室（INTEGRAL）的上天。INTEGRAL 卫星具有截至 2022 年最高的 γ 射线能谱分辨率（0.3%），第一次探测到银面铝发射线的**谱线轮廓**及特征。

2009 年天文学家用 INTEGRAL 卫星第一次实现了银面铝发射线的谱线巡天观测，第一次获得了银道面各个方向的铝发射线谱线轮廓（图 2）。银面铝发射线的谱线巡天观测结果发现：①银道面不同方向的铝发射线谱线存在多普勒蓝移和多普勒红移，指示铝 26 径向方向存在速度分布，这个速度分布与**银河系自转曲线**吻合；②发现离地球最近的大质量恒星形成区 Sco-Cen 区域存在显著的铝发射线，证实年轻的大质量恒星们正在产生大量铝 26，并抛向宇宙星际介质中。

未来天文学家将进一步希望在某一个**超新星遗迹**，或者一次新星爆发、一颗渐近**巨星支**（AGB）中探测到铝发射线信号，可以直接限制铝 26 的物理起源及其核合成链中的核反应参数。

（王　伟）

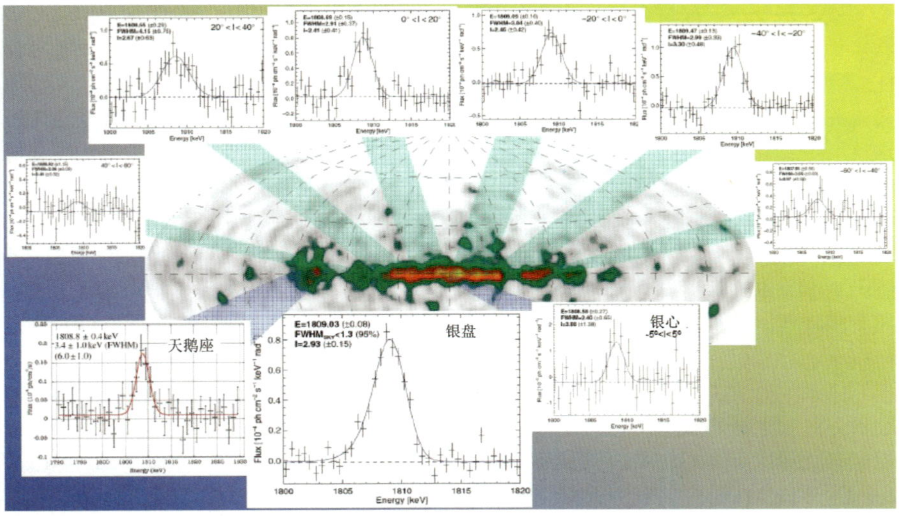

图 2　国际 γ 射线天文台巡天数据第一次获得的银面铝各方向谱线轮廓，并第一次利用 γ 射线作为工具研究银河系动力学和结构

银道坐标系　Galactic coordinate system　**银河系**天文学和星系天文学研究中常用的一种天球坐标系。银道坐标系中的基本大圆是银道，银道的两个几何极统称为银极，又可根据它们所处的天球位置分别称为北银极（位于天赤道以北）和南银极（位于天赤道以南）。在银道坐标系中，表征目标天体之天球面位置的两个坐标是银经和银纬，常记为（l,b），以角度计量单位“度、角分”为表述单位。银纬b由银道起，沿目标天体所在的银经圈，朝南、北银极方向分别量度，从 0°到 ± 90°，其中北银纬取正值，南银纬取负值，而对于银道上天体有 $b = 0°$。

银经l的计量规则在历史上有一个演变过程，其中涉及银经起算点的改变和北银极赤道坐标取值精度的提高。1958 年之前以银道升交点作为银经的起算点，按逆时针方向从 0°～360°量度，而该系统内的银经、银纬常记为（$l^{\mathrm{I}},b^{\mathrm{I}}$），称为旧银道坐标系。这里，所谓“银道升交点”，是指沿银道按逆时针方向，从南半天球进入北半天球时与天赤道的交点（相距 180°的另一个交点是为银道降交点）。1958 年国际天文学联合会（IAU）第 10 届大会规定，银经不再从银道升交点起算，改为从银河系中心（即**银心**）所在方向起算。这一坐标系称为新银道坐标系，曾用（$l^{\mathrm{II}},b^{\mathrm{II}}$）表示，以与（$l^{\mathrm{I}},b^{\mathrm{I}}$）相区别。在新银道坐标系中，银道升交点的银经为$l_{\Omega}^{\mathrm{II}} = 33°20.7'$。1970 年以后完全采用新银道坐标系，而银经、银纬随即用（l,b）表示，不再记为（$l^{\mathrm{II}},b^{\mathrm{II}}$）。

图中P为北天极；L为北银极；Ω为银道升交点；X为目标天体所在位置；B为过天体X的银经圈与银道之交点。

天体银道坐标不是直接可观测量，必须通过目标天体的赤道坐标来进行换算。为此需要知道北银极的赤道坐标。在 1958 年以前，旧银道坐标系中北银极的赤道坐标取为$(A,D) = (12^{\mathrm{h}}40^{\mathrm{m}}, +28°)$，（1900.0 历元），曾称为标准银极。1958 年 IAU 第 10 届大会根据新观测资料的推算结果，规定北银极赤道坐标的新值为$(A,D) = (12^{\mathrm{h}}49^{\mathrm{m}}, 27°24')$，（1950.0 历元）。

由天体赤道坐标(α,δ)换算为新银道

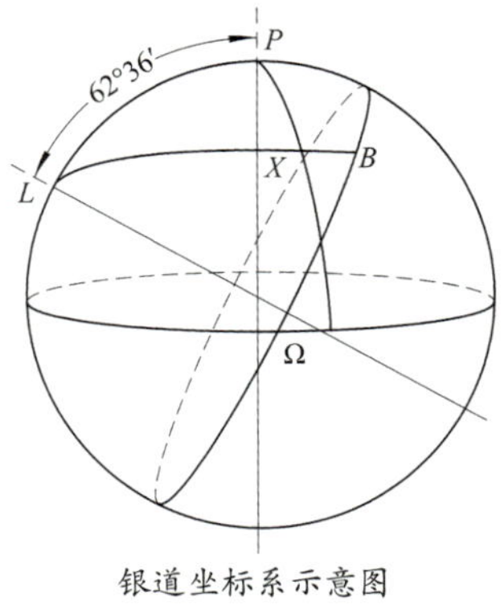

银道坐标系示意图

坐标(l,b)的公式如下：

$$\left.\begin{aligned}\sin b &= \sin\delta\sin D + \cos\delta\cos D\cos(\alpha - A)\\ \sin(l - l_{\Omega})\cos b &= \sin\delta\cos D - \cos\delta\sin D\cos(\alpha - A)\\ \cos(l - l_{\Omega})\cos b &= \cos\delta\sin(\alpha - A)\end{aligned}\right\}$$

相反的坐标换算公式是：

$$\left.\begin{aligned}\sin\delta &= \sin b\sin D + \cos b\cos D\sin(l - l_{\Omega})\\ \cos(\alpha - A)\cos\delta &= \sin b\cos D - \cos b\sin D\sin(l - l_{\Omega})\\ \sin(\alpha - A)\cos\delta &= \cos b\cos(l - l_{\Omega})\end{aligned}\right\}$$

天体的银道坐标通常不需要很精确，加之因北银极赤道坐标（A,D）之确定精度所限，（l,b）一般只需准确到 1′，甚至 0.1°，而这对于银河系恒星的空间分布及运动学研究，以及讨论河外星系的大尺度分布等问题时往往就已足够了。

（赵君亮）

银河　Milky Way　横跨星空的一条乳白色亮带。是**银河系**主体在天球上的投影。其中心线标出银河系中央平面，与天赤道的交角约为 63°。

在中国古代，银河被称为银汉、星河、天河等。在北半天球，银河从天鹰座先向西北，经过天箭座、狐狸座、天鹅座、仙王座、仙后座，再折向东南，穿过英仙座、御夫座、金牛座、双子座、猎户座，纵贯天球赤道上的麒麟座，进入南半天球的大犬座、船尾座、船帆座，又折向西北，横过船底座、南十字座、半人马座、圆规座、矩尺座、天蝎座、人马座和盾牌座。银河经过 23 个星座，周天一圈后又回到天鹰座。用望远镜观察，可看见银河是由为数众多的恒星和**星云**组成的。星云有亮有暗。亮星云密集处使银河增亮，如盾牌座、人马座一带的亮区。**暗星云**则表现为银河上的暗区，如天鹰座以南的“大分叉”和南十字座附近的“煤袋”。银河在星空勾画出轮廓不很规则、宽窄不很一致的带，称为**银道带**。银道带最宽处达 30°，最窄处也超过 10°。

（朱　紫）

银河系 Galaxy 地球和太阳所在的巨大恒星系统。拥有至少1000亿颗恒星，因其投影在天球上的明暗交错的亮带——银河而得名。

银河系为本星系群中除仙女星系外最大的星系，它的总目视光度约为太阳的300亿倍。按形态分类，银河系是一个Sb或Sc型旋涡星系，中心区有一可能的棒状结构（半径约4000秒差距，质量约为太阳的100亿倍），记为SBbc型。它的第一个主要成分为一旋转的薄盘，称为银盘，直径约为30千秒差距，厚约为300秒差距，质量约为太阳的500亿倍，由较年轻的恒星（星族Ⅰ）、疏散星团、气体和尘埃组成。高光度星和银河星云组成旋涡结构（旋臂）叠加在银盘上。在盘内，特别是巨分子云中不断进行着活跃的恒星形成过程。第二个主要成分是一较暗的直径约50千秒差距的球形晕称为银晕，质量约为银盘的百分之一，由较年老的恒星（星族Ⅱ）组成，其中有百分之几处于球状星团中，还有少量热气体。银晕中央融入一显著的旋转核状核球成分（2.2千秒差距×2.9千秒差距）称为银河系核球（见银河系核球），亦由星族Ⅱ的恒星组成。银河系的动力学中心称为银心，含有一个射电核（半人马座A*）和一个可能的质量约为400万倍太阳质量的黑洞。第三种主要成分是一由暗物质构成的晕，称为暗晕，半径超过100千秒差距。由于引力效应的存在，人们可以通过测定银河系的旋转曲线来推测其质量分布。尽管因太阳所处的位置难以测量远处的旋转曲线，但由银河系周围伴星系M31的运动，估计银河系的总质量中的大部分是暗物质。银河系可见物质的质量为太阳质量的600亿倍，其中恒星约占90%，银盘上的气体和尘埃组成的星际介质约占恒星质量的10%。而暗物质的质量至少为太阳质量的8000亿倍。银河系整体作较差自转（见银河系自转）。太阳在银道面以北约20秒差距处，距银心约8.5千秒差距［国际天文学联合会（IAU）1985年推荐值］，以220千米/秒速度绕银心运转，2.4亿年转一周（见银河系结构）。

研究简史 18世纪中叶，人们已意识到除行星、月球等太阳系天体外，满天星斗都是远方的“太阳”。英国天文学家T.赖特、德国天文学家I.康德和J.H.兰伯特最先认为，很可能是全部恒星集合成了一个空间上有限的巨大系统。第一个通过观测研究恒星系统本原的是英国天文学家F.W.赫歇尔（见赫歇尔家族）。他用自己磨制的反射望远镜，计数了若干天区内的恒星。1785年，他根据恒星计数的统计研究，绘制了一幅扁而平、轮廓参差不齐、太阳居其中心的银河系结构图。F.W.赫歇尔死后，其子J.F.赫歇尔继承父业，将恒星计数工作范围扩展到南半天球。1837年，俄国天文学家F.G.W.斯特鲁维测定织女一的三角视差，开始测定恒星的距离，为银河系距离尺度的研究奠定了基础。1887年，俄国天文学家O.斯特鲁维首次测定银河系自转，开始了银河系整体运动的研究。1906年，荷兰天文学家J.C.卡普坦为了重新研究恒星世界的结构，提出了“选择星区”计划，后人称为“卡普坦选区”。他于1922年得出与赫歇尔类似的模型，也是一个扁平系统，太阳居中，中心的恒星密集，边缘稀疏。美国天文学家H.沙普利在完全不同的基础上，探讨银河系的大小和形状。他利用1908～1912年美国天文学家H.S.勒维特发现的麦哲伦云中造父变星的周光关系，测定了当时已发现有造父变星的球状星团的距离。假设没有明显星际消光的前提下，于1918年建立了银河系透镜形模型，太阳不在中心。1927年，荷兰天文学家J.H.奥尔特证实银河系的自转。1930年，美国天文学家R.J.特朗普勒证实存在星际介质。1944年，德国天文学家W.巴德提出星族概念，探讨银河系恒星在物理学和运动学上的总体性质，这对后来银河系形成和演化的研究有重要意义。20世纪50年代，由于射电天文观测手段的应用，美国天文学家H.I.尤恩和E.M.珀塞尔、荷兰天文学家C.A.穆勒和奥尔特分别证实了银河系旋臂的存在，发现了银河系中心区的复杂结构与爆发现象。60年代，首次探测到银心的红外辐射。80年代，高速晕族恒星的发现以及附近矮星系的运动提示银河系存在暗物质晕。90年代，射电天文学家和红外天文学家合作发现了银心存在大质量黑洞的证据。90年代末，依巴谷天体测量卫星的观测提供了银河系内太阳附近大量亮星的高精度位置和自行资料，进一步加深了人们对银河系结构（如翘曲）和运动学特征的理解。

组成 银河系可见物质约90%集中在恒星内。在赫罗图上，按照光谱型和光度两个参量，可以把恒星分为：超巨星、亮巨星、巨星、次巨星（亚巨星）、主序星（矮星）、次矮星（亚矮星）和白矮星七个分支。1944年，巴德通过仙女星系的观测，判明恒星可划分为星族Ⅰ和星族Ⅱ两种不同的星族。星族Ⅰ是年轻而富金属的天体，分布在旋臂上，与星际物质成协。星族Ⅱ是年老而贫金属的天体，没有向银道面集聚的趋向。1957年，根据金属含量、年龄、空间分布和运动特征，进而将两个星族细分为极端星族Ⅰ（旋臂星族）、较老星族Ⅰ、盘星族、中介星族Ⅱ和极端星族Ⅱ（晕星族）。

恒星成双、成群和成团是普遍现象。太阳附近25秒差距以内，以单星形式存在的恒星不到总数之半。已观测到球状星团约160个，疏散星团2000多个，还有为数不少的星协。据统计推论，应当有约300个球状星团和18 000个疏散星团。

20世纪初，美国天文学家E.E.巴纳德用照相观测，发现了大量的亮星云和暗星云。1904年，恒星光谱中电离钙谱线的发现，揭示出星际介质的存在。随后的分光和偏振研究，证认出星云中的气体和尘埃成分。通过红外波段的探测发现，在暗星云密集区有正在形成的恒星。射电天文学诞生后，天文学家利用中性氢21厘米谱线勾画出银河系旋涡结构。估计出中性氢的质量约为太阳的40亿倍。根据电离氢区（总质量为太阳的8400万倍）描绘，发现太阳附近的主要旋臂有人马臂、猎户臂和英仙臂等（见银河系旋臂）。太阳位于猎户臂的内侧。此外，在银心方向还发现了一条3千秒差距臂和矩尺臂。旋臂间的距离约1.6千秒差距。1963年，美国天文学家S.魏因雷布用射电天文方法观测到星际分子OH，这是自从1937～1941年，在光学波段证认出星际分子CH、CN和CH^+以来的重大突破。到2000年底，发现和证认的星际分子已超过120种。这些分子（主要为H_2和CO）包含在散布于银盘内的数千个巨分子云中（总质量为太阳的3亿倍）。

起源和演化 人们对银河系起源这一重大课题还知之甚少。它不仅要研究一般星系的起源和演化，还必须研究宇宙学。按大爆炸宇宙学模型，观测到的全部星系都是138亿年前高温高密态原始物质因密度发生起伏，出现引力不稳定和不断膨胀冷却，逐步形成原星系，并演化为包括银河系在内的星系团。

1962年，美国天文学家O.J.艾根、英国天文学家D.林登贝尔和美国天文学家A.R.桑德奇提出，银河系起源于一个巨大的球形气体云，称为原银河星云。化学成分与大爆炸后的原始宇宙相同，即氢约占75%，氦约占25%。在时标约2亿年的迅速坍缩过程中，最早诞生的是晕族恒星，因为形成恒星的气体没有金属，所以这些晕星是贫金属的。又因为气体向中心坍缩，所以承袭其速度的晕星绕中心做偏心率较大的椭圆运动，而来不及形成恒星的大部分原始气体在坍缩过程中互相碰撞，轨道变圆并沉降到银盘上，由于混入了大质量晕星演化后抛出的重元素，使得随后形成盘族的恒星金属丰度较高。研究人员还从恒星的形成和反馈、银核的活动及周围矮星系物质的吸积等角度，更细致地探讨银河系的动力学和化学演化。20 世纪 60 年代由美籍华裔天文学家林家翘和徐遐生等发展起来的密度波理论，很好地说明了银河系旋涡结构的整体结构及其长期的维持机制。 （朱 紫）

银河系暗晕 Galactic dark halo 银河系所在的暗物质组成的结构。其延展至银河系半径的十倍以上，决定了银河系所在周边的引力势阱。又称暗物质晕。

银河系伴星系 Galactic companion galaxy 围绕银河系运行的伴星系。伴星系是围绕着大星系公转的较小的天体结构。银河系伴星系中，大、小麦哲伦云是两个质量较大的不规则星系。除大、小麦云外，1994 年以前就已经发现有 8 个矮星系在绕银河系运行，包括小熊座星系、天龙座星系、御夫座星系、六分仪座星系、船底座星系、天炉座星系、狮子座Ⅰ和Ⅱ星系，其中，质量较大的天炉座矮星系还拥有 4 个球状星团。1994 年发现了非常靠近银河系的伴星系——人马座矮星系，该矮星系正经历着被银河系吞噬的命运，而且，银河系中至少有 4 个球状星团被认为是从人马座矮星系俘获来的。

21 世纪以来，由新一代望远镜开始的巡天计划正在开启天空之门，在搜寻和认证银河系伴星系方面取得相当大的进展，其中斯隆数字巡天（SDSS）在 2005～2007 年就发现了 10 多个新的银河系伴星系。特别是，2015 年暗能量巡天（DES）一次新发现有 8 个矮星系在绕银河系运行。2015 年的新发现只是在“暗能量巡天”计划中约三分之一的天区数据中找到的矮星系，科学家们预测，在整个 DES 的巡天范围内，这样的伴星系的数目将会达到 30 个左右。

银河系伴星系研究的意义之一在于搜寻矮星系，它们之中可能潜藏着理解大星系形成的钥匙。矮星系是观测到的最小的星系结构，其中恒星数量有的可能还不到 100 万颗，几乎和球状星团的质量相当（矮星系有暗物质晕，而球状星团没有暗物质晕与之相伴）。标准宇宙学模型预言，在银河系周围应当存在数百个矮星系在围绕其运行，与此相比，已发现的数十个矮星系还只是冰山一角。 （常瑞香）

银河系薄盘 Galactic thin disk 银盘中标高比较小的恒星盘组分。在垂直银盘平面方向，恒星的体密度可以用指数衰减形式来描述，指数衰减的尺度就是标高z_d。盘的典型厚度通常也用标高来定义。20 世纪 80 年代科学家通过恒星计数发现银河系的垂直结构可以被更准确地分解为一个薄盘和厚盘（见银河系厚盘）的叠加。

银河系薄盘的标高大约在 300 秒差距。标长为 2.6 ± 0.5 千秒差距；薄盘在垂直方向的速度弥散度为 20～30 千米/秒。组成薄盘的恒星一般金属丰度较高，恒星的年龄偏年轻，而且 α 元素与铁元素的丰度比偏低，这表明薄盘的恒星在银河系形成后就一直在连续地以稳定速率逐渐形成（恒星形成速率为 1～2 个太阳质量/年）。 （沈俊太）

银河系磁场 Galactic magnetic field 银河系星际介质中的弥漫磁场。其大尺度规则磁场与银河系的旋臂结构相关联，小尺度磁场结构与星际介质中的湍流和其他物理过程紧密相关。

磁场贯穿星际介质中所有空间并冻结于星际气体中，随星际气体一起运动。当弥漫星际介质集结和冷却形成分子云时，磁场随气体的密度增加而增强。分子云内特别是云核区域的磁场能够对抗气体云团的引力，阻止气体的引力坍缩，因此磁场成为恒星形成区的重要物理因素。星际空间中不规则形态的尘埃颗粒一旦有一点点磁敏感的分子，就会感应星际磁场使尘埃颗粒长轴垂直于磁场排列。重新排列的尘埃颗粒会使得远处的恒星星光穿过星际介质时，在尘埃颗粒长轴方向有选择地多吸收一点光，产生少许（仅几个百分点）的消光偏振。大量星光偏振观测数据显示银河系盘内的磁场是沿银道面分布的。这些重新排列的尘埃在红外、毫米和亚毫米波段发出偏振的热辐射。由威尔金森微波各向异性探测器（WMAP）卫星和普朗克卫星观测宇宙微波背景时得到的全天偏振图可以看出，银河系盘里的磁场是沿银道面分布的。

银河系的弥漫射电辐射是由宇宙线中的相对论宇宙线粒子在银河系磁场中加速回旋产生的同步辐射，其偏振方向与辐射区域的磁场方向是垂直的。因此，如果测量了同步辐射的偏振强度和偏振方向，可以揭示磁场的空间取向并估计磁场强度。当带电荷的宇宙线在星际空间传播时，磁场对宇宙线高能粒子产生洛伦兹力，使宇宙线偏离原先的传播方向。因此，银河系磁场是宇宙线起源和传播研究不可缺少的基本要素。

因为星际磁场的存在，星际空间原子和分子气体产生的辐射线或吸收线会观测到塞曼分裂现象。从塞曼分裂后的谱线间距和偏振特性能够揭示该区域磁场的强度和方向。测量一般针对密度较高的分子云团和密度非常高的脉泽辐射云块。

银河系磁场与星际空间中有弥漫分布热电子一起，使射电源的偏振电磁波在介质中传播时会发生法拉第旋转现象。观测到的法拉第旋转为：

$$RM = 0.81\int_{\text{Source}}^{\text{Earth}} B_{||} n_e \, dl$$

式中RM为法拉第旋率，代表偏振位置角旋转量随波长平方的变化率，单位弧度 · 米$^{-2}$（rad · m^{-2}）；B为磁场，单位微高斯（μG）；n_e为电子密度，单位厘米$^{-3}$（cm^{-3}）；dl为路径距离单元，单位秒差距（pc）。同一个天区很多个外射电源的法拉第旋转测量值的共同贡献是来自银河系边缘到地球的贡献。因此全天射电源的平均法拉第旋转测量值的反对称分布已经被用于推断银河系晕中有上下对称但方向相反的环形磁场，并认为可能是银河系尺度的 A0 型发动机运行的结果。

实心圆圈表示 $RM > 0$，表明磁场朝向我们。在内银河的高银纬区域，法拉第旋率对银道面和银心子午线呈反对称分布，显示银晕里的磁场如图。

银河系盘中磁场结构是用脉冲星的法拉第旋转分布以及银盘背后的河外射电源分布揭示出来的。脉冲星的脉冲在不同观测频率的延时恰好能够测量星际热电子的总和：

$$DM = \int_{\text{pulsar}}^{\text{Earth}} n_e \, dl$$

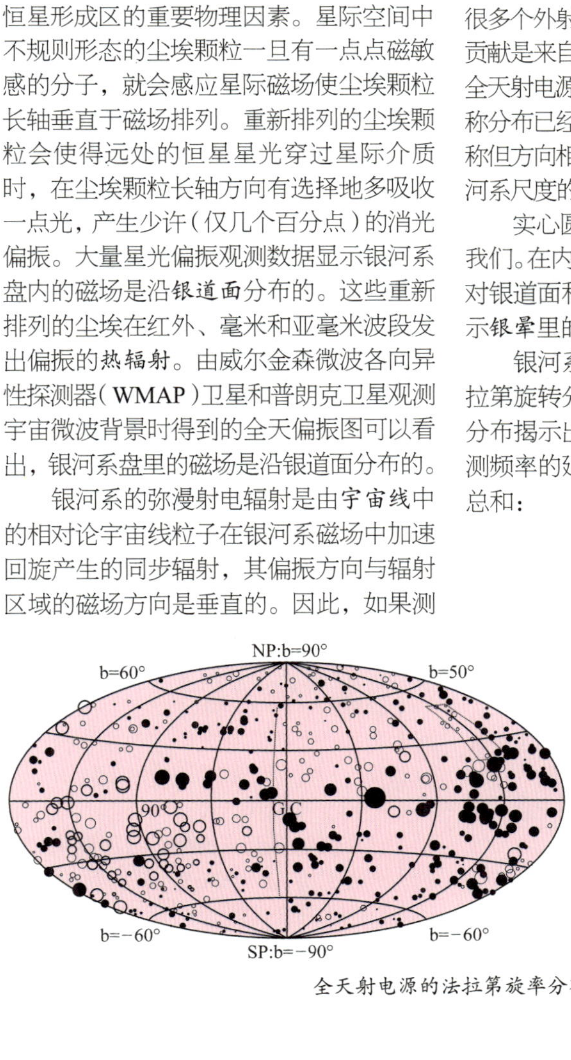

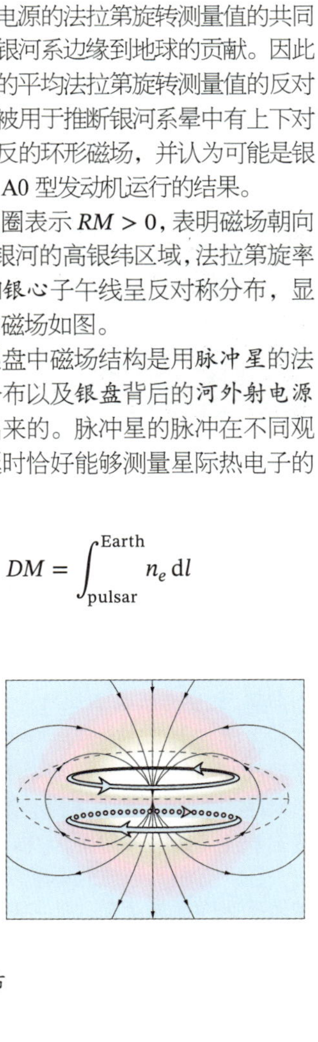

全天射电源的法拉第旋率分布

观测了脉冲星的*RM*和*DM*，可以很容易地推算路径上的平均磁场$\langle B_{\|}\rangle = 1.23RM/DM$。因此，众多脉冲星成为探测星际介质磁场的最佳探测器。对于方向几乎相同的两颗脉冲星而言，它们之间的磁场可以从*DM*和*RM*数值差别的解出：

$$\langle B_{\|}\rangle_{psr1-psr2} = 1.232\frac{\Delta RM}{\Delta DM}$$

因此，用大量脉冲星测量可以相当直接地探测银河系三维磁场结构。已经观测的大量背景射电源以及脉冲星的*RM*测量数据表明：银河系的旋臂上磁场基本上是沿着旋臂但方向是逆时针方向；在银河系的旋臂之间，磁场基本上是顺时针方向。磁场的强度大约在几个微高斯，并且往银心方向有增强的趋势。

在银河系中心，射电观测揭示的纤维结构是垂直于银道面的极向磁场的直接证据。但是极向磁场究竟多强，磁场的分布是弥漫的、还是仅限在射电纤维结构，这些疑问尚未清楚。

银河系磁场的已有测量数据还局限于部分区域，甚至可用不同的磁场模型解释。未来大量观测应该可以进一步揭示银河系磁场和结构。（韩金林）

银河系核球　Galactic bulge　银河系中心鼓出银盘的恒星聚集度较高的盒状结构。宇宙背景探测器（COBE）卫星近红外图像展示了银河系的中心，像很多其他**旋涡星系**一样，也包含一个核球分量（见图）。

银河系核球是从银盘中心鼓出的恒星聚集区。银河系核球呈不对称的盒状，在正银经一侧看（中心靠左侧）上去要更大更亮一些

COBE 卫星观测到的银河系近红外图像

银河系核球的光度占整个星系总光度的 20%左右。核球内的恒星的化学组成、运动学和演化历史与银盘内的都很不相同。核球恒星的金属丰度分布在一个很大的范围内，丰度的中值约是太阳值的 40%。核球主要是由年老的恒星组成，绝大多数年龄都在 50 亿年以上。与太阳附近（约 50 千米/秒）相比，核球恒星还有比较高的速度弥散度（100～150 千米/秒）。

在现有星系形成的标准模型里，核球就像是迷你**椭圆星系**，是在**星系并合**过程或者原初的直接坍缩中形成的，它是一个独立于**星系盘**和暗晕的单独分量。经典的核球形状是近似球形的，但是银河系核球呈盒状，而且正银经一侧看上去要更大更亮一些。

如果银河系核球是一个类似棒的三轴结构，且其长轴不在太阳–银心方向时，从太阳处观测到的核球就可能显示出两侧不对称性：靠近太阳的一端看上去比远端更大更亮些。这是银河系核球是三轴棒结构的一个主要证据。银河系内的红团簇巨星因其内禀光度的一致性，可以被当作“标准烛光”而表征距离。最新的核球红团簇巨星计数研究中得到三轴棒结构与太阳–银心的夹角最佳拟合值为 20°～30°。棒三轴的比例是 1∶0.6∶0.3，但是仍有很多不确定性。核球棒的半长轴是 4.0～4.5 千秒差距，在其末端还有一个更薄的长棒部分可以延伸到半长轴为 5 千秒差距的地方。此外研究还表明红团簇巨星的距离在核球区的多个视线方向上呈双峰分布。这表明核球区的恒星可能分布在一个垂向的对称 X 型结构上。

由于投影效应与恒星距离的不确定性，仅从测光数据和恒星计数得到的结果系统误差可能还比较大。沈俊太等（2010）高精度多体模拟发现其实一个简单的自洽棒模型就能非常好地符合核球恒星运动学数据，而不需要一个参数很多的复杂模型。在这个自洽模型中，一个初始随机运动较小的薄盘会首先形成一个大尺度的棒。在棒结构形成后，整个星系盘在垂直于盘方向产生了波浪形的屈曲不稳定性。这种动力学不稳定性的时标较短，在其饱和后，星系盘的中心变得非常厚，形成了类似银河系盒状核球的结构。

这个简单模型中银河系的核球其实是侧面看到的银河系的棒，它不仅形态上与 COBE 近红外图像吻合得很好，更重要的是它与银河系核球视向速度巡天（BRAVA）、先进技术研究与全球观测卫星（ARGOS）等巡天计划的运动学数据也定量吻合得非常好。此外最新模型可以同时解释观测到的薄长棒和 X 型结构。数值模拟得到的棒的整体形态从里到外随密度的变化而有显著不同：从中心的花生状核球，再到外围延展的薄长棒。观测到的 X 型结构可能不是一个简单的字母 X 形状，而是花生状核球所产生的一个视觉表象，在花生状核球内区叠加在一起的凹陷的等密度面放大了在视觉上的 X 型结构效应。

这个简单自洽棒模型与多项观测结果的吻合表明星系内部的动力学不稳定性，而不是外部的并合过程，可能是塑造银河系核球的主要因素。更多的数值模拟还推断银河系中由星系并合形成的经典核球分量，即便它存在的话，质量也可能很小（可能不到盘质量的十分之一）。银河系并不是一个非常特殊的个例：最新的统计结果显示在银河系所处的环境中（800 万秒差距），大多数大质量旋涡星系（$V_{circ} > 150$ 千米/秒）都是纯盘星系，而没有一个显著的经典核球。（沈俊太）

银河系厚盘　Galactic thick disk　银盘中标高比较大的恒星盘组分。在垂直银盘平面方向，恒星的体密度可以用指数衰减形式来描述，指数衰减的尺度就是标高 z_d。盘的典型厚度通常也用标高来定义。20 世纪 80 年代科学家通过恒星计数发现**银河系**的垂直结构可以被更准确地分解为一个薄盘（见**银河系薄盘**）和厚盘的迭加。

厚盘的标高大约在 1 千秒差距。厚盘在垂直方向的速度弥散度～50 千米/秒，大于薄盘的数值。厚盘的标长（2.0 ± 0.2 千秒差距）比薄盘的标长要小一些。此外厚盘的恒星数密度要远低于薄盘的，比如在太阳附近，厚盘的恒星数密度仅仅是薄盘密度的 5%左右（$0.07M_{\odot}$秒差距$^{-3}$），所以大部分恒星都存在于薄盘中。组成薄盘和厚盘的恒星的化学组成及年龄也大不相同。平均而言，和薄盘相比，厚盘内恒星的年龄比较老（> 80 亿年），金属丰度较低，而且 α 元素与铁元素的丰度比很高，表明厚盘恒星的化学演化历史非常快，可能在 10 亿年内就迅速形成。厚盘成分在其他河外**旋涡星系**中也很常见。银河系的厚盘与核球的化学组分比较类似，但具体二者是否有因果关系还不清楚。厚盘的形成机制仍然存在很多争议。有些人认为厚盘就是被银河系的潮汐力和动力学黏滞瓦解掉的矮星系的碎片残骸。另一可能是厚盘是被吸积卫星星系引力散射后的早期原始薄盘的遗迹。在这个模型里，原始薄盘在红移$z = 2$～3 时就已经形成，并在随后的活跃并合阶段中被散射增厚（或称被“加热”），而今天看到的薄盘则是更后来从温热的**银冕**气体冷却逐渐回落在**银道面**上慢慢形成的。（沈俊太）

银河系结构　structure of the Galaxy　银河系各个组成结构的组分、形状、质量、运动学，及其他动力学特性。银河系是一个带棒的**旋涡星系**（见**棒旋星系**）。银河系的主要组成结构包括核球、银盘、银晕、银核、银冕、银河系旋臂族。

“不识庐山真面目，只缘身在此山中”。尽管天文学家们对宇宙中的众多星系有着详细的研究，但对于人们居住的银河系却一直不能窥其全貌。自从 18 世纪晚期英国天文学家F.W.赫歇尔（见赫歇尔家族）利用恒星计数发现银河系具有扁平盘形状后，现代天文学已经逐渐对银河系的结构有了一些大致的共识。我们现在知道银河系是一个棒旋星系，哈勃类型接近SBbc型（即核球较小，旋臂缠绕宽松的棒旋星系）。银河系的主要成分为恒星、暗物质粒子、星际气体和尘埃，它们主要在相互之间的万有引力的束缚下构成一个集合体。天文学家在20世纪末还确认了银河系中心在人马座A*（Sgr A*）射电源的位置，其存在一颗质量约为四百万个太阳质量的超大质量黑洞。银河系内至少有一千亿颗恒星，主要分布在一个直径约30千秒差距，平均厚度约0.3千秒差距的铁饼状圆盘（银盘）内。银河系恒星的总质量为500亿～600亿个太阳质量，总光度约为300亿个太阳光度（I波段绝对星等约为$M_I = -22.7$）。银盘的恒星盘由一个"薄盘"和一个较厚但密度较低的"厚盘"组成。人类所在太阳系就位于银盘的外围，距离银河系中心约8.5千秒差距。我们把银盘中心隆起的结构称为核球。银河系核球与传统意义的经典核球不同，在太阳位置侧面看去核球呈方形盒状结构，而不是传统的扁球状。研究显示，银河系的棒在屈曲动力学不稳定性的作用下中心变得很厚，而核球很有可能就是侧面看到的银河系的中心棒。所以有别于星系并合过程形成的经典核球，银河系核球可以被看作一个伪核球。银河系的可见部分被一个非常延展的暗物质晕所包围。银河系中央部分的质量主要是由可见物质（恒星及气体）主导，暗物质在太阳半径以外才逐渐主导星系的质量分布。银河系的动力学总质量仍有很大的不确定性，为1万亿～2万亿个太阳质量。

尽管人们已经对银河系有了这些大概的认知，但对它的各个结构分量确切的动力学特性、形成和演化依然了解得不甚清楚（见银核、银河系核球、银盘、银晕、银冕）。（沈俊太）

银河系内晕 Galactic inner halo 银河系恒星晕中空间分布较为扁平、旋转速度与太阳同向的成分。金属丰度分布的峰值约为[Fe/H] = −1.6。见银晕。

银河系年龄 age of the Galaxy 从银河系诞生到现在所跨的时间长度。一个直观有效的测量银河系年龄的方法是测量银河系中最古老的天体，如极端贫金属的恒星或球状星团的成员星的年龄作为银河系年龄的下限。

恒星年龄的确定是天文学的一个难题。长期以来，天文学家利用最高质量的观测数据更新着银河系的年龄。利用星团恒星在赫罗图上的分布和理论等年龄线方法测量银河系古老的球状星团NGC6397的年龄为139 ± 4亿年，考虑到恒星演化轨迹的引力下沉效应，该年龄需减少5亿年，因此该星团最好的年龄估计为134 ± 8 ± 6亿年。利用长寿命的放射性元素铀（U）和钍（Th）之间的丰度比率可以确定银河系贫金属晕星的年龄，但是需要通过理论模型计算它们的初始丰度。由于初始丰度的计算有很大的误差，使得最终估计的银河系年龄不够准确，如测量贫金属星的U/Th丰度比，得到的年龄为145 ± 28亿年。该方法提供的最可靠的值是，测量极端贫金属恒星（HE 1523-0901）的年龄为132亿年。铍（Be）是由高能宇宙线与重的原子核发生散裂反应产生的；宇宙线穿越整个早期银河系，产生的铍元素在银河系中均匀分布。随着时间的演化，银河系铍元素的含量在不断增加，因此铍可被作为"宇宙时钟"使用。天文学家对年老贫金属的球状星团NGC6397中两颗处于主序拐点的恒星进行高分辨率、高信噪比的光谱分析，精确测量了恒星的Be丰度。利用Be丰度和理论化学演化模型推知银河系第一代恒星与球状星团之间的年龄间隔2亿～3亿年，结合前面提到的等年龄线方法得到的球状星团NGC6397的年龄，从而估计银河系的年龄是136亿年。

宇宙的年龄测量可以通过宇宙加速膨胀的速率或哈勃常数来确定。2016年的普朗克测量值为137.99亿年。有趣的是，银河系与宇宙之间的年龄差异只有2亿年。（陈玉琴）

银河系前景辐射 Galactic foreground radiation 当观测一些微弱的河外和宇宙辐射，例如宇宙微波背景辐射、宇宙中性氢产生的红移的21厘米辐射时，在相同频段由银河系产生的弥散辐射，因其产生点比宇宙信号或河外信号更靠近地球，且它对于观测上述宇宙或河外辐射来说是一种干扰。简称银河系前景。

银河系可产生广泛分布的弥散辐射，多种不同物理机制所产生的辐射均对银河系前景辐射有贡献。在低频射电频段（10GHz以下），主要为宇宙线电子在银河系磁场中运动时产生的同步辐射，其频谱为幂律谱，亮温度与频率的关系表示为$T \propto \upsilon^{\beta}$的形式，谱指数$\beta \approx -2.6$，但不同方向和频率上略有变化。在更高的频率上，银河系星际介质电子的自由－自由辐射和银河系转动尘埃的辐射起主要贡献。银河系前景辐射是偏振的，因此对偏振测量也有很大影响。

人们经常利用前景辐射的频谱特性区分银河系前景辐射与待测的宇宙或河外辐射信号。例如，宇宙微波背景辐射频谱具有黑体谱形式，而宇宙线电子同步辐射、自由－自由辐射、转动尘埃辐射等各有不同的频率依赖性，可以利用多个不同频率的观测，将天空亮度分解为不同成分，从而提取宇宙微波背景辐射信号。又如，银河系前景比再电离时期的21厘米信号强度一般高5个数量级左右，但其频谱上为光滑幂律谱形式，与随频率随机变化的21厘米信号不同，可以利用这一特点提取21厘米信号。（陈学雷）

银河系外旋臂 Galactic outer arm 银河系的主旋臂之一。又称天鹅－矩尺臂。简称外臂。银河系的旋臂有些是分段发现的，根据每段旋臂的起点所在星座命名。因此这里所说的外臂包括靠近银核的矩尺臂（发现于20世纪50年代）、较远的天鹅臂（发现于20世纪50年代）和更远的外臂（发现于2004年）。其中，矩尺臂是距离银河系中心最近的主旋臂，而外臂距离银河系中心的最远距离约为14千秒差距。（沈俊太　徐　烨）

银河系外晕 Galactic outer halo 银河系恒星晕中近球形分布、旋转速度与太阳反向的成分。金属丰度分布的峰值约为[Fe/H] = −2.2。见银晕。

银河系未来 future of the Galaxy 研究银河系如何从现在演化到最终的状态。银河系的未来，以及会对太阳系和地球上的生命有何影响，这些问题与人类的未来息息相关。截至21世纪20年代，还没有太多研究资料，它一直是天文学家饶有兴致、有待深入探究的一个课题。

根据观测，银河系与仙女星系M31是本星系群中两个质量最大的星系，周围都由很多个小的星系围绕着。M31正以398 160千米/时的速度朝银河系奔来，M31距离银河系约770千秒差距（1千秒差距≈3.086×10^{16}米），基于哈勃望远镜收集的数据和计算机模拟，大约38.7亿年后，两个星系的恒星都挤作一堆，但两星系碰撞之后，沿着各自的轨道运动，逐渐分离，在58.7亿年后，再次经历撞击，最终合并成为一个在邻近的太空中常见的椭圆星系。M31的伴星系M33可能会被卷入这次撞击事件，并入M31与银河系的合体或者被抛离本星系群。2019年，利用哈勃空间望远镜和盖亚（Gaia）卫星测量得到的自行数据，M31向银河系运动的速度被更新为205 200千米/时，那么它与银河系碰撞的时间将大大推迟。

银河系与相邻的仙女星系的超级撞击将会使整个银河系彻底改头换面。以前大部分恒星近似于圆形轨道的银河系也将失去它那扁平的薄煎饼形状。不过地球以及太阳系并没有被摧毁的危险，太阳以及其他的恒星也不会互相碰撞。虽然两个星系将会嵌在一起，但各星系内部的恒星仍然相距遥远，在相会的过程中这些恒星不会发生碰撞。它们会在新的轨道上围绕这个新合并的星系中心转动。

（陈玉琴）

银河系形成 formation of the Galaxy 原初星云形成现有银河系结构的过程。标准的星系形成理论认为，银河系在其形成早期经历了若干次剧烈的星系并合过程，原星系盘在并合过程中被破坏，形成了银河系核球。但是，宇宙学框架下星系尺度上的数值模拟结果与观测之间还存在巨大差异。随着星系宇宙学的发展，银河系形成的图像可能会随之改进。

人们对银河系形成的认识主要由观测驱动。截至21世纪初期，人类历史上主要出现了两种银河系形成模型。

①云的整体坍缩。1955年，N.G.罗曼发现，太阳附近的高速恒星通常是贫金属的。1962年，O.J.艾根等人通过对太阳附近具有确定空间速度的恒星的模型轨道研究发现，当金属丰度从太阳位置向外降低时，模型轨道的偏心率和垂直振动的能量增加，角动量下降。对于太阳附近的恒星，相对太阳拥有较大的速度与这颗恒星在偏心或者高度倾斜的轨道上运动等价。因此，艾根等人的发现相当于再次阐明了罗曼的经典结论。根据这一观测事实，艾根等人推断，低金属丰度恒星可能在形成时轨道偏心率就很大，或者银河系在形成以后，引力势发生过剧烈变化。在此基础上，艾根等人提出了银河系形成的整体坍缩模型。他们认为，银河系形成于一个大致呈球形的巨型原星系云的整体坍缩，年老星族Ⅱ的偏心轨道是原星系云自由坍缩的直接结果，球状星团具有相似的年龄也是由星系云的快速坍缩所导致。当星系云的半径缩小到原来的十分之一左右时，由于恒星星风和超新星爆发等原因，星系云变成富金属的，并逐渐形成一个由离心力支撑的盘结构。银盘和盘族星系开始形成，并逐渐演化成如今看到的结构（见整体坍缩模型）。

②等级式形成模型。该模型认为银河系是由小的星系相互碰撞、并合形成。1977年，通过对银河系中心8～30千秒差距范围内球状星团金属丰度的精确测定，L.西尔勒发现，球状星团的金属丰度存在明显差异，并且金属丰度的高低与星团到银心的距离无关。同时，一些天文学家在距离银心较远的地方发现了高金属丰度的球状星团。整体坍缩模型无法解释这些观测事实，因为整体坍缩的时标很短，这期间元素增丰效果很小，球状星团间不会存在明显的金属丰度差异。即使有一些差异，这些差异也应该与星团到银心距离相关。但是，如果假设银晕形成于一些分离的、演化相互独立的气体团块，则可以解释这些观测事实。于是，西尔勒提出并建立了并合吸积模型。他认为，银河系是由许多质量约为1亿个太阳质量的气体团块先独立演化成小的恒星系统，然后这些小的恒星系统再相互碰撞、并合形成的。由于不同气体团块内部金属丰度增丰程度不同，西尔勒的模型很好地解释了球状星团间的金属丰度差异（见并合吸积模型）。

此后，宇宙学研究的数值模拟显示，一些小的恒星系统会不断地并合形成更大的恒星系统。这极大地影响了银河系形成的传统图像。西尔勒模型中的气体团块可以被看作银河系形成早期并合的小恒星系统。模拟显示，正在形成中的银河系的引力势是非轴对称的，单个恒星的角动量不守恒。这些均与艾根等人的假设相悖。因此，整体坍缩模型作为描述银河系形成的整体图像被淘汰。人们后来在观测上发现了大量星系并合和吸积的证据，比如，离我们最近的河外星系——大麦哲伦云正在向银河系盘旋降落，预期最终将会被银河系吞并。一旦大麦哲伦云被银河系吞并，它的球状星团也将变成银河系的球状星团。人们已经在大麦哲伦云中看到了最近形成的、明显类似于年轻球状星团的天体。但是，银河系显然不可能只是简单地形成于已有恒星系统的并合。首先，银盘不可能通过这种简单并合形成，后来观测到的厚盘和盘族球状星团内的恒星也不可能在银河系之外就已经形成。虽然银河系核球的起源非常不确定，形成核球的物质却极有可能是以气体而不是以恒星的形式并入银河系。

随着宇宙学的发展和观测的巨大进步，西尔勒最初极端简化的并合模型最终被发展为基于暗物质晕的等级式星系并合模型，即标准的星系形成模型。在该模型中，冷暗物质结构是通过等级成团形成的，即暗物质首先在宇宙早期坍缩形成较小的暗物质晕，这些暗晕经历并合、吸积等过程形成更大的暗晕结构。星系的形成也是等级式的，首先形成小星系，这些小星系之间通过并合、吸积形成大星系。像银河系这样大质量棒旋星系的形成，其间经历了若干次星系并合过程。暗晕在此处扮演了非常重要的角色，比如，暗晕的引力场决定了星系从周围吸积气体的过程。无论气体从何处来，温度低于10 000开的气体都会在银河系的引力势中内落，由于重子物质的能量耗散，最后会形成一个由离心力支撑的盘。随着气体在盘上聚集，盘很容易发生引力不稳定而形成恒星。观测证实，恒星确实形成于接近圆形轨道的平面内。但是，恒星会及时从形成它们的薄盘中分离出来。因为在这样一个薄盘内，所有轨道都高度圆化并被限制在一个共同的平面内。任何一个可以扰乱恒星轨道的随机过程，比如分子云和旋臂的散射，通过干扰这种高度有序的状态，都非常容易使盘加热并变厚。

观测显示，像银河系这样正在进行恒星形成的盘星系，气体的吸积速率大约为1太阳质量/年；能看到的银盘是在最近100亿年之内逐渐形成的，即在最近100亿年之内，银河系没有经历过大的并合过程。但是，气体的来源以及它们如何落到气体盘上还非常不清楚。最核心的问题是，这些气体是来自包含大量中性氢的冷气体云（约小于10 000开），还是来自一个引力束缚的具有维里温度（约大于1 000 000开）的冕。有两方面的原因使得一些天文学家认为这些气体可能来自一个延展的温热气体晕。一是宇宙学数值模拟结果和一些观测事实均与冷气体云吸积模式不相符，尤其是中性氢21厘米谱线巡天在邻近宇宙中没有观测到显著的星系际HⅠ（中性氢）线。二是有观测显示这种温热气体晕可能真实存在。早在1956年，L.S.斯皮策就根据高银纬恒星光谱中存在恒星际吸收这一现象推断银盘可能嵌埋在一个温度约为1 000 000开的冕中。哥白尼卫星（Copernicus）和远紫外分光探测器（FUSE）卫星的观测使这一预言的可信度大大提高：它们在沿着遥远的高银纬紫外源的视线方向探测到了OⅣ等金属线，尤其是穿过高纬度HⅠ云的视线方向。这种高度电离的金属线由碰撞电离产生，如果假设物质正好处于热冕和冷气体云的交界处就可以轻易地解释它们的产生。

因此，从2010年起，一个包含银冕的银河系形成模型逐渐发展和流行起来。该模型认为，大部分最初与银河系暗物质成协的重子物质分布在一个具有维里温度的银冕中；现在的银河系实际上嵌埋在这个银冕中；气体从银冕转移到银盘是恒星形成得以维持的原因。由超新星爆发导致的喷泉效应将原银盘上的气体弹射到盘面以上千秒差距尺度的高度。相对于热冕气体，这些被喷射的气体被称为冷气体云。它们在银晕中穿梭，并和热冕气体发生相互作用。这种相互作用会使冷气体云产生不可忽略的动量损失。如果这些动量被转移到热冕而不是回到银盘，热冕将很快变成旋转主导。由于热不稳定性，热冕气体将冷气体逐渐从冷气体云的前沿剥离。如果冕的压强和金属丰度足够高，气体剥离将会导致与原冷气体云质量相当的热冕气体在原冷气体云处凝结，并和冷气体云的物质发生有效混合，留下一团温度和金属丰度适中的混合气体。这些混合气体最终在银河系的引力场中冷却、下落到正在进行恒星形成的银盘上。数值模拟结果显示，这种热冕气体凝结可以使银盘气体吸积速率达到 2 个太阳质量/年左右。对有恒星形成的盘星系 21 厘米谱线的观测表明，这些星系中确实存在喷泉效应；莱顿–阿根廷–波恩银河系中性氢巡天（Leiden/Argentina/Bonn Galactic H Ⅰ survey）的结果和银河系有一个类似的中性氢分布的假设相符。关于此模型有大量的数值模拟工作，进展很快，也存在相当多的不确定性。

除了银河系形成的整体图像，银河系各个分支结构的形成也受到极大的关注，同样是当代天文学研究的热点。①恒星晕。等级式星系形成模型预言银河系的恒星晕是小恒星系统在被银河系吸积过程中被撕碎后的残骸。早期进入银河系的碎片被瓦解散布到整个空间，形成一个相对光滑的恒星晕。最近几十亿年被吸积进来的碎片在速度和位置空间上都会留下一些明显的子结构，如室女座星流、麒麟座星环等。星流是银河系并合的关键证据，但观测与理论模拟在星流数量上有巨大差异。中国天文工作者利用**大天区面积多目标光纤光谱天文望远镜**（LAMOST）的巡天数据发现了 7 个源自银河系并合过程的星流，占国际同类发现总数的百分之三十。这些发现在一定程度上缩小了理论与观测的差距，证实了潮汐瓦解的星流在经历十几亿年的演化后仍然可以在运动学空间找到它们具有共同起源的痕迹。现代观测发现，银河系内晕和外晕的恒星在化学特征和年龄上有明显差异，暗示它们可能来自不同的渠道。可以比较确定的是，银河系的恒星晕由两部分组成，其中大部分来自对矮星系的吸积，还有一小部分形成于已经落入银河系内部的气体。②厚盘。厚盘的形成机制还不清楚，但是厚盘星的内禀性质，如相对于薄盘星，厚盘星年龄较老（大于一百亿年），金属丰度较低，α 元素和铁元素的丰度比很高等，表明厚盘星的化学演化历史非常快，可能在银河系最初的十亿年内就已经形成。一个被广泛讨论的**银河系厚盘**形成机制认为，银河系对低光度星系的吸积触发了厚盘的形成：大约 100 亿年前，现在的厚盘星形成了原始的薄盘。随后，一个或更多的矮星系被银河系吸积。当这些矮星系盘旋穿过银盘时使银盘变厚，而新落入**银道面**的气体在厚盘内形成了新的薄盘。③核球。根据等级式星系形成模型，银河系核球在星系并合过程中产生，在形状上近似球形。但是，在宇宙背景探测器（COBE）卫星拍摄的银河系近红外图像上，银河系核球看上去更像一个方形的盒子。2010 年，中国学者基于银河系核球恒星运动学的光谱巡天结果，建立了银河系核球和棒的自洽模型，给出了一个全新的银河系核球形成图像。他们认为，银河系核球主要是由原初星系盘通过自身动力学不稳定性增厚而产生的“伪核球”；星系并合形成的核球分量即使存在，质量也很小，可能不到盘质量的十分之一。在该模型中，一个初始随机运动较小的薄盘会首先形成一个大尺度的棒，之后，整个星系盘会在垂直方向上产生屈曲不稳定。在这种不稳定性达到饱和后，星系盘中心变得非常厚，形成了类似银河系核球的方形结构。因此，银河系核球其实是侧面看到的银河系的棒。它在形态上和 COBE 卫星的近红外像符合很好，同时与许多运动学观测数据定量吻合。

（陈雪飞）

银河系旋臂　spiral arm of the Galaxy　**银河系**中由年轻恒星、气体和尘埃聚集所勾勒出的主要旋臂结构。河外星系中壮丽的旋臂结构是定义**旋涡星系**的最重要特征。数学上旋臂可以用对数螺旋曲线来近似描述。因为我们位于**银盘**上，因此直接成像的观测无法给出银河系正面的图像和旋臂的三维结构。银河系旋臂的结构依然不太确定，主旋臂的数目和结构仍有争议。2010 年，中国科学家参与的贝塞尔脉泽巡天计划开始启动。他们在银河系的一、二象限发现有五条螺旋状的旋臂从银河系中心缠绕延伸出来，根据到银河系中心的距离远近，依次是**银河系外旋臂**、**英仙臂**、**本地臂**、**人马臂**（见**人马–船底臂**）和**盾牌–半人马臂**。其中，太阳位在介于英仙臂和人马臂之间的本地臂内侧区域。但 2008 年的斯皮策空间望远镜研究显示，根据中红外恒星计数统计，银河系可能只有两条主旋臂（英仙臂、盾牌–半人马旋臂），它们都和银河系棒的两端相连接。别的旋臂都是片段的小旋臂。他们认为矩尺臂与人马臂绝大部分是气体，而几乎没有对应的恒星臂。

红点位置为太阳，中心黄色部分为银河系的棒/核球
（沈俊太、徐烨、李智、李兆聿根据 NASA 的艺术想象图制作）
标注了银河系主要旋臂的银河系结构示意图

旋臂结构的起源和维持问题也尚未研究清楚。一般比较小的碎絮状旋臂（如 M63）的形成是比较容易理解的：由于星系通常有很强的**较差自转**，任何不规则的结构（如一片新形成的恒星）在形成后都会不可避免地被较差自转剪切成缠绕紧密的碎絮状旋臂，直至有新的不规则结构产生新一轮旋臂。例如一种观点就认为，前一代恒星演化晚期超新星爆发产生的激波，会触发周围**星际介质**中的恒星形成，这些新一代恒星演化晚期超新星爆发产生的激波，又会触发周围星际介质中下一代的恒星形成。这种以自传播方式形成的新生恒星可以在自转的星系中产生旋臂。

但是对于从中心一直连贯到外区的大尺度壮丽旋臂的形成仍没有学界公认的解释。首先这种大尺度旋臂肯定不可能是物质臂，所谓物质臂是指旋臂自始至终由同一些恒星、气体和尘埃组成。因为如果是那样的话，这些旋臂早就被较差自转在短时标内越缠越紧直至消失在银盘中。这就是所谓旋臂形成的缠绕难题。鉴于此，瑞典科学家B.林德布拉德在1942年首先提出了旋臂是密度波的思想，然后美籍华裔科学家林家翘和徐遐生在60年代中期发展建立了系统的密度波理论（见密度波理论）。密度波的基本思想是，旋臂是气体和恒星绕星系中心运动时空间分布较密集的区域，组成旋臂的气体和恒星并非始终处于旋臂中，而是有进有出。林-徐（Lin-Shu）密度波理论进而假设旋臂是已经达到稳态的长期存在的准静态密度波，它可以成功地解释气体旋臂和亮星旋臂的相对位置和相对宽度等。

另一种与Lin-Shu理论竞争的观点认为，旋臂并不是长期稳定存在的密度波，而是可以被重复激发但只是短暂存在的密度波。这种观点的主要论据如下。旋涡星系的多体数值模拟中只能产生暂现的大尺度旋臂，但不能维持其长期稳定存在。另外理论计算表明密度波的径向群速度并不为零，如何长期维持这种准静态的密度波仍是一个问题。因为气体在旋臂里被压缩然后形成新恒星的时标远小于暂现密度波的寿命，所以暂现密度波也可以像Lin-Shu准静态密度波一样很好地解释气体旋臂和亮星旋臂的相对位置和相对宽度等。

如上讨论的都是孤立星系的旋臂自发产生和维持问题，有正在相互作用的星系，如M51的旋臂几乎肯定是由与其相互作用的伴星系NGC5195激发的。银河系在吸积质量足够大的矮星系时，也有可能产生旋臂结构。另外棒旋星系中发现大尺度旋臂的概率要更高些，但是棒的转动速度通常远大于大尺度旋臂的转动速度，所以不能确认旋臂是由棒直接驱动产生及维持的。虽然这种大尺度旋臂的理论还有争议，但是旋臂是旋涡星系内密度波的体现这一点还是被普遍接受的。（沈俊太）

银河系演化　Galactic evolution　银河系的物理、化学、分布、运动以及星族特征随时间的变化。为了探究这一漫长过程中发生的真实情况，必须建立合理的理论模型，并对观测事实做出有效的解释。截至21世纪20年代，已提出的这类模型可谓名目繁多，大体上可以根据模型试图解释的主要观测事实，分为质量模型、恒星计数模型、运动学模型、动力学模型、星族和化学演化模型等几大类。如质量模型是要对银河系及其各个成分的密度分布做出说明，使模型预期值与一些观测量（如太阳附近的总质量等）相一致；恒星计数模型应该对银河系不同位置处恒星绝对星等的分布给出合理解释；运动学模型涉及恒星的空间运动，不仅要求能说明恒星数密度与绝对星等之间关系，而且要对不同位置上的恒星速度分布做出预言；而星族和化学演化模型则要通过研究星族的光谱能量分布的演化以及星际气体的元素增丰历史，来探索银河系形成和演化的线索。当然，这几方面不是孤立演化而是密切联系的，比如，恒星的运动状态取决于银河系引力场（即银河系的物质分布状况），而化学演化模型里常常需要考虑恒星的轨道运动，特别是，早期银河系形成模型就是根据观测到的恒星金属丰度与其轨道偏心率和银面距等的相关关系而提出的（见整体坍缩模型）。

银河系演化是在银河系形成模型的基本框架下开展研究的。关于银河系形成模型，早在1962年，三位天文学家就提出了快坍缩模型（又称ELS理论），认为银河系形成于一个大致呈球形的巨大原初星系云，该气体云最初的金属丰度很低，并因引力作用而处于自由下落状态，称为引力坍缩。在坍缩过程中，云的自转速度不断增大，以保持角动量守恒，大部分重元素丰度很低的所谓“贫金属星”和球状星团就是在这一过程中形成的。又因为坍缩过程进行得很快，其间形成的球状星团便有大致相同的年龄。当云的半径收缩到原初星系云半径的十分之一左右时，由于超新星爆发不断出现，云变成富金属态并逐渐变为扁平状，形成一个由离心力支撑的盘结构。这时，银盘及盘族恒星开始形成，并保持这种状态直到今天，所以，盘内恒星较为年轻，金属丰度则比较高。快坍缩模型可以较好地说明许多重要观测事实，如银河系的总体结构、不同星族恒星的年龄、金属丰度和运动状态等。

然而，观测结果表明，老年球状星团的金属丰度各不相同，且差异较为显著，这一事实给快坍缩模型带来了如下困难：既然坍缩过程进行得很快，其间元素增丰的效果就不会很明显，不同球状星团的金属丰度应该相差不大。为了解决这一矛盾，美国天文学家L.西尔勒提出了另一种银河系形成模型——并合吸积模型，认为银河系由几十个较小的星系云并合而成，而不是生成于单一的原初星系云。这些小云块的质量约为一亿太阳质量，它们各自演化成较小的系统，并相互碰撞、并合，在一种缓慢的坍缩过程中，最终形成银河系。由于在同一时间段内，不同小星系的内部增丰情况各不相同，该模型较好地解释了球状星团在金属丰度上的差异。后来的一些数值模拟工作表明，小星系确实会通过相互并合，形成更大的系统，从而支持了西尔勒模型。但是，银河系纯粹由大量小星系并合而成的机制，很难解释银盘的形成，为做到这一点，必须对并合的具体方式加以严格的限定，如小星系在并合过程中应取适当的运动路径等，而这显然很不现实。总之，银河系形成和演化机制是比较复杂的，很可能既取决于银河系的内部过程——坍缩，又涉及外部因素——吸积和并合。

本质上来说，主导银河系演化的关键过程是其恒星形成历史，即：某一给定体积在每一时刻新诞生的恒星总质量。恒星演化进程主要取决于其初始质量，初始质量越大的恒星，演化越快。恒星演化到晚期，会通过星风或超新星爆发等途径，将一部分热能和恒星内部新合成的金属，抛入周围的星际介质，一方面，加热周围的星际气体，另一方面，使星际介质的重元素丰度不断增加。换句话说，一旦了解了银河系的恒星形成历史，再加上恒星演化的结果，我们就能理解银河系的星族演化、运动学演化以及星际介质的化学增丰历史。

遗憾的是，银河系的恒星形成历史很难由观测直接测定，也正因为如此，化学演化模型作为研究银河系演化的有效工具，就显得尤为重要。事实上，早期的银河系形成图像，就是通过研究恒星的化学组分和运动学参量的关系而逐步开展的。还有一个例子是著名的“G矮星问题”，即太阳附近观测到的贫金属G矮星的数目比例要远低于封闭模型所预言的。“G矮星问题”及随后的诸多研究达成的共识是封闭模型对银河系演化是不合适的，认为银盘是由于暗晕中重子物质不断冷却而慢慢形成。该结论对银河系乃至绝大多数的盘状星系的形成和演化图像，都产生了非常重要的影响。

另外一个例子是银盘径向丰度梯度研究。观测方面，很早就发现银盘存在径向丰度梯度，即：随着银心距的增加，星际介质的金属丰度逐渐减少。在模型解释方面，一般认为银盘的丰度梯度主要是由两种机制产生的。一种是由内而外的盘形成模式，即：盘内部的气体冷却时标比外部的要短，内部区域增丰较快，从而形成径向丰度梯度；另一种机制是恒星形成律，即：内部区域气体面密度较高，恒星形成效率较高，星际介质的金属丰度就较高，从而产生径向丰度梯度。无论这两种机制中的哪一种起主导作用，或者是兼而有之，径向丰度梯度研究，作为银河系化学演化的重要组成部分，都是研究银河系形成和演化的重要工具。

随着天文观测研究工作的深入，人们对银河系结构取得较为全面的认识之后，开始探究银河系的运动学和动力学状态，进而探讨银河系的形成和演化机制。总体而言，随着演化时间的增加，银河系的恒星总质量逐步增加，恒星的金属丰度和速度弥散度逐渐增加。当然，与银河系演化相关的诸多热点问题，还在激烈的讨论过程中，更多的结论还有待进一步的研究。

（常瑞香）

银河系原初气体云 Galactic primary gas cloud 银河系形成初期的气体云。银河系原初气体云的提出，最早来自银河系形成模型——整体坍缩模型。该模型认为银河系形成于一个大致呈球形的、具有自转角动量的巨大原初气体云，该气体云最初的金属丰度很低，并因引力作用而处于自由下落状态，称为引力坍缩。在坍缩过程中，因为角动量守恒，云的自转速度不断增加，大部分金属丰度很低的贫金属星和球状星团就是在这一过程中诞生的。当云的半径收缩到原初气体云半径的十分之一左右时，由于超新星爆发不断出现，气体云的金属丰度不断增加并逐渐变为扁平状，形成一个旋转支撑的盘结构。这时，银盘和盘族恒星开始形成并保持这种结构。该模型可以很好地解释许多重要观测事实，如银河系的总体结构、不同星族恒星的年龄、金属丰度和运动状态等。但是，观测结果表明，老年球状星团的金属丰度各不相同且差异较大，这一事实给整体坍缩模型带来了挑战。美国天文学家L.西尔勒提出了另一种不同的银河系形成模型——并合吸积模型，认为银河系由几十个较小的星系云并合而成，而不是生成于单一的原初星系云。后来的冷暗物质模型认为，小星系确实会通过并合形成更大的系统，不过，并合吸积模型很难解释银盘的形成。简而言之，关于银河系形成和演化，仍有很多的难点和热点问题有待进一步的研究。

（常瑞香）

银河系自转 Galactic rotation 银盘内恒星、气体和尘埃围绕银河系中心绕转的现象。星系的转动角动量源于早期星系形成时暗物质晕相互间的潮汐作用。随后暗物质晕内的原初气体冷却凝聚形成盘时气体的能量有耗散，但其角动量得以保持。银河系自转所产生的离心力正好可以平衡向内的万有引力，使得银河系内的物质可以比较稳定地绕银心旋转。如果银河系没有自转，那么物质都将在万有引力的作用下向银河系中心坍缩。

银河系盘内的大多数恒星的轨道都接近圆周运动。由于随机运动的存在，这些轨道可以被近似为在纯圆周运动上叠加了一个逆行的本轮转动，所以在惯性参考系中呈不闭合的玫瑰花结形状。太阳距银心约 8.5 千秒差距，并以约 240 千米/秒的速度围绕银心旋转，由此科学家可以估算出太阳绕银心转动的周期约为 2.2 亿年。所以自从银河系形成后，太阳可能已经绕银心旋转了几十周。银河系棒以更快的角速度绕银心旋转，其转动周期约为 1.5 亿年。

（沈俊太）

银河系自转曲线 Galactic rotation curve 气体或者恒星在围绕银河系中心做匀速纯圆周运动时其转动速度随轨道半径的变化曲线。根据匀速纯圆周运动时离心力与向心力的平衡条件，在半径R处的转动速度v_c约等于$[GM(<R)/R]^{1/2}$，式中G为引力常数；$M(<R)$指半径R以内包含的物质总质量。所以自转曲线实际反映的是银河系内的质量分布，或质量密度随半径R的变化。

通过观测恒星或气体云团光谱的多普勒效应可以计算出银河系外围的自转曲线。银河系外区虽然已经远大于银盘的范围，但自转曲线并不随半径增大而下降，而是保持平缓（即速度相对于半径几乎是常数）。如果银河系只包含可见物质，例如恒星、气体和尘埃，那么这些可见质量不足以维持外围的高自转速度，外区的可见物质将在巨大的离心力的作用下被甩出银河系。实际上根据自转曲线计算出的银河系总质量是所有可见物质总质量的十倍以上。所以平的自转曲线揭示了银河系内90%以上的质量应该是以暗物质的形式存在，而可见物质只贡献了不到10%。国际上还有一些科学家认为牛顿的平方反比万有引力定律在星系尺度以上也许不再适用，需要进行修正，修正后的万有引力定律［例如修正牛顿动力学（MOND）］也可能解释为什么自转曲线在星系外围变平。

（沈俊太）

银河系 γ 射线背景 γ-ray emission in the Galactic plane 来自银河系的弥漫 γ 射线背景的性质和起源。银河系的弥漫 γ 射线背景主要有银道面弥漫 γ 射线背景、银心弥漫 γ 射线背景和费米泡三个成分。

银道面弥漫 γ 射线背景 这是全天最明亮的一条 γ 射线辐射带，主要是高能宇宙线背景与银河系星际介质相互作用产生的。银道面弥漫 γ 射线背景的物理起源主要是来自高能宇宙线背景穿过银河系银盘中的星际介质，通过质子–质子碰撞等强子过程产生大量的 π^0 介子。π^0 介子再衰变成高能的 γ 射线光子，形成银道面弥漫 γ 射线背景。

银心弥漫 γ 射线背景 银河系中心有一个大质量的黑洞，但 γ 射线望远镜在银河系中心只能看到明亮的弥漫的 γ 射线，分布在银心方向几度范围内。银心弥漫 γ 射线背景在 511keV 谱线和 3GeV 附近是辐射的峰值，无法用宇宙线背景与星际介质相互作用来解释，依然是一个未解之谜。一些物理学家认为银河系中心暗物质湮灭过程可以解释银心弥漫 γ 射线背景的特征。天体物理学家则利用一些极端的天体物理过程来解释银心弥漫 γ 射线背景，比如银心的毫秒脉冲星、银心的大质量黑洞吞噬周围恒星物质等。

费米泡 2010 年，天文学家从费米 γ 射线空间望远镜的 1～10GeV 数据中发现了两个巨大的泡状结构（见图）。它们以银

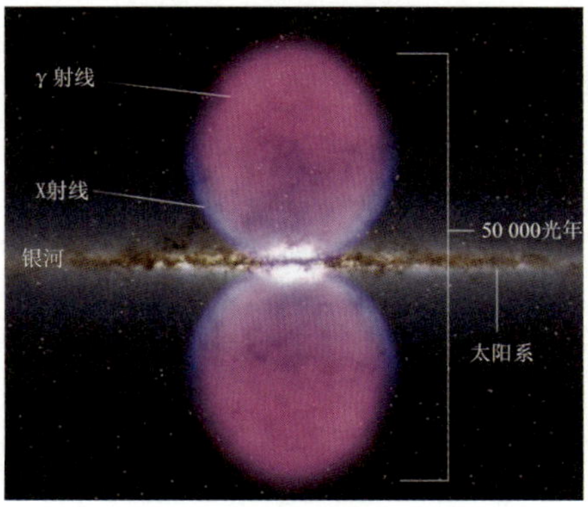

费米泡想象图

河系中心为起点，在银面的上方和下方延伸了 50 度，超过 2.5 万光年。它们的位置与微波波段的威尔金森微波各向异性探测器（WMAP）卫星、X 射线波段的伦琴 X 射线天文台（ROSAT）卫星中看到的泡状结构类似。它们的起源仍然不确定，或许与银心超大质量黑洞的活动有关，或许与银心附近的恒星形成及超新星爆发有关。

（王 伟）

银河系 γ 射线辐射 γ-ray emission in the Milky Way 来自银河系的 γ 射线辐射，包含银面 γ 射线辐射源和弥漫的银面 γ 射线辐射背景。银河系 γ 射线辐射源主要是 γ 射线脉冲星、脉冲星风星云和超新星遗迹，还有一部分是黑洞和中子星双星系统。其中 γ 射线脉冲星是银河系中最亮的 γ 射线辐射源，截至 2019 年，已经发现超过 200 颗 γ 射线脉冲星。

弥漫的银面 γ 射线辐射背景主要是高能宇宙线背景与银河系星际介质相互作用产生的。银河系中心区域的弥漫 γ 射线辐射明显的超出宇宙线产生的银面 γ 射线背景，因此银心的弥漫 γ 射线辐射具有特

殊的物理起源，可能是未知的γ射线脉冲星，也可能是银心暗物质湮灭的贡献。

（王 伟）

银河X射线弥散辐射 X-ray diffuse Galactic emission 在X射线天图上可以看到和银河系相关的弥散辐射。其结构和尺度随能量存在显著变化。在伦琴X射线天文台（ROSAT）观测到的弥散X射线天图的最低能量段（0.1～0.28keV），X射线流量在南北银极最强，在银道面上最弱，并且X射线流量和中性氢柱密度天图呈现明显的反相关。这表明在这个能量段上X射线流量由被银河系吸收后的宇宙X射线背景主导。但是观测上也发现在这个能量段存在由位于太阳周围约100秒差距（pc）内的温度约为10^6K的局域热气体贡献的X射线辐射。在更高能量段的ROSAT天图上（0.45～1.2keV），X射线流量趋向银盘面方向，但同时的高银纬区域也存在大尺度的弥散结构，一些结构的位置和已知的超新星遗迹一致，因此通常认为这些弥散结构大部分由超新星或早型恒星星风加热的气体贡献。义罗西塔X射线望远镜（eROSITA）在银盘面南北方向都发现了尺度大约10kpc的弥散泡状辐射且位置和γ射线波段发现的大尺度结构相关。这表明该结构可能是由于早期银河系中心超大质量黑洞的活动或者星系尺度的恒星形成过程造成的。在2keV以上的能段，X射线流量聚集在银盘面附近，因此也叫作银脊X射线辐射。其温度大约为10^8K并且具有明显的铁发射线。钱德拉X射线天文台对银心的深度曝光将银脊X射线辐射在6～7keV处流量的80%分解为了点源，表明该辐射主要由吸积白矮星和活动恒星贡献。

（刘 元）

银核 Galactic nucleus 银河系的最核心部分。在人马座方向，从里到外包含超大质量黑洞（见银心超大质量黑洞），核星团以及核星盘。与其他包含超大质量黑洞的河外星系一样，银河系中心也存在一个核星团。银河系的核星团以超大质量黑洞为中心，呈扁椭球状。其总光度约是太阳的四千万倍，大小与一般的球状星团类似（有效半径约为4秒差距），但是总质量（一千八百万个太阳质量）却是球状星团的很多倍，所以是宇宙中最致密的恒星系统之一。红外望远镜可以观测到核星团中存在很多年老的红巨星，同时也有相当数量的年轻大质量星。这些年轻恒星的存在现在还没有被很好地解释，因为通常认为黑洞附近强大的潮汐力作用导致新恒星的形成非常困难，这就是所谓的“年轻恒星佯谬”。一种可能的解释是，这些年轻恒星可能先在距离黑洞较远的一个疏散星团中形成，然后这些年轻恒星再通过某种机制逐渐迁移到黑洞附近。另外研究表明，在距黑洞一个秒差距左右内的恒星并不是随机分布在黑洞周围，而是集中在一个（也可能是两个）盘面上，这个现象也没有很好的解释。

银河系核星团之外是一个核星盘，其半径可达200秒差距，标高大约是50秒差距。这个核星盘有时也被称为“核核球”，其总质量为14亿个太阳质量，约是银河系盒状核球质量的1/10。这个在自转的核星盘很可能是中心分子区以前的大量恒星形成所产生。显而易见，更好地理解银核中的核星团及核星盘对理解核球和超大质量黑洞的形成演化历史有至关重要的作用。

（沈俊太）

银冕 Galactic corona 银晕内温度高达百万度的稀薄等离子体气体。也被称为银河系的热气体晕，或环星系介质。银冕这个名称主要是强调这些气体的高温（由日冕引申而来），而热气体晕的名称则是突出其空间尺度。银冕的尺度可达100千秒差距以上，远大于银盘和冷气体盘的尺度。银冕内热气体的温度在一百万到两百万度之间，这些充分电离气体的数密度大约是10^{-4}/厘米^{3}的量级。

早在1956年，美国科学家L.S.斯皮策就通过分析银河系内远离银盘面的中性氢原子云团的压力平衡，推断银河系内存在一个由一百万度的稀薄等离子体气体构成的银冕。此外，距离银心270千秒差距以内的矮星系（除了大小麦哲伦云）几乎都没有多少气体残留，这可能是银冕内热气体冲压剥离矮星系内气体的结果，也间接地表明银冕可能延展远至距银心两百多千秒差距处。其他探测银冕的手段包括背景类星体光谱中氧离子（O Ⅵ、O Ⅶ及O Ⅷ）的紫外和X射线吸收线特征，以及O Ⅶ和O Ⅷ的软X发射线特征等。

受限于X射线波段的测量精度，学术界对银冕内气体的空间分布特性、温度及密度轮廓等还有争议。但是据粗略估计银冕所含的热气体质量可能和银河系内恒星的总质量在同一个量级。所以银冕也被认为是贡献了宇宙中“遗失的重子物质”的一部分。

银河系中现有的冷气体并不足以支撑银盘中长期并持续的恒星形成，而银冕中储备的热气体在冷却后则可提供银盘内新恒星形成所必需的冷气体。银晕内的热气体可以通过一个“银河喷泉”循环模型来维持。该流行模型认为早期银盘上的超新星爆发加热气体并将其像喷泉一样从银盘上推入银晕内，并与其内原有的电离热气体混合，随后热气体冷却凝聚后以高速气体云掉回银盘并触发新一轮的恒星形成，从而维持银河系内长期的冷热气体循环。

（沈俊太）

银盘 Galactic disk 银河系中由恒星和星际介质组成的扁平盘状结构。也是银河系作为旋涡星系最显眼的结构组分。银盘根据其垂向厚度又可分为薄盘（见银河系薄盘）和厚盘（见银河系厚盘）两个分量。

星际介质主要包括中性原子气体（原子氢和氦）、分子气体、电离气体及少量的星际尘埃。银盘中的物质主要以恒星形式存在，它所含的暗物质比较少。星际介质的质量仅占恒星质量的10%左右，绝大部分也散布在银盘中。尽管星际介质对整个银河系动力学的直接影响很小，但是它对银河系的化学演化有重要贡献。这是因为新恒星形成于致密气体云团，而濒临死亡的恒星则将随恒星演化中金属元素增丰后的气体喷射返回到星际介质中。星际尘埃只占星际介质总质量的很小一部分。银道面附近的尘埃带就是由这些半径在0.1微米量级的固态微粒构成的，是造成银道面星际消光的主要原因。疏散星团一般也都分布在盘内。

其他河外旋涡星系的观测表明恒星盘的表面亮度分布一般可以用沿径向指数衰减的形式描述：$I(R)=I_0\exp(-R/R_d)$，这里R_d是指数衰减的标长。银河系的标长R_d的测量值还有很大误差，是在2～4千秒差距。所以大多数恒星都分布在太阳至银心距离（～8.5千秒差距）以内。

（沈俊太）

银盘翘曲 Galactic warp 银河系的气体盘在恒星盘的外围逐渐偏离恒星盘的现象。在可见光波段，侧向的银河系是非常平直的。但在银盘的恒星之间还弥漫着一个星际气体盘。气体盘的径向尺度比恒星盘更加延展。自从20世纪50年代以来，通过测量21厘米氢原子超精细结构谱线的强度，银河系的中性原子氢气体巡天结果发现在恒星盘的截断半径以外（距银心12千秒差距之外）气体盘开始形成偏离中心盘面的翘曲，形成类似一个积分号的形状（一端向上，另一端向下）。翘曲也是旋涡星系的普遍特性。银河系的翘曲气体盘与银盘平面的交点线正好比较接近太阳–银心的连线方向，所以银河系的翘曲在射电巡天中比较容易被观测到。对翘曲的产生机制还没有定论，但一般认为翘曲是由于外围**暗物质晕**和中心银盘角动量的方向不一致导致的。银盘翘曲的存在也表明银河系外围暗晕的主轴指向可能与内区暗晕不同。（沈俊太）

银心　Galactic center　银河系的质心。亦可定义为**银道面**与银轴之交点。不过，鉴于银河系物质分布的复杂性，这类定义显然仅有理论上的意义。实用上，通常以银河系核区（**银核**）内的某一个可观测天体来表征银心所处的位置。

从大尺度结构来看，核球是银河系中心区域的恒星密集区，且越近中心，恒星的密度越高。在核球的中心方向可观测到有一个强射电源人马座A，结构颇为复杂，有5个以上子源，其中辐射最强的2个子源直径分别约10秒差距（称人马座A西）和40秒差距（称人马座A东）。在子源人马座A西中，有一个直径为1～2天文单位的亮核心——**人马座A***，质量约为四百万个太阳质量，通常即用这个非热射电源来表征银核，而银核在天球面上的投影位置（即银核的视位置）便是银心所处的方向。（赵君亮）

银心超大质量黑洞　supermassive black hole in the Galactic center　位于银河系中心人马座A*射电源位置上的超大质量黑洞。由于银河系中心方向浓密尘埃的遮挡效应，人们无法在可见光或紫外波段探测到超大质量黑洞周围的气体和恒星。但是**黑洞**周围的热气体在射电波段很容易被观测到，因此这种辐射最先被发现。这个大小约一个**天文单位**的致密辐射源后来被命名为人马座A*射电源（见**人马座A***）。自1995年以来，美国及德国的天文学家利用近红外波段的**自适应光学**技术长期监测人马座A*附近恒星的轨道运动，并由此推断人马座A*致密射电源内包含一个超大质量黑洞，其质量约为四百万个太阳质量。黑洞的强大引力将非常靠近它的气体挤压成一个快速旋转的**吸积盘**（其半径只有约千分之一个**秒差距**），并激发出X射线、射电和红外辐射。虽然银心超大质量黑洞并不特别活跃，但是它可能在过去非常活跃。2010年美国**费米γ射线空间望远镜**在银河系中心发现了两个外观镜像对称的巨大γ射线泡，其空间尺度可达两万光年。这些γ射线泡被认为是数百万年前超大质量黑洞喷射，或是大量恒星形成的遗迹。（沈俊太）

银心致密射电源　Galactic center compact radio source　对应于银河系中心超大质量黑洞的致密射电辐射源**人马座A***。全称银河系中心致密射电源。类比于河外星系的情形，距离**太阳系**约为8000多秒差距（27 000光年）的银河系中心可以被认为是离人类最近的一个低光度星系核。研究表明在该中心及其附近数百秒差距的区域内主要包含六种成分：年老恒星星团和年轻恒星星团、一个分子气体尘埃环、电离气体带、弥散的热气体、**超新星遗迹**以及银心致密射电源。截至2022年，所观测到的发生在该区域的现象大都可以用这些成分或其之间的相互作用来解释。

1974年2月13日和15日，美国B.巴里克和英国R.H.布朗利用基线长达35千米的**射电干涉仪**在3.7厘米和11厘米的观测，首次成功探测到了来自银河系中心的一个极其致密（角直径小于0.1角秒）的非热（**亮温度**超过千万度）射电源。这一发现很快被其他干涉仪和更高角分辨率的甚长基线干涉（VLBI）观测所证实。1982年，该致密射电源被命名为人马座A*（Sgr A*）并沿用至今，这一命名（配以上标“*”）很好地体现了其与银河系中心周围其他复杂的延展辐射成分的不同，反映了其在银河系中心乃至整个银河系内的唯一性，这一命名法也被用到了一些其他的星系中（如M87*、M81*、M31*）。

20世纪90年代以来，地面的大型天文观测设备和新一代空间X射线望远镜都先后探测到了来自Sgr A*的红外和**X射线辐射**。自1992年起，由**R.根策尔**领导的德国团队和由**A.盖兹**领导的美国团队开展了在红外波段对Sgr A*周围恒星运动的近30年的高精度监测，他们的工作表明在以Sgr A*为中心、直径约为100倍太阳到地球距离（AU，**天文单位**）的空间内聚集了约400万倍的太阳质量，即在银河系中心存在着超大质量致密天体，根策尔和盖兹也因此项研究成果分享了2020年诺贝尔物理学奖的一半。

过去近50年间的大量观测研究（包括对Sgr A*的自行测量，银河系中心多波段辐射光变等）都越来越强烈地表明Sgr A*是位于银河系中心的超大质量黑洞。

来自Sgr A*的射电信号，在穿越星际等离子体介质的过程中会受到散射效应的调制，从而使得观测到的Sgr A*辐射结构比真实情况要大。该散射效应与观测波长的平方成正比。高分辨率3.5毫米VLBI成像观测发现其3.5毫米辐射区域的大小仅为一个天文单位，而1.3毫米VLBI观测检测到了Sgr A*事件视界尺度的结构，强烈支持Sgr A*就是位于太阳系所在的银河系中心的一个超大质量黑洞。Sgr A*也是事件视界望远镜（EHT）的两个首要观测目标之一，另一个是M87。2022年5月12日EHT合作组织展示了位于银河系中心的超大质量黑洞的首张照片（见图），这一成果给出

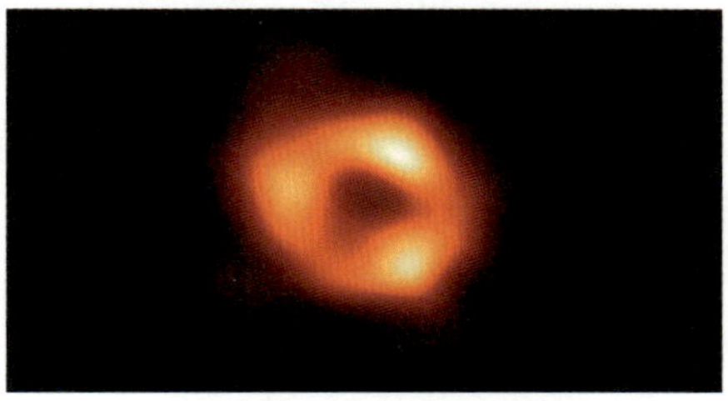

银河系中心黑洞的首张照片

了该天体就是**黑洞**的实证，这个黑洞的质量超过了太阳质量的四百万倍。（沈志强）

银晕　Galactic halo　银河系外围近似球状的物质分布。一般星系都有晕，称为**星系晕**。银晕由恒星晕和**暗物质晕**组成。基于天文测量，银河系恒星晕可延伸到距离银河系中心至少100千秒差距处，呈内扁外圆结构，恒星数密度随**银心距**按指数−4～−5的幂律下降，恒星晕中包含分布稀疏的场星、**球状星团**与**星际介质**以及丰富的**星流**。银晕中的恒星多为星族Ⅱ。

恒星晕重要的基本性质之一就是相对银河系绝大多数恒星具有更低的金属丰度。星族Ⅱ的年龄都较老，已发现的最年老的晕星年龄超过130亿年。一部分恒星晕由早期原星系气体快速坍缩而成，另一部分则来自对于周围矮星系的吸积并合。这与对银河系恒星晕的运动学与化学观测研究相符。观测表明银河系恒星晕存在内晕和外晕两个成分。内晕恒星的空间分布较为扁平，轨道偏心率较大，围绕银心的旋转速度很小且绕转方向与太阳相同，金属丰度分布的峰值约为[Fe/H]＝−1.6。而外晕恒星密度则成近球形分布，其轨道偏心率分布范围很广，围绕银心的旋转速度与太阳相反，金属丰度分布的峰值约为[Fe/H]＝−2.2。内晕与外晕之间存在重叠的部分，其分界处尚不明确。

暗物质晕由性质尚未确知的**暗物质**组成，比恒星晕更大，研究表明其维里半径可达200千秒差距甚至更远，密度随银心距按指数负2的幂律下降，总质量

分布在5千到2万亿个太阳质量之间。暗晕的质量可能占整个银河系的90%以上。暗晕由原初宇宙中暗物质密度起伏经引力不稳定性增长逐级并合而来。

（李海宁）

引力波 gravitational wave 加速运动物体产生的以波动形式和有限速度传播的时空扰动。

简史 A.爱因斯坦于1916年曾预言，加速的质量可能产生引力波，但他提出的引力波与坐标选取有关，在某一个参考系引力波可能有能量，而换一个参考系可能就没有。因此在初期，包括爱因斯坦本人在内的大多数人对引力波都持怀疑态度。1956年，F.A.E.皮拉尼提出一个与坐标系选取无关的引力波定义；1957年，H.邦迪进而从理论上证明与坐标选取无关的平面引力波的存在。1959年，邦迪、皮拉尼和H.P.罗伯逊更进一步证明，静止物体在引力波脉冲作用下会产生运动，这就间接地证明引力波携带着能量，并可被探测到。

性质 广义相对论预言，引力波的主要性质有：①在真空中以光速传播。②携带能量和与波源有关的信息。③是横波，在远源处为平面波。④最低次为四极辐射。⑤辐射强度极弱（如两个质子组成的旋转体系辐射的引力波强度约为它所辐射的电磁波强度的$1/10^{37}$）。⑥物质对引力波吸收效率极低，穿透性极强（如地球对引力波几乎是透明的）。⑦其偏振特性为两个独立的偏振态等。

探测 虽然**引力辐射**的直接探测非常困难，但2015年开始，先进激光干涉引力波天文台（Advanced LIGO）已经探测到多个双黑洞并合触发的引力波事件。除此之外，比如**双星体系**公转、**中子星**自转、**超新星**爆发、黑洞超吸积过程等，及理论预言的黑洞的形成、并合和捕获物质等过程，都能辐射较强的引力波。

另外，可以通过观测双星轨道参数的变化来间接验证引力辐射的存在。双星是一种典型的引力波辐射源。双星由于不断辐射引力波，能量逐渐减小，从而使间距变小，公转周期变快。所以，通过对双星体系公转周期变化等参数的观测，即可定量验证引力辐射阻尼的存在。J.H.泰勒等测得射电脉冲双星PSRB1913+16的公转周期P_b = 27 906.981 72 ± 0.000 05秒（1978年11月的值），周期变率$dP_b/dt = (-3.2 \pm 0.6) \times 10^{-12}$。而根据广义相对论，此双星体系由于辐射引力波，公转周期会有如下的变率：$dP_b/dt = -2.6 \times 10^{-12}$。实测值在20%的误差范围内与广义相对论预言值相符。这是引力波存在的第一个间接定量证据（图1）。R.A.赫尔斯和泰勒也因此于1993年荣获诺贝尔物理学奖。

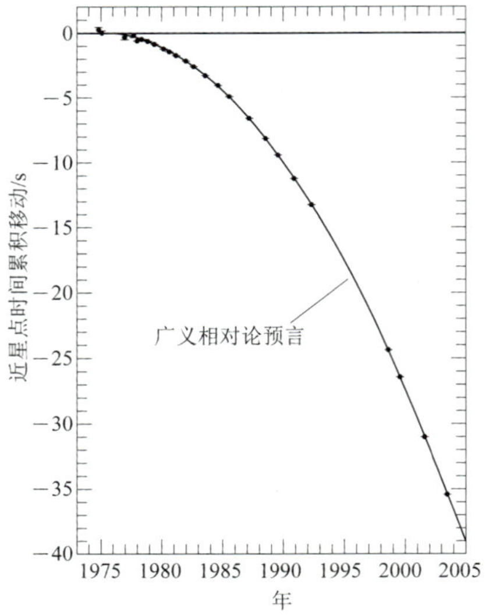

自发现以来30年的观测数据显示，其轨道周期衰减与广义相对论理论下的引力波带走轨道角动量预言一致

图1 赫尔斯-泰勒（Hulse-Taylor）脉冲双星PSRB1913+16轨道周期衰减

检验引力波存在的第二个方法是直接探测。引力波携带能量，穿过物体时可使物体获得能量而产生运动。因此，可用质量体系作天线，直接接收天体源发射来的引力波。引力波传播时，在垂直于其前进方向的平面内的场是不均匀的。在垂直前进方向的平面内，两独立偏振态在某一时刻的力线梯度与处于该平面内的四个检验质量A、B、C、D的受力和运动方向如图2所示。

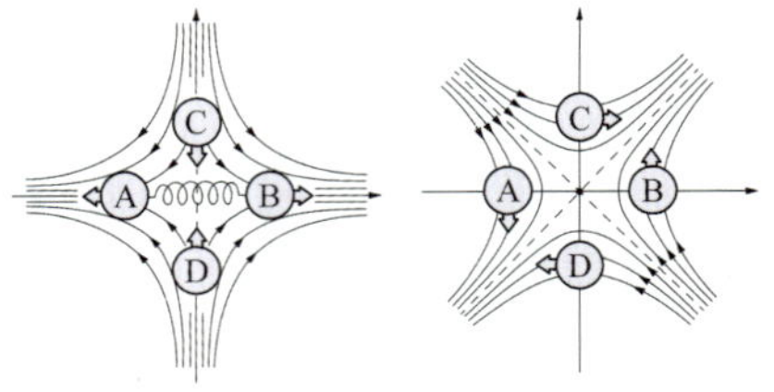

小箭头表示引力场，大箭头表示处于该平面内四个检验质量A、B、C、D的受力和运动方向。引力强度正比于力线密度

图2 引力波强度正比于力线密度

引力波穿过时，质点随着波的传播而作共振运动。美国马里兰大学的J.韦伯首创用一根铝棒作为天线进行观测。天线的灵敏度与其温度成反比，与其质量和品质因数的平方根（$Q^{1/2}$）成正比。所以，多采用低温（一般用到1～4.2K，最低3毫开）、大质量（最大为5吨）和高品质因数材料（单晶材料Q约为10^9）做天线。为了排除声、电、机械干扰，天线都被置于非常严格的隔离环境中，并用相距很远（上千千米）的两地符合来增加置信度。进行过这种观测的有十几个组，只有韦伯宣称探测到了不能排除是引力波的信号。其他实验室都没有得到这一结果，所以韦伯的结果没有得到公认。现在较为通行的引力波探测器均为高灵敏度长基线高功率激光干涉仪。2015年9月，国际激光干涉引力波天文台LIGO实验组在位于美国华盛顿州的汉福德和路

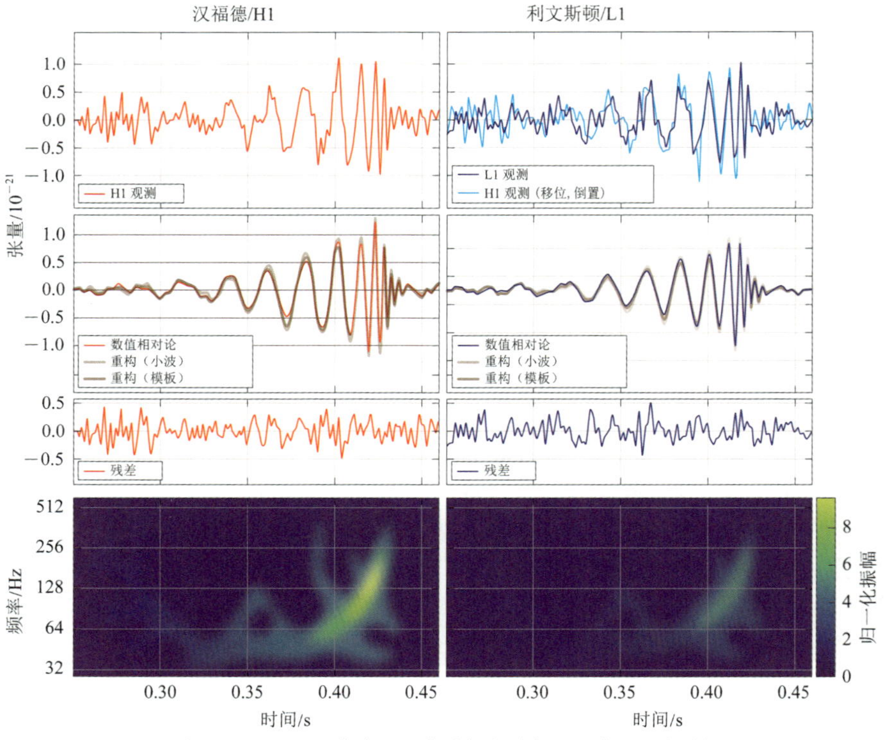

图3 LIGO汉福德（H1，左图）和利文斯顿（L1，右图）探测到的引力波事件GW150914

易斯安娜州的利文斯顿的两个地面激光干涉引力波探测器，在6.9毫秒时间内相继观测到了一次引力波事件GW150914（图3）。这是人类首次直接探测到引力波。经过分析，GW150914是质量分别为36和29个太阳质量的两个黑洞发生并合所产生的引力波。此外，**脉冲星**计时观测也是探测引力波的重要途径之一。在宇宙极早期的暴胀期，**时空度规**的原初扰动除了标量型的密度扰动、矢量型的旋转扰动外，还有张量型的，即引力波。而引力扰动会造成**宇宙微波背景辐射**的B模偏振，因此观测早期宇宙的B模偏振也是探测原初引力波的主要途径。

（秦荣先 陈嘉言）

引力波暴高能电磁对应体全天监测器

Gravitational wave high-energy Electromagnetic Counterpart All-sky Monitor; GECAM 中国于2020年底发射的γ射线巡天望远镜。A.**爱因斯坦**在1916年基于广义相对论预言了**引力波**的存在。引力波意指时空中的涟漪，通过波的形式从辐射源向外传播，这种波以**引力辐射**的形式传输能量。可能测到的引力波源主要来自双致密星系统（如**中子星**、**黑洞**等）的旋进或者并合、快速旋转的致密天体、**超新星爆发**、**超大质量黑洞**绕转并合以及随机的引力波背景等。

2016年2月，美国科学基金会宣布激光干涉引力波天文台（LIGO）于2015年9月14日首次发现两颗黑洞并合产生的引力波信号，该发现揭开了引力波天文学时代的序幕。LIGO项目组的三位核心科学家**R.韦斯**、**K.S.索恩**和**B.C.巴里什**凭借该项工作获得了2017年度诺贝尔物理学奖。截至2023年，各种各样的引力波探测器正在建造或者运行当中，比如先进激光干涉引力波天文台（advanced LIGO; aLIGO，美国）、室女座干涉仪（VIRGO，意大利）、GEO600（德国）、神冈引力波探测器（KAGRA，日本）、空间引力波项目eLISA（演化激光干涉空间天线）（欧洲）、**空间太极计划**（中国）、**天琴计划**（中国）、阿里原初引力波实验（中国）等。上述引力波探测器对不同来源不同频率的引力波进行探测。

引力波信号的定位依赖于其到达地面探测器网络中不同探测器的时间差，地球尺度的限制使地面探测器网络的空间定位能力的极限为～10平方度。引力波探测器所能提供的典型定位误差有几百平方度。这大大限制了其他波段望远镜的后随观测。而利用多个波段的望远镜对引力波事件的综合研究却是十分必要的。根据已有研究，双致密星并合过程不仅产生引力波，往往还伴随着X/γ射线、软X射线、光学、射电等波段的辐射，其中X/γ射线通常以**γ射线暴**的形式出现。因此，对引力波的多波段联合观测当中，除了对引力波本身的观测，对γ射线暴的观测排在了时间序列的最前端——它可为其他波段的观测提供触发。γ射线暴的定位精度可达到角度甚至角分的量级，这远好于地面引力波探测器网络的空间定位能力，可以为后随观测提供更为精确的位置信息。因此，引力波电磁对应体的γ射线暴探测变得非常关键。

2017年8月17日，LIGO和VIRGO以及全球70多个望远镜合作组首次联合发现双中子星并合引力波（编号GW170817）及引力波闪（编号GRB170817A），随后又发现光学、软X射线以及射电波段的电磁对应体。GW170817的观测是人类首次同时利用引力波和电磁波观测同一个天体物理过程，是天文学和物理学发展史上极为重要的里程碑，标志着多信使引力波天文学时代的到来，国际上探测引力波电磁对应体的竞争更加激烈。

2016年2月美国科学基金会宣发LIGO发现第一个引力波信号之后，中国天文学家开始酝酿引力波电磁对应体的探测计划，并于2016年3月提出引力波暴高能电磁对应体全天监测器（GECAM）卫星项目。

GECAM卫星拟解决以下几个问题：

①各种类型的双致密星并合引力波是否产生高能电磁辐射，是否与短γ暴成协，特别是双黑洞并合是否与短γ暴成协。通过电磁对应体的观测，研究黑洞、中子星等致密天体及其并合过程、引力波源和短γ暴的起源，以及引力波传播速度等基础物理问题。

②各种类型的**快速射电暴**是否伴有高能辐射，它们的前身星和辐射机制，快速射电暴与γ暴、双致密星并合引力波是否有联系。

③超长γ暴和X射线闪（XRF）的物理机制，它们跟普通γ暴是否属于同类。

④磁星爆发的物理机制，是否来自磁**星表**面壳层断裂所释放的磁能，或强大磁场的磁重联作用。

为了保证GECAM卫星的观测时间及提高载荷的灵敏度，GECAM卫星采用低轨低倾角的天文观测轨道。同时由于低轨卫星的地球遮挡问题，采用两颗相同的小卫星运行于同一轨道面内，轨道相位相反，同时两颗卫星均保持载荷的反地心指向，以便形成对全天的完整覆盖。卫星同时具有在轨触发和定位以及准实时下传发布探测结果的能力，对于全天随机发生的暂现源（如引力波高能电磁对应体、γ暴、快速射电暴高能对应体等）具有优异的综合探测能力。

每颗GECAM卫星的有效载荷由γ射线探测器（GRD）、荷电粒子探测器（CPD）和载荷处理器（EBOX）组成。探测器均采用模块化设计。

GRD总共25个模块，均安装在卫星的穹顶舱，每个模块均能探测从前部入射的γ射线光子，视场～2π。25个GRD分别指向不同方向，在立体角上基本均匀分布（除了面向地球的方向）。这样的配置不仅使每颗星能监测除地球遮挡外的所有天区，而且对各入射方向的接收面积相当，因此对各天区位置的灵敏度较为均匀，最后，利用指向不同方向的GRD可计算源的入射方位，即定位。

CPD共有8个模块，分别置于卫星表面8个方向（除朝向地球的方向外），其中，6个安装于卫星的穹顶舱，2个安装于载荷电子学舱的侧面。它需要测量空间环境中荷电粒子的流强变化，鉴别γ暴与空间荷电粒子事件，避免后者对γ暴的混淆。

载荷处理器用于采集和处理GRD和CPD数据，实现对γ暴的在轨触发和定位，实现数据存储、打包和传输以及跟卫星平台的交互，并提供电源等。主结构用于安装和布置GRD和CPD探头，并与卫星平台对接。

为满足GECAM的科学需求，以及小卫星平台的要求，GRD选择溴化镧（$LaBr_3$）+SiPM的创新方案。$LaBr_3$闪烁晶体具有高光产额、高密度以及发光衰减时间很短的优点，采用硅光电倍增器件（SiPM）取代传统的**光电倍增管**（PMT）作为读出器件，不需要高压，且结构简单紧凑，易于小型化。由于溴化镧晶体容易潮解，对封装工艺有极高要求，在本项目之前在国际上很少大规模使用。SiPM在中国的空间项目上也是首次使用于主探测器。

GECAM项目于2016年3月提出项目概念，随后2016年6月获得中国科学院前沿科学重点研究计划项目的支持，开展有效载荷原理样机的攻关研究。经过近两年的需求分析、物理设计、方案设计和论证、原理样机研究与测试等工作，GECAM项目于2017年12月获准启动卫星工程综合论证和立项阶段工作。作为北京怀柔综合性国家科学中心空间科学实验室挂牌后发射的首颗科学卫星，中国科学院与北京市政府共同将 GECAM 卫星命名为“怀柔一号”。2020 年 12 月 10 日，GECAM 成功发射，两个卫星命名为“小极”和“小目”。北京时间 2021 年 1 月 20 日凌晨，GECAM 卫星团队首次在国际 γ 暴协调网络（GCN）发布天体爆发事件 GRB 210119A 的观测通告（GCN circular，编号 29331），标志着 GECAM 卫星开始向国际天文界提供实时的观测结果，为“多波段、多信使”天文时代爆发天体的联合观测研究贡献力量。（李新乔）

引力辐射 gravitational radiation 引力波从星体或星系中辐射出来的现象。能动张量四极矩的三阶时间导数对应了这个系统的引力辐射。对于具有轴对称性质的系统，比如均匀的**吸积盘**或者均匀的球状星体，是无法辐射出引力波的。典型的强引力波信号源是致密双星并合，比如第一个直接探测的引力波信号 GW150914 系统即为此类双黑洞并合体系。

在典型的致密双星并合系统中，引力辐射会将系统势能以引力波的形式辐射出去，从而导致双星轨道缩减。由于引力波辐射的强度与双星的距离成反比，因此轨道缩减过程中偏心率会快速衰减，导致轨道圆化。同时，引力波的频率不断提高，强度不断增强，形成典型的所谓啁啾信号（chirp signal）。

自转中子星上如果存在小山包，或者中子星存在一定的三轴椭率，也会对应质量四极矩的变化，产生引力波辐射，可能会导致**中子星**自转变慢的刹车效应。观测到的中子星自转变慢通常而言都被解释为中子星磁偶极矩辐射所导致。激光干涉引力波天文台（LIGO）的观测已经给定相关体系的引力辐射上限，对于蟹状星云脉冲星的自转减慢不可能完全由引力辐射引起。（胡一鸣）

引力红移 gravitational redshift 处在引力场中的辐射源发射出来的光，当从远离引力场的地方观测时，谱线会向长波方向（即向光谱红端）移动的现象。移动量与源及观测者两处引力势相关。例如，在史瓦西时空中，假设光源的位于半径r_{em}处，观测者位于r_{obs}处，光源的本征频率为ν_{em}，观测者测得的频率ν_{obs}为：

$$\frac{\nu_{obs}}{\nu_{em}}=\frac{\sqrt{1-\frac{2GM}{r_{em}}}}{\sqrt{1-\frac{2GM}{r_{obs}}}}$$

在弱引力场条件下，频率移动与源及观测者两处引力势差的大小成正比。光谱线的这种位移称为引力红移。这种效应最初是在天体中，特别是在**白矮星**（因为白矮星表面的引力较强）中得到证实的。20 世纪 60 年代，美国物理学家 R.V.庞德、G.A.雷布卡和 J.L.斯奈德采用穆斯堡尔效应的实验方法，测量由地面上高度相差 22.6 米的两点之间引力势的微小差别所造成的谱线频率的移动，定量地验证了引力红移。实验结果表明实验值与理论值完全符合。（程福臻）

引力理论 theory of gravitation 研究物质间的一种相互作用——引力作用的理论。在所有已知的物质的四种基本相互作用中，引力作用为最弱。四种相互作用按作用强度比例顺序是强相互作用、电磁相互作用（10^{-2}）、弱相互作用（10^{-10}）、引力相互作用（10^{-40}）。因此，在研究基本粒子的运动时，引力一般略去不计。但在天文学领域内，由于涉及的对象的质量极其巨大，而且因为天体一般整体不带电，因此引力不仅支配着天体的运动，而且往往是天体的结构和演化的决定因素。

17 世纪以前，人们就猜测过天体之间存在着某种作用力，如中国宋朝著名科学家**沈括**根据自己的观测在《梦溪笔谈》中就曾提出过海潮是由月亮激发起来的正确观点。历史上第一个科学的引力理论是 I.**牛顿**提出来的。建立在绝对时空观基础之上的牛顿**万有引力定律**说：宇宙中任何两个质点间存在着相互吸引力，力的方向沿着二者的连线，力的大小和二者质量的乘积成正比而和它们之间距离的平方成反比。在这基础上发展起来的**天体力学**，不仅使人们可以精确地计算**太阳系**内天体的轨道，预言**海王星**的存在，实现航天飞行等，而且促进了人们对太阳系外的**双星**、**星团**的运动和**星系动力学**、**恒星的形成和演化**的研究。这一系列的成就说明，牛顿引力理论是一个经受了长期实践检验的相对真理。

1859 年，U.-J.-J.**勒威耶**发现在**水星近日点进动问题**中存在着牛顿理论无法说明的部分。1882 年，S.**纽康**测定这部分差值为每百年 43″，这是不容忽视的。有人推测这可能是由于所谓水内行星的吸引造成的，也有人试图修改牛顿万有引力定律中的平方反比规律，但都没有成功。

1905 年，A.**爱因斯坦**提出狭义相对论，突破了绝对时间和绝对空间的观念，否定了瞬时超距作用，从根本上动摇了建立在这些旧观念基础上的牛顿引力理论。经过约十年的探索，爱因斯坦于 1915 年提出了最成功的近代引力理论——广义相对论。

广义相对论的基本出发点是引力场中，在较小范围内，所有自由下落的物体具有同样的加速度。换句话说，任何物体的引力质量等于其惯性质量。这个从**伽利略**时代起就为人们熟知的事实，在 19 世纪末由匈牙利物理学家厄缶验证到 10^{-9}的精度。爱因斯坦由此出发提出了均匀引力场和均匀加速参考系等效的原理，以及一切自然定律应在任意坐标变换下协变的原理（通常称为广义相对性原理）。宏观物体的弱等效原理实验精度已提高到 10^{-13}，微观原子的弱等效原理的精度为 10^{-8}，2016 年启动的等效性原理的卫星试验，法国科学家发射了一颗卫星——“显微镜”，其精度将大于 10^{-15}。

广义相对论的基本内容是三维空间和一维时间构成四维时空连续体（简称四维时空）；物理事件由四维时空中的点表示；四维时空的几何性质由**时空度规**决定，而度规张量可以通过引力场方程，由物质的能量–动量张量决定。引力场方程可写为：

$$R_{\mu\nu}-\frac{1}{2}g_{\mu\nu}R=\frac{8\pi G}{c^4}T_{\mu\nu}$$

式中$R_{\mu\nu}$为里奇张量；R为标量曲率；$g_{\mu\nu}$为度规张量；$T_{\mu\nu}$为物质的能量–动量张量；G为引力常数。

引力场中的自由粒子沿着四维时空中的测地线运动。测地线的微分方程是：

$$\frac{\mathrm{d}^2x^\lambda}{\mathrm{d}\tau^2}+\Gamma^\lambda_{\mu\nu}\frac{\mathrm{d}x^\mu}{\mathrm{d}\tau}\frac{\mathrm{d}x^\nu}{\mathrm{d}\tau}=0$$

式中$\mathrm{d}\tau^2=-g_{\mu\nu}\,\mathrm{d}x^\mu\,\mathrm{d}x^\nu$；$\tau$为固有时；$\Gamma^\lambda_{\mu\nu}$为联络。

广义相对论克服了牛顿万有引力定律所遇到的困难，完满地解决了水星近日点的进动问题；预言光线在引力场中会发生偏转；预言强引力场中原子发出的光谱线和弱引力场中同种原子发出的同一光谱线相比，前者的光谱向红端移动。这些效应都在不同程度上得到观测和实验的证实。

从 20 世纪 20 年代起，人们借助于广义相对论把观测所及的宇宙作为一个整体来研究，预言它正在膨胀。这个预言也因河外星系谱线红移和**宇宙微波背景辐射**的发现而得到支持（见**宇宙学**）。20 世纪 60 年代以来，随着**类星体**、**脉冲星**等一系列新天体的发现，广义相对论已日益成为现代**天体物理学**的重要理论基础（见**相对论天体物理学**）。

广义相对论虽然取得了很大的成就，但引力场的量子化遇到了巨大的困难。这是由于爱因斯坦场方程是高度非线性的；量子化时空在概念上也很难理解；另外，虽然**引力波**已被探测到，但单个引力子的探测还遥不可及。在将引力场量子化的尝试中，已经证明，在某些相当一般的条件下，总会出现物理上难以接受的奇性以及量子化后不可重正的困难。因此，为解决这些问题不断有人提出其他的引力理论。这些理论大体可以分为两类：一类是平直空间中满足洛伦兹协变的引力理论，一类是弯曲空间中的度规型引力理论。经过多方面的检验，除了极个别的例外，所有这些理论都一个一个地被淘汰了。然而，以局部惯性系的存在为前提的引力规范理论却引起了广泛的注意。这种理论，就时空的几何性质而言，不仅考虑了曲率，而且考虑了挠率；就物质的特性而言，不仅考虑了能量、动量，也考虑了自旋。它不仅和广义相对论一样，能经受住目前实验和观测的检验，而且有可能克服奇性和重正化困难。在这个方向上，1976年出现的超引力理论已经展示了将四种基本相互作用统一起来的诱人前景。虽尚未实验验证，但该理论提出者意大利S.费拉拉、美国D.弗里德曼、荷兰P.范尼乌文赫伊曾已经于2019年获美国基础物理学特别突破奖。（邹振隆）

引力偏折 gravitational deflection 一种相对论效应。电磁信号的传播路径不是直线而向引力源弯曲的现象。I.**牛顿**认为光沿直线传播。1911年A.**爱因斯坦**指出，根据等效原理，光子应当和所有物体一样，受引力的作用而路径发生弯曲。他对恒星的光擦过太阳边缘时的偏折角度做了具体的计算。1916年爱因斯坦发表了广义相对论，**太阳系**空间不再平直而是弯曲的，太阳的引力势及其附近的空间曲率导致光线弯曲，数值是平直空间时的两倍，当光线掠过太阳边缘时为1.75角秒，恰是1911年计算结果的两倍。

1919年发生日全食，A.S.**爱丁顿**组织了对全食时靠近太阳方向的星光观测，证实了爱因斯坦对引力偏折的理论预言。当时的观测精度是30%，到了21世纪初，最精确的观测来自**甚长基线干涉测量**，将验证精度提高到10^{-4}。引力偏折已经成为高精度方位观测数据处理的重要相对论改正项。太阳、木星等引起的引力偏折都需要进行改正以得到天体辐射进入太阳系前的方向。

引力偏折在宇宙结构、**暗物质**、系外星探测等领域有重要作用。（黄天衣）

引力时延 gravitational time delay 光在引力场中传播的时间比没有引力场存在时相同两点间传播的时间要长的一种广义相对论效应。又称夏皮罗时延。由物理学家I.夏皮罗于1964首次提出。夏皮罗时延和**光线偏折**是两个独立的效应，前者并非由后者引起的。造成光线传播引力时延的本质原因是因为光在引力场中的坐标速度变慢，而并非来自光线偏折效应导致的路径变长。后者产生的传播时间增加和夏皮罗时延相比非常小，很多情况下可以忽略不计。

图中的光线从光源传播到观测者，引力场造成的夏皮罗时延计算公式为：

$$\Delta t = 2\frac{GM}{c^3}\ln\frac{|\boldsymbol{x}|+\boldsymbol{x}\cdot\boldsymbol{n}}{|\boldsymbol{x}_0|+\boldsymbol{x}_0\cdot\boldsymbol{n}}$$

式中G为万有引力常数；c为真空中的光速。其余矢量见图。

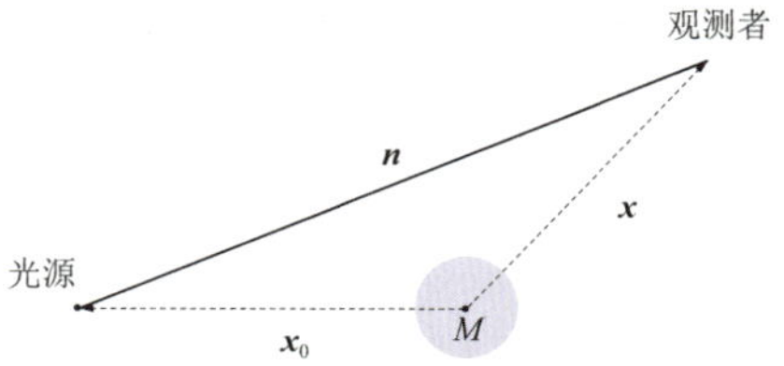

光线在质量为M的引力体附近从光源传播到观测者

引力时间延迟在甚长基线干涉（VLBI）测量中必须予以考虑。例如，对基线长度为6000千米的地基VLBI观测，太阳最大可以产生约169纳秒，最小也可产生约17皮秒的引力时间延迟，地球约可产生21皮秒的引力时延。（韩文标　黄天衣）

引力坍缩 gravitational collapse 恒星演化到晚期辐射不能抗衡引力而产生剧烈收缩的过程。在引力坍缩过程中，恒星中心部分形成致密星，并可能伴有大量的能量释放和物质的抛射。

恒星核心区经过氧燃烧的核反应阶段之后，如果质量大于**钱德拉塞卡极限**，并且由铁族核素构成时，它的等效多方指数γ接近临界值4/3。这时恒星中心温度约为6×10^9K，它将发生引力坍缩过程。在这个阶段，恒星中心温度很高，各类中微子产生过程（例如光生中微子过程、等离子体激元衰变中微子过程、电子对湮没中微子过程、中微子轫致辐射等）都会引起中微子将中心部分的能量迅速带走，使恒星核心区很快冷却，以致辐射压力不足以抵御自引力的作用，从而形成引力坍缩。

当恒星中心密度足够大时，在引力坍缩中发生下列反应：

$$e^{\mp(Z,A)} \longrightarrow \nu_e + (Z-1, A)$$

式中e^-为电子；(Z,A)是质子数为Z，核子数为A的原子核；ν_e为电子中微子。这种过程引起物质的中子化。在一定条件下（例如$\gamma\approx4/3$），引力坍缩过程中将出现强的激波，它引起恒星外层物质的抛射。但在有些条件下（如$\gamma\gg4/3$），坍缩过程并不一定伴有质量抛射。不同质量的恒星，在引力坍缩后有可能形成各种不同类型的致密星。（张家铝）

引力透镜 gravitational lensing 由于引力场能使光线偏折，从而使大质量天体像凸透镜那样会聚光线的现象。引力透镜的理论早在1919年就被提出。1937年F.**兹威基**认识到可将它应用于**宇宙学**。天文观测上已观测到的引力透镜现象都是在弱场情况下发生的，即光线发生偏折的区域要远大于天体的史瓦西半径。根据星像的多少，可以分为强引力透镜、弱引力透镜、微引力透镜等。

强引力透镜是指经过引力透镜之后各个星像之间的角间距大于望远镜的角分辨率，形成双像、多像以及环、半弧和弧。1979年首次将**类星体**QSO 0957＋561A、QSO 0957＋561B证认为一个前景星系的引力透镜效应产生的双像。由星系或**星系团**这类较平滑质量分布产生的透镜称为宏透镜，可表现为如下几种形式。

最简单的形式是一个点状背景源（通常为类星体）被分裂成多重像，像的位置和数目取决于背景源和透镜天体的相对几何位形。透镜使光的原始路径变形和集中，从而使像变得更亮，即被增强（见图）。形成一个多重系统的不同像的光度增强可有不同的倍数。已经发现了双重、三重甚至四重像（如爱因斯坦十字）的例子。多数情况下没有观测到奇数透镜星系。引力透镜理论预言只能有奇数个像，故在双重和四重像的情况下应该有一个中央像，但因为太弱而没有被观测到。

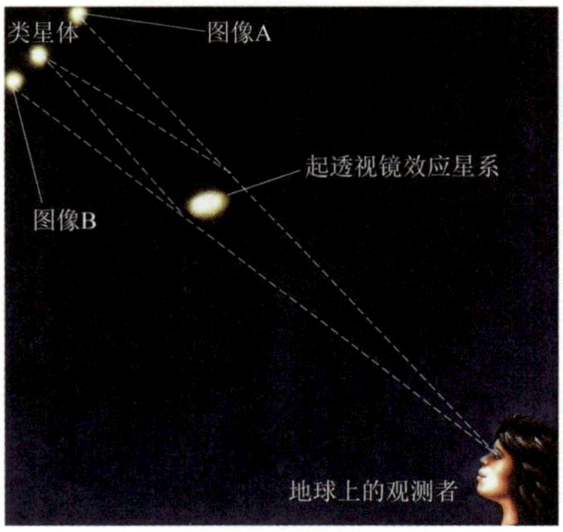

引力透镜效应原理

如果背景天体是一个遥远的延展星系，则透镜像将会散开成长几角秒的光弧。在富星系团中心常观测到这样的光弧，在与径向垂直的方向拉长，颜色比星系团的成员星系偏蓝。若干星系团中看到几十个较短的小弧，起源于背景星系的弱透镜效应。当一个延展背景源与对称的透镜星系严格准直时，透镜像取爱因斯坦环的形式。

来自类星体引力透镜各个像的光程的不同，将会导致光行时间的不同。如果类星体辐射本身是变化的，则在每个像中看到的增亮发生的时间延迟可被测出。这个光行时间的差与哈勃常数H_0的倒数相关，所以理论上有可能从这样的时延来估计H_0。1995 年，通过测量类星体 QSO 0957 + 561 两个像中闪烁的时延测得$H_0 \leqslant 70$千米/（秒·兆秒差距）。实际上，在H_0得到很好的约束之前，需要对透镜几何建立精确的模型。

当银河系中一个暗天体正好在一较远的恒星（如麦哲伦云中的一颗恒星）前面经过时，也会由于引力透镜效应短暂增亮。这种由恒星或大行星级质量产生的引力透镜称为微透镜。微透镜效应已由好几个小组在 1993 年首次观测到，从而证实银河系中存在大质量的致密晕天体（MACHO）。利用微引力透镜效应还可以探测太阳系外行星。引力透镜效应已逐渐成为探测宇宙中各种尺度天体（包括暗物质）分布的有效方法之一。

弱引力透镜现象中光线的偏折角比较小，只能观测到像的亮度变化和形状改变，可观测的天体增多。弱引力透镜系统主要包括星系团（透镜天体）——前景星系（源），星系——前景星系，宇宙大尺度物质密度场——宇宙中的星系等各种系统。弱引力透镜测量是一种统计测量，可以观测很多个源的弱引力效应，通过统计分析，得到弱透镜天体的性质。例如，通过比较没有弱引力透镜现象时已知的星系的分布，与观测到的被扭曲的星系的分布情况可以得到弱透镜天体的性质，估算出构成它的星系或星系团的质量，这是宇宙学中相当重要的一种天体质量测量方法。再如，宇宙大尺度结构没有确定的位置，探测宇宙引力透镜效应主要通过形变相关函数来限制宇宙密度场的功率谱，进一步结合宇宙微波背景、Ⅰa 型超新星和星系巡天的测量，可用于测量宇宙学基本参数。

（邹振隆　撰　袁业飞　修订）

印度国家射电天文学中心 National Centre for Radio Astrophysics of India　印度国家级射电天文研究机构。位于印度西部的马哈拉施特拉邦浦那市的浦那大学校园内，隶属孟买塔塔基础研究院（TIFR），1963 年建立，原为塔塔基础研究院天文学和天体物理学下属的射电天文研究小组，1989 年改为现名。拥有几处观测基地：①奥提基地。建有奥提射电望远镜和宇宙射线实验室。②科达德基地。拥有 1995 年建成的巨米波射电望远镜（GMRT，见图），由 30 架 45

印度国家射电天文学中心巨米波射电望远镜

米可移动天线组成。③帕齐马尔黑高能γ射线天文台（HEGRO）。建有 5 组共 25 台切伦科夫探测器，1986 年开始工作。主要研究方向为太阳、行星际闪烁、脉冲星、星际介质、活动星系和宇宙学，在射电天文学和射电仪器方面有深入研究，是平方千米射电阵（SKA）的参与者。

（李宗伟　刘黎明）

印度天体物理研究所 Indian Institute of Astrophysics; IIA　一个完全由印度科技部资助的天文研究所。起初为印度钦奈的一所私人天文台，主要为往过船只提供导航并测定纬度，1790 年由英国东印度公司接管，之后又陆续在印度多地建立观测站。1971 年将科代伊卡纳尔的天文台改组为印度天体物理研究所，1976 年总部设于印度班加罗尔。在科代伊卡纳尔、卡瓦鲁尔、哥里毕达努尔、汉勒、霍萨可特等地建有观测站。主要观测站有：①万努巴普天文台（VBO）。1968 年设立，1986 年安装自制 2.34 米万努巴普望远镜后改为现名，另有蔡司 1 米、0.75 米、0.34 米反射望远镜以及 0.45 米施密特望远镜。②印度天文台。是世界上高海拔天文台之一，1993 年开始在汉勒进行选址，2002 年安装并试用 2.01 米光学红外望远镜，又称钱德拉望远镜，由位于霍萨可特的科学技术教育中心（CREST）通过卫星遥控。③科代伊卡纳

印度天体物理研究所总部

尔。1900 年建立，主要进行太阳观测，拥有太阳隧道望远镜，可将阳光引入 60 米长的地下隧道并投射出直径 34 厘米的太阳像。④哥里毕达努尔。1976 年与拉曼研究所合作建立，主要进行射电辐射观测，拥有 10 米波射电望远镜（DWRT）、射电日像仪（GRH）、引力物理实验室、毛里求斯米波射电综合孔径望远镜等设备。

（李宗伟　刘黎明）

英澳天文台 Anglo-Australian Observatory; AAO　澳大利亚的一座光学暨近红外天文台。总部位于澳大利亚悉尼郊区。20 世纪 50 年代，英国皇家天文学家 R.伍利建议在澳大利亚建造一台大型望远镜。1965 年，英国与澳大利亚政府正式签订望远镜建造协议，并将望远镜建造位置选在斯普林山上的赛丁泉天文台。1973 年，澳大利亚政府正式批准了英澳望远镜委员会（AATB）设立独立工作人员的决定，英澳天文台正式诞生。该天文台原本由英国和澳大利亚政府共同提供经费与管理，英国政府于 2010 年 6 月停止对英澳天文台的出资，因此在同年 7 月 1 日将名称更改为澳大利亚天文台，并且由澳大利亚政府全权管理。

拥有位于赛丁泉天文台的英澳望远镜（AAT）和联合王国施密特望远镜（UKST）。①英澳望远镜（见图）。口径 3.9

英澳望远镜

米，1974 年建成，1975 年正式投入使用。主要用于恒星和星系的光谱、红移观测并主持英澳行星搜索（AAFP）计划，用于搜索太阳系外行星，截至 2013 年，已发现 20 多颗太阳系外行星。此外，利用英澳望远镜开展的 2 度视场星系红移巡天（2dFGRS）项目在 1997~2007 年的 5 年时间里完成预定 25 万个星系的观测，并获取其中 22 万多个星系的准确红移值。②联合王国施密特望远镜。口径 1.2 米，为了补充 AAT 而建造的，并于 1973 年 8 月正式开始运行。它是为测量天文学而设计的，具有非常大的视场，是月球视直径的 12 倍多。该望远镜由爱丁堡皇家天文台的施密

特望远镜组操作，1988 年，望远镜控制权移交给英澳天文台，但双方仍共同操控；2010 年，由英澳天文台完全操控。
（李宗伟　刘黎明）

英仙臂　Perseus arm　银河系的主旋臂之一，位于外臂和本地臂之间。2006 年，中国科学家徐烨等精确测量出旋臂上著名的大质量恒星形成区 W3OH 距离太阳 1.95 ± 0.04 千秒差距，距离银河系中心约 9.8 千秒差距。
（沈俊太　徐　烨）

樱井星　Sakurai's object　从行星状星云到白矮星演化阶段，爆发延迟热脉动而重新演化到渐进巨星支的恒星。位于人马座的变星，是一颗"慢速新星"，又称人马座 V4334（V4334 Sgr）。樱井星 1996 年被日本业余天文学家樱井幸雄发现，随后天文学家确认为一颗富氦的恒星，并处于行星状星云中。樱井星也被称为再生恒星，它从接近白矮星的阶段突然爆发到渐进巨星支的阶段仅仅用了几年的时间。小质量恒星在脉动渐进巨星支阶段由于星风而大量损失物质，恒星逐渐向高温端移动，外包层不断收缩，在赫罗图上表现为一条从低温到高温的近水平直线。恒星所产生的紫外辐射将激发和电离抛射物质，产生行星状星云。随着演化进行，当恒星的富氢包层质量低于 10^{-5} 太阳质量时，壳层氢由于温度过低而熄灭，恒星进入白矮星阶段。在恒星经历行星状星云到进入白矮星演化之间，部分恒星会进行最后一次氦壳层的热脉冲燃烧，称为"延迟热脉动"。延迟热脉动将驱动恒星再次回到渐进巨星支，形成樱井星。由于此时氢壳层非常薄，热脉冲燃烧所引发的对流会将表面氢完全混入到氦层之中，使得恒星表现为富氦的表面。由于热脉冲燃烧所产生的高温以及表面物质的混入，恒星表面将发生短暂的核反应过程，观测表明在数月时间内锂元素以及部分慢中子俘获过程元素都有不同程度的增加。
（张先飞）

鹰状星云　eagle nebula　位于巨蛇座的一个亮星云。星表中的编号为 M16 和 IC4703。因其结构外形如同一只鹰而得名（见图）。标准历元 J2000 的坐标是赤经 $18^h18^m47.9^s$，赤纬 $-13°48'24''$。鹰状星云是银河系人马臂中最活跃的恒星形成 HⅡ 区之一，距离为 1.8 千秒差距。鹰状星云的中间是一个非常年轻的疏散星团 NGC6611，这一星团被认为是在大约 6×10^6 年之前诞生于鹰状星云之中的，如今 NGC6611 中的大质量恒星又照亮了鹰状星云。1745 年瑞士天文学家 J.-P.德谢索首先发现了鹰状星云中的疏散星团，但并没有发现周围的鹰状星云。1764 年法国天文学家 C.梅西耶第一个发现了该疏散星团周围存在星云，并将其编入《梅西耶星表》，编号为 M16。这一星云后来被编入《星云星团新总表》（NGC 星表）的补编（IC）中，编号为 IC4703，而星云中的疏散星团的编号是 NGC6611。鹰状星云中发现了大量由尘埃和气体构成的柱状结构，被称为"象鼻"，其中最著名的就是由哈勃空间望远镜在 1995 年拍摄的"创世之柱"，也被称为"创生之柱"。"象鼻"中刚诞生的恒星发出非常强的紫外线，将周围的富氢气体电离，从而形成球形的结构，这一结构被称为蒸发气体球（EGGs）。观测在该星云的分子云内部发现原恒星、赫比格－阿罗天体和脉泽源，表明这一区域还存在恒星形成，可能是由星团中大质量恒星触发的。因此，鹰状星云成为研究在大质量 O 型星影响下的恒星形成过程的重要样本。
（姜登凯）

鹰状星云

影表尺　gnomon shadow template　中国古代用来测定投在圭表上日影长短的一种专用尺。又称表尺，后人又称天文尺或量天尺。其前身则为《周礼》提及的土圭，即一种石或玉制短尺。1975 年 10 月，在明初所制铜圭面上，发现了用于计量影长的残存刻度十余处。经过考证和测量，判明明代影表尺尺值为 24.525 厘米，与隋、唐小尺同。
（陈美东）

硬 X 射线调制望远镜　hard X-ray modulation telescope　中国自主研制的第一颗空间 X 射线天文卫星。命名为慧眼（Insight），简称 HXMT 卫星。HXMT 卫星是一颗空间 X 射线天文卫星，针对 X 射线能段的黑洞、中子星和 γ 射线暴（GRB）等致密天体进行观测研究。卫星搭载的主要仪器包括高能 X 射线望远镜、中能 X 射线望远镜、低能 X 射线望远镜以及空间环境监测器。HXMT 卫星（图 1）具有扫描、定点和 GRB 监测三种观测模式，扫描观测可以进行宽波段大天区 X 射线巡天成像，定点观测可以研究黑洞、中子星等高能天体的多波段 X 射线快速光变，GRB 监测可以监视天空中的高能爆发现象。凭借这些能力，HXMT 卫星将大大加深对天体的剧烈爆发过程、中子星强磁场和黑洞强引力场中的动力学和高能辐射过程的认识。

图 1　HXMT 卫星在轨运行示意图

2017 年 6 月 15 日，HXMT 卫星在中国酒泉卫星发射中心由长征四号乙型火箭发射升空。

研制历程　HXMT 卫星的研制历史可追溯至 20 世纪 90 年代初。1992 年，中国科学院高能物理研究所的李惕碚和吴枚为克服硬 X 射线成像的技术困难，发展出直接解调方法（DDM），理论上证明了用简单成熟的准直型望远镜也可以实现高分辨和高灵敏度的硬 X 射线扫描成像。1993 年，在球载高空飞行试验（HAPI-4 试验）中，DDM 成功应用于对恒星级黑洞天鹅座 X-1（Cygnus X-1）天区的硬 X 射线成像，在此基础上，提出研制和发射 HXMT 卫星的建议。2000 年，HXMT 卫星项目获得科技部基础研究发展规划（973 计划）的支持。2011 年 3 月，HXMT 卫星正式立项，由国家国防科工局和中国科学院共同资助，开始工程研制。

HXMT 卫星工程研制过程的重要时间节点如下：2011 年 3 月，工程立项；2011 年 12 月，转入初样研制阶段；2013 年 12 月，转入正样研制阶段；2015 年 12 月，有效载荷正样交付卫星总体；2017 年 3 月，卫星出厂；2017 年 5 月，星箭出厂；2017 年 6 月，卫星发射。

名称由来　HXMT 卫星被命名为"慧眼"。科学家团队及卫星工程研制团队共拟定 6 个名字，通过网上投票的方式，综合考虑各方面因素，从排名靠前的 3 个名字中选择了"慧眼"。命名原因如下：①纪念中国高能天体物理观测的奠基人之一的何泽慧；②HXMT 是科学家利用智慧打造的观天利器；③祝愿 HXMT 慧眼如炬，穿过星际介质的遮挡发现新的 X 射线和 γ 射线天体。

科学任务　在靠近黑洞视界和中子星表面的区域，存在高温、高压、强磁场、强引力场等条件，其辐射以 X 射线为主，因此观测这些天体的 X 射线辐射，是了解极端天体性质、利用极端条件研究基本物理规律的最有效途径。由于 X 射线无法穿透稠密的地球大气，发射 X 射线天文卫星成为目前观测天体 X 射线辐射的主流手段。作为一颗空间 X 射线天文卫星，HXMT 可以对 1～250keV 能段的黑洞和中子星等致密天体进行大天区和大有效面积的巡天观测以及高精度的定点观测，同时也具备在 200keV～3MeV 能段监测 GRB 的能力。

科学目标 HXMT 卫星的主要科学目标是：①通过对银道面、银心和核球的大天区扫描巡天和监测，发现新的高能变源和已知高能天体的新活动；②通过对河内黑洞和中子星进行长期高频次监测，理解黑洞和中子星系统的活动和演化机制；③通过对高流强河内黑洞和中子星进行高统计量观测，理解吸积黑洞和中子星系统的基本性质；④利用其扩展到 200keV～3MeV 能段的探测能力，获得新的 GRB 及其他爆发现象的能谱和时变观测数据，理解高能剧烈爆发天体的基本属性，研究宇宙深处大质量恒星的死亡以及中子星并合等过程中黑洞的形成。

科学意义 HXMT 卫星的主要科学意义是：①将会对银道面进行高灵敏度、高频次的宽波段 X 射线巡天，系统性地获得银河系内高能天体活动的动态图景，发现新的天体和天体活动新现象；②具有独特的研究 X 射线双星多波段 X 射线快速光变的能力，预期可以在黑洞和中子星双星的研究中获得大面积新成果；③在硬 X 射线和软 γ 射线能段监测 GRB，其接收面积数倍于目前国际上最好的设备，从而大幅提高在该能区探测 GRB、搜索引力波电磁对应体的灵敏度。

卫星简介 HXMT 卫星总质量 2500 千克，运行在高度 550 千米、倾角 43°的近地圆轨道上，设计寿命 4 年。卫星采用分舱式结构，由位于卫星上部的有效载荷和下部的服务舱两个分系统组成。服务舱采用资源二号卫星平台，主要完成供配电、姿态测量与控制、卫星数据处理、数据下传以及遥控遥测指令的接收和数据发送等。有效载荷即卫星的科学探测仪器，包括高能 X 射线望远镜、中能 X 射线望远镜、低能 X 射线望远镜以及空间环境监测器，主要用于对天体的 X 射线探测以及空间环境的监测。

研制单位 中国航天科技集团公司第五研究院负责卫星总体并具体承担卫星平台的研制。有效载荷由中国科学院高能物理研究所、中国科学院国家空间科学中心、清华大学负责研制；其中高能物理研究所为牵头承担单位，并具体负责高能 X 射线望远镜、中能 X 射线望远镜和低能 X 射线望远镜的研制，国家空间科学中心负责空间环境监测器的研制，清华大学承担高能 X 射线望远镜中反符合屏蔽探测器和准直器的研制。

运行情况 HXMT 卫星的主要科学任务是对某个天区的扫描成像观测或对某个天体的定点观测。为此，HXMT 卫星采用三轴稳定惯性空间姿态控制模式，指向精度优于 0.1°，姿态测量精度达到 0.01°。在做扫描成像观测时，望远镜的光轴将沿着事先规划好的路径慢速运动，覆盖被观测天区；而在定点观测时，望远镜的光轴将指向目标天体保持不动，以获得关于目标天体的在较长时间内连续的观测数据。

HXMT 卫星绕地球一周耗时约 96 分钟，每天绕地球十多圈，其中约半数的轨道要经过南大西洋异常区（SAA）。SAA 区的带电粒子流强非常高，基本无法获得有效的科学数据，而且部分仪器在 SAA 区运行还会造成性能的下降。在 HXMT 卫星上，高能 X 射线望远镜的主探测器高压将在进入 SAA 区时下降至很低的数值，以保护主探测器的光电倍增管，中能和低能 X 射线望远镜在 SAA 区不关闭电源，但是将停止科学数据的采集。

HXMT 探测器探测到天体的 X 射线辐射信号之后，通过电控箱转换成科学数据并经卫星平台下传，地面卫星数据接收站接收到数据之后将送至数据中心进行处理并保存，科学家利用经过前期处理的观测数据即可开展科学研究。

科学仪器 HXMT 卫星的科学仪器（即有效载荷）包括：①高能 X 射线望远镜（HE）。有 18 个相同的探测器探头（图 2），

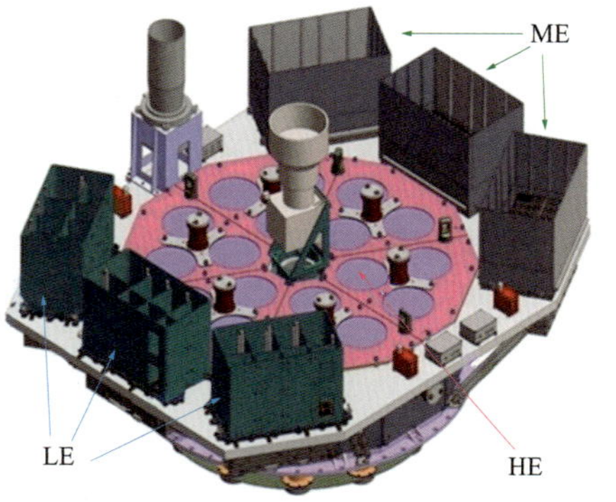

图 2 HXMT 有效载荷示意图

总几何面积 5000 厘米^2，普通模式用于探测 20～250keV 的硬 X 射线，GRB 模式用于探测 200keV～3MeV 硬 X 射线/软 γ 射线。②中能 X 射线望远镜（ME）。有 3 个相同的探测器机箱组件，总几何面积 952 厘米^2，用于探测 5～30keV 能区 X 射线。③低能 X 射线望远镜（LE）。有 3 个相同的探测器机箱组件，总几何面积 384 厘米^2，用于探测 1～15keV 的 X 射线。④空间环境监测器（SEM）。

由于不同能量的 X 射线辐射起源于天体上不同的物理过程或者具有不同物理条件的区域，为了更全面和更准确地诊断天体的活动，HE、ME 和 LE 将瞄准同一目标协作进行观测研究：①HE、ME 和 LE 通过一个支撑结构形成整体，其空间指向相同；②HE、ME 和 LE 的观测能区上下衔接且有一定的交叉覆盖，这不仅可以在不同能段同时观测一个目标，还能满足不同仪器之间的交叉定标需求。

高能 X 射线望远镜 HE 整体结构为圆柱形，包括 18 个 NaI/CsI 复合晶体探测器单体。HE 的工作原理是：当准直器视场内的 X 射线光子入射到 NaI 晶体时，晶体发出闪烁光，被后面的光电倍增管（PMT）收集，完成对一个 X 射线光子事例的探测。但是，除了从被观测天体发出的 X 射线会在探测器上造成信号外，来自其他方向的 X/γ 射线，以及荷电粒子入射到 NaI 晶体上也可能产生信号，构成探测本底。为压低本底计数，提高观测灵敏度，在 HE 的设计中采取了几个方面的措施。

①采用被动屏蔽技术。在晶体探测器的上方用高原子序数的钽（Ta）做成准直器，在晶体的周围放置钽（或铅）屏蔽环，以阻止视场以外的高能光子或带电粒子入射到晶体上。

②采用复合晶体技术。HE 主探测器包括 NaI 和 CsI 两层晶体，其中上层的 NaI 晶体为主晶体，用于探测目标天体的 X 射线，下层 CsI 则可以记录从背面入射的 X 射线。虽然 NaI 和 CsI 的信号均由后面的同一个 PMT 读出，但两种信号的时间特性不同，因此从信号的持续时间上可以甄别这个信号的起源。如果一个事例在 CsI 晶体上造成信号，则可以作为本底事例，在进行数据分析时加以排除。

③采用带电粒子反符合屏蔽技术。在 18 个 HE 主探测器阵列的顶部和侧面覆盖塑料闪烁体构成的带电粒子屏蔽探测器，当带电粒子穿过塑料闪烁体时，由于电离能损在塑料闪烁体中沉积能量，产生闪烁信号，而高能 X 射线与塑料闪烁体的作用截面（包括光电作用截面和康普顿散射截面）非常小，带电粒子屏蔽探测器对穿过的 X 射线基本无反应，因此，当主探测器和反符合屏蔽探测器同时记录到一个事例时，这个事例极可能是荷电粒子引起的，可以作为本底事例被排除掉。

CsI晶体的探测数据也传回地面，因此可以将之作为一个硬X射线/软γ射线能段的全天监视器使用，探测GRB。

中能X射线望远镜　ME包括三个探测器机箱。每个机箱包含三个可独立工作的模块，由遮光罩、准直器、探测器和前端电子学等部分构成。ME探测器采用1728路Si-PIN探测器构成总面积952厘米^{2}的阵列，用专用集成电路（ASIC）同时读出多路信号。Si-PIN探测器的工作原理是：能量为E的X射线与Si-PIN探测器发生作用，其能量全部消耗在探测器的有效体积内，并转化成电子空穴对，电子在偏压电场的作用下被收集，通过电子线路读出，形成一个事例。电子空穴对的数目正比于入射X射线光子的能量，因此根据读出信号的大小可以推算光子的能量。ME所用Si-PIN探测器为国内自行研制，厚1毫米，探测能区5～30keV，与LE及HE的观测能区之间有很好的交叉覆盖。与HE相似，来自其他方向的X/γ射线和空间带电粒子也会在ME探测器上造成本底事例，因此ME也采取了几项本底屏蔽措施，包括在探测器的前方安装准直器、在探测器机箱内壁贴加薄钽片等，此外，部分本底事例是带电粒子和卫星结构相互作用产生的次级效应，会同时在几路探测器上造成信号，而入射的源X射线光子只会在一个探测器上造成信号，因此ME还利用了不同探测器单元之间的交叉反符合，进一步降低ME的本底水平，提高探测灵敏度。

低能X射线望远镜　LE也由三个探测器机箱组成，每个机箱的结构包括遮光罩、准直器、探测器和前端电子学等几个部分。LE的主要科学目标之一是研究天体在软X射线能段的快速光变，要求既具有低的低能探测阈值和高的能量分辨率，又具有高的时间分辨率。LE因此选用扫式电荷器件（SCD）作为探测器，它是一种特殊类型的X射线CCD，采用连续读出的方式，牺牲入射光子在CCD上的位置信息，但获得了高的时间分辨率，整片SCD的读出时间只有1毫秒，远小于普通CCD秒量级的读出时间。LE探测的是低能X射线光子，它们在探测器上造成的信号很弱，为了降低LE的低能探测阈值，提高能量分辨率，SCD工作在−80～−50℃的低温状态下以降低探测器暗电流造成的系统噪声。LE安装了热管，可以将SCD产生的微小热量传递至遮光罩，再辐射到宇宙空间，以保证探测器的低温工作环境。在−80～−50℃的工作温度下，LE在6keV附近的能量分辨率大约为150eV，与钱德拉X射线天文台和XMM-牛顿望远镜等国外先进的X射线天文卫星相当。为了降低本底水平，提高灵敏度，LE也采用与ME相同的本底抑制措施。模拟计算表明，带电粒子在LE上造成的1～6keV的本底几乎可以全部屏蔽或反符合掉，大大提高了LE观测宇宙X射线辐射的能力。

空间环境监测器　为了监测HXMT卫星在轨的空间带电粒子环境，用于辅助评估HXMT主探测仪器的在轨本底并在当仪器出现异常时协助判断造成异常的原因，HXMT卫星搭载了一台SEM。SEM能够监测180°×15°范围内的16个方向的带电粒子通量，同时分7个通道给出总的电子能谱（0.4～1.5MeV）和质子能谱（3～150MeV）。

工作模式　HXMT拥有扫描观测、定点观测和GRB监测等工作模式。扫描成像观测模式的主要目的是获得某个天区的图像，发现可能存在的新天体和天体变化新现象。定点观测是通过长时间观测某个天体，获得它的高统计量能谱和时变信息。而GRB监测模式则是为了监测全天的硬X射线/软γ射线爆发现象。

硬X射线成像非常困难，主要技术包括编码孔径成像和多层膜掠射望远镜聚焦成像技术，但是它们技术复杂、造价昂贵。中国学者创建的DDM在一定的物理约束下直接求解原始的测量方程，可以同时获得高的灵敏度和空间分辨率。DDM巡天需要几个条件：①被精确测量的观测仪器；②精心设计的扫描观测模式；③对观测数据的直接解调成像计算。HXMT卫星每次的小天区扫描观测区域为20°×20°，按照一定的间隔和速度对这个天区进行扫描观测，再通过对观测数据的成像计算得到天体源的位置和强度，得到天图。除了利用DDM，HXMT团队也发展了其他数据分析方法作为补充和相互检验印证。

HXMT卫星在最初设计时只有巡天和定点两种观测模式，但探测器的CsI数据也下传到地面，因此在不影响原有科学目标的前提下，通过对探测器的再开发，拓展出GRB监测模式。特别是当卫星运行到天体源被地球遮挡的区域时，通过降低主探测器光电倍增管的高压，使其探测能区覆盖了200keV～3MeV的硬X/软γ射线能区，同时使HXMT成为该能区探测面积最大的GRB监视器。

卫星标定　HXMT卫星的标定，就是用它来测量标准的X射线源，记录产生出来的信号，建立入射已知信号和产生信号之间的关系，即精确获得仪器时间响应、能量响应和空间位置函数。这样在望远镜获得观测数据之后，就可以利用获得的响应函数，反推被观测天体的X射线辐射性质。

地面标定和在轨标定　卫星有效载荷建造完成后需要对探测器能量与效率响应函数做地面标定，标定后的载荷在发射升空后，将再次利用标准X射线辐射源对其进行在轨标定工作。地面标定的优势是进入探测器的X射线是单能的，同时能量和流强已知，X射线的能量和外界本底在一定范围内可以实现人工控制；劣势是在地面上很难产生真实的空间天文环境，使得一些标定项还不能标定。同时，由于地面与在轨的外部环境差异很大，如温度、磁场、辐照、本底外界因素；卫星发射时的力学震动和卫星冲击等过程，可能使卫星在轨后的自身性能发生变化，这也正是在轨标定的主要意义。

标定装置　为满足HE地面标定需求，建设了高能X射线标定装置（HXCF）；为满足ME和LE地面标定需求，建设了中低能量X射线标定装置（LXCF）。上述X射线标定装置除了能满足HXMT有效载荷的标定需求外，还能为其他1～160keV能量段的X射线探测器提供测试、标定服务。

地面科学中心　HXMT卫星在轨期间的科学观测和数据处理主要通过地面科学中心来组织实施，其主要过程如下：①观测提案的征集；②观测的规划和执行；③数据的下传与数据产品生成；④数据分析与成果发布；⑤空间本底与标定。

观测提案征集　观测提案是科学用户根据科学研究的需要提出的、利用卫星对某个（或多个）天体源进行观测的申请。观测提案需要给出科学研究的内容和意义、天体源、所需的观测模式及观测时长等内容。HXMT卫星的观测提案可分为两类：①核心观测提案。为实现核心科学目标，由核心科学团队针对HXMT卫星的独特优势（如探测面积大、探测能段宽等）提出的重点观测目标。②客座观测提案。科学用户根据某项研究的需要，提出相应的观测申请。

HXMT卫星在每个运行年度前，由科学委员会制定卫星观测策略及时间分配计划，然后对外发布“机会公告”（即AO公告），面向国内外的科学用户征集观测提案。由HXMT科学委员会组织评审组对观测提案进行科学和技术评估，并遴选观测提案列入HXMT卫星的观测计划，实施观测。观测方案的提交者在一定时间段（一般为1年）内将享有该提案观测数据的优先使用权。

观测规划　观测提案遴选完成后，需要制定相应的观测规划，以便安排和实施观测。观测规划的主要目标是在满足卫星安全运行约束的前提下，寻找适合卫星观测的时间段，以实现最高的观测效率和最佳的载荷工作条件。重点需要考虑：①观测限制。由于望远镜的指向和太阳之间的夹角必须大于70°，很多观测目标在 1 年内只有一段时间可以有效观测。②观测效率。受地球遮挡和 SAA 区的影响，HXMT 在一定时间段内无法正常观测，所以要考虑如何最大化地利用观测时间。

数据产品　卫星观测数据经一系列复杂的处理过程（进行多种的转换和修正工作）后，形成符合国际天文界通用的标准和格式的标准数据产品——FITS 格式。标准数据产品对外发布后，科学用户就可以使用相关的用户分析软件和数据处理工具对其进行直接处理，以实现科学研究。

空间本底　空间本底的来源包括**宇宙线**、**太阳风**高能粒子、SAA 区粒子及地球反照粒子等。在 HXMT 设计时就考虑了通过主动屏蔽和被动屏蔽两种方法来抑制本底。即便如此，仍会有一定量的本底事例混在真实信号里面。为了准确估计这些本底的影响，HXMT 采用了独特的视场设计，并建立了与之相对应的本底估计方法：①组合视场法。利用不同的视场下的不同测量结果来计算实际空间本底。②偏轴观测法。利用一部分探测器只探测本底，另一部分探测器探测目标源和本底，最终得到本底和目标源估计。

数据处理与分析　通过在轨观测得到的数据一般不能直接用来进行数据分析，必须经过一整套的数据处理流程，才能得到具有真实物理意义的结果。对于空间 X 射线探测数据的处理，国际上已经形成了统一的处理框架，即 Heasarc 档案库，给出了相应的数据存储标准、软件分析标准以及通用数据分析软件。为了便于和国际上其他卫星进行交流与结果比较，HXMT 的数据分析软件基于 Heasarc 软件的框架开发出专用于前期数据处理的软件 HXMTDAS，完成事例筛选、数据刻度、死时间修正、**太阳系**质心修正、能谱与光变曲线的产生等处理流程（图 3）。

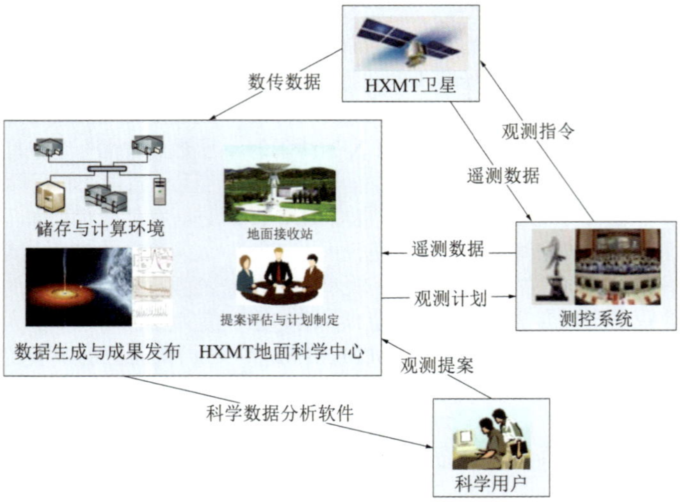

图 3　HXMT 卫星在轨期间科学观测和数据处理流程图

用户支持 HXMT 为科学公众在其使用相关软件、提交提案等工作的过程中发现的问题、疑问、建议提供解决措施和支持。用户可以选择在线帮助、提问、建议三种方式与科学家沟通和互动。当公众的提问积累到一定程度，科学家会将这些问题分类汇总，从中挑选有代表性的问题，形成 FAQ（常见问题），帮助用户节省时间。　　（尹倩青）

尤里，H.C.　Harold Clayton Urey（1893-04-29～1981-01-05）　美国化学家和天体化学家。生于美国印第安纳州沃克顿，卒于美国加利福尼亚州拉霍亚。1917 年毕业于蒙大拿大学。1923 年获加利福尼亚大学博士学位。曾在蒙大拿大学、约翰斯·霍普金斯大学、哥伦比亚大学、芝加哥大学任教或指导研究工作。1942 年曾任哥伦比亚大学原子能研究所所长。1958 年起在加利福尼亚大学任教授直至退休。

尤里 1931 年 12 月在哥伦比亚大学任教期间与助手们发现了重氢——氘。1933 年首先用光谱数据计算同位素的热力学性质，研究了同位素交换反应，为同位素化学的发展奠定了理论基础。与此同时，提出用化学方法分离同位素的可能性，随即分离了氧及其他元素的同位素。第二次世界大战期间，尤里领导的小组为铀-235 的扩散分离提供了基本数据，并研究了重水生产和硼同位素分离的方法。战后，他从事**宇宙化学**方面的研究。1947 年提出用氧-18 方法测定古海洋的温度。在研究了地球、**陨石**、太阳及其他恒星的元素和同位素丰度后，于 1952 年第一次发表了元素宇宙丰度的数据，发展了元素起源和**宇宙学**理论，在《行星的起源和演化》一书中提出从化学过程考虑的**太阳系**起源学说。1953 年 S.L.米勒根据尤里的理论，在芝加哥大学实验室里模拟原始**地球大气**的成分和条件，在 CH_4、NH_3、H_2 和 H_2O 的混合物中连续火花放电一周，合成 11 种氨基酸。这就是米勒-尤里实验，为生命起源的研究开拓了新的途径。尤里曾参加“阿波罗”号飞船取回的月岩研究，担任“海盗”号探测器探索火星计划的顾问。他是英国皇家学会和瑞典皇家学会等各国学会的荣誉会员。尤里因发现重氢而获 1934 年诺贝尔化学奖。还曾获戴维奖章、吉布斯奖章、富兰克林奖章等学术奖励 30 多种，1973 年获普里斯特利奖。　　（吕维纯）

有效温度　effective temperature　发射出与某恒星数量相同的总辐射流，而又具有与该恒星半径相同的绝对黑体所具有的温度。如果把恒星当作一个球形的绝对黑体，按照绝对黑体总辐射流和温度的关系：

$$\frac{L}{4\pi R^2} = \sigma T_e^4$$

由恒星总辐射流：

$$\frac{L}{4\pi R^2}$$

所确定的温度 T_e 就称为该恒星的有效温度。式中 L 为恒星总光度；R 为恒星半径；σ 为斯忒藩-玻尔兹曼常数。太阳的有效温度测定得最精确。实测得到的太阳有效温度 $T_e = 5770 \pm 10$K。绝大多数恒星的有效温度不能直接测定。原因是：①离人类太远，它们的半径难以精确测定；②对于角直径已经测定的恒星，由于**地球大气**对紫外辐射的强烈吸收，不能准确测定它们（特别是紫外辐射较强的早型星）在整个波长区域的总辐射流。因而往往只能用间接的方法，如恒星连续光谱的能量分布、**热改正**等方法，来确定恒星的有效温度。

知道一颗恒星的有效温度，就可以估算它的总辐射流，推断它的光谱特征。恒星的光谱型与有效温度有密切关系，如 O5 型恒星的有效温度 $T_e \approx 40\,000$K，G5 型恒星的 $T_e \approx 5520$K，而 M8 型恒星的 $T_e \approx 2400$K。由太阳的有效温度为 5770K，可知它是一颗 G2V 型恒星，而太阳的光谱特征也证明它是一颗 G2V 型恒星。　　（王振一）

右枢　Thuban　天龙座 α（α Dra）。中国古代称为紫微右垣一。5000 年前曾作为北极星。虽然右枢在天龙座的编号为 α，但它并不是天龙座最亮的恒星，它的视星等为 3.65，亮度只是天龙座内最亮的恒星天龙座 γ（视星等 2.24）的 0.27 倍。

因为**岁差**和**章动**引起的天极在天球上的运动，右枢曾经在公元前 3942 年到公元前 1793 年之间一度成为肉眼可见的最靠近北天极的恒星。在公元前 2787 年时，它距离北天极只有 2.5 角分。在此后的 900 年里，它到北天极的距离始终在 5°以内，因此曾经被当作北极星，直到公元前 1900 年才被北极二（小熊座 β）所取代，勾陈一（小熊座 α）成为北极星则只是近 1000 年来的事。右枢当前位于赤经 $14^h04^m33.6^s$，赤纬 $+64°20'45.6''$ 的位置。到 20346 年时，它将到达赤经 $19^h08^m54.2^s$，赤纬 $+88°43'17.8''$的位置，再度成为北极星。

右枢到太阳的距离为 303 光年，光谱型为 A0Ⅲ（见**恒星光谱**），它的**有效温度**和光谱特征与织女星（天琴座 α）相似，但是光度更高。右枢是由两颗子星组成的**双星**系统，两颗子星之间的距离为 0.46 **天文单位**，公转周期为 51.4 天。其中的主星质量为太阳质量的 2.8 倍，光度为太阳光度的 479 倍；次星的质量为太阳质量的 2.6 倍，光度为太阳光度的 40 倍。（苏　杰）

余青松 Yu Qingsong（1897-09-04～1978-10-30） 中国天文学家，中国现代天文学的奠基者和领导者。生于中国福建厦门，卒于美国马里兰州。青年时期曾就学于上海圣约翰中学和清华学校高等科。1918 年赴美国留学。先在里海大学学土木建筑，1921 年获得学士学位，进入美国一家建筑公司任设计员。1922 年入匹兹堡大学攻读天文学和数学，1923 年获硕士学位。之后入加利福尼亚大学继续攻读天文，1926 年获博士学位，后在美国**加利福尼亚大学利克天文台**短期工作。

1927 年回国，任厦门大学教授、天文系主任。参加 1928 年荷兰莱顿**国际天文学联合会**第三届大会和 1929 年爪哇第四次太平洋科学会议。

1929 年接替高鲁任中央研究院天文研究所第二任所长，并接手**紫金山天文台**的建设。余青松在高鲁的规划基础上，最终选址紫金山第三峰。他对紫金山天文台的功能、布局进行了合理而精到的规划，带领人员勘测场地，亲自设计大部分建筑，筹划仪器和图书的配置，精打细算组织施工，在经费筹措方面得到蔡元培、高鲁等的大力协助。1934 年 9 月 1 日紫金山天文台宣告落成。

1929 年天文研究所接管**北京古观象台**。1933 年，因华北局势紧张，北京文物相继南迁，余青松尽心安排，将北京古观象台的部分文物运往南京。1935 年初，浑仪、简仪等五件文物运抵紫金山天文台陈列保管。1936 年率队前往日本北海道成功观测日全食，为中国首次日全食科学观测。

1937 年抗日战争全面爆发，余青松带领天文研究所西迁，1938 年抵达昆明。1939 年余青松亲自勘察、设计，在凤凰山上建起一座较小规模的天文台（今**云南天文台**前身）。

1940 年，余青松辞任天文研究所所长。之后在桂林、重庆负责光学仪器和教学仪器的研制。1947 年再度出国，先后在加拿大多伦多大学、美国哈佛大学天文台等处工作。1955 年任美国马里兰州胡德学院教授兼该院威廉斯天文台台长。晚年致力设计和绘制**星图**，作品广受称道。1967 年以名誉教授荣退。

余青松最重要的成果在于**恒星光谱**研究，因在巴耳末系线和光谱二维分类法方面的研究而获得世界声誉。他创立的恒星光谱分类法，在国际上被命名为“余青松法”，并写入一些天文教科书。

多次担任中国天文学会会长，为国际天文学联合会会员，美国天文学会、加拿大皇家天文学会会员，英国皇家天文学会首位中国会员。国际编号 3797 号**小行星**以“余青松”命名。（张　旸）

宇宙 universe 时间和空间以及其中存在的各种形态的物质和能量的总称。宇宙是处于不断运动和发展中的物质世界。宇宙是多样而又统一的。它的多样性在于物质的表现形态；统一性在于其物质性。中国战国时期的尸佼（被称为尸子）在《尸子》中提到：“四方上下曰宇，往古来今曰宙。”宇宙一般当作天地万物的总称。人类对宇宙的认识，从**太阳系**到**银河系**，再扩展到河外星系、**星系团**乃至**超星系团**（见图）。借助各种功能越来越强大的地面和空间望远镜，观测的范围已达到 130 多亿光年的宇宙深处。一般把观测到的宇宙称为“我们的宇宙”。所有天体乃至我们的宇宙都有它的起源和演化的历史。随着科学和技术的发展，人类对宇宙的认识和理解越来越深入（见**宇宙学**）。（邹振隆）

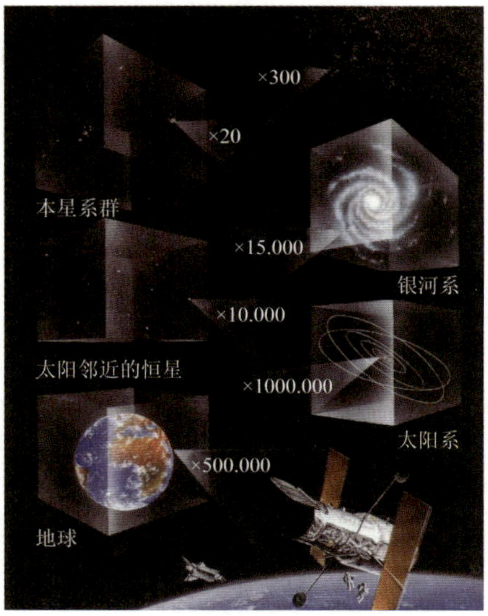

宇宙的层次结构
（图中数据为相邻层次大小的比例）

宇宙重加热 reheating of the universe 宇宙暴胀结束后，将宇宙温度恢复到接近暴胀前的水平的过程。宇宙在极早期经历的暴胀过程是一个过冷膨胀阶段。这一期间，宇宙温度可以降低 1026 倍，这意味着暴胀结束后的宇宙温度几乎为绝对零度。因此，需要一个动力学机制将宇宙温度恢复到接近暴胀前的水平，这一过程被称为“宇宙重加热”。通常是让暴胀场完成慢滚后围绕其真空态振荡将原来巨大的势能转化成动能，从而可以衰变出各种辐射粒子，这样可以将宇宙加热到极高温度。值得注意的是，由于当前对暴胀本身的物理性质知之甚少，因此宇宙重加热的具体机制仍然是**宇宙学**研究的一个热点话题。特别指出的是，宇宙在暴胀之前处于高温的热态，这是比较传统的学术观念；多数研究者认为宇宙在暴胀前的状态很难通过观测来了解，即便可以，也很可能不处于热态。因此，“重加热”一词现在看来应是一个被误用的名词术语（与“复合”类似），并逐渐被“预加热”一词所代替。（蔡一夫）

宇宙磁流体力学 cosmic magnetohydrodynamics 磁流体力学在天体物理学中的应用所形成的学科。电磁场中运动的导电流体，受到洛伦兹力的作用，同时还产生感应电动势。前者使流体运动受到电磁场的影响，后者则使电磁场又受到流体运动的影响，因此形成流场与电磁场之间的耦合。等离子体在一定条件下可看作连续介质的流体，由此导出的磁流体力学便成为研究等离子体理论的宏观方法。在磁流体力学失效的领域，则由等离子体动力学描述。实际上，磁流体力学的发展一直是与等离子体动力学的发展互相促进的。

宇宙中绝大部分物质都处于气体和等离子体状态。恒星内部气体几乎是完全电离的。太阳**光球**的电离度虽不太高，但**色球**和**日冕**的电离度则达到百分之几十甚至百分之百。高温恒星周围的星际空间的气体，一般也是高度电离的。宇宙中磁场是普遍存在的。太阳上不仅普遍存在较弱磁场，而且在局部区域和一定时间内，磁场可以很强，如**太阳黑子**的磁场强度可达数千高斯。其他恒星上也存在磁场，已观测到的**磁变星**的磁场强度可达几万高斯。**中子星**的场强更大，可达 10^{12}～10^{14} 高斯。恒星际空间和星系际空间也存在磁场。因此，磁场中等离子体的运动就成为天体物理研究的重要对象，而磁流体力学则是一个重要的研究工具。

磁流体力学以流体力学和电动力学为基础，把流场方程和电磁场方程联系起来，引进了许多新的特征过程，内容十分丰富。宇宙磁流体力学更有其特色。首先，它所研究的对象的特征长度一般来说是非常大的，因而电感的作用远远大于电阻的作用。其次，它有效时间非常久，由电磁原因引起的某些作用力虽然不大，但却能产生重大效应。磁流体力学大体上可以和流体力学平行地进行研究，但因磁场的存在也具有自己的特点：磁流体静力学中的平衡方程，与流体静力学相比，增加了磁应力部分，这就是产生磁约束的根据。运动学在磁流体力学中有着不同的含义，它研究磁场的“运动”，即在介质流动下磁场的演变。与正压流体中的涡旋相似，磁场的变化也是由对流和扩散两种作用引起的。如果流体是理想导体，磁力线则冻结在流体上，即在同一磁力线上的质点恒在同一磁力线上。如果电导率是有限的，则磁场还要扩散。两种作用的强弱取决于磁雷诺数 $\mu_0 = \sigma UL$（式中 σ 为电导率；U 和 L 分别为问题的特征速度和特征长度）的大小。研究流动如何产生和维持天体中磁场的发电机理论，大多是以运动学为基础的。

扰动的传播与一般流体力学有很大不同。首先，由于磁张力，冻结在流体中的磁力线像绷紧的弦一样，垂直磁力线的扰动可以沿着这种磁力线传播，形成阿尔文波，其速度为：$\nu_A = B/(\mu\rho)^{1/2}$，式中 B 为初始磁感应强度；μ 为流体的磁导率；ρ 为流体密度；ν_A 称为阿尔文速度。其次，磁流体力学中声波受磁场影响将分解为快磁声波和慢磁声波两种，在磁场较强时，它们的相速度分别大于和小于阿尔文波的相速度。这三种波的传播一般是各向异性的，它们统称为磁流体力学波。

无论对于平衡的不稳定性，层流转换为湍流的不稳定性或热力不稳定性，磁场的影响都会起很重要的作用。在磁场分布比较简单的情况下，磁场对导电流体的运动起着像黏滞阻力一样的作用，并且使导电流体具有一定程度的刚性。这样就会减弱任何导致不稳定的趋向。但是，复杂的磁场分布会引入一些新的不稳定性。另外，磁场的存在也将传播一些新的扰动模式。

磁流体力学湍流往往是与宇宙中磁场的产生和维持相联系的。湍流的无规则运动一般会使磁力线伸长，而使磁场增强。另一方面，湍流也会增加磁场的耗散率。当然，磁场也将对湍流运动起反作用。

（吴林襄）

宇宙的几何 geometry of the universe 可以用度规描述的宇宙空间的几何性质。“宇宙的几何”通常特指宇宙均匀、各向同性的三维背景空间的几何性质，可以由对称性决定，分为平坦宇宙、开宇宙、闭宇宙。此三维空间随时间的膨胀由额外的尺度因子表征。

宇宙学原理要求，在接近整个可观测宇宙的尺度上，宇宙是大致均匀和各向同性的（见**宇宙学原理**）。也就是说，宇宙的空间部分具有近似的三维空间平移和旋转对称性，是最大对称空间。其共动坐标可以写成：

$$dl^2 = \frac{dr^2}{1-kr^2} + r^2 d\Omega^2$$

式中 $d\Omega^2 = d\theta^2 + \sin^2\theta d\phi^2$ 是角度方向的度规；k 为一个常数。这里，$k=0$ 是平坦宇宙，对应的空间为三维欧氏空间。$k>0$ 对应曲率为正的三维常曲率空间，即三维球面。$k<0$ 对应曲率为负的三维常曲率空间，即三维马鞍面。对于 $k \neq 0$ 的情况，为确定起见，通常取 $k = \pm 1$。这时，宇宙的尺度因子 $a(t)$ 代表球面或马鞍面的曲率半径。

另一种常见的共动坐标选取是：

$$dl^2 = d\mathcal{X}^2 + S_k^2(\mathcal{X}) d\Omega^2$$

式中 $\mathcal{X}$ 为通过 $d\mathcal{X} = dr/\sqrt{1-kr^2}$ 重新定义的径向坐标，

$$S_k(\mathcal{X}) = \begin{cases} \sin(\mathcal{X}), & k=+1 \\ \mathcal{X}, & k=0 \\ \sinh(\mathcal{X}), & k=-1 \end{cases}$$

宇宙的不同几何会带来不同的观测效应。例如遥远的宇宙空间中已知物理长度的“标准尺”（如**重子声学振荡**的尺度），在不同宇宙几何下，角距离是不同的。负曲率宇宙中角距离显得更大，而正曲率宇宙中角距离显得更小。目前的观测支持宇宙是平坦的三维欧氏空间。还没有非零三维曲率的观测证据。近乎平坦的宇宙为**暴胀宇宙学**提供了观测支持。

（王 一）

宇宙的热历史 cosmic thermal history 宇宙从大爆炸时极高温高密的状态，通过膨胀冷却到今天所经历的一系列物理过程。1948 年，美籍俄裔物理学家 G.伽莫夫以弗里德曼宇宙模型为基础研究宇宙演化的早期，提出了被后人称作宇宙“大爆炸”的理论。该理论认为，今天宇宙中的星系是由早期均匀气体中的密度起伏在引力不稳定性作用下凝聚而成。由物理实验可知，绝热气体的密度和温度会因气体膨胀而降低。早期宇宙中，辐射气体的温度 T 同宇宙标度因子 $R(t)$ 成反比，密度 ρ 同宇宙标度因子 R 的 4 次方成反比。T^2 同宇宙时 t 成反比，即时间每增大两个量级，温度就降低一个量级。如 $t=1$ 秒时 $T=1$ 兆电子伏，$t=10^{-6}$ 秒时 $T=1$ 吉电子伏。往前追溯，相应的推论是宇宙的密度和温度越早越高。当追溯到 t 趋于 0 时，温度和密度都趋于无穷，这称为**宇宙学**的奇点疑难。有理由相信，到达那一点之前经典理论已经失效，而应代之以量子理论。尽管建立量子引力理论的努力仍未获成功，但从量纲分析可知，量子引力起显著作用的能量约为 10^{19} 吉电子伏，称为普朗克能量。与此相应的温度为 10^{32} 开，称为普朗克温度。与这能量相应的时间约为 10^{-43} 秒，称为普朗克时间。经典宇宙的膨胀就是由此开始的。此后宇宙演化可分为以下阶段：

量子引力时期 10^{-43} 秒（10^{32} 开），引力从其他相互作用分离出来。

暴胀时期 10^{-35} 秒（10^{28} 开），大统一对称性破缺，强核力分离出来；10^{-34} 秒（10^{27} 开），暴胀开始；10^{-32} 秒（10^{27} 开），暴胀结束，重新加热开始。

强子–轻子时期 10^{-12} 秒（10^{16} 开），电弱时期开始；10^{-11} 秒（3×10^{15} 开），电弱时期结束，弱核力同电磁力分离；10^{-5} 秒（2×10^{12} 开），由夸克形成强子；5×10^{-4} 秒（4×10^{11} 开），重子与反重子出现不对称；10^{-1} 秒（3×10^{10} 开），中微子退出热平衡；1 秒（10^{10} 开），中子–质子比冻结；10 秒（5×10^{9} 开），电子–正电子对湮没。

辐射时期 10^{2} 秒（10^{9} 开），平均光子能量降到低于氘的束缚能，核合成开始；10^{3} 秒（4×10^{10} 开），粒子能量降到低于库仑势垒，核合成结束。宇宙中除氢外有了氚、氦和痕量的锂、铍、硼等轻元素。

4×10^{10}秒（6×10^4开），物质密度等于辐射密度。

物质时期 4×10^{12}秒（3500开），自由电子和原子核复合，宇宙变得透明；6×10^{12}秒（3000开），光子退耦；20亿年（20开），星系形成；140亿年（2.7开），现在时代。

以上是宇宙从古至今演化历程的概述（见图）。不过，对能量远高于10^3吉电子伏时的物理规律了解尚不确切，那段宇宙史像远古史，还难以说清，有待进一步研究。（邹振隆）

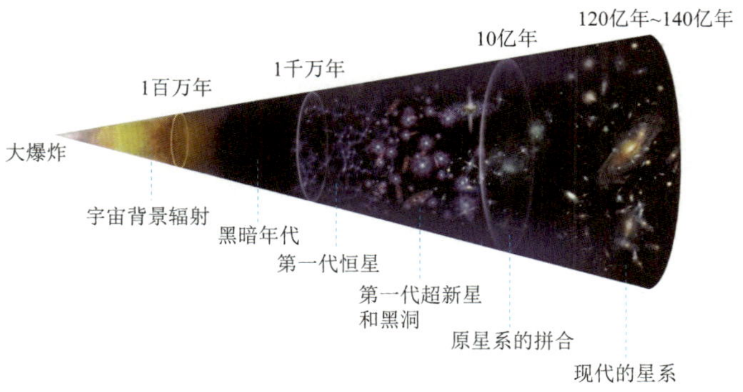

宇宙的演化

宇宙的未来 future of the universe 对宇宙演化的终极命运的推测。根据推测的**宇宙学模型**，宇宙的终极命运处于“大冻结”和“大撕裂”的边缘。

目前的宇宙是**暗能量**主导的。暗能量的性质，决定了宇宙未来的膨胀速度，也就决定了宇宙的未来。描述暗能量的最简单、也与观测吻合最好的模型是**宇宙学常数**。如果暗能量是宇宙学常数，或者与宇宙学常数性质相近，那么宇宙存在一个大致不变的未来事件视界。几千亿年后，除了**本星系群**以外，其他星系将与宇宙的事件视界融为一体。这些星系发出的光，将由于事件视界的红移效应而变得极度暗淡，以至于无法观测到。也就是说，几千亿年内，人类可观测的星系将从数万亿个，锐减为几十个。

在更远一些的未来，**黑洞**持续吞噬物质，将成为除暗能量外，宇宙的第二大成分。而质子最终是否会衰变（尚未有实验支持），也会影响宇宙未来的组成。

宇宙更加“终极”的未来，则与暗能量的细节密切相关。对于宇宙学常数主导的宇宙，宇宙最终将会趋向于德西特空间（或包含一个黑洞的德西特－施瓦西空间）：哈勃参数趋于不变，宇宙的未来具有一个面积趋于稳定的事件视界，宇宙内部与事件视界终将趋于热平衡。这个热平衡的温度极低，约10^{-30}开。所以这样的宇宙命运称为大冻结。

如果暗能量使宇宙比宇宙学常数情况膨胀更慢，则宇宙最终不会出现热平衡状态，而是温度无限降低的大冻结状态（所以，宇宙学常数主导的宇宙是大冻结的边界情况）。

而如果暗能量使宇宙比宇宙学常数情况膨胀更快，则宇宙的事件视界随时间收缩。如果这样的收缩持续下去，宇宙将最终撕裂一切，包括星系、星球以及分子、原子。这样的宇宙命运称为大撕裂。

另外，取决于暗能量的性质，宇宙的未来也存在一些其他假说，例如真空衰变可能使部分宇宙，甚至整个宇宙被新的真空形成的“气泡”所吞没。“气泡”内，可能连物理规律都与现在的宇宙不同（见**多重宇宙**）。少数暗能量模型中，宇宙可能由膨胀转为收缩，最终物质的密度趋于无穷大（称为“大挤压”）。也有暗能量模型认为宇宙将重新进入与早期宇宙类似的状态（循环宇宙），等等。

暗能量的理论本质还是一个谜。观测上，宇宙学对暗能量的测量有约百分之一的误差。所以，就算暗能量的性质不发生突变，人类也只能预测数百倍于现在**宇宙年龄**的未来。所以，为了预知宇宙的命运，迫切需要进一步的实验观测，以及对暗能量理论性质的进一步研究。

（王 一）

《宇宙发展史概论》 *Universal Natural History and Theory of the Heavens* 德国哲学家 I.**康德**关于宇宙的结构及其起源的著作。完整的书名是《自然通史与天体论，或者以牛顿原理为基础论整个宇宙结构的组成及其力学起源》。1755年匿名出版。中文译本最早由上海人民出版社于1972年出版。全书共分为三大部分和一个附录。书中根据当时对**银河系**和**星云**的观测结果，把整个宇宙和**太阳系**的形成描述为一个力学法则控制下的演化过程，认为最初弥漫于整个空间的是一些星云状物质微粒，它们在万有引力的作用下形成一些物质团；大的物质团会将小的微粒和物质团吸引过去，形成越来越大的物质团；它们在运动中相互碰撞，有的被撞碎，有的彼此结合为更大的团块，最后在弥漫的物质云中心形成一个最大的中心天体，也就是太阳，太阳周围的物质与物质团则在万有引力作用下朝中心坠落。除了引力，物质间还存在由于物质碰撞而形成斥力。在斥力的作用下，落向太阳的微粒与位置团会发生偏离，并形成一个围绕太阳的扁盘状物质涡旋，就像我们所看到的恒星周围的星云；最后，行星和卫星也在这些星云中通过同样的机制逐次形成。太阳系中所有一切都可以从这个形成过程中得到解释，从行星的轨道特性、自转与密度，到彗星的形成；从**土星环**的成因，到**黄道光**与太阳系的质量分布，一切都逃出不牛顿力学规律的历史应用。书中最后还提出其他行星也存在居民的设想，并在附录中对这些居民进行了讨论。（石云里）

宇宙飞船 spacecraft 一种运送航天员、货物到达太空并安全返回的航天器。宇宙飞船可分为一次性使用与可重复使用两种类型。用运载火箭把飞船送入地球卫星轨道运行，然后再入大气层。飞船上除有一般人造卫星基本系统设备外，还有生命维持系统、重返地球的再入系统，回收登陆系统等。其与**航天飞机**本质上最大的区别是返回方式的不同。航天飞机采用升力式再入大气层，宇宙飞船则采用弹道式或弹道－升力混合式再入大气层。

相比航天飞机，宇宙飞船虽然容积小，也不能重复使用，但其发展历史更早。宇宙飞船主要的结构一般采用两舱式和三舱式结构，载人宇宙飞船设计有载人舱。1961年，苏联发射了世界上第一艘载人飞船东方1号，该飞船搭载加加林升空并完成人类历史上的首次空间飞行旅程。此后，苏联又陆续发射了上升号（Voskhod）与联盟号（Soyuz）宇宙飞船。美国也相继发射了水星号（Mercury）、双子星座号（Gemini）与阿波罗号（Apollo）飞船。其中，1969年7月发射的阿波罗11号实现了人类历史上的首次登月，1971年阿波罗15号则首次把月球车送上月球。1992年，中国载人航天工程采正式启动，起名神舟号。1999年11月20日神舟1号无人试验飞船成功发射。2003年10月发射的神舟5号首次把中国航天员送入太空（见图）。宇宙飞船发展的过程中，也带动了空间天文的前行。美国阿波罗飞船多次飞赴月球，更是实现人类首次登月的梦想，也从月球上带回了大量宝贵的月壤用于科学研究，取得了丰硕的成果；中国的神舟2号飞船上搭载了超软X射线探测器、X射线探测器和γ射线探测器，组成了宽波段、

中国神舟5号宇宙飞船

高时间测量精度、较高能量分辨率的高能电磁辐射探测系统，实现了中国高能天文探测的首次突破。

（胡一鸣 张 哲 张 岩 陈灯意）

宇宙黑暗期 cosmic dark age 宇宙演化历史上的复合时期之后到第一代恒星形成之前的一个阶段。按照标准宇宙的模型，从红移约1100到约30的一段时期内，宇宙中没有发光的天体，但是结构形成一直在进行。暗物质在引力的作用下，向原初密度扰动较高的地方聚集，形成暗物质晕。暗物质晕提供了较强的引力势阱，将气体束缚在其中并加热，为第一代恒星的形成提供了场所。目前为止，人们没有任何关于黑暗时期的观测，理论上来说中性氢的21厘米发射线几乎是观测这一阶段唯一的手段。

（岳 斌）

宇宙红外背景 cosmic infrared background 波长在红外范围内（0.7微米～1毫米）的宇宙背景辐射。一般认为，宇宙红外背景来自整个宇宙演化历史中所有星系和类星体的总和辐射，因此可以用来研究宇宙整体的恒星形成历史。特别的，如果把视场中的亮星系遮蔽掉，剩余部分则来自较暗和红移较高的星系，有利于研究高红移时期宇宙的恒星形成活动。宇宙红外背景具有各向异性，反映了宇宙大尺度结构和星系与类星体的成团性。

在宇宙红外背景中，位于近红外波段（0.7～5微米）的部分又被单独称为宇宙近红外背景（CNIRB）。再电离时期形成的第一代恒星和星系发出的光主要集中在紫外波段，红移到今天刚好处于近红外波段，成为宇宙近红外背景的一部分，因此宇宙近红外背景具有研究再电离源的潜力，引起了人们特别的兴趣。

（岳 斌）

宇宙化学 cosmochemistry 研究宇宙物质的化学组成及其演化规律的学科。是天文学的一个分支，也是天文学与化学之间的边缘学科。宇宙化学研究的对象包括陨石、月球、行星系天体、行星际物质、太阳、恒星、星际介质、宇宙线、星系和星系际介质等。

宇宙物质的化学组成和测定方法 宇宙物质的化学组成是指构成宇宙物质的元素、同位素、分子和矿物。宇宙化学的研究任务之一就是确定这些组成，并测定它们的相对含量和绝对含量。测定方法有两种：一种是直接取样，如测定陨石、月球岩石样品、宇宙尘、宇宙射线核成分等；另一种是测定来自天体的电磁辐射中的特征谱线。例如对恒星作光谱分析，对星际介质进行射电、红外、可见光波段的频谱分析。研究表明，宇宙物质是由化学元素周期表中118种化学元素和它们的同位素组成的。在宇宙物质中发现了地球上尚未发现的若干种矿物和分子。

宇宙物质的化学演化 宇宙化学另一个任务是研究宇宙物质的化学演化。大致有几个过程：首先由某种过程（例如“宇宙大爆炸”）生成元素氢，再通过核合成过程（如恒星内部核合成、超新星爆发核合成等）生成其他元素。元素的原子在恒星表面或星际空间结合形成分子。这些分子在行星系中将循两条路线继续演化：分子凝聚为尘埃，尘埃聚集而成星子，进而形成行星等天体；一些含碳、氮、氧、氢等元素的分子在星际云中生成后，通过生命前的化学演化生成复杂分子，在地球上（还可能在其他行星系的行星上）生成氨基酸、蛋白质，最后导致生命的出现。恒星的一生不断地向星际空间抛射物质，最后瓦解为星际云；反过来，星际云又通过漫长过程凝聚而形成各种恒星。

宇宙物质化学的认识史 人类对宇宙物质化学的认识，经历了几个阶段。

古代 早期，人们是凭直觉猜测宇宙万物的基本组成的。中国西周晚期（公元前7世纪），用五行（金、木、水、火、土）来说明万物的组成，用“阳气”和“阴气”解释自然界的各种变化。古希腊人在公元前4世纪认为水、空气、火和土是构成万物的四种基本元素。

科学宇宙化学的诞生 19世纪初，人们对地球上的矿物和岩石等物质进行大量的化学分析。1833年，瑞典化学家J.J.柏济利乌斯对陨石进行化学分析，第一次测定了地球外宇宙物质的化学组成。1858年，化学家R.W.本生和物理学家G.R.基尔霍夫一起研究太阳光谱；1859年，基尔霍夫成功地解释了太阳光谱中夫琅禾费线（即吸收线）产生的原因，第一次证认了太阳（恒星）的化学组成。宇宙化学的一种重要观测方法——光谱分析从此诞生。

现代宇宙化学 20世纪50年代以来，随着大气外观测的发展，频谱分析波段由可见光扩展到射电波、红外线、紫外线、X射线、γ射线。60年代，人们在星际空间发现星际分子，直接登月采集岩石标本。70年代，又把分析仪器送上火星。宇宙化学的研究手段日益增多，研究内容不断丰富。

宇宙化学的分支 宇宙化学根据天体层次和研究方法分为几个方面：

①陨石化学。研究各种陨石的化学组成。研究表明，碳质球粒陨石在太阳系漫长的演化过程中，发生的物理、化学变化最小，可视为原始太阳系物质的“化石”。

②行星系化学。研究行星（包括地球）、卫星、小行星、流星体、彗星以及行星际物质的化学组成和化学演化。

③恒星化学。研究恒星的化学组成及其化学演化。太阳是离我们最近的一颗恒星，又占太阳系总质量的99.86%，所以太阳化学对于研究恒星和太阳系具有重要意义。

④星际化学。主要观测和证认星际分子，研究它们的形成和瓦解。

⑤同位素宇宙化学。测定不同宇宙物质的同位素组成，研究化学元素的起源和演化，认识天体物质的来源和形成环境，探讨各种高能、低能过程。测定放射性同位素组成以确定天体（或宇宙物质）的年龄，是同位素年代学的任务。

⑥宇宙线核化学。测定宇宙线中化学元素核组成，推测宇宙线传播过程中的介质和宇宙线源的化学组成。

宇宙化学的意义 研究化学元素的起源既同恒星的形成和演化密切相关，也同大爆炸宇宙学有关。观测银河系中不同物质（如氢原子、一氧化碳等）的分布，可以揭示银河系的结构和演化。太阳系起源和演化的学说必须考虑太阳系化学研究的结果，这就是一方面要利用已获得的有关太阳系化学组成的知识，另一方面又必须能解释太阳系的化学组成。宇宙化学的研究对化学的发展也有重要意义，如氦元素就是首先从太阳上发现，后来才在地球上找到的。宇宙物质处于地球上难以模拟的状态，这就为化学研究提供了特殊的“实验室”。对星际介质和彗星中有机分子的观测，以及对陨石中有机分子的研究，既推动了生命起源的探索，也推动了宇宙化学的发展。

（赵南生）

宇宙加速 cosmic acceleration 宇宙的尺度因子随时间的二阶导数大于零的现象。宇宙加速现象是在1998年，由美国和澳大利亚的两个研究小组利用对超新星的研究独立发现的。该发现被《科学》杂志评为当年最重大的科技进展。该研究的三位领导者 S.波尔马特，B.P.施密特和 A.G.里斯被授予 2011 年诺贝尔物理学奖。揭示宇宙加速膨胀背后的物理机制是当代科学中最重大的难题之一。根据爱因斯坦提出的广义相对论，一个以物质为主的宇宙只能减速膨胀，而不能加速。理论上，宇宙加速膨胀可以通过引入具有负压强的**暗能量**，或者修正引力来实现。结合大尺度结构星系巡天，**宇宙微波背景辐射**，超新星等天文观测手段，科学家可以深入探索暗能量和引力本质。随着天文观测的进步，人类揭示宇宙加速膨胀的奥秘指日可待。

（赵公博）

宇宙乐园　zooniverse　全球最受欢迎的以公众力量推动科学研究的最大的**全民科学**项目平台。由英国和美国 7 个科研机构组成的全民科学联盟运行。平台上的每一项研究都是靠全世界成千上万的志愿者与专业科研人员共同完成的。宇宙乐园给科研界带来了很多新的发现、数据和论文。

宇宙乐园从**星系动物园**项目发展而来，截至 2017 年 8 月平台上已有上百个项目，其中一些项目已经结束。内容涵盖了艺术、生物、气候、历史、语言、文学、医学、自然、物理、社会科学、空间科学等多个学科。其中，与天文学相关的包括星系动物园、天文倒带（Astronomy Rewind）等 20 多个项目。

宇宙乐园项目的开展形式主要是由专业科研人员创建项目提供图像数据，志愿者根据提示回答一些简单的问题，进而完成给数据标注分类标签，或者搜寻某个目标的任务。志愿者并不需要有特殊的背景知识或者相关训练，就可以参与到真实的学术研究中，帮助科学家们快速分析数据。截至 2018 年 7 月，已有 160 多万注册志愿者在平台上完成了超过 37 亿多次任务。科学家们利用宇宙乐园众多项目的数据，已发表了 100 多篇科学论文。

（陶一寒）

宇宙临界密度　critical density of the universe　使宇宙平坦（即空间曲率$k=0$）的宇宙总能量密度。通常用符号ρ_c来标记。宇宙中的物质（包括重子物质和冷暗物质）、**暗能量**和辐射这些组分总的能量密度记为ρ。

根据弗里德曼方程可以给出临界密度ρ_c的定义式。在标准宇宙模型框架下，弗里德曼方程为：

$$H^2=\frac{\dot{a}^2}{a^2}=\frac{8\pi G}{3}\rho-\frac{k}{a^2}$$

式中G为牛顿引力常数；$a(t)$为宇宙时t的函数被称为标度因子（scale factor）或尺度因子；$H\equiv\dot{a}/a$为哈勃参数，圆点“.”表示对宇宙时t求导。根据上式可以定义临界密度$\rho_c\equiv\frac{3H^2}{8\pi G}$，使得$\rho=\rho_c$时$k=0$。此外，当$\rho<\rho_c$时宇宙是开放的（即$k=-1$）；当$\rho>\rho_c$时宇宙是闭合的（即$k=1$）。

基于临界密度又可以进一步定义无量纲能量密度：

$$\Omega_i\equiv\frac{\rho_i}{\rho_c}$$

式中角标i表示不同的组分，比如物质的无量纲能量密度$\Omega_m=\rho_m/\rho_c$，辐射组分为$\Omega_r=\rho_r/\rho_c$，暗能量组分为$\Omega_\Lambda=\rho_\Lambda/\rho_c$。类比物质的无量纲能量密度，宇宙学家定义了$\Omega_k=-k/(a^2H^2)$，从而根据弗里德曼方程可以得到$\Omega+\Omega_k=1$。其中$\Omega$为宇宙中所有组分总的能量密度，即$\Omega=\Omega_m+\Omega_\Lambda+\Omega_r$。无量纲能量密度是常用的**宇宙学参数**。

（陈　云）

宇宙弥漫红外背景　cosmic diffuse infrared background　来自银河系外的弥漫红外背景。基本上各向同性。1989 年升空的宇宙背景探测器（COBE）卫星携带了两台仪器：一个是弥漫红外背景实验（DIRBE），一个是远红外绝对分光光度计（FIRAS）。它们的目标是寻找可能存在的除**宇宙微波背景辐射**（CMB）之外的其他弥漫背景。DIRBE 使用一个 19 厘米的小型望远镜从近红外到远红外的 10 个不同波段观测天空；而 FIRAS 测量了从远红外到射电的天空光谱，准确测量了约 40 个不同波长处接收到的能量。它的主要工作是确定 CMB 与黑体光谱的匹配程度，但是一旦确定，就可以扣除 CMB 并检查是否存在其他背景。

1996 年，一个法国团队利用 FIRAS 数据发表了令人惊讶的结果，数据显示，宇宙存在一个远红外背景，其光谱在远红外约 200 微米波长处达到峰值。两年后该结论得到了 DIRBE 仪器结果的确认，两个数据完美匹配。更令人惊讶的是当把**宇宙红外背景**（CIB）中的能量与宇宙光学背景（COB）（诸如哈勃深场等深度巡天中发现的所有遥远星系发射的紫外、可见光和近红外能量）比较时，发现两者几乎相同（见图）。这意味着，在宇宙历史上，为 CIB 供能的源产生的能量与人们在光学望远镜观察到的所有星系中恒星提供的能量一样多。一般认为 100～600 微米波长范围内的远红外辐射主要来自红移z1～2 的星系，其中的恒星形成很活跃，大量尘埃吸收恒星紫外光后在远红外波段重新辐射，强度

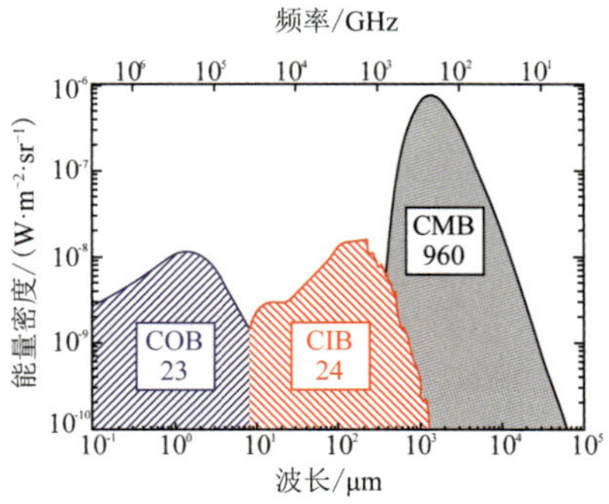

宇宙光学背景（COB）、宇宙红外背景（CIB）和宇宙微波背景（CMB）对比

峰值接近 100 微米。CIB 和 COB 能量相当的发现意味着，宇宙历史上产生的能量有一半被吸收尘埃所掩盖。

（蒙克来）

宇宙密度参数　universal deceleration parameter　现在时刻（t_0）宇宙中物质的平均密度与宇宙临界密度的比值。记为无量纲宇宙密度参量Ω_0。其中临界密度是使宇宙在无穷远的时刻停止膨胀所需要的平均密度。

若宇宙中的物质全部由表现为吸引力的普通物质和**暗物质**组成，那么我们所处的膨胀宇宙的结局将由Ω_0决定。若Ω_0大于 1，宇宙是闭合的，将由膨胀转变为坍缩。相反Ω_0小于 1 时，宇宙是开放的，会永远膨胀。而Ω_0严格等于 1 时，宇宙是平坦的，**宇宙膨胀**的速度在时间无穷远处趋于零。

然而，来自**超新星**、宇宙大尺度结构、**宇宙微波背景辐射**等 2013 年普朗克卫星观测的结果提示，普通物质对总密度的贡献仅约 4.9%，暗物质的贡献约 26.8%，剩下的 68.3%由使得宇宙加速膨胀的**暗能量**主导。

当然宇宙密度参量也是随时间t（或者红移z）演化的，在宇宙不同时刻也不同，即$\Omega(t)$或者$\Omega(z)$。Ω_0是$\Omega(t$或$z)$在$t=137$ 亿或者红移$z=0$时刻的值。

（于浩然　张同杰）

宇宙年龄　cosmic age　宇宙自大爆炸以来所经历的时间。观测表明，星系在彼此远离，由此可推测它们过去相距较近，以至在过去某个有限时刻曾经挤在一个很小的体积内。这个时刻称为大爆炸。如果宇宙从大爆炸以来一直以恒定速率膨胀，则按照**哈勃定律**$v=H_0r$，它的年龄就应该等于星系的距离r除以其退行速度v，即**哈勃常数**的倒数H_0^{-1}。这个年龄称为哈勃年龄。实际上，由于物质之间的引力和**暗能量**（比如**宇宙学常数**Λ）的斥力作用，**宇宙膨胀**可能减速或者加速而非保持恒定，因此宇宙的实

际年龄t_0和哈勃年龄会有一定的差距。对于$\Lambda=0$，两者的比值决定于宇宙今天的密度参数Ω_0。当$\Omega_0=1$（平坦宇宙）时，按标准模型计算，宇宙实际年龄只有哈勃年龄的2/3。若令$H_0=100h$千米/(秒·百万秒差距)，则$t_0=6.55h^{-1}$吉年（1吉年$=10^9$年）。式中h为无量纲哈勃常数，测量值多年来徘徊在0.6～0.8，2010年前后的测量值接近0.7。

宇宙年龄的下限可通过测定各种天体的年龄来估计。测定地球上古老岩石、月岩、陨石中某些同位素含量之比，可估计太阳系的年龄。如^{238}U会蜕变为^{206}Pb，半衰期为65亿年。假定岩石中的^{206}Pb全部由^{238}U蜕变而成，通过测定这两种同位素之比可估计太阳系的年龄为46亿年。由于铀不能在太阳这样的恒星内部产生，而只能是前代恒星超新星爆发的产物，其年龄应该更老。铀^{235}U和^{238}U两种同位素理论上的生成比为1.71，因前者的半衰期比后者短（^{235}U蜕变为铅^{207}Pb的半衰期约10亿年），故由两者当前的测量值1/140不难算出铀的年龄约为66亿年。银河系的年龄可由其中的星族，特别是球状星团的年龄来约束。每个球状星团中的恒星可认为是同时诞生的，具有相同的化学组成，只是质量不同。根据恒星演化理论，它们在颜色-光度图上形成一条清晰的轨迹。这条轨迹的形状，特别是其转向点与星团年龄相关。利用理论轨迹拟合观测数据，可定出最老球状星团的年龄约150亿年（误差20%）。考虑到银河系形成的时间约10亿年，这样得到宇宙年龄应不小于130亿年。较可能的值在140亿～150亿年。对于上述$\Lambda=0$，$\Omega_0=1$的模型，无量纲哈勃常数h须小于0.5。这与近年来，特别是哈勃空间望远镜的观测结果不符。模型同观测的矛盾提示了宇宙学常数Λ可能不等于零的迹象。根据2001年美国国家航空航天局（NASA）发射的威氏微波各向异性探测器（WMAP）卫星对微波背景辐射各向异性最新观测数据的分析，2018年得到暗能量密度参数$\Omega_\Lambda=0.69$，物质密度参数$\Omega_m=0.31$，哈勃常数$h=0.6766\pm0.0042$，$t_0=137$亿年。（邹振隆）

宇宙膨胀　expanding universe model　描述宇宙演化状态的模型。1927年，比利时天文学家G.勒梅特提出大尺度空间随时间膨胀的概念。1929年，E.P.哈勃发现河外星系退行速度与距离成正比的哈勃定律。A.S.爱丁顿随即把二者联系起来，提出了膨胀宇宙的假说。现代宇宙学中，除1917年最早建立的爱因斯坦静态宇宙模型和德西特静态宇宙模型属于静态型而外，其他如弗里德曼模型、稳恒态模型、大爆炸宇宙学等都属于膨胀宇宙模型。现代宇宙学观测认为宇宙膨胀是宇宙演化过程中的最自然的阶段。（肖兴华　刘　辽）

宇宙奇点　singularity of the universe　宇宙大爆炸学说中宇宙初始时刻质能密度无限高、时空曲率无穷大、体积无限小的“点”。对于该问题的最早讨论可以追溯到1917年，A.爱因斯坦关于宇宙的第一篇论文中就有对此的讨论。当时，爱因斯坦认为宇宙奇点的产生是由于对宇宙在大尺度上各向均匀同性的假设（即宇宙学原理）过于理想而导致的。之后，在文献中有大量对这一问题的深入讨论，而具有决定性的理论突破则是R.彭罗斯与S.W.霍金在数学上所证明的奇点定理。事实上，如果在热大爆炸宇宙学说当中要求宇宙的初始奇点不存在，这与将一根尖针竖立在极为平滑的大理石桌面上的实现难度进行比较，那么后者则要简单得多。

宇宙奇点问题与视界疑难、平直性疑难都是传统热大爆炸宇宙学的理论疑难，并且在暴胀宇宙学框架下也没能解决奇点问题。理论上，物理学家们相信解决宇宙奇点问题或与引力物理的量子本质有关，并提出了一些非常规的宇宙学说，例如反弹宇宙模型、循环宇宙模型等，来有效避免这一疑难。另外，宇宙奇点问题还影响到了其他领域，例如，一些西方宗教人士（主要是基督教派）把宇宙有一个初始奇点作为上帝创世纪的证据。（蔡一夫）

宇宙气体动力学　cosmic gasdynamics　气体动力学和天文学互相渗透而形成的一门学科。宇宙中的物质逾99.9%呈气体和等离子体状态。应用气体动力学的方法可以更深入地解释天体物理现象和探讨天体的运动规律。同时，天体环境的尺度广延，具有许多极端典型的物理条件，给气体动力学提供了新的课题和领域，促进新概念和新方法的发展。宇宙气体动力学已经广泛地用来研究行星、行星际、恒星、恒星际、星系、星系际以及宇宙学等大量问题。

用气体动力学方法预言太阳风的存在，得到了观测的证实。用高超声速流的方法可以分析太阳风在行星际天体的绕流现象。已经发现，地球弓激波是无碰撞的，从而揭示了一类新型的间断特征（见日地间激波和磁流间断）。无碰撞激波在天体物理学中被广泛应用，在地面实验室中，也是粒子加热的一种手段。研究太阳风与地磁场的相互作用，形成了地球磁层动力学（见地球磁层）。磁层结构理论不仅应用在其他行星，也用来解释脉冲星磁层、头尾星系（见射电星系）以及宇宙γ射线爆发等天体现象。磁层亚暴现象不仅同太阳耀斑有相似性，也可能同更激烈的天体爆发活动的机制相似。研究太阳对流层时，需要讨论有高度压缩性的，有很大温度梯度的，并且有较差自转效应的流动特征。在太阳对流层中被激发的波动，是使太阳外层大气温度增高的主要能源。在太阳对流层中的磁场的位形变化，是太阳活动区产生和发展的根源。太阳的结构和动力学对于研究恒星有很大意义。

星际介质的运动特征也是宇宙气体动力学研究的重要课题。宇宙线、γ射线、X射线等使星际气体变热。许多原子的碰撞和发射电磁波过程使星际气体冷却。根据热力学参数不同，星际间有冷的密集暗星云，也有热的气体（见发射星云）。应用流体力学的方法，研究自引力体系的稳定性，促进了恒星形成理论的发展。

随着观测手段的发展，人们对星系的研究不断深入，提出了许多新的课题。通过对自引力气盘的流体力学平衡和稳定性的分析，发展了解释星系螺旋结构的密度波理论。用气体动力学方法还可以解释气云坍缩成星系的过程。类星体双源结构、宇宙早期演化中的碎裂过程、星系或星系团的形成等也都是宇宙气体动力学的重要研究课题。（胡文瑞）

宇宙射电辐射　cosmic radio emission　银河系天体以及河外天体在射电波段的辐射。有时也把太阳及行星的射电辐射包括在内。宇宙射电辐射可以分为银河系射电辐射和河外射电辐射二部分。银河系射电辐射包括银河系中性氢区（HⅠ）、银河系电离氢区（HⅡ）、超新星遗迹、星周脉泽和星际脉泽、星际分子射电谱线、射电星（包括脉冲星，X射线双星）射电辐射以及银河系非热射电辐射等。河外射电辐射主要包括正常星系、射电星系和类星体、河外中性氢、河外星际分子、河外超脉泽、河外超新星、快速射电暴射电辐射以及微波背景辐射等。宇宙射电源的主要辐射机制，包括热辐射（黑体辐射，自由电子的自由碰撞，轫致辐射等）、非热辐射（同步加速辐射等）、分子的能级的跃迁发射等。1931～1932年美国无线电工程师K.G.央斯基在14.6米波长上发现人马座银心方向的射电辐射，这是人类首次发现宇宙射电辐射。

银河系射电辐射　1944年荷兰天文

学家H.C.范德胡斯特预言星际空间中的中性氢原子会在21厘米波长上发射射电谱线，1951年探测到中性氢区21厘米谱线，这是银河系的第一种射电信号。射电天文学家通过这条谱线的长期观测，得到银河系中性氢的分布和**银河系旋臂**结构图。银河系的第二种射电信号是电离氢区（HⅡ）的连续谱辐射，是自由电子的自由-自由跃迁辐射，HⅡ区是由单个早型星，或整个**星团**的紫外光子激发的，后来又发现在大量的极年轻的大质量恒星周围存在着极致密HⅡ区。同时HⅡ区也存在**射电复合谱线**发射。银河系第三种射电信号是星际非热辐射，星际磁场中的相对论性电子的同步加速辐射。第四种银河射电信号是超新星遗迹的非热射电辐射，它们的射电辐射机制也是相对论性电子的同步加速辐射，具有非热幂律谱。银河系第五种射电信号是射电星的射电辐射，主要是脉冲星，射电新星，**耀星**等。银河系第六种射电信号是星际分子的射电辐射，1963年发现羟基分子18厘米谱线，1970年发现一氧化碳分子谱线以来，从厘米波到毫米波，亚毫米波（远红外）波段已经观测到大约180种星际分子的4500多条分子谱线。同时1965年发现星际OH脉泽以来，已经观测到水脉泽，氧化硅脉泽，甲醇脉泽等大量的星周和星际脉泽。

河外射电辐射　河外星系的中性氢和一氧化碳谱线辐射以及某些星际分子的谱线辐射（包括河外羟基和水超脉泽等）；正常星系中的超新星遗迹的连续谱辐射；射电星系中存在单边或双边**喷流**结构的同步加速辐射；**活动星系核**及类星体致密核区域的射电辐射，包括**射电喷流**和**视超光速**运动等；微波背景辐射，这种辐射具有各向同性的绝对温度为2.7K的黑体谱，被认为是人类观测到的宇宙早期阶段的残存辐射。另一种河外射电辐射是快速射电暴，爆发的持续时间仅几毫秒，在这极短时间内有着极高的亮度，其起源和对应的河外天体的性质尚在研究中。　（蒋栋荣）

宇宙速度　cosmic velocity　从地球表面向宇宙空间发射人造地球卫星、行星际飞行器和恒星际飞船所必须具备的最低速度。在地球的引力作用下人造天体的运动速度近似地可用**二体问题**中的活力公式来表示：

$$v^2 = GM\left(\frac{2}{r} - \frac{1}{a}\right)$$

式中G为万有引力常数；M为地球的质量；r和v为人造天体相对于地心的位置和速度；a为人造天体运动轨道的半长径。

当人造天体的轨道为圆时（$a = r$），人造天体运动的速度：

$$v_c = \sqrt{\frac{GM}{r}}$$

v_c称为环绕速度。由于它的运动轨道是一个圆形，故又称圆形轨道速度。如果r为地球半径，则环绕速度又称第一宇宙速度。根据地球的质量和平均半径，可以计算出第一宇宙速度$v_1 = 7.9$千米/秒，这是从地球表面发射一颗人造卫星所需的最小速度。由于**地球大气**阻力和其他因素的影响，发射人造地球卫星实际所需的速度比v_1要大一些。

当人造天体的轨道为抛物线（$a \to \infty$）时，人造天体运动的速度为：

$$v_p = \sqrt{\frac{2GM}{r}} = \sqrt{2}v_c$$

v_p称为逃逸速度或脱离速度。它的运动轨道是一个抛物线，故又称抛物线速度。r为地球半径时，这样的逃逸速度称为第二宇宙速度，记为v_2，数值为11.2千米/秒，这是从地球表面发射行星际飞行器所需的最小速度。事实上，发射行星际飞行器所需的速度比v_2也要大一些。

对于其他天体，根据它们的质量和平均半径也能够求得相应的环绕速度和逃逸速度。**太阳系**主要天体的环绕速度v_c和逃逸速度v_p见下表。

太阳系主要天体的环绕速度和逃逸速度　　**单位：千米/秒**

	太阳	水星	金星	火星	木星	土星	天王星	海王星	冥王星	月球
v_c	436.8	3.0	7.3	3.5	42.1	25.2	15.1	16.7	0.85	1.7
v_p	617.7	4.3	10.3	5.0	59.5	35.6	21.4	23.6	1.2	2.4

地球绕太阳运动的平均线速度是$v_\oplus = 29.8$千米/秒，这是在地球轨道上相对于太阳的环绕速度。因此在地球轨道上，要使人造天体脱离太阳引力场的逃逸速度为$\sqrt{2}v_\oplus = 42.1$千米/秒。当它与地球的运动方向一致时，能够最充分地利用地球的运动速度，在这种情况下，人造天体在脱离地球引力场后本身所需的速度仅为$v_0 = 12.3$千米/秒。设相应于地球表面的发射速度是v_3，根据活力公式可得到：

$$v_3^2 - v_0^2 = GM\left(\frac{2}{r} - \frac{2}{\rho}\right)$$

式中M和r为地球的质量和平均半径；ρ是地球**作用范围**的半径，约为930 000千米。由于$\rho \gg r$和$v_2^2 = \frac{2GM}{r}$，可以求得$v_3 = 16.7$千米/秒，称为第三宇宙速度。v_3是从地球表面发射一颗恒星际飞船所必须具备的最小速度。　（郑学塘）

宇宙微波背景辐射　cosmic microwave background radiation　来自宇宙空间背景上的高度各向同性的微波电磁辐射。又称宇宙微波背景。20世纪60年代初，美国科学家**A.彭齐亚斯**和**R.W.威耳孙**为了改进卫星通信，建立了高灵敏度的号角式接收天线系统。1964年，他们用它测量**银晕**气体射电强度时，发现总有消除不掉的背景噪声，认为这些来自宇宙各个方向的微波噪声相当于温度3.5K的物体在波长7.35厘米的辐射，1965年又订正为3K，并将这一发现公之于世。由于后来进一步的观测证实，这种辐射正是20世纪40年代G.伽莫夫等人预言的宇宙诞生时大爆炸火球留下的遗迹。他们的这一发现被认为是继20世纪20年代E.P.**哈勃**发现**宇宙膨胀**以来**宇宙学**方面最重要的观测成就。他们因此荣获1978年诺贝尔物理学奖。

测量　微波背景辐射的最重要特征是具有黑体辐射谱，在0.3～75厘米的射电波段，可在地面上直接测到；在大于100厘米的射电波段，**银河系**本身的超高频辐射掩盖了来自河外空间的辐射，因而不能直接测到；在小于0.3厘米的射电波段，由于**地球大气**辐射的干扰，要依靠气球、火箭或卫星等空间探测手段才能测到。1989年，升空的宇宙背景探索者（COBE）卫星从0.05厘米直到数十厘米波段内的测量表明，背景辐射是温度2.725±0.002K的黑体辐射，强度峰值对应的波长约0.2厘米，与普朗克谱的偏离仅为百万分之五十，习惯称为3K背景辐射（见图）。能谱的性质表明，微波背景辐射是极大的时空范围内的事件。因为只有通过辐射与物质之间的相互作用，才能形成黑体谱。由于现今宇宙空间的物质密度极低，辐射与物质的相互作用极小，所以今天观测到的黑体谱必定起源于很久以前，即大爆炸后约30万年，温度降到约低于太阳表面的6000K，物质尚处于等离子体状态，与辐射相互作用很强的宇宙早期。所以微波背景辐射应具有比最遥远星系所能提供的更为古老的信息。

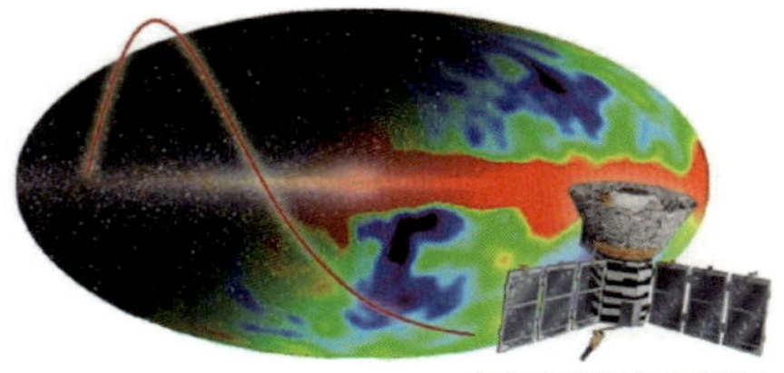

COBE卫星观测到的微波背景辐射

微波背景辐射的另一特征是具有极高度的各向同性。沿天球各个不同方向辐射温度的涨落小于0.1%。这种涨落主要来源于**太阳系**相对于微波背景每秒约370千米运动引起的多普勒效应$T(\theta)=T_0(1+v/c\cos\theta)$，式中$T$为温度，$v$为太阳系相对于微波背景的运动速度，$c$为光速，$\theta$为天球上任一方向与该运动方向的夹角。在扣除这种具有偶极特征的各向异性成分之后，辐射温度的涨落小于0.004%。这种高度各向同性说明，在各个不同方向上，各个相距非常遥远的天区之间应当存在过相互联系。这也为宇宙在大尺度上均匀各向同性的**宇宙学原理**提供了有力的观测支持。

意义　扣除偶极各向异性成分之后，宇宙微波背景的本征起伏来源于大爆炸瞬间的量子涨落，它引起的普通物质密度涨落在电子与原子核复合以前像声波那样传播，在复合以后由于引力不稳定性继续增长，形成星系、**星系团**等不均匀的结构。与之相关的辐射涨落反映在**复合时期**温度分布的角功率谱上，表现为一系列波峰与波谷，这些峰谷的位置和振幅与十分重要的**宇宙学参数**（如**哈勃常数**H_0，**宇宙年龄**t_0，密度参数Ω，**宇宙学常数**Λ等）密切相关。2001年，美国国家航空航天局发射的微波各向异性探测卫星（WMAP），由于其角分辨率比COBE有量级的提高（从7°左右提高到0.2°左右），经过一年的运行，获得了角功率谱上百个点的准确数据，从而把估计宇宙学参数的精度提高到优于10%。此外，还首次测到微波背景辐射的偏振，把第一批恒星和星系形成的时代推到大爆炸后约2亿年。欧洲空间局将于2007年发射的普朗克卫星灵敏度更高（百万分之二），角分辨率更高（优于0.1°），除可望把测定宇宙学参数的精度提高到优于1%以外，还可对一些流行的宇宙学模型提供严格的检验。普朗克卫星以后的下一代微波背景卫星甚至有可能探测到宇宙大爆炸时产生的原初引力波的影响，从而阐明早期宇宙中远超出地球上的加速器所能达到的能量下发生的物理过程。　（邹振隆）

宇宙线　cosmic ray　来自宇宙空间的各种高能微观粒子，主要是质子（氢原子核），其次是α粒子（氦原子核），还有少量其他各种原子核，以及电子、中微子和高能光子（X射线和γ射线）构成的射流。宇宙线中存在能量极高的粒子，已观测到的最高能量达10^{20}电子伏以上。

发现　20世纪初，在研究空气的导电性时，觉察到有某种未知的射线不断地引起空气电离。1911～1912年，奥地利物理学家V.F.赫斯用气球载**电离室**上升至离地面五千米高度，发现气体的导电性随气球升高而显著增加，证明这种射线不是从地面发出的，而是由地球外的空间射来的，故名宇宙线。在发现宇宙线的初期，以为初级宇宙线是高能γ射线。30年代发现，在地磁纬度高的地方，宇宙线较强。这种纬度效应表明，初级宇宙线中存在荷电离子，这种能量低的宇宙线荷电粒子因受**地磁场**作用而偏转，所以不能到达地球。此外还观测到来自西面的宇宙线比来自东面的多，宇宙线强度的东西效应表明，初级宇宙线大部分是带正电的粒子。

宇宙线粒子进入**地球大气**后，同大气中的原子发生作用，逐渐损失能量。一般把同大气作用前的宇宙线粒子称为初级宇宙线，把作用后的粒子以及作用中产生的各种粒子称为次级宇宙线。在地面探测到的，除中微子外，几乎都是次级宇宙线。按照穿透物质能力的大小，次级宇宙线大致可以分为硬成分和软成分。硬成分包括穿透能力很强的μ介子，还有质子、中子和π介子等强作用粒子。软成分包括电子、正电子和光子，它们能够被数厘米厚的铅全部吸收。

组成　初级宇宙线主要由各种原子核以及电子、中微子、X射线和γ射线光子构成。

原子核　大部分（约87%）是氢原子核——质子，约12%是氦原子核——α粒子，少量锂、铍、硼和碳、氮、氧的原子核，还有极少量的重元素原子核。对于平均动能为每核子数百兆电子伏的能区，初级宇宙线原子核相对丰度分布见图1。图中还画出由**恒星光谱**和**陨石**数据得到的各元素的“宇宙丰度”（见**元素的丰度**）。宇宙线丰度同宇宙丰度分布类似，只是宇宙线中锂、铍、硼的相对丰度比宇宙丰度高得多，重元素也比较丰富。

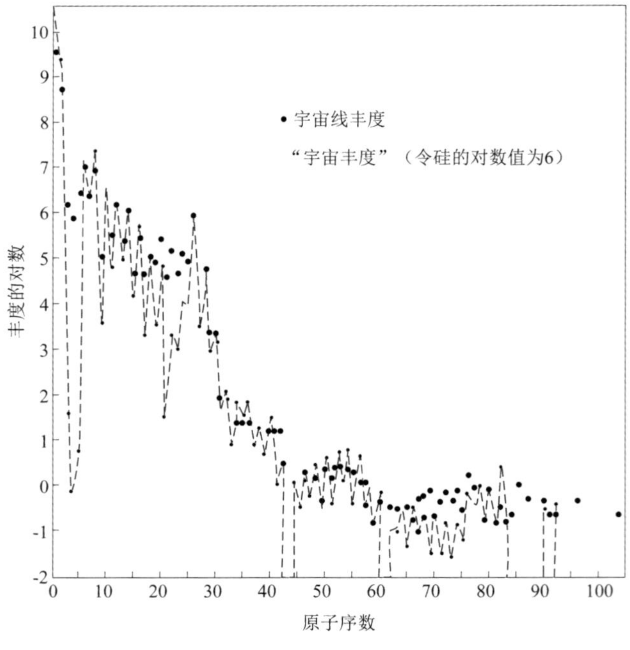

图1　初级宇宙线元素的相对丰度

如果采用每核子电子伏作能量单位，除重元素外，各种宇宙线原子核有类似的能量分布。图2画出了质子p和α粒子的能谱。它们的流强随能量增加而按幂函数的形式减小，并且有近似相同的幂指数。在低于每核子10^9电子伏的能区，由于**太阳磁场**的调制作用，低能核子流强下降。在这个能区，地球附近测得的宇宙线能谱，与**银河系**星际空间中宇宙线的能谱不同。重元素的能谱曲线比较平缓。随着能量增高，重元素的相对丰度变大。对高于每核子10^{11}电子伏的能区，还无法准确地测定宇宙线的成分。对于更高能区，宇宙线总强度随能量的分布，可以分段用幂函数表示：对于10^{10}～10^{15}电子伏能区，能谱指数为−2.7；对于10^{15}～10^{18}电子伏能区，能谱指数为−3.2。在高于10^{18}电子伏能区，能谱又开始变硬，在高于几倍的10^{19}电子伏能区，2008年，皮埃尔·俄歇观测站和高分辨率（HiRes）探测器都探测到了能谱截断现象。

电子　1961年直接观测到初级宇宙线中的电子。电子的流强约为质子流强的1%。测得的初级电子能谱形状见图2。能量高于10^9电子伏的初级电子成分中，正电子仅占10%左右。

X射线和γ射线　1962年开始观测到非太阳起源的宇宙X射线，宇宙γ射线则迟至20世纪70年代才观测到。在10^3～10^8电子伏能区，各向同性的X和γ射线背景能谱可以近似地用一个幂律谱表示。

传播　宇宙线的荷电粒子传播时受到星际磁场和**行星际磁场**的影响。

各向同性　宇宙线荷电粒子在银河系空间传播时，星际磁场使粒子运动路径弯曲，而沿着一条螺旋线运动，它们到达地球时的方向已经不

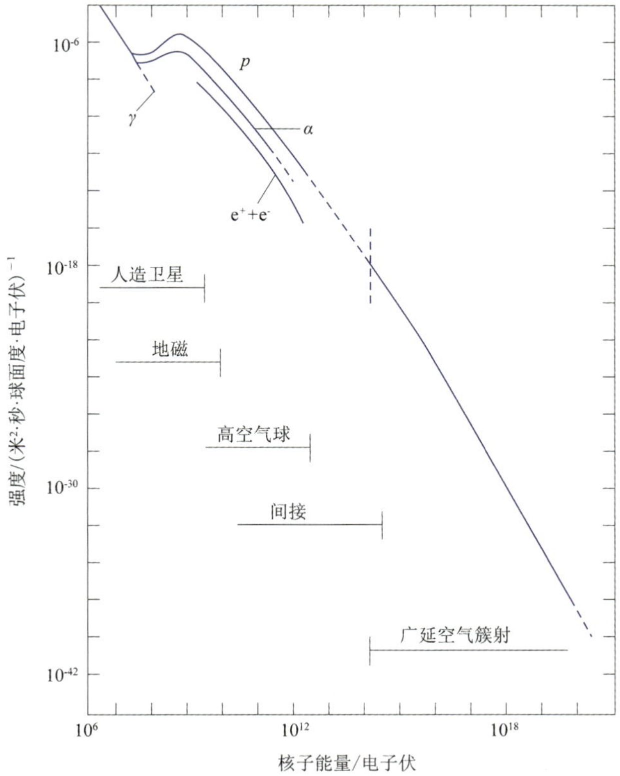

图 2　初级宇宙线能谱

是宇宙线源的方向了。初级宇宙线荷电粒子是各向同性地从各个方向射到地球的。能量超过 10^{17} 电子伏的极高能宇宙线粒子，在**银河系磁场**中运动路径的曲率半径，超过**银盘**的厚度，银河系磁场对其运动的影响很小。但是，观测超过 10^{17} 电子伏的宇宙线入射方向，没有发现明显的方向性。

太阳调制　**太阳风**所携带的太阳磁场，在行星际空间造成高速运动的不规则磁场。由于受到太阳风磁场的散射，进入**太阳系**的较低能量宇宙线原子核数目减少，在**太阳活动期**，太阳风速度较高，对宇宙线强度的调制作用增大，使到达地球的宇宙线强度减小。能量低于每核子 2×10^{10} 电子伏的宇宙线的流强，随着太阳活动强弱有以 11 年为周期的变化。图 3 分别画出了太阳黑子极大年和极小年的初级宇宙线质子能谱。此外，**太阳耀斑**爆发会引起宇宙线强度的短时间下降（见**福布希下降**）。

来源　银河系内恒星所能发射的粒子，只占银河宇宙线中的一小部分，银河宇宙线必然来源于比普通恒星活动激烈得多的爆发过程。一般认为，大多数宇宙线荷电粒子来源于超新星爆发，以及爆发后形成的**超新星遗迹**。银河系超新星爆发的平均输出功率，可以维持银河宇宙线。**脉冲星**也可能是高能宇宙线粒子的一个重要来源。未发现能量高于 10^{17} 电子伏的极高能宇宙线有明显的方向性，这表明它们必然来源于银河系外。初级宇宙线能谱在 10^{15}～10^{17} 电子伏处变陡，也表明能量高于 10^{17} 电子伏的粒子主要来源于银河系外。河外星系的平均空间密度很低，故河外区域一定存在比银河系强大得多的宇宙线粒子源。能量高于 10^{18} 电子伏的质子，因与微波背景光子作用产生电子对而损失能量，故在 10^{18} 电子伏以上的宇宙线能谱必然变陡。这种能谱变陡的现象被皮埃尔·俄歇观测站和高分辨率（HiRes）探测器所发现，但仍不确定这个变陡的起源是否是宇宙微波背景的吸收所致（即 GZK 效应）。

宇宙线天文学　初级宇宙线中的各种粒子是人类能直接获得的太阳系外物质的唯一样品。观测初级宇宙线中元素和同位素的丰度分布，是研究恒星晚期演化过程的一个重要途径。分析各种成分和各种能量宇宙线粒子的时间变化，可以研究太阳系和银河系磁场的状况；分析宇宙线粒子轰击地球、陨石、月球和行星表面物质所形成的放射性同位素，是研究这些天体和太阳系以及银河系历史的一个重要方法。对宇宙 X 射线和 γ 射线的观测，发现了不少重要的高能天体和高能天体物理现象。由于中微子的穿透本领很强，探测宇宙中微子有可能了解星体核心的情况（见**中微子天文学**），所以宇宙线天文学是**高能天体物理学**一个重要分支。使用各种粒子探测器进行天文观测，是宇宙线天文学的一个主要特点。除中微子外，初级宇宙线粒子在进入地球大气后，都因同空气物质作用而被吸收，因此必须把粒子探测器用气球、火箭或人造卫星送上高空，在大气外进行观测。利用高空气球，可以观测宇宙线荷电粒子以及能量高于 10 千电子伏的硬 X 射线和 γ 射线。软 X 射线必须在火箭或人造卫星上观测。测量能量很低的宇宙线原子核，则必须在能摆脱地磁场影响的空间探测器上进行。对于能量高于 10^{14} 电子伏的宇宙线原子核，以及能量高于 10^{11} 电子伏的宇宙 γ 射线，可以在地面探测它们在大气中产生的空气簇射。

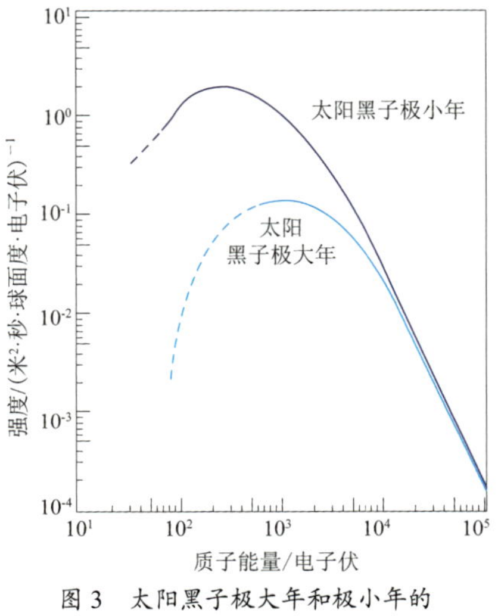

图 3　太阳黑子极大年和极小年的宇宙线质子能谱

（李惕碚）

宇宙学　cosmology　以整个宇宙为研究对象，研究其起源、演化和命运，涉及时空与性质、质能及分布、结构形成的学科。是天体物理的重要分支学科。

发展历史　近代宇宙学的建立以 1687 年 **I.牛顿**出版《自然哲学的数学原理》为标志。牛顿为行星运动的**开普勒定律**提供了物理解释，而他的**万有引力定律**也开始用来解释宇宙中所有天体的运行规律。牛顿提出宇宙中的任何天体，都将遵循相同的物理法则。这是宇宙学能发展起来的重要一步。在与 R.本特尼的通信中，他也试图建立一个各向同性的静态宇宙模型，而且认识到这个模型是不稳定的。

现代宇宙学以 **A.爱因斯坦** 1917 年发表广义相对论文章为标志。广义相对论的出现终于可以让天文学家改变宇宙是稳定不变的假设，从而可以研究遥远的天体。1922 年苏联科学家 A.弗里德曼首次提出包含运动物质的膨胀宇宙模型。**W.德西特**也随后给出了相同的解。1927 年，**G.勒梅特**提出一个扩张的宇宙概念：沿着时间回溯，整个宇宙起源于一个单一的点。这一大爆炸模型随后开始逐步发展。1948 年美籍苏联物理学家 G.伽莫夫与他的学生 R.A.阿尔菲提出了大爆炸模型里在宇宙甚早期各个元素起源的合成方案（见**大爆炸核合成**）。此后该模型在宇宙均匀且各向同性的这一**宇宙学原理**基本假设下为诸多观测事实，包括微波背景辐射、大尺度结构分布、哈勃定理等证实。1968 年，**R.彭罗斯**、**S.W.霍金**以及 G.F.R.埃利斯证明奇点将是大爆炸理论广义相对论下不可避免的原初条件。1981 年，A.古斯引入暴胀模型

(inflation)一举解决了大爆炸模型里存在的视界疑难以及平坦性问题使得大爆炸宇宙模型得到广泛认同。1990年以后，随着越来越多对关于宇宙正在加速膨胀的观测事实的发现，大爆炸模型里的宇宙学常数冷暗物质模型（ΛCDM）以最简单的模型形式解释大多数宇宙观测事实而逐渐成为现代理论宇宙学的标准模型。

宇宙物质及分布　2018年公布的普朗克卫星2010年数据给出宇宙中暗能量所占比例为68.9%，暗物质占26.2%，而重子物质占比为4.9%，其他还有一些微量的辐射场能量以及反物质等。暗物质只能通过引力产生的效应而被探测，它不与电磁力产生作用，也无法通过电磁波被观测。而暗能量充盈整个宇宙空间，而且其密度不随宇宙膨胀而变化，所以随着宇宙的膨胀，其在宇宙中所占比例也将逐渐变大。虽然诸多的天文观测证据表明暗物质与暗能量的存在，但其本质尚未知晓。这也是当前物理学界面临的两个巨大的挑战。

从观测星系分布获知，在较大尺度上宇宙物质的分布是均匀且各向同性的，这个基于观测事实的假设也称为宇宙学原理。然而，在小尺度范围中，物质会趋向集结为块状层次：重子物质中，大多数原子会聚集成恒星，大多数恒星会聚集成星系，大多数星系会聚集成星系团甚至超星系团，最后则聚集成大尺度纤维状结构。而暗物质也有类似结构。至于暗能量，现在依然相信它们是均匀分布，也有研究开始考虑它们是否也有聚集效应。

宇宙的历史　根据广义相对论，将宇宙沿着时间回溯，猜测宇宙起源于一个具有无限密度和温度的奇点。从宇宙时间的零点到一个普朗克时间单位（约10^{-43}秒），宇宙处于高热、高密度状态，这一时期也称为普朗克时期。在此时期内，所有形态的物质与能量都会集中，达到紧致的状态；此时科学家相信重力与其他的基本力一样大，且所有力都达成统一的状态。普朗克时期过后，宇宙进入暴胀阶段，导致其体积能够在10^{-32}秒内达到非常大的规模。在此之后，宇宙开始经历夸克、强子与轻子时期。该时期所经历的时间，总共不超过10秒。此后随着宇宙膨胀和冷却，质子、中子和原子核开始形成，这一过程即为大爆炸核合成。理论预测该时期合成的氢、氦等轻元素在宇宙中的比例和当前宇宙的观测符合得很好。核合成过程持续了20分钟左右。此后，宇宙主要为高温、致密的等离子体和光子构成，这一时期为光子时期（也称为辐射主导时期），持续大约40万年左右。随着宇宙进一步的冷却，电子和原子核开始形成稳定的原子，并从光子的海洋中退耦出来，宇宙也慢慢进入物质主导时期。光子的自由程变得无限大，这些光子构成宇宙微波背景辐射。大约10亿年后，第一批恒星和星系开始形成，通过恒星里的核合成，比锂元素更重的其他元素得以逐步形成。大约100亿年后，因为宇宙膨胀，暗能量在宇宙中的占比慢慢超过物质，宇宙开始进入暗能量主导时期。自此，宇宙开始进入加速膨胀阶段。现今可观测的宇宙越来越多的部分将膨胀到我们的事件视界以外而同我们失去联系。现在诸多的观测表明当前宇宙年龄大约在137亿年左右。

宇宙结构形成及其演化　在作为标准宇宙学模型的宇宙学常数冷暗物质ΛCDM模型中，结构形成主要是通过等级成团方式来形成。宇宙的暴胀将早期的量子涨落放大为宇宙中的密度起伏，这些小起伏构成了宇宙中诸多结构成长起来的种子。

在宇宙进入物质主导时期后，因为冷暗物质粒子质量大于普通重子物质，将首先与光子脱离相互作用（退耦），从而使冷暗物质分布中的这些微小涨落在引力聚集的作用下逐步成长。在涨落比较小的时候，其增长按照线性方式进行，当其长大到一定程度，将从不断膨胀的宇宙中脱离出来，从而成为暗晕。这些暗晕通过吸积周边的更多物质将逐步变大，而相邻的暗晕因为引力作用碰撞在一起，将合并成为一个更大的暗晕。通过这一逐步从小变大的等级成团方式，宇宙中分布了不同质量的暗晕，并组成宇宙大尺度结构网络。

在冷暗物质退耦不久后，重子物质也慢慢从光子海洋中退耦。此时，暗物质晕已经构成了大大小小的引力势阱，所以重子物质受引力作用将快速跌入这些引力势阱，通过辐射冷却下来，开始形成恒星，从而慢慢组成星系。这些星系通过不断吸积周边气体和并合别的星系慢慢长大。如果某些星系落入更大的暗晕中，将成为卫星星系。而这些星系也通过这样的方式聚集起来，组成星系群，以及星系团。我们本地星系群也是通过这一方式形成的。而宇宙中的所有星系也组成了所观察到的宇宙大尺度结构。

其他宇宙模型　虽然宇宙学常数冷暗物质模型因为获得巨大成功而成为目前标准模型，但仍然在小尺度上存在一些不确定的问题；而且对于暗物质和暗能量的本质依旧是未知，对于该模型的一些替代模型或者扩展模型也逐步出现并处于研究中。其中有替代冷暗物质的温暗物质模型、替代暗物质作用的修改引力的修改牛顿动力学（MOND）和它的广义相对论版本TeVes、各种暗能量模型以及替代暗能量作用的各种修改理论如$f(R)$等。

此外，也存在一种在物理学界尚未证实的多重宇宙论（平行宇宙论）假说，根据这一假说，在我们的宇宙之外，很可能存在其他的类似于我们宇宙的别的宇宙，这些宇宙其基本物理常数可能和我们所认知的宇宙相同，也可能不同。

（王　杰）

宇宙学参数　cosmological parameter　宇宙学标准模型中描述宇宙膨胀的基本参数。宇宙的膨胀速率$H=(\mathrm{d}R/\mathrm{d}t)/R$称为哈勃参数，在今天的取值$H_0$称为哈勃常数，$h=H_0/100$千米/（秒·百万秒差距）称为无量纲哈勃常数，实测值在0.6～0.8。定义临界密度$\rho_c=3H^2/8\pi G$，则弗里德曼方程可化为有关密度参数Ω的代数方程：

$$\Omega_\mathrm{m}+\Omega_\Lambda+\Omega_k=1$$

式中$\Omega_\mathrm{m}=\rho/\rho_\mathrm{c}$为物质对总密度的贡献；$\Omega_\Lambda=\Lambda/(3H^2)$为真空能对总密度的贡献；$\Omega_k=-k/(R^2H^2)$为空间曲率的贡献。由此可知，物质与真空能的总密度参数$\Omega_\mathrm{m}+\Omega_\Lambda$大于、等于还是小于1分别相当于闭宇宙、平宇宙或开宇宙。物质的引力作用将使宇宙膨胀减速。通常用无量纲量$q\equiv-R(\mathrm{d}^2R/\mathrm{d}t^2)/(\mathrm{d}R/\mathrm{d}t)^2$予以描述，称为减速因数。当$\Lambda$和$p$为零时，由弗里德曼方程可得$q=\Omega_\mathrm{m}/2$。当$\Lambda$不为零时，$q=\Omega_\mathrm{m}/2-\Omega_\Lambda$。如果$\Omega_\Lambda$项较大使$q$为负，意味着宇宙在加速膨胀，有观测证据表明情况正是如此。

（邹振隆）

宇宙学常数　cosmological constant　A.爱因斯坦建立广义相对论引力场方程时引入的一个常数。因为相应的项只能在宇宙学尺度上才有可观测效应，所以被称为宇宙学常数，通常以希腊字母Λ表示。

广义相对论建立之初进行的一些实验检验，如星光掠过太阳附近时的偏折，水星近日点的前移等只涉及太阳系范围，都没有测出Λ项的影响，故爱因斯坦从美学观点考虑，索性将它取为零。但他在建立宇宙模型时发现，Λ为零的宇宙不可能保持静态，这与自古以来形成的固有观念不符。若Λ大于零，效果相当于引入一个斥力场，有斥力与引力平衡，宇宙才能保持静止。这样他决定在场方程中保留Λ项，并由此建立了一个静态宇宙模型。但这样的静态解是不稳定的。任何小扰动都会使宇宙进入膨胀或收缩的状态。1923年，天文学家发现许多星云的光谱线有红移。若解释为多普勒效应，就意味着宇宙在膨胀。同年，英国科学家A.S.爱丁顿指出，Λ等于零的膨胀宇宙能解释这一现象。在观测事实面前，爱因斯坦表示，既然不存在静态宇宙，那就把宇宙常数去掉吧。

宇宙膨胀的发现并没有从根本上排除Λ不等于零的可能性。Λ小于零等效于增加物质引力，使宇宙膨胀减速更快，从而缩短宇宙年龄。而Λ大于零等效于减少物质引力，使宇宙膨胀减速趋缓甚至变为加速，从而增加宇宙年龄。在这个意义上，Λ究竟取什么值应由宇宙学的观测来决定。20世纪90年代以来，高红移超新星和宇宙微波背景辐射各向异性的观测研究证据表明Λ很可能大于零。与它相关的项对于宇宙总质量密度的贡献达到约73%，而包括暗物质在内的所有物质的贡献只有约27%。正是这种斥力的存在使今天的宇宙不是在减速而是在加速膨胀，膨胀速率约为71千米/（秒·百万秒差距），由此推算的宇宙年龄约137亿年。

$\Lambda/8\pi G$具有能量密度的量纲，在引力场方程中的地位与真空能密度不可区分。换句话说，通过实测只能确定等效真空能密度$\rho_{等效}=\rho_{真空}+\Lambda/8\pi G$，而原则上不可能分别确定$\rho_{真空}$和$\Lambda$。由于这种等效真空能的物理本质尚不清楚，被称为暗能量。天文观测给出的$\rho_{等效}$与临界密度ρ_c同量级，而根据量子场论计算出的真空能$\rho_{真空}$至少比临界密度大几十个量级。如果真空确有这样高的能量密度，它的引力（实为斥力）效应将压倒自然界一切其他相互作用，但这与事实完全冲突。除非引入一个反号的宇宙常数项，并通过数十位有效数字的精调与真空能恰好相消后达到与临界密度同量级的结果，而这种精调是极不自然的。有人希望可能存在一种未知的物理原理来保证使真空能为零，但寻找它的努力至今仍然未获成功。这是物理学在21世纪面临的一个重大挑战。（邹振隆）

宇宙学红移 cosmological redshift 因为宇宙膨胀，天体光谱中某一特征谱线相对于实验室光源的同一特征谱线向红端位移的现象。红移z的定义是：

$$z=\frac{\lambda-\lambda_0}{\lambda_0}=\frac{\Delta\lambda}{\lambda_0}$$

式中λ_0为实验室光源的某一特征谱线的波长，λ为测量到的天体光谱中同一特征谱线波长。$z>0$，表示波长增加，即红移。$z<0$，波长减少，即蓝移。在宇宙学问题中，z一般都大于0，因此一般称为红移。z是无量纲的标量，有时也按照多普勒效应把z换算为光源相对于观测者的速度。当z远小于1时，按照多普勒效应，把它乘以光速c即可得到光源同观测者相对的视向速度$v=cz$。

1914年，美国天文学家V.M.斯里弗发现，他观测到的15个旋涡星云（现在知道它们都属于银河系所在的本星系群）中11个的光谱都呈现红移。1929年，E.P.哈勃发现了星系的红移量和距离成正比的规律，即哈勃定律$v=H_0r$。式中比例系数H_0称为哈勃常数，2018年公布观测值约为67.6671千米/(秒·百万秒差距)，仍有百分之几的误差。利用哈勃定律，可由观测到的红移求出星系的距离，从而得到星系在三维空间的分布，了解宇宙的大尺度结构。更重要的是，若将红移解释为多普勒退行速度效应，则能得出可观测的宇宙作整体膨胀的结论。所以，星系的红移的发现成为20世纪以来影响最为深远的宇宙现象。

表达红移-距离关系的函数图像称为哈勃图。当红移较大时，在该图上红移-距离关系将偏离哈勃定律表示的直线。偏离的情况现在主要用来检验宇宙的几何性质和物质密度参数。20世纪90年代以来，高红移Ⅰa型超新星的哈勃图显示宇宙的几何结构是平坦的，宇宙的状态是加速膨胀的。

多年来，科学家还提出了许多解释红移的假说，如光子老化说、物理常数变化理论等。有人还试图用不均匀宇宙模型、多重爆炸宇宙学等来说明对哈勃定律的偏离，但都过于牵强。只有以广义相对论为基础的宇宙膨胀论不仅可解释哈勃定律，还能说明如宇宙微波背景辐射和奥伯斯佯谬等一系列观测到的现象，因而得到人们公认。（康 熙）

宇宙学距离尺度 cosmological distance scale 宇宙中两个天体或事件之间或宇宙中的天体或事件与观测者（地球）之间的距离尺度。天体距离的测量一直是天文学中的核心内容，是人类认识宇宙的基础。如果没有准确的距离测量，宇宙学家就不能准确了解天体的空间分布，也就无法知道宇宙在各种尺度上的真实结构。天文学上常用的距离单位有三种：①天文单位（AU）。1天文单位为地球到太阳的平均距离，约为1.5亿千米。②光年（ly）。1光年为光在真空中一年时间内经过的距离，约为10万亿千米。③秒差距（pc）。1秒差距为相对地球公转轨道平均半径（一个天文单位）的张角为1角秒处的天体的距离，1秒差距约等于3.262光年，或206 265天文单位，或308 568亿千米。

测量天体距离的方法有很多种，但是每种方法所适用的范围都有限。在实际测量过程中，要依据天体距离的远近来选择合适的测量方法。雷达测距是现代最精准的测距方法，但是这种方法只在太阳系内适用，对于更远的天体来说它是鞭长莫及。太阳附近恒星的距离可以通过几何学的方法（三角视差法）测量；而银河系内以及较近星系的距离测量则要根据恒星的某些物理特性，这些特性与恒星的真实亮度之间有相关性，利用观测到的这些物理特性和这种相关性可以确定其真实亮度，从而结合观测到的视亮度进而测定距离，比如利用造父变星的周光关系测距；对于星系尺度以上的距离，单个的普通恒星太暗了，因此需要更大更亮的标准烛光（例如超新星或者整个星系）来测距；在宇宙学尺度上，最常用的距离测量方法就是依靠红移和距离之间的哈勃关系（现称哈勃定律）来测定距离了。哈勃定律指出天体红移z与距离d成正比：$d=cz/H_0$式中c为光速，H_0为哈勃常数。2018年公布的观测值是$H_0\approx67.66\mathrm{km}\cdot\mathrm{s}^{-1}\cdot\mathrm{Mpc}^{-1}$。根据这个定律，只要测出天体谱线的红移量$z$，便可估算出天体的距离。使用不同的测距方法从近到远、逐级测距的办法被称为宇宙距离阶梯。自2005年以来，测量宇宙学尺度上的距离也开始发展和应用标准尺的方法，主要利用星系或物质成团性中重子声波振荡的特征尺度，其共动尺

测量天体距离的主要方法

测量方法	最远测量距离
雷达测距	太阳系
三角视差	100pc
分光视差	30kpc
威尔逊-巴普法	30kpc
主星序重叠	300kpc
天琴座RR型星	300kpc
行星状星云	15Mpc
红超巨星	20Mpc
新星	20Mpc
造父变星	30Mpc
行星状星云	50Mpc
球状星团	50Mpc
HⅡ区（光度）	100Mpc
T-F关系	100Mpc
D_n-σ关系	100Mpc
最亮椭圆星系	>100Mpc
Ⅰa型超新星	～4000Mpc
哈勃关系	已测到z～7

寸不随宇宙膨胀演化。表中汇总了测量天体距离的主要方法及每种方法的最远测量距离。（陈　云）

宇宙学视界　cosmological horizon　宇宙中可观察和不可观察区域之间的边界。在天文学中，视界这个术语有不同的含义。对近地空间的观察者而言，视界（或地平线）指地球表面上可见和不可见区域的边界，其大小依据欧氏几何由观察者的地心距和地球半径决定。20 世纪中叶，这个术语被引申到广义相对论研究中，指*黑洞*周围时空中光（及任何其他物质）都不能从里面逃逸出来而被外面的观察者看到的一个三维超曲面，其大小仅依赖于黑洞的总质量、角动量和电荷。

1956 年 W.林德尔提出的粒子视界（particle horizon）和事件视界（event horizon）的概念，在*宇宙学*研究文献中亦常合称宇宙学视界。

按标准宇宙学模型，可将任何时刻在大尺度上均匀各向同性分布的“典型”星系看作随宇宙一起膨胀的自由粒子。由于光速为任何信号的局部传输速度确定了上限，共动坐标$r=0$的一个典型星系（粒子）上的观察者在时刻t只能收到$r_h(t)$以内粒子发出的信号，它限定了可观测宇宙的范围，称为粒子视界。

正如有些共动粒子是我们现在不可见那样，在某些宇宙学模型中，可能存在我们永远看不到的事件，从t_1发出的光未来总能到达观察者的最大共动距离称为事件视界。

粒子视界和事件视界是否存在，或其用固有距离测量的大小，依赖于不同的宇宙模型。（邹振隆）

宇宙学原理　cosmological principle　认为宇宙中不存在任何优越位置的假设。它是 N.*哥白尼*关于地球不是宇宙中心观念的推广，是大多数现代*宇宙学*模型的基础。宇宙学研究的对象是整个可观测时空范围的大尺度特征。现已探测到的距离尺度约 130 亿光年。根据星系计数、射电源计数和*宇宙微波背景辐射*等实测资料得知，在大于一亿光年的范围内，物质的空间分布是均匀的和各向同性的。即在宇宙学尺度上，任何时刻空间是均匀的和各向同性的。它的含义是：①在宇宙学尺度上，空间中不同的位置在物理上是不可分辨的（均匀性），以任一位置为中心不同的方向在物理上是不可分辨的（各向同性）。但同一点的不同时刻，各种物理量却可以不同，所以宇宙学原理容许存在宇宙演化。②宇宙中各处的观测者，观察到的物理量和物理规律是完全相同的，没有任何一个观测者是特殊的。地球上观察到的宇宙演化图景，在其他天体上也会看到，所以能建立宇宙时概念。既然任何随时间演变的天体和现象都可用来标度时间，宇宙图景也能作为时间标度。宇宙中处处有完全相同的宇宙图景，也有完全相同的宇宙时。完全宇宙学原理是宇宙学原理的进一步推广。它的大意是：不仅空间是均匀的和各向同性的，整个宇宙在不同时刻也是完全相同的。根据宇宙学原理可推导出演化宇宙的罗伯逊-沃克度规，运用完全宇宙学原理则能得到稳恒态宇宙度规，利用不同的度规可建立各种宇宙模型。由于大量证据表明宇宙是随时间演化的，因此完全宇宙学原理不能描述真实的宇宙。（邹振隆）

御夫座 RW 型变星　RW Aurigae variable　星云变星的一种类型。见*星云变星*。

元素的丰度　abundance of element　各种元素（或核素）的数密度的相对值。元素的丰度可以用列表法或作图法给出。在列表或作图时，通常都把硅（Si）的丰度值取为 10^6，其他核素的丰度值按比例确定。作图时，通常取核素的质量数为横坐标，丰度值为纵坐标，用折线或曲线把图中的点连起来，所得的曲线称为元素的丰度曲线。它反映元素按质量数的分布规律（见图）。图中还标出产生各种元素的可能过程。

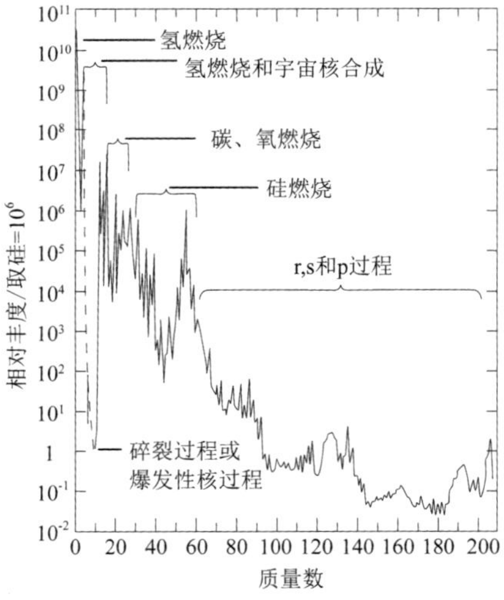

太阳系元素按质量数分布图

自从 1889 年 F.W.克拉克发表元素在地壳中的平均含量的资料以来，人们已经积累了大量有关*陨石*、太阳、恒星、*星云*等各种天体中元素及其同位素分布的资料。1937 年，V.M.戈尔德施密特首次绘制出*太阳系*的元素丰度曲线。1956 年，E.修斯和 H.C.*尤里*根据地球、陨石和太阳的资料绘制出更详细、更准确的元素丰度曲线。1957 年，G.*伯比奇*和 M.*伯比奇*夫妇、W.A.福勒和 F.*霍伊尔*就是以该丰度曲线为基础，提出他们的核合成假说（见*元素合成理论*）的。20 世纪 40 年代，人们只知道大多数恒星的化学组成与太阳的很相似，因而就认为分布在整个宇宙的元素丰度可能是一样的。但是，后来的研究发现，在不同类型的恒星上，元素的分布有很大的差异。有关元素丰度的资料，主要是太阳系内的天体的，但也有一些其他天体的。1973 年，A.G.W.卡梅伦综合了许多人的工作，绘制了一个更广泛的太阳系的元素丰度分布图。（曲钦岳）

元素合成理论　theory of nucleosynthesis　阐明宇宙中各种元素及其同位素丰度的形成所涉及的天体物理过程的理论。元素的丰度曲线是相当复杂而又有一定规律的。元素及其同位素的分布规律，一方面反映原子核结构的规律性，另一方面与元素的起源和演化史密切相关。关于元素的起源或合成的任何一种假说，都必须解释这一分布的规律性。

早期提出的假说有：平衡过程假说、中子俘获假说、聚中子裂变假说等。它们都试图用单一过程解释全部元素的成因，结果是顾此失彼，难以自圆其说。G.伽莫夫和他的同事 R.A.阿尔菲于 1948 年提出了大爆炸之后宇宙中的核子逐步综合成较复杂原子核的理论，他发现阿尔弗和他本人的名字读音很像希腊语的第一个字母 α 和第三个字母 γ。于是，在发表这篇论文时，他擅自添上了并未参与其事的著名物理学家 H.A.*贝特*的名字，从而构成了希腊语头三个字母 αβγ 的谐音序列。后来，人们真的就把该假说称作“αβγ 理论”了。贝特早已因为在原子核物理理论方面的成就以及参与研制原子弹而闻名于世，他曾于 1938 年提出，太阳的能量来自它内部氢聚变为氦的热核反应。为此，在 29 年以后他荣获了 1967 年度的诺贝尔物理学奖。最后应该指出，在许多天体上氦的丰度相当大，按质量计算约为 25%。恒星内部的核反应不可能产生这么多的氦。在这一点上，人们普遍采纳了*大爆炸宇宙学*的一项基本结论：宇宙曾经有一段从极高温到低温的演化史。宇宙早期的温度很高，因此生成氢和氦的效率也很高。今天遍及宇宙各处的氢和氦，早在宇宙的襁褓时代就已经形成了。

1957 年，伯比奇夫妇、W.A.福勒、

F.霍伊尔提出了元素在恒星中合成的假说，他们四人姓氏的第一个字母分别为B、B、F和H，因此该理论便称为B^2FH理论。他们摒弃了全部元素都是通过单一过程一次形成的想法，提出了与恒星不同演化阶段相应的八个形成过程，认为所有的元素及其同位素都是由氢通过发生在恒星上的八个过程逐步合成的。它们合成后，由恒星抛射到宇宙空间，形成了我们所观测到的元素的丰度分布。B^2FH理论提出的八个过程是：①氢燃烧。发生于温度$T \geqslant 7\times10^6$K的条件下，是由四个氢核聚变为氦核的过程。②氦燃烧。发生于$T \geqslant 10^8$K的条件下，是由氦核聚变为碳核（^{12}C）和氧核（^{16}O）等的过程。③α过程。α粒子与^{20}Ne相继反应生成^{24}Mg、^{28}Si、^{32}S、^{36}Ar等的过程。④e过程。即所谓的平衡过程：发生在温度和密度都很高的条件下，元素丰度曲线上的铁峰元素（V、Cr、Mn、Fe、Co、Ni等）通过这个过程生成。⑤s过程。即慢中子俘获过程。⑥r过程。即快中子俘获过程：比铁峰元素更重的元素可能通过r或s过程生成。⑦p过程。即质子俘获过程：一些低丰度的富质子同位素可能通过这个过程生成。⑧x过程。生成^2D、Li、Be、B等低丰度轻元素的过程。B^2FH理论发表后，不断得到原子核物理学、天体物理学和宇宙化学方面的新成就的补充和修正。元素合成实质是元素核燃烧，它分为两类：一是以恒星损失核能量为时标的流体静力学燃烧；二是激变事件的动力学爆发燃烧。核合成的计算又分为三种类型：①按恒星演化处理。②恒星演化加爆发能。③爆发机制的细节。其主要进展有：①提出了一些新的过程，如碳燃烧、氧燃烧和硅燃烧等。碳燃烧、氧燃烧和硅燃烧分别发生在$T \geqslant 6\times10^8$K、$T \geqslant 10^9$K和$T > 3\times10^9$K或4×10^9K的条件下。研究发现爆发性碳燃烧可以说明Ne到Si的观测丰度，爆发性氧燃烧可以说明Si到Ca的观测丰度，准平衡的硅燃烧可以说明铁峰元素的观测丰度。②在许多天体上，氦丰度相当大，按质量计算约为25%，用恒星内部的核反应理论不能说明这个事实。大爆炸宇宙学认为宇宙曾经有过一段从热到冷的演化史。宇宙早期温度很高，生成氦的效率也高，从而造成氦的高丰度。③^6Li、Be、B等轻元素的观测丰度，可以用宇宙线粒子与星际空间的^{12}C、^{14}N、^{16}O、^{20}Ne等原子核碰撞而使后者碎裂来说明。

恒星核合成能产生的最重元素是镍，同位素的原子量可以达到56。只有质量最大的恒星能产生出硅和镍之间的元素，并以超新星爆炸结束一生。被称为s过程的中子捕获过程发生在低质量恒星的核合成阶段，能产生的最重的同位素是原子量209的铋。

由于超新星爆炸释放出极高的能量，也具有比恒星内部更高的温度，能够形成原子量高达254的元素。超新星核合成发生时，r过程产生许多富含中子的重同位素，这些同位素会先衰变成稳定的同位素，从而形成富含中子的稳定同位素。

另外，还有其他的过程对某些元素的核合成有所贡献，如俘获质子的Rp过程和导致光致蜕变过程的γ过程或p过程。

（曲钦岳　李宗伟）

原恒星　protostar　在恒星演化过程中处于极早期阶段的天体。通常指正处在引力收缩阶段的浓密星际物质云，特别是其中的一种近乎球形的球状体。但也有人认为球状体的密度还很小，不足以产生引力收缩；而且球状体中的尘埃与气体的比例过大，不能成为原恒星的原料。不少人认为赫比格-阿罗天体、金牛座T型变星、耀星以及一些红外星是原恒星的不同演化阶段或不同形态。

（蔡贤德）

原恒星红外辐射　infrared radiation of protostar　处于主序前阶段的恒星在红外波段的辐射。原恒星在红外波段最为明亮。红外观测因此成为研究恒星形成及其演化的最有力手段。这些红外辐射主要来自其外围的包层物质（通常包括一个扁平的围绕恒星运转的盘状结构），它们可蔓延至几百到上千个天文单位的空间范围。包层中的尘埃颗粒吸收来自中心原恒星的可见光及其更短波长的辐射，然后在红外以及毫米波波段释放其能量。由于尘埃对中心星可见光的遮挡，原恒星的搜寻认证工作主要在红外波段实现。随着原恒星系统的演化，包层物质会逐渐耗散，整个系统的辐射峰值将相应地从远红外波段向近红外波段移动。红外波段的谱指数因此被广泛应用于原恒星系统的分类研究中。在过去的十年间，由工作在近/中红外波段的斯皮策空间望远镜以及工作在远红外波段的赫歇尔空间天文台的加持，天文学家们得以首次描绘出太阳系近邻恒星形成区中上千颗原恒星的全波段光谱能量分布，极大增强了我们对原恒星系统的结构、物质分布、演化时标等重要性质的认识。这些基本参数的确定能帮助研究者更好地理解中心恒星质量增长的过程、盘物质的演化以及其中的行星形成等重要课题。

在尘埃的热辐射连续谱背景上，大量的分子谱线也在红外光谱中被探测到。其中包括来自有机多环芳香烃分子的发射线，以及硅酸盐颗粒和冰态物质（比如H_2O、CO、CO_2等）产生的吸收线。这些谱线的强度和形态能有效地反映包层的化学组分、尘埃颗粒结构、辐射场强度以及该区域的温度和密度分布。与此同时，原恒星系统通常伴随着强烈的外向流活动。这些被抛射出的包层物质能有效加热星周环境，在红外波段产生大量的分子以及原子谱线（比如[SⅠ]、[FeⅡ]等）。这些原子分子谱线的观测对描绘原恒星系统的演化历史有着至关重要的作用。詹姆斯·韦布空间望远镜（JWST）高光谱分辨率和强积光能力将会在这一研究方向发挥巨大的优势。

（郝允祥）

原时　proper time　四维时空中理想钟的读数。原时是可直接测量的局部物理量，单位为国际单位制秒（SI秒）。在几何上，它描述的是粒子在四维时空中世界线的弧长。原时与坐标时之间由度规张量相连，两者的变换关系涉及运动（狭义相对论效应）和引力场（广义相对论效应）。

（谢　懿）

原行星状星云　proto-planetary nebula; proto-PNe　中小质量恒星（0.8～8.0太阳质量）处在从渐近巨星支（AGB）恒星向行星状星云过渡的一个快速演化阶段（持续时间约1000年）的天体。在这一演化阶段，中心星的壳层还没有充分被吹走，它们的温度不足以电离曾经被抛射出来的星周物质，原行星状星云仍然被冷的大质量分子和尘埃包裹着。所以它们是一类反射星云，具有很强的红外辐射，即其光谱能量分布具有双峰结构。随着中心星壳层进一步被星风剥离，中心星的温度越来越高，当中心星的温度达到30 000K左右时，原行星状星云的星周物质被中心星的紫外辐射电离掉而变成行星状星云。

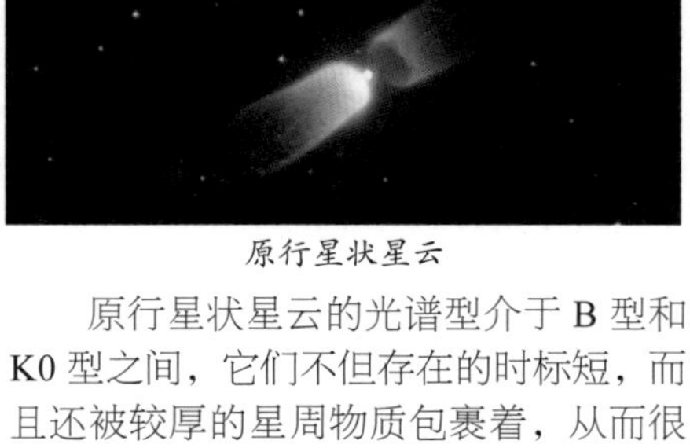

原行星状星云

原行星状星云的光谱型介于B型和K0型之间，它们不但存在的时标短，而且还被较厚的星周物质包裹着，从而很难在光学波段将它们与正常恒星形成区分开来。原行星状星云是连接渐近巨星支恒星和行星状星云的桥梁，是研究渐近巨星支恒星内的核合成过程和行星状星云的形态急剧变化的理想场所。如何从晚期渐近巨星支恒星的球对称外壳快速演变成形态各异的行星状星云，还是一个谜。也就是说，导致不同形态行星状星云形成的物理机制还是不确定的。行星状星云按形态结构，可分为双极、椭球、点对称、不规则球、四极和多极等。带有伴星天体的中心星可以解释行星状星云的双极和点对称结构行星状星云的形成。例如，如果白矮星从伴星吸积物质形成吸积盘，在垂直吸积盘的方向产生极端物质外流（extreme outflows）或喷流现象，就会产生双极或点对称行星状星云。也有的研究者认为，双极或多极行星状星云不是由于物质在不同方向上的抛射引起的，而是起源于电离光子在这些延伸瓣方向的泄漏，这也许反映了原行星状星云的星周物质是非均匀分布的。

（李立芳）

原子的射电天文谱线 radio spectrum of astronomical atom 天体中原子在不同能级间跃迁时所产生的频率在射电波段的天文谱线。氢是宇宙中最丰富的元素。论质量，氢在宇宙中约占73%，论原子数约占92%。1950年物理学家在实验室生成并证认一条基态氢原子超精细结构线，其频率是1420.405MHz，对应的波长为21.11厘米（表1）。1951年3月哈佛大学，同年5、6月荷兰、澳大利亚科学家在星际空间探测到这条氢原子的谱线（H Ⅰ 21 厘米线），为研究宇宙氢原子分布提供了有效的途径。此后科学家通过发展综合孔径技术，大力开展巡天工作。鉴于氢原子在银河系中无所不在，H Ⅰ 21 厘米线是射电天文学中最强的热谱线，该线的塞曼效应提供了星际磁场的可贵信息。

对河外星际气体分布与运动的大尺度（kpc以上）研究主要通过H Ⅰ。当红移$z \leqslant 10$可以通过原子氢的红移21厘米发射线来研究宇宙中的不均匀性。类星体的H Ⅰ 21 厘米吸收线则可提供宇宙中重子物质分布的有效信息。对活动星系核可根据吸收线的观测结果，通过模型计算研究维持活动性的燃料的输运机制和中央引擎的质量上限等问题。在星暴的情况下，通过中性气体动力学来研究其燃料问题。然而必须明确宇宙氢原子分布，并不等同于宇宙氢分子、氢离子的分布。

D Ⅰ 327MHz线是H Ⅰ 21 厘米线的同位素D的对应线。D在宇宙学上有重要的地位，但对327MHz的搜索并未成功，其原因可能是因为宇宙中的D是以分子HD的形式出现的。$^3He^+$超精细结构线在一些源已被探测到。

宇宙中C的丰度仅次于H、He与O。C的丰度是H的万分之几。由于C Ⅰ存在于非常干燥的区域，对它的巡视数据相对少些，但是依然可以找到可参考的数据。C Ⅰ $^3P_1 \rightarrow {}^3P_0$ 492GHz 超精细结构线是T.G.菲利普斯等人在1980年对猎户座以柯伊伯机载天文台（KAO）探测到的（表2）。早期的C Ⅰ分布图由立松研一等人在1999年以美国加州理工学院亚毫米波天文台（CSO）观测得到的。美国加利福尼亚大学圣巴巴拉分校的C.L.马丁等人在2004年通过南极亚毫米望远镜和远程天文台（AST/RO）对银心的巡天发现C Ⅰ的空间分布与CO相似，但比CO弥散。

（曾 琴）

表1 若干射电原子超精细结构谱线a

原子	I	电子排布	状态	超精细结构跃迁	ν_{ul}（GHz）	λ_{ul}（cm）	A_{ul}（s^{-1}）
^2D	1	$(1s)^1$	$^2S_{1/2}$	$F=3/2 \rightarrow 1/2$	0.327	91.57	4.69×10^{-17}
^1H	1/2	$(1s)^1$	$^2S_{1/2}$	$F=1 \rightarrow 0$	1.420	21.11	2.87×10^{-15}
$^3He^+$	1/2	$(1s)^1$	$^2S_{1/2}$	$F=1 \rightarrow 0$	3.46	3.46	1.95×10^{-12}

表2 若干射电原子超精细结构谱线b

原子	电子排布	状态	超精细结构跃迁	ν_{ul}（GHz）	λ_{ul}（cm）	A_{ul}（s^{-1}）
^6C	$(1s)^2(2s)^2(2p)^2$	^3P	$^3P_1 \rightarrow {}^3P_0$	492.16	609	7.93×10^{-8}
^6C	$(1s)^2(2s)^2(2p)^2$	^3P	$^3P_2 \rightarrow {}^3P_1$	809.34	370	2.65×10^{-7}

原子时 atomic time 以量子力学为基础，利用原子跃迁振荡频率得到的时间尺度。记为TA。它的秒长被规定为国际单位制系统（SI）的秒长单位，其定义为：在大地水准面上，铯原子基态两个超精细能级间跃迁振荡9 192 631 770周所持续的时间。它的起点为1958.0，即取$(TA\text{-}UT)_{1958.0}=0$。

原子时TA（k） 各个地方实验室利用其按SI秒定义制作的原子钟钟组，通过相互比对建立并保持的一种原子时尺度，记为TA（k），k为实验室名称缩写。它常被用来具体实现一个国家（或地区）的标准时间。例如，中国的标准时间——北京时间，就是由中国科学院国家授时中心（NTSC）建立并保持的原子时TA（NTSC）经闰秒得到的协调世界时UTC（NTSC）。

国际原子时 国际度量衡局（BIPM）利用全球五十多个国家时频实验室里按SI秒定义制作的大量原子钟的数据，建立并保持的一种连续的原子时尺度，记为TAI。它是广泛使用的具体实现地球时（TT）的时间。由于历史原因，TAI与TT之间有一固定偏差（见地球时）。

（漆贯荣）

原子钟 atomic clock 基于物质内部微观运动的量子跃迁实现的时间频率信号发生器。又称原子频率标准、原子频标、量子频标。它是第一个基于量子物理原理制成的计时器具，与天文计时结合产生现代标准时间。原子钟包含四个部分（图1）：原子系统（通过原子能级跃迁，产生标准频率信号或鉴别激励信号频率是否与原子跃迁频率符合）、本地振荡器（如晶体振荡器、激光器产生的周期振荡频率信号）、频率伺服控制系统（以原子跃迁频率为参考，调整控制本地振荡器频率）、计数系统（将输出的正弦信号转换为方波信号，进行计数）。

性能指标 原子钟输出信号的瞬时频率为：

$$\nu(t)=\nu_{atom}[1+\varepsilon+y(t)]$$

式中ν_{atom}为无干扰的原子谐振频率；ε为各种物理效应引起的原子频率变化，对ε测量的准确程度反映了原子钟频率准确度性能；$y(t)$为瞬时的相对频率起伏，其方差体现了原子钟的频率稳定度。频率准确度和频率稳定度是衡量原子钟性能两个最重要的指标。

①频率稳定度。可以用时域或频域方法来表征，它描述频率信号因内部噪声调制产生的谱噪声大小（频域，以单边相位噪声表示，单位为dBc/Hz）或频率采样值的随机波动大小（时域）。原子钟的频率稳定度有如下关系：

$$\sigma_y(\tau)=\frac{A}{Q(S/N)^{1/2}}*\frac{1}{\sqrt{\tau}}$$

式中A为比例常数；Q为原子跃迁谱线Q值，定义为谱线的中心频率与线宽的比值$\upsilon_0/\Delta\upsilon$；$S/N$为原子跃迁信号的信噪比；$\tau$为采样测量时间。原子跃迁信号的信噪比和谱线$Q$值越大，则频率稳定度越高；采样时间不同，频率稳定度的值也不同，因此频率稳定度有长期频率稳定度（长稳）和短期频率稳定度（短稳）之分，其界限不明确。一般，日以上采样时间为长期。原子

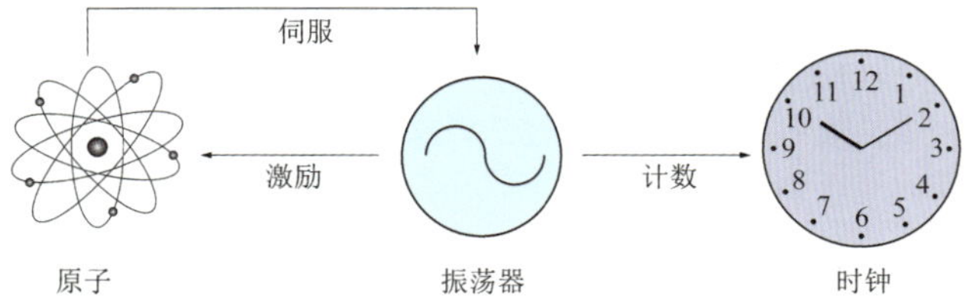

图 1　原子钟基本结构

钟的短期频率稳定度则主要来自各种内部噪声影响，长期频率稳定度取决于原子跃迁频率对外界各种干扰的敏感程度，以及这些因素本身的稳定性。频率稳定度一般用阿仑方差表示。

②频率准确度。原子钟实际输出频率与其标称值的符合程度。用其实际频率平均值和标称值的差值与标称值的比值表示。准确度一般通过被测钟与参考钟直接比对测量获得，要求参考钟比被测钟准确度高一个量级。比对测量时，相应采样时间的稳定度比被测钟的准确度值高一个量级。

③频率不确定度。对于基准原子钟，其性能用频率不确定度衡量。频率不确定度表征标校其他原子钟的可信度，通常采用自评定的方法获得该指标。通过对可能引起输出频率偏离定义值的所有误差源进行精确测量，获得每项误差源引起的与定义频率（如时间单位“秒”定义的铯原子跃迁频率 9 192 631 770Hz）的偏移量Δf_i，并且评定测量各项偏移量的不确定度u_i，利用平方和的方法合成为总的不确定度，以总的不确定度来表征基准频标的校准其他原子钟的能力。基准频标的准确度虽然是通过自我评定的方式获得的，但是评定的可信度却可以通过两台同类型的基准频标比对来评估。两台独立的基准装置比对之前通过自我评定给出了各自偏离定义频率的量值和不确定度：Δf_A、u_A和Δf_B、u_B，直接比对得到的频差为$\Delta f_{AB}=\Delta f_A-\Delta f_B$，若该频差值处在$\pm\sqrt{u_A^2+u_B^2}$的区间内，则可以认为自我评定的方法是合理的。实际环境中原子的谐振频率与“秒”单位所定义的频率值并不相等，在外部环境（如引力场、电磁场等）作用下、内部原子相互作用下（如碰撞），原子样品的跃迁频率偏离了定义值，这些偏离量称为“频移”。典型的频移项有**黑体辐射**频移、塞曼频移、多普勒频移、原子碰撞频移、**引力红移**等。对各种频移需要从理论上加以计算、从实验上加以测量，其测量的不确定度取决于对频移机制的认识深度和实验测试水平。

④频率漂移率。原子钟在连续运行过程中，由于内部元器件的老化及影响其频率参数的其他因素发生变化，其频率值随时间单调增加或减小的线性率，常以日、月或年为计算时间单位。

除上述四个基本指标外，还有一些次要指标，像开机特性、频率复现性、频率调节精度、频率温度变化率、频率磁场变化率、重量、功耗、体积和寿命等。星载原子钟的空间适应性也包含有一些特征表述量，它们对不同条件下使用的原子钟各有特殊意义。

分类　自 1948 年美国国家标准局（现名美国国家标准与技术研究院，NIST）第一台氨分子钟诞生以来，经过半个多世纪的发展，现在拥有一批适合不同用途的定型原子钟（图 2）。随着理论和技术发展，新型原子钟不断涌现。依据不同分类标准，原子钟有不同类型或名称，一台原子钟可以应用下面全部或部分分类内容定义或修饰。①原子跃迁谱线频段。微波钟和**光钟**（又称光学频率原子钟，简称光钟）。②工作物质。氨分子钟、铷原子钟、氢原子钟、铯原子钟、铊原子钟、铝原子钟、钙原子/离子钟、镱原子/离子钟，汞原子/离子钟、锶原子/离子钟、铟离子钟、铝离子钟等。③工作物质电性。原子钟和**离子钟**。④原子跃迁谱线产生方式。主动型（自激型、激射型或 Maser）和被动型（非自激型）原子钟。⑤原子样品存在形式。泡式原子钟、束式原子钟、喷泉原子钟、光晶格原子钟、离子囚禁钟。⑥原子样品温度。热原子钟、冷原子钟。⑦原子态制备技术。磁选态原子钟、光抽运原子钟。⑧原子钟性能。一级原子钟（基准钟，或一级频标）、二级原子钟（二级频标）等。⑨物理与技术的先进性。传统原子钟、新型原子钟。⑩运行空间。地面原子钟、空间原子钟。⑪应用环境。实验室应用型原子钟、工程应用型原子钟。⑫体积大小。芯片原子钟、大型原子钟（图 3）。

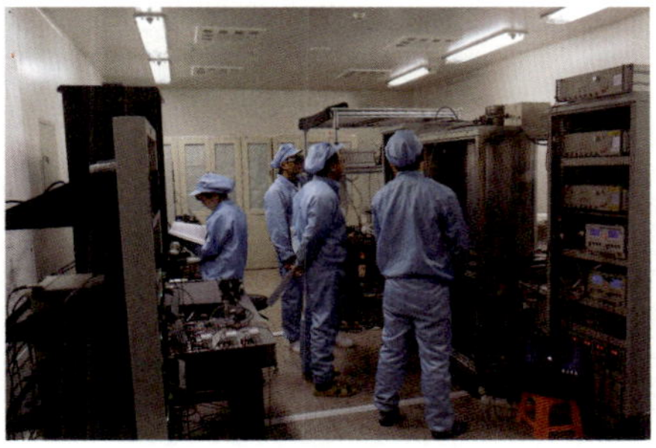

图 2　铯原子喷泉钟 NTSC-F1（中国科学院国家授时中心研制）

用途　原子钟具有最高的测量精度，被广泛应用基础研究和工程技术领域，在国计民生、国防建设等诸多方面发挥重要作用。

①原子钟对基础研究具有重要推动作用。基于原子钟的高精度测量特性，人们在研究通过一定的物理关系把其他物理量测量转换成对时间（频率）测量，目前已完成了长度、电流、电压、电阻等物理量转换。对物质世界认识的不断追求，驱使人们不断提高时间频率的测量精度。一些前沿实验，如里德堡常数R_∞的测量、精细结构常数α的稳定性测量、电子的朗德因子 g 测量、原子 h/m 比例系数的测量、冷原子碰撞的实验研究、Stark 效应实验研究、引力红移测量等，其精度都直接取决于原子钟的测量精度。这些测量和研究都是检验物理学基本理论（如量子力学、量子电动力学、相对论、引力场等）的重要方法。原子钟的性能每提高一个量级，往往伴随着新的物理现象发现和对自然规律认识的深入。

②原子钟在工程技术领域起关键作用。原子钟的应用范围从基础研究渗透到了工程技术应用领域（信息传递、电力输配、深空探测、导航定位、地震监测预报、地质矿产勘探等），关系着国计民生的诸多重要部门（交通运输、金融证券、邮电通信、能源等）的各个方面，关系着国家和社会的安全稳定。具有战略意义的卫星导航定位系统主要应用价值是为用户提供位置、速度和时间信息，而位置和速度信息的获得是通过对时间频率信号的测量而实

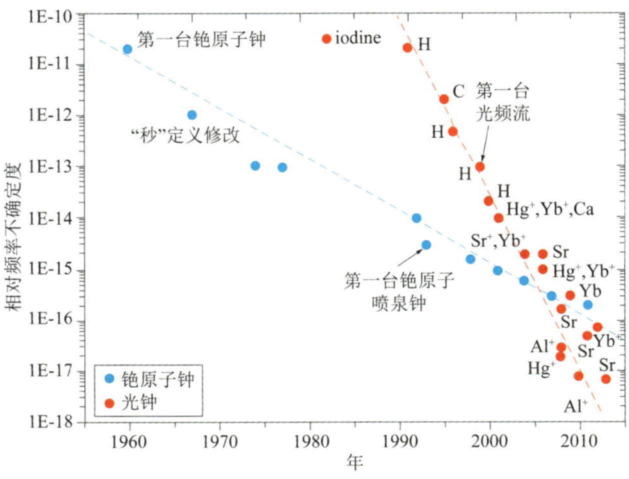

图 3　原子钟的发展

现的。原子钟的性能直接决定着导航、定位和**授时**精度，直接决定着卫星导航系统的自主运行能力。

发展趋势 原子钟一直朝两个方向发展。一个方向是研制更高性能的原子钟，第一台铯原子钟的频率不确定度 10^{-9} 量级，而现在的光钟频率不确定度已达到 10^{-18} 量级，如图示。另一个方向是向更加便携的方向发展，已经研制成功的芯片原子钟，体积约为指甲盖大小（$2\times2\times0.07\mathrm{cm}^3$），有望广泛应用于无人飞机、水下航行器等。

（张首刚）

圆顶 dome 用于安置天文望远镜的建筑物。在地面光学天文望远镜工作时，能让天体辐射自由而尽量少畸变地进入接收器，并保证地面光学天文望远镜工作时，尽量避免风振动、温度变化、雨、湿、灰等不利因素影响。而在地面光学天文望远镜不工作时，应较好地封闭，使仪器不受外界风、雨、雪、灰尘等不利环境因素的影响。

多年来，望远镜圆顶一般设计成传统的结构。即根据传统的赤道式望远镜回转结构，设计成能包容该望远镜转动，并留有一定的工作空间的金属壳形结构。一般下半部为圆柱形，上半部为半球冠状，此圆顶上开有大于通光口径的天窗。不工作时封闭天窗，工作时打开天窗，让天体辐射进入望远镜光路系统，随着望远镜跟踪天体，圆顶也须随动，或隔一段时间转动，以保证观测进行。

圆顶内及其仪器周围温度场，对改善仪器的工作状况和视宁度有很大作用。这是因为温度不均匀，会引起仪器的变形，影响了像质和精度，另外，光路中空气团温度不均匀，会使光线偏折，引起像的抖动和像斑扩大，这些都使仪器光学性能下降。因此，圆顶应对内部温度进行控制，外层多采用银白色。以反射**太阳辐射**，内设保温层，并有通风制冷装置。以均匀圆顶内温度和改善视宁度。

根据不同望远镜的要求，先后提出并研制成一些不同结构的天文圆顶。这些圆顶，可以归纳为十大类结构形式（见图）。

①传统大尺寸圆顶。传统形式圆顶按望远镜的包络线放 2～5 米。由于它的尺寸往往较大，造价高，又易有视宁度问题，采用较少。

②小尺寸圆顶。在传统方案基础上，尽量减小尺寸，降低造价。特别是地平式机架广泛运用，望远镜的外形尺寸大大减小，圆顶尺寸就相应减小了。如中国 **2.16 米光学望远镜**，采用传统圆顶设计，虽然望远镜不大，口径只有 2 米，圆顶直径却达 23 米；而地平式的南方天体物理学研究望远镜（SOAR），口径为 4.2 米，圆顶直径只有 20 米，造价为 170 万美元，比传统的 2 米望远镜成本还低。而霍比－埃伯利望远镜（HET）主镜口径达 9 米，圆顶直径也只有 20 米左右。

③开启式圆顶。圆顶与望远镜随动旋转，其外形可用圆柱体或多边柱体。其优点是望远镜与圆顶间没有相对转动，而可根据望远镜外廓进一步缩小尺寸。开启式结构有利于空气流动，减小圆顶内视宁度问题，更为紧凑，成本也降低了。

④有百叶窗通风圆顶。在开启式圆顶的基础上，再加上充分通风的百叶窗口，这样保持了开启式圆顶的优点，并进一步改善了观测时的视宁度。

⑤露天式圆顶。是完全开启的圆顶，观测时望远镜完全暴露在露天环境下。这种方案结构简单，成本低。因为观测时望远镜周围没有附加的构件热源，视宁度最好。有的天文学家称“工作时，没有圆顶的圆顶，是最好的圆顶”，但由于望远镜完全暴露在气流中，当风力较大时，会产生振动。

⑥随动风罩。在露天式圆顶基础上，增加与望远镜随动的挡风罩，这样克服了露天式圆顶风大时望远镜振动的问题。但风罩及其随动机构，也相应增加了成本。

⑦圆球式圆顶。是一种很独特的设计，它将圆顶与望远镜筒合为一体，做成圆球状，省去了镜筒结构，大大降低了望远镜造价，其跟踪运动一般由摩擦机构直接驱动圆球完成，成本较低。

⑧风屏与望远镜固定。将风屏第固定在望远镜结构上，是开启式圆顶与随动风罩的结合。与随动风罩不同的是，风屏固定在望远镜结构上增加了望远镜驱动的转动惯量。这种风屏在不工作时可以完全关闭保护望远镜，从而不需外加圆顶。

⑨下落式开启圆顶。下落的圆顶为片式结构，可以是依次直径增大而可相叠的圆球片，也可以是分成多片花瓣式的。材料可用铝板、彩钢板、玻璃钢，也可用有一定强度的织物加骨架构成。这类结构是一种完全开启的圆顶，结构简单，成本低，圆顶视宁度好。

⑩双轴斜帽式圆顶。这种圆顶具有两个回转轴系，一个垂直放置，一个倾斜放置，倾斜轴上方的球冠上设置有圆形天窗口，通过两轴的组合运动，使天窗口随望远镜指向、跟踪天体。这种圆顶最大的优点是使风载对望远镜的影响最小化。其典型应用为在建的 30 米望远镜（TMT）。

（姚正秋）

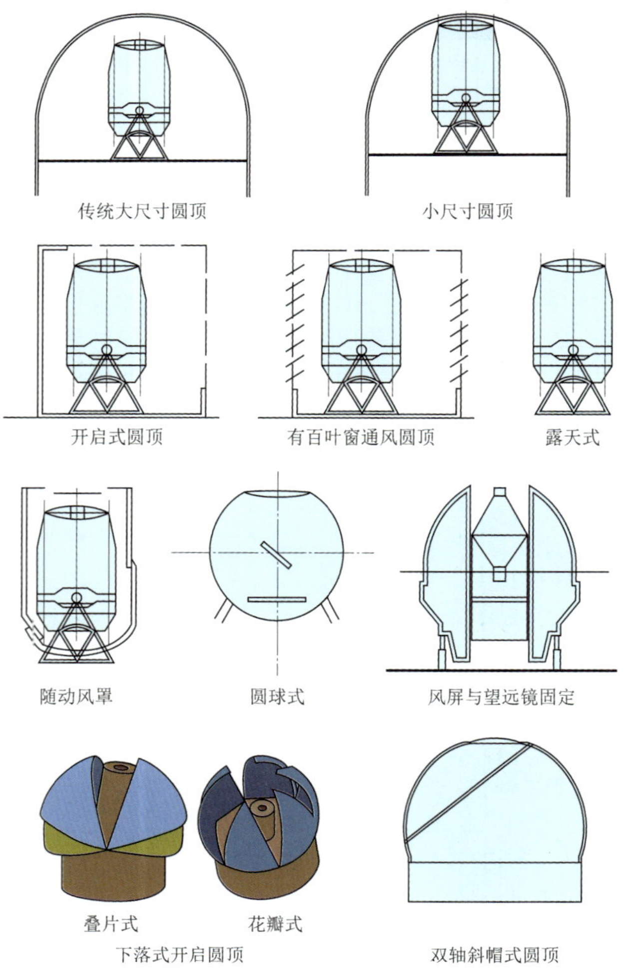

不同类型圆顶

月 month 以月球绕地球公转运动为基础的时间单位。根据起讫点不同，有各种各样的月。朔望月是**月相**变化的周期，是根据月球相对于**太阳**的位置确定的，长度为 29.530 59 **平太阳日**。伊斯兰国家和地区采用的**阴历**，中国传统的**农历**，都以朔望月为月的单位。分点月（又称回归月）是月球黄经连续两次等于春分点黄经所需要的时间，长度为 27.321 58 平太阳日。恒星月是月球在天球上连续两次通过某一恒星所需要的时间，长度为 27.321 66 平太阳日。这是月球绕地球的平均公转周期。近点月是月球连续两次经过近地点所需要的时间，长度为 27.554 55 平太阳日。交点月是月球在天球上连续两次向北通过黄道所需要的时间，长度为 27.212 22 平太阳日。公历中每一个历年（365 或 366 平太阳日）分成 12 个月，按照传统习惯，月的长度有 28、29、30 和 31 平太阳日 4 种。

（任江平）

月海 lunabase; maria; marebase 月面上古代火山喷发造成的玄武岩大平原。从地面观测时呈颜色暗黑的斑块状，古人误以为是月面上的海洋，术语 maria 即拉丁语的“海”。由于含铁较丰，反射阳光较高原地区少，看上去较暗。月海占据了月面的 16%，大部分在正面，背面的几个都很小。月海的传统命名不仅有海，依大小还有洋、湖、沼、溪、湾等（见图）。

月球正面的月海和环形山

月海玄武岩的年代用同位素法和环形山计数两种方法测定。放射性年龄为 3.16～4.2Ga（1Ga = 10 亿年），而用环形山计数法测得的最小年龄是 1.2Ga。大多数月海玄武岩的喷发时间在 3～3.5Ga，背面有的要古老一些，最年轻的则在正面的风暴洋里。大部分玄武岩浆喷进或流入低洼的碰撞盆地，但风暴洋不属此类。（李广宇）

月龄 Moon's age 从新月起算到各月相所经历的时间。以日为单位来表示。从新月到下一次新月的间隔时间称为一个朔望月，长度为 29.530 59 日；取近似值，一朔望月 ≈ 29.5 日。月相和月龄的对应关系大致是：上弦月的月龄为 7.4 日，满月的月龄为 14.8 日，下弦月的月龄为 22.1 日。由于月球和太阳的视运动都不均匀，且月球轨道面、月球赤道面对于黄道面均有倾角存在，因此上述的对应关系只是近似的。中国农历的日期和月龄基本符合。在公历中不存在这种对应关系。表格列出公历 2021～2035 年的月龄表，从中可以求出表列年份任何一天的月龄。用这种方法求出的月龄和真值的误差为 1 日左右，最多不超过 2 日。例如通过查表，可以求得 2022 年 12 月 26.0 日的月龄为 3.5 日，农历初四（可先查 2022 年 12 月 0 日的月龄，为 7 日，于是 26.0 日的月龄等于 7 + 26 − 29.5 = 3.5），此值和真值 3.7 日相差 0.2 日。

2022～2035 年各月 0 日的月龄表

月年	1	2	3	4	5	6	7	8	9	10	11	12
2021	17	18	17	18	19	20	21	22	24	24	26	26
2022	28	29	27	29	29	1	2	3	5	5	7	7
2023	9	10	8	10	10	12	12	14	15	16	17	18
2024	19	20	20	21	22	23	24	25	27	27	29	29
2025	1	3	1	3	3	5	5	7	8	9	10	11
2026	12	13	12	13	14	15	16	17	19	19	21	21
2027	23	24	22	24	24	26	26	28	29	0	2	2
2028	4	5	4	6	6	8	8	10	11	12	13	14
2029	15	17	15	17	17	19	19	21	22	23	24	25
2030	26	27	26	27	28	29	0	2	3	4	5	6
2031	7	8	7	8	9	10	11	12	14	14	16	16
2032	18	19	18	20	20	22	22	24	25	26	27	28
2033	29	1	29	1	2	3	4	5	7	7	9	9
2034	11	12	10	12	12	14	14	16	17	18	19	20
2035	21	22	21	22	23	24	25	26	28	28	0	1

（阎林山 胡寿村）

月陆 lunarite 月球表面相对地势高、观测明亮的区域。即使用一个简易的双目镜，也能看到月球上明亮的山脉、黑暗的平原以及成千上万个巨大的环形山（或称陨击坑）。1609 年，意大利天文学家伽利略通过他自制的望远镜观察月球，由于分辨率有限，他把月球表面崎岖不平的明亮区域命名为“陆地”，把光滑平整的黑暗区域称为“月海”，自此这一称呼沿用至今（见图）。借助现代探测技术可以知道，月球表面上非常干燥，月海里没有一滴水。

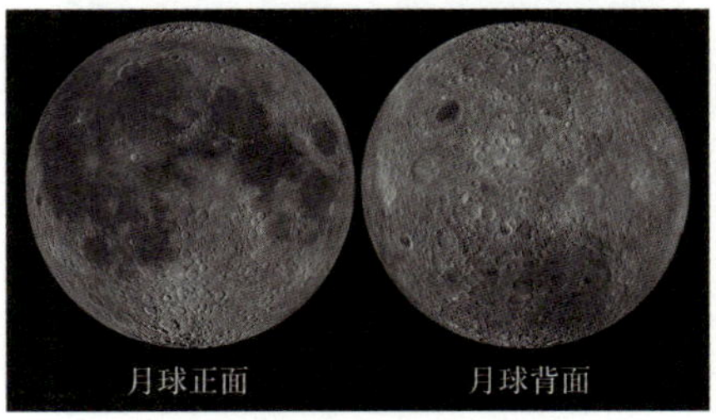

月球表面（亮色为月陆，黑色为月海）

那些观测明亮的“陆地”是组成月壳的古老岩石，可以追溯到大约 45 亿年前月球诞生的时候，是大碰撞过后从岩浆洋阶段冷却固结形成的斜长岩，非常古老（约 44.8 亿年）。从出露面积来看，月海占约 16%，月陆占约 84%，但实际上月陆呈全球性分布，黑色的月海（主要分布在月球正面）是火山喷发的玄武岩岩浆充填到陨击坑中形成的，相当于月陆之上叠加了黑色的熔岩。由于月陆的海拔比月海平均高 2～5 千米，因此通常被称为高地（Lunar highland）。

（蒋 云）

月面图 selenograph; map of the Moon 根据一定数学法则，将月球上的有关自然特征使用地图语言按比例缩小绘制得到的平面或球面图形。早期月面图特指月面地形图，现代月面图则包括重力场图、化学元素分布图、温度分布变化图等多种。

最早有关月面的图形是在爱尔兰的一座古墓中发现的，碳年代测定为公元前 3330～前 2790 年。1500 年前后，达·芬奇画过几张草图。1610 年，伽利略用望远镜观测，绘制了月面图。图 1 是波兰天文学家 J.赫维留在 1647 年绘制的月面图。

图 1 赫维留绘制的月面图

进入空间时代后，人们对月球进行了长期、多批次和多领域的详尽探测，不仅探测了正面，也探测了背面；不仅测量高程和地形，也测量化学组成、重力分布、温度分布等，得到了详尽的各种月面图。图 2 是

图 2 嫦娥二号测绘的 7 米分辨率全月球影像图

中国嫦娥二号得到的 7 米分辨率全月球影像图。这些月面图不仅是探测成果的结晶，而且是后续探测的指南。（李广宇）

月面学 selenography 研究月球表面及其物理特性的学科。是月球学（selenology）即“月球科学”的分支学科。其英文名 selenography 来源于希腊语的 Σ ελήνη（graphō，月亮女神）和 γράφω（write，书写）两词。一度曾经译为“月理学”。历史上，该学科致力于绘制和命名月海、环形山、山脉以及其他月面特征。当绕月航天器在空间时代早期获得了月球正面和背面的高分辨率图像后，这项工作就基本完成了。但仍然有一些地区，特别是近极地区需要进一步测绘，许多特征，例如环形山深度，需要进一步测定。（李广宇）

月面坐标系 lunar coordinate system 为描述月球表面位置而定义的二维球面坐标系。常用的月面坐标系有两种，一种是平均地球/极轴坐标系（mean earth/polar axis system; ME），另一种是主轴坐标系（principal axis system; PA）。与 PA 坐标系统相对应，ME 坐标系统也称为形状轴系统。这两种坐标系的原点均定义在月球质心，ME 坐标系的 Z 轴沿月球的自转轴指向北极，X 轴指向由平均地球方向定义的本初子午线与月球赤道面的交点；PA 坐标系的坐标轴由月球的三个惯量轴定义，Z 轴沿月球的惯量主轴 C 轴指向北极，X 轴沿月球的赤道面上惯量主轴指向地球，Y 轴与两者垂直，二者都为右手坐标系。在此坐标系下，月面任意位置的纬度定义为坐标原点至该点连线与月球赤道面的夹角，经度定义为由本初子午线往东至过该点的子午线间的夹角（见行星坐标系）。用得较多的是 ME 坐标系统，它最接近过去和现在发表的测绘制图产品；PA 坐标系主要用于月球动力学研究（如 LLR）和月球重力场研究。由于月球不是一个理想的三轴椭球，在月球表面采用这两种不同坐标系引起的差别总体可达 860 米，经度方向可达 560 米。PA 至 ME 坐标系的转换与月球的 3 个天平动角有关，各月球历表［如喷气推进实验室（JPL）的 LE 系列］都给出其值。

月球经度系统定义以及 IAU 在 2009 年给出的月球自转轴指向参数和本初子午线参数（ME 坐标系）

本初子午线位于月球近地面中央，在撞击坑 Bruce 附近	$\alpha_0 = 269.9949° + 0.0031°T - 3.8787° \sin E1 - 0.1204° \sin E2 + 0.0700 \sin E3$ $-0.0172 \sin E4 + 0.0072 \sin E6 - 0.0052 \sin E10 + 0.0043 \sin E13$ $\delta_0 = 66.5392 + 0.0130T + 1.5419 \cos E1 + 0.0239 \cos E2 - 0.0278 \cos E3$ $+0.0068 \cos E4 - 0.0029 \cos E6 + 0.0009 \cos E7 + 0.0008 \cos E10 - 0.0009 \cos E13$ $W = 38.3213 + 13.176\,358\,15d - 1.4 \times 10^{-12}d^2 + 3.5610 \sin E1$ $+0.1208 \sin E2 - 0.0642 \sin E3 + 0.0158 \sin E4 + 0.0252 \sin E5 - 0.0066 \sin E6$ $-0.0047 \sin E7 - 0.0046 \sin E8 + 0.0028 \sin E9 + 0.0052 \sin E10$ 其中， $E1 = 125.045° - 0.052\,992\,1°d$，$E2 = 250.089° - 0.105\,984\,2°d$， $E3 = 260.008° + 13.012\,000\,09°d$，$E4 = 176.625 + 13.340\,715\,4d$， $E5 = 357.529 + 0.985\,600\,3d$，$E6 = 311.589 + 26.405\,708\,4d$， $E7 = 134.963 = 13.064\,993\,0d$，$E8 = 276.617 + 0.328\,714\,6d$， $E9 = 34.226 + 1.748\,487\,7d$，$E10 = 15.134 - 0.158\,976\,3d$， $E11 = 119.743 + 0.003\,609\,6d$，$E12 = 239.961 + 0.164\,357\,3d$， $E13 = 25.053 + 12.959\,008\,8d$

式中α_0、δ_0分别为月球北极的赤经赤纬；W为本初子午线与过月球升交点的子午线间的夹角，参考历元为 JD2 451 545.0；T为距离参考历元的世纪数；d为距离参考历元的天数。各角度参数的单位缺省为度。表格的精度约在 150 米水平。

ME 与 PA 坐标系之间的转换：以 DE421 历表为例，该历表下，ME 坐标系中的矢量M，可通过如下坐标系旋转变换至 PA 坐标系：

$$P = R_z(67.92'')R_y(78.56'')R_x(0.30'')M$$

这里，P即是 PA 坐标系中对应于M的矢量，R_x，R_y，R_z分别是绕x轴、y轴和z轴的右手旋转矩阵。相应的，PA 坐标系至 ME 坐标系的矢量转换为：

$$M = R_x(-0.30'')R_y(-78.56'')R_z(-67.92'')P$$

此外，国际天球参考架（ICRF）中的矢量I转换至 ME 坐标系时也可通过如下的坐标系旋转完成：

$$M = R_x(-0.30'')R_y(-78.56'')$$
$$R_z(-67.92'')R_z(\psi)R_x(\theta)R_z(\varphi)I$$

式中ψ、θ和ψ分别为指定历元下 ICRF 中月球的三个欧拉角；φ为从 ICRF 的 X 轴沿其赤道方向至月球赤道升交点的夹角；θ为月球赤道面与 ICRF 赤道面的夹角；ψ为沿月球赤道面从月球升交点至其本初子午线之间的夹角。（黄乘利）

月球 Moon 地球唯一的天然卫星。也是离地球最近的天体。又称“月亮”，古称“太阴”。平均半径 1737 千米，约为地球的 27%。体积为地球的 1/49。表面积相当于地球的 1/14，略小于亚洲面积。质量为地球的 1/81。平均密度 3.344 克/厘米^3，相当于地球的 3/5。赤道表面重力加速度 1.62 米/秒^2，只及地球的 1/6。表面逃逸速度 2.4 千米/秒，约为地球的 21%。地月之间平均距离为 384 400 千米，约为地球直径的 30 倍，与地球构成太阳系中独特的地月系。从地球上看月球，视圆面直径的平均值为 31 角分，和太阳的视圆面大小相当。为既能形成日全食，也能实现日环食提供了必要的条件。虽然月球的反照率只有 0.12，比地球的 0.37 小了许多，只因离地球近，使之成为地球夜空中最亮的天体。满月时的视亮度为−12.7 星等，比金星最亮时还亮 2000 倍（图 1）。月球轨道偏心率e为 0.055，比地球轨道偏心率 0.017 大许多，从而形成地月之间距离的变化幅度是：近日距 356 400 千米，远日距 406 700 千米，二者之比约为 88∶100。月球在近日点附近时出现的日食可以是日全食，而在远地点附近时则多为日环食。

物理特性 内部结构 月球是分异成为核、幔和壳的天体。月核又分为两部分：半径 240 千米的富铁固态内核以及包

2016 年 11 月 14 日拍摄，月球距地心 356 511 千米，为 80 年最近

图 1　超级月亮

裹其外、半径 300 千米的液态铁外核。月核的外面是硅酸盐的幔和壳。月壳的厚度平均为 50 千米，月幔介于核和壳之间。月球的密度为 3.344 克/厘米^3，在太阳系各卫星中居于第二，仅次于木卫一。

月面地形　月球朝向地球的正面可见明亮的高原和醒目的碰撞**环形山**，其间分布着黑色的**月海**（图 2）。月面最显著的地

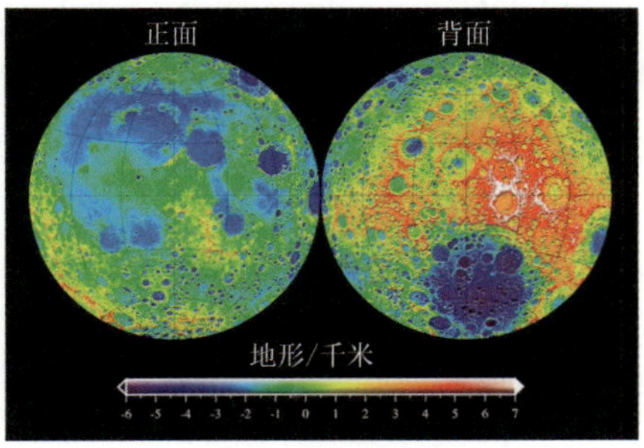

图 2　月球地形图

形特征是背面直径约 2600 千米的南极-艾特肯盆地（SPA），这是月面最大、太阳系第二的碰撞盆地。SPA 盆地深约 13 千米，是月面最低点。月面高程最大的地方在月球背面偏东北方向的地方。研究认为一次倾斜碰撞在造成了 SPA 盆地的同时，造成了对面壳层的变厚。月球背面平均比正面高 1.9 千米。月面断层崖的存在表明，在过去 10 亿年里，月球收缩了大约 90 米。

碰撞环形山　一般称为环形山或者陨击坑，形成于**小行星**或彗星与月面的碰撞，月球正面直径大于 1 千米的环形山估计有 30 万之多。酒海、雨海和东海等重大碰撞事件中，抛射物质堆积形成了直径由数百到数千千米的多重环带。由于不受大气、气候和晚近地质活动的影响，环形山得以保持原貌。在月面更古老的地区，会积累更多的陨击坑，因此统计单位月面上环形山的数目，就可以估计其地质单元年龄。月壳表层因陨石撞击、**太阳风**和宇宙射线轰击等太空风化作用变得高度破碎，形成月壤。其厚度在月表古老区域达 10～20 米，年轻区域则只有 3～5 米。

水　液态水不能在月面存在，但两极永远不见阳光的寒冷陨击坑内可能存在冰，它们或者来自撞入的彗星，或者生成于富氧月岩与太阳风中氢元素的反应。这仍然只是一个假设，但近年来已有多次在月面发现痕量水的报道。

重力场　月球重力场的特征是存在多个质量瘤（图 3），即出现在某些大碰撞盆地的较大重力正异常，这种异常对绕月航天器的轨道造成影响。质量密集部分是由

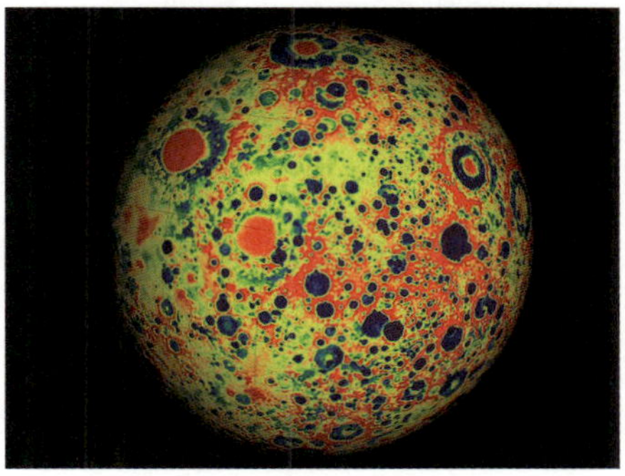

图 3　圣杯号（GRAIL）测绘的月球重力图

于流入并填充盆地的高密度月海玄武质熔岩引起的，但还不能解释全部异常，可能还有其他未知因素的影响。

磁场　月球有一个强度 1～100 纳（10^{-9}）特斯拉的外磁场，不及地球磁场的百分之一。其不存在地球那样的全球性偶极磁场，只有磁化的月壳。磁化可能形成于月球历史早期有过的发电机机制，也可能形成于大碰撞事件。

大气　月球大气产生于太阳风离子对月壤的轰击，总质量不到 10 吨，月面大气稀薄到接近真空。月球大气中已经探测到来自太阳风的钠、钾、氦 4 和来自月壳和月幔物质放射性衰变的氖，氩 40、氡 222 和钋 210。月球大气中缺少存在于月壤中的原子或分子态的氧、氮、碳、氢和镁，原因尚不明确。探测器还在月球大气中发现了水蒸气，可能是表层水冰升华而来的。月球大气会因重力而回到表层，也会因**太阳辐射**压和太阳风而逃逸至行星际空间中。

月尘　围绕月球有一个不对称的永久性尘埃云。总量估计为 120 千克，从表面延升到 100 千米高空。尘埃云产生于彗星粒子的碰撞。每昼夜估计有 5 吨这样的粒子轰击月球表面，使尘埃从月面抛起。尘埃微粒在月球上空平均停留约 10 分钟，5 分钟升起，5 分钟落下。尘埃云是不对称的，在月球昼夜分界线附近密度较大。

季节　月球赤道面对黄道面的倾角只有 1.54°，远小于地球的 23.44°，因而季节受日照变化的影响很小，地形才是影响月球季节的主要因素。月球两极地区有一些环形山的底部处于黑暗严寒的永夜状态，即便夏季，永久阴影坑内的温度也只有 35K，比**冥王星**表面还要寒冷。

月地关系　相对于遥远恒星，月球绕地球公转一周的时间是 27.3 日，叫作恒星月。由于地球同时围绕太阳公转，月球相对于地球呈现同样相位的时间要略长，为 29.5 日，叫作会合周期或朔望月。月球轨道平面以 18.6 年的周期缓慢转动，影响到地月运动的方方面面。月球轨道受到太阳和地球的影响，以很多不大而相当复杂微妙的方式变化着。

与主星比较，月球的直径是地球的 1/4，质量是地球的 1/81，这在太阳系的行星中都是最大的。月球之所以仍然被当作卫星，而不是和地球并肩成为双行星，是因为地月系的质心仍然位于地面之下 1700 千米。月球的反照率很低，只比旧沥青略亮；之所以在天空中看上去那样明亮，主要是由于背景天空更暗。上下弦时，月球的亮度只有满月的 1/12。

月球自转是同步的，总以一面朝向地球，由于自转速度和轨道速度的不均匀性，以及月球赤道和公转轨道倾角的存在等因素，致使地球上的观测者能看出月面边缘的前后摆动，因而能看到的月球表面达 59%。这一天象称为天平动（见**月球光学天平动**）。月球自转在历史上要比现在快，由于地球引起的**潮汐**形变的摩擦作用，月球自转变慢，月球的自转能量不断转化为热能耗散，直到相对于地球没有自转，锁定于现在的状态。

月亮当下的轨道距离大约是地球直径的 30 倍，它在天空中的视尺寸差不多与太阳一样，这使得月亮能够正好遮挡住太阳，发生日全食天象。

天文学史上的月球研究　月球是除太阳外与地球和人类关系最为密切的天体。地球上的潮汐现象是太阳和月球以及太阳系其他天体的引力作用结果。月球的质量虽然只及太阳质量的二千七百万分之一，但月地距离却只有日地距离的 1/400，所以月球的起潮力是太阳的 2.2 倍。可以说正是由于有了月球才有潮起潮落的周而复始和大潮小潮的互相交替。还有由于月球的存在，才会有日食和**月食**的天象。

在地球上，月球是唯一用肉眼能够观察到盈亏和**月相**逐日变化的天体。月相变化的顺序是朔月、蛾眉月、上弦月、盈月、满月、亏月、下弦月和残月。自古以来，月相变化的周期称为朔望月，为一种基本

计时单位，中国称之为“月”。凡只以月相周期安排的**历法**称为“太阴历”。中国传统历法是兼顾月相周期和太阳周年运动的阴阳历，所以朔望月始终是古历的基础。远古遗存的“古四分历”中的朔望月周期长度和今日通用值相比，误差为+0.000 26日。179～184年东汉**刘洪**的“乾象历”中的误差是−0.000 05日。到463年南北朝祖冲之的“大明历”已采用了与今日通用值精度相同的朔望月日长。早在西汉“淮南子”中刊载的恒星月的长度和今日通用值的差值仅为+0.000 19日。祖冲之推算出的交点月周期已与今日通用值相当接近。刘洪测定的近点月与现代值仅差+0.000 21日。

望远镜发明后，天文学家开始绘制和拍摄**月面图**，按地形地貌的结构和特征分别冠以“环形山”“湖”“海”“山”“山脉”“洋”“沼”“岬”“溪”“峭壁”“湾”“谷”等。随着**天体物理学**的兴起，最终证明月球表面没有任何液态的水，湖、海、洋、沼、溪、湾等与水有关的名称其实全都名不副实。

从18世纪末到20世纪初，经过几代天文学家的努力，如P.-S.**拉普拉斯**、C.-E.德洛内、P.A.汉森、J.C.**亚当斯**、S.**纽康**、G.W.希尔、F.F.蒂色朗、H.庞加莱、E.W.**布朗**等，运用日益完善的**天体力学**方法，建立了成熟的**月球运动理论**，能够精确地描述月球的运动细节。

月球的空间探测 月球是人类首先实现就近考察和就地勘测的天体，也是人类第一个登临的天体（图4）。人造地球卫星于1957年上天两年之后，苏联空间探测器“月球”3号在1959年飞掠月球，并发送回月球背面的照片，展示了人类从未得见的月球背面图像。之后苏联与美国更是发射多颗探测器对月球进行探测。美国20世纪60年代开始实施“阿波罗”探月计划，更是实现载人登陆月球（见“**阿波罗**”**计划**）。

图4 人类第一次登临月球的足迹

20世纪70年代之后，太阳系的空间探测转向其他目标，直到1994年美国“克莱门汀”这个主要用于军事目的的探测器发现月球极区有水蕴藏的迹象，从而重又引发了新的月球探测。之后世界各国皆开展自己的月球探测项目（见**月球探测**）。

中国的月球探测始于2007年，经过多年探测，已取得多项成绩，如2019年人类首次月球背面着陆、2020年实现中国首次月球采样返回（见**中国嫦娥工程**）。

月球起源 在20世纪70年代之前，关于月球的起源主要有三种理论，即“**俘获说**”“同源说”和“分裂说”。俘获说认为月球原为一个小行星，后因运行到地球附近被俘获。同源说认为地球和月球成双地同时和同地诞生于原始太阳星云。分裂说则认为月球是在太阳系形成之初，从地球中分离出去的。“阿波罗”探月计划执行后，有关月球的知识骤增，揭示出三种假说都有与月球和地月系的现实不相容之处。80年代初，关于月球起源的迷惘出现了重大突破。首先，新兴的混沌动力学指出，太阳系诞生的早期，行星的轨道仅能稳定几百万年，随即因受木星和土星的摄动而快速演变，继而出现频繁的大碰撞事件。其次，运用超大型计算机实现的三维流体力学模拟显示，曾有一个大小和火星近似的名为忒伊亚（Theia）的天体与形成不久的地球遭遇，发生偏心碰撞。该天体和幼年地球的一部分地幔被反弹到太空，其富铁的内核则融入地核，弹出的碎片又快速地重新聚集成为今日的月球。这一名为“大碰撞”的月球起源假说不仅兼有俘获说、同源说和分裂说的有据而合理之处，还能很好地、更多地阐明诸如月球和地月系的轨道、角动量和运动，成分和结构等的特征。“大碰撞说”已被广为接受（见**月球起源**）。

（李 竞 李广宇）

月球光学天平动 optical libration of the Moon 月球天平动的一种。即几何天平动。又称视天平动。“月球常以同一面对着地球”的说法只是一种不严格的、近似的说法。由于几何方面的原因，地球上的观测者会觉察到月球有上下左右的“摇摆”，因而能看到的月面部分不是整个月面的一半而是整个月面的59%，其中的18%时多时少，时隐时现。月球有三种光学天平动：①纬天平动。月球赤道和**白道**夹角为6°41′，当月球运行到白道最北点时，可多看到月球南极的6°41′的区域；同样在白道最南点时可多看到月球北极的6°41′的区域。纬天平动的周期为一交点月（图1）。

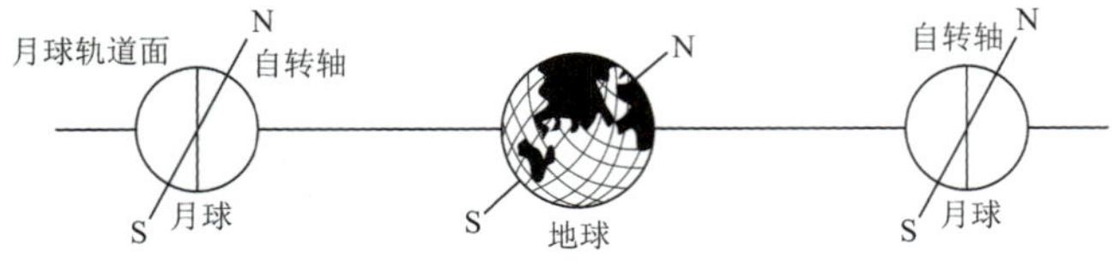

图1 纬天平动

②经天平动。尽管月球自转速度是均匀的，但由于公转轨道是个椭圆，公转速度并不均匀。当月球从近地点奔向远地点时，速度由快变慢。对于均匀自转的月球，其西边缘的外侧，在经度方向便会有7°45′的地方为地球上的观测者看到；同样，月球运行在另外半圈时，月球东边缘的外侧，也会有7°45′能被看到。经度天平动的周期为一近点月。上述两种天平动也可以用月、地中心连线的月面交点的月面坐标来表示。交点的月面纬度称为纬天平动，交点的月面经度称经天平动（图2）。③周日天平动。早在17世纪，**伽利略**在绘制**月面图**时便已发现，由于**视差**，在月出时地面观测者能多看到月球东边缘外侧多达1°的区域；当月落时，也会多看到月球西边缘外侧1°的区域。同理，地球南极的观测者能多看到月球南极的部分区域；对于地球北极的观测者也有类似情况（图3）。

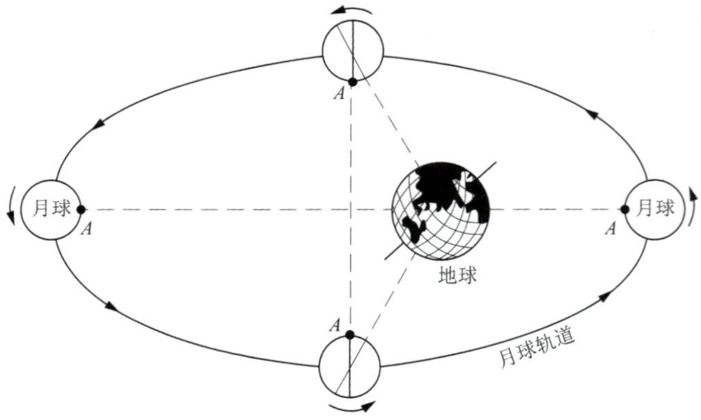

图2 经天平动

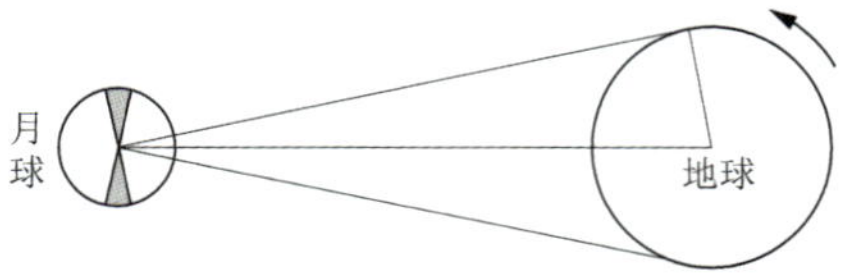

图3 周日天平动

严格地说，这三种天平动都不是月球本身真正的摆动，只是由于观测者位置改变造成的。为了与物理原因所引起的月球天平动区别开来，把它们合称为光学天平动。（阎林山）

月球激光测距 lunar laser ranging; LLR 地面测站上的发射望远镜向月球发射脉冲激光，经过月球表面上的光学四面体棱镜即后向反射器的反射，激光回波沿原路径返回到达地面上的接收望远镜，通过测定激光往返所需的时间，乘以光速便得到地月之间的距离的技术。又称激光测月。简称 LLR。20 世纪 50 年代末，美国学者为了验证爱因斯坦相对论的等效原理首次提出开展月球激光测距（LLR）实验。1969 年 7 月 21 日美国阿波罗登月计划成功，激光后向反射器 A11 号被宇航员放置到月面预定的位置上，不久之后，美国加利福尼亚大学利克天文台和美国麦克唐纳天文台使用单光子接收技术成功地收到来自 A11 号反射器的激光回波信号，自此揭开了月球激光测距发展的历史。随后，美国又在月面上放置了 A14 号和 A15 号激光反射器；苏联先后发射了月球 17 号（Luna17）和月球 21 号（Luna21）月球登陆车，相继把法国研制的月球车 1 号（Lunakhod 1）和月球车 2 号（Lunakhod 2）激光后向反射器放置到月面上，其中 Lunakhod 1 直至 2010 年才收到反射信号。截至 2023 年，月面上一共有五个可供进行激光测月的激光后向反射器。

国际上能够进行常规激光测月工作的有美国麦克唐纳天文台和法国里维耶拉天文台。还有一些其他台站也断断续续地开展 LLR 观测，如美国夏威夷大学激光测距系统（LURE）站、澳大利亚斯特姆洛山卫星激光测距站、德国威兹尔测地天文台、意大利马泰拉激光测距站等，2005 年 10 月美国新墨西哥州阿帕奇天文台也进行了 LLR 观测。2018 年 1 月 22 日，中国科学院云南天文台 1.2 米望远镜实现中国首次激光测距。

单次测距精度已从早期的几十厘米逐渐提高到 21 世纪 20 年代初的 1～2 厘米。美国的 APOLLO 采用 3.5 米口径望远镜、更强的激光光子探测能力、提高激光重复率（如 10Hz），从而将测距精度提高至几毫米的量级。以上台站、观测、与数据情况可参见国际激光测距服务网站。

其科学应用已拓宽涉及以下 3 个方面研究：

①引力理论的实验，包括弱和强等效原理（WEP & SEP）（LLR 是唯一用于验证 SEP 的方法）、SEP 破缺参数 η、月球轨道的测地岁差、PPN 参数 γ 和 β、引力常数的相对变化。

②月球科学，包括月球内部结构与物理、月球洛夫数和潮汐响应、物理天平动、月球历表等。

③地球科学，包括地球定向参数特别是 UT0 的精确测定、岁差和章动、台站坐标和运动。（黄乘利）

月球空间运动 motion of the Moon in space 月球在空间中的运动。其真实运动可以看成一系列简单运动的合成：月球本体相对于自转轴的自转运动，月球自转轴指向相对于国际天球参考系的物理天平动运动，月球质心围绕地球的公转运动，月球追随地球在太阳系、银河系以及更大范围空间中的运动。月球运动与地球密切相关，下图示意出了有关地月状态的几个主要参数。

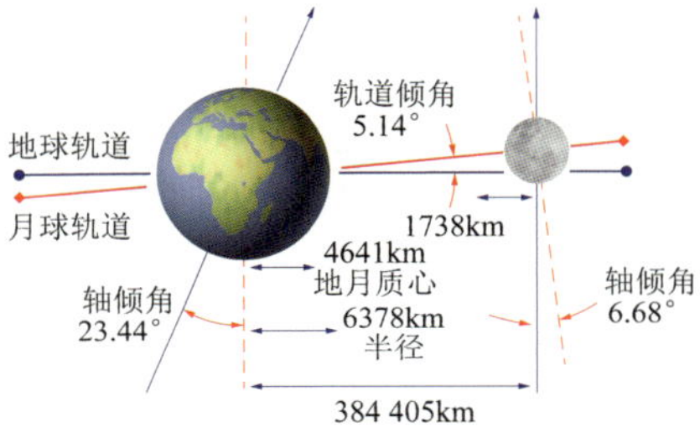

地月状态参数

①自转。月球围绕经过质心的自转轴的转动运动，月球自转的方向与公转相同。由于潮汐锁定，月球自转的周期与公转周期相同，因此月球始终以半面（正面）朝向地球。

②物理天平动。月球自转轴指向相对于国际天球参考系的运动。其原因是月球形状偏离正圆球体，受到地球和太阳潮汐力矩的作用，发生类似于地球章动的摆动。要注意与几何天平动相区别。前者是月球的真实运动，后者并不是月球的真实运动，而是由于地面观测点与月面之间相对距离和方向的变化引起的月球可见半球的视觉摆动。由于存在几何天平动的缘故，月面可见部分增加到了 59%。在数量上，几何天平动要比物理天平动大得多。

③公转。月球质心在地球引力作用下的椭圆运动。由于太阳对月球的引力是地球对月球引力的 2.2 倍，所以月球围绕地球的运动更接近是日地月的三体问题，与二体椭圆运动有较大的偏差。影响最大的几个偏差是：中心差，椭圆运动与匀速圆周运动之差；二均差和月角差，由月球与太阳的朔望会合引起，前者的周期为半个朔望月，后者的周期为一个朔望月；周年差，主要由地球轨道偏心率引起，周期为 1 年；出差，主要由月球轨道偏心率引起，周期为 31.8 日。

相对于国际天球参考系，月球每 27.3 日（恒星月）围绕地球公转一周。由于地球同时围绕太阳公转，地面看到月面被太阳照亮部分在不断变化，呈现出朔、上弦、望和下弦等不同相位。出现相同相位的周期（朔望月）是 29.5 日。

月球公转轨道对黄道平面的倾角为 5.14°。月球轨道平面在缓慢转动，每 18.6 年转过一周，这影响到地月系统运动的方方面面。例如地球自转轴也有叫作章动的同一周期的摆动。

④月球追随地球在太阳系和银河系内的运动（见行星空间运动）。（李广宇）

月球起源 origin of the Moon 月球演生的最初根源。地球唯一的一颗天然卫星月球，古称太阴，直径约 3474 千米，略大于地球的 1/4，是地球唯一的一颗天然卫星。月球表面上的重力加速度差不多相当于地球表面的 1/6。就自身与绕行行星的体积比来说，月球与地球的比值无疑是太阳系中最大的，如月球质量是地球质量的 1/81，而太阳系里其他卫星的质量则小于其绕行行星的 1/4000，几乎大到可以被认为是地球的孪生行星。

月球起源的几种假说　关于月球的起源，历史上提出过各种不同的假说，主要有四种假说，即分裂说、俘获说、共吸积说以及大碰撞说。分裂说认为，在太阳系早期，原始地球的自转速度非常快，以至于表面的一部分物质分裂出去形成月球，甚至曾有人认为太平洋盆地最可能是月球分裂出去的地方。俘获说认为，月球在太阳系别处形成，后来被地球引力场捕获，成为地球的一颗卫星。以这种方式形成的卫星比较常见，比如火星的两颗小卫星福波斯（Phobos）和戴默斯（Deimos）就被认为是火星捕获来的小行星。共吸积说认为，月球和地球是原始太阳星云里同一星云区域里的气体和尘埃冷凝出来的。前三种假说有各种各样明显的缺陷，与众多观测事实不符，逐渐被摒弃。

科学界现在最主流的月球诞生理论是大碰撞（giant impact）假说。该假说认为，大约 45 亿年前，在地球诞生的最初阶段，一颗名为忒伊亚（Theia）约火星大小的星子与原始地球相撞，碰撞抛出的碎片和高温气体在地球轨道附近重新凝聚形成了现在的月球（图 a）。支持大碰撞学说的主要证据有：①月球公转和地球自转方向相同。②月球的相对质量较大，约为地球质量的

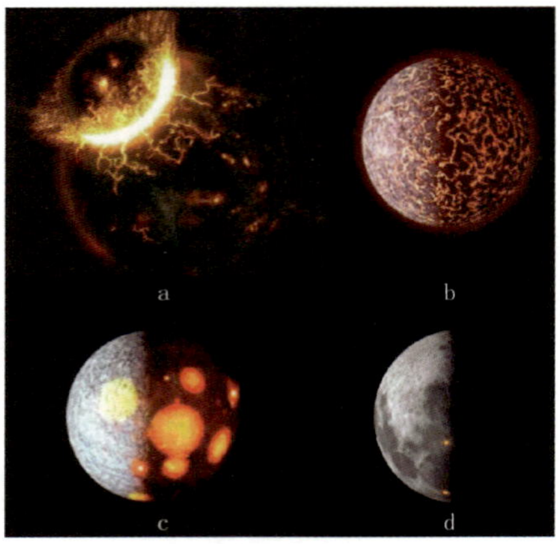

月球形成简史

1/81，而太阳系里其他卫星的质量则小于其绕行行星的1/4000。③月球的铁核过小，大小只占月球直径不到10%，而地核占地球直径的30%。月球的平均密度（3.3克/厘米³）比地球（5.5克/厘米³）低，因此月球可能是由大碰撞后抛射出去的“较轻”的物质融合形成的，撞击体忒伊亚“较重”的核心大部分下沉与地球的核心合并，成为现在的地球核心。④月球的同位素组成（如氧、硅、钛、铬和钨等）和地球高度一致，与其他行星明显不同。⑤大部分月壳由纯的斜长岩组成，这表示月球曾经拥有全球岩浆洋。⑥月球亏损挥发性元素、轻元素和水，推断这些组分在大碰撞过程的极端高温条件下因气化而逃逸了。⑦地月系统具有较高的角动量等。

大碰撞过后，刚形成的月球全球处于熔融状态，称为岩浆洋，即月球表面是岩浆形成的海洋。随着月球的逐渐冷却和岩浆结晶，那些密度更大、更重的物质向月球中心下沉，形成月核，较轻的物质上浮形成月壳。经过几千万年至上亿年的时间，月球冷却固结形成了一颗具有核-幔-壳结构的岩石星球（图b）。然后在39亿到38亿年前，早期太阳系的小行星和彗星密集地轰炸了月球的全球表面，巨大的岩石如同数枚氢弹把月球表面炸出一个又一个的弹坑，形成了我们现在看到的密密麻麻的陨击坑（或称**环形山**，图c）。小行星的密集轰炸引发了月球内部的火山活动爆发，暗色的玄武岩岩浆从月表流出，填充到那些陨击坑中，形成了我们在月球正面看到的暗色的**月海**（图d）。根据中国**嫦娥五号**返回样品的年代学研究，月球的火山活动大概在20亿年前停止，自此成为一颗死亡星球。

月球正面和背面的差异　月球的自转周期约为27天，与绕地球的公转周期相等，这种对称性使月球被潮汐锁定，我们在地球上因此永远只能看到它的同一面，即正面。我们在地球上看不到的那一面称为背面。得益于人类的月球探测器，我们看到了月球的正反两面拥有非常大的差异（见**月陆**）。月球正面虽然也有陨击坑，但是陨击坑的数量明显少很多，正面被月海覆盖了将近一半的面积。反观月球的背面，密密麻麻的陨击坑，林林总总，大坑套小坑。正面和背面还有一个最大的区别就是，背面的**反照率**更高，因为背面只有3个月海，几乎是由高地斜长岩组成的月陆。

为什么月球正反两面差异如此之大，有人认为是月球的正面受到了地球的保护，很少被小行星砸到，而背面朝向宇宙空间，经常被小行星轰击。其实，月球正反两面受到小行星撞击的概率是大致相等的。有一种观点认为，月球刚开始形成时，轨道离地球十分近，潮汐引力在很短的时间内就将月球进行了锁定，一直朝向地球的一面会受到地球额外温度的炙烤，导致月球正面一直保持比较高的温度，也就是熔融状态，相反背面由于没有额外的热量就冷却得更快，因此小行星砸到冷却的月表上就形成大量的陨击坑并且完整保留下来，而砸到熔融状态的正面就很难留下痕迹。此外，地球的潮汐引力会导致月球内部的熔岩从正面流出，覆盖正面大片的区域，以前存在的陨击坑会被流出的岩浆充填，而炙热的岩浆冷却后就形成了黑色的月海，由此形成了正反两面差异巨大的月球。

（蒋　云）

月球射电　lunar radio emission　月亮的热辐射发射出的无线电信号。月球的射电辐射由热辐射所主导，它来自月球表面以下的热辐射，因此其变化较为缓和并滞后于太阳照射造成的加热过程。月球的射电辐射比较稳定，它是射电天文设备标校的一个很好和常用的目标，在1.8厘米、2.0厘米、2.5厘米、25厘米、30厘米波长上和30～60厘米波段内测量的射电有效温度分别为226K、225K、225.5K、226K、227K和225K。

（颜毅华）

月球探测　lunar exploration　利用航天器对月球进行的各种探测。

早期月球探测　最初的月球空间探测是在冷战背景下展开的。1959年1月2日，苏联发射了月球1号，1月4日从距月球表面7500千米的地方掠过；3月3日，美国发射了先锋4号探测器，从距月面59 000千米的地方飞过。两个探测器随后都成了围绕太阳运行的“人造行星”。

接下来苏联有一系列领先世界的月球探测：1959年9月12日发射的月球2号第一次到达并撞击月面；10月4日发射的月球3号第一次拍摄了月球背面。1966年1月31日发射的月球9号第一次在风暴洋附近软着陆；3月31日发射的月球10号第一次实现绕月飞行。1970年9月12日发射的月球16号在丰富海着陆，并采集了120克月岩样品送回地球；11月10日发射的月球17号在雨海着陆，所载月球车1号第一次在月面进行了10个半月的考察。

美国积极追赶。1964年1月30日发射的徘徊者6号撞击静海；7月28日发射的徘徊者7号撞击云海，并在撞击前发回了4308张月面照片。1966年5月30日发射的勘察者1号在风暴洋软着陆，并发回11 150张月面照片。1966～1968年，美国又发射了5个月球轨道环行器，为将要进行的阿波罗载人登月选择着陆地点。它们探测了月面99%的区域，获得了月球表面地形、放射性、矿物含量和引力场的数据，选出了10个候选登月点。

美国航空航天局的“**阿波罗**”**计划**提出于20世纪60年代初。在连续发射不载人飞船进行各种试验和准备之后，1968年12月21日发射的阿波罗8号第一次实现载人绕月并安全返回，并拍下了地球从月面升起的图像。1969年7月16日发射的载有三名宇航员的阿波罗11号飞船，第一次实现载人登月。

飞船由指令舱、服务舱和登月舱三部分组成。到达月球时服务舱发动机制动，使整个飞船进入绕月轨道。然后留一名宇航员驾驶指令舱，另两名宇航员乘登月舱分离并下降至月球表面。完成月面探测后，携带的起飞舱带宇航员飞离月面返回月球轨道并与服务舱和指令舱对接。宇航员进入指令舱后，起飞舱被抛弃。然后服务舱发动机点火把飞船推入返回地球的轨道。最后，服务舱也被抛弃，只有指令舱带着三名宇航员返回地球。

指令长N.阿姆斯特朗是第一个登上月球的地球人，他踏上月面时留下了名言：“这是个人的一小步，却是人类的一大步。”

至1972年，“阿波罗”计划共有12名宇航员登陆月球，带回了380多千克月岩和月壤，用于研究月球的起源、内部结构和演化历史。

经过近20年的沉寂之后，日本于1990年发射用于探测地月空间的飞天号，进入绕地大椭圆轨道。3月18日，飞天号释放羽衣号子卫星，进入绕月飞行轨道，但因发射机失能而未有成果。1992年2月15日，飞天号也进入月球轨道，于1993年4月10日撞向月球。

美国于1994年和1998年分别发射了克莱门汀号和月球探测者号。前者对月面进行了多波段扫描摄影和高精度测绘，后者对月面元素分布进行探测，并且发现极地存在水冰的迹象。

21世纪月球探测　进入21世纪，月球探测的热度不减。欧洲空间局离子推进的斯玛特月球探测器1号（SMART-1）于2004年11月15日进入绕月轨道，2006年9月3日撞向月面。2007年9月14日，日本发射了月亮女神号绕月探测器。2008年10月22日，印度发射了月船1号绕月探测器。2009年6月19日，作为重返月球计划的一部分，美国用一枚火箭发射了月球勘测轨道器和月球环形山观测与遥感卫星两个飞行器。2023年8月23日，印度发射的月船3号探测器在月球南极附近成功软着陆，成为继苏联、美国、中国之后第四个成功软着陆月球的国家。

中国月球探测　早在2004年，有关月球探测的**中国嫦娥工程**即批准立项。而中国的月球探测正式开始于2007年。2007年11月5日，**嫦娥一号**探测器到达月球，并在绕月轨道上持续进行了14个月的探测，于2009年3月1日撞击月面。2010年10月，**嫦娥二号**到达月球，速度比嫦娥一号快了一倍。在对月面进行了8个月高分辨率测绘后，离开月球到达日地L2拉格朗日点平衡点短暂停留，然后又在飞越了**近地小行星**图塔蒂斯（4179号）后进入深空。2013年12月14日，**嫦娥三号**在虹湾软着陆，并释放了玉兔号月球车，创纪录地在月面一直工作到2016年8月4日。2018年12月8日，**嫦娥四号**发射成功，并于2019年1月3日成功在月球背面着陆，实现了人类首次月球背面软着陆和巡视探测。2020年11月24日，**嫦娥五号**发射成功并于12月1日在月球正面预选着陆区着陆。12月17日凌晨，嫦娥五号返回器携带重量为1731克的月球样品成功返回地球，这是中国首次实现月球采样返回。

根据中国2022年1月28日发布《2021中国的航天》白皮书，未来几年，中国探月工程四期将继续实施嫦娥六号、嫦娥七号以及嫦娥八号等多项任务，向深空探测强国发展。（李广宇）

月球物理天平动　physical libration of the Moon　月球的实际自转状态和卡西尼定则之差。月球天平动的一种。1693年，天文学家G.D.卡西尼根据长期的观测归纳出了三条描述月球自转的经验定则——卡西尼定则：①月球以等角速度绕固定轴由西向东自转，自转周期为一个恒星月。②月球自转轴与黄道的交角不变。③月球赤道面与黄道面的交线同月球轨道面与黄道面的交线重合，月球赤道面和月球轨道面分别位于黄道面两侧。

如果月球是一个均匀圆球，则可以从力学上证明这三条定则是正确的。但月球并不是一个均匀圆球，它的实际自转状态要复杂得多，而卡西尼定则只是一种近似的描述。早在17世纪，**I.牛顿**在他的《自然哲学的数学原理》一书中就指出了应该存在月球物理天平动。但由于它实在太小——只有2′，从地面上看还不到1″，所以直到19世纪才由 F.W.**贝塞尔**指导他的学生用量日仪证实了它的存在。

通常用ρ、σ、τ三个量来表示月球物理天平动。ρ为纬度天平动，它表示月球自转轴与黄极交角的变化；σ为交点天平动，它反映了月球自转的不均匀性；τ为经度天平动，它反映了月面沿经度方向的摆动。最早的月球物理天平动解析式是由海因根据P.A.汉森的**月球运动理论**在20世纪初给出的。由于当时计算条件的限制，他们不得不作一系列的线性化和近似处理，这大大地影响了结果的精度。为了适应**月球激光测距**和宇宙飞行的需要，美国利用电子计算机求出了比较精确的解析式。它们的首项是：

$$\rho = -98''.5\cos l + 23''.9\cos(l-2F) -11''.0\cos(2F) + \cdots$$

$$I\sigma = -100''.7\sin l + 23''.8\sin(l-2F) -10''.6\sin(2F) + \cdots$$

$$\tau = 91''.7\sin l' + 20''.1\cos(2l-2F) -16''.9\sin l + \cdots$$

式中l、l'分别为月球和太阳的平近点角；F为月球平黄经L与月球轨道升交点黄经Ω之差；I为月球自转轴与黄极的交角，约等于5521″。月球自转轴的指向及其自转不均匀性有一个振幅约为100″的摆动，周期为1个月；而在经度方向上则有一个振幅约为90″的摆动，周期为1年。（童　傅）

月球运动理论　theory of the motion of the Moon　用牛顿力学或其他动力学（如广义相对论）研究月球运动而形成的理论。月球是离地球最近的天体。古代人用月球的位相变化计量时间，所以非常注意月球的运动。据《**开元占经**》所载，中国战国时代**石申**就已经知道月球运动的速率是有变化的，时常偏离到黄道以南或以北，称速度较快时为“朓”，较慢时为“侧匿”。希腊天文学家**依巴谷**首先提出月球轨道是偏心圆，其拱线在移动。他还测定了月球轨道对黄道的倾角和交点的运动。**托勒密**发现由太阳引起的月球运动的最大黄经摄动项“出差”（约1.27°）。在以后1000多年中，对于月球运动规律的认识并无多大进展。直到16世纪丹麦天文学家**第谷**才在观测中发现了二均差（约0.66°）和周年差（约11′）。

1687年，I.**牛顿**提出**万有引力定律**，从力学原理上解释了月球运动的规律。他在《自然哲学的数学原理》一书中证明，由于太阳摄动力的作用产生了月球运动的主要周期差和近地点的进动；他还得出过去的观测中没有发现的其他周期差。牛顿未完成的月球运动理论工作在18世纪由L.欧拉、A.-C.克莱罗、J.le R.达朗贝尔和P.-S.**拉普拉斯**等人继续进行。到19世纪末，一共提出了几十种研究月球运动的方法，其中较好的有十几种。

影响月球运动的因素很多，其中最主要的是地球和太阳的引力。因此，通常把月球运动问题的求解分为两步。第一步先考虑地球和太阳的主要影响，称之为“主问题”，也就是假定太阳、地球和月球三者都是质点，地月系质量中心沿固定的开普勒椭圆轨道绕着太阳运动，从而求出月球相对于地球的轨道。主问题的解求出以后，第二步再考虑其余因素对主问题的解的摄动影响。需要考虑的摄动有：①由于地球和月球不是均匀正球体而引起的形状摄动；②行星的引力摄动；③由太阳偏离主问题中的理想椭圆而产生的影响；④潮汐摩擦；⑤相对论效应；⑥由黄道坐标系的转动而引起的附加摄动等。

在18世纪，根据拉普拉斯理论计算出来的月球位置历表，准确度只到0.5′。到了19世纪，这个历表已不能满足实际需要，因此，提高月球运动理论的精度，就成为**天体力学**的一个主要课题。当时曾提出了许多理论，其中最突出的是P.A.汉森和C.-E.德洛内的理论。汉森用一个大小和形状不变的，并在空间转动的椭圆作为**中间轨道**，然后计算该椭圆平近点角的摄动，以及月球在向径和椭圆平面法向上的坐标差。汉森根据这个理论建立的月球运动表在1862～1922年成为各国**天文年历**计算月球历表的依据。德洛内月球理论采用瞬时椭圆轨道根数为基本变量，并将它改变为正则共轭变量，利用分析力学中的正则变换逐个消去哈密顿函数中的周期项。德洛内花费了近20年时间，通过上千次变换消除了400多个周期项，建立了一种纯文字展开的月球运动理论。根据这种理论计算的月球历表精度并不很高（收敛性差），但是他创立的方法为天体力学的**变换理论**奠定了基础，对天体力学的发展有重大影响。

19世纪末，G.W.希尔发展了欧拉月球理论中关于以直角坐标为基本变量和旋转坐标系的概念，建立了一种新的月球运动理论。其特点是：①用一个考虑到太阳主要影响的周期轨道作为中间轨道。②采用按太阳平均角速度旋转的坐标系统作为参考系统，使太阳的坐标有较为简单的表达式。③计算直角坐标的摄动，使运动方程具有纯代数的对称形式，这样既便于编算月球的历表，又可避免摄动函数按椭圆要素展开的繁杂运算。④在摄动函数展开中，对参数m（太阳与月球平均角速度之比）一开始就用数值代入，其他参数则保持文字形式。由于参数m的数值测定得极为精确，这样处理既能保证很高精度，又避免了展开过程中许多繁杂的运算，但缺点是没有提供对m的偏导数。希尔还精确计算出月球近地点的进动。J.C.亚当斯用类似的方法计算了交点的运动，解决了以前月球理论所难以解决的问题。20世纪初，E.W.布朗使用希尔和J.C.亚当斯的方法，并加了一个微分改正过程，使表达式系数的有效位数提高了一倍，最后他编制了《月球运动表》。1923年起，国际上天文年历中的月球历表就采用布朗的《月球运动表》进行计算。

20世纪50年代以来，随着空间技术的发展以及雷达和激光测距等新观测手段的运用，精度为几千米量级的原有月球历表已不能满足需要，建立一个具有米级甚至更高精度的月球历表的任务提到日程上来。电子计算机问世以后，W.J.埃克特在希尔－布朗理论的基础上进行了一系列的工作，如重新整理黄纬摄动项和月球直角坐标到球坐标的转换，采用历书时和新天文常数系统。这些结果成为计算天文年历月球历表的依据。埃克特虽然改善了按希尔－布朗理论计算出来的月球历表的精度，但仍没有根本性的提高，因此必须寻求建立新的理论的途径。在建立新的月球运动理论的工作中，最突出的是A德普里特、J.亨拉德和A.罗姆所从事的分析月球历表工作。他们吸取了德洛内方法的纯文字展开的优点，利用电子计算机，根据李变换，在更高精度上重新推演了德洛内理论。所得结果在分析结构上比德洛内理论更完整，在数值精度上比希尔理论更高。可是黄经表达式中的少数项仍有2～10米的误差。

在月球运动研究中曾出现一些富有意义的问题，并导致某些重要现象的发现。例如，E.哈雷根据对古代日食资料的分析发现月球运动存在长期加速，即月球平黄经包含加速度项σT^2（T为按初始历元起计的世纪数），长期加速度系数σ约为11″。以后拉普拉斯也发现类似现象，他认为这是由地球轨道偏心率的长期变化引起的，并计算出σ理论值为10.4″，凑巧与观测结果符合。J.C.亚当斯通过更严密的计算得出σ的理论值应为5.72″，只及观测值的一半。这个问题引起了人们的注意。一直到20世纪20～30年代，S.纽康、W.德西特和H.S.琼斯对月球的运动进行了大量细致的分析和计算，才得到比较满意的结果，认为月球长期加速度中留下的一半可用地球潮汐摩擦来解释。潮汐摩擦使地球自转速度逐渐变慢，反映到月球运动上，就产生了月球黄经长期加速的表观现象。对月球的长期加速度反复研究，终于发现了地球自转的不均匀性。地球自转不均匀性使得天体的理论位置与实际位置产生偏差，因为月球是视运动最快的自然天体，这种差别就更为明显。人们因为长期不了解地球自转的不均匀性，一直认为是月球理论本身存在缺陷。1960年以后，天体历表采用历书时代替世界时进行计算，月球理论这一“缺陷”才得到弥合；而对月球运动的观测和研究的结果，则被用来确定世界时对历书时的改正值。（李能耀）

月食 lunar eclipse 地球上看到月球进入地球的影子后月面变暗的现象。发生月食的原因与日食类似，但也有所不同。对地球而言，当月球运行到与太阳相反的方向，即地球处在日月之间时（三者无须在一直线上），看到的是月球被太阳照亮的半球，就是满月，也称为望，它对应于农历十五，有时十六。如果地球绕太阳的轨道与月球绕地球的轨道是在同一平面上，则每逢农历十五或十六，日地月三者将处在一直线上，使月球处在地球的影子里面而显得暗淡无光，就是月食。但实际上地轨和月轨并非在同一平面上，而是相互倾斜5°9′的交角。因此一般情况下，在望日并不会发生月球进入地球影子的月食。只有当月球运行到月轨和地轨平面的交界线附近又逢望日时，日地月三者才会正好或近于一条直线，使射向月球的太阳光被地球遮挡，出现月食现象。这就是月食总是发生在望日（农历十五或十六），但并非每逢望日都有月食的原因。

月食也有几种不同类型。如图1所示，当月球的一部分进入地球本影时，进入地影的月面部分将变暗，就是月偏食；当月亮整个进入地球本影时，整个月轮将显得暗淡，就是月全食。若月亮仅仅是进入地球的半影，天文学上称为半影月食，这时月球的亮度减弱很少，肉眼是觉察不到的，一般不称为月食。实际上即使是处在地球本影中的月偏食和月全食，被食的部分月轮或整个月轮也并非完全暗黑，而是呈暗弱的古铜色，这是地球大气对太阳光散射和折射造成的。地球大气分子把太阳光中波长较短的蓝光和紫光散射到其他方向，而剩下波长较长的红光和黄光折射到月亮上，使其成为古铜色。

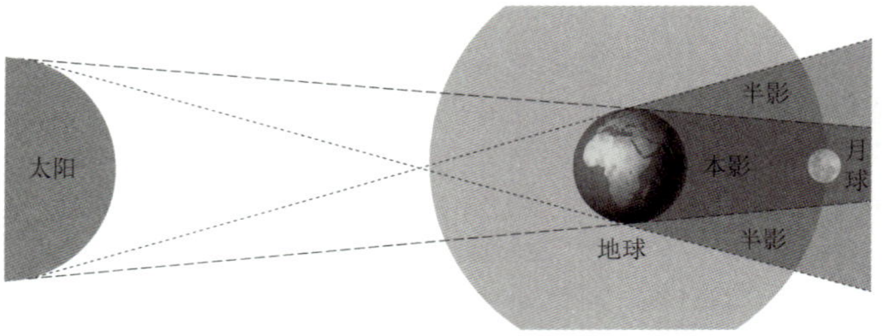

图1 月食成因

月球在地影中由西向东运动，因此与日食相反，月食总是从月轮的东边缘开始，在西边缘结束。月全食的整个过程包含五个阶段（图2）。月食的食分定义为月轮进入地球本影的最大深度（即图2中食甚时月轮上边缘最高点a与地影下边缘最低点b的距离）与月轮直径之比。月偏食的食分小于1，月全食的食分等于或大于1。月食与日食的另一不同点是地球上不同地区的居民是在同一时间看到月食的。只要能看到月球的地方，看到的月食过程是一样的。

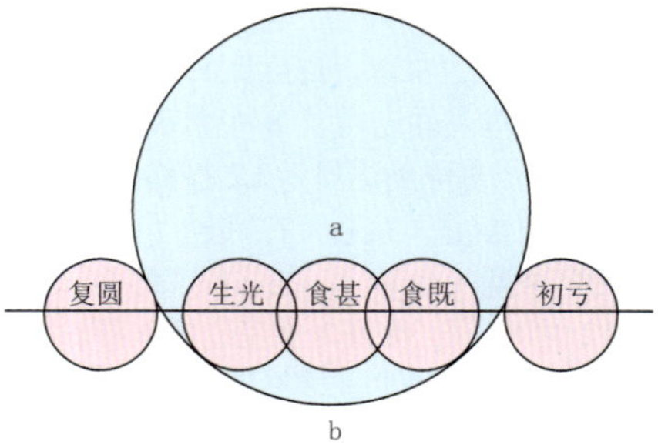

图2 月食不同阶段的定义

天文学家的计算表明，发生月食的机会比日食少，但每次月食时，地球上夜间半球的居民都可看到，因此对任一地区来说，看到月食的机会反而比日食多。

由于地球影子的长度超过月地距离（地球影子的直径也远大于月球的大小），不会出现月球进入地球伪本影的情况，因此没有月环食。（林元章）

月相 phase of the Moon 月球视面圆缺变化的各种形状的统称。月球本身并不发光，而只是反射太阳光。月球绕地球运转，

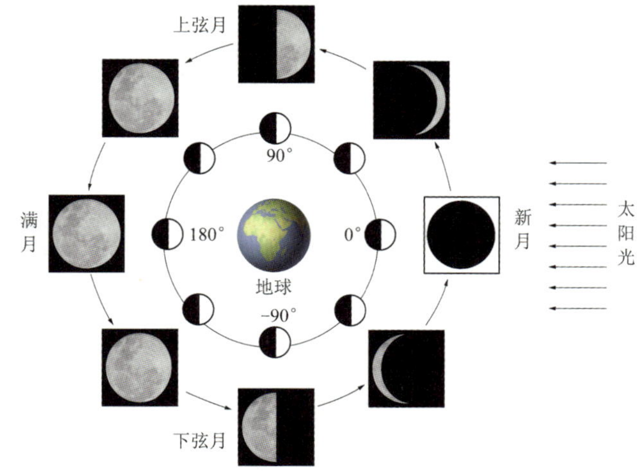

不同月相示意图

地球绕太阳运转，从而使得月球、地球和太阳三者的相对位置不断变化，因此地球上观测者所见到的月球被照亮部分也在不断变化，从而产生不同的月相。月相与月球、太阳之间的黄经差有对应关系，当黄经差为 0°、90°、180°和 270°时，月相依次为新月（朔）、上弦、满月（望）和下弦。月相更替的平均周期等于 29.530 59 日，即朔望月的平均长度。月相可从**月龄**大体上推算。中国夏历（农历）日期基本符合月相变化。每月初一必定是朔；至于望，则可能发生在十五、十六、十七这三天中的任一天，以十五、十六居多。 （阎林山）

月掩射电源 lunar occultation of radio source 地球观测者或地月空间观察者看月球时，月球遮掩了视线方向上来自更远处的射电辐射源的现象。类似于光学天文中**月掩星**。通常被遮掩的射电源横向视觉尺度远小于月球角直径，进行遮掩时段的射电天文观测可以获得被遮掩射电源的位置和结构细节、延展大小，或者获得月球外缘的精细轮廓，即使在米波段也可以达到 0.1″的高分辨率。

历史上月掩射电源最早是由英国焦德雷尔班克 76 米直径**射电望远镜**开创，之后**美国阿雷西博天文台** 305 米球面射电望远镜也进行了这类观测。印度还专为月掩源巡天观测在乌塔卡蒙德建造了大型米波望远镜。地面观测时，通常这种方法只能对黄道面南北附近约 12°空间带范围内的射电源才适用，需要经过 9.3～18.6 年才能对同一个源重复进行观测。未来的在地月空间飞行的射电望远镜也可以开展类似的观测而不受这个制约。 （平劲松）

月掩星 lunar occultation of star 月球视圆面掩蔽恒星的现象。在没有任何遮挡的假想情况下，光路通过月球的恒星星光将穿过月球继续传播并经历特定的时空区域，位于该区域的观测者都将见到月掩星现象。在地基观测者看来，平均直径约等于 0.5°的月球视圆面每 27.3 天左右在星空背景上绕行一周，所扫过的天区面积有 180 平方度之大。因此，月掩星是一种比较常见的**天象**。此外，由于月球绕地轨道变化并不剧烈，因此地基观测者见到同一颗恒星不断重复被掩的概率也比较大。

除地球表面的见掩区域外，针对地基观测者的月掩星预报还包括观测者所见的掩始和掩终事件的发生时刻及其在月球视圆面边缘上的具体发生位置。有关理论预报决定于月球、被掩恒星和观测者的相对位置模型，以及月球表面形状和天平动模型，因此相应的观测资料有助于改进这些理论模型，并由此限制**星表**和动力学参考架之间的连接参数。尽管随着探月工程的实施和月球激光测距技术的应用，月掩星观测在这几方面的作用有所下降，但计时和测光精度的提高又使得月掩星观测在测定恒星的大小乃至形状参数、发现恒星的伴星等方面的作用有所加强。在上述有关被掩恒星的研究中，往往需要利用同一颗恒星多次被掩过程的高信噪比、高时间分辨率的光变资料。 （傅燕宁）

月质学 geology of Moon 研究月球的物质成分、结构和构造、形成和演化历史的一门学科。即月球地质学。20 世纪 50 年代以前，人们通过望远镜对月球进行各种观测，编制出各种**月面图**，但这只限于研究月球表面的地理特征，属于**月面学**的范畴。1959 年苏联发射的第一枚月球火箭，揭示了月球背面的秘密。1969 年美国“阿波罗”11 号登月（见“**阿波罗”计划**）以来，共采集了数百公斤的各种月球样品，对月球的土壤和岩石的类型、矿物、化学成分、同位素组成、物理性质、月球的形成和各阶段演化过程作了综合研究，编制出各种比例尺的全月月质图和构造图。

月表的大构造单元可划分为**月陆**和**月海**带。月陆是月面上隆起的古老基底，而**月海**则是下沉的叠加在基底构造上的洼陷，如南海－风暴洋月海带（长约 7500 千米，宽约 1500 千米）和月球背面月海带（延伸 5500 千米，宽 700～1500 千米）。月海带的外围为月陆隆起带。在整个月面上发育着北－东、南－东、南－北向和少量东－西向的断裂体系，把月面切割成格子构造。

月表的各种“地形”并不是同时生成的：①前雨海纪（距今 46～42 亿年），形成月陆上的古老山地地形。②雨海纪（距今 42～39 亿年），月表受到大量**陨石**碰撞，并形成主要的月海盆地，碰撞时的溅射物堆积成山脉。③风暴洋纪（距今 39～31 亿年），大量火山熔岩喷发，充填月海。④爱拉托逊纪（距今 31～8 亿年），形成大量月坑，但溅射物形成的辐射纹已消失。⑤哥白尼纪（8 亿年前至今），形成有辐射纹的月坑，如哥白尼月坑、第谷月坑等。

月球正面的月质分区如图 1 所示。月面主要有三种类型的岩石：①主要组成月陆的富铝斜长岩（含 $Al_2O_3$15%～20%），是在距今 42～40 亿年前由月球内部的岩浆分离结晶作用形成的。②富铁的（有时是富钛的）月海玄武岩，是在距今 39.5～31.5 亿年前由月球内部的局部熔融而喷发的火山熔岩。此外，月球还有镁质岩套、碱性岩套、KREEP 岩、火山碎屑堆积物等少数岩石类型。月球的表面覆盖着一层 3～10 米厚的月壤。月壤由月岩碎裂成的，碎裂的原因主要是月表温差的变化和陨石的撞击。月壤中还含有**太阳风**和陨石成分。

月岩中已发现近 60 种矿物，其中有 6 种是地球上尚未发现的矿物，如三斜铁辉石［$CaFe_6(SiO_3)_7$］、低铁假板钛矿［$(Mg,Fe)Ti_2O_5$］、钛铬铁矿［$(Fe,Ti,Al,Cr)_3O_4$］、静海石［$Fe^{2+}(Zr+Y)_2Ti_3Si_3O_{24}$］和类似静海石的富锆矿物（X 及 Y 相）。月岩中的矿物几乎不含高价铁和含水的矿物，这说明月岩是在很高的还原条件和缺水的情况下形成的。在月岩和月壤中发现有地球中的全部化学元素。月岩的化学成分同太阳原始星云的平均化学成分相比，难熔的亲岩元素比较丰富，而亲铁、亲铜和挥发性元素比较缺乏（图 2）。月岩中虽然发现有多种有机化合物，如甲烷、乙烷、乙烯、乙炔、各种链状和环状结构的碳氢化合物、卟啉、核酸和氨基酸等，但没有发现存在生命物质的迹象。月表温度的剧烈变化，太阳的强烈辐射，宇宙射线和陨石对月表的撞击，干涸无水的月表和近于真空的环境，都说明月球上不可能有植物和动物，甚至连细菌也难以生存。月面大气的主要化学成分是 He 和 ^{40}Ar，在白天和黑夜，大气的密度分别为每立方厘米有 3×10^3 和 6×10^4 个原子，几乎是真空状态。

月球上没有发现近代的火山活动。根据放置在月球上的月震仪记录，月震很弱，最大的震级是 1～2 级。月震每年释放的能

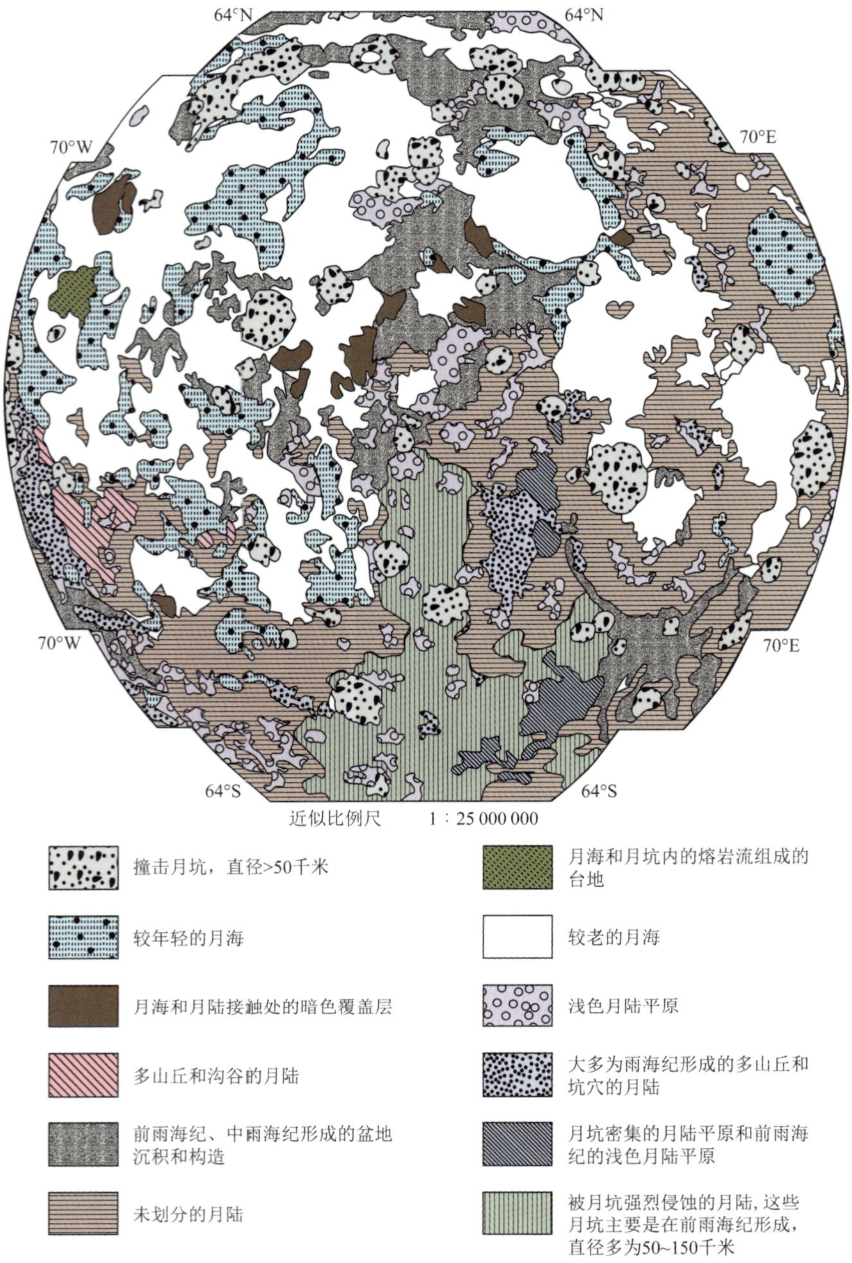

图 1　月球正面月质分区图

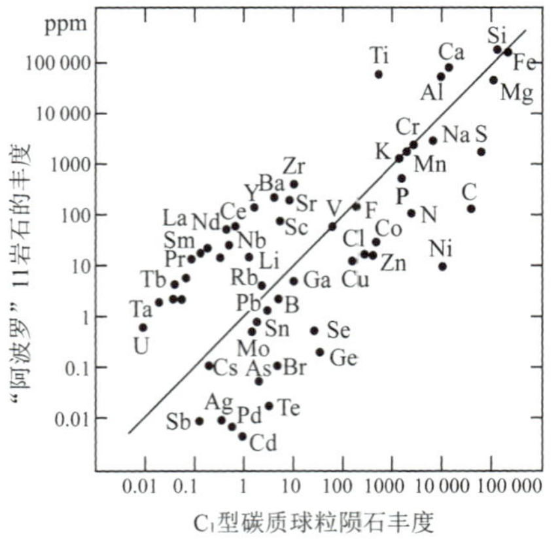

图 2　"阿波罗" 11 号的玄武岩和 C_1 型碳质球粒陨石的元素丰度比较

量相当于地震释放的能量的百万分之一。月震的震源区在深达 700～1000 千米部位。月面热流微弱，表明月球内部温度较低。根据对月球的密度、电导率和放射性元素含量的研究，证明月球内部是刚性的。月球没有明显的磁场，月岩仅有微弱的剩磁，强度约 0.000 36 高斯左右。对月球的重力场研究发现，月球有许多"质量瘤"。通过对月震波在月球内部的传播速度的研究证明：从月面算起，0～25 千米为上月壳，25～65 千米为下月壳，65～1000 千米为月幔，深度超过 1000 千米为月核。月核不是由金属铁组成，可能是由 Fe-Ni-S 及榴辉岩物质组成。

（欧阳自远）

云量照相机　cloud monitor　一种用于天文观测和研究的天文台选址测量设备。通过拍摄全天照片，可以测量天空中云量的覆盖面积。云量照相机不仅可以用于评估天文观测条件，也为现代光学天文选址提供可靠的数据，可以定量分析一个候选台址的云量覆盖频率、范围以及可观测时间的比例。

云量照相机一般采用商用单反相机，匹配广角 180°鱼眼镜头，其视场可以覆盖地平线之上全部天空区域。由于通常在野外台站使用，云量照相机一般均设计为自动工作，其电控系统通常包括一个单片机，用于控制相机，同时包含数据存储和网络通信等功能。这些和光学系统集成封装在一个较小的体积，并可以防雨雪等天气。针对南极等特殊地区使用的云量照相机，还需要有保温等设计。

使用时，云量照相机的一般固定拍摄频率设定为几分钟到半个小时，保证采样均匀，并保持连续工作，满足台站测量的长期性要求。其曝光时间可以根据日夜、**月相**及天气条件自动调节，保证数据质量。利用云量照相机所采集的照片分析全天云量的分布，可以采用人眼识别，也可以利用计算机识别。针对台址评估，通常有效评估区域定义为天顶距 65°以内的天区，特殊需求时，也可以外延至近地平线。

（商朝晖）

云南天文台　Yunnan Observatories　中国科学院下属的天文研究机构。1938 年为躲避日本侵略，中央研究院天文研究所迁至昆明凤凰山（东经 102°45′，北纬 25°02′，海拔 2020 米），成立凤凰山天文台，为中国保留了天文研究的火种。中华人民共和国成立后，改为紫金山天文台昆明工作站，1972 年经国家计委批准，正式成立中国科学院云南天文台，成为中国纬度最低的综合性天文台，先后在凤凰山总部、丽江观测站和抚仙湖观测站建成 1 米光学望远镜、1.2 米应用天文光学望远镜、2.4 米光学望远镜（图 1）、40 米射电望远镜（图 2）、一米新真空太阳望远镜（图 3）等 20 多台望远镜。其中，1 米光学望远镜在 20 世纪 80 年代初配备了中国首个 CCD 相机；1.2 米望远镜是中国首台**自适应光学**望远镜；2.4 **米望远镜**曾是东亚口径最大的光学望远镜；一米新真空太阳望远镜的性能位列世界前三。云南天文台主要从事天文基础研究、应用天文研究、天文人才培养，及**天文望远镜和仪器**的设计、研制等；拥有天体物理、**天体力学**、天文技术与方法三个博士、硕士授权点及光学工程硕士授权点，其中天体物理是国家首批博士学位授权点，设有博士后流动站；出版《天文研究与技术》。云南天文台地处中国

图 1 丽江 2.4 米望远镜

图 2 40 米射电望远镜

图 3 一米新真空太阳望远镜

西南地区，具有得天独厚的天文观测自然条件，致力于打造中国南方天文观测和研究集群。 （白金明 陈 艳）

氤 nebulium 一种假想的、原来以为存在于星云中的元素。1864 年英国天文学家 W.哈根斯用分光法观测星云时，发现星云光谱中有两条波长各为 5007 埃（N1）、4959 埃（N2）的绿色谱线。当时未能证认为任何已知元素的谱线。哈根斯认为它们是由星云中特有的一种元素——“氤”所产生的，并把 N1、N2 称为氤线。1927 年，美国天文学家 I.S.鲍恩证明，氤线实际上是二次电离氧原子的禁线。由于星云中的物质密度和辐射密度极小，星云中大量氧原子处于亚稳态，当这些原子从亚稳态自发跃迁而发射出光子时，就产生这样的谱线。在地上实验室的通常条件下，不可能产生这样的谱线。 （马星垣）

陨石 meteorite 来自行星际空间、穿过地球大气层烧蚀后而残留下来并降落到地面的地外固体物质。除从月球取回的约 384 千克月岩和月壤样品，以及探测器采样返回的小行星颗粒、彗星尘埃和太阳风粒子外，陨石是人类唯一获得的来自地球之外的样品，是可直接在实验室进行分析以认识太阳系形成与演化的窗口。虽然每天降落到地球的地外物质 100～1000 吨，但大约只有 1%可降落到地面成为陨石，绝大部分在穿过大气层时已经燃烧殆尽；而能被发现并回收的陨石则更少，因为很多陨石常常陨落于海洋和人迹罕至的极地、沙漠、高山与森林。因此，陨石是非常稀少而珍贵的科学资源。

命名 陨石通常以其降落地（或发现地）命名。但南极与非洲沙漠等地区，以回收的地区、年代与回收顺序依次排列命名。如 1998～1999 年夏季中国第 15 次南极考察队在格罗夫山地区发现并收集的 4 块陨石的编号为 GRV9801、GRV9802、GRV9803 与 GRV9804；最早被公认为月球陨石的 Allan Hills 81005（简写为 ALH 81005）表示 1981 年发现于南极艾伦丘（Allan Hills）地区的第 5 块陨石。有的地区发现较多的陨石，对学者们来说达到了“耳熟能详”的程度，于是采取了简写的方式，如西北非洲（Northwest Africa）和利比亚的达拉尔加尼（Dar al Gani）地区已被分别简写为 NWA 与 DaG。

陨落过程 现代研究表明，当流星体高速冲入地球大气层时（相对于地球的速度为 15～75 千米/秒），其前端使空气受到强烈压缩，形成极强的冲击波，陨星表面和周围空气温度陡升到几千度甚至上万度，使陨星表面的物质熔化和气化。陨星以很高速度往前冲，与地球大气的分子激烈碰撞而发光，形成耀眼的火球，称为火流星。火球一般在 135 千米以下的高度开始发亮，在距地面 10 千米时消失。在火球消失后的一至数分钟内，地面上即可听见霹雳般的爆炸声和雷鸣声。有时地震仪能记录到较大陨星的冲击波信号和陨星落地时的震动信号。

陨星在高速降落过程中常常发生爆裂。爆裂后的碎块落向地面形成“陨石雨”。1976 年 3 月 8 日 15 时陨落在中国的吉林陨石雨就是一次世界闻名的大规模陨石雨。

陨星降落时强大的冲击波撞击地面，挖掘地面形成的坑穴称为陨击坑。大多数陨石质量不大，陨落时受到大气的阻力，落地前的速度大为减小，一般为每秒几十米到 300 米，因此不能形成陨击坑。而当一个非常大的陨星与地球相遇时，则会在瞬间释放出来巨大的能量，将大部分陨星物质和撞击点附近的地面物质粉碎甚至气化，形成一个相当大的陨击坑外，还把大量的地球物质熔化成滴粒状，散落到地面，成为玻璃陨石的来源；在形成陨击坑时，还会直接影响到地质构造，甚或触发地下深处的岩浆活动。

特征 陨石的大小不等，形状各异。既有重达几吨、十几吨或数十吨的，也有豌豆粒大小的，重量只有 1～2 克，甚至更小。虽然很小，却也是完整的陨石。陨石的形状各种各样，有钝圆锥状、多面体状、椭球体状、扁球形，以及各种不规则的形状。

一般来说，铁陨石质地坚硬，陨落时不易破裂，因而比石陨石的“个头”要大，最大的铁陨石是非洲纳米比亚的霍巴陨铁，重约 60 吨；其次是格陵兰的约克角 1 号陨铁，重约 33 吨；中国新疆大陨铁，重约 30 吨（图 1）。世界上最大的石陨石是中国吉林 1 号陨石，重 1770 千克；美国的诺顿-富尔内斯陨石，重 1079 千克；美国长岛陨石，重 564 千克。

图 1 新疆铁陨石

陨石的外观常常有一层很薄的（不到 1 毫米）的黑色或深褐色熔壳，是陨星在陨落过程中由于高温使表面熔化，在速度降低时冷却凝固而成。陨石的另一特征，就是表面有许多像河蚌壳、指印状的小凹坑，这是陨星与高温气流相互作用烧蚀留下的痕迹，称作气印（图 2）。可以根据气印的排列状况和熔壳上熔凝物质流动的

图 2 吉林 3 号陨石上的熔壳与气印

痕迹来判定陨星降落时在大气层中飞行的方位。

陨石的密度一般要比地球上常见的岩石大。在新鲜断面上，有时能见到闪闪发光的金属颗粒和金黄色的硫化物细粒，大多数石陨石中还能看到许多小球粒。铁陨石有如人工冶炼的铁块，常有灰色的熔壳；铁陨石新鲜断面上可见黄色的硫化物包体，将其磨平抛光能见到非常漂亮的金属结构。

截至2022年9月，全世界获得国际陨石学会正式命名的各类陨石有70105个，其中95%以上为石陨石。近年来地球上找到陨石最多的还是南极洲，仅2003年，中国南极科考队就在南极洲找到4448块各类陨石。

分类 按矿物组成、化学成分和岩相结构可将陨石分为三类：石陨石、铁陨石和石铁陨石。

石陨石 主要由硅酸盐矿物组成，含有少量铁-镍金属和硫化物。石陨石是最常见的陨石，按目睹降落的陨石次数统计，约占全部陨石的92%。根据结构，石陨石又可分为球粒陨石与无球粒陨石，其中球粒陨石约占84%。球粒陨石含有许多球状颗粒。颗粒直径从几十微米至几毫米。球粒结构是地球上的岩石中所没有的特殊结构。球粒主要由橄榄石和辉石颗粒组成，球粒之外的基质是不同结晶程度的橄榄石、辉石、长石、铁-镍金属和陨硫铁等。

按照化学成分和矿物组成，球粒陨石分为3个化学群：E群（顽火辉石球粒陨石）、O群（普通球粒陨石）与C群（碳质球粒陨石）。普通球粒陨石又分为3个亚群：H群（高铁群，橄榄石-古铜辉石球粒陨石）、L群（低铁群，橄榄石-紫苏辉石球粒陨石）、LL群（低铁低金属群，橄榄石-易变辉石球粒陨石）。碳质球粒陨石根据所含水、硫、碳与特征元素比值（Fe/Si、Mg/Si、Al/Si）等又分为CI、CM、CO、CV、CB、CH、CK、CR等多个亚类。

无球粒陨石是一种不含球粒的粗粒晶质陨石，酷似地球上的玄武岩和纯橄榄岩类岩石。它所含的橄榄石比球粒陨石少，长石一般含有丰富的钙。

铁陨石 又称陨铁，主要由金属铁与镍组成，含少量铁的硫化物、磷化物和碳化物。地球上自然铁中镍的含量不超过3%（一般在1%以下），而铁陨石中的镍含量都在5%以上。铁陨石中铁纹石含镍4%～7%，镍纹石含镍20%以上。将铁陨石切割抛光并用稀硝酸蚀刻，大多会出现一种特殊的花纹——维斯台登像（这种花纹仅见于八面体铁陨石）：铁纹石的发亮细条带与镍纹石条带交叉组成网格状花纹。

铁陨石中常见的矿物是铁纹石、镍纹石与陨硫铁等。地球上的自然铁没有维斯台登像。学界对维斯台登像的形成机制尚有争议，其共识是金属中的镍含量是关键因素，同时与某些微量元素（如，磷、硫等）的含量和金属的冷却速率有关。

石铁陨石 介于石陨石和铁陨石之间的过渡型陨石，主要由硅酸盐矿物和铁-镍金属组成，分为橄榄陨铁和中铁陨石两类。

化学成分、矿物成分和有机物 *化学成分* 组成陨石的近百种化学元素与组成太阳、地球、月球等太阳系天体的化学元素是一致的，但各元素的比值不同。无球粒陨石的化学成分与地球上的超基性岩和基性岩的化学成分相近，而其他类型陨石的化学成分与地球岩石差异较大。陨石的矿物、化学、同位素组成及成因的研究表明，CI型碳质球粒陨石的元素丰度可能代表太阳系的平均丰度（氢、氦等挥发性元素除外）。

矿物成分 陨石中的原生矿物主要有以下几大类：自然元素类（石墨、金刚石、自然铜、自然硫等），合金（镍纹石*、铁纹石、四方镍纹石*、铁镍矿等），硅酸盐类（辉石、橄榄石、长石、角闪石、蛇纹石等），氧化物类（石英、鳞石英、方英石、磁铁矿、尖晶石、铬铁矿、褐铁矿、钛铁矿等），硫化物类（陨硫铁、黄铁矿、闪锌矿、黄铁矿、斑铜矿、墨铜矿、陨辉铬矿*、镍黄铁矿等），磷酸盐类（陨磷钙钠石、磷铁锰矿、氯磷灰石等），硫酸盐类（石膏、泻利盐、黄钾铁矾等），碳酸盐类（方解石、白云石、菱镁矿等），氯化物类（陨氯铁），碳化物类（碳硅石、镍碳铁矿等）、硅化物类（等轴硅镍矿）、氮化物类（氮钛矿*），磷化物类（磷铁镍矿等），以及氢氧化物类（针铁矿与纤铁矿）等。

据A.E.鲁宾于2017年发表的综述文章报道，陨石中的矿物种类达435种之多；随着显微分析技术的进步，在1997～2017年，陨石中发现的新矿物约有145种，且绝大部分仅见于陨石。这类矿物除上述有*号的矿物外，还有六方金刚石、硅氮氧矿、氮铁镍矿、硅磷镍矿、硅铁矿、硫铁钛矿、陨辉铬铁矿、硫镁矿、硫铬矿、硫钠铬矿、铬镁硅矿、陨尖晶石、陨碱铁硅石、陨碱镁硅石、陨碱铝镁硅石、陨镁铁榴石、硅氮氧矿、镁铁钛矿、磷镁石、镁磷钙钠石、磷镁钠石、磷镁钙石、磷钠钙石、陨磷镍铁矿、磷铁镍矿、陨氯铁，以及涂氏磷钙石等。

陨石矿物比地球上已发现的矿物（3000多种）少得多，主要矿物与地球上某些岩石的矿物组成没有太大的差别。但是，陨石毕竟处于与地球不同的环境，矿物形成的条件一般是在比较缺水和偏于还原的条件。因此，陨石矿物中很少见到氢氧化物和Fe^{3+}的化合物。有些陨石矿物在特殊条件下会改变矿物的结构相。有些矿物虽然在陨石与地球上都有产出，成分也一样，但由于温度与压力条件的不同而成为两种矿物，如陨石中常见的陨硫铁，在地球条件下则生成磁黄铁矿。

有机物 20世纪70年代初，美国科学家在两块碳质球粒陨石中首次发现并证实了有机化合物的存在。在陨石（主要是碳质球粒陨石）中已发现60多种有机化合物。这些有机化合物是在原始太阳星云凝聚的晚期，于低温和富含挥发成分的环境中合成的。多数人认为这些有机化合物属于非生物合成的“前生物物质”。研究表明，地球形成时也有大量的有机化合物加入，但后期复杂的地质过程使这些有机物难于辨认，而陨石母体却保存了“襁褓时期”的有机化合物。有些人认为在星云中的放电过程或在强的紫外辐射条件下，星云中的CH_4、H_2O、NH_3、H_2等有可能合成氨基酸和其他有机化合物。也有人认为由于太阳风或宇宙射线的作用，星云中尘埃表面俘获的星际有机分子进一步演化，形成复杂的有机化合物。

陨石年龄 根据不同的演化阶段，陨石年龄可分为形成年龄、暴露年龄与居地年龄等。

形成年龄 陨石母体的凝固年龄，又称晶化年龄。实际上也就是陨石母体凝聚的年龄。陨石素有太阳系“考古”标本之称，因而测定陨石的形成年龄对太阳系演化的年代学研究有极其重要的意义。陨石中铀-铅、钍-铅、钾-氩、钐-钕和铷-锶的同位素组成所测得的陨石凝结年龄（45.7±0.3亿年，即45亿～46亿年），被视为太阳系各行星形成的年龄。陨石中^{40}Ar-^{9}Ar、K-Ar和U-He年龄与U-Pu径迹年龄的测定，可以确定陨石母体中稀有气体Ar、He的保存年龄和矿物中径迹保存的年龄，为探讨陨石母体的大小、行星和陨石母体的热变质历史与内部的冷却历史提供了有效的方法。

暴露年龄 陨石脱离母体后在宇宙空间暴露于宇宙射线辐照下的年龄，又称辐照年龄。即陨石在行星际空间运行的时间，又称宇宙暴露年龄。各类陨石的暴露年龄各不相同：石陨石一般为200万～8000万年；铁陨石一般超过2亿年，铁陨石的暴露年龄差异更大，从400万年到23亿年。从陨石的暴露年龄可以了解陨星在太阳系

空间运行的某些轨道要素。陨石暴露年龄的频谱和月球各种月坑的暴露年龄（月坑的形成年龄）的频谱，描绘了太阳系空间碰撞事件的某些规律。

居地年龄 陨星陨落到地面成为陨石到被发现的时间。又称落地年龄或陨落年龄。很多降落在荒无人烟地区的陨石都不知道落地年龄，特别是南极冰层中的陨石，不同降落年龄的陨石常常混杂在一起。查明其降落年龄既可鉴别出“成对”或“成群”陨石，又有助于探讨冰层的移动方向与速度。

陨石与太阳系演化 一百多年来，运用科学方法对陨石开展了多学科的综合研究。尤其在现代，应用新的实验手段，如中子活化、电子探针、离子探针、质谱仪等，获得大量陨石研究的新资料，有力地促进了*太阳系起源和演化*的研究。

太阳系物质来源 陨石中的氧、镁、钙、锶、钡、钕、钐、碲、铀和各种稀有气体同位素组成有明显的异常。其原因可能是当星云在凝聚形成行星和陨石母体时，有邻近*超新星*爆发产物的进入“污染”了星云；也表明星云中可能残存着“前太阳”的成分，而星云的分馏、凝聚过程又没有稀释或消除这种影响。因此，太阳系的物质来源有可能不是单一的。

一般认为，组成CI型碳质球粒陨石的物质是太阳系中最原始的物质。许多碳质球粒陨石的富含难熔相的包体矿物中也发现 ^{26}Mg 有不同程度的异常。^{26}Mg 是由 ^{26}Al 衰变而成的，矿物中 $^{27}Al/^{24}Mg$ 值与 $^{26}Mg/^{24}Mg$ 值呈明显的正相关关系。一种模型认为 ^{26}Al 不可能是太阳系元素形成时的残留，而是星云凝聚形成陨石包体时，由邻近超新星爆发而产生的，注入星云后使富 Al 矿物中的 $^{26}Mg/^{24}Mg$ 值增高。

有些学者研究了陨石、月球和地球物质中的 $^{17}O/^{16}O$ 与 $^{18}O/^{16}O$ 后指出，碳质球粒陨石有相对过剩的 ^{16}O。^{16}O 组成的异常可能与太阳系外物质的加入或/和太阳系早期的光化学反应有关。根据氧同位素的研究，可以将太阳系物质分为六种不同的来源。在一些陨石中还发现 Sm、Nd、Ba、Sr 同位素组成的异常及 Xe 同位素的“V”型异常，说明陨石中确实存在过某些“已灭绝”的元素，如 ^{244}Pu 与 ^{243}Am 等。

星云凝聚过程 陨石的研究还描绘了星云的凝聚过程：最早是难熔元素及其氧化物的凝聚，接着是钙、镁硅酸盐和铁镍金属凝聚。碱金属硅酸盐大约在1100K时凝聚，680K开始有硫化铁凝聚，400K时形成含水硅酸盐；温度再降低时则凝聚出水、干冰等物质。

行星化学演化 通过对微量元素的研究，得知一些行星、月球及某些陨星形成时的温度：水星约1400K，金星约900K，月球650～700K，地球约560K，火星约480K，木星可能为220K；普通球粒陨石中H群约570K，L群约455K，LL群约450K；碳质球粒陨石低于400K。

陨石母体、月球和类地行星内部的化学演化过程主要与质量和初始化学成分有关，大致可以分为三种类型。①陨石母体型（小行星型）。由于质量小，内部积累的能量少且散失快，因而陨石母体内部一般难于产生局部熔融，也不发生构造岩浆运动，难于分化出核、幔和壳层结构。元素在陨石母体内的移动仅以固体扩散（热变质过程）方式进行。热变质温度一般小于1000℃。②火星－水星－月球型。它们在形成后的10亿～20亿年间由于积累的能量相当高，内部发生了局部熔融，并产生剧烈的构造岩浆运动。亲铁元素和FeS在深部富集形成核及幔的一部分，而较轻的亲石元素在表面富集组成幔的一部分和壳。形成20亿年后，一般没有大面积的火山喷发，逐渐演化成为内部僵化的星体。大气层一般都很稀薄。其外貌特征是由古老的火山作用和陨星冲击所致。③地球－金星型。在形成46亿年以来的漫长岁月中，星体内部物质不断产生局部熔融和化学分馏，逐步形成核、幔和壳。行星内部的除气过程所排出的气体为行星所俘获，形成浓密的大气层与水圈。由于各种内力和外力的作用，星体表面不断得到改造，且为年轻的地层和岩石所覆盖。

（欧阳自远 倪集众 王 英）

陨铁 meteoric iron 主要由铁、镍组成的较为罕见的一类陨石。见*陨石*。

Z

灾变说　catastrophic hypothesis　认为太阳系的形成是宇宙中某种偶然巨大事件结果的学说。**太阳系**起源学说之一类。第一个灾变说是法国动物学家G.L.L.布丰于1745年提出的。布丰受1680年大彗星接近太阳一事的启发，设想曾有一巨大的彗星掠碰到固态太阳的边缘，使**太阳自转**，同时，碰出的一些物质绕太阳旋转，这些物质最后形成行星。这个学说否认上帝创世，一度影响很大，但它在科学上有明显错误。例如，彗星的质量比地球要小好几个数量级，即使碰到太阳也不会碰出多少物质；另外，太阳也不是固态的，等等。大多数灾变说都产生于**康德和拉普拉斯星云说**之后，企图以外来因素解决太阳系角动量特殊分布的难题。

1900年，美国地质学家T.C.张伯伦提出了"星子说"（或称"微星说"）。后来，他同美国天文学家F.R.摩耳顿合作，加以修改和发展。他们设想，以前有一颗恒星运行到离太阳只有几百万千米的地方，在太阳的正面和反面掀起两股巨大的潮。从太阳喷出的物质逐渐汇合形成一个围绕太阳的气盘，然后凝聚成许多固态质点，再集聚成固态块，称为"星子"，最后它们聚合成行星和卫星。1916年，英国天文学家J.H.金斯提出了著名的"潮汐说"。他假定有一巨大的恒星接近太阳，在它的作用下太阳表面产生潮汐隆起物；正面的隆起物相当大，逐渐脱离太阳，形成一雪茄烟形的长条绕太阳旋转，长条内气体凝聚，进而集结成各个行星。这个学说被以后的理论计算所否定。

金斯以后的灾变说主要有：①H.杰弗里斯的"碰撞说"，认为另一颗恒星与太阳擦边相碰，碰出的物质形成了行星系。②R.A.里特顿等人的"双星说"，认为太阳是**双星**的一个子星，这对双星因受第三颗恒星作用，分出物质，形成行星系。③F.霍伊尔等人的"超新星说"，认为太阳的伴星是**超新星**，它爆发出的一部分物质被太阳俘获。为了说明观测到的事实，绝大多数灾变说都要假设许多偶然因素，这是灾变说的主要弱点。另外，它们都不能解释太阳系角动量特殊分布的问题，事实上从太阳分出的炽热物质容易扩散而不可能凝聚成行星。因此，这些学说都被否定了。提倡灾变说的某些天文学家后来也改而主张星云说。　　（初　一）

再电离时期　reionization era　宇宙演化历史中，重子物质在第一代恒星形成发出的电离光子的作用下，从中性状态再次回到电离状态。再电离包括中性氢的再电离，中性氦的再电离和一次电离氦的二次再电离。由于宇宙中的重子物质以氢元素为主，在不指明的情况下，通常默认是中性氢的再电离。

大爆炸之后一段时间之内，宇宙处于高温度和高密度的状态，粒子之间频繁碰撞，原子核无法束缚住电子。此时重子物质处于电离状态。随着宇宙的膨胀，到了红移1100左右，其温度和密度已经足够低，电子与原子核复合形成中性原子，且光子与电子退耦，形成**宇宙微波背景辐射**，这被称为**复合时期**。

此后宇宙进入黑暗时期（见**宇宙黑暗期**）。在黑暗时期中，宇宙中没有发光的天体，**暗物质**在引力作用下在原初密度扰动较大的区域结团形成**暗物质晕**，气体也在暗物质晕内聚集并被加热。到红移30左右，暗物质晕的内气体通过氢分子冷却，第一代恒星形成并开始发光，黑暗时期结束。

一般认为，第一代恒星质量可达几十甚至上百太阳质量，表面**有效温度**约为10^5K，能发出较多的电离光子。这些光子电离了恒星附近的气体，形成包裹恒星的电离泡泡（bubble）。随着红移进一步降低，越来越多的第一代恒星形成，并且**第一代星系**也开始出现。星系会发出更多的电离光子，因此电离泡泡越来越多，也越来越大。在宇宙中物质密度较高的区域，星系形成较早且数量较多，临近的电离泡泡之间会发生交叠（overlap），连通起来形成一大片电离区域。电离泡泡内的重子物质近乎完全电离，更易于电离光子传播，因此交叠发生之后电离光子能够传播到离电离源很远的地方，甚至形成一个全局性的电离光子背景，再电离成为宇宙中的一个全局性过程。

到红移6左右，宇宙中几乎所有位于星系之间的中性氢都再次回到了电离状态，剩余的中性氢主要分布在星系内部。至此，宇宙再电离结束。再电离过程在宇宙演化历史中的位置见下图。氦原子的电离能与氢原子的电离能比较接近，因此中性氦的再电离过程与中性氢的再电离过程类似，而且电离光子都主要是由星系提供。但是，一次电离氦的电离能较高，星系发出的光只有很少一部分能够把它们电离，因此一次电离氦的二次再电离主要依赖于**类星体**提供的电离光子，这个过程要到宇宙中的类星体大量形成之后才能完成，一般认为在红移3～2。

通过测量不同红移的**星系际介质**的温度、密度和电离度的平均值与大尺度结构，人们可以观测再电离过程。人们观测的主要是再电离时期的中晚期。以下是几种主要的手段。

高红移类星体的冈恩–彼得森槽（Gunn-Peterson trough）。莱曼α光子以及频率更高的光子会被中性氢吸收，如果产生连续谱辐射的类星体处于中性介质中，则在观测到的它的连续谱上频率大于莱曼α的范围内会看到很明显的吸收槽，而如果类星体处于电离介质中，则看不到这样的吸收槽。在实际中人们发现，在红移高于6的类星体的连续谱上有冈恩–彼得森槽，而红移低于6的类星体则没有，从而表明再电离最迟至约红移6结束。除了类星体之外，人们也在高红移**γ射线暴**的余晖上观测到了冈恩–彼得森槽。

自由电子对宇宙微波背景光子的汤姆孙散射的光深。宇宙微波背景光子来自远远比再电离更早的时期，因此会被观测者之前的自由电子散射。通过测量散射光深，即可得出自由电子柱密度，并换算成再电离的参数。根据普朗克卫星的最新测量结果：再电离光深是0.058±0.012，对应于再电离应发生在红移7.8～8.8，在红移10的时候星系际介质的平均电离度应

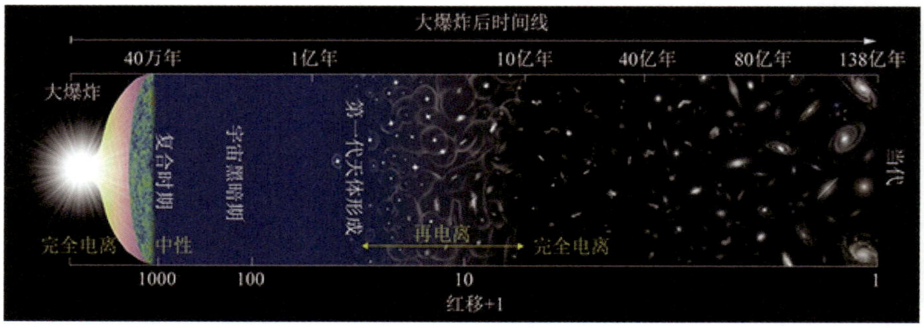

宇宙演化历史中的复合时期、黑暗时期、再电离时期

小于 10%。

中性氢 21 厘米发射线。21 厘米发射线是中性氢的超精细能级跃迁产生的。通过观测这个发射线可以直接绘出再电离时期星系际介质的三维结果。已经有若干低频射电干涉仪阵列投入到这个观测中。

莱曼 α 发射体（LAE）空间分布的偏袒性。人们观测到的莱曼 α 发射体总是位于较大的电离泡泡内。再电离早期，中性区域占据主导，这样的电离泡泡非常稀少，因此莱曼 α 发射体的空间分布具有很高的偏袒。随着再电离的进行，电离区域越来越多，莱曼 α 发射体的空间分布变得越来越均匀。因此，通过测量它们的空间分布，可以间接推出再电离过程。此外，莱曼 α 发射体本身的光度函数，以及它占莱曼断裂星系（LBG）的比例都与宇宙的平均电离度有关，因此也可以用来间接推断再电离过程。

（岳　斌）

再电离时期射电信号　radio signals from the epoch of reionization　宇宙再电离时期的中性氢 21 厘米信号红移到米波波段。宇宙在大爆炸之后进入了漫长的黑暗时期，直到第一代发光天体形成并产生高能光子电离星系周围的气体。随着气体的电离，氢原子超精细结构能级之间的跃迁产生了波长为 21 厘米的辐射。从红移 $z\sim20$，第一代发光天体开始大量形成到红移 $z\sim6$ 宇宙被完全电离，这一宇宙从中性到电离的演化时期称为宇宙再电离时期。宇宙再电离时期的中性氢 21 厘米信号红移到米波波段，即在低频射电波段形成宇宙再电离时期射电信号。宇宙再电离时期射电信号是探测宇宙再电离时期的理想工具，可为我们提供研究第一代发光天体的产生和形成过程的有效手段。

宇宙再电离时期　主要通过两个方面的观测来获取宇宙再电离时期的相关信息：一方面，通过研究高红移类星体光谱中 Lyα 吸收线来研究电离状态和中性氢的分布，基于对高红移类星体光谱中完整的吸收槽的分析得到中性氢的再电离过程在红移为 6 左右完成。另一方面，通过宇宙微波背景辐射的观测对宇宙再电离时期给出红移的限制。宇宙再电离时期的红移与宇宙微波背景辐射偏振信号峰值的幅度和位置相关。根据宇宙微波背景信号偏振的测量，宇宙再电离时期在红移 10 之前开始。

中性氢 21 厘米信号　当中性氢原子由电子自旋与核自旋平行的高能态跃迁到电子自旋与核自旋反平行的低能态时，会发出波长为 21 厘米的辐射，其对应频率为 1420.41MHz。当宇宙中第一代发光天体形成，高能光子电离星系周围的气体，中性氢原子则发生能级跃迁，产生了频率为 1420.41MHz 的射电辐射。红移范围 6～27 的中性氢 21 厘米信号红移到今天处于米波波段，即低频射电波段 50MHz～200MHz。

探测　宇宙再电离时期中性氢能级跃迁产生的 21 厘米信号非常微弱，淹没在银河系及河外射电源的前景污染中。根据理论估计，在量级上宇宙再电离时期的中性氢 21 厘米信号要比前景低 4～5 个数量级，因此探测到微弱的宇宙再电离时期的射电信号是非常困难的。宇宙再电离时期的射电信号可以通过两类实验进行探测：基于单天线的全天总功率的测量以及基于低频射电阵列的中性氢 21 厘米信号统计测量和成像。

全天总功率测量是测量宇宙再电离信号总功率随红移的演化，基于单天线来完成。单天线测量可以通过其大视场的特性对大天区的宇宙再电离信号进行测量。国际上比较著名的此类实验包括澳大利亚的全天再电离宽带中性氢信号探测仪（BIGHORNS）和美国的全天再电离信号探测实验（EDGES），印度的宇宙射电背景和再电离信号精确测量系列实验（SARAS、SARAS2、SARAS3）等。

宇宙再电离信号的统计测量和成像是通过功率谱计算从统计上测量中性氢的大尺度分布，以及探测中性氢的电离区域，此类测量基于低频射电阵列来完成。国际上已经有许多致力于宇宙黎明时期探测的低频射电阵列建成或在筹建中。例如，中国的宇宙第一缕曙光探测实验（21CMA），澳大利亚的默奇森宽场阵列（MWA），荷兰的低频阵列（LOFAR）等。多国合作建设的平方千米阵列射电望远镜（SKA）也将宇宙再电离时期探测作为首要科学目标之一。

（郑　倩）

再发新星　recurrent nova　在第一次爆发之后，经过数年或数十年，又发生第二次、第三次甚至更多次爆发的新星。是爆发变星的一种。按一般分类法划分的再发新星已发现 12 颗（见表）。再发新星在银河系中的分布与新星相似，有向银心方向会聚的趋向，同属于盘星族。再发新星爆发时的可见光波段变幅在 7～9 星等，一般都比新星的变幅（大于 9 星等）小，但爆发之前的光度通常比新星强，其绝对目视星等 2～3 等，而新星为 4～5 等。再发新星在每次爆发中抛向星际空间的物质约为 10^{-6} 太阳质量，比新星的质量损失小。再发新星的爆发活动也和新星一样，发生在一个热简并矮星的深层大气内，通过吸积过程在其周围形成一个富氢气壳，由吸积能和收缩能的累积使气壳中的温度逐渐升高，最后达到点燃热核反应所需的温度，在很短的时间内发生剧烈的核聚变，以热核逃逸的方式释放出 10^{36}～10^{38} 焦的能量，因而光度剧增。然后，外层气壳被抛向星际空间，内层大气收缩，光度逐渐降低，使整个新星重新又处于相对稳定的状态。通过监视观测可知，老新星和再发新星当光度降到极小时，也并不宁静，像北冕座 T、蛇夫座 RS 等，都不时有较小规模的爆发活动。

对一批再发新星的测光、光谱和轨道数据的分析表明，它们都可能各包含一颗巨星。光度极小时，再发新星的目视光度主要由其中的巨星决定，而新星的目视光度主要由其中的吸积盘决定，矮新星则由其中的热斑决定。光度极小时，再发新星

再发新星示例

名称	赤经	赤纬	极大亮度（星等）	极小亮度（星等）	爆发年份
	（历元 1900.0）				
猎户座 V592	$05^h54^m10^s$	+20°16.1′	6	> 11	1667、1740、1894
麒麟座 V616	$06^h16^m33^s$	−00°17.7′	11.3	20	1917、1975
罗盘座 T	$09^h00^m32^s$	−31°58.7′	7.0	14.5	1890、1902、1920、1944、1967
北冕座 T	$15^h55^m19^s$	+26°12.2′	2.0	10.8	1866、1946
天蝎座 U	$16^h16^m45^s$	−17°38.5′	8.8	> 17.6	1863、1906、1936、1979
蛇夫座 V1195	$16^h54^m26^s$	−20°44.5′	16.3	> 20.1	1956、1959
蛇夫座 RS	$17^h44^m50^s$	−06°40.7′	5.3	12.3	1898、1933、1958、1967
人马座 V2905	$18^h11^m0.1^s$	−28°11.9′	10.0	14.6	1935、1945、1957、1967、1970
人马座 V1017	$18^h25^m42^s$	−29°28.0′	7.2	14.4	1901、1919、1973
人马座 V2572	$18^h26^m00^s$	−32°37.0′	6.5	14	1969、1973
天箭座 WZ	$20^h03^m04^s$	+17°24.9′	7.0	15.5	1913、1946、1978
宝瓶座 VY	$21^h06^m48^s$	−09°14.3′	8.0	21.6	1907、1962

的绝对目视星等为最亮，新星次之，矮新星最暗。据初步研究，质量转移率也可能以再发新星为最大，新星次之，矮新星最小。这些情况似能反映再发新星和新星之间存在的较大区别。（郝象樑）

再现耀斑 recurrent flare 在太阳活动区中同一位置上反复出现，在结构形态和发展趋势上极其相似的耀斑。又称相似耀斑。1938年，M.瓦尔德迈尔首先发现耀斑会在同一位置重现。后来，H.W.多德森等对3个活动黑子群中的83个耀斑位置进行研究，再次证实这一点。1960年，M.A.埃利森等人利用第19太阳活动周的资料又对这类耀斑做了研究，并提出"再现耀斑"这一名称。有些边缘耀斑与原有耀斑结构相似，可见也存在边缘再现耀斑。

除了在光学波段以外，1961年，A.D.福克等人在几个不同的射电波段发现有相似事件。他们指出，在同一太阳活动区中与耀斑相对应的多次射电爆发，有时在强度曲线上表现得十分相似，波段完全相同，持续时间与极大强度之间也存在一定的相应关系。据此，福克拟定了一个相似射电事件的选取标准（H值），即只有当射电爆发在米、分米、厘米波段同时都出现时才选取。然而福克等人并未了解光学相似耀斑与射电相似爆发之间的相应关系。1970年，K.P.怀特等人报告了一个光学和射电都是"再现"的耀斑，再现的时间间隔为54小时。它们在结构形态、相对于黑子群的位置和 Hα 线宽度的变化这些光学表现方面相同，而且在10.7厘米波段射电爆发强度曲线细节上也相似，特别是 Hα 线宽度曲线和10.7厘米波段上的射电爆发强度曲线彼此有很好的对应关系。同年，U.R.盖帕拉·劳指出：光学上，相似的耀斑对应的射电爆发也是相似的，反之亦然。

再现耀斑在黑子群的同一个位置出现，意味着在活动区上空耀斑产生的地方，磁场状况在相当长的时间内（2～3天）保持不变。磁场测量表明，有的磁场在耀斑爆发之后很快恢复到爆发前的状况，有的在爆发前后没有实质性的变化。（史忠先）

脏波束 dirty beam 射电干涉仪干涉测量成图中的波束。见综合孔径成像。

造父变星 Cepheid variable star 一类高光度周期性脉动变星。典型星为仙王座δ，中文名造父一，故得名。通常光变周期1～50天（也有超过的，如银河系经典造父变星武仙座BP的周期为83.1天，HR4511即半人马座V810长达125天，小麦哲伦云中的经典造父变星的周期有长达200天的）。可见光波段的光变幅为0.1～2星等（见图）。光谱由极大时的F型变到极小时的G～K型（见恒星光谱）。粗略地说，它们的光变曲线正好是变星大气视向速度曲线的镜像反映，即极小光度对应着极大视向速度。造父变星的光度和光变周期之间存在着密切的关系，称为周光关系。这种关系可用来建立天体的距离尺度。为此，必须根据已知光度的造父变星来校正这个关系。但即使最亮的造父变星离地球也太遥远，不能用三角视差等方法来测准距离。20世纪以来，为确定周光关系做了大量工作，但通常叫作"周光关系零点"的问题仍未完满解决。

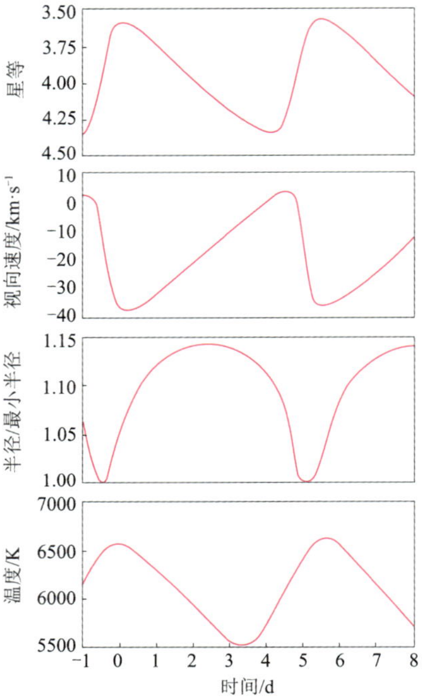

经典造父变星的星等、视向图速度、半径和温度的变化曲线

1952年，W.巴德确认造父变星并不是一个物理性质完全一致的星群，而是可分为星族Ⅰ造父变星（或称经典造父变星）和星族Ⅱ造父变星（或称室女座W型变星）两种类型。它们有各自的周光关系和零点。一般对于相同的周期，前者比后者亮1.5～2个星等。A.R.桑德奇和G.A.塔曼根据银河星团和星协的13个造父变星，得到银河系经典造父变星的周期光度颜色关系如下：

$$M_V = -3.425\lg P + 2.52(B-V) - 2.459$$

$$M_B = -3.425\lg P + 3.52(B-V) - 2.459$$

式中M_V和M_B分别为一个光变周期中的目视和照相绝对星等的平均值，V和B分别为目视和照相视星等的平均值（做过星际红化改正），P为光变周期（以天为单位）。

发表于1987年、被广泛引用的一个周光色（P-L-C）关系如下：

$$\langle M_V \rangle = -3.53\lg P + 2.13(\langle B_0 \rangle - \langle V_0 \rangle) - 2.11$$

式中$\langle B_0 \rangle$和$\langle V_0 \rangle$分别为做过星际红化改正的照相和目视星等的平均值。

利用造父变星的周光关系来测定距离是天文工作中的一个非常重要的课题。只要在星团或星系中发现有造父变星，就可定出星团或星系的距离，因此造父变星又有"量天尺"美誉。（李宗伟）

噪声温度 noise temperature 噪声功率的另一种表示。根据奈奎斯特（Nyquist）定理，在热平衡条件下，一个电阻在单位频宽内提供的噪声功率P（$W \cdot Hz^{-1}$），只与其温度有关，而与电阻阻值和频率无关，即有：

$$P = kT$$

式中k为玻尔兹曼常数（$\approx 1.38\times10^{-23}$ 瓦·赫兹$^{-1}$·开$^{-1}$）。这种噪声是电阻里的电子由于热运动引起的噪声，它与频率无关，是一种白噪声。天空背景辐射、地面辐射、望远镜本身辐射、天体辐射等，这些辐射的功率都可以用在热平衡条件下电阻的噪声温度来表示。天体的射电辐射是一种高斯噪声，不是一种平谱白噪声。但是相对于整个射电波段来说，射电望远镜工作带宽比较窄，它的谱有与电阻热噪声相似的特性，我们可以用天线的输出噪声温度来表示天线输出功率。（郑兴武）

札马鲁丁 Jamāl al-Din 中国元初西域天文学家。又译札马剌丁。据《元史·百官志》记载，在元世祖忽必烈尚未登位时，曾招请回回天文学家为他服务。札马鲁丁等人约于13世纪50年代应招而至。累迁集贤殿大学士。英国李约瑟等推测，札马鲁丁是来自波斯马拉盖天文台的天文学家，全名札马鲁丁·伊宾·马合谋·纳贾里。这一推测有问题，因为札马鲁丁的来华时间早于该天文台的建立（1267）。据波斯历史学家拉施特（约1247～1317）《史集》记载，蒙哥曾下令一位叫札马剌丁·马合谋·塔希尔·伊宾·马合谋·集迪·不花里的波斯天文学家建立一座天文台，但因对南宋的战事没能实施。此人更符合札马鲁丁来华的时间。

至元四年（1267），札马鲁丁献上他编的《万年历》，这是一种回历（伊斯兰历）。元政府每年编印数千本，颁发给信奉伊斯兰教的各民族。同年，札马鲁丁负责制造了7件阿拉伯天文仪器（《元史·天文志》称为西域仪象）：①咱秃哈剌吉，为托勒密式的黄道浑仪（见浑仪和浑象）。②咱秃朔八台，为托勒密式的长尺。③鲁哈麻亦渺凹只，一种测量太阳过赤道时位置的仪器，用来定春分、秋分的时刻。④鲁哈麻亦木思塔余，一种测量太阳过子午线时位置的仪器，用来定冬至、夏至的时刻。⑤苦来亦撒麻，即天球仪。⑥苦来亦阿儿子，即地球仪。⑦兀速都儿剌不，阿拉伯天文学中常用的仪器——星盘。

至元八年，元政府在上都（今内蒙古正蓝旗东北）建成回回司天台，即以札马鲁丁为“提点”（相当于台长）。回回司天台由西域天文学家用阿拉伯仪器进行观测，负责每年编印回历，供政府颁发。回回司天台还藏有西域文字的天文、数学书籍，其中有托勒密的《天文学大成》、欧几里得的《几何原本》等。因此，上都回回司天台曾是中国一个研究阿拉伯天文学的中心。札马鲁丁首先把阿拉伯天文学传入中国，对中国天文学的发展起了积极作用。元、明两代，编回历一直是中国天文工作的一个组成部分。郭守敬的简仪的百刻环上把一刻分成三十六等分，就是阿拉伯天文学中360°分划制的反映。近来的研究表明，明洪武年间组织翻译并长期与《大统历》参照使用的《回回历法》应该就是元回回司天台编制的历表。

（薄树人　石云里）

窄角天体测量　narrow-angle astrometry　应用天体测量仪器，如天体照相仪、反射和折射望远镜等，以同一视场内已知精确位置的参考星为基准的测定天体位置的方法。天体测量包括天体位置的角度测量、角度测量的误差研究、角度随时间或因观测者空间位置不同的变化（即自行、切向速度和视差）和从这些测量值推导天体物理量。相对于视场内参考星测定天体位置的方法亦称为较差或相对测量方法。大气的湍流严重影响广角天体测量的精度，但对窄角天体测量影响并不太严重，所以窄角天体测量的测量精度比广角测量的精度高。这种方法已在光学、射电波段和近红外波段使用。天体照相仪的工作原理如图所示：AA′为仪器的光轴，恒星 S 在天球切面上的投影为 S′，如果望远镜的焦距为f，由此得到切面上的坐标 x 和 y，从位置已知的参考星坐标计算底片参数，然后再由底片参数得到待测星的坐标。进行窄角天体测量的仪器有：经典的天体照相仪（包括折射和反射望远镜，如1900年编制天图星表的天体照相仪，为编制 AGK 星表在1975年制造的汉堡天体照相仪，还有 USNO 双筒望远镜，Lick 和 Yale 天体照相仪等）。接收设备使用底片（或 CCD），精度一般为 0.2″～0.4″，使用 CCD 取代底片后，精度将提高。除此以外，还有 VLBI 和光干涉（如谱斑干涉仪、迈克耳孙干涉仪）、HST 的精细导星感知器，精度已达几十个微角秒。有些仪器，如 VLBI 既可作广角天体测量，又可作窄角天体测量。视场的大小不一定，可以几个角分至几度。如保加利亚科学院天文研究所和国家天文台编制的大视场天文照相底片目录（CWFPAs）时，取视场 ≥ 1°的底片；而在寻找外星行星的 ESPRI 计划中用的设备 VLTI-PRIMA 在窄角天体测量模式时视场仅为 2′。

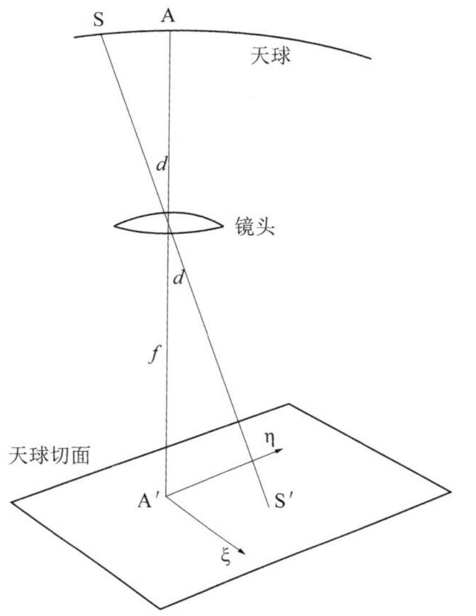

天体照相仪的工作原理

随着大口径光学望远镜研制和大的镶嵌 CCD（mosaics of CCD）出现，望远镜光学结构使大视场中成像质量优越，能观测的天体暗至 24 星等（mag），并且计算机具备及时处理 1012 字节的能力，现在地面观测主要是窄角天体测量方法，但是在参考星选用河外星系时，由此编制的星表是绝对的，如南天自行星表 SPM4。截至 2020 年正在进行和部分完成的项目有以下几种。

Pan-STARRS。由夏威夷大学天文研究所负责的国际合作项目。它由 4 架相互校准的大视场 RC 光学望远镜组成。每架望远镜的主镜为 1.8 米，视场 7deg^2（直径 3°）。仪器安放在夏威夷 Mauna Kea，能观测赤纬 −47.5°以北约 30 000deg^2 的天区，极限星等为 24mag。科学目标为研究太阳附近几百秒差距内的小质量和亚矮星族；银河系动力学结构、大尺度冕流；以及银河系形成和演化；太阳系天体轨道的改进。第一和第二架望远镜 PS1（采用 1.4×10^9 像素照相机）和 PS2 分别已在 2010 年和 2014 年开始科学项目的观测。PS1 单历元的天体测量精度为 10 毫角秒，期望这些观测可得到 100 秒差距内恒星的视差和至几百秒差距内恒星的自行，3.5 年内 60 次观测的最终精度分别为 1.5～2.2 毫角秒和 1.2 毫角秒/年。

SkyMapper。它是一架口径 1.35 米、视场 5.7deg^2 的光学望远镜，采用 268×10^6 像素照相机，安放在澳大利亚赛丁泉天文台，作为 SDSS 南天巡天的补充。2007 年 4 月开始常规观测，5 年中对 Stromlo 南天 20 000deg^2 天区进行 6 种颜色和 6 个历元的巡天观测，极限星等为 21mag。对 1×10^9 个天体观测 36 次，共有～2TB 资料。天体测量精度好于 50 毫角秒，并对恒星进行测光。科学目标为研究海王星以外太阳系天体的分布；太阳附近最年轻星的形成；银河系暗物质晕的扩充和形状；测定 1×10^8 颗恒星的重力和金属丰度，核棒、薄/厚盘和晕化学和形成的历史；极端贫金属星的研究；星系红移巡天 2dF/6dF 测光校准；宇宙电离历史的探测。

URAT。望远镜的口径 203 毫米，焦距 2060 毫米，采用 4 块 10 560 × 10 560 像素照相机，单次露光可覆盖 28deg^2 天空。2012 年 4 月至 2015 年 6 月安放在美国海军天文台 Flagstaff 站，以后搬移至托洛洛山美洲际天文台（CTIO）进行南天观测。2015 年 10 月发表 URAT1 星表，包括赤纬 ≥ −15°，星等 $R = 3 - 18.5$mag 的 228×10^6 颗天体。在平均历元 2013.5 处，位置精度为 10～30 毫角秒。188×10^6 颗天体与 2MASS 点源星表重合，给出自行精度 5～7 毫角秒/年。其重要性是提供在 ICRF 框架中全天恒星的自行，也是依巴谷天体测量卫星与 Gaia 之间的桥梁，另外，补充 Gaia 不能观测亮星的不足。

LSST。它是继 SDSS 以后，美国下一代的地面巡天计划。反射望远镜的主镜为 8.4 米，视场直径 3.5°，采用 3.2×10^9 像素 CCD 照相机。仪器安放在智利北部 Cerro Pachón，2015 年 4 月 14 日开始建设，截至 2023 年 9 月尚未建成。在 6 个波段上对 $\delta = +34.5°$以南的 30 000deg^2 的天区进行观测。用 SDSS 和 POSS 可以测定暗至 $V = 20$mag，2×10^7 个天体的绝对自行（精度为 3 毫角秒/年）和 80 000 类星体的光谱。LSST 与 SDSS 和 POSS 或 Gaia 巡天结合可得到 $V = 24$mag 精度至 1 毫角秒/年的自行。在 $V = 20$mag 时，视差测定精度为 0.3 毫角秒，而 $V = 24$mag 时，视差精度为 3 毫角秒。LSST 与 Gaia 可以互补。Gaia 只能对 $r < 20$mag 的天体进行精确测量，而 LSST 可观测至 24mag，两者有 3～4mag 重叠，用于 LSST 自行精度的校准。它的科学目的包括：检测暗能量和暗物质；观测太阳系的小天体，特别是近地小行星和柯伊伯天体；发现暂现光学事件，如新星和超新星；测绘银河系。

（金文敬）

占星术 astrology 根据**天象**来预卜人间事务的一种方术。又称占星学或星占学、星占术。占星术起源于人类原始社会中文化发展的早期阶段。世界上一些文化发展较早的地区，如古代巴比伦、埃及、希腊、中国，以及到近代还处于原始社会的一些民族和部落中，占星术都很盛行。这是由于当时人们的知识水平和生产力都很低，对自然现象中的一些规律没有掌握，于是从一些表面现象出发，把人们生活中的吉、凶、祸、福与某些自然现象联系起来。占星术就是利用一些天象，如**日食**、**月食**、**新星**、**彗星**、**流星**的出现，以及日、月、五星（水星、金星、火星、木星、土星）在星空背景上的位置及其变化等来占卜人间的吉、凶、祸、福。

早期的占星术多是利用星象观察来占卜较为重大的事件，如战争的胜负，国家（或民族）的兴亡，以及国王或重要大臣的命运等。例如中国古代《左传》中记载的周武王伐纣灭殷的天象预兆，亚述晚期和新巴比伦时期（前7～前6世纪）的一些类似记载。后来，占星术的内容逐渐扩展，包括占卜个人命运以及日常生活中的琐事。

随着日、月、五星运行规律的逐渐被揭示，占星术也不断发生变化，出现了各种体系和复杂的推算方法，愈加显示其神秘性。如中国的栻盘布算和西方“星占图”（Horoscope）的推算，等等。在现代，甚至有利用计算机来进行推算的。

西方的占星术主要是根据个人诞生时的星象，诸如日、月、五星在黄道十二宫中的位置，推算出“星占图”以占卜个人一生的命运。中国则是以二十八宿（见**三垣二十八宿**）或**十二次**和**分野**为主要依据，观察天空中所发生的天象及其所在的区域，以占卜该区域所对应的地面上的州、国将发生的事件；占卜帝王及其家族的命运。在西方，一般占星术士在政治生活中并不占很重要的地位。但是，在中国，古代占星术却完全属于官府，是政府所设天文机构的重要工作内容。为了防止“泄漏天机”，有的朝代还下令禁止民间私习天文，甚至命令天文官员不得和一般人交往。

占星术是依据天象进行占卜的，这就推动了人们去观测天象。由此，人们记录了许多宝贵的资料。例如中国古代丰富的天象记载，虽然当时是出于占卜的动机，但是它所提供的关于彗星、流星、新星和**超新星**爆发等记录，至今仍是天文工作者感兴趣的宝贵资料。同时，古代人对于日、月、五星等运行规律的认识，也是与占星家的观察和推算分不开的。古代的天文学家，绝大多数是占星家。早期的天文著作，大多带有占星术的因素。

对于中国秦汉以前占星术的源流，《**史记·天官书**》记载说：“昔之传天数者：高辛之前，重、黎；于唐、虞，羲和；有夏，昆吾；殷商，巫咸；周室，史佚、苌弘；于宋，子韦；郑则裨灶；在齐，甘公；楚，唐眛；赵，尹皋；魏，石申。”但是，这些古代天文学家的占星著述都已失传，后世虽有《甘石星经》等流传，但已是唐宋人著作，并非战国时代的原著。中国现存的古代占星书主要的有唐代**李淳风**所著《乙巳占》、**瞿昙悉达**所撰《**开元占经**》、北宋王安礼重修的《灵台秘苑》以及明代的《观象玩占》等。 （王健民）

詹姆斯·韦布空间望远镜 James Webb Space Telescope; JWST 美国于2021年底发射升空的红外空间望远镜。简称韦布空间望远镜，英文缩写JWST。是美国国家航空航天局（NASA）、欧洲空间局（ESA）和加拿大空间局（CSA）合作的下一代空间望远镜。以1961年2月至1968年10月担任NASA行政长官、致力于平衡载人航天和科研任务的J.E.韦布名字命名，通常被视作**哈勃空间望远镜**的接替者。由于技术难度和预算超标等原因，韦布空间望远镜的发射曾经历了多次推迟，最终于2021年12月25日搭乘欧洲空间局的阿里安5型火箭升空，随后于2022年1月24日进入环绕日地系统第二拉格朗日点的晕轨道，并在此处开展红外天文观测。

韦布空间望远镜的主镜口径约为6.5米，由18块镀金的铍金属六边形子反射镜组成，每块子镜边长1.3米，整体依靠主动调节系统保持面形。为了减小发射时的体积，韦布的主反射面采用了折叠式设计，升空后方才展开。JWST装备了4台照相机和分光仪，分别是近红外照相机（NIRCam）、近红外分光仪（NIRSpec）、精密导星传感器/近红外成像仪与无缝摄谱仪（FGS/NIRISS），以及中红外仪器（MIRI），

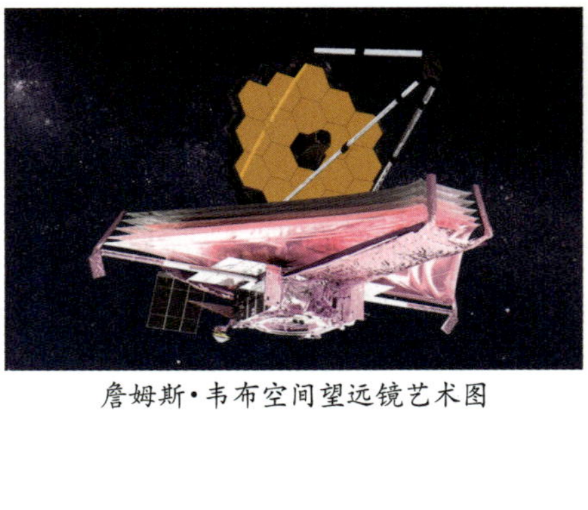

詹姆斯·韦布空间望远镜艺术图

它们的工作波长分别是0.6～5微米、0.6～5.3微米、0.6～5微米和4.9～28.8微米，全面覆盖从可见光的橙红端到远红外的近端，灵敏度最高可达哈勃空间望远镜的100倍左右。JWST还创新性地全面运用了被动制冷技术，除了需要额外降温的MIRI，其他星载设备只需借助遮阳板屏蔽阳光即可达到正常工作所需的50K以下的温度。遮阳板长约21.2米，宽约14.2米，由5层镀以铝或半导体硅涂层的可折叠式聚酰亚胺薄膜制成，发射时折起，升空后张开。遮阳板朝向太阳的最外层薄膜厚度为0.05毫米，内侧4层每层厚度只有0.025毫米，却兼具超高强度与优异的隔热性能，在很大程度上减低了发射时携带的冷却剂数量对望远镜使用寿命的限制。折叠系统与轻质铍镜的引入大大降低了JWST的质量——其口径虽然相当于哈勃空间望远镜的2.7倍有余，总质量却只相当于后者的一半左右。由于采用了诸多创新的技术，韦布空间望远镜的总造价高达近百亿美元，相当于一架地面8～10米级望远镜建设费用的数十倍。

韦布空间望远镜的主要科学目标包括凭借深场观测辨识宇宙极早期的星系来研究宇宙的第一缕曙光与再电离期，借由大样本深度星系巡天来探索星系的形成过程，借助恒星形成区和年轻恒星的星周尘盘来了解恒星与原行星系统的形成，还有通过确定**柯伊伯带天体**等**太阳系**原始成员和**系外行星**的理化特性来认识行星系统与生命的起源。凭借其空前的高分辨率和灵敏度，JWST将革新人们对红外宇宙的认知。 （张 博）

张伯伦，T.C. Thomas Chrowder Chamberlin（1843-09-25～1928-11-15） 美国地质学家。生于伊利诺伊州马通，卒于芝加哥。他对地质学固有很深的造诣，但尤为著名的却是他与美国天文学家F.R.摩耳顿一起提出的**太阳系起源**“星子说”（又称“微星说”）。1900年，他们从日全食照片上看到巨大的日面喷出物，由此得到启发，在20世纪头几年中逐渐形成和发展了自己的学说。这种学说认为曾有一恒星运行至太阳附近，其起潮力使太阳上掀起两股巨潮，汇合成一个围绕太阳的气盘，其中的气体先凝聚为液

体，继而转化为固体质点，再集聚成“星子”，成长为行星胎，最后形成行星。这种学说前半部分（恒星–太阳近遇）是灾变式的，后半部分（星子凝聚）则是星云式的。张伯伦和摩耳顿是首先在现代意义的严格数理基础上深入探讨太阳系起源的学者。他们的学说虽然如今被否定，但在历史上却很重要。“星子”这一概念，在现代星云说中仍被广泛使用。（卞毓麟）

张衡 Zhang Heng（78～139） 中国东汉科学家、文学家、思想家。字平子。南阳西鄂（今河南南阳石桥镇）人。17岁时离开家乡，到西汉故都长安及其附近地区考察历史古迹，调查民情风俗和社会经济情况。后来，又到首都洛阳参观太学，求师访友。汉和帝永元十二年（100）回到南阳，担任南阳太守鲍德的主簿。在此期间写了《东京赋》和《西京赋》（合称《二京赋》），一直流传到今天。安帝永初二年（108）鲍德调离南阳后，张衡去职留在家乡，继续钻研哲学、数学、天文，积累了不少知识，声誉大震。永初五年（111）他再次到京城，担任郎中与尚书侍郎。元初二年（115）起，曾两度担任太史令，前后共14年，在天文学上取得卓越的成就。他还曾任侍中、河间相等职。

浑天说的代表　汉朝的时候，关于宇宙结构的理论，主要有三个学派，即**盖天说**、**浑天说**和**宣夜说**。张衡是浑天说的代表人物。在《浑天仪注》中，他指出天好像一个鸡蛋壳，地好比鸡蛋黄，天大地小；天地各乘气而立，载水而浮。这个看法虽然也是属于**地心体系**的范畴，但是在当时却有进步之处：第一，张衡虽然认为天有一个硬壳，但并不认为硬壳是宇宙的边界，硬壳之外的宇宙在空间和时间上都是无限的。第二，张衡在《**灵宪**》这篇著作中，力图解答天、地的起源和演化问题，具有朴素的、变化发展的辩证思想因素。他认为天地未分以前，混混沌沌；既分以后，轻者上升为天，重者凝结为地。天为阳气，地为阴气，二气互相作用，创造万物。由地溢出之气为星。第三，张衡用“近天则迟，远天则速”，即用距离变化来解释行星运行的快慢。近代科学证明，张衡的解释有合理的因素。

制造仪器和观测　张衡不但注意理论研究，而且注重实践。他曾亲自设计和制造了漏水转浑天仪、候风地动仪。浑天仪相当于现在的天球仪，原是西汉时耿寿昌发明的，张衡对其改进，用作浑天说的演示仪器。他用齿轮系统把浑象（见**浑仪和浑象**）和计时**漏壶**联系起来，漏壶滴水推动浑象均匀地旋转，一天刚好转一周。这样，人在屋子里看浑象，就可知道哪颗星当时在什么位置上。候风地动仪制成于顺帝阳嘉元年（132），是世界上第一架测验地震的仪器。顺帝永和三年（138），候风地动仪成功地监测到陇西发生的一次地震，可见其灵敏有效。张衡还曾制造过记里鼓车、指南车和能够在空中展翅飞翔的木雕等奇巧器物。

张衡对许多具体的**天象**做了观察和分析。他统计出中原地区能看到的星数约2500颗。他基本上掌握了**月食**的原理。他测出太阳和月亮的角直径是周天的1/736，即29′24″，同太阳和月亮的平均角直径31′59.26″和31′5.2″相差不多。张衡认为，早晚和中午的太阳，其大小是一样的，看起来早晚大，中午小，只是一种光学作用。早晚观测者所处的环境比较暗，由暗视明就显得大；中午时天地同明，看天上的太阳就显得小。好比一团火，夜里看就大，白天看就小。张衡的这种解释是有道理的，但不很全面。到了晋代，束皙做了比较完善的解释。

反图谶的斗争　在中国天文学发展的过程中，具有实用意义的**历法**占着重要地位，而围绕着历法进行的一些斗争往往是和政治、思想斗争联系在一起的。安帝延光二年（123），学者们围绕当时行用的《四分历》展开论战。梁丰、刘恺等80余人认为《四分历》不合图谶，应该恢复西汉时期的《太初历》。另一方面，李泓等40余人主张继续使用《四分历》，理由是《四分历》就是根据图谶来的，最为正确。张衡则认为，这两派的意见都是错误的，历法的改革与否，不应以是否合乎图谶为标准，而应以天文观测的结果为依据。他和周兴观测的结果，认为九道法最为精密。经过激烈辩论，九道法虽没有被采用，但企图用图谶之学来附会历法的做法也归于失败。这是中国天文学史上唯物论对唯心论斗争的一次胜利。张衡于顺帝阳嘉元年（132）进一步揭露太学考试的各种弊病时，又极力反对把图谶作为太学考试的内容。第二年他冒遭杀身之祸的危险，进一步提出禁绝所有图谶之书的要求。

著作　据《后汉书·张衡列传》记载，张衡共留下科学、哲学、文学方面的著作32篇。著有数学著作《算罔论》，惜已失传。在列传中全文收进去的有两篇，即《应闲赋》和《思玄赋》。这两篇赋真实反映了张衡的思想境界。前者表明他的为人和治学态度，后者则是一篇难得的人类到星际旅行的畅想曲。他还是东汉时期有名的文学家。他的《二京赋》以结构宏阔著称，把辞赋的铺张、富丽的特点表现得淋漓尽致，其规讽和议论深刻切直，一改汉赋欲讽反谀的缺欠。他的抒情小赋《归田赋》对魏晋抒情赋的发展产生重大影响。他的《四愁诗》对后世七言诗的形成产生了重大的作用。

1956年，郭沫若为张衡题碑文：“如此全面发展之人物，在世界史中亦所罕见。万祀千龄，令人景仰。”（陈美东）

张家铝 Zhang Jialü（1938-12-14～2016-12-19） 中国理论天体物理学家和教育家。生于江西赣州，卒于安徽合肥。1959年毕业于武汉大学物理系。同年9月分配至北京中国科学技术大学工作。1985年晋升为教授及博士生导师，2005年当选为中国科学院院士。曾任中国科学技术大学天体物理研究室副主任（1973～1981）、天体物理中心主任（1986～1998）、理学院副院长（1997～2001）、**中国天文学会**理事及常务理事、全国高能天体专业委员会主任。

从事高等教育近50年，多次主讲《普通物理》《理论力学》《热力学统计物理》《电动力学》《量子力学》《磁流体力学》《相对论物理》《广义相对论》《相对论天体物理》《致密星物理》《宇宙学》等多门本科生、研究生课程，深受学生好评。

潜心探索了天体物理中一些难度较高的基础性问题，做出了系列有原创性意义的理论成果，是中国相对论天体物理的奠基人之一。他与合作者最先将电子对过程引进到**吸积盘**理论中，成功地解释了天鹅座X-1硬X射线辐射难题（1978）。他还与合作者证明辐射球坍缩时产生的只是瞬时奇点，并不导致真裸奇点出现，对这一难题的讨论有推动作用（1982）。在**中子星**热演化问题的研究中，他与合作者提出中子星可以通过平衡态调整释放引力能和应力能的新加热机制，被国际同行认为是几大加热机制之一（1999）。在辐射机制研究中，与合作者导出了相对论性带电粒子的普遍辐射公式，解决了弯曲磁场中辐射的计算难题，并把同步辐射和曲率辐射这两种非常重要的辐射机制统一于一体（1995），随后建立了从经典到量子的同步-曲率辐射理论（1998）。

先后获得国家级优秀教学成果二等奖、安徽省优秀教学成果一等奖、宝钢优秀教师奖、中国科学院优秀研究生导师。

（袁业飞）

张钰哲 Zhang Yuzhe（1902-02-16～1986-07-21） 中国天文学家，中国现代天文学的奠基者和领导者。生于福建闽侯（今属福州），卒于江苏南京。童年移居北京，1919年考入清华学校高等科。1923年赴美，先就读于普渡大学机械工程系，同年转入康奈尔大学建筑系。1925年转入芝加哥大学天文系。1928年发现第1125号小行星，为第一颗由中国人发现的小行星，将其命名为“中华”。

1929年获博士学位后，回国任中央大学物理系教授，中央研究院天文研究所通讯研究员。抗日战争全面爆发，随中央大学西迁重庆。1941年初赴昆明，接任天文研究所第三任所长，同年组织观测队历经艰险前往甘肃临洮，成功开展中国境内首次日全食科学观测，影响巨大。1943年，中国天文学会改会长为理事长，张钰哲自此当选多届理事长。

1946年再度赴美考察进修，从事恒星物理观测研究，取得重要成果。1948年参加美国国家地理学会的E环食观测队，借机回国。随后利用**紫金山天文台**在抗战中受损较轻的小型望远镜，开展小行星和彗星的观测研究。解放前夕，带领天文研究所部分人员暂迁上海，1949年秋返回紫金山。

1950年原中央研究院天文研究所改为中国科学院紫金山天文台，张钰哲担任台长，直至1984年改任名誉台长。1955年当选中国科学院学部委员（院士）。中华人民共和国成立后连续当选中国天文学会第一至四届理事长。

长期致力小行星和彗星的观测和**轨道计算**，以及小行星光电测光，带领同事观测发现大量小行星和彗星，获取若干小行星光变曲线。领导紫金山天文台开创或发展行星物理、人造天体轨道力学、历书天文、实用天文、太阳物理、恒星物理、射电天文、空间天文、天文仪器研制等学科领域。论文《人造卫星的轨道问题》完稿于世界第一颗人造卫星发射之前，奠定了中国人造卫星轨道计算的理论基础。率领紫金山天文台参加中国第一颗人造卫星“东方红一号”的方案论证，担任紫金山天文台承担的国家任务组组长。著述甚多，主要涉及小行星与彗星、人造卫星、恒星物理、天文学史，以及天文科普等。

张钰哲作为主要负责人，主持制定全国天文学的发展蓝图与学科布局，规划和推进新天文台站的筹建，促成南京大学天文学系的建立，为中国天文学科基本格局的奠定做出重要贡献。张钰哲还从紫金山天文台抽调大批业务骨干，不遗余力地支援各台、站、厂和**北京天文馆**的建设与发展。

1979年张钰哲率团赴加拿大蒙特利尔，与国际天文学联合会谈判，恢复中国天文学会的会籍。1984年再度访美，推动中美天文交流。

国际编号2051号小行星，以及月球上的一座陨击坑（中心月面坐标69.07°S，137.82°E），以张钰哲命名。（张　旸）

张云 Zhang Yun（1897-09-11～1958-10-27） 中国天文学家。字乐鍏，号子春。生于广东开平，卒于香港。1917年毕业于武昌高等师范学校数理部。1920年到法国留学，先入中法大学，继入里昂大学。1925年，受中国天文学会会长**高鲁**派遣，代表中国参加了在英国剑桥大学召开的第2届国际天文学联合会全体会议。1926年获天文学国家博士学位。同年7月受聘到中山大学担任天文学教授。1927年着手组建中山大学天文台，1929年6月9日举行天文台开幕典礼，任台长。同年开始兼任中央研究院天文研究所通讯研究员。1930～1944年任中国天文学会变星观测委员会主任委员，1936年开始连任中国天文委员会第一、二、三届常务委员。1929年任中山大学教务长，不久担任中央研究院评议员，并为气象天文组成员。1941年担任中山大学代理校长，次年辞职。1949年被任命为中山大学校长，未上任。后赴香港定居，执教于中专院校，潜心天文科普写作。

中山大学天文台是中国自主建立的第一座现代大学天文台，其规模和装备不亚于1924年从德国人手中接管的青岛天文台，与世界各地约300个天文台建立了联系，主要开展变星、太阳黑子和气象等方面的常规观测，并参与国际性的经度联测和日食观测等活动。经过20余年的发展，成为一个集人才培养与科学研究于一体的学术机构。张云自己主要从事食变星、物理变星的测光、**造父变星**的统计和脉动理论等研究工作。1947年在美国哈佛大学讲学期间，发现一颗新的变星，被正式命名为鹿豹座XX星。著有《变星研究法》（1926）、《普通天文学》（1933）、《高等天文学》（1936）等。还译著了《天河系统和螺旋星云》《星的光学分类》等科普作品。

（陈美东　石云里）

章动 nutation 地球自转轴在惯性空间绕北黄极做多种周期（短于18.6年）叠加的旋转运动。是**地球自转**参数的一部分。岁差和章动是非球形的地球在日月行星的引潮力作用下的一种受迫运动。从惯性空间来看，地球自转轴或对应的平天极在空间绕着北黄极按顺时针方向以约2.58万年的周期旋转，相应的春分点沿黄道以约50角秒/年速率的西退运动即岁差，又称春分点进动。在此长周期运动基础上，真天极相对于平天极还叠加有周期从2天到18.6年之间的摆动，称为章动。

章动与地球固体潮的力源机制完全一致。固体潮是在**地球参考架**上看地球各点位置的不同变化，而章动是从惯性空间看地球整体相对于一条位于赤道平面内的轴做刚性旋转，关注的是地球整体的旋转角度。章动可分为受迫章动和自由章动两部分。受迫章动是地球受到日月、行星的外部作用力的结果，它包括日月部分、行星部分（包括直接效应和间接效应两部分）和**测地章动**，它们都可以从天体力学和地球物理理论推导出来；而自由章动是由于地球内部物理性质决定的，主要有逆向**自由液核章动**（FCN）和顺向**自由内核章动**（FICN）。因局限于对地球内部模型的了解，很难用纯粹的理论给出其结果，只能结合甚长基线干涉（VLBI）、重力测量、地震学等各种观测资料进行研究。变化机制等见**岁差**。

历史上国际天文学联合会（IAU）曾采用三个章动模型：Woolard（1953）的刚体地球章动模型，Wahr（1981）的弹性地球章动模型即IAU1980章动模型，IAU2000章动模型即MHB非刚体地球章动模型。

大于 5 微角秒的章动项有约 350 项，其中 18.6 年主章动项在（黄经 ψ，黄赤交角 ε）两个分量上分别为（17.2″，9.2″），半年项为（1.32″，0.57″），9.3 年、周年、13.66 天在 0.1″～0.2″，而其他周期项均小于 0.1″。

测地章动。即相对论章动，只考虑黄经项而没有黄赤交角项，主要是振幅为 0.132 毫角秒（mas）的周年项，已在目前的 IAU 岁差章动模型中考虑了。

自由液核章动（FCN）。FCN 是流体外核与地幔的自转轴不重合而引起的一个自由本征模，它主要反映了核幔边界附近的物理状况和动力学性质。其本身的幅度小于 0.3 毫角秒，但因其周期与逆向周年章动很近而产生强烈的共振效应。传统的理论计算结果给出其周期约 460 恒星日，而 VLBI 和超导重力测量给出其周期约 430 ± 1 天，相差近 30 天。如何解释？单独用核幔边界的电磁、黏滞、地形耦合来解释目前看来都不行。另外，FCN 的周期和振幅也在变化，变化的机制是什么？

自由内核章动（FICN）。FICN 是固态内核与流体外核的自转轴不重合而引起的一个自由本征模，反映了内核和内外核边界的有关物理和动力学信息。理论上证明了 FICN 的存在性并给出了它的本征周期，但因它本身信号很弱，如何从观测上给予肯定性的、精确的周期和幅度目前还有待努力。

MHB 章动模型。由 P.M.马修斯、T.赫瑞和 B.巴菲特三人合作，在他们 1991 年发表在《地球物理学研究杂志》（*Journal of Geophysical Research*; JGR）的三篇系列文章基础上进行了部分改进后，2002 年再次在 JGR 上发表了关于非刚体地球章动模型的三篇系列文章。采用了一种半分析的方法，先分别建立关于整体地球、液体外核、固体内核的角动量变化与各自所受各种外力矩的平衡方程，它们之间是耦合的，其中考虑了地幔的非弹性、在核幔边界和内核边界处的地磁场与章动的耦合贡献、海洋贡献（此部分采用事后打补丁的方法）等，得到的理论章动幅度值表示为一系列重要的地球参数的函数。为了与章动观测结果一致，人为改变了从流体动力学平衡方程和 PREM 标准地球模型得到的地球动力学变率和核幔边界扁率等关键参数，同时由多年的 VLBI 章动观测数据拟合出其中九个关键的参数（包括地球的柔量参数），再回代入上述函数，得到最后的章动序列。该模型在 2000 年被选为 IAU 标准章动模型，即 IAU2000A 章动模型，一方面因为所采用的这种先与观测拟合关键参数再回代的半分析方法能得到与观测更符合的章动序列有关，另一方面是认为所考虑的电磁耦合贡献能较好地解释自由液核章动 FCN 周期及其相关的逆向周年章动项。但相关研究基本上否定了 MHB 模型关于液核边界周围电磁耦合对 FCN 的贡献的结论。

（黄乘利）

章动常数 nutation constant 真天极绕平天极在大约 18.6 年内描绘出的章动椭圆的半长轴的大小。它是天文常数之一。章动椭圆的周期（18.6 年）是月球轨道对于黄道升交点的进动周期。章动椭圆的中心在平天极，椭圆的长轴指向黄极方向，短轴指向春分点方向，半长轴和半短轴的大小分别约为 9 角秒和 7 角秒，章动椭圆的半长径即称为章动常数（见章动），用 N 表示。章动常数可根据恒星位置或纬度的观测资料来确定。

19 世纪末，S.纽康总结了以前的观测资料，由 27 个测定值求加权平均得：

$$N = 9.210''$$

该值在 1896 年巴黎的国际基本恒星会议上被采纳。

章动理论首先由 E.W.伍拉德在 1953 年建立。以刚体地球模型为基础，他得到 $N = 9.210''$（1990），为 1964 年天文常数系统采用（见天文常数系统）。1976 年在国际天文学联合会（IAU）第十六届大会上，通过了对于标准历元 2000 年的值。

1977 年国际天文学联合会关于章动和地球自转的第 78 次讨论会决定为修改章动常数成立一个专门的工作组。这个工作组建议依据月地质量比、日月岁差和章动常数之间的理论关系，先求出刚体地球的章动常数，然后再换算成非刚体地球的模型，即 J.M.瓦尔模型，或 IAU1980 章动模型。IAU1980 模型把地球看作为旋转、微椭、无海洋的弹性体的非刚体，在标准历元 J2000.0，对应的章动常数为：

$$N = 9.2025''$$

1979 年国际天文学联合会第十七届大会正式通过了这一建议，并决定于 1984 年正式采用 IAU1980 章动模型和章动常数。

截至 2019 年，IAU 章动模型为 MHB 2000，即 IAU2000A 模型，它是根据 REN 2000 刚体地球模型，利用 VLBI 观测得到的地球基本参数建立转换方程，将刚体地球章动模型转换为非刚体地球章动模型。根据国际地球自转和参考系服务的规范 IERS2010，对应于 IAU2000A 章动序列的章动常数（2000）为：

$$N = 9.205\,205\,233\,1''$$

历年 IAU 采用的章动常数

	章动模型	章动常数
1911～1964		9.21″
IAU1964 常数系统	Woolard	9.210″
IAU1976 常数系统	Wahr（IAU1980）	9.2025″
2003～	MHB（IAU2000A）	9.205 233 1″

表中列出了历年来 IAU 采用的章动常数。

（刘佳成）

赵刚 Zhao Gang（1961-01-14～ ） 中国天文学家。籍贯山东昌乐，生于辽宁辽阳。1990 年在南京大学天文系获理学博士学位（1988～1990 年作为联合培养博士生在欧洲南方天文台合学习）。随后在中国科学院北京天文台参加工作，2001 年起任中国科学院国家天文台研究员。曾历任国家天文台副台长、党委书记。2023 年当选为中国科学院院士。

中国银河系研究领域学科带头人，在搜寻宇宙第一代超大质量恒星和极端贫金属星、重现银河系并合形成历史和揭秘锂起源及演化等重大科学问题上取得了系统性原创成果。构建贫金属矮星光谱大样本，开启有统计意义的银河系早期化学演化研究；改写计算中性氢原子碰撞经典公式，被广泛应用于恒星光谱分析；提出多维度探索新思路，在运动学和化学空间发现银河系不同时期并合遗迹；率先在中国开展太阳系外行星的搜寻与观测研究；与光物理学家合作在中国开辟实验室天体物理研究新方向。

曾获国家自然科学奖二等奖（2008，第一完成人）、何梁何利科学与技术进步奖（2010）、中国青年科学家奖（2002）、黄润乾天体物理基础研究奖（2017）、求是杰出科技成就集体奖（2018）、中国科学十大进展（2011）等。曾担任第 11 届中国天文学会理事长和第 28 届国际天文学联合会大会国家组织委员会和地方组织委员会联合主席。现担任大天区面积多目标光纤光谱天文望远镜（LAMOST）科学委员会主任、国家自然科学基金基础科学中心项目负责人、国家重点研发计划项目首席科学家。

（张 琪）

赵友钦 Zhao Youqin（约 1260～1330）中国元代光学家、天文学家。又名敬，字子恭、敬夫、饶之，号缘督。世称缘督先生或缘智子。今江西德兴人，一说今江西鄱阳人。宋王朝宗室之后。著《革象新书》五卷，明初王祎曾删为二卷本。两种版本均流传至今。《革象新书》共分 32 篇，记述了中国传统天文学中的 32 个问题。每篇的题目都用四字表达，例如“天道左旋”“闰定四时”等。书中用浅显生动的形象比喻说明天文学问题。《革象新书》明确肯定日道远，月道近，进而在中国首先提出了“日之圆体大，月之圆体小”这一正确的论断。书中还提出了测定两颗恒星的上中天的“恒星时”时刻差来求它们之间的赤经差的新方法；批驳了邵雍在《皇极经世》中提出的宇宙循环论；此外还说明了小孔成像的原理。赵友钦也持有某些错误观点，例如，仍然把大地看作是平面，使用勾股法测量天体的远近。（戴念祖）

折反射望远镜 catadioptric telescope 物镜由反射和透射元件相组合的光学望远镜。其中单独的折射或反射元件都不能很好成像。19 世纪初曾有多人提出过在透镜组中间置入反射镜，以期达到比消色差透镜更好的成像效果的设想。1931 年，德国光学家 B.V.施密特发明了在球面反射镜前置一非球面薄透镜的望远镜光学系统，不仅光力强、视场大，而且像差小，成为世界上第一架也是最佳的一种折反射望远镜。后人称之为施密特望远镜。按此种光学系统制作的照相设备称为施密特照相机，广泛用于照相巡天及光谱巡天，为天文学的进展做出重大贡献。20 世纪 30 年代之后，还发明了马克苏托夫系统、贝克-纳恩系统、贝克-施密特系统、超施密特系统等类似的折反射望远镜。折反射望远镜的大小通常用通光口径和反射镜口径表示，如 80/120 厘米、60/90 厘米。反射望远镜在光学性能上最大的特点是没有色差。在折反射望远镜中，一般就是由反射元件担负主要的光焦度，而其中折射元件总的光焦度很小，它的主要作用是校正像差。折反射望远镜的优点是视场大，焦比大，像质比较好，但因为有折射元件，望远镜的口径不能做得很大。（李　竞）

折射望远镜 refracting telescope 一种使用透镜作为物镜的望远镜。1609 年，意大利科学家伽利略造出人类历史上第一架天文望远镜，就是折射望远镜。它由一块用作物镜的凸透镜和一块用作目镜的凹透镜组成（见伽利略望远镜）。1611 年，德国天文学家 J.开普勒首次采用凸透镜作为目镜，被称为开普勒望远镜（见开普勒望远镜）。从 17 世纪中叶起，天文学家普遍采用开普勒望远镜。

18 世纪前折射望远镜的物镜都是单透镜，色差和球差都很严重，只有把透镜的焦距延长，才可以减少它们带来的不利影响。1722 年 J.布拉得雷测定金星直径的望远镜，其物镜焦距长达 65 米。1756 年英国光学家 J.多隆德发明了消色差折射镜，由一块冕牌玻璃凸透镜和一块火石玻璃的凹透镜组合成消色差物镜，并在 19 世纪得到了广泛应用。此后，折射望远镜的物镜一般由两片或更多片组成。其中用得最多的是两片型物镜。

双胶合物镜。口径小于 8 厘米的折射望远镜，常采用一块冕玻璃和一块火石玻璃用紫外固化冷胶胶合在一起的物镜称双胶合物镜。合理选配不同折射率的冕玻璃和火石玻璃可同时校正球差、色差及彗差。但二级光谱不能消除，其值为 $f/1500$～$f/2000$。f 是物镜的焦距，与焦距成正比，是个定值。目视用的折射望远镜所需的视场一般不大，二级光谱是它的主要像差，缩小相对口径可以减少光的不利影响，这种物镜的相对口径常为 1/15～1/20。

双分离物镜。用于口径较大的折射望远镜。一块冕玻璃的凸透镜和一块火石玻璃的凹透镜之间有一个不大的空气间隙。这种物镜除了能校正球差、色差和彗差，还能利用空气间隙少量变化来校正带球差。除二级光谱还存在，限制视场大小的主要像差是像散和场曲。通常它的相对口径不大于 1/7，视场不超过 3°。1897 年建成的美国叶凯士天文台口径 1.02 米的折射望远镜，截至 2022 年仍然是世界上最大的折射望远镜。

折射望远镜的优点是：整组物镜靠得较近，容易保持稳定，且透镜的变化对成像比反射镜小，在使用上也较方便，所以中小型天文望远镜或许多专用仪器上都采用折射望远镜系统。

折射望远镜的缺点是：要求大尺寸的透光性能优良的光学玻璃，在制造上极其困难。它在紫外和红外波段的透光量比反射望远镜少，而且存在残余色差，不适合天体物理工作需要。它不能支承得像反射望远镜那样好。这些都限制了它向更大的口径发展。（王兰娟）

折轴系统 coudé system 望远镜中光线沿最后的机械轴射出并成像的系统。各种类型的赤道式、地平式望远镜都可以构成折轴系统。图 1 是英国式赤道式装置的折轴系统，图 2 是叉式地平式装置的折轴系统。当望远镜做跟踪运动时，焦面的像作自转，可以旋转三块反射镜组成的 K 镜、道威棱镜或自转终端设备来抵消。折轴系统适于在该处放置大型的、复杂的、精密的仪器，如自适应光学系统、高分辨光谱仪、大面积 CCD，把天体的光送往和其他望远镜相干涉的实验室。在地平式装置中让望远镜的光走到水平轴外并成像的内史密斯系统，虽然焦面的像除做自转外还随着方位轴（垂直轴）转动而动，但对内史密斯平台上的仪器而言，情况和折轴系统相同。望远镜中大多兼有卡塞格林系统和折轴系统，由于这两个系统的焦点离副镜的距离不同，需要用两块不同的副镜更换，

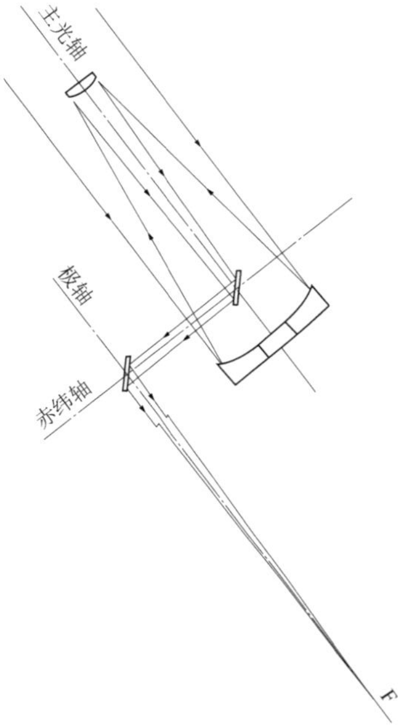

图 1　英国式赤道式装置的折轴系统

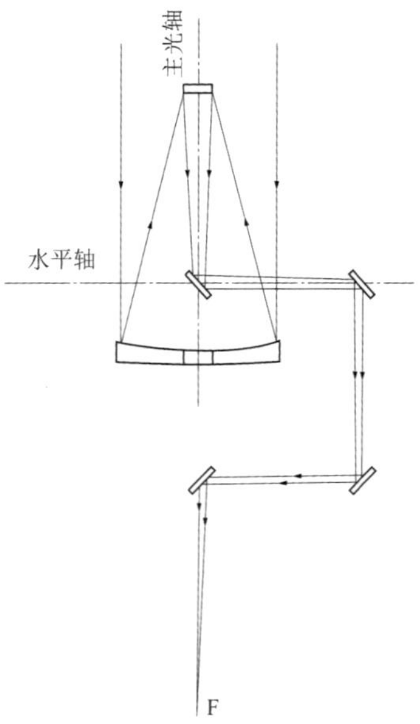

图 2　叉式地平式装置的折轴系统

不仅复杂，且往往会降低准直精度，使像质下降，有的还要花费不少时间。20 世纪 60 年代中期和 1972 年 6 月苏定强在设计中国2.16米光学望远镜光学系统时提出加入中继系统（或中继镜）使这两个系统共用同一块副镜的思想和一系列新的折抽系统，显然，这样的思想也能用于一架具有卡塞格林系统和内史密斯系统的望远镜，如果副镜到这两个焦点的距离是不同的。后来，国内外多个望远镜采用了这样的思想［见苏俞周（SYZ）中继镜系统］。

（苏定强）

针状物 spicule 宁静色球从网络区射向日冕的一种细长而明亮的流焰。为色球网络的主要迹象。又称日芒或针状体。在色球单色像（太阳单色像）的圆面上，是暗团状物，而在单色像的边缘则像簇簇草丛。

针状物的宽度平均约为 815 千米，视高度在极区约 9500 千米，在赤道附近为 7300 千米，真高度平均约为 9800 千米。在日面上 3000 千米高度处整个太阳的针状物数目为 9.3×10^4，随着高度的增加而不断减少，在 15 000 千米处只有 2.2×10^2。针状物寿命平均约 5 分钟。针状物以约 25 千米/秒的速度从色球射出，有的匀速上升，有的跳跃上升。这就使温度为 1 万度的色球物质伸展到温度更高的日冕区，造成这一带的动力学不均匀现象。因为针状物的喷射速度小于太阳逃逸速度，故绝大部分针状物在到达顶点后落回色球，其速度在色球底部约为 28 千米/秒。针状物与垂直方向的夹角为 20°，这种倾斜现象可能是日面磁场作用的结果。针状物密度为 2×10^{-13} 克/厘米^3，它在 Hα 线的总强度约为 2.5×10^4 尔格/（厘米^2·秒）。用远紫外线还可看到巨针状物现象。它们被喷射到 35 000 千米的高度后落回色球，到达底部时速度可达 140 千米/秒。这种巨针状物的能量是针状物的 100 倍。太阳风造成日冕总质量的损失率约为 3×10^{-11} 克/（厘米^2·秒），总能量的损失率约 7×10^5 尔格/（厘米^2·秒），而针状物、巨针状物向上的质量抛射率为 4×10^{-9}～8×10^{-9} 克/（厘米^2·秒），除大部分返回色球外，其余可补偿日冕由于太阳风所造成的质量损失。每个针状物需 2×10^{24} 尔格的能量才能上升到所观测的高度，而返回色球时在单位面积上每秒内释放的能量平均约为 2×10^4 尔格/（厘米^2·秒），这与高层色球的辐射强度相当，可见针状物在日冕和色球的质量以及能量平衡中起着重要的作用。

（印春霖）

真空太阳望远镜 vacuum solar telescope 将主光学系统置于真空镜筒中的太阳望远镜。对于一个典型的太阳观测址点，太阳辐射的热功率在经过地球大气层后仍可高于 1 千瓦/米^2。这些热量进入望远镜内部后将加热望远镜部件，进而造成严重的局部湍流，导致太阳望远镜像质显著下降。将主要部件置于真空镜筒中就是为了消除内部湍流，保证太阳望远镜能获得优良的像质。真空太阳望远镜内部的真空度并不高，约为千分之一个大气压。

世界上第一架大型真空太阳望远镜是位于美国萨克拉门托峰的 DST（Dunn Solar Telescope），该望远镜隶属于美国国立太阳天文台，于 1969 年建成。DST 的真空封窗口径为 760 毫米，采用经典的太阳塔式结构，通过定天镜系统将太阳光导入固定的垂直成像系统中。截至 2023 年世界上最大口径的真空太阳望远镜是中国的 1 米新真空太阳望远镜（NVST）。该望远镜位于抚仙湖太阳观测站，采用地平式结构，真空封窗直径达到 1.2 米，有效口径 985 毫米。除了上述两台真空太阳望远镜，至 2020 年仍在运行且口径大于 500 毫米的真空太阳望远镜还包括：瑞典 960 毫米口径 SST（Swedish Solar Telescope）、法国 900 毫米口径 THÉMIS（THÉMIS Solar Telescope）、德国 700 毫米口径 VTT（Vacuum Tower Telescope）以及日本 600 毫米口径 HDST（Hida Domeless Solar Telescope，见图）。

有效口径 600 毫米，1979 年投入使用

日本飞弹天文台 HDST

真空太阳望远镜也有一定的局限性。真空封窗限制了入射光的光谱范围并使其产生偏振，对依靠偏振分析进行磁场测量的太阳望远镜不利。而且，受限于材料及加工能力，难以制造出口径显著超过 1 米的真空封窗。为突破上述局限性，正在研制和计划研制的下一代大口径太阳望远镜转而采用开放式结构，凭借高效的热控系统来抑制望远镜内部湍流。

（李 挺 刘 忠）

真太阳时 apparent solar time 按太阳日计量的时间。见世界时。

整体坍缩模型 monolithic collapse model 最早的银河系形成模型。它认为银河系形成于一个大致呈球形、金属丰度很低的巨型原星系云的整体坍缩。该模型由美国天文学家 O.J.艾根、D.林登贝尔和 A.R.桑德奇于 1962 年提出，因此又被称为 ELS 理论。

在 ELS 理论中，银河系的形成分为四个阶段：①大约 100 亿年前，原星系云在引力作用下开始坍缩。此时，原星系云已经有自转，或者通过与附近致密星云耦合获得了一定的角动量。②在坍缩过程中，角动量守恒，原星系云自转速度越来越快，并凝结出许多小的致密星云。这些小的致密星云最终形成了球状星团和贫金属星。因为坍缩过程进行得非常快，这一时期形成的球状星团年龄大致相同。③当原星系云的半径收缩到原来的十分之一左右时，星系云的引力和离心力达到平衡，径向坍缩停止，但垂向坍缩仍然在继续。最终形成一个扁平状的、由离心力支撑的薄盘结构。星系云密度增加，恒星形成率变大，盘族恒星形成开始。由于最初形成的大质量恒星演化结束时的超新星爆发，云的金属丰度会不断增加。因此，盘内新形成的恒星金属丰度比较高。④气体在坍缩过程中被加热，并辐射部分引力能。刚开始时，气体和形成于其中的恒星的轨道同步，两者在近银心点分离。之后，气体通过和其他气体云碰撞耗散了多余的能量，最终落到与其角动量相对应的圆形轨道上，并不断形成新的恒星。因此，这些新的恒星具有圆轨道，而最开始形成的恒星则保留了它们形成时较高的轨道偏心率。

ELS 理论解释了许多非常重要的观测事实，如银河系的总体结构，不同星族恒星的年龄、金属丰度和运动状态。但是在 ELS 理论中，原星系云的坍缩过程非常快（约为 1 亿年），无法解释年老球状星团之间明显的金属丰度差异现象。因此，L.西尔勒等人 1977 年提出了一种完全不同的银河系形成模型，即并合吸积模型，来解释球状星团的金属丰度差异。后来一些数值模拟结果显示，小星系确实可以经过并合形成更大的星系，观测研究也表明，宇宙中确实存在星系吸积和并合现象。更重要的是，银河系的引力势被发现是非轴对称的。因此，整体坍缩模型作为描述银河系形成的整体图像被淘汰，但它所描述的气体坍缩和恒星形成过程却极有可能是发生在银河系内部的真实过程。截至 2022 年，天文学界比较一致的观点认为，是坍缩模型主导了银河系内晕的形成和演化。

（陈雪飞）

正比计数器 proportional counter 输出电荷与入射辐射的能量成正比的探测器。可以用来计数单个粒子，并根据输出信号的脉冲高度来确定入射辐射的能量。它在X射线天文学中得到广泛应用。

正比计数器通常为同轴丝管形式，或其他能造成一个非均匀电场的结构形式(外框为阴极，中间细丝为阳极)。它的工作原理与电离室、盖革计数器大致相同，都是建立在容器中气体分子电离的基础上的。如果电场强度足够大，电子能够在与气体分子作相邻两次碰撞之间的自由路程中积累起一定的能量，足以电离被撞击的分子，那么，这样每碰撞一次，电荷载流子的数目就增加一倍。如果没有其他初级电离事件所造成的簇射干扰，倍增系数M就保持不变，总电荷为：

$$Q = M\frac{\Delta E}{W}e$$

式中ΔE为入射辐射损失的能量；W为产生一对电荷载流子所需的平均能量；e为电子电荷。只要Q不超过临界电荷值Q_C，这个正比性总是保持着的，Q_C为10^6～10^7电子电荷。对于低能X射线，只放出几个初级电子，M可高达10^5。在2～20千电子伏能量范围内，通常采用铍窗正比计数器。它的优点是封在窗内的气体不会逃逸，仪器的性能稳定，寿命很长，能够在航天器运行轨道上长期工作。

薄窗正比计数器的研制工作可以改善对1千电子伏以下软X射线的测量。这种计数器，除用薄窗外，其他结构与原来的相同。采用有机薄膜作窗口，管内气体漏逸问题不易解决。1971年，采用极薄的钛箔(厚2.1微米)作窗口，解决了漏气问题，因而这种封闭式正比计数器在火箭、卫星探测中也得到应用。

气体闪烁正比计数器能量分辨率比一般气态正比计数器约高一倍。为了观测较弱的X射线源，需要高灵敏度的探测器，为此制作了大面积窗口正比计数器，如乌呼鲁X射线卫星携带的窗口面积为840厘米^{2}的铍窗正比计数器，采用的是正比计数器组合的方法。此外，确定X射线源的位置需要有高分辨率的探测器；而为了制造这种探测器，就相应地需要制作对测定位置灵敏度高的正比计数器。 (刘敦曎)

正规化变换 regularization theory 变换理论中，消除质点组运动方程中碰撞奇点的变换。见变换理论。

织女一 α Vega 全天第五亮星。目视星等为0.03，绝对星等为0.58。星表编号为Hip91262、HR7001、HD172167。西方星名天琴座α(α Lyr)。中国民间和天文界简称织女星。阿拉伯称为秃鹫星，西方又称竖琴星。它是北半天球亮度仅次于大角的明星，也是北半天球最亮的早型星。它与牛郎星和天鹅座α构成夏季“大三角”，距地球25.3光年。虽然它从1953年以来一直是光电测光和MK光谱分类的标准星，但多年的测光研究表明，它是一颗变星，蓝、黄光波段变幅达0.08星等，不过它的变星分类和变光规律尚待深入探讨。此外，它的视向速度也有显著变化。织女星光谱分类为A0Ⅴ，虽比天狼甲星的A1Ⅴ早，但表面有效温度9660K却比后者的9970K低，而半径同典型A0Ⅴ恒星比较又稍大，可见织女星的演化进程似乎已经离开初始主星序(见赫罗图)。通过探空火箭和高能天文台1号卫星已发现了来自织女星的软X射线。1979年发表的研究得出0.15～0.8千电子伏的X射线光度约0.3×10^{22}焦/秒(太阳在同一波段的光度约小于0.01×10^{22}焦/秒)，这反映织女星可能存在星冕。1984年发现有冷气体盘围绕织女星。2002年用毫米波拍摄了织女星的像，发现一个半径为95天文单位(AU)的原行星盘。 (李宗伟)

质光关系 mass-luminosity relation 对赫罗图中主序上的恒星成立的恒星质量和绝对光度之间的一个重要近似关系。质光关系最早为南非天文学家J.K.E.哈姆所提出，并在1919年由E.赫茨普龙通过观测资料证实。1924年A.S.爱丁顿从理论上导出绝对光度为L的恒星与其质量M有$L = kM^{\alpha}$的简单关系，式中k为常数，α约为3。粗略地说，恒星的质量越大，它的内部必定越热，才能产生足够的内部压力来支持自身抗衡引力坍缩。质光关系只是一个近似关系，因为还有其他因素，诸如化学组成也影响恒星的亮度。由观测资料可得出分别用于主序不同部位恒星的质光关系：

$$L/L_0 \approx (m/m_0)^4 \text{对于} L > L_0 \text{的主序星}$$

$$L/L_0 \approx (m/m_0)^{2.8} \text{对于} L < L_0 \text{的主序星}$$

质光关系不仅提供了一个估计恒星质量的重要方法，也为研究恒星内部结构和建立各种恒星理论模型提出了一个判据。除物理性质特殊的巨星、白矮星和某些致密天体外，占恒星总数90%的主序星都符合质光关系。现代恒星结构理论借助各种质量恒星的内部结构和各种温度恒星大气的不透明度来解释并计算出这一关系的各种表，专业天体物理研究可利用这些质光关系表。 (李宗伟)

质量交流 mass exchange 密近双星中一子星的表面物质向另一子星转移的现象。质量交流通常是在子星表面出现星风或表层爆发活动的时候，或子星体积膨胀达到内临界等位面的时候发生的。由于质量交流，双星的轨道周期会发生变化，视向速度曲线和食双星的光变曲线也会发生畸变，轨道运动的特定位相上会出现某些气体发射线。这些现象都已被观测证实。质量交流的相对规模有大有小。如渐台二(天琴座β)，其质量转移的速率估计可达到10^{-4}～10^{-5}太阳质量/年。密近双星质量交流时，由甲子星抛向乙子星的物质流，可能直接落在乙子星的表面，也可能形成绕乙子星转动的气环或气盘等星周物质。质量交流在密近双星中是普遍的现象。因为存在质量交流，双星中的子星的演化过程就与单星不同。这些子星，除受核反应过程的控制以外，还要受质量交流的双星动力学演化过程的影响。例如一个质量小于3倍太阳质量的子星，由于质量交流，就可以不经过红巨星阶段，直接演化成一个低光度的白矮星。

质量交流也被用于解释双星世界中的一些特殊现象。如密近双星中的致密星(白矮星或中子星等)成为一个X射线源，就是因为在质量交流中吸积伴星的物质流的缘故；另如新星、A型特殊星、A型金属线星、B型发射星和沃尔夫-拉叶星等特殊天体的物理状态和演化也可能与双星的质量交流有联系。 (翟迪生)

质心力学时 barycentric dynamical time; TDB 一些太阳系天体历表和运动方程中使用的质心天球参考系(BCRS)中的时间变量。在国际天文学联合会IAU1976决议中，规定TDB和地球力学时TDT之间的差只包含周期项。这是一个不可能严格满足的条件。引进质心坐标时(TCB)的IAU1991决议注意到TDB是TCB的线性函数，但没有明确设定比率和零点，因而导致TDB的多重实现。在2006年，通过利用TCB的下列变换，TDB被重新定义为(IAU2006决议B3)：

$$\mathrm{TDB} = \mathrm{TCB} - L_B(\mathrm{JD_{TCB}} - T_0)86\,400 + \mathrm{TDB}_0$$

式中$\mathrm{JD_{TCB}}$为观测历元的TCB儒略日数，其他定义常数为：

$$L_B = 1.550\,519\,768\times10^{-8}$$

$$T_0 = 2\,443\,144.500\,372\,5$$

$$\mathrm{TDB}_0 = 6S.55\times10^{-5}$$

(漆贯荣)

质心天球参考系 barycentric celestial reference system; BCRS 由国际天文学联合

会（IAU）定义的广义相对论框架下使度规满足谐和规范条件的一类适用于太阳系及其邻近区域的全局时空参考系。它是在时空流形渐进平直假设下，利用弱场和低速条件建立起来的，具有1阶后牛顿精度。渐近平直假设成立的条件是可以忽略太阳系以外物质对BCRS适用区域中天体运动和光传播的影响，而1阶后牛顿精度指的是天体运动方程的精度为$O(v/c)$或$O(m/c^2)$，其中v和c分别表示天体的运动速度和真空中的光速，m为所涉天体的质量。

BCRS的坐标空间（见时空参考系）原点为太阳系质心。如果用小写希腊字母和拉丁字母分别表示取值于指标集合{0,1,2,3}和{1,2,3}中的指标，记BCRS中时空点的坐标为$x^\mu=(ct,x^i)$，其中$t=\mathrm{TCB}$为质心坐标时，并采用爱因斯坦求和约定，则谐和规范条件可以写作：

$$g^{\nu\lambda}\Gamma^\mu_{\nu\lambda}=0$$

式中$g^{\nu\lambda}(x^\mu)$为逆变形式的度规张量；$\Gamma^\mu_{\nu\lambda}$为该度规$g^{\nu\lambda}$的克里斯多夫符号：

$$\Gamma^\mu_{\nu\lambda}=\frac{1}{2}g^{\mu\rho}\left(\frac{\partial g_{\nu\rho}}{\partial x^\lambda}+\frac{\partial g_{\rho\lambda}}{\partial x^\nu}-\frac{\partial g_{\nu\lambda}}{\partial x^\rho}\right)$$

选用满足上述条件的时空坐标系后就可以在1阶后牛顿精度下将时空度规用度规标量势$w(x^\mu)$和矢量势$w^i(x^\mu)$形式地表达为：

$$g_{00}=-1+\frac{2}{c^2}w-\frac{2}{c^4}w^2$$

$$g_{0i}=-\frac{4}{c^3}w^i$$

$$g_{ij}=\delta_{ij}\left(1+\frac{2}{c^2}\right)$$

式中δ_{ij}为克罗内克符号。度规所满足的爱因斯坦场方程和时空渐近平直的假设可以分别视为度规势所满足的方程和边界条件。度规势所满足的方程可以写作：

$$\Box w=-4\pi G\sigma$$

$$\Delta w^i=-4\pi G\sigma^i$$

式中G为万有引力常数；$\sigma(x^\mu)$和$\sigma^i(x^\mu)$分别为质量和质量流密度；Δ和$\Box$分别表示拉普拉斯和达朗贝尔算子：

$$\Delta=\frac{\partial^2}{\partial x^{1^2}}+\frac{\partial^2}{\partial x^{2^2}}+\frac{\partial^2}{\partial x^{3^2}}$$

$$\Box=-\frac{\partial^2}{c^2\,\partial t^2}+\Delta$$

渐近平直的边界条件即：

$$\lim_{\substack{|x|\to\infty\\ t=\mathrm{Const.}}} g^{\nu\lambda}=\begin{pmatrix}-1&0&0&0\\0&1&0&0\\0&0&1&0\\0&0&0&1\end{pmatrix}$$

如果只需要给出天体外部的度规势，则度规势方程的推迟解可在1阶后牛顿精度下近似表达为：

$$w(x^\mu)=G\iiint_\Omega\frac{\sigma(ct,x'^i)}{|x^i-x'^i|}\mathrm{d}x'^{i3}+\frac{1}{2c^2}G\iiint_\Omega\frac{\partial^2}{\partial t^2}\sigma(ct,x'^i)|x^i-x'^i|\,\mathrm{d}x'^{i3}$$

$$w^i(x^\mu)=G\iiint_\Omega\frac{\sigma^i(ct,x'^i)}{|x^i-x'^i|}\mathrm{d}x'^{i3}$$

式中Ω为整个时空流形，实践中可按具体精度要求取遍太阳系主要天体所在的坐标空间区域。

国际天文学联合会第24届大会（2000）决议B1.3给出的上述BCRS理论定义中并没有规定其空间坐标轴的指向。国际天文学联合会第26届大会（2006）决议2为此补充如下：实践中如无特别说明，则BCRS的空间坐标轴指向取为国际天球参考系的坐标轴指向。

（傅燕宁）

质心坐标时 barycentric coordinate time; TCB 质心天球参考系（BCRS）的坐标时。质心坐标时通过含长期项的相对论变换与地球时（TT）和地心坐标时（TCG）相联系。

（漆贯荣）

质子耀斑 proton flare 高能粒子共生的耀斑。见太阳质子事件。

致密星系群 compact group of galaxies 成员星系彼此相距很近，结构紧密，而且显示出有相互作用迹象的小尺度星系集团，典型情况下群中的大成员星系个数仅为4～5个。从形态和运动学特征来看，这类致密群的成员中特殊星系占有相当高的比例，核区有射电和红外辐射，并呈现星暴和活动星系核的观测特征。有人尝试用定量判据来确认致密星系群。如1977年罗斯提出在一个致密星系群内，应该有3个或3个以上的成员星系亮于17.5等，而群内星系的面数密度要大于背景星系面数密度的1000倍。

第一个致密星系群是1877年由法国天文学家E.斯蒂芬发现的，并命名为斯蒂芬五重星系。该星系群的距离约为85兆秒差距，视尺度3.2′，相应的线尺度为80千秒差距。群中的成员星系近乎贴在一起，引力相互作用从星系盘中拽出了长长的恒星尾结构。

1982年，P.希克森利用帕洛马天文台巡天资料，根据测光判据编辑了一个致密星系群的样本，含100个致密星系群。样本以表列形式给出了每个致密群的多项基本参数，如天球坐标、成员星系数、成员

致密星系群HCG87

星系中旋涡星系的个数、角直径、总星等、最亮成员星系的星等、平均面亮度等，少数星系还给出了红移数据。该样本被后人广泛使用和研究，又称希克森星系群，如上述斯蒂芬五重星系在希克森表中的编号为Hickson92。

随着星系红移测量数据的增加，发现有些表观致密星系群并不完全具有物理上的联系。例如，前述斯蒂芬五重星系中有一个星系已被证认为前景星系，而非多重星系成员，也就是说这个表观五重星系的真实成员只有4个。

致密星系群在动力学上是不稳定的，其成员的并合时标小于哈勃时标，最终将发生并合过程。鉴于致密星系群为数众多，它们在星系演化史中必然起着重要的作用。

（沈世银　赵君亮）

中国嫦娥工程 Chinese Lunar Exploration Program 中国政府于2004年批准立项的月球探测计划。

立项背景　在中国传统文化当中，嫦娥奔月的神话传说寄予了人类对月球的美好遐想。自古以来，人类一直对浩瀚的宇宙充满探索的渴望。苏联科学家K.E.齐奥尔科夫斯基曾说，地球是人类的摇篮，但是人不能永远生活在摇篮里。

月球是地球唯一的天然卫星，是离地球最近的天体。太阳系早期，地球和月球都经历了小行星的狂轰乱炸，地球由于各种地质过程如板块运动和人类活动，许多信息几乎被抹去。而月球缺乏板块构造，表面近似真空的环境，使之好似太阳系的一个天然博物馆，将太阳系早期演化的信息尽数保留下来。因此通过研究月球，可以研究类地行星的形成和演化，追寻太阳系的形成历史。此外，月球上具有丰富的矿产资源和能源（如氦-3），两极永久阴影区有水冰，具有广袤的开发和应用前景，将对人类社会的可持续发展产生深远影响。总之，月球

具有巨大的科学价值和经济价值，是人类探测深空走向宇宙的前哨站和中转站，在深空战略上的重要地位不言而喻。

1957年10月，苏联发射了世界上第一颗人造地球卫星斯普特尼克1号，标志着人类进入了空间探索的阶段，为人类的航天时代拉开了序幕。1969年7月，美国宇航员N.阿姆斯特朗、M.柯林斯乘坐阿波罗11号飞船登上月球，在月球上迈出了人类在地外天体行走的第一步，由此形成了以探月为主要标志的第一次深空探测高潮。20世纪90年代，美国实施了克莱门汀计划和月球勘探者计划，在国际上掀起了第二次探月高潮。在这一国际深空探测背景下，中国科学家经过近十年的科学论证，提出了中国探月工程的发展战略和长远规划。2004年1月，国务院批准成立了中国的月球探测计划，命名为“嫦娥工程”。

发展历程和规划 2004年1月，嫦娥工程的正式立项，拉开了中国月球与深空探测的序幕。中国的嫦娥工程发展战略分为“探”“登”“驻”三个阶段，又称“大三步”：第一步是“探”——无人月球探测；第二步是“登”——载人登月；第三步是“驻”——建立月球基地，由人短期驻守、开发和利用月球资源和环境。截至2020年12月，中国实施的探月工程是“大三步”中的第一步——“探”。在这一阶段又分为“绕”（绕月遥感探测）、“落”（月面软着陆就位与巡视探测）、“回”（月面巡视勘察与采样返回）三步，简称“小三步”。

中国探月工程一期为**嫦娥一号**任务；二期包括**嫦娥二号**、**嫦娥三号**和**嫦娥四号**任务；三期为**嫦娥五号**任务；四期包括嫦娥六号、嫦娥七号和嫦娥八号等多项任务。

2007年10月，嫦娥一号探月卫星奔向月球，这是继人造地球卫星、载人航天飞行取得成功之后，中国航天事业发展的又一座里程碑，标志着中国航天迈入深空探测新时代。

2010年10月，嫦娥二号探月卫星发射升空，成为中国首个飞入行星际的探测器。中国自此成为世界第三个实现日地拉格朗日L2点探测和第四个开展小行星探测的国家。

2013年12月，嫦娥三号探月卫星（由着陆器和玉兔号巡视器组成）发射升空，在世人注目下在月面虹湾地区完美落月。中国成为世界上第三个实现地外天体软着陆的国家。

2018年5月，嫦娥四号中继星“鹊桥”发射升空，成为世界上首颗运行于地月拉格朗日L2点的通信卫星。12月，嫦娥四号探月卫星发射，首次登陆月球背面。

中国嫦娥工程标识

2020年11月，嫦娥五号探月卫星发射，12月17日嫦娥五号返回器携带1731克月球样品成功着陆在内蒙古四子王旗预定区域。中国自此成为世界上继美国和苏联之后第三个返回月球样品的国家。这是人类探月历史60年来由中国人书写的又一壮举，标志着中国的探月工程“绕、落、回”三步走完美收官。

国务院新闻办公室2022年1月28日发布《2021中国的航天》白皮书，指出：“未来五年，中国将继续实施月球探测工程，发射嫦娥六号探测器、完成月球极区采样返回，发射嫦娥七号探测器、完成月球极区高精度着陆和阴影坑飞跃探测，完成嫦娥八号任务关键技术攻关，与相关国家、国际组织和国际合作伙伴共同开展国际月球科研站建设。”嫦娥六号、七号、八号等任务的开展将有助于论证初步建设月球科研站的基本能力、验证核心技术，中国必将成为深空探测强国。（蒋　云）

中国大学天文教育 college astronomy education in China 中国高等教育阶段高校天文学教育情况（未包括港、澳、台）。中国大学天文教育起源于1917年在齐鲁大学成立的天文算学系，王锡恩为首任系主任。1926年，中山大学数学天文系成立，后于1947年单独成立天文系，赵却民等任系主任。1927年厦门大学增设天文学系，余青松任系主任，后于1930年停办。中华人民共和国成立后，1952年全国院系调整，

图1 南京大学仙林校区左涤江天文台（陈鹏飞摄）

图2 南京大学光学与近红外太阳望远镜（ONSTE，位于云南省澄江县抚仙湖畔，陈鹏飞摄）

图3 北京师范大学天文学50厘米光学望远镜（位于新疆慕士塔格峰，陈鹏飞摄）

由齐鲁大学天文算学系和中山大学天文系合并成立南京大学天文学系，下设天体物理学、天体力学和天体测量学三个专业（后两个专业现已合并）。赵却民和戴文赛等任系主任。1960年，北京师范大学天

图4 北京大学天山望远镜（陈鹏飞摄）

图5 河北师范大学天文台（陈鹏飞摄）

文学系和北京大学地球物理系天体物理专业成立，主要从事太阳物理学、恒星物理学、高能天体物理学和射电天文学等方面的教学和科学研究工作。1978年中国科学院批准成立所级研究机构——中国科学技术大学天体物理研究室（1983年改名为天体物理中心），主要从事相对论天体物理、宇宙学、活动星系核方面的教学和科学研究工作。

改革开放以来，中国天文教育事业突飞猛进。自1998年始，几乎每年新增一个高校天文学系。截至2020年，中国共有22所大学正在比较有规模地开展天文学教育和研究（未包括港、澳、台），其中12所设有天文学本科点，7所具有一级博士点，9所具有一级硕士点。教师总数共338人，其中262人具有教授和副教授职称。已有天文学本科点或天文系的大学信息如表所示。

图6　河北师范大学50厘米R-C望远镜（陈鹏飞摄）

图7　清华大学天文台（陈鹏飞　王卓骁摄）

中国高校天文学学科建设信息（未包括港、澳、台）

序号	天文本科专业培养单位	专业设置年份	院系成立年份
1	南京大学天文与空间科学学院	1952	1952
2	北京师范大学天文学系	1960	1960
3	北京大学天文学系	1960	2000
4	中国科学技术大学天文与应用物理系	1999	1998
5	厦门大学天文学系	2012	2012
6	云南大学天文学系	2014	2013
7	西华师范大学天文系	2015	2016
8	黔南民族师范学院物理与电子科学系	2015	—
9	中国科学院大学天文与空间科学学院	2016	2015
10	中山大学物理与天文学院	2017	2015
11	上海交通大学天文学系	2017	2017
12	贵州师范大学天文系	2017	2019
13	河北师范大学空间科学与天文系	—	2012
14	清华大学天文系	—	2019
15	华中科技大学天文学系	—	2019
16	广州大学天文学系	—	2020

随着高校天文专业的蓬勃发展，天文专业本科招生人数从1994年的28人迅速增长到2018年的208人，在所有理科招生人数中的比例稳定在0.07%左右。截至2020年，在校天文专业学生总数共计约2700人，其中本科生900余人，硕士生800余人，博士生900余人。

除了16所高校开设了天文本科专业或成立了天文系之外，另有众多大学设置了天文专业一级或天体物理专业二级学科硕士或博士点，包括广西大学、湖南师范大学、华中师范大学、南昌大学、南京师范大学、山东大学（威海）、陕西师范大学、上海师范大学、天津师范大学、武汉大学、云南师范大学和中南大学等。大量天文专业毕业生进入全国各地高校工作，为天文教育的普及起到了推动作用。在中国大学慕课网站上，先后有十余门天文学基础课程上线，大力地推进了全国高校天文教育的资源共享与优势互补。为了更好地指导大陆高校天文教育健康发展，1983年国家教委成立了物理学与天文学教学指导委员会。随着中国天文教育不断壮大，2013年教育部单独设立了天文学类专业教学指导委员会。

除了承担大学天文教学与科研任务之外，中国的天文工作者也积极投身于国民天文科普教育工作，**中国天文学会**下设了教育工作委员会和普及工作委员会。广大天文教育科研工作者以讲座、采访、为科普杂志和微信公众号撰写文章等多种形式为天文教育辛勤耕耘。

天文学是观测驱动的学科，观测设备的建设对人才培养和学科发展至关重要。除了中国科学院5个天文台、1个授时中心及多处观测站有众多望远镜可供教学实践使用之外，高校也纷纷建成了大量各具特色的望远镜（图1～图7），如南京大学光学与近红外太阳望远镜、北京师范大学50厘米光学望远镜、北京大学天山望远镜等。截至2020年，高校拥有光学望远镜口径大于30厘米的18台，射电望远镜只有3台，天文展厅5个，高校与研究所共建天文设备4台，在建或计划建设/购置的约24台。这些设备为中国天文人才的培养提供了不可或缺的支撑。（陈鹏飞）

中国古代的日食观测　ancient eclipse observation in China　古代的**日食**观测是指17世纪经典天文学诞生以前所进行的日食观测和记录。世界文明古国无论是巴比伦和埃及还是中国，对日食的观测和预报都极为重视。

一般认为，世界上最古的日食记录是中国《尚书·胤征》篇中记载的夏朝仲康王时代的一次日食。国内外许多研究者对这次日食做过探讨，有的把这次日食发生的年代推算在公元前2165年，有的则推算在公元前1948年，相差颇远。由于对这条记录的真伪和内容解释有不同的看法，同时也涉及中国上古年代学中悬而未决的问题，因此还没有公认的结论。

然而，对于甲骨文中的日食记录却是公认的。例如《殷契佚存》第347片记载：“癸酉贞：日夕有食，佳若？癸酉贞：日夕有食，非若？”（见图）意思是说：癸酉日占，黄昏有日食，是吉利的吗？癸酉日占，黄昏有日食，是不吉利的吗？关于这次日食，虽然由于各研究者推算方法不同，所求得的发生日期不同，但大多认为发生在公元前1200年左右，比起巴比伦的可靠的日食记录仍要早一些。

甲骨日食记录

从春秋时代开始，中国即有完整的日食记录。虽然有些历史时期，战乱频仍，史志散佚，但总的来说，大量日食记录仍妥善地保存了下来。据中国天文史家**朱文鑫**初步统计，从春秋到清初，载入正史的日食记录共916条。英国天文学史家R.R.牛顿系统地考证过东西方的古代日食记录，编写成《古代天文观测》一书。

古代日食记录具有重要的科学价值。从科学史研究的角度来看，古代日食记录很可能保存着人类发现太阳外层大气结构的一些宝贵信息。国内外研究者对这些记录颇为重视，有的利用日全食时对太阳外层大气发光情况的记载来推测当时**太阳活动**情况，以探讨太阳活动的规律。

根据现代**天体力学**理论，月球轨道运动和地球轨道运动都有微小的长期加速项存在。地球轨道运动的长期加速又和**地球自转**的长期加速有密切关系，因此也和日长（每昼夜长度）的变化有关。日长大约每世纪增加1～2毫秒。这样，经过20个世纪积累的时差可达两个多小时。在公元前发生的日食，其实际发生时刻同根据**引力理论**推算所得的发生时刻相比较，要差几小时。同时日食实际发生地点同推算所得的发生地点在经度上会相差几十度。因此利用古代日食的发生时刻和地点的记录，就可以推算出月球和地球轨道运动的加速度。美国天文学家J.福塞林哈姆在20世纪初首先对这个问题展开了一系列的研究，为运用古代日食资料解决现代天文课题开拓了道路。利用古代日食记录，同推算的结果进行对比分析，还有可能解决上古年代学和古代**历法**中的一些悬而未决的问题。（徐振韬）

中国古代历法 Chinese ancient calendar 中国古代的天文**历法**。中国古代历法绝大多数是阴阳合历。

中国古代历法的基本元素——日、气、朔 中国至迟从殷商时代起就采用**干支**纪日。从甲子到癸亥，六十干支日名轮流循环使用。“气”是中国古历的阳历成分。从冬至点开始到下一个冬至点为一年（回归年）。一年分成二十四个“气”，称为**二十四节气**。按时间等分的叫平气。按一年中太阳所走的路程等分的叫定气。从冬至开始，每隔一个气，如大寒、雨水、春分等都叫中气；其余12个，如小寒、立春、惊蛰等都叫节气。朔是中国古代历法的**阴历**成分。日月的**黄道**经度相同的时刻叫朔。月亮绕地球转动的速度是不均匀的，它的速度变化周期叫作一个近点月。太阳周年视运动的速度也是不均匀的。它的变化周期直到明末以前一直认为就是一个回归年（见**年**、**月**）。由于日、月运动都不均匀，所以每连续两次朔之间的时间也是不相等的。不过，经过长期观测统计，可以求得一个相对稳定的平均数，这个平均数就称为一个朔望月。根据朔望月推算出来的朔叫作平朔。对平朔进行日、月运动不均匀性的改正，得到真实的朔，称为定朔（见**朔望**）。中国古代的民用历法根据气、朔的变化可分三个时期：①从春秋战国时代到唐初，是使用平气、平朔时期。②从唐初到明末，是使用平气、定朔时期。③清代以后，是使用定气、定朔时期。

历法计算要点 为了推算每年的历谱，首先要定一个计算起点，叫作历元。中国古代历法大多数取下列这样的理想时刻为历元：某年十一月甲子日的夜半，它正好是朔和冬至，而且又是月过近地点（即月行速度最快的点）的时刻，等等。由于各种历法的数据不同，所以它们推得的理想时刻也各不相同。不过这理想时刻通常离开历法行用的年份都十分遥远。这种历元称为上元（见**上元积年**）。

设a为一回归年时间，b为一朔望月时间，c为一近点月时间，单位均为“天”。又设y为从上元起到所求年的累计年数。则ay就是从上元起到所求年的冬至的全部时间。因为干支纪日以60天为一周，所以用60去除ay，所得余数r_1，就是所求年的冬至时刻到前面一个甲子的夜半的全部时间。这个时间的天数部分叫作大余，不足一天的零数部分叫小余。通常历法都规定，大余“命甲子算外”，即以甲子日为0，乙丑日为1，等等。因此，根据大余的数字，就可以知道所求年冬至日的干支日名。有的历法“命甲子算上”，则应以甲子日为1，乙丑日为2，等等。还有少数历法，如北宋的《纪元历》，不选甲子日，而选己巳日为上元，命己巳算外，则大余就以己巳为0算起，庚午为1，等等。小余是从夜半起算到发生冬至这瞬间的时间，可以把它按十二时辰制或百刻制等时刻制度（见**漏壶**），化成时刻。从r_1累加一气的时间$a/24$，就得冬至以后各气的干支日数及时刻。

上述r_1的算法，数学上习惯用一个算式来表达：$ay \equiv r_1(\mathrm{mod}60)$。这种算式叫作一次同余式。仿此，可以列出其他的一次同余式：$ay \equiv r_2(\mathrm{mod}b)$，$ay \equiv r_3(\mathrm{mod}c)$。$r_2$是所求年冬至离开十一月平朔的时间间隔。$r_3$则是所求年冬至离月亮上一次过近地点的时间间隔。$r_1 - r_2$是十一月平朔离上个甲子日夜半的时间。也和冬至的情况一样，它的整数部分代表甲子日以来的干支日数，零数部分则是从夜半算起到发生平朔的时间。

设这个时间为t_0。一般历法都给出一份太阳运动表，一份月亮运动表。从太阳运动表，根据所求的十一月平朔在二十四节气中的位置（或者十一月平朔在大雪节气后，相距时间为$\frac{a}{24} - r_2$；或者$\frac{a}{24} - r_2 < 0$，即十一月平朔在大雪节气前，在小雪节气后，这时离小雪的时间为$\frac{2a}{24} - r_2$），使用内插法可以推算因太阳运动不均匀而引起的定朔改正数Δt_S。从月亮运动表，根据所求的十一月平朔在一个近点月周期中的位置（即r_3），用内插法，可以推算因月亮运动不均匀而引起的定朔改正数Δt_M。于是，十一月定朔$T = t + \Delta t_S + \Delta t_M$。$T > 1$，定朔在平朔的次一日；$T < 0$，定朔在平朔的前一日；$0 < T < 1$，定朔和平朔在同一天。十一月以后各个月的平朔即由$(r_1 - r_2)$累加$b$的数值而得。和数满60即可弃去，取余数。求定朔改正的办法和上述办法一样。

清代以后采用第谷体系和开普勒椭圆面积定律。定朔的计算也就改用欧洲的几何学方法。

十二个朔望月为一个民用历年。它和一个回归年有一个差数R。$R = \alpha - 12b$，约为10～11天。不上三年，差数积累就超过了一个月，这时就要在这个历年内增加一个闰月，以免和回归年脱节。汉《太初历》以来规定了无中气之月为闰月的规则，这也等于规定了每个中气都要在固定的月份里，如冬至在十一月，大寒在十二月，雨水在一月，等等。在不同的历法里，月的名称可以不同（见**三正**），但一定的中气必须在一定的月份里。这条原则在《太初历》以后的各种历法都是一样的。这就使阴历成分和阳历成分结合得更加紧密。一般来说，如$r_2 > (b - R)$，则规定这年有闰。$R/12$，则是两个气的时间比一个朔望月长的差数。将这个数累加到r_2上，一当这个累加的和数大于b的时候，就是中气超过月份的时候，这时就把被超过的月份定为闰月。

中国古代有的历法不用前述特殊时刻的上元，而用近距取元，即取某个已知r_1、r_2、r_3值（设为a_1、a_2、a_3）的年的冬至时刻为历元。例如《授时历》就是以历法制定的那年的冬至时刻为历元。它把a_1称为气应，a_2称为闰应，a_3称为转应。这时，一次同余式组改为：

$$ay + a_1 \equiv r_1(\mathrm{mod}60)$$
$$ay + a_2 \equiv r_2(\mathrm{mod}b)$$
$$ay + a_3 \equiv r_3(\mathrm{mod}c)$$

以上是就世界各国历法最基本的内容，即按照推算民用历谱，安排历日的问题来说的。但是中国古代历法还有更丰富更广泛的内容。它包括日、月、五星的运动和位置的计算；昏、旦中星和时刻的测定；日、**月食**的预报等等。就某种程度来说，中国古代的历法就是一种编算**天文年历**的工作。它包括中国古代天文学的许多重要内容。它的发展是**中国天文学史**的一条主线。

藏历 指中国藏族的历法。今西藏自治区拉萨大昭寺前保存有长庆年唐蕃会盟碑，碑文为藏文，碑中有藏历与唐历的对照。碑文中说：“大蕃彝泰七年，大唐长庆元年，即阴铁牛年，孟冬月十日也。”孟冬月为冬季第一个月。藏历纪年以五行、十干、十二支配合。十干配五行，木以甲阳乙阴，火以丙阳丁阴，土以戊阳已阴，金以庚阳辛阴，水以壬阳癸阴。干支纪年以五行区别阴阳，不用十干之名。十二支则用十二属兽名。故上阴铁牛年（铁为金）即为辛丑，与唐长庆元年干支相合。

清康熙二十六年（1687），藏族的桑杰嘉措撰《白琉璃》书，其中有年历表，以撰书年为零年，上推660年，说：“《时轮根本密典》传入西藏，因此定是年为六十周年之始。”按以1687年减660年为1027年，当丁卯，于藏历为阴火兔，相传藏历始于阴火兔年的说法即源于此。

中国历法表（席泽宗编）

序号	历名	创制者	制定年（公元）	行用年（公元）	刊载文献	特点
1	黄帝历	合称“古六历”	战国时期	战国时期，唯颛顼历一直用到公元前104年汉武帝改历为止	《汉书·律历志》《开元占经》	皆以$365\frac{1}{4}$日为一回归年，故又称“四分历”，以$29\frac{499}{940}$日为一朔望月，在19年中设7个闰月。但各历所用上元和岁首不同
2	颛顼历					
3	夏历					
4	殷历					
5	周历					
6	鲁历					
7	太初历（三统历）	（汉）邓平、落下闳	前104	前104～公元84	《汉书·律历志》	以冬至所在之月为十一月，以正月为岁首，以没有中气的月份为闰月，以135个月为交食周期
8	四分历	（东汉）李梵、编䜣	85	85～263	《后汉书·律历志》	测定了二十八宿的黄道距度；将冬至点由牵牛初度移到斗$21\frac{1}{4}$度
9	乾象历	（东汉）刘洪	206	223～280	《晋书·律历志》	把回归年的尾数降到1/4以下，成为365.2462日；提出了定朔算法；提出了日月食限的概念
10	黄初历	（魏）韩翊	220	未用		所定朔望月最准，为29.530 591日
11	太和历	（魏）高堂隆	227	未用		
12	景初历（太始历、永初历）	（魏）杨伟	237	237～451	《晋书·律历志》《宋书·历志》	提出推算日食食分和亏起方位的方法
13	正历	（晋）刘智	274	未用	已失传	
14	乾度历	（晋）李修、卜显依	277	未用		
15	永和历	（晋）王朔之	352	未用		
16	三纪甲子元历	（后秦）姜岌	384	384～517	《晋书·律历志》	首创以月食位置推算太阳位置法
17	元始历	（北凉）赵𢾺	412	412～439 452～522		设600年中有221个闰月
18	五寅元历	（北魏）崔浩	440	未用	《北史·崔浩传》	
19	元嘉历（建元历）	（宋）何承天	443	445～509	《宋书·律历志》	创调日法
20	大明历	（宋）祖冲之	463	510～589	同上	将岁差引入历法计算
21	景明历	（北魏）公孙崇	500	未用	《魏书·律历志》	
22	神龟历	（北魏）崔光	518	未用	同上	
23	正光历	（北魏）李业兴	521	523～565	同上	
24	兴和历	（东魏）李业兴	540	540～550	同上	
25	大同历	（梁）虞邝	544	未用	《隋书·律历志》	
26	九宫行碁历	（东魏）李业兴	547	未用		
27	天保历	（北齐）宋景业	550	551～577		
28	灵宪历	（北齐）信都芳			《北齐书·方技传》	
29	天和历	（北周）甄鸾	566	566～578		
30	孝孙历	（北齐）刘孝孙	576	未用		
31	甲寅元历	（北齐）董峻、郑元伟	576	未用	《隋书·律历志》	
32	孟宾历	（北齐）张孟宾	576	未用	同上	
33	大象历	（北周）马显	579	579～583	同上	
34	开皇历	（隋）张宾	584	584～596	同上	
35	皇极历	（隋）刘焯	604	未用	《隋书·律历志》	用等间距二次差内插法来处理日、月运动的不均匀性

续表

序号	历名	创制者	制定年（公元）	行用年（公元）	刊载文献	特点
36	大业历	（隋）张胄玄	597	597～618	同上	用等差级数求和方法编行星位置表
37	戊寅元历	（唐）傅仁均、崔善为	619	619～664	《旧唐书·历志》《新唐书·历志》	用定朔安排日用历谱；废闰周
38	麟德历	（唐）李淳风	665	665～728	同上	
39	经纬历	（唐）瞿昙罗		未用		
40	光宅历	同上	698	未用		
41	神龙历	（唐）南宫说	705	未用	《旧唐书·历志》	
42	九执历	（唐）瞿昙悉达	718	未用	《开元占经》	译自印度历法
43	大衍历	（唐）一行	728	729～761	《旧唐书·历志》《新唐书·历志》	用定气编排太阳运行表，创不等间距二次差内插法
44	至德历	（唐）韩颖	758	758～762	《新唐书·历志》	
45	五纪历	（唐）郭献之	762	762～783	同上	
46	符天历	（唐）曹士蔿	780～783	行于民间，直至宋代	《新五代史·司天考》	以雨水为气首，以1万为天文数据的共同分母，废除上元积年
47	正元历	（唐）徐承嗣	783	784～806	《新唐书·历志》	
48	观象历	（唐）徐昂	807	807～821	同上	
49	宣明历	同上	822	822～892	同上	创日食三差（时差、气差、刻差）法
50	崇玄历	（唐）边冈	893	893～938	同上	
51	永昌历	（前蜀）胡秀林	909	909～911	《通鉴目录》	
52	正象历	同上	912	912～925	同上	
53	调元历	（后晋）马重绩	937	939～943 947～994		
54	中正历	（南唐）陈成勋	940	940～950		
55	齐政历	（南唐）	950	950～975		
56	明玄历	（后周）王处讷	952	未用		
57	钦天历	（后周）王朴	956	956～963	《旧五代史·历志》《新五代史·司天考》	在计算行星位置时用了等加速度的公式
58	应天历	（宋）王处讷	963	964～982	《宋史·律历志》	每夜分五更，每更分五点，更点制自此始
59	乾元历	（宋）吴昭素	981	983～1000	同上	
60	大明历	（辽）贾俊	994	995～1125 1123～1136	《辽史·历象志》错录祖冲之大明历	
61	至道历	（宋）王睿	995	未用		
62	仪天历	（宋）史序	1001	1001～1023	《宋史·律历志》	
63	乾兴历	（宋）张奎	1022	未用		
64	崇天历	（宋）宋行古	1024	1024～1064 1068～1074	《宋史·律历志》	
65	明天历	（宋）周琮	1064	1065～1067	同上	对历代历法有较好的总结
66	奉元历	（宋）卫朴	1074	1075～1093	李锐补修《奉元术》	
67	十二气历	（宋）沈括	1086	未用	《梦溪笔谈》	纯阳历
68	观天历	（宋）皇居卿	1092	1094～1102	《宋史·律历志》	
69	占天历	（宋）姚舜辅	1103	1103～1105	李锐补修《占天术》	
70	纪元历	同上	1106	1106～1127 1133～1135	《宋史·律历志》	首创利用观测金星来定太阳位置法
71	大明历	（金）杨级	1127	1137～1181		
72	统元历	（南宋）陈德一	1135	1136～1167	《宋史·律历志》	

续表

序号	历名	创制者	制定年（公元）	行用年（公元）	刊载文献	特点
73	乾道历	（南宋）刘孝荣	1167	1168～1176	同上	
74	淳熙历	同上	1176	1177～1190	同上	
75	重修大明历	（金）赵知微	1181	1181～1234 1215～1280	《金史·历志》	月亮的各种周期值和黄赤交角值都很准确
76	乙未元历	（金）耶律履	1181	未用	同上	
77	五星再聚历	（南宋）石万	1187	未用		
78	会元历	（南宋）刘孝荣	1191	1191～1198	《宋史·律历志》	
79	统天历	（南宋）杨忠辅	1199	1199～1207	同上	回归年数值最准确，并且认为回归年长度在变化，古大今小
80	开禧历	（南宋）鲍澣之	1207	1208～1251	同上	
81	西征庚午元历	（元）耶律楚材	1220	未用	《元史·历志》	创里差法（类似时区）
82	淳祐历	（南宋）李德卿	1250	1252		
83	会天历	（南宋）谭玉	1253	1253～1270		
84	万年历	（元）札马鲁丁	1267	行于几个少数民族中间		可能即后来的回历（伊斯兰历）
85	成天历	（南宋）陈鼎	1271	1271～1276		
86	本天历	（南宋）邓光荐	1277	1277～1279		
87	授时历（大统历）	（元）郭守敬	1280	1280～1644	《元史·历志》	创三次差内插法，并用类似球面三角的公式解决太阳黄赤道坐标换算的问题
88	圣寿万年历	（明）朱载堉	1554	未用	《乐律全书》	
89	黄钟历	同上	1581	未用	《古今图书集成·历法典》	
90	新法历（时宪历）	（明）徐光启等	1634	1645～1723	《崇祯历书》 《历象考成》	采用第谷宇宙体系和几何学、球面三角等
91	晓庵历	（清）王锡阐	1663	未用	《晓庵新法》	
92	癸卯元历	（清）戴进贤	1742	1742～1911	《历象考成后编》	采用开普勒行星运动第一、第二定律
93	天历	（太平天国）洪仁玕	1852	1852～1864	《己未九年改历诏旨》	大小月相间，不计朔望，不置闰月
94	公历（即格雷果里历）		1582	1912 至今		

藏医名著《四部医典》卷二第十四节论各时节的生活习惯，其中也介绍了藏历。说："一年为六季，分为十二个月。"又说："一百二十瞬息为一喀其摩，六十喀其摩为一怛，三十怛为一由赞，三十由赞为一昼夜，叫宁懈，三十宁懈为一月。" （严敦杰 席泽宗）

《中国国家天文》 *Chinese National Astronomy* 中国科学院主管、国家天文台主办，在国内外公开发行的科普文化期刊。是国家天文台加强科学文化传播工作的一个重要载体和平台。2006 年 10 月创刊。月刊。时任中国科学院副院长白春礼作发刊词，诺贝尔奖获得者李政道和中国哲学家、宗教学家任继愈出任特邀顾问，20 多位中国科学院院士和人文学者、文学家、艺术家担任科学顾问和文化顾问。

该刊以"面向广大公众，天文与人文结合"为办刊理念，集"科学、人文、生活、时尚"于一体，目标是成为一本"大众化、精品化，科学性、文化性、艺术性和收藏价值兼备"的现代科学文化杂志。设有特别策划、科学与艺术、天之旅、星座博览、航天视界、星空在线、印象星空等栏目，面向广大社会公众及其个性化需求，在内容上以天文元素切入，涉及天文、空间、航天、航空、航海以及地理、历史、文化艺术、户外活动、摄影、人物等各个方面，力图通过讲述公众熟悉或不熟悉的故事，拉近读者与天文之间的距离，使不同背景、不同职业、不同兴趣的读者都能在杂志中找到自己喜欢的内容。

该刊针对国内外天文与航天科技的重大进展，结合公众关注的热点和重大事件，及时推出全面深度的报道。同时，组织形式多样且富有特色的天文科普文化活动，并围绕社会和文化热点及特殊天象，与相关机构合作推出主题科普文化活动。《中国国家天文》手机客户端新媒体于 2013 年底上线，为广大读者及时推送最新的时尚、接地气的天文资讯。

《中国国家天文》作为中国最主要的天文科普刊物之一，纸刊年订阅量超过十万，官方微博和微信订阅用户超过 300 万。杂志先后获中国科协颁发的"典赞·2019 科普中国十大科普自媒体""2020 年中国优秀科普期刊""中国科普博览最具品质媒体合作伙伴""新浪 2019 最佳科学传播媒体奖"等奖项和荣誉。 （孙媛媛）

中国黑子目视记录 record of visual sunspot in China 中国天文学家整理的中国古代太阳黑子的观测记录。中国有着丰富的太阳黑子目视观测记录。中国科学院云南天文台的太阳研究者从史书上收集和整理出的前43～公元1638年中国历史上的黑子目视记录共有112条。天文学家利用这些珍贵的资料，通过相关和自相关分析，以及其他方法，得到了两千年来太阳活动变化的情况，在许多方面补充和纠正了其他研究得到的结果。

例如，美国学者J.A.艾迪曾提出太阳活动的11年周期在蒙德极小期间和之前并不存在的论点。针对这个问题，云南天文台、紫金山天文台、南京大学的太阳研究者根据中国史书上的黑子目视记录分布规律进行研究，结果表明即使在太阳活动较弱的蒙德极小期间，仍然能够发现其存在11年周期性。中国学者邹仪新也根据前165～公元1854年约两千年的黑子目视记录和极光记录，分析得到在此期间的太阳活动平均周期为10.42 ± 0.19年。这些结果肯定了太阳活动11年周期的连续性。

（林元章）

中国火星探测计划 Chinese Mars exploration 中国针对火星的探测任务。

萤火一号任务 根据中俄两国航天局相关协议，合作研制火卫一－土壤号（Phobos-Grunt）探测器。其中俄方负责主探测器研制，中方负责萤火一号探测器（YH-1）研制。原计划于2009年底发射，后推迟到2011年，由联盟号运载火箭从拜科努尔航天中心发射升空。萤火一号重约110千克，本体长75厘米、宽75厘米、高60厘米，携带照相机、磁强计等八件有效载荷，主要科学目标是研究火星电离层及其空间环境、火星磁场等。萤火一号于2008年4月完成初样研制，2009年6月完成正样研制并赴俄罗斯联合测试。2011年11月9日，俄方宣布搭载有萤火一号的火卫一－土壤号探测器发射后变轨失败。萤火一号未能实现探测火星的使命。

天问一号任务 2020年7月23日，天问一号火星探测器在文昌卫星发射中心成功发射，中国人的首次火星探测之旅也正式开始。中国首次火星探测任务共搭载13种有效载荷，其中环绕器7种、火星车6种，主要用于探测火星表面地形地貌、物质成分、次表层结构、空间环境等。探测器经过半年多的飞行后抵达火星，被火星的引力捕获。

2021年5月15日早上7点11分，天问一号火星探测器调整好进入火星大气层的轨道，环绕器与着陆巡视组合体在火星上空分离。环绕器继续对火星进行遥感探测，同时作为与火星表面进行通信的中转站。着巡组合体进入火星大气层，时速高达20 000千米，经过气动外形减速、降落伞减速和反推发动机动力减速，在短短的九分钟内，减速到零为止。最后成功着陆在火星表面的乌托邦平原。

祝融号火星车驶离着陆平台，开始火星表面巡视探测。由于远距离数据传输的大时延，要求火星车必须具有很高的自主能力。火星光照强度小，加上火星大气对阳光的削减作用，火星车能源供给也比月球车更为困难。中国首次火星探测任务不仅实现了环绕火星的全球遥感探测，还突破了火星进入、下降、着陆、巡视、远距离测控通信等关键技术，实现了火星表面巡视探测，在一次任务中实现了“环绕、着陆、巡视”三个目标，使中国成为世界第二个成功实现航天器登陆火星的国家。

（郑永春）

中国天文学会 Chinese Astronomical Society 中国天文学者从事组织学术活动、开展国际学术交流、普及天文科学知识等工作的群众性学术团体。20世纪10～20年代，在五四运动推动下，中国现代天文学的先驱者们倡议成立中国天文学会，“以求天文学进步及普及天文学为宗旨”，“深知今兹时代，非科学竞争，不足以图存；非合群探讨，无以致学术之进步”。1922年10月30日，中国天文学会在北京成立，并设会所于北京古观象台。1932年会所迁至南京，挂靠在中央研究院天文研究所（见紫金山天文台）。1935年中国天文学会加入国际天文学联合会（IAU），成为其团体会员单位。截至2020年9月拥有532名国际天文学联合会会员。1949年后，中国天文学会先后由中国科联和中国科协领导，并挂靠在中国科学院紫金山天文台。

中国天文学会最高权力机构是全国会员代表大会，每四年举行一次。2022年11月第十五届理事会由49位理事组成，法定代表人和理事长为韩占文。中国天文学会理事会每期任期4年。截至2023年2月，有团体会员单位35个，会员3680人，主要是科研人员、工程技术人员和教师。中国天文学会下设8个工作委员会、1个工作组（基金）和11个专业委员会，与17个省市天文学会和2个天文小组建立业务指导关系。

中国天文学会历届年会、评议会、理事会

届次	时间	地点	当时会员数目	会长（理事长）	副会长（副理事长）	秘书长
成立会（第一届评议会）	1922.10.30	北京	47	高　鲁	秦　汾	
第一届年会（第二届评议会）	1923.10.28	北京	52	蔡元培	范源濂	高　鲁
第二届年会（第三届评议会）	1925.2.8	北京	155	蔡元培	范源濂	高　鲁
第三届年会（第四届评议会）	1925.10.25～27	北京	175	秦　汾	李书华	高　鲁
第四届年会（第五届评议会）	1926.10.31	北京	182	秦　汾	李书华	高　鲁
第五届年会（第六届评议会）	1927.12.23	南京	208	蔡元培	竺可桢	高　鲁
第六届年会（第七届评议会）	1928.12.22	南京	210	蔡元培	高　鲁	高　均
第七届年会（第八届评议会）	1929.12.22	南京	222	高　鲁	蒋丙然	高　均
第八届年会（第九届评议会）	1930.12.22	南京	233	高　鲁	余青松	高　均
第九届年会（第十届评议会）	1931.12.23	南京	257	李书华	高　鲁	高　均
第十届年会（第十一届评议会）	1933.4.3～7	南京	265	余青松	蒋丙然	高　均
第十一届年会（第十二届评议会）	1934.3.21	南京	300	余青松	蒋丙然	张钰哲
第十二届年会（第十三届评议会）	1935.4.6	南京	320	余青松	蒋丙然	张钰哲
第十三届年会（第十四届评议会）	1936.4.19	南京	330	高　鲁	张　云	陈遵妫
第十四届年会（第十五届评议会）	1937.7.9～11	青岛	370	高　鲁	蒋丙然	陈遵妫
第十五届年会（第十六届评议会）	1939.11.4～5	云南	383	余青松	高　鲁	陈遵妫

续表

届次		时间	地点	当时会员数目	会长（理事长）	副会长（副理事长）	秘书长
第十六届年会（第十七届评议会）		1940.9.15～18	昆明	393	高　鲁	余青松	陈遵妫
第十七届年会（第十八届评议会）		1941.10.1～4	兰州	433	高　鲁	张钰哲	陈遵妫
第十八届年会（第十九届评议会）		1942.10.30～31 1942.10.31 1942.10.18 1942.11.20～22	昆明 贵阳 西安 福建	459	高　鲁	张钰哲	陈遵妫
第十九届年会	第一届理事会	1943.12.23～26	福建 永安	631	张钰哲	不　详	干事：龚树模
第二十届年会	第二届理事会 第三届理事会 第四届理事会	1944.10.14～15 1946.2.28 1947.4	昆明	639	张钰哲 陈遵妫 不　详	不　详 不　详 不　详	干事：龚树模 干事：龚树模 不　详
第二十一届年会	第五届理事会	1947.8	上海	638	不　详	不　详	不　详
第二十二届年会	第六届理事会	1948.10	南京		不　详	不　详	不　详
第二十三届年会	第七届理事会	1949.12.10～11	南京		张钰哲	不　详	干事：李　元、罗定江
中华人民共和国成立后第一届全国会员代表大会、理事会（累计第八届）		1957.2.6～11	南京	244	张钰哲	李　珩 戴文赛 胡明城	赵却民
第二届全国会员代表大会、理事会（累计第九届）		1962.8.20～26	北京	约 303	张钰哲	程茂兰	赵却民
第三届全国会员代表大会、理事会（累计第十届）		1978.8.29～9.1	上海	684	张钰哲	程茂兰 李　珩 戴文赛 龚树模 王绶琯 叶叔华	赵先孜 曾务珠（副）
第四届全国会员代表大会、理事会（累计第十一届）		1982.3.15～19	陕西临潼	923	张钰哲 李　珩* 陈遵嬀*	王绶琯 龚树模 叶叔华 吴守贤 张柏荣	苗永宽 任江平（副） 杨煜泉（副）
第五届全国会员代表大会、理事会（累计第十二届）		1985.12.23～28	武昌	1276	王绶琯	叶叔华 方励之 苗永宽 吴守贤 张柏荣	童　傅 杨煜泉（副） 卞毓麟（副）
第六届全国会员代表大会、理事会（累计第十三届）		1989.3.8～12	苏州	1671	李启斌 王绶琯* 叶叔华* 龚树模*	曲钦岳 冯和生 何妙福 漆贯荣 程福臻	张和祺 邓祖淦（副） 吴美霞（副）
第七届全国会员代表大会、理事会（累计第十四届）		1992.10.30～11.2	北京	1798	曲钦岳 王绶琯* 叶叔华* 龚树模*	冯和生 汪克敏 苏定强 赵君亮 漆贯荣	苏洪钧 吴美霞（副）
第八届全国会员代表大会、理事会（累计第十五届）		1995.11.8～10	南京	1755	李启斌 王绶琯* 叶叔华* 龚树模*	方　成 吴贵臣 何香涛 杨福民 谭徽松	张和祺 汪克敏（副） 吴美霞（副）
第九届全国会员代表大会、理事会（累计第十六届）		1998.11.28～12.1	昆明	1649	方　成 王绶琯* 叶叔华* 曲钦岳* 龚树模*	李志刚 何香涛 罗国权 赵　刚 赵君亮	陆本魁 吴美霞（副） 蒋协助（副）

续表

届次	时间	地点	当时会员数目	会长（理事长）	副会长（副理事长）	秘书长
第十届全国会员代表大会、理事会（累计第十七届）	2002.10.31～11.1	南京	1866	苏定强 王绶琯* 叶叔华* 曲钦岳*	王　宜 张双南 郭　际 黄润乾 廖新浩 戴子高	严　俊 蒋协助（副） 孟红宇（副）
第十一届全国会员代表大会、理事会（累计第十七届）	2006.10.30～11.1	上海	2086	赵　刚 王绶琯* 叶叔华* 曲钦岳*	严　俊 李　焱 张双南 洪晓瑜 崔向群	李向东 孟红宇（副） 梁艳春（副）
第十二届全国会员代表大会、理事会（累计第十八届）	2010.11.4～5	南宁	2375	崔向群 王绶琯* 叶叔华* 曲钦岳*	王　娜 郑晓年 洪晓瑜 韩占文 戴子高	杨　戟 孟红宇（副） 赵　冰（副）
第十三届全国会员代表大会、理事会（累计第十九届）	2014.10.30～31	临潼	2765	武向平 王绶琯* 叶叔华* 曲钦岳*	刘晓为 沈志强 郑晓年 戴子高	杨　戟 孟红宇（副） 黄　滟（副）
第十四届全国会员代表大会、理事会（累计第二十届）	2018.10.30～11.1	昆明	3154	景益鹏 王绶琯* 叶叔华* 曲钦岳*	王　娜 白金明 刘继峰 吴学兵 常　进	周济林 孟红宇（副） 沈志侠（副）
第十五届全国会员代表大会、理事会（累计第二十一届）	2022.11.17	南京	3680	韩占文 叶叔华* 曲钦岳* 方　成* 苏定强*	王　娜 刘继峰 吴学兵 周济林 袁业飞	毛瑞青 陈雪飞（副） 宁宗军（副）

注：*表示名誉理事长。

为促进全国天文工作者之间的学术交流，中国天文学会每年举办中国天文学会学术年会和各种类型的学术会议、讲座，承办国际天文学联合会的专题研讨论会，与日、德、法联合举办双边学术会议，在科普工作方面，多次举办全国青少年天文知识竞赛。

2012 年中国天文学会在北京成功举办了第 28 届国际天文学联合会（IAU）大会，来自全球 76 个国家和地区，3000 余名天文学者参加了此次盛会。时任中国国家副主席习近平出席开幕式并致辞。他提出了关于科学技术发展的五要素，包括：第一，科学技术是人类认识世界、改造世界的强大动力；第二，科学技术需要不懈探索和长期积累；第三，科学技术需要持续重视和加强基础研究；第四，科学技术需要打牢坚实的群众基础；第五，科学技术需要开展广泛务实的国际合作。

中国天文学会主办期刊有：《天文学报》、*Research in Astronomy and Astrophysics*、《天文学进展》《天文爱好者》。中国天文学会设立中国天文学会张钰哲奖、黄授书奖、黄润乾天体物理基础研究奖。三项奖均每两年颁发一次。（孟红宇）

中国天文学史 history of astronomy in China　研究天文学在中国发生和发展的分支学科。中国是世界上天文学发展最早的国家之一，数千年来积累了丰富的观测资料，是古代自然知识体系的带头学科，为中国文明和世界文明做出了重要贡献。它萌芽于新石器时代，可追溯到 4500 年以前，至战国秦汉（前 475～公元 220）期间形成了以**历法**和**天象**观测为中心的完整而富有特色的体系。之所以形成这样的特色，又是和中国传统天文学由皇家主持分不开的，而后者又是在天人感应和天人合一思想支配下高度的中央集权制所必需的。

以元代的授时历（1280）为标志，中国传统天文学发展到最高峰。进入明代以后有约 200 年的停滞。万历年间（1573～1620）随着“资本主义的萌芽”和实学思潮的兴起，以及历法的失修，社会对天文学产生了新的要求。此时正逢耶稣会士东来，随着西学东渐，中国传统天文学开始同西方天文学融合。1859 年**李善兰**和伟烈亚力合译英国 J.F.赫歇尔的《谈天》，中国人得以窥见近代天文学的全貌。1922 年**中国天文学会**成立，1934 年**紫金山天文台**建成，标志着现代意义上的天文学在中国诞生。然而真正的发展，还是在中华人民共和国建立之后，特别是改革开放以来，在许多领域取得了许多令人瞩目的成绩。

萌芽时期：从远古到西周末（前 770 年以前）　1960 年在山东莒县陵阳河一带出土的距今约 4500 年的四个陶尊上都有一个符号，它由日、月、山组成，有人释为“旦”字。据实地勘察，在陵阳河遗址的东方，有个寺崮山，此山由五峰南北相连，每逢春分前后的早晨，太阳由中峰方向升起，如遇到残月偕日出，就能看到陶文表示的景象，大约每隔四五年有一次。因此，它可能是古人借助自然标志确定春分的真实记录。2005 年在山西临汾市襄汾县陶寺古城遗址东南城墙外次发现了距今约 4100 年的一个半圆形夯土结构，由扇形分部的 13 根方形夯土柱基组成，扇形中心处有一个夯土墩。考古队发现，从中心土墩，透过夯土柱之间狭缝观测远处塔尔山天际线上的日出方位，就可以确定节气。两处考古发现都能和《尚书·尧典》中的"乃命羲和，钦若昊天，历象日月星辰，敬授民时。……分命羲仲，宅嵎夷，曰旸谷，寅宾出日，平秩东作"联系起来。

《尧典》虽系后人所作，但它反映了远古时代的一些史实，当无疑问。除观测日出方向来定季节外，还观测黄昏时的南中星来定季节。《尧典》说，一年为366日，分为四季，用闰月来调整季节。更重要的是，《尧典》确定了天文观测是皇家关心的重要政事。比《尧典》晚的《**夏小正**》可能反映了夏朝的一些天文历法知识，除注意昏中星以外，还注意到黎明时旦中星的变化，以及北斗斗柄每月所指方向的变化。

1899年以后，在河南安阳殷墟陆续出土的为数众多的甲骨文，把中国商代的历史奠基于磐石之上。在甲骨文中有五次**月食**记录，使夏商周断代工程可把商王武丁的在位年代确定在公元前1250年至前1192年之间。甲骨文中还有**新星**记录："七月己巳夕㞢，有新大星并火口"。

比甲骨文稍晚的是西周时期（前11～前8世纪）铸在铜器（钟、鼎等）上的金文。金文中有大量关于**月相**的记载，但无朔字。最常出现的是初吉、既生霸、既望、既死霸。对这些术语有种种不同的解释，但除初吉之外，其他几个都与月相有关，则无异议。对于这些月相的解释不同，所排出的西周历谱也就有所差异。

作为中国阴阳合历的关键词"朔"，到西周晚期的《诗·小雅·十月》篇中才出现："十月之交，朔日辛卯，日有食之。"不但记录了一次**日食**，而且表明那时以日月相合（朔）作为一个月的开始。一些人认为，这次日食发生在周幽王六年，即前776年；也有人认为发生在周平王三十六年，即前735年。

《诗经》时代天文知识已相当普及。明末顾炎武在《日知录》里说："三代以上，人人皆知天文。"他列举的四件事中，有三件都出自《诗经》，那就是"七月流火""三星在户"和"月离于毕"。

《诗经》中虽没有完整的二十八宿记载（见**三垣二十八宿**），但在反映西周王朝制度的《周礼》中已有明确的二十八宿和**十二次**的划分。可以说到西周末期，中国传统天文学已初具规模。

体系的形成：从春秋到东汉（前770～公元220） 从前770年到前476年称为春秋时期。这一时期是中国传统天文学从观察到数量化的过渡阶段。《礼记·月令》虽是战国时期的作品，但据近人研究，所反映的是春秋中叶（前600年左右）的天文学水平。它以二十八宿为参照物，系统地给出了每月月初的**昏旦中星**和太阳所在的位置，并且载明君主每月应该进行哪些仪式和活动，使中国传统天文学的政治化倾向更加明显。

《春秋》和《左传》是这一时期的主要历史文献，其中有大量的天文资料。《春秋》记载了37次日食，经过现代方法的核算，证明其中31次是可靠的。《左传》中有两次"日南至"（冬至）记载（一次在前654年，另一次在前521年），间距为133年，而天数为48 758日，合一年为365又33/133日。为简便起见取尾数为1/4。凡以这个数字为回归年长度的历法，都叫四分历。在汉武帝于前104年颁布太初历之前的古六历都是四分历。之所以有不同的名称，或因行用的地区不同，或因采用的岁首不同，名称并不代表时间的先后。因为四分历采用一回归年为365日，而太阳在恒星背景上每年移动一周（从冬至点到冬至点），所以也就规定圆周为365度，太阳每天移动一度。这个制度构成了中国传统天文学的一个特点，一直沿用到17世纪。这里也牵涉到中国传统天文学的另一特点，即确定回归年长度的"日南至"是用**圭表**测影的方法得到的。圭表在中国古代始终被当作主要的天文仪器之一，历代不断致力于技术上的改进，而在西方相对来说，圭表使用得较少。

随着观测资料的积累，战国时期（前475～前221）开始有天文学的专门著作出现。魏国的石申著有《天文》8卷（见《**石氏星经**》），齐国的甘德著有《天文星占》8卷。根据唐代人的辑录，在石申的著作中有121颗恒星的坐标位置，是世界最早的**星表**；在甘德的著作中有关于**木星卫星**的观察，比**伽利略**早2000年。

在战国时期形成的中国古代哲学的三大范畴（气、阴阳、五行）影响到传统天文学的各个方面。《庄子·天运》和《楚辞·天问》提出了一系列具有深刻意义的问题，比较重要的有两个：一是宇宙结构如何，它的运行机制怎样；二是天地如何形成和演化。对这两个问题的深刻探讨到今天也没有结束。为了回答第一个问题，战国时期出现了**盖天说**，到汉代又有**浑天说**和**宣夜说**等的出现。对于第二个问题，汉代的《淮南子·天文训》一开头就用"气"的思想回答：宇宙最初是一团**混沌**状态，既分之后，轻清者上升为天，重浊者凝结为地，天为阳气，地为阴气，二气相互作用，产生万物。这个观点被后代许多学者继承和发展，是中国古代天体演化学说的主流。

《淮南子·天文训》（成书于前160年左右）的重要性还在于，它赋予天文学以突出的地位，在一部著作中专章叙述。司马迁继之，在《史记》中专设两章：《天官书》讲天文，《历书》讲历法。历代修史无不援引此例，这对中国传统天文学能够持续发展并把观测记录保存下来，起了不可磨灭的作用。

《淮南子·天文训》第一次列出了**二十四节气**的全部名称，其顺序和现今通行的完全一致。二十四节气分十二节和十二气，彼此相间，是中国历法的阳历成分，"朔"是**阴历**成分，用"闰"来调整阴阳二历，构成了传统历法的特色。汉武帝于元封七年（前104）颁布的太初历，以正月为岁首（建寅）以遇到没有中气的月份为闰月，使季节与月份配合得更合理，是历法的一大进步。

太初历是有完整文字记载的第一部历法，经过刘歆修改，以三统历的形式保存在《汉书·律历志》中。它奠定了中国数理天文学的格局：①**太阳系**内七大天体（日、月、五星）的观测及其运行规律的研究；②恒星位置的观测；③日月交食的计算、预报和观测；④二十四节气的推算；⑤测时、守时、授时系统的规定和各种技术的改进。其中关于日食 的计算特别重要，它是判定一部历法好坏的重要标准。《汉书·律历志》说"历之本在于验天"，意即在此。历法虽是由皇帝颁布的，但他作选择时不能违背这条标准，这就保证了它只能向精密化的方向发展。

太初历在使用了188年以后，由于所采用的回归年和朔望月的数值偏大，长期积累的误差已很显著，于是在东汉元和二年（公元85）又改用四分历，但这并不是复旧，仅只是又采用了365日为回归年的长度，在其他方面则大有改进。在实行四分历的过程中，发现月球的近地点运动很快，每月移动三度多，九年后又回到原来位置，于是提出九道术来处理这一问题。

公元123年发生了一场大辩论。刘恺等80余人主张恢复太初历，李泓等40余人主张继续使用四分历，双方的论据都是"谶纬"神学。**张衡**等少数人勇敢地站出来，认为这样的立论根本是错误的，历法的讨论不应以是否合乎谶纬为标准，而应以天文观测的结果为依据。他和周兴的观测结果以九道术最为精密。最后，尚书陈尚忠在做总结时采取了折中态度，结果是继续使用四分历，但九道术未被采纳。九道术到**刘洪**的乾象历（206）中才得以采用。

张衡是和托勒密同时代的人物，在天文学和地学方面都有卓越的贡献。在地学方面，他以发明候风地动仪闻名于世。在天文学方面，他的《灵宪》和《浑天仪·图注》是两部经典著作。前者是早期天体物理学方面的著作，其认识水平在其后的1500年间未有实质性的超越。后者是为制造浑仪而写的说明，具有球面天文学性质，是中国古代宇宙论的标准模型——浑天说的代表作。

除观测用的浑仪以外，张衡又在耿寿昌发明的演示仪器浑象的基础上制成漏水转浑天仪，开创了用水为原动力来驱动代表天象和时间的表演仪器的先河，后经唐代一行和梁令瓒、宋代苏颂和韩公廉的发展，成为世界上最早的天文钟。

繁荣发展时期：从三国到五代（220～960） 与欧洲在5世纪进入持续千年之久的中世纪形成鲜明的对比，中国在汉朝以后虽然有一段分裂局面，但未影响到天文学的发展，而唐朝（618～907）是当时世界上最强盛的帝国，在天文学方面也以一行《大衍历》的完成形成了一个高峰。

东晋虞喜发现岁差，南朝祖冲之把它引进历法，将恒星年与回归年区别开来。祖冲之的儿子祖暅发现过去人们当作北极星的纽星已离开实际上的北极一度有余，从而证明北天极常在移动，古今有不同的北极星。

北齐张子信于565年前后在海岛上发现了太阳运动不均匀性、五星运动不均匀性和月球视差对日食的影响，并提出了相应的计算方法。这三大发现虽晚于希腊，但在中国天文学史上具有划时代的意义，并迅速被众多的历法承认和应用。到了隋朝，刘焯在600年左右制定的《皇极历》中用完备的二次内插法解决了太阳和月亮运动不均匀性的计算问题。

唐朝一行进一步发现：行星的轨道与黄道有一定的交角，行星的近日点也在移动，并且提出了计算近日点的方法。他又以近日点为起算点，每经15°给出一个五星实际行度与平均行度之差的数值表格。在这表格中四次差等于零，也就是说，行星运动的快慢变化不是等加速或等减速的，应该用三次内插法来计算。他还进行了恒星位置的观测，发现有150多颗恒星（包括二十八宿的距星）的位置和前代有所不同。现在知道，这些变化主要是由岁差引起的，一行虽未给出任何解释，但这一发现其意义是很大的，宋元时期频繁的恒星位置观测便与之有关。一行不但测天，而且测地。他、大相元太和南宫说等人分别出发到13个地方测量当地的北极高度和二分二至时中午日影的长度。13个地方分布面很广，最北到铁勒（今俄罗斯贝加尔湖附近），最南到林邑（今越南中南部）。最有意义的是：南宫说在河南平原上滑县、开封、扶沟、上蔡四个地方（这四个地方几乎在同一经度线上），不但测量了日影长度和北极高度，还用测绳丈量了这四个地方的水平距离。结果发现，从滑县到上蔡的距离是526.9唐里，但夏至时日影已差2.1寸，从而彻底否定了“日影千里差一寸”的传统假设。不但如此，一行又把南宫说和其他人在别的地方观测结果相比较，发现影差和南北距离之间的里差根本不存在线性关系。于是他改用北极高度（实际上即地理纬度）差来计算，从而得出，地上南北相去351.27唐里（约129.22千米），北极高度相差一度。这个数值虽然误差很大，但却是世界上第一次子午线实测。

在上述测量的基础上，一行又创九服影长、昼夜漏刻和食差计算法，打破了传统历法中这三项计算仅限于某一地点的局面，使历法具有使用于全国各地的普适性。在一系列创新的基础上，一行等人完成的《大衍历》于729年颁行全国。《大衍历》全书共计52卷，特别是其中的“历经”一卷，分七章，结构合理，逻辑严密，成为后世历家编次的经典模式。

继《大衍历》之后，在晚唐和五代时期有两部历法比较重要。一是长庆二年（822）颁行的《宣明历》，一是建中（780～783）年间流行于民间的《符天历》。宣明历在日食计算方面提出了时差、刻差、气差三项改正，把因月亮地平视差而引起的改正项计算向前推进了一步。这部历法传到日本，从862年颁行，一直使用了823年，是世界上使用最长的历法。符天历有三项改革：一是废除上元积年；二是以10 000为共同分母，表示数据的奇零部分；三是以雨水为岁首。前两项均有进步意义，为元代的《授时历》所采用。

由鼎盛到停滞：从宋初到明末（960～1600） 在以理学为旗帜的新儒学精神的影响下，北宋时期（960～1127）中国传统科学发展到了顶点，具有世界意义的三大发明（火药、印刷术和指南针）就是在这个时期完成的，天文学也取得了辉煌的成就。

记录了1006年和1054年出现的超新星，尤其是后者，成为20世纪天文学研究的前沿阵地。在它出现的位置上遗留了一个蟹状星云，在蟹状星云的中心又有一个脉冲星。

建造了六架大型观测仪器（浑仪），每架重量都在10吨左右。利用这些仪器进行过七次恒星位置观测。尤其是元丰（1078～1085）年间的观测，以两种星图的形式被保存下来；一是刻在石碑上，这就是现存的苏州石刻天文图；另一是绘在苏颂（1020～1101）的《新仪象法要》中。

《新仪象法要》是为元祐七年（1092）制造的水运仪象台而写的说明书。它不仅记述了150多种机械零件，而且还绘有60多张图，这为研究古代仪器制造提供了很大的方便。水运仪象台有一套机械装置被认为是近代钟表中擒纵器的雏形，而把机械传动装置结合使之与天球作同步旋转又是近代望远镜转仪钟的始祖；这座仪器上部观测室的屋顶可以摘下，又是近代天文台活动屋顶的先声。苏颂和韩公廉在完成水运仪象台之后，又制了一架浑天象，其直径大于人的身高，可让人进入内部观看。在球面按各恒星的位置凿有一个个小孔，人在里面看到点点光亮，俨然天上的星辰一般，这又是现代天象仪的先驱。

苏颂同时代的沈括以《梦溪笔谈》一书，被誉为中国的达·芬奇。他编制的“十二气历”是一种纯阳历，比现在世界通用的格雷果里历还完美，但由于传统习惯一直未能实行。1074年他在制造浑仪时省去了白道环，这是中国浑仪在唐代达到复杂化的高峰以后，由繁入简的开始，元代郭守敬沿着这一方向继续前进，就有简仪的发明。

简仪是对中国传统的赤道式浑仪进行革命性的改革而成的，它的设计和制造水平在世界上领先300多年，直至1598年欧洲天文学家第谷发明的仪器才能与之相比。

除简仪外，郭守敬等人还发明了仰仪、景符、正方案等10多种其他仪器，并且利用新的仪器进行了一次空前规模的观测工作：南起北纬15°、北至北纬65°范围内共设立了27个观测点（比唐代多一倍）测量其纬度，并在北纬15°～65°每隔10°设立一个观测站，观测其夏至日影长度和当天的昼夜长短。

在大量观测和研究的基础上，历法水平得到持续的提高，从唐末开始出现的公式化方法取代内插法算，在太阳、月亮和五大行星不均匀运动的计算中得到更加普遍的使用。郭守敬等人于1280年制成《授时历》并于次年起实行。《授时历》对一系列天文常数进行了精确的测定，在数学方面应用了三次内插法和类似球面三角学的弧矢割圆术。

《授时历》在元朝灭亡之后，被继起的

明朝继续使用，只是把名称改为大统历，一直用到1644年清军入关为止。这段时间，传统天文学发展处于长期停滞的状态。

中西天文学的融合：从明末到鸦片战争（1601～1840）　在17世纪之前，欧洲古典天文学曾两次获得传入中国的机会：第一次是唐朝，其代表是瞿昙悉达翻译《九执历》（712），这次是以印度人为媒介；第二次是元朝和明朝回回司天机构的建立，其代表一是元朝札马鲁丁进献的"西域仪象"7件和编制的《万年历》（1267），二是明太祖朱元璋下令翻译的《回回历法》和《天文书》（1382），这次是以阿拉伯人为媒介。第一次几乎未引起什么反响，第二次境遇要好一些，《回回历法》在明朝得到了与《大统历》"参照使用"的待遇，曾经被用于民用历书、七政凌犯历书的计算长期被用于日月食的预报。凌犯是中国古代星占所关注的重要天象，但其推算依据是月亮和五大行星相互之间以及它们到特定恒星之间的角距离，需要同时具备计算它们经度和纬度的方法。但是，中国传统历法都只计算它们的经度，而不计算纬度。朱元璋之所以下令翻译《回回历法》，这是最重要的一个原因。不过，《回回历法》终究没能取代据中国固有传统编定的《大统历》。而明末清初发生的第三次，则改变了中国传统天文学的面貌。

从明初（1368）开始，中国传统天文学进入了停滞状态，很少创造发明。到了万历年间，伴随着经济史学家所称的资本主义萌芽和思想家所称的实学思潮的兴起，以及历法因年久失修，天象预报屡次出错等因素，人们对天文知识有了新的需求。就在这个时候，欧洲耶稣会士东来，他们了解到中国对于科学技术的追求远大于对宗教的兴趣，而天文学在中国政治文化中具有特殊地位，于是他们决定了"学术传教"的方针。利玛窦在经过八年与中国各界人士广泛接触以后，于1601年1月来到北京，获准朝见万历皇帝，在"贡献方物"的表文中即表示了参与天文历法工作的心愿。此后，来华耶稣会士与中国学者合作编译的天文著作有《浑盖通宪图说》（1607）、《乾坤体仪》（1608）、《简平仪说》（1611）、《表度说》（1614）、《天问略》（1615）、《远镜说》（1625）、《寰有诠》（1628）等。

中国学者除参与翻译介绍欧洲天文仪器和宇宙论方面的知识以外，还向耶稣会士们学习欧洲天文学的计算方法，因而徐光启得以用西法预报1610年12月15日和1629年6月21日的两次日食，从而证明西法优于大统历法，使明朝政府决心改历，并依徐光启的建议在改历中"参照西法"。1629年秋，由徐光启在北京宣武门内组成百人的历局，聘请具有天文学造诣的神职人员邓玉函、罗雅谷、汤若望参加编译工作。经过五年的努力，成书137卷，名曰《崇祯历书》。《崇祯历书》是一部关于欧洲天文学的百科全书式著作，其中的天体运动几何模型、重要天文参数实用天文表和天文计算方法等方面都以第谷的天文学体系为基础，同时参照了自托勒密到N.哥白尼、J.开普勒和伽利略为止不少欧洲天文学家的理论和观测，理论和精度水平并未超出J.开普勒发现行星运动三定律之前的水平。

《崇祯历书》于1635年基本编成以后，继续受到守旧势力的阻挠，争论不休，经过八次天象预报和实测的比较，至1643年西法终于以"精密"获胜。次年正月，崇祯皇帝下令将西法历书改名大统历，颁行天下。然而，不到两个月，李自成攻入北京，明朝垮台。

1644年夏清军入关后，汤若望把《崇祯历书》删改压编成103卷，更名《西洋新法历书》，进呈清政府。清政府任命汤若望为钦天监监正，用西洋新法编算下一年的民用历书，名曰《时宪历》。从此，除了在康熙三年到七年（1664～1668）因杨光先的控告，汤若望一度被软禁外，直至道光六年（1826）为止，清政府都聘用欧洲传教士主持钦天监。这期间钦天监的主要工作有：南怀仁于1669～1673年主持制造六件大型第谷式天文仪器，并编写了一部详细的说明书《灵台仪象志》，这些仪器现存北京古观象台；1724年采纳了康熙皇帝组织内廷算学馆编成的《历象考成》，1742年戴进贤主导编纂成《历象考成后编》，并替代前者；1752年由戴进贤和宋君荣等主导编成《仪象考成》。在传教士离开以后，中国天文工作者又于1844年编成《仪象考成续编》。

在清初还有一批民间天文学家，他们严谨治学，无论是西学还是中学，都细心钻研，有所批判，有所发展，在中西天文学的融合上，做出了应有的贡献。著名的有薛凤祚、王锡阐和梅文鼎。其中薛凤祚同波兰籍耶稣会士穆尼阁在《天步真原》（1652）合作翻译了哥白尼派天文学家P.兰斯伯格《永恒天文表》中的理论和天文表，并公开提出第谷体系已经过时。可惜，《天步真原》通过删改掩盖了《永恒天文表》中五星运动几何模型的日心说真相。王锡阐的《晓庵新法》（1663）和《五星行度解》（1673）成就颇高。前者在风格上像一部传统历法，但内容上有很多创新，比以前的中西天文学都有所前进。后者是在第谷体系的基础上，推导出一组新的计算行星位置的公式，计算结果准确度较前为高。梅文鼎和他的友人杨作枚不仅对《崇祯历书》的内容进行了充分的消化，并发现和纠正了其中存在的一些关键性疏漏和错误，尤其是日月理论和天文表上的错误。此后，这些研究成果经过他的孙子梅瑴成被吸收进《历象考成》之中。

近现代天文学的发展（1840～2002）　1543年N.哥白尼《天体运行论》出版，标志着近代天文学的诞生。这部书被早期来华的传教士带到中国，但是书中的主要内容却未向中国学者作如实和公开的介绍，直到1760年法国耶稣会士蒋友仁向乾隆皇帝献《坤舆全图》时，在图四周的说明文字中才肯定了哥白尼学说是唯一正确的，并介绍了开普勒定律和地球为椭球体的事实。但是，这幅《坤舆全图》连同此前不久传入的演示哥白尼学说的两个仪器都被锁在深宫密室之中。中国人真正了解哥白尼学说的伟大意义和近代天文学的面貌还要再等99年，李善兰与伟烈亚力合译《谈天》（1859）以后。

《谈天》原名《天文学纲要》，是英国天文学家J.F.赫歇尔的一本通俗名著，全书共18卷，系统地总结了19世纪中叶之前的近代天文学成果，不仅对太阳系的结构和运动有比较详细的叙述，而且也介绍了有关恒星系的一些内容。特别值得一提的是，李善兰为这个中译本写了一篇战斗性很强的序言，批判了反对哥白尼学说的奇谈怪论，声称"余与伟烈君所译《谈天》一书，皆主地动及椭圆立说，此二者之故不明，则此书不能读"。此书首版15年后，徐建寅又补充了欧洲天文学的最新成果，加以再版，为中国近代天文学的发展打下了思想基础。

但是，近代天文学的发展与古代不同，它需要精密的仪器和昂贵的设备，这些基本物质条件，非一般学者个人所能拥有，而摇摇欲坠的清政府，连向列强赔款都来不及，根本无暇顾及此事。1900年八国联军抢劫以后的清政府钦天监已经名存实亡，只剩下一项颁布民用历书的工作。

1911年辛亥革命后，北洋政府将钦天监更名为中央观象台，任命在比利时布鲁塞尔大学获博士学位的高鲁为台长。高鲁到职后，励精图治，锐意革新：①采用公历，在颁布的民用历书中，将过去"皇历"中所有迷信成分一律删除；②建立天文、历数、地磁、气象四科，向国内外延揽人才，准备现代化建设；③出版专业刊物《观象丛报》(1915)；④创办中国天文学会。

中国天文学会成立以后，国人自办的天文机构陆续诞生。1926年中山大学数学天文系成立，1929年该系建成教学天文台，1947年天文独立成系。1928年中央研究院天文研究所成立，并筹建中国第一座有现代设备的天文台——紫金山天文台。1934年天文台建成，不久抗日战争爆发，机构内迁昆明，虽然在那里建立了凤凰山天文台，但研究工作进展不多。

1949年中华人民共和国成立，中国科学院将原天文研究所改名为紫金山天文台，将凤凰山天文台改名为昆明天文工作站，连同青岛观象台(1898年德国人创办)，以及从法国人手中刚接管的上海徐家汇观象台和佘山观象台，均交紫金山天文台领导。1952年，教育部又将中山大学天文系和齐鲁大学天算系(1880年德国人创办)合并为南京大学天文系。南京成了中国天文事业的中心，而紫金山天文台成了天文界的龙头。

从1958年北京天文台和南京天文仪器厂筹建开始，形势有所改变。这两个机构直属中国科学院。此后，其他机构也相继脱离紫金山天文台，成为**上海天文台**(1962)、**云南天文台**(1972)，直属中国科学院。再加上1966年开始筹建的以时间工作为主的陕西天文台，到20世纪80年代初，形成五台、一厂、三系(南京大学天文系、北京师范大学天文系、北京大学地球物理系天体物理专业)、三室(中国科学技术大学天体物理研究室、中国科学院高能物理研究所高能天体物理研究室、中国科学院自然科学史研究所数学天文学史研究室)、四站(武昌时辰站、乌鲁木齐天文站、**长春人造卫星观测站**、广州人造卫星观测站)和一馆(**北京天文馆**)的格局。

到2001年，随着中国科学院创新、改革的高潮，又将北京天文台、云南天文台、乌鲁木齐天文站、长春人造卫星观测站和南京天文仪器厂的研究部分合并为**国家天文台**，将陕西天文台改名为**国家授时中心**，又与几个高等学校联合成立了研究中心。到2002年为止，中国已有五大观测基地(北京怀柔，河北兴隆，上海佘山，青海德令哈，乌鲁木齐南山)和七大实验室(LAMOST工程、空间天文技术、毫米波和亚毫米波、天文光学技术、大型射电望远镜、VLBI、天文光学和**红外探测器**)。

1955～2021年有25人被选为中国科学院院士，2人被选为中国工程院院士，1人被选为**国际天文学联合会**副主席。1982～2011年，共获得国家科技进步奖一等奖5项，二等奖11项；国家自然科学奖二等奖5项。

展望 ①大天区面积多目标光纤光谱望远镜(LAMOST)，总投资2.35亿元，2008年10月建设完成。②直径1米的太阳空间望远镜(SST)正在组织技术攻关。③**500米口径球面射电望远镜**(FAST)1996年作为中国科学院创新工程首批重大项目立项，2016年9月建设完成，2020年1月11日完成验收，正式开始观测。这些大型观测仪器的建成，将使中国天文学在21世纪有更辉煌的成就。

(席泽宗 撰 石云里 修订)

中国星名 Chinese name of stars 中国古代不同于西方的对恒星的命名。中国对恒星命名的历史，可以远溯到殷商时代(约前15～前12世纪)。根据殷墟出土的甲骨文字记载，已有“鸟”和“大火”等**星名**。殷商以后被命名的恒星越来越多，其中有许多名称一直沿用至今。中国古代把恒星称为“星官”(见**三垣二十八宿**)。每个星官包含的星数不等。少则一颗星，如“**天狼**”“天关”等；多则数颗甚至数十颗星，如“羽林军”包含45颗星；也有少数星官中的星，每颗星都另有专名，如北斗星官中的7颗星。

三国时代，吴国陈卓于270年前后汇总甘德、石申、巫咸三个学派的观测结果，共得283个星官，包含1464颗星。由两颗以上恒星组成的星官，每颗星都有编号。例如星官“大陵”包括8颗恒星，“大陵五”(英仙座β)就是其中第5颗星。明代确定下来的星官名和星名一直沿用下来，成为中国古代星名的体系。明末清初，根据西方传入的**星图**、**星表**，添补了一些“增星”和南极附近的星座。清代乾隆时完成的《**仪象考成**》(1757)，载有星官300个，星3083颗。以后道光年间编成《仪象考成续编》，星数增至3240颗。中国古代的星官和恒星的对应关系，往往因时代不同而有所改变。星表见附录1。

(王健民)

中国虚拟天文台 Chinese virtual observatory; China-VO 以中国科学院**国家天文台**为首的中国天文学界在2002年提出的国家层面的**虚拟天文台**计划。中国虚拟天文台作为国际虚拟天文台不可或缺的一部分，完成它的中国部分，引领中国天文学进入数据密集型在线科学研究新时代。中国虚拟天文台自提出之初就把自己定位为一个应用基础型研究计划，目标是在天文学和信息技术之间起到桥梁和纽带作用，让先进的信息技术服务于天文学研究。中国虚拟天文台项目从自身的特点、国内的实际情况和国外的发展趋势出发，定义了五个主要努力方向：①中国虚拟天文台系统平台的开发。在先进的信息技术支撑下构建符合**国际虚拟天文台联盟**标准的China-VO系统平台，实现与国际上其他伙伴项目的信息和数据共享。②国内外天文研究资源的统一访问。这是国际虚拟天文台联盟的基本目标，也是China-VO的基本目标，就是要以统一的标准和规范实现对世界范围内异构数据资源的无缝透明访问，为多波段、跨数据集的天文学研究和教育活动创造条件。③支持VO的项目与观测设备。与国内正在实施和计划中的研究计划和大型望远镜建设项目合作，尽可能早地介入其中，以便在这些项目产生科学数据的第一时间就能按照虚拟天文台的规范完成数据的管理、共享和发布。④基于VO的天文研究示范。发挥自身对虚拟天文台资源和技术有更多了解的优势，与天文学家合作开展虚拟天文台环境下的科学研究课题，以真实的科学成果向天文学家群体以及公众展示虚拟天文台的能力和优势。⑤基于VO的天文科普教育。充分利用虚拟天文台丰富的资源和先进的技术开展基于真实科学数据的教育、教学和科学普及活动，倡导e-Science、探究式学习、**全民科学**等先进的科学理念。

中国虚拟天文台公共服务门户充分利用中国科学院各天文台站的科技资源和中国科学院信息化基础设施，借助先进的信息技术和虚拟天文台领域的研究成果，以国内核心天文观测设备的时间申请、审批，数据汇交、共享和使用为线索，融合天文观测和科研活动所需的科学数据、高性能计算、软件和实用工具等资源，形成一个物理上分散、逻辑上统一的网络化科学研究平台；服务从望远镜时间申请一直到科学论文撰写的整个科学研究过程，实现信息化基础设施及资源与天文学研究活动的直接融合；提升天文观测设备的运行水平，促进设备和科学数据的开放共享。

中国虚拟天文台是一个数据驱动的科研信息化环境，基于标准、完整、有质量保障的元数据和科学数据系统，通过具备互操作能力的软件、工具和服务，为天文学家等科学用户打造一个全生命周期可溯源的科研新模式。以实测天体物理研究领域的天文学家为例，对这样的科研新模式进行了说明（见图）。

实测天文学家的科研活动可以划分

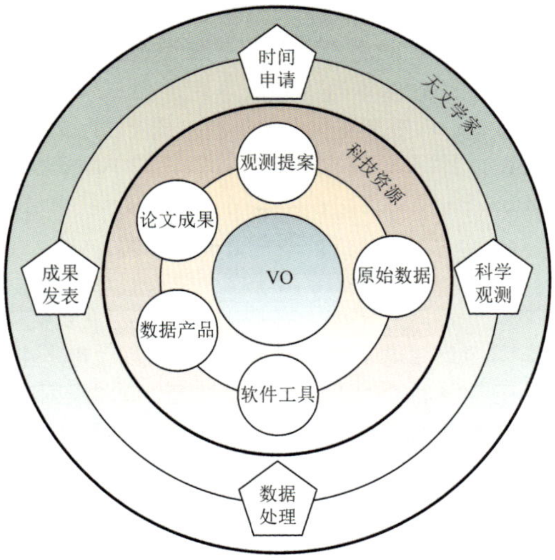

虚拟天文台环境下全生命周期可溯源的科研模式

为望远镜时间申请、科学观测、数据处理、成果发表几个基本环节。天文学家为了取得开展科研课题所需的观测数据以观测提案的形式向望远镜时间分配委员会提交时间申请；通过科学观测获得所需的原始观测数据；借助软件工具对原始数据进行分析处理得到数据产品；获得的科学研究成果以科研论文等形式发表和共享，同时数据产品按照天文学领域的惯例开放共享。天文学家的每一步科研活动，每个环节的输入输出都在虚拟天文台环境中给予记录和保存，分别形成观测提案库、原始数据库、软件工具库、数据产品库、论文成果库等，同时系统中还存留有详细的日志和元数据信息。科学思想产生、数据获取、数据处理、成果共享，一个完整的科学研究过程实现了可溯源管理。

面向不同层次的用户，中国虚拟天文台主要提供如下几个方面的服务。

①望远镜开放服务，为国内核心天文观测设备提供统一时间申请、审批和数据归档服务，有条件地向爱好者和公众开放专业设施。

②数据开放共享服务，在尊重相关数据使用政策和知识产权的前提下提供对国内、国际数据资源的检索访问，支持海量异构数据的过滤、融合等操作。

③数据分析与挖掘环境，为科研用户提供支持海量高维复杂数据的加工处理与挖掘分析环境，支持**天文统计学**课题的开展。

④可视化及公共数据服务，面向科研人员和公众提供海量数据的可视化，为教育、科普等非科研需求提供数据服务。

中国虚拟天文台将为观测设备管理者提供观测申请和审批、数据标准化归档与开放使用以及成果展示平台；为科学用户、教育用户、公众用户提供观测申请、数据使用和成果共享平台；为相关管理部门提供天文观测设备运行情况以及数据产品使用情况的客观统计数据。

China-VO 在推进虚拟天文台研究和应用的同时，一直在发挥着**天文信息学**推动者的作用，致力于打造一个虚拟天文台和天文信息学的学术共同体。VO 年会在此过程中发挥了重要作用，自 2001 年开始至 2023 年已经组织了 22 次。从 2005 年开始，每年的 VO 年会都结合当年国内外的研究热点和发展趋势定义一个会议主题（见表）。VO 年会已经成为国内天文信息学交流和研讨的重要舞台。 （崔辰州）

中国虚拟天文台历届年会基本信息

年份	时间	地点	会议主题
2001	9 月 3～4 日	北京	
2003	9 月 25～26 日	北京	
2004	12 月 1～5 日	湖北武汉	
2005	11 月 25～27 日	山东威海	VO，从技术到科学
2006	11 月 29 日至 12 月 3 日	广西桂林	天文学研究的信息化
2007	11 月 20～21 日	广东广州	体验 VO 从现在开始
2008	11 月 27～30 日	山西太原	VO-enabled LAMOST
2009	11 月 26～28 日	重庆市	VO 的轮回
2010	11 月 25～28 日	云南丽江	从虚拟天文台到天文信息技术
2011	11 月 9～13 日	贵州贵阳	从虚拟到现实
2012	11 月 28 日至 12 月 1 日	湖北宜昌	虚拟天文台就在你身边
2013	11 月 13～17 日	四川雅安	从脚下到云端
2014	11 月 27～29 日	浙江新昌	天文学的“大数据”
2015	11 月 26～30 日	甘肃天水	开放的星空，开放的世界
2016	9 月 26～30 日	新疆乌鲁木齐	新一代射电天文学和虚拟天文台
2017	11 月 29 日至 12 月 3 日	云南大理	数据融合和标准化
2018	11 月 21～25 日	江西景德镇	天文学中的机器学习和人工智能
2019	11 月 27 日至 12 月 1 日	黑龙江大庆	科学平台和开放科学
2020	11 月 25～29 日	福建厦门	在线（Online）
2021	7 月 18～22 日	云南丽江	面向 AI 使能科学发现的数据与服务
2022	4 月 19～23 日	广西桂林	二十年回顾与展望
2023	10 月 10～14 日	贵州仁怀	天文大模型需求和期待

中间轨道 intermediate orbit 在**摄动理论**中，一种假设的接近于天体真实运动的、能列出解析表达式的轨道。在**天体力学**分析方法中，一种比较成熟的摄动理论是以**二体问题**作为第一近似（或称零阶近似），然后在此基础上用迭代过程求各阶摄动变化，从而得到具有一定精度的解。但是，二体问题往往离真实情况甚远，这就使得留下的摄动量太大。因此，人们想寻找一种更接近真实运动的中间轨道来代替椭圆作为第一近似。广义来说，椭圆轨道也是一种中间轨道，是求解过程中的一个过渡，但习惯上一般不用这个名称。中间轨道还是与椭圆轨道有区别的。

中间轨道通常要满足两个条件：一个是比椭圆轨道更接近真实运动，作用力不仅包含中心天体的吸引力，还要尽可能多地包含一部分摄动力，而对应的运动方程一般又是可积的；另一个条件是在此中间轨道的基础上求剩余摄动要简单，整个解最好没有奇点。实际上就是寻找一种比较理想的接近真实运动的可积系统。但这是相当困难的。因此，还没有一种普遍的解决方法，而只是针对某些天体的运动，找出对应的中间轨道。

在**限制性三体问题**中，**双不动中心问题**就是关于小天体运动的一种可积系统（解是封闭的）。如果一个主天体绕另一个主天体的运动速度较慢，可近似地把它们看作不动而成为双不动中心问题，相应的解即可作为小天体运动的一种中间轨道。在研究人造卫星绕地球的运动规律时，除可采用“旋转椭圆”轨道（包含了地球扁率J_2项的一阶长期摄动和部分周期摄动）作为中间轨道外，更多时候是把旋转对称的地球分解成两个不动体，即双不动中心，相应的小天体（人造地球卫星）在这种引力场中运动的解作为真实运动的中间轨道。E.W.布朗的月球运动理论就是建立在中间轨道基础上的，所取的中间轨道是一种特殊的平面圆型限制性三体问题（希尔问题）的解，它可用收敛较快的级数表示。N.切博塔廖夫用数值方法得到了赫库巴群、希尔达群和特洛伊群等小行星的周期轨道，以此为中间轨道建立的运动理论与观测结果比较符合。

寻找某种代替椭圆的中间轨道，进一步求出摄动变化，从而得到天体运动的解，这种方法称为中间轨道理论。寻找理想的中间轨道很困难，已经得到的几类中间轨道又都不够理想：不是中间轨道本身不够理想（即与椭圆轨道相差不大），就是进一步求摄动比较麻烦。对于解决一些具体问题来说，已经找出的某些中间轨道还不如椭圆轨道简便。因此，对于摄动理论来说，中间轨道理论还很不成熟。

（刘　林）

中米粒组织　mesogranulation　太阳表面尺度介于米粒组织和超米粒组织之间的网络状速度场。1981 年 L.J.诺温伯等人对观测到的日面速度场资料进行仔细的处理，包括消除太阳振动以及米粒组织和超米粒组织速度场之后，发现太阳大气中还存在一种尺度介于米粒和超米粒之间的网络状速度场，尺度约为 7000 千米（10″），并称之为中米粒组织。中米粒里的流动是以沿太阳表面的水平流动为主。其水平速度约为 0.1 千米/秒，垂向速度约为 0.06 千米/秒，与超米粒差不多。中米粒寿命估计为 2 小时。一般认为中米粒对应的对流主要是由 He 的电离和复合驱动的。这部分对流的底部深度与中米粒尺度相当，即约为 7000 千米。从光球至 7000 千米深度的区域，一次电离氦的含量有明显变化，从而可以驱动中米粒中的对流。

（林元章）

中微子天文学　neutrino astronomy　研究天体条件下产生的中微子及其反映出的物理规律的学科。主要内容有：探测来自地球大气、太阳、超新星爆发的中微子以及高能中微子源，研究恒星的结构和演化、宇宙中非常高能粒子的起源、宇宙的物质结构，以及由此引起的中微子物理的最基本问题——中微子质量和中微子振荡问题。

中微子不带电，只参与弱相互作用，不受任何磁场和电场的影响，具有极强的穿透物质的能力，所以能反映发生在天体最核心部位的物理过程，也因此为探测造成了极大困难。在核反应中会大量产生中微子，从而充满整个宇宙，有非常高的通量。每秒钟都会有几万亿个中微子穿过人体，为粒子物理学、宇宙学的研究提供了天然的中微子源。

研究历史　中微子是核作用的产物。1930 年 W.泡利为解释 β 衰变能谱的连续性，从能量守恒定律的需要出发，假设在原子核中存在一种电中性的微小粒子与放出电子同时发出，并带走一部分能量。1933 年 E.费米首次把这种中性粒子命名为中微子，提出原子核中子衰变成质子的同时放出一个电子和一个中微子的 β 衰变理论。1956 年 F.莱因斯和 C.L.科恩首次在反应堆旁观测到了（电子）反中微子。1962 年 L.M.莱德曼、M.施瓦茨、J.施泰因贝格尔用加速器产生中微子束的方法发现了 μ 中微子。这两项工作分别获 1995 年、1988 年度诺贝尔物理学奖。1960 年 R.戴维斯开创了太阳中微子天文学，他的小组用氯实验来测量太阳中微子，发现了太阳中微子缺失现象。1957 年 B.M.庞蒂科夫提出中微子振荡的设想。1987 年以小柴昌俊为首的小组在日本神冈的水实验中测到了来自超新星 1987A 的中微子暴，确认了热核反应作为太阳主要能源的理论及太阳中微子的存在。1998 年超级神冈实验首次给出了中微子振荡的证据。2002 年以后 SNO 重水实验确认了太阳标准模型和中微子味道改变现象以及中微子有质量的重要结论，建议粒子物理标准模型因此而需要改变。2002 年戴维斯和小柴昌俊因在中微子天文方面的开创性成就一起获得诺贝尔物理学奖。

中微子及其产生　已知构成物质的最小单元包括 12 种基本粒子，分别是 6 种夸克和 6 种轻子。每一种都有自己的反粒子。6 种轻子可分成三代，分别是电子、电子中微子（e,ν_e），μ 子、μ 中微子（μ,ν_μ），τ 子和 τ 中微子（τ,ν_τ），加上它们各自的反粒子。每一代分别有两种夸克与其构成一族，如第一族由可组成中子和质子的（u,d）夸克，与电子、电子中微子构成。粒子物理中把三种中微子称作中微子的三种味道，研究其共性时统称中微子，其中 ν_e 和 ν_μ 有相同的物理特性，许多反应式中这两代轻子的符号可以互换。粒子物理的标准模型中，中微子被认为是没有质量的。现知中微子有质量，至少电子中微子的质量小于 1 电子伏；中微子在传播过程中可改变味道，但不改变它们总的通量。天体条件下产生中微子的基本过程有以下几种。

β 衰变和电子俘获　基于质子（p）和中子（n）弱相互作用理论的中微子产生：

$$n \longrightarrow p + e^- + \nu_e \quad (1)$$

$$p \longrightarrow n + e^+ + \nu_e \quad (2)$$

轻子和它的中微子产物总是一正一反地同时出现。在放射性物质的 β 衰变中，产生电子的 β^-衰变，同时发射反电子中微子；产生正电子的 β^+衰变，同时发射电子中微子。

β^-衰变：

$$(Z,A) \longrightarrow (Z+1,A) + e^- + \nu_e$$

β^+衰变：

$$(Z,A) \longrightarrow (Z-1,A) + e^+ + \nu_e$$

式中Z、A为原子核的电荷数和质量数，发生哪一种过程取决于初态原子核的质量必须大于终态原子核的质量。原子核对 β^+衰变不稳定时，β^+发射可由俘获一个外层电子所代替。当恒星内部的电子能量足够高时，也会产生电子俘获过程：

$$(Z,A) + e^- \longrightarrow (Z-1,A) + \nu_e$$

恒星内部连续不断的电子俘获又被称作中子化过程，其间产生大量的电子中微子，最终会使原子核变成一个大中子，所以电子俘获是恒星演化、中子星形成理论中的一个基本过程。

中微子对产生的尤卡过程　原子核的质量数为奇数时，在一类退化气体中，原子核（中子）会俘获一个电子而形成一个不稳定原子核，该原子核又经（质子的）β^-衰变放出一个电子，如此交替。结果是电子损失能量，被一对正反电子中微子带走。这两种反应混合和交替的过程被称作尤卡过程。原子核如果处于一个统计平衡态，便会连续不断地消耗电子能量和产生中微子对。中微子对的产生可影响恒星的演化率和反应的能损率。在有丰富的自由质子和中子的高温区域，电子、正电子的俘获过程和衰变过程变得十分活跃和重要。

中微子对产生的其他过程　恒星演化的晚期，中微子对发射急剧加速，迅速地带走恒星内核的能量。高温（10^8～10^9°C）和高密度区（10^3～10^9 克/厘米^3）主要的过程有：正负电子对湮没产生中微子对；光子和电子碰撞（光中微子过程）产生电子和中微子对；光子在等离子体气体中传播生成电子空穴对，而后衰变发射中微子对。这些反应中哪个更重要，主要由反应区的密度决定。此外，光子和光子碰撞、电子和离子的作用或它们的韧致辐射也可产生中微子对。

μ 子、τ 子的衰变　μ 子的寿命为 2×10^{-6} 秒，一个负电荷 μ 子可衰变为一个 μ 中微子、一个电子和反电子中微子对。τ 子是质量最重的轻子，寿命仅为 3×10^{-13} 秒，一个 τ 子可衰变为一个 τ 中微子、一个电子和反电子中微子对（或 μ 子和反 μ 中微子对）。τ 子不能在天然核反应中产生，尚未发现能够直接产生 τ 中微子的天体物理过程。

π、μ 的中微子过程　恒星温度超过 1000 亿度的区域，会创生正负 π 介子对和正负 μ 子对，随后会产生 π、μ 衰变而发射电子中微子对和 μ 中微子对。这对高度演化的重质量星可能是重要的冷却机制。高能宇宙线和核子的相互作用会产生带正、负电的和中性的 π 介子，带电的 π 很快会衰变成 μ 子和 μ 中微子，去掉产生 π 的中间过程便有相同于（1）式、（2）式的反应形式，再经过 μ 子衰变，一次核作用会产生一对正反 μ 中微子和一个电子（和中微子）轻子对。反应式为：

$$p \longrightarrow n+\pi^{+} \longrightarrow n+\mu^{+}+\nu_{\mu} \longrightarrow n+e^{+}+\nu_{e}+\nu_{\mu}+\nu_{\mu} \quad (3)$$

$$n \longrightarrow p+\pi^{-} \longrightarrow p+\mu^{-}+\nu_{\mu} \longrightarrow p+e^{-}+\nu_{e}+\nu_{\mu}+\nu_{\mu} \quad (4)$$

高能宇宙线核子轰击地球大气，产生能量在千兆电子伏以上的大气中微子，并且 ν_{μ}、ν_{e} 数目比 ≥ 2。

宇宙中的中微子源　主要有以下几种。

弥漫中微子背景　大爆炸宇宙学认为，宇宙在大爆炸时会产生惊人数量的中微子，因为不易发生相互作用而残留至今。流量应当与微波背景一样丰富，预期每立方厘米有 114 个中微子，而且由于银河系的引力拽拉使其慢化，在地球附近会因浓缩而使数目更多。中微子有质量，不会大于 45 电子伏，按现在的对中微子质量小于一个电子伏的认识，中微子背景的总质量粗略地等效于宇宙中所有可见恒星的质量总数。但由于能量很低，作用概率太小，尚无法探测。

太阳中微子　太阳中微子都是电子中微子，能量最高不超过 20 兆电子伏。对地球而言，太阳是最近的恒星，也是最强的中微子源，在地球上的总流量为每平方厘米 650 亿个。恒星演化理论提出太阳中心存在持续进行的热核聚变反应（见太阳）。按照具体的产生过程，对太阳中微子进行了分类命名，如 pp 中微子、铍-7 中微子、硼-8 中微子等。J.巴克尔等对太阳中微子进行了长期的研究，建立了标准太阳模型（SSM），经过 30 多年的研究，对 pp 中微子强度的估计精度已可准确到 1%，并从日震测量结果等其他方面找到旁证，说明计算是正确的。太阳中微子可使人们直接了解太阳内核的结构和演化过程。

引力坍缩型的超新星爆发与中微子暴　恒星演化晚期，恒星核心部分通过逐级热核反应，一直进行到合成铁，此时核燃料用尽，核反应变缓直至中止，强大的引力使原子核的中子化过程加剧，而放射出大量中微子。强大的中微子束会产生足够大的压力，将恒星外壳吹散而形成猛烈的超新星爆发。被吹散的外壳形成星云状的超新星遗迹，中子化的核心留下来形成中子星。这类中微子的能量基本上在几十兆电子伏量级。

高能中微子源　宇宙中的一些高能天体可产生高能中微子，如活动星系核、宇宙距离的 γ 射线暴等。理论尚不能清楚地解释能量高到银河系的尺度容不下的宇宙线是如何产生和加速的，而把宇宙线核子加速到很高能量，必定会因 π、μ 的中微子过程而产生高能中微子。能量在几百亿电子伏以上的高能中微子的源将直接与非常高能的宇宙线的源相关联。

中微子的相互作用及探测方法　主要有三类。

中微子俘获　基于轻子相互作用原理，把（1）式和（2）式右侧的中微子取“反”，移至反应式左侧，即是中微子俘获过程，有时也称为中微子吸收。反应堆中微子实验，用的是质子反中微子俘获。研究太阳中微子的放射化学实验，即著名的氯实验和镓实验，基于后一个基本原理。同理，μ 中微子的俘获反应产生 μ 子。中微子俘获的作用截面非常小，与中微子能量的平方成正比，如对 1 兆电子伏的中微子，量级为每核子 10^{-44} 厘米^{2}。能量更低的中微子，作用概率会小得更多；而对 1000 兆电子伏的 μ 中微子，作用概率可增加 100 万倍，约 10^{-38} 厘米^{2}。当中微子能量达到 10^{15} 电子伏以上时，地球对中微子的吸收作用十分明显而变的不透明，产生的 μ 子与中微子的方向非常接近。

中微子散射　又称水切伦科夫光方法。中微子和电子的弹性散射（称为 ν_{e} 散射）在中微子探测中有十分重要的作用。散射有很强的方向关联，电子中微子与电子的散射比 μ、τ 中微子与电子的散射作用率高，占测到的中微子总强度的 87%。中微子俘获反应在高能时也可看作类弹性散射过程，测量由此产生的高能电子或 μ 子的切伦科夫光是研究大气中微子和探测高能中微子源的主要方法。

深度非弹性散射　又称中性流（NC）和电荷流（CC）反应。高能中微子轰击原子核（N）会产生深度非弹性散射。中性流作用不改变反应前后的成分，三种中微子有相同的作用概率。利用测量中子俘获能（6.25 兆电子伏）可测中微子的总强度；电荷流过程只和电子中微子有关，测量出射电子的切伦科夫光和能谱，可知电子中微子的强度。

中微子天文学的成果与展望　有以下几个方面。

太阳中微子的探测　又称中微子的混合。戴维斯是太阳中微子测量的先驱者。他的氯实验用的反应是：$^{37}Cl+\nu_{e} \longrightarrow {}^{37}Ar+e^{-}$，式中 ^{37}Ar 为半衰期 35 天的放射性同位素。实验是将一个盛有 615 吨四氯乙烯液体的大容器，放在美国胡姆斯塔克 1500 米深的矿井中进行的，平均每 2.17 天才能产生一个 ^{37} 氩（Ar）原子，可测铍-7 中微子和硼-8 中微子。戴维斯从约 10^{30} 个氯原子分离出 1 个氩原子并对其计数，1968 年报道第一批数据时提出了太阳中微子缺失的问题，以后用 30 年的时间共探测到 2200 个中微子，得到的太阳中微子流量是标准太阳模型（SSM）计算值的 1/3。1990 年开始的镓实验中，俄罗斯的科学家用了 60 吨镓，意大利的科学家用了 30 吨氯化镓，同时测量氩和锗可探测 pp 中微子、铍-7 中微子和硼-8 中微子。得到的太阳中微子通量是 0.55SSM。

日本的神冈（KAMⅡ）和超级神冈实验（SK）分别用了 3 千吨水和 5 万吨水，反应阈能在 6～7 兆电子伏，利用 ν_{e} 散射的水切伦科夫辐射方法可测量硼-8 太阳中微子、千兆电子伏的大气中微子和天体的高能中微子。SK 的灵敏度提高到每 1 万亿个中微子可测到 1 个，每天可测 16.5 个中微子，并有测量能量和辨别中微子方向的能力。这两个实验直接测到了从太阳方向上来的中微子，证实了太阳中微子的存在和热核反应理论，测到的通量为 0.465SSM（图 1、图 2）。

实验的结果说明，太阳中微子的通量

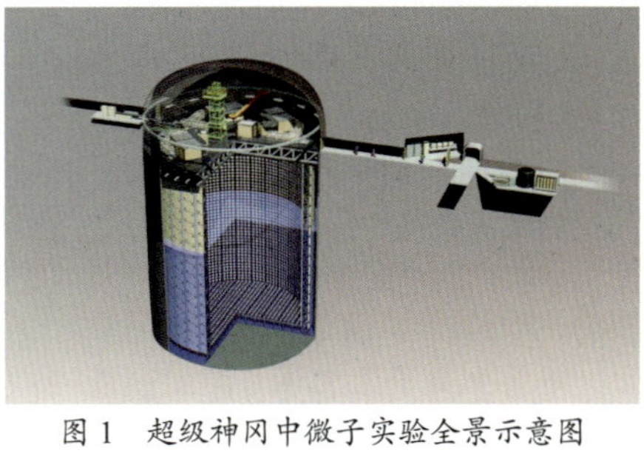

图 1　超级神冈中微子实验全景示意图

图 2 超级神冈中微子实验装置内部检测照片

到达地球时确实偏少，而太阳标准模型是正确的，可能的解释是太阳中微子变了味。1999 年开始的 SNO 实验，阈能为 5 兆电子伏，利用 1200 吨重水测量 NC 和 CC 反应，考察硼-8 中微子的流量。结果表明，用电荷流（CC）测得的电子中微子通量比中性流（NC）测得的总中微子通量小，比 SK 测到的弹性散射中微子通量也小，而且 NC 总通量与 SSM 预言的结果吻合，由此推出了 μ 中微子、τ 中微子通量的和，说明一部分太阳中微子在到达地球前改变了"味道"，这一现象被称作中微子混合，亦即中微子振荡。

太阳中微子天文学今后的研究方向是：精确测量 pp 中微子、铍-7 中微子，以及用一个实验的结果代替用多个实验组合的结果的方式来获得结论。

超新星 1987A 从 1987 年 2 月 23 日格林尼治时间凌晨 7 时 35 分 35.2 秒开始，超级神冈和美国的 IMB 实验同时探测到来自超新星 1987A 的中微子暴。SK 在 12 秒内共探测到 12 个中微子，包括第一秒内 6 个，第二秒内 3 个。两个半小时后，天文学家在南天观测到超新星的可见光爆发，来自距离 17 万光年的大麦哲伦云，明亮到用肉眼可以看到。有 11 个中微子的能量在 20 兆电子伏以下，估计在爆发源处的最初几秒钟内有 10^{58} 个中微子产生，总的能量释放 3×10^{46} 焦，几千倍于太阳在它整个生命期总的能量释放，可见光部分只占中微子能量的 1‰。超新星 1987A 是第一个观测到的**太阳系**外的中微子源，所以也有的天文学家把这一观测作为中微子天文学的开端。

高能中微子天文学 测量高能中微子源，集中于 10^{12}～10^{15} 电子伏能区，方法是在深水中建立体积为 1 立方千米的探测器，用地球作过滤器以消除本底，用水切伦科夫辐射法来测量穿过地球的中微子的能量和方向。把许多大面积**光电倍增管**串接成几百米至 1000 米长的探测器，在深海或冰层中放上许多串探测器覆盖一定的面积，便构成高能中微子望远镜。继南极 μ 子和中微子探测器阵列实验（AMANDA），规模最大的是 2004 年开始建造的冰下中微子实验（IceCube）。要把 4800 只光电倍增管放在透明的压力球内，做成 80 串 1000 米长的探测器，用高压热水在冰层上打洞，把每一串探测器放入 1.4～2.4 千米深处，覆盖面积 1 平方千米，测量从北半球入射的中微子。IceCube 已探测到数十个能量在 10^{12}～10^{15} 电子伏的高能中微子。对于 10^{17}～10^{20} 电子伏的极高能中微子，虽不能穿透地球，但可测量出是由于电荷和中性流作用产生的次级 μ 子和 τ 子。高能中微子源和中微子暴源的已经成为中微子天文学的研究重点之一。

（马宇蒨）

中微子脱耦 neutrino decoupling 早期宇宙中中微子不再与重子物质发生有效的相互作用，从而成为宇宙中一独立背景成分的一段时期。在脱耦以前，中微子通过弱相互作用与质子、中子和正负电子发生频繁的碰撞，并处于热平衡状态。脱耦大约发生在大爆炸后 1 秒的时刻（宇宙温度约为百亿开或一兆电子伏特）。此时中微子与重子物质的相互作用率开始变得比宇宙的膨胀率还要小，或者说发生弱相互作用的特征时间变得比当时的**宇宙年龄**还要长。此后中微子在**宇宙学**意义上完全是自由的，成为中微子背景。

可以通过如下简单的估算得到中微子的脱耦温度。在宇宙温度降到兆电子伏特的量级时，宇宙等离子体中包含有三代中微子以及与之发生弱相互作用的质子、中子等非相对论的重子和仍然处于相对论状态的正负电子。因为宇宙中的重子-光子比非常小（百亿分之一），非相对论的质子和中子的数密度相对于正负电子来说要小得多，所以就中微子脱耦而言，中微子与质子和中子的相互作用带来的影响很小，可以忽略不计。起主要作用的是如下几种相对论性粒子之间的反应过程：

$$\nu_\alpha\nu_\beta \longleftrightarrow \nu_\alpha\nu_\beta$$
$$\nu_\alpha\bar{\nu}_\beta \longleftrightarrow \nu_\alpha\bar{\nu}_\beta$$
$$\nu_\alpha e^\pm \longleftrightarrow \nu_\alpha e^\pm$$
$$\nu_\alpha\bar{\nu}_\alpha \longleftrightarrow e^+e^-$$

这里下标$\alpha,\beta=e,\mu,\tau$表示中微子的"味道"。中微子的相互作用率由正负电子的数密度、相互作用截面与粒子速度的平均乘积决定，即$\Gamma=n<\sigma v>$。相对论性的正负电子的数密度正比于温度的 3 次方，而当温度或能标远低于 W，Z 玻色子的质量（大约为 10 万兆电子伏），弱作用截面与速度的乘积大约为$<\sigma v>\sim G_F^2T^2$，其中G_F是费米常数。这样中微子的弱相互作用率大约为$\Gamma\sim G_F^2T^5$。另一方面由弗里德曼方程可以得到宇宙的哈勃膨胀率为$H=\sqrt{(8\pi G)\rho/3}$。由于时处**辐射主导期**，能量密度$\rho\propto T^4$，哈勃膨胀率与温度的正比关系为$H\propto T^2$。由此可以看出，在高温时，$\Gamma>H$，中微子处于热平衡。脱耦发生在$\Gamma\sim H$时刻，对应的脱耦温度大约为$T_d\sim\left(\sqrt{G}/G_F^2\right)^{1/3}\sim1$ 兆电子伏。不同"味道"的中微子的脱耦温度稍微有些不同。ν_μ和ν_τ与正负电子只通过中性流耦合，既可以通过中性流又可以通过带电流与正负电子耦合，所以相对来说电子型中微子的耦合要强一些，脱耦时刻也相应晚一些，脱耦温度也略低。

中微子脱耦后形成了宇宙中微子背景（CNB），与晚期脱耦的光子形成的**宇宙微波背景辐射**（CMB）类似。中微子脱耦后不久，宇宙中发生了正负电子湮灭事件。这个过程加热了宇宙中的光子，但是对已经脱耦的中微子的温度没有任何影响。因此遗留到今天的中微子背景的温度比微波背景辐射的温度要低。具体的计算表明$T_\nu=(4/11)^{1/3}T_\gamma$，微波背景辐射的温度为$T_\gamma=2.725$开，因此推算的中微子背景温度为$T_\gamma=1.945$开。根据计算，背景中微子的数密度大约为 112/厘米^3。各种中微子振荡实验已经确证中微子具有质量。由于目前的中微子背景温度非常低，因此可以推测背景中微子如今都已经变成了非相对论粒子。由于脱耦时中微子是极端相对论粒子，脱耦后不再参与相互作用，因此它的分布函数仍然具有一个相对论性费米子的热分布形式。中微子的质量主要体现为对宇宙的能量密度的贡献，它的能量密度参数为$\Omega_\nu h^2=\frac{\Sigma_i m_i}{93.2eV}$。宇宙大尺度结构与微波背景辐射的观测数据对中微子的质量总和有严格的限制，比如普朗克卫星实验数据给出限制为$\Sigma_i m_i<0.23$电子伏。

直接观测宇宙背景中微子非常困难，远在现有探测技术的能力之上。但是中微子背景有一些间接的效应，比如它的自由弥散（free streaming）会压低较小尺度上的物质功率谱，另外它的各向异性也会导致微波背景辐射的角功率谱的压低。

（李明哲）

中星仪 transit instrument 观测恒星过中天（过观测站子午圈）时刻的一种天体测量仪器。又称子午仪。结构与子午环相似，但没有精密度盘。利用中星仪可以精确地测定恒星过中天的时刻，以求得恒星钟的钟差，从而确定世界时、恒星赤经和基本天文点的经度（见天球坐标系）。

蔡司厂20世纪50年代生产中星仪

中星仪是1684年丹麦人O.罗默发明的。最初测定恒星中天时刻是用“耳目法”——观测者耳听钟表的秒击声，默读秒数，目视望远镜视场，估读恒星过蛛丝的钟面时刻。到19世纪中叶，出现了“电键法”——恒星过蛛丝时，观测者手按电键，在计时器上记出钟面时刻。这两种方法都不免带有不同程度的人差。1890年汉堡的J.A.列普索尔特发明超人差接触测微器——观测者转动测微螺旋，使动丝跟星移动。测微轮产生的电接触信号输入计时器。这种测微器的测量精度可达到百分之几时秒，近代中星仪应用光电技术，基本上消除了人差，但是水准读数上仍然存在人差。

中星仪由望远镜、目视接触测微器、寻星度盘、挂水准器、太尔各特水准器以及望远镜支座等部分组成。望远镜通常是折轴式的，口径大多数为70～100毫米，焦距为650～1000毫米，放大倍率70～100。中星仪望远镜的视准轴尽量安装在观测站的子午圈平面内，并能在这个平面内旋转。如果仪器存在方位误差、水平轴倾斜误差和视准差，会使望远镜视准轴偏离子午圈平面。为了消除这些误差的影响，中星仪水平轴上挂有一个格值约1″、可估读到0.1″的高灵敏度的挂水准器，以改正水平轴的倾斜。在水平轴的两端各有一段精度极高的圆柱形枢轴，其误差一般小于0.5微米，可保证水平轴倾斜误差和方位误差稳定不变。另外，中星仪对一颗星的观测分中天前与中天后两次进行。两次观测之间，将望远镜从支座上升起，使水平轴转动180°（称为转轴），以抵消望远镜准直差和挂水准器零点差的影响，从而提高测量精度。在中星仪寻星度盘上，有时还附有一对格值约1″的太尔各特水准器，供测量纬度或恒星赤纬时使用。

中星仪的基座要非常稳定，花岗石的基墩应与观测室完全隔离，以保证仪器的水准气泡和方位稳定。观测室的热辐射和仪器周围温度不均匀，是影响中星仪观测精度的重要因素。

自20世纪90年代后，测量恒星时及地球自转参数的任务已改用各种新技术，中星仪已不常使用了。（赵 刚）

中子星 neutron star 大质量恒星演化后期经超新星爆发后形成的产物。一般认为是主要由简并中子气组成的致密天体，故称为中子星。其实在1932年发现中子之前，1931年，L.D.朗道就提出可能存在由中性双子（后成为中子）组成的致密星。1934年W.巴德和F.兹威基也分别提出了中子星的概念，指出中子星可能产生于超新星爆发。1939年J.R.奥本海默和G.M.沃尔科夫依据理想中子气状态方程数值计算并给出第一个中子星的模型。1967年，英国天文学家A.休伊什和J.贝尔等发现了脉冲星。不久，就确认脉冲星就是快速自转的、具有强磁场的中子星。2023年，中国科学家发现距离太阳系最近的中子星，约为127秒差距。截至2023年11月底，人类已探测到中子星约3700颗，其中已发表3459颗（射电3165颗，高能294颗），各个巡天项目已公开但未发表的中子星约有250颗。

中子星物理　大质量恒星耗尽内部核燃料后，星核坍缩。一般认为在坍缩核心几乎所有的自由电子将被迫与原子核中的质子结合形成中子。中子的自引力质量束缚体就是中子星。假定中子星内部是自由中子，则它由理想的费米气体组成。对于这个中子气体自引力球，用非相对论性描述，则中子星满足下面的质量半径关系：

$$R = 0.114(h^2/Gm_n^{8/3})M^{-1/3}$$

式中R和M为中子星的半径和质量；h为普朗克常数；G为万有引力常数；m_n为中子质量。对于一个质量为$M = 1.4M_\odot$的中子星，由上式推算得到半径$R = 1.5 \times 10^6$厘米，即15千米。

中子星的引力把大部分自由电子压进原子核里，强迫它们与质子通过弱作用而结合成中子。中子星的密度与原子核相当，一匙勺中子星物质重10亿吨。这样的高密度条件下，不应该忽略中子之间的强相互作用。从某个角度来说，中子星“仅仅是”另外一种原子核。但它与一般的原子核有两点不同：①中子星把中子“粘”在一起是自引力为主，不是介子交换力。②一个中子星的“原子”量是10^{57}量级。中子星极高的核密度以及非常强的引力场，意味着在正确描述中子星的结构时，应考虑核之间的相互作用力和牛顿引力理论的爱因斯坦修正。物理学家对中子星的结构了解甚少。因此，解决中子星理论的希望之一落在对它们的实际观测上。观测可能提供与核相互作用微观物理相关联的重要线索。

中子星质量上限　中子星极限质量数值计算的精确性不如白矮星。理论证据表明，在异常高密度的中子星里，不管核排斥力有多强，若它的质量足够大，就不可能抵御引力。理由有两个：①狭义相对论给介质的“黏”度设置了一个限制。介质的密度增加，压力会随之升高，压力的升高会阻碍进一步的压缩。这种压力随密度增加而升高的速率可用来作为介质黏性的量度。但这种变化率与介质中的声速有关系。介质不可能黏滞到其中的声速超过光速。这对中子星内部最高压强设置了一个上限。②能量总是与排斥力场的作用联系在一起的。在广义相对论里，能量的行为非常类似于作为引力源的质量。试图抵抗它自身引力的物质越多，作用在物质上的引力就越大。倘若质量与半径之比足够大，引力将变成一个不可抗拒的力。C.罗兹和R.鲁菲尼利用一般的理论证明，中子星质量的上限为3个太阳质量。

中子星内部　中子星内，在几千米的距离上，引力能把物质固定在非常确定的结构中。主要表现之一是中子星表面的所有不规则性都被消除，最高的山峰只有几厘米高。所有脉冲星热辐射都发生在一个热到约100万度的薄薄外层上。中子星内部结构的可能描述为：星体由一层1千米厚的固体包围，由原子核组成的固体晶格沉浸在简并电子海里，密度由每立方厘米1吨（正是白矮星的密度）向内增至几十万吨/厘米^{3}以上。往下的“幔层”越向内深入，原子核中包含的中子就越多，但过于丰中子的原子核会发射中子。大约5千米的深处中子从“核”中逃离，在简并海中分解，产生的质子在这个海中漂浮，密度增大到1亿吨/厘米^3。在几千米的深处，中子物态成为星体的最重要成分。压力使晶体结构液化为主要由中子、质子和电子组成的液体。这种液体可能是一种完全没有黏滞的超流体。黏滞总是趋于消除液体中的任何不规则性，而超流体里的一个旋涡能保持数月之久。最内是半径约为1千米的核心，其组成还远不能确定。中子是费米子，它们通常不会表现出玻色-爱因斯坦凝聚现象。像为解释超导现象而发现电子配对那样，某些中子可能形成“对”。就是说在中子星更深层次，物质形态不仅仅是超流，而且是超导。人们进行了各种推测，提出了多种模型，如固体中子晶格、介子凝聚体、夸克物质等。

致密物质的特性　中子星的温度、密度、压强和磁场等极端条件是实验室里不可能模拟出来的，因而为原子核物理、原子物理、等离子体物理、相对论和电动力学等学科拓宽了视野。为了描述中子星的内部，就必须将未能揭开高密度物质特性的实验物理予以扩展。人们对致密物质的状态方程（即支配热力学量变化的定律的方程，如压强可表示为密度或其他量的函数）还几乎一无所知。但是，它应当限制在两个极端情况之间：一个极端是自由气体，其中的粒子不受任何力；另一个极端是“硬”态，即物质具有最大刚性的状态，其中的声速等于光速（物质中的声速随其刚性而增大）。所有允许的状态和所有的物质形式都处在这两个极端状况之间。但当涉及中子星时，对这两个极端之间的许多种可能性的选择却只能依靠对基本粒子间强相互作用的有关认识。

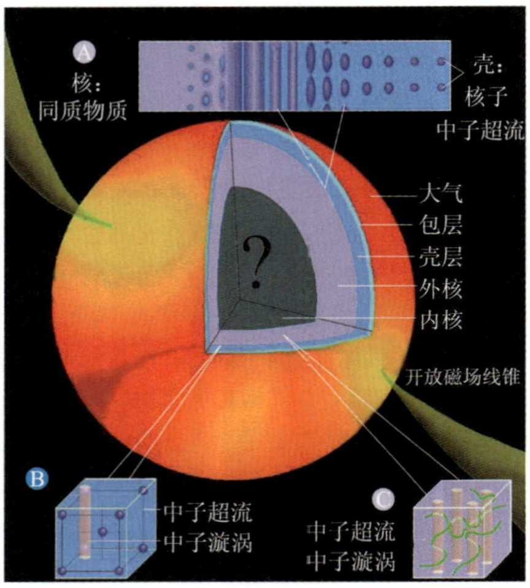

中子星内部结构图

典型中子星的结构示意如图所示。外层为固体外壳厚约 1 千米，由密度 10^6～10^{11} 克/厘米^3 各种原子核组成的点阵结构和简并的自由电子气所组成。外壳内是一层主要由中子组成的流体，密度 4×10^{11}～10^{14} 克/厘米^3，这层中还有少量的质子、电子和 μ 子。对于中子星内部的密度高达 4×10^{14} 克/厘米^3 的物态，有三种不同的看法：①超子流体。②固态的中子核心。③中子流体中的 π 介子凝聚。在极高密度下，当重子核心彼此重叠得相当紧密时（这种情形有可能出现于大质量中子星的中心部分），物质的性质如何，是一个完全没有解决的问题。（李宗伟）

重子产生　baryogenesis　在粒子宇宙学中，假设在宇宙早期发生过的一个过程，此过程产生了当今宇宙中观测到的重子–反重子不对称（或者物质–反物质不对称）。基于对粒子物理标准模型的各种不同的拓展与延伸，已经发展出多种重子产生的理论模型。在不同的模型中，重子产生过程发生的能标或温度差异很大。但人们确知的一个事实就是：重子产生过程必须发生在**大爆炸核合成**之前。

狄拉克的相对论量子力学理论首次出现了反物质的概念，现代量子场论则预言每种微观粒子都有相应的反粒子，比如电子的反粒子是正电子、质子的反粒子是反质子等，这些都得到了实验的证实。粒子和反粒子具有相同的质量和寿命与相反的电荷，这是由场论中著名的 CPT 定理保证的（这里 C、P、T 分别代表电荷共轭，空间反射和时间反演变换，满足 CPT 定理表明物理体系在 CPT 联合变换下具有不变性，也就是说该体系具有 CPT 对称性）。粒子和反粒子会发生湮灭反应，也可以被成对产生出来。粒子和反粒子是相对而言的，而且 CPT 对称性也表明它们应该处于对等地位。从粒子物理的角度很难理解为什么我们的宇宙中出现了物质和反物质之间的明显的不对称。

宇宙中的物质–反物质不对称指的就是重子–反重子不对称，因为标准模型粒子在宇宙能量成分中主要以重子的形态存在（轻子质量比重子小很多，可以忽略不计）。目前的观测表明在整个可观测宇宙的范围内不存在反物质集中的区域，如果有的话，在物质和反物质区域的边界由于湮灭作用会产生大量的 γ 射线，至今人们没有观测到任何此类的 γ 射线。另外，微波背景辐射的测量以及大爆炸核合成对宇宙元素丰度的预言也一致表明宇宙中的重子–光子比为$\eta=\frac{n_b}{n_\gamma}\sim10^{-10}$，如果宇宙是关于重子–反重子对称的，我们将不会有一个非零的重子–光子比。重子–光子比也被用来度量这种不对称的大小。

解释宇宙中的物质–反物质不对称通常有两种观点：一种观点认为宇宙自创生以来就如此，物质比反物质多。这种观点把物质–反物质不对称完全归结于宇宙创生时的（偶然的）初始条件。但是自暴胀理论创立以来，此观点基本上不被人们所接受，因为暴胀过程会把暴胀以前的宇宙中的物质都稀释掉，包括原有的物质–反物质不对称。另一种观点认为宇宙在初始时期（或暴胀刚结束时）是物质–反物质对称的，在后期由于粒子之间的一些相互作用产生的重子多于反重子。重子产生的理论采用的就是后一种观点。

早在 1967 年，受当时刚从实验上发现**宇宙微波背景辐射**和中性 K 介子系统中的 CP 破缺等事件的启发，苏联物理学家 A.萨哈罗夫提出了在早期宇宙中产生重子–反重子不对称所需要的三个条件：①存在重子数破缺的反应过程。②需要 C 与 CP 破缺。③非热平衡。

第一个条件的必要性非常明显，如果所有的微观相互作用都是重子数守恒的，就不会有非零的重子数产生。需要 C 破缺是因为这样才能保证产生重子多于反重子的相互作用过程不会被那些产生反重子多于重子的相互作用通过“零和博弈”平衡掉。类似地，CP 破缺也是必需的，否则将会有相同数目的左手重子和右手反重子以及相同数目的左手反重子和右手重子被产生出来。最后，重子破缺的相互作用必须远离热平衡，这是因为在热平衡状态下，CPT 定理保证了重子和反重子具有相同的热分布，使得增加和减少重子数的过程互相补偿，从而不会有净的重子数产生。

在粒子物理标准模型中，萨哈罗夫三个条件原则上都可以具备，人们也探讨过基于标准模型构建电弱重子产生模型的可能性。虽然在微扰情况下，重子数是守恒的，但是标准模型的非微扰过程会破缺重子数，在宇宙早期的高温环境下，主要破缺重子数的过程是量子反常过程；CP 破缺由标准模型中描述夸克混合的 CKM 矩阵提供；远离热平衡要求电弱对称性破缺必须是一个强一级相变，一级相变中的畴壁（domain wall）自发破缺了宇称 P，这样联合 CP 破缺就在畴壁两边破缺了 C。但是根据加速器实验数据，标准模型解释不了宇宙中的物质–反物质不对称，主要困难在于 CKM 矩阵提供的 CP 破缺太小，产生不了足够大的重子–反重子不对称；此外电弱破缺要成为强一级相变，希格斯（Higgs）玻色子的质量必须小至 40GeV，这远小于目前的测量值（125GeV）。因此，要解释宇宙中的物质–反物质不对称必须对现有的粒子物理标准模型加以扩充。一些常见的重子产生模型是建立在大统一、超对称等还未被实验证实的理论基础上，在这些理论中通常有更广泛的粒子谱、更多的 CP 破缺源以及更多种类的希格斯粒子。

另一种常见的重子产生理论是所谓的轻子产生。将标准模型进行扩充以包括比较重的右手中微子，并通过跷跷板机制为通常的标准模型中微子提供质量。同时右手中微子在宇宙极早期的非热平衡衰变破缺了轻子数以及 C 和 CP，产生轻子–反轻子不对称，最后产生的轻子–反轻子不对称在电弱相变时通过标准模型的 shaleron 过程部分转化为重子-反重子不对称。

还有一类重子产生理论依赖于CPT破缺。如前文所述，萨哈罗夫三条件的必要性的一个前提是CPT对称性是严格守恒的。如果有CPT破缺的话，不需要全部满足这三个条件也能产生足够的物质-反物质不对称。比如，设想存在动力学**暗能量**(一种标量场)与重子(或轻子)流的导数耦合，由暗能量场代表的真空能的演化自发地破缺了洛伦兹及CPT对称性，使得热平衡状态下重子与反重子具有不同的热分布，增加和减小重子数的反应过程不能互相补偿，从而导致非零的重子数，这样就自然地产生了重子-反重子不对称。这类重子产生模型的特点是重子-反重子不对称是热平衡产生的，与萨哈罗夫第三个条件相反，也不需要明显的C与CP破缺。（李明哲）

重子缺失 missing baryon 近域宇宙中重子密度观测值少于大尺度观测值的矛盾现象。普朗克卫星对宇宙微波背景各向异性的观测结果表明，在目前的**宇宙密度参数**里，**暗能量**（Ω_Λ）约占 70%，**暗物质**（Ω_M）约占 25%，剩余的 5%则由重子物质（Ω_B）所组成。

另有基于早期宇宙的两个独立观测证据也给出较为一致的结果，表明当前宇宙中重子物质的组成约占5%。一个是观测到的高红移（红移大于 3）**类星体**光谱上的莱曼 α 森林吸收线，另一个是通过对宇宙早期化学元素核合成的研究。

然而，在 20 世纪 90 年代，人们意识到，如果把近域宇宙所有能观测到的普通物质加在一起，其总量只有上述 5%的一半。这些普通物质包括恒星、星际介质(含氢原子和氢分子气体)、星系团内热气体、**星系际介质**的中性氢。如果重子不会改变成其他非重子物质，那么在宇宙从高红移到低红移的演化过程中，大量的重子去哪儿了？这个问题，被称为"重子缺失"问题。

在随后的宇宙大尺度流体动力学数值模拟中，人们很快意识到，重子物质根据其温度和密度的不同，大约可以分为四类：①低温（小于 10^4～10^5 开)、高密度的重子物质，主要以恒星的形式存在。②低温（小于 10^4 开)、低密度的重子物质，以星系际介质里的中性氢为主。③高温（高于 10^7 开)，主要以星系团内热气体的形式存在。④温热气体（温度在 10^5～10^7 开)。观测上主要是未能发现第四类重子物质，即温热气体。由于这部分物质主要存在于星系际介质里，因此又被称为温热星系际介质(WHIM)。

21 世纪初的 20 年，为解决重子缺失问题，在观测上人们主要致力于发现温热星系际介质。对于温度位于 10^5～10^6 开之间的气体，其主要的光谱特征在紫外波段；而对于温度高于 10^6 开，其光谱特征主要是在 X 射线波段。因此，人们主要利用空间的紫外卫星（比如远紫外分光探测器和**哈勃空间望远镜**）和 X 射线卫星（比如**钱德拉 X 射线天文台**和**XMM-牛顿望远镜**）来展开这方面的研究探测，主要的探测方式是利用位于温热星系际介质内高度电离的金属元素在背景**活动星系核**光谱上所产生的吸收线系统。

利用最新的紫外观测，特别是哈勃空间望远镜上高灵敏度的宇宙起源光谱仪，人们在遥远类星体的光谱上发现大量温热气体的示踪元素，比如氢的莱曼 α 吸收线，以及 OVI（五次电离的氧元素）吸收线。这些示踪元素所揭示的重子物质大约占缺失重子的一半。另外一半的缺失重子可能由于其温度较高，只能在 X 射线波段探测。这个观点也被利用钱德拉 X 射线天文台和 XMM-牛顿望远镜所发现的个别星系际介质吸收线所支持，然而全面探测到剩余的缺失重子还有赖于今后更灵敏的X射线望远镜。

随着观测的发展，人们意识到还存在着另一类"重子缺失"问题。由于这类重子缺失问题主要存在于星系尺度上，因此又称其为"星系重子缺失"。以**银河系**为例，银河系维里质量约为 10^{12} 太阳质量。考虑到宇宙重子物质和暗物质之比接近20%，那么银河系应有 2×10^{11} 太阳质量的重子物质。然而观测上我们只看到约 5×10^{10} 太阳质量的重子物质，为预期的25%左右。同样的问题存在于从矮星系到大质量**旋涡星系**的各个尺度上，而且星系质量越小，"星系重子缺失"现象越严重。

对"星系重子缺失"的问题尚无一致的看法。一种观点认为这些重子物质以低密度气体的形式存在于遥远的**星系晕**内，还有观点认为这些缺失重子由于早期星系内恒星形成或活动星系核导致的反馈作用已经离开星系，成为星系际介质的一部分。星系尺度上的重子缺失和在更大尺度上的重子缺失之间的关联，也是星系形成演化方向的一个重点课题。（方涛涛）

重子声学振荡 baryon acoustic oscillation 宇宙在极早期暴胀阶段产生了很多原初的密度扰动作为宇宙中结构形成的种子。在宇宙大爆炸后的演化中，由于温度还很高，原子被电离，光子则通过汤姆孙散射与电离态的重子物质耦合在一起，**暗物质**由于不参加电磁相互作用，所以没有和其他物质耦合。这就导致了光子-重子等离子体在光压的推动下跑出原初的势阱，而暗物质则在原初的势阱中继续演化，这种状态一直持续到**宇宙年龄**大约 38 万年的时候，此时宇宙的温度只有 3000K，不足以继续维持这种电离状态，光子便和重子物质脱离耦合。失去了光压的推动，重子物质不再继续往外运动，便形成了一个围绕着原初密度扰动峰的高密度球形壳层，壳层的半径大约是 150 兆秒差距，这种结构可以通过一定统计方法从现在星系巡天中提取出来，这一现象称之为重子声学震荡。

声速视界是一个由重子声学振荡造成的特殊尺度，在空间上分隔等于这个尺度的两点之间的密度相关性相对更高。从统计上看，两点相关函数上就有一个峰。由于这个尺度很大，所以宇宙的结构形成只会改变峰的形状而不太影响峰的位置，利用这一点，声学峰可以作为宇宙的一把标准尺，从而用来测量**宇宙学**的参数。（王 乔）

《周髀算经》 *Arithmetical Classic of the Gnomon and the Circular Paths of the Heaven* 中国数理天文学著作。《算经十书》之一。二卷，是一部用数学方法阐明**盖天说**和四分历的数理天文学著作。原名《周髀》。在**浑天说**兴起，盖天说受到冷落后，人们仍重视其数学内容，遂加"算经"二字。陈子说："古时天子治周，此数望之从周，故曰周髀。髀者，表也。"据赵爽注，《周髀》原文仅限于商高答周公问，阐述了数学方法在测天量地、制定**历法**中的作用，勾股、圆方的知识，以及用矩之道。可见此书是不断增补编纂而成的，可能成书于汉初。陈子答荣方问，提出数学的道术"言约而用博"，学习数学要能"通类"，做到"类以合类"，这既是当时已经存在的数学知识的总结，也规范了此后中国传统数学的模式。接着，陈子用勾股定理、开方术、比率，以及分数四则运算与等差级数知识求出了日高与日径，系统描述了盖天说的宇宙模式。学术界对盖天说宇宙模式的形状，陈子的话包括哪些内容，尚未取得一致意见。传本《周髀算经》有赵爽注、甄鸾重述、**李淳风**等注释。赵爽补绘了日高图和七衡图，撰"勾股圆方图说"，后者证明了《九章算术》以来的勾股知识。李淳风等指出《周髀》中八尺之表千里影差一寸脱离实际，引进了斜面重差术，是中国数学史上的一个创造。（仲 佰）

周光关系 period-luminosity relation 造父变星的光变周期与光度之间的关系。概括地说，造父变星的光变周期愈长，光度也愈大。这种关系是1908～1912年美国哈佛大学天文台的天文学家 H.S.勒维特在研究小麦哲伦云的25个造父变星时发现的。研究表明，这些星的视星等几乎线性地随周期的对数的增加而减少。她用的是光变周期和视星等（见星等）的数据。这些造父变星都位于同一星系内，可认为它们同地球有大体相等的距离，所以周期和视星等的关系就反映了周期和绝对星等的关系。后来的研究表明，属于不同星族的变星，周光关系也不相同：

星族Ⅰ：$M_p = -1.80 - 1.741 \lg P$

星族Ⅱ：$M_p = -0.35 - 1.75 \lg P$

式中M_p为平均绝对照相星等（平均指光度极大和极小时的绝对星等的平均值），P为以天为单位的光变周期。1987年经许多研究得出更好的V波段的周光关系：

$$\langle M_V \rangle = -2.78 \lg P(10\text{天}) - 4.13(\text{弥散度 } 0.3 \text{ 星等})$$

在天文期刊中发表的周光关系已经数以百计。1997年公布的依巴谷天体测量卫星第一批（223颗）银河造父变星的三角视差定出，而斜率得自大麦哲伦云中的造父变星资料：

$$\langle M_V \rangle = -2.81 \lg P(\text{天}) - 1.43$$

周光关系的重要性在于，只要发现造父变星，便可确定该变星及其所在的恒星集团的距离。这是因为利用周光关系可从光变周期P推算绝对星等M，而视星等m则可直接测量，于是距离r便可由公式：$\lg r = (m - M + 5 - A)/5$算得，式中$A$为星际消光对视星等的影响。周光关系既简单又精确，因此仍是测定银河系内一些恒星集团的距离和邻近的河外星系距离的一种重要方法。 （李宗伟）

周期彗星 periodic comet 轨道为椭圆形，能定期返回到太阳附近的彗星。周期彗星根据轨道周期的大小可分为短周期彗星（公转周期小于200年）和长周期彗星（公转周期大于200年）。截至2019年7月，已发现的彗星有6619颗。

轨道特征和分类 对于周期彗星，彗星在其轨道上运行时，离太阳最近的一点称为“近日点”，此点到太阳的距离称为“近日距”；离太阳最远的那个点称作“远日点”，这点到太阳的距离称作“远日距”。近日点到远日点距离（即椭圆轨道的长轴）的一半称作“轨道半长径”。彗星的轨道可用以下几个参数来表示（图1）：轨道半长径a，偏心率e，轨道面倾角i，升交点黄经Ω，近日点角距ω，过近日点时刻T。彗星轨道的形状和大小由近日距q和偏心率e表征，轨道在空间的位置由倾角i和升交点黄经Ω表征。

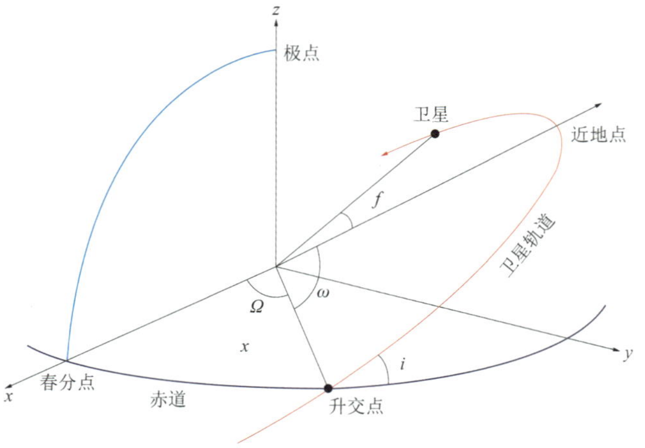

图1 彗星轨道根数示意图

短周期彗星 它们轨道的远日点通常在外行星区域（木星或更远处），如哈雷彗星的远日点在海王星轨道附近。但也有个别极端情况，如恩克彗星（2P/Encke）的远日点就从不超过木星轨道。短周期彗星中，把轨道周期小于20年轨道倾角小于30度的彗星称为木星族彗星，把轨道周期在20年和200年之间，轨道倾角从零至超过90度的彗星成为哈雷族彗星。截至2020年，已发现的木星族彗星数目为691颗，哈雷族彗星数目为91颗。

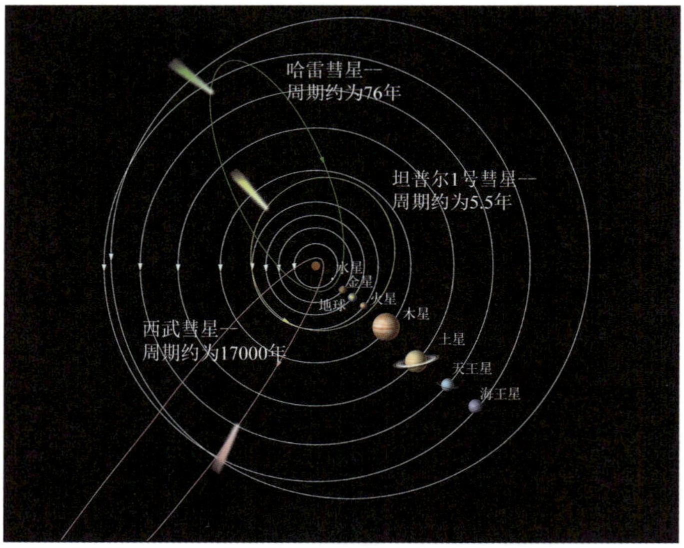

图2 周期彗星轨道分布示意图

长周期彗星 长周期彗星仍然受太阳引力约束，它们有较高的离心率，轨道倾角分布较广，近似各向同性，轨道周期从200年至数千乃至百万年不等。如卡塔利娜（C/1999 F1）彗星的远日距接近70 000天文单位，轨道周期大约为600万年。

在彗星接近近日点过程中，偏心率大于1并不一定意味着这颗彗星会逃离太阳系，这是因为它们的轨道可能受到巨行星的引力扰动使它们轨道偏心率在过近日点后降到1以下。长周期彗星将来的轨道需要在它们远离行星所在的区域以后，再以太阳系的中心计算吻切轨道的历元才能确定。如麦克诺得（C/2006 P1）彗星在2007年1月（历元）接近近日点时的日心吻切轨道偏心率是1.000 019，但是在远离太阳后偏心率已降至1以下，周期约为92 600年。

单次回归彗星/非周期彗星在接近近日点的过程中的轨道可以与长周期彗星类似，偏心率稍微大于1，不同之处在于单次回归彗星/非周期彗星的轨道在受到巨行星的引力扰动后它们的轨道偏心率在过近日点后不能降到1以下，进而会导致永久离开太阳系。截至2013年8月，大约有几百颗彗星在接近近日距的过程中偏心率大于1，其中预测不会再返回内太阳系的彗星包括C/1980 E1、C/2000 U5、C/2001 Q4（NEAT）、C/2009 R1、C/1956 R1和C/2007 F1（LONEOS）。截至2019年，人类已发现两颗天体奥陌陌（1I/‘Oumuamua，偏心率1.2）和鲍里索夫（2I/Borisov，偏心率3.36）在向近日点运行过程中的偏心率明显大于1，这意味着这两个天体起源于太阳系之外。

起源 根据彗星的轨道特征，一般认为短周期彗星起源于半人马和柯伊伯带/离散盘（海王星外侧的盘状区域），而长周期彗星起源于奥尔特云（距离太阳2000～200 000天文单位，主要由冰冻星子组成的球状云团）。大量像彗星一样的天体聚集在这些遥远的区域以近似圆形轨道围绕太阳运动。偶尔柯伊伯带内的天体会受到外行星的影响或奥尔特云内的天体会受到走近恒星的引力影响导致个别数彗星改变轨道，形成新的可观测彗星。奥尔特云内的个别彗星改变轨道进入内太阳系后可能成为长周期彗星，又可能因木星等大行星摄动而变为短周期彗星。

（史建春）

周期解理论 theory of periodic solution 关于天体运动周期轨道的存在性和稳定性的理论。对于**天体力学**中不能直接求解的运动方程，除了用级数作为近似解外，H.庞加莱在 19 世纪末开辟了一条新的途径——寻找运动方程的周期解。这种解的特点是：经过一定的时间（周期）后，天体的坐标和速度都严格地回复到原来的数值。周期解理论是天体力学基本理论研究中最活跃的研究领域之一。对于维数不高的动力学系统（如**平面圆型限制性三体问题**）来说，周期解是决定相空间（坐标和速度分量组成的空间）的“枢纽”轨道；周期解的存在同共振有密切联系；某些简单的周期解可以作为**中间轨道**，由此可以更好地讨论摄动问题。人造天体出现以后，需要设计能够周期性地接近地球和其他天体的轨道，这就给周期解的研究工作带来了新的动力。一般研究周期解有三种基本方法。

定性方法 应用拓扑学方法证明某些类型周期解的存在性。这种方法最初是庞加莱提出的，后由 G.D.伯克霍夫、V.I.阿诺尔德等人加以发展和充实，成为**天体力学定性理论**中的一个重要内容。对于大周期的周期解存在性问题，还只能用定性方法进行研究。此外，在给定周期解邻域内的周期解存在性问题，各种周期解的稳定性问题，都是用定性方法来研究的。

分析方法 最初也是庞加莱提出的。他首先研究含有小参数μ的运动方程。当$\mu=0$时，方程有周期解。然后根据周期性条件找出$\mu\neq 0$时的周期解。这样的周期解可用μ的幂级数表示，并可用逐次积分求出其系数。对于**三体问题**，他提出了三类周期解，这成为周期解的理论基础，这些解称为庞加莱周期解。**拉格朗日特解**也是一种特殊的周期解。G.W.希尔在研究月球运动时所采用的中间轨道，也是周期轨道，称为希尔周期轨道。20 世纪以来，在研究希尔周期轨道的收敛范围以及用新方法建立这种轨道方面，取得了很多成果。

用分析方法讨论周期解有两个主要缺点：一是在周期上有限制，对周期很大的解还只能用定性方法研究；二是推导过程过于烦琐，无法给出一般项和高阶项。分析方法常用数值方法来补充，并且借助于电子计算机进行公式推导。

数值方法 自 20 世纪 50 年代电子计算机广泛应用于天体力学研究之后，出现了用数值方法研究周期解的高潮，发现了大量各种类型的周期轨道。一般的方法是寻找某一周期解族的具体周期轨道。办法是先选取周期解的近似初始条件，然后用泰勒级数的斯特芬森方法计算出最后的周期轨道。这样所得结果的精度比差分法要高。60 年代以后，出现了很多用数值方法研究周期轨道稳定性的研究成果，主要是算出标志周期轨道的某些参数的具体值，从而判定周期解的稳定性和稳定范围。

同分析方法一样，数值方法的缺点也是在周期上有限制，一般只能研究周期较短的解。另外，利用数值方法进行研究只能得到某些具体周期轨道，很难看出它们的一般特征。因此，周期解理论还需要用几种方法配合来研究，这样才有可能得到更有价值的结果。

（易照华）

周期摄动 periodic perturbation 天体坐标，速度或轨道要素的摄动量中具有周期变化的成分。周期摄动按其周期的长短又可分为长周期摄动和短周期摄动。

短周期摄动 周期小于或等于轨道周期的摄动称为短周期摄动。它反映天体轨道的微细结构，表示天体绕其平均位置的暂时偏离。短周期摄动的振幅一般较小。内行星的短周期摄动只有几角分，外行星可达 1°左右。但短周期摄动的项数一般较多。**月球运动理论**中的短周期摄动约有 2000 多项；而地球引力场田谐部分对人造卫星的短周期摄动竟达 10 万到 20 万项之多，在星历表编制工作中要用大部分时间来计算这些短周期摄动项。随着对计算精度的要求越来越高，短周期摄动的项数将按指数规律增加。通过分析人造卫星的短周期摄动，可以测定反映地球引力场局部起伏的高阶田谐项系数。

长周期摄动 长周期摄动的振幅一般要比短周期摄动大一至几个数量级，因而对天体的运动有较明显的影响。通过对长周期项的分析，可以测定一些有关的物理量，如自然卫星的质量就是通过对它们相互间引起的长周期摄动的分析来确定的。长周期摄动按其产生的原因一般又可分为两类：一类长周期摄动的三角项$A\sin(i\omega+j\Omega_G)$只含有反映轨道空间取向的近点经度ω或升交点经度Ω_G等慢变量，地球引力场带谐部分对人造卫星的长周期摄动就是很明显的一例（$j=0$）。当人造卫星的轨道倾角接近 63°26′或 116°34′时，这些摄动周期变得非常长，同时振幅也变得非常大，以致通常的方法不再适用，需要考虑特殊的方法来处理，这就是有名的临界角问题。这时，长周期摄动的特征产生了质的变化，它不再像往常那样使椭圆轨道在轨道平面内作缓慢的旋转，而是使椭圆轨道像单摆那样绕某个平衡位置来回摆动。另一类长周期摄动是所谓通约状态的摄动，表示摄动的三角项$A\sin(il+jl')$所含的变量l和l'都是快变量，如被摄行星和摄动行星的平近点角。这种三角项与短周期项有相同的形式，但是当l与l'的变率n与n'之比接近一个有理数$-j/i$时，$il+jl'$就变成一个慢变量，对应的摄动就由短周期摄动降阶为一个长周期摄动，这时它的振幅会增大许多倍。例如，在木星与土星之间，由于它们的公转周期之比接近于 2∶5 而出现这种摄动。**天王星与海王星**之间也有类似的情况。这种摄动经常约束两个天体之间的相对运动，使它们之间的冲或合等**天象**只能发生在某个特定的地点（如近日点、远日点、升交点等）附近。这就是著名的拉普拉斯关系。这种通约状态在自然卫星的运动及**小行星的运动**中尤为常见。

（童 傅）

周又元 Zhou Youyuan（1938-07-30～2021-03-12） 中国天体物理学家。生于上海，卒于北京。1960 年毕业于北京大学物理系，之后一直在中国科学技术大学任教，在中国科学院国家天文台从事研究工作。曾任中国科学技术大学天体物理中心主任、中国天文学会星系和宇宙专业委员会主任、中国天文学会常务理事和中国天文学会教育工作委员会主任等。作为中国**类星体**、高能天体物理和**宇宙学**早期研究者，取得多项有重要影响的成果，同时培养了大批优秀研究人才。2001 年当选中国科学院院士。

长期从事类星体形成与演化、**超大质量黑洞**、高能天体物理和宇宙学研究。主要学术贡献包括：类星体对宇宙减速因子限制；类星体为探针获得 100Mpc 宇宙大尺度结构的证据；对**活动星系核**多波段辐射开展了系统性研究，从射电到γ射线都做出了重要贡献，特别是在 X 射线和γ射线辐射性质方面以及它们对宇宙 X 射线背景辐射。他创造性地把**吸积盘**主导的大蓝包辐射与软 X 射线超联系在一起，获得了大蓝包整体形状性质，限制了辐射机制，

对 X 射线软超研究起到了重要的推动作用。利用空间 X 射线卫星（宇宙学和天体物理学高新卫星；ASCA）观测，较早地研究了铁 K 光变和辐射性质，较早地研究了射电强活动星系核**甚长基线干涉测量**（VLBI）观测与空间 γ 射线卫星（**康普顿 γ 射线天文台**；CGRO）的相关性，研究了黑洞喷流形成与自转演化。

曾获安徽省教学成果一等奖、国家教委优秀教学成果二等奖、中国科学院优秀教师奖等奖励。1980 年、1990 年两次获中国科学院自然科学奖二等奖，1992 年获中国科学院有突出贡献中青年科学家奖。2018 年 9 月 25 日国际天文学联合会（IAU）小天体联合会小天体命名委员会批准，将编号为第 120730 的小行星命名为“周又元星”。（王建民 王挺贵）

朱能鸿 Zhu Nenghong（1939–11～2024–03–08） 中国天文仪器与方法专家。生于上海，卒于上海。1960 年毕业于同济大学。曾任中国科学院上海天文台高级工程师、副总工程师、副台长和上海市科协副主席。1995 年当选为中国工程院院士。

20 世纪 60 年代参与月球双速照相机和照相天顶筒的研制。1989 年成功研制出中国第一架口径最大的 1.56 **米天体测量望远镜**，在 1994 年 7 月彗木相撞中拍摄了 600 多张有一定科学价值的照片，为中国天文望远镜事业的发展做出了贡献。1991～1993 年，在**欧洲南方天文台**参与甚大望远镜（VLT）项目中光干涉合成望远镜的设计，提出具有多光束馈入和瞳孔跟踪等特色研究方案，回国后积极推进天文光学干涉仪的研究。主持了多项 863 及国家自然科学重点基金项目，参与中国二代导航卫星系统等项目。2000 年后，设计研发的一米激光测距望远镜和激光通信望远镜均已投入使用，此后研制了两类新型的双焦点大视场大口径光电望远镜，均已在相关领域为国家装备做出了贡献。

1979 年获中国科学院科技成果奖一等奖，1985 年被上海市政府评为有突出贡献的中青年科学、技术专家，1990 年被评为中国科学院有突出贡献的中青年专家，获得 1990 年度中国科学院科技进步奖一等奖，获得 1991 年国家科技进步一等奖，1993 年被评为上海市十大科技精英，2001 年获何梁何利科技进步奖，2013 年获得军队科技进步一等奖。2022 年 3 月，国际小行星组织正式将**紫金山天文台**发现的 391996 号小行星命名为“朱能鸿星”。（朱能鸿）

朱文鑫 Zhu Wenxin（1883–10–09～1938–04–26） 中国天文学家。字槃亭，号贡三。生于江苏昆山，卒于江苏苏州。清末附贡生，江苏高等学堂毕业，1910 年美国威斯康星大学理学士，曾任留美中国学生会会长。回国后在南洋大学（上海交通大学）和复旦大学任教授。朱文鑫在美国时著有《中国教育史》（威斯康星大学出版）和《攀巴司（Pap-pas）切圆奇题解》（美国数学学会出版），并对法国天文学家 **C.梅西耶** 1781 年发表的《星团星云表》进行重测，1934 年发表《星团星云实测录》一书。他毕生最大的贡献是利用现代天文知识对中国古代天文学所做的研究。在这方面的著作约有 15 种，已出版的有《天文考古录》（1933）、《史记天官书恒星图考》（1934）、《历代日食考》（1934）、《历法通志》（1934）、《近世宇宙论》（1934）、《天文学小史》（1935）和《十七史天文诸志之研究》（1965）等。未出版的尚有《中国历法史》《史志月食考》《织女传》《淮南天文训补注》《明史天文志考证》等。

（席泽宗 撰 石云里 修订）

主带彗星 main-belt comet 起源于小行星主带（2～4 天文单位）、轨道特征与主带小行星一致、可呈现出类似彗星活动性的小天体。其活动性由水冰升华驱动。

发现 第一颗被发现的主带彗星是 133P/Elst-Pizarro（以下简称 133P）。它在 1979 年已经被发现，刚发现时它是一颗类似小行星的点源天体，被命名为小行星 1979 OW7，直到 1996 年，埃尔斯特和皮萨罗发现它出现了一条尘埃彗尾，随后才被命名为彗星 133P/Elst-Pizarro。第二颗被发现的主带彗星是 238P/Read，它发现于 2005 年。第三颗被发现的主带彗星是 176P/LINEAR，最早被当作小行星（编号 118401）发现于 1999 年，2005 年确认了它的彗星本质。随着发现数目的增加，直到 2006 年这类天体才被确认是一种新类型的彗星，称为主带彗星。截至 2022 年，已发现的主带彗星的总数为 8 颗：133P/Elst-Pizzaro，176P/LINEAR，238P/Read，259P/Garradd，324P/2010 R2（La Sagra），288P/（300163）2006 VW139，313P/Gibbs，358P/PANSTARRS。

活动性 在小行星主带里，一些小行星会出现类似彗星的活动性，具有彗发或彗尾，此类小行星被称为活动的小行星。活动的小行星根据其产生活动性的驱动机制不同可分为主带彗星和破裂的小行星，主带彗星的活动机制是由水冰的升华驱动，而破裂的小行星的活动机制主要有：撞击、旋转破裂、热分解和静电。

通过对 133P 的观测和研究发现，133P 是在不久之前才开始具有彗星活动性的。首先，133P 在 1979 年刚被发现时和 1985 年回归时都没有观测到彗星活动性，直到 1996 年才发现了它的活动性，这说明 133P 的活动性是在 1985 年至 1996 年间被激发的。133P 在之后的 2002 年、2007 年和 2013 年的三次回归周期里，它的活动性都成功再现，这进一步说明它的活动性是由水冰升华驱动。关于 133P 活动性的触发机制，研究认为它的触发机制是撞击导致的。在已发现 8 颗主带彗星里，只有 176P 只在一个回归周期内出现过彗星活动性，其他 7 颗的彗星的活动性都在超过 2 次的回归周期内再现过。

研究的重要性 在**小行星带**发现彗星就意味着小行星带存在水冰，这对于研究地球水的来源问题提供了一种新的可能。之前开展的彗星空间探测对**木星族彗星**的研究结果表明，大部分木星族彗星中水的 D/H 比值大于地球海洋中的数值，基本排除了地球水起源于木星族彗星的假设，而地球水来自小行星的可能性得到了进一步增加。基于主带彗星研究的重要性，欧洲航空航天局（ESA）提出了针对主带彗星进行空间探测的 CASTALINA 计划，中国未来的小天体探测任务“郑和（ZHENGHE）”计划中也将开展对主带彗星的探测。（史建春）

主动变形镜光学系统 new concept optical system with shape intermittent or continuous variable mirror 具有镜面形状间断或连续变化的新概念光学系统。

主动光学是变改镜面形状和准直以校正望远镜误差——重力变形和热变形使光学系统恢复原有正确形状的技术，而主动变形镜光学系统是用主动光学技术使之产生新概念光学系统。大望远镜中只有一块主镜，但往往有几个工作系统，主镜的面形对其中一个系统可以是最佳的，但对其他系统就不是最佳的。1986 年中国天文学家**苏定强**提出用主动光学技术使主镜变形，使对每一个系统主镜的面形都是最优的，后来苏定强发现G.R.勒梅特已经在他之前提出过这样的想法。苏定强在1986年的文章中还提出用连续变化面形的思想来实现一些按常规不能实现的光学系统，例如：一些望远镜专家曾提出对于非常大的光学望远镜采用阿雷西博305米射电望远镜型式（见美国阿雷西博天文台），主镜安放在地面上固定的大球面镜，但这种望远镜有很大球差，加改正镜后虽可消去球差，但轴外像差很大，能用的视场很小。为解决这个问题，苏定强提出将阿雷西博型光学望远镜上实时的使用区变形成旋转抛物面，此时视场中心无球差，轴外像质也比球面主镜加改正镜的好，或变形成旋转双曲面并加上副镜，不仅可消球差且轴外像质更好视场更大，但在观测过程中使用区在主镜面上的位置是移动的，即主镜整体的面形是变化的，按常规这样的光学系统是不能实现的，但采用上述镜面形状连续变化的思想，这样的系统可以实现。光学望远镜和射电望远镜是互相借鉴的，上述光学望远镜来源于阿雷西博射电望远镜，因之苏定强的这种思想当然也可以直接用于阿雷西博型射电望远镜，这就是中国研制的世界上最大的单口径射电望远镜——500米口径球面射电望远镜（FAST）中技术上最重要的创新思想。邱育海在1998年也对FAST提出了这样的创新思想。

反射施密特望远镜可以有很大的视场，也不受透射光学材料大小的限制，但这种望远镜有倒置的球面镜和很长的镜筒，口径大时装置和跟踪非常困难，没有人研制过。天文学家王绶琯和苏定强取消了它的转动镜筒，将它的三个部分分别装在基墩上，第一块反射镜同时用于跟踪天体和改正球面镜的球差，但为改正球差观测过程中需要的第一镜的非球面面形是要不断变化成不同曲面的，按常规这样的光学系统也是不能实现的。1994年苏定强提出在观测过程中应用他提出的上述镜面形状连续变化的思想，这样的系统就可以实现，这就是中国研制的世界上口径最大的大视场望远镜——大天区面积多目标光纤光谱天文望远镜（LAMOST）。LAMOST和FAST是中国的两个国家重大科学工程，都已研制成功，并已取得多项重大科学成果，这两个项目特别是其中的变形镜是非常难做的。这两个项目研制的领导人分别是崔向群和南仁东。应当提到，勒梅特也独立地提出并研制成了一种变形镜——连续变化曲率的猫眼镜，已经用在欧洲南方天文台（ESO）的甚大望远镜干涉阵（VLTI）中。

（王亚男）

主动光学 active optics 望远镜在观测过程中校正其重力变形和热变形等误差的技术。随着天文望远镜的口径增大，望远镜自身的重力和环境温度影响也增大，从而使磨制得很好的镜面和准直得很精确的望远镜在工作时很难保持理想状态。美国帕洛马山天文台的5米海尔望远镜（1948年）、俄罗斯科学院特殊天体物理台（SAO）的6米望远镜（1976年）似乎已达到了传统望远镜口径的极限，而天文研究需要口径更大、像质更好的望远镜，这就催生了新技术主动光学的产生。

得益于电子计算机、高精度传感器和促动器的技术，主动光学在20世纪70～80年代成功发展。它的基本思想是实时检测望远镜的像质或镜面的形状，实时校正重力变形和热变形引起的误差，以及非实时校正光学系统的制造误差，使望远镜始终维持原有的镜面形状和准直精度，保持优秀的像质。主动光学的出现和应用使望远镜的设计思想有了重大飞跃，主镜由此可以采用很薄的镜面，也可以采用由许多小的子镜拼接成的大的镜面，使望远镜的重量和造价大为降低。主动光学还发展了在望远镜上实现不同焦比的焦点间的切换，以及高精度非球面镜面的磨制技术，特别是还发展出根据需要实时连续改变镜面曲面形状，获得常规光学概念不能实现的参数连续变化的光学系统。

主动光学是光学、力学、计算机、自动控制和精密机械一体化的新技术，它应用了多种高精度的元器件：波前传感器、位移传感器、力传感器、位移促动器、力促动器。由于主动光学主要校正望远镜本身的误差，这些误差变化是缓慢的，校正频率在10^{-2}～1赫。望远镜的误差主要由主镜系统产生，校正主镜还能使整个视场都获得理想的像质，所以校正的对象一般是主镜，如果视场较小，也可以校正副镜。或者在光学系统中成出一个主镜像（中间像面），在那里放一块变形镜进行校正。

欧洲南方天文台的望远镜光学专家R.N.威尔逊最早提出并领导发展了薄变形镜面主动光学技术，在3.5米新技术望远镜（NTT）和4架8.2米甚大望远镜（VLT）上成功应用；法国马赛天文台G.R.勒梅特最早将主动光学用在非球面镜面的预应力加工中；美国加州大学J.纳尔逊和T.马斯特发展了六角形离轴非球面预应力加工和镜面拼接主动光学技术，G.沙南发展了拼接镜面主动光学共相的方法（在近红外波段实现），在世界上首先研制成功拼接镜面的望远镜——两架10米口径的凯克望远镜Ⅰ和Ⅱ（见凯克天文台）。20世纪90年代到21世纪初的10年，采用薄镜面主动光学技术的口径8～10级大望远镜除了4架8米的VLT望远镜（图1），还有美国的两架8米双子座望远镜、日本8米昴星团望远镜；采用拼接镜面主动光学的望远镜除了两架10米的凯克望远镜，还有美国9米级霍比埃伯利望远镜（HET）、西班牙10米加那利大型望远镜（GTC）和南非9米南非大望远镜（SALT）。主动光学的出现，不仅使得更大口径的望远镜建造成为可能，还使得望远镜可获得更高的成像质量。

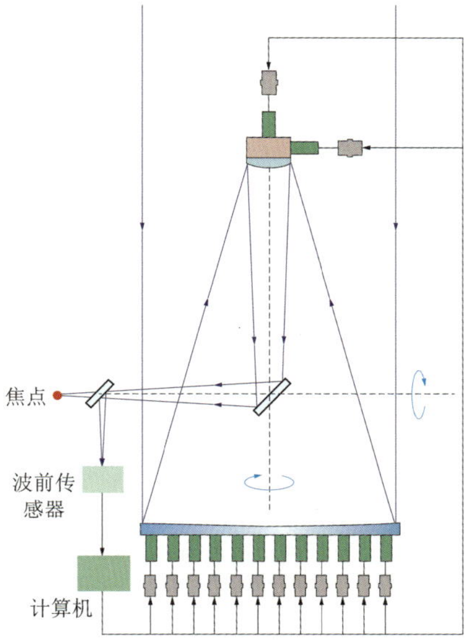

图1 甚大望远镜（VLT）主动光学原理示意图

中国的苏定强在1986年提出一种新的应用主动光学的思想，即用主动光学实现望远镜在观测时的镜面曲面形状连续变化，获得常规光学概念不能实现的参数连续变化的光学系统（或称为主动变形镜光学系统）。这种创新思想首先在中国20世纪90年代末至2009年研制的大规模光谱巡天望远镜——大天区面积多目标光纤光谱天文望远镜（LAMOST，中文名郭守敬望远镜）中成功应用。中国2017年建成的500米口径球面射电望远镜（FAST，中文名天眼）也用了这种曲面连续变化的主动变形镜（反射面）光学系统，并是其主要的创新思想。

20世纪90年代初，苏定强在中国科学院南京天文仪器研制中心（今南京天文光学技术研究所和中科南京天文仪器有限公司）最早建成了中国第一个薄变形镜面主动光学实验系统，并有多项创新：特别是首次提出将阻尼最小二乘法用于线性问题——求力；提出了一种波前重建的积分算法；研制出含有创新的小透镜阵的夏克-哈特曼波前传感器。1998年苏定强领导的小组又建成了中国第一个拼接镜面主动光学实验系统，实现了可见光波段共相和共焦。在这个实验系统中苏定强创新性地提出了严格的子镜共焦的方法并领导和研制出创新的位移促动器。这两个实验系统和创新的技术方法分别在 1993 年和 1999 年获得中国科学院科技进步奖二等奖，并在中国独创的望远镜大天区面积多目标光纤光谱天文望远镜（LAMOST）的方案产生、立项和研制起到了关键的作用。

2004 年，南京天文光学技术研究所崔向群领导团队研制成功镜面曲面形状随被观测天体目标天空位置连续变化的 1 米主动变形镜实验望远镜。其主动变形镜起始面为 1.1 米的六角形平面镜，主镜为 1.1 米的六角形球面镜。用该望远镜实时观测跟踪天体，为国家大科学装置 LAMOST 进行中间试验，为 LAMOST 成功建造攻克关键技术，获得 2006 年国家科技进步奖二等奖。

2009 年，LAMOST 建成并通过国家验收。LAMOST 首先实现镜面曲面形状连续变化的创新概念的主动变形镜光学系统，突破了望远镜的大视场不能兼备大口径的瓶颈，发明了新类型的望远镜，开拓了主动光学新方向。在技术发展上，LAMOST 首先在国际上创新并成功发展了一块镜面上同时应用薄变形镜面主动光学和拼接镜面主动光学的技术——主动变形镜拼接技术；首先在国际上实现在一个光学系统中同时应用两块大口径拼接镜面（图 2）。不仅如此，LAMOST 的拼接镜面还具备近红外波段共相的能力。LAMOST 带动中国自主发展了主动压力抛光盘磨制大非球面度大口径镜面的技术，以及首先在国际上提出并发展预应力环抛磨制极大望远镜子镜新技术。LAMOST 的建造成功使中国完全掌握了主动光学技术，将主动光学发展到新的国际前沿，并为自主建造 30 米级极大望远镜创造了条件。

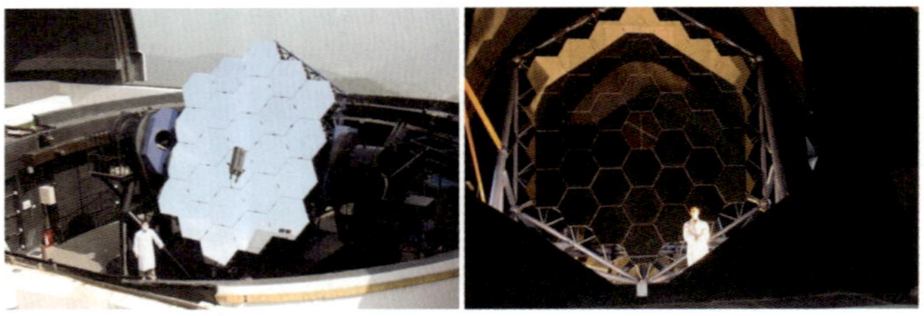

左图：LAMOST 的 5.72 米 × 4.4 米主动变形镜由 24 块 1.1 米六角形变形子镜拼接成
右图：LAMOST 的 6.67 米 × 6.05 米球面主镜由 37 块 1.1 米六角形子镜拼接而成

图 2　LAMOST 两块大拼接镜面

（崔向群）

主焦点望远镜　prime focus telescope (system)　*反射望远镜*中由一块反射镜组成的光学系统。又称主焦点系统。主焦点望远镜由一块凹面反射镜（主镜）组成（见图）。这种系统镜面经典的形状是旋转抛物面，根据圆锥曲线的性质，平行于光轴的光将完全没有球差地汇聚在焦点。但这种望远镜有彗差，w是焦面上像点离开视场中心的距离。在该处彗差的最大值$l = 3w/16F^2$，式中F为系统的焦比；1 和w可以为角度也可以是长度但单位要相同。以焦比F等于 2 的主焦点望远镜为例，焦面上离视场中心$w = 30''$处彗差的最大值$l = 1.41''$。它的主要缺点是彗差大，能用的视场很小，当需要较大的视场时需加入*像场改正器*。优点是只经过一个反射面，光损失较少。

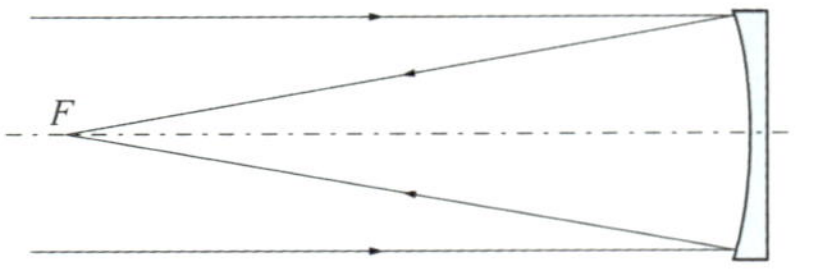

主焦点望远镜

主焦点系统的反射镜并不都是旋转抛物面的。*天文望远镜*中同一个主镜往往用于几个系统，主镜的面形常常是由其他系统定的。例如 R-C *望远镜*的主镜就不是旋转抛物面镜，当使用主焦点系统时，像是有球差的，需加像场改正器，至少需加入一块非球面透射改正板或反射改正板作为像场改正器。当需要在主焦点作较大视场的工作并且是这架望远镜的主要工作时，不仅需要加入像场改正器，且设计时主镜的形状往往一起参加优化。带有像场改正器的主焦点主要用于 CCD 照相和多目标光纤光谱观测。主焦点系统若焦比大，加工容易，但镜筒长；若焦比小，加工难，但镜筒短。由于光学设计和加工技术的进步，焦比不断减小，百年前取为 5 左右，50 年前取为 3 左右，20 世纪 90 年代至 2020 年取为 2～1.6。

（苏定强）

主星序　main sequence　*赫罗图*上大多数恒星密集在由左上方（高温、强光度）至右下方（低温、弱光度）、沿稍微弯曲的对角线的狭窄带区内，形成一个明显的序列。又称主序。见*主序星*。

主序前恒星　pre-main sequence star　到达主星序前并将开始核心氢燃烧演化阶段的恒星。短暂的主序前阶段是连接星际云和年轻恒星的纽带。尽管对于非常年轻的星体已经掌握了丰富的观测资料，但恒星形成的理论研究仍然是发展中的学科。根据观测，星际存在稠密、低温的*分子云*，各种各样不稳定性联合作用导致它分裂成块且使得气体坍缩成恒星尺度的小块实体（*原恒星*）。当*不透明度*增加产生的压力与引力相平衡，并达到流体静力学平衡时，上述过程发生。该过程非常短暂，且唯一能源是*引力坍缩*。这时的原恒星又冷又红，但半径却延伸得很大，因此光度很大。此时恒星的收缩减慢，但会一直持续下去直到中心温度升高到能触发核反应。恒星这时完全处于对流状态，一些轻元素如氢、锂等开始点火燃烧。位于主序右边的金牛座 T 型星与恒星的主序前演化相联系，它们的表观状态十分复杂。从该阶段到氢稳定燃烧的主序要花费几百万年。

恒星最早期阶段所满足的物理条件与那些已发现的足够热的恒星中的物理条件很不相同。恒星结构和演化规律不能用来精确处理重要的早期阶段的问题，如原恒星的动力学坍缩。为说明恒星形成过程理论上的困难，先从角动量问题开始。假设要在*星际介质*的球状团块中形成一颗恒星，平均密度取为 1 个氢原子/厘米^3，需要半径为 2.5 秒差距（7.8×10^{13} 千米）的球来包含一个太阳质量的星际物质。因为云块必定要参与*银河系*整体的旋转，它就有 10^{-15} 秒$^{-1}$ 的固有角速度，因此总的角动量为 5×10^{55} 克 · 厘米^2/秒。如果要将这块云坍缩到恒星的尺度（将半径减小 8 个量级）并在这一过程中保持角动量守恒，则旋转速率就会超过每秒 10 圈。这样云块在坍缩到恒星尺度之前就已经碎裂。换句话说，单位质量星际介质的角动量超过了恒星中角动量值几个量级。因此原恒星坍缩模型要求包括角动量损失的机制，如跟磁场的联系、盘的增大和其他一些在恒星演化计算中竭力想避免的麻烦问题。因为原恒星从很大的半径向内坍缩，它一开始将表现为一种非常明亮的冷的天体。星体中唯一能源是通过收缩释放的引力能，在这一阶段，半径改变的时标是开尔文-亥姆霍兹时标：

$$t_{KH} \approx 2 \times 10^7 (M/M_\odot)^2 (L/L_\odot)^{-1} (R/R_\odot)^{-1}$$

因为总亮度高，原恒星内部*吸积*的流体静力学模型就是对流。对于完全对流的星体，如果温度下降到某一个值就不可能建立一个流体静力学模型。因此在*赫罗图*上存在一个“禁区”。对于给定质量的星，这个“禁区”的边界几乎垂直于横坐标。因此当一颗星收缩，它将大致保持常温而沿着禁区的边界线（即所谓的“林中四郎线”）演化。最后收缩的原恒星光度下降，中心温度升高，内部能够发生辐射。进一步地演化导致**有效温度**的增加和演化时标的逐渐加长。最后如果星体的质量超过了 $0.1M_{\odot}$，中心温度和密度达到发生氢聚变为氦热核反应所需要的值，核反应成为主要的能源，这时星体便进入了主序。这种主序前的演化轨迹沿着一种仍然处于从收缩到主序演化过程中的星体——金牛座 T 型星的观测位置。演化从右上方（冷的温度）到主序，恒星按质量大小从赫罗图左上角到右下角排列于主序上相应的位置，大质量星在左上角（见**主序星**）。

（李宗伟）

主序前星紫外辐射 UV radiation of premain sequence star 处于主序之前的恒星的紫外辐射。主序前星一般指的是处于恒星形成的晚期，但尚未点燃氢核聚变的天体。在恒星形成的过程中，**原恒星**从周围的星际介质中**吸积**物质并形成**吸积盘**。在最后阶段，吸积盘上的物质通过磁力线落入恒星表面，引力势能转化为动能，并在磁激波区耗散为其他能量，其中包括了紫外的连续谱和发射线。

在这些原恒星中，观测和研究得最丰富的是金牛座 T 型星（T Tauri stars）。这些星以这类恒星的原型金牛座 T 星命名。金牛座 T 星是英国天文学家 J.R.欣德于 1852 年发现的一颗**变星**，距离人类 471 光年，具有不规则的光变曲线，光谱类似于 F5-G5 型恒星，但有明亮的 H 和 K 发射线，并且经常处于**星云**（恒星形成区）中。国际紫外探测器（IUE）在 115～189 纳米的紫外波段对 50 个金牛座 T 型星和 70 个相关的赫比格 Ae/Be 星进行了光谱观测，探测到了三次电离硅和碳的发射线，以及分子氢的荧光线。**哈勃空间望远镜**上的空间望远镜成像分光仪（STIS）和哈勃宇宙起源光谱仪（COS）通过更高分辨率的光谱测量，还发现了四次电离氮和二次电离氦的发射线。这些观测能够用来研究恒星形成晚期的吸积率，多次观测还能研究吸积率的变化。原恒星的紫外观测为人们提供了研究恒星形成这一关键问题的工具和方法。

（李 晔）

主序星 main sequence star 位于**赫罗图**主序带上的恒星。**银河系**中，大多数恒星在赫罗图上密集于由左上方（高温、强光度）至右下方（低温、弱光度），沿稍微弯曲的对角线的狭窄带区内，形成一个明显的序列，这个序列叫作**主星序**。包括观测到的 90%的恒星。“主序”一词是用来表示处于稳定状态的恒星，此时恒星气体的压力与引力相平衡。恒星在主序上度过它寿命 90%的时间，直到内部氢聚变为氦的热核反应停止。主序星由引力和压力两种力所制约，凡内部核心区氢聚变为氦的恒星都落在赫罗图的主序星上。质量比较大的恒星因为引力的作用比较大，需要有较多的核反应释放较多的能量，提供较大的向外压力，维持住稳定的结构。因此，赫罗图里主序列带上的恒星都是处于这种稳定的阶段。按照质量大小排列，质量越大的越在左上方高亮度的地方。恒星在形成之后就依据其质量出现在主序列带上的某个位置，然后缓慢变化，在主序列带上度过主要的生命期。质量为M、光度为L的主序星的寿命T为：$T = M/L$。另外，由主序星的质量－光度关系 $L/L_{\odot} \approx (M/M_{\odot})^{3.5}$，可得主序星的寿命$T = M/L = (M/M_{\odot})^{-2.5}$。这说明恒星的质量大则寿命短，质量小则寿命长。计算结果表明，当恒星中氢的总质量的约 1/10 被转换成氦，它将迅速离开主序。在量级上，$T_{ms} \sim (M/M_{\odot})(L/L_{\odot})^{-1}10^{10}$年。

主序星因其光度比**巨星**和**亚巨星**小，所以又叫**矮星**。在 MK 二元光谱分类中的光度级符号为罗马字 V。主序星的光谱范围很广，从 O 型到 M 型。太阳是 G2 型的主序星（见**恒星光谱**）。主序星的光度随着表面温度的增高而增大。质量从约百分之几到约 60 倍太阳质量，光度从约 10^{-3} 到大于 10^{5} 倍太阳光度，半径从比太阳小一个数量级到太阳的 20 倍左右。恒星到达主序的时间称为时间零点，建立恒星模型时关键的一步就从此时开始。“零龄主序”指的是在赫罗图上描述满足下列条件星的集合的那些点所构成的轨迹。这些条件是：它们都有完全相同或非常相近的化学组成，都处于流体静力学和热力学平衡，能量只来源于核内的氢聚变为氦的热核反应。

主序星的性质可通过恒星内部发生的物理过程加以理解。首先是流体静力学平衡，该过程决定恒星内部压力梯度与引力相平衡时的密度结构。另一方法可把恒星想象成套在一起的许多球形壳层，每一壳层受到它内部物质的引力的内拉，气体的压力和辐射的外推，两种力相平衡。主序星非常稳定，以稳定的速率向外辐射能量。太阳是正处在主序上的中年恒星。主序星的能量来源于核内氢聚变为氦的热核反应。一颗恒星出现在主星序上，是它的核心开始氢聚变为氦。它在主星序上大约用完 12%的氢便离开主星序。恒星在这个阶段停留的时间最长，占其寿命的 90%（对于一个质量与$M_{\odot}$差不多的星寿命约为 100 多亿年）。观测到的主序上限是 $60M_{\odot}$，质量再大的星则不稳定，会驱动脉动；计算的主序下限是 $0.085M_{\odot}$，低于这个质量则成为不产生核反应的黑矮星。若它们不燃烧氢，可能燃烧氘和锂等轻元素，它们被称为**褐矮星**。主序上第二个重要的质量是$M_{对流} \approx 1.1M_{\odot}$。质量大于$M_{对流}$的恒星有对流层，而小于$M_{对流}$的恒星其核心只有辐射。大质量星的核心是对流的。恒星的质量决定了它们离开主序后的演化走向：①类似太阳的恒星，核心氦燃烧为碳，壳层氢燃烧为氦，变为**红巨星**；②质量比太阳小的恒星坍缩为**白矮星**；③比太阳质量大几倍的星，如 $5M_{\odot}$，它们以另外的方式离开主序，发展为红**超巨星**，最后发生**超新星**爆发，外层抛向星际空间，内部形成**中子星**，表现为**脉冲星**；④更大质量的星发展为**黑洞**。

（李宗伟）

状态方程参数 state equation parameter 某一宇宙流体的压强与其能量密度的比值。在**宇宙学**中，某一流体组分的压强和密度的关系可用状态方程$P = \gamma\rho$表示。比如，对于**暗物质**和重子物质，由于其压强远小于其能量密度，可以近似为零，其状态方程参数γ也为零；辐射组分的状态方程参数为 1/3。而对于具有负压强的**暗能量**，其状态方程参数小于零。特别地，真空能暗能量的状态方程参数为一常数，其值为-1；动力学暗能量模型预言的状态方程都是随**宇宙膨胀**历史演化的函数。比如，精质暗能量的状态方程参数大于-1；幽灵暗能量的状态方程参数小于-1；精灵暗能量的状态方程在演化过程中可以越过-1。由于不同的暗能量理论模型可以通过暗能量状态方程参数来分类，因此，利用数据分析和统计手段直接从天文观测中重建状态方程参数是研究暗能量本质的重要手段。

（赵公博）

锥形检索 cone search 在数据集中搜索位于天球上一个圆形区域内的目标。一种在天球上进行数据搜索的方法。在实际应用中，该球面圆可通过球面坐标(α, δ)、搜索半径r进行定义。由于该圆内包含的天体与地球的距离远近不一，其视野范围在三维空间上看起来就像一个立体锥形，如图所示，因此称为锥形检索。

锥形检索是世界上各大天文数据中心提供的基本服务之一。由于各自采用的技术架构不同，服务的使用方式也不相同。为了在各个天文数据中心方便地进行锥形检索，**国际虚拟天文台联盟**（IVOA）制定了

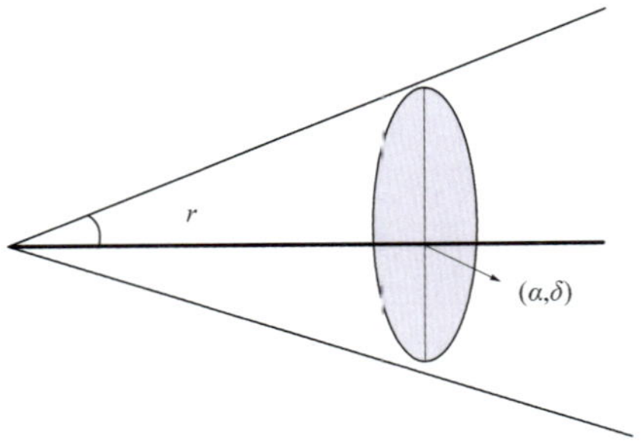

锥形检索定义示意图

简单锥形检索协议（Simple Cone Search），统一了服务的调用参数及返回格式。它要求锥形检索服务接受三个参数 RA、DEC、SR，其中 RA 是赤经α、DEC 是赤纬δ、SR 是搜索半径r，服务的返回格式为国际虚拟天文联盟制定的数据交换格式虚拟天文台表格（VOTABLE）。

锥形检索与基于距离判断的**交叉证认**技术一样，需要对天球上天体间的角距离进行计算。可以简单地将此类交叉证认技术理解为批量进行的锥形检索。为了更快地对海量数据进行锥形检索，通常需要对数据进行索引或排序，主要有分层三角网格（HTM）、多级等面积同纬度划分（HEALPix）等伪球面索引方法。此外，地理信息系统所使用的索引方法，如 PostGIS，经过坐标转换也可以应用到天文领域中。（樊东卫）

准直器 collimator 通过高密度高吸收率的材料屏蔽视场外的 X 射线或 γ 射线，只让视场内的光子进入探测器从而提升方向性的设备。准直器是一种通过由高密度高吸收率的材料限制 X 射线或 γ 射线探测器的视场、从而提高方向性的设备。通过准直器，能够对 X 射线/γ 射线辐射进行粗略的定位。一般而言，准直器的定位精度可以从度到角分，并且与 X 射线/γ 射线源的亮度有关。

简单的准直器有网格式的准直器（图 1 左），只有平行于准直器主轴方向的 X 射线或 γ 射线才能完全通过，入射方向与主轴方向的夹角越大，通过的光线就越少。单个准直器的视场取决于准直器的长度L和孔径的直径D（$\tan\alpha = D/L$），视场宽度为 2α。入射角大于 α 的光子将被准直器的边框阻挡无法进入探测器。在设计中，较小的视场能够提高探测器的角分辨，但是会减小占空比从而导致探测灵敏度降低；较大的视场会降低角分辨，同时弥散辐射本底会增加到本底信号增加，但可以实现更多变源的监测。因此，一般设计的视场大小为几度。美国的小型天文卫星 3 号（SAS-3）上就携带了板条准直器和管准直器。

更常用的准直器为调制准直器。调制准直器一般由多组平行的栅格组成，当望远镜扫过天空中的某个天体时，天体会周期性地出现在探测器上。根据望远镜的姿态以及天体的光变曲线进行解调，能够显著提高天体的位置精度。日本天文学家小田稔在 1965 年发明了调制准直器，并用于火箭搭载的 X 射线探测器上，将天蝎座 X-1（ScoX-1）定位到几十角秒的量级，从而在 X 射线成像望远镜发射之前，确定 X 射线源的最精确位置。美国高能天文台 1 号（HEAO-1）的调制准直器可以使定位精度达到 30″。中国的慧眼卫星上使用的是调制准直器（图 1 右）。未使用调制方法时，准直器的视场为 1°～4°。通过直接解调方法对观测**银心**得到的光变曲线（图 2a）进行解调之后，能够得到银心图像（图 2b），位置精度为 0.1°左右。

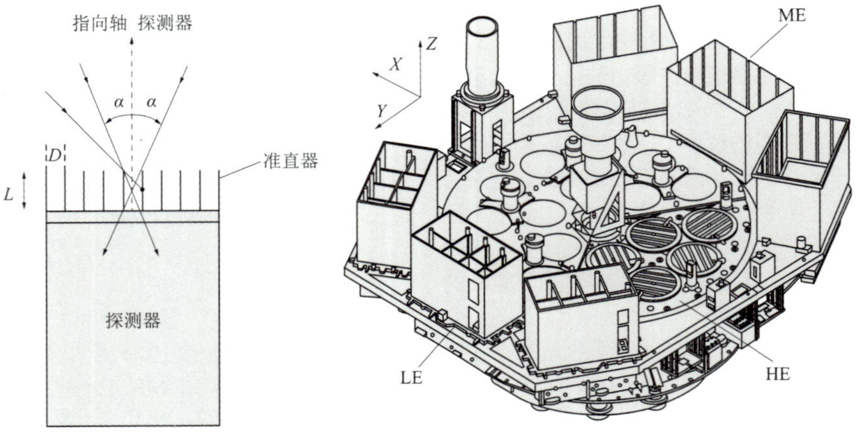

图 1 网格式准直器（左）与慧眼卫星上的调制准直器（右）

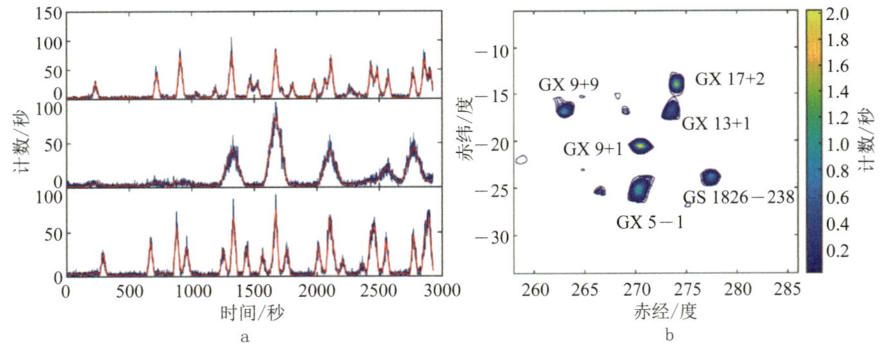

图 2 慧眼卫星对银心观测得到的光变曲线（a）与通过卫星姿态和直接解调方法得到的银心图像（b）

通过不同的形状、方向组合以及通过多层叠加，准直器能具有更佳丰富的功能。比如，聚焦式的"龙虾眼"准直器（见**龙虾眼光学系统**）。现今在软 X 射线波段，准直器逐渐被定位精度更好的掠射式 X 射线成像技术取代（见**掠射 X 射线望远镜**）。但在硬 X 射线和 γ 射线波段，准直器仍然是主要的成像方法。

（李正伟 尹倩青 李 晔）

准周期振荡 quasi-periodic oscillation; QPO 在**黑洞**和中子星双星等致密天体多波段光变中发现的一类特殊光变现象。其观测特征是在光变信号的傅里叶功率谱上，显现出不同于相干性周期信号产生的单一频率功率成分的性质，即信号功率分布在一个较窄的频率范围内。已经在包含致密星的双星系统、**活动星系核**以及超亮 X 射线源等天体中发现了 QPO 现象，相应波段覆盖了红外、光学、X 射线等多个观测波段。

功率谱上连续成分或频率分布很宽的结构称为噪声，频率分布较窄的就称为准周期振荡（QPO）。QPO 通常可以用含有中心频率υ_0和半峰全宽（FWHM-λ）的洛伦兹函数来表示。品质因素$Q = \upsilon_0/\lambda$用来衡量信号的相干性，按照习惯的划分，将$Q > 2$的称为 QPO，把$Q < 2$称为频限噪声。

准周期振荡按频率主要分为千赫兹 QPO、黑洞高频 QPO 以及低频 QPO。各种 QPO 都存在丰富而扑朔迷离的现象：千赫兹 QPO 主要出现在中子星小质量 **X 射线双星**中，其频率范围 300～1200 赫，且常常表现为双峰，称之为双峰千赫兹 QPO；黑洞高频 QPO 观测数据不如千赫兹 QPO 那么丰富，其频率最小可达 50 赫，最高约 450 赫；而低频 QPO 其频率低于 100 赫，经常发现软 X 射线与硬 X 射线辐射存在时间上不同步现象。另外在黑洞中还发现了 3∶2 的成对 QPO 现象，这种现象可以用来估计黑洞的质量。

QPO 的主要理论模型有：差频模型、等离子体团（blob）模型和相对论进动模型。通过准周期振荡的研究，可能会揭示一些重要的结果：①双星吸积的基本过程以及吸积阶段的物质结构；②利用物理模型限定致密星的参数，从而限制致密星的物态方程；③探测强引力场下的广义相对论效应；④发现强磁场、强引力场下新的物理规律。总之，准周期振荡是研究强场下吸积过程中物理规律和探测致密天体性质的利器。（刘庆忠）

卓瑞尔河岸天文台 Jodrell Bank Observatory 世界上最早建成的射电天文台之一。位于英国柴郡。1845 年，英国曼彻斯特大学选中此处作为修建观测站的台址，1945 年，该大学射电天文学家 B.洛弗尔在此处正式建立天文台，主要用于研究由雷达系统探测到的宇宙射线。1957 年和 1964 年其 1 号和 2 号射电望远镜（MARK Ⅰ、MARK Ⅱ）相继竣工投入使用，之后数次对望远镜进行维修升级。1987 年，1 号望远镜更名为洛弗尔望远镜，直径 76 米，是世界第三大可操纵射电望远镜，仅次于美国西弗吉尼亚州的格林班克望远镜和德国的埃弗斯堡望远镜。MARK Ⅰ、MARK Ⅱ 两架望远镜建成之初是世界上功率最大的射电望远镜，曾为美国、苏联一系列空间探测器提供轨道跟踪和数据接收服务。该望远镜在

卓瑞尔河岸天文台的洛弗尔望远镜

天文学方面获得多项成就，包括发现天体微波激射、确认脉冲星的存在、参与第一例引力透镜的观测工作，以及发现第一例位于球状星云中的脉冲星。2019 年作为文化遗产列入《世界遗产名录》。

（李宗伟 刘黎明）

兹威基，F. Fritz Zwicky（1898-02-14～1974-02-08） 瑞士天文学家。生于保加利亚瓦尔纳，卒于美国加利福尼亚州帕萨迪纳。1920 年从瑞士苏黎世联邦理工学院毕业后留校工作，1922 年获得该校博士学位。1925 年

前往美国，在加利福尼亚理工学院同 R.A.密立根一起工作。1942 年被聘为该校天体物理学教授，1943～1961 年同时担任喷射飞机工程公司的研究主任和顾问，但他大部分时间都在威尔逊山天文台工作，直到 1972 年退休。1949 年因在战时火箭推进方面的工作获美国政府颁发的自由勋章，1972 年获英国皇家天文学会金质奖章。

主要贡献是对超新星现象的研究。他于 1934 年和 W.巴德一起确认宇宙中存在比新星更激烈、释放能量更多、光变幅更大的灾变天体，并把它们定名为超新星。1936 年在他的倡议下，美国帕洛马山天文台建成 45/65 厘米施密特望远镜，立即将它投入河外星系巡天。这在当时是世界上威力最大的广角天体照相仪。到 1941 年为止，在兹威基主持下，用它发现 18 个超新星，而前人总共只是偶然观测到 12 个。根据巡天观测，推算出平均每一个河外星系，每 300 年产生一次超新星爆发。这个爆发频率值在以后的 40 年一直与观测资料相符。从 20 世纪 30 年代起，兹威基每当发现一个河外星系超新星，即与人合作周密观测爆发过程中的光度和光谱，积累了大量资料。后来，他提出根据光变曲线、谱线特征、膨胀速度等因素，将超新星分类。从 1958 年起他主持 120/180 厘米施密特望远镜的遥远星系团超新星巡天。1959 年他倡议并组织国际超新星联合观测，全世界先后有 10 多个天文台参加。他一生共发现超新星 122 个，占当时超新星总数的 30%。

在星系方面也做了很多工作。他和 H.沙普利曾分别发现星系成团倾向，并对星系团进行了分类。他认为星系之间有弥漫星群以及由气体和尘埃组成的云；还发现互扰星系的存在。他认为宇宙物质的演化是沿着从稀到密和从密到稀两个方向进行的，超新星爆发是双向演化的典型：一方面外部物质抛散到空间，另一方面内部物质收缩为致密天体。根据这思想，他预言应有中子星存在，还预言可能有整个星系核的大规模爆发。1933 年，兹威基率先用维里定理推断后发座星系团中存在看不见的物质，并称之为“暗物质”。基于广义相对论效应，兹威基在 1937 年提出星系可以充当引力透镜。这一效应在 1979 年通过对“双类星体”Q0957＋561 的观测得到证实。

兹威基著有《形态学天文》以及大量关于超新星的论述。主编《星系和星系团总表》6 卷，《致密星系、星系的致密部分、爆发星系和爆后星系表》。

（陈美东 石云里）

子午环 meridian circle 用来精密测定天体赤经和赤纬的光学仪器。第一架子午环由丹麦人于 1591 年发明，经过逐步完善并作为编制基本星表的主要观测仪器后，它的主要部件成为一架口径 19 厘米、焦距约 2.6 米的折射望远镜，其有效视场约为 0.3°。镜筒中部立方体两侧的水平轴，沿东西方向通过两外端的精密轴颈支于 V 型支架上，使望远镜能在含有方位差的仪器子午面内转动。水平轴上套有精密垂直度盘，作为望远镜天顶距的指向基准。在望远镜的焦平面上装有精密的动丝测微器来对准星像，以后逐步发展为光电方法和 CCD 图像记录，读取天体通过仪器子午圈的时刻和中天时天顶距指向的改正。为了得到被测星的赤经和赤纬，还必须测定出仪器的瞬时方位差和测站的瞬时纬度值。其测定方法是由俄罗斯科学院普尔科沃天文台制定的，即通过对拱极星上、下中天观测得到的通过时刻和天顶距测定值来分别计算出。但由于观测条件非常苛刻，即使在北纬 60°附近的普尔科沃天文台，一年也只能得到十几个测定值，必须借用其他仪器的观测来得到纬度变化曲线，从而使观测失去了绝对性，而且就是因为这种观测，使得该仪器只适用于南北半球的高纬度地区。这种子午环配有水银盘、南北准直管和南北方位标等附属设备，用于每两个小时一次分别测定出仪器的水平差、镜筒弯曲及方位差的变化，采用人为的误差模型，甚至过分简化了的模型，以及仪器处于非正常状态下测定的模型参数来做修正，以致在观测结果中存在着多种随天区而变化的系统误差，也使得每颗天体中天观测的单星误差仅为：赤经 ±（0.20～0.30）角秒，赤纬 ±（0.30～0.45）角秒。

为了能在纬度较低地区真正做到绝对测定天体位置，把南北半球高纬度地区的观测结果连接起来，提高基本星表的精度，1983 年云南天文台通过试验观测，提出了能在各种纬度地区绝对测定天体位置的观测原理，即用一架地平式望远镜，在卯酉方向和子午方向观测记录同一颗恒星的通过时刻，由三个时刻之差就能得到仪器子午圈的方位差，再加上该恒星中天时刻的天顶距测定值，就能得到瞬时纬度值，进

而由子午圈上被测星的星过记录时刻和天顶距测定值得到它们的赤经和赤纬。根据这一观测原理研制的低纬子午环，是一架地平式的**反射望远镜**，有效口径40厘米，焦距4米。镜筒中部的立方体两侧的水平轴，沿左右方向通过两外端的精密轴颈支于V型支架上。仪器上部的可旋转部分支撑在一个由均匀分布的16钢球组成的方位定位系统上，使得望远镜能在均布的16个固定方位之间转置。水平轴上套有精密垂直度盘，作为望远镜的高度指向基准。在望远镜的焦平面上装有CCD相机，记录星像位置，并采用短曝光、多图像的方法压缩大气抖动的影响。针对国外子午环误差处理的效果，并适应当时可及的设计水平和加工条件，仪器上设置了实时测定几种误差的设施，包括检测方位定位系统角秒量级误差的方位准直管、检测轴颈存在微米量级误差影响的**轴准直器**、检测望远镜光轴指向受重力变形和热变形影响的自准直光路系统、实时自动测定两个方向水平差的电水准，还能对每颗星都做转轴观测，以保证各测定值能由转轴前后的相对读数组合成绝对测定结果。各种误差都采用实时测定值对星过记录时刻和天顶距测定值做修正，而不采用人为的误差模型。所有这些，加之每夜能取得几个方位差和瞬时纬度的测定值，保证了仪器观测的真正绝对测定。每颗天体中天观测的单星误差提高到±0.11角秒。

低纬子午环研制成功之时，**依巴谷星表**已经问世，再用于地面观测绝对测定恒星位置的意义已经不大，只完成了一项地面天体测量的世纪难题，即用子午方向和卯酉方向的观测，绝对测定瞬时**大气折射**值，建立了世界上第一个本地四个方位的大气折射实测模型。（冒　蔚）

子午圈　meridian　地平坐标系或赤道坐标系中的大圆，即在地平坐标系中经过北天极的地平经圈，或在赤道坐标系中经过天顶的赤经圈。又称南北圈。子午圈是地平坐标系和第一赤道坐标系中的主圈。子午圈是天球上经过北天极、天顶、南点、南天极、天底和北点的，并与天球相交的大圆（见**天球坐标系**）。天体运动经过子午圈称为中天。（李　竞）

紫金山天文台　Purple Mountain Observatory　中国科学院下属的天文研究机构。其前身是1928年2月成立的国立中央研究院天文研究所。1934年9月在南京紫金山上建成天文台（东经118°49′，北纬32°04′，海拔267米），1950年5月20日更名为中国科学院紫金山天文台，是中国自主建立的第一个现代天文学研究机构，被誉为“中国现代天文学的摇篮”。现有南京仙林园区（本部）、鼓楼园区、紫金山园区，以及设在青海德令哈、江苏盱眙、江苏赣榆、黑龙江洪河、云南姚安、山东青岛和南极冰穹A等地的多个观测台站。运行13.7米口径毫米波望远镜、1米口径近地天体望远镜、多台套设备组成的空间目标与碎片观测网、Hα太阳精细结构望远镜等地面观测设备，以及中国首颗天文科学卫星——“悟空”号暗物质粒子探测卫星。主要从事宇宙学、星系物理、恒星物理、太阳物理、行星物理、高能天体物理、人造天体轨道理论、太阳系动力学演化、历书天文等领域的研究，空间天文探测、太赫兹天文探测、人造天体探测、深空探测等技术研发，以及宇宙高能粒子、星系、星云、恒星、太阳、太阳系天体、人造天体等观测，并出版《中国天文年历》《航海天文历》《天文学报》等刊物。（毛瑞青　任树林）

紫外成像技术　ultraviolet imaging technique　收集紫外光并使其成像的技术。成像技术又称光学系统，指的是收集辐射光并将其成像的技术。最常见的成像技术是相机的镜头以及光学波段常用望远镜。成像技术与探测技术不同。前者通过改变光的路径，使得来自同一方向的辐射聚焦到焦面探测器的同一个点上，让人们能够分辨光的来源和方向；后者负责记录光的强度。

在大多数的紫外波段，普通的光学望远镜仍然能够适用，因此，紫外空间望远镜与光学空间望远镜非常相似，差别仅在于光学面的质量以及反射效率较高。对于波长170～400纳米的中近紫外辐射，通常采用反射镜光学系统，优点是能完全消除色差，且口径可做得很大。紫外反射镜的首选材料是金属。与光学波段常用的银和金不同，紫外反射镜的涂层常用铝（Al）。但是，铝的天然氧化层Al_2O_3会强烈吸收波长短于200纳米的紫外辐射，导致反射率下降，这时还需要再镀一层氟化镁（MgF_2）或氟化锂（LiF）来保护铝免受氧化。通过多层镀膜的方式所形成的反射层，在接近X射线的区域还能达到10%～20%。**哈勃空间望远镜**在其主镜、副镜和许多仪器的光学元件上，使用铝＋氟化镁，而远紫外分光探测器（FUSE）在其长波（100～120纳米）通道上使用铝＋氟化锂。还有一些望远镜使用固态晶体材料（碳化硅SiC或碳化硼B_4C）。

在短于100纳米的极紫外波段，紫外光的性质与X射线更加相似，因此，掠射式望远镜更加适用。覆盖波段为7～76纳米的极紫外探测器（EUVE）使用的就是两台沃尔特Ⅰ型和两台沃尔特Ⅱ型掠射X射线望远镜。伦琴X射线天文台上的极紫外探测器WFC也由3层同轴沃尔特（Wolter）聚焦镜面构成。（李　晔）

紫外辐射的产生与吸收　ultraviolet emission and absorption　宇宙空间中紫外辐射的产生和吸收机制。作为比可见光能量更高的电磁波段，紫外是研究宇宙中很多天体物理过程的重要窗口，既包括恒星、**X射线双星**、星系、**活动星系核**、**星系团**等，也包括**超新星**、**千新星**、恒星潮汐瓦解事件等暂现源。虽然能产生紫外辐射的天体种类繁多，但紫外光子的产生和吸收主要是基于几种基本的物理过程，包括黑体辐射、共振发射和吸收等。由于大多数元素的吸收谱都在紫外波段，高精度的紫外能谱对于研究天体及星际介质中的物质成分、温度等状态非常重要。

下面简单介绍天体物理中最主要的紫外辐射产生和吸收的物理过程。

黑体辐射　恒星发出的电磁辐射可近似看作**黑体辐射**。天文学家通常把与恒星光度L相同的绝对黑体温度定义为恒星**有效温度**T_e。根据普朗克定律，黑体辐射的强度随波长的分布只和温度有关，峰值波长对应的温度可以用维恩位移定律（$\lambda_{max}=2.898\times10^{-3}\mathrm{m\cdot K/T}$）计算。表面温度高的恒星辐射能量主要集中于短波区。

早型星（O、B、A型）温度在7500K以上，电磁辐射峰值在紫外波段，在紫外波段有很强的连续谱，并叠加许多共振吸收线。早型星紫外色指数随大气参数的变化要比可见光敏感得多。晚型星（F、G、K和M型）的紫外辐射虽不强，但在紫外波段已观测到它们有类似的**色球**和星冕的发射线（如280纳米的一次电离镁线、氢的莱曼系α线等）。对各种不同光谱型恒星进行紫外发射线的研究，在理解恒星耀斑现象和探讨恒星色球等方面都是很重要的。

此外，**白矮星**表面的温度为5000～40 000K，因而其黑体辐射主要在紫外波段。紫外是探测和寻找白矮星的重要途径。

除了恒星，黑体辐射还在宇宙中很多天体物理过程中扮演重要角色，如活动星系核**吸积盘**的辐射峰值在紫外，一般认为是由多温黑体谱叠加而成（半径越靠内温度越高），形成所谓的“大蓝包”特征。

共振线　分子、原子和离子在基态和激发态之间跃迁时在能谱中产生的线。从基态跃迁到激发态产生吸收线；从激发态退激发到基态产生发射线。量子力学中，基态相关的跃迁概率比较大，而且大多数的原子通常处于基态，因此共振线一般比较强。基态到第一激发态的能级通常比较高，因此，大多数共振线位于紫外，特别是远紫外区域。比如，中性氢原子产生的莱曼 α 线波长为 121.6 纳米。图 1 中显示了宇宙中常见原子和离子的共振线所处的波长，纵轴表示各共振线的强度。宇宙中的常见元素中，除了 NaⅠ、AlⅠ、KⅠ、CaⅠ、CaⅡ、TiⅠ、TiⅡ等少数基态共振线处在光学，其余都在紫外。

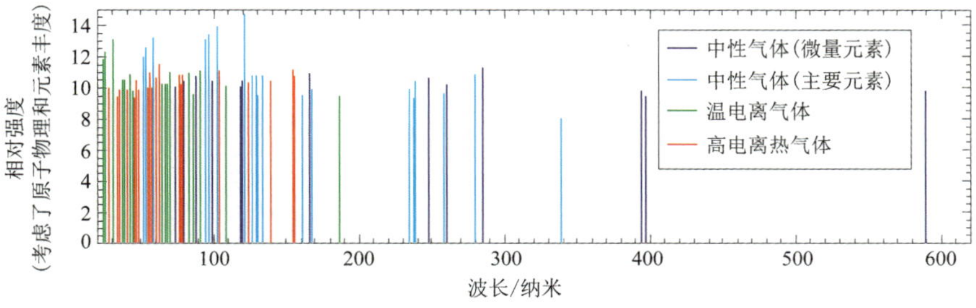

图 1　宇宙中原子核离子共振线的强度与波长的关系（紫外特别是远紫外和极紫外的共振线特别多）

共振线对化学组成（元素丰度）和物理状态（温度、密度等）非常敏感。因此，对于研究天体的状态非常重要。温度为 10^5K 附近的气体中，电离碳 CIV 常产生的波长为 154.82 纳米和 155.08 纳米的双线，以及电离氮 NV 常产生的波长为 154.82 纳米和 155.08 纳米的双线常作为线示踪剂；对于 10^6K 以上的气体，电离氧 OVI 产生波长的为 103.76 纳米和 103.19 纳米的高电离氧线常作为线示踪剂。

分子电子跃迁　在分子中，除了和原子一样的电子运动，还存在着原子在平衡位置附近的振动以及分子绕质心的转动。每一种类型的运动都会形成相应的能级。因此，分子中主要存在电子能级、振动能级和转动能级三种能级。单独而言，电子能级的能量差为 1～20 电子伏，其中的共振能级主要出现在紫外和光学波段；振动能级一般为电子能级的 10%左右，0.025～1 电子伏，集中在红外波段；转动能级之间的能量差约为电子能及的 1%量级，0.005～0.025 电子伏，集中在远红外和亚毫米波段。在真实的宇宙中，分子中的各种能级跃迁经常会同时发生，因此，分子中的电子跃迁也经常会伴随着振动能级和转动能级之间的跃迁。因此，紫外光谱也非常适合于分子的研究，例如，宇宙中最广泛存在的分子 H_2、CO、O_2、CS、C_2 等的电子跃迁正好位于紫外波段。

光致离解　分子吸收一个或者多个光子，从而被破坏的过程称为“光致离解”。光致离解过程一般通过吸收特定能量附近的光子发生。化学式为 $AB + h\nu \longrightarrow AB^* \longrightarrow A + B$，其中 A 和 B 表示分子中的两个原子，$h\nu$ 表示光子。氢分子 H_2 光致离解速度依赖于 110～91.2 纳米波段的光强度。

在巨分子云中，朝向光源的分子会通过光致离解吸收紫外光，其后的分子接收到的紫外光会大量减少，因此，光致离解速度会迅速下降，称为“自屏蔽”现象。

光致电离　原子中的电子吸收一个光子能量，从而形成一个离子和一个自由电子的现象称为光致电离。大量元素的原子光致电离所需要的光子能量都处在紫外区域。以宇宙中占比最高的氢元素为例，电离基态氢原子所需的光子波长需要短于 91.2 纳米。一般认为是由第一代恒星形成或类星体的紫外辐射贡献电离光子。宇宙中的中性氢原子被电离，从而使得宇宙由不透明转变成透明的过程，称为宇宙再电离（图 2）。

尘埃消光　宇宙中的尘埃颗粒主要由硅酸盐和碳粒组成。大多数的颗粒尺寸小于 1 微米，并存在一定的分布。尘埃颗粒能够吸收和散射波长小于其自身的电磁辐射。一般而言，电磁辐射波长越小，消光越有效，因此，紫外波段的消光远大于光学波段。散射的星光会成为弥漫辐射的一部分。而尘埃在吸收紫外和光学波段的星光之后，会将能量在红外波段进行辐射。其中，较大的尘埃颗粒温度在 30K 左右，峰值辐射在 100 微米；中等颗粒的温度大于 100K，辐射峰值为 30 微米；小的尘埃颗粒辐射峰值可以短于 30 微米。不同的尘埃颗粒分布会影响一个星系的消光强度和与波长的关系（即消光曲线）。图 3 中给出了不同波长电磁波的消光曲线，不同颜色的曲线代表了不同的星系。

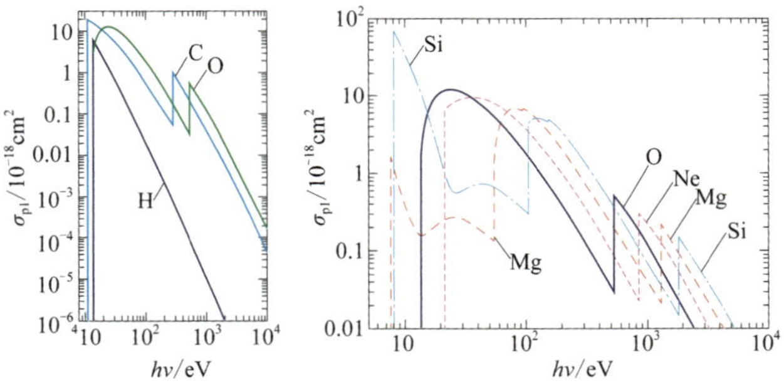

图 2　光致解离界面（相互作用强度）

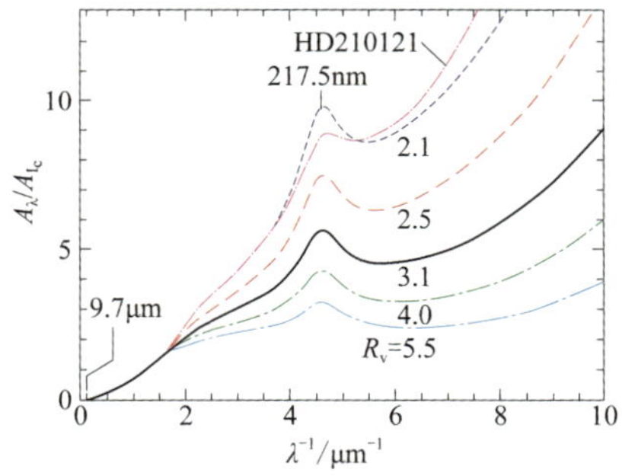

图 3　消光曲线

其他　此外，能够产生 X 射线的辐射机制都能够产生极紫外波段的辐射。其中包括热韧致辐射、同步辐射等。

（李　晔）

紫外探测技术　ultraviolet detector　用于探测紫外光并将信息传输到计算机信息处理机的传感器。紫外空间观测所用的探测器有多种。在早期主要采用**光电倍增管**探测器（如 OAO、TD-1A、D2B-Aura、Astron、FAUST 等）。偶尔也使用摄像机（如 IUE）。有时也使用 CCD 电荷耦合装置探测器（如 CLASP）、或**微通道板**（MCP）强化的 CCD 探测器（如 XMM-Newton 上的 OM、Swift 上的 UVOT 等）。而近年来由于 CCD 技术的发展，正在尝试使用能够单光子计数的电子倍增 CCD（electron multiplying CCD; EMCCD）探测器（如即将进行的气球实验 FIREBall-2）。而采用最为广泛的紫外探测器是能够单光子计数和成像的 MCP 探测器（如 HUT、ORFEUS、ROSAT 上的 WFC、EUVE、SOHO 上的 UVCS、FUSE、GALEX、ROSETTA 上的 ALICE、HST 上的 COS、FIREBALL-1、EUNIS、CHESS、EX-CEED）。

MCP 探测器主要包括光电阴极、MCP 组、阳极、读出电子学等部分。光电阴极的作用是通过光电效应将光信号转变成电信号，即在光的照射下能够产生光电子。紫外光电阴极材料包括溴化钾、碘化铯、碲化铷、碲化铯和氮化镓等。光电阴极通常置于 MCP 之前或直接镀在 MCP

的入射面上。MCP 的作用是用来增加光电子的强度。MCP 是具有均匀分布的、孔径微小的电子倍增通道（孔径范围为十几微米到几微米）的玻璃板或硅板。紫外光子与光电阴极作用产生光电子，然后光电子在电场的作用下进入 MCP 的微通道。紫外光子也可直接进入微通道，与通道壁的半导体材料作用产生光电子。一个电子与通道壁作用能够产生两个或多个电子。在强电场加速下，电子不断撞击通道壁。最终，通过这种级联的方式，在离开微通道时有近万倍的电子产生，即单片 MCP 的增益可达 10^4。而由两到三片 MCP 组成的 MCP 组的增益可达 10^7 以上。阳极置于 MCP 组之后，用于收集离开 MCP 的电子云，并要求能够用于估计探测到的光子的空间位置。阳极的种类包括楔条阳极（WSA）、电阻阳极（resistive anode）、MAMA 探测器阳极、延迟线阳极（delay line ancdes）和交叉条阳极（CSA）等。读出电子学用来寄存来自阳极的电荷脉冲并计算光子的空间位置。读出电子学也包含能够将电荷转变成电压脉冲的电荷放大器。在将放大的电压脉冲数字化和计算位置后，读出电子学将位置信息存入计算机。

用于空间天文观测的 MCP 探测器经过数十年的研究，已经取得很大发展。在光电阴极方面，将氮化镓直接沉积到 MCP 表面在近紫外和远紫外波段获得了较高的量子效率。在 MCP 方面，用原子层沉积（ALD）技术处理硼硅玻璃能够得到大格式 MCP，同时，用 ALD 沉积电子放大材料（如氧化镁、氧化铝）能够显著提高 MCP 的增益。在阳极方面，CSA 的应用大大提高了空间分辨率。在读出电子学方面，现代技术，如 application specific integrated circuit（ASIC）和 field-programmable gate array（FPGA）的应用，使得读出电子学能够匹配大格式、高空间分辨率的 MCP 探测器，并具有较小的功率、重量和体积。

（鄢淑平）

紫外天空 ultraviolet sky 来自地球外的紫外辐射，包括来自**太阳系**、**银河系**和河外的紫外辐射。19 世纪末，人们通过高空气球首次接收到了来自太阳的紫外辐射。20 世纪 50 年代，夜间发射的**探空火箭**发现了来自恒星的紫外辐射。20 世纪 60 年代起，装载在卫星、**空间站**、行星探测器甚至是月球上的紫外望远镜还对来自银河系、河外星系、**星系际介质**等来源更加丰富的紫外辐射进行了探索。

太阳系内，**太阳紫外辐射约占太阳辐射总量**的 7%～10%。其中近紫外和中紫外辐射主要来自**光球层**。远紫外辐射主要来自**色球层**和**日冕**。因此，近紫外区与中紫外区的太阳光谱主要是连续谱，其上叠加了来自**太阳大气**的吸收线。由于色球层和日冕较为稀薄，远紫外以发射线为主。太阳系内行星的极光也能够产生紫外辐射。行星、彗星以及小天体的紫外光谱也是人类了解它们的大气成分的重要方法。

银河系内，大质量恒星（O、B、A 型）的温度在 7500K 以上，电磁辐射峰值在紫外波段。中小质量恒星（F、G、K 和 M 型）的紫外辐射不强，与太阳类似。它们的色球和星冕会产生紫外发射线，例如冕区产生的高电离铁（Fe XXI，Fe XIX，Fe XII）谱线，过渡区产生的电离氧（O VI）线。并且，恒星耀发能在秒时标上大幅改变紫外光度。因此，对恒星紫外发射线、恒星耀发的监测统计研究，对于探讨恒星色球、理解恒星耀斑现象、建模**恒星大气**，例如冕和过渡区的热结构等方面都很重要。由于**白矮星**的温度很高，紫外也是寻找白矮星的利器。同时，通过高对比成像搜寻地外行星，并通过紫外光谱研究地外行星的大气。其中，O_2、O_3、CH_4、CO_2 等的谱特征是行星生物活动的重要迹象，而这些谱线对宿主恒星大气的紫外光谱的形状和强度敏感。因此，可通过研究宿主恒星大气的紫外光谱来搜寻宜居行星，寻找类地行星的生命迹象。

银河系外，产星星系中大质量恒星能够产生强烈的紫外辐射。对红移～1 处星系进行紫外光谱和成像**巡天**，可研究星际介质物理、星系**吸积**、恒星形成、恒星和 AGN 反馈。红移～1 处星系远紫外谱为被望远镜探测到时被红化成近紫外谱。由于远紫外具有丰富的谱线，远紫外呈现恒**星星风**和活动星系核风、**超新星**、光致电离和加热等过程，远紫外谱能够用于理解星系演化。对温热星系周围介质（CGM）紫外发射线（如 O VI）的研究可以研究低红移处的"重子缺失问题"。而热 CGM 紫外发射线（如 Fe XXI）可以用于研究**星系团**和大质量星系中的热气体。另外，宇宙中很大一部分尘埃存在于星系周围介质，并且这些尘埃包含星系反馈历史和星系外气体金属丰度信息。尘埃晕亮度和 FUV-NUV 流量比对于晕中尘埃的数量和成分敏感。那么，尘埃的数量和成分信息可以用来限定星系外流的质量和特征。

此外，超新星爆发、**γ 射线暴**、双中子星并合等河外恒星级爆发天体都会有很强的紫外辐射。**引力波**事件对应的双中子星合并相关的紫外－光学－近红外对应体表明在合并喷出物（**千新星**）中存在重元素 r 过程核合成。紫外和红外光变曲线表明喷出物存在两个成分。紫外成分可能是重元素辐射衰减所产生，也可能是激波加热的物质冷却所致。对更多的双中子星合并事件进行多波段观测，可研究总的喷出物质量和成分，估计这些源对重元素形成的贡献。

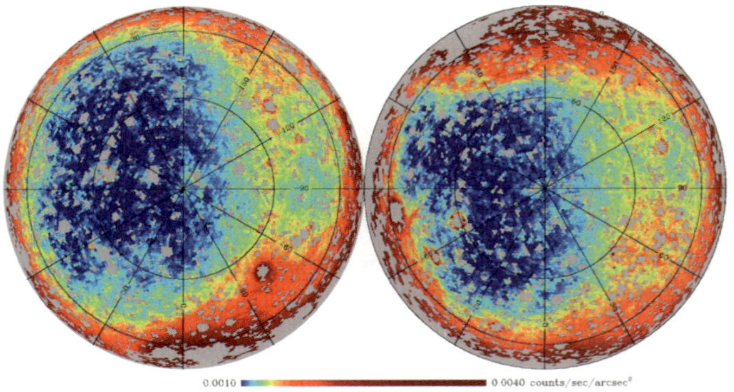

左图为北银冠，右图为南银冠；红色表示明亮区域，蓝色表示暗淡区域，为保护探测器，未观测银盘、亮星、麦哲伦云等特别明亮的区域为灰色

星系演化探测器（GALEX）于 2017 年给出的银河坐标近紫外天图

最后，除了点源和扩展源，紫外天空中还存在着弥漫的紫外背景辐射。除了地球外层大气产生的大气辉光和太阳系黄道面上的尘埃散射产生的**黄道光**造成的污染，紫外背景辐射由**银河尘埃散射**大质量恒星的紫外光主导。图中显示了**星系演化探测器**（GALEX）卫星于 2017 年给出的近紫外天图。

（李 晔）

紫外天文卫星 ultraviolet astronomy satellite 在紫外波段开展天文观测的航天器的通称。由于**地球大气**对大部分紫外辐射几乎是不透明的，紫外天文卫星是**紫外天文学**研究的重要平台和手段。天体的紫外辐射主要由高温天体（如恒星的星冕、大质量早型恒星、高温气体）发出。早在 20 世纪 40 年代，安装在**探空火箭**上的紫外探测器即已记录下了来自天体的紫外辐射。进入太空时代后，紫外天文卫星的陆续发射确保了紫外观测的常规化。

最早在紫外波段开展天文观测的卫星是 1960 年发射的太阳辐射监测卫星 1 号。它携带了监测太阳莱曼 α 辐射和软 X 射线辐射的仪器。随后 1962 年起陆续升空的轨道太阳观测台（OSO）也开展了**太阳紫外**

辐射的相关研究。最早的通用紫外天文卫星是 1966～1972 年陆续发射的轨道天文台（OAO）系列卫星。它们实现了高精度的紫外深空观测，拍摄了高分辨率紫外光谱，论证了大型天文卫星的可行性。在此之后的重要紫外卫星还包括 1978 年发射的国际紫外探测器（IUE）、1992 年发射的极紫外探测器（EUVE）、1999 年发射的远紫外分光探测器（FUSE）、2003 年发射的星系演化探测器（GALEX）等。

除了专门的紫外天文卫星，哈勃空间望远镜也搭载有用于紫外观测的仪器——空间望远镜成像分光仪（STIS）和宇宙起源光谱仪（COS）。另外，包括太阳和日球层探测器（SOHO）、过渡区与日冕探测器（TRACE）、日地关系观测台（STEREO）以及日出号在内的一批太阳卫星也配备有紫外观测仪器，用于记录跟踪太阳日冕以及过渡区的环境。（张 博 杭恒荣）

紫外天文学主要空间设备

望远镜	机构	时间	口径/厘米	波长/纳米	观测模式	重定向机制
OAO-2	NASA	1968～1973	20	100～425	图像/光谱	巡天/定点
TD-1A	ESRO	1972～1974	28	135～280+	图像/光谱	巡天
OAO-3	NASA	1972～1981	80	90～315	光谱	定点
ANS	SRON	1974～1977	22	150～330+	光谱	定点
IUE	ESA+	1978～1996	45	115～320	光谱	定点
ASTRON	USSR	1983～1989	80	110～350+	光谱	定点
EXOSAT	ESA	1983～1986	2 × 30	25+	图像/光谱	定点
ROSAT	DLR	1990～1999	84	6～20+	图像	巡天/定点
HST	NASA	1990～	240	115～1000	图像/光谱/偏振	定点
EUVE	NASA	1992～2001	40	7～76	图像/光谱	巡天/定点
FUSE	NASA	1999～2007	4 × 35	90.5～119.5	光谱	定点
GALEX	NASA	2003～2013	50	135～275	图像/光谱	巡天/定点
FIMS	KARI	2003～2008	5 × 8	135～280	光谱	巡天
SWIFT	NASA	2004～	30	90～175	图像/光谱	定点
ASTROSAT	ISRO	2015～	2 × 38	170～650	图像/光谱	巡天/定点

注：ISRO，Indian Space Research Organization 印度空间研究组织。

紫外天文学 ultraviolet astronomy 通过观测紫外波段电磁辐射来研究天体的学科。紫外光的波长介于可见光和 X 射线之间，为 10～400 纳米。天文学家通常将紫外辐射分为近紫外（NUV，300～400 纳米），中紫外（MUV，200～300 纳米），远紫外（FUV，122～200 纳米）和极紫外（EUV，10～121 纳米）（见空间天文学）。320～400 纳米部分的近紫外可穿透大气。远紫外和极紫外的分界 121.6 纳米所对应的能量为 10eV，为氢原子从基态激发到第一激发态所对应的能量。从辐射机制以及探测角度而言，近紫外、中紫外和远紫外辐射的性质与光学上相近，极紫外与 X 射线相近。

紫外辐射大多来自高温天体的热辐射。由于大量的元素共振线、分子光致解离和原子光致电离的能量都位于紫外波段，紫外光谱中存在丰富的吸收线，是研究恒星大气、行星大气、小天体表面、星际介质、星系际介质等稀薄气体的成分、温度、密度等物理性质的重要途径。紫外天文研究的领域非常广泛，包括寻找宜居地外行星、星系演化、恒星和行星的形成、引力波电磁对应体的直接观测等（见紫外天空）。

紫外观测是研究太阳系以及太阳系外天体的重要方式。对紫外谱线的测量，为研究太阳色球与日冕间过渡层和耀斑活动，以及确定太阳系内的行星、彗星等天体的大气组成提供重要信息。此外，紫外光谱可用来识别星际介质的化学成分、密度和温度，分析年轻恒星的温度和化学成分，以及探讨宇宙重子“缺失”问题和星系演化。

简史　由于近紫外光能够部分穿透大气，早在 1801 年，德国物理学家就通过硝酸银的分解发现了紫外光。19 世纪下半叶，科学家们发现，太阳光谱在光学波段与黑体辐射谱相吻合，但在短于 292 纳米处就消失了。1880 年，研究者通过对比太阳光谱和臭氧的性质提出，高空中存在着臭氧层，吸收了大多数的紫外光。因此，在天文上要进行紫外研究，就需要基于气球、火箭、航天飞机和卫星等载体在高空或空间对其进行探测。20 世纪 60 年代空间科学技术发展之后，紫外天文学才开始了蓬勃的发展。不同的运载器对应着不同的造价，适合于不同的高度，都有着长期而不同程度的发展。下面介绍不同的空间设备运载器上紫外探测器的发展简史。

高空科学气球通常可在 30～50 千米的高度进行探测。由于气球造价低廉，组织飞行方便，试验周期短，适合早期的探索性观测和研究。通过气球测量太阳紫外光谱也是研究地球臭氧层密度和分布的重要方法。1934 年，E.雷格纳父子在气球上安装了一台紫外光谱仪，升到了 35 千米的高空。20 世纪 50 年代，天文学家们将各种望远镜装载于气球上，在平流层进行太阳和行星的观测，并于 60 年代末发射了第一架气球载紫外望远镜。今天，气球紫外探测依然活跃。2009 年的 FIREBALL-1 和 2018 年的 FIREBALL-2 携带了 1 米望远镜，并首次携带了紫外光纤光谱仪，用于探测星系际介质的微弱辐射。

探空火箭具有把数千克有效载荷携带到 100 千米以上高空的能力，相对于卫星的花费也较低廉，很好地填补了气球和卫星之间的空白区域。1946 年，美国海军研究室利用 V-2 火箭装载紫外望远镜升到 80 千米高空，拍摄到第一张太阳紫外照片。20 世纪 50 年代，夜间发射的探空火箭发现了来自恒星的紫外辐射。2006～2013 年，火箭项目极紫外正入射光谱仪在极紫外波段研究太阳大气的活跃区。2014 年，火箭项目科罗拉多高分辨率阶梯光栅光谱仪观测了星际介质。2015 年，火箭项目色球层分光偏振计测量了太阳的紫外偏振光谱，特别是其中的莱曼 α 发射线部分，开辟了一种通过谱线偏振研究磁场强度的新方法。

空间站和航天飞机上也常携带紫外探测器。苏联的礼炮号空间站上安装有紫外望远镜猎户座 1 号（Orion-1）。1971 年 6 月，宇航员 V.帕塞亚夫使用猎户座 1 号获得了织女星和半人马座 β 的恒星紫外光谱。他因此成为第一个在地球大气层之外操作望远镜的人。和平空间站上携带有紫外望远镜 Glazar 1-2。哥伦比亚号航天飞机曾携带有机载天文台“天文台”1 号（ASTRO-1），其上安装有威斯康星紫外光偏振计 WUPPE、霍普金斯紫外望远镜 HUT 和紫外线成像望远镜 UIT。

行星探测器也经常携带有紫外仪器，用于太阳系内行星和小天体的大气成分探测等。比如，1997 年发射的“卡西尼”号土星探测器上携带了紫外成像光谱仪 UVIS；2004 年发射的“信使”号水星探测器上的水星大气与地表组分分光仪 MASCS；2006 年发射的新视野号冥王星/柯伊伯带小天体探测器上的紫外成像分光仪 Alice，可用于研究冥王星大气组分；2013 年发射的专家号火星轨道探测器上的成像紫外分光仪 UVIS。相关数据同时也会应用在太阳系外天体研究上，比如，苏联的金星号系列探测器的数据曾用于研究弥漫紫外辐射。

月球表面由于其稳定性和大面积，也是探索中的天文台址之一。2013 年，中国的嫦娥三号首次实现了中国地外天体软着陆和巡视探测。其中，利用自主研制的首台月基光学望远镜（LUT），第一次在月球上巡视太空。并使用极紫外相机在月面上对地球周围 15 个地球半径的大视场等离子体层进行极紫外观测，是世界上首次在月球表面开展近紫外观测。

天文卫星造价高昂，但能够在 200 千米以上的高空持续而稳定地运行，运行时间可以长达几年甚至数十年，因此，自从卫星技术成熟，就成了空间天文学的主力。1960 年，美国发射了第一颗天文卫星太阳辐射监测卫星 1 号。其上携带了两个莱曼 α 光度计，观测太阳在氢莱曼 α 区域（105～135 纳米）的太阳辐射。1962～1975 年，美国发射了 8 个轨道太阳天文台系列卫星（OSO），测量太阳紫外线、X 射线和 γ 射线。1966～1981，美国航空航天局（NASA）推出了轨道天文台（OAO）系列大型天文卫星，其中两颗 OAO-2 和 OAO-3 非常成功，而另两颗 OAO-1 和 OAO-B 则失败了。携带的仪器可检测紫外线，X 射线和 γ 射线。1974 年，荷兰空间研究所（NIVR）和美国 NASA 共同发射了荷兰天文卫星（ANS），装载了 22 厘米卡塞格林望远镜，可进行 150～330 纳米的紫外波段观测。工作了 20 个月，对 400 个天体进行了 1.8 万次观测。

20 世纪 80 年代，天文学家获得紫外波段数据的唯一途径就是工作在 115～320 纳米的国际紫外线探测卫星（IUE）。从 1978 年发射到 1996 年停运，国际紫外线探测卫星取得了 11 万个天体的紫外光谱，观测天体包括恒星、活动星系、星际介质和太阳系内天体等。20 世纪 90 年代，伦琴 X 射线天文台（ROSAT）、哈勃空间望远镜和极紫外探测器（EUVE）陆续发射。哈勃空间望远镜上携带的部分探测器能够对近紫外进行观测，截至 2023 年仍在运行。伦琴 X 射线天文台上的极紫外宽场相机 WFC 能够覆盖 6～30 纳米的极紫外辐射，进行了首个极紫外全天巡天。极紫外探测器是第一个专门工作在极紫外波段（7～76 纳米）的天文卫星，进行了极紫外全天巡天、黄道面的深度巡天和选择目标的光谱观测。21 世纪的头十年，主要的紫外卫星包括工作在远紫外波段（90.5～118.7 纳米）的远紫外分光探测卫星（FUSE）、以成像为特色的星系演化探测器（GALEX）。远紫外分光探测卫星通过高分辨率紫外光谱在银河系氘的丰度、星系际介质的温度和状态、年轻恒星的元素丰度等方面取得了丰硕成果。星系演化探测器通过紫外图像和低分辨率光谱进行了一系列不同深度的星系巡天。此外，太阳卫星过渡区与日冕探测器（TRACE）和太阳和日球层探测器（SOHO）都携带有紫外探测器，主要用于太阳日冕和磁场的研究。

截至 2023 年，在轨运行的紫外卫星中，哈勃空间望远镜的大多数探测器都同时覆盖紫外和光学波段，宇宙起源光谱仪（COS）能够对 115～320 纳米进行中等分辨率的光谱拍摄。格雷尔斯雨燕天文台（Swift）上的紫外光学望远镜（UVOT）能够对 γ 射线暴的余晖进行快速定位。2013 年日本航空航天局（JAXA）发射的大气相互作用光谱行星天文台（SPRINT-A 或 Hisaki）是世界上首个用于行星观测的太空望远镜。1995 年发射的太阳和日球层探测器（SOHO）仍在运行。2010 年发射的太阳动力学天文台（SDO）携带的大气成像组件（AIA）通过 9.4～450 纳米对太阳进行动态大气成像，从而研究太阳磁场对太阳风及空间环境的影响。

紫外成像与探测器技术　作为光学和 X 射线之间的紫外波段，在成像和探测技术上都与光学或者 X 射线很相似。对于波长 170～400 纳米的中近紫外辐射，通常采用与光学类似的反射镜，只是在反射涂层上有特殊的要求。紫外反射镜的涂层常用铝。但是，铝的天然氧化层 Al_2O_3 会强烈吸收波长短于 200 纳米的紫外辐射，导致反射率下降。因此，通常还需要涂上一层氟化镁（MgF_2）或氟化锂（LiF）用于保护铝免受氧化。对于波长范围在 10～100 纳米的极紫外，性质类似 X 射线，垂直入射到反射镜表面易被吸收，或者穿透镜面。因此经常采用 X 射线波段常用的掠射式望远镜来进行成像。

紫外空间观测所用的探测器有多种。早期主要采用光电倍增管探测器。偶尔也使用摄像机、电荷耦合装置 CCD 探测器、或微通道板（MCP）强化的 CCD 探测器（如 XMM-Newton 上的 OM、Swift 上的 UVOT 等）。而近年来由于 CCD 技术的发展，正在尝试使用能够单光子计数的电子倍增 CCD（EMCCD）探测器（如即将进行的高空科学气球实验 FIREBall-2）。而最为广泛采用的紫外探测器是能够单光子计数和成像的 MCP 探测器。

未来展望　截至 2023 年，国际上，哈勃空间望远镜的 COS 探测器等、Swift/UVOT 探测器、日本的火崎号、太阳的太阳和日球层探测器和太阳动力学天文台等卫星/探测器还将继续在轨运行，开展对太阳、行星、恒星和原恒星、星际介质和星系际介质等，以及各类爆发天体的观测。这些卫星将会继续推进对紫外辐射的产生、散射和吸收，以及通过紫外辐射对各类介质和气体的认识。

展望未来，紫外天文学将继续聚焦于各类炙热天体、弥漫气体和暂现源的研究。加拿大即将发射的宇宙高新光学紫外巡天望远镜（CASTOR）将以约 1/4 平方度的大视场、0.15 角秒的高空间分辨和好于 27 等的高灵敏度对罗马空间望远镜、詹姆斯·韦布空间望远镜等覆盖的天空进行巡天。美国的紫外探测器（UVEX）将在远地轨道进行近紫外和远紫外的全天巡天。紫外暂现源天文卫星（ULTRASAT）将以 200 平方度的超大视场对爆发性天体进行快速响应，将主要致力于爆发性天体的搜寻和后随研究。世界空间紫外天文台（WSO-UV）将使用 1.7 米口径的望远镜以及高分辨率光谱、狭缝低分辨率光谱和直接成像的仪器，将通过紫外辐射对炙热宇宙、星际以及星系际介质等进行全面的探索。中国的空间站巡天望远镜（CSST）也将同时对紫外和光学波段进行测光和无缝光谱巡天，在获得高分辨率宇宙光学紫外三维图像（二维空间和一维能谱）的同时，对爆发性天体进行搜寻和监测。处于立项论证阶段的 CAFE 也将通过紫外辐射对宇宙重子含量及其化学演化等未解之谜进行全面的探索。

（鄢淑平　杭恒荣　纪　丽　蒙克来）

自动望远镜　automatic telescope　无须人工操作，通过自动控制系统进行观测与数据处理的天文望远镜。人们对暗弱和遥远的天体的观测，需要越来越大口径的地面天文望远镜，需要观测设备有极高的灵敏度和分辨率。这些设备往往安装在人烟稀少，空气视宁度好、干扰信号少的高海拔地区；我们也需要在极地建立长期无人照料的天文观测基地；为了彻底消除大气湍流对光路的影响，还需要把望远镜送入太空，长期对各种不同的天体进行连续观测；天文学家还希望能够随时观测到一些短暂的天文现象和信息，如短暂的脉冲星、超新星和宇宙中各种射线源。这是人工操作望远镜无法完成的任务；天文选址需要在生活条件较差的候选台址所在地进行长期稳定的视宁度观测；此外，为了让更多的人了解天文，开辟以远程控制为手段的天文科普研究和教育的新模式也是自动望远镜使用的新领域。望远镜的不同应用，促使自动望远镜技术的发展，特别是天文望远镜观测过程、望远镜观测数据处理和望远镜管理的全盘自动化。

自动望远镜是一种动态发展的自动控制系统，可以根据使用要求和发展添置相应的观测、分析仪器。根据使用不同要求也可以分为自动望远镜和机器人望远镜。自动望远镜是不需要人的参与自动实现望远镜天文观测和海量数据处理和存储，在预先规定的时间，完成相应的课题任务，实现望远镜的全自动观测，并实现观测数据的读取、处理和存储。机器人望远镜是一套完整的包括观测计划的制定、观测任务的调度、观测控制、数据生成与发布的管理软件，可以实现望远镜的远程控制。

自动望远镜系统是一种特别复杂的软、硬件控制系统。从上至下，分为三个层次：底层主要是对硬件设备的具体控制，包括望远镜控制系统、仪器控制系统、数据处理系统三大部分。各个部分又分为若干个子系统，其中望远镜控制系统包括方位、高度驱动控制系统、液压支撑控制系统、自动调焦控制系统、光电导星（导星CCD或激光导星）系统、拼接镜面主动光学促动器控制、建筑（圆顶、风帘）智能控制系统、气象环境监控系统和局部温度监测控制系统。仪器控制系统主要包括光纤定位、主CCD摄像机、光谱仪或电子光度计等终端设备的控制。数据处理系统读取主CCD摄像机的信号，经过初步处理和进行数据分析和存取。上层主要集中在整个望远镜观测控制系统，是一个复杂的软件控制系统，也是自动望远镜使用的枢纽。中间层主要进行从上层到底层的转发操作，包括卫星通信和远程控制网络以及所有仪器，设备软、硬件的连接、编译和转发。

（汪达兴）

自适应光学 adaptive optics 使用可变形镜面校正因大气湍流等引起的光波波前畸变，从而改进光学系统性能的技术。自适应光学现代天文光学望远镜技术的重要组成部分，主要由波前探测器、波前校正器和波前控制器三部分组成，其基本原理是利用被观测目标自身或附近的信标光（自然信标或人造激光导星），通过实时测量由大气湍流产生的随机光学波前扰动或由于温度及重力等因素引起的光学波前像差，再由高速处理和控制器，驱动能够快速产生波前形变的波前校正器，实现对光学波前误差的实时补偿校正，从而使光学望远镜获得达到或接近光学衍射极限成像性能。用于地基观测的自适应光学是建立在大气湍流理论基础之上的，系统所需规模和速度是由大气湍流参数确定的。通常情况下测量和校正通道的间距不能超过大气湍流相干长度，时间带宽不低于格林伍德频率，校正目标与参考信标之间的角间距不能超过大气等晕角。自适应光学技术的主要应用领域包括地基光学成像观测和激光大气传输，此外在激光核聚变装置、医学成像和工业应用等领域也得到了广泛应用。

自适应光学的概念是美国天文学家H.W.巴布科克于1953年提出来的，但受限于当时的技术条件而未能立即实现。直到20世纪70年代，在自动控制技术和电子技术等相关技术发展相对成熟的基础上，自适应光学技术才得以真正发展和应用。1972年美国研制出了第一套实时大气补偿成像实验系统，在300米水平光路上成功地对大气湍流效应进行了自适应光学补偿，经补偿后的系统成像分辨率接近衍射极限。1982年在夏威夷的美国空军毛伊（Maui）岛光学站1.6米望远镜上，安装了世界上第一套实用的自适应光学补偿成像系统（CIS），用于对空间目标的监测。

在20世纪80年代，由于自适应光学中一些新概念和新方法的提出，尤其是部分校正的思想，使自适应光学领域有了革命性的变化。欧洲南方天文台的Come-On和Come-On+自适应光学计划相继于1989年和1990年分别在位于法国的1.5米望远镜和智利的3.6米新技术望远镜（NTT）上试验成功，成为天文光学观测技术发展的重要里程碑，大力推动了自适应光学天文应用的发展。世界上已经建成的地基大口径高分辨力光学望远镜几乎都配备了自适应光学系统，包括夜天文光学望远镜和太阳光学望远镜。世界上正在运行的8～10米级天文光学望远镜，如美国的凯克望远镜和欧洲南方天文台的甚大望远镜（VLT）配备和升级多套自适应光学系统，取得了一系列非常重大的天文科学发现。正在研制的3台20～40米级巨型光学望远镜，巨型麦哲伦望远镜（GMT）、30米望远镜（TMT）、欧洲极大望远镜（E-ELT）也都采用了自适应光学系统。

当代自适应光学的前沿技术主要有三个方面。一是激光导引星技术，它将激光光束瞄准被成像目标方向，利用大气中的原子和分子反向散射作为波前传感器的信标光源，主要有瑞利导星和钠导星。二是变形次镜技术，它将望远镜次镜作为波前校正器件，可以大大简化系统结构，提高系统光学效率，更加利于科学观测。三是多层共轭自适应光学（MCAO）技术，它通过对大气湍流进行三维波前探测，利用多块变形镜对大气分层校正，实现大视场接近衍射极限的高分辨力成像。得益于变形次镜和多层共轭自适应光学等技术的发展，自适应光学和望远镜一体化设计和运行成为大口径望远镜的主要选择。

（饶长辉）

自行 proper motion 恒星在一年内沿着垂直于视线方向走过的距离对观测者所张的角度。其单位为角秒/年。1718年，E.哈雷把他当时观测所得的恒星位置同依巴谷和托勒密的观测结果做比较，发现恒星的位置有显著的变化，首次指出所谓恒星不动的概念是错误的。实际上，恒星在空间中是运动的。观测到的恒星运动包括：①恒星真正的运动，又称为本动；②太阳运动引起的视运动，又称视差动。恒星自行是很小的，一般小于0.1角秒/年。根据2018年Gaia卫星DR2数据，共有700多颗恒星的自行等于或大于1角秒/年，蛇夫座的巴纳德星的自行最大，为10.31角秒/年。

引起恒星位置变化的原因，除自行外，还有岁差。这两项加在一起，称为恒星的年变。除去岁差的影响，即可得到绝对自行。恒星位置的变化与相隔时间成正比。由于变化缓慢，地面观测往往需要根据相隔50～100年的观测资料，才能精确地测定自行。使用照相方法测定恒星自行，对同一天区、用同一照相望远镜、相隔20～40年拍摄的两张底片进行比较，便可获得相对自行。经过改正，可把相对自行换算为绝对自行。所有亮星和许多暗星的自行已经能够精确测定，如Tycho-2星表（见天体测量星表）有约250万颗星的自行，平均测量精度约2.5毫角秒/年，星等完备到11等；UCAC4星表包含约1.1亿颗星的自行，星等范围为8～16等。

空间观测技术会显著提高自行的测定精度。20世纪80年代末，依巴谷天体测量卫星发射成功，通过不到四年的观测，研究者们获得了星等完备到9等的近11万颗恒星的精确自行结果，精度接近1毫角秒/年。2013年底发射的Gaia卫星，可获得近10亿颗银河系恒星的自行测量结

果，相应的测量精度也将达到微角秒/年的量级。 （陈 力）

自由内核章动 free inner core nutation; FICN 地球固态内核的形状轴和自转轴都偏离地幔的对称轴而引起的一个自由本征模。英文缩写为 FICN。它反映了内核和内外核边界的有关物理和动力学信息。从地球参考系来看，它与自由液核章动（FCN）类似，也是一个逆向近周日的摆动。见章动。 （黄乘利）

自由液核章动 free core nutation; FCN 地球流体外核与地幔的自转轴不重合而引起的一个自由本征模。从空间惯性坐标系来看，它的周期为 430 天左右；而从地球参考系来看，其周期约（1 + 1/430）天，故又称近周日自由摆动。它主要反映了核幔边界附近的物理状况和动力学性质。只有当地球外核是液态时才存在该本征模。其幅度小于 0.3 毫角秒，但因其周期与逆向周年章动很近而会产生强烈的共振效应。见章动。 （黄乘利）

自治领天体物理台 Dominion Astrophysical Observatory 加拿大最大的天文台。主要从事光学天文观测，坐落在加拿大不列颠哥伦比亚省维多利亚附近，海拔 220 米。始建于 1918 年，拥有当时世界最大的 1.8 米反射望远镜——普拉斯克特望远镜（当年即被威尔逊山天文台的 2.54 米胡克望远镜所超越，取代自治领天文台成为最大的天文台）。1962 年增加了一具较现代化的 1.2 米反射望远镜。1995 年，天文台成为加拿大国家研究委员会（NRC）下属不列颠哥伦比亚省赫茨伯格（Herzberg）天体物理研究所总部并运营多部天文望远镜。2002 年建有“宇宙中心”供公众科普参观。但因经费问题，该中心于 2013 年关闭。 （李宗伟 刘黎明）

综合孔径成像 aperture synthesis imaging 利用射电干涉仪的观测结果获得天体射电图像的技术。射电图像实际上是射电源在天空上的亮度分布。原理上亮度分布与射电源的可见度函数是一对傅里叶变换对。与光学望远镜可以直接得到观测目标的图像不同，射电干涉仪，特别是 VLBI 阵测量得到的天体可见度函数，存在 UV 平面中采样的不完整以及可见度相位和幅度的误差。天文学家不能简单地将观测数据直接进行傅里叶变换重构射电图像，因此发展了一系列综合成图的技术。

射电干涉仪中的望远镜分布是不连续的。特别是 VLBI 观测，它们的 UV 覆盖范围是有限的，存在着 UV 覆盖的空洞和不均匀分布问题。这个 UV 覆盖相当于干涉仪的采样函数或干涉仪的空间传递函数。为了利用 FFT 方法进行傅里叶变换成图，需要对测量到的可见度函数在 UV 平面中进行网格化和重采样。在成图过程中，还会引入调节数据密度的权因子（如均匀权或自然权），以及可能的降低长基线数据贡献的锥形函数（taper）。这三个因子乘积的傅里叶变换就是干涉测量成图的波束，也称为点扩展函数。这个波束存在一定的宽度（与角分辨率有关），并且存在着正负旁瓣。这个波束在射电干涉测量成图中通常称为脏波束。射电脏图实际上是源亮度分布与这个脏波束的卷积。网格化和重采样过程使脏图变成一个周期函数，引起综合视场外面的象的某些部分折叠进入综合视场内，产生混淆，需要选择合适的函数来减小视场边缘的影响。射电脏图中含有波束正负旁瓣产生的虚假信息。

天文学家往往不满意用上述的脏图作为天空亮度分布的近似，所以产生了洁化图像的考虑。原理上是需要解卷积方程，需要采用非线性的方法进行解卷积（deconvolution）。最常用的方法称为洁图算法，其基本的哲学思想认为在可实现的信噪比上，天空的象除少数点源以外基本是空场，卷积方程的解是一个空场中若干点源的叠加。洁图算法存在着多种变型。其基本的方法是，在脏图中寻找最亮的区域，套上合适大小的窗口，搜索亮度的峰值和位置，在这些位置上从脏图中减去幅度等于亮度大小的脏束（实际操作中是用一个回路增益因子 γ 逐步减去的），把这些洁图分量的位置和亮度记录在模型中。对已经减去这些分量的可见度数据继续成图，继续寻找残余图中亮的区域套上合适的窗口。重复上述洁图过程，直到残余脏图中的峰值亮度小于规定的噪声水平为止。最后把洁图模型中的分量与一个洁束卷积，这个洁束通常是脏束中央主瓣的椭圆高斯拟合。最后加上残余的脏图产生最后的洁图。需要说明，每个洁图分量都是 δ 函数，它们的傅里叶变换在 UV 平面中都延伸到观测截止的空间频率以远。此外 δ 函数也不构成天文上满意的图像，用洁束卷积消去了对观测数据外推产生的影响。加上残余图可以防止对结果不合适的解释，而背景起伏也提供了亮度不确定性的一种指示。

综合阵数据的校准是综合成图中非常关键的技术。自校准方法是射电干涉仪中用来重建高分辨率图像的一种有效的手段，对甚长基线干涉测量（VLBI）阵的成图尤其重要。该方法可以有效地减小各个天线上不规则相位和幅度起伏的影响（来自大气传输和仪器设备等）。自校准方法中，天线的复增益作为自由参数，对包括源模型的加权组合基线，用最小二乘法来校准天线的复增益。由于台站复增益的幅度已用天线的增益曲线和系统噪声温度进行了初步的校准，因此通常先进行相位自校准，利用源模型，求解台站复增益的相位，对可见度相位进行改正。随后成图，通过洁化图像的方法（clean 算法）得到新的源亮度分布，利用新的源模型进行上述过程的迭代，直到成图过程收敛为止。然后再开放台站增益幅度的求解，进一步改进源亮度分布的模型，进行成图的迭代。自校准是将台站的复增益作为自由参数，用成图的观测中的信息进行校准，并与源的亮度分布一起导出。自校准成图中对噪声进行了更合理的处理。通常点源模型可用作自校准的初始模型，对源结构比较复杂的源有时需要利用最后得到的源模型或者对可见度数据用若干高斯分量拟合的模型作为初始模型。

高动态范围成像是提高射电图像的动态范围的成图技术。射电图像的动态范围定义为图中的峰值亮度与无发射区域处的均方根噪声的比值，动态范围是图像正确性的一种参考。在干涉仪输出的数据中存在若干因素，如大气噪声、UV 覆盖、基线闭合误差等都会影响图像质量。对甚大阵（VLA）这样的综合阵，成图算法中进行各种改正来提高图像的动态范围，使图像噪声可能接近理论估算。自校准和解卷积可以用来减小台站依赖的误差，但是仍存在某些小的基线误差，会影响图像的动态范围。基线依赖的误差改正原理与台站依赖的误差校准是类似的，由于基线校准的量级要小得多，所以需要在台站增益校准完成后进行。基线依赖的闭合改正需要用一个强的孤立的简单源进行改正。进一步提高动态范围的办法是减小短基线的 UV 覆盖空洞的影响，VLA 阵成图的空间范围受到短基线 UV 覆盖的空洞的限制，解决办法是与更低分辨率的阵的数据合并，这要求二组数据的基本校准是正确的。

在综合成图技术发展的早期，天文学家曾发展了利用干涉测量数据的闭合相位关系和闭合幅度关系和源模型的混合信息重构射电图像的方法。实际上综合孔径成像是随着天文研究要求的提高，不断发展了若干新的成图技术。最大熵算法是射电干涉仪测量中另一种成图的方法。为了进一步提高射电图像的质量，干涉仪观测的频率范围逐渐增加，**多频综合成图**技术用在相对较宽的频率范围内测量的可见度数据对连续谱源进行成图，又称宽频综合成图。为了对大于天线主波束的天区成图，发展了**射电马赛克**射电干涉仪成图技术。为了对弱源进行成像研究，发展了**相位参考**成图技术等。 （蒋栋荣）

综合孔径射电望远镜 aperture synthesis radio telescope 一种由多面小天线组成的等效口径非常大、具有高空间分辨率、高灵敏度、能够成像、适合于探测强度不变射电源的**射电望远镜**。

意义和原理 射电望远镜的单天线越做越大，但其分辨率远远比不上光学望远镜，而且成像能力很差。英国天文学家M.赖尔发明的综合孔径射电望远镜实现了高分辨率和成像的目标，可以与地基大型光学望远镜媲美，实为射电望远镜技术方法的革命性变化。赖尔为此获1974年诺贝尔物理学奖。

其基本原理是：任何一幅图像都可以分解成许多亮度分布的正弦和余弦成分。如果知道了这些正弦和余弦成分，就可以合成原来的图像。地面上一条固定基线的相关干涉仪能观测到天体亮度分布的一个傅里叶分量。不同基线长度及不同空间指向的观测，将得到一系列天体亮度分布的傅里叶分量。综合这些观测结果，做傅里叶反变换就可获得天体的亮度分布，即天体的射电图像。

对于一个特别大的天线（比如口径为5千米），观测波长为1厘米时，其空间分辨可以超过地基大型光学望远镜的分辨率。但是，已有的技术水平无法建造这样大口径的射电望远镜。“综合孔径”方法把特大天线拆分为许多基线长短不同和取向不同的小天线对，如图1所示。只要选取其中方向不同、间距不等的单元对，进行双天线干涉观测，就能获得恢复空间亮度分布所需要的众多傅里叶分量。如果射电源是稳定的，还可以用不同时间的观测数据进行处理。可以移动天线的位置进行多次观测来获得不同基线的观测数据。可以利用**地球自转**效应来获得不同方向的基线，如图2所示。由于观测数据存在对称性，每个位置上只需观测12小时，就可以获得该基线长度不同方向的数据。

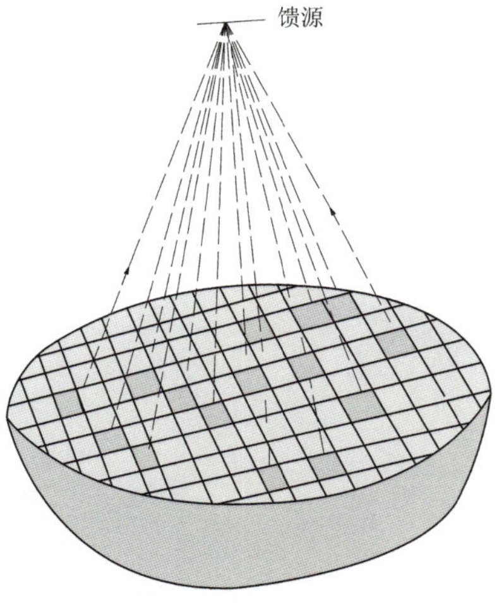

图1 大型射电望远镜天线拆分为许多不同基线、不同方向的小天线对

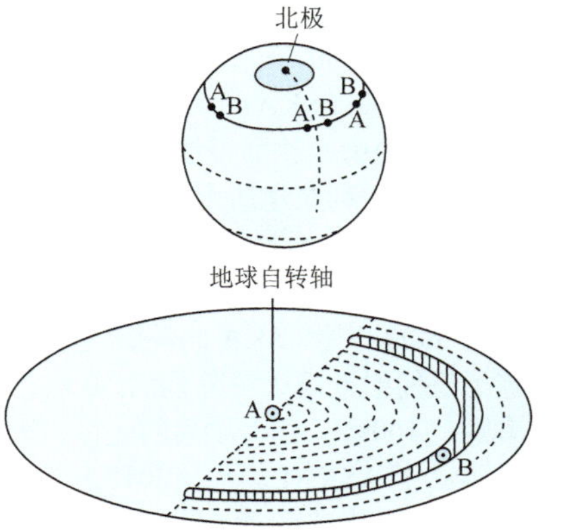

上图地球上A和B两个天线随地球自转，一昼夜扫过一个圆；下图显示AB天线连线方向，由于地球自转，B天线12小时中“位置”的变化。需要移动B天线，进行多次观测才能获得一张射电天图

图2 由两面小天线A和B构成的综合孔径望远镜示意图

最简单的综合孔径射电望远镜可以用两面天线组成。一面固定，以它为中心，画一个圆，等效于一个“大天线”，另一面天线可以移动，逐次放到“等效大天线”的各个位置，每放一个地方，进行一次射电干涉测量。也可以由许多天线来实现，几面固定，几面移动，甚至全部都固定。不管何种结构，要求测量得到“等效大天线”上各种方向和各种距离间隔上的相关信号的数据，通过傅里叶反变换可以求得天空射电亮度的二维分布，得到被观测天区的射电天图。

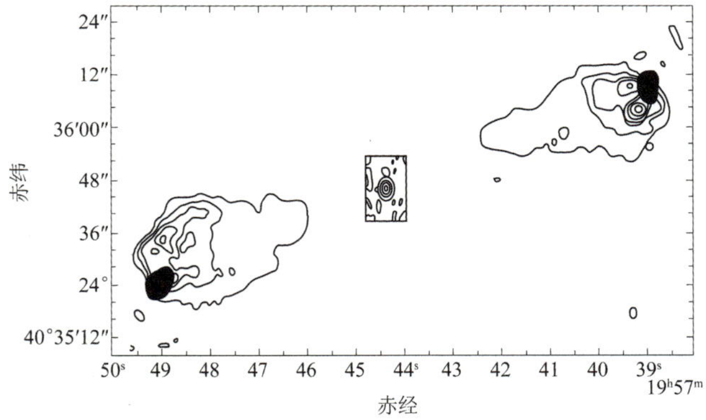

图4 剑桥大学5千米基线综合孔径射电望远镜获得的天鹅座射电源图像

研究过程 1952年赖尔提出“综合孔径”的概念和技术，1954年与同事一起进行实验，选用两架天线，一架固定，一架可以移动。观测波长为7.9米，分辨率为2.2度，与理论值完全相符。1960年进行了第二次实验。由3架直径18米的抛物面天线组成基线为1.6千米的综合孔径望远镜，观测波长为1.7米，分辨率为4.5角分，验证了地球自转综合方法的有效性。1971年建成等效直径5千米综合孔径望远镜（图3），由8架口径为13米的抛物面天线组成，排列在5千米长的东西基线上。4架天线固定，4架可沿铁轨移动。观测的最短波长是2厘米，分辨率达到0.4角秒，可以和高山台站上的大型光学望远镜媲美。它获得的天鹅座射电源的图像（图4），展示出两个遥遥相对的射电展源和它们之间的一个称为星系核的致密点源，成为首张可以与光学望远镜的天体照片媲美的射电源的照片。

图3 剑桥大学5千米基线综合孔径射电望远镜

国际发展情况 赖尔发明的综合孔径望远镜风靡世界，荷兰跟进得最快，他们甚至先于英国的5千米综合孔径望远镜，于1971年初建成荷兰的威斯特博尔克综合射电望远镜（WSRT）。该望远镜由14架直径25米的抛物面天线组成，东西向排列在2700米的基线上。4架天线固定，10架天线放置在铁轨上。观测频率从250MHz到8700MHz。

1981年，美国国立射电天文台的甚大天线阵（VLA）建成（图5），成为厘米波段规模最大、灵敏度和分辨率最高的综合

图5 美国国立射电天文台甚大天线阵（VLA）

孔径望远镜。由 27 架口径 25 米的可移动的抛物面天线组成，分别安置在三条铺有铁轨的轨道上，呈 Y 形。其中两条臂长 21 千米，另一条臂长 20 千米。每条臂上放置 9 架天线。只需不到 8 小时观测就可以快速获得图像。工作波段最短可达到 0.7 厘米，最高分辨角为 0.05 角秒，已经比地面大型光学望远镜优越很多了。

1980 年英国多天线微波连接干涉仪系统（MERLIN）投入观测，由 7 台射电望远镜组成，最长基线达到 217 千米。最短工作波段为 13 毫米，分辨率达到 0.01 角秒。采用微波接力的连接方法，成为地球上基线最长的综合孔径望远镜。2009 年升级为 e-MERLIN，改为光纤连接，提高了观测效率，更重要的是解决了微波接力方法损失大部分观测得到的信息的弊端，观测质量得到非常大的提高。

澳大利亚望远镜致密阵（ATCA）于 1988 年建成。由 6 架 22 米口径的天线组成，一架固定，5 架放置在铁轨上。最长基线为 6 千米。观测波段在 21 厘米到 3 毫米范围，常用于毫米波观测，在 21 厘米处的分辨率为 1 角秒。

1994 年，印度建成米波段综合孔径射电望远镜（GMRT），它由 30 架口径为 45 米的可跟踪的抛物线天线组成。最大的基线长 25 千米。观测频段分别是 50MHz、153MHz、233MHz、325MHz、610MHz 和 1420MHz。对应于最低和最高频率，其分辨率分别为 60 角秒和 2 角秒。其灵敏度优于 VLA。

欧洲低频阵列（LOFAR）射电望远镜于 2012 年投入观测。这是截至 2022 年，世界上最大的低频阵列射电望远镜。由 25 000 具小天线组成，分两个观测频段：10～90MHz（LBA）和 120～240MHz（HBA），分别采用两种偶极子天线阵。共 50 个站，41 个放置在荷兰，6 个在德国，法国、瑞士、英国各一个站（图 6），总范围达到 1500 千米。在它的观测频段，灵敏度和分辨率都是世界上最高的。

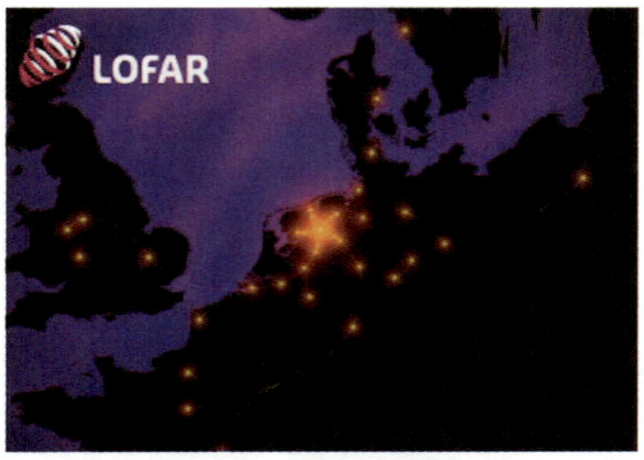

图 6 欧洲低频阵列（LOFAR）分布示意图

1993 年由 10 个国家的天文学家提出建造 21 世纪平方千米射电阵（SKA），经过近 20 年的讨论和研究，终于达成共识，由南非和澳大利亚共建。中国是倡议国之一，也是其正式成员国。台址之一选在南非的北角地区包括纳米比亚、莫桑比克、马达加斯加、赞比亚、毛里求斯、肯尼亚和加纳境内。另一处是澳大利亚西部地区包括新西兰。采用较小天线组成阵列，如直径 15 米的抛物面天线和平板设计的相位排列。整个阵列中大约 50%的望远镜天线将位于中央的 5 千米半径内，另外的 25%将外延至 200 千米范围，最后的 25%将延伸超过 3000 千米。2015 年敲定了 SKA 第一阶段（SKA1）建设方案，在南非建造约 200 面抛物面天线组成的蝶形天线阵，在澳大利亚建造由超过 10 万个偶极天线组成的低频孔径阵列。所有天线的接收面积超过 1 平方千米，覆盖的范围超过 3000 千米。SKA 的灵敏度将达到地球上任何射电望远镜阵列的 50 倍，分辨率则是 100 倍。作为项目的先行，澳大利亚启动了 ASKAP，已于 2012 年完成。36 架天线安装在西澳大利亚州的莫奇森射电天文台（MRO）站址。南非启动了 MeerKAT 项目，64 架天线安装在南非干旱台地高原地区。ASKAP 和 MeerKAT 是为 SKA 探路，它们本身也是世界级别的独立射电望远镜阵列。

综合孔径技术和干涉技术可以用于毫米波、亚毫米波段和光学波段，只是波长越短，技术困难越大。世界上第一个亚毫米波阵列望远镜（SMA）于 2003 年底建成（图 7）。放置在美国夏威夷毛纳基山天文台，由 8 面口径 6 米的天线组成，最长基线为 509 米，具有 28 种不同的基线，保证有比较好的成像质量。观测波段为 1.3～0.43 毫米，最高分辨率为 0.15 角秒。

图 7 世界上第一个亚毫米波成像望远镜（SMA）

2013 年建成的“阿塔卡马大型毫米[亚毫米]波天线阵”（ALMA）坐落在智利海拔 5000 米的查南托高原上。由 66 架口径从 7 米到 12 米不等的高精度抛物面天线组成，最长基线为 16 千米，观测波长从 1 厘米到 0.3 毫米。最高分辨率可达 0.01 角秒，分辨率超出**哈勃空间望远镜** 10 倍。

中国发展情况 中国的密云米波综合孔径望远镜的研制始于 20 世纪 60 年代，但到 1983 年末才建成。由 28 架口径 9 米的天线组成，东西方向一字排开，基线总长 1160 米（图 8）。两天的观测就可以获得一张射电源的图像。工作频率为 232MHz 和 327MHz。在 232MHz 上的分辨率约 4 角分。其特点是无须移动天线，只利用地球自转综合效应，观测 12 小时就可以获得一张射电天图，观测效率非常高。

图 8 密云综合孔径射电望远镜

2006 年**国家天文台**建成的探索第一缕曙光的“21 厘米天线阵”（图 9），希望发现宇宙早期的 21 厘米的氢线，由于巨大红移这根谱线已经处在 1.5～6 米波段范围。采用对数周期振子天线组成天线阵，东西基线长 6 千米。南北基线长 4.1 千米，整个天线阵的分辨率约为 2 角分。固定在地面上的天线阵方向图主瓣始终对准北极 100 平方度的天区。台址选在新疆天山山脉的乌拉斯台山谷中。

图 9 探索第一缕曙光的“21 厘米天线阵”

2016 年国家天文台建成的厘米–分米波段**射电日像仪**（图 10）是专门为观测太阳设计的，台址选在内蒙古正镶白旗的草原上。观测频率从 0.4GHz 到 15GHz，成像频率点数多达 100 个。日像仪有两个天线阵，由 40 面口径 4.5 米天线组成低频阵（0.4～2GHz）和由 60 面口径 2 米天线组

图 10 厘米–分米波段射电日像仪部分射电望远镜

成高频阵（2～15GHz）。最长基线达到 3 千米，最高分辨率为 1.4 角秒。100 个频率点上的成图观测将获得太阳大气从里到外各层的信息。这样的技术指标代表了世界日像仪的最高水平。　（吴鑫基　乔国俊）

阻尼莱曼α系统　damped Lyman-α system
出现在高红移类星体光谱中的一类强莱曼α吸收线系统。阻尼莱曼α系统是由观测者到类星体视线方向上的星系际介质内中性氢所形成的（见图），所要求的氢的柱密度应不小于 2×10^{20} 原子个数/厘米^2。同莱曼α丛以及莱曼极限系统（Lyman limit system）相比，阻尼莱曼α系统具有很高的氢柱密度，其中的氢以电中性形式存在。因为氢柱密度足够大，从而产生自遮蔽效应。另一方面，莱曼α丛和莱曼极限系统中的氢的柱密度小，不足以产生自遮蔽效应，它们中的氢是以电离态的氢形式存在。

完整的寻找阻尼莱曼α系统的方法由 A.M.沃尔夫等人于 1986 年首先提出，之后由 K.M.兰泽泰等人以及沃尔夫等人分别于 1991 年、1995 年先后完善。该方法首先用连续谱去拟合类星体的莱曼α发射线蓝端的光谱，初步选出吸收等值宽度大于 5 埃的吸收特征。然后，利用 Voigt 轮廓去拟合吸收特征，获得相应吸收的氢的柱密度。所得的氢的柱密度不小于 2×10^{20} 原子个数/厘米^2 的系统即是阻尼莱曼α系统。注意到在红移 3 及以上，因为莱曼α丛的影响，人们通常通过存在于莱曼α发射线红端的金属吸收线来确定阻尼莱曼α系统的中心位置。利用斯隆巡天数据（SDSS）提供的大量类星体光谱，X.普罗恰斯卡等人（2004，2005）在红移 1.6～5.5 处找到了 525 个阻尼莱曼α系统。在红移 1.6 以下，因为阻尼莱曼α系统的氢数密度开始减小，再加上该红移段类星体少有获得紫外光谱观测，上述方法便无法应用。考虑到阻尼莱曼α系统里都出现了金属镁的吸收线，有人利用 Mg Ⅱ 双吸收线找到 41 个红移 1.6 以下的阻尼莱曼α系统。在红移 5.5 以上，由于中性氢数目的增多，大量莱曼α丛的混淆使得阻尼莱曼α系统无法有效被辨别出来。

通过对阻尼莱曼α系统大样本的分析，沃尔夫（1986）以及兰泽泰（1995）等人发现在红移 $1.6 < z < 5.0$ 处，阻尼莱曼α系统里包含了宇宙中绝大部分的中性气体。一般认为阻尼莱曼α系统是高红移处恒星形成的场所，是恒星形成、气体-金属关系和星系化学演化领域的重要研究对象。　（郑振亚）

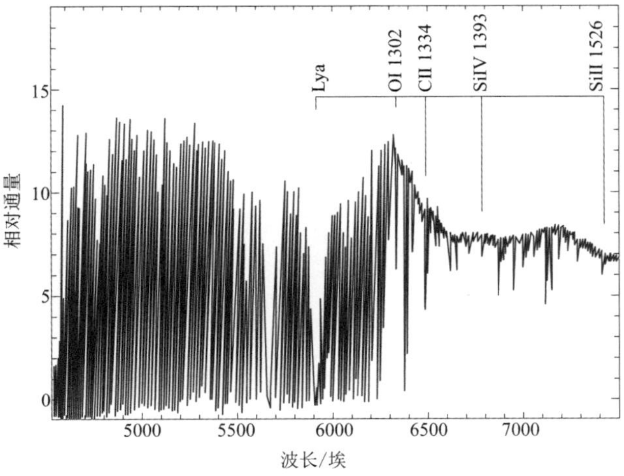

其中清晰可见莱曼α丛（4600～6300 埃附近的窄吸收线系统）、两处阻尼莱曼α系统（图中已标出一组）以及一些金属吸收线。这两处阻尼莱曼α系统的红移分别是 $z = 3.864$ 和 $z = 3.667$

类星体 QSO PSS0209＋0517 的 Keck/ESI 光谱

祖冲之父子　Zu Chongzhi and Zu Geng
中国南北朝时期的数学家和天文学家。

祖冲之　字文远，生于宋文帝元嘉六年（429），卒于齐东昏侯永元二年（500）。祖籍范阳郡遒县（今河北涞源县），由于战乱，先世由河北迁居江南。祖父曾任刘宋朝大匠卿，是管理土木工程的官吏。父亲做奉朝请，学识渊博，很受人敬重。祖冲之在青年时代进入专门研究学术的华林学省，从事科学活动。他一生中先后在刘宋朝和南齐朝担任过南徐州（今镇江）从事史、公府参军、娄县（今昆山市东北）令、谒者仆射、长水校尉等官职。

祖冲之在数学方面的主要贡献是：算出圆周率 π 的真值在两个近似值之间，即 $3.141\,592\,6 < \pi < 3.141\,592\,7$。确定了 π 的约率 22/7（≈3.14），密率 355/113（≈3.141 592 9）；他和儿子祖暅圆满解决了球体积的计算问题，发现了“祖氏公理”；著《缀术》一书，被唐代国子监列为高等算学课本，惜已失传。

在天文历法方面，祖冲之创制了《大明历》。虽然他定的岁差值精度不高（45 年 11 月差一度，按今测，应约七十多年才差一度），但他最早把岁差引进历法，这是中国历法史上的一个重大进步，对后世提高历法准确性有重要意义。他采用了 391 年中有 144 个闰月的精密的新闰周。《大明历》中使用的其他数据大多相当精确。如以一个回归年（见年）的日数为 365.2428 日，以一交点月（见月）的日数为 27.212 23 日等。他还改进了前代关于木星公转周期的数值，得出木星（当时叫岁星）每 84 年超辰一次（见十二次）的结论，这相当于求出木星公转周期为 11.858 年。《大明历》中的五大行星会合周期，也是当时比较精确的数值。他发明了用圭表测量冬至前后若干天的正午太阳影长以定冬至时刻的方法，这个方法也为后世长期采用。

宋孝武帝大明六年（462），祖冲之上书要求刘宋政府颁行《大明历》，但遭到当时幸臣戴法兴的攻击。他认为祖冲之引进岁差、改革闰周等都违背了儒家经典，责备祖冲之是“诬天背经”。祖冲之针锋相对地写了一篇辩驳的奏章（今通称《驳议》）。他用观测事实证明，由于岁差，当时所见的天象确实已和儒家经典中所反映的春秋以前的情况不同；而回归年的长度也的确比《四分历》的要小。这类天文事实都是“有形可检，有数可推”，不能“信古而疑今”。祖冲之就这样用科学道理回答了戴法兴的责备。

祖冲之是一位博学多才的科学家，对于各种机械也有研究。他曾经设计制造过水碓磨（利用水力加工粮食的工具）、铜制机件转动的指南车、一天能走百里的“千里船”以及一些陆上运输工具。他还设计并制成了计时器——漏壶和巧妙的欹器。此外，祖冲之也精通音律，甚至还写过小说《述异记》十卷。祖冲之著述很多。据《隋书·经籍志》记载，有《长水校尉祖冲之集》五十一卷。散见于各种史籍记载的有：《缀术》《九章述义注》《大明历》《驳议》《安边论》《述异记》《易老庄义释》《论语孝经注》等。但其中绝大部分著作都已失传。现在仅能见到《上大明历表》《大明历》《驳议》《开立圆术》等几篇。

祖暅　祖冲之之子，字景烁，也是南朝著名的数学家和天文学家。他在梁朝担任过员外散骑侍郎、太府卿、南康太守、材官将军、奉朝请等职务。

祖暅从小就受到良好的家庭教育，青年时代已经对天文学和数学有很深造诣。传说他读书和思考问题时非常专心致志，甚至不闻雷声，行路撞到别人身上。祖暅是祖冲之科学事业的继承者，他三次上书梁朝政府推荐改用《大明历》，终于在梁武帝天监九年（510）被采用颁行，实现了祖冲之的未竟之愿。祖暅曾亲自监造八尺铜表，测量日影长度，并发现了北极星与北天极不动处相差一度有余，打破了北极星就是天球北极的错误观点。出于研究天文和准确计时的需要，他还研究与改进过当时通用的计时器——漏壶，著有《漏刻经》一卷（已失传）。

祖暅的一生是很不顺利的。天监十三年，他任材官将军，奉命修筑浮山堰。天监十五年秋，因新筑拦水坝被洪水冲坍下狱。出狱后，普通六年（525），他在梁豫章王萧综幕府，由于萧综叛梁降魏，因而被魏拘执，留住在徐州魏安丰王元延明宾馆中。在这一期间，他曾和当时北方的科学家信都芳讨论天文学和数学。普通七年，祖暅被放还南朝。晚年曾参加阮孝绪编著《七录》（一种目录学著作）的工作，负责编录天文、星占、图纬等方面的古籍。他著有《天文录》三十卷，惜已失传，仅存若干片段，散见于唐《开元占经》等书。

（何绍庚）

最大熵算法　maximum entropy algorithm　选择一个与可见度数据拟合到噪声水平，并有最大熵的图像的算法。是射电干涉仪测量中另一种成图的方法。

图像的熵不是统计力学中的熵，而是因为它们的定义相类似。文献中存在多种图像熵的定义，这里采用在AIPS天文图像处理系统中任务（task）VTESS使用的定义：

$$H = -\sum_k I_k \ln \frac{I_k}{M_k}$$

式中I_k为像素（pixel）的亮度；M_k为一个缺省的亮度，M可以是平的像，也可以是该目标的低分辨率图像。最大熵成图过程中构建一个χ^2的表达式：

$$\chi^2 = \sum_k \frac{|V_k^{\text{meas}} - V_k^{\text{model}}|}{\sigma_k^2}$$

式中V_k^{meas}为观测得到的可见度；V_k^{model}为模型可见度；σ_k^2为V_k^{meas}中噪声的方差，求和是在所有可见度数据上进行的。求解是一个迭代的过程。为了使求解过程收敛到满意的程度，需要包括模型的总流量密度等于测量到的流量密度的约束。最大熵算法是选择一个与可见度数据拟合到噪声水平，并有最大熵的图像。通常对在延展发射中的点源，最大熵方法不能完全消除旁瓣的影响。一种好的方法是先用洁图算法减去点源，再进行最大熵成图。最大熵方法得到的图像，其点源响应是随位置变化的，所以在整个图像上角分辨率不是常数。AIPS中的VTESS可以选择一个合适宽度的高斯波束与最大熵图进行卷积并加上残余图得到最后的图像。

（蒋栋荣）

最后散射面　last scattering surface　大爆炸后约38万年，温度降到约3000K，宇宙胀速完成中性化以后，光子不再频繁与自由电子散射而得以长距离传播的位置。在宇宙中性化之前，由于与电子的频繁散射，光子的自由程非常短，而后随着宇宙温度的降低，质子与电子复合形成氢原子，宇宙中的自由电子急剧减少，光子退耦，自由程大大增加，得以长距离传播，形成今天观测到的微波背景辐射。而这些光子最后一次与电子发生散射应该是在光子退耦前。因宇宙中性化的过程是相对迅速的，所以发生最后散射的区间非常窄，这称为最后散射面。

（王　乔）

最亮星表　list of brightest stars　按光电目视星等V列出的最亮的21个星的基本数据表（见附录2）。其中标有*号的表示此星列有专条，U-B和B-V为色指数（U为紫外星等、B与照相星等相近）。UBV数据主要取自1978年出版的列有5万多个恒星的光电测光星表。凡有甲乙星的，第一行的UBV值为合成数据，如南门二甲乙合成的$V = -0.27$，余类推。全波辐射光度、半径和质量都是以太阳的相应值为单位。全波辐射光度由绝对热星等M_{bol}算得。表中放在[　]中的数值表示演化质量，放在（　）中的数值则表示分光质量（见恒星质量）。老人星质量是据1973年版《物理量天体物理量》MK分类与质量的统计关系推算的（1975年发表）。毕宿五质量据1979年资料。值得注意的是，表中绝大多数星已确知为物理双星或变星。此表的各种数据特别是质量、半径、光度距离，可靠程度差别颇大。

（沈良照）

作用范围　sphere of action　质量较小的天体周围的一个受引力作用的区域。作用范围的边界一般取以为中心、半径长度为的球面，因此又称作用球。设质量较大的天体M和质量较小的天体m之间的距离为A。另一质点P在m的作用范围内时，主要考虑m对它的引力，M对它的引力则作为摄动力；P在m的作用范围外面时，主要考虑M对它的引力，而以m对它的引力作为摄动力。在近似讨论时，往往先忽略摄动力，将P在m和M的引力作用下运动的三体问题简化为两个二体问题。

根据不同的需要，作用范围的半径ρ有三种不同的取法。

以m、M对P点直接引力作为标准，m的作用范围半径取为：

$$\rho = \rho_1 = A\left(\frac{m}{M}\right)^{1/2}$$

这种作用范围又称引力范围。

以对P点的引力和摄动力大小之比作为标准，m的作用范围半径取为：

$$\rho = \rho_2 = A\left(\frac{m}{M}\right)^{2/5}$$

这就是通常所说的作用范围。

以平面圆型限制性三体问题的拉格朗日特解L_1到天体m的距离为作用范围半径，近似地取为：

$$\rho = \rho_3 = A\left(\frac{m}{M}\right)^{1/3}$$

这种作用范围称作希尔范围，主要应用于天体演化学。

地球在日地系和月球在地月系中三种作用范围的半径见表。这三种数值相差很大，因此作用范围仅是一个粗略的概念。

地月作用范围

	ρ_1/千米	ρ_2/千米	ρ_3/千米
地球	0.27×10^6	0.93×10^6	2.27×10^6
月球	4.3×10^4	6.6×10^4	8.9×10^4

（郑学塘　易照华）

坐标时　coordinate time　四维时空坐标系中的时间变量。在不破坏因果关系前提下，广义相对论允许采用任意坐标系x^α（$\alpha = 0,1,2,3$）。（x^1, x^2, x^3）代表空间坐标；$x^0 = ct$，c为光速，t为坐标时。不同的坐标系有不同的坐标时。它们之间可按一定规律相互转换。

（漆贯荣）

字母数字

A 型特殊星 Ap stars 光谱中除普通吸收线外，还有电离硅、电离锰、电离铬、电离锶、电离铕以及其他一种或几种稀土元素产生的特别强电离谱线的 A 型主序星。符号为 Ap。19 世纪末在进行恒星光谱分类时发现 A 型特殊星。通常，还可以按照产生特强谱线的元素名称，把 A 型特殊星进一步分为硅星、锰星等。A 型特殊星的光谱中，电离钙的 K 线和中性氧线一般较弱。A 型特殊星的光谱型为 B8～F0，大多数为早 A 型（见**恒星光谱**）。A 型特殊星都具有很强的磁场。例如 HD215441 的磁场高达 34 400 高斯（1 高斯 = 10^{-4} 特）。A 型特殊星的磁场（包括强度和极性）似乎经常发生变化。

一部分 A 型特殊星的光谱和光度有周期性变化；同时，其磁场也有周期性变化，周期为 1～25 天，光变幅常小于 0.1 个星等。A 型特殊星的典型星是猎犬座 α^2 星，因此也称为猎犬座 α^2 型变星。最亮的 A 型特殊星是大熊座 ε，中名为玉衡（北斗五）。

除了光谱和磁场外，A 型特殊星与正常 A 型主序星没有显著的不同。A 型特殊星的理论解释中最有名的是“斜转子模型”。按照这个模型，A 型特殊星的磁轴和自转轴成一较大的角度，同时，星面上不同区域的**元素的丰度**也很不一样。因此，当**恒星自转**时，就可观测到磁场和谱线强度的变化。A 型特殊星属于星族 Ⅰ。已经测到来自 A 型特殊星武仙座 φ 的 X 射线。

（黄克谅）

B 型发射星 Be stars 光谱中除普通吸收线外还有发射线的 B 型**主序星**。符号为 Be。1866 年意大利天文学家 A.塞奇注意到仙后 γ 光谱中 Hβ 是发射线，从此开始了 B 型发射星的研究。1922 年国际天文学联合会第一届大会上正式命名为 B 型发射星。Be 星的光谱属于早 B 型，最常见的发射线是氢线，尤其是 Hα 和 Hβ 线（见**恒星光谱**）。有时也有氦和一次电离铁、镁等的发射线，一般不出现禁线。个别 Be 星的光谱在数天之内就会发生变化。Be 星的光谱中有的出现多条发射线。这类 Be 星占 10%～20%，其中以 B3 次型所占比率最大。

Be 星的光谱特征如下：①发射线比吸收线窄，常重叠在吸收线上，且呈单峰或双峰状，有的具有复杂形状。紫外光谱常呈天鹅 P 型轮廓。②双峰发射线中波长较长的峰称为红峰（以R表示），波长较短的峰称为紫峰（以V表示），比率V/R表示双峰之比。V/R的变化是无规则的。③发射线强度对近旁连续谱强度之比E/C，常按V/R的变化方式而变化。大约 70%的 Be 星有 0.1m（视星等）的光变。Be 星的绝对星等 M_V从 B2e 的−3m 到 B9e 的 0m，在**赫罗图**上它们位于主序之上大约一个星等，在演化上可能处在脱离主序之后的阶段。

已知最亮的 Be 星是水委一，即波江座 α（α Eri），目视星等为 0.48 等，距离为 39 秒差距。大多数 Be 星的发射线强度和形状具有缓慢而不规则的变化。这些变化均无明显的周期现象。此外，还发现某些 Be 星发射线轮廓中有时标短到一分钟左右至几十分钟的快变化。快速自转是 Be 星的一个重要物理特征。自转速度平均比相应光谱次型的 B 型主序星大 100 千米/秒。

多数 Be 星有十分之几个星等的光度变化。光变的周期长而不规则，很难得到完整的光变曲线。据统计，Be 星的光度比主序星高 1～1.5 星等，并有紫外**色余**。有人解释这是重力昏暗效应引起的，它使 Be 星的谱型变晚并比相应谱型更亮。

Be 星的空间分布与 B 型星相似。有些 Be 星是**分光双星**或**食双星**。对 Be 星射电观测发现，若干特殊的 Be 星与射电源有密切关系。现已公认 Be 星有星周包层。Be 星的经典模型是：一个快速自转的中心星，外面包着一个跟着自转的延伸气盘。有很多人认为 Be 星是有**质量交流的双星**，这一说法似乎能更好地解释 Be 星的现象。

（李宗伟）

CCD 天体测量学 CCD astrometry 利用**电荷耦合器件**（CCD）作为接收终端，安装在光学望远镜的焦面开展天体的观测研究。CCD 天体测量是从有上百年历史的照相天体测量演变而来。20 世纪 80 年代贝尔实验室发明 CCD 以后，很快就逐步取代照相底片，成为天文光学望远镜的主要终端设备。与照相底片相比，CCD 的主要优点是光谱响应范围宽，量子效率高，可达 30%～95%；线性响应度高，覆盖星等范围可扩大到 10 等以上；便于实时归算处理。CCD 技术使天体测量工作在观测精度、星等和效率方面得到了较大的飞跃。由于这些突出的优点，进入 21 世纪后 CCD 技术已全面取代了照相底片，相应的照相天体测量学则发展成为 CCD 天体测量学，其主要任务也比照相天体测量有显著增加。除了传统的恒星方位、**视差**、光度、光谱测量外，CCD 还广泛用于那些对实时性要求比较高的应用领域，如空间目标监测和快速导星等。利用 CCD 电荷转移的工作原理，漂移扫描 CCD 和旋转漂移扫描 CCD 技术被提出来，分别用于恒星的跟踪和快速运动目标的精密测量。

（唐正宏）

CMOS 光电传感器 CMOS image sensor; CMOS imager; CMOS imaging detector CMOS 是互补金属氧化物半导体（complementary metal oxide semiconductor）的英文缩写，指 CMOS 制程或用这种制程制造的芯片。CMOS 制程是在 PMOS 和 NMOS 制程基础上发展起来的，由该制程设计生产的 IC 芯片在实现同等功能的前提下具有低功耗的优点，从而成为大规模集成电路使用最为广泛的制程。利用 CMOS 制程设计制造的图像传感器即为 CMOS 图像传感器，在天文界习惯上将其直接简称为 CMOS。现在中国天文学界也开始和工业厂家一样使用 CMOS image sensor 的缩写 CIS 来指代。

CIS 和 CCD 进行光子的捕获和检测的原理相同，均是利用光子与硅半导体作用产生的光电效应，即入射进入像元的光子被硅半导体俘获后产生载流子对，其中的一种光生载流子，通常是 N 型即自由电子，被作为信号电荷为像元所收集，至曝光结束后，再通过不同方式被读出。二者的不同在于像元光生电荷信号的读出方式。CIS 像元阵列的每列像元与相应的一条列总线相连，每行像元与相应的行允许线相连，列线末端是多路选择器，每个像元内部均集成了多个 MOS 场效应管 MOSFET，构成一个二维可寻址阵列，像元电荷在像元内部即由源跟随 MOSFET 转化为电压信号，读出时由行允许线允许所选择的行内的每一个像元将信号输出送入所对应的列线上，根据各列独立的列编址进行选择读出。信号读出后则有复位电路释放每个像素收集的电荷，进入下一个曝光读出循环。由于这样的结构设计，CIS 图像的读出不需要像元信号电荷包跨越整个器件逐行移动至像元阵列末端进行读出，相较 CCD（见**电荷耦合器件**），节省了数以百万次像元转移所需用时，再加上 CIS 通常设计为将像元阵列按列分为多组同时读出，从而实现 CCD 无法企及的图像读出高速度和开窗读出灵活度。CIS 的这种设计还带来一个非常重要的优点，即天生具备了电子快门功能，彻底避开了大面阵探测器短曝光高帧速观测所面对的高速大口径快门的技术难点，奠定了 CIS 在高帧速观测中具有 CCD 无法比拟的优势。而 CIS 减薄技术的突破，使得背照式 CIS 得以实现，从而完美解决了 CIS 由于像元内部集成多个 MOSFET 而导致的低填充因子问题，并且在紫外和可见光波段将量子效率提高到了背照式 CCD 的水平。当然，由于有效感光层厚度小于 CCD 的原因，其红端量子效率较低。

由于 CIS 的工艺可以在器件上同时集成大量电路，因此 CIS 通常在片上集成了信号采集、处理、模数转换电路以及时序电路等，把 CCD 控制器的很大一部分功能都集成到了 CIS 芯片内，可同时输出模拟和数字图像信号，从而大大降低了外部辅助电子学系统的复杂度。当然也由于 CIS 芯片内存在大量外围电路，还没有严格意义上的四边可拼接 CIS 芯片。

随着 CDS 电路、数字信号处理（DSP）技术和噪声抑制技术不断突破，带来了 CIS 性能飞速提升。已有多家厂家推出的科学级 CMOS 探测器（sCMOS 或 sCIS），其主要指标均达到了科学级 CCD 的水平。日本滨松公司推出的一款 qCMOS 相机的读出噪声指标更是惊人地达到亚电子的水平。sCIS 虽然在均匀性、固定模式噪声等方面还有一定欠缺，截至 2022 年，国际上在建和运行中的大中型地面光学天文观测设备的主探测器也均采用的是科学级 CCD，但在一些小型望远镜上，特别是需要高帧速观测的项目中已经开始使用 CIS 相机。当然，由于 CIS 集成了大量复杂电路，而不像 CCD 那样的结构简单和纯粹，其性能表现也变得更加复杂，在未来可期的大规模天文应用中，尤其是长曝光测光应用中，可能还会出现 CCD 应用中没有出现过的问题。然而由于 CIS 采用通用集成电路工艺，工艺发展速度远高于 CCD，成本也大大低于 CCD，在天文观测中的应用必定有着光明的前景。（宋 谦）

E 冕 E corona 日冕等离子体自身的辐射。在光学波段观测到的日冕辐射实际上包含三种不同成分：①日冕中自由电子散射来自光球的辐射，称为 K 冕。②行星际尘埃散射来自光球的辐射，称为 F 冕。③日冕等离子体自身的辐射，称为 E 冕，或发射日冕。而 K 冕和 F 冕合称散射日冕。日冕等离子体自身的辐射包括谱线辐射和连续谱辐射，谱线辐射的强度一般超过连续谱辐射两个量级。

谱线发射 在 3000～11 000 埃波段中观测到的主要日冕谱线如表。这些谱线大部分起源于高次电离原子的禁戒跃迁，因此称为日冕禁线。这些谱线根据电离电势大小，亦即形成这些谱线的易难程度，而分为三类。它们大体上表现发射区的温度高低。第一类以谱线 Fe X 6374（红线）为代表，主要出现在太阳活动极小期间和远离活动区的日冕中。第二类以谱线 Fe XIV 5303（绿线）为代表，主要出现在太阳活动极大期和活动区上空的日冕中。第三类以 Ca XV 5694（黄线）为代表，仅出现在非常高温的日冕区域，如太阳黑子或太阳耀斑上空的日冕中。这三条有代表性的日冕谱线常用于进行常规的日冕单色光观测，以研究宁静日冕、日冕活动区和高激发区的形态和演化特征（见表）。

空间观测表明，波长从 1400 埃至 14 埃的紫外和 X 射线波段的日冕光谱中，有 200 多条谱线，也是起源于高次电离的原子，如 N VII、O VIII和 Fe XVII等的发射线。

连续谱发射 由于日冕温度高达百万度量级，连续辐射集中在波长$\lambda < 1000$埃的紫外和 X 射线波段。其中 200～1000 埃的辐射主要起源于自由电子直接复合到基态的 f-b 跃迁，因此基本上由各谱线系的连续区构成，它们在长波方向有明显的截止。主要的有 H I 、He I 和 He II 的莱曼系连续区，它们的截止波长分别为 H I（912）、He I（504）和 He II（227）。其他元素的丰度太小，它们的莱曼连续区难以觉察。波长短于 200 埃的连续辐射主要是起源于热电子在各种离子场中的 f-f 跃迁，其辐射功率可表示为：

$$j_\lambda = 1.7\times10^{-23}\left(\frac{10^6}{T_e}\right)^{1/2}\left(\frac{G}{\lambda^2}\right)n_e n_i e^{-\frac{hc}{\lambda k T_e}}$$

j_λ的单位为尔格 · 厘米$^{-3}$ · 球面度$^{-1}$ · 埃$^{-1}$；式中T_e为电子运动温度；n_e和n_i为电子和离子数密度；G为数值近于 1 的贡特因子。上式表明发射功率与$e^{-\frac{hc}{\lambda k T_e}}$成正比。对于$T_e \approx 10^6$K的日冕，主要功率集中在 20～200 埃，极大波长在$\lambda_m = 72$埃。观测到的辐射强度I_λ应是上式对视向路径的积分。因日冕温度随高度变化很小，可近似视为常数，而且$n_e \approx n_i$，于是积分变成：

$$I_\lambda = F_\lambda(T_e)\int n_e^2 dx$$

式中$F(T_e) = 1.7\times10^{-23}\left(\frac{10^6}{T_e}\right)^{1/2}\frac{G}{\lambda^2}e^{\frac{-hc}{\lambda k T_e}}$，dx 为视向路径微元。对于固定波长$\lambda$，$F(T_e)$为常数，因此可以说$I_\lambda \propto \int n_e^2 dx$，即辐射强度与视向上的$n_e^2$的总和成正比，故通常把$\int n_e^2 dx$称为“发射度”。而在可见光区，日

主要的日冕发射线

类别	波长（埃）	离子	电离能（电子伏）	特征
I	3533	V X	206	在太阳活动极小期和宁静区显著
	3987	Fe XI	262	
	6374（红线）	Fe X	235	
	7892	Fe XI	262	
II	3388	Fe XIII	330	在太阳活动极大期和活动区显著
	3643	Ni XIII	350	
	4232	Ni XII	321	
	5303（绿线）	Fe XIV	355	
	7060	Fe XV	390	
	8024	Ni XV	430	
	10 747	Fe XIII	330	
	10 798	Fe XIII	330	
III	3327	Ca XII	592	在非常高温的激发区如耀斑和太阳黑子上空显著
	3601	Ni XVI	455	
	4036	Ca XIII	655	
	4351	Co XV	412	
	4412	Ar XIV	687	
	5446	Ca XV	820	
	5694（黄线）	Ca XV	820	
	6740	K XIV	717	

冕自由电子散射的辐射强度则与n_e成正比。由此可见，用远紫外和X射线拍摄的日冕单色像中，亮区与暗区之间的反差将会比可见光日冕单色像中的反差更大，日冕的结构将看得更清楚。（林元章）

F冕 F corona 日地空间的行星际尘埃云所散射的光球的光辐射。尘埃云的形状属扁球体类，它的边缘延伸到地球轨道以外。尘埃粒子的线度约10微米，不导电。在离日面1.3$R_\odot$（$R_\odot$为太阳半径）以外的外冕区，以F冕为主。靠近太阳的大部分F冕来自尘埃粒子对光球辐射的衍射；而当距离$r \gg R_\odot$时，大部分F冕来自尘埃粒子对光球辐射的直接反射。对日照的微弱光流则可能是由地球轨道外尘埃粒子对太阳光的反射造成的。F冕在晚上也可看到，但只能在地球的低纬区的天空背景上才能观测到。它以从地平向上延伸的光锥形式，在日落之后或日出之前不久出现。外F冕也称为黄道光。F冕在几个$R_\odot$以外就大大亮于K冕，这主要是电子密度比尘埃粒子密度减小得更快引起的。F冕同K冕相似，其亮度随着离太阳距离的增加而减小。但由于太阳活动对尘埃粒子的分布影响不大，因而F冕的性状与太阳活动周期关系不大。F冕的光是偏振的，但在离太阳5$R_\odot$以内，偏振度很小。F冕的光谱中出现夫琅禾费吸收线，这是因为比较重的和运动缓慢的尘埃粒子在散射光球的光时，不会明显改变吸收线形状的缘故。（章振大）

Gaia Globe Astrometric Interferometer for Astrophysics 欧洲空间局资助的第二个空间天体测量计划观测卫星。又称天体物理全球天体测量干涉仪。最初取名Gaia是因为1993年提交的初始建议方案为3组斐索干涉仪结构。后续研究改为类似依巴谷天体测量卫星的结构和原理，即通过卫星旋转扫描，两个夹角106.5°的视场连续测量天体的一维坐标［亮于13等的目标，以及一些用于校准和确定卫星姿态的目标（暗于13等）有两维观测坐标］，大量一维坐标组合求解给出目标的天体测量参数，并加入了分光设备，遂改称为Gaia。依巴谷卫星原理与最新技术结合，Gaia的观测精度、星数、极限星等将有几个数量级的提高：相比依巴谷卫星，Gaia卫星将在恒星位置精度上提高50～100倍，在观测目标的数量上提高10 000倍。

Gaia的光学系统为两个口径1.4×0.5m，焦距35m的反射式望远镜，反射镜安装在一个直径3.5m的环形基座上（图1），光束组合器M4/M′4将两个视场的图像投射到共同的焦面上。焦面有106个CCD组成的面阵（图2）。测光通过2个

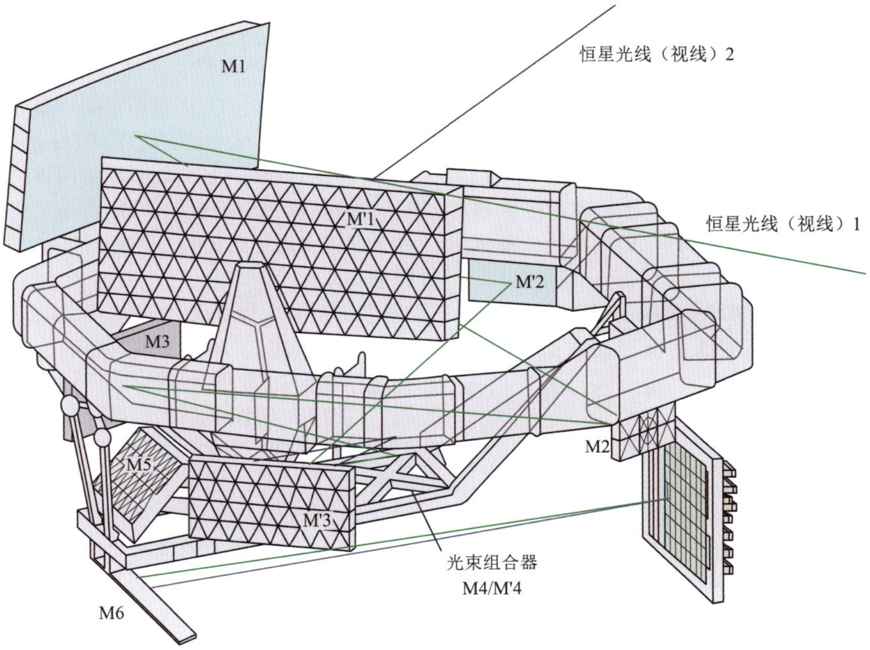

图1 Gaia的光学系统

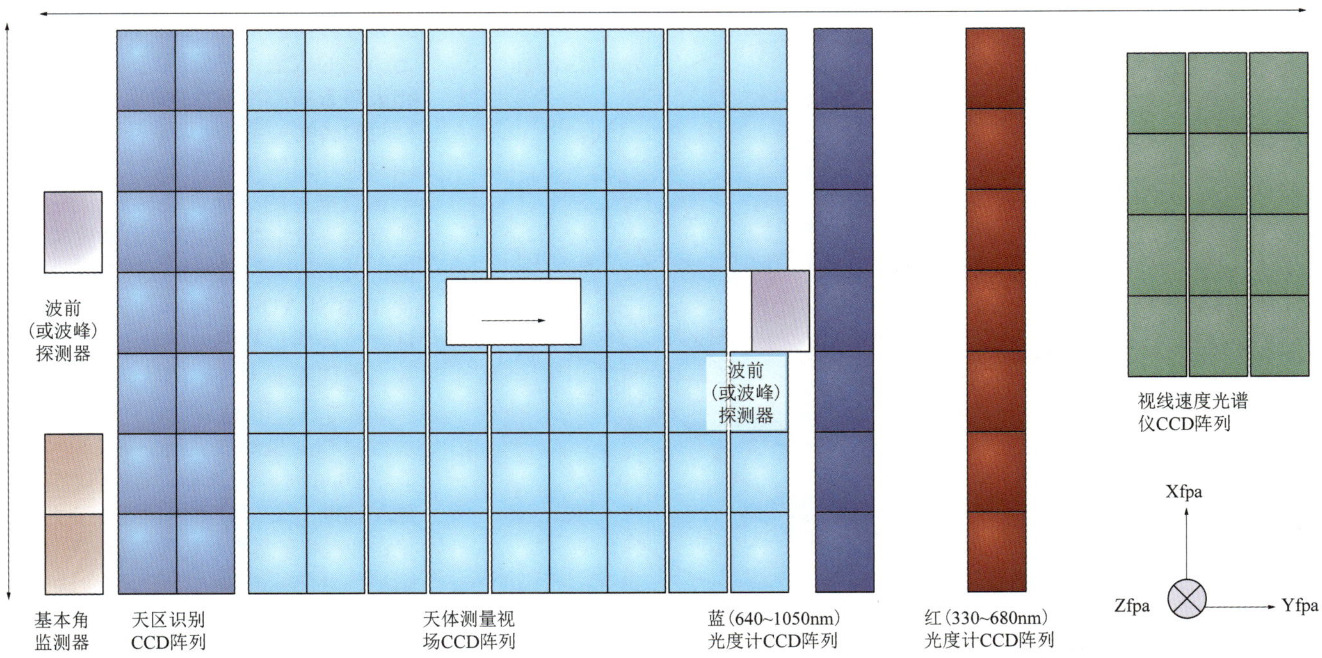

图2 Gaia的焦面CCD组成

低色散无缝棱镜分光仪和红（330～680nm）、蓝（640～1050nm）光度计及专用CCD，视向速度用无缝光栅视向速度光谱仪测量（$\lambda/\Delta\lambda=10^4$，$\lambda\approx847$～874nm）。

卫星以 1°/分钟的角速度绕自转轴旋转。自转轴与太阳方向的夹角为 45°，并以63天的周期绕太阳进动（图3）。垂直于自转轴的两架望远镜视场连续扫描，每个天体观测几十至250次不等，平均观测72次。

Gaia 计划观测极限星等 V＝20.7 的10亿个天体，给出它们的精确位置、自行、视差、视向速度以及亮度、光谱分类等物理特性。通过 50 万个类星体的观测（此为 Gaia DR2 数据，2020 年 12 月 3 日发布的 EDR3 数据超 150 万颗类星体），构成Gaia光学参考架，并通过其中几百颗具有光学亮度强的河外射电源连接到国际天球参考系（ICRS）。预期的天体测量参数精度见表。

Gaia 测定天体测量参数的精度　单位：μas

V 星等	6-13	14	16	18	20
位置	6	10	25	66	223
自行（年）	5	7	18	47	158
视差	8	13	34	89	300

Gaia 的首要科学目标是建立精确的3D银河系图像，验证各种银河系形成理论及恒星形成和演化理论，阐明银河系的起源和演化历史，以及利用对恒星分布和运动的精确测量帮助人们了解分布在银河系周围的暗物质。此外，还将观测大量特殊天体，发现和证认数万颗棕矮星、白矮星和超新星；发现数万颗系外行星并测定它们的轨道；测量从近地到柯伊伯带的几万颗小行星以及发现的彗星的轨道；通过测量太阳和大行星引力场引起的光线偏转，检验爱因斯坦广义相对论。

Gaia于2013年12月19日发射成功，进入日地拉格朗日点 L2 的利萨茹（Lissajous）轨道。计划工作5年，已延长并计划延长至2025年底，总计达10年的观测。

2016年9月，Gaia发布了第一批观测结果，包括11亿个源的位置和G星等，200 万颗 Tycho2-Gaia 共同星的位置、自行、视差，南银极附近的3000颗造父变星和天琴座RR型变星的G波段光变曲线和特征。

2018年4月Gaia发布了第二批观测结果，包含超过16.9亿颗恒星的位置及亮度信息、13.3亿颗恒星的视差和自行数据、约 13.8 亿颗恒星的颜色、超过 700 万颗恒星的视向速度、55 万个变源数据等。

2020年发布部分第三批数据，2022年6月13日发布完整的第三批数据。这个庞大的数据集基于 2014 年 7 月 25 日至2017年5月28日之间34个月收集到的数据，包括超过18亿个天体目标。后续还会有两次数据集发布，即 DR4 和 DR5，但 DR4 的发布预计不早于 2025 年，DR5 预计将在 2030 年底之前发布。

（鲁春林）

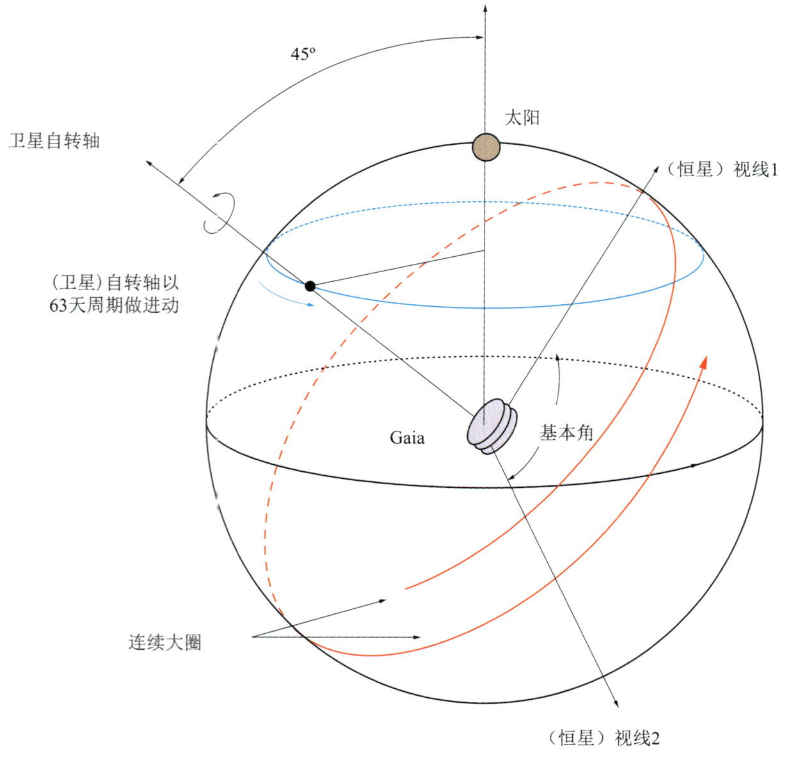

图3　Gaia 的扫描方式

HⅡ区和 HⅠ区　HⅡ and HⅠ regions　以氢（电离氢或氢原子）为主要成分的星际气体云。又称电离氢区和中性氢区。见电离氢区和中性氢区。

IAU2009 天文常数系统　IAU 2009 system of astronomical constants　国际天文学联合会（IAU）2009 B2决议采纳的天文常数系统，由 IAU 基本天文学部下属的基本天文学数值标准工作组负责完成。IAU基本天文学工作组由 B.卢祖姆领导，之前的工作组分别由 E.M.斯坦迪什和福岛领导，为改进常数系统打下了基础。IAU2009 天文常数系统主要强调以下几个方面：①选择参数当前最佳估计值的数值和成为最佳估计值的标准；②选择更为恰当的参数分类；③选择提供的最佳估计值的信息；④选择维持当前最佳估计值的机制和考虑是否更新 IAU 天文常数系统。

IAU2009 天文常数系统比 IAU1976 的精度有了很大的进步，对常数的分类也有所不同，为了更好地反映常数系统的结构，将常数分为以下几类：①自然定义常数。与自然定律相符，这一类常数只包含真空中的光速c。②辅助定义常数。与经典理论相符，包含高斯引力常数 k；坐标时转换因子L_G、L_B，TDB-TCB 在起始历元的取值，它们规定了地心参考系和太阳系质心参考系中的动力学时和坐标时的转换关系；地球自转角的起始值，以及地球自转角的线性变化速率，这两个参数描述的是地球绕轴的自转情况。③自然测量常数。包括引力常数G。④其他定义常数。包括天文长度单位 au，以及 TCB 和 TDB 的转换因子L_C。⑤天体常数。包括日心引力常数、地心引力常数、地球赤道半径、形状因子及其变化率、引力势、平均自转角速度，以及太阳系行星和卫星的质量等。⑥J2000 的初值。J2000时刻的黄赤交角。自然定义常数和辅助定义常数都是确定值，没有误差；自然测量常数、其他常数、天体常数则都是当前的最佳估计值，包含误差。表中列出了IAU2009天文常数系统中各常数的具体采用值。从表格中还可以看到，对于天体常数，分为“TCB-compatible”

IAU2009 天文常数系统

常数	描述	数值
自然定义常数		
c	光速	$2.997\ 924\ 58 \times 10^{8}\mathrm{m \cdot s^{-1}}$
辅助定义常数		
k	高斯引力常数	$1.720\ 209\ 895 \times 10^{-2}$
L_G	1-d（TT）/d（TCG）	$6.969\ 290\ 134 \times 10^{-10}$
L_B	1-d（TDB）/d（TCB）	$1.550\ 519\ 768 \times 10^{-8}$
TDB_0	t_0时刻的 TDB-TCB	$-6.55 \times 10^{-5}\mathrm{s}$
θ_0	J2000.0 时刻的地球自转角	0.779 057 273 264 0 圈
$\mathrm{d}\theta/\mathrm{d}UT_1$	地球自转角的变化速率	1.002 737 811 911 354 48 圈/天

常数	描述	数值	不确定性
自然测量常数			
G	万有引力常数	$6.674\ 28 \times 10^{-11}\mathrm{m^3 \cdot kg^{-1} \cdot s^{-2}}$	$6.7 \times 10^{-15}\mathrm{m^3 \cdot kg^{-1} \cdot s^{-2}}$
其他常数			
au	天文单位	$1.495\ 978\ 707\ 00 \times 10^{11}\mathrm{m}$	3m
L_c	1-d（TCG）/d（TCB）的平均值	$1.480\ 826\ 867\ 41 \times 10^{-8}$	2×10^{-17}
天体常数			
GM_S	日心引力常数	$1.327\ 124\ 420\ 99 \times 10^{20}\mathrm{m^3 \cdot s^{-2}}$	$1.0 \times 10^{10}\mathrm{m^3 \cdot s^{-2}}$
		（与 TCB 相符）	（与 TCB 相符）
		$1.327\ 124\ 400\ 41 \times 10^{20}\mathrm{m^3 \cdot s^{-2}}$	$1.0 \times 10^{10}\mathrm{m^3 \cdot s^{-2}}$
		（与 TDB 相符）	（与 TDB 相符）
a_E	地球赤道半径	$6.378\ 136\ 6 \times 10^{6}\mathrm{m}$	$1 \times 10^{-1}\mathrm{m}$
		（与 TT 相符）	（与 TT 相符）
J_2	动力学形状因子	$1.082\ 635\ 9 \times 10^{-3}$	1×10^{-10}
$\mathrm{d}J_2/\mathrm{d}t$	J_2的时间变化率	$-3.0 \times 10^{-9}\mathrm{cy^{-1}}$	$6 \times 10^{-10}\mathrm{cy^{-1}}$
GM_E	地心引力常数	$3.986\ 004\ 418 \times 10^{14}\mathrm{m^3 \cdot s^{-2}}$	$8 \times 10^{5}\mathrm{m^3 \cdot s^{-2}}$
		（与 TCB 相符）	（与 TCB 相符）
		$3.986\ 004\ 415 \times 10^{14}\mathrm{m^3 \cdot s^{-2}}$	$8 \times 10^{5}\mathrm{m^3 \cdot s^{-2}}$
		（与 TT 相符）	（与 TT 相符）
		$3.986\ 004\ 356 \times 10^{14}\mathrm{m^3 \cdot s^{-2}}$	$8 \times 10^{5}\mathrm{m^3 \cdot s^{-2}}$
		（与 TDB 相符）	（与 TDB 相符）
W_0	大地水准面引力势	$6.263\ 685\ 60 \times 10^{7}\mathrm{m^2 \cdot s^{-2}}$	$5 \times 10^{-1}\mathrm{m^2 \cdot s^{-2}}$
ω	地球平均自转角速度	$7.292\ 115 \times 10^{-5}\mathrm{rads^{-1}}$ （与 TT 相符）	—
M_M/M_E	月球与地球质量之比	$1.230\ 003\ 71 \times 10^{-2}$	4×10^{-10}
太阳质量与天体质量之比			
M_S/M_{Me}	水星	6.0236×10^{6}	3×10^{2}
M_S/M_{ve}	金星	$4.085\ 237\ 19 \times 10^{5}$	8×10^{-3}
M_S/M_{Ma}	火星	$3.098\ 703\ 59 \times 10^{6}$	2×10^{-2}
M_S/M_J	木星	$1.047\ 348\ 644 \times 10^{3}$	1.7×10^{-5}
M_S/M_{Sa}	土星	$3.497\ 901\ 8 \times 10^{3}$	1×10^{-4}
M_S/M_U	天王系	$2.290\ 298 \times 10^{4}$	3×10^{-2}
M_S/M_N	海王星	$1.941\ 226 \times 10^{4}$	3×10^{-2}
M_S/M_P	（134340）冥王星	$1.365\ 66 \times 10^{8}$	2.8×10^{4}
M_S/M_{Eris}	（136199）Eris 阋神星	1.191×10^{8}	1.4×10^{6}
天体与太阳质量之比			
M_{Ceres}/M_S	（1）Ceres 谷神星	4.72×10^{-10}	3×10^{-12}
M_{Pallas}/M_S	（2）Pallas 智神星	1.03×10^{-10}	3×10^{-12}
M_{Vesta}/M_S	（4）Vesta 灶神星	1.35×10^{-10}	3×10^{-12}
J2000.0 初值			
ε_{J2000}	J2000.0 时刻黄赤交角	$8.438\ 140\ 6 \times 10^{4}$ 角秒	1×10^{-3} 角秒

是根据广义相对论，不同参考系中有不同的坐标时，因此从观测量转换得到的某些参数在不同参考系中略有差别。

（刘佳成）

IERS 规范 international earth rotation and reference systems service conventions 国际地球自转和参考系服务（IERS）规范中心推荐的在空间天体测量和大地测量技术，如 VLBI、SLR、LLR、GPS 等观测资料归算中应用的时空参考系、参考架、物理模型、常数和算法等。自 2001 年 1 月 1 日起国际度量衡局（BIPM）和美国海军天文台（USNO）组成了 IERS 规范中心，每隔几年出版一本 *IERS Conventions*，其中描述了 IERS 推荐使用的时空参考系、参考架、物理模型、常数和算法等。随着模型的改进和观测精度的提高，不断有新的版本出现，已发表的有 IERS 前身国际时间局（BIH）制定的 MERIT 规范，它是首次处理 6 种技术（光学天体测量、卫星多普勒跟踪、激光测卫、激光测月、联线射电干涉测量和甚长基线射电干涉测量）测定地球自转参数观测资料的规范，继后有 1989 年、1992 年、1996 年、2003 年、2010 年等版本。已为 IERS 各种技术资料分析中心和结果综合中心使用。

IERS 规范涵盖的内容有常规定义和数值标准、习用天球参考系和参考架、国际天球参考系的习用动力学的实现、地球参考系和参考架、国际地球参考系与地心天球参考系的转换、大地势、参考点的位移、地球自转中的潮汐变化、大气传播延迟模型、时空坐标和运动方程的广义相对论模型、广义相对论的传播模型等。随着研究的深入和观测精度的提高，推荐使用的规范也在不断更新，如 IERS2003 和 2010 规范推荐的国际天球参考架分别采用 ICRF-Ext1.1 和 ICRF2，国际天球参考系的动力学实现采用 DE405 和 DE421，国际地球参考架分别采用 ITRF2000 和 ITRF2008，国际天球与国际地球参考系之间的转换采用 IAU2000 和 IAU2006/2000 岁差和章动模型，大地势采用 EGM96 和 EGM2008，常数系统采用 IAU1976 和 IAU2009 等。

推荐使用的模型可分为三类：①“归算”模型，通常为地球物理理论推导，精度至少与观测资料的精度相符（1mm 或更高）。②“习用”模型，消除了观测的奇异，是纯习用的，有时也选择协会的决议或历史的实践结论。③“有用”模型，不是①或②类必需的，如在 UT1/LOD（Length of Day）带谐潮汐变化分析中，并不绝对需要精确的潮汐模型，但是在测量结果与地球物理激发过程的比较分析中是需要的。在生成和交换观测资料分析产品时，必须说明所选用的模型。

IERS 规范是这方面研究的最佳估计值，有时略异于国际天文学联合会（IAU）或国际大地测量协会（IAG）的相关决议。

（金文敬）

K 冕 K corona 太阳光球发射的连续辐射被日冕自由电子朝观测者方向散射的光。大部分 K 冕是在离日面 1.3 个太阳半径之内被观测到的。在 K 冕光谱中完全看不到夫琅禾费吸收线，这是因为日冕的温度高达 100 万度，电子的运动速度很大，夫琅禾费线由于多普勒致宽而被大大加宽变浅，失去了吸收线的特征。例如，在 100 万度高温下，氢光谱 Hα 线被电子加宽到 120 埃，比原来的宽度大百倍以上，因而无法证认。K 冕的连续光谱的能量分布与光球相类似。K 冕的光是偏振的。被日冕电子散射的光强度不超过光球的 10^{-5}，被散射的光极少有再次散射的机会。每个日冕电子散射的光与被光球照射的亮度成比例，所以 K 冕给出沿视向被观测到的总电子数，由此可求出电子密度的分布。由于日冕电子密度受太阳活动的影响，因而 K 冕的形状与太阳活动有关。在太阳活动极大时，电子密度增加，K 冕近似球对称；而在太阳活动极小时，K 冕较扁。

（章振大）

LAMOST The Large Sky Area Multi-Object Fiber Spectroscopic Telescope 建于中国科学院国家天文台兴隆观测基地内的大视场望远镜。见大天区面积多目标光纤光谱天文望远镜。

MHB 章动模型 MHB nutation model 2000 年选定的 IAU2000A 章动模型。见章动。

P03 岁差模型 P03 precession model 2003 年 N.卡皮泰纳等根据动力学理论和非刚体地球模型使用半分析方法推导岁差量的表达式。2006 年第 26 届 IAU 大会决议 B1：从 2009 年 1 月 1 日起采纳此模型替代 IAU2000A 岁差－章动模型中岁差部分，并在天文、测地、空间研究等领域使用。

地面观测者预测恒星的视方向应考虑与观测者和天体位置及运动有关的许多效应，如自行、视差、光线偏折、光行差、岁差－章动、极移和地球自转。外部引力作用在一个旋转的非球形天体上，引起了旋转极在空间的运动。由于日月和行星力矩作用在扁球形的地球上引起赤道的进动，行星摄动产生黄道的进动，这种现象称为岁差或春分点进动（50″/年），周期大约为 26 000 年（见岁差）。它们曾分别称为日月岁差和行星岁差。前者是地球的动力学扁率和地月轨道运动有关常数的一个函数，后者取决于动力学方程式和采用的行星质量。2006 年 IAU 第 26 届大会决议 B1 将日月岁差和行星岁差改称为赤道岁差和黄道岁差。

从 1894 年以来，已采用了四个岁差模型：①纽康模型。为 1896 年巴黎召开的基本星国际会议采用。虽然 20 世纪中叶 W.弗里克、G.M.克莱门斯等人用各种资料（如恒星星表、太阳系行星观测）给出了总岁差的改正值，但是 IAU1964 天文常数中仍然采用纽康值，使用了近一个世纪。②Lieske 岁差模型（简称 L77）。为 IAU1976 天文常数系统采用。③IAU2000A 岁差－章动模型。2003 年为 IAU 采纳。④P03 岁差模型。为 IAU2009 天文常数系统采用。随着天文历表理论的发展和观测技术的提高，特别是空间测地技术 VLBI、SLR、LLR 的使用，20 世纪 90 年代发现 IAU1976 年 L77 岁差理论给出岁差速率在黄经和黄赤交角分别存在 −0.3 毫角秒/年和 −0.25 毫角秒/年的偏差。为了与 2000 年提出的章动模型 MHB2000 相符合，岁差速率采用了与 VLBI 线性拟合的值，即 IAU2000A 岁差－章动模型。2003 年前后，根据岁差量表达式推算方法与地球非刚体模型的不同，提出了四个高精度的岁差模型：①B03。2003 年法国巴黎天文台研究人员用刚体地球 SMART97 推导赤道岁差，用 VSOP87 分析解和 IERS 1992 规范中行星质量推导黄道岁差。②P03。2003 年 N.卡皮泰纳等用 VSOP87 分析解和 JPL 数值历表 DE406 推导黄道岁差；在用动力学岁差方程解算赤道岁差时，岁差速率的理论是由非刚体地球模型提供，而积分常数是基于 MHB 岁差速率计算得到。③F03。2003 年 T.付可西马拟合数值历表 DE405 改进黄道岁差，采用 T.希赖和付可西马非刚体地球模型并拟合 VLBI 观测改进赤道岁差。④HF04。2004 年 W.哈拉达和付可西马提出此解与 F03 相似，但是在长周期项中不采用任何改正，其解以瞬时黄道相对于 ICRF 赤道的黄赤交角ε和交点黄经的二次多项式的形式给出。在比较四个理论后，IAU Division 1 岁差和黄道工作组建议采用 N.卡皮泰纳等建立的岁差理论 P03。

地心天球参考系（GCRS）转换至*国际地球参考系*（ITRS）时，其中岁差模型是岁差旋转矩阵中四个旋转角（$\psi_A, \omega_A, \varepsilon_A, \chi_A$）或三个旋转角（$\zeta_A, \theta_A, z_A$）的表示式，各旋转角的定义如图所示。P03 模型把黄道和赤道岁差完全分开，具体计算步骤如下：

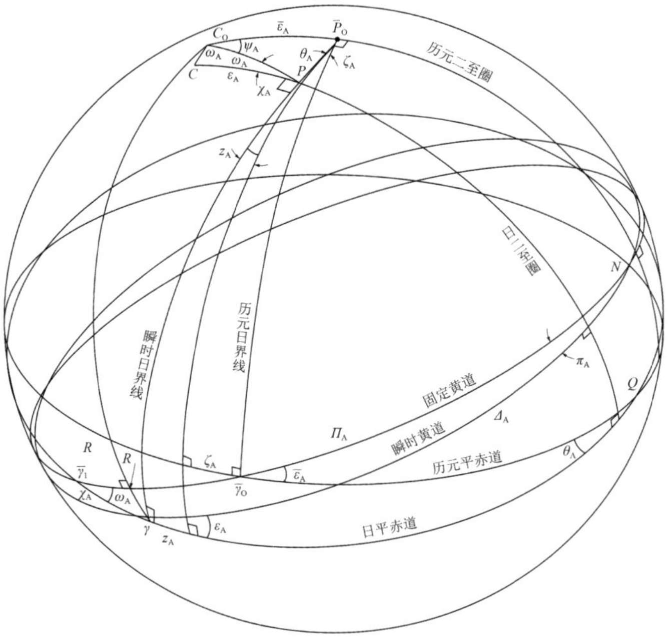

岁差模型中各旋转角

①黄道进动模型采用了两个独立惯性黄极运动路径的描述：行星理论 VSOP87 和行星历表 DE406，前者给出了详细的分析模型，拟合 DE406 后给出最佳精度、符合现代观测和长的时间间距。P03 黄道岁差解的P_A和Q_A为t五次方的多项式，P_A和Q_A分别为$\sin\pi_A\sin\Pi_A$和$\sin\pi_A\cos\Pi_A$（π_A和Π_A为地月质心轨道的吻切根素，前者为瞬时黄道对 J2000.0 固定黄道的倾角，后者为升交点的黄经）。

②赤道岁差通过以下两个动力学微分方程式得到：

$$\sin\omega_A d\psi_A/dt = (r_\psi \sin\varepsilon_A)\cos\chi_A - r_\varepsilon \sin\chi_A$$

$$d\omega_A/dt = r_\varepsilon \cos\chi_A + (\sin r_\psi \sin\varepsilon_A)\sin\chi_A$$

式中r_ψ和r_ε为相对于瞬时黄道的黄经和交角的岁差速率。dP_A/dt和$d\varepsilon_A/dt$（P_A和ε_A分别为总岁差和黄赤交角）的两个微分方程式可以由r_ψ和r_ε、P_A和Q_A推出。这些量的几何关系公式为：

$$\sin\chi_A \sin\omega_A = P_A \cos p_A + Q_A \sin P_A$$

一旦给出黄道岁差后，由上面$d\psi_A/dt$，$d\omega_A/dt$，dP_A/dt和$d\varepsilon_A/dt$的 4 个微分方程和一个几何关系式同时解算基本量ψ_A，ω_A和次要量ε_A，χ_A和P_A。

动力学方程建立后，黄道岁差和赤道岁差的具体计算中还需处理参考架、观测量的摄动、积分常数等。如解算时采用的初始值，即理论上赤道岁差速率r_ψ和r_ε与以下有关：①日月力矩中的一阶、二阶和J_4项，以及行星力矩的一阶项。②J_2和行星倾斜项。③潮汐项。④J_2速率项。⑤非线性效应。⑥*测地岁差*。①～④项是日月和行星力矩作用在扁球状地球上的结果，因此地球的动力学扁率$H_d = [C-(A+B)/2]/C$是一个基本参数，式中A、B、C为惯性矩张量（Mol）的三个主惯量。⑤和⑥是由于岁差和章动观测在“运动非旋转”的地心天球参考系（GCRS）中进行，而解算赤道岁差方程式在“动力学非旋转”的地心参考架中引起的。为了和 IAU2000A 保持一致，计算赤道岁差在 J2000 时的初始值还需扣除以下三种影响：① VLBI 观测资料处理时，所用 L77 在黄经岁差中产生的附加变化。②2003 年前 VLBI 观测资料的处理不严格，而产生伪的贡献。③ MHB 拟合方法的影响，即 MHB 估计的黄经岁差速率与所用H_d有关。

最后，得到$\psi_A, \omega_A, \varepsilon_A, \chi_A$和黄经总岁差$P_A$，它们是$t$（自 J2000.0 起算的儒略世纪数）的五次方的多项式（系数单位为角秒）。

P03 赤道岁差解：

$$\psi_A = 5038.481\,507t - 1.079\,006\,9t^2 - 0.001\,140\,45t^3 + 0.000\,132\,851t^4 - 0.000\,000\,095\,1t^5$$

$$\omega_A = \varepsilon_0 - 0.025\,754t + 0.051\,262\,3t^2 - 0.007\,725\,03t^3 - 0.000\,000\,467t^4 + 0.000\,000\,333\,7t^5$$

P03 黄道岁差解：

$$P_A = +4.199\,094t + 0.193\,987\,3t^2 - 0.000\,224\,66t^3 - 0.000\,000\,912t^4 + 0.000\,000\,012\,0t^5$$

$$Q_A = -46.811\,015t + 0.051\,028\,3t^2 + 0.000\,524\,13t^3 - 0.000\,000\,646t^4 - 0.000\,000\,017\,2t^5$$

P03 次要的量：

$$\varepsilon_A = \varepsilon_0 - 46.836\,769t - 0.000\,183\,1t^2 - 0.002\,003\,40t^3 - 0.000\,000\,576t^4 - 0.000\,000\,434t^5$$

$$P_A = 5028.796\,195t + 1.105\,434\,8t^2 + 0.000\,079\,64t^3 - 0.000\,023\,857t^4 - 0.000\,000\,383t^5$$

$$\chi_A = 10.556\,403t - 2.381\,429\,2t^2 - 0.001\,211\,97t^3 + 0.000\,170\,663t^4 - 0.000\,000\,056\,0t^5$$

$$\varepsilon_0 = 23°26'21.406''$$

P03 岁差模型的特点是：①黄道岁差采用行星分析理论 VSOP87 和行星数值历表 DE406；赤道岁差以动力学方程式表示平极绕的 J2000.0 固定黄极的运动，所以 P03 岁差或称 IAU2006 岁差是符合动力学理论的。②黄道和赤道岁差是以时间t的五次方多项式表示。③为了符合 MHB 章动或称 IAU2000A 章动，加入了地球动力学扁率对黄经岁差速率的改正，也包括了以前岁差模型中没有考虑由于冰期后地壳反弹引起地球J_2的速率效应（即 $= -3\times10^{-9}$/世纪）。另外，也考虑了对岁差速率的二阶效应、日月力矩J_3和J_4效应、J_2和行星倾斜效应、潮汐效应和非线性项，以及测地岁差。④采用的行星质量值不同，L77 黄道运动采用纽康解和 IAU1976 常数系统中行星质量的值，而 P03 采用了精确的分析解和数值历表，以及 IERS 1992 规范中的行星质量。

P03 模型的精度：在 J2000.0 处的 2000 年中黄道岁差P_A和Q_A的精度好于 0.05 毫角秒/世纪（IAU2000A 黄道岁差模型采用的 L77 模型为几毫角秒/世纪）。赤道岁差的精度包括 CIP 的位置精度，它存在三个最大的不确定性源：①参考架偏差约 150 微角秒。②黄经和交角的岁差速率不确定性约 400 微角秒/世纪和 150 微角秒/世纪。③ J2 速率的不确定性约 2 微角秒/世纪^2。另外，MHB 章动模型中最大章动项（18.6 年）的幅度的不确定性为 50 微角秒，以及模型中不包括自由核章动。尽管 P03 和 MHB 模型本身给出的参数为微角秒精度，但是一个世纪后（2100），预测 CIP 位置精度为 2 微角秒。

IAU2006/2000 岁差–章动模型中，岁差采用 P03 模型，由于黄赤交角ε_0的改变和J_2速率的引入，IAU2000 章动序列（即 MHB 章动）的幅度也需调整，调整后的模型称为 $\mathrm{IAU2000A_{R06}}$。实际上 IAU2006/2000 岁差–章动模型是指 $\mathrm{IAU2006/IAU2000A_{R06}}$ 模型。

（金文敬）

R-C 望远镜 R-C telescope 平行于光轴的光，满足等光程和正弦条件的*卡塞格林望远镜*。又称 R-C 系统。R-C 望远镜的严格定义是对平行于光轴的所有光线满足等光程（消球差）和正弦条件的卡塞格林望远镜（系统），主、副镜的截面形状是复杂的曲线。它是由H.J.克雷蒂安提出理论、G.W.里奇首先磨制成的。当主副镜焦比都不太强时，上述条件常近似地取为消去三级球差和三级彗差，镜面形状取为旋转圆锥曲面。对于不是很大的视场，R-C系统在高斯平面上像斑呈对称的椭圆形，如果采用最佳弯曲像面，像斑呈圆形。如要获得更大的视场，则需加入像场改正器。加入像场改正器后，R-C望远镜比主镜为抛物面的卡塞格林望远镜效果也更好。但如果移去副镜使用R-C望远镜的主焦点时，像有球差的，需加像场改正器，至少需加入一块非球面透射改正板或一块非球面反射改正板。以上克雷蒂安的思想也可用于格雷果里望远镜（系统）。参考R-C系统，苏定强、王亚男、王兰娟给出了在一个任意的光学系统中同时计算两个面的形状使该系统达到任意精确地消球差和违反正弦条件osc′任意精确地接近于零的数值计算方法。 （苏定强）

Starry Night天象馆软件 Starry Night 加拿大Sienna软件公司在1996年推出的一款星空模拟天象馆软件。又称星夜天象馆软件。见星夜天象馆软件。

Stellarium虚拟星空 Stellarium 一款免费的开源天象馆软件。该软件项目的开发由F.查尔劳在2000年发起。该软件支持多国语言，支持的操作系统包括：Linux/Unix、Windows7及以上版本和Mac OS X及以上版本。Stellarium虚拟星空使用开放图形库（OpenGL）技术对星空进行实时渲染，可以按照使用者设置的地理位置和时间，计算太阳、月亮和恒星在天空中的位置并渲染出逼真的星空图像。它还可以绘制星座，模拟流星雨、彗星、日食和月食等天文现象。Stellarium虚拟星空使用依巴谷星表、第谷2星表（Tycho 2）和NOMAD星表（Naval Observatory Merged Astrometric Dataset）作为基础星表。Stellarium虚拟星空是一个很好的学习星空知识的教育工具，也是天文爱好者观测星空的辅助工具。它支持对小型望远镜的定位、指向等功能。有些天文馆及博物馆使用该软件进行天象演示。 （米琳莹）

VizieR数据库 VizieR 法国斯特拉斯堡天文数据中心提供的天文在线数据服务的数据库。VizieR数据库是斯特拉斯堡天文数据中心（CDS）提供的在线数据服务，包括天文星表数据、学术论文中表格数据的检索等。截至2018年3月底，VizieR已经收录18 269个星表数据。

VizieR数据库星表数据按照波段和类型进行整理，学术论文中的表格数据按照期刊进行整理。VizieR提供了多种方式进行数据的检索和下载：网页、命令行客户端、虚拟天文台数据访问协议、Python库等。

VizieR数据库还在中国、美国、加拿大、日本、南非、印度等国建立镜像服务站点，为各国的天文学家提供就近服务。中国的镜像站点位于中国科学院国家天文台，由中国虚拟天文台负责运维，是中国天文数据中心资源服务的一部分。

VizieR数据库有一个非常方便的网页检索界面。通过界面，可以输入星表每个字段的约束条件，比如范围、值等，也可以输入空间的范围（圆形或矩形），还可以选择需要检索的字段、输出的格式等。最后点击提交，就可以获取结果。

虚拟天文台技术的发展深刻影响着VizieR数据库系统。该系统可以通过一系列的虚拟天文台协议进行数据访问，比如表格访问协议（TAP）、锥形检索协议等。

VizieR官方提供了一系列的命令行工具来方便数据的获取和下载。比如vizquery，这是一个通过http协议进行数据检索和访问的工具；find_cats，可以用来批量检索和访问数据集。它有多个子程序，特别针对常用的数据集进行定制，比如findgsc、finducac4、findsdss9、findwise等。这些软件都被包含在一个叫作cdsclient的软件包中。 （何勃亮）

VLBI空间观测计划 VLBI space observation program; VSOP 利用一套或多套空基测量系统与地面测量系统联合开展甚长基线干涉测量（VLBI）的计划。VLBI测量的角分辨率近似为观测波长与基线长度之比，因此两VLBI测站间基线越长，则角分辨率越高。由于地球尺度的具体限制，将VLBI测站测量系统置于地球轨道卫星之上，可获得比地基更长的基线，因而有利于获得更高的观测分辨率。

地球轨道或地基VLBI测站测量系统的基本配置除了数据接收和采集系统，还有计时系统以确保信号数字采样时刻的可恢复性，以及天线坐标足够准确以确定条纹频率（不一定包括条纹相位）。计时系统必须在接收信号数十至数百秒相干时间内稳定至接收信号周期的数分之几。若卫星上没有精确的频率标准，则必须建立类似稳定度的计时射电链路，以作为卫星上的本地振荡和采样时钟。这对于地球轨道VLBI（Orbit VLBI; OVLBI）来说是重大的技术挑战。卫星的径向运动产生多普勒频移，切向运动导致链路相对于大气不规则分布的移动。利用射电链路传送一个或多个参考频率，由标准的轨道跟踪方式能够将卫星定位在数十米精度。这足以确定基线的坐标，但却不能满足计时精度的需求，对此必须借助于射电链路的回路相位测量。OVLBI测量中的互相关处理原则上与地面VLBI相同，但必须能够处理较大的多普勒频移、时间延迟以及有关空间站的这些量的时间变化率。

日本空间VLBI卫星于1997年2月12日发射升空。后将卫星命名为HALCA，轨道倾角为30°，远地点和近地点地面高度分别为21 400千米和560千米，轨道周期为6.3小时。主反射面有效直径为8米，卡塞哥伦光路，6自由度副反射面位于1.1米直径的圆内。射电信号聚焦于2.5米长的馈源，仅耦合左圆极化信号至低噪声放大器。标准观测模式为2通道、16兆赫带宽、2比特采样、数据率128兆位/秒。设计观测频带为1.60～1.73吉赫、4.7～5.0吉赫和22.0～22.3吉赫（后经在轨实验表明22吉赫设计失败，无法应用）。在1.6吉赫、5.0吉赫，天线效率分别约为24%、35%，系统噪温约为75K、95K，总体灵敏度为17 400央斯基、15 300央斯基（Jy）。实验表明，该卫星仅在太阳能电池板被充分照亮且卫星与地面跟踪站双向通信可实施时才可用于观测，不可观测太阳角距70°以内的源，地球或月球形成遮掩或与地面跟踪站通信期间也不能观测。

尽管受到诸多技术、理念等具体限制，VSOP还是一个很成功的项目，如在M87、类星体1156+295、1548+056、0836+710以及射电源0014+813、0212+735等的结构、红移、亮温测定与研究方面的科学贡献是显著的。

中国上海佘山25米射电望远镜参与了VSOP的观测，获得了很多科学成果。俄罗斯2011年发射了空间VLBI项目卫星“射电天文”（Radioastron），仍在轨运行，中国上海65米天马射电望远镜参加了该项目的许多观测。中国也在不断推进空间VLBI观测计划，空间毫米波VLBI阵得到了中国科学院有关专项背

景型号的支持，进行了科学预研和设备原理样机研制，也在探讨月球轨道 VLBI 的可行性等。（李金岭）

VLBI 在深空探测中的应用 application for VLBI to deep space exploration 将甚长基线干涉测量（VLBI）技术应用于深空探测器的跟踪测量，用于测定轨和定位，尤其适用于短弧测定轨，以及在非惯性力作用下的快速定位。传统的飞行器跟踪主要基于雷达测距和多普勒测速技术。两种无线电技术可直接测量飞行器相对于测站在视线方向的距离和速度，但对垂直于视线方向的飞行器位置和速度不敏感。随着飞行器距离的增加，测量的信噪比逐渐降低、测量误差逐渐增大，解算参数的相关性也逐渐增强，导致定轨定位精度会越来越差。对于那些飞向目标大行星的探测器“打靶”轨道测控，单纯依靠测距测速类观测，因为瞄准距很大而增加了工程的风险。传统距离测量和多普勒测速的固有局限性，促成了 VLBI 技术被引入深空跟踪观测之中。

VLBI 技术应用于航天器跟踪可追溯自 20 世纪 70 年代后期，如火星海盗号和金星先驱者号探测器跟踪。1999 年火星气候轨道器（MCO）的失败表明由于未使用 VLBI 技术，未能及时发现切平面误差增大的致命缺陷，导致悲剧性结局。

VLBI 技术通过同时跟踪一个以上目标，经互相关处理获得时延、时延率，经两目标之间观测量的差分去除共同误差因素影响，进而用于精确测定目标之间的角距或相对运动，与视线方向的测距测速技术形成良好信息互补。

相比于测距测速技术，VLBI 技术具有显著特点。如只观测下行信号，不需要对信号往返过程中测站的时间模型和频率漂移等进行校准；只需数分钟便可得到足够信噪比的观测量，大大缩短了观测周期；利用两条近似正交的基线同步观测，可得到飞行器在天球上的两维投影位置和速度分量；通过飞行器与河外射电源的 VLBI 测量，能够相对于河外参考架改进历表的精度，缩短巡航阶段跟踪测量弧段的长度、提高导航的精度、提高捕获入轨精度以及规避撞击和逃逸等的风险。VLBI 技术的几何测量性质不受动力学模型缺陷的影响，对于巡航中的轨道修正、捕获入轨等关键弧段测量，对于大气层中的飞行、软或硬着陆、表面行走等非动力学段的轨迹测定等，是不可或缺的，并直接关系到任务的成败。

由于 VLBI 技术的上述特点，使得其在深空跟踪领域受到普遍重视。多数行星际探测器的无线电跟踪观测均综合利用测距测速和 VLBI 技术，以精确测定飞行器在空间的三维位置与速度。

在河外射电源与空间飞行器的 VLBI 跟踪与资料解析中，从信号波前形式、频谱特征，到误差修正方式、解算参数类型和软件实时性需求等方面均存在重要差别。尤其是对于观测量的误差修正，河外射电源一般采用参数化处理并直接求解，空间飞行器往往采用与邻近河外射电源观测的差分，这也是将深空探测中的 VLBI 技术通常称作“差分”VLBI 的原因。

在深空探测的导航应用中，根据目标发射信号的频谱形式和地面接收机带宽，差分 VLBI 技术按其测量元素可分为宽带差分 VLBI 技术和窄带差分 VLBI 技术。在实践形式上，还包括同波束差分 VLBI、多频点相时延观测、多基线相位参考、短基线连线干涉仪和局部参考架差分 VLBI 技术等。

中国 VLBI 网参与了国家的探月工程，对嫦娥一号、二号、三号和四号探测器卫星进行了 VLBI 测轨和定轨，并对嫦娥三号和玉兔在月面上进行了精密定位，为中国探月工程做出了重大贡献。中国 VLBI 网将在后续的月球探测计划和深空探测计划中继续发挥重要作用。

（李金岭）

X 射线暴 X-ray burst X 射线双星中一种快速的 X 射线闪耀现象。X 射线暴主要在 1～30 千电子伏范围观测到。爆发的上升时间常短于 1 秒，然后 X 射线光度以几秒至 1 分钟的时标指数衰减。爆发期间释放的能量为 10^{39}～10^{40} 尔格。X 射线暴源有 Ⅰ 型和 Ⅱ 型两类，都是包含吸积中子星的低质量 X 射线双星。Ⅰ 型暴源在数小时至数天内重复爆发；Ⅱ 型暴源又称为快暴源，在几天内每数分钟或更短时间内重复爆发，只观测到两个这样的源。普遍认为 Ⅰ 型 X 射线暴是中子星表面的富氢吸积物质在温度和压力超过一定极限时发生的热核闪耀，Ⅱ 型 X 射线爆发则可能由不稳定的物质吸积引起，因此 Ⅰ 型 X 射线暴是确认 X 射线源是中子星的重要证据。部分低质量 X 射线双星在 Ⅰ 型 X 射线暴中观测到周期性光变现象，很可能与中子星的自转有关。利用 Ⅰ 型 X 射线暴的极大光度和光谱变化可以研究中子星的距离和物态。

（李向东）

X 射线成像及探测技术 X-ray imaging and detection technique 对 X 射线光子探测技术的统称。由于 X 射线光子能量较高、穿透力较强，传统的聚焦式反射或折射光路通常并不适用。

早期的 X 射线空间观测曾采用 X 射线针孔成像等较为简单的技术，但这种方式严重受限于入射辐射的流量，只能用于最明亮的 X 射线源观测。对于光子能量较低的软 X 射线而言，主流的成像方式是掠射式 X 射线望远镜，也就是让光子以大入射角几乎平行于反射面射入接收系统再聚焦，以回避垂直入射会出现的光子吸收，同时聚焦的过程也会将暗弱的天体信号增强。通过合理选择反射面形状和排布，可以让掠射光汇聚到焦点。掠射系统的缺点在于焦距较长，因此使用这一技术的 X 射线天文卫星普遍体积较大。同时，单个反射面的有效接收面积较小，这一点通常可以用多层嵌套的掠射镜以及高反射率镀层加以克服。龙虾眼光学系统更是使用微通道板技术，用海量毫米级孔隙充当掠射元件，实现提高接收面积、提升灵敏度的目的。

但对于硬 X 射线而言，掠射技术也并不适用，至少效率较低。虽然理论上劳厄透镜可以聚焦高能光子，但这种方式尚未被实用的天文卫星所采用。实际用于硬 X 射线成像的方法主要包括准直器以及编码孔径成像。准直器的作用是限制光子探测器接收辐射的方位（早年的针孔成像装置某种意义上说也是准直器的一种）。通过扫描观测或多台准直器配合使用，可以得知辐射的方向信息。而编码孔径由不透明与透明的两类掩模元，可以在部分区域阻隔光子，或在部分区域允许入射的光子通过，并保证从不同方向入射的光子在孔径后方的探测器平面上投射出形状唯一的投影，这样只要根据投影形态就可以反推辐射源的形态与方位。

X 射线光子本身的探测方法也是多样化的，包括适用于 X 射线的掺杂硅 CCD，还有工作原理上更加接近高能粒子探测器的电离室、正比计数器、闪烁体等装置，还有能量分辨率更高的半导体探测器等。此外如果选择合适的涂层材料，微通道板也可用于记录 X 射线光子。这些元件各有不同的适用能段和场合。一般 X 射线天文卫星都根据自身的科学需求和预算来选择具体使用的类型。由于高能带电粒子也会让相当一部分 X 射线探测器激发，从而产生混淆，X 射线卫星还往往会设置用于筛除宇宙射线事件的反符合屏蔽系统。

（张　博）

X 射线辐射 X-ray emission 天体产生的波长介于紫外线和 γ 射线之间的电磁辐射。人们所处的宇宙空间充满了能够产生 X 射线辐射的天体。从 1962 年 R.贾科尼博士带领团队用 Aerobee150 火箭探测到太阳之外的第一个宇宙 X 射线源（天蝎座 X-1），到 2020 年义罗西塔 X 射线望远镜（eROSITA）已经将宇宙中被探测到的 X 射线源数目提高至 100 万个，其中包括恒星、致密星、X 射线双星、超新星、活动星系核、星系团、X 射线背景等各种不同类型的天体（见太阳 X 射线辐射、星系 X 射线辐射、活动星系核 X 射线辐射、星系团 X 射线辐射）。

虽然能产生 X 射线辐射的天体种类繁多，但 X 射线光子的产生主要是基于几种基本的物理过程，包括黑体辐射、同步辐射、韧致辐射等。另外，如果涉及高能电子，逆康普顿散射也是产生 X 射线光子的重要途径。这些不同的物理过程通常对应了不同的 X 射线能谱形状（即不同能量的 X 射线光子数的分布）。如果能够得到高精度的宽波段能谱数据，通常就能推测出 X 射线辐射所对应的物理过程和物理条件。

下面简单介绍天体物理中最主要的 X 射线辐射对应的物理过程。

高温黑体辐射　黑体是一个能吸收所有电磁辐射，但不产生任何反射和透射的理想物体。处于热力学平衡态的黑体产生的电磁辐射就称为黑体辐射。黑体辐射的能谱形状和峰值只取决于黑体的温度。当温度越高时，光子的能量也越高。黑体辐射的能谱可以用如下的普朗克公式来计算：

$$I(E,T)=\frac{2E^3}{h^2c^2\left(e^{\frac{E}{kT}}-1\right)}$$

式中h为普朗克常数；c为光速；E为光子能量；T为黑体温度；k为玻尔兹曼常数。

普通恒星表面温度为 2500～40 000K，因而其产生的黑体辐射主要落在光学和紫外波段。但是，新产生的中子星表面的温度可以达到 100 万度以上，因而其黑体辐射可以达到 X 射线波段。不过，中子星表面的磁场和环境介质通常会导致一些后面会提到的更复杂的物理过程。

高温气体的热韧致辐射　一团处于热平衡态的高温、低密度气体也可以产生 X 射线辐射。当温度高于 10^5K 时，气体里的原子会发生电离，因而这团热气体就包含了大量的正离子和负电子。当电子随机运动接近周围的带点粒子时，因电场力的作用会产生加速度，改变轨迹，因而会产生电磁辐射，这也被称为韧致辐射。热平衡态的粒子热运动平均动能只取决于温度。温度越高，粒子运动速度越快。热平衡态的电子速度分布为麦克斯韦－玻尔兹曼分布。这些电子产生的辐射被称为热韧致辐射。当气体温度高于 100 万度时，这个过程产生的光子能量主要在 X 射线波段。

热韧致辐射的能谱可以用如下公式计算：

$$I(E,T)=C\ \ G(E,T)Z^2n_en_i(KT)^{0.5}e^{-E/kT}$$

式中E为光子能量；T为气体温度；C为一个常数；$G(E,T)$为 Gaunt 因子（一个随着E增大缓慢减小的函数）；n_e和n_i分别为电子和离子的数密度；K为玻尔兹曼常数。可见，热韧致辐射的能谱在高能端有一个指数截断。通过这个能谱截断可以测量气体的温度。此外，值得注意的是，由于热气体里的部分粒子可能只处于半电离态，其内部的电子碰撞激发和退激发过程也可以产生大量的 X 射线谱线辐射。

针对不同种类的元素构成和丰度的气体，都可以分别计算其在低密度、热平衡态下的单位体积的辐射功率P（包括热韧致辐射和各种发射线）。一团体积为V的热气体的总光度L可以表示为：

$$L=P(T)n_en_iV$$

因此，通过测量气体的辐射光度L和体积V，就能估算其内部的电子和离子的数密度。

在天体物理中，一个典型的例子是通过观测星系团里的高温弥散气体产生的 X 射线热韧致辐射的能谱和光度，测量这些星系间介质的温度和密度。

相对论电子的同步辐射　同步辐射又称为磁韧致辐射，是高速运动电子在磁场中受到洛伦兹力，改变方向产生的电磁辐射。这种辐射的强度取决于电子速度、磁场强度和电子在磁场里的运动方向。如果一团电子的运动的方向是各向同性的，那么同步辐射的能谱形状就取决于电子能量的分布。一般对非热电子假设幂律谱的形式，由此产生的同步辐射能谱也是幂律谱形式：$I(E)=CE^{\gamma}$，式中C为归一化因子；E为光子能量；γ为能谱指数。同步辐射的功率和平均光子能量均正比于磁场强度的平方和电子能量的平方。此外，在特别强的磁场里，电子的运动会被束缚在磁力线的方向，而磁力线通常是弯曲的，这会导致电子的曲线运动。由此产生的电磁辐射被称为曲率辐射，是同步辐射在强磁场条件下的特殊情况。

在天体物理中有很多能产生同步 X 射线辐射的例子，比如，超新星遗迹里的极高能电子（10^1～^{2}TeV）在高温等离子体的磁场里运动产生的同步辐射，电子在磁星周围的极高能磁场（可达 10^{15} 高斯）里运动产生的同步辐射。

相对论电子的逆康普顿散射　逆康普顿散射是天体物理中产生 X 射线辐射的重要机制之一。康普顿散射描述的是光子和带电粒子（比如电子）碰撞散射，并产生能量交换的过程。逆康普顿散射是低能光子和高能电子的相互作用，光子被电子散射的同时，从电子获得能量。设电子的能量为γm_ec^2，其中$\gamma=\frac{1}{\left(1-\frac{v^2}{c^2}\right)^{0.5}}$是洛伦兹因子，$v$为电子速度，$c$为光速。光子的能量为$h\nu$，其中$\nu$为光子频率。每经历一次逆康普顿散射，光子的能量提升为$\gamma^2h\nu$，直到接近电子的静能量，即克莱因－仁科（Klein-Nishina）极限。

由于天体物理环境中存在大量的高能电子，因而逆康普顿散射是产生 X 射线光子的重要机制。比如，黑洞吸积盘内区的 X 射线辐射，通常被认为是由高温电子（冕）对吸积盘光子的逆康普顿散射产生的。此外，宇宙线极高能电子（γ～1000）与微波背景光子（CMB，～10^{-3}eV）的逆康普顿散射，以及活动星系核喷流里的极端相对论电子与周围辐射场里的种子光子的逆康普顿散射等过程，均能产生可观测的 X 射线辐射。

其他与 X 射线辐射相关的物理过程　除了以上描述的几类重要物理过程，还有其他物理过程与天体的 X 射线辐射有关。

例如，还有一种能产生 X 射线辐射的物理过程是电荷交换过程。当高速带电正离子与中性的原子和分子相互作用，会捕获电子并进入激发态。这些电子的退激发会产生各种软 X 射线波段的发射线。电荷交换过程也是一种较为普遍的现象。例如，高速太阳风离子会和彗星表面的低温气体、行星高层大气相互作用，会产生 X 射线辐射。超新星激波加速的高能粒子与星际介质相互作用，也能为电荷交换过程提供条件，从而解释部分超新星遗迹里产生的软 X 射线辐射。

另一种是 X 射线光子与星际尘埃的

散射。1keV 的 X 射线光子的波长为 12.4 埃，而星际介质中存在大量 $10^{1\sim3}$ 埃的尘埃颗粒。因而，软 X 射线光子可以和尘埃颗粒产生米散射。这是一种方向性很强的弹性散射，只改变光子的传播方向。星际尘埃的 X 射线散射是一种几十年前就被注意到的，天体物理中的普遍现象。其主要效应是会在视线方向降低 X 射线点源的观测流量；在点源周围产生可观测的 X 射线尘埃散射晕或散射环；增加 X 射线源在观测里的弥散度。

（金驰川）

X 射线脉冲星 X-ray pulsar 在 X 射线波段具有周期性脉冲辐射的天体。它们是 X 射线双星中的吸积磁中子星。脉冲周期是中子星的自转周期。X 射线辐射来自中子星的物质吸积。半人马座 X-3 是第一个发现的 X 射线脉冲星，脉冲周期为 4.84 秒。大多数的 X 射线脉冲星的伴星是大质量的早型恒星，具有强烈的星风；也有一部分是低质量的、充满洛希瓣的晚型恒星。在银河系和近邻星系中已发现大约 100 颗 X 射线脉冲星，脉冲周期分布在约 2 毫秒至约 10^5 秒之间。产生脉冲辐射的条件是中子星具有较强磁场，并且磁轴与自转轴不重合。来自伴星的吸积物质在磁层处沿磁力线流向中子星的磁极，产生具有高度方向性的 X 射线辐射。随着中子星的自转，如果辐射束扫过探测器，就可以观测到脉冲辐射。

（李向东）

X 射线双星 X-ray binary 包含一颗吸积致密星（中子星或黑洞）的双星系统。1962 年 R. 贾科尼等人利用搭载在高空火箭上的 X 射线探测器发现了太阳系外第一个 X 射线源天蝎座 X-1，后被证认为是一个 X 射线双星。在银河系内发现的 X 射线双星数目已超过 300 个。在近邻星系中也发现了大量的 X 射线双星。

X 射线双星中致密星的伴星是一颗非简并恒星或白矮星，X 射线辐射的能源来自双星中的物质交流过程：伴星通过洛希瓣渗溢或星风等方式损失物质，其中的一部分物质被致密星俘获。由于致密星的表面引力场很强，吸积物质在落向致密星的过程中获得很大的能量，这部分能量可以转变为 X 射线波段的辐射。根据伴星质量的大小，X 射线双星主要分为高质量 X 射线双星（如半人马座 X-3）和低质量 X 射线双星（如 4U1626-67）两类。其中的非简并子星分别是高质量的早型星和低质量的晚型星。此外，还有数量很少的中等质量 X 射线双星（如武仙座 X-1）。高质量 X 射线双星主要分布在银盘上，低质量 X 射线双星有向银心集中分布的趋势，部分低质量 X 射线双星分布于球状星团中。如果致密星是具有较强磁场的中子星，它们可以发射 X 射线脉冲辐射。这类天体也称为 X 射线脉冲星。对于星系核不活动的星系，X 射线双星贡献了星系的绝大部分 X 射线辐射。

（李向东）

X 射线天空 X-ray sky 来自地球外的 X 射线辐射，包括来自太阳系、银河系和河外的 X 射线辐射。最先发现来自太空的 X 射线的是 1948 年美国海军实验室发射的 V-2 火箭首次接收到的来自太阳的 X 射线辐射。1962 年，美国麻省理工学院的贾科尼科研组发现了一个位于天蝎座的 X 射线源，命名为天蝎座 X-1（Sco X-1）。之后，X 射线天文学迅速发展。20 世纪 60 年代，人们使用火箭作为载体共发现了约 30 个 X 射线源，主要集中在银道面附近，并初步得到 X 射线天图。

一个完整的 X 射线天空需要 X 射线空间探测器完成对全天的观测，同时获得 X 射线源的位置和弥漫的 X 射线背景。首个 X 射线的系统巡天来自 1970 年发射的乌呼鲁 X 射线卫星。它的定位精度为 0.5°～1°，发现了 300 多个源，证实了 X 射线双星的存在。随着 X 射线卫星以及掠射式 X 射线望远镜的发展，X 射线观测的位置精度得到了极大的提升。1990 年，通过为期 6 个月的巡天，伦琴 X 射线天文台（ROSAT）给出了软 X 射线波段的全天天图，发现了约 8 万个 X 射线源，位置精度为 30″左右。截至 2021 年，最新的 X 射线天图来自 eROSITA 卫星（见图），总共发现了约 100 万个 X 射线源。

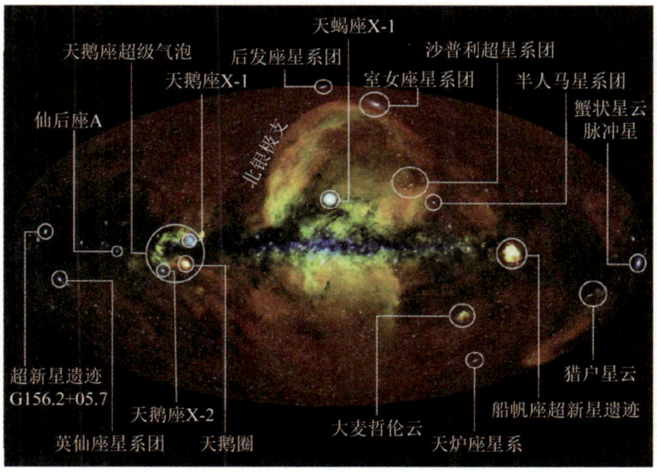

红绿蓝色分别表示 0.3～0.6keV，0.6～1keV 和 1～2keV

伦琴 X 射线天文台（eROSITA）于 2020 年给出的银河坐标 X 射线天图

在 X 射线天空中，远离银盘的低能弥散辐射主要来自太阳系周围的热气体（本地泡）以及银河系的热气体。此外，太阳系内的天体也能通过反射太阳 X 射线辐射以及太阳风与太阳系内（行星际空间，地球大气，彗星表面）的中性气体碰撞进行电荷交换产生太阳 X 射线辐射。靠近银盘区域，由于气体和尘埃吸收了大量的软 X 射线光子，除了本地泡的 X 射线辐射外，基本只有高于 1keV 的 X 射线光子能够通过，因此显得比较蓝。靠近银心区域的热气体来自银河系历史上的高能天体物理过程，比如超新星爆发或者银心超大质量黑洞外流过程。在银河系中，还存在着恒星级的 X 射线源，比如，表现为点源的 X 射线脉冲星、X 射线双星（Sco X-1，Cyg X-2）、磁陀星，表现为扩展源的超新星遗迹（SNR）等。银河系之外，大量的星系中心存在着超大质量黑洞。物质落入黑洞的吸积过程能够产生 X 射线，被称为活动星系核，表现为点源。由于早期的 X 射线望远镜角分辨率有限，大量不可分辨的活动星系核表现为弥漫的宇宙 X 射线背景。另外，星系群和星系团中存在着大量的、温度可达 $10^{7\sim8}$K 的热气体，热辐射在 X 射线波段，表现为展源。

（刘文浩　李　晔）

X 射线天文卫星 X-ray astronomical satellite 研究天体 X 射线辐射的卫星。由于科学目标的不同，有时也会同时携带光学等其他波段的探测器。同样，在主要研究其他波段的卫星上有时也会携带 X 射线探测器。由于 X 射线很容易被地球大气所吸收，X 射线天文卫星是获得天体 X 射线性质的最主要设备。

主要任务是测量地球与金星之间磁场分布的先驱者 5 号（Pioneer 5）是第一颗观测到太阳 X 射线辐射的卫星。1962～1975 年，美国发射了轨道太阳观测台 1 号（OSO-1）到轨道太阳观测台 8 号（OSO-8），用于观测太阳的紫外、X 射线和 γ 射线辐射。1970 年，美国发射了第一颗 X 射线卫星乌呼鲁（见乌呼鲁X射线卫星），取得了一系列成就，包括发表了第一个X射线源表、一系列X射线双星，第一个黑洞候选体天鹅座X-1等。截至2020年，全世界X射线卫星的数目超过30个。其中部分重要卫星的主要特征参见表1。

表1 重要X射线卫星的参数

卫星	国家/机构	运行时间	探测器	能量范围（keV）	有效面积（cm^2）	视场	空间分辨
乌呼鲁（Uhuru；SAS-1）	美国	1970～1973	PC1	2～18	840	1°×10°	2′～1°
			PC2	2～18	840		
小型天文卫星3号（SAS-3）	美国	1975～1979		0.1～60			
高能天文台1号（HEAO-1）	美国	1977～1979		0.2～10 000			
爱因斯坦天文台（HEAO-2）	美国	1978～1981		0.2～20			
伦琴X射线天文台（ROSAT）	美国	1990～1999	PSPC	0.2～2	250	2°	30″
			HRI	0.2～2	80	40′	2″
			WFC	0.04～0.2	10	5°	3′
罗西X射线时变探测器（RXTE）	美国	1995～	PCA	1～20	7400	1°	1°
			HEXTE	12～60	1000	1°	1°
贝波X射线天文卫星（BeppoSAX）	意大利	1996～2003	MECS	1.3～10	450	0.5°	1.2′
			HPGSPC	4～120	260	1.1°	
			PDS	15～300	600	1.3°	
格雷尔斯雨燕天文台（Swift）	美国	2004～	BAT	15～150		60°×100°	17′
			XRT	0.2～10	110	23′	18″
钱德拉X射线天文台（Chandra）	美国	1999～	ACIS-I	0.2～10	600	16′	0.5″
			HRC	0.2～10	250	40′	0.5″
			LETG/ACIS	0.2～10	100		0.5″
			HETG/ACIS	0.4～10	40		0.5″
XMM-牛顿望远镜	欧洲	1999～	EPIC-MOS	0.2～12	800	30′	6″
			EPIC-PN	0.2～15	1000	30′	6″
			RGS	0.3～2.5	150		6″
格雷尔斯雨燕天文台（Swift）	美国	2004～	BAT	15～150		60°×100°	17′
			XRT	0.2～10	110	23′	18″
朱雀号	日本	2005～	XIS	0.3～10	1360	18′	2′
			HXD	15～200	200	34′，4°	
核分光望远镜阵（NUSTAR）	美国	2012～		3～79		12′	12.3″
硬X射线调制望远镜（慧眼）	中国	2017～	LE	1～12	384		1′
			ME	8～35	952		1′
			HE	20～350	5100		1′
X射线-γ射线谱天文卫星（SRG）	德国 俄罗斯	2019～	eROSITA	0.3～10	2400	1°	16″～18″
			ART-XC	5～30	450	36′	30″
X射线偏振成像探测器（IXPE）	美国/意大利	2021		2～8		＞11′	＜30″
爱因斯坦探针（EP）	中国	2024～	WXT	0.5～10	3（7）	60°	5′
			FXT	0.5～10	100	38′	2′
增强型X射线时变与偏振空间天文台（eXTP）	中国	预计2027年发射	SFA	0.5～20	5000		
			PFA	2～10	1000		
			LDA	2～30	30 000		
			WFM	2～50		3.2sr	1′

表 2 中国的 X 射线空间探测

起止时间	名字	描述
1971～1979	实践一号卫星	太阳软 X 射线
1983～1990	香河气球地面站	高空 X 射线观测
2001	神舟二号	中国自己研发的三台 X 射线探测器，观测太阳硬 X 射线
2017～	硬 X 射线调制望远镜卫星（HXMT）	中国首颗空间 X 射线天文卫星，1～250keV，黑洞、中子星
2018～	极光计划 X 射线偏振探测器（Polarlight）	第一个空间天文软 X 射线偏振专用探测器
2022～	先进天基太阳天文台（ASO-S）	太阳硬 X 射线成像仪，30～200keV，观测耀斑和日冕物质抛射
计划 2024 年发射	空间暂现源观测任务（SVOM）	X 射线成像仪 ECLAIRs，软 X 射线望远镜，探测 γ 射线暴 X 射线余晖
2024～	爱因斯坦探针（EP）	宽视场软 X 射线成像望远镜 WXT，0.5～4keV，后随 X 射线成像望远镜 FXT 进行时变天文研究
计划 2027 年发射	增强型 X 射线时变与偏振探测卫星（eXTP）	中国计划中的大型旗舰机空间天文台，观测黑洞、中子星，理解极端引力、磁场、密度/能量的极端物理规律

中国自 20 世纪 70 年代开始也开展众多 X 射线探测计划。截至 2022 年，所有开展与计划的 X 射线空间探测实验如表 2 所示。（金驰川 李晔 蒙克来）

X 射线天文学 X-ray space astronomy 通过探测天体辐射的 X 射线来研究天体和宇宙的学科。在天文学中，X 射线是指波长在 0.01～10 纳米的电磁波，对应的光子能量在 0.1～200keV 范围，为可见光光子能量的成百到上万倍。X 射线辐射具有显著的粒子性。一般将能量 0.1 至几 keV 的 X 射线称为软 X 射线，能量在此之上的则称为硬 X 射线。由于地球大气对 X 射线不透明，为了接收天体的 X 射线信号，需要将探测器发射至几十千米以上的高空大气层或地球轨道。因此，X 射线天文学是以空间探测技术的发展为基础的，并与之相互依存、相互促进。从 20 世纪 60 年代 X 射线天文学诞生之日起，天文学家已经发现了一系列前所未知的新型天体和现象，获得了其他波段观测无法得到的信息，极大地拓展了人类探索宇宙的视野和天文学研究的领域。研究表明，几乎所有的天体都会产生 X 射线；X 射线也因此成为众多天文研究领域的重要观测窗口。经过 60 多年的发展，X 射线天文学已成为天文学的主流领域之一，不断增进人类对宇宙及其基本物理规律的认识。

学科发展概况 X 射线天文学是主要由观测驱动的学科，其发展很大程度上依赖于探测技术和观测手段的进步。同射电天文学一样，X 射线天文学是最早源于第二次世界大战并发展起来的军事技术。20 世纪 40 年代末，美国海军实验室利用 V2 火箭搭载的盖革计数器，探测到了来自太阳的 X 射线辐射。1962 年，R.贾科尼团队利用改进后的探空火箭和盖革计数器，首次发现了太阳系之外的宇宙 X 射线源天蝎座 X-1（Sco X-1）。随后国际上多个团队竞相开展火箭和气球实验，探测到了更多的 X 射线源。后来的研究证实，它们主要是银河系内的 X 射线双星、超新星遗迹，以及银河系外明亮的活动星系核和星系团等。贾科尼及其团队的研究开启了 X 射线这一宇宙探索的新窗口。由于其对 X 射线天文学的卓越贡献，贾科尼获得了 2002 年诺贝尔物理学奖。

早期 X 射线天文卫星多采用准直器加气体正比计数器的技术。1970 年，美国航空航天局（NASA）发射了首颗 X 射线天文卫星乌呼鲁 X 射线卫星。由于大大延长了仪器的观测时间，该卫星开启了 X 射线观测宇宙的新纪元，观测到了位于双星系统中的中子星的辐射特征，解开了天蝎座 X-1（Sco X-1）等银河系明亮 X 射线源之谜。乌呼鲁 X 射线卫星首次在 X 射线波段开展全天巡天，发现了 300 多个 X 射线源，包括位于银河系外的活动星系核和星系团。之后欧美相继开展了一系列空间卫星探测，包括英美两国合作的羚羊 5 卫星（Ariel-Ⅴ）、荷兰天文卫星（ANS）和美国的小型天文卫星 3 号、轨道太阳观测台 8 号（OSO-8）等。这些卫星获得的光变和光谱观测数据，丰富了关于宇宙 X 射线源的认识；譬如，发现天鹅座 X-1 是黑洞候选体，探测到铁元素的荧光发射线等。高能天文台 1 号探测到全天的 800 多个 X 射线源，并在硬 X 射线能段测量了宇宙 X 射线背景辐射的均匀性和能谱。值得一提的是，Ariel-Ⅴ上搭载的全天监视器初步展示了大视场监测的科学潜力，首次发现了包括黑洞 X 射线双星耀发等 X 射线爆发天体。

之后的一个里程碑是 X 射线聚焦成像望远镜的运用。1978 年发射运行的爱因斯坦天文台（HEAO-2），标志着 X 射线天文学进入了真正意义上的望远镜时代。聚焦望远镜可以对天体的 X 射线进行直接成像，同时将观测角分辨率和灵敏度提高几个量级，由此引发了 X 射线天文观测的革命。而与此同时，改进的准直型 X 射线望远镜也同样发挥着重要的作用。1980～1990 年，国际上发射运行了几颗各具特色的准直器型 X 射线卫星。欧洲空间局（ESA）的欧洲 X 射线天文卫星（EXOSAT，1983～1986）采用了大椭圆轨道，可以在较长的时间尺度上连续监测天体的 X 射线光变。日本发射了火鸟（Hakucho）、天马（Tenma）和拥有大面积探测器的银河号（Ginga）卫星，成为继美欧之后 X 射线天文领域的重要成员。

1990 年，德国发射了伦琴 X 射线天文台（ROSAT），首次利用聚焦成像望远镜在软 X 射线波段完成了深度的全天巡天，并开展定点观测，发现了十几万个 X 射线源。爱因斯坦天文台和伦琴 X 射线天文台配备了高分辨成像仪（HRI），获得了超新星遗迹和星系团 X 射线的二维空间分布图像（见图）。1993 年，日本发射 ASCA 卫星，首次成功使用 CCD 作为

a 猎户座星空 光学望远镜拍摄的图像　b 猎户座星空 X射线图像（ROSAT卫星）

猎户座星空光学和 X 射线图像

X 射线探测器，利用其较好的能谱分辨率测量了铁荧光谱线的轮廓，揭示了来自黑洞视界附近的**引力红移**效应。自此以后，CCD 成为 10keV 以下 X 射线天文探测的标准探测器。意大利与荷兰合作的贝波 X 射线天文卫星（BeppoSAX）开展了天体从软到硬 X 射线较宽能段的观测。尤其值得一提的是，利用搭载的宽视场监视器和高灵敏望远镜开展协同观测，BeppoSAX 首次探测到 **γ 射线暴**的 X 射线余辉并成功精确定位，使得其寄主星系证认和红移测量成为可能，由此解开了 γ 射线暴起源之谜。美国还发射了两颗时域天文观测的卫星。其一为罗西 X 射线时变探测器（RXTE，1995～2011），专注于天体的 X 射线辐射光变研究并开展 X 射线大视场监测。而另一为高能暂现源探测器 2 号（HETE-2），在 X 射线波段探测 γ 射线暴并可快速下传爆发的信息。

进入 21 世纪，美欧相继发射运行了大型 X 射线天文台**钱德拉 X 射线天文台**（1999～　）和 **XMM-牛顿望远镜**（1999～　），将 X 射线天文学带入了一个全面而快速发展的时代。钱德拉 X 射线天文台的亚角秒空间分辨率提供了前所未有的 X 射线高清图像和对弱源的高灵敏探测。而 XMM-牛顿望远镜具有截至 2022 年最大的观测有效面积，获得了大量天体的高质量 X 射线光谱和光变数据。γ 射线暴卫星**格雷尔斯雨燕天文台**通过宽视场编码孔径探测器在硬 X 射线波段的探测和初步定位，结合快速自主后随观测和爆发信息快速发布，实现了大样本 γ 射线暴的红移测量，并发现来自宇宙早期的 γ 射线暴。日本发射运行了宽波段 X 射线卫星朱雀号（Suzaku，2005～2015），以及国际空间站首个天文仪器——变源和爆发源全天监视器 MAXI（2009～　）。核分光望远镜阵（NuSTAR，2012～　）首次将 X 射线聚焦成像观测从 10keV 延伸至 79keV，获得了大量相对较暗的源的硬 X 射线图像和能谱。于 2015 年发射的印度首颗天文卫星 AstroSAT，搭载了多个 X 射线及多波段望远镜。另一个空间站仪器 NICER（美国，2017～　）主要用于开展中子星高精度测量及 **X 射线脉冲星**导航实验。中国于 2017 年发射了首颗 X 射线天文卫星**硬 X 射线调制望远镜**（慧眼-HXMT）。慧眼采用准直器和晶体闪探测器，具有宽 X 射线能段（1～250keV）和在硬 X 射线大有效面积的优势；慧眼对大量亮 X 射线源开展了高统计量和高精度的研究。2019 年发射的 SRG 卫星（俄罗斯/德国）搭载了德国的义罗西塔 X 射线望远镜（eROSITA），其目标是以高于 ROSAT 全天巡天 30 倍的灵敏度开展更深的全天巡天，并延伸到 8keV 硬 X 射线；预期将探测到 200 万个 X 射线源，包括上百万活动星系核和 10 万星系团。

偏振观测在新的维度提供了关于辐射源的物理信息，但长期以来 X 射线偏振测量进展缓慢。2021 年 12 月，随着美国专用偏振测量卫星——X 射线偏振成像探测器（IXPE）的发射，这一状况才得以改观。在高能谱分辨率观测方面，钱德拉 X 射线天文台和 XMM-牛顿望远镜均配备有光栅光谱仪，获得了一些天体的高分辨光谱，但仅限于较亮 X 射线源。与之相比，微量能器具有更多优势，可进行高分辨光谱的成像观测，但尚未有成功运用。

探测技术和方法　探测仪器（望远镜）包括 X 射线光学系统和探测器。X 射线的探测通常是以单光子进行的。常用的 X 射线探测器可同时记录收集到的单个光子的到达时间、能量和方向。经过数据处理，可获得辐射源的流强及其光变、能谱、方位或图像。X 射线探测器的工作原理是利用光子与物质的相互作用。光子在介质中通过光电效应或散射，将能量传给所产生的光电子或康普顿电子。获得动能的电子在探测器介质中进一步电离或激发径迹上的原子，产生更多的电子或激发态原子。探测器通过收集并放大所产生的电荷或可见光信号，实现对入射光子的记录。

常用的探测器有几类，由于工作原理不同，它们的敏感能段和性能不尽相同。在 X 射线天文诞生后的几十年里，原理简单、运行可靠的气体正比计数器一直是主力探测器，可探测能量范围在 0.1～50keV 的光子。近二三十年来，气体探测器逐渐被具有更高能谱分辨率的 X 射线敏感电荷耦合元件（CCD）所取代，其探测能段在 10keV 以下；工作在该能段的还有高位置分辨的**微通道板**探测器（MCP）、新近开始应用的互补金属氧化物半导体（CMOS）探测器。在能量更高的硬 X 射线（10～几百 keV），主要有晶体闪烁探测器（scintillator，常用的有碘化钠和碘化铯）和碲锌镉（CZT）半导体探测器。而在高能谱分辨应用方面，超导微量能器可达到几个 eV 的高能谱分辨，可与中等分辨率的光学光谱仪相当。此外，偏振探测器还可以通过测量光电子的径迹，获得光子的偏振信息。

X 射线很难被反射聚焦。传统的观测方法是采用在探测器前端加准直器以限制视场，避免其他方向的背景辐射和源的污染。还可以通过让准直器扫描天空或转动视场，获得计数率随方向变化的调制信号，从而获得点源位置或空间分布。早期的设备大多采用该方法（例如 Uhuru、HEAO-1、银河、RXTE/PCA）。对于同时需要实现大视场和点源定位的观测，最简单和直接的方法是小孔成像（如 Ariel-V/ASM，MAXI）加上大面阵的位置灵敏探测器。而更多的大视场设备采用**编码孔径**技术（如 Swift/BAT），以增加光子接收面积和探测灵敏度，通过拟合探测器上的光子分布解出点源的空间分布。以上方法的角分辨率、定位精度（角分量级）和灵敏度相对较低，主要用来探测 γ 射线暴和较亮 X 射线源。

在掠入射条件下，当入射光线与光滑反射面之间夹角小于全反射临界角时，X 射线能够被反射。通过连续两次曲面反射（常用的 Wolter-1 系统采用旋转抛物面和旋转双曲面），可在焦面二维位置灵敏探测器上实现聚焦成像。在实际应用中会使用多层嵌套镜面以增大光子接收面积。通常的 Wolter 镜面可以聚焦能量为十几 keV 以下的 X 射线，但视场较小，不超过 1°。如果在焦面上设置透射或反射光栅，还可以获得点源的高分辨 X 射线光谱。龙虾眼微孔（MPO）技术日趋成熟，可在软 X 射线能段实现大视场和中等角分辨率的掠入射聚焦成像（见**龙虾眼光学系统**）。

X 射线天空　X 射线的天空与光学的天空有显著的不同。天体的 X 射线辐射直接产生于极高温度（百万至千万或更高）的黑体或等离子体的**热辐射**，或相对论性高能电子的**非热辐射**。因此，X 射线辐射天体通常具有极强引力场、深引力势阱、强磁场、强激波等极端物理条件。典型的 X 射线源包括致密天体（**白矮星**、中子星和黑洞）、超新星遗迹、星系团，以及与各类天体演化过程中的灾变事件（如恒星死亡坍缩、致密天体并合）等。X 射线所揭示的是宇宙中炽热的、极端物理条件下的、或处于剧变过程的天体和现象。因此，X 射线观测也是检验极端条件下基本物理规律和探索**宇宙学**的重要工具。

作为 **X 射线天空**中最亮的源，X 射线双星包括一个中子星或黑洞致密天体和一颗作为伴星的正常恒星。最早的黑洞存在的间接证据即来自对 X 射线双星的观测。中子星或黑洞通过**吸积**伴星的物质，加热**吸积盘**到极高温度，某些情况下甚至产生相对论性**喷流**，将引力势能转换为 X 射线辐射能释放出来。X 射线双星提供了研究致密天体吸积的实验室。其X射线在各种时标上表现出剧烈的光变。有些光变具有准周期振荡现象；有的还经常产生形式多样的爆发，源于吸积率的突然增加或中子星表面热核反应。通过观测准周期振荡，测量中子星的质量和半径，由此限制中子星的状态方程。产生于黑洞附近的X射线携带着关于黑洞时空的信息，通过X射线观测已获得一批黑洞的自旋的测量。目前的观测已经发现500颗左右的X射线双星，主要分布在银河系以及邻近的大小麦哲伦云星系，其中20颗包含黑洞、50颗左右包含黑洞候选体。激变变星为包含一颗白矮星的双星系统，在软X射线波段也有较强的辐射及光变，甚至爆发。在银河系和邻近星系的X射线源中，还包括超新星遗迹、孤立中子星等。与太阳类似，邻近的大量恒星也被探测到X射线辐射，产生于与磁场活动相关的高温恒星冕区，也会频繁产生耀发。在软X射线波段，天空中还弥漫着来自温热气体的辐射，主要是太阳系周围及银河系的热气体。

X射线是发现和探索活动星系核的重要手段。超大质量黑洞通过吸积物质、在其紧邻的周围形成吸积盘、高温冕甚至相对论性喷流，产生强烈X射线辐射。由于其辐射区非常靠近黑洞，X射线可以作为强引力场的探针，探索光线弯曲、引力红移、时空拖拽等相对论效应，并测量黑洞自旋。eROSITA巡天已发现超过100万个X射线源，其中大部分为活动星系核。星爆和恒星形成星系也会发出软X射线辐射，来自分布在星系尺度上的、温度几百万度的热气体。作为强X射线源的星系团，其辐射来自充满整个团（半径1～10Mpc）的稀薄弥漫热气体，温度高至上千万度，达到了星系团的维里温度。X射线揭示了大量在光学波段不可见的团内介质的存在，并提供了星系团的质量测量方法，证明了星系团为暗物质主导。通过对X射线星系团的质量分布函数及其随红移演化的观测，可以检验和限制暗物质、暗能量和宇宙学的模型。弥散的宇宙X射线背景辐射一直是一个未解之谜；直到钱德拉X射线天文台和XMM-牛顿望远镜的深场巡天发现，在10keV以下的背景辐射可几乎被完全分解为点源，包括活动星系核、星系团和正常星系中的X射线源等。

X射线的天空充满了各种天体的剧烈光变和暂现源，时标横跨从秒以下到年的量级，包括了恒星耀发、双星或孤立的致密天体、X射线闪、超新星、γ射线暴、活动星系核喷流耀发、黑洞潮汐瓦解恒星事件等。高能时域天文一直是X射线天文学的一个重要研究领域。

未来展望　X射线天文学除了继续聚焦于极端、炽热和剧变天体的研究，还将更多地瞄准与宇宙学、星系和恒星形成演化、多信使和时域天文学相关的基本科学问题。未来的几颗重要卫星将在多个方面推动X射线天文学的跨越式发展。eROSITA卫星预期将发现300万个超大质量黑洞和10万个星系团，将对暗物质、暗能量和宇宙学模型进行限制。即将于近期发射的XRISM（JAXA/NASA），将再次向微量能器高能谱分辨的成像观测这一期待已久的目标发起冲击。欧空局的大型X射线天文台Athena＋，聚大口径、高能谱分辨率的成像观测等能力于一身，将研究极端和炽热的宇宙。此外，正在论证中的LYNX（NASA），将秉承优异的空间分辨率的传统，探索第一代大质量黑洞的起源、剧烈X射线过程对星系和恒星的形成和演化的影响等。在探测技术方面，未来的一个新兴方向是X射线干涉成像。在中国，未来的几年中，将有几颗各具特色的设备发射运行，包括先进天基太阳天文台ASO-S上搭载的硬X射线成像仪，中法联合γ射线暴卫星SVOM，基于微孔龙虾眼技术、监测和刻画动态X射线天空的爱因斯坦探针（EP）卫星。处于立项论证阶段的有大型X射线时变和偏振天文台eXTP、探测宇宙热重子物质的HUBS等。这些设备的成功发射运行，将与理论研究一起，进一步增进人们对极端、炽热和动态宇宙的认识。

（袁为民）

X射线吸收　X-ray absorption　X射线通过物体后，强度衰减。宇宙空间里充满了星际介质，比如银河系的星际介质总质量约占整个星系质量的10%。所有天体的辐射到达观测者前都要先穿越大量的星际介质，在此过程中经历吸收、散射等物理过程，因而观测到的天体辐射性质会发生改变。X射线辐射同样如此。

虽然星际介质的平均密度仅约为1原子/厘米³，但这足以对很多X射线源产生显著的吸收现象。特别是银盘内的X射线源（比如银心X射线源），其辐射要穿越银盘里的大量星际介质，才能抵达观测者，因而吸收会尤其显著。此外，对于河外天体来说，他们的X射线辐射要首先穿越其宿主星系里的星际介质，然后穿越漂浮在星系间的介质，最后才穿越银河系内的星际介质，因而在传播过程中会携带不同的吸收成分的信息。

对天体的X射线辐射的研究（比如能谱分析），不可避免地要考虑前景星际介质的吸收。因此，通过细致的研究，不仅可以得到天体本身的X射线辐射性质，也可以同时了解前景星际介质的性质（比如吸收介质的柱密度、丰度、距离等）。

星际介质的吸收　星际介质中的气体可以处于不同的温度和电离态，其中中性气体对X射线的吸收最为重要。X射线吸收的物理机制主要是光电效应。星际介质的透过率正比于：$e^{-\sigma N_H}$，其中σ是光电吸收因子，N_H是中性氢的柱密度。中性氢本身对X射线的吸收贡献很小。有显著贡献的主要是氧、硅、硫、铁等金属元素原子的K层电子的激发过程。但是，只要假定了一定的星际介质元素丰度（比如取太阳的金属丰度），就可以方便地用中性氢的数量来代表所有其他元素的数量。

如图1所示，σ在软X射线波段较大，但随着光子能量增加迅速变小。但在高能段会有一系列σ的突然增大，这主要是因为不同元素的K层吸收边的能量不同。比如，氧原子和铁原子的K层吸收边分别为0.5keV和7.1keV，他们也分别在相应的能量处提供了主要的吸收率贡献。而氦原子则主导了0.2keV附近的吸收。

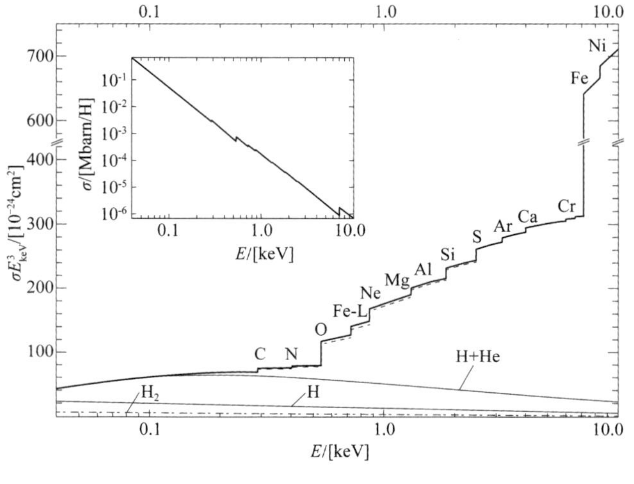

图1　星际介质里不同元素相对每个氢原子的吸收率（吸收率曲线的阶跃是源自对应元素的K层吸收边）

事实上，如果能够在元素的 K 层吸收边附近获得高能量分辨率、高信噪比的 X 射线光谱（比如利用**钱德拉 X 射线天文台**的 HETG 高分辨率光谱仪），就能看到每个吸收边实际上包含了不同能级跃迁的吸收线、共振吸收线等复杂精细结构（图 2）。此外，由于星际气体通常不仅包含中性原子，也包含半电离的原子。这些半电离原子的吸收线与相应的中性原子的吸收线会有细微的能量差别，因而会进一步增加 K 层吸收边附近精细能谱的复杂性，但这也为测量星际介质里同一元素的不同电离度原子的相对比例提供了可能性。

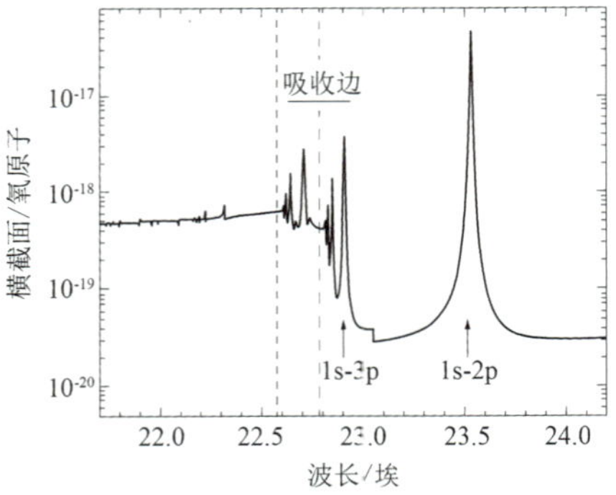

图 2　理论计算的中性氢氧原子的吸收截面（图中显示了 K 层吸收边附近的精细结构）

由于银河系是盘状结构，因而不同方向和距离处的天体对应的前景吸收柱密度差别会很大。比如高银纬的 X 射线天体对应的N_H就会比银盘里的小很多。在银盘里，距离**太阳系** 2 千秒差距（kpc）的 X 射线源对应的前景N_H约为$3\times10^{21}cm^{-2}$，因而 0.4keV 以下的 X 射线光子几乎完全被吸收。而距离太阳系 8kpc 左右的银心区的 X 射线源对应的N_H约为$3\times10^{22}cm^{-2}$，所以 1.2keV 以下的 X 射线光子几乎完全被吸收。

此外，星际介质不仅包含气体，也包含尘埃和分子，以及由这三种成分构成的致密云团。比如，一个 10pc 大小、密度为每立方厘米 30 个原子的云团，可以贡献的N_H可达$10^{21}cm^{-2}$，因而可以吸收超过 80% 的 0.3keV 以下的软 X 射线。

星际尘埃的散射　X 射线光子在穿越星际介质的过程中，除了部分被气体原子吸收，也有部分会被尘埃颗粒散射。由于 1keV 的 X 射线光子的波长为 12.4 埃，而星际介质中存在大量的尘埃颗粒，因而软 X 射线光子可以与尘埃颗粒产生米氏散射。米氏散射是一种方向性很强的弹性散射，只改变光子的传播方向。尘埃散射虽然不会直接吸收 X 射线光子，但会将部分视线方向的 X 射线光子散射到其他方向，从而降低 X 射线天体在视线方向的观测流量，因而表现出的效应和吸收类似。相对于中性气体的吸收截面，尘埃散射的截面要小一个量级左右。因而对于 X 射线吸收很弱的天体，尘埃散射的效应通常可以忽略不计。但是对于前景吸收很强的天体（比如银心里的 X 射线源），就必须把前景尘埃散射的效应考虑在内。

此外，尘埃散射的另一个效应是在 X 射线点源的周围产生一个尘埃散射晕或者散射环，这是因为视线方向外的尘埃颗粒也可以把其他方向的 X 射线光子散射到观测者的方向。因此，如果能够直接观测到某个 X 射线源周围存在圆形的尘埃散射晕或散射环，就说明该天体的前景吸收和散射都比较强，即N_H比较大大。因此，在做数据分析时，就需要充分考虑星际介质的吸收和散射对该天体的 X 射线能谱和光变的影响。（金驰川）

X 射线针孔成像　pinhole imaging of X-ray　利用 X 射线通过针孔能够成像的性质进行 X 射线天文观测的一项技术。1960 年 4 月，美国 R.L.布莱克等人用针孔照相机获得太阳的 X 射线照片，计算出 0～60 埃波段内 X 射线流量为 0.3 尔格/（厘米^2·秒）。这个针孔的直径为 0.0127 厘米。为了避免可见光和紫外线照射底片，在针孔前放置了 0.25 毫克/厘米^{2}的帕洛迪安（Parlodion）膜和 2500 埃厚的铝层构成的**滤光片**。采用不同的滤光片，可以获得相应波段的照片。这种针孔照相机的分辨率低，不能满足空间研究发展的需要。20 世纪 60 年代创制的**掠射 X 射线望远镜**满足了高分辨率的要求，但由于造价昂贵，未能广泛应用。R.H.迪克和 H.J.爱尼哈默提出制造多孔径针孔照相机，可以将分辨率提高到几个角秒，而且体积较小，适用于航天器。多孔径针孔照相机利用相关检测的原理，使来自复合目标的光子信号多路复用，减小固有噪声，提高信噪比。从原则上说，可以用各种各样的方法实现多孔径针孔成像。1973 年，布莱克等人在火箭上使用两个互补的多孔径针孔板，获得 8～20 埃波段内的太阳像，分辨率优于 1′。（刘敦暲）

XMM-牛顿望远镜　X-ray Multi-Mirror Newton Mission　欧洲空间局于 1999 年 12 月 10 日发射并截至 2023 年仍在运行的 **X 射线天文卫星**。以英国物理学家、数学家 **I.牛顿**命名。又名多镜面 X 射线空间望远镜或高通量 X 射线光谱观测卫星。XMM-牛顿望远镜卫星（见图）主体部分长达 10 米，重 4 吨，是截至 2023 年，欧

XMM-牛顿望远镜艺术图

洲空间局（ESA）发射过的所有科学卫星中体量最为庞大的一颗。它的当前轨道是轨道半长轴近 67 000 千米、偏心率超过 0.7、倾角 71°的椭圆轨道，主要科学目标包括研究天空中的各类 X 射线源、系统开展 X 射线能谱研究、进行 X 射线和光学的同步观测等。

XMM-牛顿望远镜卫星的主要科学载荷是 3 架焦距 7.5 米的沃尔特 Ⅰ 型掠射 X 射线望远镜，各由 58 层相互嵌套的同轴反射面构成。反射面由金属镍制成，表面镀以黄金，以提高对 X 射线的反射率。卫星的光子探测器包括一套由 3 架 CCD 组成的欧洲光子成像照相机（EPIC），配合星载反射式光栅能谱仪（RGS）使用，可以在 30 角分的视场内对能量范围介于 0.15～15keV 的光子实现 6 角秒的空间分辨率和 e/Δe 为 20～50 的中等能谱分辨率。此外 XMM-牛顿望远镜卫星还配备了用于提供带电粒子环境信息的 EPIC 照相机的辐射监测系统。同时它也是第一颗搭载了能够与 X 射线仪器同步开展多波段观测的光学望远镜的 X 射线卫星，配备有一架口径 30 厘米、焦距 3.8 米的 R-C **望远镜**以及相应的滤镜和探测器系统。

入轨 20 余年以来，XMM-牛顿望远镜卫星已经研究了超过 50 万个 X 射线天体，所关注的对象包括**银河系**内由高温气体组成的结构、致密星、**超新星**和**超新星遗迹**、**黑洞的潮汐瓦解事件**、**星系**和**星系团的 X 射线辐射**、高能天体物理爆发事件等。它还参与了第一次有亚 TeV 级光子探测的 **γ 射线暴**——GRB 190114C 以及若干**引力波**事件的联合观测。XMM-牛顿望远镜卫星的观测不仅大大推进了 **X 射线天文学**的研究，同时也为雅典娜等计划中的新一代 X 射线卫星奠定了技术基础。（张　博）

γ 暴偏振探测仪　POLAR　中国“天宫二号”空间实验室上专门用于测量 **γ 射线暴**

瞬时辐射线偏振的空间探测仪器。“天宫二号”于2016年9月15日成功发射。POLAR由中欧科学家共同研制完成，合作团队主要有中国科学院高能物理研究所、瑞士日内瓦大学、瑞士保罗谢尔研究所以及波兰国家核研究中心等。POLAR的主要科学目标是对γ暴瞬时辐射的线偏振进行高精度测量，从而对γ暴瞬时辐射机制理论模型进行约束或强有力的限制，同时，对喷流区几何结构以及磁场构型等进行研究。POLAR在结构上由偏振探测器（OBOX）和电控箱（IBOX）组成（见图）。其中，OBOX共

γ暴偏振探测仪上的偏振探测器OBOX（左）和电控箱IBOX（右）实物图

包含25套偏振探测器单体，组成5×5阵列。每套偏振探测器单体由64根塑料闪烁体棒（尺寸为5.9mm×5.9mm×176mm）阵列、多阳极光电倍增管以及ASIC前端电子学组成。POLAR整个探测器阵列的探测面积约为557cm^2，视场约为2πsr，能量探测范围50～500keV。

POLAR在5个多月的有效观测运行期间，取得一批重要成果：①共探测到55个确认的γ暴。②首批高精度γ暴偏振探测结果给出了5个γ暴的偏振度、偏振方向信息，并得到了联合上下限分析结果，是截至2020年12月，国际上最大的高精度γ暴偏振测量样本。发现γ暴爆发期间的平均偏振度较低，约为10%，并且发现γ暴在单个脉冲内偏振角的演化等重要现象。随后，利用POLAR和**费米γ射线空间望远镜**上的γ射线暴监视系统（Fermi-GBM）观测数据采用新方法开展了偏振-能谱联合分析，验证了偏振演化的结果。③进一步的数据分析统计性地给出了14个γ暴的偏振探测结果，并验证了γ暴在瞬时辐射阶段偏振度不高的重要结论。④中国首次完成了脉冲星导航技术验证试验，定轨精度约为10千米，与理论预期一致。

由于POLAR实验的成功，同时也由于γ暴偏振探测提出了新的重要科学问题，中欧科学家共同提出了在中国空间站上继续开展γ暴瞬时辐射偏振探测的实验项目——增强型γ暴偏振探测仪POLAR-2。此次参加的科研院所主要有中国科学院高能物理研究所、瑞士日内瓦大学、德国**马克斯·普朗克地外物理研究所**以及波兰国家核研究中心等。POLAR-2的偏振探测面积是POLAR的4倍，采用硅光电倍增管（SiPM）读出技术，探测灵敏度更高；同时，还搭载了能谱仪，用于能量测量和γ射线暴定位。POLAR-2已正式入选中国空间站国际合作实验项目，计划2025年发射。

（孙建超）

γ射线暴 γ-ray burst; GRB 天空中某一方向的γ射线强度在短时间（毫秒到几千秒）内突然增强，随后又迅速减弱的现象。简称γ暴。γ射线的持续时间从约1毫秒到上万秒，能谱的峰值能量从几keV到几MeV。最早观测到的γ暴中有从**银河系**或近邻星系中的**磁星**产生的重复爆发，又称为**软γ射线重复暴**（SGR）。现在定义的γ暴特指在**宇宙学距离**上的由灾变过程引起的单次爆发。一些富含X射线的γ暴虽然被称为X射线闪，但也属于广义上的γ暴。截至2020年，观测到的γ暴与人们的距离最小为40Mpc，最大为红移9.4。由此估计的γ暴各向同性能量有较宽分布：10^{49}～10^{55}erg。一次持续时间为几秒钟的典型γ暴所产生的各向同性能量接近于上百个太阳一生中所产生的能量，因此γ暴经常被称作“宇宙大爆炸以来最猛烈的爆炸”。

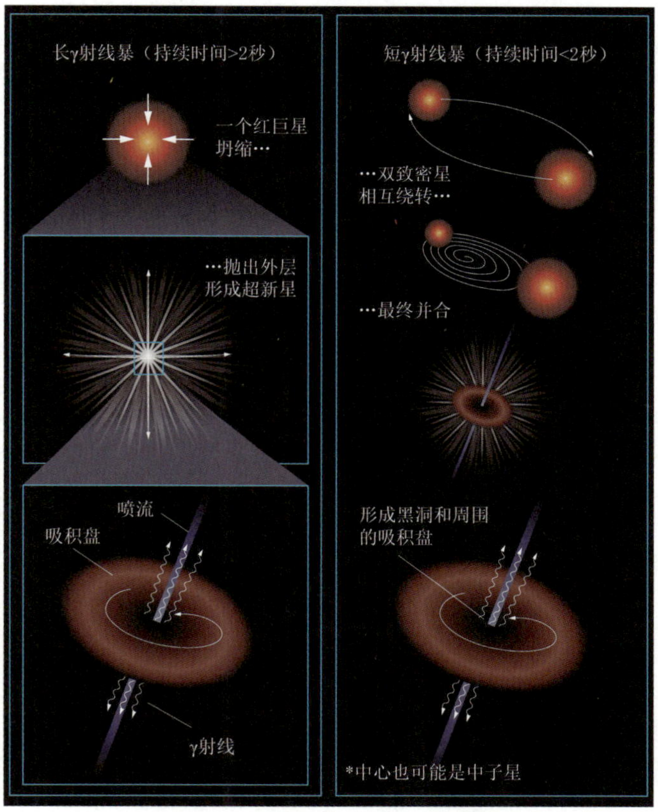

两种γ射线暴起源（左长暴，右短暴）

简史 γ暴发现于1967年。之后30年里，受观测能力限制，γ暴并没有任何其他波段的对应体被探测到。直到1997年，由意大利和荷兰联合研制的BeppoSAX卫星精确定位使得γ暴的X射线、光学以及射电等多波段余辉被一一发现。随后的观测表明，γ暴起源于宇宙学距离，无重复性，所释放能量巨大（一次γ暴事件释放能量可大于太阳一生所释放能量）。最初的γ射线辐射（能段可高达100吉电子伏）被称为瞬时辐射，随后伴随的多波段的余辉辐射（自X射线，紫外，光学，红外直到射电波段）可持续至小时、天甚至年的时间尺度。X射线和光学观测对γ暴进行了精确定位，进而发现其宿主星系并测定红移。从理论上讲，γ暴事件还可能伴随着高能**宇宙线**以及**中微子**（兆电子伏直到艾电子伏）辐射，甚至**引力波**辐射。不过截至2017年7月，这两种信号还没有被直接探测到与γ暴成协的事件。

理论 γ暴从观测上根据持续时间可分为两类，即长暴（长于2秒）和短暴（短于2秒）。这两类暴（见图）基本对应两种物理起源：一般认为长暴起源于超大质量恒星的坍缩，而短暴起源于双**中子星**或者中子星-黑洞双星并合。这两种可能起源已被许多观测验证。比如说一些长暴被发现与Ⅰc型超新星成协，它们的宿主星系一般为恒星形成率很高的矮星系。相反，短暴一般没有明亮的超新星成协且有些与暗弱很多的“**千新星**”成协，其宿主星系的恒星形成率一般不高。观测发现，长/短暴观测分类与大质量恒星坍缩（又称Ⅱ型γ暴）/中子星并合（又称Ⅰ型γ暴）的物理分类体系并不一一对应。在一些特殊情况下，人们需要多波段的观测数据来确定某个γ暴的物理起源。

理论认为，不论哪种前身星，在灾变事件（恒星坍缩或致密星并合）后会产生一个极端吸积率的黑洞或者快速旋转的

磁星。这个中心能源会产生一个高光度、高速度（接近光速，洛伦兹因子在100以上）的喷流。当喷流指向地球时，喷流产生的辐射就表现为超高能量的γ射线辐射。随着时间的推移，喷流与星系际介质相互作用并减速，产生逐渐减弱的多波段余辉。依据γ暴的能量和离地球的距离，这些余辉可以持续几天甚至数年被观测到。

γ暴是天文学中最活跃的研究领域之一，曾在1997年、1999年、2003年和2005年四次入选美国《科学》杂志的年度十大科技进展之列。尽管人们还不完全了解γ暴如此巨大的能量从何而来，但通过γ暴短至毫秒量级的时间变化特征，推测γ暴与恒星级致密天体（黑洞、中子星）的剧烈演化过程有关。通过多波段的观测证据，如是否与超新星成协、宿主星系类型以及在宿主星系中的位置等，人们认为部分的γ暴与大质量恒星的死亡过程相关，而另一部分与致密双星（中子星、黑洞）并合等过程有关。

双中子星并合是最重要的引力波信号来源之一。2017年8月17日，在先进激光干涉引力波天文台（aLIGO）探测到的第一例双中子星并合信号发生约1.7秒过后，费米γ射线卫星独立发现了一个来自引力波源方向的短暴GRB 170817A，后随观测发现全波段余辉以及千新星信号。此观测是人类首次探测到引力波的电磁对应体，验证了短暴起源和千新星理论，具有深远意义。

展望　γ暴作为一类发生在宇宙学距离的恒星级高能暂现天体现象，自然地成为了连接天体物理学各分支的独特工具。它们的高能量、高速度、强引力、强磁场环境保证了物理学的丰富性。因此，γ暴为天体物理研究、宇宙学研究乃至基础物理研究提供了重要的极端物理实验室。

中国学者多年来在γ暴理论研究中做出很多贡献。已发射的硬X射线调制望远镜（慧眼卫星）和引力波暴高能电磁对应体全天监测器（GECAM，又称“怀柔一号”，昵称“极目”）卫星，即将发射的空间变源监视器（SVOM）和爱因斯坦探针（EP）卫星，以及地面配套的光学余辉检测系统（GWAC）将对各种γ暴做全面的观测研究，进而深化对这些宇宙中最猛烈的爆发物理起源的理解。

（高　鹤　李　晔　张　冰）

γ射线暴分类　classification of γ-ray burst　根据γ射线暴本身辐射观测特征进行分类，以揭示其对应的前身星。观测到的γ射线暴（以下简称γ暴）可以划分为两个大类，即经典γ暴和γ射线重复暴。天文观测已发现5个γ射线重复暴，其中4个发生在银河系，另一个发生在大麦哲伦云中。普遍认为软γ射线重复暴是来源于高速旋转、高度磁化的中子星（磁星）。经典γ暴就是通常意义的γ暴。

理论上预期存在起源于大质量恒星坍缩和起源于两个致密天体并合的两类γ暴。康普顿γ射线天文台上的“爆发和暂现源实验”探测器（BATSE）观测发现，γ暴本身辐射时间分布存在双峰结构，分界线大约在2秒处，并且长时γ暴（长暴）的辐射谱统计上比短时γ暴（短暴）软。据此，人们相信存在长暴和短暴两类γ暴。随后，观测发现长暴与Ⅰc型超新星成协，证明了长暴前身星为大质量恒星坍缩。通过寄主星系和余辉的观测，人们发现长暴多处于恒星形成区，而且环境介质比较高。这些证据进一步支持了这个观点。格雷尔斯雨燕天文台的快速定位能力使得短γ暴后随观测成为可能。观测发现，短暴多出现于年老的星系，且处在远离星系中心的位置等，这些都支持双致密星并合起源。与超新星爆发类似，人们预期致密天体并合后在一天左右的时间出现巨新星爆发，这已经在短暴的后随观测中发现了相关迹象。

尽管观测上的长暴–短暴分类框架与大质量星坍缩–致密天体并合的理论框架有对应观测而使得人们普遍接受长暴和短暴分类法。但是，γ暴持续时间是仪器依赖的，在不同能段探测到γ暴持续时间有差异，一般在软X射线能段的持续时标比γ射线能段的时标要长。个别γ暴起初是短时标、谱比较硬的辐射，随后是绵延持续、谱比较软的长时标辐射，也就是所谓的延展辐射。认为起源于致密天体并合证据比较确凿的GRB 050724就存在延展辐射，持续时标达到10^3秒。这样的持续时间在γ暴GRB 060614更为显著。由于近邻的GRB 060614没有观测到伴随的超新星爆发，人们一般认为其起源于致密天体并合。这彻底打破了长暴–短暴分类框架与大质量星坍缩–致密天体并合的理论框架之间的对应关系，因此按照物理起源的不同，将γ暴分为大质量恒星类型（Ⅱ型）与致密星类型（Ⅰ型）的分类方法被提出来，且提出了如何综合考虑瞬时辐射时标、能谱软硬、是否与超新星成协、宿主星系类型以及宿主星系中所处位置等观测事实判别γ暴的物理起源。更为简洁地，人们针对两类不同起源的γ暴辐射总能量和辐射谱特征之间的差异也提出了新的分类判据。γ暴观测发现光变和爆发能量的多样性，也激发研究者从不同观测特征探索更多不同前身星和中心天体形成的γ暴子类，比如低光度暴子类、超长γ暴子类、光学亮暴和暗暴、X射线闪、富X射线γ暴等。

（梁恩维　高　鹤）

γ射线暴理论模型　theoretical model for γ-ray burst　解释γ射线暴（简称γ暴）多波段观测数据的物理图像和理论框架。经过近半个世纪的多波段数据积累，人们对γ射线暴有了初步的理解。截至2017年，已归纳出几项γ暴确切的性质：①它们绝大部分发生在宇宙学距离上，涉及巨大的能量（典型γ暴在数秒内释放的能量相当于太阳在一生中释放的总能量），有可能是宇宙中恒星级别天体释放各向同性能量最高的爆发现象。γ暴的理论模型首先必须符合这种能量判据。②γ暴喷出物通常具有几何集束性，并且在以相对论性速度运动。当该喷出物运动方向朝着地球时，人们才能观测到γ暴。③γ暴分为长暴和短暴两种类型，可能分别有着不同的物理起源。

γ暴的理论模型需要回答两个基本问题：①γ暴巨大的能量是从哪里并如何释放出来的。②这股巨大的能量是如何转化成我们观测到的多波段信号的。

自1967年γ暴被发现以来，曾有上百种物理模型被提出来以解释其起源，包括如银河系近邻恒星或白矮星表面的超级耀发、彗星或小行星撞击中子星、超新星激波扫过普通恒星、中子星相变等。这其中大部分模型已逐渐被越来越多的观测数据所排除。

针对第一个问题，比较公认的主流模型通过两个层次来回答，即前身星问题和中心引擎问题。γ暴按照瞬时辐射时标的长短，通常被划分为长暴和短暴两类（见γ射线暴分类）。人们通常认为长暴的前身星是大质量恒星，如沃尔夫–拉叶星或蓝超巨星，而短暴的前身星则是致密双星，如黑洞–中子星或双中子星。大质量恒星坍缩或双致密星并合过程都会产生一个新的致密天体加吸积盘系统，即中心引擎系统。该致密天体可能是黑洞，也有可能是毫秒自转的大质量强磁场中子星（以下称毫秒磁星）。中心引擎系统通过吸积过程释放出能量巨大的喷流。

针对第二个问题，比较公认的主流模型同样通过两个层次来回答，即喷流能量转化问题和辐射机制问题。原始喷流中同时含有热能（以重子物质与正负电子对为主携带）和磁能。在喷流处在光学厚的阶段，喷流中的热能与磁能迅速转化成喷流的定向动能，将喷流加速至相对论性运动。具体的加速过程取决于热能和磁能的比例。在喷流达到光球半径（光深为 1 的地方）时，热能成分以**黑体辐射**形式释放。另一方面，由于致密天体在产生喷流时具有间歇性和不均匀性，使得喷流内部速度分布不均匀，从而通过内部的分层和碰撞等过程引发内激波或磁重联，将喷流的定向动能重新转换成辐射能。如果该内耗散过程发生在光球半径之内，则这部分辐射能将改变和加强原本的黑体辐射成分；如果该内耗散过程发生在光球半径之外，则这部分辐射能会以**非热辐射**的形式释放出来。通常认为，原初喷流的黑体辐射和内耗散过程产生的非热辐射就是 γ 暴瞬时辐射的产生机制。而原初喷流中热能和磁能的比例则决定了瞬时辐射能谱中黑体成分与非热成分的比例。最后，相对论运动的喷流会与暴周环境中的星际介质或者 γ 暴前身星遗留下来的**星风**发生相互作用，产生一个很强的相对论激波。该激波会加速暴周介质中的带电粒子（尤其是电子），并一定程度地放大介质中的无序磁场，从而通过同步辐射或逆康普顿散射等非热辐射机制，产生多波段的余辉辐射。

需要指出的是，如果中心引擎是毫秒磁星，那么它会通过磁偶极辐射等过程释放磁能主导的坡印廷流。该坡印廷流可以通过内耗散过程产生长时标的 X 射线平台辐射（或短暴的延展辐射），也可能通过能量注入的方式进一步增加喷流的动能，从而产生更明亮的余辉辐射。

（高　鹤　韦大明　黄永锋）

γ 射线暴射电余辉　radio afterglow of γ-ray burst　**γ射线暴**（简称 γ 暴或 GRB）瞬时辐射（亚 MeV 能段）结束后被加速电子产生的射电辐射。γ 暴是由大质量恒星坍缩（长暴，持续时标大于 2 秒）或者双致密星并合（短暴，持续时标小于 2 秒）生成的新生**黑洞**或者**中子星**驱动的极端相对论性喷流产生的。γ 暴的本身辐射光子能量主要在 γ 能段，并且光变极其剧烈，其辐射机制至今仍是未解之谜。除了 γ 暴的本身辐射外，喷流与周围介质之间的相互作用形成激波，加速电子到极端相对论性速度，这些电子的同步辐射和同步自康普顿辐射产生从射电到高能 γ 射线的全波段余辉辐射。

射电余辉数据大部分是来自甚大射电阵列（VLA）的观测。根据 1997～2011 年 VLA 对 γ 暴余辉观测的统计分析，大约 30%的 γ 暴（即精确定位事件的～50%γ 暴）被发现有射电余辉。通常射电余辉的光变曲线有如下特征：辐射流量首先上升，到时间约为暴后 3～6 天时流量达到峰值，然后下降。VLA 最灵敏的频段是 8.5GHz。在这个频率处，γ 暴余辉的光度有大约三个数量级跨度的分布，典型峰值辐射光度为 $L_{peak}\sim10^{31}erg\cdot s^{-1}Hz^{-1}$，而对于短暴，$L_{peak}$ 要低一个量级。

射电余辉的观测结果一般可以用 γ 暴外激波模型解释。这些结果与余辉的标准外激波模型基本一致。与光学和 X 射线余辉不同，射电余辉的较晚峰值时刻是由于喷流演化到典型同步辐射频率或者同步自吸收频率穿越观测频率，使得射电辐射流量密度将开始下降。除了上述特征外，一些 γ 暴（如 GRB 980329 和 GRB 990123 等）的射电余辉还有时标为天量级的耀发。这些射电耀发通常被认为产生于早期的反向激波辐射，因此它们的性质揭示了从反向激波辐射到正向激波辐射的转变。GRB 970508 的早期射电余辉光变曲线有很强的涨落，这种现象被认为是射电辐射的衍射闪烁。据此推测 GRB 970508 在时间为 4 周时的辐射区半径，发现其冲击波至少到此时刻仍然以相对论速度膨胀。甚长基线干涉阵（VLBI）观测表明，在暴后 83 天，GRB 030329 冲击波的视超速度为 3*c* 到 5*c*（其中*c*为光速），而在暴后 230 天，GRB 170817A 冲击波的视超速度约为 4*c*。这些观测显示 γ 暴余辉的冲击波在早期阶段一定是极端相对论运动的。

（戴子高）

γ 射线成像及探测技术　γ-ray optics and detection technique　对能量最高的电磁波 γ 射线（通常指光子能量大于 100keV）光子探测技术的统称。以 MeV 级的光子能量为界，γ 射线又可分为软硬两区，而硬 γ 射线的能量并无理论上限。因为不同能量光子的性质不同，所以 γ 射线的探测也并无全能段统一的方法。

无论对于哪个能段的 γ 射线光子，通过传统光路，经折射镜或反射镜（哪怕是掠射式反射）直接聚焦都是不可行的。理论上劳厄透镜可以聚焦 γ 光子，但截至 21 世纪 20 年代，将相关技术用于天文观测只有研讨和初步论证工作，尚未做到实用。对于能量较低的软 γ 射线与硬 X 射线的光子成像和探测技术存在诸多相通之处，都可以采用**编码孔径**或**准直器**来完成。但对于硬 γ 光子来说，它们的粒子性和穿透力更强，所以通常会采取不同的探测策略。

用于硬 γ 射线空间探测的设备包括基于某些特定材料荧光效应的闪烁体、基于高能光子电离过程的**火花室**、基于高能光子与正负电子对转化的**对产生探测器**、基于康普顿效应散射入射高能光子的康普顿探测器，还有基于高能光子光伏效应的**半导体探测器**等。火花室、对产生探测器或康普顿探测器可以给出入射光子的方位信息，因此根据它们记录的事件就能还原出源区的影像。但闪烁体之类的装置并不具备空间分辨率。如果要确定高能光子的来源，需要多台同类仪器配合工作，通过比较信号到达时间差的方式来进行判断。另外，由于这些仪器都可以被带电粒子激发，所以在使用时，配合反符合等屏蔽机制筛除**宇宙线**粒子是必需的。

对于能量达到数百 GeV 以至 TeV 的 γ 射线而言，探测方法又有区别。由于来自天体的这类辐射通常流量较低，想要实现有效探测，就需要增大探测器的体积，这样一来往往会超出航天发射的载荷限度。因此对这些光子的探测是在地面寻找它们同大气或水体发生相互作用，产生高速运动的次级粒子，并由此发射的切伦科夫辐射来进行的。大气切伦科夫望远镜的观测目标是大气之内的次级粒子切伦科夫事件，并由事件的分布和具体位置，判断诱发事件的源头是否是 γ 射光子（带电粒子与高能光子产生的次级簇射事件锥形态不同的），其起源又位于何处。为了为簇射事件有效定位，大气切伦科夫望远镜通常会多架协同组阵使用，以获得立体视角；同时还会配备反应时间超短的**光电倍增管**来放大短暂而暗淡的切伦科夫光。水切伦科夫望远镜的原理与大气切伦科夫望远镜类似，只是反应介质变成了水体。除了专门的地面切伦科夫望远镜，地面宇宙线观测站也可以兼职观测 TeV 的 γ 光子。不过这种方式所能达到的空间分辨率要差于前者。

（张　博）

γ 射线的产生　production of γ-ray　宇宙中产生 γ 射线的天体物理过程。人们一般把 X 射线和 γ 射线归为高能光子。从能量上分，有 X 射线、一般 MeVγ 射线、高能 GeV 光子和甚高能 TeV 光子（TeV 光子数量相对极少）。高能的天空相对比较暗弱，只有不多的源能产生足够多的高能光子。从大小分有弥散源和点源，弥散源主要有银河系的弥散背景，点源有恒星、**γ 射线脉冲星**、包含**吸积**的双星系统、**超新星遗迹**、γ 射线暴、**活动星系核**、**潮汐瓦解事件**等。从时标上分有持续源和爆发源，爆发源主要有**超新星**、γ 射线暴、软 γ 重复暴、潮汐瓦解事件等，其他均为持续源。天体条件下产生高能光子的过程根据来源分，主要包括轻子过程、重子过程和光子对产生。轻子过程主要是有电子参与产生高能光子的过程（见**轻子过程**），重子过程主要是有质子参与的过程（见**强子过程**），光子对产生主要是正反粒子对湮灭而产生光子对。

（邹远川）

γ射线脉冲星 γ-ray pulsar 能够产生γ射线的**脉冲星**。脉冲星是快速旋转并具有超强磁场的**中子星**。对于年轻的脉冲星来说，与单极发电机原理类似，脉冲星磁层中的电势可超过 10^{15} 伏。这种高电势可以将带电粒子加速到极端相对论性速度，经由各种辐射过程，如曲率辐射、同步辐射和逆康普顿散射，辐射出高于吉电子伏量级的光子。这些高能光子对于理解脉冲星磁层的电动力学起着非常重要的作用。已发现了两大类的γ射线脉冲星，即一般的γ射线脉冲星和毫秒γ射线脉冲星。前一类脉冲星具有典型磁场约 10^8 特斯拉，旋转周期约 0.1 秒，年龄小于百万年。后一类具有较弱的磁场，约 10^4 特斯拉，较快的旋转周期约 1 毫秒，但年龄超过亿年。尽管有这些鲜明的区别，但它们的γ射线发射特征非常相似。COS-B 卫星是欧洲空间局发射的第一个研究宇宙γ射线源的卫星，已检测到 25 个γ射线源。这些γ射线源中的一些是与年轻射电脉冲星成协的，如蟹状星云脉冲星和船帆座脉冲星。但是 COS-B 没有高精度的时间分辨率来识别γ射线脉冲。γ射线脉冲星首先是被安置在美国国家航空航天局**康普顿γ射线天文台**卫星上的高能γ射线实验望远镜（EGRET）观测到的。在其 10 年的任务中，只有 7 个γ射线脉冲星被发现。γ射线脉冲星研究的突破始于 2008 年发射的**费米γ射线空间望远镜**（费米）。费米卫星包括两个科学仪器：大面积望远镜（LAT）和γ射线暴监视器（GBM）。前者可以探测能量从 200MeV 到 300GeV 的光子，后者主要用于研究特定的γ射线暴。费米 LAT 的灵敏度和时间精度非常好，可以仅通过γ射线盲搜来寻找γ射线脉冲星。实际上，有近一半的γ射线脉冲星是通过盲搜发现的。发射 8 年以来，费米卫星已经观测到 205 个γ射线脉冲星（Ray 2016）。在费米卫星之前，所有 7 个γ射线脉冲星都是射电脉冲单星，具有稳定的γ射线辐射。但费米卫星观测的γ射线脉冲星表现出很大的多样性，其中包括 93 个非常古老的**毫秒脉冲星**，54 个射电宁静但γ射线强的脉冲星，73 个位于**双星**中，超过 5 个在相位转变之后出现光谱和强度变化（可能是 glitch 或者有无**吸积**而导致的态转变），另外还有一个γ射线脉冲星来自**银河系**外的大麦哲伦云。费米卫星观测的γ射线脉冲星的γ射线亮度大致与其自转减慢的功率成正比，范围为约 10^{26}J/s 至约 10^{31}J/s。转换效率范围从 0.1%到近 100%。年轻脉冲星的转换效率通常比年老的脉冲星更低。γ射线脉冲星的光谱可以通过幂律加指数截断的形式来表征，并且截断能量通常是几 GeV。不过有一些例外情况。例如年轻的脉冲星 PSRB1509 – 58 仅在费米 LAT 的几百 MeV 中被发现，而像 Crab 脉冲星和 Vela 脉冲星这样的年轻脉冲星可以清楚地显示非指数截断谱，至少到 100GeV 都还不是指数截断谱。

普遍接受的关于粒子加速和γ射线发射位置见图。脉冲星磁层可以大体上通过

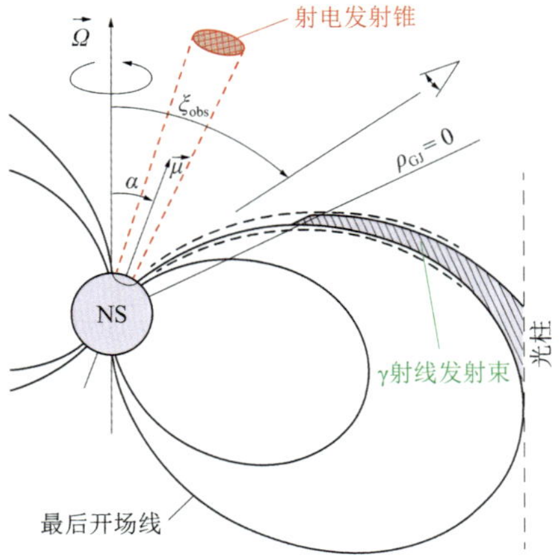

γ射线脉冲星辐射示意图

由等离子体覆盖的偶极磁场来描述，其电荷密度由所谓的“Goldreich-Julian”密度（ρ_{GJ}）给出。该电荷密度足够高到可以屏蔽沿着磁力线的任何电场。这些等离子体与中子星共同旋转，直到称为光速圆柱的半径，其共转速度在那里等于光速。然而在磁层中电荷不足的区域也可以存在。在这些电荷缺陷区内，它们的电荷密度比 Goldreich-Julian 电荷密度小很多，因此存在沿着磁力线的电场。带电粒子可以沿着磁力线加速到极端相对论性的速度。由于磁力线是弯曲的，被电场加速的相对论性带电粒子可以通过曲率辐射过程产生γ射线。第一加速区位于中子星表面极冠区的正上方（称为“内间隙”）。然而，由内间隙辐射的γ射线并不能从磁电子对创建过程中逃逸。理论上可以允许这些γ射线中的一些沿靠近磁轴的方向逃逸，并且预测的γ射线谱应该表现出超指数截止频谱。但是费米卫星所观测到的γ射线脉冲星没有显示出这样的特征。第二加速区域从零电荷面开始（即 Goldreich-Julian 电荷密度等于 0 的位置），并在光速圆柱处结束。加速区的几何形状是板状的，位于外磁球层，所以也称为“外间隙”。在外间隙的内部，带电粒子的加速可以达到洛伦兹因子至少 10^7，特征曲率辐射的光子能量能达到几个 GeV。由于这些γ射线是沿磁力线发出，所以是有脉冲形态的。

除了光速圆柱内部的γ射线发射，脉冲星还可以通过脉冲星星风将一部分旋转能在光速圆柱外转化成γ射线。已经观测到双星系统中的脉冲星 PSRB1957 + 20 和 PSRB1259 – 63 能发射轨道周期调制的γ射线。理论上，光速圆柱内发射的γ射线应该是稳定的并只有中子星转动的调制，没有理由显示出轨道调制。人们提出轨道调制的γ射线可以来自脉冲星星风与伴星星风之间形成的激波，或来自脉冲星星风通过逆康普顿散射伴星的软光子或者位于光速圆柱外的瞬态**吸积盘**的软光子。

（郑广生）

γ射线谱线发射 γ-ray line emission 直接探测宇宙中原子核能级跃迁的天文窗口。γ射线能量窗口主要分布在 100keV～8MeV。γ射线谱线发射是直接探测**超新星**爆发和限制大质量恒星演化模型的独特工具，是探测宇宙核合成过程的最直接的科学手段。

主要的γ射线谱线是 511keV 电子对湮灭线、1.8MeV 铝同位素铝-26 发射谱线、1.1MeV 钛同位素钛-44 发射线等（见表）。

宇宙中主要γ射线谱线发射的能量及对应同位素

同位素	平均寿命	衰变链	γ射线能量/keV
^{7}Be	77d	$^{7}Be \to ^{7}Li^{*}$	478
^{56}Ni	111d	$^{56}Ni \to ^{56}Co^{*} \to ^{56}Fe^{*} + e^{+}$	158，812；847，1238
^{57}Ni	390d	$^{57}Co \to ^{57}Fe^{*}$	122
^{22}Na	3.8y	$^{22}Na \to ^{22}Ne^{*} + e^{+}$	1275
^{44}Ti	89y	$^{44}Ti \to ^{44}Sc^{*} \to ^{44}Ca^{*} + e^{+}$	78，68；1157
^{26}Al	1.04×10^6y	$^{26}Al \to ^{26}Mg^{*} + e^{+}$	1809
^{60}Fe	2.0×10^6y	$^{60}Fe \to ^{60}Co^{*} \to ^{60}Ni^{*}$	59，1173，1332
e^{+}	$\cdots 10^5$y	$e^{+}e^{-} \to Ps \to \gamma\gamma \cdots$	511，<511

γ射线卫星国际γ射线天体物理实验室（INTEGRAL）已经探测到来自宇宙的511keV电子对湮灭线、铝-26发射谱线、铁-60发射谱线、钛-44发射谱线、镍-56发射谱线。

511keV电子对湮灭线。电子对湮灭线的辐射主要在**银河系**中心区域，与**银河系核球**的大小相当，而**银道面**没有511keV辐射信号。其物理不清楚，可能是**暗物质**湮灭的信号，也可能是核球中大量**毫秒脉冲星**的贡献。

铝-26发射谱线。铝-26是不稳定核素，半衰期76万年，辐射1.8MeV的γ射线光子。银河系中铝-26发射谱线信号与银河系悬臂方向和恒星形成区成协。铝-26发射谱线主要来自大质量恒星晚期的**星风**抛射和核坍塌超新星爆发。

铁-60发射谱线。铁-60的半衰期是260万年，辐射1.1MeV和1.3MeV两个γ射线光子。铁-60只能产生于超新星爆发过程。2007年，天文学家第一次证实银河系中铁-60的存在，说明宇宙中超新星爆发的核合成过程是真实存在。

钛-44发射谱线。钛-44只来自超新星爆发过程的中心区域，是研究超新星物理的重要探针之一。天文学家在**仙后座A**（Cas A）**超新星遗迹**中探测到钛-44的γ射线谱线，证实Cas A是一个非对称的超新星爆发过程。

镍-56发射谱线。来自超新星爆发的中心区域，因此探测镍-56衰变链产生的γ射线光子可以直接限制超新星爆发的模型。2014年天文学家第一次在离地球8Mpc的Ⅰa型超新星SN2014J中探测到镍-56发射谱线和钴-56发射谱线，直接对Ⅰa型超新星爆发的前身星模型进行了限制。

（王　伟）

γ射线探测器的随机过程　random process in γ-ray detector　γ射线探测器探测到的γ光子遵循泊松过程。通常，高能天体物理过程的γ射线辐射会产生大量离散的单个高能光子。

在穿过漫长的星际空间到达空间探测器周围时，这些光子是相互独立的高能粒子，并且光子密度已经非常低了，由于探测介质和电子学的响应时间所限，在一个确定小的时间间隔内（通常从微秒到毫秒量级），探测器只会记录一个事件。

因此，空间γ射线探测器的探测过程满足下面性质：①存在一个足够小的时间单元，探测器在任意时刻上的这个时间单元内，最多只能探测到一个γ光子事件。②探测器在一个时间单元中探测到一个γ光子事件的概率与探测时间的长度成正比。③探测器对每个γ光子的探测都是相互独立的事件。

这些性质刚好满足泊松过程的定义，所以探测器对每一个不同的天体物理源的探测都可以用泊松过程来描述。

根据泊松过程的叠加原理，即不同泊松过程加在一起也还是一个泊松过程，探测器对整个**γ射线天空**（包括各种天体物理源、**银河系**内外的γ射线背景，以及有可能的**暗物质粒子**信号）也可以用一个泊松过程来描述。泊松过程中所有事件发生的时刻服从独立的均匀分布，任意不相交时间段也仍然为相同强度的泊松过程，因此可以选取和叠加任意时间段内的光子数据进行统计分析。

探测器在任意时间段内所探测到的γ光子数目服从泊松分布，其泊松分布的参数依赖于有效时间、探测效率以及辐射模型。

因此，根据高能γ射线辐射的物理过程建立γ射线源的参数化模型后，对不同能量和方向上所探测到的光子数目都可以用泊松分布的概率模型来描述，通过合适的统计推断方法（**极大似然法**），便可以估计出物理模型的相关参数，从而确定γ射线源的相关物理性质。

（沈兆强　李　翔　黄晓渊）

γ射线天空　γ-ray sky　来自地球外的γ射线辐射，包括来自太阳、银河系和河外天体的γ射线辐射。最先发现来自太空的γ射线的是1961年发射上天的美国的探险者11号卫星。它接收了不到100个γ光子。1967年美国γ射线卫星轨道太阳观测台3号（OSO-3）探测到来自银河系的γ射线光子，但不知道其物理起源。随后的γ射线卫星小型天文卫星2号（SAS-2）和COS-B卫星探测到来自**蟹状星云**的γ射线光子。20世纪90年代前，只探测到20个宇宙γ射线源。

一个完整的γ射线天空需要γ射线空间探测器完成对全天的观测，同时获得γ射线源的位置和弥漫的γ射线背景。第一个清晰的γ射线天图是来自美国康普顿卫星上的高能γ射线实验望远镜（EGRET）的观测。1991～2000年，EGRET探测器完成了对天空多次扫描观测，第一次获得了完整和清晰的γ射线天空。最新的费米γ射线天文台上搭载的γ射线探测器LAT具有强大的γ射线探测能力。它一个月探测到来自宇宙中的γ射线光子数量是EGRET探测器9年收集的光子数的十倍。因此费米卫星的LAT探测器提供了迄今最完整、最清晰的γ射线天空图像（见图）。

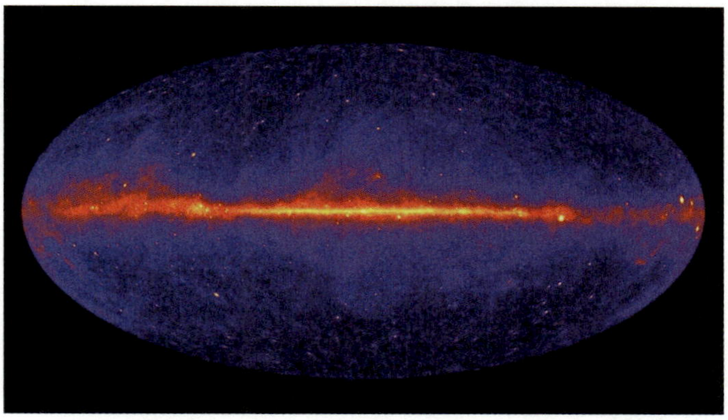

费米γ射线空间望远镜上5年的LAT γ射线探测器观测数据（银道坐标系，最亮的平面是银河系γ射线辐射）。γ射线天空包含超过1500颗宇宙γ射线源、明亮的银河系γ射线辐射背景，以及来自河外的宇宙γ射线辐射背景

γ射线天空图像

γ射线天空包括各类离散的γ射线源和弥漫的γ射线背景。γ射线源包括太阳系内的太阳和月球、银河系内的**中子星**和黑洞双星、**超新星遗迹**，以及河外的星系、**活动星系核**等。太阳系中，天体的γ射线辐射一般来自天体与宇宙射线的相互作用，在γ射线波段能够看到的天体主要是太阳和月球。此外，爆发期的太阳也能够产生γ射线爆发。恒星在演化的各个阶段，也有可能产生γ射线辐射。比如，恒星死亡时，爆发产生**超新星**和**γ射线暴**；死亡之后产生的中子星可能成为**γ射线脉冲星**；**脉冲星**的星风吹出的**脉冲星风星云**以及超新星爆炸时抛出的超新星遗迹也可能产生γ射线；处于双星系统中的中子星和黑洞可能通过**吸积**伴星的物质产生γ射线辐射。由于光度的不同，发生在银河系外的γ射线暴和超新星也能够被观测到。其他恒星级天体大多只能观测到河内的。在现今的γ射线望远镜中，γ射线脉冲星和γ射线双星表现为点状辐射，超新星遗迹和脉冲星风星云可能表现为扩展源。星系作为一个整体，也会产生γ射线辐射，比如近邻的星系和**星暴星系**。星系中心黑洞在吸积物质时，也能够产生多波段辐射，一般被称为活动星系核；存在**喷流**的活动星系核朝向地球时，由于相对论效应，会表现为快速变化的γ射线源，一般称为耀变体（见**蝎虎座BL型天体**）。

γ射线天空中，还存在着弥散的γ射线背景。**弥漫γ射线背景**则包括银河系弥漫γ

射线背景和河外弥散γ射线背景。银河系γ射线辐射背景主要来自宇宙射线与星际介质的相互作用，表现为γ射线天图中的银盘。银河系之外，也存在着河外弥漫γ射线辐射背景，其起源一直有争议，可能是许多暗弱活动星系核集体辐射的贡献。

（王　伟）

γ射线天文卫星　γ-ray satellite　研究天体γ射线辐射的卫星。由于软γ射线和硬X射线波段的重叠，部分软γ射线卫星也被认为是X射线卫星。由于软γ射线到中高能γ射线很容易被地球大气所吸收，所以γ射线天文卫星是获得天体这一波段性质的最主要方式。但是，甚高能和极高能波段的光子非常稀少，需要更厚更重的卫星才能够探测到，因此甚高能和极高能γ射线更多使用的是地面探测器。

国际上以及中国主要的γ射线天文卫星见表1、表2。

（蒙克来　李　晔）

γ射线天文星表　γ-ray source catalog　包含了宇宙中已探测到的大量γ射线源的数据库。γ射线天文星表是宇宙中已探测到的所有γ射线源的表格，包括γ射线源名称、位置信息、能谱、γ射线发射强度、γ射线发射变化的信息及可能的对应天体类型。

1990年前，一直缺乏完整的γ射线天文星表。早期的γ射线天文卫星COS-B发现了20颗宇宙γ射线源，并且目标源的定位精度误差也较大。

1999年康普顿γ射线卫星上的高能γ射线实验望远镜（EGRET）探测器巡天观测发布了一个完整的γ射线天文星表，γ射线能量＞100MeV，包括276颗宇宙γ射线源。这个γ射线天文星表被称为第三次EGRET天文星表，每个γ射线源都以3E加上坐标为开头命名。第三次EGRET天文星表包含7颗脉冲星，近100颗耀变体（Blazar），170颗宇宙γ射线源是未知的。

2008年6月11日发射升空的更强大的费米γ射线空间望远镜（简称费米γ射线卫星）开始工作，截至2016年已经发布了三次γ射线天文星表。第三个星表信息最全，包含的宇宙γ射线源最多。费米γ射线卫星在两个能量段同时发布了γ射线天文星表。第一个能段是100MeV～300GeV。这个能段发布的γ射线天文星表直接称为3FGLγ射线天文星表，每个源的名称以3FGL加上坐标为开头命名。3FGLγ射线天文星表包含3033个宇宙γ射线源，是最大的γ射线天文星表；包含200多颗γ射线脉冲星，1100多颗是蝎虎座BL型γ射线变源，还有1000多颗未知的γ射线源。第二个能段

表1　国际上主要γ射线天文卫星

起止时间	名称	国家（组织）	探测器	能量范围	有效面积 cm^2	视场	描述
1961～1961	探险者11号（Explorer 11）	美国					第一个γ射线空间望远镜
1963～1970	维拉号卫星系列（Vela）	美国					监测到第一个γ射线暴
1967～1969	轨道太阳天文台3号（OSO-3）	美国					发现来自银河系的γ射线、弥漫γ射线背景
1972～1973	小型天文卫星2号（SAS-2）	美国		20MeV～1GeV	540		弥漫γ射线背景、太阳耀斑、蟹状星云
1975～1982	COS-B卫星	欧洲航天局	GRD	30MeV～5GeV	50		银河γ射线天图，γ射线脉冲星
			PC	2～12keV			
1979～1981	高能天文台3号（HEAO-3）	美国	HRGRS	50keV～10MeV	75		
			DSRI	宇宙线			
			HNE	宇宙线			
1980～1989	太阳极大期任务卫星（SMM）	美国					太阳耀斑的软γ射线
1991～2000	康普顿γ射线天文台（CGRO）	美国		30keV～30GeV			美国四大空间望远镜之一
2000～2008	高能暂现源探测器2号（HETE-2）	美国、日本、法国、意大利	SXC	0.5～14keV	7.4	0.9sr	
			WXM	2～25keV	175		
			FREGATE	6～400keV	120	3sr	
2002～	国际γ射线天体物理实验室（INTEGRAL）	欧洲航天局					第一台同时使用γ射线、可见光、X射线观测的天文台
2004～	格雷尔斯雨燕天文台（Swift）	美国					观测γ射线暴专用卫星
2007～	敏捷号γ射线天文卫星（AGILE）	意大利		30MeV～50GeV			
2008～	费米γ射线空间望远镜	美国、法国、德国、意大利、日本、瑞典	LAT	8keV～300GeV			
			GBM	8keV～30MeV			

注：HEAO-1等卫星中也有γ射线探测器。

表2　中国的γ射线天文卫星

起止时间	名称	描述
2016～2017	天宫二号γ暴偏振探测仪（POLAR）	世界上首台大面积、大视场、高精度的γ暴偏振探测仪
2020～	引力波暴高能电磁对应体全天监测器（GECAM），又称“怀柔一号”	γ射线探测器（GRD），8keV～2MeV
2024	空间暂现源观测任务（SVOM）	γ射线监视器GRM，15～5000KeV

是 10GeV～2TeV，γ 射线能量更高，宇宙 γ 射线源的能谱更硬一些，因此该能段发布的硬能谱 γ 射线源星表称为 3FHLγ 射线天文星表，每个源的名称以 3FHL 加上坐标为开头命名。3FHLγ 射线天文星表包含 1556 颗 γ 射线源，其中 79%的 γ 射线源是河外起源的天体，8%的 γ 射线源是银河系天体，13%的 γ 射线源是未知的。

地面切伦科夫 γ 射线望远镜阵列可以观测来自宇宙中 1～50TeV 的高能 γ 射线光子。HESS、VERITAS、MAGIC 等先进的地面切伦科夫 γ 射线望远镜阵列的观测覆盖了大部分天区，观测到 130 颗 TeV 高能 γ 射线源。天文网站总结了这些望远镜的观测结果，形成了一个完整的 TeVγ 射线天文星表。TeVγ 射线源中 40%是蝎虎座 BL 型 γ 射线变源和**射电星系**，30%是**脉冲星风星云和超新星遗迹**，20%依然是未知的 γ 射线源。（王　伟）

γ 射线天文学 γ-ray space astronomy　在高层大气和大气外层空间进行 γ 射线观测、研究天体和宇宙的天文学分支。γ 射线是电磁波段中能量最高、波长最短的部分。一般将能量大于 100keV 的光子称为 γ 射线。实际上，硬 X 射线和 γ 射线之间的能段划分并不严格。有时，能量高达 100keV 的光子也被认为是硬 X 射线。根据探测它们时所采用的相互作用现象和探测技术，天文学家又把 γ 射线分为中低能（LE/ME，< 30MeV）、高能（HE，30MeV～100GeV）、甚高能（100GeV～100TeV）和超高能（UHE，> 100TeV）γ 射线（见**空间天文学**）。截至 2021 年，观测到最高能的 γ 射线能量为 1.4PeV（1PeV = 1015eV），来自中国高海拔宇宙线观测站“拉索”（LHAASO）对天鹅座恒星形成区的观测。在太空中观测到的最高能 γ 射线能量为约 6TeV，由中国的“悟空”号**暗物质粒子探测卫星**（DAMPE）探测到。

简史　由于大气对 γ 射线的吸收作用，对天体的 γ 射线直接观测只能在空间进行。因此，γ 射线天文学起步于人类对高空和空间的探索。1958 年，L.E.彼得森等人通过气球实验首次探测到了来自太阳的 γ 射线。1961 年，美国的探险者 11 号卫星搭载了第一台空间 γ 射线望远镜，探测到了 22 个来自不同方向的宇宙 γ 光子，标志着空间 γ 射线天文学的开始。1963 年至 1970 年，美国发射了 6 组 12 颗的维拉系列卫星（Vela），用于监视可能的太空核试验和大气中的核爆炸（图 1）。其中，维拉 4A 和 4B 于 1967 年监测到了第一个 **γ 射线暴**，开辟了 γ 射线天文学中的一个重要领域。

左：维拉 5A 和 5B 卫星艺术图；右：洁净室中的维拉 5A 和 5B

图 1　维拉 5A 和 5B 卫星

此后，美国的轨道太阳天文台 3 号（OSO-3）、小型天文卫星 2 号（SAS-2）、高能天文台 3 号（HEAO-3）、太阳极大期任务卫星（SMM），欧洲的 COS-B 卫星等分别对太阳及银河系的 γ 射线辐射进行了不同程度的探测，并发现了 3C 273 等河外 γ 射线源。1991 年发射的**康普顿 γ 射线天文台**（CGRO）是美国大型轨道天文台计划的 4 台大型设备之一，也是 γ 射线天文学发展的里程碑之一。康普顿 γ 射线天文台的 EGRET 仪器首次完成了 100MeV 以上的 γ 射线全天巡天；COMPTEL 仪器绘制了银河系铝 26 衰变产生 1.8MeV 的 γ 射线天图；BATSE 仪器平均每天记录一次 γ 射线暴事件，总共记录到 2704 次（图 2），发现 γ 射线暴空间分布呈各向同

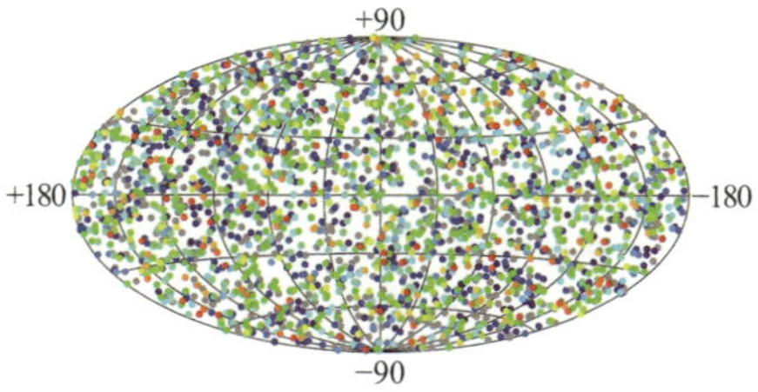

图 2　BATSE 仪器的 γ 射线暴（GRB）分布图

性，表明 γ 射线暴的宇宙学起源；OSSE 仪器探测到了**太阳耀斑**产生的 γ 射线发射线，并通过 γ 谱线测量了**超新星 1987A** 的钴-57 质量等。作为康普顿 γ 射线天文台的继任者，**费米 γ 射线空间望远镜**于 2008 年 6 月发射升空，截至 2023 年仍在轨运行。费米 γ 射线空间望远镜开启了空间 γ 射线巡天观测的新时代，发现一大批高能宇宙的新现象。中国的首颗空间天文卫星——“悟空”号暗物质粒子探测卫星于 2015 年 12 月发射。它主要是一个高能粒子探测器，也可进行 GeV～TeV 能段的 γ 射线巡天观测。

γ 射线卫星中，有一部分主要研究类似 γ 射线暴的高能暂现源。这一部分卫星的主要特点是视场很大。有些卫星还同时携带了其他能段（比如 X 射线）的探测器。在高能探测器触发之后，迅速将其他探测器转到爆发的方位，通过 X 射线探测器等进行精确定位，并快速发出警报信息，触发地面设备进行多波段联测，比如 2000 年发射的高能暂现源探测器 2 号（HETE-2），2004 年发射的**格雷尔斯雨燕天文台**（Swift），以及中国计划 2024 年发射的**空间变源监视器**（SVOM）卫星。这些卫星为探测 γ 射线暴的多波段余辉、精确定位其宿主星系等开启了新模式，为揭开 γ 射线暴物理起源和辐射机制之谜起到了奠基性作用。

截至 2021 年底，在轨运行的 γ 射线卫星中，美国的格雷尔斯雨燕天文台覆盖 γ 射线、X 射线、紫外线、可见光波段，每年能够发现并精确定位约 100 个 γ 射线暴；美国费米 γ 射线空间望远镜的 γ 暴监视器（GBM）每年可发现并触发约 200 个 γ 射线暴，其大面积望远镜（LAT）可以在 20MeV～TeV 能段进行 γ 射线全天成像扫描观测；欧空局的国际 γ 射线天体物理实验室（INTEGRAL）覆盖能段为 15keV～10MeV，主要以高分辨率谱线观测见长；意大利的敏捷号 γ 射线天文卫星（AGILE）覆盖能段为 30MeV～30GeV，也可进行成像式全天扫描观测；中国的**引力波暴高能电磁对应体全天监测器**（GECAM），以双星全天覆盖的方式对 γ 射线暴进行无盲区监测；中国的“悟空”号卫星 γ 射线探测能段从 2GeV～10TeV，记录到的最高能光子能量约 6TeV。

探测技术　γ 射线的能量高，粒子性质显著，因此其探测方式不同于低能电磁波的聚焦型探测，而一般以逐事例的方式进行探测。通过记录 γ 光子打在探测器上留下的信号的时间、能量、位置等，经过重建，可以得到原初 γ 光子的到达时间、能量、方向等物理量，从而获得 γ 源的图像、能谱、流强及光变等。

探测器的类型由光子与物质相互作用的方式决定。**γ 射线与物质的相互作用**主要包括光电效应、康普顿散射和电子对产生。相应的探测器包括**半导体探测器**、**闪烁体探测器**、**火花室**、硅微条径迹室、康普顿望

远镜、对效应望远镜等。它们有各自不同的测量优势，比如硅微条径迹室可以较高精度重建粒子径迹，具有较高的角分辨率，锗半导体探测器则能量分辨率比较好。因此，一个常见γ射线望远镜通常是多种探测器的组合。比如，中国的“悟空”号卫星由塑料闪烁体、硅径迹探测器、BGO量能器、中子探测器四部分组成。塑料闪烁体主要进行入射粒子的电荷测量，并作为γ射线的反符合探测器；硅径迹探测器进行入射带电粒子的径迹测量，其中的3层钨板还负责将入射的高能γ转换为电子对；BGO量能器进行能量测量，并区分电磁粒子（比如电子）和强子（比如质子）；中子探测器可进一步区分高能的电磁粒子和强子。

γ射线光子能量越高，需要的相互作用深度越深，探测器越厚。高能光子数目稀少，因此要求探测器有效面积较大。而空间设备质量受限，因此在空间探测TeV以上的高能γ射线比较困难。所幸高能γ射线（10GeV以上）会与大气中的粒子碰撞产生级联簇射现象，可以通过地面的宇宙线粒子或切伦科夫望远镜探测。

γ射线天空 在天体物理中，γ射线源通常对应高能、极端、爆发性的天体事件。地球的大气是一个强γ射线源，来自宇宙线和空气的相互作用；地外γ射线包括来自太阳系、银河系和河外宇宙的γ射线辐射。

在银河系中，明亮的γ射线源包括**脉冲星**、**脉冲星风星云**、**超新星遗迹**、**微类星体**、**银心超大质量黑洞**和大质量星团等，还有弥漫于整个银河系的背景γ辐射。费米γ射线空间望远镜8年的观测数据中发现了超过5000个γ射线源，其中河内源主要包括230余颗脉冲星、17个脉冲星风星云、40个超新星遗迹、30个**球状星团**、几个恒星形成区、双星和**新星**等。研究最多的银河系γ射线源是**蟹状星云**，它是一个典型的脉冲星风星云，由1054年的一个**超新星**爆炸后遗留的脉冲星PSRB0531+21所驱动形成。弥散的背景辐射来自宇宙线原子核、正负电子和星际介质、星际辐射场的相互作用，它们是理解宇宙线起源和传播的重要探针。

河外γ射线源主要有**活动星系核**、γ射线暴、近邻正常星系、**星暴星系**等。活动星系核是正在**吸积**的星系中心的**超大质量黑洞**，吸积可以产生速度接近光速的**喷流**，将带电粒子加速到超高能量并辐射出γ射线。γ射线暴是另一类重要的河外γ射线源。根据γ射线瞬时辐射持续时间分为短暴（短于2秒）和长暴（长于2秒）。一般认为短暴起源于双中子星或中子星-黑洞并合，长暴起源于大质量恒星坍缩。正常星系以及星暴星系和银河系类似，大量恒星活动产生的宇宙线粒子和星际介质或辐射场相互作用可以产生稳态辐射的高能γ射线。此外，宇宙中还存在各向同性的背景γ射线。它们可能来自未被已知仪器分辨出的大量暗弱点源的叠加，也可能具有真正弥散的起源，如来自极高能宇宙线和背景辐射的级联相互作用。

未来展望 一系列**γ射线天文卫星**仍在运行，它们对全天的γ射线辐射进行的持续监测将进一步促进我们对γ射线宇宙的认识，特别是对变化性和爆发性源的监测将是**多信使天文学**和**时域天文学**研究的重要内容。展望未来，空间γ射线天文学将重点聚焦于高能时域天文的研究，并力图在探测器有效接受度、能量分辨率、角分辨率、能段覆盖等方面更上一层楼。世界各国已经立项或者正在提议中的未来项目包括：美国已立项的康普顿能谱和成像探测器（COSI）主要是进行高分辨率γ射线能谱观测；美国尚在概念阶段的先进粒子天文望远镜（APT）将以前所未有的大面积（3m×3m）探测MeV～TeV能段γ射线；中国提出的甚大面积γ射线望远镜（VLAST）接受度达到10m²sr，覆盖MeV～10TeV能段且具有极高的能量分辨率（最高约1%），综合性能超过费米γ射线空间望远镜一个量级；美国提出的全天中能γ射线天文台（AMEGO；覆盖能段0.2MeV～10GeV）、欧洲提出的增强型天体γ探测器（eASTROGAMA；覆盖能段0.3MeV～30GeV）和中国提出的对产生γ射线单元（PANGU；覆盖能段10MeV～1GeV）主要致力进行MeV能段γ射线巡天观测。这些空间项目如得以运行，必将显著增进人们对极端、炽热和动态宇宙的认识。

（袁　强　范一中　蒙克来　李　晔）

γ射线统计方法 statistical method of γ-ray　**γ射线天文学**数据分析中的常用统计方法。量子力学指出，微观物质具有波粒二象性，所以电磁波既是波也是粒子。根据德布罗意关系$E=hc/\lambda$，γ射线的能量E最高，波长λ最小，因此γ射线经常表现得像一个个粒子，称这些像粒子一样的电磁波为光子。实际上在γ射线望远镜中看到的也是一个个互相独立的光子事件。

在通常的γ射线辐射的过程中，光子是一个一个发射的。在一个小的时间间隔内发射的光子的数目与时间间隔成正比，而且任何两个不相交的时间间隔内的光子数不相关，所以光子的发射过程满足泊松过程的条件，看到的光子数目也就满足泊松概率分布函数。

因为每个γ射线光子会携带很多的能量，所以天体产生的γ光子的数目相比更低能量光子的数目要少得多。在比可见光的能量高1亿倍到100亿倍（0.1～10吉电子伏）的天空中，船帆座（Vela）脉冲星是最明亮的天体之一。如果身处外太空并且眼睛能看到来自这个脉冲星的γ射线，那么平均一整天也只能看到大约一个γ光子。与之相比，如果用眼睛看一个目视星等为6等的恒星，每秒就能看到约4000个光学光子。

由于γ射线光子数目很少，且γ射线望远镜的角度分辨率相对较差，所以不会采用光学等波段常用的图像处理方法，而是需要借助数理统计的力量。**极大似然法**和李惕碚-马宇蒨公式（见**李-马公式**）是γ射线数据分析中常用的统计方法。前者主要用于模型参数的估计，后者则常用于点源显著程度的计算。另外，随着γ射线数据的累积以及计算机算力的提高，越来越多方法也正被引入γ射线的数据分析中，比如贝叶斯分析、小波分析等。这些统计方法都能更好地挖掘数据，是理解**γ射线天空**的重要技术基础。

（沈兆强　李　翔　黄晓渊）

γ射线与物质的相互作用 interaction of γ-ray with matter　γ射线通过不同方式与物质的相互作用。能量高于10keV的高能光子与物质的相互作用主要有光电效应、康普顿散射和粒子对产生。不同的相互作用在不同的能量和物质中主导（见图）。不同的相互作用也形成了不同探测方法的基础（见表）。

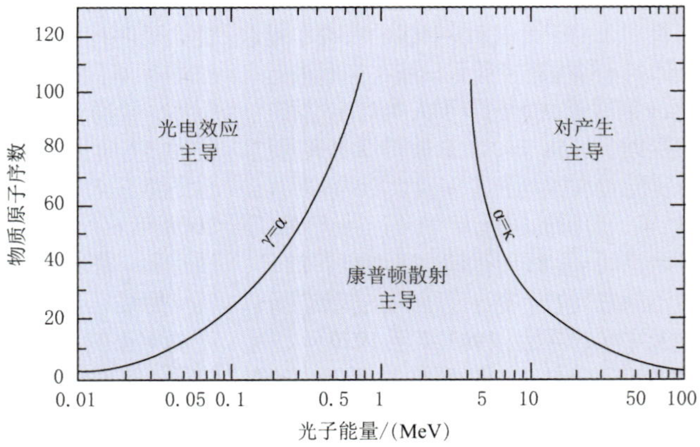

曲线代表两种相互作用的等截面线

不同能量的γ射线光子与不同原子序数Z的原子相互作用的主导作用方式

不同作用的不同探测方法

相互作用	探测器类型	能量范围	成像方式
光电效应	碲化镉晶体	10keV～1MeV	编码孔径和拼接探测器
	闪烁体	100keV～10MeV	编码孔径和拼接探测器
	锗晶体	10keV～10MeV	编码孔径和拼接探测器
康普顿散射	闪烁体或 CdTe + CsI 或 Si + Ge 或 Si + CdTe	100keV～10MeV	本征或编码孔径
电子对产生	火花室和硅径迹室	20MeV～300GeV	本征
	光电倍增管	100GeV～100TeV	本征

光电效应　光电效应是γ射线光子与物质中的电子相互作用，失去所有能量，形成一个离子和一个自由电子的过程。电子能量等于初始光子能量减去电子的结合能。在探测器中，受激产生的电子在路径上继续与其他原子相互作用，产生离子。新产生的离子会在一系列的复合过程后退激发，新产生的光子又被探测器接收。最后，大多数能量都沉积到了探测器上。光电效应的相互作用截面与入射光子能量Eγ以及物质原子中的电子能级有关。在一级近似下，相互作用截面为$\sigma \propto Z^{4.5}E\gamma^{-3.5}$。

康普顿散射　γ射线光子与电子发生散射，部分能量传递给电子，γ射线光子仍旧存在并能量减少的过程。在探测器中，经散射的电子在移动时，电离原子，损耗能量，最终将能量沉积到了探测器上。入射和散射光子的方向和能量由能量和动量守恒定律决定。相互作用截面与散射角、光子能量及相互作用的物质有关。散射的总截面大约为$\sigma \propto ZE\gamma^{-1}$。

电子对产生　高能光子与原子中的电场相互作用，产生一个电子－正电子对的过程。在质心系中，正负电子朝两个相反的方向发射。在实验室系中，正负电子保存了原光子的方向，因此，通过这两个电子的方向，能够计算原光子的方向信息。在探测器中，产生的正负电子通过电离、轫致辐射等逐渐将能量耗散在探测器中。正电子最后又与某个电子湮灭，产生能量为 511keV 的光子，并通过康普顿散射和光电效应将能量沉积在探测器中。由于电子的静止质量为 511keV，这一过程的能量阈值为 1.022MeV。截面大致随Z^2变化。

（李　晔）

1.26 米红外望远镜　1.26m infrared telescope　位于国家天文台兴隆观测站，于 1986 年投入使用的 1.26 米口径红外望远镜。1970 年前后，红外天文学开始在国外迅速发展，成为天体演化学的重要研究方向。中国各天文单位于 20 世纪 80 年代起强烈要求建造中国自己的红外望远镜，为之，1.26 米红外望远镜的研制自 1982 年起被中国科学院列为重点项目。

红外望远镜与普通天文望远镜的主要区别有：一是红外望远镜是专门观测天体的红外（波长一般为 1～10 微米）辐射的，因此需要采用对红外光敏感的红外辐射接收器；二是为了能探测到天体微弱的红外辐射，红外望远镜常采用一种特殊的观测方法，即在望远镜焦面上，在红外探测器之前放置一个小孔光阑。

这样，只有通过小孔内的夜天光才能照射到红外探测器上。这样做可以尽量减少夜天光对探测的有害干扰效应。即使这样，进入小孔内的夜天光仍比暗天体的红外辐射大很多，因此人们采用不断摆动的副镜来使星像轮流进入小孔和移出小孔，同时记录以上二种状态的光信号强度。当星光移出小孔时，被记录到的光强，显然只是天光的信号；而当星光移至小孔内时，被记录到的光强则显然是天光加星的信号。于是求出这二种信号的差，就是星光的红外信号了。为了减少观测误差，人们通常用这种交替方法观测长达数十分钟，最终就能探测到其光强只有夜天光数千分之一的红外天体。

显然，要对红外天体做小孔（小视场）交替观测，就要求红外望远镜的指向（定位）精度和对天体的跟踪精度都有较高的要求，而且红外望远镜的副镜还要能做小角度的几十赫兹频率的不断摆动。

1.26 米红外望远镜在 1986 年装在国家天文台（河北）兴隆观测站海拔 960 米的山顶。此红外望远镜的结构轻巧，能装入仅 6 米的小圆顶内。红外望远镜的通光口径为 1.26 米，主焦比为 1.9，卡氏焦比为 30，采用 1∶13 的薄镜面及轭式赤道装架，赤经及赤纬采用了由力矩电机驱动的精密多齿啮合蜗轮副传动，在卡氏焦面上的是星像直径为 1.62 角秒（d80）。对天顶附近的恒星的跟踪精度高达 0.5 角秒/15 分钟（r.m.s）。指向精度在赤经方向为 15 角秒（r.m.s），在赤纬方向为 22 角秒（r.m.s）。观测时可以通过摄像机看到红外探测器前那个小孔光阑旁的目标天体。

1.26 米红外望远镜于 1988 年 12 月通过中国科学院鉴定，1989 年获中国科学院科技进步奖一等奖，1991 年获国家科技进步奖二等奖。

（胡宁生）

1.56 米天体测量望远镜　1.56m astrometric telescope　口径为 1.56 米，为天体测量设计研制的望远镜。1.56 米天体测量望远镜（以下简称 1.56 米望远镜）是中国自行设计、采用国产材料研制成的一架当时口径最大的天体测量望远镜（见图）。三角视差

1.56 米天体测量望远镜

是天体距离测量的基准。它的测定在天文学上具有极重要的意义。1964 年美国海军天文台研制了一架口径 1.55 米的望远镜，主要用于测定恒星的三角视差。不久，中国天文学家万籁建议中国也研制一架类似的望远镜开展这样的工作。1974 年中国科学院数理学部批准了研制这架 1.56 米望远镜，并列为中国科学院的重点项目。该望远镜于 1988 年在上海天文台的佘山观测站安装调试完毕。1989 年依巴谷天体测量卫星发射，它测定恒星三角视差的精度比地面望远镜更高，且在短短的 3 年多工作期间就测定了约 10 万颗星的三角视差，数目也远超过地面望远镜测定的三角视差的总和。但依巴谷测的都是较亮的星，测定更暗的星特别是暗于、等于 15 等星的三角视差要靠较大的地面望远镜来做。1989 年以后，用地面望远镜测定暗星的三角视差仍是一项重要的工作，至少到 2006 年，全球有 7 架 1～2.2 米的望远镜在做这样的工作。一方面由于镀的膜两个月、三个月后反射率就大为下降，且最初镀的膜清洗不掉；另一方面，20 世纪 90 年代，底片已渐被 CCD 取代，1.56 米望远镜上配的 CCD

对应的视场太小，不能满足测定三角视差的要求。由于这两个方面的原因，1.56 米望远镜建成后一直没有做测定三角视差的工作，不过这架望远镜在天文学的其他方面还是做了不少工作。

该望远镜于 1988 年在上海天文台的佘山观测站安装调试完毕。试运行一年之后于 1989 年 11 月请有“中国光学之父”之称的光学家王大珩组织，通过了科学院的鉴定。鉴定委员会认为该望远镜工作性能良好、系统稳定、定位精度高、星像质量优良、达到同类望远镜的领先水平。该望远镜获得 1990 年度中国科学院科技进步奖一等奖，1992 年度国家科技进步奖一等奖。

1.56 米望远镜的主、副镜均采用微晶玻璃，自动调焦系统使得望远镜不受温度变化的影响。机械上采用了全焊接结构和油垫静压轴承系统，大大减轻了望远镜的运转负荷，提高了运转的稳定性。同时，在中国首次实现了数字调速的控制系统，可以精确方便地跟踪非恒动的天体目标。

镜坯研制 要达到光学系统预定的设计指标，**镜面材料**必须选用热膨胀系数尽可能小的光学玻璃以保证镜面的曲率半径不随温度的升降而改变，国际上常用微晶玻璃制作。中国当时尚未研制过此种玻璃（其线膨胀系数为 $0\sim1\times10^{-7}$），也无条件从国外进口。上海新沪玻璃厂从事微晶玻璃研究的总工程师钟奖生接受了微晶玻璃的研制任务。从玻璃的配方、浇铸立方样品到小样的镜面试制，经历了数十次的失败和修改，终于研究出了正确的配方和浇铸、退火等工艺。但当浇铸 1.6 米的镜坯时又因坩埚容量不足而导致失败。为解决这个问题采取了加长坩埚的高度、括薄坩埚的壁厚和将镜面设计成内部呈蜂窝结构的轻重量主镜等措施，终于在 1980 年浇出了中国第一块微晶玻璃的天文镜面。这块镜面的线膨胀系数和表面质量均符合要求，但它的背面却因压制蜂窝的铁模和玻璃溶液的温差过大而生成许多缩孔，因此不能真正用于望远镜上。

第一池炉设计者认识到上面是一个大的设计炉膛，下面是一开口的圆。上下中心有一个白金的开关。当它打开时上面的白金开关就被打开了，那时的炉流就流淌入下面的模子里。在用池炉浇铸的如此口径的镜面很难用坩埚浇铸的镜面代替。新沪玻璃厂建成了池炉并顺利地浇出了合格的镜面。

以上这些工作由上海新沪玻璃厂负责。镜面上的其他工作由中国科学院上海天文台负责。

光学系统设计和加工 主镜通光口径 1560 毫米，主镜相对口径 1∶3.3，望远镜只设置卡氏焦点，相对口径 1∶10。不加改正透镜的视场直径 30 角分，主要做恒星的视差工作。加改正透镜的优良视场直径 1 度，用于小天体的照相机定位等工作。

望远镜设计的另一重要目标是追求最佳的星像质量。特别是许多天体测量工作需要对星像的中心做瞄准和测量，星像质量的好坏将直接影响这些工作的结果。星像质量涉及光学系统的选择和设计，光学镜面的材料、熔制和研磨以及镜面的机械支承方法与调整等。1.56 米天体测量望远镜的光学系统选择了国际上广为采用的由两块双曲面反射镜（称为主镜和副镜）组成的 R-C 系统（见 **R-C 望远镜**）。在这种系统的设计中可同时使两种主要的**像差**（球差和彗差）为零而获得优良的像质。R-C 系统采用的视场直径是 30 角分。为把视场扩大一倍，在光学系统的焦平面前加入一组二片式改正透镜。R-C 系统改正透镜的设计用了**苏定强**和王亚男建立的软件（王兰娟等参加了后期软件发展）。

1.56 米望远镜系统中所有的光学加工都由上海光机所的光学工厂完成，由时任副总工程师马仁勇负责。主镜的光学加工包括正面面型磨制和背面的十八支承孔的加工，主镜面型检测用小透镜补偿器，对镜面实施水平位置和垂直位置的阴影刀口法检测。最后定量检验是用一个不等臂的干涉系统进行干涉检验。整个面形的均方差为 1/20 波长左右，干涉条纹波峰波谷值为 1/4～1/6 波长。

机械系统设计 由于望远镜的机架是轭式结构，因此妨碍了观察北极天空，由此原则为指导，设计者独创了一种称为叉–轭式的机架。这种机架的特点是在轭式机架上加一对高刚度的小叉臂，从而使赤纬轴位于赤经轴的上方并和赤经轴形成异面正交，望远镜就可以观测到北极天区。因小叉臂很短，故其刚度远比叉式机架中的长叉臂高，且又因其悬伸方向和赤经轴相垂直，故小叉臂的重力变形对望远镜指向精度的影响可大为减小。这个机架的总长达 9 米。它的两端是两个直径为 1 米的高精度半球形轴承。半球形轴承被南、北二套静压油垫所支承。在半球轴承和静压油垫之间充以一层厚 0.1 毫米的高压油，可使望远镜重达 32 吨的可转动部分处于液体摩擦的状态下十分轻灵地进行工作。驱动整架望远镜的动力源是一只功率仅为 650 瓦的直流电机。

望远镜的另一个带有创造性的设计是它的自动调焦。星像质量的优劣还和望远镜的焦平面是否处于正确的位置上有很大的关系。通常须按不同的气温用电控或手控进行调焦。在这架望远镜中发展了一种自动调焦的方案。其基本概念是在主镜和副镜之间立两根相向的微晶玻璃杆作为两镜间隔的长度标准。玻璃杆的一端固定在支承主镜的同一平面上，靠近副镜的一根玻璃杆端头上安装着一狭缝装置，而另一根玻璃杆的端头上装一个一维的 CCD 接收器。在副镜中央安装一光学透镜，狭缝通过此透镜成像在 CCD 上。当气温变化时金属镜筒上的主、副镜间隔也将发生变化，副镜上的透镜位置也随之变化，但微晶玻璃杆的长度却并不变化，因此狭缝在 CCD 的成像会有位移。此时 CCD 立即输出信号，将信号放大转换后驱动副镜调焦电机，使副镜调到原来最佳位置。

自动控制系统设计 在做望远镜的自动控制系统设计时，摒弃了当时中国常用的多电机的模拟系统，首次采用高速数字脉冲锁相伺服系统。实现了直流电机的步进化，使系统仅用一个直流电机即可在快动和微动速度很宽的调速范围（1 角秒/秒～0.1 角秒/秒）内驱动望远镜。正由于使用了数字伺服系统，当计算机在中国普及后这架望远镜无须做很大的更改就顺利地实现了计算机自动控制。1993 年后又配备了 1024×1024 像元阵列的天文 CCD 照相机和计算机处理系统，使望远镜的**极限星等**、观测效率和数据处理能力都有进一步的提高。

望远镜观测应用 至 21 世纪 20 年代的 30 年来，1.56 米望远镜在天体测量和天体物理方面做了许多研究工作，在**疏散星团**的结构与运动、耀变天体光变、**活动星系核**的国际联测、**球状星团**小变幅新类型**变星**、天然卫星定位、太阳系小天体等方面开展了大量的研究工作，为国内外许多天体测量和天体物理领域的天文学家提供了第一手的观测资料。例如，**哈雷彗星**的回归期是 1985～1986 年，1.56 米望远镜为了配合此次哈雷彗星观测，特别在徐家汇装配车间改装了天窗，于 1985 年 11 月进行了哈雷彗星的拍摄。这个天象吸引着全世界天文学家和成千上万的天文爱好者。利用 1.56 米望远镜，中国天文学家首次拍摄到了 76 年才回归地球一次的哈雷彗星。还有例如：对**昴星团**和**鬼星团**的天体测量标准区的研究，**天琴座 RR 型变星**、球状星团绝对自行和空间运动的研究，疏散星团测光和自行成员概率的研究等，特别是**星团**、**星系团**成员的严格统计确定及其天体物理应用。此外，对后续几年发生的彗木相撞事件、海尔–波普彗星的回归也做了大量的观测研究。其中 1994 年 7 月彗木相撞中，拍摄了 600 多张照片，获得的资料占中国之首，为国际天文界所瞩目。实践证明，1.56 米望远镜工作稳定，性能优良，定位精度高。（朱能鸿）

2.16 米光学望远镜　2.16m optical telescope　中国自行研制的第一架两米级光学望远镜。一架通用的光学**天文望远镜**。简称 2.16 米望远镜。截至 2008 年，2.16 米望远镜一直是中国最大的光学望远镜。

简史　1958 年中国天文工作者提出了建造 2.16 米望远镜的设想，不久，考虑到任务的艰巨性，决定先研制一架 60 厘米的中间试验望远镜。1968 年中间试验望远镜建成。1966 年秋起，2.16 米望远镜的工作停止，直到 1972 年春才初步恢复。1974 年，中国科学院下达设计任务书正式启动 2.16 米望远镜研制项目，历时 15 年于 1989 年建成。

望远镜设计　望远镜设计主要包括光学系统和设计、**镜面材料**和加工、机械系统设计、自控和电控。

光学系统和设计　2.16 米望远镜通光口径 2.16 米，是一架能进行多种天文工作的通用望远镜，光学设计的负责人是**苏定强**。有卡塞格林、折轴和主焦点三个系统，焦比分别为 9、45 和 3（图 1）。

卡塞格林系统采用 R-C 系统（见 **R-C 望远镜**）。它的**像场改正器**由两片熔石英透镜组成，视场直径 52.6 角分（线直径 300 毫米）。1972 年苏定强和王亚男建立了一个有创新的光学系统优化软件，2.16 米望远镜中的像场改正器就是用此程序设计的，R-C 像场改正器的像质显著优于国外。同一个望远镜中，卡塞格林系统和**折轴系统**要配不同的副镜，需要更换，增加了复杂性，影响了光学系统的准直，有的还要占不少时间。20 世纪 60 年代中期苏定强提出卡塞格林系统和折轴系统共用同一个副镜的想法，并提出一系列新的折轴系统。1972 年 6 月苏定强提出只多加一块中继镜的折轴系统，即被采纳，美国天文学家和光学家 A.B.迈耐尔夫妇将它命名为苏俞周（SYZ）中继镜，苏俞周是三位 2.16 米望远镜光学系统设计者苏定强、俞新木、周必方的姓［见**苏俞周（SYZ）中继镜系统**］。这样的系统如果只使用折轴焦面，由于其中有三块非平面镜，可消去三级球差、彗差和像散，获得极佳的像质。1981 年迈耐尔夫妇将 SYZ 中继镜用到**内史密斯系统**中，如果只使用内史密斯焦面，类似地可获得极佳的像质，将用于中国计划中的 12 米通用光学红外望远镜。1973 年底，苏定强又发现主、副镜保持 R-C 系统时的面形，只要转换时副镜做约 11 毫米的小量平移，将中继镜面形取为适当的扁球面，得到的折轴系统可同时消去球差和彗差。2.16 米望远镜用了加中继镜、共用副镜和这样的消去球差和彗差的折轴系统。主焦点系统是第二期工程，视场直径 50 角分，已设计好像场改正器，像质也优于国外同类设计。鉴定意见：“该望远镜首创使用中继镜做折轴系统转换，该光学创新设计，已被国际上大型光学望远镜所采用；该望远镜光学系统中像场改正器的设计达到了国际领先水平。”

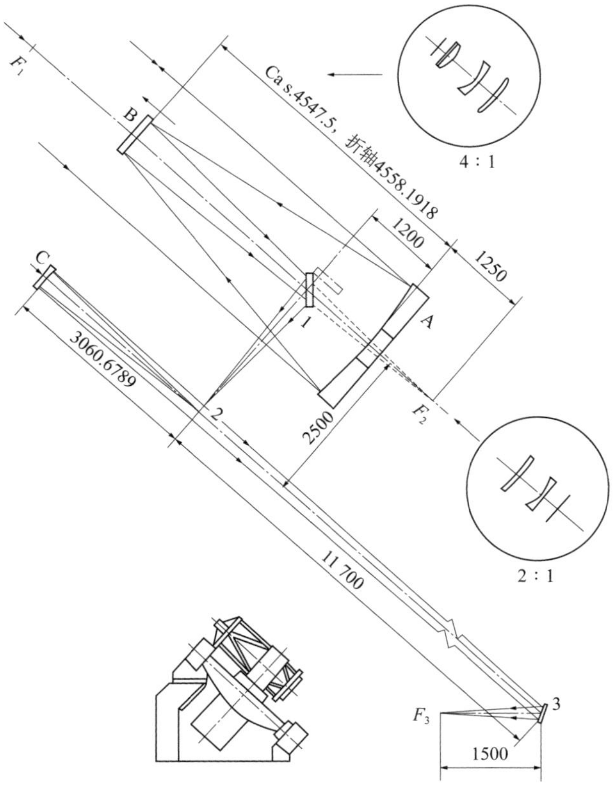

A、B、C 为主镜、副镜、中继镜；1、2、3 为平面镜；F_1、F_2、F_3 为主焦点、卡塞格林焦点、折轴焦点；左下角为望远镜模型图

图 1　2.16 米光学望远镜主光学系统图

镜面材料和加工　20 世纪 70 年代，上海新沪玻璃厂在钟奖生等努力下研制成了膨胀系数接近零的微晶玻璃，是反射镜的理想材料。该厂为 2.16 米望远镜先后浇铸成两块优质的主镜坯，是一项达到国际先进水平的重要成果。但不幸这两块镜坯先后被打碎，使 2.16 米望远镜未能用上理想的并且是中国自己制造的主镜坯，是一大遗憾，但 2.16 米望远镜的副镜、中继镜、平面镜都用了新沪玻璃厂的微晶玻璃。在此之前中国曾购买过一块苏联 50 年代末浇铸的主镜坯，膨胀系数约为一般光学玻璃的二分之一，由三锅浇成，质量极差，远不如上述中国的主镜坯。光学加工和装校的负责人是李德培。这两项工作都是十分重要和艰巨的。鉴定意见：“由于主镜毛坯质量的限制，光学加工遇到了难以克服的困难，经过十分艰苦的努力，磨制了目前使用的镜面，光学性能良好，光能集中度指标与国际先进水平尚有差距。建议今后采用新的技术和方法加以改进。”

机械系统设计　镜筒　镜筒的负责人是郭乃竖。2.16 米望远镜主镜外径 2.20 米，边厚 330 毫米，重约 2.2 吨，用重锤杠杆系统支撑，计算的自重变形仅 1/10～1/20 波长，主镜背面挖有 18 个不通孔，侧支承安装在其中。副镜外径 730 毫米，为了减少挡光，各种机构尽量在其背后，在调焦和系统转换时副镜需做直线运动，自行研制了大尺寸高精度的直线轴承作为导轨，用滚珠丝杆实现副镜的直线运动，运动部分重 400 千克，受的重力是变化的，研制结果运动分辨率精度高达 0.6 微米。位于主光轴和赤纬轴交点处的第一平面镜，当卡塞格林系统（见**卡塞格林望远镜**）和折轴系统转换时它要转出或转入光路。为了少挡光，各种机构尽可能处在副镜的影区内。实际研制结果卡塞格林和折轴两系统转换只需 4 分钟，转换后不需做任何校正。这对临时改变观测计划、应付突发事件是极有利的。在卡塞格林焦点处设有电机驱动的 x、y 平台，可连接不同的后端设备，并可安装稳像镜（tip-tilt 镜）。像场改正器的机械结构也设计得很好。

镜身和传动　镜身的负责人是包可人。2.16 米望远镜采用的是英国式赤道式装置，卡塞格林焦点处有很大的使用空间。望远镜整个转动部分重 90 吨，由南北基墩上极轴的圆柱流体静压支承（油垫）和北端的平面止推油垫平衡，转动时摩擦力极小。极轴是一个巨大的铸钢件，其中间要通光。赤纬轴两轴承的间距受限制，仅为 600 毫米，并以悬臂梁方式支撑镜筒，受重力的状态又是变化的，采用了径向推力球轴承，加合理的预紧力，垂直与水平两不同位置实测的弹性变形仅 26 角秒。包可人负责了在车间和圆顶室中两次机械大件的总装（第二次是和北京市设备安装工程公司的专家共同担任现场指挥），这是极重要、很难且责任重大的工作，再加上他做的其他工作，包可人为 2.16 米望远镜做出了很大的贡献。传动的负责人是夏立新。在极轴北轴颈的外端面上安装了一个直径 1960 毫米、720 齿的大齿轮，与跟它啮合的 50 齿的小齿轮组成一对精密齿轮副，并有反力矩装置，确保了消间隙和很好的跟踪运动。1993 年 12 月由于观测人员操作不当，观测室升降地板撞上卡焦后端，发生严重事故，在包可人等的努力下终于修复。鉴定意见："2.16 米光学望远镜是重量大、精度高、结构复杂的系统，研制单位从无到有，反复论证，精心设计，千方百计地利用我国最好的机械加工工艺，进行精益求精的加工，机械系统全部达到并部分超过了设计任务书要求的各项技术指标。"

自控和电控　望远镜由带高灵敏度测速机的力矩电机驱动，具有硬的调速机械特性；极轴对天体的恒速跟踪使用高稳定度的石英晶振频率与高分辨率的圆光栅信号组成位置锁相环系统；极轴与赤纬轴的轴角测量都为四通道测角通道，分别选用与主轴速比为 1∶1 及 1∶36 的双通道旋转变压器。使用计算机局域网络控制，实现自动定位，交替对星，镜筒水平保护，二维限位保护，手动遥控，校正大气折射及储存星表等。北京天文台的维护人员参与了上述的部分工作。控制系统已经进行了两次更新，通过更新 2.16 米望远镜的定位精度和跟踪精度有了很大的提高。中国科学院自动化研究所承担了极轴与赤纬轴的驱动与轴角检测系统，中国科学院南京天文仪器厂承担了供电系统，总体布线，副镜的步进电机调焦、卡焦和折轴系统的转换、光电导星等工作。自控和电控的负责人分别是黄玉棠和沈磐安。鉴定意见："在国内率先研制成用于光学天文望远镜的计算机控制系统，及时积极地采用了数字锁相等先进技术，全部达到并部分超过设计任务书的指标要求。"

跟踪精度是反映望远镜机械和控制系统性能最主要的指标，设计任务书要求的是 2 角秒/30 分，实测结果为长时间峰–峰值 0.55 角秒。

2.16 米望远镜最主要的领导人是龚祖同，他为这个项目花费了很多心血、做出了很大的贡献。

设计过程中北京天文台的黄磷、李竞、胡景耀、蒋世仰、尹济生起了重要的作用，他们提出了天文要求，与设计人员做了大量讨论，由黄磷执笔写出了设计任务书，并长期有部分人员驻在设计单位，参与到很多重要问题的研究和解决中。

1989 年 11 月 13 日举行了 2.16 米望远镜的落成典礼。同年 12 月 5 日起它投入了有 14 国参加的国际联测，成绩优秀。

终端仪器和天文成果　2.16 米望远镜的终端仪器有以下几台：①由美国研制的 OMR 光谱仪，配有 6 块光栅，低、中光谱分辨率，1996 年在卡焦投入使用。②由欧洲南方天文台（ESO），哥本哈根大学等研制成的北京暗天体摄谱成像仪（BFOSC），配有 9 块普通棱栅和 4 块阶梯棱栅，低、中光谱分辨率。并有 UBVRI 宽波段滤光片和[OIII]、Hα 和 He 窄带滤光片，1997 年在卡焦投入使用，2016 年更新了 CCD 相机，视场 9.37′×9.37′。上述两台仪器一直用到 2019 年。③中国研制的阶梯光栅分光仪，波段 330～1100 纳米，光谱分辨率 30 000～50 000。1995 年起安置在折轴焦点工作了 18 年，2013 年移到了云南天文台的 1.8 米望远镜的折轴焦点。2011 年中国科学院南京天文光学技术研究所（简称天光所）和中国科学院国家天文台研制成一台质量很高的光谱仪——高分辨率光纤光谱仪（HRS），由卡焦通过光纤连接到这台光谱仪，波段 370～920 纳米，光谱分辨率 32 000～115 000，内部恒温、恒压、恒湿，并配了激光频率梳（调试中）。以上几台终端仪器中，BFOSC 是 2.16 米望远镜上使用得最多的仪器。

60 厘米中间试验望远镜是仿苏联的。1974 年 2.16 米望远镜正式启动时，中国研制望远镜的能力已显著超过 20 世纪 60 年代初的苏联，2.16 米望远镜是一架中国自主设计的、更先进的、与 60 厘米中间试验望远镜完全不同的望远镜。

在中国天文学家的努力下用 60 厘米中间试验望远镜还是做了不少工作。1968 年建成后，前 20 多年中，配置数个光度计，对多颗变星、密近双星等做了光电测光。1996 年在胡景耀主持下，将它改造成一架智能化的河外超新星巡视望远镜，当发现河外星系中的新亮点时，就由 2.16 米望远镜做光谱观测，认证并研究了中国发现的 29 颗超新星，其中一些特殊的超新星引起了国际天文界的关注。

1993 年胡景耀用 2.16 米望远镜观测了数十年来北天最亮的超新星 1993 J 的光谱变化，发现氧的禁线有异常的紫移，王力帆和胡景耀提出了手指模型的解释，发表在 1994 年的 *Nature* 上，这是用中国自己研制的仪器的观测资料发表在 *Nature* 上的第一篇论文。

2.16 米望远镜发现了一批活动星系核，包括类星体、蝎虎座 BL 型天体、赛弗特星系，其中一些类星体在宇宙学研究上有重要意义；具有沃尔夫–拉叶星特征的赛弗特星系；在分子云周围的一批金牛座 T 型变星；截至 2020 年，已知金属丰度最低的恒星形成区；完成了极亮红外星系巡天样本；HR 1099 最大的白斑耀发；海尔–波普彗星的钠喷发；鲸鱼座 DF（DF Tau）的吸积爆发；取得了一大批特殊变星的观测资料；获得了大样本矮星的高分辨率光谱数据，精确地确定了 20 多种元素随金属丰度变化的趋势，并首次从观测角度将与 α 过程核合成相关元素拓展到包含钪、钾等更多的元素，建立了银河系不同星族的元素演化模式。发现了中国第一颗系外行星，发现了两颗公转轨道方向相反属同一主星的行星。2.16 米望远镜还参加了多项国际联测，在全球联测中占有重要的位置。除上面提到的一篇外，应用 2.16 米望远镜的观测资料，在 *Nature* 上还发表过两篇论文。其中之一是 2015 年 1 月 2.16 米望远镜观测到了爆发剧烈、方式奇特的超新星 iPTF14hls，贡献了最早的两条光谱。2.16 米望远镜每年有 40 余批国内外天文研究人员前来观测，望远镜的工作时间不能满足需要，兴隆站海拔 900 米，视宁度约 2 角秒，每年的可观测夜约 180 夜，使用 2.16 米望远镜每年发表 SCI 论文约 20 篇。

鉴定和获奖　1996 年 12 月中国科学院组织了由王大珩和叶叔华为正、副主任的鉴定委员会。鉴定对 2.16 米望远镜的综合评价是："它集中了光学、机械、电控和自动化多种先进技术于一体，配备了现代化的焦面仪器，成为我国天文学和天体物理学研究的最主要的观测设备，已经取得了丰硕的天体物理研究成果，这是一台二米级的达到国际先进水平的光学望远镜。"

1998 年 2.16 米望远镜获国家科技进步奖一等奖，主要完成单位（获奖单位）是中国科学院南京天文仪器研制中心、北京天文台、自动化研究所。

中国科学院给参与 2.16 米望远镜研制的前辈科学家和领导颁发了荣誉证书，获得者是龚祖同、程茂兰、王大珩、雷天觉等 7 人。应当特别提到，上述四位科学家和吴学蔺对 2.16 米望远镜的研制给予了极大的重视、推动和领导，使这架望远镜终于研制成功。

结语　2.16 米望远镜的成功是近百位

科技人员和工人多年共同努力的结果，研制人员绝大多数从未见过口径相似的望远镜，他们就是凭着为国争光和为科学事业献身的精神，将它设计、研制出来，且一直工作到30多年后。2.16米望远镜的研制得到了上海、南京一些大工厂在加工上给予的支持。运行了30多年，与维护专家的辛勤工作也是分不开的。

2.16米望远镜的建成使中国的天文观测由银河系内扩展到河外；由以测光为主进到了光谱观测，取得了大量成果。通过2.16米望远镜的研制和使用，成长了一批望远镜工程专家和实测天体物理学家。1999年中国发行了一套科技成果邮票，共4张，其中之一就是2.16米天文望远镜。2005年王大珩在国际光学委员会（ICO）第20届国际光学大会（长春）开幕式的讲话中列出了中国光学工程的六个里程碑，其中两个是2.16米望远镜（图2）和大天区面积多目标光纤光谱天文望远镜（LAMOST）。不仅在光学工程方面，这两个望远镜还被许多中国天文学家赞誉为中国天文学的里程碑。（苏定强）

陈颖为摄于2019年11月13日落成典礼三十周年纪念日

图2　2.16米光学望远镜

2.4 米望远镜　2.4m telescope　中国科学院云南天文台口径2.4米的通用型光学天文望远镜。地理坐标是东经100°2′、北纬26°42′，海拔3200米，坐落于云南省丽江市玉龙县高美古村的丽江天文观测站高美古园区内。通常称为丽江2.4米望远镜（图1）。该望远镜是中国科学院知识创新工程重大项目，由云南省、国家科学技术部、中国科学院三方联合资助，2007年5月落成，2008年4月初通过三方联合验收，随后投入观测，成为中国七大天文科学工程（即LAMOST、SST、FAST、月球探测卫星、丽江2.4米望远镜、抚仙湖1米红外太阳塔和青藏高原选址）中第一个开始运营的项目和东亚口径最大的光学望远镜（2009年前），加强了中国天文研究的国际竞争力，促进了中国天文研究人才的培养。

图1　丽江天文观测站2.4米望远镜圆顶

该望远镜（图2）由英国望远镜技术有限公司生产，为地平式反射望远镜，主体由液压支撑，主镜由高压气体支撑；主镜通光孔径2.4米，采用微晶玻璃，在−10℃～35℃的工作环境中不会热变形，保证了像质的稳定性；采用R-C光学系统，具有卡焦和耐焦两个观测平台，其中卡焦平台具有一个直通口和八个测口，同时安装了多台观测终端，相互间可以在半分钟内完成切换；可以进行成像、测光、高中低色散光谱、二维光谱等天文观测，是中国观测功能最全的光学望远镜。望远镜的各种修正和报警及圆顶的驱动等由计算机全自动控制，其成像分辨率、指向精度、跟踪精度、自动化程度为国内最高水平。自投入观测以来，新发现/认证了46颗高红移类星体，填补了红移5～6的类星体空白。其中一颗红移6.3的类星体是截至2022年5月，发现的光度最大的类星体，入选2015年度中国科学十大进展。新测定了30多颗活动星系核的黑洞质量，占世界总数的近一半，对活动星系核内部结构和动力学研究国际领先。每年新发现/认证的超新星，在国际上占约10%。（白金明）

图2　丽江天文观测站2.4米望远镜及其观测终端设备

13.7 米毫米波望远镜　13.7m millimeter-wave radio telescope　工作在毫米波段的一台中小型天文观测设备，由紫金山天文台青海观测站负责运行。望远镜位于青海省海西州德令哈市蓄集乡境内的泽令沟小野马滩，西距德令哈市35千米，东经97°33.6′，北纬37°22.4′，海拔3200米。

13.7米毫米波望远镜是中国第一台毫米波段的天文观测设备（见图）。它主要由封闭在天线罩内的毫米波天线本体及其伺服系统、低噪声毫米波接收机系统、数据采集以及计算机控制系统等组成，融合了精密仪器制造与测量、伺服控制、超导接收、数字信号处理、计算机控制等多种高新技术。望远镜的建设工程分期实施，分期验收。它的13.7米天线以及封闭圆顶系统于1981年由紫金山天文台和中国科学院南京天文仪器厂一起与美国ESSCO公司合作研制，1986年现场安装。接收机、计算机控制等系统的研制以及台址建设等任务由紫金山天文台承担。1990年1.3厘米波段接收机系统通过验收后，13.7米毫米波望远镜开始投入天文观测运行。1996年完成3毫米波段接收机研制。在随后的运行中，望远镜的指向跟踪、面形精度、天线效率、接收机系统、设备控制以及科学数据库等方面不断改进与完善，望远镜综合性能以及开放服务的质量持续提升。13.7米毫米波望远镜每年的9月至翌年的6月向国内外用户开放运行，7～9月主要用于设备维护及系统测试。毫米波主题数据库持续开放共享。作为望远镜核心的接收机系统的更新发展始终是13.7米毫米波望远镜建设发展的一个主旋律。随着天文技术的不断发展，3毫米波段的接收机系统先后经历了半导体肖特基接收机（1996）、超导SIS接收机（1998）、3毫米波波段多谱线系统（2002）以及多波束接收机（2010）等几个主要阶段。

13.7米毫米波望远镜

2010年底，新一代毫米波多波束接收系统“超导成像频谱仪”系统在望远镜上安装服役。超导成像频谱仪是一套3×3波束的阵列接收机系统，工作在

85～115GHz 频段，具有高灵敏度、宽带和高频谱分辨的特点。它继承了 CO 及其同位素的多谱线接收原理，其前端混频器运用了边带分离原理的超导 SIS 混频技术，典型的单边带噪声温度低达 60K。后端应用了基于高速 ADC 和高性能 FPGA 处理器的 1GHz 带宽数字 FFT 频谱仪。该系统还应用了数字频率综合本振和高精度数字偏置等，是一套全数字化的毫米波多波束频谱接收系统。超导成像频谱仪是中国射电天文领域的第一台多波束接收机，也是国际上首例基于边带分离原理的多波束接收机。结合新研发的 On-The Fly（OTF）扫描观测方法，使望远镜的多谱线接收效能相比之前的单波束系统提高了约 60 倍。

13.7 米毫米波望远镜投入运行后，在太阳系天体、星际脉泽源、星际分子云和致密气体、恒星形成区和年轻恒星、红外源的多波段证认、高速分子外向流、银河系、河外星系、晚型星、行星状星云、超新星遗迹、宇宙射线源以及热碳链化学等众多天文课题的观测中发挥了重要的支撑作用，也在人造卫星观测、地球大气观测研究等相关领域得到了应用。近年来的重点应用课题包括普朗克冷尘核的样本观测、银河画卷巡天、北银道面甲醇脉泽巡天、近邻星系样本观测等，取得了分子云发现、天蝎-人马新旋臂段的发现、甲醇脉泽样本发现等在内的一批重要天文观测研究成果。（杨　戟）

500 米口径球面射电望远镜　500m aperture spherical radio telescope; FAST　利用贵州天然喀斯特洼地作为望远镜台址，建造的世界最大单口径射电望远镜。作为中国“十一五”重大科技基础设施建设项目，FAST 是 500 米口径球冠状主动反射面射电望远镜，以实现大天区面积、高精度的天文观测。FAST 被誉为“中国天眼”，是具有中国自主知识产权的大科学装置。

项目提出与立项　20 世纪 90 年代初，鉴于国际现有射电望远镜已不能满足日益发展的科学需求，国际天文界提出在世纪之交建造大型射电望远镜，以此聚焦天体物理的众多前沿和热点课题，促进人类对宇宙演化的理解。为此，中国科学家创新地提出利用中国贵州喀斯特洼地，独立研制一台新型的大口径天线，即具有 500 米口径的球面射电望远镜（FAST）的构想。

1994 年，中国开始启动大射电望远镜的选址及预先研究，2007 年，FAST 作为“十一五”国家重大科技基础设施建设项目立项。FAST 项目的目标是遴选出适合的贵州天然喀斯特洼坑，作为望远镜的建设地点，建造世界第一大的单口径射电望远镜——具有 500 米口径主动反射球面的大型射电望远镜，开展高灵敏度的射电观测（见图）。FAST 在预研阶段提出了三项创新的设计理念：在台址方面，结合望远镜的技术指标要求，选择了贵州的天然喀斯特洼坑——大窝凼作为建设地点；在洼坑内建设直径为 500 米的球冠状主动反射面，由数千块反射面单元拼接而成，用来收集宇宙天体发出的无线电波；通过搭建柔索驱动机构，并在馈源舱内采用并联机器人系统，从而满足了望远镜对于馈源高精度定位的需求。基于这些创新的设计，FAST 开创了建设超大型射电望远镜的新模式。

FAST 实景图

项目主要科学目标和应用目标　FAST 作为国家大科学装置，为多学科基础研究提供了重要平台。主要的科学目标包括：对宇宙中的中性氢开展巡天，研究星系的结构，探索宇宙起源和演化；发现和探测脉冲星与快速射电暴，进行稀有品种射电瞬变源的巡天，探测引力波等；作为最大的单元参与国际低频甚长基线干涉测量网，有效提高基线灵敏度，开展高分辨率观测与研究，获得天体超精细结构；探测宇宙中的星际分子，促进对恒星形成与演化的理解，探寻宇宙生命的起源；搜索可能的星际通信信号，寻找地外理性生命等。

FAST 投入使用后，将大幅增加可观测的天体数目，发现更多特殊的天体和天文现象，从而为天文学家提供开展理论分析与模型构建的丰富样本，为重大发现提供了前所未有的机遇。

FAST 在国家重大需求方面有重要应用价值。主要的应用目标包括：将中国空间测控能力由地球同步轨道延伸至太阳系外缘，使深空通信数据下行速率提高 100 倍；脉冲星到达时间测量精度由 120 纳秒提升至 30 纳秒，成为国际上最精确的脉冲星计时设备，为自主导航这一前瞻性研究制作脉冲星钟；进行高分辨率微波巡视，以 1Hz 的分辨率诊断识别微弱的空间讯号，作为被动战略雷达为国家安全服务；作为“子午工程”的非相干散射雷达接收系统，提供高分辨率和高效率的地面观测；跟踪探测日冕物质抛射事件，服务于太空天气预报。

项目主要技术指标　FAST 主要技术指标见表。

项目建设内容　FAST 由中国科学院和贵州省人民政府联合共建。项目主要建设内容如下：

洼地的勘察与开挖。根据望远镜建设要求，对台址的工程地质情况，以及水文地质条件进行勘察，开挖洼地，进行边坡治理，确保洼地不积水。

主动反射面。构建球冠型索膜结构，球冠张角大约 120°，包括近 9000 根钢索和 4000 多个反射单元，反射面直径大

FAST 主要技术指标

名称	设计指标
主动反射面	半径约 300m，口径约 500m，球冠张角约 120°
有效照明口径	约 300m
焦比	约 0.46
天空覆盖	最大天顶角 40°，实现观测跟踪 4～6h
观测频率	70MHz～3GHz
灵敏度（L 波段）	系统噪声温度约 20K；望远镜有效面积与系统噪声温度之比约 $2000m^2/K$
偏振	全偏振（双圆或双线偏振），极化隔离度优于 30dB
分辨率（L 波段）	2.9′
多波束（L 波段）	19 个波束
观测换源时间	< 10min
馈源指向精度	8″

约500米。对于变形后的抛物面，要求均方差不大于5毫米。

馈源支撑。利用6个支撑塔以及柔性钢索，组建馈源支撑系统。同时，通过在馈源舱内，安装二次精调装置——并联机器人，使得调整后的定位精度达到10毫米。

测量与控制。依托基础测量网，采用总线及多层控制技术，实现数千点的自动控制，保障望远镜协调运行。运用多种测量设备，包括激光全站仪、GPS测量系统等，实现在百米距离测量尺度上，最终精度达到2毫米。

接收机与终端。研制7套高性能接收机，工作频率覆盖70MHz～3GHz，满足科学目标的需求。研发包括馈源（含L波段国际领先的19波束馈源）、低噪声的制冷放大器、宽频带的数字中频传输设备、高稳定度与精度的频率时标设备和多功能数字终端设备等。

观测基地建设。为高水平地支持望远镜科学观测、日常运行与维护、望远镜的技术研发，并能满足基地人员工作与生活的需要，建设望远镜观测与控制、数据处理与存储中心；建设技术实验室；配套各类生活设施等。

项目建设与调试　FAST工程于2011年3月25日开工建设，面对建设地点偏远、技术难度大、非标设备多等挑战，攻坚克难，于2016年9月按期完成工程建设，主要建设历程如下。

台址开挖与边坡治理工程。FAST台址开挖工程包括土石方开挖、边坡治理、道路和排水系统四项工程，为望远镜各工艺系统的安装创造基本的现场条件，同时为望远镜建成后的运行维护提供安全、稳定的外在自然环境和基本设施条件。在施工过程中，面对复杂的地质情况和施工条件困难，采用多种措施，对台址进行有效治理。

圈梁钢结构安装工程。圈梁是FAST索网的支承结构，由承台基础、格构柱及环梁构成，形成直径为500米的圆周。2013年12月31日圈梁合拢，这是FAST工程建设的第一个里程碑。

索网制造与安装工程。索网结构是FAST主动反射面的主要支撑结构，是反射面主动变位工作的关键点。索网制造与安装工程也是FAST工程的主要技术难点之一，该工程的顺利完成也是FAST总体工程具有里程碑意义的重要节点。

馈源塔制造与安装工程。馈源支撑塔是FAST馈源支撑系统的主体承载结构，是钢索承载和驱动的依托支架，并为塔顶导向滑轮提供足够刚性的支撑平台，保证驱动钢索能够牵引馈源舱在预定轨迹上运动。

索驱动制造和安装工程。索驱动由驱动机构、导向机构、缆索装置、控制系统、设备基础及其他附属设施组成。2015年2月10日，FAST望远镜索驱动第一根支撑索安装成功。

FAST工程主动反射面液压促动器工程。反射面液压促动器通过调整下拉索下端的位置，从而间接同步调整索网节点位置，实时实现满足拟合精度的300米口径瞬时抛物面，实现天文观测的跟踪、换源等运动要求。2015年7月完成了全部促动器的制造、现场安装和调试工作。

馈源舱制造与安装。馈源舱主要包括星形框架、AB轴机构、斯图特尔（Stewart）平台、多波束接收机转向装置、舱罩和其他附属设备等。2016年7月11日，馈源舱（正舱）正式升舱至137米。

测量基墩和综合布线工程。通过在大窝凼洼地内建造24个伸出反射面的基墩，为高精度测量仪器提供稳定可靠的安装平台，完成对反射面节点位置和馈源舱位姿测量，为反射面和馈源支撑控制提供测量数据。综合布线工程（内网高低压配电、测控网络和安防工程）是望远镜的神经网络，是所有指令信号、数据传输、动力传输的通道，是FAST高效运行的保障。

反射面单元研制与安装。反射面单元通过主动控制在观测方向形成300米口径瞬时抛物面以汇聚电磁波，观测时抛物面随着所观测天体的周日运动而在500米口径球冠上移动，从而实现跟踪观测。2016年7月3日，FAST工程最后一块反射面板吊装完成，标志着望远镜主体工程完工。

接收机与终端研制。FAST工程设计研制了7套接收机和终端（覆盖70～3000MHz的频率范围），时间频率标准、数据传输、处理、存储和接收机监视及诊断系统，供望远镜联调和科学观测使用。其中频率覆盖1050～1450MHz的接收机为19波束的多波束接收机，采用了19个独立的馈电单元，每个馈电单元由馈源、真空窗口、热隔离波导、极化器组成。2018年5月，19波束接收机安装完成。

观测基地建设。观测基地建设是FAST望远镜建设、运行和维护的基础保障，主要包括两个部分：①观测基地基本建设，包括综合楼、食堂及附属楼、1#实验室和2#实验室；②公用及配套设施，包括道路工程、供水工程、供电工程、通信工程等。2016年7月31日，观测基地主体建设完成。

电磁兼容研发与实现。由于FAST灵敏度非常高，为保护FAST免受电磁干扰，保障FAST正常运行和科学产出，完成对望远镜系统和全面的电磁兼容设计和实施。为保护台址电磁波环境，《贵州省500米口径球面射电望远镜电磁波宁静区保护办法》于2013年10月1日起实施。2017年8月，两条航线迁移出FAST上空，FAST空中限制区开始实施。

FAST工程早期科学研究。开展早期科学研究，获得科技部973项目支持，为FAST运行做科学上的准备。

在FAST工程建设过程中，由于其对生产技术的严苛要求，促进了相关生产企业的技术进步，有效提升了中国相关技术领域和产业的研发水平，促进了技术的自主创新。例如，由于FAST对钢索性能的高要求，推动了中国索结构工业由粗放式管理向精细化管理的转变，使中国的钢索结构生产制造水平得到很大提升。同时，随着FAST的建设，还促进了中国在天线技术、并联机器人、高精度动态测量、电子技术、结构工程、动光缆技术和电磁兼容技术等众多高科技领域的发展。

经过5年半的建设，2016年9月25日，FAST工程竣工。进入调试试观测阶段。调试期间创建了基于力学仿真技术的实时安全评估系统；研制了基于惯导的多系统数据融合测量技术并安装成功；研制了新型的高压滤波器；19波束接收机安装完成并投入使用，大幅提高了望远镜的巡天效率；系统噪声也控制到20K以下；指向精度已经达到16角秒的水平；随着测量精度的不断提高，望远镜的灵敏度已经超过了2600m²/K；完成了望远镜多系统之间的功能性整合，实现了漂移、跟踪、运动扫描、编织扫描等多种观测模式，达到了验收技术指标。2020年1月11日，FAST通过国家验收，开始正式运行。截至2023年3月，已发现脉冲星超过740颗，其中一颗是迄今为止流量最暗弱的**毫秒脉冲星**，充分证明了FAST在灵敏度上的优势。

“中国天眼”FAST是世界具有最大口径和超高灵敏度的射电**天文望远镜**。它的关键技术具有中国的自主知识产权。望远镜的综合性能领先国际其他在运行的设备。随着FAST的运行，它将为中国在相关学科实现重大原创突破提供平台和机遇，实现中国射电天文观测设备由追赶到领先的跨越。

（严　俊　张海燕　姜　鹏）

大事年表

公元前 14 世纪	· 中国留存最早的新星记录
	· 埃及留存最古的漏壶
公元前 10 世纪	· 埃及留存最古的日晷
公元前 687 年	· 中国留存最早的天琴座流星雨记录
公元前 7 世纪	· 巴比伦发现日食和月食重复出现的沙罗周期
公元前 7～前 6 世纪	· 中国创立十九年七闰的阴阳历置闰法
公元前 6～前 5 世纪	· 中国定一回归年为 365¼日
公元前 5 世纪	· 希腊毕达哥拉斯学派论证大地为球形，提出地球每天绕地轴自转的思想
	· 希腊阿那萨古腊认识到月球反射日光，月食是月亮进入地影的缘故
公元前 4 世纪	· 中国石申测编星表
约公元前 4 世纪末	· 高卢披塞斯最先注意到月亮和潮汐的关系
公元前 3 世纪	· 希腊阿利斯塔克提出早期的日心地动说
	· 希腊埃拉托斯特尼测估地球周长
约公元前 170 年	· 中国留存最早的彗星形态图
公元前 2 世纪	· 希腊依巴谷测定岁差、黄白交角，发现白道拱点和黄白交点的运动，测定月球视差，编制日月运行表，推算日月食，测定 850 颗星的位置和亮度星表，划分恒星亮度为 6 等
	· 希腊波西东尼乌斯发现大气折射对测量的影响
公元前 104 年	· 中国落下闳改进赤道式仪器，定下赤道式浑仪的基本结构
公元前 46 年	· 罗马颁行儒略历
公元前 28 年	· 中国留存最早的太阳黑子记录
公元 2 世纪	· 中国张衡发明水运浑象，称漏水转浑天仪
	· 希腊托勒密撰《天文学大成》，是希腊古典天文学的总结，论证地心体系，发现大气折射和天球北极在星空间位置的变化
约 500 年	· 印度阿耶波多（第一）应用代数学研究几何和天文学，支持地球自转

604 年	· 中国刘焯创《皇极历》，发明二次差等间距内插法
724 年	· 中国一行、南宫说等实测地球子午线一度之长
725 年	· 中国一行、梁令瓒等发明有报时装置的水运浑象
10 世纪	· 阿拉伯巴塔尼发现太阳远地点的进动
	· 阿拉伯苏菲著《恒星图象》
1054 年	· 中国、日本等国的天文学家先后作天关客星（超新星金牛座 CM）出现的详细记录
1086～1092 年	· 中国苏颂、韩公廉等建造水运仪象台，其中有转仪钟的雏形，观测室屋顶可以自由卸除，并有复杂的报时装置，据苏颂著《新仪象法要》可知，这座仪象台具有类似锚状擒纵器的机构
1199 年	· 中国杨忠辅创《统天历》，定回归年长度为 365.2425 日，与世界通用公历的平均历年长度相等，他还发现回归年长度有消长现象
1252 年	· 西班牙刊布《阿方索天文表》
1259 年	· 伊尔汗国始建马拉盖天文台。1272 年编成《伊尔汗历数表》（西方通称《伊尔汗天文表》）
13 世纪下半叶	· 中国郭守敬设计简仪、仰仪、高表、景符、浑天象等多件天文仪器，他设计的登封观星台留存至今
1420 年	· 帖木儿帝国兀鲁伯建撒马尔罕天文台。后编制《新古拉干历数表》（西方通称《兀鲁伯天文表》）
1474 年	· 德国雷乔蒙塔努斯（即 J. 米勒）提出“月亮距离”测经度法，并编印航海历书
1543 年	· 波兰 N. 哥白尼的《天体运行论》出版，确立日心体系
1576 年	· 丹麦第谷建天文堡，在堡内进行二十多年天文观测
1582 年	· 罗马教皇格雷果里十三世颁布格雷果里历
1608 年	· 荷兰 H. 李普希发明望远镜
1609 年	· 德国 J. 开普勒的《新天文学》一书出版，提出行星运动的椭圆定律和椭圆面积定律（即行星运动第一、第二定律）
	· 意大利伽利略制成第一架天文望远镜
1610 年	· 意大利伽利略的《星际使者》一书出版，其中载有他用望远镜观天所获得的第一批新发现，包括月球上的山谷，肉眼看不见的恒星，木星的四颗卫星（伽利略卫星），同年他又发现金星的盈亏现象
	· 意大利伽利略和德国席纳尔、D. 法布里修斯用望远镜观测黑子，发现太阳自转
1619 年	· 德国 J. 开普勒的《宇宙谐和论》一书出版，其中发表行星运动第三定律

1627 年	· 德国 J. 开普勒发表《鲁道夫星表》
1632 年	· 意大利伽利略的《关于托勒密和哥白尼两大世界体系的对话》一书出版
1647 年	· 波兰 J. 赫维留发表第一幅较为详细的月面图
1655 年	· 荷兰 C. 惠更斯发现太阳系最大的土星卫星——土卫六；同年发现土星环
1656 年	· 荷兰 C. 惠更斯发表摆钟理论
1668 年	· 英国 I. 牛顿制成反射望远镜
1671 年	· 法国 J. 皮卡德测定地球半径
1675 年	· 英国建立格林尼治皇家天文台
1676 年	· 丹麦 O. 罗默在巴黎天文台测定光速
1687 年	· 英国 I. 牛顿的《自然哲学的数学原理》一书出版，发表万有引力理论，奠定经典力学的基础，天体力学由此诞生
1705 年	· 英国 E. 哈雷发现周期彗星
1725 年	· 英国修订再版弗兰斯蒂德星表（初版于 1712 年），其中载有 2866 颗星
1725～1728 年	· 英国 J. 布拉得雷发现光行差
1748 年	· 英国 J. 布拉得雷确认 1727～1747 年发现的地轴章动
1748～1752 年	· 瑞士 L. 欧拉在德国创立任意常数变易法，分析天体力学从此诞生
1750 年	· 英国 T. 赖特最早提出银河系概念
1755 年	· 德国 I. 康德的《宇宙发展史概论》一书出版，首倡太阳系行星起源的星云假说
1761 年	· 俄国 M. V. 罗蒙诺索夫发现金星大气
1771 年	· 法国 C. 梅西耶发表第一份梅西耶星表
1772 年	· 德国 J. E. 波得宣布 J. D. 提丢斯于数年前发现的关于行星距离的提丢斯-波得定则
1781 年	· 英国 F. W. 赫歇尔发现天王星
1782 年	· 英国 F. W. 赫歇尔编制第一个双星表
1783 年	· 英国 F. W. 赫歇尔发现太阳在空间的运动
1796 年	· 法国 P.-S. 拉普拉斯的《宇宙体系论》一书出版，提出星云假说
1799～1825 年	· 法国 P.-S. 拉普拉斯的《天体力学》一书出版
1801 年	· 意大利 G. 皮亚齐发现第一颗小行星
	· 德国 C. F. 高斯发明通过三次观测确定小行星轨道的计算方法

1802～1804 年	· 英国 F.W. 赫歇尔发现双星轨道运动
1814 年	· 德国 J.von 夫琅禾费创制第一具分光镜。此后直到 1817 年他发现并描述太阳光谱的吸收线
1824 年	· 德国 J.von 夫琅禾费创制配有转仪钟的赤道式装置望远镜
1837～1839 年	· 德国 F.W. 贝塞尔、英国 T. 亨德森和俄国 F.W.G. 斯特鲁维分别测定天鹅座 61 号星、半人马座 α 星和织女星的视差
1843 年	· 德国 S.H. 施瓦贝经过 17 年的观测发现约为 10 年（后人确定为 11 年）的太阳黑子周期
1844 年	· 德国 F.W. 贝塞尔公布 1834 年以来对天狼和南河三（小犬座 α 星）的精确观测结果，预言它们都是双星，各有一暗伴星
1846 年	· 德国 J.G. 伽勒根据法国 U.-J.-J. 勒威耶的理论计算发现了海王星（英国 J.C. 亚当斯也于 1845 年独立地做出同样的计算）
1847 年	· 俄国 F.W.G. 斯特鲁维提出星际消光问题
1859 年	· 德国 G.R. 基尔霍夫建立分光学的基本定律，成为天体物理学的基础之一
1859～1862 年	· 德国 F.W.A. 阿格兰德尔发表《波恩巡天星表》
1861 年	· 德国泽尔纳发表第一个光度星表
1863 年	· 意大利 A. 塞奇开创恒星光谱分类研究
1868 年	· 英国 W. 哈根斯测定天狼星的视向速度
1882 年	· 美国 S. 纽康证实水星近日点进动问题中有超差，并定出超差值
1885 年	· 美国 E.C. 皮克林用物端棱镜拍摄昴星团光谱
1887 年	· 第一届国际天文照相会议决定用照相法编制全天照相星表
	· 俄国 L.O. 斯特鲁维提出银河系自转
1888 年	· 德国 K.F. 屈斯特纳发现极移
	· 丹麦 J.L.E. 德雷尔发表《星云星团新总表》（NGC）
1889 年	· 美国 A.C. 莫里发现分光双星
1891 年	· 美国 S.C. 钱德勒发现极移的周期性
1896～1900 年	· 荷兰 J.C. 卡普坦根据英国吉尔于 1885～1891 年在好望角拍摄的底片归算编制的《好望角照相巡天星表》出版
1897 年	· 美国叶凯士天文台建成世界上最大的折射望远镜（口径 1.02 米）
1903 年	· 俄国 K.E. 齐奥尔科夫斯基发表星际航行学专著

1905 年	· 丹麦 E.赫茨普龙发现巨星和矮星
	· A.爱因斯坦在瑞士发表狭义相对论
1908 年	· 美国 G.E.海尔发现黑子磁场
约 1910 年	· 德国威尔森、J.席纳尔和法国诺德曼测定恒星温度，进而算出恒星直径
1912 年	· 美国 H.S.勒维特发现造父变星光变周期与亮光度之间的关系（即周光关系）
1913 年	· 美国 H.N.罗素公布恒星光谱型–光度图，在此之前丹麦 E.赫茨普龙在 1905～1907 年已绘出恒星颜色–星等图，因称赫罗图
1914 年	· 美国 V.M.斯里弗发表 13 个星系（当时以为是星云）视向速度表，发现星系有退行运动
1915 年	· A.爱因斯坦发表广义相对论，解释水星近日点进动的超差问题，预言光线在引力场中会发生偏转现象
1916 年	· 美国 W.S.亚当斯创造分光视差法
1916～1926 年	· 英国 A.S.爱丁顿发展了德国埃姆登、K.史瓦西开创的恒星内部结构理论，于 1926 年出版《恒星内部结构》一书
1917 年	· A.爱因斯坦发表《根据广义相对论对宇宙学所作的考察》一文，为现代宇宙学的奠基之作
1918 年	· 美国 H.沙普利发现太阳不在银河系中心
1918～1924 年	· 美国哈佛大学天文台发表《亨利·德雷伯星表》(HD 星表)，包括全部 8 等以上和部分 9～11 等星的光谱
1919 年	· 国际天文学联合会成立
	· 英国 A.S.爱丁顿领导的日食观测队发现太阳引力使光线偏折的现象，成为爱因斯坦广义相对论的天文学验证
1920 年	· 美国 A.A.迈克耳孙制成恒星干涉仪，F.G.皮斯利用它测定恒星直径
	· 印度 M.萨哈提出恒星大气中原子的电离理论
1922 年	· 中国天文学会成立
1924 年	· 英国 A.S.爱丁顿从理论上导出恒星的质光关系
	· 美国 E.P.哈勃宣布仙女座大星云在银河系外，是同银河系一样的庞大恒星系统，即仙女星系
1925 年	· 美国 W.S.亚当斯发现天狼伴星光谱线的引力红移，再次验证广义相对论，并论证白矮星中超密态物质的存在
1926 年	· 瑞典 B.林德布拉德重新提出银河系自转，1927 年经荷兰 J.H.奥尔特证实

1929年	· 美国 E.P.哈勃发现河外星系谱线红移所对应的退行速度与距离成正比，今通称哈勃定律
1930年	· 美国C.W.汤博发现冥王星
	· 瑞士R.J.特朗普勒研究银河星团提出星际消光改正
1930～1931年	· 世界联合观测爱神星冲日，以定太阳视差。测出的数据经英国的H.S.琼斯处理，1941年得其值为8.790″±0.001″
1931年	· 德国B.V.施密特公布他发明的施密特望远镜
1931～1932年	· 美国K.G.央斯基发现银河系中心射电
1932年	· 苏联L.D.朗道预言了中子星的存在
1936年	· 法国斯多伊科用石英钟和天文观测比较，发现地球自转速率的季节性变化
1937年	· 美国G.雷伯建成射电望远镜
1937～1939年	· 德国C.F.von魏茨泽克和美国H.A.贝特提出质子-质子反应和碳氮循环两种核反应，创立恒星能源理论
1939年	· 英国H.S.琼斯最终确定地球自转的不均匀性
1942年	· 英国J.S.海伊发现太阳射电
	· 荷兰J.H.奥尔特论证蟹状星云是1054年超新星遗迹
1944年	· 荷兰H.C.范德胡斯特从理论上提出星际中性氢21厘米谱线
	· 德国W.巴德重新提出1927年有人提过的星族概念
1946年	· 英国B.洛弗尔首次用雷达方法观测流星雨
	· 在匈牙利和美国首次观测到月球的雷达回波
1947年	· 苏联V.A.阿姆巴楚米扬提出星协概念
1948年	· 美国帕洛马山天文台5.08米口径望远镜揭幕
1949年	· 美国国家标准局建成氨频率标准
1951年	· 美国E.M.珀塞尔、H.尤恩和澳大利亚W.N.克里斯琴森等人观测证实中性氢21厘米谱线的存在
	· 澳大利亚W.N.克里斯琴森发明多天线射电干涉仪
1951～1954年	· 美国、荷兰和澳大利亚的天文学家先用光学方法，继用射电方法发现并描绘银河系的旋涡结构
1957年	· 英国在卓瑞尔河岸天文台建成当时世界上最大的射电望远镜（直径76米）

	· 中国第一个天文馆北京天文馆建成
	· 苏联发射人类第一颗人造卫星
1959 年	· 苏联发射月球火箭“月球”号，其中“月球”3 号第一次拍摄到月球背面照片
1960 年	· 美国利用高空气球进行 γ 辐射观测，发现宇宙 γ 射线源
1961 年	· 苏联发射行星探测器“金星”1 号
	· 苏联发射人类第一颗载人飞船
	· 美籍华裔天文学家黄授书预言存在红外星，1965 年美国 G. 诺伊吉保尔、D.E. 马尔茨和 R.B. 莱顿等发现红外星天鹅座 NML（NML Cyg）、金牛座 NML（NML Tau）
1962 年	· 美国发现第一个太阳以外的 X 射线源
1963 年	· 美国用射电方法发现星际羟基分子（OH），以后通过星际微波谱线不断发现星际有机分子，截至 20 世纪末已发现 140 多种
	· 荷兰 M. 施密特等在美国发现类星体
1964 年	· 美国发射火星探测器“水手”4 号
1965 年	· 美国 A. 彭齐亚斯和 R.W. 威耳孙发现 3K 宇宙微波背景辐射
1967 年	· 英国 A. 休伊什和 J. 贝尔发现脉冲星
	· 加拿大和美国建成甚长基线干涉仪
1969 年	· 美国发射载人宇宙飞船“阿波罗”11 号，首次登月
1970 年	· 美国发射观测 X 射线的人造卫星乌呼鲁 X 射线卫星
	· 中国第一颗人造地球卫星“东方红”1 号卫星发射成功
1972 年	· 美国发射第一个太阳系外围空间探测器“先驱者”10 号，1973 年飞掠木星，发现木星磁层和辐射带
1973 年	· 美国探测到宇宙 γ 射线爆发
1975 年	· 苏联在高加索建成口径 6 米的反射望远镜
1976 年	· 美国“海盗”号探测器成为人类首个成功登陆火星的探测器
1977 年	· 美国、中国等发现天王星环
1978 年	· 美国 J.H. 泰勒与其学生 R.A. 赫尔斯观测短周期双星 PSR1913 + 16 的轨道周期变率，宣布证实广义相对论关于引力波的预言
	· 美国发现小行星卫星
	· 美国发现冥王星卫星

	· 意大利和美国相继发现 SS433 的光谱特征
1979 年	· 美国发现木星环
	· 美国发现双类星体
1980 年	· 《中国大百科全书》(第一版)·天文学卷出版，是中国出版的第一本现代百科全书
1982 年	· 中国第一座太阳塔在南京大学天文系建成并通过验收
1983 年	· 北京古观象台经修复重新开放
1983～1984 年	· 中国参加全球性合作项目——国际地球自转联测（MERIT 计划）
1984 年	· 中国密云米波综合孔径射电望远镜通过鉴定并开展正式观测
1986 年	· 中国天文学家首次赴南极进行天文考察
1987 年	· 中国太阳磁场望远镜正式投入运行，是 2006 年日本日出号卫星发射前分辨率最高的太阳磁场观测设备
1988 年	· 中国第一台 1 米以上口径的 1.26 米红外望远镜通过验收
1989 年	· 中国自行研制的第一台 2 米以上口径光学望远镜 2.16 米光学望远镜建成
	· 中国 1.56 米天体测量望远镜通过验收，是当时世界上口径最大的天体测量望远镜
1995 年	· 瑞士天文学家在银河系中发现首颗太阳系外行星
1996 年	· 中国第一台毫米波段天文观测设备 13.7 米毫米波望远镜通过验收
1997 年	· 美国火星探路者号成功着陆火星，是世界上首个着陆火星的探测器
2004 年	· 美国航空航天局和欧洲空间局合作的卡西尼-惠更斯号土星探测器进入土星轨道，成为首个绕土星飞行的人类探测器
	· 德国科学家利用斯皮策空间望远镜首次拍摄到太阳系以外的行星照片
2006 年	· 中国拉萨中学天文台落成，是世界上海拔最高的科普天文台
	· 美国星尘号探测器返回舱返回地球，是人类发射的探测器首次将彗星样本带回地球
2007 年	· 中国 2.4 米望远镜建成，截至 2009 年，是东亚最大口径光学望远镜
	· 中国第一个月球探测卫星嫦娥一号发射升空并发回中国月球探测工程的第一幅月面图像
2008 年	· 中国首台南极望远镜阵 CSTAR 在南极冰穹 A 安装成功
2009 年	· 中国大天区面积多目标光纤光谱天文望远镜（LAMOST）通过验收，是世界上口径最大的大视场望远镜
2010 年	· 中国新真空太阳望远镜建成，是东经 100°附近八个时区内唯一可进行亚角秒级高分辨

率观测的地基太阳望远镜

2012 年 · 国际天文学联合会第 28 届大会在北京召开，时任中华人民共和国副主席习近平出席开幕式并致辞

· 中国上海 65 米天马射电望远镜建成，是亚洲最大的单口径全可动射电望远镜

· 中国嫦娥二号成功飞越小行星“战神”图塔蒂斯，在国际上第一次拍下这颗小行星的光学图像，实现了中国首次对小行星的飞越探测

· 美国“旅行者”1 号成为首颗飞离太阳系的探测器，进入星际空间

2013 年 · 中国嫦娥三号成功着陆月球表面，中国成为世界上第三个地外天体成功软着陆的国家

2014 年 · 欧洲空间局罗塞塔号探测器完成人类首次彗星软着陆

2015 年 · 美国新视野号探测器成为人类首颗近距离飞掠冥王星的探测器

· 中国暗物质粒子探测卫星“悟空”号发射升空，成为中国首颗天文卫星

2016 年 · 美国朱诺号木星探测器成功进入木星轨道，是运行轨道最接近木星的人类探测器

· 中国 500 米口径球面射电望远镜（FAST）建成，是世界最大的单口径射电望远镜

· 欧洲南方天文台发现系外行星比邻星 b，科学家推测其为潜在宜居行星

2017 年 · 美国 K. 萨胡等人成功用引力为星球测重，测得白矮星 STEIN 2051B 约为 0.675 太阳质量

· 全球多国科学家宣布人类第一次直接探测到来自双中子星合并的引力波

2018 年 · 意大利科学家报告在火星南极冰盖之下首次发现持久水体存在的痕迹

· 美国 2016 年发射的奥西里斯王号小行星探测器首次造访 101955 号小行星贝努，2020 年完成采样，2023 年 9 月返回地球

2019 年 · 中国嫦娥四号成为人类首个着陆月球背面的探测器

· 全球多国合作的事件视界望远镜项目发布人类首张黑洞照片，上海天文台牵头中国团队参与该项目

· 中国国家天文科学数据中心成立，是中国首批 20 个国家科学数据中心之一

· 空间太极计划“太极一号”在轨测试成功，中国空间引力波探测迈出第一步

· 中国天文学家利用大天区面积多目标光纤光谱天文望远镜发现最大恒星级黑洞，约为 70 倍太阳质量

2020 年 · 中国北斗卫星导航系统第五十五颗导航卫星成功发射，实现全球组网

· 中国紫金山天文台发现近地小行星 2020FL2 在 0.38 地月距离（约 14.4 万千米）飞掠地球，是近地天体望远镜发现的与地球轨道距离最近的近地小行星

	· 美国和加拿大科学家首次确定了一个快速射电暴在银河系内的起源
	· 中国嫦娥五号顺利发射并实现月球采样，是继 1976 年苏联“月球”24 号最后一次月球采样后人类再次实现月球采样
	· 日本隼鸟 2 号回收舱从 162173 号小行星“龙宫”返回地球，并带回重约 5.4 克的行星表面样本，科学家从样本中发现 20 多种氨基酸，是首个在地外存在氨基酸的证据
2021 年	· 中国空间站天和核心舱发射升空
	· 中国天问一号火星探测器成功着陆火星，中国成为第二个探测器成功着陆火星的国家
	· 全球最大天文馆中国上海天文馆正式对外开放
	· 美国、欧洲、加拿大合作的世界最大空间望远镜詹姆斯·韦布空间望远镜发射成功，并于 2022 年拍摄到宇宙早期星系图像
2022 年	· 中外天文学家公布银河系中心黑洞首张照片
	· 中国 500 米口径球面射电望远镜发现世界首例持续活跃的重复快速射电暴
	· 中国先进天基太阳天文台发射升空
2023 年	· 中国脉冲星测时阵列（CPTA）研究团队利用 500 米口径球面射电望远镜，发现纳赫兹引力波存在的关键证据

中国星名表

垣宿	星官名	星数	中国星名	国际星名	GC星表编号
紫微垣	北极	5	太子，北极一	13 γ UMi	20692
			帝，北极二	7 β UMi	20029
			庶子，北极三	5 UMi	19548
			后宫，北极四	4 UMi	19142
			纽星，北极五	Cam	17440
	勾陈	6	勾陈一	1 α UMi	2243
	四辅	4	四辅二	Cam	14305
	天皇大帝	1	天皇大帝	Cep	31223
	天柱	5	天柱一	76 Dra	29109
	御女	4	御女一	60 τ Dra	26638
	女史	1	女史	34 Dra	24459
	柱史	1	柱史	43 φ Dra	25114
	尚书	5	尚书一	27 f Dra	23821
	天床	6	天床一	UMi	19189
	大理	2	大理一	Cam	16672
	阴德	2	阴德一	Dra	14507
	六甲	6	六甲一	Cam	8711
	五帝内座	5	五帝内座二	47 Cas	2459
	华盖	7	华盖五	36 ψ Cas	1707
	杠	9	杠一	γ Cam	4557
紫微垣	右垣	7	右枢（右垣一）	11 α Dra	19019
			少尉（右垣二）	5 κ Dra	17126
			上辅（右垣三）	1 λ Dra	15799
			少辅（右垣四）	24 d UMa	13171
			上卫（右垣五）	43 Cam	8957
			少卫（右垣六）	9 α Cam	5924
			上丞（右垣七）	Cam	3947
	左垣	8	左枢（左垣一）	12 ι Dra	20747
			上宰（左垣二）	13 θ Dra	21572
			少宰（左垣三）	14 η Dra	22101
			上弼（左垣四）	22 ζ Dra	23182
			少弼（左垣五）	52 ν Dra	26024
			上卫（左垣六）	73 AF Dra	28639
			少卫（左垣七）	33 π Cep	32237
			少丞（左垣八）	23 Cas	934
	天一	1	天一	10 i Dra	18750
	太一	1	太一	Dra	
	内厨	2	内厨一	7 Dra	17387
	北斗	7	天枢，北斗一	50 α UMa	15185
			天璇，北斗二	48 β UMa	15145

续表

垣宿	星官名	星数	中国星名	国际星名	GC星表编号
紫微垣	北斗	7	天玑，北斗三	64 γ UMa	16268
			天权，北斗四	69 δ UMa	16736
			玉衡，北斗五	77 ε UMa	17518
			开阳，北斗六	29 ζ UMa	18133
			摇光，北斗七	85 η UMa	18643
	辅星	1	辅星	81 UMa	18353
	天枪	3	天枪一	17 κ_1 Boo	19204
	玄戈	1	玄戈	19 λ Boo	19273
	三公	3	三公二	24 CVn	18356
	相	1	相	5 CVn	16906
	天理	4	天理三	66 UMa	16315
	太阳守	1	太阳守	63 χ UMa	16137
	太尊	1	太尊	52 ψ UMa	15340
	天牢	6	天牢一	45 ω UMa	14974
	势	4	势一	34 LMi	14501
	文昌	6	文昌四	25 θ UMa	13157
	内阶	6	内阶一	1 ο UMa	11593
	三师	3	三师一	8 ρ UMa	12447
	八榖	8	八榖一	33 δ Aur	7521
	传舍	9	传舍五	55 Cas	2661
	天厨	6	天厨一	57 δ Dra	26520
	天棓	5	天棓一	32 ξ Dra	24364
			天棓四	γ Dra	24432
太微垣	五帝座	5	五帝座一	94 β Leo	16189
	太子	1	太子	93 Leo	16173

垣宿	星官名	星数	中国星名	国际星名	GC星表编号
太微垣	从官	1	从官	92 Leo	16030
	幸臣	1	幸臣	Com	16410
	内五诸侯	5	内五诸侯一	39 Com	17767
	九卿	3	九卿一	30 ρ Vir	17276
	三公	3	三公三	35 Vir	17381
	内屏	4	内屏一	2 ξ Vir	16118
	右垣	5	右执法（右垣一）	5 β Vir	16215
			西上将（右垣二）	77 σ Vir	15600
			西次将（右垣三）	78 ι Leo	15652
			西次相（右垣四）	70 θ Leo	15441
			西上相（右垣五）	68 δ Leo	15438
	左垣	5	左执法（左垣一）	15 η Vir	16813
			东上相（左垣二）	29 γ Vir	17270
			东次相（左垣三）	43 δ Vir	17543
			东次将（左垣四）	47 ε Vir	17687
			东上将（左垣五）	42 α Com	17833
	郎将	1	郎将	31 Com	17455
	郎位	15	郎位一	15 γ Com	16964
	常陈	7	常陈一	12 α_2 CVn	17557
	三台	6	上台一	9 ι UMa	12407
			中台一	33 λ UMa	14113
			下台一	54 ν UMa	15547
	虎贲	1	虎贲	72 Leo	15460
	少微	4	少微一	52 LMi	15284
	长垣	4	长垣一	46 Leo	14468

续表

垣宿	星官名	星数	中国星名	国际星名	GC 星表编号
太微垣	灵台	3	灵台一	63 χ Leo	15235
	明堂	3	明堂一	84 τ Leo	15729
	谒者	1	谒者一	16 c Vir	16828
天市垣	侯	1	侯	55 α Oph	23837
	宦者	4	宦者三	60 Her	23061
	斗	5	斗一	24 ω Her	22090
	斛	4	斛一	25 ι Oph	22775
	列肆	2	列肆一	50 σ Ser	22007
	车肆	2	车肆一	3 ν Oph	22134
	市楼	6	市楼一	57 μ Oph	23889
	宗正	2	宗正一	60 β Oph	24048
	宗人	4	宗人一	66 Oph	24500
	宗	2	宗一	110 Her	25698
	帛度	2	帛度一	95 Her	24538
	屠肆	2	屠肆一	109 Her	25116
	帝座	1	帝座	64 α_1 Her	23277
	天市右垣	11	河中（右垣一）	27 β Her	22193
			河间（右垣二）	20 γ Her	22012
			晋（右垣三）	7 κ Her	21696
			郑（右垣四）	41 γ Ser	21408
			周（右垣五）	28 β Ser	21194
天市垣	天市右垣	11	秦（右垣六）	13 δ Ser	20942
			蜀（右垣七）	24 α Ser	21158
			巴（右垣八）	37 ε Ser	21288
			梁（右垣九）	1 δ Oph	21838
			楚（右垣十）	2 ε Oph	21920
			韩（右垣十一）	13 ζ Oph	22332
	天市左垣	11	魏（左垣一）	65 δ Her	23294
			赵（左垣二）	76 λ Her	23726
			九河（左垣三）	86 μ Her	24138
			中山（左垣四）	103 o Her	24711
			齐（左垣五）	112 Her	25895
			吴越（左垣六）	17 ζ Aql	26270
			徐（左垣七）	63 θ_1 Ser	25991
			东海（左垣八）	58 η Ser	25046
			燕（左垣九）	64 ν Oph	24468
			南海（左垣十）	55 ξ Ser	23881
			宋（左垣十一）	35 η Oph	23158
	天纪	9	天纪一	19 ξ CrB	22020
	女床	3	女床一	67 π Her	23302
	贯索	9	贯索一	9 π CrB	21161
			贯索四	α CrB	20947

续表

垣宿	星官名	星数	中国星名	国际星名	GC 星表编号
天市垣	七公	7	七公一	42 Her	22412
角宿	角	2	角[宿]一	67 α Vir	18144
			角[宿]二	29 ζ Vir	18351
	平道	2	平道一	51 θ Vir	17828
	天田	2	天田一	78 Vir	18335
	周鼎	3	周鼎一	43 β Com	17874
	进贤	1	进贤	44 κ Vir	17631
	天门	2	天门一	53 Vir	17870
	平星	2	平星一	46 γ Hya	18012
	库楼	10	库楼一	ζ Cen	18809
			库楼二	η Cen	19656
			库楼三	θ Cen	19033
			库楼七	γ Cen	17262
	五柱	15	五柱一	ν_2 Cen	18939
	衡	4	衡	ν Cen	18665
	南门	2	南门一	ε Cen	18458
			南门二	α Cen	19728
亢宿	亢	4	亢[宿]一	98 χ Vir	19168
			亢[宿]二	99 ι Vir	19244
			亢[宿]三	105 φ Vir	19504
			亢[宿]四	100 λ Vir	19311
	右摄提	3	右摄提一	8 η Boo	18805
	左摄提	3	左摄提一	35 ο Boo	19858
	大角	1	大角	16 α Boo	19742
	折威	7	折威一	50 Hya	19163
	顿顽	2	顿顽一	φ_1 Lup	20643

垣宿	星官名	星数	中国星名	国际星名	GC 星表编号
亢宿	阳门	2	阳门一	b Cen	19779
氐宿	氐	4	氐[宿]一	9 α_1 Lib	19975
			氐[宿]二	24 L Lib	20433
			氐[宿]三	38 γ Lib	20949
			氐[宿]四	27 β Lib	20539
	亢池	6	亢池一	20 Boo	19334
	帝席	3	帝席一	12 d Boo	19127
	梗河	3	梗河一	36 ε Boo	19856
	招摇	1	招摇	27 γ Boo	19607
	天乳	1	天乳	32 μ Ser	21269
	天辐	2	天辐一	39 ν Lib	20929
	阵车	3	阵车一	58 E Hya	19954
	骑官	27	骑官十	α Lup	19774
	车骑	3	车骑一	ζ Lup	20418
	骑阵将军	1	骑阵将军	χ_1 Lup	20409
房宿	房	4	房[宿]一	6 π Sco	21447
			房[宿]二	5 ρ Sco	21398
			房[宿]三	7 δ Sco	21489
			房[宿]四	8 β_1 Sco	21609
	钩钤	2	钩钤一	9 ω_1 Sco	21639
	键闭	1	键闭	14 ν Sco	21773
	西咸	4	西咸一	$\xi_{1,2}$ Sco	21593
	东咸	4	东咸一	8 φ Oph	22200
	罚	3	罚一	18 Sco	21864
	日	1	日	43 χ Lib	21094
	从官	2	从官一	4 ψ_2 Lup	21106

续表

垣宿	星官名	星数	中国星名	国际星名	GC 星表编号
心宿	心	3	心[宿]一	20 σ Sco	21982
			心[宿]二	21 α Sco	22157
			心[宿]三	23 τ Sco	22303
	积卒	12	积卒一	θ Lup	21625
尾宿	尾	9	尾[宿]一	μ_1 Sco	22677
			尾[宿]二	26 ε Sco	22640
			尾[宿]三	ζ_2 Sco	22751
			尾[宿]四	η Sco	23180
			尾[宿]五	θ Sco	23857
			尾[宿]六	ι_1 Sco	24125
			尾[宿]七	χ Sco	23988
			尾[宿]八	35 λ Sco	23769
			尾[宿]九	34 ν Sco	23693
	神宫	1	神宫		NGC 6231
	龟	5	龟一	ε_1 Ara	22869
	傅说	1	傅说	G Sco	24188
	鱼	1	鱼	M_7 Sco	NGC 6475
	天江	4	天江三	42 θ Oph	23451
箕宿	箕	4	箕[宿]一	10 γ Sgr	24632
			箕[宿]二	19 δ Sgr	25024
			箕[宿]三	20 ε Sgr	25100
			箕[宿]四	η Sgr	24944
	糠	1	糠	45 d Oph	23627
	杵	3	杵二	α Ara	23708
斗宿	南斗	6	斗[宿]一	27 φ Sgr	25661
			斗[宿]二	22 λ Sgr	25180
			斗[宿]三	13 μ Sgr	24856
			斗[宿]四	34 σ Sgr	25941
			斗[宿]五	40 τ Sgr	26291

垣宿	星官名	星数	中国星名	国际星名	GC 星表编号
斗宿	南斗	6	斗[宿]六	38 ζ Sgr	26161
	建星	6	建星一	37 ξ_2 Sgr	26019
	天弁	9	天弁一	α Sct	25385
	鳖	14	鳖一	α Tel	25154
	天鸡	2	天鸡一	55 e Sgr	27255
	天籥	8	天籥三	58 Oph	24030
	狗国	4	狗国一	58 ω Sgr	27583
	天渊	10	天渊三	α Sgr	26737
	狗	2	狗一	52 h_2 Sgr	27089
	农丈人	1	农丈人		25613
牛宿（牵牛宿）	牵牛	6	牛[宿]一	9 β Cap	28295
			牛[宿]二	6 α_2 Cap	28200
			牛[宿]三	2 ξ_2 Cap	28035
			牛[宿]四	10 π Cap	28442
			牛[宿]五	12 ο Cap	28503
			牛[宿]六	11 ρ Cap	28481
	天桴	4	天桴一	65 θ Aql	28010
	河鼓	3	河鼓一	60 β Aql	27587
			河鼓二（牛郎星）	53 α Aql	27470
			河鼓三	50 γ Aql	27354
	右旗	9	右旗一	38 μ Aql	27030
	左旗	9	左旗一	5 α Sgl	27215
	织女	3	织女一	3 α Lyr	25466
	渐台	4	渐台一	12 δ_2 Lyr	25959
	辇道	5	辇道一	13 R Lyr	25996
	罗堰	3	罗堰一	14 τ Cap	28748
	天田	9	天田二	18 ω Cap	29079
	九坎	9	九坎一	Mic	
女宿（须女宿，婺女宿）	须女（婺女）	4	女[宿]一	2 ε Aqr	28978

续表

垣宿	星官名	星数	中国星名	国际星名	GC 星表编号
女宿（须女宿，婺女宿）	须女（婺女）	4	女[宿]二	6 μ Aqr	29109
	离珠	5	离珠一	70 Aql	28684
	越	1	越	19 Cap	29164
	赵	2	赵一	26 Cap	29559
	周	2	周一	22 η Cap	29419
	齐	1	齐	25 χ Cap	29543
	郑	1	郑	20 Cap	29287
	楚	1	楚	28 φ Cap	29722
	秦	2	秦一	23 θ Cap	27460
	魏	1	魏	33 Cap	27953
	燕	1	燕	34 ζ Cap	30020
	代	2	代一	32 ι Cap	29903
	韩	1	韩	35 Cap	30027
	晋	1	晋	36 b Cap	30059
	败瓜	5	败瓜一	2 ε Del	28593
	瓠瓜	5	瓠瓜一	9 α Del	28780
			瓠瓜四	6 β Del	28709
	天津	9	天津一	37 γ Cyg	28338
			天津四	50 α Cyg	28846
			天津九	53 ε Cyg	28959
	奚仲	4	奚仲一	1 χ Cyg	26621
	扶筐	7	扶筐一	46 c Dra	25635
虚宿	虚	2	虚[宿]一	22 β Aqr	30137
			虚[宿]二	8 α Equ	29735
	司禄	2	司禄二	25 d Aqr	30315
	司危	2	司危一	10 β Equ	29931
	司非	2	司非一	5 γ Equ	29591
	司命	2	司命一	24 Aqr	30314

垣宿	星官名	星数	中国星名	国际星名	GC 星表编号
虚宿	哭	2	哭一	51 μ Cap	30631
	泣	2	泣一	46 ρ Aqr	31225
	天垒城	13	天垒城一	23 ξ Aqr	30268
	败臼	4	败臼一	γ Gru	30640
	离瑜	3	离瑜二	ε Mic	29774
危宿	危	3	危[宿]一	34 α Aqr	30896
			危[宿]二	26 θ Peg	31013
			危[宿]三	8 ε Peg	30431
	坟墓	4	坟墓二	48 γ Aqr	31257
	人星	5	人星一	2 Peg	30109
	杵	3	杵一	1 Lac	31143
	臼	4	臼二	10 χ Peg	30450
	车府	7	车府一	15 Lac	31896
	天钩	9	天钩四	3 η Cep	28962
			天钩五	α Cep	29848
	造父	5	造父一	27 δ Cep	31421
	虚梁	4	虚梁一	44 Aqr	31163
	天钱	10	天钱一	13 PsA	30856
	盖屋	2	盖屋一	31 o Aqr	30844
室宿（营室宿）	营室	2	室[宿]一	54 α Peg	32149
			室[宿]二	53 β Peg	32135
	离宫	6	离宫一	47 λ Peg	31776
	雷电	6	雷电一	42 ζ Peg	31664
	羽林军	45	羽林军一	29 Aqr	30823
	垒壁阵	12	垒壁阵四	49 δ Cap	30491
	铁钺	3	铁钺一	103 A_1 Aqr	32908
	北落师门	1	北落师门	24 α PsA	32000
	八魁	9	八魁二	2 Cet	23

续表

垣宿	星官名	星数	中国星名	国际星名	GC 星表编号
室宿（营室宿）	天纲	1	天纲	23 δ PsA	31974
	土公吏	2	土公吏一	31 Peg	31255
	螣蛇	22	螣蛇一	7 α Lac	31471
壁宿（东壁宿）	东壁	2	壁[宿]一	88 γ Peg	238
			壁[宿]二	21 α And	127
	土公	2	土公一	32 c Psc	33341
	霹雳	5	霹雳一	4 β Psc	32134
	云雨	4	云雨一	8 χ Psc	32620
	铁锧	5	铁锧一	48 Cet	1808
	天厩	10	天厩一	24 θ And	334
奎宿	奎	16	奎[宿]一	38 η And	1136
			奎[宿]二	34 ζ And	940
			奎[宿]三	65 i Psc	992
			奎[宿]四	30 ε And	759
			奎[宿]五	31 δ And	774
			奎[宿]六	29 π And	729
			奎[宿]七	35 ν And	989
			奎[宿]八	37 μ And	1122
			奎[宿]九	43 β And	1400
			奎[宿]十	76 Psc	1320
			奎十一	83 τ Psc	1441
			奎十二	91 1 Psc	1630
			奎十三	90 ν Psc	1591
			奎十四	85 φ Psc	1474
			奎十五	84 χ Psc	1437
			奎十六	74 ψ_1 Psc	1309
	外屏	7	外屏一	63 δ Psc	963
	天溷	7	天溷一	21 Cet	1082
	土司空	1	土司空	16 β Cet	865
	军南门	1	军南门	42 φ And	1394
	阁道	6	阁道一	ι Cas	2952

垣宿	星官名	星数	中国星名	国际星名	GC 星表编号
奎宿	附路	1	附路	17 ζ Cas	727
	王良	5	王良一	11 β Cas	147
			王良四	α Cas	792
	策	1	策	27 γ Cas	1117
娄宿	娄	3	娄[宿]一	6 β Ari	2309
			娄[宿]二	5 γ_1 Ari	2290
			娄[宿]三	13 α Ari	2538
	左更	5	左更一	32 ν Ari	3167
	右更	5	右更一	93 ρ Psc	1733
	天仓	6	天仓一	8 ι Cet	388
	天庾	3	天庾一	For	
	天大将军	11	天大将军一	57 γ_1 And	2477
胃宿	胃	3	胃[宿]一	35 Ari	3273
			胃[宿]二	39 Ari	3356
			胃[宿]三	41 c Ari	3391
	天廪	4	天廪一	5 f Tau	4184
	天囷	13	天囷一	92 α Cet	3643
	大陵	8	大陵五	26 β Per	3733
	天船	9	天船一	15 η Per	3390
			天船三	α Per	4041
	积尸	1	积尸	22 π Per	3567
	积水	1	积水	47 λ Per	4924
昴宿	昴	7	昴[宿]一	17 Tau	4477
			昴[宿]二	19 Tau	4486
			昴[宿]三	21 Tau	4502
			昴[宿]四	20 Tau	4500
			昴[宿]五	23 Tau	4512
			昴[宿]六	25 η Tau	4541
			昴[宿]七	27 Tau	4586
	天阿	1	天阿	62 Ari	4017
	月	1	月	37 A_1 Tau	4897

续表

垣宿	星官名	星数	中国星名	国际星名	GC 星表编号
昴宿	天阴	5	天阴二	58 ζ Ari	3872
	蒭藁	6	蒭藁一	72 ρ Cet	2932
			蒭藁增二	o Cet	2796
	天苑	16	天苑一	34 γ Eri	4778
	卷舌	6	卷舌一	41 ν Per	4474
	天谗	1	天谗	42 n Per	4592
	砺石	4	砺石一	42 ψ Tau	4944
毕宿	毕	8	毕[宿]一	74 ε Tau	5430
			毕[宿]二	68 Tau	5354
			毕[宿]三	61 δ Tau	5304
			毕[宿]四	54 γ Tau	5226
			毕[宿]五	87 α Tau	5605
			毕[宿]六	77 θ_1 Tau	5433
			毕[宿]七	71 Tau	5375
			毕[宿]八	35 λ Tau	4805
	附耳	1	附耳	92 σ_2 Tau	5666
	天街	2	天街一	67 Tau	5351
	天节	8	天节一	73 π Tau	5383
	诸王	6	诸王一	136 Tau	7389
	天高	4	天高一	102 Tau	6158
	九州殊口	9	九州殊口一	39 A Eri	5114
	五车	5	五车二	13 α Aur	6427
			五车三	β Aur	7543
			五车五	112 β Tau	6681
	柱	9	柱三	10 η Aur	6226
	天潢	5	天潢一	19 Aur	6515
	咸池	3	咸池一	20 ρ Aur	6556
	天关	1	天关	23 ζ Tau	6985
	参旗	9	参旗一	4 o_1 Ori	5942

垣宿	星官名	星数	中国星名	国际星名	GC 星表编号
毕宿	九斿	9	九斿二	57 μ Eri	5796
	天园	13	天园一	δ Phe	1847
觜宿（觜觿宿）	觜觿	3	觜[宿]一	39 λ Ori	6915
			觜[宿]二	37 φ_1 Ori	6907
			觜[宿]三	40 φ_2 Ori	6972
	座旗	9	座旗一	57 ψ_6 Aur	8858
	司怪	4	司怪一	139 Tau	7507
参宿	参	7	参[宿]一	50 ζ Ori	7089
			参[宿]二	46 ε Ori	6960
			参[宿]三	34 δ Ori	6847
			参[宿]四	58 α Ori	7451
			参[宿]五	24 γ Ori	6668
			参[宿]六	53 κ Ori	7264
			参[宿]七	19 β Ori	6410
	伐	3	伐一	42 c Ori	6934
			伐二	43 θ_2 Ori	6935
			伐三	44 ι Ori	6937
	玉井	4	玉井一	69 λ Eri	6304
	军井	4	军井一	3 ι Lep	6374
	屏	2	屏一	5 μ Lep	6382
	厕	4	厕一	11 α Lep	6875
	屎	1	屎	μ Col	7230
井宿（东井宿）	东井	8	井[宿]一	13 μ Gem	8208
			井[宿]二	18 ν Gem	8394
			井[宿]三	24 γ Gem	8633
			井[宿]四	31 ξ Gem	8823
			井[宿]五	27 ε Gem	8786
			井[宿]六	36 d Gem	8965
			井[宿]七	43 ζ Gem	9313

续表

垣宿	星官名	星数	中国星名	国际星名	GC 星表编号
井宿（东井宿）	东井	8	井[宿]八	54 λ Gem	9701
	钺	1	钺	7 η Gem	7969
	水府	4	水府一	67 ν Ori	7772
	五诸侯	5	五诸侯一	34 θ Gem	8989
	天樽	3	天樽一	57 A Gem	9843
	北河	4	北河二	66 α Gem	10120
			北河三	78 β Gem	10438
	南河	4	南河二	3 β CMi	9947
			南河三	10 α CMi	10277
	积水	1	积水	65 Aur	9796
	积薪	1	积薪	77 κ Gem	10403
	水位	4	水位一	6 CMi	10024
	四渎	4	四渎二	17 Mon	8880
	阙丘	2	阙丘一	18 Mon	8892
	丈人	2	丈人一	α Col	7078
	子	2	子一	λ Col	7416
	孙	2	孙一	κ Col	8062
	老人	1	老人	α Car	8302
	军市	13	军市一	2 β CMa	8223
	野鸡	1	野鸡	7 ν_2 CMa	8624
	天狼	1	天狼	9 α CMa	8833
	弧矢	9	弧矢一	25 δ CMa	9443
			弧矢二	η CMa	9886
			弧矢七	ε CMa	9188
			弧矢增二十二	ζ Pup	10947
鬼宿（舆鬼宿）	舆鬼	4	鬼[宿]一	31 θ Cnc	11659
			鬼[宿]二	33 η Cnc	11687
			鬼[宿]三	43 γ Cnc	11982
鬼宿（舆鬼宿）	舆鬼	4	鬼[宿]四	47 δ Cnc	12022
	积尸气	1	积尸气	M_{44} Cnc	
	爟	4	爟一	144 Cnc	11091
	天狗	7	天狗一	e Vel	11852
	外厨	6	外厨	2 Hya	11523
	天记	1	天记	λ Vel	12623
	天社	6	天社二	b Vel	11951
			天社一	γ Vel	11103
			天社三	δ Vel	12069
			天社五	κ Vel	12938
柳宿	柳	8	柳一	4 δ Hya	11823
			柳二	5 σ Hya	11856
			柳三	7 η Hya	11987
			柳四	13 ρ Hya	12148
			柳五	11 ε Hya	12102
			柳六	16 ζ Hya	12327
			柳七	18 ω Hya	12564
			柳八	22 θ Hya	12743
	酒旗	3	酒旗一	16 ψ Leo	13414
星宿（七星宿）	七星	7	星[宿]一	30 α Hya	13044
			星[宿]二	31 τ_1 Hya	13080
			星[宿]三	32 τ_2 Hya	13153
			星[宿]四	35 ι Hya	13341
			星[宿]五	27 P Hya	12881
			星[宿]六	26 Hya	12867
			星[宿]七		13148
	轩辕	17	轩辕十四	32 α Leo	13926
			轩辕十二	γ Leo	14177

续表

垣宿	星官名	星数	中国星名	国际星名	GC 星表编号
星宿（七星宿）	轩辕	17	御女（轩辕十七）	31 A Leo	13911
	内平	4	内平一	22 LMi	14068
	天相	3	天相一	17 Sex	13969
	天稷	5	天稷一	Vel	
张宿	张	6	张[宿]一	39 ν_1 Hya	13570
			张[宿]二	41 λ Hya	13982
			张[宿]三	42 μ Hya	14326
			张[宿]四		13839
			张[宿]五	38 κ Hya	13354
			张[宿]六	φ_1 Hya	14631
	天庙	14	天庙一	Ant	
翼宿	翼	22	翼[宿]一	7 α Crt	15106
			翼[宿]二	15 γ Crt	15669
			翼[宿]三	27 ζ Crt	16112
			翼[宿]四	13 λ Crt	15644
			翼[宿]十三	21 θ Crt	15921
			翼[宿]二十一	1 χ_1 Hya	15248
	东瓯	5	东瓯一	Ant	
轸宿	轸	4	轸[宿]一	4 γ Crv	16740
			轸[宿]二	2 ε Crv	16618
			轸[宿]三	7 δ Crv	17029
			轸[宿]四	9 β Crv	17133
	长沙	1	长沙	5 ζ Crv	16830
	右辖	1	右辖	1 α Crv	16586
	左辖	1	左辖	8 η Crv	17087
	土司空	1	土司空一	Hya	
	军门	4	军门一	Hya	
	器府	32	器府一	Cen	
轸宿	青丘	7	青丘一	β Hya	16258
南极星座	海山	6	海山一	S Car	14388
	十字架	4	十字架一	γ Cru	17052
			十字架二	α Cru	16952
			十字架三	β Cru	17374
	马尾	3	马尾一	G Cen	16954
	马腹	3	马腹一	β Cen	18971
	蜜蜂一	4	蜜蜂一	β Mus	17348
	三角形	3	三角形三	α TrA	22558
	异雀	9	异雀八	α Aps	19834
	孔雀	11	孔雀十一	α Pav	28374
	波斯	11	波斯二	α Ind	28682
	蛇尾	4	蛇尾一	β Hyi	503
	蛇腹	4	蛇腹一	ζ Hyi	3354
	蛇首	2	蛇首一	α Hyi	2405
	鸟喙	7	鸟喙一	α Tuc	31183
	鹤	12	鹤一	α Gru	30942
			鹤二	β Gru	31685
	火鸟	10	火鸟六	α Phe	519
	水委	3	水委一	α Eri	1979
	附白	2	附白一	γ Hyi	4633
	夹白	2	夹白二	α Ret	5164
	金鱼	5	金鱼二	α Dor	5600
	海石	5	海石二	ι Car	12831
			海石一	ε Car	11463
	飞鱼	6	飞鱼一	α Vol	12532
	南船	5	南船五	β Car	12764
	小斗	9	小斗一	β Cha	16775

注：凡是处于同一单元格的星官名，为一个星官。中国星名所对应的国际星名和 GC 星表编号，主要以清代《仪象考成续编》为依据。

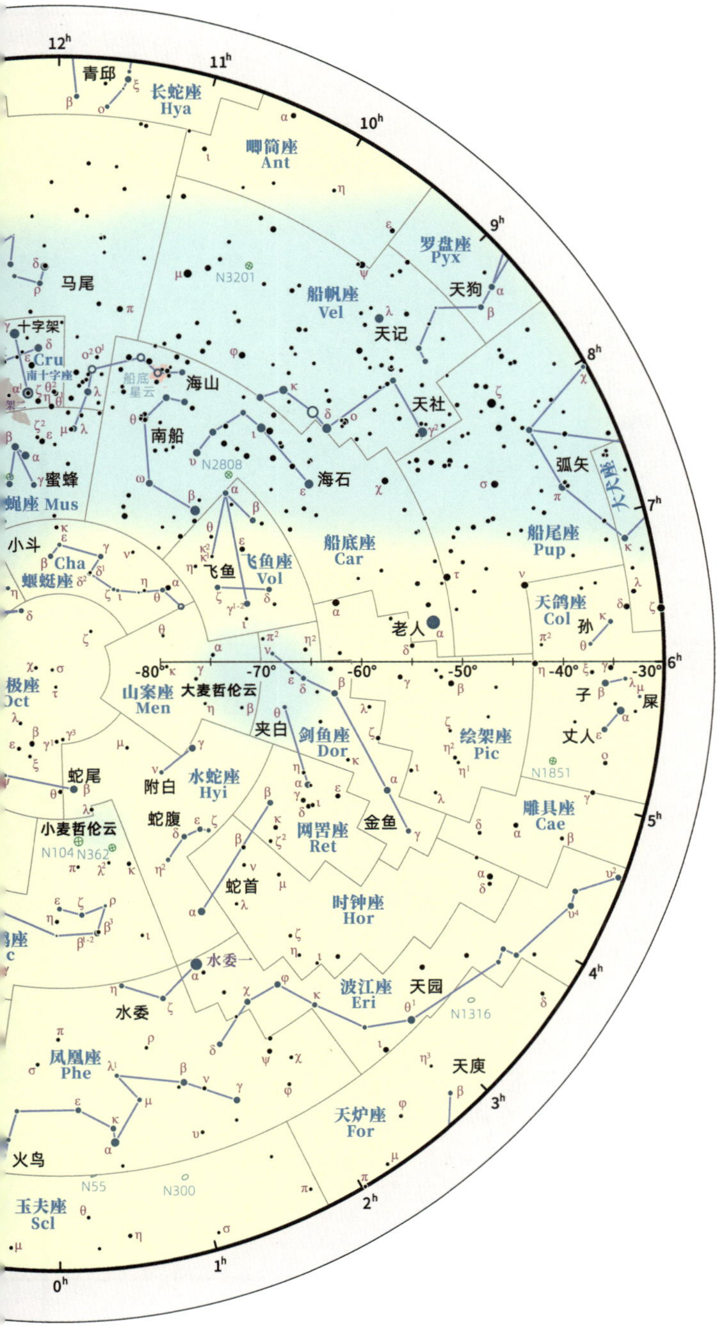

青邱
长蛇座
Hya
唧筒座
Ant
罗盘座
Pyx
马尾
船帆座
Vel
天狗
天记
十字架
Cru
南十字座
海山
天社
南船
弧矢
蜜蜂
海石
蝇座 Mus
船底座
Car
船尾座
Pup
小斗
Cha
蝘蜓座
飞鱼
飞鱼座
Vol
天鸽座
Col
老人
孙
子
屎
丈人
山案座
Men
大麦哲伦云
夹白
剑鱼座
Dor
绘架座
Pic
蛇尾
附白
水蛇座
Hyi
小麦哲伦云
蛇腹
网罟座
Ret
金鱼
雕具座
Cae
蛇首
时钟座
Hor
水委一
波江座
Eri
天园
水委
凤凰座
Phe
天庾
天炉座
For
火鸟
玉夫座
Scl

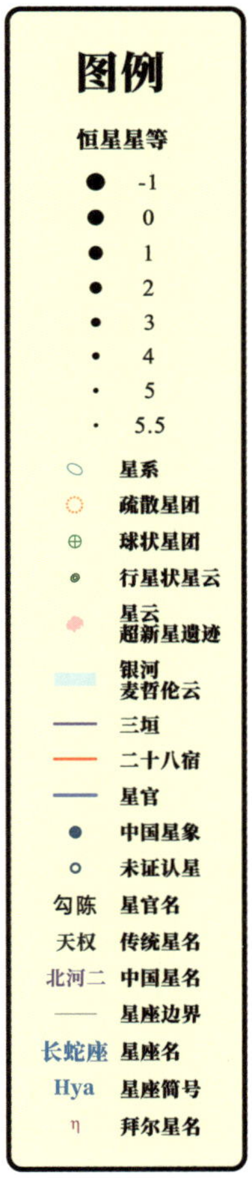

图例
恒星星等
-1
0
1
2
3
4
5
5.5
星系
疏散星团
球状星团
行星状星云
星云
超新星遗迹
银河
麦哲伦云
三垣
二十八宿
星官
中国星象
未证认星
勾陈 星官名
天权 传统星名
北河二 中国星名
星座边界
长蛇座 星座名
Hya 星座简号
η 拜尔星名

南天极区

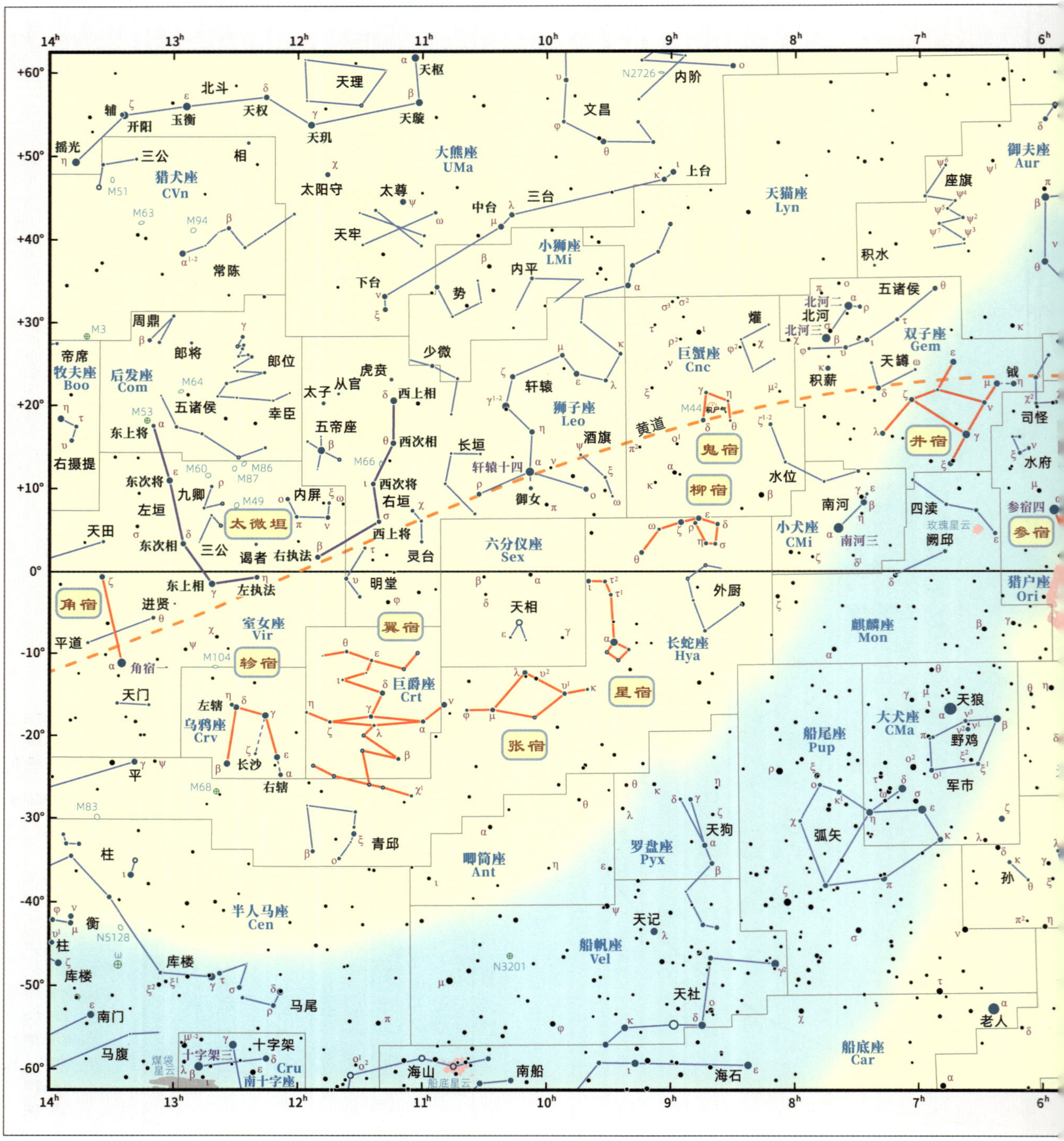

14h
13h
12h
11h
10h
9h
8h
7h
6h
+60°
+50°
+40°
+30°
+20°
+10°
0°
-10°
-20°
-30°
-40°
-50°
-60°
北斗
天理
天枢
内阶
辅
开阳
玉衡
天权
天璇
天玑
文昌
摇光
三公
相
大熊座
UMa
猎犬座
CVn
太阳守
太尊
中台
三台
上台
天猫座
Lyn
御夫座
Aur
座旗
M51
M63
M94
常陈
天牢
下台
内平
小狮座
LMi
积水
五诸侯
M3
周鼎
势
北河二
北河
北河三
爟
双子座
Gem
帝席
牧夫座
Boo
后发座
Com
郎将
郎位
少微
巨蟹座
Cnc
天罇
积薪
钺
M64
虎贲
太子
从官
西上相
轩辕
M44
积尸气
司怪
五诸侯
幸臣
五帝座
狮子座
Leo
黄道
鬼宿
井宿
M53
东上将
西次相
长垣
酒旗
水府
右摄提
M60
M86
M87
M66
轩辕十四
柳宿
水位
东次将
九卿
西次将
南河
四渎
参宿四
左垣
M49
内屏
右垣
御女
小犬座
CMi
太微垣
参宿
天田
东次相
三公
西上将
南河三
阙丘
谒者
右执法
灵台
六分仪座
Sex
东上相
左执法
明堂
外厨
猎户座
Ori
角宿
进贤
室女座
Vir
天相
平道
翼宿
麒麟座
Mon
M104
长蛇座
Hya
角宿一
轸宿
巨爵座
Crt
星宿
天门
天狼
左辖
大犬座
CMa
乌鸦座
Crv
张宿
船尾座
Pup
野鸡
长沙
平
右辖
军市
M68
M83
天狗
弧矢
青邱
柱
罗盘座
Pyx
唧筒座
Ant
孙
衡
半人马座
Cen
天记
柱
N5128
船帆座
Vel
库楼
库楼
N3201
天社
马尾
南门
老人
十字架
船底座
Car
马腹
煤袋星云
十字架三
南十字座
Cru
海山
南船
海石
船底星云
玫瑰星云

简明中西对照星图

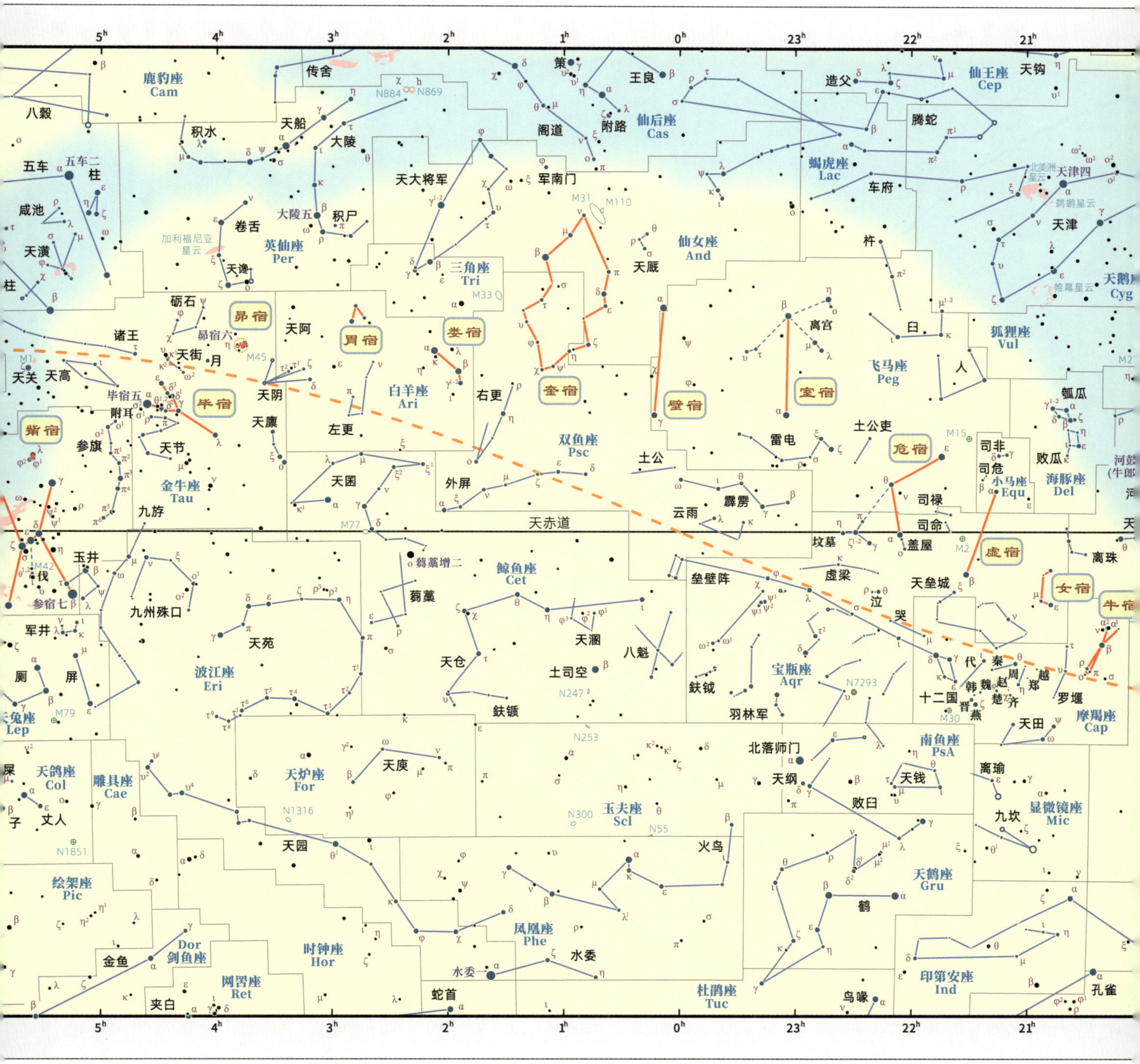

赤道带

简明中西对照星图

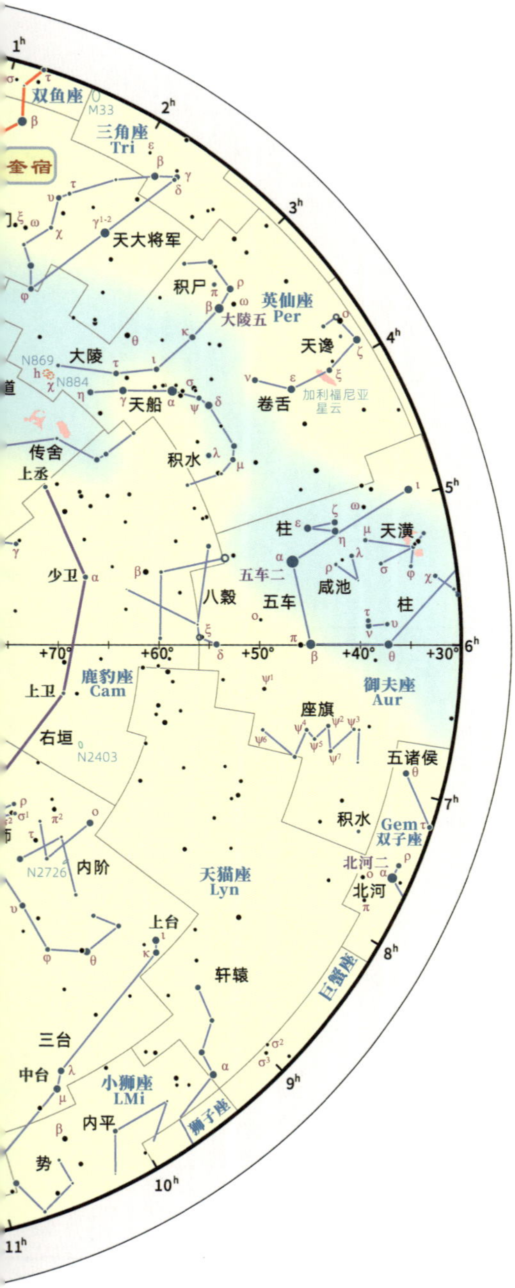

双鱼座
三角座
Tri
奎宿
天大将军
积尸
英仙座
Per
大陵五
大陵
天谗
卷舌
天船
加利福尼亚星云
传舍
积水
上丞
柱
天潢
五车二
五车
咸池
八谷
少卫
鹿豹座
Cam
御夫座
Aur
上卫
座旗
右垣
五诸侯
积水
双子座
Gem
北河二
北河
内阶
天猫座
Lyn
上台
轩辕
巨蟹座
三台
中台
小狮座
LMi
内平
狮子座
势
+70°
+60°
+50°
+40°
+30°

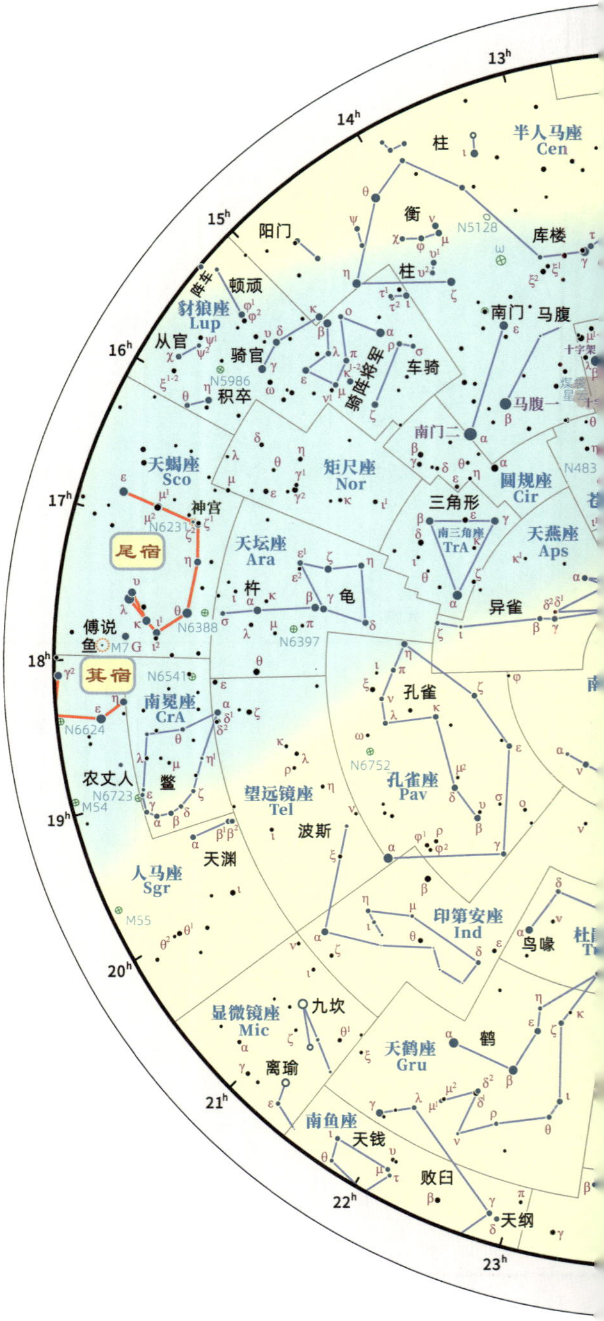

半人马座
Cen
柱
衡
库楼
阳门
顿顽
豺狼座
Lup
从官
骑官
积卒
南门
马腹
车骑
骑阵将军
南门二
马腹一
天蝎座
Sco
矩尺座
Nor
圆规座
Cir
神宫
三角形
尾宿
天坛座
Ara
南三角座
TrA
天燕座
Aps
杵
龟
异雀
傅说
鱼
箕宿
南冕座
CrA
孔雀
农文人
鳖
孔雀座
Pav
望远镜座
Tel
波斯
天渊
人马座
Sgr
印第安座
Ind
乌喙
显微镜座
Mic
九坎
天鹤座
Gru
鹤
离瑜
南鱼座
天钱
败臼
天纲

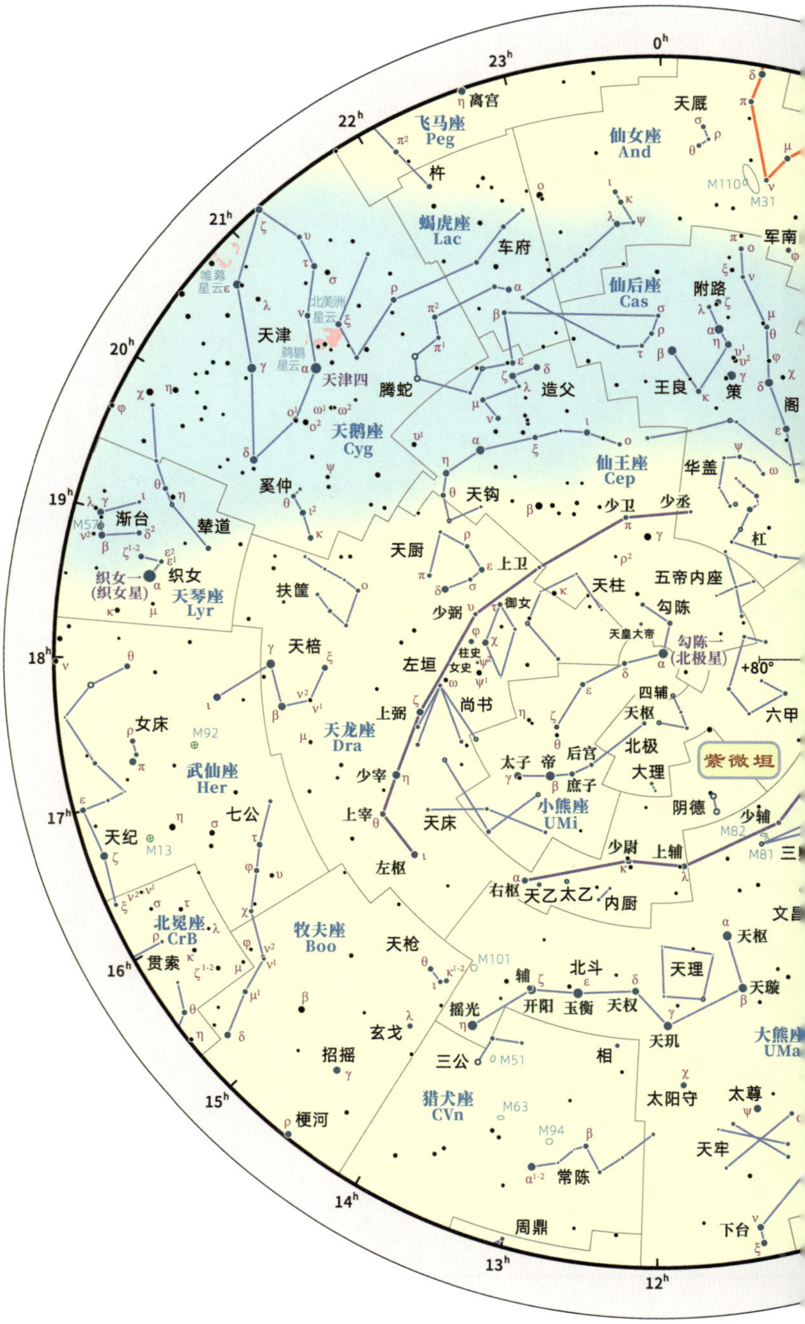
0h
23h
22h
21h
20h
19h
18h
17h
16h
15h
14h
13h
12h
离宫
飞马座 Peg
仙女座 And
天厩
M110
M31
杵
蝎虎座 Lac
车府
军南门
仙后座 Cas
附路
帷幕星云
北美洲星云
鹈鹕星云
天津
天津四
腾蛇
造父
王良
策
阁道
天鹅座 Cyg
仙王座 Cep
华盖
奚仲
天钩
少卫
少丞
M57
渐台
辇道
杠
天厨
上卫
五帝内座
织女一(织女星)
织女
天琴座 Lyr
扶筐
天柱
少弼
御女
勾陈
天皇大帝
勾陈一(北极星)
柱史
女史
左垣
+80°
天棓
四辅
六甲
天龙座 Dra
尚书
天枢
女床
上弼
M92
武仙座 Her
太子
帝
后宫
北极
紫微垣
大理
庶子
少宰
小熊座 UMi
阴德
七公
天纪
M13
上宰
天床
少辅
M82
少尉
上辅
M81
三
左枢
右枢
天乙
太乙
内厨
文昌
北冕座 CrB
牧夫座 Boo
天枪
天枢
贯索
M101
辅
北斗
天理
天璇
开阳
玉衡
天权
摇光
玄戈
天玑
大熊座 UMa
招摇
三公
M51
相
猎犬座 CVn
太阳守
太尊
M63
梗河
M94
天牢
常陈
周鼎
下台

北天极区

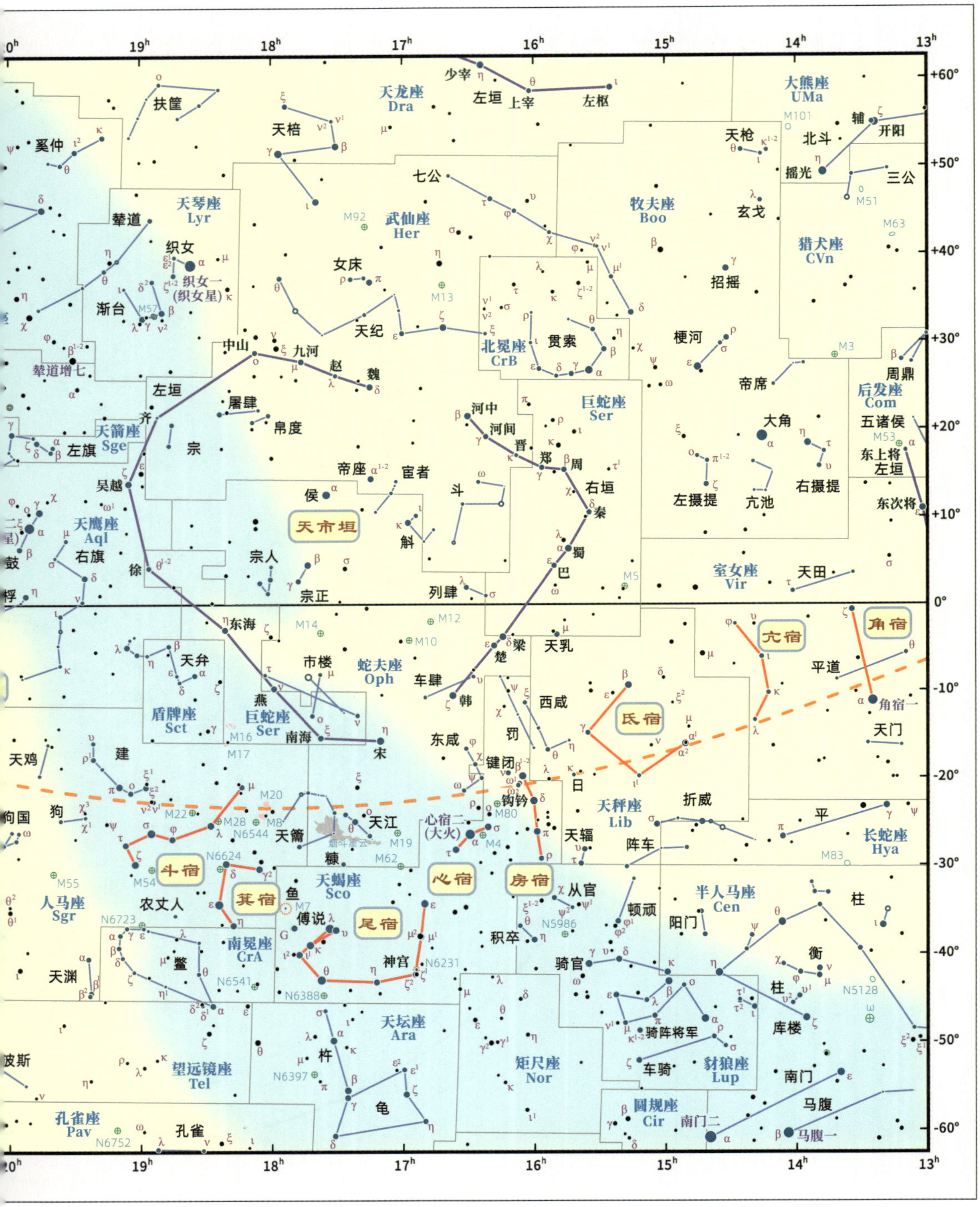

19h 18h 17h 16h 15h 14h 13h
+60° +50° +40° +30° +20° +10° 0° -10° -20° -30° -40° -50° -60°
天龙座 Dra
大熊座 UMa
天琴座 Lyr
武仙座 Her
牧夫座 Boo
猎犬座 CVn
北冕座 CrB
巨蛇座 Ser
后发座 Com
天箭座 Sge
天鹰座 Aql
室女座 Vir
蛇夫座 Oph
盾牌座 Sct
天秤座 Lib
长蛇座 Hya
人马座 Sgr
天蝎座 Sco
南冕座 CrA
半人马座 Cen
天坛座 Ara
矩尺座 Nor
豺狼座 Lup
望远镜座 Tel
孔雀座 Pav
圆规座 Cir
天市垣
角宿
亢宿
氐宿
房宿
心宿
尾宿
箕宿
斗宿
少宰 左垣 上宰 左枢
天棓 扶筐 奚仲 辇道 织女 织女一 (织女星) 渐台 辇道增七
七公 女床 天纪 贯索 招摇 玄戈 梗河 帝席 周鼎 大角
天枪 北斗 辅 开阳 摇光 三公
中山 九河 赵 魏 左垣 屠肆 帛度 齐 宗 吴越 左旗 右旗 徐 鼓
河中 河间 晋 郑 周 右垣 秦 蜀 巴 梁 楚 韩
帝座 宦者 侯 斗 斛 宗人 宗正 列肆 东海 天乳 车肆
五诸侯 东上将 左垣 东次将 右摄提 亢池 左摄提
天田 平道 角宿一 天门
市楼 燕 南海 宋 天弁 建 天鸡 狗 狗国
东咸 西咸 罚 键闭 钩钤 日 从官 天辐 折威 阵车 平
天江 天籥 糠 鱼 傅说 农文人 神宫 积卒 骑官 顿顽 阳门 柱 衡 库楼 南门 马腹 马腹一 南门二
心宿二 (大火)
骑阵将军 车骑 杵 龟 鳖 天渊 孔雀 波斯
M101 M51 M63 M3 M92 M13 M5 M12 M10 M14 M16 M17 M20 M22 M28 M8 M19 M62 M80 M4 M7 M6 M54 M55 M83
N6544 N6624 N6723 N6541 N6388 N6231 N5986 N5128 N6397 N6752

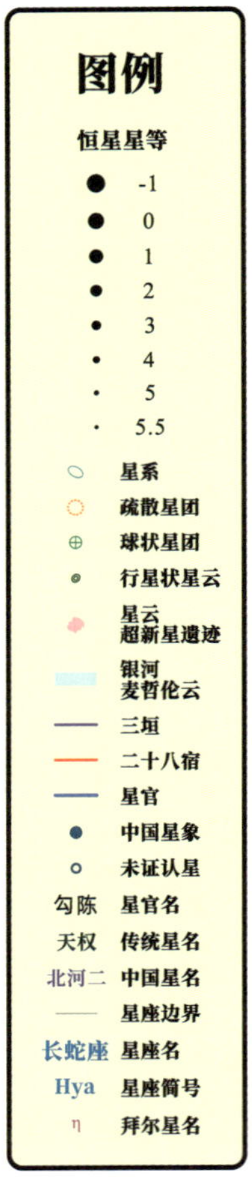

图例
恒星星等
-1
0
1
2
3
4
5
5.5
星系
疏散星团
球状星团
行星状星云
星云 超新星遗迹
银河 麦哲伦云
三垣
二十八宿
星官
中国星象
未证认星
勾陈 星官名
天权 传统星名
北河二 中国星名
星座边界
长蛇座 星座名
Hya 星座简号
η 拜尔星名

（曹　军　编绘）

最亮

	星名	V	B−V	U−B	MK 光谱分类	距离（光年）	绝对目视星等 Mv
1*	天狼 Sirius α CMa	−1.46	+0.00	−0.06		8.60	
	甲	−1.46	+0.00	−0.04	A1Ⅴ		1.45
	乙	8.44	−0.03	−1.04	DA		11.33
2*	老人星 Canopus α Car	−0.62	0.15	0.10	F0Ⅰb	约 312	约−5.53
3*	南门二 Rigil Kent α Cen	−0.27					
	甲	0.01	0.65	0.24	G2Ⅴ		4.38
	乙	1.34	0.87	0.68	K1Ⅴ	4.35	5.72
	丙	11.05 变	1.97	1.54	dM5e	4.22	15.49
4*	大角 Arcturus α Boo	−0.05	1.23	1.27	K2Ⅲp	36.7	−0.31
5*	织女一 Vega α Lyr	0.03	−0.00	−0.01	A0Ⅴ	25.3	0.58
6*	参宿四 Betelgeuse α Ori	0.06～0.75	1.85	2.06	M1.5～2.7Ⅰa～Ⅰb	约 600	约−6 变
7*	五车二 Capella α Aur	0.08	0.80	0.44		42.2	
	甲				G5Ⅲ		−4.48
	乙				G0Ⅲ		0.37
8*	参宿七 Rigel β Ori	0.18	−0.03	−0.66	B8Ⅰa	约 772.5	约−6.69
9*	南河三 Procyon α CMi	0.40	0.42	0.02		11.4	2.68
	甲				F5Ⅴ		2.65
	乙	10.8	0.5		DF		13.1
10	水委一 Achernar α Eri	0.45	−0.16	−0.66	B3Ⅳev	约 144	约−2.77
11	马腹一 Hadar β Cen	0.61	−0.23	−0.98			
	甲	0.7			B1Ⅲ	约 525	约−5.42
	乙	3.9					
12*	河鼓二 Altair α Aql	0.76	0.22	0.08	A7Ⅳ、A7Ⅴ	16.8	2.20
13*	毕宿五 Aldebaran α Tau	0.78～0.93	1.54	1.90	K5Ⅲ	65	约−0.7 变
14	十字架二 Acrux α Cru	0.77	−0.26	−0.96		约 320.6	
	甲	1.39			B0.5Ⅳ		−4.19
	乙	1.86			B1Ⅴ		
15*	心宿二 Antares α Sco	约 1.06	1.83	1.34	M1.5Ⅰab	约 603	约−5.28 变
16*	角宿一 Spica α Vir	0.98 变	−0.23	−0.93		262	−3.55
	甲				B1Ⅳ		−3.6
	乙				B3Ⅴ		−1.6
17	北河三 Pollux β Gem	1.16	1.00	0.85	K0Ⅲb	34	1.09
18*	北落师门 Fomalhaut α PsA	1.16	0.09	0.08	A3Ⅴ	25	1.74
19	十字架三 Mimosa β Cru	1.25 变	−0.23	−1.00			
	甲				B0.5Ⅲ	约 350	约−3.92
	乙						
20*	天津四 Deneb α Cyg	1.25	0.09	−0.24	A2Ⅰa	约 3200	约−8.73
21*	轩辕十四 Regulus α Leo	1.36	−0.11	−0.36	B7Ⅴ	77	−0.52

星表

表面有效温度T_e(K)	全波辐射光度L/L_0	半径R/R_0	质量M/M_0	特点及其他
9970 26 000	25 0.03	1.68 0.0073	2.14 1.05	乙是白矮星，习称天狼伴星；甲乙组成目视双星，轨道周期约 50 年；已分别测得甲和乙的 X 射线；甲是金属线星
7460	约 6000	约 46	[12]	MK 分类成为 F0 Ⅰ b～Ⅱ；磁场+600 至−100 高斯（变化周期 22.35 天）；已测得 X 射线
5800 5300 2700	1.51 0.47 0.0017	1.2 0.84 0.19	1.10 0.91 约 0.11	甲乙组成目视双星，轨道周期约 80 年；丙对于甲乙的运转轨道周期甚长，待测；丙是半人马座比邻星，耀星，已测得射电辐射；已分别测得甲和乙的 X 射线
4400	190	23	(0.6)	视向速度标准星；质量数值有争议；属光谱变星
9660	60	2.76	[2.4]	测光、MK 光谱分类和分光光度测量的标准星；变星；X 射线星
约 3500	约 10^5 变	约 900	[15]	最亮的红超巨星；变星；射电星；有星周壳层
5280	140 约 60	14 8.9	2.67 2.55	甲乙组成双谱分光双星，轨道周期约 104 天；已发现 X 射线辐射和 X 射线谱线
12 000	1.1 × 10^5	约 77	[21]	最亮的蓝超巨星；变星；大气厚而且在膨胀；MK 光谱分类的标准星
6510	7.0	2.07 0.01	1.74 0.63	乙是白矮星；甲乙组成目视双星，轨道周期约 40.6 年
14 500	约 3000	约 8	[6]	已知最亮的 B 型发射星；变星
约 25 000	约 3.8 × 10^4	约 10	[14]	目视双星，甲乙相距约 1″；甲有时表现为仙王座 β 型变星（周期 0.157 天）；甲又是分光双星（周期约 352 天）；绝对目视星等只是分光双星亮子星的数据
8010	10.5	1.68	[1.6]	即牛郎星；急速自转；可能是物理双星；已发现 Lα 发射线
3900	约 420 变	47	（1.6）	毕星团的前景星；变星；视向速度的标准星
				甲乙相距约 4.4″，有公共自行；甲是轨道周期约 75.8 天的分光双星
3650	约 5 × 10^4 变	约 600	约 25	又名大火；甲（红超巨星）和乙（蓝矮星约 5 等）组成目视物理双星；包含至少两个射电源
23 900 约 18 700	17 800 约 1890	7.9 约 5.2	10.3 6.1	二十八宿第一宿第一星；密近双星；分光、测光兼干涉双星；近星点运动；子星非同步快转；甲是仙王座 β 型脉动变星。质量数据是 1974 年发表的
4830	39	9	（2）	最近的红巨星之一；1973 年 MK 光谱分类的标准星
8800	12	1.5	[1.7]	1973 年 MK 光谱分类的标准星
27 600				甲乙组成干涉双星，乙比甲暗约 2.9 星等；甲是仙王座 β 型变星，变幅约 0.03 个目视星等，周期约 0.19 天，光变曲线不稳定
10 400	约 110 000	约 106	[22]	1973 年 MK 光谱分类的标准星；属天鹅 OB7 星协；变星
12 200	约 260	3.6	约 4.5	快速自转星

条目标题汉字笔画索引

说　明

1. 本索引供读者按条目标题的汉字笔画查检条目。

2. 条目标题按第一字的笔画由少到多的顺序排列。笔画数相同的，按起笔笔形横（一）、竖（丨）、撇（丿）、点（丶）、折（乛，包括㇆、乚、く等）的顺序排列。第一字相同的，依次按后面各字的笔画数和起笔笔形顺序排列。

3. 以外文字母、罗马数字和阿拉伯数字开头的条目标题，依次排在汉字条目标题的后面。

一画

二画

三画

四画

五画

六画

七画

八画

九画

十画

十一画

十二画

十三画

十四画

十五画

十六画

十七画

十八画

十九画

二十画

字母 数字

条目标题外文索引

(Index of Articles)

说 明

1. 本索引按照条目标题外文的逐词排列法顺序排列。无论是单词条目，还是多词条目，均以单词为单位，按字母顺序、单词在条目标题外文中所处的先后位置，顺序排列。如果第一个单词相同，再依次按第二个、第三个，余类推。

2. 条目标题外文中英文以外的字母，按与其对应形式的英文字母排序排列。

3. 为便于检索，部分条目标题外文将人名中的姓放在最前面，用逗号与其他词分开。

4. 条目标题外文中有罗马数字和阿拉伯数字的，排列时分为两种情况：

①数字前有拉丁字母，先按字母顺序再按数字顺序排列；英文字母相同时，含有罗马数字的排在阿拉伯数字前。

②以数字开头的条目标题外文，排在条目标题外文索引的最后。

A

B

C

D

E

F

G

H

J

K

L

M

N

O

P

Q

R

S

T

U

V

W

X

Y

Z

Other

内容索引

说　明

1. 本索引是全书条目和条目内容的主题分析索引。索引主题按汉语拼音字母的顺序并辅以汉字笔画、起笔笔形顺序排列。同音时，按汉字笔画由少到多的顺序排列，笔画数相同的按起笔笔形横（一）、竖（丨）、撇（丿）、点（丶）、折（乛，包括㇆、乚、㇛等）的顺序排列。第一字相同时按第二字排列，余类推。索引主题中夹有外文字母、罗马数字和阿拉伯数字的，依次排在相应的汉字索引主题之后。索引主题以外文字母、罗马数字和阿拉伯数字开头的，依次排在全部汉字索引主题之后。

2. 设有条目的主题用黑体字，未设条目的主题用宋体字。

3. 不同概念（含人物）具有同一主题名称时，分别设置索引主题；未设条目的同名索引主题后括注简单说明或所属类别，以利检索。

4. 索引主题之后的阿拉伯数字是主题内容所在的页码，数字之后的小写拉丁字母表示索引内容所在的版面区域。本书正文的版面区域划分如右图。

a	c	e
b	d	f

A

B

G

J

K

L

M

S

T

W

X

Y

Z

字母 数字

外国人名译名对照表

说　明

1. 本表收录的人名包括外国人物条目的条目标题和在释文中涉及的部分外国人名（包括本名、简称、习称和笔名等）。按照外国人名的逐段（即人名中的姓、教名、名、父名、夫名、母家姓以及其他各种独立成分）排列法顺序排列，以段为单位，按字母顺序排列。如果第一段相同，则按第二段字母顺序排列，余类推。

2. 人名中英文以外的字母，按与其对应形式的英文字母顺序排列。

例如：ë ĕ é——e　　ö ø ō ó——o

3. 为便于检索，本表按习惯将某些人名中的姓放在最前面，用逗号与其他部分分开。

例如：Rutherford, E.　　卢瑟福, E.

A

Abubacer	阿布巴克尔
Adams, J.C.	亚当斯，J.C.
Adams, W.S.	亚当斯，W.S.
Airy, G.B.	艾里，G.B.
Aksnes, K.	阿克斯内斯，K.
al-Battānī	巴塔尼
al-Bīrūnī	比鲁尼
al-Bitruji	比特鲁吉
Alfvén, H.	阿尔文，H.
Ambartsumian, V.A.	阿姆巴楚米扬，V.A.
Ames, A.	艾姆斯，A.
Angstrom, K.	埃斯特罗姆，K.
Apollonius	阿波隆尼
Archinal, B.A.	阿奇纳尔，B.A.
Argelander, F.W.A.	阿格兰德尔，F.W.A.
Aristarchus of Samos	阿利斯塔克
Aristotle	亚里士多德
Arnold, V.I.	阿诺尔德，V.I.
Arrhenius, G.	阿雷纽斯
Āryabhata Ⅰ	阿耶波多（第一）

B

Baade, W.	巴德，W.
Babcock, H.D.	巴布科克，H.D.
Babcock, H.W.	巴布科克，H.W.
Back, E.E.A.	巴克，E.E.A.
Bacon, R.	培根，R.
Baker, J.G.	贝克，J.G.
Balick, B.	巴里克，B.
Barish, B.C.	巴里什，B.C.
Barnard, E.E.	巴纳德，E.E.
Bartels, J.	巴特尔斯，J.
Bartsch, R.	巴奇，R.
Bayer, J.	巴耶，J.
Bean, J.L.	比恩，J.L.
Beckliz, E.	贝克林，E.

C

H

I

J

Jewitt, D.C.	杰威特，D.C.
John, T.L.	约翰，T.L.
Johnson, F.S.	约翰逊，F.S.
Johnson, H.L.	约翰逊，H.L.
Jones, H.S.	琼斯，H.S.
Jones, T.W.	琼斯，T.W.
Joy, A.H.	乔伊，A.H.

K

Kajita Takaaki	梶田隆章
Kant, I.	康德，I.
Kapteyn, J.C.	卡普坦，J.C.
Kepler, J.	开普勒，J.
Kerr, R.	克尔，R.
Kimura Hisashi	木村荣
Kirchhoff, G.R.	基尔霍夫，G.R.
Kirkwood, D.	柯克伍德，D.
Kleinman, D.E.	克莱因曼，D.E.
Kögler, I.	戴进贤
Kohlschütter, E.A.	科尔许特，E.A.
Kohoutek, L.	科胡特克，L.
Kolmogorov, A.N.	科尔莫戈罗夫，A.N.
Kopecky, M.	科佩基，M.
Koshiba Masatoshi	小柴昌俊
Krämer, G.	克雷默尔，G.
Kuiper, G.P.	柯伊伯，G.P.

L

Labeyrie, A.	拉贝里，A.
Labs, D.	拉布斯，D.
Lacaille, N.L.de	拉卡伊，N.L.de
Lagrange, J.-L.	拉格朗日，J.-L.
Lalande, J.de	拉朗德，J.de
Lane, J.H.	莱恩，J.H.
Langley, S.P.	兰利，S.P.
Laplace, P.-S.	拉普拉斯，P.-S.
Larson, R.B.	拉尔森，R.B.
Lassell, W.	拉塞尔，W.
Lattanzi, M.G.	拉坦齐，M.G.
Leavitt, H.S.	勒维特，H.S.
Legendre, A.-M.	勒让德，A.-M.
Leighton, R.B.	莱顿，R.B.
Lemaître, G.	勒梅特，G.
Lemaître, G.R.	勒梅特，G.R.
Leuschner, A.O.	勒施奈，A.O.
Le Verrier, U.-J.-J.	勒威耶，U.-J.-J.
Lewis, J.S.	刘易斯，J.S.
Lin, C.-C.	林家翘
Lindblad, B.	林德布拉德，B.
Lobachevsky, N.I.	罗巴切夫斯基，N.I.
Longobardi, N.	龙华民
Lorentz, H.A.	洛伦兹，H.A.
Low, F.J.	洛，F.J.
Lowell, P.	洛韦尔，P.
Lyapunov, A.M.	李雅普诺夫，A.M.
Lyot, B.F.	李奥，B.F.
Lyttleton, R.A.	里特顿，R.A.

M

Maclaurin, C.	麦克劳林，C.
Magalhães, F.de	麦哲伦，F.de
Maksutov, D.D.	马克苏托夫，D.D.
Marcus, P.	马库斯，P.
Marth, A.	马特，A.
Martin, C.L.	马丁，C.L.
Martyn, D.F.	马丁，D.F.
Martz, D.E.	马尔茨，D.E.
Mather, J.C.	马瑟，J.C.
Mathews, P.M.	马修斯，P.M.

Mathoeus, R.	利玛窦
Matthews, T.A.	马修斯，T.A.
Maunder, E.W.	蒙德，E.W.
Maxwell, J.C.	麦克斯韦，J.C.
Mayall, N.U.	梅耶，N.U.
Mayor, M.	麦耶，M.
McCrea, W.H.	麦克雷，W.H.
McDonald, A.B.	麦克唐纳，A.B.
MeDowell, M.C.R.	麦克道尔，M.C.R.
Meisner, A.M.	迈斯纳，A.M.
Melloni, M.	梅洛尼，M.
Menzel, D.H.	门泽尔，D.H.
Merrill, P.W.	梅里尔，P.W.
Messier, C.	梅西耶，C.
Meyer, S.	迈耶，S.
Michelson, A.A.	迈克耳孙，A.A.
Miller, S.L.	米勒，S.L.
Miller, W.A.	米勒，W.A.
Milne, E.A.	米尔恩，E.A.
Minkowski, R.	闵可夫斯基，R.
Mitra, V.	米特拉，V.
Molodensky, S.M.	莫洛坚斯基，S.M.
Moore, C.	摩尔，C.
Moreton, G.	莫尔顿，G.
Morgan, W.W.	摩根，W.W.
Morrison, P.	莫里森，P.
Moser, J.K.	莫泽，J.K.
Moulton, F.R.	摩耳顿，F.R.
Musen, P.	穆森，P.

N

Navarro, J.F.	纳瓦罗，J.F.
Neckel, H.	内克尔，H.
Needham, J.	李约瑟
Neher, H.V.	内尔，H.V.
Ness, N.F.	内斯，N.F.
Neugebauer, G.	诺伊吉保尔，G.
Newberg, H.J.	纽伯格，H.J.
Newcomb, S.	纽康，S.
Newton, I.	牛顿，I.
Newton, R.R.	牛顿，R.R.
Nichols, E.	尼科尔斯，E.
Nicholas of Cusa	尼古拉斯
Nobili, L.	诺比利，L.
Novara, D.	诺瓦拉，D.

O

Oda Minoru	小田稔
Ohman, Y.	奥曼，Y.
Olbers, H.W.M.	奥伯斯，H.W.M.
Oort, J.H.	奥尔特，J.H.
Oppenheimer, J.R.	奥本海默，J.R.
Orlov, A.Ya.	奥尔洛夫，A.Ya.
Owen, F.N.	欧文，F.N.

P

Painlevé, P.	潘勒韦，P.
Parenago, P.P.	帕连纳戈，P.P.
Parker, E.N.	帕克，E.N.
Paschen, F.	帕邢，F.
Pease, F.G.	皮斯，F.G.
Peebles, P.J.E.	皮布尔斯，P.J.E.
Pekeris, C.L.	皮克利斯，C.L.
Pendred, B.W.	彭德雷，B.W.
Penrose, R.	彭罗斯，R.
Penzias, A.	彭齐亚斯，A.
Pereira, A.	徐懋德
Perlmutter, S.	波尔马特，S.
Perola, G.C.	佩罗拉，G.C.

Peterson, L.E.	彼得森，L.E.
Piazzi, G.	皮亚齐，G.
Picard, J.	皮卡德，J.
Pickering, E.C.	皮克林，E.C.
Pickering, W.H.	皮克林，W.H.
Pigott, E.	皮戈特，E.
Pirani, F.A.E.	皮拉尼，F.A.E.
Plaskeet, H.H.	普拉斯基特，H.H.
Plaskeet, J.S.	普拉斯基特，J.S.
Plato	柏拉图
Pogson, N.R.	普森，R.N.
Poiacare, H.	庞加莱，H.
Poisson, S.-D.	泊松，S.-D.
Politzer, H.D.	波利策，H.D.
Pollack, J.B.	波拉克，J.B.
Pope, A.	蒲柏，A.
Pound, R.V.	庞德，R.V.
Poynting, J.H.	坡印廷，J.H.
Prager, R.	普拉格，R.
Press, W.H.	普雷斯，W.H.
Ptolemy, C.	托勒密
Pythagoras	毕达哥拉斯

Q

Queloz, D.	奎洛兹，D.

R

Raman, C.V.	拉曼，C.V.
Ramsey, H.W.	拉姆齐，H.W.
Rayet, G.A.	拉叶，G.A.
Reber, G.	雷伯，G.
Repsold, J.A.	列普索尔特，J.A.
Rho, J.	罗雅谷
Richer, G.W.	里奇，G.W.
Riemann, B.	黎曼，B.
Riess, A.G.	里斯，A.G.
Riley, J.	赖利，J.
Robertson, H.P.	罗伯逊，H.P.
Roche, E.A.	洛希，E.A.
Rom, A.	罗姆，A.
Rømer, O.	罗默，O.
Ross, F.E.	罗斯，F.E.
Rosse, L.	罗斯，L.
Rosse, W.P.	罗斯，W.P.
Rosseland, S.	罗斯兰德，S.
Russell, C.T.	罗素，C.T.
Russell, H.N.	罗素，H.N.
Rutherford, E.	卢瑟福，E.
Ryle, L.	赖尔，L.
Ryle, M.	赖尔，M.

S

Sabbathinus, U.	熊三拔
Sacrobosco, J.de	萨克罗伯斯科，J.de
Sagan, C.	萨根，C.
Saha, M.	萨哈，M.
Sampson, R.A.	桑普森，R.A.
Sandage, A.R.	桑德奇，A.R.
Sanduleak, N.	桑杜利克，N.
Schatzman, E.	沙兹曼，E.
Schechter, P.	舍希特尔，P.
Schiaparelli, G.V.	斯基帕雷利，G.V.
Schmidt, B.P.	施密特，B.P.
Schmidt, B.V.	施密特，B.V.
Schmidt, J.F.J.	施密特，J.F.J.
Schmidt, M.	施密特，M.
Schmidt, O.Yu.	施密特，O.Yu.
Schröter, J.H.	施罗特尔，J.H.
Schuster, A.	舒斯特，A.

Schwabe, S.H.	施瓦贝，S.H.
Schwarzschild, K.	史瓦西，K.
Schwarzschild, M.	史瓦西，M.
Secchi, A.	塞奇，A.
Sedov, L.I.	谢多夫，L.I.
Seebeck, T.J.	塞贝克，T.J.
Seyfert, C.K.	赛弗特，C.K.
Shapley, H.	沙普利，H.
Sheth, K.	希斯，K.
Shklovsky, I.S.	什克洛夫斯基，I.S.
Siegel, C.L.	西格尔，C.L.
Slipher, V.M.	斯里弗，V.M.
Smith, M.	史密斯，M.
Smogolenski, J.N.	穆尼阁
Smoot, G.F.	斯穆特，G.F.
Snider, J.L.	斯奈德，J.L.
Sommerfeld, A.J.W.	索末菲，A.J.W.
Sosigenes	索西琴尼
Spörer, G.	斯玻勒，G.
Stark, J.	斯塔克，J.
Stephenson, C.B.	斯特芬森，C.B.
Stoney, G.J.	斯托尼，G.J.
Strömgren, B.G.D.	斯特龙根，B.G.D.
Struve, F.G.W.von	斯特鲁维，F.G.W.von
Struve, G.O.H.	斯特鲁维，G.O.H.
Struve, G.W.L.von	斯特鲁维，G.W.L.von
Struve, K.H.von	斯特鲁维，K.H.von
Struve, O.	斯特鲁维，O.
Struve, O.W.von	斯特鲁维，O.W.von
Stukeley, W.	斯多克雷，W.
Suess, H.E.	修斯，H.E.
Swift, L.A.	斯威夫特，L.A.

T

Taff, G.	塔芙，G.
Talcott, A.	太尔各特，A.
Tammann, G.A.	塔曼，G.A.
Taylor, J.H.	泰勒，J.H.
Terrenz, J.	邓玉函
Thales of Miletus	泰勒斯
Theon	塞翁
Thorne, K.S.	索恩，K.S.
Tisserand, F.F.	蒂斯朗，F.F.
Titius, J.D.	提丢斯，J.D.
Tombaugh, C.W.	汤博，C.W.
Totsuka Yoji	户冢洋二
Townes, C.H.	汤斯，C.H.
Trumpler, R.J.	特朗普勒，R.J.
Tycho, B.	第谷

U

Ulūgh Beg	兀鲁伯
Urey, H.C.	尤里，H.C.

V

Van Allen, J.A.	范艾伦，J.A.
Van de Hulst, H.C.	范德胡斯特，H.C.
Van de Kamp, P.	范德坎普，P.
Varahamihira	伐罗诃密希罗
Vaucoulears, G.de	沃库勒，G.de
Vetbiest, F.	南怀仁
Verschuur, G.L.	弗斯库尔，G.L.
Vinci, L.da	达·芬奇
Volkoff, G.M.	沃尔科夫，G.M.

W

Waldmeier, M.	瓦尔德迈尔，M.
Walker, A.G.	沃克，A.G.

Y

Z

本卷主要编辑、出版人员

总　主　编　杨牧之

副总主编
社　　长　刘祚臣

副总编辑　刘　杭

主任编辑　郭继艳　马　蕴

责任编辑　韩晓玲

特约编审（按姓氏笔画顺序）

于浩然　过茜燕　朱杰军　李之聪　邹振隆　张春乐

范宝新　赵永恒　侯澄芝　高宝新　黄维真　傅祚华

索引编辑（按姓氏笔画顺序）

马　蕴　李心慧　林建敏　崇　岩　梁嬿曦

编　　辑（按姓氏笔画顺序）

崇　岩　章　菲　薛　钊

美术编辑　张　珊　李　雯

责任校对　王　丽　梁嬿曦

校　　对（按姓氏笔画顺序）

谷玥昕　狄　爽　闵　娇　邵桄炜　徐怀谦

责任印制　邹景峰　魏　婷

中国大百科全书

第三版·网络版

网址

www.zgbk.com

国家社会科学基金
特别委托项目